DROIT PATRIMONIAL
DE LA FAMILLE

ISBN 978-2-247-13236-2

31-35, rue Froidevaux
75685 PARIS CEDEX 14
SERVICE CLIENTÈLE
tél. +33 (0)8 20 80 00 17
fax +33 (0)1 41 48 47 92

www.editions-DALLOZ.fr

D A L L O Z   A C T I O N

DROIT PATRIMONIAL DE LA FAMILLE

CINQUIÈME ÉDITION
JUILLET 2014

SOUS LA DIRECTION DE
MICHEL GRIMALDI

DALLOZ

ŒUVRE COLLECTIVE
sous la direction de
MICHEL GRIMALDI
Professeur à l'Université Panthéon-Assas (Paris II)

CET OUVRAGE A ÉTÉ RÉDIGÉ PAR
[les *numéros indiquent les chapitres*]

FRÉDÉRIC BICHERON — *Professeur à l'Université Paris-Est Créteil Val-de-Marne (UPEC)*
Communauté légale : actif 131/134

GILLES BONNET — *Notaire, Docteur en droit*
Communautés conventionnelles 151/152 | Séparation de biens 161/162 | Fiscalité des transmissions à titre gratuit 611/613

NATHALIE COUZIGOU-SUHAS — *Notaire, Chargée d'enseignement à l'École nationale de la Magistrature*
Communauté légale : gestion 135/139

CLAIRE FARGE — *Ingénieur patrimonial – BNP Paribas, Banque privée, Docteur en droit*
Participation aux acquêts 171/172 | Actif successoral : composition et évaluation 262/264 | Partage de la succession 271/273

YVONNE FLOUR — *Professeur à l'Université Panthéon-Sorbonne (Paris I)*
et
CHANTAL DONZEL-TABOUCOU — *Ingénieur d'étude au Centre audiovisuel d'études juridiques (CAVEJ) de l'Université Panthéon-Sorbonne (Paris I), Docteur en droit privé*
Règles de fond des donations 312/315

YVONNE FLOUR — *Professeur à l'Université Panthéon-Sorbonne (Paris I)*
Pacte civil de solidarité 511

MARIE GORÉ — *Professeur à l'Université Panthéon-Assas (Paris II)*
et
RAPHAËLLE DE GOURCY — *Juriste au CRIDON de Lyon, Diplômée notaire*
Droit international privé : régimes matrimoniaux 711/713 | Droit international privé : successions 721/724

MICHEL GRIMALDI — *Professeur à l'Université Panthéon-Assas (Paris II)*
Contenu du testament 323 | Libéralités-partages 410/413

RAYMOND LE GUIDEC — *Professeur émérite de l'Université de Nantes*
Communauté légale : passif, liquidation et partage 141/145

JEAN-PIERRE MARGUÉNAUD — *Professeur à la Faculté de droit et des sciences économiques de l'Université de Limoges, Observatoire des mutations institutionnelles et juridiques (OMIJ)*
et
BENJAMIN DAUCHEZ — *Notaire, Observatoire des mutations institutionnelles et juridiques (OMIJ)*
Libéralités à caractère collectif : aux personnes morales de droit privé 371/372 | aux personnes morales de droit public 381/382 | Fondations et fonds de dotation 391/394

MARC NICOD — *Professeur à l'Université Toulouse 1 – Capitole*
Formalisme des donations 311 | Formalisme du testament 321 | Testament : notion et capacité 322 | Inefficacité des dispositions testamentaires 324

NATHALIE PETERKA — *Professeur à l'Université Paris-Est Créteil Val-de-Marne (UPEC), Directrice du diplôme universitaire de Mandataire judiciaire à la protection des majeurs*
Donations par contrat de mariage 341/347 | Donations entre époux en cours de mariage 351/356

MARIE-CLAUDE DE ROTON-CATALA — *Maître de conférences à l'Université Paris-Sud*
et
CHRISTOPHE VERNIÈRES — *Professeur à l'Université Paris 8 – Vincennes Saint-Denis*
Dévolution de la succession 231/235

JEAN-FRANÇOIS SAGAUT — *Notaire, Docteur en droit*
Libéralités successives 331/332

FRANÇOIS SAUVAGE *Professeur à l'Université d'Évry – Val d'Essonne*
Passif successoral 261

FRANÇOIS XAVIER TESTU *Professeur à l'Université de Tours, Avocat à la cour d'appel de Paris*
et
FRÉDÉRIC BICHERON *Professeur à l'Université Paris 8 – Vincennes Saint-Denis*
Prohibition des pactes sur succession future 211/212 | Conditions préalables à la dévolution successorale 221/222

FRANÇOIS XAVIER TESTU *Professeur à l'Université de Tours, Avocat à la cour d'appel de Paris*
et
CHRISTOPHE VERNIÈRES *Professeur à l'Université Paris 8 – Vincennes Saint-Denis*
Indivision successorale 251/254

BERNARD VAREILLE *Professeur à la Faculté de droit et des sciences économiques de l'Université de Limoges, Membre du Centre de recherches sur l'entreprise, les organisations et le patrimoine (CREOP, Limoges)*
Régime matrimonial primaire 111/117

CHRISTOPHE VERNIÈRES *Professeur à l'Université Paris 8 – Vincennes Saint-Denis*
Détermination du régime matrimonial 121/124 | Transmission de la succession 240/249

Avant-propos

Le présent ouvrage traite, en sept livres, l'ensemble des matières que l'on regroupe d'ordinaire sous l'intitulé de *Droit patrimonial de la famille :*

- *Régimes matrimoniaux,*
- *Successions,*
- *Libéralités,*
- *Libéralités-partages,*
- *Pacte civil de solidarité,*
- *Fiscalité,*
- *Droit international privé.*

Il est l'œuvre d'une équipe d'universitaires et de praticiens qui, par leurs activités, souvent communes, d'enseignement et de conseil, ont toujours été animés du souci de réaliser un travail qui fût à la fois clair et concret.

Il est tout particulièrement destiné à ceux qui, pour leur formation ou leur pratique, ont besoin de prendre une connaissance rapide et complète du droit positif : des règles qui le constituent, des incertitudes qu'il contient inévitablement, comme des difficultés éprouvées à son application. Aussi les auteurs se sont-ils efforcés de mentionner l'ensemble des solutions jurisprudentielles et de donner, notamment à propos des liquidations de communauté et de succession, des exemples d'application. Leur dessein n'a été ni de livrer un recueil de références qui fût exhaustif, ni un exposé des controverses doctrinales qui animent ces matières.

Michel GRIMALDI.

Sommaire

Table des matières

TITRE

0. Les sources du droit patrimonial de la famille

0.00 Plan du titre.

CHAPITRE

01. Principaux textes

01.01 **Textes applicables.** De par l'étendue de son domaine le droit patrimonial de la famille relève de nombreux matières et textes de droits interne, européen et international.

En tête de chaque chapitre de l'ouvrage, figurent les références aux articles du code princeps de la matière, le Code civil, et aux autres codes concernés reproduits *in extenso;* les principaux lois et décrets sont mentionnés.

En ce qui concerne la circulaire de droit interne du 29 mai 2007, relative à l'application de la réforme des successions et des libéralités du 23 juin 2006, le lecteur trouvera son texte intégral en annexe 81 (n° 81.11).

Les statuts de la Fondation de France sont exposés au n° 81.12.

Le règlement européen du 4 juillet 2012, en matière de successions internationales et de certificat successoral européen, figure en annexe 82 (n° 82.11).

Les conventions internationales intéressant la matière figurent en annexe 83 (n°s 83.11 à 83.13).

CHAPITRE

02. Bibliographie générale

02.01 Présentation. En tête de chaque chapitre, en rubrique .03, figure une bibliographique spécifique au chapitre, comprenant actualisables, ouvrages généraux ou thématiques, articles de revues, rapports et thèses.

02.02 Actualisables.

Rép. civ.	Répertoire droit civil de l'Encyclopédie
J.-Cl. Civ.	Juris-classeur droit civil

02.03 Revues spécialisées en droit patrimonial de la famille.

AJ fam.	*Actualité juridique de droit de la famille*
Dr. fam.	*Droit de la famille*
Dr. et patr.	*Droit et patrimoine*
Defrénois	*Répertoire du notariat Defrénois*
JCP N	*Juris-Classeur Notariat*
RJPF	*Revue juridique des personnes et de la famille*

02.04 Traités de droit civil.

C. AUBRY et C. RAU, par A. PONSARD	*Traité de droit civil français,* t. VIII, *Régimes matrimoniaux;* t. IX, *Les successions,* Librairies techniques, 1973
C. AUBRY et C. RAU, par P. ESMEIN	*Traité de droit civil français,* t. X, 6e éd., Litec, 1956
A. COLIN et H. CAPITANT	*Cours élémentaire de droit civil français,* t. III, 10e éd., Dalloz, 1948
F. LAURENT	*Principes de droit civil français,* t. XVI, 3e éd., 1878
M. PLANIOL et G. RIPERT, par J. BOULANGER	*Traité élémentaire de droit civil,* t. VIII et t. IX
G. RIPERT et J. BOULANGER	*Traité élémentaire de droit civil,* t. IV, 1959

02.05 Ouvrages sur les régimes matrimoniaux. Dans les développements, ces ouvrages sont cités par le seul nom des auteurs, en petites capitales.

C. AUBRY et C. RAU, par A. PONSARD	*Droit civil français,* t. VIII, *Régimes matrimoniaux,* Librairies techniques, 1973
A. COLOMER	*Droit civil, Les régimes matrimoniaux,* 12e éd., LexisNexis/Litec, 2005
G. CORNU	*Droit civil, Les régimes matrimoniaux,* « Thémis Droit », 9e éd., PUF, 1997
J. FLOUR et G. CHAMPENOIS, par G. CHAMPENOIS	*Les régimes matrimoniaux,* coll. « U », 2e éd., Armand Colin, 2001
Ph. MALAURIE et L. AYNÈS	*Les régimes matrimoniaux,* 4e éd., LGDJ/Lextenso, 2013
G. MARTY et P. RAYNAUD, par P. RAYNAUD	*Droit civil, Les régimes matrimoniaux,* 2e éd., Sirey, 1984
J. MAURY (dir.) *et alii*	*Les régimes matrimoniaux,* (Centre de formation professionnelle notariale de Nîmes et de Montpellier), Lamy, 1999
J. PATARIN et G. MORIN	*La réforme des régimes matrimoniaux,* 4e éd., Defrénois, 1977

F. Terré et Ph. Simler	*Les régimes matrimoniaux,* « Précis », 6e éd., Dalloz, 2011
P. Voirin et G. Goubeaux	*Droit civil, Régimes matrimoniaux, Successions, Libéralités,* « Manuels », 27e éd., t. II, LGDJ, 2012

02.06 Ouvrages sur les successions et libéralités.

C. Aubry et C. Rau, par A. Ponsard	*Droit civil français,* t. IX, *Les successions,* Librairies techniques, 1973
P. Catala	*La réforme des liquidations successorales,* 3e éd., Defrénois, 1982
J. Flour et H. Souleau	*Droit civil. Les libéralités,* coll. « U », A. Colin, 1982
J. Flour et H. Souleau	*Droit civil. Les successions,* coll. « U », 3e éd., A. Colin, 1991
M. Grimaldi	*Droit civil, Les successions,* « Les Manuels », 6e éd., LexisNexis/Litec, 2001
M. Grimaldi	*Libéralités, Partages d'ascendants,* LexisNexis/Litec, 2000
D. Guevel	*Droit des successions et des libéralités,* 2e éd., LGDJ/Lextenso, 2010
Chr. Jubault	*Les successions, les libéralités,* « Précis Domat, droit privé », 2e éd., Montchrestien, 2010
A.-M. Leroyer	*Droit des successions,* « Cours », 3e éd., Dalloz, 2014
Ph. Malaurie	*Les successions, les libéralités,* « Droit civil », 5e éd., Defrénois/Lextenso, 2012
J. Maury	*Successions, Libéralités,* « Objectif Droit », 8e éd., LexisNexis/Litec, 2012
H. L. J. Mazeaud, par L. et S. Leveneur	*Leçons de droit civil,* t. IV, vol. 2, *Successions-Libéralités,* 5e éd., Monchrestien, 1999
M. Planiol et G. Ripert, par J. Maury et H. Vialleton	*Traité pratique de droit civil français,* t. IV, *Successions,* 2e éd., Paris, LGDJ, 1952-1960
A. Ponsard	*Liquidations successorales : rapport-réduction, partage d'ascendant : commentaire de la loi du 3 juillet 1971,* Paris, Sirey, 1977
A. Sériaux	*Successions et libéralités,* Ellipses, 2013
F. Terré, Y. Lequette, S. Gaudemet	*Droit civil. Les successions. Les libéralités,* « Précis », 4e éd., Dalloz, 2014
P. Voirin et G. Goubeaux	*Droit civil, Régimes matrimoniaux, Successions, Libéralités,* « Manuels », 27e éd., t. II, LGDJ, 2012

02.07 Ouvrages thématiques de droit patrimonial de la famille.

B. Beignier	*La réforme du droit des successions,* « Carré droit », LexisNexis Litec, 2002
R. Crône, M.-C. Forgeard et B. Gelot	*La réforme des successions,* Defrénois, 2002
	Le nouveau droit des successions et des libéralités. Loi du 23 juin 2006, commentaires et formules, Defrénois, 2007
A. Delfosse et J.-F. Péniguel	*La réforme des successions et des libéralités,* « Pratique professionnelle », LexisNexis Litec, 2006
	Dossier pratique Francis Lefebvre, « Les successions et les libéralités après la réforme »
J. Flour	*Le passif successoral, Cours de droit civil approfondi,* « Les cours de droit », 1956-1957
J. Hugot et J.-F. Pillebout	*Les nouveaux droits du conjoint,* « Carré droit », LexisNexis Litec, 2002

02.08 Grands arrêts.

GAJC	H. Capitant et F. Terré, *Les grands arrêts de la jurisprudence civile,* 12e éd., Dalloz, 2007
GADIP	B. Ancel et Y. Lequette, *Les grands arrêts de la jurisprudence française de droit international privé,* 5e éd., Dalloz, 2006 [6e éd. en cours, 2015]

LIVRE

1. LES RÉGIMES MATRIMONIAUX

SECTION 0
ORIENTEUR

1.00 Plan du livre.

TITRE

11. Le régime primaire et son complément spécial

SECTION 0 ORIENTEUR

11.00 Plan du titre.

Chap. 111 Régime des dettes ménagères

Sect. 1 Pouvoir individuel de contracter efficacement

Sect. 2 Solidarité de principe

Sect. 3 Pouvoir individuel d'engager solidairement : exclusion légale

Sect. 4 Situation des créanciers

Chap. 112 Contribution des époux aux charges du mariage

Sect. 1 Notion de charges du mariage

Sect. 2 Calcul des proportions contributives

Sect. 3 Exécution non conflictuelle de l'obligation contributive

Sect. 4 Exécution conflictuelle de l'obligation contributive

Chap. 113 Protection du logement de la famille

Sect. 1 Protection du logement de la famille par l'article 215 alinéa 3 du Code civil

Sect. 2 Protection du logement de la famille par l'article 1751 du Code civil

Sect. 3 Protection de l'habitation principale effective du conjoint survivant par l'article 763 du Code civil

Chap. 114 Autonomie des époux dans la vie quotidienne

Sect. 1 Présomption de pouvoir relative aux comptes en banque (C. civ., art. 221)

Sect. 2 Présomption de pouvoir relative aux meubles détenus individuellement (C. civ., art. 222)

Sect. 3 Maîtrise des biens personnels (C. civ., art. 225)

Chap. 115 Autonomie des époux dans la vie professionnelle

Sect. 1 Liberté d'exercer la profession de son choix

Sect. 2 Maîtrise des gains professionnels

Chap. 116 Mesures de crise

Sect. 1 Extensions de pouvoirs par la représentation judiciaire (C. civ., art. 219)

Sect. 2 Extensions de pouvoirs par l'autorisation judiciaire (C. civ., art. 217)

Sect. 3 Restrictions de pouvoirs (C. civ., art. 220-1)

Chap. 117 Complément spécial du régime primaire

Sect. 1 Collaboration en matière agricole

Sect. 2 Collaboration en matière commerciale ou artisanale

Sect. 3 Collaboration en matière de profession libérale

Division. Le régime primaire proprement dit organise le statut des dettes du ménage vis-à-vis des tiers (chap. 111), la contribution aux charges du mariage entre les époux (chap. 112), la protection du logement (chap. 113), l'autonomie dans la vie quotidienne (chap. 114) aussi bien que professionnelle (chap. 115); mais il édicte également une série de mesures destinées à remédier aux situations de crise (chap. 116). Enfin, il existe dans divers textes un complément spécial du régime primaire (chap. 117). Ces questions seront examinées tour à tour.

11.11 Définition et textes. Les articles 214 à 226 du Code civil regroupent un ensemble de règles fondamentales applicables à tous les gens mariés. Ces règles énoncent les principes de base de leur situation patrimoniale, quel que soit par ailleurs le régime matrimonial des époux.

On parle habituellement de **régime primaire impératif** pour désigner ces textes.

11.12 Nature et portée. Le régime primaire impératif représente une institution originale.

• **Régime** parce qu'il constitue un corps de règles cohérent, qui occupe près d'un chapitre du Code civil.

Il ne doit cependant pas être considéré comme un régime **matrimonial**, qui soit suffisant pour organiser les rapports pécuniaires des époux entre eux et à l'égard des tiers (v. s^s n°s 120.10 s.). Les conjoints devront nécessairement soumettre leur union à l'un des régimes matrimoniaux visés par les articles 1387 et suivants du Code civil. C'est pourquoi certains auteurs préfèrent parler de « *statut impératif de base* » pour désigner les articles 214 à 226 du Code civil[1].

En outre, la loi du 3 décembre 2001[2] est venue instituer en faveur du conjoint survivant, à l'article 763 du Code civil, un droit au logement temporaire qui est à la fois un effet direct du mariage et un droit impératif; cela représente une sorte de **prolongement matériel du régime primaire,** qui survit à la dissolution du mariage, à raison de la protection spécifique de l'habitation principale effective du conjoint survivant (v. s^s n° 113.71).

De plus, ce régime primaire n'est **plus exhaustif** : il fait figure de régime général, depuis que les lois du 4 juillet 1980, du 10 juillet 1982, et du 17 janvier 2002[3] sont venues instituer une sorte de **régime primaire spécial** applicable aux époux participant à une même exploitation agricole, commerciale ou artisanale, libérale (v. s^s n°s 117.10 s.)

• **Primaire**, le statut organisé par les articles 214 à 226 du Code civil se borne à énoncer des principes élémentaires.

Ces principes sont pour la plupart de nature patrimoniale; mais ils sont en relation si étroite avec la conception extrapatrimoniale du mariage qu'ils ont été appelés au titre V du livre Ier du Code civil, sous l'intitulé « Du mariage », et non au titre V du livre III, consacré à la question « Du contrat de mariage et des régimes matrimoniaux ». Cette singularité autorise à prêter au régime primaire une nature ambivalente, en considérant qu'il relève à la fois du droit du mariage et du droit des régimes matrimoniaux.

En pratique, les règles du régime primaire exercent d'ailleurs une très forte influence sur la vie de tous les jours des couples mariés. Leur incidence est sans doute plus sensible que celle du régime matrimonial proprement dit.

• **Impératif**, le régime primaire l'est aux termes de l'article 226 du Code civil, qui énonce :

« *Les dispositions du présent chapitre, en tous les points où elles ne réservent pas l'application des conventions matrimoniales, sont applicables, par le seul effet du mariage, quel que soit le régime matrimonial des époux* ». C'est la raison pour laquelle on ne peut pas déroger par convention aux dispositions du régime primaire. En particulier, les conventions matrimoniales doivent s'y conformer.

Seul l'article 214, comme on le verra, fait exception en prévoyant une possibilité de dérogation par contrat de mariage aux clés de répartition de la contribution des époux aux charges du mariage (v. s^s n°s 112.11 s.).

11.13 Droit transitoire. Ce caractère impératif explique et justifie le droit transitoire du régime primaire.

L'article 1er de la loi du 13 juillet 1965, portant les articles 214 à 226 du Code civil, est immédiatement applicable à compter du 1er février 1966, date d'entrée en vigueur de la loi, « *sans qu'il y ait lieu de considérer l'époque à laquelle le mariage a été célébré ou les conventions matrimoniales passées* » (L. 13 juill. 1965, art. 9, al. 2).

De même, les dispositions des articles 1er à 6 de la loi du 23 décembre 1985 s'appliquent immédiatement à compter du 1er juillet 1986, date d'entrée en vigueur de la loi (L. 23 déc. 1985, art. 56) et contreviennent aux dispositions contraires des contrats de mariage antérieurs (L. 23 déc. 1985, art. 60, al. 1er).

La jurisprudence admet donc que les dispositions des articles 214 à 226 du Code civil s'appliquent immédiatement à tous les époux, sans égard pour la date de leur mariage[4].

11.14 Mise en œuvre du droit transitoire. En vertu de ces deux lois, qui présentent de remarquables concordances, le droit transitoire du régime primaire est mis en œuvre selon deux directives.

1. V. NOT., Rép. civ., v° *Mariage (4° effets)*, par M. Lamarche et J.-J. Lemouland, avr. 2014, et les auteurs cités.
2. L. n° 2001-1135, 3 déc. 2001, relative aux droits du conjoint survivant et des enfants adultérins et modernisant diverses dispositions de droit successoral, *JO* 4 déc., p. 19279.
3. L. n° 2002-73, 17 janv. 2002, de modernisation sociale, *JO* 18 janv., p. 1008.
4. EN CE SENS, Civ. 1re, 25 janv. 2005, n° 96-19.878, *Bull. civ.* I, n° 35; *JCP* 2005. I. 163, n° 11, obs. Ph. Simler; *Gaz. Pal.* 2005. 3464, note G. Deharo; *AJ fam.* 2005. 280, obs. P. Hilt; *Dr. fam.* 2005, n° 95, note V. Larribau-Terneyre; *D.* 2005. Somm. 458, obs. J.-J. Lemouland et D. Vigneau; *AJ fam.* 2005. 234, obs. F. Chénedé; *RTD civ.* 2005. 368, obs. J. Hauser; 439, obs. M. Grimaldi.

• En principe, **le régime primaire impératif est d'application immédiate,** en ce sens que la loi nouvelle, de façon très classique, ne remet pas en question les conventions passées avant son entrée en vigueur. C'est pourquoi les modifications apportées successivement par la loi du 13 juillet 1965 et par la loi du 23 décembre 1985 ont été sans conséquence sur les actes valablement passés avant l'entrée en vigueur de chacune des deux lois. Il en va ainsi aussi bien dans les rapports entre époux que dans les relations entre les époux et les tiers. Le principe s'applique tout autant aux conséquences acquises de ces actes qu'à celles qui se développent pour l'avenir, même si elles apparaissent contraires au dispositif légal.

• Toutefois, par une **dérogation** notable aux principes classiques du droit transitoire, **les dispositions du régime primaire tiennent en échec même les conventions matrimoniales souscrites avant leur entrée en vigueur.** C'est ainsi qu'un mandat entre époux légitimement stipulé irrévocable, avant le 1er juillet 1986, par contrat de mariage, sera librement révocable à compter de cette date : la loi du 23 décembre 1985 édicte à l'article 218 du Code civil : « *Il peut, dans tous les cas, révoquer librement ce mandat* » (v. ss nos 114.124 s.). C'est donc une situation contractuelle qui est ici remise en question au nom de textes tenus pour primordiaux. On voit par là l'importance des principes d'organisation exprimés par le régime primaire.

11.15 Contenu du régime primaire impératif. Il comporte deux volets bien distincts, le premier applicable à tous les gens mariés, le second venant simplement compléter ce statut général à destination de certaines catégories professionnelles bien déterminées.

• **Le droit commun du régime primaire** est destiné à régler les principes fondamentaux de la vie patrimoniale du couple marié.

En **période normale**, il cherche à instaurer un certain équilibre familial. L'idée est que l'harmonie du mariage suppose, jusque sur le terrain patrimonial, un savant dosage entre la nécessaire **cohésion** du couple et une certaine **autonomie** de chaque individu non moins indispensable.

La cohésion du foyer inspire trois séries de mesures : le régime des dettes ménagères (v. ss nos 111.11 s.); la contribution aux charges du mariage (v. ss nos 112.11 s.); enfin, la protection du logement (v. ss nos 113.10 s.).

L'autonomie de chaque conjoint trouve son expression aussi bien dans la vie quotidienne (v. ss nos 114.10 s.) que dans la vie professionnelle (v. ss nos 115.11 s.). En cas de **crises conjugales** de toutes natures, le régime primaire impératif prévoit une gamme étudiée de modifications du jeu des règles normales, soit par une **extension** des pouvoirs d'un époux, soit par une **restriction** des pouvoirs de l'autre (v. ss nos 116.11 s.).

• **Un complément spécial du régime primaire** a été instauré par différentes lois qui visent les agriculteurs, les commerçants et artisans, et les professions libérales (v. ss nos 117.10 s.).

CHAPITRE

111. Régime des dettes ménagères

BERNARD VAREILLE
PROFESSEUR À LA FACULTÉ DE DROIT
ET DES SCIENCES ÉCONOMIQUES
DE L'UNIVERSITÉ DE LIMOGES

SECTION 0
ORIENTEUR

111.00 **Plan du chapitre.**

111.01 **Textes applicables.**

C. civ., art. 220 et 226

> Pouvoirs de gestion et solidarité des époux
[C. civ., art. 220 à 226]

C. civ., art. 220

Chacun des époux a pouvoir pour passer seul les contrats qui ont pour objet l'entretien du ménage ou l'éducation des enfants : toute dette ainsi contractée par l'un oblige l'autre solidairement.

La solidarité n'a pas lieu, néanmoins, pour des dépenses manifestement excessives, eu égard au train de vie du ménage, à l'utilité ou à l'inutilité des opérations, à la bonne ou à la mauvaise foi du tiers contractant.

Elle n'a pas lieu non plus, s'ils n'ont été conclus du consentement des deux époux, pour les achats à tempérament ni pour les emprunts, à moins que ces derniers ne portent sur des sommes modestes nécessaires aux besoins de la vie courante (*L. n° 2014-344, 17 mars 2014, art. 50*) « et que le montant cumulé de ces sommes, en cas de pluralité d'emprunts, ne soit pas manifestement excessif eu égard au train de vie du ménage ».

C. civ., art. 226

Les dispositions du présent chapitre, en tous les points où elles ne réservent pas l'application des conventions matrimoniales, sont applicables, par le seul effet du mariage, quel que soit le régime matrimonial des époux.

111.02 **Jurisprudence de référence.**

> L'article 220 du Code civil s'applique à toute dette même non contractuelle ayant pour objet l'entretien du ménage ou l'éducation des enfants

• Civ. 1re, 7 juin 1989, n° 87-19.049, NP

* V. ss nos 111.32 et 111.33

« Vu l'article 220 du Code civil;

Attendu que ce texte, qui fait peser sur les époux une obligation solidaire, a vocation à s'appliquer à toute dette même non contractuelle ayant pour objet l'entretien du ménage ou l'éducation des enfants; […]. »

> Dans les rapports entre deux concubins, l'article 220 est naturellement inapplicable

• Civ. 1re, 11 janv. 1984, n° 82-16.198, *Bull. civ.* I, n° 12

* V. ss n° 111.92

> L'article 220 du Code civil ne s'applique pas aux opérations d'investissement

• Civ. 1re, 11 janv. 1984, n° 82-15.461, *Bull. civ.* I, n° 13

* V. ss nos 111.53 et 111.54

« Attendu, d'abord, que les opérations d'investissement d'un ménage, et notamment celles qui ont pour objet de lui permettre de se constituer un patrimoine immobilier, n'entrent pas dans la catégorie des actes ménagers d'entretien ou d'éducation auxquels l'article 220 du Code civil attache la solidarité de plein droit. »

> La charge de la preuve de la destination ménagère des fonds empruntés incombe à celui qui entend bénéficier de la solidarité de l'article 220

• Civ. 1re, 17 janv. 1990, n° 87-19.462, *Bull. civ.* I, n° 18

* V. ss n° 111.152

« Attendu que, pour condamner M. X, l'arrêt énonce qu'il n'apporte pas la preuve que son épouse ait effectué, à l'époque des emprunts, des dépenses à usage exclusivement personnel;

Attendu qu'en se déterminant ainsi, alors qu'il appartenait à M. Y. d'établir que les prêts qu'il avait consentis avaient pour objet l'entretien du ménage ou l'éducation des enfants, la cour d'appel a inversé la charge de la preuve et violé les textes susvisés. »

> L'obligation solidaire des époux dure jusqu'à ce que le divorce soit transcrit en marge des registres d'état civil

• Civ. 1re, 7 juin 1989, n° 87-19.049, NP

* V. ss nos 111.32 et 111.33

« Attendu que, pour rejeter à l'égard de M. S. la demande en indemnité d'occupation de l'UAP, l'arrêt attaqué énonce que si le mari reste, même après l'ordonnance de non-conciliation et ce jusqu'au jugement de divorce définitif, cotitulaire du bail et tenu de ce fait au paiement des loyers avec son épouse, il n'en est pas de même lorsque la clause résolutoire a mis fin au bail en ce qui concerne les deux époux; qu'en ce cas c'est l'épouse seule demeurée indûment dans les lieux qui doit régler les indemnités consécutives à son occupation personnelle à laquelle son époux est étranger lorsqu'il a quitté les lieux;

Attendu qu'en se déterminant ainsi, bien que le divorce ne soit opposable aux tiers qu'à partir du jour où les formalités de mentions en marge prescrites par les règles de l'état civil, ont été accomplies, la cour d'appel a violé le texte susvisé. »

> L'achat à tempérament exclut par principe la solidarité de l'article 220 du Code civil

• Civ. 1re, 12 juill. 1994, n° 92-16.659, *Bull. civ.* I, n° 252

* V. ss n° 111.132

« Attendu que le jugement attaqué [...] a qualifié de vente à tempérament le contrat conclu avec la Compagnie de gestion et de prêts par l'épouse de M. X., sans le consentement de celui-ci; que cette qualification n'est pas contestée; que dès lors, le peu d'importance de ces achats étant une circonstance indifférente, c'est à bon droit que le tribunal d'instance, qui a répondu aux conclusions dont il était saisi, a retenu que la dette née de ce contrat était exclue de la solidarité prévue par l'article 220 du Code civil, de sorte que le mari n'était pas tenu au paiement des sommes réclamées [...]. »

111.03 Bibliographie indicative.

Actualisables. Rép. civ., v° *Mariage (4° effets)*, par M. Lamarche et J.-J. Lemouland, avril 2014, nos 163 et s. – *J.-Cl. Civ.*, F. Lefebvre, art. 213 à 226, fasc. 20, n° 40.

Ouvrages[1]. J. Flour et G. Champenois, *Les régimes matrimoniaux*, 2e éd., coll. « U », A. Colin Éd., 2001 – F. Terré et Ph. Simler, *Droit civil, Les régimes matrimoniaux*, 6e éd., « Précis », Dalloz, 2011, nos 79 s.

Articles. Ch. Alleaume, « Achats à crédit et solidarité des époux », *Dr. fam.* 1999. Chron. 5 – M.-P. Baudin-Maurin, « L'avènement de la notion de dette ménagère « à crédit » », *RRJ* 2000. 1471 – Ph. Daviaud, « De l'entretien du ménage aux besoins de la vie courante (article 220 du Code civil) », *D.* 2003. Chron. 848 – N. Rzepecki, « Les opérations de crédit et la solidarité ménagère de l'article 220 du Code civil », *JCP* 1999. I. 148 – M. Vion, « Les dispositions transitoires de la loi n° 85-1372 du 23 décembre 1985 relative à l'égalité des époux », *Defrénois* 1986. 81 – G. Yamba, « Le sort de la solidarité ménagère en cas de séparation des époux », *JCP N* 1996. 148.

Thèse. N. Mouligner, *Le bail des époux*, th. Limoges, 2003, nos 51 s.

111.04 Questions essentielles.

> L'article 220 du Code civil édicte deux règles primordiales caractéristiques des gens mariés, qui ménagent l'égalité entre les époux et augmentent le crédit du foyer : la faculté pour chacun des époux de passer seul les dettes ménagères (* V. ss nos 111.11 à 111.13); le déclenchement de la solidarité à l'égard des tiers à raison de telles dettes, lorsqu'elles répondent à certaines conditions (* V. ss nos 111.20 à 111.107).

> La jurisprudence, nombreuse sur cette question, s'est formé une conception extensive du champ de la solidarité, pourvu que la dette en cause présente un caractère ménager suffisamment marqué.

* V. ss nos 111.41 à 111.81

> La dette ménagère se caractérise principalement en ce qu'elle doit concerner :

– soit l'entretien du ménage (il s'agit d'entretien, et non d'investissement),

* V. ss nos 111.51 à 111.58

– soit l'éducation des enfants (il s'agit de l'éducation de l'enfant, et non de son établissement).

* V. ss nos 111.71 à 111.73

> Quant au reste, et en dépit des termes de la loi, la jurisprudence porte peu d'attention à la circonstance que la source provienne ou non d'un contrat, que l'objet ména-

1. NB : les ouvrages les plus fréquemment cités et dont le nom des auteurs figure en petites capitales en bibliographie sont cités par les seuls noms des auteurs en petites capitales en notes de bas de page.

ger le soit directement ou indirectement, qu'il s'agisse pour le ménage de son entretien actuel ou futur.

* V. s[s] n°s 111.32 et 111.51

> De même, la jurisprudence interprète de façon relativement restrictive deux des cas d'exclusion de la solidarité, l'excès manifeste de la dépense (* V. s[s] n°s 111.121 à 111.126) et l'emprunt ne portant pas sur des sommes modestes nécessaires aux besoins de la vie courante (* V. s[s] n°s 111.141 à 111.143); en revanche, elle reste intransigeante concernant l'exclusion de la solidarité dans le cas des achats à tempérament, considérés comme intrinsèquement dangereux pour les époux qui y recourent (* V. s[s] n°s 111.131 à 111.133).

111.05 Cohésion du foyer. Ce qui distingue le mariage du concubinage, c'est la volonté des époux de soumettre l'ensemble de leurs relations personnelles et patrimoniales à un statut légal conçu pour s'appliquer à eux de façon permanente. Cela suppose pour tout ce qui a trait au train ordinaire du ménage une certaine dose de confiance : la confiance que l'on a et celle que l'on inspire. D'où un traitement particulier pour **la répartition des pouvoirs et charges domestiques**, chacun des époux ayant qualité pour traiter avec les tiers, quitte à faire ses comptes ensuite avec son conjoint.

111.06 Esprit. Les exigences de la vie quotidienne du couple, voire l'obligation de pourvoir aux besoins matériels et à l'éducation des enfants s'il en naît, ont rendu nécessaire la recherche d'une certaine marge d'action autonome qui engage cependant les deux époux.

111.07 Histoire. L'exacte égalité des époux qui apparaît d'emblée dans l'économie de l'article 220 du Code civil (et que l'on retrouvera dans l'article 214 du même code) n'a pas toujours été de droit. Elle est le terme d'une évolution historique qui a vu reculer progressivement la prépondérance maritale et, de façon corrélative, le pouvoir ménager de la femme mariée.

D'un côté, en effet, la femme mariée a longtemps été investie d'une magistrature domestique qui traduisait le rôle subsidiaire où son statut juridique prétendait la confiner. Cette fonction ménagère, constamment reconnue à la femme avant la loi du 13 juillet 1965, s'était adaptée aux évolutions successives du statut juridique de la femme mariée. Tant que l'épouse était frappée d'incapacité, il était convenu de faire reposer son pouvoir domestique sur la technique d'un mandat tacite, justifiable par le principe suivant lequel aucune capacité n'est requise en la personne du mandataire. Une fois acquise la capacité de principe de la femme mariée par la loi du 18 février 1938, la loi du 22 septembre 1942 vint organiser un système de représentation légale en énonçant que « *la femme mariée a, sous tous les régimes, le pouvoir de représenter le mari pour les besoins du ménage et d'employer pour cet objet les fonds qu'il laisse entre ses mains* ». En somme, si l'explication a pu varier, la solution a duré jusqu'à la loi du 13 juillet 1965. Surtout, la jurisprudence d'abord et la loi du 22 septembre 1942 ensuite admirent que les actes accomplis au titre de ce pouvoir domestique engageaient le mari à l'égard des tiers, sauf pour lui à révoquer le mandat tacite ou légal, ce qu'il lui était loisible de faire *ad nutum*.

D'un autre côté, les textes imposaient au mari, avant que l'article 214 du Code civil ne fût raccourci par la loi du 11 juillet 1975, une contribution supérieure aux charges du mariage. L'article 214 édictait alors aux alinéas 2 et 3 : « *Les charges du mariage incombent au mari à titre principal. Il est obligé de fournir à la femme tout ce qui est nécessaire pour les besoins de la vie selon ses facultés et son état* ». Au mari, en somme, de poser principalement le train de vie du ménage en sa qualité de chef de famille, même si les deux époux devaient déjà contribuer à proportion de leurs facultés respectives (v. s[s] n°s 112.11 s.).

Il n'est pas certain que la répartition légale des rôles avant l'entrée en vigueur des lois du 13 juillet 1965 et 11 juillet 1975 ait concordé avec toutes les pratiques sociales de l'époque. Il est manifeste, en tout cas, qu'elle ne pouvait que heurter les conceptions de l'opinion contemporaine. Désormais, **une exacte symétrie** ordonne la construction légale, quitte parfois à compliquer quelque peu cette dernière : chacun des époux est en mesure d'engager l'autre solidairement pour certaines dettes ménagères; chacun y contribuera selon ses moyens.

111.08 Pouvoirs domestiques des époux vis-à-vis des tiers. La loi du 13 juillet 1965 a révolutionné la matière. L'article 220 ne résout plus désormais une question de représentation. Il institue un **pouvoir particulier à chaque époux,** qui appartient symétriquement à chacun sous tous les régimes matrimoniaux. Ce pouvoir se décline en **deux prérogatives** bien distinctes :

– la faculté de passer seul des contrats ayant pour objet l'entretien du ménage et l'éducation des enfants;

– le droit de déclencher de ce fait la solidarité des époux si la dette qui en résulte remplit certaines conditions.

SECTION 1
POUVOIR INDIVIDUEL DE CONTRACTER EFFICACEMENT

111.11 Pouvoir propre. Désormais, l'épouse aussi bien que le mari tire son pouvoir de la loi. La loi lui reconnaît un titre individuel pour traiter avec les tiers les affaires domestiques, et les conclure par la passation des actes juridiques correspondants. La compétence domestique est ainsi reconnue à chacun, sans qu'il puisse y avoir de justification juridique à une hiérarchie dans la décision ou à une répartition des compétences.

111.12 Pouvoir autonome. Les tiers ne sont pas fondés à solliciter l'avis, ni *a fortiori* l'accord du conjoint avant de contracter. De même, un conjoint ne saurait retirer à l'autre le pouvoir d'agir seul, même en notifiant son désaccord au tiers sur le point de contracter. Tout au plus cette opposition serait-elle en mesure de faire varier la portée des engagements (v. s^s n° 111.126).

111.13 Objet des contrats. Ce pouvoir ne couvre que la conclusion des contrats ayant pour objet **l'entretien du ménage et l'éducation des enfants.** La détermination de ce caractère ménager ne se présente pas différemment pour déterminer le pouvoir autonome des époux et pour déterminer le champ d'application de la solidarité à l'égard des tiers. Or c'est à ce second propos que la jurisprudence a précisé la notion de dette ménagère. Elle sera donc étudiée plus bas (v. s^s n°s 111.30 s.). Retenons que l'objet ménager représente ici une **condition suffisante pour légitimer l'action individuelle de l'un ou l'autre des époux.** En fait de solidarité ménagère, en revanche, cette condition est nécessaire sans pour autant être suffisante.

SECTION 2
SOLIDARITÉ DE PRINCIPE

111.20 Solidarité dérogatoire. Il reste naturellement exceptionnel, en droit civil, qu'une dette contractée par une personne oblige une autre personne solidairement. Tel est pourtant le cas des dettes visées par l'article 220, lorsqu'elles répondent aux conditions prévues par le texte.

En toute logique, les exigences de cet article, s'agissant d'un texte d'exception, devraient être interprétées strictement par la jurisprudence. On observe cependant une tendance des juges à étendre le champ de la solidarité en se livrant à une interprétation moins rigoureuse des conditions requises.

Ces conditions tiennent à la nature (§ 1) et à la date de la dette (§ 2).

§ 1
Première condition : nature ménagère de la dette

111.30 Exigences légales. Ce caractère ménager, qui gouverne également le pouvoir individuel de passer des contrats domestiques (v. s^s n° 111.13), suppose que l'on reprenne terme à terme l'expression usitée à l'article 220 alinéa 1er : « *Les contrats qui ont pour objet l'entretien du ménage et l'éducation des enfants* ».

A.
Première exigence légale : un contrat

111.31 Dettes nées d'un contrat. Aux termes mêmes de l'article 220, ne devraient déterminer la solidarité que les dettes nées d'un contrat. Le texte est resté dans la logique de l'ancien article 220 du Code civil, qui faisait reposer le pouvoir domestique de la femme mariée sur la technique d'un mandat légal : le mandat a pour seul objet la conclusion d'un acte juridique.

111.32 Exception de certaines dettes non contractuelles. À l'encontre de la lettre du texte, qui est explicite, la Cour de cassation a admis dans une décision controversée que l'article 220 s'applique « *à toute dette même non contractuelle ayant pour objet l'entretien du ménage ou l'éducation des enfants* »[1]. Cette jurisprudence, désormais bien assise, paraît marquer une évolution dans l'analyse du texte par la Cour de cassation. L'esprit de l'article 220 du Code civil peut seul justifier une extension de son champ d'application en dehors de celui que lui désignent ses propres termes. Par conséquent, la Cour de cassation, rompant avec toute survivance de l'idée de représentation, s'attache en tout et pour tout au caractère intrinsèquement ménager de la dépense, ce dont elle fait le seul véritable critère.

111.33 Illustrations. La Cour de cassation a ainsi fait jouer la solidarité légale dans les cas suivants :

– restitution des prestations servies indûment par une caisse d'allocations familiales durant le mariage[2];

– règlement d'une indemnité d'occupation due par un conjoint, l'occupation du logement familial s'étant prolongée au-delà de la résiliation du bail pour non-paiement des loyers[3] (comp. toutefois avec une décision refusant la condamnation solidaire à des dommages-intérêts, pour dégradations

1. Civ. 1re, 7 juin 1989, n° 87-19.049, NP; *D.* 1990. 21 note J. Massip.
2. Soc. 26 oct. 1972, n° 71-12.863, *Bull. civ.* V, n° 589 – Soc. 19 mars 1986, n° 84-13.097, *Bull. civ.* V, n° 107; *Defrénois* 1987. 1195, obs. G. Champenois.
3. Civ. 1re, 7 juin 1989, n° 87-19.049, NP; *D.* 1990. 21 note J. Massip – MÊME SENS Rouen, 28 mars 2000, *JCP* 2001. I. 309, n° 2, obs. G. Wiederkehr – *CONTRA Rouen*, 30 janv. 1990, *Gaz. Pal.* 1990. 2. 464, note Pronier.

constatées après la fin du bail, de l'épouse qui avait quitté les lieux avant la fin du bail en vertu d'une ordonnance l'autorisant à résider séparément[1]);

- règlement de cotisations d'assurance vieillesse d'un époux[2];

- règlement d'un arriéré de cotisations obligatoires restant dues au titre d'un régime légal d'assurance maladie et maternité[3];

- règlement d'un arriéré de cotisations au titre de l'assurance vieillesse, augmenté le cas échéant de majorations de retard[4].

B. Seconde exigence légale : objet de la dépense

111.41 Objet ménager de la dépense. Le caractère ménager de la dépense est défini par le fait que son objet est l'entretien du ménage ou l'éducation des enfants. Toute la question est de savoir si cet objet doit être **direct** ou **indirect.**

S'agissant d'un **contrat**, tout d'abord, il faut observer que la dernière disposition de l'article 220 alinéa 3 range au nombre des dettes qui déterminent la solidarité légale, les **emprunts** portant sur des sommes modestes nécessaires aux besoins de la vie courante; et cette disposition issue de la loi du 23 décembre 1985 n'est que la reprise d'une ancienne jurisprudence de la Cour de cassation (sur tous ces points, v. s[s] n°s 111.141 à 111.143 s.). Or l'objet de la dette est ici une somme d'argent. C'est la **destination de cette somme** qui seule peut présenter un **caractère ménager.** La loi elle-même, à la suite de la jurisprudence, se contente donc explicitement pour le contrat d'un **objet indirectement ménager.**

Pour ce qui est des **dettes non-contractuelles,** ensuite, la jurisprudence a aussi admis implicitement qu'il suffit d'un **objet indirectement ménager** lorsqu'elle a reconnu un caractère solidaire aux cotisations d'assurance vieillesse de source réglementaire[5]. En effet, l'objet des cotisations en question est de constituer un **droit à pension,** et non de satisfaire exclusivement ni directement à l'entretien du ménage. En revanche, sont clairement exclues les **dettes délictuelles ou quasi délictuelles par essence personnelles à un époux,** et dénuées, partant, de tout objet ménager : ainsi une dette de dommages-intérêts destinée à réparer le préjudice résultant d'un détournement de fonds commis par un conjoint[6].

1° Notion d'entretien du ménage

111.51 Entretien actuel, futur, voire éventuel. La jurisprudence ne se montre guère exigeante, non plus, sur l'immédiateté de l'entretien du ménage. La Cour de cassation observe que l'article 220 n'opère aucune distinction entre l'entretien actuel et futur du ménage[7]. C'est encore une interprétation extensive du champ de la solidarité, pourtant exceptionnelle en droit civil. Les cotisations d'assurance vieillesse ne déboucheront sur une pension que dans l'avenir; qui plus est, même en admettant que la dépense reste ménagère quoique l'entretien soit futur, on remarque que la destination est ici particulièrement incertaine, car cela suppose que l'union matrimoniale ait survécu. Il s'agit donc plutôt, en vérité, de **l'entretien éventuel du ménage.**

111.52 Prédominance de la destination ménagère de la dépense. La jurisprudence la plus récente semble donc faire de la **destination de la dépense** à l'entretien du ménage le **critère prédominant.**

Il est toutefois nécessaire que l'objet de la dépense soit **loyalement ménager,** au sens du moins où l'entend la jurisprudence, ce qui suppose aux yeux des juges que l'opération ait vocation à profiter symétriquement aux deux conjoints. Il n'en va pas ainsi des cotisations ayant pour objet la constitution par un mari d'une rente non réversible sur le

1. Civ. 3e, 8 avr. 1992, n° 90-15.047, *Bull. civ.* III, n° 119.
2. Civ. 1re, 9 oct. 1991, n° 89-16.111, *Bull. civ.* I, n° 255; *Defrénois* 1992. 299, obs. J. Massip; *RTD civ.* 1992. 169, obs. F. Lucet et B. Vareille; et 54, obs. J. Hauser – MÊME SENS, Civ. 1re, 20 nov. 2001, n° 99-17.329, *Bull. civ.* I, n° 284; *D.* 2001. IR 3585; *Dr. fam.* 2002, n° 17, note Lécuyer (1re esp.) et Civ. 1re, 28 oct. 2003, n° 01-16.985, *Bull. civ.* I, n° 214; *D.* 2004. AJ 189; *Defrénois* 2004. 821, obs. G. Champenois.
3. Civ. 1re, 18 févr. 1992, n° 90-17.360, *Bull. civ.* I, n° 53; *Defrénois* 1992. 719, obs. J. Massip; *D.* 1993. Somm. 217, obs. F. Lucet; *JCP* 1993. II. 22084, note Noguerol; *JCP N* 1992. 374, obs. G. Wiederkehr; *RTD civ.* 1992. 811, obs. F. Lucet et B. Vareille.
4. Civ. 1re, 17 mai 1993, n° 91-17.144, *Bull. civ.* I, n° 178; *Defrénois* 1993. 1363, obs. J. Massip; *JCP N* 1994. 223, n° 6, obs. G. Wiederkehr – MÊME SENS, Soc. 5 mai 1995, n° 91-19.098, *Bull. civ.* V, n° 142 – Civ. 1re, 24 oct. 1995, n° 93-21.071, NP; *JCP* 1995. I. 3908, n° 2, obs. G. Wiederkehr – Soc. 4 oct. 2001, n° 99-21.406, *Bull. civ.* V, n° 299; *R*, p. 376; *D.* 2001. IR 3090; *AJ fam.* 2002. 31 – Civ. 1re, 12 mai 2004, n° 02-30.716, *Bull. civ.* I, n° 137; *D.* 2004. 2886, note G.-A. Likillimba; Somm. 2966, obs. V. Vigneau; *AJ fam.* 2004. 368, obs. L. Attuel-Mendès; *Dr. fam.* 2004, n° 116, note V. Larribau-Terneyre; et n° 165, note A. Devers; *RTD civ.* 2004. 510, obs. J. Mestre et B. Fages.
5. Civ. 1re, 9 oct. 1991, n° 89-16.111, préc. s[s] n° 111.33.
6. Civ. 1re, 9 janv. 2008, n° 06-21.095, NP; *D.* 2008. Pan. 1792, obs. J.-J. Lemouland et D. Vigneau; *AJ fam.* 2008. 128, obs. P. Hilt; *Dr. fam.* 2008, n° 24, note V. Larribau-Terneyre; *RJPF* 2008-5/19, obs. F. Vauvillé.
7. Civ. 1re, 9 oct. 1991, n° 89-16.111, préc. s[s] n°s 111.33 et 111.41.

chef de l'épouse[1]; le principe d'un droit à réversion, qui gouverne par conséquent la solidarité, s'apprécie à la date où les cotisations sont dues[2]. Tout démontre que les autres considérations (que la source en soit ou non contractuelle, que l'objet soit direct ou indirect, que l'entretien soit actuel ou non) se trouvent reléguées au second plan, dans une interprétation très finaliste de l'article 220. C'est pourquoi la détermination de l'acte d'entretien ou d'éducation est primordiale.

111.53 Entretien : critère. En substituant à l'expression « *besoins du ménage* », qui figurait à l'ancien article 220, l'expression « *entretien du ménage* », le législateur de 1965 a probablement voulu marquer une exigence plus rigoureuse. La notion d'entretien renvoie à un **critère économique** davantage que juridique.

On oppose l'acte ménager d'entretien à l'opération d'investissement, comme la construction ou l'acquisition d'une résidence principale, et *a fortiori* d'une résidence secondaire[3]. Deux arrêts ambigus de la première chambre civile avaient pu faire douter de la fermeté de cette jurisprudence en retenant de façon indulgente la solidarité : un arrêt du 29 mai 2001 relatif à des commandes de travaux sur un immeuble de communauté[4], et un arrêt de cassation du 28 septembre 2004 qui esquivait la difficulté concernant un emprunt au titre du 1 % logement[5].

111.54 Exclusion des opérations d'investissement. La dette contractée par un conjoint en vue d'acquérir une **résidence secondaire** a été exclue de la catégorie des actes ménagers d'entretien, car constituant une opération d'investissement[6]. En vertu du même argument, on doit donc éliminer des dettes ménagères et, partant, soustraire à la solidarité, toute dépense d'achat d'un immeuble, même correspondant au train de vie du ménage, même servant au logement de la famille.

111.55 Entretien courant. À l'évidence, la notion de dépense d'entretien du ménage couvre la satisfaction des **besoins alimentaires, de première nécessité** : frais de nourriture, de santé[7], d'habillement, de chauffage, charges de copropriété afférentes au lot propre à l'un des époux, dès lors que ce bien est affecté au logement de la famille[8].

111.56 Bail. La prise à bail du logement de la famille relève par excellence de la catégorie des dettes ménagères, ainsi que les charges locatives correspondantes, notamment chauffage et fluides[9]. La jurisprudence est moins nette pour ce qui est de l'abonnement téléphonique (ainsi un arrêt de rejet, qui ne semble toutefois pas exclure le caractère ménager[10], sur lequel *adde* s^s n° 111.103).

1. Civ. 1re, 16 avr. 1996, n° 94-13.803, *Bull. civ.* I, n° 180; *JCP* 1996. I. 3962, n° 3, obs. G. Wiederkehr; *Defrénois* 1996. 1443, obs. G. Champenois; *RTD civ.* 1996. 584, obs. J. Hauser – Sur la prise en compte de telles cotisations lors de la liquidation, Civ. 1re, 23 mai 2006, n° 05-11.512, *Bull. civ.* I, n° 259; *D.* 2006. IR 1634; *JCP* 2006. I. 193, n° 11, obs. Ph. Simler; *RTD civ.* 2008. 141, obs. B. Vareille – Civ. 1re, 31 oct. 2007, n° 06-18.572, *Bull. civ.* I, n° 333; *D.* 2007. AJ 2879; *AJ fam.* 2007. 483, obs. P. Hilt; *RTD civ.* 2008. 141, obs. B. Vareille.
2. Civ. 1re, 4 juin 2009, n° 07-13.122, *Bull. civ.* I, n° 118; *D.* 2010. Pan. 728, obs. J.-J. Lemouland et D. Vigneau; *JCP* 2009. 54, obs. M. Billiau; 391, n° 1, 1re esp., obs. G. Wiederkehr; *AJ fam.* 2009. 303, obs. F. Chénédé; *Dr. fam.* 2009, n° 100, obs. V. Larribau-Terneyre; *Defrénois* 2009. 2184, obs. J. Massip; *Defrénois* 2010. 333, obs. G. Champenois; *RLDC* 2009/63, n° 3542, obs. E. Pouliquen; *RJPF* 2010-1/23, obs. F. Vauvillé; *Gaz. Pal.* 23 janv. 2010; *RTD civ.* 2010. 800, obs. B. Vareille.
3. Civ. 1re, 11 janv. 1984, n° 82-15.461, *Bull. civ.* I, n° 13; *Gaz. Pal.* 1984. Pan. 206, obs. M. Grimaldi; *Defrénois* 1984. 933, obs. G. Champenois – Civ. 1re, 4 juill. 2006, n° 03-13.936, *Bull. civ.* I, n° 351; *D.* 2007. Pan. 1567, obs. J.-J. Lemouland et D. Vigneau; *JCP* 2006. I. 193, obs. G. Wiederkehr; *AJ fam.* 2006. 329, obs. F. Chénedé; *Dr. fam.* 2006, n° 83, note V. Larribau-Terneyre; *RJPF* 2006-11/21, obs. F. Vauvillé; *RLDC* 2006, n° 30, p. 12, note S. Doireau; *RTD civ.* 2006. 811, obs. B. Vareille.
4. Civ. 1re, 29 mai 2001, n° 99-15.415, NP; *RJPF* 2001/12-19, obs. F. Vauvillé; *Defrénois* 2002. 400, obs. G. Champenois; *RTD civ.* 2002. 556, obs. B. Vareille.
5. Civ. 1re, 28 sept. 2004, n° 02-17.469, NP; *D.* 2005. Somm. 817, obs. J.-J. Lemouland et D. Vigneau; *Dr. fam.* 2004, n° 195, obs. V. Larribau-Terneyre; *CCC* 2005, n° 18, note G. Raymond; *RTD civ.* 2005. 170, obs. B. Vareille.
6. Civ. 1re, 11 janv. 1984, n° 82-15.461, préc. s^s n° 111.53 – Civ. 1re, 4 juill. 2006, n° 03-13.936, *Bull. civ.* I, n° 351; *D.* 2007. Pan. 1567, obs. J.-J. Lemouland et D. Vigneau; *JCP* 2006. I. 193, obs. G. Wiederkehr; *AJ fam.* 2006. 329, obs. F. Chénedé; *Dr. fam.* 2006, n° 183, note V. Larribau-Terneyre; *RJPF* 2006-11/21, obs. F. Vauvillé; *LPA* 15 oct. 2007, note J. Antippas; *RTD civ.* 2006. 811, obs. B. Vareille.
7. Font ainsi clairement partie des dettes solidaires celles relative à la santé d'un époux : Civ. 1re, 10 mai 2006, n° 03-16.593, *Bull. civ.* I, n° 235; *D.* 2007. Pan. 1567, obs. J.-J. Lemouland et D. Vigneau; *JCP* 2006. I. 193, obs. G. Wiederkehr; *AJ fam.* 2006. 292, obs. F. Chénedé; *Dr. fam.* 2006, n° 119, note V. Larribau-Terneyre – Ou d'un enfant : Civ. 2e, 10 juill. 1996, n° 94-19.388, *Bull. civ.* II, n° 204; *JCP* 1997. I. 4008, n° 1, obs. G. Wiederkehr.
8. Civ. 3e, 1er déc. 1999, n° 98-11.726, NP; *D.* 2001. Somm. 346, obs. C. Giverdon; *JCP* 2000. I. 245, n° 7, obs. G. Wiederkehr.
9. EN CE SENS, Civ. 2e, 3 oct. 1990, n° 88-18.453, *Bull. civ.* II, n° 177; *D.* 1992. Somm. 219, obs. F. Lucet; *Defrénois* 1991. 1126, 1re esp., obs. G. Champenois; *RTD civ.* 1991. 584, obs. F. Lucet et B. Vareille.
10. Civ. 1re, 15 nov. 1994, n° 93-12.332, *Bull. civ.* I, n° 333; *Defrénois* 1995. 434, obs. G. Champenois; *RTD civ.* 1995. 421, obs. B. Vareille.

La doctrine considère en général que la location d'une résidence secondaire qui ne soit pas disproportionnée par rapport au train de vie de la famille (v. s[s] n° 111.123) devrait encore déterminer la solidarité. C'est déjà évoquer la question des dépenses d'agrément.

111.57 Confort et agrément. Sous cette même restriction qu'elles répondent au train de vie du ménage (v. s[s] n° 111.123), certaines dépenses de confort ou d'agrément peuvent sans aucun doute se ranger parmi les dépenses ménagères de l'article 220. Ainsi le financement des **équipements électroménagers lourds** de toutes natures, y compris les équipements audiovisuels et informatiques à caractère non-professionnel. En effet, ils ne représentent pas des investissements, ne serait-ce que par l'effet malencontreux de l'obsolescence, à quoi ils se trouvent particulièrement exposés. On observera du reste que l'article 220 alinéa 3 semble viser implicitement ce type de biens lorsqu'il exclut la solidarité dans l'hypothèse d'un achat à tempérament[1].

111.58 Automobile. Dans le même ordre d'idées, l'acquisition d'un véhicule automobile destiné à un usage familial peut sembler compatible avec la solidarité de l'article 220 lorsque le modèle répond au train de vie domestique (v. s[s] n° 111.123). La principale question est donc de savoir quelle est la finalité de l'achat. Si le véhicule est destiné à un **usage professionnel**, il n'entre évidemment pas dans le champ de la solidarité. S'il est voué à une **utilité exclusivement familiale**, on peut admettre en revanche, comme l'ont fait certaines juridictions du fond, le jeu de la solidarité; mais la solution reste controversée en doctrine, et la jurisprudence ne s'est pas encore prononcée de façon décisive[2]. À plus forte raison peut-on hésiter sur le point de savoir ce qu'il conviendrait de faire dans le cas d'un **usage mixte**.

2°
Cas incertains

111.61 Doutes : location-vente. De façon plus générale, la distinction entre dépense ménagère d'entretien et dépense non ménagère ou d'investissement n'est pas toujours aisée à mettre en œuvre.

La question s'est posée de façon sensible, tout d'abord, pour la **location-vente**, opération délicate à qualifier. On sait que dans les locations-ventes, la redevance servie par l'accédant correspond pour partie à un loyer, pour partie à une fraction du prix de l'immeuble (dite « *surloyer* »). Dans la location-accession réglementée par la loi du 12 juillet 1984, l'accédant se constitue par ce biais un apport personnel récupérable. Qu'il se porte ou non acquéreur en définitive, il réalise donc plutôt un investissement. Malgré quoi la Cour de cassation a admis la solidarité dans une affaire de location-attribution[3]. La Cour a relevé que la clause d'attribution de propriété ne produisant ses effets qu'après paiement de la totalité des mensualités dues, jusqu'à cette date le signataire du contrat a la seule qualité de locataire, et ce bail ayant pour objet d'assurer le logement de la famille oblige solidairement les deux époux. Cette décision est le plus souvent interprétée comme ne remettant pas en question la distinction entre dépense d'entretien et dépense d'investissement, mais prenant simplement acte de la nature ambivalente de la location-vente, et se bornant à la traiter davantage comme une location que comme une vente du point de vue de la solidarité.

111.62 Doutes : dépenses d'amélioration. Une dépense **d'amélioration du logement de la famille** est intermédiaire entre le simple entretien et l'investissement. Les auteurs considèrent en général que de telles dépenses devraient échapper à la solidarité. Cependant, un arrêt de la cour d'appel de Bordeaux a statué de façon audacieuse en sens contraire[4]. Il semble que l'amélioration d'un bien, qui vise à lui procurer une plus-value, dépasse sensiblement la simple préoccupation d'entretien, puisqu'aussi bien elle peut fonder une récompense sous le régime légal, suivant l'article 1469 alinéa 3 du Code civil, ce qui présuppose un véritable transfert de valeur. La solidarité ne se justifie donc pas.

111.63 Solution critiquée : ensemble des dettes résultant du contrat de travail d'une employée de maison. Dans une espèce controversée, la cour d'appel de Bordeaux a condamné une épouse à acquitter différentes sommes à l'employée de maison que cette dernière avait embauchée : rappel de salaire, indemnité de congés payés, mais surtout indemnité compensatrice de préavis, indemnité de licenciement, et dommages et intérêts pour licenciement abusif; cependant, la cour d'appel de Bordeaux avait écarté la solidarité au motif que la date d'embauche n'était pas certaine, qu'il n'était pas démontré que le mari fût l'employeur de la personne licenciée, et enfin que la date de la séparation de fait des époux séparés de biens n'était pas précisée. La chambre sociale casse sur ce point l'arrêt d'appel : « *En statuant ainsi, par des motifs*

1. EN CE SENS, *J.-Cl. Civ.*, F. Lefebvre, art. 213 à 226, fasc. 20, n° 40.
2. En faveur de la solidarité, v. Paris, 9 mars 1988, *JCP N* 1991. 57, 6e esp., obs. Ph. Simler.
3. Civ. 1re, 9 oct. 1990, n° 89-10.924, *Bull. civ.* I, n° 210; *Defrénois* 1991. 1126, 2e esp., obs. G. Champenois.
4. Bordeaux, 18 sept. 1989, *JCP N* 1991. 57, obs. Ph. Simler.

inopérants, et sans rechercher si le contrat de travail conclu avec l'employée de maison occupée au domicile de l'épouse n'avait pas pour objet l'entretien du ménage ou l'éducation des enfants communs, la cour d'appel n'a pas donné de base légale à sa décision »[1].

Or, autant l'embauche d'une femme de ménage par un époux seul peut faire naître une dette ménagère solidaire, pourvu qu'elle ne soit pas manifestement excessive, notamment par rapport au train de vie du ménage ou à l'utilité de l'opération, autant il ne va pas de soi que l'on doive traiter de même les indemnités liées à son licenciement abusif : il ne s'agit pas à proprement parler de dettes contractées pour l'entretien du ménage et l'éducation des enfants; au surplus, on peut trouver exagéré qu'un conjoint puisse être tenu à raison d'une pareille faute de l'autre, même si la contribution aux dettes rétablira *a posteriori* l'équilibre. En réalité, l'arrêt fait prévaloir une fois de plus la finalité ménagère de la dette, ici largement entendue.

Dans une espèce plus récente, la chambre sociale a même admis qu'est une dette ménagère solidaire, au sens de l'article 220 du Code civil, la cotisation retraite employeur relative à une employée de maison qui, après avoir exercé cette activité durant trois années en étant déclarée par le mari employeur, a poursuivi la relation de travail sans changement dans son poste, mais sans être déclarée, sept années durant[2].

3°
Notion d'entretien et d'éducation des enfants

111.71 Dettes ménagères concernant les enfants du couple. La solidarité s'applique naturellement aux dettes constituées en application de l'article 203 du Code civil, qui fait obligation aux parents de nourrir, entretenir et élever leurs enfants.

Partie de cette obligation se trouve déjà implicitement incluse dans l'expression « *entretien du ménage* ». Dans une certaine mesure, en effet, l'obligation de nourrir et entretenir les enfants du couple marié ne se distingue pas de l'utilité et du train de vie de l'ensemble de la famille. Ce sont les mêmes engagements qui déterminent la solidarité.

L'éducation des enfants, en revanche, représente un poste à part dans la nomenclature des dettes ménagères solidaires. Elle comporte ses exigences propres, dont le contenu est susceptible de varier selon les époques : les rigueurs de l'économie et les tensions du marché de l'emploi portent à une surenchère de qualité dans la qualification et la formation des jeunes gens. Par conséquent, l'obligation d'éducation et ses conséquences financières se prolongent, et avec elles le jeu de la solidarité des époux à cet égard.

111.72 Exclusion des dépenses d'établissement d'un enfant. L'obligation d'élever les enfants, imposée par la loi, trouve naturellement un terme lorsque ces derniers accèdent à une profession stable. Par conséquent, l'établissement de l'enfant sort du champ des dettes solidaires. On observera du reste que selon l'article 204 du Code civil, l'enfant n'a aucune action contre ses parents pour qu'ils contribuent à son établissement; ce que confirme l'article 851 du Code civil en prévoyant que l'enfant doit rapporter à la succession de ses auteurs les deniers consacrés à cet établissement : il s'agit donc bien de libéralités en avance de part successorale, contrairement aux frais de nourriture, d'entretien et d'éducation, que l'article 852 dispense de rapport successoral, à moins que le disposant n'ait exprimé la volonté contraire. Tout indique donc que **l'établissement d'un enfant**, qu'il soit analysé en une **libéralité ordinaire** ou en **l'exécution d'une obligation morale, échappe à la solidarité** édictée par l'article 220.

111.73 Dettes ménagères concernant l'enfant d'un seul des deux époux. Il ne semble pas que la question se soit jamais présentée en jurisprudence de définir le sort d'une dette contractée pour l'entretien et l'éducation de l'enfant d'un seul des deux époux : enfant d'un premier lit, enfant naturel, ou enfant ayant fait l'objet d'une adoption unilatérale. À la vérité, le statut juridique de l'enfant paraît être d'une importance bien moindre que ses conditions de vie. Si l'enfant de l'un des époux vit au foyer conjugal, rien ne justifie qu'il fasse l'objet d'un traitement à part. En effet, comme on l'a déjà observé (v. s[s] n° 111.71), l'obligation d'entretien de cet enfant se trouve déjà incluse dans l'entretien du ménage, sans que l'on puisse davantage que pour les enfants communs faire le départ entre les dépenses destinées au couple et celles intéressant plus particulièrement l'enfant. Quant aux dépenses d'éducation de l'enfant, qu'il serait plus aisé de matérialiser isolément, leur spécificité ne saurait apparaître clairement aux yeux des tiers, qui sont pour la plupart fondés à ignorer les clés d'une telle

1. Soc. 8 juin 2005, n° 02-47.689, *Bull. civ.* V, n° 197; *D.* 2005. 2509, note J. Mouly; *D.* 2006. Pan. 1421, obs. J.-J. Lemouland et D. Vigneau; *AJ fam.* 2005. 324, obs. F. Chénedé; *Dr. fam.* 2005, n° 233, note P. Fadeuilhe; *LPA* 1er-2 mai 2006, note G. Yildirim; *RTD civ.* 2005. 817, obs. B. Vareille.
2. Soc. 11 mars 2009, n° 07-43.977, *Bull. civ.* V, n° 73; *D.* 2010. Pan. 778, obs. J.-J. Lemouland et D. Vigneau; *JCP* 2009. II. 10098, note V. Larribau-Terneyre; *JCP* 2009. 391, n° 1, 2[e] esp., obs. G. Wiederkehr; *JCP S* 2009. 1371, note Lahalle; *Dr. fam.* 2009, n° 51, obs. V. Larribau-Terneyre; *RLDC* 2009/60, n° 3428, obs. E. Pouliquen; *Dr. soc.* 2009. 736, obs. R. Savatier; *RTD civ.* 2010. 802, obs. B. Vareille.

filiation. C'est pourquoi on voit mal comment il serait possible qu'elles observent un régime particulier et soient soustraites à la solidarité de l'article 220.

De plus, la famille recomposée est un phénomène d'une telle ampleur que l'esprit de la législation contemporaine est à abolir les différences de traitement de l'enfant selon qu'il est issu ou non des deux conjoints.

C.
La jurisprudence et la nature ménagère de la dette

111.81 Conclusion sur la nature ménagère de la dette. En définitive, il semble qu'au travers des caractères qui singularisent la dette ménagère, la jurisprudence, prenant quelques libertés avec les propres termes de la loi, ait traité **l'article 220 du Code civil** comme **un texte de crédit.** Il s'agit avant tout de savoir ce qui est par nature ménager et ce qui ne l'est pas, afin de déterminer **dans quelle mesure un époux engage solidairement l'autre, du chef de son pouvoir ménager, à l'égard des tiers.**

Toutes autres considérations semblent désormais subsidiaires (v. s^s n° 111.52). Ou bien la dette est en soi ménagère, au point que la famille s'incarne en l'époux qui agit, et la solidarité s'inscrit. Ou bien la dette n'est pas ménagère, et l'époux qui engage la dépense est seul tenu de l'assumer.

§ 2
Seconde condition : date de la dette

A.
Dette contractée pendant le mariage

111.91 Dette passée en mariage. Pour qu'un engagement soit solidaire, il faut qu'il soit pris pendant la durée du mariage. Cette exigence est **implicite,** mais elle résulte évidemment de la position de l'article 220 dans le Code civil. Simple pièce du régime primaire, l'article 220 ne saurait recevoir un champ d'application différent de ce dernier (v. s^s n° 11.11), à moins qu'un principe plus fondamental encore ne le justifie. C'est dire qu'il faut d'une part qu'un mariage existe, d'autre part qu'il perdure.

111.92 Existence d'un mariage. Applicable sous tous les régimes matrimoniaux, l'article 220 suppose du moins qu'un mariage ait été célébré.

Il en résulte que dans les rapports entre deux concubins, comme dans les relations de l'un d'eux avec les tiers, l'article 220 est naturellement inapplicable[1]. Par suite, dans les recours qui opposent deux concubins, la solidarité n'a pas lieu de jouer, s'agissant d'une question de contribution à la dette. Et de même, l'article 220 ne peut pas être invoqué en principe par les tiers qui traitent avec eux.

En revanche, si les **conditions de la théorie de l'apparence** sont réunies, en particulier si deux concubins se sont fait passer pour un couple marié, les tiers de bonne foi qui ont été ainsi induits en erreur peuvent assurément se prévaloir de la **solidarité** pour les dettes qui réunissent les caractères ordinaires des **dettes ménagères.**

111.93 Persistance du mariage. La solidarité édictée par l'article 220 est principalement une affaire de crédit du couple marié à l'égard des tiers (v. s^s n° 111.81). Il importe donc de savoir quand cette solidarité est susceptible de prendre fin.

Un arrêt de la deuxième chambre civile de la Cour de cassation a précisé que **la solidarité prend fin seulement par la transcription du jugement de divorce sur les registres de l'état civil**[2]. Les conséquences du divorce sont déterminées par la loi : en ce qui concerne les biens des époux, l'article 262 rend le divorce opposable aux tiers à compter de sa publication dans les formes légales. Autant dire que le mariage est censé subsister, aux yeux des tiers, et avec lui les règles qu'il détermine, jusqu'à ce que cette condition soit remplie. Or l'article 220 est un texte fondamental du régime primaire. Il s'applique donc jusqu'à l'accomplissement de cette formalité.

Cette jurisprudence paraît devoir être approuvée. Certaines décisions récentes ont cependant pu faire douter de sa fermeté[3] (v. s^s n°s 111.103 s.). La tentation a été grande de s'en remettre à un raisonnement simple : après la séparation, plus de ménage;

1. Civ. 1re, 11 janv. 1984, n° 82-16.198, *Bull. civ.* I, n° 12; *Defrénois* 1984. 933, obs. G. Champenois; *Defrénois* 1984. 1003, obs. J. Massip; *D.* 1984. IR 275, obs. Martin; *RTD civ.* 1985. 171, obs. J. Mestre – *Adde :* Civ. 1re, 2 mai 2001, n° 98-22.836, *Bull. civ.* I, n° 111; *D.* 2002. Somm. 612, obs. J.-J. Lemouland; *Defrénois* 2001. 1003, obs. J. Massip; *Dr. fam.* 2001, n° 79, note L. Perrouin; *RTD civ.* 2001. 565, obs. J. Hauser; *RTD civ.* 2002. 556, obs. B. Vareille; *RJPF* 2001-9/20, note F. Vauvillé; *JCP* 2002, n° 3, p. 133, note R. Cabrillac – *Adde :* Civ. 1re, 27 avr. 2004, n° 02-16.291, *Bull. civ.* I, n° 13; *D.* 2004. Somm. 2968, obs. D. Vigneau; *JCP* 2005. II. 10008, note G. Cavalier; *Defrénois* 2004. 1232, obs. J. Massip; *Dr. fam.* 2004, n° 140, note V. Larribau-Terneyre; *RTD civ.* 2004. 487; et 510, obs. J. Hauser; *RLDC* 2004, n° 7, p. 45, note F. Leandri.
2. Civ. 2e, 3 oct. 1990, n° 88-18.453, *Bull. civ.* II, n° 177; *D.* 1992. Somm. 219, obs. F. Lucet; *Defrénois* 1991. 1126, 1re esp., obs. G. Champenois.
3. Civ. 1re, 15 nov. 1994, n° 93-12.332, préc. s^s n° 111.56; *JCP N* 1996. 1505, note G. Yamba; *Defrénois* 1995. 434, obs. G. Champenois; *RTD civ.* 1995. 421, avec nos obs. – Civ. 1re, 14 févr. 1995, n° 92-19.780, *Bull. civ.* I, n° 83; *D.* 1995. Somm. 325, obs. F. Lucet; *Dr. et patr.* 1995, n° 33, p. 49, note F. Dekeuwer-Défossez; *RTD civ.* 1996. 223, obs. B. Vareille.

plus de ménage, plus de solidarité. Il est pourtant permis d'être sensible aux inconvénients humains d'une solution aussi rigoureuse[1]. On n'est pas ici dans le monde des affaires, terre d'élection de la solidarité, où chacun sait se prémunir contre les revirements d'autrui. Si la simple séparation des époux suffisait à écarter la solidarité, il dépendrait seulement de la décision unilatérale d'un époux tout à la fois de rompre et de se désolidariser, double abandon affectif et financier. Est-ce bien souhaitable ? Que vaudrait une solidarité légale qui ne durerait que ce que durent les sentiments ? Certes, les dispositifs de crise du régime primaire et les mesures provisoires du droit du divorce ont vocation à prendre le relais; mais ils nécessitent l'intervention du juge.

B.
Solidarité et séparation des époux

111.101 Application : solidarité et séparation des époux. La jurisprudence a fait une application inégale de ces principes en cas de séparation de droit ou de fait.

Elle s'est prononcée tout d'abord en matière de **bail du logement de la famille**[2] (v. s[s] n° 111.93), qui considère que la solidarité des dettes de loyer court **jusqu'au jour où les formalités de publicité du jugement de divorce ont été réalisées.** Ni l'autorisation de résidence séparée, ni *a fortiori* la séparation de fait, ne mettent un terme à la solidarité en ce domaine.

Dans un arrêt du 13 octobre 1992[3], la deuxième chambre civile approuve une cour d'appel d'avoir décidé que le mari en instance de divorce demeure solidairement tenu avec son épouse au paiement des loyers en vertu du bail conclu par les époux pour assurer le logement de la famille, en dépit d'un congé qu'il a fait délivrer au bailleur. **Le congé donné par un seul des deux époux est donc inapte à interrompre la solidarité.**

Cette décision va à l'encontre d'un arrêt de la troisième chambre civile très critiquable qui admettait que l'époux, en signifiant le congé, avait valablement mis fin au lien contractuel, et échappé de ce fait à la solidarité légale[4]. L'inconvénient pratique était évident : une telle solution aurait pu encourager l'époux le plus fortuné à faire pression sur l'autre. Surtout, en théorie, le caractère impératif de l'article 220 paraît s'opposer à ce que la solidarité soit mise à la merci de la volonté d'un seul des deux conjoints.

111.102 Bail passé par un époux après séparation. La question reste entière, toutefois, de délimiter ensuite le **champ de la solidarité lorsque la séparation de fait conduit l'un des deux époux à prendre à bail un nouveau logement.** Certains auteurs préconisent de refuser à une telle opération le caractère d'une dette ménagère : ils soutiennent que le second bail n'est pas à proprement parler ménager, et que le bailleur doit s'assurer de la véritable destination d'un logement pour se prévaloir de la solidarité ménagère. D'autres font observer que le bailleur du second logement n'est guère en mesure de vérifier que les locaux nouvellement pris à bail seront bien consacrés de façon effective au logement de la famille, résidence principale ou secondaire; et que lui refuser le bénéfice de la solidarité dans certains cas conduirait *ipso facto* les bailleurs à faire preuve de méfiance en exigeant systématiquement le concours des deux conjoints pour la signature de n'importe quel bail, au risque que soit ruinée la première disposition de l'article 220, et que le bail fasse à cet égard l'objet d'un traitement particulier. Dans cette seconde analyse, il faudrait maintenir le bénéfice de la solidarité au profit de tout bailleur, sans distinction, moins en songeant aux bailleurs de couples désunis que pour garantir l'application de l'article 220 alinéa 1er aux couples unis désireux de se loger.

111.103 Hésitations jurisprudentielles. La jurisprudence a varié[5].

La jurisprudence des juridictions du fond n'est sur ce point guère convaincante. La cour d'appel de Nancy, dans des décisions non publiées[6], a distingué pour le jeu de la solidarité suivant que l'épouse ayant abandonné le domicile conjugal loue un appartement avec les enfants ou qu'elle le loue seule. On voit mal comment le bailleur peut se former sur ce point une opinion, si ce n'est *a posteriori*. Or la confiance des bailleurs dans le crédit du couple est la seule garantie que l'un quelconque des époux pourra signer seul, comme le prévoit l'article 220, le bail destiné au logement effectif de la famille.

On s'est interrogé tout d'abord sur un arrêt de la première chambre civile en date du 15 novembre 1994[7].

La Cour de cassation a repoussé le pourvoi contre un jugement du tribunal d'instance de Sarlat qui,

1. V. obs. B. Vareille, *RTD civ.* 1996. 223 et 225.
2. Civ. 2e, 3 oct. 1990, n° 88-18.453, *Bull. civ.* II, n° 177; *D.* 1992. Somm. 219, obs. F. Lucet; *Defrénois* 1991. 1126, 1re esp., obs. G. Champenois.
3. Civ. 1re, 13 oct. 1992, n° 90-18.404, *Bull. civ.* I, n° 251; *Defrénois* 1993. 380, obs. G. Champenois.
4. Civ. 3e, 13 déc. 1989, n° 88-13.266, *Bull. civ.* III, n° 232.
5. Sur la question, F. Terré et Ph. Simler, n° 80, *in fine*.
6. Nancy, 2e ch., 11 févr. 1987, *Juris-Data* n° 040419 – Nancy, 16 mars 1987, *Juris-Data* n° 040420.
7. Civ. 1re, 15 nov. 1994, n° 93-12.332, préc. s[s] n°s 111.56 et 111.93.

après avoir relevé que les époux vivaient séparés de fait au moment où la femme avait souscrit à son seul nom le contrat d'abonnement téléphonique, admet que la dette a été contractée dans l'intérêt exclusif de la femme pour refuser le bénéfice de la solidarité à France Télécom. Or, en toute logique, la séparation de fait ne devrait pas mettre fin à la solidarité ménagère, en particulier pour une dette liée à la mise en service d'une ligne téléphonique, qui fait partie des premières démarches du couple qui s'installe.

Ensuite, le doute a été entretenu par un arrêt de la première chambre civile en date du 14 février 1995[1].

Après la résiliation du bail du logement familial faute de paiement des loyers, la cour d'appel avait repoussé la demande du bailleur tendant à ce que l'épouse demeurée dans les lieux paie l'indemnité d'occupation jusqu'à la date de transcription du jugement de divorce sur les registres de l'état civil. La première chambre civile a rejeté le pourvoi en énonçant que « *c'est dans l'exercice de son pouvoir souverain d'appréciation que la cour d'appel a estimé que la dette* [...] *n'était destinée ni à l'entretien du ménage, ni à l'éducation de l'enfant commun* ». Cet arrêt a pu être analysé comme inaugurant un revirement de jurisprudence[2].

Ou bien ces arrêts inauguraient un infléchissement de la jurisprudence, tendant à limiter les effets de la solidarité, même dans le cas d'une séparation de fait, lorsque la dette est contractée dans l'intérêt d'un seul époux; mais on voit mal comment les tiers traitant avec un époux pourraient s'assurer de ce caractère.

Ou bien il s'agissait purement et simplement d'arrêts d'espèce, dépourvus d'une portée décisive. Cela reste toutefois à confirmer.

Un arrêt de la première chambre civile du 7 novembre 1995[3] semble admettre très clairement que le local loué à l'attention de l'époux qui a quitté le foyer peut être affecté à l'entretien du ménage, ce qui implique que la séparation de fait ne met pas un terme à la solidarité. Et même, il n'y aurait pas lieu de distinguer suivant l'initiative de la rupture[4].

En définitive, tout en admettant que **la solidarité survit**, la Cour de cassation paraît bien s'en remettre très fortement aux **juges du fond pour l'appréciation de la destination ménagère de la dette locative en cas de séparation de fait des époux.**

1. Civ. 1re, 14 févr. 1995, nº 92-19.780, préc. ss nº 111.93.
2. V. F. Dekeuwer-Defossez, *Dr. et patr.* déc. 1995. 49.
3. Civ. 1re, 7 nov. 1995, nº 92-21.276, *Bull. civ.* I, nº 394; *Dr. et patr.* 1996. 72, obs. A. Benabent; *RTD civ.* 1996. 225, obs. B. Vareille.
4. EN CE SENS, Civ. 3e, 16 déc. 1998, nº 97-13.195, NP; *JCP* 1999. II. 10105, note T. Garé – V. toutefois, en sens contraire, Civ. 2e, 24 nov. 1999, nº 97-19.079, *Bull. civ.* II, nº 173; *JCP* 2000. II. 10284, note J. Casey; *Procédures* 2000, nº 2, p. 9, note S. Thouret; *RTD civ.* 2004. 763 avec nos obs.

111.104 Proposition d'un système. Plusieurs arrêts ultérieurs, pour peu qu'on les rapproche, peuvent peut-être construire un système praticable, que suggère un arrêt du 27 avril 2004[5] : « *Attendu qu'ayant relevé que le bail avait été conclu par le mari pour son usage exclusif après l'ordonnance de non-conciliation, ce dont il résultait qu'il n'était pas destiné à l'entretien du ménage, la cour d'appel en a, à bon droit, déduit que la solidarité prévue par l'article 220 du Code civil ne pouvait être appliquée à ce contrat* ».

On aperçoit un **critère principal** pour écarter la solidarité, la **date de naissance de la dette**, et un **critère secondaire**, sa **destination**[6].

Distinguons entre la dette née avant toute séparation, celle née après une ordonnance de non-conciliation, et enfin celle née après une simple séparation de fait.

111.105 1) Dette née avant toute séparation. La jurisprudence paraît exclure qu'on puisse se désolidariser d'une dette née avant la séparation et relevant de l'article 220 du Code civil; ainsi la dette de loyer, née au jour de conclusion du bail[7]. Cela peut expliquer plusieurs arrêts que l'on a sinon du mal à concilier : ceux de la troisième chambre civile en date du 2 février 2000[8] et du 16 décembre 1998[9]. Cette dernière espèce est particulièrement démonstrative : l'épouse, ayant quitté en compagnie de ses enfants le logement familial pris à bail avant la séparation, n'en est pas moins déclarée codébitrice solidaire de la dette de loyer. La règle vaut quand bien même le conjoint est autorisé à résider séparément[10]. Subsiste donc la **solidarité attachée à une dette ménagère passée**[11].

5. Civ. 1re, 27 avr. 2004, nº 02-13.025, NP; *D.* 2005. Somm. 817, obs. J.-J. Lemouland et D. Vigneau; *RJPF* 2004/9-35, obs. T. Garé; *RTD civ.* 2004. 763, obs. B. Vareille.
6. Sur l'ensemble de la question, v. N. Mouligner, *Le bail des époux*, th. Limoges, 2003, nos 51 s.
7. EN CE SENS, N. Mouligner, *Le bail entre époux*, th. préc., note 66, ss nº 54, et les auteurs cités.
8. Civ. 3e, 2 févr. 2000, nº 97-18.924, *Bull. civ.* III, nº 18; *Defrénois* 2000. 1177, obs. A. Bénabent; *D.* 2001. Somm. 168, obs. CRDP Nancy II; *JCP* 2000. I. 245, nº 8 obs. G. Wiederkehr; *Dr. fam.* 2000, nº 41, note B. Beignier.
9. Civ. 3e, 16 déc. 1998, nº 97-13.195, NP; *JCP* 1999. II. 10105, note T. Garé; *RJPF* 1999-3/33, obs. F. Vauvillé.
10. Civ. 1re, 13 oct. 1992, nº 90-18.404, préc. ss nº 111.101; *JCP* 1993. II. 22047, obs. J. Hauser; *JCP N* 1993. 110, obs. G. Wiederkehr; *Defrénois* 1993. 380, obs. G. Champenois; 708, obs. J. Massip; *RTD civ.* 1993. 180, obs. F. Lucet et B. Vareille – *Adde :* B. Vial-Pédroletti, « Renonciation individuelle d'un époux au droit au bail », *JCP N* 1993. Prat. 2675.
11. COMP., note T. Garé ss Civ. 3e, 16 déc. 1998, nº 97-13.195, *JCP* 1999. II. 10105.

Seul l'accomplissement des formalités de **mention en marge des registres de l'état civil,** en rendant le divorce opposable aux tiers, met un **terme définitif à la solidarité.** Il ne suffit donc pas de notifier au créancier un départ du domicile conjugal[1], ni l'ordonnance de non-conciliation[2], encore moins même un congé du bail conjugal pour son propre compte[3]. La solidarité dure jusqu'à ce que l'union matrimoniale soit réputée dissoute *erga omnes.* La séparation ne suffit pas à y mettre fin.

111.106 2) Dette née après une ordonnance de non-conciliation. Lorsqu'une **dette est née au contraire après une séparation de droit,** la formulation des arrêts de cassation semble avoir évolué.

En 1999, la deuxième chambre civile[4] énonçait, en reprenant les dires de l'arrêt d'appel, que le bail, conclu par le mari après l'ordonnance de non-conciliation, pour son usage exclusif, n'était pas destiné à l'entretien du ménage. Cela paraissait représenter trois conditions distinctes : la date de naissance de l'obligation, l'usage exclusif, voire, peut-être, la destination non ménagère.

En 2004, les juges se sont contentés des deux premières constatations : le bail avait été conclu par le mari **pour son usage exclusif** et **après l'ordonnance de non-conciliation,** ce dont il résultait qu'il n'était pas destiné à l'entretien du ménage; d'où l'exclusion « *à bon droit* » de la solidarité. La Cour de cassation paraît bien reprendre à son compte ce raisonnement.

En somme, l'ordonnance de non-conciliation ouvrirait une période suspecte, durant laquelle la solidarité est plus fragile.

Soit la **dette souscrite par un seul** demeure malgré tout **d'intérêt commun,** et elle revêt un **caractère ménager** : ainsi du bail souscrit par le mari seul, mais pour le logement de sa femme, à seule fin d'organiser ensemble la résidence séparée[5].

Soit la dette est **d'intérêt exclusif,** et elle n'a pas un caractère ménager, quand bien même elle aurait objectivement pour finalité le logement, l'habillement, l'équipement de l'époux qui s'engage.

111.107 3) Dette née après une simple séparation de fait. Ce qui est dit de la séparation de droit doit-il être vrai de la séparation de fait ?

Sans doute y a-t-il lieu d'être plus exigeant en se montrant ici davantage protecteur du créancier, et en particulier du bailleur. Il est aisé pour ce dernier, lorsqu'il consent une location à une personne mariée se présentant seule, d'exiger qu'elle certifie l'absence d'instance en divorce; faute de quoi le bailleur sera en situation d'exiger une caution solidaire. Au contraire, il est illusoire de solliciter du même candidat à la location une déclaration certifiant l'absence de séparation de fait, car la cohabitation ne tient qu'à la volonté unilatérale de chaque conjoint.

C'est pourquoi il serait peut-être judicieux de réserver à ce cas la solution de M. Champenois, qui rajoute l'exigence que les prévisions des tiers ne puissent pas être mises en défaut[6]. La séparation de fait méconnue du créancier, jointe à l'usage exclusif, ne suffirait donc pas à évincer la solidarité de façon automatique.

SECTION 3

POUVOIR INDIVIDUEL D'ENGAGER SOLIDAIREMENT : EXCLUSION LÉGALE

111.111 Source des exclusions légales. L'article 220 alinéas 2 et 3 édicte diverses dispositions qui aboutissent à **soustraire à la solidarité différentes dépenses objectivement ménagères,** en considération de certaines circonstances particulières; les effets de cette exclusion restent à préciser.

111.112 Conditions de l'exclusion. Il s'agit de certaines dettes qui, tout en répondant trait pour trait aux conditions précédemment développées (v. s^s n°s 111.20 s.) correspondent à des opérations exagérément **dispendieuses** ou susceptibles de le devenir. C'est pourquoi la solidarité est écartée : un seul époux ne saurait engager l'autre solidairement dans ces conditions; la solidarité ne renaît que par le commun accord des deux conjoints et du créancier.

§ 1

Premier cas d'exclusion de la solidarité : dépenses manifestement excessives

111.121 Explication : l'excès dénature la dépense. Cette première condition propre à écarter la solidarité légale est directement inspirée et adaptée de l'ancien article 484 alinéa 2 du Code civil dans la

1. Civ. 1re, 3 oct. 1990, n° 88-18.453, *Bull. civ.* II, n° 177; *D.* 1992. Somm. 219, obs. F. Lucet; *JCP* 1991. II. 57, 2e esp. obs. Ph. Simler; *Defrénois* 1991. 1126, 1re esp., obs. G. Champenois.
2. Civ. 3e, 2 févr. 2000, n° 97-18.924, préc. ss prést n°.
3. Civ. 1re, 13 oct. 1992, n° 90-18.404, préc. ss nos 111.101 et ss prést n°.
4. Civ. 2e, 24 nov. 1999, n° 97-19.079, préc. ss n° 111.103.
5. V. *mutatis mutandis,* Civ. 1re, 7 nov. 1995, n° 92-21.276, *Bull. civ.* I, n° 394; *RTD civ.* 1996. 225 avec nos obs.

6. J. Flour et G. Champenois, note 7, p. 63; et note au *Defrénois* 1998. 1462, ss Civ. 1re, 10 mars 1998, n° 96-15.829, *Bull. civ.* I, n° 101.

rédaction de 1804, qui organisait la réduction des obligations excessives contractées par le mineur émancipé.

Un traitement à part est désormais ménagé aux dettes qui outrepassent certaines limites. Ces **limites** sont en fait **relatives** : il appartient au juge du fond d'apprécier souverainement l'excès en fonction des indications de la loi. La solidarité n'a pas lieu pour les dépenses « *manifestement excessives* », le critère de cet excès étant ainsi précisé : « *eu égard au train de vie du ménage, à l'utilité ou à l'inutilité de l'opération, à la bonne ou mauvaise foi du tiers contractant* ».

111.122 Caractère manifeste de l'excès. La première exigence est que l'excès soit « *manifeste* ». Les juges du fond sont donc invités à se montrer plus sévères que pour l'application de l'ancien article 484 du Code civil, qui ne formulait pas cette exigence. Dans l'ordre quantitatif, **l'excès doit être avéré**, c'est-à-dire perceptible notamment aux yeux des tiers qui traitent avec un époux.

Cette exigence préalable renvoie à des circonstances de fait non équivoques, et représente sans doute la limite la plus sensible au champ de l'exclusion légale de la solidarité pour cause d'excès.

111.123 Train de vie du ménage : notion. Ce critère à quoi rapporter l'excès ne se ramène pas seulement aux ressources du ménage. Le train de vie est un compromis entre les **facultés du couple** et son **mode d'existence**. Il est clair qu'à revenus identiques deux couples peuvent avoir des trains de maison différents, selon qu'ils consacrent habituellement leurs deniers respectifs à tel ou tel type de dépenses domestiques avec plus ou moins de parcimonie.

Sensible est la différence, à ce point de vue, avec les articles L. 132-13 et L. 132-16 du Code des assurances. C'est eu égard aux **facultés des intéressés** que ces textes prescrivent de mesurer le caractère manifestement exagéré des dépenses de primes d'assurances, afin de les prendre en compte par exception au titre du rapport et de la réduction ainsi que des récompenses. Cela encourage les juges du fond à une vue d'ensemble de la fortune et des ressources de l'assuré. En sorte qu'un simple pourcentage suffit à exprimer l'excès.

En visant le **train de vie du ménage**, l'article 220 alinéa 2 sort au contraire du champ purement quantitatif des ressources du couple pour laisser une certaine place au **comportement social des époux**, tel qu'il peut être perçu de l'extérieur.

Par conséquent, telle dépense d'assurance pourrait en théorie être différemment traitée, en ce que manifestement exagérée au regard des facultés du couple, elle donnerait lieu à récompense, alors qu'elle ne serait point exagérée au regard du train de vie du couple, et déterminerait la solidarité vis-à-vis de l'assureur. Il faudrait seulement y voir une propension du couple à vivre de façon dispendieuse, sur un pied élevé par rapport aux ressources communes, en offrant l'apparence de revenus plus importants.

111.124 Train de vie du ménage : applications. Question de fait appartenant aux juges du fond, l'importance manifestement excessive de la dépense par rapport au standing du ménage a tout lieu d'être **appréciée au cas par cas**, et la jurisprudence, souvent laconique dans la motivation, est bien difficile à systématiser.

L'achat de meubles d'un prix dispendieux par l'épouse seule a été considéré comme excluant la solidarité, le couple ayant des revenus modestes[1].

L'acquisition d'un magnétoscope d'un prix sensiblement plus élevé que la moyenne a été de même considérée comme une dépense excessive pour un ménage au train de vie modeste[2].

Tout est donc affaire de mesure, et surtout de proportion.

111.125 Utilité ou inutilité de l'opération. Ce deuxième critère est en apparence limité à une appréciation sur les caractéristiques intrinsèques de l'opération engagée. Toutefois, si l'on excepte certaines dépenses qui sont évidemment et dans l'absolu déraisonnables, le caractère utile ou futile de l'engagement est fonction, en cas de doute, sinon du train de vie, du moins du mode de vie du ménage; et l'on n'imagine pas vraiment que l'appréciation s'en fasse purement *in abstracto*. Une opération inconsidérée sera plus aisément reconnue inutile si les habitudes de vie des conjoints sont parcimonieuses, voire simplement prudentes. C'est pourquoi le **critère tiré de l'utilité ou de l'inutilité de l'opération redoublera souvent celui du train de vie,** encore que cela ne soit pas systématique.

111.126 Bonne ou mauvaise foi des tiers. En visant cette dernière hypothèse, l'article 220 alinéa 2 *in fine* fait entrer en ligne de compte une circonstance extérieure à la situation des époux. La loi invite à traiter avec davantage de sévérité, en restreignant son gage, un fournisseur de mauvaise foi. Le tiers sera naturellement réputé de mauvaise foi lorsque, instruit de la situation de fortune des époux, il a pu prendre aisément conscience que la dépense est disproportionnée.

1. Metz, 14 nov. 1978, *Defrénois* 1980. 598, obs. G. Champenois.
2. Paris, 21 mai 1982, *Defrénois* 1982. 1647, obs. G. Champenois.

Rappelons que la bonne foi, bien sûr, doit être présumée. En pratique, il faudra que l'époux désireux de se dérober à la solidarité légale sache démontrer de façon positive que le cocontractant de son conjoint a eu connaissance du caractère excessif de la dépense.

D'où l'intérêt pour un époux inquiet de débordements de l'autre de signifier en temps utile aux fournisseurs de ce dernier son opposition au jeu de la solidarité. Il n'est pas dit que cela suffise : encore faut-il que la dépense soit véritablement excessive. Une dette ménagère raisonnable sera solidaire, quand bien même le conjoint de celui qui la souscrit lui a dénié par avance ce caractère : l'article 220 alinéa 1er est impératif. Le seul intérêt de notifier opposition aux tiers est donc de constituer les tiers de mauvaise foi pour le cas où la dette serait excessive au regard de la situation du couple. C'est ainsi à la fois une mise en garde et un renversement de la preuve, non pas de l'excès, mais de la mauvaise foi du tiers.

§ 2
Deuxième cas d'exclusion de la solidarité : achats à tempérament

111.131 Fondement de l'exclusion : sauvegarde du crédit. La solidarité n'a pas lieu non plus pour les achats à tempérament, aux termes de l'article 220 alinéa 3. Cette condition est indépendante de la précédente, le texte n'exigeant pas qu'une opération de ce type soit de surcroît excessive. C'est que **la solidarité se trouve ici écartée dans un esprit différent** : le texte, dans sa rédaction actuelle, est résulté de l'affadissement d'une version beaucoup plus radicale du projet de loi primitif, qui prévoyait la nullité des achats à tempérament passés par un époux seul; cette disposition n'ayant pas survécu au vote de la loi, il reste du moins dans l'exclusion de la solidarité ménagère un moyen de **sauvegarder le crédit du couple** lorsqu'un époux se laisse entraîner à des achats ménagers facilités par le fait que le vendeur lui permet d'échelonner le paiement du prix sur une certaine durée. Il faut simplement y voir confirmation que la vente à tempérament est tenue pour dangereuse pour les consommateurs.

111.132 Condition suffisante. Dans le silence du texte, il faut conclure que l'achat à tempérament exclut la solidarité, et que cette condition se suffit à elle-même. On ne doit pas avoir égard à l'importance de l'opération au regard du train de vie du ménage, ni à son utilité ou inutilité; et lorsque l'article 220 alinéa 3 réserve le cas des sommes modestes nécessaires aux besoins de la vie courante, c'est en visant seulement le cas des emprunts (« *ces derniers* »[1]).

111.133 Notion d'achat à tempérament. L'article 220 alinéa 3 vise évidemment le cas des ventes à tempérament *stricto sensu*, celles réglementées par les décrets du 20 mai 1955 et du 4 août 1956.

Toutefois, l'esprit du texte commande d'appliquer le même régime à toute vente dans laquelle le vendeur, qu'il soit un professionnel ou un simple particulier, accorderait des facilités de paiement consistant en un échelonnement dans le versement de tout ou partie du prix.

Le champ d'application du texte est en revanche moins aisé à circonscrire lorsque le vendeur professionnel propose au consommateur, comme il est aujourd'hui fréquent, non pas un **paiement échelonné du prix**, mais le **financement de l'opération par un établissement de crédit théoriquement distinct**, bien qu'en pratique partenaire habituel du vendeur, et prêteur imposé à l'acheteur. L'analyse d'une telle combinaison pourrait sans doute varier selon les circonstances. On éliminera tout d'abord les hypothèses où le recours à un tel montage pourrait être tenu pour une fraude délibérée à l'article 220, destinée à en écarter l'application : il paraît en effet bien difficile d'administrer la preuve d'une telle fraude, le vendeur ayant toujours un intérêt évident à augmenter son gage lorsque le paiement n'est pas effectué au comptant. Hormis cette hypothèse, qui peut paraître d'école, il sera ensuite probable que la plupart des opérations seront considérées comme des **emprunts distincts de l'achat**, et tombant sous le coup de la dernière disposition de l'article 220 alinéa 3 (v. s^s^ n°s 111.141 s.). Reste enfin seulement à imaginer que **certains emprunts n'excluant pas la solidarité** – parce que portant sur des sommes modestes nécessaires aux besoins de la vie courante (v. s^s^ n° 111.142) – soient à ce point liés à des achats auprès d'un professionnel, imposant son organisme de crédit attitré, que les juges y puissent voir un dispositif indivisible assimilable à une vente à tempérament. La jurisprudence ne s'est pas prononcée sur ce point (sur cette question, en faveur d'une assimilation générale des opérations de crédit aux ventes à tempérament v. l'opinion d'un auteur[2]; comp. toutefois s^s^ n° 111.143 – v. aussi, pour une interprétation unitaire audacieuse de l'article 220, la réflexion d'un autre auteur[3]).

1. Civ. 1re, 12 juill. 1994, n° 92-16.659, *Bull. civ.* I, n° 252; *D.* 1996. 117, obs. A. Guineret-Brobbel Dorsman.
2. N. Rzepecki, « Les opérations de crédit et la solidarité ménagère de l'article 220 du Code civil », *JCP* 1999. I. 148.
3. M.-P. Baudin-Maurin, « L'avènement de la notion de dette ménagère « à crédit » », *RRJ* 2000. 1471.

§ 3
Troisième cas d'exclusion de la solidarité : emprunts ne portant pas sur des sommes modestes nécessaires aux besoins de la vie courante

111.141 Fondement de l'exclusion. L'exclusion de principe de la solidarité ménagère pour les emprunts résulte formellement de la loi du 23 décembre 1985, qui a complété sur ce point le dernier alinéa de l'article 220.

Cette solution de principe, consistant à exclure la solidarité dans le cas des emprunts, a longtemps été classique sous l'empire de la loi du 13 juillet 1965; mais on l'expliquait différemment. Si l'emprunt ne déterminait pas une dette solidaire, c'était simplement pour n'avoir pas un objet directement ménager. En effet, un emprunt a pour objet de procurer une somme d'argent; ce n'est que l'affectation ultérieure de cette somme à une dépense domestique qui décide de la finalité ménagère de l'opération. Or la jurisprudence constituée après la loi de 1965, plus exigeante sur ce point que la jurisprudence actuelle (v. s[s] n° 111.32), imposait à l'origine que **l'objet de la dépense fût directement ménager pour admettre la solidarité**, au nom du caractère exceptionnel de la solidarité en matière civile.

Désormais, si l'emprunt est écarté par principe du domaine de la solidarité, c'est en raison du **caractère particulièrement dangereux de ce contrat** dans la période contemporaine. En cela, l'article 220 alinéa 3, en dépit de son appartenance au régime primaire impératif, doit être rapproché de l'article 1415 pour ce qui regarde la question de l'emprunt, et interprété à la lumière de ce texte, en vertu de l'adage *Ubi eadem ratio legis...*

Or, l'article 1415 du Code civil ménage précisément à l'emprunt souscrit par un époux seul en régime légal un statut de particulière défiance : le gage des créanciers de cet époux est limité dans la même mesure que s'il s'agissait d'un emprunt souscrit par cet époux avant de se marier (comp. C. civ., art. 1410 et 1411 - v. s[s] n°s 141.220 s.). C'est bien dire toute la méfiance du législateur à l'égard de l'emprunt passé en mariage par un époux sans le consentement de l'autre. Il en résulte que, dans l'esprit même de l'article 220 alinéa 3 *in fine*, le **principe d'exclusion de la solidarité en fait d'emprunts** reçoit une force considérable.

111.142 Notion d'emprunt. Il est à noter que pour l'application de l'article 1415 du Code civil, la première chambre civile assimile à l'emprunt le **crédit consenti par découvert en compte courant**[1]. Si cela marquait une assimilation générale à l'emprunt des opérations de crédit, le champ d'application de l'article 220 s'en trouverait clairement étendu aux achats à crédit, du moins sous réserve qu'ils ne soient pas partie intégrante d'un dispositif indivisible qui permettrait d'y voir un achat à tempérament[2] (v. s[s] n° 111.133).

111.143 Exceptions : emprunts ménagers solidaires. L'article 220 alinéa 3 *in fine* ménage seulement deux exceptions, qui font retour à la solidarité ménagère; et ces **deux exceptions** doivent être **interprétées strictement** pour répondre à l'esprit du texte (v. s[s] n° 111.141).

– **Le consentement des deux époux à l'emprunt ménager** semble bien, aux termes mêmes de la loi, **faire renaître la solidarité légale, quand bien même aucune solidarité n'aurait été stipulée.** La règle paraît résulter de l'analyse grammaticale de l'article 220 alinéa 3 : l'incidente restrictive « *s'ils n'ont été conclus du consentement des deux époux* » s'applique aussi bien aux achats à tempérament qu'aux emprunts, traités en cela sur un même pied. Par conséquent, un emprunt non modique ni destiné à faire face aux besoins de la vie courante, s'il a recueilli le consentement des deux conjoints, est cependant couvert par la solidarité légale plutôt que soumis à obligation conjointe, **si du moins il a pour objet l'entretien du ménage et l'éducation des enfants.** Toutefois, cette analyse ne fait pas l'unanimité en doctrine.

Encore faut-il en ce cas que le consentement donné par chacun des époux soit **exprès**[3].

– **Les emprunts de sommes modestes nécessaires aux besoins de la vie courante** sont également soumis à la solidarité. Cette disposition donne valeur légale à une solution déjà introduite par la jurisprudence avant 1985. Elle a été nuancée par un nouveau dispositif. Soucieux de protéger celui dont le conjoint a souscrit de façon inconsidérée une série de crédits renouvelables, le législateur est venu compléter l'article 220 *in fine* : à l'exigence classique de modicité et de nécessité aux besoins de la vie courante, s'ajoute désormais celle que « *le montant cumulé de ces sommes, en cas de pluralité d'emprunts, ne soit pas manifestement excessif eu égard au train de*

1. Civ. 1re, 6 juill. 1999, n° 97-15.005, *Bull. civ.* I, n° 224; *D.* 2000. 421, note R. Le Guidec; *JCP* 2000. II. 10237, obs. J. Casey; *Defrénois* 1999. 1361, obs. G. Champenois; *RTD civ.* 2000. 388, obs. B. Vareille.
2. *Adde*, Ch. Alleaume, « Achats à crédit et solidarité des époux », *Dr. fam.* 1999. Chron. 5.
3. Civ. 1re, 6 déc. 2005, n° 02-17.819, *Bull. civ.* I, n° 481; *JCP* 2006. I. 141, n° 2, obs. G. Wiederkehr; *Dr. fam.* 2006, n° 13, note B. Beignier – Civ. 1re, 13 nov. 2008, n° 07-19.284, NP; *D.* 2010. Pan. 728, obs. J.-J. Lemouland et D. Vigneau; *JCP* 2009. 1140, obs. G. Wiederkehr.

vie du ménage »[1]. De fait, **une multitude d'emprunts modiques** peut aboutir aussi sûrement à un **surendettement** que ne le ferait **un emprunt unique**. La faiblesse de ce nouveau tempérament à la solidarité ménagère tient tout de même à la faible visibilité de cette situation aux yeux des tiers, ce qui peut les conduire soit à des déconvenues tardives, soit à une méfiance accrue qui les conduise à exiger des garanties.

Il n'est pas dit, au demeurant, que ce rétablissement exceptionnel de la solidarité en cas d'emprunt doive être regardé aujourd'hui comme hier. On pouvait avoir une conception indulgente des emprunts modiques lorsqu'il s'agissait simplement d'étendre la solidarité à un emprunt indirectement ménager (v. s[s] n° 111.141). Désormais, le principe étant que l'emprunt chasse la solidarité par sa nature même, l'exception devrait être comprise plus strictement que jamais. Dans un tel climat général de défiance à l'égard de l'emprunt, il serait en effet légitime de faire du texte une interprétation particulièrement prudente. Tous les mots devraient être pris en compte comme autant d'exigences légales : l'emprunt porte sur **des** sommes, ces dernières sont **modestes**, et ce sont **elles** qui sont **nécessaires** aux besoins de la vie courante; leur nécessité se trouve en bonne logique renforcée parce qu'elles doivent répondre à des **besoins**, ce qui souligne le caractère alimentaire de l'opération, mais aussi en ce que les besoins en question sont ceux **de la vie courante**, ainsi entendus de façon plus restrictive que les besoins ordinaires du ménage, par leur caractère récurrent.

La constatation du caractère modique et ménager de l'emprunt est à l'appréciation souveraine des juges du fond. Première clé, **la modicité** est une notion relative, qui ne saurait être mesurée autrement que par comparaison objective avec les facultés des époux (et non avec leur train de vie : comp. n° 111.123). Seconde clé, **la notion de besoins de la vie courante** fait référence au quotidien, et renvoie ainsi plutôt aux nécessités de la consommation au jour le jour. Il peut donc sembler que les prêts visés sont pour l'essentiel des prêts à la consommation; mais une certaine marge d'incertitude ne peut manquer de subsister, s'agissant d'une question de fait.

Entre clairement dans les visées de la loi, le crédit renouvelable utilisé à des achats de faibles montants, afin de satisfaire aux besoins vestimentaires et mobiliers du ménage[2].

Quant au reste, en dépit du fait que le texte peut paraître clair, la jurisprudence a beaucoup varié lorsqu'il s'est agi de le mettre en œuvre en pratique[3].

En effet, la Cour de cassation s'est parfois satisfaite que ce soit **un unique emprunt**, voire **une acquisition**, et d'un montant non négligeable, qui soit tenu pour nécessaire aux besoins de la vie courante, plutôt que des sommes modestes[4]; parfois encore, elle s'est contentée de la **nécessité à la vie courante** des sommes modestes empruntées, sans que soient identifiés des besoins[5]. Il était donc à craindre que la jurisprudence ne se livre à une interprétation extensive de l'article 220 *in fine*, au risque qu'en soit infléchie la portée, et trahi l'esprit restrictif dans lequel il avait été conçu (v. nos obs. préc. sous ces trois arrêts).

Cependant, depuis un dernier arrêt[6], la première chambre civile a semblé revenir à une interprétation plus orthodoxe. Elle commence par un rappel scrupuleux des termes de l'article 220 alinéa 3 : « *Attendu qu'il résulte de ce texte que les emprunts souscrits par un époux pour l'entretien du ménage ou l'éducation des enfants sans le consentement de l'autre engagent solidairement les deux époux lorsqu'ils portent sur des sommes modestes nécessaires aux besoins de la vie courante* »; elle conclut de façon classique :

1. L. n° 2014-344, 17 mars 2014, relative à la consommation, art. 50, *JO* 18 mars, p. 5400.

2. EN CE SENS, v. le cas d'un crédit *revolving* ayant un tel objet, souscrit par un époux avant son mariage, mais qui s'est renouvelé tous les ans pendant le mariage : Civ. 1re, 13 nov. 2008, n° 07-19.286, NP; *D.* 2010. Pan. 728, obs. J.-J. Lemouland et D. Vigneau; *RJPF* 2009-1/27, obs. F. Vauvillé; *RLDC* 2009/56, n° 3273, obs. Evenat.
3. Civ. 1re, 26 juin 2001, n° 99-16.284, NP; *RJPF* 2001-11/32, obs. F. Vauvillé; *Dr. fam.* 2001, n° 10, p. 26, note B. Beignier; *RTD civ.* 2002. 557, obs. B. Vareille – Civ. 1re, 27 nov. 2001, n° 99-20.546, *Bull. civ.* I, n° 294; *AJ fam.* 2002. 32; *D.* 2002. 2910, note M.-P. Baudin-Marin; *JCP* 2002. II. 10138, concl. av. gén. J. Petit; *Dr. fam.* 2002, n° 17, 2e arrêt, note H. Lécuyer; *RJPF* 2002-3/25, obs. F. Vauvillé; *Defrénois* 2002. 1017, obs. G. Champenois; *JCP N* 2003. 324, note C. Petit; *RTD civ.* 2002. 558, obs. B. Vareille – Civ. 1re, 28 sept. 2004, n° 02-17.469, préc. s[s] n° 111.53; *D.* 2005. Somm. 817, obs. J.-J. Lemouland et D. Vigneau; *Dr. fam.* 2004, n° 195, obs. V. Larribau-Terneyre; *CCC* 2005, n° 18, note R. Guy; *RTD civ.* 2005. 170, obs. B. Vareille – COMP. quelques décisions des juges du fond rendues au lendemain de la loi du 23 décembre 1985, rapportées à la *RTD civ.* 1994. 924, obs. B. Vareille : Orléans, 20 mai 1992, *Juris-Data*, n° 044245; *JCP* 1993. I. 3656, n° 4, obs. G. Wiederkehr – Orléans, 24 févr. 1993, *Juris-Data* n° 040187 – Bordeaux, 7 déc. 1992, *Juris-Data* n° 048608 – Nîmes, 9 mars 1993, *Juris-Data* n° 030189; *JCP* 1994. I. 3733, n° 8, obs. G. Wiederkehr.
4. Civ. 1re, 28 sept. 2004, n° 02-17.469, préc. s[s] n° 111.53 et s[s] prés[t] n°, et Civ. 1re, 27 nov. 2001, n° 99-20.546, préc. s[s] prés[t] n°.
5. Civ. 1re, 26 juin 2001, n° 99-16.284, préc. s[s] prés[t] n°.
6. Civ. 1re, 4 juin 2007, n° 05-15.351, *Bull. civ.* I, n° 220; *D.* 2007. AJ 1790, obs. P. Guiomard; *AJ fam.* 2007. 403, obs. F. Chénedé; *RLDC* 2007, n° 41, p. 42, note G. Marraud des Grottes; *RTD civ.* 2007. 617, obs. B. Vareille; *RTD com.* 2007. 573, obs. D. Legeais.

« en se déterminant ainsi alors qu'il lui appartenait seulement de rechercher si les avances consenties portaient sur des sommes modestes destinées à satisfaire les besoins de la vie courante, la cour d'appel a violé, par fausse application, le texte susvisé ». En vertu de quoi elle casse l'arrêt déféré à sa censure. Cela paraît consacrer une lecture littérale de l'article 220 alinéa 3.

Pour organiser un garde-fou supplémentaire, le législateur a introduit à l'article 220 *in fine* nouveau **deux critères d'appréciation quantitatifs** d'un excès manifeste de l'emprunt à la consommation, qui doivent être mis en rapport par les juges du fond : d'un côté, le **cumul des sommes empruntées**; de l'autre, le **train de vie du ménage**, tel qu'il apparaît aux yeux des tiers (v. s[s] n°s 111.121 s.). Par conséquent, sans être enfermés dans un pourcentage chiffré, les magistrats sont tout de même invités à la vigilance.

SECTION 4
SITUATION DES CRÉANCIERS

111.151 Intérêt des créanciers. Les créanciers du couple, fournisseurs ou prêteurs, ont évidemment tout intérêt à se prévaloir de la solidarité. C'est donc pour eux une affaire de preuve, avant d'être une question de gage.

111.152 Preuve de la solidarité. C'est à celui qui se prévaut de la solidarité des époux d'administrer la preuve que **la dépense a été engagée pendant la durée du mariage** et que **l'objet du contrat est ménager** (en démontrant par exemple qu'un prêt avait pour objet l'entretien du ménage ou l'éducation des enfants[1]).

À cela, l'époux visé tentera naturellement d'objecter, si la preuve est rapportée qu'il s'agit bien d'une dette ménagère, qu'elle entre dans un **cas d'exclusion légale : excès manifeste, achat à tempérament**, ou **emprunt**. Les deux premières démonstrations sont à elles seules décisives. La troisième renverse seulement la charge de la preuve en exigeant de qui invoque la solidarité la preuve et de la modestie de l'emprunt et surtout de son affectation. On admet généralement qu'une stipulation expresse de la destination des fonds empruntés dans la reconnaissance de dette suffit à caractériser cette affectation : on ne saurait faire endosser au prêteur de bonne foi les revirements de son emprunteur.

La complexité des questions de preuve, notamment en fait d'emprunt à la consommation, est en pratique une invite pour les créanciers du couple à stipuler un engagement solidaire des deux époux à l'appui de toute opération douteuse.

111.153 Gage des créanciers. Il est défini par une alternative, selon que la solidarité légale joue ou qu'elle est évincée.

111.154 Jeu de la solidarité légale. Si la solidarité légale est retenue, quel que soit le régime matrimonial *stricto sensu* des deux époux, d'une part, l'ensemble des biens des deux époux répond de la dette contractée par un seul, d'autre part, chacun des deux époux peut être poursuivi pour la totalité de la dette. Il appartient ensuite au *solvens* de se retourner contre son conjoint pour obtenir la contribution de ce dernier (selon les règles développées s[s] n°s 112.11 s.).

L'époux poursuivi ne saurait se soustraire unilatéralement à la solidarité légale, pas même en démontrant qu'il a déjà contribué de façon satisfaisante aux charges du ménage. Tout au plus peut-il invoquer la **fraude machinée par son conjoint** en accord avec le créancier, et démontrer ainsi l'excès de la dépense (v. s[s] n° 111.126).

L'époux dont le conjoint continue à l'engager solidairement ne peut pas davantage songer à mettre un terme à la solidarité légale, à moins de solliciter d'urgence une interdiction d'engager des dépenses sur le fondement de l'article 220-1 (v. s[s] n° 116.72), preuve faite d'un manquement par l'autre à ses devoirs et du péril pour l'intérêt de la famille.

L'obligation solidaire détermine tous les effets secondaires que la loi lui attache (C. civ., art. 1200 à 1216).

111.155 Éviction de la solidarité légale. Si la solidarité légale est écartée, le conjoint ayant passé l'acte est seul tenu de la dette, qui lui incombe personnellement. Reste à délimiter le champ précis du gage auquel ses créanciers peuvent prétendre.

• Soit **la dette échappe à la solidarité parce qu'elle n'est pas ménagère.** En pareil cas, elle doit être traitée comme n'importe quel engagement personnel de l'époux en question; en particulier, dans un régime de communauté, il est clair que les revenus du travail de l'autre conjoint n'en répondent pas (C. civ., art. 1414 – v. s[s] n° 141.120).

• Soit **la dette échappe à la solidarité en ce qu'elle est ménagère mais non solidaire.** Il faut supposer ici que son objet est incontestablement ménager, mais que la dette est à l'évidence excessive, ou née d'un achat à tempérament, ou encore résultée d'un emprunt non modique.

En régime séparatiste ou de participation aux acquêts, la dette reste personnelle à l'époux débiteur, comme dans l'hypothèse ci-dessus.

1. Civ. 1re, 17 janv. 1990, n° 87-19.462, *Bull. civ.* I, n° 18; *Defrénois* 1990. 553, obs. G. Champenois – V. AUSSI, Civ. 1re, 28 févr. 2006, n° 03-12.540, *Bull. civ.* I, n° 122; *JCP* 2006. I. 193, obs. G. Wiederkehr; *AJ fam.* 2006. 212, obs. F. Chénedé.

En régime de communauté, le sort de la dette est fixé par l'article 1414 du Code civil, qui n'est guère explicite : « *Les gains et salaires d'un époux ne peuvent être saisis par les créanciers de son conjoint que si l'obligation a été contractée pour l'entretien du ménage ou l'éducation des enfants,* ***conformément à l'article 220*** ». On le voit, la solution est moins certaine. Toute la question est de savoir si les gains et salaires de l'autre conjoint peuvent être saisis au nom d'une dette ménagère non solidaire. Comment faut-il comprendre la « *conformité* » à l'article 220, qui gouverne la faculté de saisir les salaires ? Est-ce un renvoi à l'ensemble de l'article, et, partant, à toutes les sortes de dettes ménagères, ou au contraire un renvoi exclusif à celles qui déclenchent la solidarité ? La doctrine incline plutôt à la seconde interprétation, et tient que **les dettes ménagères non solidaires ne peuvent pas être poursuivies sur les gains et salaires du conjoint du débiteur**.

En faveur de la première thèse, on pourrait dire cependant que la lettre de l'article 1414 paraît plutôt dans son sens; et qu'au fond le caractère ménager de la dépense, fût-elle exagérée, explique que la communauté en réponde provisoirement, à charge d'éventuelles récompenses.

Au soutien de l'opinion retenue, on fait valoir que les dépenses proprement « *conformes* » à l'article 220 sont celles que ce texte couronne de la solidarité; et que les dettes n'ayant pas une légitimité ménagère maximale méritent de retomber dans le lot commun des engagements pris par un époux seul (C. civ., art. 1413) voire, pour les emprunts ménagers non solidaires, dans le statut restrictif édicté par l'article 1415 (v. s^{s} n°s 141.200 s.).

CHAPITRE

112. Contribution des époux aux charges du mariage

BERNARD VAREILLE
PROFESSEUR À LA FACULTÉ DE DROIT
ET DES SCIENCES ÉCONOMIQUES
DE L'UNIVERSITÉ DE LIMOGES

SECTION 0
ORIENTEUR

112.00 Plan du chapitre.

112.01 Textes applicables.

C. civ., art. 212, 214, 226, 258 et 1449

C. pén., art. 227-3, 314-7 et 314-9

> Devoirs entre époux

C. civ., art. 212

Les époux se doivent mutuellement (*L. n° 2006-399, 4 avr. 2006, art. 2*) « respect », fidélité, secours, assistance.

> Contribution aux charges du mariage

[C. civ., art. 214 et 226]

C. civ., art. 214

Si les conventions matrimoniales ne règlent pas la contribution des époux aux charges du mariage, ils y contribuent à proportion de leurs facultés respectives.

Si l'un des époux ne remplit pas ses obligations, il peut y être contraint par l'autre dans les formes prévues au Code de procédure civile.

C. civ., art. 226

* V. texte complet de cet article s[s] n° 111.01, > *Pouvoirs de gestion et solidarité des époux*

> Contribution aux charges du mariage et séparation

[C. civ., art. 258 et 1449]

C. civ., art. 258

Lorsqu'il rejette définitivement la demande en divorce, le juge peut statuer sur la contribution aux charges du mariage, la résidence de la famille et les modalités de l'exercice de l'autorité parentale.

C. civ., art. 1449

La séparation de biens prononcée en justice a pour effet de placer les époux sous le régime des articles 1536 et suivants.

Le tribunal, en prononçant la séparation, peut ordonner qu'un époux versera sa contribution entre les mains de son conjoint, lequel assumera désormais seul à l'égard des tiers les règlements de toutes les charges du mariage.

> Sanction pénale de la non-contribution aux charges du mariage

C. pén., art. 227-3 (*L. n° 2009-526, 12 mai 2009, art. 133*)

Le fait, pour une personne, de ne pas exécuter une décision judiciaire ou une convention judiciairement homologuée lui imposant de verser au profit d'un enfant mineur, d'un descendant, d'un ascendant ou du conjoint une pension, une contribution, des subsides ou des prestations de toute nature dues en raison de l'une des obligations familiales prévues par le titre IX du livre Ier du Code civil, en demeurant plus de deux mois sans s'acquitter intégralement de cette obligation, est puni de deux ans d'emprisonnement et de 15 000 euros d'amende.

Les infractions prévues par le premier alinéa du présent article sont assimilées à des abandons de famille pour l'application du 3° de l'article 373 du Code civil.

> Sanction pénale de l'organisation frauduleuse d'insolvabilité

[C. pén., art. 314-7 et 314-9]

C. pén., art. 314-7 (*Ord. n° 2000-916, 19 sept. 2000, art. 3*)

Le fait, par un débiteur, même avant la décision judiciaire constatant sa dette, d'organiser ou d'aggraver son insolvabilité soit en augmentant le passif ou en diminuant l'actif de son patrimoine, soit en diminuant ou en dissimulant tout ou partie de ses revenus, soit en dissimulant certains de ses biens, en vue de se soustraire à l'exécution d'une condamnation de nature patrimoniale prononcée par une juridiction répressive ou, en matière délictuelle, quasi délictuelle ou d'aliments, prononcée par une juridiction civile, est puni de trois ans d'emprisonnement et de 45 000 euros d'amende. [...]

C. pén., art. 314-9

Pour l'application de l'article 314-7, les décisions judiciaires et les conventions judiciairement homologuées portant obligation de verser des prestations, subsides ou contributions aux charges du mariage sont assimilées aux condamnations au paiement d'aliments.

112.02 Jurisprudence de référence.

> L'occupation par un époux et les enfants du domicile conjugal que l'autre a abandonné constitue une modalité d'exécution par ce dernier de son obligation de contribuer aux charges du mariage, une telle contribution étant compatible avec l'absence de ressources personnelles

• **Civ. 1re, 6 mars 1990, n° 88-17.555,** *Bull. civ.* I, n° 61

* V. ss n° 112.34

« [...] Attendu que par motifs propres et adoptés, la cour d'appel relève qu'après l'abandon par la femme du domicile conjugal, le mari y est demeuré avec les cinq enfants issus de l'union, du 4 janvier 1967 au 31 octobre 1976, date à laquelle le bien a été mis en location, et retient, par une appréciation qui est souveraine, que cette occupation constituait une modalité d'exécution par la femme de son obligation de contribuer aux charges du mariage; qu'une telle contribution étant nécessairement compatible avec l'absence de ressources personnelles, l'arrêt attaqué est légalement justifié, abstraction faite du motif justement critiqué par la troisième branche du moyen; que le pourvoi ne peut donc être accueilli;

Par ces motifs : rejette. »

> Pour l'appréciation des facultés respectives, il est nécessaire de tenir compte des ressources qu'une gestion utile du capital pourrait procurer

• **Civ. 1re, 27 oct. 1992, n° 91-12.793,** *Bull. civ.* I, n° 266

* V. ss n° 112.22

« Vu l'article 214 du Code civil;

Attendu que, pour statuer comme il a fait, l'arrêt attaqué prend en considération les seules ressources en revenus des parties sans tenir compte de la valeur du domaine appartenant à Mme X. au motif, adopté du premier juge, qu'il appartenait à cette dernière de décider de la manière dont elle devait en disposer;

Attendu qu'en se déterminant ainsi, sans rechercher si une gestion utile de ce domaine pouvait procurer des revenus à Mme X., la cour d'appel n'a pas donné de base légale à sa décision;

Par ces motifs, casse. »

> Non-application à la contribution aux charges du mariage de la règle « aliments ne s'arréragent pas »

• **Civ. 1re, 8 nov. 1989, n° 87-19.768,** *Bull. civ.* I, n° 341

* V. ss n° 112.45

« Vu l'article 214 du Code civil;

Attendu que la règle « aliments ne s'arréragent pas » est sans application en ce qui concerne la contribution aux charges du mariage, laquelle est distincte par son fondement et par son but de l'obligation alimentaire;

Par ces motifs [...] casse. »

112.03 Bibliographie indicative.

Actualisables. Rép. civ., v° *Mariage (4e effets),* par M. Lamarche et J.-J. Lemouland, avr. 2014, nos 111 s. – Rép. pén., v° *Abandon de famille,* par A. Gouttenoire, mars 2001 [màj juin 2012] – *J.-Cl. Civ.*, F. Lefebvre, art. 213 à 226, fasc. 20, n° 40.

112.04 Questions essentielles.

> Les charges du mariage, notion beaucoup plus vaste que celle de dettes ménagères, sont en général réparties équitablement entre les deux époux, c'est-à-dire au prorata de leurs facultés respectives; seules les conventions matrimoniales peuvent déroger à ce principe.

* V. ss nos 112.22 à 112.25

> Pour déterminer les proportions contributives, on doit tenir compte non seulement de la réalité des ressources respectives, mais encore de ce qu'une administration normale de son patrimoine par chaque époux lui procurerait.

* V. ss n° 112.22

> La contribution aux charges du mariage peut s'effectuer en deniers (* V. ss n° 112.32), en industrie (* V. ss n° 112.33), ou en nature (* V. ss n° 112.34).

> Dans l'éventualité d'un conflit, on peut recourir au juge pour obtenir une exécution convenable de l'obligation contributive.

* V. ss nos 112.41 à 112.48

112.06 Sanctions pénales.

> L'organisation de l'insolvabilité dans les conditions de l'article 314-7 du Code pénal afin de se dérober à la contribution aux charges du mariage, avant même toute décision judiciaire, est sanctionnée par **trois ans d'emprisonnement** et **45 000 euros d'amende**.

* V. ss n° 112.44

> Le refus d'exécuter la décision judiciaire imposant la contribution aux charges du mariage est constitutif du délit d'abandon de famille et passible de **deux ans d'emprisonnement** et **15 000 euros d'amende**.

* V. ss n° 112.44

SECTION 1
NOTION DE CHARGES DU MARIAGE

112.11 Rapports entre époux. Au contraire de l'article 220, qui réglemente les relations entre les époux et les tiers, et en particulier les créanciers, l'article 214 concerne seulement la répartition des charges du mariage entre les deux conjoints. C'est pourquoi l'esprit du texte est évidemment de laisser **davantage de latitude à la volonté des époux.**

Comme on l'a vu, l'article 214 du Code civil a connu une évolution égalitaire qui n'est pas sans corrélation avec la bilatéralisation de l'article 220 du même code (v. ss n° 111.07).

112.12 Notion de charges du mariage. C'est aussi la raison pour laquelle la notion de charges du mariage peut recouvrir bien davantage de dépenses que les dettes ménagères visées à l'article 220. Toutes les dettes ménagères entrent dans les charges du mariage; mais il s'en trouve d'autres encore qui sans déclencher la solidarité appellent contribution, car elles procèdent de la direction matérielle et morale commune de la famille par les deux époux évoquée à l'article 213 du Code civil. Sont soumises à contribution :

– les dépenses ménagères solidaires relevant de l'article 220 : frais ordinaires de logement, d'habillement, de nourriture et de scolarité (v. s[s] n°s 111.30 s.);

– des **dépenses** non immédiatement nécessaires, mais **relatives à la vie de la famille** : dépenses d'acquisition immobilière (ainsi le paiement par un époux de l'emprunt ayant financé partiellement l'acquisition du logement de la famille par l'autre[1], ou l'acquisition d'une résidence secondaire[2] – comp. s[s] n° 111.52); voire **dépenses d'agrément et de loisir**, seraient-elles hors de proportion avec le train de vie du ménage; sans doute également les **frais d'établissement d'un enfant commun** (comp. s[s] n° 111.72).

112.13 Exclusion de l'impôt sur le revenu. En revanche, l'impôt sur le revenu, qui constitue la charge directe des revenus personnels d'un époux, ne figure pas au nombre des charges du mariage au sens de l'article 214 du Code civil[3] (comp., sur la responsabilité solidaire des époux à l'égard de l'Administration fiscale, CGI, art. 1691 *bis* et 1723 *ter*-00 B).

C'est sur ce fondement classique que la jurisprudence répute inapplicable à l'impôt sur le revenu la **clause de style** des **contrats de séparation de biens** aux termes de laquelle « *chacun des époux est réputé avoir fourni au jour le jour sa part contributive aux charges du mariage, en sorte qu'aucun compte ne sera fait entre eux à ce sujet et qu'ils n'auront pas de recours l'un contre l'autre pour les dépenses de cette nature* ».

La jurisprudence constante de la Cour de cassation rend particulièrement dangereuse la pratique répandue, en particulier depuis la mensualisation de l'impôt, consistant pour certains conjoints séparés de biens à répartir les charges de façon empirique, l'un assumant les dépenses du quotidien, l'autre le paiement de l'impôt sur le revenu. En effet, les dépenses du quotidien sont visées par la clause de style, ce qui interdit d'en dresser un compte rétrospectif. Au contraire, l'impôt sur le revenu acquitté fonde une créance légitime quoique déloyale. Solution complexe, la **clé de contribution des époux séparés de biens à la dette fiscale**, du fait que cette dernière ne constitue pas une charge du mariage, est déterminée **au prorata de l'impôt dont ils auraient été redevables s'ils avaient fait l'objet d'une imposition séparée**[4]. Toutefois, une décision a admis la compensation entre les impôts du couple payés par le mari et les charges du logement qu'il n'avait pas eu à supporter[5].

Il est donc important aujourd'hui de **viser les dépenses fiscales dans la clause de style**, qui doit se trouver complétée sur ce point : « *Chacun des époux est réputé avoir fourni au jour le jour sa part contributive aux charges du mariage et contribué pour sa part à l'impôt sur le revenu, en sorte qu'aucun compte ne sera fait entre eux à ce sujet, et qu'ils n'auront pas de recours l'un contre l'autre à ce titre* ».

Au demeurant, la première chambre civile a admis implicitement que la **présomption conventionnelle** de contribution aux charges du mariage est susceptible de **preuve contraire**[6].

112.14 Contribution aux charges du mariage et exécution du devoir de secours : discussions doctrinales. La distinction entre les domaines respectifs de l'article 214 et de l'article 212 est une question fort controversée.

– Certains auteurs ont insisté sur le rapprochement contemporain de la contribution aux charges

1. Civ. 1re, 14 mars 2006, n° 05-15.980, *Bull. civ.* I, n° 160; *JCP* 2006. I. 193, obs. G. Wiederkehr; *AJ fam.* 2006. 293, obs. P. Hilt.
2. Civ. 1re, 20 mai 1981, n° 79-17.171, *Bull. civ.* I, n° 176; *D.* 1983. 289, note J. Deveze.
3. Civ. 1re, 22 févr. 1978, *D.* 1978. 602, 1re esp., note Martin; *Defrénois* 1979. 1667 obs. G. Champenois – *Adde :* Paris, 4 oct. 1996, *Dr. fam.* 1997, n° 145, obs. B. Beignier – Civ. 1re, 19 mars 2002, n° 00-11.238, *Bull. civ.* I, n° 99; *D.* 2002. Somm. 2440, obs. V. Brémond; *JCP* 2002. I. 167, n° 15, obs. Storck; *Gaz. Pal.* 8-9 janv. 2003, concl. J. Sainte-Rose; *RTD civ.* 2003. 137, obs. B. Vareille – Civ. 1re, 25 juin 2002, n° 98-22.882, *Bull. civ.* I, n° 173; *AJ fam.* 2002. 381, obs. S. D.; *Dr. fam.* 2002, n° 149, note B. B. – V. R. Savatier, *D.* 1979. Chron. 147.
4. Civ. 1re, 30 oct. 2006, n° 03-19.317, *Bull. civ.* I, n° 454; *D.* 2006. AJ 2877; *JCP* 2007. I. 142, n° 31, obs. Storck; *AJ fam.* 2006. 467, obs. P. Hilt; *RJPF* 2007-1/23, obs. F. Vauvillé; *RTD civ.* 2008. 529, obs. B. Vareille.
5. Civ. 1re, 25 juin 2008, n° 07-17.349, NP; *RJPF* 2008-11/21, obs. F. Vauvillé; *RTD civ.* 2008. 529, obs. B. Vareille.
6. Civ. 1re, 3 mars 2010, n° 09-11.005, *Bull. civ.* I, n° 50; *D.* 2011. 1040, obs. J.-J. Lemouland et D. Vigneau; *AJ fam.* 2010. 188, obs. F. Chénedé; *RTD civ.* 2010. 305, obs. J. Hauser; *RTD civ.* 2010. 363, obs. B. Vareille. – COMP. TOUTEFOIS, à la motivation moins nette sur ce point : Civ. 1re, 25 sept. 2013, n° 12-21.892, *Bull. civ.* I, n° 189; *D.* 2013. 2682, note A. Molière; *AJ fam.* 2013. 647, obs. P. Hilt; *RTD civ.* 2013. 821, obs. J. Hauser.

du mariage et de l'exécution du devoir de secours, pour soutenir qu'ils se confondent aujourd'hui.

– D'autres auteurs admettent au contraire que ces deux textes, même si l'application du premier désamorce parfois l'intérêt du second, ne font aucunement double emploi.

La **contribution aux charges du mariage** reçoit un champ relativement vaste, incluant **toutes les dépenses relatives au train de vie,** alors que l'article 212 organise seulement une obligation alimentaire entre époux, limitée au strict minimum indispensable (correspondant à un état de besoin). En sorte que la contribution aux charges du mariage absorbe normalement le devoir de secours, sauf lorsque les facultés contributives d'un conjoint sont insuffisantes pour couvrir les besoins alimentaires de l'autre.

La **contribution aux charges du mariage** s'exécute **en situation normale,** c'est-à-dire en **période de cohabitation des époux,** alors que le **devoir de secours s'applique lorsque les époux se séparent,** et même au-delà du divorce dans le cas du divorce pour rupture de la vie commune (C. civ., art. 269).

112.15 Contribution aux charges du mariage et exécution du devoir de secours : solutions jurisprudentielles. En jurisprudence, la distinction a paru d'abord s'estomper, avant de se marquer à nouveau.

Pour l'application de la loi du 11 juillet 1975, la Cour de cassation a admis que les besoins de l'époux bénéficiaire du devoir de secours ne se limitent pas aux premières nécessités; ils sont déterminés en fonction du niveau social des époux[1]. Voilà qui a paru opérer un rapprochement, puisque le devoir de secours compense quelque peu, en pareil cas, la disparité de niveaux de vie. De plus, de son côté, le régime de la contribution se rapproche parfois de celui des pensions alimentaires (v. s[s] n° 112.22).

Surtout, il est désormais avéré que la contribution aux charges du mariage peut survivre à la séparation de fait (v. s[s] n° 112.42), ce qui rend la distinction plus malaisée.

Toutefois, un arrêt important est venu admettre que « *la contribution aux charges du mariage, distincte, par son fondement et par son but, de l'obligation alimentaire, peut inclure des dépenses d'investissement ayant pour objet l'agrément et les loisirs du ménage* »[2]. Cela aboutit à reconnaître une réelle singularité à la contribution aux charges du mariage (v. s[s] n° 112.35).

SECTION 2
CALCUL DES PROPORTIONS CONTRIBUTIVES

112.21 Le choix des époux. Bien qu'il fasse partie du régime primaire impératif, l'article 214 édicte sur ce point une règle singulière : **la détermination des proportions** suivant lesquelles les époux contribuent aux charges du mariage **relève de la loi** seulement **dans le cas où les époux n'en ont pas convenu autrement.**

112.22 Prévisions supplétives de la loi : à proportion des facultés respectives des époux. Dans la plupart des cas, en pratique, les époux s'en remettent à la loi sur ce chapitre; et si le couple est uni, la contribution s'effectue de façon paisible et inaperçue. Toutefois, la loi fixe des règles précises : la contribution est alors proportionnelle aux facultés de chacun. C'est en somme à chacun de contribuer selon ses moyens. Reste à savoir quels sont les moyens mis en regard.

– Les « *facultés respectives* » comprennent évidemment les **éléments constatables** des possibilités de chacun. À ce titre, entrent en ligne de compte : les ressources financières en revenus, que ce soient les revenus du travail ou ceux des biens propres ou personnels; l'industrie personnelle de chacun déployée au service des besoins du mariage; mais aussi, selon certains auteurs, la fortune personnelle en capital des époux (la jurisprudence ne s'étant pas clairement prononcée sur ce dernier point).

– Les « *facultés respectives* » doivent aussi englober le cas échéant les **potentialités** de chacun, souvent plus litigieuses. C'est ainsi que les revenus potentiels peuvent être pris en considération : la jurisprudence a admis qu'il faut ajouter les revenus qu'une gestion utile des biens propres pourrait normalement procurer[3]. À l'inverse, il est arrivé qu'elle fasse la part de l'état de santé d'un époux pour pondérer sa contribution aux charges du mariage par son industrie personnelle.

112.23 Volonté contraire des époux : la stipulation de proportions contributives. Même si cette faculté n'est pas fréquemment usitée, la possibilité est reconnue aux époux de façon très expresse par l'article 214 alinéa 1er de régler différemment leur contribution aux charges du mariage.

112.24 Support de cette répartition conventionnelle. Ce support est spécifié par le texte : il s'agit normalement de la **convention matrimoniale.** Cela autorise ensuite une modification possible de la répartition convenue, sur le fondement et dans

1. Civ. 2e, 11 juill. 1979, n° 78-14.620, *Bull. civ.* II, n° 207.
2. Civ. 1re, 18 déc. 2013, n° 12-17.420, *Bull. civ.* I [à paraître]; *AJ fam.* 2014. 129, obs. P. Hilt.
3. Civ. 1re, 27 oct. 1992, n° 91-12.793, *Bull. civ.* I, n° 266; *D.* 1993. 422, note C. Philippe; *JCP N* 1993. 205; *RTD civ.* 1993. 181, obs. F. Lucet et B. Vareille.

les conditions de l'article 1397. Toutefois, la jurisprudence se montre encore beaucoup plus libérale, en admettant que l'engagement pris par un époux et accepté par l'autre **en dehors du contrat de mariage,** pour déterminer la contribution aux charges du mariage, est valable; et qu'en conséquence son exécution peut être demandée en justice, sous réserve de la possibilité pour chacun des époux d'en faire modifier le montant à tout moment en considération de la situation des parties[1]. Ce libéralisme autorise tous les accords, en une matière où cependant l'ordre public serait censé être de règle.

112.25 Modalités de cette répartition conventionnelle. La répartition, si différente qu'elle soit des prévisions légales, ne serait pas digne de ce nom si elle déchargeait totalement un époux de toute contribution en faisant peser sur l'autre l'intégralité des charges du mariage; on admet donc qu'une telle exemption ne serait pas licite : c'est ce que paraît supposer implicitement l'article 1448 alinéa 2 en prévoyant par exception, en cas de séparation judiciaire de biens, la nécessité pour un époux de supporter tous les frais du mariage « *s'il ne reste rien à l'autre* ».

Pour le reste, toute autre répartition contributive est licite. Il est notamment possible de fixer définitivement la **fraction des charges du mariage** que chacun assumera, de sorte que cette fraction ne varie pas, même si les ressources respectives évoluent (sauf nouvel accord ou intervention du juge). On peut encore définir par avance la **part de ses ressources** que chaque époux affectera aux charges du mariage; ou le **montant indexé** qu'il y consacrera; voire un **taux variable de contribution** dans le cours du mariage (par ex. pour favoriser dans les premiers temps celui qui souhaite fonder une entreprise ou créer une clientèle libérale, quitte pour lui à compenser ultérieurement par un taux de contribution supérieur). Il reste loisible de prévoir expressément la contribution en industrie du conjoint sans profession, cette modalité d'exécution étant licite.

On observera au passage que cette **répartition inégalitaire de la contribution aux charges du mariage** crée, au profit de celui dont la contribution est minorée par rapport aux clés de répartition légales, un **avantage né du régime matrimonial**, mais étranger à la notion juridique d'avantage matrimonial, telle que définie par l'article 1527 du Code civil; en sorte que le transfert patrimonial ainsi réalisé au jour le jour **se dérobe à toute qualification,** au regard tant du **droit des régimes matrimoniaux** que du **droit des libéralités.**

1. Civ. 1re, 3 févr. 1987, n° 84-14.612, *Bull. civ.* I, n° 41; *D.* 1987. IR 37.

SECTION 3
EXÉCUTION NON CONFLICTUELLE DE L'OBLIGATION CONTRIBUTIVE

112.31 Situation ordinaire. Dans l'hypothèse heureusement la plus répandue, l'exécution de l'obligation contributive ne donne pas lieu à conflit; elle est réalisée spontanément. Trois modalités peuvent alors se concevoir : exécution en deniers, en industrie ou en nature.

112.32 1) Exécution spontanée en deniers. Si les deux époux disposent de revenus, la contribution prend la forme de versements périodiques de fonds prélevés sur ces ressources. Elle est donc par hypothèse évolutive, puisque fonction des variations que chacun enregistre dans ses ressources, ainsi que dans les charges légitimes qui lui sont imposées.

En régime de séparation de biens, les sommes portées sur un compte joint sont présumées indivises et affectées aux dépenses ménagères, à défaut de preuve contraire[2].

112.33 2) Exécution spontanée en industrie. L'ancien article 214, dans sa rédaction antérieure à la loi du 11 juillet 1975, prévoyait la faculté pour la femme mariée de s'acquitter de sa propre contribution par son activité au foyer ou sa collaboration à la profession de son mari. Si cette disposition a été abrogée, c'est exclusivement en raison de sa connotation patriarcale. Mais l'idée demeure qu'un conjoint peut contribuer aux charges du mariage par **l'apport de son industrie à la prospérité commune.** Ainsi l'époux sans profession qui développe une activité domestique ne se constitue-t-il pas le débiteur de son conjoint; il ne détermine pas davantage la naissance d'une récompense due par ses propres en régime de communauté.

112.34 3) Exécution spontanée en nature ou par équivalent. La contribution peut également être réalisée sous forme d'un apport.

Il peut s'agir d'un **apport en nature de biens propres ou personnels** : libéralité en forme de rente personnelle, donation indirecte résultant de la mise à disposition gratuite d'un logement par un tiers.

Dans le même ordre d'idées, la **mise à disposition d'un bien immobilier personnel à un époux**, à titre gratuit, pour assurer le logement principal ou secondaire de la famille, représente une contribution en nature qu'il convient de défalquer de la part

2. Civ. 1re, 22 juin 2004, n° 02-20.398, *Bull. civ.* I, n° 179; *AJ fam.* 2004. 365, obs. F. Bicheron – Civ. 1re, 25 janv. 2005, n° 97-20.308, NP; *JCP* 2005. I. 128 obs. M. Storck – Sur ces deux décisions v. *RTD civ.* 2006. 361, obs. B. Vareille.

contributive normale de l'intéressé. Aussi bien la jurisprudence reconnaît-elle qu'en cas de séparation de fait des époux, lorsque le juge du divorce, après avoir rejeté la demande, attribue à un époux sur le fondement de l'article 258 le droit d'occuper la résidence de la famille appartenant privativement à l'autre, cette occupation représente partie de la contribution de ce dernier aux charges du mariage[1].

Il en va de même encore, en vertu d'une jurisprudence contestable, dans le cas où **un conjoint rembourse seul l'emprunt permettant d'acquérir ou d'améliorer le logement indivis de la famille**[2], voire une résidence secondaire[3]. Les juges du fond peuvent admettre qu'un tel remboursement « *participe de l'exécution de l'obligation de contribuer aux charges du mariage* »; à telle enseigne qu'une pareille contribution est alors exposée à tomber sous le coup de la stipulation, classique dans les contrats séparatistes, qui prévoit que, chacun étant réputé avoir contribué aux charges du mariage au jour le jour, aucun compte ne sera fait à ce sujet (sur le détail de cette clause, v. s[s] n° 112.13). Cela aboutit à ce que celui qui a remboursé est privé expressément de tout recours[4], sauf à renverser la présomption conventionnelle[5]. Cette conséquence extrême, et la faiblesse de son fondement, conduisent la doctrine à remettre en question le principe même d'une telle solution[6].

112.35 4) Exécution spontanée par compensation. Un époux peut enfin s'être libéré de sa contribution par le simple jeu de la compensation. De fait, il n'est pas rare en pratique que les conjoints, dans leur organisation domestique, s'entendent pour faire du paiement par l'un d'eux d'une dette commune une modalité comme une autre de sa contribution aux charges du mariage. Ainsi lorsqu'un époux a assumé seul le paiement de l'impôt sur le revenu du foyer[7].

1. Civ. 1re, 6 mars 1990, n° 88-17.555, *Bull. civ.* I, n° 61 – Civ. 1re, 31 mars 1992, n° 90-18.760, *Bull. civ.* I, n° 97; *JCP N* 1992. 383, obs. M. Storck.
2. Civ. 1re, 14 mars 2006, n° 05-15.980, *Bull. civ.* I, n° 160; *JCP* 2006. I. 193, obs. G. Wiederkehr; *AJ fam.* 2006. 293, obs. P. Hilt – Civ. 1re, 15 mai 2013, n° 11-26.933, *Bull. civ.* I [à paraître]; *D.* 2013. 2242, obs. V. Brémond; *D.* 2013. 1208; *AJ fam.* 2013. 383, obs. S. Blanc-Pelissier; *RTD civ.* 2013. 582, obs. J. Hauser; *Dr. fam.* 2013, n° 110, obs. B. Beignier – Civ. 1re, 12 juin 2013, n° 11-26.748, *Bull. civ.* I, n° 126; *D.* 2013. 2242, obs. V. Brémond; *AJ fam.* 2013. 448, obs. B. de Boysson.
3. Civ. 1re, 18 déc. 2013, n° 12-17.420, *Bull. civ.* I [à paraître]; *AJ fam.* 2014. 129, obs. P. Hilt.
4. OUTRE : [Civ. 1re, 15 mai 2013, n° 11-26.933, P, et Civ. 1re, 12 juin 2013, n° 11-26.748, P, préc. s[s] prés[t] n°] V. AUSSI, Civ. 1re, 25 sept. 2013, n° 12-21.892, *Bull. civ.* I, n° 189; *D.* 2013. 2682, note A. Molière; *AJ fam.* 2013. 647, obs. P. Hilt; *RTD civ.* 2013. 821, obs. J. Hauser.
5. La présomption conventionnelle est en effet réfragable : v. s[s] n° 112.13 *in fine* et la jurisprudence citée en note.
6. V. NOT., J. Hauser, obs. préc. s[s] Civ. 1re, 25 sept. 2013, n° 12-21.892, P.
7. Civ. 1re, 25 juin 2008, n° 07-17.349, NP; *RJPF* 2008-11/21, obs. F. Vauvillé; *RTD civ.* 2008. 529, obs. B. Vareille (v. s[s] n° 112.13).

SECTION 4

EXÉCUTION CONFLICTUELLE DE L'OBLIGATION CONTRIBUTIVE

112.41 Situations de conflit. Le conflit surgit très généralement à l'occasion d'une séparation de fait des époux, d'une instance en divorce, ou des règlements financiers consécutifs au divorce. Il peut se concentrer sur le **refus d'exécuter l'obligation,** sur une **contribution insuffisante**, ou sur une **contribution excessive.**

112.42 Refus d'exécuter l'obligation. Lorsque les époux se séparent, il n'est pas rare que l'un d'eux refuse de contribuer pour sa part aux charges du mariage. Or, de jurisprudence constante, la séparation de fait n'exclut nullement une **persistance de l'obligation** édictée par l'article 214. L'article 258 le démontre, qui permet au juge de régler la contribution aux charges du mariage après une séparation de fait consécutive au rejet du divorce. Par conséquent, en principe, **seul le montant de la contribution peut être reconsidéré selon les circonstances nouvelles.**

Toutefois, la Cour de cassation encourage les juges de fond à tenir compte des circonstances de la cause, formule qui les incite en réalité à tenir compte de l'imputabilité de la rupture pour soustraire l'époux étranger à la séparation de fait à l'obligation de contribuer aux charges du mariage. Le critère n'est guère précis, car l'initiative de la rupture peut n'être pas le fait de celui qui a commis une faute conjugale, et les juges du fond ne peuvent donc manquer de se livrer à une analyse globale des rapports conjugaux. Le fondement de la solution n'est pas non plus clairement avéré : on y verra plutôt l'esprit général des textes, que révèlent ceux consacrés par exemple au divorce pour rupture de la vie commune.

Sous cette restriction, **l'inexécution de l'obligation contributive expose à différentes mesures.**

112.43 Contribution forcée. Selon l'article 214 *in fine*, le conjoint récalcitrant peut être contraint d'acquitter sa dette « *dans les conditions prévues au Code de procédure civile* ».

En vertu de l'article L. 213-3, 3° du Code de l'organisation judiciaire, c'est le **juge aux affaires familiales** qui a à connaître des actions liées à la fixation de la contribution aux charges du mariage. Qu'il y ait ou non procédure de divorce, c'est donc ainsi le juge aux affaires familiales qui doit déterminer le montant de la contribution et condamner au paiement l'époux indocile.

Suivant l'article 1137 du Code de procédure civile, en principe, le juge aux affaires familiales est **saisi dans la forme des référés**; toutefois, il peut également être **saisi par requête au greffe** indiquant les nom, prénom, adresse des parties, voire, la dernière adresse connue du défendeur. Le reste de la procédure est détaillé aux articles 1138 et suivants du Code de procédure civile.

Depuis l'abrogation des articles 1069-1 à 1069-9 du Code de procédure civile par le décret n° 2004-1158 du 29 octobre 2004[1], c'est à l'article L. 161-3 du Code des procédures civiles d'exécution que figure la règle selon laquelle les sommes dues en exécution de la contribution aux charges du mariage peuvent être recouvrées pour le compte du créancier par les comptables publics compétents.

L'intervention du comptable public s'effectue dans les conditions et selon les modalités prévues par la loi n° 75-618 du 11 juillet 1975 relative au recouvrement public des pensions alimentaires[2]. En particulier, les débiteurs de salaires, produits du travail ou autres revenus, ainsi que les dépositaires de fonds, sont personnellement tenus, dès la notification qui leur en est faite, d'acquitter à l'époux créancier le montant de la contribution du débiteur. L'exécution forcée s'en trouve grandement facilitée.

112.44 De surcroît, l'époux récalcitrant est exposé à des sanctions pénales. Le refus d'exécuter la décision judiciaire imposant la contribution aux charges du mariage entre dans les prévisions de l'article 227-3 du Code pénal, qui en fait un **délit d'abandon de famille,** passible de deux ans d'emprisonnement et 15 000 euros d'amende. De plus, le fait par le débiteur, même avant la décision judiciaire constatant sa dette, d'organiser ou d'aggraver frauduleusement son insolvabilité dans les conditions détaillées à l'article 314-7 du Code pénal, pour se soustraire à sa contribution aux charges du mariage, est assimilé par l'article 314-9 du même code au délit édicté par le premier texte, et sanctionné de trois ans d'emprisonnement et 45 000 euros d'amende. Ce sont là de puissantes menaces pour qui tente de se soustraire à ses obligations.

112.45 Contribution insuffisante. On suppose ici qu'un conjoint, au lieu d'opposer un refus pur et simple, contribue insuffisamment pour sa part aux charges du mariage.

Lorsque cette insuffisance est affaire de mauvaise volonté, et qu'elle fait l'objet d'un conflit en cours d'union, elle est traitée comme le refus, si ce n'est que la demande aura pour seul objet une **révision du montant** de la contribution; c'est le juge qui en est l'appréciateur, en fonction des circonstances et de leur évolution (v. s^{s} n° 112.42).

Lorsque l'insuffisance de la contribution résulte de la pratique amiable, et qu'elle est invoquée *a posteriori* à l'heure de la liquidation du régime matrimonial, toute la question est de savoir si elle sera prise en compte (sous forme d'une récompense ou d'une créance entre époux selon la nature du régime).

Tout d'abord, on observera que la demande n'a pas à être écartée par principe, car **la contribution n'a pas un caractère alimentaire**, qui justifierait l'application de la maxime « *aliments ne s'arréragent pas* »[3]. Dans les rapports entre les conjoints, en effet, la contribution aux charges du mariage, contrairement au devoir de secours de l'article 212, ne nécessite pas une situation de besoin en la personne du demandeur (v. s^{s} n° 112.13).

Ensuite, il reste à administrer efficacement la preuve du déficit de contribution. Cela n'est pas toujours facile, en particulier dans le cas d'une activité en industrie au bénéfice du foyer.

Enfin, le résultat est assurément variable.

En régime communautaire ou de participation aux acquêts, les économies réalisées sur les revenus de l'un des deux époux ont vocation à être comprises dans les acquêts, qui profitent à chacun; il faut donc que celui qui s'est soustrait à l'article 214 ait réalisé des libéralités au bénéfice d'autrui pour que l'époux mécontent justifie d'un intérêt (hormis le cas de fraude, qui relève des articles 1403 et 1573 sans qu'il soit besoin de viser particulièrement l'article 214).

En revanche, en régime séparatiste, un époux trouvera toujours avantage à rechercher un complément tardif de contribution de l'autre.

112.46 Contribution excessive. De façon symétrique, un conjoint peut prétendre avoir contribué davantage qu'il n'aurait convenu aux charges du mariage. La question ne se pose guère, là encore,

1. Décr. n° 2004-1158, 29 oct. 2004, portant réforme de la procédure en matière familiale, *JO* 31 oct., p. 18492.
2. L. n° 75-618, 11 juill. 1975, relative au recouvrement public des pensions alimentaires, *JO* 12 juill., p. 7178.
3. Civ. 1re, 8 nov. 1989, n° 87-19.768, *Bull. civ.* I, n° 341; *Defrénois* 1990. 296, obs. J. Massip – Civ. 1re, 9 mai 1967, *Bull. civ.* I, n° 160.

qu'à la dissolution. Et en pareil cas, il s'agira très souvent d'une hypothèse classique : un conjoint a collaboré à la profession de l'autre de façon purement bénévole, sous le régime de la séparation de biens. C'est là un surcroît de contribution aux charges du mariage, par son industrie personnelle : il aura assuré le secrétariat, ou encore tenu la comptabilité... Pour celui qui exerce la profession principale, il en résulte sinon à proprement parler un gain direct, du moins une économie, dont l'article 214 ne peut suffire à représenter le fondement juridique.

Tantôt cet **apport en industrie** sert de **justification à la demande d'une indemnité.** Une telle demande a été très souvent accueillie, sur le fondement de la théorie de l'enrichissement sans cause. Il est clair que l'enrichissement sans cause n'est que de la différence entre la contribution effective et ce qu'aurait pu représenter une contribution normale.

Tantôt **l'apport en industrie** sert **à qualifier l'opération par laquelle le conjoint professionnel a financé une acquisition faite par son époux.** En pratique, on sait que le conjoint soucieux de rétribuer la participation de l'autre à son activité professionnelle, en régime séparatiste, a souvent tendance à acquérir pour lui, ou à financer l'acquisition par lui, d'un bien immobilier. Au temps de l'instance en divorce, ce conjoint en vient parfois à regretter pareille générosité, et à poursuivre la qualification de libéralité indirecte, afin d'en demander la révocation sur le fondement de l'article 1096 du Code civil, soit même celle de libéralité déguisée, pour en rechercher la nullité absolue, en vertu de l'article 1099. Une jurisprudence importante et désormais bien assise repousse la qualification libérale lorsqu'il est loisible de voir dans cette gratification la contrepartie d'une activité allant au-delà de la simple obligation de contribuer aux charges du mariage, ce qui est une façon de sauver l'opération (par ex., pour une activité exceptionnelle au foyer[1] ou pour une collaboration professionnelle[2]).

En toute hypothèse, la demande fondée sur une contribution excessive est contrariée par la clause figurant dans la plupart des formules de conventions matrimoniales de séparation de biens : « *Chacun des époux sera réputé avoir fourni au jour le jour sa part contributive en sorte qu'ils ne seront assujettis à aucun compte entre eux* » (v. s^s n° 112.13). Cette stipulation tempère la règle de l'article 214, en simplifiant les règlements entre époux. Toutefois, elle n'a pu être objectée à un mari séparé de biens qui avait financé durant le mariage, sur ses deniers personnels, les échéances d'un emprunt destiné à l'acquisition indivise du logement de la famille, et prétendait à une créance sur l'indivision à hauteur des échéances réglées par ses soins en mariage : le remboursement n'a pas été analysé comme une modalité de contribution aux charges du mariage, et aucune compensation conventionnelle n'a été constatée[3].

112.47 Violences conjugales. Dans le cas particulier où des violences exercées par l'un des époux mettent en danger soit son conjoint, soit un enfant, voire plusieurs d'entre eux, le juge peut se prononcer dans l'urgence sur la contribution aux charges du mariage, au moment où il statue sur la résidence séparée des époux sur le fondement de l'article 515-11 du Code civil (v. s^s n° 116.91).

112.48 Crise durable. En cas de crise conjugale ou financière durable, les juges peuvent néanmoins organiser la contribution : soit sur le fondement de l'article 258 du Code civil, en rejetant définitivement la demande en divorce; soit sur le fondement de l'article 1449, en prononçant la séparation judiciaire de biens, ce qui lui permet de décider qu'un des deux conjoints versera sa contribution aux mains de l'autre, lequel assumera toutes les charges à l'égard des tiers.

1. Civ. 1re, 20 mai 1981, n° 80-11.544, *Bull. civ.* I, n° 175; *R.* p. 42; *RTD civ.* 1982. 784, obs. J. Patarin.
2. Civ. 1re, 16 juin 1981, n° 80-11.923, *Bull. civ.* I, n° 217.
3. Civ. 1re, 3 mars 2010, n° 09-11.005, *Bull. civ.* I, n° 50; *AJ fam.* 2010. 188, obs. F. Chénedé; *Procédures* 2010, n° 170, note Perrot; *RTD civ.* 2010. 363, obs. B. Vareille.

CHAPITRE

113. Protection du logement de la famille

BERNARD VAREILLE
PROFESSEUR À LA FACULTÉ DE DROIT
ET DES SCIENCES ÉCONOMIQUES
DE L'UNIVERSITÉ DE LIMOGES

SECTION 0
ORIENTEUR

113.00 Plan du chapitre.

Division. Même si certains de ces trois textes se recoupent parfois, ou qu'à l'inverse ils répondent à des préoccupations différentes, il convient de les étudier de façon successive pour dresser un tableau complet de la protection, qui intéresse : le logement de la famille avec l'article 215 alinéa 3 du Code civil (sect. 1); le local pris à bail pour servir effectivement de façon exclusive à l'habitation des deux époux, avec l'article 1751 du Code civil (sect. 2); l'habitation principale effective du conjoint survivant, avec l'article 763 du Code civil (sect. 3).

113.01 Textes applicables.

C. civ., art. 215, al. 3, 226, 763 et 1751

> Cogestion forcée entre époux du logement de la famille quel que soit le régime matrimonial
[C. civ., art. 215, al. 3, et 226]

C. civ., art. 215, al. 3

Les époux ne peuvent l'un sans l'autre disposer des droits par lesquels est assuré le logement de la famille, ni des meubles meublants dont il est garni. Celui des deux qui n'a pas donné son consentement à l'acte peut en demander l'annulation : l'action en nullité lui est ouverte dans l'année à partir du jour où il a eu connaissance de l'acte, sans pouvoir jamais être intentée plus d'un an après que le régime matrimonial s'est dissous.

C. civ., art. 226

* V. texte complet de cet article s[s] n° 111.01, > *Pouvoirs de gestion et solidarité des époux*

> Cotitularité du droit au bail entre époux

C. civ., art. 1751

Le droit au bail du local, sans caractère professionnel ou commercial, qui sert effectivement à l'habitation de deux époux, (*L. n° 2014-366, 24 mars 2014, art. 4*) « quel que soit leur régime matrimonial et nonobstant toute convention contraire et même si le bail a été conclu avant le mariage, ou de deux partenaires liés par un pacte civil de solidarité, dès lors que les partenaires en font la demande conjointement, est réputé appartenir à l'un et à l'autre des époux ou partenaires liés par un pacte civil de solidarité ».

En cas de divorce ou de séparation de corps, ce droit pourra être attribué, en considération des intérêts sociaux et familiaux en cause, par la juridiction saisie de la demande en divorce ou en séparation de corps, à l'un des époux, sous réserve des droits à récompense ou à indemnité au profit de l'autre époux.

(*L. n° 2001-1135, 3 déc. 2001, art. 14*) « En cas de décès d'un des époux, le conjoint survivant cotitulaire du bail dispose d'un droit exclusif sur celui-ci sauf s'il y renonce expressément. » – *Entrée en vigueur le 1er juill. 2002.*

> Protection de l'habitation principale effective du conjoint survivant

C. civ., art. 763

Si, à l'époque du décès, le conjoint successible occupe effectivement, à titre d'habitation principale, un logement appartenant aux époux ou dépendant totalement de la succession, il a de plein droit, pendant une année, la jouissance gratuite de ce logement, ainsi que du mobilier, compris dans la succession, qui le garnit.

Si son habitation était assurée au moyen d'un bail à loyer (*L. n° 2006-728, 23 juin 2006, art. 29-25°*) « ou d'un logement appartenant pour partie indivise au défunt, les loyers ou l'indemnité d'occupation » lui en seront remboursés par la succession pendant l'année, au fur et à mesure de leur acquittement. – *Entrée en vigueur le 1er janv. 2007.*

Les droits prévus au présent article sont réputés effets directs du mariage et non droits successoraux.

Le présent article est d'ordre public. – *Pour l'entrée en vigueur de l'art. 763, v. L. n° 2001-1135, 3 déc. 2001, art. 25.*

113.02 Jurisprudence de référence.

> L'article 215 alinéa 3 vise les actes qui anéantissent ou réduisent les droits réels ou personnels d'un conjoint sur le logement familial

• Civ. 1re, 16 mai 2000, n° 98-13.441, *Bull. civ.* I, n° 144

* V. ss n° 113.22

« Attendu, en premier lieu, que la cour d'appel a exactement retenu qu'il résulte des termes généraux de l'article 215, alinéa 3, du Code civil instituant un régime de protection du logement familial que ce texte vise les actes qui anéantissent ou réduisent les droits réels ou les droits personnels de l'un des conjoints sur le logement de la famille et qu'en relevant que tel était le cas de la location litigieuse puisque, du fait de celle-ci, Mme X. était privée de ses droits de jouissance ou d'occupation sur la villa commune, la cour d'appel a légalement justifié sa décision au regard du texte susvisé. »

> L'inscription d'hypothèque judiciaire n'est pas en soi un acte de disposition au sens de l'article 215 alinéa 3

• Civ. 1re, 8 janv. 1985, n° 83-15.647, *Bull. civ.* I, n° 7

* V. ss n° 113.23

« [...] Attendu que, comme l'ont retenu à bon droit les juges du fond, l'inscription d'hypothèque judiciaire, qui n'est que l'exercice d'une prérogative légale accordée au titulaire d'une créance, même chirographaire, n'est pas un acte de disposition au sens de l'article 215, alinéa 3, du Code civil, et que, hors le cas de fraude, non établie en l'espèce, cette disposition légale, qui ne rend pas insaisissable le logement de la famille, ne permettait pas d'annuler ou de rendre inopposable a Mme X. l'engagement de caution pris par son mari à l'égard de la banque Y. »

> Un époux ne peut résilier sans le consentement de son conjoint le contrat d'assurance garantissant le logement familial

• Civ. 2e, 10 mars 2004, n° 02-20.275, *Bull. civ.* II, n° 100

* V. ss n° 113.28

« [...] Attendu que pour rejeter cette demande, la cour d'appel énonce que le contrat d'assurance portant sur le logement familial était un contrat que chacun des époux pouvait passer seul en application de l'article 220 du Code civil et que sa résiliation par un seul des époux était opposable à l'autre;

Qu'en statuant ainsi alors que l'époux ne pouvait pas résilier sans le consentement de son conjoint le contrat d'assurance garantissant le logement familial, la cour d'appel a violé les textes susvisés. »

> Un époux reste cotitulaire du bail conclu par son conjoint au titre de l'article 1751 du Code civil dès lors que le logement a servi effectivement à l'habitation des deux époux et qu'aucun jugement de divorce n'est intervenu

• Civ. 3e, 31 mai 2006, n° 04-16.920, *Bull. civ.* III, n° 135

* V. ss n° 113.64

« [...] Attendu que pour dénier à M. Y. tout droit au bail sur le local, l'arrêt retient que M. Y. a résidé dans les lieux loués jusqu'en 1983, date à laquelle il a été hospitalisé jusqu'en 1987, que s'il justifie de son souhait d'exécuter des travaux d'aménagement en raison de son handicap lourd, il ne peut valablement imputer aux bailleurs une prétendue impossibilité d'effectuer les travaux nécessaires à son état ayant fait obstacle à une communauté de vie avec son épouse, que l'ensemble des courriers et documents produits adressés à M. Y. portent mention d'une adresse distincte de celle des lieux loués, plus de dix ans après son hospitalisation;

Qu'en statuant ainsi, tout en relevant que le logement donné à bail à Mme Y. avait servi effectivement à l'habitation des deux époux et alors que les époux demeurent cotitulaires du bail jusqu'à la transcription du jugement de divorce en marge des registres de l'état civil, la cour d'appel, qui n'a pas tiré les conséquences légales de ses propres constatations, a violé le texte susvisé;

Par ces motifs, casse et annule. »

113.03 Bibliographie indicative.

Actualisables. Rép. civ., v° *Mariage (4° effets),* par M. Lamarche et J.-J. Lemouland, avr. 2014, nos 206 s. – *J.-Cl. Civ.*, Ph. Dubois, art. 212 à 215, n° 26; Ph. Dubois et F. Lefebvre, art. 212 à 215, fasc. 30.

Ouvrages[1]. G. CORNU, *Droit civil, Les régimes matrimoniaux*, 9e éd., « Thémis Droit », PUF, 1997, n° 47 – N. Couzigou-Suhas, *La famille et son logement*, 1re éd., « Axe droit », Lamy, déc. 2010 – J. FLOUR et G. CHAMPENOIS, *Les régimes matrimoniaux*, 2e éd., coll. « U », A. Colin Éd., 2001, n° 124 et note 3 – J. PATARIN et G. MORIN, *La réforme des régimes matrimoniaux*, 4e éd., *Defrénois*, 1977, t. I, n° 80 – F. TERRÉ et Ph. SIMLER, *Droit civil, Les régimes matrimoniaux*, 6e éd., « Précis », Dalloz, 2011, nos 59 s. et 336 s.

Articles. B. Beignier, « La loi du 3 décembre 2001 : achèvement du statut du logement familial », *Dr. fam.* 2002.

1. NB : les ouvrages les plus fréquemment cités et dont le nom des auteurs figure en petites capitales en bibliographie sont cités par les seuls noms des auteurs en petites capitales en notes de bas de page.

Chron. 5 – Y. Chartier, « Domicile conjugal et vie familiale », *RTD civ.* 1971. 511 – M. Grimaldi, « Le logement de la famille », *Defrénois* 1983. 1025 et 1105 – Y. Guyon, « Le statut du logement familial en droit civil », *JCP* 1966. I. 2041 – R. Savatier, « La protection civile du logement de la famille dans le concept juridique d'habitation familiale », *Mél. P. Hébraud*, 1981, PUSS Toulouse, p. 799 – B. Vareille, « Variations futiles sur les droits au logement du conjoint survivant », *Mél. M. Prieur*, Dalloz, 2007, 1721 – F. Vauvillé, « Les droits au logement du conjoint survivant », *Defrénois* 2002. 1277 – C. Watine-Drouin, « Le statut du logement familial », *Études offertes au Doyen Ph. Simler*, Litec/Dalloz, 2006, 253.

Thèse. N. Mouligner, *Le bail des époux*, th. Limoges, 2003.

113.04 Questions essentielles.

> La protection du logement est devenue, concernant notamment le couple marié, l'une des préoccupations essentielles de notre siècle; le dispositif classique concernant la protection du logement de la famille se prolonge désormais non seulement dans un texte relatif au droit des baux, mais encore dans le dispositif concernant la dernière habitation principale effective du conjoint survivant.

* V. s^s n°s 113.08 et 113.09

> La protection du logement de la famille par l'article 215 alinéa 3 du Code civil est traitée de façon très vigilante par la jurisprudence, qui se montre par conséquent volontiers extensive.

* V. s^s n°s 113.11 à 113.46

> La protection du bail à usage exclusif d'habitation conduit l'article 1751 du Code civil à conférer au conjoint du locataire une cotitularité sur le droit au bail, même lorsque la location a été passée avant le mariage.

* V. s^s n°s 113.50 à 113.64

> La protection temporaire assurée par l'article 763 du Code civil porte quant à elle sur l'habitation principale effective que le conjoint survivant occupait au moment du décès de son époux prédécédé; elle est classiquement traitée avec le droit des successions.

* V. s^s n°s 113.71 et 113.72

113.08 Esprit contemporain : protection du logement. De façon générale, la protection du logement des personnes est au cœur des préoccupations contemporaines.

L'article 1er de la loi du 6 juillet 1989 fait du droit au logement du locataire un droit « *fondamental* », qui prétend contrebalancer celui du propriétaire.

Les articles L. 526-1 à L. 526-4 du Code de commerce, issus de la loi du 1er août 2003 dite « loi Dutreil », permettent au chef d'entreprise personne physique de soustraire sa résidence principale aux poursuites de ses créanciers professionnels, à la faveur d'une déclaration notariée dûment publiée à la Conservation des hypothèques.

L'article 62 de la loi du 9 juillet 1991 ménage un régime de faveur à l'habitation principale en cas d'expulsion : une telle mesure ne peut intervenir qu'à l'issue d'un délai de deux mois après le commandement.

Au regard du divorce, le logement de la famille fait l'objet d'une protection particulière par les articles 255, 4° et 285-1 du Code civil, issus de la loi du 26 mai 2004, tant à l'heure des mesures provisoires que dans l'organisation matérielle des conséquences mêmes du divorce prononcé.

Enfin, la loi n° 2007-290 a institué la notion de « *droit au logement opposable* ».

113.09 Dispositif spécial de protection du logement des personnes mariées. La loi organise aujourd'hui un triple dispositif de protection du logement des personnes mariées.

Le régime primaire s'en préoccupe à **l'article 215 alinéa 3 du Code civil,** qui considère la question sous l'angle des régimes matrimoniaux, et dans un esprit de réglementation impérative, quel que soit le statut du logement.

Le droit des baux s'en saisit à **l'article 1751 du Code civil,** qui ne concerne que les baux à usage exclusif d'habitation, mais de façon non moins impérative, quel que soit le régime matrimonial des locataires.

À quoi s'ajoute **la protection de l'habitation principale effective du conjoint survivant** par **l'article 763 du Code civil,** également impératif.

SECTION 1
PROTECTION DU LOGEMENT DE LA FAMILLE PAR L'ARTICLE 215 ALINÉA 3 DU CODE CIVIL

113.10 Cogestion forcée. Bien qu'il soit dans l'ordre des dispositions purement matérielles du couple marié, le choix du logement de la famille représente une décision primordiale pour l'avenir. Le foyer tout entier y trouve son port d'attache, au point que le plus souvent, et tout particulièrement pour les enfants, la famille s'y incarne un peu. D'où un système de protection visant à ce que, une fois la résidence de la famille élue d'un commun accord par les deux époux (C. civ., art. 215, al. 2), l'un ne puisse remettre en question sans l'accord de l'autre, par une volonté unilatérale, le choix du toit familial.

Suivant l'article 215 alinéa 3 du Code civil, un époux ne saurait disposer sans l'accord de l'autre des droits qui servent de support au logement de la famille, ni des meubles meublants qui garnissent ce dernier. C'est là une cogestion forcée propre à mettre en échec jusqu'au droit de propriété d'un époux. Aussi faut-il circonscrire clairement, cette disposition remarquable, en étudiant successivement l'objet de la protection (§ 1), les actes interdit à un époux seul (§ 2), la nécessité du consentement (§ 3), et les modalités de ce dernier (§ 4).

§ 1
Objet de la protection

113.11 Champ matériel de la protection. La protection concerne deux catégories : certains droits, certains meubles meublants.

113.12 a) Premier objet : les droits par lesquels est assuré le logement de la famille.

– **Peu importe la nature juridique des droits concernés,** droits réels ou droits personnels, de quelque origine qu'ils soient.

Pour ce qui est des **droits réels**, le plus fort d'entre eux, la **propriété**, est également le premier visé. C'est dire le caractère impératif de l'article 215 alinéa 3, qu'il puisse ainsi porter atteinte même au droit le plus absolu. En particulier, il est clair que le conjoint propriétaire du logement de la famille abdique, du simple fait de cette affectation, partie de ses prérogatives de propriétaire, puisqu'il ne peut plus aliéner seul. En cela également, l'article 215 alinéa 3 déroge à l'article 225 du Code civil, qui édicte en principe la faculté pour chaque époux d'aliéner seul ses biens personnels (v. s^s^ n°s 114.121 s.). Tous les autres droits réels sont également visés : **usufruit légal** ou **conventionnel**, **droit d'habitation**, *etc.*

Pour ce qui est des **droits personnels**, le **droit au bail** est évidemment le support le plus répandu du logement de la famille : c'est à cet égard que l'article 215 alinéa 3 recoupe l'article 1751 (v. s^s^ n°s 113.50 s.). Toutefois, sont concernés au même titre par l'article 215 alinéa 3 : le **droit de jouissance sur un logement** attaché aux parts d'une société civile immobilière, le **droit personnel au maintien dans les lieux**, *etc.*

– Seule importe **l'affectation de ces droits au logement de la famille.** Il s'agit là d'une simple question de fait. En effet, il n'est pas envisageable d'étendre la protection de la famille à toutes les habitations qu'elle fréquente; et l'on ne peut davantage se borner à une conception abstraite et théorique du logement pris en compte.

Il faut donc que les juges du fond apprécient en considération des circonstances de fait **dans quel endroit la famille réside effectivement.** Cette résidence, choisie d'un commun accord par les deux époux (C. civ., art. 215, al. 2), peut naturellement être distincte du domicile de l'un ou l'autre des deux époux, voire des deux, depuis que la possibilité a été reconnue par la loi du 11 juillet 1975 à l'article 108 alinéa 1er du Code civil que mari et femme aient des domiciles distincts sans manquer pour autant au devoir de cohabitation.

113.13 Limite : coloration professionnelle des locaux affectés au logement de la famille. Si les locaux dans lesquels réside la famille sont en relation directe avec la profession exercée par un époux, au point que tout changement de profession détermine la perte du logement, **la protection due à la famille** heurte ici une autre règle non moins impérative : **l'indépendance professionnelle des époux,** ménagée de façon expresse par l'article 223 du Code civil. Or, on ne peut admettre qu'un conjoint se trouve à jamais enfermé dans une profession qui lui pèse par le simple refus de son époux de voir remettre en question la résidence de la famille.

C'est pourquoi le **logement de fonction** a un statut à part au regard de l'article 215 alinéa 3. Lorsque la perte du logement de fonction est liée à une **décision professionnelle de son titulaire** (démission, mutation, changement de fonctions, *etc.*), elle ne requiert pas l'accord du conjoint[1]. Il en irait différemment si le conjoint professionnel choisissait sans changement de fonctions de renoncer isolément au bénéfice du logement de service qui lui est acquis : son conjoint pourrait valablement objecter qu'une telle renonciation suppose son consentement.

Le cas du **logement à usage mixte d'habitation et professionnel** est plus incertain. L'article 215 alinéa 3 ne l'élimine aucunement du champ de la cogestion. Mais le même raisonnement doit conduire à admettre que si un changement de profession impose la disposition du logement de la famille (ainsi du forain ou du marinier qui se sédentarise en acceptant un emploi à demeure), la liberté professionnelle l'emporte sur la cogestion forcée[2]. On réservera seulement les **cas où un texte spécifique impose la cogestion** (C. civ., art. 1424 et 1425 – C. rur., art. L. 411-68 – L. 10 juill. 1982, art. 2). À moins, bien sûr, que l'affectation des locaux n'ait changé, et que des locaux mixtes n'aient été intégralement dévolus entre-temps à un usage familial exclusif.

113.14 Limite : le cas de la séparation des époux. Notion de pur fait, la résidence de la famille résiste-t-elle à la séparation de fait, voire à la séparation de droit consécutive à une instance en divorce ou à une séparation de corps ? Toute la difficulté tient au fait que la séparation des époux implique que l'un d'entre eux au moins s'éloigne du logement conjugal, et que les enfants du couple ne demeurent pas nécessairement en compagnie de celui qui occupe ce logement primitif. Lequel des différents logis représente la résidence de la famille

1. Civ. 1re, 4 oct. 1983, n° 82-14.093, *Bull. civ.* I, n° 217; *Defrénois* 1983. 1601, obs. G. Champenois.
2. EN CE SENS, *J.-Cl. Civ.*, Ph. Dubois, art. 212 à 15, n° 26.

éclatée ? De façon plus délicate encore, que décider lorsque les deux époux abandonnent le logement primitif pour choisir chacun une nouvelle résidence ?

La détermination du **logement de la famille** étant une **simple question de fait**, ressortit à la compétence des **juges du fond**. La jurisprudence n'est pas aisée à systématiser.

On observera que la question ici posée étant une affaire de pouvoirs respectifs des époux, et non de crédit vis-à-vis des tiers (comp. s^s n°s 111.91 s.), il paraît légitime de se former une conception étroite du logement de la famille. Ce logement semble n'être que **celui choisi en commun au titre de l'article 215 alinéa 2**, à l'exclusion de tout logement adopté par la volonté unilatérale d'un seul époux. Encore faut-il que ce logement soit **celui de la famille**, ce qui implique à tout le moins qu'il soit fréquenté par **les deux époux, et les enfants** s'il y en a. Partant de ces deux ordres de considérations, on peut ne pas s'interroger outre mesure sur le point de savoir si le logement ainsi défini a été choisi avant ou après une crise conjugale.

113.15 b) Second objet : les meubles meublants garnissant le logement de la famille. *Ubi lex non distinguit...* : il s'agit ici de tous les meubles du logement familial, sans qu'il y ait lieu de tempérer la protection en fonction de leur nature utilitaire ou ornementale.

L'article 215 alinéa 3 déroge nécessairement à l'article 222 (v. s^s n°s 114.50 s.), qui prévoit la faculté pour un époux de disposer des biens meubles détenus à titre individuel. L'article 222 alinéa 2 le prévoit expressément : il y va de la protection du cadre de vie. Quand bien même cette restriction ne serait pas spécifiée, la présence du meuble dans le logement familial est exclusive de toute détention individuelle au sens de l'article 222.

Reste que l'efficacité de cette protection est surtout garantie par l'article 220-1 alinéa 2 (v. s^s n°s 116.72 s.) qui permet de faire interdire le déplacement des meubles par un époux malintentionné.

En effet, la pratique des « dépôts-ventes » rend de plus en plus aisée la négociation des meubles meublants, sans que la détention puisse être clairement constatée par l'intermédiaire ou par l'acheteur; or on se demande si l'article 2276 protège ce dernier (v. s^s n° 113.34).

§ 2
Actes interdits à un époux seul

113.21 Esprit du texte. Applicable à tous les mariages, l'article 215 alinéa 3 organise une cogestion du logement de la famille comparable à celle instituée en régime légal pour les actes les plus graves (C. civ., art. 1422, 1424 et 1425). **L'accord des deux époux est nécessaire à la validité de ces actes** (sauf à appliquer les dispositions de l'article 217, v. s^s n°s 116.41 s.).

113.22 Principe : interdiction des actes de disposition. Dans une formule générale, l'article 215 alinéa 3 vise la disposition des biens protégés, sans introduire la moindre restriction (v. toutefois les exceptions reconnues, qui sont développées s^s n°s 113.24 s.). C'est dire que sont notamment visés :

– les aliénations de droits réels à titre gratuit ou onéreux, par acte unilatéral ou bilatéral, portant sur les biens définis à l'article 215 alinéa 3 : ainsi la vente, l'échange, l'apport en société, la donation (v. malgré tout sur le legs s^s n° 113.24), *etc.*;

– les constitutions de droits réels au profit d'autrui dans les mêmes conditions et sur les mêmes biens : on peut penser ici à l'hypothèque conventionnelle sur le logement; à la mise en gage d'un meuble meublant le logement de la famille; au cautionnement réel; *etc.*;

– les actes de disposition portant sur un droit personnel à la jouissance du logement : cession de parts sociales donnant droit d'occuper ce logement, renonciation à un bail (v. aussi sur ce point s^s n° 113.72), renonciation d'un droit au maintien dans les lieux, *etc.*;

– les actes constitutifs d'un droit personnel au profit d'autrui sur le logement de la famille : bail, sous-location, *etc.* [1];

Dans une formule très générale, la Cour de cassation admet que le texte vise « *les actes qui anéantissent ou réduisent les droits réels ou les droits personnels de l'un des conjoints sur le logement de la famille* » [2].

On observera que les termes de l'article 215 alinéa 3 paraissent introduire une **distinction entre le logement et les meubles meublants**, en ce qu'ils ne visent expressément que la **disposition des biens pour le mobilier** (et **non pas des droits**, comme pour le logement). En toute logique, un époux peut donc constituer en faveur d'autrui un **droit personnel sur les meubles meublant le logement**, sans que l'accord de l'autre soit nécessaire. L'hypothèse est il est vrai de peu d'intérêt pratique.

113.23 Application : validité des aliénations forcées. Qui dit acte de disposition dit acte, et, partant, volonté libre de disposer. Il n'en va pas ainsi,

1. EN CE SENS, Civ. 1re, 16 mai 2000, n° 98-13.441, *Bull. civ.* I, n° 144; *D.* 2000. IR 192; *Defrénois* 2001. 460, obs. G. Champenois; *Dr. fam.* 2001, n° 2, note B. Beignier; *Loyers et copr.* 2000, n° 264, note B. Vial-Pedroletti; *RJPF* 2000-12/23, note F. Vauvillé; *RTD civ.* 2001. 416 et 418, obs. B. Vareille.
2. Civ. 1re, 16 mai 2000, n° 98-13.441, préc. s^s prés^t n^o.

et par conséquent l'article 215 alinéa 3 n'est pas applicable, lorsque l'aliénation est forcée.

D'une part, l'expropriation pour cause d'utilité publique ne saurait être subordonnée au consentement des deux conjoints.

D'autre part, les biens visés à l'article 215, encore qu'ils soient indisponibles, font le gage des créanciers de l'époux propriétaire, ou des deux époux s'ils sont tous deux propriétaires. Hormis le cas de fraude, chacun étant maître de son patrimoine, il est donc loisible que les créanciers les saisissent pour répondre d'une dette souscrite sans le consentement du conjoint, même dans le cas d'un cautionnement[1]. Hors le cas de fraude, les dispositions de l'article 215 doivent en effet être considérées comme inopposables aux créanciers, sous peine de frapper les biens d'une insaisissabilité contraire à la loi[2].

Les créanciers trouvent en pareil cas tous les droits qui sont habituellement les leurs : ils peuvent prendre une inscription d'hypothèque judiciaire (comp. l'hypothèque conventionnelle, s[s] n° 113.22) sur le logement familial afin de garantir leur créance en prévision de la saisie[3]; ils peuvent provoquer le partage d'un immeuble indivis voué au logement de la famille[4].

Mieux, il est reconnu que le juge, dans une procédure en redressement judiciaire civil, peut légitimement subordonner les mesures de redressement à la vente amiable du logement de la famille : il n'enfreint pas l'article 215 alinéa 3, car il se borne à inciter les époux à une vente qui conditionne le plan de redressement[5].

Au demeurant, on doit réserver un cas : la loi n° 2003-721, du 1er août 2003, dite loi Dutreil[6], a institué un système de **protection des droits concernant l'immeuble dans lequel l'entrepreneur individuel a fixé sa résidence principale contre les créanciers de ce dernier**. En vertu de l'article L. 526-1 du Code de commerce, une personne physique immatriculée à un registre de publicité légale à caractère professionnel, ou encore exerçant une activité professionnelle agricole ou indépendante, peut faire déclarer insaisissables ces droits par lesquels est assurée sa résidence principale. Encore l'entrepreneur doit-il recourir sous peine de nullité à une **déclaration reçue par un notaire**, en vertu de l'article L. 526-2 du Code de commerce. Cette déclaration contient non seulement une description détaillée de l'immeuble, mais encore l'indication de son statut au regard du régime matrimonial. Elle fait l'objet de mesures de publicité. L'article L. 526-3 du Code de commerce prévoit qu'en cas de cession des droits immobiliers en question, tels qu'ils sont désignés dans la déclaration initiale, leur prix de vente lui-même demeure insaisissable à l'égard des créanciers dont le titre est postérieur à la publication de la déclaration notariée « *sous la condition du remploi dans le délai d'un an des sommes à l'acquisition par le déclarant d'un immeuble où est fixée sa résidence principale* » (C. com., art. L. 526-3 *in fine*).

113.24 Première exception : actes de disposition à cause de mort. L'article 215 alinéa 3 du Code civil ne s'applique pas aux aliénations à cause de mort; par conséquent, un mari a pu valablement léguer par **testament** à son frère un appartement qui servait au logement de la famille[7]. Cette solution est clairement justifiée en droit par cette constatation que l'article 215 alinéa 3 est une pièce du régime primaire, et qu'il cesse d'être applicable, de ce fait, dès que l'union matrimoniale est dissoute.

La décision a été controversée, puisque certains ont objecté, en droit, que l'article 215 n'introduit pas cette distinction (*Ubi lex non distinguit...*), et, en fait, que l'on fait succomber la protection du logement à l'heure même où elle serait le plus nécessaire.

Reste que les règles du droit des successions et des libéralités ne permettent pas de décider autrement : **le testament ne peut pas être réalisé conjointement, à peine de nullité; la réserve héréditaire** ne peut pas se voir inventer de toutes pièces un concurrent qui serait issu d'un autre texte que ceux consacrés à cette **institution impérative.**

Surtout, depuis la loi du 3 décembre 2001 dont il est issu, l'article 763 du Code civil pourvoit à une **maintenance provisoire du conjoint survivant dans le logement** qui est le sien à l'heure du décès, s'il remplit certaines conditions (v. s[s] n°s 113.71 et 113.72).

113.25 Seconde exception : réserve d'usufruit. Une **vente avec réserve d'usufruit** est évidemment

1. Civ. 1re, 21 juin 1978, *D.* 1979. 478, note Y. Chartier.
2. Civ. 1re, 4 juill. 1978, *D.* 1979. 479, note Y. Chartier; *JCP* 1980. 19368, note J.-C. Labbouz; *RTD civ.* 1979. 585, obs. R. Nerson – V. AUSSI Paris, 20 nov. 1984, *JCP* 1986. II. 20584, note M. Dagot.
3. Civ. 1re, 4 oct. 1983, n° 82-13.781, *Bull. civ.* I, n° 216; *Defrénois* 1983. 1593, obs. G. Champenois; *JCP* 1984. II. 20188 (1re esp.), note Y. Chartier; *Gaz. Pal.* 1984. 2. 445, note M. Henry – Civ. 1re, 8 janv. 1985, n° 83-15.647, *Bull. civ.* I, n° 7 – V. AUSSI, Civ. 1re, 5 févr. 1985, n° 83-14.697, *Bull. civ.* I, n° 53; *JCP N* 1986. 72, note Ph. Simler; *Defrénois* 1986. 186, note Ph. Théry.
4. Civ. 1re, 3 déc. 1991, n° 90-13.311, NP; *Defrénois* 1992. 396, obs. G. Champenois.
5. Civ. 1re, 24 févr. 1993, n° 91-04.140, *Bull. civ.* I, n° 85; *RTD civ.* 1994. 664, obs. B. Vareille.
6. L. n° 2003-721, 1er août 2003, pour l'initiative économique, *JO* 5 août, p. 13449; rect., p. 13462.
7. Civ. 1re, 22 oct. 1974, n° 73-12.402, *Bull. civ.* I, n° 274; *D.* 1975. 645, note I. Foulon-Piganiol; *Defrénois* 1975. 907, obs. H. Souleau; *JCP* 1975. II. 18041, note Y. Chartier; *RTD civ.* 1975. 296, obs. R. Nerson.

susceptible de ménager efficacement les droits sur le logement de la famille, par la constitution d'un droit réel des plus forts.

– Lorsque la réserve d'usufruit est **au profit du conjoint du vendeur,** il semble que la solution ne fait pas difficulté, car il ne peut y avoir d'atteinte, en ce cas, au logement de la famille; et même, la protection du conjoint survivant est mieux assurée qu'en l'absence d'une telle opération, puisque les effets du régime matrimonial ne lui garantiraient pas nécessairement l'usufruit du logement au-delà de la dissolution de l'union. La doctrine admet donc qu'un tel acte se passe de l'accord du conjoint – bien qu'il y ait clairement disposition entre vifs – au nom de la logique du texte (un jugement est allé en ce sens [1]).

– Lorsque la réserve d'usufruit est **au profit du vendeur, mais réversible sur la tête de son conjoint,** la solution est identique, puisque le résultat est le même.

– Lorsque la réserve d'usufruit est **seulement au profit du vendeur,** en revanche, la réponse est incertaine. On peut admettre que la vente ne nécessite pas l'accord du conjoint.

Un arrêt a bien décidé que la vente avec réserve d'usufruit au profit du seul vendeur, sans l'accord de son conjoint, était nulle [2]; mais c'est après avoir relevé qu'en l'espèce il y avait fraude : la vente avait été consentie avec réserve d'usufruit quatre jours seulement avant le décès de l'usufruitier. Cela ne paraît donc pas entamer le principe.

En réalité, il y a en pareille affaire deux façons de raisonner.

Ou bien on s'attache au résultat, et il faut constater que par une telle opération, le propriétaire qui prétend aliéner ne porte pas atteinte à l'usage et à la jouissance du logement, car l'usufruit substitué à la propriété complète autorise de continuer à occuper le logement, et bénéficie derechef de la protection instituée par l'article 215 alinéa 3; et s'il cesse par le décès de l'usufruitier, ce n'est pas plus défavorable pour le survivant qu'un legs prenant effet au décès.

Ou bien au contraire on observera sous l'angle théorique que le legs, toujours révocable jusqu'au décès, ne vaut pas « disposition » immédiate du logement de la famille, alors que la vente entre dans cette catégorie juridique; mais alors il n'y aurait pas lieu de distinguer entre la vente avec ou sans réserve d'usufruit, ni entre la réserve d'usufruit au profit du vendeur ou au profit de son conjoint.

1. TGI Paris, 16 déc. 1970, *Gaz. Pal.* 1971. 1. 115.
2. Civ. 1re, 16 juin 1992, no 89-17.305, *Bull. civ.* I, no 185; *Defrénois* 1992. 1156, obs. G. Champenois; *JCP N* 1993. 109, obs. G. Wiederkehr.

113.26 Réserve de bail : solution contraire. Bien que la question ne se soit jamais présentée en jurisprudence, il est admis par la majorité de la doctrine qu'une réserve de bail ne saurait suffire à justifier l'aliénation du logement de la famille sans l'accord du conjoint. Contrairement à l'usufruit, qui est un droit réel, le bail est inapte à conférer au preneur un droit certain au maintien dans les lieux, qui est la clé de l'article 215 alinéa 3.

113.27 Demande en partage : solution controversée. Une demande en partage d'un bien indivis par lequel est assuré le logement de la famille paraît bien représenter un acte de disposition, car l'attribution du bien est gouvernée par le résultat du partage, et il n'est donc pas dit que les droits de l'époux soient en définitive convenablement ménagés. Aussi faut-il en principe soit obtenir le consentement du conjoint en question, soit réserver par une stipulation valide qui recueille l'accord de tous les indivisaires un droit d'habitation à son profit, et à la charge de tout éventuel adjudicataire.

Un arrêt a bien décidé le contraire [3]; mais c'était semble-t-il uniquement pour fonder l'action oblique des créanciers.

On peut naturellement se passer de tout accord du conjoint lorsque le logement de la famille reste à l'écart de l'opération entreprise : par exemple, pour une demande de partage partiel qui n'intéresse en rien le logement de la famille indivis [4].

113.28 Résiliation d'un contrat d'assurance : jurisprudence contestable. Un époux ne peut résilier sans le consentement de son conjoint le contrat d'assurance garantissant le logement familial. Cette solution a été développée dans le cas d'une résiliation suivie d'un incendie [5]. Pourtant, la protection légale ne sanctionne en propres termes que les **atteintes aux droits par lesquels le logement de la famille est assuré, c'est-à-dire qui garantissent une occupation familiale des lieux.** Or si un incendie

3. Civ. 1re, 4 juill. 1978, *D.* 1979. 479, note Y. Chartier.
4. Civ. 1re, 19 oct. 2004, no 02-13.671, NP; *D.* 2005. Pan. 817, obs. J.-J. Lemouland et D. Vigneau; *RJPF* 2005, no 2, p. 16, note F. V.
5. Civ. 2e, 10 mars 2004, no 02-20.275, *Bull. civ.* II, no 100; *D.* 2004. Somm. 2257, obs. V. Brémond; Somm. 2963, obs. D. Vigneau; *JCP* 2004. I. 176, no 3, obs. G. Wiederkehr; *Defrénois* 2004. 1462, obs. G. Champenois; *AJ fam.* 2004. 188, obs. F. Bicheron; *Dr. fam.* 2004, no 64, note V. Larribau-Terneyre; *RGDA* 2004. 350, note L. Mayaux; *RTD civ.* 2004. 270, obs. J. Hauser; et 538, obs. B. Vareille – Dans le même sens, Civ. 1re, 14 nov. 2006, no 05-19.402, *Bull. civ.* I, no 482; *D.* 2007. 349, note G. Raoul-Cormeil; Pan. 1561, obs. J.-J. Lemouland et D. Vigneau; *JCP* 2007. I. 142, no 7, obs. G. Wiederkehr; *AJ fam.* 2007. 89, obs. F. Chénedé; *RJPF* 2007-2/15, note F. Vauvillé; *RLDC* 2004, no 5, p. 41, note F. Léandri.

prive bien les habitants de leur logis, l'assurance, ne prévient nullement l'incendie; de plus, le versement de l'indemnité d'assurance ne garantit pas le moins du monde la reconstruction du logement de la famille détruit. La résiliation de l'assurance par le propriétaire est donc proprement indifférente à l'occupation familiale des lieux.

Le but de cette jurisprudence est sans doute d'obliger l'assureur à vérifier l'accord des deux conjoints, en les faisant cosigner la résiliation de l'assurance, dès l'instant qu'il s'agit du logement de la famille; mais c'est alors un nouveau cas de cogestion qui est créé de toutes pièces.

§ 3
Nécessité du consentement

113.31 Sanction du défaut de consentement. En énonçant que les époux ne peuvent l'un sans l'autre disposer des droits précédemment énumérés, l'article 215 alinéa 3 annonce une dernière disposition, par laquelle il définit la sanction qui frappe les actes passés par un conjoint seul : « [...] *Celui des deux qui n'a pas donné son consentement à l'acte peut en demander l'annulation : l'action en nullité lui est ouverte dans l'année à partir du jour où il a eu connaissance de l'acte, sans pouvoir jamais être intentée plus d'un an après que le régime matrimonial s'est dissous* ».

113.32 Nature de la nullité. Les conditions d'exercice de la nullité en caractérisent la nature.

Tout d'abord, il s'agit d'une **nullité relative**. C'est pourquoi, d'une part, seul est en mesure de l'invoquer celui des deux conjoints dont le consentement n'a pas été demandé et obtenu; d'autre part, ce conjoint est toujours en mesure de consentir *a posteriori* à l'acte passé sans son consentement, en confirmant ainsi l'acte irrégulier.

Ensuite, la **nullité** est **de droit** : suivant l'opinion de la doctrine, le tribunal ne dispose d'aucun pouvoir d'appréciation; il doit se borner à prononcer la nullité dès l'instant que les conditions légales sont réunies.

113.33 Portée de la nullité. La jurisprudence se fait une conception extensive de la portée de la nullité prévue par l'article 215 alinéa 3.

C'est en premier **la vente elle-même** qui se trouve naturellement frappée de nullité. Cette sanction s'étend à l'ensemble des **clauses stipulées au contrat**, notamment aux **clauses de dédit**. Elle interdit à l'acquéreur de se prévaloir des obligations mises à la charge d'un vendeur, en particulier l'obligation de garantie.

Le dispositif est à cet égard comparable à celui organisé en régime légal par les articles 1424 et 1427 en matière de disposition d'immeubles dépendant de la communauté. D'ailleurs, lorsque le logement de la famille est assuré par un tel immeuble, la protection prévue par l'article 1424 redouble celle instituée par l'article 215.

En second, ce sont les **conventions annexes** visant à consolider la vente qui sont infectées par la nullité. Ainsi est nulle **la promesse de porte-fort** par laquelle le conjoint agissant seul prétendrait garantir la ratification ultérieure de l'acte par l'autre conjoint : l'explication tient peut-être à la volonté des juges que la communauté ne puisse se trouver engagée par la défection du porte-fort; mais il se peut que la nullité frappe surtout la promesse de porte-fort en ce qu'elle vise à déjouer un contrôle du conjoint qui est de l'essence même de l'acte[1]. De même, est contaminée par la nullité de l'acte principal **la clause pénale** attachée à un compromis de vente du logement de la famille signé par un époux seul[2].

113.34 Conséquences de la nullité pour les tiers. Lorsqu'un époux dispose sans l'accord de l'autre de l'un des biens visés à l'article 215 alinéa 3, la nullité qui frappe l'acte de disposition remet en question la situation des tiers cocontractants.

Pour ce qui est des **immeubles** relevant de l'article 215 alinéa 3, les tiers évincés de leurs droits ont des recours très limités. Ils ne peuvent en effet se prévaloir des clauses de l'acte nul, ni des engagements par lesquels l'époux agissant seul prétendrait consolider leurs droits (v. s^s n° 113.33). Ils ne peuvent pas davantage songer à engager la responsabilité civile de l'époux qui a outrepassé ses pouvoirs. En revanche, lorsque l'acte de disposition sur les droits qui assurent le logement familial a été conclu **par l'intermédiaire d'un professionnel**, le tiers évincé peut mettre en jeu la **responsabilité professionnelle** de ce dernier[3]. Il aurait appartenu normalement à ce professionnel soit d'informer le cocontractant du risque pesant sur l'opération, soit de requérir le consentement préalable de l'autre conjoint avant la signature de l'acte de disposition.

1. Civ. 1re, 11 oct. 1989, n° 88-13.631, *Bull. civ.* I, n° 315; *D.* 1990. 310, note R. Le Guidec; *D.* 1992. Somm. 219, obs. F. Lucet; *Defrénois* 1989. 1420, obs. G. Champenois; *JCP* 1990. II. 21549, note M. Henry; *JCP N* 1990. 261, obs. Venandet; *RTD civ.* 1991. 387, obs. B. Vareille.
2. Civ. 1re, 3 mars 2010, n° 08-18.947, *Bull. civ.* I, n° 54; *D.* 2010. AJ 765; *JCP* 2010, n° 487, § 2, obs. G. Wiederkehr; § 24, obs. Storck; *Dr. fam.* 2010, n° 72, note V. Larribau-Terneyre; *RLDC* 2010/70, n° 3764, obs. Le Gallou; n° 3782, obs. E. Pouliquen; *AJ fam.* 2010. 189, obs. S. Milleville; *RTD civ.* 2010. 367, obs. B. Vareille.
3. Civ. 1re, 11 oct. 1989, n° 88-13.631, préc. s^s n° 113.33 – Civ. 1re, 3 mars 2010, n° 08-18.947, préc. s^s n° 113.33.

En pratique, à défaut de ce consentement préalable, tout professionnel doit avoir soin de faire signer à l'acquéreur qui persiste une reconnaissance d'avis donné, insistant sur les dangers de la situation.

Pour ce qui est des **meubles** relevant de l'article 215 alinéa 3, la situation des tiers est plus complexe. Tout d'abord, même si l'article 215 alinéa 3 déroge expressément à l'article 222 alinéa 1er (sur lequel v. ss nos 114.50 s.), il se peut que **le premier acquéreur ait été induit en erreur par une détention individuelle,** et que le bien revendu ne puisse plus être recouvré. En ce cas, l'article 215 alinéa 3 sera mis en échec, même s'il y a lieu à d'éventuels règlements financiers au temps de la dissolution du régime, suivant la nature du bien. Ensuite, même **si le meuble est aux mains du premier acquéreur**, le rôle de l'article 2276 du Code civil est encore incertain : on se demande si l'acquéreur de bonne foi peut s'en prévaloir.

L'époux vendeur d'un meuble qui lui appartient ou qui relève de la communauté, alors que ce meuble garnit le logement familial, en est bien propriétaire, mais n'a pas le **pouvoir** de vendre seul; par conséquent, le premier acquéreur ne doit logiquement pas être en mesure de se prévaloir de l'article 2276, qui protège en principe un acquéreur *a non domino*. Telle est l'opinion dominante en doctrine.

113.35 Intérêt à agir en nullité. Encore faut-il que l'époux qui se prévaut de l'article 215 alinéa 3 du Code civil justifie, au moment où il introduit sa demande, d'un **intérêt actuel** à poursuivre l'annulation de l'acte litigieux. Cet intérêt à agir peut disparaître par exemple si l'intéressé a quitté le logement en question[1]. Par conséquent, la séparation volontaire qui a conduit à vider les lieux d'un commun accord pourrait être objectée au demandeur comme un obstacle à la recevabilité de son action, à moins peut-être qu'il n'y aille de l'intérêt des enfants du couple, ou encore que l'époux en divorce ne demande un « bail forcé », en vertu de l'article 285-1 du Code civil, sur le logement appartenant à son conjoint[2].

113.36 Délai pour agir en nullité. Le conjoint dont on a omis de recueillir le consentement doit exercer l'action en nullité dans la limite de **deux délais butoirs.**

D'un côté, l'action doit être intentée **dans l'année à partir du jour où il a connaissance de l'acte.** La connaissance de l'acte, fait juridique, se prouve par tous moyens. Le délai est celui d'une prescription extinctive[3], susceptible d'interruption. Le cours de la prescription n'est cependant pas interrompu si une assignation est intervenue dans le délai utile, mais est devenue caduque par application de l'article 757 du Code de procédure civile; par conséquent, une nouvelle assignation n'est efficace que si elle a été délivrée dans le délai de l'article 215 alinéa 3[4].

D'un autre côté, l'action en nullité doit être intentée **dans l'année de la dissolution du régime matrimonial.** La doctrine s'interroge sur le point de savoir si l'expression doit être strictement entendue.

Pour certains, à la suite de Ponsard sur Aubry et Rau, no 30, il faut comprendre la formule comme faisant courir le délai seulement à compter d'une **dissolution de régime consécutive à la dissolution du mariage lui-même.** L'idée est que la protection organisée par l'article 215 alinéa 3 faisant partie intégrante du régime primaire, survit à un changement de régime, que l'origine en soit volontaire (C. civ., art. 1397) ou non (C. civ., art. 1443). Le même raisonnement devrait être appliqué d'ailleurs à la séparation de corps, qui détermine une séparation de biens sans dissoudre le mariage[5].

Selon d'autres auteurs, en revanche, on ne doit pas distinguer là où la loi ne le fait pas, et le délai court depuis le jour d'une **dissolution du régime matrimonial à titre principal**[6]. Ce délai viserait simplement à apurer les relations patrimoniales entre époux telles qu'elles sont issues du régime matrimonial abandonné, que ce soit par suite d'une dissolution du mariage ou par un changement de régime, pour ce qui concerne les actes de disposition intéressant le logement familial.

Entre ces deux points de vue, la jurisprudence n'a pas tranché.

113.37 Délai pour agir : cas particulier. Lorsque le **logement de la famille** est un **bien de communauté**, il faut combiner l'article 215 alinéa 3 avec l'article 1427 alinéa 2 : ce texte prévoit un **délai de deux ans** à compter des mêmes dates, pour la pres-

1. Civ. 1re, 3 mars 2010, no 08-13.500, *Bull. civ.* I, no 53; *D.* 2010. AJ 765; 1608, note L. Mauger-Vielpeau; *JCP* 2010, no 487, § 3, obs. G. Wiederkehr; *Defrénois* 2010. 1466, note J. Massip; *Dr. fam.* 2010, no 61, obs. B. Beignier; *AJ fam.* 2010. 187, obs. F. Chénedé; *RTD civ.* 2010. 365, obs. B. Vareille; *adde,* V. Brémond, « Protection du logement de la famille, La conformité de l'action en nullité de l'article 215, alinéa 3, aux intérêts du conjoint demandeur », *JCP N* 2010. 1226.
2. EN CE SENS, V. Brémond, *op. cit.*
3. Civ. 2e, 2 déc. 1982, no 80-15.998, *Bull. civ.* II, no 158.
4. Cass., ass. plén., 3 avr. 1987, no 86-11.536, *Bull. ass. plén.*, no 3; *R.* 231; *D.* 1988. Somm. 122, obs. P. Julien; *JCP* 1987. II, 20792, concl. J. Cabannes; *Gaz. Pal.* 1987. 2. Somm. 486, obs. H. Croze et C. Morel; *RTD civ.* 1987. 401, obs. R. Perrot.
5. EN CE SENS, *J.-Cl. Civ.*, Ph. Dubois et F. Lefebvre, art. 212 à 215, fasc. 48.
6. J. PATARIN et G. MORIN, no 80.

cription de l'action en nullité contre l'acte d'un époux qui a outrepassé ses pouvoirs sur un bien commun.

La doctrine admet très généralement qu'en pareil cas la protection du bien est renforcée, en raison même de son appartenance à la communauté, et que l'on doit permettre à l'époux de se prévaloir du délai de deux ans pour agir. De fait, il serait surprenant que l'action en nullité soit plus favorablement accueillie lorsque l'acte de disposition intéresse un bien commun d'une nature quelconque, que lorsqu'il s'agit de surcroît du logement de la famille.

113.38 Date de dissolution : cas particulier. Il est à se demander quelle date de dissolution doit être prise en compte lorsque l'on se trouve dans l'un des cas de **report de la date de dissolution du mariage** (C. civ., art. 1442, al. 2; art. 262-1, al. 2 et 302, al. 2). Les textes qui prévoient ce report de la date de dissolution au jour de cessation de la cohabitation ou de la collaboration des époux n'ont d'effet qu'entre les époux eux-mêmes, et ne peuvent être invoqués à l'encontre des tiers. Or, l'action en nullité intéresse un acte souscrit entre l'autre époux et un tiers. Par conséquent, on peut admettre qu'en toute hypothèse, le délai de l'article 215 alinéa 3 court seulement à compter du **jour où la dissolution du mariage est opposable aux tiers**[1]. Notamment, en matière de divorce, le délai ne devrait courir qu'à partir de la date de transcription du jugement de divorce en marge des actes de l'état civil (C. civ., art. 262).

113.39 Exception de nullité. L'article 215 alinéa 3 ne saurait priver le conjoint du droit d'invoquer la nullité comme un moyen de défense à l'encontre d'un acte passé irrégulièrement par son époux. Par conséquent, une fois écoulé le délai de prescription, le conjoint peut toujours opposer l'exception de nullité à un tiers contractant qui veut obtenir l'exécution du contrat contraire aux dispositions de l'article 215 alinéa 3 du Code civil[2].

§ 4
Modalités du consentement

113.41 Faculté de consentir à l'acte. La sanction édictée par l'article 215 alinéa 3 ne peut être recherchée que par « *celui des deux qui n'a pas donné son consentement à l'acte* ». Il est donc loisible à ce même époux de consentir à l'opération.

113.42 Manifestation du consentement. La loi n'émet aucune exigence particulière concernant la forme du consentement. Ce serait donc ajouter à la loi que de tenir pour nécessaire la rédaction d'un écrit. La chose serait même dangereuse lorsque le conjoint a clairement manifesté son accord par une présence approbatrice, car il pourrait être tenté de se raviser ensuite à la faveur d'un prétendu formalisme.

C'est pourquoi on doit admettre que le consentement peut être **tacite** pourvu qu'il soit **certain**.

Un arrêt de la première chambre civile en date du 13 avril 1983 est venu statuer en ce sens, en énonçant qu'il suffit que le consentement soit certain[3]. Cet arrêt contredit une décision plus ancienne qui admettait l'exigence d'un écrit[4]. Certains ont proposé de concilier ces deux décisions en se contentant d'un consentement tacite quand il est donné au moment de la conclusion de l'acte, et en exigeant un écrit lorsque l'accord est donné par anticipation[5].

Le bon sens conseille dans la pratique de distinguer suivant l'objet de la vente et le moment du consentement, tant du point de vue du conjoint vendeur que de celui de l'acquéreur ou du professionnel qui viendrait à passer l'acte.

– S'agissant d'une vente de meubles meublants, ou de la conclusion immédiate d'une vente d'immeuble, on voit mal comment la présence physique et l'acceptation tacite du conjoint du vendeur ne suffiraient pas.

– S'agissant d'une vente future d'immeuble, tout encourage à se ménager un accord préalable et écrit, donné par anticipation de façon spéciale; mais cette solution n'a rien de nécessaire, et prend simplement la valeur d'une précaution hautement recommandable.

113.43 Apparence. Il faut tout de même réserver l'hypothèse où l'acte se trouverait consolidé par le jeu de la **théorie de l'apparence**. La jurisprudence qui s'est développée sur ce chapitre, en fait de cogestion d'immeubles dépendant de la communauté, est probablement transposable.

Pour l'application de l'article 1424 du Code civil, certaines décisions ont paru accueillir une conception bienveillante de l'apparence, même si les tendances jurisprudentielles ne sont pas fixées.

En dernier lieu, un acte a été maintenu et la responsabilité du notaire engagée dans une espèce où l'officier public avait mentionné dans l'acte litigieux une procuration notariale émanant du con-

1. EN CE SENS, *J.-Cl. Civ.*, Ph. Dubois et F. Lefebvre, art. 212 à 215, fasc. P., n° 50.
2. EN CE SENS, Civ. 1re, 8 févr. 2000, n° 98-10.836, NP; *Dr. fam.* 2000, n° 89, obs. B. Beignier; *RTD civ.* 2000. 888, obs. B. Vareille.
3. Civ. 1re, 13 avr. 1983, n° 82-11.121, *Bull. civ.* I, n° 120; *Defrénois* 1983. 1339, obs. G. Champenois.
4. Lyon, 5 nov. 1980, *D.* 1982. IR 238, obs. D. Martin.
5. V. NOT. Rép. civ., v° *Régimes matrimoniaux,* par A. Colomer, anc. éd., n° 76.

joint du vendeur, pouvant ainsi légitimement faire croire à la qualité de mandataire de l'époux vendeur[1].

113.44 Objet du consentement. Un important arrêt de la première chambre civile en date du 16 juillet 1985[2] énonce que le consentement du conjoint ne doit pas se borner à porter sur le **principe d'une disposition des droits** par lesquels est assuré le logement de la famille : il faut aussi que le consentement intéresse **les conditions de la cession.** Il n'est pas certain cependant, en dépit des termes employés, que la formule vise véritablement toutes les conditions de la cession, même les plus infimes. Il s'agit plutôt que les **principales conditions** soient approuvées par l'autre conjoint : ainsi le **prix de la vente.** Toute autre solution serait de nature à paralyser la situation de façon presque systématique.

On a fait observer également que cette exigence rigoureuse d'un consentement spécial est mieux fondée lorsqu'il s'agit de disposer d'un bien commun, sur lequel les deux époux ont par définition des droits égaux, que lorsque le vendeur en est seul propriétaire.

En pratique, on retiendra que seuls le **consentement au moment de l'acte** et un **accord par acte spécial et détaillé** sont à l'abri de toute critique.

113.45 Effets du consentement. Ils sont gouvernés par une alternative, qui dépend de l'appartenance des droits en question.

– **Ou bien celui qui aliène est seul titulaire des droits dont il dispose;** ainsi lorsqu'il aliène un bien propre en régime communautaire ou un bien personnel sous tout autre régime matrimonial. En ce cas, le consentement de son conjoint ne fait que valider l'acte de disposition, sans qu'il puisse en résulter pour le conjoint qui a consenti une quelconque obligation.

– **Ou bien les droits aliénés sont en communauté,** et l'effet du consentement est incertain. Il est seulement clair que celui qui accomplit un tel acte de disposition sur un bien de la communauté engage ses biens propres ainsi que la communauté, à l'exclusion des gains et salaires de l'autre (C. civ., art. 1413 et 1414 combinés). En revanche, la portée du consentement de l'autre au regard de ses propres obligations reste à élucider. Les auteurs admettent que ce conjoint peut donner son autorisation sans être partie à l'acte (v. sur ce point s^s^ n° 138.112).

1. Civ. 1re, 11 mars 1986, n° 84-12.940, *Bull. civ.* I, n° 67; *Defrénois* 1987. 404, obs. J.-L. Aubert.
2. Civ. 1re, 16 juill. 1985, n° 83-17.393, *Bull. civ.* I, n° 223; *Defrénois* 1985. 1470, obs. G. Champenois; *JCP N* 1986. 71, obs. Ph. Simler.

113.46 Limite : recours à l'article 217 du Code civil. L'article 217 du Code civil peut être invoqué par un époux désireux de passer un acte de disposition sur le logement familial, afin de lever le refus de l'autre d'y consentir.

La jurisprudence, quoique plutôt limitée sur ce point[3], rejoint l'opinion répandue en doctrine.

La doctrine dominante admet que l'article 217 ne saurait être invoqué pour permettre au **conjoint du propriétaire exclusif** du logement de la famille d'aliéner seul (pour une opinion plus nuancée[4]).

SECTION 2
PROTECTION DU LOGEMENT DE LA FAMILLE PAR L'ARTICLE 1751 DU CODE CIVIL

113.50 Cotitularité du droit au bail. La protection organisée par le régime primaire concernant le logement de la famille peut se trouver confortée par l'article 1751 du Code civil, issu de la loi du 4 août 1962 et non modifié par les lois du 13 juillet 1965 et du 23 décembre 1985.

D'un côté, le **domaine** de l'article 1751 est **plus étroit** que celui de l'article 215 alinéa 3, car il se borne au **bail du local non professionnel ni commercial qui sert effectivement à l'habitation des deux époux** (au lieu de viser l'ensemble des droits par lesquels est assuré le logement de la famille).

D'un autre côté, la **protection** instituée par l'article 1751 est **plus ferme** que celle organisée par l'article 215 alinéa 3, car il crée une véritable **cotitularité du droit au bail** (là où l'article 215 se contente d'imposer la cogestion).

§ 1
Domaine d'application de l'article 1751

113.51 Baux à usage exclusif d'habitation. Les termes mêmes de l'article 1751 du Code civil définissent son domaine d'application : il s'applique **seulement** aux baux à usage exclusif d'habitation, mais à **tous** les baux de ce type.

113.52 1) Application aux baux à usage exclusif d'habitation seulement.

• Tout d'abord, l'article 1751 du Code civil limite sa protection aux **baux.** Tous les autres droits par lesquels est assuré le logement de la famille sont exclus de sa protection. De ce point de vue, la question se résume à une qualification de la convention

3. V. TOUTEFOIS, Paris, 26 nov. 1991, *D.* 1992. IR 23; *RTD civ.* 1992. 628, obs. F. Lucet et B. Vareille.
4. F. Lucet et B. Vareille, obs. préc. s^s^ prés^t^ n°.

par laquelle les époux sont mis en jouissance de l'immeuble qui sert au logement de la famille.

Des difficultés peuvent naître surtout en matière de **location-vente** et de **location-accession.** En principe, ces opérations ne représentent pas des baux *stricto sensu*, et le caractère dérogatoire de l'article 1751 devrait conduire à les exclure du champ d'application de ce texte.

Toutefois, on se souvient qu'en fait de solidarité ménagère, la première chambre civile s'est rangée à une interprétation indulgente de la protection due aux créanciers des époux en admettant que les locations-ventes sont à cet égard plutôt locations que ventes (v. s^s n° 111.61). Toute la question est de savoir si cette jurisprudence repose sur une analyse de la **nature juridique** de ce type de convention, auquel cas elle serait transposable, ou si elle témoigne simplement d'une volonté d'étendre le **gage des créanciers de dettes ménagères**, auquel cas son extension dans le domaine de l'article 1751 du Code civil serait hors de propos.

Que le bail soit assorti d'une **promesse unilatérale de vente** ne paraît pas devoir en changer la qualification au regard de l'article 1751.

• Ensuite, le bail doit être **à usage effectif d'habitation.** Par là se trouvent éliminés, selon une jurisprudence peu nombreuse des juridictions du fond, les baux qui intéressent la résidence secondaire[1]. Le même raisonnement vaut *a fortiori* pour une villégiature occasionnelle. Cette solution est approuvée en doctrine.

Elle se justifie par le caractère exceptionnel de l'article 1751. D'une part, les principes d'interprétation commandent d'entendre strictement, dans un texte dérogatoire, la référence à un bail qui « *sert effectivement* » à l'habitation des deux époux. D'autre part, quant au fond des choses, on ne peut songer à extraire de son champ d'application étroit une disposition dont la finalité est seulement de protéger les besoins premiers du ménage.

• Enfin, le bail doit être **à usage exclusif d'habitation.** Cela exclut de la cotitularité les baux ruraux et commerciaux, les baux professionnels et mixtes.

Il est vrai que les textes organisent souvent, hors du champ de l'article 1751, une protection efficace, même si elle ne va pas jusqu'à la cotitularité (v. sur C. rur., art. L. 411-68, s^s n°s 117.21 s. – et sur L. 10 juill. 1982, art. 2, s^s n°s 117.31 s.).

À quoi s'ajoutent les dispositions insérées dans diverses lois spéciales sur les baux d'habitation, et qui prévoient l'attribution de la qualité de locataire au conjoint du preneur en diverses circonstances : décès du preneur à bail, abandon par lui du domicile conjugal.

1. PAR EX., Orléans, 20 févr. 1964, *D.* 1964. 260.

113.53 2) Application à tous les baux à usage exclusif d'habitation. En premier lieu, l'article 1751 du Code civil concerne tous les baux à usage exclusif d'habitation **quelles qu'en soient les stipulations.** On s'accorde en effet à reconnaître au texte un **caractère impératif.** Toute stipulation contraire serait donc sans effet.

En second lieu, il faut souligner que l'article 1751 s'applique même aux **baux passés par l'un des conjoints avant le mariage.** C'est bien une entorse majeure à l'effet relatif des contrats, car on observe qu'au temps où l'acte a été souscrit, le conjoint actuel du preneur n'avait ni la qualité de preneur, ni même la qualité de conjoint.

En troisième lieu, l'article 1751 vise tous les baux à usage exclusif d'habitation **quel qu'en soit le statut.** Il peut s'agir des baux d'habitation de droit commun tels que résultant pour l'essentiel des articles 1713 à 1762 du Code civil combinés avec la loi du 6 juillet 1989, aussi bien que de baux d'habitation relevant de statuts spéciaux, en particulier la loi du 1er septembre 1948.

113.54 Application quel que soit le régime matrimonial. C'est en cela que l'article 1751 du Code civil se rapproche étroitement du régime primaire. Le texte est en effet une pièce du droit commun des baux. Il ne distingue donc pas selon la nature du régime matrimonial des époux pour s'appliquer impérativement.

§ 2
Conséquences de l'article 1751

113.61 Nature du droit créé. La doctrine y voit classiquement une **indivision spéciale**[2].

Une analyse tout autre a renouvelé la question en objectant que contrairement à **l'indivision,** qui juxtapose les prérogatives en répartissant **un droit unique** entre plusieurs titulaires, la **cotitularité** les démultiplie, car elle installe **sur une même habitation deux droits,** à la fois **distincts** et **complets** : il y a un seul bail, mais chacun des conjoints n'en est pas moins locataire à part entière[3].

Tout bien considéré, la cotitularité légale entretient davantage d'affinités avec les copropriétés conjugales, du type de la communauté, qu'avec l'indivision; et cela traduit en réalité l'attraction que la situation matrimoniale exerce sur le bail d'habitation (*ibid.*). Une fois installée l'habitation

2. V. J. FLOUR et G. CHAMPENOIS, 2e éd., 2001, n° 124 et note 3 – G. CORNU, 9e éd., 1997, n° 47 – F. TERRÉ et Ph. SIMLER, 6e éd., 2011, n° 336 – COMP. CEP. B. Lotti, « Le bail conjugal d'habitation », *JCP N* 1993. I. 325.
3. N. Mouligner, *Le bail des époux*, th. Limoges, 2003, n° 114.

principale effective, le droit au bail tombe pour ainsi dire sous une quasi-communauté spéciale. Le sort de la cotitularité est ensuite lié à celui de l'union matrimoniale.

113.62 Droits et devoirs des locataires. C'est pourquoi les conjoints ne peuvent l'un sans l'autre accomplir les actes de disposition portant sur le droit indivis : cession de bail, résiliation, renonciation à tout ou partie des droits de locataires, *etc.* Chacun peut exercer les droits attachés à la qualité de locataire, notamment le droit au maintien dans les lieux à l'expiration du bail.

À l'inverse, chacun des deux conjoints se trouve tenu des obligations nées du contrat de bail, en particulier le paiement des loyers.

113.63 Signification aux deux époux des actes ayant une incidence sur la location. En principe, tout acte, pour être valide, doit être **signifié à chacun des deux conjoints.**

C'est ainsi que la **notification** prévue par l'article L. 441-9 du Code de la construction et de l'habitation concernant le supplément de loyer de solidarité, ayant une incidence sur le montant du loyer, doit être adressée à chacun des cotitulaires du bail[1].

De même, le **congé** délivré à un seul époux demeure inopposable à l'autre. En pratique, le bailleur doit donc recourir à deux notifications distinctes, l'une à la femme l'autre au mari.

Par exception, la loi du 21 juillet 1994 réserve le **cas où l'existence du conjoint n'a pas été portée à la connaissance du bailleur.** En ce cas, l'opposabilité du congé est rétablie en vertu de l'article 9-1 de la loi du 6 juillet 1989 modifiée : « *Nonobstant les dispositions de l'article 1751 du Code civil, les notifications et significations faites en application du présent titre par le bailleur sont de plein droit opposables au conjoint du locataire si son existence n'a pas été préalablement portée à la connaissance du bailleur* ».

Il s'agit de l'hypothèse où la personne qui souscrit un bail néglige de révéler son état de personne mariée, ainsi que de celle où le locataire n'a pas prévenu son bailleur qu'il s'est marié en cours de location[2].

113.64 Durée de la cotitularité. La cotitularité débute avec l'habitation principale effective en mariage, et perdure jusqu'à la transcription du divorce en marge des registres d'état civil, même si la communauté de vie est interrompue.

Ainsi un époux est-il resté cotitulaire du bail conclu par son conjoint, dès lors que le logement a servi effectivement à l'habitation des deux époux et qu'aucun jugement de divorce n'est intervenu; cependant, en l'espèce, cet époux avait cessé par force de résider dans le logement depuis plusieurs années, en raison d'une longue hospitalisation, suivie d'une impossibilité de réinstallation dans le logement, inadapté à son handicap lourd[3].

Est inopposable à l'ex-mari non occupant un nouveau bail conclu par le bailleur avec l'épouse qui s'était vu attribuer la jouissance provisoire du logement au moment du divorce : cet ex-mari n'ayant jamais donné congé est demeuré titulaire du bail signé antérieurement même au mariage, en vertu de l'article 1751; et il peut s'en prévaloir, peu importe qu'il n'occupât plus le logement en raison de la situation de crise conjugale, pour demander la poursuite de la location à son profit au moment du congé donné à son ex-épouse[4].

SECTION 3

PROTECTION DE L'HABITATION PRINCIPALE EFFECTIVE DU CONJOINT SURVIVANT PAR L'ARTICLE 763 DU CODE CIVIL

113.71 Droit temporaire au logement. L'article 763 du Code civil, issu de la loi du 3 décembre 2001[5], institue un **droit de jouissance au bénéfice du conjoint survivant sur le logement** qu'il occupe effectivement au moment du décès, lorsque ce logement répond à certaines conditions : tantôt il appartenait soit aux deux époux, soit au conjoint prédécédé, et dans ce second cas ou bien totalement, ou bien au titre d'une indivision; tantôt il avait été pris à bail par les époux, qui n'en étaient par conséquent que locataires.

1. Civ. 3e, 12 mars 2014, no 13-14.403, *Bull. civ.* III [à paraître].
2. Pour une illustration, v. Civ. 3e, 29 oct. 2013, no 12-23.138, *Bull. civ.* III [à paraître]; *Defrénois* 2014. 182, note J. Mazure.
3. Civ. 3e, 31 mai 2006, no 04-16.920, *Bull. civ.* III, no 135; *R.* p. 332; *BICC* 1er oct. 2006, no 1797, et la note; *D.* 2006. 2777, note N. Damas; Pan. 1568, obs. J.-J. Lemouland et D. Vigneau; *Dr. fam.* 2006, no 147, note V. Larribau-Terneyre; *RJPF* 2006-10/24, note A. Leborgne; *AJDI* 2006. 729, obs. Y. Rouquet; *Dr. et proc.* 2006. 326, note G. Yildirim; *RDC* 2006. 1143, obs. D. Lardeux; *RLDC* 2006, no 29, p. 44, note G. Marraud des Grottes; no 30, p. 49, note F. Léandri; *RTD civ.* 2006. 812, obs. B. Vareille.
4. Civ. 3e, 1er avr. 2009, no 08-15.929, *Bull. civ.* III, no 72; *D.* 2009. AJ 1090, obs. G. Forest; *Dr. fam.* 2009, no 70, note V. Larribau-Terneyre; *Loyers et copr.* 2009, no 140, obs. B. Vial-Pedroletti; *AJ fam.* 2009. 221, obs. I. Gallmeister; *Dr. et proc.* 2009. 255, note G. Yildirim; *RJPF* 2009-6/30, obs. T. Garé; *RTD civ.* 2009. 510, obs. J. Hauser; 567, obs. B. Vareille.
5. L. no 2001-1135, 3 déc. 2001, relative aux droits du conjoint survivant et des enfants adultérins et modernisant diverses dispositions de droit successoral, *JO* 4 déc., p. 19279.

En ce cas, le conjoint survivant bénéficie, pendant une année, de la **jouissance gratuite de ce logement**. Il paraît bien s'agir ici d'un **droit purement personnel** de jouissance, à la différence droit d'habitation institué par l'article 764 du Code civil à titre viager[1].

Quoi qu'il en soit, les alinéas 3 et 4 de l'article 763 font de ce droit au logement un **effet** à la fois **direct** et **impératif du mariage.**

Il s'agit donc en réalité d'un **dispositif assimilable au régime primaire,** qui présente la particularité de survivre à la dissolution du mariage (à l'instar de l'article 221 du Code civil, sur lequel v. s[s] n°s 114.10 s., spécialement n° 114.41).

113.72 Renvoi. Néanmoins, par les affinités qu'il entretient avec le droit des successions et en particulier avec le droit d'habitation viager de l'article 764 du Code civil, le droit temporaire au logement sera traité, comme il est habituel, parmi les questions de droit successoral. On se reportera donc sur cette question aux n°s 233.21 à 233.36 pour le droit temporaire au logement et aux n°s 233.41 à 233.78 pour le droit viager d'usage et d'habitation.

1. EN CE SENS, B. Vareille, « Variations futiles sur les droits au logement du conjoint survivant », *Mél. Michel Prieur,* Dalloz, 2007, 1721.

CHAPITRE

114. Autonomie des époux dans la vie quotidienne

BERNARD VAREILLE
PROFESSEUR À LA FACULTÉ DE DROIT
ET DES SCIENCES ÉCONOMIQUES
DE L'UNIVERSITÉ DE LIMOGES

SECTION 0
ORIENTEUR

114.00 Plan du chapitre.

Division. La vie conjugale exige que l'on garantisse une certaine autonomie à chaque époux, en particulier à la femme, qui a eu du mal à s'affranchir de la tutelle maritale, dans les régimes matrimoniaux.

Cette autonomie n'a de véritable réalité que si les tiers acceptent de traiter avec un époux seul sans manifester de réticence. La méthode utilisée par le législateur a donc consisté à instituer un certain nombre de présomptions suivant lesquelles le conjoint a le pouvoir d'agir. C'est à l'abri de ces présomptions que le conjoint peut agir de façon autonome.

Ces présomptions de pouvoir couvrent deux ordres d'activités : d'une part, la vie quotidienne (objet du présent chapitre) d'autre part, la vie professionnelle (chap. 115).

114.01 Textes applicables.

C. civ., art. 221, 222, 225 et 226

> Pouvoirs autonomes de chaque époux fondés sur des présomptions légales
[C. civ., art. 221, 222 et 226]

C. civ., art. 221

Chacun des époux peut se faire ouvrir, sans le consentement de l'autre, tout compte de dépôt et tout compte de titres en son nom personnel.

À l'égard du dépositaire, le déposant est toujours réputé, même après la dissolution du mariage, avoir la libre disposition des fonds et des titres en dépôt.

C. civ., art. 222

Si l'un des époux se présente seul pour faire un acte d'administration, de jouissance ou de disposition sur un bien meuble qu'il détient individuellement, il est réputé, à l'égard des tiers de bonne foi, avoir le pouvoir de faire seul cet acte.

Cette disposition n'est pas applicable aux meubles meublants visés à l'article 215, alinéa 3, non plus qu'aux meubles corporels dont la nature fait présumer la propriété de l'autre conjoint conformément à l'article 1404.

C. civ., art. 226

* V. texte complet de cet article s[s] n° 111.01, > *Pouvoirs de gestion et solidarité des époux*

> Maîtrise par chaque époux de ses biens personnels
C. civ., art. 225
Chacun des époux administre, oblige et aliène seul ses biens personnels.

114.02 Jurisprudence de référence.

> Par application de l'article 221 du Code civil, l'épouse a, à l'égard de la banque, le pouvoir suffisant d'encaisser sur son compte personnel un chèque dont les deux époux sont bénéficiaires et qui a été endossé par chacun d'eux

• Com. 21 nov. 2000, n° 97-18.187, *Bull. civ.* IV, n° 177

* V. s[s] n° 114.22

« [...] Attendu qu'ayant relevé par motifs propres et adoptés, que le chèque litigieux avait été endossé par chacun des époux et qu'il n'était pas prétendu que Mme Y. se le soit approprié frauduleusement, ce dont il résultait qu'à l'égard de la Caisse dont la connivence n'était pas alléguée, l'épouse avait, par application de l'article 221 du Code civil, le pouvoir suffisant d'encaisser seule le montant du chèque sur son compte personnel, la cour d'appel a, abstraction faite des motifs erronés relatifs à l'absence de préjudice, justifié sa décision; que le moyen n'est ainsi fondé en aucune de ses branches;

Par ces motifs : rejette le pourvoi. »

> Le banquier dépositaire ne doit restituer les fonds ou titres déposés qu'à celui au nom duquel le dépôt a été fait, ou à celui qui a été indiqué pour les recevoir, quels que soient les pouvoirs conférés par le régime matrimonial

• Civ. 1re, 3 juill. 2001, n° 99-19.868, *Bull. civ.* I, n° 198

* V. s[s] n° 114.22

« [...] Attendu que pour avoir, sur la demande de Mme X., transféré 28 parts de SICAV "Écureuil monétaire du compte-titres ouvert au nom de son mari sur le compte personnel de celle-ci, la Caisse d'épargne et de prévoyance de la Côte-d'Azur a été condamnée par l'arrêt confirmatif attaqué (Aix-en-Provence, 11 juin 1999) à payer à M. X. la somme de 1 307 040 francs correspondant à la contre-valeur des titres irrégulièrement prélevés sur son compte;

Attendu que la Caisse d'épargne fait grief à cet arrêt d'avoir ainsi statué, alors que, selon le moyen, les titres figurant sur un compte d'épargne ouvert au nom d'un des époux constituent des biens communs, de sorte que leur emploi par l'autre époux est réputé avoir été fait dans l'intérêt de la communauté; qu'en considérant que la faute commise par l'établissement financier en ayant remis les titres à l'épouse de M. X. était génératrice pour celui-ci d'un préjudice, la cour d'appel a violé l'article 1421 du Code civil;

Mais attendu que si ce texte reconnaît à chacun des époux le pouvoir d'administrer seul les biens communs, l'article 221 du Code civil leur réserve la faculté de se faire ouvrir un compte personnel sans le consentement de l'autre, et que le banquier dépositaire ne doit, aux termes de l'article 1937 du même code, restituer les fonds déposés qu'à celui au nom duquel le dépôt a été fait ou à celui qui a été indiqué pour les recevoir;

Attendu qu'après avoir relevé que la Caisse d'épargne avait effectué le prélèvement litigieux sans vérifier le pouvoir du donneur d'ordre, qui n'était ni titulaire du compte, ni muni d'une procuration, la cour d'appel en a, à bon droit, déduit qu'elle était tenue de réparer le préjudice en résultant nécessairement pour le titulaire du compte du fait de la dépossession des titres qui y étaient déposés; que le moyen n'est pas fondé;

Par ces motifs : rejette le pourvoi. »

> Viole l'article 222 du Code civil, la cour d'appel qui ordonne la restitution d'un acompte versé par un époux agissant seul, sans rechercher si celui-ci n'était pas réputé avoir la libre disposition des fonds remis

• Civ. 1re, 5 avr. 1993, n° 90-20.491, *Bull. civ.* I, n° 136

* V. s[s] n° 114.82

« Vu les articles 1421 et 1427 du Code civil dans leur rédaction de la loi du 13 juillet 1965 applicable en la cause, ensemble l'article 222 du même code;

Attendu que l'arrêt attaqué a prononcé la nullité de l'engagement signé par Mme X. au motif que son mari avait seul qualité pour administrer la communauté et disposer des biens communs, selon l'article 1421 du Code civil, de sorte qu'il était en droit de demander, en application de l'article 1427 de ce code, la nullité de l'acte qui n'avait été signé que par son épouse et qu'il n'avait pas ratifié;

Attendu qu'en se déterminant ainsi, alors, d'une part, que s'agissant d'un acte relatif à l'acquisition d'un bien que l'épouse avait la faculté de conclure seule, de sorte que les articles 1421 et 1427 du Code civil étaient sans application en la cause, et sans rechercher, d'autre part, si elle n'était pas réputée, selon l'article 222 du Code civil, avoir la libre disposition des fonds remis par elle à Mme Y., la cour d'appel a violé ces textes;

Par ces motifs, [...] casse. »

114.03 Bibliographie indicative.

Actualisable. Rép. civ. v° *Mariage (4° effets)*, par M. Lamarche et J.-J. Lemouland, avr. 2014, n°s 254 s.

Ouvrages[1]. J. PATARIN et G. MORIN, *La réforme des régimes matrimoniaux*, 4e éd., *Defrénois*, 1977, t. I, n° 38. – F. TERRÉ et Ph. SIMLER, *Droit civil, Les régimes matrimoniaux*, 6e éd., « Précis », Dalloz, 2011, n°s 86 s.

Articles. D. Martin, « L'indépendance bancaire des époux », *D.* 1989. Chron. 135 – M. Vion, « Les dispositions transitoires de la loi n° 85-1372 du 23 décembre 1985 relative à l'égalité des époux », *Defrénois* 1986. 81, spéc[t] n°s 19 s.

114.04 Questions essentielles.

La loi institue au régime primaire **diverses présomptions,** qui toutes reposent sur le même système : rassurer les tiers avec lesquels les époux ont à traiter, en réputant les époux investis du pouvoir d'agir.

> La **présomption bancaire** de l'article 221 du Code civil autorise chacun des époux à ouvrir un compte en banque

1. NB : les ouvrages les plus fréquemment cités et dont le nom des auteurs figure en petites capitales en bibliographie sont cités par les seuls noms des auteurs en petites capitales en notes de bas de page.

sans l'autorisation de son conjoint, et à le faire fonctionner de sa seule initiative; dispositif primordial dans la société contemporaine, qui fait du compte en banque une nécessité.

* V. s[s] n°s 114.10 à 114.43

> La **présomption mobilière** de l'article 222 du Code civil édicte en principe que chaque époux a le pouvoir d'accomplir seul tous les actes sur les biens meubles qu'il détient individuellement.

* V. s[s] n°s 114.50 à 114.111

> L'article 225 du Code civil énonce en principe que chacun des deux époux administre, oblige, et aliène seul ses biens personnels ce qui garantit une **indépendance** non seulement **dans l'administration des biens personnels**, mais encore **dans leur engagement**.

* V. s[s] n°s 114.121 à 114.128

114.09 Instruments de l'autonomie quotidienne. L'autonomie des époux au quotidien repose sur trois présomptions relatives aux comptes en banque (sect. 1), aux biens mobiliers (sect. 2), et aux biens personnels (sect. 3).

SECTION 1
PRÉSOMPTION DE POUVOIR RELATIVE AUX COMPTES EN BANQUE (C. CIV., ART. 221)

114.10 Intérêt de la présomption bancaire. Chacun des deux époux est libre d'ouvrir un compte en banque et de le faire fonctionner seul. Tout l'intérêt de cette **présomption légale** est de dégager par avance la responsabilité du banquier. Ce dernier, en effet, risquerait de refuser à l'époux se présentant seul soit l'ouverture du compte, soit même, une fois le compte ouvert, tout prélèvement. La nécessité de se faire accompagner par son conjoint pour la validité de ce type d'opération paralyserait la situation, dans des conditions peu compatibles avec les exigences de la vie moderne. C'est en quoi l'article 221 du Code civil concourt à l'autonomie des époux.

C'est la loi du 13 juillet 1965 qui a introduit l'article 221 du Code civil, introduisant sur ce chapitre une véritable égalité entre le mari et la femme. Cette égalité était rendue nécessaire par le développement considérable de la monnaie scripturale.

Déjà, les lois des 22 septembre 1942 et 1er février 1943 avaient dispensé la femme mariée, pleinement capable depuis 1938, de toute autorisation maritale pour se faire ouvrir un compte en banque destiné à faire face aux besoins du ménage. Un tel compte n'était cependant ouvert qu'en vertu du pouvoir de la femme de représenter le mari. La femme ne pouvait se faire ouvrir un compte en son nom propre que lorsqu'elle avait l'administration et la jouissance soit de biens personnels, soit de biens réservés, ce dont les banquiers exigeaient la preuve.

§ 1
Champ de la présomption quant aux comptes

114.11 Comptes de dépôt et de titres. Aux termes de l'article 221 du Code civil, il s'agit des comptes de dépôt et de titres. Il faut entendre par là que du moment qu'il s'agit de comptes ouverts auprès d'un établissement de crédit, leur nature importe peu.

114.12 Compte ouvert auprès d'un établissement de crédit. Bien que cela ne soit pas expressément précisé, il s'agit seulement des comptes ouverts auprès d'un **établissement de crédit** au sens de la loi du 24 janvier 1984[1], ainsi que des autres établissements non soumis à cette loi mais susceptibles d'effectuer des opérations de banque (Trésor public, Banque de France, services financiers de La Poste, notamment) ou de bourse (sociétés de bourse). Seuls ces établissements sont en situation de se voir opposer la présomption comme de l'invoquer.

Au contraire, un dépositaire occasionnel non professionnel de banque ou de bourse (notaire, agent d'affaires, simple particulier...) ne peut se prévaloir de l'article 221.

114.13 Indifférence de la nature du compte. L'article 221 intéresse tout d'abord aussi bien les **comptes de dépôt** que les **comptes de titres.** Sont donc visés, suivant une doctrine unanime, non seulement les **comptes de chèques**, mais encore les **comptes courants, comptes à terme, comptes sur livret** de toutes natures. Depuis la dématérialisation des valeurs mobilières par la loi du 30 décembre 1981, il est clair qu'il n'y a pas lieu de distinguer entre les titres au porteur et les titres nominatifs, tous étant inscrits en compte de titres.

L'article 221 concerne ensuite semble-t-il aussi bien les **comptes personnels** que les **comptes à pluralité de titulaires.** La pratique bancaire est en ce sens, quoique la doctrine ne soit pas tout à fait unanime sur ce point.

Une fraction de la doctrine a voulu interpréter le texte comme réservé aux comptes ouverts par un époux exclusivement « *en son nom personnel* », l'expression étant opposée notamment aux comptes joints, ouverts avec des tierces personnes. En réalité, rien ne paraît justifier une telle discrimination : le but

1. L. n° 84-86, 24 janv. 1984, *JO* 25 janv.; *D.* 1984. Lég. 148.

étant d'aller à l'autonomie des époux en matière de comptes, une pareille distinction n'est pas concluante.

§ 2
Champ de la présomption quant aux personnes

114.21 Trois ordres de rapports. L'article 221 intéresse trois ordres de rapports entre les personnes.

114.22 1) Rapports entre les époux et le dépositaire. Aux termes de l'article 221 alinéa 2, le déposant est réputé à l'égard du dépositaire avoir la libre disposition des fonds et titres en dépôt.

• Cela signifie, d'un côté, que **le dépositaire peut se prévaloir de la présomption de pouvoir,** lorsqu'il remplit les conditions ci-dessus énoncées (v. s[s] n° 114.11). En particulier, il peut objecter la présomption au conjoint du déposant, qui ne peut songer à engager sa responsabilité au prétexte de l'ouverture du compte. De même, il ne suffit pas de prouver que le banquier a été informé que le déposant n'avait pas le pouvoir de disposer des fonds et titres en dépôt pour pouvoir mettre en jeu sa responsabilité. C'est ainsi qu'un époux peut encaisser seul, sur son compte personnel, le montant d'un chèque libellé au nom des deux époux, dès l'instant que le chèque a été endossé par les deux conjoints : le banquier n'engage pas sa responsabilité[1]. Et si la banque transige avec le conjoint mécontent, elle ne peut agir en répétition de l'indu contre celui qui a encaissé la somme, car il avait le pouvoir de le faire[2]. La seule limite tient à la fraude caractérisée, par laquelle le banquier se ferait le complice d'un détournement machiné au préjudice du conjoint du déposant.

• D'un autre côté, **le dépositaire peut se voir opposer la présomption de pouvoir par le conjoint** désireux d'ouvrir un compte et de le faire fonctionner. Pour ce qui est des remises, le professionnel n'a pas à s'enquérir de la provenance des fonds et des titres, le fonctionnement du compte passant par la liberté des dépôts. En ce qui concerne les retraits, les paiements et les virements de fonds, aussi bien que les aliénations de titres, le dépositaire doit les exécuter.

Par conséquent, le banquier qui transfère sur le compte personnel d'une cliente, à la demande de cette dernière, des titres figurant sur un compte ouvert au nom de son mari, engage évidemment sa responsabilité, quoiqu'il s'agisse de biens communs, sur lesquels chacun des époux exerce, aux termes de l'article 1421, un pouvoir d'administration; un banquier dépositaire ne doit restituer les fonds déposés qu'à celui au nom duquel le dépôt a été fait, ou encore à celui qui a été indiqué pour les recevoir[3]. La seule façon de se soustraire à sa responsabilité consiste alors pour le banquier à démontrer que l'époux titulaire du compte débité a ratifié, même tacitement, l'opération[4]. Toutefois, le banquier peut se prévaloir du bénéfice de la subrogation dès lors que l'époux n'avait pas le pouvoir de disposer des fonds déposés sur le compte ouvert au seul nom de l'autre[5].

Le banquier ou l'agent de change exposerait également sa responsabilité en exigeant des justificatifs plus précis du statut matrimonial du client. Il peut seulement vérifier l'identité et la capacité civile de l'intéressé, conformément au droit commun, à moins que ce ne soit en prévision d'une opération distincte de celles liées à l'ouverture et au fonctionnement du compte (prêt...).

114.23 2) Rapports des époux entre eux, ensuite. Le texte ne concernant en propres termes que les relations entre le conjoint déposant et le professionnel dépositaire, il est inefficace dans les rapports entre époux. Entre eux, les époux sont assujettis aux règles du régime matrimonial, aussi bien en matière de preuve que de pouvoir et de propriété.

Au lendemain de la loi du 13 juillet 1965, certains auteurs préféraient considérer que l'article 221 valait entre les époux comme une **présomption réfragable**

1. Com. 21 nov. 2000, n° 97-18.187, *Bull. civ.* IV, n° 177; *D.* 2001. Somm. 2932, obs. V. Brémond; *JCP* 2002. I. 103, n° 23, obs. M. Storck; *Defrénois* 2001. 1127, obs. G. Champenois; *RJPF* 2001-2/28, obs. F. Vauvillé; *RTD civ.* 2001. 941, obs. B. Vareille – Civ. 1re, 16 mai 2013, n° 12-12.207, *Bull. civ.* I [à paraître]; *D.* 2013. 2242, obs. V. Brémond; *AJ fam.* 2013. 382, obs. P. Hilt.
2. EN CE SENS, v. Civ. 1re, 16 mai 2013, n° 12-12.207, P, préc.
3. Civ. 1re, 3 juill. 2001, n° 99-19.868, *Bull. civ.* I, n° 198; *D.* 2002. 1102, note L. Comangès; Somm. 3262, obs. J.-V. Hallouin; *JCP* 2002. I. 103, n° 17, obs. Ph. Simler; *JCP N* 2002. 1206, note V. Brémond; *Defrénois* 2002. 397, obs. G. Champenois; *Dr. fam.* 2001, n° 120, obs. B. B.; *RTD civ.* 2001. 941, obs. B. Vareille – DANS LE MÊME SENS, Com. 11 mars 2003, n° 00-20.866, NP; *D.* 2004. 1479, note M. Laugier; *JCP N* 2003. 1732, note Casey.
4. EN CE SENS, Civ. 1re, 6 mai 2003, n° 00-18.891, *Bull. civ.* I, n° 106; *D.* 2003. Somm. 1865, obs. V. Brémond; *JCP N* 2003. 1608, obs. Casey; *AJ fam.* 2003. 274, obs. S. D. B.; *Dr. fam.* 2003, n° 91, note B. Beignier; *Banque et Droit* 2003, n° 91, p. 75, note T. Bonneau.
5. EN CE SENS, Civ. 1re, 8 juill. 2009, n° 08-17.300, *Bull. civ.* I, n° 163; *D.* 2009. 1970, obs. V. Égéa; *D.* 2010. Pan. 728, obs. J.-J. Lemouland et D. Vigneau; 360, note F. Chénedé; *AJ fam.* 2009. 404, obs. F. Chénédé; *JCP* 2009. 353, note E. Naudin; 391, n° 5, obs. G. Wiederkehr; *JCP N* 2009. 1329, note T. Douville.

de pouvoir. En effet, il était à craindre que le mari, en se prévalant de la présomption de communauté de l'article 1402, ne revendique la gestion des biens déposés en compte, puisqu'il gérait les biens communs ordinaires. L'autonomie bancaire de la femme mariée sous le régime légal risquait d'être un vain mot. Désormais, la présomption de communauté ne peut servir un pareil dessein, puisque la loi du 23 décembre 1985 a conféré à la femme commune en biens des pouvoirs symétriques de ceux du mari. La querelle doctrinale se trouve ainsi désamorcée.

114.24 3) Rapports entre les époux et les tiers non dépositaires, enfin. La présomption ne joue pas non plus à l'égard des tiers autres que le banquier dépositaire. La lettre de l'article 221 ne le permet pas.

Au demeurant, on considère très généralement en doctrine que c'est sans grand inconvénient pour les tiers : c'est ici l'article 222 du Code civil (v. s^s^ n°s 114.50 s.) qui prend le relais de l'article 221, dans la mesure où les fonds ou les titres en compte sont également des meubles détenus individuellement par le déposant, qui peut ainsi en disposer efficacement. L'acte de disposition ne sera vulnérable que si le tiers acquéreur voit démontrée sa mauvaise foi (sur ce point, v. s^s^ n°s 114.94 à 114.97).

§ 3
Champ de la présomption quant aux opérations

114.31 Ouverture et disposition. Disposition exceptionnelle et dérogatoire, la présomption de pouvoir de l'article 221 du Code civil doit être **interprétée strictement** en ce qui concerne également les opérations qu'elle couvre. L'article 221 ne vise que **l'ouverture du compte** et **la disposition de son contenu.**

Les travaux préparatoires démontrent clairement qu'il n'est pas envisageable d'en étendre l'application à l'ensemble des opérations de banque et de bourse effectuées par l'époux déposant avec le professionnel à l'occasion du fonctionnement de son compte. C'est ainsi que l'ouverture d'un coffre-fort à la banque ainsi que les dépôts ou retraits qui y sont effectués ne relèvent pas de l'article 221; pas davantage les opérations de crédit effectuées en relation avec le compte.

Sont soumises en revanche à la présomption bancaire toutes les **opérations concourant à l'alimentation du compte**, opérations de dépôt sous quelque forme que ce soit. La doctrine reste toutefois divisée sur le point de savoir si les opérations dites de guichet comme l'encaissement d'un chèque, sont couvertes par la présomption, ou relèvent de l'article 222 du Code civil (v. s^s^ n°s 114.50 s.). Dans un esprit de simplicité, on pourrait semble-t-il admettre que **tout ce qui concourt au fonctionnement du compte bénéficie du jeu de la présomption bancaire** [1].

§ 4
Durée de la présomption

114.41 Même après la dissolution du mariage. La loi du 23 décembre 1985, en complétant de la sorte l'alinéa 2 de l'article 221, a consacré **la persistance de la présomption après la dissolution de l'union.** Elle a mis ainsi un terme à un vif conflit doctrinal et jurisprudentiel ponctué par un arrêt de l'assemblée plénière de la Cour de cassation rendu sur le fondement de l'article dans sa rédaction antérieure.

Pour simplifier, la question était de savoir si un banquier pouvait continuer de se prévaloir de l'article 221 après la dissolution du mariage, par exemple par décès. D'un côté, le texte n'étant qu'un simple élément du régime primaire, devrait disparaître en même temps que le mariage. D'un autre côté, faire tomber la présomption est très rigoureux pour le banquier, qui est censé ne pas demander au client de justificatif de sa situation conjugale : très sévère également pour le conjoint dépositaire lui-même, dont le compte risquerait d'être inopinément bloqué en cas de décès de son conjoint, aux fins de liquidation et partage, en un temps où ce *statu quo* le placerait en situation difficile. Des divergences sont apparues en jurisprudence.

C'est pourquoi l'assemblée plénière de la Cour de cassation, dans l'arrêt *Edberg* du 4 juillet 1985 [2], devançant la réforme, a admis sur la foi des textes anciens que même si l'article 221, dans sa rédaction de l'époque, cessait d'être applicable après la dissolution du mariage, les effets de la présomption produits antérieurement à cette dissolution devaient être respectés; par conséquent, le dépositaire n'ayant pas reçu opposition des héritiers du défunt ne pouvait prendre aucune initiative en ce qui concernait le fonctionnement du compte.

114.42 Conséquences pratiques. Elles sont au nombre de trois.

1. EN CE SENS, Com. 21 nov. 2000, n° 98-10.247, NP; *RJPF* 2001-2/28, note F. Vauvillé.
2. Cass., ass. plén., 4 juill. 1985, n° 83-17.155, *Bull. ass. plén.*, n° 4; *D.* 1985. 421, concl. J. Cabannes, note D. Martin; *JCP* 1985. II. 20457, rapp. Ponsard; *Defrénois* 1985. 1130, note G. Champenois; *RTD civ.* 1985. 709, obs. J. Rubellin-Devichi; et 754, obs. J. Patarin.

- Du fait que la présomption subsiste après la dissolution du mariage comme avant, il n'est pas envisageable d'y mettre un terme différemment. La doctrine admet donc qu'une simple opposition (des héritiers du défunt, par exemple) n'y suffirait pas : il faut passer par une **mesure judiciaire** pour obtenir un **blocage du compte.**

- La présomption survit aussi bien **après le divorce** qu'**après le décès** d'un époux. C'est toute la différence entre l'article 221 du Code civil et les autres règles du régime primaire. Bien évidemment, tant que le mariage perdure, la présomption s'applique sans le secours de la disposition issue de la loi du 23 décembre 1985.

- Suivant l'opinion la plus répandue, la **présomption** s'applique aux **fonds et titres déposés avant la dissolution du mariage,** mais aussi **à ceux déposés après cette date.**

114.43 Point de faiblesse de la présomption. La présomption bancaire pourrait toutefois se trouver indirectement affectée par la jurisprudence contestable qui assimile l'autorisation de découvert à l'emprunt, dans le régime légal, pour l'application de l'article 1415 du Code civil[1]. Cela pourrait en effet encourager la profession bancaire à exiger de façon systématique le consentement des deux époux communs en biens avant toute autorisation de découvert, afin que le gage du banquier ne soit pas limité par le jeu de l'article 1415 aux propres et aux revenus du titulaire du compte. Or négocier une autorisation de découvert est de pratique courante lors de l'ouverture d'un compte. Si cette étape ordinaire, qui met en place une commodité aujourd'hui nécessaire au fonctionnement serein d'un compte en banque, exige l'intervention de l'autre conjoint, la liberté bancaire risque d'être entravée.

SECTION 2
PRÉSOMPTION DE POUVOIR RELATIVE AUX MEUBLES DÉTENUS INDIVIDUELLEMENT (C. CIV., ART. 222)

114.50 Exposé. Chacun des époux est présumé avoir le pouvoir d'accomplir seul tous les actes, même de disposition, sur les biens meubles qu'il détient individuellement; et à l'égard des tiers de bonne foi, une telle opération est tenue pour régulière.

1. Civ. 1re, 6 juill. 1999, n° 97-15.005, *Bull. civ.* I, n° 224; *D.* 2000. 421, note R. Le Guidec; *JCP* 2000. II. 10237, obs. J. Casey; *Defrénois* 1999. 1361, obs. G. Champenois; *Gaz. Pal.* 2000. Somm. 362, obs. G. Dahan; *Dr. fam.* 2000, n° 88, note S. Tougne; *LPA* 6 avr. 2000, note Bernard; *RTD civ.* 2000. 388, obs. B. Vareille.

§ 1
Champ de la présomption quant aux biens

114.60 La présomption ne couvre que les biens meubles détenus individuellement, ce qui invite à une distinction entre les meubles corporels (A) et les meubles incorporels (B).

A.
Meubles corporels

114.61 Meubles corporels détenus individuellement. L'exigence d'une détention individuelle vise à éviter qu'un époux n'utilise la présomption pour accomplir un acte de disposition sur un bien corporel détenu en commun par les deux, dont le statut se trouve d'avance entaché d'équivoque, voire sur un bien exclusivement détenu par l'autre conjoint. C'est pourquoi le texte lui-même exclut certains meubles de la présomption, et la doctrine allonge la liste, ce qui porte à trois les cas d'exclusion.

114.62 Premier cas d'exclusion : les meubles meublant le logement de la famille. C'est l'article 222 alinéa 2 qui exclut d'office les meubles meublants relevant de l'article 215 alinéa 3 du Code civil. La protection du logement familial l'emporte ici sur l'autonomie des époux. Surtout, une telle détention est par hypothèse équivoque.

En pratique, toutefois, il suffit que ces biens aient été extraits du logement familial pour que les tiers de bonne foi puissent se prévaloir de l'article 222. La situation devra alors se liquider ensuite entre les époux. L'époux victime trouvera seulement dans l'article 220-1 du Code civil (sur lequel, v. s[s] n°s 116.72 s.) un recours pour prévenir un nouveau comportement fautif de son conjoint.

En pratique encore, bien que la loi ne le précise pas, la même équivoque pèse sur les meubles meublant toute autre résidence commune des époux. Ils sont en semblable situation.

114.63 Deuxième cas d'exclusion : les meubles propres par nature de l'autre conjoint, en régime communautaire. Il s'agit des biens visés à l'article 1404 du Code civil, également exclus par l'article 222 alinéa 2 du même code. En principe encore, ils ne sauraient faire l'objet d'une détention individuelle par un autre que leur propriétaire : il s'agit de tous les meubles corporels de l'autre ayant un caractère personnel (notamment les vêtements et linges à son usage personnel) ainsi que les instruments de travail nécessaires à sa profession.

La probabilité est faible, il est vrai, que le conjoint puisse s'emparer de ces biens à l'insu de leur titulaire afin de les aliéner, et, surtout, qu'il se trouve un tiers de bonne foi pour y consentir.

114.64 Troisième cas d'exclusion : les meubles corporels soumis à immatriculation. Ce sont ceux visés par l'article 1424 du Code civil : aéronefs, bateaux et navires (à l'exclusion des automobiles). C'est la **doctrine dominante**, et non pas les textes, qui exclut que la présomption leur soit applicable, en vertu de l'idée que l'immatriculation désigne en principe leur titulaire, et détruit la présomption de détention individuelle de celui qui voudrait les vendre sans l'accord du détenteur.

L'immatriculation d'une automobile, simple formalité administrative, ne fait pas échapper le véhicule à la présomption de l'article 222. Au demeurant, on a fait justement observer qu'en pratique, il se trouverait peu d'acquéreurs de bonne foi pour traiter une acquisition automobile avec un autre que le titulaire de la carte grise, qui est, selon l'usage administratif, l'un ou l'autre des deux époux (mais pas les deux).

Hors ces cas d'exclusion, **tous les biens meubles corporels** sont concernés, y compris les **sommes d'argent**.

B. Meubles incorporels

114.71 Meubles incorporels « détenus » individuellement. On a douté qu'il soit simplement possible de « *détenir* » individuellement un meuble incorporel, et, partant, que la présomption mobilière soit applicable à cette catégorie de biens. Il est vrai qu'en principe détention dit emprise matérielle, ce qui paraît exclure par hypothèse un bien immatériel. Toutefois, les catégories juridiques ont évolué, et, quelle qu'en soit la présentation, une distinction est aujourd'hui envisageable.

114.72 Les meubles incorporels susceptibles de « détention » sont soumis à la présomption. La doctrine n'est pas certaine que ce soit là un principe général. Toutefois, un avis du ministre de la Justice[1] a considéré qu'il faut s'en remettre à l'esprit de la loi, qui est de protéger le tiers lorsqu'il contracte avec un époux qui lui apparaît comme titulaire d'un pouvoir non équivoque.

Par exemple, c'est le cas lorsque le **meuble incorporel** est aux mains de son détenteur par l'effet d'une **remise directe** : ainsi les **effets de commerce**. On peut encore se contenter de ce qu'un titre à ordre a été émis ou endossé à son profit, ou *a fortiori* de ce qu'un titre nominatif a été immatriculé à son nom. Depuis la dématérialisation des valeurs mobilières, c'est l'inscription sur le compte de l'époux qui réalise la détention.

1. Avis. min. Justice, *Banque* 1966. 399.

114.73 Les meubles incorporels insusceptibles de « détention » échappent à la présomption. Il est plus difficile de mesurer ici le champ de la présomption. La doctrine est partagée, par exemple, sur le cas des créances. Certains considèrent qu'une créance ne peut être proprement détenue, et que, par conséquent, l'article 222 du Code civil ne s'applique pas; d'autres au contraire estiment que tout dépend de la nature de la créance, et qu'en particulier la créance née de la cession d'un bien meuble relevant de l'article 222 obéit à ce texte, et est soumise à la présomption. La jurisprudence n'a pas encore pu désamorcer toutes les difficultés.

§ 2 Champ de la présomption quant aux opérations

114.81 La loi désigne dans les termes les plus larges les actes qui peuvent être accomplis, sous la seule réserve qu'ils soient réalisés par un époux se présentant seul.

114.82 Tous actes sur le bien en question. Il s'agit aussi bien des **actes d'administration** et **de jouissance** que des **actes de disposition**. C'est donc en vertu de ce texte que l'époux détenteur d'un meuble peut le vendre, le louer, le prêter; il peut procéder à des paiements de sommes d'argent, à la perception des fruits attachés au bien. La liste n'est évidemment pas close, et concourt de façon efficace à l'autonomie des époux. Elle complète utilement la présomption bancaire pour tout ce qui concerne le maniement des sommes d'argent. L'article 222 a été ainsi appliqué au versement d'une somme d'argent à titre d'acompte dans l'acquisition d'un fonds de commerce[2].

114.83 Actes de disposition à titre gratuit : discussion. Une partie de la doctrine considère que l'article 222 du Code civil est inapplicable aux actes de disposition à titre gratuit, sa raison d'être étant la fluidité des opérations onéreuses courantes effectuées sur un bien mobilier, et non pas la sauvegarde des libéralités consenties au mépris de l'article 1422 dudit Code en régime de communauté. Ce point de vue n'est cependant pas le plus répandu. La doctrine dominante admet que l'article 222, qui relève du régime primaire et ne distingue nullement selon la nature de l'acte, couvre également les actes à titre gratuit.

2. Civ. 1re, 5 avr. 1993, nº 90-20.491, *Bull. civ.* I, nº 136; *JCP N* 1993. 375, note M. Henry; *Defrénois* 1993. 803, obs. G. Champenois; *RTD civ.* 1994. 403, obs. B. Vareille.

Il reste certain cependant que l'esprit de l'article 222 est davantage de faciliter les pouvoirs économiques d'un époux que de lui permettre de donner.

Certains en appellent donc, en pareil cas, à une appréciation plus sourcilleuse de la bonne foi du tiers donataire (v. s^{s} n°s 114.91 s.).

Au demeurant, dans l'hypothèse où il y aurait péril pour la famille, reste le recours à l'article 220-1 du Code civil.

114.84 **Par l'époux se présentant seul.** Nul besoin, évidemment, que l'époux bénéficiaire de la présomption soit accompagné par son conjoint, c'est-à-dire qu'il s'assure du consentement tacite de ce dernier[1]. À l'inverse, les termes de l'article 222 excluent que l'on puisse utiliser ce texte pour sauver un acte accompli par les deux époux à la faveur d'un vice du consentement de l'un d'entre eux.

§ 3
Force de la présomption dans les rapports entre les époux et les tiers

A.
Rapports entre les époux et les cocontractants

114.91 **Cocontractants de bonne foi.** Sont concernés tout d'abord les tiers ayant la qualité de cocontractant à l'un quelconque des actes accomplis sur un bien entrant dans les visées du texte.

Toutefois, l'article 222 du Code civil subordonne le bénéfice de la présomption à la bonne foi du tiers; et la bonne foi se présume. De ce fait, on doit distinguer suivant que la mauvaise foi du tiers n'est pas démontrée, ou qu'elle est démontrée.

114.92 **Premier cas : la mauvaise foi du tiers n'est pas démontrée.** La présomption s'applique. Le principe veut que la bonne foi se présume. Si rien ne vient démentir cette présomption de bonne foi, rien, par voie de conséquence, ne peut renverser la présomption de pouvoir elle-même, qui est traitée comme irréfragable. Et l'acte est consolidé, même si l'époux qui l'a passé n'avait pas le pouvoir de le faire.

Tel est du moins le cas lorsque le véritable propriétaire est le conjoint de celui qui accomplit l'acte. L'article 222 est impuissant à consolider l'acte si aucun des deux époux n'est le propriétaire.

114.93 **Second cas : la mauvaise foi du tiers est démontrée.** Le conjoint de celui qui a passé l'acte recouvre toutes les actions de droit commun : **action en annulation de l'acte** pour défaut de pouvoir, **en revendication du bien** dont lui seul est propriétaire ou dépendant de la communauté; **action en responsabilité** à l'encontre du tiers si un préjudice a été occasionné à ce conjoint demandeur.

Les **délais pour agir** semblent bien être ceux **de droit** commun, hormis dans le cas d'un **dépassement de pouvoirs sur un bien commun**, où l'article 1427 alinéa 2 du Code civil enferme **l'action en nullité dans le double délai de deux ans** à compter du jour où le demandeur a eu connaissance de l'acte, et de deux ans après la dissolution de la communauté.

114.94 **Démonstration de la mauvaise foi.** La mauvaise foi doit exister en la personne du tiers **au moment de l'acte** qu'il passe avec l'époux se présentant seul. Comme il est logique, la preuve de cette mauvaise foi devra être formelle, ce qui implique en pratique que l'on entre dans l'une ou l'autre de trois hypothèses.

114.95 **Notification préalable.** Tout d'abord, le conjoint de celui qui a réalisé l'acte peut démontrer qu'il a notifié au préalable son opposition à l'acte envisagé, et que par conséquent le tiers ne pouvait l'ignorer lorsqu'il a passé outre. Cette mise en garde est efficace, mais suppose que l'on ait connaissance des projets de son époux, ce qui n'est pas sans doute le cas le plus répandu.

114.96 **Collusion frauduleuse.** Il est encore loisible au demandeur de démontrer une collusion frauduleuse entre son propre conjoint et le tiers contractant. Les auteurs considèrent très généralement que le tiers n'a pas à se livrer à des investigations pour savoir si le conjoint en question outrepasse ses pouvoirs sur le bien meuble, ce qui ruinerait l'intérêt économique de l'article 222 du Code civil. Une simple ignorance du défaut de pouvoir le soustrait, sans autre circonstance, à toute action à son encontre.

114.97 **Circonstances particulières et graves.** Enfin, il peut être démontré que d'autres circonstances particulières et graves étaient de nature à rendre évident le défaut de pouvoir[2].

B.
Rapports entre les époux et les tiers autres que les cocontractants

114.101 **Tiers de bonne foi, autres que les cocontractants.** L'article 222 du Code civil vise sans davantage de précision les tiers de bonne foi. Par conséquent, son domaine d'application ne se borne pas aux cocontractants de l'époux. Tous les

1. EN CE SENS, implicitement, Civ. 1re, 5 avr. 1993, n° 90-20.491, préc. s^{s} n° 114.82.

2. EN CE SENS, J. PATARIN et G. MORIN, n° 38.

autres tiers peuvent s'en prévaloir, à commencer par ceux qui ont joué un rôle dans la conclusion de l'acte : **intermédiaire, dépositaire,** *etc.*

En particulier, il est admis que le **notaire** qui rédige l'acte par lequel un conjoint dispose seul d'un bien qui semble détenu individuellement ne saurait voir sa responsabilité engagée si sa mauvaise foi n'est pas démontrée. On peut simplement admettre que la bonne foi du notaire sera plus sévèrement appréciée, en raison de son devoir de conseil et de sa compétence technique.

§ 4
Force de la présomption dans les rapports des époux entre eux

114.111 Textes applicables. Comme pour l'article 221 du Code civil (v. s^s^ n°s 114.21 s.), on se demande si l'article 222 du même code a lieu de jouer dans les rapports des époux entre eux. Il semble que seules les règles du régime matrimonial s'appliquent entre époux. Simplement, ces règles sont mises en échec lorsqu'un acte non conforme aux exigences du régime matrimonial est accompli par un époux dénué de pouvoirs et que l'article 222 s'applique.

En pareil cas, le conjoint dont les intérêts ont été lésés utilisera les voies de droit commun pour prévenir de nouveaux dépassements et obtenir des dédommagements : ainsi sur le fondement de l'article 220-1 alinéa 2 *in fine* du Code civil, ou encore de l'article 432 alinéa 3, enfin des articles 1437 et 1469 du Code civil.

SECTION 3
MAÎTRISE DES BIENS PERSONNELS (C. CIV., ART. 225)

114.121 Esprit du texte. L'article 225 du Code civil, issu de la loi du 23 décembre 1985, prévoit que chacun des deux époux administre, oblige et aliène seul ses biens personnels.

Le premier réflexe porterait à trouver superflue cette disposition, dont l'écho se retrouve déjà dans plusieurs textes relatifs aux différents régimes matrimoniaux : l'article 1428 pour le régime légal, l'article 1536 pour la séparation de biens, l'article 1569 pour la participation aux acquêts.

Toutefois, en appelant **dans le régime primaire** une règle qui n'avait place que dans des dispositions du régime matrimonial *stricto sensu*, la loi du 23 décembre 1985 lui a conféré un **caractère impératif.** Cela signifie donc qu'on ne peut y déroger par convention.

114.122 Indépendance absolue. L'article 225 du Code civil garantit par conséquent un véritable monopole à chaque époux sur ses biens personnels :

114.123 – Quant à la disposition des biens personnels, tout d'abord. Le titulaire du bien en a la libre disposition, mais lui seul en a la disposition. Il ne saurait abdiquer ce pouvoir par convention.

114.124 – Quant à l'administration des biens personnels, ensuite. C'est le principal apport de l'article 225 dans sa rédaction actuelle : il fait obstacle à toute convention matrimoniale ainsi qu'à toute autre convention qui aboutirait à transférer définitivement l'administration des biens personnels du conjoint à l'autre conjoint. Partant, se trouve écartée la **clause d'unité d'administration,** prévue jadis par les articles 1505 ancien et suivants du Code civil, par laquelle le mari se voyait confier, en régime communautaire, la gestion de tous les biens : non seulement une telle convention matrimoniale est désormais prohibée comme contraire à une règle impérative, mais encore lorsqu'elle a été souscrite dans une convention matrimoniale, elle se trouve privée d'effet depuis l'entrée en vigueur de la loi du 23 décembre 1985. De même est interdite toute convention isolée qui aboutirait à restaurer, même **indirectement**, une telle unité d'administration : rien n'interdit à un époux de donner mandat à l'autre d'administrer ses biens personnels; mais un tel mandat est librement révocable à tout moment, cette révocabilité étant impérative (C. civ., art. 218).

114.125 – Quant à l'engagement des biens personnels, enfin. Seul le titulaire des biens en question est en mesure de les obliger, ce qui exclut qu'ils soient systématiquement affectés au gage des créanciers de l'autre conjoint par une clause d'un contrat de mariage ou par une convention distincte.

En instituant l'actuel article 225, la loi du 23 décembre 1985 a abrogé l'article 5 du Code du commerce, qui ne présentait plus aucun intérêt : il prévoyait la faculté pour la femme commerçante d'aliéner et d'obliger ses biens personnels pour les besoins de son commerce. Qui peut le plus peut le moins.

114.126 Limite. La règle trouve une limite dans les dispositions du régime primaire et dans la logique du régime de communauté.

114.127 – Le régime primaire impose que le conjoint propriétaire exclusif du **logement de la famille** recueille le consentement de l'autre avant de disposer des droits par lesquels ce logement est assuré (v. s^s^ n°s 113.08 s.). Et l'article 220 fait des biens personnels d'un conjoint le gage systématique des **dettes ménagères** de l'autre (v. s^s^ n°s 111.08 s.). Enfin les **présomptions de pouvoirs** en matière bancaire et mobilière battent en brèche la maîtrise exclusive des biens personnels en consolidant des acquisitions de ces biens *a non domino* (v. s[s] n°s 114.10 s.).

114.128 – **Le régime communautaire** infléchit quelque peu, par la force des choses, le principe édicté par l'article 225. En effet, d'une part, la présomption de communauté de l'article 1402 du Code civil fait que seront en communauté les biens dont le caractère propre ne sera pas **prouvé**, quand bien même leur nature serait connue; d'autre part, même pour ce qui est des biens propres incontestables, l'affectation de leurs revenus à la communauté pèse sur leur statut, et vient limiter l'exercice de l'*abusus* par leur propriétaire, qui sera dessaisi de ses droits d'administration s'il les laisse dépérir (C. civ., art. 1429).

CHAPITRE

115. Autonomie des époux dans la vie professionnelle

BERNARD VAREILLE
PROFESSEUR À LA FACULTÉ DE DROIT
ET DES SCIENCES ÉCONOMIQUES
DE L'UNIVERSITÉ DE LIMOGES

SECTION 0 ORIENTEUR

115.00 Plan du chapitre.

Division. L'autonomie passe également par la liberté de choisir sa profession (sect. 1), qui va de pair avec une emprise naturelle sur les revenus de son travail (sect. 2).

115.01 Textes applicables.

C. civ., art. 223 et 226.

C. civ., art. 223

Chaque époux peut librement exercer une profession, percevoir ses gains et salaires, et en disposer après s'être acquitté des charges du mariage.

C. civ., art. 226

* V. texte complet de cet article s[s] n° 111.01, > *Pouvoirs de gestion et solidarité des époux*

115.02 Jurisprudence de référence.

> L'article 224 (ancien) du Code civil donne à chaque époux le pouvoir de disposer librement de ses gains et salaires, sans qu'aucune distinction soit faite suivant le régime matrimonial adopté ou selon que la disposition a eu lieu à titre onéreux ou à titre gratuit

• **Civ. 1re, 29 févr. 1984, n° 82-15.712,** *Bull. civ.* I, n° 81

* V. s[s] n° 115.25

« Attendu que Mme X., veuve d'André Y. avec lequel elle était mariée sous le régime de la communauté légale, et son fils Luc Y. issu de cette union font grief à l'arrêt attaqué d'avoir validé en leur principe les libéralités consenties par André Y. à Mme Z. avec laquelle il avait vécu de 1960 jusqu'à son décès survenu en 1973, alors, selon le moyen, que d'une part, en se bornant à affirmer que la carence du mari n'avait pas été complète, l'arrêt n'a pas mis la Cour de cassation en mesure d'exercer son contrôle sur le point de savoir si André Y. avait, intégralement acquitte les charges du mariage et a ainsi violé l'article 224 alinéa 1er modifié du Code civil;

Et alors, d'autre part, étant constant qu'André Y. a utilisé des gains et salaires pour la constitution sur plusieurs années du patrimoine foncier de sa maîtresse, l'arrêt devait rechercher si ces gains et salaires accumulés pendant plusieurs années en vue d'immobilisation au profit de Mme Z., n'avaient pas le caractère de fonds de communauté que l'article 1421 alinéa 2 modifié du Code civil interdisait au mari d'utiliser en fraude des droits de son conjoint;

Mais attendu qu'après avoir rappelé que chaque époux a le pouvoir de disposer de ses gains et salaires, à titre gratuit ou onéreux, après s'être acquitté de la part lui incombant dans les charges du mariage, la cour d'appel a souverainement estimé qu'André Y. s'était acquitté de sa part, en retenant par motifs propres et adoptés, que depuis son départ jusqu'à son décès il avait laissé à sa femme la jouissance d'un immeuble lui appartenant en propre et lui avait versé une pension alimentaire; que l'arrêt a relevé que les libéralités en cause ont été consenties au moyen de sommes provenant de gains et salaires; qu'il n'a pas été allégué devant les juges du fond que ces sommes ont été économisées; que dès lors, la cour d'appel a pu admettre le principe de la validité desdites libéralités;

D'où il suit que le moyen n'est fondé en aucune de ses branches;

Par ces motifs : rejette. »

115.03 Bibliographie indicative.

Actualisable. Rép. civ. v° *Mariage (4° effets)*, par M. Lamarche et J.-J. Lemouland, avr. 2014, n°s 254 s.

Ouvrages[1]. J. Patarin et G. Morin, *La réforme des régimes matrimoniaux*, 4e éd., *Defrénois*, 1977, t. I, nº 38 – F. Terré et Ph. Simler, *Droit civil, Les régimes matrimoniaux*, 6e éd., « Précis », Dalloz, 2011, nos 108 s.

Articles. Ph. Simler, « La mesure de l'indépendance des époux dans la gestion de leurs gains et salaires », *JCP* 1989. I. 3398 – M. Vion, « Les dispositions transitoires de la loi nº 85-1372 du 23 décembre 1985 relative à l'égalité des époux », *Defrénois* 1986. 81, spéct nos 19 s.

115.04 Questions essentielles.

> La liberté d'exercer la profession de son choix représente une conquête pour la femme mariée; elle consiste désormais, pour l'un et l'autre époux, à la fois, dans le libre choix de son métier et dans l'exercice de cette profession en toute liberté.

* * V. ss nos 115.11 et 115.12

> La maîtrise de ses gains professionnels, dès l'instant que celui qui les a perçus a contribué aux charges du mariage, se dédouble en une libre perception et une libre disposition.

* V. ss nos 115.21 à 115.26

115.08 Champ. L'article 223 du Code civil repose sur deux principes simples : la liberté d'exercer la profession de son choix; la maîtrise des gains professionnels. Il édicte en effet : « *Chaque époux peut librement exercer une profession, percevoir ses gains et salaires, et en disposer après s'être acquitté des charges du mariage* ».

115.09 Histoire. La question de l'exercice indépendant d'une profession et de la maîtrise des gains qui en résultent a longtemps opposé le statut du mari et celui de la femme : il a fallu attendre la loi du 13 juillet 1965 pour que la femme mariée puisse exercer la profession de son choix sans le consentement de son mari; et c'est par une dérogation notable au principe de l'incapacité de la femme mariée que la loi du 13 juillet 1907 était venue permettre à la femme qui exerçait une profession séparée d'acquérir avec les revenus de son travail des biens réservés à son administration et à sa jouissance.

Dans l'état primitif du Code civil, la femme mariée devait obtenir l'autorisation du mari pour exercer sa profession, et était dans l'incapacité de percevoir ses gains et salaires. Ce statut s'améliora progressivement : en 1907 par l'institution des biens réservés; après les lois du 18 février 1938 et 22 septembre 1942, qui admirent la pleine capacité de la femme mariée, la première en matière civile, la seconde pour la profession commerciale.

À l'issue de la réforme du 13 juillet 1965, l'article 223 a reconnu à la femme mariée le droit d'exercer une profession sans même le consentement de son mari. L'article 224, qui a vu son application prolongée un temps au titre du droit transitoire, était ainsi libellé :

« *Chacun des époux perçoit ses gains et salaires et peut en disposer librement après s'être acquitté des charges du mariage.*

Les biens que la femme acquiert par ses gains et salaires dans l'exercice d'une profession séparée de celle de son mari sont réservés à son administration, à sa libre disposition, sauf à observer les limitations apportées par les articles 1425 et 1503 aux pouvoirs respectifs des époux.

L'origine et la consistance des biens réservés sont établies tant à l'égard des tiers que du mari, suivant les règles de l'article 1402 ».

La réforme du 23 décembre 1985 a simplifié la question en bilatéralisant les règles d'autonomie professionnelle.

SECTION 1
LIBERTÉ D'EXERCER LA PROFESSION DE SON CHOIX

115.11 Étendue. Quel que soit le régime matrimonial adopté, l'article 223 aboutit à ce que chacun des conjoints soit libre.

Liberté de choix d'une profession, dans sa nature et dans son objet : profession indépendante ou salariée, civile ou commerciale. Choisir, c'est aussi changer de profession sans que l'accord de l'autre soit nécessaire. Il en va ainsi même si ce choix professionnel a une incidence indirecte sur le logement de la famille par la perte du logement de fonction (v. ss nº 113.13).

Liberté dans l'exercice de sa profession, en ce sens que chacun des deux époux est appelé à demeurer indépendant de l'autre dans son activité professionnelle. La conséquence paradoxale de cette autonomie est que, les relations professionnelles entre époux n'étant plus faussées par un quelconque rapport de subordination ni d'interdépendance, il n'y a nul obstacle à ce qu'un époux soit le salarié de l'autre aux termes d'un véritable contrat de travail (sur le cas des conjoints d'artisans et de commerçants, v. ss nos 117.31 s.). C'est alors au titre d'un contrat de travail, extérieur à la relation conjugale, que l'époux employeur aura autorité sur le salarié.

115.12 Tempérament. Reste l'hypothèse où l'exercice d'une profession par un conjoint mettrait en péril les intérêts de la famille. En ce cas, le conjoint peut saisir le juge d'une demande d'interdiction temporaire sur le fondement de l'article 220-1 du Code civil, si du moins les conditions d'application de cet article se trouvent réunies (v. ss nos 116.71 s.).

1. NB : les ouvrages les plus fréquemment cités et dont le nom des auteurs figure en petites capitales en bibliographie sont cités par les seuls noms des auteurs en petites capitales en notes de bas de page.

En pratique, un tel cas ne semble guère devoir être fréquent. Le caractère temporaire des mesures prises sur le fondement de cet article le rend insuffisant. Une crise de cette nature paraît propre à évoluer vers un divorce.

SECTION 2
MAÎTRISE DES GAINS PROFESSIONNELS

115.21 Notion. La notion de « *gains et salaires* » recouvre les **revenus professionnels de l'époux,** quelles qu'en soient l'origine et la nature : non seulement les salaires *stricto sensu*, mais encore l'ensemble des accessoires de ce dernier (indemnités, primes, commissions, gratifications, pourboires, *etc.*); de même les revenus professionnels d'une activité non salariée (honoraires, droits d'auteur, bénéfices d'une exploitation, d'un commerce, *etc.*).

On y assimile assurément les **pensions** et autres **substituts du salaire.** De même, **l'indemnité de licenciement**, en dépit de son caractère ambivalent, pour partie substitut de salaire et pour partie dédommagement, tend à être assimilée purement et simplement à un salaire.

La jurisprudence récente semble en effet assez encline à faire figurer parmi les **biens communs** plutôt que parmi les propres les **indemnités de toutes sortes**, dès lors qu'elles ne présentent pas un caractère *uniquement* personnel, pour l'application en communauté de l'article 1401[1]. Même s'il est appliqué à d'autres textes, le raisonnement trahit une **tendance concernant les gains et salaires en général** (*ibid.*).

En toute logique, les gains de jeu n'ont pas à entrer dans le champ d'application de l'article 223, en dépit d'une décision isolée qui a déclaré le texte applicable aux gains procurés par un billet de Loto[2].

115.22 Libre perception. Chacun des deux époux peut percevoir librement ses gains et salaires. Cela signifie notamment que seul l'époux qui effectue le travail rémunéré a la faculté d'en percevoir les revenus. Il n'en irait autrement que par un mandat, qui serait révocable *ad nutum*.

Dans le **régime légal**, la liberté de perception est renforcée par l'article 1414 alinéa 1er du Code civil, qui soustrait les gains et salaires d'un époux au gage des créanciers de l'autre, hormis le cas de la solidarité ménagère de l'article 220.

Dans le **régime de séparation de biens** et dans celui de la **participation aux acquêts**, les gains et salaires d'un conjoint échappent totalement au gage des créanciers de l'autre, sous la même réserve de la solidarité ménagère.

115.23 Libre disposition. Chacun des deux époux a le droit de disposer librement de ses gains et salaires. Aucune stipulation du régime matrimonial ni aucune convention ultérieure entre les époux ne sauraient contredire ce pouvoir.

C'est ainsi que la **clause dite d'unité d'administration,** déjà exclue par l'article 225 (v. s^s^ n°s 114.122 s.) ou encore la **clause d'administration conjointe** ne saurait déroger au pouvoir de libre disposition que l'époux tire de l'article 223 sur ses gains et salaires.

115.24 Satisfaction préalable de la contribution aux charges du mariage. La loi établit en préalable que la libre disposition ne peut s'exercer qu'une fois satisfaite la contribution aux charges du mariage. **Dans le régime primaire impératif, l'article 214 du Code civil prend le pas, en somme, sur l'article 223**, bien que le premier texte laisse place à une certaine part de volonté des époux (v. s^s^ n°s 112.23 s.).

115.25 En revanche, l'article 223 du Code civil s'impose aux dispositions du régime matrimonial. Cela prend tout son intérêt dans les régimes communautaires, et spécialement en régime légal.

• Tout d'abord, **l'article 223 déroge au principe de gestion concurrente de la communauté.** Bien que les gains et salaires soient des sommes communes en régime de communauté, l'article 223 leur ménage un traitement particulier par dérogation à l'article 1421 du Code.

• Ensuite, **l'article 223 déroge à l'article 1422 du Code civil qui impose la cogestion pour les actes de disposition à titre gratuit des biens de communauté.** En effet, bien qu'ils soient communs, les gains et salaires peuvent faire l'objet d'une donation, dès leur perception, par qui les perçoit (sous réserve qu'ait été exécutée la contribution de l'article 214).

Cette particularité a été illustrée dans une affaire où un mari avait utilisé partie de ses salaires pour permettre à sa concubine adultérine d'acquérir un immeuble[3]. La solution ne tombait pas sous le sens si l'on s'en tenait au contenu des textes, car la règle

1. Versailles, 21 juin 1993, *RTD civ.* 1994. 404, obs. B. Vareille – *Adde,* sur cette jurisprudence nos obs. à la *RTD civ.* 2005. 819.
2. TGI Créteil, 19 janv. 1988, *Defrénois* 1988. 1244, obs. G. Champenois; *JCP* 1989. II. 21385, note Ph. Simler.

3. Civ. 1re, 29 févr. 1984, n° 82-15.712, *Bull. civ.* I, n° 81; *D.* 1984. 601, obs. D.-R. Martin; *JCP* 1985. II. 20443, note R. Le Guidec; *Defrénois* 1984. 1074, obs. G. Champenois – EN CE SENS, Civ. 1re, 25 janv. 2005, n° 96-19.878, *Bull. civ.* I, n° 35; *D.* 2005. Pan. 458, obs. J.-J. Lemouland et D. Vigneau; *JCP* 2005. I. 163, n° 11, obs. Ph. Simler; *Gaz. Pal.* 2005. 3464, note G. Deharo; *AJ fam.* 2005. 234, obs. F. Chénedé; *AJ fam.* 2005. 280, obs. P. Hilt; *Dr. fam.* 2005, n° 95, note V. Larribau-Terneyre; *RLDC* 2005, n° 15, p. 44, note F. Leandri; *RTD civ.* 2005. 368, obs. J. Hauser; 439, obs. M. Grimaldi.

Specialia generalibus derogant pouvait être différemment appliquée, l'article 223 étant spécial quant aux gains et salaires, et l'article 1422 quant aux actes de disposition à titre gratuit. En réalité, il faut faire prévaloir le régime primaire impératif sur les règles supplétives du régime de communauté.

Il reste à se demander quelle est la **durée de ce pouvoir de libre disposition des gains et salaires,** c'est-à-dire à partir de quand ces derniers perdent leur identité pour tomber dans le droit commun des acquêts de communauté, soumis à cogestion. Tant que les sommes sont portées sur un **compte personnel à celui qui les perçoit,** la présomption bancaire de l'article 221 (v. s^s^ n°s 114.10 s.) prend le relais de l'article 223 et **autorise des actes de disposition** (v. s^s^ n° 114.31). La doctrine dominante considère que cette solution doit être étendue, de façon générale, aux **salaires économisés.**

Lorsque les conditions de l'article 1437 seront réunies, il y aura lieu naturellement à **récompense.**

115.26 Cas particulier : les biens réservés. L'ancien article 224 alinéa 2 du Code civil, héritier de la loi du 13 juillet 1907, a maintenu jusqu'à l'entrée en vigueur de la loi du 23 décembre 1985 l'institution des biens réservés. Les biens acquis par la femme dans l'exercice d'une profession séparée de celle de son mari, à l'aide de ses gains et salaires, étaient réservés à sa gestion.

L'intérêt d'une telle disposition se présentait essentiellement en régime de communauté. Biens communs, les biens réservés étaient réservés à l'administration de la femme. Surtout, les dettes contractées par la femme ou nées de son chef pendant la durée du régime obligeaient en principe ses propres et ses biens réservés à l'exclusion du reste de la communauté. À l'inverse, les biens réservés ne pouvaient être saisis par les créanciers du mari qu'au titre de la solidarité ménagère. Et les règles transitoires de la loi du 23 décembre 1985 font que le droit de poursuite des créanciers s'exerce selon les règles anciennes lorsque leur créance est née avant cette date[1]. **La combinaison de ces dispositions fait renaître l'intérêt des biens réservés dès l'instant qu'une créance est née avant le 1er juillet 1986.**

En dépit d'un fort courant doctrinal, la jurisprudence a refusé de discerner dans l'ancien article 224 alinéa 3 une présomption de biens réservés; elle a imposé à la femme mariée ou au tiers qui s'en prévaut d'administrer la preuve de leur consistance.

Un dernier point reste en doute. Des décisions d'appel contradictoires ont tour à tour exclu et admis que les **gains et salaires** eux-mêmes constituent des biens réservés, avant toute acquisition[2].

1. Sur ce point, v. M. Vion, « Les dispositions transitoires de la loi n° 85-1372 du 23 décembre 1985 relative à l'égalité des époux », *Defrénois* 1986. 81, spéc^t^ n°s 19 s.
2. COMP. Paris, 20 oct. 1982, *D.* 1983. IR 345, obs. D.-R. Martin; *D.* 1984. 126, note G. Paisant – Versailles, 30 sept. 1988, *Defrénois* 1988. I. 1467, obs. G. Champenois; *D.* 1989. 27, même note; *JCP* 1989. II. 21311, note Ph. Simler; *RTD civ.* 1991. 384, obs. B. Vareille.

CHAPITRE

116. Mesures de crise

BERNARD VAREILLE
PROFESSEUR À LA FACULTÉ DE DROIT
ET DES SCIENCES ÉCONOMIQUES
DE L'UNIVERSITÉ DE LIMOGES

SECTION 0
ORIENTEUR

116.00 Plan du chapitre.

116.01 Textes applicables.

C. civ., art. 217, 219, 220-1, 226, 515-9, 515-11, 515-12

C. pr. civ., art. 1286 et 1287

> Extension des pouvoirs d'un époux par représentation judiciaire

C. civ., art. 219

Si l'un des époux se trouve hors d'état de manifester sa volonté, l'autre peut se faire habiliter par justice à le représenter, d'une manière générale ou pour certains actes particuliers, dans l'exercice des pouvoirs résultant du régime matrimonial, les conditions et l'étendue de cette représentation étant fixées par le juge.

À défaut de pouvoir légal, de mandat ou d'habilitation par justice, les actes faits par un époux en représentation de l'autre ont effet, à l'égard de celui-ci, suivant les règles de la gestion d'affaires.

> Extension des pouvoirs d'un époux par autorisation judiciaire

C. civ., art. 217

Un époux peut être autorisé par justice à passer seul un acte pour lequel le concours ou le consentement de son conjoint serait nécessaire, si celui-ci est hors d'état de manifester sa volonté ou si son refus n'est pas justifié par l'intérêt de la famille.

L'acte passé dans les conditions fixées par l'autorisation de justice est opposable à l'époux dont le concours ou le consentement a fait défaut, sans qu'il en résulte à sa charge aucune obligation personnelle.

> Restrictions des pouvoirs d'un époux par le juge aux affaires familiales

C. civ., art. 220-1 (*L. n° 2004-439, 26 mai 2004, art. 22; et L. n° 2010-769, 9 juill. 2010, art. 1er*)

Si l'un des époux manque gravement à ses devoirs et met ainsi en péril les intérêts de la famille, le juge aux affaires familiales peut prescrire toutes les mesures urgentes que requièrent ces intérêts.

Il peut notamment interdire à cet époux de faire, sans le consentement de l'autre, des actes de disposition sur ses propres biens ou sur ceux de la communauté, meubles ou immeubles. Il peut aussi interdire le déplacement des meubles, sauf à spécifier ceux dont il attribue l'usage personnel à l'un ou l'autre des conjoints.

La durée des mesures prises en application du présent article doit être déterminée par le juge et ne saurait, prolongation éventuellement comprise, dépasser trois ans.

> Conditions d'application

C. civ., art. 226

* V. texte complet de cet article ss n° 111.01, > *Pouvoirs de gestion et solidarité des époux*

> Procédure d'habilitation ou d'autorisation devant le juge aux affaires familiales

[C. pr. civ., art. 1286 et 1287]

C. pr. civ., art. 1286 (*Décr. n° 2009-1591, 17 déc. 2009, art. 4*)

Les demandes d'autorisation et d'habilitation prévues par la loi, et notamment à l'article 217, au deuxième alinéa de l'article 1426 et aux articles 2405, 2406 et 2446 du

Code civil, sont formées par requête devant le juge aux affaires familiales.

Les demandes d'autorisation et d'habilitation prévues par les articles 217 et 219 du même code, lorsque le conjoint est hors d'état de manifester sa volonté, sont présentées au juge des tutelles.

C. pr. civ., art. 1287 (*Décr. n° 2009-1591, 17 déc. 2009, art. 5*)

La demande mentionnée au premier alinéa de l'article 1286 est instruite et jugée comme en matière gracieuse et obéit aux règles applicables à cette procédure devant le tribunal de grande instance.

Toutefois, lorsque la demande d'autorisation tend à passer outre au refus du conjoint, les dispositions des articles 788 à 792 sont applicables. Le juge entend le conjoint à moins que celui-ci, régulièrement cité, ne se présente pas. L'affaire est instruite et jugée en chambre du conseil.

> Procédure d'habilitation ou d'autorisation devant le juge des tutelles

[C. pr. civ., art. 1289, 1289-1 et 1289-2] (*Décr. n° 2005-460, 13 mai 2005, art. 33*)

C. pr. civ., art. 1289

La demande mentionnée au second alinéa de l'article 1286 ainsi que l'appel relèvent de la matière gracieuse.

C. pr. civ., art. 1289-1

La requête de l'époux est accompagnée de tous éléments de nature à établir l'impossibilité pour son conjoint de manifester sa volonté ou d'un certificat médical, si l'impossibilité est d'ordre médical.

Le juge peut, soit d'office, soit à la demande des parties, ordonner toute mesure d'instruction.

À l'audience, il entend le conjoint. Il peut toutefois, sur avis médical, décider qu'il n'y a pas lieu de procéder à cette audition.

C. pr. civ., art. 1289-2

Il peut être mis fin à l'habilitation générale donnée par le juge des tutelles en application de l'article 219 du Code civil, dans les mêmes formes.

> Protection du conjoint et des enfants victimes de violences par le juge aux affaires familiales

[C. civ., art. 515-9, 515-11 et 515-12] (*L. n° 2010-769, 9 juill. 2010, art. 1er – en vigueur le 1er oct. 2010*)

C. civ., art. 515-9

Lorsque les violences exercées au sein du couple ou par un ancien conjoint, un ancien partenaire lié par un pacte civil de solidarité ou un ancien concubin mettent en danger la personne qui en est victime, un ou plusieurs enfants, le juge aux affaires familiales peut délivrer en urgence à cette dernière une ordonnance de protection.

C. civ., art. 515-11, 3°, 4°, 5°

L'ordonnance de protection est délivrée par le juge aux affaires familiales [...]. À l'occasion de sa délivrance, le juge aux affaires familiales est compétent pour : [...]

3° Statuer sur la résidence séparée des époux en précisant lequel des deux continuera à résider dans le logement conjugal et sur les modalités de prise en charge des frais afférents à ce logement. Sauf circonstances particulières, la jouissance de ce logement est attribuée au conjoint qui n'est pas l'auteur des violences;

4° Attribuer la jouissance du logement ou de la résidence du couple au partenaire ou au concubin qui n'est pas l'auteur des violences et préciser les modalités de prise en charge des frais afférents à ce logement;

5° Se prononcer sur les modalités d'exercice de l'autorité parentale et, le cas échéant, sur la contribution aux charges du mariage pour les couples mariés, sur l'aide matérielle au sens de l'article 515-4 pour les partenaires d'un pacte civil de solidarité et sur la contribution à l'entretien et à l'éducation des enfants; [...]

C. civ., art. 515-12

Les mesures mentionnées à l'article 515-11 sont prises pour une durée maximale de quatre mois. Elles peuvent être prolongées au-delà si, durant ce délai, une requête en divorce ou en séparation de corps a été déposée. Le juge aux affaires familiales peut, à tout moment, à la demande du ministère public ou de l'une ou l'autre des parties, ou après avoir fait procéder à toute mesure d'instruction utile, et après avoir invité chacune d'entre elles à s'exprimer, supprimer ou modifier tout ou partie des mesures énoncées dans l'ordonnance de protection, en décider de nouvelles, accorder à la personne défenderesse une dispense temporaire d'observer certaines des obligations qui lui ont été imposées ou rapporter l'ordonnance de protection.

116.02 Jurisprudence de référence.

> L'article 219 du Code civil est applicable quel que soit le régime matrimonial des époux

• **Civ. 1re, 18 févr. 1981, n° 80-10.403,** *Bull. civ.* I, n° 60

* V. s^s n° 116.31

> L'article 219 est applicable à l'ensemble des biens des époux, et vise tous les pouvoirs d'ordre patrimonial

• **Civ. 1re, 1er oct. 1985, n° 84-12.476,** *Bull. civ.* I, n° 237

* V. s^s n° 116.31

> L'article 217 du Code civil permet à un époux d'obtenir l'autorisation de vendre contre le gré de l'autre l'immeuble dont il est propriétaire, et qui abrite le logement familial

• **Civ. 1re, 19 oct. 1999, n° 97-21.466,** *Bull. civ.* I, n° 284

(*décision dont il faut retenir la portée générale*).

* V. s^s n° 116.52

« Attendu que Mme X., épouse séparée de biens de M. Y., fait grief à l'arrêt attaqué (Paris, 11 septembre 1997) d'avoir autorisé son époux, sur le fondement de l'article 217 du Code civil, à signer seul l'acte de vente d'un immeuble leur appartenant indivisément et leur servant de résidence secondaire, alors, selon le moyen, d'une part, que la cour d'appel a privé sa décision de base légale en réduisant l'intérêt familial justifiant le refus de l'un des époux de vendre le logement familial au seul intérêt financier de l'époux demandeur à l'autorisation de vendre et à une condition d'occupation dudit logement; alors, d'autre part, que la cour d'appel aurait dénaturé l'ordonnance de non-conciliation en date du 4 février 1997 en accordant l'autorisation de vendre le bien immobilier par la considération que celui-ci ne servait plus de résidence secondaire depuis un certain temps; alors, encore, que la cour d'appel aurait privé sa décision de base légale en ne recherchant pas si les éléments sur lesquels elle s'est fondée pour affirmer que "la maison ne sert plus de résidence secondaire depuis un certain temps" n'étaient pas caducs au regard des constatations et dispositions de l'ordonnance de non-conciliation; et alors, enfin, que la cour d'appel n'aurait pas répondu aux conclusions de Mme Y. faisant valoir que la demande formulée par son mari ne cachait en réalité qu'une volonté d'anticiper la liquidation des biens indivis, circonstance étrangère à l'intérêt de la famille tel qu'exigé par l'article 217 du Code civil;

Mais attendu, d'abord, qu'un immeuble qui sert de résidence secondaire aux époux, et non de résidence principale, ne constitue pas le logement familial;

Et attendu, ensuite, que, sous couvert de griefs non fondés de dénaturation, de manque de base légale et de défaut de réponse à conclusions, le moyen ne tend au surplus qu'à remettre en discussion, devant la Cour de cassation, les appréciations des juges d'appel qui, après avoir procédé à une évaluation d'ensemble de l'intérêt familial, ont souverainement estimé que le refus opposé par Mme Y. à la vente projetée n'était pas justifié par l'intérêt de la famille;

D'où il suit que le moyen ne peut être accueilli;

Par ces motifs : rejette le pourvoi. »

> L'intérêt de la famille au sens de l'article 217 est à l'appréciation souveraine des juges du fond

• Civ. 1re, 22 nov. 2005, n° 03-13.621, *Bull. civ.* I, n° 440

* V. s^s^ n°s 116.51 et 116.52

« Attendu que Mme X. fait grief à l'arrêt attaqué (Paris, 29 janvier 2002), d'avoir autorisé la vente de ce fonds de commerce, alors, selon le moyen, qu'un époux peut être autorisé par justice à passer seul un acte pour lequel le concours ou le consentement de son conjoint serait nécessaire, si celui-ci est hors d'état de manifester sa volonté ou si son refus n'est pas justifié par l'intérêt de la famille; que, dès lors, la cour d'appel, qui, loin de constater que l'une ou l'autre de ces conditions serait remplie, a retenu que la vente du fonds de commerce de pharmacie devait être ordonnée afin de prévenir toute opposition de Mme Y., a violé par fausse application les dispositions de l'article 217 du Code civil;

Mais attendu que, sous couvert d'un défaut de base légale, le moyen ne tend qu'à remettre en discussion, devant la Cour de cassation, les constatations et appréciations de fait dont la cour d'appel a souverainement déduit que la vente projetée apparaissait conforme aux intérêts de la famille en vue d'apurer au mieux le passif important du fonds, qu'elle a ainsi légalement justifié sa décision. »

> L'administration du patrimoine commun peut être confiée à un administrateur provisoire sur le fondement de l'article 220-1 du Code civil

• Civ. 1re, 5 nov. 1996, n° 94-14.160, *Bull. civ.* I, n° 374

* V. s^s^ n° 116.91

« [...] Attendu, ensuite, que l'alinéa 1er de l'article 220-1 du Code civil permet au juge, si l'un des époux manque gravement à ses devoirs et met ainsi en péril les intérêts de la famille, de prescrire toutes les mesures urgentes que requièrent ces intérêts; qu'il peut, notamment, sur le fondement de ce texte, nommer un administrateur provisoire à l'effet de gérer le patrimoine commun des époux; que répondant aux conclusions, et dans l'exercice de son pouvoir souverain, la cour d'appel a, d'une part, retenu que l'épouse ne payait pas les charges afférentes aux immeubles communs dont elle assurait la gestion, et par là même admis que ce manquement grave mettait en péril les intérêts de la famille, et, d'autre part, estimé que l'urgence rendait nécessaire la mesure sollicitée par le mari et désigné un administrateur provisoire du patrimoine immobilier de la communauté; D'où il suit que le moyen ne saurait être accueilli; Par ces motifs : rejette le pourvoi. »

116.03 Bibliographie indicative.

Actualisables. Rép. civ., v° *Mariage (4° effets)*, par M. Lamarche et J.-J. Lemouland, avr. 2014, n°s 299 s.– *J.-Cl. Civ.*, art. 1421 à 1432, fasc. 30.

Ouvrage[1]**.** F. TERRÉ et Ph. SIMLER, *Droit civil, Les régimes matrimoniaux*, 6e éd., « Précis », Dalloz, 2011, n°s 126 s.

Articles. H. Lécuyer « L'urgence et les régimes matrimoniaux », *États généraux du droit de la famille, L'urgence et le droit de la famille, Gaz. Pal.* 18-20 avr. 2010, p. 13 – C. Philippe, « Régimes matrimoniaux et altération des facultés mentales », *Dr. fam.* 2006. Étude 24 – G. Raoul-Cormeil, « Le conjoint de la personne vulnérable », *Defrénois* 2008. 1303 – J.-F. Sagaut « Empêchement ou impéritie d'un époux : les solutions du droit des régimes matrimoniaux », Dossier Famille et handicap, *AJ fam.* 2003. 124 – M. Vion, « Les dispositions transitoires de la loi n° 85-1372 du 23 décembre 1985 relative à l'égalité des époux », *Defrénois* 1986. 81, spéc^t^ n°s 19 s.

116.04 Questions essentielles.

La situation de crise n'est pas rare entre époux, soit qu'on ait le temps de construire des dispositifs permettant d'y remédier efficacement, soit que l'on soit condamné à prendre des mesures d'urgence.

> On a recours à des extensions de pouvoirs lorsque la situation est bloquée par suite de l'empêchement de l'un des deux conjoints ou de l'obstination que l'un ou l'autre met à refuser son concours ou son consentement. Dans le premier cas, il est possible de mettre en œuvre soit une représentation judiciaire (* V. s^s^ n°s 116.11 à 116.33), soit une autorisation judiciaire de passer l'acte (* V. s^s^ n°s 116.41 à 116.62); dans le second cas, seule la seconde catégorie de mesures est envisageable.

> Les restrictions de pouvoirs supposent une situation d'urgence, consistant dans la proche mise en péril des intérêts de la famille. Dans ce cas, la loi énumère une série de mesures envisageables, dont la jurisprudence se forme une conception extensive.

* V. s^s^ n°s 116.71 à 116.102

1. NB : les ouvrages les plus fréquemment cités et dont le nom des auteurs figure en petites capitales en bibliographie sont cités par les seuls noms des auteurs en petites capitales en notes de bas de page.

116.06 Sanctions.
Non-respect de l'ordonnance du juge restreignant les pouvoirs d'un époux sur le fondement de l'article 220-1 du Code civil :

> Sanctions civiles : **nullité relative** des actes faits en violation de l'ordonnance.

* V. s^s n° 116.101

> Sanctions pénales : peines punissant l'abus de confiance (C. pén., art. 314-1 [peine principale] et 314-10 [peines complémentaires]) : **trois ans** d'emprisonnement et **375 000 euros** d'amende.

* V. s^s n° 116.102

116.08 Esprit. Le régime primaire et le régime matrimonial proprement dit définissent certains actes que seul un époux peut accomplir, et d'autres qui nécessitent pour leur perfection un accord plus ou moins poussé des deux conjoints. Or, un tel dispositif comporte un risque majeur, qui est la paralysie totale du système, dans le cas par exemple d'empêchement de l'époux ayant qualité pour agir, ou de celui dont le consentement est indispensable.

La difficulté peut être désamorcée par le recours à certaines techniques de droit commun : par exemple, par la **représentation conventionnelle** d'un époux par l'autre (C. civ., art. 218) ou la **gestion d'affaires** (C. civ., art. 219, al. 2). Toutefois, de tels procédés ne couvrent pas tous les cas de figure. En particulier, ils sont impuissants à remédier à la mauvaise volonté ou à l'inertie du conjoint en question.

Le **mandat entre époux** est admis en termes généraux par l'article 218 du Code civil, qui prend soin d'insister sur sa libre révocabilité. Le mandat s'applique à tous les régimes et à tous les biens. Un mandat relatif aux actes d'administration peut être un mandat général, comme l'indiquent les articles 1431 et 1432 en régime de communauté et les articles 1539 et 1540 en régime séparatiste. En revanche, pour tout acte de disposition, la nécessité s'impose d'un mandat spécial.

La **gestion d'affaires entre époux** est reléguée par le législateur au rang de mesure subsidiaire, lorsqu'aucune autre mesure conventionnelle, judiciaire ou légale, n'entre en jeu.

116.09 Méthode. La loi organise deux ordres de mécanismes pour faire face aux situations de crise.

D'une part, le législateur organise des **extensions de pouvoirs.** Dans ces premiers dispositifs, on dénoue la crise en élargissant les pouvoirs de l'un des époux par un système soit de **représentation de l'époux défaillant** (sect. 1), soit **d'autorisation de l'autre** (sect. 2), sous contrôle judiciaire.

D'autre part, la loi prévoit également la possibilité de recourir à des **restrictions de pouvoirs** (sect. 3).

SECTION 1
EXTENSIONS DE POUVOIRS PAR LA REPRÉSENTATION JUDICIAIRE (C. CIV., ART. 219)

116.11 Textes applicables. L'article 219 alinéa 1er du Code civil énonce : « *Si l'un des époux se trouve hors d'état de manifester sa volonté, l'autre peut se faire habiliter par justice à le représenter, d'une manière générale ou pour certains actes particuliers, dans l'exercice des pouvoirs résultant du régime matrimonial, les conditions et l'étendue de cette représentation étant fixées par le juge* ».

La procédure est déterminée par les articles 1286 et 1287 du Code de procédure civile, qui attribuent compétence au juge aux affaires familiales statuant comme en matière gracieuse. Toutefois, lorsque le conjoint est hors d'état de manifester sa volonté, la demande est présentée au juge des tutelles.

116.12 Esprit. Le conjoint doit démontrer **l'inaptitude de son époux à manifester sa volonté.** Par suite, la représentation judiciaire de l'article 219 ne peut pas servir de remède à un conflit conjugal; quant au reste, elle répond à une grande diversité de situations.

§ 1
Conditions de la représentation judiciaire

116.21 Causes pour lesquelles un époux se trouve hors d'état de manifester sa volonté. L'article 219 du Code civil n'en livre pas une liste exhaustive, ce qui laisse le champ ouvert à des circonstances non encore envisagées; mais on pense naturellement à **l'éloignement**, à **l'accident**, ou à la **maladie.** Il n'est pas nécessaire non plus que ces causes soient absolues : l'important est que **l'empêchement soit constaté au moment où la volonté devrait s'exprimer.**

On se réfère généralement pour interpréter l'article 219 alinéa 1er du Code civil à deux textes :

– L'ancien article 213 du Code civil, dont l'alinéa 3 prévoyait, avant la loi du 4 juin 1970 et depuis la loi du 22 septembre 1942, la substitution de la femme au mari hors d'état de manifester sa volonté « *en raison de son incapacité, de son absence, de son éloignement ou de toute autre cause* ».

– L'actuel article 373 du Code civil, qui prévoit qu'en de pareilles circonstances, le père ou la mère perd l'exercice de l'autorité parentale ou en est provisoirement privé.

116.22 Primauté de l'article 219 alinéa 1er du Code civil. L'article 219 alinéa 1er prend le pas sur deux autres dispositifs plus lourds, que leurs propres termes confinent dans un rôle subsidiaire.

– L'article 121 du Code civil, qui prévoit que la **représentation des présumés absents** s'effectue sur le fondement de l'article 219 de préférence aux mesures spécifiques édictées par les articles 113 et suivants.

– L'article 428 du Code civil, qui prévoit qu'une **mesure de protection d'un majeur** ne peut être ordonnée par le juge qu'en cas de nécessité et lorsqu'il ne peut être suffisamment pourvu aux intérêts de la personne par l'application des règles des régimes matrimoniaux, en particulier celles prévues à l'article 219 du Code civil. Au demeurant, il s'agit plutôt pour le juge de se prononcer en toute liberté sur le point de savoir si les conditions sont réunies d'appliquer l'article 219, sans que les demandes formées sur le fondement de l'article 428 viennent interférer. En pratique, l'article 219 est fréquemment utilisé pour faire face aux hypothèses d'altération des facultés mentales.

116.23 **Illustration.** L'impossibilité de manifester sa volonté peut tenir notamment : à un trouble des facultés mentales d'origine aussi bien accidentelle que somatique ou psychologique; à un éloignement physique de nature à empêcher les manifestations de la volonté (captivité à l'étranger, prise en otage, mission éloignée, *etc.*); à une absence de son domicile sans qu'on ait de nouvelles de l'intéressé.

§ 2
Portée de la représentation judiciaire

116.31 **Pouvoirs exercés par le représentant.** L'article 219 alinéa 1er du Code civil, issu de la loi du 13 juillet 1965, prévoit la faculté pour le représentant de représenter son conjoint « *dans l'exercice des pouvoirs résultant du régime matrimonial* ».

Certains auteurs ont prétendu en déduire une distinction entre les **pouvoirs résultant proprement du régime**, parce que le régime les leur attribue (ainsi les pouvoirs sur les biens communs en régime communautaire) et les **pouvoirs laissés par le régime** (ainsi les pouvoirs sur les biens propres dits « existants », ceux que l'on possédait avant de se marier). Seuls les premiers auraient pu, dans cette analyse, être exercés par le représentant au titre de l'article 219.

Cette distinction a été implicitement mais clairement démentie par la Cour de cassation, qui a admis en une espèce où les époux étaient mariés sous la séparation de biens que **l'article 219 est applicable quel que soit le régime matrimonial des époux**[1]. L'article 219 est donc applicable à l'ensemble des biens des époux, et vise tous les pouvoirs d'ordre patrimonial[2].

Une telle solution n'a pas été remise en question de façon significative par la loi du 23 décembre 1985; si ce n'est que la généralisation de la gestion concurrente en régime de communauté sur les biens communs ôte beaucoup de son intérêt à l'article 219 alinéa 1er qui trouve surtout à s'appliquer dans le cas où l'époux empêché exerce une profession séparée, pour surmonter l'article 1421 alinéa 2 du Code civil.

116.32 **Étendue de la représentation.** Judiciaire, la représentation voit son étendue fixée par le juge dans toutes ses modalités.

– **La nature du mandat** est spécifiée : **mandat général ou spécial,** c'est-à-dire pouvoir de représenter le conjoint défaillant :

• soit **de manière générale**, pour l'exercice de tous les pouvoirs de ce conjoint; mais en ce cas, il est admis que ce pouvoir de représentation générale ne peut porter, conformément au droit commun, que sur des **actes d'administration** (v. C. civ., art. 1988, al. 1er);

• soit **pour certains actes particuliers** qui peuvent alors consister ou en des **actes d'administration**, ou en des **actes de disposition** portant **sur certains biens déterminés.**

– Les **conditions de la représentation** sont déterminées par le juge. C'est ainsi que pour une vente, le juge fixera le prix et éventuellement l'emploi qui en sera fait; pour un bail, la durée de la location, le loyer et l'emploi de ce dernier.

– La **durée du mandat judiciaire** est également fixée par le juge. Le mandat peut être durable, puisque le texte ne l'enferme dans aucun délai particulier; mais il est nécessairement provisoire en ce sens que si les conditions qui ont présidé à la mise en œuvre de l'article 219 disparaissent, le conjoint représenté recouvre ses pouvoirs soit par l'effet du terme prévu par l'habilitation, soit par une demande en justice.

116.33 **Effets de la représentation.** L'article 219 alinéa 1er du Code civil ne précise pas les effets de la représentation. On s'en réfère donc au droit commun en la matière.

– D'un côté, le représentant agissant au nom et pour le compte du représenté, seul ce dernier est engagé par les actes accomplis au titre du mandat judiciaire. Le représentant ne se trouve pas obligé à titre personnel.

1. Civ. 1re, 18 févr. 1981, no 80-10.403, *Bull. civ.* I, no 60; *Defrénois* 1981. I. 964, obs. G. Champenois; *JCP N* 1981. 155, obs. Ph. Rémy.
2. Civ. 1re, 1er oct. 1985, no 84-12.476, *Bull. civ.* I, no 237; *JCP N* 1986. 249, note Ph. Simler.

- D'un autre côté, le représentant agissant en qualité de mandataire, il doit rendre compte de l'exécution de son mandat, peut prétendre au remboursement des frais qu'il a engagés, et met en jeu sa responsabilité dans les conditions du droit commun.

SECTION 2
EXTENSIONS DE POUVOIRS PAR L'AUTORISATION JUDICIAIRE (C. CIV., ART. 217)

116.41 Textes applicables. L'article 217 du Code civil énonce : « *Un époux peut être autorisé par justice à passer seul un acte pour lequel le concours ou le consentement de son conjoint serait nécessaire, si celui-ci est hors d'état de manifester sa volonté ou si son refus n'est pas justifié par l'intérêt de la famille.*

L'acte passé dans les conditions fixées par l'autorisation de justice est opposable à l'époux dont le concours ou le consentement a fait défaut, sans qu'il en résulte à sa charge aucune obligation personnelle ».

La procédure est encore celle des articles 1286 et 1287 du Code de procédure civile. Le juge aux affaires familiales statue comme en matière gracieuse. Toutefois, lorsque le conjoint est hors d'état de manifester sa volonté, la demande est présentée au juge des tutelles.

116.42 Esprit. À la différence de l'article 219, l'article 217 organise une **mesure ponctuelle**, destinée à dénouer une situation de blocage. En toute logique, il est loisible d'y recourir dans des conditions plus faciles, car la portée en est plus limitée.

§ 1
Conditions de l'autorisation judiciaire

116.51 Pour ce qui est des circonstances. Une alternative se présente.

- Soit le **conjoint** du demandeur se trouve **hors d'état de manifester sa volonté.** Les circonstances sont ici comparables à celles qui donnent lieu à l'application de l'article 219 (v. s^s^ n°s 116.11 s.). Et, de même que l'article 219 doit être préféré aux mesures plus lourdes de la représentation des présumés absents et de protection judiciaire des majeurs (v. s^s^ n° 116.22), de même l'article 428 du Code civil prévoit qu'il faut avoir recours de préférence à l'article 217 si une simple mesure de déblocage suffit (v. C. civ., art. 121 et 428).

- Soit le **conjoint** du demandeur **oppose à l'accomplissement d'un acte un refus qui n'est pas justifié par l'intérêt de la famille.** Ce second cas, caractéristique de l'article 217, permet de soumettre au juge une **situation de mésentente conjugale :** l'un des époux souhaitera par exemple vendre le logement de la famille, alors que l'autre s'y oppose; au juge d'apprécier l'utilité familiale de l'opération, et de déterminer si le *veto* du conjoint récalcitrant est détourné ou pas de son esprit. L'ensemble est à **l'appréciation souveraine des juges du fond**[1]. En pratique, ce type de décision est relativement rare, et intervient plutôt dans une situation où le couple est en rupture.

116.52 Pour ce qui est de l'obstacle à lever. S'agissant de surmonter la défection ou le refus de l'autre conjoint, il faut supposer, contrairement à ce qui est prévu à l'article 219, que **le demandeur possède lui-même un pouvoir partiel.**

- Tantôt il s'agit d'un **pouvoir principal** auquel il manque seulement le **consentement de l'autre.** Ainsi le cas où le propriétaire du logement de la famille, bien propre ou bien personnel, souhaite le mettre en vente, et où l'autre conjoint s'y oppose sur le fondement de l'article 215 alinéa 3 du Code civil[2].

- Tantôt il s'agit de **deux pouvoirs égaux**, le **concours des deux conjoints étant nécessaire.** Il en va ainsi lorsque les époux se trouvent en **situation de cogestion.** Cette situation se rencontre par exemple dans le cas où la loi exige la gestion conjointe pour les actes les plus graves sur un bien de communauté (ainsi pour un acte de disposition portant sur un immeuble commun[3] ou sur un fonds de commerce commun[4]), ou encore la gestion unanime d'un bien qui est indivis entre les deux époux.

En revanche, l'article 217 du Code civil serait impuissant à justifier l'autorisation donnée à un époux de disposer d'un bien appartenant exclusivement à l'autre. Étant dénué de pouvoirs, le demandeur ne pourrait invoquer utilement **l'article 217, qui lui permet seulement de se passer du concours ou du consentement de son conjoint,** ce qui suppose que lui-même ait un pouvoir partiel. La solution se déduit ainsi *a contrario* de la lettre de l'article 217; surtout, elle résulte suffisamment de l'esprit du texte, qui n'est pas de porter si loin le bouleverse-

1. Civ. 1re, 22 nov. 2005, n° 03-13.621, *Bull. civ.* I, n° 440; *D.* 2006. Pan. 1421, obs. J.-J. Lemouland et D. Vigneau; *JCP* 2006. I. 141, n° 5, obs. G. Wiederkehr; *Dr. fam.* 2006, n° 21, note V. Larribau-Terneyre – Civ. 1re, 30 sept. 2009, n° 08-13.220, *Bull. civ.* I, n° 196; *D.* 2009. AJ 2489, obs. V. Égéa; *D.* 2010. Pan., obs. G. Serra; *JCP* 2010, n° 487, § 4, obs. G. Wiederkehr; *AJ fam.* 2009. 451, obs. S. David; *Defrénois* 2010. 865, obs. J. Massip; *RLDC* 2009/65, n° 3613, note E. Pouliquen; *Dr. fam.* 2009, n° 150, note V. Larribau-Terneyre; *RTD civ.* 2009. 703, obs. J. Hauser.
2. Civ. 1re, 19 oct. 1999, n° 97-21.466, *Bull. civ.* I, n° 284; *D.* 1999. IR 259; *JCP* 2000. I. 245, n° 4, obs. G. Wiederkehr; *Defrénois* 2000. 437, obs. G. Champenois; *Dr. fam.* 2000, n° 42, note B. Beignier (3e esp.).
3. Civ. 1re, 31 janv. 1974, n° 71-14.700, *Bull. civ.* I, n° 37.
4. Civ. 1re, 22 nov. 2005, n° 03-13.621, préc. s^s^ n° 116.51.

ment du jeu des pouvoirs, que le conjoint défaillant ou récalcitrant puisse se voir dépossédé de la gestion de ses biens personnels, au mépris de l'article 225 du Code civil (sur lequel, v. s[s] n°s 114.121 s.).

§ 2
Portée de l'autorisation judiciaire

116.61 Objet de l'autorisation. Il s'agit par hypothèse d'une **simple autorisation sans représentation du conjoint.**

D'une part, elle met en échec de façon **ponctuelle** la répartition normale des pouvoirs.

D'autre part, elle est applicable **quelle que soit la nature de l'acte considéré.** L'article 217 ne distingue pas suivant la nature de l'acte autorisé. Aussi considère-t-on que le texte est applicable aussi bien à un acte de disposition qu'à un acte d'administration.

116.62 Effets de l'autorisation. Ils se déduisent logiquement de sa nature.

D'un côté, l'acte est **opposable à l'époux** dont l'inertie ou le refus a été surmonté. Il ne sera donc pas en mesure d'objecter la nullité de l'acte passé sans son concours ou consentement.

D'un autre côté, l'acte ne détermine **aucune obligation personnelle pour l'époux en question.** Il est donc traité comme s'il n'était conclu que par l'époux autorisé. Par exemple, si l'acte consiste en une vente, seul l'époux autorisé sera assujetti aux obligations du vendeur, et notamment à l'obligation de garantie.

SECTION 3
RESTRICTIONS DE POUVOIRS (C. CIV., ART. 220-1)

116.71 Méthode. Dans ce second dispositif, le législateur **sauvegarde les intérêts de la famille,** dans une situation de crise, en restreignant les pouvoirs de l'époux qui manque gravement à ses obligations, afin de parer au plus pressé.

116.72 Texte applicable. Issu de la loi du 13 juillet 1965, l'article 220-1 édicte : « *Si l'un des époux manque gravement à ses devoirs et met ainsi en péril les intérêts de la famille, le juge aux affaires familiales peut prescrire toutes les mesures urgentes que requièrent ces intérêts.*

Il peut notamment interdire à cet époux de faire, sans le consentement de l'autre, des actes de disposition sur ses propres biens ou sur ceux de la communauté, meubles ou immeubles. Il peut aussi interdire le déplacement des meubles, sauf à spécifier ceux dont il attribue l'usage personnel à l'un ou l'autre des conjoints.

La durée des mesures prévues au présent article doit être déterminée. Elle ne saurait, prolongation éventuellement comprise, dépasser trois ans ».

116.73 Esprit. Il s'agit ici de faire face à une situation difficile, qui correspond dans la pratique le plus souvent à une séparation de fait en cours ou acquise. C'est cette **situation grave** que dépeignent les conditions mises par l'article 220-1; cela autorise des **mesures lourdes**, dont la portée est vaste.

§ 1
Conditions

116.81 Manquement grave d'un époux à ses devoirs. On sait qu'en pareil cas, lorsque le manquement est grave ou renouvelé, le droit du divorce peut conduire à des mesures radicales. Sans aller jusque-là, l'article 220-1 du Code civil autorise des mesures appropriées à une situation conflictuelle qui s'accélère.

– Il peut s'agir évidemment d'un **manquement à des devoirs de nature patrimoniale** : dissipation des revenus de ses propres, usage inconsidéré des présomptions de pouvoirs du régime primaire pour détourner des sommes ou des meubles, ou des pouvoirs de gestion concurrente en régime communautaire à de semblables fins, *etc.* Dans tous ces cas, une riposte sur le terrain patrimonial sera de toute évidence particulièrement adaptée.

– S'il s'agit d'un **manquement aux devoirs de nature extrapatrimoniale** (fidélité, vie commune, respect, tempérance, *etc.*), la doctrine considère que l'article 220-1 peut néanmoins s'appliquer, même s'il semble moins adapté à la situation.

Le plus souvent, il est vrai, les deux ordres de manquement seront combinés dans des proportions variables, voire associés à une séparation ou à un divorce, l'article 220-1 n'étant pas incompatible avec une telle action.

116.82 Proche péril pour les intérêts familiaux. Cette seconde condition se cumule avec la précédente pour que soient réunies les conditions d'application de l'article 220-1 du Code civil. Cela résume deux exigences :

– Le **péril pour l'intérêt de la famille** n'est pas plus précisément défini, ce qui laisse une certaine **latitude au juge** pour en déterminer le contenu. L'article 220-1 est autonome par rapport aux autres textes du régime primaire, comme par exemple l'article 214 [1]. Il est clair par ailleurs que l'intérêt de la famille ne se résume pas à la collection des inté-

1. EN CE SENS, Civ. 1re, 18 nov. 1970, n° 69-12.107, *Bull. civ.* I, n° 307; *JCP* 1971. II. 16780, note J. Patarin; *RTD civ.* 1971. 697, obs. P. Hébraud.

rêts individuels de chacun des membres de la famille, ni à l'intérêt égoïste de l'un d'entre eux. Quant au reste, le juge est seul appréciateur du contenu précis de la notion et de la réalité du péril qui menace.

– **L'urgence** est évoquée à l'article 220-1 alinéa 1er *in fine* à propos des mesures que requiert la protection de l'intérêt de la famille. Elle traduit une particularité : l'article 220-1 organise des mesures de sauvegarde, dont l'objet est surtout de **prévenir un dommage plus important pour l'intérêt familial.** C'est pourquoi la procédure est celle du **référé.**

§ 2
Portée quant aux mesures

116.91 **Nature.** Au-delà des mesures décrites par l'article 220-1 alinéa 2 du Code civil, la liste peut être complétée; la loi du 26 mai 2004[1], réformant l'alinéa 3 du même texte, avait pris en compte les violences conjugales. Depuis lors, la loi n° 2010-769 du 9 juillet 2010[2] a inséré dans le Code civil un titre spécialement consacré aux « Mesures de protection des victimes de violences ». C'est pourquoi les mesures spécifiques applicables en cas de violences conjugales, anciennement édictées à l'alinéa 3 de l'article 220-1, ont été transférées aux articles 515-9, 515-11 et 515-12 du même code. De sorte qu'il convient de distinguer aujourd'hui trois ordres de mesures.

– **Mesures expressément visées par l'article 220-1 alinéa 2 du Code civil** : ce texte vise deux mesures.

• **L'interdiction de faire des actes de disposition sur certains biens** : les propres de l'intéressé ou les biens communs, meubles ou immeubles.

• **L'interdiction de déplacer certains meubles** : on pense par exemple aux meubles corporels meublant le logement conjugal, ou aux titres et fonds déposés sur un compte en banque. Ce sont là des **mesures à caractère conservatoire**, qui ne préjugent d'ailleurs en rien de la propriété des biens.

– **Mesures non expressément visées par l'article 220-1 alinéa 2 du Code civil** : l'adverbe « *notamment* » indique assez que la liste n'est pas exhaustive. Reste à la compléter dans l'esprit du texte. On observe que le texte vise seulement des **mesures négatives** (interdictions) et **à caractère patrimonial** (portant sur certains biens). Toutefois, la jurisprudence ne s'est pas sentie limitée par cette constatation, et a pratiqué une **analyse extensive de l'article 220-1.**

• D'une part, elle a pris des **mesures positives** : ainsi la nomination d'un administrateur provisoire[3].

• D'autre part, elle a pris des **mesures extrapatrimoniales** : ainsi l'interdiction faite à un mari buveur par une décision très controversée de conduire un véhicule automobile[4].

La Cour de cassation ne s'est jamais clairement prononcée sur le bien-fondé de cette seconde jurisprudence extensive. Il est clair que l'article 220-1 ne doit pas être détourné de son esprit, qui est la sauvegarde de l'intérêt de la famille gravement menacée, à l'aide de mesures en corrélation avec la *ratio legis*, c'est-à-dire à **finalité purement conservatoire.** Sous cette restriction, une interprétation extensive paraît licite. Elle paraît d'ailleurs accréditée par l'institution de mesures extrapatrimoniales dans la situation bien particulière des **violences conjugales**; si ce n'est que les mesures en question ont pris désormais leur autonomie en étant transportées aux articles 515-9 et suivants du Code civil.

– **Mesures spécifiques édictées par les articles 515-9, 515-11 et 515-12 du Code civil en cas de violences conjugales** : au chapitre des mesures urgentes, la loi du 26 mai 2004 avait choisi de ménager un régime particulier à l'hypothèse où les violences exercées par l'un des époux mettaient en danger son conjoint, ou un ou plusieurs enfants. La loi du 9 juillet 2010 a repris la **mesure d'éviction du conjoint violent** tout en l'étendant aux couples pacsés ou en concubinage. **Désormais, l'attribution du domicile commun** ne concerne plus seulement les époux, l'article 515-11, 4° donnant au juge le pouvoir d'« *attribuer la jouissance du logement commun ou de la résidence du couple au partenaire ou au concubin qui n'est pas l'auteur des violences et (de) préciser les modalités de prise en charge des frais afférents à ce logement* ». La seule différence est relative à la **durée de la mesure**, puisque seuls les époux pourront bénéficier d'une prolongation des mesures adoptées au-delà du délai de quatre mois prévu à l'article 515-12 du Code civil, lorsqu'ils auront déposé une requête en divorce ou en séparation de corps. Pour les couples non mariés, une nouvelle saisine du juge aux affaires familiales est possible dans le cas où, à l'expiration du délai, les violences persisteraient.

Ubi lex non distinguit... La nature des violences n'étant pas précisée, tout invite à ne pas distinguer

1. L. n° 2004-439, 26 mai 2004, relative au divorce, *JO* 27 mai 2004, p. 9319.
2. L. n° 2010-769, 9 juill. 2010, relative aux violences faites spécifiquement aux femmes, aux violences au sein des couples et aux incidences de ces dernières sur les enfants, *JO* 10 juill., p. 12762.
3. Orléans, 25 mars 1987, *JCP N* 1988. II. 66, obs. Ph. Simler – et en dernier lieu, Civ. 1re, 5 nov. 1996, n° 94-14.160, *Bull. civ.* I, n° 374; *JCP* 1997. I. 4047, n° 11, obs. G. Wiederkehr; *Defrénois* 1997. 814, obs. G. Champenois; *RTD civ.* 1997. 725, obs. B. Vareille.
4. TGI Saint-Brieuc, 1er juin 1967, *D.* 1967. Somm. 89.

entre la **violence physique** et la **violence morale**; de même, le statut des enfants en danger ne faisant l'objet d'aucune spécification particulière, il faut en conclure qu'il s'agit de celui ou de ceux vivant au foyer, sans égard pour le lien de parenté qu'ils entretiennent avec l'un ou l'autre des partenaires ou concubins.

En pareil cas, le juge peut autoriser les époux à résider séparément, en précisant lequel des deux continuera à résider dans le logement conjugal. La loi pose en principe que la jouissance de ce logement doit normalement être attribuée à celui des deux conjoints qui n'a pas été l'auteur des violences : il s'agit bien sûr de remédier à la pénible condition des victimes, trop souvent contraintes de fuir en urgence. En pratique, c'est par conséquent l'époux violent lui-même qui se trouvera ainsi contraint de quitter le logement conjugal.

Le juge se prononce également au passage s'il y a lieu sur les modalités d'exercice de l'autorité parentale, ainsi que sur la contribution aux charges du mariage (sur ce dernier point, v. s[s] n° 113.38).

116.92 Durée. Les mesures ainsi adoptées présentent un **caractère temporaire.**

L'article 220-1 alinéa 3 du Code civil plafonne à **trois ans,** toutes prolongations comprises, la durée des mesures prises sur le fondement des deux premiers alinéas du texte. En conséquence, il n'est pas possible de prendre sur le fondement de l'article 220-1 des mesures définitives, comme l'autorisation d'un acte de disposition[1].

Les mesures revêtent également un **caractère provisoire**, en ce que le juge, saisi à la diligence de l'un ou l'autre des deux époux, peut les lever ou les modifier avant le terme initialement prévu, lorsque les circonstances ont évolué[2]. Cette solution n'est pas explicitement formulée par l'article 220-1; elle n'en résulte pas moins du **caractère conservatoire** des mesures, qui n'ont plus lieu d'être maintenues lorsque le péril qui les a appelées s'est dissipé.

De plus, l'article 515-12 du Code civil prévoit que l'autorisation de résidence séparée ainsi que les autres mesures prises par le juge en cas de violences conjugales sont caduques si aucune requête en divorce ou en séparation de corps n'a été déposée à l'expiration d'un délai de quatre mois à compter de leur prononcé.

116.93 Mise en œuvre. Lorsque l'ordonnance comporte une interdiction concernant un bien, il importe que l'exécution en soit assurée. Pour cela, l'article 220-2 du Code civil prévoit deux séries de mesures.

S'il s'agit tout d'abord de **biens dont l'aliénation est sujette à publicité,** l'ordonnance du juge est **publiée** par les soins du requérant. Ainsi, au bureau des hypothèques pour un immeuble.

S'il s'agit ensuite de **meubles corporels**, l'ordonnance interdisant d'en disposer ou même de les déplacer est signifiée au conjoint du requérant, afin de le constituer gardien responsable des meubles dans les mêmes conditions qu'un saisi. Elle peut également être signifiée à un tiers, en pratique le candidat à l'acquisition; il est alors considéré de mauvaise foi.

§ 3
Portée quant aux sanctions

116.101 Sanctions civiles. Les actes accomplis en violation de l'ordonnance sont exposés à la **nullité relative**, à la demande du conjoint requérant, s'ils ont été passés avec un **tiers de mauvaise foi.** Pour les biens dont l'aliénation est sujette à publicité, tous les actes postérieurs à la publication prévue par l'article 220-2 du Code civil sont annulables, sans égard pour les questions de bonne foi.

L'action est ouverte au conjoint requérant pendant deux années à compter du jour où il a eu connaissance de l'acte; elle ne peut être intentée plus de deux ans après la publication de l'acte si ce dernier est soumis à publicité (C. civ., art. 220-3).

Une question demeure en suspens : celle de savoir si les tiers disposent d'un recours à l'encontre de l'époux qui enfreint l'interdiction de l'article 220-1, après que l'acte de disposition a été annulé. La doctrine incline à la négative.

116.102 Sanctions pénales. L'époux qui aura détruit ou détourné les objets confiés à sa garde (ou seulement tenté de le faire) après que lui aura été signifiée l'ordonnance prévue aux articles 220-1 et 220-2, est exposé aux **peines de l'abus de confiance** prévues par les articles 314-1 et 314-10 du Code pénal (v. L. 13 juill. 1965, art. 6, mod. par L. 16 déc. 1992, art. 285). En conséquence, il encourt, outre différentes peines complémentaires, une peine principale allant jusqu'à **trois ans d'emprisonnement** et **375 000 euros** (anc[t] 2 500 000 francs) d'amende.

1. Versailles, 29 nov. 1991, *JCP* 1992. I. 3614, n° 2, obs. G. Wiederkehr; *RTD civ.* 1992. 630, obs. F. Lucet et B. Vareille.
2. EN CE SENS, Civ. 1re, 25 oct. 1972, n° 71-13.073, *Bull. civ.* I, n° 222.

CHAPITRE

117. Complément spécial du régime primaire

BERNARD VAREILLE
PROFESSEUR À LA FACULTÉ DE DROIT
ET DES SCIENCES ÉCONOMIQUES
DE L'UNIVERSITÉ DE LIMOGES

SECTION 0
ORIENTEUR

117.00 **Plan du chapitre.**

117.01 **Textes applicables.**

C. rur., art. L. 321-1, al. 1 s., L. 321-2, L. 411-68

CSS, art. L. 622-5, L. 742-6

C. com., art. L. 121-4 à L. 121-7 (L. n° 82-596, 10 juill. 1982, relative aux conjoints d'artisans et de commerçants travaillant dans l'entreprise familiale, art. 9, al. 1, *JO* 13 juill.)

CSS, art. L. 622-5

L. n° 2002-73, 17 janv. 2002, loi de modernisation sociale, art. 46, *JO* 18 janv., p. 1008

> Collaboration en matière agricole
[C. rur., art. L. 321-1, L. 321-2 et L. 411-68]

C. rur., art. L. 321-1, al. 1er, s. (*L. n° 2006-11, 5 janv. 2006, art. 21*)

Lorsque des époux exploitent ensemble et pour leur compte une même exploitation agricole, ils sont présumés s'être donné réciproquement mandat d'accomplir les actes d'administration concernant les besoins de l'exploitation.

Lorsqu'il ne fait que collaborer à l'exploitation agricole, le conjoint de l'exploitant est présumé avoir reçu de celui-ci le mandat d'accomplir les actes d'administration concernant les besoins de cette exploitation.

C. rur., art. L. 321-2 (*L. n° 2006-11, 5 janv. 2006, art. 21*)

Les dispositions de l'article L. 321-1 cessent de plein droit d'être applicables en cas d'absence présumée de l'un des époux, de séparation de corps ou de séparation de biens judiciaire.

Elles cessent également d'être applicables lorsque les conditions prévues à l'article L. 321-1 ne sont plus remplies.

C. rur., art. L. 411-68

Lorsque les époux participent ensemble et de façon habituelle à une exploitation agricole, l'époux titulaire du bail sur cette exploitation ne peut, sans le consentement exprès de son conjoint, accepter la résiliation, céder le bail ou s'obliger à ne pas en demander le renouvellement, sans préjudice de l'application de l'article 217 du Code civil. Toute stipulation contraire est réputée non écrite.

L'époux qui n'a pas donné son consentement à l'acte peut en demander l'annulation ; l'action en nullité lui est ouverte dans l'année à compter du jour où il a eu connaissance de l'acte.

> Collaboration en matière commerciale ou artisanale
[C. com., art. L. 121-4 à L. 121-7]

C. com., art. L. 121-4 (*L. n° 2008-776, 4 août 2008, art. 16*)

I. – Le conjoint du chef d'une entreprise artisanale, commerciale ou libérale qui y exerce de manière régulière une activité professionnelle opte pour l'un des statuts suivants :

1° Conjoint collaborateur ;

2° Conjoint salarié ;

3° Conjoint associé.

II. – En ce qui concerne les sociétés, le statut de conjoint collaborateur n'est autorisé qu'au conjoint du gérant associé unique ou du gérant associé majoritaire d'une société à responsabilité limitée ou d'une société d'exercice libéral à responsabilité limitée répondant à des conditions de seuils fixées par décret en Conseil d'État.

Le choix effectué par le conjoint du gérant associé majoritaire de bénéficier du statut de conjoint collaborateur est porté à la connaissance des associés lors de la première assemblée générale suivant la mention de ce statut auprès des organismes mentionnés au IV.

III. – Les droits et obligations professionnels et sociaux du conjoint résultent du statut pour lequel il a opté.

IV. – Le chef d'entreprise déclare le statut choisi par son conjoint auprès des organismes habilités à enregistrer l'immatriculation de l'entreprise. Seul le conjoint collaborateur fait l'objet d'une mention dans les registres de publicité légale à caractère professionnel.

V. – La définition du conjoint collaborateur, les modalités selon lesquelles le choix de son statut est mentionné auprès des organismes visés au IV et les autres conditions d'application du présent article sont fixées par décret en Conseil d'État.

C. com., art. L. 121-5

Une personne immatriculée au répertoire des métiers ou un commerçant ne peut, sans le consentement exprès de son conjoint, lorsque celui-ci participe à son activité professionnelle en qualité de conjoint travaillant dans l'entreprise, aliéner ou grever de droits réels les éléments du fonds de commerce ou de l'entreprise artisanale dépendant de la communauté, qui, par leur importance ou par leur nature, sont nécessaires à l'exploitation de l'entreprise, ni donner à bail ce fonds de commerce ou cette entreprise artisanale. Il ne peut, sans ce consentement exprès, percevoir les capitaux provenant de telles opérations.

Le conjoint qui n'a pas donné son consentement exprès à l'acte peut en demander l'annulation. L'action en nullité lui est ouverte pendant deux années à compter du jour où il a eu connaissance de l'acte, sans pouvoir jamais être intentée plus de deux ans après la dissolution de la communauté.

C. com., art. L. 121-6

Le conjoint collaborateur, lorsqu'il est mentionné au registre du commerce et des sociétés, au répertoire des métiers ou au registre des entreprises tenu par les chambres de métiers d'Alsace et de Moselle est réputé avoir reçu du chef d'entreprise le mandat d'accomplir au nom de ce dernier les actes d'administration concernant les besoins de l'entreprise.

Par déclaration faite devant notaire, à peine de nullité, chaque époux a la faculté de mettre fin à la présomption de mandat, son conjoint présent ou dûment appelé. La déclaration notariée a effet, à l'égard des tiers, trois mois après que mention en aura été portée au registre du commerce et des sociétés, au répertoire des métiers ou au registre des entreprises tenu par les chambres de métiers d'Alsace et de Moselle. En l'absence de cette mention, elle n'est opposable aux tiers que s'il est établi que ceux-ci en ont eu connaissance.

La présomption de mandat cesse également de plein droit en cas d'absence présumée de l'un des époux, de séparation de corps ou de séparation de biens judiciaire, de même que lorsque les conditions prévues au premier alinéa ci-dessus ne sont plus remplies.

C. com., art. L. 121-7

(L. n° 2005-882, 2 août 2005, art. 14)

Dans les rapports avec les tiers, les actes de gestion et d'administration accomplis pour les besoins de l'entreprise par le conjoint collaborateur sont réputés l'être pour le compte du chef d'entreprise et n'entraînent à la charge du conjoint collaborateur aucune obligation personnelle.

> Collaboration en matière de profession libérale

[CSS, art. L. 622-5, L. 742-6; et L. n° 2002-73, 17 janv. 2002, art. 46, mod.]

CSS, art. L. 622-5 *(L. n° 2007-308, 5 mars 2007, art. 21 – en vigueur le 1er janv. 2009; L. n° 2011-850, 20 juill. 2011, art. 10; L. n° 2011-94, 25 janv. 2011, art. 32)*

Les professions libérales groupent les personnes exerçant l'une des professions ci-après ou dont la dernière activité professionnelle a consisté dans l'exercice de l'une de ces professions :

1°) médecin, chirurgien-dentiste, sage-femme, pharmacien, architecte, expert-comptable, vétérinaire;

2°) notaire, avoué, huissier de justice, personne ayant la qualité de commissaire-priseur judiciaire habilité à diriger les ventes dans les conditions prévues à l'article L. 321-4 du Code de commerce, syndic ou administrateur et liquidateur judiciaire, agréé, greffier, expert devant les tribunaux, personne bénéficiaire de l'agrément prévu par l'article L. 472-1 du Code de l'action sociale et des familles, courtier en valeurs, arbitre devant le tribunal de commerce, artiste non mentionné à l'article L. 382-1, ingénieur-conseil, auxiliaire médical, agent général d'assurances;

3°) et d'une manière générale, toute personne autre que les avocats, exerçant une activité professionnelle non salariée et qui n'est pas assimilée à une activité salariée pour l'application du livre III du présent code, lorsque cette activité ne relève pas d'une autre organisation autonome en vertu des articles L. 622-3, L. 622-4, L. 622-6 ou d'un décret pris en application de l'article L. 622-7.

Pour des raisons impérieuses de sécurité, les moniteurs de ski titulaires d'un brevet d'État ou d'une autorisation d'exercer, organisés en association ou en syndicat professionnel pour la mise en œuvre de leur activité, sont considérés comme exerçant une activité non salariée relevant du régime des travailleurs indépendants et ce, quel que soit le public auquel ils s'adressent.

CSS, art. L. 742-6 *(L. n° 2009-1646, 24 déc. 2009, art. 72 [V])*

Peuvent adhérer volontairement à l'assurance vieillesse des travailleurs non-salariés :

1°) les personnes ayant été à la charge, à quelque titre que ce soit, d'un régime obligatoire français d'assurance maladie pendant une durée déterminée, exerçant une des activités professionnelles énumérées aux articles L. 622-3 à L. 622-5 et résidant hors du territoire français. Les modalités d'application de cette disposition sont déterminées par un décret qui précise notamment les délais dans lesquels les intéressés doivent demander leur affiliation;

2°) les personnes qui, ayant exercé en dernier lieu une des activités énumérées aux articles L. 622-3 à L. 622-5 et ne pouvant prétendre en raison de leur âge aux prestations de vieillesse, n'exercent aucune activité professionnelle susceptible de les assujettir à un régime de sécurité sociale;

3°) les personnes qui ont exercé une profession artisanale ou une profession industrielle ou commerciale au sens des articles L. 622-3 et L. 622-4 et qui cessent d'exercer directement cette activité en raison de la mise en location-gérance de leur fonds dont elles conservent la propriété;

4°) les personnes ne bénéficiant pas d'un régime obligatoire d'assurance vieillesse et qui participent à l'exercice d'une activité professionnelle non-salariée non-agricole mentionnée aux 1° et 2° de l'article L. 621-3;

(*L. n° 2014-40, art. 32*) « 5°) Les conjoints collaborateurs mentionnés à l'article L. 121-4 du code de commerce qui, ayant été affiliés à titre obligatoire au régime d'assurance vieillesse des travailleurs non salariés des professions soit artisanales, soit industrielles et commerciales, soit libérales, en application de l'article L. 622-8 du présent code, soit au régime d'assurance vieillesse des avocats, en application du deuxième alinéa de l'article L. 723-1, cessent de remplir les conditions de l'affiliation obligatoire. Les modalités d'application du présent 5°, notamment les délais dans lesquels les intéressés doivent demander leur affiliation, sont déterminées par décret. »

L. n° 2002-73, 17 janv. 2002, art. 46

I. – (*abrogé par L. n° 2005-882, 2 août 2005, art. 12*)

II. – Le conjoint collaborateur d'un professionnel libéral peut recevoir du chef d'entreprise des mandats exprès et limitativement définis pour des actes relatifs à la gestion et au fonctionnement courants de l'entreprise. Il est alors soumis à l'obligation du secret professionnel, sous peine de voir mise en jeu sa responsabilité civile en cas de manquement. Le chef d'entreprise peut mettre fin au mandat exprès par déclaration faite, à peine de nullité, devant notaire, son conjoint présent ou dûment appelé.

III. – (*Le 6° de l'article L. 742-6 CSS auquel renvoyait le III, a été abrogé par Décr. n° 2006-966, 1er août 2006*).

117.03 Bibliographie indicative.

Ouvrage[1]. F. TERRÉ et Ph. SIMLER, *Droit civil, Les régimes matrimoniaux*, 6e éd., « Précis », Dalloz, 2011, nos 108 s.

117.04 Questions essentielles.

> Des législations spécialisées ont mis en place différents systèmes qui, afin de conférer un statut juridique au conjoint collaborateur de certains professionnels, prévoient notamment des présomptions de mandat, ou la possibilité de délivrer mandat.

* V. ss nos 117.11 à 117.14, en matière agricole

* V. ss nos 117.31 à 117.35, en matière commerciale ou artisanale

* V. ss n° 117.42, en matière de profession libérale

117.05 Esprit. La collaboration professionnelle entre époux a donné lieu pour certaines catégories socioprofessionnelles à des dispositions particulières, destinées à s'appliquer **quel que soit le régime matrimonial**, à raison de la nature même de l'activité : il s'agit de protéger le conjoint qui collabore à une exploitation agricole, le conjoint qui collabore à une entreprise commerciale ou artisanale, et celui qui collabore à une entreprise libérale. Et cette protection s'impose **quel que soit le statut du bien qui sert de support à l'exploitation** (qu'il soit personnel, propre ou commun).

À l'origine, il s'agissait d'introduire un minimum d'égalité entre les époux en sauvegardant la situation des épouses d'agriculteurs, de commerçants et d'artisans.

L'idée était, comme pour le régime primaire *stricto sensu* (v. ss nos 111.11 s.), de **combiner autonomie et cohésion du foyer, mais concernant les actes relatifs à l'exploitation.**

La loi du 23 décembre 1985[2] a généralisé l'égalité entre les époux, sans pour autant ôter tout intérêt à ces dispositions spéciales.

SECTION 1
COLLABORATION EN MATIÈRE AGRICOLE

117.10 Division. La loi d'orientation agricole du 4 juillet 1980 organise deux dispositifs distincts mais combinés : une présomption de mandat (§ 1) portant sur les actes d'administration de l'exploitation agricole; une cogestion du bail rural (§ 2).

§ 1
Présomption de mandat

117.11 Esprit. L'objectif est de dissocier l'action concrète des époux du régime matrimonial qui est le leur, afin que la gestion quotidienne de l'entreprise agricole en soit facilitée.

117.12 Conditions. Les articles L. 321-1 alinéa 1er et suivants du Code rural prévoient que :

– Lorsque **des époux exploitent ensemble et pour leur compte un même fonds agricole**, ils sont présumés s'être donné réciproquement mandat d'accomplir les actes d'administration concernant les besoins de l'exploitation.

– Lorsque le **conjoint de l'exploitant ne fait que collaborer à l'exploitation agricole**, il est présumé

1. NB : les ouvrages les plus fréquemment cités et dont le nom des auteurs figure en petites capitales en bibliographie sont cités par les seuls noms des auteurs en petites capitales en notes de bas de page.

2. L. n° 85-1372, 23 déc. 1985, relative a l'égalité des époux dans les régimes matrimoniaux et des parents dans la gestion des biens des enfants mineurs, *JO* 26 déc., p. 15111.

avoir reçu de l'exploitant le mandat d'accomplir les actes d'administration concernant les besoins de cette exploitation.

Au demeurant, cette présomption s'applique également aux partenaires à un PACS, ainsi qu'aux concubins.

117.13 Étendue. La **présomption de mandat** couvre les **actes d'administration concernant les besoins de l'exploitation.** Il faut entendre par là que l'époux mandataire est en mesure de se livrer au nom de l'autre à **tous les actes d'exploitation normale** : achats (de petits outillages et de semences par exemple), ventes de productions agricoles, emprunts courants, entretien (du matériel et des bâtiments d'exploitation par exemple), *etc.* En revanche, la **conclusion** et le **renouvellement des baux** sont **interdits** sur ce fondement.

117.14 Durée. La présomption prend fin de deux manières :

- **Cessation de plein droit** (C. rur., art. L. 321-2) dans les cas d'absence présumée d'un époux; de séparation de corps; de séparation judiciaire de biens; de disparition des conditions donnant naissance à la présomption légale (exploitation en commun, collaboration à l'exploitation).

- **Révocation volontaire du mandat.** Chaque époux a la faculté de retirer à son conjoint le pouvoir de le représenter. Il suffit d'une **déclaration** en ce sens, opérée de façon unilatérale, mais après convocation de l'autre conjoint, et **devant notaire à peine de nullité**. Cette déclaration doit être portée **en marge de l'acte de mariage des époux.** La révocation ne prend effet que trois mois après cette mesure de publicité. À défaut, d'une telle mention, la révocation est inopposable aux tiers, sauf à prouver qu'ils en ont eu connaissance.

§ 2
Cogestion du bail rural

117.21 Esprit. Le bail rural est traité par l'article L. 411-68 du Code rural comme un **bien primordial pour la stabilité et la sécurité de la famille,** à l'instar du logement de la famille. C'est pourquoi il fait l'objet d'une protection analogue à celle instaurée par l'article 215 alinéa 3 du Code civil sur le logement familial (comp. s[s] n°s 113.08 s.).

117.22 Modalités. Lorsque **deux époux participent ensemble de façon habituelle à une exploitation agricole,** mais qu'un seul des deux époux est titulaire du bail rural support de cette exploitation, le titulaire du bail ne peut, sans le **consentement exprès de son conjoint,** accepter la résiliation, ni céder le bail, ni même s'obliger à ne pas en demander le renouvellement.

La **sanction** du défaut de consentement du conjoint est la **nullité relative,** qui doit être recherchée dans l'année à compter du jour où l'époux qui a été tenu à l'écart de l'opération a eu connaissance de l'acte.

De même que pour l'article 215 alinéa 3 du Code civil, le refus du consentement nécessaire peut être vaincu par **l'autorisation judiciaire d'agir seul,** obtenue sur le fondement de l'article 217 du Code (v. s[s] n°s 116.41 s.).

SECTION 2
COLLABORATION EN MATIÈRE COMMERCIALE OU ARTISANALE

117.31 Esprit. La loi du 10 juillet 1982[1] a été calquée sur la présomption de mandat du secteur agricole, mais applicable au conjoint de l'artisan ou du commerçant, quel que soit le régime matrimonial.

117.32 Bénéficiaire de la présomption de mandat. Aux termes de l'article 9 alinéa 1er de la loi du 10 juillet 1982, il s'agit :

- du **conjoint du chef d'entreprise,** ce qui suppose une entreprise dont un seul des deux époux est le chef. Cela exclut notamment les situations de co-exploitation;

- du **conjoint collaborateur.** En effet, la loi du 10 juillet 1982 distingue trois statuts : le conjoint salarié, le conjoint associé, et le conjoint collaborateur. Seule cette dernière qualité déclenche le bénéfice de la présomption, les deux autres ouvrant droit à d'autres prérogatives. Pour être dit collaborateur, le conjoint doit être **mentionné** comme tel au **Registre du commerce et des sociétés** ou au **Répertoire des métiers,** et **participer à titre professionnel aux activités de l'entreprise.**

117.33 Étendue de la présomption de mandat quant aux entreprises. La présomption joue quel que soit leur statut au regard du régime matrimonial : **entreprise personnelle, propre,** aussi bien que **commune.**

117.34 Étendue de la présomption de mandat quant aux actes couverts par la présomption. Il s'agit des **actes d'administration,** c'est-à-dire de tous les **actes correspondant à une gestion courante** et normale de l'entreprise : commandes, renouvel-

1. L. n° 82-596, 10 juill. 1982, relative aux conjoints d'artisans et de commerçants travaillant dans l'entreprise familiale, *JO* 13 juill., p. 2204.

lement des stocks, ventes de marchandises, facturations, livraisons, contrats d'assurance, encaissements...

117.35 Durée de la présomption. Elle s'éteint de deux manières.

- **Cessation de plein droit** par l'absence présumée, la séparation de corps, la séparation judiciaire, et, de façon implicite, la disparition des conditions légales.

- **Révocation volontaire du mandat** soit par le conjoint chef d'entreprise, soit par le conjoint collaborateur, au moyen d'une **déclaration unilatérale faite devant notaire** à peine de **nullité**, et après **convocation** de l'autre conjoint. La déclaration prend effet à l'égard des tiers trois mois après que **mention** en aura été portée au **Registre du commerce et des sociétés (RCS)** ou au **Répertoire des métiers**. À défaut d'une telle mention, la révocation est inopposable aux tiers, sauf à prouver qu'ils en ont eu connaissance.

SECTION 3
COLLABORATION EN MATIÈRE DE PROFESSION LIBÉRALE

117.41 Conjoint collaborateur d'une profession libérale. La loi dite « de *modernisation sociale* » du 17 janvier 2002 [1] a institué un statut de conjoint collaborateur.

Les bénéficiaires sont les conjoints collaborateurs d'avocats ainsi que collaborateurs de personnes exerçant l'une des activités professionnelles visées à l'article L. 622-5 du Code de la sécurité sociale, c'est-à-dire exerçant une activité professionnelle non salariée ni assimilée à une activité salariée pour l'assujettissement au régime général de la sécurité sociale (professions médicales, pharmaciens, notaires...).

Les intéressés ne doivent pas percevoir de rémunération à ce titre, ni exercer par ailleurs une activité excédant le mi-temps; ils doivent avoir effectué auprès de **l'Urssaf** une **déclaration personnelle et volontaire**.

117.42 Portée du statut de conjoint collaborateur d'une profession libérale. À la différence de ce qui existe en matière commerciale et agricole, **il n'existe pas de présomption légale**.

Le conjoint collaborateur peut recevoir du chef d'entreprise libérale des **mandats exprès** et **limitativement définis** pour divers actes relatifs à la gestion et au fonctionnement courant de l'entreprise.

Le chef d'entreprise y met fin par **déclaration faite à peine de nullité devant notaire**, son conjoint ayant été **convoqué**.

1. L. n° 2002-73, 17 janv. 2002, de modernisation sociale, *JO* 18 janv., p. 1008.

TITRE

12. La détermination du régime matrimonial[1]

SECTION 0
ORIENTEUR

12.00 **Plan du titre.**

Division. La détermination du régime matrimonial s'opère généralement avant la célébration du mariage, mais une modification conventionnelle peut intervenir au cours du mariage. Ceci sous réserve des facteurs de complication résultant d'un éventuel élément d'extranéité. On étudiera successivement :

– le choix du régime matrimonial (chap. 120);

– la formation du contrat de mariage et les effets de ce contrat dans le temps (chap. 121 et 122);

– les conditions du changement de régime matrimonial et ses effets (chap. 123 et 124).

Renvoi. Sur les régimes matrimoniaux et le droit international privé, v. s[s] n°s 71.00 s.

1. Cette contribution doit beaucoup à Marie Goré. Qu'elle reçoive ici l'hommage qui est dû à la finesse de ses analyses.

CHAPITRE

120. Choix du régime matrimonial

CHRISTOPHE VERNIÈRES
PROFESSEUR À L'UNIVERSITÉ
PARIS 8 – VINCENNES SAINT-DENIS

SECTION 0 ORIENTEUR

120.00 **Plan du chapitre.**

120.01 **Textes applicables.**

C. civ., art. 1387 à 1399

> Liberté de choix du régime matrimonial

[C. civ., art. 1387 et 1393]

C. civ., art. 1387

La loi ne régit l'association conjugale, quant aux biens, qu'à défaut de conventions spéciales que les époux peuvent faire comme ils le jugent à propos, pourvu qu'elles ne soient pas contraires aux bonnes mœurs ni aux dispositions qui suivent.

C. civ., art. 1393

Les époux peuvent déclarer, de manière générale, qu'ils entendent se marier sous l'un des régimes prévus au présent code.

À défaut de stipulations spéciales qui dérogent au régime de communauté ou le modifient, les règles établies dans la première partie du chapitre II formeront le droit commun de la France.

> Limites à la liberté de choix du régime matrimonial

[C. civ., art. 1387 à 1389]

C. civ., art. 1387

* V. texte complet de l'article *supra.*

C. civ., art. 1387-1 (*L. n° 2005-882, 2 août 2005, art. 13*)

Lorsque le divorce est prononcé, si des dettes ou sûretés ont été consenties par les époux, solidairement ou séparément, dans le cadre de la gestion d'une entreprise, le tribunal de grande instance peut décider d'en faire supporter la charge exclusive au conjoint qui conserve le patrimoine professionnel ou, à défaut, la qualification professionnelle ayant servi de fondement à l'entreprise.

C. civ., art. 1388

Les époux ne peuvent déroger ni aux devoirs ni aux droits qui résultent pour eux du mariage, ni aux règles de l'autorité parentale, de l'administration légale et de la tutelle.

C. civ., art. 1389

Sans préjudice des libéralités qui pourront avoir lieu selon les formes et dans les cas déterminés par le présent code, les époux ne peuvent faire aucune convention ou renonciation dont l'objet serait de changer l'ordre légal des successions.

> Clauses visant à l'acquisition ou l'attribution des biens personnels de l'époux prédécédé

[C. civ., art. 1390 à 1392]

C. civ., art. 1390 (*L. n° 2006-728, 23 juin 2006, art. 29*)

Ils peuvent, toutefois, stipuler qu'à la dissolution du mariage par la mort de l'un d'eux, le survivant a la faculté d'acquérir ou, le cas échéant, de se faire attribuer dans le partage certains biens personnels du prédécédé, à charge d'en tenir compte à la succession, d'après la valeur qu'ils ont au jour où cette faculté sera exercée.

La stipulation peut prévoir que l'époux survivant qui exerce cette faculté peut exiger des héritiers que lui soit consenti un bail portant sur l'immeuble dans lequel l'entreprise attribuée ou acquise est exploitée. – *En vigueur le 1er janv. 2007.*

C. civ., art. 1391

Le contrat de mariage doit déterminer les biens sur lesquels portera la faculté stipulée au profit du survivant. Il peut fixer des bases d'évaluation et des modalités de paiement, sauf la réduction au profit des héritiers réservataires s'il y a avantage indirect.

Compte tenu de ces clauses et à défaut d'accord entre les parties, la valeur des biens sera arrêtée par le tribunal de grande instance.

C. civ., art. 1392 (*L. n° 2006-728, 23 juin 2006, art. 29*)

La faculté ouverte au survivant est caduque s'il ne l'a pas exercée, par une notification faite aux héritiers du prédécédé, dans le délai d'un mois à compter du jour où ceux-ci l'auront mis en demeure de prendre parti. Cette mise en demeure ne peut avoir lieu avant l'expiration du délai prévu à l'article 792.

Lorsqu'elle est faite dans ce délai, la notification forme vente au jour où la faculté est exercée ou, le cas échéant, constitue une opération de partage. – *En vigueur le 1er janv. 2007.*

> Formalisme des conventions matrimoniales

[C. civ., art. 1394 et 1395]

C. civ., art. 1394 (*Ord. n° 2005-428, 6 mai 2005, art. 7*)

Toutes les conventions matrimoniales seront rédigées par acte devant notaire, en la présence et avec le consentement simultanés de toutes les personnes qui y sont parties ou de leurs mandataires.

Au moment de la signature du contrat, le notaire délivre aux parties un certificat sur papier libre et sans frais, énonçant ses nom et lieu de résidence, les noms, prénoms, qualités et demeures des futurs époux, ainsi que la date du contrat. Ce certificat indique qu'il doit être remis à l'officier de l'état civil avant la célébration du mariage.

Si l'acte de mariage mentionne qu'il n'a pas été fait de contrat, les époux seront, à l'égard des tiers, réputés mariés sous le régime de droit commun, à moins que, dans les actes passés avec ces tiers, ils n'aient déclaré avoir fait un contrat de mariage.

C. civ., art. 1395

Les conventions matrimoniales doivent être rédigées avant la célébration du mariage et ne peuvent prendre effet qu'au jour de cette célébration.

> Changement de conventions matrimoniales ou de régime matrimonial

[C. civ., art. 1396, 1397, 1397-1 et 1397-6]

C. civ., art. 1396 (*L. n° 2006-728, 23 juin 2006, art. 44*)

Les changements qui seraient apportés aux conventions matrimoniales avant la célébration du mariage doivent être constatés par un acte passé dans les mêmes formes. Nul changement ou contre-lettre n'est, au surplus, valable sans la présence et le consentement simultanés de toutes les personnes qui ont été parties dans le contrat de mariage, ou de leurs mandataires.

Tous changements et contre-lettres, même revêtus des formes prescrites par l'article précédent, seront sans effet à l'égard des tiers, s'ils n'ont été rédigés à la suite de la minute du contrat de mariage; et le notaire ne pourra délivrer ni grosses ni expéditions du contrat de mariage sans transcrire à la suite le changement ou la contre-lettre.

Le mariage célébré, il ne peut être apporté de changement au régime matrimonial que par l'effet d'un jugement à la demande de l'un des époux dans le cas de la séparation de biens ou des autres mesures judiciaires de protection ou par l'effet d'un acte notarié, le cas échéant homologué, dans le cas de l'article suivant. – *En vigueur le 1er janv. 2007.*

C. civ., art. 1397 (*L. n° 2007-308, 5 mars 2007, art. 11*)

Après deux années d'application du régime matrimonial, les époux peuvent convenir, dans l'intérêt de la famille, de le modifier, ou même d'en changer entièrement, par un acte notarié. À peine de nullité, l'acte notarié contient la liquidation du régime matrimonial modifié si elle est nécessaire.

Les personnes qui avaient été parties dans le contrat modifié et les enfants majeurs de chaque époux sont informés personnellement de la modification envisagée. Chacun d'eux peut s'opposer à la modification dans le délai de trois mois.

Les créanciers sont informés de la modification envisagée par la publication d'un avis dans un journal habilité à recevoir les annonces légales dans l'arrondissement ou le département du domicile des époux. Chacun d'eux peut s'opposer à la modification dans les trois mois suivant la publication.

En cas d'opposition, l'acte notarié est soumis à l'homologation du tribunal du domicile des époux. La demande et la décision d'homologation sont publiées dans les conditions et sous les sanctions prévues au code de procédure civile.

Lorsque l'un ou l'autre des époux a des enfants mineurs, l'acte notarié est obligatoirement soumis à l'homologation du tribunal du domicile des époux.

Le changement a effet entre les parties à la date de l'acte ou du jugement qui le prévoit et, à l'égard des tiers, trois mois après que mention en a été portée en marge de l'acte de mariage. Toutefois, en l'absence même de cette mention, le changement n'en est pas moins opposable aux tiers si, dans les actes passés avec eux, les époux ont déclaré avoir modifié leur régime matrimonial.

Lorsque l'un ou l'autre des époux fait l'objet d'une mesure de protection juridique dans les conditions prévues au titre XI du livre Ier, le changement ou la modification du régime matrimonial est soumis à l'autorisation préalable du juge des tutelles ou du conseil de famille s'il a été constitué.

Il est fait mention de la modification sur la minute du contrat de mariage modifié.

Les créanciers non opposants, s'il a été fait fraude à leurs droits, peuvent attaquer le changement de régime matrimonial dans les conditions de l'article 1167.

Les modalités d'application du présent article sont déterminées par décret en Conseil d'État.

C. civ., art. 1397-1 (*L. n° 2004-439, 26 mai 2004, art. 22, XV*)

Les dispositions de l'article précédent ne sont pas applicables aux conventions qui sont passées par les époux en instance de divorce en vue de liquider leur régime matrimonial.

Les articles 265-2 et 1451 sont applicables à ces conventions. – *En vigueur le 1er janv. 2005.*

C. civ., art. 1397-6

Le changement de régime matrimonial prend effet entre les parties à dater de la décision ou de l'acte qui le prévoit et, à l'égard des tiers, trois mois après que les formalités de publicité prévues à l'article 1397-5 auront été accomplies.

Toutefois, en l'absence d'accomplissement de ces formalités, le changement de régime matrimonial est opposable aux tiers si, dans les actes passés avec eux, les époux ont déclaré avoir modifié leur régime matrimonial.

> Désignation de la loi applicable au régime matrimonial

[C. civ., art. 1397-2 à 1397-5]

C. civ., art. 1397-2

Lorsque les époux désignent la loi applicable à leur régime matrimonial en vertu de la convention sur la loi applicable aux régimes matrimoniaux, faite à La Haye le 14 mars 1978, il est fait application des dispositions des articles 1397-3 et 1397-4.

C. civ., art. 1397-3 (*Ord. 6 mai 2005, art. 9, et L. n° 2007-1787, 20 déc. 2007, art. 26, V*)

Lorsque la désignation de la loi applicable est faite avant le mariage, les futurs époux présentent à l'officier de l'état civil soit l'acte par lequel ils ont opéré cette désignation, soit un certificat délivré par la personne compétente pour établir cet acte. Le certificat énonce les noms et prénoms des futurs époux, le lieu où ils demeurent, la date de l'acte de désignation, ainsi que les nom, qualité et résidence de la personne qui l'a établi.

Lorsque la désignation de la loi applicable est faite au cours du mariage, les époux font procéder aux mesures de publicité relatives à la désignation de la loi applicable dans les conditions et formes prévues au Code de procédure civile. S'ils ont passé un contrat de mariage, mention de la loi applicable ainsi désignée est portée sur la minute de celui-ci.

À l'occasion de la désignation de la loi applicable, avant le mariage ou au cours de celui-ci, les époux peuvent désigner la nature du régime matrimonial choisi par eux.

C. civ., art. 1397-4

Lorsque la désignation de la loi applicable est faite au cours du mariage, cette désignation prend effet entre les parties à compter de l'établissement de l'acte de désignation et, à l'égard des tiers, trois mois après que les formalités de publicité prévues à l'article 1397-3 auront été accomplies.

Toutefois, en l'absence d'accomplissement de ces formalités, la désignation de la loi applicable est opposable aux tiers si, dans les actes passés avec eux, les époux ont déclaré la loi applicable à leur régime matrimonial.

C. civ., art. 1397-5 (*L. n° 2007-1787, 20 déc. 2007, art. 26, V*)

Lorsqu'un changement au régime matrimonial intervient par application d'une loi étrangère régissant les effets de l'union, les époux font procéder aux formalités de publicité prévues au Code de procédure civile.

> Capacité et conventions matrimoniales

[C. civ., art. 1398 à 1399]

C. civ., art. 1398 (*L. n° 2009-526, 12 mai 2009, art. 10*)

Le mineur capable de contracter mariage est capable de consentir toutes les conventions dont ce contrat est susceptible et les conventions et donations qu'il y a faites sont valables, pourvu qu'il ait été assisté, dans le contrat, des personnes dont le consentement est nécessaire pour la validité du mariage.

Si des conventions matrimoniales ont été passées sans cette assistance, l'annulation en pourra être demandée par le mineur ou par les personnes dont le consentement était requis, mais seulement jusqu'à l'expiration de l'année qui suivra la majorité accomplie.

C. civ., art. 1399 (*L. n° 2007-308, 5 mars 2007, art. 10, 5°*)

Le majeur en tutelle ou en curatelle ne peut passer de conventions matrimoniales sans être assisté, dans le contrat, par son tuteur ou son curateur.

À défaut de cette assistance, l'annulation des conventions peut être poursuivie dans l'année du mariage, soit par la personne protégée elle-même, soit par ceux dont le consentement était requis, soit par le tuteur ou le curateur.

120.02 Jurisprudence de référence.

> Appréciation d'ensemble de l'intérêt de la famille

• **Civ. 1re, 6 janv. 1976, n° 74-12.212,** *Bull. civ.* I, n° 4

* V. ss n° 120.31

« [...] Les époux peuvent, dans l'intérêt de la famille, convenir de modifier leur régime matrimonial ou même d'en changer; l'existence et la légitimité d'un tel intérêt doivent faire l'objet d'une appréciation d'ensemble, le seul fait que l'un des membres de la famille risquerait de se trouver lésé n'interdisant pas nécessairement la modification ou le changement envisagé » (*visa de l'article 1397 dans sa rédaction antérieure à la réforme du 23 juin 2006*).

> Absence de présomption d'assujettissement au régime légal

• **Civ. 1re, 24 mars 1987, n° 85-15.816,** *Bull. civ.* I, n° 109

* V. ss n° 120.11

Si l'article 1387 du Code civil détermine le régime matrimonial applicable en l'absence de contrat de mariage, il ne permet pas de présumer l'absence d'un tel contrat.

> Changement prohibé du régime matrimonial

• **Civ. 1re, 5 nov. 1985, n° 83-16.738,** *Bull. civ.* I, n° 285

* V. ss n° 120.34

« Il n'y a changement prohibé du régime matrimonial que si, sans intervention judiciaire, une règle légale ou une clause du contrat de mariage a été directement modifiée ou écartée, et plus généralement, toutes les fois que le maintien de conventions passées ou d'arrangements conclus pendant le mariage aurait pour résultat d'altérer ou de neutraliser les effets réguliers ou légaux que devaient produire les clauses du contrat de mariage ou les dispositions de la loi. »

120.03 Bibliographie indicative.

Actualisable. Rép. civ., v° *Régimes matrimoniaux*, par J. Revel, mai 2009 [màj janv. 2014], nos 55 à 64.

Ouvrages[1]. A.-S. Brun-Wauthier, *Régimes matrimoniaux*, 3e éd., Larcier, 2013 – R. Cabrillac, *Droit des régimes matrimoniaux*, 8e éd., « Précis Domat », Montchrestien, 2013 – I. Dauriac, *Les régimes matrimoniaux et le PACS*, 3e éd., LGDJ, 2012 – J. Flour et G. Champenois, *Les régimes matrimoniaux*, 2e éd., coll. « U », A. Colin Éd., 2001

1. NB : les ouvrages les plus fréquemment cités et dont le nom des auteurs figure en petites capitales en bibliographie sont cités par les seuls noms des auteurs en petites capitales en notes de bas de page.

– Ph. Malaurie et L. Aynès, *Les régimes matrimoniaux*, 4e éd., LGDJ/Lextenso, 2013 – N. Peterka, *Régimes matrimoniaux*, 3e éd., « HyperCours », Dalloz, 2012, nos 2 s. – F. Terré et Ph. Simler, *Droit civil, Les régimes matrimoniaux*, « Précis », 6e éd., Dalloz, 2011.

Article. R. Crône, B. Gelot et L. Ricco, « Choix d'un régime matrimonial », *Defrénois* 2010. 1226 – H. Lécuyer, « Choix du régime matrimonial », *Dr. et patr.* oct. 2004. 52 – C. Makosso et M.-A. Tacussel, « Les outils de protection du patrimoine de l'entrepreneur : les techniques des régimes matrimoniaux », *Dr. et patr.* 2010, no 190, p. 40 – N. Mouligner-Baud, « Choix du régime matrimonial du chef d'entreprise », *LPA* 8 mai 2014, p. 31 s.

120.04 Questions essentielles.
> Quel régime matrimonial les époux peuvent-ils choisir ?
* V. ss no 120.11
> Quelle est la latitude offerte aux époux dans les clauses aménageant le régime choisi ?
* V. ss no 120.12
> À quelles conditions le changement de régime matrimonial est-il possible en droit interne ?
* V. ss nos 120.31 s.
> Les contrats entre époux sont-ils admis ?
* V. ss nos 120.35 s.

SECTION 1
CHOIX INITIAL DU RÉGIME MATRIMONIAL PAR CONTRAT DE MARIAGE

120.10 Plan. Deux modes d'établissement du régime matrimonial coexistent. À défaut de contrat de mariage, la loi fixe le **régime légal des époux** (C. civ., art. 1393 et 1400), lequel depuis la loi du 13 juillet 1965, est celui de la **communauté réduite aux acquêts.** Dans le cas où les époux ont décidé de faire un **contrat de mariage,** le régime est celui que les époux déterminent par leur volonté. C'est à la liberté des conventions matrimoniales (§ 1) et aux limites (§ 2) dont elle est atteinte qu'est consacrée cette section (sur ce point, v. aussi ss nos 121.10 s.).

§ 1
Liberté des conventions matrimoniales

120.11 Liberté de choix du régime. En vertu des articles 1387 et 1393 du Code civil, les futurs époux peuvent opter en faveur soit du **régime légal,** soit des **régimes conventionnels.** Il n'existe pas en la matière de présomption d'assujettissement au régime légal et le juge a l'obligation de rechercher le régime matrimonial des époux[1].

Mais si les époux peuvent choisir **l'un des régimes proposés par le Code civil,** ils peuvent aussi avoir recours à une **combinaison de ces régimes.** Ainsi, ils peuvent adjoindre une société d'acquêts à la séparation de biens (v. ss no 162.81). Bien que cette adjonction n'ait jamais été prévue par la loi, la jurisprudence a toujours reconnu la validité de cette pure création de la pratique notariale[2].

Par ailleurs, il est loisible aux futurs époux d'opter pour un **régime non réglementé par le Code civil.** Un tel régime pourrait être le nouveau régime matrimonial optionnel franco-allemand de participation aux acquêts; il est ouvert à tous les couples auxquels est applicable le droit matrimonial français ou allemand[3].

À défaut, cela implique alors de bâtir un régime sur mesure en considération de la situation particulière de chaque couple.

120.12 Liberté de l'aménagement du régime. Quel que soit le régime choisi par les époux, ces derniers peuvent l'aménager en l'assortissant de **diverses clauses.**

En régime de communauté légale, en vertu de l'article 1497 du Code civil, ils peuvent notamment déroger aux règles de répartition des masses, à celles de l'administration des biens ou encore à celles du partage égal de la communauté. La liste des clauses visées par cet article n'étant pas exhaustive, les époux bénéficient en la matière d'une très grande liberté.

D'une manière plus générale, dans tout régime, le Code civil lui-même prévoit deux types de clauses aménageant le régime matrimonial. D'une part, en son article 214, il vise les **clauses relatives à la contribution aux charges du mariage.** Ici encore, la liberté est grande puisque les époux ont non seulement la faculté d'aménager le montant de leur contribution, mais aussi d'en fixer les modalités d'exécution. D'autre part, les articles 1390 à 1392 du Code civil sont relatifs aux **clauses visant à l'acquisition ou à l'attribution des biens personnels de l'époux prédécédé;** le principal avantage de ces clauses étant de garantir au conjoint survivant le

1. Civ. 1re, 24 mars 1987, no 85-15.816, *Bull. civ.* I, no 109; *R.* 143; *JCP N* 1987. Prat. 345; *Defrénois* 1987. 947, obs. G. Champenois.
2. Req. 25 janv. 1904, *DP* 1904. 1. 105, note Guillouard; *S.* 1904. 1, p. 305, note Lyon-Caen.
3. La loi no 2013-98 du 28 janvier 2013 autorisant la ratification de l'accord entre la République française et la République fédérale d'Allemagne instituant un régime matrimonial optionnel de la participation aux acquêts est parue au *JO* le 29 janvier 2013 (Décr. no 2013-488, 10 juin 2013, portant publication de l'accord entre la République française et la République fédérale d'Allemagne instituant un régime matrimonial optionnel de la participation aux acquêts, signé à Paris le 4 février 2010, *JO* 12 juin). Ce régime est entré en vigueur le 1er mai 2013 – v. not. Ph. Simler, « Le nouveau régime matrimonial optionnel franco-allemand de participation aux acquêts », *JCP N* 2014. 1052.

droit d'acquérir ou de se voir attribuer des biens auxquels il attache une importance particulière sans craindre les aléas du partage (sur ce point, v. s^s n°s 121.80 s.). Et l'article 1390 alinéa 2, dans sa rédaction issue de la loi du 23 juin 2006[1], dispose que la clause « *peut prévoir que l'époux survivant qui exerce cette faculté peut exiger des héritiers que lui soit consenti un bail portant sur l'immeuble dans lequel l'entreprise attribuée ou acquise est exploitée* ».

§ 2
Limites à la liberté matrimoniale

120.21 Limites résultant du statut. Ces limites résultent tout d'abord des dispositions du statut impératif de base (C. civ., art. 212 s.) dont l'article 226 du Code civil précise qu'elles sont d'ordre public. En conséquence, les époux ne sauraient y déroger par contrat, ce qui entraîne nécessairement une limite à la liberté matrimoniale. Ainsi, leur est-il, par exemple, interdit de supprimer la **contribution aux charges du mariage** (C. civ., art. 214), de permettre à l'un d'entre eux de **disposer seul du logement de la famille** (C. civ., art. 215, al. 3), ou encore de déroger à la **solidarité ménagère** prévue par l'article 220.

120.22 Autres limites. Par ailleurs, en dehors du statut impératif de base, d'autres limites résultent des articles 1387, 1388 et 1389 du Code civil. Ces textes prohibent respectivement les **conventions contraires aux bonnes mœurs**, celles qui dérogent aux **règles impératives du statut familial**, et enfin celles qui constituent un **pacte sur succession future** (sur ces points, v. s^s n°s 121.121 s.).

SECTION 2
MODIFICATION CONVENTIONNELLE DU RÉGIME MATRIMONIAL

120.31 Principe de mutabilité surveillée des régimes matrimoniaux. La loi du 13 juillet 1965 avait abandonné le principe de l'immutabilité absolue des conventions matrimoniales qui jusqu'alors gouvernait le droit français des régimes matrimoniaux. Il est apparu, en effet, que les époux devaient pouvoir adapter leur situation matrimoniale aux évolutions de leur situation tant professionnelle que patrimoniale. Ainsi, à l'immutabilité du régime matrimonial a été substitué le **principe d'une mutabilité conventionnelle sous contrôle judiciaire** du régime matrimonial.

La loi du 23 juin 2006, portant réforme des successions et des libéralités a, quant à elle, considérablement **déjudiciarisé le changement de régime matrimonial** puisque le principe est désormais l'**absence de recours au juge sauf exceptions** (sur ce point, v. s^s n°s 123.71 à 123.74). Le changement de régime matrimonial intervient en principe par acte notarié, mais l'homologation judiciaire demeure dans certains cas.

Le nouvel article 1396 alinéa 3 du Code civil est désormais rédigé de la façon suivante : « *Le mariage célébré, il ne peut être apporté de changement au régime matrimonial que par l'effet d'un jugement à la demande d'un époux dans le cas de la séparation de biens ou des autres mesures judiciaires de protection ou par l'effet d'un acte notarié, le cas échéant homologué, dans le cas de l'article suivant* ». Ainsi, même si une certaine souplesse est admise dans le cadre du changement de régime matrimonial, le principe d'une mutabilité contrôlée subsiste dans la mesure où les époux ne peuvent discrétionnairement changer, à leur convenance, de régime matrimonial. On reste en effet dans le cadre d'une « *mutabilité toujours étroitement surveillée, même si cette surveillance n'implique plus forcément le recours au juge* »[2]. En dépit de l'assouplissement apporté par la réforme de 2006, la stabilité de la situation patrimoniale des époux paraît nécessaire tant pour la répartition des biens et de leurs pouvoirs qu'à l'égard des tiers.

Il reste que ces principes ne concernent que les situations purement internes depuis l'entrée en vigueur le 1er septembre 1992 de la Convention de La Haye du 14 mars 1978 sur la loi applicable aux régimes matrimoniaux (v. s^s n°s 71.00 s., spéc^t n°s 713.11 s.).

120.32 Modifications antérieures à la célébration du mariage. Le sort du contrat de mariage étant subordonné à la célébration du mariage, il paraît possible de modifier ce contrat tant que la célébration n'est pas intervenue (v. s^s n°s 121.23 et 121.181). Seul sera examiné ici le changement de régime matrimonial opéré postérieurement à la célébration du mariage.

120.33 Modifications judiciaires du régime matrimonial. De l'article 1396 alinéa 3 du Code civil, il résulte qu'en dehors des modifications conventionnelles autorisées par l'article 1397 du Code civil, seul un **changement de régime matrimonial pendant le mariage** par l'effet d'un **jugement de séparation de biens** ou par l'effet d'**autres mesures judiciaires de protection** est possible. Ainsi, la séparation judiciaire de biens peut être demandée à titre principal par l'un ou l'autre des époux qu'il s'agisse

1. L. n° 2006-728, 23 juin 2006, portant réforme des successions et des libéralités, *JO* 24 juin, p. 9513.

2. I. Dauriac, n° 238.

de mettre fin à un régime de communauté légale (C. civ., art. 1443), ou conventionnelle, et ce dans les hypothèses où la gestion des biens par l'un des époux met en péril les intérêts de son conjoint (v. s[s] n° 143.28). De la même manière, aux termes de l'article 1580 du Code civil, un conjoint peut demander en justice la liquidation anticipée de sa créance de participation, dans le cadre d'un régime de participation aux acquêts (v. s[s] n°s 172.60 à 172.84).

En d'autres hypothèses, le **juge** se contente d'apporter des **modifications** soit **partielles** soit **temporaires** au régime matrimonial existant entre les époux. Il s'agit notamment des mesures offertes au juge dans le cadre du **statut matrimonial de base** (C. civ., art. 217, 219 et 220-1 - v. s[s] n°s 116.11 s., 116.41 s. et n°s 116.71 s.) et dans le cadre du régime de communauté (C. civ., art. 1426 et 1429). Ces mesures, prises le plus souvent à la requête d'un seul des époux, dans une hypothèse de crise conjugale, quelle qu'en soit la cause, sont là encore des mesures modificatives du régime matrimonial qui présentent la caractéristique d'être exclusivement judiciaires.

Dans le cadre de ce titre, seules seront examinées les **modifications conventionnelles du régime matrimonial**, lesquelles concernent tous les époux, quelle que soit la date de leur mariage Et ce dans un **contexte exclusivement français**, les éléments de droit international privé faisant l'objet de développements spécifiques (v. s[s] n°s 71.00 s.).

120.34 Modifications directes du régime matrimonial. Le principe de la mutabilité contrôlée du régime matrimonial conduit à mettre en place une **surveillance des conventions qui modifient directement le régime matrimonial.** En réalité, il n'y a de changement prohibé que si une règle légale ou une clause du contrat de mariage a été, soit modifiée, soit écartée, et, plus généralement, toutes les fois que le maintien de conventions précises ou d'arrangements conclus pendant le mariage aurait pour résultat d'altérer ou de neutraliser les effets réguliers ou légaux que devaient produire les clauses du contrat de mariage ou les dispositions de la loi[1]. Cette dernière formule tendrait à interdire également les modifications indirectes du régime matrimonial. Toutefois, telle n'est pas l'orientation prise par la jurisprudence. Est ainsi valable tout acte intervenu entre les époux qui ne modifie pas le pacte patrimonial mais en assure seulement l'exécution[2]. En fait, la **jurisprudence** et d'une manière plus générale le **droit positif français**, révèle un **certain libéralisme** comme l'attestent les solutions relatives aux contrats entre époux.

120.35 Vente entre époux. La loi du 23 décembre 1985 a abrogé purement et simplement l'ancien article 1595 du Code civil qui posait le principe de l'interdiction de la vente entre époux sous réserve de certaines exceptions limitativement énumérées. Désormais le **principe** est celui **de la validité des ventes entre époux,** sauf à préciser exactement la **portée de ce principe.**

La licéité des ventes entre époux doit être admise sous tous les régimes, que les époux soient mariés sous un régime de séparation de biens ou de participation aux acquêts. Lorsque les **époux sont communs en biens, la vente entre époux soulève certaines hésitations.** La validité semble acquise lorsque le conjoint acquiert avec des capitaux propres un bien appartenant en propre à son époux. En revanche, une incertitude apparaît lorsque la vente conduit à un transfert de biens entre le patrimoine commun et un patrimoine propre : vente d'un bien propre à un conjoint agissant pour le compte de la communauté, vente d'un bien commun par l'un des époux avec des capitaux propres, voire affectation d'un bien commun au patrimoine professionnel séparé de l'entrepreneur individuel à responsabilité limitée[3]. La validité de telles ventes divise la doctrine, qui majoritairement, semble considérer que l'opération relève de l'article 1397 du Code civil. En effet, une semblable opération atteint nécessairement le jeu naturel des règles du régime matrimonial.

En toute hypothèse, lorsqu'elle est valable, la vente entre époux reste soumise au droit commun et ne saurait, à l'évidence, porter atteinte aux droits des créanciers ou tourner les règles gouvernant les libéralités entre époux. L'opération pourrait être **requalifiée en donation indirecte**, si les conditions de cette qualification étaient réunies, avec toutes les conséquences que cela comporte (**révocation**, C. civ., art. 1096 - **réduction pour atteinte à la réserve**, C. civ., art. 1099). Aussi, ne faut-il pas négliger le fait que la validité de principe, désormais affirmée, des ventes entre époux, n'exclut pas que l'opération soit

1. Civ. 1re, 5 nov. 1985, n° 83-16.738, *Bull. civ.* I, n° 285; *JCP N* 1986. II. 247, note Ph. Simler – Civ. 1re, 8 juin 2009, n° 07-15.945, *Bull. civ.* I, n° 80; *D.* 2009. 2528, note T. Pasquier; Somm. 1201, obs. V. Egéa; *AJ fam.* 2009. 219, obs. S. David; *Dr. fam.* 2009, n° 59, note Beignier; *RTD civ.* 2009. 516, obs. J. Hauser; 769; et 771, obs. B. Vareille; *Defrénois* 2009. 1483, obs. G. Champenois; la convention est illicite dès lors qu'elle altère l'économie du régime de participation aux acquêts et que de surcroît elle a été conclue avant l'introduction de l'instance de divorce – Rép. min. n° 11428, *JOAN Q* 18 mars 2008, p. 2404 – « Les règles de l'article 1397 s'appliquent aux clauses de préciput ou de partage inégal de la communauté », *JCP N* 2008. Actu. 341.
2. Req. 17 mai 1938, *D.* 1938. I. 78, note E. P.
3. Sur ce point, v. Ph. Simler, « EIRL et communauté de biens entre époux », *JCP* 2011. 11.

critiquée si elle sert à réaliser une fraude, laquelle devra alors être établie.

120.36 Société entre époux. L'évolution du droit français à cet égard est celle d'une **constante libéralisation**, marquant par-là une atténuation très notable à l'immutabilité du régime matrimonial. Dans le dernier état de sa rédaction, issue de la loi du 10 juillet 1982 et de celle du 23 décembre 1985, l'article 1832-1 du Code civil énonce « *même s'ils n'emploient que des biens de communauté pour les apports à une société ou pour l'acquisition de parts sociales, deux époux seuls ou avec d'autres personnes peuvent être associés dans une même société et participer ensemble ou non à la gestion sociale* ».

Ainsi, les **sociétés entre époux** sont désormais **valables** sans qu'aucune restriction ne soit apportée : les époux peuvent n'utiliser que des biens communs pour réaliser les apports, être indéfiniment et solidairement responsables des dettes sociales, enfin utiliser tous types de sociétés connus du droit commercial[1]. Il reste toutefois des **restrictions** résultant des articles 1832-1 alinéa 2 et 1861 alinéa 4 du Code civil. Ces textes n'excluent pas que les sociétés entre époux soient utilisées pour déjouer les règles relatives aux libéralités entre époux et, tentent de ce fait de déjouer la fraude.

120.37 Autres contrats : mandat entre époux. L'article 218 du Code civil valide d'une manière générale le **mandat entre époux**, à condition que celui-ci soit **librement révocable**. Cette autorisation générale est reprise par des textes spécifiques pour chacun des régimes prévus par le droit français (C. civ., art. 1431 et 1432, pour le **régime de communauté** – C. civ., art. 1539 et 1540, pour la **séparation de biens**).

120.38 Autres contrats : contrat de travail entre époux. De même, le **contrat de travail** est désormais valable, sans discussion aucune, depuis la loi du 10 juillet 1982. La licéité du contrat de travail entre époux reste toutefois conditionnée par l'existence d'une véritable **relation de subordination** et par **le versement effectif d'un salaire** régulièrement inscrit dans la comptabilité.

120.39 Autres contrats : donations entre époux. S'agissant des donations entre époux, il convient de tenir compte des réformes intervenues en la matière quand au **régime de ces donations** (sur le sort des libéralités conjugales, v. s^{s} n°s 34.00 s. et 35.00 s.).

1. La loi n° 2010-874 du 27 juillet 2010, de modernisation de l'agriculture et de la pêche (*JO* 28 juill. 2010), a levé la dernière restriction en permettant aux époux de constituer un groupement agricole d'exploitation en commun (C. rur., art. L. 323-2).

CHAPITRE

121. Formation du contrat de mariage

CHRISTOPHE VERNIÈRES
PROFESSEUR À L'UNIVERSITÉ
PARIS 8 – VINCENNES SAINT-DENIS

SECTION 0
ORIENTEUR

121.00 **Plan du chapitre.**

121.01 **Textes applicables.**

C. civ., art. 1394 et 1395, 1398 et 1399

> Conditions de forme du contrat de mariage : rédaction d'un acte notarié en présence et avec le consentement simultanés des parties ou de leurs mandataires

[C. civ., art. 1394]

* V. texte complet de cet article s[s] n° 120.01, > *Formalisme des conventions matrimoniales*

> Conditions de fond du contrat de mariage : date du contrat antérieure à celle de la célébration

[C. civ., art. 1395]

* V. texte complet de cet article s[s] n° 120.01, > *Formalisme des conventions matrimoniales*

> Conditions de fond du contrat de mariage : capacité du mineur

[C. civ., art. 1398]

* V. texte complet de cet article s[s] n° 120.01, > *Capacité et conventions matrimoniales*

> Conditions de fond du contrat de mariage : capacité du majeur protégé

[C. civ., art. 1399]

* V. texte complet de cet article s[s] n° 120.01, > *Capacité et conventions matrimoniales*

121.02 Jurisprudence de référence.

> Nullité relative du contrat de mariage entre époux ayant adopté la communauté universelle à la suite de manœuvres dolosives de l'épouse

• **Civ. 1re, 4 juill. 1995, n° 93-15.005,** *Bull. civ.* I, n° 291

* V. s^{s} n°s 121.62 et 121.112

L'action en nullité relative réservée à celui des contractants dont le consentement a été vicié est, en raison de son caractère patrimonial, transmise, après son décès, à ses ayants cause universels. Est légalement justifié l'arrêt d'une cour d'appel qui, statuant sur la demande en annulation du contrat de mariage formée par les enfants du mari décédé, constate que l'épouse avait intérêt au choix du régime de la communauté universelle et que son conjoint n'aurait pas accepté de se marier sous ce régime s'il n'avait été persuadé, à tort, par les manœuvres mises en œuvre par l'épouse, que ses enfants l'avaient abandonné et méritaient d'être déshérités et qui annule le contrat de mariage en raison du comportement dolosif de la femme à l'égard du mari.

> Bénéfice de la clause commerciale : les biens objet de la clause peuvent être désignés seulement par leur espèce

• **Civ. 1re, 29 avr. 1985, n° 83-16.803,** *Bull. civ.* I, n° 132

* V. s^{s} n° 121.103

Si l'article 1391 du Code civil exige que le contrat de mariage détermine les biens sur lesquels portera la faculté d'attribution ouverte au survivant, la détermination de ces biens par leur espèce est suffisante pour répondre aux exigences de ce texte. En l'occurrence, l'attribution sollicitée portait sur « l'exploitation commune agricole et sur des terres appartenant en propre a la défunte ». [...]

De plus, la licéité de la faculté d'attribution en propriété implique celle de la clause du contrat de mariage prévoyant l'octroi d'un bail sur les biens propres de l'époux prédécédé.

> L'énonciation dans l'acte de mariage de l'absence de contrat de mariage fait foi jusque à preuve contraire

• **Civ. 1re, 6 mai 1985, n° 84-10.362,** *Bull. civ.* I, n° 138

* V. s^{s} n° 121.161

L'énonciation d'un acte de mariage – dressé par un officier de l'État civil en application de l'article 76 du Code civil – suivant laquelle il n'avait pas été fait de contrat de mariage fait foi jusqu'à preuve du contraire et il appartient au conjoint qui conteste une telle énonciation de rapporter cette preuve.

> Limite de la liberté des conventions matrimoniales liées à l'ordre public

• **Civ. 3e, 28 juin 2006, n° 05-20.860,** *Bull. civ.* III, n° 162

* V. s^{s} n° 121.126

« La liberté des conventions matrimoniales ne peut faire obstacle aux dispositions d'ordre public contenues dans le statut du fermage. »

121.03 Bibliographie indicative.

Actualisable. Rép. civ., v° *Contrat de mariage*, par A. Colomer et Ch. Vernières, mai 2009, n°s 7 à 9.

Ouvrages[1]**.** A.-S. Brun-Wauthier, *Régimes matrimoniaux*, [illegible] cier, 2013 – R. Cabrillac, *Droit des régimes* [illegible] *aux*, 8e éd., « Précis Domat », Montchrestien, 2013 – I. Dauriac, *Les régimes matrimoniaux et le PACS*, 3e éd., LGDJ, 2012 – J. FLOUR et G. CHAMPENOIS, *Les régimes matrimoniaux*, 2e éd., coll. « U », 2e éd., A. Colin Éd., 2001 – Ph. MALAURIE et L. AYNÈS, *Les régimes matrimoniaux*, 4e éd., LGDJ/Lextenso, 2013 – N. Peterka, *Régimes matrimoniaux*, 3e éd., « HyperCours », Dalloz, 2012, n°s 2 s. – F. TERRÉ et Ph. SIMLER, *Droit civil, Les régimes matrimoniaux*, 6e éd., « Précis », Dalloz, 2011.

Articles. N. Ballion-Wirtz, « Que reste-t-il de la prohibition des pactes sur succession future ? À propos de la loi du 23 juin 2006 », *Dr. fam.* 2006. Étude 44 – A. Delfosse et N. Baillon-Wirtz, « La protection des intérêts personnels et patrimoniaux de la personne vulnérable », *JCP N* 2007. 1196 – N. Dufour et F. Vignal, « Le moment de la signature de l'acte authentique : date unique ou pluralité de dates », *JCP N* 1998. 222 – T. Fossier, « La réforme de la protection des majeurs. Guide de lecture de la loi du 5 mars 2007 », *JCP* 2007. I. 118 – O. Langlès, « Vices du consentement et droit du mariage : une rencontre originale », *JCP N* 1998. 483 – J. Massip, « Tutelle des mineurs et protection juridique des majeurs », *Defrénois* 2009. spéc^{t} n° 459 – C. Philippe, « Régime matrimonial et altération des facultés mentales », *Dr. fam.* 2006. Étude 24.

121.04 Questions essentielles.

> À quelles conditions de forme le contrat de mariage est-il soumis ?

* V. s^{s} n° 121.11

> À quelles conditions les parties peuvent-elles se faire représenter lors de la conclusion du contrat de mariage ?

* V. s^{s} n° 121.21

> Quel est le rôle du notaire dans la conclusion du contrat de mariage ?

* V. s^{s} n° 121.24

> À quelles conditions le mineur peut-il conclure un contrat de mariage ?

* V. s^{s} n° 121.43

> À quelles conditions le majeur protégé peut-il conclure un contrat de mariage ?

* V. s^{s} n° 121.51

> Quelle est l'étendue de la liberté des époux dans le choix des conventions annexes au contrat de mariage ?

* V. s^{s} n° 121.90

> Quelle est la portée de l'inopposabilité du contrat de mariage en cas d'inobservation des formalités de publicité ?

* V. s^{s} n° 121.191

121.09 Présentation. L'expression « *contrat de mariage* » revêt deux sens. C'est d'abord l'acte juridique par lequel les époux décident du choix de leur régime matrimonial. Mais c'est aussi l'acte, au sens de l'*instrumentum*, dressé par le notaire, condition exigée pour la validité même du contrat de mariage. Comme tout accord de volontés, le contrat de mariage est soumis au

1. NB : les ouvrages les plus fréquemment cités et dont le nom des auteurs figure en petites capitales en bibliographie sont cités par les seuls noms des auteurs en petites capitales en notes de bas de page.

droit commun des actes juridiques. Mais compte tenu de ses caractères, il obéit à un certain nombre de règles qui sont édictées à raison de son objet principal, à savoir le choix d'un régime matrimonial par les époux.

La spécificité du contrat de mariage tient d'abord au caractère composite de son contenu. En effet, si l'objet premier du contrat de mariage est de fixer le statut pécuniaire des époux, la liberté des conventions matrimoniales (v. s[s] n°s 121.70 s.) permet aux époux de prévoir toutes sortes de stipulations (libéralités, reconnaissance d'enfants naturels...). Ensuite, parce qu'il est destiné à établir le statut pécuniaire de la famille, le contrat de mariage est un pacte de famille, au sens classique de la formule, et à ce titre, il présente un caractère statutaire. Ces caractéristiques résultent toutes de ce que la destinée du contrat de mariage est étroitement liée à celle du mariage, dont il est l'auxiliaire. Ceci explique que les règles qui gouvernent la formation du contrat de mariage soient, en quelque sorte, empruntées à celles du mariage lui-même.

Division. Aussi bien faut-il distinguer, parmi les conditions de formation du contrat de mariage, celles qui ont trait à la validité (sect. 1 à 2), et sont sanctionnées par la nullité (sect. 3), de celles qui ont trait à l'opposabilité (sect. 4 et 5) du contrat de mariage.

SECTION 1
VALIDITÉ DU CONTRAT DE MARIAGE : CONDITIONS DE FORME

121.10 Plan. Acte solennel, le contrat de mariage est soumis à deux conditions de forme par l'article 1394 alinéa 1er du Code civil : d'une part, la rédaction d'un acte notarié (§ 1), d'autre part, la présence et le consentement simultanés de toutes les personnes qui y sont parties ou de leurs mandataires (§ 2).

§ 1
Rédaction d'un acte notarié

121.11 Formalisme. Compte tenu de la gravité des conséquences d'un contrat de mariage, tant à l'égard des futurs époux qu'à l'égard des tiers, l'intervention d'un **notaire** est obligatoire. Ce **formalisme** permet d'éclairer les parties sur leur choix et d'assurer la **conservation** comme la **publicité** du contrat de mariage. La rédaction du contrat de mariage est précisée par la loi du 25 ventôse an XI, concernant la validité des actes notariés. Conformément à l'article 9 de cette loi, le contrat de mariage peut être reçu par un seul notaire, ou, si les parties ou l'une d'entre elles est dans l'incapacité de signer, en la présence de deux témoins et d'un second notaire. À la signature du contrat, l'article 1394 alinéa 2 du Code civil prévoit la délivrance par le notaire d'un certificat énonçant l'identité des futurs époux et la date du contrat, certificat qui doit être remis à l'officier d'état civil avant la célébration du mariage.

121.12 Frais du contrat de mariage. Ces frais sont constitués par les **honoraires du notaire**, les **droits de timbre et d'enregistrement** ainsi que les **frais de publicité foncière**. Les frais sont supportés par moitié par chacun des époux dans le régime de la séparation de biens et la participation aux acquêts [1]. Sous le régime de la communauté, il semble que ces frais doivent tomber en communauté du chef des époux. Certes la dette a été contractée avant le mariage, mais elle l'a été en raison du mariage et, à ce titre, doit tomber en communauté comme toute dette contractée par les époux durant le mariage.

§ 2
Présence et consentement simultanés des parties ou de leurs mandataires

121.21 Principe. Toute convention matrimoniale doit être passée par acte devant notaire, en la présence et avec le consentement simultanés de toutes les personnes qui y sont parties ou représentés. Ainsi, les signatures ne sauraient être données à des dates différentes [2].

121.22 Représentation. Chacune des parties a la faculté de se faire représenter par un **mandataire**, lors de la conclusion du contrat. La procuration doit être **spéciale**, **authentique** et doit contenir **l'énumération détaillée des clauses du contrat envisagé.** De plus, si le mandataire a le pouvoir d'accepter ou de consentir une donation contenue dans le contrat de mariage, la procuration doit être établie en minute, une expédition étant annexée au contrat.

121.23 Modifications des conventions matrimoniales avant la célébration du mariage. Les deux formalités précédemment exposées s'étendent également au changement que les parties apporteraient au contrat de mariage avant la célébration du mariage. C'est ce qui résulte de l'article 1396 alinéa 1er du Code civil. Ainsi, la **contre-lettre** modifiant le contrat de mariage avant la célébration du mariage doit respecter le **parallélisme des formes** : un acte notarié est nécessaire et le changement n'est valable que moyennant la présence et le consentement simultanés de toutes les personnes

1. Civ. 1re, 3 mai 1977, n° 75-11.056, *Bull. civ.* I, n° 200; *D.* 1977. IR 470.
2. Civ. 1re, 5 févr. 1957, *Bull. civ.* I, n° 57; *D.* 1957. 196; *Defrénois* 1957. 89; *JCP* 1957. II. 10051, note A. Colomer – T. civ. Yvetot, 23 mai 1952, *D.* 1952. 503.

qui ont été parties au contrat de mariage ou de leurs mandataires.

121.24 **Rôle du notaire.** Le notaire est chargé de la **rédaction du contrat** choisi par les époux et il est tenu d'une **obligation de conseil** à leur égard[1]. Le contrat de mariage fait partie des actes pour lesquels l'habilitation d'un clerc est impossible (L. 25 ventôse an XI, art. 10-3°). Aussi un clerc ne pourrait-il être habilité pour donner lecture de l'acte et des textes de loi, ni pour recueillir les signatures des parties.

L'on précisera aussi que le notaire n'est plus tenu de lire certains articles du Code civil, les dispositions de l'ancien article 1394 alinéa 2 du Code civil ayant été abrogées par la loi n° 65-570 du 13 juillet 1965[2]. De même, suite à l'abrogation de l'article 2135 du Code civil par la loi n° 85-1372 du 23 décembre 1985[3], le notaire n'est plus tenu de donner lecture aux futurs époux de l'article 2135 du Code civil, qui était relatif à l'inscription de l'hypothèque légale de la femme. En revanche, dans le cas où les époux adoptent le régime de la participation aux acquêts, le notaire doit leur donner lecture de l'article 2402 du Code civil conférant de plein droit à l'un et à l'autre des époux la faculté d'inscrire l'hypothèque légale pour la sûreté de la créance de participation.

SECTION 2
VALIDITÉ DU CONTRAT DE MARIAGE : CONDITIONS DE FOND

121.30 **Plan.** Comme tout accord de volontés, le contrat de mariage obéit au droit commun des actes juridiques. Seules seront examinées ici les règles spécifiques dictées par l'objet principal du contrat de mariage, à savoir le **choix d'un statut patrimonial** pour les époux. Ainsi, quatre questions doivent faire l'objet d'une analyse successive :

- la date du contrat de mariage (§ 1);
- la capacité (§ 2);
- le consentement (§ 3);
- l'objet (§ 4).

1. Jugé que le notaire n'engage pas sa responsabilité, bien qu'il ait donné des informations erronées aux futurs époux sur la liquidation de la communauté universelle, dès lors que l'ex-époux ne justifie pas d'une perte de chance raisonnable d'avoir pu choisir un régime matrimonial plus adapté : Civ. 1re, 30 avr. 2014, n° 13-16.380, *Bull. civ.* I [à paraître].
2. L. n° 65-570, 13 juill. 1965, portant réforme des régimes matrimoniaux, *JO* 14 juill., p. 6044.
3. L. n° 85-1372, 23 déc. 1985, relative à l'égalité des époux dans les régimes matrimoniaux et des parents dans la gestion des biens des enfants mineurs, *JO* 26 déc., p. 15111.

§ 1
Date du contrat de mariage

121.31 **Antériorité du contrat de mariage par rapport à la célébration du mariage.** L'article 1395 du Code civil dispose que « *les conventions matrimoniales doivent être rédigées avant la célébration du mariage et ne peuvent prendre effet qu'au jour de cette célébration* ». Ce principe est étroitement lié à celui de la mutabilité surveillée des conventions matrimoniales et n'a pas été altéré par les tempéraments apportés à ce dernier par les modifications successives de l'article 1397 du Code civil.

Aucune condition de délai n'est exigée par l'article 1395 du Code civil. Le contrat de mariage peut donc être rédigé longtemps avant la célébration du mariage. Ainsi, une personne encore mariée est en mesure de conclure un contrat de mariage en vue de son prochain remariage, alors même que son divorce n'est pas encore intervenu[4].

À l'inverse, le contrat de mariage peut être dressé jusqu'au jour même de la célébration du mariage, à condition que les signatures aient été apposées avant la célébration; d'où l'opportunité d'indiquer, au contrat de mariage, l'heure de sa conclusion. À supposer que le demandeur à l'action en nullité veuille établir que le contrat a été établi après la célébration du mariage, une procédure d'inscription de faux n'est pas nécessaire et la preuve pourra être établie par tout moyen dès lors que la mention de l'heure n'est pas un fait que l'officier d'état civil ou le notaire avait pour mission de constater[5].

§ 2
Capacité

121.40 **Présentation.** Conformément au droit commun des actes juridiques, les époux doivent avoir la **capacité** de conclure un contrat de mariage. Cette condition doit être remplie **au jour où l'acte est passé**, c'est-à-dire **au jour de la signature de l'acte notarié**, et non pas au jour du mariage. Au demeurant, le lien établi entre la capacité de contracter mariage et la capacité de conclure un contrat de mariage n'est pas absolu. En effet, si une personne a la capacité civile de contracter, tout en étant incapable de contracter mariage, l'on admet que le contrat de mariage conclu en attendant la célébration effective du mariage, est valable.

Le caractère accessoire du contrat de mariage au regard du mariage a prévalu pour réglementer les

4. EN CE SENS, PARIS, 22 juin 1954, *D.* 1955. 662, note Weill; *JCP* 1954. II. 8263.
5. Civ. 18 août 1840, *DP* 1840. 327; *S.* 1840. 1. 785.

règles de capacité, que ce soit pour contracter mariage ou pour conclure un contrat de mariage. Cette solution était affirmée, dès 1804, dans l'article 1398 du Code civil concernant le **mariage des mineurs** : ce principe est connu sous la maxime « *Habilis ad nuptias, habilis ad pacta nuptiala* ». En revanche, le silence des textes concernant les **incapables majeurs** a soulevé des hésitations, lesquelles ont été définitivement levées par la loi du 13 juillet 1965, puis par celle de la loi du 3 janvier 1968 et enfin par celle du 5 mars 2007, établissant la rédaction de l'article 1399 du Code civil (en vigueur depuis le 1er janvier 2009) [1], qui instaure un régime unitaire pour tous les majeurs protégés, régime qui met en œuvre la maxime précédemment évoquée. Il convient donc d'étudier plus précisément d'une part la situation du mineur (A), d'autre part la situation du majeur protégé (B).

A. Mineur

121.41 Principe. L'article 1398 du Code civil exige la même capacité pour conclure le contrat de mariage que pour contracter mariage : le mineur doit donc obtenir la même habilitation. Ce qu'exprime l'adage précédemment évoqué (v. ss no 121.40). L'article 1398 du Code civil apporte ainsi un certain nombre de dérogations au droit commun de l'incapacité.

121.42 Capacité matrimoniale. La capacité de conclure un contrat de mariage est liée à la capacité du mineur de se marier.

Depuis l'adoption de la loi du 4 avril 2006 [2], plus **aucune distinction** n'est faite **selon le sexe au regard de l'âge** requis pour se marier. Désormais la femme comme l'homme ne pouvant contracter mariage avant l'âge légal de la majorité, le mineur non émancipé doit obtenir l'assistance des personnes dont le consentement au mariage est nécessaire (C. civ., art. 148 s. et 159 s.).

121.43 Assistance. Principe. L'article 1398 du Code civil déroge au droit commun de l'incapacité qui prévoit que l'administrateur légal du mineur ou son tuteur doit le représenter dans tous les actes de la vie civile et assurer la surveillance et la direction des intérêts patrimoniaux du mineur. Ainsi, le **mineur**, y compris s'il est émancipé (C. civ., art. 413-6 [anc. art. 481]) doit **personnellement participer au contrat de mariage et être assisté des personnes dont le consentement est nécessaire pour la validité du mariage.** Le mineur doit donc **consentir** lui-même à la conclusion du contrat de mariage, ce qui ne veut pas dire que le mineur ne peut pas se faire représenter conformément à l'article 1394 du Code civil. En ce cas, le contrat de mariage doit être rédigé devant notaire en la présence et avec le consentement simultanés de toutes les personnes qui sont parties ou de leurs mandataires. De plus, le mandataire doit être muni d'une procuration spéciale et authentique.

121.44 Personnes pouvant assister le mineur. Les proches parents du mineur sont en mesure de donner leur consentement au mariage et pourront donc l'assister lors de la conclusion du contrat de mariage. Il s'agit soit des **pères et mères** (C. civ., art. 148 et 149), soit des **grands-parents** (C. civ., art. 150), soit enfin du **conseil de famille** (C. civ., art. 159).

L'ordonnance du 4 juillet 2005 [3] ayant fait disparaître la distinction entre les enfants **légitimes** et **naturels**, il convient d'appliquer à tous les enfants - qu'ils soient nés de parents mariés ou non - les mêmes règles en matière d'assistance dans le cadre du mariage. L'enfant doit ainsi être en principe assisté par ses parents (C. civ., art. 148), ou l'un d'entre eux (C. civ., art. 149), si l'un des deux est décédé hors d'état de manifester sa volonté, ou si la filiation n'a pas été établie à son égard. À défaut, le mineur doit être assisté par ses ascendants (C. civ., art. 150), et à défaut, par le conseil de famille (C. civ., art. 159). En tout état de cause, s'il existe un dissentiment entre les parents, ou entre les ascendants de deux lignes, ou entre les ascendants d'une même ligne, **l'assistance d'un seul suffit.**

L'enfant adoptif est soumis au même régime que l'enfant né de parents mariés s'il a fait l'objet d'une **adoption plénière**. S'il s'agit d'un enfant ayant fait l'objet d'une **adoption simple**, il doit être **assisté par l'adoptant** (C. civ., art. 365) et si l'adoption a été faite par un couple, **par les deux parents adoptifs.** Ici encore, dans l'hypothèse où les parents adoptifs ne seraient pas d'accord, **l'assistance d'un seul suffit.** De même, à défaut de consentement des adoptants, décédés ou hors d'état de manifester leur volonté, le mineur doit être assisté par ses **parents par le sang**, à défaut par leurs **ascendants**, à défaut par le **conseil de famille**.

121.45 Formes de l'assistance. L'assistance suppose l'intervention des personnes désignées lors de la signature de l'acte, lesquelles doivent donner leur **autorisation en toute connaissance de cause** [4]. Ainsi

1. L. no 2007-308, 5 mars 2007, portant réforme de la protection juridique des majeurs, *JO* 7 mars, p. 4325.
2. L. no 2006-399, 4 avr. 2006, renforçant la prévention et la répression des violences au sein du couple ou commises contre les mineurs, *JO* 5 avr., p. 5097.
3. Ord. no 2005-759, 4 juill. 2005, portant réforme de la filiation, *JO* 6 juill., p. 11159.
4. Civ. 20 juill. 1859, *D.* 1860. 1. 279.

une autorisation postérieure à la conclusion du contrat est nulle. Toutefois, les personnes chargées d'assister le mineur peuvent se faire représenter par un **mandataire.** Celui-ci doit alors être muni d'une **procuration spéciale et authentique,** faisant référence au contenu de la convention matrimoniale. À ces conditions, le consentement à la conclusion du contrat de mariage peut donc être donné à l'avance[1]. L'assistance du **conseil de famille** se manifeste par une **délibération** de celui-ci, sous la **présidence du juge des tutelles,** sur le projet de convention matrimoniale adressé par le notaire au conseil de famille, et une **expédition** de cette délibération est annexée à la minute du contrat de mariage.

121.46 Actes visés. Assisté des personnes dont le consentement est nécessaire à la validité du mariage, « *le mineur capable de contracter mariage est capable de consentir toutes les conventions dont ce contrat est susceptible et les conventions et donations qu'il y a faites sont valables...* » (C. civ., art. 1398). Sont donc concernées toutes les **stipulations** qui ont pour fin de **déterminer le régime matrimonial** et de **l'aménager.** De même sont soumises à l'article 1398 du Code civil les **donations faites par le mineur à son futur conjoint,** alors même que toute autre donation lui est interdite en vertu d'une incapacité de jouissance (C. civ., art. 903 et 904). En conséquence, le contrat de mariage conclu par le mineur peut contenir des **libéralités consenties en vue du mariage,** des **constitutions de dot** et des **institutions contractuelles.**

Ainsi, toute stipulation, même en vue du mariage, qui ne serait pas incluse dans le contrat de mariage, ne sera pas soumise aux conditions prévues par l'article 1398 du Code civil. Le mineur devra alors être représenté par son administrateur légal ou son tuteur, en conformité avec les règles du droit commun de l'incapacité. De même, toute convention qui, bien qu'incluse dans le contrat de mariage, n'aurait pas été conclue en vue du mariage, est exclue du régime de l'article 1398 et se trouve alors soumise au droit commun.

Ainsi, une cession de droits successifs faite par un mineur dans son contrat de mariage est nulle. La ratification par un mineur dans son contrat de mariage d'une vente ou d'un partage irrégulier serait nulle, de même qu'une donation consentie à une personne autre que son conjoint. Enfin le mineur ne peut ni contracter un emprunt, ni transiger, ni compromettre dans le contrat de mariage. Toute stipulation, étrangère au mariage mais conclue par le mineur émancipé dans son contrat de mariage, serait valable si elle se conforme aux conditions générales de capacité du mineur (C. civ., art. 413-6).

1. Civ. 29 mai 1854, *DP* 1854. 1. 207 – Civ. 20 nov. 1908, *DP* 1909. 1. 1948.

B. Majeur protégé

121.51 Principe. L'article 1399 du Code civil dispose : « *Le majeur en tutelle ou en curatelle ne peut passer de conventions matrimoniales sans être assisté, dans le contrat, par son tuteur ou son curateur.*

À défaut de cette assistance, l'annulation des conventions peut être poursuivie dans l'année du mariage, soit par la personne protégée elle-même, soit par ceux dont le consentement était requis, soit par le tuteur ou le curateur ».

Un régime unitaire gouverne la capacité des majeurs protégés de conclure un contrat de mariage : tous les majeurs protégés sont soumis à la règle *habilis ad nuptias...*

Le **majeur en curatelle** devra solliciter, conformément à la lettre du texte, l'assistance du **curateur,** à défaut celle du **juge des tutelles.**

Quant au **majeur en tutelle,** il devra être autorisé, tant pour le mariage que pour les conventions matrimoniales, soit par le **conseil de famille** ou par le **juge des tutelles.** Il appartient ainsi au juge des tutelles de donner une autorisation dans le cas où le conseil de famille l'aurait refusée[2]. Et l'autorisation ne peut être donnée qu'après audition des futurs conjoints (C. civ., art. 460, al. 2).

121.52 Actes visés. Libéralités. L'expression « *convention matrimoniale* » utilisée par l'article 1399 du Code civil doit s'entendre de la même manière que pour les mineurs (v. s^s n° 121.46). Toutefois, l'article 1399 du Code civil ne fait pas référence expressément aux donations, comme c'est le cas dans l'article 1398 du Code civil.

Depuis l'entrée en vigueur, le 1er janvier 2009, des dispositions de la loi du 5 mars 2007, il convient de faire la distinction suivante :

- **majeur en curatelle** : celui-ci ne peut faire une **donation** qu'avec l'assistance de son curateur (C. civ., art. 470), ou à défaut avec l'accord du juge des tutelles (C. civ., art. 471). Il peut **librement tester** sous réserve que son consentement soit libre et éclairé (C. civ., art. 901);

- **majeur en tutelle** : il convient à cet égard de se reporter à l'article 476 du Code civil. Le conseil de

2. Civ. 1re, 6 janv. 2004, n° 01-11.214, *Bull. civ.* I, n° 3; *D.* 2004. Somm. 1856, obs. Ph. Delmas-Saint-Hilaire; *JCP N* 2004. 1273, obs. J.-M. Plazy; et 1418, obs. J. Casey; *Defrénois* 2004. 601, obs. J. Massip; 823, obs. G. Champenois; *AJ fam.* 2004. 104, obs. F. Bicheron; *Dr. fam.* 2004, n° 57, note T. Fossier; *RJPF* 2004-3/24. note Vauvillé; *RTD civ.* 2004. 265, obs. J. Hauser.

famille ou, à défaut, le juge des tutelles, doit autoriser la **donation** et il sera à cette occasion décidé si le majeur doit être seulement assisté ou représenté à l'acte. En qui concerne le **testament**, l'autorisation est requise mais le majeur peut seul révoquer le testament fait avant ou après l'ouverture de la tutelle.

§ 3
Consentement

121.61 Nécessité du consentement. Le **consentement personnel** des futurs époux est indispensable. À défaut, le contrat serait privé d'une condition essentielle à sa formation. Et l'on rappellera que l'article 1394 alinéa 1er du Code civil exige la présence et le consentement simultanés de toutes les personnes parties au contrat ou de leurs mandataires (v. ss no 121.21).

121.62 Vices du consentement. Dans le silence des textes, il semble que l'on doive apprécier la qualité du consentement à l'aune du droit commun qui admet trois vices du consentement, **l'erreur, le dol** et **la violence**. L'aspect contractuel du contrat de mariage est ici prédominant et l'on ne doit pas s'en tenir aux seules règles spéciales au mariage qui excluent la nullité pour dol[1]. Précisément, la Cour de cassation a retenu, en raison du comportement dolosif de la future épouse, la nullité d'un contrat de mariage entre époux ayant adopté la communauté universelle, au motif que le conjoint n'aurait pas accepté de se marier sous ce régime s'il n'avait été persuadé à tort par les manœuvres de sa future épouse que ses enfants l'avaient abandonné et méritaient d'être déshérités[2].

§ 4
Objet du contrat de mariage

121.70 Présentation. L'article 1387 du Code civil dispose que « *la loi ne régit l'association conjugale, quant aux biens, qu'à défaut de conventions spéciales, que les époux peuvent faire comme ils le jugent à propos, pourvu qu'elles ne soient pas contraires aux bonnes mœurs ni aux dispositions qui suivent* ». Le principe (A) comme les limites (B) de la liberté des conventions matrimoniales doivent être précisés.

1. EN CE SENS, v. Paris, 14 déc. 1999, *Dr. fam.* 2001, no 19, note B. Beignier.
2. Civ. 1re, 4 juill. 1995, no 93-15.005, *Bull. civ.* I, no 291; *D.* 1996. 233, note F. Boulanger; *Defrénois* 1996. 321, obs. J. Massip; et 407, obs. G. Champenois; *RTD civ.* 1996. 392, obs. J. Mestre; 866, obs. J. Hauser; 205, obs. B. Vareille.

A.
Principe de liberté des conventions matrimoniales

121.80 Domaine de la liberté. La liberté des époux se manifeste non seulement dans le choix du régime matrimonial (1°) mais encore elle s'étend aux conventions annexes au contrat de mariage (2°).

1°
Liberté dans le choix du régime matrimonial

121.81 Principe. Des articles 1387 et 1393 alinéa 1er du Code civil, il résulte que les futurs conjoints ont le choix entre plusieurs régimes prévus par la loi. Ainsi, les conjoints peuvent opter entre **un régime conventionnel** et le **régime légal**. Ils peuvent en effet adopter un **régime de communauté** (régime de la communauté légale ou régime de la communauté de meubles et acquêts ou communauté universelle) ou préférer un **régime de séparation de biens**, ou le **régime de la participation aux acquêts**. Le choix sera suffisamment exprimé en faisant référence aux textes du Code civil.

Les époux ne sont pas tenus d'adopter l'un des régimes types prévus par le législateur et ils peuvent réaliser la **combinaison** de plusieurs de ces régimes, voire **élaborer un régime particulier** qui leur serait spécifique.

De plus, l'on admet que les futurs époux choisissent un régime qui n'est pas expressément prévu par le Code civil. Conséquence directe de la liberté contractuelle de principe posée à l'article 1387 du Code civil, cette solution doit s'entendre de façon large, sous réserve, bien entendu, qu'aucune des règles empruntées à un modèle inconnu du Code civil ne heurte les dispositions impératives du droit français. Dans cette limite, qui reste évidemment décisive, les époux peuvent choisir le régime qu'ils souhaitent. En particulier, il leur appartient, s'ils le veulent, de choisir un modèle étranger, voire un modèle tiré des dispositions antérieures aux réformes de 1965 et de 1985. Tout au plus, faut-il exiger des époux qui font ainsi œuvre d'imagination qu'ils précisent dans le détail le régime qu'ils adoptent. Ceci pour éviter toute difficulté d'interprétation en cours de régime.

121.82 Modèles exclus. Deux modèles ne peuvent être adoptés par les époux. Il s'agit d'abord du **régime dotal**. En effet, l'absence dans le Code civil de textes relatifs au régime dotal résulte, en réalité, de l'impossibilité d'admettre l'inaliénabilité des biens dotaux pendant toute la durée du mariage. Ceci heurte le principe selon lequel l'inaliénabilité doit être temporaire, limitée dans son objet, et justifiée par un intérêt légitime.

Il s'agit ensuite du **régime sans communauté**, dans lequel l'administration de tous les biens des deux époux serait confiée à un seul. En effet, un tel régime est désormais contraire à la nouvelle rédaction de l'article 225 du Code civil, texte d'ordre public, issu de la loi du 23 décembre 1985, selon lequel chacun des époux administre, oblige et aliène seul ses biens personnels.

121.83 Aménagements du régime matrimonial. La liberté de choisir le régime matrimonial implique celle d'aménager le régime matrimonial choisi, en modifiant conventionnellement les règles légales applicables au régime choisi. Cet aménagement concerne chacun des régimes prévus par le Code civil et sera étudié avec l'analyse propre à chacun (communauté légale, s^s^ n°s 13.00 s. et 14.00 s.; communautés conventionnelles, s^s^ n°s 15.00 s.; séparation de biens, s^s^ n°s 16.00 s.; participation aux acquêts, n°s 17.00 s.).

2°
Liberté des conventions annexes

121.90 Domaine. Pacte de famille, le contrat de mariage contient des clauses qui ont un objet autre que la seule détermination du régime matrimonial. La liberté des conventions matrimoniales annexes au choix du régime matrimonial doit s'entendre de la liberté contractuelle de droit commun. Ce qui est permis d'après le droit commun doit l'être également au titre des conventions matrimoniales, sous réserve de certaines limites (v. s^s^ n°s 121.121 s.). Il reste que, par faveur pour le mariage, certaines conventions matrimoniales sont autorisées alors même qu'elles seraient prohibées d'après le droit commun. La liberté contractuelle des époux se trouve ainsi plus étendue que la liberté contractuelle de droit commun.

a.
Donations

121.91 Donations. Sont permises les **donations de biens à venir** (C. civ., art. 1082) ainsi que les **donations cumulatives de biens présents ou à venir** (C. civ., art. 1084), que ces donations soient consenties par un tiers aux futurs époux ou à l'un d'entre eux, ou que ces donations interviennent entre les futurs époux eux-mêmes (v. s^s^ n°s 34.00 s. et 35.00 s.).

b.
Clause commerciale

121.101 Clause commerciale. La clause est dite commerciale parce qu'ayant généralement pour objet **un bien servant à l'exercice d'une profession, en particulier un fonds de commerce.** Par cette clause, les époux stipulent qu'au décès de l'un d'eux, le survivant aura la faculté d'acquérir ou de se faire attribuer des biens personnels du prémourant. Cette clause a longtemps été annulée par la Cour de cassation, sur le fondement de la **prohibition des pactes sur succession future.** Seule était validée, à titre d'avantage matrimonial, la **clause de prélèvement de biens communs moyennant indemnité**, aujourd'hui expressément consacrée par les articles 1511 et suivants du Code civil. La **validité de la clause commerciale** est désormais consacrée par l'article 1390 du Code civil.

121.102 Conditions relatives au bénéficiaire. Des termes mêmes de l'article 1390 du Code civil, il résulte que la clause commerciale ne peut être stipulée que pour le **cas de la dissolution du mariage par le décès de l'un des époux, et au profit du seul survivant.** Ce dernier ne dispose alors que d'une **faculté** qu'il devra exercer, sous peine de caducité, dans les **délais utiles** s'il souhaite devenir propriétaire des biens.

121.103 Conditions relatives aux biens. Cette clause peut avoir pour objet tout **bien personnel** de l'un des époux, quel que soit le régime, séparatiste ou communautaire qui lie les époux. Il peut s'agir de **biens futurs** ou de **biens désignés seulement par leur appartenance à une espèce**[1]. Le texte prévoyant que la clause ne peut être stipulée que pour certains biens personnels du prédécédé, la clause ne peut en principe avoir pour objet la totalité de l'actif que l'époux prémourant laisserait à son décès. Mais, en pratique, la clause est susceptible de porter sur des biens qui, en réalité, constituent le seul actif du *de cujus*, dès lors que ceux-ci auraient été désignés clairement.

Une difficulté particulière est apparue lorsque la clause a pour objet un **fonds de commerce exploité dans un immeuble propre.** En ce cas, il est souvent prévu dans le contrat de mariage une clause octroyant le bail sur les biens propres de l'époux prédécédé. La validité de cette clause a été admise parce qu'indispensable au fonctionnement de celle ayant pour objet le fonds lui-même. Ainsi, la licéité de la faculté d'attribution en propriété implique celle de la clause du contrat de mariage prévoyant l'octroi d'un bail sur les biens propres de l'époux prédécédé[2] (v. aussi C. civ., art. 1390, al. 2).

121.104 Exercice de la faculté. C'est le prédécès de l'époux propriétaire des biens qui offre au con-

1. Civ. 1re, 29 avr. 1985, n° 83-16.803, *Bull. civ.* I, n° 132; *R.* 80; *D.* 1986. 365, note Beaubrun; *Defrénois* 1985. 1156, obs. G. Champenois; *JCP N* 1986. II. 75, obs. Ph. Simler.
2. Civ. 1re, 29 avr. 1985, n° 83-16.803, préc. s^s^ prés^t^ n°.

joint survivant la faculté de les acquérir ou de se les faire attribuer moyennant le versement d'une indemnité aux héritiers du prémourant. Bénéficiaire d'une simple faculté, le conjoint survivant doit manifester de façon précise sa volonté de l'exercer. En particulier, **le conjoint survivant doit notifier son intention de mettre en œuvre la clause,** notification qui est faite aux héritiers de l'époux prédécédé, dans un **délai d'un mois** à compter du jour où ces derniers l'auront mis en demeure de prendre parti (C. civ., art. 1392). Cette mise en demeure, quant à elle, ne peut intervenir avant l'expiration du délai prévu à l'article 792 du Code civil, délai relatif à la déclaration des créances dans le cadre de l'acceptation de la succession à concurrence de l'actif net. Mais il va de soi que le conjoint survivant peut manifester sa volonté d'exercer la faculté qui lui est offerte par la clause avant l'expiration de ce délai.

121.105 **Absence de formalisme.** Aucune précision n'est donnée dans la loi quant à la forme de la mise en demeure, ni quant à la forme de la notification faite par le conjoint survivant. Aucune forme particulière n'est requise pour la notification, dès lors que le conjoint exprime sa **volonté** de façon **expresse** et **non équivoque**. Il en va de même pour la mise en demeure, encore faut-il pour qu'elle soit efficace qu'elle ait **date certaine**. De plus, la mise en demeure ne saurait être constituée par une assignation en nullité de la clause[1].

L'absence de formalisme légal n'interdit pas aux parties de prévoir dans le contrat de mariage les formalités particulières relatives à la mise en demeure ou à la notification, ou le délai dans lequel le conjoint doit manifester son intention de se prévaloir de la clause. Toutefois, toute stipulation qui rendrait le conjoint propriétaire des biens de plein droit en le dispensant d'une notification paraît interdite.

121.106 **Sanction du défaut de notification.** Si le conjoint survivant n'exerce pas la faculté stipulée à son profit dans un délai utile, après avoir été mis en demeure, cette clause est frappée de **caducité**. Il s'ensuit que les biens faisant l'objet de la clause sont alors inclus dans l'actif successoral[2].

121.107 **Effets de la clause commerciale.** S'il a exercé la faculté qui lui est offerte en temps utile, le conjoint survivant devient propriétaire des biens et, par voie de conséquence, débiteur de leur valeur à l'égard de la succession du prémourant. Il reste que, pour apprécier la portée de la clause, il convient de distinguer plusieurs hypothèses.

En premier lieu, **lorsque le conjoint survivant n'est pas appelé à la succession de l'époux prémourant**, la notification vaut vente au jour où la faculté est exercée (C. civ., art. 1392, al. 2). C'est ainsi à ce jour que le transfert de propriété se réalise. En conséquence, les héritiers bénéficient des garanties de tout vendeur : privilège du vendeur et action résolutoire. Tous les droits réels dont serait grevé le bien avant le jour du transfert de la propriété, c'est-à-dire avant le jour de la notification, sont opposables au conjoint survivant, sous réserve de l'interférence des règles de la publicité foncière et de la fraude.

En second lieu, **lorsque le conjoint survivant est appelé à la succession de l'époux prémourant**, en propriété compte tenu de l'indivision successorale existante alors, les **règles du partage** s'appliquent. En conséquence, par l'effet déclaratif du partage, le conjoint survivant est considéré comme ayant recueilli les biens dès le jour du décès du prémourant. L'attribution du bien au survivant constitue, au jour où la faculté est exercée par le conjoint, une opération de partage partiel. L'époux survivant verra le bien imputé sur son lot et une soulte ne sera due que s'il y a un excédent. Le privilège du copartageant garantit le paiement de cette soulte. Enfin, toujours dans la logique du partage, les droits réels qui ont pu être constitués par les héritiers n'ont plus d'efficacité en raison de l'effet déclaratif du partage.

121.108 **Évaluation de l'indemnité.** L'article 1391 du Code civil prévoit que le contrat de mariage peut fixer les bases d'évaluation et les modalités de paiement de l'indemnité qui est due à la succession du prémourant. L'évaluation des biens doit être faite d'après leur **valeur au jour où la faculté dont bénéficie le conjoint survivant est exercée.** Et cette règle est d'ordre public[3]. Sous cette réserve, le contrat de mariage a toute latitude pour évaluer les biens et décider d'éventuels délais de paiement pour le bénéficiaire. Il reste que ces bases conventionnelles d'évaluation seraient susceptibles d'être qualifiées d'avantage indirect du prédécédé à l'époux survivant. Et dans ces conditions, cet avantage pourrait faire l'objet d'une réduction au profit des héritiers réservataires (C. civ., art. 1391, al. 1er).

À défaut d'accord amiable entre les parties, il appartient au **tribunal de grande instance du lieu d'ouverture de la succession** de procéder à cette évaluation, en tenant compte de la valeur des biens au jour où le conjoint survivant exerce sa faculté, sous réserve éventuellement des bases conventionnelles d'évaluation.

1. Civ. 1re, 20 mars 1990, n° 88-13.154, *Bull. civ.* I, n° 69; *JCP N* 1991. II. 165, note Ph. Simler.
2. Civ. 1re, 25 mai 1988, *Defrénois* 1988. 899, note F. Lucet.
3. Civ. 1re, 24 juin 1969, *D.* 1969. 705, note Breton.

C.
Clause alsacienne

121.111 Clause alsacienne. En cas d'adoption d'une communauté conventionnelle, il peut être conseillé aux époux de stipuler une clause de liquidation alternative, dite clause alsacienne (car inventée par le notariat alsacien), par laquelle les modalités de liquidation sont appelées à varier selon que la dissolution provient du décès de l'un des époux ou d'une autre cause. Ainsi, en vertu de cette clause, chacun des époux, lors de la liquidation, reprendra ses apports si le régime matrimonial est dissous par une autre cause que le décès.

La clause a été jugée licite par la jurisprudence[1]. Mais son efficacité a pu être remise en cause par un arrêt rendu par la première chambre civile le 17 janvier 2006[2]. Rendu sous l'empire du droit antérieur à la réforme du divorce du 26 mai 2004, l'arrêt décide que la **clause de reprise des apports, associée au régime de communauté universelle**, ne peut prévaloir sur les dispositions impératives de la loi relatives au sort des avantages matrimoniaux à la suite du divorce (C. civ., anc. art. 267 et 269). Dans le prolongement de cette analyse, certains ont vu dans le nouvel article 265, issu de la loi du 26 mai 2004, une cause d'inefficacité de la clause : analysée comme une clause de prélèvement avant partage ou attribution de la communauté, la clause constituerait un avantage matrimonial prenant effet à la dissolution du régime matrimonial, et serait donc révoquée de plein droit en cas de divorce[3]. La loi du 23 juin 2006 portant réforme des successions et des libéralités a mis fin à la controverse en ajoutant à l'article 265 un troisième alinéa : « *Si le contrat de mariage le prévoit, les époux pourront toujours reprendre les biens qu'ils auront apportés à la communauté* » (C. civ., art. 265, al. 3).

1. Colmar, 16 mai 1990, *JCP N* 1991. II. 17 (1re esp.), note Ph. Simler; *Defrénois* 1990. 1361, obs. G. Champenois; *RTD civ.* 1992. 171, obs. F. Lucet et B. Vareille – Colmar, 20 juin 1990, *JCP* N 1991. II. 17 (2e esp.), note Ph. Simler; *RTD civ.* 1992. 171, obs. F. Lucet et B. Vareille – Civ. 1re, 16 juin 1992, no 91-10.321, *Bull. civ.* I, no 181; *JCP* 1993. II. 22108 (1re esp.), note Ph. Simler; *Defrénois* 1993. 34, note M.-C. Forgeard; *D.* 1993. Somm. 220, obs. M. Grimaldi; *RTD civ.* 1993. 187, obs. F. Lucet et B. Vareille – COMP. TGI Strasbourg, 24 mars 1992, *JCP* 1993. II. 22108 (2e esp.), note Ph. Simler.
2. Civ. 1re, 17 janv. 2006, no 02-18.794, NP; *JCP* 2006. I. 141, no 20, obs. A. Tisserand-Martin.
3. F. Sauvage, « Des conséquences du divorce sur les libéralités entre époux et les avantages matrimoniaux », *Defrénois* 2004. 1425, spéct no 22 – J. Vassaux, « Les incidences de la réforme du divorce sur le rôle du notaire », *Dr. et patr.* févr. 2004. 26 – A. Tisserand-Martin, « Réflexions autour de la notion de régime matrimonial », *Mél. Béguin*, Litec, 2005, p. 753 – COMP. toutefois Ph. Simler, « La validité de la clause de liquidation alternative de la communauté universelle menacée par le nouvel article 265 du Code civil », *JCP* 2005. I. 160.

B.
Limites à la liberté des conventions matrimoniales

121.121 Présentation. Si la liberté des conventions matrimoniales est le principe, encore faut-il « *qu'elles ne soient pas contraires aux bonnes mœurs ni aux dispositions qui suivent* » (C. civ., art. 1387). La liberté des conventions matrimoniales connaît ainsi un certain nombre de limites, qu'elles soient d'origine volontaire ou d'origine légale.

Tout d'abord, la **volonté d'un tiers** est susceptible d'affecter la liberté reconnue aux époux dans l'aménagement de leurs conventions matrimoniales. L'auteur d'une libéralité à une personne mariée peut prévoir, par exemple, une clause d'exclusion de la communauté, laquelle empêche le bénéficiaire, qui voudrait se remarier, de faire entrer ce bien dans la communauté universelle qu'il aurait choisie, avec clause d'attribution de la totalité au survivant, pour son second mariage. Les époux ne sauraient ainsi ignorer les charges dont seraient grevés leurs biens au nom du principe de la liberté des conventions matrimoniales.

Ensuite, et surtout, la **liberté des conventions matrimoniales** connaît des **limites d'origine légale.** En effet, la loi interdit que les conventions matrimoniales portent **atteinte au statut fondamental de la famille,** à la **prohibition des pactes sur succession future,** et enfin **à l'ordre public et aux bonnes mœurs.** Toutes clauses contraires seraient considérées comme nulles.

121.122 Statut fondamental de la famille. Aux termes de l'article 1388 du Code civil, « *les époux ne peuvent déroger ni aux devoirs ni aux droits qui résultent pour eux du mariage, ni aux règles de l'autorité parentale, de l'administration légale et de la tutelle* ». Ainsi, la liberté des conventions matrimoniales trouve une limite importante dans le **statut patrimonial et extrapatrimonial de la famille.** Cette seconde prohibition, mettant directement en cause la vie familiale, a une large portée.

121.123 Droits et devoirs résultant du mariage. L'ensemble des règles du statut matrimonial de base s'impose aux époux. Sous réserve, bien entendu, des textes qui prévoient expressément l'application des conventions matrimoniales, comme l'article 214 alinéa 1er du Code civil qui règle la contribution des époux aux charges du mariage.

121.124 Autorité parentale, administration légale et tutelle. L'ensemble des règles qui gouvernent l'autorité parentale, l'administration légale et la tutelle constitue un **statut familial d'ordre public**, auquel le contrat de mariage ne peut déroger. Ainsi, il est interdit aux futurs époux de renoncer par contrat de mariage à leur **autorité parentale**, en particulier au droit de diriger l'éducation des enfants à naître, de même qu'il leur est impossible d'aménager cette autorité parentale en prévoyant, par exemple, quels seraient les actes considérés comme « *usuels* » pour l'application de l'article 372-2 du Code civil. Semblable interdiction frappe également toute clause qui porterait atteinte aux attributs de l'autorité parentale relatifs au patrimoine des mineurs. Cela ne fait pas de doute pour l'**administration légale** que l'article 1388 du Code civil vise expressément. Mais il en va de même pour le **droit de jouissance légale**. Enfin, en ce qui concerne la **tutelle**, la prohibition s'étend aux règles qui gouvernent l'ouverture comme la fin de la tutelle, ainsi qu'à celles qui touchent à la personne et à la gestion du patrimoine du mineur en tutelle. C'est donc l'ensemble du statut des parents, relativement à la personne ou aux biens de l'enfant, qui ne peut être altéré par les conventions matrimoniales.

121.125 Prohibition des pactes sur succession future. L'article 1389 du Code civil prévoit que, sans préjudice des libéralités qui pourront avoir lieu selon les formes et dans les cas déterminés par le Code civil, « *les époux ne peuvent faire aucune convention ou renonciation dont l'objet serait de changer l'ordre légal des successions* ». Cette règle ne fait que rappeler la prohibition traditionnelle des pactes sur succession future, dont le déclin est toutefois à noter depuis l'entrée en vigueur de la loi du 23 juin 2006.

121.126 Ordre public et bonnes mœurs. Les conventions matrimoniales ne doivent pas être contraires aux bonnes mœurs, expression qui doit être entendue au sens large. L'article 1387 du Code civil fait ici une application particulière de l'interdiction plus générale des **conventions illicites ou immorales** (C. civ., art. 6 et 1131) et interdit par exemple aux époux d'inclure dans leur contrat de mariage une **clause de viduité** dictée par une unique intention malveillante de jalousie[1]. La même prohibition s'appliquerait aux **clauses d'inaliénabilité** qui ne respecteraient pas les conditions posées par l'article 900-1 alinéa 1er du Code civil, c'est-à-dire être limitées dans le temps et justifiées par un intérêt légitime. Enfin, il ne peut être porté atteinte au statut du fermage[2].

1. Civ. 1re, 24 oct. 1939, *S.* 1940. 1. 33.

SECTION 3
VALIDITÉ DU CONTRAT DE MARIAGE : SANCTIONS

121.130 Présentation. D'une façon générale la violation des règles de formation du contrat de mariage est sanctionnée par la nullité. Toutefois, il importe de préciser les caractères de cette nullité (§ 1) ainsi que l'étendue de la nullité (§ 2), tant au regard des conditions de fond qu'au regard des conditions de forme du contrat de mariage.

§ 1
Caractères de la nullité

121.131 Sanctions des conditions de forme. D'une façon générale, l'inobservation des règles de forme est sanctionnée par la **nullité absolue.** Cette solution s'impose tant au regard de l'exigence de la solennité de l'acte qu'en ce qui concerne la nécessité du consentement et de la présence simultanés des parties ou de leurs mandataires. La nullité absolue est justifiée ici par le fait que la règle de forme est imposée pour **protéger les parties mais également les tiers.**

Le caractère de la nullité conduit à écarter la possibilité d'une ratification d'un contrat irrégulier par la célébration du mariage ou d'une éventuelle confirmation de ce contrat pendant le mariage. Toutefois, il est admis qu'après la dissolution du mariage, les époux peuvent liquider leurs intérêts pécuniaires conformément au contrat nul, mais que cette liquidation conformément à l'acte nul est une nouvelle convention et non une confirmation[3].

121.132 Sanctions des conditions de fond. L'exigence relative à la **date** du contrat de mariage est sanctionnée par la **nullité absolue du contrat.** Quant aux règles relatives à la **capacité** de conclure un contrat de mariage, il s'agit d'une **nullité de protection, donc relative.** Ainsi, le vice est-il couvert si une approbation ultérieure du contrat de mariage est donnée par la personne dont l'assistance était requise lors de la signature du contrat de mariage.

Toutefois, le législateur a enfermé l'exercice de l'action dans des **conditions précises.** Ainsi, la nullité relative ne peut être invoquée que par le mineur ou par les personnes dont l'assistance aurait dû être obtenue (C. civ., art. 1398, al. 2). Pour le majeur

2. Civ. 3e, 28 juin 2006, n° 05-20.860, *Bull. civ.* III, n° 162; *D.* 2006. AJ 1987; *JCP* 2006. I. 193, n° 5, obs. G. Wiederkehr; *AJDI* 2006. 752; *AJ fam.* 2006. 331, obs. P. Hilt; *Dr. rural* 2006, n° 234, note Crevel; *Rev. loyers* 2006. 524, note Peignot; *Gaz. Pal.* 5-6 janv. 2007, p. 33, et 20-21 juin 2007; *LPA* 25 juin 2007, note A. Chamoulaud-Trapiers; *RTD civ.* 2006. 819, obs. B. Vareille.
3. EN CE SENS, Civ. 26 avr. 1869, *DP* 1869. 1. 246; *S.* 1869. 1. 297.

protégé, la nullité relative ne peut être demandée que par la personne protégée par ceux dont le consentement était requis, ou enfin par le tuteur ou le curateur (C. civ., art. 1399, al. 2). En tout état de cause, l'action ne peut être exercée que dans le **bref délai d'un an**, qui court à compter de la majorité pour les mineurs et du jour du mariage pour les majeurs incapables.

En ce qui concerne la **nullité pour vice de consentement**, la **nullité relative** s'impose, conformément au droit commun des nullités, y compris en ce qui concerne la prescription quinquennale (C. civ., art. 1304). L'action en nullité est alors réservée à celui des époux dont le consentement a été vicié et, en raison de son caractère patrimonial, est transmise, après son décès, à ses ayants cause universels[1]. Et l'article 1304 alinéa 3 du Code civil fixe le point de départ de ce délai dans le cas de mineurs ou de majeurs protégés.

§ 2
Étendue de la nullité

121.141 Rétroactivité. La nullité réalise un **anéantissement rétroactif,** conformément au droit commun, du contrat de mariage. Celui-ci est considéré comme n'ayant jamais existé et par voie de conséquence les époux se trouvent soumis au régime matrimonial légal. Il reste une difficulté, celle de déterminer si l'annulation du contrat est totale ou si elle ne concerne que certaines des clauses considérées comme irrégulières.

121.142 Annulation totale du contrat de mariage. En tout état de cause l'annulation totale du contrat de mariage est la règle lorsque certaines conditions, de fond ou de forme, font défaut. Tel est le cas lorsque celles relatives à la **date**, au **consentement** ou à la **capacité** des époux n'ont pas été observées. En outre, un contrat de mariage a pu être annulé pour défaut de cause[2].

En principe, **l'annulation** doit s'étendre aux **conventions ou clauses qui ne sont valables que parce qu'elles figurent dans le contrat de mariage.** Ainsi, une donation de biens à venir comprise dans un contrat de mariage irrégulier doit être, elle aussi, entachée d'irrégularité et l'anéantissement rétroactif de celle-ci s'impose. Il en va de même lorsque la volonté des parties ou de l'auteur de l'acte, par exemple d'une libéralité, a été de lier indivisiblement le contrat de mariage et la clause. Si une donation a été consentie en raison du choix d'un régime matrimonial donné, il va de soi que la nullité du contrat de mariage doit emporter également celle de la donation consentie dans ces conditions.

121.143 Annulation partielle du contrat de mariage. Il peut arriver que la nullité du contrat de mariage ne soit que partielle, en l'absence d'un lien d'indivisibilité entre les différentes clauses ou stipulations de la convention matrimoniale. Il se peut que demeurent valables les clauses ou actes juridiques qui le seraient en dehors de toute convention matrimoniale à condition que la régularité de ces actes (par ex., reconnaissance de dette, *etc.*) ne soit pas contestable. Il faut, dans chaque espèce, examiner l'**intention commune des époux ou des intéressés**, et la **nature profonde de la clause.** Ainsi, une reconnaissance d'enfant naturel qui serait irrégulière dans un contrat de mariage ne conduit pas à la nullité du contrat de mariage. Seule la reconnaissance sera réputée nulle.

En tout état de cause, lorsque la nullité partielle atteint le choix du régime matrimonial, les époux se trouvent soumis au régime légal de la communauté réduite aux acquêts.

SECTION 4
OPPOSABILITÉ DU CONTRAT DE MARIAGE : RÈGLES DE PUBLICITÉ

121.151 Présentation. La régularité du contrat de mariage et par conséquent son efficacité à l'égard des époux et des intéressés ne préjuge en rien de l'opposabilité du contrat de mariage aux tiers : celle-ci dépend de formalités de publicité prescrites par la loi.

121.152 Commerçants. Précédemment, une publicité spéciale propre à l'époux commerçant était prévue par l'article 1394 alinéa 4 du Code civil. Ce texte a été abrogé par l'ordonnance n° 2005-428 du 6 mai 2005 en son article 7[3]. De plus, le décret du 30 mai 1984 (désormais C. com., art. R. 123-31 s.), prescrivait un certain nombre d'obligations destinées à faire connaître aux tiers la situation matrimoniale du commerçant. Ces dispositions ont été pour l'essentiel abrogées par le décret du 9 mai 2007[4].

1. Civ. 1re, 4 juill. 1995, n° 93-15.005, *Bull. civ.* I, n° 291 ; *D.* 1996. 233, note F. Boulanger; *Defrénois* 1996. 321, obs. J. Massip ; et 407, obs. Champenois ; *RTD civ.* 1996. 205, obs. B. Vareille ; 392, obs. J. Mestre ; et 866, obs. J. Hauser.
2. Poitiers, 3e ch., 6 mai 2009, *JCP* 2010, n° 487, obs. Wiederkehr ; le prononcé en justice de la nullité de l'apport du mari prive de cause l'apport de la femme : le contrat de mariage doit être annulé.
3. Ord. n° 2005-428, 6 mai 2005, relative aux incapacités en matière commerciale et à la publicité du régime matrimonial des commerçants, *JO* 7 mai, p. 7925.
4. Décr. n° 2007-750, 9 mai 2007, relatif au registre du commerce et des sociétés et modifiant le Code de commerce, *JO* 10 mai, p. 8295.

121.160 **Plan.** Le régime général de publicité commun à tous les époux (§ 1) sera étudié préalablement aux règles de la publicité foncière (§ 2) et à celles concernant les modifications apportées aux conventions matrimoniales avant la célébration du mariage (§ 3).

§ 1
Régime général

121.161 **Déclaration à l'acte de mariage.** Le **régime général de publicité du contrat de mariage,** prévu par l'article 1394 du Code civil, s'applique à **tous les époux, qu'ils soient ou non commerçants.** Le système établi par la loi consiste à calquer la publicité du régime matrimonial sur celle du mariage.

Au moment de la signature du contrat de mariage, le notaire délivre aux époux un **certificat,** qui indique qu'il doit être remis à l'officier d'état civil avant la célébration du mariage. De plus, lors de la célébration du mariage, l'officier d'état civil doit interpeller les futurs époux afin qu'ils déclarent s'il a été fait un contrat de mariage et, si tel est le cas, la date de ce contrat ainsi que le nom et le lieu de résidence du notaire qui l'a reçu (C. civ., art. 75, al. 4). Si un acte de mariage contient la déclaration de futurs époux qu'aucun contrat de mariage n'a été établi, l'énonciation fait foi jusqu'à preuve contraire[1]. Cette déclaration, accompagnée le cas échéant des indications nécessaires, est énoncée par l'acte de mariage (C. civ., art. 76, 8°). Par voie de conséquence, l'acte de mariage peut être consulté par les tiers qui sauront ainsi si les époux ont conclu un contrat de mariage et pourront avoir connaissance de la date de ce contrat ainsi que du nom du notaire qui l'a établi. Mais ils ne pourront connaître le type de régime matrimonial adopté par les époux qu'en demandant à ces derniers une expédition du contrat, le notaire ne pouvant communiquer de lui-même la nature du contrat passé sans violer le secret professionnel.

§ 2
Publicités foncières

121.171 **Principe.** Au régime général peuvent s'ajouter d'autres obligations de publicité. Ainsi, les **constitutions de dot immobilière** doivent être publiées à la conservation des hypothèques, ainsi que les **donations d'immeubles présents** entre époux ou au profit d'époux incluses dans le contrat de mariage. De même, les règles de la publicité foncière doivent être respectées dès lors que le contrat de mariage prévoit la **mise en communauté d'immeubles** appartenant à l'un des époux avant le mariage ou une **stipulation de communauté universelle,** conformément à l'article 30 alinéa 1er du décret du 4 janvier 1955.

1. Civ. 1re, 6 mai 1985, n° 84-10.362, *Bull. civ.* I, n° 138; *JCP* 1985. II. 20485, concl. Gulphe.

§ 3
Publicité des modifications apportées aux conventions matrimoniales avant la célébration du mariage

121.181 **Énoncé.** L'article 1396 du Code civil prévoit la possibilité pour les époux d'apporter des changements ou contre-lettres aux conventions matrimoniales avant la célébration du mariage. Ces **modifications conventionnelles et ostensibles des conventions matrimoniales antérieures au mariage** sont soumises également à publicité, laquelle prévue à l'alinéa 2 du même texte est destinée à protéger les tiers.

Ces mesures de publicité sont au nombre de deux. Il s'agit d'une part de la **rédaction de la modification à la suite de la minute du contrat de mariage,** et d'autre part de la **transcription de la même modification dans les grosses ou expéditions du contrat de mariage.**

Ainsi, il appartient au **notaire** qui a rédigé le contrat de mariage de rédiger également la **contre-lettre établissant la modification,** puisqu'il est le seul à détenir la minute du contrat initial. De même, le notaire dépositaire de la minute du contrat de mariage, et sur laquelle il aura pris soin de reporter la modification, ne peut délivrer ni grosse ni expédition du contrat de mariage sans qu'il y ait eu transcription à la suite du changement ou de la contre-lettre.

121.182 **Droit local.** Les règles de publicité applicables dans les départements du Haut-Rhin, du Bas-Rhin, et de la Moselle et fondées sur le système du Registre matrimonial, ont été supprimées par la loi n° 90-1248 du 29 décembre 1990. Désormais, les formalités de droit local ont disparu et ce sont les règles précédemment énoncées qui s'appliquent dans ces départements.

SECTION 5
OPPOSABILITÉ DU CONTRAT DE MARIAGE : SANCTIONS DES RÈGLES DE PUBLICITÉ

121.190 **Présentation.** D'une façon générale, **l'inopposabilité de la convention matrimoniale** est la sanction principale de l'inobservation des formalités de publicité. Toutefois, il convient d'examiner pour chacun des régimes de publicité les sanctions spécifiques prévues par la loi.

§ 1
Sanction des règles générales de publicité

121.191 Principe de l'inopposabilité du contrat de mariage. En dépit de l'inobservation des exigences de publicité, le contrat reste valable entre les parties, mais il est inopposable aux tiers. Ainsi, si l'acte de mariage mentionne à tort qu'aucun contrat n'a été établi, l'inopposabilité d'un éventuel contrat est encourue. L'article 1394 alinéa 3 du Code civil prévoit qu'en cette hypothèse, les époux sont réputés, à l'égard des tiers, mariés sous le régime de droit commun, c'est-à-dire le régime légal de la communauté réduite aux acquêts. Il importe peu à cet égard de connaître les raisons pour lesquelles l'indication portée dans l'acte de mariage est erronée. Dès l'instant que le contrat n'est pas publié, celui-ci est inopposable.

121.192 Portée du principe de l'inopposabilité. L'inopposabilité du contrat de mariage aux tiers peut être écartée lorsque, à l'occasion d'un acte conclu avec un tiers, les époux ont déclaré avoir fait un contrat de mariage. C'est ce qui résulte de l'article 1394 alinéa 3 du Code civil, étant entendu que l'interprétation littérale du texte exige que la déclaration ait été faite dans l'acte et non pas simplement verbalement. En **l'absence de déclaration expresse dans l'acte conclu avec le tiers**, les époux ne pourraient établir la mauvaise foi du tiers en prouvant qu'il avait eu connaissance par d'autres moyens de l'existence d'un contrat de mariage. De plus, il convient de préciser que, compte tenu des termes mêmes de l'article 1394, les tiers n'ont pas la faculté qui leur est offerte par l'article 1321 du Code civil en matière de contre-lettre, de se prévaloir à leur gré de la situation apparente ou de la situation réelle. En l'absence de publicité du contrat de mariage, ou en l'absence de toute déclaration de la part des époux dans un acte conclu avec un tiers, le statut matrimonial prétendument choisi par les époux n'est pas opposable aux tiers.

L'inopposabilité du contrat de mariage est également écartée lorsque l'acte de mariage ne comporte aucune indication relative à l'établissement ou non préalable d'un contrat de mariage. Le silence de l'acte de mariage conduit alors à considérer que le contrat de mariage est opposable aux tiers, ces derniers ne pouvant se plaindre d'avoir été trompés par une mention inexacte de l'acte d'état civil.

§ 2
Sanction du défaut de publicité des modifications apportées aux conventions matrimoniales avant la célébration du mariage

121.201 Sanction du défaut de rédaction à la suite de la minute du contrat de mariage. L'article 1396 alinéa 2 du Code civil sanctionne l'inobservation de cette formalité par **l'inopposabilité du changement aux tiers,** l'acte restant évidemment valable dans les rapports entre les parties. Ainsi, à l'égard des tiers qui invoquent l'inopposabilité du changement établi par acte séparé, tous les droits acquis sur les biens des époux sont régis par les seules dispositions du contrat de mariage initial.

121.202 Sanction du défaut de transcription dans les grosses ou expéditions du contrat de mariage. Le législateur ne précise pas quelle est la sanction de l'inobservation de cette obligation par le notaire. Il semble que l'application des principes généraux de la publicité conduise à considérer que la sanction la plus appropriée est celle de **l'inopposabilité aux tiers de la modification ou de la contre-lettre non transcrite**. L'on peut également envisager, par voie de conséquence, une action en responsabilité à l'encontre du notaire fondée sur le droit commun, en réparation du préjudice subi par les époux du fait de l'inopposabilité aux tiers de la contre-lettre.

121.203 Autres sanctions. Outre l'inopposabilité des conventions matrimoniales occultes, le défaut d'observation des règles de publicité peut conduire à ce que soient prononcées des **amendes** à l'encontre de **l'officier de l'état civil** (C. civ., art. 76, 8°) et du **notaire** (Décr. 30 mai 1984, art. 27-2°). De plus, une faute commise par le notaire pourrait donner lieu à la prise de sanctions disciplinaires prévues par la loi du 25 ventôse an VI (destitution, suspension pour dol ou collusion).

CHAPITRE

122. Effets du contrat de mariage dans le temps

CHRISTOPHE VERNIÈRES
PROFESSEUR À L'UNIVERSITÉ
PARIS 8 – VINCENNES SAINT-DENIS

SECTION 0
ORIENTEUR

122.00 **Plan du chapitre.**

122.01 **Textes applicables.**

C. civ., art. 1395, 1498 al. 3

> Le contrat de mariage prend effet au jour de la célébration

C. civ., art. 1395

* V. texte complet de cet article s^s n° 120.01, > *Formalisme des conventions matrimoniales*

> Exception au principe de non-rétroactivité

C. civ., art. 1498, al. 3

[...] Si l'un des époux avait acquis un immeuble depuis le contrat de mariage, contenant stipulation de communauté de meubles et acquêts, et avant la célébration du mariage, l'immeuble acquis dans cet intervalle entrera dans la communauté, à moins que l'acquisition n'ait été faite en exécution de quelque clause du contrat de mariage, auquel cas elle serait réglée suivant la convention.

122.02 **Jurisprudence de référence.**

> Caducité du contrat de mariage en cas de non-célébration du mariage

• **Paris, 1re ch. C, 14 déc. 1999,** *Juris-Data* n° 104435

* V. s^s n° 122.12

> Moment de conclusion du contrat de mariage

• **Civ. 18 août 1840**, *D.* 1840. 1. 327

* V. s^s n° 122.31

Le contrat de mariage peut être conclu le même jour que le mariage, la preuve de cette antériorité pouvant être établi par tous moyens.

122.03 **Bibliographie indicative.**

Actualisable. Rép. civ., v° *Contrat de mariage*, par A. Colomer et Ch. Vernières, mai 2009, n°s 232 à 246.

Ouvrages[1]. A.-S. Brun-Wauthier, *Régimes matrimoniaux*, 3e éd., Larcier, 2013 – R. Cabrillac, *Droit des régimes matrimoniaux*, 8e éd., « Précis Domat », Montchrestien, 2013 – I. Dauriac, *Les régimes matrimoniaux et le PACS*, 3e éd., LGDJ, 2012 – J. FLOUR et G. CHAMPENOIS, *Les régimes matrimoniaux*, 2e éd., coll. « U », A. Colin Éd., 2001 – Ph. MALAURIE et L. AYNÈS, *Les régimes matrimoniaux*, 4e éd., LGDJ/Lextenso, 2013 – N. Peterka, *Régimes matrimoniaux*, « HyperCours », 3e éd., Dalloz, 2012, n°s 2 s. – F. TERRÉ et Ph. SIMLER, *Droit civil, Les régimes matrimoniaux*, 6e éd., « Précis », Dalloz, 2011.

122.04 **Questions essentielles.**

> Existe-t-il des tempéraments au principe selon lequel le contrat de mariage ne prend effet qu'au jour de la célébration du mariage ?

* V. s^s n° 122.14

> Est-il possible de différer la prise d'effet du contrat de mariage ?

* V. s^s n° 122.21

122.09 **Présentation.** L'objet du contrat de mariage en définit les effets. Il s'ensuit que les effets du contrat de mariage diffèrent selon la nature du régime retenu par les époux et compte tenu des clauses ou aménagements

1. NB : les ouvrages les plus fréquemment cités et dont le nom des auteurs figure en petites capitales en bibliographie sont cités par les seuls noms des auteurs en petites capitales en notes de bas de page.

variés que les époux ont introduits dans leur contrat. Les effets du contrat de mariage, envisagés d'un point de vue substantiel, seront donc étudiés lors de l'analyse des différents régimes proposés aux époux en droit français (communauté légale, s^s n°s 13.00 s. et 14.00 s. ; communautés conventionnelles, s^s n°s 15.00 s. ; séparation de biens, s^s n°s 16.00 s. ; participation aux acquêts, n°s 17.00 s.). De plus, compte tenu de la variété des clauses contenues dans le contrat de mariage, les effets du contrat de mariage sont plus ou moins étendus selon que l'on admet ou non l'indivisibilité de tous ces éléments (v. s^s n°s 121.141 s.).

Seuls seront examinés ici les effets du contrat de mariage dans le temps, étant entendu qu'il a déjà été rappelé que le contrat de mariage est nécessairement antérieur à la célébration du mariage (v. s^s n°s 121.31 s.). Le point de départ des effets du contrat de mariage (sect. 1) doit être étudié avant la cessation des effets du contrat de mariage (sect. 2).

SECTION 1
POINT DE DÉPART DES EFFETS DU CONTRAT DE MARIAGE

122.10 **Plan.** Le sort du contrat du mariage, étroitement lié à celui du mariage, se manifeste à un double point de vue. D'une part les conventions matrimoniales ne peuvent prendre effet avant la célébration du mariage (§ 1), d'autre part les conventions matrimoniales ne peuvent reporter leur effet après la célébration du mariage (§ 2).

§ 1
Le contrat de mariage ne peut prendre effet avant la célébration du mariage

122.11 **Principe.** L'article 1395 du Code civil prévoit *in fine*, que les conventions matrimoniales ne peuvent prendre effet qu'au jour de cette célébration, ce qui suppose que soit distinguée l'hypothèse où le mariage est effectivement célébré de celle où le mariage n'est pas célébré.

122.12 **Non-célébration du mariage.** La non-célébration du mariage doit s'entendre d'une **renonciation non équivoque des futurs époux à leur projet de mariage.** Le seul écoulement d'un délai, fut-il long, ne suffit pas à établir la preuve de cette renonciation, sous réserve de l'appréciation souveraine des juges du fond.

Définitivement conclu et établi avant le mariage, le contrat de mariage est un véritable contrat dont les effets sont seulement reportés dans le temps. Ainsi, si le mariage n'est pas célébré, la convention matrimoniale est privée de toute efficacité. En réalité, valable au moment de sa formation, le contrat de mariage est frappé de **caducité par la survenance d'un élément postérieur à sa formation : la non-célébration du mariage**[1]. La caducité du contrat de mariage en cette hypothèse affecte l'ensemble des dispositions liées à la qualité d'époux et à la survenance du mariage : régime matrimonial choisi, donations faites aux futurs époux ou entre eux. En revanche, les stipulations qui ne sont pas directement subordonnées à la célébration du mariage doivent pouvoir être maintenues (par ex., la reconnaissance d'enfant naturel).

Il en va de même si, le mariage étant célébré, une **annulation du mariage** intervenait, sous réserve de la mise en œuvre des règles relatives au mariage putatif (C. civ., art. 201, 202). Ainsi, lorsque les conditions du mariage putatif sont remplies, le contrat de mariage, à l'instar du mariage lui-même, produit tous ses effets jusqu'au prononcé de la nullité, et en particulier pour la liquidation du régime des époux. De même, seul l'époux de bonne foi pourra invoquer les dispositions du contrat.

122.13 **Célébration du mariage. Principe de non-rétroactivité.** Le contrat de mariage produit tous ses effets à compter de la date du mariage. Ainsi, le contrat ne saurait voir ses effets reportés dans le temps au jour de la conclusion de celui-ci. Ceci résulte très clairement de la formulation littérale de l'article 1395 du Code civil.

122.14 **Exceptions au principe de non-rétroactivité : Communauté de meubles et acquêts – Immeuble acquis entre le contrat de mariage et le mariage.** L'article 1498 alinéa 3 du Code civil dispose : « *Si l'un des époux avait acquis un immeuble depuis le contrat de mariage, contenant stipulation de communauté de meubles et acquêts, et avant la célébration du mariage, l'immeuble acquis dans cet intervalle entrera dans la communauté, à moins que l'acquisition n'ait été faite en exécution de quelque clause du contrat de mariage, auquel cas elle serait réglée suivant la convention* ». Dans le cas d'un régime conventionnel de la communauté de meubles et acquêts, est commun l'immeuble acquis entre le contrat de mariage et le mariage. Dès lors que la célébration du mariage est intervenue, le contrat de mariage produit effet dès le jour de sa conclusion. Il convient donc dans ce cas précis de faire une distinction entre le fonctionnement du régime à compter du mariage et la composition de la masse commune au regard de la catégorie de biens visée par le texte dont le point de départ est la conclusion du contrat de mariage. Il s'agit pour le législateur de déjouer une éventuelle fraude d'un époux souhaitant faire échapper à la communauté, entre le contrat de

1. EN CE SENS, Paris, 1re ch. C, 14 déc. 1999, *Juris-Data* n° 104435.

mariage et le mariage, un bien devant normalement y figurer.

122.15 Exceptions au principe de non-rétroactivité. Stipulation ayant un lien formel avec la célébration du mariage. Elles concernent tout d'abord les **stipulations contenues dans la convention matrimoniale non directement liées à la survenance d'un mariage** (par ex., la reconnaissance d'enfant naturel). Ces stipulations peuvent produire effet du jour même de la conclusion du contrat de mariage.

Il s'agit ensuite de **certaines libéralités** contenues dans le contrat de mariage qui peuvent n'avoir qu'un lien formel et non substantiel avec la célébration du mariage. Ainsi, les parties peuvent-elles prévoir que la donation de biens présents qu'ils se consentent produira effet immédiatement dès la conclusion du contrat. De même, il a été admis qu'un créancier, dont la créance est postérieure au contrat de mariage ne pouvait attaquer par l'action paulienne une donation déguisée sous une reconnaissance d'apport, consentie par un futur époux à l'autre : la donation s'était réalisée immédiatement, au jour de la conclusion du contrat et n'était donc pas subordonnée à la célébration effective du mariage[1].

§ 2
Absence de report des effets du contrat de mariage après la célébration du mariage

122.21 Principe. En l'absence de toute précision dans l'article 1395 du Code civil, les parties ne peuvent différer dans le temps, après la célébration du mariage, les effets de leur contrat de mariage.

En conséquence, **toute stipulation d'un terme suspensif doit être rejetée,** lorsqu'il affecte l'ensemble du régime matrimonial, envisagé dans son intégralité. En revanche, il reste possible pour les époux de soumettre certaines dispositions particulières du contrat (par ex., donation, vente) à un terme suspensif.

Une même interdiction s'impose également pour toute **stipulation d'une condition suspensive ou résolutoire** dont serait assorti le contrat de mariage. Avant la réforme de 1965, certaines juridictions avaient jugé licite pareille stipulation[2]. Mais les nécessités pratiques s'accommodent mal du jeu d'une fiction légale qui jure trop avec la réalité. Cette fiction doit céder devant les exigences de la fixité du régime matrimonial. Au demeurant, semblable modalité aurait pour incidence de conduire à la nullité du contrat de mariage dans sa totalité et non pas à la nullité de la seule condition. Les époux seraient alors considérés comme soumis au régime légal[3]. Les époux ne sauraient d'ailleurs se soustraire à cette interdiction en prévoyant que la condition opérera sans rétroactivité. Le contrat ne pourrait prévoir, par exemple, la substitution d'un régime de communauté à un régime de séparation de biens en cas de survenance d'enfants. Rétroactive ou non, la stipulation d'une condition ne peut affecter le contrat de mariage dans son ensemble. En revanche, à l'instar des solutions admises pour le terme suspensif, une disposition particulière du contrat de mariage peut être affectée d'une condition.

1. Req. 26 janv. 1847, *DP* 1847. 1. 63.
2. Paris, 9 août 1870, *DP* 1871. 2. 113 – Colmar, 8 mars 1864, *DP* 1864. 2. 85.

SECTION 2
CESSATION DES EFFETS DU CONTRAT DE MARIAGE

122.31 Principe. Le sort du contrat de mariage étant lié à celui de l'union conjugale, la dissolution de celle-ci atteint inéluctablement celui-là. Toutefois, si tel est le principe, l'incidence de la dissolution du mariage reste variable en fonction des causes de la dissolution.

122.32 Survie du contrat de mariage pour les besoins de la liquidation du régime. Certaines stipulations de la convention matrimoniale subsistent nécessairement à la dissolution du mariage. Il s'agit de toutes celles qui concernent la **liquidation** et le **partage des biens** : par définition, ces clauses ne présentent d'intérêt qu'au jour de la dissolution du mariage qui déclenche leur application.

122.33 Cessation des effets du contrat de mariage en dépit du maintien du mariage. L'hypothèse est celle d'un **changement de régime matrimonial** dans les conditions de l'article 1397 du Code civil. La modification du contrat de mariage, qu'elle soit totale ou partielle, conduit alors à ce que le contrat de mariage cesse, par la volonté des époux, de produire ses effets alors même que l'union conjugale subsiste (sur le changement, v. s[s] n°s 123.10 s.).

Il en va de même en cas de **séparation de biens judiciaire** quelle qu'en soit la cause, séparation de corps entre époux ou prononcée à titre principal sur le fondement des articles 1443 et suivants du Code civil. Dans cette hypothèse, le jugement qui prononce la séparation dissout la communauté éventuellement existante entre les époux, établit le régime de la séparation de biens, mais ne dissout pas le mariage entre les époux.

3. Civ. 15 mai 1878, *D.* 1878. 1. 294.

CHAPITRE

123. Conditions du changement de régime matrimonial

CHRISTOPHE VERNIÈRES
PROFESSEUR À L'UNIVERSITÉ
PARIS 8 – VINCENNES SAINT-DENIS

SECTION 0
ORIENTEUR

123.00 Plan du chapitre.

123.01 Textes applicables.

C. civ., art. 1397

C. pr. civ., art. 1300, 1300-1 à 1300-4, 1301 à 1303

Arr. 23 déc. 2006, *JO* 31 déc., p. 20378

> Changement de régime matrimonial – dispositions générales

[C. civ., art. 1397 et C. pr. civ., art. 1300 et 1300-1 à 1300-3]

C. civ., art. 1397

* V. texte complet de cet article s^s n° 120.01, > *Changement de conventions matrimoniales ou de régime matrimonial*

C. pr. civ., art. 1300 (*Décr. n° 2006-1805, 23 déc. 2006, art. 3*)

L'information prévue au deuxième alinéa de l'article 1397 du Code civil est notifiée aux personnes qui avaient été parties au contrat de mariage et aux enfants majeurs de chaque époux.

Le contenu de cette information ainsi que celui de l'avis prévu au troisième alinéa de l'article 1397 du Code civil est défini par arrêté du garde des Sceaux, ministre de la Justice.

C. pr. civ., art. 1300-1 (*Décr. n° 2006-1805, 23 déc. 2006, art. 3*)

Les oppositions faites par les personnes visées aux deuxième et troisième alinéas de l'article 1397 du Code civil sont notifiées au notaire qui a établi l'acte. Il en informe les époux.

En cas d'opposition, il appartient aux époux de présenter une requête dans les formes prévues au paragraphe 2 de la présente section.

C. pr. civ., art. 1300-2 (*Décr. n° 2007-773, 10 mai 2007, art. 14*)

La mention du changement de régime matrimonial en marge de l'acte de mariage est requise par le notaire. Celui-ci adresse à l'officier d'état civil « un extrait » de l'acte et un certificat établi par lui précisant la date de réalisation des formalités d'information et de publication de l'avis et attestant de l'absence d'opposition.

C. pr. civ., art. 1300-3 (*Décr. n° 2006-1805, 23 déc. 2006, art. 3*)

Le délai pour procéder, le cas échéant, aux formalités de publicité foncière de l'acte constatant le changement de régime matrimonial court à compter de l'expiration du délai de trois mois prévu aux deuxième et troisième alinéas de l'article 1397 du Code civil.

L'acte soumis à publicité est accompagné du certificat visé à l'article 1300-2.

> Homologation judiciaire du changement de régime matrimonial

[C. pr. civ., art. 1300-4 et 1301 à 1303]

C. pr. civ., art. 1300-4 (*Décr. n° 2006-1805, 23 déc. 2006, art. 3; Décr. n° 2012-66, 20 janv. 2012, art. 42*)

La demande d'homologation d'un changement de régime matrimonial est portée devant le juge aux affaires familiales de la résidence de la famille.

Un extrait de la demande est transmis par l'avocat des demandeurs aux greffes des tribunaux de grande instance dans le ressort desquels sont nés l'un et l'autre des époux, à fin de conservation au répertoire civil et de publicité par mention en marge de l'acte de naissance selon les modalités prévues au chapitre III du titre Ier du présent livre.

C. pr. civ., art. 1301 (*Décr. n° 2009-1591, 17 déc. 2009, art. 7*)

L'homologation d'un changement de régime matrimonial relève de la matière gracieuse et obéit aux règles applicables à cette procédure devant le tribunal de grande instance.

C. pr. civ., art. 1302 (*Décr. n° 2006-1805, 23 déc. 2006, art. 3*)

Une expédition de l'acte notarié qui modifie ou change entièrement le régime matrimonial est jointe à la requête.

C. pr. civ., art. 1303 (*Décr. n° 2006-1805, 23 déc. 2006, art. 3*)

Le délai pour procéder, le cas échéant, aux formalités de publicité foncière de l'acte constatant le changement de régime matrimonial court à compter du jour où la décision d'homologation a acquis force de chose jugée.

> Arr. 23 déc. 2006, *JO* 31 déc., p. 20378

Art. 1er

L'information délivrée, conformément aux dispositions de l'alinéa 2 de l'article 1397 du Code civil, aux enfants majeurs des époux et aux personnes qui avaient été parties au contrat de mariage modifié contient les mentions figurant à l'annexe I du présent arrêté.

Elle reproduit également les deux premiers alinéas de l'article 1397 du Code civil ainsi que les articles 1300 et 1300-1 du Nouveau Code de procédure civile.

Art. 2

L'avis publié conformément aux dispositions de l'alinéa 2 de l'article 1397 du Code civil contient les mentions figurant à l'annexe II du présent arrêté.

ANNEXE I

Informations concernant les époux
Nom de famille et prénoms de chacun des époux
Domicile des époux (*commun ou séparés*)
Date et lieu du mariage
Désignation du régime matrimonial modifié, le cas échéant avec mention de la date du contrat de mariage et du nom du notaire qui l'a établi
Informations concernant la modification du régime matrimonial
Modification opérée
Désignation du notaire rédacteur de l'acte (*nom et adresse*)
Date de l'acte
Informations concernant l'opposition
Insérer la phrase suivante :
« Conformément aux dispositions du deuxième alinéa de l'article 1397 du Code civil, les enfants majeurs des époux et les personnes qui avaient été parties au contrat de mariage modifié peuvent former opposition dans un délai de trois mois à compter de la réception de la présente lettre. Cette opposition est faite, aux termes de l'article 1300-1 du Nouveau Code de procédure civile, par lettre recommandée avec demande d'avis de réception ou par exploit d'huissier adressé au notaire rédacteur de l'acte ».

ANNEXE II

Informations concernant les époux
Nom de famille et prénoms de chacun des époux
Domicile des époux (*commun ou séparés*)
Date et lieu du mariage
Désignation du régime matrimonial modifié, le cas échéant avec mention de la date du contrat de mariage et du nom du notaire qui l'a établi
Informations concernant la modification du régime matrimonial
Modification opérée
Désignation du notaire rédacteur de l'acte (*nom et adresse*)
Date de l'acte
Informations concernant l'opposition
Nom et adresse du notaire auprès duquel les oppositions doivent être faites

123.02 Jurisprudence de référence.

> Les époux peuvent décider seuls du changement de régime matrimonial

• **Com. 20 déc. 1982, n° 81-14.273,** *Bull. civ.* IV, n° 419

* V. ss n° 123.33

« La cour d'appel, après avoir énoncé exactement qu'un changement de régime matrimonial est réputé fait dans l'intérêt de la famille et présente un caractère essentiellement personnel aux époux […]. »

> Les époux peuvent modifier le statut d'un bien déterminé

• **Civ. 1re, 21 janv. 1992, n° 90-14.459,** *Bull. civ.* I, n° 24

* V. ss n° 123.41

« Selon l'article 1397, alinéa 1er, du Code civil, les époux peuvent convenir, dans l'intérêt de la famille, de modifier leur régime matrimonial ou même d'en changer entièrement par acte notarié soumis à homologation judiciaire. À plus forte raison, ils peuvent, ainsi, modifier seulement le statut d'un bien déterminé. »

> Le changement de régime matrimonial n'entraîne pas de plein droit la caducité des donations consenties entre époux

• **Civ. 1re, 14 mai 1975, n° 74-10.879,** *Bull. civ.* I, n° 163

* V. ss n° 123.43

« […] L'adoption d'un nouveau régime matrimonial n'entraîne pas de plein droit la caducité des donations que s'étaient consenties les époux Z... par un premier contrat de mariage;

[...] l'absence de mention de la donation dans le second contrat de mariage ne saurait valoir « abrogation » de cette donation;

[...] dans le contrat initial, cette donation n'a pas été subordonnée au maintien du régime stipulé, et il n'existe aucune incompatibilité entre cette donation et le régime de séparation de biens prévu par le second contrat; [...]. »

> Modification subordonnée à l'article 1397 du Code civil

• Civ. 1re, 31 janv. 2006, n° 02-21.121, *Bull. civ.* I, n° 48

* V. s^s n° 123.41

« Est prohibée la convention qui altère l'économie du régime matrimonial de la communauté de biens réduite aux acquêts en modifiant, sans intervention judiciaire, la répartition entre les biens propres et les biens communs telle qu'elle résulte des dispositions légales. »

DANS LE MÊME SENS :

• Civ. 1re, 8 avr. 2009, n° 07-15.945, *Bull. civ.* I, n° 80

* V. s^s n° 123.41

« Une telle convention était illicite dès lors qu'elle altérait l'économie du régime de participation aux acquêts et que de surcroît elle avait été conclue avant l'introduction de l'instance en divorce. »

• Civ. 1re, 17 juin 1997, n° 95-16.942, NP

* V. s^s n° 123.41

« Viole l'article 1396 alinéa 3 l'arrêt qui retient que le mari a abandonné sa part de communauté sur des biens échus par succession à titre de prestation compensatoire provisionnelle au profit de l'épouse alors que cet avantage matrimonial altère l'économie du régime matrimonial. »

> L'intérêt de la famille doit être apprécié par les juges du fond dans sa globalité

• Civ. 1re, 6 janv. 1976, n° 74-12.212, *Bull. civ.* I, n° 4

« Les époux peuvent, dans l'intérêt de la famille, convenir de modifier leur régime matrimonial ou même d'en changer; L'existence et la légitimité d'un tel intérêt doivent faire l'objet d'une appréciation d'ensemble, le seul fait que l'un des membres de la famille risquerait de se trouver lésé n'interdisant pas nécessairement la modification ou le changement envisagé » (*visa de l'article 1397 dans sa rédaction antérieure à la réforme du 23 juin 2006*).

* V. s^s n°s 123.51 et 123.63

> Intérêt du conjoint pris isolément

• Civ. 1re, 14 juin 2005, n° 02-20.840, *Bull. civ.* I, n° 264

* V. s^s n° 123.63

L'adoption de la communauté universelle n'est pas nécessairement frauduleuse aux droits de la fille née d'un premier mariage du mari alors qu'elle n'établit pas l'existence d'un préjudice liée à la convention homologuée et qu'elle bénéficie, en outre, de l'action en retranchement.

• Civ. 1re, 29 mai 2013, n° 12-10.027, *Bull. civ.* I [à paraître]

* V. s^s n° 123.63

Le changement de régime matrimonial ayant produit effet, à la date de l'acte ou du jugement qui le prévoit, s'impose à chacun des époux, de sorte que, à défaut d'invoquer un vice du consentement ou une fraude, aucun d'eux ne peut être admis à le contester sur le fondement de l'article 1397 du Code civil.

En conséquence, viole ce texte, ainsi que les articles 1108 et 1134 du Code civil, la cour d'appel qui annule l'acte modificatif du régime matrimonial au motif qu'il ne satisfait que les seuls intérêts de la femme et qu'il est excessivement défavorable au mari, ce qui établirait la non-conformité du changement convenu à l'intérêt de la famille.

> Intérêt fiscal

• Rouen, 3 févr. 1981, *Defrénois* 1981. 969

* V. s^s n° 123.68

Si l'intérêt fiscal ne constitue pas à lui seul une fraude, il ne peut justifier le sacrifice que le changement imposerait aux enfants communs en retardant leur vocation successorale.

> Intérêt des créanciers

• Civ. 1re, 2 avr. 1996, n° 94-15.298, NP

* V. s^s n° 123.68

La preuve qu'un changement de régime matrimonial est contraire à l'intérêt des créanciers n'établit pas *ipso facto* l'existence d'une fraude à leurs droits.

123.03 Bibliographie indicative.

Ouvrages[1]. A.-S. Brun-Wauthier, *Régimes matrimoniaux*, 3e éd., Larcier, 2013 – R. Cabrillac, *Droit des régimes matrimoniaux*, 8e éd., « Précis Domat », Montchrestien, 2013 – I. Dauriac, *Les régimes matrimoniaux et le PACS*, 3e éd., LGDJ, 2012 – J. Flour et G. Champenois, *Les régimes matrimoniaux*, 2e éd., coll. « U », 2001 – Ph. Malaurie et L. Aynès, *Les régimes matrimoniaux*, 4e éd., LGDJ/Lextenso, 2013 – N. Peterka, *Régimes matrimoniaux*, 3e éd., « HyperCours », Dalloz, 2012, n°s 2 s. – F. Terré et Ph. Simler, *Droit civil, Les régimes matrimoniaux*, 6e éd., « Précis », Dalloz, 2011.

Articles. J.-D. Azincourt, « La procédure de changement de régime matrimonial en présence d'un petit-enfant mineur », *JCP N* 2012. 1122 – C. Barthelet et A. Thurel, « Le notaire et les changements de régimes matrimoniaux », *JCP N* 2012. 1386 – M. Beaubrun, « Le nouvel article 1397 du Code civil : un texte transitoire ? (Réflexions autour de la déjudiciarisation du changement de régime matrimonial) », *Defrénois* 2007. 95 – B. Beignier, J. Combret et E. Frémont, « Le changement de régime matrimonial depuis le 1er janvier 2007 – Questions diverses. Éléments de réponse », *JCP N* 2007. 1163 – J. Casey, « Changement de régime matrimonial après le

1. NB : les ouvrages les plus fréquemment cités et dont le nom des auteurs figure en petites capitales en bibliographie sont cités par les seuls noms des auteurs en petites capitales en notes de bas de page.

1er janvier 2007. Quand faire signer les époux ? », *JCP N* 2007. 1013 – B. Gelot et R. Crone, « La nouvelle procédure de changement de régime matrimonial issue de la loi du 23 juin 2006 portant réforme des successions et libéralités », *Defrénois* 2006. 1736 – E. Naudin, « *Du Code civil au Code de procédure civile : la procédure de changement de régime matrimonial et les tiers* », *Mél. Wiederkehr*, Dalloz, 2009, p. 561 – J.-F. Pillebout, S. Durteste, V. Gaftoniuc et R. Glon, « Changement de régime matrimonial, Formules », *JCP N* 2007. 1043 – J. Revel, « Le changement de régime matrimonial : quelle déjudiciarisation ? », *D.* 2006. 2591 – B. Vareille, « La loi du 23 juin 2007 et les régimes matrimoniaux », *JCP N* 2007. 1200.

123.04 **Questions essentielles.**

> Qui peut procéder à la modification du régime matrimonial en cas de procédure collective des époux ?

* V. ss no 123.33

> Toute modification conventionnelle est-elle possible ?

* V. ss no 123.41

> Comment s'apprécie l'intérêt de la famille ?

* V. ss no 123.51

> L'intérêt de la famille peut-il être celui d'un seul conjoint ?

* V. ss no 123.63

> L'intérêt de la famille se confond-il avec celui d'un héritier réservataire ?

* V. ss no 123.66

> L'intérêt des créanciers peut-il justifier un refus de changement de régime matrimonial ?

* V. ss no 123.68

123.09 **Présentation.** Jusqu'au 1er janvier 2007, date d'entrée en vigueur de la loi du 23 juin 2006 portant réforme des successions et des libéralités[1], l'article 1397 alinéa 1er du Code civil disposait : « *Après deux années d'application du régime matrimonial, conventionnel ou légal, les époux pourront convenir dans l'intérêt de la famille de le modifier, ou même d'en changer entièrement, par un acte notarié qui sera soumis à l'homologation du tribunal de leur domicile* ». De ce texte, il résultait que *tout changement conventionnel de régime matrimonial* supposait d'une part *une convention modificative*, d'autre part une *homologation judiciaire* de cette convention.

De profondes modifications ont été apportées à ce texte par loi susvisée : en effet, si la nécessité d'une convention modificative est maintenue (sect. 1), la condition de l'homologation judiciaire n'est plus systématiquement exigée (sect. 2). Il convient, de surcroît, de ne pas négliger les exigences de la publicité légale (sect. 3) qui sont une condition de l'opposabilité aux tiers du changement de régime matrimonial. En toute hypothèse, ces solutions ne concernent que les situations de droit interne et non les situations comportant un élément d'extranéité, lesquelles relèvent d'un régime particulier qui fera l'objet de développements spécifiques (v. ss nos 713.11 s.).

SECTION 1
CONVENTION MODIFICATIVE

123.10 **Présentation.** Outre des conditions de délai (§ 1), la convention modificative du régime matrimonial des époux est soumise à l'exigence d'un acte notarié (§ 2) et des conditions de fond (§ 3 à § 5), lesquelles doivent être examinées successivement.

§ 1
Conditions de délai

123.11 **Énoncé.** L'article 1397 du Code civil oblige les époux à attendre **deux ans, après la célébration de leur mariage**, avant de pouvoir réaliser la **première modification** de leur régime matrimonial, que celui-ci soit légal ou conventionnel.

Ce **délai** s'impose également **entre deux modifications successives**[2]. Le délai court alors à compter de la date à laquelle la première modification est intervenue entre les époux, c'est-à-dire la **date du jugement d'homologation.**

Ce même délai s'applique aussi dans l'hypothèse où le régime choisi par les époux aurait été remplacé par une **séparation de biens judiciairement prononcée,** en vertu de l'article 1443 du Code civil, et il court à compter de la **date du jugement de séparation.**

Enfin, le **délai de deux ans** doit également être observé en cas de **modification simplement partielle** du régime matrimonial.

§ 2
Exigence d'un acte notarié

123.21 **Description.** L'article 1397 alinéa 1er du Code civil exige que la convention entre les époux soit constatée par **acte notarié,** à l'instar de ce qu'il en est pour le choix initial du régime matrimonial. De même, il semble que la **présence et le consentement des époux** doivent être **simultanés.** Toutefois, le parallélisme des formes n'est pas respecté totalement puisque n'est requise que la présence des époux : la présence des **personnes qui avaient participé au contrat initial** n'est pas exigée. Ces personnes doivent néanmoins être **informées du projet de changement** afin – le cas échéant – de s'y opposer

1. L. no 2006-728, 23 juin 2006, portant réforme des successions et des libéralités, *JO* 24 juin, p. 9513.

2. Rép. min. no 18469, *JOAN Q* 13 avr. 1987, p. 2160.

(sur ce point, v. s[s] n°s 123.71 s.). En outre, aucune obligation n'est imposée aux époux quant au choix du notaire, qui peut n'être pas celui qui a établi le contrat de mariage initial des époux. Conformément au droit commun, l'acte notarié fait l'objet d'un **enregistrement.**

§ 3 Conditions de fond tenant aux parties à la convention

123.31 Description. La modification du régime matrimonial est effectuée par les seuls époux, à l'exclusion des autres personnes qui avaient été parties au contrat de mariage initial. Toutefois, il n'est pas interdit de faire appel à ces personnes lors de l'établissement de la convention modificative.

123.32 Consentement et capacité des époux. Les conditions de consentement et de capacité requises pour l'établissement du contrat de mariage initial sont également exigées pour la modification conventionnelle du régime matrimonial (v. s[s] n°s 121.40 à 121.52). Le **consentement des époux** doit donc nécessairement exister lors de la **conclusion de la convention modificative.** Une précision s'impose toutefois. Le **mineur**, qui a bénéficié d'une autorisation pour la conclusion du contrat de mariage, ayant été émancipé par le mariage, peut conclure la convention modificative sans requérir l'assistance des personnes dont le consentement est nécessaire pour la validité du mariage et du contrat de mariage initial. Le mineur, à supposer qu'il le soit toujours au jour de la modification de son contrat de mariage, peut donc modifier valablement son contrat sans avoir besoin d'être assisté. Au demeurant, la présence des personnes qui sont intervenues initialement pour assister le mineur n'est pas requise, et ce d'autant plus qu'elles n'ont pas été parties au contrat de mariage, sauf si elles ont consenti des libéralités.

123.33 Procédure collective de l'un des époux. Une hésitation subsiste sur le point de savoir si un **époux soumis à une procédure collective**, qu'il s'agisse d'une procédure de sauvegarde, d'un redressement ou d'une liquidation judiciaires, est en mesure de modifier régulièrement son régime matrimonial. À cet égard, il semble que la jurisprudence estime que le **changement de régime matrimonial** présente un **caractère éminemment personnel** aux époux[1].

Ainsi, si le changement de régime matrimonial, réputé fait dans l'intérêt de la famille, présente un caractère essentiellement personnel aux époux, il reste que dans la mesure où, dans son aspect patrimonial, ce changement a été fait en fraude des droits des tiers, les créanciers peuvent faire **tierce opposition au jugement d'homologation.** Les époux peuvent donc décider seuls de la modification de leur régime matrimonial. Ainsi, il ne peut être question d'interdire au débiteur d'opérer cette modification ni même d'exiger la présence, lors de la conclusion de l'acte ou lors de l'instance en homologation, du « syndic », et plus généralement de l'administrateur de la procédure collective. Cette position doit pouvoir être admise en toute hypothèse, quelle que soit la procédure collective ouverte contre l'époux. Il en va ainsi dans la procédure de **sauvegarde** comme en cas de **redressement judiciaire,** où l'époux, n'étant pas dessaisi de ses biens, continue à exercer sur son patrimoine tous les actes de disposition et d'administration. Mais il en va de même dans la procédure de **liquidation judiciaire** où l'époux est pourtant dessaisi. Bien que contestée, en doctrine et par certaines juridictions du fond, cette solution doit s'imposer compte tenu du caractère personnel du changement de régime matrimonial[2].

Parallèlement, une modification du régime matrimonial, suivie de l'ouverture d'une procédure collective contre l'un des époux, ne tombe pas sous le coup des nullités de la période suspecte (C. com., art. L. 632-1).

Il convient de relever ici que les **tiers,** par exemple l'administrateur, pourront intervenir, au stade de l'**instance d'homologation** pour faire valoir les **droits des créanciers à l'encontre de l'époux débiteur.**

§ 4 Conditions de fond tenant au contenu de la convention

123.41 Principe. L'objet de la convention modificative peut d'abord porter sur le **régime matrimonial proprement dit,** que celui-ci soit légal ou conventionnel. De l'article 1397 alinéa 1er du Code civil, il résulte que les époux peuvent changer **en totalité** de régime matrimonial ou simplement opérer des **modifications partielles.** La liberté accordée aux époux est ici identique à celle qui leur est offerte lors du choix du régime matrimonial initial. Les modifications simplement partielles peuvent concerner la composition respective des patrimoines des époux ou de la masse commune, la réparti-

1. Com. 20 déc. 1982, n° 81-14.273, *Bull. civ.* IV, n° 419; *Defrénois* 1983. 1475, obs. Honorat.

2. Com. 20 déc. 1982, n° 81-14.273, préc. s[s] prés[t] n°.

tion des pouvoirs, ou la liquidation du régime. À plus forte raison est-il permis aux époux de modifier seulement le statut d'un bien déterminé. Ainsi a-t-il été admis que les époux pouvaient faire entrer en communauté un bien propre au mari, terrain sur lequel une construction avait été édifiée avec des deniers communs[1]. D'une manière générale, toute convention susceptible d'affecter l'économie du régime matrimonial des époux est possible dès lors qu'elle est soumise aux conditions de forme du changement de régime matrimonial[2].

123.42 Limites à la modification conventionnelle du régime matrimonial proprement dit. La liberté laissée aux époux dans la modification conventionnelle de leur régime matrimonial, ne leur permet pas pour autant de porter atteinte à l'ordre public. Les époux sont ici tenus par les mêmes limites que pour leur contrat de mariage initial. Ainsi s'imposent aux époux l'article 1096 du Code civil comme les prohibitions, avec leurs tempéraments, liées aux pactes successoraux.

Pas davantage, les époux ne pourraient-ils faire rétroagir les effets du changement de régime à une date antérieure à celle prévue par l'article 1397 alinéa 6.

123.43 Conventions annexes. La difficulté est ici celle de savoir si, à l'occasion du changement, les époux peuvent **modifier** ou **révoquer, par voie conventionnelle, les donations qu'ils se sont faites par contrat de mariage.** Sous l'empire de la loi du 13 juillet 1965, l'immutabilité des régimes matrimoniaux concernait les donations aux futurs époux par contrat de mariage ou les donations entre futurs époux par contrat de mariage[3]. En l'absence de toute précision dans les textes en vigueur, il est permis de se demander si les donations bénéficient de l'assouplissement du principe de l'immutabilité du régime matrimonial. La question divise la doctrine et la Cour de cassation n'a pas à proprement parler tranché la difficulté.

Il semble que l'on puisse affirmer qu'un changement de régime matrimonial n'entraîne pas de plein droit la caducité des donations que les époux s'étaient consenties[4]. Le maintien de la donation est justifié par le fait que le contrat de mariage ne contenait aucun accord des époux mettant à néant les libéralités. Est-ce à dire pour autant que si les conjoints avaient exprimé une volonté contraire, celle-ci devrait être reconnue, ce qui aurait pour conséquence de conduire à une mutabilité des donations consenties en vue du mariage. Rien dans le droit positif ne permet de l'affirmer avec certitude. Si cette solution devait être admise, la modification serait alors soumise aux règles qui gouvernent le changement du régime matrimonial *stricto sensu*.

123.44 Autres dispositions figurant dans la convention matrimoniale. L'article 1397 du Code civil n'est pas applicable aux **dispositions** qui, **bien qu'incluses dans le régime matrimonial, en sont indépendantes** et n'y sont pas liées nécessairement. Ces stipulations sont soumises à un **régime propre**, le leur, et peuvent être modifiées librement par les époux sans avoir à respecter les conditions prévues par l'article 1397 du Code civil. Il conviendra donc, pour chacune de ces dispositions, de vérifier qu'elles n'ont pas un lien nécessaire avec le régime matrimonial proprement dit et de leur appliquer le régime qui leur est spécifique. En particulier, on signalera ici, que, s'agissant de la **reconnaissance d'enfants naturels**, celle-ci est en principe **irrévocable** et ne pourrait donc être modifiée par l'époux qui l'a consentie, quelle que soit la forme de cette modification.

§ 5
Conditions de fond tenant à la finalité du changement : l'intérêt de la famille

123.50 Présentation. L'article 1397 du Code civil précise que la modification du régime matrimonial doit être convenue « *dans l'intérêt de la famille* ». L'intérêt de la famille constitue, une « *notion cadre* », qui laisse au **juge du fond** un **large pouvoir d'appréciation** et dont il est difficile de donner une définition précise et valable en toute hypothèse. De fait, les deux termes de l'expression appellent une certaine souplesse dans l'interprétation, qu'il s'agisse de la famille, entendue du couple et des enfants, du couple en tant que tel ou enfin d'un seul des époux; qu'il s'agisse de l'intérêt, qui peut être variable, en raison de son contenu comme de son destinataire, les parties ou les tiers. Bien que

1. Civ. 1re, 21 janv. 1992, n° 90-14.459, *Bull. civ.* I, n° 24; *R.* 244; *D.* 1993, Somm. 218, obs. F. Lucet; *JCP N* 1992. II. 375, n° 7, obs. G. Wiederkehr; *Defrénois* 1992. 844, obs. G. Champenois; *Journ. not.* 1992, art. 60584, obs. Laroche de Roussane; *RTD civ.* 1992. 812; et 813, obs. F. Lucet et B. Vareille.
2. Civ. 1re, 31 janv. 2006, n° 02-21.121, *Bull. civ.* I, n° 48; *D.* 2006. Pan. 2073, obs. M. Nicod; *AJ fam.* 2006. 209, obs. P. Hilt; *Dr. fam.* 2006, n° 60, note B. Beignier; *Defrénois* 2006. 1607, obs. G. Champenois – Civ. 1re, 8 avr. 2009, n° 07-15.945, *Bull. civ.* I, n° 80 – Civ. 1re, 17 juin 1997, n° 95-16.942, NP; *Dr. fam.* 1997, n° 126, note B. Beignier.
3. Civ. 22 janv. 1894, *D.* 1894. 1. 394.
4. Civ. 1re, 29 oct. 1974, n° 72-12.823, *Bull. civ.* I, n° 288; *D.* 1976. 189, note Casanova; *Defrénois* 1975. I. 363, note G. Morin – Civ. 1re, 14 mai 1975, n° 74-10.879, *Bull. civ.* I, n° 163; *R.* 18; *JCP* 1975. IV. 212.

relative, car susceptible d'englober toutes circonstances de fait, la notion reste identifiable, sous le **contrôle de la Cour de cassation.**

Compte tenu des assouplissements intervenus dans les conditions de forme du changement, le **notaire** tient sans doute une place majeure dans le processus (v. s[s] n°s 123.70 s.). Il apparaît cependant excessif de considérer qu'il appartient désormais au notaire d'apprécier l'intérêt de la famille et qu'une mauvaise appréciation de cet intérêt pourrait engager sa responsabilité. Comme on l'a justement souligné, « *le notaire, quelle que soit l'importance accrue de son rôle, reste fondamentalement tenu de son devoir de conseil, de la bonne exécution de la procédure de changement (information de ceux que la loi a entendu protéger, respect des délais, accomplissement des formalités de publicité, ...) et de la liquidation du régime matrimonial antérieur, quand celle-ci est nécessaire* »[1]. En réalité, c'est à la famille elle-même que la loi renvoie l'appréciation de son propre intérêt. Aussi, le notaire ne saurait refuser d'instrumenter si les époux persistent dans leur volonté, malgré les conseils avisés qu'il leur a donnés.

Sous le bénéfice de ces précisions, il est nécessaire de préciser d'abord la nature du contrôle exercé (A) avant de cerner le contenu proprement dit de la notion d'intérêt de la famille au sens de l'article 1397 du Code civil (B).

A.
Nature du contrôle

123.51 Principe. Les juges du fond apprécient souverainement si cet intérêt de la famille est respecté, en tenant compte des circonstances de l'espèce et des différentes données en présence. Aussi bien, la Cour de cassation a-t-elle précisé que « *l'existence et la légitimité de l'intérêt de la famille doivent faire l'objet d'une appréciation d'ensemble...* »[2]. Afin de pouvoir apprécier la situation dans sa globalité, les **justifications** et les **informations** qui sont **nécessaires** doivent être fournies au **notaire**, et le cas échéant au **juge**. On ne saurait toutefois considérer que l'intérêt de la famille reste une question de fait dominée par l'appréciation souveraine des juges du fond. La **Cour de cassation** exerce en effet un contrôle en s'efforçant d'assurer une certaine **uniformisation de l'interprétation de l'intérêt de la famille.**

Afin de faciliter une appréciation d'ensemble de l'intérêt de la famille, **l'avis des enfants peut être requis**, mais il s'agit d'une **simple faculté** et le dol qui vicierait le consentement des enfants est donc sans incidence sur le changement de régime matrimonial[3] (*adde*, v. s[s] n° 123.93).

B.
Contenu de la notion d'intérêt de la famille

123.61 Présentation. « *Notion cadre* », l'intérêt de la famille a reçu de nombreuses illustrations en jurisprudence. La notion de famille pouvant être entendue de façon plus ou moins large, selon que l'on vise la cellule familiale, parents et enfants, les conjoints isolément, les enfants, voire les tiers qui pourraient subir un préjudice du fait de la modification du régime matrimonial des époux. Ces principales applications doivent être étudiées successivement au regard des différents paramètres qui viennent d'être rappelés.

123.62 Intérêt de la cellule familiale, couple parents-enfants. La famille, dont l'intérêt doit être respecté, est d'abord celle formée par **les époux et leurs enfants**, entendue au sens du groupe familial. C'est l'intérêt de l'ensemble formé par le ménage et leurs descendants s'il y a lieu[4].

Il importe peu que le régime antérieur soit satisfaisant ou non. Ce qui est décisif c'est que le régime nouvellement adopté par les époux soit davantage adapté à l'intérêt de la cellule familiale que ne l'était le régime précédent.

Ainsi, l'intérêt de l'ensemble de la famille, couple et enfants, est le plus souvent justifié par la **nécessité de protéger le patrimoine de la famille contre l'activité professionnelle ou l'endettement de l'un des époux.** Au demeurant, seule l'existence de l'intérêt familial doit être établie, sans qu'il soit nécessaire que le changement soit justifié par un véritable danger qu'encourrait le patrimoine par la situation professionnelle de l'un des époux[5]. Dans la plupart de ces hypothèses, c'est **l'adoption d'un régime de séparation de biens** qui, se substituant à un régime de communauté, paraîtra le plus approprié. De même, s'agissant de l'endettement de l'un des époux, l'adoption d'un régime de séparation de biens sera à l'évidence justifiée[6]. Enfin, la volonté de protéger l'ensemble du patrimoine familial légi-

1. G. Champenois, obs. s[s] Civ. 1re, 29 mai 2013, n° 12-10.027, *Bull. civ.* I [à paraître]; *Defrénois* 2013. 1146.
2. Civ. 1re, 6 janv. 1976, n° 74-12.212, *Bull. civ.* I, n° 4; *GAJC*, 12e éd., n° 90; *D.* 1976. 253, note A. Ponsard; *JCP* 1976. II. 18461, note J. Patarin; *Defrénois* 1976. 787, note A. Ponsard.
3. Civ. 1re, 24 nov. 1993, n° 92-21.712, *Bull. civ.* I, n° 342; *D.* 1994. 342, rapp. Thierry; *D.* 1995. Somm. 325, obs. F. Lucet; *Defrénois* 1994. 896, obs. Champenois; *RTD civ.* 1995. 673, obs. B. Vareille.
4. Poitiers, 2 juill. 1969, *JCP* 1969. II. 16075.
5. Civ. 1re, 25 mai 1982, n° 81-12.972, *Bull. civ.* I, n° 192; *R.* 47; *D.* 1982. IR 425; *Defrénois* 1983. 918, note G. Champenois.
6. Paris, 11 juill. 1978, et Paris, 18 déc. 1978, *Defrénois* 1979. 481, note G. Champenois.

time la modification du régime matrimonial lorsque l'un des époux est en situation de défaillance, ou tout simplement qu'une crise est en mesure d'affecter la situation patrimoniale du couple. Ainsi, le fait que le mari ait été atteint d'une maladie qui l'empêchait de travailler a pu justifier le changement[1].

123.63 Intérêt d'un conjoint pris isolément. L'on admet que l'intérêt de la famille soit respecté lorsqu'il s'agit simplement de prendre en considération l'intérêt d'un seul des époux, pris isolément. L'intérêt de la famille ne se confond donc pas avec l'intérêt du groupe familial, mais peut présenter un caractère individuel. Au nombre de ces intérêts, figure la **volonté d'assurer la protection pécuniaire du conjoint survivant**[2]. Est ainsi considérée comme conforme à l'intérêt de la famille la substitution d'un régime de séparation de biens à un régime communautaire pour associer la femme à l'avenir patrimonial du ménage, notamment dans l'hypothèse où elle cesse toute activité professionnelle pour se consacrer à son foyer; il peut en aller de même pour l'adoption d'un régime de communauté universelle[3]. En revanche, l'intérêt de la famille ne saurait consister dans le seul intérêt de l'un des époux si la mesure s'avère trop défavorable pour l'autre[4].

Quoi qu'il en soit, une fois définitivement adopté, le changement de régime matrimonial s'impose à chacun des époux, de sorte que, à défaut d'invoquer un vice du consentement ou une fraude, aucun d'eux ne peut être admis à le contester sur le fondement de l'article 1397 du Code civil[5].

123.64 Enfants communs. En présence d'**enfants communs**, l'intérêt de la famille est généralement retenu lorsque la modification du régime matrimonial est justifiée par la **protection du patrimoine familial,** mais aussi par la **protection du conjoint survivant**. En effet, les enfants voient simplement retarder leur vocation successorale concrète et la tendance est alors de privilégier l'intérêt du conjoint sur celui de l'enfant héritier présomptif (ainsi par ex. pour faciliter la transmission d'une entreprise ou éviter les ennuis d'un règlement successoral[6]). En réalité, la protection de l'intérêt exclusif de l'un des conjoints ne satisfait aux conditions légales que lorsque le conjoint protégé est le bénéficiaire d'un devoir de famille (par ex. intérêt du mari qui avait financé avec ses revenus professionnels des acquisitions indivises faites par les deux époux[7]).

En présence d'enfants communs, la Cour de cassation a précisé ce qu'il fallait entendre par intérêt de la famille en énonçant « *l'existence ou la légitimité d'un tel intérêt doit faire l'objet d'une appréciation d'ensemble, le seul fait que l'un des membres de la famille risquerait de se trouver lésé n'interdisant pas nécessairement la modification ou le changement envisagé* »[8].

Encore faut-il que la réalité de l'intérêt de l'un des membres de la famille, qu'il s'agisse du conjoint survivant par exemple, soit établie, à défaut de quoi la modification ne pourra pas être admise (ainsi dans une espèce où l'adoption de la communauté universelle a été écartée au prétexte qu'il n'était pas apporté la preuve qu'elle constitue un remède à la situation d'endettement de l'un des enfants pour lequel l'un des époux s'était porté caution[9]).

123.65 Enfants non issus des deux époux. En présence d'enfants non issus des deux époux, les arguments invoqués en présence d'enfants communs et qui peuvent justifier que les intérêts de ceux-ci soient sacrifiés au bénéfice des intérêts d'un membre de la famille ne se retrouvent pas. En effet, à prendre l'exemple des enfants d'un premier lit, on constate qu'ils n'ont pas de vocation successorale dans la succession du second conjoint de leur auteur, de sorte que la protection de ce conjoint est susceptible de leur porter préjudice et de nuire à l'intérêt de la famille entendu ici au sens de leur intérêt personnel. C'est ainsi que la jurisprudence a pu écarter certains changements tendant à avantager le conjoint survivant, afin de protéger les enfants d'un premier lit[10] ou des enfants naturels[11]. Toutefois, ces enfants bénéficient, on le sait, de l'**action en**

1. TGI Chaumont, 12 juill. 1969, *JCP* 1969. II. 16075.
2. Civ. 1re, 6 janv. 1976, n° 74-12.212, préc. s^s n° 123.51.
3. Sous certaines conditions, Civ. 1re, 14 juin 2005, n° 02-20.840, *Bull. civ.* I, n° 264; *Defrénois* 2005. 1511, obs. G. Champenois; *Dr. fam.* 2005, n° 218, note B. Beignier; *LPA* 1er-2 mai 2006, note N. Petroni-Maudière; *RTD civ.* 2005. 818, obs. B. Vareille.
4. Paris, 18 nov. 1997, *Defrénois* 1998. 1222, note J.-M. Plazy.
5. Civ. 1re, 29 mai 2013, n° 12-10.027, *Bull. civ.* I [à paraître]; *D.* 2013. 2088, note J. Souhami; *D.* 2013. Pan. 2245, obs. V. Brémond; *LPA* 2013, n° 134, note J.-G. Mahinga; *RJPF* 2013-9/17, note F. Vauvillé; *Defrénois* 2013. 1146, obs. G. Champenois; *Defrénois* 2014. 14, note Rousseau.
6. Civ. 1re, 17 juin 1986, n° 84-17.292, *Bull. civ.* I, n° 174; *JCP N* 1986. II. 250, obs. Ph. Simler.
7. Paris, 30 janv. 1991, *Defrénois* 1991. 492.
8. Civ. 1re, 6 janv. 1976, n° 74-12.212, préc. ss n° 123.51 et 123.63 – *Adde*, Civ. 1re, 17 juin 1986, n° 84-17.292, préc. ss prést n°.
9. Civ. 1re, 25 mai 1982, n° 81-12.972, *Bull. civ.* I, n° 192; *Defrénois* 1983. 918, obs. Champenois.
10. Civ. 1re, 5 juill. 1989, n° 87-15.957, *Bull. civ.* I, n° 279; *Defrénois* 1989. 1143, note G. Champenois; *JCP N* 1991. II. 59, obs. Ph. Simler; *RTD civ.* 1991. 390, obs. F. Lucet.
11. Civ. 1re, 12 déc. 2000, n° 98-19.147, *Bull. civ.* I, n° 318; *D.* 2001. 1496, note T. Garé; *D.* 2002. Somm. 1879, obs. D. Autem; *JCP* 2001. II. 10478, note J. Casey; *Defrénois* 2001. 604, obs. J. Massip; *Dr. fam.* 2001, n° 32, note B. Beignier; *RTD civ.* 2001. 120, obs. J. Hauser; et 425, obs. B. Vareille.

retranchement prévue par l'article 1527 alinéa 2 du Code civil, **qui traite l'avantage matrimonial comme une libéralité et autorise la réduction de ce qui excède la quotité disponible** (sur la portée de ce texte et les titulaires de l'action en retranchement, v. s^s^ n°s 152.22 et 152.32). L'intérêt de cet enfant étant alors préservé, le changement de régime matrimonial par les époux ne devrait pas être refusé au seul prétexte que l'intérêt de l'enfant non commun n'est pas assuré[1]. Sous cet aspect, la dissimulation de cet enfant lors de la procédure de changement de régime ne constitue pas par elle-même une fraude de nature à justifier la nullité de la convention modificatrice[2].

123.66 Intérêt dû à la qualité d'héritier réservataire. La qualité d'héritier réservataire est souvent prise en considération lors de l'appréciation de la conformité de la modification à l'intérêt de la famille.

Les solutions dégagées avant l'entrée en vigueur de la loi du 3 décembre 2001 restent valables et doivent trouver à s'appliquer sous l'empire des nouveaux textes de droit des successions. Le seul fait que la modification soit préjudiciable sur le plan successoral pour l'héritier réservataire ne suffit pas à justifier le refus de l'homologation[3]. L'intérêt de l'un des époux peut expliquer que soit retardé le droit de l'héritier réservataire à la réalisation de sa vocation successorale. En revanche, lorsque la modification du régime matrimonial est de nature à léser les droits d'ordre public d'un héritier réservataire, le refus de l'homologation pour ce motif est légitime[4].

123.67 Limites. La modification conventionnelle du régime matrimonial ne saurait être considérée comme conforme à l'intérêt de la famille lorsque, en dépit du respect des paramètres précédemment examinés, la convention porte **atteinte aux droits des créanciers** ou à des **règles d'ordre public.**

123.68 1) Respect des droits des créanciers. Il va de soi qu'un conflit peut se présenter entre la famille, quelle que soit son acception, et l'intérêt des tiers. D'une manière générale, tout changement doit être écarté lorsque la modification conventionnelle a pour seul but de porter atteinte aux droits des tiers. Encore faut-il que la **fraude** soit établie, dans son **élément matériel** et son **élément intentionnel**, l'existence d'un préjudice pour le créancier n'étant pas suffisant pour caractériser cette fraude et justifier le refus d'homologation. En particulier, le seul changement de régime matrimonial ne suffit pas à révéler la fraude[5]. En revanche, il y a **fraude** pour un débiteur à **changer de régime matrimonial dans le seul but d'organiser son insolvabilité**, en particulier lorsque les biens saisissables sont placés dans le lot de l'épouse du débiteur lors du partage[6]. De même, la **fraude** pourra résulter du **caractère inégal du partage** intervenu entre les époux, attribuant à la femme tous les biens immobiliers et mobiliers, le mari – dont la situation était très obérée – n'obtenant, outre un véhicule, qu'une soulte dont il n'est pas démontré qu'elle ait été payée[7]. Au demeurant, la fraude peut être établie à l'aide d'**indices tirés d'événements postérieurs.**

Le principe général selon lequel la fraude fait exception à toutes les règles a reçu des applications spécifiques. D'une part, s'agissant d'une condamnation frappant l'un des époux, il est admis que l'homologation doit être refusée si la modification n'a pour seul but que d'éluder les conséquences d'une condamnation[8]. Mais il reste permis aux époux de protéger le patrimoine de la famille ainsi que l'avenir du conjoint survivant et de la cellule familiale en général sans que nécessairement la fraude soit caractérisée. D'autre part, le seul fait, au regard du fisc, de vouloir trouver la solution fiscale la plus avantageuse ne constitue pas, nécessairement, une fraude fiscale, interdisant toute homologation[9]. Enfin, a pu caractériser la fraude justifiant une éventuelle rétractation du jugement d'homologation, le fait pour l'un des époux de dissimuler l'existence d'un enfant, tant dans sa déclaration relative à la composition de la famille que dans sa requête aux fins d'homologation[10]. Mais ceci doit

1. EN CE SENS, Civ. 1re, 22 juin 2004, n° 02-10.528, NP; *Dr. fam.* 2004, n° 182, obs. B. Beignier; *JCP* 2004. I. 176, n° 11, obs. Wiederkehr; *RTD civ.* 2005. 172, obs. B. Vareille.
2. Civ. 1re, 17 févr. 2010, n° 08-14.441, *Bull. civ.* I, n° 42; *D.* 2010. AJ 582, obs. V. Égéa; *JCP* 2010, n° 243, obs. Hilt; n° 487, obs. G. Wiederkehr; *JCP N* 2010. 1220, obs. Vassaux-Barège; *Defrénois* 2010. 1159, obs. J. Massip; *AJ fam.* 2010. 191, note P. Hilt; *RLDC* 2010/70, n° 3787, obs. E. Pouliquen – Civ. 1re, 19 déc. 2012, n° 11-25.288, NP; *JCP* 2013. I. 721, n° 4, obs. G. Wiederkehr.
3. Civ. 1re, 6 janv. 1976, n° 74-12.212, préc. s^s^ n° 123.51, 123.63 et 123.64.
4. Civ. 1re, 8 juin 1982, n° 81-13.877, *Bull. civ.* I, n° 214 – *Adde*, Civ. 1re, 5 juill. 1989, n° 87-15.957, préc. s^s^ n° 123.65.
5. Civ. 1re, 4 janv. 1977, n° 74-14.990, *Bull. civ.* I, n° 5 – Civ. 1re, 2 avr. 1996, n° 94-15.298, NP; *JCP* 1996. I. 3962, n° 7, obs. G. Wiederkehr.
6. Civ. 1re, 6 mai 1985, *D.* 1985. IR 432.
7. Civ. 1re, 22 févr. 2000, n° 97-16.895, NP; *JCP* 2000. I. 245, p. 2368, obs. Ph. Simler.
8. TGI Seine, 17 mars 1967, *Defrénois* 1968. 218.
9. Amiens, 9 mai 1977, *Gaz. Pal.* 1978. 2. 390, note M. M. – Rouen, 3 févr. 1981, *Defrénois* 1981. 969, obs. G. Champenois.
10. Civ. 1re, 5 janv. 1999, n° 96-22.914, *Bull. civ.* I, n° 11; *D.* 1999. 242, note J. Thierry; *JCP* 1999. II. 10094, note J. Casey; I. 154, n° 3, obs. G. Wiederkehr; *Dr. fam.* 1999, n° 17, note B. Beignier; *Defrénois* 1999. 805, obs. G. Champenois; *RTD civ.* 2000. 151, obs. B. Vareille.

être apprécié au cas par cas. Ainsi, la dissimulation de l'enfant d'un des époux lors de l'adoption d'un régime de séparation de biens n'est pas constitutive de fraude et ne justifie pas l'annulation de la convention de changement de régime matrimonial, dès lors qu'il n'est pas fait échec aux droits successoraux de l'enfant et qu'il n'y a pas création d'un avantage pour l'un des enfants[1].

123.69 **2) Limites tenant aux règles d'ordre public.** Le refus d'une convention modificative peut être justifié par le fait que les époux tentent d'éluder des règles d'ordre public qui s'imposent à eux.

Ainsi, il ne paraît pas possible d'avoir recours à l'article 1397 du Code civil pour organiser, en violation de l'article 215 du Code civil, une cessation de la vie commune. De même, on ne saurait admettre que des époux demandent la modification de leur régime matrimonial avant d'engager une procédure de divorce par demande conjointe, une telle démarche étant destinée à faire échec aux règles impératives du divorce.

SECTION 2
CONDITIONS DE FORME DU CHANGEMENT DE RÉGIME MATRIMONIAL

123.70 **Présentation.** L'ancien article 1397 alinéa 1er du Code civil imposait que la convention modificative, établie par acte notarié, soit en toute hypothèse homologuée par le tribunal du domicile des époux.

Depuis la réforme opérée par la loi du 23 juin 2006, **le principe est désormais celui d'un changement par acte notarié**, et ce n'est qu'à titre résiduel qu'interviendra un changement par homologation. Les modifications apportées à l'article 1397 du Code civil ont trouvé leur prolongement dans les dispositions du décret du 23 décembre 2006 qui modifient certains textes du Code de procédure civile[2], notamment les articles 1300 à 1303.

§ 1
Changement par acte notarié

123.71 **Principe.** Innovation majeure de la loi du 23 juin 2006, la **déjudiciarisation du changement de régime matrimonial** conduit à une simplification de la procédure et à un allègement de son coût pour les époux. Le changement de régime n'en reste pas moins une opération réglementée de façon précise. C'est ainsi qu'il incombe au notaire, dans les cas où l'homologation judiciaire n'est pas requise, de la bonne exécution de la procédure de changement (information de ceux que la loi a entendu protéger, respect des délais, accomplissement des formalités de publicité, etc.) et de la liquidation du régime matrimonial antérieur, « *si elle est nécessaire* » (C. civ., art. 1397, al. 1er, *in fine*).

123.72 **Liquidation du régime matrimonial modifié.** C'est assurément ici que se concentrent les difficultés pratiques : quand l'acte notarié doit-il contenir la liquidation du régime matrimonial modifié[3] ? La question est d'autant plus importante que la sanction de l'irrégularité est la **nullité de l'acte.** À cette difficulté s'ajoute celle du coût de la convention modificative, puisque celui-ci varie sensiblement selon que celle-ci contient ou non une liquidation du régime modifié.

En dépit des nombreuses incertitudes qui entourent la condition de nécessité d'une liquidation, quelques solutions pratiques peuvent être proposées :

– Lorsque les époux veulent passer *d'un régime de séparation de biens à un régime de communauté ou de participation aux acquêts*, la **liquidation** du régime modifié ne s'avère **pas nécessaire**; seul un inventaire des biens personnels respectifs des époux paraît devoir être inclus dans l'acte.

– Lorsque les époux veulent *abandonner un régime de communauté pour adopter un régime de séparation de biens ou de participation aux acquêts*, une **liquidation** du régime **s'impose**[4]. Il en va de même si les époux passent d'un régime de participation aux acquêts à la séparation de biens, car il est alors nécessaire de chiffrer la créance de participation.

– Lorsque la volonté des époux est de *modifier une disposition de leur régime matrimonial* – par exemple, restreindre ou accroître l'assiette de la communauté (apport d'un bien propre à la communauté, passage de la communauté simple à la communauté universelle); *modifier les modalités de partage de la communauté* (clause de préciput, clause d'attribution intégrale de la communauté); *adjoindre*

1. Civ. 1re, 17 févr. 2010, no 08-14.441, *Bull. civ.* I, no 42; *D.* 2010. AJ 582; *JCP* 2010, no 243, obs. P. Hilt; no 487, § 8, obs. G. Wiederkehr; *AJ fam.* 2010. 191, note P. Hilt; *Defrénois* 2010. 1159, note J. Massip; *RLDC* 2010/70, no 3787, obs. E. Pouliquen.
2. Décr. no 2006-1805, 23 déc. 2006, relatif à la procédure en matière successorale et modifiant certaines dispositions de procédure civile, *JO* 31 déc., p. 20370.
3. V. NOT., F. Vauvillé, « Changement de régime matrimonial : la question de la liquidation », *RJPF* 2009. 19 – B. Vareille, « La loi du 23 juin 2007 et les régimes matrimoniaux », *JCP N* 2007. 1200 – B. Beignier, J. Combret et E. Frémont, « Le changement de régime matrimonial depuis le 1er janvier 2007. Questions diverses. Éléments de réponse », *JCP N* 2007. 1163 – M. Dagot, « Changement de régime matrimonial et liquidation », *JCP N* 2008. 1217.
4. Rép. min. no 28463, *JOAN Q* 11 nov. 2008, p. 9788.

une société d'acquêts à une séparation de biens; aménager les règles de la participation aux acquêts, comme transférer certains biens du patrimoine final au patrimoine originaire, etc. –, l'on peut sérieusement hésiter sur le caractère nécessaire d'une liquidation. Ainsi certains auteurs estiment que « *si l'on est dans l'accroissement d'une communauté par un avantage matrimonial,* [...] *il ne nous paraît pas nécessaire de joindre la liquidation (qui n'est d'ailleurs pas achevée) à l'acte : il suffira de dire que les parties, éclairées par les conseils du notaire, ont estimé qu'elle n'était pas nécessaire* »[1]. À suivre un arrêt de la cour d'appel de Versailles, il est néanmoins nécessaire de liquider toutes les fois qu'est créé un avantage matrimonial exposé à l'action en retranchement[2].

123.73 Information. Le nouvel article 1397 du Code civil compense l'absence de contrôle du juge par un **renforcement de la protection des tiers,** ou tout au moins de certains d'entre eux, qui bénéficient d'une **obligation d'information.** Les tiers concernés sont tout d'abord les **enfants majeurs des époux** et les personnes qui avaient été parties au contrat de mariage dont la modification est projetée, mais aussi les créanciers des époux.

L'article 1300 du Code de procédure civile, ainsi qu'un arrêté du 23 décembre 2006[3], précisent les **conditions de la notification** de cette information. Parallèlement, les **créanciers des époux** doivent être **avertis** conformément à l'article 1397 alinéa 3 du Code civil. À défaut d'opposition dans le délai prévu, mention du changement de régime matrimonial en marge de l'acte de mariage est requise par le notaire.

123.74 Opposition. La finalité de cette information est de permettre à ses bénéficiaires de **s'opposer au projet de changement de régime dans le délai de trois mois à compter de la notification** qui leur en aura été faite[4]. Cette opposition rendra alors l'homologation judiciaire nécessaire. Notifiée au notaire, l'opposition devra être portée à la connaissance des époux (C. pr. civ., art. 1300-1).

§ 2 Changement par homologation judiciaire

123.80 Plan. À l'étude des cas où subsiste l'intervention du juge (A) fera suite celle de l'instance en homologation (B).

A. Cas d'intervention du juge

123.81 Absence de recours au juge. Le recours au juge n'est pas nécessaire lorsqu'il existe des **enfants majeurs** ou des **créanciers** et que ceux-ci, ayant été informés du projet de changement de régime, ne s'y opposent pas. Le fait pour eux de ne pas faire valoir leur droit d'opposition a pour effet de soustraire l'acte notarié à l'homologation judiciaire (C. civ., art. 1397, al. 4).

123.82 Nécessité de recours au juge. En revanche, s'il existe **un ou plusieurs enfants mineurs,** l'**exigence d'homologation** est maintenue et le **recours au juge** est **obligatoire** pour vérifier si les intérêts des enfants mineurs sont respectés. À cet égard, les termes du nouvel article 1397 alinéa 5 visent le cas où « *l'un ou l'autre des époux a des enfants mineurs* », et il faut sans doute faire soumettre l'acte à homologation toutes les fois qu'il existe un **enfant mineur, qu'il soit commun ou non aux deux époux.** En revanche, la présence d'un petit-enfant mineur ne rend pas obligatoire cette homologation[5].

B. Instance en homologation

123.91 Compétence. Depuis l'entrée en vigueur de la loi du 12 mai 2009[6], le juge du tribunal de grande instance compétent pour homologuer un changement de régime matrimonial est le **juge aux affaires familiales de la résidence de la famille** (COJ, art. L. 213-3 et C. pr. civ., art. 1300-4) qui devra statuer conformément aux principes généraux qui gouvernent la matière gracieuse[7]. La for-

1. B. Beignier, J. Combret et E. Frémont, « Le changement de régime matrimonial depuis le 1er janvier 2007 – Questions diverses. Éléments de réponse », *JCP N* 2007. 1163, spéct n° 4.
2. Versailles, 28 janv. 2010, *JCP N* 2011. 1001, n° 7, obs. g. Wiederkehr – EN CE SENS, B. Vareille, « La loi du 23 juin 2007 et les régimes matrimoniaux », *JCP N* 2007. 1200.
3. Arr. 23 déc. 2006, fixant le modèle de l'information délivrée aux enfants des époux et aux tiers, dans le cadre d'une procédure de changement de régime matrimonial, *JO* 31 déc., p. 20378.
4. Les enfants ne peuvent renoncer au délai pour former opposition au changement de régime matrimonial de leurs parents : Rép. min. n° 28467, *JOAN Q* 23 déc. 2008, p. 11172.
5. TGI Chaumont, 23 nov. 2009, *Defrénois* 2010, p. 320, obs. Massip.
6. L. n° 2009-526, 12 mai 2009, de simplification et de clarification du droit et d'allègement des procédures, *JO* 13 mai, p. 7920.
7. Civ. 1re, 19 mars 2008, n° 05-21.924, *Bull. civ.* I, n° 87; *D.* 2008. Chron. 2042, note D. Le Ninivin; *JCP* 2008. I. 144, n° 8, obs. G. Wiederkehr; *JCP N* 2008. 1295, obs. G. Wiederkehr; *Defrénois* 2008. 2187, note G. Champenois; *Dr. fam.* 2008, n° 75, note V. Egéa; *RJPF* 2008. 20, obs. F. Vauvillé; *RLDC* 2008/5, n° 2999, obs. Jeanne; *Gaz. Pal.* 2008. 44, note J. Casey; *RTD. civ.* 2008. 725, note R. Perrot.

mulation de l'article 1300-4 du Code de procédure civile est différente de celle de l'article 1397 du Code civil. Le premier de ces textes retient la **compétence du juge aux affaires familiales de la résidence de la famille**, le second la **compétence du tribunal du domicile des époux**. Ces deux textes reçoivent une **application combinée**, le cas échéant, lorsque les époux ont des domiciles distincts. Ainsi, l'on admet que puisse être saisi le **tribunal de l'un ou l'autre domicile**. La résidence de la famille est celle-là même qui est définie par l'article 215 alinéa 2 du Code civil, c'est-à-dire le lieu choisi d'un commun accord par les époux, étant entendu que cette résidence doit être effective.

123.92 Consentement des parties. Le consentement des époux doit exister **au jour où le juge statue sur l'homologation, et jusqu'à ce que celle-ci soit devenue définitive**[1]. En effet, le consentement des époux au seul jour de la convention modificative ne suffit pas, compte tenu du **caractère gracieux de la procédure d'homologation**[2]. Ainsi, le décès d'un des époux, ou l'absence d'accord du conjoint après l'établissement de l'acte notarié modificatif et avant son homologation judiciaire interdit toute homologation.

123.93 Office du juge. Statuant en matière gracieuse, le juge dispose, dans l'instance d'homologation du changement de régime matrimonial, des pouvoirs qui lui sont accordés, d'une façon générale par les règles du Code de procédure civile en matière gracieuse. En particulier, l'article 27 du Code de procédure civile prévoit que **le juge peut, même d'office, procéder à toutes les investigations utiles.** Il a par ailleurs la faculté d'entendre sans formalité les personnes susceptibles de l'éclairer, celles dont les intérêts risquent d'être affectés par sa décision, ainsi que celles qui le souhaiteraient. À cet égard, une difficulté est apparue en ce qui concerne **l'audition des enfants de l'un ou l'autre des époux, voire des deux,** laquelle est prévue en d'autres matières expressément, mais non pour le changement de régime matrimonial des parents. Dans le silence des textes, il semble que la consultation par le juge de l'opinion de l'enfant sur le changement de régime matrimonial de ses parents soit licite[3]. Mais **il appartient au tribunal de décider**, en dernière analyse, **de l'opportunité de consulter ou non l'enfant**; en toute hypothèse, le tribunal n'est, en aucun cas, lié par l'avis recueilli. Libre de recueillir l'avis de l'enfant, le juge doit néanmoins avoir égard au fait que, s'il a refusé de l'entendre, l'enfant est toujours en mesure d'exercer un recours contre le jugement homologuant le changement de régime matrimonial des époux.

Outre les règles générales qui gouvernent la procédure gracieuse, le contrôle du tribunal est soumis à des règles spécifiques. En effet, **le tribunal doit contrôler la régularité de la demande,** eu égard aux conditions de fond et de forme posées par l'article 1397 du Code civil, étant rappelé que le tribunal ne doit pas se satisfaire d'un simple contrôle de la légalité mais doit également **apprécier l'opportunité de la modification eu égard à l'intérêt de la famille**[4].

123.94 Jugement. Voies de recours. Quant au contenu de sa décision, les pouvoirs du tribunal restent limités En effet, le **juge** a seulement la **faculté d'accorder ou de refuser l'homologation.** Il ne lui appartient pas de modifier la convention des parties. Aussi ne peut-il homologuer seulement partiellement celle-ci sous prétexte que certaines clauses seraient contraires à l'ordre public, alors que d'autres seraient valables. D'une façon générale, la convention modificative est le résultat de la volonté des parties et le juge, une fois qu'il a exercé son contrôle, ne peut que l'accepter ou la rejeter.

L'article 1293 du Code de procédure civile prévoit que le jugement ne peut être rendu qu'un mois au moins après la publication de la demande, ceci permettant aux tiers intéressés d'intervenir à l'instance après en avoir été informés. Le jugement est prononcé en chambre du Conseil, après que le Parquet ait été entendu. Les **voies de recours offertes aux époux** sont celles-là mêmes du **droit commun.** Est ainsi recevable le **recours en révision** formé par des enfants, ayants cause universels de leur mère, contre le jugement d'homologation, en raison de l'ignorance dans laquelle elle aurait été laissée de l'existence d'un enfant tenue secrète par son mari au moment du changement de régime[5]. De même, le jugement qui refuse l'homologation est susceptible d'**appel** et l'arrêt d'appel confirmatif d'un **pourvoi en cassation.** Ces voies de recours sont également offertes aux personnes qui sont intervenues à l'instance d'homologation. Par ailleurs, en vertu de

1. Civ. 1re, 14 avr. 2010, n° 09-11.218, *Bull. civ.* I, n° 97; *D.* 2010. Actu. 1087; *JCP* 2010, n° 1220, note G. Wiederdehr; *JCP N* 2010. 1274, note J. Massip; *Defrénois* 2010. 1367, note J. Massip.
2. Civ. 1re, 27 avr. 1982, n° 81-12.459, *Bull. civ.* I, n° 148; *D.* 1982. IR 416; *Defrénois* 1982. 1371, obs. G. Champenois.
3. Rép. min. n° 43872, *Defrénois* 1981. 1018.
4. Civ. 1re, 6 janv. 1976, n° 74-12.212, *Bull. civ.* I, n° 4; *GAJC*, 12e éd., n° 90; *D.* 1976. 253, note A. Ponsard; *JCP* 1976. II. 18461, note J. Patarin; *Defrénois* 1976. 787, note A. Ponsard; *RTD civ.* 1978. 123, obs. R. Nerson.
5. Civ. 1re, 5 janv. 1999, n° 96-22.914, *Bull. civ.* I, n° 11; *D.* 1999. 242, note J. Thierry; *RTD civ.* 2000. 151, obs. B. Vareille; *JCP* 1999. II. 10094, note J. Casey; I. 154, n° 3, obs. G. Wiederkehr; *Dr. fam.* 1999, n° 17, note B. Beignier; *Defrénois* 1999. 805, obs. G. Champenois.

l'article 1397 alinéa 9 du Code civil, les **créanciers non opposants** peuvent exercer l'**action paulienne** en prouvant l'existence d'une fraude à leurs droits.

SECTION 3
PUBLICITÉ DU CHANGEMENT DE RÉGIME MATRIMONIAL

123.101 Présentation. Le législateur a prévu toute une série de mesures de publicité, conditions d'opposabilité aux tiers du changement de régime matrimonial, qui, à tous les stades de la procédure de changement de régime matrimonial, doivent assurer la protection des tiers. En particulier, le décret du 23 décembre 2006[1], relatif à la procédure en matière successorale et modifiant certaines dispositions de procédure civile, a adapté le Code de procédure civile aux nouvelles règles et mis en place les nouveaux articles 1300 à 1303. De plus, l'arrêté du 23 décembre 2006 a fixé le modèle de l'information délivrée aux enfants des époux et aux tiers, dans le cadre d'une procédure de changement de régime matrimonial.

123.102 Publicité de la demande de changement de régime. L'article 1397 du Code civil prévoit que **les enfants majeurs** et **les personnes qui ont été parties au contrat de mariage** sont **personnellement informés du projet de changement**, tandis que les **créanciers des époux** sont **informés par la publication d'un avis dans un journal** habilité à recevoir des annonces légales. Il convient de se reporter à l'arrêté du 23 décembre 2006 pour connaître le contenu exact et le modèle de cette information délivrée aux enfants et aux tiers.

123.103 Publicité de l'acte notarié portant changement. Le notaire requiert la **mention en marge de l'acte de mariage** du changement de régime matrimonial. Dans ce but, il adresse à l'officier d'état civil une **expédition de l'acte et un certificat** établi par lui attestant de la date de réalisation des formalités d'information et de publication de l'avis ainsi que de l'absence d'opposition (C. pr. civ., art. 1300-2).

123.104 Publication du jugement homologuant le changement. De l'article 1397 alinéa 4, il résulte que la demande et la décision d'homologation sont publiées dans les conditions et sous les sanctions prévues par le Code de procédure civile. La **mention du dispositif du jugement en marge de l'acte de mariage** (C. pr. civ., art. 1294, al. 2) est aussi posée par l'article 1397 alinéa 6 du Code civil : il s'agit de rappeler l'importance de cette mesure qui est une **condition d'opposabilité aux tiers du changement de régime matrimonial.**

Lorsque cette mention en marge a été accomplie, le changement n'est opposable aux tiers que dans un **délai de trois mois après ce changement.** En revanche, à défaut d'accomplissement d'une telle formalité, le changement n'est opposable aux tiers que si, lors des actes passés avec ceux-ci, les époux ont déclaré avoir modifié leur régime matrimonial.

123.105 En matière immobilière. Lorsque le changement de régime matrimonial affecte la propriété des immeubles des époux, une **publicité foncière au Bureau de la conservation des hypothèques** doit intervenir. L'article 1303 du Code de procédure civile dispose que « *le délai pour procéder, le cas échéant, aux formalités de publicité foncière de l'acte constatant le changement de régime matrimonial court à compter du jour où la décision d'homologations a acquis force de chose jugée* ». Aucune disposition spécifique au changement de régime matrimonial n'étant prévue, le régime de droit commun de la publicité foncière doit être appliqué. Ainsi, dès lors que la convention modificative a pour conséquence de déplacer la propriété immobilière d'un patrimoine à un autre, une **publication au Fichier immobilier tenu par la Conservation des hypothèques du lieu de situation de l'immeuble concerné** est nécessaire. L'observation de ces **formalités de publicité foncière** est d'autant plus **impérative** que leur **sanction** consiste dans **l'inopposabilité aux tiers** des mutations de droits consécutifs au changement de régime : les constitutions de droit réel ou les mutations affectant ultérieurement ces mêmes biens ne pourront être publiées avec les conséquences qui s'ensuivent[2].

Sous cet aspect, il convient de distinguer les situations suivantes.

En présence d'époux communs en biens :

– L'adoption du **régime de la communauté universelle** n'exige les formalités de publicité foncière que pour les immeubles propres à l'un des époux[3]. Pareillement, l'apport d'un bien propre à la communauté donne lieu à publicité foncière.

– L'adoption du **régime de la séparation de biens** n'entraîne aucun transfert de droits réels entre les

1. Décr. n° 2006-1805, 23 déc. 2006, relatif à la procédure en matière successorale et modifiant certaines dispositions de procédure civile, *JO* 31 déc., p. 20370.

2. Décr. n° 55-1350, 14 oct. 1955, pour l'application du décret n° 55-22 du 4 janvier 1955 portant réforme de la publicité foncière, *JO* 15 oct., p. 10125, art. 33.

3. Com. 10 févr. 1998, n° 95-16.924, *Bull. civ.* IV, n° 66; *D.* 1998. IR 67; *AJDI* 1999. 207, obs. J.-P. Maublanc; *JCP N* 1998. 1532, obs. J. Lafond; *Defrénois* 1998. 822, obs. G. Champenois; 1450, obs. A. Chappert; *RTD civ.* 2000. 155, obs. B. Vareille.

époux qui sont copropriétaires des biens. Partant aucune publicité n'est requise tant pour les biens propres que pour les biens communs[1]. En revanche, si un partage attribue aux époux des droits privatifs sur les biens communs, la publicité du partage doit être effectuée. Semblablement, l'adoption du régime de la participation aux acquêts ne donne pas lieu à publicité foncière car l'immeuble commun, qui devient indivis, ne fait l'objet d'aucune mutation, le nouveau régime n'affectant pas la quotité des droits des époux sur cet immeuble[2].

En présence d'époux séparés de biens :

– L'adoption du **régime de la communauté légale** ne produit en principe aucun transfert de propriété, les biens personnels des époux restant des biens propres et, si une indivision existait entre eux, elle se poursuit (lorsque le bien indivis était détenu dans des proportions inégales, il y a lieu de publier le changement de régime matrimonial dans la mesure où l'époux qui disposait de la quotité de droits indivis la plus faible a désormais vocation à la moitié des biens communs et bénéficie ainsi de droits réels nouveaux). Si les dispositions de l'acte de changement prévoient de faire entrer en communauté des biens immeubles personnels à l'un ou l'autre des époux, cet apport constitue une mutation de droits réels immobiliers et rend exigibles les formalités de publicité foncière.

Il en va de même si les époux adoptent une **communauté universelle**[3] ou une **société d'acquêts**[4].

1. Instr. 3 juill. 2000, *BOI* 10 G-5-00, n°s 5 s.
2. Civ. 1re, 6 juill. 2005, n° 01-17.542, *Bull. civ.* I, n° 315.
3. Instr. 3 juill. 2000, *BOI* 10 G-5-00, n°s 1 s.
4. Instr. 27 juill. 2004, *BOI* 7 A-1-04.

CHAPITRE

124. Effets du changement de régime matrimonial

Christophe Vernières
Professeur à l'Université
Paris 8 – Vincennes Saint-Denis

SECTION 0
Orienteur

124.00 **Plan du chapitre.**

124.01 **Texte applicable.**

C. civ., art. 1397, al. 6 (*L. n° 2007-308, 5 mars 2007, art. 11*)

[...] Le changement a effet entre les parties à la date de l'acte ou du jugement qui le prévoit et, à l'égard des tiers, trois mois après que mention en a été portée en marge de l'acte de mariage. Toutefois, en l'absence même de cette mention, le changement n'en est pas moins opposable aux tiers si, dans les actes passés avec eux, les époux ont déclaré avoir modifié leur régime matrimonial. [...]

124.02 **Jurisprudence de référence.**

> Sur l'utilité de procéder au partage dès la dissolution du régime matrimonial

• Civ. 1re, 8 févr. 2000, n° 98-10.817, NP

* V. ss nos 124.13, 124.21

En cas de changement total de régime matrimonial de communauté, la dissolution de la communauté entraîne [*jour de l'acte notarié ou du jugement d'homologation*] *ipso facto* que les biens communs sont dans l'indivision jusqu'au partage. L'indivision post-communautaire porte alors, en l'absence de partage, sur l'ensemble des biens dépendant de la communauté : les dettes nées de l'exploitation commerciale d'un fonds indivis seront donc payées par prélèvement sur l'actif à partager, l'épouse n'ayant manifesté aucune opposition à la gestion du fonds par son mari.

> Le changement de régime ayant produit effet s'impose aux époux, sauf vice du consentement ou fraude

• Civ. 1re, 29 mai 2013, n° 12-10.027, *Bull. civ.* I [à paraître]

* V. ss n° 124.23

Le changement de régime matrimonial ayant produit effet, à la date de l'acte ou du jugement qui le prévoit, s'impose à chacun des époux, de sorte que, à défaut d'invoquer un vice du consentement ou une fraude, aucun d'eux ne peut être admis à le contester sur le fondement de l'article 1397 du Code civil.

En conséquence, viole ce texte, ainsi que les articles 1108 et 1134 du Code civil, la cour d'appel qui annule l'acte modificatif du régime matrimonial au motif qu'il ne satisfait que les seuls intérêts de la femme et qu'il est excessivement défavorable au mari, ce qui établirait la non-conformité du changement convenu à l'intérêt de la famille.

> Les héritiers des époux, et les héritiers réservataires, étaient exclus du bénéfice de la tierce opposition avant la loi du 23 juin 2006, comme ils le sont depuis cette loi de l'action paulienne

• Civ. 1re, 24 nov. 1993, n° 92-21.712, *Bull. civ.* I, n° 342

* V. ss n° 124.42

La tierce opposition à un jugement homologuant un changement de régime matrimonial est réservée aux seuls créanciers à l'exclusion de tous autres tiers, tels que les enfants qu'il s'agisse d'enfants communs ou d'enfants d'un premier lit.

> Annulation de la convention qui conserve son caractère contractuel en dépit d'une homologation

• **Civ. 1re, 25 juin 2002, no 00-15.119,** NP; *JCP* 2003. I. 111, no 7, obs. Wiederkehr.

* V. ss no 124.45

Fraude pour avoir dissimulé l'existence d'un enfant naturel du mari.

124.03 Bibliographie indicative.

Ouvrages[1]. A.-S. Brun-Wauthier, *Régimes matrimoniaux*, 3e éd., Larcier, 2013 – R. Cabrillac, *Droit des régimes matrimoniaux*, 8e éd., « Précis Domat », Montchrestien, 2013 – I. Dauriac, *Les régimes matrimoniaux et le PACS*, 3e éd., LGDJ, 2012 – J. Flour et G. Champenois, *Les régimes matrimoniaux*, 2e éd., coll. « U », A. Colin Éd., 2001 – Ph. Malaurie et L. Aynès, *Les régimes matrimoniaux*, 4e éd., LGDJ/Lextenso, 2013 – N. Peterka, *Régimes matrimoniaux*, 3e éd., « HyperCours », Dalloz, 2012, nos 2 s. – F. Terré et Ph. Simler, *Droit civil, Les régimes matrimoniaux*, 6e éd., « Précis », Dalloz, 2011.

124.04 Questions essentielles.

> Les époux disposent-ils d'un délai pour tirer toutes les conséquences concrètes du jugement d'homologation et du changement de leur régime ?

* V. ss no 124.13

> À quelles conditions le changement est-il opposable aux tiers ?

* V. ss no 124.31

> La tierce opposition est-elle possible ?

* V. ss no 124.41

> À quelles conditions l'action paulienne peut-elle être engagée contre un changement de régime matrimonial ?

* V. ss no 124.42

124.09 Présentation. Dès lors que les conditions précédemment exposées ont été remplies, le changement doit produire toute son efficacité. À cet égard, l'article 1397 alinéa 6 du Code civil fait une distinction selon les personnes concernées par le changement de régime matrimonial. Seront donc successivement examinés les effets du changement à l'égard des parties (sect. 1) et à l'égard des tiers (sect. 2).

SECTION 1
Effets du changement entre les époux

124.10 Plan. Il convient de déterminer à compter de quelle date le changement de régime matrimonial produit ses effets (§ 1), avant de préciser la portée à l'égard des époux du changement opéré (§ 2).

1. NB : les ouvrages les plus fréquemment cités et dont le nom des auteurs figure en petites capitales en bibliographie sont cités par les seuls noms des auteurs en petites capitales en notes de bas de page.

§ 1
Point de départ des effets du changement de régime matrimonial entre époux

124.11 Principe. L'article 1397 alinéa 6 du Code civil dispose qu'entre époux, le changement homologué n'a effet **qu'à dater de l'acte ou du jugement qui le prévoit.** C'est donc à compter de la signature de l'acte prévoyant le changement de régime ou - le cas échéant - du jugement l'homologuant, même si celui-ci n'a pas fait l'objet encore d'une mention en marge de l'acte de mariage, que le changement produit ses effets entre les époux.

Encore faut-il, s'il y a eu homologation, que l'on soit en présence d'un **jugement passé en force de chose jugée.** Le jugement d'homologation est en effet susceptible d'appel, et compte tenu de l'effet suspensif de l'appel, le changement ne produira effet qu'au jour où le délai pour exercer cette voie de recours est expiré.

124.12 Absence de rétroactivité. Dans le cadre d'un changement nécessitant une homologation judiciaire, **l'effet du jugement d'homologation se produit sans rétroactivité**, ce qui diffère de la solution prévue par l'article 1445 alinéa 2 du Code civil pour la séparation de biens judiciaire. Il s'ensuit que tout acte passé par les époux avant l'homologation de la convention modificative serait nul comme contraire au principe de la mutabilité contrôlée du régime matrimonial, le pouvoir des époux restant, au demeurant, régi par le régime ancien. Ainsi, toute convention passée entre époux pour la liquidation et le partage de leur régime matrimonial, mais en dehors d'une instance en divorce compte tenu de l'article 265-2 du Code civil, et avant toute homologation judiciaire du changement de régime matrimonial, est considérée comme nulle[2].

124.13 Exécution du jugement. Si la loi a prévu le point de départ des effets du changement de régime matrimonial, elle reste silencieuse sur le délai imposé aux époux pour assurer l'exécution du jugement d'homologation. **Aucun délai n'est prévu,** quel que soit le régime nouvellement choisi, même s'il s'agit de la séparation de biens. En effet, l'article 1444 du Code civil ne concerne pas la séparation de biens demandée par voie amiable par les

2. Civ. 1re, 8 avr. 2009, no 07-15.945, *Bull. civ.* I, no 80; *D.* 2009. 1201, obs. V. Égéa; Pan. 2508, obs. J. Revel; 2528, note T. Pasquier; *JCP N* 2009. 1234, note J.-G. Mahinga; *AJ fam.* 2009. 219, obs. S. David; *RLDC* 2009/61, no 3475, obs. E. Pouliquen; *Defrénois* 2009. 1483, obs. G. Champenois; *RTD civ.* 2009. 516, obs. J. Hauser; 769 et 771, obs. B. Vareille.

parties[1] mais seulement la séparation de biens prononcée en justice par voie contentieuse.

§ 2
Portée de la modification du contrat de mariage

124.21 Changement total de régime matrimonial. Lorsque les époux ont décidé de changer totalement de régime matrimonial, le **précédent régime** se trouve **dissous par la signature de l'acte notarié** ou le **jugement d'homologation.** C'est donc à cette date que doivent intervenir la **liquidation,** et, éventuellement, le **partage du régime précédent,** en particulier lorsqu'il s'agit d'un régime de communauté[2]. La dissolution de la communauté entraîne *ipso facto* que les biens communs sont dans l'indivision jusqu'au partage. L'indivision post-communautaire porte alors, en l'absence de partage, sur l'ensemble des biens dépendant de la communauté : les dettes nées de l'exploitation commerciale d'un fonds indivis seront donc payées par prélèvement sur l'actif à partager, l'épouse n'ayant manifesté aucune opposition à la gestion du fonds par son mari[3]. En toute hypothèse, **l'acte notarié** doit contenir à peine de nullité la **liquidation du régime initial des époux** si nécessaires (v. s^s n° 123.72).

124.22 Modifications partielles. Là encore, c'est à la **date de l'acte notarié ou du jugement d'homologation** que la modification prend effet. En ce qui concerne les modifications relatives aux **règles de liquidation**, elles ne produisent **effet** qu'à la **dissolution du régime** tout en étant **valablement faites dès le jour du jugement d'homologation.**

124.23 Recours. La modification du contrat de mariage s'impose à chacun des époux dès qu'elle produit effet, à la date de l'acte ou du jugement qui le prévoit. De là il résulte, selon la Cour de cassation, que, « *à défaut d'invoquer un vice du consentement ou une fraude, aucun d'eux ne peut être admis à le contester sur le fondement de l'article 1397 du Code civil* »[4]. Viole donc l'article 1397, ainsi que les articles 1108 et 1134 du Code civil, la cour d'appel qui annule l'acte modificatif du régime matrimonial au motif qu'il ne satisfait que les seuls intérêts de la femme et qu'il est excessivement défavorable au mari, ce qui établirait la non-conformité du changement convenu à l'intérêt de la famille (en l'espèce, un peu plus de deux ans après leur mariage, les époux conviennent par acte notarié d'adjoindre à leur régime une société d'acquêts, constituée par une partie de l'important patrimoine du mari, l'épouse ne contribuant en rien à l'extension de cette société).

124.24 Autres situations. En principe, la modification du régime matrimonial n'entraîne pas *ipso facto*, de plein droit, la révocation des **libéralités** qui avaient été consenties aux futurs époux par le contrat de mariage[5]. La solution est identique pour les **donations** faites entre époux pendant le mariage qui ne sont donc pas révoquées par le seul effet de la convention modificative[6]. Si le principe est celui de **l'absence de résolution de plein droit de la donation consentie dans le contrat de mariage**, des tempéraments subsistent néanmoins. D'une part on peut admettre que la **caducité** ou la **résolution** de la **donation** peut jouer dès lors qu'il existe une **incompatibilité entre la donation conclue et le nouveau régime matrimonial**[7]. D'autre part, il peut être stipulé une **clause** aux termes de laquelle la modification du régime initial entraînera résolution de plein droit de la donation. Incontestée pour la donation entre futurs époux, la solution est moins certaine en ce qui concerne les donations consenties par un tiers. En effet, il est permis de considérer que la clause est contraire à une liberté d'ordre public, dans la mesure où elle conduit à empêcher la modification du régime matrimonial, même si celui-ci n'est pas conforme à l'intérêt de la famille.

SECTION 2
EFFETS DU CHANGEMENT À L'ÉGARD DES TIERS

124.30 Présentation. L'opposabilité aux tiers du changement de régime matrimonial suppose l'accomplissement d'un certain nombre de formalités de publicité qu'il conviendra de rappeler brièvement

1. Civ. 1re, 9 oct. 1979, n° 78-13.757, *Bull. civ.* I, n° 237.
2. Civ. 1re, 14 janv. 2009, n° 07-17.191, NP; *JCP* 2009. I. 140, n° 18, obs. G. Wiederkehr; *RLDC* 2009/58, n° 3347, obs. E. Pouliquen; le changement de régime matrimonial n'emportait pas renonciation implicite de l'un ou l'autre des époux à se prévaloir du régime de communauté antérieur.
3. Civ. 1re, 8 févr. 2000, n° 98-10.817, NP; *JCP* 2000. I. 245, n° 28, obs. Simler.
4. Civ. 1re, 29 mai 2013, n° 12-10.027, *Bull. civ.* I [à paraître]; *D.* 2013. 2088, note J. Souhami; *D.* 2013. Pan. 2245, obs. V. Brémond; *LPA* 2013, n° 134, note J.-G. Mahinga; *RJPF* 2013-9/17, note F. Vauvillé; *Defrénois* 2013. 1146, obs. G. Champenois; *Defrénois* 2014. 14, note Rousseau.
5. Civ. 1re, 14 mai 1975, n° 74-10.879, *Bull. civ.* I, n° 163; *R.* 18; *JCP* 1975. IV. 212.
6. Civ. 1re, 29 oct. 1974, n° 72-12.823, *Bull. civ.* I, n° 288; *D.* 1976. 189, note Casanova.
7. IMPLICITEMENT, Civ. 1re, 14 mai 1975, n° 74-10.879, *Bull. civ.* I, n° 163; *R.* 18; *JCP* 1975. IV. 212, préc. s^s n° 123.43.

(§ 1), avant d'examiner les recours dont disposent les tiers contre les conséquences du changement de régime matrimonial homologué (§ 2).

§ 1
Conditions de l'opposabilité aux tiers

124.31 **Rappel.** Le changement de régime matrimonial n'est opposable aux tiers que lorsque les **formalités de publicité** ont été accomplies. En particulier, l'**acte notarié** modifiant le régime matrimonial ou **le jugement d'homologation** ne sont opposables aux tiers que **trois mois après la mention en marge de l'acte de mariage.** Il convient à cet égard de se reporter aux règles de publicité, précédemment exposées, du changement de régime matrimonial (v. s[s] n°s 123.101 s.).

124.32 **Sanctions.** Le défaut d'accomplissement de ces formalités de publicité est sanctionné par **l'inopposabilité aux tiers du changement de régime matrimonial.** Les tiers doivent donc considérer que les époux sont toujours soumis au régime initial, en particulier en ce qui concerne les pouvoirs des époux, avec toutes les conséquences que cela comporte. Toutefois, à l'instar de ce qui a été vu à propos de la publicité du contrat de mariage (v. s[s] n°s 121.151 s.), l'inopposabilité doit être écartée lorsque le tiers a eu connaissance de la modification par une déclaration des époux lors d'un contrat conclu avec eux. Ces solutions conduisent à **recommander aux tiers** qu'ils exigent la **production d'un extrait de l'acte de mariage, délivré depuis moins de trois mois.**

Il reste que l'opposabilité aux tiers du contrat de mariage à la date de la mention de ce jugement en marge de l'acte de mariage n'exclut pas la possibilité pour les tiers, qui subiraient un préjudice du fait du changement de régime, d'exercer des recours.

§ 2
Recours susceptibles d'être exercés par les tiers

124.41 **Absence de tierce opposition.** De l'article 1301 du Code de procédure civile issu du décret du 23 décembre 2006, il résulte que **l'homologation du changement de régime matrimonial** relève de la **matière gracieuse.** Il s'ensuit que la tierce opposition ne peut être formée contre le jugement d'homologation ce qui constitue une nouveauté par rapport au droit antérieur.

124.42 **Action paulienne. Titulaires de l'action.** L'article 1397 alinéa 9 du Code civil prévoit : « *Les créanciers non opposants, s'il a été fait fraude à leurs droits, peuvent attaquer le changement de régime matrimonial dans les conditions de l'article 1167* ».

Autrement dit, les créanciers qui ne se seraient pas opposés en amont du changement de régime ont la possibilité d'exercer **l'action paulienne contre la convention modificative.**

En revanche, sont naturellement **exclus du bénéfice de cette action les créanciers opposants**, qui ont déjà eu la possibilité de faire valoir leurs arguments devant le juge de l'homologation.

De même, tout comme ils étaient exclus du bénéfice de la tierce opposition avant la loi du 23 juin 2006 [1], les **héritiers des époux,** en particulier les **héritiers réservataires**, doivent également être **exclus du bénéfice de l'action paulienne.**

124.43 **Action paulienne. Fraude.** Le renvoi opéré par l'article 1397 alinéa 9 du Code civil à l'article 1167 du même code suppose que le créancier apporte la **preuve de la fraude** qui lui est préjudiciable. Antérieurement, il en avait été jugé ainsi à propos de la tierce opposition, et la seule preuve de l'existence d'un préjudice résultant d'un changement de régime ne suffisait pas à elle seule [2]. Le créancier devait établir l'existence d'une fraude, et ce **par tous moyens** [3]. Au demeurant, le seul changement de régime n'était pas en lui-même caractéristique d'une fraude [4]. La **dissimulation de faits susceptibles de modifier l'appréciation du juge** en ce qui concerne l'intérêt de la famille ou de l'étendue exacte de la situation financière de la famille étaient susceptibles de caractériser l'existence d'une fraude. Plus particulièrement, la fraude résultait de toute une **série d'actes consécutifs au changement de régime**, comme le fait de mettre dans le lot du conjoint du débiteur des valeurs importantes, le lot du débiteur étant composé de valeurs faibles ou de biens insaisissables [5].

Il n'est donc pas nécessaire que la **fraude** existe, à proprement parler, lors du changement de régime, mais il suffit qu'elle se soit **matérialisée dans l'acte de partage consécutif au changement de régime.**

1. EN CE SENS, Civ. 1re, 24 nov. 1993, n° 92-21.712, *Bull. civ.* I, n° 342; *D.* 1994. 342, rapp. J. Thierry; *D.* 1995. Somm. 325, obs. F. Lucet; *Defrénois* 1994, 896, obs. Champenois; *RTD civ.* 1995. 673, obs. B. Vareille.
2. Civ. 1re, 4 janv. 1977, n° 74-14.990, *Bull. civ.* I, n° 5.
3. Civ. 1re, 23 févr. 1972, n° 70-11.658, *Bull. civ.* I, n° 62; *D.* 1973.157, note Poisson; *Defrénois* 1972. I. 195, note Guimbellot.
4. Civ. 1re, 3 nov. 1982, n° 81-14.692, *Bull. civ.* I, n° 313; *D.* 1983. 593, note E. Poisson Drocourt; *Defrénois* 1983. 912, obs. G. Champenois – Civ. 1re, 2 avr. 1996, n° 94-15.298, NP; *JCP* 1996. I. 3962, n° 7, obs. G. Wiederkehr.
5. Civ. 1re, 23 févr. 1972, n° 70-11.658, préc. s[s] prés[t] n°.

124.44 Action paulienne. Effets. Statuant à la suite d'une procédure contentieuse, le juge peut prononcer la **rétractation du jugement d'homologation,** ce qui conduit à l'**inopposabilité du changement de régime** et de ses conséquences à l'égard des créanciers ayant exercé l'action. En conséquence, la convention frauduleuse est considérée comme inopposable aux tiers, ainsi que tous les actes qui en sont la suite nécessaire, comme le partage et la liquidation consécutive à la dissolution de la communauté.

124.45 Autres voies de recours. À supposer que les créanciers n'aient pas exercé l'action paulienne contre le jugement d'homologation du changement de régime matrimonial, ce changement leur est opposable. Les créanciers disposent alors des recours offerts d'une manière générale aux créanciers non opposants à l'encontre de tout partage. Ainsi, les créanciers peuvent faire **opposition** au partage réalisé par les époux, de même qu'ils peuvent exercer une **action en rescision pour lésion** ou désormais une **action en complément de part** (C. civ., art. 889) **par la voie de l'action oblique** [1].

Enfin, en raison du caractère contractuel de la convention de changement de régime matrimonial qui subsiste malgré son éventuelle homologation judiciaire, une **action en nullité** de cette convention peut être intentée **par l'enfant d'un seul des époux,** la demande étant fondée sur la fraude ayant consisté à dissimuler son existence, élément de la situation contrôlée par le juge lors de l'instance en homologation [2].

1. Civ. 1re, 22 janv. 1980, nº 78-15.551, *Bull. civ.* I, nº 32; *D.* 1980. IR 400, obs. D. Martin.
2. Civ. 1re, 14 janv. 1997, nº 94-20.276, *Bull. civ.* I, nº 20; *D.* 1997. 273, rapp. X. Savatier; *Defrénois* 1997. 420, note G. Champenois; *JCP* 1997. II. 22912, note Paillet; I. 4047, nº 12, obs. G. Wiederkehr; *RTD civ.* 1997. 985, obs. B. Vareille – V. AUSSI, Civ. 1re, 5 janv. 1999, nº 96-22.914, *Bull. civ.* I, nº 11; *D.* 1999. 242, note J. Thierry; *JCP* 1999. II. 10094, note J. Casey; I. 154, nº 3, obs. G. Wiederkehr; *Defrénois* 1999. 805, obs. G. Champenois; *Dr. fam.* 1999. nº 17, note B. Beignier; *RTD civ.* 2000. 151, obs. B. Vareille; admettant une action en révision du jugement d'homologation pour la même raison de la dissimulation de l'existence d'un enfant né d'une précédente liaison – *Adde* Civ. 1re, 25 juin 2002, nº 00-15.119, NP; *JCP* 2003. I. 111, nº 7, obs. G. Wiederkehr.

TITRE

13. La communauté légale : actif et gestion

SECTION 0
ORIENTEUR

13.00 **Plan du titre.**

Chap. 131 L'actif : biens acquis avant le mariage
Sect. 1 Bien acquis par l'effet d'une prescription acquisitive commencée avant le mariage, mais accomplie au cours du mariage
Sect. 2 Bien acquis à la suite d'une promesse de vente antérieure au mariage, l'acte de vente ayant été passé au cours du mariage
Sect. 3 Vente à la communauté

Chap. 132 L'actif : biens acquis au cours du mariage
Sect. 1 Biens acquis au cours du mariage par succession ou libéralité
Sect. 2 Biens acquis à titre onéreux au cours du mariage

Chap. 133 L'actif : revenus
Sect. 1 Revenus du travail
Sect. 2 Revenus du capital

Chap. 134 L'actif : questions de preuve
Sect. 1 Enjeu de la preuve
Sect. 2 Charge de la preuve : présomption de communauté
Sect. 3 Preuve contraire à la présomption de communauté

Chap. 135 Gestion des biens propres
Sect. 1 Principe : gestion indépendante des biens propres
Sect. 2 Tempéraments à la gestion indépendante des biens propres : aménagements volontaires
Sect. 3 Tempéraments à la gestion indépendante des propres : aménagements judiciaires

Chap. 136 Gestion concurrente des biens communs
Sect. 1 Principe (C. civ., art. 1421)
Sect. 2 Domaine de la gestion concurrente des biens communs
Sect. 3 Régime de la gestion concurrente des biens communs

Chap. 137 Gestion exclusive des biens communs
Sect. 1 Exception au principe de gestion concurrente de la communauté
Sect. 2 Domaine de la gestion exclusive concernant l'activité professionnelle séparée de l'un des époux
Sect. 3 Régime de la gestion exclusive

Chap. 138 Gestion conjointe des biens communs
Sect. 1 Principe
Sect. 2 Domaine de la gestion conjointe des biens communs
Sect. 3 Régime de la gestion conjointe des biens communs : consentement des deux conjoints

Chap. 139 Aménagements et sanctions des règles de gestion de la communauté
Sect. 1 Modification judiciaire des pouvoirs de gestion
Sect. 2 Retrait des pouvoirs
Sect. 3 Sanction en cas de dépassement de pouvoirs (C. civ., art. 1427)
Sect. 4 Sanction en cas de mauvais exercice des pouvoirs

13.01 **Composition de l'actif : biens communs et biens propres.** La répartition des pouvoirs de gestion est en grande partie liée à la composition de l'actif (chap. 131 à 134). Les propres de chaque époux constituent sa sphère d'autonomie personnelle et connaîtront donc une gestion plutôt indépendante (chap. 135). En revanche, les biens communs, en tant qu'ils expriment la communauté d'intérêts des époux, doivent être soumis à des règles de gestion spécifiques, exclusives du droit commun, qui traduiront l'équilibre à établir dans les relations entre époux.

13.02 Gestion des biens composant l'actif de la communauté. La gestion des biens dans le régime matrimonial légal compose la vie quotidienne des époux mariés en communauté. Mais, en raison précisément de cette communauté, elle ne peut être rapportée aux seules règles de droit commun. En effet, la présence d'une communauté de vie, d'intérêts et de biens commande, dans une certaine mesure, une communauté d'administration, spontanée ou imposée. Au quotidien, les époux mêleront souvent leur gestion, voire s'immisceront dans les affaires de l'autre; ils seront aussi les mieux à même d'intervenir, chacun au nom de son conjoint; enfin, ils devront tenir compte de la communauté qu'ils forment afin de freiner leur autonomie respective.

Ainsi, la répartition des pouvoirs de gestion entre les époux (quant à la validité des actes accomplis, mais aussi quant à leur opposabilité à l'égard des tiers ou entre eux, qu'ils interviennent en période normale ou lors d'une situation de crise) doit assurer un compromis entre une certaine autonomie et une nécessaire collaboration. Cet équilibre, recherché dans le régime primaire (v. s[s] n°s 111.00 s. à 117.00 s.) se prolonge dans le régime légal (L. n° 85-1372, 23 déc. 1985[1], art. 56, al. 2, d'après cet article les modifications apportées aux règles de gestion sont applicables immédiatement aux régimes en cours), où il se trouve même renforcé à raison de l'esprit communautaire qui y préside.

13.03 Gestion des biens communs. La gestion de la communauté est l'objet de règles plutôt complexes, car il s'agit d'assurer tout à la fois l'autonomie et la collaboration des époux, de faire régner tout ensemble l'individualisme et l'esprit communautaire inhérent au régime légal, et ce dans une parfaite égalité. Par hypothèse, les biens communs sont ceux du ménage, ceux des deux époux, où doivent se réaliser les intérêts de la famille; dans le même temps, ils constituent bien souvent l'essentiel du patrimoine familial et représentent donc le moyen privilégié de l'autonomie de chaque conjoint. Aussi les règles de gestion des biens communs entendent concilier ces desseins contradictoires d'autonomie et d'interdépendance des époux.

Le principe qui gouverne est celui de la gestion concurrente des biens communs (chap. 136). Chaque époux peut, dans une parfaite égalité, administrer la communauté ou disposer des droits qui la composent. Toutefois, pour corriger les effets excessifs d'un tel principe et pour en prévenir les dangers, des exceptions sont apportées afin de parfaire l'indépendance (chap. 137) ou de renforcer la collaboration (chap. 138). Mais, parce que ces règles doivent être tout à la fois respectées et aménagées, il faudra aussi examiner leur force (chap. 139).

1. L. n° 85-1372, 23 déc. 1985, relative à l'égalité des époux dans les régimes matrimoniaux et des parents dans la gestion des biens des enfants mineurs, *JO* 26 déc., p. 15111.

CHAPITRE

131. L'actif : biens acquis avant le mariage

Frédéric Bicheron
Professeur à l'Université Paris-Est
Créteil Val-de-Marne (UPEC)

Section 0 Orienteur

131.00 **Plan du chapitre.**

131.01 **Textes applicables.**

> Biens acquis avant le mariage : biens présents

C. civ., art. 1405, al. 1er

Restent propres les biens dont les époux avaient la propriété ou la possession au jour de la célébration du mariage, ou qu'ils acquièrent, pendant le mariage, par succession, donation ou legs. [...]

131.02 **Jurisprudence de référence.**

> Le bien est commun lorsque la promesse synallagmatique, antérieure au mariage, stipule un report du transfert de la propriété à une date postérieure à la célébration du mariage

• **Civ. 1re, 30 avr. 1970, n° 68-13.534,** *Bull. civ.* I, n° 148

* V. ss n° 131.21

« [...] Les parties ayant pu déroger au principe de la rétroactivité en convenant que le transfert de propriété se ferait, non pas au jour de la signature des promesses de vente, mais à celui de la rédaction de l'acte authentique, la cour d'appel a justement décidé que, le prix n'ayant pas été intégralement payé ni l'acte authentique signé, les promesses litigieuses faisaient partie de la communauté. »

> Le bien est commun en cas d'acquisition d'un immeuble antérieure à la célébration du mariage mais soumise à autorisation du juge des tutelles intervenue postérieurement au mariage

• **Civ. 1re, 10 févr. 1998, n° 96-16.614,** NP

* V. ss n° 131.32

« [...] Mais attendu que l'autorisation du juge des tutelles, à laquelle était soumise la vente du terrain litigieux, constituait, non une modalité conditionnelle de l'accord des parties, mais un élément légal de validité du transfert de propriété;

[...] la cour d'appel a constaté que le contrat de vente était intervenu avec l'autorisation du juge des tutelles après la célébration du mariage; [...]. »

131.03 **Bibliographie indicative.**

Actualisables. Rép. civ., v° *Communauté légale (1° Actif des patrimoines)*, par G. Yildrim et A. Chamoulaud-Trapiers, juin 2010 [màj janv. 2014] – *J.-Cl. Civ.*, fasc. unique, art. 1404 à 1408.

Ouvrages[1]**.** J. Flour et G. Champenois, *Les régimes matrimoniaux*, 2e éd., coll. « U », A. Colin, 2001, n° 277 – F. Terré et Ph. Simler, *Droit civil*, *Les régimes matrimoniaux*, 6e éd., « Précis », Dalloz, 2011, nos 309 s. – Ph. Malaurie et L. Aynès, *Les régimes matrimoniaux*, 4e éd., LGDJ/Lextenso, 2013, n° 337.

131.04 **Questions essentielles.**

> Un bien acquis par l'effet d'une prescription acquisitive commencée avant le mariage mais accomplie au cours du mariage est-il commun ou propre ?

* V. ss n° 131.11

> Un bien acquis à la suite d'une promesse de vente conclue antérieurement au mariage, mais dont l'acte de vente a été passé au cours du mariage, est-il commun ou propre ?

* V. ss nos 131.20 s.

1. NB : les ouvrages les plus fréquemment cités et dont le nom des auteurs figure en petites capitales en bibliographie sont cités par les seuls noms des auteurs en petites capitales en notes de bas de page.

131.09 **Biens propres.** Les **biens acquis avant le mariage**, que l'on qualifie souvent de **biens présents**, sont propres : article 1405 alinéa 1er du Code civil.

Trois cas particuliers méritent quelques précisions ou explications.

SECTION 1
BIEN ACQUIS PAR L'EFFET D'UNE PRESCRIPTION ACQUISITIVE COMMENCÉE AVANT LE MARIAGE, MAIS ACCOMPLIE AU COURS DU MARIAGE

131.11 **Bien propre.** Ce bien est propre : l'article 1405 du Code civil vise les biens dont les époux avaient la **propriété** ou la **possession au jour du mariage**. La solution est conforme au droit commun des biens : l'effet de la prescription accomplie est **rétroactif**, de sorte que le bien est réputé avoir été acquis dès le jour où elle a commencé à courir.

SECTION 2
BIEN ACQUIS À LA SUITE D'UNE PROMESSE DE VENTE ANTÉRIEURE AU MARIAGE, L'ACTE DE VENTE AYANT ÉTÉ PASSÉ AU COURS DU MARIAGE

131.20 **Critère jurisprudentiel retenu : date du transfert effectif de propriété.** On raisonne sur un immeuble, de sorte que la vente a dû donner lieu à la passation d'un acte notarié.

Le critère qui devrait être retenu est celui de la **date à laquelle le contrat de vente s'est formé** : date à laquelle est née l'obligation de transférer la propriété. Selon, donc, que cette date est **antérieure ou postérieure au mariage**, le bien devrait être **propre ou commun**. Mais la jurisprudence retient la **date du transfert effectif de la propriété.** Distinguons suivant la nature de la promesse.

§ 1
Nature de la promesse

131.21 **Promesse synallagmatique de vente.** En principe, le **bien** est **propre**, car la promesse synallagmatique de vente vaut vente (C. civ., art. 1589), de sorte que la propriété a été transférée dès la promesse, donc dès avant le mariage.

La qualification devrait être la même, lorsque, comme souvent, le transfert de propriété a été différé à la passation de l'acte authentique, car la vente ne s'en est pas moins formée, et l'obligation de transférer la propriété n'en est pas moins née, dès la promesse conclue[1].

C'est seulement si, dérogeant à la règle consensualiste de l'article 1589, les parties ont entendu que la vente elle-même ne se formât que par la passation de l'acte authentique - érigeant ainsi leur vente en un contrat formaliste - que le **bien** devrait être **commun.**

Cependant, comme on l'a annoncé, la Cour de cassation retient la **date du transfert effectif de la propriété** (le bien est commun lorsque la promesse synallagmatique, antérieure au mariage, stipule un report du transfert de la propriété à une date postérieure à la célébration du mariage[2]).

OBSERVATION : À suivre ce principe, l'on pourrait soutenir que, dans le cas d'une **vente avec réserve de propriété**, le bien est commun, quoique le contrat fût antérieur à la célébration du mariage, dès lors que le paiement du prix, auquel est attaché le transfert de la propriété, lui a été postérieur. Ce qui ne serait guère satisfaisant, car la réserve de propriété n'est pas autre chose qu'une **sûreté**.

131.22 **Promesse unilatérale de vente.** *Si l'option a été levée* ***postérieurement*** *à la célébration du mariage*, le **bien** est assurément **commun**.

Si l'option a été levée ***antérieurement*** *au mariage*, on retrouve les distinctions qui ont été faites au cas de promesse synallagmatique.

Le **bien** devrait être, en principe, **propre**, puisque la vente s'est formée avant le mariage et que l'obligation de transférer la propriété est née dès la levée de l'option; et ce, alors même que le transfert de la propriété aurait été reporté à la passation de l'acte authentique.

Il ne devrait être **commun** que dans l'hypothèse exceptionnelle où les parties auraient fait de la passation de l'acte notarié une condition de formation de la vente.

Mais on a vu que la jurisprudence attribue à la communauté le bien dont la propriété a été acquise par un époux au cours du mariage, fût-ce en exécution d'une obligation de la transférer née antérieurement.

§ 2
Autres cas similaires

131.31 **Acquisition d'un immeuble par l'effet d'une convention de location-attribution, conclue**

1. EN CE SENS, v. F. TERRÉ et Ph. SIMLER, n° 282.
2. Civ. 1re, 30 avr. 1970, n° 68-13.534, *Bull. civ.* I, n° 148; *JCP* 1971. II. 16674, note L. Mourgeon – EN CE SENS, Bastia, 7 févr. 2007, *JCP* 2007. I. 208, n° 10, obs. crit. Ph. Simler.

antérieurement à la célébration du mariage. L'immeuble est **commun**, car le transfert de la propriété n'intervient qu'au terme du contrat (solution qui se déduit de deux arrêts : dans le cas où la convention a été conclue au cours de la communauté, mais est arrivée à terme après sa dissolution, l'appartement ne dépend pas de l'indivision post-communautaire, où ne figure que la créance qui, à la date de la dissolution, donnait vocation à sa propriété[1] – dans le cas d'un crédit-bail conclu au cours du régime, le bateau qui en forme l'objet est propre dès lors que le mari a levé l'option après sa dissolution, sauf l'inscription à l'actif commun de la « *créance sur le bailleur* » qui, à la date de la dissolution, donnait « *vocation à la propriété du bateau* »[2]).

131.32 Acquisition d'un immeuble soumise à une autorisation du juge des tutelles en raison de l'incapacité du tiers vendeur. En ce cas, le **bien** acquis est **commun** quoique l'échange des consentements fût antérieur à la célébration du mariage dès lors que l'autorisation judiciaire, nécessaire à la perfection de la vente et donc au transfert de la propriété, lui a été postérieure[3].

131.33 Immeuble aliéné avant le mariage mais récupéré postérieurement par un époux à la faveur d'un événement rétroactif. Dans de tels cas, l'immeuble reste un **bien propre** : l'événement pouvant consister en une action en rescision[4], une nullité, la résolution de l'acte translatif ou le jeu d'une condition résolutoire[5].

SECTION 3
VENTE À LA COMMUNAUTÉ

131.41 Vente à la communauté. L'hypothèse est que les époux, par hypothèse mariés sous le régime de **la communauté réduite aux acquêts**, ont, dans leur contrat de mariage, énuméré et estimé des biens appartenant à tel ou tel d'entre eux.

Aujourd'hui, le sens d'une telle clause ne fait guère de doute. Il s'agit d'un simple inventaire qui **préconstitue la preuve**, soit de **reprises de propres** (pour le cas où les biens énumérés se retrouveraient à la dissolution), soit des **récompenses** (pour le cas où les biens énumérés ne se retrouveraient pas à la dissolution). La clause ne modifie donc pas les règles de répartition de l'actif : les **biens** visés restent **propres**.

Jadis, sous l'empire du droit antérieur à la réforme du 13 juillet 1965, la clause était communément interprétée comme valant vente à la communauté : les biens énumérés tombaient dans la **communauté**, quoique celle-ci eût été conventionnellement réduite aux acquêts; mais l'époux auquel ils appartenaient avait, sur la communauté, une **créance égale à leur valeur**, comparable à une récompense. On formulait cette solution sous la forme d'un adage : « *Estimation vaut vente à la communauté* ». Naturellement, c'est en raison de l'existence de cette créance sur la communauté que la clause réalisait, non pas un apport, mais une vente, à la comunauté.

1. Civ. 1re, 17 mars 1992, n° 90-14.279, *Bull. civ.* I, n° 83; *JCP N* 1992. II. 377, n° 10, note Ph. Simler; *RTD civ.* 1992. 635 et 810, obs. F. Lucet et B. Vareille.
2. Civ. 1re, 1er juill. 1997, n° 95-17.058, *Bull. civ.* I, n° 220; *D.* 1997. IR 201; *JCP* 1998. I. 135, n° 9, obs. Ph. Simler; *Dr. fam.* 1997, n° 125, obs. B. Beignier; *RTD civ.* 1998. 728, obs. B. Vareille.
3. Civ. 1re, 10 févr. 1998, n° 96-16.614, NP; *JCP* 1998. I. 135, n° 8, obs. Ph. Simler; *Defrénois* 1998, art. 36860, p. 1039, obs. J. Massip.
4. J. Flour et G. Champenois, n° 277.
5. F. Terré et Ph. Simler, n° 282 *in fine*.

CHAPITRE

132. L'actif : biens acquis au cours du mariage

Frédéric Bicheron
Professeur à l'Université Paris-Est
Créteil Val-de-Marne (UPEC)

Section 0
Orienteur

132.00 Plan du chapitre.

132.01 Textes applicables.

C. civ., art. 1401 à 1408, 1421, al. 2, 1433 à 1437 et 1751

CPI, art. L. 121-9

C. rur., art. L. 321-14

C. assur., art. L. 132-13, al. 2, et L. 132-16

> Répartition de l'actif de la communauté
[C. civ., art. 1401 à 1408]

C. civ., art. 1401

La communauté se compose activement des acquêts faits par les époux ensemble ou séparément durant le mariage, et provenant tant de leur industrie personnelle que des économies faites sur les fruits et revenus de leurs biens propres.

C. civ., art. 1402

Tout bien, meuble ou immeuble, est réputé acquêt de communauté si l'on ne prouve qu'il est propre à l'un des époux par application d'une disposition de la loi.

Si le bien est de ceux qui ne portent pas en eux-mêmes preuve ou marque de leur origine, la propriété personnelle de l'époux, si elle est contestée, devra être établie par écrit. À défaut d'inventaire ou autre preuve préconstituée, le juge pourra prendre en considération tous écrits, notamment titres de famille, registres et papiers domestiques, ainsi que documents de banque et factures. Il pourra même admettre la preuve par témoignage ou présomption, s'il constate qu'un époux a été dans l'impossibilité matérielle ou morale de se procurer un écrit.

C. civ., art. 1403

Chaque époux conserve la pleine propriété de ses propres.

La communauté n'a droit qu'aux fruits perçus et non consommés. Mais récompense pourra lui être due, à la dissolution de la communauté, pour les fruits que l'époux a négligé de percevoir ou a consommés frauduleusement, sans qu'aucune recherche, toutefois, soit recevable au-delà des cinq dernières années.

C. civ., art. 1404

Forment des propres par leur nature, quand même ils auraient été acquis pendant le mariage, les vêtements et linges à l'usage personnel de l'un des époux, les actions en réparation d'un dommage corporel ou moral, les créances et pensions incessibles, et, plus généralement, tous les biens qui ont un caractère personnel et tous les droits exclusivement attachés à la personne.

Forment aussi des propres par leur nature, mais sauf récompense s'il y a lieu, les instruments de travail nécessaires à la profession de l'un des époux, à moins qu'ils ne soient l'accessoire d'un fonds de commerce ou d'une exploitation faisant partie de la communauté.

C. civ., art. 1405

Restent propres les biens dont les époux avaient la propriété ou la possession au jour de la célébration du mariage, ou qu'ils acquièrent, pendant le mariage, par succession, donation ou legs.

La libéralité peut stipuler que les biens qui en font l'objet appartiendront à la communauté. Les biens tombent en communauté, sauf stipulation contraire, quand la libéralité est faite aux deux époux conjointement.

Les biens abandonnés ou cédés par père, mère ou autre ascendant à l'un des époux, soit pour le remplir de ce qu'il lui doit, soit à la charge de payer les dettes du donateur à des étrangers, restent propres, sauf récompense.

C. civ., art. 1406

Forment des propres, sauf récompense s'il y a lieu, les biens acquis à titre d'accessoires d'un bien propre ainsi que les valeurs nouvelles et autres accroissements se rattachant à des valeurs mobilières propres.

Forment aussi des propres, par l'effet de la subrogation réelle, les créances et indemnités qui remplacent des propres, ainsi que les biens acquis en emploi ou remploi, conformément aux articles 1434 et 1435.

C. civ., art. 1407

Le bien acquis en échange d'un bien qui appartenait en propre à l'un des époux est lui-même propre, sauf la récompense due à la communauté ou par elle, s'il y a soulte.

Toutefois, si la soulte mise à la charge de la communauté est supérieure à la valeur du bien cédé, le bien acquis en échange tombe dans la masse commune, sauf récompense au profit du cédant.

C. civ., art. 1408

L'acquisition faite, à titre de licitation ou autrement, de portion d'un bien dont l'un des époux était propriétaire par indivis, ne forme point un acquêt, sauf la récompense due à la communauté pour la somme qu'elle a pu fournir.

> Administration de la communauté et des propres : récompenses, emploi et remploi

[C. civ., art. 1433 à 1437]

C. civ., art. 1433

La communauté doit récompense à l'époux propriétaire toutes les fois qu'elle a tiré profit de biens propres.

Il en est ainsi, notamment, quand elle a encaissé des deniers propres ou provenant de la vente d'un propre, sans qu'il en ait été fait emploi ou remploi.

Si une contestation est élevée, la preuve que la communauté a tiré profit de biens propres peut être administrée par tous les moyens, même par témoignages et présomptions.

C. civ., art. 1434 (*L. n° 85-1372, 23 déc. 1985*)

L'emploi ou le remploi est censé fait à l'égard d'un époux, toutes les fois que, lors d'une acquisition, il a déclaré qu'elle était faite de deniers propres ou provenus de l'aliénation d'un propre, et pour lui tenir lieu d'emploi ou de remploi. À défaut de cette déclaration dans l'acte, l'emploi ou le remploi n'a lieu que par l'accord des époux, et il ne produit ses effets que dans leurs rapports réciproques.

C. civ., art. 1435 (*L. n° 85-1372, 23 déc. 1985*)

Si l'emploi ou le remploi est fait par anticipation, le bien acquis est propre, sous la condition que les sommes attendues du patrimoine propre soient payées à la communauté dans les cinq ans de la date de l'acte.

C. civ., art. 1436 (*L. n° 85-1372, 23 déc. 1985*)

Quand le prix et les frais de l'acquisition excèdent la somme dont il a été fait emploi ou remploi, la communauté a droit à récompense pour l'excédent. Si, toutefois, la contribution de la communauté est supérieure à celle de l'époux acquéreur, le bien acquis tombe en communauté, sauf la récompense due à l'époux.

C. civ., art. 1437

Toutes les fois qu'il est pris sur la communauté une somme, soit pour acquitter les dettes ou charges personnelles à l'un des époux, telles que le prix ou partie du prix d'un bien à lui propre ou le rachat des services fonciers, soit pour le recouvrement, la conservation ou l'amélioration de ses biens personnels, et généralement toutes les fois que l'un des deux époux a tiré un profit personnel des biens de la communauté, il en doit la récompense.

> Bail d'habitation : nature propre ou commune

C. civ., art. 1751 (*L. n° 2014-366, 24 mars 2014, art. 4*)

Le droit au bail du local, sans caractère professionnel ou commercial, qui sert effectivement à l'habitation de deux époux, quel que soit leur régime matrimonial et nonobstant toute convention contraire et même si le bail a été conclu avant le mariage, ou de deux partenaires liés par un pacte civil de solidarité, dès lors que les partenaires en font la demande conjointement, est réputé appartenir à l'un et à l'autre des époux ou partenaires liés par un pacte civil de solidarité.

En cas de divorce ou de séparation de corps, ce droit pourra être attribué, en considération des intérêts sociaux et familiaux en cause, par la juridiction saisie de la demande en divorce ou en séparation de corps, à l'un des époux, sous réserve des droits à récompense ou à indemnité au profit de l'autre époux.

En cas de décès d'un des époux ou d'un des partenaires liés par un pacte civil de solidarité, le conjoint ou le partenaire lié par un pacte civil de solidarité survivant cotitulaire du bail dispose d'un droit exclusif sur celui-ci sauf s'il y renonce expressément.

> Bail professionnel : nature propre ou commune

C. civ., art. 1421, al. 2 et 3 (*L. n° 85-1372, 23 déc. 1985, art. 13*)

[...] L'époux qui exerce une profession séparée a seul le pouvoir d'accomplir les actes d'administration et de disposition nécessaires à celle-ci.

Le tout sous réserve des articles 1422 à 1425.

> Droit de propriété littéraire et artistique : nature propre ou commune

CPI, art. L. 121-9, al. 1er et 2

Sous tous les régimes matrimoniaux et à peine de nullité de toutes clauses contraires portées au contrat de mariage, le droit de divulguer l'œuvre, de fixer les conditions de son exploitation et d'en défendre l'intégrité reste propre à l'époux auteur ou à celui des époux à qui de tels droits ont été transmis. Ce droit ne peut être apporté en dot, ni acquis par la communauté ou par une société d'acquêts.

Les produits pécuniaires provenant de l'exploitation d'une œuvre de l'esprit ou de la cession totale ou partielle du droit d'exploitation sont soumis au droit commun des régimes matrimoniaux, uniquement lorsqu'ils ont été acquis pendant le mariage; il en est de même des économies réalisées de ces chefs. [...]

> Créance de salaire différée : nature propre

C. rur., art. L. 321-14

Le bénéfice du contrat de travail à salaire différé constitue pour le descendant de l'exploitant agricole un bien propre dont la dévolution, par dérogation aux règles du droit civil et nonobstant toutes conventions matrimoniales, est exclusivement réservée à ses enfants vivants ou représentés.

Cette transmission est dispensée de tout droit de mutation par décès.

> Assurance-vie : nature propre

[C. assur., art. L. 132-16 et L. 132-13, al. 2]

C. assur., art. L. 132-16

Le bénéfice de l'assurance contractée par un époux commun en biens en faveur de son conjoint, constitue un propre pour celui-ci.

Aucune récompense n'est due à la communauté en raison des primes payées par elle, sauf dans les cas spécifiés dans l'article L. 132-13, deuxième alinéa.

C. assur., art. L. 132-13

Le capital ou la rente payables au décès du contractant à un bénéficiaire déterminé ne sont soumis ni aux règles du rapport à succession, ni à celles de la réduction pour atteinte à la réserve des héritiers du contractant.

Ces règles ne s'appliquent pas non plus aux sommes versées par le contractant à titre de primes, à moins que celles-ci n'aient été manifestement exagérées eu égard à ses facultés.

132.02 Jurisprudence de référence.

> En cas de donation indirecte par paiement du prix d'un portefeuille d'assurances acquis au cours du mariage, la qualification de propre s'applique au portefeuille et non à la somme d'argent

• Civ. 1re, 22 nov. 2005, n° 02-14.927, *Bull. civ.* I, n° 428

* V. ss n° 132.11

« [...] Le montant correspondant à l'indemnité compensatrice a été directement payé par M. Robert X., donateur, à la compagnie d'assurances, [de sorte que] le bien transmis à M. Michel X. consistait non en cette somme d'argent, mais en l'objet du paiement, le portefeuille d'assurances [...]. »

> Les effets de la clause d'entrée en communauté insérée dans une libéralité peuvent être limités par le jeu de la réserve héréditaire

• Civ. 1re, 2 nov. 1994, n° 92-19.036, *Bull. civ.* I, n° 310

* V. ss n° 132.16

« [...] il résulte de l'article 1405, alinéa 2, du Code civil que la libéralité faite à un époux peut stipuler que les biens qui en font l'objet appartiendront à la communauté [...]; ce texte ne fait pas de distinction selon la nature de la donation, sauf à ce que ses effets soient limités par le jeu de la réserve. »

> Est commune l'acquisition réalisée au moyen de deniers communs par un époux conjointement avec un tiers et assortie d'une clause d'accroissement en cas de prédécès du tiers; en revanche, en cas de prédécès de l'époux, les droits acquis sous condition par celui-ci ne sont jamais entrés dans la communauté

• Civ. 1re, 11 janv. 1983, n° 81-16.307, *Bull. civ.* I, n° 15

* V. ss n° 132.22

« [...] Mais attendu que dans le cas du prédécès de Mme D., le bien acquis par André D., au cours du mariage et avec des deniers communs, était destiné à devenir un acquêt de communauté par l'application de l'article 1401 du Code civil et que, dans le cas inverse du prédécès d'André D., la clause litigieuse, lui faisait perdre tout droit de propriété sur l'immeuble;

Qu'en aucun cas l'immeuble ne pouvait devenir un bien propre du mari et que la règle de l'immutabilité des conventions matrimoniales n'a pas été transgressée;

Que, pris dans cette branche, le moyen ne peut être accueilli;

Sur le premier moyen, pris en sa seconde branche : attendu qu'il est encore fait grief a l'arrêt attaque d'avoir déclare valable la clause d'accroissement, alors qu'en convenant, qu'au cas de son prédécès, Mme D., serait seule et unique propriétaire de l'immeuble acquis au moyen de deniers provenant de la communauté D., André D., a dispose de cet immeuble sans le consentement de sa femme, en contravention des dispositions de l'article 1424 du Code civil;

Mais attendu que la cour d'appel a relevé que le contrat aléatoire litigieux conférait à chacun des acquéreurs la propriété de l'immeuble tout entier à partir du jour de son acquisition sous condition du prédécès de son cocontractant;

Qu'elle en a déduit, à bon droit, que par le prédécès d'André D., les droits acquis sous condition par celui-ci n'étaient jamais entrés dans la communauté D., et que, par conséquent, les dispositions de l'article 1424 du Code civil n'étaient pas applicables; [...]. »

> Est propre l'indemnité d'assurance destinée à compenser un dommage corporel

• **Civ. 1re, 6 juin 1990, no 88-20.137,** *Bull. civ.* I, no 133

* V. ss no 132.31

« [...] l'indemnité due à raison de la réalisation du risque assuré, en l'espèce l'invalidité du mari, avait, réparant un dommage corporel, un caractère exclusivement personnel [...] ainsi elle constituait un bien propre par nature de l'époux qui a subi le dommage. »

> Est commune l'indemnité d'assurance destinée à compenser un préjudice économique

• **Civ. 1re, 23 oct. 1990, no 89-14.448,** *Bull. civ.* I, no 218

* V. ss no 132.31

« [...] La somme de 14 500 francs avait été versée au titre de l'incapacité temporaire totale de travail subie par Mme X., [...] destinée à compenser la perte de revenus, cette somme tombe en communauté comme les salaires qui auraient dû être perçus et dont elle constitue un substitut. [...]. »

> Si le bénéficiaire d'un contrat d'assurance-vie souscrit par un époux commun en biens est un tiers, la communauté a droit à récompense

• **Civ. 1re, 10 juill. 1996, no 94-18.733,** *Bull. civ.* I, no 309

* V. ss no 132.73

« [...] L'époux souscripteur est redevable envers la communauté des deniers communs ayant servi à acquitter une charge contractée dans son intérêt personnel. »

> La valeur de rachat d'un contrat d'assurance-vie est une valeur dépendant de la communauté

• **Civ. 1re, 31 mars 1992, no 90-16.343,** *Praslicka, Bull. civ.* I, no 95

* V. ss no 132.74

« [...] Les primes de cette assurance en cas de vie du souscripteur avaient été payées avec des fonds communs jusqu'à la dissolution de la communauté, si bien que la valeur de la police faisait partie de l'actif de celle-ci [...]. »

> Si la clientèle civile constituée pendant le mariage ne fait pas partie de la masse à partager, en revanche sa valeur doit figurer à l'actif de la communauté

• **Civ. 1re, 12 janv. 1994, nos 91-18.104 et 91-15.562,** *Bull. civ.* I, nos 10 et 11

* V. ss no 132.92

« [...] L'avantage pécuniaire que peut procurer à M. X., chirurgien-dentiste, la présentation d'un successeur à sa clientèle constitue une valeur patrimoniale qui doit être portée à l'actif de la communauté, et estimée au jour du partage; [...] la valeur de ce droit de présentation faisant partie de la masse commune, l'indivision post-communautaire s'accroît de la plus-value de cet élément sous réserve de l'attribution à l'indivisaire gérant de la rémunération de son travail, conformément à l'article 815-12 du Code civil » (*1er arrêt*).

> Les parts des sociétés de personnes acquises au cours du mariage sont communes quant à leur valeur, le titre d'associé étant propre

• **Civ. 1re, 9 juill. 1991, no 90-12.503,** *Gelada, Bull. civ.* I, no 232

* V. ss no 132.106

« [...] l'arrêt attaqué constate que seul Joseph X. avait la qualité d'associé du GAEC, et que la succession de son épouse, Roselyne Z., n'avait recueilli que la valeur des parts souscrites [...] l'indivision successorale ne portait pas sur les parts sociales de Joseph X. mais [...] uniquement sur la valeur de celles-ci, seule la finance des parts étant entrée en communauté [...]. »

> Les formalités d'emploi et de remploi sont d'ordre public

• **Civ. 1re, 20 sept. 2006, no 04-18.384,** *Bull. civ.* I, no 404

* V. ss no 132.121

« [...] C'est à bon droit que la cour d'appel a décidé que l'appartement et le terrain litigieux, acquis pendant le mariage, constituaient des biens communs, dès lors que M. X., qui soutenait qu'il s'agissait de biens propres achetés au moyen de deniers propres, ne justifiait en première instance ni d'une double déclaration d'origine et d'intention dans les actes d'acquisition, ni d'un accord des époux sur un remploi, et qu'il n'apportait pas en appel des éléments susceptibles de remettre en cause l'application de la règle du remploi qui a le caractère d'une règle de fond. »

> Admission par la jurisprudence du remploi *a posteriori*

• **Req. 17 mai 1938,** *Potier-de-la-Morandière, D.* 1938. 1. 73.

* V. ss no 132.121

Les formalités prescrites par l'article 1434 du Code civil pour la validité du remploi (double déclaration, lors de l'acquisition, de l'origine des deniers et du but de l'opération) ne s'imposent obligatoirement qu'à l'égard des tiers;

Dans les rapports des époux, rien ne s'oppose à ce que, postérieurement à une acquisition faite par l'un d'eux, ils conviennent d'attribuer aux biens achetés le caractère de propres de cet époux, à titre de remploi;

Par suite, est légalement justifié l'arrêt qui valide l'état liquidatif d'une communauté d'acquêts portant parmi les propres de la femme des valeurs mobilières acquises par celle-ci pendant le mariage sans déclaration de remploi ni d'origine des deniers, alors que, par une convention postérieure à cet achat, les époux ont reconnu qu'il avait été fait en remploi du prix de la vente d'immeubles propres de la femme (C. civ., art. 1434, 1435).

> L'intervention du conjoint de l'époux acquéreur n'est pas une condition du remploi, lequel ne peut, par ailleurs, être « mixte »

• **Civ. 1re, 19 mai 1998, no 95-22.083,** *Bull. civ.* I, no 175

* V. ss no 132.122

« [...] Il résulte, d'une part, de l'alinéa 1er de l'article 1434 du Code civil, dans sa rédaction antérieure à la loi du 23 décembre 1985 applicable en la cause, que l'emploi ou le remploi est un acte unilatéral et n'est pas subordonné au consentement du conjoint et, d'autre part, des dispositions impératives de l'alinéa 3 de ce texte que, lorsque la valeur de l'acquisition excède la somme dont il a été fait emploi ou remploi, sans que la contribution de la communauté soit toutefois supérieure à celle de l'époux acquéreur, le bien acquis constitue un bien propre de ce dernier, sauf la récompense due à la communauté [...]. »

> Sont propres par accession les constructions édifiées sur un terrain propre et financées par des fonds communs

• **Com. 24 juin 2003, n° 00-14.645,** *Bull. civ.* IV, n° 105

* V. s^s n° 132.141

« [...] L'immeuble bâti sur le terrain propre de l'épouse, pendant la durée du mariage et à l'aide de fonds provenant de la communauté, constituant lui-même un propre, sauf récompense [...]. »

132.03 Bibliographie indicative.

Actualisables. Rép. civ., v° *Communauté légale (1° Actif des patrimoines)*, par G. Yildrim et A. Chamoulaud-Trapiers, juin 2010 [màj janv. 2014] – *J.-Cl. Civ.*, fasc. 10 et 20, art. 1400 à 1403.

Ouvrages[1]. J. Flour et G. Champenois, *Les régimes matrimoniaux*, 2e éd., coll. « U », A. Colin Éd., 2001 – M. Grimaldi, *Droit civil. Les successions*, 6e éd., « Les Manuels », LexisNexis/Litec, 2001, n° 264 – Ph. Malaurie et L. Aynès, *Les régimes matrimoniaux*, 4e éd., LGDJ/Lextenso, 2013 – F. Terré et Ph. Simler, *Droit civil, Les régimes matrimoniaux*, 6e éd., « Précis », Dalloz, 2011.

Thèse. A. Trescases, *Assurances et droit des régimes matrimoniaux*, préf. R. Cabrillac, Éd. Defrénois, t. 26, 2007.

Articles.

> Assurance-vie et régimes matrimoniaux. Ph. Delmas Saint-Hilaire, « L'assurance-vie en droit patrimonial de la famille : droit commun ou droit spécial ? », *JCP N* 2014. 1173 – A. Trescases, « L'assurance-vie confrontée à la spécificité du lien matrimonial », *AJ fam.* 2007. 383.

> Contrats d'assurance-vie. J. Aulagnier, « L'assurance-vie est-elle un contrat d'assurance ? », *Dr. et patr.* déc. 1996. 44 – J. Bigot, « Clair-obscur sur l'assurance-vie [de l'arrêt *Pelletier* à l'arrêt *Praslicka*] », *JCP* 1993. I. 3718 – M. Grimaldi, « L'assurance-vie et le droit patrimonial de la famille », *Defrénois* 1994, art. 35841; « L'assurance-vie et le droit des successions [à propos de Civ. 1re, 18 juill. 2000, n° 97-21.535, *Leroux*, *Bull. civ.* I, n° 213] », *Defrénois* 2001, art. 3727 – J. Kullmann, « Contrats d'assurance sur la vie : la chance de gain ou de perte », *D.* 1996. Chron. 205.

> Droit des sociétés et régimes matrimoniaux. A. Colomer, « La nature des parts de société au regard du régime matrimonial », *Defrénois* 1979, art. 32029 et 32034; « Le statut des conjoints d'artisans et de commerçants travaillant dans l'entreprise familiale », *Defrénois* 1982, art. 32965; « Les problèmes de gestion soulevés par le fonctionnement parallèle d'une société et d'un régime matrimonial », *Defrénois* 1983, art. 33102 – F. Dekeuwer-Desfossez, « Mariage et sociétés », *Mél. Roblot*, LGDJ, 1984, p. 271 s. – J. Derruppé, « Régimes de communauté et droit des sociétés », *JCP* 1971. I. 2403; « Les droits sociaux acquis avec des biens communs selon la loi du 10 juillet 1982 », *Defrénois* 1983, art. 33053.

> Biens propres par subrogation. J.-B. Dassy et M.-G. Migeon-Cros, « La déclaration d'origine des deniers pour les époux communs en biens », *Defrénois* 2010. 269.

> Biens propres par accroissement : les valeurs mobilières. A. Colomer, « Réserves des sociétés et régimes matrimoniaux communautaires », *Defrénois* 1980, art. 32380; « Augmentation de capital et répartition des biens en régime matrimonial communautaire », *Defrénois* 1981, art. 32606.

132.04 Questions essentielles.

> Quelle est l'utilité de la clause contraire d'entrée en communauté du bien donné ?

* V. s^s n° 132.14

> Quelles sont les sanctions de l'atteinte à la réserve résultant d'une clause d'entrée en communauté :

– quand la clause est apposée à un legs ?

* V. s^s n° 132.17

– quand la clause est apposée à une donation ?

* V. s^s n° 132.18

> Les sommes versées par un assureur sont-elles propres ou communes :

– selon qu'il s'agit d'une assurance-dommages ?

* V. s^s n° 132.62

– selon qu'il s'agit d'une assurance-personne ?

* V. s^s n° 132.63

– cas particulier du capital perçu d'une assurance-vie et de sa valeur de rachat.

* V. s^s n° 132.71

> La distinction du titre et de la finance est-elle applicable aux clientèles civiles créées ou acquises en cours de mariage ?

* V. s^s n° 132.91

> Quelles en sont les conséquences au regard des règles de répartition des biens et des pouvoirs ?

* V. s^s n°s 132.93 et 132.94

> La distinction du titre et de la finance est-elle applicable aux parts d'intérêts des sociétés de personnes acquises au cours du mariage ?

* V. s^s n° 132.102

> Dans quels cas un bien propre se trouve-t-il automatiquement subrogé à un autre bien propre ?

* V. s^s n°s 132.111 s.

> Les formalités d'emploi ou de remploi sont-elles une condition d'existence de la subrogation ou une simple formalité probatoire ?

* V. s^s n° 132.121

> Le remploi *a posteriori* est-il possible ?

* V. s^s n° 132.121

> En cas de financement par fonds propres et fonds communs, un remploi mixte est-il possible ?

* V. s^s n° 132.123

1. NB : les ouvrages les plus fréquemment cités et dont le nom des auteurs figure en petites capitales en bibliographie sont cités par les seuls noms des auteurs en petites capitales en notes de bas de page.

> Quel est l'intérêt d'un remploi par anticipation ? À quelles conditions un tel remploi est-il possible ?

* V. s[s] n°s 132.131 s.

> Quelle est la nature d'une construction édifiée sur un terrain propre mais financée par des fonds communs ?

* V. s[s] n° 132.141

> Dans quels cas un bien devient-il propre par accroissement ou par accessoire d'un autre bien propre ?

* V. s[s] n°s 132.151 s.

SECTION 1
BIENS ACQUIS AU COURS DU MARIAGE PAR SUCCESSION OU LIBÉRALITÉ

132.11 Biens propres. Les biens acquis au cours du mariage par succession ou libéralité, que l'on qualifie souvent de **biens futurs**, sont **propres**[1] : article 1405 alinéa 1er du Code civil.

La règle s'applique notamment aux biens qu'un époux reçoit par **donation de son conjoint** (ainsi, d'une bague, payée avec des deniers de communauté, donnée par le mari à la femme à titre de présent d'usage[2]).

En cas de **donation indirecte** par paiement du prix d'un bien acquis par l'un des époux, la qualification de propre s'applique au bien et non à la somme déboursée par le donateur (acquisition d'un portefeuille d'assurances payé par le père de l'époux[3]; acquisition d'un fonds de commerce payé par le père de l'époux[4]).

En revanche, les biens acquis à titre gratuit autrement que par succession ou libéralité sont communs. Le sont notamment les biens acquis par l'effet de la prescription acquisitive.

132.12 Biens donnés aux deux époux conjointement. Ces biens tombent en **communauté** (C. civ., art. 1405, al. 2). Plus précisément, les droits indivis de chacun des époux ne sont pas propres à chacun d'eux, mais dépendent de leur communauté. En conséquence, le bien relève du régime de la communauté, et non de celui de l'indivision. Toutefois, le texte prévoit que la clause contraire est possible.

Lorsque la donation a pris la forme d'un **don manuel** et n'a donné lieu à la passation d'aucun écrit qui la constatât, le doute peut naître sur l'intention du donateur de gratifier les deux époux ou un seul d'entre eux (à propos de dons manuels de somme d'argent par remises de chèques ou virements[5]; pour la qualification de libéralité conjointe applicable à des virements opérés par les parents de l'un des époux sur un compte joint[6]).

132.13 Clause contraire d'entrée en communauté du bien donné : validité. La licéité de la clause ne fait aucun doute, puisque sa stipulation est expressément permise par l'article 1405 : après avoir énoncé que « *restent propres les biens dont les époux avaient la propriété ou la possession au jour de la célébration du mariage, ou qu'ils acquièrent, pendant le mariage, par succession donation ou legs* » (C. civ., art. 1405, al. 1er), le texte précise que « *la libéralité peut stipuler que les biens qui en font l'objet appartiendront à la communauté* » (C. civ., art. 1405, al. 2, *in limine*)[7]. La Cour de cassation a d'ailleurs considéré comme licite l'insertion d'une telle clause dans une donation-partage[8].

132.14 Clause contraire d'entrée en communauté du bien donné : utilité. L'utilité de la clause est avérée, notamment dans le cas suivant : des parents donnent à leur enfant commun en biens un terrain sur lequel le donataire et son conjoint entendent construire une maison qui leur tiendra lieu de résidence (principale ou secondaire), le financement de cette construction devant être assuré par la communauté (investissement de revenus professionnels économisés ou souscription d'un emprunt à rembourser sur ces mêmes revenus). Si, comme c'est alors légitime, le conjoint souhaite avoir des droits sur la maison, il faut, pour exaucer son souhait, que le terrain soit commun. Autrement, le jeu de l'accession (C. civ., art. 552 et 1406) ferait de la construction un propre de l'époux donataire, et son conjoint ne pourrait faire valoir qu'un droit à récompense contre la communauté (C. civ., art. 1437).

1. V. PAR EX., pour des dons de sommes d'argent au moyen d'un chèque consentis par la mère de l'un des époux : Civ. 1re, 5 nov. 2008, n° 07-19.433, NP; *JCP* 2009. I. 140, n° 8, obs. Ph. Simler.
2. Paris, 13 déc. 1990, *Juris-Data* n° 025606.
3. Civ. 1re, 22 nov. 2005, n° 02-14.927, *Bull. civ.* I, n° 428; *JCP* 2006. I. 141, n° 10, obs. Ph. Simler; *AJ fam.* 2006. 115, obs. P. Hilt; *RTD civ.* 2006. 355, obs. B. Vareille; *RLDC* 2006, n° 25, p. 52, note F. Leandri.
4. V. AUSSI, Aix-en-Provence, 29 janv. 1996, *JCP* 1996. IV. 2366.
5. V. Civ. 1re, 4 déc. 1990, n° 87-19.408, NP – Besançon, 7 avr. 1998, et Reims, 28 janv. 1999, *JCP* 2000. I. 245, obs. Ph. Simler.
6. Bastia, 8 avr. 2009, *JCP* 2009. I. 391, n° 12, obs. Ph. Simler.
7. Pour un contrôle de dénaturation exercé par la Cour de cassation sur une clause d'entrée en communauté : Civ. 1re, 4 juin 2009, n° 08-16.584, *Bull. civ.* I, n° 120; *D.* 2009. Pan. 2508, obs. V. Brémond; *AJ fam.* 2009. 351, obs. F. Bicheron; *Dr. fam.* 2009, n° 109, note B. Beignier; *RLDC* 2009/63, n° 3549, obs. E. Pouliquen.
8. Civ. 1re, 21 sept. 2005, n° 02-21.503, *Bull. civ.* I, n° 335; *JCP N* 2005. 1459, note Martel; *Dr. fam.* 2006, n° 11, note B. Beignier.

132.15 Clause contraire d'entrée en communauté du bien donné : effets. Les effets de la clause s'ordonnent à partir d'une idée essentielle : l'entrée en communauté ne modifie en rien la personne du donataire, elle n'attribue pas au conjoint la qualité de codonataire. D'où des conséquences fiscales et civiles.

• *Du point de vue fiscal*, la donation est taxée **pour le tout** comme une libéralité faite à un descendant, alors qu'autrement elle le serait pour moitié comme une libéralité faite à un étranger – donc sans le bénéfice de certains abattements et au taux de 60 % (v. *Fiscalité*, s[s] n°s 613.71 s.).

• *Du point de vue civil :*

1) Les causes de révocation, telle l'ingratitude, l'inexécution des charges, le retour conventionnel, *etc.*, s'apprécient en la personne du seul donataire.

2) La donation est, **pour le tout**, présumée faite en avancement de part successorale (C. civ., art. 843, al. 1er), de sorte qu'elle est rapportable pour le tout (C. civ., art. 843, al. 1er) et doit être pour le tout imputée principalement sur la part de réserve du donataire (C. civ., art. 919-1). Alors que, si elle était adressée pour moitié au conjoint, elle ne pourrait, à due concurrence, ni donner prise au rapport, ni être imputée ailleurs que sur la quotité disponible.

Toutefois, dès lors que le bien donné est commun, la dette de rapport figure au passif définitif de la communauté en application du principe de corrélation entre la répartition de l'actif et la répartition du passif : *Ubi emolumentum, ibi onus*. Si, donc, l'époux donataire a exécuté son obligation de rapport au moyen de biens propres – ce qui est nécessairement le cas s'il l'a exécutée en moins prenant, puisque les biens qu'il n'a point pris dans la succession lui eussent été propres s'il les avait reçus (C. civ., art. 1405, al. 1) –, la communauté lui en doit la récompense (C. civ., art. 1434). Reste que la combinaison de l'entrée en communauté et de l'obligation au rapport est une source de complication lorsque la communauté du donataire est dissoute avant le décès du donateur. Le donataire ne peut alors réclamer aucune récompense : par hypothèse, il n'a pas encore procédé au rapport; et il n'est même pas certain qu'il devra y procéder un jour, car peut-être renoncera-t-il le moment venu à la succession – sous réserve que le disposant n'ait pas expressément exigé le rapport, qui se fera alors en valeur (C. civ., art. 845) – ou bénéficiera-t-il d'une dispense au rapport accordée par testament. À cet égard donc, la liquidation des intérêts pécuniaires des époux revêt un caractère provisoire : il appartient à l'époux donataire de réserver son recours contre son conjoint, pour le jour où il aura effectué le rapport (s'il l'effectue).

132.16 Clause contraire d'entrée en communauté du bien donné : limites. La Cour de cassation a jugé que les effets de l'entrée en communauté peuvent être « *limités par le jeu de la réserve* »[1].

Que la clause soit de nature à priver le donataire d'une partie de sa réserve, c'est une évidence, puisqu'elle attribue à son conjoint le bénéfice de la moitié de la donation. Qu'un père d'une fille unique, propriétaire de deux terrains d'égale valeur, donne l'un de ces terrains à un tiers, puis l'autre à sa fille avec une clause d'entrée en communauté, et ne laisse aucun bien à sa mort : il est clair que sa fille n'aura reçu que la moitié de sa réserve. De ce point de vue, la clause d'entrée en communauté s'oppose radicalement à la clause d'exclusion de communauté, qui, détournant le bien donné de la communauté à laquelle le destinait le régime matrimonial (communauté de meubles et acquêts ou communauté universelle) de la donataire, ne peut pas diminuer les droits successoraux de celle-ci (d'où il suit que la réduction en est exclue depuis que la Cour de cassation a décidé que seul le réservataire peut se prévaloir de sa réserve[2]).

Reste à savoir si, et comment, peut être sanctionnée l'atteinte à la réserve résultant d'une clause d'entrée en communauté.

132.17 Sanction de l'atteinte à la réserve résultant d'une clause d'entrée en communauté apposée à un legs. La réponse ne fait pas de difficulté. À cette clause, à laquelle il n'a pas consenti, le réservataire peut évidemment **opposer sa réserve.** Il en demandera le **cantonnement à la quotité disponible**[3].

Deux points méritent quelques précisions complémentaires.

Primo, le testateur pourrait-il neutraliser la critique du légataire en stipulant que l'entrée en communauté est une condition déterminante de son legs ? Sans doute non, parce qu'une telle clause, visant à consolider une atteinte à la réserve, expression de l'ordre public, devrait être réputée non écrite (C. civ., art. 900 – rappr. la jurisprudence sur les clauses pénales apposées aux charges grevant les libéralités[4]).

1. Civ. 1re, 2 nov. 1994, n° 92-19.036, *Bull. civ.* I, n° 310; *D.* 1995. Somm. 337, obs. M. Grimaldi; *Defrénois* 1995. 436, obs. G. Champenois; *JCP* 1995. I. 3821, obs. Ph. Simler; *RTD civ.* 1995. 426, obs. B. Vareille.
2. Civ. 1re, 10 juin 1975, n° 73-11.265, *Bull. civ.* I, n° 193; *JCP* 1975. II. 18141, note Savatier; *Defrénois* 1975. 1185, note G. Morin.
3. EN CE SENS, Civ. 1re, 11 sept. 2013, n° 12-11.694, *Bull. civ.* I [à paraître]; *JCP N* 2014. 1003, n° 9, obs. Ph. Simler; *JCP* 2013. 1070, note F. Sauvage; *RTD civ.* 2013. 878, obs. M. Grimaldi.
4. F. TERRÉ, Y. LEQUETTE et S. GAUDEMET, *Droit civil, Les successions, les libéralités,* 4e éd., « Précis », 2014, n° 405.

Secundo, le **cantonnement** se fera **en valeur** (C. civ., art. 924). L'époux donataire aurait donc une créance soit sur la communauté, soit, si celle-ci est déjà dissoute (v. s[s] n° 132.15), sur son conjoint : dans le premier cas, elle serait, comme une récompense, égale à la valeur de la fraction du bien formant sa réserve, dans le second, elle serait égale à la moitié de cette valeur.

132.18 Sanction de l'atteinte à la réserve résultant d'une clause d'entrée en communauté apposée à une donation. Lorsque la clause est apposée à une donation, les choses se présentent différemment. Le donataire y ayant par hypothèse consenti, on ne voit pas qu'il puisse lui opposer sa réserve. La réserve héréditaire protège l'héritier contre la volonté du *de cujus*, non contre sa propre volonté. C'est, en réalité, sur la **prohibition du pacte sur succession future** qu'il pourrait fonder sa critique : il ne pouvait, dirait-il, valablement renoncer à sa réserve avant l'ouverture de la succession. Or, ici, de deux choses l'une : ou bien la renonciation anticipée à l'action en réduction est régulière au regard des articles 929 et suivants du Code civil, et la critique est vouée à l'échec; ou bien la renonciation n'est pas régulière, et dans ce cas le succès de la critique reste aléatoire. Car on sait que, s'agissant des pactes par lesquels l'héritier présomptif dispose de ses droits futurs (et non de ceux par lesquels le *de cujus* aliène sa succession future), la jurisprudence récente paraît fort libérale (v. *Successions – Prohibition des pactes sur succession future*, s[s] n°s 211.91 s. et 212.110 s.).

132.19 Conclusion. Bref, la clause d'entrée en communauté peut être limitée, dans ses effets, par l'ordre public successoral. Apposée à un legs, elle l'est par la réserve héréditaire, alors qu'apposée à une donation elle ne peut l'être que par la prohibition du pacte sur succession future. Or, autant les infractions à la réserve sont aisément identifiables, autant les contraventions à la prohibition des pactes sur succession future ne le sont souvent qu'avec peine.

SECTION 2
BIENS ACQUIS À TITRE ONÉREUX AU COURS DU MARIAGE

132.21 Biens communs. Les biens acquis à titre onéreux au cours du mariage forment des acquêts *stricto sensu*. Ils sont donc naturellement **communs.**

132.22 Notion d'acquisition. L'acquisition dont s'agit doit être comprise au sens large. Relèvent de la catégorie des biens acquis au cours du mariage, non seulement les **biens acquis par les époux au moyen des deniers formant les revenus de leur travail ou de leurs biens**, mais aussi :

• Les **biens fabriqués** (immeuble édifié par un époux artisan) ou **créés** (fonds de commerce[1]) **par les époux**, et qui sont véritablement le produit de leur « *industrie* » (C. civ., art. 1401)[2].

• Les **biens gagnés par les époux à des jeux ou à des activités de loisir mettant à l'épreuve leur adresse**, tels les prix de compétitions sportives, les trophées de chasse ou les prises de pêche (v. aussi pour le caractère commun d'un gain réalisé à la suite de la participation d'un époux à un jeu télévisé[3]) – mais non les gains des jeux de pur hasard, qui, selon certains, auraient la nature, propre ou commune, des deniers misés (par ex. gain du loto[4] – rappr., à propos d'une acquisition réalisée conjointement avec un tiers et assortie d'une clause d'accroissement[5] : si l'acquisition a été financée avec des deniers communs l'immeuble est destiné à devenir un acquêt de communauté en cas de prédécès du tiers coacquéreur).

Il est, cependant, des opérations, spécialement des **opérations de placement financier,** où l'on peut hésiter sur le point de savoir s'il y a ou non acquisition : l'opération une fois réalisée, est-ce toujours le même bien (en fait, de l'argent) qui se retrouve, autrement placé, dans le patrimoine de l'époux considéré ? Ou est-ce un nouveau bien (en fait, une

1. Civ. 1re, 18 avr. 1989, n° 87-19.348, *Bull. civ.* I, n° 153; *JCP N* 1989. 503 – Pour une pharmacie dont le local et l'autorisation d'exploitation ont été obtenus avant le mariage, mais dont l'exploitation, seul vecteur de clientèle, n'a été entreprise qu'après le mariage : Civ. 1re, 4 déc. 2013, n° 12-28.076, *Bull. civ.* I [à paraître]; *JCP N* 2014, n° 8, 1099, note V. Barabé-Bouchard; *Dr. fam.* 2014, comm. 37, obs. B. Beignier; *AJ fam.* 2014. 62, obs. P. Hilt.
2. Pour le caractère commun d'un stock d'eau de vie et de pineau, produit de l'industrie personnelle du mari, exploitant viticole : Civ. 1re, 19 déc. 2012, n° 11-25.264, *Bull. civ.* I, n° 270; *JCP* 2013. Doctr. 721, n° 8, obs. Ph. Simler; *RD rur.* 2013. Comm. 93, note R. Le Guidec; *AJ fam.* 2013. 139, obs. P. Hilt; *RTD civ.* 2013. 428, obs. B. Vareille.
3. Agen, 17 mai 2005, *Juris-Data* n° 282090.
4. Toulouse, 31 janv. 2012, RG n° 09/02109, *Juris-Data* n° 013664 – Paris, 13 sept. 2012, RG n° 10/18876, *Juris-Data* n° 020809 – Orléans, 12 mai 2009, *JCP* 2009. I. 391, n° 13, obs. Ph. Simler – TGI Créteil, 19 janv. 1988, *D.* 1989. 37, note G. Champenois; *JCP* 1989. II. 21385, note Ph. Simler; *Defrénois* 1988, art. 34337, obs. G. Champenois – J. FLOUR et G. CHAMPENOIS, n° 257.
5. Civ. 1re, 11 janv. 1983, n° 81-16.307, *Bull. civ.* I, n° 15; *R.* p. 43; *D.* 1983. 501, note C. Larroumet; *JCP* 1984. II. 20127, note F. Boulanger; *Defrénois* 1983. 985, note G. Morin; *JCP N* 1983. II. 329, note R. Brochard; *JCP N* 1984. II. 247, note S. Lemoine.

créance contre l'organisme auprès duquel les fonds ont été placés) ? La Cour de cassation a jugé qu'il y a acquisition d'un nouveau bien dans le cas d'acquisition de bons de caisse[1], mais non dans le cas d'un versement sur un compte-épargne[2]. Il serait raisonnable de distinguer selon la liquidité du placement, pour n'admettre l'existence d'une acquisition que lorsque les deniers placés ne peuvent être récupérés sur simple demande. Dans le même ordre d'idée, il a été suggéré de distinguer selon que le placement est à long terme (il y a acquisition) ou à court terme (il n'y a pas acquisition)[3]. La controverse intéresse, d'une part, les pouvoirs des époux - le pouvoir de disposer n'est pas identique selon qu'il s'agit des revenus (C. civ., art. 223) ou d'un bien commun (C. civ., art. 1421) -, d'autre part, la qualification du placement - commun ou propre - lorsque les deniers appartenaient en propre à l'un des époux.

132.23 Date d'acquisition. Quant à la **date d'acquisition**, qui doit se situer **au cours du régime**, il peut y avoir des difficultés. Dans certains cas, on s'interroge sur le point de savoir si le bien n'a pas été **acquis avant** : la difficulté a été étudiée (v. s^s^ n°s 131.20 s.). Dans d'autre cas, on s'interroge sur le point de savoir si le bien n'a pas été **acquis après** : la difficulté se résout suivant les mêmes principes (sur le cas du bien acquis au terme d'une convention de location-attribution ou de crédit-bail[4], sur lesquels, v. s^s^ n° 131.41 - pour une hypothèse d'acquisition immobilière effectuée postérieurement à l'assignation en divorce et ne constituant pas une fraude aux droits du conjoint[5]).

132.24 Acquisition à titre onéreux. Le titre onéreux doit, fort logiquement, être reconnu à l'acquisition pour un **franc symbolique**[6]. Car la stipulation de ce franc n'a d'autre signification que la négation de toute intention libérale.

1. Civ. 1re, 22 oct. 1980, n° 79-14.138, *Bull. civ.* I, n° 267; *D.* 1980. IR 462, obs. D. Martin; *JCP* 1982. II. 19757, note R. Le Guidec; *RTD civ.* 1982. 132, obs. J. Rubellin-Devichi; *Defrénois* 1981, art. 32608, obs. G. Champenois.
2. Civ. 1re, 3 nov. 1983, n° 82-13.221, *Bull. civ.* I, n° 250; *D.* 1984. IR 274, obs. D. Martin; *Defrénois* 1984, art. 33379, obs. G. Champenois.
3. F. Terré et Ph. Simler, n° 281.
4. V. Civ. 1re, 17 mars 1992, n° 90-14.279, *Bull. civ.* I, n° 83; *D.* 1992. IR 106; *JCP N* 1992. II. 400; *RTD civ.* 1992. 635, obs. F. Lucet et B. Vareille; 810, obs. F. Lucet et B. Vareille - Civ. 1re, 1er juill. 1997, n° 95-17.058, *Bull. civ.* I, n° 220; *D.* 1997. IR 201; *JCP* 1998. I. 135, n° 9, obs. Ph. Simler; *JCP N* 1998. 1163, note G. Chabot; *Gaz. Pal.* 1998. 1. Somm. 389, obs. S. Piedelièvre; *Defrénois* 1997. 1445, obs. G. Champenois; *Dr. fam.* 1997, n° 125, obs. B. Beignier; *RTD civ.* 1998. 728, obs. B. Vareille.

132.25 Acquisition par un époux. L'acquisition doit être faite par les époux, ensemble ou séparément, peu importe. De sorte que l'acquisition d'un bien pendant le mariage par une société dont l'un des époux est l'associé unique n'accroît pas la communauté[7]. On réservera l'hypothèse où le détour par la technique sociétaire n'est qu'un instrument de fraude aux droits du conjoint[8]; et si la société n'est pas unipersonnelle, le concert frauduleux sera exigé, qui nécessite une complicité des associés du conjoint.

132.26 Exceptions. Certains biens acquis à titre onéreux au cours du mariage sont propres à l'époux acquéreur à raison soit de leur nature (§ 1), soit de leur subrogation à un autre bien propre (§ 2), soit de leur dépendance à un autre bien propre (§ 3), soit de l'arrangement de famille qui a permis leur acquisition (§ 4).

§ 1
Biens propres par nature

132.30 Biens à caractère personnel. Il s'agit de biens dont le degré d'attache à la personne de l'époux qui les a acquis est tel que leur entrée en communauté, et leur vocation corrélative à être attribué au conjoint lors du partage, serait contre leur nature. Ils sont visés par l'article 1404, qui en distingue deux catégories : ceux qui n'ouvrent pas droit à récompense (C. civ., art. 1404, al. 1er) et ceux qui ouvrent droit à récompense (C. civ., art. 1404, al. 2).

5. Civ. 1re, 4 juin 2007, n° 06-14.609, *Bull. civ.* I, n° 221; *D.* 2008. 137, note C. Chiariny-Daudet; *AJ fam.* 2007. 358, obs. P. Hilt; *JCP N* 2007. 1277, obs. C. Lesbats; *RTD civ.* 2007. 761, obs. J. Hauser - Pour une promesse unilatérale de vente dont l'option avait été levée après l'assignation en divorce : Civ. 1re, 1er déc. 2010, n° 09-65.673; *Gaz. Pal.* 4-5 févr. 2011, p. 35, note J. Casey; *JCP* 2011. Doctr. 503, n° 8, obs. Ph. Simler; *AJ fam.* 2011. 160, obs. P. Hilt; *RTD civ.* 2011. 379, obs. B. Vareille; p. 111, obs. J. Hauser; *Defrénois* 2011. 83, note V. Zalewski; p. 378, obs. G. Champenois.
6. V. Civ. 1re, 17 janv. 1995, n° 93-10.462, *Bull. civ.* I, n° 33; *D.* 1995. 401, note D. Martin; *JCP* 1995. I. 3869, n° 12, obs. Ph. Simler; *Defrénois* 1995. 1313, obs. J. Honorat; et 1480, obs. G. Champenois; *Dr. et patr.* juin 1995. 36, obs. F. Dekeuwer-Defossez; *RTD civ.* 1996. 459, obs. B. Vareille; *RTD civ.* 1995. 914, obs. P.-Y. Gautier.
7. Civ. 1re, 1er févr. 2012, n° 10-27.166, NP; *JCP* 2012. Doctr. 999, n° 7, obs. Ph. Simler.
8. Grenoble, 26 mars 2012, RG n° 11/02714; *Juris-Data* n° 007022; *JCP* 2012. Doctr. 999, n° 7, obs. Ph. Simler.

A. Biens propres par nature n'ouvrant pas droit à récompense

1° Biens énumérés par l'article 1404 du Code civil et autres biens

132.31 Énumération légale : article 1404 du Code civil. Lors du partage de la communauté, l'époux acquéreur fera la reprise de ces biens, sans rien devoir à la communauté.

Ces biens sont énumérés par le texte.

1) **Vêtements et linges.**

2) **Actions en réparation d'un dommage moral ou corporel.** La formule doit être corrigée : plutôt que des actions, ce sont des **dommages-intérêts** réparant le préjudice qu'il s'agit.

Ensuite, la jurisprudence invite à faire une distinction en fonction du préjudice réparé.

- Si l'indemnité compense un **préjudice personnel, corporel ou moral** (*pretium doloris*, préjudice esthétique, préjudice d'agrément, atteinte à l'honneur, préjudice d'affection...), elle ressort de la catégorie des **propres par nature** (pour une indemnité d'invalidité[1]; pour une pension de guerre destinée à réparer un préjudice résultant d'une atteinte à l'intégrité physique[2]).

- En revanche, si l'indemnité compense un **préjudice matériel ou économique,** telle une perte de revenus résultant d'une incapacité de travail, partielle ou totale, temporaire ou permanente, elle est d'une **nature commune**, car elle se substitue aux revenus du travail, qui alimentent la communauté[3]. Dans le même esprit, est commune l'indemnité versée sous forme de prise en charge des échéances de remboursement d'un prêt immobilier, pareille indemnité ayant pour cause non la réparation d'un préjudice corporel, mais la perte de revenus consécutive à l'invalidité du souscripteur[4].

Parfois il est complexe de ventiler entre la compensation du préjudice moral ou corporel et celle du préjudice matériel ou économique. Dans ce cas, la jurisprudence penche pour la **nature propre de l'indemnité dans son ensemble**[5]. En revanche, dès lors que la ventilation entre réparation du préjudice corporel et réparation du préjudice économique a été effectuée, les juges du fond se doivent d'appliquer une qualification distributive en fonction des préjudices indemnisés[6].

3) **Créances et pensions incessibles.** Il s'agit notamment des pensions de retraite, pensions d'invalidité et pensions alimentaires. Mais c'est le **titre de pension** qui est **propre**, et non point les arrérages : les **sommes versées** périodiquement par l'organisme de prévoyance ou par le débiteur d'aliments entrent dans la **communauté** (cep., lorsque la rente indemnise un préjudice personnel, la jurisprudence qualifie les sommes versées de propres; v. les décisions précédemment citées en matière de pension d'invalidité). La Cour de cassation en a fait une application particulière en matière d'indemnités versées aux rapatriés d'Algérie[7]. Dans le même esprit, elle a récemment jugé que la valeur d'un contrat de

1. Civ. 1re, 6 juin 1990, n° 88-20.137, *Bull. civ.* I, n° 133; *Defrénois* 1991. 36, note R. Savatier; *JCP N* 1991. II. 61, note Ph. Simler – Civ. 1re, 28 févr. 2006, n° 03-11.767, *Bull. civ.* I, n° 107; *D.* 2006. Pan. 2071, obs. V. Brémond; *AJ fam.* 2006. 293, obs. P. Hilt; *LPA* 9 oct. 2006, note Yildirim; *RTD civ.* 2006. 364, obs. B. Vareille – Civ. 1re, 26 sept. 2007, n° 06-13.827, *Bull. civ.* I, n° 302; *D.* 2007. AJ 2612; *AJ fam.* 2007. 437, obs. P. Hilt; *RJPF* 2008-1/28, obs. F. Vauvillé – V. AUSSI Civ. 1re, 7 nov. 1995, n° 93-14.777, NP; *JCP* 1996. I. 3908, n° 12, obs. Ph. Simler – Civ. 1re, 6 févr. 2001, n° 98-17.132, NP; *JCP* 2002. I. 103, n° 10, obs. Ph. Simler – Colmar, 11 févr. 1999, *JCP* 2000. I. 245, n° 12, obs. Ph. Simler – Civ. 1re, 26 sept. 2007, n° 06-13.827, *Bull. civ.* I, n° 302; *AJ fam.* 2007. 437, obs. P. Hilt; *RJPF* 2008-1/28, obs. F. Vauvillé – Civ. 1re, 17 nov. 2010, n° 09-72.316, *Bull. civ.* I, n° 238; *AJ fam.* 2011. 112, obs. P. Hilt; *Gaz. Pal.* 4-5 févr. 2011, p. 34, note J. Casey; *JCP* 2011. Doctr. 503, n° 7, obs. Ph. Simler.
2. Civ. 1re, 8 juill. 2009, n° 08-16.364, *Bull. civ.* I, n° 167; *D.* 2009. AJ 1974; *JCP* 2009. 391, n° 13, obs. Ph. Simler; *JCP N* 2009. 1322, note J. Vassaux-Barège; *AJ fam.* 2009. 405, obs. P. Hilt; *RLDC* 2009/64, n° 3568, obs. E. Pouliquen; *RLDC* 2010/67, n° 3690, note J.-C. Mahinga; *RDC* 2009. 1397, obs. I. Dauriac.
3. Civ. 1re, 23 oct. 1990, n° 89-14.448, *Bull. civ.* I, n° 218; *JCP N* 1991. II. 61, 3e esp., obs. Ph. Simler – Civ. 1re, 5 avr. 2005, n° 02-13.402, *Bull. civ.* I, n° 164; *AJ fam.* 2005. 279, obs. P. Hilt; *Defrénois* 2005. 1527, note G. Champenois; *JCP* 2005. 1565, n° 7, obs. Simler; *RTD civ.* 2005. 819, obs. B. Vareille – V. AUSSI, Civ. 1re, 26 sept. 2007, n° 06-13.827, préc. ss prést n°.
4. Civ. 1re, 14 déc. 2004, n° 02-16.110, *Bull. civ.* I, n° 309; *D.* 2005. 545, note R. Cabrillac; *D.* 2005. Pan. 2118, obs. J. Revel; *Dr. fam.* 2005, n° 36, note B. Beignier; *AJ fam.* 2005. 68, note P. Hilt; *JCP* 2005. I. 128, n° 8, obs. Ph. Simler; *RTD civ.* 2005. 819, obs. B. Vareille.
5. V. PAR EX., Poitiers, 14 nov. 2000, *JCP* 2003. I. 158, n° 8, obs. Ph. Simler.
6. Civ. 1re, 9 mars 2011, n° 09-70.263, NP; *JCP* 2011. Doctr. 503, n° 7, obs. Ph. Simler; *LPA* 25 juill. 2011, n° 146, p. 6, 3e esp., obs. A. Chamoulaud-Trapiers; *RTD civ.* 2011. 577, obs. B. Vareille.
7. Il a été jugé que les droits aux allocations et aux secours exceptionnels dont bénéficie un rapatrié d'Algérie pour lui permettre d'accéder à la propriété et de faire face à ses obligations de remboursement immobilier sont exclusivement personnels et constituent des biens propres par nature. En revanche, les sommes versées par l'État pendant le mariage en exécution de ces droits entrent en communauté : Civ. 1re, 9 juin 2010, n° 08-16.528, *Bull. civ.* I, n° 132; *JCP* 2010. Doctr. 1220, n° 10, obs. crit. Ph. Simler; *Dr. fam.* 2010. Comm. 131, obs. appr. B. Beignier.

retraite complémentaire, qui avait été financé par des fonds communs, ne pouvait être intégrée à l'actif partageable, étant un propre par nature[1].

4) **Rentes viagères.** En raison de leur caractère personnel, elles sont **propres.** En revanche, une récompense peut être due lorsqu'un bien commun a été aliéné contre versement d'une rente viagère sur la tête de l'un seulement des époux, à moins que l'autre époux ait entendu lui faire une donation.

Sur les **baux**, v. s[s] n°s 132.41 à 132.45 - sur les ***stock-options***, v. s[s] n° 133.12.

132.32 Autres biens. Entrent dans la catégorie des propres par nature les **distinctions honorifiques** - décorations, diplômes -, les **lettres missives,** les **souvenirs de famille** (catégorie aux contours assez incertains[2]), et autre **bien à caractère personnel manifeste** (v. pour une collection d'entomologie constituée d'insectes chassés par l'époux dont le caractère personnel a été reconnu[3]; à l'inverse, et faute de rapporter une telle preuve, des animaux naturalisés sont communs[4]). Les **bijoux** présentent un caractère personnel incontestable, outre qu'ils sont souvent l'objet d'une libéralité. Cela étant, ils doivent être considérés comme communs toutes les fois qu'ils représentent un placement[5].

2°
Baux

132.41 Bail rural. S'agissant du bail rural, la jurisprudence y voit un bien **propre** en raison de son **caractère personnel et incessible** (ainsi, un arrêt relève le caractère « *strictement personnel et incessible* » du bail[6] - même qualification pour l'indemnité compensatrice de la perte du bail[7]). Toutefois, cette solution fait l'objet d'une controverse en doctrine[8].

132.42 Bail d'habitation. S'agissant du bail d'habitation, l'article 1751 du Code civil (réd. 4 août 1962) prévoit que le droit au bail du local d'habitation des époux est « *réputé appartenir à l'un et à l'autre époux* », quel que soit leur régime matrimonial. Cette disposition s'applique à tous les baux à usage exclusif d'habitation, peu importe leur date de conclusion et lors même qu'ils seraient soumis à la loi du 1er septembre 1948 ou à celle du 6 juillet 1989. Le droit du preneur dépend donc, dans une égale proportion, des patrimoines propres de chacun des époux[9].

En cas de dissolution du mariage, le sort de ce **droit au bail, droit propre indivis entre les époux,** suit quelques règles particulières. *En cas de divorce ou de séparation de corps*, le juge peut décider d'**attribuer le bail à l'un des époux** en considération des intérêts sociaux et familiaux en cause, sous réserve des droits à **récompense** ou à **indemnité** au profit de l'autre époux (C. civ., art. 1751, al. 2). *En cas de décès d'un des époux*, le conjoint survivant cotitulaire du bail dispose d'un **droit exclusif** sur celui-ci, sauf renonciation expresse (C. civ., art. 1751, al. 3).

132.43 Bail à usage professionnel. S'agissant du bail à usage professionnel ou du *bail mixte* (à usage professionnel et d'habitation), il conviendrait de l'inclure dans la **communauté**, ce qui est l'opinion de la doctrine dominante[10]. La jurisprudence est incertaine :

- pour la qualification de bien commun : par analogie[11];

- pour la qualification de bien propre[12]. Mais le bail devrait être considéré comme un propre par nature de l'époux preneur, si l'une de ses clauses en réservait à celui-ci le bénéfice exclusif.

132.44 Bail commercial. S'agissant du bail commercial, l'on considérait habituellement qu'il avait la qualité - bien commun ou bien propre - du fonds de commerce dont il constitue l'un des éléments[13]. Cependant, par un arrêt en date du 28 mai 2008, la Cour de cassation a jugé que la copropriété du fonds de commerce entre époux

1. Civ. 1re, 30 avr. 2014, n° 12-21.484, *Bull. civ.* I [à paraître]; *AJ fam.* 2014. 382, obs. P. Hilt.
2. M. Grimaldi, *Successions*, n° 264.
3. Grenoble, 12 janv. 2004, *JCP* 2005. I. 128, n° 11, obs. Ph. Simler; *Dr. fam.* 2004, n° 229, note B. Beignier.
4. Civ. 1re, 3 déc. 2008, n° 07-13.937, NP; *JCP* 2009. I. 140, n° 10, obs. Ph. Simler; *AJ fam.* 2009. 88, obs. P. Hilt.
5. F. Terré et Ph. Simler, n° 327 – comp. J. Flour et G. Champenois, n° 308.
6. Soc. 27 févr. 1958, *JCP* 1958. II. 10892, note P. Ourliac et M. De Juglart; *Defrénois* 1958. 124 – Civ. 1re, 21 juill. 1980, n° 79-12.535, *Bull. civ.* I, n° 227 – Civ. 1re, 8 avr. 2009, n°s 07-14.227 et 07-15.274, *Bull. civ.* I, n° 79; *D.* 2009. Pan. 2508, obs. V. Brémond; *AJ fam.* 2009. 355, obs. P. Hilt; *JCP N* 2010. 1008, obs. D.-G. Brelet; *Dr. fam.* 2009, n° 78, note B. Beignier; *RLDC* 2009/61, n° 3476, obs. E. Pouliquen; *Defrénois* 2010. 612, obs. G. Champenois; *RTD civ.* 2009. 568; et 571, obs. B. Vareille.
7. Aix-en-Provence, 18 févr. 1993, *JCP* 1994. I. 3785, obs. Ph. Simler; *Gaz. Pal.* 1994. 1. 306, note J. Lachaud.
8. Pour l'exposé de celle-ci, v. F. Terré et Ph. Simler, n° 338.
9. Civ. 3e, 18 mars 1992, n° 90-13.759, *Bull. civ.* III, n° 92; *D.* 1993. Somm. 178, obs. P. Bihr; *Defrénois* 1992. 1148, obs. G. Vermelle – Civ. 3e, 27 janv. 1993, n° 90-21.825 et n° 90-21.933, *Bull. civ.* III, n° 11; *D.* 1993. Somm. 173, obs. P. Bihr; *AJDI* 1994. 289; *JCP* 1994. I. 3733, n° 4, obs. G. Wiederkehr.
10. F. Terré et Ph. Simler, n° 337 – J. Flour et G. Champenois, n° 318.
11. Civ. 1re, 28 févr. 1961, *Bull. civ.* I, n° 130; *JCP* 1961. II. 12232 – Civ. 1re, 23 oct. 1962, *JCP* 1962. II. 12939.
12. Soc. 21 juill. 1958, *Bull. civ.*, n° 972; *JCP* 1958. II. 10858 (des arrêts ultérieurs de la chambre sociale sont équivoques : J. Flour et G. Champenois, n° 315).
13. F. Terré et Ph. Simler, n° 334.

communs en biens n'entraîne pas la cotitularité du bail commercial dont seul un époux était titulaire[1].

132.45 Observation commune à toutes les catégories de baux. L'enjeu de la qualification - bien propre ou bien commun - est, dans la plupart des cas, limité par l'existence de règles spéciales relatives aux pouvoirs (v. s[s] not., pour le bail d'habitation, C. civ., art. 215, al. 3, et 1751 - pour le bail professionnel, C. civ., art. 1421, al. 2) ou au sort du bail lors de la dissolution du régime matrimonial (v. not., pour le bail d'habitation, L. 6 juill. 1989, art. 14, al. 2 - et C. civ., art. 831-2 et 1751).

3°
Autres textes (CPI, art. L. 121-9 et C. rur., art. L. 321-14)

132.51 Droit de propriété littéraire et artistique. S'agissant du **droit moral,** il est **propre** (CPI, art. L. 121-9, al. 1).

S'agissant du **monopole d'exploitation** : seul le **titre** est **propre,** les **produits réalisés au cours du régime** alimentent la **communauté** (CPI, art. L. 121-9, al. 2). Mais les produits postérieurs à la dissolution du régime n'accroissent pas l'indivision post-communautaire.

Quant au **support matériel de l'œuvre** - sculpture ou peinture -, il paraît juste d'y voir un **bien commun,** sauf à tenir compte de l'incidence du droit moral, qui permet à l'artiste non seulement de modifier son œuvre, voire de la supprimer, mais aussi de se la faire attribuer dans le partage, moyennant indemnité (solution adoptée par la Cour de cassation sous l'empire du droit antérieur à la réforme de 1965[2]). La solution vaut même pour les **œuvres non divulguées** : elles sont communes, sauf le droit de l'artiste, à exercer avant le partage, de les modifier ou de les détruire[3].

132.52 Créance de salaire différé. Elle est **propre** à l'époux qui la perçoit (C. rur., art. L. 321-14). Sa dimension successorale l'emporte ici sur sa dimension salariale.

1. Civ. 3e, 28 mai 2008, n° 07-12.277, *Bull. civ.* III, n° 96; *RLDC* 2008/51, n° 3071, obs. Jeanne; *JCP N* 2008. 1340, obs. C. Bourdaire-Miguot; *LPA* 30 nov. 2009, n° 238, p. 11, note G. Yildirim.
2. Civ. 1re, 4 déc. 1956, *Bonnard, Bull. civ.* I, n° 440; *JCP* 1959. II. 11141, note A. Weill.
3. Civ. 1re, 4 juin 1971, n° 69-13.874, *Picabia, Bull. civ.* I, n° 177; *D.* 1971. 585, concl. R. Lindon; *JCP* 1972. II. 17164, note J. Patarin – et, SUR RENVOI, Orléans, 13 nov. 1975, *JCP* 1976. II. 18439, note Boursigot – Civ. 1re, 12 mai 2011, n° 10-15.667, *Bull. civ.* I, n° 88; *D.* 2011. 1413, obs. J. Marrocchella; *JCP* 2011. 890, note F.-X. Lucas; p. 1371, n° 4, obs. Ph. Simler; *Dr. fam.* 2011, n° 112, obs. B. Beignier; *RTD civ.* 2012. 144, obs. B. Vareille.

4°
Sommes versées par les assureurs

132.61 Distinction. Il convient de distinguer selon qu'il s'agit d'une assurance-dommages ou d'une assurance-personne.

132.62 1) Assurance-dommages. S'il s'agit d'une assurance-dommages, une sous-distinction doit être faite entre l'assurance-chose et l'assurance responsabilité civile.

• L'indemnité versée à un époux au titre d'une **assurance-chose** (assurance qu'il a dû souscrire lui-même) prend la **nature juridique, propre ou commune, du bien dont elle indemnise la perte,** totale ou partielle : c'est un cas de subrogation réelle automatique (v. s[s] n° 132.111).

• L'indemnité versée à un époux au titre d'une **assurance-responsabilité civile** (assurance souscrite par le responsable) prend la **nature juridique, propre ou commune, des dommages-intérêts qu'elle représente** : elle est commune, si elle vise à réparer un préjudice matériel consistant dans une atteinte à un bien commun ou un préjudice corporel matériel (incapacité de travail, notamment); elle est propre, si elle vise à réparer un préjudice matériel consistant dans une atteinte à un bien propre, ou un préjudice moral ou corporel.

132.63 2) Assurance-personne. S'il s'agit d'une assurance-personne, on doit envisager distinctement l'assurance contre les accidents corporels et l'assurance-vie.

• L'indemnité versée à un époux au titre d'une **assurance contre les accidents corporels** (assurance qu'il a dû souscrire lui-même) lui est **propre** (v. s[s] n° 132.31).

• Le capital ou la rente versés au titre d'une **assurance-vie** est d'une nature juridique largement **controversée,** qui appelle des développements particuliers.

5°
Cas particuliers de l'assurance-vie

132.71 Qualification du bénéfice d'une assurance-vie. La qualification du bénéfice d'une assurance-vie pose aujourd'hui de graves difficultés qui tiennent à la fois aux lacunes de la loi du 13 juillet 1930, depuis codifiée au Code des assurances, et à la diversification des produits d'assurance-vie. Cette diversification consiste en ce qu'à présent les assureurs proposent, à côté des **assurances-vie classiques,** où l'existence d'un capital sous risque imprime à l'opération un caractère manifestement aléatoire, des **« assurances-vie » qui sont de purs produits d'épargne,** où les sommes versées par l'assureur ne représentent jamais que le total des primes payées, majoré des produits financiers et diminué des frais de gestion (sur cette distinction, essentielle pour une bonne compréhension de la question, v., à titre d'illustration de la diversité des opinions[1]).

132.72 **a) Assurance-vie classique.** Des sous-distinctions s'imposent.

• **Assurance en cas de décès souscrite entre époux.** L'article L. 132-16 du Code des assurances donne la solution : le capital est propre à l'époux bénéficiaire et aucune récompense n'est due à la communauté en raison des primes versées par elle, sauf si elles étaient manifestement exagérées eu égard aux facultés du contractant (C. assur., art. L. 132-16, al. 2). Cette qualification se justifie par référence à la catégorie des **propres par nature**. Le contrat ayant été souscrit pour le jour de la dissolution de la communauté et, le plus souvent, en vue de son insuffisance, son bénéfice ne se rattache aucunement à la communauté de vie, de sorte que rien ne justifierait que l'époux survivant n'en reçût que la moitié.

• **Assurance en cas de décès souscrite par un tiers.** Le capital devait entrer dans la communauté, comme y entrent les aliments que reçoivent les époux (v. s^s n° 132.31). Simplement, il faudrait réserver le cas où la désignation de l'époux bénéficiaire aurait procédé d'une intention libérale. La doctrine dominante retient, sans faire de distinctions, la qualification de **propre**.

• **Assurance en cas de décès souscrite par un époux à son profit personnel.** La solution devrait être la même que dans l'hypothèse précédente : il n'y a aucune raison de priver la communauté du bénéfice de la prévoyance d'un époux, qu'elle a financée. Cependant, la doctrine dominante retient, ici aussi, la qualification de **propre.** Il est vrai qu'elle reconnaît à la communauté un **droit à récompense**[2]. Or ce droit pourrait bien neutraliser la qualification d'abord retenue, car la récompense devrait sans doute être liquidée au profit subsistant (C. civ., art. 1469), donc au montant du capital versé par l'assureur (sur la récompense qui, selon le cas, peut être due[3]).

132.73 **b) Assurance-vie consistant en un pur placement.** En bonne logique, il conviendrait d'exclure l'application de l'article L. 132-16 du Code des assurances, qui, pour peu que l'on veuille bien considérer son fondement, n'a évidemment pas été écrit pour ce type d'opération : exclusion que combattent très vigoureusement les assureurs, qui pensent que l'application de l'article L. 132-16 dudit Code est indissociable du régime fiscal de faveur dont jouit l'assurance-vie (alors pourtant que l'histoire et la raison suffisent à se convaincre du contraire). Cela étant, la Cour de cassation a choisi de juger que de tels contrats constituent effectivement des contrats d'assurance-vie[4].

• Considérant que le **souscripteur** et **l'assuré** sont **une seule et même personne**, les solutions s'articulent ainsi :

– Ou bien, le contrat se dénouant par **l'échéance du terme, le bénéfice en est délivré à l'époux souscripteur,** et il est **commun**. Car rien ne justifierait que la communauté fût privée d'un capital qui n'est pas autre chose qu'une épargne accumulée (C. civ., art. 1401). Cette qualification est très vivement contestée par les assureurs, sur le fondement de l'article L. 132-16 du Code des assurances.

– Ou bien, le contrat se dénouant par le **décès de l'époux souscripteur, le bénéfice en est délivré au conjoint bénéficiaire**, et il est en principe **propre**[5]. Car, dans ce type de contrat, la désignation du bénéficiaire procède, sauf exception, d'une intention libérale.

• En revanche, si le **bénéficiaire** est un **tiers, la communauté a droit à récompense** pour les primes versées (C. civ., art. 1437). Ainsi, l'arrêt suivant[6] :

1. J. Bigot, « Clair-obscur sur l'assurance-vie [de l'arrêt *Pelletier* à l'arrêt *Praslicka*] », *JCP* 1993. I. 3718 – J. Kullmann, « Contrats d'assurance sur la vie : la chance de gain ou de perte », *D.* 1996. Chron. 205 – J. Aulagnier, « L'assurance-vie est-elle un contrat d'assurance ? », *Dr. et patr.* déc. 1996. 44 – M. Grimaldi, « L'assurance-vie et le droit patrimonial de la famille », *Defrénois* 1994, art. 35841 ; « L'assurance-vie et le droit des successions [à propos de Civ. 1re, 18 juill. 2000, n° 97-21.535, *Leroux*, *Bull. civ.* I, n° 213] », *Defrénois* 2001, art. 37276) – Sur l'assurance-vie en général et les régimes matrimoniaux : A. Trescases, « L'assurance-vie confrontée à la spécificité du lien matrimonial », *AJ fam.* 2007. 383.
2. J. Flour et G. Champenois, n° 313, avec les références.
3. V. M. Grimaldi, « L'assurance-vie et le droit patrimonial de la famille », *Defrénois* 1994, art. 35841.
4. Cass., ch. mixte, 23 nov. 2004, n° 01-13.592, n° 02-11.352, n° 02-17.507, n° 03-13.673, *Bull. ch. mixte*, n° 4 ; *R.* p. 205 et 354 ; *BICC* 15 févr. 2005, rapp. Crédeville, concl. R. de Gouttes ; *GAJC*, 12e éd., n° 132 ; *D.* 2005. 1905, note B. Beignier ; *JCP* 2005. I. 187, n° 13, obs. R. Le Guidec ; *RDC* 2005. 297, obs. A. Bénabent ; *JCP N* 2005. 1003, étude P. Grosjean ; *RLDC* 2005/12, n° 504, note M. Leroy ; *RDI* 2005. 11, obs. L. Grynbaum ; *Dr. et patr.* 2005, n° 133, p. 10 ; *RJPF* 2005-2/25 ; *Dr. fam.* 2005. Étude 6 ; *RTD civ.* 2005. 434, obs. M. Grimaldi.
5. Civ. 1re, 8 mars 2005, n° 03-10.854, *Bull. civ.* I, n° 114 ; *D.* 2006. Pan. 1784, obs. H. Groutel ; *JCP* 2005. II. 10146, note M. Robineau ; *JCP* 2005. I. 163, n° 4, obs. A. Tisserand-Martin ; *AJ fam.* 2005. 198, obs. P. Hilt ; *RDI* 2005. 182, obs. L. Grynbaum.
6. Civ. 1re, 22 mai 2007, n° 05-18.516, *Bull. civ.* I, n° 194 ; *JCP* 2007. I. 208, n° 18, obs. A. Tisserand-Martin ; *AJ fam.* 2007. 320, obs. P. Hilt ; *LPA* 18 mars 2008, obs. N. Pétroni-Maudière.

« *Blanche B. était décédée sans avoir accepté le bénéfice des contrats d'assurance-vie, de sorte que, en application de l'article L. 132-12 du Code des assurances, M. X., bénéficiaire désigné en dernier lieu, était réputé avoir droit aux sommes stipulées aux contrats à partir du jour de leur souscription, la cour d'appel, qui a écarté à bon droit les dispositions de l'article L. 132-16 du même code, a exactement décidé qu'en vertu de l'article 1437 du Code civil, la succession d'André X. était redevable envers la communauté des deniers communs ayant servi à acquitter une charge contractée dans l'intérêt personnel de celui-ci* ».

Ou encore[1] : « [le] *contrat d'assurance-vie ne prévoyait le versement d'un capital qu'en cas de décès du souscripteur, que M. X. avait révoqué la désignation de son épouse comme bénéficiaire et lui avait substitué un tiers; qu'en application de l'article L. 132-12 du Code des assurances, le bénéficiaire désigné en dernier lieu était réputé avoir droit aux sommes stipulées au contrat à partir du jour de sa souscription et qu'en vertu de l'article 1437 du Code civil, le mari était redevable envers la communauté des deniers communs ayant servi à acquitter une charge contractée dans son intérêt personnel* »[2].

132.74 **Valeur de rachat.** Lorsque le contrat d'assurance-vie a une valeur de rachat - ce qui est toujours le cas de celui qui est un pur placement -, cette valeur dépend de la communauté. C'est ce qu'a jugé la Cour de cassation dans le célèbre arrêt *Praslicka*[3]. Compte tenu de l'identité de nature entre la créance de rachat et le droit au capital, cet arrêt accrédite la **thèse du caractère commun du capital**[4]. Il n'a pas plu aux assureurs.

Cette qualification d'acquêt a également été retenue par l'Administration fiscale, dans la célèbre réponse ministérielle Bacquet du 29 juin 2010[5].

B.
Biens propres par nature ouvrant droit à récompense

1°
Instruments de travail

132.81 **Instruments de travail.** Il s'agit de biens qui, lors du partage de la communauté, seront repris par l'époux acquéreur, mais à charge pour celui-ci de payer à la communauté une **récompense** égale à leur valeur. Leur exclusion de la communauté assure donc à l'époux qui les acquiert une propriété incommutable, mais sans préjudice économique pour son conjoint.

Ils sont prévus par l'article 1404 alinéa 2 qui ne vise que les instruments de travail. Encore ceux-ci doivent-ils remplir **deux conditions** :

- Ils doivent être **affectés à l'exercice d'une profession séparée.** Si donc les deux époux exercent ensemble leur profession, leurs instruments de travail sont communs.
- Ils **ne doivent pas constituer les éléments d'une exploitation dépendant de la communauté.** Ainsi, les instruments de travail du commerçant font partie du matériel du fonds de commerce, de sorte que, si celui-ci est commun, ils le sont aussi. À l'inverse, sont propres, sauf récompense à la communauté, les instruments de travail acquis pendant le mariage et payés par des fonds communs, dès lors qu'ils nécessaires à l'exploitation artisanale appartenant en propre à l'un des époux[6]. De la même manière, sont propres les fûts et tonneaux acquis pendant la durée du mariage, car nécessaires à l'exploitation viticole que le mari mettait en valeur et qui lui était propre[7].

Jadis, on pouvait penser que le texte s'appliquait principalement aux instruments de travail de l'époux qui exerce une **profession libérale** : médecin, dentiste, prothésiste, avocat. Mais il n'en va plus ainsi dès lors que l'on admet l'existence du **fonds civil** : c'est comme éléments de ce fonds, qui

1. Civ. 1re, 10 juill. 1996, n° 94-18.733, *Bull. civ.* I, n° 309; *D.* 1998. 26, note Sauvage; *JCP* 1997. I. 4008, n° 16, obs. A. Tisserand; *JCP N* 1996. Prat. 3893, p. 1752, n° 6, obs. J.-P. Delmas Saint-Hilaire et F. Lucet; *Defrénois* 1997. 1080, obs. G. Champenois; *RGDA* 1996. 693, note J. Bigot – V. AUSSI, Civ. 1re, 19 déc. 2012, n° 11-21.703, *Dr. patr.* 2013, n° 227, p. 78, obs. Ph. Delmas Saint-Hilaire.
2. Sur la récompense pouvant être due, v. M. Grimaldi, « L'assurance-vie et le droit patrimonial de la famille », préc.
3. Civ. 1re, 31 mars 1992, n° 90-16.343, *Praslicka*, *Bull. civ.* I, n° 95; *JCP* 1992. I. 3614, obs. Ph. Simler; *JCP* 1993. II. 22059, note B. Abry; *Defrénois* 1992. 1159, obs. G. Champenois; *RTD civ.* 1992. 632, obs. F. Lucet et B. Vareille; *RTD civ.* 1995. 171, obs. B. Vareille – Et, SUR RENVOI, Versailles, 21 juin 1993, *D.* 1995. Somm. 40, obs. F. Lucet.
4. J. FLOUR et G. CHAMPENOIS, n° 313 – M. Grimaldi, « L'assurance-vie et le droit patrimonial de la famille », *Defrénois* 1994, art. 35841.
5. Rép. min. n° 26231 à M. Bacquet, *JOAN Q,* 29 juin 2010, p. 7283 – Fr. Fruleux, « Valeur de rachat des contrats d'assurance-vie non dénoués : la dernière position de l'administration fiscale », *JCP N* 2010, n° 28, act. 550.
6. Civ. 1re, 14 nov. 2007, n° 05-18.570, *Bull. civ.* I, n° 351; *D.* 2007. AJ 3013; *JCP* 2008. I. 144, n° 20, obs. A. Tisserand-Martin; *AJ fam.* 2008. 39, obs. P. Hilt; *RLDC* 2008/46, n° 2869, note C. Campels; *RTD civ.* 2008. 143, obs. B. Vareille.
7. Civ. 1re, 19 déc. 2012, n° 11-25.264, *Bull. civ.* I, n° 270; *JCP* 2013. Doctr. 721, n° 8, obs. Ph. Simler; *RD rur.* 2013. Comm. 93, note R. Le Guidec; *AJ fam.* 2013. 139, obs. P. Hilt; *RTD civ.* 2013. 432, obs. B. Vareille.

inclut le matériel, que les instruments de travail se retrouvent en valeur, compris dans la finance, à l'actif de la communauté (v. ss nos 132.91 s.).

2°
Exclusion des clientèles civiles

132.91 Position du problème. La question de la qualification des clientèles civiles ne fait difficulté que dans le cas où la clientèle a été, soit créée par le travail, soit « *acquise* » à titre onéreux en cours de mariage. Il va de soi, en effet, qu'une **clientèle créée ou acquise antérieurement au mariage**, ou encore recueillie par libéralité ou succession au cours du mariage (ce qui se conçoit notamment dans le cas de l'enfant qui a embrassé la profession de son père ou de sa mère), est un **bien propre** d'origine (C. civ., art. 1405 - pour une clientèle médicale constituée avant le mariage[1] - et, sur la qualification de ses plus-values, v. ss no 132.161).

132.92 Maintien, en jurisprudence, de la distinction du titre et de la finance. La Cour de cassation exclut les **clientèles civiles** de la catégorie des propres par nature. Elle leur applique la distinction du **titre** et de la **finance : le titre est propre**, d'où il suit que la clientèle ne fait pas partie de la masse à partager et que son attribution au conjoint est exclue; mais **la finance est commune**, d'où il suit que la valeur de la clientèle est à inscrire à l'actif de la communauté.

Cette distinction - classique sous l'empire des textes antérieurs à la réforme de 1965 (clientèle du **chirurgien-dentiste**[2]; clientèle du **médecin**[3]; clientèle du **notaire**[4]; clientèle de **l'agent d'assurance**[5]; clientèle du **représentant de commerce**[6]) - a été depuis réaffirmée avec éclat[7] : « *L'avantage pécuniaire que peut procurer à M. X., chirurgien-dentiste, la présentation d'un successeur à sa clientèle constitue une valeur patrimoniale qui doit être portée à l'actif de la communauté, et estimée au jour du partage* » [premier arrêt], « *La clientèle civile d'un époux exerçant une profession libérale* [en l'espèce, celle d'un cabinet dentaire] *doit figurer dans l'actif de la communauté pour sa valeur patrimoniale, comme constituant un acquêt provenant de l'industrie personnelle de cet époux, et non un propre par nature avec charge de récompense* » [deuxième arrêt][8]. Encore faut-il, naturellement, qu'une clientèle civile existe, ce qui n'est pas le cas d'un anesthésiste lié par contrat à une clinique qui met à sa disposition un plateau technique et du matériel contre rétrocession d'honoraires[9]. Ce n'est pas non plus le cas d'une étude d'administrateur judiciaire, qui ne bénéficie ni d'un droit de présentation, ni d'une clientèle attachée à la fonction[10].

En dehors des clientèles civiles, cette distinction du titre et de la finance trouve également application lorsque le **titre professionnel** est **réservé aux personnes remplissant certaines conditions d'exercice** (pour une concession de **conchyliculture**[11]; pour une concession **d'ostréiculture**[12]; pour une **licence de taxi**[13]; pour une **officine de pharmacie**[14] : « *La propriété de l'officine était réservée aux personnes titulaires du diplôme de pharmacien mais* [...] *la valeur du fonds de commerce tombait en communauté* », et ce même si l'époux a disposé du local et obtenu l'autorisation préfectorale de création avant le mariage, du moment que l'exploitation a commencé après le mariage[15]).

132.93 Portée de la solution quant à la répartition des biens. La portée de cette solution doit d'abord être précisée du point de vue de la réparti-

1. Civ. 1re, 5 nov. 1991, no 90-10.448, NP.
2. Civ. 4 juin 1963, *D.* 1964. 50.
3. Civ. 1re, 27 avr. 1982, no 81-11.258, *Bull. civ.* I, no 145.
4. Civ. 1re, 21 oct. 1959, *Bull. civ.* I, no 424.
5. Civ. 1re, 21 oct. 1962, *JCP* 1963. II. 113203, note Esmein.
6. Civ. 1re, 16 janv. 1968, 2 arrêts, *Bull. civ.* I, nos 19 et 20; *D.* 1968. 220.
7. Civ. 1re, 12 janv. 1994, nos 91-18.104 et 91-15.562, 2 esp., *Bull. civ.* I, nos 10 et 11; *R.* p. 281; *D.* 1994. 311, note R. Cabrillac; *D.* 1995. Somm. 41, obs. M. Grimaldi; *Defrénois* 1994. 430, obs. L. Aynès; *JCP* 1994. I. 3785, no 1, obs. Ph. Simler; *JCP N* 1994. II. 329, note J.-F. Pillebout; *RTD civ.* 1996. 229, obs. B. Vareille.
8. V. AUSSI, EN CE SENS, Civ. 1re, 17 déc. 1996, no 93-17.602, *Bull. civ.* I, no 449; *JCP* 1997. I. 4047, no 16, obs. Ph. Simler – Civ. 1re, 2 mai 2001, no 99-11.336, *Bull. civ.* I, no 110; *D.* 2002. 759, note W. Dross; *JCP* 2002. I. 103, no 11, obs. Ph. Simler; *JCP* 2002. II. 10062, note O. Barret; *Defrénois* 2001. 1519, obs. G. Champenois – Civ. 1re, 3 déc. 2002, no 00-17.046, NP; *Dr. fam.* 2003, no 31.
9. Civ. 1re, 10 mai 2006, no 05-13.970, NP; *JCP* 2006. I. 193, no 9, obs. Ph. Simler.
10. Civ. 1re, 28 mai 2014, no 13-14.884, *Bull. civ.* I, [à paraître].
11. Civ. 1re, 8 déc. 1987, no 86-12.426, *Bull. civ.* I, no 333; *R.* p. 143; *D.* 1989. 61, note Ph. Malaurie; *JCP* 1989. II. 21336, note Ph. Simler; *Defrénois* 1988. 533, obs. G. Champenois.
12. Civ. 1re, 14 mars 2006, no 03-19.728, *Bull. civ.* I, no 148; *D.* 2006. IR 1326; *JCP* 2006. I. 193, no 8, obs. Ph. Simler; *AJ fam.* 2006. 382, obs. P. Hilt.
13. Civ. 1re, 16 avr. 2008, no 07-16.105, *Bull. civ.* I, no 121; *D.* 2008. Somm. 2264, obs. T. Douville; *RLDC* 2005/50, no 3036, obs. Jeanne; *RTD civ.* 2009. 352, obs. B. Vareille.
14. Civ. 1re, 18 oct. 2005, no 02-20.329, *Bull. civ.* I, no 373; *JCP* 2006. I. 141, no 17, obs. Ph. Simler; *Defrénois* 2006. 177, note J. Souhami; *AJ fam.* 2006. 115, obs. P. Hilt; *RJPF* 2006-2/30, note F. Vauvillé; *RLDC* 2006, no 23, p. 57.
15. Civ. 1re, 4 déc. 2013, no 12-28.076, *Bull. civ.* I, [à paraître]; *JCP N* 2014, no 8, 1099, note V. Barabé-Bouchard; *Dr. fam.* 2014, comm. 37, obs. B. Beignier; *AJ fam.* 2014. 62, obs. P. Hilt.

tion des biens entre la communauté et les patrimoines propres.

• **La communauté** (et à travers elle, le conjoint) **profite des plus-values** qui adviennent à la **clientèle**, non pas seulement **au cours du régime**, mais aussi **au cours de l'indivision postcommunautaire.** La Cour de cassation l'affirme expressément dans l'un de ses arrêts du 12 janvier 1994 : « *La valeur de ce droit de présentation faisant partie de la masse commune, l'indivision postcommunautaire s'accroît de la plus-value de cet élément sous réserve de l'attribution à l'indivisaire gérant de la rémunération de son travail, conformément à l'article 815-12 du Code civil* »[1].

• Une fois **dissoute, la communauté continue,** jusqu'au partage, **à s'accroître des fruits de la clientèle.** Car les fruits des biens indivis accroissent l'indivision (C. civ., art. 815-10, al. 2).

• **L'époux titulaire de la clientèle** peut prétendre à la **rémunération** qu'accorde l'article 815-12 du Code civil à l'indivisaire qui gère le bien indivis : ce que précise l'un des arrêts du 12 janvier 1994[2]. Son compte d'administration portera donc à l'actif l'ensemble des revenus ou des produits de « *sa* » clientèle, et au passif la rémunération de son activité.

Cette solution marque l'abandon d'une jurisprudence, qui fut justement critiquée, selon laquelle l'indivisaire qui, par ses efforts personnels, a développé une clientèle dépendant (en valeur) de l'indivision peut se prévaloir de l'article 815-13, c'est-à-dire demander une indemnité égale à la plus-value, sauf correctif d'équité[3]. Cette jurisprudence méconnaissait que **les plus-values, comme les fruits et revenus, vont au capital : le travail mérite simplement son salaire.** Mais, naturellement, ce salaire peut être fixé compte tenu des revenus et de la plus-value, dont on peut penser qu'ils sont en corrélation avec le travail fourni. Reste que le juge ne saurait, sans s'en expliquer, accorder un salaire d'un montant égal à la plus-value.

132.94 Portée de la solution quant à la répartition des pouvoirs. La portée de la solution est plus incertaine sur la répartition des pouvoirs. La question principale est de savoir si la cession de la clientèle relève, tour à tour, de la **cogestion au cours de la communauté** (C. civ., art. 1424 : « *Les époux ne peuvent, l'un sans l'autre, aliéner* [...] *les exploitations dépendant de la communauté* »), puis du **consentement unanime des indivisaires pendant l'indivision postcommunautaire** (C. civ., art. 815-3, al. 3 : « *Le consentement de tous les indivisaires est requis pour effectuer tout acte qui ne ressortit pas à l'exploitation normale des biens indivis et pour effectuer tout acte de disposition autre que ceux visés au 3°* [vente de meubles indivis pour payer les dettes et charges de l'indivision] »), ou si elle ressortit à la **gestion exclusive de l'époux titulaire.** Cette question se pose aujourd'hui d'autant plus directement que la Cour de cassation a reconnu licite la cession de clientèle (v. arrêt fondateur[4]).

Deux arguments doivent être mis hors du débat.

D'abord, **l'indépendance professionnelle.**

Primo, si le législateur s'en est préoccupé en réglementant les pouvoirs des époux, les dispositions qu'il a prises (C. civ., art. 223, 1421, al. 2) ne libèrent point un époux de l'obligation d'obtenir de son conjoint le consentement requis en raison de la gravité de l'acte (C. civ., art. 1421, al. 3) : **la gestion exclusive chasse bien la gestion concurrente, mais non la cogestion.**

Secundo, l'**exigence d'unanimité pour la plupart des actes de disposition relatifs aux biens indivis** (C. civ., art. 815-3, al. 3) ne cède en rien devant le souci d'indépendance professionnelle d'un indivisaire.

Tertio, on ne voit pas pourquoi une profession libérale appellerait plus d'indépendance qu'une profession commerciale. Or, nul ne songe à libérer le commerçant qui souhaite vendre son fonds des exigences de la cogestion (C. civ., art. 1421, al. 3) ou de l'unanimité (C. civ., art. 815-3, al. 3).

Ensuite, la **distinction du titre et de la finance.** Un curieux arrêt de la Cour de cassation, rendu à propos de parts sociales, a déduit de cette distinction le pouvoir de l'époux titulaire du bien d'en disposer seul au cours de l'indivision post-communautaire : de ce que « *seule, la finance des parts* (était) *entrée en communauté* », l'arrêt déduit que « *la cession intervenue ne portait pas sur un bien de cette indivision* »[5]. Mais cette décision est source d'incohérence : cogestion au cours du régime (C. civ., art. 1424), gestion exclusive au cours de l'indivision... alors pourtant que d'ordinaire, la

1. Civ. 1re, 12 janv. 1994, n° 91-18.104, préc. s[s] n° 132.92.
2. Civ. 1re, 12 janv. 1994, n° 91-18.104, *Bull. civ.* I, n° 10, préc.
3. Civ. 1re, 25 mai 1987, n° 85-16.995, *Bull. civ.* I, n° 166; *D.* 1988. 28, note A. Breton; *JCP* 1988. II. 20925, note J.-F. Montredon.
4. Civ. 1re, 7 nov. 2000, n° 98-17.731, *Bull. civ.* I, n° 283; *R.*, p. 366; *D.* 2001. 2400, note Y. Auguet; *D.* 2001. Somm. 3081, obs. J. Penneau; *D.* 2002. Somm. 930, obs. O. Tournafond; *JCP* 2001. II. 1042, note Vialla; *JCP* 2001. I. 301, n° 16, obs. J. Rochfeld; *Defrénois* 2001. 431, note R. Libchaber; *RTD civ.* 2001. 130, obs. J. Mestre et B. Fages; 167, obs. T. Revet; *RDSS* 2001. 317, obs. G. Mémeteau.
5. Civ. 1re, 9 juill. 1991, n° 90-12.503, *Gelada*, *Bull. civ.* I, n° 232; *Defrénois* 1991. 1333, obs. P. Le Cannu; *Defrénois* 1992, art. 35202, note R. Savatier; *RDI* 1992. 389, obs. J. Foyer et J. Hudault; *Bull. Joly* 1991. 1030, note S. Brelet et N. Madignier; *RTD com.* 1992. 204, obs. M. Jeantin.

naissance de l'indivision loin de libérer les pouvoirs, les réduit. De plus, elle est difficile à comprendre : dire que ce n'est pas disposer de la valeur d'un bien que de le vendre est un sophisme; car ce qui fait la valeur d'un bien, ce n'est pas seulement son prix, c'est aussi ses utilités, son devenir, *etc.*

Reste, pour justifier la gestion exclusive, la **particularité** que revêtirait, malgré tout, l'**entreprise libérale.** Sa valeur tient à un complexe de droits qui ne peuvent appartenir qu'à son titulaire, et d'obligations qui ne peuvent être prises que par lui (droit de présentation, obligation de non-concurrence...).

La jurisprudence n'est pas fixée. Un jugement a admis la validité de la « *cession* » d'un office de notaire consentie par l'officier public sans le consentement de son conjoint[1]. Mais un arrêt de la Cour de cassation, statuant en application du droit antérieur à 1965, avait soumis à cogestion la cession d'un cabinet dentaire[2].

3°
Exclusion des parts d'intérêts dans les sociétés de personnes

132.101 Problème plus général des parts sociales : distinction entre la qualité d'associé et la part sociale[3]. Une distinction, qui vaut pour toutes les parts sociales, paraît aujourd'hui acquise, à savoir celle entre la qualité d'associé et la part sociale :

– **La qualité d'associé** est la qualité qui donne le droit de participer à la vie sociale, notamment de participer aux assemblées générales. Elle appartient tout naturellement à l'époux qui a acquis les parts, soit à la suite d'un apport, soit à la suite d'un achat. Lui seul, donc, peut exercer les prérogatives attachées à cette qualité. Et peu importe que, suivant la forme de la société, il soit associé en nom, actionnaire ou autre.

Le tout, sans préjudice des dispositions de l'article 1832-2 du Code civil, suivant lesquelles, lorsqu'un époux acquiert des parts sociales au moyen de biens communs, son conjoint peut revendiquer la moitié des parts acquises, et donc acquérir, lui aussi, la qualité d'associé (v. s[s] n° 137.23).

– **La part sociale** est le bien qui forme l'un des éléments du patrimoine de l'associé, et que celui-ci gère (vente, nantissement, *etc.*) comme sa chose, et non pas comme celle de la société. C'est pour elle que se pose la question de qualification : **bien propre** ou **bien commun.**

132.102 Maintien, en jurisprudence, relativement aux parts d'intérêts, de la distinction du titre et de la finance. Il n'a jamais été mis en doute que les droits d'un époux dans une **société de capitaux**, notamment dans une société anonyme, pussent entrer en communauté aux conditions de n'importe quel autre bien – donc, depuis 1965, à la condition d'avoir été acquis à titre onéreux au cours du mariage. Ainsi, quant à leur gestion, les parts (c'est-à-dire les actions) relèvent de la gestion concurrente (C. civ., art. 1421), sauf le jeu des présomptions de pouvoir relatives aux comptes de titres (C. civ., art. 222). Et, quant à leur sort à la dissolution, elles font pleinement partie de la masse partageable et peuvent donc être attribuées au conjoint de l'époux associé.

C'est pour les parts d'intérêts dans les **sociétés de personnes** – principalement dans les **sociétés en nom collectif** et dans les **sociétés à responsabilité limitée** – qu'il y a eu controverse. Le **caractère personnel de ces parts**, qui est attesté par le fait qu'elles ne sont **pas librement négociables** et qui tient au **caractère fermé des sociétés de personnes**, a inspiré au moins trois théories doctrinales.

132.103 Première théorie : les parts sont des biens propres par nature, à charge de récompense.

CONSÉQUENCES :

1) **Quant à leur gestion** : elles devraient relever de la **gestion exclusive** de l'époux associé (mais *quid* alors de l'article 1424 du Code civil, qui soumet à cogestion la cession des parts sociales non négociables ?).

2) **Quant à leur sort à la dissolution** : d'une part, elles ne figurent pas dans l'indivision post-communautaire, qui ne s'accroît donc pas de leurs revenus; d'autre part, elles sont incluses dans les **reprises de propres de l'époux associé**, mais celui-ci doit **récompenser** la communauté de leur valeur.

132.104 Deuxième théorie : les parts sont communes quant à la valeur seulement, le titre d'associé étant propre.

CONSÉQUENCES :

1) **Quant à leur gestion** : elles relèvent, pour leur aliénation et pour leur nantissement, de la **coges-**

1. TGI Paris, 19 nov. 1987, *JCP* 1994. I. 3785, obs. Ph. Simler; *Defrénois* 1988. 931, obs. G. Champenois.
2. Civ. 1re, 15 mai 1974, n° 72-14.668, *Bull. civ.* I, n° 148; *JCP* 1975. II. 17910, note A. Ponsard.
3. J. Derrupé, « Régimes de communauté et droit des sociétés », *JCP* 1971. I. 2403; « Les droits sociaux acquis avec des biens communs selon la loi du 10 juillet 1982 », *Defrénois* 1983, art. 33053 – A. Colomer, « La nature des parts de société au regard du régime matrimonial », *Defrénois* 1979, art. 32029 et 32034; « Le statut des conjoints d'artisans et de commerçants travaillant dans l'entreprise familiale », *Defrénois* 1982, art. 32965; « Les problèmes de gestion soulevés par le fonctionnement parallèle d'une société et d'un régime matrimonial », *Defrénois* 1983, art. 33102 – F. Dekeuwer-Desfossez, « Mariage et sociétés », *Mél. Roblot*, 1984, p. 271 s. – J. Revel, « Droit des sociétés et régime matrimonial : préséance et discrétion », *D.* 1993. Chron. 33.

tion, comme il est dit à l'article 1424 du Code civil[1] (v. s[s] n° 132.94).

2) **Quant à leur sort à la dissolution** : d'une part, leur valeur figure **dans l'indivision postcommunautaire**, qui s'accroît ainsi de leurs revenus; d'autre part, elles sont **reprises**, comme s'il s'agissait de **propres**, par l'époux associé, sauf à celui-ci à en verser, le cas échéant, la valeur à son conjoint (ce versement supposant que le conjoint ait été, lors du partage, alloti de la valeur des parts).

132.105 Troisième théorie : les parts sont communes en nature, comme tout autre bien acquis à titre onéreux au cours du mariage.

CONSÉQUENCES :

1) **Quant à leur gestion** : elles relèvent, pour leur aliénation et pour leur nantissement, de la **cogestion**, comme il est dit à l'article 1424 du Code civil.

2) **Quant à leur sort à la dissolution** : d'une part, elles figurent **dans l'indivision postcommunautaire**, qui s'accroît ainsi de leurs revenus; d'autre part, elles font pleinement partie de la masse partageable et peuvent donc être **attribuées au conjoint de l'époux associé**, sauf à respecter les statuts sociaux, et notamment les clauses d'agrément (étant ici rappelé que, dans certaines sociétés, l'entrée du conjoint ne peut être soumise à un agrément).

132.106 Théorie retenue par la Cour de cassation. La Cour de cassation avait consacré la **seconde théorie** sous l'empire du droit antérieur à la réforme de 1965, et semble y rester fidèle[2].

§ 2
Biens propres par subrogation à un autre bien propre

132.110 Plan. Parfois la subrogation est automatique (A); parfois elle est soumise à la formalité de l'emploi ou de remploi (B).

1. V. CEP., Civ. 1re, 9 juill. 1991, n° 90-12.503, *Gelada*, préc. s[s] n° 132.94.
2. Civ. 1re, 9 juill. 1991, n° 90-12.503, *Gelada*, préc. s[s] n°s 132.94 et 132.104 – Civ. 1re, 4 juill. 2012, n° 11-13.384, *Bull. civ.* I, n° 155; *JCP* 2012. Doctr. 1389, n° 5, obs. Ph. Simler; *D.* 2012. 2493, note V. Barabé-Bouchard; *AJ fam.* 2012. 508, obs. P. Hilt; *Rev. sociétés* 2012. 717, note I. Dauriac; *Dr. fam.* 2012, n° 158, obs. G. Paisant; *RDLC* 2012/98, note B. Dondero – V. AUSSI, Civ. 1re, 4 juin 2009, n° 08-15.228, NP; *D.* 2009. Pan. 2508, obs. V. Brémond; *JCP* 2009. 391, n° 14, obs. Ph. Simler; l'attribution de parts sociales d'une SCI à l'un des époux commun en biens ne peut avoir pour effet de leur conférer la qualification de biens propres; de sorte que la banque créancière au titre d'un billet à ordre de l'époux attributaire des parts ne peut pas les saisir et nantir.

A.
Subrogation automatique

132.111 Deniers représentant des biens propres. Les deniers qui représentent un bien propre sont **propres** : prix de vente, dommages-intérêts payés par le responsable de la destruction du bien, indemnité d'expropriation, indemnité versée au titre d'une assurance-chose, prime d'arrachage de vignes[3].

Si, donc, ces deniers se retrouvent, **individualisés**, lors du partage, ils sont **repris** avec les autres biens propres. Dans le cas contraire, il y a lieu à **récompense**, le profit qu'en a tiré la communauté résultant de l'encaissement de deniers propres, sauf preuve contraire[4] (*contra* précédemment quand il incombait à celui qui demande récompense à la communauté d'établir par tous moyens que les deniers provenant du patrimoine propre de l'un des époux ont profité à la communauté[5]).

132.112 Échange. Le bien acquis en échange d'un bien propre est **propre**, sans qu'il soit besoin d'aucune déclaration dans l'acte d'acquisition (C. civ., art. 1407).

Au cas d'**échange avec soulte payée par la communauté**, la subrogation n'a lieu que si le montant de la soulte n'excède pas la valeur du bien aliéné. Il y a lieu d'assimiler les frais à la soulte (arg. C. civ., art. 1436).

132.113 Apport en nature à une société. Les parts sociales rémunérant l'apport en nature d'un bien propre sont automatiquement **propres**[6] (v. pour un cas d'apport en nature d'une clientèle constituée avant le

3. Bordeaux, 17 mai 1994, *Juris-Data* n° 053064.
4. Civ. 1re, 8 févr. 2005, n° 03-13.456, *Bull. civ.* I, n° 65; *R.* p. 215; *BICC* 15 mai 2005, n° 899, et la note; *D.* 2005. Pan. 2116, obs. V. Brémond; *JCP* 2005. I. 163, n° 12, obs. A. Tisserand-Martin; *JCP N* 2005, 1351, note F.-J. Pillebout; *Defrénois* 2005. 1506, obs. G. Champenois; *Dr. fam.* 2005, n° 80, note B. Beignier (1re esp.); *AJ fam.* 2005. 149, obs. P. Hilt (2e esp.); *RJPF* 2005-5/22, note F. Vauvillé; *RTD civ.* 2005. 445, obs. B. Vareille – Civ. 1re, 8 févr. 2005, n° 03-15.384, *Bull. civ.* I, n° 66; *R.* p. 215; *BICC* 15 mai 2005, n° 900, et la note; *D. eod. loc.*; *JCP Eod. loc.*; *Defrénois eod. loc.*; *Dr. fam. eod. loc.* (2e esp.); *AJ fam. eod. loc.* (1re esp.); *RTD civ. eod. loc.* – Civ. 1re, 22 nov. 2005, n° 02-19.283, *Bull. civ.* I, n° 426; *AJ fam.* 2006. 76 – Civ. 1re, 28 nov. 2006, n° 04-17.147, *Bull. civ.* I, n° 515; *D.* 2007. Pan. 2130, obs. J. Revel; *AJDI* 2007. 562, obs. C. Denizot; *AJ fam.* 2007. 42, obs. P. Hilt.
5. Civ. 1re, 2 déc. 1997, n° 96-14.392, *Bull. civ.* I, n° 335; *D.* 1998. IR 10; *Dr. fam.* 1998, n° 13, obs. B. Beignier; *Defrénois* 1998. 407, obs. Champenois; *RTD civ.* 1998. 178, obs. B. Vareille.
6. Civ. 1re, 21 nov. 1978, n° 76-13.275, *Bull. civ.* I, n° 353; *D.* 1979. IR 254, obs. D. Martin; *Defrénois* 1979, art. 32038, obs. Champenois; *JCP* 1980. I. 19451, note R. Le Guidec – Civ. 1re, 27 mai 2010, n° 09-11.894, NP; ▶

mariage nonobstant les indications figurant dans les statuts de la société[1]). Et il n'y a pas lieu de distinguer selon que les parts ont été souscrites lors de la constitution de la société ou lors d'une augmentation de capital.

En revanche, toute **subrogation automatique** est **exclue** lorsque les parts sociales sont acquises en rémunération d'un **apport en numéraire** (par hypothèse propre) ou par suite d'un **achat** (dont, par hypothèse, le prix est payé au moyen de deniers propres) : la subrogation suppose alors l'accomplissement des formalités du remploi (pour un cas d'apport en numéraire[2], v. s^s^ n° 132.121).

132.114 Attribution d'un appartement représentant des parts sociales dans une société civile d'attribution. Si les **parts sociales** ont été **acquises avant le mariage**, l'appartement, attribué ensuite, est **propre**[3].

B.
Subrogation moyennant emploi ou remploi

132.120 Biens visés. Il s'agit des biens acquis au moyen de deniers propres : soit en **emploi de deniers présents** (v. s^s^ n°s 131.11 à 131.41), **futurs** (v. s^s^ n°s 132.11 à 132.19) ou **propres par nature** (v. s^s^ n°s 132.30 s.); soit en **remploi de deniers** provenant de la **vente d'un bien propre.**

Ces biens sont eux-mêmes propres par l'effet de la subrogation réelle *si, et seulement si*, lors de leur acquisition, il a été procédé aux **formalités dites de l'emploi ou du remploi** : formalités par lesquelles l'époux acquéreur déclare le caractère propre des deniers utilisés pour acquérir et sa volonté que le nouveau bien lui soit propre (C. civ., art. 1434).

1°
Formalités de l'emploi ou du remploi

132.121 Condition de la subrogation. Remploi *a posteriori*. Les formalités de l'emploi et du remploi ne sont pas d'ordre simplement probatoire : elles ne visent pas seulement à préconstituer la preuve du caractère propre des deniers, qui suffirait au jeu de la subrogation. Elles sont une **condition de l'existence même de la subrogation**[4]. Si, donc, elles n'ont pas été accomplies, le bien acquis est commun (sauf récompense), alors même que le caractère propre des deniers utilisés pour l'acquérir serait constant[5].

Sauf, cependant, le jeu du **remploi *a posteriori***, admis par une jurisprudence célèbre[6]. Bien que les formalités n'aient pas été accomplies au moment de l'acquisition, la subrogation peut tout de même se produire, mais à des **conditions plus rigoureuses** et avec des **effets limités** : d'une part, elles supposent l'accord du conjoint de l'époux acquéreur[7]; d'autre part, elle est inopposable aux tiers, spécialement aux créanciers du conjoint qui ont action sur les biens communs[8].

Sur la foi d'un arrêt[9], on ajoute parfois que le remploi *a posteriori* doit avoir lieu avant la dissolution de la communauté. Mais on ne voit pas de raison de ne pas le permettre jusqu'aux opérations de liquidation-partage. D'autant que c'est souvent lors de ces opérations que se pose pour la première fois la question de la qualification du bien.

132.122 Description des formalités. Ces formalités consistent en une double déclaration :

▶ *Dr. sociétés* 2010, Comm. 197, note M.-L. Coquelet; *AJ fam.* 2010. 400, obs. P. Hilt; *JCP* 2010. Doctr. 1220, n° 9, obs. Ph. Simler – Metz, 4 janv. 1990, *Juris-Data* n° 047570 – RAPPR., Civ. 1re, 10 juill. 1996, n° 94-17.471, *Bull. civ.* I, n° 314; *D.* 1996. Somm. 394, obs. M. Grimaldi; *JCP N* 1997. 1292, obs. Ph. Simler; *Dr. et patr.* 1996. 1463, obs. A. Bénabent; *RTD civ.* 1998. 454, obs. B. Vareille.

1. Civ. 1re, 28 nov. 2006, n° 05-11.586, NP; *JCP.* I. 142, n° 16, obs. Ph. Simler.
2. Civ. 1re, 5 mars 1991, n° 87-18.298, *Bull. civ.* I, n° 80; *D.* 1991. 565, note R. Le Guidec; *D.* 1992. Somm. 221, obs. M. Grimaldi; *Defrénois* 1992, art. 35220, obs. G. Champenois; *RTD civ.* 1992. 439, obs. F. Lucet et B. Vareille.
3. Civ. 1re, 9 juill. 1991, n° 89-18.504, *Bull. civ.* I, n° 233; *JCP* 1991. IV. 352.
4. Civ. 1re, 20 sept. 2006, n° 04-18.384, *Bull. civ.* I, n° 404; *JCP* 2007. II. 10005, note J.-C. Mahinga; I. 142, n° 18, obs. Ph. Simler; *AJ fam.* 2006. 423, obs. P. Hilt; *RJPF* 2006-12/30, obs. F. Vauvillé; *LPA* 2007, n° 126, 11, note G. Yildirim; *RTD civ.* 2007. 621, obs. B. Vareille – Civ. 1re, 2 juill. 1985, n° 84-12.464, *Bull. civ.* I, n° 208; *Defrénois* 1985. 1474, obs. G. Champenois – Civ. 1re, 5 mars 1991, n° 87-18.298 [art. 1434, réd. 1804], préc. s^s^ n° 132.113 – Civ. 1re, 25 févr. 2009, n° 08-12.137, NP; *AJ fam.* 2009. 178, obs. P. Hilt; *Dr. fam.* 2009, n° 45, obs. B. Beignier.
5. V. PAR EX., Civ. 1re, 27 mars 2007, n° 05-16.480, NP; *AJ fam.* 2007. 322, obs. P. Hilt – Civ. 1re, 14 mars 2006, n° 04-11.625, NP; *JCP* 2006. I. 193, obs. Ph. Simler – RAPPR. Paris, 14 déc. 2011, RG n° 10/22694, *Juris-Data* n° 007022; *JCP* 2012. Doctr. 999, n° 8, obs. Ph. Simler, où les parents d'un époux, qui avaient prêté de l'argent au couple pour l'acquisition d'un bien, avaient ultérieurement renoncé à réclamer le remboursement du prêt à leur fils, dans le but de lui consentir une donation indirecte, cette renonciation n'ayant cependant pas pour effet de modifier la qualification d'acquêt du bien financé.
6. Req. 17 mai 1938, *Potier-de-la-Morandière*, *D.* 1938. 1. 73.
7. Civ. 1re, 25 sept. 2013, n° 12-21.280, *Bull. civ.* I [à paraître]; *JCP N* 2014. 1003, n° 10, obs. Ph. Simler; *RTD civ.* 2013. 882, obs. B. Vareille.
8. V. PAR EX., Civ. 1re, 25 févr. 2009, n° 08-12.137, NP; préc. s^s^ n° 132.121.
9. Civ. 1re, 3 nov. 1983, n° 82-13.221, *Bull. civ.* I, n° 250.

– Il faut d'abord une **déclaration d'origine des deniers**, par laquelle est affirmé (et généralement justifié) leur caractère propre. Cette déclaration est valablement faite dès lors que les deniers représentent le prix de l'aliénation d'un bien propre, même s'ils ne sont pas exactement ceux provenant de cette aliénation [1].

– Il faut ensuite une **déclaration d'intention d'employer ou de remployer**, par laquelle est proclamée l'intention de voir le bien acquis remplacer, dans le patrimoine propre de l'époux acquéreur, les deniers utilisés pour l'acquérir. La seule déclaration d'origine des deniers ne suffirait pas [2]. Elle n'aurait pour effet que de préconstituer la preuve de la récompense due par la communauté à l'époux acquéreur.

Cette **double déclaration** est **unilatérale.** L'intervention du conjoint de l'époux acquéreur n'est pas une condition du remploi [3]. Elle est cependant usuelle, car elle évite qu'ensuite le conjoint ou ses ayants cause ne viennent contredire la déclaration d'origine des deniers.

La **déclaration** doit avoir lieu **dans l'acte d'acquisition.** L'acte une fois dressé, il serait trop tard : il n'y aurait plus de place que pour un remploi *a posteriori*, aux conditions plus rigoureuses et aux effets plus limités (v. s[s] n° 132.121). Cette exigence est aisée à satisfaire lorsque l'acquisition, telle celle d'un immeuble, donne lieu à l'établissement d'un acte (ne serait-ce que pour des raisons tenant à la publicité foncière).

Mais *quid* dans le cas d'**acquisition de valeurs mobilières ?** Sans doute la déclaration pourrait-elle efficacement figurer sur l'ordre d'acquisition. Et dans le cas d'une **acquisition d'œuvres d'art ?** Si l'acquisition se fait en vente publique, le procès-verbal d'adjudication constitue l'acte où la déclaration peut être faite. Mais si elle se fait de gré à gré, et, comme c'est presque toujours le cas, sans que soit dressé un acte sous seing privé qui la constate, la déclaration ne pourrait guère être portée que sur la facture acquittée, sous la forme d'une addition à la mention d'acquit.

1. Civ. 1re, 5 janv. 1999, n° 96-11.512, *Bull. civ.* I, n° 3; *D.* 1999. IR 32; *Defrénois* 1999. 432, obs. G. Champenois; *Dr. fam.* 1999, n° 29, note B. Beignier; *JCP* 1999. I. 154, n° 7, obs. Ph. Simler; *JCP N* 1999, 1165, note J. Casey; *RTD civ.* 1999. 456, obs. B. Vareille.
2. Fort-de-France, 28 mai 1999, *JCP* 2000. I. 245, n° 13, obs. Ph. Simler.
3. Civ. 1re, 19 mai 1998, n° 95-22.083, *Bull. civ.* I, n° 175; *JCP* 1998. I. 183, n° 2, obs. Ph. Simler; *JCP* 1999. II. 10127, note J.-C. Mahinga; *Defrénois* 1998. 1466, obs. G. Champenois; *RTD civ.* 1999. 458, obs. B. Vareille; 459, obs. B. Vareille.

132.123 Hypothèse de financement mixte. Souvent, les deniers employés ou remployés ne permettent de financer qu'une partie du coût d'acquisition, et le complément est fourni par la communauté.

En pareil cas, la subrogation a tout de même lieu, pourvu que la **contribution de la communauté n'excède pas celle du patrimoine propre** [4]. Pour apprécier la contribution de chacun des patrimoines, il convient de considérer le **coût global de l'acquisition**, sans distinguer entre le prix et les frais (C. civ., art. 1436).

Précisions :

1) **Les époux ne peuvent convenir d'un « *remploi mixte* »,** au terme duquel le bien serait *pro parte* propre (à concurrence des deniers remployés) et *pro parte* commun (à concurrence des deniers fournis par la communauté [5]). Cette interdiction a été formulée dans le cas où le remploi mixte avait été stipulé en cours de régime, dans l'acte d'acquisition du bien litigieux, contrevenant ainsi au principe de l'immutabilité des conventions matrimoniales. Mais vaut-elle pareillement pour un remploi qui serait posé dans le contrat de mariage, comme une règle générale devant s'appliquer aux acquisitions futures ? Non, selon certains (v. Ph. Simler, obs. préc.), bien que la Cour de cassation ait justifié sa solution par les dispositions « *impératives* » de la loi [6].

2) Pour fixer la **contribution de la communauté à l'acquisition du nouveau bien**, en vue de la qualification de celui-ci, il n'y a pas à tenir compte des fonds communs qui, déjà, avaient pu être utilisés pour l'acquisition du bien propre dont le prix est remployé [7].

2°

Remploi par anticipation

132.131 Présentation. Il est permis de remployer des **deniers attendus de la vente d'un bien propre** (C. civ., art. 1435). La chronologie des opérations est alors inversée : l'achat précède la vente.

4. Les juges du fond sont souverains pour dire si les sommes provenant de l'aliénation des propres constituent la plus grande part du prix d'acquisition : Civ. 1re, 9 oct. 1984, n° 83-14.668, *Bull. civ.* I, n° 249 – Civ. 1re, 5 mars 2008, n° 07-12.392, *Bull. civ.* I, n° 66; *D.* 2008. Pan. 2246, obs. J. Revel; *AJ fam.* 2008. 216, obs. P. Hilt.
5. Civ. 1re, 19 mai 1998, n° 95-22.083, préc. s[s] n° 132.122.
6. Civ. 1re, 19 mai 1998, n° 95-22.083, préc. s[s] n° 132.122 et s[s] prés[t] n°.
7. Civ. 1re, 15 juin 1994, n° 92-20.201, *Bull. civ.* I, n° 210; *D.* 1995. Somm. 40, obs. M. Grimaldi; *JCP* 1995. I. 3821, obs. Ph. Simler; *Defrénois* 1995, art. 36040, obs. Champenois; *JCP N* 1995. I. 1357, note Mathieu; *RTD civ.* 1995. 422, obs. B. Vareille.

La règle permet ainsi à un époux de bénéficier de la subrogation s'il se présente une affaire à saisir, qu'il risquerait de perdre s'il devait attendre la réalisation des actifs dont il entend remployer le prix. La communauté assure alors un crédit-relais (gratuit).

132.132 Conditions. Depuis la réforme du 23 décembre 1985, ce remploi est soumis à une **condition de délai** : les deniers attendus doivent être payés à la communauté, c'est-à-dire un bien propre vendu sans remploi de son prix, dans les **cinq ans de la date de l'acte d'acquisition**; mais la doctrine se divise sur le point de savoir s'ils doivent l'être avant la dissolution de la communauté.

Autre point discuté : le remploi par anticipation suppose-t-il que l'époux considéré ait, lors de l'acquisition, un propre susceptible d'être vendu, ou peut-il intervenir sur la foi de simples espérances (successorales) ?

En revanche, la Cour de cassation a récemment eu l'occasion de préciser que **le remploi par anticipation n'est pas subordonné au consentement du conjoint**[1].

132.133 Preuve. L'époux considéré sera prudent de préconstituer, lors de la vente de son bien propre, la **preuve du paiement des deniers à la communauté** : soit par une **mention de l'acte de vente**, soit par un **acte distinct**.

132.134 Effets. La doctrine dominante est d'avis que la subrogation n'a lieu que sous la **condition suspensive du versement des fonds à la communauté.**

D'où il suit que, dans la phase d'attente, le bien est commun, mais que, si le versement a lieu dans le délai légal, il est réputé propre dès son acquisition.

On ajoute parfois que cette **rétroactivité** ne peut préjudicier aux droits que des tiers auraient régulièrement acquis. Mais, au moins s'il s'agit d'immeubles, les tiers (acquéreurs ou créanciers) auront été informés de la condition en consultant les origines de propriété, de sorte qu'ils auront agi à leurs risques et périls.

§ 3
Biens propres par dépendance à un autre bien propre

132.140 Plan. On peut ici distinguer trois types de dépendance : l'accession (A), l'accroissement (B) et l'accessoire (C).

A.
Biens propres par accession

132.141 Accession naturelle ou artificielle. L'accession **naturelle** fait que sont propres les alluvions et relais (C. civ., art. 556 et 557) qui accèdent à un bien propre.

L'accession **artificielle** fait que sont propres :

– Les **constructions édifiées sur un terrain propre**[2] (v. aussi pour le caractère propre de l'intégralité d'une construction édifiée partie sur un terrain propre et partie sur un terrain commun[3]). D'où l'utilité de la clause d'entrée en communauté apposée à la donation d'un terrain nu sur lequel le donataire et son conjoint entendent bâtir à deniers communs (v. s^s^ n° 132.14).

– Les **plus values advenant aux biens propres** :

1) **Plus-values purement nominales** (qui en sont de fausses), dues à l'érosion monétaire.

2) **Plus values fortuites**, dues aux circonstances (amélioration de l'environnement [suppression de nuisances] pour une maison; amélioration des facteurs extérieurs de commercialité pour un fonds de commerce).

3) **Plus-values résultant de l'incorporation de deniers communs** (sur la récompense, v. s^s^ n°s 144.11 s.).

4) **Plus-values résultant du travail de l'époux propriétaire** (sur la question de la récompense v. s^s^ n°s 144.11 s. – v. cep., qui traite comme des revenus professionnels, pour les inscrire à l'actif de communauté, les plus-values que, par son activité, un époux a conférées à un fonds de clientèle civile lui appartenant en propre[4]).

B.
Biens propres par accroissement

132.151 Valeurs mobilières. L'article 1406 alinéa 1er du Code civil déclare propres « *les valeurs*

1. Civ. 1re, 27 mars 2007, n° 05-16.434, NP; *AJ fam.* 2007. 359, obs. P. Hilt; *RTD civ.* 2007. 798, obs. B. Vareille.

2. Com. 24 juin 2003, n° 00-14.645, *Bull. civ.* IV, n° 105; *R.*, p. 383; *D.* 2003. 2167, note P. Delmotte; *D.* 2004. Somm. 51, obs. P.-M. Le Corre; *JCP* 2004. I. 115, n° 8, obs. P. Pétel; *JCP* 2004. I. 129, n° 13, obs. Ph. Simler; *Defrénois* 2004. 71, obs. G. Champenois; *Dr. et patr.* juin 2004, p. 36, étude Brémond; *Dr. fam.* 2003, n° 104, note B. Beignier – V. DÉJÀ, Civ. 1re, 14 févr. 1984, n° 83-11.248, *Bull. civ.* I, n° 61 – Civ. 1re, 6 juin 1990, n° 88-10.532, *Bull. civ.* I, n° 134; *JCP* 1991. II. 21652, 1re esp. note J.-F. Pillebout; *Defrénois* 1991. 862, obs. G. Champenois; *RTD civ.* 1991. 589, obs. F. Lucet et B. Vareille.
3. Paris, 4 mars 2003, *JCP* 2004. I. 129, n° 19, note A. Tisserand.
4. Besançon, 9 sept. 1997, *JCP* 1998. I. 183, n° 1, obs. Ph. Simler.

nouvelles et autres accroissements se rattachant à des valeurs mobilières propres ».

D'où les solutions qui suivent[1] :

– Au cas d'**augmentation de capital par de nouveaux apports**, les actions nouvelles acquises grâce aux droits préférentiels de souscription attachés à des actions propres sont elles-mêmes **propres**.

– Au cas d'**augmentation de capital par incorporation de réserves,** les actions nouvelles gratuitement attribuées sont elles-mêmes **propres**[2].

– Au cas de **distribution de réserves,** les fonds distribués sont pour la communauté ou pour le patrimoine propre de l'époux associé, selon que les organes sociaux ont décidé de les distribuer à titre de revenus ou à titre de capitaux.

Mais nul ne semble avoir jamais soutenu que des actions nouvellement acquises pourraient être propres en application de l'article 1406 alinéa 1er du Code civil, lorsqu'avec les anciennes elles forment un ensemble à raison du pouvoir que leur réunion confère : **bloc majoritaire** ou même **minorité de blocage.** La thèse se recommanderait d'une certaine rationalité économique.

132.152 Complément de parts indivises. Suivant l'article 1408 du Code civil, lorsqu'un époux a, dans un bien indivis, des droits qui lui sont propres, ceux qu'il y acquiert ensuite lui sont également propres. Il s'agit d'éviter que le statut du bien soit d'une complexité excessive, une indivision ordinaire se doublant de cette indivision spéciale qu'est la communauté.

Les droits nouvellement acquis sont propres même si la communauté a entièrement financé leur acquisition[3], et même s'ils représentent une part indivise beaucoup plus importante que celle représentée par les droits antérieurement acquis.

Conséquence (parmi d'autres) : l'époux acquéreur ne saurait devoir **aucune indemnité** à raison d'une occupation privative au cours de l'indivision post-communautaire[4].

Deux précisions :

1) Le texte ne vise que **l'acquisition de droits indivis sur un bien déterminé :** l'allotissement, moyennant le paiement d'une soulte, d'un bien dépendant d'une indivision successorale n'en relève pas, car le bien est propre, comme bien futur, en application de l'article 1405 du Code civil[5].

2) **Le texte est d'ordre public,** et ne saurait donc être écarté par les époux[6]. Toutefois, ceux-ci peuvent s'en affranchir par convention pendant l'instance en divorce ou après la dissolution de la communauté[7].

C.
Biens propres par accessoire

132.161 Diversité des cas. Un bien est propre par accessoire lorsqu'il a été acquis avec l'intention de l'affecter à un bien propre (**élément subjectif**) et qu'il a été ensuite effectivement placé dans la dépendance économique de ce bien (**élément objectif**).

Ainsi, sont propres par accessoire :

1) la voiture acquise pour les besoins de l'exploitation d'une clientèle d'agent d'assurances, propre[8];

2) le corps de ferme acheté pour les besoins d'une exploitation agricole, propre[9];

3) le matériel et le cheptel acquis pour les mêmes besoins[10];

4) le fonds de commerce incorporé à un fonds de commerce, propre[11];

1. Sur lesquelles, v. A. Colomer, « Réserves des sociétés et régimes matrimoniaux communautaires », *Defrénois* 1980, art. 32380; « Augmentation de capital et répartition des biens en régime matrimonial communautaire », *Defrénois* 1981, art. 32606.
2. Civ. 1re, 12 déc. 2006, no 04-20.663, *Bull. civ.* I, no 536; *D.* 2007. AJ 318; Pan. 2126, obs. J. Revel; *D.* 2008. Pan. 381, obs. J.-C. Hallouin et E. Lamazerolles; *JCP* 2007. I. 142, no 17, obs. Ph. Simler; 179, no 2, obs. J.-J. Caussain, F. Deboissy et G. Wicker; *Defrénois* 2008. 310, obs. G. Champenois; *Dr. et patr.* juill.-août 2007. 85, obs. J.-B. Seube; *Rev. sociétés* 2007. 326, obs. D. Randoux; *Dr. sociétés* 2007, no 32, obs. J. Monnet; *RTD civ.* 2007. 149, obs. T. Revet.
3. Civ. 1re, 10 mai 2007, no 05-17.189, NP; *JCP* 2007. I. 208, no 12, obs. Ph. Simler.
4. Civ. 1re, 14 mai 1991, no 90-12.254, *Bull. civ.* I, no 151; *JCP* 1992. II. 21820, note J.-F. Pillebout.
5. Civ. 1re, 6 juin 1990, no 87-19.492, *Bull. civ.* I, no 132; *Defrénois* 1991. 862, obs. Champenois; *RTD civ.* 1991. 788, obs. F. Lucet et B. Vareille.
6. Civ. 1re, 13 oct. 1993, no 91-21.132, *Bull. civ.* I, no 276; *Defrénois* 1994. 438 obs. G. Champenois; *JCP* 1994. I. 3733, no 10 obs. Ph. Simler; *RTD civ.* 1994. 408, obs. B. Vareille : arrêt ambigu.
7. Civ. 1re, 11 juin 2003, no 99-14.612, *Bull. civ.* I, no 141; *D.* 2004. Somm. 2259, obs. J. Revel; *JCP* 2004. I. 129, no 11, obs. Ph. Simler; *Defrénois* 2004. 1464, obs. G. Champenois; *Dr. fam.* 2003, no 101, note H. Lécuyer; et no 133, note B. Beignier; *RTD civ.* 2003. 691, obs. J. Hauser; 2004. 128, obs. B. Vareille; et 130, obs. B. Vareille.
8. Civ. 1re, 8 nov. 1989, no 87-12.698, *Bull. civ.* I, no 340; *JCP N* 1991. II. 61, obs. Ph. Simler.
9. Civ. 1re, 21 juill. 1980, no 79-12.535, *Bull. civ.* I, no 227; *D.* 1981. IR 88, obs. Martin; *Defrénois* 1980. 1551, obs. G. Champenois.
10. Civ. 1re, 4 janv. 1995, no 92-20.013, *Bull. civ.* I, no 4; *D.* 1995. Somm. 328, obs. M. Grimaldi; *JCP* 1995. I. 3869, obs. Ph. Simler; *RTD civ.* 1996. 932, obs. F. Zenati; 969, obs. B. Vareille; 971, obs. B. Vareille – Rouen, 14 juin 1994, *JCP* 1995. I. 3821, no 15, obs. Ph. Simler.
11. Civ. 1re, 2 mai 1990, no 87-18.040, NP; *JCP N* 1991. II. 161, 2e esp., obs. Ph. Simler; *RTD com.* 1991. 379, obs. J. Deruppé.

5) les marchandises acquises pour l'exploitation d'un fonds de commerce, propre[1];

6) le pas-de-porte acquis pendant le mariage pour les besoins d'un cabinet d'assurances, propre[2];

7) les droits de plantation, accessoire d'une exploitation agricole, propre[3].

Observations :

1) Pour une exploitation constituant une **universalité de fait juridiquement consacrée** (tel le **fonds de commerce** et même, aujourd'hui, le **fonds civil**), la qualification de propre, reconnue au nouveau bien qui s'y intègre, pourrait aussi être justifiée par l'idée que les plus-values des propres sont propres (v. s[s] n° 132.141).

2) La théorie de l'accessoire ne saurait jouer pour une exploitation nouvelle, différente de l'exploitation d'origine parce qu'ayant une clientèle distincte[4] (en Champagne, activité de viticulteur manipulant substituée à celle de viticulteur récoltant; v. aussi, qui reconnaît l'existence de deux portefeuilles d'assurance distincts : l'un propre, l'autre commun[5]).

132.162 Cas de l'immeuble contigu à un immeuble propre ou annexe d'un immeuble propre. L'article 1475 alinéa 2 du Code civil, qui est relatif au partage de la communauté, institue le cas d'attribution préférentielle que voici : « *Si un immeuble de la communauté est l'annexe d'un autre immeuble appartenant en propre à l'un des conjoints, ou s'il est contigu à cet immeuble, le conjoint propriétaire a la faculté de se le faire attribuer par imputation sur sa part ou moyennant soulte, d'après la valeur du bien au jour où l'attribution est demandée* ».

Ce texte présuppose qu'un immeuble acquis au cours du mariage est commun même s'il est contigu à un propre ou qu'il en est une annexe : il n'y a d'attribution préférentielle concevable que pour un bien dépendant de l'indivision post-communautaire. Néanmoins, la **Cour de cassation a admis que l'immeuble acquis** pût être **propre par accessoire** (bâtiments devenus indivisibles par suite de travaux les ayant réunis[6]).

Le même arrêt décide que l'accessoire ne peut jouer qu'au bénéfice d'un patrimoine propre : un bien propre ne peut tomber en communauté parce qu'il serait devenu l'accessoire d'un bien commun.

(Comp. dans une hypothèse où les conditions de l'accessoire n'étaient pas réunies[7]).

§ 4
Biens acquis par arrangement de famille

132.171 Anticipation sur la succession. L'article 1405 alinéa 3 du Code civil déclare, en termes peu clairs, « *qu'est propre le bien qu'un époux reçoit d'un ascendant, soit à titre de* ***dation en paiement****, soit* ***à charge de payer une dette*** *dont ledit descendant est tenu envers un tiers* ».

Quoique le bien soit évidemment acquis à titre onéreux (en dépit des termes du texte, qui vise le « *donateur* »), il est propre à l'époux acquéreur parce que, en l'absence de l'« *arrangement* », il l'eût été : il lui fût advenu par succession, et lui eût donc été propre comme bien à venir (v. s[s] n°s 132.11 à 132.19 – étant bien entendu, pour raisonner sur les deux hypothèses envisagées par le texte, que sa créance sur l'ascendant se fût éteinte par confusion, ou qu'il eût été tenu de payer la dette de l'ascendant envers le tiers). La loi permet ainsi de « *réaliser, du vivant de l'ascendant, ce qui, autrement, se serait passé à sa mort* »[8].

1. Civ. 1re, 23 janv. 1979, n° 77-12.898, *Bull. civ.* I, n° 32; *Defrénois* 1979, art. 31954, note A. Colomer – COMP. pour une licence d'exploitation : Com. 4 mai 1982, n° 80-14.250, *Bull. civ.* IV, n° 148; *Defrénois* 1983, art. 33104, obs. G. Champenois.
2. Civ. 1re, 19 déc. 2012, n° 11-21.957, NP; *JCP* 2013. Doctr. 721, n° 7, obs. Ph. Simler.
3. Civ. 1re, 19 déc. 2012, n° 11-25.264, *Bull. civ.* I, n° 270; *JCP* 2013. Doctr. 721, n° 8, obs. Ph. Simler; *RD rur.* 2013. Comm. 93, note R. Le Guidec; *AJ fam.* 2013. 139, obs. P. Hilt; *RTD civ.* 2013. 432, obs. B. Vareille.
4. Civ. 1re, 17 déc. 1996, n° 94-21.989, *Bull. civ.* I, n° 452; *D.* 1997. 547, note R. Le Guidec; *JCP* 1997. I. 4047, obs. Ph. Simler; *Dr. fam.* 1997, n° 75, obs. B. Beignier; *RTD civ.* 1998. 451, obs. B. Vareille; 943, obs. F. Zenati.
5. Civ. 1re, 10 mai 2007, n° 06-12.843, NP.
6. Civ. 1re, 18 déc. 1990, n° 89-10.188, *Bull. civ.* I, n° 292; *D.* 1992. 37, note R. Le Guidec; Somm. 221, obs. M. Grimaldi; *Defrénois* 1992, art. 35303, obs. G. Champenois.
7. Civ. 1re, 11 juin 2005, n° 02-11.875, NP; *AJ fam.* 2005. 108, obs. P. Hilt.
8. J. FLOUR et G. CHAMPENOIS, n° 280.

CHAPITRE

133. L'actif : revenus

Frédéric Bicheron
Professeur à l'Université Paris-Est
Créteil Val-de-Marne (UPEC)

SECTION 0
Orienteur

133.00 **Plan du chapitre.**

Division. Il convient de distinguer les revenus du travail (sect. 1) des revenus du capital (sect. 2).

133.01 **Textes applicables.**

C. civ., art. 225, 1401 et 1403, 1404 al. 1er, 1410, 1411 al. 1er, 1413, 1414, 1415, 1428

> Pouvoirs d'un époux sur ses propres

[C. civ., art. 225 et 1428]

C. civ., art. 225 (*L. n° 85-1372, 23 déc. 1985, art. 6*)

Chacun des époux administre, oblige et aliène seul ses biens personnels.

C. civ., art. 1428

Chaque époux a l'administration et la jouissance de ses propres et peut en disposer librement.

> Actif de la communauté

[C. civ., art. 1401, 1403 et 1404]

* V. texte complet de ces articles s^s n° 132.01, > *Répartition de l'actif de la communauté*

> Passif de la communauté

[C. civ., art. 1410 et 1411, 1413 à 1415]

C. civ., art. 1410

Les dettes dont les époux étaient tenus au jour de la célébration de leur mariage, ou dont se trouvent grevées les successions et libéralités qui leur échoient durant le mariage, leur demeurent personnelles, tant en capitaux qu'en arrérages ou intérêts.

C. civ., art. 1411

Les créanciers de l'un ou de l'autre époux, dans le cas de l'article précédent, ne peuvent poursuivre leur paiement que sur les biens propres (*L. n° 85-1372, 23 déc. 1985, art. 10*) « et les revenus » de leur débiteur.

Ils peuvent, néanmoins, saisir aussi les biens de la communauté quand le mobilier qui appartient à leur débiteur au jour du mariage ou qui lui est échu par succession ou libéralité a été confondu dans le patrimoine commun et ne peut plus être identifié selon les règles de l'article 1402.

C. civ., art. 1413 (*L. n° 85-1372, 23 déc. 1985, art. 11*)

Le paiement des dettes dont chaque époux est tenu, pour quelque cause que ce soit, pendant la communauté, peut toujours être poursuivi sur les biens communs, à moins qu'il n'y ait eu fraude de l'époux débiteur et mauvaise foi du créancier, et sauf la récompense due à la communauté s'il y a lieu.

C. civ., art. 1414 (*L. n° 85-1372, 23 déc. 1985, art. 11*)

Les gains et salaires d'un époux ne peuvent être saisis par les créanciers de son conjoint que si l'obligation a été contractée pour l'entretien du ménage ou l'éducation des enfants, conformément à l'article 220.

Lorsque les gains et salaires sont versés à un compte courant ou de dépôt, ceux-ci ne peuvent être saisis que dans les conditions définies par décret.

C. civ., art. 1415 (*L. n° 85-1372, 23 déc. 1985, art. 11*)

Chacun des époux ne peut engager que ses biens propres et ses revenus, par un cautionnement ou un emprunt, à moins que ceux-ci n'aient été contractés avec le consentement exprès de l'autre conjoint qui, dans ce cas, n'engage pas ses biens propres.

133.02 **Jurisprudence de référence.**

> Les gains et salaires d'un époux sont communs *ab initio*

• Civ. 1re, 8 févr. 1978, n° 75-15.731, *Bull. civ.* I, n° 53

* V. s^s n° 133.11

« […] Que si, en vertu de l'article 224, alinéa 1er, du même code, chacun des époux a ses gains et salaires et peut en disposer librement après s'être acquitté des charges du mariage, ces pouvoirs ne mettent pas obstacle à ce que ces gains et salaires soient saisis par les créanciers envers lesquels la communauté est tenue du chef de l'autre époux […]. »

> La valeur patrimoniale des *stock-options* entre en communauté, bien que le titre d'option reste personnel

• Paris, 7 mai 2004, *AJ fam.* 2004. 331, obs. Attuel-Mendès; *RTD civ.* 2004. 539, obs. Vareille.

* V. s^s n° 133.12

« […] Si le droit d'option est strictement personnel […], la valeur patrimoniale des options, correspondant au différentiel entre le prix d'exercice de l'option et la valeur du titre au jour de son acquisition, entre en communauté, dès lors que lesdites options avaient été attribuées au mari avant l'assignation en divorce et à condition que l'option en ait été effectivement levée par ce dernier. »

> Les revenus des biens propres font parties de la masse commune

• **Civ. 1re, 31 mars 1992, no 90-17.212,** *Bull. civ.* I, no 96

* V. ss no 133.31

« […] La communauté, à laquelle sont affectés les fruits et revenus des biens propres, doit supporter les dettes qui sont la charge de la jouissance de ces biens; […] dès lors, leur paiement ne donne pas droit à récompense au profit de la communauté lorsqu'il a été fait avec des fonds communs; […] il s'ensuit que l'époux, qui aurait acquitté une telle dette avec des fonds propres, dispose d'une récompense contre la communauté. »

133.03 Bibliographie indicative.

Actualisables. Rép. civ., vo *Communauté légale (1° Actif des patrimoines)*, par G. Yildrim et A. Chamoulaud-Trapiers, juin 2010 [màj janv. 2014], (gains et salaires) nos 294 s.; (revenus des biens propres) nos 330 s. – *J.-Cl. Civ.*, fasc. unique, art. 1400 à 1403, fasc. 10 à 30, art. 889 à 892.

Ouvrages[1]. J. Flour et G. Champenois, *Les régimes matrimoniaux*, 2e éd., coll. « U », A. Colin Éd., 2001, nos 264 s. – F. Terré et Ph. Simler, *Droit civil, Les régimes matrimoniaux*, 6e éd., « Précis », Dalloz, 2011, nos 283 s.

Articles. J. Casey, « Les *stock-options* et le régime de communauté : retour sur une difficulté liquidative », *JCP N* 2006. 1213 – A. Couret et J.-Ph. Mabru, « *Stock-options* et liquidation de communauté : arguments pour une controverse », *Dr. et patr.* janv. 1999. 32 – C. Laye-Baffert et M. Dadoit, « Le sort des *stock-options* dans les partages de communauté et les transmissions familiales », *Defrénois* 2002. 998 – E. Naudin, « Les *stock-options* à la dissolution du régime matrimonial », *AJ fam.* 2002. 290 – F. Sauvage, « Communauté, succession et *stock-options* », *Dr. et patr.* nov. 1998. 38 – Voisin, *Dr. et patr.* mars 2005. 53.

133.04 Questions essentielles.

> Les gains et salaires d'un époux sont-ils propres ou communs ?

* V. ss no 133.11

> La valeur patrimoniale des *stock-options* entre-t-elle en communauté ?

* V. ss no 133.12

> Les revenus des biens propres sont-ils propres ou communs ?

* V. ss no 133.31

1. NB : les ouvrages les plus fréquemment cités et dont le nom des auteurs figure en petites capitales en bibliographie sont cités par les seuls noms des auteurs en petites capitales en notes de bas de page.

SECTION 1
Revenus du travail

133.11 Biens communs *ab initio*. Au terme d'une controverse doctrinale, la Cour de cassation a jugé que les **gains et salaires** sont **communs**[2]. Cette solution a été implicitement consacrée par la loi du 23 décembre 1985 (arg. C. civ., art. 1411, al. 1er, et 1414).

Les gains et salaires sont communs *ab initio*, c'est-à-dire dès avant leur perception, peu importe qu'ils soient perçus postérieurement à la dissolution de la communauté; ainsi, la **créance de salaire** est **commune**[3].

133.12 Notion de gains et salaires. La notion de gains et salaires doit être comprise largement, et ce de deux points de vue :

– Les gains et salaires s'entendent de **tous les revenus professionnels.** Peu importe leur nature : **salaires ou honoraires.** Peu importe leur caractère, principal ou accessoire : les **primes** ou **gratifications** sont communes (gratification exceptionnelle[4]), ainsi que les indemnités de congés payés ou de fin de carrière[5].

Les choses sont moins claires à propos des ***stock-options***. Certains tirent argument de leur caractère incessible pour les ranger dans la catégorie des propres par nature n'ouvrant pas droit à récompense (C. civ., art. 1404, al. 1er – v. ss no 132.31)[6]. D'autres proposent que, lors de la liquidation (qui, par hypothèse, intervient alors que l'option reste ouverte), le droit d'option soit porté à l'actif de la communauté, pour mémoire, et que, si l'option vient à être levée, il soit procédé à une liquidation complémentaire portant sur la plus-value d'acquisition, c'est-à-dire sur la différence entre le prix payé (qui a été

2. Civ. 1re, 8 févr. 1978, no 75-15.731, *Bull. civ.* I, no 53; *R.*, p. 32; *JCP N* 1981. II. 114, note H. Thuillier; *D.* 1978. IR 238, obs. D. Martin; *RTD civ.* 1979. 592, obs. R. Nerson et J. Rubellin-Devichi – Civ. 1re, 23 oct. 1990, no 89-14.448, *Bull. civ.* I, no 218; *JCP N* 1991. II. 61, 3e esp., obs. Ph. Simler – Civ. 1re, 5 nov. 1991, no 90-13.479, *Bull. civ.* I, no 292; *Defrénois* 1992. 393, obs. G. Champenois; *JCP N* 1992. II. 206, no 7, obs. Ph. Simler – Civ. 1re, 31 mars 1992, no 90-16.343, *Bull. civ.* I, no 95; *JCP* 1993. II. 22059, note B. Abry; *JCP* 1992. I. 3614, no 6, obs. Ph. Simler; *Defrénois* 1992. 1159, obs. G. Champenois; *RTD civ.* 1992. 632, obs. F. Lucet et B. Vareille; 635, obs. F. Lucet et B. Vareille; *RTD civ.* 1995. 171, obs. B. Vareille.
3. Civ. 1re, 13 oct. 1993, no 91-19.234, NP; *JCP* 1994. I. 3785, no 2, obs. Ph. Simler.
4. Civ. 1re, 30 juin 1992, no 90-18.407, NP; *JCP* 1993. I. 3656, obs. Ph. Simler.
5. Paris, 14 avr. 1995, *D.* 1995. IR 127.
6. A. Couret et J.-Ph. Mabru, « *Stock-options* et liquidation de communauté : arguments pour une controverse », *Dr. et patr.* janv. 1999. 32.

fixé lors de l'acquisition des *stock-options*) et la valeur du titre au jour de la levée de l'option [1].

Deux réponses ministérielles [2] et un arrêt rendu par la cour d'appel de Paris vont dans le sens de cette dernière analyse [3] : « *si le droit d'option est strictement personnel* [...], *la valeur patrimoniale des options, correspondant au différentiel entre le prix d'exercice de l'option et la valeur du titre au jour de son acquisition, entre en communauté, dès lors que lesdites options avaient été attribuées au mari avant l'assignation en divorce et à condition que l'option en ait été effectivement levée par ce dernier* »; cette dernière condition est cependant trop restrictive, qui fait dépendre la prise en compte ou non de la valeur du droit d'option de son exercice avant la liquidation de la communauté [4].

– Les **substituts de gains et salaires sont assimilés à ceux-ci** : indemnité compensatrice d'une incapacité de travail [5]; indemnité réparant le préjudice professionnel, caractérisé par une incapacité à reprendre toute activité économique [6]; indemnité de licenciement [7] (peu importe que l'intéressé ait immédiatement retrouvé un emploi [8]), sauf si la lettre de licenciement a été notifiée après la date de prise d'effet entre les époux du jugement de divorce [9]; indemnité transactionnelle de rupture [10]; indemnité de rupture anticipée d'un contrat de travail à durée déterminée [11]; indemnité de départ anticipé à la retraite [12]; indemnité de non-concurrence [13]; capital représentatif de la prestation de libre passage (droit suisse) dont le versement est demandé avant la dissolution du régime matrimonial [14]; indemnité versée au titre d'une assurance-invalidité accessoire à un prêt [15]; indemnités versées par l'assurance perte d'emploi [16]; pécule d'incitation au départ anticipé accordé à un militaire dont l'octroi trouve sa cause dans l'activité professionnelle exercée au cours du mariage [17].

Mais les indemnités versées au titre d'une assurance contre les accidents corporels, ainsi que, pour certains, les arrérages d'une pension militaire d'invalidité, sont des propres par nature lorsqu'ils indemnisent un préjudice corporel sans considération des revenus éventuellement perdus (v. s^s^ n° 132.31).

133.13 Spécificité des gains et salaires au sein de la masse commune. La nature commune des gains et salaires signifie assurément que ceux-ci ont

1. F. Sauvage, « Communauté, succession et *stock-options* », *Dr. et patr.* nov. 1998. 38.
2. Rép. min. n° 58031, *JOAN Q* 18 juin 2001, p. 3530; Rép. min. n° 31920, *JO Sénat*, 23 août 2001, p. 2721; *RTD com.* 2002. 110, obs. J.-P. Chazal et Y. Reinhard; *Dr. fam.* 2001, n° 119, note L. Grosclaude.
3. Paris, 7 mai 2004, *AJ fam.* 2004. 331, obs. L. Attuel-Mendès; *JCP* 2005. I. 128, n° 12, obs. Ph. Simler; *Defrénois* 2005. 421, note T. Léobon; *Dr. fam.* 2005, n° 217, note Grosclaude; *Bull. Joly* 2005, n° 1, p. 86, obs. Lécuyer; *RTD civ.* 2004. 539, obs. B. Vareille.
4. Sur ce point, v. F. Terré et Ph. Simler, n° 697, note 1, p. 544 – v. aussi, outre les références déjà citées, C. Laye-Baffert et M. Dadoit, « Le sort des *stock-options* dans les partages de communauté et les transmissions familiales », *Defrénois* 2002. 998 – E. Naudin, « Les *stock-options* à la dissolution du régime matrimonial », *AJ fam.* 2002. 290 – Voisin, *Dr. et patr.* mars 2005. 53 – J. Casey, « Les *stock-options* et le régime de communauté : retour sur une difficulté liquidative », *JCP N* 2006. 1213.
5. Civ. 1re, 23 oct. 1990, n° 89-14.448, *Bull. civ.* I, n° 218; *JCP N* 1991. II. 61, 3e esp., obs. Ph. Simler.
6. Civ. 1re, 5 avr. 2005, n° 02-13.402, *Bull. civ.* I, n° 164; *D.* 2005. Somm. 2115, obs. J. Revel; *JCP* 2005. I. 163, n° 7, obs. Ph. Simler; *Defrénois* 2005. 1517, obs. G. Champenois; *AJ fam.* 2005. 279, obs. P. Hilt; *RLDC* 2005, n° 17, p. 42, note Gaury; *RTD civ.* 2005. 819, obs. B. Vareille.
7. Civ. 1re, 3 févr. 2010, n° 09-65.345, *Bull. civ.* I, n° 33; *D.* 2010. AJ 442; *JCP* 2010. 487, n° 10, obs. Ph. Simler; *AJ fam.* 2010. 192, obs. P. Hilt; *Dr. fam.* 2010, n° 151, note V. Brémond; *JCP N* 2010. 1194, note L. Mauger-Vielpeau; et 1195, note T. Douville – Civ. 1re, 3 janv. 2006, n° 04-13.734, *Bull. civ.* I, n° 1; *Dr. fam.* 2006, n° 37, note B. Beignier – Civ. 1re, 28 nov. 2006, n° 04-17.147, *Bull. civ.* I, n° 515; *D.* 2006. IR 3010; *D.* 2007. Pan. 2126, obs. J. Revel; *AJDI* 2007. 562, obs. C. Denizot; *AJ fam.* 2007. 42, obs. P. Hilt; *RJPF* 2007-4/24, note F. Vauvillé – Civ. 1re, 5 nov. 1991, n° 90-13.479, *Bull. civ.* I, n° 292; *Defrénois* 1992. 393, obs. G. Champenois; *JCP N* 1992. II. 206, n° 7, obs. Ph. Simler – Civ. 1re, 31 mars 1992, n° 90-16.343, *Bull. civ.* I, n° 95, *Defrénois* 1992. 1159, obs. G. Champenois; *RTD civ.* 1992. 632, obs. F. Lucet et B. Vareille; et 635, obs. F. Lucet et B. Vareille; *RTD civ.* 1995. 171, obs. B. Vareille.
8. Civ. 1re, 16 juill. 1997, n° 95-16.977, NP.
9. Aix-en-Provence, 11 janv. 2005, *JCP* 2005. I. 163, n° 9, obs. Ph. Simler.
10. Civ. 1re, 29 juin 2011, n° 10-23.373, *Bull. civ.* I, n° 135; *JCP* 2011. Doctr. 1371, n° 5, obs. Ph. Simler; *RTD civ.* 2011. 577, obs. B. Vareille; *AJ fam.* 2011. 438, obs. P. Hilt; *Dr. fam.* 2011, n° 128, obs. B. Beignier – Civ. 1re, 26 sept. 2007, n° 06-18.252, NP; *LPA* 23 nov. 2007, note Petit – Civ. 1re, 3 févr. 2010, n° 09-65.345, préc. s^s^ prés^t^ n°.
11. Paris, 17 sept. 1998, *JCP* 1999. II. 10031, note Psaume.
12. Civ. 1re, 31 mars 1992, n° 90-16.343, préc. s^s^ n° 133.11 et s^s^ prés^t^ n°.
13. B. Vareille, *RTD civ.* 1994. 405.
14. Civ. 1re, 3 mars 2010, n° 08-15.832, *Bull. civ.* I, n° 56; *JCP* 2010, n° 487, n° 10, obs. Ph. Simler; et n° 18, obs. A. Tisserand-Martin; *AJ fam.* 2010. 241, obs. P. Hilt.
15. Toulouse, 17 mars 1999, *JCP* 2000. I. 245, obs. Ph. Simler; *Dr. et fam.* 1999, n° 100, obs. Beignier.
16. Civ. 1re, 3 févr. 2010, n° 08-21.054, *Bull. civ.* I, n° 32; *D.* 2010. AJ 504; *D.* 2010. Pan. 2392, obs. V. Brémond, M. Nicod et J. Revel; *AJ fam.* 2010. 139, obs. P. Hilt; *JCP* 2010. 487, n° 10, obs. Ph. Simler; *JCP N* 2010. 1172, note V. Barabé-Bouchard; *Dr. fam.* 2010, n° 43, obs. B. Beignier; *RTD civ.* 2010. 611, obs. B. Vareille.
17. Civ. 1re, 29 juin 2011, n° 10-20.322, *Bull. civ.* I, n° 136; *JCP* 2011. Doctr. 1371, n° 5, obs. Ph. Simler; *RTD civ.* 2011. 577, obs. B. Vareille; *AJ fam.* 2011. 505, obs. P. Hilt.

vocation à être partagés : elle emporte ainsi sa conséquence naturelle du point de vue de la **répartition de l'actif**.

Mais il en va autrement du double point de vue de la **répartition des pouvoirs** et de la **répartition du passif** :

- d'une part, les gains et salaires relèvent de la **gestion exclusive** de l'époux qui les perçoit (C. civ., art. 223 - v. *Communauté légale - Passif*, s[s] n°s 141.10 s. à 142.10 s.);

- d'autre part, ils **peuvent être saisis** par ceux des créanciers de l'époux considéré qui, en principe, n'ont d'action que sur les biens propres de leur débiteur, à l'exclusion des biens communs (C. civ., art. 1411 et 1415 - v. *Communauté légale - Liquidation et partage*, s[s] n°s 143.11 s. à 145.11 s.), et ils **ne peuvent pas être saisis** par ceux des créanciers du conjoint qui ont action sur la communauté (C. civ., art. 1414 - v. *Communauté légale - Passif*, s[s] n°s 141.10 s. à 142.10 s.).

Quoique dépendant de la communauté, ils sont donc **gérés et saisissables dans les mêmes termes que les biens propres**.

SECTION 2
REVENUS DU CAPITAL

133.20 Plan. Il faut, pour la seule clarté de l'exposé, distinguer entre les revenus des biens communs (§ 1) et les revenus des biens propres (§ 2).

§ 1
Revenus des biens communs

133.21 Appartenance indiscutée à la communauté. Il a toujours été admis que les fruits des biens communs accroissent à la communauté : simple application de l'adage qui veut que les fruits accroissent au capital (*Fructus augent hereditatem*).

§ 2
Revenus des biens propres

133.31 Appartenance, au terme d'une controverse fameuse, à la communauté. La nature, propre ou commune, des revenus des biens propres a été la question la plus discutée au lendemain de la réforme de 1965. La controverse s'est nouée à partir des articles 1401 et 1403 du Code civil : le premier attribue à la communauté les « *économies faites sur les fruits et revenus (des) biens propres* »; le second précise que « *la communauté n'a droit qu'aux fruits perçus et non consommés* » (pour un fidèle compte rendu de cette controverse[1]).

Entre les **différentes thèses** en présence :

1) les revenus des propres sont propres (thèse extrême);

2) les revenus des propres sont pleinement communs, comme le sont les revenus du travail (thèse opposée);

3) seules les économies réalisées sur les revenus des propres sont propres (thèse « *moyenne* », fidèle aux textes);

La Cour de cassation a choisi la thèse la plus favorable à la communauté : **les fruits sont communs,** et ils le sont **sans qu'il y ait à se demander s'ils constituent des économies**[2]. Elle a également eu l'occasion de juger que les **bénéfices réalisés par une société détenue en propre par l'un des époux** ne deviennent des fruits et revenus de biens propres, susceptibles de constituer des acquêts de communauté, que lorsqu'ils sont attribués sous forme de **dividendes**[3].

La seule question qui n'est pas clairement élucidée est de savoir si, étant très exactement assimilés aux revenus du travail, ils sont communs *ab initio*, dès avant leur perception, ou s'ils ne le sont qu'une fois perçus : elle se pose lorsqu'à la date de la dissolution de la communauté, les fruits - des loyers, par ex. - n'existent qu'à l'état de créances.

La solution de la Cour de cassation est évidemment contraire aux articles 1401 et 1403 du Code civil. Et à d'autres encore, comme le révèle l'examen de sa portée.

133.32 Portée. Elle apparaît du point de vue de la **répartition du passif.**

1. V. J. Flour et G. Champenois, n°s 264 s.
2. Civ. 1re, 20 févr. 2007, n° 05-18.066, *Bull. civ.* I, n° 67; *D.* 2007. 1578, note M. Nicod; Pan. 2126, obs. J. Revel; *JCP* 2007. I. 208, n° 11, obs. Ph. Simler; *AJ fam.* 2007. 230, obs. P. Hilt; *Dr. fam.* 2007, n° 88, obs. B. Beignier; *Defrénois* 2008. 307, note G. Champenois; *RTD civ.* 2007. 618, obs. B. Vareille – Civ. 1re, 4 janv. 1995, n° 92-20.013, *Bull. civ.* I, n° 4; *D.* 1995. Somm. 328, obs. M. Grimaldi; *JCP* 1995. I. 3869, n° 7, obs. Simler; *RTD civ.* 1996. 969, obs. B. Vareille – Civ. 1re, 31 mars 1992, n° 90-17.212, *Bull. civ.* I, n° 96; *GAJC*, 12e éd., 2007, n° 567; *JCP* 1993. II. 22003, note J.-F. Pillebout; et 22041, note A. Tisserand; *Defrénois* 1992. 1121, obs. G. Champenois; *Defrénois* 1993. 545, étude Morin; *RTD civ.* 1993. 401, obs. F. Lucet et B. Vareille.
3. Civ. 1re, 12 déc. 2006, n° 04-20.663, *Bull. civ.* I, n° 536; *D.* 2007. AJ 318; Pan. 2126, obs. J. Revel; *D.* 2008. Pan. 381, obs. J.-C. Hallouin et E. Lamazerolles; *JCP* 2007. I. 142, n° 17, obs. Ph. Simler; et 179, n° 2, obs. J.-J. Caussain, F. Deboissy et G. Wicker; *Defrénois* 2008. 310, obs. G. Champenois; *Dr. et patr.* juill.-août 2007. 85, obs. J.-B. Seube; *RTD civ.* 2007. 149, obs. T. Revet; *Rev. sociétés* 2007. 326, obs. D. Randoux; *Dr. sociétés* 2007, n° 32, obs. J. Monnet.

S'agissant, en effet, de la contribution à la dette, le principe essentiel est que la charge de la dette incombe au patrimoine où se trouve l'actif destiné à lui faire face : *Ubi emolumentum, ibi onus* (v. *Communauté légale - Liquidation et partage*, s[s] n°s 142.10 s.). Par conséquent, **l'attribution à la communauté des fruits bruts des biens propres** a pour corollaire de mettre **à sa charge toutes les charges usufructuaires**, c'est-à-dire toutes les dépenses d'entretien des propres. Ce que la Cour de cassation a expressément déclaré dans son arrêt de principe[1], ajoutant, en toute logique, que le patrimoine propre qui aurait assuré lui-même son entretien pourrait en obtenir récompense de la communauté.

De l'attribution des charges usufructuaires des propres à la communauté, la Cour déduit que celle-ci ne saurait prétendre à une récompense pour avoir payé les intérêts de l'emprunt contracté pour acquérir un bien propre[2]. Mais les intérêts de l'emprunt contracté pour acquérir sont-ils véritablement une charge des fruits ? Il est permis d'en douter. La question ne relève pas du droit des régimes matrimoniaux, mais du droit des biens.

Ce corollaire autorise DEUX REMARQUES :

- D'une part, la communauté supporte l'éventuel déficit des patrimoines propres, qui peuvent n'être pas frugifères ou l'être insuffisamment. L'époux laborieux devra supporter sur ses gains et salaires l'entretien des châteaux de son conjoint.

- D'autre part, la solution retenue contredit radicalement l'article 1410 du Code civil (« *Les dettes dont les époux étaient tenus au jour de la célébration du mariage, ou dont se trouvent grevées les successions et libéralités qui leur échoient durant le mariage, leur demeurent personnelles, tant en capitaux qu'en arrérages ou **intérêts*** ») ainsi que la disposition transitoire figurant à l'article 10 de la loi du 13 juillet 1965 (à compter de l'entrée en vigueur de la loi nouvelle, « *les époux reprendront la jouissance de leurs propres et supporteront les **charges usufructuaires correspondantes**, ainsi que les **intérêts** et arrérages de leurs dettes personnelles* »).

133.33 Solution alternative pouvant être adoptée par contrat de mariage. Cette solution, fidèle aux textes, consiste à stipuler que **seuls les revenus économisés entreront en communauté** : c'était la thèse « *moyenne* » (v. s[s] n° 133.31).

Quant au critère de l'économie, il ne saurait être ni **temporel** (l'écoulement d'un certain laps de temps depuis la perception), ni **psychologique** (la décision d'économiser). Car il serait alors impraticable, tant pour des raisons de fond que de preuve. Il doit être d'ordre **économique** : la communauté recueillerait les **revenus nets**, c'est-à-dire les **revenus bruts diminués des dépenses d'entretien.**

OBJECTION : la difficulté de définir les dépenses d'entretien.

RÉPLIQUE :

1) La solution retenue par la Cour de cassation implique, elle aussi de les définir, puisqu'elle les met à la charge de la communauté;

2) Leur définition est une question classique, et résolue en droit civil (des biens et du bail, notamment) comme en droit fiscal.

COROLLAIRE : la communauté ne supporterait pas le déficit éventuel des patrimoines propres.

133.34 Spécificité des revenus des propres au sein de la masse commune. De même que pour les gains et salaires, la nature commune des revenus des propres n'emporte pas toutes les conséquences qui s'attachent d'ordinaire à cette qualification.

Certes, les revenus des propres ont **vocation à être partagés**. La qualification emporte ainsi sa **conséquence naturelle du point de vue de la répartition de l'actif**.

Mais, **du point de vue de la répartition des pouvoirs**, la qualification n'emporte point ses conséquences habituelles : les revenus des propres relèvent de la gestion exclusive de l'époux qui les perçoit, pourvu qu'il n'y ait pas de fraude (C. civ., art. 225, 1403 et 1428 - v. *Communauté légale - Gestion*, s[s] n°s 135.11 s.).

Et, **du point de vue de la répartition du passif**, ils peuvent toujours être saisis par les créanciers de l'époux propriétaire, alors même que ces créanciers ne pourraient pas saisir les biens communs (C. civ., art. 1411 et 1415 - v. *Communauté légale - Passif*, s[s] n°s 141.10 s. à 142.10 s.). En revanche, et à la différence des gains et salaires, ils peuvent toujours être saisis par les créanciers du conjoint qui ont action sur la communauté (C. civ., art. 1413 et 1414 - v. *Communauté légale - Passif*, s[s] n°s 141.10 s. à 142.10 s.).

Ainsi, quoique dépendant de la communauté, ils sont gérés et, dans une certaine mesure, saisissables aux conditions où le sont les biens propres.

1. Civ. 1re, 31 mars 1992, n° 90-17.212, *Bull. civ.* I, n° 96, préc. - Civ. 1re, 24 oct. 2000, n° 98-19.767, NP; *D.* 2001. Somm. 2936, obs. M. Nicod; *Dr. fam.* 2000, n° 145, obs. B. Beignier; *RJPF* 2001-2/40, p. 19, note F. Vauvillé; *RTD civ.* 2001. 650, obs. B. Vareille.
2. Civ. 1re, 31 mars 1992, n° 90-17.212, préc. s[s] n° 133.31.

CHAPITRE

134. L'actif : questions de preuve

Frédéric Bicheron
Professeur à l'Université Paris-Est
Créteil Val-de-Marne (UPEC)

Section 0
Orienteur

134.00 Plan du chapitre.

134.01 Texte applicable.

> La présomption de communauté est une présomption simple

C. civ., art. 1402

* V. texte complet de ces articles s[s] n° 132.01, > *Répartition de l'actif de la communauté*

134.03 Bibliographie indicative.

Actualisables. Rép. civ., v° *Communauté légale (1° Actif des patrimoines)*, par G. Yildrim et A. Chamoulaud-Trapiers, juin 2010 [màj janv. 2014], n°s 213 s. – *J.-Cl. Civ.*, fasc. 30, art. 1400 à 1403.

Article. J. Casey, « Preuves en droit de la famille : La preuve et les régimes matrimoniaux », *AJ fam.* 2007. 455.

134.04 Questions essentielles.

> Quel est le sort d'un bien dont on ne peut faire la preuve ni du caractère propre ni du caractère commun ?

* V. s[s] n° 134.21

> La preuve du caractère propre d'un bien doit-elle être rapportée par écrit ou par tous moyens ?

* V. s[s] n° 134.31

Section 1
Enjeu de la preuve

134.11 Enjeu de la preuve. L'enjeu de la preuve se mesure aux intérêts de la qualification (bien propre ou bien commun).

Au cours du mariage, la qualification du bien détermine les pouvoirs de chacun des époux et le cercle des créanciers autorisés à le saisir. Ce qui atteste qu'elle intéresse, non seulement les rapports réciproques des époux, mais aussi les rapports de ceux-ci avec les tiers (créanciers et tiers acquéreurs, notamment).

À la dissolution du mariage, elle permet de décider à la fois du sort des biens existants – repris s'ils sont propres, inclus dans la masse partageable s'ils sont communs – et des récompenses que la gestion des biens pourrait justifier. De ce dernier point de vue, elle peut concerner des biens qui ne se retrouvent plus, notamment parce qu'ils ont été aliénés.

Section 2
Charge de la preuve : présomption de communauté

134.21 Charge de la preuve : présomption de communauté. Aux termes de l'article 1402 alinéa 1er du Code civil, tout bien dont l'origine est inconnue est présumé commun. C'est donc à celui qui prétend que tel ou tel bien est propre d'en rapporter la preuve. Et comme l'attribution de la charge de la preuve emporte celle de ses risques, le doute profite à la communauté.

Ce serait à peine forcer le trait que de dire que, sous le régime légal, sont **communs** les **biens acquis à titre onéreux au cours du mariage** et les **biens dont l'origine est incertaine.**

Quelques précisions :

1) La présomption s'applique dans les rapports *entre les époux* comme *à l'égard des tiers* :

• **Dans les rapports entre les époux,** elle favorise l'inscription des biens dans la masse partageable. Ainsi, la Cour de cassation juge que lorsque l'acte d'acquisition d'un immeuble n'a pas acquis date certaine avant la célébration du mariage, l'immeuble constitue un acquêt de communauté[1]; ou encore, et sauf preuve contraire, que les deniers déposés sur le compte bancaire d'un époux sont présumés être des acquêts, la nature de propre des fonds versés ne pouvant être déduite du seul fait qu'ils provenaient du compte personnel de l'un des époux[2]. Cette présomption facilite la **preuve des récompenses dues à la communauté**[3] et complique celle des **récompenses dues par la communauté**; enfin, elle joue contre l'indépendance dans la gestion des biens.

• **Dans les rapports avec les tiers,** ceux-ci peuvent s'en prévaloir comme se la voir opposer, qu'il s'agisse de décider de la validité de l'acte qu'ils ont passé avec l'un des époux ou de leur droit de saisir tel bien en exécution de la créance qu'ils ont sur l'un d'eux.

Mais, naturellement, la présomption ne saurait jouer ni pour départager un époux et un tiers qui se disputent la propriété d'un même bien[4], ni pour décider si des fonds déposés sur des comptes ouverts au nom des enfants doivent être inscrits à l'actif commun ou en être exclus comme ayant été donnés[5].

2) La présomption de communauté permet simplement de **trancher une difficulté de fait portant sur l'origine d'un bien.**

Elle ne saurait justifier :

– ni que fût tranchée en faveur de la communauté une **difficulté d'ordre juridique** (par ex., la qualification des clientèles civiles [v. s^s^ n°s 132.91 à 132.94] ou des parts sociales [v. s^s^ n°s 132.101 à 132.106]);

– ni que fût inscrit à l'actif de la communauté un bien dont **l'existence** même est incertaine (à propos d'un prétendu recel d'effets de la communauté[6]).

3) La présomption de communauté cesse de jouer, la communauté une fois dissoute. Les biens acquis par un époux au cours de l'indivision post-communautaire sont donc réputés l'avoir été avec ses deniers personnels, en application de la présomption générale de propriété attachée à la possession[7].

SECTION 3
PREUVE CONTRAIRE À LA PRÉSOMPTION DE COMMUNAUTÉ

134.31 Preuve contraire à la présomption de communauté. La présomption de communauté est tout naturellement une **présomption simple.** La preuve contraire peut être rapportée (C. civ., art. 1402, al. 2). Reste à savoir comment.

Deux cas particuliers doivent être mis à part :

– Le premier est celui où **la qualification de bien propre n'est pas contestée.** On dira alors, soit qu'il n'y a pas à prouver ce qui n'est pas contesté, soit que la preuve s'évince d'une sorte d'aveu tacite. Mais le défaut de contestation n'établit point la propriété à l'égard des tiers.

– Le second est celui où **le bien porte en lui-même la preuve de son origine** (C. civ., art. 1402, al. 2, *in limine*). Cette preuve intrinsèque se rencontre dans des hypothèses assez particulières : argenterie ou vaisselle, œuvres portant une dédicace révélant un don...

Ces deux cas mis à part, la preuve contraire à la présomption doit, en principe, être rapportée **par écrit**; mais, par exception, elle peut l'être dans certains cas **par tous moyens** (C. civ., art. 1402, al. 2) :

– La preuve écrite peut résulter d'une **preuve préconstituée** (pour les **biens présents** : soit une déclaration d'apport dans le contrat de mariage; soit, à défaut de contrat, un inventaire, notarié ou sous seing privé [pourvu qu'il soit signé des deux futurs époux]; soit, l'acte d'acquisition pourvu qu'il ait date certaine – pour les **biens futurs** : soit un inventaire de la succession; soit l'acte de donation; soit le testament), ou de **tous autres écrits**, tels les titres de famille, les registres et papiers domestiques, les documents de banque ou les factures. Mais **seule la preuve préconstituée lie le juge**; les autres écrits lui laissent un pouvoir d'appréciation[8].

– La **preuve par tous moyens**, notamment par témoignages ou présomptions, suppose que l'époux considéré s'est trouvé dans l'impossibilité matérielle ou morale de se procurer un écrit (exclusion des indices et témoignages de nature à établir l'existence d'un don paternel[9]). Le juge apprécie souve-

1. Civ. 1re, 16 avr. 1996, n° 94-11.129, NP; *JCP* 1996. I. 3962, n° 9, obs. Ph. Simler, réservé sur la portée de cette décision non publiée au *Bulletin civil*.
2. Civ. 1re, 9 juill. 2008, n° 07-16.545, NP; *JCP* 2008. I. 202, n° 7, obs. Ph. Simler; *AJ fam.* 2008. 438, obs. P. Hilt; *RTD civ.* 2009. 158, obs. B. Vareille.
3. PAR EX., Civ. 1re, 10 janv. 1979, n° 77-13.850, *Bull. civ.* I, n° 19 – Civ. 1re, 7 juin 1988, n° 86-14.471, *Bull. civ.* I, n° 178; *R.* p. 155; *D.* 1988. 525, note J. Massip; *JCP* 1989. II. 21341, note Ph. Simler; *JCP N* 1988. II. 354, note T. Fossier.
4. Civ. 1re, 10 juin 1976, n° 75-10.757, NP; *Défrenois* 1977, art. 31350, obs. G. Champenois.
5. Civ. 1re, 6 juill. 2000, n° 98-20.213, NP; *JCP* 2001. I. 309, obs. Ph. Simler.
6. Civ. 1re, 24 nov. 1976, n° 74-14.337, *Bull. civ.* I, n° 367.
7. Civ. 1re, 17 déc. 1996, n° 95-11.929, *Bull. civ.* I, n° 451; *D.* 1998. 189, note V. Brémont; *Défrenois* 1997. 413, obs. M. Grimaldi; *JCP N* 1997. II. 976, note J.-F. Pillebout; *RTD civ.* 1998. 178, obs. B. Vareille.
8. Civ. 1re, 12 juill. 1976, n° 74-14.331, *Bull. civ.* I, n° 257.
9. Civ. 1re, 6 oct. 1981, n° 80-13.565, *Bull. civ.* I, n° 271 – COMP., Civ. 1re, 10 janv. 1990, n° 88-17.957, NP.

rainement les éléments de preuve qui sont ainsi avancés (ainsi, l'immatriculation du fonds de commerce avant le mariage n'établit pas l'antériorité de sa création [1]; l'immatriculation d'une voiture n'est pas de nature à renverser la présomption de communauté [2]).

Un arrêt inédit rendu par la Cour de cassation le 20 octobre 2010 précise que les règles de preuve figurant à l'alinéa 2 de l'article 1402 ne sont pas d'ordre public; ce qui laisse à penser que les époux pourraient prévoir, par contrat de mariage, que la preuve du caractère propre d'un bien pourra, en tout état de cause, être rapportée par tous moyens [3].

TROIS OBSERVATIONS pour conclure :

1) Il n'y a de difficulté de preuve que pour les meubles : pour les **reprises mobilières**, disait-on jadis. Lorsqu'un époux acquiert un immeuble, l'acquisition donne toujours lieu à l'établissement d'un acte notarié, qui contient les informations d'où découle la qualification du bien acquis.

2) Seule la **preuve préconstituée** donne la **sécurité**. Il appartient aux époux qui possèdent une fortune mobilière propre de se la ménager.

3) Pour les **tiers**, la **preuve contraire** à la présomption de communauté est **libre**.

1. Civ. 1re, 18 avr. 1989, no 87-19.348, *Bull. civ.* I, no 153; *JCP N* 1989. II. 503.
2. Civ. 1re, 17 mars 1992, no 90-12.312, NP.
3. Civ. 1re, 20 oct. 2010, no 09-69.702, NP; *AJ fam.* 2010. 548, obs. P. Hilt; *Gaz. Pal.* 4-5 févr. 2011, p. 33, note J. Casey.

CHAPITRE

135. Gestion des biens propres

NATHALIE COUZIGOU-SUHAS
NOTAIRE

SECTION 0

ORIENTEUR

135.00 **Plan du chapitre.**

135.01 **Textes applicables.**

C. civ., art. 1428 à 1432

C. rur., art. L. 321-1 à L. 321-5, L. 411-68

C. com., art. L. 121-5 et L. 121-6

> Gestion des biens propres par les époux
[C. civ., art. 1428 à 1432]

C. civ., art. 1428

Chaque époux a l'administration et la jouissance de ses propres et peut en disposer librement.

C. civ., art. 1429

Si l'un des époux se trouve, d'une manière durable, hors d'état de manifester sa volonté, ou s'il met en péril les intérêts de la famille, soit en laissant dépérir ses propres, soit en dissipant ou détournant les revenus qu'il en retire, il peut, à la demande de son conjoint, être dessaisi des droits d'administration et de jouissance qui lui sont reconnus par l'article précédent. Les dispositions des articles 1445 à 1447 sont applicables à cette demande.

À moins que la nomination d'un administrateur judiciaire n'apparaisse nécessaire, le jugement confère au conjoint demandeur le pouvoir d'administrer les propres de l'époux dessaisi, ainsi que d'en percevoir les fruits, qui devront être appliqués par lui aux charges du mariage et l'excédent employé au profit de la communauté.

À compter de la demande, l'époux dessaisi ne peut disposer seul que de la nue-propriété de ses biens.

Il pourra, par la suite, demander en justice à rentrer dans ses droits, s'il établit que les causes qui avaient justifié le dessaisissement n'existent plus. – *V. C. pr. civ., art. 1291.*

C. civ., art. 1430 [*abrogé*]

C. civ., art. 1431

Si, pendant le mariage, l'un des époux confie à l'autre l'administration de ses propres, les règles du mandat sont applicables. L'époux mandataire est, toutefois, dispensé de rendre compte des fruits, lorsque la procuration ne l'y oblige pas expressément.

C. civ., art. 1432

Quand l'un des époux prend en mains la gestion des biens propres de l'autre, au su de celui-ci, et néanmoins sans opposition de sa part, il est censé avoir reçu un mandat tacite, couvrant les actes d'administration et de jouissance, mais non les actes de disposition.

Cet époux répond de sa gestion envers l'autre comme un mandataire. Il n'est, cependant, comptable que des fruits existants; pour ceux qu'il aurait négligé de percevoir ou consommés frauduleusement, il ne peut être recherché que dans la limite des cinq dernières années.

Si c'est au mépris d'une opposition constatée que l'un des époux s'est immiscé dans la gestion des propres de l'autre, il est responsable de toutes les suites de son immixtion et comptable sans limitation de tous les fruits qu'il a perçus, négligé de percevoir ou consommés frauduleusement.

> Exploitation agricole par les époux

[C. rur., art. L. 321-1 à L. 321-5; et L. 411-68]

C. rur., art. L. 321-1 (*L. n° 2006-11, 5 janv. 2006, art. 1 et 21*)

Lorsque des époux exploitent ensemble et pour leur compte une même exploitation agricole, ils sont présumés s'être donné réciproquement mandat d'accomplir les actes d'administration concernant les besoins de l'exploitation.

Lorsqu'il ne fait que collaborer à l'exploitation agricole, le conjoint de l'exploitant est présumé avoir reçu de celui-ci le mandat d'accomplir les actes d'administration concernant les besoins de cette exploitation. – [C. rur., anc. art. 789-1].

C. rur., art. L. 321-2 (*L. n° 2006-11, 5 janv. 2006, art. 21*)

Les dispositions de l'article L. 321-1 cessent de plein droit d'être applicables en cas d'absence présumée de l'un des époux, de séparation de corps ou de séparation de biens judiciaire.

Elles cessent également d'être applicables lorsque les conditions prévues à l'article L. 321-1 ne sont plus remplies. – *[C. rur., anc. art. 789-2]*.

C. rur., art. L. 321-3 (*L. n° 2006-11, 5 janv. 2006, art. 21*)

Chaque époux a la faculté de déclarer, son conjoint présent ou dûment appelé, que celui-ci ne pourra plus se prévaloir des dispositions de l'article L. 321-1.

La déclaration prévue à l'alinéa précédent est, à peine de nullité, faite devant notaire. Elle a effet à l'égard des tiers trois mois après que mention en aura été portée en marge de l'acte de mariage des époux. En l'absence de cette mention, elle n'est opposable aux tiers que s'il est établi que ceux-ci en ont eu connaissance. – *[C. rur., anc. art. 789-3]*.

C. rur., art. L. 321-4 (*L. n° 2006-11, 5 janv. 2006, art. 21*)

Lorsque des époux participent ensemble et de façon habituelle à une exploitation agricole non constituée sous forme sociale, l'un ou l'autre peut participer aux assemblées générales des organismes de coopération, de mutualité ou de crédit agricole et est éligible aux organes ou conseils d'administration ou de surveillance des organismes précités. Toute clause contraire dans les statuts de ces organismes est réputée non écrite.

C. rur., art. L. 321-5 (*Ord. n° 2010-461, 6 mai 2010, art. 2*)

Le conjoint du chef d'une exploitation ou d'une entreprise agricole qui n'est pas constituée sous forme d'une société ou d'une coexploitation entre conjoints peut y exercer son activité professionnelle en qualité de collaborateur d'exploitation ou d'entreprise agricole.

Lorsque le chef ou un associé d'une exploitation ou d'une entreprise agricole exerce également une activité non salariée non agricole et est affilié au seul régime agricole en application de l'article L. 171-3 du Code de la sécurité sociale, son conjoint peut également prétendre au statut de collaborateur au titre de sa participation à l'activité non salariée non agricole.

Sous réserve de l'application des dispositions de l'article L. 321-1, le conjoint de l'associé d'une exploitation ou d'une entreprise agricole constituée sous la forme d'une société peut également prétendre au statut de collaborateur lorsqu'il y exerce son activité professionnelle et n'est pas associé de ladite société.

L'option pour le statut de conjoint collaborateur est formulée selon des modalités précisées par décret et prend effet à compter de la date à laquelle l'intéressé remplit les conditions prévues au présent article.

Par dérogation, l'option formulée avant le 1er janvier 2001 prend effet au 1er janvier 1999 si le conjoint remplissait, à cette dernière date, les conditions fixées à l'article L. 732-34. Pour les personnes bénéficiant du statut de conjoint collaborateur d'exploitation ou d'entreprise agricole à compter du 1er janvier 1999, la cotisation prévue au b de l'article L. 731-42 due pour l'année 2000 est majorée au titre de l'année 1999 dans des conditions fixées par décret.

Le collaborateur bénéficie du droit à l'assurance vieillesse des personnes non salariées des professions agricoles dans les conditions prévues aux chapitres IV et IV-1 du titre II du livre VII lorsque son conjoint relève du régime agricole, ainsi que d'une créance de salaire différé dans les conditions prévues au chapitre Ier du titre II du livre III (nouveau).

À compter du 1er janvier 2006, le conjoint du chef d'exploitation ou d'entreprise agricole exerçant sur l'exploitation ou au sein de l'entreprise une activité professionnelle régulière opte, selon des modalités précisées par décret, pour l'une des qualités suivantes :

– collaborateur du chef d'exploitation ou d'entreprise agricole;

– salarié de l'exploitation ou de l'entreprise agricole;

– chef d'exploitation ou d'entreprise agricole.

Les dispositions du présent article sont également applicables aux personnes qui sont liées par un pacte civil de solidarité ou qui vivent en concubinage avec le chef d'exploitation ou d'entreprise agricole.

C. rur., art. L. 411-68

Lorsque des époux participent ensemble et de façon habituelle à une exploitation agricole, l'époux titulaire du bail sur cette exploitation ne peut, sans le consentement exprès de son conjoint, accepter la résiliation, céder le bail ou s'obliger à ne pas en demander le renouvellement, sans préjudice de l'application de l'article 217 du Code civil. Toute stipulation contraire est réputée non écrite.

L'époux qui n'a pas donné son consentement à l'acte peut en demander l'annulation ; l'action en nullité lui est ouverte dans l'année à compter du jour où il a eu connaissance de l'acte. – [C. rur., anc. art. 846-1].

> Exploitation d'un fonds de commerce ou artisanal par des conjoints

C. com., art. L. 121-5

Une personne immatriculée au répertoire des métiers ou un commerçant ne peut, sans le consentement exprès de son conjoint, lorsque celui-ci participe à son activité professionnelle en qualité de conjoint travaillant dans l'entreprise, aliéner ou grever de droits réels les éléments du fonds de commerce ou de l'entreprise artisanale dépendant de la communauté, qui, par leur importance ou par leur nature, sont nécessaires à l'exploitation de l'entreprise, ni donner à bail ce fonds de commerce ou cette entreprise artisanale. Il ne peut, sans ce consentement exprès, percevoir les capitaux provenant de telles opérations.

Le conjoint qui n'a pas donné son consentement exprès à l'acte peut en demander l'annulation. L'action en nullité lui est ouverte pendant deux années à compter du jour où il a eu connaissance de l'acte, sans pouvoir jamais être intentée plus de deux ans après la dissolution de la communauté.

C. com., art. L. 121-6

Le conjoint collaborateur, lorsqu'il est mentionné au registre du commerce et des sociétés, au répertoire des métiers ou au registre des entreprises tenu par les chambres de métiers d'Alsace et de Moselle est réputé avoir reçu du chef d'entreprise le mandat d'accomplir au nom de ce dernier les actes d'administration concernant les besoins de l'entreprise.

Par déclaration faite devant notaire, à peine de nullité, chaque époux a la faculté de mettre fin à la présomption de mandat, son conjoint présent ou dûment appelé. La déclaration notariée a effet, à l'égard des tiers, trois mois après que mention en aura été portée au registre du commerce et des sociétés, au répertoire des métiers ou au registre des entreprises tenu par les chambres de métiers d'Alsace et de Moselle. En l'absence de cette mention, elle n'est opposable aux tiers que s'il est établi que ceux-ci en ont eu connaissance.

La présomption de mandat cesse également de plein droit en cas d'absence présumée de l'un des époux, de séparation de corps ou de séparation de biens judiciaire, de même que lorsque les conditions prévues au premier alinéa ci-dessus ne sont plus remplies.

135.02 Jurisprudence de référence.

> La communauté, à laquelle sont affectés les fruits et revenus des biens propres, doit supporter les dettes qui sont la charge de la jouissance de ces biens

• **Civ. 1re, 31 mars 1992, n° 90-17.212,** *Bull. civ.* I, n° 96

* V. ss n° 135.42

« [...] Attendu que la communauté, à laquelle sont affectés les fruits et revenus des biens propres, doit supporter les dettes qui sont la charge de la jouissance de ces biens ; que, dès lors, leur paiement ne donne pas droit à récompense au profit de la communauté lorsqu'il a été fait avec des fonds communs ; qu'il s'ensuit que l'époux, qui aurait acquitté une telle dette avec des fonds propres, dispose d'une récompense contre la communauté [...]. »

• **Civ. 1re, 4 janv. 1995, n° 92-20.013,** *Bull. civ.* I, n° 4

* V. ss n° 135.42

« [...] Attendu que, pour décider que les impenses effectuées sur les immeubles propres de M. Y...ne donneraient pas lieu à récompense au profit de la communauté, la cour d'appel indique que ces impenses ont été financées par deux emprunts remboursés par le mari seul, "sans recours aux économies faites sur les biens propres, ni même sur les fruits et revenus de ces biens" ;

Attendu qu'en se déterminant ainsi, sans rechercher l'origine exacte des fonds ayant permis à M. Y... de rembourser les emprunts litigieux, et spécialement si ces fonds ne provenaient pas des revenus de l'exploitation agricole, lesquels tombaient en communauté bien qu'il s'agisse d'un bien propre du mari, la juridiction du second degré a privé sa décision de base légale [...]. »

• **Civ. 1re, 24 oct. 2000, n° 98-19.767,** NP

* V. ss n° 135.42

« Attendu que la communauté, à laquelle sont affectés les fruits et les revenus des biens propres, doit supporter les dettes qui sont la charge de la jouissance de ces biens ; que dès lors, leur paiement ne donne pas droit à récompense au profit de la communauté, lorsqu'il a été fait avec des fonds communs [...]. »

• **Civ. 1re, 20 févr. 2007, n° 05-18.066,** *Bull. civ.* I, n° 67

* V. ss n° 135.42

« [...] Attendu que les fruits et revenus des biens propres ont le caractère de biens communs ; que, dès lors donnent droit à récompense au profit de la communauté l'emploi des revenus d'un bien propre à son amélioration [...]. »

• **Civ. 1re, 3 févr. 2010, n° 08-21.054,** *Bull. civ.* I, n° 32

* V. ss n° 135.42

« [...] la communauté, à laquelle sont affectés les fruits et revenus des biens propres, doit supporter les dettes qui sont la charge de la jouissance de ces biens [...] ainsi les intérêts d'un emprunt constitutif d'une dette propre sont une charge usufructuaire incombant à la communauté [...]. »

135.03 Bibliographie indicative.

Actualisable. Rép. civ., v° *Communauté légale (2° gestion des biens)*, par G. Yildirim, oct. 2008 [màj mars 2014], nos 10 à 107.

Ouvrages.

* V. références citées ss n° 02.05

Article. C. Lazerges, « Les mandats tacites », *RTD civ.* 1975. 239.

135.04 Question essentielle.

> Un époux peut-il gérer seul les biens propres de son conjoint ?

* V. ss nos 135.60 à 135.63

135.05 Délai.
> Délai de **cinq ans** pour agir en nullité des actes passés par un époux commun en biens sur les biens propres de son conjoint (C. civ., art. 2224, réd. L. n° 2008-561, 17 juin 2008).
* V. s^{s} n° 135.71

135.06 Sanctions.
> Nullité relative des actes passés par un époux relatifs aux biens propres de son conjoint sauf mandat
* V. s^{s} n° 135.71
> Dommages-intérêts en cas d'immixtion dans la gestion des biens propres de son conjoint
* V. s^{s} n° 135.73

135.09 Présentation et plan. Les biens propres se situent à la périphérie du ménage et symbolisent l'individualisme des époux; en dépit du mariage et de la communauté d'intérêts qui en résulte, ils constitueront par excellence le **moyen de l'autonomie de chaque conjoint**. C'est ainsi que, par principe, la gestion des biens propres sera indépendante (sect. 1), assurant à chaque époux une sphère de pouvoirs autonomes et exclusifs (les règles de gestion des biens propres sont proches de celles qui concernent les biens personnels dans les régimes de séparation des biens ou de participation aux acquêts; ces règles, qui procèdent du principe général posé à l'article 225 du Code civil, constituent en quelque sorte le régime de base quant à la gestion de tous les biens non communs). Toutefois, même ici, la présence du mariage ne peut être ignorée et les biens propres ne sont pas hors du régime légal de communauté, lequel combine leur existence avec celle des acquêts : la communauté a vocation à recueillir les revenus des propres, les propres peuvent être engagés pour des dettes communes, et surtout, les pouvoirs de chaque époux sur ses propres ne sauraient s'exercer au détriment du mariage. C'est pourquoi, le régime légal vient permettre certains tempéraments à la gestion indépendante volontaires (sect. 2) ou judiciaires (sect. 3).

SECTION 1
PRINCIPE : GESTION INDÉPENDANTE DES BIENS PROPRES

§ 1
Contenu

135.11 Présentation. La gestion des biens propres découle de leur propriété (C. civ., art. 1403), mais aussi de la **capacité juridique de chaque époux. Jusqu'en 1965, le mari gérait les biens propres de son épouse**; la loi du 13 juillet 1965 [1] a mis fin à cette unité d'administration du mari. Dorénavant, quelle que soit la date de célébration du mariage, chaque époux exerce en principe des **pouvoirs totalement indépendants sur ses biens**, ainsi qu'en dispose très clairement l'article 1428 du Code civil.

La gestion des biens propres peut s'inspirer du droit commun qui confère à une personne la plénitude des pouvoirs sur les biens dont elle est propriétaire (sous réserve de la protection de l'intérêt de la famille, sur laquelle v. s^{s} n° 135.145). Cela suppose, non seulement des **pouvoirs autonomes**, mais encore des **pouvoirs exclusifs** de ceux du conjoint sur les biens soumis à la maîtrise d'un seul époux.

135.12 Caractère autonome des pouvoirs de gestion. La plénitude qui caractérise le contenu des pouvoirs de gestion de chaque époux sur ses propres, n'est pas sans répercussion sur la composition des masses dans le régime légal.

135.13 Notion d'autonomie dans la gestion des propres. L'autonomie des pouvoirs de gestion signifie que chaque époux peut, sans en référer à son conjoint, accomplir en principe tous actes sur ses biens propres. Le conjoint n'a donc pas à donner une quelconque autorisation (v. cep. l'exception en cas **d'exploitation commune d'une entreprise agricole**, s^{s} n° 135.32), ni même à être informé. Chaque époux exerce donc, **en propre**, ses prérogatives, en son nom, indépendamment de son conjoint. Cette situation est au surplus d'ordre public (C. civ., art. 225) et aucune stipulation particulière ne pourrait l'entamer de manière générale et permanente (d'où la **prohibition des clauses d'unité d'administration**).

A.
Actes d'administration

135.21 Plénitude quant aux actes d'administration. « *Chaque époux a l'administration et la jouissance de ses propres* » (C. civ., art. 1428). Cette règle de fond pourrait être gênée, pour des raisons de preuve, par la présomption d'acquêts. Il n'en est rien car, à propos des biens communs (v. s^{s} n°s 136.11 s.), le principe est celui de l'administration concurrente, qui offre pareillement un pouvoir autonome à chaque époux. En conséquence, sauf pour certains actes d'administration qui échappent à la règle de la gestion concurrente (v. s^{s} n°s 136.41 s., 137.21 s.), chaque époux peut accomplir des actes d'administration sans se voir opposer la nature juridique propre ou commune du bien qu'il administre, ni imposer d'établir préalablement que ce bien est un propre.

135.22 Mise en œuvre. En conséquence, chaque époux peut librement administrer ses **biens propres** : les donner à **bail** (sous réserve du logement de la

1. L. n° 65-570, 13 juill. 1965, portant réforme des régimes matrimoniaux, *JO* 14 juill., p. 6044.

famille), procéder à leur **entretien** comme il le souhaite (sous réserve d'un dépérissement, C. civ., art. 1429, v. s[s] n° 135.145 - sur la charge définitive du passif d'entretien courant des propres, v. s[s] n°s 142.83 s.), **ester en justice** en application de ses prérogatives, *etc. A fortiori* peut-il accomplir les **actes conservatoires**.

135.23 Perception des capitaux propres. La perception des capitaux propres mérite une mention particulière en raison des difficultés de preuve liées ordinairement aux sommes d'argent. Lorsque des capitaux sont la **contrepartie d'un acte de disposition d'un bien propre** (par ex., le prix de sa vente), ils reçoivent normalement une **nature propre**; toutefois, pour pleinement conserver cette nature, ils doivent être soumis aux **formalités de l'emploi et du remploi**. D'une manière générale, certaines précautions doivent être prises pour faire face aux **présomptions de pouvoirs** (C. civ., art. 221, al. 2, quant aux sommes déposées sur un compte bancaire - ou C. civ., art. 222) comme pour résister à la **présomption d'acquêts** (laquelle peut imposer le jeu de la perception conjointe des capitaux provenant de la disposition de certains biens communs, v. s[s] n° 141.63). Enfin, les **capitaux propres,** et notamment la contrepartie des produits des propres, doivent être distingués des fruits. En effet, malgré le pouvoir exclusif de gestion reconnu à un époux sur les revenus de ses propres (v. s[s] n° 135.62), la nature et la vocation communes de ces revenus tempèrent la liberté de l'époux, qui devra rendre compte de leur gestion (C. civ., art. 1403, al. 2 - et v. s[s] n° 135.42).

B.
Actes de disposition

135.31 Liberté de disposition. L'article 1428 du Code civil ajoute que chaque époux peut disposer librement de ses propres. C'est ainsi qu'**il peut aliéner ses biens**, y compris pour les apporter en société (inapplication aux biens propres de l'obligation d'informer le conjoint établie à l'article 1832-2 du Code civil, sur laquelle v. s[s] n° 136.54 à 136.56), les grever d'un **droit réel**, ou consentir un **bail rural ou commercial**.

135.32 Limites en matière de bail rural. Un époux peut librement consentir un bail rural sur un fonds qui lui est propre, nonobstant la **présomption de mandat** en cas d'exploitation commune[1] (sur le mandat entre époux, institué par C. rur., art. L. 321-1 en cas d'exploitation commune v. s[s] n° 135.131).

En revanche, d'après l'article L. 411-68 du Code rural, « *lorsque deux époux participent ensemble et de façon habituelle à une exploitation agricole, l'époux titulaire du bail sur cette exploitation ne peut, sans le consentement exprès de son conjoint, accepter la résiliation, céder le bail ou s'obliger à ne pas en demander le renouvellement* ». En d'autres termes, **un époux ne peut, de sa seule volonté, mettre fin au bail rural** (ou aux différents baux ruraux sur lesquels est assise l'exploitation agricole) dont il est titulaire, mais doit recueillir **l'accord du conjoint** qui participe habituellement à l'exploitation agricole. Le manquement à cette obligation est sanctionné par la **nullité relative** dont l'action est ouverte « *au conjoint dans l'année à compter du jour où il a eu connaissance de l'acte* ».

135.33 Influence des règles probatoires. L'autonomie de chaque époux quant à la libre disposition de ses propres est renforcée par certaines présomptions établies dans le régime primaire. C'est ainsi que l'époux peut disposer, sans obstacle, des **fonds propres déposés sur un compte personnel** (C. civ., art. 221) ou des **biens meubles qu'il détient individuellement** (dans les conditions de C. civ., art. 222). Hors ces cas en revanche, sa libre disposition de ses biens propres se heurtera à la **présomption d'acquêts** : il lui faudra établir préalablement la nature propre du bien dont il entend disposer. Si cette preuve ne paraît pas être un obstacle s'agissant des immeubles, dont la nature propre pourra vraisemblablement être établie, elle peut néanmoins paralyser les actes de disposition d'un époux sur les meubles qui n'entrent pas dans les prévisions des articles 221 et 222 du Code civil (*a fortiori* lorsque c'est le conjoint qui peut se prévaloir des présomptions établies par ces textes).

§ 2
Conséquences

135.40 Précisions. Quelques remarques et renvois peuvent être faits quant aux conséquences de ces pouvoirs autonomes sur la répartition, active (A) et passive (B), des biens.

A.
Conséquences sur la composition de l'actif

135.41 Libre disposition des propres et la subrogation réelle. L'époux qui, exerçant la libre disposition de ses deniers et biens propres, entend maintenir la consistance de son patrimoine devra

1. Civ. 3e, 4 févr. 1986, n° 84-14.008, *Bull. civ.* III, n° 1; *JCP* 1987. II. 20838.

se soumettre aux formalités d'emploi et de remploi (v. s^{s} n°s 132.120 s.).

135.42 Jouissance des propres. Chaque époux jouit librement de ses propres : il en perçoit les revenus et peut en disposer. Toutefois, **les revenus des propres ont une vocation commune** en ce sens que, d'après l'article 1401 du Code civil, la communauté s'accroît des économies faites sur les fruits et revenus des biens propres[1]. Ainsi, la gestion des propres frugifères est au confluent des règles relatives aux propres, qui consacrent l'autonomie de l'époux, et de celles concernant la communauté, inspirées par l'intérêt conjoint. C'est pourquoi la destination des fruits des propres vient limiter l'autonomie de l'époux (négligence dans la perception des fruits ou consommation frauduleuse, qui ouvrent droit à récompense et permettent une intervention judiciaire, v. s^{s} n° 135.145). Il est toutefois souhaitable d'étendre l'exclusivité des pouvoirs d'un époux à la **perception des revenus des propres, nonobstant leur vocation communautaire** (v. s^{s} n° 135.62).

B. Conséquences sur le passif

135.51 Gestion des propres et obligation à la dette. Chaque époux qui s'oblige engage ses **propres**, mais aussi, en principe, les **biens communs.** En conséquence, le paiement des dettes nées, pendant la communauté, de la gestion de ses propres sera poursuivi, non seulement sur les biens propres, mais aussi sur les revenus du débiteur et sur les biens communs (voire sur les gains et salaires du conjoint, si la dette née de la gestion d'un propre est ménagère – sur le principe d'engagement de la communauté, v. s^{s} n°s 141.60 s.).

135.52 Gestion des propres et passif définitif entre époux. Les dettes issues de la gestion de ses propres par un époux lui incomberont, à titre définitif, dès lors qu'elles ont été contractées dans son intérêt personnel (C. civ., art. 1416, qui envisage expressément les cas d'acquisition, d'amélioration ou de conservation d'un bien propre – v. s^{s} n°s 142.81 s.). Toutefois, parce que les **dépenses d'entretien courant des propres** doivent être acquittées par les **revenus** qu'ils procurent et qui sont des **biens communs**, elles doivent être **définitivement à la charge de la communauté** (v. s^{s} n°s 142.91 s.).

§ 3 Interdiction de l'immixtion du conjoint

135.60 Sens de l'exclusivité. L'indépendance de la gestion des propres ne se réduit pas à la seule autonomie des pouvoirs de l'époux : elle inclut l'impossibilité pour le conjoint de s'immiscer dans la gestion des propres d'un époux, sous peine de sanctions.

135.61 Non-immixtion du conjoint dans la gestion des propres d'un époux. Par application du principe d'indépendance de l'article 1428 du Code civil, non seulement chaque époux gère ses propres de façon autonome, mais encore et surtout le conjoint ne peut intervenir. Il ne pourra pas, bien entendu, accomplir un acte quelconque d'administration et, *a fortiori*, de disposition des propres de l'autre époux. Les tiers ne pourront s'adresser qu'à l'époux titulaire du bien propre, lequel sera seul partie à l'instance, comme au contrat, concernant un tel bien. En conséquence, à l'égard des actes conclus par un époux pour la gestion de ses propres, le conjoint sera un tiers[2]. Enfin, le caractère exclusif des pouvoirs de gestion empêche un tiers de se libérer valablement de sa dette par un paiement fait au conjoint de son créancier, si la créance est un propre[3], sauf hypothèse d'un mandat de recevoir paiement (v. s^{s} n°s 135.100 s.). Quant aux conséquences, elles seront soumises au droit commun des paiements effectués entre les mains d'un tiers.

135.62 Application de l'exclusivité à la perception des revenus des propres. En dépit de leur nature commune, les revenus des propres doivent être soumis à l'exclusivité des pouvoirs de l'époux

1. Civ. 1re, 31 mars 1992, n° 90-17.212, *Bull. civ.* I, n° 96; *GAJC*, 12e éd., Dalloz, 2007, 567, obs. F. Terré et Y. Lequette; *Defrénois* 1992. 1121, obs. G. Champenois; *JCP* 1993. II. 22003, note J.-F. Pillebout; *JCP* 1993. II. 22041, note A. Tisserand; et 22059, note B. Abry; *JCP* 1992. I. 3614, n° 6, obs. P. Simler; *Defrénois* 1993. Étude 545, obs. G. Morin; *RTD civ.* 1993. 401, obs. F. Lucet et B. Vareille – Civ. 1re, 4 janv. 1995, n° 92-20.013, *Bull. civ.* I, n° 4; *D.* 1995. Somm. 328, M. Grimaldi; *JCP* 1996. I. 3921, n° 1, note H. Périnet-Marquet; *Defrénois* 1996. 818, obs. G. Champenois; *RTD civ.* 1996. 932, obs. F. Zenati; et 969, obs. B. Vareille – Civ. 1re, 24 oct. 2000, n° 98-19.767, NP; *D.* 2001. Somm. 2936, obs. M. Nicod; *Dr. fam.* 2000, n° 145, note B. Beignier; *RTD civ.* 2001. 650, obs. B. Vareille – Civ. 1re, 20 févr. 2007, n° 05-18.066, *Bull. civ.* I, n° 67; *D.* 2007. Jur. 1578, note M. Nicod; Pan. 2126, obs. Revel; *AJ fam.* 2007. 230, obs. P. Hilt; *JCP* 2007. I. 208, n° 11, obs. P. Simler; *Defrénois* 2008. 307, obs. G. Champenois; *Dr. fam.* 2007, n° 88, note B. Beignier; *RTD civ.* 2007. 618, obs. B. Vareille – Civ. 1re, 3 févr. 2010, n° 08-21.054, *Bull. civ.* I, n° 32; *D.* 2010. AJ 504; *D.* 2010. Pan. 2392, obs. V. Brémond, M. Nicod et J. Revel; *AJ fam.* 2010. 139, obs. P. Hilt; *JCP* 2010. 487, n° 10, obs. P. Simler; *JCP N* 2010. 1172, note V. Barabé-Bouchard; *Dr. fam.* 2010, n° 43, obs. B. Beignier; *RTD civ.* 2010. 611, obs. B. Vareille.
2. Civ. 1re, 21 févr. 1978, n° 76-10.096, *Bull. civ.* I, n° 70; *Defrénois* 1979. 1663, obs. G. Champenois; *RTD civ.* 1982. 778, obs. J. Patarin.
3. Civ. 1re, 19 juill. 1988, n° 86-13.578, *Bull. civ.* I, n° 247.

titulaire des propres frugifères. Cela paraît nécessaire quant à la perception de ces revenus, sauf à les faire tomber dans le domaine de la gestion commune ou à les mettre à la disposition du conjoint lorsqu'il bénéficie des présomptions de pouvoirs du régime primaire. Cela paraît également devoir être la règle quant à la gestion des revenus des propres, que l'époux doit pouvoir affecter, le cas échéant, à l'entretien des biens qui en sont la source (sous réserve d'une gestion révélant son impéritie, v. s[s] n° 135.145).

Il est prévu un **tempérament** à cette exclusivité de gestion, à l'article 1403 alinéa 2 du Code civil. L'époux négligent dans la gestion de ses propres est redevable d'une **récompense** au profit de la communauté. Il en va de même en cas de **consommation frauduleuse de ces revenus** par l'époux titulaire. Dans le souci de ne pas alimenter le conflit conjugal, la recherche est limitée aux **cinq dernières années** précédant la dissolution de la communauté. Cette impéritie ne concernant que les rapports des seuls époux entre eux, il s'agit de la date de dissolution de la communauté entre les époux visée à l'article 262-1 du Code civil (par principe, date de l'ordonnance de non-conciliation).

135.63 Limites de droit commun quant à l'exclusion du conjoint. L'exclusion du conjoint connaît les limites de droit commun. D'une part, l'époux titulaire des propres peut donner **mandat** à son époux, ce qui n'est pas une dérogation mais une application de la règle de gestion indépendante, même lorsqu'est instituée une présomption de mandat (sur les mandats v. s[s] n°s 135.100 s.); ce mandat sera toujours révocable (C. civ., art. 218 *in fine*), ce qui fonde la prohibition d'un mandat général et permanent dit d'unité d'administration. D'autre part, les **actes conservatoires** peuvent toujours être accomplis par un époux quant aux biens propres de son conjoint (sur les **actes utiles** et sur l'application de la **gestion d'affaires,** v. s[s] n° 135.111).

§ 4
Sanctions de l'immixtion du conjoint

135.70 Présentation. De l'exclusivité des pouvoirs d'un époux sur ses propres, il découle que les actes accomplis par son conjoint seront nuls et engageront la responsabilité de ce dernier (A). En revanche, la situation des tiers pourra être confortée (B).

A.
Sanction de l'acte et du conjoint

135.71 Nullité. Hormis les hypothèses de mandat (v. s[s] n°s 135.90 s.), l'acte passé par un époux relatif aux biens propres de son conjoint est nul[1]. L'action en nullité obéit aux conditions de droit commun et n'a pas, notamment, à être soumise aux conditions de prescription de l'article 1427 alinéa 2 du Code civil, qui ne concernent que les dépassements de pouvoirs sur les biens communs.

135.72 Confirmation de l'acte nul. S'agissant d'une **nullité relative** pour défaut de droits de celui qui a accompli l'acte, il va de soi qu'une confirmation peut émaner du conjoint titulaire du propre. Une ratification tacite a même été admise[2], qui doit être accueillie avec circonspection, afin de ne pas étendre les règles du mandat tacite présumé (v. s[s] n° 135.101) au-delà de ce qu'a souhaité le législateur, et de ne pas protéger le tiers contractant (v. s[s] n° 135.82) au détriment de l'époux.

135.73 Responsabilité du conjoint en cas d'ingérence. Par application de l'article 1432 alinéa 3 du Code civil, c'est-à-dire lorsqu'aucun mandat n'existe ou n'est présumé, l'époux qui s'est immiscé dans la gestion des propres de l'autre est responsable des conséquences de son ingérence. Il devra réparer tous les dommages occasionnés à l'occasion de cette immixtion, la créance de réparation étant un propre du conjoint victime et étant supportée, à titre définitif, par l'époux responsable. L'action en responsabilité se prescrit par cinq ans à compter de la manifestation du dommage (C. civ., art. 2224); cependant, la prescription ne court pas et est suspendue entre époux (C. civ., art. 2236). Ainsi, ce délai ne court qu'au jour de la dissolution de la communauté.

135.74 Comptes des fruits. Par application de ce même alinéa troisième, l'époux est « *comptable, sans limitation, de tous les fruits qu'il a perçus, négligés de percevoir, ou consommés frauduleusement* », à l'occasion de son immixtion. Est donc écartée la limitation établie dans les cas de mandat (v. s[s] n° 135.105) à propos des fruits : l'époux doit **restituer** au conjoint, dans les propres duquel il s'est ingéré, les **fruits qui eussent été perçus** si cette immixtion ne s'était pas produite. Il doit donc restituer les **fruits qu'il a perçus** à la place de son conjoint, comme **ceux qu'il aurait dû percevoir**, n'avait été sa négligence. Il est aussi comptable de **ceux qu'il a consommés frauduleusement.** Tous les com-

1. Civ. 1re, 6 juill. 1976, n° 73-13.182, *Bull. civ.* I, n° 246; *JCP* 1978. II. 18845, note R. Le Guidec; *Defrénois* 1977. 472, obs. G. Champenois.
2. Civ. 1re, 17 mai 1993, n° 91-20.112, *Bull. civ.* I, n° 172; *D.* 1994. Jur. 25, note G. Paisant; *D.* 1997. Somm. 300, obs. L. Rozès; *JCP* 1994. I. 3733, n° 18, obs. P. Simler; *JCP* 1994. II. 22269, note J.-F. Pillebout; *Defrénois* 1993. 1077, obs. G. Champenois; *RTD civ.* 1994. 927, obs. B. Vareille.

mentateurs insistent sur l'inopportunité de cet adverbe et affirment sa superfluité. Il semble cependant que l'exigence du caractère frauduleux participe de la nature commune des fruits des propres et notamment des acquêts qu'ils ont occasionnés. En conséquence, si les fruits des propres ont été employés dans l'intérêt de la communauté, ils ne sont pas dus par l'époux qui les a anormalement utilisés; en revanche, s'ils ont été consommés dans un intérêt personnel, exclusif de l'intérêt de la communauté auquel il est intentionnellement porté atteinte, l'époux en sera personnellement débiteur.

B.
Situation des tiers

135.81 Situation normale : nullité et protections spéciales. En principe, la nullité de l'acte accompli par l'époux qui n'a aucun droit sur les propres de son conjoint, anéantit les droits reçus par les tiers. Cependant, les tiers peuvent être protégés, nonobstant la nullité de l'acte, grâce aux règles de droit commun (not. en cas de possession mobilière de bonne foi, C. civ., art. 2276). En outre, jouent en leur faveur les différentes **présomptions de pouvoirs entre époux** : celles établies par le **régime primaire** (C. civ., art. 221 et 222 - v. s[s] n°s 114.10 s. et 114.50 s.); celles relatives au **mandat** (C. civ., art. 1432, sur lesquelles, v. s[s] n°s 135.121 s.), auxquelles peut s'ajouter la **présomption d'acquêts** qui fait présumer une **présomption de pouvoirs concurrents** (v. s[s] n° 136.20).

135.82 Apparence. La présomption d'acquêts emporte une **présomption de pouvoirs.** Ainsi, les tiers pourraient se prévaloir de l'apparence à laquelle ils ont succombé quant au défaut de pouvoir de l'époux contractant pour solliciter l'inopposabilité à leur égard des conséquences de la nullité de l'acte.

Devraient jouer à cet égard les applications générales de la théorie de l'apparence, telles qu'elles interviennent dans les cas d'ingérence entre personnes non liées entre elles; elles pourraient, *a fortiori*, s'appliquer au profit des tiers lorsqu'elle est le fait du conjoint[1] (v. cep. l'accueil nuancé fait par la jurisprudence à la théorie de l'apparence dans le cas des dépassements de pouvoirs pour la gestion des biens communs, s[s] n° 139.43).

1. Civ. 3e, 18 janv. 1977, n° 74-14.807, *Bull. civ.* III, n° 26; *Gaz. Pal.* 1977. 1. Somm. 96 – Pour refuser l'application de l'apparence, Civ. 1re, 6 juill. 1976, n° 73-13.182, *Bull. civ.* I, n° 246; *JCP* 1978. II. 18845, note R. Le Guidec; *Defrénois* 1977. 472, obs. G. Champenois – *CONTRA*, Civ. 3e, 18 mars 1998, n° 96-14.840, *Bull. civ.* III, n° 67; *JCP* 1998. I. 183, n° 4, obs. P. Simler; *JCP N* 1999. 1870, étude C. Campels; *Defrénois* 1999. 661, note M.-E. Mathieu.

SECTION 2
TEMPÉRAMENTS À LA GESTION INDÉPENDANTE DES BIENS PROPRES : AMÉNAGEMENTS VOLONTAIRES

135.90 Plan. La communauté de vie entre époux s'accommode mal de la gestion séparée et indépendante sur les propres; d'où un recours fréquent au **mandat** qui prolonge, en quelque sorte et *de facto*, la gestion concurrente des époux sur la communauté et étend leurs pouvoirs de gestion sur l'ensemble des biens du ménage. En outre, bien que les propres ressortissent aux pouvoirs indépendants de l'époux qui en est titulaire, ils ont une certaine **affectation matrimoniale** et ne doivent pas être gérés au détriment de l'intérêt commun (v. déjà la **contribution aux charges du mariage** s[s] n°s 112.11 s. - ou le **droit à indemnité de la communauté** pour les fruits des propres dont elle a été frauduleusement privée, prévu par C. civ., art. 1403); s'ensuivent des correctifs judiciaires lorsque l'application des règles de gestion des propres nuit aux intérêts de la famille.

§ 1
Aménagements volontaires de droit commun : ingérence voulue

135.100 Présentation. Les époux peuvent s'écarter des règles de gestion des propres qui ont été décrites, d'après les règles du droit commun et spécialement du mandat (A) (auquel on peut ajouter la gestion d'affaires (B) qui dépend de la volonté du gérant). Mais en raison des multiples avantages pratiques de la représentation, le législateur a organisé tout un **régime de mandat présumé** (de manière générale, mais aussi spécifiquement aux entreprises agricoles, commerciales ou artisanales), qui cède néanmoins face à la volonté contraire de l'époux mandant.

A.
Mandat volontaire : l'article 1431 du Code civil

135.101 Formes du mandat. Par un prolongement de l'article 218 du Code civil applicable à la gestion des propres dans le régime primaire, l'article 1431 prévoit qu'un époux peut donner à son conjoint mandat d'administrer ses biens propres, et renvoie aux règles générales du contrat de mandat (C. civ., art. 1984 s.). La question est discutée de savoir si l'article 1431 du Code civil n'envisage que l'hypothèse du **mandat exprès** ou concerne également celle du **mandat tacite** (cette question étant en fait celle des domaines respectifs des articles 1431 et 1432 du Code civil eu égard au mandat tacite, certains ne soumettant ce dernier contrat qu'à ce second texte). Il semble qu'en raison, tant de la lettre du texte (« *un des époux confie à l'autre* »), que du renvoi aux règles générales applicables au mandat, l'article 1431 du Code civil envisage toutes les hypothèses du **mandat volontairement donné**, par écrit ou non (la notion de mandat tacite est ambiguë, faisant référence, tantôt à une volonté présumée, tantôt à une preuve non littérale, tantôt à l'acceptation du mandataire). En revanche, d'après l'article 1985 du Code civil, la preuve de cette volonté de donner mandat peut être établie par écrit ou, selon les cas, d'après les règles des articles 1341 et suivants du Code civil. C'est ainsi que si le mandat porte sur un acte juridique d'une valeur supérieure à 800 euros (anc[t] 5 000 F), le mandat devra être écrit, sauf en matière commerciale (ou lorsque peuvent jouer d'autres exceptions - il nous semble en revanche que l'impossibilité morale de constituer un écrit de l'article 1348 du Code civil ne pourra résulter du seul mariage). À défaut de mandat volontaire prouvé, l'article 1432 du Code civil aura vocation à s'appliquer.

135.102 **Étendue du mandat.** L'article 1431 du Code civil n'envisage que le mandat relatif à **l'administration des biens propres**; ce doit être conçu comme une formulation générique pour la **gestion des biens propres**, à l'instar de l'intitulé de la section II de la partie du Code civil consacrée au régime légal. En revanche, doit s'appliquer la distinction opérée à l'article 1988 du Code civil : le mandat général n'embrasse que les actes d'administration, les **actes de disposition** supposant un **mandat spécial et exprès** (mais dont la preuve n'est pas nécessairement écrite, C. civ., art. 1985 et n° 135.101).

135.103 **Révocation du mandat.** Par application de l'article 218 *in fine* du Code civil, le mandat, s'il n'est pas limité dans le temps, peut être révoqué à tout moment (sous réserve de l'information des tiers qui pourraient se prévaloir d'un mandat apparent, v. s[s] n°s 135.81 et 135.82).

135.104 **Nullité de l'acte accompli.** En cas de dépassement de mandat, et sous réserve des présomptions établies au profit du conjoint (v. s[s] n°s 135.120 s.) ou de la protection des tiers (v. s[s] n°s 135.81 et 135.82), l'acte accompli est nul (v. s[s] n°s 135.70 s.).

135.105 **Effets du mandat exprès.** En vertu du droit commun, seul le mandant est engagé pour les actes accomplis dans l'exécution du mandat (sur la qualité de l'époux qui intervient à la signature d'un acte et sur l'engagement personnel de l'époux mandant v. s[s] n° 141.25). Les obligations du mandataire sont celles du droit commun. C'est pourquoi semble-t-il, sa responsabilité est atténuée lorsque le mandat est gratuit (C. civ., art. 1992, al. 2).

Par exception au droit commun toutefois, l'article 1431 du Code civil précise que l'époux mandataire est dispensé de rendre compte des fruits des propres, sauf stipulation contraire du contrat de mandat.

B.
Gestion d'affaires

135.111 **Recours limité à la gestion d'affaires.** Les règles de la gestion d'affaires (qui s'inspirent de celles résultant d'un mandat, C. civ., art. 1372, al. 2) peuvent trouver à s'appliquer en cas d'ingérence, ainsi que le prévoit l'article 219 alinéa 2 du Code civil (aliénation par le mari d'un bien propre de son épouse[1]). Et dans la mesure où la gestion a été utile pour le maître de l'affaire, aucune ratification de cette gestion n'est nécessaire pour qu'il soit tenu d'exécuter les engagements pris dans son intérêt et pour le compte de son gérant[2]. Cependant, la généralisation d'une présomption de mandat laisse peu de place à ce quasi-contrat.

§ 2
Mandats présumés

135.120 **Présentation.** Pour tenir compte de la pratique quotidienne qui bien souvent fait abstraction des règles de gestion du régime légal, et afin de généraliser les facilités que procure la technique de la représentation, le législateur a choisi d'instaurer une large présomption de mandat (fondée tant sur la fréquence que sur la vraisemblance), tant de manière générale (A) que pour l'exploitation d'une entreprise par les deux époux (B).

A.
Mandats présumés de l'article 1432 du Code civil

135.121 **Conditions de la présomption de mandat.** Dès lors qu'un époux intervient dans la gestion des propres de son conjoint, il est présumé en avoir reçu mandat (présomption de mandat tacite,

1. Civ. 1re, 15 mai 1974, n° 72-11.417, *Bull. civ.* I, n° 147; *D.* 1974. Somm. 109.
2. Pau, 16 sept. 1996, *Dr. fam.* 1998, n° 26, obs. B. Beignier.

C. civ., art. 1432, al. 1er). La présomption intervient du seul fait du mariage; elle ne cède que face à l'opposition de l'époux réputé mandant. Cette opposition rend l'immixtion du conjoint indue (C. civ., art. 1432, al. 3 - v. ss nos 135.70 s.).

L'ingérence, dont il est présumé qu'elle procède d'un mandat tacite, doit être faite au su du conjoint titulaire des propres. Il y a lieu de présumer cette connaissance du conjoint, sauf à ruiner l'existence de la présomption. En revanche, lorsque le conjoint confie un mandat spécial, il conviendra d'être particulièrement attentif à son étendue, afin de déceler si les cas non soumis au mandat tombent sous la présomption générale de l'article 1432 du Code civil, ou s'ils sont frappés d'une opposition à toute ingérence (cela relève des difficultés habituelles d'interprétation de la volonté, qui pourront être écartées grâce à une rédaction précise du mandat).

Un époux peut ainsi gérer les propres de son conjoint dès lors que celui-ci a eu connaissance de cette gestion et ne s'y est pas opposé. Il s'instaure entre eux un **mandat tacite** qui ne couvre que les **actes d'administration et de jouissance**, à l'exception des actes de disposition. La signature d'un bail rural constituant un acte de disposition ne peut ainsi être couverte par un mandat tacite[1].

Il est à noter que le décret n° 2008-1484 du 22 décembre 2008, relatif aux actes de gestion des biens des personnes placées en curatelle ou en tutelle[2], inscrit dans la colonne « *actes de disposition* » : « *tout acte grave, notamment la conclusion et le renouvellement, relatif aux baux ruraux, commerciaux, industriels, artisanaux, professionnels et mixtes* ».

135.122 Étendue du mandat présumé. Le mandat tacite présumé ne couvre que « *les actes d'administration ou de jouissance, mais non les actes de disposition* ». Pour ces derniers (v. C. civ., art. 1988, al. 2), l'époux devra avoir reçu un mandat exprès (pour un bail commercial[3]; pour un bail rural[4]; et d'après les règles de preuve de droit commun v. ss n° 135.101). En cas de dépassement de pouvoirs, **l'acte accompli sans mandat** pourra néanmoins être **ratifié par l'époux titulaire des propres**[5], voire de manière tacite (sur la constitution d'une servitude de vue sur un bien propre de l'épouse, qui a ratifié l'acte de disposition tacitement en participant à la création des ouvertures en cause et ayant gardé le silence jusqu'à son décès[6] - *Adde*, ss n° 135.72). La Cour de cassation a même admis que la conclusion d'un bail rural pouvait être reconnue grâce à un mandat tacite ou apparent[7] (v. ss n° 135.82).

135.123 Responsabilité du mandataire présumé. La responsabilité du mandataire est celle du droit commun, compte tenu de la mansuétude dont bénéficie le mandataire bénévole (v. ss n° 135.105). Dans le même esprit de bienveillance et sans doute afin d'éviter les chicanes, l'article 1432 du Code civil précise, dans son deuxième alinéa, que **l'époux mandataire présumé n'est comptable que des fruits existants (lors de la dissolution de la communauté ou lors de la reddition de comptes).** Quant aux autres **fruits**, qu'il aurait **consommés ou qu'il aurait négligé de percevoir,** il n'en est **responsable** qu'en cas de **fraude** (consommation ou négligence exclusive de l'intérêt commun, puisque la communauté, que chaque époux peut administrer, a vocation à recueillir les fruits des propres - sur la justification du caractère frauduleux, v. ss n° 135.74) et uniquement pour la période des **cinq années précédentes**.

B.
Mandats présumés pour l'exploitation d'une entreprise individuelle

135.131 Dans le cas d'une entreprise agricole. De façon générale, quel que soit le régime matrimonial, il résulte de l'article L. 321-1 du Code rural (C. rur., anc. art. 789-1) que le **conjoint coexploitant d'un fonds agricole ou simple collaborateur,** est réputé avoir reçu **mandat pour accomplir les actes d'administration** concernant les besoins de l'exploitation (peu importe ici qu'il y ait coexploitation ou collaboration, le conjoint étant pareillement mandaté dans les deux cas; la seule différence est que la coexploitation emporte mandat réciproque).

Les actes compris dans la présomption de mandat sont les actes d'administration (pour ce qui concerne la présomption de mandat de l'article 1432 du Code civil, v. ss n° 135.122 - le maintien du bail rural, bien qu'il n'y ait pas de doute quant à sa qua-

1. Civ. 3e, 16 sept. 2009, n° 08-16.769, *Bull. civ.* III, n° 191; *D.* 2009. AJ 2344, obs. G. Forest; *JCP* 2010, n° 487, § 16, obs. P. Simler; *AJDI* 2010. 234, obs. S. Prigent; *AJ fam.* 2009. 459, obs. P. Hilt; *Defrénois* 2010. 625, obs. G. Champenois; *RLDC* 2009/65, n° 3618, obs. E. Pouliquen.
2. Décr. n° 2008-1484, 22 déc. 2008, relatif aux actes de gestion du patrimoine des personnes placées en curatelle ou en tutelle, et pris en application des articles 452, 496 et 502 du Code civil, *JO* 31 déc., p. 20631.
3. Civ. 1re, 21 mars 1984, *Defrénois* 1984. 1498, obs. Champenois - Civ. 1re, 17 mai 1993, n° 91-20.112, préc. ss n° 135.72.
4. Bordeaux, 11 avr. 2002, *JCP* 2002. I. 167, n° 9, obs. P. Simler.
5. Civ. 1re, 21 mars 1984, préc. ss prést n°.
6. Civ. 1re, 17 mai 1993, n° 91-20.112, préc. ss n° 135.72. et ss prést n° - Aix-en-Provence, 5 mai 1998, *JCP* 2000. I. 245, n° 20, obs. P. Simler.
7. Civ. 3e, 18 mars 1998, n° 96-14.840, préc. ss n° 135.82.

lification d'acte de disposition non couvert par la présomption de mandat, est au surplus spécialement protégé par l'article L. 411-68 du Code rural qui requiert le consentement du conjoint collaborateur habituel, v. s[s] n° 135.32); toutefois, à la différence de l'article 1432 du Code civil, la **présomption de mandat établie par le Code rural est limitée.** D'une part, elle n'intervient pas du seul fait du mariage mais suppose au moins une **collaboration du conjoint;** d'autre part, elle se réfère à la **finalité de l'acte** et ne couvre que ceux qui concernent les **besoins de l'exploitation.**

La présomption de mandat en matière d'exploitation agricole s'évanouit devant la volonté contraire de l'époux présumé mandant (outre qu'elle cesse de plein droit en cas d'absence présumée, de séparation de corps ou de séparation de biens judiciaire, C. rur., art. L. 321-2). Mais l'article L. 321-3 du Code rural soumet cette **révocation de mandat** à des **conditions de publicité** : le conjoint dont le mandat présumé est révoqué, doit être présent ou appelé lors de la révocation faite devant notaire, à peine de nullité. En outre, la révocation de mandat n'est **opposable aux tiers que trois mois après qu'elle aura été portée en marge de l'acte de mariage des époux.**

Quant à l'efficacité de la présomption de mandat, la question peut être soulevée de la conciliation des dispositions générales du Code civil et de celles, spéciales, du Code rural. Le conjoint qui ne collabore pas à l'exploitation agricole peut-il néanmoins se prévaloir de la présomption générale de mandat de l'article 1432 du Code civil ? Non, s'agissant des actes d'administration concernant les besoins de l'exploitation, où les règles spéciales doivent l'emporter sur les dispositions générales; oui, pour les autres actes, étrangers à l'exploitation agricole. La révocation, qui n'est pas intervenue dans les conditions de l'article L. 321-3 du Code rural (qui n'a pas été faite devant notaire, par ex.), permet-elle néanmoins la mise en œuvre de l'article 1432 alinéa 3 du Code civil, relatif à la révocation expresse ? Non, vis-à-vis des tiers, en raison des règles particulières de publicité et d'opposabilité établies par le Code rural; oui, entre époux où doivent s'appliquer les règles de responsabilité de l'article 1432 du Code civil (avec ses déclinaisons selon qu'il y a eu : **mandat volontaire,** v. s[s] n° 135.101 – **mandat présumé,** v. s[s] n° 135.121 – ou **mandat interdit,** v. s[s] n° 135.73).

135.132 Dans le cas d'une entreprise commerciale ou artisanale. La loi n° 82-596 du 10 juillet 1982, relative aux conjoints d'artisans et de commerçants travaillant dans l'entreprise familiale, a institué, en son article 9, un régime de présomption de mandat similaire, *mutatis mutandis,* à celui qui vient d'être étudié à propos des exploitations agricoles. La **présomption de mandat** couvre les **actes d'administration** *« concernant les besoins de l'entreprise ».* Il peut y être mis fin par une semblable déclaration, faite à peine de nullité devant notaire, le conjoint présent ou dûment appelé. L'**opposabilité** ne prend effet de la même manière que **trois mois après la publicité de la rétractation de mandat**, accomplie ici grâce au **registre du commerce et des sociétés** (on retrouve aussi les mêmes cas d'évanouissement de la présomption de mandat en cas d'absence présumée ou de séparation. – *Adde*, pour la conciliation des deux présomptions de mandat, l'une générale, l'autre spéciale aux entreprises, qui doit être traitée comme il a été dit pour les exploitations agricoles, v. s[s] n° 135.131).

Une différence par rapport à l'exploitation agricole existe cependant dans le cadre d'une entreprise commerciale ou artisanale, qui concerne le statut du conjoint. Ne bénéficie de la présomption de mandat que le **conjoint collaborateur mentionné au registre du commerce et des sociétés.** Il s'ensuit que le **collaborateur occasionnel de fait** ne peut s'en prévaloir et n'est présumé mandataire de son époux que pour les **actes d'administration qui ne concernent pas les besoins de l'entreprise,** d'après les règles générales de l'article 1432 du Code civil.

Quant au **conjoint coexploitant**, il est *a fortiori* **réputé mandataire de son conjoint** (lorsque l'entreprise est un bien commun, v. s[s] n° 137.52). Enfin, le **conjoint salarié de son époux entrepreneur individuel** n'est **mandataire que sur le fondement du contrat de travail,** comme le conjoint associé ne l'est que d'après le contrat de société.

SECTION 3
Tempéraments à la gestion indépendante des propres : aménagements judiciaires

135.140 Présentation. Les règles de gestion des biens propres peuvent être modifiées par le juge. En effet, la présence du mariage et l'existence d'intérêts communs ne sauraient être occultées : les pouvoirs de gestion d'un époux sur ses biens propres ne peuvent être ceux d'un propriétaire célibataire égoïste, et l'indépendance dans la gestion n'équivaut pas à la pleine liberté. C'est dire que les prérogatives d'un époux ne sont pas discrétionnaires et seront limitées, sous le contrôle du juge, lorsqu'il en va de **l'intérêt du ménage.** C'est pourquoi, en complément des **mesures de crise** envisagées dans le régime primaire, l'article 1429 du Code civil prévoit des **modifications judiciaires des pouvoirs relatifs à la gestion des biens propres.**

§ 1 Conditions de mise en œuvre de l'intervention judiciaire

135.141 Concurrence avec les mesures de crise du régime primaire. Les dispositions de l'article 1429 du Code civil, spécifiques à la gestion des biens propres, ne sont pas exclusives des mesures de crise du régime primaire. Si l'article 217 n'a pas, en principe, lieu d'intervenir ici (hormis les cas d'autorisation ou de concours du conjoint : disposition du logement de la famille, des meubles qui le garnissent ou du bail rural), les articles 219 (v. ss nos 116.11 s.) et 220-1 (v. ss nos 116.71 s.) du Code civil conservent leur vocation à résoudre les situations de crise qu'ils envisagent.

135.142 Conditions générales – Procédure. Les modifications de pouvoirs ne peuvent intervenir qu'**à la demande du conjoint.** Elles résultent nécessairement d'une **décision judiciaire** dont la publicité et l'opposabilité sont définies par les articles 1445 à 1447 du Code civil, relatifs à la séparation de biens judiciaire, auxquels il est fait expressément renvoi (C. pr. civ., art. 1292 s. auxquels renvoie C. pr. civ, art. 1291 – v. ss nos 143.28 s.).

La loi n° 2009-526 du 12 mai 2009, de simplification et de clarification du droit[1], opère une nouvelle répartition des compétences au profit du **juge aux affaires familiales** dans le contentieux relatif au couple. Le juge aux affaires familiales connaît notamment des demandes relatives au **fonctionnement des régimes matrimoniaux** (COJ, art. L. 213-3). En revanche, lorsque le **conjoint** est **hors d'état de manifester sa volonté**, le **juge des tutelles** reste compétent (COJ, art. L. 221-9 – C. pr. civ., art. 1286).

Lorsque le juge aux affaires familiales intervient en matière de régimes matrimoniaux, la **procédure** est obligatoirement **écrite**, la représentation par ministère d'**avocat obligatoire** et les **débats** sont **publics**[2].

135.143 Gestion impossible : le conjoint durablement hors d'état de manifester sa volonté. Cette circonstance, identique à celle des modifications de pouvoirs sur les biens communs prévue à l'article 1426 du Code civil (v. ss n° 139.12), a déjà été rencontrée lors de la présentation du régime primaire, à l'article 219, lequel n'exige pas cependant que l'époux se trouve **hors d'état de manifester sa volonté d'une manière durable.** La gestion des biens propres est alors impossible, soit pour des raisons physiques (absence, éloignement sans possibilité efficace de communiquer sa volonté), soit pour des raisons intellectuelles (altération de la volonté).

135.144 Mesures superflues. Les mesures applicables en cas de présomption d'**absence** (C. civ., art. 112 s.) ou d'**éloignement** (C. civ., art. 120) peuvent être écartées (C. civ., art. 121), et celles concernant la **tutelle** (C. civ., art. 492 s.) de la même manière (C. civ., art. 498), lorsqu'elles sont rendues superflues par le jeu des mesures de crise du régime matrimonial (C. civ., art. 217, 219, 1426 et 1429).

135.145 Gestion dangereuse : comportements mettant en péril les intérêts de la famille. L'autre cas qui permet une modification des pouvoirs de gestion des biens propres est celui dans lequel l'époux « *met en péril les intérêts de la famille* » (sur cette notion, v. ss nos 123.50 s. – *Adde*, cette hypothèse ne se retrouve pas *expressis verbis* à propos de la gestion des biens communs, l'article 1426 du Code civil envisageant l'inaptitude ou la fraude, v. ss nos 139.13 à 139.16). Cependant, l'article 1429 du Code civil précise que cette mise en péril par l'époux résulte, soit de ce qu'il laisse dépérir ses propres, soit de ce qu'il dissipe ou détourne les revenus qu'il en retire. En conséquence, le **dépérissement de ses propres,** comme la **dissipation** ou le **détournement des revenus, n'entraîne modification des pouvoirs d'un époux que s'il y a mise en péril des intérêts de la famille** (à défaut, la sanction du comportement de l'époux n'est que comptable : récompense pour les revenus des propres non entrés en communauté, C. civ., art. 1403, al. 2 – et, le cas échéant, récompense si la communauté a été ponctionnée pour la remise en état du propre, C. civ., art. 1416).

§ 2 Effets de l'intervention judiciaire

135.151 Transferts de pouvoirs. Lorsque les conditions posées par l'article 1429 du Code civil sont établies, le juge **peut** ôter à l'époux l'exercice de ses droits d'administration et de jouissance sur ses biens propres. Comme toujours en ce domaine, **le juge a la plus large latitude quant à l'étendue du dessaisissement**, qu'il peut déclarer applicable à tous les pouvoirs d'administration sur tous les propres, ou cantonner à certains d'entre eux seulement, selon les circonstances. La seule limite est celle aux droits d'administration et de jouissance :

1. L. n° 2009-526, 12 mai 2009, de simplification et de clarification du droit et d'allègement des procédures, *JO* 13 mai, p. 7920.
2. Décr. n° 2009-1591, 17 déc. 2009, relatif à la procédure devant le juge aux affaires familiales en matière de régimes matrimoniaux et d'indivisions, *JO* 20 déc., p. 22025 – Sur ce décret, v. L. Mauger-Vielpeau, « Procédure devant le juge aux affaires familiales en matière de régimes matrimoniaux et d'indivisions », *JCP N* 2010. Actu. 102.

l'époux, dessaisi rétroactivement de tels droits à compter de la demande (v. C. civ., art. 1445, relatif à la séparation de biens judiciaire), conserve la nue-propriété de ses biens propres.

135.152 Étendue et la nature des pouvoirs du conjoint. En principe, les pouvoirs d'administration et de jouissance dont est dépouillé un époux sont confiés à son conjoint (« *à moins que la nomination d'un administrateur judiciaire n'apparaisse nécessaire* », ce qui suppose une motivation spéciale du jugement, C. civ., art. 1429, al. 2). L'alinéa 3 de l'article 1429 du Code civil conservant à l'époux dessaisi la nue-propriété de ses propres, on doit en déduire que son **conjoint** exerce les **prérogatives d'un usufruitier** (d'où, vraisemblablement, l'application de l'article 595 du Code civil pour la conclusion de baux sur les propres) ; mais, il devra **affecter les fruits perçus aux charges du mariage** et en **employer l'excédent au profit de la communauté** (en conséquence, **le conjoint devra rendre compte de sa gestion,** C. civ., art. 1429, al. 2).

135.153 Débat quant à la nature des pouvoirs du conjoint. La nature des pouvoirs du conjoint est discutée, certains estimant qu'il est **mandataire judiciaire de l'époux dessaisi,** d'autres considérant qu'il lui est substitué en tant que **gérant de la communauté** (laquelle dispose du droit de jouissance des biens propres de l'époux dessaisi). Or, la nature des pouvoirs permet de dire qui est personnellement engagé vis-à-vis des tiers, de l'époux dessaisi en cas de mandat judiciaire, ou du conjoint dans l'hypothèse d'une substitution. **Plusieurs raisons militent en faveur du mandat judiciaire** : la lettre du texte (qui parle d'un dessaisissement de droits et d'une attribution de pouvoirs), son esprit (v. C. civ., art. 219), ses conséquences (l'analogie avec la désignation d'un administrateur judiciaire, la simplicité de la technique du mandat quant au contrôle de la gestion du conjoint, la cohérence surtout lorsque l'époux dessaisi conserve ses pouvoirs de gestion de la communauté, laquelle serait titulaire du droit de jouissance), tandis que la procédure de substitution se réclame uniquement des devoirs d'affectation des fruits (qui *grosso modo* correspondent à la vocation communautaire des revenus des propres et empêchent la gestion égoïste du conjoint administrateur).

135.154 Garanties. Par application de l'article 2404 du Code civil, le juge peut, lors de la modification de pouvoirs ou ultérieurement, ordonner l'**inscription d'une hypothèque légale** ou ordonner la **constitution d'un gage sur les biens du conjoint administrateur**, en garantie de sa gestion (v. s[s] n° 139.27).

135.155 Caractère provisoire. La modification des pouvoirs de gestion étant **exceptionnelle**, elle est **révisable** à la demande de l'époux dessaisi s'il établit que les causes qui l'avaient justifiée se sont dissipées.

CHAPITRE

136. Gestion concurrente des biens communs

NATHALIE COUZIGOU-SUHAS
NOTAIRE

SECTION 0 ORIENTEUR

136.00 Plan du chapitre.

136.01 Textes applicables.

C. civ., art. 1421 à 1432

C. com., art. L. 121-5 et L. 121-6

C. rur., art. L. 321-1 à L. 321-3, L. 411-68

> Administration des biens communs par les époux
[C. civ., art. 1421 à 1432]

C. civ., art. 1421

Chacun des époux a le pouvoir d'administrer seul les biens communs et d'en disposer, sauf à répondre des fautes qu'il aurait commises dans sa gestion. Les actes accomplis sans fraude par un conjoint sont opposables à l'autre.

L'époux qui exerce une profession séparée a seul le pouvoir d'accomplir les actes d'administration et de disposition nécessaires à celle-ci.

Le tout sous réserve des articles 1422 à 1425.

C. civ., art. 1422

Les époux ne peuvent, l'un sans l'autre, disposer entre vifs, à titre gratuit, des biens de la communauté.

(*Ord. n° 2006-346, 23 mars 2006, art. 50-II*) Ils ne peuvent non plus, l'un sans l'autre, affecter l'un de ces biens à la garantie de la dette d'un tiers.

C. civ., art. 1423

Le legs fait par un époux ne peut excéder sa part dans la communauté.

Si un époux a légué un effet de la communauté, le légataire ne peut le réclamer en nature qu'autant que l'effet, par l'événement du partage, tombe dans le lot des héritiers du testateur; si l'effet ne tombe point dans le lot de ces héritiers, le légataire a la récompense de la valeur totale de l'effet légué, sur la part, dans la communauté, des héritiers de l'époux testateur et sur les biens personnels de ce dernier.

C. civ., art. 1424 (*L. n° 2008-776, 4 août 2008, art. 18*)

Les époux ne peuvent, l'un sans l'autre, aliéner ou grever de droits réels les immeubles, fonds de commerce et exploitations dépendant de la communauté, non plus que les droits sociaux non négociables et les meubles corporels dont l'aliénation est soumise à publicité. Ils ne peuvent, sans leur conjoint, percevoir les capitaux provenant de telles opérations.

De même, ils ne peuvent, l'un sans l'autre, transférer un bien de la communauté dans un patrimoine fiduciaire.

C. civ., art. 1425

Les époux ne peuvent, l'un sans l'autre, donner à bail un fonds rural ou un immeuble à usage commercial, industriel ou artisanal dépendant de la communauté. Les autres baux sur les biens communs peuvent être passés par un seul conjoint et sont soumis aux règles prévues pour les baux passés par l'usufruitier.

C. civ., art. 1426

Si l'un des époux se trouve, d'une manière durable, hors d'état de manifester sa volonté, ou si sa gestion de la communauté atteste l'inaptitude ou la fraude, l'autre conjoint peut demander en justice à lui être substitué dans l'exercice de ses pouvoirs. Les dispositions des articles 1445 à 1447 sont applicables à cette demande.

Le conjoint, ainsi habilité par justice, a les mêmes pouvoirs qu'aurait eus l'époux qu'il remplace; il passe avec l'autorisation de justice les actes pour lesquels son consentement aurait été requis s'il n'y avait pas eu substitution.

L'époux privé de ses pouvoirs pourra, par la suite, en demander au tribunal la restitution, en établissant que leur transfert à l'autre conjoint n'est plus justifié. – *V. C. pr. civ., art. 1286 s., 1291.*

C. civ., art. 1427

Si l'un des époux a outrepassé ses pouvoirs sur les biens communs ou sur les biens réservés, l'autre, à moins qu'il n'ait ratifié l'acte, peut en demander l'annulation.

L'action en nullité est ouverte au conjoint pendant deux années à partir du jour où il a eu connaissance de l'acte, sans pouvoir jamais être intentée plus de deux ans après la dissolution de la communauté.

C. civ., art. 1428 à 1432

* V. texte complet de ces articles, s^{s} n° 135.01, > *Gestion des biens propres par les époux*

> Exploitation d'un fonds de commerce ou artisanal par des conjoints

[C. com., art. L. 121-5 et L. 121-6]

* V. texte complet de ces articles s^{s} n° 135.01

> Exploitation agricole par des époux

[C. rur., art. L. 321-1 à L. 321-3; et L. 411-68]

* V. texte complet de ces articles s^{s} n° 135.01

136.02 Jurisprudence de référence.

> Chacun des époux a le pouvoir de recevoir le remboursement du prêt consenti par son conjoint d'une somme d'argent présumée dépendre de la communauté

• Civ. 1re, 31 janv. 2006, n° 03-19.630, *Bull. civ.* I, n° 38

* V. s^{s} n° 136.32

« Attendu que pour condamner M. Y... à payer à M. X... une certaine somme en remboursement du solde de ce prêt, l'arrêt attaqué retient, d'une part, que selon la reconnaissance de dette, le prêt litigieux a été consenti à M. Y... par M. X...et non par les époux X..., que la société X...a émis un chèque de 100 000 francs le 29 juillet 1994 et que le 1er août 1994 ce montant a été débité du compte courant de M. X... ouvert dans les livres de la société; que M. Y... a émis un chèque du même montant le 28 juillet 1994 à l'ordre de M. X..., et qu'à supposer que les fonds prêtés par M. X...à M. Y... soient des biens communs, il n'en reste pas moins que M. X... est seul créancier de M. Y..., la communauté ayant dans cette hypothèse un droit à récompense; et, d'autre part, qu'à défaut d'accord de M. X... pour la réception du paiement par son ex-épouse, M. Y... n'est pas libéré de son obligation de remboursement;

Qu'en statuant ainsi, alors que Mme X... avait le pouvoir de recevoir le remboursement du prêt d'une somme présumée dépendre de la communauté, la cour d'appel a violé les textes susvisés [...]. »

> Le conjoint de l'associé titulaire d'un compte-courant ne peut se prévaloir de l'article 1421 du Code civil pour agir en recouvrement de cette créance.

• Civ. 1re, 9 févr. 2011, n° 09-68.659, *Bull. civ.* I, n° 27

* V. s^{s} n° 136.72

« Attendu que Mme Z. fait grief à l'arrêt attaqué (Versailles, 19 mai 2009) de l'avoir déclarée irrecevable à agir, alors, selon le moyen, que chacun des époux a le pouvoir d'administrer seul les biens communs et, à ce titre, a qualité pour exercer seul, en demande ou en défense, les actions en justice relatives à ces biens; qu'en déclarant Mme Z. épouse X... irrecevable à agir en remboursement du compte-courant d'associé de son mari après avoir pourtant constaté qu'il faisait partie de la communauté des époux X..., la cour d'appel a violé l'article 1421 du Code civil;

Mais attendu que la cour d'appel a exactement retenu que Mme Z... n'avait pas qualité à agir en remboursement du compte-courant d'associé dont son mari était le seul titulaire, peu important que la somme provenant d'un tel remboursement dût figurer à l'actif de la communauté; que le moyen n'est pas fondé; [...]. »

> Sous un régime de communauté universelle, seul l'époux héritier appelé à la succession peut exercer, en demande et en défense, une action visant au partage des biens successoraux. La tierce-opposition du conjoint n'est ainsi pas admise.

• Civ. 1re, 2 avr. 2008, n° 07-11.254, *Bull. civ.* I, n° 103

* V. s^{s} n° 136.72

« Attendu que M. A. fait grief à l'arrêt attaqué (Riom, 10 oct. 2006) de déclarer irrecevable son action en rétractation, alors, selon le moyen, que le conjoint d'un héritier marié sous le régime de la communauté universelle est recevable à former tierce-opposition contre le jugement statuant sur le partage des biens héréditaires auquel il n'a pas été partie; qu'en l'espèce cependant, la cour d'appel, bien qu'elle ait constaté que M. A. "*n'est effectivement pas intervenu à la procédure ayant donné lieu au jugement du 27 mars 2003*", a déclaré ce dernier irrecevable en son action en rétractation, sous prétexte qu'eu égard au régime matrimonial des époux communs en biens, un mandat tacite de représentation entre eux existait, résultant de la communauté d'intérêt les liant; que ce faisant, la cour d'appel a violé les articles 583, 1421 et 1526 du Code civil;

Mais attendu que, si les biens successoraux indivis recueillis par un époux marié sous le régime de la communauté universelle entrent en communauté, l'époux héritier appelé à la succession peut seul exercer, en demande et en défense, une action qui ne tend qu'au partage de ces biens; que, dès lors, M. A., qui n'avait pas qualité pour demander le partage des biens successoraux indivis échus à son épouse, n'avait pas intérêt à former tierce-opposition au jugement ayant statué sur le partage; que, par ce motif de pur droit, substitué dans les conditions de l'article 1015 du Code de procédure civile à ceux critiqués, l'arrêt attaqué se trouve légalement justifié; [...]. »

> Dès lors que la communauté est dissoute dans les rapports respectifs des époux, le régime de l'indivision post-communautaire régit les pouvoirs de gestion des époux, au lieu et place des règles de la gestion concurrente de principe des biens communs. Ainsi, les actes accomplis par un époux sur les biens communs, postérieurement à la date de dissolution de la communauté, ne sont pas opposables à l'autre.

• **Civ. 1re, 23 oct. 2013, no 12-17.896,** *Bull. civ.* I [à paraître]

* V. ss no 136.70 et 136.81

« Attendu, selon l'arrêt attaqué, que, sur une assignation du 3 juin 1999, la séparation de corps des époux X.-Y., mariés sous le régime légal de la communauté réduite aux acquêts, a été prononcée le 25 avril 2006; que le 12 juin 2007, Mme Y. a assigné M. X. et la Société générale de promotion immobilière et de financement immobiliers (la SOGEPROM) afin que lui soient déclarées inopposables des cessions d'actions consenties à celle-ci, après l'assignation, par le mari agissant seul; [...]

Mais sur le second moyen :

Vu l'article 262-1 du Code civil dans sa rédaction antérieure à celle issue de la loi no 2004-439 du 26 mai 2004, applicable en la cause, ensemble l'article 302 du même code;

Attendu, selon ces textes, que dans les rapports entre époux, le jugement de séparation de corps qui emporte dissolution de la communauté prend effet au jour de l'assignation, de sorte que la consistance de la communauté est fixée à cette date; qu'il en résulte que les actes accomplis sur les biens communs postérieurement à celle-ci par un seul des époux, ne sont pas opposables à l'autre;

Attendu que, pour rejeter les demandes de l'épouse tendant à voir juger que les cessions d'actions consenties par son mari lui sont inopposables, l'arrêt retient que si la liquidation des intérêts pécuniaires des époux doit se référer à la date de l'assignation du 3 juin 1999, l'examen des pouvoirs des époux pour engager les biens communs doit s'apprécier au regard de la situation juridique au jour où les actes ont été passés sans tenir compte de la rétroactivité trouvant sa cause dans la décision non encore prononcée, et en déduit que les pouvoirs de M. X. doivent s'analyser non pas en application des règles de l'indivision post-communautaire mais conformément aux dispositions des articles 215 et suivants et 1421 et suivants du Code civil; qu'en statuant ainsi, alors qu'elle avait constaté que postérieurement au 3 juin 1999, date à laquelle avait pris effet le jugement de séparation de corps emportant dissolution de la communauté, M. X. avait procédé seul à le cession de titres négociables acquis par les époux avant cette date, la cour d'appel n'a pas tiré de ses constatations les conséquences légales qui en découlaient [...]. »

> Il résulte de la combinaison des articles 22 de la loi du 10 juillet 1965 et 1421 du Code civil que la convocation à une assemblée générale concernant des époux propriétaires d'un lot de copropriété dépendant de leur communauté de biens doit être libellée au nom des deux

• **Civ. 3e, 23 mai 2007, no 06-14.974,** [cassation partielle], *Bull. civ.* III, no 83

* V. ss no 136.84

« Attendu que pour rejeter la demande des époux X..., l'arrêt retient qu'en application des dispositions des articles 214 et 1421 du Code civil, chacun des époux a le pouvoir d'administrer seul un acquêt de communauté, que c'est d'ailleurs bien ainsi que le comprenaient les époux X..., M. X... réglant seul ses charges de copropriété en son seul nom, et que la convocation adressée à M. X..., qui n'avait jamais exigé d'autre forme, ni désigné d'autre mandataire, était donc suffisante en elle-même sans que Mme X... fût également convoquée;

Qu'en statuant ainsi, alors que la convocation à une assemblée générale concernant des époux propriétaires d'un lot de copropriété dépendant de leur communauté de biens doit être libellée au nom des deux, la cour d'appel a violé les textes susvisés; [...]. »

136.03 Bibliographie indicative.

Actualisable. Rép. civ., vo *Communauté légale (2° gestion des biens)*, par G. Yildirim, oct. 2008 [màj mars 2014], nos 108 à 421.

Ouvrage[1]**.** A. Colomer, *Droit civil, Les régimes matrimoniaux,* 12e éd., LexisNexis/Litec, 2005, no 431.

Thèses. C. Bourdaire, *Le conjoint du contractant*, th. Paris X-Nanterre, 2005 – V. Brémond, *La collaboration entre époux : contribution à l'étude des fondements de la communauté légale*, th. Paris X-Nanterre, 1997 – F. Vauvillé, *Les pouvoirs concurrents en droit de la famille*, th. Lille II, 1991.

Articles. A. Botton, « L'effet de la qualité particulière d'un époux commun en biens sur le principe de gestion concurrente de la communauté », *Dr. fam.* 2009. Étude 16 – J. Souhami, « Gestion concurrente en régime de communauté et action en justice », *JCP N* 2010. 1347.

136.04 Questions essentielles.

> Un époux commun en biens peut-il conclure seul n'importe quel bail portant sur un bien commun ?

* V. ss nos 136.41 à 136.44

> Quelle est la validité d'une assignation en justice délivrée à un seul des époux relativement à une action portant sur un bien commun ?

* V. ss nos 136.33

SECTION 1
PRINCIPE (C. CIV., ART. 1421)

136.11 Gestion concurrente. Par principe, les pouvoirs de gestion des biens communs sont confé-

1. NB : les ouvrages les plus fréquemment cités et dont le nom des auteurs figure en petites capitales en bibliographie sont cités par les seuls noms des auteurs en petites capitales en notes de bas de page.

rés également à chaque époux et assurent de la sorte leur autonomie respective. Mais **la vocation communautaire de ces biens interdit l'exclusivité des pouvoirs** (ce qui la distingue essentiellement de la gestion des biens propres, v. s^{s} n° 135.60; en outre, l'égalité des époux interdit que les pouvoirs appartiennent, comme naguère, au seul mari). C'est ainsi que chaque époux peut gérer, par principe et en vertu de pouvoirs personnels, l'ensemble des biens communs, mais de manière concurrente. Cette **concurrence des deux époux sur les** mêmes **biens affectés au ménage** a pour corollaire certains devoirs : la gestion des biens communs ne saurait permettre l'égoïsme et les deux gérants statutaires que sont les époux doivent exercer leurs fonctions **dans l'intérêt commun**.

Ce principe de gestion concurrente, qu'on rencontre déjà à propos de la gestion ménagère du régime primaire, a pour mérites principaux ceux de la simplicité et de l'efficacité. À l'égard des tiers, chaque époux est réputé pouvoir accomplir tous les actes de gestion sur les biens communs (comme sur les biens propres, v. s^{s} n° 135.21 – en ajoutant la présomption générale de mandat, s^{s} n°s 135.121 s. – ainsi que les présomptions de pouvoirs du régime primaire, cela aboutit à donner une très large autonomie à chaque conjoint); entre époux, cela permet de valider la plupart des actes, sous réserve du respect de l'intérêt commun. La simplicité de ces règles tend à éviter formalités et contentieux et correspond, *grosso modo*, à la pratique quotidienne (qui ne concerne pas les **actes soumis à la gestion conjointe, exceptionnels,** et que renforcent les **cas de gestion exclusive où seul intervient généralement, dans le cadre de sa profession, l'époux concerné**). C'est à cette gestion courante que correspondent tant le domaine (sect. 1) que le régime (sect. 2) de la gestion concurrente.

SECTION 2
DOMAINE DE LA GESTION CONCURRENTE DES BIENS COMMUNS

136.20 Présentation et plan. La gestion concurrente étant le principe, il s'ensuit qu'elle ne recouvre aucun domaine spécifique, mais un **domaine résiduel constitué de tous les actes et de tous les biens** (y compris grâce au jeu de la présomption d'acquêts) qui ne sont pas soumis à un régime de gestion dérogatoire (aux exceptions de fond, il faut ajouter les présomptions de pouvoirs qui, en pratique, viennent considérablement modifier les règles de gestion). Il est possible cependant de présenter le domaine dans lequel règne la gestion concurrente (étant entendu qu'il est appelé à se gonfler de tous les actes qui ne sont pas limitativement soumis à un autre mode de gestion), au travers des différents actes de gestion, ce qui permettra de constater que le principe s'applique en fait aux plus courants.

§ 1
Actes conservatoires

136.21 Concurrence générale des époux pour les actes conservatoires. Les actes conservatoires, qui sont destinés à **préserver la substance ou la valeur des biens communs,** peuvent être accomplis concurremment par chacun des deux époux. Ce n'est d'ailleurs qu'une application du régime général de ces actes selon lequel, en raison de leur caractère nécessaire et indolore, ils peuvent largement être accomplis par tout intéressé. En l'occurrence, la concurrence de droits des époux sur les biens communs justifie à elle seule la concurrence de pouvoirs en vue de leur conservation.

Il s'ensuit que les **actes matériels de réparation ou d'entretien nécessaires à la sauvegarde d'un bien**, de même que les **actes juridiques** de semblable nature, tels que l'**interruption d'une prescription,** l'**inscription d'une sûreté**, *etc.*, peuvent être indifféremment accomplis par chacun des époux.

Parallèlement en matière de **droit des successions**, l'article 815-2 alinéa 1er tel qu'issu de la loi n° 2006-728 du 23 juin 2006 [1], dispose que tout indivisaire peut prendre les **mesures nécessaires à la conservation des biens indivis** même si elles ne présentent pas un caractère d'urgence. En matière d'actes d'administration, le régime de la communauté légale permet à chaque époux d'agir librement pour le compte de la communauté et d'effectuer de tels actes. En matière successorale, depuis la réforme des successions intervenue par la loi précitée de 2006, le ou les indivisaires titulaires d'au moins deux tiers des droits indivis peuvent effectuer les actes d'administration relatifs aux biens indivis (C. civ., art. 815-3, al. 1er, 1°).

§ 2
Actes d'administration à l'exclusion des baux

136.31 Généralité de la gestion concurrente. À l'exception des baux, dont la nature est toujours ambivalente, les actes d'administration sont généralement soumis à la gestion concurrente des époux. Cela recouvre la **gestion des biens communs**, et notamment leur **mise en valeur (impenses utiles et**

1. L. n° 2006-728, 23 juin 2006, portant réforme des libéralités et des successions, *JO* 24 juin, p. 9513.

somptuaires, sauf pour ces dernières des règles particulières relatives au passif, soit pour exclure la solidarité au titre des dettes manifestement excessives, v. s^s^ n° 141.191 – soit pour donner récompense à la communauté, v. s^s^ n° 142.132). En conséquence, chaque époux peut décider, soit d'exploiter directement l'entreprise commune, soit d'en confier l'exploitation à un tiers. Par exemple, chacun des époux peut donner en location-gérance un fonds de commerce dépendant de la communauté[1]. Dans le même esprit, l'acceptation d'une donation faite au profit de la communauté peut émaner de l'un ou l'autre époux[2].

136.32 Perception des fonds. Par application du principe, chaque époux peut recevoir paiement pour le compte de la communauté. Il s'ensuit qu'un débiteur, au titre d'une créance entrant en communauté, sera valablement libéré par le paiement effectué entre les mains de l'un ou l'autre époux, et que, corrélativement, la quittance qu'il en aura reçue aura plein effet (v. s^s^ n° 136.81). Ainsi, l'un ou l'autre des époux a le pouvoir de recevoir le remboursement d'un prêt consenti par son conjoint d'une somme d'argent présumée dépendre de la communauté[3].

Toutefois, la **perception de fonds** qui sont la **contrepartie** des actes soumis à la **gestion conjointe** (v. s^s^ n° 138.91) requiert le **double accord des époux**.

À cet égard, le professionnel chargé de l'opération nécessitant la gestion conjointe doit s'assurer qu'il est en possession, en cas de mandat conféré par un conjoint à l'autre, non seulement de l'**autorisation de vente** mais encore de l'**autorisation de versement des fonds entre les mains du mandataire** et ce, sous peine d'engager sa responsabilité (« *le seul consentement à l'acte générateur de la créance ne vaut donc pas autorisation de percevoir ensuite les capitaux* »[4]). Cependant, chacun des époux a le pouvoir d'encaisser sur son compte personnel le montant d'un chèque établi à l'ordre des deux époux, dès lors que son conjoint l'a endossé[5].

136.33 Pouvoir d'ester en justice. Le principe de **gestion concurrente** s'applique, non seulement à la **conclusion des actes**, mais aussi, par prolongement, à la **prétention des droits en justice**. C'est ainsi que chaque époux peut agir, tant en demande qu'en défense, dans des **actions en justice concernant des biens communs** (ainsi, en défense à une action en revendication, ce qui peut d'ailleurs apparaître comme un acte conservatoire[6] – pour la qualité de l'époux, partie à l'instance et sur l'opposabilité des jugements au conjoint[7], v. s^s^ n° 136.83). Au sujet des biens soumis à cogestion, l'action des deux époux devrait être requise. Quant au **pouvoir de compromettre** relativement au partage de biens de la communauté, celui-ci relève de la cogestion : un tel compromis d'arbitrage, parce qu'il porte sur des biens communs et parce qu'il ne peut porter que sur des droits dont on a la libre disposition (C. civ., art. 2059) doit être signé par les deux époux[8]. Les époux peuvent donc compromettre seulement sur des droits dont ils ont, selon leur régime matrimonial, la libre disposition.

136.34 Cas de l'exploitation commune d'une entreprise commune. Il a été indiqué (v. s^s^ n° 135.131) qu'en cas de **coexploitation d'une entreprise propre**, ou de **collaboration**, le conjoint bénéficiait d'une **présomption de mandat quant aux actes concernant les besoins de l'entreprise.**

Précisons en tant que de besoin, que ces présomptions de mandat ne s'appliquent pas au partenaire pacsé et *a fortiori* au concubin; ils restent par ailleurs exclus du statut de conjoint collaborateur[9]. En revanche, chez les agriculteurs, la loi n° 2006-11 du 5 janvier 2006, loi d'orientation agricole, permet au partenaire pacsé du chef d'entreprise ou au concubin de ce dernier d'accéder à la qualité de conjoint collaborateur.

La situation se présente en des termes différents lorsque **l'entreprise** (exploitation agricole, entreprise commerciale ou artisanale) est un **bien com-**

1. Civ. 1re, 16 mai 2000, n° 98-12.894, NP; *Dr. fam.* 2000, n° 114, obs. B. Beignier; *RJPF* 2000-10/17, obs. F. Vauvillé.
2. Civ. 1re, 17 mai 1993, n° 91-17.907, *Bull. civ.* I, n° 176; *JCP N* 1994. I. 23, note J.-F. Pillebout; *RTD civ.* 1994. 925, obs. B. Vareille.
3. Civ. 1re, 31 janv. 2006, n° 03-19.630, *Bull. civ.* I, n° 38; *D.* 2006. AJ 465; *AJ fam.* 2006. 210, obs. P. Hilt; *Dr. fam.* 2006, n° 61, obs. B. Beignier; *RJPF* 2006-5/33, note F. Vauvillé; *JCP* 2006. I. 141, n° 16, obs. Ph. Simler; *Defrénois* 2006. 1612, note G. Champenois; *JCP N* 2006. Étude 1200, obs. V. Brémond.
4. A. Colomer, n° 431.
5. Civ. 1re, 16 mai 2013, n° 12-12.207, *Bull. civ.* I [à paraître]; *Gaz. Pal.* 18-19 sept. 2013, p. 17, note I. Tosi-Dupriet; *Gaz. Pal.* 5-6 juill. 2013, p. 9, obs. C. Houin-Bressand; *RJPF* 2013-7-8/25, note F. Vauvillé; *D.* 2013. 2444, obs. V. Brémond.
6. V. par ex., Civ. 1re, 19 mars 1991, n° 88-18.488, *Bull. civ.* I, n° 91; *Defrénois* 1992. 850, obs. G. Champenois; *JCP* 1992. I. 3567, n° 12, obs. Ph. Simler; *RTD civ.* 1992. 443, obs. F. Lucet et B. Vareille.
7. V. aussi, Civ. 1re, 20 févr. 2007, n° 06-10.217, *Bull. civ.* I, n° 65; *D.* 2007. AJ 937, obs. V. Avena-Robardet; *D.* 2007. Somm. 2126, obs. J. Revel; *AJ fam.* 2007. 229, obs. P. Hilt; *JCP* 2007. I. 142, n° 20, obs. Ph. Simler; *JCP E* 2008. 1072, note Hovasse; *Dr. fam.* 2007, n° 89, note B. Beignier.
8. Civ. 1re, 8 févr. 2000, n° 97-19.920, *Bull. civ.* I, n° 37; *D.* 2000. IR 72; *JCP* 2000. I. 245, n° 18, obs. Ph. Simler.; *Dr. fam.* 2000, n° 40, obs. B. Beignier; *Defrénois* 2000. 1179, obs. G. Champenois; *RTD civ.* 2001. 420, obs. B. Vareille; et 421, obs. B. Vareille.
9. V. Rép. min. n° 13777, entreprises et commerce extérieur, *JOAN Q* 26 févr. 2008, p. 1661.

mun, puisqu'alors il n'est plus besoin de recourir à la technique du mandat.

Hormis l'hypothèse dans laquelle l'entreprise commune permet l'exercice par un époux d'une profession séparée (C. civ., art. 1421, al. 2 - à propos, notamment, de la délicate conciliation entre, d'une part le **concept de profession séparée** et, d'autre part, la **notion de collaboration,** v. s[s] n°s 137.41 s.), il y a lieu d'appliquer le principe de gestion concurrente. En conséquence, en cas d'exploitation en commun d'une entreprise agricole, commerciale ou artisanale elle-même commune, chaque époux a pouvoir de gestion et devra répondre de son exercice (d'où l'engagement personnel, sur ses propres et sur les biens communs, de l'époux qui a passé l'acte, puisqu'il n'y a pas mandat).

§ 3
Conclusion des baux sur les biens communs (C. civ., art. 1425)

136.41 Baux exclus de la gestion concurrente (renvois). « *Les époux ne peuvent, l'un sans l'autre, donner à bail un fonds rural ou un immeuble à usage commercial, industriel ou artisanal dépendant de la communauté* » (C. civ., art. 1425, *in limine*). Appartiennent donc au domaine de la **gestion conjointe** les **baux** (même si ce ne sont pas des baux ruraux ou commerciaux) qui portent sur ces biens (v. s[s] n° 138.92).

Au surplus, lorsqu'il y a **participation du conjoint à l'exploitation agricole ou à l'entreprise commerciale ou artisanale,** son **consentement** est requis relativement aux baux liés à cette exploitation ou nécessaires à cette entreprise, quelle que soit leur nature (dans des conditions et d'après des modalités sur lesquelles : pour l'exploitation agricole, C. rur., art. L. 411-68, v. s[s] n° 135.32 - pour l'entreprise commerciale ou artisanale, L. n° 82-596, 10 juill. 1982, art. 2 - v. s[s] n° 138.92).

Enfin, pour ce qui concerne le **logement de la famille**, l'article 215 alinéa 3 (v. s[s] n°s 113.10 à 113.46) et l'article 1751 alinéa 1er (v. s[s] n°s 113.50 à 113.64) du Code civil supposent **l'accord des époux** et extraient de la gestion concurrente la conclusion ou l'extinction du bail.

136.42 Autres baux, soumis à la gestion concurrente. Hormis ces hypothèses qui en sont spécialement exclues, **les baux sont soumis à la gestion concurrente** (pour un bail d'habitation[1]; pour un bail précaire sur une parcelle de terre, l'époux étant reconnu gérant d'affaires[2]). En conséquence, chaque époux peut prendre à bail, mais aussi donner à bail ou administrer le droit au bail (demande de renouvellement ou renonciation, cession de bail, *etc.*).

Toutefois, si un époux peut, seul, donner à bail un bien commun, l'article 1425 *in fine* du Code civil précise qu'il y a lieu d'appliquer les « *règles prévues pour les baux passés par l'usufruitier* », aux baux autres que ceux visés *in limine* (v. s[s] n° 136.41), c'est-à-dire notamment, les baux d'habitation, les locations de fonds de commerce (sous réserve de la participation du conjoint à l'exploitation de ce fonds, L. 10 juill. 1982, art. 2 - v. s[s] n° 138.92) et les baux ordinaires portant sur un immeuble ou sur un meuble.

136.43 Transposition des règles établies en matière d'usufruit. L'article 595 du Code civil donne pleine validité aux baux consentis par l'usufruitier, mais limite leur opposabilité au nu-propriétaire après la cessation de l'usufruit. La transposition de ce texte à la situation de l'époux qui conclut un bail sur un bien commun (transposition difficile puisque l'usufruitier a un pouvoir exclusif de gestion, au rebours de l'époux qui n'a qu'un pouvoir concurrent) appelle quatre remarques.

136.44 Remarques sur la transposition des règles du bail conclu par l'usufruitier à celui conclu par l'époux sur un bien commun.

1) *Tout d'abord*, la cessation de l'usufruit paraît correspondre, au sein du régime légal, à la dissolution de la communauté à laquelle certains auteurs assimilent le retrait des pouvoirs d'administrer les biens communs de l'article 1426 du Code civil. On pourrait concevoir que la période d'opposabilité de neuf ans coure dès la conclusion du bail, car c'est dès cet instant que se pose la question de l'opposabilité au conjoint, laquelle n'intervient à l'égard du nu-propriétaire qu'à partir de l'extinction de l'usufruit; mais alors, l'alinéa 3 de l'article 595, qui prive d'effet, sauf début d'exécution, les baux de courte durée serait intransposable (sauf à soumettre ces derniers *ab initio* à l'accord du conjoint, ce qui serait paradoxal). On doit donc estimer que, par application du principe de gestion concurrente, **les baux consentis par un seul époux sont opposables à son conjoint pendant toute la durée de la communauté,** sauf modification de pouvoirs. Bien que ces baux n'aient pas une importance essentielle pour l'intérêt de la famille (en ce qu'ils ne concernent, ni son propre logement, ni les fonds ruraux,

1. Civ. 3e, 13 mars 2002, n° 00-13.741, NP; *JCP* 2002. I. 167, n° 8, obs. Ph. Simler.

2. Civ. 3e, 21 févr. 2001, n° 99-14.820, NP; *JCP* 2002. I. 103, n° 18, obs. Ph. Simler; *JCP N* 2001. 1122, note J. Casey; *RJPF* 2001-6/26; *RD rur.* 2001, n° 365; et n° 531, note Crevel.

ni les immeubles à usage commercial, industriel ou artisanal), il apparaît que la gestion concurrente confère un large pouvoir à chaque époux qui peut, isolément, donner à bail un immeuble à usage d'habitation dépendant de la communauté, pendant toute la durée de celle-ci.

2) *Ensuite*, à partir de la **dissolution de la communauté**, les baux consentis pour une période de plus de neuf ans par un seul époux ne sont opposables au conjoint que pour la fin de la période de neuf ans en cours (C. civ., art. 595, al. 2). Quant aux baux de neuf années ou d'une durée moindre, ils ne sont opposables après dissolution de la communauté que si leur exécution a commencé avant (C. civ., art. 595, al. 3).

3) *En troisième lieu*, les **renouvellements,** intervenus plus de deux ans (bail sur un immeuble à usage d'habitation; les renouvellements de baux sur un bien rural échappent à la gestion conjointe) avant l'expiration du bail, et à moins qu'ils n'aient commencé à être exécutés, sont dépourvus d'effet après dissolution de la communauté (C. civ., art. 595, al. 3).

4) *Enfin*, ces baux sur les biens communs, consentis par un seul époux, étant valides et simplement inopposables au-delà d'une certaine durée après dissolution de la communauté, il s'ensuit que **leur sort dépendra du partage.** Si le bien donné à bail est attribué au conjoint qui n'a pas passé l'acte, l'inopposabilité intervient dans les conditions décrites. En revanche, si le bien est recueilli par l'époux qui l'a donné à bail, le contrat qu'il a conclu l'oblige pleinement, pour toute la durée stipulée.

§ 4
Actes de disposition

136.51 Domaine résiduel de la gestion concurrente. C'est à propos des actes de disposition qu'interviennent plus spécialement les **exceptions imposant la gestion conjointe** des articles 1422 et 1424 du Code civil. D'après le premier de ces textes (v. s^s n°s 138.30 s.), les **dispositions entre vifs à titre gratuit** ne peuvent être unilatéralement consenties par un époux. Le second texte (v. s^s n°s 138.50 s.) exige le consentement des deux époux pour les **actes de disposition relatifs aux immeubles et à certains meubles importants** (*adde*, les meubles garnissant le logement de la famille de C. civ., art. 215, al. 3). Il s'ensuit *a contrario* que chaque époux peut, concurremment, accomplir en principe tous les actes de disposition à titre onéreux sur les **meubles courants et voués à l'échange.**

136.52 Application : les meubles à la disposition concurrente de chaque conjoint. Les meubles sur lesquels chaque conjoint peut accomplir à titre onéreux un acte de disposition sont, tout d'abord, les **deniers communs**[1] : non seulement ses **gains et salaires** (C. civ., art. 223), mais encore les **fonds constitués par les revenus des biens communs,** par les économies sur les revenus des époux, ou en contrepartie de la disposition d'un bien commun (sous réserve de leur perception commune, lorsque l'acte de disposition est soumis à la gestion conjointe, C. civ., art. 1424). L'époux qui a disposé seul des deniers communs doit, lors de la liquidation, s'il en est requis, informer son conjoint de l'affectation des sommes importantes prélevées sur la communauté et qu'il soutient avoir employées dans l'intérêt commun[2].

Ces arrêts imposent ainsi une **obligation d'information et de loyauté** d'un conjoint vis-à-vis de l'autre.

Une autre procédure aurait pu éventuellement être opposée, à savoir la demande par l'époux victime des retraits d'un **report de la date de dissolution de la communauté,** dans les seuls rapports respectifs des époux, à une date antérieure à l'ordonnance de non-conciliation (l'ordonnance de non-conciliation constituant depuis la loi n° 2004-439 du 26 mai 2004 le point de départ de la date de la dissolution de la communauté au lieu et place de la date de l'assignation).

L'époux victime de ces retraits aurait pu solliciter le report de la date de dissolution à une date antérieure auxdits retraits, pour autant que ce report soit admissible (cessation conjointe de toute cohabitation et collaboration requise par les termes de l'article 262-1 du Code civil). Ainsi, en ce cas, les fonds prélevés auraient figuré dans l'actif partageable.

Il s'agit ensuite des **valeurs mobilières** (mais non des droits sociaux non négociables, même si leur cession est nécessaire à la poursuite de l'activité professionnelle séparée d'un époux[3]), dont chaque époux peut disposer à titre onéreux. Ce pouvoir de

1. Civ. 1re, 11 juin 1991, n° 89-21.305, *Bull. civ.* I, n° 190; *Defrénois* 1992. 1550, obs. G. Champenois; *JCP* 1992. II. 21899, note G. Paisant.
2. Civ. 1re, 16 mars 1999, n° 97-11.030, *Bull. civ.* I, n° 89; *Defrénois* 1999. 811, obs. G. Champenois; *Gaz. Pal.* 2000. Somm. 361, obs. Barrière; *Dr. fam.* 1999, n° 82, obs. B. Beignier; *RTD civ.* 2001. 189, obs. B. Vareille – EN CE SENS, Civ. 1re, 23 avr. 2003, n° 01-02.485, NP; *D.* 2003. 2597, note V. Brémond; *JCP N* 2004. 1415, obs. J. Casey – Civ. 1re, 14 févr. 2006, n° 03-20.082, *Bull. civ.* I, n° 66; *D.* 2006. AJ 601; *JCP* 2006. I. 141, n° 18, obs. Ph. Simler.
3. Civ. 1re, 28 févr. 1995, n° 92-16.794, *Bull. civ.* I, n° 104; *D.* 1995. IR 80; *D.* 1995. Somm. 326, obs. M. Grimaldi; *JCP* 1995. I. 3869; *JCP N* 1995. 1472, n° 11, obs. Ph. Simler; *Defrénois* 1995. 1489, obs. G. Champenois; *RTD civ.* 1996. 462, obs. B. Vareille.

disposition des titres sociaux négociables comme des deniers est d'ailleurs renforcé lorsqu'ils sont déposés sur un compte ouvert au nom d'un époux (C. civ., art. 221).

Par ailleurs, le banquier dépositaire commettrait une faute professionnelle s'il restituait les fonds déposés à une personne autre que celle au nom de laquelle le dépôt a été fait ou à celle qui a été indiquée pour les recevoir.

Ainsi, la banque qui remet à tort au conjoint des fonds déposés par l'époux titulaire du compte, doit réparer le préjudice subi par ce dernier, quand bien même les fonds sont communs[1].

Cependant, le banquier qui a indemnisé l'époux titulaire du compte délesté, dispose d'un **recours fondé sur la subrogation contre le conjoint indélicat** afin d'obtenir la restitution des indemnités versées au conjoint dépouillé[2].

Il s'agit aussi des **créances communes** que chaque époux peut, par exemple, compenser avec des dettes personnelles.

Enfin, sont laissés à la gestion concurrente des époux, qui peuvent en disposer à titre onéreux, les **meubles corporels non immatriculés, à l'exception de ceux qui garnissent le logement de la famille.** Là encore, ce droit de disposition est prolongé par une présomption de pouvoirs issue du régime primaire (C. civ., art. 222).

136.53 Application : les actes de disposition à titre onéreux qu'un époux peut passer seul. Sous réserve des limitations faites à l'article 1424 du Code civil, un époux peut donc accomplir tout acte par lequel il dispose des biens qui viennent d'être évoqués. C'est ainsi qu'il peut **acquérir un bien, même immobilier**[3], grâce à des fonds communs et même au-delà (sur l'engagement de la communauté du chef d'un époux, v. s^{s} n°s 141.60 s. – v. cep. les cas de fraude, s^{s} n°s 139.61 s. – ou de responsabilité d'un époux, s^{s} n°s 139.71 s.). Pour ce faire, il peut d'ailleurs emprunter (sous réserve de l'engagement réduit de la communauté, C. civ., art. 1415 – v. s^{s} n°s 141.200 s.), sauf si cela nécessite une garantie hypothécaire sur un immeuble commun (C. civ., art. 1424 – v. s^{s} n°s 138.84 – sur la question du privilège du prêteur de deniers, v. s^{s} n° 141.214). Chaque époux peut encore **consentir seul un prêt.** De la même manière qu'il peut les aliéner, un époux peut **consentir une sûreté sur des biens soumis à la gestion concurrente** (toutefois, le nantissement par un seul époux de parts sociales communes, qui vient garantir un cautionnement auquel n'a pas consenti son conjoint, est nul par application de l'article 1415 du Code civil; en effet, le cautionnement réel ne peut engager les biens communs que du consentement des deux époux, bien qu'un seul en pût disposer[4]).

136.54 Information du conjoint en cas d'apport ou d'acquisition de parts sociales non négociables. D'après l'article 1832-2 du Code civil, « *un époux ne peut sous peine de nullité, employer des biens communs pour faire un apport à une société ou acquérir des parts sociales non négociables sans que son conjoint en ait été averti et sans qu'il en soit justifié dans l'acte* ». Ce texte n'est applicable que si sont employés des **biens communs**, par exemple en cas d'apport en numéraire, les deniers étant présumés communs[5]; mais tel n'est pas le cas lorsque l'acquisition s'est faite pour un montant symbolique d'un franc, en contrepartie d'un cautionnement[6]. Cette règle ne fait pas exception au principe de gestion concurrente de la communauté par les époux, car elle ne soumet pas l'apport ou l'acquisition de titres non négociables au consentement du conjoint, mais exige simplement qu'il en soit informé (v. s^{s} n° 137.23).

136.55 Acquisition de parts sociales à des fins professionnelles. Dans le silence des textes, il y a lieu d'étendre l'obligation d'information, posée par

1. Civ. 1re, 3 juill. 2001, n° 99-19.868, *Bull. civ.* I, n° 198; *D.* 2002. 1102, note L. Comangès; Somm. 3262, obs. J.-C. Hallouin; *JCP* 2002. I. 103, n° 17, obs. Ph. Simler; *RJPF* 2001-12/24, obs. F. Vauvillé; *Dr. fam.* 2001, n° 120, obs. B. Beignier; *JCP N* 2002. 1206, note V. Brémond; *Defrénois* 2002. 397, obs. G. Champenois; *RTD civ.* 2001. 941, obs. B. Vareille; *RTD com.* 2002. 149, obs. B. Bouloc.
2. Civ. 1re, 8 juill. 2009, n° 08-17.300, *Bull. civ.* I, n° 163; *D.* 2009. AJ 1970, obs. V. Egéa; *D.* 2010. Jur. 360, note F. Chénedé; Pan. 728, obs. J.-J. Lemouland et D. Vigneau; *JCP* 2009. 353, note E. Naudin; et 391, n° 5, obs. G. Wiederkehr; *AJ fam.* 2009. 404, obs. F. Chénedé; *Gaz. Pal.* 6-7 nov. 2009, p. 36, note J. Casey; *JCP N* 2009. 1329, note T. Douville; *Dr. fam.* 2009. Étude 34, obs. Assimopoulos; *RJPF* 2010-1/22, obs. F. Vauvillé; *RLDC* 2009/64, n° 3581, obs. E. Pouliquen.
3. Civ. 1re, 5 avr. 1993, n° 90-20.491, *Bull. civ.* I, n° 136; *JCP* 1994. I. 3733, n° 14, obs. Ph. Simler; *JCP N* 1993. 375, note M. Henry; *Defrénois* 1993. 803, obs. G. Champenois; *RTD civ.* 1994. 403, obs. B. Vareille.
4. Civ. 1re, 11 avr. 1995, n° 93-13.629, *Bull. civ.* I, n° 165; *D.* 1995. IR 126; *D.* 1995. Somm. 327, obs. M. Grimaldi; *D.* 1996. Somm. 204, obs. S. Piedelièvre; *JCP* 1995. I. 3869, n° 9, obs. Ph. Simler; *Defrénois* 1995. 1484, obs. G. Champenois; *RTD civ.* 1997. 726, obs. B. Vareille.
5. Civ. 1re, 16 juill. 1998, n° 96-18.404, *Bull. civ.* I, n° 251; *R.* 252; *D.* 1999. 361, note P. Fronton; *D. Affaires* 1998. 1707, obs. M. B.; *Defrénois* 1998. 1413, obs. J.-L. Aubert; *RTD civ.* 1999. 620, obs. J. Mestre; *RTD com.* 1999. 488, obs. B. Bouloc.
6. Civ. 1re, 17 janv. 1995, n° 93-10.462, *Bull. civ.* I, n° 33; *D.* 1995. 401, note D.-R. Martin; *JCP* 1995. I. 3869, n° 12, obs. Ph. Simler; *Defrénois* 1995. 1313, obs. J. Honorat; et 1480, obs. G. Champenois; *RTD civ.* 1995. 914, obs. P.-Y. Gautier; *RTD civ.* 1996. 459, obs. B. Vareille.

l'article 1832-2 du Code civil, au cas où l'acquisition de parts sociales est un acte nécessaire à l'exercice séparé de la profession (C. civ., art. 1421, al. 2 – v. s[s] n°s 137.12 s. et spéc[t] n° 137.23). Du reste, l'obligation d'informer le conjoint ne fait pas échec à la gestion exclusive, car elle ne lui confère pas de pouvoirs de gestion. De même, si le conjoint revendique la qualité d'associé, en vertu de l'alinéa 3 de l'article 1832-2, il ne semble pas faire pour autant un acte incompatible avec la gestion exclusive de son époux.

136.56 Durée de l'obligation d'information. La procédure de l'article 1832-2 est applicable tant que dure le mariage, et notamment pendant l'instance en divorce : la notification de l'époux qui veut devenir associé pour la moitié des parts souscrites ou acquises par son conjoint peut intervenir tant que le jugement de divorce n'est pas passé en force de chose jugée[1].

§ 5
Legs de biens communs (C. civ., art. 1423)

136.61 Sens de l'article 1423 alinéa 1er du Code civil. Si la faculté de léguer, en raison de son caractère étroitement personnel appartient exclusivement à un époux (en ce sens que son conjoint ne pourrait l'exercer en son nom et à sa place), elle participe de la **gestion concurrente** dès lors qu'elle s'exprime **sur les biens communs.** Chaque époux peut librement, en effet, léguer ses droits dans la communauté, soit de façon abstraite (legs de tout ou partie de sa quote-part), soit de manière concrète (legs de biens déterminés). Cette liberté testamentaire ne met pas pour autant en échec l'interdiction faite à un époux de disposer unilatéralement à titre gratuit de biens communs (C. civ., art. 1422 – v. s[s] n° 138.33), car le legs ne s'exécutera qu'à la mort de l'époux gratifiant, c'est-à-dire en un temps où la communauté ne sera plus (il n'y a donc pas de risque de dilapidation de la communauté, car le legs s'exécutera en réalité sur les biens personnels de l'époux, après partage). C'est pourquoi, par application du droit commun selon lequel on ne peut disposer que des droits dont on est titulaire, l'article 1423 alinéa 1er du Code civil dispose que *« le legs fait par un époux ne peut excéder sa part dans la communauté »*.

136.62 Legs universels ou à titre universel. Un époux peut léguer (dans la limite de sa quotité disponible) tout ou partie de ses droits dans la communauté, de façon abstraite (sur la définition des legs universels ou à titre universel v. C. civ., art. 1003 et 1010).

136.63 Legs à titre particulier en valeur. Tout legs fait par un époux est en principe un **legs en valeur** qui doit s'exécuter indistinctement sur la succession du gratifiant. En conséquence, si un legs à titre particulier en valeur excède la part du disposant sur les biens communs, il sera exécuté sur ses biens propres, tous les biens étant confondus.

136.64 Legs à titre particulier en nature : l'article 1423 alinéa 2 du Code civil. Lorsqu'un époux **lègue un bien commun particulier,** tout dépend du partage qui sera fait à la dissolution de la communauté. Soit le bien légué tombe dans le lot de l'époux disposant (plus exactement dans le lot de ses héritiers, c'est-à-dire dans sa succession; toutefois, la situation est la même si la dissolution intervient du vivant du gratifiant) : par l'effet déclaratif du partage, il peut être exécuté comme portant sur un bien appartenant au gratifiant. Soit le bien légué est attribué au conjoint, et le legs est réputé fait, subsidiairement, en valeur (sur le legs en valeur, v. s[s] n° 136.63). Dans ce cas, le légataire recevra de la succession de son auteur la valeur du bien (calculée au jour du partage; en dépit du terme **récompense** utilisé par l'article 1423 alinéa 2 il y a lieu de considérer qu'il s'agit alors d'un legs en valeur qui échappe au compte des récompenses, ce qui interdit au légataire de **récupérer** le bien légué sur le fondement de l'article 1470 alinéa 2 du Code civil).

L'exécution du legs, en nature ou en valeur, dépend donc de l'opération de partage (opération qui s'impose afin de déterminer qui est propriétaire du bien légué, ce qui interdit une licitation globale de tous les biens indivis[2]).

Toutefois, si l'article 1423 alinéa 2 du Code civil permet de faire obstacle à la nullité du legs de la chose d'autrui (C. civ., art. 1021) lorsque le bien légué est attribué au conjoint du disposant, il doit être interprété restrictivement. C'est ainsi qu'il y a lieu de penser qu'est nul comme portant sur la chose d'autrui, le legs d'un bien commun qui a été attribué au conjoint du gratifiant lors d'un partage antérieur au décès (dissolution en cas de divorce, de séparation des biens, *etc.*), même si ce partage n'avait pas encore eu lieu lorsque le legs a été fait (et ce, sans subsidiarité en valeur; cela impose au

1. Com. 18 nov. 1997, n° 95-16.371, *Bull. civ.* IV, n° 298; *R.* 244; *D.* 1998. Somm. 394, obs. J.-C. Hallouin; *D.* 1999. Somm. 238, obs. V. Brémond; *Dr. sociétés* 1998, n° 22, note T. Bonneau; *Gaz. Pal.* 1998. 2. Somm. 709, obs. S. Piedelièvre; *RTD civ.* 1998. 889, obs. J. Hauser.

2. Civ. 1re, 2 juin 1987, n° 85-16.269, *Bull. civ.* I, n° 181; *R.* 149; *D.* 1988. 137, note A. Breton.

gratifiant, dans le cas de dissolution de la communauté de son vivant, de réviser les legs qu'il a consentis afin de les adapter au partage intervenu).

En outre, le Cour de cassation juge que « *les dispositions de l'article 1423 ne peuvent s'appliquer qu'aux légataires et non aux héritiers* » et condamne la pratique des testaments-partages ayant pour objet des biens communs[1]. Et le même article ne serait pas non plus applicable au legs dépendant d'une indivision, fût-elle communautaire[2].

En l'absence de partage, le conjoint survivant institué légataire universel, l'article 1423 ne permet pas de déterminer selon quelle modalité le legs doit être exécuté. Un jugement de tribunal de grande instance de Paris s'est alors référé aux principes généraux gouvernant les libéralités : le legs d'un bien commun doit être délivré en nature par le conjoint survivant étant légataire universel, sauf à respecter en valeur ses droits dans la communauté[3].

SECTION 3
RÉGIME DE LA GESTION CONCURRENTE DES BIENS COMMUNS

136.70 Présentation. Le principe adopté pour la gestion de la communauté est de conférer à chaque époux des **pouvoirs propres et autonomes.** N'a pas été retenu un système de représentation générale et réciproque, qui aurait engagé *ipso facto* le conjoint représenté à l'acte. C'est ainsi que, par application du principe de la gestion concurrente des biens communs (et sous réserve des exceptions, v. s^s^ n° 137.11 - et des modifications, v. s^s^ n° 139.11) l'acte passé par un époux est parfaitement valide. Cependant, il concerne des biens qui intéressent les deux époux, chacun d'eux étant, en quelque sorte, gérant de la communauté dans un intérêt commun; si chaque conjoint peut accomplir des actes de gestion, ce pouvoir doit être effectif et ne pas se trouver anéanti par l'autre conjoint, sans pour autant qu'il soit besoin de recourir à la technique de la cogestion. L'équilibre est établi en ce que, d'une part l'engagement résultant de l'acte est personnel à l'époux qui l'a passé et exclusif à l'égard du conjoint, tout en étant, d'autre part, opposable à ce dernier.

Cet équilibre peut être rompu lorsque les **époux** sont **en instance de divorce.** Ainsi, dès lors que la communauté est dissoute dans leurs rapports respectifs (par principe, date de l'ordonnance de non-conciliation), le principe de gestion concurrente des biens communs est remplacé par les règles de l'indivision post-communautaire, au cours de laquelle préside le **régime de l'unanimité.** Ainsi, un acte, valable vis-à-vis du tiers contractant, sera déclaré inopposable à l'égard de l'époux non partie à l'acte[4]. Lors des opérations de partage, les biens aliénés seront comptabilisés dans le lot de l'époux contractant selon leur valeur au jour du partage, quand bien même celle-ci serait supérieure au montant réellement perçu par l'époux.

Cependant vis-à-vis des tiers, la communauté n'est dissoute et le divorce n'est opposable que lorsque celui-ci est transcrit en marge des extraits d'acte de naissance des intéressés. L'article 262-2 du Code civil rappelle que « *toute obligation contractée par l'un des époux à la charge de la communauté, toute aliénation de biens communs faite par l'un d'eux dans la limite de ses pouvoirs, postérieurement à la requête initiale, sera déclarée nulle, s'il est prouvé qu'il y a eu fraude aux droits de l'autre conjoint* » (sur la distinction entre nullité et inopposabilité de l'acte, v. s^s^ n°s 139.61 à 139.65).

§ 1
Engagement personnel et exclusif

136.71 Engagement personnel et exclusif de l'époux qui a passé l'acte. Par application du principe de gestion concurrente, l'acte passé par un seul époux est parfaitement valable (sur la nullité en cas de dépassement de pouvoirs, v. s^s^ n° 139.41 - sur les sanctions de la fraude d'un époux, v. s^s^ n°s 139.64 et 139.72). Ainsi, l'époux est partie à l'acte, personnellement engagé sur ses biens propres (v. s^s^ n°s 141.40 s.), mais aussi pour l'ensemble des biens communs (v. s^s^ n°s 141.60 s.), sous réserve des exceptions posées aux articles 1414 (v. s^s^ n°s 141.120 s.) et 1415 du Code civil (v. s^s^ n°s 141.200 s.). Ce pouvoir de gestion autonome étant par ailleurs renforcé par les présomptions de pouvoirs des articles 221

1. Civ. 1re, 16 mai 2000, n° 97-20.839, *Bull. civ.* I, n° 149; *D.* 2000. IR 196; *JCP* 2001. I. 309, n° 8, obs. Ph. Simler; 366, n° 7, obs. R. Le Guidec; *JCP N* 2002. 1010, note F. Sauvage; *RJPF* 2000-10/41, note J. Casey; *RTD civ.* 2000. 883, obs. J. Patarin; 2001, 648, obs. B. Vareille – Civ. 1re, 6 mars 2001, n° 99-11.308, *Bull. civ.* I, n° 53; *D.* 2001. IR 1076; *JCP* 2001. I. 366, n° 7, obs. R. Le Guidec; *JCP N* 2001. 1232, note J. Maury; *Dr. fam.* 2001, n° 62, note B. Beignier; *RTD civ.* 2001. 648, obs. B. Vareille.
2. Civ. 1re, 16 mai 2000, n° 98-11.977, *Bull. civ.* I, n° 148; *R.* 329; *D.* 2000. IR 162; *JCP* 2001. II. 10519, note Sauvage; I. 366, n° 7, obs. R. Le Guidec; *RJPF* 2000-11/30, obs. Vauvillé; *RTD civ.* 2000. 879, obs. J. Patarin.
3. TGI Paris, 7 mai 1997, *Dr. fam.* 1997, n° 179, obs. B. Beignier.
4. Civ. 1re, 23 oct. 2013, n° 12-17.896, *Bull. civ.* I [à paraître]; *D.* 2014. 522, note V. Brémond; *JCP* 2013. I. 1323, obs. A. Tisserand-Martin; *JCP N* 2013. 1290, obs. J. Massip; *Gaz. Pal.* 2014. 15.

et 222 du Code civil, sans parler des règles de droit commun, tel l'article 2276 du Code civil.

136.72 Engagement de l'époux, exclusif de celui de son conjoint. En revanche, **seul l'époux qui a passé l'acte est, en principe, engagé.** C'est ainsi qu'il est seul partie à l'acte[1]. En conséquence, seul l'époux ayant passé l'acte étant considéré comme contractant, il sera seul soumis au régime découlant du contrat (cession de contrat, prérogatives nées du contrat, régime de la responsabilité civile contractuelle, *etc.*) à l'exclusion de son conjoint. Parallèlement, le **principe de gestion concurrente des biens communs** cède devant le **principe de l'opposabilité des contrats** valablement souscrits par l'un des époux.

Une épouse sollicitait le remboursement du compte courant d'associé dont son époux était le seul titulaire. Bien que la créance dépende de la communauté, il a été jugé que l'épouse commune en biens n'avait pas qualité pour agir en remboursement de ce compte courant.[2]

Cette solution s'impose au demeurant pour les contrats conclus *intuitu personae.*

Il en va de même de la qualité particulière d'un époux commun en biens qui oppose encore une limite au principe de la gestion concurrente.

Ainsi, seul l'époux héritier, par ailleurs marié sous le régime de la communauté universelle, a qualité pour exercer, en demande et en défense, une action relative au partage de la succession de son auteur, et ce bien que les biens échus par succession appartiennent à la communauté. L'époux ne pouvait ainsi exercer tierce opposition au jugement[3].

136.73 Exception. Toutefois, nombreuses en pratique sont les exceptions par lesquelles le conjoint est personnellement engagé. Outre l'hypothèse où il est aussi partie à l'acte (en qualité de coacquéreur, de coemprunteur, *etc.* – *adde*, cotitularité du bail, C. civ., art. 1751), figurent tous les cas de **solidarité** (C. civ., art. 220. – *adde*, incertitudes qui peuvent naître de la représentation).

§ 2
Opposabilité des actes

136.81 Opposabilité des actes. Sauf le cas de fraude (v. s[s] n° 139.64), l'acte passé par un époux en application du principe de gestion concurrente des biens communs est opposable à son conjoint (C. civ., art. 1421, al. 1er). C'est du reste cette opposabilité qui permet de résoudre les conflits inhérents à la gestion concurrente, entre deux actes incompatibles passés par chacun des époux. Vis-à-vis des tiers doivent jouer les règles habituelles de résolution des conflits entre deux actes conclus par un même auteur : **principe de l'antériorité, sous réserve de certaines exceptions** (date certaine, C. civ., art. 1328 – effet de la possession mobilière, C. civ., art. 2276 – ou possession réelle, C. civ., art. 1141 – *adde*, le jeu des présomptions de pouvoirs du régime primaire – en revanche, les règles d'antériorité de publication à la conservation des hypothèques n'ont pas lieu de jouer ici, puisque les actes concernés sont soumis à la gestion conjointe, C. civ., art. 1424). Entre époux, les conflits sont réglés par le simple jeu de l'antériorité, l'acte de chacun d'eux étant opposable à son conjoint, toujours sous réserve de la fraude. En conséquence, un acte de gestion concurrente accompli par un époux interdit, pour l'avenir, le pouvoir de gestion incompatible du conjoint (par ex., le bail conclu par un époux ôte à son conjoint le pouvoir de donner le même bien à bail).

Ce principe de gestion concurrente des biens communs cesse dès lors que le régime de communauté prend fin entre les époux. En matière de divorce, ou de séparation de corps, la communauté prend fin, par principe, dans les rapports entre les époux, **au jour de l'ordonnance de non-conciliation** ou, sur demande motivée de l'un des époux, au jour où toute collaboration et cohabitation ont cessé entre les époux. Ainsi, si un époux, après cette date, a effectué un acte de gestion courante sur les biens, le conjoint pourra demander l'inopposabilité de cet acte à son égard; en effet, l'indivision post-communautaire, qui requiert la gestion unanime, a désormais remplacé le régime de gestion concurrente de la communauté, dans leurs rapports respectifs. En revanche, à l'égard des tiers, cet acte sera valable, la communauté n'étant pas dissoute à leur égard. En pratique, l'époux n'ayant pas consenti à l'opération pourra solliciter, par prélèvement ou par imputation sur la part de son conjoint, le montant de la

1. Civ. 2e, 13 déc. 1989, n° 87-14.990, *Bull. civ.* II, n° 222; *Defrénois* 1990. 874, obs. G. Champenois; *RTD civ.* 1990. 292, obs. P. Jourdain; p. 645, obs. J. Mestre; *RTD civ.* 1992. 444, obs. F. Lucet et B. Vareille.
2. Civ. 1re, 9 févr. 2011, n° 09-68.659, *Bull. civ.* I, n° 27; *Dalloz actualité*, 2 mars 2011, obs. C. Fleuriot; *D.* 2011. Pan. 2624, obs. C. Bourdaire-Mignot; *AJ fam.* 2011. 217, obs. P. Hilt; *Rev. sociétés* 2011. 343, note E. Naudin; *JCP* 2011, n° 1371, § 7, obs. Ph. Simler; *Gaz. Pal.* 2011. 861, note C. Denizot; *JCP N* 2011, n° 1191, note J.-P. Garçon; *Defrénois* 2011. 965, obs. G. Champenois; *Dr. et patr.* oct. 2012. 40, note Souhami; *RLDC* 2011/81, n° 4216, obs. J. Gallois.
3. Civ. 1re, 2 avr. 2008, n° 07-11.254, *Bull. civ.* I, n° 103; *Dr. fam.* 2008. Comm. 90, note B. Beignier; *JCP N* 2008. 1317, note V. Brémond; *D.* 2008. 2363, note P. Chauvin et C. Creton; *JCP N* 2008. 1305, note F. Sauvage; *JCP* 2008. I. 144, n° 17, obs. Ph. Simler; *RTD civ.* 2008. 533, obs. B. Vareille; *RJPF* 2008-7-8/16, note F. Vauvillé.

valeur des biens aliénés au jour du partage, qui peut être plus élevée que le prix de cession[1].

136.82 Le conjoint ne peut être un véritable tiers. Si le conjoint n'est pas partie à l'acte, il ne peut néanmoins être considéré comme un *penitus extranei*, notamment au regard de l'article 1328 du Code civil; c'est ainsi qu'il a été décidé qu'un conjoint ne pouvait se prévaloir, d'après les dispositions de ce texte, de l'absence de date certaine d'un titre sous seing privé[2] (quant à la force probante du titre sous seing privé, telle qu'elle est établie aux articles 1322 et suivants du Code civil, il faut sans doute considérer le conjoint comme un ayant cause de l'époux qui a signé l'acte).

136.83 Opposabilité des décisions de justice. Il a été dit (v. s[s] n° 136.33) que chaque époux pouvait ester en justice, tant en demande qu'en défense, s'agissant des biens communs. Si un conjoint est partie à l'instance, cette présence est opposable à l'autre époux[3] (v. s[s] n° 136.33), comme lui sera opposable le jugement finalement rendu[4] (v. quant à l'autorité de la chose jugée[5]), ce qui lui interdit le recours en tierce-opposition[6], mais justifie son intervention volontaire en cause d'appel[7] (sur la possibilité de se pourvoir en cassation[8]). Toutefois, en l'absence de représentation entre époux en matière d'exécution forcée, la tierce opposition formée par un époux à l'encontre de décisions d'expulsion de son conjoint d'un bien commun, est recevable, l'expulsion d'un bien commun à deux époux devant être dirigée contre chacun d'eux[9].

136.84 Convocation à l'assemblée générale des copropriétaires. Lorsque les époux sont propriétaires d'un bien soumis au régime de la copropriété, la convocation à l'assemblée générale doit être libellée au nom des deux époux. À défaut, l'époux non convoqué à l'assemblée générale de copropriété peut demander la nullité des décisions adoptées, sans avoir à justifier d'un préjudice. Ce point peut sembler acquis lorsque la lettre est adressée à « *Monsieur ou Madame* ». Cependant, la prudence conduira, nonobstant les frais supplémentaires en découlant, à l'envoi de lettres distinctes à chacun des époux[10]. La procédure est similaire en matière de droit de préemption du locataire d'un bien à usage d'habitation, en cas de pluralité de locataires.

136.85 Promesse de vente et rétractation d'un époux. L'article L. 271-1 du Code de la construction et de l'habitation offre au bénéficiaire non professionnel d'un avant-contrat portant sur l'acquisition de droits immobiliers à usage d'habitation un **délai incompressible de sept jours de rétractation** ou **de réflexion** (selon la nature du contrat, sous seing privé ou authentique). En cas de pluralité d'acquéreurs, une notification doit être effectuée à chacun des candidats à l'acquisition. Lorsqu'une lettre unique est adressée au nom des deux époux, elle ne peut produire effet à l'égard des deux que si l'avis de réception a été signé par chacun d'eux ou si le signataire de l'avis de réception disposait d'un pouvoir pour représenter son époux[11]. De même, l'exercice du droit de rétractation par un seul des époux anéantit le contrat. Cette solution, rendue en présence des époux, s'applique en cas de pluralité d'acquéreurs, mariés ou non[12].

1. Civ. 1re, 23 oct. 2013, n° 12-17.896, *Bull. civ.* I [à paraître]; *D.* 2014. 522, note V. Brémond; *JCP* 2013. I. 1323, obs. A. Tisserand-Martin; *JCP N* 2013. 1290, obs. J. Massip; *Gaz. Pal.* 2014. 15, note J. Casey.
2. Civ. 1re, 17 mars 1992, n° 90-12.768, *Bull. civ.* I, n° 82; *JCP* 1992. I. 3614, n° 9, obs. Ph. Simler.
3. Civ. 1re, 19 mars 1991, n° 88-18.488, *Bull. civ.* I, n° 91; *Defrénois* 1992. 850, obs. G. Champenois; *JCP* 1992. I. 3562, n° 12, obs. Ph. Simler; *RTD civ.* 1992. 443, obs. F. Lucet et B. Vareille.
4. Civ. 1re, 24 juin 1986, n° 85-10.793, *Bull. civ.* I, n° 180; *JCP* 1988. II. 20926, note M. Henry.
5. Com. 20 févr. 1980, n° 78-14.278, *Bull. civ.* IV, n° 87; *D.* 1982. IR 19, obs. D.-R. Martin.
6. Civ. 1re, 4 mars 1986, n° 85-10.560, *Bull. civ.* I, n° 50; *Defrénois* 1987. 1500, obs. G. Champenois; *JCP* 1987. II. 20717, note M. Henry – Civ. 2e, 2 déc. 2010, n° 09-68-094, *Bull. civ.* II, n° 200.
7. Civ. 1re, 1er juin 1994, n° 92-14.345, Barclays Bank c/ Vallin, NP.
8. V. Civ. 3e, 13 nov. 1986, *JCP N* 1988. 71, obs. Ph. Simler.
9. Civ. 2e, 21 sept. 2000, n° 97-21.905, *Bull. civ.* II, n° 132; *JCP* 2000. IV. 2640; *D.* 2001. Somm. 2934, obs. M. Nicod.
10. Civ. 3e, 23 mai 2007, n° 06-14.974, *Bull. civ.* III, n° 83 [cassation partielle]; *D.* 2007. AJ 1595, obs. G. Forest; Pan. 2184, obs. P. Capoulade; *JCP* 2007. I. 197, n° 9, obs. H. Périnet-Marquet; 208, n° 14, obs. Ph. Simler; *JCP N* 2007. 1213, note V. Brémond; *Defrénois* 2008. 313, obs. G. Champenois; *RJPF* 2007-7-8/21, note F. Vauvillé; *AJDI* 2008. 396, obs. P. Capoulade; *AJ fam.* 2007. 319, obs. P. Hilt; *RTD civ.* 2008. 535, obs. B. Vareille.
11. Civ. 3e, 9 juin 2010, n° 09-15.361, *Bull. civ.* III, n° 114; *JCP N* 2010. 1320, n° 3, obs. S. Piedelièvre; *JCP* 2010. 968, note S. Hocquet-Berg; *Dalloz actualité*, 1er juill. 2010, obs. G. Forest – EN CE SENS, Civ. 3e, 9 juin 2010, n° 09-14-503, *Bull. civ.* III, n° 120.
12. Civ. 3e, 4 déc. 2013, n° 12-27.293, *Bull. civ.* III [à paraître]; *JCP N* 2013. Actu. 2046; *Defrénois* 2013. Flash 50; *Defrénois* 2014, n° 4, p. 177, obs. H. L; *Les Affiches parisiennes*, 2014, n° 18, p. 9, note Jean; *Gaz. Pal.* 16 janv. 2014, p. 16, obs. D. Houtcieff.

CHAPITRE

137. Gestion exclusive des biens communs

NATHALIE COUZIGOU-SUHAS
NOTAIRE

SECTION 0 ORIENTEUR

137.00 Plan du chapitre.

137.01 Textes applicables.

C. civ., art. 223 et 1421, al. 2 et 3

CPI, art. L. 121-9

C. com., art. L. 121-6

C. rur., art. L. 321-1 à L. 321-3 s.

L. n° 2002-73, 17 janv. 2002, loi de modernisation sociale, art. 46, *JO* 18 janv., p. 1008

> Gestion exclusive de certains biens communs

[C. civ., art. 223 et 1421, al. 2]

C. civ., art. 223

Chaque époux peut librement exercer une profession, percevoir ses gains et salaires et en disposer après s'être acquitté des charges du mariage.

C. civ., art. 1421, al. 2 et 3

[...] L'époux qui exerce une profession séparée a seul le pouvoir d'accomplir les actes d'administration et de disposition nécessaires à celle-ci.

Le tout sous réserve des articles 1422 à 1425.

> Droit moral exclusif de l'époux auteur sur son œuvre

CPI, art. L. 121-9

Sous tous les régimes matrimoniaux et à peine de nullité de toutes clauses contraires portées au contrat de mariage, le droit de divulguer l'œuvre, de fixer les conditions de son exploitation et d'en défendre l'intégrité reste propre à l'époux auteur ou à celui des époux à qui de tels droits ont été transmis. Ce droit ne peut être apporté en dot, ni acquis par la communauté ou par une société d'acquêts.

Les produits pécuniaires provenant de l'exploitation d'une œuvre de l'esprit ou de la cession totale ou partielle du droit d'exploitation sont soumis au droit commun des régimes matrimoniaux, uniquement lorsqu'ils ont été acquis pendant le mariage; il en est de même des économies réalisées de ces chefs.

Les dispositions prévues à l'alinéa précédent ne s'appliquent pas lorsque le mariage a été célébré antérieurement au 12 mars 1958.

Les dispositions législatives relatives à la contribution des époux aux charges du ménage sont applicables aux produits pécuniaires visés au deuxième alinéa du présent article.

> Exploitation d'un fonds de commerce ou artisanal par les époux

[C. com., art. L. 121-5 et L. 121-6]

* V. texte complet de ces articles s^s n° 135.01

> Exploitation agricole par les époux

[C. rur., art. L. 321-1 à L. 321-5; et L. 411-68]

* V. texte complet de ces articles s^s n° 135.01

> Conjoint collaborateur d'un professionnel libéral

L. 17 janv. 2002, art. 46

* V. texte complet de cet article s^s n° 117.01, > *Collaboration en matière de profession libérale*

137.02 Jurisprudence de référence.

> Chaque époux commun en biens peut disposer de ses gains et salaires après s'être acquitté de sa contribution aux charges du mariage

• **Civ. 1re, 29 févr. 1984, n° 82-15.712,** *Bull. civ.* I, n° 81

* V. s^s n° 137.12

« [...] Mais attendu qu'après avoir rappelé que chaque époux a le pouvoir de disposer de ses gains et salaires, à titre gratuit ou onéreux, après s'être acquitté de la part lui incombant dans les charges du mariage, la cour d'appel a souverainement estimé qu'André X...s'était acquitté de sa part, en retenant par motifs propres et adaptés, que depuis son départ jusqu'à son décès il avait laissé à sa femme la jouissance d'un immeuble lui appartenant en propre et lui avait versé une pension alimentaire [...]. »

> Validation des donations consenties à la concubine par un époux commun en biens dès lors que les deniers donnés sont prélevés directement sur les salaires du conjoint donateur

• Douai, 1re ch., 2e sect., 26 janv. 2010, RG no 09/00134, *Juris-Data* no 2010-006277

* V. ss no 137.12

« [...] dans la mesure où le mari, dont il n'est pas contesté qu'il contribuait aux charges du mariage, avait la libre disposition de ses gains et salaires en application de l'article 224 du Code civil, la demande de restitution formulée pour le surplus des travaux réalisés dans l'immeuble de Cathy B. sera donc rejetée [...]. »

> L'époux titulaire d'un compte bancaire est seul habilité à percevoir les sommes déposées. En cas de remise des fonds par la banque à l'époux non titulaire, celle-ci dispose d'un recours subrogatoire contre lui, après avoir indemnisé l'époux détenteur du compte

• Civ. 1re, 8 juill. 2009, no 08-17.300, *Bull. civ.* I, no 163

* V. ss no 137.12

« [...] Mais attendu, d'une part, que l'article 221 du Code civil réserve à chaque époux la faculté de se faire ouvrir un compte personnel sans le consentement de l'autre, d'une part, que le banquier dépositaire ne doit, aux termes de l'article 1937 du même code, restituer les fonds déposés qu'à celui au nom duquel le dépôt a été fait ou a celui qui a été indiqué pour les recevoir; que la cour d'appel a relevé que si les opérations effectuées par Mme X. ont été rendues possibles par les négligences de la banque, celle-ci est fondée à se prévaloir du bénéfice de la subrogation dès lors que l'épouse n'avait pas le pouvoir de disposer des fonds déposés sur le compte ouvert au nom du seul mari [...]. »

> L'acte accompli par un époux hors des limites de ses pouvoirs relève de l'article 1427 du Code civil et non des textes frappant les actes frauduleux entre époux, lesquels ne trouvent à s'appliquer que subsidiairement, à défaut de sanction

• Civ. 1re, 30 mars 1999, no 97-16.252, *Bull. civ.* I, no 111

* V. ss no 137.61

« [...] Mais attendu que la cour d'appel a constaté que, les 19 mai 1969 et 7 novembre 1980, Charles X... avait vendu des droits sociaux non négociables sans le consentement de son épouse; que la cour d'appel a retenu, a bon droit, que ces actes accomplis par Charles X..., hors des limites de ses pouvoirs, relevaient des articles 1424 et 1427 du Code civil, dans leur rédaction alors applicable, et non des textes frappant les actes frauduleux du mari, lesquels ne trouvent à s'appliquer que subsidiairement à défaut d'autre sanction; qu'ayant exactement rappelé, selon l'article 1427, l'action accordée à l'épouse et à ses héritiers ne pouvait être intentée plus de deux années après la dissolution de la communauté, la cour d'appel en a justement déduit qu'en l'espèce, l'action introduite par les consorts X..., plus de deux années après cette dissolution, était prescrite [...]. »

• Civ. 1re, 4 déc. 2001, no 99-15.629, *Bull. civ.* I, no 303

* V. ss no 137.61

« [...] Attendu que les actes accomplis par un époux, hors des limites de ses pouvoirs, relèvent de l'action en nullité de l'article 1427 du Code civil soumise à la prescription de deux ans et non des textes frappant les actes frauduleux lesquels ne trouvent à s'appliquer qu'à défaut d'autres sanctions [...]. »

> Un époux commun en bien ne peut aliéner sans le concours de son conjoint des droits sociaux non négociables dépendant de la communauté, alors même que cette aliénation serait nécessaire à la poursuite de son activité professionnelle et n'entraînerait aucun appauvrissement de la communauté

• Civ. 1re, 28 févr. 1995, no 92-16.794, *Bull. civ.* I, no 104

* V. ss no 137.21

« [...] Mais attendu que si l'article 1421, alinéa 2, du Code civil autorise l'époux exerçant une profession séparée, à accomplir les actes de disposition nécessaires à celle-ci, l'article 1424 du même code apporte une exception formelle à ce principe, en disposant que les époux ne peuvent, l'un sans l'autre, aliéner des droits sociaux non négociables; qu'ayant retenu, sans être critiquée sur ce point, que les parts litigieuses constituaient des biens communs, la cour d'appel a fait à bon droit application de l'article 1427, sans avoir à rechercher si la cession incriminée était nécessaire à la poursuite de l'activité professionnelle de M. X..., ni si elle avait appauvri la communauté [...]. »

• Civ. 1re, 9 nov. 2011, no 10-12.123, *Bull. civ.* I, no 201

* V. ss no 137.23

« Vu l'article 1424 du Code civil;

[...] Attendu, selon l'arrêt attaqué, que, mariée sous le régime légal, Mme X, épouse Y, a constitué avec Mme Z, épouse A, la société civile immobilière Danièle-Denise; que la première a cédé ses parts à la seconde; que les époux Y ont poursuivi la nullité de la cession;

Attendu que, pour rejeter cette demande, l'arrêt retient que M. Y n'a jamais notifié à la SCI son intention d'être personnellement associé et que les parts sociales souscrites au seul nom de l'épouse sont des droits sociaux négociables qui pouvaient valablement être cédés par elle puisqu'était entrée en communauté la valeur des parts, et non les parts elles-mêmes;

Qu'en se déterminant, par ces motifs inopérants, alors que l'épouse ne pouvait céder sans l'accord de son mari les parts sociales d'une telle société, qui ne sont pas des droits sociaux négociables, la cour d'appel a violé, par refus d'application, le texte susvisé; [...]. »

> L'époux souscripteur des parts sociales acquises pendant le mariage ne peut en réclamer le partage pour moitié entre lui-même et son conjoint

• Civ. 1re, 4 juill. 2012, no 11-13.384, *Bull. civ.* I, no 155

* V. ss no 137.23.

« [...] Mais attendu, d'abord, qu'ayant constaté que le mari, souscripteur des parts sociales acquises pendant la durée du mariage, avait seul la qualité d'associé, la cour d'appel en a exactement déduit que ces parts étaient entrées en communauté que pour leur valeur patrimoniale et qu'elles ne pouvaient qu'être attribuées au titulaire des droits sociaux lors du partage [...]. »

137.03 Bibliographie indicative.

Actualisable. Rép. civ., v° *Communauté légale (2° gestion des biens)*, par G. Yildirim, oct. 2008 [màj mars. 2014], n°s 272 à 299.

Ouvrages[1]**.** A. COLOMER, *Droit civil. Régimes matrimoniaux*, 12e éd., LexisNexis/Litec, 2005, n° 526. – J. FLOUR et G. CHAMPENOIS, *Les régimes matrimoniaux*, 2e éd., « coll. U », A. Colin, 2001, n° 89 – F. TERRÉ et Ph. SIMLER, *Droit civil. Régimes matrimoniaux*, 6e éd., « Précis », Dalloz, 2011, n° 480.

Thèses. S. Ferré-André, *Indépendance et solidarité des époux dans leur vie professionnelle*, th. Lyon III, 1991, vol. 1 ; *Indépendance professionnelle de la femme commune en biens*, vol. 2 – V. Léobon, *L'exercice en commun d'une profession par deux époux*, th. Toulouse, 2003 – B. Montravers, *Essai sur l'intérêt personnel des époux dans le régime de communauté*, th. Strasbourg, 2001.

Articles. C. Assimopoulos, « Le point sur l'autonomie bancaire des époux (à l'occasion de l'arrêt de la 1re chambre civile du 8 juillet 2009) », *Dr. fam.* Étude 34 – F. Chalvignac, « Les incidences du choix du régime matrimonial sur la gestion du fonds de commerce », *JCP N* 1999, n° 6, p. 322 – L. Comangès, « L'exclusivité de pouvoir de l'époux commun en bien sur ses comptes bancaires personnels », *D.* 2002. 1102 – E. Naudin, « Rémunération du dirigeant et régime de communauté », *AJ fam.* 2012. 439 – S. Valory, « Les biens professionnels dans le régime de communauté légale », *RJPF* 2009-12/8 – F. Vialla, « Autonomie professionnelle en régime communautaire et droits des sociétés : des conflits d'intérêt ? », *RTD civ.* 1996. 841.

137.04 Questions essentielles.

> Un époux peut-il aliéner librement un bien commun affecté à l'usage de sa profession séparée ?

* V. s^{s} n° 137.21

> Quelles sont les sanctions encourues en cas d'intervention du conjoint au mépris des règles de gestion exclusive ?

* V. s^{s} n° 137.61

SECTION 1
EXCEPTION AU PRINCIPE DE GESTION CONCURRENTE DE LA COMMUNAUTÉ

137.11 Le principe de la gestion concurrente de la communauté reçoit deux importantes exceptions : la gestion exclusive et la gestion conjointe de certains biens communs. Dans certains domaines, il est apparu nécessaire d'évincer le principe de la gestion concurrente des biens communs en octroyant à un seul des conjoints un **monopole de gestion** sur lesdits biens. En ce qui concerne le principe de la gestion exclusive, **l'application majeure concerne l'activité professionnelle des époux lorsque ceux-ci l'exercent de façon séparée.**

Pour assurer la liberté professionnelle d'un époux, il importe, tout en lui conservant ses pouvoirs de gestion des biens professionnels, d'en exclure son conjoint; ce dernier, en effet, en disposant de pouvoirs concurrents sur les biens nécessaires à la profession d'un époux, s'immiscerait dans sa vie professionnelle, pourrait l'entraver et donc attenter à la liberté qui est reconnue à chacun par l'article 223 du Code civil. C'est pourquoi l'article 1421 alinéa 2 du Code civil pose la règle de la **gestion exclusive des biens communs qui sont le moyen d'exercer une activité professionnelle distincte.**

À l'opposé, il est **certains actes** dont la **gravité** interdit qu'ils soient laissés à la liberté de chaque époux; afin de protéger l'intérêt de la communauté, de sauvegarder les intérêts liés des deux époux, ces actes, lourds de conséquences, voire suspects, sont **soumis à la gestion conjointe.**

137.12 Gestion exclusive par un époux de certains biens communs. Nonobstant leur caractère commun, certains biens ne doivent être soumis qu'aux pouvoirs de gestion d'un seul époux (tel est le cas notamment des revenus des biens propres).

C'est ainsi que « *l'époux qui exerce une profession séparée a seul le pouvoir d'accomplir les actes d'administration et de disposition nécessaires à celle-ci* » (C. civ., art. 1421, al. 2 – « *sous réserve* » des cas de gestion conjointe prévus « *aux articles 1422 à 1425* », C. civ., art. 1421, al. 3 – v. s^{s} n°s 138.11 s.). Ce pouvoir de gestion exclusive exprime le souci qu'a eu la loi du 23 décembre 1985 de **protéger le plus possible la liberté professionnelle de chaque conjoint,** souci qui innerve le droit des régimes matrimoniaux tout entier. On le retrouve à l'article 223 du Code civil, qui pose la liberté d'exercice d'une profession, celle de **percevoir les gains et salaires et d'en disposer librement**[2].

De même, ses **gains et salaires** sont **à l'abri du gage des créanciers du conjoint sauf** les **dettes solidaires** telles que les dettes fiscales (impôt sur le revenu des personnes physiques, ISF, taxe d'habitation) et celles édictées par l'article 220 du Code civil visant **l'entretien du ménage ou l'éducation des enfants** (C. civ., art. 1414).

1. NB : les ouvrages les plus fréquemment cités et dont le nom des auteurs figure en petites capitales en bibliographie sont cités par les seuls noms des auteurs en petites capitales en notes de bas de page.

2. Civ. 1re, 29 févr. 1984, n° 82-15.712, *Bull. civ.* I, n° 81 ; *GAJC*, n° 84 ; *D.* 1984. 601, note Martin ; *JCP* 1985. II. 20443, note R. Le Guidec ; *Defrénois* 1984. 1074, obs. G. Champenois – V. AUSSI, Douai, 1re ch., 2e sect., 26 janv. 2010, RG n° 09/00134, *Dr. fam.* 2010, n° 116, note B. Beignier.

Ce souci d'assurer la liberté professionnelle se rencontre encore à l'article 1404 alinéa 2 du Code civil, qui déclare comme formant des propres par nature les instruments de travail nécessaires à la profession de l'un des époux, sous réserve d'un droit à récompense au profit de la communauté.

D'autres domaines que l'activité professionnelle séparée d'un époux sont soumis au pouvoir exclusif de ce dernier. Il s'agit de la **liberté de percevoir les revenus des biens propres de chacun des époux** (C. civ., art. 225 et 1428 combinés) et ce, en dépit de leur caractère commun *ab initio*.

De même, chacun des époux a toute liberté pour **ouvrir et disposer des fonds détenus sur un compte bancaire à son nom.** Le banquier dépositaire des fonds engagerait sa responsabilité en cas de clôture ou de blocage des fonds à la demande du conjoint. Cette autonomie bancaire subsiste en cas de divorce ou de décès; c'est d'ailleurs au moment où des conflits peuvent apparaître qu'elle s'avère la plus utile pour le conjoint détenteur du compte (C. civ., art. 221). En cas de conflit, le conjoint - non titulaire du compte - n'a comme seule ressource que la saisine du juge de l'exécution afin d'opérer une saisie conservatoire des fonds. À défaut, la banque, ne pouvant remettre les fonds qu'au titulaire du compte, doit ainsi l'indemniser, en cas de remise des fonds au conjoint non titulaire. L'organisme dépositaire dispose alors contre ce dernier du bénéfice de la subrogation après avoir indemnisé l'époux détenteur du compte[1]. Il en va autrement lorsque le conjoint procède au virement sur son compte du montant d'un chèque établi à son nom et celui de son conjoint, dès lors que celui-ci l'a endossé. La banque qui a indemnisé l'époux ne dispose pas d'un recours en répétition de l'indû contre le conjoint[2].

De même, en matière de **propriété littéraire et artistique**, l'époux auteur bénéficie d'un **monopole d'exploitation attribut de son droit moral.** Il dispose ainsi du pouvoir exclusif d'exploiter, de divulguer et de céder les œuvres créées pendant le mariage alors qu'il s'agit de biens communs (CPI, art. L. 121-9).

Dans les domaines où la jurisprudence établit une distinction entre le **titre** et la **finance**, l'époux investi du titre est seul autorisé à administrer les biens sous réserve des actes de disposition visés aux articles 1422 à 1425.

Enfin, lorsqu'un époux recueille par **succession** un bien dépendant d'une communauté conventionnelle, certains actes ne peuvent être accomplis que par l'indivisaire; il en va ainsi de l'époux héritier, marié sous le régime de la communauté universelle; lui seul a qualité pour exercer, en demande et en défense, une action relative au partage de la succession de son auteur, fermant au conjoint la possibilité d'exercer tierce-opposition au jugement[3].

SECTION 2
DOMAINE DE LA GESTION EXCLUSIVE CONCERNANT L'ACTIVITÉ PROFESSIONNELLE SÉPARÉE DE L'UN DES ÉPOUX

137.20 Actes nécessaires à l'exercice d'une profession séparée. L'alinéa 2 de l'article 1421 du Code civil soumet à la gestion exclusive **des actes** plutôt que des biens (il diffère en cela de la situation qu'avait créée la loi du 13 juillet 1965, en instituant les biens réservés. Il eût été difficile, du reste, de définir exactement les biens professionnels; cependant, *de facto*, seuls certains biens seront affectés à l'exercice d'une profession séparée). Il s'agit des actes nécessaires à l'exercice d'une profession séparée, ce qui soulève quelques difficultés d'interprétation (mais peu de contentieux).

§ 1
Actes

137.21 Généralité quant aux actes. Cela recouvre tant les **actes d'administration** que **de disposition** (sous la réserve, exprimée à l'alinéa 3 de l'article 1421 du Code civil, des actes graves, soumis à la gestion conjointe, v. s[s] n°s 138.20 s. - à propos de parts sociales non négociables[4]). En

1. Civ. 1re, 8 juill. 2009, n° 08-17.300, *Bull. civ.* I, n° 163; *D.* 2009. AJ 1970, obs. V. Egéa; *D.* 2010. 360, note F. Chénedé; *D.* 2010. Pan. 728, obs. J.-J. Lemouland et D. Vigneau; *JCP* 2009. 353, note E. Naudin; *JCP N* 2009, n° 1329, p. 60, note T. Douville; *Dr. fam.* 2009. Étude 34, obs. C. Assimopoulos.
2. Civ. 1re, 16 mai 2013, n° 12-12.207, *Bull. civ.* I [à paraître]; *Gaz. Pal.* 18-19 sept. 2013, p. 17, note I. Tosi-Dupriet; *Gaz. Pal.* 5-6 juill. 2013, p. 9, obs. C. Houin-Bressand; *RJPF* 2013-7-8/25, note F. Vauvillé; *D.* 2013. 2444, obs. V. Brémond.
3. Civ. 1re, 2 avr. 2008, n° 07-11.254, *Bull. civ.* I, n° 103; *Dr. fam.* 2008. Comm. 90, note B. Beignier; *JCP N* 2008. 1317, note V. Brémond; *D.* 2008. 2363, note P. Chauvin et C. Creton; *JCP N* 2008. 1305, note F. Sauvage; *JCP* 2008. I. 144, n° 17, obs. P. Simler; *RTD civ.* 2008. 533, obs. B. Vareille; *RJPF* 2008-7-8/16, note F. Vauvillé – Civ. 1re, 18 juin 1985, n° 84-10.305, *Bull. civ.* I, n° 189; *Defrénois* 1986. 1520, obs. G. Champenois; *JCP N* 1986. 79, note P. Simler.
4. Civ. 1re, 28 févr. 1995, n° 92-16.794, *Bull. civ.* I, n° 104; *D.* 1995. Somm. 326, obs. M. Grimaldi; *RTD civ.* 1996. 462, obs. B. Vareille; *JCP* 1995. I. 3869, n° 11; *JCP N* 1995. 1472, n° 11, obs. P. Simler; *Defrénois* 1995. 1489, obs. Champenois; *RTD civ.* 1996. 462, obs. B. Vareille.

revanche, la gestion exclusive ne recouvre pas les actes conservatoires que le conjoint peut accomplir, non plus qu'elle interdit le mandat donné par l'époux professionnel.

Ces actes concernent, non seulement, les actes de gestion des biens communs nécessaires à l'exercice de la profession séparée mais aussi **tous les actes à finalité professionnelle.** Ainsi, par exemple, « *le conjoint ne peut pas acquérir ou vendre le matériel professionnel, conclure le bail du local à usage professionnel ou donner congé, participer à l'assemblée générale de copropriété si le local professionnel est un lot de copropriété* »[1].

Dans le même esprit, l'époux exploitant ne peut encaisser sans l'accord de son conjoint les capitaux des opérations visées à l'article 1424 du Code civil, même si ceux-ci concernent les biens affectés à l'exercice de l'exploitation et sont destinés à faire l'objet d'un remploi professionnel.

En revanche, si cet encaissement a été effectué avec l'accord du conjoint, l'affectation ultérieure en est libre, en vertu du principe de la gestion concurrente.

Si l'exploitant réinvestit lesdits fonds dans l'entreprise, les nouveaux biens communs seront assujettis à la gestion exclusive de l'époux professionnel.

137.22 Cessation d'activité de l'époux commerçant. La question a été soulevée de savoir si la cessation d'activité pouvait être le fait du seul époux commerçant, dès lors qu'elle aboutit à la disposition du fonds de commerce soumise à la gestion conjointe d'après l'article 1424 du Code civil. Il semble que la cessation d'activité n'entre pas dans le domaine de ce dernier texte.

D'une part, elle participe de la liberté professionnelle proclamée à l'article 223 du Code civil, laquelle comprend, tant la liberté d'exercer une activité que celle de la cesser. En décider autrement aboutirait à contraindre un époux de rester en activité, sauf accord de son conjoint (ou encore, plus sournoisement, à le conduire de fait à réduire cette activité et donc, à entamer la valeur du fond au détriment de la communauté).

D'autre part, l'article 1424 n'envisage que l'aliénation et doit être interprété restrictivement, sauf requalification ou fraude. D'une manière générale, la plus grande latitude doit être préservée quant à l'exercice de l'activité professionnelle, les requalifications et fraude réintroduisant la souplesse nécessaire à la protection de la communauté au cas par cas.

Si son époux s'oppose à la vente, l'exploitant usera des habilitations et autorisations judiciaires prévues par les articles 217 ou 219 du Code civil.

1. F. Terré et P. Simler, n° 480.

Si l'époux se contente de fermer boutique alors il ne bénéficie plus du privilège de gestion exclusive puisque son instrument de travail n'existe plus. Rien n'empêche dans les faits, son époux de reprendre la suite sur le fondement du principe de la gestion concurrente de l'article 1421 alinéa 1er[2].

137.23 Apport en société ou acquisition de parts sociales non négociables. Même s'il est nécessaire à l'exercice d'une profession séparée, l'apport à une société dont les parts ne sont pas négociables, ou l'acquisition de telles parts, doit être porté à la **connaissance du conjoint**, d'après les dispositions de l'article 1832-2 du Code civil (v. ss nos 136.54 à 136.56). Il ne s'agit pas véritablement d'une atteinte à la gestion exclusive puisque le conjoint doit être simplement averti; simplement, l'époux peut notifier son intention à la société d'être personnellement associé. Si cette notification du conjoint intervient lors de l'apport ou de l'acquisition des parts, l'agrément des associés est valable pour les deux époux. Ceux-ci sont alors tous deux associés (C. civ., art. 1832-2, al. 3).

Lorsque la notification a été valablement effectuée et que le conjoint n'a pas notifié à la société son intention d'être personnellement associé, la qualité d'associé est seule reconnue à **l'époux apporteur**; l'époux associé pourra seul exercer les prérogatives sociales; de même, en cas de liquidation du régime matrimonial, si la valeur des parts entre en communauté, le conjoint associé ne peut contraindre son conjoint à se voir attribuer la moitié des parts, en nature[3]. À défaut d'accord de son conjoint, il est l'attributaire forcé de l'intégralité des parts.

Cependant, leur aliénation devra impérativement recueillir l'accord du conjoint, en vertu de l'article 1424 du Code civil[4].

§ 2
Caractère nécessaire à la profession

137.31 Affectation de l'acte à l'exercice de la profession. Le critère de sujétion d'un acte à la gestion exclusive est celui de sa nécessité quant à l'exercice de l'activité professionnelle. Cette néces-

2. A. Colomer, n° 526.
3. Civ. 1re, 4 juill. 2012, n° 11-13.384, *Bull. civ.* I, n° 155; *D.* 2012. 1886; *JCP* 2012. 1104, note G. Paisant; *JCP N* 2012. 1382, note J.-D. Azincourt; *Dr. fam.* 2012. Comm. 158, obs. G. Paisant; *D.* 2012. 2493, note V. Barabé-Bouchard; *AJ fam.* 2012. 508, obs. P. Hilt.
4. Civ. 1re, 9 nov. 2011, n° 10-12.123, *Bull. civ.* I, n° 201; *D.* 2011. 2868; *D.* 2012. 483, note V. Barabé-Bouchard; *JCP N* 2012, n° 1107, p. 43, note F. Boulanger.

sité ne doit pas être comprise par rapport à l'opportunité de l'acte, qui permettrait un contrôle *a posteriori* par un époux de la gestion professionnelle de son conjoint. Il s'agit en réalité d'un **lien d'affectation** : est soumis à la gestion exclusive **tout acte dont la finalité est, objectivement, l'exercice de la profession.** Il en est ainsi, par exemple, de la **vente des marchandises ou d'éléments** composant le fonds de commerce (sur l'aliénation du fonds de commerce et de ses éléments, v. s[s] n°s 138.61 et 138.62).

Il importe qu'il n'y ait pas d'extension abusive de cette notion; ainsi, il serait excessif que cette autonomie de gestion puisse permettre à l'époux exploitant de vendre un bien non affecté à l'exercice de la profession pour apurer des dettes professionnelles [1].

137.32 Affectation mixte. Certains biens peuvent être, pour partie, affectés à l'exercice de la profession séparée d'un époux, et pour partie utilisés à des fins domestiques.

La gestion exclusive étant exceptionnelle, il semble qu'il faille alors soumettre les actes dont ces biens sont l'objet à la **gestion concurrente.** Cette solution est en outre protectrice des droits des tiers, car elle les met à l'abri d'une annulation pour défaut de pouvoirs de la vente consentie par le conjoint, par exemple, d'une automobile ne servant pas exclusivement à l'exercice de la profession d'un époux.

137.33 Application à la profession de marchand de biens. C'est la raison pour laquelle il semble que le marchand de biens peut, exclusivement, aliéner les immeubles ou fonds de commerce affectés à l'exercice de sa profession, en dépit de l'article 1424 du Code civil. En effet, la disposition de ces biens serait soumise à la gestion conjointe s'ils étaient affectés à la communauté, s'ils étaient destinés à entrer durablement dans l'actif commun, au profit des deux époux; or, **ils ne font que passer** au sein de la communauté, **n'ont été acquis que pour être revendus,** et **leur aliénation apparaît comme nécessaire à l'exercice de la profession de marchands de biens.** Toutefois, pour éviter toute difficulté et prévenir des discussions sur cette question controversée, un époux exerçant cette profession serait bien inspiré d'insérer **dans son contrat de mariage une clause de gestion exclusive.**

§ 3
Caractère séparé de la profession

137.41 Exercice distinct d'une profession. La **gestion exclusive** n'est envisageable que si la **profession** est **distincte**, plus exactement, si son **exercice** est **distinct** (sous-entendu : de celui du conjoint) : c'est parce qu'il est extérieur à l'exercice de la profession que le conjoint est exclu de la gestion nécessaire à celui-ci.

137.42 Illustrations. En conséquence, lorsque les deux époux exercent la même profession, mais de façon distincte (en exploitant respectivement deux fonds de commerce séparés, par ex.), ils pourront, pour chacun d'eux, se prévaloir de la gestion exclusive quant aux actes nécessaires à leur activité professionnelle indépendante. Il s'ensuit qu'en pratique, il sera parfois difficile de distinguer les **situations d'exercice séparé d'une même activité professionnelle,** de celles où les conjoints l'exercent ensemble, une confusion pouvant s'opérer qui modifie les pouvoirs de gestion.

En revanche, **lorsque les deux époux exercent ensemble la même activité professionnelle,** la gestion exclusive n'a plus lieu d'être et le **principe de gestion concurrente** retrouve vocation à s'appliquer. Chacun des deux époux pourra accomplir concurremment les actes d'administration et de disposition nécessaires à l'exercice de leur profession commune (c'est pourquoi, il semble que deux époux exerçant ensemble la profession de marchand de biens pourront, pour chacun d'eux séparément, aliéner les immeubles et fonds destinés à la revente).

§ 4
Cas particulier des entreprises agricoles, commerciales ou artisanales

137.51 Situation des agriculteurs, commerçants et artisans. Une difficulté surgit lorsqu'il s'agit de concilier, d'une part la règle de la gestion exclusive dans l'exercice d'une profession séparée, et d'autre part celles établies en cas de collaboration à une exploitation agricole ou à une entreprise commerciale ou artisanale (il n'y a aucune difficulté, en revanche, lorsque le conjoint est salarié de son époux : le contrat de travail établit la séparation des professions et renforce même les pouvoirs exclusifs de gestion dont jouit l'époux employeur; le conjoint salarié ne disposera que des pouvoirs qui procèdent de son contrat de travail).

137.52 La coexploitation empêche la gestion exclusive. Si les conjoints sont **coexploitants de l'entreprise agricole, commerciale ou artisanale, faute de profession séparée** il n'y a **pas de gestion exclusive,** et les deux époux disposent de **pouvoirs concurrents**, par application du principe posé à l'article 1421 alinéa 1er du Code civil (avec, pour seule limite, les cas de gestion conjointe, v. s[s] n°s 138.11 s. – *Adde*, le consentement du conjoint,

1. V. J. Flour et G. Champenois, n° 89 – M. Grimaldi, « Commentaires de la loi du 23 décembre 1985 [...] », *Gaz. Pal.* 1986. 2. 529 s., note 30.

L. 10 juill. 1982, art. 2 – v. s[s] n° 138.61). En conséquence, les mandats présumés n'ont pas lieu d'être et chaque époux qui accomplit un acte s'engagera personnellement (au lieu d'engager son conjoint par représentation). **La coexploitation aboutit à écarter les règles spécifiques de pouvoirs** (**exclusifs**, au sens de C. civ., art. 1421, al. 2, ou **présumés**, pour les conjoints d'agriculteurs, commerçants et artisans), afin de rétablir le principe de gestion concurrente.

137.53 Collaboration et exercice d'une profession séparée. S'il n'y a que collaboration du conjoint, la question est plus délicate et se subdivise : dans quelle mesure la collaboration empêche-t-elle l'exercice d'une profession séparée et, s'il y a profession séparée, la gestion exclusive interdit-elle les mandats présumés ?

La réponse à la première question, à savoir celle de la compatibilité entre l'exercice d'une profession séparée par un époux et la collaboration de son conjoint, doit être apportée au cas par cas (il conviendra de tenir compte tout spécialement de **l'apparence quant au mode d'exploitation de l'entreprise**). Une **collaboration permanente** aboutirait à **écarter la gestion exclusive** de l'alinéa 2 de l'article 1421 et à appliquer la gestion concurrente comme dans le cas de coexploitation qui vient d'être envisagé (c'est pourquoi, pour la majorité des auteurs, cette solution de collaboration d'un époux qui écarte la profession séparée du conjoint doit n'être acceptée que de manière exceptionnelle, pour la raison qu'elle aboutit à confondre collaboration et coexploitation). En revanche, une **collaboration occasionnelle de son conjoint** (par ex. s'il a par ailleurs une autre activité professionnelle à titre principal), permettrait de considérer qu'**un époux exerce une profession séparée.**

137.54 Gestion exclusive et présomptions de mandat. C'est dans ce dernier cas que surgit la seconde question. Si le **conjoint collabore à la profession séparée de son époux**, le **mandat tacite présumé** (au profit du conjoint de l'exploitant agricole, C. rur., art. L. 321-1 – en faveur du conjoint enregistré du commerçant ou de l'artisan, L. 10 juill. 1982, art. 9) **heurte directement le caractère exclusif de la gestion** (C. civ., art. 1421, al. 2). On doit alors décider que les règles spéciales, applicables aux entreprises agricoles, commerciales ou artisanales, qui instaurent une présomption de mandat, l'emportent sur la règle générale de gestion exclusive (d'autant que le mandat peut être révoqué, dans les conditions précisées aux textes spéciaux, ce qui réintroduit la gestion exclusive), dont la portée devient fort réduite. En conséquence, si le pouvoir exclusif demeure pour ce qui concerne les actes de disposition, le conjoint collaborateur sera présumé avoir reçu mandat d'accomplir les actes d'administration concernant les besoins de l'entreprise (mais seul sera engagé l'époux présumé mandant).

Lorsqu'il s'agit d'une simple collaboration, les règles particulières aux entreprises agricoles, commerciales, artisanales ou libérales – avec un tempérament pour ce dernier cas – instaurent ainsi une présomption de mandat qui prévaut sur la règle de gestion exclusive de l'époux exploitant.

Il convient ainsi d'opérer une distinction selon que le conjoint collabore ou non à l'exploitation professionnelle de son époux.

S'il n'y collabore pas, les actes d'administration relèvent de la seule gestion exclusive de l'époux exploitant en vertu de l'article 1421 alinéa 2 du Code civil.

Si le conjoint collabore à l'exercice de la profession de son époux, de par la différence de degré des responsabilités de chacun, on peut penser qu'il s'agit d'une profession séparée éligible à l'application de l'article 1421 alinéa 2 érigeant une gestion exclusive.

Ainsi qu'il a été vu, il est parfois difficile de distinguer la collaboration de la coexploitation, puisque dans ce dernier cas, l'absence de profession séparée rétablit la règle de la gestion concurrente. Dans cette hypothèse, l'époux est personnellement obligé et engage la communauté.

137.55 Cas de l'exploitation commerciale ou artisanale. Les nouvelles règles applicables depuis le 4 août 2006 (Décr. n° 2006-966, 1er août 2006[1], pris en application de l'article 12 de la loi en faveur des petites et moyennes entreprises) et qui présentent, depuis le 1er juillet 2007, un caractère obligatoire, requièrent désormais du conjoint qui exerce une activité dans l'entreprise de son époux, de faire le choix entre le statut de **conjoint salarié, conjoint associé** ou **conjoint collaborateur.** Ce régime obligatoire a été institué afin d'améliorer la situation du conjoint en cas de décès ou de divorce.

Si le conjoint est **salarié**, la gestion de l'entreprise relève du **pouvoir exclusif de l'époux exploitant** (C. civ., art. 1421, al. 2).

Si le conjoint est **collaborateur**, mentionné comme tel au registre du commerce et des sociétés, alors le conjoint collaborateur est « *réputé avoir reçu du chef d'entreprise le mandat d'accomplir au nom de ce dernier les actes d'administration concernant les besoins de l'entreprise* » (C. com., art. L. 121-6).

Si le conjoint est **associé**, il n'y a **pas de profession séparée.**

137.56 Cas de l'exploitation agricole. Si un seul des époux est exploitant, l'article L. 321-1 du Code

1. Décr. n° 2006-966, 1er août 2006, relatif au conjoint collaborateur, *JO* 3 août, p. 11580.

rural instaure une présomption de mandat au profit du conjoint pour les actes de gestion.

137.57 Cas de l'exploitation libérale. À la différence des présomptions de mandat édictées au profit du conjoint qui collabore à l'exercice de la profession de son épouse, en matière commerciale, artisanale ou agricole, l'article 46 de la loi du 17 janvier 2002 prévoit une simple **possibilité de mandat au profit du conjoint collaborateur**, sous réserve d'être **exprès** et **limitativement défini** pour les actes relatifs à la gestion et au fonctionnement courant de l'entreprise.

SECTION 3
RÉGIME DE LA GESTION EXCLUSIVE

137.61 Régime de la gestion exclusive. L'article 1421 alinéa 2 du Code civil n'a pas pour conséquence de conférer des pouvoirs de gestion à un époux, mais de lui en donner l'exclusivité en les ôtant à son conjoint.

En cas d'ingérence fautive du conjoint non professionnel, l'acte effectué par ce dernier encourra la nullité sur le fondement de l'article 1427 du Code civil[1] (v. s^s n° 139.41).

Il appartiendra au tiers contractant, le cas échéant, de faire état des présomptions de pouvoir des articles 221 et 222 du Code civil relatifs à la détention individuelle du bien ainsi que de l'article 2276 du Code civil bénéficiant au possesseur de bonne foi.

A priori, cependant, l'étude de la jurisprudence révèle peu de contentieux de ce chef.

En outre, la gestion exclusive ne saurait être un moyen discrétionnaire de nuire aux intérêts communs. L'autonomie professionnelle de l'époux exploitant ne le dispense pas d'avoir à répondre de ses fautes de gestion en qualité d'administrateur de la communauté.

En cas de mauvaise gestion de l'époux dans le cadre de son activité professionnelle, celui-ci n'est pas à l'abri d'une recherche de sa responsabilité diligentée par son époux même si la faute sera considérée de façon plus indulgente par le tribunal. Celui-ci se fondera sur le fait que toute activité professionnelle requiert une prise de risque et est de nature à susciter des pertes.

Enfin, en cas de crise durable, le conjoint peut solliciter un dessaisissement judiciaire des pouvoirs de son conjoint sur les biens communs affectés à l'exploitation professionnelle de ce dernier (C. civ., art. 1426) ou pour des actes isolés, solliciter une autorisation sur le fondement de l'article 219 du Code civil (sur la fraude, v. s^s n° 139.62 - et sur la responsabilité, v. s^s n° 139.71). Enfin, la gestion exclusive n'interdit pas l'irruption des mesures de crise (C. civ., art. 219, 220-1 et 1426 - v. s^s n° 139.23).

1. Civ. 1re, 30 mars 1999, n° 97-16.252, *Bull. civ.* I, n° 111; *JCP* 1999. IV. 1971; *Defrénois* 1999. 807, obs. G. Champenois; *Gaz. Pal.* 2000. Somm. 361, obs. G. Dahan - Civ. 1re, 4 déc. 2001, n° 99-15.629, *Bull. civ.* I, n° 303; *D.* 2002. 2217, note G. Bonnet; Somm. 2442, obs. M. Nicod; *JCP* 2002. II. 10059, note J. Casey; *JCP* 2002. I. 167, n° 10, obs. P. Simler; *Dr. fam.* 2002, n° 23, obs. Beignier; *RJPF* 2002-4/27, obs. F. Vauvillé; *LPA* 21 juin 2002, note J.-L. Courtier; *Defrénois* 2002. 1319, obs. G. Champenois.

CHAPITRE

138. Gestion conjointe des biens communs

NATHALIE COUZIGOU-SUHAS
NOTAIRE

SECTION 0
ORIENTEUR

138.00 **Plan du chapitre.**

138.01 **Textes applicables.**

C. civ., art. 1421 à 1432

C. com., art. L. 121-5 et L. 121-6

C. rur., art. L. 321-1 à L. 321-3, L. 411-68

C. assur., art. L. 132-9

> Administration des biens communs par les époux
[C. civ., art. 1421 à 1432]

C. civ., art. 1421 à 1427

* V. texte complet de ces articles s^s n° 136.01 > *Administration des biens communs par les époux*

C. civ., art. 1428 à 1432

* V. texte complet de ces articles > *Gestion des biens propres par les époux*, s^s n° 135.01

> Exploitation d'un fonds de commerce ou artisanal par des conjoints
[C. com., art. L. 121-5 et L. 121-6]

* V. texte complet de ces articles s^s n° 135.01

> Exploitation agricole par des époux
[C. rur., art. L. 321-1 à L. 321-3; et L. 411-68]

* V. texte complet de ces articles s^s n° 135.01

> Assurance-vie et cogestion

C. assur., art. L. 132-9 (*L. n° 2007-1775, 17 déc. 2007, art. 8, I et Ord. n° 2009-106, 30 janv. 2009, art. 1er*)

I.– Sous réserve des dispositions du dernier alinéa de l'article L. 132-4-1, la stipulation en vertu de laquelle le bénéfice de l'assurance est attribué à un bénéficiaire déterminé devient irrévocable par l'acceptation de celui-ci, effectuée dans les conditions prévues au II du présent article. Pendant la durée du contrat, après acceptation du bénéficiaire, le stipulant ne peut exercer sa faculté de rachat et l'entreprise d'assurance ne peut lui consentir d'avance sans l'accord du bénéficiaire.

Tant que l'acceptation n'a pas eu lieu, le droit de révoquer cette stipulation n'appartient qu'au stipulant et ne peut être exercé de son vivant ni par ses créanciers ni par ses représentants légaux. Lorsqu'une tutelle a été ouverte à l'égard du stipulant, la révocation ne peut intervenir qu'avec l'autorisation du juge des tutelles ou du conseil de famille s'il a été constitué[1].

Ce droit de révocation ne peut être exercé, après la mort du stipulant, par ses héritiers, qu'après l'exigibilité de la somme assurée et au plus tôt trois mois après que le

1. Civ. 1re, 8 juill. 2009, n° 07-18.522, *Bull. civ.* I, n° 161; *D.* 2009. AJ 1972, obs. V. Egéa; Chron. C. cass. 2062, obs. N. Auroy; *AJ fam.* 2009. 352, note L. Pécaut-Rivolier; *Dr. fam.* 2009, n° 114, note I. Maria; *RGDA* 2009. 1216, note L. Mayaux; appliquant les articles 510 et 512 du Code civil dans leur rédaction antérieure à la loi n° 2007-308, 5 mars 2007.

bénéficiaire de l'assurance a été mis en demeure par acte extrajudiciaire, d'avoir à déclarer s'il accepte.

L'attribution à titre gratuit du bénéfice d'une assurance sur la vie à une personne déterminée est présumée faite sous la condition de l'existence du bénéficiaire à l'époque de l'exigibilité du capital ou de la rente garantis, à moins que le contraire ne résulte des termes de la stipulation.

II.– Tant que l'assuré et le stipulant sont en vie, l'acceptation est faite par un avenant signé de l'entreprise d'assurance, du stipulant et du bénéficiaire. Elle peut également être faite par un acte authentique ou sous seing privé, signé du stipulant et du bénéficiaire, et n'a alors d'effet à l'égard de l'entreprise d'assurance que lorsqu'elle lui est notifiée par écrit.

Lorsque la désignation du bénéficiaire est faite à titre gratuit, l'acceptation ne peut intervenir que trente jours au moins à compter du moment où le stipulant est informé que le contrat d'assurance est conclu.

Après le décès de l'assuré ou du stipulant, l'acceptation est libre.

138.02 Jurisprudence de référence.

> Chaque époux commun en biens peut disposer de ses gains et salaires après s'être acquitté de sa contribution aux charges du mariage

• Civ. 1re, 29 févr. 1984, n° 82-15.712, *Bull. civ.* I, n° 81

* V. ss n° 138.43

« [...] Mais attendu qu'après avoir rappelé que chaque époux a le pouvoir de disposer de ses gains et salaires, à titre gratuit ou onéreux, après s'être acquitté de la part lui incombant dans les charges du mariage [...]. »

> L'acte accompli par un époux hors des limites de ses pouvoirs relève de l'article 1427 du Code civil et non des textes frappant les actes frauduleux entre époux, lesquels ne trouvent à s'appliquer que subsidiairement à défaut de sanction

• Civ. 1re, 30 mars 1999, n° 97-16.252, *Bull. civ.* I, n° 111

* V. ss n° 138.72

« [...] Mais attendu que la cour d'appel a constaté que [...] X... avait vendu des droits sociaux non négociables sans le consentement de son épouse; que la cour d'appel a retenu, à bon droit, que ces actes accomplis par X..., hors des limites de ses pouvoirs, relevaient des articles 1424 et 1427 du Code civil, dans leur rédaction alors applicable, et non des textes frappant les actes frauduleux du mari, lesquels ne trouvent à s'appliquer que subsidiairement à défaut d'autre sanction [...]. »

• Civ. 1re, 4 déc. 2001, n° 99-15.629, *Bull. civ.* I, n° 303

* V. ss n° 138.103

« Attendu que les actes accomplis par un époux, hors des limites de ses pouvoirs, relèvent de l'action en nullité de l'article 1427 du Code civil soumise à la prescription de deux ans et non des textes frappant les actes frauduleux, lesquels ne trouvent à s'appliquer qu'à défaut d'autre sanction; [...]. »

> Les parts d'une société civile immobilière, acquises avec des biens communs, dont seul l'un des époux est associé, sont des titres non négociables et leur cession requiert l'accord des deux époux

• Civ. 1re, 9 nov. 2011, n° 10-12.123, *Bull. civ.* I, n° 201

* V. ss n° 138.72

« [...] Sur le second moyen :

Vu l'article 1424 du Code civil;

Attendu que, selon ce texte, les époux ne peuvent, l'un sans l'autre, aliéner ou grever de droits réels les immeubles, fonds de commerce et exploitations dépendant de la communauté, non plus que les droits sociaux non négociables et les meubles corporels dont l'aliénation est soumise à publicité;

Attendu que, selon l'arrêt attaqué, que, mariée sous le régime légal, Mme X, épouse Y..., a constitué avec Mme Z, épouse A, la société civile immobilière Danièle-Denise; que la première a cédé ses parts à la seconde; que les époux Y ont poursuivi la nullité de cette session;

Attendu que, pour rejeter cette demande, l'arrêt retient que M. Y n'a jamais notifié à la SCI son intention d'être personnellement associé et que les parts sociales souscrites au seul nom de l'épouse sont des droits sociaux négociables qui pouvaient parfaitement être cédés par elle puisqu'était entrée en communauté la valeur des parts, et non les parts elles-mêmes;

Qu'en se déterminant, par ces motifs inopérants, alors que l'épouse ne pouvait céder sans l'accord de son mari les parts sociales d'une telle société, qui ne sont pas des droits sociaux négociables, la cour d'appel a violé, par refus d'application, le texte susvisé;

Par ces motifs, et sans qu'il y ait lieu de statuer sur le premier moyen [...]. »

> Un contrat d'entremise, portant sur un bien immobilier commun, au profit d'un agent immobilier, peut valablement être signé par un seul des époux

• Civ. 1re, 20 nov. 2013, n° 12-26.128, *Bull. civ.* I [à paraître]

* V. ss n° 138.81

« Sur le moyen unique :

Attendu, selon l'arrêt attaqué (Nancy, 14 juin 2012), que M. X, époux commun en biens de Mme Y, a signé seul le mandat exclusif, confié à l'agence immobilière mussipontaine, de rechercher un acquéreur pour leur immeuble commun, que les époux X ont refusé de signer la promesse de vente établie par l'agence;

Attendu que ceux-ci font grief à l'arrêt de les condamner à payer à l'agence immobilière mussipontaine une somme au titre de la clause pénale figurant dans le mandat, alors, selon le moyen, qu'en application de l'article 1424 du Code civil que la cour d'appel a violé, le mandat de vendre un bien commun est un acte de disposition qui ne peut être accompli sans le consentement de chacun des deux conjoints;

Mais attendu que la cour d'appel a constaté que l'époux avait donné mandat à l'agent immobilier de rechercher des acquéreurs et non celui d'aliéner le bien ou de le représenter pour conclure la vente; qu'elle en a exactement déduit que ce contrat d'entremise pouvait valablement être signé par un seul des époux; que le moyen n'est pas fondé [...]. »

> La preuve d'un mandat apparent ne peut résulter de l'attitude passive du conjoint, dont le consentement était requis

• Civ. 1re, 31 mars 2010, n° 08-19.649, *Bull. civ.* I, n° 81

* V. ss n° 138.102

« Attendu qu'ayant relevé que le « protocole d'accord » stipulant l'aliénation des terrains avait été signé par le mari, seul, et retenu que, sachant qu'ils constituaient des biens communs, la société, professionnelle de l'immobilier, aurait dû s'assurer de l'accord de l'épouse, la cour d'appel a souverainement estimé que la preuve d'un mandat apparent de l'épouse à son mari ne pouvait résulter de l'attitude passive de celle-ci lors de négociations ayant précédé et suivi la signature de l'acte; que, sans avoir à procéder à des recherches inopérantes, elle a pu en déduire que la société n'avait pu légitimement croire à un mandat apparent du mari d'engager son épouse [...]. »

> L'existence d'une communauté de vie entre les époux ne suffit pas à légitimer le co-contractant dans la croyance d'un mandat conféré par un époux à son conjoint

• Civ. 1re, 28 nov. 2006, n° 04-19.058, NP

* V. ss n° 138.102

« Attendu que c'est dans l'exercice de son pouvoir souverain que la cour d'appel a, par une décision motivée, retenu que la seule communauté de vie des époux n'était pas de nature à légitimer M. X... dans la croyance d'un mandat conféré à son cocontractant par Mme X... à l'égard de laquelle il ne fait état d'aucune manifestation positive pouvant accréditer l'existence du pouvoir de représentation attribué par l'acte à son mari; que le moyen ne peut être accueilli [...] ».

138.03 Bibliographie indicative.

Actualisable. Rép. civ., v° *Communauté légale (2° gestion des biens)*, par G. Yildirim, oct. 2008 [màj mars 2014], nos 195 à 271.

Ouvrage. R. Verdot, *La notion d'acte d'administration en droit privé*, LGDJ, 1963.

Thèses. F. Leduc, *L'acte d'administration en droit privé : nature et fonctions*, th. Bordeaux, 1991 – F. Lucet, *Des rapports entre régime matrimonial et libéralités entre époux*, th. Paris II, 1987.

Articles. L. Godon, « La protection d'un époux contre les agissements de l'autre en régime légal de communauté », *Defrénois* 1998. 977 et 1148 – G. Goubeaux, « La cogestion en régime de communauté : le commencement de la fin ? », *Études offertes au Doyen Ph. Simler*, LexisNexis-Litec/Dalloz, 2006, p. 131 – C. Siffrein-Blanc, « Le mandat tacite peut-il contourner les règles de cogestion issues de l'article 1424 du Code civil ? », *RJPF* 2007-9/20.

> Sur l'assurance-vie. Dossier spécial, *AJ fam.* 2007. 414 s. – R. Cibile, « L'assurance-vie dans la dissolution de la communauté », *AJ fam.* 2009. 394 s. – S. Hovasse, « Assurance-vie et régime de protection juridique », *JCP N* 2009. 1182.

> Sur la réforme des sûretés du 23 mars 2006[1]. V. Brémond, « L'affectation d'un bien commun en garantie de la dette d'autrui », *JCP N* 2006. 1255 – C. Corgas-Bernard, « Le temps des sûretés réelles pour autrui », *RLDC* oct. 2007, n° 42 – M. Farge, *Dr. fam.* 2006. Alerte 31 – L. Poulet, *Defrénois* 2006. 1441 – J. Revel, « La garantie de la dette d'autrui et le droit du régime matrimonial », *D.* 2006. Chron. 1309 – Ph. Simler, « La réforme du droit des sûretés », *JCP* 2006. I. 124.

138.04 Questions essentielles.

> La donation de biens communs consentie uniquement par un des époux communs en biens est-elle toujours valable ?

* V. ss nos 138.41 à 138.43

> Un époux peut-il valablement consentir seul un cautionnement réel sur un bien commun ?

* V. ss n° 138.96

SECTION 1
PRINCIPE

138.11 Présentation. Le souci d'indépendance des époux, qui s'exprime grâce au principe de gestion concurrente, mais aussi par la règle exceptionnelle de gestion exclusive, ne doit pas pour autant faire oublier l'**existence de la communauté**. Si elle n'est pas de principe quant à la gestion, la collaboration entre époux doit néanmoins intervenir pour les actes les plus importants, les plus graves (déjà, dans le régime primaire, cette collaboration s'impose quant au **logement de la famille**, C. civ., art. 215 – et anime la **contribution aux charges du mariage**, C. civ., art. 214). C'est pourquoi est maintenu un domaine de gestion conjointe, dans lequel les époux doivent être d'accord.

Sans doute, la gestion conjointe, en contrepartie de la sécurité qu'elle instaure quant aux intérêts des deux époux, présente-t-elle les défauts de la lourdeur. Cependant, bien que son domaine soit assez large (sect. 2), elle n'intervient que dans des cas assez rares et porte sur des actes de disposition suffisamment graves, au regard de l'appauvrissement qu'ils engendrent nécessairement ou potentiellement, pour que soient requis les consentements des deux époux (sect. 3).

SECTION 2
DOMAINE DE LA GESTION CONJOINTE DES BIENS COMMUNS

138.20 Plan. La gestion conjointe concerne, d'une part les actes de disposition entre vifs à titre gratuit (§ 1) qui emportent un appauvrissement immédiat, et d'autre part des actes à titre onéreux, graves en ce qu'ils contiennent un risque d'appauvrissement important (§ 2).

1. Ord. n° 2006-346, relative aux sûretés, *JO* 24 mars, p. 4475.

§ 1
Actes de disposition à titre gratuit (C. civ, art. 1422, al. 1er)

138.30 Précision. D'après l'article 1422 alinéa 1er du Code civil, « *les époux ne peuvent, l'un sans l'autre, disposer entre vifs, à titre gratuit, des biens de la communauté* ». Ce texte, qui ne concerne que les actes entre vifs, ne s'applique donc pas aux **legs**, envisagés à l'article suivant, dont il a été vu (v. ss nos 136.61 s.) qu'ils étaient laissés aux **pouvoirs concurrents des époux**, non plus qu'aux libéralités à cause de mort (sur les donations de biens à venir, ou institution contractuelle entre époux, v. ss nos 356.11 s.).

La **gestion conjointe** n'embrasse pas d'ailleurs l'ensemble des **actes à titre gratuit**, mais uniquement ceux **qui portent dessaisissement immédiat et définitif**, c'est-à-dire les **donations**, à condition qu'ils portent sur un **bien commun**. L'article 1422 alinéa 1er du Code civil, en raison de son caractère exceptionnel, est donc interprété restrictivement, comme n'assujettissant à la gestion conjointe que les donations d'un bien commun (A). Mais, même parmi celles-ci, il en est qui peuvent n'être passées que par un seul époux (B).

A.
La donation d'un bien commun est soumise à la gestion conjointe

138.31 Application à toutes les formes de donation. L'article 1422 alinéa 1er du Code civil s'applique à toutes les **donations**, quelle que soit leur forme : **solennelle** ou **manuelle** (sous réserve des limites présentées ss nos 138.41 s.), **directe** ou **indirecte**, **ostensible** ou **déguisée**. C'est ainsi qu'il a pu être appliqué à un **bail gratuit** (en raison du dépouillement correspondant aux loyers[1]; il en serait de même si la donation se faisait par le truchement d'une délégation, d'une remise de dette, *etc.*).

138.32 Application quel que soit le bénéficiaire de la donation. Le texte ne distingue pas selon le bénéficiaire de la donation. C'est ainsi que le consentement conjoint est requis, même en cas d'établissement d'enfant commun (C. civ., art. 1438 s.), y compris pour les donations entre époux (nonobstant la libre révocabilité de C. civ., art. 1096 - sur la question de savoir qui est donateur, v. ss no 138.112).

138.33 Application aux seules donations : le critère du dessaisissement immédiat et définitif. L'article 1422 alinéa 1er du Code civil n'envisage que les actes de disposition, qui emportent dessaisissement immédiat et définitif. C'est pourquoi un acte à titre gratuit, même s'il constitue une libéralité, ne sera pas soumis à la règle de la gestion conjointe s'il ne constitue pas une donation, c'est-à-dire s'il n'y a pas **appauvrissement** : ainsi, un cautionnement[2] (à la différence du bail gratuit, évoqué ss no 138.31, le **cautionnement** n'entraîne pas appauvrissement immédiat, ni définitif; d'où un examen minutieux des effets d'un acte à titre gratuit, afin de déterminer s'il constitue une donation soumise à la gestion conjointe - v. cep. ss no 138.95 pour le nantissement).

Il y aurait toutefois appauvrissement immédiat et définitif si le cautionnement, animé d'une intention libérale, était accompagné d'une renonciation à tout recours contre le débiteur principal. La libéralité serait alors constituée, non par le cautionnement proprement dit, mais par la renonciation à tout recours, laquelle pourrait être annulée sur le fondement de l'article 1422 alinéa 1er du Code civil.

138.34 Application aux seules donations de biens communs. Les donations visées par l'article 1422 alinéa 1er du Code civil sont uniquement celles de **biens communs**, que ces derniers sont **immeubles** ou **meubles**.

À cet égard, il a été jugé que des parents pouvaient valablement donner à leur enfant les récompenses qui, normalement, seraient dues au profit de la communauté; en l'espèce, il s'agissait d'une donation d'un terrain propre à l'un des époux; communs en biens, ils avaient édifié, pendant le mariage, une maison d'habitation, de sorte que par le principe de l'accession, le tout était propre à l'époux, propriétaire du terrain, à charge pour lui de verser une récompense au profit de la communauté, à la dissolution de celle-ci. Les époux ont donné conjointement à leur fils donataire le montant de cette récompense, l'opération s'analysant en une simple donation de créance dépendant de la masse commune, ne portant pas atteinte, sous cette forme, au principe de l'immutabilité contrôlée des régimes matrimoniaux[3].

1. Civ. 1re, 5 juill. 1988, no 87-11.116, NP; *JCP* 1989. II. 21337, note Ph. Simler.

2. Civ. 1re, 21 nov. 1973, no 71-12.662 *Bull. civ.* I, no 318; *D.* 1975. 549, note F. Steinmetz; *RTD civ.* 1975. 756, note R. Savatier – Civ. 1re, 27 janv. 1982, no 80-17.124, *Bull. civ.* I, no 46; *D.* 1983. IR 189, obs. M. Vasseur.

3. Civ. 1re, 6 févr. 2007, no 04-13.282, *Bull. civ.* I, no 54; *D.* 2007. AJ 663, obs. C. Delaporte-Carré; *D.* 2007. 1476, note V. Mikalef-Toudic; *AJ fam.* 2007. 274, obs. P. Hilt; *JCP* 2007. II. 10113, note F. Sauvage; *JCP* 2008. I. 144, no 219, obs. A. Tisserand-Martin; *JCP N* 2007. 1147, note Rivière; *RJPF*-2007-10/15-16, note F. Vauvillé *RTD civ.* 2007. 608, obs. M. Grimaldi; 623, obs. B. Vareille; et 627, obs. B. Vareille.

Si la condition relative à la nature commune des biens donnés ne fait pas de difficulté en général (sauf à combattre préalablement la présomption d'acquêts de C. civ., art. 1402), elle intervient d'une manière *a priori* surprenante lorsque **la technique juridique détermine la nature du bien dans deux circonstances.**

Par le jeu de la rétroactivité, en premier lieu. En effet, si par effet rétroactif, un bien est réputé n'avoir jamais été commun, sa donation ne sera pas soumise à l'exigence des consentements conjoints de l'article 1422 alinéa 1er du Code civil. Il en est ainsi notamment dans le cas d'une **clause d'accroissement**[1], et la même solution doit prévaloir dans tous les cas de rétroactivité (ce qui impose une grande prudence, car la validité de la donation dépend de la réalisation de la condition).

Par le jeu de la stipulation pour autrui en second lieu, qui implique que ce n'est pas le stipulant, mais le promettant qui se dépouille. En conséquence, lorsque la stipulation pour autrui permet une libéralité, le stipulant ne fait pas donation de biens communs pour la raison que les biens que recevra le bénéficiaire proviennent du patrimoine du promettant. C'est pourquoi il a pu être décidé que l'indication du tiers bénéficiaire et le versement du capital, en exécution d'un contrat d'assurance-décès, n'étaient pas soumis au consentement des deux conjoints, car il n'y avait pas disposition de biens communs[2]. Toutefois, la situation est loin d'être claire. C'est ainsi qu'il a pu être décidé que les primes d'assurance-vie ayant été payées par la communauté, la valeur de la créance (valeur de rachat, provision mathématique) devait être comptée à l'actif de la communauté (mais il s'agissait en l'occurrence d'une assurance-vie, conçue comme une technique d'épargne[3]).

138.35 Assurance-vie. Toujours est-il que l'assurance sur la vie, qui combine les techniques de la **stipulation pour autrui** et de la **condition** (à effet rétroactif, notamment dans le cas des **assurances, dites mixtes**, qui comportent une obligation alternative de l'assureur-promettant, et qui ne se révèlent être *ab initio*, soit une assurance-décès, soit une assurance-vie, qu'après que la réalisation ou la défaillance de la condition est intervenue) qui viennent d'être envisagées (v. ss no 138.34, not. quant aux décisions citées) n'est jamais soumise à la gestion conjointe de l'article 1422 alinéa 1er du Code civil : le versement du capital provient de l'assureur et ne constitue donc pas un acte de disposition des biens communs[4]; le paiement des primes n'est pas un acte à titre gratuit (sur la réintégration de la valeur de rachat du contrat d'assurance-vie dans l'actif de communauté[5]).

Cependant, les versements des primes par l'époux souscripteur peuvent donner lieu à une **récompense, au profit de la communauté,** si les primes ont été versées pour abonder un contrat d'assurance-vie dont le bénéficiaire n'est pas le conjoint. En cas de dénouement d'un contrat d'assurance-vie, aucune récompense n'est due à la communauté, sauf primes manifestement excessives, si le bénéficiaire du contrat est le conjoint du souscripteur (C. assur., art. L. 132-16). Il en va différemment si le bénéficiaire du contrat n'est pas le conjoint; en ce cas, le contrat souscrit par l'époux commun en biens, avec des deniers présumés communs suscitera une récompense due par la succession de l'époux souscripteur au profit de la communauté dissoute, et ce quand bien même les primes ne sont pas, en principe, rapportables à la succession (C. assur., art. L. 132-13). La communauté s'est en effet appauvrie dans un but personnel au souscripteur, entraînant l'exigibilité d'une récompense, sur le fondement de l'article 1437 du Code civil. Celle-ci s'élèvera au montant des primes versées pendant la communauté. Si la solution s'impose lorsque le bénéficiaire immédiat est un tiers à la communauté[6], elle s'applique aussi dans le cas où le conjoint, bénéficiaire de premier rang, décède avant l'époux souscripteur, ouvrant ainsi le bénéfice du capital au bénéficiaire de second rang[7].

138.36 Jurisprudence récente de la Cour de cassation sur la qualification du paiement des primes. Cependant, il convient d'avoir égard à diverses décisions récentes de la Cour de cassation relativement à l'affirmation selon laquelle le paiement des primes n'est pas un acte à titre gratuit.

Ainsi, dans le cadre d'un règlement de succession, un contrat d'assurance-vie a été disqualifié de par l'absence d'aléa; de par le mécanisme de la sti-

1. Civ. 1re, 11 janv. 1983, no 81-16.307, *Bull. civ.* I, no 15; *R.* 43; *D.* 1983. 501, note C. Larroumet; *JCP* 1984. II. 20127, note F. Boulanger; *JCP N* 1983. 329, note R. Brochard; *JCP N* 1984. 247, note S. Lemoine; *Defrénois* 1983. 985, obs. G. Morin.
2. Cass., ass. plén., 12 déc. 1986, no 84-17.867, *Bull. ass. plén.*, no 14; *R.* 200; *D.* 1987. 269, note J. Ghestin; *JCP* 1987. II. 20760, concl. Cabannes, note Boyer; *Defrénois* 1987. 541, obs. J.-L. Aubert; *RGAT* 1987. 234, note J.-L. Aubert.
3. Civ. 1re, 31 mars 1992, no 90-16.343, *Bull. civ.* I, no 95; *JCP* 1992. I. 3614, no 6, obs. Ph. Simler; *JCP* 1993. II. 22059, note B. Abry; *Defrénois* 1992. 837, obs. G. Champenois; *RTD civ.* 1992. 632, obs. F. Lucet et B. Vareille.
4. Cass., ass. plén., 12 déc. 1986, no 84-17.867, préc. ss no 138.34.
5. Eu égard not. à, Civ. 1re, 31 mars 1992, no 90-16.343, préc. ss no 138.34.
6. Civ. 1re, 10 juill. 1996, no 94-18.733, *Bull. civ.* I, no 309.
7. Civ. 1re, 19 déc. 2012, no 11-21.703, *Bull. civ.* I, no 269.

pulation pour autrui, le capital versé au bénéficiaire ne sera pas réintégrable au sein de l'actif successoral; seules les primes le seront pour autant qu'aucun aléa n'existe en raison du mauvais état de santé du souscripteur[1].

De même, la Cour régulatrice a rappelé à plusieurs reprises que les règles du rapport successoral et celles de la réduction pour atteinte à la réserve des héritiers ne s'appliquaient aux sommes versées par le contractant à titre de prime, à moins que celles-ci n'aient été manifestement exagérées au regard de ces facultés[2]. Par ailleurs, la chambre mixte de la Cour de cassation a requalifié un contrat d'assurance-vie en donation indirecte en approuvant la cour d'appel d'avoir déduit, de l'absence d'aléa dans les dispositions prises, du caractère illusoire de la faculté de rachat et de l'existence chez l'intéressé d'une volonté actuelle et irrévocable de se dépouiller, que l'opération constituait en réalité une donation indirecte[3].

S'il est vrai que ces décisions ont été rendues dans le cadre de règlement de succession, le contentieux est loin d'être tari et il pourrait être envisagé de le transposer dans le cadre de la souscription d'un contrat d'assurance-vie par un époux commun en biens afin de **requalifier le versement des primes** en **donation indirecte** éligible aux dispositions de l'article 1422 alinéa 1er[4].

138.37 Loi n° 2007-1775 du 17 décembre 2007. Enfin, une interrogation est née après l'entrée en vigueur de la loi du 17 décembre 2007[5], modifiant le régime d'acceptation du contrat d'assurance-vie. Désormais, l'acceptation du bénéficiaire fera obstacle à toute faculté de rachat du souscripteur.

Ainsi, dans la mesure où l'article 8 de ladite loi modifiant l'article L. 132-9 du Code des assurances prévoit lui-même que l'acceptation puisse revêtir un caractère de gratuité, il convient de s'interroger si l'avenant constatant l'accord du souscripteur à l'acceptation du bénéficiaire n'est pas un acte requérant la cogestion, sur le fondement de l'article 1422 alinéa 1er[6].

B.

Donation de bien commun exceptionnellement permise à un époux seul

138.41 Cadeaux d'usage. D'une manière générale, les cadeaux d'usage et de faible valeur ne sont pas soumis au droit commun des donations. C'est aussi vrai quant au double consentement des époux communs en biens, qui ne sera pas requis pour ces présents dont on peut considérer d'ailleurs qu'ils ne constituent pas un dépouillement.

138.42 Dons manuels. En principe, les dons manuels sont soumis à l'article 1422 alinéa 1er du Code civil et doivent recevoir le consentement des deux conjoints. Toutefois, cette exigence peut être, de fait, paralysée par la présomption de pouvoirs de l'article 222 du Code civil relative aux biens meubles, comme par l'acquisition instantanée opérée sur le fondement de l'article 2276. Il s'ensuit que le

1. Civ. 1re, 4 juill. 2007, n° 05-10.254, *Bull. civ.* I, n° 258; *AJ fam.* 2007. 361, obs. F. Bicheron; *Dr. fam.* 2007, n° 176, note Nicolas; *RJPF* 2007-10/28, note J. Casey (1re esp.).
2. V. NOT., Civ. 2e, 4 juill. 2007, n° 06-14.048, *Bull. civ.* I, 182; *D.* 2007. AJ 2101; *AJ fam.* 2007. 361, obs. F. Bicheron; *Dr. fam.* 2007, n° 176, note Nicolas; *RJPF* 2007-10/28, note J. Casey (2e esp.).
3. Cass., ch. mixte, 21 déc. 2007, n° 06-12.769, *Bull. ch. mixte*, n° 13; *R.* 333; *BICC* 1er mai 2008, p. 6, rapp. Falcone et avis Sarcelet; *D.* 2008. AJ 218, obs. G. Bruguière-Fontenille; *D.* 2008. 1314, obs. F. Douet; *D.* 2009. Pan. 253, obs. H. Groutel; *JCP* 2008. II. 10029, note L. Mayaux; *JCP* 2009. I. 109, n° 10, obs. R. Le Guidec; *JCP E* 2008. 1265, note S. Hovasse; *JCP N* 2008. 1174, note Riche; *Dr. fam.* 2008, n° 30, note B. Beignier; Chron. 11, obs. Nicolas; *AJ fam.* 2008. 79, obs. F. Bicheron; *RJPF* 2008-3/29, note Delmas-Saint-Hilaire; *RTD civ.* 2008. 137, obs. M. Grimaldi.
4. D'une manière générale sur l'assurance-vie, v. doctrine : « Dossier sur l'assurance vie », *AJ fam.* 2007. 414 s. – JURISPRUDENCE : Civ. 1re, 15 déc. 1998, nos 96-20.246 et 96-20.616, NP; *RCA* 1999, n° 82 – Civ. 1re, 29 janv. 2002, n° 00-12.967, *Bull. civ.* I, n° 29; *D.* 2002. IR 866; *JCP* 2002. I. 178, n° 11, obs. R. Le Guidec; *Dr. fam.* 2002. Chron. 18, obs. D. Vigneau – Cass., ch. mixte, 23 nov. 2004, nos 02-11.352, 01-13.592, 02-17.507 et 03-13.673, *Bull. ch. mixte* n° 4; *R.* 205 et 354; *BICC* 15 févr. 2005, rapp. Crédeville, concl. de Gouttes; *GAJC*, 12e éd., n° 132; *D.* 2005. 1905, note B. Beignier; Pan. 1317, obs. H. Groutel; *JCP* 2005. I. 187, n° 15, obs. R. Le Guidec; *AJ fam.* 2005. 70, obs. F. Bicheron; *AJDA* 2004. 1302, obs. M.-C. de Montecler et P. Seydoux; *RDI* 2005. 11, obs. L. Grynbaum; *JCP N* 2005. Étude 1003, obs. Grosjean; *RLDC* 2005/12, n° 504, note Leroy; *RDC* 2005. 297, obs. Bénabent; *RGDA* 2005. 110, note Mayaux; *Defrénois* 2005. 607, obs. Aubert; *RTD civ.* 2005. 434, obs. M. Grimaldi; et 88, obs. Encinas de Munagorri – CE 6 févr. 2006, req. n° 259385, *Lebon*; *AJDA* 2006. 888, n° 16, concl. C. Devys; *AJ fam.* 2008. 79, obs. F. Bicheron – Civ. 1re, 4 juill. 2007, n° 05-10.254, *Bull. civ.* I, n° 258; *AJ fam.* 2007. 361, obs. F. Bicheron; *Dr. fam.* 2007, n° 176, note Nicolas – Civ. 2e, 22 oct. 2009, n° 08-17.793, NP; *RLDC* 2009/66, n° 3661, obs. E. Pouliquen.
5. L. n° 2007-1775, 17 déc. 2007, permettant la recherche des bénéficiaires des contrats d'assurance sur la vie non réclamés et garantissant les droits des assurés, *JO* 18 déc., p. 20358.
6. J. Casey, « Assurance-vie et loi Tepa », *Dr. et patr.* mars 2008. 48 – V. AUSSI, H. Marck et E. Rivé, « La recherche des bénéficiaires des contrats d'assurance sur la vie non réclamés et la réforme de l'acceptation du bénéficiaire (loi n° 2007-1775, 17 déc. 2007, et arrêt d'une chambre mixte de la Cour de cassation du 22 février 2008) », *AJ fam.* 2008. 114 s.

donataire de bonne foi d'un meuble est spécialement protégé, en dépit de l'absence d'accord du conjoint du donateur (sur les récompenses dues à la communauté, v. s^s n°s 144.11 s.).

138.43 Donation des gains et salaires. Dans le même esprit, la libre disposition des gains et salaires, affirmée à l'article 223 du Code civil, valide les donations dont ils font l'objet, sans qu'il y ait accord du conjoint. Mais se retrouvent alors les difficultés déjà rencontrées, relatives à la **qualification des gains et salaires.** S'il est certain que l'article 223 du Code civil ne concerne plus les acquêts et qu'en conséquence la donation de ceux-ci est soumise à la gestion conjointe de l'article 1422 alinéa 1er[1], la solution est plus imprécise s'agissant des **gains et salaires économisés.** La libre disposition des gains et salaires semble supposer une certaine instantanéité, tandis que, s'ils sont épargnés, la gravité d'une donation paraît imposer l'accord des deux époux[2], ne fût-ce que pour éviter le soupçon de fraude, ou de faute, qui pourrait naître (quant à la notion d'économies, et l'argument selon lequel, passé un mois, les gains et salaires deviendraient des biens communs soumis au régime général des acquêts, v. s^s n°s 141.161 à 141.166). Il n'en reste pas moins que l'époux qui aurait disposé de ses gains et salaires pour son profit personnel et, notamment pour en faire donation à un tiers, serait redevable d'une **récompense au profit de la communauté** (C. civ., art. 1437 – C. civ., art. 1417, al. 2, pour un don à une concubine).

§ 2
Actes graves (C. civ., art. 1424 et 1425)

138.50 Généralités. En dépit de la large autonomie accordée aux époux, il est ménagé un domaine qui recouvre les intérêts les plus importants du couple et où préside la gestion conjointe (*adde*, au titre du régime primaire, les droits par lesquels est assuré le logement de la famille et les meubles qui le garnissent, C. civ., art. 215, al. 3). Sont soumis à l'accord des deux époux les **actes de disposition** (C. civ., art. 1424) ou ces **actes d'administration spécifiques que sont les baux** (C. civ., art. 1425), **dès lors qu'ils ont pour objet des biens de grande valeur qui ne sont pas normalement destinés à la circulation** : les immeubles et certains meubles importants.

A.
Biens concernés

1°
Immeubles et meubles

138.51 Immeubles. Classiquement, les biens immobiliers sont traités comme des biens importants dont la disposition s'entoure de précautions. Il était donc logique que les immeubles fussent au premier rang des biens dont la gestion est conjointe. S'il n'y a pas de difficultés pour définir les **immeubles par nature**, des incertitudes apparaissent à propos des biens dont la qualification dépend pour partie de la volonté individuelle : les **immeubles par destination** et les **meubles par anticipation** (la mobilisation ou l'immobilisation suppose-t-elle une volonté conjointe, ou ressortit-elle à la gestion concurrente ?).

138.52 Exclusion des immeubles par destination. Pour ce qui concerne les immeubles par destination, une chose est sûre : l'affectation à une exploitation immobilière ou l'attache à perpétuelle demeure, qui ont pour effet d'immobiliser le meuble (C. civ., art. 524), peuvent être faites par un seul époux, car ce ne sont pas des actes comportant un risque pour la communauté. Mais la rupture de cette affectation, qui redonne au bien sa nature mobilière, requiert-elle l'accord des deux époux lorsqu'elle aboutit à une aliénation ? Les auteurs sont très partagés. Il semble cependant que la **disposition d'un immeuble par affectation doive échapper à la gestion conjointe.** Le caractère immobilier, d'ailleurs artificiel, du bien est principalement fait pour que l'accessoire mobilier suive les transferts dont le principal immobilier est l'objet, et non pour qu'il y soit indissolublement attaché; la remobilisation de l'immeuble par affectation (et non d'un immeuble par nature) doit constituer un acte d'administration. En outre, le tiers acquéreur de bonne foi peut être protégé grâce aux articles 222 et 2276 du Code civil (sous réserve du jeu de la fraude ou de la faute dans les rapports entre époux). Au surplus, lorsque cette rupture d'affectation est un acte nécessaire à l'exercice d'une profession séparée, elle devrait pouvoir entrer dans le domaine de la gestion exclusive (sous réserve de ne pas altérer la substance de l'immeuble, à l'instar de la solution adoptée en matière de fonds de commerce, v. s^s n° 138.61 – *Adde*, la situation des marchands de biens, v. s^s n° 137.33). Enfin, d'une manière très réaliste, la jurisprudence a privilégié la nature matérielle du bien, indépendamment de la

1. Civ. 1re, 22 oct. 1980, n° 79-14.138, *Bull. civ.* I, n° 267; *JCP* 1982. II. 19757, note R. Le Guidec; *Defrénois* 1982. 461, obs. G. Champenois; *RTD civ.* 1982. 132, obs. R. Nerson et J. Rubellin-Devichi.
2. Civ. 1re, 29 févr. 1984, n° 82-15.712, *Bull. civ.* I, n° 81; *D.* 1984. 601, note D.-R. Martin; *JCP* 1985. II. 20443, note R. Le Guidec; *Defrénois* 1984. 1074, obs. G. Champenois; *RTD civ.* 1985. 721, obs. J. Rubellin-Devichi.

validité de l'acte de mobilisation (mobilisation d'immeubles par nature sans le consentement de tous les coïndivisaires[1]).

138.53 Exclusion des meubles par anticipation. Quant aux meubles par anticipation, il semble qu'il faille, *a fortiori*, leur appliquer le **même raisonnement, sous réserve d'une requalification lorsque la mobilisation par anticipation** aboutit à altérer la substance de l'immeuble (sur un raisonnement similaire à propos des éléments du fonds de commerce, v. s^{s} n° 138.61). C'est ainsi que la mobilisation par anticipation est un acte d'administration exclu de la gestion conjointe, lorsqu'elle porte sur des fruits, mais qu'elle devrait être soumise à l'article 1424 du Code civil quand des produits en sont l'objet.

138.54 Meubles corporels immatriculés. Ces meubles, dont l'importance justifie un régime de publicité proche de celui établi en matière immobilière, sont les navires, bateaux et aéronefs. Les automobiles, dont l'immatriculation n'est qu'une formalité administrative (bien qu'elle serve de support au gage), ne sont pas des meubles immatriculés.

2°
Fonds et exploitations

138.61 Fonds de commerce. Comme pour les immeubles, la difficulté principale réside dans l'application de l'article 1424 du Code civil à des **éléments qui en sont détachés**. Nul doute que l'acte d'administration ou de disposition d'un élément secondaire et non substantiel au fonds de commerce peut être accompli par un seul époux (et entre même dans le domaine de sa gestion exclusive, si l'acte est nécessaire à la profession séparée, C. civ., art. 1421, al. 2 - v. s^{s} n° 137.31 - ainsi pour un **pas-de-porte**[2]). En revanche, la **cession d'une marque**, d'une **enseigne**, d'un **brevet**, qui emporterait **cession de clientèle** (dans une mesure difficile à établir) serait sans nul doute soumise au **consentement des deux époux.**

138.62 Éléments nécessaires à l'exploitation du fonds de commerce. L'article 2 de la loi n° 82-596 du 10 juillet 1982 va dans le même sens, en soumettant à **l'accord exprès du conjoint travaillant dans l'entreprise** la cession des éléments du fonds de commerce qui, « *par leur importance ou par leur nature, sont nécessaires à l'exploitation de l'entreprise* ». Ce texte pourrait sembler inutile, si son domaine était identique à celui de l'article 1424 du Code civil dont bénéficient tous les conjoints, y compris ceux qui ne collaborent pas à l'exploitation du fonds de commerce. Mais il n'est pas évident de distinguer, de façon générale et abstraite, les **éléments nécessaires à l'exploitation** (au sens de L. 10 juill. 1982) et ceux qui sont **substantiels au fonds de commerce** (d'après C. civ., art. 1424)...

138.63 Exploitations. L'article 1424 du Code civil mentionne, parmi les biens soumis à la gestion conjointe, les « *exploitations* », alors même que ces exploitations ne constituent pas, juridiquement et en tant que telles, des biens. Quatre types d'exploitation peuvent être envisagés. Tout d'abord, les **exploitations agricoles**, qui sont déjà protégées par ailleurs (si c'est une exploitation en propriété, elle est protégée en qualité d'immeuble - si elle repose sur un bail rural, C. civ., art. 1425, v. s^{s} n° 136.41). Ensuite, les **exploitations artisanales**, pour lesquelles on doit raisonner par analogie avec le fonds de commerce (éléments d'exploitation qui supportent la clientèle artisanale; application de L. 10 juill. 1982, art. 2, préc., s^{s} n° 138.61, qui exige l'accord du « *conjoint travaillant dans l'entreprise* » pour les aliénations d'éléments de l'entreprise artisanale qui sont nécessaires à son exploitation). Il serait peut-être opportun de comprendre, parmi les **exploitations**, celles d'un **droit de propriété industrielle**; en effet, les auteurs s'accordent à considérer, souvent pour le déplorer, que ces droits, exclus de la liste limitative de l'article 1424 du Code civil, ressortissent à la gestion conjointe ou exclusive.

138.64 Fonds libéraux. En outre, on pourrait envisager d'embrasser dans les exploitations visées à l'article 1424 du Code civil les **exploitations civiles libérales**[3]. Cependant, une réserve doit être faite si la clientèle civile est considérée comme un bien propre par nature et si sa valeur seule est commune. Par ailleurs, le caractère propre du titre d'officier ministériel semble exclure l'application de l'article 1424 qui ne concerne que les biens communs. En la matière et en particulier en ce qui concerne la cession d'offices ministériels, la jurisprudence du fond utilise la **distinction classique entre le titre et la finance** (v. s^{s} n° 137.12).

Ainsi, si un notaire peut disposer seul de son titre, il ne peut vendre son étude sans l'accord de son épouse celle-ci ayant un droit sur la finance[4]. Par ailleurs, un

1. Cass., ass. plén., 15 avr. 1988, n° 85-10.262, *Bull. ass. plén.*, n° 4; *R.* 198; *D.* 1988. 325, concl. Cabannes, note Maury; *JCP* 1988. II. 21066, rapp. Grégoire, note J.-F. Barbiéri; *RTD civ.* 1989. 345, obs. F. Zenati.
2. Civ. 1re, 4 mars 1986, n° 85-10.560, *Bull. civ.* I, n° 50; *JCP* 1987. II. 20717, note M. Henry; *JCP N* 1986. 245, note Ph. Simler; *Defrénois* 1987. 1500, obs. G. Champenois.
3. AINSI, Civ. 1re, 15 mai 1974, n° 72-14.668, *Bull. civ.* I, n° 148; *JCP* 1975. II. 17910, note A. Ponsard.
4. TGI Paris, 19 nov. 1987, *Defrénois* 1988. 931, obs. G. Champenois – Besançon, 8 nov. 2001, *JCP* 2002. I. 167, n° 7, note crit. Ph. Simler.

mari a été autorisé à céder ses parts sociales communes de la SCP titulaire d'un office notarial, en passant outre le refus de sa femme. Les juges du fond l'ont, en effet, autorisé à passer seul l'acte de cession en retenant que, compte tenu des circonstances, son âge et son état, il pouvait aspirer à la retraite et que l'opposition de l'épouse n'était pas justifiée par l'intérêt de la famille. Par ailleurs, les juges du fond relèvent non seulement que le prix de cession était correct mais, qu'en outre, cette aliénation permettait à la communauté de bénéficier de dispositions fiscales avantageuses[1].

La reconnaissance en 2000 par la Cour de cassation de la notion de « *fonds libéral* »[2] pourrait changer le fondement de cette solution tout en maintenant, semble-t-il, le principe de la gestion conjointe.

3°
Sociétés et droits sociaux

138.71 **Sociétés.** Enfin, si l'entreprise emprunte la forme sociale, elle ne peut en tant que telle être considérée comme une exploitation au sens de l'article 1424 du Code civil. Non seulement, l'exploitation n'est pas un bien commun mais appartient à la société, personne morale (en revanche, s'il s'agissait d'une société en participation, l'art. 1424 retrouverait vocation à s'appliquer), mais encore, les actes portant sur les titres sociaux sont spécialement envisagés (pour les droits sociaux non négociables, v. s[s] n° 138.72; pour ceux qui sont négociables, ils sont exclus de la gestion conjointe).

138.72 **Droits sociaux non négociables.** Les droits sociaux non négociables sont ceux qui ne peuvent être cédés par les formes simplifiées du droit commercial. Il s'agit donc des **parts d'intérêt** (sociétés commerciales de personnes et sociétés civiles – v. par ex. pour une cession de parts de SCI[3]) et des **parts sociales** (SARL), à supposer qu'elles ne soient pas des biens propres. De ce point de vue, l'article 1424 du Code civil vient faire en quelque sorte le pendant, quant à l'aliénation, de l'article 1832-2 qui concerne l'acquisition (à la différence importante que ce dernier texte n'impose pas une acquisition conjointe).

En revanche, **les titres négociables**, destinés d'ailleurs à être facilement et rapidement échangés, **échappent à la gestion conjointe** (*adde*, lorsque les titres sont déposés sur un compte, C. civ., art. 221).

138.73 **Transformation de la société.** Lorsqu'il y a transformation d'une société d'où il résulte que les droits sociaux, qui n'étaient pas initialement négociables, le deviennent, l'accord du conjoint devrait être requis. Certes, en cas de transformation d'une société, il n'y a pas création d'une personne morale nouvelle (C. civ., art. 1844-3); toutefois, la **modification substantielle des droits sociaux** semble imposer **l'accord du conjoint, dès lors qu'un bien normalement soumis à la gestion conjointe, y échappe** par suite de son altération. Le consentement du conjoint se portera donc sur le **vote relatif à la transformation de la société.**

B.
Actes concernés

138.80 **Présentation.** Tous les actes relatifs aux biens qui viennent d'être énumérés ne sont pas soumis à la gestion conjointe : les actes d'administration courante (*adde*, les actes conservatoires) peuvent être accomplis concurremment par l'un ou l'autre époux (voire de façon exclusive, s'ils sont nécessaires à l'exercice d'une profession séparée). Seuls, ceux qui sont **les plus graves, en ce qu'ils affectent la composition du patrimoine commun** par le truchement de ces biens essentiels, nécessitent la collaboration des deux époux. Il s'agira des **actes de disposition (aliénation volontaire et constitution de droits réels)** (1°) ou d'actes dont la nature est discutée : la **perception des fonds en contrepartie de la disposition** et la **dation à bail** (2°).

1°
Aliénation volontaire et constitution de droits réels

138.81 **Aliénation volontaire.** Sont soumis à la gestion conjointe les actes qui emportent aliénation volontaire des biens qui ont été précédemment envisagés (sur les aliénations forcées, v. s[s] n° 138.94). Au premier rang de ces actes de disposition se trouve la **vente** (et donc la **promesse synallagmatique de vente,** dite **compromis de vente,** C. civ., art. 1589[4]).

1. Lyon, 1re ch. civ., sect. B, 26 mai 2009, *Juris-Data* n° 2009-010747; *JCP* 2010. 487, obs. Ph. Simler, G. Wiederkehr, Storck et A. Tisserand-Martin.
2. Civ. 1re, 7 nov. 2000, n° 98-17.731, *Bull. civ.* I, n° 283; *D.* 2001. 2400, note Y. Auguet; Somm. 3081, obs. J. Penneau; Chron. 2295, obs. Serra; *D.* 2002. Somm. 930, obs. O. Tournafond; *JCP* 2001. II. 10452, note F. Vialla; I. 301, n° 16, obs. J. Rochfeld; *JCP E* 2001. 419, note G. Loiseau; *Defrénois* 2001. 431, note R. Libchaber; *RTD civ.* 2001. 130, obs. J. Mestre et B. Fages; et 167, obs. T. Revet; *RDSS* 2001. 317, obs. G. Mémeteau.
3. Civ. 1re, 30 mars 1999, n° 97-16.252, *Bull. civ.* I, n° 111; *Defrénois* 1999. 807, obs. G. Champenois; *Gaz. Pal.* 2000. Somm. 361, obs. G. Dahan – Civ. 1re, 9 nov. 2011, n° 10-12.123, *Bull. civ.* I, n° 201; *D.* 2011. 2868; *D.* 2012. 483, note V. Barabé-Bouchard; *JCP N* 2012, n° 1107, p. 43, note Boulanger.
4. Civ. 3e, 13 mars 1974, n° 73-11.811, *Bull. civ.* III, n° 119; *JCP* 1975. II. 17936, note M. Dagot – V. AUSSI, Nancy, 11 avr. 1994, *Dr. fam.* 1998, n° 12, obs. B. Beignier – RAPPR., quant au logement familial, Civ. 1re, 6 avr. 1994, n° 92-15.000, NP; *JCP* 1995. I. 3821, n° 1, obs. G. Wiederkehr.

Y figure également la **promesse unilatérale de vente**, parce que l'aliénation est d'ores et déjà voulue par l'époux promettant et que la vente ne dépend plus que du bénéficiaire (notification de la vente d'un fonds rural à la Safer[1]). En revanche, une promesse unilatérale d'achat, comme l'achat lui-même, n'impose pas l'accord du conjoint. Un **contrat d'entremise**, par lequel un époux confie à un agent immobilier la recherche d'un acquéreur portant sur un bien commun, ne requiert pas l'accord des deux époux. La rémunération de l'agent est donc due[2].

Parce qu'il y a de la même manière transfert du droit réel, sont soumis à la gestion conjointe de l'article 1424 du Code civil, **l'échange**[3], ou **l'apport en société** (si la société a reçu la personnalité morale, faute de quoi, il n'y aurait pas transfert. - *Adde*, l'information du conjoint, C. civ., art. 1832-2). De la même manière, le consentement des deux époux est requis pour la signature d'un procès-verbal de bornage dès lors qu'il a pour conséquence un abandon d'une partie de parcelle commune[4].

La loi n° 2008-776 du 4 août 2008, sur la modernisation de l'économie[5], a ajouté un alinéa second à l'article 1424 du Code civil. Désormais, le **transfert d'un bien de la communauté dans le patrimoine fiduciaire** requiert le consentement des deux époux.

138.82 Aliénation de droits réels. Bien que l'article 1424 ne soit guère explicite, il y a lieu d'y soumettre les **aliénations de droits réels appartenant à la communauté** qui portent sur les biens énumérés. La solution est certaine pour les **droits réels immobiliers (usufruit, servitude, hypothèque, droits de l'emphytéote, du preneur à construction, *etc.*, appartenant à la communauté** : l'article 1424 envisage en effet l'aliénation des immeubles ce qui, dans un sens juridique, doit se comprendre de tous les droits immobiliers); elle doit être étendue, semble-t-il, aux **droits réels mobiliers appartenant à la communauté et grevant un des biens visés au texte (nantissement d'un fonds de commerce, de parts sociales,** *etc.*).

1. Civ. 3e, 5 nov. 1974, n° 73-12.761, *Bull. civ.* I, n° 401 – Civ. 1re, 2 juin 1981, n° 79-14.396, *Bull. civ.* III, n° 187; *Defrénois* 1981. 1320, obs. G. Champenois; *RTD civ.* 1982. 414, obs. R. Nerson et J. Rubellin-Devichi – Civ. 1re, 30 avr. 1985, n° 84-10.512, *Bull. civ.* I, n° 135; *JCP* 1986. II. 20653, note M. Dagot.
2. Civ. 1re, 20 nov. 2013, n° 12-26.128, *Bull. civ.* I [à paraître]; *JCP N* 2013. Actu. 1184.
3. Montpellier, 7 mai 2002, *JCP* 2003. I. 111, n° 12, obs. Ph. Simler.
4. Civ. 3e, 4 mars 2009, n° 07-17.991, *Bull. civ.* III, n° 57; *AJ fam.* 2009. 226, obs. P. Hilt; *D.* 2009. 2511, obs. V. Brémond, M. Nicod et J. Revel; *JCP* 2009. I. 140, n° 12, obs. Ph. Simler; *RDC* 2009. 1174, obs. S. Gaudemet.
5. L. n° 2008-776, 4 août 2008, de modernisation de l'économie, *JO* 5 août, p. 12471.

138.83 Impact de certaines clauses contractuelles. Il y a lieu de soumettre à la gestion conjointe toutes les aliénations volontaires, nonobstant certaines clauses qui en affectent l'accomplissement (dédit et arrhes, C. civ., art. 1590 - rachat, C. civ., art. 1659), ne fût-ce que pour permettre au conjoint de les exercer pleinement (sur l'engagement du conjoint, v. ss n° 138.112). En revanche, si est insérée une clause résolutoire, son effet rétroactif en cas de réalisation empêche toute aliénation et l'article 1424 n'a plus lieu de s'appliquer (pour une clause d'accroissement[6] - v. ss nos 138.34 et 138.35).

138.84 Constitution de droits réels. En raison du danger qu'elles présentent et de l'atteinte au droit réel qu'elles entraînent, les **constitutions de droits réels grevant les biens visés à l'article 1424** du Code civil doivent résulter de **l'accord des deux époux.** Cela concerne, tant les **constitutions de droits réels démembrés de la propriété (usufruit, usage et habitation** - outre l'application de l'article 215 du Code civil si cela aboutit à disposer des droits par lesquels est assuré le logement de la famille, *adde*, les servitudes), que les **droits réels accessoires à une créance (hypothèque**[7], **gage, nantissement** - *Adde*, les baux conférant droit réel : **bail emphytéotique** ou **bail à construction,** *etc.*). Quant à la modification de l'assiette d'une servitude régulièrement constituée, un arrêt a jugé - un peu trop sévèrement - que l'opération constituait un acte de disposition[8].

Un **procès-verbal de bornage amiable** doit être signé par les deux époux à peine de nullité. Dans une affaire, les époux étaient assignés par un voisin pour obtenir l'exécution d'un procès-verbal de bornage amiable visant à faire cesser un empiétement. Il a été jugé que cette renonciation à l'occupation de fait d'une portion de terrain relevait de la cogestion[9].

2°
Perception de fonds en contrepartie d'actes de disposition et dation à bail

138.91 Perception corrélative des fonds. Par réalisme, l'article 1424 du Code civil soumet à la gestion conjointe la **perception des capitaux prove-**

6. V. Civ. 1re, 11 janv. 1983, n° 81-16.307, *Bull. civ.* I, n° 15; *D.* 1983. 501, note C. Larroumet; *JCP* 1984. II. 20127, note F. Boulanger; *Defrénois* 1983. 985, obs. G. Morin; *JCP N* 1983. 329, note R. Brochard; *JCP N* 1984. 247, note S. Lemoine.
7. Civ. 1re, 29 janv. 1975, n° 73-12.720, *Bull. civ.* I, n° 37; *JCP* 1975. II. 18081, note J. Patarin.
8. Toulouse, 22 mars 1999, *JCP* 1999. I. 245, n° 19, obs. Ph. Simler.
9. Civ. 3e, 4 mars 2009, n° 07-17.991, *Bull. civ.* III, n° 57; *D.* 2009. 37, note J. Revel; *JCP* 2009. I. 140, n° 12, obs. Ph. Simler; *AJ fam.* 2009. 226, obs. P. Hilt; *AJDI* 2010. 68, obs. S. Prigent; *RDC* 2009. 1174, obs. S. Gaudemet.

nant de ces actes de disposition, qui en sont la cause et la finalité. Ainsi, le paiement doit être fait aux deux époux, à peine de nullité (sauf mandat donné à l'un d'eux de les percevoir, s^s^ n° 138.102, ce qui pourra être spécialement utile dans les cas de paiements échelonnés).

La Cour de cassation rappelle fréquemment que dans le cadre d'une opération exigeant la cogestion, un **double accord des époux** est requis tout d'abord quant à la **conclusion du contrat** et ensuite quant à la **perception du prix**; ces deux accords doivent être nettement distingués[1]. Cet arrêt, par ailleurs, rappelle qu'il appartenait au contractant de l'époux de démontrer que la communauté avait tiré profit du paiement irrégulier et non à l'époux qui critique l'affectation d'apporter la preuve que la réception individuelle des fonds a nui aux intérêts communs. En revanche, une fois les fonds perçus, ils sont soumis à la gestion concurrente, à l'instar de tous les biens communs, sauf peut-être si l'accord des conjoints s'étend à l'utilisation de ces fonds pour la prévoir et l'imposer.

138.92 Baux portant sur un fonds rural ou sur un immeuble commercial. L'article 1425 du Code civil dispose que « *les époux ne peuvent, l'un sans l'autre, donner à bail un fonds rural ou un immeuble à usage commercial, industriel ou artisanal dépendant de la communauté* » (pour les autres baux et leur sujétion aux règles applicables à l'usufruitier, v. s^s^ n°s 136.42 et 136.43). Selon ce texte, la **gestion conjointe** n'est pas seulement applicable aux baux ruraux ou commerciaux (pour une illustration[2]), mais à **tous les baux qui portent sur un fonds rural ou sur un immeuble à usage commercial, industriel ou artisanal.** En revanche, la gestion conjointe ne concerne que ces baux; c'est pourquoi la location-gérance d'un fonds de commerce peut être faite par un seul époux car il ne s'agit pas de la cession du fonds de commerce de l'article 1424 du Code civil, ni d'un bail sur un immeuble à usage commercial, d'après l'article 1425[3] (v. s^s^ n° 136.31). À la différence de l'article 1424 du Code civil, la gestion conjointe ne s'étend pas à la perception des capitaux provenant des baux, qu'il s'agisse des loyers ou des autres contreparties financières (lesquels pourront donc être perçus par chaque époux, indistinctement).

138.93 Consentement exprès du conjoint. En outre, si le conjoint travaille dans l'entreprise, au sens de l'article 2 de la loi du 10 juillet 1982 (en qualité de **collaborateur** ou de **salarié**), le **bail du fonds de commerce** (y compris donc la **location-gérance**) **ou de l'entreprise artisanale** supposera son **consentement exprès**, tant pour la **conclusion du bail** que pour la **perception des capitaux** provenant de telles opérations (le législateur n'avait vraisemblablement pas entendu soumettre à la gestion conjointe la perception des loyers; cependant, à s'en tenir à la lettre de l'art. 2, elle doit recevoir l'accord du conjoint).

138.94 Caractère volontaire de l'acte. L'article 1424 du Code civil, s'il exige le consentement des deux époux quant à la disposition de certains biens importants, ne rend pas pour autant ces derniers insaisissables; il **ne concerne que les actes volontaires, mais non les aliénations forcées** (par un syndic, lors d'une procédure collective[4]), **ni *a fortiori* les sûretés judiciaires**[5] (à propos d'une hypothèque judiciaire provisoire[6] – *Adde*, pour une saisie immobilière en exécution d'un cautionnement consenti par un seul époux[7]).

Par ailleurs, à la suite de plusieurs revirements, la Cour de cassation considère désormais que la **demande de conversion en vente volontaire d'une adjudication sur saisie d'un bien immobilier commun** est un **acte d'administration**[8] (pour un cas où une telle demande de conversion avait été qualifiée d'acte de disposition soumis à cogestion[9]– *contra*, pour un autre, où il était décidé que la demande de conversion s'analysait en un acte de pure administration exclu du champ d'application de l'article 1424 du Code civil[10]).

À cet égard, l'article 2201 nouveau du Code civil, issu de l'ordonnance n° 2006-461 du 21 avril 2006

1. Civ. 1re, 30 oct. 2006, n° 03-20.589, *Bull. civ.* I, n° 445; *D.* 2007. Pan. 2126, obs. V. Brémond; *JCP* 2007. I. 142, n° 23, obs. Ph. Simler; *JCP N* 2007. Étude 1158, obs. J.-C. Mahinga; *AJ fam.* 2006. 466, obs. P. Hilt; *RJPF* 2007. 16, obs. F. Vauvillé; *RTD com.* 2007. 182, obs. M.-H. Monsérié-Bon.
2. Civ. 3e, 19 mai 1981, n° 79-14.882, *Bull. civ.* III, n° 100 – Civ. 3e, 27 mars 2002, n° 00-20.732, *Bull. civ.* III, n° 77; *D.* 2002. 2400, note H. Kenfack; *JCP* 2003. I. 111, n° 13, obs. Ph. Simler; *AJDI* 2002. 376, obs. J.-P. Blatter; *CCC* 2002, n° 111, obs. M. Malaurie-Vignal; n° 155, obs. L. Leveneur; *RTD com.* 2002. 457, obs. Y. Saintourens; 2003. 273, obs. J. Monéger.
3. Civ. 1re, 16 mai 2000, n° 98-12.894, NP; *Dr. fam.* 2000, n° 114, obs. B. Beignier.
4. Civ. 1re, 12 oct. 1977, *D.* 1978. 333, note Y. Chartier – Civ. 1re, 21 nov. 1978, n° 77-13.426, *Bull. civ.* I, n° 352; *D.* 1979. 365, note M. Jeantin; *JCP* 1979. II. 19204, note J. Patarin; *Defrénois* 1979. 493, obs. G. Champenois.
5. Civ. 1re, 16 déc. 1980, n° 79-10.921, *Bull. civ.* I, n° 331.
6. Civ. 1re, 5 févr. 1985, n° 83-14.697,*Bull. civ.* I, n° 53.
7. Civ. 1re, 29 janv. 1975, n° 73-12.720, préc. s^s^ n° 138.84; *JCP* 1975, II, 18081, note J. Patarin.
8. Civ. 2e, 11 janv. 2007, n° 04-18.792, *Bull. civ.* II, n° 1; *D.* 2007. Pan. 2126, obs. J. Revel; *AJDI* 2007. 223; *AJ fam.* 2007. 147, obs. P. Hilt; *JCP* 2007. I. 142, n° 21, obs. Ph. Simler; *Dr. et proc.* 2007. 170, note A. Leborgne.
9. Civ. 1re, 15 avr. 1970, n° 68-13.215, *Bull. civ.* I, n° 125; *D.* 1971. 143, note A. Ponsard; *JCP* 1970. II. 16475, note J. Patarin.
10. Civ. 1re, 31 mai 1989, n° 87-10.647, *Bull. civ.* I, n° 220.

portant réforme de la saisie immobilière[1], prévoit désormais qu'à l'initiative du saisi, les biens peuvent être vendus à l'amiable et non par adjudication; on peut en déduire, à l'occasion de cette nouvelle jurisprudence, que l'autorisation judiciaire de vendre les biens saisis à l'amiable peut être diligentée par chacun des époux agissant seul, une telle requête s'analysant comme un acte d'administration, la vente de l'immeuble n'étant qu'une conséquence de la procédure de saisie immobilière. Enfin, l'article 2195 du Code civil dispose que **la saisie des immeubles communs est poursuivie contre les deux époux** (v. s^s n° 136.33, pouvoir d'ester en justice). Il n'en reste pas moins que des difficultés peuvent s'élever lorsque les époux ne partagent pas la même position procédurale[2].

La réforme de la saisie immobilière, entrée en vigueur le 1er janvier 2007, n'est pas applicable aux procédures de saisies immobilières ayant donné lieu, avant son entrée en vigueur, au dépôt du cahier prévu à l'article 688 du Code de procédure civile (pour un aperçu de la réforme de la saisie immobilière[3]).

138.95 Actes *dangereux* qui ne sont pas soumis à la gestion conjointe. Certains actes, pourtant considérés comme dangereux (C. civ., art. 1415 - v. s^s n°s 141.200 s., quant à l'engagement réduit de la communauté) ne sont pas soumis à la gestion conjointe. Ainsi en est-il du **cautionnement**[4]. De même quant à **l'emprunt**, à moins bien entendu qu'il soit garanti, sous condition résolutoire, par une hypothèque (mais non s'il est garanti par le privilège du prêteur de deniers, v. s^s n° 141.214).

138.96 Cas particulier du cautionnement réel depuis la réforme des sûretés. Cependant, l'article 1422 du Code civil a été étoffé d'un alinéa 2 par l'ordonnance du 23 mars 2006[5] : « *Ils* [les époux] *ne peuvent non plus, l'un sans l'autre, affecter l'un de ces biens* [les biens de la communauté] *à la garantie de la dette d'un tiers* ». Cette nouvelle disposition issue de la réforme des sûretés précise que **les époux ne peuvent, l'un sans l'autre, affecter un bien commun à la garantie de la dette d'un tiers.** L'hypothèse visée par le législateur est principalement celle du **cautionnement réel** relevant désormais du **domaine de la cogestion.** Cette modification a entendu couper court aux conséquences patrimoniales d'un arrêt émanant de la chambre mixte du 2 décembre 2005 refusant l'application de l'article 1415 du Code civil au domaine du cautionnement réel[6]. Désormais, le cautionnement réel auquel les deux époux n'ont pas consenti est nul.

En ce qui concerne l'application de la loi dans le temps, la Cour de cassation a rappelé que la loi ne disposait que pour l'avenir et n'avait pas d'effet rétroactif, de sorte que le texte nouveau ne s'applique pas aux contrats en cours au jour de son entrée en vigueur[7].

SECTION 3

RÉGIME DE LA GESTION CONJOINTE DES BIENS COMMUNS : CONSENTEMENT DES DEUX CONJOINTS

§ 1

Modalités du double consentement

138.101 Consentements préalables ou concomitants. Il n'y a aucune difficulté lorsque les deux

1. Ord. n° 2006-461, 21 avr. 2006, portant réforme de la saisie immobilière, *JO* 22 avr., p. 6072.
2. Pour un ex. Civ. 2e, 21 sept. 2000, n° 97-21.905, *Bull. civ.* II, n° 132; *D.* 2001. Somm. 2934, obs. M. Nicod; *Gaz. Pal.* 4-5 janv. 2002, p. 11, obs. du Rusquec.
3. A. Leborgne, « Les formalités et actes préparatoires », dossier *Saisie immobilière*, *D.* 2007. Chron. 238 – H. Croze et Ch. Laporte, « Réforme de la saisie immobilière », *JCP* 2006. Actu. 236 – Ch. Laporte, « La nouvelle saisie immobilière : première approche du décret du 27 juillet 2006 », *Procédures* 2006. Étude 22 – Ch. Laporte, « Réforme de la saisie immobilière et de la distribution du prix de vente de l'immeuble », *Procédures* 2006. Étude 20.
4. Civ. 2e, 22 janv. 1976, n° 74-14.683, *Bull. civ.* II, n° 22 – Civ. 1re, 29 janv. 1975, n° 73-12.720, préc. s^s n°s 138.84 et 138.94.
5. Ord. n° 2006-346, 23 mars 2006, relative aux sûretés, *JO* 24 mars, p. 4475.
6. Cass., ch. mixte, 2 déc. 2005, n° 03-18.210, *Bull. ch. mixte*, n° 7; *R.* 214; *BICC* 15 janv. 2006, rapp. Foulquié, concl. J. Sainte-Rose; *AJ fam.* 2006. 113, obs. P. Hilt; *D.* 2006. 729, concl. J. Sainte-Rose; Jur. 733, note L. Aynès; AJ 61, obs. V. Avena-Robardet; Pan. 1414, obs. J.-J. Lemouland et D. Vigneau; Pan. 2856, obs. P. Crocq; *JCP* 2005. II. 10183, note Ph. Simler; *JCP E* 2006. 1056, note S. Piedelièvre; *Defrénois* 2006. 586, obs. R. Libchaber; et 1601, obs. G. Champenois; *Dr. et patr.* févr. 2006. p. 128, obs. P. Dupichot; *Dr. fam.* 2006. Étude 13, obs. B. Beignier; *RJPF* 2006-5/22, note F. Vauvillé; *RTD civ.* 2006. 357, obs. B. Vareille; et 594, obs. P. Crocq; *RTD com.* 2006. 465, obs. D. Legeais – Ph. Simler, « Le cautionnement hypothécaire est-il un cautionnement ? », [note s^s arrêt préc.], *JCP N* 2006. 1009 – F. Vauvillé, « L'article 1415 du Code civil ne s'applique plus au cautionnement réel, désormais soumis à cogestion », *RJPF* 2006-5/14.
7. Civ. 1re, 20 févr. 2007, n° 06-10.217, *Bull. civ.* I, n° 65; *AJ fam.* 2007. 229, obs. P. Hilt; *D.* 2007. AJ 937, obs. V. Avena-Robardet; Pan. 2128, obs. J. Revel; *JCP* 2007. I. 142, n° 20, obs. Ph. Simler; *JCP E* 2008. 1072, note S. Hovasse; *Dr. fam.* 2007, n° 89, note B. Beignier; *RJPF* 2007-5/28, obs. F. Vauvillé; *RLDC* 2007/42, n° 2698, note C. Corgas-Bernard; *LPA* 31 mai 2007, note P. Berlioz; *LPA* 6 août 2007, note D. Houtcieff.

époux expriment ensemble leur consentement lors de la conclusion de l'acte soumis à la gestion conjointe d'après les dispositions des articles 1424 et 1425 du Code civil; de même lorsqu'un époux a préalablement donné son accord. En outre, aucune forme précise n'est requise et doivent donc s'appliquer les règles de droit commun quant à la validité et quant à la preuve de l'acte (à propos de C. civ., art. 215, al. 3, qui impose les mêmes conditions de consentement, v. un arrêt où est admis un consentement antérieur et certain, bien que non écrit[1]).

138.102 Consentement par mandat spécial et précis. Il ne fait pas de doute qu'un époux peut donner à son conjoint mandat d'accomplir un acte pour lequel leurs deux consentements sont requis (mais les limites du mandat doivent être respectées[2]). Toutefois, pour ne pas vider la gestion conjointe de sa substance par la pratique de mandats généraux, la jurisprudence pose **plusieurs conditions**. Le mandat doit être **spécial** (pour une donation[3]) : il doit **viser précisément la conclusion de l'acte** (et pas seulement son éventualité[4]) dans ses **modalités essentielles** (tel le mode de paiement du prix[5]).

Ces mêmes considérations doivent inviter à la plus grande circonspection s'agissant des **mandats tacites et apparents** : parfois admis[6], ils doivent cependant être certains et dépourvus de toute ambiguïté (v., une espèce alors que la femme, restée silencieuse, était physiquement présente lors de la conclusion de l'acte par son mari[7]).

Par ailleurs, il est rappelé que **l'attitude passive de l'époux** ne peut valoir mandat apparent[8].

L'intervention du notaire notifiant à la Safer l'intention d'un époux de vendre des parcelles communes ne crée pas nécessairement l'apparence du consentement des deux époux à l'acte d'aliénation[9].

138.103 Consentement ultérieur : ratifications. Deux hypothèses de ratifications sont concevables. La première est la **confirmation de l'acte nul** (puisque le dépassement des pouvoirs d'un époux sur les biens communs est sanctionné par la nullité relative[10] [v. s^s n° 139.52] et que la ratification est expressément prévue [C. civ., art. 1427, al. 1er]). Si un époux a passé seul un acte pour lequel l'accord de son conjoint était aussi requis, ce dernier pourra confirmer l'acte (pour une confirmation résultant d'un comportement univoque d'un conjoint[11]). La seconde hypothèse concevable est celle de la **ratification d'une promesse de porte-fort.** Si un seul époux a conclu l'acte et s'est porté fort pour son conjoint, ce dernier, d'après les règles de droit commun de l'article 1120 du Code civil, pourra ratifier (v. cep. la solution singulière en cas d'absence de ratification, s^s n° 139.51).

1. Civ. 1re, 13 avr. 1983, n° 82-11.121, *Bull. civ.* I, n° 120; *Defrénois* 1983. 1339, obs. G. Champenois.
2. Civ. 1re, 17 juin 1981, n° 80-11.140, *Bull. civ.* I, n° 222; *JCP* 1982. II. 19809, note J. Patarin; à propos d'un mandat concernant la donation de la nue-propriété et non de la pleine propriété.
3. Civ. 1re, 29 juin 1983, n° 82-13.058, *Bull. civ.* I, n° 192; *Defrénois* 1984. 442, obs. G. Champenois.
4. Civ. 1re, 16 juill. 1985, n° 83-17.393, *Bull. civ.* I, n° 223; *Defrénois* 1985. 1470, obs. G. Champenois; *JCP N* 1986. 71, note Ph. Simler – Quant à l'étendue du mandat v. Civ. 1re, 17 juin 1981, n° 80-11.140, préc. s^s n° 138.102.
5. Civ. 3e, 8 janv. 1992, n° 90-11.921, *Bull. civ.* III, n° 8; *D.* 1993. Somm. 220, obs. F. Lucet.
6. Civ. 1re, 14 déc. 1976, n° 75-12.426, *Bull. civ.* I, n° 403; *JCP* 1978. II. 18864, note J. Monéger; *Defrénois* 1977. 928, obs. G. Champenois; *RTD civ.* 1977. 570, obs. G. Cornu – Civ. 1re, 11 mars 1986, n° 84-12.940, *Bull. civ.* I, n° 67; *Defrénois* 1987. 404, obs. J.-L. Aubert.
7. Civ. 1re, 24 mars 1981, n° 79-14.965, *Bull. civ.* I, n° 99; *JCP* 1982. II. 19746, note R. Le Guidec; *Defrénois* 1982. 1652, obs. G. Champenois; *RTD civ.* 1981. 854, obs. G. Durry; *RTD civ.* 1982. 405, obs. R. Nerson et J. Rubellin-Devichi; *RTD civ.* 1983. 346, obs. G. Durry – Civ. 1re, 28 mars 1984, n° 83-10.848, *Bull. civ.* I, n° 119; *JCP* 1985. II. 20430, note M. Henry – Civ. 1re, 28 nov. 2006, n° 04-19.058, NP; *Dr. fam.* 2007, n° 16, 4e esp., note B. Beignier; *RTD civ.* 2007. 379, note B. Vareille – Aix-en-Provence, 11 avr. 2007, RG n° 06/16950, *Raillon c/Achard et Morel ép. Achard*; sur cet arrêt : C. Siffrein-Blanc, « Le mandat tacite peut-il contourner les règles de cogestion issues de l'article 1424 du Code civil ? » *RJPF*-2007-9/17, p. 20.
8. Civ. 1re, 31 mars 2010, n° 08-19.649, *Bull. civ.* I, n° 81; *AJ fam.* 2010. 335, note P. Hilt; *Dr. fam.* 2010, n° 83, note B. Beignier.
9. Civ. 3e, 13 mai 2009, n° 08-16.720, *Bull. civ.* III, n° 110; *JCP* 2009, n° 212, note Barbieri; 2010, n° 487, § 14, obs. Ph. Simler; *AJDI* 2009. 728, obs. S. Porcheron; *Defrénois* 2010. 616, note G. Champenois.
10. Civ. 1re, 4 déc. 2001, n° 99-15.629, *Bull. civ.* I, n° 303; *D.* 2002. 2217, note G. Bonnet; Somm. 2442, obs. M. Nicod; *JCP* 2002. II. 10059, note J. Casey; *JCP* 2002. I. 167, n° 10, obs. Ph. Simler; *Defrénois* 2002. 1319, obs. G. Champenois; *LPA* 21 juin 2002, note J.-L. Courtier; *Dr. fam.* 2002, n° 23, obs. B. Beignier; *RJPF* 2002-4/27, obs. F. Vauvillé : « Attendu que les actes accomplis par un époux, hors des limites de ses pouvoirs, relèvent de l'action en nullité de l'article 1427 du Code civil soumise à la prescription de deux ans et non des textes frappant les actes frauduleux, lesquels ne trouvent à s'appliquer qu'à défaut d'autre sanction [...] ».
11. Civ. 1re, 17 mars 1987, n° 85-11.507, *Bull. civ.* I, n° 95; *Defrénois* 1987. 1190, obs. G. Champenois – *Adde*, Civ. 3e, 8 janv. 1992, n° 90-11.921, *Bull. civ.* III, n° 8; *D.* 1993. Somm. 220, obs. F. Lucet – Civ. 1re, 12 juill. 1994, n° 92-17.197, *Bull. civ.* I, n° 246; *D.* 1995. Somm. 326, obs. F. Lucet; *JCP* 1995. I. 3821, n° 18, obs. Ph. Simler; *RTD civ.* 1996. 464, obs. B. Vareille.

§ 2
Portée du consentement

138.111 Principe du double engagement. En principe, ayant des droits égaux sur les biens communs, les deux époux seront coparties à l'acte pour la formation duquel leurs deux consentements sont nécessaires. C'est ainsi que, selon les cas, ils seront covendeurs, codonateurs, cobailleurs, *etc.* (quant aux effets de ce double engagement, v. s^{s} n° 141.31).

138.112 Autorisation sans engagement. Un époux peut néanmoins donner son consentement à la conclusion d'un acte sans pour autant vouloir en être partie. Il semble que cette possibilité de **simple autorisation sans engagement** soit possible (la doctrine l'admet unanimement). En effet, la gestion conjointe est conçue pour **protéger le conjoint** et **non pour le contraindre**; or, en matière de gestion concurrente, l'acte passé par un seul époux est opposable au conjoint, sans que ce dernier soit personnellement engagé; la même possibilité doit lui être offerte pour les actes des articles 1422 alinéa 1er, 1424 et 1425 du Code civil (spécialement pour ce qui concerne l'article 1422 alinéa 1er du Code civil, la donation, autorisée par le conjoint, pouvant n'être faite que par un seul époux; ce n'est qu'à son égard que s'appliqueront les règles civiles et fiscales relatives aux libéralités). À cet égard, il est désormais admis que des époux puissent procéder à une donation-partage incluant des enfants issus de précédentes unions; ceux-ci peuvent être allotis en biens communs, du seul chef de leur auteur, mais avec l'accord du parent codonateur, et sous réserve d'un droit à récompense du par le patrimoine propre par le parent donateur au profit de la communauté (C. civ., art. 1076-1).

Cependant, afin d'éviter toute ambiguïté, il convient de présumer le consentement du conjoint comme valant engagement personnel de sa part : il est en effet cotitulaire du droit et doit être réputé copartie à l'acte. Ce n'est que si son autorisation mentionne, de façon non équivoque, qu'elle n'emporte pas son engagement et qu'il reste tiers à l'acte (qui lui est opposable) que le conjoint pourra être considéré comme n'étant pas partie.

CHAPITRE

139. Aménagements et sanctions des règles de gestion de la communauté

NATHALIE COUZIGOU-SUHAS
NOTAIRE

SECTION 0
ORIENTEUR

139.00 Plan du chapitre.

139.01 Textes applicables.

C. civ., art. 1421 à 1432

C. com., art. L. 121-5 et L. 121-6

C. rur., art. L. 321-1 à L. 321-5 s., L. 411-68

> Administration des biens communs par les époux
[C. civ., art. 1421 à 1432]

C. civ., art. 1421 à 1427
* V. texte complet de ces articles > *Administration des biens communs par les époux*, s^s n° 136.01

C. civ., art. 1428 à 1432
* V. texte complet de ces articles > *Gestion des biens propres par les époux*, s^s n° 135.01

> Exploitation d'un fonds de commerce ou artisanal par les époux
[C. com., art. L. 121-5 et L. 121-6]
* V. texte complet de ces articles s^s n° 135.01

> Exploitation agricole par les époux
[C. rur., art. L. 321-1 à L. 321-5 s.; et L. 411-68]
* V. texte complet de ces articles s^s n° 135.01

139.02 Jurisprudence de référence.

> L'acte accompli par un époux hors des limites de ses pouvoirs relève de l'article 1427 du Code civil et non des textes frappant les actes frauduleux entre époux, lesquels ne trouvent à s'appliquer que subsidiairement à défaut d'autre sanction

• Civ. 1re, 30 mars 1999, n° 97-16.252, *Bull. civ.* I, n° 111
* V. s^s n°s 139.53 et 139.63

« [...] Mais attendu que la cour d'appel a constaté que, les 19 mai 1969 et 7 novembre 1980, X... avait vendu des droits sociaux non négociables sans le consentement de son épouse; que la cour d'appel a retenu, à bon droit, que ces actes accomplis par X..., hors des limites de ses pouvoirs, relevaient des articles 1424 et 1427 du Code civil, dans leur rédaction alors applicable, et non des textes frappant les actes frauduleux du mari, lesquels ne trouvent à s'appliquer que subsidiairement à défaut d'autre sanction; qu'ayant exactement rappelé que, selon l'article 1427, l'action accordée à l'épouse et à ses héritiers ne pouvait être intentée plus de deux années après la dissolution de la communauté, la cour d'appel en a justement déduit qu'en l'espèce, l'action introduite par les consorts X..., plus de deux années après cette dissolution, était prescrite; que le moyen n'est pas fondé; [...]. »

• Civ. 1re, 4 déc. 2001, n° 99-15.629, *Bull. civ.* I, n° 303
* V. s^s n° 139.63

« [...] Attendu que les actes accomplis par un époux, hors des limites de ses pouvoirs, relèvent de l'action en nullité de l'article 1427 du Code civil soumise à la prescription de deux ans et non des textes frappant les actes frauduleux, lesquels ne trouvent à s'appliquer qu'à défaut d'autre sanction;

Attendu que pour condamner Mme X... à payer aux consorts Y... le prix de l'immeuble, l'arrêt attaqué retient que les donations faites à Mme X... caractérisent un détournement frauduleux des pouvoirs de disposition de Jacques Y... sur des biens communs et qu'en application de l'article 1421, alinéa 1er, du Code civil, ces actes étaient inopposables à son épouse;

Attendu qu'en statuant ainsi, après avoir constaté que Jacques Y... avait outrepassé ses pouvoirs sur les biens communs, ce dont il résultait que l'action introduite par sa veuve, plus de deux années après la dissolution de la communauté, était prescrite, la cour d'appel a violé les textes susvisés; [...] ».

• **Civ. 1re, 23 mars 2011, n° 09-66.512,** *Bull. civ.* I, n° 61

* V. s^s^ n° 139.63

« [...] Vu les articles 1421, 1427 et 1832-2 du Code civil;

Attendu qu'un époux, ne peut, à peine de nullité de l'apport, employer des biens communs pour faire un apport à une société sans en avertir son conjoint et sans qu'il en soit justifié dans l'acte; que cette action en nullité régie par l'article 1427 du Code civil est soumise à la prescription de deux ans et est exclusive de l'action en inopposabilité ouverte par l'article 1421 du Code civil pour sanctionner les actes frauduleux, lequel ne trouve à s'appliquer qu'à défaut d'autre sanction;

Attendu que le 31 janvier 1998, M. X..., époux en biens de Mme Y..., a constitué avec sa compagne, Mme Z..., la SCI Mafate aux fins d'acquérir un bien immobilier; que le divorce des époux X...-Y... a été prononcé par Jugement du 4 juin 2007; que le 17 août 2006, Mme Y... a engagé une action en nullité de l'apport réalisé par M. X... au profit de la SCI Mafate.

Attendu que pour prononcer la nullité de l'apport en numéraire effectuée par M. X... au capital de la SCI Mafate et la nullité de cette société sur le fondement de la fraude, l'arrêt énonce que si l'action engagée sur le fondement de l'article 1427 du Code civil est prescrite, elle ne se confond pas avec l'action fondée sur la fraude dont le conjoint est victime, qui se prescrit par trente ans;

Qu'en statuant ainsi la cour d'appel a violé les textes susvisés; [...]. »

> Le délai de deux ans à compter du jour de la connaissance de l'acte, imparti par l'article 1427 alinéa 2 du Code civil pour l'exercice de l'action en nullité contre la vente d'un immeuble commun, est un délai de prescription qui ne s'applique pas lorsque le moyen de nullité est invoqué en défense à une action de l'acquéreur tendant à la réalisation de la vente

• **Civ. 1re, 8 déc. 1981, n° 80-15.090,** *Bull. civ.* I, n° 366

* V. s^s^ n° 139.53

« [...] Mais, sur la seconde branche du moyen : vu l'article 1427, alinéa 2, du Code civil, attendu qu'aux termes de ce texte, si l'un des époux a outrepassé ses pouvoirs sur les biens communs, l'action en nullité est ouverte a son conjoint pendant deux années à partir du jour ou il a eu connaissance de l'acte, sans pouvoir jamais être intentée plus de deux ans après la dissolution de la communauté;

Attendu que ce texte ne peut avoir pour effet de priver le conjoint du droit d'invoquer la nullité comme moyen de défense contre la demande d'exécution d'un acte irrégulièrement passé par l'autre époux;

Attendu, cependant, que, saisie d'une demande tendant a la réalisation de la vente promise par M. X... aux époux Z..., la cour d'appel a déclaré l'action prescrite comme intentée plus de deux ans après le moment ou Mme X... avait eu connaissance de l'acte de vente;

Attendu qu'en statuant ainsi, alors que le délai de deux ans à compter du jour de la connaissance de l'acte, imparti par l'article 1427, alinéa 2, du Code civil pour l'exercice de l'action en nullité contre une vente réalisée, ne pouvait empêcher Mme X... d'opposer à la demande tendant à la réalisation de la vente un moyen de défense tiré de la nullité de cette vente, la juridiction du second degré a violé, par fausse application, le texte susvisé; [...]. »

• **Civ. 1re, 28 nov. 2006, n° 04-19.058,** NP

* V. s^s^ n°s 139.43 et 139.53

« [...] Attendu que le délai de deux ans à compter du jour de la connaissance de l'acte, imparti par l'article 1427, alinéa 2, du Code civil pour l'exercice de l'action en nullité contre la vente d'un immeuble commun est un délai de prescription qui ne s'applique pas lorsque le moyen de nullité est invoqué en défense à une action de l'acquéreur tendant à la réalisation de la vente; que la cour d'appel n'avait, dès lors, pas à répondre aux conclusions relatives à la fixation du point de départ de ce délai; que le moyen est inopérant; [...]. »

> La responsabilité d'un époux, en raison de ses fautes de gestion, est engagée, sur le fondement de l'article 1421 du Code civil, envers la communauté et non envers le conjoint; ainsi, les dommages-intérêts alloués en réparation du préjudice profitent au patrimoine commun

• **Civ. 1re, 1er févr. 2012, n° 11-17.050,** *Bull. civ.* I, n° 21

* V. s^s^ n° 139.73

« [...] Mais attendu que la responsabilité d'un époux en raison de ses fautes de gestion ayant causé un dommage au patrimoine commun est engagée, sur le fondement de l'article 1421 du Code civil, envers la communauté et non envers son conjoint, de sorte que les dommages-intérêts alloués en réparation du préjudice constituent une créance commune et non une créance personnelle de ce conjoint; qu'il en résulte, qu'à les supposer fondées, les fautes de gestion alléguées par l'épouse ne pouvaient donner lieu à paiement de dommages-intérêts à son profit; que, par ce motif de pur droit, substitué, dans les conditions de l'article 1015 du Code de procédure civile, à ceux critiqués, la décision déférée se trouve légalement justifiée; [...]. »

> L'époux fautif doit supporter, à titre définitif, les nombreux prêts contractés pendant le mariage, dès lors qu'ils ont été souscrits à l'insu de son conjoint

• **Civ. 1re, 14 mars 2012, n° 11-15.369,** *Bull. civ.* I, n° 59

* V. s^s^ n° 139.73

« [...] Attendu, selon l'arrêt attaqué [...], qu'après le prononcé du divorce de M. X et de Mme Y, des difficultés sont nées pour la liquidation et le partage de leur communauté;

Attendu que Mme Y fait grief à l'arrêt de dire que le notaire devra faire figurer à son passif personnel les vingt-cinq prêts à la consommation au profit des créanciers [...];

Mais attendu qu'après avoir relevé qu'en souscrivant les vingt-cinq prêts à la consommation, l'épouse, avait, en sus de l'apposition de sa signature, imité celle de son conjoint et pris des dispositions pour le laisser dans l'ignorance de cet endettement croissant, les juges d'appel ont constaté qu'elle ne donnait aucune explication précise quant à l'objet de ces prêts; qu'en l'état de ces énonciations, la cour d'appel, qui a caractérisé la faute de gestion commise par l'épouse, a légalement justifié sa décision sans encourir les griefs du moyen; [...]. »

139.03 Bibliographie indicative.

Actualisable. Rép. civ., v° *Communauté légale (2° gestion des biens)*, par G. Yildirim, oct. 2008 [màj mars 2014], n°s 300 à 421.

Thèses. J.-P. Langlade, *La fraude dans les régimes matrimoniaux*, th. Paris, 1976 – F. Vauvillé, *Les pouvoirs concurrents en droit de la famille*, th. dactyl., Lille II, 1991 – J. Vidal, *Essai sur une théorie générale de la fraude en droit privé*, th. Toulouse, 1957.

Ouvrages.

* V. références citées s^s^ n° 02.05

Articles. D. Albcheraoui, « Nullité ou inopposabilité des actes frauduleux accomplis dans la gestion de la communauté », *JCP N* 1993. I. Doctr. 318 – L. Antonini-Cochin, « "Pour le meilleur et pour le pire..." ou les droits du conjoint du débiteur soumis à une procédure collective », *JCP N* 2010. 1216 – F. Chevallier-Dumas, « La fraude dans les régimes matrimoniaux », *RTD civ.* 1979. 40 s. – J.-L. Goascoz, « Promesse de porte-fort relative à la cession d'un fonds de commerce commun aux époux et respect de la cogestion », *JCP N* 1997. I. 1347 – N. Peterka, « Les dispositifs alternatifs de protection de la personne mariée », *AJ fam.* 2012. 253 – B. Saintourens, « Époux et société : stratégie patrimoniale et contraintes juridiques », *JCP N* 2012. 1205.

139.04 Question essentielle.

> Quelle est la sanction du dépassement frauduleux de pouvoirs commis par un époux commun en biens ?

* V. s^s^ n°s 139.63 et 139.64

139.05 Délai.

> Délai de **deux ans** à compter de la connaissance de l'acte pour agir en nullité en cas de dépassement de pouvoirs d'un époux relativement aux biens communs, sans toutefois pouvoir intenter l'action plus de deux années après la dissolution de la communauté.

* V. s^s^ n° 139.41

139.06 Sanctions.

> Nullité relative des actes constitutifs d'un dépassement de pouvoirs d'un époux concernant les biens communs.

* V. s^s^ n° 139.41

> Inopposabilité au conjoint de l'acte frauduleux sur les biens communs commis par l'autre conjoint.

* V. s^s^ n° 139.64

139.09 Présentation. Les **règles de gestion des biens communs** entendent assurer un **équilibre** entre les intérêts de chaque époux et leurs intérêts conjoints. Aussi sont-elles assorties d'une grande force. Elles ne peuvent cependant constituer un cadre rigide qui se révélerait inadapté en certaines circonstances; c'est pourquoi des **aménagements** sont possibles. Mais en tout état de cause, que ce soient celles établies par le législateur ou celles modifiées par les époux ou par le juge, les règles de gestion doivent être respectées.

Les règles de gestion de la communauté établies par les articles 1421 et suivants du Code civil, ne peuvent pas être rigides, mais doivent s'adapter aux différentes circonstances, et donc aux différentes relations entre époux, telles qu'elles ont été initialement prévues ou telles qu'elles évoluent.

De façon très classique, **les époux peuvent aménager eux-mêmes les règles de gestion** (indépendamment des clauses qu'ils peuvent insérer dans leur contrat de mariage). Bien que le recours au mandat soit réduit à mesure du principe de gestion concurrente, il conserve toute son utilité pour la conclusion des actes soumis à la gestion conjointe (v. s^s^ n°s 138.11 s.) et pour ceux dépendant des pouvoirs exclusifs d'un époux (v. s^s^ n°s 137.11 s.). Ce **mandat** doit être **impérativement spécial**, c'est-à-dire porter à la fois sur le **principe de l'acte** mais aussi sur ses **modalités** (v. par ex., pour une donation portant sur des biens communs[1]).

Par ailleurs, **le législateur** a prévu des **aménagements judiciaires afin de répondre aux situations de crise**, que cette crise soit liée à une mésentente entre les époux ou à des événements extérieurs. Dans certains cas, il peut y avoir modification judiciaire des pouvoirs de gestion de la communauté (sect. 1), voire retrait des pouvoirs (sect. 2). Le respect des règles et de leurs aménagements est assuré par des sanctions en cas de dépassement de pouvoirs (sect. 3) ou de mauvais exercice des pouvoirs (sect. 4).

SECTION 1 MODIFICATION JUDICIAIRE DES POUVOIRS DE GESTION

139.11 Comparaison avec le régime primaire. L'article 1426 du Code civil prévoit un **retrait judiciaire des pouvoirs de gestion** des biens communs

1. Civ. 1re, 29 juin 1983, n° 82-13.058, *Bull. civ.* I, n° 192; *Defrénois* 1984. 442, obs. G. Champenois – Civ. 1re, 16 juill. 1985, *JCP N* 1986. II. 71, note Ph. Simler; *Defrénois* 1985. 1470, obs. G. Champenois – Civ. 3e, 8 janv. 1992, n° 90-11.921, *Bull. civ.* III, n° 8; *D.* 1993. Somm. 220, obs. F. Lucet.

dont jouit un époux, dans certaines circonstances. Cette intervention du juge peut être combinée avec celles qui sont prévues au **régime primaire** (autorisation judiciaire, C. civ., art. 217, v. s^s^ n°s 116.41 s. - représentation judiciaire, C. civ., art. 219, v. s^s^ n°s 116.11 s. - et sauvegarde judiciaire, C. civ., art. 220-1), comme avec celle relative à la **gestion des biens propres** (C. civ., art. 1429, v. s^s^ n°s 135.140 s.). Bien que leurs domaines et leurs effets soient différents, le conjoint dispose donc d'un large éventail pour que les pouvoirs de gestion reconnus à un époux soient modifiés en cas de crise.

En l'occurrence, l'article 1426 du Code civil est proche des articles 219 et 1429 quant aux cas dans lesquels il peut jouer (en dépit de quelques différences). Il s'en distingue cependant quant aux effets. Alors que l'article 219 du Code civil organise une représentation judiciaire, **l'article 1426 permet une substitution de pouvoirs qui investit le conjoint de prérogatives propres.** Enfin, il concerne la **gestion des biens communs**, tandis que l'article 1429 du Code civil est spécifique à la gestion des biens propres.

Par ailleurs, les procédures relevant du régime primaire (C. civ., art. 217 et 220-1) s'appliquent temporairement et ne concernent que des actes isolés. Si la situation a vocation à perdurer, il y a lieu d'appliquer les dispositions de l'article 1426 alinéa 1er du Code civil pour la gestion des biens communs.

139.12 Époux hors d'état de manifester sa volonté. Cette situation est celle où un époux ne peut exercer effectivement ses pouvoirs de gestion, soit en raison d'une impossibilité intellectuelle (altération des facultés mentales), soit en raison d'un éloignement physique (absence). Cette situation doit être **durable** (C. civ., art. 1429, v. s^s^ n° 135.143). La **substitution de pouvoirs** qui s'ensuit peut s'ajouter au-des**saisissement des pouvoirs de gestion des propres** prévu à l'article 1429 du Code civil (v. s^s^ n°s 135.140 s. - l'une comme l'autre intervention judiciaire peut rendre inutile l'ouverture d'une tutelle, C. civ., anc. art. 498 - ou le régime de l'absence présumée, C. civ., art. 121, al. 2, v. s^s^ n°s 135.143 et 135.44).

En cette matière, le praticien devrait être guidé par le **principe de subsidiarité** énoncé dès la loi du 3 janvier 1968, lequel principe forme un triptyque avec les **principes de nécessité et de proportionnalité.** Par ces principes, il s'agit d'atténuer les conséquences d'une intervention judiciaire avec la mise en place des mesures de protection classiques, tutelle et curatelle, dès lors que la solidarité familiale peut y suppléer par les règles du régime matrimonial.

L'article 428 du Code civil[1] dispose ainsi : « *La mesure de protection ne peut être ordonnée par le juge qu'en cas de nécessité et lorsqu'il ne peut être suffisamment pourvu aux intérêts de la personne par l'application des règles du droit commun de la représentation, de celles relatives aux droits et devoirs respectifs des époux et des règles des régimes matrimoniaux, en particulier celles prévues aux articles 217, 219, 1426 et 1429, par une autre mesure de protection judiciaire moins contraignante ou par le mandat de protection future conclu par l'intéressé. La mesure est proportionnée et individualisée en fonction du degré d'altération des facultés personnelles de l'intéressé* ».

Il convient d'instaurer une **alternative à une ouverture d'une mesure de protection** dans un souci de simplification et d'économie de moyen dans l'intérêt de la personne vulnérable et permettre un déblocage de la situation.

Les articles 217, 219, 1426 et 1429 du Code civil peuvent être utilisés même si l'époux est déjà placé sous l'un des régimes de protection, tutelle ou curatelle, institué par la loi du 3 janvier 1968[2].

La loi n° 2009-526 du 12 mai 2009[3], de simplification et de clarification du droit, opère une nouvelle répartition des compétences au profit du **juge aux affaires familiales** (JAF) dans le **contentieux relatif au couple.** Le JAF connaît notamment des demandes relatives au **fonctionnement des régimes matrimoniaux** (COJ, art. L. 213-3). En revanche, lorsque le conjoint est hors d'état de manifester sa volonté, le juge des tutelles reste compétent (COJ, art. L. 221-9 - C. pr. civ., art. 1286).

139.13 Époux inapte à la gestion des biens communs. L'inaptitude est distincte de la fraude, en ce qu'elle ne suppose aucune intention de la part de l'époux auquel on retire ses pouvoirs de gestion. Dans cette hypothèse, l'exercice des pouvoirs est objectivement mauvais, sans pour autant qu'il soit subjectivement malveillant. L'inaptitude est une notion assez élastique, au point qu'il a pu être décidé qu'une faute de gestion constitutive d'impéritie pouvait être sanctionnée par le retrait de pouvoirs[4].

139.14 Époux faisant l'objet d'une procédure collective. Lorsqu'une crise de confiance s'instaure mais qu'elle provient des créanciers, il peut avoir lieu à mise en œuvre des règles des procédures col-

1. L. n° 2007-308, 5 mars 2007, portant réforme de la protection juridique des majeurs, *JO* 7 mars, p. 4325.
2. Civ. 1re, 18 févr. 1981, n° 80-10.403, *Bull. civ.* I, n° 60; *JCP N* 1981. II. 155, note P. Rémy; *Defrénois* 1981. 964, obs. G. Champenois; *RTD civ.* 1982. 140, obs. R. Nerson et J. Rubellin-Devichi.
3. L. n° 2009-526, 12 mai 2009, de simplification et de clarification du droit et d'allègement des procédures, *JO* 13 mai, p. 7920.
4. Civ. 1re, 3 janv. 1984, n° 82-16.178, *Bull. civ.* I, n° 2; *Defrénois* 1984. 938, obs. G. Champenois.

lectives. Lorsqu'un seul des époux est placé en liquidation judiciaire, le dessaisissement s'applique aussi au conjoint *in bonis*[1]. Aux termes de cette décision, il a été indiqué : « *Mais attendu qu'il résulte de la combinaison des articles 1413 du Code civil et L. 622-9 du Code de commerce qu'en cas de liquidation judiciaire d'un débiteur marié sous le régime de la communauté, les biens communs inclus dans l'actif de la procédure collective sont administrés par le seul liquidateur qui exerce pendant toute la durée de la liquidation judiciaire les droits et actions du débiteur dessaisi concernant son patrimoine; qu'il s'ensuit que les pouvoirs de gestion des biens communs normalement dévolus au conjoint in bonis en vertu des articles 1421 et suivants du Code civil ne peuvent plus s'exercer* » (sur la question de l'engagement des biens face à une procédure collective, v. s^s n°s 141.81 à 141.86; ou face à une procédure de surendettement des particuliers v. s^s n°s 141.91 à 141.93).

Dans le cadre d'une procédure collective ouverte contre un époux, son conjoint *in bonis* doit ainsi restituer au liquidateur les loyers d'un immeuble commun, quand bien même l'ordonnance de non-conciliation rendue entre les époux prévoit que c'est cet époux qui percevra lesdits loyers[2].

139.15 **Époux en instance en divorce.** Il est des cas où cette crise conduira purement et simplement à un divorce. Là encore, le juge peut transférer pendant l'instance en divorce, la **gestion des biens communs à un seul des époux.** En aucun cas, il ne s'agira sur ce fondement de l'autoriser à effectuer des actes de disposition (C. civ., art. 255, 8° : « *Le juge peut notamment statuer sur l'attribution de la jouissance ou de la gestion des biens communs ou indivis autres que ceux visés au 4°, sous réserve des droits de chacun des époux dans la liquidation du régime matrimonial* »).

139.16 **Fraude.** Le troisième cas de retrait de pouvoirs est celui de la fraude (sur laquelle, v. s^s n°s 139.61 à 139.65 s.), l'article 1426 du Code civil venant alors sanctionner l'exercice malveillant des pouvoirs de gestion d'un époux et prévenir les conséquences néfastes qu'aurait leur maintien[3].

1. Com. 4 oct. 2005, n° 04-12.610, *Bull. civ.* IV, n° 193; *R.* 302; *D.* 2005. AJ 2592, obs. A. Lienhard; *D.* 2006. Pan. 86, obs. P.-M. Le Corre; Pan. 1382, obs. A. Danis-Fatôme; Pan. 2068, obs. J. Revel; *JCP* 2006. I. 130, n° 7, obs. P. Pétel; *JCP* 2006. I. 141, n° 19, obs. Ph. Simler; *Defrénois* 2006. 658, note F. Vauvillé; *AJ fam.* 2005. 407, obs. P. Hilt; *JCP N* 2006. 1014; *Dr. fam.* 2005, n° 250, note B. Beignier; *Dr. et proc.* 2006. 149, note D. Gibirila; *JCP E* 2006, n° 2, p. 73, obs. P. Pétel; n° 6-7, p. 293, note B. Beigner.
2. Bourges, 15 nov. 2007, *Juris-Data* n° 357292; *JCP* 2008. IV. 1941.
3. V. PAR EX., Civ. 1re, 3 janv. 1984, n° 82-16.178, préc. s^s n° 139.13.

SECTION 2
RETRAIT DES POUVOIRS

139.21 **Demande et procédure.** La demande et la procédure de retrait de pouvoirs ne peuvent être sollicitées que **par le conjoint.** Le demandeur doit présenter une **requête devant le juge aux affaires familiales** qui ne peut statuer en référé, aux fins d'assigner à jour fixe (C. pr. civ., art. 1286 à 1289). Les règles relatives à la procédure de séparation judiciaire des biens s'appliquent (les dispositions des articles 1445 à 1447 du Code civil sont applicables à cette demande [C. civ., art. 1426, al. 1er *in fine*]). Ces dispositions permettent d'informer les tiers et d'organiser ainsi à leur égard l'opposabilité de la demande. Ainsi, la demande et le jugement doivent être publiés et mentionnés en marge de l'acte de mariage et éventuellement sur la minute du contrat de mariage (C. civ., art. 1445). De par la publicité de la demande, la mesure est rétroactive au jour du dépôt de cette demande.

Les créanciers ne peuvent initier l'action mais ils peuvent **intervenir à l'instance** pour la conservation de leurs droits et éventuellement faire tierce opposition à la décision en cas de fraude à leurs droits (C. civ., art. 1447).

139.22 **Effets du retrait de pouvoirs en matière de gestion concurrente et gestion conjointe.** En dépit de la formulation de l'article 1426 du Code civil, la substitution des pouvoirs de gestion doit plutôt s'analyser comme un **retrait des pouvoirs d'un époux** qui, en conséquence, ne modifie pas les pouvoirs du conjoint **(il n'y a donc pas représentation).** Ce dernier dispose en effet, comme auparavant, de pouvoirs personnels qu'il peut exercer de la même manière à deux réserves près :

– là où il était en concurrence avec l'autre époux, il reste seul gérant en raison du retrait de pouvoirs;

– là où il devait obtenir le consentement de l'autre époux, il devra recevoir autorisation judiciaire.

En conséquence du retrait de pouvoirs d'un époux, les **actes soumis à la gestion concurrente seront passés par le seul conjoint autorisé : la gestion devient exclusive.** Les pouvoirs du conjoint sont identiques et engagent pareillement ses propres et les biens communs, à l'exclusion des gains et salaires de l'époux privé de ses pouvoirs. En revanche, en ce qui concerne le conjoint dessaisi de ses pouvoirs, il convient de considérer qu'il ne peut plus engager les biens communs par ses dettes contractuelles de par le principe de la corrélation du pouvoir de gérer et du pouvoir d'obliger par les dettes.

Les **actes soumis à la gestion conjointe nécessiteront une autorisation judiciaire spéciale,** le juge venant remplacer l'époux défaillant (C. civ., art. 1426, al. 2 - procédure de requête, C. pr. civ., art. 1286 - comme pour C. civ., art. 217, 219 et 1291).

À la différence de l'article 1429 du Code civil, l'article 1426 n'envisage pas la dévolution des pouvoirs d'agir sur les biens communs à un administrateur judiciaire au lieu et place de l'époux. Pour la majorité des auteurs, le recours à un administrateur judiciaire ne doit pas être écarté si l'époux demandeur ne dispose pas des qualifications requises pour la gestion des biens communs [1]. Cette solution peut se justifier par une quasi-identité de situation dans le cadre de la séparation de biens judiciaire puisque l'unanimité alors requise pour la gestion des biens communs, désormais indivis, peut justifier la nomination d'un administrateur judiciaire sur le fondement de l'article 815-5 du Code civil.

139.23 Effet : substitution de pouvoirs en matière de gestion exclusive. En revanche, il y a bien substitution de pouvoirs pour ce qui concerne les actes antérieurement soumis à la gestion exclusive de l'époux privé de ses pouvoirs de gestion, auxquels le conjoint pourra seul procéder. Dans ce cas en effet, le conjoint ne disposait d'aucun pouvoir de gestion et il se voit, par l'effet du retrait, investi des pouvoirs exclusifs de l'époux.

139.24 Nature des pouvoirs de l'époux substitué. Il a été suggéré de considérer le **conjoint substitué** comme un administrateur judiciaire des biens soumis à gestion exclusive, à l'instar de la situation qui est la sienne lorsqu'il gère les propres de son époux d'après l'article 1429 du Code civil (v. s^{s} n° 135.152). Il semble plutôt qu'en raison du retrait de pouvoir, si l'époux est privé de la gestion exclusive, son conjoint lui est substitué sans qu'il y ait mandat judiciaire, et **il ne fait qu'accomplir des pouvoirs ordinaires sur des biens communs** (en conséquence, le conjoint substitué s'engage personnellement).

139.25 Effets du retrait de pouvoirs quant aux autorisations de l'époux. L'article 1426 alinéa 2 du Code civil prévoit que le conjoint passe, avec **autorisation de justice**, les actes pour lesquels il aurait dû recueillir le consentement de son époux dessaisi. Cela concerne évidemment les actes soumis à la gestion conjointe (v. s^{s} n°s 138.11 s.). Cela embrasse-t-il aussi les actes pour la validité desquels l'accord de l'époux n'est pas requis, mais dont la portée dépend du consentement de cet autre époux ? Il s'agit spécialement des **cautionnements** et **emprunts** qui, d'après l'article 1415 du Code civil, n'engagent pas les acquêts ou les gains et salaires de l'autre époux, sauf son consentement exprès (v. s^{s} n°s 141.213 s. - *idem*, s'agissant de l'engagement des gains et salaires, d'après l'article 1414 du Code civil, de l'époux dessaisi, v. s^{s} n°s 141.120 s.). Il nous semble qu'une autorisation judiciaire est possible, dès lors que le conjoint souhaite engager les gains et salaires de l'époux dessaisi ou les acquêts, dans les conditions des articles 1414 et 1415 du Code civil.

139.26 Étendue du retrait de pouvoirs. Bien que l'article 1426 du Code civil n'envisage qu'un **retrait total** des pouvoirs de gestion des biens communs, on doit admettre, semble-t-il, un **retrait limité** à certains biens ou à certains actes (notamment dans le cas d'une inaptitude, qui peut ne concerner qu'un domaine particulier, telle l'exploitation d'un fonds de commerce).

Dans le temps, le retrait de pouvoirs est **rétroactif** au jour de la demande publiée. Il est, en outre, conçu comme une mesure extraordinaire à laquelle il pourra être mis fin sur demande de l'époux qui en a été l'objet. Celui-ci devra établir que les raisons du retrait de pouvoirs ont disparu.

139.27 Garanties. Les garanties sont doubles. D'une part, afin de protéger l'époux auquel les pouvoirs ont été retirés, une **sûreté réelle** peut être établie (hypothèque légale ou gage, C. civ., art. 2404), dans les mêmes conditions qu'il a été dit à propos de l'article 1429 du Code civil (v. s^{s} n° 135.154). Cette possibilité ne fait pas de doute pour la garantie des actes passés par le conjoint, qui ressortaient auparavant au domaine de la gestion exclusive de l'époux dessaisi : c'est en effet un cas de transfert de pouvoirs envisagé à l'article 2404 du Code civil. Dans les autres cas, où il a été observé qu'il n'y avait pas à proprement parler de **transfert de pouvoirs**, la garantie hypothécaire paraît moins concevable : dans le domaine de la gestion concurrente, le conjoint aurait pu de toute façon intervenir, et dans celui de la gestion conjointe, il y a autorisation judiciaire. Toutefois, dans ce dernier cas, le juge pourrait assortir son autorisation de la constitution d'une sûreté.

D'autre part, afin de donner efficacité à la mesure judiciaire, les actes passés par l'époux malgré le retrait de ses pouvoirs seront nuls (v. s^{s} n°s 139.41 s.), et pourront entraîner des sanctions, en cas de fraude ou de faute (v. s^{s} n°s 139.60 s.).

SECTION 3

SANCTION EN CAS DE DÉPASSEMENT DE POUVOIRS (C. CIV., ART. 1427)

139.40 Plan. La meilleure garantie quant à l'efficacité des règles de gestion des biens communs est posée à l'article 1427 du Code civil qui dispose que

1. EN CE SENS, Metz, 19 sept. 1995, *Juris-Data* n° 053905.

les dépassements de pouvoirs sont sanctionnés par la **nullité**. Lorsqu'il a été passé en violation des règles de gestion, l'acte (et donc les droits des tiers qu'il a fait naître) est anéanti (§ 1). Mais, la finalité de ces règles est aussi assurée : l'exercice des pouvoirs de gestion, *a priori* correct, pourra être sanctionné s'il permet une **fraude** ou s'il constitue une **faute du conjoint** (§ 2), qui vient violer l'esprit d'équilibre établi par le Code civil.

§ 1
Nullité des actes outrepassant les pouvoirs de gestion

139.41 Cas de nullité. Il y a nullité dans tous les cas où un acte a été passé par un époux qui n'en avait pas le pouvoir : soit qu'il ne pût l'accomplir parce qu'il ressortissait à la gestion exclusive de son conjoint (v. s[s] n°s 137.12 s.) soit qu'il ne pût le former seul, l'acte supposant l'accord du conjoint (sur la gestion conjointe, v. s[s] n°s 138.11 s.). La nullité intervient, que l'acte ait permis un dépassement des règles légales (du Code civil, mais aussi : pour les conjoints d'artisan ou commerçant qui travaillent dans l'entreprise, L. 10 juill. 1982, art. 2 - et, sous réserve, quant à ce dernier texte, d'un régime différent applicable à l'action en nullité, C. rur., art. L. 411-68, sur lequel, v. s[s] n° 139.54), ou des règles telles que modifiées par le juge (C. civ., art. 1426, v. s[s] n°s 139.11 s. - *Adde*, en cas de violation de l'ordonnance prise sur le fondement de l'article 220-1 du Code civil, le jeu de l'article 220-3) ou par les époux eux-mêmes (v. s[s] n° 139.09).

139.42 Perception de capitaux communs par un seul époux. C'est aussi la **nullité** plutôt que la responsabilité qui doit intervenir dans le cas où la perception des capitaux normalement soumise à la gestion conjointe (v. s[s] n° 138.91), n'a été réalisée que par un seul époux. Pour éviter cependant que la communauté reçoive deux paiements, le *solvens* pourra, par l'application du droit commun, échapper à un deuxième versement dans la mesure où il établira que le premier a tourné au profit de la communauté[1].

139.43 Indifférence de la bonne foi du cocontractant. L'article 1427 du Code civil instaure une **nullité**, et non une simple inopposabilité, qui est indépendante de la bonne ou de la mauvaise foi du cocontractant[2]. Le cocontractant est censé connaître les diverses limitations légales imposées aux pouvoirs de gestion des époux (de même qu'il connaît les modifications de pouvoirs ordonnées par le juge, qui sont publiées; en revanche, l'information du cocontractant sera plus difficile dans les cas de mandat entre époux, not. lorsqu'il s'agira de mandats tacites). Toutefois, le **cocontractant** n'est pas toujours sacrifié et sa **bonne foi** pourra jouer un rôle salvateur de ses intérêts lorsqu'il invoquera les **présomptions de pouvoirs du régime légal** (C. civ., art. 221 et 222, dans ce dernier cas où la **bonne foi est requise du tiers-contractant,** la sanction sera *de facto* une **inopposabilité de l'acte entre époux** - la bonne foi du tiers lui permet d'échapper à la nullité de l'article 220-3 du Code civil, mais non à celle de l'article 1427 - sur l'irruption tout à fait exceptionnelle de la théorie de l'apparence pour sauvegarder les intérêts du tiers-contractant, v. s[s] n° 135.82)[3].

139.44 Effet de la nullité à l'égard du cocontractant. Sous les réserves qui ont été exposées quant aux présomptions de pouvoirs, la nullité emportera **anéantissement rétroactif des droits que l'acte avait conférés au cocontractant** d'après les règles de droit commun[4] (pour l'application de la nullité à une clause pénale[5]). Si la **restitution matérielle** des prestations reçues par l'époux est impossible, cette **restitution** s'exécutera **par équivalent**[6].

La nullité de l'acte anéantit les obligations contractuelles de l'époux contractant (v. s[s] n° 139.43). Mais, le prononcé de la nullité ne constitue pas, *ipso facto*, une faute de l'époux contractant, enga-

1. Civ. 1re, 30 oct. 2006, n° 03-20.589, *Bull. civ.* I, n° 445; *D.* 2007. Pan. 2129, obs. V. Brémond; *JCP* 2007. I. 142, n° 23, obs. Ph. Simler; *JCP N* 2007. Étude 1158, obs. J.-G. Mahinga; *AJ fam.* 2006. 466, obs. P. Hilt; *RJPF* 2007-1/17, note F. Vauvillé; *RTD com.* 2007. 182, obs. M.-H. Monsérié-Bon.

2. Civ. 1re, 6 févr. 1979, n° 77-15.300, *Bull. civ.* I, n° 43; *Defrénois* 1979. 958, obs. G. Champenois.
3. Civ. 1re, 24 mars 1981, n° 79-14.965, *Bull. civ.* I, n° 99; *JCP* 1982. II. 19746, note R. Le Guidec; *Defrénois* 1982. 1652, obs. G. Champenois; *RTD civ.* 1981. 854, obs. G. Durry; 1982. 405, obs. R. Nerson et J. Rubellin-Devichi; *RTD civ.* 1983. 346, obs. G. Durry – Civ. 1re, 28 nov. 2006, n° 04-19.058, NP; *Dr. fam.* 2007, n° 16, 4e esp., note B. Beignier; *RTD civ.* 2007. 379, note B. Vareille.
4. Civ. 1re, 27 juin 1978, n° 76-15.546, *Bull. civ.* I, n° 242; *JCP* 1980. II. 19424, note M. Henry; *Defrénois* 1979. 1020, 2e esp., obs. A. Colomer – Civ. 1re, 17 juin 1981, n° 80-11.140, *Bull. civ.* I, n° 222; *JCP* 1982. II. 19809, note J. Patarin – Civ. 1re, 28 mars 1984, n° 83-10.848, *Bull. civ.* I, n° 119; *JCP* 1985. II. 20430, note M. Henry – Civ. 1re, 20 oct. 1987, n° 85-18.559, *Bull. civ.* I, n° 271; *Defrénois* 1988. 540, obs. G. Champenois.
5. Civ. 1re, 27 juin 1978, n° 76-10.145, *Bull. civ.* I, n° 241; *JCP* 1980. II. 19283, note M. Dagot; *Defrénois* 1979. réf. préc. 1re esp., obs. A. Colomer.
6. Civ. 1re, 16 juill. 1998, n° 96-18.404, *Bull. civ.* I, n° 251; *R.* 252; *D.* 1999. 361, note P. Fronton; *D. Affaires* 1998. 1707, obs. M. B.; *Defrénois* 1998. 1413, obs. J.-L. Aubert; *RTD civ.* 1999. 620, obs. J. Mestre; *RTD com.* 1999. 488, obs. B. Bouloc.

geant sa responsabilité vis-à-vis du tiers-cocontractant[1], pour la double raison sans doute que la communauté serait engagée au paiement de la dette de réparation (C. civ., art. 1413, qui n'exclut de l'engagement de la communauté que les cas où il y a fraude du conjoint *et* mauvaise foi du tiers, laquelle interdirait toute action en réparation) et que le tiers-cocontractant doit être informé de la répartition des pouvoirs entre époux. Au surplus, les engagements à garantie de l'époux à l'égard du tiers, ou l'indemnité due au titre de l'article 1120 du Code civil par l'époux qui s'est porté fort de son conjoint mais n'en a pas obtenu ratification de l'acte, sont effacés par l'effet de la nullité (à propos de l'article 215 alinéa 3 du Code civil[2]– à propos de l'article 1427[3]).

139.45 Survivance du précédent contrat. L'annulation d'un contrat passé peut faire revivre un précédent contrat. Tel est le cas lorsque la nullité d'un bail commercial consenti par un époux seul a eu pour effet de remettre les parties dans la situation antérieure, c'est-à-dire dans les liens d'un bail antérieur se poursuivant par tacite reconduction et que le bail annulé avait remplacé[4].

§ 2
Régime de la nullité

139.51 Titulaire de l'action en nullité. La nullité prévue à l'article 1427 du Code civil est une **nullité relative**, dont l'**action est réservée au seul époux protégé et en violation des droits de qui l'acte a été passé**. En conséquence, le cocontractant ne peut pas s'en prévaloir[5]. Il semble cependant que l'époux qui a conclu l'acte en outrepassant ses pouvoirs de gestion pourrait invoquer cette nullité en qualité de représentant de la communauté dont les intérêts ont été atteints, sauf si une régularisation a été obtenue par confirmation de l'acte (ou par prescription de l'action). Mais ce n'est pas la solution retenue par la Cour de cassation qui refuse à l'auteur de l'acte litigieux le bénéfice de l'action en nullité[6] (rappr. d'un arrêt de cour d'appel qui refuse l'action à l'administrateur judiciaire de l'époux auteur de l'acte et présumé absent[7]).

139.52 Possible confirmation de l'acte nul. Le conjoint, dont les pouvoirs de gestion ont été violés et en faveur de qui a été instituée la nullité de protection, peut **régulariser l'acte en le confirmant**[8], même de façon tacite pour peu qu'elle soit sans équivoque[9].

139.53 Prescription de l'action en nullité : l'article 1427 alinéa 2 du Code civil. L'action en nullité se prescrit par **deux ans à compter de la connaissance de l'acte qu'en a le conjoint** (ce n'est donc pas un délai préfix qui, en conséquence, ne peut pas être soulevé d'office par le juge[10]), **sans pour autant qu'elle puisse être exercée plus de deux ans après la dissolution de la communauté**[11]. Toutefois, afin d'éviter les risques de fraude, il convient de repousser ce délai butoir lorsque l'acte ne produit effet que plus de deux ans après dissolution de la communauté (cas d'une promesse unilatérale de vente dont l'option a été levée plus de deux ans après le décès de l'époux promettant[12]). La solution devrait être identique lorsque la réalisation de la condition stipulée[13] à l'acte nul intervient plus de deux ans après dissolution de la communauté, voire en cas de terme suspensif.

En revanche, ne peut pas être appliquée la suspension des prescriptions durant le mariage, prévue à l'article 2236 du Code civil, puisque l'action court du jour où le conjoint a connaissance de l'acte.

1. Civ. 1re, 24 mars 1981, n° 79-14.965, préc. ss n° 139.43 – Civ. 1re, 28 mars 1984, n° 83-10.848, préc. ss n° 139.44; décisions qui ne réservent que l'hypothèse du dol.
2. Civ. 1re, 11 oct. 1989, n° 88-13.631, *Bull. civ.* I, n° 315; *D.* 1990. 310, note R. Le Guidec; *D.* 1992. Somm. 219, obs. F. Lucet; *JCP* 1990. II. 21549, note M. Henry; *Defrénois* 1989. 1420, obs. G. Champenois; *RTD civ.* 1991. 387, obs. B. Vareille.
3. Civ. 1re, 15 juill. 1993, n° 91-18.368, *Bull. civ.* I, n° 255; *D.* 1993. IR 210; *JCP* 1994. I. 3733, n° 19, obs. Ph. Simler; *JCP N* 1994. 287, note R.-C. Robinel; 353, note C. Hugon; *RTD civ.* 1994. 929, obs. B. Vareille.
4. Civ. 3e, 27 mars 2002, n° 00-20.840, NP; *JCP* 2003. I. 111, n° 13, obs. Ph. Simler.
5. Civ. 3e, 8 janv. 1992, n° 90-11.921, *Bull. civ.* III, n° 8; *D.* 1992. Somm. 220, obs. F. Lucet.
6. Civ. 1re, 20 janv. 1998, n° 96-10.433, NP; *Dr. fam.* 1998, n° 137, obs. B. Beignier; *JCP* 1999. I. 154, n° 10, obs. Ph. Simler; *JCP N* 2000. 779, n° 10, obs. Ph. Simler.
7. Paris, 22 mars 2001, NP.
8. Civ. 1re, 12 juill. 1994, n° 92-17.197, *Bull. civ.* I, n° 246; *D.* 1995. Somm. 326, obs. F. Lucet; *JCP* 1995. I. 3821, n° 15, obs. Ph. Simler; *RTD civ.* 1996. 464, obs. B. Vareille – Civ. 1re, 17 mars 1987, n° 85-11.507, *Bull. civ.* I, n° 95; *Defrénois* 1987. 1190, obs. G. Champenois; *JCP N* 1988. 26, note Ph. Simler – *Adde*, Civ. 1re, 18 mars 1980, n° 78-16.576, *Bull. civ.* I, n° 92.
9. Civ. 1re, 12 juill. 1994, n° 92-17.197, préc. ss n° 139.52 – Civ. 1re, 17 mars 1987, n° 85-11.507, préc. ss n° 139.52.
10. Civ. 1re, 11 janv. 1983, n° 80-15.945, *Bull. civ.* I, n° 14; *Defrénois* 1983. 1347, obs. G. Champenois; *RTD civ.* 1986. 96, obs. J. Rubellin-Devichi.
11. Civ. 1re, 30 mars 1999, n° 97-16.252, *Bull. civ.* I, n° 111; *Defrénois* 1999. 807, obs. G. Champenois; *Gaz. Pal.* 2000. Somm. 361, obs. G. Dahan.
12. Civ. 1re, 2 juin 1981, n° 79-14.396, *Bull. civ.* I, n° 187; *Defrénois* 1981. 1321, obs. G. Champenois; *RTD civ.* 1982. 414, obs. R. Nerson et J. Rubellin-Devichi, application de la fraude ou de *contra non valentem*… arg. C. civ., art. 2257.
13. Civ. 1re, 15 juill. 1993, n° 91-18.368, préc. ss n° 139.44.

Il convient de s'interroger sur la **notion de dissolution de communauté**; il s'agit en tout état de cause de la **date à laquelle le divorce est devenu définitif par expiration des voies de recours ou par acquiescement** et non de la date de dissolution entendue au sens de l'article 262-1 du Code civil (comp. avec la date à laquelle court le délai de l'action en inopposabilité de l'acte frauduleux - v. s^s^ n° 139.72).

D'après les règles de droit commun, la prescription ne concerne que l'action, et la nullité peut être invoquée au-delà par voie d'exception[1].

139.54 **Prescription de l'action en nullité : les délais spécifiques des articles L. 411-68 du Code rural et de l'article 215 alinéa 3 du Code civil.** Les dépassements de pouvoirs d'un époux quant à la **résiliation, la cession ou le non renouvellement d'un bail rural** ne peuvent être invoqués par son conjoint qui participe de façon habituelle à l'exploitation agricole que pendant **un an à compter du jour qu'il a eu connaissance de l'acte** (C. rur., art. L. 411-68, al. 2 - même **prescription d'un an** en cas de violation de l'article 215 alinéa 3 du Code civil[2]). En revanche, si ce dépassement de pouvoirs intervient aussi en violation des règles du Code civil, il doit pouvoir bénéficier du **délai de deux ans** qui lui est ouvert par l'article 1427.

SECTION 4
SANCTION EN CAS DE MAUVAIS EXERCICE DES POUVOIRS

139.60 **Devoirs de gestion – Plan.** Les règles de gestion des biens communs n'entendent pas concilier les intérêts égoïstes des deux époux. Elles se proposent de ménager l'indépendance des deux conjoints, mais dans un souci d'intérêt commun : la gestion de chaque époux doit être inspirée par l'intérêt du couple. C'est ainsi que **les différents pouvoirs aménagés ne sont pas discrétionnaires**, et que leur exercice doit s'apprécier au regard de la communauté. Les droits, même autonomes, dont dispose chaque conjoint ont pu même être qualifiés de **droits-fonctions**, en raison de leur finalité, et tisser un réseau de devoirs envers la communauté. C'est sur ce fondement que seront sanctionnés les actes accomplis par un époux, soit en fraude (§ 1), soit de façon fautive (§ 2).

§ 1
Sanction en cas de gestion frauduleuse

139.61 **Généralités.** À défaut d'une réglementation précise, la fraude ne laisse pas de soulever des difficultés, notamment dans ses rapports avec la nullité. Les questions se posent en effet de savoir si la **fraude** et le **dépassement de pouvoirs** ont des **domaines exclusifs ou concurrents**, entraînent des **sanctions distinctes**, et s'ils sont soumis au même régime de l'article 1427 du Code civil, questions auxquelles il sera répondu après qu'aura été envisagée la notion de fraude.

139.62 **Notion de fraude.** Outre un **élément matériel** (acte ou abstention), la fraude nécessite **l'intention de nuire au conjoint**[3] qui ne peut être réduite à la seule conscience du dommage causé à l'époux, ni à la seule **poursuite d'un intérêt égoïste** (cette dernière n'ouvrant droit qu'à récompense, C. civ., art. 1416). Il s'agit de la volonté d'user d'un pouvoir de gestion afin d'échapper aux règles d'équilibre du régime matrimonial au détriment des intérêts du conjoint (la nuisance intervient nécessairement mais n'est pas le but de l'opération; le but, et c'est là que gît l'intention, est de **faire échec au jeu normal des règles du régime matrimonial, de les détourner de leur finalité**[4]). En revanche, la fraude ne devrait pas être subordonnée, pour être constituée à l'égard de l'époux fraudeur, à la mauvaise foi du tiers (condition supplémentaire requise à l'article 1413 du Code civil, v. s^s^ n°s 141.240 s. – mais absente de l'article 1421 alinéa 1er. La mauvaise foi du tiers-cocontractant n'a pour effet, en toute vraisemblance, que d'étendre à son encontre l'inopposabilité). Apparaît donc, dans cette notion, **un élément intentionnel et subjectif** (qu'on ne retrouve pas dans le dépassement objectif de pouvoirs, sanctionné par la nullité relative à l'article 1427 du Code civil).

139.63 **Domaine de la fraude : l'hypothèse du dépassement frauduleux de pouvoirs.** Le **domaine d'élection de la fraude**, ainsi que l'indique sa mention dans l'alinéa 1er de l'article 1421 du Code civil,

1. Civ. 1re, 8 déc. 1981, n° 80-15.090, *Bull. civ.* I, n° 366; *R.* 41; *D.* 1982. IR 234, obs. D.-R. Martin; *Defrénois* 1982. 427; *RTD civ.* 1982. 415, obs. R. Nerson et J. Rubellin-Devichi – Civ. 1re, 28 nov. 2006, n° 04-19.058, NP; *Dr. fam.* 2007, n° 16, note B. Beignier; *RTD civ.* 2007. 379, obs. B. Vareille.
2. Civ. 1re, 14 nov. 2006, n° 05-19.402, *Bull. civ.* I, n° 482; *D.* 2007. 349, note G. Raoul-Cormeil; Pan. 1561, obs. J.-J. Lemouland et D. Vigneau; *JCP* 2007. I. 142, n° 7, obs. G. Wiederkehr; *AJ fam.* 2007. 89, obs. F. Chénedé; *RJPF* 2007-2/15, note Vauvillé; *RGDA* 2007. 69, note L. Mayaux; *LPA* 25 juin 2007, note G. Yildirim; 27 août 2007, note J. Antippas; *RTD civ.* 2007. 378, obs. B. Vareille.
3. Com. 28 janv. 1992, n° 90-17.389, *Bull. civ.* IV, n° 36; *D.* 1993. 23, note J. Pagès; *JCP* 1993. II. 21994, note A. Tisserand.
4. Civ. 1re, 21 juin 1978, n° 77-10.330, *Bull. civ.* I, n° 237; *D.* 1979. IR 75, obs. D.-R. Martin; *D.* 1979. 141, obs. M. Vasseur; *Defrénois* 1979. 487, obs. G. Champenois.

est celui de la **gestion concurrente.** Plus exactement, c'est le domaine dans lequel un époux dispose de pouvoirs autonomes (gestion concurrente, mais aussi exclusive) pour accomplir un acte, en principe parfaitement valide. Il n'y a donc pas dépassement de pouvoirs au sens de l'article 1427 du Code civil. Toutefois, on peut parfaitement concevoir qu'un acte qui requiert le consentement du conjoint, ait été passé en fraude de ses droits, l'époux contractant ayant eu l'intention de nuire à ses intérêts tels qu'issus du régime légal[1]. Ainsi, lorsqu'un acte passé par un époux commun en biens constitue à la fois un dépassement de pouvoirs et un acte frauduleux, des auteurs soutiennent que l'application cumulée de l'action relevant de l'article 1427 du Code civil et de l'action fondée sur la fraude « *serait parfaitement concevable* »[2].

Par plusieurs arrêts, **la Cour de cassation a toutefois condamné la thèse du cumul d'actions** en énonçant que « *les actes accomplis par un époux hors des limites de ses pouvoirs relèvent de l'article 1427 du Code civil et non des textes frappant les actes frauduleux, lesquels ne trouvent à s'appliquer que subsidiairement à défaut d'autre sanction* »[3]. Cette **jurisprudence qui privilégie la sanction du dépassement de pouvoirs à celle de la fraude** peut être contestée d'un point de vue pratique, puisque le délai de prescription de l'action fondée sur l'article 1427 est nettement plus court (deux ans) et enserré dans d'étroites limites que le délai de droit commun (cinq ans depuis la réforme de la prescription opérée par la loi n° 2008-561 du 17 juin 2008[4]). En revanche, la solution est juridiquement logique étant donné que l'adage « *Fraus omnia corrumpit* » ne s'applique qu'en l'absence de texte et que l'article 1427 vise indifféremment tout dépassement de pouvoirs qu'il soit ou non frauduleux.

1. Civ. 1re, 24 oct. 1977, n° 75-11-623, *Bull. civ.* I, n° 382; *Defrénois* 1978. 873, obs. G. Champenois; *D.* 1978. 290, note E. Poisson-Drocourt; *RTD civ.* 1979. 414, obs. R. Savatier; 604, obs. R. Nerson.
2. F. Terré et Ph. Simler, *Les régimes matrimoniaux*, « Précis », 6e éd., Dalloz, 2011, n° 521, note 2.
3. Civ. 1re, 30 mars 1999, n° 97-16.252, *Bull. civ.* I, n° 111; *Defrénois* 1999. 807, obs. G. Champenois; *Gaz. Pal.* 2000. Somm. 361, obs. G. Dahan – Civ. 1re, 4 déc. 2001, n° 99-15.629, *Bull. civ.* I, n° 303; *D.* 2002. 2217, note G. Bonnet; Somm. 2442, obs. M. Nicod; *JCP* 2002. I. 167, n° 10, obs. Ph. Simler; II. 10059, note J. Casey; *RJPF* 2002-4/27, obs. F. Vauvillé; *Dr. fam.* 2002, n° 23, obs. B. Beignier; *Defrénois* 2002. 1319, obs. G. Champenois; *LPA* 21 juin 2002, note J.-L. Courtier – Civ. 1re, 23 mars 2011, n° 09-66.512, *Bull. civ.* I, n° 61; *JCP N* 2011. 1292, note S. Hovasse; *JCP* 2011. 1371, n° 9, obs. Ph. Simler; *Bull. Joly* 2011. 464, note A. et S. Gaudemet; *D.* 2011. 2628, obs. J. Revel; *AJ fam.* 2011. 382, note P. Hilt.
4. L. n° 2008-561, 17 juin 2008, portant réforme de la prescription en matière civile, *JO* 18 juin, p. 9856.

En conclusion, l'acte frauduleux, mais qui ne constitue pas un dépassement de pouvoirs, a donc une sanction propre, régie par l'article 1421 du Code civil. Quant à l'acte effectué par un conjoint au-delà de ses pouvoirs, il est soumis au régime de la nullité édictée par l'article 1427 du Code civil, qu'il soit frauduleux ou non.

139.64 Inopposabilité de l'acte frauduleusement accompli. En dépit de quelques hésitations parmi les auteurs, il ne semble pas être douteux que la sanction de la fraude soit l'inopposabilité de l'acte au conjoint (v. la lettre de C. civ., art. 1421, al. 1er – *Adde*, comme sanction de la fraude, la modification judiciaire des pouvoirs, C. civ., art. 1426, v. ss n° 139.16 – ou la responsabilité entre époux, spécialement lorsque l'acte frauduleux est une abstention, v. ss n° 139.71). Dès lors, l'acte sera parfaitement valable, notamment à l'égard du tiers, mais ne pourra produire effet vis-à-vis du conjoint. Si les effets de l'acte s'accomplissent, **l'époux contractant doit récompense, au profit de son conjoint, à hauteur des nuisances que l'acte frauduleux lui a causées** (C. civ., art. 1437). En revanche, si le tiers est de mauvaise foi, il ne semble pas qu'il puisse exiger exécution de l'acte : sa participation en toute connaissance de cause à l'acte frauduleux doit avoir pour conséquence d'étendre à son encontre l'inopposabilité (sous réserve de l'engagement personnel de l'époux contractant sur ses propres, v. ss nos 141.40 s., car l'acte demeure valide entre les parties contractantes).

139.65 Mise en œuvre de l'inopposabilité. La mise en œuvre de l'inopposabilité n'est pas assujettie aux règles de l'article 1427 du Code civil, qui ne doivent concerner que la nullité. Le court délai de prescription notamment, prévu pour libérer les tiers d'une menace de nullité, n'a pas vocation à s'appliquer : soit l'acte produit ses effets et les tiers n'ont pas à être protégés, soit le tiers est de mauvaise foi, et il n'est pas digne du bénéfice de la courte prescription[5]. La preuve de la fraude doit être rapportée par le conjoint qui entend se prévaloir de l'inopposabilité et, portant sur des faits juridiques, peut l'être par tout moyen.

§ 2
Sanction en cas de gestion fautive

139.71 Notion de faute de gestion. L'article 1421 alinéa 1er du Code civil dispose que « *chacun des époux répond des fautes qu'il aurait commises dans sa gestion* ». Il n'y a aucune exigence spécifique quant

5. En ce sens, v. Paris, 9 juill. 1982, *D.* 1983. IR 347, obs. D.-R. Martin.

à la gravité de la faute. Il peut s'agir d'une **faute intentionnelle** (qui constituerait éventuellement un cas de fraude, v. s[s] n° 139.62 - mais l'action en responsabilité permettrait la réparation de dommages dont la simple opposabilité de l'acte n'empêcherait pas la survenance), mais aussi de **n'importe quelle faute commise dans l'exercice des pouvoirs de gestion** (y compris les **fautes d'abstention**, dans le domaine de la gestion exclusive, par ex. - en revanche, l'abstention fautive dans le domaine de la gestion concurrente doit être accueillie avec la plus grande circonspection, car le conjoint a eu la possibilité d'y parer grâce à ses propres pouvoirs de gestion). La faute peut résulter bien sûr de la conclusion d'un acte qu'il n'était pas dans les pouvoirs de l'époux de passer (outre la nullité, v. s[s] n°s 139.41 s.); mais un acte de gestion régulier peut aussi être constitutif de faute.

139.72 Action en responsabilité pour faute de gestion. Conformément au droit commun, c'est à l'époux qui agit en responsabilité de rapporter la **preuve de la faute** et de son **préjudice** en résultant (l'emploi de fonds communs est réputé avoir été fait dans l'intérêt de la communauté[1]). L'action peut être exercée pendant **cinq ans.** En revanche, le conjoint n'est pas tenu de l'exercer durant ce temps, par l'effet de la suspension de l'article 2236 du Code civil); il semble qu'il faille retenir, en ce qui concerne le point de départ de la prescription quinquennale, la date de dissolution de la communauté, dans les rapports entre les époux, s'agissant d'une action les concernant exclusivement (C. civ., art. 262-1). Toutefois, aucun obstacle ne paraît se dresser à l'encontre de l'exercice de l'action pendant le mariage (v. s[s] n° 139.73).

139.73 Nature de la créance de réparation. Est discutée la question de savoir si la **créance de réparation** est **propre** ou **commune** (dans ce dernier cas, l'époux responsable en recevrait la moitié à dissolution de la communauté). Il apparaît que **tout dépend de la nature du préjudice** dont il est obtenu réparation.

Si la faute de gestion a causé un **préjudice au patrimoine commun**, les dommages-intérêts alloués en réparation de ce préjudice constituent une **créance commune** et non une créance personnelle du conjoint. Par suite, de telles fautes de gestion invoquées par un époux à l'encontre de son conjoint ne peuvent donner lieu au paiement de dommages-intérêts à son profit[2]. Cette indemnisation s'effectue par le moyen d'une **récompense due par le patrimoine propre de l'époux fautif** au profit de la communauté. Son paiement ne peut ainsi intervenir qu'**à l'occasion de la liquidation du régime matrimonial** et non en cours d'union, même si l'on peut considérer que l'action peut intervenir pendant l'union[3]; l'exigibilité est alors différée à la liquidation du régime matrimonial (pour une illustration de la sanction d'une faute de gestion : l'épouse avait contracté de nombreux prêts à la consommation, en imitant la signature de son conjoint et en le tenant dans l'ignorance de l'augmentation de l'endettement du couple; la sanction a consisté dans l'imputation, à titre définitif, au passif personnel de l'épouse fautive, des prêts qu'elle avait contractés)[4].

Lorsque les intérêts lésés ont été ceux du conjoint, la réparation lui sera propre et le paiement pourra être poursuivi pendant le fonctionnement de la communauté.

1. Civ. 1re, 11 juin 1991, n° 89-21.305, *Bull. civ.* I, n° 190; *JCP* 1992. II. 21899, note G. Paisant; *Defrénois* 1992. 1550, obs. G. Champenois.
2. Civ. 1re, 1er fév. 2012, n° 11-17.050, *Bull. civ.* I, n° 21; *D.* 2012. 7624, obs. V. Brémond; *AJ fam.* 2012. 152, obs. P. Hilt; *RJPF* 2012-5/15, note F. Vauvillé; *JCP N* 2012. 1376, obs. Ph. Simler.
3. Pour cette solution, F. Terré et Ph. Simler, *Les régimes matrimoniaux*, « Précis », 6e éd., Dalloz, 2011, n° 524.
4. Civ. 1re, 14 mars 2012, n° 11-15.369, *Bull. civ.* I, n° 59; *D.* 2012. 813; *AJ fam.* 2012. 290, obs. L. Briand.

TITRE

14. La communauté légale : passif, liquidation et partage

SECTION 0

ORIENTEUR

14.00 Plan du titre.

CHAPITRE

141. Passif provisoire : engagement des époux à l'égard des tiers : obligation à la dette

RAYMOND LE GUIDEC
PROFESSEUR ÉMÉRITE DE L'UNIVERSITÉ DE NANTES

SECTION 0
ORIENTEUR

141.00 **Plan du chapitre.**

Division. La loi du 23 décembre 1985 a entendu réaliser le compromis entre l'esprit matrimonial et les exigences relatives au crédit, en conservant les deux aspects traditionnels du passif : l'obligation aux dettes à l'égard des tiers (chap. 141) et la répartition définitive des dettes entre les époux (chap. 142).

D'une part, pendant le mariage et vis-à-vis des tiers, afin d'assurer crédit au ménage et à chacun des conjoints, le principe est celui du passif commun. Chaque époux répond de ses dettes sur ses biens propres, ce qui est le droit commun, mais il engage aussi ceux de la communauté. En somme, n'échappent aux dettes nées du chef d'un époux et à l'action des tiers, que les biens propres de son conjoint. Ainsi, en prolongement des principes de gestion exclusive de ses propres et de gestion concurrente de la communauté, les règles générales qui commandent la question du passif à l'égard des tiers créanciers et de leur droit de poursuite, aboutissent à l'engagement de l'époux qui a fait naître la dette sur ses propres, mais aussi à l'engagement de la communauté. Toutefois, des limites sont posées afin d'éviter les excès auxquels pourrait conduire un tel principe.

D'autre part, entre les seuls époux, lorsque n'existe plus le souci de crédit et avec la perspective de la dissolution du mariage et de la communauté, la répartition définitive des dettes obéit à un principe de justice d'après lequel le passif s'impute finalement sur l'actif correspondant, en fonction de la finalité de chaque dette.

141.01 Textes applicables.

C. civ., art. 1409 à 1418; art. 1482 à 1491

CGI, art. 1691 *bis*

C. pr. exéc., art. R. 162-9

> Passif de la communauté

[C. civ., art. 1409 à 1418]

C. civ., art. 1409 (*L. n° 85-1372, 23 déc. 1985*)

La communauté se compose passivement :

– à titre définitif, des aliments dus par les époux et des dettes contractées par eux pour l'entretien du ménage et l'éducation des enfants, conformément à l'article 220;

– à titre définitif ou sauf récompense, selon les cas, des autres dettes nées pendant la communauté.

C. civ., art. 1410

Les dettes dont les époux étaient tenus au jour de la célébration de leur mariage, ou dont se trouvent grevées les successions et libéralités qui leur échoient durant le mariage, leur demeurent personnelles, tant en capitaux qu'en arrérages ou intérêts.

C. civ., art. 1411

Les créanciers de l'un ou de l'autre époux, dans le cas de l'article précédent, ne peuvent poursuivre leur paiement que sur les biens propres (*L. n° 85-1372, 23 déc. 1985*) « et les revenus » de leur débiteur.

Ils peuvent, néanmoins, saisir aussi les biens de la communauté quand le mobilier qui appartient à leur débiteur au jour du mariage ou qui lui est échu par succession ou libéralité a été confondu dans le patrimoine commun et ne peut plus être identifié selon les règles de l'article 1402.

C. civ., art. 1412

Récompense est due à la communauté qui a acquitté la dette personnelle d'un époux.

C. civ., art. 1413 (*L. n° 85-1372, 23 déc. 1985*)

Le paiement des dettes dont chaque époux est tenu, pour quelque cause que ce soit, pendant la communauté, peut toujours être poursuivi sur les biens communs, à moins qu'il n'y ait eu fraude de l'époux débiteur et mauvaise foi du créancier, et sauf la récompense due à la communauté s'il y a lieu.

C. civ., art. 1414 (*L. n° 85-1372, 23 déc. 1985*)

Les gains et salaires d'un époux ne peuvent être saisis par les créanciers de son conjoint que si l'obligation a été contractée pour l'entretien du ménage ou l'éducation des enfants, conformément à l'article 220.

Lorsque les gains et salaires sont versés à un compte courant ou de dépôt, ceux-ci ne peuvent être saisis que dans les conditions définies par décret.

C. civ., art. 1415 (*L. n° 85-1372, 23 déc. 1985*)

Chacun des époux ne peut engager que ses biens propres et ses revenus, par un cautionnement ou un emprunt, à moins que ceux-ci n'aient été contractés avec le consentement exprès de l'autre conjoint qui, dans ce cas, n'engage pas ses biens propres.

C. civ., art. 1416

La communauté qui a acquitté une dette pour laquelle elle pouvait être poursuivie en vertu des articles précédents a droit néanmoins à récompense, toutes les fois que cet engagement avait été contracté dans l'intérêt personnel de l'un des époux, ainsi pour l'acquisition, la conservation ou l'amélioration d'un bien propre.

C. civ., art. 1417

La communauté a droit à récompense, déduction faite, le cas échéant, du profit retiré par elle, quand elle a payé les amendes encourues par un époux, en raison d'infractions pénales, ou les réparations et dépens auxquels il avait été condamné pour des délits ou quasi-délits civils.

Elle a pareillement droit à récompense si la dette qu'elle a acquittée avait été contractée par l'un des époux au mépris des devoirs que lui imposait le mariage.

C. civ., art. 1418

Lorsqu'une dette est entrée en communauté du chef d'un seul des époux, elle ne peut être poursuivie sur les biens propres de l'autre.

S'il y a solidarité, la dette est réputée entrer en communauté du chef des deux époux.

> Obligation et contribution au passif après dissolution

[C. civ., art. 1482 à 1491]

C. civ., art. 1482 (*L. n° 85-1372, 23 déc. 1985*)

Chacun des époux peut être poursuivi pour la totalité des dettes existantes, au jour de la dissolution, qui étaient entrées en communauté de son chef.

C. civ., art. 1483

Chacun des époux ne peut être poursuivi que pour la moitié des dettes qui étaient entrées en communauté du chef de son conjoint.

(*L. n° 85-1372, 23 déc. 1985*) « Après le partage et sauf le cas de recel, il n'en est tenu que jusqu'à concurrence de son émolument pourvu qu'il y ait eu inventaire, et à charge de rendre compte tant du contenu de cet inventaire que de ce qui lui est échu par le partage ainsi que du passif commun déjà acquitté ».

C. civ., art. 1484

L'inventaire prévu à l'article précédent doit avoir lieu dans les formes réglées par le Code de procédure civile, contradictoirement avec l'autre époux ou lui dûment appelé. Il doit être clos dans les neuf mois du jour où la communauté a été dissoute, sauf prorogation accordée par le juge des référés. Il doit être affirmé sincère et véritable devant l'officier public qui l'a reçu.

C. civ., art. 1485

Chacun des époux contribue pour moitié aux dettes de communauté pour lesquelles il n'était pas dû de récompense, ainsi qu'aux frais de scellé, inventaire, vente de mobilier, liquidation, licitation et partage.

Il supporte seul les dettes qui n'étaient devenues communes que sauf récompense à sa charge.

C. civ., art. 1486

L'époux qui peut se prévaloir du bénéfice de l'article 1483, alinéa second, ne contribue pas pour plus que son émolument aux dettes qui étaient entrées en communauté du chef de l'autre époux, à moins qu'il ne s'agisse de dettes pour lesquelles il aurait dû récompense.

C. civ., art. 1487

L'époux qui a payé au-delà de la portion dont il était tenu par application des articles précédents a, contre l'autre, un recours pour l'excédent.

C. civ., art. 1488

Il n'a point, pour cet excédent, de répétition contre le créancier, à moins que la quittance n'exprime qu'il n'entend payer que dans la limite de son obligation.

C. civ., art. 1489

Celui des deux époux qui, par l'effet de l'hypothèque exercée sur l'immeuble à lui échu en partage, se trouve poursuivi pour la totalité d'une dette de communauté, a de droit son recours contre l'autre pour la moitié de cette dette.

C. civ., art. 1490

Les dispositions des articles précédents ne font point obstacle à ce que, sans préjudicier aux droits des tiers, une clause du partage oblige l'un ou l'autre des époux à payer une quotité de dettes autre que celle qui est fixée ci-dessus, ou même à acquitter le passif entièrement.

C. civ., art. 1491 (*L. n° 2001-1135, 3 déc. 2001, art. 15*)

Les héritiers des époux exercent, en cas de dissolution de la communauté, les mêmes droits que celui des époux qu'ils représentent et sont soumis aux mêmes obligations.

> Solidarité des époux et des partenaires liés par un PACS pour la taxe d'habitation et l'impôt sur le revenu
CGI, art. 1691 *bis* (*L. n° 2007-1822, 24 déc. 2007, art. 9 [V]*)

I. – Les époux et les partenaires liés par un pacte civil de solidarité sont tenus solidairement au paiement :

1° De l'impôt sur le revenu lorsqu'ils font l'objet d'une imposition commune;

2° De la taxe d'habitation lorsqu'ils vivent sous le même toit. [...]

141.02 Jurisprudence de référence.

INCIDENCE DES PROCÉDURES COLLECTIVES

> Les créanciers du conjoint *in bonis* sont soumis à la suspension des poursuites individuelles...

• **Cass., ass. plén., 23 déc. 1994, n° 90-15.305,** *Bull. ass. plén*, n° 7

* V. s[s] n° 141.85

« Attendu que si la liquidation judiciaire d'une personne mariée sous le régime de la communauté de biens ne modifie pas les droits que les créanciers de son conjoint tiennent du régime matrimonial, le dessaisissement de la personne interdit à ces créanciers d'exercer des poursuites sur les biens communs en dehors des cas où les créanciers du débiteur soumis à liquidation judiciaire peuvent eux-mêmes agir. »

> ... et à l'interdiction des inscriptions de sûretés.

• **Com. 20 mai 1997, n° 94-10.997,** NP

* V. s[s] n° 141.85

• **Com. 2 avr. 1996, n° 93-20.562,** *Bull. civ.* IV, n° 106

* V. s[s] n° 141.85

« Attendu [...] que la communauté répond des dettes de chacun des époux et que, pendant sa durée, les droits de l'un ou l'autre des époux ne peuvent être individualisés sur tout ou partie des biens communs ou sur l'un d'entre eux, de sorte que, l'hypothèque constituée sur un immeuble commun ne peut plus faire l'objet d'une inscription postérieurement au jugement d'ouverture du redressement judiciaire de l'un des époux. »

> Les créanciers du conjoint *in bonis* doivent déclarer leur créance...

• **Com. 10 mars 2004, n° 02-16.474,** *Bull. civ.* IV, n° 47

* V. s[s] n° 141.84

« Le créancier personnel de l'époux *in bonis* qui a inscrit une hypothèque sur un bien commun, peut demander son admission au passif de l'époux en liquidation judiciaire. »

> ... pour participer aux répartitions faites dans le cadre de la liquidation judiciaire...

• **Com. 14 mai 1996, n° 94-11.366,** *Bull. civ.* IV, n° 129

* V. s[s] n°s 141.84 et 141.85

« Lorsque deux époux, coemprunteurs solidaires, ont consenti aux prêteurs une hypothèque sur un immeuble commun, que le mari a été mis en liquidation judiciaire et que les prêteurs n'ont pas déclaré leurs créances, à défaut d'extinction de l'obligation contractée par l'épouse, l'hypothèque qui en garantit indivisiblement le paiement subsiste et les prêteurs, s'ils sont privés, en l'absence de déclaration de leurs créances, de tout droit à participer aux répartitions faites dans le cadre de la liquidation judiciaire, conservent cependant après paiement de tous les créanciers admis le droit de faire valoir leur hypothèque sur le solde pouvant subsister sur le prix de l'immeuble grevé. »

> ... qui peut être étendue au conjoint

• **Com. 11 déc. 2001, nº 98-22.643,** *Bull. civ.* IV, nº 198

* V. s[s] nº 141.86

« L'extinction de la créance à l'égard du débiteur en liquidation judiciaire laissant subsister l'obligation distincte contractée par son épouse, codébiteur solidaire, et n'affectant pas l'existence des droits hypothécaires du créancier sur les biens communs, le créancier qui, après l'extension de la procédure collective à l'épouse, a régulièrement déclaré sa créance au passif de celle-ci, conserve ses droits dans cette procédure. »

• **Com. 16 nov 2010, nº 09-68.459,** *Bull. civ.* IV, nº 176

* V. s[s] nº 141.74

Les salaires d'un époux marié sous un régime de communauté sont des biens communs frappés par la saisie collective au profit des créanciers de l'époux mis en procédure collective et ne peuvent être saisis, pendant la durée de celle-ci, au profit d'un créancier de l'époux, maître de ses biens.

• **Com. 22 mai 2012, nº 11-17.391,** *Bull. civ.* IV, nº 106

* V. s[s] nº 141.85

Le liquidateur est chargé de répartir le prix de vente des immeubles inclus dans l'actif de la liquidation judiciaire, fussent-ils des biens communs, et les droits de chaque époux sur l'actif de communauté ne peuvent être individualisés durant celle-ci.

SUR L'APPLICATION DE L'ARTICLE 1415 DU CODE CIVIL

> Domaine

>> En cas d'engagements de caution souscrits simultanément par les époux dans un seul et même acte pour garantir la même dette, l'article 1415 n'a pas vocation à s'appliquer

• **Com. 5 févr. 2013, nº 11-18.644,** *Bull. civ.* IV [à paraître]

* V. s[s] n°s 141.214 et 141.246

• **Civ. 1re, 20 juin 2006, nº 04-11.037,** *Bull. civ.* I, nº 313

* V. s[s] nº 141.202

« L'article 1415 du Code civil est applicable à la garantie à première demande qui, comme le cautionnement, est une sûreté personnelle, laquelle consiste en un engagement par lequel le garant s'oblige, en considération d'une obligation souscrite par un tiers, à verser une somme déterminée, et est donc de nature a appauvrir le patrimoine de la communauté. »

• **Cass., ch. mixte, 2 déc. 2005, nº 03-18.210,** *Bull. ch. mixte*, nº 7

* V. s[s] nº 141.202

« L'article 1415 du Code civil n'est pas applicable au nantissement de titres entrés dans la communauté, une sûreté réelle consentie pour garantir la dette d'un tiers n'impliquant aucun engagement personnel à satisfaire à l'obligation d'autrui et n'étant pas dès lors un cautionnement, lequel ne se présume pas. »

>> *CONTRA*, auparavant, application de l'article 1415 du Code civil à la caution réelle :

• **Civ. 1re, 11 avr. 1995, nº 93-13.629,** *Bull. civ.* I, nº 165

* V. s[s] nº 141.202

• **Civ. 1re, 15 mai 2002, nº 99-21.464,** *Bull. civ.* I, nº 129

* V. s[s] nº 141.202

• **Civ. 1re, 6 juill. 1999, nº 97-15.005,** *Bull. civ.* I, nº 224

* V. s[s] nº 141.203

« La règle de l'article 1415 du Code civil est applicable au crédit consenti par découvert en compte courant. »

> Pour un découvert en compte bancaire

• **Civ. 1re, 19 nov. 2002, nº 00-21.083,** *Bull. civ.* I, nº 274

* V. s[s] nº 141.203

• **Civ. 1re, 8 juill. 2010, nº 09-14.230,** *Bull. civ.* I, nº 166

* V. s[s] nº 141.203

> Effets

• **Civ. 1re, 18 nov. 1992, nº 91-10.473,** *Bull. civ.* I, nº 280

* V. s[s] nº 141.214

« En application de l'article 1415 du Code civil, à défaut de consentement exprès du conjoint, à l'engagement de caution pris par un époux, le créancier ne peut être judiciairement autorisé à prendre inscription d'hypothèque sur un immeuble commun. »

• **Civ. 1re, 3 avr. 2001, nº 99-13.733,** *Bull. civ.* I, nº 92

* V. s[s] nº 141.215

« N'est pas saisissable le compte joint alimenté par les revenus de chacun des époux, faute pour le créancier d'identifier les revenus de l'époux débiteur. »

> Consentement exprès du conjoint

• **Civ. 1re, 17 févr. 1998, nº 96-12.763,** *Bull. civ.* I, nº 63

* V. s[s] nº 141.214

« La connaissance de la situation par le conjoint ne vaut pas consentement exprès à l'opération. »

• **Civ. 1re, 13 nov. 1996, nº 94-12.304,** *Bull. civ.* I, nº 392

* V. s[s] nº 141.214

« L'article 1415 du Code civil n'exige pas que le consentement exprès de l'autre conjoint au cautionnement soit donné dans les conditions prescrites par l'article 1326 du Code civil. »

141.03 Bibliographie indicative.

Actualisable. Rép. civ., vº *Communauté légale (3º Répartition des dettes)*, par G. Yildirim, oct. 2008 [màj mars 2014].

Ouvrages[1]. A. COLOMER, *Droit civil. Régimes matrimoniaux*, 12e éd., Litec, 2004, n°s 783 s. – G. CORNU, *Les régimes matrimoniaux*, 9e éd., « Thémis Droit », PUF, 1997, n°s 52 s., p. 309 s. – J. FLOUR et G. CHAMPENOIS, *Les régimes matrimoniaux*, 2e éd., coll. « U », A. Colin Éd., 2001, n°s 412 s. – Ph. MALAURIE et L. AYNÈS, *Les régimes matrimoniaux*, 4e éd., LGDJ/Lextenso, 2013, n°s 500 s. – F. TERRÉ et Ph. SIMLER, *Droit civil, Les régimes matrimoniaux*, 6e éd., « Précis », Dalloz, 2011, n°s 378 s.

1. NB : les ouvrages les plus fréquemment cités et dont le nom des auteurs figure en petites capitales en bibliographie sont cités par les seuls noms des auteurs en petites capitales en notes de bas de page.

Articles. J. Antipas, « Pour une autre lecture de l'article 1414 du Code civil », *Dr. fam.* 2008. Étude 28 – L. Antonini-Cochin, « Pour le meilleur et pour le pire... ou les droits du conjoint du débiteur soumis à une procédure collective », *JCP N* 2010. 1216 – J.-M. Bourcy, « Régime matrimonial et voies d'exécution », *JCP N* 1998. 1830 – R. Cabrillac, « Les restrictions au droit de poursuite des créanciers dans le régime de communauté légale », *Dr. et patr.* juill.-août 1997. 56 s. – G. Champenois, « Quelques observations sur l'obligation à la dette et la rénovation de la communauté », *Études J. Flour*, Defrénois, 1979. 33 – N. Coquempot-Caulier, « La protection du conjoint collaborateur... un leurre ! », *JCP E* 2002. 639 et 676 – S. David, « Famille et voies d'exécution », *AJ fam.* 2003. 9 s. – C. d'Hoir-Lauprêtre, « Le patrimoine de l'entrepreneur individuel, outil de crédit ou de discrédit », *Dr. et patr.* avr. 2006. 30 s. – S. Durand, « La prise de garantie immobilière sur bien commun par un seul des époux », *JCP N* 2007. 1334 – S. Lambert, « Le sort du conjoint *in bonis* engagé aux côtés de son époux surendetté ou soumis à une procédure collective », *RTD com.* 2007. 485 – M.-C. Leproust-Larcher et J.-C. Chevallier, « L'engagement des biens communs en présence d'actifs professionnels », *JCP N* 2002. 1333 – M. Storck, « L'exécution des biens des époux », *LPA* 12 janv. 2000, n°s 8, 12 s. – M. Weyland, « L'indispensable dissociation des alinéas 1 et 2 de l'article 1414 du Code civil », *JCP* 1993. I. 3712.

> Régime de communauté et droit des procédures collectives. V. Brémond, « La protection des biens du conjoint du débiteur failli », *Dr. et patr.* 2004. 36 s. – F. Derrida, « Redressement judiciaire et liquidation judiciaire et régime de communauté », *D.* 1994. Chron. 108; « La situation des créanciers personnels du conjoint du débiteur soumis à une procédure de redressement – liquidation judiciaire – Bilan », *Defrénois* 1997. 353 – I. Goaziou-Huret, « Divorce et procédures collectives », *RTD com.* 2002. 627 s. – S. Grosjean, « Le sort des inscriptions hypothécaires sur les immeubles appartenant concurremment au débiteur en redressement judiciaire et à d'autres personnes », *Defrénois* 1998. 1345 – H. Lécuyer, « Droit patrimonial de la famille et entreprises en difficultés : les pouvoirs des époux », *LPA* 24 avr. 2003, p. 20 – F.-X. Lucas, « Protection du conjoint du débiteur en difficulté », *LPA* 12 juill. 2002 – A. Perrodet, « Le conjoint du débiteur en redressement judiciaire », *RTD com.* 1999. 1 s. – S. Robinne, « La situation des créanciers hypothécaires de l'époux *in bonis* en cas de liquidation judiciaire du conjoint : suite et fin ? », *Dr. et patr.* avr. 2000. 38 – P. Rubellin, « Le sort de la communauté lorsque les deux époux sont successivement mis en liquidation judiciaire », *Defrénois* 2001. 492 – Ph. Simler, « Les interférences des régimes matrimoniaux et des procédures collectives », *LPA* 17 juin 1998, p. 28.

> Régime de communauté et procédure de surendettement. N. Cote, « Le nouveau dispositif de traitement du surendettement des particuliers : titre III de la loi n° 2003-710 du 1er août 2003 », *JCP N* 2004. 1136 – G. Henaff, « Les difficultés d'application de la procédure de surendettement aux personnes mariées », *Defrénois* 1996. 561 – S. Lambert-Wibert, « Le principe d'unité du patrimoine à l'épreuve de la responsabilité financière d'une personne mariée sous le régime de la communauté », *Defrénois* 1999. 1153 – M. le Livec-Tourneux, « Surendettement des particuliers et régimes matrimoniaux », *JCP N* 1993. Doctr. 1 s. – F. Sauvage, « Procédure de rétablissement personnel : une seconde chance pour la communauté des époux », *RJPF* 2004-2/13 – F. Vauvillé, « Mariage et surendettement », *Dr. et patr.* avr. 2003. 58.

> Article 1415 du Code civil. V. Bonnet, « Le rôle de l'article 1415 du Code civil », *RRJ* 2003. 243 – V. Brémond, « Le cautionnement réel est aussi un cautionnement... personnel », *JCP N* 2002. 1640 – R. Cabrillac, « L'emprunt ou le cautionnement dans le passif de la communauté légale », *Dr. et patr.* mai 2003. 72 – Y. Picod, « Remarques sur l'application de l'article 1415 du Code civil au cautionnement réel », *Dr. et patr.* avr. 2000. 81 – L. Poulet, « La sûreté réelle constituée pour autrui dans le régime de communauté », *Defrénois* 2006. 1441 – J.-Y. Puygauthier, « Variations sur le cautionnement », *JCP N* 2001. 1703 – S. Raby, « Cautionnement et emprunt : le sort des gains et salaires d'un époux commun en biens », *JCP N* 2004. 1586 – D. Sadi, « L'autorisation du conjoint donnée à l'époux caution : étude prospective », *D.* 2014. 231 – Ph. Simler, « Le cautionnement réel est réellement – aussi – un cautionnement », *JCP* 2001. I. 367; « *Eppur, si muove...* (Galilée) : et pourtant une sûreté réelle constituée en garantie de la dette d'un tiers est un cautionnement réel », *JCP* 2006. I. 172 – F. Vauvillé, « Article 1415 du Code civil : les armes du débat judiciaire », *Dr. et patr.* janv. 1999. 64; « La situation du conjoint *in bonis* face aux procédures collectives professionnelles », *Dr. et patr.* 2014. 41 s. – M. Wacongne, « Communauté conjugale, l'article 1415 du Code civil et la protection du patrimoine de l'entrepreneur individuel », *JCP N* 1998. 930.

141.04 Questions essentielles.

> Quel est le sort des créanciers des époux en cas de procédure collective ouverte à l'encontre d'un époux ?

* V. s^{s} n°s 141.81 à 141.86

> Quels cautionnements donnent lieu à l'application de l'article 1415 du Code civil ?

* V. s^{s} n°s 141.200 à 141.203

> Les découverts en compte donnent-ils lieu à l'application de l'article 1415 du Code civil ?

* V. s^{s} n° 141.203

> Les gains et salaires du conjoint peuvent-ils être saisis comme n'importe quel autre bien commun ?

* V. s^{s} n°s 141.120 à 141.192

141.06 Évolution – Loi n° 85-1372 du 23 décembre 1985. La loi du 23 décembre 1985 [1], qui a entendu assurer une parfaite égalité entre époux et ne plus distinguer entre le mari et la femme, est

1. L. n° 85-1372, 23 déc. 1985, relative a l'égalité des époux dans les régimes matrimoniaux et des parents dans la gestion des biens des enfants mineurs, *JO* 26 déc. 1985, p. 15111.

venue modifier les règles relatives au passif, en supprimant notamment les biens réservés et les biens communs ordinaires (l'expression **biens communs ordinaires** mériterait cependant d'être conservée pour les acquêts, c'est-à-dire pour les biens communs à l'exclusion des gains et salaires et des revenus des propres du débiteur, qui sont soumis à un **régime ordinaire**). Les solutions nouvelles de cette **loi entrée en vigueur le 1er juillet 1986** sont applicables à **toutes les dettes nées postérieurement à cette date,** les dettes antérieures restant soumises aux règles qui existaient lors de leur naissance (L. 23 déc. 1985, art. 57). Pendant un temps, les dettes relevant du droit antérieur ont continué à nourrir le contentieux[1]. Cette survie de la loi ancienne s'est estompée depuis.

141.07 Renvois. Le passif ici envisagé est celui qui intervient par rapport au régime légal; (pour les dettes face aux régimes conventionnels, v. s^{s} n°s 151.10 s. et 152.11 s.). Par ailleurs, la définition du passif propre (v. s^{s} n°s 142.70 à 142.92) peut se déduire notamment du caractère propre de l'actif (v. s^{s} n°s 131.11 s. à 134.11 s.).

141.08 Présentation. À l'égard des tiers, et avec en vue le paiement des dettes nées pendant le mariage, le souci qui anime la loi de 1985 est double :

– **assurer au ménage ainsi qu'à chaque époux, le crédit le plus étendu**, et donc permettre d'engager largement les biens du couple;

– **garantir aussi une indépendance à chaque conjoint** et donner une réalité pratique aux pouvoirs de gestion qui lui sont reconnus.

En conséquence, un principe simple est établi : vis-à-vis des tiers, chaque époux, pour le paiement des dettes nées de son chef, engage ses biens propres ainsi que l'ensemble des biens communs.

Toutefois, par réalisme, des exceptions y sont apportées, qui entendent protéger de l'auteur des dettes, le conjoint et la communauté, et qui concernent l'engagement unilatéral des biens communs. L'indépendance d'un époux reçoit des limites afin que soit préservée celle de son conjoint; cette dernière serait de fait anéantie si n'existait plus aucun bien pour répondre de ses engagements. En outre, toutes les dettes ne doivent pas être également traitées, tandis que tous les biens communs ne présentent pas la même importance. C'est ainsi que l'engagement de la communauté pourra être réduit, et de façon très variable selon les cas.

1. V. PAR EX., Civ. 1re, 23 nov. 1999, n° 97-04.189, NP; et Civ. 1re, 22 févr. 2000, n° 95-14.661, NP; *JCP* 2000. I. 245.

La question de l'engagement des époux à l'égard des tiers et de l'obligation à la dette ne concerne que le **droit de poursuite des créanciers,** c'est-à-dire la définition des biens sur lesquels ils peuvent exiger le paiement de leur créance. N'ont pas à être envisagés les paiements volontaires. Bien évidemment, l'un ou l'autre époux peut spontanément régler une dette grâce à des fonds, propres ou communs, dont il a la gestion; le créancier désintéressé n'a plus alors à intervenir, et seule subsiste la question de la charge définitive de la dette entre les deux époux (v. s^{s} n°s 142.10 s.).

141.09 Principe d'engagement personnel des biens propres et des biens communs. Le principe est que, vis-à-vis des tiers, sur les trois masses de biens qui existent à l'actif du régime légal, deux répondent des dettes nées du chef d'un époux : la masse de ses biens propres et celle des biens qui composent la communauté (ce qui correspond à peu près à l'ensemble des biens sur lesquels chaque époux dispose d'un pouvoir de gestion).

D'une part, pour le paiement des dettes qu'il fait naître, chaque époux engage ses biens propres (sect. 1), c'est-à-dire les biens qui lui appartiennent de façon personnelle et sur lesquels il dispose, sauf rares exceptions, de pouvoirs exclusifs. Ce n'est là que l'application du droit commun pour une personne capable ayant un patrimoine.

D'autre part, chaque époux engage les biens communs (sect. 2). Enrichie par les deux époux, la masse commune n'est pas figée et sert, tout au contraire, à payer les dettes du ménage. Par surcroît, chaque époux a un droit privatif virtuel sur une partie de la communauté qu'il a contribué à constituer (sect. 3, 4 et 5). En outre, toute dette doit être *a priori* réputée commune, notamment à l'égard des tiers.

SECTION 1
PRINCIPE D'ENGAGEMENT PERSONNEL DU DÉBITEUR ET DE SES BIENS PROPRES

141.10 Présentation. L'engagement personnel du débiteur (§ 1), et donc de ses biens propres, n'est que l'application dans le régime légal, de la solution du droit commun qui existe, non seulement à l'égard des célibataires vivant en concubinage, mais encore à propos des personnes mariées sous un régime séparatiste. La pleine capacité juridique d'un époux, l'existence d'un patrimoine propre, la présence de biens qui lui appartiennent exclusivement et qui sont soumis à ses pouvoirs indépendants, imposent que ses biens répondent de ses dettes (§ 2). Du reste, les articles 1409 et suivants du Code civil ne concernent que le passif de la communauté; quant aux propres, on en doit déduire *a contrario* l'application du droit commun.

§ 1
Conditions de l'engagement personnel de l'époux débiteur

141.20 Notion d'époux débiteur. Les conditions de l'engagement personnel sont celles qui concernent n'importe quel débiteur, qu'il s'agisse de l'un ou l'autre époux, ou des deux ensemble. L'existence du mariage et la présence du régime légal de communauté d'acquêts ne modifient en rien la notion de débiteur (A) ni les conséquences de droit commun que produit une dette sur le patrimoine exclusivement attaché à sa personne. Doit cependant être précisée l'hypothèse de solidarité entre les époux (B).

A.
Époux débiteur

141.21 Application du droit commun et généralité des dettes. Il suffit de renvoyer ici au droit commun pour ce qui concerne **l'existence**, **l'étendue** ou l'**exigibilité** des dettes, entre lesquelles, en outre, aucune distinction n'est à opérer.

141.22 Généralité quant à l'auteur de la dette. Entre le mari et la femme, une parfaite égalité est pleinement assurée. Déjà, la loi du 23 décembre 1985 avait supprimé cette distinction, les nouveaux textes n'évoquant que les époux indifféremment. Il en est *a fortiori* ainsi depuis l'entrée en vigueur de la loi n° 2013-404 du 17 mai 2013 ouvrant le mariage aux couples de personnes de même sexe[1].

141.23 Généralité quant à la nature de la dette. Aucune distinction n'est à faire au titre du régime matrimonial quant à la nature de la dette, selon qu'elle est contractuelle ou délictuelle, domestique ou professionnelle, à titre gratuit ou onéreux, alimentaire, conditionnelle... Les différences n'interviendront qu'au stade de la contribution définitive aux dettes, où les considérations liées au crédit de l'époux ou à la sauvegarde des créanciers ne jouent plus (il faut indiquer toutefois que l'engagement de la communauté sera réduit en présence des dettes de nature propre, v. s^s^ n°s 141.220 s.).

141.24 Généralité quant à la date de la dette. De la même manière, s'agissant de l'engagement personnel d'un époux et de ses biens propres, aucune différence n'est à introduire selon la date de naissance ou d'exigibilité de la dette, qu'elle soit antérieure au mariage ou qu'elle apparaisse pendant celui-ci (la distinction entre les **dettes présentes**, c'est-à-dire antérieures au mariage, et **celles nées pendant la communauté** ne joue qu'à l'égard de l'engagement de cette dernière, v. s^s^ n°s 141.223 s.).

141.25 Application de la représentation. Joue à plein le phénomène de la représentation. C'est ainsi qu'un époux, mandataire de son conjoint, n'engagera pas ses biens propres pour la raison qu'il n'est pas personnellement débiteur, mais engagera ceux du conjoint, au nom et pour le compte de qui il a fait naître la dette.

À ce propos, il convient d'être très précis dans la rédaction d'un acte, **lorsqu'un époux intervient en qualité de mandataire de l'autre.** Cette précision est nécessaire, non seulement afin que le tiers contractant soit parfaitement informé de la réalité des circonstances et ne puisse par la suite invoquer la **théorie de l'apparence** à laquelle il aurait succombé, mais encore afin que soient correctement distinguées les différentes qualités que peut revêtir un époux, signataire à un acte. En effet, un époux peut intervenir à plusieurs titres, qu'il peut même cumuler : il peut être partie seule contractante, partie cocontractante ou solidairement engagée (v. s^s^ n° 141.31), conjoint autorisant un acte nécessitant son accord, conjoint engageant ses gains et salaires (v. s^s^ n° 141.122). Il faudra donc, afin d'éviter toute ambiguïté ou toute difficulté liée à l'interprétation de l'acte, préciser exactement la ou les qualités en lesquelles intervient l'époux, ainsi que la portée de son engagement (en guise d'illustration, à propos d'un conjoint qui n'intervenait qu'en qualité de mandataire de son époux et qui, en conséquence, n'était pas personnellement engagé[2]). Au surplus, l'époux doit être correctement informé de la nature de son intervention, comme des différentes qualités qu'il peut revêtir et qui l'engagent plus ou moins (v. s^s^ n° 141.244). Constituerait vraisemblablement une faute engageant sa responsabilité professionnelle le fait, pour un conseil, de ne pas informer un conjoint des différentes possibilités qui lui sont offertes.

B.
Deux époux solidairement débiteurs

141.31 Les deux époux sont personnellement tenus en cas de solidarité. C'est à propos de l'engagement personnel de chaque époux qu'il faut envisager le cas dans lequel les deux époux sont solidairement tenus à l'égard des tiers. Il n'y a, en effet, aucun sort spécifique à faire à ces dettes dans ce cas, car il suffit de bilatéraliser les règles relatives à

1. L. n° 2013-404, 17 mai 2013 ouvrant le mariage aux couples de personnes de même sexe, *JO* 8 mai, p. 8253.

2. Com. 27 mai 1972, n° 70-13.533, *Bull. civ.* IV, n° 152; *D.* 1973. 155, note Prévault; *JCP* 1973. II. 17306.

chaque époux : en cas de solidarité, chacun est personnellement obligé.

Il en est ainsi quelle que soit la cause de la **solidarité**. Elle peut être **légale**, ce qui sera spécialement le cas pour les dettes ménagères de l'article 220 du Code civil qui engagent les deux époux indépendamment de leur régime matrimonial. La même solidarité entre époux interviendra, sur le fondement de l'article 1384 alinéa 4 du Code civil, pour la dette de réparation des dommages causés par les enfants mineurs (*adde*, toutes les condamnations *in solidum* en responsabilité civile). Peut encore être cité l'article 1691 *bis* du Code général des impôts (CGI, anc. art. 1685), relatif à l'impôt sur le revenu qui engage les deux époux (pour une application [1]).

Cette **solidarité** peut aussi être **conventionnelle** (qu'il s'agisse de solidarité ou, plus généralement, d'engagements conjoints, les deux époux étant coacheteurs, coemprunteurs, copreneurs, *etc.*), chaque époux étant engagé également vis-à-vis des tiers. Il importe de rappeler que s'appliquent les **règles de droit commun** et que, notamment, la solidarité n'est pas présumée, sauf en matière commerciale. C'est ainsi que, lors de la formation d'un acte par un époux commerçant, l'accord de son conjoint non commerçant ne peut être présumé comme valant engagement solidaire (pour ce rappel du domaine de la solidarité commerciale [2] et sur les distinctions à opérer quant à la nature et quant à la portée du consentement du conjoint, v. s^s n°s 141.25 et 141.216).

Dans tous les cas de solidarité, les choses sont simples car les règles concernant chaque époux débiteur sont applicables aux deux. En conséquence, les deux époux engagent leurs biens propres (C. civ., art. 1418, al. 1er, *a contrario* – v. s^s n°s 141.40 s.) ainsi que la communauté (C. civ., art. 1418, al. 2), et le créancier peut se payer sur l'ensemble des biens du couple. Encore une fois, la seule difficulté réside dans l'existence d'une solidarité, afin de la distinguer nettement d'une situation de mandat ou d'autorisation de pouvoirs (v. s^s n°s 141.25 et 141.216).

§ 2
Effets de l'engagement personnel du débiteur et de ses biens propres et gains et salaires

141.40 Présentation. Chaque époux personnellement débiteur engage logiquement les biens sur lesquels il dispose d'un pouvoir privatif et exclusif : ses propres, ainsi que ses gains et salaires (A). La seule difficulté pratique qui surgira alors concerne l'assiette du gage des créanciers, c'est-à-dire l'étendue des biens propres, la preuve de leur nature et notamment le jeu de la présomption de communauté (v. s^s n°s 134.21 s.).

A contrario, les propres du conjoint seront à l'abri des poursuites d'un créancier d'un époux (B).

A.
Engagement des propres et des gains et salaires du débiteur

141.41 Généralité quant aux propres. Il est parfaitement logique que soient engagés, pour le paiement de ses dettes, les biens propres d'un époux. Ils constituent en effet son patrimoine exclusif, et sont spécialement situés en marge du mariage afin de conserver son indépendance financière à une personne mariée qui peut de la sorte exercer sa pleine capacité.

Les biens propres composent, d'une certaine manière, le patrimoine d'une personne envisagée comme si elle n'était pas mariée (du reste, ce sont les biens qu'elle a recueillis hors de son mariage, soit qu'elle les possédât antérieurement, soit qu'elle les reçût par succession ou libéralité, c'est-à-dire, en principe, indépendamment de son état matrimonial). Reliquat de l'époque où un époux n'était pas encore marié, et expression ultime de sa personnalité nonobstant son mariage, le patrimoine propre doit en conséquence répondre de tous les engagements personnels de l'époux, qu'ils soient apparus avant ou après le mariage, en raison de celui-ci ou pas. En outre, le **patrimoine propre** est le **gage certain et premier des créanciers d'un époux, sur lequel ils sont assurés de pouvoir se payer sans entrer en concurrence avec les créanciers du conjoint.** Seront donc engagés les **biens propres**, qu'ils le soient **d'origine, par emploi ou remploi, par nature ou accession** (le seront aussi les **revenus des biens propres**, par l'effet de l'engagement général de la communauté, v. s^s n°s 141.60 s. – sur l'application de l'article 1401 du Code civil et sur la nature des revenus des propres, v. s^s n°s 133.31 à 133.34).

141.42 Application au logement de la famille. Parmi les biens propres, il en est qui suivent un régime spécifique : ce sont les droits par lesquels est assuré le logement de la famille, ainsi que les meubles le garnissant (C. civ., art. 215, al. 3). Il a été indiqué en effet que, malgré leur nature propre, ces biens ne sont pas à la libre disposition de l'époux titulaire qui doit, par sécurité familiale, recueillir l'assentiment de son conjoint à peine de nullité. Mais, la question se posait de savoir si le logement de la famille pouvait néanmoins répondre des det-

1. CE 6 janv. 1984, req. n° 36373, *Defrénois* 1984. 1137; *Dr. fisc.* 1984. 904, concl. Fouquet; *RJF* 1984. 184.
2. Civ. 1re, 28 avr. 1986, n° 84-13.166, *Bull. civ.* I, n° 108.

tes personnelles d'un époux indépendamment de l'accord de son conjoint. Les règles de droit commun et de la répartition de l'actif l'ont emporté : **un bien propre répond des dettes personnelles du conjoint qui en est titulaire, même s'il s'agit du logement de la famille,** et ce **malgré l'absence d'accord du conjoint**[1].

Si le principe demeure, il y a lieu de réserver l'hypothèse de la **déclaration notariée d'insaisissabilité de la résidence principale de l'entrepreneur individuel** par application des articles L. 526-1 à L. 526-4 du Code de commerce[2]. À ce sujet voir les analyses de la doctrine[3].

141.43 Gains et salaires de l'époux débiteur. Outre les biens propres, sont engagés les gains et salaires de l'époux débiteur. Ce n'est pas tant en raison de leur nature, car ils constituent des biens communs, que parce qu'ils dépendent du **pouvoir exclusif de gestion de l'époux qui les perçoit** : gérer ses gains et salaires et en disposer, conduit inévitablement à pouvoir les engager (sous réserve de récompense due à la communauté).

Cet engagement des gains et salaires traduit leur **nature ambivalente.** D'une part, ils sont **communs** et ont vocation à enrichir la communauté grâce aux acquêts qu'ils occasionnent. Mais d'autre part aussi, ils représentent le moyen le plus assuré de **l'indépendance personnelle de chaque conjoint** et doivent rester sous la maîtrise de celui qui les perçoit; d'autant qu'ils représentent souvent aujourd'hui l'essentiel de ses revenus (v. s^s n° 141.120). C'est pourquoi, bien qu'ils aient finalement à accroître la communauté et à profiter au couple (outre la nature commune des acquêts, v. la contribution aux charges du mariage), leur caractère étroitement lié à la personne les soumet à un régime spécifique : en dépit de leur vocation communautaire, ils restent à la libre disposition du conjoint qui les perçoit (au titre du régime primaire, v. C. civ., art. 223). C'est par l'effet de ce pouvoir exclusif de gestion que les gains et salaires d'un époux doivent aussi répondre des dettes qui lui sont personnelles (et échapper au droit de poursuite des créanciers du conjoint, C. civ., art. 1414 – v. s^s n°s 141.120 s.). Enfin, cette règle d'engagement des gains et salaires du débiteur n'est pas tant extraordinaire dans l'économie actuelle du régime légal : elle anticipe, en même temps qu'elle l'annonce (v. s^s n°s 141.60 s.), sur l'engagement de la communauté du chef d'un époux.

B.
Immunité des propres du conjoint, non personnellement débiteur

141.51 C. civ., art. 1418, al. 1er. À l'exception des cas dans lesquels le conjoint est personnellement engagé en tant que codébiteur, solidaire ou non (v. s^s n° 141.31), il résulte de l'article 1418 alinéa 1er du Code civil que les propres d'un époux ne peuvent être poursuivis pour le paiement d'une dette née du chef de son conjoint.

Une telle règle, **corollaire des pouvoirs de gestion,** est d'ailleurs la conséquence nécessaire de la libre disposition de ses propres par chaque époux, qui impose une totale immunité face aux engagements du conjoint (la même solution prévaut s'agissant des gains et salaires, v. s^s n°s 141.120 s.). Cette **immunité des biens propres** joue **quelle que soit la cause de la dette : contractuelle** bien sûr[4], mais aussi **légale** (ainsi, pour une dette de responsabilité civile délictuelle, personnelle à un époux et non solidaire[5]).

SECTION 2
PRINCIPE D'ENGAGEMENT DES BIENS COMMUNS DU CHEF D'UN ÉPOUX (C. CIV., ART. 1413)

141.60 Justifications de l'engagement unilatéral de la communauté. Outre ses biens propres,

1. Civ. 3e, 12 oct. 1977, n° 76-12.482, *Bull. civ.* III, n° 345; *D.* 1978. 333, note Chartier; *Defrénois* 1978. 374, obs. J.-L. Aubert; *RTD civ.* 1979. 584, obs. R. Nerson – Civ. 1re, 18 juin 1985, n° 83-14.915, *Bull. civ.* I, n° 188; *D.* 1986. 485, note C. Mouly; *Defrénois* 1986. 1456, obs. J.-L. Aubert.
2. L. n° 2003-721, 1er août 2003, pour l'initiative économique, *JO* 5 août, p. 13449 et L. n° 2008-776, 4 août 2008, de modernisation de l'économie, art. 14, *JO* 5 août, p. 12471.
3. D. Autey, « L'insaisissabilité de la résidence principale de l'entrepreneur individuel », *Defrénois* 2004. 327 – J. Casey, « L'insaisissabilité du logement dans la loi du 1er août 2003 : aspect de droit des régimes matrimoniaux », *RJPF* 2003-12/12 – M. Dagot, « L'insaisissabilité de la résidence principale de l'entrepreneur individuel », *JCP N* 2003. 1562; *JCP N* 2004. 1084 – N. Laugier, « Initiative économique et déclaration notariée d'insaisissabilité » *JCP N* 2003. 1561 – L. Grosclaude, « Voyage au centre de la terre. À propos de l'insaisissabilité des droits sur la résidence principale : C. com., art. L. 526-1 à L. 526-4 », *Dr. fam.* 2004, n° 1 – O. Pecqueur, « L'insaisissabilité de la résidence principale de l'entrepreneur », *Dr. et patr.* déc. 2003. 34 – S. Piedelievre, « L'insaisissabilité de la résidence principale de l'entrepreneur individuel : loi n° 2003-721 du 1er août 2003 pour l'initiative économique », *JCP* 2003. I. 165 – F. Sauvage, « L'insaisissabilité de la résidence principale de l'entrepreneur individuel à l'épreuve de son régime matrimonial », *JCP N* 2004. 1120 – F. Vauvillé, « La déclaration notariée d'insaisissabilité », *Defrénois* 2003. 1197 – Y. Guilhaudis, J.-G. Raffray, « Pratique de la déclaration notariée d'insaisissabilité », *JCP N* 2005. 1192.
4. POUR UNE APPLICATION, v. Civ. 1re, 30 juin 1987, n° 85-16.509, NP; *D.* 1987. IR 172.
5. Civ. 1re, 4 nov. 1982, n° 81-13.316, *Bull. civ.* I, n° 315; *D.* 1983. IR 174, obs. D.-R. Martin.

chaque époux, en tant qu'il est personnellement débiteur, engage en principe les biens communs.

Cette règle, posée à l'article 1413 du Code civil, peut se réclamer d'une **quadruple logique**.

- Tout d'abord, de même que la communauté recueille normalement tous les biens acquis par un époux durant le mariage (plus exactement, durant la communauté), elle supporte toutes les dettes nées de cet époux pendant la même période.

- Ensuite, les dettes supportées par la communauté seront bien souvent la contrepartie de son enrichissement, en ce qu'elles auront servi à acquérir ou à sauvegarder des biens communs.

- En outre, c'est le rôle de la communauté de servir aux dépenses du ménage, c'est-à-dire, *a priori*, à toutes les dépenses intervenues durant le mariage, et notamment aux dépenses périodiques.

- Enfin, si tout bien est, à l'actif, présumé commun, toute dette doit être réputée suivre le même sort, spécialement à l'égard des tiers qui contractent avec une personne mariée et qui, sans considération de la finalité de la dette, entendent se payer sur les biens communs du couple. Il s'ensuit que l'engagement des biens communs participe de l'esprit communautaire du régime légal.

Ajoutons qu'il est nécessaire au crédit de chaque époux d'engager la masse de biens normalement la plus importante.

§ 1
Principe d'engagement unilatéral de la communauté

141.61 Généralité quant aux dettes engageant la communauté. L'engagement de la communauté, établi par l'article 1413 du Code civil, vaut, sauf exceptions, pour **toutes les dettes : légales** ou **volontaires, délictuelles** ou **contractuelles, ménagères** ou **personnelles.**

Sans qu'il lui soit besoin de s'interroger sur la nature de la dette, sur sa finalité ou sur son montant, un créancier pourra poursuivre les biens communs, hormis le jeu des exceptions limitativement prévues (sur lesquelles, v. s^{s} n°s 141.111 s.). Au demeurant, le créancier d'un époux sera informé de la présence de ces exceptions à l'engagement des biens communs, et ne saurait être surpris quant à l'étendue de son gage; la seule incertitude qui pèsera sur lui concernera éventuellement l'engagement des gains et salaires du conjoint.

Les exceptions à l'engagement unilatéral de la communauté du chef d'un époux ne lèsent pas les intérêts des créanciers. En effet, les dettes antérieures au mariage ne soulèvent aucune difficulté pour le créancier, qui connaît leur nature de **dettes présentes** (v. s^{s} n° 141.223) et qui, au surplus, n'a pas à profiter d'une augmentation de son gage du seul fait du mariage (dans un esprit similaire, v. la séparation des patrimoines en cas de décès); de même pour le créancier au titre d'une succession ou d'une libéralité (v. s^{s} n° 141.224). Quant à l'exception prévue en matière de **cautionnement** ou d'**emprunt** (v. s^{s} n°s 141.200 s.), le créancier, qui est souvent un professionnel du crédit, peut aisément savoir, lors de la naissance de son droit, que la communauté ne sera pas engagée. Enfin, la **mauvaise foi du créancier** (exigée face aux dettes frauduleuses, C. civ., art. 1413, *in fine* - v. s^{s} n°s 141.240 s.) établit *ipso facto* la connaissance qu'il avait quant à l'étendue de son gage.

Il n'y a pas lieu de distinguer selon que la dette est née du chef du mari ou du chef de la femme. Consacrant l'égalité de droit et mettant fin à l'inégalité de fait maintenue sous l'empire de la loi de 1965, la loi du 23 décembre 1985 évite toute discrimination : elle envisage globalement la communauté entre époux, sans faire de distinction entre une communauté ordinaire et des biens réservés à l'administration de la femme (v. s^{s} n° 141.22).

141.62 Généralité quant aux biens communs engagés. Devront supporter les dettes nées du chef d'un époux, les biens communs, c'est-à-dire **l'ensemble des biens acquis à titre onéreux pendant le mariage** (C. civ., art. 1401 s.).

Il s'ensuit que peuvent être engagés du chef d'un seul époux, des biens sur lesquels il ne dispose d'aucun pouvoir de gestion : les **biens communs affectés à l'exercice de la profession séparée de son conjoint** (C. civ., art. 1421, al. 2 - v. s^{s} n°s 137.11 à 137.42). D'où le risque de voir anéantie l'indépendance professionnelle d'un époux, pourtant souhaitée par le législateur, si son conjoint obère le patrimoine commun et si les créanciers de ce dernier saisissent les biens professionnels (ne jouent pas ici les dispositions de la loi Madelin [1], sur la priorité du droit de poursuite, v. s^{s} n°s 141.101). Ce risque certain qui pèse sur les travailleurs indépendants et que ne suffisent pas à conjurer les mesures de crise ou le régime de la fraude, ne peut être prévenu que grâce à la constitution d'une personne morale (souvent, les personnes morales sont constituées pour mettre le **patrimoine privé** à l'abri des dettes professionnelles; ici, il s'agit à l'inverse de protéger le **patrimoine professionnel** des dettes d'ordre privé...).

Depuis le 1er janvier 2011, il peut y avoir constitution d'une entreprise individuelle à responsabilité limitée (EIRL) [2], seuls les biens communs affectés à

1. L. n° 94-126, 11 févr. 1994, art. 47, III (v. s^{s} n° 141.101).
2. L. n° 2010-658, 15 juin 2010, relative à l'entrepreneur individuel à responsabilité limitée, *JO* 16 juin, p. 10984.

l'activité professionnelle, objet d'une déclaration nécessaire, répondant des dettes professionnelles. Cette expérience paraît encore bien limitée.

141.63 Engagement des revenus des biens communs et des biens propres. Par application de l'article 1413 du Code civil, répondront pareillement des dettes nées du chef d'un époux les revenus des biens communs. Il faut préciser cependant dès l'abord que, parmi les revenus, les gains et salaires connaissent un sort particulier (v. s[s] n°s 141.120 s.).

En dépit du regret exprimé par certains auteurs, il semble qu'il faille admettre que l'engagement unilatéral de la communauté s'étend aux **revenus des biens propres du conjoint**. Certes, ces revenus ne relèvent pas des pouvoirs de gestion de l'époux du chef de qui la dette est née; de même, ils sont *a priori* affectés à l'entretien des propres du conjoint et ils ne devraient servir à honorer que les engagements de ce dernier. Cependant, ces raisons ne paraissent pas devoir l'emporter, et le paiement des dettes nées du chef d'un seul époux doit pouvoir être poursuivi sur les revenus des biens propres de son conjoint. Tout d'abord, aucun texte ne vient les y soustraire : l'article 1414 du Code civil n'envisage que les **gains et salaires**, et les revenus des propres du conjoint n'échappent expressément à l'action des créanciers personnels de l'époux qu'à l'article 1415 du Code civil à propos des cautionnements et emprunts (v. s[s] n°s 141.211 s. – ne peut donc être invoqué une maladresse ou un oubli dans la rédaction de la loi). Ensuite, d'après l'article 1403 alinéa 2 du Code civil, la communauté dispose d'un droit de regard sur la perception et l'utilisation des fruits des propres, qui vient tempérer le pouvoir de gestion exclusif de l'époux propriétaire. Enfin, **les revenus des propres sont des biens communs,** qui doivent enrichir la communauté; ils doivent donc répondre d'un passif qui, bien que né du chef d'un seul époux, n'en est pas moins, en principe, commun (sauf à ce que le régime légal s'apparente à la séparation des biens...).

141.64 Conséquences du principe. De la généralité du principe d'engagement unilatéral de la communauté, on peut tirer deux conséquences.

D'une part, **par principe, n'échappent aux dettes nées du chef d'un époux que les propres de son conjoint** : ce complément à la règle de principe posée à l'article 1413 du Code civil est rappelé à l'article 1418 (v. s[s] n°s 141.51).

D'autre part, les **différentes exceptions** (v. s[s] n° 141.111 s.) doivent être interprétées en tant que de besoin et de façon restrictive : ce n'est qu'à titre exceptionnel que certains biens communs sont soustraits aux poursuites en paiement de certaines dettes nées du chef d'un seul époux.

§ 2
Mise en œuvre du principe

A.
Réalisation

141.71 Application pratique de l'engagement de la communauté. La mise en œuvre du principe d'engagement unilatéral de la communauté et de la règle plus générale selon laquelle chaque époux personnellement tenu engage (outre ses biens propres), à l'égard de ses créanciers, les biens communs, peut soulever **deux sortes de difficultés.**

La première concerne les **règles de preuve quant à la nature propre ou commune des biens,** qui peuvent, en pratique, modifier considérablement le gage des créanciers. La seconde concerne l'irruption d'**autres règles applicables au passif du conjoint** qui s'accommodent mal du principe d'engagement unilatéral de la communauté : **droit des procédures collectives, droit du surendettement.** En outre, la Cour de cassation par un arrêt fondamental, publié dans son rapport annuel, a considéré que le **droit des rapatriés** pouvait constituer un infléchissement à la mise en œuvre de l'article 1413 du Code civil : la suspension des poursuites dont peut bénéficier un rapatrié (v. L. n° 89-18, 13 janv. 1989 – et L. n° 93-1444, 31 déc. 1993) interdit aux créanciers de son conjoint d'exercer des poursuites sur les biens communs pendant la durée de celle-ci[1].

141.72 Jeu des règles de preuve. Parce que tout bien est présumé commun, tout bien est réputé répondre des dettes nées d'un époux. Il appartient donc au conjoint d'établir que tel ou tel bien échappe à l'action des créanciers de son époux, en rétablissant sa nature de bien propre (sur la présomption d'acquêts de l'article 1402 du Code civil, v. s[s] n°s 134.21 s. – sur le jeu de l'emploi et du remploi, v. s[s] n°s 132.120 à 132.134).

141.73 Concurrence entre les créanciers respectifs des époux. Chaque époux ayant le pouvoir d'engager la communauté de son propre chef, il en résulte une **concurrence** sur les mêmes biens **entre les créanciers respectifs des deux conjoints.** En principe, cela ne pose guère de difficulté, cette concurrence étant réglée par l'application du droit commun.

C'est ainsi que le créancier muni d'une **sûreté réelle** sur un bien commun jouira de ses **droits de préférence et de suite** face aux créanciers de son

1. Civ. 1re, 19 janv. 1999, n° 96-15.353, *Bull. civ.* I, n° 23; *R.* 308; *D.* 1999. IR 49; *JCP* 1999. I. 154, n° 9, obs. Ph. Simler; *Dr. fam.* 1999, n° 68 (1re esp.), note B. Beignier; *RJPF* 1999-2/35, obs. F. Vauvillé.

conjoint (sur les sûretés laissées à la gestion concurrente, v. s^s^ n° 136.53 - sur les conflits de date entre deux actes translatifs de propriété, v. s^s^ n° 136.81). Quant aux **créanciers chirographaires,** ils seront mis en concurrence d'après les règles de droit commun (prix de la course et marc le franc, sous réserve du jeu de la fraude à leurs droits). Toutefois, il convient d'observer que les créanciers ne disposent d'aucun droit de préférence et qu'ils ne peuvent se mettre à l'abri de l'irruption des créanciers du conjoint en demandant la répartition des biens communs entre les deux époux (C. civ., art. 1446). La jurisprudence, ferme et constante, rappelle en effet que **le droit de poursuite des créanciers ne leur permet pas d'exiger le partage** et que les règles de la communauté sont exclusives de celles de l'indivision [1].

Cette concurrence devient pourtant d'une mise en œuvre délicate, dès lors qu'un des deux époux est personnellement soumis à un régime qui limite, tant son pouvoir de disposer que le droit de poursuite de ses créanciers : il peut s'agir des procédures collectives, mais aussi des règles relatives au surendettement des particuliers. En effet, parallèlement à ce régime applicable à un époux et à ses créanciers, le conjoint conserve ses droits sur les biens communs qui servent de gage aux créanciers parties à la procédure collective ou à un plan de redressement; or, les droits du conjoint comprennent en principe celui d'en disposer ou de les engager. S'opposent alors le régime applicable au débiteur, qui entrave sa liberté, et le régime matrimonial qui préserve celle du conjoint sur les mêmes biens.

141.74 Créanciers d'un époux associé. Le conjoint d'un époux associé, qui n'a pas réclamé la qualité d'associé en vertu de l'article 1832-2 du Code civil peut-il être poursuivi par les créanciers de la société ? Une cour d'appel a répondu par l'affirmative à cette question en se fondant sur la qualification commune des parts de la société, en l'espèce une société civile immobilière [2]. Dans une espèce similaire, la Cour de cassation a censuré cette position [3] : le conjoint de l'associé ne peut en effet être poursuivi personnellement que s'il est engagé par les dettes sociales de ladite société.

1. Civ. 1re, 9 nov. 1993, n° 91-20.290, *Bull. civ.* I, n° 314; *Defrénois* 1994. 435, obs. L. Aynès; *RTD civ.* 1995. 173, obs. B. Vareille.
2. Poitiers, 12 déc. 2000, *JCP* 2002. I. 103, obs. Ph. Simler – Com. 16 nov. 2010, n° 09-68.459, *Bull. civ.* IV, n° 176; *D.* 2010. Actu. 2904, obs. A. Lienhard; *JCP* 2011. 503, n° 9, obs. Ph. Simler; *AJ fam.* 2011. 113, obs. P. Hilt.
3. Civ. 3e, 20 févr. 2002, n° 99-15.474, *Bull. civ.* III, n° 42; *JCP* 2002. I. 167, n° 6, note Ph. Simler; *LPA* 18 juin 2003, note B. Dondero.

B. Combinaison avec les procédures collectives

141.81 Présentation. Lorsqu'un époux est soumis à une procédure collective de redressement judiciaire, deux logiques se heurtent : celle du **droit des procédures collectives,** qui entend embrasser toutes les dettes du débiteur, tous ses créanciers et tous ses biens leur servant de gage, afin d'envisager la situation dans sa globalité; celle du **droit des régimes matrimoniaux** et du **droit commun,** d'après laquelle le conjoint et ses propres créanciers, qui échappent aux règles collectives, conservent intactes leurs prérogatives. Or, la communauté d'acquêts se trouve au confluent de ces deux logiques.

141.82 Situation des créanciers de l'époux soumis à une procédure collective. Comme il a été dit (v. s^s^ n°s 141.09 s.), **les dettes d'un époux engagent ses biens propres et les biens communs.** En conséquence, si cet époux est soumis à une procédure collective, ses créanciers, qui devront produire leur créance, voient non seulement les propres de leur débiteur, mais encore la communauté, composer l'actif sur lequel ils escomptent se payer. Les **biens communs** seront donc **compris dans l'actif du débiteur soumis à la procédure collective** [4].

Seront donc englobés dans l'actif, objet d'une procédure collective, tous les biens communs sur lesquels, à titre individuel, les créanciers de l'époux auraient pu se payer. Cela comprend notamment les **biens dont la disposition aurait requis l'accord du conjoint** (sur la gestion conjointe, qui ne fait pas échec au droit de poursuite des créanciers, v. s^s^ n° 138.94 - le logement de la famille sera aussi compris dans les biens soumis à liquidation [5], v. s^s^ n° 141.42). En revanche, en sont exclus, par application de l'article 1418 du Code civil, les biens propres du conjoint [6].

En revanche semble-t-il, les différentes exceptions au principe d'engagement de la communauté devraient trouver à s'appliquer (v. s^s^ n°s 141.111 s.). C'est ainsi que les gains et salaires du conjoint, dans le cas de l'article 1414 du Code civil, ou même l'ensemble des biens communs à l'exception des revenus du débiteur, d'après les articles 1411 et 1415, doivent échapper au paiement des créances concernées par ces textes. Les procédures collectives, en effet, ne confèrent pas plus de droits aux créanciers qu'ils n'en auraient normalement en cas

4. Civ. 21 nov. 1978, n° 77-13.426, *Bull. civ.* I, n° 352; *D.* 1979. 365, note M. Jeantin; *JCP* 1979. II. 19204.
5. Civ. 3e, 12 oct. 1977, n° 76-12.482, *Bull. civ.* III, n° 345; *D.* 1978. 333, note Y. Chartier; *Defrénois* 1978. 374, obs. J.-L. Aubert; *RTD civ.* 1979. 584, obs. R. Nerson.
6. V. PAR EX., Civ. 1re, 16 avr. 1991, n° 88-10.353, *Bull. civ.* I, n° 141; *D.* 1991. IR 141; *JCP N* 1992. 207, n° 9.

de poursuites individuelles. Donc, en dépit du caractère global des procédures collectives, il conviendrait de distinguer parmi les créanciers et entre les biens communs au moment de la liquidation et du paiement (sauf à anéantir les articles 1411, 1414 et 1415 du Code civil, pour la seule raison qu'une procédure collective est engagée, et à traiter alors plus favorablement les créanciers; or, ceux-ci ne doivent produire leur créance qu'assortie de ses imperfections ou des limitations affectant leur assiette).

141.83 Situation des créanciers du conjoint *in bonis*. La question se pose en des termes différents s'agissant des **créanciers de celui des époux qui n'est pas soumis à une procédure collective**. Ce dernier n'est pas, en principe, soumis au-dessaisissement et reste maître de ses biens : c'est le conjoint *in bonis*. En conséquence, les créanciers de celui-ci ne devraient pas être affectés par une procédure collective dirigée contre un époux qui n'est pas leur débiteur, et ils devraient, d'après le droit commun, pouvoir se saisir des biens de leur propre débiteur, lequel ne bénéficie pas de la suspension provisoire des poursuites individuelles. Cette solution ne fait aucun doute s'agissant des poursuites exercées par les créanciers du conjoint *in bonis* sur ses biens propres. Les créanciers dans la procédure collective n'auraient pu les atteindre et aucune concurrence ne leur est faite (sur le conjoint obligé à la dette[1]).

En revanche, fait difficulté la question de savoir si les créanciers du conjoint *in bonis* peuvent poursuivre les biens communs, nonobstant la procédure collective et le dessaisissement qui frappent l'autre époux, et exercer les actions de droit commun au détriment des créanciers de cet autre époux qui, eux, se voient imposer diverses restrictions. En effet, soit on considère que la procédure collective est *ad personam*, ne concerne que le débiteur et ses créanciers, et laisse intacts les droits des tiers; soit on considère qu'elle est *ad rem*, qu'elle s'étend au patrimoine du débiteur, et donc qu'elle s'impose au conjoint comme aux créanciers de ce dernier. À la vérité, la question se dédouble : les créanciers du conjoint *in bonis* doivent-ils produire leur créance, comme les créanciers de l'autre époux, par application de l'article L. 622-26 du Code de commerce ? Si leur créance est valide, les créanciers du conjoint *in bonis* conservent-ils un droit de poursuite individuelle sur les biens communs, en dépit de la procédure collective à laquelle est soumis l'autre conjoint ?

141.84 1) Validité et production des créances. Pour ce qui concerne le maintien des créances et la **poursuite des biens propres du conjoint *in bonis*,** il ne fait pas de doute que les créanciers n'ont pas à produire. Si aucune procédure collective n'est engagée à l'égard de leur débiteur, il n'y a pas lieu de les soumettre à l'obligation de produire des articles L. 622-24 et suivants du Code de commerce. En revanche, si ces créanciers entendent **poursuivre les biens communs,** et donc entrer en concurrence sur ces biens avec les créanciers du conjoint soumis à une procédure collective, doivent-ils produire leur créance ?

La Cour de cassation, en trois chambres différentes, les en a d'abord dispensés[2].

Dans un second temps, la chambre commerciale a vivement conseillé aux créanciers du conjoint *in bonis* de **déclarer leurs créances** : un créancier hypothécaire a pu conserver l'hypothèque sur un immeuble commun inclus dans la procédure, mais cette sûreté n'était réellement efficace que si la créance était déclarée; en l'absence de déclaration, il ne pouvait invoquer son hypothèque que sur le solde du prix de l'immeuble[3].

La solution a été reprise et affermie, puisque les juges doivent rechercher, au besoin d'office, si le créancier a déclaré sa créance au passif de la procédure collective[4]. Toutefois, puisqu'il demeure créan-

1. V. AUSSI, P.-M. Le Corre (dir.), Dalloz action *Droit et pratique des procédures collectives*, 2013/2014, n°s 714.00 s.

2. Com. 19 janv. 1993, n° 89-16.518, *Bull. civ.* IV, n° 25; *D.* 1993. 331, note Honorat et Patarin; *JCP* 1993. II. 22056, note Ph. Pétel; *JCP* 1994. I. 3733, n° 11, obs. Ph. Simler; *Defrénois* 1993. 1045, note Derrida; et 1220, note Sénéchal; *RTD civ.* 1993. 581, obs. J. Mestre; *RTD com.* 1993. 377, obs. A. Martin-Serf – Civ. 2e, 24 mars 1993, n° 90-18.599, *Bull. civ.* II, n° 128; *RDI* 1993. 404, obs. Ph. Delebecque et Ph. Simler; *RDI* 1994. 91, obs. Ph. Delebecque et Ph. Simler – Civ. 1re, 17 nov. 1993, n° 92-11.348, *Bull. civ.* I, n° 335; *D.* 1994. Jur. 214, note Ph. Delebecque.
3. Com. 14 mai 1996, n° 94-11.366, *Bull. civ.* IV, n° 129; *R.* 296; *D.* 1996. 460, note F. Derrida; Somm. 388, obs. S. Piedelièvre; *D. Affaires* 1996. 811; *RDI* 1996. 409, obs. Ph. Delebecque et Ph. Simler; *JCP* 1996. I. 3962, n° 13, obs. Ph. Simler; et 3991, n° 14, obs. Ph. Delebecque; *Defrénois* 1997. 246, note Sénéchal; et 400, obs. L. Aynès; *RTD civ.* 1996. 666, obs. P. Crocq – Com. 10 mars 2004, n° 02-16.474, *Bull. civ.* IV, n° 47; *D.* 2004. Somm. 2147, obs. P.-M. Le Corre; Somm. 2710, obs. L. Aynès; *Banque et droit* mai-juin 2004. 45, obs. Jacob.
4. Com. 14 oct. 1997, n° 96-12.853, *Bull. civ.* IV, n° 260; *D.* 1998. Somm. 99, obs. A. H; Somm. 134, obs. J. Revel; Somm. 377, obs. S. Piedelièvre; *JCP* 1998. II. 10003, note B. Beignier; I. 149, n° 15, obs. Ph. Delebecque – Com. 16 mars 1999, n° 96-15.693, NP; *Defrénois* 1999. 865, note Sénéchal; *RJDA* 1999, n° 703; *Procédures* 1999, n° 156, obs. Laporte; *Rev. proc. coll.* 2001. 10, obs. F. Macorig-Venier – Com. 26 oct. 1999, n° 96-20.440, NP; *RJPF* 2000-1/32 – Com. 23 mai 2000, n° 97-20.221, NP; *RJPF* 2001-1/36 – Com. 2 mai 2001, n° 98-13.039, *Bull. civ.* IV, n° 80; *D.* 2001. AJ 2030, obs. A. Lienhard; *JCP* 2001. I. 356, n° 12, obs. Ph. Delebecque.

cier du conjoint *in bonis*, il peut faire valoir sa **sûreté** sur le produit de la vente de l'immeuble grevé, une fois désintéressés tous les créanciers admis.

141.85 2) Poursuite des biens communs par les créanciers de l'époux *in bonis*. Dès lors que les créanciers de l'époux *in bonis* ne sont pas tenus de produire leur créance, ils pourraient donc poursuivre individuellement les biens communs : c'est ce que semblaient affirmer les décisions précitées (v. s^{s} n° 141.84). Toutefois, l'assemblée plénière de la Cour de cassation a estimé que les créanciers du conjoint *in bonis* devaient être soumis aux mêmes règles que les créanciers de l'époux en liquidation judiciaire quant à l'exercice de leurs droits sur les biens communs [1].

En résumé, si l'existence et l'étendue des droits de créance obéissent à des régimes séparés selon qu'ils concernent l'époux en redressement judiciaire (dont les créanciers seront soumis à l'article L. 622-26 du Code de commerce sous peine d'extinction de leur créance) ou le conjoint *in bonis*, tiers à la procédure (les créanciers de ce dernier étant dispensés de produire, encore qu'il soit de bon conseil de les inviter à déclarer leur créance), **l'exercice des droits sur les biens communs est uniformément soumis aux règles de la procédure collective** (il en sera de même, vraisemblablement et par analogie, en cas de plan de continuation ou de cession, opposable aux créanciers du conjoint *in bonis*). En application de l'arrêt de principe de 1994 [2], **l'arrêt des poursuites individuelles** [3], **l'interdiction des inscriptions** [4] **et des voies d'exécution après l'ouverture d'une procédure collective** [5], s'appliquent aux créanciers du conjoint *in bonis*.

En revanche, la procédure collective est indifférente à l'exercice des droits des créanciers du conjoint *in bonis* sur les propres de celui-ci (c'est ainsi que, en vertu de l'article L. 622-8 du Code de commerce, les délais et remises ne sauraient profiter au codébiteur ou à la caution).

141.86 Situation du conjoint de l'époux soumis à une procédure collective. Les incapacités dont est frappé le débiteur soumis à une procédure collective lui sont personnelles. C'est ainsi que le dessaisissement n'affectera pas son conjoint, qui reste pleinement capable et maître de ses biens propres. Mais cette capacité du conjoint *in bonis* ne peut pleinement jouer à l'égard des biens communs qui sont appréhendés par la procédure collective : il n'en pourra donc pas disposer.

Il semble en revanche que, sauf à lui étendre le dessaisissement de son conjoint, l'époux *in bonis* pourra engager les biens communs, même après l'ouverture de la procédure collective, ses créanciers chirographaires étant soumis au sort commun de tous les créanciers ordinaires (l'inscription d'une hypothèque n'est pas envisageable par application de l'article 1424 du Code civil, de même que la constitution de sûretés réelles sur les meubles d'importance envisagés par ce texte; en outre, un gage avec dépossession paraît impossible en raison du risque de fraude qu'il comporte) [6].

C. Combinaison avec le surendettement des particuliers

141.91 Position du problème et principe de solution. Les solutions qui tentent de concilier le droit commun et le droit des procédures collectives doivent être étendues à la confrontation du **droit des régimes matrimoniaux** avec les **dispositions relatives au surendettement des particuliers** (C. consom., art. L. 330-1 s. [réd. mod. par L. n° 2010-737, 1er juill. 2010]) : non que la transposition s'impose, mais parce que l'esprit de compromis développé face aux procédures collectives doit pareillement présider en matière de surendettement des particuliers.

1. Cass., ass. plén., 23 déc. 1994, n° 90-15.305, *Bull. ass. plén.*, n° 7; *R.* 325; *BICC* 1er févr. 1995, p. 1, concl. Roehrich, rapp. Chartier; *D.* 1995. 145, rapp. Y. Chartier, note F. Derrida; *JCP* 1995. II. 22401, note D. Randoux; *JCP* 1995. I. 3869, n° 8, obs. Ph. Simler; *JCP E* 1995. II. 660, note Ph. Pétel; *Defrénois* 1995. 445, obs. G. Champenois; et 485, obs. F. Derrida; *Rev. proc. coll.* 1995. p. 246, obs. B. Dureuil; *RJ com.* 1995. 55, note Storck; *RTD com.* 1995. 657, obs. A. Martin-Serf – Com. 17 juin 1997, n° 95-11.254, *Bull. civ.* I, n° 193; *D.* 1998. Somm. 107, obs. S. Piedelièvre; *D. Affaires* 1997. 901; *JCP* 1998. I. 103, obs. Ph. Delebecque; *RTD civ.* 1997. 709, obs. P. Crocq.
2. Cass., ass. plén., 23 déc. 1994, n° 90-15.305, préc. s^{s} prés^{t} n°.
3. Com. 14 mai 1996, n° 94-11.366, préc. s^{s} n° 141.84.
4. Com. 20 mai 1997, n° 94-10.997, NP; *D.* 1998. Somm. 107, obs. S. Piedelièvre; et Somm. 134, obs. J. Revel; *D. Affaires* 1997. 1042; *JCP* 1997. I. 4047, n° 18, obs. Ph. Simler; *JCP* 1997. I. 4047, n° 18, obs. Ph. Simler; *JCP* 1998. I. 103, n° 20, obs. Ph. Delebecque; *LPA* 8 août 1997, p. 4, obs. B. Soinne – Com. 2 avr. 1996, n° 93-20.562, *Bull. civ.* IV, n° 106; *D.* 1996. Somm. 340, obs. A. Honorat; *JCP* 1996. I. 3960, n° 7, obs. Ph. Pétel; *JCP* 1997. I. 3991, n° 13, obs. Ph. Simler et Ph. Delebecque; *Rev. Banque* févr. 1997. 90, obs. Guillot; *RDI* 1996. 408, obs. Ph. Delebecque et Ph. Simler; *RTD com.* 1997. 333, obs. A. Martin-Serf. – Com. 22 mai 2012, n° 11-17.391, *Bull. civ.* IV, n° 106; *D.* 2012. 1399, obs. A. Lienhard; *Gaz. Pal.* 2012. 3389, obs. Benisli.
5. Com. 17 juin 1997, n° 95-11.254, préc.réc. s^{s} prés^{t} n°.
6. Com. 11 déc. 2001, n° 98-22.643, *Bull. civ.* IV, n° 198; *R.* 391; *D.* 2002. AJ 402, obs. A. Lienhard; *JCP* 2002. 1. 144, n° 9 obs. Ph. Pétel; *RTD com.* 2002. 363, obs. A. Martin-Serf.

Les deux principales difficultés concernent, l'une la notion même de surendettement eu égard à la communauté des dettes, et la seconde, la latitude offerte au conjoint et à ses créanciers face aux mesures de redressement[1].

141.92 Notion de surendettement et communauté légale. La notion de surendettement doit être regardée eu égard à la **seule situation du débiteur, indépendamment de son régime matrimonial**.

C'est ainsi que doivent être envisagées les dettes auxquelles il est personnellement tenu, même si ces dettes sont communes ou solidaires entre époux[2]. De la même manière, le fait que le débiteur soit marié à un commerçant, ce dernier étant personnellement exclu du bénéfice du droit du surendettement quant à ses dettes professionnelles, ne peut faire échec à l'application de cette loi à son profit[3]. En conséquence, on doit regarder le passif auquel est personnellement tenu un époux, sans considération de la situation du conjoint, ni des causes des dettes, à l'exception de leur caractère professionnel. Il s'ensuit, par exemple, que même si des dettes ont un caractère professionnel vis-à-vis de son conjoint, elles peuvent parfaitement recevoir un caractère extra professionnel à l'égard d'un époux qui pourra demander pour lui-même le bénéfice des dispositions du Code de la consommation.

141.93 Caractère personnel de la procédure de surendettement et jeu du régime légal. On retrouve ici la même difficulté rencontrée à propos des procédures collectives de redressement ou de liquidation judiciaire. Comment le sort du surendetté se répercute-t-il sur son conjoint ? Cette question concerne plus spécialement les **mesures de redressement auxquelles est soumis le débiteur en état de surendettement** : ces mesures sont-elles opposables à son conjoint et aux créanciers de ce dernier, et les lient-ils ? La réponse ne dépend pas de la nature de ces mesures, selon qu'elles sont acceptées conventionnellement par le débiteur surendetté, recommandées par la Commission de surendettement des particuliers, ou imposées par le juge de l'exécution car, **dans tous les cas, le conjoint et ses créanciers restent des tiers.**

En tout état de cause, le traitement administratif ou judiciaire du surendettement d'un époux ne saurait s'imposer à son conjoint, ni à ses créanciers. Il leur est certes opposable s'ils en ont été informés, mais il ne peut aboutir à affecter leurs droits de tiers. C'est ainsi que, hors le cas de fraude, le conjoint comme ses créanciers conservent intacts leurs droits, de disposition ou de poursuite sur les biens communs, sauf à ce qu'ils y aient spontanément et volontairement renoncé (du reste, le plan conventionnel de redressement n'est pas obligatoire vis-à-vis des propres créanciers du débiteur surendetté qui n'y sont pas parties; en outre, le manquement du débiteur surendetté à ses engagements issus du traitement administratif ou judiciaire ne rendent pas celui-ci *ipso facto* caduc; il serait donc paradoxal que les tiers que sont le conjoint et ses propres créanciers fussent moins bien traités que les personnes intéressées au premier chef). En conséquence, le succès du traitement du surendettement devra tenir compte de la bonne volonté des tiers, c'est-à-dire du conjoint et de ses propres créanciers, comme il dépend d'ailleurs de celle du débiteur.

En outre, la **procédure de rétablissement personnel** (C. consom., art. L. 331-7-3 et L. 332-5 s.) lorsque le débiteur est dans une situation « *irrémédiablement compromise* » a pour conséquence de dessaisir le débiteur. Ainsi, à compter du jugement prononçant l'ouverture de la procédure, le débiteur ne peut plus aliéner ses biens sans l'accord du mandataire ou, à défaut, du juge (C. consom., art. L. 332-7). Enfin, le jugement prononçant la liquidation judiciaire emporte de plein droit dessaisissement du débiteur de la disposition de ses biens au profit du liquidateur (C. consom., art. L. 332-8).

D.
Combinaison avec la saisissabilité prioritaire des biens professionnels

141.101 Entrepreneur individuel et loi Madelin. Dans son article 47-III, la loi n° 94-126 du 11 février 1994, dite loi Madelin, ajoute à la loi n° 91-650 du 9 juillet 1991 portant réforme des procédures civiles d'exécution, un article 22-1 qui donne au **débiteur-entrepreneur individuel la possibilité d'orienter le droit de poursuite de ses créanciers.** D'après ce texte en effet, face à une dette contractuelle née de son activité professionnelle, l'entrepreneur individuel peut demander que le **droit de poursuite soit prioritairement exercé sur les biens nécessaires à l'exploitation de l'entreprise** (dans la mesure où la valeur de ces biens suffit à garantir le paiement de la créance; le créancier ne peut s'opposer à cette demande de son débiteur que si elle met en péril le recouvrement de sa créance, encore qu'il n'encoure aucune sanction, sauf intention de nuire[4]).

La loi n'envisage pas l'hypothèse dans laquelle l'entrepreneur individuel est marié sous le régime de

1. V. P.-L. Chatain et F. Ferrière, Dalloz référence *Surendettement des particuliers*, 3e éd., 2006, chap. 61 à 63.
2. Civ. 1re, 17 mai 1993, n° 92-04.075, *Bull. civ.* I, n° 181; *JCP* 1994. I. 3733, n° 12.
3. Civ. 1re, 31 mars 1992, n° 90-04.064, *Bull. civ.* I, n° 108; *JCP* 1992. II. 21942, note G. Paisant.
4. L. n° 91-650, 9 juill. 1991, art. 22-1, al. 2 et 3.

la communauté. En conséquence, le débiteur peut diriger prioritairement le droit de poursuite de ses créanciers professionnels vers ses biens professionnels (et le cas échéant soustraire ses propres de l'action de ses créanciers), indépendamment de leur nature propre ou commune (sous réserve de la fraude prévue à l'article 1413 du Code civil, sur laquelle, v. s[s] n°s 141.240 s., et sauf éventuelle récompense).

SECTION 3
EXCEPTIONS QUANT À L'ENGAGEMENT UNILATÉRAL DES BIENS COMMUNS : CADRE GÉNÉRAL

141.111 Justifications des exceptions à l'engagement unilatéral de la communauté. Le principe d'engagement des biens communs du chef d'un seul époux ne peut être absolu car il n'est pas sans danger.

Certes, il participe de l'esprit communautaire, mais ça ne fait pas toujours échec à l'égoïsme d'un époux. Au demeurant, sans même parler d'égoïsme, il faut observer que chaque époux conserve, en dépit du mariage, des intérêts personnels qui s'expriment notamment dans un **actif exclusif**; d'où, corrélativement, l'idée d'un **passif exclusif,** y compris au stade de l'obligation à la dette vis-à-vis des tiers. Sans doute aussi, ce principe d'engagement unilatéral des biens communs peut se réclamer de l'indépendance de chaque époux, laquelle n'est d'ailleurs pas sans limites; mais il ne saurait pour autant nuire à celle de son conjoint. En effet, appliqué systématiquement, ce principe aboutirait à engager toute la communauté du chef d'un seul époux, le plus rapide et le plus dépensier, et donc à ôter tout crédit à son conjoint, bientôt privé de sa propre indépendance.

D'une manière générale, le danger est grand de voir un époux spolié de tous les biens communs qu'il a contribué à acquérir, du fait de son conjoint léger ou égoïste. Au demeurant, l'esprit de la communauté légale n'est pas fait que d'autonomie et exige aussi une bonne part de collaboration. Or, c'est cette dernière qui sera mise en œuvre par le truchement des limites apportées à l'engagement unilatéral des biens communs.

Le légitime **souci de protection du conjoint et de la communauté** doit se traduire dans les exceptions au principe d'engagement des biens communs du seul fait d'un époux, notamment par prévention. Certes, des mesures exceptionnelles existent afin de remédier aux situations de crise ou de contrôler un époux léger ou dispendieux (v. s[s] n°s 139.11 s.). Mais ces mesures sont parfois longues à mettre en place, tandis qu'elles n'agissent que sur l'avenir. Or, en limitant le pouvoir d'engagement unilatéral de la communauté, la loi de 1985 prévient les conséquences irréparables de l'autonomie d'un époux, avant que des mesures exceptionnelles ou encore une procédure de divorce soient mises en œuvre. Les limites sauvegardent l'essentiel. Dès lors, elles invitent à une collaboration entre les époux, l'accord du conjoint suffisant à les faire tomber. C'est ainsi que si un époux veut bénéficier d'un large crédit et engager l'ensemble des biens communs sans restriction, il devra obtenir l'assentiment de son conjoint.

141.112 Présentation technique des exceptions. Parce que les dangers encourus sont divers et que les dettes nées du chef d'un seul époux ne peuvent toutes être mises sur le même plan, les exceptions apportées au pouvoir d'engager unilatéralement la communauté sont variables. Techniquement, elles s'appuient tant sur l'étendue de l'engagement que sur la nature de la dette.

Quant à l'étendue de l'engagement, il est fait un sort particulier aux **gains et salaires** en raison de leur caractère personnel et vital. C'est ainsi que, dans la communauté, face à l'action des tiers créanciers, seront séparés les gains et salaires de l'époux débiteur, ceux de son conjoint et les autres biens communs. Tandis que les premiers, soumis au pouvoir exclusif de l'époux appelé à les percevoir, répondent logiquement des dettes nées de son chef, les **gains et salaires du conjoint sont spécialement protégés,** toujours au nom de l'exclusivité des pouvoirs. Les autres biens communs, quant à eux, constituent en quelque sorte une catégorie intermédiaire et seront engagés selon les cas. Ainsi, l'étendue de l'engagement des biens communs du chef d'un seul époux peut connaître trois degrés : en mineur, il concerne les seuls gains et salaires de l'époux débiteur; par une voie moyenne, sont attraits aussi les autres biens communs; et par une voie majeure enfin, sont engagés aussi les gains et salaires du conjoint.

La nature des dettes impose certaines précautions. Des dettes peuvent être particulièrement dangereuses et commandent la **collaboration du conjoint,** à défaut de laquelle l'engagement de la communauté est réduit. De même, certaines **dettes** sont essentiellement **égoïstes** et ne peuvent être payées sur une communauté qui n'y trouve aucun intérêt. Enfin, il faut toujours envisager le cas de **dettes frauduleuses**, qui sont par là même corrompues quant à l'effet qu'elles devraient normalement produire sur les biens communs.

141.113 Plan. On constate donc que les limites apportées à l'engagement unilatéral de la communauté se traduisent dans l'étendue de l'engagement et sont fonction de la nature des dettes. À côté d'une limite générale de l'engagement, qui préserve les gains et salaires du conjoint, se rencontrent des limitations spéciales qui dépendent de la nature ou de l'origine des dettes nées du chef d'un seul époux.

SECTION 4
LIMITE QUANT À L'ENGAGEMENT DES GAINS ET SALAIRES DU CONJOINT (C. CIV., ART. 1414)

141.120 Présentation. Un sort spécifique est réservé aux gains et salaires du conjoint. Parce qu'ils constituent une sorte de **minimum alimentaire,** parce qu'aussi ils sont soumis au **pouvoir exclusif du conjoint qui les perçoit,** ils doivent être soustraits aux engagements inconsidérés de l'autre époux. Ainsi en a décidé le législateur de 1985 en modifiant l'article 1414 du Code civil.

L'importance des gains et salaires, qui justifie l'**exception apportée au principe d'engagement unilatéral de la communauté,** n'est plus à démontrer. Ils sont, le plus souvent, l'unique source de revenus de chaque époux, mais aussi du ménage et donc de la communauté, comme ils sont en outre le moyen principal de l'indépendance d'un époux : ils ne doivent donc pas être anéantis, avant même leur perception, pour le paiement des dettes du conjoint. Corollaire de l'autonomie d'un époux, sphère ultime de sa protection, les gains et salaires échappent, par une exception générale, au principe d'engagement de la communauté du seul fait du conjoint. En cela, ils ne sont pas sans faire songer aux **biens réservés** qui naguère assuraient la protection de l'épouse contre les pouvoirs de gestion du mari; à tout le moins, a-t-on pu parler à leur propos de **biens semi-communs.** Mais cette spécificité des gains et salaires disparaît face aux **dettes ménagères**, lesquelles viennent limiter l'exception qu'ils constituent.

§ 1
Règle d'exclusion spécifique des gains et salaires

A.
Régime spécifique d'exclusion des gains et salaires

141.121 Présentation et justification. Grâce à l'innovation apportée en 1985 à l'article 1414 du Code civil, les gains et salaires d'un époux ne peuvent, hors sa volonté, être engagés pour le paiement des dettes du conjoint. Cela signifie que, par tempérament au principe d'engagement unilatéral présenté (v. s^s n°s 141.60 s. – et sous réserve des autres exceptions particulières exposées s^s n°s 141.200 s.), un époux engage, pour les dettes nées de son chef, toute la communauté, à l'exception des gains et salaires de son conjoint.

Cette exception prolonge parfaitement la **règle de l'administration exclusive de ses gains et salaires par chaque époux,** laquelle serait anéantie si le conjoint avait la possibilité de les engager de son seul fait, avant même qu'ils fussent perçus. La logique est donc sauve et participe fidèlement de la répartition des pouvoirs entre époux. Chacun, qui dispose exclusivement de ses gains et salaires, peut les engager pour le paiement de ses propres dettes, ce qui lui interdit d'engager ceux de son conjoint.

141.122 Dettes pour lesquelles les gains et salaires sont engagés. *A contrario*, cela signifie qu'un époux ne peut voir ses gains et salaires répondre que des **dettes** qui lui sont **personnelles** ou **s'il en est d'accord**.

S'il s'agit de dettes auxquelles il est personnellement tenu, il n'y a guère de difficultés. Il en sera notamment ainsi dans **tous les cas de solidarité,** même si la dette est née du chef de son conjoint : personnellement débiteur, l'époux sera engagé sur ses propres et, *a fortiori*, sur ses gains et salaires. S'il s'agit de dettes auxquelles il n'est pas personnellement tenu, ses gains et salaires ne répondront des dettes nées du chef de son conjoint que s'il en est d'accord, lors de la naissance de la dette ou lors de son paiement au créancier (moyennant récompense à la communauté, le cas échéant).

141.123 Domaine : gains et salaires – Plan. Il appartient au conjoint de rapporter la preuve que les sommes qu'il entend soustraire à l'action des créanciers de son époux en vertu de l'article 1414 du Code civil, sont des gains et salaires. Ce texte ne concerne pas, notamment, les revenus des propres. Quant aux **gains et salaires**, si leur appréhension est simple à la source, se retrouve en revanche la difficulté classique relative aux **revenus**, dont la nature originale paraît dégénérer dès qu'ils sont **économisés**. Il convient de noter cependant qu'en prévoyant le cas particulier où les gains et salaires sont versés sur un compte bancaire, le législateur a vidé cette difficulté de sa portée pratique.

B.
Revenus des propres de l'article 1414 du Code civil

141.131 Revenus des propres dès avant leur perception. Plutôt que de viser les revenus de l'époux, l'article 1414 du Code civil n'évoque que ses **gains et salaires.** Il s'ensuit que le régime particulier établi par ce texte ne concerne pas les revenus des propres (v. s[s] n° 141.63).

Lors de leur perception, ces revenus obéissent à un régime similaire à celui des **deniers propres**, qui les destine spécialement à répondre des engagements personnels du débiteur ou à ses dettes propres (sur la nature des revenus des propres, v. s[s] n°s 133.31 s. - sur la gestion de ces revenus, v. s[s] n°s 135.11 s. - sur leur engagement en paiement des dettes personnelles, v. s[s] n° 141.40 - sur leur engagement en paiement des dettes propres, v. s[s] n° 141.226).

141.132 Économies faites sur les revenus des propres. Lorsqu'ils tombent en communauté (sur le moment auquel, d'après l'article 1401 du Code civil, les revenus des propres deviennent des biens communs), en revanche, ils ne sauraient échapper au droit de poursuite des créanciers pour le paiement des dettes nées du chef du conjoint.

D'une part, l'interprétation stricte de l'exception posée à l'article 1414 du Code civil commande que ces **biens communs** soient soumis au **principe de l'engagement unilatéral de la communauté.** D'autre part, les **revenus des propres tombés en communauté ne présentent pas le caractère alimentaire**, et ne présentent plus le caractère personnel, qu'ont les revenus du travail : ils ne méritent donc pas la protection exceptionnelle dont ces derniers bénéficient.

C.
Gains et salaires envisagés à la source : la créance de gains et salaires

141.141 Saisie à la source des gains et salaires. Il n'y a aucune difficulté pour déterminer les gains et salaires à la source et, *a fortiori*, avant leur perception (sur la définition des gains et salaires, v. s[s] n°s 133.11 à 133.13). En conséquence, les créanciers d'un seul époux ne peuvent faire procéder à une saisie-attribution portant sur les gains et salaires du conjoint, sauf dans les deux cas déjà évoqués (v. s[s] n° 141.122) : soit il s'agit d'une dette à laquelle l'époux est personnellement tenu, soit il a donné son accord pour l'engagement de ses gains et salaires en paiement d'une dette de son conjoint (dans la limite de la portion saisissable, C. trav., art. R. 3252-2).

D.
Gains et salaires économisés

141.151 Présentation de la difficulté. Si la qualification d'une somme en gains et salaires n'est guère discutée jusqu'à sa perception, des incertitudes apparaissent quant au maintien de cette qualification lorsque la somme reçue a été **économisée.**

Il est acquis qu'**à l'origine**, cette somme possède la nature particulière de **gains et salaires**; il n'est pas moins certain qu'à terme, elle **perd cette nature** pour se fondre parmi l'**ensemble des biens communs sans distinction**; la question est donc celle de la transition entre ces deux qualifications, celle du moment exact auquel les gains et salaires sont dénaturés en **biens communs ordinaires** (dans le sens qu'ils ne connaissent pas le sort spécifique des gains et salaires, c'est-à-dire les acquêts), car alors, ils seront soumis au droit de poursuite général des créanciers de l'autre conjoint.

141.152 Application aux gains et salaires économisés. Il faut, semble-t-il, se référer à la solution adoptée pour l'application de l'article 223 du Code civil en matière de **pouvoirs de gestion et de disposition.**

Les gains et salaires échappent aux créanciers du conjoint tant que l'époux qui les perçoit conserve sur eux un **pouvoir exclusif**. En revanche, dès lors que ce pouvoir exclusif cesse, dès lors que ces biens tombent **sous l'emprise commune des deux époux,** ils doivent pareillement tomber **sous l'emprise des créanciers de chacun d'eux**. Or, il est admis que la disposition exclusive des gains et salaires demeure tant que les deniers n'ont pas été utilisés, et qu'elle ne cesse que face aux acquêts. Il faut donc en déduire que l'immunité des gains et salaires établie à l'article 1414 du Code civil, afin de s'harmoniser avec les dispositions impératives de l'article 223, s'étend aux gains et salaires économisés (à condition que l'économie ne modifie pas la nature des deniers et ne résulte pas d'un acte de disposition; par exemple, lorsque les sommes deviennent des bons de caisse). Mais, en pratique, ce cas de figure ne se présentera guère, en raison des précisions apportées lorsque les gains et salaires sont versés sur un compte bancaire (encore qu'on puisse déduire du décret du 31 juillet 1992 que **les gains et salaires économisés perdent leur spécificité au bout d'un mois** et **dégénèrent en acquêts de communauté**, v. s[s] n° 141.165).

E.
Gains et salaires versés sur un compte bancaire

141.161 Spécificité des sommes versées sur un compte. La loi du 23 décembre 1985 a expressément envisagé, dans l'alinéa 2 de l'article 1414 du Code civil qui renvoie à un décret d'application, la situation la plus fréquente dans laquelle « *les gains et salaires sont versés à un compte courant ou de dépôt* ».

Afin d'éviter les difficultés nées de la confusion, dans un compte bancaire, des sommes provenant de sources différentes, mais aussi celles liées à la nature des gains et salaires économisés sur un tel compte, les conditions dans lesquelles la saisie peut être effectuée sont définies par décret.

141.162 Règles établies par le décret du 31 juillet 1992. Pour l'application de l'article 1414 alinéa 2 du Code civil, un décret avait été pris le 5 août 1987. S'y est substitué le décret n° 92-755 du 31 juillet 1992, relatif aux procédures civiles d'exécution, qui, tout en reprenant les règles posées cinq ans plus tôt, a fait naître en revanche des incertitudes quant à son domaine. Il a été codifié par le décret n° 2012-783 du 30 mai 2012, en vigueur depuis le 1er juin 2012 [1], devenant l'article R. 162-9 du Code des procédures civiles d'exécution, la rédaction demeurant inchangée.

141.163 Régime applicable. Face à une **mesure d'exécution forcée** ou à une **saisie conservatoire**, « *il est laissé immédiatement à la disposition de l'époux commun en biens une somme équivalent, à son choix, au montant des gains et salaires versés au cours du mois précédant la saisie ou au montant moyen mensuel des gains et salaires versés dans les douze mois précédant la saisie* ».

Ainsi, en cas de saisie sur un compte, il est procédé à un **cantonnement** qui laisse libre le montant d'un mois de gains et salaires. Ce montant, au choix de l'époux, correspond, soit aux versements du mois précédent, soit aux versements mensuels moyens, calculés sur la base des douze mois écoulés. Ce régime, apparemment simple, peut être singulièrement compliqué en présence des **gains d'un entrepreneur individuel**. Pour un **commerçant**, par exemple, il est difficile d'isoler parmi ses versements mensuels ceux qui correspondent à ses gains, sauf à retenir le bénéfice net moyen.

141.164 Comptes concernés. Les comptes auxquels s'applique cette règle du cantonnement, sont **tous les comptes, courant ou de dépôt, joints ou ouvert au nom d'un seul époux**, dès lors qu'ils sont alimentés en tout ou partie par les gains et salaires de l'époux du chef de qui la dette recouvrée n'est pas née.

141.165 Sommes concernées. Le conjoint peut-il, au-delà du montant mensuel de ses gains et salaires laissé à sa disposition, distraire de l'action du créancier d'autres sommes, en rapportant la preuve, soit qu'il s'agit aussi de gains et salaires, soit qu'il s'agit de propres ?

Dans la *première hypothèse*, il a été soutenu que le montant mensuel des gains et salaires constituerait une garantie minimale, destinée à protéger le conjoint de la confusion des sommes en dépôt, et qu'il pourrait se prévaloir de l'insaisissabilité générale de l'article 1414 alinéa 1er en prouvant qu'un montant plus élevé provient de ses gains et salaires. Cette opinion ne paraît pas devoir être retenue. Le régime particulier auquel sont soumis les gains et salaires versés sur un compte bancaire ne semble pas uniquement établi pour être une parade à la confusion des sommes d'origines diverses portées sur un compte; il est aussi destiné à résoudre la question des **gains et salaires économisés**. Cela aboutit à considérer que, au-delà **d'un mois, les sommes déposées sur un compte bancaire perdent leur nature de gains et salaires pour devenir des biens communs ordinaires** (dans le sens où ils ne sont plus ces biens communs spécifiques que constituent les gains et salaires), soumis comme tels à l'action des créanciers d'après l'article 1413 du Code civil (d'ailleurs, le premier décret du 5 août 1987 s'appliquait expressément aux comptes entièrement alimentés par les gains et salaires du conjoint; or, n'était préservé de la saisie que le seul montant mensuel; en conséquence, le droit de poursuite s'exerçait sur des sommes dont il était établi qu'il s'agissait de gains et salaires. Quant au décret du 31 juillet 1992, la généralité des termes le rend pareillement applicable aux comptes sur lesquels toutes les sommes proviennent des gains et salaires; le même raisonnement peut donc être suivi).

La *seconde hypothèse*, à savoir celle dans laquelle il est prouvé que des sommes portées sur un compte bancaire sont des **biens propres**, est plus délicate. Il est certain que, lorsqu'un compte est exclusivement composé de deniers propres, il ne peut faire l'objet d'une saisie en exécution d'une dette qui n'incombe pas à l'époux. En dépit des termes généraux de l'article 48 du décret de 1992 (codifié à C. pr. exéc., art. R. 162-9), il nous semble que la même solution doit prévaloir dans le cas, rare en pratique, où un montant peut être isolé, au sein d'un compte alimenté par des gains et salaires, comme correspondant à des deniers propres (lorsque, par ex., un dépôt de deniers propres n'aura été suivi d'aucun mouvement sur le compte, le montant des propres, intact, peut alors être isolé dans le respect de l'article 1402 du Code civil, et échapper de la sorte, en sus du montant des gains et salaires mensuels, à l'action des créanciers) : par application de l'article 1418 du Code civil, cette somme, dont la nature propre est établie, échappera au droit de poursuite des créanciers du conjoint.

141.166 Dettes concernées. Alors que le décret de 1987 rappelait expressément que l'immunité du montant mensuel des gains et salaires ne s'appliquait pas aux dettes ménagères ou solidaires, pour lesquelles ces revenus sont totalement engagés (Décr. 5 août 1987, art. 1er, al. 3 – sur l'engagement

1. Décr. n° 2012-783, 30 mai 2012, relatif à la partie réglementaire du Code des procédures civiles d'exécution, *JO* 31 mai, p. 9375.

des gains et salaires en paiement des dettes ménagères ou solidaires, v. s[s] n°s 141.174), le silence du décret de 1992, joint à la généralité de ses termes, suscite une interrogation.

Le **cantonnement opéré par le décret** et qui laisse à l'abri le montant mensuel, concerne-t-il toutes les dettes nées du chef du conjoint, ou uniquement celles qui ne peuvent être poursuivies sur les gains et salaires ? En d'autres termes, une dette émanée du conjoint, mais dont le paiement pourrait être poursuivi sur tous les gains et salaires de l'époux par application de l'alinéa 1er de l'article 1414, laisse-t-elle libre de saisie le montant mensuel sur compte bancaire, en vertu de l'alinéa 2 ? La réponse à cette question (v. s[s] n°s 141.182 s.) suppose que soient au préalable présentées les limites de l'immunité générale des gains et salaires.

§ 2 Limites de la protection dont jouissent les gains et salaires du conjoint

A. Cadre général

141.171 Présentation. Les gains et salaires d'un époux ne sont protégés que face aux dettes nées du chef de son conjoint. Ils sont bien entendu engagés lorsque l'époux est personnellement obligé. À cette première remarque, il convient d'ajouter quelques précisions s'agissant des **dettes ménagères**.

141.172 Engagement des gains et salaires de l'époux face aux dettes dont il est tenu : rappel. Il ne s'agit ici que de brièvement rappeler la règle déjà exposée (v. s[s] n° 141.43), selon laquelle un époux personnellement débiteur engage non seulement ses propres, mais aussi ses gains et salaires : la protection des gains et salaires posée à l'article 1414 du Code civil ne joue, et ne se justifie, qu'à l'égard des dettes nées du seul chef de son conjoint.

141.173 Conséquences pratiques. Ce rappel marque la limite pratique de la protection de l'article 1414 du Code civil.

Faute de pouvoir engager les gains et salaires de son conjoint, un époux verra son crédit considérablement diminué. Les créanciers potentiels seront rétifs à traiter avec un seul époux, dès lors que le gage est principalement fondé sur les gains et salaires. L'indépendance d'un époux, pourtant souhaitée par le législateur, sera alors fortement entamée, puisqu'il devra renoncer à la conclusion unilatérale de certains contrats ou obtenir l'engagement de son conjoint. Cela sera spécialement vrai pour la femme mariée qui, souvent, perçoit des revenus inférieurs à ceux de son mari, et plus encore lorsqu'elle n'exerce aucune activité rémunérée.

141.174 Question de l'engagement des gains et salaires face aux dettes ménagères. L'alinéa 1er de l'article 1414 du Code civil réserve expressément le cas des dettes ménagères de l'article 220 du Code civil, afin d'écarter la protection dont font l'objet les gains et salaires du conjoint.

Cependant, ce renvoi à l'article 220 ne distingue pas entre les dettes ménagères pour lesquelles la solidarité joue et celles où elle est exclue, ce qui soulève une difficulté d'interprétation.

B. Dettes ménagères solidaires

141.181 Sort général des gains et salaires face aux dettes ménagères solidaires. Lorsque la dette « *a été contractée pour l'entretien du ménage ou l'éducation des enfants* » par un époux, les gains et salaires de son conjoint peuvent en répondre.

Ainsi, pour les dettes ménagères, il est fait échec à la protection exceptionnelle des gains et salaires du conjoint, et **retour au principe selon lequel les engagements pris par un seul époux peuvent être poursuivis sur la communauté**. Le caractère ménager et essentiellement commun de ces dettes justifie que soient engagés les gains et salaires des deux époux, y compris de celui qui ne les a pas fait naître. Mais **pour saisir** les biens et les gains et salaires de chaque époux, **le créancier doit disposer d'un titre exécutoire à l'encontre des deux époux**[1].

141.182 Question des gains et salaires déposés sur un compte bancaire face à une dette ménagère solidaire. Il a déjà été dit (v. s[s] n° 141.166) que la rédaction du décret du 31 juillet 1992 faisait naître une incertitude quant à l'étendue de la saisie sur un compte alimenté par les gains et salaires, pour le règlement d'une dette ménagère solidaire.

La question est celle de savoir si le décret et l'alinéa 2 de l'article 1414 sont indépendants face à l'alinéa 1er.

– S'ils sont indépendants, dès lors qu'est pratiquée une saisie sur un compte alimenté par les salaires d'un époux en paiement d'une dette née du chef de son conjoint, l'immunité du montant mensuel doit jouer, même si l'époux est solidairement engagé. Ainsi, les sommes déposées sur un tel compte sont soumises à un régime particulier, indépendamment de la solidarité.

1. Civ. 2e, 28 oct. 1999, n° 97-20.071, *Bull. civ.* I, n° 163; *JCP* 2002. I. 103, n° 12, obs. Ph. Simler; *RTD civ.* 2000. 167, obs. R. Perrot; 386, obs. B. Vareille.

– Si, en revanche, on estime que l'alinéa 2 et le décret d'application ne procèdent que de l'alinéa 1er de l'article 1414, on doit alors limiter le jeu du montant mensuel au seul cas dans lequel les gains et salaires sont insaisissables. Le montant mensuel préservé n'est que l'expression de l'immunité des gains et salaires, appliquée aux comptes bancaires; si les gains et salaires sont entièrement saisissables pour la raison que la dette est ménagère et solidaire, ils le sont de la même manière, bien que déposés sur un compte bancaire, y compris jusqu'à vider le montant mensuel.

141.183 **Éléments de réponse.** Cette dernière interprétation semble plus logique. Sinon, on verrait cette situation paradoxale où le créancier peut exercer une saisie-attribution du salaire avant sa perception, mais non à partir de son virement sur un compte bancaire (c'est pourquoi, afin d'éviter toute incertitude quant à l'interprétation des textes, les créanciers seront bien inspirés, en cas de dette ménagère solidaire, à faire pratiquer une saisie-attribution du salaire du conjoint entre les mains de l'employeur). La sauvegarde du montant mensuel n'est que l'expression de l'insaisissabilité des gains et salaires, lesquels dégénèrent en **biens communs ordinaires**, passé un mois d'économie.

Elle n'a donc lieu de s'appliquer que lorsque les gains et salaires sont insaisissables. En revanche, lorsque la totalité des gains et salaires peut être appréhendée, ce qui est le cas pour répondre d'une dette solidaire, elle peut l'être pareillement qu'ils soient ou non déposés sur un compte bancaire. L'immunité du montant mensuel, précédent ou moyen, n'a plus lieu d'être, tandis que les conséquences logiques de l'engagement personnel de l'époux doivent pleinement intervenir. Il n'y a donc **aucune différence à faire en présence d'une dette ménagère, selon que les gains et salaires sont ou non déposés sur un compte bancaire : en raison de la solidarité, l'époux est totalement engagé.**

141.184 **Sens du renvoi à l'article 220 du Code civil.** Lorsque les dettes ménagères ainsi visées sont celles pour lesquelles l'alinéa 1er de l'article 220 du Code civil établit la solidarité, l'engagement des gains et salaires des deux époux va de soi. En effet, dès l'instant que cette dette, née du chef d'un seul époux, oblige solidairement son conjoint, ce dernier devient personnellement tenu et engage inévitablement ses propres et, *a fortiori*, ses gains et salaires (il en est sans doute de même pour toutes les dettes nées du seul chef d'un époux mais qui, bien que non ménagères, engagent solidairement le conjoint; ce dernier est alors personnellement tenu au paiement et, nonobstant le silence de l'article 1414 alinéa 1er du Code civil, engage ses gains et salaires). C'est ainsi que le renvoi qu'opère l'article 1414 à l'article 220 du Code civil, provoque une incertitude : ne concerne-t-il que l'alinéa 1er, et il est superflu, ou vise-t-il aussi les alinéas 2 et 3 où la solidarité est exclue, auquel cas il peut sembler injuste ? Ce renvoi n'a-t-il été fait qu'afin de rappeler une évidence : l'engagement des gains et salaires du conjoint solidairement tenu, ou entendait-il engager expressément des gains et salaires face aux dettes ménagères pour lesquelles la solidarité est exclue ?

C.
Dettes ménagères pour lesquelles la solidarité est exclue

141.191 **Présentation de la question.** S'agissant des dettes ménagères pour lesquelles la solidarité est exclue, la question qui se pose, afin de dire si elles peuvent être recouvrées sur les gains et salaires du conjoint du chef de qui elles ne sont pas nées, est de savoir ce qui l'emporte, de leur **caractère non solidaire** ou de leur **nature ménagère**.

Certains considèrent que ces dettes, où la solidarité fait défaut (sur la solidarité ménagère, C. civ., art. 220, v. s^s^ n°s 111.20 à 111.107), n'engagent que l'époux qui les a fait naître et que, puisque la solidarité a été spécialement écartée aux alinéas 2 et 3 de l'article 220, elles n'obligent pas le conjoint, ni dans ses propres bien entendu, ni davantage dans ses gains et salaires. En somme, il y a là une pleine application de l'exception touchant les gains et salaires, qui sont hors de l'atteinte des créanciers du conjoint. Cette opinion majoritaire peut se réclamer d'une certaine justice. Le législateur de 1965 a pris soin de protéger le conjoint de la légèreté de son époux, en écartant la solidarité dans les cas de **dépenses manifestement excessives, d'achats à tempérament ou d'emprunts**; dans le même esprit de protection, le législateur de 1985 a mis à l'abri des engagements d'un époux, les gains et salaires de son conjoint (ainsi que les acquêts ordinaires face aux emprunts, C. civ., art. 1415 – v. s^s^ n°s 141.211 s.). Il serait singulier que cette protection tombât face à une dette manifestement excessive ou face au paiement d'un achat à tempérament, pour la seule raison que leur vocation fût ménagère.

D'autres pensent que, en raison précisément de leur nature ménagère, **ces dettes sont communes** et doivent engager toute la communauté, y compris dans les gains et salaires du conjoint qui ne les a pas fait naître. D'ailleurs, exclure les gains et salaires du recouvrement de ces dettes aboutirait à traiter ces revenus comme des propres, ce que le législateur n'a pas voulu. En outre, le principe demeure, qui est celui de l'engagement de toute la communauté, auquel les gains et salaires du conjoint n'échappent que de façon exceptionnelle; une exception est apportée à cette exception, d'où un retour au principe, dans le cas des dettes ménagères, sans qu'il soit fait de distinction textuelle selon qu'elles sont excessives ou en paiement d'un achat à tempérament.

141.192 Éléments de réponse. Il semble que cette seconde opinion doive être préférée.

Tout d'abord, il est préférable de ne pas distinguer là ou la loi ne distingue pas, surtout si une telle distinction conduit à ôter toute utilité au texte interprété (puisque, de toute manière, les dettes solidaires engagent les gains et salaires du conjoint, et même ses propres. De surcroît, c'est l'insaisissabilité des gains et salaires qui est l'exception et doit être restrictivement interprétée. Il a aussi été soutenu que le renvoi global à l'article 220 du Code civil fait à l'article 1409 n'étant jamais limité au seul alinéa 1er, il était maladroit de dresser cette limite pour le renvoi similaire de l'article 1414; on pourrait cependant comprendre que portée différente fût donnée à ces deux renvois, celui de l'article 1409 concernant la répartition définitive du passif et non, comme ici, l'obligation à la dette). Ensuite, **le domaine des dettes ménagères non solidaires** est **restreint**, si on en excepte les **dépenses excessives** (pour lesquelles la nature ménagère est parfois contestée) et les **emprunts** (d'après C. civ., art. 1415 – v. s^{s} n° 141.203) : il ne concerne plus que les **achats à tempéraments.** Enfin, les conséquences de l'engagement des gains et salaires de l'époux pour les dettes ménagères non solidaires de son conjoint paraissent supportables : les propres de l'époux demeurent hors de l'atteinte des créanciers, et la contrepartie de la dette ménagère non solidaire vient enrichir la communauté.

SECTION 5
EXCEPTIONS RELATIVES À LA NATURE DE L'ENGAGEMENT

§ 1
Dettes nées d'un cautionnement ou d'un emprunt (C. civ., art. 1415)

141.200 Présentation – Plan. Outre la limitation générale qui vient d'être exposée, d'autres exceptions sont apportées au principe d'engagement unilatéral de la communauté. Elles interviennent, de manière spécifique, selon la nature des engagements.

Certaines **dettes** sont par nature **dangereuses** : celles **nées d'un cautionnement ou d'un emprunt,** qui peuvent engloutir tout l'actif. Afin de protéger le conjoint tout en maintenant le pouvoir autonome de l'époux, ces dettes, valides, ne peuvent engager toute la communauté.

Ainsi, les dettes visées à l'article 1415 du Code civil sont par nature dangereuses; et pourtant, les actes qui les font naître, le cautionnement et l'emprunt, n'entrent pas dans les cas de gestion conjointe. La méfiance qu'inspirent ces engagements mais dont, pour des raisons de crédit, la validité ne requiert par le consentement préalable du conjoint, commande que la communauté ne puisse être engagée inconsidérément par un seul époux, et explique le régime original qui leur est appliqué.

D'autres dettes sont par nature des **dettes propres**, qui n'ont aucune vocation communautaire. En outre, elles dépendent du pouvoir exclusif de chaque époux quant à ses biens propres. Ainsi, les règles relatives à l'actif et celles concernant les pouvoirs d'administration se rejoignent pour laisser la communauté à l'abri de telles dettes.

Enfin, certaines **dettes** sont **frauduleuses.** Leur vraie nature devrait les exclure de la possibilité d'engager la communauté. Cette véritable nature est rétablie, d'autant mieux que la fraude vient corrompre leur vocation apparente à être payées sur les biens communs.

A.
Objet des dettes visées par l'article 1415 du Code civil

141.201 Présentation. Cette exception faite à la règle de l'engagement de la communauté du chef d'un époux concerne les **dettes de cautionnement ou d'emprunt, nées postérieurement à l'entrée en vigueur de la loi du 23 décembre 1985** (le 1er juillet 1986) [1].

141.202 Dettes nées d'un cautionnement. L'engagement de la caution est par nature dangereux, voire sournois : son caractère conditionnel le fait paraître indolore et masque souvent sa portée véritable. Or, le cautionnement ne fait pas partie des actes à titre gratuit, ni des actes de disposition qui entrent dans le domaine de la gestion conjointe des époux (v. s^{s} n° 138.95).

Progressivement et de manière évolutive, la Cour de cassation a précisé les cautionnements donnant lieu à l'application de l'article 1415 du Code civil.

1. *Adde*, Montpellier, 9 nov. 2000, *Dr. fam.* 2001, n° 75, obs. B. Beignier.

Ainsi pour l'**aval d'un billet d'ordre**, en l'absence du consentement exprès de son conjoint, un époux ne peut engager les biens communs [1].

Et un **engagement de garantie à première demande** qui, comme le cautionnement est une sureté personnelle, les dispositions de l'article 1415 doivent lui être appliquées [2].

En revanche pour le **cautionnement réel**, la Cour de cassation a finalement écarté l'application de l'article 1415 pour un nantissement de titres entrés dans la communauté « *une sûreté réelle consentie pour garantir la dette d'un tiers n'impliquant aucun engagement personnel à satisfaire à l'obligation d'autrui et n'étant pas dès lors un cautionnement, lequel ne se présume pas* » [3] alors que la première chambre civile l'avait décidé auparavant [4].

Mais sur ce point particulier, il faut tenir compte aujourd'hui de l'extension de la cogestion par l'ordonnance du 23 mars 2006 [5] ajoutant un alinéa 2 à l'article 1422 du Code civil : « *Ils ne peuvent non plus, l'un sans l'autre, affecter l'un de ces biens* (de la communauté) *à la garantie de la dette d'un tiers* ».

Par ailleurs, elle considère que le **contrat de société civile** qui fait naître à la charge de l'associé une obligation subsidiaire de répondre indéfiniment du passif social ne saurait être assimilé à un cautionnement [6].

141.203 Dettes nées d'un emprunt. Bien que l'emprunt ne présente pas les mêmes dangers, notamment en ce qu'il comporte le plus souvent une contrepartie tombant en communauté, la loi de 1985 a entendu protéger la communauté des **emprunts inconsidérés** contractés par un époux léger qui succombe à leur attrait.

Si **l'emprunt de somme d'argent, gratuit ou onéreux, indépendant ou lié à une autre opération** (crédit à la consommation de la loi du 10 février 1978 et crédit immobilier de la loi du 13 juillet 1979) entre à l'évidence dans les prévisions du législateur (qui s'étendent aux **découverts bancaires** comme aux **soldes négatifs des comptes courants**), la grande variété des formes juridiques que revêt une opération de crédit (crédit-bail, location-vente, *etc.*) peut soulever quelques difficultés quant au domaine d'application de l'article 1415 du Code civil. Ce **texte** étant **exceptionnel**, il doit être **strictement interprété**, et la **protection** qu'il instaure en faveur du conjoint, limitée

1. Com. 4 févr. 1997, n° 94-19.908, *Bull. civ.* IV, n° 39; *D.* 1997. 478, note S. Piedelièvre; Somm. 261, obs. R. Cabrillac; *JCP* 1997. II. 22922, note B. Beignier; I. 4047, n° 19, obs. Ph. Simler; *Defrénois* 1997. 1440, obs. G. Champenois; *RTD civ.* 1997. 728, obs. B. Vareille – Civ. 1re, 3 mai 2000, n° 97-21.592, *Bull. civ.* I, n° 125; *D.* 2000. 546, note J. Thierry; *D.* 2001. Somm. 693, obs. L. Aynès; *JCP* 2000. I. 257, n° 5, obs. Ph. Simler; *JCP N* 2000. 1615, note S. Piedelièvre; *JCP N* 2000. 26, note J. Casey; *Defrénois* 2000. 1185, obs. G. Champenois; *Banque et Droit* sept.-oct. 2000. 43, obs. Jacob; *Dr. fam.* 2000, n° 88, note S. Tougne; *RTD civ.* 2000. 889, obs. B. Vareille.
2. Civ. 1re, 20 juin 2006, n° 04-11.037, *Bull. civ.* I, n° 313; *AJ fam.* 2006. 330, obs. P. Hilt; *D.* 2006. 2539, note S. Courdier-Cuisinier; *JCP* 2006. II. 10141 note S. Piedelièvre; I. 193, n° 12, obs. Ph. Simler; *JCP N* 2006. 1310, note V. Brémond; *JCP E* 2006. 2425, note Gout; *Defrénois* 2006. 1617, obs. G. Champenois; *Dr. fam.* 2006, n° 168, note B. Beignier; *RJPF* 2006-9/31, note F. Vauvillé; *Dr. et proc.* 2007. 102, note Picod; *RDC* 2006. 1193, obs. D. Houtcieff; *RTD civ.* 2006. 593, obs. P. Crocq; 816, obs. B. Vareille; *RTD com.* 2006. 902, obs. D. Legeais.
3. Cass., ch. mixte, 2 déc. 2005, n° 03-18.210, *Bull. ch. mixte*, n° 7; *R.* 214; *BICC* 15 janv. 2006, rapp. Foulquié, concl. J. Sainte-Rose; *D.* 2006. 729, concl. J. Sainte-Rose; et Jur. 733, note L. Aynès; Pan. 1420, obs. J.-J. Lemouland et D. Vigneau; et Pan. 2856, obs. P. Crocq; *JCP* 2005. II. 10183, note Ph. Simler; *JCP E* 2006. 1056, note S. Piedelièvre; *Defrénois* 2006. 586, obs. R. Lichaber; et 1601, obs. G. Champenois; *AJ fam.* 2006. 113, obs. P. Hilt; *Dr. fam.* 2006. Étude 13, obs. B. Beignier; *Banque et Droit* janv.-févr. 2006. 55, obs. Jacob; *CCC* 2006, n° 61, obs. L. Leveneur; *Dr. et patr.* févr. 2006. 128, obs. P. Dupichot; *RJPF* 2006-5/22, note F. Vauvillé; *LPA* 23 janv. 2006, note D. Houtcieff; *LPA* 1-2 mai 2006, note Mouligher; *RTD civ.* 2006. 594, obs. P. Crocq; et 357, obs. Vareille; *RTD com.* 2006. 465, obs. D. Legeais.
4. Civ. 1re, 11 avr. 1995, n° 93-13.629, *Bull. civ.* I, n° 165; *D.* 1995. Somm. 327, obs. M. Grimaldi; *D.* 1996. Somm. 204, obs. S. Piedelièvre; *JCP* 1995. I. 3869, n° 9, obs. Ph. Simler; *Defrénois* 1995. 1484, obs. G. Champenois; *Cah. gest. patrim.* 1995. 9, obs. F. Lucet; *RTD civ.* 1997. 726, obs. B. Vareille – Civ. 1re, 15 mai 2002, n° 99-21.464, *Bull. civ.* I, n° 129; *R.* 340; *D.* 2002. 1780, note C. Barberot (1re esp.); Somm. 3337, obs. L. Aynès; *JCP* 2002. II. 10109, concl. Petit, note S. Piedelièvre (2e esp.); I. 162, n° 3 et 167, n° 5, obs. Ph. Simler; *Defrénois* 2002. 1322, obs. G. Champenois; *Dr. fam.* 2002, n° 90, note B. Beignier (1re esp.); *AJ fam.* 2002. 264, obs. D.-B.; *RTD civ.* 2002. 546, obs. P. Crocq; *RTD civ.* 2003. 338, obs. B. Vareille – Civ. 1re, 15 mai 2002, n° 00-15.298, *Bull. civ.* I, n° 127; *D.* 2002. 1780, note C. Barberot (3e esp.); Somm. 3337, obs. L. Aynès; *AJ fam.* 2002. 264, obs. S. D.-B.; *JCP* 2002. II. 10109, concl. Petit, note S. Piedelièvre (1re esp.); I. 162, n° 3; et 167, n° 5, obs. Ph. Simler; *Defrénois* 2002. 1322, obs. G. Champenois; *Defrénois* 2003. 413, obs. Ph. Théry; *Dr. fam.* 2002, n° 90, note B. Beignier (3e esp.); *RJPF* 2002-9/21, note F. Vauvillé; *LPA* 27 mars 2003, note D. Arlie; *RTD civ.* 2002. 546, obs. P. Crocq; *RTD civ.* 2003. 338, obs. B. Vareille.
5. Ord. n° 2006-346, 23 mars 2006, relative aux sûretés, art. 50, II, *JO* 24 mars, p. 4475.
6. Civ. 1re, 17 janv. 2006, n° 03-11.461, *Bull. civ.* I, n° 14; *D.* 2006. 2660, note F. Bicheron; *AJ fam.* 2006. 164, obs. P. Hilt; *JCP* 2006. I. 141, n° 13, obs. Ph. Simler; *JCP E* 2006. 1864, note Lucas; *Banque et Droit* mars-avr. 2006. 60, obs. Jacob – cassant Versailles, 2 mai 2002, *D.* 2007. 267, obs. J.-C. Hallouin et E. Lamazerolles; *RDS* 2006. 540, obs. D. Legeais; *Defrénois* 2003. 1144, note V. Brémond; *LPA* 18 juin 2003, note B. Dondéro; *Bull. Joly* 2002. 1036, note P. Scholer; *RTD com.* 2006. 419, obs. C. Champaud et D. Danet.

aux seules **remises d'argent** (dangereuses en raison de la consomptibilité) **qui emportent obligation de restitution**, à l'exclusion des cas de paiements différés et échelonnés. Cette protection ne joue pas cependant pour les emprunts de sommes modestes nécessaires aux besoins de la vie courante pour lesquels, d'après l'article 220 alinéa 3 du Code civil relatif aux **dettes ménagères**, les deux époux sont solidairement engagés.

Comme en matière de cautionnement, la jurisprudence applique largement l'article 1415, et notamment **à un découvert bancaire**[1], mais **non à un découvert en compte courant d'associé coopérateur** qui ne peut être assimilé à un emprunt[2].

B. Régime applicable

141.211 Souci de collaboration. Afin de préserver l'autonomie de gestion de chaque époux, la validité des emprunts et cautionnement n'exige pas l'accord des deux conjoints. Toutefois, l'accord du conjoint du débiteur n'est pas absent du régime institué en 1985.

En effet, si l'époux qui contracte seul un cautionnement ou un emprunt s'engage personnellement, l'immunité ou l'engagement des biens communs sera fonction de la volonté de son conjoint.

141.212 Engagement personnel de l'époux caution ou emprunteur. S'applique ici le droit commun : personnellement engagé, l'époux qui a contracté seul un cautionnement ou un emprunt répond de ses dettes sur ses biens propres, ainsi que sur ses revenus (sur la notion de revenus, fruits des propres, gains et salaires du débiteur, v. s[s] n°s 141.131 s.). Là s'arrête le gage des créanciers à défaut d'accord du conjoint.

1. Civ. 1re, 6 juill. 1999, n° 97-15.005, *Bull. civ.* I, n° 224; *D.* 2000. 421, note R. Le Guidec; *JCP* 2000. I. 245, n° 16; II. 10237, note J. Casey; *Defrénois* 1999. 1361, obs. G. Champenois; *Dr. fam.* 2000, n° 88, 2e esp., obs. S. Tougne; *LPA* 6 avr. 2000, 20, note Bernard; *RTD civ.* 2000. 388, obs. crit. B. Vareille – La solution est identique pour un compte-joint : Civ. 1re, 19 nov. 2002, n° 00-21.083, *Bull. civ.* I, n° 274; *D.* 2002. IR 3307; *AJ fam.* 2003. 34, obs. S. D.-B.; *Dr. fam.* 2003, n° 14, note B. Beignier (1re esp.); *RTD com.* 2003. 548, obs. D. Legeais – Civ. 1re, 8 juill. 2010, n° 09-14.230, *Bull. civ.* I, n° 166; *AJ fam.* 2010. 436, obs. S. David; et 443, obs. P. Hilt; *JCP* 2010. 1220, n° 13, obs. Ph. Simler; *Defrénois* 2010. 2024, obs. J. Massip; *Dr. fam.* 2010, n° 145, note V. Larribau-Terneyre.
2. Civ. 1re, 22 juin 2004, n° 02-13.551, *Bull. civ.* I, n° 174; *D.* 2004. AJ 2269; *JCP* 2004. I. 176; *AJ fam.* 2004. 329, obs. S. Deis-Beauquesne; *RJPF* 2004-10/39, obs. F. Vauvillé.

141.213 Immunité ou engagement des biens communs, du consentement du conjoint. Le sort des biens communs n'est pas laissé à la discrétion du seul époux, caution ou emprunteur : ils ne seront engagés au paiement de ces dettes qu'avec le **consentement du conjoint,** qui est ainsi protégé en même temps qu'il peut étendre à sa guise la garantie des créanciers (cette possibilité de limiter le gage des créanciers aux seuls propres et revenus du débiteur n'est pas sans risque pour le créancier, lorsque, par exemple, l'actif propre est vidé de son contenu; elle peut aussi nuire au crédit de l'époux, dans la mesure où tous les acquêts d'importance échappent au gage des créanciers cautionnés ou prêteurs).

Pendant quelque temps, il était considéré que **seul l'époux protégé,** et non pas celui à l'origine de l'emprunt ou du cautionnement pouvait mettre en œuvre le texte[3]. Mais il est désormais admis que **l'époux qui a contracté seul un cautionnement peut se prévaloir des dispositions de l'article 1415** et invoquer l'inopposabilité de l'acte quant aux biens dépendant de la communauté[4]. Et cependant « *seuls les époux peuvent se prévaloir de cette disposition* »[5].

Sont donc exclus de la protection de l'article 1415 **les tiers**, comme le tiers acquéreur de l'immeuble commun hypothéqué[6]. S'il n'y a pas gestion conjointe pour la formation de l'acte, il faut néanmoins l'accord des deux époux pour que le règlement d'une dette née d'un cautionnement ou d'un emprunt soit poursuivi sur les biens communs (outre les revenus du débiteur).

141.214 Acquêts. Les biens de la communauté ne sont engagés, du fait d'un emprunt ou d'un cautionnement conclu par un seul époux, que si son **conjoint en est d'accord.** Ce **consentement** doit être **exprès.**

Si un écrit n'est pas pour autant nécessaire, il est cependant souhaitable pour deux raisons. D'une part, par application des règles probatoires de droit commun (toutefois, les exigences formelles posées à l'article 1326 du Code civil en matière de cautionnement ne sont pas requises pour le simple

3. Civ. 1re, 26 mai 1999, n° 97-13.268, NP; *D.* 2000. 703, note V. Brémond; *JCP* 1999. I. 156, n° 5, obs. Ph. Simler; *Defrénois* 2000. 439, obs. G. Champenois; *Dr. fam.* 1999, n° 84, note B. Beignier; *RTD civ.* 2000. 366, obs. P. Crocq; 391, obs. B. Vareille.
4. Civ. 1re, 15 mai 2002, n° 99-21.464, *CIC c/ Piot*, préc. s[s] n° 141.202 – Civ. 1re, 15 mai 2002, n° 00-15.298, préc. s[s] n° 141.202.
5. Civ. 1re, 14 janv. 2003, n° 00-12.295, *Bull. civ.* I, n° 3; *D.* 2003. IR 398; *JCP* 2003. I. 214, n° 5, obs. Ph. Simler; *JCP N* 2003. 1604, obs. J. Casey; *AJ fam.* 2003. 108, obs. S. D.-B.; *Dr. fam.* 2003, n° 48, note B. Beignier (1re esp.); *RTD civ.* 2003. 339, obs. B. Vareille.
6. Civ. 1re, 14 janv. 2003, n° 00-12.295, préc. s[s] prés[t] n°.

consentement du conjoint[1]). D'autre part, afin d'éviter les difficultés d'interprétation de la volonté de conjoint (v. s^s n°s 141.25 et 141.216). Le fait d'intervenir à la saisie diligentée en raison de l'inexécution par la caution de son obligation ne vaut pas consentement exprès[2]. La réception par l'épouse d'un relevé bancaire faisant apparaître le solde débiteur du compte-joint du ménage en raison d'un emprunt contracté par le seul époux ne vaut pas consentement exprès[3]. Les **juges** sont **souverains** pour déterminer une **manifestation expresse de volonté**[4]. En cas de « fausse » signature du conjoint, la condition du consentement exprès n'est évidemment pas réalisée[5].

À défaut de ce consentement, les biens communs sont à l'abri de l'action du créancier cautionné ou du prêteur. Pour cette raison, dès lors qu'un plan d'épargne logement et un compte titres alimentés sont des acquêts, un époux ne peut les engager par un cautionnement contracté sans le consentement exprès du conjoint[6]. De même a pu être annulée une hypothèque prise sur un immeuble commun en garantie d'une dette de l'article 1415, qui n'avait pas reçu l'assentiment du conjoint[7]. En revanche, semble valide le **privilège immobilier du prêteur de deniers**, nonobstant l'absence de consentement du conjoint, car l'immeuble n'est entré en communauté que grevé, dès l'origine, de la sûreté.

Une des questions récemment débattue concerne le **dénouement du cautionnement d'une même dette effectuée par les deux époux par actes séparés**. Si l'article 1415 est applicable, alors chaque époux s'étant engagé par acte séparé, sans le consentement de son conjoint, n'engage que ses revenus et ses biens propres : cette solution avantage les époux, au détriment du créancier dont le gage ne comprend pas les biens communs. Si l'article 1415 est jugé inapplicable à cette espèce, alors l'article 1413, en tant que droit commun du passif communautaire, s'applique : la communauté n'échappe plus cette fois au créancier. Dans une espèce où les époux s'étaient portés cautions en termes identiques sur l'acte même de prêt, la Cour de cassation avait jugé que, lorsque chacun des époux se constitue caution pour la garantie d'une même dette, l'article 1415 n'a pas lieu de s'appliquer. C'est cette seconde solution que retient la Cour de cassation[8], malgré un arrêt antérieur dissident[9]. La question relève certainement de **l'interprétation des circonstances par le juge du fond** (par exemple, le fait que les deux engagements aient été faits de manière autonome et à des dates séparées démontre bien que les parties n'avaient pas entendu renoncer à la protection de l'article 1415 du Code civil[10]). Dans

1. Civ. 1re, 13 nov. 1996, n° 94-12.304, *Bull. civ.* I, n° 392; *D.* 1997. Somm. 163, 1re esp., obs. L. Aynès; *D.* 1998. Somm. 135, obs. V. Brémond; *JCP N* 1997. 1081, note L. Leveneur; *JCP N* 1998. 813, obs. R. Le Guidec; *Defrénois* 1997. 387, obs. L. Aynès; et 813, obs. G. Champenois; *CCC* 1997, n° 41, obs. L. Leveneur; *RTD civ.* 1997. 729, obs. B. Vareille – Metz, 5 nov. 1998, *Dr. fam.* 2000, n° 88, 1re esp., note S. Tougne.
2. Civ. 1re, 25 nov. 1997, n° 96-10.195, NP; *Dr. fam.* 1998, n° 118, obs. B. Beignier.
3. Lyon, 18 févr. 1999, *Dr. fam.* 1999, n° 140, obs. Beignier.
4. Civ. 1re, 29 avr. 1997, n° 95-14.500, NP; *Dr. fam.* 1997, n° 181, obs. B. Beignier.
5. Civ. 1re, 3 juin 1997, n° 94-20.788, *Bull. civ.* I, n° 179; *JCP* 1998. I. 135, n° 11, obs. Ph. Simler; *RTD civ.* 1998. 967, obs. B. Vareille.
6. Civ. 1re, 14 janv. 2003, n° 00-12.295, préc. s^s prés^t n°; *D.* 2003. IR 398; *JCP* 2003. II. 10019, concl. J. Sainte Rose; I. 214, n° 5, obs. Ph. Simler; *JCP N* 2003. 1604, obs. J. Casey; *AJ fam.* 2003. 108, obs. S. D.-B.; *Dr. fam.* 2003, n° 48, 2e arrêt, note B. Beignier; *RTD civ.* 2003. 339, obs. B. Vareille.
7. Civ. 1re, 2 juill. 1991, n° 90-12.747, *Bull. civ.* I, n° 225; *JCP* 1992. II. 21830, note R. Le Guidec; *JCP N* 1992. 208, n° 10, obs. Ph. Simler; *Defrénois* 1991. 1326, obs. G. Champenois; *RTD civ.* 1991. 771, obs. M. Bandrac; *RTD civ.* 1992. 442, obs. F. Lucet et B. Vareille; 604, obs. M. Bandrac – Civ. 1re, 18 nov. 1992, n° 91-10.473, *Bull. civ.* I, n° 280; *JCP* 1993. I. 3656, n° 9, obs. A. Tisserand; *RDI* 1993. 249, obs. Ph. Delebecque et Ph. Simler – Civ. 1re, 29 mai 1996, n° 94-16.615, *Bull. civ.* I, n° 220; *JCP* 1996. I. 3962, n° 12, obs. Ph. Simler; *Defrénois* 1996. 1083, obs. G. Champenois; *RTD civ.* 1997. 726, obs. B. Vareille – Civ. 1re, 17 févr. 1998, n° 96-12.763, *Bull. civ.* I, n° 63; *Gaz. Pal.* 1999. 1. Somm. 122, obs. S. Piedelièvre; *RTD civ.* 1998. 659, obs. J. Hauser; 967, obs. B. Vareille – Civ. 1re, 19 janv. 1999, n° 96-21.070, NP; *RJPF* 1999-2/34, obs. F. Vauvillé – Civ. 1re, 11 mars 2003, n° 00-22.208, *Bull. civ.* I, n° 66; *D.* 2003. AJ 1361; *JCP* 2003. I. 158, n° 9, obs. Ph. Simler; *Dr. fam.* 2003, n° 61, obs. B. Beignier; *Defrénois* 2003. 994, obs. G. Champenois; 1615, obs. Ph. Théry – Civ. 1re, 15 mai 2002, n° 99-21.464, préc. s^s n°s 141.202 et 141.213; *D.* 2002. 1780, note C. Barberot; 3337, obs. L. Aynès; *JCP* 2002. II. 10109, concl. Petite, note S. Piedelièvre; I. 162, n° 3, obs. Ph. Simler; *AJ fam.* 2002. 264; *Dr. fam.* 2002, n° 90, obs. B. Beignier; *Defrénois* 2002. 1322, obs. G. Champenois; *RTD civ.* 2002. 546, obs. P. Crocq; *RTD civ.* 2003. 338; et 339, obs. B. Vareille.
8. Civ. 1re, 13 oct. 1999, n° 96-19.126, *Bull. civ.* I, n° 273; *D.* 1999. IR 259; *JCP* 2000. II. 10307, note J. Casey; *JCP E* 2000. 1137; *CCC* 2000, n° 20, obs. L. Leveneur; *Dr. fam.* 2000, n° 25, 2e esp., obs. B. Beignier; *RJPF* 2000-2/31, obs. F. Vauvillé; *Defrénois* 2000. 784, obs. G. Champenois; *RTD civ.* 2000. 393, obs. B. Vareille – EN CE SENS : Com. 5 févr 2013, n° 11-18.644, *Bull. civ.* IV [à paraître]; *D.* 2013. 429, obs. V. Avena-Robardet; *D.* 2013. 1253, note A. Molière; *D.* 2013. 1706, obs. P. Crocq; *AJ fam.* 2013. 187, obs. P. Hilt; *Rev. sociétés* 2013. 507, note I. Dauriac; *Gaz. Pal.* 2013, n° 66, p. 13, note M. Mignot; *RJPF* 2013- 5/26, obs. F. Vauvillé; *JCP* 2013. 721, n° 11, obs. Ph. Simler; *Defrénois* 2013. 1149, obs. G. Champenois.
9. Civ. 1re, 9 mars 1999, n° 97-12.357, NP; *JCP* 1999. I. 156, n° 4, obs. Simler; *RTD civ.* 2000. 393, obs. B. Vareille.
10. Paris, 23 mars 1999, *D.* 1999. IR 134; *JCP* 1999. II. 10202, note Chabot.

un arrêt récent, la Cour de cassation s'est ainsi rangée derrière les constatations de la cour d'appel qui a retenu le caractère unilatéral des cautionnements souscrits le même jour par deux époux par actes séparés, ces derniers n'établissant pas à eux seuls le consentement exprès de chacun des époux à l'engagement de caution de l'autre [1].

141.215 Gains et salaires du conjoint en cas d'accord. Les gains et salaires du conjoint peuvent soulever une difficulté. Certes, à défaut de son accord, ils échapperont au droit de poursuite des créanciers, à l'instar de tous les biens communs (réserve faite des gains et salaires de l'époux débiteur qui, bien que communs, sont engagés).

Lorsque les **époux travaillent en commun**, par exemple dans une **exploitation agricole** ou un **fonds de commerce**, les revenus constituant la rémunération du conjoint de l'époux débiteur doivent être protégés [2]. Lorsque leurs gains et salaires sont déposés et confondus sur un compte joint, ce dernier n'est plus saisissable [3]. Il revient au créancier d'identifier les revenus de l'époux débiteur [4].

1. Civ. 1re, 15 mai 2002, no 00-13.527, *Bull. civ.* I, no 128; *D.* 2002. 1780, note C. Barberot; Somm. 3337, obs. L. Aynès; *JCP* 2002. II. 10109, concl. Petite, note S. Piedelièvre; *AJ fam.* 2002. 264, obs. S. D.-B.; *Dr. fam.* 2002, no 90, obs. B. Beignier; *Defrénois* 2002. 1208, obs. V. Brémond; *Defrénois* 2003. 413, obs. Ph. Théry; *JCP N* 2002, 1623, obs. Savouré; *RTD civ.* 2002. 546, obs. P. Crocq; 604, obs. R. Libchaber; *RTD civ.* 2003. 338, obs. B. Vareille; et 339, obs. B. Vareille – Civ. 1re, 8 mars 2005, no 01-12.734, *Bull. civ.* I, no 115; *D.* 2005. AJ 1048; *JCP* 2005. I. 163, no 10, obs. Ph. Simler; *Gaz. Pal.* 2005. 3440, note Gaomac'h; *AJ fam.* 2005. 238, obs. P. Hilt; *Dr. fam.* 2005, no 81, note B. Beignier; *LPA* 1er-2 mai 2006, note N. Petroni-Maudière.
2. Civ. 1re, 16 mai 2000, no 97-18.612, *Bull. civ.* I, no 140; *Defrénois* 2000. 1182, obs. G. Champenois; *RJPF* 2000-12/28, obs. F. Vauvillé; *RTD civ.* 2001. 186, obs. B. Vareille.
3. Civ. 1re, 3 avr. 2001, no 99-13.733, *Bull. civ.* I, no 92; *D.* 2001. Somm. 2933, obs. M. Nicod; *JCP* 2002. I. 103, no 13, obs. Ph. Simler; II. 10080, note Bourdaire; *Defrénois* 2001. 939, obs. Ph. Théry; 1129, obs. G. Champenois; *Dr. fam.* 2001, no 75 (3e esp.), noteB. Beignier; *AJDI* 2001. 996, obs. Giraudel; *RJPF* 2001-7-8/30, obs. F. Vauvillé, *Banque et Droit* mai-juin 2001. 48, obs. Jacob; *RTD civ.* 2001. 943, obs. B. Vareille – Civ. 1re, 17 févr. 2004, no 02-11.039, *Bull. civ.* I, no 45; *D.* 2004. Somm. 2260, obs. V. Brémond; *JCP* 2004. I. 188, no 2, obs. Ph. Simler; *Defrénois* 2004. 1476, obs. G. Champenois; *AJ fam.* 2004. 145 obs. S. Deis-Beauquesne; *Dr. fam.* 2004, no 84, note B. Beignier – Civ. 1re, 17 janv. 2006, no 02-20.636, *Bull. civ.* I, no 13; *D.* 2006. 1277, note V. Bonnet; *JCP* 2006. I. 193, no 13, obs. Ph. Simler; *AJ fam.* 2006. 163, obs. P. Hilt; *Dr. et proc.* 2006. 276, obs. Ph. Hoonakker; *LPA* 9 oct. 2006, note A. Chamoulaud-Trapiers; *RTD civ.* 2006. 359, obs. B. Vareille.
4. Mêmes arrêts que ceux cités note précédente.

Il en est de même pour la saisie d'un compte personnel de l'époux débiteur, seuls les revenus étant saisissables [5].

Mais, en cas d'accord, sont-ils soumis au droit de poursuite comme le sont les autres biens communs ? Il a été soutenu que, d'après le libellé de l'article 1415 du Code civil, les gains et salaires du conjoint devaient rejoindre les autres biens communs dans le gage des créanciers. En effet, en cas de consentement du conjoint, le texte ne semble exclure que ses biens propres. Telle ne paraît pas devoir être la solution. L'exclusion des biens propres du conjoint qui donne son consentement n'est faite qu'afin de distinguer le simple accord pour l'engagement des biens communs, de la volonté d'être engagé personnellement ou solidairement, en qualité de coemprunteur par exemple. En outre, demeure l'exception générale posée à l'article 1414, selon laquelle les gains et salaires d'un époux ne peuvent être saisis par les créanciers de son conjoint. Enfin et surtout, dès lors qu'un époux est libre, face aux engagements de caution ou d'emprunteur pris par son conjoint, d'engager ou non les biens communs, il doit être libre, *a fortiori*, d'engager ou non ses gains et salaires; or, **la règle étant celle de la limitation du gage sauf accord exprès du conjoint**, il semble que, sauf sa volonté explicite, ses gains et salaires doivent échapper à l'emprise des créanciers. Il semble même que le conjoint peut, à sa guise, déterminer l'étendue des biens communs qu'il engage face au cautionnement ou à l'emprunt de son époux, et peut exclure tel bien ou telle catégorie de revenus.

141.216 Étendue de l'accord du conjoint. Il s'ensuit que le conjoint dispose d'une **grande latitude** quant au gage offert aux créanciers de son époux pour un cautionnement ou un emprunt que ce dernier a contracté. Il peut y soustraire les biens communs ou certains d'entre eux, comme il peut y ajouter ses gains et salaires, et même ses biens propres dans le cas d'un engagement personnel ou solidaire.

5. Civ. 1re, 14 janv. 2003, no 00-16.078, *Bull. civ.* I, no 2; *D.* 2003. 2792, note V. Barabé-Bouchard; *JCP* 2003. II. 10019, concl. J. Sainte-Rose; I. 124, no 4 et 158, no 9, obs. Ph. Simler; *JCP N* 2003. 1605, obs. J. Casey; *Gaz. Pal.* 8-9 août 2003. Somm. obs. S. Piedelièvre; *Defrénois* 2003. 544, obs. G. Champenois; *AJ fam.* 2003. 109, obs. S. D.-B.; *Dr. fam.* 2003, no 48, note B. Beignier (2e esp.); *RTD civ.* 2003. 339, obs. B. Vareille; et 534, obs. B. Vareille – Civ. 1re, 18 févr. 2003, no 00-21.362, *Bull. civ.* I, no 48; *D.* 2003. Somm. 1864, obs. V. Brémond; *JCP* 2003. I. 158, no 9, obs. Ph. Simler; *JCP N* 2003. 1606, obs. J. Casey; *Defrénois* 2003. 1356, obs. G. Champenois; *Dr. fam.* 2003, no 49, note B. Beignier; *RJPF* 2003-6/22, note F. Vauvillé; *RTD civ.* 2003. 536, obs. B. Vareille.

Or, si le conjoint n'est pas spécialement informé de ces possibilités, il incombe à son conseil de l'éclairer afin qu'il puisse **choisir l'étendue de l'engagement** en toute connaissance de cause. En outre, cela montre l'importance déjà signalée (v. s[s] n° 141.25) d'une **rédaction minutieuse du consentement du conjoint**, afin d'éviter toute ambiguïté (en outre, pour un engagement personnel du conjoint en qualité de **caution solidaire**, les formes de l'article 1326 du Code civil seraient requises).

En raison de l'effet de l'accord du conjoint dans certains régimes, l'application de l'article 1415 à des époux mariés sous le régime de la communauté universelle n'allait pas de soi. Selon l'article 1526 du Code civil, seul texte concernant ce régime matrimonial, la communauté « *supporte définitivement toutes les dettes des époux, présentes et futures* », mais selon l'article 1497, texte qui s'adresse à tous les régimes communautaires conventionnels, les règles de la communauté légales restent applicables en tous les points qui n'ont pas fait l'objet de la convention des parties. Or si l'article 1415 est applicable à la communauté universelle en raison de l'article 1497, et si le conjoint ne donne pas son consentement, la protection du créancier pourrait être réduite à néant. **La Cour de cassation** a cependant pris parti dans une même décision et **pour le caractère impératif de l'article 1415** et **pour sa pleine application à la communauté universelle**[1]. En outre, l'article 1415 s'applique évidemment en cas de **séparation de biens avec société d'acquêts**[2].

§ 2
Dettes de nature propre (C. civ., art. 1410 et 1411)

141.220 Présentation. De même qu'il existe un **actif propre**, exclusif de tout esprit communautaire, il existe un **passif propre** dont, en principe, la communauté n'a pas à répondre; les dettes qu'un époux supporte en propre sont normalement honorées grâce aux biens propres de cet époux (réserve faite des gains et salaires de l'époux débiteur, sur laquelle, v. s[s] n° 141.228).

Toutefois, le sort particulier fait au passif propre ne peut plus jouer lorsque l'actif propre, qui en est le pendant et le répondant, ne peut plus être isolé. C'est ainsi que, **par souci de protection des créanciers en propre à un époux,** les règles relatives à ce passif reçoivent **exception** dans le **cas de confusion des meubles**.

A.
Sort du passif propre

141.221 Présentation. L'article 1410 du Code civil définit un passif propre qui est la parfaite symétrie de l'actif propre tel qu'établi à l'article 1405.

Cependant, si l'actif et le passif propres se répondent exactement quant à leur domaine, une dissymétrie, inspirée des règles relatives aux pouvoirs de gestion, réapparaît à propos du régime.

141.222 Domaine du passif propre : généralités. D'après la définition du passif propre donnée à l'article 1410 du Code civil, le parallèle est parfait avec les critères qui définissent l'actif propre correspondant.

Sont ainsi visées, d'une part les **dettes antérieures au mariage**, et d'autre part **celles « *dont se trouvent grevées les successions et libéralités* »** qui échoient à un époux. En outre, ces dettes s'entendent tant **en capital** qu'**en arrérages et intérêts.**

141.223 Dettes présentes. Pour ce qui concerne les **dettes antérieures au mariage**, encore appelées « ***dettes présentes*** », la seule difficulté concerne la date. En effet, ces dettes sont celles dont un époux était tenu au jour de la célébration du mariage; c'est donc leur **date de naissance** qui doit être prise en considération, et ce d'après les mêmes critères qui définissent les biens présents (n'est pas retenue la date d'exigibilité, mais celle de **l'apparition du fait générateur de l'obligation** dans son principe). En conséquence, les **dettes délictuelles** seront considérées comme antérieures au mariage, dès lors que le fait générateur de responsabilité est lui-même antérieur, bien que l'action en justice ait été introduite, ou le jugement de condamnation prononcé, après le mariage[3]. Toujours à l'instar de la solution

1. Civ. 1re, 3 mai 2000, n° 97-21.592, *Bull. civ.* I, n° 125; *D.* 2000. 546, note J. Thierry; *D.* 2001. Somm. 693, obs. L. Aynès; *JCP* 2000. I. 257, n° 5, obs. Ph. Simler; *JCP N* 2000. 1615, note S. Piedelièvre; *JCP N* 2001. 26, note J. Casey; *Defrénois* 2000. 1185, obs. G. Champenois; *Banque et Droit* sept.-oct. 2000. 43, obs. Jacob; *Dr. fam.* 2000, n° 88 note S. Tougne; *RTD civ.* 2000. 889, obs. B. Vareille; et 890, obs. B. Vareille – Civ. 1re, 28 janv. 2003, n° 01-01.807, NP; *JCP N* 2003. 1603, obs. J. Casey; *Dr. fam.* 2003, n° 62, note B. Beignier.
2. Civ. 1re, 25 nov. 2003, n° 02-12.942, *Bull. civ.* I, n° 236; *D.* 2004. Somm. 2335, obs. J. Revel; *JCP* 2004. I. 129, n° 20, obs. Storck; *Defrénois* 2004. 1467, obs. G. Champenois; *AJ fam.* 2004. 28, obs. S. D.-B.; *Dr. fam.* 2004, n° 8, note B. Beignier; *RJPF* 2004-3/29, obs. F. Vauvillé; *RTD civ.* 2004. 335, obs. B. Vareille – EN CE SENS : Com. 5 févr 2013, n° 11-18.644, *Bull. civ.* IV [à paraître] (préc. s[s] n° 141.214 avec commentaires).
3. Civ. 1re, 27 janv. 1993, n° 91-12.829, *Bull. civ.* I, n° 32; *JCP* 1994. I. 3733, n° 13, obs. Ph. Simler; *RTD civ.* 1993. 870, obs. F. Lucet et B. Vareille; *RTD civ.* 1994. 665, obs. B. Vareille.

adoptée à propos de l'actif propre, les **dettes conditionnelles** (telles celles nées d'un cautionnement), ou **à terme**, ou, de façon générale, celles dont la perfection n'est acquise qu'après le mariage, doivent être considérées comme antérieures et propres dès lors que leur fait générateur existait avant sa célébration.

141.224 Dettes grevant une succession ou une libéralité échue à un époux (encore appelées « *dettes futures* »). Cette terminologie, ambiguë plus encore que celle employée pour les dettes présentes, ne sera pas utilisée. Les dettes accessoires à une succession ou à une libéralité sont propres parce que l'actif qu'elles grèvent est propre.

Il s'agira des **charges qui assortissent une libéralité**, mais aussi des **dettes qui accompagnent une succession recueillie par un époux** (dettes du défunt ou dettes nées du décès, tels les frais funéraires, dans la mesure où elles incombent à l'époux successeur). Quant aux dettes grevant une libéralité commune aux deux époux ou conjointe, il est sans doute préférable de les déclarer communes : en faire des dettes propres aux deux époux aboutirait, comme il va être constaté, à engager leur actif propre et leurs gains et salaires respectifs, mais non la communauté d'acquêts.

141.225 Arrérages et intérêts. Par application de la règle de l'accessoire, mais aussi par symétrie avec le droit exclusif de jouissance des propres, l'article 1410 du Code civil inclut **dans le passif propre** les **arrérages** (telle une rente viagère grevant une libéralité) et **intérêts des dettes propres** (pour l'extension de cette solution au stade de la contribution définitive, v. s^{s} n°s 142.74 et 142.92).

141.226 Régime du passif propre (C. civ., art. 1411, al. 1er) – Généralités. Le passif propre doit normalement être payé sur l'actif propre : la symétrie, dont il a été vu qu'elle inspirait l'existence d'un passif propre, comme la logique du régime légal de la communauté d'acquêts, commandent en effet que ces **dettes propres** soient **acquittées grâce à des biens propres**, tant au stade de l'**obligation provisoire** qu'à celui de la **contribution définitive** (v. s^{s} n°s 142.71 s.).

Cependant, afin de protéger les créanciers, en propre, d'un époux, et aussi de simplifier les choses, la loi du 23 décembre 1985 a tempéré la corrélation absolue entre l'actif et le passif en permettant que le **paiement des dettes propres** soit aussi **poursuivi sur les revenus de l'époux débiteur**.

141.227 Engagement des biens propres. L'actif propre répond des dettes propres, tant de manière provisoire que de façon définitive.

Cela concerne, non seulement les **biens propres** *stricto sensu*, mais aussi les **revenus des propres** dont c'est spécialement la fonction. Il a d'ailleurs été constaté que, d'après l'article 1401 du Code civil, ne tombent en communauté que les acquêts provenant des économies faites sur les revenus des propres, ce qui montre que ces revenus sont spécialement affectés à acquitter les dettes propres et ce, sans que récompense soit due à la communauté (sur la nature juridique des revenus des propres et, spécialement, des économies qui y sont faites, v. s^{s} n°s 133.31 à 133.34).

141.228 Engagement des revenus de l'époux débiteur. La loi de 1985 a ajouté que le paiement des dettes propres d'un époux pouvait être poursuivi sur ses revenus (d'après les dispositions transitoires, ça ne concerne que les créances nées après le 1er juillet 1986). Par « revenus » de l'époux débiteur, il faut entendre les **revenus de ses biens propres,** ce qui ne constitue pas une nouveauté, mais aussi ses **gains et salaires.**

Le législateur de 1985 a donc étendu le gage des créanciers à des biens communs, rompant ainsi la symétrie établie entre l'actif et le passif propres. Il s'agit de protéger les créanciers, en propre, d'un époux, d'une insuffisance ou d'une diminution de l'actif propre. En outre, les dettes se paient généralement sur les revenus quels qu'ils soient, et le gage des créanciers, qui s'accroît normalement des revenus futurs, ne doit pas être figé pour cela seul que leur débiteur se marie sous le régime légal. Au demeurant, l'engagement des gains et salaires d'un époux pour le paiement de ses dettes propres vient, en quelque sorte, compenser la concurrence que subissent les créanciers sur l'actif propre, avec l'irruption de tous les nouveaux créanciers personnels de l'époux. Enfin, l'extension du gage des créanciers aux gains et salaires peut se réclamer du pouvoir exclusif dont jouit l'époux.

D'ailleurs, l'absence de symétrie est provisoire et **cette extension ne concerne que l'obligation aux dettes;** la **communauté**, aux termes de l'article 1412 du Code civil et **au stade de la contribution définitive,** aura droit à **récompense** pour les dettes qu'elle a acquittées, notamment grâce aux gains et salaires de l'époux débiteur (v. s^{s} n° 142.73).

À propos des gains et salaires engagés par le **passif propre**, il n'y a pas lieu d'appliquer la règle du cantonnement à un mois prévue par le décret du 31 juillet 1992 en application de l'article 1414 alinéa 2 du Code civil (v. s^{s} n° 141.161). En effet, non seulement cette règle ne s'applique qu'à propos de la saisie des gains et salaires d'un époux en paiement des dettes nées de son conjoint (ce qui n'est pas le cas ici où il s'agit de dettes personnelles); mais encore, il serait paradoxal de greffer un texte (C. civ., art. 1414, al. 2) pris pour protéger un conjoint contre les créanciers de son époux, sur un autre (C. civ., art. 1411, al. 1er) qui entend protéger les créanciers contre le mariage de leur débiteur.

B.
Exception en cas de confusion mobilière

141.231 Généralités. Reprenant une solution classique, l'article 1411 alinéa 2 du Code civil prévoit que, « *lorsque les meubles sont confondus de sorte que ne peuvent être distingués les biens propres des biens communs, le paiement des dettes propres peut être poursuivi sur les biens de la communauté* » Dans un souci de protection des créanciers et afin d'éviter une fraude à leur droit par le biais de la présomption de communauté, la confusion des biens leur profite.

141.232 Notion de confusion mobilière. La **confusion des biens** ne concerne que les **meubles**. Elle résulte de l'impossibilité de distinguer les biens propres des biens communs d'après les règles établies à l'article 1402 du Code civil. **Il est donc fait échec à la présomption de communauté** et, tout au contraire, les créanciers pourront poursuivre le paiement sur les biens communs.

141.233 Charge de la preuve. Critiquée par la majeure partie de la doctrine, une cour d'appel a estimé que c'était au créancier qui entendait se prévaloir de l'extension de son gage sur la communauté, de rapporter la preuve de la confusion mobilière[1]. La Cour de cassation a décidé le contraire en attribuant la **charge de la preuve à l'époux débiteur** : c'est à ce dernier de démontrer **l'existence d'un mobilier qui lui est propre au jour du mariage** et excluant ainsi la confusion[2].

141.234 Étendue du droit de poursuite. Dès lors qu'est établie la confusion mobilière, le créancier peut poursuivre le paiement de sa dette sur la communauté. Il ne semble pas que, par application de l'article 1414 du Code civil, les gains et salaires du conjoint du débiteur soient concernés (v. ss nos 141.120 s.) : l'exception générale posée par ce texte doit l'emporter. Deux difficultés subsistent cependant : la **confusion mobilière** permet-elle de **saisir** les **immeubles communs** ? Et le **meuble** dont est prouvée la **nature commune** échappe-t-il au **droit de poursuite du créancier** ?

1. Lyon, 16 oct. 1975, *Defrénois* 1977. 1579, note crit. G. Champenois.
2. Civ. 1re, 16 mai 2000, no 98-10.489, *Bull. civ.* I, no 146; *D.* 2000. AJ 291, obs. A. Lienhard; *JCP* 2000. I. 269, no 8, obs. Ph. Pétel; *RJPF* 2000-7-8/30, obs. F. Vauvillé; *Defrénois* 2000. 1181, obs. G. Champenois; *RTD com.* 2000. 1001, obs. B. Bouloc.

141.235 Étendue du droit de poursuite sur les immeubles communs. L'opinion majoritaire admet, pour le regretter, que les biens de la communauté qui peuvent être saisis s'entendent des **biens meubles** et des **biens immeubles**, pour la raison que l'alinéa 2 de l'article 1414 n'opère aucune distinction. Pourtant, lorsqu'est prouvée la nature commune d'un immeuble, ce qui sera le cas le plus fréquent, les observations qui vont suivre à propos des meubles devraient valoir *a fortiori*.

141.236 Étendue du droit de poursuite sur les meubles communs. En revanche, les opinions sont partagées sur le point de savoir si le droit de poursuite s'étend au meuble dont il est établi qu'il est commun.

Au fond, il s'agit de dire si la **confusion mobilière** est **globale** ou si certains meubles particuliers peuvent y échapper; en termes probatoires, il s'agit de préciser si le conjoint ne peut rapporter que la preuve de l'absence totale de confusion mobilière, ou s'il peut établir la **nature commune spéciale à un meuble, afin de le soustraire à l'action des créanciers malgré la confusion portant sur les autres meubles.** Il semble que la **solution au cas par cas** doive être préférée à la conception globale de la confusion mobilière, en ce qu'elle est plus juste et plus conforme à la nature exceptionnelle de l'extension du gage des créanciers de l'article 1411 du Code civil. La confusion mobilière n'aboutit qu'à faire échec à la **présomption de communauté, qui n'est qu'une présomption simple** et, à l'inverse, ne conduit qu'à réputer propres les meubles confondus. Du reste, la preuve que le créancier doit rapporter de la confusion n'est pas globale, car sans cela, la présence d'un seul meuble dont il est établi qu'il est propre serait de nature à y faire obstacle. Il serait anormal qu'un créancier pût se payer sur un bien dont il est prouvé qu'il est commun et donc, par application de l'article 1411 alinéa 1er, qu'il n'avait pas à répondre d'une dette propre. En conséquence, la confusion mobilière ne doit profiter au créancier qu'autant qu'elle existe, et dans cette seule mesure (cette solution présente, en outre, l'avantage de faire échapper en pratique les immeubles, dont la nature commune peut être facilement établie, du gage des créanciers). Il faut ajouter que la **communauté** aura **droit à récompense pour les dettes propres à un époux qu'elle aura acquittées,** même si ce recours est plutôt illusoire en raison de l'absence de preuve qui règne par postulat (v. ss nos 142.75).

141.237 Passif propre et modification des pouvoirs de gestion. Une autre exception au droit de poursuite des créanciers de l'article 1410 du Code civil a été suggérée, limitant celle-là l'étendue de leur gage : elle serait tirée des articles 1426 et 1429 du Code civil.

Lorsqu'un époux, par application de ce dernier texte, a été **dessaisi de ses droits d'administration et de jouissance sur ses propres**, le passif des successions et libéralités acceptées par la suite ne pourrait être poursuivi que sur la **nue-propriété des biens propres** (qui seule lui est laissée en vertu de l'alinéa 3, v. s[s] n°s 135.151 à 135.155). Dans le même esprit, si la **gestion de ses gains et salaires avait été retirée à un époux** sur le fondement de l'article 1426 du Code civil, les dettes de l'article 1410 ne pourraient être payées sur ces sommes. Ces restrictions seraient commandées par le dessaisissement du débiteur, auquel ce dernier pourrait trop aisément faire échec en acceptant, avec la succession, de lourdes dettes.

Cette suggestion ne peut pourtant pas être accueillie. D'une part, les articles 1426 et 1429 du Code civil, s'ils ôtent à un époux ses pouvoirs de gestion, ne sauraient affecter pour autant le **droit de poursuite de ses créanciers**, qui peut être antérieur au jugement modifiant les pouvoirs, et qui échappe à la volonté du débiteur (d'ailleurs, la modification des pouvoirs de gestion ne rend pas insaisissables les biens qui en sont l'objet). D'autre part, **l'efficacité des modifications judiciaires de pouvoirs** est assurée par des règles spécifiques, liées à la **fraude** et à **l'inopposabilité**, qui doivent seules intervenir; elle n'a pas à être garantie par une limitation apportée sans texte à l'article 1411 du Code civil. En conséquence, malgré une modification des pouvoirs de gestion d'un époux qui accepte une succession ou une libéralité grevée de charges, les créanciers de l'article 1410 du Code civil peuvent poursuivre les biens de leur débiteur dans les conditions de l'article 1411, sous réserve de la fraude (inopposabilité de la saisie des propres du débiteur, v. s[s] n°s 139.62 à 139.65 – et inopposabilité spécifique face à l'engagement des biens communs, s'agissant de la saisie des gains et salaires, v. s[s] n° 141.240).

§ 3 Dettes de nature frauduleuse (C. civ., art. 1413 *in fine*)

141.240 Présentation. D'après l'article 1413 du Code civil (ce texte doit être combiné avec l'article 1421 du Code civil qu'il complète, relatif aux pouvoirs d'administration concurrente, et sur lequel, v. s[s] n° 136.81), il est fait exception à l'engagement des biens communs pour le paiement d'une dette dont un époux est tenu, dans le cas où il y a eu « *fraude de l'époux débiteur et mauvaise foi du créancier* ». Ce texte, qui adopte une solution classique, doit être précisé, tant en ce qui concerne la notion de dette frauduleuse (A) que pour ce qui touche aux effets (B) qu'il produit.

A. Notion de dette frauduleuse

141.241 Deux conditions cumulatives. Deux conditions doivent être réunies pour qu'il soit fait échec au principe d'engagement de la communauté du chef d'un seul époux, en raison de la nature frauduleuse de la dette : il faut établir la **fraude de l'époux débiteur**, mais aussi la **mauvaise foi du tiers créancier**. Ces deux **conditions** sont **cumulatives** (pour la nécessité de la fraude de l'époux débiteur[1] – pour l'exigence de la mauvaise foi du créancier[2] – ces décisions ont été rendues en application de l'article 1413 du Code civil dans sa rédaction issue de la loi du 13 juillet 1965, mais dont la loi du 23 décembre 1985 n'a pas modifié les termes, sauf pour les appliquer également aux deux époux). Il s'ensuit que si seule la fraude du conjoint est établie, la poursuite des biens communs sera possible, moyennant récompense (par application de l'article 1421 du Code civil qui rend inopposables à un époux les actes passés par son conjoint en fraude de ses droits).

141.242 Fraude de l'époux. La fraude de l'époux débiteur ne nous semble pas pouvoir simplement consister dans la volonté de nuire à son conjoint, de même qu'elle n'est certainement pas établie du seul fait de la poursuite d'un intérêt personnel. Dans l'esprit du texte, il y a lieu de croire que la fraude n'est constituée que **lorsqu'un époux, pour le paiement d'une dette dangereuse ou propre** (*id est*, d'une dette qui ne devraient pas normalement engager les biens communs en tout ou partie), **confère artificiellement à celle-ci la nature d'une dette dont l'exécution peut être poursuivie sur les biens communs.** Par la fraude, l'époux débiteur entend engager la communauté pour le paiement d'une dette qui entre dans les exceptions rencontrées et qui ne devrait être payée que sur ses biens propres et ses revenus.

141.243 Mauvaise foi du tiers. Quant à la mauvaise foi du tiers, elle est constituée par la **connaissance qu'il a de la nature frauduleuse de sa créance,** grâce à laquelle, si la fraude n'était pas établie, il pourrait poursuivre le paiement sur les biens communs.

141.244 Charge de la preuve. La **preuve de ces deux conditions**, qui peut être rapportée **par tous**

1. Com. 20 févr. 1980, n° 78-14.278, *Bull. civ.* IV, n° 87.
2. Civ. 1re, 28 mars 1984, n° 82-15.538, *Bull. civ.* I, n° 120.

moyens, incombe au **conjoint victime de la fraude**[1]. Il semble que l'exception tirée de la fraude pourrait aussi être invoquée par l'époux débiteur repenti : cela irait dans le sens du régime applicable à la fraude, qui entend tout ensemble protéger la victime et intimider les complices.

B. Conséquences du caractère frauduleux des dettes

141.251 Sanctions de l'acte frauduleux : nullité ou inopposabilité ? Lorsque la fraude de l'époux débiteur, assortie de la mauvaise foi du créancier, est établie, il est fait obstacle au principe d'engagement unilatéral de la communauté. En conséquence, les **biens communs** et *a fortiori* les **gains et salaires du conjoint échappent à l'action du créancier**. Toutefois, la sanction accompagnant la fraude est discutée : si la nullité est prononcée, la créance est anéantie, tandis que s'il n'y a lieu qu'à une simple inopposabilité, son paiement peut être poursuivi sur les biens propres de l'époux débiteur, voire sur ses revenus.

La Cour de cassation s'est prononcée **en faveur de la nullité de l'acte passé frauduleusement**[2]. Il semble pourtant, comme à la majorité des auteurs, que **l'inopposabilité soit une sanction plus appropriée.** Non seulement c'est la sanction normale de la fraude, mais encore elle évite d'avantager injustement l'époux débiteur, par hypothèse fraudeur, comme le ferait la nullité. D'autant que le choix de l'inopposabilité peut se réclamer de la lettre du texte (comme peut être invoquée la lettre de l'article 1421). En effet, l'article 1413 du Code civil prévoit l'extension du paiement de la dette contractée par un époux sur les biens communs, sauf fraude. *A contrario*, cela signifie qu'en cas de fraude, seule cette extension ne joue pas, mais que la créance demeure, qui engage les biens propres de l'époux débiteur d'après le droit commun. **Le texte ne prévoit aucune nullité; il se contente d'ôter les biens communs du gage du créancier, en raison de sa mauvaise foi.** Si la nullité de l'acte frauduleux peut être prononcée, ce ne devrait être que par application du droit commun des contrats, ou dans les cas de violation des règles relatives aux pouvoirs de gestion (C. civ., art. 1427 – v. s[s] n°s 139.40 à 139.54).

141.252 Étendue de l'inopposabilité ? En conséquence, et en dépit d'une jurisprudence contraire, il semble que le **paiement d'une dette frauduleuse,** au sens de l'article 1413 du Code civil, pourrait être poursuivi **sur les biens propres de l'époux débiteur.** Peut-il l'être aussi sur ses **gains et salaires ?**

Les auteurs qui penchent pour l'inopposabilité comme seule sanction d'une créance frauduleuse l'affirment, traitant les gains et salaires comme des biens propres. Sans doute, l'engagement des gains et salaires de l'époux débiteur participe-t-il du principe selon lequel chaque conjoint répond de ses dettes personnelles sur ses biens propres et sur ses revenus (v. s[s] n°s 141.40 s.); de même, il semble être le corollaire du pouvoir de disposition exclusive des gains et salaires de l'article 223 du Code civil. Cependant, malgré leur régime spécifique, les **gains et salaires** sont des **biens communs; or, en cas de fraude, le paiement des dettes d'un époux ne peut être poursuivi sur les biens communs.** Tout dépend, semble-t-il, de la **nature véritable de l'acte frauduleusement passé.** S'il s'agit d'un **cautionnement** ou d'un **emprunt**, les revenus de l'époux débiteur sont engagés par application de l'article 1415 du Code civil (v. s[s] n°s 141.211 s.). En revanche, s'il s'agit d'une **dette propre d'un époux** (une dette « présente » frauduleusement retardée, par ex.), la mauvaise foi du créancier pourrait justifier, en dépit de l'article 1411 du Code civil, que le paiement forcé ne soit pas poursuivi sur les gains et salaires de l'époux débiteur, en tant qu'ils sont des biens communs; seul serait possible un paiement volontaire, moyennant récompense. De la même manière et *a fortiori*, en présence d'une dette d'une autre nature, qui ne peut relever ni de l'article 1411 du Code civil ni de l'article 1415, il faudrait considérer là aussi que les gains et salaires de l'époux débiteur échappent au droit de poursuite de son créancier de mauvaise foi à titre de sanction. Mais cette solution, pourtant protectrice des droits du conjoint, n'est pas consacrée par le droit positif. De toute façon, en revanche, **l'engagement des gains et salaires en paiement d'un acte frauduleux** ouvre droit à **récompense.**

1. Civ. 1re, 17 mars 1992, n° 90-12.768, *Bull. civ.* I, n° 82; *JCP* 1992. I. 3614, n° 9, obs. Ph. Simler.
2. Civ. 1re, 31 janv. 1984, n° 82-15.044, *Bull. civ.* I, n° 38 – *Adde*, de façon très discutable, Civ. 1re, 21 juin 1978, n° 77-10.330, *Bull. civ.* I, n° 237.

CHAPITRE

142. Passif définitif : répartition entre les époux et contribution à la dette

Raymond Le Guidec
Professeur émérite de l'Université de Nantes

SECTION 0 ORIENTEUR

142.00 Plan du chapitre.

142.01 Textes applicables.

C. civ., art. 1409 à 1412, 1416 à 1418, 1482 à 1491

C. pr. exéc., art. R. 162-9

> Passif de la communauté

C. civ., art. 1409 à 1418

* V. texte complet de ces articles s[s] n° 141.01

> Obligation et contribution au passif après dissolution

C. civ., art. 1482 à 1491

* V. texte complet de ces articles s[s] n° 141.01

142.02 Jurisprudence de référence.

> Les dettes alimentaires acquittées pendant le mariage font partie du passif définitif de la communauté

• **Civ. 2e, 25 janv. 1984, n° 82-14.595,** *Bull. civ.* II, n° 13

* V. s[s] n° 142.51

• **Civ. 2e, 11 juin 1998, n° 94-14.654,** *Bull. civ.* II, n° 182

* V. s[s] n° 142.51

« Les sommes dues en vertu d'une pension alimentaire en cas de divorce pour rupture de la vie commune ou de convention expresse en cas de divorce sur requête conjointe ont un caractère alimentaire et incombent à titre définitif à la communauté. »

> Les pensions alimentaires versées à des descendants d'un premier lit font également partie du passif définitif de la communauté…

• **Civ. 1re, 8 nov. 2005, n° 03-14.831,** *Bull. civ.* I, n° 403

* V. s[s] n° 142.51

> … alors que les arrérages d'une prestation compensatoire demeurent une dette personnelle…

• **Civ. 1re, 3 nov. 1988, n° 87-11.018,** *Bull. civ.* I, n° 299

* V. s[s] n° 142.74

« Les arrérages d'une prestation compensatoire échus après le remariage du débiteur restent une dette purement personnelle car antérieure au mariage. »

> ... donnant lieu à récompense.

• **Civ. 1re, 28 mars 2006, n° 03-11.671,** *Bull. civ.* I, n° 175

* V. ss n° 142.74

• **Civ. 1re, 12 nov. 2009, n° 08-19.443,** *Bull. civ.* I, n° 226

* V. ss n° 142.112

Droit à récompense pour la communauté à la suite de la liquidation par le fisc d'une astreinte accessoire d'une condamnation pénale pour des faits commis personnellement par l'époux.

> L'impôt sur le revenu incombe à la communauté

• **Civ. 1re, 19 févr. 1991, n° 88-19.303,** *Bull. civ.* I, n° 64

* V. ss nos 142.61, 142.92 et 142.112

« L'impôt sur le revenu des personnes physiques auquel sont assujettis les époux communs en biens pour les revenus qu'ils perçoivent pendant la durée de la communauté constitue une dette définitive de celle-ci et son paiement n'ouvre pas droit à récompense. Un redressement fiscal dans la mesure où il ne comporte pas de pénalité, a la même nature que l'impôt lui-même. »

> Dans le même sens :

• **Civ. 1re, 17 sept. 2003, n° 02-11.532,** *Bull. civ.* I, n° 176

* V. ss n° 142.61

> Les dettes relatives a l'exploitation d'un fonds de commerce propre sont communes...

• **TGI Besançon, 17 juin 1981,** *D.* 1983. 149, note Philippe.

* V. ss n° 142.61

• **Civ. 1re, 18 sept. 2002, n° 00-12.549,** NP

* V. ss n° 142.61

> ... comme la taxe professionnelle.

• **Civ. 1re, 3 déc. 2002, n° 00-16.877,** *Bull. civ.* I, n° 291

* V. ss n° 142.61

« La taxe professionnelle à laquelle est assujetti un époux commun en biens en raison de son activité professionnelle non salariée pendant la durée de la communauté constitue une dette définitive de celle-ci. »

> La dette de cautionnement ou de prêt née du chef d'un seul époux doit être inscrite, en principe, au passif définitif de la communauté

• **Civ. 1re, 19 sept. 2007, n° 05-15.940,** *Bull. civ.* I, n° 278

* V. ss n° 142.61

« En vertu de l'article 1409 du Code civil, la communauté se compose passivement, à titre définitif ou sauf récompense, des dettes nées pendant la communauté et que celles résultant d'un emprunt contracté par un époux sans le consentement exprès de l'autre doivent figurer au passif définitif de la communauté dès lors qu'il n'est pas établi qu'il a souscrit cet engagement dans son intérêt personnel. »

• **Civ. 1re, 31 oct. 2007, n° 06-18.572,** *Bull. civ.* I, n° 333

* V. ss n° 142.131

L'acquisition de points de retraite par un époux commun en biens sans réversion au profit du conjoint constitue une dette personnelle.

• **Civ. 1re, 8 juill. 2010, n° 09-14.230,** *Bull. civ.* I, n° 166

* V. ss n° 142.61

La dette résultant d'un découvert bancaire accordé au mari, sans le consentement de l'épouse, est une dette de communauté.

142.03 Bibliographie indicative.

Actualisable. Rép. civ., v° *Communauté légale (3° Répartition des dettes),* par G. Yildirim, oct. 2008 [màj mars 2014], nos 194 à 229.

Ouvrages et articles.

* V. bibliographie citée ss n° 141.03.

142.04 Questions essentielles.

> Quel est le sort des dettes liées à l'exploitation d'un fonds propre ?

* V. ss n° 142.61

> Les dettes fiscales incombant aux époux sont-elles toujours à la charge définitive de la communauté ?

* V. ss nos 142.61 et 142.62

> Dans quelle mesure une dette de responsabilité est personnelle ?

* V. ss nos 142.110 à 142.121

142.06 Évolution. La loi n° 85-1372 du 23 décembre 1985. La loi du 23 décembre 1985[1], qui a entendu assurer une parfaite égalité entre époux et ne plus distinguer entre le mari et la femme, est venue modifier les règles relatives au passif, en supprimant notamment les biens réservés et les biens communs ordinaires (l'expression **biens communs ordinaires** mériterait cependant d'être conservée pour les acquêts, c'est-à-dire pour les biens communs à l'exclusion des gains et salaires et les revenus des propres du débiteur, qui sont soumis à un régime ordinaire). Les solutions nouvelles de cette **loi entrée en vigueur le 1er juillet 1986** sont applicables à **toutes les dettes nées postérieurement à cette date,** les dettes antérieures restant soumises aux règles qui existaient lors de leur naissance (L. 23 déc. 1985, art. 57). Or nombreuses sont les dettes relevant du droit antérieur, qui continuent à nourrir le contentieux[2].

142.07 Renvois. Le passif ici envisagé est celui qui intervient par rapport au **régime légal**; (pour les dettes face aux régimes conventionnels, v. ss nos 151.10 s. et 152.11 s.). Par ailleurs, la définition du passif propre (v. ss n° 142.71) peut se déduire notamment du caractère propre de l'actif (v. ss nos 131.11 s. à 134.11 s.).

142.08 Mécanisme de la répartition définitive du passif. La répartition définitive du passif entre

1. L. n° 85-1372, 23 déc. 1985, relative à l'égalité des époux dans les régimes matrimoniaux et des parents dans la gestion des biens des enfants mineurs, *JO* 26 déc., p. 15111.
2. Civ. 1re, 23 nov. 1999, n° 97-04.189, NP – Civ. 1re, 22 févr. 2000, n° 95-14.661, NP; *JCP* 2000. I. 245.

les époux est plus simple. D'une part, ne sont envisagés **que les rapports des époux entre eux** : les tiers créanciers sont par hypothèse désintéressés et les règles animées par le souci de les protéger n'ont plus lieu d'être (ainsi, à propos du report de la date de dissolution de la communauté par un jugement de divorce qui n'a d'effet qu'entre les époux et ne concerne que la contribution définitive aux dettes, et de l'opposabilité aux tiers du jugement de divorce quant à l'obligation aux dettes[1]). D'autre part, la simplification est assurée par le jeu de règles comptables : la compensation et la confusion apporteront leur effet simplificateur et tout se réglera selon **la théorie des récompenses** (sur laquelle, v. s^s^ n°s 144.11 s.).

Il s'agit donc ici de déterminer, *a posteriori*, où aurait dû s'imputer telle ou telle dette et de regarder quels biens ont servi à l'éteindre. Si une dette a été payée grâce à des fonds entrant dans une masse qui devait la supporter, il n'y a aucun déséquilibre. Si, en revanche, une dette a été payée, en tout ou partie, grâce à des biens provenant d'une masse où elle ne devait pas finalement s'imputer, cela ouvre droit à une **récompense** : récompense de la communauté lorsqu'elle a payé une dette propre, et réciproquement, récompense à un époux lorsque ses propres ont réglé une dette commune.

Les règles par lesquelles se définit la contribution définitive aux dettes du ménage sont animées par un souci de justice : les dettes qui, *grosso modo*, ont été faites dans l'intérêt du ménage doivent s'imputer sur la communauté, tandis que celles qui sont personnelles à un conjoint doivent demeurer à la charge définitive de celui-ci. La répartition des dettes s'effectue donc entre les trois masses : la communauté et les propres de chaque époux; les critères auxquels elle obéit ne s'attachent plus aux pouvoirs de gestion, mais aux **règles de répartition de l'actif**. C'est ainsi que **l'imputation des dettes** se fera en fonction de leur finalité, selon qu'il s'agit de **dettes à finalité commune** ou de **dettes à finalité propre.**

142.09 Plan. Certaines dettes sont communes par nature (sect. 1), et doivent être définitivement supportées par la communauté. Il s'agit des dettes ménagères et des dettes d'aliments. Quant aux autres dettes, elles sont présumées incomber à la communauté (sect. 2).

SECTION 1
DETTES DÉFINITIVEMENT COMMUNES PAR NATURE

142.10 Notion de dette par nature définitivement commune. L'article 1409 *in limine* du Code civil déclare communes par nature, d'une part les dettes ménagères (§ 1), d'autre part les dettes d'aliments (§ 2). Ces dettes constituent en effet un passif qui, par essence, est commun, incombe au couple et doit être finalement et définitivement supporté par la communauté.

§ 1
Dettes pour l'entretien du ménage et l'éducation des enfants

142.20 Étendue des dettes ménagères définitivement communes. Par essence, les dettes ménagères incombent au ménage, sont communes aux époux et doivent être payées grâce aux biens communs. C'est ce que déclare l'article 1409 du Code civil, qui opère un renvoi à l'article 220. Ce renvoi (pas plus que celui opéré à l'article 1414 du Code civil, sur lequel, v. s^s^ n°s 141.174 s.), qui ne distingue pas parmi les alinéas de l'article 220, conduit à envisager successivement les deux hypothèses prévues par ce texte : celle dans laquelle joue la solidarité entre époux et celle où elle est exclue.

A.
Dettes ménagères solidaires

142.21 Dettes solidaires. Il n'y a aucune difficulté face aux dettes ménagères pour lesquelles, bien qu'elles soient nées du chef d'un seul époux, **la solidarité est imposée.** Il s'agit de dettes communes par excellence, non seulement au stade de l'obligation à l'égard des créanciers (v. s^s^ n° 141.31), mais aussi au stade de la contribution définitive. Mais pour saisir les biens et les gains et salaires des époux, il faut un **titre exécutoire pris à l'encontre de chaque conjoint** (v. s^s^ n° 141.181).

142.22 Dettes ménagères conjointes. La même solution doit être adoptée *a fortiori* pour les dettes ménagères nées conjointement du chef des deux époux (également parties à un même contrat, par ex.) qui, par leur réunion, leur confèrent nécessairement un caractère commun.

B.
Dettes ménagères non solidaires

142.31 Présentation de la question. Du renvoi global fait à l'article 220 du Code civil naît une difficulté semblable à celle rencontrée à propos du passif provisoire, s'agissant du droit de poursuite sur les gains et salaires du conjoint du chef de qui la dette n'est pas née (C. civ., art. 1414 - v. s^s^ n°s 141.191 et 141.192) : si sont évidemment visées les dettes ménagères pour lesquelles la solidarité est établie,

1. Civ. 1re, 1er juin 1994, n° 92-17.465, *Bull. civ.* I, n° 193; *D.* 1995. 225, note R. Le Guidec.

qu'en est-il de celles envisagées aux alinéas 2 et 3 de l'article 220 du Code civil où elle est écartée ?

La question se pose cependant en des termes différents car ici, au stade de la contribution définitive, ne se présente plus le souci de sauvegarder les gains et salaires d'un époux face à la légèreté de son conjoint. En outre, la solidarité concerne l'obligation à la dette face aux créanciers et non sa charge définitive qui n'intéresse que les seuls époux.

142.32 Caractère définitivement commun. L'opinion majoritaire est que **ces dettes doivent être supportées définitivement par la communauté,** en raison de leur **caractère essentiellement ménager.**

Du reste, lorsque la solidarité entre époux est exclue, c'est-à-dire lorsque la dépense est manifestement excessive, résulte d'un achat à tempérament ou d'un emprunt, cela ne signifie pas que la dette soit dénuée de sa nature de dette ménagère ni dépourvue d'une finalité commune. Enfin, à supposer même que, pour l'application de l'article 1409, *in limine*, du Code civil, une dette ménagère pour laquelle la solidarité est écartée ne soit pas déclarée par nature commune, l'alinéa suivant la présumerait telle. En effet, toute dette née pendant le mariage étant réputée commune, elle ne pourrait être supportée définitivement et exclusivement par un époux qu'en vertu des exceptions relatives aux dettes propres (sur la présomption de passif commun, v. s[s] n° 142.61 – et sur les dettes exceptionnellement propres, v. s[s] n°s 142.70 s.).

§ 2
Dettes d'aliments

142.40 Généralités. Les aliments dus par les époux sont des **dettes communes par nature.** Leur caractère périodique et leur vocation à être payées sur les revenus du débiteur justifient que la communauté en supporte la charge définitive.

L'article 1409 ne distingue pas selon que l'obligation alimentaire est conventionnelle ou judiciaire. Il ne distingue pas davantage selon qu'elle pèse sur les deux époux ou sur un seul, ni selon qu'elle est apparue antérieurement au mariage ou pendant celui-ci : cela appelle néanmoins quelques précisions.

A.
Dettes d'aliments ne pesant que sur un seul époux

142.41 Caractère définitivement commun. Lorsque les deux époux sont codébiteurs d'aliments (vis-à-vis de leurs enfants communs ou des père et mère de l'un d'eux, C. civ., art. 203 et 206), il n'y a guère de difficulté à admettre que la dette soit définitivement à la charge de la communauté. En revanche, cet effet est plus difficilement concevable à propos d'aliments dus par un seul époux.

Telle doit pourtant être la solution (sous réserve peut-être des aliments dus à un enfant adultérin, sur lesquels, v. s[s] n° 142.121), faute de distinction opérée par le texte. Il semble normal, en outre, de **faire supporter aux deux époux**, comme **une conséquence de leur communauté d'intérêts, les dettes d'aliments auxquelles est tenu chacun d'eux.**

B.
Dettes d'aliments apparues avant le mariage

142.51 Notion d'antériorité d'une dette d'aliments. Sous réserve de celle envers un enfant adultérin (v. s[s] n° 142.121), la dette d'aliments née et acquittée pendant le mariage est évidemment commune, à titre définitif. L'incertitude peut surgir cependant à propos d'une dette d'aliments payée durant le mariage, mais dont le principe lui est antérieur; les dettes antérieures au mariage sont, en effet, propres par nature (v. s[s] n° 142.72).

On peut certes considérer que l'obligation alimentaire est antérieure au mariage, bien qu'elle soit acquittée pendant l'union. Même si on admet que la dette d'aliments ne naît pas seulement du lien familial, mais aussi des besoins du créancier et des moyens du débiteur, lesquels apparaissent pendant le mariage, il n'en reste pas moins que l'obligation est antérieure au mariage (or, la dette conditionnelle est réputée antérieure au mariage, bien que la réalisation de la condition intervienne durant celui-ci). Malgré cela, il est admis que ces **dettes d'aliments incombant à un seul époux** et **dont le principe est antérieur au mariage,** doivent néanmoins être **supportées à titre définitif par la communauté.** Cette solution s'explique sans doute par la vocation qu'ont les dettes d'aliments d'être payées sur les revenus, lesquels alimentent en définitive la masse commune. C'est donc la corrélation avec les règles de répartition de l'actif, qui fonde le caractère définitivement commun de ces dettes.

C'est bien la position de la jurisprudence en la matière : ainsi, pour une pension alimentaire due par un époux, consécutive au divorce, acquittée après le remariage[1]; ou encore, pour des pensions alimentaires versées à des descendants d'un premier lit[2].

1. Civ. 2e, 25 janv. 1984, n° 82-14.595, *Bull. civ.* II, n° 13; *D.* 1984. 442, note Philippe; *JCP* 1986. II. 20540, note A. Batteur – Civ. 2e, 11 juin 1998, n° 94-14.654, *Bull. civ.* II, n° 182; *JCP* 1998. II. 10152, note J. Casey; *Dr. fam.* 1998, n° 119; *RTD civ.* 1999. 368, obs. J. Hauser.
2. Civ. 1re, 8 nov. 2005, n° 03-14.831, *Bull. civ.* I, n° 403; *D.* 2005. AJ 2897; *D.* 2006. Pan. 2069, obs. J. Revel; ▶

SECTION 2
DETTES DÉFINITIVEMENT COMMUNES PAR PRINCIPE

142.61 Existence d'une présomption de communauté quant au passif. Bien qu'elle ne soit pas expressément formulée, une **présomption de communauté existe quant aux dettes.**

Cette présomption peut d'abord se réclamer du **parallèle avec la présomption d'acquêts** de l'article 1402 du Code civil. Elle peut ensuite se déduire du libellé de l'article 1409, dernier alinéa, du Code civil qui pose en principe que **toutes les dettes nées durant la communauté doivent être supportées par elle.** La présomption de passif commun peut enfin être trouvée dans l'interprétation *a contrario* de l'article 1416 du Code civil, qui n'envisage une récompense au profit de la communauté qui était obligée au paiement, que dans le cas de l'intérêt personnel de l'un des époux (sur lequel, v. s^{s} n° 142.131).

Le caractère définitivement commun, par principe, de toute dette née pendant la communauté s'applique de façon générale, y compris aux dettes qui, au stade de l'obligation, connaissent un régime particulier. C'est ainsi que les **dettes issues d'un cautionnement ou d'un emprunt** (C. civ., art. 1415) doivent être, elles-aussi, **réputées communes pour la répartition définitive,** sans qu'il y ait lieu, semble-t-il, d'inverser ou d'infléchir la présomption dans ce cas. De la même manière, les **dépenses relatives à un bien propre et nées pendant la communauté** doivent **être présumées à la charge définitive de celle-ci** : les **dépenses d'entretien** (dites **charges usufructuaires**, sur lesquelles, v. s^{s} n°s 142.91 s.) sont effectivement **communes de façon définitive,** tandis que ne sont supportées par les propres que celles qui ont été contractées dans l'intérêt personnel de l'un des époux (C. civ., art. 1416 - v. s^{s} n° 142.80).

Du reste, cette présomption de caractère commun quant aux dettes nées pendant la communauté, admise par la doctrine, a été accueillie en jurisprudence[1] (ainsi, des emprunts contractés par un seul époux sont réputés avoir été affectés à la communauté[2]).

La présomption de communauté, au stade de la contribution définitive, se justifie d'ailleurs pour les **dettes fiscales.** L'**impôt sur le revenu** doit, par nature, être supporté à titre définitif par la communauté (ainsi d'arrêts qui précisent que la communauté doit aussi supporter un redressement fiscal dans la mesure où il ne revêt pas la nature d'une pénalité[3], sur laquelle, v. s^{s} n° 142.112). Il en va de même pour la **taxe professionnelle** à laquelle serait assujetti un époux commun en biens en raison de l'exercice habituel d'une activité professionnelle non salariée pendant la durée de la communauté[4]. Quant aux **impôts fonciers dus au titre d'un bien propre,** ils sont définitivement communs à l'instar des autres charges usufructuaires (v. s^{s} n°s 142.91 et 142.92 s.).

142.62 Force de la présomption. La présomption de communauté est **simple.** Il appartiendra donc au conjoint qui souhaite obtenir récompense au profit de la communauté, d'établir que la dette payée sur fonds communs était d'une nature propre. Le **caractère réfragable de la présomption de communauté** (quant à la charge définitive de la dette) doit aussi être admis pour les dettes engageant, de façon conjointe ou solidaire, les deux époux (hors les cas de dette ménagère, commune par nature, v. s^{s} n°s 142.20 s.). En effet, ces dettes, qui n'ont engagé les deux époux que vis-à-vis des tiers, peuvent n'avoir été contractées que dans l'intérêt personnel et exclusif d'un seul : on ne peut irréfragablement déduire, du seul fait que l'engagement a été commun, que l'intérêt dans lequel elles sont nées ou que le profit qui en est résulté l'a été aussi.

Quant à l'époux qui a acquitté sur des fonds propres une dette pour laquelle il réclame récompense à la communauté, il semble que, par application de la présomption, il n'aura pas à établir la preuve du caractère commun de cette dette : bien que l'article 1416, *a contrario*, du Code civil ne puisse être

▶ *AJ fam.* 2006. 33, obs. P. Hilt; *Dr. fam.* 2005, n° 274, note Beignier; *RJPF* 2006-3/53, note Valory; *RTD civ.* 2006. 814 et 815, obs. B. Vareille.

1. Civ. 1re, 27 avr. 1982, n° 81-11.258, *Bull. civ.* I, n° 145 – TGI Besançon, 17 juin 1981, *D.* 1983. 149, note Philippe – Civ. 1re, 18 sept. 2002, n° 00-12.549, NP; *JCP* 2003. I. 158, n° 10, obs. Ph. Simler – Civ. 1re, 8 juill. 2009, n° 09-14.230, *Bull. civ.* I, n° 166; *AJ fam.* 2010. 436, obs. S. David; p. 443, obs. P. Hilt; *Defrénois* 2010. 2024, obs. J. Massip.
2. Civ. 1re, 31 mars 1987, n° 85-14.974, *Bull. civ.* I, n° 114 – Civ. 1re, 19 sept. 2007, n° 05-15.940, *Bull. civ.* I, n° 278; *D.* 2007. Jur. 3112, note V. Barabé-Bouchard; *D.* 2008. Pan. 2247, obs. V. Brémond; *JCP* 2007. I. 208, n° 13, obs. Ph. Simler; *Defrénois* 2008. 2207, obs. G. Champenois; *AJ fam.* 2007. 438, obs. P. Hilt; *RJPF* 2007-11/18, obs. F. Vauvillé.
3. Civ. 1re, 19 févr. 1991, n° 88-19.303, *Bull. civ.* I, n° 64; *R.* 254; *Defrénois* 1991. 1130, obs. G. Champenois – Civ. 1re, 17 sept. 2003, n° 02-11.532, *Bull. civ.* I, n° 176; *D.* 2003. IR 2409; *AJ fam.* 2003. 429, obs. D.-B.; *RTD civ.* 2004. 134, obs. B. Vareille.
4. Civ. 1re, 3 déc. 2002, n° 00-16.877, *Bull. civ.* I, n° 291; *D.* 2003. Somm. 1864, obs. J. Revel; *JCP* 2003. I. 158, n° 10, obs. Simler; et n° 14, obs. Tisserand; *Defrénois* 2003. 1000, obs. Champenois; *AJ fam.* 2003. 72, obs. S. D.-B.; *RJPF* 2003-4/31, obs. F. Vauvillé; *RTD civ.* 2004. 134, obs. B. Vareille.

invoqué dans ce cas, le dernier alinéa de l'article 1409 doit jouer, sauf à l'égard des dettes nées antérieurement à la communauté. Pour ces dernières, soumises à l'article 1410 du Code civil, il devra démontrer la nature commune de la dette qu'il a acquittée.

SECTION 3
DETTES EXCEPTIONNELLEMENT PROPRES : PASSIF PROPRE EN CORRÉLATION AVEC L'ACTIF PROPRE

142.70 Existence d'un passif propre – Plan. Par exception, certaines dettes doivent être supportées à titre définitif et exclusif par un époux, et s'imputer sur ses propres (ce qui fondera le compte des récompenses de l'article 1468 du Code civil, dès lors qu'une masse de biens aura supporté le paiement d'une dette qui ne lui incombait pas à titre définitif). L'existence de ce **passif propre** peut se fonder, soit sur l'existence de l'**actif propre correspondant**, soit aussi sur la **nature individuelle de la dette** qui lui ôte tout caractère conjugal, donc commun. Dans le premier cas, le passif propre étant le corollaire de l'actif propre, la dette sera à la charge définitive et exclusive d'un époux d'après les mêmes critères qui définissent les biens propres; dans le second cas, c'est le caractère personnel de la dette, exclusif de toute perspective matrimoniale, qui la rendra propre à un époux et la mettra à sa charge définitive.

§ 1
Caractère définitivement propre des dettes présentes

142.71 Corrélation entre actif propre et passif propre. De la même façon qu'est défini un actif propre dont il est le reflet, un passif existe, composé des dettes par nature propres à un époux. Au stade de la contribution définitive aux dettes, les conséquences des règles de pouvoirs n'ont plus lieu de jouer et les critères qui déterminent la nature propre d'une dette correspondent trait pour trait à ceux par lesquels est établie la nature propre d'un bien. Ce passif propre par nature apparaît donc comme le corollaire logique de l'actif propre en tant qu'il concerne « *les dettes dont les époux étaient tenus au jour de la célébration de leur mariage, ou dont se trouvent grevées les successions et libéralités qui leur échoient durant le mariage* » (C. civ., art. 1410 – pour le sort de ces dettes au stade de l'obligation provisoire, v. s^s^ n°s 141.226 s.).

En outre, par une application de la règle de l'accessoire et dans un souci de justice, les dettes qui ont contribué à augmenter ou à maintenir la masse des propres doivent être supportées par cette masse, en tant qu'elles ont été affectées à une destination propre.

142.72 Caractère définitivement propre des dettes présentes (C. civ., art. 1410). D'après l'article 1410 du Code civil (qui complète *a contrario* C. civ., art. 1409, al. 2, lequel n'envisage que les dettes nées pendant la communauté), les dettes présentes demeurent personnelles. Par **dettes présentes**, on entend bien sûr les **dettes antérieures au mariage**, ou plus exactement **à la communauté**, mais aussi les dettes qui accompagnent une **succession** ou une **libéralité** échue en propre à un époux durant la communauté, ainsi que le précise l'article 1410 du Code civil.

142.73 Déséquilibres ouvrant droit à récompense. Pour ce qui concerne ces dettes, il y a en principe identité entre le passif provisoire et le passif définitif, puisque la communauté n'est pas engagée pour leur paiement vis-à-vis des créanciers. Mais cette identité n'est pas parfaite et il peut y avoir lieu à récompense au profit de la communauté dans trois cas.

Tout d'abord, en vertu de l'article 1411 alinéa 1er du Code civil, lorsque le paiement de ces dettes personnelles a été poursuivi sur les **revenus de l'époux débiteur** (plus exactement, sur ses gains et salaires), qui tombent en communauté. Ensuite, d'après l'alinéa second, lorsqu'il y a **confusion mobilière**. Enfin, nonobstant l'absence d'obligation, lorsque **le paiement en a été spontanément acquitté grâce à des deniers communs.**

Lorsqu'un époux a payé, grâce à ses fonds propres, la dette propre de son conjoint, la communauté n'est pas intéressée et il n'y a pas lieu à récompense : il s'agit d'une dette entre époux régie par le droit commun.

142.74 Domaine des dettes visées à l'article 1410 du Code civil. La définition des **dettes antérieures au mariage** ou **grevant une succession ou une libéralité** a déjà été précisée à propos de l'obligation aux dettes (v. s^s^ n° 141.222). Elle comprend notamment les **arrérages et intérêts.** C'est ainsi que la **prestation compensatoire due par un époux en raison d'un précédent divorce** est une dette antérieure au mariage, même pour les arrérages échus pendant le mariage[1].

1. Civ. 1re, 3 nov. 1988, n° 87-11.018, *Bull. civ.* I, n° 299; *D.* 1988. IR 271 – Civ. 1re, 28 mars 2006, n° 03-11.671, *Bull. civ.* I, n° 175; *D.* 2006. Pan. 2069, obs. J. Revel; *JCP* 2006. I. 193, n° 20, obs. A. Tisserand; *JCP N* 2006. 1234, note J. Vassaux; *AJ fam.* 2006. 207; *RTD civ.* 2006. 815, obs. B. Vareille.

142.75 Droit à récompense de la communauté en cas de confusion mobilière. En cas de confusion mobilière, lorsque par application de l'article 1411 alinéa 2 du Code civil, le paiement aura été poursuivi sur la communauté (v. s[s] n° 141.234), cette dernière aura droit à récompense, ainsi qu'en dispose l'article 1412.

Ce droit à récompense pourrait sembler théorique. En effet, par hypothèse, la confusion mobilière suppose d'inextricables difficultés de preuve, d'où, le plus souvent, une impossibilité d'établir la nature juridique propre ou commune des fonds ayant servi à éteindre la dette propre (sauf si est retenue la conception globale de la confusion mobilière, d'après laquelle la preuve de la nature des biens pouvait être établie sans que pour autant il soit fait échec au droit de poursuite sur les biens communs - sur la confusion mobilière, v. s[s] n° 141.236). Cependant et surtout, **au stade de la contribution définitive aux dettes** et lors **du calcul des récompenses**, il y a lieu de faire jouer la **présomption d'acquêts** de l'article 1402 du Code civil et de considérer, sauf preuve contraire, **que les deniers qui ont servi à acquitter une dette personnelle étaient communs**[1].

§ 2
Dettes à destination propre par affectation à l'actif propre

142.80 Présentation. Parmi les dettes contractées dans l'intérêt personnel de l'un des époux et qui sont propres par destination, l'article 1416 du Code civil cite expressément, à titre d'exemple, celles qui ont été faites pour « *l'acquisition, l'amélioration ou la conservation d'un bien propre* ». Ces dettes ont eu pour conséquence d'augmenter ou de préserver la masse des biens propres; il est donc naturel qu'elles soient supportées par ces mêmes biens, la charge accompagnant le profit (A). Quelques précisions doivent en outre être apportées s'agissant des dépenses de simple entretien des propres, naguère appelées « *charges usufructuaires des propres* » (B).

A.
Dépenses affectées à l'actif propre

142.81 Dépenses affectées à l'acquisition d'un bien propre. Doivent être supportées définitivement en propre les dépenses ayant servi à l'acquisition d'un bien propre durant le mariage, dans le cas des articles 1404 et suivants du Code civil.

142.82 Dépenses affectées à l'amélioration d'un propre. Dans le même esprit, les dettes prises pour améliorer un bien propre doivent être à la charge des biens propres.

142.83 Dépenses affectées à la conservation d'un propre. Ces dépenses correspondent aux **impenses, nécessaires ou utiles, qui dépassent l'entretien courant et contribuent donc, de façon exceptionnelle, à sauvegarder la consistance d'un bien propre**. De façon générale, il apparaît que ces dépenses ont été faites dans l'intérêt exclusif d'un époux, sans avantage pour la communauté. Il en va différemment pour les dépenses d'entretien courant d'un propre, normalement acquittées grâce aux revenus, c'est-à-dire grâce à des biens communs.

B.
Charges d'entretien, naguère dites usufructuaires

142.91 Présentation de la question. Ces dépenses d'entretien courant d'un bien propre (**impôt foncier, prime d'assurance de dommage**) étaient appelées « *usufructuaires* » avant 1965, parce qu'elles incombaient à la communauté en contrepartie de l'usufruit que cette dernière recevait sur les propres. La jouissance de ses biens propres appartenant désormais à l'époux seul, la question pouvait se poser depuis lors de la charge définitive de ces dettes.

Si chaque époux a la jouissance de ses biens propres, la communauté a néanmoins vocation à s'enrichir puisque, d'après les articles 1401 et 1403 du Code civil, elle reçoit les économies faites sur les revenus des propres. C'est sans doute pourquoi, en contrepartie du profit que la communauté tire des revenus des propres, les dépenses liées à leur jouissance et à leur entretien courant doivent rester à sa charge. D'ailleurs, ces dépenses n'aboutissent pas à enrichir ou à préserver le patrimoine exclusif d'un époux : elles sont des charges courantes qui ne lui procurent pas un profit personnel et qui doivent être supportées par la communauté.

142.92 Position jurisprudentielle quant aux conditions d'affectation à la communauté. L'accueil fait en jurisprudence à l'**imputation définitive des charges d'entretien d'un propre sur le compte de la communauté** s'est accompli en plusieurs étapes.

Dans un premier temps, furent pris en compte les **avantages que le ménage avait retiré du bien**

1. Civ. 1re, 7 juin 1988, n° 86-14.471, *Bull. civ.* I, n° 178; *R.* 155; *D.* 1988. 525, note J. Massip; *JCP* 1989. II. 21341, note Ph. Simler; *JCP N* 1988. 354, note T. Fossier.

propre, la communauté ne supportant les charges d'entretien qu'en contrepartie de la **jouissance effective** qu'elle avait reçue du bien[1]. Ensuite, la jurisprudence a continué dans ce sens sans référence à la jouissance effective[2], allant même jusqu'à considérer que les **intérêts d'un emprunt servant à l'acquisition d'un bien propre** devaient être à la charge définitive de la communauté[3]. Ce dernier arrêt ne pose aucune condition et affecte définitivement les dépenses d'entretien d'un propre sur le compte de la communauté. En application de cette solution de principe, la **taxe foncière d'un bien propre** doit être supportée par la **communauté**[4].

SECTION 4
DETTES EXCEPTIONNELLEMENT PROPRES : PASSIF PROPRE EN RAISON DU CARACTÈRE PERSONNEL DES DETTES (C. CIV., ART. 1417)

142.101 Présentation. Lorsqu'une dette présente un caractère éminemment personnel, exclusif de tout esprit communautaire, il est juste qu'elle soit définitivement mise à la charge de l'époux auquel elle est liée. Tel est l'esprit de l'article 1416 du Code civil, que vient illustrer, sans prétendre être exhaustif, l'article qui le suit. Peut être inversée la présentation, en exposant d'abord les cas spécifiquement prévus à l'article 1417, pour ensuite envisager les autres hypothèses qui peuvent être déduites de la formulation de l'article de principe qui le précède.

§ 1
Dettes personnelles de l'article 1417 du Code civil

142.110 Plan. L'article 1417 du Code civil met à la charge définitive d'un époux les dettes nées de son fait illicite, qu'il s'agisse d'un délit civil ou pénal (A), ou d'un manquement aux devoirs du mariage (B).

A.
Dettes de responsabilité civile ou pénale

142.111 Généralités. Les dettes devant incomber exclusivement à un époux, et pour lesquelles la communauté a droit à récompense lorsqu'elle les a acquittées, sous réserve du profit qu'elle en a tiré, sont celles nées d'une infraction pénale ou d'un délit civil. Il s'agit donc des **amendes** et des **réparations et dépens** en responsabilité civile.

142.112 Amendes. Il doit cependant s'agir d'une **véritable amende** : un redressement fiscal ne comportant aucune pénalité n'est pas une dette propre au sens de l'article 1417 alinéa 1er du Code civil[5]. Il en serait ainsi en cas de **fraude fiscale**[6].

142.113 Dettes de responsabilité. Quant aux **dettes de responsabilité civile,** il n'est question que de celles occasionnées par un **délit** ou un **quasi-délit civil.** En conséquence, les dettes de responsabilité contractuelle ne connaissent aucun sort particulier et sont soumises au régime général des dettes, en principe communes.

Ainsi il a été jugé que n'ouvre pas droit à récompense la dette du mari née de la violation d'une clause de non-concurrence et qui n'a été contractée ni dans son intérêt personnel, ni au mépris des devoirs imposés par le mariage[7].

Il est bien entendu que les réparations civiles délictuelles ne sont personnelles que si les époux n'ont pas été condamnés *in solidum* (en ce cas, sauf si un recours entre codébiteurs *in solidum* est intervenu qui a pour conséquence de répartir le poids de la dette de manière individuelle entre les époux, la réparation doit s'imputer sur les propres des deux époux). Les dettes de responsabilité civile délictuelle comprennent celle d'un époux envers son conjoint[8].

1. Civ. 1re, 15 juill. 1981, no 80-10.318, *Bull. civ.* I, no 256; *JCP* 1982. II. 19796, note crit. Rémy.
2. Civ. 1re, 19 févr. 1991, no 88-19.303, préc. ss no 142.61.
3. Civ. 1re, 31 mars 1992, no 90-17.212, *Authier*, *Bull. civ.* I, no 96; *D.* 1992. IR 137; *GAJC*, 12e éd., 2007, 567, obs. F. Terré et Y. Lequette; *JCP* 1993. II. 22003, note J.-F. Pillebout; II. 22041, note A. Tisserand; *Defrénois* 1992. 1121, obs. G. Champenois; *RTD civ.* 1993. 401, obs. F. Lucet et B. Vareille.
4. Civ. 1re, 7 mars 2000, no 97-11.524, NP; *JCP* 2000. I. 245, no 15 obs. Ph. Simler – Civ. 1re, 24 oct. 2000, no 98-19.767, NP; *D.* 2001. Somm. 2936, obs. M. Nicod; *Dr. fam.* 2000, no 145, obs. B. Beignier; *RTD civ.* 2001. 650, obs. B. Vareille.
5. Civ. 1re, 19 févr. 1991, no 88-19.303, préc. ss nos 142.61 et 142.92.
6. Civ. 1re, 20 janv. 2004, no 01-17.124, *Bull. civ.* I, no 20; *AJDI* 2004. 229; *AJ fam.* 2004. 103, obs. S. D.-B.; *JCP* 2005. I. 128, no 14, obs. A. Tisserand; *Dr. fam.* 2004, no 85, note B. Beignier; *RTD civ.* 2004. 765, obs. B. Vareille – Civ. 1re, 12 nov 2009, no 08-19.443, *Bull. civ.* I, no 226; *D.* 2009. AJ 2863; *JCP* 2010. 487, no 13, obs. Ph. Simler; *AJ fam.* 2009. 496, obs. P. Hilt; *RLDC* 2010/67, no 3691, obs. E. Pouliquen; *RJPF* 2010-3/15, note F. Vauvillé.
7. Civ. 1re, 16 mars 2004, no 02-12.073, NP; *JCP* 2004. I. 176, no 14, obs. Ph. Simler; *Dr. fam.* 2004, no 128, note Grimaux; *AJ fam.* 2005. 27, obs. P. Hilt.
8. Civ. 1re, 19 févr. 1980, no 79-10.304, *Bull. civ.* I, no 59; *Defrénois* 1980. 1295.

B.
Dettes contractées au mépris des devoirs du mariage

142.121 Présentation. Il serait plus injuste encore que les dettes occasionnées par un manquement d'un époux aux devoirs du mariage incombent à la communauté, c'est-à-dire pour partie à son conjoint victime.

On pense tout spécialement aux **dépenses liées à l'adultère.** Parmi celles-ci figurent sans doute les **dettes d'aliments envers un enfant adultérin,** l'article 1417 alinéa 2 du Code civil les faisant échapper au principe de passif commun de l'article 1409. Les commentateurs considèrent en effet qu'en envisageant les **dettes contractées au mépris des devoirs du mariage,** le législateur n'a pas fait référence au sens technique du terme, mais a visé toutes les **dettes nées de ce manquement, même extracontractuelles.**

§ 2
Autres dettes contractées dans l'intérêt personnel d'un époux

142.131 Notion d'intérêt personnel. La notion d'intérêt personnel d'un époux est d'un maniement délicat et d'un contour imprécis. Il semble plutôt s'agir d'un **intérêt exclusif de celui du conjoint et même du ménage,** qui seul justifie que la communauté soit déchargée du poids définitif de la dette. Ainsi, des **dettes de jeu** peuvent entrer dans cette catégorie; mais non les loyers dus au titre d'un crédit-bail, même si les véhicules qui en sont l'objet sont restés en possession d'un seul conjoint[1].

En outre, ce n'est pas l'intérêt recherché mais celui effectivement procuré qui doit être pris en compte. Ainsi, le versement de cotisations à un organisme de retraite, destiné à constituer une rente personnelle, non réversible sur la tête de son conjoint, doit *a priori* être à la charge définitive de l'époux seul appelé à en profiter[2]. Toutefois, il y a lieu de considérer que si la rente profite finalement à la communauté, ou permet d'acquitter des dépenses ménagères, le caractère personnel de l'intérêt s'estompe et, dans cette mesure, la charge des cotisations peut être définitivement supportée par la communauté.

142.132 Application aux dépenses ménagères non solidaires. Il a été proposé de ranger dans la catégorie des dettes contractées dans l'intérêt personnel d'un époux, visées à l'article 1416 du Code civil, les dettes ménagères dépourvues de solidarité.

C'est ainsi que les dépenses manifestement excessives ou accomplies grâce à un achat à tempérament ou par le biais d'un emprunt (C. civ., art. 220, al. 2 et 3) seraient définitivement supportées par l'époux qui les a contractées. Toutefois, au stade de la contribution définitive où la question est envisagée, il convient d'observer que la communauté a pu s'enrichir de dépenses ménagères pour lesquelles la solidarité a été exclue. Surtout, il convient de distinguer l'intérêt de la communauté de l'intérêt exclusif d'un époux, ce dernier critère étant le seul qui permette de faire supporter le poids de la dette sur les propres. Il semble que, pour les **dépenses excessives** notamment, il faille regarder **au cas par cas** si elles n'ont été engagées que dans le **seul intérêt d'un époux,** ce qui justifierait qu'il en ait la charge définitive; en revanche, si de telles dépenses ont pu **aussi être faites dans un intérêt commun,** ou **occasionner un profit commun,** il est juste qu'elles soient supportées par la communauté.

1. Civ. 1re, 29 nov. 1994, no 93-13.536, *Bull. civ.* I, no 345; *D.* 1995. IR 15; *RTD com.* 1995. 471, obs. B. Bouloc.

2. Civ. 1re, 16 avr. 1996, no 94-13.803, no 94-15.989, *Bull. civ.* I, no 180; *JCP* 1996. I. 3962, no 3, obs. G. Wiederkher; *Defrénois* 1996. 1443, obs. G. Champenois; *RTD civ.* 1996. 584, obs. J. Hauser – Civ. 1re, 31 oct. 2007, no 06-18.572, *Bull. civ.* I, no 333; *D.* 2007. AJ 2879; *AJ fam.* 2007. 483, obs. P. Hilt; *RJPF* 2008-2/29, obs. F. Vauvillé; *RTD civ.* 2008. 141, obs. B. Vareille.

CHAPITRE

143. Liquidation de la communauté : identification des biens

RAYMOND LE GUIDEC
PROFESSEUR ÉMÉRITE DE L'UNIVERSITÉ DE NANTES

SECTION 0 ORIENTEUR

143.00 Plan du chapitre.

Division – Identification. La première opération de liquidation consiste à identifier les biens composant la communauté, objet du partage à venir. On doit y comprendre l'actif et le passif, les biens eux-mêmes et les dettes communes. En conséquence, il y a lieu de présenter successivement la détermination de l'actif commun (sect. 1 à 4) et celle du passif commun (sect. 5).

143.01 Textes applicables.

C. civ., art. 265-2, art. 1397 ; art. 1441 à 1474

> Modification ou changement de régime matrimonial

C. civ., art. 1397

(*L. n° 2006-728, 23 juin 2006, art. 44*) Après deux années d'application du régime matrimonial, les époux peuvent convenir, dans l'intérêt de la famille, de le modifier, ou même d'en changer entièrement, par un acte notarié. À peine de nullité, l'acte notarié contient la liquidation du régime matrimonial modifié (*L. n° 2007-308, 5 mars 2007, art. 11*) « si elle est nécessaire ».

Les personnes qui avaient été parties dans le contrat modifié et les enfants majeurs de chaque époux sont informés personnellement de la modification envisagée. Chacun d'eux peut s'opposer à la modification dans le délai de trois mois.

Les créanciers sont informés de la modification envisagée par la publication d'un avis dans un journal habilité à recevoir les annonces légales dans l'arrondissement ou le département du domicile des époux. Chacun d'eux peut s'opposer à la modification dans les trois mois suivant la publication.

En cas d'opposition, l'acte notarié est soumis à l'homologation du tribunal du domicile des époux. La demande et la décision d'homologation sont publiées dans les conditions et sous les sanctions prévues au Code de procédure civile.

Lorsque l'un ou l'autre des époux a des enfants mineurs, l'acte notarié est obligatoirement soumis à l'homologation du tribunal du domicile des époux.

Le changement a effet entre les parties à la date de l'acte ou du jugement qui le prévoit et, à l'égard des tiers, trois mois après que mention en a été portée en marge de l'acte de mariage. Toutefois, en l'absence même de cette mention, le changement n'en est pas moins opposable aux tiers si, dans les actes passés avec eux, les époux ont déclaré avoir modifié leur régime matrimonial.

(*L. n° 2007-308, 5 mars 2007, art. 11*) « Lorsque l'un ou l'autre des époux fait l'objet d'une mesure de protection juridique dans les conditions prévues au titre XI du livre Ier, le changement ou la modification du régime matrimonial est soumis à l'autorisation préalable du juge des tutelles ou du conseil de famille s'il a été constitué ».

Il est fait mention de la modification sur la minute du contrat de mariage modifié.

Les créanciers non opposants, s'il a été fait fraude à leurs droits, peuvent attaquer le changement de régime matrimonial dans les conditions de l'article 1167.

Les modalités d'application du présent article sont déterminées par décret en Conseil d'État. – *Entrée en vigueur le 1er janv. 2007.*

> Causes de dissolution de la communauté

[C. civ., art. 1441 à 1451, et C. civ., art. 265-2]

C. civ., art. 1441

La communauté se dissout :

1° par la mort de l'un des époux; (*L. n° 77-1447, 28 déc. 1977*) 2° par l'absence déclarée; 3° par le divorce; 4° par la séparation de corps; 5° par la séparation de biens; 6° par le changement du régime matrimonial.

C. civ., art. 1442

(*L. n° 85-1372, 23 déc. 1985*) Il ne peut y avoir lieu à la continuation de la communauté, malgré toutes conventions contraires.

Les époux peuvent, l'un ou l'autre, demander, s'il y a lieu, que, dans leurs rapports mutuels, l'effet de la dissolution soit reporté à la date où ils ont cessé de cohabiter et de collaborer.

C. civ., art. 1443

Si, par le désordre des affaires d'un époux, sa mauvaise administration ou son inconduite, il apparaît que le maintien de la communauté met en péril les intérêts de l'autre conjoint, celui-ci peut poursuivre la séparation de biens en justice.

Toute séparation volontaire est nulle.

C. civ., art. 1444

La séparation de biens, quoique prononcée en justice, est nulle si les poursuites tendant à liquider les droits des parties n'ont pas été commencées dans les trois mois du jugement passé en force de chose jugée et si le règlement définitif n'est pas intervenu dans l'année de l'ouverture des opérations de liquidation. Le délai d'un an peut être prorogé par le président de tribunal statuant dans la forme des référés.

C. civ., art. 1445 (*Ord. n° 2005-428, 6 mai 2005 – art. 10*)

La demande et le jugement de séparation de biens doivent être publiés dans les conditions et sous les sanctions prévues par le Code de procédure civile.

Le jugement qui prononce la séparation de biens remonte, quant à ses effets, au jour de la demande.

Il sera fait mention du jugement en marge de l'acte de mariage ainsi que sur la minute du contrat de mariage.

C. civ., art. 1446

Les créanciers d'un époux ne peuvent demander de son chef la séparation de biens.

C. civ., art. 1447

Quand l'action en séparation de biens a été introduite, les créanciers peuvent sommer les époux par acte (*L. n° 85-1372, 23 déc. 1985*) « d'avocat à avocat » de leur communiquer la demande et les pièces justificatives. Ils peuvent même intervenir à l'instance pour la conservation de leurs droits.

Si la séparation a été prononcée en fraude de leurs droits, ils peuvent se pourvoir contre elle par voie de tierce opposition, dans les conditions prévues au Code de procédure civile.

C. civ., art. 1448

L'époux qui a obtenu la séparation de biens doit contribuer, proportionnellement à ses facultés et à celles de son conjoint, tant aux frais du ménage qu'à ceux d'éducation des enfants.

Il doit supporter entièrement ces frais, s'il ne reste rien à l'autre.

C. civ., art. 1449

La séparation de biens prononcée en justice a pour effet de placer les époux sous le régime des articles 1536 et suivants.

(*L. n° 85-1372, 23 déc. 1985*) Le tribunal, en prononçant la séparation, peut ordonner qu'un époux versera sa contribution entre les mains de son conjoint, lequel assumera désormais seul à l'égard des tiers les règlements de toutes les charges du mariage.

C. civ., anc. art. 1450

Transféré, avec modifications, à C. civ., art. 265-2 par L. n° 2004-439, 26 mai 2004, art. 6 et 21-III et IV, à compter du 1er janv. 2005.

C. civ., art. 265-2

(*L. n° 75-617, 11 juill. 1975; L. n° 2004-439, 26 mai 2004, art. 6*) Les époux peuvent, pendant l'instance en divorce, passer toutes conventions pour la liquidation et le partage (*L. n° 2004-439, 26 mai 2004, art. 21-III et IV*) « de leur régime matrimonial.

Lorsque la liquidation porte sur des biens soumis à la publicité foncière, la convention doit être passée par acte notarié. » – *[Ancien C. civ., art. 1450, modifié].*

C. civ., art. 1451

(*L. n° 75-617,* 11 juill. *1975*) Les conventions (*L. n° 2004-439, 26 mai 2004, art. 21-V, entrant en vigueur le 1er janv. 2005*) « passées en application de l'article 265-2 » *[précédente rédaction : « ainsi passées »]* sont suspendues, quant à leurs effets, jusqu'au prononcé du divorce; elles ne peuvent être exécutées, même dans les rapports entre époux, que lorsque le jugement a pris force de chose jugée.

L'un des époux peut demander que le jugement de divorce modifie la convention si les conséquences du divorce fixées par ce jugement remettent en cause les bases de la liquidation et du partage.

C. civ., art. 1452 à 1466 (abrogés)

> Liquidation de la communauté

[C. civ., art. 1467 à 1474]

C. civ., art. 1467

La communauté dissoute, chacun des époux reprend ceux des biens qui n'étaient point entrés en communauté, s'ils existent en nature, ou les biens qui y ont été subrogés.

Il y a lieu ensuite à la liquidation de la masse commune, active et passive.

C. civ., art. 1468

Il est établi, au nom de chaque époux, un compte des récompenses que la communauté lui doit et des récompenses qu'il doit à la communauté, d'après les règles prescrites aux sections précédentes.

C. civ., art. 1469

La récompense est, en général, égale à la plus faible des deux sommes que représentent la dépense faite et le profit subsistant.

Elle ne peut, toutefois, être moindre que la dépense faite quand celle-ci était nécessaire.

(*L. n° 85-1372, 23 déc. 1985*) Elle ne peut être moindre que le profit subsistant, quand la valeur empruntée a servi à acquérir, à conserver ou à améliorer un bien qui se retrouve, au jour de la liquidation de la communauté, dans le patrimoine emprunteur. Si le bien acquis, conservé ou amélioré a été aliéné avant la liquidation, le profit est évalué au jour de l'aliénation; si un nouveau bien a été subrogé au bien aliéné, le profit est évalué sur ce nouveau bien.

C. civ., art. 1470

Si, balance faite, le compte présente un solde en faveur de la communauté, l'époux en rapporte le montant à la masse commune.

S'il présente un solde en faveur de l'époux, celui-ci a le choix ou d'en exiger le paiement ou de prélever des biens communs jusqu'à due concurrence.

C. civ., art. 1471

(*L. n° 85-1372, 23 déc. 1985*) Les prélèvements s'exercent d'abord sur l'argent comptant, ensuite sur les meubles, et subsidiairement sur les immeubles de la communauté. L'époux qui opère le prélèvement a le droit de choisir les meubles et les immeubles qu'il prélèvera. Il ne saurait, cependant, préjudicier par son choix aux droits que peut avoir son conjoint de demander le maintien de l'indivision ou l'attribution préférentielle de certains biens.

Si les époux veulent prélever le même bien, il est procédé par voie de tirage au sort.

C. civ., art. 1472

(*L. n° 85-1372, 23 déc. 1985*) En cas d'insuffisance de la communauté, les prélèvements de chaque époux sont proportionnels au montant des récompenses qui lui sont dues.

Toutefois, si l'insuffisance de la communauté est imputable à la faute de l'un des époux, l'autre conjoint peut exercer ses prélèvements avant lui sur l'ensemble des biens communs; il peut les exercer subsidiairement sur les biens propres de l'époux responsable.

C. civ., art. 1473

(*L. n° 85-1372, 23 déc. 1985*) Les récompenses dues par la communauté ou à la communauté portent intérêts de plein droit du jour de la dissolution.

Toutefois, lorsque la récompense est égale au profit subsistant, les intérêts courent du jour de la liquidation.

C. civ., art. 1474

(*L. n° 85-1372, 23 déc. 1985*) Les prélèvements en biens communs constituent une opération de partage. Ils ne confèrent à l'époux qui les exerce aucun droit d'être préféré aux créanciers de la communauté, sauf la préférence résultant, s'il y a lieu, de l'hypothèque légale.

143.02 Jurisprudence de référence.

> Report des effets de la dissolution de la communauté (C. civ., art. 1441, al. 2 et C. civ., art. 262-1)

• **Civ. 1re, 28 févr. 1978 (1re esp.),** *D.* 1979. 597, note Foulon-Piganiol

* V. ss n° 143.35

« La participation du mari à l'entretien de sa femme et de ses enfants n'étant que l'exécution des obligations prévues par les articles 203 et 212 ne constitue pas un fait de collaboration entre époux au sens de l'article 1442, alinéa 2, du Code civil. »

> L'exécution des obligations du mariage n'est pas un fait de collaboration

• **Civ. 1re, 6 mars 2013, n° 12-12.338,** NP

* V. ss n° 143.35

> Le paiement de dettes communes par l'un des conjoints après la cessation de la cohabitation ne constitue pas un fait de collaboration

• **Civ. 2e, 7 oct. 1999, n° 98-12.824,** *Bull. civ.* II, n° 153

* V. ss n° 143.35

• **Civ. 2e, 10 oct. 2002, n° 00-19.729,** *Bull. civ.* II, n° 210

* V. ss n° 143.35

• **Civ. 2e, 28 nov. 2002, n° 01-10.105,** NP

* V. ss n° 143.35

• **Civ. 1re, 14 mars 2006, n° 05-14.476,** *Bull. civ.* I, n° 153

* V. ss n° 143.35

• **Civ. 1re, 14 nov. 2006, n° 05-21.013,** *Bull. civ.* I, n° 475

* V. ss n° 143.35

> Il incombe à celui qui s'oppose au report de prouver que des actes de collaboration ont eu lieu postérieurement à la séparation des époux

• **Civ. 1re, 31 mars 2010, n° 08-20.729,** *Bull. civ.* I, n° 80

* V. ss n° 143.35

> Le bénéfice du statut de conjoint collaborateur ne suffit pas à exclure la cessation de la collaboration en l'absence d'éléments propres à établir la poursuite effective de cette collaboration

• **Civ. 1re, 24 oct. 2012, n° 11-30.522,** *Bull. civ.* I, n° 210

* V. ss n° 143.35

L'achat par les époux séparés de nouveaux biens atteste du maintien de leur collaboration, amenant à rejeter la demande de report.

• **Civ. 1re, 8 juill. 2010, n° 09-12.238,** *Bull. civ.* I, n° 164

* V. ss n° 143.35

> La cessation de la cohabitation et de la collaboration ne s'apprécie pas au regard de critères relatifs à la faute mais au regard de la séparation effective des époux

• **Civ. 1re, 12 mai 2010, n° 08-70.274,** *Bull. civ.* I, n° 110

* V. ss n° 143.35

> Les héritiers d'un époux peuvent invoquer l'article 1442 alinéa 2 du Code civil

• **Civ. 2e, 25 juin 1998, n° 96-19.375,** *Bull. civ.* II, n° 234

* V. ss n° 143.32

« Le report par le jugement de divorce de la date de dissolution de la communauté n'a d'effet qu'entre les époux et ne concerne que la contribution aux dettes. S'agissant de l'obligation aux dettes, le jugement de divorce n'est opposable aux tiers qu'à compter de l'accomplissement des formalités de mention en marge prescrites par les règles de l'état-civil. Les mesures conservatoires prises entre ces deux dates par un créancier sur les biens communs sont donc valables. »

• **Civ. 1re, 1er juin 1994, no 92-17.465,** *Bull. civ.* I, no 193

* V. ss no 143.36

« Les dispositions des articles 262-1 et 1442 alinéa 2 ne concernent que la date à laquelle la consistance de la communauté doit être déterminée, non celle de l'évaluation des biens communs laquelle doit être faite au jour le plus proche du partage. »

• **Civ. 1re, 11 oct. 1989, no 87-11.954,** *Bull. civ.* I, no 312

* V. ss no 143.52

> Les époux peuvent cependant convenir valablement d'évaluer un bien à une date différente

• **Cass., ass. plén., 22 avr. 2005, no 02-15.180,** *Bull. ass. plén.*, no 5

* V. ss no 143.52

143.03 Bibliographie indicative.

Actualisable. Rép. civ., vo *Communauté légale (5° Liquidation-partage)*, par B. Vareille, janv. 2011 [màj mars 2014].

Ouvrages. C. Aubry et C. Rau, par A. Ponsard, *Droit civil français*, t. VIII, *Régimes matrimoniaux*, *Librairies techniques*, 1973, nos 233 à 289 – A. Colomer, *Droit civil. Régimes matrimoniaux*, 12e éd., LexisNexis/Litec, 2005, nos 853 à 1013 – G. Cornu, *Les régimes matrimoniaux*, 9e éd., « Thémis Droit », PUF, 1997, nos 80 à 96 – J. Flour et G. Champenois, 2e éd., *Les régimes matrimoniaux*, coll. « U », A. Colin, 2001, nos 486 à 624 – Ph. Malaurie et L. Aynès, *Les régimes matrimoniaux*, 4e éd., LGDJ/Lextenso, 2013, nos 545 à 638 – F. Terré et Ph. Simler, *Droit civil, Les régimes matrimoniaux*, 6e éd., « Précis », Dalloz, 2011, nos 559 à 693.

Articles. J. Casey, « Procédure de divorce et liquidation du régime matrimonial », *Dr. fam.* 2008. Étude 1 – G. Hublot et H. Lécuyer, « Liquidation des *stock-options* en cas de divorce », *JCP N* 2009.1002 – R. Le Guidec, « Observations sur le report de la dissolution du régime matrimonial », *Mél. Champenois*, Defrénois, 2012, p. 513 s. – B. Magois, « La séparation de biens judiciaire », *JCP N* 2000. 704 – J.-L. Puygauthier, « La séparation de fait et la superrétroactivité de la dissolution de la communauté (C. civ., art. 1442) », *JCP N* 2004. 1172; 2005. 1384; « La date de la dissolution du régime matrimonial après la réforme du divorce par la loi du 26 mai 2004 », *JCP N* 2005. 1343.

143.04 Questions essentielles.

> Quel est l'intérêt de demander le report des effets de la dissolution de la communauté ?

* V. ss nos 143.31 à 143.36

> À quelle date doivent être évalués les biens communs partagés entre époux ?

* V. ss nos 143.51 et 143.52

SECTION 1
DÉTERMINATION DE L'ACTIF COMMUN

143.11 Distinction des biens communs et des biens propres. La distinction générale des biens communs et des biens propres résultant de l'application du régime matrimonial, par rapport à l'ensemble des biens que possèdent les époux, est principalement établie dans les articles 1401 à 1408 du Code civil. Elle doit aussi être comprise en suivant la jurisprudence, abondante et importante, formée depuis l'entrée en vigueur du nouveau régime légal. Elle a été précédemment exposée et expliquée (v. *Communauté légale - Actif*, ss nos 131.11 s. à 134.11 s.). On ne peut qu'y renvoyer pour retrouver exactement la composition active de la communauté.

Au stade de la liquidation, la mise en œuvre de cette distinction des biens communs et des biens propres est une première opération nécessaire. En effet, seuls les **biens communs** doivent être retenus pour l'établissement de la **masse partageable.** Au contraire, les biens reconnus comme propres à l'un ou l'autre époux en sont exclus. Cette distinction est d'ailleurs impliquée par la reconnaissance aux époux du **droit de reprise de leurs biens propres,** énoncé par l'article 1467 du Code civil selon lequel « *la communauté dissoute, chacun des époux reprend ceux des biens qui n'étaient point entrés en communauté, s'ils existent en nature ou les biens qui y ont été subrogés* ». Cette règle de principe s'explique par le fait que la constitution de la communauté est arrêtée au moment de sa dissolution. Il est donc normal que chacun des époux retrouve totalement et exclusivement la pleine propriété de ses biens propres. À vrai dire, il ne l'avait pas perdue pendant l'application du régime (C. civ., art. 1428). Cependant du fait fréquent de la **confusion des patrimoines** pendant cette application, la distinction des biens communs et des biens propres n'est pas rigoureuse et n'a pas lieu d'être.

La distinction des biens communs et des biens propres peut se révéler plus ou moins problématique au cours de la liquidation. Évidemment, aucun problème n'apparaît si, d'emblée, les époux conviennent de la reconnaissance des uns et des autres. Mais si quelque difficulté surgit, il convient de rappeler l'application première de la **présomption de communauté** (C. civ., art. 1402). Tous les biens que possèdent les époux sont d'abord réputés communs. En conséquence, il revient toujours à l'époux revendiquant un bien comme lui étant propre d'en faire la preuve, suivant les modes admis, énoncés par l'article 1402 alinéa 2 du Code civil.

143.12 Dissolution et liquidation. Si cette distinction des biens communs et des biens propres est naturellement une opération initiale de la liquidation pour l'établissement de la masse partageable, elle doit cependant être faite au moment de la dissolution du régime matrimonial, moment auquel le développement de la communauté est arrêté. En effet, aux termes de l'article 1442 alinéa 1er du Code civil : « *Il ne peut y avoir lieu à la continuation de la communauté, malgré toutes conventions contraires* », une fois la dissolution constatée. Il faut donc se reporter à cette date de la dissolution du régime pour déterminer la composition active de la communauté.

143.13 **Indivision postcommunautaire.** Partant de ce principe, il peut être constaté un **décalage** entre cette **date de la dissolution** et le moment où la **liquidation** se trouve effectivement entreprise. Les causes en sont diverses. Ainsi, **en cas de dissolution de la communauté par le décès d'un époux,** il arrivera fréquemment que les choses restent en l'état, sans que la liquidation et le partage de cette communauté, comme celle de la succession de l'époux décédé, soient rapidement effectuées. De même, **en cas de divorce contentieux,** la liquidation et le partage de la communauté peuvent se révéler problématiques pour finalement conduire à un partage judiciaire qui nécessitera toujours un temps relativement long. À cet égard, la loi du 26 mai 2004[1], relative au divorce promeut une **liquidation conventionnelle pendant l'instance en divorce,** le notaire-liquidateur étant désigné dès l'ordonnance de non-conciliation, au titre des mesures provisoires (C. civ., art. 255, 10°), les époux pouvant établir de telles conventions (C. civ., art. 265-2, 268). Mais il n'y a pas d'obligation. En conséquence, la liquidation et le partage se feront alors nécessairement après le divorce prononcé (C. civ., art. 267 et 267-1).

Encore, on mentionnera qu'en cas de dissolution de la communauté du fait d'un changement de régime matrimonial dans les conditions de l'article 1397 du Code civil, s'il peut y avoir liquidation, jointe à l'acte notarié portant changement de régime, il n'y a pas pour autant partage.

En tous les cas, cela signifie que **pendant cette période intermédiaire, allant de la dissolution à la liquidation, les biens communs identifiés au moment de la dissolution demeurent en indivision** entre les époux, ou entre l'époux survivant et les ayants droit de l'époux décédé. Le régime général de l'indivision, introduit par la loi du 31 décembre 1976 dans les articles 815 et suivants du Code civil, reproduits généralement par la loi du 23 juin 2006[2], portant réforme des successions et des libéralités, se substitue aux règles du régime matrimonial pour l'organisation des biens communs devenus indivis. Inévitablement, la période d'indivision aura une influence plus ou moins grande sur la consistance de la masse de biens communs, cette influence devant être mesurée lors de la liquidation par l'application des textes généraux du droit commun de l'indivision.

143.14 **Évaluation.** La liquidation des biens communs ainsi comprise pour établir la masse partageable suppose aussi qu'il soit procédé à l'évaluation des biens, afin de déterminer les droits de chaque copartageant.

SECTION 2
DATE DE LA DÉTERMINATION DE L'ACTIF COMMUN

143.20 **Présentation.** En principe, la détermination des biens communs, entrant dans la masse partageable, est faite au moment de la dissolution du régime qui est constatée suivant les causes énoncées dans l'article 1441 du Code civil. Ces différentes causes de dissolution font d'ailleurs apparaître des **dates distinctes de dissolution du régime matrimonial,** dans certains cas, selon qu'il s'agit des **rapports entre les époux** ou des **rapports de ces époux avec les tiers.** C'est essentiellement la date de dissolution dans les rapports entre époux qui devra être considérée pour la détermination de l'actif commun. Cependant **ces dates de principe peuvent être reportées,** à la demande d'un époux, dans certaines conditions, quand la dissolution du régime matrimonial a été précédée en fait d'une rupture de la vie commune, faisant cesser, outre la cohabitation, la collaboration des époux. Il peut alors y avoir lieu à un **report de la dissolution dans les rapports entre époux,** obligeant ainsi à fixer autrement le moment de la détermination de l'actif commun, selon les dispositions particulières de l'article 1442 alinéa 2 du Code civil pour le régime matrimonial légal et de l'article 262-1 alinéa 2 du même code en cas de dissolution du régime du fait du divorce prononcé.

§ 1
Date de dissolution du régime matrimonial

143.21 **Causes de dissolution.** Aux termes de l'article 1441 du Code civil : « *La communauté se dissout : 1) par la mort de l'un des époux; 2) « par l'absence déclarée »; 3) par le divorce; 4) par la sépa-*

1. L. n° 2004-439, 26 mai 2004, relative au divorce, *JO* 27 mai, p. 9319.

2. L. n° 2006-728, 23 juin 2006, portant réforme des successions et des libéralités, *JO* 24 juin, p. 9513.

ration de corps; 5) par la séparation de biens; 6) par le changement de régime matrimonial ».

À partir de chacun de ces événements entraînant la dissolution du régime il y a lieu de préciser la date de cette dissolution pour situer exactement le moment de la détermination des biens communs.

143.22 Mort d'un époux. Le **décès d'un époux** établit la dissolution du mariage et par conséquent la dissolution du régime matrimonial. Cette dissolution intervient au **moment du décès** tel qu'il est déclaré dans l'acte de décès (C. civ., art. 79) tant pour les rapports entre époux que pour les rapports des époux avec les tiers. La composition active de la communauté est donc fixée à cette date.

En cas de **disparition**, le **jugement déclaratif de décès** équivalent à l'acte de décès, est transcrit sur les registres d'état civil à la date du décès et fixe ainsi la date de dissolution du régime matrimonial (C. civ., art. 91).

Il y a lieu de noter qu'en **cas de décès d'un époux au cours d'une procédure de divorce ou de séparation de corps**, *ou encore de* **changement de régime matrimonial**, *donnant lieu à une procédure d'homologation* (C. civ., art. 1397), la procédure se trouve immédiatement arrêtée, le jugement prononçant le divorce ou la séparation de corps, ou homologuant le changement de régime ne pouvant plus être rendu. C'est donc toujours le décès qui est la cause de dissolution du régime matrimonial, constatée à la date à laquelle il survient.

143.23 « Absence déclarée ». Cette cause de dissolution du régime matrimonial est une allusion au **jugement de déclaration d'absence**, terme de la procédure instituée par la loi n° 77-1447 du 28 décembre 1977 (C. civ., art. 112 s.).

Ce jugement, passé en force de chose jugée, est **transcrit sur les registres de décès,** avec mention sur l'acte de naissance et « *emporte à partir de la transcription tous les effets que le décès établi de l'absent aurait eus* » (C. civ., art. 128). C'est donc cette date qu'il faut considérer pour fixer la date de dissolution du régime matrimonial. Cette dissolution est d'ailleurs considérée comme définitive puisque, même en cas de retour de l'absent, quoiqu'il entraîne une annulation du jugement déclaratif d'absence (C. civ., art. 129) « *le mariage de l'absent reste dissous* » (C. civ., art. 132).

143.24 Divorce ou séparation de corps. Il y a lieu d'associer ces deux causes de dissolution du régime matrimonial puisque le jugement de séparation de corps entraîne toujours séparation de biens (C. civ., art. 302) et que, de manière générale, la séparation de corps peut être prononcée dans les mêmes cas et aux mêmes conditions que le divorce.

Dans ce sens, pour connaître la **date de dissolution de la communauté** consécutive au divorce ou à la séparation de corps, il y a lieu de distinguer les **rapports entre époux** et leurs **rapports avec les tiers.** Aux termes de l'article 262-1 du Code civil, issu de la loi du 26 mai 2004 relative au divorce : « *Le jugement de divorce prend effet dans les rapports entre les époux, en ce qui concerne leurs biens :*

- lorsqu'il est prononcé par consentement mutuel, à la date de l'homologation de la convention réglant l'ensemble des conséquences du divorce, à moins que celle-ci n'en dispose autrement;

- lorsqu'il est prononcé pour acceptation du principe de la rupture du mariage, pour altération définitive du lien conjugal ou pour faute, à la date de l'ordonnance de non-conciliation ».

Et pour les **rapports des époux avec les tiers,** selon l'article 262 du Code civil « *le jugement de divorce est opposable aux tiers, en ce qui concerne les biens des époux, à partir du jour où les formalités de mention en marge prescrites par les règles de l'état-civil ont été accomplies* », c'est-à-dire à partir de la **mention du jugement définitif** de divorce, ou de séparation de corps, **sur l'acte de mariage.**

Cette dualité de date fait apparaître une différence sensible pour considérer le moment de dissolution de la communauté. Elle s'explique par le fait que tant que la dissolution du mariage et du régime matrimonial n'est pas publiée, les tiers et spécialement les créanciers des époux ne peuvent, en principe, connaître cette dissolution. En conséquence, les **biens acquis par les époux pendant l'instance en divorce ou en séparation de corps** sont considérés comme des **acquêts**, dans les conditions habituelles et le sort des dettes contractées par les époux pendant cette même période continue d'être fixé selon les règles générales du régime matrimonial à ce titre. Mais il n'en est pas ainsi dans les **rapports entre époux**, la **date de l'ordonnance de non-conciliation** étant le **moment de la dissolution de la communauté.** C'est donc par rapport à cette date que la consistance active de la communauté (biens acquis et revenus, *etc.*) doit être arrêtée. Cette règle légale s'explique aisément par le fait qu'à partir du moment où la procédure de divorce est engagée, l'esprit de collaboration entre époux qui inspire la constitution et le développement de la communauté de biens n'existe sans doute plus, chacun des époux ayant naturellement l'intention de développer désormais une activité patrimoniale strictement personnelle et indépendante. En même temps, la règle a pour but de prévenir toute fraude de l'un ou l'autre époux sur des biens qui seraient encore considérés comme communs.

143.25 Divorce, séparation de corps et liquidation conventionnelle. À la suite de la loi du

11 juillet 1975, la loi n° 2004-439 du 26 mai 2004, entrée en application le 1er janvier 2005, a considérablement favorisé **l'élaboration de conventions entre époux pour la liquidation de leur régime matrimonial au cours de la procédure de divorce** recherchant à faire en sorte que la convention soit établie au moment du prononcé du divorce.

Une telle **convention** de liquidation et de partage est **nécessaire** dans le cas de **divorce**, ou de **séparation de corps, par consentement mutuel** (C. civ., art. 230 et 232), dans lequel les époux ont l'obligation de présenter au juge aux affaires familiales une convention par laquelle ils établissent conventionnellement le règlement de toutes les conséquences du divorce, dont la liquidation du régime matrimonial. Il s'agit d'une **condition de recevabilité de la demande de divorce.**

Cette convention ne devient **exécutoire** qu'à partir de son **homologation par le juge**, au terme de la procédure, celui-ci pouvant d'ailleurs refuser l'homologation et ne pas prononcer le divorce « *s'il constate que la convention préserve insuffisamment les intérêts des enfants ou de l'un des époux* » (C. civ., art. 232).

Elle devient également nécessaire quand les époux ayant initié une autre demande en divorce demandent au juge de constater leur accord « *pour voir prononcer leur divorce par consentement mutuel en lui présentant une convention réglant les conséquences de celui-ci* » (C. civ., art. 247).

Au-delà, et donc dans tous les autres cas de divorce, ou de séparation de corps, une convention de liquidation et de partage de la communauté peut être élaborée par les époux pendant la procédure. Dans ce sens, deux possibilités leur sont ouvertes.

Selon l'article 265-2 du Code civil : « *Les époux peuvent, pendant l'instance en divorce, passer toutes conventions pour la liquidation et le partage de leur régime matrimonial.*

Lorsque la liquidation porte sur des biens soumis à la publicité foncière, la convention doit être passée par acte notarié ».

Dans ce sens, aux termes de l'article 1451 du Code civil, « *les conventions* [...] *sont suspendues quant à leurs effets jusqu'au prononcé du divorce; elles ne peuvent être exécutées, même dans les rapports entre époux, que lorsque le jugement a pris force de chose jugée* ». Et « *l'un des époux peut demander que le jugement de divorce modifie la convention si les conséquences du divorce fixées par ce jugement remettent en cause les bases de la liquidation et du partage* ».

Par ailleurs, la convention de liquidation-partage peut être homologuée, en application du nouvel article 268 du Code civil : « *Les époux peuvent pendant l'instance, soumettre à l'homologation du juge des conventions réglant tout ou partie des conséquences du divorce.*

Le juge, après avoir vérifié que les intérêts de chacun des époux et des enfants sont préservés, homologue les conventions en prononçant le divorce ».

Dans ces **hypothèses de liquidation conventionnelle**, qui ont heureusement tendance à se multiplier en pratique, il convient d'admettre que **les époux peuvent ainsi disposer du moment auquel la communauté est censée être dissoute entre eux**, et par conséquent convenir de sa composition. Précisément, ils peuvent, de la sorte, convenir d'un report au moment d'une séparation ayant précédé la demande de divorce. **Mais, en tout état de cause, les droits des tiers sont préservés,** la dissolution du régime matrimonial ne leur étant opposable que dans les conditions énoncées par l'article 262 du Code civil.

143.26 Mariage putatif. En principe, l'**annulation du mariage** donnant lieu à l'**application du régime matrimonial légal,** donc sans contrat préalable, opère de manière rétroactive, le mariage étant considéré comme n'ayant jamais existé et n'ayant par conséquent produit aucun effet propre. L'inexistence de toute communauté de biens implique alors une liquidation, originale, sur la base juridique d'une **indivision** ou d'une **société créée de fait** entre les époux considérés comme des tiers[1].

Il en est autrement en cas de **mariage reconnu putatif** les époux ayant été de bonne foi quant à la cause d'annulation de leur mariage, effectivement sanctionnée. Aux termes de l'article 201 du Code civil, le mariage produit alors ses effets à l'égard des époux. Et si la bonne foi n'existe que de la part de l'un des époux, le mariage ne produit ses effets qu'en faveur de cet époux. Dans ce cas de putativité, **l'annulation du mariage ne produit ses effets qu'à compter du jugement qui la prononce, pour l'avenir et non pour le passé.** La communauté de biens a été constituée jusqu'à sa dissolution qui peut être considérée comme intervenant au **jour de la demande d'annulation du mariage**, raisonnant par analogie avec ce qui a été relevé à propos du divorce.

Si un seul époux est reconnu de bonne foi – la bonne foi étant toujours présumée[2] – il est alors seul à pouvoir se prévaloir des règles du régime matrimonial légal pour la liquidation des biens, qui doit ainsi se coupler avec l'application du droit de l'indivision ou d'une société créée de fait pour l'autre. Dans ce sens, la communauté sera considérée dans les mêmes conditions que dans l'hypothèse précédente où les deux époux sont apparus de bonne foi.

1. Civ. 1re, 27 nov. 1985, n° 84-10.805, *Bull. civ.* I, n° 323.
2. Civ. 1re, 15 janv. 1980, n° 78-15.084, *Bull. civ.* I, n° 26.

143.27 Changement de régime matrimonial. La loi du 23 juin 2006 a fortement modifié la possibilité pour les époux de changer conventionnellement de régime matrimonial pendant le mariage, en supprimant en principe l'homologation judiciaire (à ce sujet v. s^s n°s 123.70 à 123.74). Aux termes de l'article 1397 du Code civil : « *Après deux années d'application du régime matrimonial, les époux peuvent convenir, dans l'intérêt de la famille, de le modifier, ou même d'en changer entièrement, par un acte notarié. À peine de nullité, l'acte notarié contient la liquidation du régime matrimonial modifié si elle est nécessaire* ». À vrai dire la simplification apportée n'est pas totale ni absolue puisque **la procédure d'homologation** doit être suivie s'il y a **opposition** des **enfants majeurs informés** ou des **créanciers avertis**, étant maintenue obligatoire quand les époux ont des **enfants mineurs** (C. civ., art. 1397). C'est ce qui explique la précision donnée par la loi quant au moment à considérer pour constater la dissolution du régime modifié ou changé et l'application du régime substitué, selon qu'il s'agit des rapports entre les époux ou des rapports de ces époux avec les tiers : « *Le changement a effet entre les parties à la date de l'acte ou du jugement qui le prévoit et, à l'égard des tiers, trois mois après que mention en a été portée en marge de l'acte de mariage. Toutefois, en l'absence même de cette mention, le changement n'en est pas moins opposable aux tiers, si, dans les actes passés avec eux, les époux ont déclaré avoir modifié leur régime matrimonial* ». Pour les **rapports entre époux,** c'est donc la **date de l'acte notarié portant changement de régime,** ou la **date du jugement d'homologation** s'il y a lieu, qui doit être considérée comme date de dissolution de la communauté, à laquelle serait substituée un autre régime matrimonial (v. s^s n°s 124.11 s.).

143.28 Séparation de biens judiciaire. Depuis la loi du 13 juillet 1965, la séparation de biens peut être demandée en justice par l'un ou l'autre époux quand « *par le désordre des affaires d'un époux, sa mauvaise administration ou son inconduite, il apparaît que le maintien de la communauté met en péril les intérêts de l'autre conjoint* » (C. civ., art. 1443). Il s'agit à la fois d'une **sanction** pour l'époux considéré comme responsable de la mauvaise gestion de la communauté, du fait de l'accumulation de dettes qui la feront apparaître comme étant déficitaire, et d'une **mesure de protection pour l'époux demandeur,** l'opportunité de la séparation de biens étant laissée à l'appréciation du juge. Cette demande peut être formée pendant toute la période d'application du régime matrimonial. Il a été récemment jugé que la liquidation judiciaire du mari ne peut faire obstacle à la demande de séparation de biens présentée par son épouse, les droits des créanciers n'étant modifiés que pour l'avenir[1]. Mais aussi que la liquidation judiciaire n'établit pas à elle seule la mise en péril des intérêts du conjoint[2]. Considérée ici seulement comme cause de dissolution de la communauté, deux aspects particuliers doivent être relevés.

En premier lieu, « *le jugement qui prononce la séparation de biens remonte quant à ses effets au jour de la demande* » (C. civ., art. 1445, al. 2), et cela qu'il s'agisse des rapports entre époux ou des rapports des époux avec les tiers, particulièrement les créanciers. C'est donc cette **date de la demande** qui doit être retenue comme moment de la dissolution de la communauté et par conséquent comme date à laquelle la composition de la communauté, active et passive, doit être déterminée. La règle générale ainsi posée est compréhensible dans la mesure où la demande de séparation de biens est obligatoirement publiée, de même, bien évidemment que le jugement qui la prononce (C. civ., art. 1445, al. 1er). Il doit y avoir transmission d'un extrait de la demande aux greffes des tribunaux de grande instance dans le ressort desquels sont nés l'un et l'autre époux, pour conservation au répertoire civil et mention en marge de leur acte de naissance (C pr. civ., art. 1292, al. 2). La publication d'un tel extrait dans un journal du ressort du tribunal saisi est facultative. Si un époux est commerçant, il y a lieu à déclaration de la demande dans les trois jours au greffe du tribunal de commerce, afin de mention au registre du commerce et des sociétés[3].

En second lieu, la **liquidation et le partage de la communauté, consécutifs au jugement prononçant la séparation de biens** doivent intervenir **rapidement**, condition de l'efficacité de la protection recherchée. En effet, aux termes de l'article 1444 du Code civil, la séparation est nulle « *si les poursuites tendant à liquider les droits des parties n'ont pas été commencées* ***dans les trois mois du jugement passé en force de chose jugée*** *et si le règlement définitif n'est pas intervenu dans l'année de l'ouverture des opérations de liquidation* », ce dernier délai étant susceptible d'être **prorogé**. Il y a donc en principe un temps relativement bref entre le moment de la dissolution de la communauté et celui de son partage. En conséquence, l'incidence de l'indivision qui suit la dissolution doit être minime, le procédé étant tout entier organisé dans la recherche d'une protection de l'époux demandeur à l'égard du passif contracté par

1. Civ. 1re, 3 mai 2000, n° 98-10.727, *Bull. civ.* I, n° 127; *D.* 2000. AJ 294; *JCP* 2000. II. 10389, note J. Casey; *JCP* 2001. I. 309, n° 9, obs. A. Tisserand; *Dr. fam.* 2000, n° 98, note B. Beignier; *Defrénois* 2000. 855, obs. J.-P. Sénéchal.
2. Civ. 1re, 19 oct. 2004, n° 02-13.659, *Bull. civ.* I, n° 231; *D.* 2005. Pan. 298, obs. P.-M. Le Corre et 2115, obs. J. Revel; *JCP E* 2005. 238, note J. Leprovaux; *Rev. proc. coll.* 2005. 56, obs. M.-P. Dumont; *Defrénois* 2005. 990, obs. D. Gibirila; *AJ fam.* 2005. 28, obs. P. Hilt.
3. Décr. 30 mai 1984, art. 8 A4° et 12-2°.

le conjoint. Il convient de rappeler que depuis l'entrée en vigueur de la loi du 23 décembre 1985, la renonciation à la communauté, autrefois réservée à l'épouse, n'est plus possible[1].

§ 2
Report de la dissolution du régime matrimonial

143.31 Notion. Depuis la loi du 13 juillet 1965, modifiée sur ce point par la loi du 23 décembre 1985 et en dernier lieu par la loi du 26 mai 2004 relative au divorce : « *Les époux peuvent, l'un ou l'autre, demander, s'il y a lieu, que, dans leurs rapports mutuels, l'effet de la dissolution soit reporté à la date où ils ont cessé de cohabiter et de collaborer* ». (C. civ., art. 1442, al. 2 - en cas de divorce, C. civ., art. 262-1, al. 2).

Ainsi, quand une séparation de fait des époux a précédé la dissolution du régime matrimonial, les époux peuvent demander à ce qu'il en soit tenu compte pour considérer que la communauté de biens s'est trouvée réellement arrêtée à la date de leur séparation de fait. Dans ce cas, il y aura lieu de se reporter à cette date pour déterminer la composition active de la communauté. Fondamentalement, il s'agit d'une mesure de protection pour l'époux demandeur qui peut ainsi éviter que le patrimoine constitué depuis la séparation ne soit également partagé en conséquence d'une dissolution normale.

En tous les cas, il ne s'agit que d'une faculté pour l'époux qui en remplit par ailleurs les conditions. Évidemment, il n'aura pas intérêt à demander ce report quand il apparaîtra que, depuis la séparation, il n'a guère réalisé d'acquisitions nouvelles, alors que le conjoint a pu le faire. Néanmoins, cet intérêt peut se révéler quand il sera constaté que le conjoint a, depuis la séparation, contracté des dettes importantes. Même si le droit de poursuite des créanciers n'est pas affecté par ce report qui n'opère que dans les rapports entre époux, il servira pour considérer ces dettes comme personnelles, conduisant finalement à les exclure du partage de la communauté et donc finalement à éviter une contribution de l'époux demandeur.

143.32 Domaine. *A priori*, la **demande de report de la dissolution de la communauté** est possible de manière générale, quelle que soit la cause juridique de la dissolution du régime matrimonial. Elle a été admise dans le cas de dissolution par le décès d'un époux, soit pour le conjoint survivant, soit pour les héritiers de l'époux décédé[2]. Elle devrait l'être également à l'occasion d'un changement conventionnel de régime matrimonial. Elle doit être aussi envisageable dans l'hypothèse d'une séparation de biens judiciaire. C'est sans doute plus particulièrement en cas de dissolution par divorce, ou séparation de corps, qu'une telle demande se révèle éventuellement intéressante. Cependant, elle apparaît **incompatible** avec une **convention de liquidation et de partage établie au cours de la procédure de divorce.** Il en est ainsi en cas de divorce sur demande conjointe (C. civ., art. 230 s.) ou encore en cas de convention de liquidation et de partage dans les conditions des articles 265-2 et 268 du Code civil. En effet, la nature conventionnelle de l'opération exclut par-là même une demande d'un époux contre l'autre. À cet égard, il a été indiqué que les époux pouvaient d'ailleurs tenir compte d'une séparation antérieure pour fixer conventionnellement la date de la dissolution de leur communauté.

En revanche, la faculté d'une demande de report apparaît pleinement applicable dans un **divorce pour faute**, un **divorce pour altération définitive du lien conjugal** ou encore un **divorce sur demande acceptée.** Dans ces cas, comme le précise désormais l'article 262-1 *in fine* « *cette demande ne peut être formée qu'à l'occasion de l'action en divorce. La jouissance du logement conjugal par un seul des époux conserve un caractère gratuit jusqu'à l'ordonnance de non-conciliation, sauf décision contraire du juge* ».

143.33 Conditions du report. En général, l'un ou l'autre époux peut demander le report. Le demandeur doit établir la cessation de la cohabitation et de la collaboration des époux, condition de fond de ce report, que le juge doit admettre et prononcer si cette condition est remplie.

143.34 Condition de recevabilité ? Jusqu'à la loi du 26 mai 2004 relative au divorce, tant l'article 1442 alinéa 2 que l'article 262-1 énonçaient que « *celui auquel incombe à titre principal les torts de la séparation ne peut pas obtenir ce report* ». Cette condition de recevabilité de la demande a disparu conformément au principe inspirateur de la réforme du divorce, selon lequel les conséquences du divorce, en tous points, ne doivent plus être déterminées par la répartition des torts des époux.

Est-ce à dire que les torts avérés d'un époux dans la séparation ne peuvent plus l'empêcher de demander le report s'il y trouve objectivement intérêt ? Il semble qu'il faille l'admettre, même si la formulation de l'article 262-1 laisse apercevoir un pouvoir d'appréciation du juge : « *À la demande de l'un des époux, le juge peut fixer les effets du jugement à la date à laquelle ils ont cessé de cohabiter et de collaborer* ». Il est bien compris aujourd'hui qu'à partir du moment où les conditions du report sont remplies,

1. L. n° 85-1372, 23 déc. 1985, art. 61.
2. Civ. 2e, 25 juin 1998, n° 96-19.375, *Bull. civ.* II, n° 234; *Defrénois* 1999. 430, obs. G. Champenois; *Dr. fam.* 1998, n° 156, note B. Beignier; *RTD civ.* 1999. 175, obs. B. Vareille.

c'est-à-dire cessation de la cohabitation et de la collaboration, le juge ne peut rejeter la demande.

143.35 Cessation de la cohabitation et de la collaboration. L'époux demandeur doit établir la cessation de la cohabitation et de la collaboration entre époux[1]. Il s'agit de **conditions cumulatives**[2] qui peuvent être rapportées **par tous moyens.** Depuis quelques années, après la réforme de 2004, la jurisprudence considère que la cessation de la cohabitation fait présumer la cessation de la collaboration, La preuve du maintien incombe au défendeur[3]. La cessation de la cohabitation et de la collaboration ne s'apprécie pas au regard de critères relatifs à la faute mais au regard de la **séparation effective** des époux[4]. Il n'y a pas de collaboration au sens de l'article 1442 alinéa 2 du Code civil dans le fait pour un époux de verser des subsides au titre de sa contribution aux charges du mariage[5]. De même, le paiement de dettes communes par le mari après la cessation de la cohabitation n'est pas, à lui seul un fait de collaboration[6]. La collaboration, inhérente au régime de communauté, suppose une **association d'intérêts conduisant les époux à partager les résultats de leurs activités patrimoniales respectives.** Elle doit être rare quand la vie commune est rompue mais pas systématiquement exclue pour autant[7].

143.36 Effets du report. Aux termes des articles 1442 alinéa 2 et 262-1 alinéa 2 du Code civil, il est clairement établi que le **report des effets de la dissolution** n'a lieu que dans les **rapports entre époux** et non dans les rapports des époux avec les tiers, spécialement les créanciers. Le sort du passif contracté pendant cette période de séparation continue d'être fixé par application des dispositions du régime matrimonial, les biens acquis par les époux durant cette période devant être considérés comme communs, dans les conditions habituelles[8]. En revanche, dans les rapports entre époux, la communauté est considérée comme étant dissoute à la **date de la cessation de la cohabitation et de la collaboration.** C'est donc à cette date qu'il convient d'arrêter la composition de la communauté, donnant lieu à une indivision entre époux depuis. Ainsi, les biens acquis à partir de cette date par l'un ou l'autre époux sont personnels, sans qu'il y ait à rechercher le respect des formalités telles qu'exigées par les règles du régime matrimonial, ainsi en cas d'emploi ou de remploi. De même, tous les revenus perçus depuis la séparation sont personnels à l'époux qui les perçoit. Le report entraîne nécessairement une **période d'indivision pour les biens de communauté existant au moment de la séparation.** C'est une hypothèse où il y aura lieu de mesurer l'influence de l'indivision postcommunautaire, dans le cadre de la liquidation.

SECTION 3
INFLUENCE DE L'INDIVISION POSTCOMMUNAUTAIRE

143.41 Hypothèses d'indivision postcommunautaire. La dissolution du régime matrimonial, constatée ou reportée, arrête la constitution de la communauté de biens et, plus généralement, l'application des règles du régime pour l'organisation des

1. Civ. 1re, 8 déc. 1981, n° 80-15.063, *Bull. civ.* I, n° 367; *D.* 1982. IR 187.
2. Civ. 1re, 12 janv. 1982, n° 80-16.107, *Bull. civ.* I, n° 12; *D.* 1982. IR 472, obs. D. Martin.
3. Civ. 2e, 13 janv. 1993, n° 91-10.132, *Bull. civ.* II, n° 14; *RTD civ.* 1993. 335, obs. J. Hauser – Civ. 2e, 31 mars 1993, n° 91-18.366, *Bull. civ.* II, n° 136; *D.* 1993. IR 108; *RTD civ.* 1993. 566, obs. J. Hauser– Civ. 1re, 31 mars 2010, n° 08-20.729, *Bull. civ.* I, n° 80; *D.* 2010. AJ 962; *JCP* 2010, n° 410, obs. H. Bosse-Platière; 911, note Y. Favier; et 1220, n° 15, obs. A. Tisserand-Martin; *AJ fam.* 2010. 276, obs. S. David; *Dr. fam.* 2010, n° 74, note V. Larribau-Terneyre; *JCP N* 2010. 1255, note J. Massip; *Defrénois* 2010. 1365, obs. J. Massip; *RTD civ.* 2010. 313, obs. J. Hauser.
4. Civ. 1re, 12 mai 2010, n°°08-70.274, *Bull. civ.* I, n° 110; *D.* 2010. AJ 1418; *JCP* 2010. Doctr. 911, n° 1, obs. Y. Favier; *Dr. fam.* 2010, n°°111, obs. V. Larribau-Terneyre; *RJPF* 2010-9/21, note T. Garé.
5. Civ. 1re, 28 févr. 1978, n° 76-13.935, *Bull. civ.* I, n° 79; *D.* 1979. 597, 1re esp., note Foulon-Piganiol; *JCP* 1979. II. 19105, note R. Le Guidec – Civ. 1re, 6 mars 2013, n° 12-12.338, NP; *RJPF* 2013-4/21, obs. T. Garé.
6. Civ. 2e, 7 oct. 1999, n° 98-12.824, *Bull. civ.* II, n° 153; *JCP* 2000. I. 245, obs. A. Tisserand; *Dr. fam.* 2000, n° 37, note Lécuyer; *RTD civ.* 2000. 93, obs. J. Hauser – Civ. 2e, 10 oct. 2002, n° 00-19.729, *Bull. civ.* II, n° 210 – Civ. 1re, 14 mars 2006, n° 05-14.476, *Bull. civ.* I, n° 153; *D.* 2006. IR 1249; *JCP N* 2006. 1279, note V. Brémond; *AJ fam.* 2007. 35, obs. S. David; *Dr. fam.* 2006, n° 45, obs. V. Larribau-Terneyre; *RTD civ.* 2006. 546, obs. J. Hauser – Civ. 1re, 14 nov. 2006, n° 05-21.013, *Bull. civ.* I, n° 475; *D.* 2007. Pan. 2130, obs. V. Brémond; *AJ fam.* 2007. 35, obs. S. David; *Dr. fam.* 2007, n° 12, obs. Larribau-Terneyre; *RTD civ.* 2007. 96, obs. J. Hauser – Civ. 2e, 28 nov. 2002, n° 01-10.105, NP; *D.* 2003. Somm. 1871, obs. V. Brémond– V. AUSSI Civ. 1re, 8 juill. 2010, n° 09-12.238, *Bull. civ.* I, n° 164; *AJ fam.* 2010. 436, obs. S. David; *Dr. fam.* 2010, n° 147, obs. V. Larribau-Terneyre; *RJPF* 2010-11/19, note T. Garé.
7. Civ. 2e, 19 févr. 1997, n° 95-17.002, NP; *Defrénois* 1998. 1164, note V. Brémond; *Dr. fam.* 1997, n° 102, note H. Lécuyer – Civ. 1re, 3 nov. 2004, n° 03-16.918, NP; *JCP N* 2005. 1451, note V. Brémond – Civ. 1re, 28 févr. 2006, n° 04-13.603, *Bull. civ.* I, n° 116; *JCP* 2006. I. 193 obs. A. Tisserand-Martin; *JCP N* 2006. 1279 note V. Brémond; *AJ fam.* 2007. 35, obs. S. David (1re esp.); *RTD civ.* 2006. 290, obs. J. Hauser – Civ. 1re, 24 oct. 2012, n° 11-30.522, *Bull. civ.* I, n° 210; *RJPF* 2012-12/10 obs. T. Garé; *JCP N* 2013. 1152, note J. Massip; *JCP* 2013. 721, obs. A. Tisserand.
8. Civ. 1re, 1er juin 1994, n° 92-17.465, *Bull. civ.* I, n° 193; *D.* 1995. 225, note R. Le Guidec.

biens des époux. Aux termes de l'article 1442 alinéa 1er du Code civil « *il ne peut y avoir lieu à continuation de la communauté, malgré toutes conventions contraires* ». Cependant, il n'y a pas toujours une liquidation et un partage de la communauté dans un temps proche de la dissolution. Si cette liquidation et ce partage se trouvent repoussés ou retardés, une **indivision postcommunautaire** se développe. Les hypothèses d'une telle indivision se révèlent diverses dans leurs causes. Tout d'abord, il est vrai, elle n'existe pratiquement pas dans certains cas de dissolution. Ainsi quand la liquidation et le partage sont l'objet d'une convention des époux au cours de la procédure de divorce. C'est le cas obligatoire pour le divorce par consentement mutuel. C'est aussi le cas d'une convention établie dans les conditions des articles 265-2 et 268 du Code civil. En effet, dans ces hypothèses, la convention s'applique à partir du jugement de divorce. De même, la période d'indivision apparaîtra singulièrement brève en cas de séparation de biens judiciaire (C. civ., art. 1443 s.) puisque le jugement prononçant la séparation de biens doit être suivi d'une liquidation et d'un partage dans le délai légal de **trois mois et un an**, à peine de nullité (C. civ., art. 1444).

Mais au-delà, la tardiveté de la liquidation et du partage peut être plus ou moins grande. En cas de **dissolution par décès d'un époux,** on pourra préférer attendre, le conjoint survivant demeurant en possession des biens. À cet égard, la **présence d'enfants mineurs** peut être une cause légitime, le partage devant alors être fait en justice, en principe, même s'il est possible de procéder à un partage amiable dans ce cas, sous réserve des autorisations préalables du juge des tutelles (C. civ., art. 389-6) ou du conseil de famille (C. civ., art. 507).

De même, l'expérience montre qu'en cas de divorce fortement contentieux, le conflit conjugal peut se prolonger dans une liquidation-partage problématique qui, souvent, ne sera réalisée que de manière judiciaire, nécessitant une procédure elle-même prolongée par différents contentieux éventuels (C. civ., art. 267 et 267-1). Encore on rappellera qu'en cas de dissolution de la communauté consécutive à un changement de régime matrimonial, dans les conditions de l'article 1397 du Code civil, il n'y a pas de délai imposé pour procéder au partage de la communauté dissoute.

143.42 Maintien dans l'indivision. Cette période d'indivision postcommunautaire sera d'autant plus certaine qu'il peut y avoir lieu à une **prolongation de l'indivision par décision judiciaire** dans les cas prévus par la loi. En effet, pour le partage de la communauté, l'article 1476 du Code civil renvoie aux règles établies au titre « Des successions » pour les **partages entre cohéritiers** à propos de certaines de leurs modalités, dont le maintien dans l'indivision. Dans ce sens, il peut y avoir un **sursis au partage pendant deux ans** dans les conditions de l'article 820 du Code civil. De même, **l'attribution de part à un coïndivisaire, permettant de maintenir l'indivision entre les autres**, selon les conditions de l'article 824 peut être sollicitée. Cependant dans ce cas une liquidation momentanée sera nécessaire pour déterminer exactement la valeur de la part de l'indivisaire sortant ainsi de l'indivision. **L'indivision** peut aussi être **maintenue**, dans les conditions de l'article 821 du Code civil, **à la demande du conjoint survivant ou pour des enfants mineurs pour certains biens énumérés**, entreprise agricole, commerciale, industrielle, artisanale ou libérale, locaux d'habitation, locaux et mobiliers professionnels. Enfin, la communauté dissoute, ou certains de ses éléments seulement, peut être l'objet d'une **convention d'indivision, à durée déterminée ou non**, dans les conditions des articles 1873-1 et suivants du Code civil, qui détermine elle-même alors les règles de fonctionnement de l'indivision ainsi maintenue.

143.43 Organisation générale. Cette prolongation variable de l'indivision postcommunautaire donne lieu à l'application des règles du droit commun de l'indivision selon les articles 815 et suivants du Code civil, issus de la loi du 31 décembre 1976 et modifiés par la loi du 23 juin 2006. Elles sont exposées par ailleurs (v. *Successions – Indivision*, ss nos 251.10 s. à 254.10 s.). L'idée maîtresse de ce statut est d'organiser la masse commune, devenue indivise, comme un patrimoine autonome, actif et passif, distinct du patrimoine personnel de chaque indivisaire. En même temps, il reconnaît à chaque indivisaire un **droit personnel sur sa quote-part dans l'indivision** et dont il peut disposer. La masse indivise donne lieu à un mode de gestion original, reposant sur la règle de l'unanimité, d'ailleurs assouplie par la loi du 23 juin 2006 (C. civ., art. 815-3), tout en admettant l'application large du mandat entre indivisaires, distinguant toujours à ce propos les actes d'administration et les actes de disposition sur les biens indivis.

143.44 Éléments d'évolution de l'indivision postcommunautaire. Sont compris dans la masse indivise, les **biens communs existant au jour de la dissolution du régime matrimonial.** Ils en constituent l'actif indivis d'origine. En revanche, les biens reconnus propres à l'un et l'autre époux en sont exclus, chaque époux exerçant un droit de reprise en nature sur ces biens à partir de la dissolution du régime (C. civ., art. 1467). En principe, cette masse indivise ne se développe pas par rapport au patrimoine personnel de chaque indivisaire, les acquisitions nouvelles réalisées par eux, comme les revenus perçus par chacun demeurant personnels. Cependant, cette **masse indivise d'origine** est susceptible d'évoluer dans sa consistance, au cours de la période d'indivision, du fait de la **gestion des biens indivis**, traduisant une dynamique plus ou moins grande du patrimoine. En conséquence, il y a lieu d'en tenir compte pour l'établissement de la masse partageable dans le cadre de la liquidation de la communauté. À cet égard, suivant les règles du droit de l'indivision, il est nécessaire, le cas échéant, de considérer **plusieurs éléments influençant la composition de la masse indivise** : l'application de la **subrogation réelle**, les **plus-values**, ou les **moins-values** réalisées sur les biens indivis pendant la période d'indivision, les **fruits** et **revenus** résultant de l'exploitation des biens indivis, les **indemnités d'occupation** dues par les indivisaires qui bénéficient d'une jouissance privative des biens indivis.

143.45 Subrogation réelle. Afin d'assurer la conservation de la masse indivise malgré les changements qui peuvent intervenir dans sa composition d'origine, il est admis généralement que **l'aliénation de biens indivis** donnant lieu à des acquisitions nouvelles ou des biens nouveaux, conduit à considérer que ces **biens subrogés sont eux-mêmes indivis.** À cet égard une grande variété d'hypothèses peut se rencontrer, ces aliénations de biens indivis originaires nécessitant l'accord de tous les indivisaires[1]. Ainsi il peut être fait **échange d'un bien indivis**, le bien reçu en échange étant lui-même attribué à l'indivision. La vente d'un bien indivis dont le prix est investi dans l'acquisition d'un nouveau bien conduit à considérer celui-ci comme lui-même indivis. En cas de vente sans acquisition suivante, le **prix perçu** ou la **créance du prix à percevoir** revient à l'indivision... Il y a ainsi une similitude avec la règle établie par l'article 1406 du Code civil pour le régime matrimonial légal, qui fixe le domaine de la subrogation réelle pour le patrimoine propre de chaque époux. Ce principe d'application de la subrogation réelle pour la masse indivise est énoncé par l'article 815-10 alinéa 1er du Code civil, issu de la loi du 23 juin 2006 : « *Sont de plein droit indivis, par l'effet de la subrogation réelle, les créances et les indemnités qui remplacent des biens indivis, ainsi que les biens acquis, avec le consentement de l'ensemble des indivisaires, en emploi ou remploi des biens indivis* ».

L'acquisition nouvelle au moyen de fonds indivis, ou encore un échange portant sur un bien indivis, peut être partiellement financé à l'aide de **fonds personnels d'un indivisaire** qui acquiert néanmoins pour et au profit de l'indivision. Dans ce cas, il doit être tenu compte de cet apport personnel, donnant lieu à une **indemnisation de l'indivisaire,** sur le fondement de l'article 815-13 du Code civil, selon l'équité eu égard à ce dont la masse indivise se trouve ainsi augmentée au jour du partage, ou de l'aliénation du bien si elle intervient avant celui-ci et ne donne pas lieu elle-même à une nouvelle subrogation. Il s'agit alors d'une dette de l'indivision.

143.46 Plus-values de biens indivis. Les biens communs indivis peuvent connaître des augmentations de valeur sensibles entre le jour de la dissolution et le moment de la liquidation et du partage, époque à laquelle ils sont évalués. **Ces plus-values profitent à l'indivision et augmentent la valeur de la masse partageable.** Il en est certainement ainsi pour une **plus-value ayant une cause purement économique,** résultant d'une augmentation de la valeur marchande du bien qui, en lui-même, n'a pas changé dans sa consistance matérielle. C'est la conséquence normale de l'évaluation du bien au jour du partage ou de la jouissance divise.

Mais il en est de même quand la **plus-value résulte d'améliorations matérielles apportées au bien au cours de l'indivision.** Si ces améliorations ont été financées au moyen de fonds indivis, l'accroissement profitant à l'indivision est indiscutable. En revanche, si le financement a été assuré par un indivisaire au moyen de fonds personnels, il doit être indemnisé dans la mesure de l'enrichissement ainsi procuré sur le fondement de l'article 815-13 du Code civil.

Il en est encore ainsi quand la **plus-value constatée résulte d'une exploitation du bien par un indivisaire.** Tel sera le cas en pratique pour des entreprises, agricoles, commerciales, artisanales, ou encore des clientèles civiles dont le développement a pu continuer pendant la période d'indivision. Certes, cette plus-value résulte de l'industrie personnelle de l'indivisaire exploitant et dont pourtant il n'est pas tenu à l'égard de l'indivision. Cependant cet **indivisaire exploitant** a droit à une **rémunération, à la charge de l'indivision, pour son activité de gestion et d'exploitation du bien indivis** (C. civ., art. 815-12). La valorisation du bien de ce fait est acquise à l'indivision qui conserve le bien dans son état, au moment de la liquidation et du partage. Cette solution est affirmée par une jurisprudence désormais bien établie[2] (« *La plus-value du fonds de commerce*

1. Civ. 1re, 9 janv. 1979, no 77-13.694, *Bull. civ.* I, no 13; *D.* 1979. IR 254, obs. D. Martin.

2. Civ. 1re, 12 janv. 1994, no 91-18.104, *Bull. civ.* I, no 10; *D.* 1994. 311, 2e esp., note R.Cabrillac; *D.* 1995. Somm. 41, obs. M. Grimaldi; *JCP* 1994. I. 3785; III, no 1, obs. Ph. Simler; *JCP N* 1994. 329, note J.-F. Pillebout; *Defrénois* 1994. 430, obs. L. Aynès; *RTD civ.* 1994. 642, obs. F. Zenati; *RTD civ.* 1996. 229, obs. B. Vareille; et 231, obs. B. Vareille; *RTD com.* 1994. 546, obs. B. Bouloc – Civ. 1re, 29 mai 1996, no 94-14.632, *Bull. civ.* I, no 222; *JCP* 1996. I. 3968, no 4, obs. R. Le Guidec; I. 3972, no 11, obs. H. Périnet-Marquet; *JCP* 1997. I. 4008, no 17, obs. A. Tisserand; *JCP N* 1997. 702, note S. Piedelièvre; *RTD civ.* 1997. 713, obs. J. Patarin; *RDI* 1996. 535, obs. J.-L. Bergel.

géré par un époux durant l'indivision, constatée au jour du partage, accroît à l'indivision, l'époux ayant droit à une rémunération de sa gérance, dont les juges du fond apprécient souverainement le montant »).

143.47 Moins-values de biens indivis. Symétriquement les moins-values qui peuvent être constatées entre la dissolution et la liquidation, affectant les biens indivis doivent être supportées par l'indivision, diminuant ainsi la valeur de la masse partageable. Il en est certainement ainsi pour une **moins-value d'ordre économique** résultant des fluctuations de la valeur marchande des biens indivis. Cependant si la **moins-value peut être imputée à un indivisaire,** les dégradations et détériorations diminuant la valeur des biens indivis étant de son fait ou de sa faute (C. civ., art. 815-13, al. 2), il se trouve redevable d'une **indemnité réparatrice à l'indivision.**

143.48 Fruits et revenus de biens indivis. Selon le principe posé par l'article 815-10 du Code civil : « *Les fruits et les revenus des biens indivis accroissent à l'indivision, à défaut de partage provisionnel ou de tout autre accord établissant la jouissance divise* ».

À ce titre on peut y trouver pratiquement, des **loyers** du fait de locations de biens indivis, des **intérêts** versés en conséquence du placement de capitaux, des **bénéfices** réalisés du fait de l'exploitation des biens indivis. Ils correspondent à la jouissance des biens et se rattachent naturellement à la masse indivise.

Cependant leur intégration dans la masse partageable au moment de la liquidation aura sans doute une incidence limitée. En effet, ces fruits et revenus serviront en premier lieu à **acquitter les frais inhérents à l'entretien et la conservation des biens.** Particulièrement, si l'indivisaire qui gère ou exploite les biens est redevable des produits nets de sa gestion, il a droit à une rémunération pour son activité de gestion, qui peut avoir un caractère professionnel, et qui devrait être prélevée sur les bénéfices (C. civ., art. 815-12). Par ailleurs, ces **fruits et revenus** devraient normalement être **distribués entre les indivisaires** qui sont fondés à demander leur part annuelle dans les bénéfices (C. civ., art. 815-11). Enfin, **ils se prescrivent par cinq ans** après la date à laquelle ils ont été perçus ou auraient pu l'être (C. civ., art. 815-10, al. 3).

En conséquence de ces différents aspects, il est probable que le montant des fruits et revenus de biens indivis qui doit être compris dans la masse partageable soit limité, le principe demeurant certain.

143.49 Indemnité d'occupation. « *L'indivisaire qui use ou jouit privativement de la chose indivise est, sauf convention contraire, redevable d'une indemnité* » (C. civ., art. 815-9). Cette indemnité d'occupation est une **variété de revenu de biens indivis** et pour cela en suit le même régime juridique[1]. En pratique, l'hypothèse se vérifie souvent pour l'**occupation de l'immeuble d'habitation dépendant de la communauté par un époux,** à compter de la séparation du couple. Cependant, l'indivision remontant en principe à la date de l'ordonnance de non-conciliation, il faut rechercher à quel titre cette jouissance personnelle est établie. Ce point, souvent litigieux, devrait être clarifié par application de l'article 255-4° du Code civil, issu de la loi du 26 mai 2004 relative au divorce : « *Attribuer à l'un d'eux la jouissance du logement et du mobilier du ménage ou partager entre eux cette jouissance, en précisant son caractère gratuit ou non et, le cas échéant, en constatant l'accord des époux sur le montant d'une indemnité d'occupation* ». L'indemnité dont l'indivisaire occupant est redevable revient à l'indivision et non pas au conjoint coïndivisaire[2]. Elle est soumise au **principe de la prescription quinquennale** selon l'article 815-10 alinéa 3 du Code civil[3] mais le délai de cinq ans ne court que du jour où le jugement de divorce est passé en force de chose jugée, un procès-verbal de difficultés dressé dans les cinq ans de la décision de divorce interrompant ce délai, dès lors qu'il fait état de réclamations concernant les fruits et revenus (pour une indemnité d'occupation[4]).

SECTION 4
ÉVALUATION DE L'ACTIF COMMUN

143.51 Modes d'évaluation. Les biens communs composant l'actif de la masse partageable doivent être évalués au cours de la liquidation afin d'établir la valeur des droits respectifs des copartageants. À défaut le principe d'égalité en valeur dans le partage ne pourrait pas être vérifié et respecté (C. civ., art. 1475, al. 1er). Le mode d'évaluation sera différent selon la forme que prend le partage.

En cas de partage amiable, les époux conviendront de la valeur attribuée aux différents biens.

1. Civ. 1re, 5 févr. 1991, n° 89-11.136, *Bull. civ.* I, n° 54; *Defrénois* 1991. 494, obs. G. Champenois; *RTD civ.* 1992. 615, obs. J. Patarin.
2. Civ. 1re, 14 nov. 1984, n° 83-14.866, *Bull. civ.* I, n° 305.
3. Civ. 1re, 10 janv. 1990, n° 87-10.453, *Bull. civ.* I, n° 9; *RTD civ.* 1991. 144, obs. F. Zenati.
4. Civ. 1re, 18 févr. 1992, n° 90-16.954, *Bull. civ.* I, n° 52; *JCP* 1993. I. 3676, n° 2, obs. F.-X. Testu; *Defrénois* 1992. 1206, note M.-C. Forgeard; *RTD civ.* 1993. 165, obs. F. Zenati; et 172, obs. J. Patarin – Civ. 1re, 10 févr. 1998, n° 96-16.735, *Bull. civ.* I, n° 47; *D. Affaires* 1998. 769, obs. M. B.; *Defrénois* 1998. 1119, note O. Milhac; *Gaz. Pal.* 1999. 1. Somm. 124, obs. S. Piedelièvre; *RTD civ.* 1998. 435, obs. J. Patarin – Civ. 1re, 23 mai 2012, n° 11-12.813, *Bull. civ.* I, n° 111; *JCP* 2012. 999, n° 18, obs. A. T.-M.

C'est une condition de l'élaboration conventionnelle de la liquidation et du partage de leur communauté de biens. Cela n'exclut pas de se référer aux conseils et propositions dans ce sens du **notaire** chargé par eux d'établir la convention de liquidation et de partage. Éventuellement aussi, selon la complexité que peuvent présenter certains biens de communauté (exploitations, clientèles...) il peut être procédé à **l'évaluation par expertise**, selon l'accord des époux.

En cas de partage judiciaire, l'évaluation des biens sera arrêtée par le **notaire liquidateur désigné** et par la suite par le **tribunal** procédant à **l'homologation de l'acte de partage.** Cette évaluation peut être faite par **expertise.**

143.52 Date d'évaluation. L'article 1476 du Code civil soumet le partage de la communauté aux règles établies au titre des successions pour les partages entre cohéritiers. En conséquence, il est admis que la date d'évaluation des biens communs doit être la même que celle retenue pour l'évaluation des biens composant la succession. En principe, il s'agit de la **date du partage**[1]. Cette règle a été rappelée avec beaucoup de netteté : « *En cas de divorce, si la consistance des éléments de la communauté à liquider se détermine au jour où le jugement de divorce prend effet dans les rapports patrimoniaux entre les époux, leur valeur doit être fixée au jour le plus proche du partage, compte tenu des modifications apportées a l'état de ces biens pendant la durée de l'indivision post communautaire* »[2]. C'est en effet le meilleur moyen de réaliser **l'égalité en valeur entre les copartageants.** De la sorte, les époux subissent ou profitent également des changements de valeur qui peuvent affecter les biens au cours de la période d'indivision.

Cependant, cet objectif n'est atteint que si le partage se trouve exécuté rapidement. Or il peut survenir quelque retard dans cette exécution du fait de contestations ou de l'exercice de voies de recours, de telle manière que l'évaluation à la date du partage n'est plus exactement adaptée. C'est pourquoi il est de plus en plus fait référence à la **date de la jouissance divise pour l'évaluation des biens,** c'est-à-dire la **date à laquelle les époux obtiennent effectivement la jouissance des biens qui leur sont attribués**[3]. Conformément à une pratique constante, les actes notariés de partage comportent souvent une **clause de jouissance divise.** En conséquence, par exemple, un bien commun, devenu indivis, occupé précédemment par l'un des époux, redevable à ce titre d'une indemnité d'occupation (C. civ., art. 815-9) et qui est attribué à l'un ou à l'autre époux doit être évalué libre de toute occupation[4].

Ces principes dégagés par la jurisprudence se trouvent consacrés par la loi du 23 juin 2006, le nouvel article 829 du Code civil pour le partage des successions énonçant : « *En vue de leur répartition, les biens sont estimés à leur valeur à la date de la jouissance divise telle qu'elle est fixée par l'acte de partage, en tenant compte, s'il y a lieu, des charges les grevant. Cette date est la plus proche possible du partage. Cependant, le juge peut fixer la jouissance divise à une date plus ancienne si le choix de cette date apparaît plus favorable à la réalisation de l'égalité* ». Pour autant, les époux peuvent convenir valablement d'évaluer un bien à une date différente[5].

SECTION 5
DÉTERMINATION DU PASSIF COMMUN

143.61 Corrélation actif commun – passif commun. Pour l'établissement de la masse partageable entre les époux, il y a lieu de réunir les dettes communes aux biens communs composant l'actif de cette masse. En effet, au stade de la liquidation, la communauté est reconstituée comme un patrimoine autonome, distinct du patrimoine propre de chacun des époux. Corrélativement aux **biens communs** correspondent les **dettes communes.**

À ce titre, il ne peut s'agir évidemment que des **dettes non encore acquittées** et incombant aux époux au moment de la liquidation. Et, en tous les

1. Civ., 20 nov. 1940, *DH* 1940. p. 207 ; *S.* 1941. I. p. 233, note Batiffol ; *JCP* 1941. II. 1397, note Voirin – JURISPRUDENCE CONSTANTE, v. Civ. 1re, 12 mai 1970, n° 69-10.561, *Bull. civ.* I, n° 159.
2. Civ. 1re, 7 avr. 1998, n° 96-15.358, *Bull. civ.* I, n° 138 ; *JCP* 1998. I. 183, n° 6, obs. A. Tisserand ; *JCP N* 1999. 320, note Schaeffer ; *Defrénois* 1998. 1469, obs. G. Champenois ; *Dr. fam.* 1998, n° 120, note B. Beignier ; *RTD civ.* 1998. 712, obs. J. Patarin ; *RTD civ.* 1999. 174, obs. B. Vareille – Civ. 1re, 16 juill. 1998, n° 96-21.011, *Bull. civ.* I, n° 249 ; *JCP* 1999. I. 154, n° 13, obs. A. Tisserand ; *Defrénois* 1998. 1469, obs. G. Champenois – Civ. 1re, 28 janv. 2003, n° 00-20.757, *Bull. civ.* I, n° 22 ; *D.* 2003. 643, note C. Barberot ; *JCP* 2003. I. 158, n° 17, obs. A. Tisserand ; *Defrénois* 2003. 1361, obs. G. Champenois.
3. Civ. 1re, 1er déc. 1965, *D.* 1966. 59, note A. B. ; *Defrénois* 1966. 546, note Savatier – Civ. 1re, 11 oct. 1989, n° 87-11.954, *Bull. civ.* I, n° 312 ; *D.* 1989. IR 268 ; *Defrénois* 1990. 877, obs. G. Champenois.
4. Civ. 1re, 25 juin 1991, n° 90-10.321, *Bull. civ.* I, n° 206 ; *D.* 1992. Somm. 223, obs. M. Grimaldi ; *Defrénois* 1992. 163, obs. F. Lucet ; *RTD civ.* 1991. 712, obs. D. Huet-Weiller.
5. Cass., ass. plén., 22 avr. 2005, n° 02-15.180, *Bull. ass. plén.*, n° 5 ; *R.* 213 ; *BICC* 1er juill. 2005, rapp. Gridel, concl. Cavarroc ; *D.* 2005. IR 1250 ; *JCP* 2005. II. 10089 note Ph. Simler ; *RLDC* 2005/18, n° 753, note F. Léandri ; *Dr. fam.* 2005, n° 140, note B. Beignier ; *RDC* 2005. 1155, obs. Lécuyer ; *RTD civ.* 2005. 810, obs. M. Grimaldi.

cas, seules doivent être considérées pour l'établissement de la masse partageable les **dettes qualifiées de communes au titre de la contribution des époux,** suivant l'organisation du passif dans le régime matrimonial légal. (v. *Communauté légale - Passif*, s[s] n°s 141.10 s. et 142.10 s.). En effet, selon cette organisation, établie dans les articles 1409 à 1418 du Code civil, il y a lieu de distinguer **l'obligation à la dette,** concernant les rapports des époux avec leurs créanciers, qui détermine l'étendue du gage de ces créanciers et la **contribution à la dette,** concernant les rapports entre époux, conduisant finalement à la qualification de dettes communes qui doivent être mises à la charge définitive de la communauté, ou de dettes personnelles qui se rattachent au seul patrimoine propre de l'époux intéressé. Cela explique, par ailleurs, que si une dette finalement considérée comme personnelle a pu être acquittée à l'aide de biens de communauté, une récompense sera à valoir au profit de la communauté dans le cadre de la liquidation, comme réciproquement, en cas de paiement de dettes communes au moyen de fonds propres à un époux, une récompense sera due par la communauté à cet époux.

La communauté étant arrêtée dans sa composition au moment de la dissolution du régime matrimonial, ce sont donc les dettes qui subsistent à la charge des époux à cette date qui doivent être qualifiées, les dettes communes figurant au passif de la communauté. Cependant, la liquidation de la communauté est plus ou moins contemporaine de sa dissolution. Comme on le sait, il peut être constaté une période d'indivision postcommunautaire pendant laquelle la masse commune devenue indivise est susceptible d'évolution suivant l'organisation générale de l'indivision. La gestion de la masse indivise peut ainsi générer des dettes de l'indivision elle-même et qui, en conséquence, doivent être aussi retenues pour l'établissement du passif de la masse partageable. Au **passif commun existant au jour de la dissolution du régime matrimonial** s'ajoute le **passif inhérent à l'indivision postcommunautaire.**

§ 1
Passif commun à la dissolution du régime matrimonial

143.71 Distinction dettes communes et dettes personnelles. Les dettes incombant aux époux au jour de la dissolution du régime matrimonial sont naturellement diverses, dépendant de leur activité patrimoniale générale : **dettes relatives à l'acquisition de biens, dettes ménagères, dettes professionnelles, dettes de caractère délictuel...** Elles donnent lieu à un **droit de poursuite reconnu aux créanciers** pendant la période d'indivision, établi tant par le régime matrimonial que par le droit général. de l'indivision (C. civ., art. 815 s.). Aux termes de l'article 1482 du Code civil, l'époux débiteur peut être poursuivi pour la totalité des dettes existantes, au jour de la dissolution, qui étaient entrées en communauté de son chef. Ainsi pour les dettes qu'il a contractées pendant l'application du régime ou plus généralement qui lui incombent au moment de la dissolution et qui pouvaient être poursuivies sur la communauté, il en répondra sur ses biens personnels et sur la communauté demeurant en indivision. Le conjoint de l'époux débiteur peut être poursuivi pour la moitié de ces mêmes dettes entrées en communauté sur ses biens personnels et aussi la communauté indivise (C. civ., art. 1483). Ce droit de poursuite inhérent au régime matrimonial se combine avec celui établi par l'article 815-17 du Code civil, au titre de l'indivision, selon lequel les créanciers qui auraient pu agir sur les biens indivis avant qu'il y eût indivision, c'est-à-dire la communauté, peuvent poursuivre la saisie et la vente des biens indivis et doivent être payés par prélèvement sur l'actif commun indivis avant le partage. À l'opposé les créanciers personnels d'un époux ne peuvent saisir sa part dans l'indivision mais peuvent provoquer le partage (C. civ., art. 815-17, al. 2 et 3). Dans cette perspective, il y a donc bien, et toujours, pour la suite, une **distinction entre les dettes communes et les dettes personnelles** à chaque époux. Mais s'agissant de la liquidation et de l'établissement de la masse partageable, il faut opérer la distinction dettes communes et dettes personnelles sur le plan essentiel de la contribution des époux, pour déterminer les dettes composant le passif de la communauté au moment de sa dissolution, toute dette contractée postérieurement par un époux ne pouvant être que personnelle à celui-ci, sous réserve des dettes contractées dans l'intérêt de l'indivision elle-même. La distinction découle des textes organisant le passif au titre du régime matrimonial. Sur cette base, trois catégories différentes peuvent être dégagées, les **dettes antérieures au mariage** ou grevant des successions et des libéralités, les **dettes ménagères et alimentaires**, les autres **dettes nées pendant l'application du régime matrimonial.**

143.72 1) Dettes antérieures au mariage et dettes grevant les successions et libéralités. Les dettes incombant aux époux avant le mariage, pour quelle que cause que ce soit, peuvent ne pas avoir été totalement acquittées au moment de la dissolution du régime matrimonial. Elles sont toujours personnelles à l'époux débiteur selon le principe élémentaire énoncé par l'article 1410 du Code civil. Il n'y a donc **jamais lieu de les faire figurer au titre du pas-**

sif commun. Le paiement de ces dettes pendant l'application du régime au moyen de fonds communs donnerait lieu à récompense au profit de la communauté (C. civ., art. 1412). Il en est de même, avec les mêmes conséquences, pour les dettes grevant des successions ou des libéralités dont les époux ont bénéficié pendant le mariage (C. civ., art. 1410) ces biens d'origine successorale ou libérale leur demeurant propres (C. civ., art. 1405). On y trouvera principalement le passif successoral auquel l'époux héritier serait tenu, les droits de mutation et les charges diverses qui peuvent grever donations ou legs profitant aux époux, et qui, par hypothèse, ne seraient pas encore acquittées au moment de la dissolution du régime matrimonial. **Une exception** devrait être apportée, **rendant la dette commune, pour les libéralités entrant en communauté** (C. civ., art. 1405).

143.73 **2) Dettes ménagères et dettes alimentaires.** Les unes et les autres sont établies à la charge définitive de la communauté, selon l'article 1409 du Code civil. Elles doivent donc être qualifiées de **communes** et figurer au **passif de la communauté** quand elles subsistent au moment de la dissolution du régime.

Les dettes ménagères sont celles contractées pour l'entretien du ménage et l'éducation des enfants, les époux en étant solidairement tenus (C. civ., art. 220). Cependant la solidarité légale connaît quelques exceptions : **dépenses manifestement excessives, achats à tempérament, emprunts**, sauf modestes correspondant aux besoins de la vie courante (C. civ., art. 220, al. 2 et 3). Néanmoins, dans ces cas, la dette sera considérée comme commune **si l'opération a profité à la communauté**, chaque époux étant présumé agir en ce sens, ou a permis l'acquisition de biens revenant à la communauté.

Les **dettes alimentaires** établies à la charge des époux pendant le mariage sont réputées **communes.** Elles devraient cependant être considérées comme **personnelles**, et ne pas figurer au passif de communauté, quand elles apparaîtront avoir pour cause une **obligation contractée par un époux au mépris des devoirs du mariage** (dette d'aliments pour un enfant adultérin, subsides sur le fondement de C. civ., art. 242).

143.74 **3) Autres dettes nées pendant l'application du régime matrimonial.** Ces dettes incombant encore aux époux au moment de la dissolution du régime sont pratiquement les plus nombreuses et les plus importantes : **dettes relatives à l'acquisition ou l'amélioration de biens, dettes de caractère professionnel contractées par l'un ou l'autre des époux, dettes de caractère délictuel,** *etc.*

D'une manière générale, ces dettes nées au cours de l'application du régime matrimonial sont considérées comme **communes**, aux termes de l'article 1409 du Code civil. Cette qualification de principe découle d'une présomption selon laquelle l'activité de chacun des époux, générant ces dettes, **profite à la communauté qui doit donc en supporter les charges.** Elles devraient donc figurer au passif de la communauté, grevant la masse partageable.

Néanmoins, la qualification de **dette personnelle à un époux** et donc **l'exclusion du passif commun** doit être rétablie **dans trois cas d**ifférents selon les articles 1416 et 1417 du Code civil. Il en est ainsi quand la **dette** a été contractée dans l'intérêt personnel de l'un des époux, ainsi **pour l'acquisition, la conservation ou l'amélioration d'un bien propre** (C. civ., art. 1416). Il s'agit de tous les **engagements contractés pour la constitution et le développement du patrimoine propre** d'un époux. Une **limite** doit cependant être apportée aujourd'hui à la qualification de dette personnelle à propos des dépenses de conservation de biens propres. Dans son arrêt du 31 mars 1992, la Cour de cassation a énoncé que les revenus des biens propres des époux étant affectés à la communauté, celle-ci doit, en contrepartie, en supporter les dettes qui sont la charge de la jouissance de ces biens[1]. En conséquence, les **dépenses inhérentes à la conservation et l'entretien courant des biens propres** sont **communes.**

De même, les **dettes de caractère délictuel, civiles ou pénales,** incombant à un époux lui sont personnelles (C. civ., art. 1417). Ce qui, par ailleurs, justifiera une récompense à la communauté si elles ont été payées à l'aide de fonds communs, sauf à déduire le profit que la communauté à pu retirer de ces actes délictueux. On y trouve les amendes encourues par un époux et les dettes de réparation de dommages causés par la faute ou l'imprudence d'un époux. Sur cette base, il a été jugé que le redressement fiscal, dans la mesure où il ne comporte pas de pénalités, a la même nature que l'impôt lui-même qui frappe les revenus des époux communs en biens et, en conséquence, ne peut être assimilé aux dettes visées par l'article 1417 du Code civil[2]. Et un époux est tenu de réparer seul, et sur ses biens propres seulement, le dommage causé à son conjoint pendant le mariage par son quasi-délit[3].

1. Civ. 1re, 31 mars 1992, n° 90-17.212, préc. s[s] n° 142.92; *D.* 1992. IR 137; *GAJC,* 12e éd., 2007, 567, obs. Terré et Lequette; *Defrénois* 1992. 1121, obs. G. Champenois; *JCP* 1993. II. 22003, note J.-F. Pillebout; II. 22041, note A. Tisserand; *RTD civ.* 1993. 401, obs. F. Lucet et B. Vareille.
2. Civ. 1re, 19 févr. 1991, n° 88-19.303, préc. s[s] n°s 142.61, 142.92 et 142.112; *Defrénois* 1991. 1130, obs. G. Champenois.
3. Civ. 1re, 19 févr. 1980, n° 79-10.304, *Bull. civ.* I, n° 59.

Enfin, il faut ajouter comme **dettes personnelles** à un époux **celles qu'il a pu contracter au mépris des devoirs du mariage** (C. civ., art. 1417, al. 2).

D'une manière générale, c'est en fonction de ces **critères légaux de qualification des dettes** qu'il faut distinguer entre **dettes communes** et **dettes personnelles** pour ne retenir que les premières au titre du passif commun quand elles subsistent à la charge des époux à la date de dissolution du régime matrimonial.

§ 2
Passif de l'indivision postcommunautaire

143.81 **Dettes de l'indivision.** Il est certain que les dettes contractées par les époux après la dissolution du régime matrimonial leur sont personnelles, comme les biens qu'ils acquièrent eux-mêmes pendant cette période. Elles ne peuvent être poursuivies que sur leurs biens propres, les créanciers ayant le droit de provoquer le partage (C. civ., art. 815-17, al. 2 et 3). Ce ne sont pas des dettes de l'indivision.

Cependant, l'indivision postcommunautaire peut générer des dettes qui seront à sa charge, découlant de la gestion des biens indivis. Il s'agit principalement des **dettes contractées pour l'entretien et la conservation des biens indivis,** les **dettes fiscales** s'y rapportant mais aussi éventuellement le **passif inhérent à l'exploitation** de ces biens. En général, l'évolution de la masse indivise doit être retenue sur le plan du passif comme sur celui de l'actif. Dans la mesure où ces dettes de l'indivision ne sont pas acquittées au moment de la liquidation, il y a lieu de les faire figurer au titre du passif dans l'établissement de la masse partageable.

CHAPITRE

144. Liquidation de la communauté : identification des récompenses

RAYMOND LE GUIDEC
PROFESSEUR ÉMÉRITE DE L'UNIVERSITÉ DE NANTES

SECTION 0 ORIENTEUR

144.00 **Plan du chapitre.**

144.01 **Textes applicables.**

C. civ., art. 1433, 1437, 1469, 1470 à 1474

> Récompenses et biens propres
[C. civ., art. 1433 et 1437]

C. civ., art. 1433

La communauté doit récompense à l'époux propriétaire toutes les fois qu'elle a tiré profit de biens propres.

Il en est ainsi, notamment, quand elle a encaissé des deniers propres ou provenant de la vente d'un propre, sans qu'il en ait été fait emploi ou remploi.

Si une contestation est élevée, la preuve que la communauté a tiré profit de biens propres peut être administrée par tous les moyens, même par témoignages et présomptions.

C. civ., art. 1437

Toutes les fois qu'il est pris sur la communauté une somme, soit pour acquitter les dettes ou charges personnelles à l'un des époux, telles que le prix ou partie du prix d'un bien à lui propre ou le rachat des services fonciers, soit pour le recouvrement, la conservation ou l'amélioration de ses biens personnels, et généralement toutes les fois que l'un des deux époux a tiré un profit personnel des biens de la communauté, il en doit la récompense.

> Calcul de la récompense

C. civ., art. 1469 et 1470

* V. texte complet de ces deux articles s^s n° 143.01, > *Liquidation de la communauté*

> Prélèvements en biens communs

C. civ., art. 1474

* V. texte complet de cet article s[s] n° 143.01, > *Liquidation de la communauté*

144.02 Jurisprudence de référence.

CAUSES DE RÉCOMPENSES

> Il incombe à celui qui demande récompense à la communauté d'établir que les deniers provenant de son patrimoine propre ont profité à celle-ci; sauf preuve contraire, le profit résulte notamment de l'encaissement de deniers propres par la communauté, à défaut d'emploi ou de remploi

• **Civ. 1re, 8 févr. 2005, n° 03-13.456,** *Bull. civ.* I, n° 65

• **Civ. 1re, 8 févr. 2005, n° 03-15.384,** *Bull. civ.* I, n° 66

• **Civ. 1re, 22 nov. 2005, n° 02-19.283,** *Bull. civ.* I, n° 426

• **Civ. 1re, 28 nov. 2006, n° 04-17.147,** *Bull. civ.* I, n° 515

* V. ss n° 144.32

• **Civ. 1re, 15 févr. 2012, n° 11-10.182,** *Bull. civ.* I, n° 33

* V. ss n° 144.32

Le profit tiré par la communauté résultant de l'encaissement, au sens de l'article 1433 alinéa 2, des deniers propres d'un époux, ne peut être déduit de la seule circonstance que ces deniers ont été versés au cours du mariage, sur un compte bancaire ouvert au nom de cet époux; après avoir constaté que le compte personnel, sur lequel le mari avait déposé des fonds propres, mais également des revenus, s'il alimentait les deux comptes joints ouverts au nom des deux époux, avait également servi de support à de nombreuses autres opérations dont il n'était pas démontré qu'elles concernaient toute la communauté, n'a pu en déduire qu'il n'était pas établi que les deniers propres déposés sur ce compte personnel avaient alimenté l'un ou l'autre des comptes joints des époux et, par conséquent, profité à la communauté.

• **Civ. 1re, 12 avr. 2012, n° 11-14.653,** *Bull. civ.* I, n° 94

* V. ss n° 144.32

N'ouvrent pas droit à récompense les échéances de remboursement des prêts contractés par la communauté pour financer la construction d'une maison sur un terrain propre de l'épouse, qui ont été prises en charge par les assureurs au titre de l'invalidité du mari, ces sommes n'étant pas entrées dans le patrimoine propre de celui-ci, de sorte que ni la communauté, ni aucun des deux époux n'ont déboursé de fonds.

> N'ouvre pas droit à récompense l'industrie personnelle déployée par l'un des époux au service d'un bien propre de son conjoint...

• **Civ. 1re, 30 juin 1992, n° 90-19.346,** NP

* V. ss n° 144.44

> ... ou de lui-même.

• **Civ. 1re, 5 avr. 1993, n° 91-15.139,** *Bull. civ.* I, n° 137

• **Civ. 1re, 18 mai 1994, n° 92-14.747,** *Bull. civ.* I, n° 172

• **Civ. 1re, 28 févr. 2006, n° 03-16.887,** *Bull. civ.* I, n° 106

* V. ss n° 144.44

• **Civ. 1re, 26 oct. 2011, n° 10-23.994,** *Bull. civ.* I, n° 187

* V. ss n° 144.44

> L'assurance-vie souscrite au profit d'une autre personne que le conjoint donne lieu à récompense

• **Civ. 1re, 19 déc. 2012, n° 11-21.703,** *Bull. civ.* I, n° 269

* V. ss n° 144.45

ÉVALUATION DES RÉCOMPENSES

> La disposition de l'article 1469 alinéa 3 ne distingue pas selon que le bien a été acquis avant ou pendant le mariage, dès lors que le prix ou le remboursement du prêt contracté en vue de le payer a été réglé au cours de ce régime et de deniers communs

• **Civ. 1re, 5 nov. 1985, n° 84-12.572,** *Bull. civ.* I, n° 284

* V. ss n° 144.43

> La communauté à laquelle sont affectés les fruits et revenus de biens propres doit supporter les dettes qui sont la charge de la jouissance de ces biens. Il s'ensuit qu'en cas de règlement par la communauté ou par un des époux des annuités d'un emprunt souscrit pour l'acquisition d'un bien propre à l'autre époux il y a lieu pour la détermination des sommes dont ce dernier leur est redevable d'avoir égard à la fraction ainsi remboursée du capital à l'exclusion des intérêts, qui sont une charge de la jouissance

• **Civ. 1re, 31 mars 1992, n° 90-17.212,** *Bull. civ.* I, n° 96

* V. ss nos 144.32, 144.44 et 144.74

• **Civ. 1re, 3 févr. 2010, n° 08-21.054,** *Bull. civ.* I, n° 32

* V. ss nos 144.32, 144.44 et 144.74

> Le paiement, au moyen de deniers communs, d'une rente viagère grevant une donation-partage, qui constitue une simple charge des fruits, n'ouvre pas droit à récompense au profit de la communauté

• **Civ. 1re, 15 mai 2008, n° 07-11.460,** NP

* V. ss nos 144.32, 144.44 et 144.74

> L'article 1469 ne distingue pas selon que l'acquisition est effectuée à titre onéreux ou à titre gratuit. Les frais d'enregistrement d'un acte de donation, dont le paiement a permis la réalisation de cette donation et l'acquisition d'un bien à titre gratuit, donnent lieu à une récompense calculée selon le profit subsistant

• **Civ. 1re, 4 juill. 1995, n° 93-12.347,** *Bull. civ.* I, n° 290

* V. ss n° 144.75

> Une cour d'appel ayant retenu souverainement que les travaux avaient été rendus nécessaires pour assurer l'habitabilité de l'immeuble, en déduit exactement que la récompense ne pouvait être inférieure au montant de la dépense faite

• **Civ. 1re, 25 janv. 2000, n° 98-10.747,** *Bull. civ.* I, n° 20

* V. ss n° 144.62

> Un second immeuble commun ayant été acquis à l'aide du prix d'aliénation d'un premier immeuble commun, une récompense unique est due à l'époux dont les fonds propres ont contribué au financement du premier immeuble, cette récompense étant égale au profit subsistant évalué sur le nouveau bien subrogé au bien aliéné

• **Civ. 1re, 20 juin 2012, n° 11-18.504,** *Bull. civ.* I, n° 138

* V. ss n° 144.111

RÈGLEMENT DES RÉCOMPENSES

> Les créanciers ne peuvent réclamer le paiement de la récompense qu'un époux peut être tenu de verser à la communauté avant qu'elle soit exigible

• **Civ. 1re, 16 avr. 1991, n° 88-10.353,** *Bull. civ.* I, n° 141

* V. ss n° 144.15

144.03 Bibliographie indicative.

Actualisable. Rép. civ., v° *Communauté légale (5° Liquidation-partage)*, par B. Vareille, janv. 2011 [màj mars 2014].

Ouvrages.

* V. ouvrages cités en bibliographie s[s] n° 143.03.

Articles. R. Cabrillac, « Le travail d'un époux sur un bien », *Mél. Mouly*, Litec, 1998, t. 1, p. 257 – A. Colomer, « Vérité juridique, vérité économique et régimes matrimoniaux », *Mél. Veille*, Litec, 1981, p. 153 s. – F. Labelle-Pichevin, « La prise en compte de l'industrie personnelle lors de la liquidation des régimes matrimoniaux », *Mél. Le Guidec*, LexisNexis, 2014, p. 121 s. – E. Naudin, « Encaissement de deniers propres et droit à récompense », *Dr. fam.* 2006. Étude 16 – Ph. Simler, « Brèves réflexions sur le calcul des récompenses en cas de remboursement d'emprunt », *Mél. Le Guidec*, LexisNexis, 2014, p. 247 s. – B Vareille, « Brèves réflexions critiques à propos de l'article 1469 du Code civil », *Mél. Le Guidec*, LexisNexis, 2014, p. 279 s.

144.04 Questions essentielles.

> Quand y a-t-il lieu à récompense pour encaissement de fonds propres par la communauté ?

* V. s[s] n° 144.32

> Quelle méthode d'évaluation de la récompense pour le remboursement d'un emprunt ?

* V. s[s] n° 144.74

> Notion jurisprudentielle de dépenses nécessaires.

* V. s[s] n°s 144.61 à 144.62

> Quelles sont les modalités pratiques de règlement des récompenses ?

* V. s[s] n°s 144.121 à 144.137

SECTION 1
LIQUIDATION DES RÉCOMPENSES

144.11 Notion. Dans le régime matrimonial légal - et plus généralement dans tous les régimes communautaires - la récompense est le moyen retenu pour rendre compte d'un **mouvement de valeur entre la communauté et le patrimoine propre d'un époux**, qui s'est réalisé au cours de l'application du régime. Du fait de la coexistence des masses de biens, et sans séparation juridique rigoureuse, des interférences plus ou moins nombreuses entre les biens communs et les biens propres de chaque époux se produisent inévitablement, résultant naturellement de la dynamique de la gestion des biens que détiennent les époux. Ainsi des fonds communs provenant des revenus des époux, de leurs économies, peuvent être utilisés pour acquérir des biens propres ou acquitter des dettes personnelles. Inversement, des fonds propres à un époux selon leur origine, peuvent être encaissés par la communauté pour acquitter des dettes qui lui incombent, ou peuvent être utilisés pour acquérir ou pour améliorer des biens de communauté. Les textes établissant la composition active et passive des masses de biens en présence y font d'ailleurs fréquemment allusion (C. civ., art. 1404, 1405, 1407, 1408, 1412, 1433, 1436, 1437, *etc.*). En conséquence, une restitution de la valeur empruntée par une masse de biens à l'autre, et dont elle a profité, doit être faite au cours de la liquidation du régime matrimonial pour rétablir, au moins en valeur, la composition exacte de chaque masse de biens, comme si ce transfert de valeur n'avait pas eu lieu. De la sorte, la récompense apparaîtra, dans l'établissement de la masse partageable, tantôt une créance de la communauté à l'égard du patrimoine propre d'un époux, tantôt une dette de la communauté à l'égard de ce patrimoine.

144.12 Fondement. La mise en œuvre du mécanisme des récompenses au cours de la liquidation du régime matrimonial. doit être comprise comme une **mesure d'équité**. Elle permet de faire en sorte que, finalement, une masse de biens ne s'enrichisse pas injustement au détriment d'une autre. En effet, si aucune suite n'était donnée à ces mouvements de valeurs, il pourrait être constaté un enrichissement d'un côté, par le profit résultant de l'emprunt d'une masse à l'autre et corrélativement un appauvrissement de l'autre côté, la masse de biens sur laquelle la valeur est prélevée étant diminuée d'autant. Dans ce sens, il serait surtout à craindre une diminution sensible de la communauté qui, parce qu'elle se voit attribuer, en principe, les revenus des époux, contribue souvent à constituer ou développer les patrimoines propres. L'inverse ne doit d'ailleurs pas être exclu, les biens propres pouvant aussi servir à la constitution d'acquêts. Fondamentalement, les récompenses permettent de restaurer en valeur un équilibre entre les masses de biens qui a été rompu du fait des interférences qui les ont affectées pendant l'application du régime matrimonial.

144.13 Domaine d'application. La récompense est le moyen de rendre compte d'un **transfert de valeur entre la communauté et le patrimoine propre d'un époux.** Cela signifie que le droit à récompense n'apparaît et ne peut être justifié que si ce transfert s'est réalisé **au cours de l'application du régime matrimonial**, pendant laquelle la communauté est constituée par rapport aux patrimoines propres des époux. En conséquence de ce principe, le droit à récompense en tant que tel ne peut être retenu quand les transferts de valeurs ont lieu avant ou après l'application du régime matrimonial déterminant l'organisation des biens des époux. Ainsi en cas d'avance de fonds par un futur époux à l'autre, même dans la perspective du mariage, il ne peut en résulter qu'une créance de l'un à l'égard de l'autre. Certes si cette avance se trouve remboursée pendant le mariage à l'aide de fonds communs, il y aura lieu à récompense à la communauté qui a ainsi servi le paiement d'une dette personnelle de l'époux ayant emprunté à l'autre. Mais le rapport juridique entre les patrimoines de l'époux créancier et celui de l'époux débiteur ne peut être qualifié comme un droit à récompense.

De même si le transfert de valeur a lieu après la dissolution du régime matrimonial, au cours de la période d'indivision postcommunautaire et, par hypothèse, entre la masse commune indivise et le patrimoine personnel d'un époux indivisaire, il n'y a pas lieu à récompense mais à un rapport de créance et de dette à l'égard de l'indivision. Il en ira ainsi typiquement quand, par exemple, un époux continuera de rembourser, au moyen de ses revenus personnels, un emprunt qui a servi à l'acquisition d'un bien commun. Dans ce cas, l'époux indivisaire est fondé à réclamer à l'indivision une indemnité sur le fondement de l'article 815-13 du Code civil[1]. Il est vrai que dans ce cas le montant de l'indemnité due au coïndivisaire sera fixé suivant une méthode comparable à celle suivie pour l'évaluation de la récompense, par **référence au profit subsistant pour le patrimoine emprunteur, évalué à l'époque de la liquidation**[2].

144.14 Récompenses et créances entre époux. Par définition, une **récompense** suppose **un mouvement de valeur entre la communauté et le patrimoine propre d'un époux**. Si, pendant l'application du régime matrimonial, le **transfert de valeur se réalise entre les patrimoines propres des époux**, il y a lieu de constater une **créance entre époux** et non pas une récompense. Elle suppose que soit établie la fourniture de fonds propres par un époux à l'autre qui les utilise pour son patrimoine personnel. C'est dire qu'en tous les cas, la preuve de la fourniture de fonds propres soit suffisamment faite, dans les conditions générales énoncées par l'article 1402 alinéa 2 du Code civil et que la preuve soit également apportée que ces fonds propres ont été utilisés par le conjoint au profit de son patrimoine propre. Il en sera ainsi quand de tels fonds ont servi au paiement de dettes personnelles au conjoint, ou encore pour le financement de l'acquisition ou de l'amélioration de biens propres. De telles **créances entre époux** obéissent en général à **un régime juridique distinct de celui des récompenses.**

En premier lieu, sauf convention particulière, elles sont considérées comme **exigibles dès le moment de leur naissance**. C'est pourquoi le recouvrement peut en être recherché pendant le mariage, sans attendre la dissolution du régime matrimonial ou sa liquidation. En pratique, une telle exigibilité est rarement mise en œuvre pendant le mariage. Néanmoins, il peut être constaté un paiement volontaire et spontané par l'époux débiteur à l'époux créancier, au moyen de fonds qui lui sont reconnus comme propres. Le plus souvent le règlement des créances personnelles entre époux sera recherché à l'époque de la liquidation. Cependant, elles ne concernent pas l'établissement de la masse partageable, toute entière axée sur la reconstitution de la communauté ayant existé entre les époux. C'est pourquoi, à ce titre, l'article 1479 alinéa 1er du Code civil précise qu'elles « *ne donnent pas lieu à prélèvement et ne portent intérêt que du jour de la sommation* ».

Dans le même sens, ces créances entre époux se distinguent des récompenses en ce qui concerne leur **évaluation**. En principe, elles devront être considérées pour leur valeur nominale. Cependant la loi nº 85-1372 du 23 décembre 1985 a permis leur revalorisation par un alignement partiel de leur évaluation sur celle des récompenses, aux termes de l'article 1479 alinéa 2 du Code civil « *sauf convention contraire des parties, elles seront évaluées selon les règles de l'article 1469, troisième alinéa, dans les cas prévus par celui-ci; les intérêts courent alors du jour de la liquidation* ». Dans ces conditions nouvelles, il en sera fait état par comparaison avec l'évaluation des récompenses. Mais, en toute hypothèse, elles doivent être distinguées des récompenses pour l'établissement de la masse partageable.

144.15 Exigibilité des récompenses. Les récompenses constituent un moyen de rétablir l'équilibre entre la communauté et les patrimoines propres des époux qui ont coexisté pendant l'application du régime matrimonial. Elles sont **comptabilisées au cours de la liquidation.** C'est pourquoi elles ne sont jamais **exigibles qu'à compter de la dissolution du régime.** En conséquence, une créance de récompenses ne peut être poursuivie pendant cette application du régime matrimonial, ainsi par les créanciers d'un époux[3]. Le compte de récompenses est indisponible et insaisissable tant que la dissolution du régime n'a pas été constatée[4]. De la même manière, il est admis que le droit à récompense, qui s'exerce à l'occasion du partage, ne peut se prescrire tant que le partage peut être demandé[5].

1. Civ. 1re, 22 oct. 1985, *D.* 1986. 205, note Breton – Civ. 1re, 9 juill. 1991, nº 89-11.341, *Bull. civ.* I, nº 234; *JCP N* 1992. 211, nº 17, obs. A. T.
2. Civ. 1re, 9 juill. 1991, nº 89-11.341, préc. s^s^ prés^t^ nº – Civ. 1re, 11 mai 2012, nº 11-17.497, *Bull. civ.* I, nº 106; *JCP* 2012. 999, nº 19, obs. A. T.-M.
3. Civ. 1re, 16 avr. 1991, nº 88-10.353, *Bull. civ.* I, nº 141; *JCP N* 1992. 207, nº 9.
4. Civ. 1re, 18 déc. 1990, nº 88-20.148, *Bull. civ.* I, nº 293; *Defrénois* 1991. 1171, note Savatier; *RTD civ.* 1991. 786, obs. F. Lucet et B. Vareille.
5. Civ. 1re, 28 avr. 1986, nº 84-16.820, *Bull. civ.* I, nº 100; *D.* 1987. 324, note Morin.

144.16 Caractère non impératif des récompenses. En tant qu'instrument d'équité, les récompenses doivent être normalement mises en œuvre au cours de la liquidation et contribuent ainsi à l'établissement de la masse partageable. Cependant, elles ne sont pas considérées comme impératives, **les époux se voyant reconnaître la liberté d'en disposer** tant pour le droit à récompense lui-même que pour le mode de leur évaluation, tel que légalement énoncé par l'article 1469 du Code civil. C'est une **conséquence de la disparition du principe d'immutabilité du régime matrimonial à partir de sa dissolution**, selon l'analyse retenue par la jurisprudence[1]. Encore, **cette liberté** doit-elle être bien comprise. Elle **ne peut se manifester qu'après la dissolution du régime,** la renonciation d'un époux aux récompenses dues par son conjoint à la communauté ne pouvant résulter que d'**un acte manifestant sa volonté sans équivoque**[2]. En revanche, une convention des époux tendant à disposer du droit à récompense ou à fixer un mode original d'évaluation, établie au cours du mariage serait inefficace, étant nulle parce que méconnaissant le **principe d'immutabilité du régime** qui demeure pendant son application[3] (C. civ., art. 1396). Cette convention pourrait seulement être confirmée après la dissolution et au cours de la liquidation. Dans cette perspective, il revient particulièrement au notaire liquidateur de vérifier l'existence d'une telle convention. Bien entendu, si cette convention, ainsi située, n'existe pas, la mise en œuvre du droit à récompense doit être réalisée.

144.17 Comptes et règlement des récompenses. Le principe des récompenses étant retenu et justifié, leur mise en œuvre se réalise par l'établissement de comptes permettant de dégager le montant des récompenses finalement dû et qui sera l'objet d'un règlement. Ces opérations de liquidation contribuent ainsi directement à l'établissement de la masse partageable.

SECTION 2
ÉTABLISSEMENT DES COMPTES DE RÉCOMPENSES : CAUSES DE RÉCOMPENSES

144.20 Présentation. Aux termes de l'article 1468 du Code civil, « *il est établi, au nom de chaque époux, un compte des récompenses que la communauté lui doit et des récompenses qu'il doit à la communauté* ». Cette manière de procéder est obligatoire pour la liquidation des récompenses. Dans le compte de chaque époux doivent s'inscrire les différentes causes de récompenses à la charge de la communauté ou à son profit. Ce sont les causes de récompenses qui apparaissent ainsi comme autant d'articles de chaque compte. Mais chaque récompense doit aussi être comptabilisée en valeur afin de déterminer le montant de la créance ou de la dette de récompenses. Cela conduit nécessairement à procéder à l'évaluation des récompenses. Ce sont les deux aspects complémentaires de l'établissement des comptes de récompenses.

1. Civ. 1re, 28 juin 1983, no 82-12.926, *Bull. civ.* I, no 190; *D.* 1984. 254, note Morin.
2. Civ. 1re, 8 déc. 1982, no 81-14.093, *Bull. civ.* I, no 354; *D.* 1983. 209, note Morin.
3. Civ. 1re, 28 juin 1983, no 82-12.926, préc. ss prést no.

144.21 Réciprocité. Rendant compte des mouvements de valeurs opérés pendant l'application du régime matrimonial entre la communauté et le patrimoine propre de chaque époux, les récompenses apparaissent tantôt à la charge de la communauté, tantôt à la charge du patrimoine propre, selon l'analyse de l'activité patrimoniale des époux qui doit ainsi être retrouvée au cours de la liquidation. L'établissement du compte de récompenses implique la distinction des récompenses dues par la communauté et les récompenses dues à la communauté.

§ 1
Récompenses dues par la communauté

144.31 Principe général. Il est établi par l'article 1433 du Code civil selon lequel : « *La communauté doit récompense à l'époux propriétaire toutes les fois qu'elle a tiré profit de biens propres.*

Il en est ainsi, notamment, quand elle a encaissé des deniers propres ou provenant de la vente d'un propre, sans qu'il en ait été fait emploi ou remploi ».

Au-delà de l'exemple particulier qui est cité, la formule générale de l'article 1433 permet de retenir comme cause de récompense due par la communauté **toute utilisation des biens propres d'un époux qui lui a été profitable.** Il doit être constaté un **enrichissement de la communauté** qui a lui-même son origine dans **un appauvrissement du patrimoine propre**. La récompense qui est due à cause du profit retiré par la communauté suppose un transfert de valeur, prélevée sur le patrimoine propre. Ce sont les deux éléments indissociables constitutifs du droit à récompense à l'égard de la communauté.

144.32 Hypothèses diverses. Appliquant la directive ainsi donnée, les cas où il y a lieu à récompense due par la communauté sont naturellement divers et doivent être établis par rapport à chaque situation. En conséquence, il ne peut être donné que des exemples caractéristiques.

Il en sera ainsi quand **la communauté a encaissé des deniers propres et en a tiré profit.** Pendant quelques années, dans de nombreux arrêts, la Cour de cassation énonçait qu'il ne suffisait pas d'établir l'encaissement de deniers propres mais qu'il fallait aussi faire la preuve d'un réel profit pour la communauté[1]. Elle semblait avoir assoupli cette exigence en admettant que, « *sauf preuve contraire, le profit résulte notamment de l'encaissement de deniers propres par la communauté, à défaut d'emploi ou de remploi* »[2]. Mais plus récemment, un certain retour à la position première semble se dessiner, la preuve et de l'encaissement et du profit retiré par la communauté devant être apportée[3].

L'acquisition de biens communs au moyen de biens ou de deniers propres à un époux sera significative d'un droit à récompense à l'égard de la communauté dans plusieurs hypothèses. Ainsi, en cas d'échange d'un bien propre contre un autre, moyennant le versement d'une soulte et de frais fournis par la communauté, d'un montant supérieur à la valeur du bien cédé, le bien devenant acquêt de communauté pour l'intégralité, sauf récompense (C. civ., art. 1407). Il en sera de même en cas d'emploi ou de remploi de deniers propres moyennant une contribution de la communauté, pour l'acquittement du prix d'acquisition et les frais, supérieure à celle de l'époux acquéreur (C. civ., art. 1436), le bien acquis étant alors un acquêt de communauté.

La même constatation doit être faite quand **des fonds propres à un époux ont été utilisés pour la réparation, l'amélioration de biens communs,** ainsi par exemple pour le financement d'une construction sur un terrain commun.

Néanmoins, de telles acquisitions ou améliorations de biens communs ne donneront pas lieu à récompense à la charge de la communauté si elles ont été financées au moyen de revenus de biens propres qu'un époux a perçus, et qui sont désormais attribués à la communauté[4].

Le paiement de dettes considérées comme à la charge définitive de la communauté au moyen de deniers propres à un époux peut aussi fonder un droit à récompense à l'égard de la communauté. Cependant il n'y aura pas lieu à récompense si la dette a été payée par un organisme d'assurance en exécution d'une assurance invalidité[5].

Le droit à récompense à la charge de la communauté devra aussi être retenu dans l'hypothèse d'une **confusion de biens propres mobiliers dans la masse commune** si ces biens n'existent plus en nature et sous réserve que la preuve de l'enrichissement par la communauté puisse être rapportée.

L'emploi au profit de la communauté des arrérages de rente viagère consécutifs à l'aliénation d'un bien propre donnera lieu à récompense dans la mesure où ces arrérages sont considérés comme correspondant au prix de la vente du bien. Il en sera de même en cas d'**emploi au profit de la commu-**

1. Civ. 1re, 13 janv. 1993, n° 89-21.900, *Bull. civ.* I, n° 10; *D.* 1993. IR 28; *Defrénois* 1993. 1445, obs. G. Champenois; *RTD civ.* 1995. 424, obs. B. Vareille – Civ. 1re, 6 avr. 1994, n° 91-22.341, *Bull. civ.* I, n° 137; *JCP* 1995. I. 3821, n° 20, obs. Ph. Simler; *Defrénois* 1995. 823, obs. G. Champenois; *RTD civ.* 1996. 973, obs. B. Vareille – Civ. 1re, 20 févr. 1996, n° 94-11.224, NP; *Dr. et patr.* 1996, n° 1325, obs. A. Bénabent; *RTD civ.* 1996. 973, obs. B. Vareille – Civ. 1re, 17 déc. 1996, n° 95-11.929, *Bull. civ.* I, n° 451; *D.* 1998. 189, note V. Brémond; *JCP N* 1997. 976, note J.-F. Pillebout; *JCP* 1997. I. 4047, n° 21, obs. A. Tisserand; *Defrénois* 1997. 413, obs. M. Grimaldi, et 1442, obs. G. Champenois; *RTD civ.* 1998. 178, obs. B. Vareille – Civ. 1re, 10 févr. 1998, n° 94-20.388, *Bull. civ.* I, n° 4.
2. Civ. 1re, 8 févr. 2005, n° 03-13.456, *Bull. civ.* I, n° 65; *R.* 215; *BICC* 15 mai 2005, n° 899, et la note; *D.* 2005. Pan. 2116, obs. V. Brémond; *JCP* 2005. I. 163 n° 12, obs. A. Tisserand-Martin; *JCP N* 2005. 1351, note J.-F. Pillebout; *Defrénois* 2005. 1506, obs. G. Champenois; *Dr. fam.* 2005, n° 80, note B. Beignier (1re esp.); *AJ fam.* 2005. 149, obs. P. Hilt (2e esp.); *RJPF* 2005-5/22, note F. Vauvillé, *RTD civ.* 2005. 445, obs. B. Vareille – Civ. 1re, 8 févr. 2005, n° 03-15.384, *Bull. civ.* I, n° 66, mêmes références – Civ. 1re, 22 nov. 2005, n° 02-19.283, *Bull. civ.* I, n° 426; *AJ fam.* 2006. 76, obs. P. Hilt – Civ. 1re, 28 nov. 2006, n° 04-17.147, *Bull. civ.* I, n° 515; *D.* 2006. AJ 3010; *D.* 2007. Pan. 2130, obs. J. Revel; *AJ fam.* 2007. 42, obs. P. Hilt; *AJDI* 2007. 562, obs. C. Denizot.
3. Civ. 1re, 15 févr. 2012, n° 11-10.182, *Bull. civ.* I, n° 33; *D.* 2012. 552; *AJ fam.* 2012. 232, obs. P. Hilt; *RTD civ.* 2012. 364, obs. B. Vareille; *Dr. fam.* 2012, n° 70, obs. B. Beignier; *Defrénois* 2012. 1078, note B. Desfossé; *JCP N* 2012, n° 1295, note E. Naudin.
4. Civ. 1re, 31 mars 1992, n° 90-17.212, *Bull. civ.* I, n° 96; *D.* 1992. IR 137; *GAJC*, 12e éd., 2007, 567, obs. F. Terré et Y. Lequette; *RTD civ.* 1993. 401, obs. F. Lucet et b. Vareille; *Defrénois* 1992. 1121, note G. Champenois; *JCP* 1993. II. 22003, note J.-F. Pillebout; *JCP* 1993. II. 22041, note A. Tisserand – Civ. 1re, 3 févr. 2010, n° 08-21.054, *Bull. civ.* I, n° 32; *D.* 2010. AJ 504; *AJ fam.* 2010. 139, obs. P. Hilt; *JCP* 2010, n° 487, § 10, obs. Ph. Simler; *Dr. fam.* 2010, n° 43, note B. Beignier; *JCP N* 2010. 1172, note V. Barabé-Bouchard; *RTD civ.* 2010. 611, obs. B. Vareille – V. AUSSI, Civ. 1re, 15 mai 2008, n° 07-11.460, NP; *JCP N* 2008. 1339, n° 12, obs. A. Tisserand-Martin; *AJ fam.* 2008. 352, obs. P. Hilt; *RTD civ.* 2009. 160, obs. B. Vareille.
5. Civ. 1re, 1er déc. 1987, n° 85-15.260, *Bull. civ.* I, n° 315; *Defrénois* 1988. 538, obs. G. Champenois – Civ. 1re, 14 déc. 2004, n° 02-16.110, *Bull. civ.* I, n° 309; *D.* 2005. 545, note R. Cabrillac; Pan. 2118, obs. Revel; *AJ fam.* 2005. 68, obs. P. Hilt; *Dr. fam.* 2005, n° 36, note Beignier; *RTD civ.* 2005. 819, obs. B. Vareille – Civ. 1re, 12 avr. 2012, n° 11-14.653, *Bull. civ.* I, n° 94; *D.* 2012. 1125; *AJ fam.* 2012. 352, obs. P. Hilt; *RTD civ.* 2012. 363, obs. B. Vareille; *JCP N* 2012. 1308, note V. Barabé-Bouchard; *RGDA* 2012. 1072, obs. L. Mayaux.

nauté du prix de cession d'un droit viager, propre à l'un des époux.

144.33 Preuve du droit à récompense. À défaut de reconnaissance du droit à récompense par les époux, **la preuve doit en être apportée par l'époux qui réclame une telle récompense.** À cet égard, l'article 1433 alinéa 3 du Code civil énonce que « *si une contestation est élevée, la preuve que la communauté a tiré profit de biens propres, peut être administrée par tous les moyens, même par témoignages et présomptions* ». En réalité cette liberté de preuve ne concerne que la **preuve du profit retiré par la communauté en conséquence de l'utilisation de biens propres**, élément nécessaire pour fonder le droit à récompense. Mais préalablement, il faut aussi, le cas échéant, faire la **preuve de l'existence de biens ou de fonds propres,** dont l'utilisation est la condition originaire du droit à récompense. Elle doit être faite dans les conditions de l'article 1402 alinéa 2 du Code civil. Encore, cette existence étant démontrée, **la preuve devra aussi être apportée que ces fonds propres ont été utilisés pour l'acquisition ou l'amélioration de biens communs,** si l'époux qui réclame la récompense entend la faire valoir par rapport au profit en résultant pour la communauté par ces biens acquis ou améliorés.

§ 2
Récompenses dues à la communauté

144.41 Principe général. Il est énoncé par l'article 1437 du Code civil selon lequel : « *Toutes les fois qu'il est pris sur la communauté une somme, soit pour acquitter les dettes ou charges personnelles à l'un des époux, telles que le prix ou partie du prix d'un bien à lui propre ou le rachat des services fonciers, soit pour le recouvrement, la conservation ou l'amélioration de ses biens personnels, et généralement toutes les fois que l'un des deux époux a tiré un profit personnel des biens de la communauté, il en doit la récompense* ».

De manière symétrique au principe des récompenses dues par la communauté, il y a récompense due à la communauté quand un époux a utilisé des fonds communs pour servir son patrimoine propre et qu'il en est résulté un profit personnel. Ici encore, les **deux éléments qui fondent le droit à récompense pour la communauté** sont identiques : une **somme prélevée sur la communauté** procurant un **profit pour le patrimoine propre.**

En pratique, les causes de récompenses dues à la communauté seront souvent les plus nombreuses parce que la plupart du temps les fonds que détiennent les époux sont communs, à commencer par toutes sortes de revenus qu'ils perçoivent et qu'ainsi toute opération concernant le développement du patrimoine propre a de fortes chances d'être financée par ces fonds de communauté.

144.42 Hypothèses diverses. Il n'est sans doute pas possible de recenser totalement les cas dans lesquels il y a lieu à récompense pour la communauté, la directive énoncée par l'article 1437 du Code civil devant être appliquée dans les différentes situations faisant apparaître la vie patrimoniale des époux pendant l'application du régime matrimonial. Quelques exemples généraux peuvent être indiqués en partant des opérations impliquant le patrimoine propre de l'un ou de l'autre époux.

144.43 • Acquisition de biens propres. Il en est ainsi quand **des fonds communs sont utilisés pour parfaire une opération d'emploi ou de remploi,** les fonds propres n'étant pas suffisants pour couvrir la totalité du coût de l'acquisition (prix et frais, v. C. civ., art. 1436).

Également, **l'échange d'un bien propre** peut être la cause du **versement d'une soulte et de frais qui sera réalisé à l'aide de fonds communs,** ceux-ci étant par hypothèse d'un montant inférieur à la valeur du bien cédé en échange (C. civ., art. 1407). **L'acquisition de parts indivises d'un bien dont un époux est personnellement indivisaire à l'origine** donne toujours lieu à la reconnaissance de biens propres (C. civ., art. 1408). Il y a lieu à récompense pour la communauté si elle a financé l'acquisition de ces parts indivises. Récompense sera aussi due à la communauté pour avoir **financé l'acquisition de biens à titre d'accessoires de biens propres,** reconnus comme étant eux-mêmes propres (C. civ., art. 1406). Il en est de même en cas de **paiement au moyen de fonds communs du prix d'acquisition des instruments de travail servant à la profession d'un époux,** considérés comme propres par nature dans les conditions de l'article 1404 du Code civil. À propos de ces acquisitions multiples de biens propres, il y a lieu de remarquer, selon la jurisprudence, que le **remboursement d'emprunts ayant permis l'acquisition, au moyen de fonds communs, équivaut au paiement du prix d'acquisition, même si celle-ci est antérieure au mariage**[1]. La même analyse devrait d'ailleurs être retenue si l'emprunt remboursé au moyen de deniers communs a été utilisé pour acquitter des dépenses permettant l'amélioration ou la conservation de biens propres.

144.44 • Amélioration, conservation de biens propres. Il y a lieu à récompense au profit de la communauté si des **deniers communs ont été utilisés pour acquitter des dépenses inhérentes à des**

1. Civ. 1re, 5 nov. 1985, n° 84-12.572, *Bull. civ.* I, n° 284; *D.* 1987. 26, note R. Le Guidec; *Defrénois* 1986. 465, obs. G. Champenois; *JCP N* 1986. 97, note Ph. Simler.

travaux procurant une amélioration ou assurant la conservation de biens propres : construction, reconstruction, rénovation, réfection... Cependant, en cas de financement par la communauté de travaux d'entretien, correspondant aux réparations courantes, sur des biens propres, il n'y aura pas lieu à récompense, ces dépenses étant considérées comme des charges usufructuaires, incombant à la communauté en contrepartie de l'attribution des revenus de biens propres ou de leur jouissance[1]. Sur ce point, il conviendra de distinguer les **dépenses liées à l'entretien courant des biens** de celles qui correspondent à la **conservation structurelle des biens** et qui, elles, donneront lieu à récompense, dans la mesure où leur paiement a été fait à l'aide de deniers de communauté.

Par ailleurs, au terme d'une jurisprudence répétée, il n'y a pas lieu à récompense au profit de la communauté quand l'amélioration ou la conservation de biens propres se trouve réalisée par la seule industrie personnelle d'un époux, **le droit à récompense nécessitant le prélèvement d'une somme sur la communauté**[2]. Mais si l'amélioration ou la conservation des biens propres du fait de l'industrie personnelle d'un époux est aussi due à l'utilisation de matériaux payés à l'aide de fonds communs, il devrait y avoir lieu à récompense dans cette mesure.

144.45 • **Paiement de dettes personnelles à un époux.** Récompense est due à la communauté quand des dettes incombant personnellement à un époux ont été acquittées au moyen de deniers communs. Elles ont été précédemment présentées : dettes antérieures au mariage, dettes grevant des successions ou des libéralités, telles que les droits de mutation, le passif successoral, ou des charges inhérentes aux donations et legs bénéficiant aux époux. Il en est de même pour les dettes nées pendant le mariage et obligeant la communauté, bien que finalement qualifiées de personnelles à un époux : dettes contractées dans l'intérêt personnel d'un époux (C. civ., art. 1416), amendes pénales ou dommages-intérêts en suite de condamnations, à moins que le fait générateur de ces condamnations ait procuré un profit équivalent à la communauté (C. civ., art. 1417, al. 1er), dettes contractées au mépris des devoirs du mariage (C. civ., art. 1417, al. 2).

En revanche, **le paiement des primes d'assurance-vie ne donne pas lieu à récompense à la communauté**, sauf si ces primes apparaissent manifestement excessives eu égard aux facultés de la communauté (C. assur., art. L. 132-16). À cet égard, il convient de rappeler que dans le **cas de l'assurance-vie mixte**, la valeur du contrat d'assurance doit être comptée à l'actif de la communauté[3]. Cependant la dispense de récompense n'a lieu que si l'assurance est constituée au profit du conjoint. Dans tous les autres cas, la récompense est due à la communauté pour acquittement des primes au moyen de fonds communs[4].

144.46 • **Donation de biens communs.** La donation de biens communs faite par les époux donnera lieu à récompense dans certains cas. Certes, pour la **constitution de dot à l'enfant commun** au moyen de biens de communauté, l'article 1439 du Code civil l'exclut en la mettant à la charge de la communauté. Mais la **donation de biens communs au profit d'autres personnes justifie une récompense à la communauté.** Il n'y a sans doute pas de profit pour les époux donateurs mais le prélèvement sur la communauté semble suffisant pour fonder alors un droit à récompense. Il est vrai aussi que si les deux époux sont donateurs également, l'intérêt d'une récompense égale due par chacun est relatif. En revanche ce droit à récompense au profit de la communauté apparaît indiscutable quand **la donation de biens communs a été faite par un**

1. Civ. 1re, 31 mars 1992, n° 90-17.212, préc. ss nos 142.92, 143.74 et 144.32 – Civ. 1re, 3 févr. 2010, n° 08-21.054, préc. ss n° 144.32 – Civ. 1re, 15 mai 2008, n° 07-11.460, préc. ss n° 144.32.
2. Civ. 1re, 30 juin 1992, n° 90-19.346, NP; *JCP* 1993. I. 3656, n° 11, obs. A. Tisserand; *RTD civ.* 1993. 410, obs. F. Lucet et B. Vareille – Civ. 1re, 5 avr. 1993, n° 91-15.139, *Bull. civ.* I, n° 137; *R.* 243; *JCP* 1994. I. 3733, n° 20, obs. A. Tisserand; *Defrénois* 1993. 800, obs. G. Champenois; *RTD civ.* 1993. 638, obs. F. Lucet et B. Vareille – Civ. 1re, 18 mai 1994, n° 92-14.747, *Bull. civ.* I, n° 172; *D.* 1995. Somm. 43, obs. M. Grimaldi; *JCP* 1995. I. 3821, n° 19, obs. Ph. Simler; *Defrénois* 1995. 442, obs. G. Champenois; *RTD civ.* 1994. 930, obs. B. Vareille – Civ. 1re, 28 févr. 2006, n° 03-16.887, *Bull. civ.* I, n° 106; *D.* 2006. AJ 882; *JCP* 2006. I. 193, n° 19, obs. A. Tisserand-Martin; *AJ fam.* 2006. 208, obs. P. Hilt; *RTD civ.* 2006. 360, obs. B. Vareille – Civ. 1re, 26 oct. 2011, n° 10-23.994, *Bull. civ.* I, n° 187; *D.* 2012. 971, obs. J.-J. Lemouland et D. Vigneau; *AJ fam.* 2011. 617, obs. P. Hilt; *RTD civ.* 2012. 140, obs. B. Vareille; *Defrénois* 2012. 291, obs. G. Champenois.
3. Civ. 1re, 31 mars 1992, n° 90-16.343, *Praslicka*, *Bull. civ.* I, n° 95; *JCP* 1993. II. 22059, note B. Abry; *JCP* 1992. I. 3614, n° 6, obs. Ph. Simler; *Defrénois* 1992. 1159, obs. G. Champenois; *RTD civ.* 1992. 632; et 635, obs. F. Lucet et B. Vareille; *RTD civ.* 1995. 171, obs. B. Vareille.
4. Civ. 1re, 10 juill. 1996, n° 94-18.733, *Bull. civ.* I, n° 309; *D.* 1998. 26, note F. Sauvage; *JCP* 1997. I. 4008, n° 16, obs. A. Tisserand; *JCP N* 1996. Prat. 3893, p. 1752, n° 6, obs. Ph. Delmas Saint-Hilaire et F. Lucet; *Defrénois* 1997. 1080, obs. G. Champenois; *RCA* 1996. Chron. 39, obs. Courtieu; *RGDA* 1996. 693, note J. Bigot – Civ. 1re, 19 déc. 2012, n° 11-21.703, *Bull. civ.* I, n° 269; *D.* 2013. 87; *RJPF* 2013-2/37, obs. Hanecart-Weyth; *Dr. fam.* 2013, n° 199, note Delpérier; *JCP* 2013. 721, n° 14, obs. A. Tisserand.

époux seul, cette donation nécessitant en principe pour sa validité le consentement des deux époux (C. civ., art. 1422) mais n'étant pas toujours sanctionnée. À cet égard, il convient de rappeler la jurisprudence admettant la validité des donations de gains et salaires par un époux, sur le fondement du principe de leur libre disposition, après acquittement des charges du mariage[1] (C. civ., art. 223).

144.47 • **Préjudice pour la communauté.** De manière spéciale, un droit à récompense est prévu pour la communauté dans les hypothèses qui s'apparentent au **manque à gagner**. Il en est ainsi pour les **fruits de biens propres** que l'époux a négligé de percevoir ou a consommés frauduleusement, sans qu'aucune recherche, toutefois, soit recevable au-delà des cinq dernières années (C. civ., art. 1403, al. 2). De même, l'indemnité à la charge de l'époux qui doit répondre de ses fautes dans la gestion des biens de communauté (C. civ., art. 1421, al. 1er) peut être analysée comme une récompense.

144.48 **Preuve du droit à récompense.** Le droit à récompense au profit de la communauté est fondé par deux éléments énoncés par l'article 1437 du Code civil : **l'utilisation de deniers communs** et le **profit qu'en a retiré l'époux pour son patrimoine propre**. En cas de contestation sur ce droit à récompense pour la communauté, l'époux demandeur de récompense devrait faire la preuve de ces deux éléments. Cependant, sur le premier point, il convient de rappeler l'application générale de la présomption de communauté (C. civ., art. 1402, al. 1er) : tous les biens et donc les deniers employés par les époux sont réputés communs. Il n'y a donc pas à prouver l'origine des fonds utilisés par un époux pour ses biens propres. Dans l'ensemble, la jurisprudence respecte cette application de la **présomption de communauté pour les récompenses dues à la communauté**[2]. Au contraire, il reviendrait à l'époux défendeur de faire la preuve de l'utilisation de fonds propres pour écarter ce droit à récompense pour la communauté. Mais la preuve de l'utilisation de fonds communs n'est pas suffisante. **Il faut établir le profit personnel** qu'en a retiré l'époux ainsi emprunteur de la communauté[3]. Cette preuve peut être faite **par tous moyens.** La notion de profit personnel varie naturellement selon qu'elle se rapporte aux biens propres (acquisition, amélioration) ou au paiement de dettes personnelles à l'époux débiteur de récompense à l'égard de la communauté.

SECTION 3
PRINCIPE D'ÉVALUATION DES RÉCOMPENSES

144.51 **Mode légal – Présentation.** Le mode légal d'évaluation des récompenses est établi par l'article 1469 du Code civil, aux termes duquel : « *La récompense est, en général, égale à la plus faible des deux sommes que représentent la dépense faite et le profit subsistant.*

Elle ne peut, toutefois, être moindre que la dépense faite quand celle-ci était nécessaire.

Elle ne peut être moindre que le profit subsistant quand la valeur empruntée a servi à acquérir, à conserver ou à améliorer un bien qui se retrouve, au jour de la liquidation de la communauté, dans le patrimoine emprunteur. Si le bien acquis, conservé ou amélioré a été aliéné avant la liquidation, le profit est évalué au jour de l'aliénation; si un nouveau bien a été subrogé au bien aliéné, le profit est évalué sur ce nouveau bien ».

Ce texte, issu de la loi du 13 juillet 1965, et quelque peu retouché par la loi du 23 décembre 1985, constitue une innovation majeure, par rapport à l'ancien mode jurisprudentiel d'évaluation des récompenses qui, en général, correspondait à l'application de la **théorie de l'enrichissement sans cause,** elle-même conduisant à la comparaison de l'appauvrissement d'une masse de biens et de l'enrichissement d'une autre, pour retenir le plus faible montant, comme évaluation de la récompense due. Certes, apparemment, le système est reconduit par la règle énoncée par l'alinéa 1er de l'article 1469. Mais, il faut relever immédiatement que **ce principe se trouve écarté par deux exceptions**, dont l'application a été délibérément envisagée comme devant recouvrir beaucoup de causes de récompenses.

La première concerne les **dépenses nécessaires**, cas dans lequel le montant de la récompense ne peut être inférieur à celui de la dépense faite.

La seconde impose de retenir la **valeur du profit subsistant pour le patrimoine emprunteur, comme montant minimal de la récompense**, quand la

1. Civ. 1re, 29 févr. 1984, no 82-15.712, *Bull. civ.* I, no 81; *D.* 1984. 601, note D. Martin; *JCP* 1985. II. 20443, note R. Le Guidec – Civ. 1re, 25 janv. 2005, no 96-19.878, *Bull. civ.* I, no 35; *D.* 2005. Pan. 809, obs. J.-J. Lemouland et D. Vigneau; *AJ fam.* 2005. 280, obs. P. Hilt; et 234, obs. F. Chénedé; *JCP* 2005. I. 187, no 7, obs. R. Le Guidec; I. 163, no 11, obs. Ph. Simler; *Dr. fam.* 2005, no 95, note V. Larribau-Terneyre; *RTD civ.* 2005. 439, obs. M. Grimaldi et 368, obs. J. Hauser.
2. Civ. 1re, 10 janv. 1979, no 77-13.850, *Bull. civ.* I, no 19 – Civ. 1re, 7 juin 1988, no 86-14.471, *Bull. civ.* I, no 178; *D.* 1988. 525, note J. Massip; *JCP* 1989. II. 21341, note Ph. Simler; *JCP N* 1988. 354, note T. Fossier – CONTRA Civ. 1re, 24 avr. 1974, no 72-10.075, *Bull. civ.* I, no 110; *D.* 1975. 481, note Savatier; *JCP* 1976. II. 18255, note R. Le Guidec; *Defrénois* 1975. 294, obs. Guimbellot.
3. Civ. 1re, 13 janv. 1993, no 89-21.900, *Bull. civ.* I, no 10; *Defrénois* 1993. 1445, obs. G. Champenois; *RTD civ.* 1995. 424, obs. B. Vareille.

dépense faite a servi à acquérir, conserver ou améliorer un bien.

Ce dispositif, dont les différents éléments sont ainsi complémentaires, a été élaboré pour permettre une **revalorisation sensible et équitable des récompenses, tenant compte de la dépréciation monétaire** qui caractérise l'économie moderne. En effet, l'évaluation des récompenses est faite au cours de la liquidation de la communauté et donc à une période plus ou moins lointaine du moment auquel la cause de récompense apparaît. En se référant ainsi au profit subsistant pour le patrimoine emprunteur, débiteur de récompense, mesuré à l'époque de la liquidation, il est probable qu'il se révélera d'une valeur supérieure au montant de la dépense faite. Fondamentalement, la technique des récompenses a pour but de restaurer un équilibre en valeur entre les masses de biens. Il aurait été contradictoire, par rapport à cet objectif, de se limiter à l'application de la règle classique de l'enrichissement sans cause. L'évaluation des récompenses apparaît ainsi comme un exemple topique du valorisme en droit patrimonial.

144.52 Caractère supplétif. Cependant, **le mode légal d'évaluation des récompenses n'est pas d'ordre public**[1]. De manière constante, il est admis que les dispositions de l'article 1469 du Code civil peuvent être aménagées ou écartées par **convention des époux, soit d'emblée par le contrat de mariage**, soit par une **convention passée après la dissolution de la communauté**. En revanche, une telle convention ne pourrait être reconnue valable si elle était établie au cours du mariage, comme portant atteinte au principe d'immutabilité du régime matrimonial. (C. civ., art. 1396), celui-ci ne pouvant être modifié que par l'utilisation de la procédure de changement de régime, dans les conditions de l'article 1397 du Code civil.

Dans la perspective ainsi exactement délimitée, les époux peuvent convenir du montant des récompenses, du mode d'évaluation. En pratique, il en est particulièrement ainsi en cas de **liquidation conventionnelle s'inscrivant dans la procédure de divorce**, nécessaire pour le divorce sur demande conjointe, ou autrement toujours possible dans les conditions des articles 1450 et 1451 du Code civil. Il est d'ailleurs fréquent que le notaire liquidateur fasse des propositions dans ce sens, à l'agrément des époux.

En tous les cas, la convention des époux doit être certaine sur ce point. À défaut, le mode légal d'évaluation des récompenses doit être suivi. Son application a donné lieu à une jurisprudence importante permettant désormais de préciser les éléments et les méthodes d'évaluation. Il en sera rendu compte dans la présentation des règles énoncées par l'article 1469 et qui doivent être combinées entre elles, illustrées par des exemples chiffrés, afin de concrétiser ces calculs de récompenses.

144.53 Règle. Aux termes de l'article 1469 alinéa 1er du Code civil : « *La récompense est, en général, égale à la plus faible des deux sommes que représentent la dépense faite et le profit subsistant* ».

Le principe ainsi posé suppose une définition de la **dépense faite** et du **profit subsistant**, leur application dans les différentes hypothèses de causes de récompenses, pour aboutir à une comparaison et ne retenir que la plus faible des deux valeurs, comme montant de la récompense.

144.54 Dépense faite. Il s'agit de la **valeur empruntée par une masse de biens à l'autre**, le montant des fonds propres à un époux, utilisés au profit de la communauté, ou inversement le montant des deniers communs qui ont servi à un époux pour son patrimoine personnel. L'affectation de cette valeur empruntée est naturellement diverse : acquisition, conservation ou amélioration de biens, paiement de dettes... Le montant de la dépense faite doit être recherché **à la date à laquelle cette dépense a eu lieu**, à l'époque de l'opération qui cause la récompense. Elle est toujours définitivement fixée à cette date. C'est la mesure de l'appauvrissement d'un patrimoine au profit d'un autre.

144.55 Profit subsistant. Le profit subsistant correspond à l'**enrichissement réalisé par le patrimoine emprunteur**. D'une autre manière, il désigne la **plus-value qui résulte de la valeur empruntée, investie dans le patrimoine emprunteur**. Son appréciation se fera différemment selon l'objet de l'opération donnant lieu à récompense : acquisition, conservation ou amélioration d'un bien. Elle sera précisée lors de l'examen particulier de ces opérations.

Comme la formule l'indique, **le profit subsistant est évalué au jour de la liquidation, elle-même normalement proche du partage**. Le principe est certain en général. Déjà retenu par la jurisprudence[2], il est apparu consacré par la loi du 23 décembre 1985, dans la nouvelle rédaction de l'article 1469 alinéa 3, **le profit subsistant étant évalué par rapport aux biens acquis, améliorés ou conservés qui se retrouvent dans le patrimoine emprunteur au jour de la liquidation.** Il sera cependant remarqué qu'en cas d'aliénation du bien, objet de l'évaluation

1. Civ. 1re, 28 juin 1983, no 82-12.926, *Bull. civ.* I, no 190; *D.* 1984. 254, note Morin; *JCP* 1985. II. 20330, note J.-F. Pillebout.

2. Civ. 1re, 16 juill. 1969, *D.* 1970. 181, note Savatier; *JCP* 1970. II. 16158, note J. Patarin – Civ. 1re, 24 oct. 1972, no 71-11.883, *Bull. civ.* I, no 212; *D.* 1973. 285, note Breton.

du profit subsistant, l'évaluation devra être faite selon la **valeur au moment de l'aliénation** (C. civ., art. 1469, al. 3 *in fine*).

EXEMPLE

Un époux exploitant agricole, propriétaire de son exploitation déjà établie avant le mariage, acquiert pendant le mariage des matériels d'exploitation qu'il paie au moyen de ses revenus professionnels pour un montant de 100 000 euros. Lors de la liquidation de la communauté, ces matériels sont estimés à 60 000 euros. Ces matériels sont des biens propres par accessoire, évidemment rattachés à l'exploitation propre à l'époux (C. civ., art. 1406). Une récompense est due à la communauté puisqu'elle a financé l'acquisition (C. civ., art. 1437), les revenus professionnels étant considérés comme des biens de communauté dès leur perception. Ainsi, la dépense faite s'élevait à 100 000 euros. Le profit subsistant pour le patrimoine emprunteur correspond à la valeur de ces biens acquis au jour de la liquidation, soit 60 000 euros. La récompense due par l'époux à la communauté est d'un montant de 60 000 euros.

Cette application élémentaire du principe établi par l'article 1469 alinéa 1er doit être combinée avec celle de l'alinéa 3 du même texte, puisqu'il s'agit d'une récompense relative à l'acquisition de biens. Dans tous les cas de ce genre, la récompense « *ne peut être moindre que le profit subsistant* ». Ce qui signifie que pour les acquisitions de biens, la récompense sera toujours d'un montant égal au profit subsistant.

144.56 Inexistence de profit subsistant. La comparaison imposée par le principe d'évaluation de la récompense suppose que le **profit subsistant** pour le patrimoine emprunteur soit toujours **mesurable.** Il doit en être ainsi quand la valeur empruntée a servi au développement des biens composant le patrimoine emprunteur, sous une forme ou sur une autre, acquisition de biens nouveaux, conservation ou amélioration des biens existants. Ce sont d'ailleurs les seules hypothèses sur lesquelles la référence au profit subsistant est énoncée par l'article 1469. Mais **toutes les dépenses faites par un patrimoine au service d'un autre ne se rapportent pas à des biens.** Ainsi, on peut rappeler le paiement au moyen de fonds communs de **dettes personnelles** à l'un des époux, **dettes antérieures au mariage, dettes grevant des successions ou des libéralités, dettes consécutives à des condamnations, civiles ou pénales,** *etc.* Pour ces dettes, le principe d'une récompense à la communauté est légalement établi (C. civ., art. 1412, 1416 et 1417). Pour autant, il est difficile, sinon impossible, de considérer un profit subsistant, au sens d'un gain matériel, pour le patrimoine emprunteur. Au mieux, il y a une **économie réalisée,** qui ne peut être traduite en profit subsistant à la liquidation. La même observation peut être faite à propos des **récompenses dues en conséquence de donations de biens communs.** Dans ces cas, le prélèvement sur la communauté, de biens en nature ou de deniers, peut être assimilé à la dépense faite. Mais il n'y a jamais véritablement de profit pour le patrimoine du donateur, la donation se caractérisant par l'absence de contrepartie. Dans ces hypothèses, il serait cependant injuste de considérer le profit subsistant comme étant nul, pour les besoins de la comparaison posée en principe par l'article 1469, conduisant finalement à ne pas retenir de récompense. Au contraire, il paraît alors nécessaire de retenir **le montant de la dépense faite par une masse de biens au profit d'une autre comme montant de la récompense due par le patrimoine emprunteur.**

SECTION 4
EXCEPTION RELATIVE AUX DÉPENSES NÉCESSAIRES

144.61 La règle. Pour l'évaluation de la récompense, l'article 1469 alinéa 2 déroge au principe de l'enrichissement sans cause en retenant l'application de la **théorie des impenses,** d'ailleurs déjà suivie par la jurisprudence ancienne en la matière. Il énonce que la récompense « *ne peut, toutefois, être moindre que la dépense faite quand celle-ci était nécessaire* ». Il convient de préciser la notion de dépenses nécessaires avant d'illustrer la mise en œuvre de l'exception ainsi établie.

144.62 Notion de dépenses nécessaires. La notion de dépenses nécessaires correspond d'abord à **toutes sortes de frais inhérents à la conservation des biens, pour en assurer la maintenance et l'utilisation normale.** Ce sont les dépenses nécessitées par les travaux d'entretien, de réparation, de réfection, selon la structure matérielle et la destination de ces biens.

Mais, à ce titre, il convient d'admettre aussi des dépenses qui paraissent utiles, même si elles ne sont pas absolument indispensables pour la conservation des biens. Ces dépenses se rapportent alors à des **travaux d'installation ou d'aménagement, favorisant une meilleure utilisation, familiale ou personnelle des biens.** Ainsi, la qualification de dépenses nécessaires, au sens de l'article 1469 alinéa 2, a été retenue pour des travaux d'installation de chauffage, de sanitaires, d'agrandissement ou de transformation d'immeubles d'habitation, permettant ainsi de mieux répondre aux besoins de la vie familiale[1]. Cette interprétation est consacrée par la

1. PAR EX., Paris, 16 mars 1978, *JCP N* 1981. 49 (2e esp.), note J.-F. Pillebout; *Defrénois* 1979. 1518, 2e esp., note Morin.

Cour de cassation[1] admettant qu'une récompense était due à la communauté au moins égale au coût des travaux réalisés sur un immeuble propre afin d'assurer son habitabilité familiale (pose de portes, installation de chauffage, sanitaires, aménagement de placards, papiers et peintures) alors qu'ils n'avaient laissé aucun profit subsistant pour le patrimoine emprunteur de la communauté. Pourraient aussi être considérées à ce titre les dépenses relatives à l'aménagement d'un local pour y installer un cabinet professionnel[2], ou encore les dépenses faites pour la construction d'une maison destinée au logement de la famille. Cette compréhension de la notion de dépenses nécessaires, plutôt **extensive**, doit être appréciée **dans chaque cas particulier.** Elle rend éventuellement difficile la distinction entre les **dépenses proprement nécessaires et celles qui permettent de réaliser une amélioration des biens,** celles-ci donnant lieu à l'application de l'article 1469 alinéa 3 pour l'évaluation de la récompense.

EXEMPLE

Une maison familiale acquise pendant le mariage est fortement endommagée par une tempête, nécessitant d'urgence la réfection de la toiture et des ouvertures. Le coût des travaux s'est élevé à 400 000 euros, payés au moyen d'un capital qu'avait reçu l'épouse dans la succession de ses parents. Au jour de la liquidation de la communauté, l'immeuble est évalué à 1 600 000 euros, alors que si les travaux de réparation n'avaient pas été réalisés, il n'aurait été estimé qu'à 1 300 000 euros.

L'épouse est en droit de réclamer une récompense à la communauté, ayant payé les travaux de ses deniers propres, provenant de la succession de ses parents (C. civ., art. 1405). La dépense faite est de 400 000 euros. Le profit subsistant, pour le patrimoine emprunteur, la communauté, doit être évalué en comparant la valeur de l'immeuble au jour de la liquidation et la valeur qui aurait été fixée si les travaux de réfection n'avaient pas été réalisés, soit : 1 600 000 euros – 1 300 000 euros = 300 000 euros.

Il apparaît ainsi que le profit subsistant (300 000 euros) est inférieur au montant de la dépense faite (400 000 euros). Eu égard au caractère nécessaire de ces travaux de réparation, pour conserver l'immeuble dans un état satisfaisant, la récompense due par la communauté ne peut être inférieure à 400 000 euros. Cette exception au principe général posé par l'article 1469 alinéa 1er permet de retenir un résultat plus équitable. Elle justifiera une appréciation plutôt large de la notion de dépenses nécessaires.

Cependant l'application de cette disposition relative aux dépenses nécessaires doit être aussi combinée avec celle de l'alinéa 3 de l'article 1469 selon laquelle la récompense ne peut être moindre que le profit subsistant quand la valeur empruntée a servi à conserver un bien. Ces dispositions sont toujours complémentaires. Dans l'hypothèse où le profit subsistant apparaît supérieur au montant de la dépense considérée comme nécessaire, il sera retenu comme montant de la récompense due. D'une manière générale, lorsque la valeur empruntée a servi à conserver un bien, la récompense est égale à la plus forte des deux sommes représentant l'une le profit subsistant, l'autre la dépense faite.

SECTION 5
EXCEPTION RELATIVE À L'ACQUISITION, LA CONSERVATION, L'AMÉLIORATION D'UN BIEN

144.70 Règle. Dérogeant encore au principe énoncé dans l'alinéa 1er, l'alinéa 3 de l'article 1469 impose de considérer que la récompense ne peut être moindre que le profit subsistant, quand la valeur empruntée par une masse de biens à une autre a servi à acquérir, conserver ou améliorer un bien. C'est par cette exception que le **valorisme** a été retenu pour **l'évaluation des récompenses.** De la sorte, la récompense sera le plus souvent égale au profit subsistant. En effet, **le profit subsistant est évalué au jour de la liquidation** et, de ce fait, paraîtra la plupart du temps supérieur au montant de la dépense initialement faite. D'autre part, il faut souligner le large domaine d'application de cette exception, compte tenu de la généralité des termes énoncés, acquisition, conservation, amélioration de biens. La valorisation des récompenses se révèle en pratique **surtout profitable à la communauté parce que beaucoup d'opérations concernant les biens propres des époux sont réalisés au moyen de leurs revenus.** Mais, bien entendu, cette valorisation des récompenses est générale.

La référence au profit subsistant étant constante dans les hypothèses énoncées, les éléments de son appréciation seront néanmoins différents selon que le bien, donnant lieu à récompense, se retrouve dans le patrimoine emprunteur au jour de la liquidation (§ 1, § 2 et § 3), qu'il a été aliéné auparavant, ou qu'un autre bien lui a été subrogé en conséquence de cette aliénation (§ 4). Il faut distinguer entre ces trois cas pour la mise en œuvre de l'évaluation du profit subsistant.

1. Civ. 1re, 25 janv. 2000, no 98-10.747, *Bull. civ.* I, no 20; *JCP* 2000. I. 245, obs. A. Tisserand; *Defrénois* 2000. 443, obs. G. Champenois; *RTD civ.* 2000. 616, obs. B. Vareille.
2. Civ. 1re, 16 avr. 1991, no 89-11.324, *Bull. civ.* I, no 135; *JCP N* 1992. 207, no 9; et 212, no 18, obs. A. T.; *Defrénois* 1991. 863, obs. G. Champenois.

§ 1
Exception relative à l'acquisition d'un bien se retrouvant dans le patrimoine emprunteur

144.71 Valeur empruntée ayant servi à acquérir. Quand la valeur empruntée d'une masse de biens à l'autre a servi à acquérir un bien, **la récompense ne peut être inférieure au profit subsistant, lui-même évalué par rapport à la valeur du bien acquis au jour de la liquidation.** Ce qui suppose établi que la valeur empruntée a été utilisée pour l'acquisition du bien. Cette relation nécessaire a donné lieu à des interprétations aujourd'hui bien établies en jurisprudence. Il n'y a pas de difficulté particulière quand la somme prélevée sur une masse de biens a été directement investie pour financer l'acquisition du bien en totalité. Cependant, en cas de **financement partiel de l'acquisition**, l'évaluation du profit subsistant, comme montant de la récompense, devra être **proportionnelle.** Par ailleurs, la notion de valeur empruntée ayant servi à acquérir a été retenue pour le **remboursement de l'emprunt** qui, initialement, a servi à acquitter le prix d'acquisition. Enfin, l'acquisition au sens de l'article 1469 alinéa 3 du Code civil peut désormais être comprise tant pour **l'acquisition à titre gratuit** que pour **l'acquisition à titre onéreux**. Il y a lieu de préciser ces différentes hypothèses pour illustrer à chaque fois l'évaluation du profit subsistant, montant de la récompense due.

144.72 Paiement total de l'acquisition. Si la valeur empruntée a **entièrement** couvert le coût de l'acquisition du bien, comprenant le **prix d'achat du bien,** mais aussi toutes sortes de **frais** inhérents à l'opération (frais d'actes, d'enregistrement...) le profit subsistant pour le patrimoine emprunteur est évalué par **l'estimation du bien au jour de la liquidation.** Cependant, cette estimation doit être faite par rapport à **l'état du bien tel qu'il a été acquis à l'origine.** Le cas échéant, il y aurait lieu de déduire de cette valeur du bien à la liquidation la plus-value résultant d'améliorations apportées ultérieurement qui, elles-mêmes, peuvent être la cause d'une autre récompense selon l'origine de leur financement. Il en serait de même si, ultérieurement à l'acquisition, le bien avait été l'objet de dépenses permettant d'en assurer la conservation, dépenses pouvant aussi justifier une récompense selon le cas.

EXEMPLE

Des époux acquièrent une maison d'habitation pour un prix de 450 000 euros, auquel s'ajoutent des frais d'actes d'un montant de 50 000 euros, le tout étant payé au moyen d'un capital recueilli par le mari dans la succession de ses parents, celui-ci n'ayant pas fait de déclaration d'emploi. La maison, normalement entretenue pendant la vie commune, est évaluée à 800 000 euros à la liquidation. Il s'agit d'un acquêt donnant lieu à récompense par la communauté à l'égard du mari qui a financé l'acquisition à l'aide de fonds propres (C. civ., art. 1405). La récompense due est égale à la valeur de l'immeuble à la liquidation, soit à 800 000 euros. Si la maison avait été l'objet de travaux d'aménagement payés à l'aide de fonds communs, par exemple d'un coût de 200 000 euros, faisant apparaître une valeur de l'immeuble à la liquidation de 1 200 000 euros, il conviendrait de rechercher la valeur de la maison sans de tels travaux, qui serait par exemple de 900 000 euros. Cette valeur serait seule à retenir pour évaluer le profit subsistant du fait de l'acquisition. Bien entendu, si les travaux d'aménagement avaient eux aussi été payés à l'aide de fonds propres, une autre récompense serait due par la communauté au titre de l'amélioration du bien.

144.73 Paiement partiel de l'acquisition. Si la valeur empruntée a servi à financer **partiellement** le coût de l'acquisition, il y a lieu d'appliquer la **proportion** dans laquelle le patrimoine prêteur est intervenu pour évaluer le profit subsistant, selon la **valeur du bien acquis au jour de la liquidation, dans son état au moment de l'acquisition.** Pour déterminer cette proportion, il convient de rapporter la **valeur empruntée au coût global de l'acquisition,** comprenant outre le **prix du bien** les **frais** relatifs à cette acquisition. En effet, les frais sont partie intégrante du coût de l'acquisition. C'est d'ailleurs ce qui doit être déduit de la disposition de l'article 1436 du Code civil, à propos du remploi, dans sa rédaction issue de la loi du 23 décembre 1985. Cette **méthode de calcul proportionnel** est de principe[1].

EXEMPLE

Un époux est propriétaire d'un appartement au moment du mariage d'une valeur de 400 000 euros. Au cours du mariage, il vend cet appartement pour 500 000 euros, investissant ce prix pour acquérir une maison coûtant 700 000 euros, des frais s'y ajoutant pour un montant de 50 000 euros. Le remploi est déclaré par l'époux acquéreur, la différence de prix de la vente de l'appartement et d'achat de la maison (200 000 euros) ainsi que les frais étant payés au moyen des économies du ménage. L'immeuble ainsi acquis est évalué 1 200 000 euros au jour de la liquidation, son état d'origine n'ayant guère changé.

En conséquence, l'époux acquéreur se trouve débiteur d'une récompense à la communauté qui a ainsi partiellement financé l'acquisition. Pour déterminer le profit subsistant, montant de la récompense, il y a lieu de rechercher la proportion dans laquelle la communauté est intervenue pour l'acquisition. Elle a fourni totalement

1. Civ. 1re, 13 nov. 1980, nº 79-12.801, *Bull. civ.* I, nº 292 ; *JCP* 1981. II. 19608, note Pierre-François – Civ. 1re, 11 oct. 1989, nº 87-11.954, *Bull. civ.* I, nº 312 ; *Defrénois* 1990. 877, obs. G. Champenois.

250 000 euros, correspondant à 200 000 euros, partie du prix d'acquisition, et à 50 000 euros, montant des frais, également payés au moyen de fonds communs, le coût total de l'acquisition étant de 750 000 euros (prix d'acquisition 700 000 euros + frais 50 000). La proportion est ainsi de 250 000/750 000 = 1/3. Cette proportion doit être appliquée à la valeur du bien acquis au jour de la liquidation, soit 1 200 000 euros. Le profit subsistant pour le patrimoine emprunteur, montant de la récompense due, est de : 1 200 000 × 1/3 = 400 000 euros.

À défaut de déclaration de remploi, et sauf convention des époux pour l'admettre (C. civ., art. 1434), le bien acquis aurait été considéré comme un acquêt, donnant lieu à une récompense due par la communauté à l'époux acquéreur, dans la mesure des fonds propres fournis par lui pour cette acquisition profitant à la communauté. Elle aurait été de 500 000/750 000 = 2/3.

Le montant de la récompense due, égal au profit subsistant, aurait été de : 1 200 000 × 2/3 = 800 000 euros.

Ce calcul proportionnel se retrouvera pratiquement dans tous les cas où il sera constaté un financement partiel par un patrimoine au profit d'un autre : remploi, échange comportant une soulte et des frais, acquisition de parts indivises par l'époux indivisaire...

144.74 Paiement de l'acquisition par remboursement d'un emprunt. Il est fréquemment constaté que l'acquisition d'un bien se trouve financée par un **emprunt contracté au moment de l'acquisition** et qui est remboursé par l'acquéreur sur une période plus ou moins longue. L'hypothèse la plus vérifiée sera l'acquisition par un époux de biens propres dans ces conditions (parts indivises, biens accessoires de biens propres, *etc.*), le remboursement étant effectué au moyen des revenus de l'époux emprunteur. En conséquence, une récompense est due à la communauté pour le paiement de la dette personnelle à l'époux acquéreur. Une première question se pose de savoir si **le remboursement est une dépense servant à l'acquisition du bien**, cas dans lequel le montant de la récompense sera évalué selon le profit subsistant apprécié par rapport à la valeur du bien. Certes le prix de l'acquisition est acquitté au moyen des deniers prêtés. Mais il peut être considéré que réellement **c'est le remboursement qui réalise l'acquisition,** d'un point de vue économique, l'acquéreur payant au fur et à mesure du remboursement. Au moins, le remboursement sert à l'acquisition, selon les termes de l'article 1469 du Code civil. Cette analyse a été retenue par la jurisprudence et doit désormais être considérée pour **l'évaluation des récompenses relatives aux remboursements d'emprunts**[1], la Cour de cassation assimilant ainsi **le remboursement du prêt contracté ayant servi à payer le prix d'acquisition au paiement du prix lui-même.** Ce qui oblige à évaluer la récompense due selon le profit subsistant.

Dans cette hypothèse de paiement du prix d'acquisition par remboursement d'un emprunt, une seconde question se pose. Afin de déterminer le profit subsistant selon la valeur du bien acquis, il y a lieu de considérer la dépense faite, ou valeur empruntée, ayant servi à l'acquisition. Or le remboursement du prêt, dans ses modalités habituelles, recouvre le **remboursement du capital prêté et le versement des intérêts,** eux-mêmes correspondant à la rémunération du service fourni par l'avance du capital. Y a-t-il lieu de considérer aussi ces intérêts pour déterminer le montant de la dépense faite ayant servi à l'acquisition ? Cette question a été précisément résolue par la Cour de cassation dans un arrêt considérable à plusieurs titres[2]. L'apport principal de l'arrêt est d'énoncer, par interprétation de nombreux textes établissant le régime matrimonial légal, que les **fruits et revenus de biens propres sont affectés à la communauté qui doit, en contrepartie, supporter les dettes qui sont la charge de la jouissance de ces biens.** Il en est ainsi pour les **intérêts versés au titre du remboursement de l'emprunt.** En conséquence, « *pour déterminer la somme due par un époux en cas de règlement des annuités afférentes à un emprunt souscrit pour l'acquisition d'un bien qui lui est propre, il y a lieu d'avoir égard à la fraction ainsi remboursée du capital, à l'exclusion des intérêts qui sont une charge de la jouissance* ». En quelque sorte, ces intérêts sont conçus comme une obligation dérivant de la jouissance du capital ayant permis l'acquisition du bien.

Cette analyse, désormais acquise, commande la méthode à suivre pour déterminer le profit subsistant, montant de la récompense due. Elle suggère plusieurs observations. En premier lieu, aucune difficulté ne se présente si, par hypothèse, la totalité du capital a été remboursée par le patrimoine servant ainsi l'acquisition. Dans ce cas, le profit subsistant est égal à la valeur du bien, dans la mesure selon laquelle le capital a servi à l'acquisition. En revanche, si le **remboursement** n'a été que **partiel au moment de la dissolution du régime, seule la portion du capital remboursé doit être retenue pour déterminer le profit subsistant**[3]. Pour être

1. Civ. 1re, 5 nov. 1985, n° 84-12.572, *Bull. civ.* I, n° 284 ; *D.* 1987. 26, note R. Le Guidec; *JCP N* 1986. 97, note Ph. Simler – Civ. 1re, 25 mai 1992, n° 90-18.931, *Bull. civ.* I, n° 155 ; *JCP* 1992. I. 3614, n° 11, obs. A. Tisserand – Civ. 1re, 16 juin 1998, n° 95-21.957, NP; *JCP* 1998. I. 183, n° 9, obs. A. Tisserand.
2. Civ. 1re, 31 mars 1992, n° 90-17.212, préc. ss nos 142.92, 143.74, 144.32 et 144.44 – et PLUS RÉCEMMENT Civ. 1re, 15 mai 2008, n° 07-11.460, préc. ss nos 144.32 et 144.44 – Civ. 1re, 3 févr. 2010, n° 08-21.054, préc. ss nos 144.32 et 144.44.
3. Civ. 1re, 31 mars 1992, n° 90-17.212, préc. ss nos 142.92, 143.74, 144.32, 144.44 et ss prést n°.

équitable, le système suppose néanmoins que la portion de capital remboursé soit toujours identique dans les annuités de remboursement. Il suffit alors de tenir compte des annuités de remboursement effectivement assumées par le patrimoine créancier de récompense pour dégager la portion de capital remboursé, par rapport à la durée globale du remboursement. Mais en pratique, selon les modalités convenues pour l'amortissement du prêt, il peut apparaître que la fraction de capital remboursé soit variable selon les annuités, minime dans les premiers temps du remboursement, augmentant par la suite, les intérêts étant substantiels au départ, et diminuant progressivement. Dans une telle hypothèse vérifiée, il y aurait lieu de tenir compte de la période de remboursement pour rétablir en proportion la fraction de capital, à considérer pour l'évaluation du profit subsistant. Enfin, il y a lieu d'admettre que cette méthode d'évaluation du profit subsistant, précisée pour le remboursement d'un emprunt servant à l'acquisition, doit être également suivie quand l'emprunt aura servi à réaliser une amélioration ou la conservation d'un bien, causes de récompenses.

EXEMPLE

Au cours du mariage, un époux recueille dans la succession de ses parents un immeuble, qu'il vend aussitôt pour 600 000 euros. Il en remploie le prix dans l'acquisition d'un autre immeuble d'une valeur de 850 000 euros, les frais de l'acquisition s'élevant à 50 000 euros. La différence de prix et les frais sont acquittés au moyen d'un prêt bancaire, remboursable en 15 ans, à raison de mensualités fixes de 3 000 euros, dont 2 000 euros de capital et 1 000 euros d'intérêts. Ces remboursements sont effectués par prélèvement sur le compte bancaire de l'époux acquéreur, alimenté par ses revenus professionnels. Les époux divorcent par consentement mutuel. Au moment de l'établissement de la convention de liquidation partage de la communauté, l'immeuble acquis par remploi par l'époux est évalué à 1 200 000 euros, le prêt contracté pour financer partiellement l'acquisition se trouve remboursé en capital pour la moitié.

Afin de déterminer le montant de la récompense due par l'époux acquéreur à la communauté, du fait du remboursement de l'emprunt ayant servi à l'acquisition de son bien propre par des fonds communs, s'agissant de revenus professionnels, il y a lieu de rechercher le profit subsistant. À cet égard deux éléments inhérents à l'acquisition sont constatés. En premier lieu, le remboursement de l'emprunt au moyen de fonds communs a partiellement servi à l'acquisition du bien. En second lieu, ce remboursement du capital a été lui-même partiel au moment de la dissolution et de la liquidation de la communauté.

Le profit subsistant pour le patrimoine emprunteur ne peut être que proportionnel, selon la valeur empruntée rapportée au coût global de l'acquisition, soit 300 000 (250 000 + 50 000)/900 000 (850 000 + 50 000) = 1/3. Cette proportion doit être appliquée à la valeur du bien acquis au jour de la liquidation, supposant que son état originaire n'ait pas changé, soit 1 200 000 × 1/3 = 400 000 euros.

Mais, en l'occurrence, la communauté n'a contribué à l'acquisition par remboursement de l'emprunt que dans la mesure du remboursement du capital ayant servi à l'acquisition, soit la 1/2, puisque la moitié reste à rembourser. Il y a donc lieu de retenir cette fraction de capital remboursé pour évaluer le profit subsistant, montant de la récompense due, soit : 400 000 × 1/2 = 200 000 euros. Par ailleurs, il est certain que la dette de remboursement de l'emprunt qui subsiste à la liquidation est une dette personnelle de l'époux acquéreur, puisque se rapportant à l'acquisition d'un bien propre (C. civ., art. 1416).

144.75 **Acquisition à titre gratuit.** Le domaine de l'évaluation de la récompense par référence au profit subsistant a été élargi aux acquisitions à titre gratuit quand de telles acquisitions génèrent des frais qui se trouvent être payés par une masse de biens autre que le patrimoine bénéficiaire de l'acquisition. En pratique, il s'agit surtout de **l'acquittement par la communauté des droits de mutation** exigés du fait de successions ou de libéralités advenant à un époux. La **dette fiscale** est incontestablement personnelle à l'époux héritier ou bénéficiaire de la libéralité (C. civ., art. 1410) et donne lieu à récompense au profit de la communauté dans l'hypothèse évoquée (C. civ., art. 1412). Éventuellement, s'il était établi que de tels frais étaient acquittés par le conjoint de l'époux héritier ou bénéficiaire de la libéralité, il y aurait lieu de constater une **créance entre époux**, dont l'évaluation poserait le même problème de principe (C. civ., art. 1479, al. 2, réd. L. 23 déc. 1985).

Pour l'évaluation de cette récompense, il aurait pu être admis qu'une telle dette ne se rapporte pas exactement à une acquisition, celle-ci limitée aux actes à titre onéreux, parce que réellement l'époux intéressé n'acquitte pas un prix d'acquisition, la transmission du bien se faisant sans contrepartie. Cependant, consacrant l'interprétation proposée par la doctrine, la Cour de cassation y reconnaît une **dépense servant à l'acquisition des biens en cause**[1], la formulation de l'arrêt étant particulièrement explicite : « *L'article 1469 alinéa 3 du Code civil ne distingue pas selon que l'acquisition est effectuée à titre onéreux ou à titre gratuit; les frais d'enregistrement d'un acte de donation, dont le paiement a permis la réalisation de cette donation et l'acquisition*

1. Civ. 1re, 4 juill. 1995, n° 93-12.347, *Bull. civ.* I, n° 290; *R.* 222; *Defrénois* 1995. 1448, note M. Grimaldi; *JCP N* 1996. II. 153, note J.-F. Pillebout; *RTD civ.* 1996. 975, obs. B. Vareille; 977, obs. B. Vareille.

d'un bien à titre gratuit, donnent lieu, lorsque ces frais ont été réglés par la communauté et lorsque le bien se retrouve à la dissolution de celle-ci dans le patrimoine du donataire, à une récompense calculée selon les modalités du texte précité ». On doit admettre que ces frais inhérents à l'acquisition à titre gratuit servent effectivement à l'acquisition des biens, étant obligatoires. C'est en quelque sorte le **coût de l'acquisition.** En conséquence, il y a lieu de déterminer la récompense due à ce titre selon le profit subsistant pour le patrimoine emprunteur, c'est-à-dire selon la **valeur du bien au jour de la liquidation, dans la mesure évidemment où son état à l'époque de l'acquisition n'a pas changé.**

EXEMPLE

Un époux recueille dans la succession de ses parents un immeuble d'habitation d'une valeur de 1 200 000 euros, succession pour laquelle il dut acquitter des droits de mutation d'un montant de 200 000 euros, payés à l'aide des économies du ménage. L'immeuble, dans le même état qu'à l'origine de l'acquisition, est évalué à 1 800 000 euros à l'époque de la liquidation.

Pour l'évaluation du profit subsistant, montant de la récompense, deux méthodes peuvent être proposées. Selon une première, il y a lieu de rapporter le montant de la dépense faite au coût global de l'acquisition, soit la valeur du bien augmentée des frais, retrouvant ainsi la même modalité de calcul que pour une acquisition à titre onéreux. De cette manière, le profit subsistant serait de : 200 000/1 400 000 (1 200 000 + 200 000) × 1 800 000 = 257 153 euros.

Mais cette méthode paraît contestable car elle suppose que le patrimoine emprunteur a déboursé le prix d'acquisition, qui n'existe pas puisqu'il s'agit d'une acquisition à titre gratuit. Réellement il n'y a eu de déboursement que pour l'acquittement des frais, faisant ainsi apparaître la partie onéreuse de l'opération. Selon cette analyse, il paraît préférable de rapporter le montant des frais à la valeur du bien reçu à titre gratuit. De la sorte, le profit subsistant, à retenir comme montant de la récompense, est de : 200 000/1 200 000 × 1 800 000 = 300 000 euros.

144.76 Profit subsistant inférieur à la dépense faite. Tous les exemples donnés en illustration de l'application de l'article 1469 alinéa 3 relativement à l'acquisition de biens font apparaître un profit subsistant supérieur à la dépense faite, obligeant à le retenir comme montant de la récompense. Cela correspond à la finalité de l'exception légale par rapport au principe posé par l'alinéa 1er de l'article 1469. Dans un souci d'équité, il s'agit de valoriser la récompense finalement due. Mais il peut être constaté que le profit subsistant est finalement inférieur au montant de la dépense faite. L'évolution de la valeur des biens dépend de multiples facteurs qui peuvent expliquer une baisse sensible d'une période à l'autre : situation géographique des biens en milieu rural comme en milieu urbain, mutation économique de l'environnement... Ce phénomène se révélera éventuellement important pour les **exploitations**, dont la baisse de valeur n'est cependant pas imputable à l'époux exploitant. Dans ces cas, le **montant de la récompense** demeure égal au **profit subsistant, suivant les dispositions des alinéas 1 et 3 de l'article 1469 ainsi combinées.**

§ 2
Exception relative à la conservation d'un bien se retrouvant dans le patrimoine emprunteur

144.81 Profit subsistant supérieur à la dépense nécessaire. Comme dans l'hypothèse précédente relative à l'acquisition, la récompense ne peut être moindre que le profit subsistant quand la valeur empruntée d'un patrimoine à l'autre a servi à la conservation d'un bien. La notion de **dépense de conservation** se rapporte aux **frais engagés pour assurer la maintenance des biens, selon leur nature et leur destination permettant une utilisation normale et satisfaisante.**

Matériellement, il s'agit de réparations, réfections, restaurations qui se révèlent nécessaires à un moment donné du fait de l'usage des biens ou de circonstances plus accidentelles qui appellent cependant des travaux de conservation structurelle des biens. C'est dire que, typiquement, les dépenses de conservation sont **assimilables aux dépenses nécessaires**, les **impenses**, visées par l'article 1469 alinéa 2. Il a été précédemment indiqué que, suivant ce texte apportant une première exception au principe posé pour l'évaluation des récompenses, la récompense ne peut être inférieure au montant de la dépense. Elle ne peut donc non plus être inférieure au profit subsistant. En conséquence, il y aura lieu pour les récompenses dues à propos de dépenses de conservation des biens de retenir **la plus forte des deux sommes, du profit subsistant et de la dépense faite.**

EXEMPLE

Un époux bénéficie d'un legs portant sur une villa en bord de mer, d'une valeur de 300 000 euros. Cette villa, quelque peu vétuste nécessite des travaux de réparation et de restauration pour redevenir normalement habitable, travaux que les époux font réaliser pour un coût global de 200 000 euros, contractant un emprunt du même montant, qu'ils remboursent régulièrement au moyen de leurs revenus pendant le mariage. À la date de la liquidation, la villa ainsi restaurée est évaluée à 800 000 euros, alors que si les travaux n'avaient pas été effectués, elle n'aurait été évaluée qu'à 500 000 euros.

L'époux légataire se trouve débiteur d'une récompense à la communauté qui ne peut être moindre que le profit subsistant pour son patrimoine. Le profit subsistant est de la différence de valeur de l'immeuble avec et sans les travaux, soit 800 000 – 500 000 = 300 000 euros.

Il pourrait être constaté, au moment de la liquidation, que ces travaux permettant la conservation de l'immeuble n'aient cependant pas procuré une plus-value très élevée, la villa demeurant d'une valeur de 700 000 euros compte tenu de son emplacement en bord de mer. Dans ce cas, le profit subsistant n'est plus que de : 800 000 – 700 000 = 100 000 euros.

S'agissant de dépenses nécessaires pour la conservation du bien, causes de récompense, la somme à retenir comme montant de la récompense est celle de la dépense, soit 200 000 euros.

§ 3
Exception relative à l'amélioration d'un bien se retrouvant dans le patrimoine emprunteur

144.91 Méthode d'évaluation du profit subsistant. Identiquement, quand la valeur empruntée d'un patrimoine à l'autre a servi à **l'amélioration d'un bien**, la récompense ne peut être inférieure au profit subsistant pour le patrimoine emprunteur. Comparativement à la conservation, l'amélioration suppose un apport nouveau qui enrichit le bien, le développe et le valorise. En matière immobilière, les améliorations correspondent aux aménagements, agrandissements, constructions nouvelles qui accroissent le bien originaire, matériellement et juridiquement du fait de l'accession. Mais de telles améliorations peuvent être constatées pour d'autres biens. Ainsi, en matière d'exploitations, agricoles, commerciales, artisanales, l'acquisition de matériels d'équipement de l'entreprise, de cheptel vif ou mort, constitue une amélioration, ces biens nouveaux étant rattachés à l'exploitation suivant l'application de la règle de l'accessoire (C. civ., art. 1406).

Pour de tels cas d'amélioration, la **méthode d'évaluation du profit subsistant** a été précisée par la jurisprudence. D'une manière générale, il convient de le déterminer par **comparaison, au jour de la liquidation, entre la valeur du bien intégrant les améliorations apportées et la valeur du bien sans de telles améliorations.** C'est la mesure du profit subsistant qui se définit comme l'avantage réellement procuré au fonds emprunteur au jour du règlement de la récompense. Ainsi, lorsque des fonds communs ont servi au paiement de la totalité des dépenses de plantations de vignes sur un terrain propre, la récompense est exactement déterminée par la différence entre la valeur actuelle du terrain planté de vigne et la valeur du terrain nu[1]. Dans le cas d'une construction édifiée à l'aide de fonds communs sur un terrain propre, la récompense est égale, non à la valeur du bien construit, mais à la **plus-value procurée** par la construction au fonds où elle est implantée, c'est-à-dire la valeur actuelle de l'immeuble diminuée de la valeur actuelle du terrain[2]. Et lorsque le terrain propre à un époux portait déjà un immeuble qui a dû être démoli, pour la réalisation d'une construction nouvelle avec des deniers de communauté, l'évaluation du profit subsistant doit tenir compte de la consistance du bien antérieurement aux travaux ouvrant droit à récompense[3].

EXEMPLE

Un époux reçoit par donation de ses parents au moment du mariage un terrain constructible d'une valeur de 100 000 euros. Les époux réalisent sur ce terrain la construction de l'habitation familiale, pour un coût de 600 000 euros, payés à l'aide de leurs économies et de prêts bancaires totalement remboursés pendant la vie commune au moyen de leurs revenus professionnels. La liquidation de la communauté est faite pendant la procédure de divorce, la maison étant évaluée à 1 000 000 euros et le terrain à 200 000 euros

L'époux donataire est propriétaire de l'immeuble construit par accession (C. civ., art. 1406). S'agissant d'une amélioration de son bien propre d'origine, il est débiteur d'une récompense à la communauté, égale au profit subsistant pour son patrimoine. Le profit subsistant doit être évalué par rapport à la valeur de l'immeuble construit déduction faite de la valeur du terrain, au jour de la liquidation, soit : 1 000 000 – 200 000 = 800 000 euros. En suivant cette méthode, telle qu'imposée par la jurisprudence, sous réserve de convention différente des époux, l'appréciation de la valeur du terrain nu peut se révéler assez délicate car, par hypothèse, il n'existe pas.

Par ailleurs, si l'amélioration donnant lieu à récompense résulte de l'apport de biens nouveaux, accessoires d'un bien d'origine, l'évaluation du profit subsistant peut être problématique, ainsi à propos de matériels apportés à une exploitation. Il n'y aura sans doute d'autre solution que de déduire de la valeur globale de l'exploitation, la valeur de ces équipements au jour de la liquidation.

1. Civ. 1re, 6 nov. 1984, n° 83-15.231, *Bull. civ.* I, n° 293.
2. Civ. 1re, 6 juin 1990, n° 88-10.532, *Bull. civ.* I, n° 134; *JCP* 1991. II. 21686, note J.-F. Pillebout; *Defrénois* 1991. 229, note Savatier; et 862, obs. G. Champenois; *RTD civ.* 1991. 589; 591, obs. F. Lucet et B. Vareille – Civ. 1re, 9 oct. 1990, n° 88-19.997, *Bull. civ.* I, n° 208; *JCP* 1991. II. 21652, note J.-F. Pillebout; *Defrénois* 1991. 801, note Savatier; 862, obs. G. Champenois; *RTD civ.* 1991. 589; 591, obs. F. Lucet et B. Vareille.
3. Civ. 1re, 13 janv. 1993, n° 91-13.984, *Bull. civ.* I, n° 9; *D.* 1993. Somm. 220, obs. M. Grimaldi; *JCP* 1994. I. 3733, n° 21, obs. A. Tisserand; *Defrénois* 1993. 382, obs. G. Champenois; *RTD civ.* 1994. 665, obs. B. Vareille.

144.92 Acquisition – Amélioration.

EXEMPLE

Des époux acquièrent une maison d'habitation d'une valeur de 550 000 euros, s'y ajoutant des frais d'un montant de 50 000 euros, cette acquisition étant partiellement financée par des fonds propres du mari, correspondant à des économies réalisées avant le mariage et qui s'élevaient à 200 000 euros. Quelques années plus tard, ils ont fait installer sur toute la façade de l'immeuble une véranda, installation coûtant 300 000 euros, payés par des fonds provenant de la vente d'un portefeuille de valeurs mobilières que l'épouse avait reçu dans la succession de sa mère. À la liquidation de la communauté, la maison est évaluée à 1 300 000 euros, sa valeur étant fixée à 900 000 euros, sans l'installation de la véranda. Chacun des époux se trouve créancier de récompense à l'égard de la communauté, le mari pour avoir partiellement financé l'acquisition à l'aide de ses deniers propres, l'épouse pour avoir payé personnellement l'amélioration de l'immeuble par l'installation de la véranda.

La récompense due au mari est égale au profit subsistant calculé selon la valeur du bien au jour de la liquidation, dans son état à l'époque de l'acquisition, et dans la mesure du paiement de l'acquisition par des fonds propres. Il est de : 200 000/600 000 × 900 000 = 300 000 euros.

La récompense due à l'épouse est égale au profit subsistant calculé selon la valeur de l'immeuble au jour de la liquidation, déduction faite de la valeur de l'immeuble à cette même date sans les travaux d'installation de la véranda, améliorant ainsi le bien. Il est de : 1 300 000 – 900 000 = 300 000 euros.

§ 4
Exception relative à un bien acquis, conservé ou amélioré, aliéné avant la liquidation

A.
Le bien acquis, conservé ou amélioré a été aliéné avant la liquidation

144.101 Évaluation du profit subsistant selon la valeur d'aliénation. Quand le bien donnant lieu à récompense a été aliéné avant la liquidation et le partage de la communauté, l'évaluation du profit subsistant doit être faite au jour de l'aliénation (C. civ., art. 1469, al. 3), c'est-à-dire selon la valeur d'aliénation du bien. Un tel principe est inévitable puisque par hypothèse le bien ne se retrouvera plus dans le patrimoine emprunteur au moment de la liquidation. En tout état de cause, **les plus-values postérieures à l'aliénation ne profiteront pas au patrimoine emprunteur.** Il serait donc inéquitable d'en tenir compte. À l'inverse, **les moins-values postérieures ne lui préjudicient pas non plus.** C'est la **valeur du bien au jour de l'aliénation effective** qui doit être considérée, une évaluation antérieure au cours d'une liquidation qui n'avait pas été suivie d'un partage n'étant pas opérationnelle[1]. D'autre part, **en cas d'aliénation à titre onéreux,** la valeur d'aliénation à retenir pour l'évaluation du profit subsistant est le **prix effectivement reçu** qui permet seul de mesurer l'avantage réellement procuré au patrimoine emprunteur, débiteur de récompense[2]. Sur ce point il conviendrait cependant de réserver l'hypothèse d'une fraude, la dissimulation d'une partie du prix devant alors être prouvée.

En cas d'aliénation à titre gratuit, force sera de rechercher et de retenir la **valeur du bien au jour de cette aliénation.**

Sur cette base de la valeur au jour de l'aliénation, l'évaluation du profit subsistant sera faite selon les mêmes méthodes que celles précédemment exposées selon que la récompense est due pour l'acquisition, la conservation ou l'amélioration du bien.

EXEMPLE

Un époux hérite, avec ses trois frères et sœur, d'une maison d'une valeur de 800 000 euros. Dans le partage de la succession, il obtient l'attribution de la maison, versant à chacun de ses cohéritiers sa part en valeur soit 200 000 euros.

Ces versements sont effectués pour 400 000 euros au moyen des économies du ménage et pour 200 000 euros à l'aide d'un prêt bancaire que l'époux héritier rembourse normalement au moyen de ses revenus.

L'immeuble attribué, conservé dans le même état, est l'objet d'une donation faite quelques années plus tard par l'époux à l'un de ses enfants, considérant que sa valeur était alors de 1 500 000 euros. La liquidation de la communauté intervient elle-même plusieurs années après cette donation.

L'époux attributaire du bien est débiteur d'une récompense à la communauté, celle-ci ayant payé l'acquisition des parts indivises à son profit (C. civ., art. 1408), du fait de l'utilisation des économies du ménage comme du remboursement du prêt au moyen des revenus.

La récompense due, égale au profit subsistant, doit être évaluée selon la valeur du bien au jour de l'aliénation par donation. Elle est de : 1 500 000 × 3/4 = 1 125 000 euros.

B.
Le bien acquis, conservé ou amélioré a été aliéné avant la liquidation et un nouveau bien lui a été subrogé

144.111 Évaluation du profit subsistant sur le bien subrogé. Si le bien acquis, conservé ou amé-

1. Civ. 1re, 25 mai 1992, n° 90-18.931, *Bull. civ.* I, n° 155; *D.* 1992. IR 218; *JCP* 1992. I. 3614, n° 11, obs. A. Tisserand.
2. Civ. 1re, 11 juin 1991, n° 90-12.142, *Bull. civ.* I, n° 191; *D.* 1991. IR 200; *JCP* 1992. I. 3567, n° 20, obs. A. Tisserand.

lioré, donnant lieu à récompense, a été aliéné avant la liquidation et que le prix a été utilisé pour acquérir un nouveau bien, qui le remplace dans le patrimoine emprunteur, **le profit subsistant doit être évalué sur ce bien qui est ainsi subrogé au premier** (C. civ., art. 1469, al. 3 *in fine*). De la sorte la technique de la **dette de valeur** est toujours appliquée pour l'évaluation de la récompense. Bien entendu, cela suppose que la subrogation réelle ait effectivement eu lieu, le prix d'aliénation du bien donnant lieu à récompense étant investi dans l'acquisition nouvelle. Il n'y a pas de difficulté particulière si ce prix a totalement et exactement couvert le coût de l'acquisition nouvelle. La méthode d'évaluation du profit subsistant est alors la même que dans l'hypothèse première où le bien se retrouve dans le patrimoine emprunteur au jour de la liquidation, sauf que c'est la valeur du bien subrogé qui doit être considérée à la liquidation. Mais, en pratique, ce cas idéal de subrogation se vérifie rarement. Souvent, il sera constaté une **différence de valeur entre le prix d'aliénation investi et le coût global de l'acquisition nouvelle.** Il faut alors considérer dans quelle **proportion** le patrimoine prêteur est intervenu pour cette acquisition nouvelle; au profit subsistant dégagé sur la valeur d'aliénation peut s'ajouter une autre valeur empruntée au même patrimoine. Le cumul de participations doit être retenu pour fixer la proportion à appliquer sur la valeur du bien subrogé afin de déterminer le profit subsistant. Par ailleurs, il peut aussi être constaté des **subrogations successives.** Un bien est acquis en remplacement d'un bien donnant lieu à récompense, et se trouve lui-même remplacé par un nouveau bien... **L'évaluation du profit subsistant sera toujours faite sur le bien subrogé aux précédents, selon sa valeur à la liquidation,** mais en tenant compte à chaque fois de la manière dont la subrogation a été faite, autrement dit comment chaque acquisition nouvelle a été financée, par quel patrimoine[1].

EXEMPLE

Un époux vend un appartement dont il a hérité, pour 600 000 euros, et remploie le prix dans l'acquisition d'un chalet pyrénéen d'une valeur de 820 000 euros, les frais de l'acquisition s'élevant à 80 000 euros. La déclaration de remploi est faite dans l'acte d'acquisition qui indique, outre l'apport de fonds provenant de la vente de l'appartement, la fourniture de 300 000 euros au moyen d'un prêt bancaire, que l'époux acquéreur remboursera effectivement dans les années suivantes au moyen de ses revenus professionnels.

Six ans plus tard, il vend ce chalet pour 1 200 000 euros, afin d'acquérir, également par remploi, une villa sur la Côte d'Azur pour 1 400 000 euros, les frais s'élevant à 100 000 euros. Cette fois, la différence de prix et les frais sont payés au moyen des économies du ménage. La villa acquise est aménagée par l'installation de mansardes et d'une piscine, le coût des travaux s'élevant à 200 000 euros payés par l'époux se servant d'un plan d'épargne constitué au moyen de ses revenus depuis plusieurs années.

Au moment de la liquidation, la villa est estimée à 2 400 000 euros et 2 100 000 euros sans les travaux d'aménagement qui y ont été réalisés.

Selon la situation exposée, il apparaît trois récompenses dues à la communauté, toutes au moins égales au profit subsistant, s'agissant d'acquisition et d'amélioration, et dont l'évaluation de la première doit être faite sur la valeur du bien subrogé au bien donnant lieu originairement à récompense.

En effet, *en premier lieu*, le chalet pyrénéen acquis par remploi était propre à l'époux acquéreur (C. civ., art. 1434, 1436). Cependant, l'époux se trouvait débiteur d'une récompense à la communauté, celle-ci ayant financé partiellement l'acquisition, du fait du remboursement du prêt bancaire (300 000 euros) au moyen de revenus professionnels. La proportion dans laquelle la communauté était ainsi intervenue était de 300 000 euros, correspondant au complément nécessaire pour le prix, 220 000 euros (820 000 − 600 000) et aux frais de l'acquisition, 80 000 euros, rapportés au coût global de l'acquisition de 900 000 euros (820 000 + 80 000), soit 300 000/900 000 = 1/3. Le chalet a été vendu pour acquérir la villa, le prix retiré de la vente étant de 1 200 000 euros. À cet égard, il revenait à la communauté la valeur de : 1 200 000 × 1/3 = 400 000 euros, cette valeur étant également investie dans le financement de l'acquisition de la villa pour 400 000/1 500 000 (prix d'acquisition, 1 400 000 euros, frais, 100 000 euros), soit 4/15. Cette proportion doit être appliquée à la valeur du bien ainsi subrogé au premier, au jour de la liquidation, dans son état originaire d'acquisition, soit 2 100 000 euros (valeur du bien sans travaux postérieurs d'amélioration). Le profit subsistant, montant de la récompense, est de : 2 100 000 × 4/15 = 560 000 euros.

En second lieu, il est aussi énoncé que pour l'acquisition de la villa, coûtant 1 500 000 euros, outre le prix de vente du chalet (1 200 000 euros) le complément nécessaire a été réalisé par l'utilisation des économies du ménage, c'est-à-dire de fonds communs, et donc pour cela donnant lieu à récompense. À ce titre aussi, l'évaluation de la récompense suppose l'établissement de la proportion dans laquelle est à nouveau intervenue, soit 300 000 euros (1 500 000 − 1 200 000) rapportés au coût global de l'acquisition, 1 500 000 euros, soit 300 000/1 500 000 = 1/5. Cette proportion doit être appliquée à la valeur du bien acquis au jour de la liquidation, selon son état originaire d'acquisition, soit : 2 100 000 × 1/5 = 420 000 euros.

En troisième lieu, enfin, une autre récompense est due à la communauté pour avoir financé l'amélioration du bien acquis, du fait de l'installation de mansardes et d'une piscine, le coût de 200 000 euros étant financé à l'aide d'un plan d'épargne constitué au moyen de revenus de l'époux. En ce cas aussi, la récompense ne peut

1. Civ. 1re, 20 juin 2012, no 11-18.504, *Bull. civ.* I, no 138; *D.* 2012. 1676; *RTD civ.* 2012. 559, obs. B. Vareille; *AJ fam.* 2012. 468.

être inférieure au profit subsistant (C. civ., art. 1469, al. 3) évalué par comparaison entre la valeur de l'immeuble à la liquidation compte tenu des travaux réalisés et la valeur du bien à cette même date sans les travaux, soit : 2 400 000 – 2 100 000 = 300 000 euros.

Or le bien a été amélioré par des installations nouvelles, réalisées à l'aide de fonds communs, le plan d'épargne constitué par des revenus. Il s'agit d'une autre cause de récompense au profit de la communauté, dont le montant, égal au profit subsistant, est évalué selon la valeur de l'immeuble au jour de la liquidation, déduction faite de la valeur de l'immeuble sans les travaux, soit 2 400 000 – 2 100 000 = 300 000 euros.

Au total, l'époux propriétaire de la villa est débiteur de récompenses à la communauté pour un montant de : 560 000 + 420 000 + 300 000 = 1 280 000 euros.

144.112 Intérêts des récompenses. Dans sa nouvelle rédaction, issue de la loi du 23 décembre 1985, l'article 1473 du Code civil, énonce que : « *Les récompenses dues par la communauté ou à la communauté portent intérêts de plein droit du jour de la dissolution.*

Toutefois, lorsque la récompense est égale au profit subsistant, les intérêts courent du jour de la liquidation ».

Ces deux dispositions sont également justifiables. Dans le **principe**, la production d'intérêts à compter de la dissolution s'explique par le fait qu'à compter de cette date les récompenses sont exigibles. La tardiveté de la liquidation par rapport à la dissolution ne doit pas pénaliser la masse de biens créancière de récompenses.

L'exception au principe, quand la récompense est égale au profit subsistant, se justifie par des considérations juridiques et pratiques. En premier lieu, il aurait été impossible de calculer les intérêts sur une valeur qui n'est pas encore chiffrée. En effet, le profit subsistant est évalué à l'époque de la liquidation, même si le droit à récompense existe depuis la dissolution. En cumulant la récompense égale au profit subsistant, et les intérêts sur cette valeur depuis la dissolution, le résultat ainsi imposé pourrait apparaître particulièrement inéquitable. Ces inconvénients avaient déjà conduit la jurisprudence à ne retenir les intérêts qu'à compter de l'évaluation du profit subsistant, c'est-à-dire au jour de la liquidation[1], jurisprudence qui se trouve donc aujourd'hui consacrée par la loi.

En conséquence, dans l'établissement des comptes de récompenses, seules les récompenses égales à la dépense faite donnent lieu au calcul des intérêts, selon le taux légal tel que défini par la loi du 11 juillet 1975 par référence au taux d'escompte de la Banque de France, et qui s'ajoutent au montant nominal de la valeur empruntée. Ce calcul doit être fait depuis le jour de la dissolution, variable selon les causes, et en tenant compte éventuellement d'un report[2]. Pratiquement, **à l'intérieur de chaque compte de récompenses,** il peut aussi être dégagé **deux catégories de récompenses,** celles correspondant **au profit subsistant** et celles égales **aux dépenses faites, les intérêts étant calculés sur le solde de la seconde catégorie.**

Enfin, il convient de rappeler que l'évaluation des récompenses telle que prévue par la loi ayant un **caractère supplétif**, il en est de même pour la considération des intérêts selon les dispositions de l'article 1473.

144.113 Évaluation des créances entre époux. Il a déjà été remarqué que si le transfert de valeur s'accomplit du patrimoine propre d'un époux au patrimoine propre de l'autre pendant l'application du régime matrimonial, il n'y a pas lieu à récompense, faute d'intervention de la communauté mais à créance entre époux. Par définition, de manière certaine des fonds propres d'un époux sont avancés au conjoint qui les utilise pour son patrimoine propre. Tout en étant exigible dès avant la dissolution du régime, le paiement ne sera souvent demandé par l'époux créancier qu'au moment de la liquidation. C'est pourquoi il devra alors être procédé à son évaluation, ce paiement pouvant être recherché sur la part de communauté du conjoint débiteur ou sur ses biens personnels (C. civ., art. 1478). À cette fin, dérogeant au principe du nominalisme, la loi du 23 décembre 1985 permet, dans une certaine mesure, un **alignement de l'évaluation des créances entre époux sur celle des récompenses**, aux termes de l'article 1479 alinéa 2 « *sauf convention contraire des parties, elles sont évaluées selon les règles de l'article 1469 alinéa 3 dans les cas prévus par celui-ci; les intérêts courent alors du jour de la liquidation* ». Immédiatement, il y a lieu de relever le **caractère supplétif du nouveau mode d'évaluation,** la convention particulière des époux étant toujours à considérer et à appliquer. Mais, à défaut d'une telle convention, le nouveau mode légal d'évaluation doit être mis en œuvre. Or il apparaît **doublement incomplet.** En premier lieu, il ne peut concerner que les **hypothèses dans lesquelles les fonds propres avancés par un époux ont servi à acquérir, conserver ou améliorer des biens propres du conjoint.**

1. Civ. 1re, 17 juill. 1984, n° 83-13.173, *Bull. civ.* I, n° 233; *D.* 1984. 477, note Morin; *Defrénois* 1984. 1053, note Morin; *JCP N* 1985. 25, note Rémy – Civ. 1re, 27 mai 1986, n° 85-10.527, *Bull. civ.* I, n° 138 – Civ. 1re, 31 mars 1987, n° 85-14.974, *Bull. civ.* I, n° 114.

2. Civ. 1re, 7 juin 1988, n° 86-14.727, *Bull. civ.* I, n° 175; *JCP* 1989. II. 21307, note Ph. Simler; *RTD civ.* 1991. 392, obs. F. Lucet – Civ. 1re, 31 mai 1989, n° 86-19.486, *Bull. civ.* I, n° 218; *D.* 1989. 525, 1re esp., note Morin – Civ. 1re, 14 mai 1996, n° 94-11.644, *Bull. civ.* I, n° 200.

Cela signifie que si ces fonds propres n'ont pas été utilisés à propos de biens particuliers, ou que la preuve ne peut en être apportée, le montant de la créance ne peut être que celui de la valeur nominale fournie, sous réserve de modalités particulières d'évaluation convenues entre les époux. Ce serait le cas pour des fonds propres prêtés de l'un à l'autre pour l'acquittement de dettes personnelles (réparations de dommages incombant à un époux, amendes, pénalités diverses..., C. civ., art. 1417).

En second lieu, le renvoi à l'article 1469 du Code civil pour l'évaluation de la créance est limité au seul alinéa 3 du texte. La créance ne peut être moindre que le profit subsistant quand la valeur empruntée a servi à acquérir, conserver ou améliorer un bien, *etc.* Dans ces cas, les modes d'évaluation du profit subsistant seront exactement identiques à ceux présentés et illustrés pour l'évaluation des récompenses.

EXEMPLE

À titre d'exemple, il peut être envisagé qu'un époux propriétaire d'une exploitation agricole réalise la construction d'un bâtiment d'élevage sur un terrain en dépendant, le coût de la construction s'élevant à 500 000 euros, étant entièrement payé à l'aide d'un capital fourni par le conjoint, pour l'avoir hérité de ses parents. À l'époque de la liquidation, l'avance consentie n'ayant pas été remboursée, la valeur du bâtiment d'élevage est estimée à 600 000 euros. C'est le montant de la créance que l'époux prêteur peut réclamer à l'exploitant. Mais s'il apparaît que la valeur de ce bâtiment à la liquidation ne s'élève qu'à 300 000 euros, faut-il toujours retenir cette valeur de profit subsistant ? Il y a alors une moins-value que l'on peut hésiter à faire supporter au conjoint prêteur de deniers. Deux interprétations de ce renvoi à l'article 1469 alinéa 3 ont été proposées.

Suivant une première interprétation, le renvoi constitue une dérogation au principe du nominalisme, qui ne doit être suivie que si le profit subsistant apparaît supérieur à la valeur empruntée. C'est le sens de l'alinéa 3 de l'article 1469 dans l'évaluation des récompenses, permettant ainsi une revalorisation des créances entre époux. À défaut, le montant de l'avance faite d'un patrimoine à l'autre constitue un minimum.

Suivant une seconde interprétation, il y a lieu de comprendre le renvoi comme valant pour l'ensemble des dispositions de l'article 1469, dans les cas énumérés par l'alinéa 3 du texte, c'est-à-dire pour les hypothèses où les deniers fournis ont servi à l'acquisition, la conservation ou l'amélioration des biens. En conséquence, le montant de la créance entre époux sera égal à la valeur du profit subsistant, sauf quand la valeur fournie a permis de couvrir une dépense nécessaire, cas dans lequel la créance sera égale à la plus forte des deux sommes que représentent la dépense faite et le profit subsistant. Cette seconde interprétation paraît préférable pour aboutir à un alignement de l'évaluation des créances entre époux sur celle des récompenses, tout en rappelant la possibilité constante de convention entre époux.

SECTION 6
RÈGLEMENT DES RÉCOMPENSES

144.120 Solde des comptes. L'évaluation des récompenses permet de traduire chacune d'elles en unités de compte. Le compte établi au nom de chaque époux est unique et indivisible. En conséquence, il y a **compensation, à l'intérieur de chaque compte, entre les récompenses dues par la communauté et les récompenses dues à la communauté.** De la sorte, le règlement des récompenses ne porte que sur le solde de chaque compte, comme l'indique l'article 1470 du Code civil. La compensation présente d'ailleurs des intérêts, pratique et juridique. Si chaque récompense devait donner lieu à un règlement particulier, la liquidation et le partage seraient d'une extrême complexité. D'autre part, dans la mesure où les **créances de récompenses** se compensent avec les **dettes de récompenses,** l'époux créancier échappe, dans l'hypothèse d'une insuffisance de la communauté au concours avec son conjoint ou avec les créanciers de la communauté. Il convient d'envisager le règlement des récompenses suivant que le solde du compte apparaît en faveur de la communauté (§ 1) ou en faveur d'un époux (§ 2), pour en préciser les modalités.

§ 1
Règlement du solde de compte en faveur de la communauté

144.121 Modalités. Aux termes de l'article 1470 alinéa 1er du Code civil, si « *le compte présente un solde en faveur de la communauté l'époux en rapporte le montant à la masse commune* ».

L'idée de rapport est empruntée au droit des successions.

Le solde en faveur de la communauté établit une créance de celle-ci à l'égard de l'époux qui en est débiteur. C'est pourquoi, pratiquement, dans la présentation de l'état liquidatif de la communauté, le solde de récompenses en sa faveur figure à son actif. L'exécution de ce rapport peut se réaliser de deux manières différentes, l'imputation ou le prélèvement, la première étant d'usage beaucoup plus fréquent que la seconde.

144.122 Imputation. L'imputation de la dette de récompense à l'égard de la communauté consiste à compter le solde dû sur la part de l'époux débiteur. Il est censé avoir reçu cette valeur dans son lot de communauté. En conséquence, il prendra d'autant moins dans le partage des biens communs disponibles. Sa dette s'éteint par **confusion**. Ce qui lui évite de payer effectivement. Néanmoins, s'il est constaté, au-delà de cette imputation, que la dette de récompense n'est pas complètement éteinte, la dette globale excédant la part de communauté, un versement pour cet excédent doit être effectué. C'est le seul moyen pour remplir le conjoint de sa part de communauté. Une telle hypothèse laisse apercevoir que la communauté se trouve essentiellement composée par la **créance de récompenses.**

EXEMPLE

La liquidation de la communauté ayant existé entre les époux fait apparaître comme biens communs une maison d'habitation d'une valeur de 1 600 000 euros et un mobilier correspondant pour une valeur globale de 200 000 euros. Le compte de récompenses établi au nom du mari fait apparaître deux causes de récompenses en faveur de la communauté, l'une pour acquisition d'un bien propre d'un montant de 200 000 euros, l'autre pour amélioration d'un bien propre d'un montant de 150 000 euros, aucune récompense n'étant due par la communauté. Le solde du compte en faveur de la communauté s'élève ainsi à 350 000 euros. Le compte de récompense établi au nom de l'épouse fait apparaître une seule récompense due à la communauté, pour acquisition d'un bien propre, d'un montant de 250 000 euros, le solde du compte en faveur de la communauté étant donc du même montant. Ces récompenses également dues à la communauté figurent à son actif.

ÉTAT LIQUIDATIF

COMMUNAUTÉ

ACTIF

Maison d'habitation	1 600 000 euros
Mobilier	200 000 euros
Solde de récompenses dû par le mari	350 000 euros
Solde de récompenses dû par l'épouse	250 000 euros
TOTAL :	2 400 000 euros

PASSIF

... néant

ACTIF NET	2 400 000 euros
Dont la 1/2 pour chaque époux	1 200 000 euros

DROITS DES PARTIES

M..........

Part de communauté	1 200 000 euros
Imputation des récompenses dues	350 000 euros
Droits s'élevant à	850 000 euros

Mme.........

Part de communauté	1 200 000 euros
imputation des récompenses dues	250 000 euros
droits s'élevant à	950 000 euros
Ensemble des droits des parties	1 800 000 euros
correspondant aux biens à partager	
soit maison d'habitation	1 600 000 euros
soit mobilier	200 000 euros
TOTAL :	1 800 000 euros

144.123 **Prélèvement.** Le prélèvement, comme modalité de règlement d'un solde de récompense en faveur de la communauté, consiste à **permettre au conjoint du débiteur de récompenses à prendre des biens communs, éléments de la masse partageable, de même valeur que le montant du solde dû par l'autre.** Il peut y avoir lieu à un prélèvement de **somme d'argent** ou de **biens particuliers en nature.** Par la suite, le reste des biens communs est également partagé entre les époux. Un tel prélèvement, pour être commode, suppose qu'il y ait des biens communs de valeur correspondante au montant du solde dû. Et, ici encore, un versement effectif ne peut être évité si le montant du solde dû dépasse le montant de la part théorique dans la masse commune. Le prélèvement est peu usité comme modalité de règlement de récompenses dues à la communauté. Il est cependant nécessaire quand le partage exige la répartition de lots égaux en nature, ainsi pour le partage judiciaire conduisant au tirage au sort des lots. Après exercice des prélèvements, la masse commune subsistante sera répartie de manière strictement égalitaire.

§ 2
Règlement du solde de compte en faveur d'un époux

144.131 **Modalités.** Aux termes de l'article 1470 alinéa 2 du Code civil, si le compte de récompenses « *présente un solde en faveur de l'époux, celui-ci a le choix ou d'en exiger le paiement ou de prélever des biens communs jusqu'à due concurrence* ». Ainsi, l'époux créancier de la communauté a le choix entre exiger un paiement en espèces ou effectuer des prélèvements sur la masse commune. Ce sont les deux modalités de règlement prévues par la loi. Mais, en pratique, il peut être procédé autrement, la part de communauté de l'époux créancier étant augmentée de sa créance de récompense pour fixer le montant de ses droits dans le partage.

144.132 **Paiement en espèces.** Il peut être **imposé par l'époux créancier.** L'exercice de ce droit ne présente pas de difficulté s'il existe des fonds disponibles dans la masse commune. À défaut, il y a lieu de **réaliser certains biens** pour obtenir les moyens de ce paiement. Dans ce cas, le choix des biens par l'époux créancier ne doit pas être totalement libre, selon les situations. En effet, à propos des prélèvements en nature, l'article 1471 du Code civil réserve les droits que le conjoint peut avoir « de *demander le maintien de l'indivision ou l'attribution préférentielle de certains biens* ». Il paraît fondé de transposer cette restriction à l'hypothèse où la réalisation des biens de communauté s'avère nécessaire pour répondre à une demande de paiement en espèces.

144.133 Prélèvement. Au lieu d'un paiement en espèces, l'époux créancier peut préférer exercer son droit de créance sur la communauté par **prélèvement de biens,** avant le partage de celle-ci (C. civ., art. 1475, al. 1er). Il consiste à prendre dans la masse commune des biens en nature pour le remplir de son droit de créance. Cependant, dans ce cas, la liberté n'est pas totale pour le choix des biens, objets du prélèvement. Par ailleurs, il peut y avoir concurrence entre les époux, tous deux créanciers, désirant opérer un prélèvement sur le même bien. Sur ces points, les dispositions particulières de la loi doivent être remarquées.

144.134 Ordre des prélèvements quant aux biens. Aux termes de l'article 1471 du Code civil, « *les prélèvements s'exercent d'abord sur l'argent comptant, ensuite sur les meubles et subsidiairement sur les immeubles de la communauté* ». Ainsi, l'époux créancier se voit imposer un ordre pour les prélèvements des biens de la masse commune. Il ne pourrait seul imposer un ordre différent. Mais la règle étant comprise comme protectrice des intérêts du conjoint, il est admis que les époux, ou leurs ayants droit, peuvent convenir autrement. À défaut d'argent disponible, l'article 1471 reconnaît en principe le libre choix des biens meubles et immeubles qu'il prélèvera. Naturellement, le **prélèvement** ne peut se faire que dans la **limite du montant de la créance**. Si le bien choisi le dépasse en valeur, la **licitation** paraît inévitable.

De manière plus générale, le même article 1471 apporte une limite au choix des biens meubles et immeubles, objets de prélèvements : « *Il ne saurait cependant préjudicier par son choix aux droits que peut avoir son conjoint de demander le maintien de l'indivision ou l'attribution préférentielle de certains biens* ». Il convient de rappeler qu'aux termes de l'article 1476 du Code civil, les règles établies pour le maintien dans l'indivision (C. civ., art. 815 s.) et pour l'attribution préférentielle (C. civ., art. 831 s.) au titre « Des successions » sont applicables pour le partage de la communauté. Elles concernent des biens présentés par ailleurs, essentiellement les exploitations de diverses natures et les locaux d'habitation, par hypothèse faisant partie de la communauté. Il ne s'agit pas cependant d'une priorité absolue donnée au maintien dans l'indivision ou à l'attribution préférentielle. L'un et l'autre supposant généralement une demande judiciaire, il reviendra au juge de statuer selon les intérêts en présence pour trancher l'opposition possible entre les époux, autoriser ou non le prélèvement, sauf dans le cas particulier d'une attribution préférentielle de droit (C. civ., art. 832-1).

144.135 Ordre des prélèvements quant aux époux. Les deux époux peuvent être créanciers de récompenses à l'égard de la communauté. Si l'argent disponible ne suffit pas pour les prélèvements de l'un et de l'autre, une **concurrence** peut apparaître entre eux quant au choix du ou des biens, objets des prélèvements recherchés. Depuis la loi du 23 décembre 1985, il n'y a plus de priorité reconnue à l'épouse par rapport au mari pour l'exercice des prélèvements. Suivant un **principe de stricte égalité,** et sous-entendu si aucun accord ne peut se faire sur ce point, l'article 1471 alinéa 2 du Code civil énonce que « *si les époux veulent prélever le même bien, il est procédé par voie de tirage au sort* ».

Et, dans le même esprit, s'il s'avère que la communauté est insuffisante pour permettre tous les prélèvements auxquels les époux ont droit « *les prélèvements de chaque époux sont proportionnels au montant des récompenses qui lui sont dues* » (C. civ., art. 1472).

Cependant, cette **insuffisance de la communauté** peut être la conséquence d'une **mauvaise gestion de l'un des époux**. Aux termes de l'article 1472 alinéa 2 du Code civil « *si l'insuffisance de la communauté est imputable à la faute de l'un des époux, l'autre conjoint peut exercer ses prélèvements avant lui sur l'ensemble des biens communs; il peut les exercer subsidiairement sur les biens propres de l'époux responsable* ». La responsabilité démontrée d'un époux justifie cette **priorité alors donnée au conjoint**, mode de réparation du préjudice subi par lui.

144.136 Nature du droit de prélèvement. Aux termes de l'article 1474 du Code civil : « *Les prélèvements en biens communs constituent une opération de partage. Ils ne confèrent à l'époux qui les exerce aucun droit d'être préféré aux créanciers de la communauté, sauf la préférence résultant, s'il y a lieu, de l'hypothèque légale* ».

Ce texte est la consécration d'une jurisprudence ancienne, bien établie sur le sujet[1]. Le **droit de pré-**

1. Civ. 16 janv. 1858, *DP* 1858. 1. 5, concl. Dupin; *S.* 1858. 1. 9, note Devilleneuve – Civ. 13 avr. 1891, *DP* 1891. 1. 471; *S.* 1891. 1. 421.

lèvement a une nature juridique mixte, **droit de partage et droit de créance. L'époux** intervient à ce titre en qualités de **copartageant** et de **créancier de la communauté.** Cette double qualité explique les conséquences qu'il convient d'en tirer.

Créancier de la communauté de manière ordinaire, sous réserve de l'hypothèque légale qu'il a pu faire inscrire sur les biens de communauté, l'époux exerçant un prélèvement intervient au même titre que les autres créanciers de la communauté, sans priorité par rapport à eux. Il doit **respecter les sûretés ou privilèges** que ces créanciers ont pu obtenir ou faire établir sur les biens communs. En cas de concours de l'époux avec ces créanciers de la communauté, le règlement doit normalement être opéré au marc le franc.

Le prélèvement étant une **opération de partage,** les effets qui y sont habituellement attachés doivent être considérés : **effet déclaratif** du partage permettant de reconnaître la propriété du bien prélevé depuis le jour de la dissolution de la communauté; **évaluation des biens prélevés au jour du prélèvement**, lui-même intégré dans le partage, donc au jour de la jouissance divise; application des règles de la **lésion**, de la **garantie** et du **privilège des copartageants**... application du **droit fiscal de partage et non de mutation.**

144.137 Modalité pratique de règlement. Le règlement du solde du compte de récompenses en faveur d'un époux est **normalement préalable au partage lui-même.** C'est ce qui subsiste de la communauté, après les paiements en espèces ou les prélèvements, qui est l'objet du partage (C. civ., art. 1475, al. 1er). Mais ce règlement peut être **incorporé au partage.** En pratique, il est souvent opéré ainsi. La méthode consiste à déduire de l'actif de communauté, le montant du solde de récompenses dues par la communauté, faisant ainsi apparaître un actif net. Les récompenses dues sont traitées comme un passif de communauté. Ensuite, se trouve ajouté à la part de communauté de l'époux créancier, le montant du solde qui lui est dû, augmentant ses droits dans le partage. Il s'agit d'une majoration de son lot. Ce qui doit faciliter les attributions dans le partage et souvent éviter la division ou la vente préalable des biens à partager. De ce fait aussi, il y a un partage inégal, ou plus exactement des lots inégaux. Cette modalité ne peut cependant être mise en œuvre quand le partage exige une stricte égalité de lots, tel le partage judiciaire.

EXEMPLE

Une communauté liquidée comprend une maison d'habitation d'une valeur de 800 000 euros, un mobilier estimé à 200 000 euros, des parts de sociétés pour 200 000 euros et des liquidités pour un montant de 200 000 euros. Le solde du compte de récompenses établi pour un époux en sa faveur, est de 600 000 euros.

En procédant par prélèvement pour régler le solde de récompenses qui lui est dû, l'époux pourrait prendre préalablement au partage, les liquidités (200 000 euros), le mobilier (200 000 euros), les parts de sociétés (200 000 euros), soit au total des biens communs d'une valeur de 600 000 euros. Le partage se limiterait alors à celui de la maison d'habitation, d'une valeur de 800 000 euros, chacun des époux ayant droit à la moitié, 400 000 euros. Un tel partage peut conduire à devoir vendre la maison pour en répartir également le prix.

En intégrant le droit à récompense dans le partage, la liquidation de la communauté sera présentée de la manière suivante :

ÉTAT LIQUIDATIF

COMMUNAUTÉ

ACTIF

Maison d'habitation	800 000 euros
Mobilier	200 000 euros
Parts sociales	200 000 euros
Liquidités	200 000 euros

PASSIF

Solde de compte de récompenses	600 000 euros
ACTIF NET	800 000 euros
Dont la moitié pour chaque époux	400 000 euros

DROITS DES PARTIES

1. Époux créancier de récompenses

Part de communauté	400 000 euros
Solde dû	600 000 euros
TOTAL :	1 000 000 euros

2. Conjoint

Part de communauté	400 000 euros

L'époux ayant droit à un lot d'une valeur de 1 000 000 euros peut se faire attribuer la maison (800 000 euros) une partie du mobilier (100 000 euros) et la moitié des liquidités (100 000 euros). Le conjoint se verra attribuer sa part de communauté (400 000 euros) par une partie du mobilier (100 000 euros), les parts sociales (200 000 euros), la moitié des liquidités (100 000 euros).

CHAPITRE

145. Partage de la communauté

RAYMOND LE GUIDEC
PROFESSEUR ÉMÉRITE DE L'UNIVERSITÉ DE NANTES

SECTION 0 ORIENTEUR

145.00 Plan du chapitre.

Division. En conséquence de l'établissement de la masse partageable résultant de la liquidation, en actif et en passif, le partage a pour objet d'effectuer la répartition des biens et valeurs entre les époux, ou leurs ayants droit.

La réalisation suppose la constitution des lots de communauté et leur attribution à l'un et à l'autre.

Aux termes de l'article 1476 alinéa 1er du Code civil, le partage de la communauté pour tout ce qui concerne ses formes, le maintien de l'indivision et l'attribution préférentielle, la licitation des biens, les effets du partage, la garantie et les soultes, est soumis à toutes les règles qui sont établies au titre « Des successions pour les partages entre cohéritiers » (v. *Successions*, *Partage*, ss nos 271.10 s. à 273.11 s.).

Il n'empêche que par plusieurs aspects, le partage de la communauté apparaît spécifique. Cette spécificité résulte de la place singulière de la communauté de biens, active et passive, dans les patrimoines respectifs des époux, fondant les dispositions légales particulières à cet égard. Elle est sensible au titre du partage de l'actif commun (sect. 1 à 3) mais plus encore au titre du règlement du passif (sect. 4).

145.01 Textes applicables.

C. civ., art. 1475 à 1491

> Partage de la communauté

[C. civ., art. 1475 et 1476]

C. civ., art. 1475

Après que tous les prélèvements ont été exécutés sur la masse, le surplus se partage par moitié entre les époux.

Si un immeuble de la communauté est l'annexe d'un autre immeuble appartenant en propre à l'un des conjoints, ou s'il est contigu à cet immeuble, le conjoint propriétaire a la faculté de se le faire attribuer par imputation sur sa part ou moyennant soulte, d'après la valeur du bien au jour où l'attribution est demandée.

C. civ., art. 1476

Le partage de la communauté, pour tout ce qui concerne ses formes, le maintien de l'indivision et l'attribution préférentielle, la licitation des biens, les effets du partage, la garantie et les soultes, est soumis à toutes les règles qui sont établies au titre « Des successions » pour les partages entre cohéritiers.

Toutefois, pour les communautés dissoutes par divorce, séparation de corps ou séparation de biens, l'attribution préférentielle n'est jamais de droit, et il peut toujours être décidé que la totalité de la soulte éventuellement due sera payable comptant.

> Recel de communauté

C. civ., art. 1477 (*mod. par L. no 2009-526, 12 mai 2009, art. 10*)

Celui des époux qui aurait détourné ou recelé quelques effets de la communauté, est privé de sa portion dans lesdits effets.

(*L. no 2004-439, 26 mai 2004, art. 21-VII*) De même, celui qui aurait dissimulé sciemment l'existence d'une dette commune doit l'assumer définitivement. – *Entrée en vigueur le 1er janv. 2005.*

> Créances entre époux
[C. civ., art. 1478 et 1481]

C. civ., art. 1478
Après le partage consommé, si l'un des deux époux est créancier personnel de l'autre, comme lorsque le prix de son bien a été employé à payer une dette personnelle de son conjoint, ou pour toute autre cause, il exerce sa créance sur la part qui est échue à celui-ci dans la communauté ou sur ses biens personnels.

C. civ., art. 1479
Les créances personnelles que les époux ont à exercer l'un contre l'autre ne donnent pas lieu à prélèvement et ne portent intérêt que du jour de la sommation.

Sauf convention contraire des parties, elles sont évaluées selon les règles de l'article 1469, troisième alinéa, dans les cas prévus par celui-ci ; les intérêts courent alors du jour de la liquidation.

C. civ., art. 1480
Les donations que l'un des époux a pu faire à l'autre ne s'exécutent que sur la part du donateur dans la communauté et sur ses biens personnels.

C. civ., art. 1481 (*abrogé par L. n° 2001-1135, 3 déc. 2001, art. 15*)

> Obligation des époux pour les dettes existantes au jour de la dissolution

C. civ., art. 1482
* V. texte complet de cet article s[s] n° 141.01, > *Obligation et contribution au passif après dissolution.*

> Bénéfice d'émolument

C. civ., art. 1483
* V. texte complet de cet article s[s] n° 141.01, > *Obligation et contribution au passif après dissolution.*

> Inventaire

C. civ., art. 1484
* V. texte complet de cet article s[s] n° 141.01, > *Obligation et contribution au passif après dissolution.*

> Contribution par moitié de chaque époux pour les dettes communes sans récompense
[C. civ., art. 1485 et 1486]
* V. texte complet de ces articles s[s] n° 141.01, > *Obligation et contribution au passif après dissolution.*

> Recours d'un époux contre l'autre

C. civ., art. 1487
* V. texte complet de cet article s[s] n° 141.01, > *Obligation et contribution au passif après dissolution.*

> Recours d'un époux contre un créancier

C. civ., art. 1488
* V. texte complet de cet article s[s] n° 141.01, > *Obligation et contribution au passif après dissolution.*

> Recours d'un époux contre l'autre (dette de communauté et hypothèque sur l'immeuble échu en partage)

C. civ., art. 1489
* V. texte complet de cet article s[s] n° 141.01, > *Obligation et contribution au passif après dissolution.*

> Le régime légal du partage est supplétif

C. civ., art. 1490
* V. texte complet de cet article s[s] n° 141.01, > *Obligation et contribution au passif après dissolution.*

> Droits des héritiers des époux

C. civ., art. 1491
* V. texte complet de cet article s[s] n° 141.01, > *Obligation et contribution au passif après dissolution.*

145.02 Jurisprudence de référence.

> Recel de communauté

• **Civ. 1re, 1er juin 2011, n° 10-30.205,** *Bull. civ.* I, n° 106
* V. s[s] n° 145.12
Un contrôle fiscal ayant prouvé qu'une vente d'actions s'est faite à un prix supérieur à celui indiqué dans l'acte de cession, il incombe à l'époux, pour échapper à la sanction du recel, de prouver qu'il a informé son conjoint de la valeur des actions communes dont il a disposé.

• **Civ. 1re, 20 févr. 1996, n° 93-13.467,** *Bull. civ.* I, n° 89
* V. s[s] n° 145.12
Lorsque les biens recelés ne se retrouvent pas entre les mains de l'époux receleur, le conjoint lésé a droit non seulement à la valeur des biens recelés, mais encore à la moitié de la communauté déterminée en incluant dans l'actif la valeur de ces biens.

• **Civ. 1re, 23 janv. 2007, n° 04-10.526,** *Bull. civ.* I, n° 27
* V. s[s] n° 145.12
Mais l'époux receleur peut exercer sur le bien diverti son droit de prélèvement pour cause de reprise ou de récompense dès lors qu'il établit l'existence et le montant de sa créance.

• **Civ. 1re, 31 oct. 2007, n° 06-10.348,** *Bull. civ.* I, n° 334
* V. s[s] n° 145.12
L'époux victime du recel devient propriétaire exclusif des biens divers ou recelés et a droit aux fruits et revenus produits par ces biens depuis la date de dissolution de la communauté ou, si le recel a été commis postérieurement, depuis la date de l'appropriation injustifiée.

• **Civ. 1re, 9 janv. 2008, n° 05-15.491,** *Bull. civ.* I, n° 10
* V. s[s] n° 145.12
L'imputation frauduleuse par un époux d'une dette personnelle au passif de la communauté qui tend à diminuer au profit de cet époux, l'actif commun partageable, est constitutive d'un recel.

> Obligation aux dettes communes

• **Civ. 1re, 1er mars 1988, n° 86-13.337,** *Bull. civ.* I, n° 53
* V. s[s] n° 145.83
Dès la dissolution de la communauté, chacun des époux peut être poursuivi pour la moitié des dettes entrées en communauté du chef de son conjoint, les droits reconnus aux créanciers de l'indivision par l'article 815-17 ne les privent pas pour autant de ceux qu'ils tiennent du droit des régimes matrimoniaux.

145.03 Bibliographie indicative.

Actualisable. Rép. civ., v° *Communauté légale (5° Liquidation-partage)*, par B. Vareille, janv. 2011 [màj mars 2014].

Ouvrages. C. Aubry et C. Rau, par A. Ponsard, *Droit civil français*, t. VIII, *Régimes matrimoniaux*, Librairies techniques, 1973, n°s 282 à 308 – A. Colomer, *Droit civil. Régimes matrimoniaux*, 12e éd., LexisNexis/Litec, 2005, n°s 1014 à 1067 – G. Cornu, *Les régimes matrimoniaux*, 9e éd., « Thémis Droit », PUF, 1997, n°s 97 à 104 –

J. Flour et G. Champenois, *Les régimes matrimoniaux*, 2e éd., coll. « U », A. Colin Éd., 2001, nos 625 à 682 – Ph. Malaurie et L. Aynès, *Les régimes matrimoniaux*, 4e éd., LGDJ/Lextenso, 2013, nos 637 à 655 – F. Terré et Ph. Simler, *Droit civil, Les régimes matrimoniaux*, 6e éd., « Précis », Dalloz, 2011, nos 694 à 731.

Articles. R. Contin, « Les règlements en nature dans les partages », *RTD civ.* 1977. 435 – J. Hérail, « L'attribution préférentielle lors d'un divorce », *JCP N* 1993. 39 – T. Keravec, « La dissolution du régime légal et le droit de poursuite des créanciers communs dans le cadre de l'article 1483 alinéa 1 du Code civil », *JCP N* 1996. 1489 – Ph. Simler, « Le droit de poursuite des créanciers communs pendant la période d'indivision post-communautaire », *JCP N* 1998. 749 – G. Teilliais, « La combinaison du partage d'une communauté de biens et du règlement d'une prestation compensatoire », *Dr. et patr.* oct. 1997. 23 s.

145.04 Questions essentielles.

> Quel domaine et quels effets de l'attribution préférentielle dans le partage de la communauté ?

* V. ss nos 145.41 à 145.46

> En quels cas le partage de la communauté et le règlement de la prestation compensatoire peuvent-ils être liés ?

* V. ss no 145.24

> En conséquence du partage de la communauté, quelle est l'étendue du droit de poursuite des créanciers de l'époux débiteur de son conjoint ?

* V. ss nos 145.70 à 145.87

SECTION 1
Partage de l'actif commun : généralités

145.11 Principe d'égalité. Très naturellement, l'article 1475 alinéa 1er du Code civil, énonce que « *après que tous les prélèvements ont été exécutés sur la masse, le surplus se partage par moitié entre les époux* ». Ce **principe d'égalité dans le partage** dérive de la notion même de communauté de biens. Résultant de leur collaboration, inhérente au régime matrimonial, la communauté appartient également aux époux. Elle doit être finalement répartie dans cette mesure. En pratique, la plupart des partages se réalisent sur cette base égalitaire, quel que soit le mode de partage.

Mais il convient cependant de souligner que **ce principe d'égalité n'est pas d'ordre public.** Les époux peuvent convenir d'une répartition inégalitaire des biens de communauté. Cette manière de partager, dont la validité n'est pas douteuse, suppose en tous les cas un partage amiable. Dans ce sens, ils pourraient même convenir de l'attribution intégrale de la communauté à l'un d'eux. Ces possibilités, qui peuvent s'inscrire initialement dans un contrat de mariage établissant une communauté de biens, sont aussi utilisables après la dissolution d'une communauté légale, moment auquel les époux retrouvent une totale liberté pour organiser entre eux la répartition de leurs biens.

145.12 Recel de communauté. Faisant exception au principe d'égalité dans le partage, l'article 1477 du Code civil énonce que « *celui des époux qui aurait détourné ou recelé quelques effets de la communauté, est privé de sa portion dans lesdits effets* ». De même, « *celui qui aurait dissimulé sciemment l'existence d'une dette commune doit l'assumer définitivement* ». Il s'agit d'une sanction pour l'époux reconnu coupable de recel de communauté, qui s'apparente à celle énoncée pour le recel de succession (C. civ., art. 778). La qualification de **recel de communauté** suppose la preuve de deux éléments, matériel et intentionnel. **L'élément matériel** consiste dans la **soustraction d'un bien de la masse commune.** Il peut être établi du fait d'une appropriation personnelle par l'époux mais aussi par le fait d'une omission, tel qu'un inventaire incomplet, une sous-évaluation mensongère[1], la non-révélation d'une récompense. L'imputation frauduleuse par l'époux d'une dette personnelle au passif de la communauté est également constitutive d'un recel[2]. **L'élément intentionnel** nécessaire pour constater le recel suppose une **intention frauduleuse**, la volonté de fausser les opérations de partage par la réduction délibérée de la masse partageable. De la sorte les omissions involontaires ne sont pas retenues comme constitutives de recel, l'époux pouvant ignorer l'existence d'un droit à récompense, ou légitimement croire qu'un bien lui était propre. En tous les cas, la **preuve de l'intention frauduleuse** doit être apportée par l'époux qui invoque le recel, et cela **par tous moyens**[3]. Un **droit de repentir** est reconnu dans la mesure où l'époux restitue les biens ou les valeurs recelés avant que la fraude ne soit découverte.

La qualification de recel étant retenue dans ces conditions, la sanction est énoncée par l'article 1477 : l'époux receleur « *est privé de sa portion dans lesdits effets* ». Il perdrait également le bénéfice d'émolument (C. civ., art. 1483). La sanction principale peut être infligée après la dissolution de la communauté, sans qu'il soit nécessaire d'attendre la liquidation et le partage de celle-ci[4]. Si elle intervient

1. Civ. 1re, 26 janv. 1994, no 92-10.513, NP; *Defrénois* 1994. 899, obs. G. Champenois; *RTD civ.* 1996. 228, obs. B. Vareille – Civ. 1re, 1er juin 2011, no 10-30.205, *Bull. civ.* I, no 106; *AJ fam.* 2011. 383 obs. P. Hilt; *RTD civ.* 2011. 578, obs. B. Vareille; *RTD civ.* 2012. 98, obs. J. Hauser; *JCP* 2011. 1371, no 11, obs. A. Tisserand; *Defrénois* 2011. 1194, note C. Courtaigne-Deslandes.
2. Civ. 1re, 9 janv. 2008, no 05-15.491, *Bull. civ.* I, no 10; *D.* 2008. AJ 352, obs. I. Gallmeister; *AJ fam.* 2008. 127, obs. P. Hilt; *Dr. fam.* 2008, no 29, note B. Beignier; *RTD civ.* 2008. 538, obs. B. Vareille.
3. Civ. 1re, 3 juin 1986, no 82-17.068, *Bull. civ.* I, no 155.
4. Civ. 1re, 12 mars 1985, no 83-16.800, *Bull. civ.* I, no 93.

avant le partage, les biens recelés sont attribués intégralement au conjoint, le partage lui-même ne portant plus que sur les autres biens de communauté. Mais cette privation de droit sur les biens ne vaut que pour la qualité de copartageant. En revanche, l'époux receleur, par hypothèse créancier de récompense, est reconnu fondé à prélever les biens recélés à ce titre, les prélèvements s'effectuant normalement avant le partage[1]. Dans ce cas, il verra sa part réduite d'autant sur les autres biens qui resteraient à partager. Si la sanction est appliquée après que le partage ait été effectué, l'époux receleur doit restituer les biens en nature ou en valeur. Au-delà de la privation de droit sur les biens, le recel peut aussi donner lieu à des dommages-intérêts pour la réparation du préjudice distinct du détournement lui-même.

Et lorsque les biens recelés ne se retrouvent pas entre les mains de l'époux receleur, le conjoint lésé a droit non seulement à la valeur des biens recelés mais encore a la moitié de la communauté déterminée en incluant dans l'actif la valeur de ces biens[2].

SECTION 2
MODES DE PARTAGE DE L'ACTIF COMMUN

145.20 Dualité. Comme pour le partage de succession, le partage de communauté peut être amiable ou judiciaire. Le partage amiable est particulièrement incité par la loi. Mais le partage judiciaire s'avère nécessaire quand la convention des époux ne peut être élaborée. Suivant le mode suivi, l'attribution des biens sera plus ou moins différente.

§ 1
Partage amiable de l'actif commun

145.21 Domaine. Par définition, le partage amiable suppose l'accord des époux ou de leurs ayants droit. *A priori*, il peut être établi de manière générale. Particulièrement en cas de divorce il se trouve favorisé. Tout d'abord, il apparaît nécessaire en cas de **divorce**, ou de **séparation de corps, par consentement mutuel** (C. civ., art. 230 s. – C. pr. civ., art. 1088 à 1105). En effet, les époux ont, dans ce cas, toujours l'obligation de soumettre au juge aux affaires familiales (JAF) un projet de convention définitive qui règle les conséquences de leur divorce, parmi lesquelles la liquidation et le partage de leur communauté de biens. Le juge peut refuser l'homologation de la convention si elle lui paraît préserver insuffisamment les intérêts des enfants ou de l'un des époux (C. civ., art. 232, al. 2), mais dans ce cas le divorce n'est pas prononcé. C'est dire qu'en tous les cas, dans cette forme de divorce, la convention de liquidation et de partage est une modalité obligatoire.

Dans les **autres cas de divorce ou de séparation de corps**, du divorce accepté (C. civ., art. 233), du divorce pour altération définitive du lien conjugal (C. civ., art. 237), du divorce pour faute (C. civ., art. 242), **la convention de liquidation et de partage de la communauté** peut être **établie pendant l'instance en divorce** (C. civ., art. 265-2) devant être passée par acte notarié lorsque la liquidation porte sur des biens soumis à la publicité foncière (C. civ., art. 265-2, al. 2), la convention ne produisant, naturellement, ses effets, même dans les rapports entre époux, qu'à compter du prononcé définitif du divorce, ou de la séparation de corps (C. civ., art. 1451).

Par ailleurs, en cas **de dissolution de la communauté par le décès d'un époux,** le partage amiable entre le conjoint survivant et les ayants droit de l'époux décédé est aussi possible. La seule restriction notable dans ce cas tient à la **présence éventuelle de copartageants incapables, spécialement les enfants mineurs.** Néanmoins, la réalisation d'un partage amiable n'est pas totalement exclue dans cette situation. Elle se trouve seulement compliquée par des autorisations préalables nécessaires et des formes imposées. En effet, le partage amiable doit être **autorisé par le juge des tutelles** lorsque le mineur copartageant est placé sous le régime de l'administration légale, **ou par le conseil de famille,** lorsqu'il est placé sous le régime de la tutelle. Ce partage doit être établi par un notaire, l'état liquidatif étant soumis à l'approbation du juge des tutelles (C. civ., art. 389-5) ou du conseil de famille (C. civ., art. 507).

145.22 Forme. Au-delà du cas imposé de l'acte notarié (C. civ., art. 265-2, al. 2), le partage amiable n'exige en principe aucune forme particulière. Plus précisément, aux termes du nouvel article 835 du Code civil : « *Si tous les indivisaires sont présents et capables, le partage peut intervenir dans la forme et*

1. Civ. 1re, 7 oct. 1975, no 73-12.045, *Bull. civ.* I, no 255 – Civ. 1re, 23 janv. 2007, no 04-10.526, *Bull. civ.* I, no 27; *D.* 2007. AJ 509, obs. P. Guiomard; Chron. C. cass. 894, obs. P. Chauvin; Pan. 2132, obs. J. Revel; *JCP* 2007. I. 142, no 28, obs. A. Tisserand-Martin; *AJ fam.* 2007. 187, obs. P. Hilt; *Dr. fam.* 2007, no 67, note B. Beignier; *RTD civ.* 2008. 539, obs. B. Vareille – Civ. 1re, 31 oct. 2007, no 06-10.348, *Bull. civ.* I, no 334; *D.* 2008. Pan. 2249, obs. V. Bremond; *JCP* 2008. I. 147, no 1, obs. J.-J. Caussain, F. Deboissy et G. Wickler; *AJ fam.* 2007. 482, obs. P. Hilt; *Defrénois* 2008. 2199, obs. G. Champenois; *RTD civ.* 2008. 539, obs. B. Vareille.
2. Civ. 1re, 20 févr. 1996, no 93-13.467, *Bull. civ.* I, no 89; *JCP N* 1997. II. 313, note J. Maury; *Defrénois* 1996. 1084, obs. G. Champenois.

selon les modalités choisies par les parties. Lorsque l'indivision porte sur des biens soumis à la publicité foncière, l'acte de partage est passé par acte notarié ». En réalité, il est toujours utile de solliciter le notaire pour opérer la liquidation et donc le partage, compte tenu de la complexité des opérations à effectuer, à moins que la communauté ne soit très limitée, par exemple parce que le régime matrimonial n'a connu qu'une brève durée d'application.

145.23 Composition des lots. Elle se caractérise par la liberté laissée aux époux pour se répartir les biens de communauté. Suivant le nouvel article 826 du Code civil, issu de la loi du 23 juin 2006[1], portant réforme des successions et des libéralités : « *L'égalité dans le partage est une égalité en valeur. Chaque copartageant reçoit des biens pour une valeur égale à celle de ses droits dans l'indivision... Si la consistance de la masse ne permet pas de former des lots d'égale valeur, leur inégalité se compense par une soulte* ». Il y a ainsi abandon du principe ancien de l'égalité en nature dans le partage (C. civ., anc. art. 832). La convention de partage peut établir l'attribution des biens à l'un des époux, compte tenu de l'intérêt, personnel ou professionnel, qu'ils présentent pour lui, à charge de verser une soulte au conjoint. Les époux peuvent aussi convenir de vendre tout ou partie des biens pour se partager le prix. Il y a lieu de rappeler ici le règlement des récompenses dues par les époux à la communauté conduisant à imputer les sommes dues sur la part de l'époux débiteur, son lot de biens communs étant diminué d'autant. De même, en cas de créance de récompenses à l'égard de la communauté, le lot de biens communs revenant à l'époux créancier sera augmenté dans cette mesure, si le règlement des récompenses n'a pas été préalablement effectué par voie de prélèvement.

145.24 Partage de communauté et règlement de prestation compensatoire. En cas de divorce, le partage de la communauté peut être affecté par le règlement de la prestation compensatoire. Celle-ci a pour but de compenser la disparité que la rupture du mariage crée dans les conditions de vie respectives des époux (C. civ., art. 270). Elle donne lieu à un versement en capital d'un époux à l'autre ou plus exceptionnellement d'une rente (C. civ., art. 276).

En cas de ***divorce par consentement mutuel***, les époux conviennent à la fois du partage de la communauté et du règlement de la prestation compensatoire dont ils fixent le montant et les modalités. C'est ce qui explique qu'ils décident éventuellement d'un partage inégal de la communauté, l'inégalité des attributions constituant un mode de règlement de la prestation compensatoire[2]. Il peut même être constaté un abandon total des biens de communauté d'un époux à l'autre, cet abandon valant paiement de la prestation compensatoire. En pratique, une telle disposition conduit parfois à faire l'économie d'une liquidation chiffrée de la communauté. Ce qui est certainement critiquable et dangereux car on ne peut connaître le montant de la prestation. Au contraire, **il y a lieu de toujours présenter une liquidation chiffrée de la communauté** afin de connaître **l'étendue des droits respectifs des époux,** tout en procédant à son **attribution comme mode de règlement de la prestation compensatoire.**

Dans les ***autres cas de divorce***, depuis la réforme par la loi du 26 mai 2004[3], les époux peuvent aussi convenir du règlement de la prestation compensatoire par la liquidation et le partage de leurs biens dont ils conviennent **pendant l'instance en divorce, la convention globale étant alors obligatoirement soumise à l'homologation du juge** (C. civ., art. 268, 278). En tout cas alors, le juge du divorce peut refuser l'homologation.

§ 2
Partage judiciaire de l'actif commun

A.
Domaine, procédure et composition des lots

145.31 Domaine. Le recours à un partage judiciaire de la communauté s'impose toutes les fois que les époux ne parviennent pas à s'accorder sur la liquidation ou la répartition des biens. Il en est parfois ainsi quand le divorce a été prononcé au terme d'une **procédure particulièrement contentieuse.** Le conflit entre copartageants peut aussi apparaître en cas de **dissolution de la communauté par le décès d'un époux,** la concurrence se portant sur l'attribution de biens particuliers. Les causes peuvent être multiples. Éventuellement, le partage judiciaire est obligatoire s'il est envisagé en présence de **copartageants incapables** et que les autorisations préalables nécessaires pour procéder valablement à un partage amiable n'ont pu être obtenues.

145.32 Procédure. Bien que l'article 1476 du Code civil renvoie généralement au droit du partage établi au titre « Des successions » pour les partages entre cohéritiers, celui-ci étant d'ailleurs réformé par la loi du 23 juin 2006, il y a lieu de distinguer, pour ce partage de la communauté, le **cas du**

1. L. n° 2006-728, 23 juin 2006, portant réforme des successions et des libéralités, *JO* 24 juin, p. 9513.

2. Civ. 1re, 15 déc. 1983, *Gaz. Pal.* 1984. 2. 776, note J. M.
3. L. n° 2004-439, 26 mai 2004, relative au divorce, *JO* 27 mai, p. 9319.

divorce et celui de la **dissolution du régime matrimonial par le décès d'un époux.**

En cas de divorce, supposant qu'il n'y a pas eu de liquidation-partage conventionnel, ce sont les articles 267 et 267-1 du Code civil qui décrivent le processus :

C. civ., art. 267 : « *À défaut d'un règlement conventionnel par les époux, le juge en prononçant le divorce, ordonne la liquidation et le partage de leurs intérêts patrimoniaux. Il statue sur les demandes de maintien dans l'indivision ou d'attribution préférentielle. Il peut aussi accorder à l'un des époux ou aux deux une avance sur sa part de communauté ou de biens indivis. Si le projet de liquidation du régime matrimonial établi par le notaire désigné sur le fondement du 10º de l'article 255 contient des informations suffisantes, le juge, à la demande de l'un ou l'autre des époux, statue sur les désaccords persistant entre eux* ».

C. civ., art. 267-1 (L. nº 2009-526, 12 mai 2009, art. 14 (V), applicable aux demandes en justice formées à compter du 1er janvier 2010) : « *Les opérations de liquidation et de partage des intérêts patrimoniaux des époux se déroulent suivant les règles fixées par le Code de procédure civile* ».

Dans les autres cas, le partage judiciaire ayant été ordonné par le tribunal saisi, c'est le notaire désigné qui est chargé de procéder à la liquidation de la communauté pour établir la masse partageable. En particulier la liquidation et le règlement des récompenses doivent être effectués. La licitation des biens mobiliers est éventuellement entreprise pour acquitter le passif. La licitation des immeubles peut apparaître nécessaire s'ils sont impartageables en nature. Il y a lieu de procéder à l'estimation des biens qui doit être faite au jour de la jouissance divise. Des lots doivent être composés, considérant qu'en matière de partage de communauté, quelle que soit la cause de dissolution, il n'y a que deux lots à établir. Ensuite, le notaire établit un rapport qui constitue véritablement un projet de partage, soumis à l'homologation du tribunal, devant lequel les époux peuvent faire valoir des observations. L'homologation étant acquise, il est finalement procédé au tirage au sort des lots, soit devant le notaire, soit devant le juge commissaire (C. civ., art. 825 à 830, réd. L. 23 juin 2006).

145.33 Composition des lots. Au titre du partage judiciaire, la composition des lots est désormais plus ouverte en conséquence du seul principe de l'égalité en valeur (C. civ., art. 826). Tout dépendra de la consistance de la masse commune, étant rappelé que « *si la consistance de la masse ne permet pas de former des lots d'égale valeur, leur inégalité se compense par une soulte* » (C. civ., art. 826, al. 4) et que « *dans la formation et la composition des lots, on s'efforce d'éviter de diviser les unités économiques et autres ensembles de biens dont le fractionnement entraînerait la dépréciation* » (C. civ., art. 830). Précisément des règles particulières pour l'attribution de certains biens sont applicables au partage de la communauté. Elles affecteront la composition des lots et conduiront à écarter le tirage au sort. Elles s'inscrivent particulièrement dans la procédure de tirage au sort.

B. Règles spécifiques pour l'attribution de biens communs

145.40 Règles spécifiques pour l'attribution de biens communs. L'article 1476 du Code civil transpose au partage de communauté l'application des règles établies au titre des successions pour l'attribution préférentielle. Mais il en est d'autres propres au partage de communauté, ainsi pour **l'attribution d'immeubles communs, annexes ou contigus à des immeubles propres à un époux** (C. civ., art. 1475, al. 2), et, par interprétation, **l'attribution de biens entrés en communauté en valeur seulement.**

145.41 Attribution préférentielle. Elle permet à un copartageant d'obtenir l'attribution d'un bien dans son lot par préférence aux autres. Depuis 1938, où elle a été instituée pour **l'exploitation agricole, l'attribution préférentielle** a acquis une grande amplitude par rapport aux biens qui peuvent en être l'objet, par la diversité de ses modalités et quant aux partages pour lesquels elle est applicable. Dans son ensemble, la matière est établie au titre du partage de la succession (C. civ., art. 831 à 834, réd. L. 23 juin 2006). Appliqués au partage de la communauté, deux modes d'attribution préférentielle sont ici retenus, **l'attribution préférentielle facultative** et **l'attribution préférentielle de droit.**

145.42 Attribution préférentielle facultative (C. civ., art. 831). L'attribution préférentielle facultative constitue le mode principal, sorte de droit commun de la matière. Le caractère facultatif signifie qu'en tout état de cause, **le juge apprécie l'opportunité de l'attribution demandée, selon les intérêts en présence.** Se rapportant au partage de la succession, l'article 831 du Code civil énonce qu'elle peut être demandée par le **conjoint survivant** ou **tout héritier copropriétaire**, dans la mesure où ils en remplissent les conditions. En cas de partage de la communauté dissoute par le décès d'un époux, seul le conjoint survivant peut la demander, l'héritier de l'époux décédé ne pouvant intervenir à ce titre que pour le partage de la succession du parent. En cas de dissolution de la communauté du vivant des époux, l'un et l'autre des conjoints peuvent la solliciter, dans la même mesure des conditions à remplir.

Les **biens de communauté susceptibles d'attribution préférentielle** sont variés, suivant la liste établie par l'article 831 :

– toute **entreprise** ou **partie d'entreprise agricole, commerciale, industrielle, artisanale** ou **libérale** ou **quote-part indivise d'une telle entreprise,** même formée pour une part de biens dont il était déjà propriétaire ou copropriétaire avant le décès (dissolution de la communauté) **à l'exploitation de laquelle il participe ou a participé effectivement.** S'il y a lieu, la demande d'attribution préférentielle peut porter sur des **droits sociaux** sans préjudice de l'application des dispositions légales ou des clauses statutaires;

– la **propriété** ou le **droit au bail** qui sert effectivement **d'habitation au demandeur** (C. civ., art. 831-2-1°);

– la **propriété** ou le **droit au bail du local à usage professionnel qui sert effectivement à l'exercice de sa profession**, ainsi que les objets mobiliers garnissant ce local et servant au même usage (C. civ., art. 831-2-2°);

– les **éléments mobiliers nécessaires à l'exploitation d'un bien rural placé sous le statut du fermage ou du métayage,** c'est-à-dire le matériel et le cheptel, si le bail continue au profit du demandeur ou s'il en a obtenu un nouveau (C. civ., art. 831-2-3°).

Le conjoint demandeur doit justifier d'une **participation actuelle ou antérieure à l'exploitation, d'une utilisation effective des biens ou locaux à usage professionnel,** d'une **résidence dans le local d'habitation** demandé en attribution préférentielle à l'époque de la dissolution de la communauté et au moment du partage.

Cette demande peut être formulée devant le **tribunal compétent pour le partage** mais aussi désormais devant le **juge du divorce** (C. civ., art. 267-1). **Le juge statue en opportunité et décide souverainement de l'attribution.** En cas de demandes concurrentes par les époux, le juge, qui conserve son pouvoir d'appréciation, tient compte, pour désigner l'attributaire d'une entreprise ou d'une exploitation, de l'aptitude des postulants à gérer cette exploitation ou cette entreprise et à s'y maintenir, et, en particulier de la durée de leur participation personnelle à l'activité de l'exploitation ou de l'entreprise.

L'attribution préférentielle décidée oblige à mettre le bien dans le lot de l'attributaire, tout tirage au sort étant alors évidemment exclu. Si les autres biens de communauté ne peuvent suffire pour constituer la part revenant au conjoint non-attributaire, l'époux attributaire se trouve tenu de verser une **soulte**, payable au comptant, sauf si des délais de paiement lui étaient consentis par le copartageant[1].

L'attribution préférentielle peut être demandée avant le partage, ainsi **au cours de la procédure de divorce**, et dans ce cas n'est pas immédiatement translative de propriété. Jusqu'au partage, les biens demeurent en indivision, avec toutes les conséquences qui s'ensuivent. En conséquence, ils devront toujours être évalués au jour du partage, ou de la jouissance divise (C. civ., art. 832-4). Et « *jusqu'à cette date, il ne peut renoncer à l'attribution que lorsque la valeur du bien, telle que déterminée au jour de cette attribution, a augmenté de plus du quart au jour du partage indépendamment de son fait personnel* » (C. civ., art. 834, al. 2).

145.43 Attribution préférentielle de droit : exploitation agricole (C. civ., art. 832). Une telle attribution préférentielle est possible pour les **exploitations agricoles ne dépassant pas une certaine superficie,** fixée par décret en Conseil d'État. Elle est de droit dans la mesure où le juge sollicité n'a plus le pouvoir d'apprécier l'opportunité de l'attribution. Elle doit être reconnue dans la mesure où l'époux demandeur remplit la condition maintenue de participation à l'exploitation.

Cette attribution préférentielle de droit se singularise aussi par le fait qu'elle **permet à l'attributaire d'exiger des délais de paiement,** qui ne peuvent excéder dix ans, **pour le paiement de la moitié de la soulte** dont il peut être redevable, cas dans lequel le montant qui reste dû est susceptible de variation dans les conditions de l'article 829 du Code civil.

En cas de **demandes concurrentes par les époux,** le juge doit nécessairement désigner l'attributaire de l'exploitation en appliquant les mêmes critères d'aptitude et de durée de participation à l'exploitation.

Cependant l'article 1476 alinéa 2 du Code civil écarte une telle attribution de droit en énonçant que « *pour les communautés dissoutes par divorce, séparation de corps ou séparation de biens, l'attribution préférentielle n'est jamais de droit et il peut toujours être décidé que la totalité de la soulte éventuellement due sera payable comptant* ».

Dans ces cas de dissolution de la communauté, le **juge** retrouve donc son **pouvoir d'appréciation de l'opportunité de l'attribution** de l'exploitation agricole à l'époux demandeur et il est libre d'accorder ou non des délais de paiement de la soulte.

En matière agricole, il existe d'autres formes d'attribution préférentielle, introduites par la loi du 4 juillet 1980 et qui sont subsidiaires par rapport aux attributions préférentielles, facultative ou de droit, de l'exploitation. L'article 832-1 du Code civil prévoit une attribution préférentielle de tout

1. Civ. 1re, 25 mars 1997, n° 95-15.770, *Bull. civ.* I, n° 105; *Defrénois* 1997. 1083, obs. G. Champenois.

ou partie des biens ou droits immobiliers à destination agricole, en vue de constituer avec un ou plusieurs copartageants **un groupement foncier agricole**, moyennant, le cas échéant, **un bail forcé des biens du groupement.** Encore, selon l'article 832-2 du Code civil, le conjoint désirant poursuivre une exploitation agricole constituant une unité économique et non exploitée sous forme sociale, sans être en mesure d'en solliciter l'attribution préférentielle, peut exiger qu'un **bail à long terme des terres de l'exploitation** lui soit **consenti** et que les **bâtiments d'exploitation et d'habitation** soient **mis en priorité dans son lot.**

145.44 Attribution préférentielle de droit : local d'habitation et mobilier (C. civ., art. 831-3). La loi du 3 décembre 2001[1] (art. 10), entrée en vigueur pour les successions ouvertes depuis le 1er juillet 2002 (art. 25), a introduit un **nouveau cas d'attribution préférentielle de droit au profit du conjoint survivant et ayant pour objet la propriété du local d'habitation et du mobilier le garnissant,** qui lui sert effectivement d'habitation s'il y avait sa résidence à l'époque du décès.

Et, dans l'hypothèse prévue, **le conjoint survivant attributaire peut exiger de ses copartageants pour le paiement d'une fraction de la soulte,** égale au plus à la moitié, des **délais** ne pouvant excéder dix ans. Sauf convention contraire, les sommes restant dues portent intérêt au taux légal.

En cas de vente du local ou du mobilier le garnissant, la fraction de la soulte y afférente devient immédiatement exigible; en cas de ventes partielles, le produit de ces ventes est versé aux copartageants et imputé sur la fraction de la soulte encore due.

Les droits résultant de l'attribution préférentielle ne préjudicient pas aux **droits viagers d'habitation et d'usage** que le conjoint peut exercer en vertu de l'article 764.

145.45 Attribution d'immeubles communs annexes ou contigus à des immeubles propres. L'article 1475 alinéa 2 du Code civil prévoit un cas particulier d'attribution préférentielle, spécifique du partage de la communauté : « *Si un immeuble de la communauté est l'annexe d'un autre immeuble appartenant en propre à l'un des conjoints ou s'il est contigu à cet immeuble, le conjoint propriétaire a la faculté de se le faire attribuer par imputation sur sa part ou moyennant soulte, d'après la valeur du bien au jour où l'attribution est demandée* ».

L'intérêt de cette attribution préférentielle particulière est indéniable. **Il s'agit de conserver l'unité de l'ensemble immobilier.** Selon la rédaction du texte, il s'agit d'une attribution de droit. Cependant les notions d'immeuble annexe et d'immeuble contigu restent à préciser. La **notion d'annexe** implique une **complémentarité de l'immeuble commun par rapport à l'immeuble propre,** les deux étant liés par une **même utilisation** ou une **même exploitation.** Selon les cas, l'immeuble commun pourrait aussi être reconnu comme propre à l'époux propriétaire par application de la notion d'accessoire selon l'article 1406 du Code civil, et telle qu'elle a pu être interprétée[2]. La **notion de contiguïté** est plus simple et correspond à la **juxtaposition de l'immeuble commun par rapport à l'immeuble propre.** En tous les cas, l'immeuble propre contigu à l'immeuble commun doit avoir été acquis antérieurement à la dissolution de la communauté, par l'époux demandeur, ce dont il doit justifier[3].

Le principe étant établi, il n'y a pas de limite à l'attribution selon l'importance et la valeur des biens en cause. L'avantage ainsi fait à l'époux propriétaire pourra apparaître exorbitant et transformer le partage de la communauté. Quoi qu'il en soit, l'époux attributaire est évidemment comptable de la valeur du bien, imputée sur sa part de communauté ou donnant lieu à une soulte en cas d'excédent, qui doit être payée au comptant, sauf délai convenu. À cet égard, **l'évaluation du bien commun** attribué telle que prévue par l'article 1475 alinéa 2, **au jour de la demande d'attribution,** est **contestable.** S'agissant d'une **modalité de partage,** il y aurait lieu de procéder à cette **évaluation au jour du partage ou de la jouissance divise,** comme de principe.

À propos de ces biens immobiliers annexes ou contigus de biens propres, un **conflit** peut surgir entre les époux, l'un réclamant leur attribution sur le fondement de l'article 1475 alinéa 2, l'autre se prévalant d'un cas d'attribution préférentielle, facultative ou de droit. S'il s'agit d'une **demande d'attribution préférentielle facultative,** elle doit être **écartée,** l'attribution selon l'article 1475 étant de droit. En revanche, s'il s'agit d'une demande d'attribution préférentielle de droit (C. civ., art. 832-1), il n'y a pas de priorité de l'une par rapport à l'autre, la solution ne pouvant se trouver que dans **l'arbitrage du juge** qui appréciera les intérêts en présence.

145.46 Attribution de biens communs en valeur. Certains biens, constitués ou acquis par les époux pendant le mariage sont généralement consi-

1. L. n° 2001-1135, 3 déc. 2001, relative aux droits du conjoint survivant et des enfants adultérins et modernisant diverses dispositions de droit successoral, art. 10, *JO* 4 déc., p. 19279.

2. Civ. 1re, 18 déc. 1990, n° 89-10.188, *Bull. civ.* I, n° 292; *D.* 1992. 37, note R. Le Guidec; Somm. 221, obs. M. Grimaldi; *Defrénois* 1992. 847, obs. G. Champenois.
3. Civ. 1re, 3 déc. 1996, n° 95-11.269, *Bull. civ.* I, n° 425; *JCP N* 1998. 813, obs. R. Le Guidec.

dérés comme n'entrant en communauté que pour leur valeur, du fait de leur rattachement à la personne de l'époux. Bien qu'une attribution préférentielle de ces biens ne soit pas formellement prévue par les textes, elle paraît s'imposer.

Tel est le cas pour les **offices ministériels** et les **clientèles de professions libérales.** L'époux investi du titre permettant l'exercice de la fonction doit pouvoir exiger l'attribution du bien correspondant, à charge d'en rendre compte soit par imputation sur sa part ou par le versement d'une soulte.

La même question est posée par l'attribution des **parts d'associés dans les sociétés de personnes.** On admet aujourd'hui, spécialement depuis l'application des dispositions de l'article 1832-2 du Code civil, issues de la loi du 10 juillet 1982, que le titre d'associé est personnel à l'époux associé et que la part, en tant que bien, est commune, ou au moins sa valeur selon les interprétations. En conséquence, il paraît nécessaire d'attribuer ces parts à l'époux associé. Éventuellement, si cette qualité d'associé était également reconnue au conjoint un partage normal des parts sociales serait opéré.

SECTION 3
EFFETS DU PARTAGE

145.50 **Renvoi.** L'article 1476 du Code civil rend encore applicables au partage de la communauté les règles établies pour le partage de la succession en ce qui concerne « *les effets du partage, la garantie et les soultes* ». Il peut donc être renvoyé à l'étude de ces aspects exposés au titre du partage de la succession (v. *Successions - Partage*, s^s n°s 272.10 s.). Cependant, deux points méritent d'être précisés ici parce qu'ils présentent quelque originalité pour le partage de la communauté : **l'effet déclaratif** et la **rescision pour lésion.**

145.51 **Effet déclaratif du partage.** Appliquant le principe posé par l'article 883 du Code civil, il y a lieu de considérer que chaque époux se voit reconnaître la propriété exclusive des biens communs mis dans son lot et réciproquement est considéré comme n'ayant plus de droits sur les biens communs mis dans le lot du conjoint.

La question qui se pose est de savoir jusqu'à quel moment cette déclarativité du partage remonte-t-elle : **depuis l'entrée du bien en communauté** ou **depuis la date de dissolution de la communauté ?** Il paraît nécessaire d'admettre que l'effet déclaratif du partage ne remonte qu'à la dissolution de la communauté. C'est l'opinion aujourd'hui la plus répandue. En matière de partage de succession l'effet déclaratif s'applique depuis le jour du décès, moment auquel commence l'indivision successorale. **En matière de communauté, l'indivision** proprement dite **n'existe qu'à partir de la dissolution.** Jusque-là, l'organisation des biens de communauté, par application du régime matrimonial ne permet pas d'assimiler cette communauté à une indivision.

En conséquence de ce **principe de l'effet déclaratif depuis la dissolution de la communauté,** il y a lieu de considérer que les **actes passés par un époux pendant l'indivision sur les biens qui lui sont attribués sont rétroactivement validés.** Inversement, les **actes passés par le conjoint sur ces mêmes biens sont rétroactivement privés d'effet et annulables.** Il ne peut d'ailleurs s'agir que des **actes irréguliers,** l'article 883 alinéa 3 du Code civil réservant expressément que « *les actes valablement accomplis soit en vertu d'un mandat des coïndivisaires, soit en vertu d'une autorisation judiciaire, conservent leurs effets quelle que soit, lors du partage, l'attribution des biens qui en ont fait l'objet* ».

145.52 **Action en complément de part.** Comme pour le partage d'une succession, l'époux copartageant ayant subi une **lésion de plus du quart dans le partage de la communauté** dispose d'une **action en complément de part** dans les conditions des articles 889 à 891 du Code civil, issus de la loi du 23 juin 2006, qui se substitue à l'ancienne rescision pour lésion dans le partage (C. civ., anc. art. 887). Le complément de part est fourni, au choix du défendeur, soit **en numéraire**, soit **en nature.** Pour apprécier s'il y a eu lésion, on estime les objets suivant leur **valeur à l'époque du partage.** Et « *l'action en complément de part se prescrit par deux ans à compter du partage* » (C. civ., art. 889, al. 2). Cependant, une **exception importante à la recevabilité de l'action en complément de part** doit être rappelée. Elle concerne les hypothèses où la **convention de liquidation-partage a été homologuée par le juge du divorce.** Il en est ainsi, nécessairement, en cas de divorce par consentement mutuel (C. civ., art. 232) mais aussi dans tous les cas d'homologation sur le fondement de l'article 268 du Code civil[1].

SECTION 4
RÈGLEMENT DU PASSIF

145.60 **Spécificité.** Au terme du partage réalisé, des **dettes** peuvent subsister à la charge des époux.

1. Civ. 2e, 6 mai 1987, n° 86-10.107, *Bull. civ.* II, n° 103; *D.* 1987. 358, note J.-C. Grosliere; *Gaz. Pal.* 1988. 1. 3, note J. Massip; *JCP N* 1988. 72, obs. Ph. Simler; *Defrénois* 1987. 1069, obs. J. Massip – Civ. 1re, 18 oct. 1994, n° 92-21.823, *Bull. civ.* I, n° 292; *D.* 1994. IR 248; *Defrénois* 1995. 723, obs. J. Massip; *LPA* 5 juill. 1995, p. 35, note J. Massip; *RTD civ.* 1995. 337, obs. J. Hauser.

Elles existaient au moment de la dissolution du régime matrimonial mais, par hypothèse, n'ont pas été encore acquittées. Dans le cadre de la liquidation, elles ont été qualifiées de **personnelles** ou de **communes** pour l'établissement de la masse partageable. Les dettes communes ont pu être réparties entre époux dans le partage convenu mais n'ont pas encore été réglées. Éventuellement, il a été procédé à un partage des biens communs, sans considération des dettes qui n'étaient pas exigibles. D'autre part, des dettes entre époux ont pu aussi apparaître ou être rappelées au cours de la liquidation. Enfin, le partage peut aboutir à une répartition de dettes dans la mesure où la communauté apparaît finalement déficitaire.

Quelles que soient les causes du **passif subsistant,** le régime matrimonial légal comporte des dispositions spécifiques pour son règlement (C. civ., art. 1482 s.) qui doivent être suivies parallèlement à l'organisation du partage de l'actif commun. Elles suivent celles établies pour le **sort des dettes incombant aux époux pendant l'application du régime** et s'expliquent de la même manière, tout en considérant le partage intervenu. De la sorte il y a lieu de distinguer **l'obligation aux dettes** (§ 1) pour déterminer les droits des créanciers à l'égard des époux copartageants et **la contribution aux dettes** (§ 2) déterminant la répartition finale des dettes entre époux.

§ 1
Obligation aux dettes

145.70 Distinction. D'une manière générale, les dettes à la charge des époux, qui n'ont pas été encore réglées au moment du partage peuvent être, suivant l'organisation du passif inhérente au régime matrimonial, sur le plan de l'obligation, soit des dettes demeurées personnelles aux époux (A), soit des dettes entrées en communauté du chef de l'un ou de l'autre époux, ou des deux époux éventuellement (B). Cette distinction doit être conservée pour définir l'obligation aux dettes après le partage.

A.
Dettes personnelles

145.71 Dettes personnelles quant à l'obligation. Il s'agit des dettes qui, pendant l'application du régime matrimonial, ne permettaient aux créanciers de poursuivre le recouvrement que sur les biens propres de l'époux débiteur et ses revenus (C. civ., art. 1410, 1411), soit des dettes antérieures au mariage ou des dettes grevant des successions ou des libéralités bénéficiant à un époux. Comme pendant l'application du régime **ces dettes ne peuvent être poursuivies que sur le patrimoine de l'époux débiteur** comprenant désormais, outre ses biens propres, les biens communs qui lui ont été attribués dans le partage. Ces créanciers voient ainsi leur **gage quelque peu élargi.** En même temps, ils se trouveront *en* **concours avec les créanciers communs du chef du conjoint de leur débiteur** qui seront admis à poursuivre leur recouvrement sur ces biens pour la moitié en principe (C. civ., art. 1483).

145.72 Dettes entre époux. Au cours de la liquidation, il peut être relevé des dettes entre époux, supposant des transferts de valeurs d'un patrimoine propre à l'autre et qui, comme souvent en pratique, n'ont pas donné lieu à un règlement au cours du mariage. Ces dettes peuvent alors être l'objet d'une **revalorisation**, dans les conditions de l'article 1479 alinéa 2 du Code civil. Elles ne sont pas comprises dans la masse partageable limitée à la communauté, dans ses différents éléments, actif, passif et récompenses. En conséquence, **elles ne peuvent donner lieu à un prélèvement** (C. civ., art. 1479, al. 1er). Ces dettes demeurent strictement personnelles. Très logiquement, l'article 1478 du Code civil énonce que « *après le partage consommé, si l'un des deux époux est créancier personnel de l'autre* [...] *il exerce sa créance sur la part qui est échue à celui-ci dans la communauté ou sur ses biens personnels* ». Naturellement, sur ce patrimoine de l'époux débiteur, **le conjoint créancier se trouve en concours avec les autres créanciers personnels.**

B.
Dettes entrées en communauté

145.81 Distinction. Ces dettes correspondent à toutes celles qui, contractées ou advenant à un époux, engageaient les biens propres de l'époux débiteur et la communauté (C. civ., art. 1413). Cette obligation de principe, pour l'un et l'autre époux depuis la loi du 23 décembre 1985, était justifiée du fait de l'absence de personnalité juridique de la communauté. Si elles subsistent au moment du partage que les époux réalisent, il convient de distinguer la situation de l'époux du chef duquel la dette est entrée en communauté et celle de son conjoint qui, par hypothèse, n'était pas initialement débiteur.

145.82 Obligation de l'époux débiteur. Aux termes de l'article 1482 du Code civil : « *Chacun des époux peut être poursuivi pour la totalité des dettes existantes, au jour de la dissolution, qui étaient entrées en communauté de son chef* ». Ce texte est le prolongement du principe établi pour la période d'application du régime matrimonial. Il ne peut surprendre, l'époux débiteur répond de la dette contractée sur l'ensemble de son patrimoine. Après le partage, le créancier est donc fondé à poursuivre le paiement sur la totalité des biens comprenant les biens propres et la part de communauté attribuée. Considérant ce principe, il y a lieu de noter une **différence dans l'étendue du gage** selon que **la poursuite est diligentée à partir de la dissolution ou seulement après le partage**. Dans le premier cas, la poursuite entreprend les biens personnels et la communauté dans l'ensemble, étant alors une indivision. Dans le second cas, elle se trouve limitée, au-delà des biens personnels, à la part de communauté.

Bien entendu, **si la dette est solidaire pour les époux**, soit en application de la loi (C. civ., art. 220), soit du fait de la convention (C. civ., art. 1418), elle doit être considérée comme **entrée en communauté du chef des deux époux**. En conséquence, le créancier peut réclamer à chacun l'intégralité de sa créance, chacun en répondant sur l'ensemble de son patrimoine tel qu'il apparaît après le partage[1].

145.83 Obligation du conjoint du débiteur. Principe. En principe d'abord, selon l'article 1483 alinéa 1er du Code civil « *chacun des époux ne peut être poursuivi que pour la moitié des dettes qui étaient entrées en communauté du chef de son conjoint* ». Cette disposition, qui s'applique depuis la dissolution et après le partage, est logiquement fondée. Dans la mesure où le conjoint du débiteur prend part à l'actif commun pour la moitié, il est normal qu'il supporte les dettes à la charge de la communauté dans cette même proportion. En clair, il devient lui-même débiteur pour la moitié. De ce principe, il découle que la poursuite du créancier, dans cette mesure, peut être exercée sur l'ensemble de son patrimoine comprenant alors indifféremment les biens personnels et la part de communauté attribuée. Contrairement au principe établi pendant l'application du régime matrimonial, **les biens propres du conjoint du débiteur initial ne sont plus à l'abri de la poursuite des créanciers** (C. civ., art. 1418, al. 1er). Il est aussi admis que ce **droit de poursuite** à l'égard du conjoint **n'a aucun caractère subsidiaire**. Il peut valablement être actionné alors que le débiteur initial ne l'est pas, selon l'opportunité que peut y trouver le créancier[2].

Il faut souligner que **ce principe d'obligation pour la moitié pour le conjoint du débiteur ne peut être écarté par les époux eux-mêmes.** Une convention en ce sens, intégrée dans le partage, selon laquelle par exemple l'époux ayant contracté la dette accepte de la prendre en charge pour la totalité, est **inopérante à l'égard du créancier.** C'est d'ailleurs ce qu'énonce l'article 1490 du Code civil, admettant des aménagements conventionnels pour les dettes communes, sur le plan de la contribution des époux, mais qui ne peuvent préjudicier aux droits des tiers. Dans le même esprit, il a été jugé que la convention, même homologuée par le juge, s'agissant d'un divorce sur demande conjointe, ne peut avoir pour effet, en l'absence d'accord du créancier, d'éteindre la dette d'un des conjoints et n'a de force obligatoire que dans leurs rapports réciproques[3].

L'obligation du conjoint du débiteur pour la moitié des dettes entrées en communauté, et cela sur l'ensemble de ses biens, semble donc incontournable. Néanmoins, une protection lui est réservée à l'égard de ces dettes dont il n'a pas eu initialement la responsabilité, le **bénéfice d'émolument**.

145.84 Bénéfice d'émolument. Selon l'article 1483 alinéa 2 du Code civil : « *Après le partage, et sauf le cas de recel, il n'en est tenu que jusqu'à son émolument pourvu qu'il y ait eu inventaire, et à charge de rendre compte tant du contenu de cet inventaire que de ce qui lui est échu par le partage ainsi que du passif commun déjà acquitté* ».

Anciennement réservé à l'épouse, qui pouvait ainsi être amenée à payer la moitié des dettes contractées par son mari sur ses biens propres, le bénéfice d'émolument a été bilatéralisé par la loi du 13 juillet 1965. Chacun des époux peut s'en prévaloir afin de **limiter son obligation au paiement de la moitié des dettes contractées par l'autre.**

C'est pratiquement la seule protection qui subsiste pour un époux à l'égard des dettes du conjoint, dans la perspective de la gestion égalitaire de la communauté légale. Compte tenu de cet intérêt, il y a lieu de préciser les conditions de sa mise en œuvre, la composition de l'émolument, et les effets bénéfiques qu'il peut apporter.

145.85 Conditions du bénéfice d'émolument. Deux conditions sont énoncées par l'article 1483 du Code civil, l'établissement d'un inventaire et l'obligation de rendre compte au créancier.

L'exigence d'un inventaire se justifie par le fait qu'à compter du partage il n'y a plus de distinction entre les biens communs et les biens propres. L'article 1484 du Code civil précise la manière dont il doit être établi : « *Dans les formes réglées par le Code de procédure civile (c'est-à-dire par acte notarié) contradictoirement avec l'autre époux ou lui dûment*

1. Civ. 1re, 4 mars 1980, no 78-16.535, *Bull. civ.* I, no 73.
2. Civ. 1re, 25 mai 1982, no 81-12.294, *Bull. civ.* I, no 187; *D.* 1984. 273, note E. Prieur – Civ. 1re, 1er mars 1988, no 86-13.337, *Bull. civ.* I, no 53; *JCP* 1988. II. 21158, note Ph. Simler; *JCP N* 1988. 318, note M. Arrault et P. Cornille; *Defrénois* 1988. 923, obs. G. Champenois.
3. Civ. 1re, 2 juin 1992, no 90-17.499, *Bull. civ.* I, no 168; *D.* 1993. Somm. 211, obs. Ph. Delebecque; *JCP* 1992. I. 3632, no 5, obs. M. Billiau; *Defrénois* 1992. 1437, obs. J. Massip; *RTD civ.* 1992. 122, obs. J. Mestre; 745, obs. J. Hauser; *RTD civ.* 1993. 185, obs. F. Lucet et B. Vareille.

appelé. Il doit être clos dans les neuf mois du jour où la communauté a été dissoute, sauf prorogation accordée par le juge des référés. Il doit être affirmé sincère et véritable devant l'officier public qui l'a reçu ». La brièveté du délai suggère une diligence immédiate à compter de la dissolution.

Le compte qui doit être rendu au créancier poursuivant doit établir le contenu chiffré de l'inventaire et de ce qui est attribué dans le partage. Cela permet de mesurer l'émolument. Il doit également faire apparaître le passif commun déjà acquitté, pour vérifier l'épuisement de l'émolument, étant entendu qu'à ce titre il ne peut s'agir que du passif commun contracté par le conjoint.

L'exercice du bénéfice d'émolument est **exclu pour l'époux reconnu coupable de recel de communauté.**

145.86 Consistance de l'émolument. L'émolument, dont l'épuisement sera justifié, correspond à la part de communauté. Il ne se confond pas simplement avec les biens communs reçus dans le partage. Ainsi en cas de dette de récompense pour l'époux, réglée par imputation sur sa part ou par prélèvement, il y a lieu de l'ajouter à la valeur des biens reçus. Inversement si l'époux était créancier de récompense, réglée par la constitution de lots inégaux, il y a lieu de déduire le montant de la créance de la valeur des biens communs attribués. En tous les cas, l'émolument est évalué selon la valeur des biens reçus au jour du partage.

145.87 Effets de l'émolument. Si l'émolument ainsi compris apparaît épuisé du fait du paiement des dettes contractées par le conjoint, l'obligation à la moitié de ces dettes est considérée comme éteinte. Le créancier ne peut plus poursuivre l'époux bénéficiaire. **Mais tant que cet émolument n'est pas épuisé, il demeure débiteur sur l'ensemble de ses biens, sans distinction entre les biens communs reçus et les biens propres.** Le bénéfice d'émolument ne provoque pas une « *séparation des patrimoines* ». En principe, les paiements, dans cette mesure, sont effectués dans l'ordre des demandes. En cas d'opposition de créanciers par rapport à d'autres réclamant un paiement, il y a lieu à une répartition proportionnelle de l'émolument ou de ce qu'il en reste.

§ 2
Contribution aux dettes

145.90 Distinction. Comme pendant l'application du régime matrimonial, pour les dettes incombant aux époux qui n'ont pas été payées au moment du partage, il y a lieu de distinguer les dettes entrées en communauté à titre provisoire ou à titre définitif. C'est dire qu'il convient de retrouver la distinction entre les dettes personnelles à un époux (A) et les dettes communes (B) sur le plan de la contribution.

A.
Dettes personnelles

145.91 Passif exclusif d'un époux. Ces dettes personnelles correspondent à celles qui ont été **contractées dans l'intérêt personnel d'un époux**, relativement à son **patrimoine propre** (C. civ., art. 1416) ou découlant de **condamnations ou de responsabilité personnelle** (C. civ., art. 1417). Réglées pendant le mariage à l'aide de deniers communs, elles donnaient lieu à **récompense.** Si elles ne l'ont pas été au moment du partage, seul l'époux concerné est tenu de les supporter définitivement. Ce principe est clairement formulé par l'article 1485 alinéa 2 du Code civil « *il supporte seul les dettes qui n'étaient devenues communes que sauf récompense à sa charge* ». Dans ce sens, il faut considérer que les intérêts inhérents à ces dettes sont également une charge personnelle depuis la dissolution et ne doivent pas être portés au passif de la communauté[1].

En conséquence, si l'époux débiteur les acquitte après le partage, il ne peut disposer d'aucun recours contre le conjoint qui ne peut être tenu à une quelconque contribution. En revanche, si le conjoint du débiteur se trouve contraint ou accepte de les régler, il dispose d'un recours contre l'époux débiteur et cela pour la totalité des dettes ainsi acquittées.

B.
Dettes communes

145.101 Contribution par moitié. Le principe de contribution par moitié est établi par l'article 1485 alinéa 1er du Code civil : « *Chacun des époux contribue pour moitié aux dettes de communauté pour lesquelles il n'était pas dû de récompense, ainsi qu'aux frais de scellé, inventaire, vente de mobilier, liquidation, licitation et partage* ». Ce principe est naturellement justifié par celui de la communauté. S'agissant de dettes considérées à la charge définitive de la communauté, contractées dans son intérêt, la répartition entre les époux doit être égale, comme l'est celle de l'actif commun. **Si elles ne sont pas réglées au moment du partage, l'époux qui serait amené à les acquitter en totalité ou pour plus de la moitié disposera d'un recours contre le conjoint pour l'amener à contribution dans cette mesure.** C'est ce droit qu'énonce l'article 1487 du Code civil : « *L'époux qui a payé au-delà de la portion dont il était tenu [...] a, contre l'autre, un recours pour l'excédent.* »

1. Civ. 1re, 15 déc. 1981, no 80-14.416, *Bull. civ.* I, no 378.

Le même principe se retrouve dans l'article 1489 à propos du paiement par l'époux attributaire dans le partage d'un immeuble hypothéqué et qui, de ce fait, a dû acquitter la totalité de la dette de communauté.

145.102 Bénéfice d'émolument entre époux. L'article 1486 du Code civil admet l'exercice du **bénéfice d'émolument dans les rapports entre époux pour la contribution par moitié aux dettes communes.** Sur ce plan, il s'agit encore d'une protection d'un époux à propos des dettes contractées par l'autre, quoiqu'à la charge définitive de la communauté. Il suppose les mêmes conditions que pour son exercice à l'égard des créanciers poursuivants. Il permet de faire obstacle à l'exigence de la contribution par moitié mise en œuvre par le conjoint ayant contracté les dettes. Se prévalant du bénéfice d'émolument, l'époux ayant acquitté les dettes de l'autre au-delà de celui-ci dispose alors d'un **recours contre le conjoint pour l'excédent.**

145.103 Convention entre époux pour la contribution. Les **principes de contribution des époux aux dettes communes** sont considérés comme simplement **supplétifs.** C'est le sens de l'article 1490 du Code civil : « *Les dispositions des articles précédents ne font point obstacle à ce que, sans préjudicier aux droits des tiers, une clause de partage oblige l'un ou l'autre des époux à payer une quotité de dettes autre que celle qui est fixée ci-dessus, ou même à acquitter le passif entièrement* ». Ainsi, une fois de plus, la convention de partage de la communauté se révèle très libre pour les époux. Bien entendu, elle n'a d'effet qu'entre eux, les créanciers ne devant pas en souffrir.

Finalement, le **caractère conventionnel du partage de la communauté** apparaît **constant.** Il revient aux époux de bien mesurer en tous les cas les conséquences de cette liberté. Le notaire liquidateur y contribuera utilement.

145.104 Exception judiciaire en cas de divorce. La répartition des dettes communes, en conséquence de la liquidation et du partage de la communauté telle qu'elle a été exposée en application des règles du régime matrimonial, peut être écartée dans l'hypothèse du **divorce.** La loi du 2 août 2005, relative aux petites et moyennes entreprises[1], a en effet introduit une disposition spéciale, dont l'application n'est pas encore vérifiée. Il s'agit de l'article 1387-1 du Code civil, sa place dans le Code indiquant son applicabilité à tous les régimes matrimoniaux : « *Lorsque le divorce est prononcé, si des dettes ou sûretés ont été consenties par les époux, solidairement ou séparément, dans le cadre de la gestion d'une entreprise, le tribunal de grande instance peut décider d'en faire supporter la charge exclusive au conjoint qui conserve le patrimoine professionnel ou, à défaut, la qualification professionnelle ayant servi de fondement à l'entreprise.* » Une telle **contribution exclusive aux dettes inhérentes à l'exploitation de l'entreprise** suppose qu'elle soit demandée à l'occasion du divorce. L'attributaire de l'entreprise se verrait ainsi infliger l'obligation d'acquitter seul le passif professionnel, libérant d'autant le conjoint. N'est-ce pas par le fait même une **reconnaissance d'un patrimoine d'affectation,** le bien-entreprise étant compris tant d'un point de vue actif que d'un point de vue passif ? Il y a lieu d'attendre l'application de cette nouveauté étonnante de l'article 1387-1 du Code civil[2].

1. L. n° 2005-882, 2 août 2005, relative aux petites et moyennes entreprises, art. 13, *JO* 3 août, p. 12639.
2. V. Brémond, *JCP N* 2005.1497 – J.-P. Chazal et S. Ferré-André, *D.* 2006. Point de vue 316 – P. Crocq, *D.* 2005. Tribune 2025 – V. Larribau-Terneyre, *Dr. fam.* 2005. Étude 21 – S. Piedelièvre, *D.* 2005. Point de vue 2138 – T. Revet, *Dr. et patr.* nov. 2005. 91 – V. Bourges, 24 janv. 2008, *RJPF* 2009-6/25, note Casey, arrêt selon lequel l'article 1387-1 du Code civil ne constitue qu'une modalité de partage entre époux, laissant subsister l'obligation solidaire à l'égard du créancier.

TITRE

15. Les communautés conventionnelles

SECTION 0
ORIENTEUR

15.00 Plan du titre.

15.11 Extrême diversité des formules de contrat de mariage. Le principe de la liberté des conventions matrimoniales, associé depuis le 1er juillet 1966 à la mutabilité contrôlée du régime matrimonial, incite les époux ou futurs époux et leurs conseils à proposer des formules de contrat de mariage extrêmement diverses.

La réforme du 23 juin 2006[1], qui allège la procédure en écartant le recours au juge en l'absence d'opposition des enfants majeurs ou des créanciers, ne fera sans doute pas démentir cette tendance, et ce, même si l'intérêt fiscal qui s'attachait à la transmission entre époux de biens à cause de mort par la voie des conventions matrimoniales a disparu. En effet, depuis la loi du 21 août 2007, applicable aux successions ouvertes à la date de sa publication soit le 22 août 2007, **le conjoint survivant est exonéré de droits de mutation par décès**[2].

Il convient cependant de relever dès à présent que le conjoint demeure **redevable des droits de mutation à titre gratuit** pour les **donations de biens présents** que l'autre époux lui consentirait - exception faite des réversibilités d'usufruit que la loi rend expressément justiciable des droits de mutation par décès -; dès lors, les **apports en communauté de biens propres** à l'un ou l'autre des conjoints conservent leur intérêt, dans la mesure où ils n'encourent **aucune taxation au titre des droits de mutation.**

15.12 Contexte. En matière de régimes communautaires, comme semble-t-il lorsqu'il s'agit d'aménagements conventionnels de la participation aux acquêts, l'inventivité sur le plan civil est soumise à un **double mouvement.**

Une impulsion tout d'abord, qui vient du droit civil, et désormais, dans une moindre mesure du droit fiscal, sous l'autorité de l'article 1527 alinéa 1er du Code civil : « *Les avantages que l'un ou l'autre des époux peut retirer des clauses d'une communauté conventionnelle, ainsi que ceux qui peuvent résulter de la confusion du mobilier et des dettes ne sont point regardés comme des donations.* »

Aussi les époux, après que le mariage a duré un certain nombre d'années, usent-ils fréquemment de la **faculté de changement de régime matrimonial** pour avantager le survivant d'entre eux, ou l'un d'entre eux s'il survit (certains avantages matrimoniaux ne sont pas soumis à la condition de survie; ils ne constituent pas ce qu'il est convenu d'appeler des « gains de survie »).

Une restriction ensuite, lorsque l'époux qui a avantagé son conjoint décède en laissant des

1. L. n° 2006-728, 23 juin 2006, portant réforme des successions et des libéralités, *JO* 24 juin, p. 9513.

2. L. n° 2007-1223, 21 août 2007, en faveur du travail, de l'emploi et du pouvoir d'achat, *JO* 22 août, p. 13945.

enfants qui ne sont pas issus de l'union, traitée par l'article 1527 alinéa 2 du Code civil. Il s'agit de la fameuse **action en retranchement**. Au demeurant, l'adoption d'une communauté conventionnelle peut conserver de nombreux attraits même en pareille hypothèse. Elle rencontre une contrainte supplémentaire, insuffisante, à elle seule, à supprimer l'intérêt de toutes les stipulations particulières.

15.13 Diversité des clauses. Il importe de remarquer que l'essentiel de l'attention des époux se porte vers les **clauses à portée translative.**

Rééquilibrage des patrimoines du vivant des époux par une mise en communauté, limitée ou universelle, variations sur les clauses d'attribution en cas de décès de l'un des époux, (préciput, attribution inégale ou intégrale, *etc.*) : les **objectifs sont essentiellement successoraux** bien que la **technique** soit **matrimoniale.**

C'est dire que les **clauses gouvernant la répartition des pouvoirs** dans les régimes de communauté sont devenues extrêmement **rares.** Elles seront exposées pour ordre, sans développements particuliers.

En toute hypothèse, ainsi qu'en dispose l'article 1497 du Code civil dans son dernier alinéa, « *les règles de la communauté légale restent applicables en tous les points qui n'ont pas fait l'objet de la convention des parties* ».

15.14 Avantage matrimonial et cause de la dissolution. Les clauses aménageant les régimes de communauté sont en général stipulées exclusivement pour le **cas de dissolution de la communauté par décès.** Elles sont donc totalement inefficaces si le mariage vient à être dissous pour une cause autre que la mort de l'un des conjoints, l'une des conditions d'ouverture de l'avantage faisant défaut.

Toutefois, un avantage matrimonial peut toujours être stipulé **quelle que soit la cause de dissolution** et que sa délivrance intervienne au décès d'un époux (gain de survie) ou immédiatement, lors de la dissolution (gain en cas de vie). Le Code civil traite en son article 265, dont la rédaction rend sa compréhension délicate, de l'impact du divorce sur le sort de l'avantage matrimonial[1]. Leur intérêt est fort limité; en pratique les avantages matrimoniaux ne sont plus jamais stipulés pour le cas où la communauté viendrait à être dissoute par une cause autre que le décès. Mais l'article 265 du Code civil traite également du sort des donations entre époux, domaine où leur portée effective est très supérieure à celui des avantages matrimoniaux, d'autant que le caractère impératif de cet article a été récemment affirmé par la Cour de cassation[2].

1. A. Tisserand-Martin, « Réflexions autour de la notion d'avantage matrimonial », *Études Béguin,* LexisNexis, 2005, p. 753.
2. Civ. 1re, 14 mars 2012, n° 11-13.791, *Bull. civ.* I, n° 56; *R.* p. 395; *D.* 2012. 812, obs. J. Marrocchella; *AJ fam.* 2012. 223, obs. S. David; *RTD civ.* 2012. 300, obs. J. Hauser; *RTD civ.* 2012. 357, note M. Grimaldi; *JCP* 2012, n° 607, obs. C. Brenner.

CHAPITRE

151. Présentation

GILLES BONNET
NOTAIRE
DOCTEUR EN DROIT

SECTION 0

ORIENTEUR

151.00 Plan du chapitre.

151.01 Textes applicables.

C. civ., art. 265, 738-2, 757-3, 1094-1, 1397, 1401 à 1408, 1409 à 1418, 1469, 1482 s., 1497 dern. al., 1511 à 1519, 1521, 1524 à 1527

CGI, anc. art. 777 et 779; art. 777 et 779

> Incidences du divorce sur les avantages matrimoniaux, donations et dispositions à cause de mort

C. civ., art. 265 (*L. n° 2004-439, 26 mai 2004, art. 16*)

Le divorce est sans incidence sur les avantages matrimoniaux qui prennent effet au cours du mariage et sur les donations de biens présents quelle que soit leur forme.

Le divorce emporte révocation de plein droit des avantages matrimoniaux qui ne prennent effet qu'à la dissolution du régime matrimonial ou au décès de l'un des époux et des dispositions à cause de mort, accordés par un époux envers son conjoint par contrat de mariage ou pendant l'union, sauf volonté contraire de l'époux qui les a consentis. Cette volonté est constatée par le juge au moment du prononcé du divorce et rend irrévocables l'avantage ou la disposition maintenus.

(*L. n° 2006-728, 23 juin 2006, art. 43*) Toutefois, si le contrat de mariage le prévoit, les époux pourront toujours reprendre les biens qu'ils auront apportés à la communauté.

> Droit de retour des père et mère du conjoint prédécédé en l'absence de conjoint successible

C. civ., art. 738-2 (*L. n° 2006-728, 23 juin 2006, art. 29, 19°*)

Lorsque les père et mère ou l'un d'eux survivent au défunt et que celui-ci n'a pas de postérité, ils peuvent dans tous les cas exercer un droit de retour, à concurrence des quote-parts fixées au premier alinéa de l'article 738, sur les biens que le défunt avait reçus d'eux par donation.

La valeur de la portion des biens soumise au droit de retour s'impute en priorité sur les droits successoraux des père et mère.

Lorsque le droit de retour ne peut s'exercer en nature, il s'exécute en valeur, dans la limite de l'actif successoral.

> Droit de retour des frères et sœurs

C. civ., art. 757-3 (*L. n° 2006-728, 23 juin 2006, art. 29, 23°*)

Par dérogation à l'article 757-2, en cas de prédécès des père et mère, les biens que le défunt avait reçus « de ses ascendants » (*précédente rédaction : « d'eux »*) par succession ou donation et qui se retrouvent en nature dans la succession sont, en l'absence de descendants, dévolus pour moitié aux frères et sœurs du défunt ou à leurs descendants, eux-mêmes descendants du ou des parents prédécédés à l'origine de la transmission.

> Dispositions entre époux, soit par contrat de mariage, soit pendant le mariage et faculté de cantonnement

C. civ., art. 1094-1 (*L. n° 2006-728, 23 juin 2006, art. 9 et 25*)

Pour le cas où l'époux laisserait des enfants ou descendants, issus ou non du mariage, il pourra disposer en faveur de l'autre époux, soit de la propriété de ce dont il pourrait disposer en faveur d'un étranger, soit d'un quart de ses biens en propriété et des trois autres quarts en usufruit, soit encore de la totalité de ses biens en usufruit seulement.

Sauf stipulation contraire du disposant, le conjoint survivant peut cantonner son émolument sur une partie des biens dont il a été disposé en sa faveur. Cette limitation ne peut être considérée comme une libéralité faite aux autres successibles.

> Modification du régime matrimonial

C. civ., art. 1397 (*L. n° 2007-308, 5 mars 2007, art. 11*)

Après deux années d'application du régime matrimonial, les époux peuvent convenir, dans l'intérêt de la famille, de le modifier, ou même d'en changer entièrement, par un acte notarié. À peine de nullité, l'acte notarié contient la liquidation du régime matrimonial modifié si elle est nécessaire.

Les personnes qui avaient été parties dans le contrat modifié et les enfants majeurs de chaque époux sont informés personnellement de la modification envisagée. Chacun d'eux peut s'opposer à la modification dans le délai de trois mois.

Les créanciers sont informés de la modification envisagée par la publication d'un avis dans un journal habilité à recevoir les annonces légales dans l'arrondissement ou le département du domicile des époux. Chacun d'eux peut s'opposer à la modification dans les trois mois suivant la publication.

En cas d'opposition, l'acte notarié est soumis à l'homologation du tribunal du domicile des époux. La demande et la décision d'homologation sont publiées dans les conditions et sous les sanctions prévues au Code de procédure civile.

Lorsque l'un ou l'autre des époux a des enfants mineurs, l'acte notarié est obligatoirement soumis à l'homologation du tribunal du domicile des époux.

Le changement a effet entre les parties à la date de l'acte ou du jugement qui le prévoit et, à l'égard des tiers, trois mois après que mention en a été portée en marge de l'acte de mariage. Toutefois, en l'absence même de cette mention, le changement n'en est pas moins opposable aux tiers si, dans les actes passés avec eux, les époux ont déclaré avoir modifié leur régime matrimonial.

Lorsque l'un ou l'autre des époux fait l'objet d'une mesure de protection juridique dans les conditions prévues au titre XI du livre Ier, le changement ou la modification du régime matrimonial est soumis à l'autorisation préalable du juge des tutelles ou du conseil de famille s'il a été constitué.

Il est fait mention de la modification sur la minute du contrat de mariage modifié.

Les créanciers non opposants, s'il a été fait fraude à leurs droits, peuvent attaquer le changement de régime matrimonial dans les conditions de l'article 1167.

Les modalités d'application du présent article sont déterminées par décret en Conseil d'État.

> Actif de la communauté

[C. civ., art. 1401 à 1408]

C. civ., art. 1401

La communauté se compose activement des acquêts faits par les époux ensemble ou séparément durant le mariage, et provenant tant de leur industrie personnelle que des économies faites sur les fruits et revenus de leurs biens propres.

C. civ., art. 1402

Tout bien, meuble ou immeuble, est réputé acquêt de communauté si l'on ne prouve qu'il est propre à l'un des époux par application d'une disposition de la loi.

Si le bien est de ceux qui ne portent pas en eux-mêmes preuve ou marque de leur origine, la propriété personnelle de l'époux, si elle est contestée, devra être établie par écrit. À défaut d'inventaire ou autre preuve préconstituée, le juge pourra prendre en considération tous écrits, notamment titres de famille, registres et papiers domestiques, ainsi que documents de banque et factures. Il pourra même admettre la preuve par témoignage ou présomption, s'il constate qu'un époux a été dans l'impossibilité matérielle ou morale de se procurer un écrit.

C. civ., art. 1403

Chaque époux conserve la pleine propriété de ses propres.

La communauté n'a droit qu'aux fruits perçus et non consommés. Mais récompense pourra lui être due, à la dissolution de la communauté, pour les fruits que l'époux a négligé de percevoir ou a consommés frauduleusement, sans qu'aucune recherche, toutefois, soit recevable au-delà des cinq dernières années.

C. civ., art. 1404

Forment des propres par leur nature, quand même ils auraient été acquis pendant le mariage, les vêtements et linges à l'usage personnel de l'un des époux, les actions en réparation d'un dommage corporel ou moral, les créances et pensions incessibles, et, plus généralement, tous les biens qui ont un caractère personnel et tous les droits exclusivement attachés à la personne.

Forment aussi des propres par leur nature, mais sauf récompense s'il y a lieu, les instruments de travail nécessaires à la profession de l'un des époux, à moins qu'ils ne soient l'accessoire d'un fonds de commerce ou d'une exploitation faisant partie de la communauté.

C. civ., art. 1405

Restent propres les biens dont les époux avaient la propriété ou la possession au jour de la célébration du mariage, ou qu'ils acquièrent, pendant le mariage, par succession, donation ou legs.

La libéralité peut stipuler que les biens qui en font l'objet appartiendront à la communauté. Les biens tombent en communauté, sauf stipulation contraire, quand la libéralité est faite aux deux époux conjointement.

Les biens abandonnés ou cédés par père, mère ou autre ascendant à l'un des époux, soit pour le remplir de ce qu'il lui doit, soit à la charge de payer les dettes du donateur à des étrangers, restent propres, sauf récompense.

C. civ., art. 1406

Forment des propres, sauf récompense s'il y a lieu, les biens acquis à titre d'accessoires d'un bien propre ainsi que les valeurs nouvelles et autres accroissements se rattachant à des valeurs mobilières propres.

Forment aussi des propres, par l'effet de la subrogation réelle, les créances et indemnités qui remplacent des propres, ainsi que les biens acquis en emploi ou remploi, conformément aux articles 1434 et 1435.

C. civ., art. 1407

Le bien acquis en échange d'un bien qui appartenait en propre à l'un des époux est lui-même propre, sauf la récompense due à la communauté ou par elle, s'il y a soulte.

Toutefois, si la soulte mise à la charge de la communauté est supérieure à la valeur du bien cédé, le bien acquis en échange tombe dans la masse commune, sauf récompense au profit du cédant.

C. civ., art. 1408

L'acquisition faite, à titre de licitation ou autrement, de portion d'un bien dont l'un des époux était propriétaire par indivis, ne forme point un acquêt, sauf la récompense due à la communauté pour la somme qu'elle a pu fournir.

> Passif de la communauté

[C. civ., art. 1409 à 1418]

C. civ., art. 1409

La communauté se compose passivement :

– à titre définitif, des aliments dus par les époux et des dettes contractées par eux pour l'entretien du ménage et l'éducation des enfants, conformément à l'article 220;

– à titre définitif ou sauf récompense, selon les cas, des autres dettes nées pendant la communauté.

C. civ., art. 1410

Les dettes dont les époux étaient tenus au jour de la célébration de leur mariage, ou dont se trouvent grevées les successions et libéralités qui leur échoient durant le mariage, leur demeurent personnelles, tant en capitaux qu'en arrérages ou intérêts.

C. civ., art. 1411

Les créanciers de l'un ou de l'autre époux, dans le cas de l'article précédent, ne peuvent poursuivre leur paiement que sur les biens propres et les revenus de leur débiteur.

Ils peuvent, néanmoins, saisir aussi les biens de la communauté quand le mobilier qui appartient à leur débiteur au jour du mariage ou qui lui est échu par succession ou libéralité a été confondu dans le patrimoine commun et ne peut plus être identifié selon les règles de l'article 1402.

C. civ., art. 1412

Récompense est due à la communauté qui a acquitté la dette personnelle d'un époux.

C. civ., art. 1413

Le paiement des dettes dont chaque époux est tenu, pour quelque cause que ce soit, pendant la communauté, peut toujours être poursuivi sur les biens communs, à moins qu'il n'y ait eu fraude de l'époux débiteur et mauvaise foi du créancier, sauf la récompense due à la communauté s'il y a lieu.

C. civ., art. 1414

Les gains et salaires d'un époux ne peuvent être saisis par les créanciers de son conjoint que si l'obligation a été contractée pour l'entretien du ménage ou l'éducation des enfants, conformément à l'article 220.

Lorsque les gains et salaires sont versés à un compte courant ou de dépôt, ceux-ci ne peuvent être saisis que dans les conditions définies par décret.

C. civ., art. 1415

Chacun des époux ne peut engager que ses biens propres et ses revenus, par un cautionnement ou un emprunt, à moins que ceux-ci n'aient été contractés avec le consentement exprès de l'autre conjoint qui, dans ce cas, n'engage pas ses biens propres.

C. civ., art. 1416

La communauté qui a acquitté une dette pour laquelle elle pouvait être poursuivie en vertu des articles précédents a droit néanmoins à récompense, toutes les fois que cet engagement avait été contracté dans l'intérêt personnel de l'un des époux, ainsi pour l'acquisition, la conservation ou l'amélioration d'un bien propre.

C. civ., art. 1417

La communauté a droit à récompense, déduction faite, le cas échéant, du profit retiré par elle, quand elle a payé les amendes encourues par un époux, en raison d'infractions pénales, ou les réparations et dépens auxquels il avait été condamné pour des délits ou quasi-délits civils.

Elle a pareillement droit à récompense si la dette qu'elle a acquittée avait été contractée par l'un des époux au mépris des devoirs que lui imposait le mariage.

C. civ., art. 1418

Lorsqu'une dette est entrée en communauté du chef d'un seul des époux, elle ne peut être poursuivie sur les biens propres de l'autre.

S'il y a solidarité, la dette est réputée entrer en communauté du chef des deux époux.

> Liquidation et partage de la communauté

C. civ., art. 1469

La récompense est, en général, égale à la plus faible des deux sommes que représentent la dépense faite et le profit subsistant.

Elle ne peut, toutefois, être moindre que la dépense faite quand celle-ci était nécessaire.

Elle ne peut être moindre que le profit subsistant, quand la valeur empruntée a servi à acquérir, à conserver ou à améliorer un bien qui se retrouve, au jour de la liquidation de la communauté, dans le patrimoine emprunteur. Si le bien acquis, conservé ou amélioré a été aliéné avant la liquidation, le profit est évalué au jour de l'aliénation; si un nouveau bien a été subrogé au bien aliéné, le profit est évalué sur ce nouveau bien.

> Obligation et contribution au passif après la dissolution

[C. civ., art. 1482 à 1491]

* V. texte complet de ces articles s[s] n° 141.01, > *Obligation et contribution au passif après dissolution*

> Communauté conventionnelle entre époux

C. civ., art. 1497, al. dern.

Les époux peuvent, dans leur contrat de mariage, modifier la communauté légale par toute espèce de conventions non contraires aux articles 1387, 1388 et 1389.

Ils peuvent, notamment, convenir :

1° Que la communauté comprendra les meubles et les acquêts;

2° Qu'il sera dérogé aux règles concernant l'administration;

3° Que l'un des époux aura la faculté de prélever certains biens moyennant indemnité;

4° Que l'un des époux aura un préciput;

5° Que les époux auront des parts inégales;

6° Qu'il y aura entre eux communauté universelle.

Les règles de la communauté légale restent applicables en tous les points qui n'ont pas fait l'objet de la convention des parties.

> Clause de prélèvement moyennant indemnité

[C. civ., art. 1511, 1513 et 1514]

C. civ., art. 1511

Les époux peuvent stipuler que le survivant d'eux ou l'un d'eux s'il survit, ou même l'un d'eux dans tous les cas de dissolution de la communauté, aura la faculté de prélever certains biens communs, à charge d'en tenir compte à la communauté d'après la valeur qu'ils auront au jour du partage, s'il n'en a été autrement convenu.

C. civ., art. 1513

La faculté de prélèvement est caduque si l'époux bénéficiaire ne l'a pas exercée par une notification faite à l'autre époux ou à ses héritiers dans le délai d'un mois à compter du jour où ceux-ci l'auront mis en demeure de prendre parti. Cette mise en demeure ne peut elle-même avoir lieu avant l'expiration du délai prévu au titre : « Des successions » pour faire inventaire et délibérer.

C. civ., art. 1514

Le prélèvement est une opération de partage : les biens prélevés sont imputés sur la part de l'époux bénéficiaire; si leur valeur excède cette part, il y a lieu au versement d'une soulte.

Les époux peuvent convenir que l'indemnité due par l'auteur du prélèvement s'imputera subsidiairement sur ses droits dans la succession de l'époux prédécédé.

> Préciput

[C. civ., art. 1515 à 1519]

C. civ., art. 1515

Il peut être convenu, dans le contrat de mariage, que le survivant des époux, ou l'un d'eux s'il survit, sera autorisé à prélever sur la communauté, avant tout partage, soit une certaine somme, soit certains biens en nature, soit une certaine quantité d'une espèce déterminée de biens.

C. civ., art. 1516

Le préciput n'est point regardé comme une donation, soit quant au fond, soit quant à la forme, mais comme une convention de mariage et entre associés.

C. civ., art. 1518

Lorsque la communauté se dissout du vivant des époux, il n'y a pas lieu à la délivrance du préciput; mais l'époux au profit duquel il a été stipulé conserve ses droits pour le cas de survie, sous réserve de l'article 265. Il peut exiger une caution de son conjoint en garantie de ses droits.

C. civ., art. 1519

Les créanciers de la communauté ont toujours le droit de faire vendre les effets compris dans le préciput, sauf le recours de l'époux sur le reste de la communauté.

> Stipulation de parts inégales

[C. civ., art. 1521; 1524 et 1525]

C. civ., art. 1521

Lorsqu'il a été stipulé que l'époux ou ses héritiers n'auront qu'une certaine part dans la communauté, comme le tiers ou le quart, l'époux ainsi réduit ou ses héritiers ne supportent les dettes de la communauté que proportionnellement à la part qu'ils prennent dans l'actif.

La convention est nulle si elle oblige l'époux ainsi réduit ou ses héritiers à supporter une plus forte part, ou si elle les dispense de supporter une part dans les dettes égale à celle qu'ils prennent dans l'actif.

C. civ., art. 1524

L'attribution de la communauté entière ne peut être convenue que pour le cas de survie, soit au profit d'un époux désigné, soit au profit de celui qui survivra quel qu'il soit. L'époux qui retient ainsi la totalité de la communauté est obligé d'en acquitter toutes les dettes.

Il peut aussi être convenu, pour le cas de survie, que l'un des époux aura, outre sa moitié, l'usufruit de la part du prédécédé. En ce cas, il contribuera aux dettes, quant à l'usufruit, suivant les règles de l'article 612.

Les dispositions de l'article 1518 sont applicables à ces clauses quand la communauté se dissout du vivant des deux époux.

C. civ., art. 1525

La stipulation de parts inégales et la clause d'attribution intégrale ne sont point réputées des donations, ni quant au fond, ni quant à la forme, mais simplement des conventions de mariage et entre associés.

Sauf stipulation contraire, elles n'empêchent pas les héritiers du conjoint prédécédé de faire la reprise des apports et capitaux tombés dans la communauté du chef de leur auteur.

> Communauté universelle entre époux

C. civ., art. 1526

Les époux peuvent établir par leur contrat de mariage une communauté universelle de leurs biens tant meubles qu'immeubles, présents et à venir. Toutefois, sauf stipulation contraire, les biens que l'article 1404 déclare propres par leur nature ne tombent point dans cette communauté.

La communauté universelle supporte définitivement toutes les dettes des époux, présentes et futures.

> Avantage matrimonial et action en retranchement

C. civ., art. 1527 (*L. n° 2006-728, 23 juin 2006, art. 45*)

Les avantages que l'un ou l'autre des époux peut retirer des clauses d'une communauté conventionnelle, ainsi que ceux qui peuvent résulter de la confusion du mobilier ou des dettes, ne sont point regardés comme des donations.

(*L. n° 2001-1135, 3 déc. 2001, art. 17*) Néanmoins, au cas où il y aurait des enfants qui ne seraient pas issus des deux époux, toute convention qui aurait pour conséquence de donner à l'un des époux au-delà de la portion réglée par l'article 1094-1, au titre « Des donations entre vifs et des testaments », sera sans effet pour tout l'excédent; mais les simples bénéfices résultant des travaux communs et des économies faites sur les revenus respectifs quoique inégaux, des deux époux, ne sont pas considérés comme un avantage fait au préjudice des enfants d'un autre lit.

(*L. n° 2006-728, 23 juin 2006, art. 45*) Toutefois, ces derniers peuvent, dans les formes prévues aux articles 929 à 930-1, renoncer à demander la réduction de l'avantage matrimonial excessif avant le décès de l'époux survivant. Dans ce cas, ils bénéficient de plein droit du privilège sur les meubles prévu au 3° de l'article 2374 et peuvent demander, nonobstant toute stipulation contraire, qu'il soit dressé inventaire des meubles ainsi qu'état des immeubles.

> Mutations à titre gratuit : successions ouvertes et donations consenties avant le 22 août 2007
[CGI, anc. art. 777 et anc. art. 779]

CGI, anc. art. 777

(*mod. par Ord. n° 2000-916, 19 sept. 2000, art. 6*)

Les droits de mutation à titre gratuit sont fixés aux taux indiqués dans les tableaux ci-après, pour la part nette revenant à chaque ayant droit :

TABLEAU I
Tarif des droits applicables en ligne directe

FRACTION DE PART NETTE TAXABLE	TARIF APPLICABLE
N'excédant pas 7 600 euros	5 %
Comprise entre 7 600 et 11 400 euros	10 %
Comprise entre 11 400 euros et 15 000 euros	15 %
Comprise entre 15 000 euros et 520 000 euros	20 %
Comprise entre 520 000 euros et 850 000 euros	30 %
Comprise entre 850 000 euros et 1 700 000 euros	35 %
Au-delà de 1 700 000 euros	40 %

TABLEAU II
Tarif des droits applicables entre époux

FRACTION DE PART NETTE TAXABLE	TARIF APPLICABLE
N'excédant pas 7 600 euros	5 %
Comprise entre 7 600 euros et 15 000 euros	10 %
Comprise entre 15 000 euros et 30 000 euros	15 %
Comprise entre 30 000 euros et 520 000 euros	20 %
Comprise entre 520 000 euros et 850 000 euros	30 %
Comprise entre 850 000 euros et 1 700 000 euros	35 %
Au-delà de 1 700 000 euros	40 %

Les trois derniers tarifs sont applicables aux mutations à titre gratuit entre vifs consenties par actes passés à compter du 14 septembre 1983 et aux successions ouvertes à compter du 1er janvier 1984.

TABLEAU III
Tarif des droits applicables en ligne collatérale et entre non-parents

FRACTION DE PART NETTE TAXABLE	TARIF APPLICABLE
Entre frères et sœurs	
N'excédant pas 23 000 euros	35 %
Supérieure à 23 000 euros	45 %
Entre parents jusqu'au quatrième degré inclusivement	55 %
Entre parents au-delà du quatrième degré et entre personnes non parentes	60 %

Sous réserve des exceptions prévues au I de l'article 794 et à l'article 795, les dons et legs faits aux établissements publics ou d'utilité publique sont soumis aux tarifs fixés pour les successions entre frères et sœurs.

CGI, anc. art. 779

I. Pour la perception des droits de mutation à titre gratuit, il est effectué un abattement de :

a. de 76 000 euros sur la part du conjoint survivant pour les mutations à titre gratuit entre vifs consenties par actes passés à compter du 1er janvier 2002 et pour les successions ouvertes à compter de cette date ;

b. de (*L. n° 2004-1484, 30 déc. 2004, art. 14-I, 2° et II*) 50 000 euros sur la part de chacun des ascendants et sur la part de chacun des enfants vivants ou représentés (*L. n° 2006-1771, 30 déc. 2006, art. 51-1° et II, applicable à compter du 1er janvier 2007*) par suite de prédécès ou de renonciation. (*L'abattement mentionné au b du I s'applique à compter du 1er janvier 2005 ; antérieurement 46 000 euros*).

Entre les représentants des enfants prédécédés (*L. n° 2006-1771, 30 déc. 2006, art. 51-I-2° et II, applicable à compter du 1er janvier 2007*) ou renonçants, cet abattement se divise d'après les règles de la dévolution légale.

En cas de donation, les enfants décédés du donateur sont, pour l'application de l'abattement, représentés par leurs descendants donataires dans les conditions prévues par le Code civil en matière de représentation successorale.

II. Pour la perception des droits de mutation à titre gratuit, il est effectué un abattement de (*L. n° 2004-1484, 30 déc. 2004, art. 14-I, 2° et II*) 50 000 euros sur la part de tout héritier, légataire ou donataire, incapable de travailler dans des conditions normales de rentabilité, en raison d'une infirmité physique ou mentale, congénitale ou acquise. (*L'abattement mentionné au présent alinéa s'applique à compter du 1er janvier 2005 ; antérieurement 46 000 euros*).

Un décret en Conseil d'État détermine les modalités d'application du premier alinéa. (*Ann. II, art. 293 et 294.*)

III. Pour la perception des droits de mutation à titre gratuit, il est effectué un abattement de 46 000 euros sur la part du partenaire lié au donateur ou au testateur par un pacte civil de solidarité défini à l'article 515-1 du Code civil. Pour les mutations à titre gratuit entre vifs, consenties par actes passés à compter du 1er janvier 2002 et pour les successions ouvertes à compter de cette date, le montant de l'abattement est de 57 000 euros.

(*L. n° 2004-1484, 30 déc. 2004, art. 8-1-E*) Le bénéfice de cet abattement est remis en cause lorsque le pacte prend fin au cours de l'année civile de sa conclusion ou de l'année suivante pour un motif autre que le mariage entre les partenaires ou le décès de l'un d'entre eux.

IV. (*L. n° 2005-1719, 30 déc. 2005, art. 10-I*) Pour la perception des droits de mutation à titre gratuit, il est effectué en cas de donation ou, lorsque les dispositions du II de l'article 788 ne sont pas applicables, en cas de succession, un abattement de 5 000 euros sur la part de chacun des frères et sœurs (*L. n° 2006-1771, 30 déc. 2006, art. 51-I-3° et II, applicable à compter du 1er janvier 2007*) vivants ou représentés par suite de prédécès ou de renonciation.

Entre les représentants des frères et sœurs prédécédés ou renonçants, cet abattement se divise d'après les règles de dévolution légale.

> Mutations à titre gratuit : successions ouvertes et donations consenties à compter du 22 août 2007
[CGI, art. 777 et 779]

CGI, art. 777 (*Décr. n° 2010-421, 27 avr. 2010, art. 1er, mod. L. n° 2012-958, 16 août 2012, art. 5, V*)

Les droits de mutation à titre gratuit sont fixés aux taux indiqués dans les tableaux ci-après, pour la part nette revenant à chaque ayant droit :

TABLEAU I
Tarif des droits applicables en ligne directe

FRACTION DE PART NETTE TAXABLE	TARIF APPLICABLE
N'excédant pas 8 072 euros	5 %
Comprise entre 8 072 et 12 109 euros	10 %
Comprise entre 12 109 euros et 15 932 euros	15 %
Comprise entre 15 932 euros et 552 324 euros	20 %
Comprise entre 552 324 euros et 902 838 euros	30 %
Comprise entre 902 838 euros et 1 805 677 euros	40 %
Au-delà de 1 805 677 euros	45 %

TABLEAU II
Tarif des droits applicables entre époux et entre partenaires liés par un pacte civil de solidarité uniquement applicable en matière de donation entre vifs.

Les conjoints ainsi que les partenaires sont exonérés de droits de succession en vertu de l'article 796-0 *bis* du CGI.

FRACTION DE PART NETTE TAXABLE	TARIF APPLICABLE
N'excédant pas 8 072 euros	5 %
Comprise entre 8 072 euros et 15 932 euros	10 %
Comprise entre 15 932 euros et 31 865 euros	15 %
Comprise entre 31 865 euros et 552 324 euros	20 %
Comprise entre 552 324 euros et 902 838 euros	30 %
Comprise entre 902 838 euros et 1 805 677 euros	40 %
Au-delà de 1 805 677 euros	45 %

TABLEAU III
Tarif des droits applicables en ligne collatérale et entre non-parents

FRACTION DE PART NETTE TAXABLE	TARIF APPLICABLE
Entre frères et sœurs vivants ou représentés :	
N'excédant pas 24 430 euros	35 %
Supérieure à 24 430 euros	45 %
Entre parents jusqu'au quatrième degré inclusivement	55 %
Entre parents au-delà du quatrième degré et entre personnes non parentes	60 %

Sous réserve des exceptions prévues au I de l'article 794 et à l'article 795, les dons et legs faits aux établissements publics ou d'utilité publique sont soumis aux tarifs fixés pour les successions entre frères et sœurs.

CGI, art. 779 (*Décr. n° 2010-421, 27 avr. 2010, art. 1er, mod. L. n° 2012-958, 16 août 2012, art. 5*)

I. Pour la perception des droits de mutation à titre gratuit, il est effectué un abattement de 100 000 euros sur la part de chacun des ascendants et sur la part de chacun des enfants vivants ou représentés par suite de prédécès ou de renonciation.

Entre les représentants des enfants prédécédés ou renonçants, cet abattement se divise d'après les règles de la dévolution légale.

En cas de donation, les enfants décédés du donateur sont, pour l'application de l'abattement, représentés par leurs descendants donataires dans les conditions prévues par le code civil en matière de représentation successorale.

II. Pour la perception des droits de mutation à titre gratuit, il est effectué un abattement de 156 974 euros sur la part de tout héritier, légataire ou donataire, incapable de travailler dans des conditions normales de rentabilité, en raison d'une infirmité physique ou mentale, congénitale ou acquise.

Un décret en Conseil d'État détermine les modalités d'application du premier alinéa.

III. (*Abrogé*)

IV. Pour la perception des droits de mutation à titre gratuit, il est effectué en cas de donation ou, lorsque les dispositions de l'article 796-0 *ter* ne sont pas applicables, en cas de succession, un abattement de 15 932 euros sur la part de chacun des frères ou sœurs vivants ou représentés par suite de prédécès ou de renonciation.

Entre les représentants des frères et sœurs prédécédés ou renonçants, cet abattement se divise d'après les règles de dévolution légale.

V. Pour la perception des droits de mutation à titre gratuit, il est effectué un abattement de 7 967 euros sur la part de chacun des neveux et nièces.

VI. (*Abrogé*) *L. n° 2012-958, 16 août 2012, de finances rectificative pour 2012, art. 5, IV : ces dispositions s'appliquent, selon le cas, aux successions ouvertes et aux donations consenties à compter de la date de publication de la présente loi.*

151.02 Jurisprudence de référence.

> Les dispositions de l'article 1415 du Code civil sont impératives et applicables aux époux mariés sous le régime de la communauté universelle

• **Civ. 1re, 3 mai 2000, n° 97-21.592,** *Bull. civ.* I, n° 125

* V. ss n° 151.13

> La clause de reprise des apports

• **Colmar, 16 mai 1990 et Colmar, 20 juin 1990,** *RTD civ.* 1993. 187, obs. Lucet et Vareille.

* V. ss n° 151.71

« [...] Est valable la stipulation selon laquelle, en cas de dissolution de la communauté autrement que par le décès de l'un des époux ou par suite de ce décès mais postérieurement à une assignation en divorce, chaque époux reprendra les biens par lui apportés et ceux qui lui seront advenus à titre personnel au cours du mariage [...]. »

> Préciput et divorce des époux

• **Civ. 1re, 14 juin 1989, n° 88-10.136,** *Bull. civ.* I, n° 235

* V. ss n° 151.42

« Ayant constaté que l'avantage... était stipulé uniquement en cas de la dissolution de la communauté conjugale par le décès de l'un des époux, la cour d'appel en a déduit à bon droit que l'intéressé ne pouvait y prétendre dès lors que cette dissolution était la conséquence du prononcé de son divorce [...]. »

151.03 Bibliographie indicative.

Actualisable. Rép. civ., v° *Communauté conventionnelle*, par A. Chamoulaud-Trapiers, mars 2013 [màj janv. 2014], nos 1 à 400.

Ouvrages[1]**.** J. FLOUR ET G. CHAMPENOIS, *Les régimes matrimoniaux*, 1re éd., coll. « U », A. Colin Éd., 1995, n° 710 – J. PATARIN et G. MORIN, *La réforme des régimes matrimoniaux*, t. II, *Régimes conventionnels et formules d'application*, par G. et M. Morin, 2e éd., *Defrénois* 1974, n° 467 – A. RIEG et F. LOTZ, *Techniques des régimes matrimoniaux*, 3e éd., « Inafon », Litec, 1993, n° 74 – F. TERRÉ ET Ph. SIMLER, *Régimes matrimoniaux*, 6e éd., « Précis », Dalloz, 2011, nos 458, 461, 750, note 2, 754 et 759.

Articles. R. Bouquillard, « La clause d'attribution optionnelle de communauté », *JCP N* 2002. 1009 – V. Flament, « Observations sur un régime matrimonial à liquidation alternative », *Defrénois* 1993, art. 35575 – F. Lucet et B. Vareille, « Communauté universelle : la communauté a droit à récompense lorsque les apports et capitaux repris par un époux ont profité d'une amélioration financée par des deniers communs », *RTD civ.* 1993. 187 – S. Mouret-Betelaud, « Les clauses de liquidation alternative de régimes matrimoniaux », *Gaz. Pal.* 2002. 1620 – R.-J. Roughol, « Les libéralités sous le régime de la communauté universelle avec attribution intégrale au profit du survivant des époux », *JCP N* 1998. 275 – A. Tisserand-Martin, « Réflexions autour de la notion d'avantage matrimonial », *Études Béguin*, LexisNexis, 2005.

151.04 Questions essentielles.

> Quelle sont la validité et l'incidence sur le plan de la liquidation du régime des clauses de reprise des biens apportés à la communauté ?

* V. ss n° 151.71

> Quelle est la validité des régimes communautaires à liquidation alternative ?

* V. ss n° 151.71

> Quel intérêt de modifier conventionnellement les règles liquidatives ?

* V. ss n° 151.32

151.08 Variété. Dans le domaine des clauses qui touchent à la répartition des biens, il est traditionnel de distinguer celles qui modifient :

– soit la **composition des masses de biens** (propres et communs);

– soit l'importance des droits des époux sur la **masse commune** (clause concernant la liquidation de la communauté);

– soit **l'attribution des biens de communauté,** certaines clauses ayant pour effet de réserver tel ou tel bien à l'un des époux, avec rupture d'égalité (préciput) ou sans rupture de l'égalité en valeur (prélèvement « *moyennant indemnité* »).

Un régime matrimonial conventionnel est le fruit d'une réflexion approfondie; il comporte en général des clauses appartenant aux trois séries visées ci-dessus. Ainsi n'est-il pas rare de voir des époux fortunés :

1. adopter un régime de communauté universelle;

2. stipuler :

– que les droits du survivant des époux dans la communauté seront de moitié en pleine propriété et de moitié en usufruit;

– mais après qu'aura joué, si bon semble au survivant, un préciput (en pleine propriété ou en usufruit) sur le logement de la famille, et le cas échéant sur d'autres catégories de biens (actionnariat familial; contrats d'assurance-vie non dénoués au décès du prémourant, *etc.*).

Certaines de ces clauses ont un double effet de **rupture d'égalité des droits** et de **création d'une priorité d'attribution.**

La logique du régime matrimonial ne pourra en règle générale être aperçue qu'au prix d'une lecture de l'ensemble des stipulations, combinées entre elles; de surcroît, certains avantages autres que ceux résultant de la simple adoption d'un régime conventionnel ne constituent en principe qu'une simple faculté pour le conjoint survivant. C'est dire que ce dernier bénéficie d'une **option lors de la dissolution de la communauté.**

1. NB : les ouvrages les plus fréquemment cités et dont le nom des auteurs figure en petites capitales en bibliographie sont cités par les seuls noms des auteurs en petites capitales en notes de bas de page.

La présentation qui suit respecte la classification tripartite ci-dessus, mais comme il a été dit, un régime conventionnel comporte rarement une seule de ces clauses.

SECTION 1
CLAUSES RELATIVES À LA COMPOSITION DE LA COMMUNAUTÉ

151.10 Liberté de détermination de la masse commune. À partir de la communauté réduite aux acquêts, les modifications peuvent s'ordonner autour de l'actif (§ 1) ou du passif commun (§ 2), pour, dans les deux cas, en augmenter ou en diminuer l'étendue. En pratique, les clauses visant la composition de l'actif sont beaucoup plus fréquentes; elles emportent une modification de la composition du passif qui se produit par voie de conséquence.

§ 1
Actif commun

151.11 Extension. La communauté réduite aux acquêts peut être étendue jusqu'à ce que l'ensemble des biens se trouve placé en communauté, alors universelle, conformément à l'article 1526 du Code civil.

Entre les seuls acquêts futurs et l'universalité des biens du ménage, les nuances sont nombreuses; ainsi rencontre-t-on de temps à autre :

– une **clause dite d'ameublissement** : cette clause, dont la terminologie, faisant référence à l'ancien régime légal de communauté de meubles et acquêts est aujourd'hui inappropriée, consiste à **considérer comme propre un bien qui en fonction des règles du régime matrimonial devrait être qualifié de commun.** Elle se rencontre fréquemment à propos du **logement familial.**

Elle est destinée dans le cas où le bien est acheté à crédit, à éviter que la prise en charge de l'emprunt par la communauté dans le futur, au moyen des gains et salaires ne donne lieu à de savants calculs, source de contentieux en cas de divorce.

Cette entrée en communauté peut concerner **une catégorie de biens** (par ex., les meubles présents; ou les meubles présents et futurs, à l'exclusion des immeubles) ou **un bien pris *ut singuli*,** tel que le logement familial cité ci-dessus.

Dans ce dernier cas, la Cour de cassation a admis que cette entrée en communauté fut l'unique objet d'une modification apportée au régime matrimonial des époux, bien que cette solution eût été débattue auparavant[1].

Il est fréquent que ces **apports en communauté,** surtout lorsqu'ils sont stipulés à l'occasion d'une modification du régime matrimonial initial soient insérés **dans un but strictement matrimonial,** comme par exemple prévoir une attribution particulière lors du décès de l'un des époux, mais aussi **dans une perspective de transmission,** pour préparer une donation ou une donation-partage à consentir aux enfants (en pareille hypothèse en effet, l'inclusion préalable du bien en communauté permet de bénéficier du chef des deux époux, des abattements et tranches basses prévus respectivement par les anciens articles 779, I, b et 777 du Code général des impôts, avant le 22 août 2007; et les articles 779 et 777 actuels du même code, à compter du 22 août 2007).

Compte tenu de ces finalités, il est de plus en plus rare de rencontrer des clauses d'ameublissement « *valant vente à la communauté* », c'est-à-dire aux termes desquelles la propriété du bien serait abandonnée à la communauté contre versement, lors de la liquidation, d'une indemnité calculée conformément à l'article 1469 du Code civil; toutefois cette éventualité reste envisageable, si elle devait, dans une situation particulière, présenter un intérêt spécifique.

Enfin, cette entrée en communauté peut concerner tant les **biens ou certains biens de chaque époux** que les **biens de l'un ou de l'autre d'entre eux**; elle n'est par essence pas réciproque.

151.12 Corrélation actif/passif. Lorsqu'elle a lieu **à titre universel**, la stipulation entraîne par ailleurs une **modification de la charge du passif correspondant à l'extension d'actif.** Il y a lieu de procéder alors à un **calcul.**

À l'inverse, si la clause d'ameublissement ne porte que sur **un élément d'actif particulier**, il n'y a pas lieu d'étendre le passif commun, quelle que soit l'importance dudit bien. Par le seul jeu de la **logique des causes de récompenses**, le passif afférent au bien qui aurait été supporté par la communauté ne donnera pas lieu à compensation, le patrimoine enrichi étant identique à celui qui aura supporté la dépense.

151.13 Types particuliers. Dans cette présentation des clauses relatives à la composition de la communauté, la communauté de meubles et acquêts et la communauté universelle n'apparaissent que comme des types particuliers de communauté élargie, types particuliers parce que :

1. Civ. 1re, 21 janv. 1992, no 90-14.459, *Bull. civ.* I, no 24; *Defrénois* 1992, art. 35303, p. 844, obs. G. Champenois; *D.* 1993. Somm. 218, obs. F. Lucet; *JCP* 1992. I. 3614, no 4, obs. G. Wiederkehr; *RTD civ.* 1992. 812, obs. F. Lucet et B. Vareille; et 813, obs. F. Lucet et B. Vareille.

• La **communauté de meubles et acquêts**, en tant que régime légal des époux mariés avant le 1er juillet 1966, est encore fréquente et correspond à un modèle bien connu des praticiens. Pour le liquidateur ce régime recèle quelques pièges, spécialement celui tenant à la **répartition du passif définitif entre la communauté et les masses propres.** Si le ***montant* des récompenses** y est calculé comme sous le régime légal, les **causes de la récompense,** notamment au titre du passif définitif, y sont différentes.

• La **communauté universelle** constitue la version achevée de la communauté dans son état présent et à venir, encore que, certains biens demeurant propres aux époux, ils aient la possibilité de l'étendre encore pour supprimer toute possibilité d'apparition de biens propres. En effet, sous ce régime, restent en principe propres les biens que l'article 1404 du Code civil déclare propres par leur nature, sauf stipulation contraire expressément réservée par le texte.

Sous l'angle du passif, certains textes, qui ont pour vocation la protection de la communauté, prennent un relief particulier lorsqu'il s'agit de communauté universelle : ainsi la Cour de cassation a-t-elle affirmé le caractère impératif de l'article 1415 du Code civil[1]. En l'absence de consentement de l'épouse aux engagements d'avals souscrits par le mari, ce dernier ne pouvait engager les biens communs par de telles garanties.

Ici plus encore que dans les versions plus réduites de la mise en communauté, l'adoption du régime est motivée par une **perspective de transmission du patrimoine, vers les enfants par la voie de libéralités futures** à consentir par les deux époux, ou **vers le conjoint par le jeu des clauses d'attribution**.

151.14 Réduction. Quel que soit le régime de communauté choisi par les époux, il est possible d'**extraire de la communauté présente ou à venir** tel ou tel **bien actuel ou futur** qui aurait vocation à y entrer, tels l'actif professionnel, des participations futures à acquérir dans un groupe familial, *etc.*

Cette exclusion de communauté dénommée **stipulation de propre** paraît devoir jouer quel que soit le régime adopté, y compris lorsqu'il s'agit de la communauté réduite aux acquêts.

Ainsi est-il vraisemblablement licite d'exclure de cette communauté, comme le souhaitent parfois les époux, les revenus futurs des biens propres, ou encore certaines catégories d'acquêts (par ex., les acquêts réalisés à l'étranger ou encore ceux réalisés au nom d'un seul des époux; pour une communauté réduite aux acquêts immobiliers[2]).

On a justement observé que cette clause rendrait les plus grands services pour déterminer précisément la qualification des offices ministériels ou clientèles civiles, voire celle des parts sociales, tous biens qui paraissent dotés d'une nature hybride en application de la délicate distinction du titre et de la finance[3].

D'une façon plus générale, **l'exclusion de communauté** permet d'éviter pour tel bien actuel ou futur que les règles de la communauté ici inopportunes ne conservent leur empire.

Pour des raisons relevant de la pure technique juridique, **la Cour de cassation a refusé de qualifier d'avantage matrimonial une telle stipulation de propre**[4].

Cette position fait désormais l'objet de critiques de la part d'une doctrine de plus en plus fournie (sur la notion d'avantage matrimonial, v. ss nos 152.11 s.).

Pour l'exclusion comme pour l'extension, la stipulation à titre universel joue sur le sort du passif, en diminuant celui qui devra rester à la charge de la communauté (v. ss no 151.12).

151.15 Référence nécessaire à un régime type. En pratique, le contrat de mariage ne saurait énumérer les biens exceptionnellement exclus ou inclus que d'une façon **limitée** et **précise.** Ainsi apparaît la **corrélation entre le régime communautaire de référence** (communauté réduite aux acquêts, communauté de meubles et acquêts ou communauté universelle) et les éventuelles **exclusions ou extensions.** Les **aménagements ponctuels** ne demeurent compréhensibles que si le régime est lui-même dans son principe adapté aux besoins des époux.

§ 2
Passif commun

151.21 Opposabilité aux tiers. Outre les modifications indirectes résultant d'une stipulation à titre universel touchant à l'actif commun (extension ou réduction), des aménagements peuvent être apportés par les époux aux règles régissant la charge du passif entre la masse commune et les masses propres.

Chacun s'accorde à considérer que les **modifications du régime du passif** ne sauraient toucher aux droits des créanciers; autrement dit, les modifica-

1. Civ. 1re, 3 mai 2000, no 97-21.592, *Bull. civ.* I, no 125; *D.* 2000. 546, note J. Thierry; *D.* 2001. Somm. 693, obs. L. Aynès; *JCP* 2000. I. 257, no 5, obs. Ph. Simler; *JCP N* 2000. 1615, note S. Piedelièvre; *JCP N* 2001. 26, note J. Casey; *Defrénois* 2000. 1185, obs. G. Champenois; *Dr. fam.* 2000, no 88, note S. Tougne; *RTD civ.* 2000. 889, obs. B. Vareille; et 890, obs. B. Vareille.

2. V. Civ. 30 août 1852, *DP* 1852. 1. 257.
3. F. Terré et Ph. Simler, no 458.
4. Civ. 1re, 7 juill. 1971, *D.* 1972. 294.

tions ne pourraient concerner que le **passif définitif** - contribution à la dette - **et non le passif provisoire –** obligation à la dette[1].

L'affirmation est étonnante dès lors que les modifications touchant à la composition des différentes masses actives sont quant à elles opposables aux tiers dont elles peuvent, non sans dangers, limiter le gage. Au prix d'une éventuelle réforme de la publicité des contrats de mariage en France, les modifications conventionnelles des règles de passif devraient selon nous être opposables aux tiers dans les mêmes conditions et pour les mêmes raisons que celles relatives à la composition active des masses.

Cette opposabilité devrait concerner toutes les clauses qui rebrassent la situation des créanciers, celles modifiant la répartition du passif ayant ici exactement le même effet que celles qui touchent à la répartition de l'actif.

151.22 Exposé limité au passif définitif. En l'absence de jurisprudence affirmant l'efficacité de ces stipulations à l'égard des tiers, nous exposerons uniquement les aménagements rencontrés en pratique dans les seules relations entre époux, qui touchent donc à la répartition définitive de la dette.

Les époux ont toute liberté pour décider que la communauté supportera par exemple à titre définitif, c'est-à-dire sans droit à récompense :

- le remboursement d'un emprunt relatif à l'édification d'un logement construit sur un terrain propre à l'un des conjoints;

- les dettes délictuelles ou quasi-délictuelles d'un époux;

- la totalité du passif quel que soit le régime de communauté adopté.

Ces différentes clauses, avantageant l'époux débiteur au motif qu'elles le dispensent de récompense, sont évidemment susceptibles de créer un avantage matrimonial à son profit au moment de la dissolution du régime et devront être traitées comme telles en cas de divorce ou de décès d'un époux laissant des enfants d'un autre lit (C. civ., art. 265 et 1527, al. 2).

À l'inverse, il est parfaitement imaginable de stipuler que la communauté supportera à titre définitif une partie du passif, réglé en cours d'union ou restant à régler, inférieure à celle que commanderait le jeu du régime matrimonial.

En pratique, ces clauses sont rarement adoptées, hormis dans un souci de simplification.

De surcroît, elles sont inutiles si au jour de la liquidation les époux ou le survivant d'entre eux et les héritiers de l'autre sont d'accord pour liquider la communauté en s'éloignant de la rigueur précise de ces règles. Rien n'oblige en effet les parties à respecter scrupuleusement les règles de leur régime matrimonial pour procéder à sa liquidation une fois survenue la dissolution (jurisprudence constante).

SECTION 2
CLAUSES RELATIVES À LA LIQUIDATION DES DROITS DES ÉPOUX DANS LA COMMUNAUTÉ

151.31 Apparition éventuelle d'un avantage matrimonial. À l'instar de la **liberté** qui leur est laissée lorsqu'il s'agit de **composer la communauté,** les époux peuvent décider de prévoir des **stipulations particulières** destinées lors de la **liquidation** à déroger au principe d'égalité de droits entre eux dans la communauté, ou par exemple aux principes relatifs à la date d'évaluation des biens.

Ces clauses auront souvent pour effet d'**avantager un époux,** par comparaison avec le résultat qu'eût donné la règle de principe (partage par moitié; évaluation des biens au jour de la liquidation, *etc.*), applicable en l'absence de clause ou sur le reliquat des biens après que la clause aura épuisé ses effets sur les biens qu'elle vise (C. civ., art. 1497, al. dern.).

151.32 Simples correctifs techniques. Un certain nombre de ces clauses visent un objectif purement technique; elles sont peu pratiquées, quoique leurs effets simplificateurs soient évidents. La raison en est que leurs conséquences sont très difficilement prévisibles au jour de la rédaction du contrat de mariage.

Ainsi serait-il loisible aux époux de déroger dans leur contrat de mariage aux modalités de calcul des récompenses telles qu'elles sont exposées à l'article 1469 du Code civil pour, par exemple, décider que les récompenses seront toujours évaluées à leur montant nominal. Une clause supprimant purement et simplement tout droit à récompense pourrait également être stipulée. Il convient de rappeler ici l'**intérêt d'une telle modification liquidative**.

Marié sous régime légal, l'époux propriétaire d'un bien propre demeure libre, en cas de vente de celui-ci suivie d'une acquisition, de faire jouer la subrogation réelle en déclarant l'origine des fonds et sa volonté de conférer au nouveau bien la qualification de propre. Mais s'il s'abstient, l'enrichissement ainsi procuré à la masse commune par l'entrée d'un nouveau bien, n'est que transitoire, dans la mesure où il sera créancier envers la communauté d'une récompense qui viendra reconstituer son patrimoine propre. Certes, il ne fait pas de doute qu'au moment de la dissolution, les époux ou leurs héritiers peuvent convenir de déroger aux dis-

1. V. PAR EX., F. TERRÉ et Ph. SIMLER, n° 461 et les auteurs cités.

positions liquidatives prévues par la loi, mais la renonciation à demander une récompense, si elle est inspirée par une intention libérale, sera dès lors passible des droits de mutation à titre gratuit[1].

La suppression des récompense prévue dans le contrat, qu'elle soit érigée en principe général ou qu'elle ne concerne qu'un type de bien particulier (par ex., la résidence principale des époux), **présente le double avantage d'éviter cet écueil fiscal puisqu'elle constitue une convention matrimoniale, et de conférer par ailleurs une grande liberté aux époux.** En effet, le conjoint qui hésitait à faire rentrer dans la communauté un bien propre voit s'offrir à lui un choix : en cas de vente, il ne tient qu'à lui de procéder, lors d'une nouvelle acquisition, à l'**emploi des fonds**, sachant qu'en l'absence de cette déclaration, le bien enrichira la masse commune à titre définitif. En d'autres termes, il fait varier l'étendue des acquêts à son gré, sans avoir à procéder à des apports dont on sait qu'ils constituent chacun une modification matrimoniale qui relèvent de la procédure de l'article 1397 du Code civil.

Enfin, des règles spécifiques, relatives à la **date d'évaluation de biens,** telle celle qui imposerait en cas de dissolution par décès, que les biens fussent, comme en matière de droits de mutation, évalués à la date du décès, et non à celle du partage (jouissance divise) pour la liquidation civile ne souffriraient pas plus la critique.

Cités ici à titre de simples illustrations, ces aménagements sont rares, malgré l'intérêt qu'ils peuvent présenter.

Il n'en va pas de même des clauses ci-après, qui constituent le second élément des régimes conventionnels de communauté.

Du partage par moitié entre les époux jusqu'à l'attribution intégrale, toutes les combinaisons sont possibles.

Les clauses les plus usuelles seront ici exposées, étant préalablement observé qu'elles peuvent être combinées entre elles.

§ 1
Préciput

151.41 Avant partage. Réglementée aux articles 1515 à 1519 du Code civil, la clause de préciput permet à un époux, avant tout partage, de prélever sur la communauté, « *soit une certaine somme, soit certains biens en nature, soit une certaine quantité d'une espèce déterminée de biens* ».

Son objet est donc des plus larges, à la seule condition qu'il puisse être **déterminé** lorsque le préciput vient à être exercé. Ainsi rencontre-t-on en pratique des préciputs :

- **en pleine propriété** ou en **usufruit** seulement;
- portant sur des biens aussi divers que : le **logement de la famille** et les **meubles** qui le garnissent, la **résidence secondaire**, les **comptes bancaires** existant au décès, les **participations** détenues par la communauté dans des **sociétés civiles ou entreprises**, les **contrats d'assurance sur la vie** souscrits par le survivant des époux[2], *etc*.

151.42 Gain de survie. Le préciput paraît ne pouvoir être stipulé qu'au profit du survivant des époux, d'après les termes mêmes de l'article 1515 du Code civil. En théorie il est susceptible d'être maintenu au profit du survivant, malgré la survenance d'un divorce, par l'effet des articles 265 et suivants du Code civil. Il y a alors lieu de respecter les prévisions de l'article 1518 du Code civil qui traite de cette hypothèse.

En pratique, il est devenu rarissime, et inopportun de rencontrer des avantages matrimoniaux stipulés pour le cas de dissolution autres que le décès.

Autrement dit :

- ou bien la communauté est dissoute par le décès de l'un des époux et le préciput offre immédiatement au survivant une faculté de prélèvement,
- ou bien la communauté est dissoute par une autre cause, et le préciput est caduc par l'effet même des termes de la clause qui le contient[3].

Un doute subsiste cependant sur la possibilité de prévoir un préciput avec effet immédiat en cas de dissolution de la communauté du vivant des époux. Constituant ainsi un gain en cas de vie, elle permet donc à l'époux bénéficiaire de réclamer au moment de la dissolution le bien objet du préciput. La doctrine est divisée[4].

151.43 Absence de toute contrepartie. Le survivant des époux (ou l'un d'entre eux nommément désigné, s'il survit) prélève les biens objet du préciput, sans aucune contrepartie ni diminution de ses droits sur le solde de la communauté qui, en

1. EN CE SENS, G. Morin, note s^s Civ. 1re, 8 déc. 1982, *Defrénois* 1983, art. 33029.

2. PAR EX., Toulouse, 19 sept. 2000, J.-C. Lefort, *Defrénois* 2001, art. 37349.
3. Civ. 1re, 14 juin 1989, n° 88-10.136, *Bull. civ.* I, n° 235; *JCP N* 1991. II. 164, note Ph. Simler.
4. Interdisant cette possibilité, Rép. civ., v° *Communauté conventionnelle*, par A. Chamoulaud-Trapiers, mars 2013 [màj janv. 2014], n°s 267 à 269 – J. FLOUR et G. CHAMPENOIS, par CHAMPENOIS, n° 710 – J. PATARIN et G. MORIN, par G. et M. MORIN, n° 467 – A. Tisserand-Martin, « Réflexions autour de la notion d'avantage matrimonial », *Études Béguin*, LexisNexis 2005 – *CONTRA*, G. Cornu, *Droit civil. Les régimes matrimoniaux*, 7e éd., « Themis droit », PUF, n° 111, p. 583.

l'absence d'une autre clause particulière, restent de moitié.

Prélèvement avant partage, le préciput « *n'est point regardé comme une donation, soit quant au fond, soit quant à la forme, mais comme une convention de mariage et entre associés* » (C. civ., art. 1516). Il permet donc sur le plan civil de réserver au survivant la **faculté de recevoir des biens sans contrepartie**, en évitant de rencontrer les contraintes tenant au droit des libéralités. Sur le **plan fiscal, l'attribution de biens résultant du préciput** est exclusive de toute taxation aux droits de mutation à titre gratuit et n'est soumise qu'au **droit de partage de 1,10 %** [1].

151.44 Présence de créanciers de la communauté. Le préciput constitue une **convention à titre particulier qui ne modifie pas la répartition du passif entre les époux.** Mais il ne peut être exercé que **sur l'actif net de communauté**, le titulaire de la faculté ne pouvant ni pendant le cours du régime ni après dissolution, s'opposer à ce que les créanciers exercent leurs poursuites sur les biens objet du préciput. En pareil cas, l'époux bénéficiaire dispose d'un **recours sur la communauté** qui lui permet, excepté en cas d'insuffisance d'actif, de percevoir le **préciput en valeur**, à défaut de le recevoir en nature (C. civ., art. 1519).

Selon certains auteurs, les créanciers pourraient encore saisir le **bien entre les mains du survivant** après exercice par lui de la faculté de prélever [2]. L'affirmation nous paraît contraire à la nature d'opération de partage reconnue à l'exercice du préciput. Les créanciers devront diriger leurs poursuites sur les anciens biens communs demeurés indivis, ou à défaut, faire valoir les articles 1482 et suivants du Code civil.

151.45 Exercice du préciput. La loi ne prévoit aucun délai pour l'exercice du préciput. En pratique, il sera opportun d'inscrire au contrat de mariage des stipulations prévoyant la possibilité pour les héritiers de l'époux prédécédé, de mettre en demeure l'époux survivant d'avoir à prendre parti et de décider dans la même clause, que passé un certain délai, le survivant est censé avoir renoncé à exercer cette faculté.

Toutes questions réglementées par la loi à propos de la **clause de prélèvement moyennant indemnité** dont les règles pourraient être transposées par convention au préciput.

151.46 Regain d'actualité. En raison de la spécificité de son régime civil et fiscal et de la précision de ses effets, la clause de préciput a connu indéniablement un regain de faveur justifié, tant dans les **conventions rédigées à l'occasion du mariage** que dans celles **stipulées à l'occasion d'une modification ou d'un changement de régime matrimonial.** Sur les biens de communauté non touchés par le préciput, le partage sera opéré par moitié, hormis dans le cas où les époux auraient décidé d'une clause particulière.

L'absence de fiscalité successorale entre époux depuis la réforme du 21 août 2007 ne doit pas préjudicier à la clause de préciput qui conserve tout son **intérêt sur le plan civil**, en octroyant la possibilité au survivant de choisir librement tout ou partie des biens communs qui composent ce préciput, sans égard pour la réserve des enfants lorsque ceux-ci sont issus de l'union.

On relèvera incidemment la faveur insigne faite au conjoint dans le cas, par exemple, où le **bénéfice de cette clause** se cumule avec un **legs de l'usufruit de l'universalité de la succession.** Sa liberté de choix porte alors tant sur l'actif commun par le biais du préciput que le rédacteur aura pris soin d'envisager largement, que sur l'usufruit de l'actif successoral qu'il pourra, depuis le 1er janvier 2007, librement cantonner (C. civ., art. 1094-1, al. 3).

§ 2
Clause d'attribution inégale ou intégrale

151.50 Toutes communautés. Quelle que soit la composition de la communauté, les droits des époux peuvent faire l'objet d'une stipulation particulière, attribution inégale ou intégrale. La dernière variante (**attribution intégrale**) accompagne fréquemment le choix d'une **communauté universelle.** Outre le fait que cette liaison ne présente aucun caractère obligatoire, elle est souvent inopportune sur un plan purement fiscal, car juridiquement, seule la succession du survivant des conjoints sera ouverte, ne donnant droit, en présence d'enfants issus de l'union, qu'à un seul abattement et à une seule application des tranches basses du barème du Code général des impôts.

En outre, cette situation peut devenir calamiteuse si les enfants ont reçu des donations du défunt qui s'avèrent être inégalitaires au jour du décès. En l'absence de biens successoraux, les **règles du rapport et de la réduction des libéralités** conduisent inévitablement le donataire le plus gratifié à **dédommager** ses cohéritiers [3].

Lorsqu'il n'existe pas d'enfant, est-il encore pertinent de prôner la communauté universelle avec la clause d'attribution intégrale auprès d'époux dési-

1. *Dict. enr.*, n° 2828.
2. F. Terré et Ph. Simler, n° 754.

3. R.-J. Roughol, « Les libéralités sous le régime de la communauté universelle avec attribution intégrale au profit du survivant des époux », *JCP N* 1998. 275.

reux que le survivant recueille l'ensemble du patrimoine ? Une **disposition testamentaire, produit le même effet, sans frottement fiscal**, puisque le conjoint est désormais exonéré des droits de successions.

Indépendamment des questions liées au fonctionnement du régime communautaire (l'entrée en communauté entraînant inévitablement une cogestion pour les actes importants), **trois conséquences** de l'adoption de la **communauté universelle avec attribution intégrale** doivent être évoquées :

- en l'absence de masse successorale, du fait du basculement de l'intégralité de l'actif de communauté sur la tête du survivant des époux, il est fait **échec au droit de retour d'ordre public des ascendants sur les biens qu'ils avaient donnés**, et prévu à l'article 738-2 du Code civil, conséquence qu'un testament ne peut produire sauf sur le droit de retour des frères et sœurs, prévu à l'article 757-3 du Code civil;
- **le contrat ne peut être modifié que de l'accord des époux**, le testament pouvant être révoqué à tout instant;
- sur un plan purement fiscal, **l'attribution intégrale,** lorsqu'elle survient, **ne constitue pas une mutation**; en conséquence, elle n'a aucun effet de « purge » des plus-values engrangées tant au regard de la valeur d'acquisition du bien qu'au regard du délai de détention. Inversement, l'ouverture de la succession constitue une mutation à titre gratuit qui permet de donner une nouvelle valeur acquisitive au bien (d'où un effet d'effacement de la plus-value antérieurement constituée) mais en contrepartie impose le décompte d'un nouveau délai de détention.

A. Points communs entre la stipulation de parts inégales et l'attribution intégrale

151.51 Inégalité stipulée à titre universel. Toutes deux comme le préciput, **portent atteinte à l'égalité des droits des époux dans la communauté,** mais l'atteinte portée par ces clauses se produit **à titre universel,** et non à titre particulier comme dans le cas du préciput.

La conséquence principale en est l'incidence sur le passif, très clairement stipulée aux articles 1521 et 1524 du Code civil :

« *Lorsqu'il a été stipulé que l'époux ou ses héritiers n'auront qu'une certaine part dans la communauté, comme le tiers ou le quart, l'époux ainsi réduit ou ses héritiers ne supportent les dettes de la communauté que proportionnellement à la part qu'ils prennent dans l'actif* » (C. civ., art. 1521).

L'alinéa 2 affirme le caractère d'ordre public de cette règle.

Et pour l'attribution intégrale : « *L'époux qui retient ainsi la totalité de la communauté est obligé d'en acquitter toutes les dettes*[1].

Il peut aussi être convenu, pour le cas de survie que l'un des époux aura, outre sa moitié, l'usufruit de la part du prédécédé. En ce cas, il contribuera aux dettes, quant à l'usufruit, suivant les règles de l'article 612 [du Code civil] » (C. civ., art. 1524).

Destinées à jouer uniquement **après la dissolution**, et produisant leur **effet entre les seuls époux,** ces règles ne modifient en rien le gage des créanciers tant que la communauté n'est pas liquidée.

151.52 Reprise des apports et capitaux. Toutes deux laissent ouverte la possibilité pour les héritiers du conjoint prédécédé, de procéder à la reprise des apports et capitaux tombés dans la communauté du chef de leur auteur (C. civ., art. 1525)[2].

Les apports et capitaux sont constitués par les **biens possédés par l'époux à titre personnel lorsqu'ils tombent en communauté** (apports) et les **biens reçus pendant le mariage et qui en raison des stipulations du contrat tombent en communauté** (ex. : meubles recueillis par succession, dans une communauté de meubles et acquêts).

Aussi la clause d'attribution inégale ou intégrale ne jouera-t-elle en fait que sur les **acquêts** si en l'absence de clause contraire à l'article 1525 du Code civil, les héritiers demandent à bénéficier de cette reprise. La règle peut produire des effets très surprenants lorsque la stipulation contraire a été omise : pour peu que les futurs acquêts soient faibles ou nuls, la clause ne saisira en réalité aucun bien.

Aussi cette reprise qui doit, selon nous, pouvoir être limitée à certains biens, doit-elle être expressément exclue si le but des conjoints est, comme souvent, que l'ensemble des biens présents et futurs devienne commun et soit attribué au survivant[3]. À

1. Le conjoint survivant bénéficiaire de l'attribution intégrale doit acquitter toutes les dettes de la communauté et ne saurait se retrancher derrière les dispositions de l'article 1483 du Code civil : Civ. 1re, 16 mars 2004, n° 01-17.292, *Bull. civ.* I, n° 84; *Dr. fam.* 2004, n° 108, note B. Beignier; *RTD civ.* 2004. 333, obs. B. Vareille.
2. Cette clause est analysée comme une modalité du partage qui est compatible avec le principe d'immutabilité du régime matrimonial : Civ. 1re, 17 janv. 2006, n° 02-18.794, NP; *JCP* 2006. I. 141, n° 20, obs. A. Tisserand-Martin.
3. Son effet est naturellement de priver de tous droits l'enfant issu de l'union dans les biens existants au premier décès, sans qu'il lui soit possible de faire jouer, au décès du survivant, un droit de créance relatif aux biens apportés à la communauté par le prémourant : Civ. 1re, 25 sept. 2013, n° 12-23.111, *Bull. civ.* I [à paraître]; *AJ fam.* 2013. 648, obs. S. Ferré-André; *RTD civ.* 2013. 885, obs. B. Vareille.

défaut, les héritiers exerceront cette reprise dans les conditions suivantes :

- la **reprise** ne peut avoir lieu que par les **héritiers de l'époux prédécédé**, en leur qualité de successeurs universels ou à titre universel;

- elle a lieu **à titre de copartageant, en nature**, si les biens se retrouvent lors de la dissolution; **en valeur**, dans le cas contraire;

- le règlement d'un compte de récompense paraît exclu pour les dépenses que la communauté a supportées et afférentes à ces biens dont la reprise est exercée. La Cour de cassation a ainsi jugé que, sur le fondement de l'article 1526 deuxième alinéa du Code civil, la communauté devant supporter définitivement toutes les dettes des époux, présentes et futures, aucun droit à récompense ne pouvait être exercé au profit de la communauté pour le solde des emprunts qui restaient dus et ayant permis l'acquisition du bien ainsi entré en communauté[1].

La Cour de cassation, dans une affirmation critiquée voit dans cette reprise une **reprise de biens « *demeurés propres* »** et dans ce règlement de compte **une récompense**[2].

B.
Distinction entre stipulation de parts inégales et attribution intégrale

151.61 Gain de survie ou gain en cas de vie. Contrairement à la stipulation de parts inégales, l'attribution intégrale ne peut être stipulée que comme un gain de survie, au profit du survivant des conjoints ou de tel ou tel, s'il survit.

Outre le fait que les fondements de cette règle ne sont pas aisés à identifier et que les deux types de clause se distinguent par des degrés plutôt que par leur nature même, la différence de régime est d'une portée quasi nulle. En pratique, les **avantages matrimoniaux,** on l'a déjà dit, sont **stipulés uniquement dans le cas où la communauté est dissoute par décès** : ils jouent nécessairement en ce cas comme un **gain de survie.**

151.62 Diversité des stipulations de parts inégales. Par ailleurs, en raison même de son nom, la stipulation de parts inégales peut adopter une diversité de contenus qui ne se conçoit pas pour l'attribution intégrale.

Ainsi pourraient être attribuées, outre des quotités inégales en pleine propriété :

- la pleine propriété à l'un, l'usufruit à l'autre;

- la moitié de la nue-propriété à l'un, le solde (1/2 en pleine propriété et 1/2 en usufruit) à l'autre;

- un forfait à l'un, indexé ou non, le solde à l'autre époux, *etc.*

Chaque situation peut appeler une solution spécifique, complétée par un préciput plus ou moins étendu, lui-même stipulé en usufruit ou en pleine propriété.

C.
La question des régimes matrimoniaux à liquidation alternative

151.71 Besoin. En pratique, les conventions de mariage présentent un inconvénient lorsque les époux ne maîtrisent pas la totalité des éléments qui existeront lors de la dissolution du régime :

- présence ou non d'enfants survivants;

- état de fortune du ménage lors du décès;

- âge du conjoint survivant, *etc.*

Aussi est-il tentant de prévoir des **modalités de liquidation alternatives** selon que tel ou tel événement sera ou non survenu avant la dissolution de la communauté. La question dépasse les seuls régimes de communauté, mais présente à l'heure actuelle un intérêt pratique essentiel pour ce type de régime[3].

Par exemple pourraient être stipulées :

- la reprise des apports si la communauté universelle assortie d'une clause d'attribution inégale ou intégrale venait à être dissoute par divorce alors que l'avantage n'est pas prévu pour le seul cas de dissolution par décès[4];

- **l'attribution intégrale en pleine propriété** si la dissolution survient avant que le survivant des époux ait atteint un certain âge, et une **attribution réduite** si le premier décès intervient au-delà de cet âge ou encore une **attribution intégrale de communauté** réservée au cas où le mariage serait dissous sans que des enfants soient issus de l'union;

- un **préciput au profit du survivant** si celui-ci ne dispose pas au décès de ressources annuelles supérieures à tel montant prédéterminé et éventuellement indexé.

1. Civ 1re, 25 sept. 2013, n° 11-28.608, NP; *Gaz. Pal.* 2014, n° 21, p. 22, note crit. J. Casey.
2. Civ. 1re, 16 juin 1992, n° 91-10.321, *Bull. civ.* I, n° 181; *D.* 1993. Somm. 220, obs. M. Grimaldi; *JCP* 1993. II. 22108, note Ph. Simler; *Defrénois* 1993, art. 35416, p. 34, obs. M.-C. Forgeard; *RTD civ.* 1993. 187, obs. F. Lucet et B. Vareille.
3. Sur la question, v. V. Flament, « Observations sur un régime matrimonial à liquidation alternative », *Defrénois* 1993, art. 35575.
4. Colmar, 16 mai 1990 et Colmar, 20 juin 1990, *Defrénois* 1990, art. 34917, p. 1361, obs. G. Champenois; *RTD civ.* 1993. 187, obs. F. Lucet et B. Vareille – Civ. 1re, 16 juin 1992, n° 91-10.321, préc. ss n° 151.52.

L'ensemble de ces conditions casuelles, donnant lieu à une liquidation alternative ne paraît heurter aucun principe du droit matrimonial[1].

151.72 Options. D'une façon plus générale, il est permis de se demander si la **convention matrimoniale** ne pourrait pas ouvrir une **option au conjoint survivant**, entre plusieurs possibilités dont lui seul aurait la maîtrise, ainsi qu'il est stipulé quotidiennement au profit du bénéficiaire d'une donation au dernier vivant.

Aucun principe de droit matrimonial ne paraît s'y opposer :

- ni l'immutabilité du régime, la liquidation étant unique et immuable dès lors que l'option est exercée;

- ni le prétendu principe d'unicité du régime qui serait autant respecté qu'en cas de condition casuelle;

- ni l'absence de prévision légale (par comparaison avec C. civ., art. 1094), la loi n'ayant évidemment pas à prévoir une option entre des quotités disponibles qui sont hors de propos en matière d'avantage matrimonial;

- ni le caractère prétendument potestatif de la condition, celle-ci n'étant pas potestative pour celui qui s'engage, mais pour le seul bénéficiaire.

Une évolution prochaine du droit matrimonial consistera donc sûrement à prendre parti sur ces clauses optionnelles, dont l'intérêt est évident pour le conjoint survivant seul en situation de décider, et la validité, selon nous, difficilement contestable[2].

SECTION 3
CLAUSES TOUCHANT À L'ATTRIBUTION DES BIENS

151.81 Priorité d'attribution. À l'évidence, toute clause de préciput, en ce qu'elle touche à l'égalité des droits des époux en permettant à l'un d'eux de prélever avant tout partage un bien ou une catégorie de biens, touche aussi à l'attribution des biens.

Mais on le voit, cet effet nécessaire n'est que la conséquence de la prédétermination de l'objet du préciput dont l'effet est double : créer une inégalité; établir une priorité dans les attributions.

À l'inverse, le Code civil réglemente une clause dont l'objet unique consiste à créer une priorité dans les attributions, sans que pour autant, l'égalité soit en principe affectée.

Il y a bien là un **avantage pour l'époux bénéficiaire**, titulaire par l'effet du contrat de mariage **d'une faculté d'attribution préférentielle d'un bien, moyennant imputation sur ses droits dans la communauté.** Clause que le Code civil dénomme imparfaitement **clause de prélèvement moyennant indemnité**, et qui n'est réglementée par le Code civil que depuis la loi du 13 juillet 1965, bien que la jurisprudence en ait reconnu la validité de longue date[3].

Ne rompant pas l'égalité en valeur entre les copartageants, la clause de prélèvement moyennant indemnité **permet à l'époux survivant de conserver avec certitude la jouissance ou la propriété des biens qui en font l'objet** : logement de la famille, entreprise familiale, résidence de loisir, *etc.*

Elle se distingue de la **clause dite commerciale** des articles 1390 et suivants du Code civil en ce que, à la différence de cette dernière, elle porte sur des **biens composant la succession du prémourant des époux.**

Comme pour le préciput, la désignation des biens peut être très précise ou relativement large grâce au recours aux **catégories de biens, présents ou futurs.**

151.82 Régime. La clause ne constitue pas nécessairement un gain de survie; elle peut par ailleurs être stipulée quelle que soit la cause de dissolution. Mais, en pratique, à l'instar de ce qui est pour les autres conventions matrimoniales, la clause stipulée pour le seul cas de dissolution par décès constitue un gain de survie[4].

Le prélèvement moyennant indemnité constitue une opération de partage (sur les incidences de cette qualification, v. la nature juridique des avantages matrimoniaux s^s^ n°s 152.20 s.).

151.83 Modalités d'imputation. Le **prélèvement** ne donne lieu à aucun paiement, mais constitue un **règlement en moins prenant dans le partage de la communauté.**

Dans le cas où le bien objet de la clause dépasse les droits du bénéficiaire dans la communauté, le solde est réglé :

- soit par voie de **soulte**;

- soit, en cas de stipulation expresse dans le contrat de mariage, par **imputation subsidiaire du prélè-**

1. EN CE SENS, obs. F. Lucet et B. Vareille, « Communauté universelle : la communauté a droit à récompense lorsque les apports et capitaux repris par un époux ont profité d'une amélioration financée par des deniers communs », *RTD civ.* 1993. 187 – F. TERRÉ et Ph. SIMLER, n° 759 – V. Flament, « Observations sur un régime matrimonial à liquidation alternative », *Defrénois* 1993, art. 35575 – S. Mouret-Betelaud, « Les clauses de liquidation alternative de régimes matrimoniaux », *Gaz. Pal.* 2002. 1620.
2. EN CE SENS, R. Bouquillard, « La clause d'attribution optionnelle de communauté », *JCP N* 2002. 1009.
3. Civ. 7 avr. 1856, *DP* 1856. 1. 207.
4. A. Rieg et F. Lotz, *Techniques des régimes matrimoniaux*, 3e éd., Litec, 1993, n° 74.

vement sur les droits du titulaire dans la succession de l'époux prémourant (C. civ., art. 1514, al. 2).

Se pose également avec acuité la question du montant pour lequel l'imputation doit être effectuée.

L'article 1511 du Code civil dispose que, sauf convention contraire, il doit être tenu compte à la communauté de la **valeur des biens à la date du partage.**

La règle, conforme aux principes applicables aux dettes de valeur, présente de graves inconvénients lorsqu'il s'écoule une longue durée entre le prélèvement et le partage global et lorsque l'activité du titulaire a permis de développer le bien.

En conséquence, il est sans doute préférable de prévoir par contrat de mariage une **imputation en fonction de la valeur à la date à laquelle la faculté est exercée**, et de l'assortir le cas échéant d'une **indexation**[1].

Enfin, s'il y a lieu à soulte pour dépassement des droits du titulaire dans la communauté, celle-ci est en principe payable immédiatement, mais ici encore la liberté des parties est totale pour procéder à un aménagement dans le contrat de mariage.

151.84 Modalités d'attribution. La loi n'impose aucun délai au bénéficiaire pour opter en faveur du prélèvement, mais ouvre au conjoint ou à ses héritiers la faculté de provoquer une réaction.

Après expiration du **délai de trois mois et quarante jours** pour faire inventaire ou délibérer, ceux-ci peuvent adresser une **mise en demeure de prendre parti.** Si le bénéficiaire ne notifie pas son intention de prélever dans le mois qui suit cette mise en demeure, la faculté est caduque (C. civ., art. 1513).

Le contrat de mariage peut quant à lui spécifier des délais ou procédures de notifications particuliers.

La levée d'option emporte-t-elle attribution du bien, par l'effet d'un partage partiel ? Une partie de la doctrine est en ce sens, et l'article 1514 du Code civil qui prescrit que « *les biens prélevés sont imputés sur la part de l'époux bénéficiaire* » n'élève aucun obstacle contre ce raisonnement[2].

Toutefois certaines décisions ont refusé de voir dans l'exercice de l'option un acte de nature à provoquer une sortie de l'indivision, et décident que le titulaire reste comptable des fruits jusqu'au partage de la communauté, solution dont, à la vérité, le fondement reste mystérieux dès lors que « *le prélèvement est une opération de partage* » aux termes de l'article 1514 du Code civil[3].

1. Sur les difficultés de qualification que peut provoquer une modification de la date d'évaluation, v. Paris, 21 avr. 1982, *D.* 1983. 227, note Rémy – Civ. 1re, 19 nov. 1991, no 90-14.216, NP; *Defrénois* 1993, art. 35617, p. 1080, obs. G. Champenois; *D.* 1992. Somm. 224, obs. M. Grimaldi.

2. *CONTRA*, F. TERRÉ et Ph. SIMLER, no 750, note 2.

3. Sur la jurisprudence, v. Civ. 1re, 17 oct. 1956, *Bull. civ.* I, no 355 – Civ. 1re, 28 avr. 1971, no 70-10.665, *Bull. civ.* I, no 135; *JCP* 1971. II. 16935, note P. Malaurie, 2e esp.; *D.* 1972. 495, note G. Morin.

CHAPITRE

152. Analyse juridique : la théorie des avantages matrimoniaux

GILLES BONNET
NOTAIRE
DOCTEUR EN DROIT

SECTION 0 ORIENTEUR

152.00 **Plan du chapitre.**

Division. Très controversée, la nature juridique des avantages matrimoniaux offre prise à l'application d'un double régime juridique.

152.01 **Textes applicables.**

C. civ., anc. art. 267 à anc. art. 269; 265, 304, 929, 1516, 1525, 1527 al. 1er

L. n° 2006-728, 23 juin 2006, portant réforme des successions et libéralités, *JO* 24 juin, p. 9513

L. n° 2004-439, 26 mai 2004, relative au divorce, *JO* 27 mai, p. 9319

> Incidence du divorce sur les avantages matrimoniaux (régime antérieur à la loi du 26 mai 2004, applicable si la date de l'assignation ou de la convention homologuée est antérieure au 1er janvier 2005)

[C. civ., anc. art. 267 à anc. art. 269]

C. civ., anc. art. 267

Quand le divorce est prononcé aux torts exclusifs de l'un des époux, celui-ci perd de plein droit toutes les donations et tous les avantages matrimoniaux que son conjoint lui avait consentis, soit lors du mariage, soit après.

L'autre conjoint conserve les donations et avantages qui lui avaient été consentis, encore qu'ils aient été stipulés réciproques et que la réciprocité n'ait pas lieu.

C. civ., anc. art. 267-1

Quand le divorce est prononcé aux torts partagés, chacun des époux peut révoquer tout ou partie des donations et avantages qu'il avait consentis à l'autre.

C. civ., anc. art. 268

Quand le divorce est prononcé sur demande conjointe, les époux décident eux-mêmes du sort des donations et avantages qu'ils s'étaient consentis; s'ils n'ont rien décidé à cet égard, ils sont censés les avoir maintenus.

C. civ., anc. art. 268-1

Quand le divorce est prononcé sur demande acceptée par l'autre conjoint, chacun des époux peut révoquer tout ou partie des donations et avantages qu'il avait consentis à l'autre.

C. civ., anc. art. 269

Quand le divorce est prononcé en raison de la rupture de la vie commune, celui qui a pris l'initiative du divorce perd de plein droit les donations et avantages que son conjoint lui avait consentis.

L'autre époux conserve les siens.

Pour les personnes affiliées à l'assurance personnelle à la suite d'un divorce pour rupture de la vie commune, la cotisation d'assurance personnelle est mise à la charge du conjoint qui a pris l'initiative du divorce (CSS, art. L. 741-7). – *Disposition applicable aux personnes dont le divorce a été prononcé à compter du 1er janv. 1976.*

> Incidence du divorce sur les avantages matrimoniaux (loi du 26 mai 2004, en vigueur le 1er janv. 2005)

C. civ., art. 265 (*L. n° 2004-439, 26 mai 2004, art. 16*)

Le divorce est sans incidence sur les avantages matrimoniaux qui prennent effet au cours du mariage et sur les donations de biens présents quelle que soit leur forme.

Le divorce emporte révocation de plein droit des avantages matrimoniaux qui ne prennent effet qu'à la dissolution du régime matrimonial ou au décès de l'un des époux et des dispositions à cause de mort, accordés par un époux envers son conjoint par contrat de mariage ou pendant l'union, sauf volonté contraire de l'époux qui les a consentis. Cette volonté est constatée par le juge au moment du prononcé du divorce et rend irrévocables l'avantage ou la disposition maintenus.

(*L. n° 2006-728, 23 juin 2006, art. 43*) Toutefois, si le contrat de mariage le prévoit, les époux pourront toujours reprendre les biens qu'ils auront apportés à la communauté.

> Incidence de la séparation de corps sur les avantages matrimoniaux : identique au divorce

C. civ., art. 304

Sous réserve des dispositions de la présente section, les conséquences de la séparation de corps obéissent aux mêmes règles que les conséquences du divorce énoncées au chapitre III ci-dessus.

> Renonciation anticipée à l'action en réduction (RAAR) [C. civ., art. 929 s.]

C. civ., art. 929 (*L. n° 2006-728, 23 juin 2006*)

Tout héritier réservataire présomptif peut renoncer à exercer une action en réduction dans une succession non ouverte. Cette renonciation doit être faite au profit d'une ou de plusieurs personnes déterminées. La renonciation n'engage le renonçant que du jour où elle a été acceptée par celui dont il a vocation à hériter.

La renonciation peut viser une atteinte portant sur la totalité de la réserve ou sur une fraction seulement. Elle peut également ne viser que la réduction d'une libéralité portant sur un bien déterminé.

L'acte de renonciation ne peut créer d'obligations à la charge de celui dont on a vocation à hériter ou être conditionné à un acte émanant de ce dernier.

> Préciput : nature de donation (non)

C. civ., art. 1516

* V. texte complet de cet article s[s] n° 151.01, > *Préciput*

> Stipulation de parts inégales et clause d'attribution intégrale : nature de donation (non)

C. civ., art. 1525

* V. texte complet de cet article s[s] n° 151.01, > *Stipulation de parts inégales*

> Avantage matrimonial (nature de donation – non) et action en retranchement

C. civ., art. 1527, al. 1er

* V. texte complet de cet article s[s] n° 151.01, > *Avantage matrimonial et action en retranchement*

152.02 Jurisprudence de référence.

> Nature juridique de l'avantage matrimonial en présence d'enfants d'une première union

• **Civ. 1re, 6 mai 1997, n° 95-13.804,** *Bull. civ.* I, n° 146

* V. s[s] n° 152.22

« Mais attendu qu'après avoir rappelé, à bon droit, que les dispositions de l'article 1527, alinéa 2, du Code civil, ont pour seul effet de soumettre les avantages matrimoniaux aux règles édictées pour les libéralités pour la part qui excède la quotité disponible entre époux, le tribunal en a justement déduit que l'administration fiscale ne peut prétendre percevoir des droits de mutation par décès sur la part attribuée au conjoint survivant au titre des conventions matrimoniales. »

> Conséquences du divorce prononcé aux torts exclusifs d'un des époux sur les avantages matrimoniaux (ancien régime)

• **Civ. 1re, 12 juin 2001, n° 99-11.442,** *Bull. civ.* I, n° 168

* V. s[s] n° 152.31

« Il résulte des dispositions de l'article 267 du Code civil que le conjoint au tort duquel le divorce a été prononcé ne peut invoquer à son profit la révocation des avantages matrimoniaux et que l'autre conjoint conserve ceux qui lui avaient été consentis et qui peuvent résulter, notamment, au moment du mariage, de l'adoption de la communauté universelle. »

152.03 Bibliographie indicative.

Actualisable. Rép. civ., v° *Avantage matrimonial*, par B. Vareille, oct. 2013, n°s 1 à 159.

Ouvrages[1].

* V. bibliographie citée s[s] n° 151.03.

Articles. P. Catala, « Variations autour de la communauté universelle », *Defrénois* 1996, art. 36260, n° 10 – P. Delmas Saint-Hilaire, « Réforme des successions, examen d'une difficulté de droit transitoire : l'action en retranchement », *Defrénois* 2002, art. 37473 – A. Tisserand-Martin, « Réflexions autour de la notion d'avantage matrimonial », *Études Béguin*, LexisNexis, 2005, p. 753.

152.04 Questions essentielles.

> Peut-on renoncer par avance à l'action en retranchement ?

* V. s[s] n° 152.22

> Quelle est l'incidence du divorce sur les clauses de reprise ?

* V. s[s] n° 152.33

SECTION 1
NATURE DES AVANTAGES MATRIMONIAUX

152.11 Nature. Aux termes mêmes du Code civil, les différentes clauses exposées ne sont point regardées comme des donations (C. civ., art. 1527, al. 1er : « *Les avantages que l'un ou l'autre des époux peut retirer des clauses d'une communauté conventionnelle, ainsi que ceux qui peuvent résulter de la confusion du mobilier ou des dettes, ne sont point regardés comme des donations* »).

L'affirmation est reprise dans différents articles traitant du préciput (C. civ., art. 1516), de la stipulation de parts inégales et de l'attribution intégrale (C. civ., art. 1525, al. 1er).

Elle pourrait être généralisée à toutes les clauses du régime matrimonial qui procurent un avantage

1. NB : les ouvrages les plus fréquemment cités et dont le nom des auteurs figure en petites capitales en bibliographie sont cités par les seuls noms des auteurs en petites capitales en notes de bas de page.

à l'un ou à l'autre des époux, malgré l'importance des controverses doctrinales apparues lors de la recherche de la justification de cette qualification.

Le réaménagement du mode de calcul des récompenses, la révision conventionnelle de la charge du passif, le seul choix d'un régime de communauté élargie constituent en effet des **conventions de mariage susceptibles** (même si tel n'est pas leur but) **de procurer un profit à l'un ou à l'autre des époux**.

152.12 Définition. L'avantage matrimonial est constitué par ce profit que l'un des époux peut retirer du jeu de ce régime matrimonial. Il importe peu à cet égard que le profit soit fortuit ou ait été espéré.

SECTION 2
RÉGIME JURIDIQUE DES AVANTAGES MATRIMONIAUX

152.20 Régime juridique – Vue d'ensemble. En toute hypothèse, l'avantage matrimonial est soumis à une **unité de régime en cas de divorce**, mais à une **dualité de régimes lorsque s'ouvre la succession du conjoint** de celui qui est bénéficiaire de l'avantage. Cette dualité ponctuelle de régimes a été longtemps perçue comme l'indice d'une dualité de natures juridiques. Elle est plutôt comprise aujourd'hui comme une **dualité de « traitement juridique »** des avantages matrimoniaux, compte tenu des circonstances dans lesquelles ils sont reçus par le bénéficiaire.

§ 1
Régime juridique de l'avantage matrimonial au regard du droit des successions et des libéralités

152.21 En l'absence d'enfant qui ne serait pas issu des deux époux. Regardé comme une **convention à titre onéreux**, l'avantage matrimonial n'est :

– ni rapportable à succession ou imputable sur la vocation légale successorale du survivant;

– ni réductible pour atteinte à la réserve;

– ni susceptible de révocation en application des articles 953 et suivants du Code civil;

– ni passible des droits de mutation à titre gratuit selon le barème applicable entre époux, étant ici rappelé pour ordre que le conjoint survivant est désormais exonéré des droits de mutation par décès.

Ce **régime juridique et fiscal de faveur** explique pour une large part la place que la pratique réserve aux conventions matrimoniales.

152.22 En présence d'enfant qui ne serait pas issu des deux époux. La loi du 3 décembre 2001, portant réforme du droit des successions[1], a modifié le deuxième alinéa de l'article 1527 du Code civil, en ouvrant le **bénéfice de l'action en retranchement à tous les enfants, naturels ou non,** qui « *ne seraient pas issus de l'union de deux époux* », bénéfice qui était alors réservé aux seuls enfants issus d'une précédente union[2], étant ici précisé que les enfants d'un premier lit adopté par le conjoint survivant se voient refuser cette action[3].

La loi du 3 décembre 2001 a mis fin à une discrimination de plus en plus contestée, et qui aurait connu le même sort que celle frappant les enfants adultérins[4]. Traité alors comme une libéralité aux fins de protection du ou des enfants qui ne seraient pas issus de l'union des deux époux, l'avantage matrimonial que leur auteur a pu consentir à son conjoint est soumis à un régime opposé au précédent.

L'affirmation est certaine s'agissant de la **réduction**, l'avantage matrimonial ouvrant droit en cas de dépassement de la quotité disponible entre époux, à une action spéciale appelée **action en retranchement** dont l'objet est bien la **protection de la réserve successorale** (sur les successions, v. s^s^ n°s 264.120 s.).

L'affirmation est douteuse en ce qui concerne le **rapport** ou **l'imputation sur le droit successoral** en toute propriété du conjoint survivant. Elle supposerait qu'en présence d'enfants non issus de l'union, l'avantage matrimonial soit traité comme une libéralité non seulement au regard de la protection réservataire des enfants du premier mariage, mais aussi au regard d'autres héritiers. C'est ce que décidait cependant la jurisprudence sous l'empire de la loi ancienne en procédant à cette imputation sur ses droits légaux alors en usufruit.[5]

1. L. n° 2001-1135, 3 déc. 2001, relative aux droits du conjoint survivant et des enfants adultérins et modernisant diverses dispositions du droit successoral, *JO* 4 déc., p. 19279 (entrée en vigueur le 1er juill. 2002).
2. Sur les questions relatives au droit transitoire, P. Delmas Saint Hilaire, « Réforme des successions, examen d'une difficulté de droit transitoire : l'action en retranchement », *Defrénois* 2002, art. 37473.
3. Civ. 1re, 7 juin 2006, n° 03-14.884, *Bull. civ.* I, n° 295; *JCP* 2007. I. 142, n° 25, obs. A. Tisserand-Martin; *Defrénois* 2006. 1578, notre B. Vareille, et 1614, obs. G. Champenois; *Dr. fam.* 2007, n° 44, note P. Murat; *RTD civ.* 2006. 749, obs. J. Hauser.
4. Pour l'illustration jurisprudentielle de cette constatation : Civ. 1re, 29 janv. 2002, n° 99-21.134, n° 99-21.135, *Bull. civ.* I, n° 32; *D.* 2002. 1938, note A. Devers; *AJ fam.* 2002. 110; *Defrénois* 2002. 1330, obs. G. Champenois; *JCP* 2002. I. 167, n° 12, obs. A. Tisserand; 178, n° 8, obs. R. Le Guidec; *Defrénois* 2002. 692, obs. J. Massip; *Dr. fam.* 2002, n° 45, obs. B. Beignier; *RTD civ.* 2002. 278, obs. J. Hauser; 347, obs. B. Vareille; et 865, obs. J.-P. Marguénaud.
5. Req. 25 juin 1912, *DP* 1913. I. 173, rapp. Birot-Breuilh.

En tout état de cause, il est généralement relevé que **l'action profite à tous les descendants, qu'ils soient ou non issus de l'union,** dans la mesure où l'avantage matrimonial requalifié vient augmenter la masse successorale calculée suivant les dispositions de l'article 922 du Code civil.[1]

Si la solution peut apparaître choquante, dans la mesure où elle favorise des descendants qui ne sont pas nécessairement demandeurs, il convient de rappeler qu'il leur est toujours loisible, au moment où cet avantage s'ouvre, de consentir à l'exécution de celui-ci en renonçant à demander, chacun en ce qui les concerne, le payement de l'indemnité de réduction.

Une décision récente de la Cour de cassation a par ailleurs donné des indices relatifs à la **date d'appréciation de l'avantage matrimonial**, dans le cadre de l'exercice de l'action en retranchement. Cette appréciation peut se faire par comparaison entre l'attribution des biens telle qu'elle ressort de la convention modifiée, et la part qui aurait dû être attribuée par l'application du régime légal, en reconstituant la consistance du patrimoine existant à la date du changement de régime, en raison de l'absence d'effet rétroactif des régimes matrimoniaux. L'affirmation n'a cependant pas pleinement valeur de principe, dans la mesure où aucune contestation n'était élevée par les parties sur ce point, mais la reprise de la solution par la Cour permet d'y voir son approbation[2].

La loi du 23 juin 2006, portant réforme des successions[3], a ajouté un troisième alinéa à l'article 1527 du Code civil, lequel autorise du vivant des époux les enfants titulaires de l'action en retranchement à reporter l'exercice de celle-ci au jour du décès de l'époux survivant. Pour assurer l'effectivité de cette action au second décès, le texte prévoit que ces enfants pourront obligatoirement bénéficier de certaines des protections réservées classiquement au nu-propriétaire (inventaire des meuble, état des immeubles) et leur accorde en outre un privilège sur les meubles en renvoyant curieusement à l'article 2374 alinéa 3° du Code civil, lequel ne concerne exclusivement que le privilège des cohéritiers sur les immeubles successoraux. La contradiction résulte sans doute d'une erreur de plume : la protection de l'article 2374 alinéa 3 est acquise aux réservataires en garantie du payement de l'indemnité de réduction d'une libéralité excessive, dès lors elle doit être étendue aux avantages matrimoniaux lorsqu'ils constituent des libéralités; la lecture du rapport sur la loi fait au Sénat par M. de Richemont lève par ailleurs toute ambiguïté à cet égard.

En dépit de cette protection, il est nécessaire de s'interroger sur la fortune que connaîtra en pratique cette possibilité offerte aux enfants issus d'un autre lit. Sans doute constitue-t-elle un moyen terme qui permet de ne pas inquiéter le conjoint survivant bénéficiaire d'avantages matrimoniaux, en renvoyant les calculs et un éventuel contentieux à plus tard, mais dont les héritiers de ce conjoint ne manqueront pas de faire les frais. La prudence commandera alors d'effectuer les calculs et de recueillir un accord dès l'ouverture de la première succession sur la réduction et son montant éventuel, et de faire inscrire dans la foulée le privilège, afin d'éviter que le conjoint survivant ne dilapide les actifs et rende sa succession insolvable. Mais il faut bien convenir qu'une telle pratique qui impose d'ouvrir dès la dissolution du régime le débat sur l'action en retranchement vide la renonciation anticipée des enfants d'une partie de son contenu.

De fait, il apparaît probable que l'alternative se réduira le plus souvent à deux termes :

- soit l'action en retranchement sera exercée et l'indemnité immédiatement réglée,

- soit les enfants auront renoncé de manière définitive à cette action dans le cadre plus général des articles 929 et suivants du Code civil. La généralité des termes employés par l'article 929 (« *tout héritier réservataire présomptif peut renoncer à exercer une action en réduction dans une succession non ouverte* ») permet d'en déduire que les enfants peuvent également renoncer par avance à l'action en réduction d'un avantage matrimonial excessif.

Bien que réductible, l'avantage matrimonial n'épouserait pas pour autant toutes les caractéristiques d'une libéralité, ce que l'on justifie par le caractère relatif de cette qualification. Ainsi, il ne serait pas soumis aux causes de révocation propres aux libéralités[4].

En matière de droits d'enregistrement, l'Administration fiscale considérait avec constance, et malgré une doctrine unanimement critique, que la présence d'enfants d'un premier lit de l'époux prédécédé devait ouvrir taxation de l'avantage, et ce, que l'action en retranchement fût effectivement exercée ou non[5].

Dans un jugement du tribunal de grande instance de Paris, en date du 12 janvier 1995[6], la posi-

1. J. FLOUR et G. CHAMPENOIS, n° 722 – Pour une appréciation critique, A. Tisserand-Martin, « Réflexions autour de la notion d'avantage matrimonial », *Études Béguin*, LexisNexis, 2005, p. 765.
2. Civ. 1re, 19 déc. 2012, n° 11-21.703, *Bull. civ.* I, n° 269; *JCP N* 2013, n° 4, p. 12, § 194, et n° 30-34, p. 40, obs. J.-M. Delpérier.
3. L. n° 2006-728, 23 juin 2006, portant réforme des successions et des libéralités, *JO* 24 juin, p. 9513.
4. EN CE SENS, J. FLOUR et G. CHAMPENOIS, n° 772, note 1.
5. Rép. min. n° 14734, *JOAN* 4 janv. 1975, p. 18 – Rép. min. n° 6235, *JOAN* 21 oct. 1982, p. 4697.
6. TGI Paris, 12 janv. 1995.

tion de l'Administration fiscale a été remise en cause, au motif que malgré la présence d'un enfant du premier mariage, l'avantage matrimonial reste une convention de mariage et qu'en application de l'article 1527 alinéa 2 du Code civil, seul l'excédent donne lieu à réduction.

Les conséquences suivantes semblent devoir être tirées de ce jugement :

– si les enfants renoncent à exercer l'action en retranchement à l'encontre du second conjoint, il n'y a pas lieu à perception des droits d'enregistrement (en cas de paiement antérieur, il y aurait ouverture à restitution);

– si, à l'inverse, les enfants ont exercé avec succès l'action en retranchement, les droits de mutation à titre gratuit seront dus, mais :

• sur la seule partie retranchée (car excessive) de l'avantage;

• par les héritiers réservataires eux-mêmes, qui bénéficient du retranchement, et non par le conjoint, qui se voit privé d'une partie de l'avantage prévu pour dépassement de la quotité disponible.

C'est bien cette série de conséquences que la Cour de cassation a posée dans son arrêt du 6 mai 1997[1]. L'Administration fiscale a eu l'occasion d'exprimer sa position à la suite de la décision et a confirmé que si les enfants n'exercent pas l'action en retranchement, l'intégralité des capitaux reçus par le conjoint survivant continue à bénéficier du régime d'exonération propre aux avantages matrimoniaux[2].

La loi TEPA du 21 août 2007[3], qui a exonéré le conjoint survivant des droits de mutation par décès, ne modifie pas ces solutions, dans la mesure où seule la fraction réductible de l'avantage revenant aux enfants reste soumise aux droits de succession.

§ 2
Régime juridique de l'avantage matrimonial en cas de divorce

152.30 Présentation du régime. Ce régime dépasse celui des seuls avantages matrimoniaux; il est applicable également aux **donations** que les époux se seraient consenties **pendant le mariage, voire par contrat de mariage.**

La loi du 26 mai 2004, réformant le droit du divorce[4], est entrée en application le 1er janvier 2005. Elle ne laisse subsister le droit ancien que lorsque l'assignation a eu lieu avant le 1er janvier 2005, ou que la convention temporaire a été homologuée avant cette date.

De fait, il importe de rappeler la situation antérieure avant de décrire l'état du droit positif.

152.31 Régime antérieur à la loi du 26 mai 2004. Sous l'empire de la législation antérieure :

– **La déchéance est de droit** « *quand le divorce est prononcé aux torts exclusifs de l'un des époux* » (C. civ., anc. art. 267).

L'hypothèse se rencontre :

• en cas de **divorce pour faute prononcé aux torts exclusifs** de l'un des conjoints; étant ici entendu que les dispositions impératives des articles 267 ancien à 269 ancien du Code civil prévalent sur les clauses de reprise qui pourraient être insérées dans le contrat de mariage[5]. Les conséquences pour l'époux coupable peuvent être très lourdes (v. par ex. un cas où l'époux innocent reprend le bien immobilier apporté à la communauté, sans qu'aucune récompense ne soit due à celle-ci pour la dette d'emprunt dont elle a assuré le remboursement[6])[7];

• en cas de **divorce pour rupture de la vie commune**, le divorce étant alors réputé prononcé contre celui qui en a pris l'initiative (C. civ., anc. art. 265 et anc. art. 269) L'initiateur du divorce perdra donc le profit d'éventuels avantages matrimoniaux qui lui auraient été consentis.

– Lorsque le **divorce est prononcé aux torts partagés**, ou **sur demande acceptée**, chacun des époux peut révoquer tout ou partie des avantages consentis à l'autre (C. civ., anc. art. 267-1. et anc. 268-1).

Il n'y a donc pas déchéance automatique mais **décision unilatérale de maintien ou de révocation,** prise par l'époux qui a « consenti » l'avantage (c'est-à-dire en pratique, le conjoint de celui qui le reçoit).

1. Civ. 1re, 6 mai 1997, n° 95-13.804, *Bull. civ.* I, n° 146; *D.* 1998. 303, note F. Deboissy; *AJDI* 1999. 207, obs. J.-P. Maublanc; *JCP* 1997. I. 4047, n° 20, obs. A. Tisserand; *JCP* 1998. I. 133, n° 10, obs. R. Le Guidec; *JCP N* 1997. 939, obs. S. Piedelièvre; 1533, note Ph. Pelletier et P. Appremont; *Defrénois* 1997. 1086, obs. G. Champenois; 1194, note A. Chappert; *RTD civ.* 1998. 179, obs. B. Vareille; *RTD com.* 1998. 233, obs. R. Blancher.
2. *BOI* 7 G-1-98; DB 7 G 2122, n° 4.
3. L. n° 2007-1223, 21 août 2007, en faveur du travail, de l'emploi et du pouvoir d'achat, *JO* 22 août, p. 13945.
4. L. n° 2004-439, 26 mai 2004, sur le divorce, *JO* 27 mai, p. 9319.
5. P. Catala, « Variations autour de la communauté universelle », *Defrénois* 1996, art. 36260, n° 10.
6. Civ. 1re, 12 juin 2001, n° 99-11.442, *Bull. civ.* I, n° 168; *D.* 2002. 1713, note M. Sénéchal; *JCP N* 2002, n° 1719, p. 17, note A. Tisserand; *Defrénois* 2001, art. 37453, n° 104, obs. G. Champenois; *RTD civ.* 2001. 863, obs. J. Hauser; *RTD civ.* 2002. 134, obs. B. Vareille.
7. Civ. 1re, 25 sept. 2013, n° 12-11.967, *Bull. civ.* I [à paraître]; *AJ fam.* 2013. 635, obs. S. Thouret.

– En cas de **divorce sur demande conjointe**, les époux décident eux-mêmes du sort des donations et avantages matrimoniaux qu'ils s'étaient consentis. S'ils n'ont rien décidé à cet égard, ils sont censés les avoirs maintenus (C. civ., anc. art. 268).

En pratique, cette décision prendra place dans la **convention prévoyant les effets définitifs du divorce.** Il ne s'agit donc ici même ni de déchéance, ni de décision unilatérale, mais de **décision conventionnelle.**

Compte tenu des termes de l'article 268 anc. du Code civil, la **décision de révocation** doit être **expresse.**

152.32 Observations générales.

– *1re observation :* Ces règles de déchéance ou de révocation s'appliquent à **tous les avantages matrimoniaux**, et notamment à ceux qui résulteraient de **simple choix du régime matrimonial**[1]. Sous l'empire de l'ancien article 299 du Code civil, la jurisprudence n'appliquait la déchéance qu'aux avantages matrimoniaux inspirés par une intention libérale.

– *2e observation :* Le régime applicable aux avantages matrimoniaux en cas de divorce est susceptible de s'appliquer à des stipulations qui bénéficient à un conjoint, mais qui ne seraient pas justiciables du retranchement, au motif qu'elles ne procurent pas d'avantage chiffrable (à imputer sur la quotité disponible). Ainsi en irait-il par exemple d'une **clause dite de prélèvement moyennant indemnité** (c'est-à-dire imputation), qui sauf modalité dérogatoire de calcul de ladite « indemnité » ne peut procurer qu'une **situation privilégiée** et **non un profit chiffrable.**

152.33 L'état du droit positif. La réforme du 26 mai 2004 a simplifié la situation puisque ce n'est plus la cause du divorce, mais le divorce lui-même qui détermine le sort des avantages matrimoniaux. En conséquence, la réponse est apportée par un seul article et non plus quatre. L'article 265 pose en principe que le **divorce** est **sans incidence sur les avantages matrimoniaux qui prennent effet au cours du mariage**; en revanche, **ceux qui prennent effet au décès sont automatiquement révoqués,** sauf si le conjoint qui les a consentis veut les maintenir. Ces dispositions s'appliquent également en cas de **séparation de corps** (C. civ., art. 304).

Bien que plus court, le texte n'en a pas gagné pour autant en clarté, comme en témoignent **deux difficultés sérieuses d'interprétation.**

• La première est relative à la **distinction,** ***a priori*** **artificielle, fondée sur la date de prise d'effet des avantages matrimoniaux.** Un auteur a fait observer[2] que l'enrichissement procuré par un avantage matrimonial ne se réalise qu'au moment de la dissolution : ainsi, le conjoint de l'apporteur ne percevra un gain que dans la mesure où ses droits porteront également sur cet élément d'actif. De fait, tous les avantages matrimoniaux devraient tomber sous le coup de la révocation automatique. Mais, outre que cette conséquence ne correspond visiblement pas à l'intention du législateur, elle s'appuie sur un raisonnement qui ne rend qu'imparfaitement compte de la complexité de la notion d'avantage matrimonial.

Pour parvenir à une application satisfaisante du texte, il faut admettre que le **bénéfice d'un avantage matrimonial** ne se résout pas uniquement par la création d'un **enrichissement matériel au moment de la dissolution du régime. L'entrée d'un bien propre dans la masse commune produit immédiatement des effets.** Ainsi, outre **l'enrichissement immédiat procuré au conjoint de l'apporteur,** des **règles de cogestion,** s'imposeront immédiatement suivant la nature du bien.

De fait, la distinction proposée par le texte suppose de tracer une ligne de partage entre :

– d'une part, les clauses qui organisent la **composition des masses propres et communes,** lesquelles prennent effet immédiatement ne sont **pas touchées par la révocabilité automatique,**

– et celles réglant la **répartition de l'actif commun suivant des dispositions différentes** de celles résultant **de la communauté légale,** n'opérant qu'au jour de la dissolution et révoquées de manière automatique, sauf décision expresse de maintien par l'époux concerné[3].

Pour ces dernières, les époux peuvent s'interroger sur le point de savoir s'ils peuvent décider à l'avance, dans le contrat de mariage, de leur maintien en cas de divorce en dépit de cette révocation automatique que postule l'article 265 du Code civil. Une réponse du garde des Sceaux en accepte la possibilité[4]. Cette analyse se fonde sur l'idée, partagée par plusieurs auteurs, que l'article 265 n'est pas d'ordre public[5]. La Cour de cassation n'a pas suivi cette doctrine, en considérant, pour priver d'effet

1. Civ. 1re, 19 oct. 1983, no 82-12.046, *Bull. civ.* I, no 240; *Gaz. Pal.* 1984. 186, obs. M. Grimaldi; *D.* 1984. 229 – Civ. 1re, 26 janv. 1988, no 86-11.397, *Bull. civ.* I, no 24; *D.* 1988. IR 41.

2. A. Tisserand-Martin, « Réflexions autour de la notion d'avantage matrimonial », *Études Béguin*, LexisNexis, 2005.

3. EN CE SENS, A. Tisserand-Martin, préc. ss prést no – Ph. Simler, *JCP* 2005. I. 160.

4. Rép. min. QE no 8632, *JOAN Q* 26 mai 2009.

5. J.-L. Puygauthier, *JCP N* 2004. 1538 – P. Murat (dir.), Dalloz Action *Droit de la famille,* 2014/2015, no 133.182, par F. Hébert – P.-J. Claux, « Le nouveau rôle du notaire », *AJ fam.* 2004. 227.

une clause résolutoire d'une donation de biens présents entre époux, que l'article 265 est impératif[1].

• La seconde difficulté, heureusement tranchée depuis par un ajout opéré par la loi 23 juin 2006, portait sur l'**effectivité des clauses de reprise** que la pratique notariale insère systématiquement dans les régimes communautaires élargis, et **qui autorisent, la plupart du temps en cas de divorce, l'époux apporteur à se faire attribuer dans l'actif commun et sans contrepartie les biens qui y sont rentrés de son chef.** Ces clauses, dont la validité n'est pas discutée, mais dont la visée liquidative au jour de la dissolution est évidente, ont paru pour cette raison prêter le flanc à la révocation automatique de l'article 265 en cas de divorce. Si cette solution devait être confirmée, l'impact pratique serait d'importance dans le conseil d'un régime à vocation communautaire élargie : en cas de divorce, l'apport était irrévocablement confirmé, d'une part comme relevant d'un avantage prenant effet en cours de régime, et d'autre part au regard de la défection de la reprise, analysée comme un avantage devenant effectif au jour du décès et à ce titre automatiquement révoquée.

Sur un plan logique, il paraissait curieux d'analyser un mécanisme mettant fin à un avantage matrimonial comme constituant lui-même un avantage matrimonial; mais les objections à l'efficacité de la clause ont pu paraître suffisamment sérieuses au législateur qui a finalement ajouté lors de la réforme du 23 juin 2006, un troisième alinéa à l'article 265 du Code civil. Cet article dispose que **lorsque le contrat de mariage le prévoit, les époux pourront toujours reprendre les biens qu'ils ont apportés à la communauté.**

La clause doit donc systématiquement être proposée aux époux candidats à un **régime communautaire plus étendu que le régime légal;** à défaut de quoi, l'entrée du bien dans l'actif commun deviendra définitif, et ce, quelle que soit la nature du divorce, indépendamment des torts relevés à l'encontre d'un conjoint.

1. Civ. 1re, 14 mars 2012, n° 11-13.791, *Bull. civ.* I, n° 56; *R.* p. 395; *D.* 2012. 812, obs. J. Marrocchella; *AJ fam.* 2012. 223, obs. S. David; *RTD civ.* 2012. 300, obs. J. Hauser; *RTD civ.* 2012. 357, note M. Grimaldi; *JCP* 2012, n° 607, obs. C. Brenner.

TITRE

16. La séparation de biens

SECTION 0 ORIENTEUR

16.00 **Plan du titre.**

16.11 **Vue d'ensemble.** La séparation de biens repose sur un **principe d'indépendance entre les époux,** tant sur le plan de la répartition de leur patrimoine que sur celui des droits de leurs créanciers, que, enfin sur la répartition des pouvoirs.

En conséquence, à la dissolution du régime, aucun des époux n'a vocation à participer à l'enrichissement de l'autre.

La séparation de biens correspond donc à la préoccupation d'époux susceptibles d'exercer des activités professionnelles indépendantes, le cas échéant assorties d'un risque de passif, résultant d'un déficit de nature professionnelle ou civile. À l'inverse, elle peut présenter des pièges pour celui des deux époux qui ne travaille pas, en raison de son absence de vocation à participer aux enrichissements de l'autre. Au demeurant, la jurisprudence, spécialement en cas de divorce, a apporté certains correctifs à ce principe d'indépendance (v. s^s n°s 162.43 s.).

Pour des raisons différentes, tenant à un souci d'indépendance des patrimoines, ce régime connaît une ferveur certaine auprès d'époux qui n'en sont pas à leur première union, spécialement lorsque les précédents mariages ont donné naissance à des enfants.

Le **principe d'indépendance** se double d'un **principe de simplicité** : la répartition des masses de biens comme celle des pouvoirs et enfin celle des passifs est ordonnée autour de chacun des époux pris individuellement, sans que, en principe, aucune confusion ou combinaison puisse survenir. Tant les époux que les tiers (contractants ou créanciers) sont censés pouvoir à tout moment déterminer quelle est l'étendue de la propriété de chacun, quelle est la nature de ses pouvoirs et la mesure du gage qu'il offre à ses créanciers.

Cette simplicité est bien sûr infléchie par les **règles du régime primaire** (C. civ., art. 212 s.), applicables aux époux séparés de biens comme à tous les autres. Or, précisément, ces règles touchent tant à la répartition de certains biens (cotitularité du bail du logement de la famille) qu'à la répartition des pouvoirs (C. civ., art. 215, al. 3), ou encore aux gages des créanciers, par exemple par l'effet de l'article 220 du Code civil.

Cette simplicité est également moindre depuis l'entrée en vigueur de la loi du 23 décembre 1985[1], dans la mesure où **certaines règles d'évaluation des**

1. L. n° 85-1372, 23 déc. 1985, relative à l'égalité des époux dans les régimes matrimoniaux et des parents dans la gestion des biens des enfants mineurs, *JO* 26 déc.

récompenses propres aux régimes communautaires, ont été **étendues à l'évaluation des créances entre époux séparés de biens**. Il faut voir ici une ombre du **valorisme**, règle fréquente en droit patrimonial de la famille.

Sous le couvert de ces principes d'indépendance et de simplicité, se développent des pratiques souvent contraires à la logique du régime de la séparation de biens. Outre les règles du régime primaire dont l'effet a été rappelé, et dont l'application ne dépend pas de la volonté des époux, ceux-ci s'engagent souvent dans des **opérations** qui juridiquement sont **en décalage avec le régime matrimonial adopté : acquisitions indivises, emprunts solidaires**, ouverture de **comptes bancaires joints**, l'ensemble de ces pratiques supprimant en partie les avantages et la simplicité de la séparation de biens.

Enfin, dans la mesure où elle est respectée, l'indépendance entre les époux présente sur le plan de la prévision de la situation successorale du conjoint survivant comme dans certaines situations de divorce, une carence congénitale, que, soit les époux, soit la jurisprudence, ont trouvé les moyens de combler. Il n'est pas rare au demeurant, lorsque les époux ont vécu sous le régime de la séparation de biens durant une longue période, que par changement conventionnel de régime matrimonial, ils adoptent un régime de communauté universelle, les préoccupations tenant à l'organisation de « *l'après-décès* » prenant alors le pas sur la mise en place d'une structure préservant l'indépendance des époux.

16.12 Présentation. Sous peine de perdre le fil du régime matrimonial de la séparation de biens, il est indispensable d'en exposer **les principes**, eux-mêmes respectés par certains époux et de faire état ensuite **des pratiques**, qui viennent en infléchir la logique. Il convient enfin de rappeler que la séparation de biens peut avoir une **double origine, conventionnelle** par le choix que les époux en ont fait lors de leur mariage ou **à l'occasion d'un changement de régime, judiciaire** et à titre de sanction prononcée à la demande de l'un des époux lorsqu'un conjoint met en péril les intérêts de la communauté en raison de ses erreurs de gestion ou de son désintérêt (v. s[s] n°s 143.28 s.).

Seront donc exposées dans un premier temps la logique de la séparation de bien (chap. 161) pour envisager ensuite les pratiques fréquemment suivies par les époux (chap. 162).

CHAPITRE

161. Logique de la séparation de biens

GILLES BONNET
NOTAIRE
DOCTEUR EN DROIT

SECTION 0 ORIENTEUR

161.00 **Plan du chapitre.**

Division. Cette logique repose sur une quadruple indépendance dont chacun des aspects est corrélé avec les autres : indépendance quant à l'actif (sect. 1), indépendance quant à la gestion (sect. 2), indépendance quant au passif (sect. 3) et indépendance lors de la liquidation du régime (sect. 4).

161.01 **Textes applicables.**

C. civ, art. 215 al. 3, 219, 220-1, 220 al. 1, 1384 al. 4, 1536 à 1538

CGI, art. 1691 *bis*

> Séparation de biens : limite à l'indépendance de gestion des époux (le logement de la famille)

C. civ., art. 215, al. 3

[...] Les époux ne peuvent l'un sans l'autre disposer des droits par lesquels est assuré le logement de la famille, ni des meubles meublants dont il est garni. Celui des deux qui n'a pas donné son consentement à l'acte peut en demander l'annulation : l'action en nullité lui est ouverte dans l'année à partir du jour où il a eu connaissance de l'acte, sans pouvoir jamais être intentée plus d'un an après que le régime matrimonial s'est dissous.

> Séparation de biens : limite à l'indépendance de gestion des époux (règles d'ordre public du régime primaire)

[C. civ., art. 219 et 220-1]

C. civ., art. 219

Si l'un des époux se trouve hors d'état de manifester sa volonté, l'autre peut se faire habiliter par justice à le représenter, d'une manière générale, ou pour certains actes particuliers, dans l'exercice des pouvoirs résultant du régime matrimonial, les conditions et l'étendue de cette représentation étant fixées par le juge.

À défaut de pouvoir légal, de mandat ou d'habilitation par justice, les actes faits par un époux en représentation de l'autre ont effet, à l'égard de celui-ci, suivant les règles de la gestion d'affaires.

C. civ., art. 220-1 (*L. n° 2010-769, 9 juill. 2010, art. 1er*)

Si l'un des époux manque gravement à ses devoirs et met ainsi en péril les intérêts de la famille, le juge aux affaires familiales peut prescrire toutes les mesures urgentes que requièrent ces intérêts.

Il peut notamment interdire à cet époux de faire, sans le consentement de l'autre, des actes de disposition sur ses propres biens ou sur ceux de la communauté, meubles ou immeubles. Il peut aussi interdire le déplacement des meubles, sauf à spécifier ceux dont il attribue l'usage personnel à l'un ou à l'autre des conjoints.

La durée des mesures prises en application du présent article doit être déterminée par le juge et ne saurait, prolongation éventuellement comprise, dépasser trois ans.

> Séparation de biens : exceptions à l'indépendance des passifs

[C. civ., art. 220, al. 1er, 1384, al. 4, et CGI, art. 1691 *bis*]

• Solidarité des dettes ménagères

C. civ., art. 220, al. 1er

Chacun des époux a pouvoir pour passer seul les contrats qui ont pour objet l'entretien du ménage ou l'éducation des enfants : toute dette ainsi contractée par l'un oblige l'autre solidairement.

La solidarité n'a pas lieu, néanmoins, pour des dépenses manifestement excessives, eu égard au train de vie du ménage, à l'utilité ou à l'inutilité de l'opération, à la bonne ou mauvaise foi du tiers contractant.

Elle n'a pas lieu non plus, s'ils n'ont été conclus du consentement des deux époux, pour les achats à tempérament ni pour les emprunts à moins que ces derniers ne portent sur des sommes modestes nécessaires aux besoins de la vie courante (*L. n° 2014-344, 17 mars 2014, art. 50*) « et que le montant cumulé de ces sommes, en cas de pluralité d'emprunts, ne soit pas manifestement excessif eu égard au train de vie du ménage ».

• Solidarité des conjoints pour les dommages causés par leurs enfants

C. civ., art. 1384, al. 4

[...] Le père et la mère, en tant qu'ils exercent l'autorité parentale, sont solidairement responsables du dommage causé par leurs enfants mineurs habitant avec eux. [...]

• Solidarité des impositions (impôt sur le revenu et taxe d'habitation) et possibilité de décharge partielle ou totale

CGI, art. 1691 *bis* *(Décr. n° 2008-294, 1er avr. 2008, art. 1er)*

I. — Les époux et les partenaires liés par un pacte civil de solidarité sont tenus solidairement au paiement :

1° De l'impôt sur le revenu lorsqu'ils font l'objet d'une imposition commune;

2° De la taxe d'habitation lorsqu'ils vivent sous le même toit.

II. — 1. Les personnes divorcées ou séparées peuvent demander à être déchargées des obligations de paiement prévues au I ainsi qu'à l'article 1723 *ter*-00 B lorsque, à la date de la demande :

a) Le jugement de divorce ou de séparation de corps a été prononcé;

b) La déclaration conjointe de dissolution du pacte civil de solidarité établie par les partenaires ou la signification de la décision unilatérale de dissolution du pacte civil de solidarité de l'un des partenaires a été enregistrée au greffe du tribunal d'instance;

c) Les intéressés ont été autorisés à avoir des résidences séparées;

d) L'un ou l'autre des époux ou des partenaires liés par un pacte civil de solidarité a abandonné le domicile conjugal ou la résidence commune.

2. La décharge de l'obligation de paiement est accordée en cas de disproportion marquée entre le montant de la dette fiscale et, à la date de la demande, la situation financière et patrimoniale, nette de charges, du demandeur. Elle est alors prononcée selon les modalités suivantes :

a) Pour l'impôt sur le revenu, la décharge est égale à la différence entre le montant de la cotisation d'impôt sur le revenu établie pour la période d'imposition commune et la fraction de cette cotisation correspondant aux revenus personnels du demandeur et à la moitié des revenus communs du demandeur et de son conjoint ou de son partenaire de pacte civil de solidarité.

Pour l'application du présent a, les revenus des enfants mineurs du demandeur non issus de son mariage avec le conjoint ou de son union avec le partenaire de pacte civil de solidarité sont ajoutés aux revenus personnels du demandeur; la moitié des revenus des enfants mineurs du demandeur et de son conjoint ou de son partenaire de pacte civil de solidarité est ajoutée à la moitié des revenus communs.

Les revenus des enfants majeurs qui ont demandé leur rattachement au foyer fiscal des époux ou des partenaires liés par un pacte civil de solidarité ainsi que ceux des enfants infirmes sont pris en compte dans les conditions définies à l'alinéa précédent.

La moitié des revenus des personnes mentionnées au 2° de l'article 196 ainsi qu'à l'article 196 A *bis* est ajoutée à la moitié des revenus communs du demandeur et de son conjoint ou de son partenaire de pacte civil de solidarité;

b) Pour la taxe d'habitation, la décharge est égale à la moitié de la cotisation de taxe d'habitation mise à la charge des personnes mentionnées au I;

c) Pour l'impôt de solidarité sur la fortune, la décharge est égale à la différence entre le montant de la cotisation d'impôt de solidarité sur la fortune dû par les personnes mentionnées à l'article 1723 *ter*-00 B et la fraction de cette cotisation correspondant à l'actif net du patrimoine propre du demandeur et à la moitié de l'actif net du patrimoine commun du demandeur et de son conjoint ou de son partenaire de pacte civil de solidarité.

Pour l'application du présent c, le patrimoine des enfants mineurs du demandeur non issus de son mariage avec le conjoint ou de son union avec le partenaire de pacte civil de solidarité est ajouté au patrimoine propre du demandeur; la moitié du patrimoine des enfants mineurs du demandeur et de son conjoint ou de son partenaire de pacte civil de solidarité est ajoutée à la moitié du patrimoine commun;

d) Pour les intérêts de retard et les pénalités mentionnées aux articles 1727, 1728, 1729, 1732 et 1758 A consécutifs à la rectification d'un bénéfice ou revenu propre au conjoint ou au partenaire de pacte civil de solidarité du demandeur, la décharge de l'obligation de paiement est prononcée en totalité. Elle est prononcée, dans les autres situations, dans les proportions définies respectivement au a) pour l'impôt sur le revenu, au b) pour la taxe d'habitation et au c pour l'impôt de solidarité sur la fortune.

3. Le bénéfice de la décharge de l'obligation de paiement est subordonné au respect des obligations déclaratives du demandeur prévues par les articles 170 et 885 W à compter de la date de la fin de la période d'imposition commune.

La décharge de l'obligation de paiement ne peut pas être accordée lorsque le demandeur et son conjoint ou son partenaire lié par un pacte civil de solidarité se sont frauduleusement soustraits, ou ont tenté de se soustraire frauduleusement, au paiement des impositions mentionnées aux 1° et 2° du I ainsi qu'à l'article 1723 *ter*-00 B, soit en organisant leur insolvabilité, soit en faisant obstacle, par d'autres manœuvres, au paiement de l'impôt.

III. — Les personnes en situation de gêne et d'indigence qui ont été déchargées de l'obligation de paiement d'une fraction des impôts, conformément au II, peuvent demander à l'administration de leur accorder une remise totale ou partielle de la fraction des impositions mentionnées aux 1° et 2° du I restant à leur charge.

Pour l'application de ces dispositions, la situation de gêne et d'indigence s'apprécie au regard de la seule situation de la personne divorcée ou séparée à la date de demande de remise.

IV. — L'application des II et III ne peut donner lieu à restitution.

Nota : L. n° 2007-1822, 24 déc. 2007, loi de finances pour 2008 – Le II de l'article 1691 bis du Code général des impôts est applicable aux demandes en décharge de l'obligation de paiement déposées à compter du 1er janvier 2008.

> Séparation de biens : indépendance de gestion des époux

C. civ., art. 1536

Lorsque les époux ont stipulé dans leur contrat de mariage qu'ils seraient séparés de biens, chacun d'eux conserve l'administration, la jouissance et la libre disposition de ses biens personnels.

Chacun d'eux reste seul tenu des dettes nées en sa personne, avant ou pendant le mariage, hors le cas de l'article 220.

> Séparation de biens : contribution aux charges du mariage

C. civ., art. 1537

Les époux contribuent aux charges du mariage suivant les conventions contenues en leur contrat; et, s'il n'en existe point à cet égard, dans la proportion déterminée à l'article 214.

> Séparation de biens : moyens de preuve et présomptions de propriété exclusive d'un bien

C. civ., art. 1538

Tant à l'égard de son conjoint que des tiers, un époux peut prouver par tous les moyens qu'il a la propriété exclusive d'un bien.

Les présomptions de propriété énoncées au contrat de mariage ont effet à l'égard des tiers, aussi bien que dans les rapports entre époux, s'il n'en a été autrement convenu. La preuve contraire sera de droit, et elle se fera par tous les moyens propres à établir que les biens n'appartiennent pas à l'époux que la présomption désigne, ou même, s'ils lui appartiennent, qu'il les a acquis par une libéralité de l'autre époux.

Les biens sur lesquels aucun des époux ne peut justifier d'une propriété exclusive sont réputés leur appartenir indivisément, à chacun pour moitié.

161.02 Jurisprudence de référence.

> Financement et propriété entre époux séparés de biens

• **Civ. 1re, 3 déc. 2002, n° 00-18.869,** NP

* V. ss n° 161.11

« Attendu cependant, qu'un bien appartient à celui qui l'a acquis sans qu'il y ait lieu d'avoir égard à la façon dont l'acquisition a été financée [...]. »

> Caractère simple de la présomption de paiement des charges de mariage

• **Civ. 1re, 3 nov. 2004, n° 02-13.102,** NP

* V. ss n° 161.22

« Attendu qu'ayant estimé souverainement que la présomption de paiement édictée en matière de contribution aux charges du mariage par l'article 3 de la convention matrimoniale était une présomption simple [...]. »

161.03 Bibliographie indicative.

Actualisable. Rép. civ., v° *Séparation de biens,* par G. Yildirim, mars 2012 [màj janv. 2014].

Ouvrages[1]. J. Flour et G. Champenois, *Les régimes matrimoniaux*, 2e éd., coll. « U », A. Colin Éd., 2001, nos 80 s. – Ph. Malaurie et L. Aynès, *Les régimes matrimoniaux*, 4e éd., LGDJ/Lextenso, 2013, nos 799 s.

161.04 Questions essentielles.

> Propriété et financement entre époux séparés de biens.

* V. ss n° 161.11

> Efficacité des aménagements conventionnels de la contribution aux charges du mariage.

* V. ss n° 161.22

SECTION 1
SÉPARATION DES MASSES ACTIVES

161.11 Propriété personnelle de chacun des époux. La règle de principe est que chacun des époux conserve une **propriété exclusive sur les biens qu'il apporte en mariage et sur ceux qui lui adviendraient en cours d'union** quelle qu'en soit l'origine. Il n'y a donc pas lieu de distinguer comme en matière de communauté suivant que les biens sont acquis avant ou après le mariage et à titre gratuit ou à titre onéreux. De même, et contrairement au régime de communauté, l'époux est **propriétaire exclusif de ses gains et salaires et du revenu de ses biens,** qui sont dépourvus de toute vocation communautaire. Il en résulte qu'aucune comptabilisation due à une utilisation des économies ou à l'affectation des dépenses effectuées sur les revenus ne sera pratiquée lors de la liquidation.

Cette règle d'indépendance donne lieu, le cas échéant, à l'apparition de relations pécuniaires entre les patrimoines des époux considérés par principe comme indépendants; elles se solderont en **application du droit commun, réserve faite** d'un certain nombre de particularités commandant la liquidation du régime, en particulier sur les **modalités d'évaluation des créances nées entre les patrimoines des époux.**

Chacun acquiert donc des biens pour son compte exclusif, sans ouvrir quelque droit à participation que ce soit au profit de son conjoint. Cette règle a notamment pour effet, que celui qui se porte acquéreur d'un bien mobilier ou immobilier, spécialement lorsque cette qualité est constatée dans un acte, en devient propriétaire de façon définitive, quel qu'ait pu en être le mode de financement[2].

Il n'est certes pas rare, qu'entre époux séparés de biens, **l'acquisition effectuée par l'un soit financée**

1. NB : les ouvrages les plus fréquemment cités et dont le nom des auteurs figure en petites capitales en bibliographie sont cités par les seuls noms des auteurs en petites capitales en notes de bas de page.
2. Civ. 1re, 3 déc. 2002, n° 00-18.869, NP.

par l'autre. Tout au plus une telle situation peut-elle désormais donner lieu à un débat sur la cause, gratuite ou onéreuse, de ce transfert de valeur mais **jamais à une remise en cause de la propriété du bien.**

Le prêteur ou le donateur des deniers ne devient en effet jamais propriétaire ou copropriétaire du bien[1].

L'indépendance des masses actives des époux, trouve bien évidemment des prolongements dans l'indépendance de gestion et dans l'indépendance des masses passives. Aussi les **règles de preuve** sous les **régimes séparatistes** sont-elles **essentielles** : dans la mesure où elles permettent d'identifier le patrimoine de l'un et de l'autre des époux, elles conditionnent aussi bien les pouvoirs des époux à l'égard des tiers, que les bases d'une éventuelle liquidation du régime.

Ainsi, peut-on citer au titre de la propriété personnelle de l'un des époux quel que soit le mode de financement et l'origine des deniers nécessaires aux paiements du prix ou des frais :

– les constructions effectuées sur un terrain personnel, quel qu'en soit le financement;

– les titres de société reçus à l'occasion d'une augmentation de capital à laquelle un époux peut participer en raison de titres qui lui sont personnels;

– les biens acquis en échange de biens personnels;

– et plus largement, tous les biens acquis au nom d'un seul époux qui sous un régime communautaire tomberaient dans la communauté s'ils étaient acquis en cours de mariage.

Ainsi le rattachement exclusif des biens à l'un ou à l'autre des époux, résulte-t-il soit de la preuve du caractère personnel des actifs d'origine au moyen desquels le bien a été acquis, soit beaucoup plus simplement de la seule prise de qualité d'acquéreur personnel par l'époux contractant. Si une opération effectuée à titre personnel avait été financée au moyen de deniers ayant une autre origine (deniers personnels du conjoint ou deniers indivis) il y a lieu à créance entre époux, sans remise en cause de la propriété personnelle des biens.

SECTION 2
INDÉPENDANCE DE GESTION

161.21 Ni compte, ni contrôle. Cette indépendance de gestion est affirmée à l'article 1536 alinéa 1er du Code civil : « *Chacun d'eux conserve l'administration, la jouissance et la libre disposition de ses biens personnels* ».

La règle est strictement identique à celle posée à l'article 1428 du Code civil pour la gestion des biens propres sous les régimes communautaires. Elle rappelle l'**importance des règles de preuve sous les régimes de séparation de biens** : à défaut d'établissement de son caractère personnel à un époux, **tout bien est réputé indivis entre eux** en vertu de l'article 1538 alinéa 3 du Code civil. Cette règle, dont les effets se développent tant entre les époux qu'à l'égard des tiers, contribue à créer un **îlot d'indivision d'origine probatoire, entre les patrimoines d'époux séparés de biens** (v. ss nos 162.20 s.).

Ce doute profitant à l'indivision, n'est pas sans **conséquence sur le plan de la gestion.** En effet, en vertu des articles 815 et suivants du Code civil, les **actes d'administration et de disposition** sont soumis à la **règle de l'unanimité,** sous réserve des dispositions particulières édictées aux articles 815-3 et 815-5-1 du Code civil si l'un des époux détient au moins deux tiers du bien indivis considéré. L'indépendance sera donc moindre que pour la gestion des biens de communauté sous un régime communautaire.

En contrepoint de cette cogestion due à des difficultés de preuves, la gestion des biens personnels s'exerce en totale indépendance pour l'ensemble des actes, qu'il s'agisse d'actes conservatoires, d'administration ou de disposition. Ainsi un époux n'a-t-il aucun compte à rendre à l'autre lorsqu'il envisage d'aliéner l'un de ses biens à titre gratuit ou à titre onéreux, ou le cas échéant, s'il décide de le laisser dépérir.

Les revenus eux-mêmes, provenant du travail ou du capital, ne sont dotés d'aucune affectation spéciale, sous réserve que chaque époux contribue aux charges du mariage.

Cette **indépendance totale de gestion** est **tempérée par des règles d'ordre public** empruntée au régime primaire.

161.22 Tempérament. L'indépendance de gestion des patrimoines doit être rendue compatible avec la qualité d'époux. Cette compatibilité relève principalement du régime primaire :

– *En premier lieu*, chacun demeure obligé d'affecter une partie de ses ressources au **paiement des charges du mariage** en vertu de l'article 1537 du Code civil. L'obligation n'est en rien spécifique aux régimes séparatistes, tout au plus l'article 1537 du Code civil réserve-t-il la possibilité d'une « *clef de répartition* » différente de celle visée à l'article 214 du Code civil. Ainsi les époux pourraient-ils déroger à la règle selon laquelle la contribution aux charges du mariage est effectuée en proportion des facultés de chacun pour lui préférer, par exemple, une

1. Civ. 1re, 31 mai 2005, no 02-20.553, *Bull. civ.* I, no 236; *AJ fam.* 2005. 325, obs. P. Hilt; *Dr. fam.* 2005, no 168, note B. Beignier.

répartition fondée exclusivement soit sur les revenus du travail, soit sur ceux de la fortune. En pratique ces stipulations sont extrêmement rares pour ne pas dire inexistantes.

Au contraire, constitue une clause de style dans les régimes de séparation de biens, la clause selon laquelle chacun des époux sera réputé avoir fourni au jour le jour sa contribution aux charges du mariage. Cette clause, formulée en termes de présomption, constitue une sorte de *quitus* anticipé donné à chacun des époux pour le temps du mariage et insusceptible de recherche (donc de preuve) contraire. Elle simplifie en outre considérablement la tâche des liquidateurs en évitant que ne soient soulevées tardivement des contestations relatives aux comptes domestiques. La question reste en revanche ouverte, de savoir si, formulée en termes de présomption, cette règle met véritablement obstacle à toute contestation. Aussi certains contrats de mariage prévoient-ils de façon plus précise que chacun des époux s'interdit par la signature du contrat d'exercer tout recours contre l'autre sur ce fondement. Cette stipulation ne paraît pas contrevenir au caractère d'ordre public de la contribution aux charges du mariage; en effet, quoique la possibilité de recours soit fermée, il n'y a pourtant pas dispense pour l'un des époux d'avoir à remplir l'obligation.

Pour autant, il revient aux juges du fond d'apprécier souverainement si la présomption est susceptible de la preuve contraire, et dans l'affirmative d'accueillir la constatation suivant laquelle un des époux a réglé une contribution inférieure à ce qu'il aurait dû compte tenu de ses revenus [1].

– L'indépendance de gestion connaît également une *deuxième limite*, lorsqu'**un bien personnel à l'un des conjoints est affecté au logement de la famille**. L'article 215 alinéa 3 interdit en effet au conjoint titulaire de droits exclusifs sur ce bien d'en disposer sans le consentement de son conjoint. Au jour le jour, cette règle constitue l'application la plus fréquente d'atteinte portée au principe d'indépendance de gestion des époux.

– Toujours au titre des règles d'ordre public du régime primaire, les articles 219 et 220-1 du Code civil pourraient déroger aux règles de gestion propres à la séparation de biens (sur ces articles, v. s[s] n°s 116.11 à 116.33 et 116.71 à 116.102). Ici encore, est illustrée l'idée selon laquelle la qualité d'époux infléchit l'indépendance dont chacun est titulaire sur la gestion de ses biens, en permettant soit une représentation d'un conjoint par l'autre ou la gestion par l'un des affaires de l'autre, soit la mise en place d'une « *mesure de crise* » destinée à protéger « *les intérêts de la famille* ».

SECTION 3
INDÉPENDANCE DES PASSIFS

161.31 Indépendance sauf solidarité légale. Corrélativement à **l'indépendance de l'actif** et à **l'autonomie de gestion** dont chacun des époux est titulaire sur son patrimoine, l'article 1536 alinéa 2 dispose que : « *Chacun d'eux reste seul tenu des dettes nées en sa personne avant ou pendant le mariage* ». Ainsi est-il clair que chacun supporte seul le passif qu'il a fait naître, avant ou pendant le mariage. Cette indépendance de principe de passif constitue en général la principale raison qui incite des époux dont l'un exerce une profession à risques, à adopter le régime de la séparation de biens. En pareille hypothèse, les créanciers de l'un des conjoints n'auront aucune possibilité de recours contre l'autre, pourvu bien sûr que ce dernier ne se soit pas engagé aux côtés de l'époux débiteur.

161.32 Principales exceptions. La principale exception au principe d'indépendance des passifs est constituée par l'article 220 du Code civil rappelée par l'article 1536 alinéa 2, qui, à propos des **dettes ménagères,** engage **solidairement** les époux dans certaines conditions. En pareille hypothèse, l'engagement, bien que contracté par un seul des conjoints pourra engager le patrimoine de l'autre (sur l'étude de ces textes, v. s[s] n°s 116.71 s.).

De portée apparemment modeste, cette solidarité déroge en réalité de façon non négligeable au principe d'indépendance, spécialement lorsqu'elle concerne des dépenses telles que celles relatives au loyer résultant d'un bail d'habitation destiné à assurer le logement de la famille.

En comparaison, les autres stipulations légales de solidarité sont de portée réduite : elles résultent soit de l'article 1384 alinéa 4 pour les responsabilités que les parents encourent en raison des dommages causés par leurs enfants mineurs, soit de celles stipulées par l'article 1691 *bis* du Code général des impôts pour l'impôt sur le revenu et la taxe d'habitation.

SECTION 4
LIQUIDATION DU RÉGIME

161.41 Nécessité. À proprement parler la liquidation du régime de séparation de biens devrait ne pas exister. Chacun des époux ayant en théorie conservé la propriété de biens qui lui sont personnels,

1. Civ. 1re, 3 nov. 2004, n° 02-13.102, NP – Civ. 1re, 31 mai 2005, n° 02-20.553, *Bull. civ.* I, n° 236; *AJ fam.* 2005. 325, obs. P. Hilt; *Dr. fam.* 2005, n° 168, note B. Beignier.

les ayant gérés de façon indépendante et ayant réglé ses propres dettes sur son patrimoine, la liquidation devrait être inutile. En réalité, les choses se déroulent différemment en raison soit, incidemment, des exceptions limitées que la loi apporte à l'indépendance des patrimoines (spécialement C. civ., art. 220), soit principalement en raison des pratiques que les époux suivent lorsqu'ils sont mariés sous un régime de séparations de biens.

CHAPITRE

162. Pratique du régime de séparation de biens

GILLES BONNET
NOTAIRE
DOCTEUR EN DROIT

SECTION 0
ORIENTEUR

162.00 **Plan du chapitre.**

162.01 **Textes applicables.**

C. civ., art. 219, 815 à 815-18, 1096, 1431 et 1432, 1479, 1538 à 1543.

L. n° 2006-728, 23 juin 2006, portant réforme des successions et libéralités, *JO* 24 juin, p. 9513

L. n° 2004-439, 26 mai 2004, relative au divorce, *JO* 27 mai, p. 9319

> Séparation de biens : limite à l'indépendance de gestion des époux (règles d'ordre public du régime primaire)

C. civ., art. 219

* V. texte complet de cet article s[s] n° 161.01

> Régime légal de l'indivision

[C. civ., art. 815 à 815-18]

(*L. n° 2006-728, 23 juin 2006, art. 2; loi entrée en vigueur le 1er janv. 2007, applicable aux indivisions existantes et aux successions ouvertes non encore partagées à cette date – Pour les dispositions transitoires,* v. *L. 23 juin, art. 47-I et II*)

C. civ., art. 815

Nul ne peut être contraint à demeurer dans l'indivision et le partage peut toujours être provoqué, à moins qu'il n'y ait été sursis par jugement ou convention.

C. civ., art. 815-1

Les indivisaires peuvent passer des conventions relatives à l'exercice de leurs droits indivis, conformément aux articles 1873-1 à 1873-18.

> Actes sur les biens indivis

[C. civ., art. 815-2 et 815-3]

C. civ., art. 815-2

Tout indivisaire peut prendre les mesures nécessaires à la conservation des biens indivis même si elles ne présentent pas un caractère d'urgence.

Il peut employer à cet effet les fonds de l'indivision détenus par lui et il est réputé en avoir la libre disposition à l'égard des tiers.

À défaut de fonds de l'indivision, il peut obliger ses coïndivisaires à faire avec lui les dépenses nécessaires.

Lorsque des biens indivis sont grevés d'un usufruit, ces pouvoirs sont opposables à l'usufruitier dans la mesure où celui-ci est tenu des réparations.

C. civ., art. 815-3

Le ou les indivisaires titulaires d'au moins deux tiers des droits indivis peuvent, à cette majorité :

1° Effectuer les actes d'administration relatifs aux biens indivis;

2° Donner à l'un ou plusieurs des indivisaires ou à un tiers un mandat général d'administration;

3° Vendre les meubles indivis pour payer les dettes et charges de l'indivision;

4° Conclure et renouveler les baux autres que ceux portant sur un immeuble à usage agricole, commercial, industriel ou artisanal.

Ils sont tenus d'en informer les autres indivisaires. À défaut, les décisions prises sont inopposables à ces derniers.

Toutefois, le consentement de tous les indivisaires est requis pour effectuer tout acte qui ne ressortit pas à l'exploitation normale des biens indivis et pour effectuer tout acte de disposition autre que ceux visés au 3°.

Si un indivisaire prend en main la gestion des biens indivis, au su des autres et néanmoins sans opposition de leur part, il est censé avoir reçu un mandat tacite, couvrant les actes d'administration mais non les actes de disposition ni la conclusion ou le renouvellement des baux.

> Droits et obligations des indivisaires

[C. civ., art. 815-13 et 815-17]

C. civ., art. 815-13 (*L. n° 2009-526, 12 mai 2009, art. 10*)

Lorsqu'un indivisaire a amélioré à ses frais l'état d'un bien indivis, il doit lui en être tenu compte selon l'équité, eu égard à ce dont la valeur du bien se trouve augmentée au temps du partage ou de l'aliénation. Il doit lui être pareillement tenu compte des dépenses nécessaires qu'il a faites de ses deniers personnels pour la conservation desdits biens, encore qu'elles ne les aient point améliorés.

Inversement, l'indivisaire répond des dégradations et détériorations qui ont diminué la valeur des biens indivis par son fait ou par sa faute.

C. civ., art. 815-17

Les créanciers qui auraient pu agir sur les biens indivis avant qu'il y eût indivision, et ceux dont la créance résulte de la conservation ou de la gestion des biens indivis, seront payés par prélèvement sur l'actif avant le partage. Ils peuvent en outre poursuivre la saisie et la vente des biens indivis.

Les créanciers personnels d'un indivisaire ne peuvent saisir sa part dans les biens indivis, meubles ou immeubles.

Ils ont toutefois la faculté de provoquer le partage au nom de leur débiteur ou d'intervenir dans le partage provoqué par lui. Les coïndivisaires peuvent arrêter le cours de l'action en partage en acquittant l'obligation au nom et en l'acquit du débiteur. Ceux qui exerceront cette faculté se rembourseront par prélèvement sur les biens indivis.

> Donations de biens entre époux

C. civ., art. 1096

La donation de biens à venir faite entre époux pendant le mariage est toujours révocable.

La donation de biens présents qui prend effet au cours du mariage faite entre époux n'est révocable que dans les conditions prévues par les articles 953 à 958.

Les donations faites entre époux de biens présents ou de biens à venir ne sont pas révoquées par la survenance d'enfants.

> Régime communautaire : gestion des biens propres d'un époux par son conjoint

[C. civ., art. 1431 et 1432]

C. civ., art. 1431

Si, pendant le mariage, l'un des époux confie à l'autre l'administration de ses propres, les règles du mandat sont applicables. L'époux mandataire est, toutefois, dispensé de rendre compte des fruits, lorsque la procuration ne l'y oblige pas expressément.

C. civ., art. 1432

Quand l'un des époux prend en mains la gestion des biens propres de l'autre, au su de celui-ci, et néanmoins sans opposition de sa part, il est censé avoir reçu un mandat tacite, couvrant les actes d'administration et de jouissance, mais non les actes de disposition.

Cet époux répond de sa gestion envers l'autre comme un mandataire. Il n'est, cependant, comptable que des fruits existants; pour ceux qu'il aurait négligé de percevoir ou consommés frauduleusement, il ne peut être recherché que dans la limite des cinq dernières années.

Si c'est au mépris d'une opposition constatée que l'un des époux s'est immiscé dans la gestion des propres de l'autre, il est responsable de toutes les suites de son immixtion et comptable sans limitation de tous les fruits qu'il a perçus, négligé de percevoir ou consommés frauduleusement.

> Dissolution du régime communautaire : compensation de créances entre époux

C. civ., art. 1479

Les créances personnelles que les époux ont à exercer l'un contre l'autre ne donnent pas lieu à prélèvement et ne portent intérêt que du jour de la sommation.

Sauf convention contraire des parties, elles sont évaluées selon les règles de l'article 1469, troisième alinéa, dans les cas prévus par celui-ci; les intérêts courent alors du jour de la liquidation.

> Séparation des biens : moyens de preuve et présomptions de propriété exclusive d'un bien

C. civ., art. 1538

* V. texte complet de cet article s^s n° 161.01

> Séparation des biens : gestion des biens propres d'un époux par son conjoint

[C. civ., art. 1539 et 1540]

C. civ., art. 1539

Si, pendant le mariage, l'un des époux confie à l'autre l'administration de ses biens personnels, les règles du mandat sont applicables. L'époux mandataire est, toutefois, dispensé de rendre compte des fruits, lorsque la procuration ne l'y oblige pas expressément.

C. civ., art. 1540

Quand l'un des époux prend en main la gestion des biens de l'autre, au su de celui-ci, et néanmoins sans opposition de sa part, il est censé avoir reçu un mandat tacite, couvrant les actes d'administration et de gérance, mais non les actes de disposition.

Cet époux répond de sa gestion envers l'autre comme un mandataire. Il n'est, cependant, comptable que des fruits existants; pour ceux qu'il aurait négligé de percevoir ou consommés frauduleusement, il ne peut être recherché que dans la limite des cinq dernières années.

Si c'est au mépris d'une opposition constatée que l'un des époux s'est immiscé dans la gestion des biens de l'autre, il est responsable de toutes les suites de son immixtion, et comptable sans limitation de tous les fruits qu'il a perçus, négligé de percevoir ou consommés frauduleusement.

> Séparation des biens : emploi et remploi des biens du conjoint

C. civ., art. 1541

L'un des époux n'est point garant du défaut d'emploi ou de remploi des biens de l'autre, à moins qu'il ne se soit ingéré dans les opérations d'aliénation ou d'encaissement, ou qu'il ne soit prouvé que les deniers ont été reçus par lui, ou ont tourné à son profit.

> Séparation de biens : dissolution du mariage et partage des biens indivis

C. civ., art. 1542

Après la dissolution du mariage par le décès de l'un des conjoints, le partage des biens indivis entre époux séparés de biens, pour tout ce qui concerne ses formes, le maintien de l'indivision et l'attribution préférentielle, la licitation des biens, les effets du partage, la garantie et les soultes, est soumis à toutes les règles qui sont établies au titre « Des successions » pour les partages entre cohéritiers.

Les mêmes règles s'appliquent après divorce ou séparation de corps. Toutefois, l'attribution préférentielle n'est jamais de droit. Il peut toujours être décidé que la totalité de la soulte éventuellement due sera payable comptant.

> Séparation de biens : compensation des créances entre époux

C. civ., art. 1543

Les règles de l'article 1479 sont applicables aux créances que l'un des époux peut avoir à exercer contre l'autre.

162.02 Jurisprudence de référence.

> Exclusion de la possession comme mode de preuve de la propriété entre époux séparés de biens

• **Civ. 1re, 27 nov. 2001, no 99-10.633,** *Bull. civ.* I, no 297

* V. ss no 162.21

« Les règles de preuve de la propriété entre époux séparés de biens édictés par l'article 1538 du Code civil excluent l'application de l'article 2279 du Code civil. »

> Preuve de la propriété entre époux séparés de biens

• **Civ. 1re, 10 mars 1993, no 91-13.923,** *Bull. civ.* I, no 107

* V. ss no 162.21

« Il résulte de l'article 1538 du Code civil qu'un époux peut prouver par tous moyens qu'il a la propriété exclusive d'un bien et que c'est seulement en l'absence d'une telle preuve que joue la présomption légale édictée par le troisième alinéa de ce texte. »

> Force probante de l'acte établi par les époux écartant les présomptions contenues dans le contrat de mariage

• **Civ. 1re, 30 juin 1993, no 90-17.602,** *Bull. civ.* I, no 239

* V. ss no 162.22

Selon l'article 1538 du Code civil, un époux soumis au régime de la séparation de biens peut prouver, par tous moyens, qu'il a la propriété exclusive d'un bien et écarter par la preuve contraire les présomptions de propriété stipulées dans le contrat de mariage. Il s'en déduit qu'un acte établi au cours du mariage entre époux séparés de biens, pour reconnaître la propriété personnelle de certains biens ne constitue pas une convention modificative du régime matrimonial, mais un simple moyen de preuve destiné à écarter ces présomptions.

> Partage entre époux séparés de biens

• **Civ. 1re, 14 nov. 2000, no 98-22.936,** *Bull. civ.* I, no 290

* V. ss no 162.31

« … les époux justifiaient d'un droit au partage des biens indivis qu'ils pouvaient exercer à tous moments et sans même attendre la dissolution du mariage. »

> Rétribution par un époux séparé de biens de l'activité déployée à son bénéfice par l'autre

• **Civ. 1re, 10 juill. 1979,** *Defrénois* 1980, art. 32174, p. 44, 3e esp., note Ponsard et jurisprudence fournie depuis.

• récemment : **Civ. 1re, 25 juin 2002, no 98-22.882**, *Bull. civ.* I, no 173

* V. ss no 162.43

« Mais attendu que la cour d'appel a admis que, à supposer établi le règlement par G… De la partie du prix incombant à son épouse dans les acquisitions litigieuses, G… ne prouvait pas une intention libérale de sa part, puisqu'il avait pu vouloir seulement rétribuer Dame A… De l'aide apportée par elle dans le fonctionnement du cinéma appartenant à une société dont il était le principal actionnaire, qu'ainsi, sans inverser la charge de la preuve, et par une appréciation souveraine des preuves produites, elle a, par ces seuls motifs, et abstraction faite de ceux que critique la première branche du moyen, légalement justifié sa décision. »

• **Civ. 1re, 9 janv. 1979, no 77-12.991,** *Bull. civ.* I, no 11 et **Civ. 1re, 30 mai 1979, no 77-14.876,** *Bull. civ.* I, no 161

* V. ss no 162.45

« L'article 214 n'excluait pas que la femme pût obtenir indemnité dans la mesure où son activité, allant au-delà de son obligation de contribuer aux charges du mariage, avait réalisé à la fois un appauvrissement résultant pour elle du travail fourni sans rémunération que de la plus-value procurée à un bien dudit mari […]. »

« […] Une indemnité d'enrichissement sans cause ne peut être due à la femme mariée en raison d'une activité ayant profité au mari que dans la mesure où, compte tenu de l'importance de cette activité, elle est allée au-delà de son obligation de contribuer aux charges du mariage […]. »

> L'article 1415 du Code civil est applicable à la société d'acquêts

• **Civ. 1re, 25 nov. 2003, no 02-12.942,** *Bull. civ.* I, no 236

* V. ss no 162.81

« […] En l'absence de consentement exprès du conjoint à l'aval de billets à ordre par l'autre époux, les règles de l'article 1415 du Code civil font obstacle à une voie d'exécution sur un immeuble acquis individuellement par les époux avant leur mariage et inclus par eux dans la société d'acquêts. »

> Maintien des formalités de remploi pour faire échec à la qualification d'acquêts

• **Civ. 1re, 5 févr. 1985, no 83-15.895,** *Bull. civ.* I, no 54

* V. ss no 162.82

« […] en présence d'une clause du contrat de mariage adoptant le régime de la séparation de biens avec société d'acquêts et stipulant que tous les biens acquis par les époux au nom de l'un ou de l'autre ou en commun autrement que pour le remploi de leurs biens aliénés ou recouvrés feront partie de la société d'acquêts, l'appartement litigieux ne peut recevoir que la qualification d'acquêts. »

162.03 Bibliographie indicative.
* V. références citées s[s] n° 161.03

162.04 Questions essentielles.
> Preuve de la propriété entre époux séparés de biens.
* V. s[s] n° 162.21
> Quel est l'intérêt d'adjoindre une société d'acquêts ?
* V. s[s] n° 162.82

162.08 Présentation. La vie commune génère évidemment un certain nombre de préoccupations partagées par les époux. Inévitablement l'indépendance, postulat de base de la séparation des biens, se trouve mise à mal selon un double mouvement.

• Il peut arriver que les époux créent entre leurs patrimoines ou laissent se créer entre leurs patrimoines un **îlot communautaire soumis aux règles de l'indivision.**

• Il peut également se faire que des **transferts se produisent d'un patrimoine personnel vers l'autre**; ces transferts devront, spécialement en cas de difficulté, faire l'objet d'une **qualification juridique**, afin de savoir s'ils présentent ou non un caractère définitif opposable à celui qui y a consenti.

Ainsi, le non-respect du principe d'indépendance est-il le plus souvent illustré par des transferts de richesses d'un patrimoine à l'autre ou par l'apparition d'actifs indivis entre les deux patrimoines. De telles situations produisent un cortège de conséquences tant sur les **règles de gestion**, que sur les **règles de passif**; c'est enfin, en raison de ces transferts ou de ces situations d'indivision, que, en pratique, il y a souvent lieu de procéder à la **liquidation d'un régime de séparation de bien.**

SECTION 1
PRATIQUE DE LA SÉPARATION DE BIENS QUANT AUX COMPOSITIONS DES MASSES

162.10 Plan. La redistribution en pratique de la composition des masses telles qu'elle est dessinée par le législateur peut s'opérer soit par l'apparition d'une indivision (§ 1), soit par des transferts de richesses du patrimoine d'un époux vers celui de l'autre (§ 2).

§ 1
Indivisions

162.20 Distinction. Il a été vu, que le doute sur l'origine d'un bien profite à la communauté en vertu de la **présomption d'acquêt.** De façon plus discrète mais néanmoins énergique, l'article 1538 alinéa 3 du Code civil dispose que « *les biens sur lesquels aucun des époux ne peut justifier d'une propriété exclusive sont réputés leur appartenir indivisément, à chacun pour moitié* ». Il n'est donc pas rare de voir apparaître des **indivisions résiduelles** en régime de séparation de biens, **pour cause d'impossibilité de preuve de l'origine d'un bien.**

Par ailleurs, les époux procèdent fréquemment à des **acquisitions indivises** spécialement, mais pas uniquement, en ce qui concerne le logement de la famille.

A.
Indivision d'origine légale

162.21 Importance des règles de preuve. Dans un régime de séparation de biens, l'attention portée à la preuve de l'origine des biens devrait être à son comble. Elle permettrait en effet, de résoudre au cours du mariage les conflits entre les époux et d'éventuels créanciers, et lors de la dissolution du régime, de trancher toute discussion entre les époux eux-mêmes. La pratique est toute autre; elle a conduit le législateur à édicter une **règle supplétive posant une présomption d'indivision.**

Cette présomption légale d'indivision peut à l'évidence être renversée par la **preuve positive de la propriété** qu'un époux aurait sur l'un des biens du ménage.

Toutefois, en pratique, cette possibilité pour chacun des époux d'apporter la preuve positive de sa propriété se rencontre rarement. Aussi celui des conjoints qui souhaiterait renverser la présomption d'indivision verrait-il souvent sa prétention tenue en échec. Certes, cette preuve peut-elle, aux termes mêmes de l'article 1538 alinéa 1er, être rapportée **par tous moyens.** Cependant, la préconstitution d'une preuve destinée à jouer soit entre époux soit à l'égard des tiers, est peu probable au moins en matière mobilière : en cette matière, le titre au sens d'*instrumentum* fait défaut. Par ailleurs, la règle « *en fait de meubles de possession vaut titre* », même si elle n'est pas exclue par principe sera souvent difficile à mettre en application, la possession étant frappée d'**équivoque en raison de la cohabitation.** C'est pourquoi la Cour de cassation refuse de voir jouer le moindre rôle à la possession dans la preuve entre époux séparés de biens[1]. C'est sans doute une posi-

1. Civ. 1re, 27 nov. 2001, n° 99-10.633, *Bull. civ.* I, n° 297; *AJ fam.* 2002. 69; *D.* 2002. 119, note Y. Chartier; *JCP N* 2001. 1719, note M. Storck; *Defrénois* 2002, art. 37584, n° 53, obs. G. Champenois; *JCP* 2002. II. 10050, note S. Piedelièvre; *Defrénois* 2002. 259, obs. Libchaber; *Dr. fam.* 2002, n° 9, note B. Beignier; *RTD civ.* 2002. 121, obs. T. Revet.

tion excessive : l'existence d'une séparation de fait permet d'éviter le vice d'équivoque. Aussi, le mode de preuve le plus fréquent pour les biens meubles achetés en cours de mariage consiste-t-il en la **production de factures.** À juste titre, la Cour de cassation a observé que les factures ne constituaient pas des titres de propriété mais de simples **indices en faveur de la propriété** de l'époux au nom duquel elles étaient libellées [1].

Ainsi, la présomption d'indivision n'a-t-elle vocation à embrasser les biens du ménage, que si le caractère propre affirmé par l'un des époux est contesté par l'autre ou par un tiers, et si l'époux qui revendique le bien à titre personnel ne dispose pas de moyens de preuve de nature à établir le bien fondé de sa prétention.

162.22 Présomptions conventionnelles de propriété par contrat de mariage. Compte tenu des difficultés de preuve susceptibles de surgir tant entre époux qu'à l'égard des tiers, la pratique a introduit des **présomptions conventionnelles de propriété** permettant de rattacher tel ou tel type de bien meuble à l'un ou à l'autre des époux. Cette pratique purement conventionnelle a été consacrée par la loi du 13 juillet 1965 dans l'alinéa 2 de l'article 1538 du Code civil [2].

Ces présomptions qui résultent de la volonté ou de l'imagination des futurs époux peuvent être extrêmement diverses. Ainsi il est fréquent que les différents objets déposés dans un coffre ouvert au nom de l'un ou de l'autre des époux soient réputés lui appartenir, ou que les vêtements trouvés au domicile commun soient réputés appartenir à celui que leur nature désigne ou encore, dans certaines régions, que les bouteilles qui garnissent la cave soient réputées au mari plutôt qu'à l'épouse, *etc.*

Ces présomptions, reposant sur une relation de vraisemblance, peuvent éventuellement porter à faux en cours de mariage ou lorsque, au jour de la dissolution, l'un des époux souhaitera établir sa propriété personnelle. Aussi la loi du 13 juillet 1965, reprenant une solution admise en jurisprudence auparavant, admet-elle que la **preuve contraire** à ces présomptions soit possible dans l'hypothèse où un époux ayant **intérêt à contester une telle présomption** disposerait de **moyens de preuve** de nature à en détruire l'effet. De même que pour combattre la présomption d'indivision, les époux pourront ici user de **tous les moyens de preuve** ainsi que l'énonce l'article 1538 alinéa 2. En pratique, spécialement lors de la liquidation d'intérêts entre époux séparés de biens, il n'est pas rare de voir l'un ou l'autre des conjoints pouvoir démontrer que la présomption de propriété n'a pas lieu de jouer. Parmi les moyens admissibles, la Cour de cassation a admis la possibilité pour les époux de rédiger une convention en cours du mariage reconnaissant à l'un d'eux la propriété personnelle de certains biens [3].

Aux côtés de ces indivisions subreptices, résultant d'une insuffisance de preuve, les époux procèdent très souvent et de façon volontaire à des **acquisitions indivises** qui viennent considérablement modifier la physionomie de leur régime matrimonial.

B.
Indivisions d'origine conventionnelle

162.31 Situation. Ces indivisions conventionnelles peuvent apparaître pour plusieurs raisons. Tout d'abord la majorité des époux séparés de biens désirent acquérir le logement de la famille en indivision; par ailleurs, le conjoint seul détenteur de revenus est fréquemment désireux de constituer un patrimoine commun entre lui et son conjoint et recourt dans la plupart des hypothèses à l'acquisition indivise.

Le plus souvent, aucune convention d'indivision n'a été signée; **l'indivision** sera donc soumise aux **règles des articles 815 et suivants du Code civil** dont on sait qu'elles sont plus contraignantes que les règles applicables à la gestion des biens communs en régime de communauté.

Rien dans les textes n'interdit le recours à de telles pratiques même si au détour, certaines d'entre elles permettraient d'identifier une libéralité consentie par un époux à son conjoint.

Il n'en demeure pas moins que les **règles du régime matrimonial** s'en trouvent gravement **perturbées** :

– La cogestion des biens indivis est une règle impérative qui embrasse tous les actes autres que ceux de simple conservation, sauf règle de majorité particulière prévue à l'article 815-3 du Code civil. La possibilité pour les créanciers de l'un ou de l'autre époux de saisir les biens indivis, n'est plus directement liée à l'identité de l'époux du chef duquel la dette est née, comme il est de règle en matière de régime séparatiste. S'agissant d'une indivision, l'article 815-17

1. Civ. 1re, 10 mars 1993, n° 91-13.923, *Bull. civ.* I, n° 107; *D.* 1995. Somm. 45, obs. F. Lucet; *JCP* 1994. I. 3733, n° 22, obs. M. Storck; *Defrénois* 1993, art. 35-617, p. 1083, obs. G. Champenois; *RTD civ.* 1993. 872, obs. F. Lucet et B. Vareille.
2. L. n° 65-570, 13 juill. 1965, portant réforme des régimes matrimoniaux, *JO* 14 juill., p. 6044.
3. Civ. 1re, 30 juin 1993, n° 90-17.602, *Bull. civ.* I, n° 239; *D.* 1994. 42, note R. Le Guidec; *JCP N* 1994. II. 238, obs. M. Storck; *Defrénois* 1993, art. 38673, p. 1449, obs. G. Champenois; *JCP N* 1994. II. 248, note I. Desbarats; *RTD civ.* 1993. 873, obs. F. Lucet et B. Vareille.

du Code civil impose en effet de distinguer les créanciers dont le droit résulte de la conservation ou de la gestion des biens indivis (et de son acquisition ?) et les créanciers personnels d'un indivisaire, c'est-à-dire ceux dont la créance ne trouve pas son origine dans l'une des situations précédentes. La deuxième catégorie ne peut saisir les biens indivis, alors que la première catégorie le peut, mais elle peut provoquer le partage au nom de leur débiteur [1].

– Enfin, l'existence d'une indivision, peut conduire à un **partage** au cours duquel devront être pris en considération les éventuelles avances consenties par l'un des époux à l'indivision, et ce en application de l'article 815-13 du Code civil. Il importe ici de remarquer que ce partage peut également être provoqué, conformément à l'article 815-17 alinéa 3 du Code civil, à l'initiative des créanciers personnels d'un des indivisaires. Contrairement à ce qui devrait être la règle entre époux séparés de biens, le conjoint peut ainsi se retrouver directement concerné par les dettes contractées du seul chef de l'autre.

– En outre, cette action en partage peut également être provoquée par les époux eux-mêmes, au cours de leur union, sans qu'elle s'analyse pour autant en une dissolution anticipée du régime [2]. Le droit de l'indivision prime ici tout naturellement celui du régime matrimonial.

L'ensemble de ces conséquences complique singulièrement la liquidation d'un régime de séparation de biens, dans la mesure où elle impose de **superposer** à la **liquidation du régime de séparation de biens *stricto sensu***, la **liquidation d'une indivision d'origine conventionnelle.** Encore n'est-il pas exclu, que le mariage dissous, l'indivision demeure; rien en effet n'oblige deux indivisaires mariés entre eux à liquider l'indivision au motif que le mariage est dissous. Aussi arrive-t-il qu'à l'occasion de divorces, les ex-époux rédigent une convention d'indivision destinée à prévoir l'ensemble des modalités de gestion du bien et les possibilités de demander le partage.

§ 2
Transferts de richesses d'un patrimoine à l'autre

162.41 Distinction. Ces transferts de richesses peuvent être soit le fruit de la **volonté des époux**, qui souhaitent apporter des correctifs au caractère individualiste du régime de séparation de biens, soit **le fait de la jurisprudence**, qui reconnaît dans un certain nombre de circonstances le **droit d'un conjoint à bénéficier d'une indemnité d'enrichissement sans cause** de la part de l'autre.

162.42 Les transferts volontaires d'un époux au profit de son conjoint. Ces transferts peuvent prendre la forme de libéralités « *officielles* » qui ne prêteront le flanc à aucune critique. Au demeurant, s'il s'agit de véritables libéralités dont la qualification n'est pas contestée et que surgit un conflit entre les époux, celui des deux qui s'est porté donateur pourra prétendre révoquer la donation en application de l'article 1096 du Code civil, sous réserve des précisions ci-après.

Plus délicate est la situation dans laquelle **un époux se porte acquéreur d'un bien auprès d'un tiers au moyen de deniers fournis par son conjoint,** ou encore le cas **d'époux procédant à des acquisitions indivises financées exclusivement par l'un d'entre eux.** Sur le plan strictement comptable, il est incontestable que l'un des époux s'appauvrit sans contrepartie apparente au profit de l'autre et qu'il est tentant de voir dans de tels mécanismes des **libéralités indirectes.** Toutefois, en raison de leur caractère « discret » ces libéralités prêtent parfois le flanc à discussion, spécialement en cas de séparation.

En cas de débat judiciaire sur la détermination de la cause du transfert de richesse, il y a fort à parier que les stratégies des plaideurs vont être radicalement modifiées, à la suite de la réforme du divorce du 26 mai 2004, dont les dispositions sont entrées en vigueur au 1er janvier 2005.

162.43 1) Transferts de richesses réalisés avant le 1er janvier 2005. Pour les transferts de richesses réalisés avant cette date, le « *donateur* » prétendait en effet, que ces transferts de richesses étaient soutenus par une **intention libérale** pour bénéficier de l'article 1096 du Code civil, alors que son conjoint, sans dénier nécessairement l'existence d'un transfert de richesses, prétendra en trouver la cause dans un motif autre qu'une intention libérale tel que le remboursement d'une avance ou la volonté de la part de celui qui s'est appauvri d'indemniser le bénéficiaire de l'enrichissement.

Cette indemnité invoquée par l'époux bénéficiaire de l'enrichissement, a tout d'abord été admise en jurisprudence lorsque l'un des conjoints séparés de biens a collaboré à l'enrichissement de l'autre par une **participation régulière à l'activité professionnelle** de ce dernier. Au passage, la Cour de cassation exige que soit relevé le fait que cette participation a dépassé l'obligation de contribuer aux charges du mariage qui pèse sur chacun des époux. Si de telles circonstances sont réunies, la jurisprudence a

1. Absence du caractère sérieux d'une QPC portant sur ce droit des créanciers personnels d'un coïndivisaire de provoquer en son nom le partage : Civ. 1re, 28 mars 2012, no 12-40.002, *Bull. civ.* I, no 78.
2. Civ. 1re, 14 nov. 2000, no 98-22.936, *Bull. civ.* I, no 290; *D.* 2001. 1755, note P. Lipinski; *JCP N* 2001. Pan. 1038; *Dr. fam.* 2001, no 8, note B. Beignier.

admis de nombreuses fois que la prise en charge du paiement du prix par le conjoint qui s'est appauvri pouvait constituer une **juste indemnisation** de celui qui avait travaillé régulièrement sans recevoir de rémunération [1].

En pareille hypothèse, s'agissant du paiement d'une **indemnité et non d'une libéralité**, l'époux qui s'est appauvri se prive de toute possibilité d'invoquer l'article 1096 du Code civil pour obtenir la révocation; de même, ses héritiers se trouveront-ils privés de la possibilité d'agir en réduction contre ledit transfert de richesse faute qu'il y ait là une libéralité.

Sur le plan probatoire, la Cour de cassation semble aujourd'hui se contenter de la **simple possibilité que l'époux bénéficiaire de l'activité de son conjoint ait pu vouloir rémunérer ce dernier**, pour décider que celui-ci doit pouvoir conserver le bénéfice de l'enrichissement au titre d'une indemnité [2].

Plus récemment la Cour de cassation a estimé que l'époux qui avait bénéficié d'un financement de la part de son conjoint, pouvait prétendre qu'il s'agissait d'une **indemnité même en l'absence de participation à une activité professionnelle.** C'est dire que l'activité de gestion du ménage et de direction du foyer a pu être considérée comme suffisante pour la Cour de cassation pour justifier l'existence d'une indemnité. Bien évidemment, dans la mesure où cette **activité** développée au foyer doit **dépasser la contribution normale aux charges du ménage, le fondement indemnitaire ne pourra être reconnu qu'en cas de circonstance particulière** telle la présence d'un enfant gravement malade ou handicapé, ou la qualité tout à fait exceptionnelle du travail fourni susceptible d'un résultat mesurable [3].

Le recours à cette qualification des transferts entre époux en une **indemnité plutôt qu'en une libéralité**, permet de s'assurer de leur **irrévocabilité.** Cette jurisprudence, permet ainsi de corriger en ce qu'elles ont d'excessif, et dans des situations particulières, les rigueurs du régime de la séparation de biens.

162.44 **2) Transferts de patrimoine réalisés après le 1er janvier 2005.** Pour les transferts de patrimoine réalisés après le 1er janvier 2005, la donne change totalement. Le nouvel article 1096 du Code civil met fin au principe de révocabilité *ad nutum* par le disposant des donations de biens présents, ne conservant que les classiques cas de révocation en la matière : inexécution des conditions et ingratitude. Il suffira à l'époux désireux de conserver son enrichissement de démontrer l'intention libérale qui l'aura inspiré, pour bénéficier du statut d'irrévocabilité. En outre, le deuxième alinéa de l'article 1099 du Code civil prohibant les libéralités déguisées ayant été abrogé, les risques de nullité encourus suivant le mode opératoire de la donation (virement de fonds avant la vente, déclaration sur l'origine des deniers, *etc.*) et eu égard aux qualifications erratiques retenues en jurisprudence en matière de déguisement, sont définitivement écartés. La tentation sera donc grande **d'exciper de l'intention libérale du disposant,** bien que l'application de ce statut ne soit pas sans **conséquence immédiate (fiscalité** éventuelle suivant l'étendue de l'avantage accordé) ou **lointaine** (reconnaissance d'une donation avec le **risque de réduction** en présence de descendants au moment de l'ouverture de la succession du donateur). La démonstration du caractère indemnitaire de l'enrichissement présente toujours l'avantage d'éviter ces risques et pour cette raison conserve encore de l'intérêt.

L'application de la loi nouvelle dans le temps est minutieusement précisée par les textes, et ne contrevient d'ailleurs pas aux principes applicables en la matière. Les donations de biens présents effectuées avant le 1er janvier 2005, date d'entrée en vigueur de la loi, demeurent librement révocables; après cette date, elles ne le sont plus. On remarquera que le transfert ne constitue que l'élément matériel de la donation, dont l'existence n'est avérée que par la manifestation d'une intention libérale. Or, l'expression de cette intention n'est pas forcément contemporaine du transfert de deniers : c'est le cas par exemple de la remise de dette. C'est pourquoi, il nous apparaît que la législation applicable à la libéralité dépendra du **moment où l'intention libérale s'est exprimée.**

La question qui se pose alors au notaire, invité à rédiger une donation de biens présents entre époux, est de savoir s'il peut déroger à cette irrévocabilité pour le cas de divorce. En l'état actuel de la jurisprudence de la Cour de cassation, une telle clause est prohibée car contrevenant aux dispositions impératives de l'article 265 du Code civil [4].

1. Civ. 1re, 10 juill. 1979, *Defrénois* 1980, art. 32174, p. 44, 3e esp., note A. Ponsard et jurisprudence fournie depuis – Plus récemment, Civ. 1re, 25 juin 2002, no 98-22.882, *Bull. civ.* I, no 173; *AJ fam.* 2002. 381, obs. S. D.; *JCP* 2003. I. 111, no 22, obs. M. Storck; *Dr. fam.* 2002, no 149, note B. Beignier; *RTD civ.* 2002. 787, obs. J. Hauser; et 790, obs. J. Hauser – Civ. 1re, 18 déc. 2013, no 12-17.420, *Bull. civ.* I [à paraître]; *JCP N* 2014, no 1117, comm. F. Vauvillé.
2. Civ. 1re, 10 juill. 1979, préc. – Civ. 1re, 25 févr. 1981, no 79-15.773, *Bull. civ.* I, no 71; *JCP* 1982. II. 19843, note Ph. Rémy.
3. Civ. 1re, 10 juill. 1979, préc., et série jurisprudentielle fournie.
4. Civ. 1re, 14 mars 2012, no 11-13.791, *Bull. civ.* I, no 56; *R.* p. 395; *D.* 2012. 812, obs. J. Marrocchella; *AJ fam.* 2012. 223, obs. S. David; *RTD civ.* 2012. 300, obs. J. Hauser; *RTD civ.* 2012. 357, note M. Grimaldi; *JCP* 2012, no 607, obs. C. Brenner.

162.45 Indemnités compensatrices, sans transfert préalable. D'une façon sans doute plus audacieuse, dans la mesure où le raisonnement conduit à provoquer un transfert et non à qualifier un transfert préalablement consenti, un courant jurisprudentiel a reconnu à l'époux marié sous un régime de séparation de biens le droit de percevoir une **indemnité sur le fondement de l'enrichissement sans cause**[1].

Ici encore, et pour les mêmes raisons, la jurisprudence n'admet l'existence d'un droit à indemnité sur le fondement de l'enrichissement sans cause que **si l'activité fournie par l'un des époux,** ayant procuré un enrichissement au patrimoine de l'autre, **a dépassé la contribution aux charges du mariage**[2].

La distinction avec la situation précédente est illustrée notamment par la nécessité dans le cas présent d'évaluer **l'indemnité d'enrichissement sans cause,** alors que dans le premier cas la jurisprudence se borne à consolider le transfert préalablement consenti sans revenir sur son montant.

Deux problèmes relatifs à l'évaluation de l'indemnité se posent.

• Tout d'abord celui de son **montant**; conformément aux principes propres à la matière de l'enrichissement sans cause, l'indemnité correspond à la **plus faible des deux sommes** que représentent **l'enrichissement** d'une part, **l'appauvrissement** d'autre part.

En pratique, l'appréciation de ces deux données ne va pas sans une certaine approximation. L'**appauvrissement** subi par le conjoint qui a collaboré à la profession de l'autre peut être considéré comme égal au **montant de la rémunération qu'il aurait pu percevoir** si son conjoint l'avait rémunéré ou s'il avait travaillé à l'extérieur. En revanche, la notion d'enrichissement enregistré par le patrimoine du conjoint bénéficiaire de cette activité est plus difficile à cerner. À proprement parler, **l'enrichissement** ne peut être constitué que par la **plus-value enregistrée par le patrimoine de l'époux** qui a bénéficié de la prestation ce qu'admet la Cour de cassation. Toutefois, il semble que **l'économie résultant de l'absence de rémunération** soit elle-même susceptible d'être considérée[3]. Ce second raisonnement est certainement susceptible de critiques dans la mesure où la réalisation d'une économie ne garantit pas l'existence d'une plus-value donc d'un enrichissement de même montant pour le patrimoine qui en a bénéficié.

• La seconde difficulté est constituée par la **date d'évaluation de l'appauvrissement et de l'enrichissement.** En effet, par dérogation au principe de l'enrichissement sans cause, la Cour de cassation a décidé que **l'appauvrissement** devait être évalué non pas au jour où il était enregistré par le patrimoine de l'époux qui avait collaboré à la profession de l'autre, mais **au jour de la demande en divorce,** et ce en raison d'une impossibilité morale pour l'époux appauvri d'agir antérieurement contre son conjoint[4].

Cette position jurisprudentielle, dont les fondements sont aisément compréhensibles, conduit à réactualiser le montant des rémunérations non perçues au jour de la demande en divorce, et non à comptabiliser la rémunération perdue au jour où la prestation a été accomplie. Dans les hypothèses où un long délai se serait écoulé entre la fourniture de la prestation et l'introduction de la demande en divorce, les enjeux pourront être considérables.

162.46 Observations. On observera que tant sur les transferts volontaires qualifiés *a posteriori* par la jurisprudence que sur l'indemnité d'enrichissement sans cause, le débat a été très fourni au début des années 1980. Il semble en revanche s'être considérablement atténué depuis le début des années 1990, sans raison clairement identifiée.

Il était légitime de penser que la **réforme du divorce du 26 mai 2004** allait lui porter un coup de grâce, puisque le juge peut, sur le fondement de l'article 255, 10° du Code civil, demander à un notaire d'élaborer un **projet de liquidation du régime matrimonial avant le prononcé du divorce,** grâce auquel le magistrat dispose des **éléments chiffrés** mettant en relief une **disparité patrimoniale significative** liée à un appauvrissement d'un conjoint au profit de l'autre et à laquelle il peut remédier par l'attribution d'une prestation compensatoire. Mais ces dernières années ont vu la reprise d'un contentieux significatif qui s'est déplacé sur le terrain de la contribution aux charges du mariage. De la synthèse des décisions les plus récentes de la Cour de cassation, il ressort que :

– le financement de la résidence principale[5], voire dans certains cas de la résidence secondaire[6], ressort de la contribution aux charges du mariage;

1. Civ. 1re, 15 mars 1960, *Bull. civ.* I, n° 154 – Civ. 1re, 1er déc. 1969, *Bull. civ.* I, n° 374.
2. Civ. 1re, 9 janv. 1979 et Civ. 1re, 30 mai 1979, *Defrénois* 1980, art. 32174, note A. Ponsard; *D.* 1981. 241, note A. Breton.
3. COMP., Civ. 1re, 15 mars 1960 et Civ. 1re, 9 janv. 1979, préc.
4. Civ. 1re, 26 oct. 1982, n° 81-14.824, *Bull. civ.* I, n° 302; *JCP* 1983. II. 1992, note F. Terré; *Defrénois* 1983, art. 33033, obs. G. Champenois.
5. Civ. 1re, 25 sept. 2013, n° 12-21.892, *Bull. civ.* I [à paraître].
6. Civ. 1re, 18 déc. 2013, n° 12-17.420, *Bull. civ.* I [à paraître]; *JCP N* 2014. Actu. 125, comm. F. Vauvillé; *JCP N* 2014, n° 10, p. 31.

– et lorsque la clause relative à la contribution aux charges du mariage est analysée comme présumant de manière irréfragable le paiement par ceux-ci de ces charges, sans compte à faire ensuite, l'époux qui a assumé une part financière plus importante que la fraction qu'il a acquise dans le bien en cause ne peut prétendre à aucune créance envers l'autre, puisqu'il ne peut établir aucune surcontribution de sa part.

Monsieur Tantmieux se félicitera de cette simplification : *exit* la liquidation des créances entre époux, pour la résidence principale et, le cas échéant, pour la résidence secondaire. Monsieur Tantpis relèvera que :

– le sanctuaire ainsi créé autour du logement, entendu au sens large, des époux séparés de biens, et relatif aux comptes entre eux, devient de manière curieuse plus absolu qu'en régime de communauté, où rien n'interdit à un époux de financer sa résidence principale au moyen de fonds propres et de bénéficier à ce titre d'une récompense au jour de la dissolution;

– cette constatation s'explique par l'effet délétère de la nature irréfragable reconnue à la présomption contributive, ce qui doit inviter le notaire à informer ses clients des risques de cette clause, et, suivant leur demande, d'en modifier la force probatoire, pour ouvrir le droit de prouver une surcontribution, condition nécessaire de la reconnaissance de la créance[1].

SECTION 2
PRATIQUE DES ENGAGEMENTS COMMUNS

162.51 **Situation.** Outre la **solidarité** édictée par la loi dans un certain nombre d'hypothèses ainsi que le remodelage des règles du passif dû à la présence d'une **indivision d'origine conventionnelle**, il n'est pas rare que les époux dérogent à l'indépendance du passif propre à la séparation de bien. Cette dérogation prend le plus souvent la forme **d'emprunts souscrits solidairement par les époux** aux fins d'acquérir le logement de la famille. Dans ce cas, le logement de la famille est, de surcroît, souvent acquis en **indivision**; il en résulte une double dérogation aux règles de la séparation de biens : l'une résultant de la présence d'une indivision, l'autre résultant de l'existence d'engagements solidaires des deux époux auprès d'un établissement financier.

Un autre cas de non-respect de la règle d'indépendance des passifs propres à chaque époux se rencontre fréquemment lorsque l'un des époux se porte **caution**, soit de son conjoint entrepreneur individuel, soit de la société dont son conjoint est associé majoritaire ou dans laquelle il exerce des fonctions de direction.

Il est clair que l'ensemble de ces démarches qui consistent à se porter coemprunteur ou à ce que l'un cautionne les engagements pris par l'autre conduisent à **restaurer une confusion de passifs** que l'adoption du régime de séparation de biens visait à éviter.

Ici, comme en matière de création d'indivision, rien n'est interdit; il importe toutefois que chacun des époux soit parfaitement conscient de la portée des engagements qu'il a pu souscrire. En pratique, les difficultés risquent de surgir au moment d'une séparation, chacun des époux étant engagé solidairement risque d'avoir en cas de défaillance de son conjoint, à payer plus que sa part contributive dans l'engagement. Une telle situation réintroduit l'éventualité d'un **recours de l'époux *solvens* contre l'autre**, et peut donner lieu, sur ce point encore, à des **complications liquidatives.**

SECTION 3
DÉROGATION « VOLONTAIRE » À L'INDÉPENDANCE DE LA GESTION

162.61 **Observations préliminaires.** On laissera ici de côté les dérogations à l'indépendance de gestion qui résultent d'acquisitions indivises et qui, à ce titre, ont déjà été examinées, pour ne s'intéresser qu'aux **dérogations volontaires** telles qu'elles pourraient résulter de la façon dont les époux pratiquent le régime de séparation de biens. L'article 219 du Code civil ainsi que les articles 1539 et 1540 prévoient les conséquences de la prise en main de la gestion par l'un des époux des biens de son conjoint.

Les règles sont identiques à celles qu'édictent les articles 1431 et 1432 concernant la prise en main, par un époux commun en biens, de la gestion des biens propres de son conjoint. Il suffit donc ici de renvoyer au passage consacré à la **gestion des biens propres d'un des époux par l'autre**. Cette gestion par l'un des biens de l'autre, est susceptible de faire naître un **jeu de créances** qui viendront là encore prendre place dans une liquidation consécutive à la dissolution de la séparation de biens. Par exemple,

1. Sur cette question : J. Vassaux, « Financement du logement de la famille par un époux séparé de biens », *JCP N* 2013. 1068; « Le financement du logement des époux séparés de biens : épilogue ? », *RJPF* 2013-12/6 – A. Molière, « L'effet de la clause réputant la contribution aux charges du mariage de chacun des époux remplie », *D.* 2013. 2682 – F. Vauvillé, « Charges du mariage et financement d'un bien indivis par un seul des époux séparés de biens : ça marche aussi pour la résidence secondaire ! », *JCP N* 2014, n° 1117.

en vertu de l'article 1540 : « *Lorsque l'un des époux prend en main la gestion des biens de l'autre au su de celui-ci et sans opposition de sa part, il pourra être tenu comptable des fruits existants et de ceux qu'il aurait négligé de percevoir ou consommés frauduleusement au cours des cinq dernières années* ». De même, en cas d'immixtion fautive, réalisée au mépris d'une opposition du conjoint propriétaire des biens, la responsabilité encourue par le gérant, pourra donner lieu à une créance prenant place dans la liquidation du régime.

Dans le même ordre d'idées, celle d'ingérence fautive, le conjoint qui s'est ingéré dans des opérations d'aliénation ou d'encaissement relatives au patrimoine de l'autre, pourra être tenu garant de l'absence d'emploi ou de réemploi des deniers encaissés à l'occasion de ces opérations.

SECTION 4
PRATIQUE DE LA LIQUIDATION DU RÉGIME

162.71 Utilité. Compte tenu de la façon dont les époux pratiquent le régime matrimonial de la séparation de biens, la **liquidation effective** en cas de divorce ou de décès n'est pas inutile. Il n'est pas rare en effet que des acquisitions indivises aient été effectuées, que l'un des indivisaires ait financé seul des travaux de conservation ou d'amélioration sur les biens indivis, que par ailleurs un époux ait consenti des avances à son conjoint, et que le cas échéant, certaines ingérences dans la gestion des biens aient pu être constatées.

Enfin, dans les cas contentieux, les modalités de financement des acquisitions ou du remboursement d'emprunts destinés à financer des acquisitions effectuées au nom d'un époux ou au nom des deux pourront donner lieu à querelle. C'est la raison pour laquelle la liquidation, sans suivre une démarche aussi ordonnée qu'en régime de communauté pourra procéder à une « *mise au clair* » des relations entre époux, opportune tant dans le cas de décès de l'un d'entre eux que dans le cas de divorce ou de séparation.

Concentrées sur une courte période de temps à la suite d'un décès ou au cours d'un divorce, les opérations de liquidation pourraient parfaitement être réparties dans le temps; ainsi, il a déjà été dit plus haut que le divorce des époux n'obligeait nullement à liquider l'indivision d'origine conventionnelle qui avait pu naître entre eux, ou à mettre au clair les créances éventuelles apparues entre les indivisaires et l'indivision.

À dire le vrai, la seule spécificité qui résulte véritablement de l'existence de la séparation de biens est constituée par le mode d'évaluation des créances entre époux.

162.72 Spécificités du mode d'évaluation des créances entre époux. Les créances entre époux séparés de bien ne répondent pas au mode d'évaluation du droit commun, sauf s'il en a été convenu ainsi par une convention entre époux.

Dans la pratique ces créances entre conjoints séparés de biens sont nombreuses; elles peuvent trouver leur origine tant dans des **financements effectués par l'un pour le compte de l'autre**, que dans des **actes d'ingérence**, qu'encore dans des **financements de dépenses d'amélioration**.

Si dans leur principe ces créances restent soumises au droit commun, comme les créances entre les patrimoines propres des époux en régime de communauté, une dérogation importante est apportée à l'article 1543 du Code civil : la loi du 23 décembre 1985 applique ici la **règle du valorisme** fréquente dans les règlements patrimoniaux survenant en famille. Elle déroge ainsi à la règle du nominalisme monétaire qui a vocation à jouer entre étrangers hormis dans l'hypothèse de stipulations particulières. Les difficultés qui ont été exposées à propos de l'article 1479 du Code civil sont strictement transposables à l'article 1543.

Ici, peut-être plus qu'en matière de régimes communautaires, les époux auront pu songer à prévoir des modalités dérogatoires d'évaluation lors de la rédaction du contrat de mariage. L'article 1479 auquel renvoie l'article 1543 réserve en effet la possibilité d'une convention contraire. On ne peut toutefois totalement exclure que des époux souhaitent au cours du mariage déroger à la règle d'évaluation posée à ces articles. La réponse qui a été apportée en matière de régimes communautaires peut être transposée aux créances entre époux nées sous la séparation de biens; il n'est pas en effet certain, que malgré le caractère conventionnel du régime, les époux aient songé à déroger au jour de la rédaction du contrat de mariage aux règles de l'article 1543, et une convention survenue en cours d'union pourrait comporter une telle dérogation.

162.73 Particularités tenant aux modalités de partage des biens indivis. Si le partage de biens indivis entre époux séparés de biens n'est demandé qu'après la dissolution du mariage, l'article 1542 prévoit la transposition à cette indivision, soumise en principe au seul droit commun, de facultés applicables en cas de partage de communauté : les ex-époux séparés de biens peuvent bénéficier de la règle de maintien dans l'indivision ainsi que de la faculté d'attribution préférentielle, qui n'est pas négligeable dans l'hypothèse d'une liquidation consécutive à une séparation.

Bien que ces facultés soient édictées pour le cas d'une liquidation d'indivision survenant après dissolution de la séparation de biens, la jurisprudence a permis à des époux de demander l'attribution préférentielle au cours de la séparation de biens, au motif qu'il s'agissait d'une indivision de nature familiale[1].

SECTION 5
APPENDICE : SÉPARATION DE BIENS AVEC SOCIÉTÉ D'ACQUÊTS

162.81 Regain d'actualité. Bien que non réglementé par le Code civil, ce régime a connu un certain succès spécialement dans les premières décennies du XXe siècle. Il avait pour objectif principal, à une époque où la communauté légale était élargie non seulement aux acquêts futurs mais également aux meubles, de corriger certains des inconvénients de la séparation de biens en décidant de placer certains biens en communauté.

Désormais, la séparation de biens avec société d'acquêts pourrait être comparée, dans la plupart de ses variantes, à la communauté de biens réduite aux acquêts mais, outre le fait que le principe de liberté des conventions matrimoniales permet de continuer à l'adopter, la séparation de biens avec société d'acquêts peut constituer un moyen adapté à la création d'une « *communauté* » plus réduite que la communauté légale actuelle.

Ainsi n'est-il pas rare aujourd'hui de rencontrer des époux prêts à adopter un régime d'inspiration communautaire, sans être pour autant désireux de faire tomber dans cette communauté par exemple les acquêts professionnels ou leurs gains et salaires.

Il arrive également que certains époux ne souhaitent voir considérer comme acquêts que les acquisitions réalisées à leurs deux noms, tandis que les acquisitions réalisées au nom d'un seul resteraient propres.

Certains souhaitent également pouvoir bénéficier d'une communauté réduite aux acquêts immobiliers à l'exception de tous les acquêts mobiliers, et d'autres enfin peuvent exprimer le souhait que, par exemple, leur communauté soit strictement identique à une communauté réduite aux acquêts à l'exclusion par exemple des revenus de leurs biens propres.

Dans toutes ces hypothèses, l'adoption d'un régime de séparation de biens avec société d'acquêts semble de nature à répondre aux préoccupations des futurs époux, plutôt que l'adoption d'une communauté réduite aux acquêts dont seraient retranchés certains actifs. Pour une partie de la doctrine en effet, il serait impossible de stipuler des régimes de communauté dont la masse commune aurait moins d'envergure que les acquêts futurs augmentés des gains et salaires et revenus de propres.

Pour autant, la création d'une masse commune emporte obligatoirement soumission de cette masse aux dispositions impératives régissant le régime de communauté légale. Ainsi, l'article 1415 du Code civil a été reconnu applicable à l'immeuble dépendant d'une société d'acquêts stipulée entre époux séparés de biens[2].

162.82 Fonctionnement de la séparation de biens avec société d'acquêts. L'adjonction d'une société d'acquêts quelle qu'en soit l'ampleur, à un régime de séparation de biens, a pour effet de distinguer **trois masses de biens**, les **biens personnels à chacun des époux** et les **biens qui entrent dans la société d'acquêts**. Les rapports entre la société d'acquêts et le patrimoine propre de chacun des époux sont, sauf stipulation contraire, régis sur le mode des rapports qu'entretient une communauté réduite aux acquêts avec le patrimoine propre de chacun des conjoints. Ainsi pourrait-on voir apparaître des **récompenses** entre la société d'acquêts et les patrimoines personnels, ainsi pourrait-on également voir apparaître des **clauses d'attribution inégale** d'une société d'acquêts greffées sur une séparation de biens. Un contrat de séparation de biens avec société d'acquêts devra comporter un **ensemble de stipulations précises**, dans la mesure où certaines zones d'ombres persistent dans le fonctionnement de ce régime en l'absence de stipulations particulières. La principale de ces zones d'ombres consiste à savoir si **l'attraction communautaire** doit jouer au profit de la société d'acquêts comme elle joue dans la communauté réduite aux acquêts. En effet, sous ce dernier régime, lorsque l'un des époux acquiert un bien sans procéder aux formalités du réemploi, ce bien est déclaré commun.

Compte tenu de la philosophie du régime de séparation de biens avec société d'acquêts, il pourrait en aller autrement dans ce dernier cas. La Cour de cassation s'est souvent prononcée en faveur de **l'exigence des formalités du réemploi**[3] et n'a admis

1. Civ. 1re, 9 oct. 1990, n° 89-10.429, *Bull. civ.* I, n° 209; *JCP* 1991. II. 21641, note Ph. Simler; *JCP N* 1991. II. 43, obs. P. Salvage; *Defrénois* 1991, art. 35075, p. 808, obs. R. Savatier; *RTD civ.* 1991. 380, obs. J. Patarin.

2. Civ. 1re, 25 nov. 2003, n° 02-12.942, *Bull. civ.* I, n° 236; *Defrénois* 2004, art. 1467, obs. G. Champenois; *D.* 2004. Somm. 2335, obs. J. Revel; *AJ fam.* 2004. 28, obs. S. D.-B.; *JCP* 2004. I. 129, obs. Storck; *Dr. fam.* 2004, n° 8, note Beignier; *RTD civ.* 2004. 335, obs. B. Vareille.

3. Civ. 1re, 5 févr. 1985, n° 83-15.895, *Bull. civ.* I, n° 54; *Defrénois* 1985, art. 33-560, p. 858, 2e esp., obs. G. Champenois.

la solution contraire, à savoir qu'un bien pouvait être qualifié de personnel au seul motif qu'il avait été acquis au moyen de deniers personnels nonobstant le non-accomplissement des formalités du réemploi, qu'une seule fois en jurisprudence[1]. Encore faut-il limiter l'interprétation de cette dernière décision, dans la mesure où elle est fondée sur une interprétation souveraine du contrat de mariage effectuée par les juges du fond.

En tout état de cause, la création d'acquêts pose un certain nombre de **difficultés** liées à la **conservation dans le temps de ces acquêts au fil des ventes et des acquisitions successives** : il paraît alors difficile au rédacteur du contrat d'éviter de s'inspirer des dispositions existantes en matière de communauté légale, notamment en matière d'**emploi ou remploi.**

Relativement à la composition de cette société d'acquêts, un exemple nous semble à proscrire : celui dont l'étendue des acquêts est décidée librement en cours de régime par les époux, en fonction de l'usage qu'ils font d'un bien, par exemple un bien immobilier occupé à titre de résidence principale. La modification d'usage du bien qui dicterait son caractère propre ou commun, laissé exclusivement à la discrétion des époux au cours de l'union, paraît heurter de front le principe d'immutabilité des régimes matrimoniaux[2].

1. Civ. 1re, 12 déc. 1962, *D.* 1964. 83, 1re esp., note P. Esmein.

2. EN CE SENS, Ph. Simler, « Régime juridique de la société d'acquêts adjointe à une séparation de biens », *Defrénois* 2012. 1259 – E. Rousseau, *Defrénois* 2013, n° 3, p. 125.

TITRE

17. La participation aux acquêts

17.00 **Plan du titre.**

17.11 **Un régime *sui generis*.** Le régime de participation aux acquêts associe une indépendance patrimoniale des époux pendant le mariage à une égale répartition en valeur des acquêts entre les époux, à la dissolution du régime. Selon le moment auquel on se situe, durant le régime ou à sa dissolution, le régime de participation aux acquêts s'apparente donc tantôt au régime de séparation de biens, tantôt au régime de communauté légale mais sans jamais se confondre avec l'un ou l'autre de ces deux régimes. Il a ainsi, à tout moment, une nature propre : c'est bien un régime *sui generis* pour l'étude duquel on ne peut se satisfaire de renvoyer successivement aux règles relatives au régime de séparation de biens et à celles qui régissent la communauté légale.

17.12 **Un régime conventionnel.** Le régime de participation aux acquêts est un **régime matrimonial conventionnel** que les futurs époux doivent donc décider d'adopter par contrat de mariage pour y être soumis. Le pourcentage des contrats de mariage de participation est très faible, même s'il progresse lentement depuis l'introduction de ce régime en droit positif français : ces contrats représentaient 1,5 % des contrats de mariage en 1974, 2 % en 1978 et 3 % en 1983[1].

17.13 **Origine. Lois applicables.** Le régime de participation aux acquêts a été introduit dans le Code civil, aux articles 1569 à 1581, par la loi n° 65-570 du 13 juillet 1965 portant réforme des régimes matrimoniaux. La loi n° 85-1372 du 23 décembre 1985 a apporté quelques modifications techniques, et non de fond, au dispositif mis en place initialement. Et l'article 62 de cette dernière loi a précisé que les nouvelles dispositions s'appliquent également aux époux qui avaient adopté ce régime avant le 1er juillet 1986 (date d'entrée en vigueur du nouveau texte), sauf s'ils avaient dérogé aux règles légales dans leur contrat.

1. *Source :* J.-F. Pillebout, « Une nouvelle formule de contrat de mariage : participation aux acquêts avec exclusion des biens professionnels », *JCP N* 1987, I, p. 93.

CHAPITRE

171. Fonctionnement du régime matrimonial de participation aux acquêts

Claire Farge
Ingénieur patrimonial
(BNP Paribas – banque privée)
Docteur en droit

SECTION 0

Orienteur

171.00 Plan du chapitre.

171.01 Textes applicables.

C. civ., art. 1569, 1573, 1577

C. rur., art. L. 411-68, L. 321-1

C. com., art. L. 121-6 [anc[t] L. n° 82-596, 10 juill. 1982, art. 9]

> Participation aux acquêts pendant le mariage
[C. civ., art. 1569, 1573 et 1577]

C. civ., art. 1569

Quand les époux ont déclaré se marier sous le régime de la participation aux acquêts, chacun d'eux conserve l'administration, la jouissance et la libre disposition de ses biens personnels, sans distinguer entre ceux qui lui appartenaient au jour du mariage ou lui sont advenus depuis par succession ou libéralité et ceux qu'il a acquis pendant le mariage à titre onéreux. Pendant la durée du mariage, ce régime fonctionne comme si les époux étaient mariés sous le régime de la séparation de biens. À la dissolution du régime, chacun des époux a le droit de participer pour moitié en valeur aux acquêts nets constatés dans le patrimoine de l'autre, et mesurés par la double estimation du patrimoine originaire et du patrimoine final.

Le droit de participer aux acquêts est incessible tant que le régime matrimonial n'est pas dissous. Si la dissolution survient par la mort d'un époux, ses héritiers ont, sur les acquêts nets faits par l'autre, les mêmes droits que leur auteur.

C. civ., art. 1573

Aux biens existants on réunit fictivement les biens qui ne figurent pas dans le patrimoine originaire et dont l'époux a disposé par donation entre vifs sans le consentement de son conjoint, ainsi que ceux qu'il aurait aliénés frauduleusement. L'aliénation à charge de rente viagère ou à fonds perdu est présumée faite en fraude des droits du conjoint, si celui-ci n'y a consenti.

C. civ., art. 1577

L'époux créancier poursuit le recouvrement de sa créance de participation d'abord sur les biens existants et subsidiairement, en commençant par les aliénations les plus récentes, sur les biens mentionnés à l'article 1573 qui avaient été aliénés par donation entre vifs ou en fraude des droits du conjoint.

> Conjoint coexploitant et conjoint collaborateur

[C. rur., art. L. 411-68 et L. 321-1 et C. com., art. L. 121-6]

C. rur., art. L. 411-68

Lorsque les époux participent ensemble et de façon habituelle à une exploitation agricole, l'époux titulaire du bail sur cette exploitation ne peut, sans le consentement exprès de son conjoint, accepter la résiliation, céder le bail ou s'obliger à ne pas en demander le renouvellement, sans préjudice de l'application de l'article 217 du Code civil. Toute stipulation contraire est réputée non écrite.

L'époux qui n'a pas donné son consentement à l'acte peut en demander l'annulation; l'action en nullité lui est ouverte dans l'année à compter du jour où il a eu connaissance de l'acte.

C. rur., art. L. 321-1 (*L. n° 2006-11, 5 janv. 2006, art. 1 et 21*)

Lorsque des époux exploitent ensemble et pour leur compte une même exploitation agricole, ils sont présumés s'être donné réciproquement mandat d'accomplir les actes d'administration concernant les besoins de l'exploitation.

Lorsqu'il ne fait que collaborer à l'exploitation agricole, le conjoint de l'exploitant est présumé avoir reçu de celui-ci le mandat d'accomplir les actes d'administration concernant les besoins de cette exploitation.

C. com., art. L. 121-6 (*L. n° 2005-882, 2 août 2005, art. 12*) [anc[t] L. n° 82-596, 10 juill. 1982, art. 9]

Le conjoint collaborateur, lorsqu'il est mentionné au registre du commerce et des sociétés, au répertoire des métiers ou au registre des entreprises tenu par les chambres de métiers d'Alsace et de Moselle est réputé avoir reçu du chef d'entreprise le mandat d'accomplir au nom de ce dernier les actes d'administration concernant les besoins de l'entreprise.

Par déclaration faite devant notaire, à peine de nullité, chaque époux a la faculté de mettre fin à la présomption de mandat, son conjoint présent ou dûment appelé. La déclaration notariée a effet, à l'égard des tiers, trois mois après que mention en aura été portée au registre du commerce et des sociétés, au répertoire des métiers ou au registre des entreprises tenu par les chambres de métiers d'Alsace et de Moselle. En l'absence de cette mention, elle n'est opposable aux tiers que s'il est établi que ceux-ci en ont eu connaissance.

La présomption de mandat cesse également de plein droit en cas d'absence présumée de l'un des époux, de séparation de corps ou de séparation de biens judiciaire, de même que lorsque les conditions prévues au premier alinéa ci-dessus ne sont plus remplies.

171.02 Jurisprudence de référence.

> Un époux ne peut disposer seul des droits par lesquels est assuré le logement de la famille, en particulier il ne peut consentir seul une hypothèque sur celui-ci

• Civ. 1re, 17 déc. 1991, n° 90-11.908, *Bull. civ.* I, n° 357

* V. s[s] n° 171.81

« Vu l'article 215, alinéa 3, du Code civil, ensemble l'article 2124 du même code;

Attendu qu'il résulte du premier de ces textes que le mari ne peut disposer seul des droits par lesquels est assuré le logement de la famille; qu'aux termes du second, les hypothèques conventionnelles ne peuvent être consenties que par ceux qui ont la capacité d'aliéner les immeubles qu'ils y soumettent;

Attendu que, pour rejeter sa demande, qui portait sur toutes les dispositions de l'acte du 27 avril 1983, l'arrêt attaqué énonce que l'engagement de caution hypothécaire n'est pas en soi un acte de disposition au sens de l'article 215, alinéa 3, du Code civil;

Attendu qu'en statuant ainsi, alors qu'elle avait constaté que le logement de la famille se trouvait dans l'immeuble sur lequel, par l'acte du 27 avril 1983, M. X... avait consenti une hypothèque, la cour d'appel a violé les textes susvisés; [...] ».

> L'article L. 411-68 du Code rural ne fait pas obstacle au pouvoir d'un époux de consentir seul, sur ses biens propres, un bail rural

• Civ. 3e, 4 févr. 1986, n° 84-14.008, *Bull. civ.* III, n° 1

* V. s[s] n° 171.82

« Mais attendu, d'une part, que la présomption du mandat, édictée par l'article 789-1 du Code rural au profit du conjoint de l'exploitant pour l'accomplissement des actes d'administration concernant les besoins de l'exploitation, n'emporte pas dessaisissement du mandant lui-même; que, dès lors, l'arrêt n'avait pas à constater une révocation du mandat dans les formes prévues par l'article 789-3 pour déclarer valable le bail consenti par M. X..., seul, sur ses biens propres;

Et attendu, d'autre part, que les dispositions de l'article 846-1, devenu l'article L. 411-68 du Code rural ne concernent que l'époux titulaire d'un bail et n'affectent pas le pouvoir d'un époux de consentir seul un bail rural sur ses biens propres [...] ».

171.03 Bibliographie indicative.

Actualisables. Rép. civ., v° *Participation aux acquêts (fonctionnement)*, par S. David et A. Jault, mai 2009 [màj janv. 2012], n°s 35 à 73 – J.-Cl. Civ., S. Piedelièvre, art. 1569 à 1581.

Ouvrages[1]. C. AUBRY et C. RAU, *Droit civil français. Régimes matrimoniaux*, par A. PONSARD, 7e éd., Librairies techniques, 1973, t. VIII – G. CORNU, *Les régimes matrimoniaux*, « Thémis Droit », 9e éd., PUF, 1997 – J. FLOUR et G. CHAMPENOIS, *Les régimes matrimoniaux*, 2e éd., coll. « U », A. Colin, 2001 – M. de Gaudemaris, *Le régime matrimonial de la participation aux acquêts*, PU Grenoble, 1988 – Ph. MALAURIE et L. AYNÈS, *Les régimes matrimoniaux*, 4e éd., LGDJ/Lextenso, 2013. – G. MARTY et P. RAYNAUD (par Raynaud), *Droit civil. Les régimes matrimoniaux*, 2e éd., Sirey, 1985 – J. MAURY (dir.) *et alii, Les régimes matrimoniaux*, Centre de formation professionnelle notariale de Nîmes et de Montpellier, Lamy, 1996 – H., L. et J. MAZEAUD, *Leçons de droit civil*, par M. de JUGLART, 5e éd., Montchrestien, 1982, t. IV, 1er vol., [et *addendum* réforme du 23 décembre 1985] – J.-F. Pillebout, *La participation aux acquêts* [et formules commentées de contrats de mariage], 2e éd., Litec, 2005 – F. TERRÉ et Ph. SIMLER, *Droit civil, Les régimes matrimoniaux*, 6e éd., « Précis », Dalloz, 2011.

Articles. D. Coron et F. Lucet, « Régime de participation aux acquêts : application des mesures fiscales prises à la suite de la jurisprudence Praslicka », *JCP N* 2000. 733 – H. Lemaire, « Assurance-vie et participation aux acquêts : vers une application pure et simple des règles applicables au régime de communauté ? », *JCP N* 1995. I. 965 – G. Morin, « Participation aux acquêts : comparaison des nouvelles et des anciennes règles liquidatives », *Defrénois* 1987, art. 33836.

> Commentaires de la loi n° 85-1372 du 23 décembre 1985 relative à l'égalité des époux dans les régimes matrimoniaux et des parents dans la gestion des biens des enfants mineurs :

Ph. Simler, suppl. au J.-Cl. Civ., *Bull.* n° 3, 1986 – G. Champenois, « Commentaire de la loi n° 85-1372 du 23 décembre 1985 », *Defrénois* 1988. I. 1105 s. – M. Grimaldi, « Commentaire de la loi n° 85-1372 du 23 décembre 1985 », *Gaz. Pal.* 1986. 2. Doctr. 530.

171.04 Questions essentielles.

> À qui appartiennent les biens acquis par un époux pendant le mariage ?

* V. ss n° 171.11

> Les créanciers d'un époux peuvent-ils saisir les biens du conjoint ?

* V. ss n° 171.22

> Un époux peut-il librement donner l'un de ses biens ou l'aliéner moyennant le versement d'une rente viagère ?

* V. ss n° 171.142

171.07 Vue d'ensemble – Indépendance patrimoniale des époux pendant la durée du mariage. Aux termes de l'article 1569 alinéa 1er du Code civil, « [...] *Pendant la durée du mariage, ce régime fonctionne comme si les époux étaient mariés sous le régime de séparation de biens.* [...] ».

Le régime de participation aux acquêts se traduit donc par une indépendance patrimoniale des époux pendant la durée du mariage.

Il importe de mesurer l'étendue de cette indépendance patrimoniale tant au regard du **régime de propriété** (sect. 1) qu'au regard du **régime de gestion** (sect. 2) des **biens des époux.**

Les **patrimoines des époux** sont, en principe, **séparés**, tant activement que passivement (v. ss nos 171.11 à 171.22). Cette autonomie des patrimoines connaît cependant plusieurs tempéraments. Les **limites** au principe de séparation des patrimoines, tant activement (v. ss nos 171.31 s.) que passivement (v. ss nos 171.51 s.), ne sont pas propres au régime de participation aux acquêts. Elles sont **transposées** soit du **régime de séparation de biens,** soit du **régime primaire impératif** ou peuvent même avoir été **conventionnellement** décidées par les époux.

S'agissant des **pouvoirs de gestion des biens des époux** le même principe d'indépendance s'applique (v. ss nos 171.71 s.), limité, là aussi, en certaines circonstances où s'applique, par exception, le système de la cogestion. Il s'agit, d'une part, de **limites communes avec d'autres régimes matrimoniaux** (v. ss nos 171.81 s. et nos 171.91 s.) et, d'autre part, de **limites propres au régime de participation aux acquêts** (v. ss nos 171.101 s. et nos 171.130 s.).

SECTION 1
RÉGIME DE PROPRIÉTÉ DES BIENS DES ÉPOUX

§ 1
Principe de séparation des patrimoines des époux

A.
Séparation active des patrimoines

171.11 Absence de masse commune. Chaque époux reste personnellement propriétaire de tous les biens, y compris de l'ensemble des revenus, qu'il a acquis aussi bien avant que pendant son mariage, quel qu'en ait été le mode d'acquisition, à titre onéreux ou à titre gratuit. La conséquence de cette autonomie des patrimoines des époux est l'absence de tout bien commun, de toute masse commune.

171.12 Portée de la notion d'acquêt. La notion d'acquêt ne fait son apparition qu'à **la dissolution du régime** et ne représente qu'une **valeur comptable**, une somme d'argent, déduite de la confronta-

1. NB : les ouvrages les plus fréquemment cités et dont le nom des auteurs figure en petites capitales en bibliographie sont cités par les seuls noms des auteurs en petites capitales en notes de bas de page.

tion du patrimoine originaire et du patrimoine final de chacun des époux. Il est vrai que certains biens peuvent être appelés acquêts dans la mesure où ils ne figurent que dans le patrimoine final de l'époux et non dans son patrimoine originaire. Cependant, cette appellation n'a aucune incidence sur le régime de propriété desdits biens.

171.13 Preuve de la consistance du patrimoine de chacun des époux. Pendant la durée du régime, la preuve de la propriété des biens, entre époux ou à l'égard des tiers, obéit aux règles de preuve posées par l'article 1538 du Code civil, à l'endroit de la séparation de biens. Ainsi, d'une part, la règle est celle de la **liberté absolue des moyens de preuve**. D'autre part, les **clauses de présomption de propriété** contenues, le cas échéant, par le contrat de mariage sont, sauf clause contraire, opposables aux tiers, ces derniers étant cependant admis, tout comme les époux, à renverser lesdites présomptions de propriété par tous moyens (v. s^{s} n°s 162.21 et 162.22).

B. Séparation passive des patrimoines

171.21 Personnalité des dettes. Les dettes contractées par un époux, avant ou pendant le mariage, restent personnelles à celui-ci. À l'absence de masse commune correspond l'**absence de tout passif commun.**

171.22 Gage des créanciers des époux. Chaque époux n'engage donc, en contractant avec les tiers, que son patrimoine personnel. Les créanciers des époux ne peuvent ainsi exercer leur droit de suite que sur le patrimoine de leur débiteur sans pouvoir atteindre les biens du conjoint de ce dernier. Les créanciers d'un époux peuvent, en revanche, saisir n'importe lequel des biens figurant dans le patrimoine de leur débiteur, quelle que soit la date de naissance de leur créance ou le mode d'acquisition du bien par l'époux.

§ 2 Limites du principe

A. Limites légales de la séparation active des patrimoines

171.31 Biens réputés indivis. Doivent être réputés indivis entre les époux, en vertu de l'article 1538 alinéa 3 du Code civil, les biens sur lesquels aucun des époux ne peut justifier sa propriété (v. s^{s} n°s 161.21 et 162.21).

On peut concevoir deux sortes de régimes juridiques pour ces biens. Une *première solution* consiste à assimiler le régime juridique de tels biens à celui des **biens acquis en indivision par les époux** et, par conséquent, à soustraire les biens réputés indivis au système de participation. Une *seconde solution* consiste à faire figurer le **bien réputé indivis, à concurrence de la moitié de sa valeur, dans le patrimoine final de chacun des époux** (v. s^{s} n° 172.172).

171.32 Fruits des biens dont la gestion est confiée au conjoint. L'article 1539 du Code civil dispense l'époux qui a reçu mandat de gérer les biens de son conjoint de rendre compte des fruits des biens objets du mandat, sauf clause contraire dans la procuration.

171.33 Droit au bail à usage exclusif d'habitation. L'article 1751 du Code civil répute les époux, « *quel que soit leur régime matrimonial et nonobstant toute convention contraire* », cotitulaires du droit au bail du local assurant effectivement le logement principal des époux, pendant toute la durée du mariage. De plus, à la dissolution du régime, ce droit peut être attribué au conjoint de l'époux qui le contracta, si les intérêts sociaux et familiaux en cause commandent cette solution, « *sous réserve des droits* [...] *à indemnité au profit de l'autre époux* » (v. s^{s} n°s 113.50 s.).

B. Limites conventionnelles de la séparation active des patrimoines

171.41 Biens acquis en indivision. Le principe de séparation active des patrimoines des époux mariés sous le régime de participation aux acquêts n'est pas d'ordre public. Aussi les époux peuvent-ils convenir de procéder ensemble à l'acquisition d'un bien. On est alors en présence d'une copropriété ordinaire soumise au **droit commun de l'indivision.** Les biens acquis en indivision restent donc étrangers au système de la participation.

C. Limites légales de la séparation passive des patrimoines

171.51 Dettes ménagères. L'article 220 du Code civil déclare les époux solidairement tenus des **dettes contractées par l'un d'eux pour l'entretien du ménage ou l'éducation des enfants,** dès lors que la dette n'est pas manifestement excessive ou qu'il ne s'agit pas d'un achat à tempérament conclu à l'initiative d'un seul des époux. La solidarité s'étend également aux **emprunts** dans la mesure où ils portent sur des sommes modestes nécessaires aux besoins de la vie courante (v. s[s] n°s 111.20 à 111.107).

171.52 Impôt sur le revenu, taxe d'habitation. L'article 1691 *bis*, I, du Code général des impôts déclare solidairement tenus du paiement de l'impôt sur le revenu et de la taxe d'habitation les conjoints, et partenaires pacsés, vivant sous le même toit.

D.
Limites conventionnelles de la séparation passive des patrimoines

171.61 Engagement conjoint ou solidaire des époux. Il faut également compter avec les pratiques, notamment bancaires, qui consistent à solliciter systématiquement l'engagement du conjoint à titre de coemprunteur ou de fidéjusseur de l'emprunt ou de l'achat à crédit contracté par l'autre époux.

SECTION 2
RÉGIME DE GESTION DES BIENS DES ÉPOUX

§ 1
Principe de gestion indépendante

171.71 Un pouvoir exclusif. L'article 1569 alinéa 1er du Code civil pose le principe de la gestion indépendante de leurs biens par chacun des époux, quels que soient la date et le mode d'acquisition du bien ou le type d'acte de gestion à effectuer (conservation, administration ou disposition). Chaque époux a ainsi le pouvoir exclusif de gérer, en toute indépendance, son patrimoine personnel.

171.72 Protection légale de cette indépendance. Le législateur de 1965, soucieux que cette indépendance ne puisse être entravée par des actes intempestifs de l'un des époux, reporte, aux termes de l'article 2402 du Code civil (C. civ., anc. art. 2136), la date de prise d'effet de **l'hypothèque légale** inscrite, pendant le mariage, par l'un des époux pour la sûreté de la créance de participation, à la date de dissolution du régime, à condition que les immeubles sur lesquels elle porte existent à cette date dans le patrimoine de l'époux débiteur (v. s[s] n° 172.222).

§ 2
Limites du principe communes à tous les régimes matrimoniaux

171.81 Protection du logement de famille. Le logement de famille fait l'objet de plusieurs mesures protectrices dans le régime primaire impératif. L'une d'elles, inscrite à l'article 215 alinéa 3 du Code civil, consiste à soumettre à l'accord des deux époux la **disposition volontaire des droits** par lesquels est assuré le logement de la famille ainsi que des meubles meublants dont ce logement est garni (v. s[s] n°s 113.10 à 113.46).

Doit ici être assimilée à la disposition du logement la **constitution d'une sûreté réelle** portant sur ce logement[1].

L'article 215 alinéa 3 prévoit, à titre de sanction de cette exigence de cogestion du logement de famille, le droit pour celui des deux époux qui n'a pas donné son consentement à l'acte d'en demander l'annulation : « *L'action en nullité lui est ouverte dans l'année à partir du jour où il a eu connaissance de l'acte, sans pouvoir jamais être intentée plus d'un an après que le régime matrimonial s'est dissous* ».

171.82 Protection de l'exploitation agricole. L'article L. 411-68 du Code rural, issu de la loi d'orientation agricole du 4 juillet 1980, prévoit, à l'endroit de l'exploitation agricole, un système de cogestion analogue à celui mis en place par l'article 215 alinéa 3 du Code civil en ce qui concerne le logement de famille. Il dispose, en effet, que « *lorsque des époux participent ensemble et de façon habituelle à une exploitation agricole, l'époux titulaire du bail sur cette exploitation ne peut, sans le consentement exprès de son conjoint, accepter la résiliation, céder le bail ou s'obliger à ne pas en demander le renouvellement, sans préjudice de l'application de l'article 217 du Code civil* ».

Il convient de noter que cette disposition ne concerne que le **droit au bail dont l'époux est titulaire.** Elle n'empêche pas un époux de donner en location un bien dont il est propriétaire[2] (v. s[s] n°s 117.21 s.).

171.83 Statut des époux agriculteurs. L'article L. 321-1 du Code rural pose une **présomption de mandat réciproque entre époux coexploitants** ou en faveur de l'époux collaborateur de l'exploitant, portant sur les actes d'administration concernant les besoins de l'exploitation agricole. Cependant, l'article L. 321-3 du même code prévoit la possibilité de révoquer ce mandat par acte notarié (v. s[s] n°s 117.11 s.).

171.84 Statut des conjoints d'artisans et de commerçants. Une **présomption de mandat** existe également en faveur des **conjoints collaborateurs d'un chef d'entreprise artisanale ou commerciale.**

1. Civ. 1re, 17 déc. 1991, n° 90-11.908, *Bull. civ.* I, n° 357 ; *JCP* 1992. I. 3614, obs. G. Wiederkher ; *Defrénois* 1992. 396 (1re esp.), obs. G. Champenois.
2. Civ. 3e, 4 févr. 1986, n° 84-14.008, *Bull. civ.* III, n° 1.

L'article L. 121-6 du Code de commerce [anc^{t} L. 10 juill. 1982, art. 9, al. 1er] dispose, en effet, que « *le conjoint collaborateur, lorsqu'il est mentionné au Registre du commerce et des sociétés, au Répertoire des métiers ou au Registre des entreprises tenu par les chambres de métiers d'Alsace et de la Moselle est réputé avoir reçu du chef d'entreprise le mandat d'accomplir au nom de ce dernier les actes d'administration concernant les besoins de l'entreprise* ». Et ce mandat peut, ici aussi, être **révoqué par acte notarié**, aux termes de l'article L. 121-6 du Code de commerce (v. s^{s} n°s 117.31 s.).

171.85 Périodes de crises. Deux textes du régime primaire impératif permettent de résoudre les situations matrimoniales de crise.

D'une part, l'article 219 alinéa 1er du Code civil permet à l'un des époux, lorsque son conjoint se trouve hors d'état de manifester sa volonté, de se faire **habiliter par justice à le représenter**, d'une manière générale ou pour certains actes particuliers (v. s^{s} n°s 116.11 à 116.33).

D'autre part, si l'un des deux époux manque gravement à ses devoirs et met ainsi en péril les intérêts de la famille, l'article 220-1 du Code civil accorde au juge aux affaires familiales le pouvoir de prescrire toutes les mesures urgentes que requièrent ces intérêts et donne comme exemple de telles mesures d'« *interdire à cet époux de faire, sans le consentement de l'autre, des actes de disposition sur ses propres biens...* » (v. s^{s} n°s 116.71 à 116.102).

§ 3
Limites du principe communes avec le régime de séparation de biens

171.91 Mandat d'administration exprès. Le principe d'indépendance de gestion n'empêche pas l'un des époux de **confier à son conjoint l'administration de certains de ses biens.** Alors, aux termes de l'article 1539 du Code civil, applicable aux époux mariés sous le régime de participation aux acquêts en vertu du renvoi opéré par l'article 1569 alinéa 1er du même code, **les règles du mandat sont applicables,** sauf le droit pour l'époux mandataire de faire siens les fruits des biens de son conjoint dont il a l'administration, à moins d'une disposition contraire dans la procuration (v. s^{s} n°s 162.61 et 171.32).

171.92 Mandat d'administration tacite présumé. Est réputé, en vertu de l'article 1540 alinéa 1er du Code civil, avoir reçu un **mandat tacite**, couvrant les **actes d'administration et de gérance,** mais **non les actes de disposition**, l'époux qui prend en main la gestion des biens de l'autre. L'article 1540 poursuit, en son alinéa 2, en précisant que « *cet époux répond* [alors] *de sa gestion envers l'autre comme un mandataire. Il n'est cependant comptable que des fruits existants; pour ceux qu'il aurait négligé de percevoir ou consommés frauduleusement, il ne peut être recherché que dans la limite des cinq dernières années* ».

En revanche, lorsqu'un époux s'immisce dans la gestion du patrimoine de son conjoint au mépris d'une opposition faite par ce dernier, « *il est responsable de toutes les suites de son immixtion, et comptable sans limitation de tous les fruits qu'il a perçus, négligé de percevoir ou consommés frauduleusement* », aux termes de l'article 1540 alinéa 3 du Code civil.

§ 4
Limites du principe propres au régime de participation aux acquêts : aliénations consenties à titre gratuit

171.101 Protection de la vocation aux acquêts. Certaines des limites apportées par le législateur au principe de l'indépendance de gestion des époux mariés sous le régime de participation aux acquêts ont pour objet la sauvegarde du droit futur de chacun des époux de participer à l'enrichissement éventuel de son conjoint. Dans cette perspective, d'une part, chaque époux se voit protégé contre la tentation qu'il pourrait avoir de se départir prématurément de son droit futur sur les acquêts réalisés, le cas échéant, par son conjoint. Ainsi l'article 1569 alinéa 2 du Code civil répute **incessible le droit de participer aux acquêts tant que le régime n'est pas dissous.** En l'absence de toute distinction introduite par cette disposition, il convient de décider que l'interdiction vise aussi bien les **aliénations faites à titre onéreux** que celles consenties **à titre gratuit** (exception faite, semble-t-il, des legs et des donations de biens à venir[1]). D'autre part, le législateur a entendu protéger chaque époux du risque d'une gestion égoïste de ses biens par son conjoint. Pour cela, il a soumis certaines des aliénations consenties par les époux à un régime particulier (v. s^{s} n°s 171.111 s.).

171.102 Principe. On déduit des articles 1573 et 1577 du Code civil la nécessité, en fait, pour un époux qui souhaite réaliser une **aliénation à titre gratuit** d'obtenir le **consentement de son conjoint,** à chaque fois que cette aliénation porte sur **certains biens,** précisés par l'article 1573. Car ce consentement est la condition de l'opposabilité de la donation *erga omnes*.

1. V. C. Aubry et C. Rau, par A. Ponsard, n° 362, note 27.

A.
Biens visés par l'article 1573 du Code civil

171.111 Avant la loi du 23 décembre 1985[1] : tous les biens. Initialement, l'article 1573 du Code civil ne distinguait pas entre les donations consenties par les époux, si bien que relevaient également dudit **régime de cogestion de fait** les **donations portant sur des biens originaires,** c'est-à-dire des **biens qui sont propres aux époux sous le régime de la communauté légale.** Paradoxalement, l'autonomie de gestion des époux mariés sous le régime de la participation aux acquêts se révélait moindre, en matière de libéralités, que celle des époux mariés sous le régime de la communauté réduite aux acquêts. Et, cette limitation de pouvoir en fait n'était pas justifiée, dans la mesure où une donation, lorsqu'elle a pour objet un bien originaire, n'a pas pour effet de priver le conjoint du donateur de son droit futur sur les acquêts réalisés par le disposant.

171.112 Depuis la loi du 23 décembre 1985 : acquêts uniquement. Le législateur de 1985 a rectifié le **domaine de la cogestion de fait** en en excluant les donations portant sur les biens originaires des époux. Seules sont désormais visées par l'article 1573 du Code civil les **donations portant sur les acquêts,** puisque seules ces dernières portent atteinte au droit futur du conjoint du donateur sur la valeur des acquêts réalisés par le disposant.

B.
Sanctions

171.121 Sanction de l'article 1573 du Code civil : réunion fictive. Doivent être réunis fictivement aux biens existants figurant à l'actif du patrimoine final de l'époux, les biens qu'il avait acquis à titre onéreux pendant son mariage et qu'il a donnés sans le consentement de son conjoint (sur la réintégration au patrimoine final de l'époux souscripteur de la valeur d'un contrat d'assurance-vie contracté au profit d'une personne autre que le conjoint si cette désignation a un caractère gratuit[2]).

1. L. n° 85-1372, 23 déc. 1985, relative à l'égalité des époux dans les régimes matrimoniaux et des parents dans la gestion des biens des enfants mineurs, *JO* 26 déc., p. 15111.
2. V. H. Lemaire, « Assurance-vie et participation aux acquêts; vers une application pure et simple des règles applicables au régime de communauté ? », *JCP N* 1995. I. 965 – D. Coron et F. Lucet, « Régime de participation aux acquêts : application des mesures fiscales prises à la suite de la jurisprudence *Praslicka* », *JCP N* 2000. 733.

Cette sanction a pour effet d'**augmenter les acquêts du disposant de la valeur du bien donné** et donc de déterminer le droit de participation de son conjoint comme si le bien n'avait jamais été aliéné. La **donation** se trouve ainsi **neutralisée**, dans les rapports entre les époux.

171.122 Sanction de l'article 1577 du Code civil : action révocatoire du conjoint. Le recouvrement de la créance de participation est, en principe, exercé sur les **biens existant dans le patrimoine de l'époux débiteur à la dissolution du régime** (v. s^s^ n° 172.281). L'article 1577 du Code civil étend, en cas d'insuffisance desdits biens, le gage de l'époux créancier aux **biens acquêts donnés par son conjoint sans son accord,** quel que soit le patrimoine dans lequel se trouvent ces biens au moment de l'exercice de ce droit de poursuite, en commençant par les aliénations les plus récentes.

171.123 Régime juridique de l'action. L'action ainsi ouverte à l'époux créancier contre les tiers n'est autre que l'**action paulienne de droit commun** puisqu'elle est ouverte, aux termes de l'article 1578 alinéa 4 du Code civil, « *en vertu de l'article 1167* ». On en conclut que les conditions de succès de cette action sont les mêmes que celles de l'action paulienne de droit commun et qu'ainsi la complicité du tiers acquéreur n'a pas à être établie, s'agissant d'une aliénation à titre gratuit.

L'action révocatoire est cependant, contrairement au droit commun de l'action paulienne, soumise à une **prescription abrégée de deux ans à compter de la clôture de la liquidation**, aux termes de l'article 1578 alinéa 4 précité.

171.124 Effet relatif de l'action révocatoire. L'action révocatoire permet à l'époux créancier et à lui seul d'effectuer une **saisie** mais l'excédent éventuel est conservé par le tiers acquéreur. L'action révocatoire **n'entraîne donc pas la réintégration du bien donné dans le patrimoine de l'époux débiteur** au profit de tous les créanciers de ce dernier.

§ 5
Limites du principe propres au régime de participation aux acquêts : aliénations frauduleuses

171.130 Principe. Les sanctions des articles 1573 et 1577 du Code civil s'appliquent également aux **aliénations faites par un époux en fraude du droit futur de son conjoint** de participation à ses acquêts. L'application de la sanction de l'article 1577 du Code civil est cependant ici soumise à une condition supplémentaire.

A.
Biens concernés

171.131 Problème d'interprétation. Littéralement, l'article 1573 n'exclut les biens originaires du domaine de la réunion fictive que lorsqu'ils ont fait l'objet d'une aliénation à titre gratuit et non d'une aliénation frauduleuse. Cependant, la plupart des auteurs s'accordent pour dépasser l'interprétation commandée par l'analyse grammaticale de l'article 1573 du Code civil et considérer que seules sont concernées par cette disposition les **aliénations frauduleuses d'acquêts**[1].

B.
Aliénations visées

171.141 Notion de fraude. On peut définir l'aliénation frauduleuse comme **l'aliénation faite apparemment à titre onéreux mais qui a, en réalité, pour effet d'appauvrir le patrimoine du disposant.** Sont ainsi visées les aliénations faites apparemment à titre onéreux et qui déguisent, en réalité, des libéralités, ainsi que les aliénations fictives ou consenties à vil prix.

171.142 Preuve de la fraude. La fraude doit, en principe, être établie par celui qui l'allègue. Cependant, l'article 1573 répute frauduleuses deux types d'aliénations : les **aliénations faites à charge de rente viagère** et **celles faites à fonds perdus.** En présence de telles aliénations, le conjoint du disposant n'a pas à rapporter la preuve d'une fraude pour obtenir l'application des sanctions des articles 1573 et 1577 du Code civil aux biens ainsi aliénés.

Est controversé, en doctrine, le point de savoir si cette présomption de fraude posée par l'article 1573 est ou non irréfragable. Seule est unanimement admise, parce que prévue par l'article 1573 *in fine*, la possibilité pour un époux de faire tomber cette présomption en obtenant le consentement de son conjoint à l'aliénation qu'il consent à charge de rente viagère ou à fonds perdus.

C.
Condition supplémentaire du succès de l'action révocatoire

171.151 Preuve de la mauvaise foi. Le droit commun de l'action paulienne s'appliquant à l'action révocatoire de l'article 1577 du Code civil ouverte à l'époux créancier au titre de la participation contre son conjoint et portant sur les biens aliénés frauduleusement par ce dernier, il faut décider, même si la nouvelle rédaction de l'article 1577 issue de la loi du 23 décembre 1985 ne le précise plus, que le succès d'une telle action révocatoire est subordonné à la **preuve de la mauvaise foi du tiers acquéreur à titre onéreux.**

Certains auteurs estiment cependant que l'époux créancier est dispensé de rapporter cette preuve en présence d'une aliénation consentie à charge de rente viagère ou à fonds perdus, la présomption de fraude devant, selon eux, jouer également à l'égard du tiers acquéreur. Cette doctrine ne fait cependant pas l'unanimité.

1. CONTRA G. Morin, *Defrénois* 1987, art. 33836, p. 32-33 – J. FLOUR et G. CHAMPENOIS, n° 788.

CHAPITRE

172. Liquidation du régime matrimonial de participation aux acquêts

CLAIRE FARGE
INGÉNIEUR PATRIMONIAL
(BNP PARIBAS – BANQUE PRIVÉE)
DOCTEUR EN DROIT

SECTION 0
ORIENTEUR

172.00 **Plan du chapitre.**

172.01 Textes applicables.

C. civ., art. 1569 à 1581

> Liquidation du régime de participation aux acquêts [C. civ., art. 1569 à 1581]

C. civ., art. 1569

* V. texte complet de cet article s^s^ n° 171.01, > *Participation aux acquêts pendant le mariage*

C. civ., art. 1570

Le patrimoine originaire comprend les biens qui appartenaient à l'époux au jour du mariage et ceux qu'il a acquis depuis par succession ou libéralité, ainsi que tous les biens qui, dans le régime de la communauté légale, forment des propres par nature sans donner lieu à récompense. Il n'est pas tenu compte des fruits de ces biens, ni de ceux de ces biens qui auraient eu le caractère de fruits ou dont l'époux a disposé par donation entre vifs pendant le mariage.

La consistance du patrimoine originaire est prouvée par un état descriptif, même sous seing privé, établi en présence de l'autre conjoint et signé par lui.

À défaut d'état descriptif ou s'il est incomplet, la preuve de la consistance du patrimoine originaire ne peut être rapportée que par les moyens de l'article 1402.

C. civ., art. 1571

Les biens originaires sont estimés d'après leur état au jour du mariage ou de l'acquisition, et d'après leur valeur au jour où le régime matrimonial est liquidé. S'ils ont été aliénés, on retient leur valeur au jour de l'aliénation. Si de nouveaux biens ont été subrogés aux biens aliénés, on prend en considération la valeur de ces nouveaux biens.

De l'actif originaire sont déduites les dettes dont il se trouvait grevé, réévaluées, s'il y a lieu, selon les règles de l'article 1469, troisième alinéa. Si le passif excède l'actif, cet excédent est fictivement réuni au patrimoine final.

C. civ., art. 1572

Font partie du patrimoine final tous les biens qui appartiennent à l'époux au jour où le régime matrimonial est dissous, y compris, le cas échéant, ceux dont il aurait disposé à cause de mort et sans en exclure les sommes dont il peut être créancier envers son conjoint. S'il y a divorce, séparation de corps ou liquidation anticipée des acquêts, le régime matrimonial est réputé dissous au jour de la demande.

La consistance du patrimoine final est prouvée par un état descriptif, même sous seing privé, que l'époux ou ses héritiers doivent établir en présence de l'autre conjoint ou de ses héritiers ou eux dûment appelés. Cet état doit être dressé dans les neuf mois de la dissolution du régime matrimonial, sauf prorogation par le président du tribunal statuant en la forme de référé.

La preuve que le patrimoine final aurait compris d'autres biens peut être rapportée par tous les moyens, même par témoignages et présomptions.

Chacun des époux peut, quant aux biens de l'autre, requérir l'apposition des scellés et l'inventaire suivant les règles prévues au code de procédure civile.

C. civ., art. 1573

* V. texte complet de cet article s^s^ n° 171.01, > *Participation aux acquêts pendant le mariage*

C. civ., art. 1574

Les biens existants sont estimés d'après leur état à l'époque de la dissolution du régime matrimonial et d'après leur valeur au jour de la liquidation de celui-ci. Les biens qui ont été aliénés par donations entre vifs, ou en fraude des droits du conjoint, sont estimés d'après leur état au jour de l'aliénation et la valeur qu'ils auraient eue, s'ils avaient été conservés, au jour de la liquidation.

De l'actif ainsi reconstitué, on déduit toutes les dettes qui n'ont pas encore été acquittées, y compris les sommes qui pourraient être dues au conjoint.

La valeur, au jour de l'aliénation, des améliorations qui avaient été apportées pendant le mariage à des biens originaires donnés par un époux sans le consentement de son conjoint avant la dissolution du régime matrimonial doit être ajoutée au patrimoine final.

C. civ., art. 1575

Si le patrimoine final d'un époux est inférieur à son patrimoine originaire, le déficit est supporté entièrement par cet époux. S'il lui est supérieur, l'accroissement représente les acquêts nets et donne lieu à participation.

S'il y a des acquêts nets de part et d'autre, ils doivent d'abord être compensés. Seul l'excédent se partage : l'époux dont le gain a été le moindre est créancier de son conjoint pour la moitié de cet excédent.

À la créance de participation on ajoute, pour les soumettre au même règlement, les sommes dont l'époux peut être d'ailleurs créancier envers son conjoint, pour valeurs fournies pendant le mariage et autres indemnités, déduction faite, s'il y a lieu, de ce dont il peut être débiteur envers lui.

C. civ., art. 1576

La créance de participation donne lieu à paiement en argent. Si l'époux débiteur rencontre des difficultés graves à s'en acquitter entièrement dès la clôture de la liquidation, les juges peuvent lui accorder des délais qui ne dépasseront pas cinq ans, à charge de fournir des sûretés et de verser des intérêts.

La créance de participation peut toutefois donner lieu à un règlement en nature, soit du consentement des deux époux, soit en vertu d'une décision du juge, si l'époux débiteur justifie de difficultés graves qui l'empêchent de s'acquitter en argent.

Le règlement en nature prévu à l'alinéa précédent est considéré comme une opération de partage lorsque les biens attribués n'étaient pas compris dans le patrimoine originaire ou lorsque l'époux attributaire vient à la succession de l'autre.

La liquidation n'est pas opposable aux créanciers des époux : ils conservent le droit de saisir les biens attribués au conjoint de leur débiteur.

C. civ., art. 1577

* V. texte complet de cet article s^s n° 171.01, > *Participation aux acquêts pendant le mariage*

C. civ., art. 1578

À la dissolution du régime matrimonial, si les parties ne s'accordent pas pour procéder à la liquidation par convention, l'une d'elles peut demander au tribunal qu'il y soit procédé en justice.

Sont applicables à cette demande, en tant que de raison, les règles prescrites pour arriver au partage judiciaire des successions et communautés.

Les parties sont tenues de se communiquer réciproquement, et de communiquer aux experts désignés par le juge, tous renseignements et documents utiles à la liquidation.

L'action en liquidation se prescrit par trois ans à compter de la dissolution du régime matrimonial. Les actions ouvertes contre les tiers en vertu de l'article 1167 se prescrivent par deux ans à compter de la clôture de la liquidation.

C. civ., art. 1579

Si l'application des règles d'évaluation prévues par les articles 1571 et 1574 ci-dessus devait conduire à un résultat manifestement contraire à l'équité, le tribunal pourrait y déroger à la demande de l'un des époux.

C. civ., art. 1580

Si le désordre des affaires d'un époux, sa mauvaise administration ou son inconduite, donnent lieu de craindre que la continuation du régime matrimonial ne compromette les intérêts de l'autre conjoint, celui-ci peut demander la liquidation anticipée de sa créance de participation.

Les règles de la séparation de biens sont applicables à cette demande.

Lorsque la demande est admise, les époux sont placés sous le régime des articles 1536 à 1541.

C. civ., art. 1581

En stipulant la participation aux acquêts, les époux peuvent adopter toutes clauses non contraires aux articles 1387, 1388 et 1389.

Ils peuvent notamment convenir d'une clause de partage inégal, ou stipuler que le survivant d'eux ou l'un d'eux s'il survit, aura droit à la totalité des acquêts nets faits par l'autre.

Il peut également être convenu entre les époux que celui d'entre eux qui, lors de la liquidation du régime, aura envers l'autre une créance de participation, pourra exiger la dation en paiement de certains biens de son conjoint, s'il établit qu'il a un intérêt essentiel à se les faire attribuer.

172.02 Jurisprudence de référence.

> L'urgence autorise le juge à accorder une provision à l'époux créancier dès lors que le principe de sa créance est incontestable

• Civ. 1re, 18 juill. 1995, n° 93-15.981, *Bull. civ.* I, n° 325

* V. s^s n° 172.221

« Mais attendu que la cour d'appel, statuant en référé à titre provisoire et sans être tenue de procéder à l'évaluation de la créance de participation conformément à l'article 1574 du Code civil, a fait une exacte application de l'article 1576 du même code, dès lors, qu'elle a constaté que M. X... ne justifiait pas de difficultés l'empêchant de payer la somme à laquelle elle fixait le montant incontestable de sa dette de participation; que le moyen n'est donc fondé en aucune de ses branches; [...] ».

> La prescription de l'article 1578 alinéa 4 du Code civil court, en cas de divorce, du jour de la décision faisant définitivement cesser le régime matrimonial et non du jour de l'assignation

• Civ. 1re, 14 mai 1996, n° 94-11.338, *Bull. civ.* I, n° 209

* V. s^s n° 172.63

« Mais attendu que la cour d'appel a retenu, à bon droit, que, s'il résulte des dispositions combinées des articles 262-1, alinéa 1er, et 1572, alinéa 1er, du Code civil, que le jugement de divorce prend effet dans les rapports entre époux mariés sous le régime de la participation aux acquêts, en ce qui concerne leurs biens, à la date de la demande, le délai de 3 ans, imparti par l'article 1578, alinéa 3, du même code pour l'exercice de l'action en liquidation de la créance de participation, ne commence à courir qu'à partir du jour de la décision ordonnant la dissolution du régime matrimonial; que la cour d'appel a justement décidé que l'action n'était pas prescrite; que le moyen n'est pas fondé; [...] ».

> L'indemnisation de l'incapacité permanente partielle qui ne tend qu'à la réparation d'un préjudice corporel doit figurer dans le patrimoine originaire de l'époux victime d'un accident pendant le mariage

• Civ. 1re, 28 févr. 2006, n° 03-11.767, *Bull. civ.* I, n° 107

* V. s^s n° 172.103

« Vu les articles 1404 et 1570 du Code civil;

Attendu qu'aux termes du second de ces textes, le patrimoine originaire de l'époux marié sous le régime de la participation aux acquêts comprend tous les biens qui, dans le régime de la communauté légale, forment des propres par nature sans donner lieu à récompense; que selon le premier, forment des propres par leur nature les actions en réparation d'un dommage corporel;

Attendu que, pour limiter à un certain montant ne correspondant qu'à l'indemnisation des chefs de préjudice dits "personnels", douleurs endurées, préjudice esthétique et préjudice d'agrément, les éléments à prendre en compte pour la détermination du patrimoine originaire de M. X..., victime pendant le mariage d'un accident, alors que, suite au divorce des époux, il statuait sur la liquidation de leur régime matrimonial, la participation aux acquêts, l'arrêt retient que l'indemnité reçue par M. X..., au titre de son incapacité permanente partielle se substituait à un salaire;

Attendu qu'en statuant ainsi, alors que l'indemnisation de l'incapacité permanente partielle ne tendait qu'à la réparation d'un préjudice corporel, la cour d'appel a violé les textes susvisés; [...] ».

> Il n'y a pas de dérogation possible, sur le fondement de l'article 1579 du Code civil, à une règle contractuelle d'évaluation des biens

• Civ. 1re, 26 sept. 2007, n° 06-10.930, *Bull. civ.* I, n° 308

* V. s^s n° 172.84

« Vu l'article 1579 du Code civil;

Attendu, selon ce texte, que, si l'application des règles d'évaluation prévues par les articles 1571 et 1574 devait conduire à un résultat manifestement contraire à l'équité, le tribunal pourrait y déroger à la demande de l'un des époux;

Attendu que M. X... et Mme Y... se sont mariés le 29 septembre 1979 sous le régime de la participation aux acquêts et ont divorcé le 19 décembre 1998; que leur contrat de mariage contenait un article 5 comprenant la stipulation suivante : "B. Patrimoine final : [...] – Estimation : Les biens qui existeront en nature au jour de la dissolution du régime seront estimés d'après leur valeur au jour de la liquidation (et non au jour de la dissolution comme le prévoit le Code civil) mais en tenant compte de leur état au jour de la dissolution";

Attendu que, pour évaluer le patrimoine des ex-époux au jour de la dissolution du régime matrimonial en faisant application de l'article 1579 précité, l'arrêt attaqué énonce que l'article 5 du contrat de mariage est conforme à l'article 1574 du Code civil dans sa rédaction issue de la loi du 23 décembre 1985;

Qu'en statuant ainsi, alors qu'il résultait de l'article 62 de la loi n° 85-1372 du 23 décembre 1985 que l'article 1574 du Code civil, dans sa rédaction issue de cette loi, selon lequel les biens existants sont estimés d'après leur valeur au jour de la liquidation du régime matrimonial, ne s'appliquait pas aux époux X... dès lors que leur contrat de mariage ne renvoyait pas sur ce point aux anciennes dispositions légales ou en était la reproduction, la cour d'appel, qui ne pouvait donc pas déroger aux règles d'évaluation prévues par la convention matrimoniale, lesquelles différaient de celles édictées par l'article 1574, dans sa rédaction antérieure à la loi, a violé le texte susvisé, par fausse application;

Par ces motifs :

Casse et annule [...] ».

> L'absence de biens communs exclut l'application des sanctions du recel de communauté

• Civ. 1re, 4 mai 2011, n° 10-15.787, *Bull. civ.* I, n° 83

* V. ss n° 172.182

« Mais attendu que l'article 1477 du Code civil édicte une sanction à l'encontre de l'époux commun en biens coupable d'un recel des effets de la communauté; que, sous le régime de la participation aux acquêts, les biens acquis par les époux, au cours du mariage, constituent des biens qui leur sont personnels et non des biens communs, chacun d'eux ne pouvant prétendre, à la dissolution du régime, qu'à une créance de participation; qu'il en résulte que les dispositions du texte précité ne leur sont pas applicables [...] ».

172.03 Bibliographie indicative.

Actualisables. Rép. civ., v° *Participation aux acquêts (liquidation)*, par S. David et A. Jault, mai 2009 [màj janv. 2012], nos 98 à 355 – J.-Cl. Civ., Fasc. unique, art. 1569 à 581.

Ouvrages[1]. *75e congrès des notaires de France, Le statut matrimonial des français* – G. et M. Morin, *La réforme des régimes matrimoniaux*, 2e éd., Defrénois, 1974, t. II.

Articles. V. Brémond, « L'industrie personnelle des époux déployée au profit d'un bien propre peut-elle donner naissance à un droit à récompense pour la communauté ? », *JCP N* 1994. 11 – N. Duchange, « Quelques précisions sur l'évaluation des avantages matrimoniaux à propos d'une formule de participation aux acquêts », *Defrénois* 1993, art. 35618; « Un inconvénient patrimonial n'est pas un avantage matrimonial », *Defrénois* 2010. 1113 – N. Duchange et J.-F. Pillebout, « La clause d'exclusion des biens professionnels de la participation aux acquêts : un correctif nécessaire », *JCP N* 1995. I. 487 – C. Fénardon, « La participation inégale aux acquêts », *JCP N* 2009. 1117; « La participation intégrale aux acquêts », *JCP N* 2009. 1137; « La participation aux acquêts en nature », *JCP N* 2009. 1195; « La participation aux acquêts élargie : vers une participation universelle en nature », *JCP N* 2009. 1226; « La participation aux acquêts et la protection des biens professionnels, des billevesées ? », *JCP N* 2009. 1245 – V. Flament, « Observations sur un régime matrimonial à liquidation alternative », *Defrénois* 1993, art. 35575 – J. Maury, « Le principe participatif en régime matrimonial séparatiste », *Mél. A. Colomer*, Litec, 1993, p. 243 s. – Th. Le Bars, « Pour une conception autonomiste du régime matrimonial de la participation aux acquêts », *Mél. G. Wiederkehr*, Dalloz, 2009, p. 487 – J.-F. Pillebout, « Une nouvelle formule de contrat de mariage : participation aux acquêts avec exclusion des biens professionnels », *JCP N* 1987. I. 79 – Ph. Rémy, « Observations sur l'article 1576 alinéa 4 du Code civil », *JCP N* 1980. I. 333 – J.-P. Storck, « Avantages matrimoniaux et régime de participation aux acquêts; détermination de la nature juridique des stipulations permises par l'article 1581 alinéa 2 du Code civil », *JCP* 1981. I. 355.

172.04 Questions essentielles.

> Si, à la dissolution du régime, l'un des époux est en situation financière déficitaire, son conjoint devra-t-il prendre à sa charge une partie de ce déficit ?

* V. ss n° 172.212

> Dans quelle proportion un époux qui n'a pas travaillé pendant la durée du mariage peut-il participer à l'enrichissement advenu à son conjoint ?

* V. ss n° 172.213

> S'agit-il d'une participation en argent ou en nature ?

* V. ss n° 172.220

> Quel est le délai imparti aux époux pour demander la liquidation de la créance de participation à compter de la dissolution du régime ?

* V. ss n° 172.63

> Quelles sont les sanctions encourues par celui qui dissimule des éléments de son actif final ?

* V. ss n° 172.182

172.07 Vue d'ensemble – Dimension communautaire du régime de participation aux acquêts.

Aux termes de l'article 1569 alinéa 1er du Code civil, « *à la dissolution du régime, chacun des époux a le droit de participer pour moitié en valeur aux acquêts nets constatés dans le patrimoine de l'autre...* ». C'est donc à cette date que se manifeste l'**aspect commu-**

1. NB : les ouvrages les plus fréquemment cités et dont le nom des auteurs figure en petites capitales en bibliographie sont cités par les seuls noms des auteurs en petites capitales en notes de bas de page.

nautaire du régime de participation aux acquêts (v. s^{s} n° 17.11). Cela se traduit par la **liquidation d'une créance de participation** au profit de l'époux qui s'est le moins enrichi durant le mariage.

Sont examinés, dans un premier temps, les causes et les effets de la dissolution de ce régime matrimonial, avant d'entreprendre l'étude de la liquidation de la créance de participation.

Les causes de dissolution des régimes matrimoniaux sont limitativement énumérées par la loi. S'agissant du régime de participation aux acquêts, seront étudiées les causes communes aux autres régimes matrimoniaux et une cause propre à ce régime (sect. 1).

Quant à ses effets (sect. 2), la dissolution du régime matrimonial ne remet absolument pas en cause le principe d'indépendance patrimoniale des époux. Elle a pour seul effet, dont il conviendra de déterminer le point de départ, de rendre l'un des époux débiteur à l'égard de l'autre d'une créance de participation.

La liquidation du régime de participation aux acquêts va permettre, tout d'abord, de chiffrer le montant de la créance de participation dont l'un des époux est, éventuellement, débiteur, puis d'en déterminer les modalités de règlement. Seront étudiées donc successivement les règles relatives au calcul de la créance de participation (sect. 4), puis les modalités de règlement de cette créance (sect. 5), en ayant à l'esprit que le dispositif légal ainsi décrit peut, parfois, être écarté (sect. 3).

SECTION 1 CAUSES DE DISSOLUTION DU RÉGIME DE PARTICIPATION AUX ACQUÊTS

§ 1 Causes communes aux autres régimes matrimoniaux

172.11 Renvoi à l'article 1441 du Code civil. Cinq des six causes de dissolution énumérées à l'article 1441 du Code civil, relatif à la dissolution de la communauté légale, s'appliquent également au régime de participation aux acquêts (v. s^{s} n° 143.21). Ainsi, le **décès** ou l'**absence déclarée** de l'un ou des deux époux, la **séparation de corps**, le **divorce** et le **changement de régime matrimonial** intervenu conformément aux exigences posées par l'article 1397 du Code civil mettent fin au régime matrimonial des époux.

La séparation de biens judiciaire, autre cause de dissolution prévue par l'article 1441 du Code civil, propre au régime de communauté, trouve même un équivalent, dans le cadre du régime de participation aux acquêts, sous la forme d'une **liquidation anticipée de la créance de participation**.

§ 2 Cause propre au régime de participation aux acquêts

172.21 Liquidation anticipée de la créance de participation. L'article 1580 du Code civil, dont les termes reprennent ceux de l'article 1443 du même code relatif à la séparation de biens judiciaire (v. s^{s} n° 143.28), régit une cause de dissolution propre au régime de participation aux acquêts : la liquidation anticipée de la créance de participation. Cette cause de dissolution est soumise aux **mêmes conditions que la séparation de biens judiciaire,** à savoir, le désordre des affaires d'un époux, sa mauvaise administration ou son inconduite, lorsque l'une ou l'autre de ces situations donnent lieu de craindre que la **continuation du régime matrimonial ne compromette les intérêts de l'autre conjoint**. En raison de son caractère personnel, la demande en liquidation anticipée ne peut être exercée par les créanciers des époux.

172.22 Procédure à suivre. S'agissant de la procédure à suivre, l'article 1580 alinéa 2 du Code civil renvoie aux **règles applicables à la séparation de biens judiciaire,** régie par les articles 1443 à 1449 du Code civil.

Selon certains auteurs, par analogie, les articles 265-2 et 1451 du même code devraient pouvoir être également appliqués et permettre ainsi la **liquidation amiable anticipée de la créance de participation** au cours d'une procédure de divorce.

172.23 Effets. La liquidation anticipée de la créance de participation a pour effet, aux termes de l'article 1580 alinéa 3 du Code civil, de substituer le **régime de séparation de biens pure et simple** au régime de participation aux acquêts.

SECTION 2 EFFETS DE LA DISSOLUTION DU RÉGIME DE PARTICIPATION AUX ACQUÊTS

§ 1 Maintien de l'indépendance patrimoniale des époux

172.31 Maintien de l'indépendance patrimoniale dans les rapports entre époux. La dissolution du régime n'a aucun effet sur les masses patrimoniales existantes : les patrimoines des époux continuent de constituer les deux mêmes masses autonomes; aucune indivision ne fait suite à la séparation de biens des époux. En effet, **la participation s'opère, en principe, en valeur et non en nature** (C. civ., art. 1569, al. 1er) et a donc pour unique conséquence de rendre éventuellement l'un des époux créancier de l'autre d'une somme d'argent (C. civ., art. 1576, al. 1er). La dissolution du régime ne révèle ainsi l'apparition d'aucune masse commune dont la liquidation entraînerait le partage entre les époux.

De même, chaque époux reste seul maître de tous ses biens.

172.32 Maintien de l'indépendance patrimoniale dans les rapports des époux avec les tiers. Les droits des créanciers des époux, et notamment leur gage, ne sont en rien modifiés par la dissolution du régime matrimonial. Afin de préserver le **crédit de l'époux débiteur au titre de la participation**, l'article 1576 alinéa 4 du Code civil confère même un **privilège aux créanciers** de cet époux au cas de règlement en nature. Ce texte dispose, en effet, que « *la liquidation n'est pas opposable aux créanciers des époux : ils conservent le droit de saisir les biens attribués au conjoint de leur débiteur* » [1].

Cette disposition est critiquée par certains auteurs qui ne s'expliquent pas la reconnaissance d'un tel privilège lorsque le règlement s'effectue en nature car en présence d'un paiement en argent de la créance de participation, celui-ci est définitif et inattaquable, par application du droit commun qui fait du paiement le prix de la course. De plus, le domaine de cet article est controversé. Pour certains auteurs, le droit de suite qu'il institue doit encore être reconnu aux créanciers de l'époux débiteur lorsque le règlement en nature s'effectue en application d'une convention matrimoniale; pour d'autres, il doit plutôt être réservé aux seuls cas de règlement en nature visés par l'article 1576 alinéa 2 du Code civil (v. ss nos 172.233 et 172.241).

§ 2
Ouverture du droit de participation

172.41 Effet toujours identique. La dissolution du régime de participation aux acquêts, quelle qu'en soit la cause, fait naître le **droit de chaque époux ou de leurs héritiers de participer aux acquêts réalisés éventuellement par son conjoint.**

Le caractère héréditaire du droit de participation est nettement affirmé par l'article 1569 alinéa 2 du Code civil aux termes duquel « *si sa dissolution survient par la mort d'un époux, ses héritiers ont, sur les acquêts nets faits par l'autre, les mêmes droits que leur auteur* ».

De plus, on ne retrouve pas, en droit français, l'équivalent de l'article 1371 alinéa 1er du Code civil allemand, lequel substitue au droit de l'époux survivant de participer aux acquêts réalisés par le défunt une augmentation des droits du premier dans la succession du second.

La dissolution du régime de participation aux acquêts, quelle qu'en soit la cause, entraîne donc toujours l'ouverture du droit de participation et, corrélativement, le droit d'y renoncer [2].

§ 3
Point de départ des effets de la dissolution

172.51 Distinctions selon les causes de la dissolution. Le point de départ des effets de la dissolution varie suivant les circonstances. En cas de dissolution par **décès** ou **absence déclarée**, la dissolution prend effet *erga omnes* au **jour du décès ou du jugement déclaratif d'absence**. Aux termes de l'article 1572 alinéa 1er du Code civil : « *S'il y a divorce, séparation de corps ou liquidation anticipée des acquêts, le régime matrimonial est réputé dissous au jour de la demande* ».

Il convient de noter qu'aucune distinction n'est faite par ce texte entre les effets dans les rapports entre les époux et à l'égard des tiers. Aussi les auteurs admettent-ils que la rétroactivité de la dissolution concerne les seconds comme les premiers, faisant valoir que cette solution ne crée aucun risque pour les tiers non avertis, les pouvoirs des époux étant les mêmes, avant comme après la dissolution (v. ss no 172.32).

172.52 Question du report des effets de la dissolution. N'est pas reprise par le législateur, à l'endroit du régime de participation aux acquêts, la possibilité, inscrite à l'article 1442 alinéa 2 du Code civil, en faveur des époux communs en biens, de « *demander, s'il y a lieu, que, dans leurs rapports mutuels, l'effet de la dissolution soit reporté à la date où ils ont cessé de cohabiter et de collaborer* » (v. ss nos 143.31 à 143.35).

Certains commentateurs de la loi de 1965 ont cependant soutenu qu'une telle demande pouvait être faite par des époux mariés sous le régime de participation aux acquêts, en se fondant soit sur

1. Sur cette disposition, v. Ph. Remy, « Observations sur l'article 1576 alinéa 4 du Code civil », *JCP N* 1980. I. 333.

2. Sur l'impossibilité de renoncer à la créance de participation avant la dissolution du lien matrimonial, v. Civ. 1re, 8 avr. 2009, no 07-15.945, *Bull. civ.* I, no 80; *D.* 2009. Somm. 1201, obs. V. Égéa; Pan. 2508, obs. J. Revel; Jur. 2528, note Pasquier; *JCP N* 2009. 1234, note J.-G. Mahinga; *AJ fam.* 2009. 219, obs. S. David; *RLDC* 2009/61, no 3475, obs. E. Pouliquen; *Defrénois* 2009. 1483, obs. G. Champenois; *RTD civ.* 2009. 516, obs. J. Hauser; p. 769 et 771, obs. B. Vareille.

l'article 1578 alinéa 2 du Code civil, en vertu duquel, en cas de liquidation judiciaire du régime de participation aux acquêts, sont applicables « *en tant que de raison, les règles prescrites pour arriver au partage judiciaire des successions et communautés* » (interprété alors comme autorisant une transposition des solutions prévues par C. civ., art. 1442, al. 2), soit sur l'article 1579 du même code aux termes duquel « *si l'application des règles d'évaluation prévues par les articles 1571 à 1574 ci-dessus devait conduire à un résultat manifestement contraire à l'équité, le tribunal pourrait y déroger à la demande de l'un des époux* ». Mais cette doctrine n'a jamais fait l'unanimité.

Cependant, la loi du 23 décembre 1985 [1], introduisant l'article 262-1 alinéa 2 dans le Code civil (mod. par L. n° 2004-439, 26 mai 2004 [2], art. 15), applicable à tous les époux, quel que soit leur régime matrimonial, et en vertu duquel : « *À la demande de l'un des époux, le juge peut fixer les effets du jugement à la date à laquelle ils ont cessé de cohabiter et de collaborer* », a supprimé toute controverse lorsque la **dissolution du régime de participation aux acquêts a pour cause** le **divorce** ou la **séparation de corps** [3]. L'enjeu de la controverse est, depuis lors, très limité, la rétroactivité au jour de la séparation effective étant, en effet, essentiellement demandée dans ces deux cas de dissolution.

SECTION 3
LIQUIDATION DE LA CRÉANCE DE PARTICIPATION

172.60 Autorité du dispositif légal. L'objet de cette section est l'étude du **dispositif légal** (§ 1) concernant la liquidation du régime de participation aux acquêts. Il faut cependant avoir à l'esprit que, dans deux hypothèses, ce dispositif peut être écarté : en présence de **conventions matrimoniales y dérogeant** (§ 2) ou lorsque le strict respect des règles légales conduirait à des **règles manifestement contraires à l'équité** (§ 3).

§ 1
Dispositif légal

172.61 Caractère amiable ou judiciaire de la liquidation. La liquidation de la créance de participation, quelle qu'ait été la cause de dissolution du régime matrimonial, peut toujours être amiable ou judiciaire. Aux termes de l'article 1578 alinéa 1er du Code civil, elle est judiciaire lorsque « *à la dissolution du régime matrimonial, si les parties ne s'accordent pas pour procéder à la liquidation par convention* [...] ». De plus, conformément au droit commun, la **liquidation** doit être **judiciaire** lorsque toutes les **parties prenantes ne sont pas présentes** ou que, parmi elles, figure au moins un **mineur non émancipé** ou un **majeur en tutelle**, sauf autorisation du juge des tutelles (C. civ., art. 116, al. 2) ou du conseil de famille (C. civ., art. 466, al. 2) de procéder à une liquidation amiable.

172.62 Règles applicables à une liquidation judiciaire. Dans l'hypothèse d'une liquidation judiciaire, l'article 1578 alinéa 2 du Code civil précise que « *sont applicables à cette demande, en tant que de raison, les règles prescrites pour arriver au partage judiciaire des successions et communautés* ». La liquidation judiciaire de la créance de participation ne donnant pas lieu à un partage en nature, ne lui sont finalement transposables que les **règles relatives aux formes du partage** et les **principes qui président à l'estimation des biens.**

De plus, l'article 1578 alinéa 3 du Code civil impose aux époux un devoir de collaboration entre eux et avec la justice, lorsqu'il dispose que « *les parties sont tenues de se communiquer réciproquement, et de communiquer aux experts désignés par le juge, tous renseignements et documents utiles à la liquidation* ».

172.63 Prescription de l'action en liquidation judiciaire. En raison de la complexité croissante des opérations liquidatives au fur et à mesure que le temps passe à compter de la dissolution du régime de participation aux acquêts, l'action en liquidation de la créance de participation se prescrit par **trois ans à compter de ladite dissolution** (C. civ., art. 1578, al. 4), contrairement à l'imprescriptibilité de l'action en partage de la communauté. La Cour de cassation a eu l'occasion de préciser qu'en cas de dissolution du régime par divorce, séparation de corps ou liquidation anticipée des acquêts, **le délai de prescription court du jour de la décision faisant définitivement cesser le régime matrimonial** et non, comme une application littérale de l'article 1572 alinéa 1er du Code civil aurait pu le laisser penser (v. ss n° 172.51), du jour de l'assignation [4].

1. L. n° 85-1372, 23 déc. 1985, relative à l'égalité des époux dans les régimes matrimoniaux et des parents dans la gestion des biens des enfants mineurs, *JO* 26 déc., p. 15111.
2. L. n° 2004-439, 26 mai 2004, relative au divorce, *JO* 27 mai, p. 9319.
3. EN CE SENS, F. TERRÉ et PH. SIMLER, n° 824 – C. AUBRY et C. RAU, par A. PONSARD, n° 364 – G. MARTY et P. RAYNAUD, n° 460.
4. Civ. 1re, 14 mai 1996, n° 94-11.338, *Bull. civ.* I, n° 209; *JCP N* 1997. II. 391, note Pillebout; *Defrénois* 1996, art. 36387, n° 126, p. 1086, obs. Champenois; *RTD civ.* 1997. 214, obs. Vareille – V. DÉJÀ DANS LE MÊME SENS, Amiens, 8 déc. 1993, *JCP N* 1995. II. 698, note Stork – Agen, 3 mars 1988, *JCP* 1989. II. 21308, note Simler; *RTD civ.* 1991. 394, obs. F. Lucet.

Bien entendu, rien n'interdit une liquidation amiable après l'expiration de ce délai. Et, il faut garder à l'esprit qu'en cas d'inaction des époux, leurs **créanciers** peuvent, à compter de la dissolution du régime, demander la liquidation de la créance de participation, en exerçant **l'action oblique**, à la place de leur débiteur.

§ 2
Dérogations conventionnelles autorisées

172.71 Article 1581 du Code civil. Les époux peuvent, dans leur contrat de mariage, prévoir des règles qui soient différentes de celles issues du dispositif légal, tant en ce qui concerne la détermination du **montant de la créance de participation** que le **règlement** même de cette créance.

L'article 1581, dans ses alinéas 2 et 3, donne, à titre indicatif, l'exemple de quelques aménagements conventionnels autorisés : la clause de partage inégal des acquêts (dont le jeu est théoriquement possible dans tous les cas de dissolution du régime[1]), la clause attribuant tous les acquêts nets faits par l'un des époux au survivant des deux[2] (clause qui, elle, ne peut jouer que comme un gain de survie) et la clause prévoyant le règlement en nature de la créance de participation. Et l'article 1581, dans son alinéa 1er, précise la seule limite à la liberté contractuelle des époux : « *En stipulant la participation aux acquêts, les époux peuvent stipuler toutes clauses non contraires aux articles 1387, 1388 et 1389* ».

172.72 Clauses imaginées par la pratique. D'autres types d'aménagements conventionnels ont été proposés, parmi lesquels notamment la **clause d'exclusion des biens professionnels de la participation aux acquêts** et la **clause de plafonnement à tout ou partie des acquêts non professionnels**[3], ou encore la **clause d'exclusion de la liquidation de la créance de participation** en cas de dissolution du régime par **divorce**[4] ou par **décès**[5], et la clause diminuant voire supprimant les patrimoines originaires[6].

172.73 Analyse et régime des dérogations conventionnelles. Si la clause introduite dans le contrat de mariage augmente le droit à participation[7], il y a, de l'avis général des auteurs, **avantage matrimonial** et **non libéralité**[8]. C'est également en ce sens que s'est prononcée la Chancellerie dans une réponse ministérielle du 17 octobre 1988[9] (sur l'extension discutée de cette qualification à la clause d'exclusion des biens professionnels[10]). Il est également généralement soutenu que, pour mesurer l'avantage matrimonial, il convient de comparer les résultats du régime conventionnel adopté avec ceux auxquels aurait abouti la stricte application des règles légales[11].

Une méthode nouvelle a cependant été proposée : constituerait un avantage **l'enrichissement procuré par le régime conventionnel** adopté par comparaison avec le régime légal de séparation de biens[12].

Si la qualification d'avantage matrimonial était retenue, il en résulterait un risque de révocation de plein droit de la clause conventionnelle en cas de divorce, sur le fondement de l'article 265 du Code

1. C. Fénardon, « La participation inégale aux acquêts », *JCP N* 2009. 1117.
2. V. article C. Fénardon, préc. s^s^ prés^t^ n°.
3. J.-F. Pillebout, « Une nouvelle formule de contrat de mariage : participation aux acquêts avec exclusion des biens professionnels », *JCP N* 1987. I. 79 – N. Duchange et J.-F. Pillebout, « La clause d'exclusion des biens professionnels de la participation aux acquêts : un correctif nécessaire », *JCP N* 1995. I. 487.
4. V. Flament, « Observations sur un régime matrimonial à liquidation alternative », *Defrénois* 1993, art. 35575 – 106e Congrès des notaires, « Couples, Patrimoine », 2010, nos 3423 s. – Pour d'autres aménagements conventionnels, v. J. Maury, « La participation aux acquêts », *Les régimes matrimoniaux*, Lamy, 1995, nos 8-170 s.
5. C. Fénardon, « La participation inégale aux acquêts », *JCP N* 2009. 1117.
6. C. Fénardon, « La participation aux acquêts élargie : vers une participation universelle en nature », *JCP N* 2009. 1226.
7. Pour la qualification d'avantage matrimonial de la clause de minoration du taux de participation, v. C. Fénardon, « La participation inégale aux acquêts », *JCP N* 2009. 1117.
8. Beaucoup plus réservé sur le sujet : Cl. Brenner, « Notion et évaluation des avantages matrimoniaux », *Actes pratiques et stratégie patrimoniale* 2008, n° 2, étude 11.
9. Rép. min. n° 601, 17 oct. 1988, *JCP N* 1989. 1, obs. Ph. Simler.
10. N. Duchange, « Quelques précisions sur l'évaluation des avantages matrimoniaux à propos d'une formule de participation aux acquêts », *Defrénois* 1993, art. 35618 – F. Letellier « La clause d'exclusion des biens professionnels sous le régime de la participation aux acquêts à l'épreuve du divorce », *JCP N* 2008. 1150 – C. Fénardon, « La participation aux acquêts et la protection des biens professionnels : des billevesées ? », *JCP N* 2009. 1245 – E. Rousseau, « De l'existence du critère fondamental de l'avantage matrimonial », *Mél. G. Champenois*, Defrénois, 2012, spéc. p. 717.
11. EN CE SENS, not., J.-P. Storck, « Avantages matrimoniaux et régime de participation aux acquêts; détermination de la nature juridique des stipulations permises par l'article 1581 alinéa 2 du Code civil », *JCP* 1981. I. 355 – Pour une comparaison systématique avec le régime de communauté légale : E. Rousseau, préc. s^s^ prés^t^ n°, spéc. p. 726.
12. V. N. Duchange, « Un inconvénient patrimonial n'est pas un avantage matrimonial », *Defrénois* 2010. 1113.

civil[1]. Il en résulterait aussi, en cas de dissolution du mariage par décès, le possible exercice par les enfants d'une première union du défunt de l'action en retranchement de l'article 1527 du Code civil[2].

§ 3
Correction des règles légales dans un sens conforme à l'équité

172.81 **Article 1579 du Code civil.** Le législateur a lui-même prévu et entendu régir l'hypothèse où l'application fidèle des règles liquidatives qu'il pose conduirait « *à un résultat manifestement contraire à l'équité* », circonstance dans laquelle aux termes de l'article 1579 du Code civil, le tribunal pourra déroger aux dites règles à la demande de l'un des époux.

172.82 **Fondement de cette disposition.** L'article 1579, issu de la loi du 13 juillet 1965, traduit le scepticisme du législateur quant à la perfection des règles liquidatives qu'il a mises en place relatives à un régime matrimonial alors inédit en France. Avec réalisme, il suppose que la pratique de ce régime révélera quelques imperfections des règles qu'il a édictées *ex nihilo*.

172.83 **Initiative de la correction.** C'est seulement à la demande de l'un des époux que le tribunal peut se fonder sur l'article 1579 pour corriger le dispositif légal. Le juge ne peut donc jamais prendre l'initiative d'une telle correction.

172.84 **Domaine de l'article 1579.** Les **corrections** ne peuvent, aux termes de l'article 1579, avoir pour objet que les **règles d'évaluation du patrimoine originaire et du patrimoine final** de chacun des époux et ne sont justifiées que par l'iniquité manifeste des résultats auxquels conduirait l'application fidèle des règles légales.

Certains auteurs[3], préconisant une interprétation extensive de l'article 1579, considèrent que cette disposition devrait permettre de sanctionner la **mauvaise gestion** de l'un des époux pendant le mariage, les cas de **recels** et même les hypothèses où un époux n'a pas satisfait aux obligations que lui impose l'article 1578 alinéa 3 (v. s[s] n° 172.62 *in fine*). Ces différentes situations sont, en effet, autant d'éléments permettant de décider du caractère inéquitable des résultats de la liquidation.

La jurisprudence retient, elle, une interprétation étroite de l'article 1579 du Code civil[4].

1. Une réponse ministérielle vient cependant neutraliser l'éventuelle qualification d'avantage matrimonial de la clause, en permettant aux époux de prévoir son efficacité même en cas de divorce : « *La volonté des époux de maintenir les avantages matrimoniaux qui ne prennent effet qu'à la dissolution du régime matrimonial ou au décès de l'un des époux et des dispositions à cause de mort peut être manifestée dans le contrat de mariage, le changement de régime matrimonial ou la libéralité. Au moment du divorce, le juge constatera l'accord de l'époux pour rendre irrévocable l'avantage ou la disposition consentis* », Rép. min. AN n° 18632, 26 mai 2009 – Et dans le sens de la non-révocation de plein droit de la clause d'exclusion des biens professionnels, v. Paris, 27 avr. 2011, *JCP N* 2013, n° 41, obs. N. Duchange.
2. V. E. Rousseau, préc. s[s] prés[t] n°, p. 719.
3. Ph. Malaurie et L. Aynès, n° 861.

Section 4
Calcul de la créance de participation

172.91 **Objet de la participation. Notion d'acquêts.** Il ressort de l'article 1575 alinéa 1er du Code civil que la participation a pour objet les gains et non les pertes. Chaque époux participe donc aux **acquêts nets réalisés éventuellement par son conjoint pendant le mariage**, le passif de chacun des époux restant, avant comme après la dissolution de leur union, à la charge personnelle de chacun d'eux.

Il convient d'entendre par acquêts nets réalisés par un époux donnant lieu à participation, le **montant de l'enrichissement de cet époux dû à son travail ou aux économies** qu'il a réalisées sur ses biens pendant le mariage et non le montant de l'enrichissement global de cet époux. La prise en compte, commandée par le législateur dans l'article 1571 alinéa 1er du Code civil de « *l'état* (du bien) *au jour du mariage* » conduit, en effet, à exclure des acquêts les plus-values économiques et fortuites advenues aux biens des époux qui eussent reçu la qualification de biens propres sous le régime de la communauté légale.

172.92 **Montant de la créance de participation.** Le montant de la créance de participation due à l'époux qui s'est le moins enrichi s'élève à la moitié de la différence des acquêts nets réalisés par chacun des époux.

Ainsi, par exemple, si les acquêts nets de l'époux A s'élèvent à 100 et ceux de l'époux B à 150, la créance de participation due par B à A est égale à : (150 – 100)/2, soit 25.

172.93 **Différentes étapes du calcul de la créance de participation.** La détermination des acquêts nets réalisés par un époux s'obtient, aux termes de l'article 1575 alinéa 1er du Code civil, par la **soustraction du montant du patrimoine originaire** au montant **du patrimoine final** de cet époux.

4. Civ. 1re, 26 sept. 2007, n° 06-10.930, *Bull. civ.* I, n° 308; *RLDC* nov. 2007, n° 2754, obs. Jeanne; *RJPF* 2008-1/15, obs. F. Vauvillé. L'article 1579 du Code civil ne joue pas en présence d'une règle contractuelle d'évaluations des biens.

172.100 **Annonce.** Le calcul de la créance de participation (§ 3) suppose donc connus la consistance et le montant du patrimoine originaire (§ 1) et du patrimoine final (§ 2) de chacun des époux.

La valeur du patrimoine originaire, comme celle du patrimoine final, est une **valeur nette**. Aussi le patrimoine originaire, comme le patrimoine final, comprennent-ils des éléments actifs et des éléments passifs qu'il conviendra de déterminer, avant d'en préciser les règles de preuve et d'évaluation.

§ 1
Patrimoine originaire

A.
Actif originaire : biens compris dans le patrimoine originaire

172.101 **Principe de solution.** Le patrimoine originaire est composé activement de tous les biens qui ne donnent pas lieu à participation en raison de leur origine ou de leur caractère éminemment personnel. Leur énumération figure à l'article 1570 alinéa 1er du Code civil.

172.102 **Biens présents, biens futurs.** Figurent à l'actif du patrimoine originaire d'un époux les biens présents de cet époux, c'est-à-dire les biens qui lui appartenaient au jour de son mariage et ses biens futurs, à savoir ceux qui lui sont advenus par succession ou libéralité au cours du mariage.

172.103 **Biens propres par nature sans donner lieu à récompense.** L'article 1570 alinéa 1er du Code civil, dans sa rédaction issue de la loi du 13 juillet 1965, ne visait, au titre des biens originaires, que les biens présents et futurs. Il était alors possible de décider que les **biens acquis par un époux au cours du mariage** et qui eussent reçu la qualification de **biens propres par nature** sans donner droit à récompense sous le régime de la communauté légale (c'est-à-dire, les vêtements et linges à usage personnel, les actions en réparation d'un dommage corporel ou moral[1], les créances ou pensions incessibles et, plus généralement, tous les biens qui ont un caractère personnel et tous les droits attachés à la personne d'un époux - v. ss nos 132.31 s. - sur l'assimilation à de tels biens du capital perçu lors du dénouement d'un contrat d'assurance-vie contracté par un époux en faveur de son conjoint[2]) ne figuraient qu'au patrimoine final de l'époux, faisant ainsi apparaître des acquêts donnant lieu à participation.

Le résultat de cette analyse étant que le régime de participation aux acquêts s'avérait, en cette matière, plus communautaire que le régime de communauté légale, plusieurs auteurs, malgré le silence gardé par l'article 1570 alinéa 1er du Code civil, s'étaient prononcés pour **l'inclusion dans le patrimoine originaire de ces biens.** La loi du 23 décembre 1985 est venue consacrer cette interprétation en ajoutant à l'énumération des biens originaires contenue dans l'article 1570 alinéa 1er du Code civil, « *les biens qui, sous le régime de la communauté légale, forment des propres par nature sans donner lieu à récompense* ».

172.104 **Biens acquis pendant le mariage et qui se sont subrogés aux biens énumérés par l'article 1570 alinéa 1er.** Les règles d'évaluation des biens originaires posées par l'article 1571 alinéa 1er du Code civil (v. ss nos 172.140 s.) conduisent à inscrire à l'actif du patrimoine originaire les biens acquis par un époux pendant le mariage et qui se sont subrogés aux biens originaires de cet époux. Cette subrogation a lieu **de plein droit**, sans qu'il soit nécessaire à l'époux de respecter les formalités prescrites par l'article 1434 du Code civil à l'endroit des époux communs en biens (v. ss nos 132.120 s.). Le respect éventuel par l'époux de ces **formalités** n'a ici qu'un **intérêt probatoire**, non négligeable d'ailleurs (v. ss nos 172.121 et 172.122).

La question se pose de savoir si, lorsque des **deniers originaires** ont été **utilisés pour améliorer un autre bien originaire**, les deniers originaires doivent figurer à l'actif originaire pour leur valeur nominale ou s'il n'a pas été subrogé à cette dernière la valeur des améliorations. Le législateur ayant retenu la technique de la dette de valeur pour l'évaluation des biens originaires, il semble raisonnable de décider que, dans une telle hypothèse, **l'amélioration a été subrogée aux deniers originaires** et qu'ainsi **c'est la valeur de celle-ci qui doit être inscrite à l'actif originaire.**

B.
Actif originaire : biens non compris dans le patrimoine originaire

172.111 **Exclusion des fruits.** L'article 1570 alinéa 1er *in fine* du Code civil commande de ne tenir compte, dans le patrimoine originaire, ni des fruits des biens originaires ni des biens originaires

1. Civ. 1re, 28 févr. 2006, n° 03-11.767, *Bull. civ.* I, n° 107; *AJ fam.* 2006. 293, obs. P. Hilt; *D.* 2006. Pan. 2066, obs. V. Brémont; *LPA* 9 oct. 2006, note G. Yildirim; *RLDC* 2006, n° 28, p. 48, note Leandri; *RTD civ.* 2006. 364, obs. B. Vareille.

2. V. H. Lemaire, « Assurance-vie et participation aux acquêts : vers une application pure et simple des règles applicables en régime de communauté ? », *JCP N* 1995. I. 965 – D. Coron et F. Lucet, « Régime de participation aux acquêts : application des mesures fiscales prises à la suite de la jurisprudence *Praslicka* », *JCP N* 2000. 733.

ayant le caractère de fruits. Les fruits, quel qu'ait été leur sort, profitent donc également aux deux époux, comme sous le régime de la communauté légale[1].

172.112 Exclusion des biens originaires donnés pendant le mariage. Les biens initialement compris dans le patrimoine originaire qui ont été donnés au cours du mariage, avec ou sans le consentement du conjoint de l'époux propriétaire, n'ont plus à figurer, depuis la loi du 23 décembre 1985, à l'actif du patrimoine originaire de l'époux donateur (de même qu'ils n'ont plus à être réunis fictivement à l'actif final de cet époux lorsqu'ils ont été donnés sans le consentement du conjoint, v. s[s] n° 171.122).

L'inclusion de ces biens dans le patrimoine originaire, commandée par l'ancienne rédaction de l'article 1570 alinéa 1er du Code civil, était, en effet, à l'origine de deux anomalies.

Tout d'abord, quand la **donation** avait été **consentie sans l'accord du conjoint,** elle faisait apparaître des acquêts purement fictifs dans la mesure où le bien donné était compris dans le patrimoine originaire et réuni fictivement au patrimoine final, mais non pour la même valeur : il figurait, dans le premier patrimoine, pour sa valeur au jour de l'aliénation et, dans le second, pour sa valeur au jour de la dissolution du régime. Aussi la plus-value éventuelle acquise par le bien donné, entre la donation et la dissolution, dégageait-elle des acquêts donnant lieu à participation alors qu'elle ne correspondait à aucun acquêt réel n'étant par hypothèse pas due à des investissements effectués par l'époux donateur.

Ensuite, quand la **donation** avait été **consentie du commun accord des deux époux**, l'inclusion du bien donné dans le patrimoine originaire de l'époux donateur entraînait une disparition anormale d'acquêts de cet époux puisque, par hypothèse, aucune valeur n'étant venue remplacer le bien donné et le consentement du conjoint à la donation ayant été obtenu, la valeur du bien donné n'avait, en revanche, pas à figurer dans le patrimoine final de l'époux donateur et ne pouvait donc neutraliser la valeur retenue à l'actif originaire.

C. Actif originaire : preuve de la composition du patrimoine originaire

172.120 Distinction à opérer selon l'objet de la preuve. Les moyens de preuve dont dispose un époux sont différents selon qu'il s'agit pour lui de prouver l'existence d'un bien dans son patrimoine originaire (1°) ou l'inexistence d'un bien dans le patrimoine originaire de son conjoint (2°).

1° Preuve de l'existence d'un bien

172.121 Principe de l'état descriptif. L'article 1570 alinéa 2 du Code civil dispose que « *la consistance du patrimoine originaire est prouvée par un état descriptif* ». Il y a là une véritable **présomption d'acquêts,** comparable à la présomption de communauté de l'article 1402 du même code. Aucune forme ni aucune date ne sont imposées par le législateur pour la confection de cet état descriptif. Il peut ainsi être rédigé (ou complété), « *même sous seing privé* », à tout moment, pendant le régime ou même après sa dissolution, la seule exigence posée par ledit article 1570 alinéa 2 étant qu'il soit « *établi en présence de l'autre conjoint et signé par lui* ».

Il est ainsi suggéré aux époux dont l'histoire patrimoniale est complexe d'en reconstituer les différents moments au cours du mariage, sauf à s'en tenir à la relation de faits exacts sous peine qu'un tel acte soit analysé comme une modification irrégulière du régime matrimonial.

172.122 Absence d'état descriptif. État descriptif incomplet. À défaut d'état descriptif, l'article 1570 du Code civil, dans son alinéa 2, disposait, dans sa version initiale de 1965, que le patrimoine originaire devrait être tenu pour nul alors que, dans son alinéa 3, il permettait de rapporter la preuve par les moyens de l'article 1402 du Code civil que l'état était incomplet, le patrimoine originaire comprenant d'autres biens que ceux énumérés par lui. Or, il n'y avait entre les deux situations (absence d'état/état incomplet) qu'une différence de degré et non de nature. C'est pourquoi, certains auteurs considéraient que, malgré la lettre du texte, il fallait admettre les **mêmes moyens de preuve,** ceux dudit article 1402, dans les deux hypothèses. Cette doctrine a été consacrée par le législateur de 1985 et l'article 1570 du Code civil, dans son alinéa 3, traite, à présent, de la même manière l'absence d'état descriptif et son caractère incomplet, en renvoyant dans ces deux cas, aux moyens de preuve de l'article 1402 du Code civil c'est-à-dire, notamment, aux écrits de toute nature et, si l'époux a été dans l'impossibilité matérielle ou morale de se procurer un écrit, à la preuve par témoignage ou présomption (v. s[s] n° 134.31).

Les moyens de preuve offerts à l'époux sont finalement nombreux. Si, néanmoins, un époux n'arrive pas à rapporter la preuve de sa qualité de propriétaire exclusif d'un bien selon l'un des modes autorisés par l'article 1570 du Code civil, même s'il avait éventuellement réussi à rapporter cette preuve, pen-

1. Civ. 1re, 31 mars 1992, n° 90-17.212, *Bull. civ.* I, n° 96; *JCP* 1993. II. 22003, note J.-F. Pillebout; 22041, note A. Tisserand; *Defrénois* 1992. 1121, obs. G. Champenois; 1993. 545, étude G. Morin; *RTD civ.* 1993. 401, obs. F. Lucet et B. Vareille.

dant le fonctionnement du régime, grâce à l'un des moyens de preuve autorisés par l'article 1538 du même code, alors seul applicable (v. s[s] n° 171.13), le bien litigieux ne pourra pas être compris dans le patrimoine originaire. Par conséquent, si un époux n'arrive pas à établir la consistance de son patrimoine originaire, celui-ci devra être tenu pour nul, les biens dont le caractère originaire n'aura pas été établi étant alors inscrits à l'actif du patrimoine final de l'époux.

2°
Preuve de l'inexistence d'un bien

172.131 Preuve par tous moyens. Que l'on applique les principes généraux de la preuve ou l'article 1402 du Code civil (en vertu du renvoi opéré par l'article 1570 du même code), étant donnée l'impossibilité de se ménager une preuve écrite que pourra, la plupart du temps, alléguer l'époux, il convient de reconnaître à ce dernier la possibilité d'user de tous les moyens légaux pour rapporter la preuve de l'inexistence d'un bien dans le patrimoine de son conjoint.

172.132 Portée controversée de la signature par un époux de l'état descriptif du patrimoine originaire de son conjoint. Pour certains auteurs, en signant l'état descriptif du patrimoine originaire de son conjoint, l'époux se prive du droit d'en contester, par la suite, le contenu. D'autres, en revanche, considèrent, que malgré cette signature, l'époux conserve la possibilité de rapporter la **preuve contraire.** D'où l'utilité de prévoir une **clause, dans le contrat de mariage**, prenant parti entre l'une ou l'autre de ces deux analyses.

D.
Actif originaire : évaluation des biens originaires

172.140 Distinction à opérer. Les règles d'évaluation des biens originaires sont posées par l'article 1571 alinéa 1er du Code civil. Elles diffèrent selon que le bien se retrouve ou non en nature dans le patrimoine de l'époux au jour de la liquidation du régime.

1°
Le bien se retrouve en nature au jour de la liquidation

172.141 Combinaison nécessaire de deux dates différentes. Aux termes de l'article 1571 alinéa 1er du Code civil, le bien doit figurer au patrimoine originaire pour la valeur qu'il aurait eue au jour de la liquidation s'il était resté dans le même état depuis le jour du mariage (s'il s'agit d'un bien présent) ou de son acquisition (s'il s'agit d'un bien futur ou d'un bien propre par nature acquis au cours du mariage).

La **prise en compte de la date de la liquidation du régime matrimonial pour arrêter la valeur du bien** est une innovation de la loi du 23 décembre 1985 qui a substitué cette date à celle de la dissolution du régime, retenue dans la version initiale de l'article 1571, afin de faire coïncider, dans un souci d'équité, la date d'évaluation des biens et celle du règlement de la créance.

La **correction de la valeur du bien au jour de la liquidation en fonction de son état au jour du mariage ou de son acquisition** conduit à faire figurer dans le patrimoine originaire la valeur du bien au jour de la liquidation **abstraction faite des améliorations** qui ont pu lui être apportées pendant le mariage. Ces améliorations auront, en effet, le plus souvent, été financées par les gains et salaires de l'époux ou par les revenus de ses biens, c'est-à-dire par des fonds constitutifs d'acquêts. Or, ne sont comprises dans le patrimoine originaire que les valeurs ne donnant pas lieu à participation. C'est pourquoi, si lesdites améliorations ont, en réalité, été financées par des deniers originaires, leur valeur (et non, semble-t-il[1], le montant nominal des deniers investis) devra alors être portée à l'actif du patrimoine originaire de l'époux propriétaire.

Doivent, en revanche, être prises en compte, lors de l'évaluation du bien au jour de la liquidation, les **plus-values fortuites et économiques** advenues à ce bien au cours du régime, mais non les plus-values dues à l'activité déployée par l'époux[2]. De même, il n'y a lieu à aucune correction de la valeur du bien au jour de la liquidation en présence de moins-values subies par ce bien pendant le mariage, ces moins-values fussent-elles dues à la négligence de l'époux propriétaire[3].

1. CONTRA T. Le Bars, *Mél. G. Wiederkehr*, Dalloz, 2009, p. 492.
2. EN CE SENS, J. Maury, « Le principe participatif en régime matrimonial séparatiste », *Mél. A. Colomer*, Litec, 1993, p. 243, spéc. n° 25 – V. Brémond, « L'industrie personnelle des époux déployée au profit d'un bien propre peut-elle donner naissance à un droit à récompense pour la communauté ? », *JCP N* 1994. 11 s., spéc. n°s 30 s. – A. Marie, « Réflexion sur l'appauvrissement des époux dans les régimes de communauté légale et de participation aux acquêts », *Defrénois* 2001, art. 37426, spéc[t] n° 14 – V. CEP. les réserves émises par T. Le Bars, *Mél. G. Wiederkehr*, Dalloz, 2009, p. 493.
3. EN CE SENS, J.-F. Pillebout, *La participation aux acquêts*, 2e éd., Litec, 1988, n° 133 – Me Corpechot, *75e Congrès des notaires de France, Le statut matrimonial des français*, p. 409-410 et 419 – CONTRA M. Grimaldi, « Commentaire de la loi n° 85-1372 du 23 décembre 1985 », n° 99 et sol. exam. prof., *Defrénois* 1990, art. 34790, p. 699 s., spéc. n° 3.

172.142 Identité des règles d'évaluation en cas de perte fortuite du bien. La loi ne précise pas qu'il faut faire abstraction des biens originaires qui ont disparu fortuitement au cours du mariage, sans qu'aucune indemnité ne vienne les remplacer. On en conclut que ces biens doivent, sauf clause contraire dans le contrat de mariage, être inscrits à l'actif originaire pour la valeur qu'ils auraient eue au jour de la liquidation s'ils étaient demeurés dans leur état initial[1].

2°
Le bien ne se retrouve pas en nature au jour de la liquidation

172.151 Nouvelle distinction à opérer. Si un bien originaire fait l'objet d'une aliénation à titre gratuit il n'a plus à figurer, aux termes de la nouvelle rédaction de l'article 1570 alinéa 1er du Code civil, au patrimoine originaire de l'époux (v. ss n° 171.112). L'hypothèse est donc maintenant celle de l'**aliénation à titre onéreux d'un bien originaire pendant le mariage.** Les règles d'évaluation d'un tel bien diffèrent alors selon **qu'un nouveau bien a ou non été subrogé au bien originaire initial.**

172.152 Absence de subrogation. Le **bien originaire aliéné** doit figurer **à l'actif originaire pour sa valeur** (et non simplement pour son prix) **au jour de l'aliénation** mais compte tenu, ici aussi, de son **état au jour du mariage ou de son acquisition**, et donc abstraction faite des améliorations qui lui ont été apportées au cours du mariage grâce à l'utilisation de fonds acquêts.

172.153 Aliénation suivie d'une subrogation. Si de **nouveaux biens ont été subrogés aux biens aliénés**, la valeur à inscrire dépend de la **proportion** dans laquelle le bien ancien, abstraction faite des améliorations qui avaient pu lui être apportées pendant le mariage et avant l'aliénation, a permis l'acquisition du bien nouveau.

Si **l'acquisition du nouveau bien a été entièrement financée** grâce à l'intégralité du produit de la vente de l'ancien bien, c'est la **valeur du nouveau bien au jour de la liquidation**, déterminée compte tenu **de l'état de ce bien au jour de son acquisition,** qui doit figurer à l'actif du patrimoine originaire.

Si **l'ancien bien n'a permis que pour partie l'acquisition du nouveau bien, seule la fraction de la valeur, au jour de la liquidation,** du bien nouveau correspondant à la quote-part du bien acquise grâce au bien ancien, doit être **inscrite à l'actif originaire.**

Enfin, si la valeur du bien ancien excédait celle du bien nouveau, la **soulte** ou la fraction du produit de la vente du bien ancien non utilisée doit figurer **à l'actif originaire, à côté de la valeur du bien nouveau au jour de la liquidation.**

Dans tous les cas, **l'évaluation du nouveau bien au jour de la liquidation** doit être corrigée **en fonction de l'état de ce bien au jour de son acquisition** et ne doivent donc pas être prises en compte les améliorations apportées audit bien pendant le mariage au moyen de deniers acquêts.

E.
Déduction des dettes

172.161 Patrimoine originaire, une valeur nette. Le patrimoine originaire est une valeur nette, l'article 1571 alinéa 2 du Code civil disposant que « de *l'actif originaire sont déduites les dettes dont il se trouvait grevé* ». Doivent être précisées la nature des dettes déductibles de l'actif originaire ainsi que les règles de preuve et d'évaluation s'y rapportant.

172.162 Nature des dettes déductibles. Le montant du patrimoine originaire d'un époux représente la fortune nette de cet époux au jour du mariage et la fortune nette qu'il a recueillie par succession ou libéralité au cours du mariage ou à titre de biens propres par nature. Les **dettes déductibles du patrimoine originaire** sont donc toutes celles dont l'époux était tenu au jour du mariage (**dettes présentes**) et toutes **celles qui grevaient les biens originaires qu'il a acquis au cours du mariage** (biens futurs ou biens propres par nature).

Il faut cependant prendre garde au fait que certaines dettes qui grevaient les biens originaires ne sont, exceptionnellement, pas déductibles. Il s'agit de toutes les dettes présentes ou futures qui doivent être supportées par les revenus. Ainsi en est-il, notamment, des intérêts des emprunts afférents aux biens originaires[2].

172.163 Preuve du passif originaire. Plus le passif originaire est important et moins le patrimoine originaire ne le sera et plus élevé sera le montant des acquêts réalisés par l'époux. Aussi est-ce le conjoint de l'époux débiteur qui a intérêt à grossir le passif originaire de celui-ci afin d'accroître l'assiette de sa créance de participation. Il dispose, pour ce faire, de tous les moyens de preuve faute, le plus souvent, d'avoir pu se préconstituer une preuve écrite.

172.164 Conditions de la réévaluation des dettes originaires. L'article 1571 du Code civil, dans la version initiale de son alinéa 2, maintenait les dettes originaires sous l'empire du nominalisme

1. EN CE SENS, J. FLOUR et G. CHAMPENOIS, n° 780.

2. Civ. 1re, 31 mars 1992, n° 90-17.212, préc. ss n° 172.111.

monétaire, alors que, dans son alinéa 1er, il appliquait déjà la technique de la dette de valeur aux éléments d'actif. Cette soustraction de francs dépréciés à des francs actuels était illogique et inéquitable, entraînant un gonflement arbitraire du patrimoine originaire au détriment de la créance de participation.

Aussi le législateur de 1985 a-t-il réécrit l'article 1571 alinéa 2 du Code civil duquel il ressort, à présent, que les dettes originaires sont « *réévaluées, s'il y a lieu, selon les règles de l'article 1469, troisième alinéa* ».

La réévaluation suppose donc, premièrement, que la **dette** ait été **contractée pour acquérir, améliorer ou conserver un bien originaire,** son montant étant alors fixé, dans les deux premiers cas, à la **valeur du profit subsistant** et, dans le dernier cas, à la plus forte des deux sommes que représentent le **profit subsistant** et la **dépense faite**, le troisième alinéa de l'article 1469 du Code civil ne pouvant logiquement être séparé des deux alinéas qui le précèdent (v. ss nos 144.70 s.). Il faut, ensuite, que la **dette** ait été **contractée avant le mariage ou l'entrée de ce bien dans le patrimoine de l'époux**, l'article 1571 visant « *les dettes dont il (l'actif originaire) se trouvait grevé* » (C. civ., art. 1571, al. 2) « *au jour du mariage ou de son acquisition* » (C. civ., art. 1571, al. 1er).

La réévaluation d'une telle dette à l'actif originaire pose un problème lorsqu'elle n'a pas encore été remboursée au moment de la liquidation du régime car alors cette dette est inscrite au passif final de l'époux débiteur pour son montant nominal (v. ss no 172.202). C'est pourquoi, certains auteurs proposent alors **l'inscription de la dette pour un même montant dans le patrimoine originaire et dans le patrimoine final,** en fondant leur analyse soit sur l'incidente figurant à l'article 1571, alinéa 2 : « *réévaluées, s'il y a lieu* », soit sur un éventuel principe d'unité à la dette (pour l'application du nominalisme monétaire[1] – pour la réévaluation de la dette dans les deux patrimoines[2]).

Si la dette a bien été remboursée au cours du mariage mais au moyen de deniers originaires, l'application du mécanisme de la dette de valeur est encore refusée par certains auteurs au motif que l'article 1469 alinéa 3 du Code civil vise l'hypothèse où une valeur a été « *empruntée* » par l'époux débiteur à un autre patrimoine et qu'il faudrait donc réserver ce mécanisme aux dettes qui ont été remboursées par des deniers prêtés par le conjoint ou pris sur les acquêts de l'époux débiteur. Cependant, si l'on suit cette doctrine, on aboutit à une solution illogique dans la mesure où les deniers originaires figureront au passif pour leur montant nominal alors qu'ils figureront, semble-t-il (v. ss no 172.104), à l'actif pour leur montant réévalué, puisqu'il y aura eu subrogation. En revanche, si l'on applique également la technique de la dette de valeur dans l'hypothèse où la dette a été remboursée au moyen de deniers originaires, les deux articles du passif et de l'actif s'annulent et l'opération est neutre, ce qui est normal puisqu'aucun acquêt n'a été utilisé.

1. V. M. Grimaldi, « Commentaire de la loi du 23 décembre 1985 », *Gaz. Pal.* 1986. 2. Doctr. 529.
2. V. G. Champenois, « Commentaire de la loi du 23 décembre 1985 », *Defrénois* 1988. 1143.

172.165 Cas où le passif originaire excède l'actif originaire. L'article 1571 alinéa 2, 2e phrase, du Code civil, dans sa rédaction issue de la loi du 13 juillet 1965, prévoyait que, dans l'hypothèse où le passif originaire excède l'actif originaire, le patrimoine originaire devait être tenu pour nul. Cette solution était inéquitable pour le conjoint de l'époux débiteur dans la mesure où, si le déficit originaire est comblé au jour de la dissolution du régime, il l'a forcément été au moyen de deniers acquêts de l'époux. Or la règle posée par ledit article 1571, méconnaissant l'adage « *qui paie ses dettes s'enrichit* », aboutissait à ne pas prendre en compte ces acquêts et à diminuer d'autant l'assiette de la créance de participation du conjoint. Aussi le législateur de 1985 a-t-il corrigé cette anomalie et l'article 1571 alinéa 2, 2e phrase, du Code civil dispose à présent que « *si le passif excède l'actif, cet excédent est fictivement réuni au patrimoine final* ». Figurent bien ainsi à l'actif final de l'époux la valeur des acquêts qui lui ont permis de rembourser son déficit originaire.

§ 2
Patrimoine final

172.170 Deuxième étape du calcul du montant des acquêts réalisés par un époux. L'enrichissement d'un époux donnant prise à participation se mesure par la **comparaison de son patrimoine originaire à la fortune nette, dénommée patrimoine final,** dont il dispose à la dissolution de son régime matrimonial. Une fois chiffré son patrimoine originaire, il convient donc, pour connaître les acquêts réalisés par un époux, de déterminer la composition et d'évaluer le patrimoine final de cet époux.

Il s'agit ici de déterminer les biens figurant à l'actif du patrimoine final (A) de chacun des époux ainsi que les règles de preuve et d'évaluation se rapportant à ces éléments actifs (B).

A.
Actif final : composition active du patrimoine final

172.171 Tous les biens existant à la dissolution. L'article 1572 alinéa 1er du Code civil énonce que le patrimoine final comprend « *tous les biens qui appartiennent à l'époux au jour où le régime matrimonial est dissous* », c'est-à-dire, non seulement les **biens acquis à titre onéreux par l'époux pendant le mariage** (et qui ne recevraient pas la qualification de biens propres par nature n'ouvrant pas droit à récompense sous le régime de la communauté légale – sur la transposition de la jurisprudence *Praslicka* en régime de participation aux acquêts et, par conséquent, la nécessité d'inscrire la valeur de rachat du contrat d'assurance-vie lorsque ledit contrat n'est pas dénoué à la dissolution du régime et à condition que le contrat ait été financé au moyen de deniers acquêts[1]) mais aussi les **biens originaires de l'époux existant à cette date,** ceux qui leur ont été **subrogés** ou, enfin, les **biens dont le caractère originaire n'a pu être prouvé.** Le même article précise qu'au cas où le régime matrimonial est dissous par le décès de l'un des époux, tous ces biens continuent de figurer à l'actif final de l'époux propriétaire décédé, eussent-ils été légués par ce dernier. Et l'article 1572 alinéa 1er d'ajouter qu'il n'y a pas à exclure de l'actif final d'un époux « *les sommes dont celui-ci peut être créancier envers son conjoint* ».

172.172 Le débat doctrinal concernant les biens indivis entre époux. Rappel. S'agissant du traitement des biens devant être réputés indivis entre les époux, faute pour l'un d'eux d'être parvenu à justifier d'une propriété exclusive, deux doctrines s'opposent. Selon certains auteurs, il est préférable d'assimiler ces biens à ceux que les époux ont acquis indivisément et donc de les soumettre à une indivision de droit commun et de les soustraire au régime de participation en ne les inscrivant dans le patrimoine final d'aucun des époux. D'autres auteurs préfèrent la solution qui consiste à inscrire le bien indivis pour la moitié de sa valeur à l'acte final de chacun des époux.

172.173 Biens réunis fictivement aux biens existants. Renvoi. A déjà été étudiée (v. ss n° 171.121) la sanction prescrite par l'article 1573 du Code civil qui consiste à réunir fictivement à l'actif final d'un époux certains biens qu'il a aliénés frauduleusement ou donnés sans le consentement de son conjoint au cours du mariage. On renverra, pour l'historique de ce texte aux développements antérieurs. On rappellera ici simplement que les biens visés par cet article sont, depuis l'intervention du législateur de 1985, les seuls **biens acquêts** et, ce, certainement pour ce qui est des **donations**, et de l'avis majoritaire de la doctrine pour ce qui est des **aliénations frauduleuses**.

172.174 Valeur des améliorations apportées pendant le mariage à un bien originaire aliéné à titre gratuit par la suite. Si la valeur des biens originaires donnés pendant le mariage n'a plus jamais à être réunie fictivement à l'actif final de l'époux donateur (v. ss n° 172.173), en revanche, la **valeur des améliorations** qui ont, le cas échéant, été apportées à ces biens avant l'aliénation doit, à certaines conditions précisées par l'article 1574 du Code civil dans son dernier alinéa, être **ajoutée au patrimoine final de cet époux.**

Cette adjonction suppose, premièrement, que les **deniers** utilisés pour financer les améliorations du bien ultérieurement donné aient eu la **nature d'acquêts**, devant être compris dans l'assiette de la créance de participation du conjoint du donateur[2]. De plus, cette adjonction est écartée dès lors que le conjoint du donateur a donné son consentement à l'aliénation. **Le consentement du conjoint vaut, par conséquent, renonciation à la participation aux acquêts du donateur** éventuellement investis dans le bien originaire donné.

B.
Actif final : preuve de la consistance de l'actif final

172.181 Charge et moyens de preuve. La charge de la preuve de la consistance de l'actif final pèse sur l'époux titulaire du patrimoine ou sur ses successeurs. Cette preuve doit, aux termes de l'article 1572 alinéa 2 du Code civil, être rapportée par un **état descriptif**, lequel, comme pour le patrimoine originaire, n'est soumis à aucune condition de forme et peut donc être établi « *même sous seing privé* ». Plusieurs différences existent entre l'état descriptif de l'actif originaire envisagé par l'article 1570 du Code civil (v. ss n° 172.121) et celui de l'actif final, régi par ledit article 1572. À la différence du premier, l'état descriptif de l'actif final est, en effet, **établi simplement** « *en présence de l'autre conjoint ou de ses héritiers dûment appelés* » sans que le contreseing de ces personnes ne soit requis. Ensuite, un **délai de neuf mois, à compter de la dissolution du régime matrimonial,** est imparti au titulaire du patrimoine ou à ses héritiers pour dresser cet état, alors qu'aucun délai n'est prévu s'agissant du patrimoine originaire.

1. V. D. Coron et F. Lucet, « Régime de participation aux acquêts : application des mesures fiscales prises à la suite de la jurisprudence *Praslicka* », *JCP N* 2000. 733 – H. Lemaire, « Assurance-vie et participation aux acquêts; vers une application pure et simple des règles applicables au régime de communauté ? », *JCP N* 1995. I. 965.

2. CONTRA T. Le Bars, *Mél. G. Wiederkehr*, Dalloz, 2009, p. 497.

Une **prorogation du délai** peut cependant être obtenue du président du tribunal statuant en la forme des référés et il est à noter que le non-respect du délai n'est assorti par l'article 1572 précité d'aucune sanction particulière. Enfin, il résulte de l'article 1572 alinéa 3 du Code civil que « *la preuve que le patrimoine final aurait compris d'autres biens* (que ceux énoncés par l'état descriptif) *peut être rapportée par tous les moyens, même par témoignages et présomptions* », alors que, s'agissant des moyens de la preuve du caractère incomplet de l'état descriptif de l'actif originaire, le renvoi opéré par l'article 1570 du Code civil à l'article 1402 du même code implique la production, sauf exceptions, d'une preuve écrite. En effet, dans la première hypothèse, c'est le conjoint qui voudra rapporter cette preuve alors que dans la seconde hypothèse c'est l'époux propriétaire pour lequel il est plus facile de se ménager une preuve écrite.

172.182 Le cas de recel. La Cour de cassation a eu l'occasion de préciser qu'en l'absence de biens communs, les sanctions du recel de communauté énoncées à l'article 1477 du Code civil sont inapplicables dans le cadre d'un régime de participation aux acquêts[1]. Dans ces conditions, la loi ne prévoit aucune sanction expresse à l'encontre de l'époux qui, dans une intention de fraude, a dissimulé un ou plusieurs éléments de son actif final. L'article 1572, dans son dernier alinéa, prévoit simplement qu'afin d'éviter tout détournement, « *chacun des époux peut, quant aux biens de l'autre, requérir l'apposition de scellés et l'inventaire suivant les règles prévues au Code de procédure civile* » (v. C. pr. civ., art. 1304 à 1327 - et C. pr. civ., anc. art. 941 s.). Il faut donc admettre que « *c'est dans la sanction de la fraude (C. civ., art. 1574) que se trouvera la sanction adéquate* »[2].

C. Actif final : évaluation des éléments de l'actif final

172.191 Distinctions. Les règles d'évaluation des éléments de l'actif final, posées par l'article 1574 du Code civil, diffèrent selon qu'elles se rapportent à un **bien existant en nature dans le patrimoine de l'époux,** à un **bien qui y est réuni fictivement** ou aux **améliorations apportées à un bien originaire aliéné à titre gratuit pendant le mariage.**

172.192 Biens existants. Combinaison de deux dates. Les biens existant en nature dans le patrimoine final de l'époux doivent être estimés, aux termes de l'article 1574 alinéa 1er du Code civil, « *d'après leur état à l'époque de la dissolution du régime matrimonial et d'après leur valeur au jour de la liquidation de celui-ci* ». Dans sa rédaction issue de la loi du 13 juillet 1965, ce texte retenait la date de la dissolution du régime pour fixer la valeur du bien. Le législateur de 1985, pour les mêmes raisons que celles qui l'ont conduit à retarder l'évaluation des biens originaires au jour de la liquidation du régime matrimonial (v. s^s n° 172.141) et pour retenir la même date d'évaluation dans le patrimoine originaire et dans le patrimoine final, a substitué la **date de la liquidation** à celle de la dissolution.

La correction de la valeur au jour de la liquidation du bien existant, acquêt ou originaire, **en fonction de l'état dudit bien au jour de la dissolution** conduit à faire profiter le seul époux propriétaire des plus-values qui ont pu advenir au bien entre ces deux dates ou à mettre à sa seule charge les moins-values qu'a pu enregistrer le bien, dans la mesure où ces fluctuations de valeur ne sont ni fortuites ni naturelles mais résultent de l'activité ou de la négligence de l'époux propriétaire. Le droit à participation des époux cesse, en effet, avec le régime matrimonial.

L'article 1574 alinéa 1er du Code civil ne fait aucune distinction, dans la règle d'évaluation qu'il énonce, selon qu'il s'agit d'évaluer un bien originaire ou un bien acquêt. Les biens originaires existant encore à la dissolution vont donc devoir également être inscrits à l'actif final pour leur valeur au jour de la liquidation compte tenu de toutes les plus values qu'ils ont pu enregistrer pendant toute la durée du mariage. Or ces plus values ne sont pas prises en compte lors de l'évaluation des mêmes biens dans le patrimoine originaire dans la mesure où elles sont dues à l'investissement dans ces biens de valeurs acquêts. C'est cette différence d'évaluation dans l'un et l'autre patrimoine qui permet d'inclure dans l'assiette de la créance de participation du conjoint les valeurs acquêts incluses dans les biens originaires de l'époux.

172.193 Biens fictivement réunis. Les biens réunis fictivement à l'actif final sont estimés, aux termes de l'article 1574 alinéa 1er, 2e phrase, « *d'après leur état au jour de l'aliénation et la valeur qu'ils auraient eue, s'ils avaient été conservés, au jour de la liquidation* ». Il faudra donc rechercher **la valeur à la liquidation desdits biens ou de biens de même nature** en faisant abstraction des **améliorations** ou **dégradations** qui sont, le cas échéant, advenues à ces biens depuis leur aliénation et qui sont le fait du tiers détenteur.

172.194 Amélioration apportée à un bien originaire donné au cours du mariage. C'est le mon-

1. Civ. 1re, 4 mai 2011, n° 10-15.787, *Bull. civ.* I, n° 83; *JCP N* 2011. 1283, note B. Beignier – Civ. 1re, 6 mars 2013, n° 11-25.159, NP.
2. B. Beignier, préc. s^s prés^t n°.

tant, au jour de l'aliénation, de la plus-value apportée au moyen de deniers acquêts [1] au bien originaire donné par l'époux propriétaire sans l'accord de son conjoint qui doit, selon l'article 1574 alinéa 3 du Code civil, être ajouté au patrimoine final de l'époux donateur.

D.
Déduction des dettes

172.201 Principe de déduction. Dettes déductibles. Le patrimoine final d'un époux représente la fortune nette de ce dernier à la dissolution de son régime matrimonial. C'est pourquoi, l'article 1574 alinéa 2 du Code civil prescrit, pour connaître la valeur du patrimoine final d'un époux, de déduire du montant de la valeur de l'actif final de ce dernier le montant de la valeur de « *toutes les dettes qui n'ont pas été acquittées* ». Aucune distinction n'est opérée par ce texte selon que la dette se rapporte à un **bien originaire** ou à un **bien acquêt.** Pour être inscrite au passif final d'un époux il est nécessaire et suffisant que la **dette ait été contractée par cet époux avant la dissolution du régime matrimonial** et qu'elle n'ait pas encore été acquittée à cette date. Les dépenses engagées entre la dissolution et la liquidation du régime ne peuvent donc pas être inscrites au passif final de l'époux débiteur. Tout comme il précise, nous l'avons déjà noté (v. s^s n° 172.171 *in fine*), que les créances qu'un époux a sur son conjoint doivent être inscrites à son actif final, le législateur souligne, dans l'article 1574 alinéa 2 du Code civil, la nécessité d'inscrire au passif final d'un époux « *les sommes qui pourraient être dues au conjoint* ».

172.202 Évaluation du passif final. Contrairement à la règle d'évaluation concernant les dettes originaires posée par l'article 1571 alinéa 2 du Code civil qui conduit à réévaluer ces dettes dès lors qu'elles ont permis d'acquérir, d'améliorer ou de conserver un bien originaire (v. s^s n° 172.164), l'article 1574 alinéa 2 du même code, à l'endroit du passif final, n'introduit **aucun mécanisme de réévaluation des dettes.** Doit donc être strictement appliqué, pour l'évaluation des dettes figurant au passif final, le **principe du nominalisme monétaire** : les dettes non acquittées au jour de la dissolution sont déduites de l'actif final pour leur valeur nominale.

La divergence des règles d'évaluation posées par les articles 1571 alinéa 2 et 1574 alinéa 2 du Code civil est source de difficultés lorsqu'une dette originaire, ayant permis l'acquisition, l'amélioration ou la conservation d'un bien originaire, n'est pas encore acquittée à la dissolution du régime matrimonial. Dans le strict respect de ces deux textes, elle devrait être inscrite pour un montant réévalué dans le patrimoine originaire et pour sa valeur nominale au passif final. Cette solution n'étant pas satisfaisante [2], notamment parce qu'elle risque de faire apparaître fictivement des acquêts, certains auteurs, dont nous avons déjà eu l'occasion de rapporter l'opinion (v. s^s n° 172.164) soumettent la **réévaluation des dettes originaires** à la **condition,** notamment, **que ces dettes aient été remboursées au cours du mariage.**

172.203 Cas où le passif final égale ou excède l'actif final. Dès lors que le passif final égale ou excède l'actif final, le patrimoine final doit être considéré comme nul.

§ 3
Opérations de calcul de la créance de participation

172.211 Les différentes étapes. Aux termes de l'article 1575 du Code civil, le calcul de la créance de participation comporte plusieurs étapes. Il suppose, premièrement, la détermination de la **valeur des acquêts nets réalisés,** le cas échéant, par chacun des époux, puis la **comparaison** et la **compensation,** à concurrence des plus faibles, de ces acquêts. Seul l'éventuel excédent d'acquêts réalisés par l'un des époux par rapport à son conjoint donne lieu à participation en faveur de ce dernier. Et, le montant de la créance de participation de l'époux qui s'est le moins enrichi, s'établit alors à la moitié de la valeur de l'excédent d'acquêts réalisés par son conjoint.

172.212 Détermination des acquêts nets réalisés par chacun des époux. La valeur des acquêts nets réalisés par un époux égale la valeur de l'excédent du patrimoine final sur le patrimoine originaire de cet époux. Si, au contraire, le patrimoine final d'un époux est inférieur à son patrimoine originaire, l'époux s'étant appauvri pendant son mariage, alors, aux termes de l'article 1575 alinéa 1er du Code civil, « *le déficit est supporté entièrement par cet époux* » et son conjoint lui est, le cas échéant, redevable d'une créance de participation égale à la moitié de la valeur des acquêts nets qu'il a réalisés. **Le régime de participation a, en effet, pour objet les seuls gains réalisés par les époux** et, en aucun cas, il

1. Pour l'application de l'article 1574, al. 3, que l'amélioration ait été financée avec des fonds originaires ou avec des acquêts, v. T. Le Bars, *Mél. G. Wiederkehr*, Dalloz, 2009, p. 497.

2. CONTRA T. Le Bars, *Mél. G. Wiederkehr*, Dalloz, 2009, p. 494.

ne peut conduire à faire supporter à un époux le déficit patrimonial de son conjoint[1].

172.213 Compensation des acquêts des deux époux. Si chacun des époux s'est enrichi au cours du mariage, il convient de compenser la valeur des acquêts nets de chacun d'eux, **à concurrence de la valeur la plus faible.** Et, aux termes de l'article 1575 alinéa 2 (2e phrase) du Code civil, « *seul l'excédent se partage : l'époux dont le gain a été le moindre est créancier de son conjoint pour la moitié de cet excédent* ».

Ainsi, PAR EXEMPLE, si les acquêts nets de l'époux A sont de 100 et ceux de l'époux B de 200, le montant de la créance de participation de A sur B s'établit à : (200 – 100)/2 = 50.

172.214 Prise en compte des autres créances entre époux. L'article 1575 alinéa 3 du Code civil commande d'ajouter à la créance de participation, pour les soumettre au même règlement, les sommes dont l'époux titulaire de cette créance peut être, par ailleurs, créancier envers son conjoint ou de lui soustraire les sommes dont ce même époux peut être débiteur envers son conjoint. Il résulte de cette disposition que l'époux titulaire de la créance de participation peut finalement, une fois prises en compte les créances existant entre les époux, se retrouver débiteur de son conjoint.

Se pose alors la question de savoir si ce solde débiteur, qui ne représente en rien le règlement d'une créance de participation, doit être soumis aux modalités de règlement prévues par les articles 1576 et suivants du Code civil (sur lesquelles, v. ss nos 172.220 s.). Il semble admis, en doctrine, qu'en raison de leur caractère dérogatoire, les modalités de règlement posées par lesdits articles 1576 et suivants supposent que soit en cause une créance de participation et ne s'appliquent donc pas dans cette hypothèse.

172.215 Absence de revalorisation des créances entre époux. Il est généralement admis que les créances entre époux, prises en compte pour le règlement de la créance de participation, n'ont pas à être revalorisées. En effet, le législateur de 1985 a prévu la revalorisation des créances entre **époux mariés sous le régime de la communauté** (C. civ., art. 1479, al. 2) ou sous le **régime de la séparation de biens** (C. civ., art. 1543) mais non celle des époux mariés sous le régime de la participation aux acquêts. Et, la plupart des auteurs s'accordent pour considérer que le silence gardé par le législateur sur la possibilité de revaloriser les créances entre époux mariés sous le régime de la participation aux acquêts, n'est pas le résultat de son inadvertance et qu'on ne peut donc, par un raisonnement *a pari* à partir des articles 1479 et 1543 du Code civil, appliquer à ces créances la technique de la dette de valeur.

De toutes les façons, si controverse il y a sur le sujet, il a été démontré[2] qu'elle manque d'intérêt pratique dans la mesure où la revalorisation est inutile à chaque fois que les deniers prêtés par l'un des époux à l'autre ont la nature d'acquêts car alors le mécanisme liquidatif de la participation aux acquêts assure à lui seul suffisamment la revalorisation des créances entre époux. La revalorisation des créances entre époux ne présenterait donc éventuellement un intérêt que dans des hypothèses finalement marginales (déficit du patrimoine final de l'époux créancier, prêt de deniers originaires[3]), hypothèses dans lesquelles, le juge pourrait alors procéder à ladite revalorisation sur le fondement de l'article 1579 du Code civil[4].

SECTION 5
RÈGLEMENT DE LA CRÉANCE DE PARTICIPATION

172.220 Annonce. Le principe, énoncé à l'article 1569 alinéa 1er du Code civil, est celui d'une participation en valeur et donc d'un règlement en argent de la créance de participation (§ 1). Dans certains cas, limitativement énumérés par les articles 1576 alinéa 2 et 1581 alinéa 3 du Code civil, un règlement en nature est, cependant, possible (§ 2). Que le règlement s'opère en argent ou en nature, le gage de l'époux créancier est évidemment le même (§ 3).

§ 1
Principe du règlement en argent

172.221 Exigibilité du paiement. La créance de participation, majorée ou minorée des autres créances entre époux (v. ss no 172.214), donne lieu à un paiement en argent exigible, en principe, dès la clôture des opérations de liquidation. Cependant, d'une part, l'article 1576 alinéa 1er du Code civil apporte une dérogation à ce principe lorsque l'époux débiteur rencontre des difficultés graves pour s'acquitter de sa dette. Dans une telle hypothèse, ce texte prévoit, en effet, la possibilité pour le juge d'accorder à l'époux concerné des **délais de**

1. V. A. Marie, « Réflexion sur l'appauvrissement des époux dans les régimes de communauté légale et de participation aux acquêts », *Defrénois* 2001, art. 37426, spéc. no 14., spéct nos 16 s.

2. V. M. Grimaldi, « Commentaire de la loi du 23 décembre 1985 », *Gaz. Pal.* 1986. 2. Doctr. 529.
3. V. exemples chiffrés, J. FLOUR et G. CHAMPENOIS, no 800.
4. EN CE SENS, M. Grimaldi, « Commentaire de la loi du 23 décembre 1985 », *Gaz. Pal.* 1986. 2. Doctr. 529 – F. TERRÉ et PH. SIMLER, no 847.

paiement qui ne peuvent dépasser **cinq ans** et à charge pour lui de fournir des sûretés et de verser des intérêts.

Le taux de ces derniers est controversé en doctrine. En général, les auteurs soutiennent que les intérêts sont dus au taux légal en matière civile mais certains, parmi eux, affirment, au contraire, que le tribunal pourrait choisir un autre taux d'intérêt[1].

D'autre part, la Cour de cassation a eu l'occasion de préciser que l'urgence autorise le juge à accorder, sur le fondement de l'article 809 alinéa 2 du Code de procédure civile et sans être tenu de respecter les règles d'évaluation posées par l'article 1574 du Code civil, une **provision à l'époux créancier,** dès lors que le principe de sa créance est incontestable et dans l'attente de l'estimation précise de ladite créance[2].

172.222 Garanties. La créance de participation est, en principe, une créance chirographaire. L'article 2402 du Code civil accorde cependant à chaque époux, sauf convention contraire, « *la faculté d'inscrire l'hypothèque légale pour la sûreté de la créance de participation* ». Cette hypothèque peut être prise dans l'année qui suit la dissolution du régime matrimonial; elle a alors effet de sa date. Elle peut aussi l'être pendant le cours du mariage mais, afin de protéger l'indépendance de gestion et le crédit des époux (v. s[s] n° 171.72), l'article 2402 alinéa 2 (C. civ., anc. art. 2136, al. 2) prévoit qu'elle n'aura alors d'effet qu'à compter de la dissolution (ou à compter de la demande en liquidation anticipée, précise l'article 2402 alinéa 3) « *et à condition que les immeubles sur lesquels elle porte existent à cette date dans le patrimoine de l'époux débiteur* ».

Rappelons également que si l'époux débiteur obtient du juge des **délais de paiement**, il doit, en contrepartie fournir des **sûretés** (v. s[s] n° 172.221).

§ 2
Règlement exceptionnel en nature

172.230 Caractère exceptionnel. Inopposabilité aux créanciers : renvoi. Le règlement en nature de la créance de participation ayant un caractère exceptionnel, les cas d'un tel règlement sont énumérés limitativement par les articles 1576 alinéa 2 et 1581 alinéa 3 du Code civil[3]. Il convient de préciser ces cas avant d'étudier la nature d'un tel règlement (C) et (D) (s'agissant du principe de l'inopposabilité d'un tel règlement aux créanciers de l'époux débiteur, v. s[s] n° 172.32).

Il ressort des articles 1576 alinéa 2 et 1581 alinéa 3 du Code civil qu'un règlement en nature peut intervenir si les époux en conviennent (A) ou en vertu d'une décision de justice (B).

A.
Cas de règlement en nature : conventions entre époux

172.231 Distinction. Le règlement en nature de la créance de participation peut avoir été prévu par les époux dans leur contrat de mariage ou dans une convention postérieure à la dissolution.

172.232 Convention matrimoniale. L'article 1581 alinéa 3 du Code civil donne comme exemple de clauses dérogatoires au dispositif légal pouvant être insérées dans leur contrat de mariage par les futurs époux, celle par laquelle les époux conviennent que « *celui d'entre eux qui, lors de la liquidation du régime, aura envers l'autre une créance de participation pourra exiger la dation en paiement de certains biens de son conjoint, s'il établit qu'il a un intérêt essentiel à se les faire attribuer* ».

Les dispositions de cet article étant purement indicatives, les époux peuvent, en vertu de l'article 1581 alinéa 1er du Code civil, aménager, à leur convenance, toute autre clause de règlement en nature.

172.233 Convention postérieure à la dissolution du régime matrimonial. L'article 1576 alinéa 2 du Code civil autorise les époux à convenir, au cours ou à l'issue des opérations de liquidation, d'un **règlement en nature** de la créance de participation. Ils sont alors libres du choix du (ou des) bien(s) à donner en paiement.

B.
Cas de règlement en nature : décision du juge

172.241 Difficultés graves du débiteur. Dans le silence du contrat de mariage et à défaut de convention entre les époux, le règlement en argent s'impose à l'époux créancier au titre de la participation. En revanche, l'article 1576 alinéa 2 du Code civil ouvre la possibilité à l'époux débiteur qui justifierait de « *difficultés graves qui l'empêchent de s'acquitter en argent* » d'obtenir du juge l'autorisation de régler sa dette en nature.

Le juge apprécie souverainement si les difficultés invoquées par l'époux débiteur sont propres à fonder sa demande[4] et, les époux étant, par hypothèse,

1. EN CE SENS, G. et M. MORIN, n° 545.
2. Civ. 1re, 18 juill. 1995, n° 93-15.981, *Bull. civ.* I, n° 325; *Defrénois* 1996. 411, obs. G. Champenois; *RTD civ.* 1997. 212, obs. B. Vareille.
3. C. Fénardon, « La participation aux acquêts en nature », *JCP N* 2009. 1195; « La participation aux acquêts élargie : vers une participation universelle en nature », *JCP N* 2009. 1226.
4. Sur ce point, v. Civ. 1re, 18 juill. 1995, n° 93-15.981, préc. s[s] n° 172.221.

en désaccord, il détermine les biens qui seront affectés au paiement. Il semble même qu'il puisse décider, si les circonstances le justifient, un règlement mixte : pour partie en argent et pour partie en nature[1].

C.
Nature du règlement en nature : règlement sur le fondement de l'article 1576 alinéa 3

172.250 Une nature juridique variable. Les enjeux de la qualification. La nature juridique du règlement en nature est déterminante pour connaître les effets tant civils que fiscaux d'un tel règlement. L'article 1576 alinéa 3 du Code civil qualifie le règlement en nature effectué en application d'une décision judiciaire ou d'une convention entre époux intervenue en cours de liquidation, « *d'opération de partage lorsque les biens attribués n'étaient pas compris dans le patrimoine originaire ou lorsque l'époux attributaire vient à la succession de l'autre* ».

Dans les hypothèses non visées par ledit article 1576 alinéa 3 et, selon certains auteurs, au cas où le règlement en nature est effectué en vertu de la convention matrimoniale des époux, il convient de retenir la qualification de **dation en paiement**. Sont étudiées successivement les qualifications possibles du règlement en nature selon qu'il intervient en application de l'article 1576 alinéa 3 ou de l'article 1581 alinéa 3 du Code civil.

Distinction. Il résulte de l'article 1576 alinéa 3 du Code civil que la nature d'un tel règlement dépend, tout d'abord, du point de savoir si le bien attribué est un bien originaire ou un bien acquêt.

1°
Cas où les biens attribués sont des biens originaires

172.251 Sous-distinction. Dans cette hypothèse, l'article 1576 alinéa 3 conduit à faire une nouvelle distinction selon que l'époux créancier vient ou non à la succession de son conjoint débiteur, au cas où le régime matrimonial est dissous par le décès de ce dernier.

172.252 Dissolution du régime matrimonial du vivant des époux. Le règlement en nature est, dans cette hypothèse, analysé comme une **dation en paiement** et est donc soumis aux règles de droit commun applicables en la matière. On lui reconnaît ainsi un effet translatif ce qui, fiscalement, implique que les droits de mutation à titre onéreux sont dus sur la valeur des biens attribués au taux correspondant à leur nature.

1. Sur ce point, v. obs. G. Champenois, *Defrénois* 1996. 411, préc. s[s] n° 172.221.

172.253 Dissolution du régime matrimonial par le décès de l'époux débiteur. Si l'époux survivant créancier de la participation ne vient pas à la succession de son conjoint (pour avoir été exhérédé ou y avoir renoncé), est maintenue la qualification de **dation en paiement**. En revanche, le règlement en nature vaut **partage** dans tous les cas où l'époux créancier hérite de son conjoint, même si ce n'est qu'en usufruit. Tous les effets du partage, tant civils que fiscaux, sont alors applicables. Est donc notamment substitué le droit de partage de 2,5 % (s'appliquant à la valeur de la masse nette partageable) aux droits de mutation à titre onéreux dus lorsque le règlement est analysé en dation en paiement (v. s[s] n° 172.252).

L'application à un tel règlement de l'effet déclaratif du partage est cependant discutée en doctrine car elle risque de ruiner le principe de l'autonomie de gestion des époux. C'est pourquoi certains auteurs refusent de le faire jouer en la matière, au moins à l'égard des tiers[2], et la plupart considère qu'en toute hypothèse l'effet déclaratif ne peut remonter au-delà du jour de la dissolution du régime matrimonial.

2°
Cas où les biens attribués sont des acquêts

172.261 Opération de partage. Lorsque les biens attribués sont des **acquêts**, le **règlement en nature** intervenu sur le fondement de l'article 1576 alinéa 2 du Code civil est toujours assimilé à une **opération de partage** avec toutes les conséquences qui en découlent (v. s[s] n° 172.253).

D.
Nature du règlement en nature : règlement sur le fondement de l'article 1581 alinéa 3

172.271 Controverse doctrinale. Les auteurs sont partagés sur la qualification à donner à un **règlement en nature** intervenu sur le fondement de l'article 1581 alinéa 3 du Code civil. Selon certains[3], il résulte expressément des termes de cet article qu'un tel règlement doit être analysé comme une **dation en paiement**.

Pour d'autres auteurs[4], il convient de transposer à ce type de règlement en nature, par analogie, les règles posées par l'article 1576 alinéa 3 (v. s[s] n°s 172.251 s.).

2. EN CE SENS, J. FLOUR et G. CHAMPENOIS, n° 805 – C. AUBRY et C. RAU, par A. PONSARD, § 533, n° 385.
3. EN CE SENS, J. FLOUR et G. CHAMPENOIS, n° 804.
4. C. AUBRY et C. RAU, par A. PONSARD, § 533, n° 385 – G. CORNU, n° 132.

§ 3
Gage de l'époux créancier

172.281 Biens existants. L'époux créancier a pour gage l'ensemble des biens existants de son conjoint débiteur, sans distinction entre les biens originaires et les biens acquêts de ce dernier.

172.282 Hypothèse de l'insuffisance des biens existants. En cas d'insuffisance des biens existants, l'époux créancier peut, à titre subsidiaire, aux termes de l'article 1577 du Code civil, poursuivre le recouvrement de sa créance sur « *les biens mentionnés à l'article 1573 qui avaient été aliénés par donation entre vifs ou en fraude des droits du conjoint* », en commençant par les **aliénations les plus récentes** (pour des précisions sur le régime et les effets de cette action révocatoire ouverte à l'époux créancier, v. s[s] n°s 171.122 s.).

LIVRE

2. LES SUCCESSIONS

SECTION 0

ORIENTEUR

2.00 Plan du livre.

TITRE

21. La prohibition des pactes sur succession future

SECTION 0 ORIENTEUR

21.00 Plan du titre.

Chap. 211		**Principe de prohibition des pactes sur succession future**
Sect.	1	Caractères de la prohibition des pactes sur succession future
Sect.	2	Cas d'application de la prohibition des pactes sur succession future
Chap. 212		**Pactes sur succession future exceptionnellement autorisés**
Sect.	1	Pactes expressément permis par la loi
Sect.	2	Pactes douteux validés par la jurisprudence

Division. Les pactes sur succession future sont en principe interdits, et cette règle reste sensible dans notre système juridique, malgré les nouvelles exceptions admises lors de la réforme de 2006[1] (chap. 211). Le principe de prohibition souffre des exceptions de plus en plus nombreuses, formulées pour des raisons d'utilité sociale, et dont l'existence est aujourd'hui solennellement indiquée dès l'article 722 du Code civil (chap. 212).

21.01 Textes applicables. L'ensemble constitué par les textes originaires du Code civil ne subsiste plus en tant que tel (les articles 791 ou 1600, qui réitéraient certains aspects de la prohibition des pactes sur succession future, ont disparu). Mais les règles qui en constituaient la substance demeurent :

– interdiction des renonciations à une succession non ouverte (C. civ., art. 770 et 1130, al. 2);

– interdiction d'aliéner les droits qu'on pourrait avoir dans une succession non ouverte (C. civ., art. 722);

– interdiction de toute stipulation sur une succession non ouverte (C. civ., art. 1130, al. 2);

– interdiction pour les époux de changer par convention ou renonciation l'ordre légal des successions (C. civ., art. 1389).

Les deux textes les plus remarquables sont aujourd'hui les articles 722 et 1130 alinéa 2 du Code civil, dans leurs rédactions respectives issues des réformes de 2001[2] et de 2006. Ils ne formulent plus directement la règle générale de prohibition, mais préfèrent dire que les conventions sur les successions futures ne peuvent produire leurs effets qu'autant qu'elles sont autorisées par la loi.

21.11 Idée générale. Il est interdit de modifier les lois successorales par convention : telle est l'idée générale qui gouverne la question des pactes sur succession future, et en ce sens on peut dire que le principe de prohibition est maintenu. Dans le droit commun des contrats règne l'autonomie de la volonté, selon laquelle toutes les conventions qui ne sont pas interdites sont valables. Dans la catégorie particulière des **conventions sur successions non ouvertes,** la solution est inverse : une telle sorte de contrat ne sera valable que dans le cas où elle est autorisée par la loi (v. C. civ., art. 722).

Les rédacteurs du Code civil tenaient beaucoup à l'interdiction des pactes sur succession future, qui constituait dans leur système une pièce maîtresse de l'ordre public successoral, si bien d'ailleurs qu'ils l'avaient exprimée à quatre reprises (C. Napoléon, art. 791, art. 1130 al. 2, art. 1389, et art. 1600), de façon redondante. À l'issue des réformes du début du XXIe siècle, les limites de validité dont font l'objet les conventions sur succession future figurent tout de même encore dans trois textes (C. civ., art. 722,

1. L. n° 2006-728, 23 juin 2006, portant réforme des successions et des libéralités, *JO* 24 juin, p. 9513.

2. L. n° 2001-1135, 3 déc. 2001, relative aux droits du conjoint survivant et des enfants adultérins et modernisant diverses dispositions du droit successoral, *JO* 4 déc., p. 19279.

art. 1130 al. 2 et art. 1389). Mais le ton a changé : **le principe de prohibition** n'ose plus guère s'affirmer comme tel, tant **les exceptions ont pris de l'importance.** Les réformes récentes, marquées par une certaine montée de l'individualisme et des considérations d'efficacité économique, amenuisent de manière générale la force de l'ordre public successoral. De sorte que le principe de prohibition des pactes sur succession non ouverte s'est naturellement trouvé affecté par ce mouvement.

21.12 Définition du pacte prohibé. L'expression même « *pacte sur succession future* » ne figure pas dans le Code civil, et aucune définition ne s'y trouvait avant la nouvelle rédaction de l'article 722 par la réforme de 2001. Ce texte dispose : « *Les conventions qui ont pour objet de créer des droits ou de renoncer à des droits sur tout ou partie d'une succession non encore ouverte ou d'un bien en dépendant ne produisent effet que dans les cas où elles sont autorisées par la loi* ». Cette définition légale, qui reste très générale, méritera d'être précisée. En restant à un certain niveau de généralité, il paraît plus simple de présenter le pacte sur succession future comme un accord qui, du vivant d'une personne, crée des obligations relatives à son patrimoine considéré après sa mort.

CHAPITRE

211. Principe de prohibition des pactes sur succession future

François Xavier Testu
Professeur à l'Université de Tours
Avocat

Frédéric Bicheron
Professeur à l'Université Paris-Est Créteil Val-de-Marne (UPEC)

SECTION 0
Orienteur

211.00 **Plan du chapitre.**

Division. La prohibition des pactes sur succession future est d'autant plus fameuse parmi les juristes qu'il est difficile de cerner la notion, du fait d'une jurisprudence très casuelle. On va caractériser la règle de prohibition et ses justifications (sect. 1), avant de procéder à une présentation typologique de la jurisprudence (sect. 2).

211.01 **Textes applicables.**

C. civ., art. 722, 770, 1130, al. 2, 929 à 930-5, 1389

L. n° 2006-728, 23 juin 2006, portant réforme des successions et des libéralités, *JO* 24 juin, p. 9513 (*entrée en vigueur le 1er janv. 2007*)

> Interdiction d'aliéner les droits qu'on pourrait avoir dans une succession non ouverte
C. civ., art. 722 (*L. 3 déc. 2001, art. 18*)

Les conventions qui ont pour objet de créer des droits ou de renoncer à des droits sur tout ou partie d'une succession non encore ouverte ou d'un bien en dépendant ne produisent effet que dans les cas où elles sont autorisées par la loi.

> Interdiction de toute stipulation ou renonciation à une succession non ouverte
C. civ., art. 770 (*L. 23 juin 2006, art. 1er*)

L'option ne peut être exercée avant l'ouverture de la succession, même par contrat de mariage.

C. civ., art. 1130, al. 2

[...]

On ne peut cependant renoncer à une succession non ouverte, ni faire aucune stipulation sur une pareille succession, même avec le consentement de celui de la succession duquel il s'agit (*L.* 23 juin *2006*, *art. 29*) « que dans les conditions prévues par la loi ».

> Renonciation anticipée à l'action en réduction

[C. civ., art. 929 à 930-5]

* V. texte complet de ces articles s^s n° 212.01, > *Réduction des libéralités excessives : renonciation anticipée à l'action en réduction*

> Interdiction pour les époux de changer par convention ou renonciation l'ordre légal des successions

C. civ., art. 1389

Sans préjudice des libéralités qui pourront avoir lieu selon les formes et dans les cas déterminés par le présent code, les époux ne peuvent faire aucune convention ou renonciation dont l'objet serait de changer l'ordre légal des successions.

211.02 Jurisprudence de référence.

> Définition technique du pacte prohibé

• **Civ. 1re, 10 janv. 1990, n° 88-10.343,** *Bull. civ.* I, n° 7

* V. s^s n° 211.11

« Le pacte sur succession future est celui dont l'objet est d'attribuer, en dehors des cas limitativement prévus par la loi, un droit privatif sur tout ou partie d'une succession non ouverte. »

> Et négativement :

• **Civ. 1re, 3 avr. 2002, n° 00-10.301,** *Bull. civ.* I, n° 106

* V. s^s n° 211.131

« Ne constitue pas un pacte sur succession future prohibé la convention qui fait naître au profit de son bénéficiaire un droit actuel de créance qui s'exercera contre la succession du débiteur. »

> Qualification de pacte sur succession future pour une promesse unilatérale de vente dont le décès constituait le terme

• **Civ. 1re, 13 juin 1979, n° 78-12.037,** *Andréani*, *Bull. civ.* I, n° 180

* V. s^s n° 211.92

Méconnaît l'article 1130 alinéa 2 du Code civil, la cour d'appel qui décide qu'un pacte par lequel une personne déclarait vendre sa propriété à une autre « *dès le jour de (son décès), pour un prix déterminé payable à l'ouverture de la succession et le prix devant être payé ultérieurement à des tiers désignés par celui-ci, s'analysait en une promesse post mortem valable* », alors que la convention ne créait d'obligations qu'à la charge de la succession sans imposer au stipulant aucune obligation dont la succession n'aurait été tenue que par voie de conséquence, et, consacrant ainsi l'attribution d'un droit privatif sur partie d'une succession non ouverte, constituait un pacte sur succession future prohibé.

211.03 Bibliographie indicative.

Actualisables. Rép. civ., v° *Pacte sur succession future*, mars 2012, par I. Najjar.

Ouvrages[1]. G. Ripert et J. Boulanger, *Traité élémentaire de Droit civil*, t. 4, 1959, n° 1492 – F. Laurent, *Principes de droit civil français*, t. XVI, 3e éd., 1878, n° 101 – J.-P. Niboyet, *Cours de droit international privé français*, Sirey, 1949, n°s 509, 5° et 515 – M. Planiol et G. Ripert, t. VIII par J. Boulanger, n° 32, et t. IX par J. Boulanger, n° 1013, note 3 – M. Grimaldi, *Droit civil. Successions*, 6e éd., « Manuels », LexisNexis/Litec, 2001, n°s 339 s. – F. Terré, Y. Lequette et S. Gaudemet, *Les successions. Les libéralités*, « Précis », 4e éd., Dalloz, 2014, n°s 682 s.

Articles. P. Bonduelle, « Le pacte de famille, enfin ! », *Dr. et patr.* févr. 2007, p. 46 – I. Najjar, « Pacte successoral et discrimination entre les héritiers... », *D.* 2006. Tribune 993 [note s^s Civ. 1re, 4 oct. 2005, n° 02-13.395].

211.04 Questions essentielles.

> La jurisprudence fait une application casuelle de la prohibition, en considérant en particulier les effets de l'acte incriminé.

* V. s^s n° 211.31

> La prohibition des pactes sur succession future est sanctionnée par une nullité absolue.

* V. s^s n° 211.41

> La prohibition des pactes sur succession future se présente comme une loi de police.

* V. s^s n° 211.51

> Les renonciations à une succession non ouverte sont en principe interdites.

* V. s^s n° 211.62

> Les conventions portant atteinte à la liberté de tester sont interdites.

* V. s^s n° 211.71

> Les pactes de famille sur succession non ouverte sont interdits, en dehors de ce qu'autorise exceptionnellement l'article 929 du Code civil.

* V. s^s n° 211.81

> Une certaine suspicion pèse sur les ventes ou promesses de vente dont l'effectivité est liée au décès du vendeur.

* V. s^s n° 211.91

> La clause de réversibilité d'usufruit ne paraît plus poser de problème au regard de la prohibition des pactes sur succession future.

* V. s^s n° 211.111

> Il faut éviter de mettre en place des contrats ayant pour effet d'alourdir les obligations d'un cocontractant à compter de son décès.

* V. s^s n°s 211.131 à 211.134

1. NB : les ouvrages les plus fréquemment cités et dont le nom des auteurs figure en petites capitales en bibliographie sont cités par les seuls noms des auteurs en petites capitales en notes de bas de page.

SECTION 1
CARACTÈRES DE LA PROHIBITION DES PACTES SUR SUCCESSION FUTURE

§ 1
Définition du pacte prohibé

211.11 Définitions jurisprudentielles. Malgré leur généralité, les termes de l'article 722 du Code civil ne permettent pas de considérer que ce texte formule une définition opérationnelle du pacte prohibé. **Jusqu'à la loi de 2001,** la formulation légale la plus générale était celle de l'article 1130 alinéa 2 qui dispose toujours : « *On ne peut* [...] *renoncer à une succession non ouverte, ni faire aucune stipulation sur une pareille succession, même avec le consentement de celui de la succession duquel il s'agit...* ». Et **la loi de 2006** est venue ajouter : « [...], *que dans les conditions prévues par la loi* ». La jurisprudence a paru suppléer ce qui reste une carence du législateur.

Ainsi les **juges** se sont-ils efforcés à plusieurs reprises de donner une **définition technique du pacte prohibé.** On peut ainsi lire dans un arrêt de la Cour de cassation : « *Le pacte sur succession future est celui dont l'objet est d'attribuer, en dehors des cas limitativement prévus par la loi, un droit privatif sur tout ou partie d'une succession non ouverte* »[1]; ou encore, « *constitue un pacte sur succession future prohibé toute stipulation ayant pour objet d'attribuer, en dehors des cas limitativement énumérés par la loi, un droit privatif éventuel sur tout ou partie d'une succession non ouverte* »[2]. À vrai dire, les formules jurisprudentielles ne sont pas stables, la Cour de cassation utilisant parfois le critère équivoque du « *droit éventuel* » (v. s^s n° 211.13). En outre, ces définitions restent toutes à un haut niveau d'abstraction trop lointain des faits que les règles sont appelées à régir.

211.12 Des définitions doctrinales. Les auteurs ne sont pas plus unanimes dans la formulation qu'ils donnent, ce qui s'explique par la difficulté de trouver une définition qui ne trahisse pas une jurisprudence nécessairement casuelle. Certaines définitions doctrinales constituent cependant une base utile à la réflexion, comme celle donnée il y a un demi-siècle par Ripert et Boulanger[3] : le pacte sur succession future est « *toute convention qui intervient en considération d'une succession non encore ouverte et par laquelle l'une des parties se fait attribuer ou abdique des droits purement éventuels dans cette succession* ». Cette définition appelle plusieurs remarques.

211.13 Caractère incertain du critère du droit éventuel. Tout d'abord, l'appel au **critère du droit éventuel**, souvent utilisé, n'est pas nécessairement judicieux : il est évident que si la succession n'est pas ouverte, les droits successifs en cause sont purement éventuels. La référence au droit éventuel, bien que la Cour de cassation en parle dans certains arrêts comme celui précité du 26 octobre 2011[4], est le type même du critère fuyant, peu utilisable, et c'est à juste titre que le législateur ne l'a pas repris dans la définition qu'il a élaborée en 2001. L'expression, qui figurait dans la loi à l'article 791 du Code civil dans sa rédaction originaire, a d'ailleurs disparu avec la réforme de 2006. Il existe des cas où une convention est relative à un droit éventuel, et où pour autant sa validité ne saurait être remise en cause. Il en a été jugé ainsi du mandat par lequel un mari permet à sa femme d'accepter ou répudier en son nom toutes les successions qui pourraient lui échoir[5] (v. s^s n° 211.34). Cela étant, il est vrai que le mandat est révocable à tout instant (comp. s^s n° 211.15). Plus généralement, il n'y a pas lieu d'annuler les pactes qui, bien que portant sur une succession future, sont certainement conformes aux règles successorales (v. s^s n° 211.34).

Certains arrêts de la Cour de cassation, en 2002 et 2003, tendent cependant à revenir à la terminologie traditionnelle, puisque, pour valider des promesses *post mortem* qui ne seraient pas des pactes prohibés (*adde* v. s^s n°s 211.93 à 211.96 et 211.101), la Cour reprend un attendu de principe selon lequel : « *Ne constitue pas un pacte sur succession future prohibé la convention qui fait naître au profit de son bénéficiaire un droit actuel de créance qui s'exercera contre la succession du débiteur* » – quitte d'ailleurs à faire de cette règle des applications qui ne correspondent pas logiquement à l'espèce (v. s^s n° 211.131). Le **caractère actuel du droit** constituerait donc un facteur de validation du pacte suspect. Toutefois, qualifier un droit de créance d'**actuel** ne correspond à aucune catégorie juridique. Un droit de créance est, soit **exigible**, soit à l'inverse soumis à un **terme sus-**

1. Civ. 1re, 10 janv. 1990, n° 88-10.343, *Bull. civ.* I, n° 7; *D.* 1991. 372, note H. Mazeron; *RTD civ.* 1991. 784, obs. J. Patarin; *JCP N* 1990. II. 265, note H. T. – Formulation traditionnelle, qu'on trouve déjà dans Civ. 11 janv. 1933, *DP* 1933. 1. 10, note Capitant.
2. Civ. 1re, 26 oct. 2011, n° 10-11.894, *Bull. civ.* I, n° 186; *D.* 2011. 2976, note I. Najjar; *AJ fam.* 2011. 619, obs. C. Vernières; *RDC* 2013. 902, obs. C. Goldie-Genicon; *Dr. fam.* 2011, n° 180, obs. B. Beignier.
3. G. RIPERT et J. BOULANGER, t. IV, 1959, n° 1492.
4. V. ENCORE, Civ. 1re, 6 févr. 1996, n° 94-13.072, *Bull. civ.* I, n° 67; *RTD civ.* 1996. 679, obs. J. Patarin; *D.* 1997. 369, note I. Najjar; *D.* 1997. 368, note M. Grimaldi.
5. Civ. 9 mars 1937, *DH* 1937. 253 – Civ. 1re, 3 févr. 1969, *JCP* 1969. II. 16112, note M. D.

pensif ou à une **condition suspensive.** On peut dire également d'un droit, parce que cela reste clair, qu'il est constitué, ou au contraire qu'il est en cours de formation – de sorte qu'il n'est encore inscrit à aucun patrimoine, critère de son existence. Mais qu'est-ce qu'un **droit de créance** ***actuel* ?** Dans l'esprit des rédacteurs des arrêts, cela vient manifestement s'opposer à ***éventuel.*** Or on vient de voir que cette notion n'était pas appropriée en matière de pactes sur succession future.

En réalité, on ne peut résoudre la question des pactes sur succession future par des concepts théoriques, surtout s'ils sont équivoques. La vraie question est concrète : la partie contractante reporte-t-elle sur sa seule succession une charge que son patrimoine aurait déjà dû assumer de son vivant dans la pleine logique de l'opération en cause ?

211.14 Formulation d'un critère. Si l'on estime, ce qui est légitime, qu'un critère est utile en pratique pour mieux identifier le pacte prohibé, on peut observer que, pour être annulable, le pacte litigieux doit porter sur des droits **dans** la succession en considération de laquelle il a été conclu (la préposition *sur* utilisée aujourd'hui à l'article 722, a un sens équivalent). Si en revanche l'ouverture d'une succession n'est visée que pour constituer un terme à une obligation **dont l'existence est parfaitement extérieure au patrimoine successoral en cause**, il n'y a pas pacte sur succession future[1]. Mais on ne saurait guère avancer davantage dans la recherche d'un critère du pacte sur succession future, malgré l'insuffisance de celui qui vient d'être proposé, et dont la généralité est encore excessive. Une étude plus précise de la prohibition doit passer par une typologie des décisions en la matière (v. s[s] n°s 211.60 s.).

211.15 Support conventionnel du pacte sur succession future. Selon la plupart des définitions, le pacte sur succession future est une **convention,** et l'article 722 reprend ce terme. Mais la Cour de cassation a eu l'occasion de qualifier un **acte unilatéral** de pacte prohibé[2]. Si l'on en reste à une analyse formelle, le mot « *pacte* » dans l'expression « ***pacte sur succession future*** » devrait donc recevoir une acception plus large que le mot « *convention* ». D'ailleurs l'exercice de l'option successorale (en pratique, une renonciation) relativement à une succession non encore ouverte, acte unilatéral, tombe sous le coup de la prohibition, comme l'indique l'article 770 du Code civil.

Mais dans l'immense majorité des cas, le pacte sur succession future revêt la forme d'une **convention.** Et même lorsque, par exception, il se présente comme un acte unilatéral, cet acte trouve ailleurs un écho : l'acte n'est unilatéral qu'en apparence, car au fond il existe **un accord entre plusieurs personnes** (et souvent la stipulation de contre-prestations), de sorte que la renonciation unilatérale n'est que la pièce manifeste de ce traité d'ensemble. L'affaire résolue par l'arrêt de 1987[3] précité ne dément pas cette analyse.

Toujours est-il que le **pacte prohibé**, qu'il soit conventionnel au premier degré ou non, doit correspondre à **un engagement irrévocable.** Cette condition préalable sera particulièrement vérifiée pour les actes unilatéraux[4]. Ainsi, les **testaments coordonnés de deux époux** – par rapport à des biens communs, en particulier – ne constituent pas un arrangement familial atteint par la prohibition des pactes sur succession future, dès lors que chaque testament, en tant que tel, conserve son **caractère révocable**[5].

211.16 Pactes concernant des objets singuliers, ou l'universalité successorale. On précisera enfin que la prohibition des pactes sur succession future vaut aussi bien pour les pactes concernant les objets singuliers d'une succession, que pour ceux qui seraient relatifs à l'universalité des droits qui en dépendent[6].

§ 2
Justifications du principe de prohibition

211.21 Deux types de pactes. L'identification des raisons de la prohibition est importante, parce qu'elle seule peut aider, en l'absence de critère ferme du pacte prohibé, à circonscrire le champ d'application des règles en cause.

D'une manière assez générale, on peut justifier par un triple motif l'idée qui a présidé à l'institution de la prohibition. Tout d'abord, on a souvent évoqué la lutte contre le *votum mortis* qui serait nécessairement présent dans tout pacte sur succes-

1. V. PAR EX., Req. 15 févr. 1897, *DP* 1897. 1. 582.
2. V. Civ. 1re, 17 mars 1987, n° 85-16.484, *Bull. civ.* I, n° 97; *RTD civ.* 1987. 784, note J. Patarin, et Civ. 1re, 4 oct. 2005, n° 02-13.395, *Bull. civ.* I, n° 361; *AJ fam.* 2006. 77, obs. F. Bicheron; *D.* 2005. 993, obs. I. Najjar; *D.* 2006. 2066, note V. Brémond et M. Nicod; *Dr. fam.* 2005, n° 252, note B. Beignier.
3. Civ. 1re, 17 mars 1987, n° 85-16.484, *Bull. civ.* I, n° 97; *RTD civ.* 1987. 784, note J. Patarin.
4. Civ. 1re, 4 oct. 2005, n° 02-13.395, *Bull. civ.* I, n° 361; *AJ fam.* 2006. 77, obs. F. Bicheron; *D.* 2005. 993, obs. I. Najjar, au sujet d'une reconnaissance de dette; *D.* 2006. 2066, note V. Brémond et M. Nicod; *Dr. fam.* 2005, n° 252, note B. Beignier.
5. Civ. 1re, 28 mai 2008, n° 07-14.066, *Bull. civ.* I, n° 161; *RTD civ.* 2008. 711, obs. M. Grimaldi.
6. Civ. 11 nov. 1845, *DP* 1846. 1. 25.

sion future; ce motif n'est guère convaincant, à l'heure où le droit autorise l'assurance sur la vie ou la vente contre rente viagère. On a aussi reproché aux pactes sur succession future la facilité avec laquelle ils permettent d'éluder le **principe d'égalité des partages**. Enfin, on a encore souligné que le pacte sur succession future porte souvent sur des **droits dont l'émolument est incertain au jour de la conclusion du contrat** : le titulaire risque donc d'en consentir l'abandon à vil prix.

Ces deux dernières considérations doivent être envisagées de façon plus concrète, en s'efforçant de rechercher plus précisément de quelle manière il risque d'être porté atteinte aux principes qu'on entend protéger. Or il existe deux séries d'hypothèses majeures :

– les **pactes de disposition anticipée** qu'une personne consent sur une succession qu'elle sera appelée à recueillir;

– les **pactes qu'une personne conclut sur sa propre succession.**

En pratique les deux aspects se trouvent souvent mêlés, comme on l'observe par exemple dans beaucoup de pactes de famille (v. s[s] n°s 211.81 s.). La distinction est cependant utile pour inventorier plus précisément les raisons d'être de la prohibition.

211.22 Justification de la prohibition des pactes de disposition anticipée. Le premier grand type de pactes sur succession future est constitué par les pactes de disposition anticipée, par exemple le contrat par lequel un héritier présomptif vend ses droits dans la future succession d'un parent.

Ce type de cession est évidemment dangereux, par les pratiques lésionnaires qu'elle peut faire naître, et les rédacteurs du Code civil avaient justement craint que de mauvais spéculateurs ne se spécialisent dans ce genre de cession. Le risque est augmenté de nos jours, où l'accroissement de l'espérance de vie est tel que les héritiers présomptifs attendent longtemps avant de recueillir le bénéfice d'une succession, ce qui peut les inciter à mobiliser leurs droits éventuels.

En dehors même du risque représenté par la spéculation, de dangereuses renonciations risquent d'être consenties dans un contexte familial, par exemple du vivant d'un ascendant et sous son autorité. À ce sujet encore, les raisons de la prohibition s'imposent, pour peu qu'on attache de l'importance à l'égalité successorale. Il est vrai que la raison d'être de la prohibition, à cet égard, paraît moins vivement ressentie de nos jours, et la réforme de 2006 a cru bon d'autoriser certains pactes familiaux grâce à **l'élargissement de la renonciation anticipée à l'action en réduction** (C. civ., art. 929 s.), tout en posant il est vrai un certain nombre de précautions.

211.23 Justification de la prohibition des pactes sur sa propre succession. Le second grand type de pactes sur succession future est constitué par les pactes sur sa propre succession. Entrent dans cette catégorie tous les contrats qui doivent s'exécuter sur le patrimoine de l'un des contractants, après sa mort. Ce type de convention est très suspect, parce qu'il constitue pour le contractant **un moyen de mettre à la charge de sa succession des obligations auxquelles il se soustrait de son vivant.** Le vœu du législateur est que les héritiers, et précisément les **héritiers réservataires,** recueillent quelque chose. Il faut donc éviter que le *de cujus* présomptif ne vide intentionnellement son patrimoine. La *réserve* existe pour **protéger le patrimoine héréditaire contre les libéralités excessives,** mais le risque est aussi qu'une personne ne vide son patrimoine au détriment de ses héritiers présomptifs, par des **contrats à titre onéreux, qui ne sont pas soumis au respect de la réserve.** Il n'est évidemment pas possible d'interdire au titulaire d'un patrimoine de passer des actes onéreux, qui constituent les actes ordinaires de la vie économique, mais on a mis ces actes sous surveillance grâce à la prohibition des pactes sur succession future : ils deviendront suspects dès lors que, de façon peu naturelle, ils auraient pour caractéristique de ne présenter aucun inconvénient pour le titulaire du patrimoine de son vivant, et d'être en revanche préjudiciables à ses seuls successeurs. Ils méritent alors d'être annulés comme pactes sur succession future, sauf à examiner davantage la situation en vérifiant l'économie exacte du traité suspect. Cette considération n'empêche pas, il faut le souligner, que les libéralités elles-mêmes sont soumises à la prohibition des pactes sur succession future : on verra que certains types de donations encourent cette qualification, spécialement lorsqu'elles organisent des transmissions *mortis causa* irrévocables.

En somme, la prohibition des pactes sur sa propre succession permet de placer sous une surveillance étroite les **contrats par lesquels une personne dissocie** délibérément son **intérêt de propriétaire vivant,** et l'**intérêt de sa succession.**

La prohibition des pactes sur succession future, c'est-à-dire des dispositions à cause de mort établies par la voie contractuelle, a en même temps pour vertu cardinale d'empêcher le *de cujus* de diminuer, par avance, irrévocablement sa succession future, sans avoir par la suite la liberté de s'en repentir. Se trouvent ici protégés, la liberté de tester et son corollaire que constitue la libre révocabilité du testament.

Ces différents développements indiquent qu'en matière de pactes sur sa propre succession, **c'est le but soupçonné qui commande la nullité.** La lecture de la jurisprudence permet d'ailleurs d'élargir l'idée à l'ensemble de la question.

§ 3
Méthode de la jurisprudence pour appliquer la prohibition

211.31 **Examen de l'effet de l'acte.** Au fond, la jurisprudence n'a **pas de critère du pacte prohibé.** Il y a simplement des **opérations qui, du fait de leur nature** (elles ont un aspect conventionnel et elles prennent en compte l'événement successoral), sont particulièrement **suspectes.** Dès que l'interprète pénètre dans cette zone d'alerte, une sorte de **présomption factuelle d'irrégularité s'applique.** Le juge se livre alors, non à une recherche de volonté caractérisée, mais à **un examen des circonstances,** destiné à lever la suspicion commandée par la nature de l'acte. Si cet examen n'établit pas de manière certaine que les effets de l'acte ne contrarieront en aucune manière le mécanisme des règles successorales, on tend à considérer que le but poursuivi par les parties était illicite, et on laisse jouer la prohibition des pactes sur succession future. Autant dire que les raisonnements de pure technique ne suffisent pas toujours à légitimer un acte suspect.

211.32 **Importance de l'appréciation portée par les juges du fond.** La Cour de cassation n'hésite d'ailleurs pas, en la matière, à s'en remettre à l'appréciation souveraine des juges du fond sur l'intention des parties de procéder au partage d'une succession du vivant du *de cujus*[1] – même s'il y a, du reste, nécessairement place pour le contrôle de qualification opéré par la Cour, puisque malgré ses contours incertains la notion de pacte sur succession future est une catégorie juridique.

211.33 **Illustration de la méthode : validation de certaines ventes conditionnelles.** Dans ces conditions, tout est question de dosage. Si l'on promet à une personne de lui céder les biens en provenance d'une succession que l'on espère, il s'agit d'un pacte sur succession future. Mais, par exemple, ce n'est pas nécessairement le cas si l'on promet à une personne de lui céder toutes les actions d'une société désignée, susceptibles d'être recueillie par successions, donations, legs ou autrement. Dans un tel cas de figure et après interprétation, les juges du fond ont pu retenir que la généralité des termes employés révélait la volonté des parties, non pas de stipuler la cession d'actions en provenance d'une succession déterminée, mais de convenir de la cession de la totalité des titres dont le cédant deviendrait propriétaire, quelle que fût leur origine. Ils ont ici appliqué la **qualification de vente conditionnelle,** et non de convention conférant au cessionnaire un droit sur partie d'une succession future[2]. Dans cette espèce, il est vrai que les effets de la convention ne portaient atteinte à aucun mécanisme successoral, puisque celle-ci ne restreignait ni la liberté du *de cujus* de disposer de ses titres, ni celle de l'héritier présomptif d'accepter ou non une succession.

211.34 **Illustration de la méthode (suite) : validation des accords non contraires aux règles successorales.** Cette attitude de la jurisprudence, qui caractérise comme but condamnable celui qui tend à modifier par la voie contractuelle les règles destinées à régir la future succession, permet de dire que le seul fait qu'un **engagement contractuel** porte sur une **succession non encore ouverte** ne suffit pas à le vicier : **si l'accord correspond aux règles légales, il ne doit pas tomber sous le coup de la nullité**[3].

211.35 **Conséquence : absence de critère catégorique.** Ce type d'analyse confirme que la recherche d'un critère catégorique trahirait le droit positif : en vérité le juge recherche la **finalité des actes,** et retient la qualification de pacte sur succession future lorsqu'il y trouve un **non-respect des règles successorales déterminantes,** spécialement lorsqu'il soupçonne une **atteinte à la réserve, à l'ordre légal des successions, à la liberté testamentaire, aux règles du partage**[4] **ou à la liberté d'option.** Pour le reste, les tentatives d'une définition purement objective du pacte prohibé paraissent vouées à l'échec.

211.36 **Incertitudes résiduelles : la distinction entre pacte prohibé et promesse *post mortem* valable.** L'absence de critère catégorique résulte de la logique de la matière et rend délicat un recensement théorique, sans pour autant obscurcir une matière naturellement casuelle. On s'aperçoit en effet que les décisions des juges du fond, qui se livrent à une analyse soigneuse des espèces, sont généralement irréprochables, et qu'elles peuvent être reclassées en séries logiques. En vérité, les obscurités entourant la matière proviennent davantage de la doctrine ou de l'attitude de la Cour de cassation, qui veulent systématiser une matière qui y répugne.

En témoigne la fameuse tentative de distinguer le pacte sur succession future prohibé de la promesse *post mortem* licite. À partir d'un arrêt qui avait rappelé, au sujet de l'application de la prohibition des pactes sur succession future, que le terme ne suspend point l'engagement, dont il retarde seulement

1. V. PAR EX., Civ. 1re, 25 oct. 1961, *Bull. civ.* I, n° 48.

2. Civ. 1re, 27 mai 1961, *Bull. civ.* I, n° 270.
3. Civ. 9 mars 1937, *DH* 1937. 253 – Civ. 1re, 3 févr. 1969, *JCP* 1969. II. 16112, note M. D.
4. Civ. 4 oct. 2005, n° 02-13.395, *Bull. civ.* I, n° 361; *AJ fam.* 2006. 77, obs. F. Bicheron; *D.* 2005. 993, obs. I. Najjar; *D.* 2006. 2066, note V. Brémond et M. Nicod; *Dr. fam.* 2005, n° 252, note B. Beignier.

l'exécution[1] (mais le fond du débat tenait dans une question propre au régime dotal...), certains auteurs ont commencé à esquisser une distinction entre pacte prohibé et promesse *post mortem*. Ainsi Laurent, affirmant que « des *promesses qui ne doivent être acquittées qu'à la mort du promettant ne sont pas des conventions sur la succession future du débiteur; il y a dette actuelle, le paiement en est ajourné* »[2]. Vialleton systématisera la distinction[3], en expliquant que sont valables les pactes patrimoniaux à portée successorale « *qui intéressent essentiellement le* de cujus *lui-même de son vivant,* [même si] *leur conception ou leurs conséquences sont telles qu'ils trouvent un aboutissement dans la masse héréditaire* ». Au contraire sont des pactes successoraux prohibés « *ceux dans lesquels le principal intéressé trouve moyen de dégager sa fortune personnelle, telle qu'elle demeurera de son vivant, de tout engagement, de toute responsabilité, de toute incidence de l'opération* ». S'il n'y a rien à redire à cette analyse, la suite n'est pas dans la droite ligne de ce qui précède. En effet, Vialleton y estimait, « *en conséquence* », qu'on doit tenir pour licite l'opération reportée au décès par un terme, « *parce que l'obligation est* praesens *pour le débiteur, seule la solution est* dilata : *en cas de déchéance ou de renonciation au terme, les conséquences s'en feront sentir dans le patrimoine, non dans la succession* ». Cette logique, qui n'est qu'apparente, a conduit la Cour de cassation à valider de manière sporadique des promesses de vente ou des ventes dans lesquelles le promettant stipule que l'exécution du contrat ne pourra avoir lieu qu'après son décès (v. ss nos 211.91 s.), ou certains contrats de prêts appelés à être dénoués ou transformés par le fait du décès du prêteur (v. ss nos 211.131 et 211.132). Ces solutions sont contestables parce qu'elles contribuent à faire peser essentiellement sur la succession du débiteur l'onérosité du contrat. Cela explique les hésitations de la Cour de cassation, que l'on constate dans la durée.

En pratique il faut recommander la prudence, même s'il paraît certain que, **depuis quelques années, la Haute juridiction croit devoir élargir la notion de « *promesse post mortem* » valable**, en faisant reculer à ce sujet la prohibition classique. Il n'est pas exclu d'ailleurs que le recul du droit à la réserve successorale en nature, marqué par la réforme de 2006, encourage la Cour de cassation à valider encore plus largement ce type de **promesses à exécution différée** sur la succession.

211.37 Conséquences de la logique de la prohibition sur le cas de simulation. Un point, en revanche, est certain : le caractère déterminant de la finalité de l'acte invite à tenir compte seulement de l'intention réelle des parties. Ce qui signifie que si l'acte soupçonné de constituer un pacte sur succession future n'est en vérité qu'un acte ostensible, et que l'acte réel n'entre pas dans une telle qualification, la nullité n'est pas encourue[4]. Inversement, l'acte sera nul si sa réalité, malgré les apparences, est celle d'un pacte sur succession future[5].

1. Civ. 12 août 1846, *DP* 1846. 1. 296.
2. F. Laurent, *Principes de droit civil français*, t. XVI, 3e éd., 1878, no 101.
3. Civ. 24 janv. 1928, *S.* 1929. 138-139, note Vialleton.

§ 4
Nature de la prohibition

211.40 Divisions. Avec la protection de la réserve, la prohibition des pactes sur succession future est une pièce essentielle de l'ordre public successoral (étant observé qu'on pouvait rattacher à l'interdiction des pactes sur succession future la troisième prohibition impérative du droit des successions, celle relative aux substitutions, mais celle-ci se trouve également atteinte aujourd'hui, par la promotion des libéralités graduelles – v. ss nos 212.51 et 212.52). Cela exerce une influence directe sur la définition de sa sanction (A), et sur les solutions admises en droit international privé (B).

A.
Sanction de la prohibition des pactes sur succession future

211.41 Nullité absolue. Tout contrat tombant sous la qualification de pacte sur succession future est frappé d'une nullité absolue[6]. Par conséquent, la nullité peut être **invoquée par toute personne y ayant intérêt** : chacune des parties au pacte[7], les héritiers, mais aussi des créanciers[8]. De même, l'action en nullité **se prescrit par cinq ans** à compter du jour où le titulaire du droit a connu ou aurait dû connaître les faits lui permettant de l'exercer (C. civ., art. 2224)[9].

211.42 Obligation de relever le moyen d'office. Les juges du fond ont l'obligation de soulever d'office la nullité du pacte, dans la mesure du moins où les éléments de fait soumis à leur jugement font ressortir les éléments de la nullité en

4. Civ. 1re, 8 mars 1977, no 75-10.254, *Bull. civ.* I, no 122.
5. Req. 14 nov. 1843, *S.* 1844. 1. 229.
6. V. PAR EX. Civ. 10 mars 1941, *DC* 1943. 32.
7. V. PAR EX. Civ. 1re, 11 mars 1981, no 79-16.831, *Bull. civ.* I, no 87.
8. Civ. 9 mai 1894, *DP* 1894. 1. 546.
9. Avant la loi no 2008-561 du 17 juin 2008 portant réforme de la prescription en matière civile (*JO* 18 juin, p. 9856), le délai était de trente ans à compter de la date de la convention en cause (Civ. 24 nov. 1845, *DP* 1846. 1. 25).

cause[1]. En tant que **moyen d'ordre public,** la nullité du pacte sur succession future pourra être invoquée pour la première fois devant la Cour de cassation, si la juridiction qui a rendu la décision attaquée avait été mise à même de connaître les faits servant de base au grief, et de vérifier leur réalité.

211.43 Confirmation impossible. La nullité du pacte sur succession future n'est pas susceptible de confirmation[2].

La règle selon laquelle les nullités absolues ne sont pas susceptibles de confirmation a certes des contours flous. Mais même si l'on prétend distinguer les nullités absolues susceptibles de « *confirmation* » sous certaines conditions des **nullités d'ordre public,** qui ne sauraient être confirmées, il est certain que la nullité des pactes sur succession future appartient à cette dernière catégorie. La confirmation n'est donc jamais possible.

211.44 Réfaction du pacte après décès. Toutefois, les héritiers, s'ils sont capables, peuvent exécuter le pacte après l'ouverture de la succession. Il ne s'agit cependant pas là d'une véritable confirmation, mais d'une réfaction de l'acte, ce qui exclut toute validation rétroactive. En effet, comme la cause de la nullité est par définition temporaire puisqu'elle est appelée à disparaître avec l'ouverture de la succession, il est permis, dans le règlement successoral, de se conformer exactement à ce que prévoyait le pacte. Juridiquement ce n'est plus l'exécution du pacte, c'est la conclusion valable d'une « *convention nouvelle, spéciale, distincte et postérieure au décès* », comme le dit la Cour de cassation[3].

Toutefois cette exécution d'un règlement successoral conforme aux prévisions du pacte ne serait pas valable si les intéressés avaient cru devoir déférer aux prescriptions de l'acte nul. C'est notamment ce qu'entend la jurisprudence lorsqu'elle dit que les parties ont dû avoir une exacte connaissance de la nullité[4]. Pour valider un règlement successoral conforme au pacte, la Cour de cassation exige donc une volonté non équivoque de substituer à la stipulation primitive une convention nouvelle[5].

211.45 Étendue de la nullité. Lorsque c'est, non une convention tout entière qui constitue un pacte sur succession future, mais simplement la stipulation particulière d'une convention, la question de l'étendue de la nullité se pose. Il faut examiner, conformément aux règles communes, si la stipulation nulle entretient avec le reste du contrat un lien d'indivisibilité. Si l'on estime que les parties à la convention ne l'auraient pas conclue sans la stipulation vicieuse, l'ensemble doit être tenu pour nul. Cela a été jugé à propos :

- d'un bail assorti d'une promesse de vente dont l'exigibilité se trouvait reportée au moment du décès du bailleur promettant[6];

- d'un contrat de société dont une clause revêtait le caractère de pacte sur succession future[7];

- d'un acte de cession qui portait à la fois sur une succession ouverte et sur une succession non ouverte, un prix unique ayant été stipulé en contrepartie des deux cessions[8].

A fortiori doit-on admettre que la nullité du pacte s'étend à toutes les clauses et promesses accessoires destinées à en assurer l'exécution[9].

En revanche, lorsque la convention suspectée de constituer un pacte prohibé est distincte et divisible du contrat principal, ce contrat doit être maintenu[10], même si les deux conventions figurent dans le même acte[11].

211.46 Responsabilité professionnelle. L'annulation d'une clause constitutive d'un pacte sur succession future est de nature à engager la responsabilité du professionnel intervenu à l'opération (responsabilité, envers l'acquéreur, de l'intermédiaire et du notaire à la suite de l'annulation de la clause[12]).

B.
Conflits de loi au regard de la prohibition

211.51 Exception d'ordre public international. À la différence de la France, un certain nombre de pays admettent la validité de principe des pactes sur succession future. Ce décalage rend importante la résolution des conflits de loi en la matière. Or l'opposition est si forte entre les pays qui admettent et ceux qui rejettent ces pactes, qu'il serait choquant de se prévaloir en France d'un pacte sur succession future en vertu d'une loi étrangère[13]. Ici, la défense de notre loi est de celles qui s'opposent absolument à l'application d'une loi étrangère[14]. On appliquera donc l'**exception d'ordre public international, qui conduit** à rejeter le droit étranger

1. Paris, 23 nov. 1876, *DP* 1877. 2. 111 – Paris, 22 juill. 1950, *D.* 1950. 722, note Lalou.
2. Req. 19 févr. 1929, *DP* 1929. 1. 100.
3. Req. 19 févr. 1929, préc. – Civ. 1re, 4 janv. 1966, *Bull. civ.* I, n° 9 – Civ. 1re, 7 janv. 1992, nos 90-16.161 et 90-15.303, 2 esp., NP.
4. Civ. 26 oct. 1943, *D.* 1946. 301, note F. Boulanger – RAPPR. Req. 13 mars 1884, *DP* 1884. 1. 468 – et Civ. 1re, 20 juin 1962, *Bull. civ.* I, n° 321.
5. Civ. 1re, 12 déc. 1961, *Bull. civ.* I, n° 603; *D.* 1962. Somm. 73.
6. Req. 4 déc. 1935, *S.* 1936, 1, 47.
7. Com. 9 janv. 1963, *Bull. civ.* III, n° 30.
8. Montpellier, 26 oct. 1931, *DP* 1934, 2, p. 8, sol. impl.
9. V. PAR EX., Paris, 27 nov. 1877, *DP* 1878. 2. 188.
10. Req. 27 juill. 1899, *DP* 1900. 1. 191.
11. Req. 10 août 1840, *S.* 1840. 1. 758 – Toulouse, 1re ch., 1re sect., 2 mars 1998, inédit.
12. Civ. 1re, 15 janv. 1991, n° 89-10.409, NP; *JCP N* 1992. II. 13.
13. J.-P. NIBOYET, n° 509-5°.
14. J.-P. NIBOYET, n° 515.

éventuellement applicable. Et comme il s'agit d'une **question de création des droits**, c'est la sanction de la **nullité absolue** que le juge français devra appliquer en toute hypothèse.

Sans que cet état du droit paraisse critiquable, on peut relever **deux facteurs possibles d'évolution du régime des pactes sur succession future en droit international privé**. Tout d'abord, on rappellera que la cour de Paris a jugé que « *le risque d'une atteinte à la réserve ne heurte pas la conception française de l'ordre public international dans des conditions propres à interdire tout effet en France à une décision étrangère* »[1]. Or, dans la mesure où la prohibition se rattache parfois davantage à la **protection de la réserve** qu'à d'autres considérations, il faudrait s'interroger sur l'étendue exacte dans laquelle cette prohibition traditionnelle constitue encore un élément de l'ordre public international de la France, en des temps de sensible recul du droit à la réserve dans la législation, notamment après l'adoption du règlement européen (UE) n° 650/2012 du 4 juillet 2012 sur les successions[2] (v. s^{s} n°s 724.00 s. et 82.11). De la même manière, la réforme de 2006, en ayant fait reculer la prohibition, peut inviter à faire des distinctions selon les types de pactes en cause, pour examiner dans quelle mesure l'interdiction qui les frappe appartient à cet ordre public[3].

211.52 Application en jurisprudence. La jurisprudence fait assez couramment cette analyse[4] : la nullité du pacte sur succession future soumis à l'examen du juge français doit être appliquée quelle que soit la loi compétente pour régler la dévolution héréditaire. Les juges ont parfois appliqué la loi successorale, mais dans des hypothèses de pactes exceptionnellement autorisés par la loi française, alors qu'ils étaient interdits par le droit étranger en cause[5].

1. Paris, 3 nov. 1987, *JDI* 1990. 109, note J. Héron.
2. Règl. UE n° 650/2012 du Parlement européen et du Conseil, 4 juill. 2012, relatif à la compétence, la loi applicable, la reconnaissance et l'exécution des décisions, et l'acceptation et l'exécution des actes authentiques en matière de successions et à la création d'un certificat successoral européen, *JOUE*, n° L. 201 – V. M. Grimaldi, « Brèves réflexions sur l'ordre public et la réserve héréditaire », *Defrénois* 2012. 755 – M. Goré, « La *professio juris* », *Defrénois* 2012. 762.
3. *Adde,* G. Khairallah, « La loi du 23 juin 2006 et les successions internationales », *JCP N* 2008. 1244, spéc^{t} pour le pacte de famille n°s 11 s., et pour la donation-partage transgénérationnelle, n°s 18 s.
4. Paris, 26 janv. 1888, *JDI* 1888. 390 – T. civ. Seine, 5 juill. 1939, *Rev. crit. DIP* 1939. 450 – COMP. T. rég. sup. Colmar, 22 nov. 1895, *DP* 1898. 2. 237.
5. Civ. 2 avr. 1884, *S.* 1886. 1. 121 – Req. 7 mai 1924, *JDI* 1925. 126 – Colmar, 19 févr. 1949, *Rev. crit. DIP* 1950. 52, note Batiffol – T. civ. Mulhouse, 19 janv. 1950, *JCP* 1952. II. 6845, note Delaume et Flattet.

SECTION 2
CAS D'APPLICATION DE LA PROHIBITION DES PACTES SUR SUCCESSION FUTURE

211.60 Tableau de la jurisprudence. Pour faire la synthèse de la jurisprudence, on ne suivra pas la distinction précédemment évoquée des deux catégories de pactes sur succession future (les **pactes sur sa propre succession**, et les **pactes de disposition anticipée**), car en pratique le pacte prohibé contient souvent ces deux aspects, fût-ce implicitement pour l'un des deux. On préférera donc adopter une typologie mieux adaptée à la réalité, qui comportera des catégories plus nombreuses.

Sur la base de la jurisprudence, on peut ainsi répertorier comme interdits :

- les options successorales anticipées (§ 1), et spécialement les renonciations relatives à des successions non ouvertes;
- les conventions portant atteinte à la liberté testamentaire (§ 2);
- les pactes de famille contenant une stipulation sur succession non ouverte (§ 3);
- les ventes ou promesses de vente dont l'effectivité est liée au décès (§ 4);
- les clauses de réversibilité d'usufruit (§ 5);
- les clauses organisant la dévolution successorale future du droit issu du contrat (§ 6);
- les contrats ayant pour effet d'alourdir les obligations de la succession future par rapport au patrimoine actuel (§ 7).

§ 1
Options successorales anticipées

211.61 Prohibition des options successorales antérieures à l'ouverture de la succession. Dans sa rédaction antérieure à la réforme de 2006, l'article 791 disposait qu'« *on ne peut, même par contrat de mariage, renoncer à la succession d'une personne vivante* ». L'article 770 du Code civil élargit le propos, en prévoyant que « *l'option ne peut être exercée avant l'ouverture de la succession, même par contrat de mariage* ». **C'est donc toute option anticipée qui est interdite** : renonciation, acceptation pure et simple ou acceptation de la succession à concurrence de l'actif net.

En pratique, on n'est cependant guère tenté d'accepter une succession avant de savoir de quoi est-elle composée. Les renonciations anticipées, en revanche, restent très tentantes, puisque c'est un moyen de mobiliser financièrement ses droits futurs, et ce peut être un moyen pour le *de cujus* d'organiser sa succession.

211.62 Nullité de principe des renonciations anticipées. La Cour de cassation a, en termes généraux, déclaré nulles « *les conventions portant abandon ou transmission de droits susceptibles d'être recueillis par les parties dans des successions non encore ouvertes* »[1]. En tant que principe l'affirmation reste vraie, mais elle a perdu de sa généralité avec l'élargissement des cas de renonciation à l'action en réduction (C. civ., art. 929 à 930-5 - v. s[s] n°s 264.141 à 264.195 - v. aussi, C. civ., art. 301).

La renonciation anticipée est prohibée, qu'elle soit relative à l'ensemble de la succession, ou à certains droits successoraux seulement.

211.63 Renonciation conventionnelle à la totalité d'une succession non ouverte. Il peut s'agir d'une renonciation contractuelle à la totalité d'une succession non ouverte. La renonciation anticipée intervient généralement dans un contexte familial qui, avec l'acte auquel elle tient lieu de contrepartie, en fait un **pacte de famille rudimentaire.** On sait que la réforme de 2006 autorise dans certaines limites le pacte de famille (sur le pacte de famille, v. s[s] n°s 211.81 s.). Mais en dehors de cette **autorisation limitée et bien circonscrite,** encourent la nullité :

- la renonciation à une succession non ouverte qui serait la **condition d'un legs**[2] ou **d'une donation**[3], à moins que la clause litigieuse n'ouvre au gratifié une option entre la libéralité et la succession future (pour une donation[4] - pour un testament[5]);

- la renonciation à une succession non ouverte qui serait la **condition d'un partage réalisé d'une certaine manière sur une autre succession familiale déjà ouverte**[6];

- l'accord intervenu du vivant du donataire, par lequel le donateur renoncerait à son droit de retour légal ou consentirait à en restreindre l'exercice[7].

211.64 Renonciation anticipée à tout droit particulier dérivant du titre d'héritier. La renonciation peut seulement être afférente à certaines prérogatives liées à la qualité future d'héritier (et non porter sur l'ensemble de la succession non ouverte, comme dans le cas précédent). La nullité n'en est pas moins encourue si l'on ne peut se prévaloir des cas limités où une telle renonciation est légalement possible.

La Cour de cassation a ainsi eu l'occasion de proscrire :

- l'engagement des enfants de ne jamais attaquer les libéralités faites par leur père en faveur d'étrangers[8];

- la renonciation anticipée au droit d'obtenir la réduction de certaines libéralités[9] - ce qui reste vrai en dehors du pacte de famille permis par les articles 929 et suivants du Code civil;

- la renonciation anticipée au droit de demander le rapport[10], même si cette renonciation au rapport est mutuelle entre deux héritiers présomptifs uniques[11];

- l'engagement pris par les héritiers présomptifs de tenir pour nul tout testament de l'auteur commun qui romprait l'égalité entre eux[12].

211.65 Disposition anticipée de droits compris dans une succession future. La jurisprudence prononce également la nullité de la disposition anticipée, par un héritier présomptif, de droits destinés à être compris dans une succession future[13].

Un tel arrangement s'intègre assez souvent dans des montages où sont en cause les **créanciers de l'héritier présomptif** :

- soit qu'ils bénéficient directement de cet abandon[14] (reconnaissance de dette dont le montant en cas de décès du débiteur est stipulé égal au cinquième des biens de la succession[15]);

- soit qu'un *de cujus* en situation de caution, obtienne atermoiement du créancier de son fils en lui consentant sur la succession future un droit prioritaire devant être déduit de la part du débiteur[16].

211.66 Validité des opérations ne mettant pas en cause des droits compris dans la succession future. Si le règlement successoral n'est aucunement en cause, et si le décès ne sert que de terme pour l'exécution de l'engagement de la caution,

1. Civ. 10 mars 1941, *DC* 1943. 32, note Maguet.
2. Civ. 1re, 30 avr. 1968, *Bull. civ.* I, n° 127; *D.* 1969. 110, note Ph. Simler.
3. Montpellier, 10 août 1887, s[s] Req. 8 avr. 1889, *S.* 1889. 1. 212.
4. Grenoble, 7 janv. 1873, *DP* 1873. 2. 108.
5. Civ. 25 nov. 1857, *DP* 1857. 1. 425.
6. Req. 19 févr. 1929, *DP* 1929. 1. 100.
7. Ch. réunies, 2 juill. 1903, *Ménard c/Roux*, *DP* 1903. 1. 353, rapp. Roulier, concl. Baudouin, *GAJC*, 12e éd., 2007, n° 133.
8. Req. 27 juin 1838, *S.* 1938. 1. 721.
9. Req. 14 mai 1855, *DP* 1855. 1. 237 - Civ. 1re, 23 nov. 1954, *Bull. civ.* I, n° 332, sol. impl.
10. Civ. 1re, 15 déc. 1954, *Bull. civ.* I, n° 372.
11. Civ. 10 mars 1941, *DC* 1943. 32, note Maguet.
12. Req. 13 mars 1884, *DP* 1884. 1. 468.
13. Civ. 1re, 22 nov. 1949, *Bull. civ.* I, n° 332 - Civ. 1re, 26 oct. 2011, n° 10-11.894, *Bull. civ.* I, n° 186; *D.* 2011. 2976, note I. Najjar; *AJ fam.* 2011. 619, obs. C. Vernières; *RDC* 2011. 902, obs. C. Goldie-Genicon; *Dr. fam.* 2011, n° 180, obs. B. Beignier; *JCP N* 2012. 1065, note M. Nicod; *LPA* 26 janv. 2012, p. 5, note J.-G. Mahinga.
14. Req. 2 févr. 1874, *DP* 1874. 1. 238.
15. Paris, 11 févr. 1994, *Juris-Data* n° 020194.
16. Civ. 9 mai 1894, *DP* 1894. 1. 546.

sans qu'il soit question d'imputation sur les droits de l'héritier présomptif cautionné, il n'y a pas pacte sur succession future[1]. La validité de l'acte serait toutefois discutable si le débiteur principal ne comptait pas parmi les héritiers, puisqu'il serait alors certain que la succession assume une charge plus lourde que le patrimoine de la personne vivante (v. s[s] n°s 211.131 s.), sans pouvoir se retourner utilement contre une personne insolvable, comme le permet à l'inverse le rapport des dettes.

De même – et encore qu'on puisse en discuter à un autre titre – il a été admis qu'une convention dans laquelle la renonciation au droit au salaire différé tient lieu de contrepartie ne constitue pas un pacte prohibé, parce que ce droit correspond à une créance contre la succession (renonciation au salaire différé moyennant une cession du bail rural[2]).

211.67 Validité de la reconnaissance du caractère non libéral d'un acte. En matière de renonciation afférente à certaines prérogatives liées à la qualité future d'héritier, il faut distinguer entre ce qui correspond véritablement à une **renonciation**, et ce qui n'est que le **constat, par un héritier présomptif, de l'absence de caractère libéral d'un acte auquel il est appelé.**

Ainsi, n'a pas été analysé comme pacte sur succession future le fait pour une fille d'intervenir dans l'acte de société passé entre son père et son frère pour constater que cet acte ne renferme rien qui puisse donner lieu à rapport[3].

De même, a été jugée valable la renonciation, faite par un héritier présomptif du vivant de ses parents, à critiquer certains actes de cession consentis par ceux-ci à un autre enfant et qui n'étaient pas des libéralités, ledit acte ayant seulement pour objet d'écarter par avance tout soupçon de libéralité[4].

Encore faut-il bien situer les limites de cette jurisprudence : l'intervention contractuelle du cosuccessible du contractant ne peut être valable que s'il s'agit d'une intervention purement déclarative destinée à faciliter la preuve du caractère réellement non libéral de l'acte passé. Il en irait différemment si l'acte en cause méritait la qualification de libéralité, car alors l'intervention devrait être analysée comme un véritable engagement, *ante mortem*, de se soumettre à certaines règles de liquidation, ce qui serait nécessairement constitutif d'un pacte prohibé (rappr. s[s] n° 212.82, au sujet de l'article 918 du Code civil).

1. Orléans, 15 juin 1861, *DP* 1861. 2. 151.
2. Caen, 14 sept. 1989, *Juris-Data* n° 045688.
3. Douai, 13 janv. 1932, *DH* 1932. Somm. 40.
4. Civ. 1re, 21 mars 1962, *Bull. civ.* I, n° 173.

§ 2
Conventions portant atteinte à la liberté testamentaire

211.71 Nullité des montages correspondant à des libéralités contractuelles à cause de mort. Les juges annulent les contrats qui, sous des formes variées, correspondent au fond à la mise en place conventionnelle de libéralités à cause de mort (*adde* s[s] n°s 212.61 s., la question des institutions contractuelles). On y constate généralement une tentative de « *verrouillage* » contractuel d'un testament, par le moyen d'un engagement corrélatif du légataire.

Correspondent ainsi à des pactes prohibés :

– la vente d'un immeuble avec réserve du droit d'habitation et exigibilité du prix au décès, ce prix devant servir à payer les frais et droits du legs d'un autre immeuble consenti par le vendeur au fils de l'acquéreur[5];

– l'ensemble conventionnel constitué par un testament et l'acte par lequel le légataire abandonne au testateur pendant sa vie la jouissance de certains biens[6];

– la condition d'un legs que tous les biens mobiliers laissés par le légataire se partageront par moitié entre les héritiers de ce légataire et ceux du testateur[7];

– l'écrit par lequel deux personnes s'instituent réciproquement légataires universels dans le même acte[8].

Plus largement, sont dénoncés par la jurisprudence comme pactes portant atteinte à la liberté de tester des actes irrévocables dont le caractère de libéralité est incertain, mais qui portent sur une succession future. Ainsi en est-il de la convention par laquelle la dette du débiteur équivaudrait, au cas de son décès, à une fraction déterminée de sa succession[9].

Les juges ont en revanche validé un testament qui portait, de la part des légataires, la mention « *lu et approuvé* », suivie de leur signature. Il a été estimé qu'il ne s'agissait que d'une reconnaissance d'information donnée, qui n'avait pas eu pour effet de contractualiser le testament, lequel restait parfaitement révocable[10].

5. Civ. 1re, 3 déc. 1958, *Bull. civ.* I, n° 535.
6. Req. 25 janv. 1853, *DP* 1853. 1. 43.
7. Civ. 11 déc. 1867, *DP* 1867. 1. 471.
8. T. rég. sup. Colmar, 22 nov. 1895, *DP* 1898. 2. 237 : il s'agit là d'une illustration de la prohibition des testaments conjonctifs fulminée par l'article 968 du Code civil.
9. Civ. 1re, 6 févr. 1996, n° 94-13.072, *Bull. civ.* I, n° 67; *RTD civ.* 1996. 679, obs. J. Patarin; *D.* 1997. 368, note M. Grimaldi; *D.* 1997. 369, note I. Najjar.
10. Civ. 1re, 14 déc. 2004, n° 02-14.571, NP – RAPPR. Civ. 1re, 28 mai 2008, n° 07-14.066, préc. s[s] n° 211.15.

§ 3
Pactes de famille contenant une stipulation sur succession non ouverte

211.81 L'idée de pacte de famille. Il existait depuis un bon quart de siècle un débat pour savoir si l'on ne devait pas assouplir la prohibition des pactes sur succession future au sujet des « *pactes de famille* », qui permettraient spécialement de faciliter la transmission des entreprises. Autant qu'on puisse le caractériser en termes généraux, le pacte de famille peut être décrit comme la détermination irrévocable, du vivant du *de cujus*, de certaines modalités d'attribution des éléments de sa succession en dehors des conditions de validité de la donation-partage. Il s'agit généralement d'un arrangement convenu entre les héritiers présomptifs - généralement sous la magistrature des parents qui peuvent intégrer à l'ensemble des dispositions libérales -, et dont l'objet est la renonciation anticipée de certains de leurs droits par des héritiers, à laquelle pourraient se joindre les stipulations les plus variées (accord sur le montant des soultes, engagement de ne pas attaquer les libéralités excédant la quotité disponible, engagement des enfants de laisser le survivant de leurs parents jouir des biens communs sans lui en demander compte, etc.).

Classiquement, et sauf bien entendu à considérer de manière concrète la convention et les objectifs poursuivis par les parties, la jurisprudence annule ces accords familiaux comme constitutifs d'un pacte sur succession future[1]. La réforme de 2006 a cependant recomposé les données du problème. Tout d'abord, **l'admission des libéralités-partage transgénérationnelles** (C. civ., art. 1078-4 s.), et aussi celle des **libéralités graduelles** (C. civ., art. 1048 s.), voire **résiduelles** (C. civ., art. 1057 s.), permettent de mettre en place des pactes de famille à partir de figures classiques dont on a élargi les champs de validité.

Il existe surtout, avec le nouvel article 929 du Code civil, un moyen de valider des pactes de famille inspirés du droit commun des contrats, puisque les auteurs de la réforme ont fait sauter un verrou sensible en autorisant sous certaines conditions la **renonciation anticipée à l'action en réduction**[2]. Aux termes du nouvel article 929 en effet, un héritier réservataire présomptif peut, avant l'ouverture de la succession, renoncer à exercer l'action en réduction, cette renonciation pouvant porter sur la totalité de la réserve ou sur une fraction de celle-ci, ou encore ne viser que la réduction d'une libéralité relative à un bien déterminé. La renonciation doit être faite au profit d'une ou plusieurs personnes déterminées. Outre ces conditions de fond, il existe des conditions de forme assez étroites (C. civ., art. 930 - pour plus de détails, v. s[s] n°s 264.151 à 264.195).

Tout pacte qui n'entrerait pas dans les conditions qui précèdent serait nul. Il en irait de même si l'on transgressait les règles légales à ce sujet. Ainsi, l'article 929 alinéa 3 du Code civil précise que l'acte de renonciation ne peut créer d'obligation à la charge du *de cujus*, ou être conditionné à un acte émanant de ce dernier.

211.82 Nullités de pactes de famille en jurisprudence. On rappellera ici un certain nombre de prohibitions formulées par la jurisprudence, en soulignant qu'elles doivent être considérées comme de **droit positif** dans la mesure où l'on ne bénéficierait pas de la nouvelle franchise instituée par les articles 929 et suivants. Ainsi, ont été frappés de **nullité** :

- le contrat conclu entre un frère et une sœur, auquel le père est intervenu, et qui a compris, outre des biens de la mère prédécédée, la nue-propriété de biens communs dépendant pour partie de la future succession du père[3]; les assouplissements apportés par la réforme de 2006 en matière de partage (v. C. civ., art. 839) n'ont pas vocation à valider ce type d'arrangement, qui ne pourrait l'être, éventuellement, qu'en entrant dans le cadre légal de la donation-partage;

- la cession par un frère au profit d'un autre frère de ses droits dans un bien immobilier appartenant à leurs parents, du vivant de ceux-ci (la Cour refusant la qualification de vente de la chose d'autrui)[4]; là encore, les nouveaux textes n'ont pas pour effet de valider ce type d'arrangement, effectué en dehors des conditions de l'article 929;

- la vente d'un immeuble à un gendre du propriétaire, avec clause d'inaliénabilité jusqu'au décès du vendeur, ordre de paiement des 3/4 du prix entre les mains des héritiers suivant leur droit héréditaire, et intervention d'un autre gendre se portant fort que son fils mineur n'attaquerait pas l'acte après le décès - cet acte ayant d'ailleurs été conclu le lendemain d'un partage de meubles, et la veille d'un contrat par lequel le bien vendu était donné à

1. V. Paris, 17 mai 1990, *RTD civ.* 1991. 375, obs. J. Patarin.

2. V. AUSSI, N. Baillon-Wirtz, « Que reste-t-il de la prohibition des pactes sur succession future ? À propos de la loi du 23 juin 2006 », *Dr. fam.* 2006. Étude 44; P. Bonduelle, « Le pacte de famille, enfin ! », *Dr. et patr.* févr. 2007, p. 46; J.-M. Mathieu, « Les enjeux de la renonciation anticipée à l'action en réduction : vers une contractualisation de la transmission successorale », *JCP N* 2010. 1060.
3. Civ. 1re, 12 déc. 1984, n° 83-14.826, *Bull. civ.* I, n° 336.
4. Civ. 11 nov. 1845, *DP* 1846. 1. 25.

bail au vendeur[1]; on dépasse encore les conditions du nouvel article 929;

– l'acte rédigé par le *de cujus* présomptif, selon lequel certains de ses biens successoraux seraient attribués à l'un de ses deux fils, à charge pour celui-ci de payer ses dettes et de l'entretenir jusqu'à la fin de sa vie, son autre fils devant recevoir une somme déterminée[2] – acte problématique comme n'ayant été effectué ni dans la forme légale des donations (sans qu'il pût s'agir d'une donation indirecte ou déguisée), ni dans celle des testaments, alors qu'il était inspiré par l'idée de libéralité avec charge;

– la convention signée entre le père et les deux fils, par laquelle l'un des fils, qui a reçu de son père un bloc d'actions, se reconnaît débiteur d'un certain capital, et promet qu'il lui versera de son vivant un intérêt, le remboursement du capital n'intervenant qu'après la mort du père et en faveur de son frère pour la moitié seulement, étant par ailleurs prévu qu'en cas de prédécès du bénéficiaire des actions, celles-ci reviendraient au père : à la demande du père, les juges ont annulé la convention, qui réglait par avance la dévolution à cause de mort des actions, tant dans la succession du père que dans celle du fils[3]; il serait aujourd'hui possible de mettre en place un tel pacte, mais en l'adaptant pour respecter les conditions des articles 929 et 930, et en prévoyant un **droit de retour** conforme à celui désormais prévu par la loi (v. C. civ., art. 738-2);

– l'engagement pris par un donataire à l'égard de ses cohéritiers présomptifs, et pour éviter toute contestation, de partager à parts égales les valeurs reçues, lorsque la succession du donateur s'ouvrira[4]. D'une manière plus générale, il y a lieu de tenir pour nulle toute stipulation de rapport tardive, c'est-à-dire la convention par laquelle le bénéficiaire d'une donation préciputaire s'engage à en rapporter la valeur à la succession future. Il s'agit bien d'un pacte relatif au règlement d'une succession non ouverte, dès lors que le gratifié accepte d'imputer sur sa future part successorale une valeur qui était jusqu'alors censée rester extérieure à celle-ci.

Cela étant, la **dispense de rapport tardive** est valable (v. C. civ., art. 919, al. 2). C'est en effet une opération d'une tout autre nature, puisqu'il s'agit d'un surcroît de libéralité (voilà pourquoi l'article précité soumet cette stipulation aux règles de forme des libéralités). On raisonne ici sur le cas de dispense de rapport émanée du disposant. En revanche, l'engagement convenu entre héritiers présomptifs de ne pas demander le rapport, est un pacte prohibé (v. s[s] n° 211.64).

1. Civ. 1re, 4 juill. 1961, *Bull. civ.* I, n° 18.
2. Civ. 1re, 17 mars 1987, n° 85-16.484, *Bull. civ.* I, n° 97; *RTD civ.* 1987. 784, note J. Patarin.
3. Civ. 1re, 11 mars 1981, n° 79-16.831, *Bull. civ.* I, n° 87; *RTD civ.* 1982. 448, note J. Patarin.
4. Angers, 7 mars 1866, *DP* 1866. 2. 93.

211.83 Validité du pacte de famille opéré au moyen de donations régulières. Pour encourir la nullité, le pacte de famille doit intervenir du vivant de celui de la succession duquel il s'agit, et porter sur des droits successoraux. Si en revanche un partage a lieu sous l'autorité du *de cujus*, mais que ce partage se présente seulement comme une **opération d'anticipation successorale régulière** parce qu'il ne porte que sur des biens ayant fait l'objet ou devant faire l'objet de donations entre vifs, aucune expectative n'est en cause, et il n'y a pas de pacte sur succession future[5].

211.84 Interrogations soulevées par la pratique dite de la communauté universelle de Bordeaux. Cette clause particulière, très pratiquée avant le Code civil dans le ressort du Parlement de Bordeaux, a été remise au goût du jour par certains notaires, manifestement pour des raisons fiscales. Elle consiste à **attribuer au conjoint survivant l'usufruit de tous les biens de la communauté** (souvent universelle). De nos jours, on la stipule ordinairement à l'occasion d'un changement de régime matrimonial.

Une telle clause peut avoir **deux sens différents**, et il est bon d'utiliser des formules précises.

1° Dans une première signification, il s'agit de dire que **l'usufruit institué par la clause ne portera que sur la moitié revenant au prédécédé.** Ainsi, dans le cas où le survivant reste par ailleurs nu-propriétaire de la moitié de la communauté, il aura la pleine propriété de cette moitié – ce qui constitue un effet habituel –, à laquelle viendra s'ajouter l'usufruit de l'autre moitié (celle qui, en l'absence de stipulation particulière, aurait été comprise pour la pleine propriété dans la succession du prémourant). C'est cette signification qu'on retiendra en l'absence de précision, parce que les stipulations de parts inégales étant dérogatoire au droit commun, elles sont d'interprétation stricte. Une telle clause, avec ce sens, ne fait aucune difficulté au regard de la prohibition des pactes sur succession future.

2° Le cas est beaucoup plus douteux lorsque, comme il est parfois expressément stipulé, **le survivant se voit attribuer l'usufruit de la totalité de la communauté** et **les héritiers du prémourant la nue-propriété intégrale de cette même communauté.** Cela revient à attribuer dès à présent aux héritiers, non seulement la nue-propriété de la part du *de cujus*, ce qui serait parfaitement légal, mais aussi la nue-propriété de la part du survivant. Cela fait alors penser à un pacte sur succession non ouverte, en ce sens que, par la voie contractuelle, deux personnes ont perturbé les règles normales de dévolution suc-

5. Civ. 1re, 8 juill. 1957, *Bull. civ.* I, n° 313.

cessorale (les héritiers ont normalement droit à la part du *de cujus* dans la communauté), sans que la convention en cause entre dans le champ normal d'une convention entre époux, puisque le contrat de mariage aura changé la consistance des droits de tiers, en l'occurrence les héritiers du prémourant, contrairement aux prescriptions de l'article 1389 du Code civil. Certes, les droits de ceux-ci peuvent être affectés lorsque le survivant recueille une part de communauté supérieure à son droit légal d'un demi. Mais en l'occurrence, il s'agit moins d'accroître ces droits (ce qui ne diminuerait les droits des héritiers du prémourant que par voie de conséquence), que **d'opérer une substitution entre les droits normaux des héritiers** et les **droits normaux du survivant**.

Le mécanisme examiné correspond à l'économie du type de pacte condamné par l'arrêt précité du 12 décembre 1984, à cette différence près (qui ne paraît pas suffisante pour le valider), qu'il utilise le support du contrat de mariage, en le détournant de ses fins. Il faut donc appeler à l'extrême prudence pour la pratique de cette clause.

La cour d'appel de Bordeaux avait eu l'occasion de dénoncer précisément une telle pratique (en annulant comme pacte sur succession future la stipulation du contrat de mariage selon laquelle les acquêts appartiendront en propriété aux enfants à naître du mariage, avec réserve d'usufruit au profit de l'époux survivant[1]). Il est vrai cependant que la doctrine s'est parfois montrée plus favorable à ce type de clause[2].

§ 4
Promesses de vente ou ventes dont l'effectivité est liée au décès

211.91 L'hypothèse. Il s'agit de l'une des applications les plus célèbres de la prohibition des pactes sur succession future, parce qu'elle donne lieu à d'abondants débats doctrinaux, et que la jurisprudence paraît incertaine. L'hypothèse typique est celle d'une **promesse unilatérale de vente pour laquelle le décès du promettant sert de terme suspensif** (la promesse est assez souvent **adjointe à un bail**, dans lequel le bailleur est le promettant, et le locataire le bénéficiaire). On tend à y assimiler le cas des ventes à exécuter au décès du vendeur.

211.92 Tendance classique à prononcer la nullité lorsque l'option ne peut être levée qu'après le décès du promettant. Une tendance marquée de la jurisprudence, du moins dans ses développements classiques, est d'analyser la promesse comme un pacte sur succession future, si l'option ne peut être levée par le bénéficiaire qu'après le décès du promettant.

Ainsi, dans un contexte il est vrai accablant[3], mais sur un plan strictement objectif, un arrêt relève qu'à partir du moment où l'option ne pouvait être levée qu'à compter du décès du dernier des promettants, l'acte litigieux « *créait en réalité à la charge de leur succession une obligation dont ils n'étaient pas tenus eux-mêmes* » – ce qui est rigoureusement exact, s'agissant de l'obligation de donner, qui ne pouvait naître qu'à la charge de la succession. Au demeurant, l'arrêt s'inscrit dans une série jurisprudentielle caractérisée[4].

Au fond, dans une telle convention, le bien qui fait l'objet du contrat n'est envisagé qu'à partir du moment où il sera un bien de la succession, ce qui fait du contrat un pacte sur succession future caractérisé. Être **débiteur d'une obligation à terme ou être débiteur d'une obligation exigible** n'est certainement pas la même chose, lorsqu'il est sûr que c'est une autre personne qui verra l'échéance du terme, et que tout est fait pour cela.

Il semblait dès lors logique que la Cour de cassation parachevât le système et, mettant fin à toute équivoque en présence de débats doctrinaux, prononçât de la façon la plus catégorique l'application de la qualification de pacte sur succession future à toute promesse dont le décès constituait le terme. C'est ce qu'elle parut faire dans l'arrêt *Andréani*, où les juges ont annulé un contrat suivant lequel une propriété serait vendue dès le jour du décès du vendeur, le prix devant être payé ultérieurement à des tiers désignés par celui-ci[5].

211.93 Critique doctrinale de cette position jurisprudentielle. Cette position jurisprudentielle classique a été souvent critiquée depuis que la doctrine prétend pouvoir distinguer le pacte sur succession future de la promesse *post mortem*, cette dernière étant valable (v. s[s] n°s 211.13, 211.131 et 211.132). Il y aurait promesse *post mortem* dès lors que le promettant s'engage lui-même de son vivant – ce qu'il fait en concluant la promesse, puisque par là il s'interdit d'aliéner. Et même s'il faut admettre que son décès marque le point de départ du délai d'option, il n'y aurait pas pacte sur succession future, car aucun changement n'est apporté par le décès à la nature du droit : c'est seulement son exi-

1. Bordeaux, 23 août 1865, *S.* 1866. 2. 81, note Labbé.
2. V. PAR EX., M. PLANIOL et G. RIPERT, t. VIII, n° 32, et t. IX, n° 1013, note 3.
3. Civ. 1re, 13 oct. 1964, *D.* 1964. 718; *JCP* 1965. II. 14115, note conf. Voirin.
4. V. PAR EX., Civ. 1re, 20 oct. 1958, *Bull. civ.* I, n° 437 – Civ. 1re, 11 juill. 1967, *Bull. civ.* I, n° 257; *D.* 1968. 64.
5. Civ. 1re, 13 juin 1979, n° 78-12.037, *Bull. civ.* I, n° 180; *D.* 1980. 553, note I. Najjar; *RTD civ.* 1981. 658, note J. Patarin; *Defrénois* 1980. 32267, note G. Champenois.

gibilité qui est alors déclenchée. Une majorité d'auteurs suit cette analyse[1].

211.94 Évolution de la jurisprudence dans le sens de la doctrine dominante. La Cour de cassation s'est peut-être montrée sensible à ces considérations puisque, à l'inverse de ses décisions antérieures, son attitude la plus récente consiste apparemment à valider les promesses de vente qui fixent au décès du promettant leur date d'exigibilité[2] (rappr. au sujet d'une vente exigible après le décès[3] - v. déjà, dans le sens d'un courant libéral[4]). Plus largement, on assiste à une extension de la notion de promesse *post mortem*, notamment au sujet du contrat de prêt (v. s^s^ n°s 211.131 et 211.132).

211.95 Doutes pouvant subsister sur la question. Il faut cependant rester circonspect sur une question aussi délicate, et le rédacteur d'actes fera preuve d'une grande prudence en présence de ce type de stipulation. Car dès lors que c'est le décès qui sert de terme, il est théorique de dire que la promesse fait naître une obligation à terme nécessairement valable au motif qu'elle ne subirait pas de changement du fait de l'ouverture de la succession. La distinction entre les pactes *post mortem* dont les effets sont reportés à la mort, et les vrais pactes sur succession future, ne repose pas sur des bases rationnelles solides, et elle a surtout été mise à profit par la jurisprudence pour corriger ce qui lui semblait trop rigoureux dans l'application logique de la prohibition. Mais ce correctif n'est qu'un expédient.

Il est bien vrai que dans certains cas un engagement peut valablement avoir un décès pour terme suspensif (validité de l'engagement d'un codébiteur solidaire de payer lors de l'ouverture d'une succession à laquelle il doit être appelé, la créance devant de toute façon subsister[5]), mais cela ne doit pas être le cas lorsque le *de cujus* présomptif est lui-même dans la position du débiteur.

211.96 Discussion sur la portée du renversement de tendance. Certains commentateurs, tout en approuvant la solution des arrêts de 1985 et 1986, constatent qu'ils ne sont pas rédigés comme des arrêts de principe, et doutent qu'ils constituent un véritable revirement de jurisprudence[6]. La frontière ne sera jamais nette entre le pacte sur succession future prohibé et la promesse *post mortem* valable, parce que les juges, ici comme ailleurs, prennent en considération le **contexte particulier dans lequel l'acte litigieux s'insère**, et se demandent, très concrètement, si les parties ont eu ou non en vue une dérogation conventionnelle aux règles successorales.

Il convient en tout cas de prendre acte de ces arrêts, et d'estimer que, à l'encontre de ce que laissait penser l'arrêt *Andréani* de 1979, les promesses *post mortem* peuvent être valables. Pour le reste, cela dépendra des impressions que les juges tireront du contexte : il y aura toujours annulation s'ils ont le sentiment que l'objet de l'acte litigieux consiste dans une certaine altération des règles de dévolution successorale par la voie contractuelle[7]. Il est vrai aussi que la tendance à la validation des promesses *post mortem* pourrait s'accentuer, si l'on se souvient que la **prohibition des pactes sur succession future** est une **protection avancée de la réserve**, et si l'on considère qu'avec la réforme de 2006 **le droit à la réserve en nature a quasiment disparu.** Si donc je promets de vendre un bien, et que cette promesse devra s'exécuter à mon décès, mes héritiers seront certes privés de la propriété du bien, mais ils recueilleront en lieu et place le prix de la vente. Cela peut désormais suffire, pour des successeurs qui n'ont plus impérativement droit à la succession en nature (v. C. civ., art. 924).

211.101 Validité des promesses dans lesquelles le droit d'option existe du vivant du promettant. En revanche, il ne fait aucun doute que si la promesse est conçue de telle manière que la levée d'option peut intervenir aussi bien du vivant du promettant qu'après son décès, la convention est valable[8].

Cette analyse est admise même par les auteurs qui avaient une vision moins laxiste que la doctrine actuelle de la promesse *post mortem*. Pour ces auteurs, il y a promesse *post mortem* valable uniquement si le promettant s'oblige en même temps qu'il oblige ses héritiers, « *par voie de conséquence* ». C'est bien le cas dans les hypothèses qui viennent d'être évoquées. Si en revanche on peut identifier la moindre différence, due au fait du décès, entre l'engagement du promettant et celui de ses héritiers, il y a pacte prohibé[9]. Bref, le contrat litigieux est valable lorsque l'engagement de la succession ne fait que

1. V. PAR EX., M. GRIMALDI, *Successions*, n° 350 – J. Patarin, obs. *RTD civ.* 1981. 658 – J. Ghestin, *D.* 1970. Chron. 89 – O. Barret, note *JCP* 1987. II. 20851.
2. Civ. 1re, 5 mai 1986, n° 84-14.235, *Bull. civ.* I, n° 114; *JCP* 1987. II. 20851, note conf. O. Barret – Civ. 1re, 8 juill. 1986, n° 85-12.878, *Bull. civ.* I, n° 202 – Civ. 1re, 4 déc. 1990, n° 89-11.547, NP.
3. Civ. 1re, 30 mai 1985, n° 84-11.795, *Bull. civ.* I, n° 173; *D.* 1986. 65, note I. Najjar; *RTD civ.* 1986. 392, note J. Patarin.
4. Civ. 1re, 20 mai 1967, NP; *JCP* 1967. II. 15297, 1re esp., note R. Savatier.
5. V. Req. 15 févr. 1897, *S.* 1898. 1. 86.
6. O. Barret, note *JCP* 1987. II. 20851.
7. J. Patarin, *RTD civ.* 1986. 394.
8. Req. 1er juin 1932, *DP* 1932. 1. 169, note R. Savatier – Civ. 1re, 15 mai 2008, n° 06-20.806, NP – RAPPR. Civ. 1re, 20 mai 1967, *JCP* 1967. II. 15297, 1re esp., note R. Savatier.
9. Notes Gény, *S.* 1930. 2. 97 et *S.* 1930. 2. 57.

prolonger l'engagement personnel du *de cujus :* alors, « *l'opération patrimoniale au premier chef, n'est que subsidiairement successorale* »[1].

211.102 Validité des actes stipulant un transfert de propriété immédiat. De même, il faudra tenir pour valable la vente exécutée dès à présent, en ce sens que le transfert de propriété est immédiat. C'est le cas :

- lorsque seul le paiement du prix est repoussé au décès[2];

- ou même lorsqu'une femme vend dès maintenant un immeuble à son gendre et à sa fille, à charge pour eux de lui verser une rente viagère, et de payer à ses autres enfants, à l'ouverture de sa succession, une certaine somme d'argent pour leur tenir lieu de réserve[3].

211.103 Nullité du contrat par lequel le promettant n'est pas tenu de conserver le bien de son vivant. Il n'y a pas de doute non plus, mais cette fois dans le sens de la nullité, si l'engagement de vendre mis à la charge des héritiers est conçu de telle manière que, du vivant du promettant, celui-ci ne soit même pas tenu de conserver la propriété du bien jusqu'à son décès : en l'absence d'engagement caractérisé du vivant même du propriétaire, la naissance du droit étant intégralement reportée à l'encontre de la succession, il y a certainement pacte sur succession future[4].

211.104 Nullité de la vente portant sur un ensemble en nue-propriété avec la clause « *tel que le tout existera au décès du vendeur* ». De même doit être annulé l'engagement de vendre portant sur un immeuble en nue-propriété et aux meubles de toute nature le garnissant, assorti de la clause **tel que le tout existera au décès du vendeur sans aucune exception ni réserve** : il y a là un pacte sur succession future, puisque la stipulation tend à attribuer à l'un des contractants un droit privatif sur partie d'une succession non ouverte, dès lors que l'objet du contrat porte sur un ensemble de biens qui se trouverait dans la succession au jour du décès du vendeur, et dont la consistance peut varier entre le jour du contrat et le jour du décès[5].

La recherche d'intention doit cependant être faite, car on ne peut condamner toute vente d'un mobilier dont on se réserverait la jouissance de son vivant[6] - fût-ce en admettant certains changements, dès lors qu'il est par exemple stipulé que le vendeur reste tenu de livrer un mobilier en rapport avec la consistance de la maison[7]. La prudence recommande cependant une description suffisamment précise du mobilier, si l'on veut éviter le risque d'une qualification en pacte sur succession future. La ligne de partage entre les deux solutions - validité ou illicéité - semble essentiellement dépendre du caractère plus ou moins potestatif de l'obligation du vendeur.

211.105 Nullité de la promesse synallagmatique de vente portant sur un bien à recevoir d'un « *partage de famille* » à venir. Dans un arrêt récent, la Cour de cassation a fait tomber sous le coup de la prohibition des pactes sur succession future une promesse synallagmatique de vente, consentie par une héritière présomptive à sa sœur et à son beau-frère, portant sur un terrain qui devait lui revenir d'un « *partage de famille* » et que l'héritière reçut ultérieurement de son père par donation-partage avec réserve d'usufruit au profit du père-donateur et de son épouse. Après le décès du père et la renonciation du conjoint survivant à l'usufruit, les bénéficiaires de la promesse demandèrent la réalisation de la vente, laquelle fut déclarée nulle comme contraire à l'article 1130 du Code civil[8]. La Haute juridiction a cependant indiqué que la promesse aurait été valable si une stipulation avait différé la réalisation de la vente au jour du décès du donateur ou de la renonciation de ce dernier et de son épouse à l'usufruit[9].

§ 5
Clauses de réversibilité d'usufruit

211.111 Données du problème. Il faut commencer par rappeler que la **transmission d'usufruit est prohibée** par l'article 617 du Code civil, qui dispose que l'usufruit s'éteint par la mort de l'usufruitier[10]; qu'en revanche, une succession d'usufruits différents sur un même bien ne heurte pas le texte (validant la transmission d'un droit d'usufruit consentie à son époux par le donataire d'un immeuble dont le donateur s'était réservé l'usufruit : les juges soulignent qu'un second usufruit peut commencer au moment où le premier prend fin[11] - rappr.[12]) :

1. Note Vialleton, *S.* 1929. 1. 138.
2. Paris, 24 sept. 1991, *D.* 1992. 246, note G. Paire.
3. Req. 20 avr. 1842, *S.* 1842. 1. 434.
4. Soc. 23 févr. 1961, *Bull. civ.* IV, n° 246 – Civ. 1re, 7 oct. 1965, *Bull. civ.* I, n° 524; *D.* 1966. Somm. 50.
5. Civ. 1re, 27 nov. 1963, *Bull. civ.* I, n° 520 – V. DÉJÀ, Civ. 30 juin 1857, *DP* 1857. 1. 308.
6. Civ. 1re, 16 juin 1964, *Bull. civ.* I, n° 322.
7. Req. 4 juill. 1859, *DP* 1859. 1. 461.
8. Civ. 1re, 26 oct. 2011, n° 10-11.894, *Bull. civ.* I, n° 186; *D.* 2011. 2976, note I. Najjar; *AJ fam.* 2011. 619, obs. C. Vernières; *RDC* 2011. 902, obs. C. Goldie-Genicon; *Dr. fam.* 2011, n° 180, obs. B. Beignier; *JCP N* 2012. 1065, note M. Nicod; *LPA* 26 janv. 2012, p. 5, note J.-G. Mahinga.
9. Sceptique sur la validité d'une telle stipulation, v. C. Vernières, obs. préc.
10. Ch. réunies, 16 juin 1933, *DH* 1933. 393.
11. Civ. 1re, 25 oct. 1978, n° 76-13.775, *Bull. civ.* I, n° 324; *D.* 1979. 56.
12. Req. 13 nov. 1918, *DP* 1921. 1. 119.

cette hypothèse ne fait pas difficulté, car le second usufruitier ne tient pas directement son droit de celui qui l'a précédé dans la jouissance. La **validité de la succession d'usufruits** est cependant plus délicate lorsque le décès du premier usufruitier, qui s'était réservé l'usufruit lors de l'aliénation du bien, fait « naître » le nouvel usufruit. Tel est le problème posé par la **clause de réversibilité d'usufruit** au regard de la prohibition des pactes sur succession future.

211.112 Attitude de la jurisprudence classique. La convention par laquelle une personne aliène un bien et s'en réserve l'usufruit, en stipulant qu'à sa mort un tiers désigné bénéficiera à son tour d'un usufruit sur le bien, était naguère qualifiée par la Cour de cassation de **donation de bien à venir**, ce qui était de nature à la rendre nulle comme pacte sur succession future[1]. Cette analyse classique fut critiquée par ceux qui estiment que si le bénéficiaire de la réversion exerce effectivement l'usufruit qui lui est donné seulement au décès du donateur, il ne le recueille pas dans la succession de celui-ci, puisque dès le jour de la donation le bien grevé de l'usufruit a cessé d'appartenir en pleine propriété au patrimoine du donateur – et s'il y est resté en usufruit, cet usufruit, droit essentiellement viager, s'est éteint par la mort de son titulaire[2].

Au demeurant, c'est entre époux que cette clause est la plus utile et la plus fréquente. Or, stipulée dans ces conditions elle n'est pas nulle, car les donations de biens à venir entre époux sont précisément valables (C. civ., art. 1093 et 1096 – *adde* s^s^ n° 212.62).

211.113 Libéralisme croissant de la jurisprudence. Un revirement de jurisprudence a été amorcé par un arrêt plus récent[3], qui valida la transmission d'usufruit de la tête de l'épouse prédécédée à celle de l'époux, sans souligner que c'était grâce à la qualité d'époux des deux usufruitiers successifs que cette transmission était valable. Cet arrêt jugeait en particulier que le propriétaire d'un immeuble peut, notamment, en donnant la nue-propriété, décider de se réserver l'usufruit sa vie durant et concéder sur l'immeuble un second usufruit, la jouissance du second usufruitier ne commençant qu'à la date où celle du premier aura pris fin. C'était bien revenir à l'idée d'**usufruits successifs.**

Un arrêt postérieur a été plus explicite. Se prononçant sur la **nature de la clause de réversibilité d'usufruit**, la première chambre civile de la Cour de cassation y a affirmé qu'une telle clause s'analyse en une **donation à terme de bien présent**, seul l'exercice du droit d'usufruit se trouvant différé au décès du donateur. Au sujet d'une réversibilité stipulée au profit d'un tiers, la Cour a ainsi déclaré que « *la clause de réversibilité de l'usufruit insérée dans l'acte de donation-partage s'analysait en une donation à terme de bien présent, le droit d'usufruit du bénéficiaire lui étant définitivement acquis dès le jour de l'acte; que seul l'exercice de ce droit d'usufruit s'en trouve différé au décès du donateur* »[4]. Bien que ce ne fût pas la question résolue dans ces espèces, une telle analyse doit faire échapper le mécanisme à la prohibition des pactes sur succession future.

En résumé, lorsqu'une personne fait **donation d'un bien avec réserve et réversibilité d'usufruit,** elle consent, à deux donataires distincts, deux donations : l'une, immédiate, de la nue-propriété; l'autre, à terme, au profit de l'usufruitier subséquent. Le donataire immédiat de la nue-propriété est le plus mal loti en un premier temps (qui risque d'être long...), mais il a vocation à voir la pleine propriété reconstituée à son profit (si c'est une vente avec réserve et réversibilité d'usufruit qui est consentie, le disposant consent une seule donation : une donation à terme de l'usufruit; c'est l'acheteur qui profitera un jour de la pleine propriété du bien).

211.114 Les ultimes interrogations aujourd'hui dissipées. Dès lors que l'on considère que l'usufruit donné au bénéficiaire désigné par la réversion est distinct de l'usufruit réservé par le donateur, on est tenté de se demander si la donation ne porte pas, non sur un bien présent, mais sur un bien à venir, ce qui est prohibé par l'article 943 du Code civil. Il ne semble cependant pas que la qualification de donation de bien à venir soit en l'occurrence appropriée, parce qu'elle suppose que le bien donné appartienne au patrimoine du donateur, ou du moins qu'il soit conçu comme devant appartenir au donateur au moment de son décès, ce qui n'est pas vraiment le cas de l'usufruit dont on parle. La question reste cependant fort délicate[5].

1. Civ. 1re, 20 avr. 1983, n° 82-10.848, *Bull. civ.* I, n° 124; *D.* 1986. 31, note M. Grimaldi; *Defrénois* 1983. 33158, note G. Champenois; *RTD civ.* 1984. 349, note J. Patarin – Rouen, 26 janv. 1942, *DA* 1943. Somm. 12; *JCP N* 1985. II. 30, note Rémy.
2. Obs. M. Grimaldi, *Defrénois* 1985. 33609.
3. Civ. 1re, 4 avr. 1991, n° 89-18.361, *Bull. civ.* I, n° 128; *RTD civ.* 1992. 165, obs. J. Patarin; *RTD civ.* 1992. 598, note F. Zenati.
4. Civ. 1re, 21 oct. 1997, n° 95-19.759, *Bull. civ.* I, n° 291; *RTD civ.* 1998. 721, obs. J. Patarin; *RTD civ.* 1998. 937, obs. F. Zenati; *JCP* 1999. I. 132, n° 5, obs. R. Le Guidec; cette analyse a été reprise par la troisième chambre civile : Civ. 3e, 6 nov. 2002, n° 01-00.681, *Bull. civ.* III, n° 220; *AJ fam.* 2003. 32, obs. S. D.-B.; *D.* 2002. IR 330; *RTD civ.* 2003. 133, obs. J. Patarin; *JCP N* 2003. 1448, note M. Dagot; *Defrénois* 2003. 792, obs. S. Piedelièvre.
5. COMP. M. Grimaldi, obs. préc., *Defrénois* 1985, art. 33609, n°s 3 à 5.

Surtout, un certain doute subsistait, parce que l'idée de **terme** est discutable. Aussi bien, la **jurisprudence fiscale**, ne faisait pas la même analyse du mécanisme : elle n'y voyait pas une donation à terme, mais une **donation sous condition suspensive**[1], estimant qu'en cas d'usufruit réversible au décès du premier bénéficiaire sur la tête d'un second, le deuxième usufruit est soumis à la condition suspensive de survie du second bénéficiaire. Peu importent les conséquences fiscales que la chambre commerciale de la Cour de cassation tirait de cette qualification[2], mais *pour en rester aux intérêts civils*, si l'analyse juridique de la jurisprudence fiscale était juste (elle avait au moins une apparence de raison), l'idée de condition suspensive, faisait renaître le spectre de la qualification de pacte sur succession future... Ce risque paraît cependant durablement écarté, depuis qu'une chambre mixte de la Cour de cassation est intervenue pour trancher la divergence entre les deux chambres, en venant valider l'analyse juridique faite par la première chambre civile (à l'encontre de celle retenue par la chambre commerciale) : la **réversion d'usufruit** est qualifiée de **donation à terme de biens présents**[3].

§ 6
Clauses organisant la dévolution successorale future d'un droit issu du contrat

211.121 En matière de bail. La clause qui stipule qu'au cas de décès du preneur, le bailleur se réserve le droit de désigner les descendants du preneur qui devront bénéficier de la jouissance du bail doit être nulle, comme constitutive d'un pacte sur succession future[4]. Cela dit, les **textes légaux** qui, aujourd'hui, organisent le cas échéant la **transmission du droit au bail** se présentent comme des **dispositions impératives**, et il y a donc lieu d'y avoir égard en priorité. Il est vrai en tout cas que, lorsque la loi prévoit une cotitularité des héritiers ou de certains d'entre eux (v. par ex. L. n° 89-462, 6 juillet 1989, art. 14), la solution jurisprudentielle mentionnée reste vraie.

1. Com. 2 déc. 1997, n° 96-10.072, *Bull. civ.* IV, n° 318; *D.* 1998. 263, obs. G. Tixier; *Dr. fisc.* 1998. Comm. 54.
2. Sur ce sujet, modifié par la loi n° 2007-1822 du 24 déc. 2007 (loi de finances pour 2008, commentée au *JCP N* 2008. 1019), V. AUSSI : F. Sauvage, « Libres propos sur les récentes tribulations de la réversion usufruit entre époux », *Defrénois* 2007. 1340 – F. Fruleux, « Turbulences autour du régime fiscal des réversions d'usufruit et des rentes viagères », *JCP N* 2007. 1255.
3. Cass., ch. mixte, 8 juin 2007, n° 05-10.727, *Bull. ch. mixte*, n° 6 – V. depuis : Civ. 1re, 31 oct. 2007, n° 06-18.996, *Bull. civ.* I, n° 343.
4. Civ. 1re, 2 août 1950, *Bull. civ.* I, n° 186.

211.122 En matière de société. Doivent être annulées comme pacte sur succession future les clauses, même contenues dans les statuts, par lesquelles un associé recueillerait, au décès de l'autre, les éléments de l'actif social ou les droits sociaux du prémourant, sans qu'un véritable équivalent monétaire fût assuré à la succession (v. ss n° 212.34). Si en revanche l'équivalent monétaire existe, la clause est valable : elle constitue toujours un pacte sur succession future, mais que la loi valide par exception (v. ss nos 212.31 s.).

211.123 En matière de vente : nullité des clauses subordonnant le paiement du solde du prix à la survie du vendeur. La jurisprudence condamne la pratique de ce qu'on appelle parfois la « *rente viagère temporaire* », c'est-à-dire une rente convenue pour une durée déterminée, avec cependant une faculté alternative d'extinction par la mort du crédirentier : c'est l'hypothèse d'un contrat de vente stipulant que le prix de l'immeuble sera payable sous la forme d'une rente due jusqu'à une date déterminée, à moins que le décès du vendeur ne survienne avant ce terme, auquel cas la rente s'éteindrait à cet instant. La Cour de cassation annule un tel contrat, lui reprochant d'attribuer à l'acheteur un droit privatif sur une créance qui appartenait normalement à la succession[5]. On peut dire effectivement que le contrat organise au profit de l'acheteur la dévolution *mortis causa* de la créance de prix résiduelle. Plus généralement et de manière aussi juste, on doit tenir pour nulle toute clause par laquelle le paiement du solde du prix ne serait pas dû pour les échéances postérieures au décès du vendeur (limitant d'ailleurs la nullité à cette seule clause, de sorte que la vente a été maintenue, moyennant un paiement intégral du prix[6] – sur l'étendue de la sanction, v. ss n° 211.45).

211.124 Validité à l'inverse de la clause prévoyant l'extinction *mortis causa* du droit aux arrérages échus. Lorsque la convention prévoit uniquement qu'au décès du crédirentier, la créance sur les arrérages de rente échus, non versés et pour lesquels aucune poursuite n'avait été engagée, s'éteindra, il n'y a pas pacte sur succession future[7]. Dans un tel cas en effet, on peut admettre que l'extinction de la rente viagère a un caractère normal, et en tout cas que la stipulation n'attribuait au débiteur aucun droit privatif sur la succession avant son ouverture, sauf à considérer que par cette stipulation la succession se trouve privée d'une créance.

5. Civ. 1re, 7 déc. 1983, n° 82-13.790, *Bull. civ.* I, n° 290; *RTD civ.* 1985. 184, note J. Patarin; *Defrénois* 1984. 33405, note Olivier – V. AUSSI, Rouen, 8 juin 1994, *Juris-Data* n° 043046.
6. Toulouse, 1re ch., 1re sect., 2 mars 1998, inédit.
7. Civ. 1re, 22 juin 1977, n° 76-11.347, *Bull. civ.* I, n° 297.

On en rapprochera la validation d'un acte qui autorisait les emprunteurs à différer à leur convenance le règlement des échéances sauf pour les intérêts, et qui prévoyait qu'en contrepartie de multiples services rendus les emprunteurs seraient, au décès du prêteur, quittes de toutes échéances encore dues (ainsi, se rangeant derrière l'appréciation des juges du fond qui avaient relevé l'intention libérale relative à l'abandon du capital[1]).

211.125 En matière de prêt : validation judiciaire de la stipulation par laquelle le décès du prêteur en cours de contrat transformerait le prêt en libéralité. La Cour de cassation a validé un contrat de prêt à intérêt pour une durée déterminée, comportant la stipulation que le décès du prêteur en cours de contrat dispenserait l'emprunteur de rembourser, le prêt devant alors se transformer en libéralité[2]. Les juges d'appel avaient invalidé la stipulation, en y voyant la mise en place irrévocable d'un legs par la voie contractuelle. Cette solution paraît plus orthodoxe que celle retenue par la Cour de cassation sous un chapeau qui ne clarifie rien, puisqu'il y est dit, par la répétition d'une formule revenue en faveur, que « *ne constitue pas un pacte sur succession future prohibé la convention qui fait naître au profit de son bénéficiaire un droit actuel de créance qui s'exercera contre la succession du débiteur* ». Or, on serait bien en peine de dire, en l'occurrence, où se trouve ce **bénéficiaire** qui dispose **d'un droit de créance** contre la succession, puisque la succession ouverte était en vérité celle du créancier (le prêteur)... D'ailleurs ici, le bénéficiaire du pacte, qui n'avait jamais été créancier, ne le serait jamais, puisqu'il se retrouvait directement propriétaire de la somme d'argent (ce que la Cour n'hésite pas à appeler « *le droit de ne pas rembourser les prêts* »). On restera donc prudent au regard de ce genre de pratique, même s'il existe un précédent, dont la motivation d'ailleurs n'est guère plus convaincante[3].

§ 7 Contrats ayant pour effet d'alourdir les obligations de la succession future par rapport au patrimoine actuel

211.131 Prêt dont le remboursement incombera à la succession. Selon plusieurs arrêts rendus par des cours d'appel, constitue un pacte sur succession future la clause d'un prêt stipulant que seuls les héritiers de l'emprunteur seront tenus du remboursement[4] (v. aussi un cas où le paiement des intérêts avait été mis à la charge de l'emprunteur, sa succession ayant à charge de rembourser le principal[5]). Cela paraît logique, puisqu'un tel acte revient à engager concrètement la seule succession : le décès lui-même sert de terme à une opération contractuelle portant sur le patrimoine successoral, ce qui entre en plein dans la définition du pacte prohibé. La Cour de cassation a cependant validé une opération analogue[6], mais dans un contexte présentant des particularités qu'on ne saurait ignorer. Le prêt était en effet solidairement garanti par les parents de l'emprunteur, et stipulé remboursable au décès du dernier vivant, du débiteur ou de ses garants, ce qui revenait à dire que le décès du débiteur ne suffisait pas nécessairement à déclencher l'obligation au paiement. Il paraît donc prudent de ne pas perdre de vue la solution élémentaire des décisions précitées de cours d'appel. Quoi qu'il en soit, dans son arrêt du 3 avril 2002, la Cour de cassation renoue avec la formule équivoque de certains arrêts selon laquelle ne constitue pas un pacte prohibé la convention qui fait naître au profit de son bénéficiaire un droit actuel de créance qui s'exercera contre la succession du débiteur. Toute la question est de savoir si ce droit de créance s'exercera **uniquement** ou non contre la succession du débiteur (v. s^s n° 211.13). En l'occurrence, tant la définition des termes alternatifs incertains que la stipulation de garantie rendait la question équivoque. Il y a donc peu d'enseignements à tirer de cet arrêt[7].

La Cour de cassation a depuis approuvé une cour d'appel d'avoir qualifié de pacte sur succession future la reconnaissance de dette dactylographiée par laquelle le *de cujus* stipulait que la somme due devrait être prélevée à son décès sur la part revenant aux deux filles qu'il avait eues d'un premier lit, alors que les parts revenant aux deux filles qu'il avait eues de la créancière resteraient intactes[8] : la Haute juridiction a jugé que les juges d'appel ont retenu à bon droit que l'acte constituait un pacte

1. Civ. 1re, 16 déc. 1992, n° 90-21.563, NP.
2. Civ. 1re, 9 juill. 2003, n° 00-20.681, *Bull. civ.* I, n° 169; *AJ fam.* 2003. 354, obs. S. D.-B.; *D.* 2004. 1848, note S. Bouzol; *JCP N* 2004. 1435, étude J.-G. Mahinga; *Defrénois* 2003. 1566, note R. Libchaber; *Dr. fam.* 2003, n° 136, note B. Beignier – Dans la même aff., v. Civ. 1re, 24 févr. 1998, n° 95-18.936, *Bull. civ.* I, n° 79; *D.* 2000. Somm. 428, obs. M. Nicod.
3. Civ. 1re, 16 déc. 1992, n° 90-21.563, NP.
4. Metz, 10 févr. 1988, *Juris-Data* n° 047360.
5. Poitiers, 11 sept. 2001, *JCP N* 2002, p. 1106, § 135.
6. Civ. 1re, 3 avr. 2002, n° 00-10.301, *Bull. civ.* I, n° 106; *D.* 2002. 2753, note I. Najjar; *AJ fam.* 2002. 188; *Defrénois* 2002, art. 37607, p. 1244, note R. Libchaber; *RTD civ.* 2003. 131, obs. J. Patarin; *Dr. fam.* 2002, n° 94, obs. B. Beignier.
7. RAPPR., R. Libchaber, note préc. – COMP., I. Najjar, note préc.
8. Civ. 1re, 4 oct. 2005, n° 02-13.395, *Bull. civ.* I, n° 361; *AJ fam.* 2006. 77, obs. F. Bicheron; *D.* 2005. 993, obs. I. Najjar; *D.* 2006. 2066, note V. Brémond et M. Nicod; *Dr. fam.* 2005, n° 252, note B. Beignier.

prohibé, et non une promesse *post mortem*, dès lors qu'ils ont relevé qu'il s'agissait d'un acte irrévocable qui avait créé une obligation de remboursement dont seule l'exécution avait été différée au décès, et que la clause prévoyant le prélèvement sur certaines parts et non toutes portait atteinte à la liberté de tester et aux règles légales du partage. Les juges ont en l'occurrence été indisposés par la transgression des règles légales du partage, en vertu d'un acte obligatoire et hors toute forme validante de libéralité. On ne peut dire exactement comment cet arrêt se situe par rapport à l'arrêt de 2002, c'est-à-dire qu'on ne sait pas si la Cour de cassation aurait admis l'invalidation du pacte au cas où, sans que ce fût inégalitaire, le remboursement aurait uniquement été stipulé sur la succession du débiteur[1].

Enfin, la Cour de cassation, par un arrêt du 11 mars 2009[2], a validé la reconnaissance de dette établie par un père et une mère au profit de l'une de leurs deux filles, et qui prévoyait que le prêt correspondant serait remboursé lors de l'ouverture de la succession directement et par priorité en dehors du règlement successoral, comme si la dette ne faisait pas partie de la succession. La Cour justifie sa décision en estimant que « *les reconnaissances de dettes ayant fait naître un droit actuel de créance au profit de Mme X..., constituaient des promesses* post mortem *qui devaient s'exercer contre la succession et non contre la part de réserve de sa sœur* » (cette dernière critiquait ce mode de règlement prioritaire qui avait pour effet de rendre la succession déficitaire, en lui reprochant d'être issu d'un pacte prohibé). À partir du moment où la technique du prélèvement avant partage constitue le mode normal de paiement du passif dû à un héritier, les stipulations litigieuses n'apportaient nulle entorse au règlement successoral, même si l'arrêt semble valider au passage des prêts uniquement remboursables à l'ouverture de la succession. Techniquement, et à partir du moment où l'ouverture de la succession tient lieu d'échéance, on peut juger discutable, une fois encore, l'utilisation de la notion de promesse *post mortem*. Mais en élargissant la perspective, on ne voit pas de raison d'invalider des opérations utiles (prêts aux parents, sans les contraindre à un remboursement prématuré), dès lors que leur réalité n'est pas suspecte et qu'il ne sera pas dérogé aux règles du partage.

211.132 Situation des héritiers de la caution relativement aux dettes postérieures au décès. Opérant en 1982 un revirement de jurisprudence, la Cour de cassation a jugé que, par application de l'ancien article 2017 du Code civil (devenu l'article 2294), les héritiers d'une caution ne peuvent être tenus des dettes du débiteur principal, nées postérieurement au décès de la caution. Or un arrêt de 1987 a repris la règle, en précisant qu'une clause contraire serait nulle comme constituant un pacte sur succession future[3].

L'arrêt de 1987 souligne que cette clause aurait pour résultat de mettre à la charge des héritiers une obligation née après le décès de leur auteur et dont celui-ci n'était pas tenu. On peut certes contester la qualification, puisqu'il ne s'agit pas d'imposer à la succession une obligation que son auteur n'assumait pas lui-même : la clause aurait simplement pour effet de maintenir l'obligation de couverture dont la caution était débitrice. On comprend cependant les raisons de la jurisprudence, qui a craint l'éclosion de clauses de style par lesquelles la règle posée dans l'arrêt de 1982 aurait été vidée de sa substance.

211.133 Validité des clauses prévoyant un alourdissement des obligations des débiteurs du *de cujus* à compter du décès. Dès lors que l'économie de l'acte tend manifestement, non pas à alourdir les obligations que devra supporter la succession, par rapport à celles qui grèvent le patrimoine du vivant du titulaire, mais au contraire à lui conférer des droits supérieurs, la qualification de pacte prohibé n'est pas encourue, alors même que le contrat en cause affecterait la situation de la future succession (ainsi, pour un cas où, en présence des réclamations des héritiers présomptifs, l'acquéreur d'un bien s'était engagé à verser un complément de prix d'un immeuble, soit à son vendeur très âgé, soit en tout cas à ses héritiers au vu des résultats d'une expertise, à moins qu'il ne renonçât alors à la faculté d'acquérir[4]).

211.134 Validité des conventions qui n'ont pas pour effet d'alourdir le passif successoral à compter du décès. La reconnaissance, par une mère en situation d'indivision avec sa fille, d'une dette d'indemnité d'occupation supérieure à ce qui est légalement prévu, par allongement du délai de prescription, ne constitue pas un pacte sur succession future que pourrait faire annuler un autre enfant de la mère après le décès de celle-ci[5]. Cela s'explique probablement par le fait que la créancière pouvait très bien, du vivant de sa mère, lui réclamer le paiement de l'indemnité d'occupation. Le décès ne constituait donc pas le terme d'une dette qui aurait uniquement pesé sur la succession de la mère contractante au titre de cette convention d'indivision.

1. V. AUSSI sur cet arrêt : I. Najjar, « Pacte successoral et discrimination entre les héritiers... », *D.* 2006. 993.
2. Civ. 1re, 11 mars 2009, nº 07-16.087, NP; *RTD civ.* 2009. 557, note M. Grimaldi.
3. Com. 13 janv. 1987, nº 84-14.146, *Bull. civ.* IV, nº 9; *D.* 1987. Somm. 453, note Aynès – V. AUSSI, Rouen, 19 févr. 1992, *Juris-Data* nº 042159.
4. Req. 17 mai 1852, *DP* 1852. 1. 282 – V. AUSSI, Paris, 24 sept. 1991, *D.* 1992. 246, note G. Paire.
5. V. Civ. 1re, 4 oct. 2005, nº 02-13.395, *Bull. civ.* I, nº 361; *AJ fam.* 2006. 77, obs. F. Bicheron; *D.* 2005. 993, obs. I. Najjar.

CHAPITRE

212. Pactes sur succession future exceptionnellement autorisés

François Xavier Testu
Professeur à l'Université de Tours
Avocat

Frédéric Bicheron
Professeur à l'Université Paris-Est
Créteil Val-de-Marne (UPEC)

SECTION 0
Orienteur

212.00 **Plan du chapitre.**

Division. Il existe des pactes sur succession future qui ne sont pas prohibés parce que la loi les a expressément validés. À cette catégorie assez nombreuse (sect. 1), on y ajoutera certains pactes de nature douteuse que la jurisprudence valide (sect. 2). Ces validations légales ou jurisprudentielles, devenues traditionnelles (ce qui les distingue de cas discutés, tel celui des prétendues promesses *post mortem*), ont reçu une forme de consécration avec les réformes de 2001[1] et 2006[2], puisque l'article 722 *in fine* du Code civil mentionne expressément le cas de validation pour situer les limites de la prohibition, et que l'article 1130 comporte désormais une précision du même type.

212.01 **Textes applicables.**

C. civ., art. 856, 858, 859, 860; 918, 924-4 et 929 s.; 1048, 1049, 1053, 1054; 1078-1 s., 1078-4 et 1078-6; 1390 à 1392; 1870; 1873-13; 2419 et 2420

C. com., art. L. 221-15, L. 222-1 et L. 222-2, L. 223-13 et L. 223-14 et L. 228-23

L. n° 2006-728, 23 juin 2006, portant réforme des successions et des libéralités, *JO* 24 juin, p. 9513 (*entrée en vigueur le 1er janv. 2007*).

> Rapport des libéralités : validation des stipulations contraires aux règles légales
[C. civ., art. 856, 858 à 860]

C. civ., art. 856 (*L. 23 juin 2006, art. 5*)

Les fruits des choses sujettes à rapport sont dus à compter du jour de l'ouverture de la succession.

Les intérêts ne sont dus qu'à compter du jour où le montant du rapport est déterminé.

1. L. n° 2001-1135, 3 déc. 2001, relative aux droits du conjoint survivant et des enfants adultérins et modernisant diverses dispositions du droit successoral, *JO* 4 déc., p. 19279.
2. L. n° 2006-728, 23 juin 2006, portant réforme des successions et des libéralités, *JO* 24 juin, p. 9513.

C. civ., art. 858 (*L. 23 juin 2006, art. 5*)
Le rapport se fait en moins prenant, sauf dans le cas du deuxième alinéa de l'article 845.

Il ne peut être exigé en nature, sauf stipulation contraire de l'acte de donation.

Dans le cas d'une telle stipulation, les aliénations et constitutions de droits réels consenties par le donataire s'éteindront par l'effet du rapport à moins que le donateur n'y ait consenti.

C. civ., art. 859
L'héritier a aussi la faculté de rapporter en nature le bien donné qui lui appartient encore à condition que ce bien soit libre de toute charge ou occupation dont il n'aurait pas déjà été grevé à l'époque de la donation.

C. civ., art. 860
Le rapport est dû de la valeur du bien donné à l'époque du partage, d'après son état à l'époque de la donation.

(*L. 23 juin 2006, art. 5*) « Si le bien a été aliéné avant le partage, on tient compte de la valeur qu'il avait à l'époque de l'aliénation. Si un nouveau bien a été subrogé au bien aliéné, on tient compte de la valeur de ce nouveau bien à l'époque du partage, d'après son état à l'époque de l'acquisition. Toutefois, si la dépréciation du nouveau bien était, en raison de sa nature, inéluctable au jour de son acquisition, il n'est pas tenu compte de la subrogation. »

Le tout sauf stipulation contraire dans l'acte de donation.

S'il résulte d'une telle stipulation que la valeur sujette à rapport est inférieure à la valeur du bien déterminé selon les règles d'évaluation prévues par l'article 922 ci-dessous, cette différence forme un avantage indirect acquis au donataire « hors part successorale ».

> Réduction des libéralités excessives : opérations préliminaires

C. civ., art. 918 (*L. 23 juin 2006*)
La valeur en pleine propriété des biens aliénés, soit à charge de rente viagère, soit à fonds perdus, ou avec réserve d'usufruit à l'un des successibles en ligne directe, est imputée sur la quotité disponible. L'éventuel excédent est sujet à réduction. Cette imputation et cette réduction ne peuvent être demandées que par ceux des autres successibles en ligne directe qui n'ont pas consenti à ces aliénations.

> Réduction des libéralités excessives : exercice de la réduction
[C. civ., art. 924-4]

C. civ., art. 924-4 (*mod. par L. 23 juin 2006 et L. n° 2008-561, 17 juin 2008, art. 3*)
Après discussion préalable des biens du débiteur de l'indemnité en réduction et en cas d'insolvabilité de ce dernier, les héritiers réservataires peuvent exercer l'action en réduction ou revendication contre les tiers détenteurs des immeubles faisant partie des libéralités et aliénés par le gratifié. L'action est exercée de la même manière que contre les gratifiés eux-mêmes et suivant l'ordre des dates des aliénations, en commençant par la plus récente. Elle peut être exercée contre les tiers détenteurs de meubles lorsque l'article 2276 ne peut être invoqué.

Lorsque, au jour de la donation ou postérieurement, le donateur et tous les héritiers réservataires présomptifs ont consenti à l'aliénation du bien donné, aucun héritier réservataire, même né après que le consentement de tous les héritiers intéressés a été recueilli, ne peut exercer l'action contre les tiers détenteurs. S'agissant des biens légués, cette action ne peut plus être exercée lorsque les héritiers réservataires ont consenti à l'aliénation.

> Réduction des libéralités excessives : renonciation anticipée à l'action en réduction
[C. civ., art. 929 à 930-5]

C. civ., art. 929 (*L. 23 juin 2006*)
Tout héritier réservataire présomptif peut renoncer à exercer une action en réduction dans une succession non ouverte. Cette renonciation doit être faite au profit d'une ou de plusieurs personnes déterminées. La renonciation n'engage le renonçant que du jour où elle a été acceptée par celui dont il a vocation à hériter.

La renonciation peut viser une atteinte portant sur la totalité de la réserve ou sur une fraction seulement. Elle peut également ne viser que la réduction d'une libéralité portant sur un bien déterminé.

L'acte de renonciation ne peut créer d'obligations à la charge de celui dont on a vocation à hériter ou être conditionné à un acte émanant de ce dernier.

C. civ., art. 930 (*L. 23 juin 2006*)
La renonciation est établie par acte authentique spécifique reçu par deux notaires. Elle est signée séparément par chaque renonçant en présence des seuls notaires. Elle mentionne précisément ses conséquences juridiques futures pour chaque renonçant.

La renonciation est nulle lorsqu'elle n'a pas été établie dans les conditions fixées au précédent alinéa, ou lorsque le consentement du renonçant a été vicié par l'erreur, le dol ou la violence.

La renonciation peut être faite dans le même acte par plusieurs héritiers réservataires.

C. civ., art. 930-1 (*L. 23 juin 2006*)
La capacité requise du renonçant est celle exigée pour consentir une donation entre vifs. Toutefois, le mineur émancipé ne peut renoncer par anticipation à l'action en réduction.

La renonciation, quelles que soient ses modalités, ne constitue pas une libéralité.

C. civ., art. 930-2 (*L. 23 juin 2006*)
La renonciation ne produit aucun effet s'il n'a pas été porté atteinte à la réserve héréditaire du renonçant. Si l'atteinte à la réserve héréditaire n'a été exercée que partiellement, la renonciation ne produit d'effets qu'à hauteur de l'atteinte à la réserve du renonçant résultant de la libéralité consentie. Si l'atteinte à la réserve porte sur une fraction supérieure à celle prévue dans la renonciation, l'excédent est sujet à réduction.

La renonciation relative à la réduction d'une libéralité portant sur un bien déterminé est caduque si la libéralité attentatoire à la réserve ne porte pas sur ce bien. Il en va de même si la libéralité n'a pas été faite au profit de la ou des personnes déterminées.

C. civ., art. 930-3 (*L. 23 juin 2006*)

Le renonçant ne peut demander la révocation de sa renonciation que si :

1° Celui dont il a vocation à hériter ne remplit pas ses obligations alimentaires envers lui;

2° Au jour de l'ouverture de la succession, il est dans un état de besoin qui disparaîtrait s'il n'avait pas renoncé à ses droits réservataires;

3° Le bénéficiaire de la renonciation s'est rendu coupable d'un crime ou d'un délit contre sa personne.

C. civ., art. 930-4 (*L. 23 juin 2006*)

La révocation n'a jamais lieu de plein droit.

La demande en révocation est formée dans l'année, à compter du jour de l'ouverture de la succession, si elle est fondée sur l'état de besoin. Elle est formée dans l'année, à compter du jour du fait imputé par le renonçant ou du jour où le fait a pu être connu par ses héritiers, si elle est fondée sur le manquement aux obligations alimentaires ou sur l'un des faits visés au 3° de l'article 930-3.

La révocation en application du 2° de l'article 930-3 n'est prononcée qu'à concurrence des besoins de celui qui avait renoncé.

C. civ., art. 930-5 (*L. 23 juin 2006*)

La renonciation est opposable aux représentants du renonçant.

> Renonciation anticipée à l'action en retranchement
[C. civ., art. 1527, al. 3]

C. civ., art. 1527

Les avantages que l'un ou l'autre des époux peut retirer des clauses d'une communauté conventionnelle, ainsi que ceux qui peuvent résulter de la confusion du mobilier ou des dettes, ne sont point regardés comme des donations.

Néanmoins, au cas où il y aurait des enfants qui ne seraient pas issus des deux époux, toute convention qui aurait pour conséquence de donner à l'un des époux au-delà de la portion réglée par l'article 1094-1, au titre « Des donations entre vifs et des testaments », sera sans effet pour tout l'excédent; mais les simples bénéfices résultant des travaux communs et des économies faites sur les revenus respectifs quoique inégaux, des deux époux, ne sont pas considérés comme un avantage fait au préjudice des enfants d'un autre lit.

Néanmoins, au cas où il y aurait des enfants qui ne seraient pas issus des deux époux, toute convention qui aurait pour conséquence de donner à l'un des époux au-delà de la portion réglée par l'article 1094-1, au titre « Des donations entre vifs et des testaments », sera sans effet pour tout l'excédent; mais les simples bénéfices résultant des travaux communs et des économies faites sur les revenus respectifs quoique inégaux, des deux époux, ne sont pas considérés comme un avantage fait au préjudice des enfants d'un autre lit.

Toutefois, ces derniers peuvent, dans les formes prévues aux articles 929 à 930-1, renoncer à demander la réduction de l'avantage matrimonial excessif avant le décès de l'époux survivant. Dans ce cas, ils bénéficient de plein droit du privilège sur les meubles prévu au 3° de l'article 2374 et peuvent demander, nonobstant toute stipulation contraire, qu'il soit dressé inventaire des meubles ainsi qu'état des immeubles.

> Libéralités graduelles
[C. civ., art. 1048 à 1054]

C. civ., art. 1048 (*L. 23 juin 2006*)

Une libéralité peut être grevée d'une charge comportant l'obligation pour le donataire ou le légataire de conserver les biens ou droits qui en sont l'objet et de les transmettre, à son décès, à un second gratifié, désigné dans l'acte.

C. civ., art. 1049 (*L. 23 juin 2006*)

La libéralité ainsi consentie ne peut produire son effet que sur des biens ou des droits identifiables à la date de la transmission et subsistant en nature au décès du grevé.

Lorsqu'elle porte sur des valeurs mobilières, la libéralité produit également son effet, en cas d'aliénation, sur les valeurs mobilières qui y ont été subrogées.

Lorsqu'elle concerne un immeuble, la charge grevant la libéralité est soumise à publicité.

C. civ., art. 1051 (*L. 23 juin 2006*)

Le second gratifié est réputé tenir ses droits de l'auteur de la libéralité. Il en va de même de ses héritiers lorsque ceux-ci recueillent la libéralité dans les conditions prévues à l'article 1056.

C. civ., art. 1053 (*L. 23 juin 2006*)

Le second gratifié ne peut être soumis à l'obligation de conserver et de transmettre.

Si la charge a été stipulée au-delà du premier degré, elle demeure valable mais pour le premier degré seulement.

C. civ., art. 1054 (*L. 23 juin 2006*)

Si le grevé est héritier réservataire du disposant, la charge ne peut être imposée que sur la quotité disponible.

Le donataire peut toutefois accepter, dans l'acte de donation ou postérieurement dans un acte établi dans les conditions prévues à l'article 930, que la charge grève tout ou partie de sa réserve.

Le légataire peut, dans un délai d'un an à compter du jour où il a eu connaissance du testament, demander que sa part de réserve soit, en tout ou partie, libérée de la charge. À défaut, il doit en assumer l'exécution.

La charge portant sur la part de réserve du grevé, avec son consentement, bénéficie de plein droit, dans cette mesure, à l'ensemble de ses enfants nés et à naître.

> Donations-partages faites à des enfants de lits différents

C. civ., art. 1076-1

En cas de donation-partage faite conjointement par deux époux, l'enfant non commun peut être alloti du chef de son auteur en biens propres de celui-ci ou en biens communs, sans que le conjoint puisse toutefois être codonateur des biens communs.

> Donations-partages faites aux héritiers présomptifs : incorporation dans une donation-partage d'une donation antérieure
[C. civ., art. 1078-1 s.]

C. civ., art. 1078-1

Le lot de certains gratifiés pourra être formé, en totalité ou en partie, des donations, soit rapportables, soit

(*L. 23 juin 2006*) « faites hors part », déjà reçues par eux « du disposant », eu égard éventuellement aux emplois et remplois qu'ils auront pu faire dans l'intervalle.

La date d'évaluation applicable au partage anticipé sera également applicable aux donations antérieures qui lui auront été ainsi incorporées. Toute stipulation contraire sera réputée non écrite.

> Admission des donations-partages transgénérationnelles

[C. civ., art. 1078-4 et 1078-6]

C. civ., art. 1078-4 (*L. 23 juin 2006*)

Lorsque l'ascendant procède à une donation-partage, ses enfants peuvent consentir à ce que leurs propres descendants y soient allotis en leur lieu et place, en tout ou partie.

Les descendants d'un degré subséquent peuvent, dans le partage anticipé, être allotis séparément ou conjointement entre eux.

C. civ., art. 1078-6 (*L. 23 juin 2006, art. 5*)

Lorsque des descendants de degrés différents concourent à la même donation-partage, le partage s'opère par souche.

Des attributions peuvent être faites à des descendants de degrés différents dans certaines souches et non dans d'autres.

> Institution contractuelle

[C. civ., art. 1082 et 1093]

C. civ., art. 1082

Les pères et mères, les autres ascendants, les parents collatéraux des époux, et même les étrangers, pourront, par contrat de mariage, disposer de tout ou partie des biens qu'ils laisseront au jour de leur décès, tant au profit desdits époux, qu'au profit des enfants à naître de leur mariage, dans le cas où le donateur survivrait à l'époux donataire.

Pareille donation, quoique faite au profit seulement des époux ou de l'un d'eux, sera toujours, dans ledit cas de survie du donateur, présumée faite au profit des enfants et descendants à naître du mariage.

C. civ., art. 1093

La donation de biens à venir, ou de biens présents et à venir, faite entre époux par contrat de mariage, soit simple, soit réciproque, sera soumise aux règles établies par le chapitre précédent, à l'égard des donations pareilles qui leur seront faites par un tiers; sauf qu'elle ne sera point transmissible aux enfants issus du mariage, en cas de décès de l'époux donataire avant l'époux donateur.

> Clause commerciale

[C. civ., art. 1390 à 1392]

C. civ., art. 1390

Ils peuvent, toutefois, stipuler qu'à la dissolution du mariage par la mort de l'un d'eux, le survivant (*L. 23 juin 2006, art. 29-30°*) « a » la faculté d'acquérir ou, le cas échéant, de se faire attribuer dans le partage certains biens personnels du « prédécédé », à charge d'en tenir compte à la succession, d'après la valeur qu'ils « ont » au jour où cette faculté sera exercée.

« La stipulation peut prévoir que l'époux survivant qui exerce cette faculté peut exiger des héritiers que lui soit consenti un bail portant sur l'immeuble dans lequel l'entreprise attribuée ou acquise est exploitée. »

C. civ., art. 1391

Le contrat de mariage doit déterminer les biens sur lesquels portera la faculté stipulée au profit du survivant. Il peut fixer des bases d'évaluation et des modalités de paiement, sauf la réduction au profit des héritiers réservataires s'il y a avantage indirect.

Compte tenu de ces clauses et à défaut d'accord entre les parties, la valeur des biens sera arrêtée par le tribunal de grande instance.

C. civ., art. 1392

La faculté ouverte au survivant est caduque s'il ne l'a pas exercée, par une notification faite aux héritiers du prédécédé, dans le délai d'un mois à compter du jour où ceux-ci l'auront mis en demeure de prendre parti. Cette mise en demeure ne peut avoir lieu avant l'expiration du délai prévu (*L. 23 juin 2006, art. 29-31°*) « à l'article 792 ».

Lorsqu'elle est faite dans ce délai, la notification forme vente au jour où la faculté est exercée ou, le cas échéant, constitue une opération de partage.

> Décès d'un associé de société

[C. civ., art. 1870, et C. com., art. L. 221-15, L. 222-1 et L. 222-2, L. 223-13 et L. 223-14, L. 228-23]

>> Décès d'un associé de société civile

C. civ., art. 1870

La société n'est pas dissoute par le décès d'un associé, mais continue avec ses héritiers ou légataires, sauf à prévoir dans les statuts qu'ils doivent être agréés par les associés.

Il peut toutefois, être convenu que ce décès entraînera la dissolution de la société ou que celle-ci continuera avec les seuls associés survivants.

Il peut également être convenu que la société continuera soit avec le conjoint survivant, soit avec un ou plusieurs des héritiers, soit avec toute autre personne désignée par les statuts ou, si ceux-ci l'autorisent, par disposition testamentaire.

Sauf clause contraire des statuts, lorsque la succession est dévolue à une personne morale, celle-ci ne peut devenir associée qu'avec l'agrément des autres associés, donné selon les conditions statutaires ou, à défaut, par l'accord unanime des associés.

>> Décès d'un associé de société en nom collectif

C. com., art. L. 221-15

La société prend fin par le décès de l'un des associés, sous réserve des dispositions du présent article.

S'il a été stipulé qu'en cas de mort de l'un des associés, la société continuerait avec son héritier ou seulement avec les associés survivants, ces dispositions sont suivies, sauf à prévoir que pour devenir associé, l'héritier devra être agréé par la société.

Il en est de même s'il a été stipulé que la société continuerait, soit avec le conjoint survivant, soit avec un ou plusieurs des héritiers, soit avec toute autre personne désignée par les statuts ou, si ceux-ci l'autorisent, par dispositions testamentaires.

Lorsque la société continue avec les associés survivants, l'héritier est seulement créancier de la société et n'a droit qu'à la valeur des droits sociaux de son auteur. L'héritier a pareillement droit à cette valeur s'il a été stipulé que, pour devenir associé il devrait être agréé par la société et si cet agrément lui a été refusé.

Lorsque la société continue dans les conditions prévues au troisième alinéa ci-dessus, les bénéficiaires de la stipulation sont redevables à la succession de la valeur des droits sociaux qui leur sont attribués.

Dans tous les cas prévus au présent article, la valeur des droits sociaux est déterminée au jour du décès conformément à l'article 1843-4 du Code civil.

En cas de continuation et si l'un ou plusieurs des héritiers de l'associé sont mineurs non émancipés, ceux-ci ne répondent des dettes sociales qu'à concurrence des forces de la succession de leur auteur. En outre, la société doit être transformée, dans le délai d'un an, à compter du décès, en société en commandite dont le mineur devient commanditaire. À défaut, elle est dissoute.

>> Décès d'un associé de société en commandite simple
[C. com., art. L. 222-1 et L. 222-2]

C. com., art. L. 222-1
Les associés commandités ont le statut des associés en nom collectif.

Les associés commanditaires répondent des dettes sociales seulement à concurrence du montant de leur apport. Celui-ci ne peut être un apport en industrie.

C. com., art. L. 222-2
Les dispositions relatives aux sociétés en nom collectif sont applicables aux sociétés en commandite simple, sous réserve des règles prévues au présent chapitre.

>> Décès d'un associé de société à responsabilité limitée
[C. com., art. L. 223-13 et L. 223-14]

C. com., art. L. 223-13
Les parts sociales sont librement transmissibles par voie de succession ou en cas de liquidation de communauté de biens entre époux et librement cessibles entre conjoints et entre ascendant et descendant.

Toutefois, les statuts peuvent stipuler que le conjoint, un héritier, un ascendant ou un descendant ne peut devenir associé qu'après avoir été agréé dans les conditions prévues à l'article L. 223-14. À peine de nullité de la clause, les délais accordés à la société pour statuer sur l'agrément ne peuvent être plus longs que ceux prévus à l'article L. 223-14, et la majorité exigée ne peut être plus forte que celle prévue audit article. En cas de refus d'agrément, il est fait application des dispositions des troisième et quatrième alinéas de l'article L. 223-14. Si aucune des solutions prévues à ces alinéas n'intervient dans les délais impartis, l'agrément est réputé acquis.

Les statuts peuvent stipuler qu'en cas de décès de l'un des associés la société continuera avec son héritier ou seulement avec les associés survivants. Lorsque la société continue avec les seuls associés survivants, ou lorsque l'agrément a été refusé à l'héritier, celui-ci a droit à la valeur des droits sociaux de son auteur.

Il peut aussi être stipulé que la société continuera, soit avec le conjoint survivant, soit avec un ou plusieurs des héritiers, soit avec toute autre personne désignée par les statuts ou, si ceux-ci l'autorisent, par dispositions testamentaires.

Dans les cas prévus au présent article, la valeur des droits sociaux est déterminée au jour du décès conformément à l'article 1843-4 du Code civil.

C. com., art. L. 223-14
Les parts sociales ne peuvent être cédées à des tiers étrangers à la société qu'avec le consentement de la majorité des associés représentant au moins la moitié des parts sociales, à moins que les statuts prévoient une majorité plus forte.

Lorsque la société comporte plus d'un associé, le projet de cession est notifié à la société et à chacun des associés. Si la société n'a pas fait connaître sa décision dans le délai de trois mois à compter de la dernière des notifications prévues au présent alinéa, le consentement à la cession est réputé acquis.

Si la société a refusé de consentir à la cession, les associés sont tenus, dans le délai de trois mois à compter de ce refus, d'acquérir ou de faire acquérir les parts à un prix fixé dans les conditions prévues à l'article 1843-4 du Code civil, sauf si le cédant renonce à la cession de ses parts. Les frais d'expertise sont à la charge de la société. À la demande du gérant, ce délai peut être prolongé par décision de justice, sans que cette prolongation puisse excéder six mois.

La société peut également, avec le consentement de l'associé cédant, décider, dans le même délai, de réduire son capital du montant de la valeur nominale des parts de cet associé et de racheter ces parts au prix déterminé dans les conditions prévues ci-dessus. Un délai de paiement qui ne saurait excéder deux ans peut, sur justification, être accordé à la société par décision de justice. Les sommes dues portent intérêt au taux légal en matière commerciale.

Si, à l'expiration du délai imparti, aucune des solutions prévues aux troisième et quatrième alinéas ci-dessus n'est intervenue, l'associé peut réaliser la cession initialement prévue.

Sauf en cas de succession, de liquidation de communauté de biens entre époux, ou de donation au profit d'un conjoint, ascendant ou descendant, l'associé cédant ne peut se prévaloir des dispositions des troisième et cinquième alinéas ci-dessus s'il ne détient ses parts depuis au moins deux ans.

Toute clause contraire aux dispositions du présent article est réputée non écrite.

> Interdiction des clauses statutaires pour les sociétés par actions

C. com., art. L. 228-23 (*mod. par Ord. n° 2009-80, 22 janv. 2009, art. 7*)
Dans une société dont les actions ne sont pas admises aux négociations sur un marché réglementé, la cession d'actions ou de valeurs mobilières donnant accès au capital, à quelque titre que ce soit, peut être soumise à l'agrément de la société par une clause des statuts.

Une clause d'agrément ne peut être stipulée que si les titres sont nominatifs en vertu de la loi ou des statuts.

Cette clause est écartée en cas de succession, de liquidation du régime matrimonial ou de cession, soit à un conjoint, soit à un ascendant ou à un descendant.

Les dispositions de l'alinéa précédent ne sont pas applicables lorsqu'une société dont les actions ne sont pas admises aux négociations sur un marché réglementé réserve des actions à ses salariés, dès lors que la clause d'agrément a pour objet d'éviter que lesdites actions ne soient dévolues ou cédées à des personnes n'ayant pas la qualité de salarié de la société.

Toute cession effectuée en violation d'une clause d'agrément figurant dans les statuts est nulle.

> Clause d'attribution de droits indivis en l'absence d'usufruitier

C. civ., art. 1873-13

Les indivisaires peuvent convenir qu'au décès de l'un d'eux, chacun des survivants pourra acquérir la quote-part du défunt, ou que le conjoint survivant, ou tout autre héritier désigné, pourra se la faire attribuer à charge d'en tenir compte à la succession d'après sa valeur à l'époque de l'acquisition ou de l'attribution.

Si plusieurs indivisaires ou plusieurs héritiers exercent simultanément leur faculté d'acquisition ou d'attribution, ils sont réputés, sauf convention contraire, acquérir ensemble la part du défunt à proportion de leurs droits respectifs dans l'indivision ou la succession.

Les dispositions du présent article ne peuvent préjudicier à l'application des dispositions des articles (*L. 23 juin 2006*) « 831 à 832-2 ».

> Hypothèque de bien à venir

[C. civ., art. 2419 et 2420, 1°] (*Ord. n° 2006-346, 23 mars 2006, art. 20*)

C. civ., art. 2419

L'hypothèque ne peut, en principe, être consentie que sur des immeubles présents.

C. civ., art. 2420, 1°

Par exception à l'article précédent, l'hypothèque peut être consentie sur des immeubles à venir dans les cas et conditions ci-après :

1° Celui qui ne possède pas d'immeubles présents et libres ou qui n'en possède pas en quantité suffisante pour la sûreté de la créance peut consentir que chacun de ceux qu'il acquerra par la suite sera affecté au paiement de celle-ci au fur et à mesure de leur acquisition; [...]

212.02 Jurisprudence de référence.

> Exemption légale de prohibition de pacte sur succession future et validité d'une donation-partage

• **Civ. 1re, 4 nov. 1981, n° 80-13.191,** *Bull. civ.* I, n° 330

* V. ss n° 212.12

Une donation-partage faite conjointement par deux époux et portant en partie sur des biens communs échappe, de par la loi, à la prohibition des pactes sur succession future.

• **Civ. 1re, 3 janv. 2006, n° 02-18.586,** NP

* V. ss n° 212.12

« [...] Attendu que M. H. X... fait grief à l'arrêt attaqué de ne pas avoir retenu comme constitutive d'un pacte sur succession future, la stipulation de la donation-partage, que lui avait consentie sa mère, ne portant que sur la nue-propriété d'un immeuble d'habitation, suivant laquelle il s'était engagé, au décès de la donatrice, à reverser à son frère, jusqu'au décès du premier mourant d'entre eux, la moitié des loyers dudit immeuble;

Attendu que l'usufruit cessant au décès de l'usufruitière, en imposant à son fils, M. H. X..., donataire, l'obligation, à compter de son propre décès et jusqu'au décès du premier mourant d'entre les donataires, de payer à son frère, M. J.-P. X..., la moitié des loyers de l'immeuble, objet de la donation-partage, Mme E. X..., qui avait conservé l'usufruit de l'immeuble objet de cette donation, n'imposait pas à son fils, H. X..., une charge qui aurait dépendu de sa succession, alors non ouverte; que le moyen non fondé en sa première branche ne saurait être accueilli en sa seconde; [...]. »

> Validation d'une stipulation accessoire à une clause commerciale portant promesse de bail

• **Civ. 1re, 29 avr. 1985, n° 83-16.803,** *Bull. civ.* I, n° 132

* V. ss n° 212.25

La licéité de la faculté d'attribution en propriété implique celle de la clause du contrat de mariage prévoyant l'octroi d'un bail sur les biens propres de l'époux prédécédé.

> Validation jurisprudentielle de convention relative à l'attribution *mortis causa* de droits sociaux

• **Ch. réunies, 28 avr. 1961,** *Gatellier, D.* 1961. 697, note Besson

* V. ss n° 212.31

Ce fameux arrêt *Gatellier* validait des clauses variées de continuation de la société, soit entre les seuls survivants, soit entre les survivants et tous les héritiers du prémourant, soit entre les survivants et certains héritiers du prémourant.

> Validité de la clause de tontine au cas de stipulation de la rétroactivité

• **Cass., ch. mixte, 27 nov. 1970, n° 68-10.452**, *Bull. ch. mixte*, n° 3

* V. ss n° 212.112

Ne constitue pas une clause attribuant au survivant un droit privatif sur une partie de la succession du prémourant, et ne tombe pas sous la prohibition des pactes sur succession future, la convention donnant à chacun des époux séparés de biens acquéreurs d'un immeuble la propriété de l'immeuble tout entier à partir du jour de son acquisition, sous condition de prédécès de son cocontractant.

212.03 Bibliographie indicative.

Actualisables. Rép. civ., v° *Pacte sur succession future*, mars 2012, par I. Najjar.

Ouvrages[1]. P. CATALA, *Liquidations successorales*, 3e éd., Defrénois, 1982, n° 47 – M. GRIMALDI, *Droit civil. Successions*, 6e éd., « Manuels », LexisNexis/Litec, 2001, nos 360 s. – A. PONSARD, *Liquidations successorales*, n° 43; n° 104, p. 139 [au sujet de l'ancien art. 930].

Articles. N. Baillon-Wirtz, « Que reste-t-il de la prohibition des pactes sur succession future ? À propos de la loi

1. NB : les ouvrages les plus fréquemment cités et dont le nom des auteurs figure en petites capitales en bibliographie sont cités par les seuls noms des auteurs en petites capitales en notes de bas de page.

du 23 juin 2006 », *Dr. fam.* 2006. Étude 44 – M. Grimaldi, « Des donations-partages et des testaments-partages au lendemain de la loi du 23 juin 2006 », *JCP* 2006. I. 179, n° 6 ; « De la clause stipulée dans une donation-partage pour protéger les ayants cause des donataires contre les effets de la réduction pour atteinte à la réserve », *Defrénois* 1996. 1. 36224.

212.04 Questions essentielles.
> La donation-partage est un pacte sur succession future validé par la loi, et il importe donc que le rédacteur d'acte reste à l'intérieur de l'autorisation légale.
* V. s^s n° 212.13
> La réforme de 2006 est venue conforter la solution prétorienne selon laquelle la promesse de bail accessoire à une clause commerciale échappe à la prohibition des pactes sur succession future.
* V. s^s n° 212.25
> L'assouplissement du droit des libéralités comportant une obligation du gratifié de retransmettre, marque un recul de la prohibition des pactes sur succession future
* V. s^s n° 212.51
> Les renonciations anticipées à l'action en réduction, permises sous certaines conditions à l'occasion de la vente de biens donnés ou légués, renforcent la sécurité juridique en protégeant le tiers acquéreur.
* V. s^s n° 212.81

SECTION 1
PACTES EXPRESSÉMENT PERMIS PAR LA LOI

212.10 Tableau d'ensemble. Seront successivement évoquées :

- la donation-partage (§ 1) ;
- la « *clause commerciale* » de l'article 1390 du Code civil (§ 2) ;
- les clauses du contrat de société relatives à l'attribution *mortis causa* des droits sociaux (§ 3) ;
- les stipulations contraires aux règles légales définissant les modalités du rapport (§ 4) ;
- les libertés graduelles (§ 5) ;
- les institutions contractuelles (§ 6) ;
- l'hypothèque de bien à venir (§ 7) ;
- les renonciations et ratifications légalement permises aux cohéritiers d'un réservataire présomptif (§ 8) ;
- la clause d'attribution de droits indivis de l'article 1873-13 du Code civil (§ 9).

À cette liste déjà abondante, on pourrait ajouter d'une part les régimes matrimoniaux en vertu desquels les biens échus par succession à l'un des époux en cours de mariage tomberont en communauté (communauté de meubles et acquêts, C. civ., art. 1498 – et communauté universelle, C. civ., art. 1526), et d'autre part la disposition de l'article 301 du Code civil permettant aux époux qui demandent de manière conjointe la séparation de corps, d'inclure dans leur convention une renonciation aux droits successoraux que la loi leur reconnaît l'un à l'égard de l'autre. On se dispensera toutefois d'évoquer ces institutions dans les développements qui suivent, car elles ne méritent pas de précisions significatives dans la perspective particulière de ce chapitre.

Pour ce qui concerne les **stipulations retenues**, il ne s'agira pas de les étudier en détail, puisqu'elles sont principalement traitées par ailleurs. L'objet des développements qui suivent est de **les situer par rapport à la prohibition des pactes sur succession future**, ce qui présente certains **intérêts pratiques**.

§ 1
Donation-partage

212.11 Validation législative d'un pacte sur succession future. L'importante institution que constitue la donation-partage sera étudiée ailleurs (v. s^s n°s 410.01 s.). Elle constitue un pacte sur succession future, puisque ses effets sont largement gouvernés par l'idée que le partage qu'elle réalise est celui de la succession même (au moins en partie), par anticipation, et que ce partage a un caractère définitif. Voilà pourquoi, malgré leur imputation sur la réserve des copartagés, les parts ne sont pas rapportables. Il s'agit donc bien d'une dévolution contractuelle de la succession, avant son ouverture, même si, pour de solides raisons pratiques qu'il ne convient pas de développer ici, le législateur a estimé utile d'autoriser ce type de pacte, et en a même considérablement élargi le champ d'application en 2006.

Tout d'abord en admettant les **donations-partages transgénérationnelles** : un ascendant donateur peut allotir par voie de donation-partage, non seulement ses enfants (ou certains d'entre eux), mais aussi, directement, des petits-enfants, ou encore des enfants et des petits-enfants, même si ceux-ci se trouvent copartagés avec leur auteur (C. civ., art. 1078-4 et 1078-6).

Ensuite en validant les donations-partages conjonctives, qui permettent à deux époux d'allotir des enfants de lits différents (C. civ., art. 1076-1). La loi de 2006 a ici directement tenu compte de l'essor du phénomène des **familles recomposées**.

Une troisième extension, et non des moindres, résulte du fait que le *de cujus* peut désormais procéder à une **donation-partage** non seulement entre ses enfants (ou leurs représentants), mais aussi – dans la mesure où il s'agit d'héritiers *ab intestat* – **entre ses descendants et son conjoint, ou entre ses frères et sœurs, ou entre ceux-ci et son conjoint** (hypothèse dans laquelle les collatéraux privilégiés bénéficieraient d'un droit de retour), ou **entre ses ascendants**, ou **entre ses père et mère et son conjoint**, ou enfin **entre ses cousins, ses oncles ou ses tantes.** L'intérêt juridique de procéder au partage anticipé entre héritiers non réservataires n'existe pas, cependant, par rapport à une conjonction de donations ordinaires[1].

La validation exceptionnelle d'un pacte sur succession future était déjà devenue particulièrement nette lorsque la réforme de 1971 a supprimé la nullité pour omission d'enfant : une donation-partage peut, depuis cette époque, être conclue avec seulement certains des héritiers présomptifs, de sorte qu'une attribution en avancement de part successorale est susceptible de faire l'objet d'une sorte de renonciation à rapport par l'effet de la donation-partage, malgré la volonté des héritiers délibérément omis.

212.12 Manifestations de l'exemption légale dans la jurisprudence. La Cour de cassation ne manque pas de rappeler l'exemption légale, lorsqu'elle valide certaines opérations ressortissant à la catégorie des donations-partages. Tel est le cas de la donation-partage, faite conjointement par deux époux et portant en partie sur des biens communs qui échappe, de par la loi, à la prohibition des pactes sur succession future[2]. L'existence de l'exemption légale explique aussi certaines validations sur lesquelles on pouvait hésiter (acte de donation qui a pour résultat d'attribuer à un héritier un bien en nue-propriété et au cohéritier une créance en numéraire payable à terme[3]).

212.13 Retour de la nullité pour les actes ne pouvant bénéficier de l'exemption légale. Lorsque la convention litigieuse ne répond plus aux conditions de validité qui lui permettraient d'entrer dans la définition légale de la donation-partage, elle retombe sous le coup de la prohibition des pactes sur succession future[4]. De même, sont nulles les conventions intervenues entre les copartageants, dans un partage d'ascendant, sur le règlement des valeurs restées en dehors du partage[5]. Les limites du permis et de l'interdit ne sont pas très faciles à fixer, car d'un autre côté il faut bien admettre que les conventions intervenues entre les copartagés comme suite de la donation-partage, ne doivent pas être frappées de nullité[6].

212.14 Question des conventions antérieures. La Cour de cassation estimait jadis que la convention antérieure à la donation-partage, et qui déterminait les biens présents devant être compris dans celle-ci, ne méritait pas d'être annulée comme pacte sur succession future[7]. En l'état du droit positif une telle convention ne pourrait s'abriter sous la qualification de donation-partage, puisque l'article 1076 du Code civil exige aujourd'hui de celle-ci qu'elle opère la distribution **et** le partage des biens. Pour autant, on ne devrait pas nécessairement voir dans l'acte en cause un pacte prohibé : il s'agirait plutôt d'une promesse de donation, voire d'une donation indivise - selon les termes exacts de l'acte - qui devrait simplement obéir aux règles de forme des donations[8].

212.15 Incorporation des donations antérieures. On soulignera enfin qu'au sein même du droit des donations-partages, la loi (en 1971) avait créé un nouveau type de pacte dérogatoire, en permettant **l'incorporation dans une donation-partage d'une donation antérieure.** En effet une telle incorporation, en particulier si celle-ci avait un caractère préciputaire, est en soi un pacte sur succession future que la seule admission légale de la donation-partage n'aurait pas suffi à couvrir, mais qui est spécialement autorisé aux articles 1078-1 et suivants du Code civil (le changement d'imputation, lorsque la donation préciputaire devient élément d'allotissement dans la donation-partage, produit une renonciation *ante mortem* aux droits du donataire sur la quotité disponible, et lui fait abdiquer son droit éventuel d'exiger la réduction de la libéralité d'autrui, tel qu'il serait résulté de la donation initiale).

212.16 Question du changement d'attributaire à l'occasion d'une incorporation. Dans la ligne des observations qui viennent d'être faites, on s'est demandé si une donation-partage pouvait permettre de réattribuer à un nouveau bénéficiaire l'objet d'une donation antérieure incorporée. Certains auteurs ont exclu cette possibilité, en observant que la dérogation très exceptionnelle de l'article 1078-1 du Code civil ne pouvait être étendue à une hypothèse que la loi ne visait pas. D'autres auteurs, sensibles à l'utilité du mécanisme, tentent de le valider en y voyant un échange. Toujours est-il que l'Administration fiscale considère que cette redistribution

1. M. Grimaldi, « Des donations-partages et des testaments-partages au lendemain de la loi du 23 juin 2006 », *JCP* 2006. I. 179, n° 6.
2. Civ. 1re, 4 nov. 1981, n° 80-13.191, *Bull. civ.* I, n° 330.
3. Civ. 1re, 10 oct. 1979, n° 78-11.444, *Bull. civ.* I, n° 244 – *adde* Civ. 1re, 3 janv. 2006, n° 02-18.586, NP.
4. Civ. 1re, 17 déc. 1956, *Bull. civ.* I, n° 462 – RAPPR., Civ. 16 sept. 1940, *DH* 1940. 173.
5. Req. 27 nov. 1865, *DP* 1866. 1. 216.
6. Toulouse, 26 juill. 1878, *DP* 1879. 2. 177.
7. Civ. 29 janv. 1877, *DP* 1877. 1. 105.
8. Civ. 1re, 6 mars 2013, n° 11-21.892, *Bull. civ.* I [à paraître]; *AJ fam.* 2013. 301, obs. C. Vernières; *Defrénois* 2013. 463, note F. Sauvage – Civ. 1re, 20 nov. 2013, n° 12-25.681, *Bull. civ.* I [à paraître]; *AJ fam.* 2014. 54, concl. P. Chevalier; *Defrénois* 2013. 1259, note M. Grimaldi.

des lots est possible, et qu'elle n'est qu'une opération de donation-partage, qui donne simplement lieu à la perception du droit de partage[1]. L'Administration a tenté d'expliquer son analyse par le recours à l'idée de rapport en nature[2], ce qui est une explication douteuse lorsque la donation incorporée avait été faite à titre de préciput. Le changement d'attributaire peut être d'autant plus intéressant depuis que les donations-partages transgénérationnelles sont admises.

§ 2
Clause commerciale

212.21 Description. Il s'agit de la **clause du contrat de mariage** par laquelle le **survivant des époux** pourra, s'il le souhaite, **devenir propriétaire moyennant indemnité, au décès de son conjoint, de l'entreprise commerciale, de l'exploitation agricole, ou du local d'habitation** qui constituait un bien personnel à celui-ci. Cette clause, dite **commerciale** parce qu'elle porte souvent sur un fonds de commerce, est utile en pratique puisqu'elle évite les ruptures trop brusques de la situation du survivant, et elle ne semble pas néfaste puisque les héritiers retrouvent de toute façon dans la succession la valeur du bien, généralement fixée par expert. Considérée sous l'angle de l'intérêt des héritiers, elle a plutôt moins d'inconvénients qu'une libéralité (sur cette clause en général, v. s^s^ n°s 121.101 à 121.108).

212.22 Caractère de pacte sur succession future. Il ne fait cependant guère de doute qu'une telle clause est un pacte sur succession future. Elle en constitue même un exemple des plus manifeste, parce qu'il s'agit d'une **promesse (conditionnelle) de vente portant sur un bien à prendre dans la succession de l'époux propriétaire**, et qui donne ainsi à son conjoint pour le cas où il survivra la faculté de s'approprier le bien : on entre tout à fait dans la prévision des textes qui interdisent à un individu de disposer contractuellement des biens qui composeront sa succession. La qualification est d'autant plus patente que, de son vivant, l'époux propriétaire du bien en cause ne s'interdit pas de l'aliéner, du moins entre vifs, ce qui montre que la charge essentielle de la convention en cause ne repose que sur la succession du contractant.

212.23 Validation par l'article 1390 du Code civil. Forte de l'analyse qui vient d'être faite, une jurisprudence célèbre et âprement critiquée pour des raisons pratiques, prononçait la nullité des clauses commerciales : seules étaient valables à l'époque les mécanismes voisins correspondant, d'une part à **l'institution contractuelle** faite dans le contrat de mariage, pacte validé par l'article 1093 du Code civil (v. s^s^ n° 212.62), ou **la clause de prélèvement de bien commun,** qui n'est pas un pacte sur succession future, mais une simple convention entre associés relative au partage (v. auj. C. civ., art. 1511). Cependant la légalité de ces conventions, qui valaient pour des hypothèses bien distinctes de la clause commerciale *stricto sensu* (intention libérale dans un cas, caractère commun du bien dans l'autre), ne diminuait pas les inconvénients de la prohibition de la clause commerciale, qui a dû enfin être validée par le législateur en 1965, dans des termes qui d'ailleurs confirment sa qualification de pacte sur succession future (v. l'adverbe « *toutefois* » qui, commençant l'article 1390, démarque celui-ci de la prohibition formulée à l'article 1389).

212.24 Conséquences actuelles de la nature de pacte sur succession future de la clause. La qualification de pacte sur succession future de cette clause ne doit pas être perdue de vue, puisqu'il faut en déduire que le régime légal de la clause, tel que le définissent les articles 1390 à 1392 du Code civil, est d'ordre public (v. en ce sens au sujet de la **date d'évaluation**[3]). Il est cependant possible de modifier la **base d'évaluation**, puisqu'une attribution même totalement gratuite serait possible, en tant qu'institution contractuelle.

La clause ne peut être validée que sous les conditions prévues par la loi, et les modalités légales de fonctionnement ne peuvent être modifiées qu'autant qu'elles n'étendent pas la dérogation que le législateur a mise en place par rapport à la prohibition des pactes sur succession future. Ainsi, on ne saurait retirer aux héritiers la faculté de mettre le conjoint en demeure (C. civ., art. 1392), car ce serait aggraver les effets d'un pacte permis par exception.

212.25 Validation de la stipulation accessoire portant promesse de bail. Eu égard aux considérations qui précèdent, on aurait été tenté d'invalider (comme l'avait fait une cour d'appel), la **stipulation accessoire du contrat de mariage** par laquelle, outre son *droit d'acquérir le fonds de commerce,* le conjoint bénéficiaire de la clause pourrait obtenir des héritiers du prémourant **un bail sur l'immeuble successoral dans lequel le fonds était exploité.** Nul doute qu'une telle promesse de bail consentie par le prémourant constitue un pacte sur succession future. Et comme la loi ne prévoyait pas une telle stipulation, l'admettre semblait outrepasser la déro-

1. PAR EX., Rép. min. n° 218881, 2 avr. 1977, *JO Sénat* 2 avr. 1977, p. 391.
2. Rép. min., 15 sept. 1973, *Defrénois* 1974, art. 30511, p. 126.
3. Civ. 24 juin 1969, *D.* 1969. 705, note A. Breton.

gation légale. Mais dans beaucoup d'hypothèses la clause commerciale n'aurait aucune valeur pratique en l'absence de cette stipulation accessoire. Cela explique que la Cour de cassation l'ait validée[1]. La réforme de 2006 est venue avaliser cette jurisprudence (C. civ., art. 1390, al. 2).

§ 3
Conventions relatives à l'attribution *mortis causa* des droits sociaux

212.31 Qualification de pacte sur succession future et validations jurisprudentielles. Les conventions dont il s'agit, qu'on trouve normalement intégrées au **pacte social**, ont pour objet de **régler le sort des droits sociaux d'un associé prédécédé.** La qualification de pacte sur succession future paraît acquise, dès lors qu'il s'agit de stipulations organisant contractuellement l'attribution d'un bien au décès de son propriétaire.

La question s'était initialement posée au sujet des clauses prévoyant la continuation de la société entre les associés survivants, à l'encontre du principe alors posé à l'article 1865 du Code civil, et qui prescrivait la dissolution de la société au cas de décès d'un associé. La jurisprudence, sans nier le caractère de pacte sur succession future, estima que ce pacte se trouvait exceptionnellement validé par le législateur lorsqu'il autorisait la stipulation par laquelle la société continuerait seulement entre les associés survivants[2] (v. auj. C. civ., art. 1870). Cette homologation fut redite dans les termes les plus généraux par un arrêt des chambres réunies, à l'occasion d'une espèce où la clause opérait une distinction parmi les héritiers de l'associé prédécédé, certains étant invités par les statuts à entrer dans la société à l'occasion de sa continuation, alors que d'autres étaient sujets à la préemption de leurs droits par les associés survivants[3]. Ce fameux arrêt *Gatellier* validait ainsi des clauses variées de continuation de la société, soit entre les seuls survivants, soit entre les survivants et tous les héritiers du prémourant, soit entre les survivants et certains héritiers du prémourant. Dans l'état actuel des textes, le décès d'un associé n'est plus une cause générale de dissolution d'une société (C. civ., art. 1844-7), sauf le cas des **sociétés commerciales de personnes** (C. com., art. L. 221-15). Quant aux clauses particulières, le législateur est largement intervenu pour les valider.

1. Civ. 1re, 29 avr. 1985, n° 83-16.803, *Bull. civ.* I, n° 132; *D.* 1986. 384, note Beaubrun; *JCP N* 1986. II. 74, note Ph. Simler.
2. Civ. 7 mars 1939, *DH* 1939. 193.
3. Ch. réunies, 28 avr. 1961, *D.* 1961. 697, note Besson.

212.32 Tableau du droit positif. Les clauses autorisées peuvent être répertoriées de la manière suivante.

a) Clause de continuation de la société avec les seuls associés survivants (C. civ., art. 1870, al. 2, pour les **sociétés civiles** – C. com., art. L. 221-15, pour la **société en nom collectif** et les **associés commandités** en matière de commandite, v. C. com., art. L. 222-1 et L. 222-2).

Les textes sur la SARL ne visent expressément que **la clause d'agrément**, mais il faut admettre que **la clause de continuation avec les seuls associés survivants** serait valable, puisque ce pourrait être le résultat d'un refus d'agrément de tous les héritiers du prémourant. C'est elle que l'arrêt de 1961 avait validée, en matière de SARL. Elle correspond au demeurant à une situation normale puisque, à la différence des sociétés commerciales de personnes, la SARL n'est pas dissoute par la mort de l'un des associés.

b) Clause de continuation avec le conjoint survivant, les héritiers, ou certains d'entre eux, ou avec la personne (héritier, légataire ou non) désignée par les statuts (C. civ., art. 1870, al. 3 – C. com., art. L. 221-15).

c) Clause d'agrément des héritiers ou légataires de l'associé prémourant, ou de son conjoint (C. civ., art. 1870, al. 1er, pour les **sociétés civiles** – C. com., art. L. 221-15, pour les **sociétés en nom collectif** – C. com., art. L. 223-13, pour les **SARL**).

Sauf à préciser qu'en matière de SARL cette clause ne doit pas être un moyen de faire obstacle à la dévolution si l'héritier était déjà associé[4].

d) Faculté statutaire de rachat, par les associés survivants, de droits sociaux pour des tiers agréés par eux[5].

e) Clause prévoyant l'opération de reprise intégrale de l'actif social par l'associé survivant – solution qui résulte essentiellement d'une jurisprudence antérieure à la réforme du droit des sociétés.

Avant même l'arrêt *Gatellier*, la Cour de cassation avait en effet validé la clause par laquelle l'associé survivant peut, à la suite du décès de son associé, reprendre certains éléments déterminés de l'actif social (par ex. le fonds de commerce), à charge de fournir à la succession du prémourant une certaine valeur[6]. La solution vise à résoudre l'hypothèse pratique où la société en cause ne compte que deux associés. Là aussi l'évolution législative a facilité les choses, depuis que la loi permet le fonctionnement provisoire de la société où toutes les parts sociales se trouvent regroupées en une seule main (C. civ., art. 1844-5, al. 1er).

212.33 Date de l'estimation. Dans tous les cas, il sera tenu compte à la succession de la **valeur des**

4. Com. 28 oct. 1975, *D.* 1975. 209, note Y. Guyon.
5. Com. 2 avr. 1973, n° 72-10.237, *Bull. civ.* IV, n° 147.
6. Civ. 26 oct. 1943, *D.* 1946. 301, note F. Boulanger.

droits sociaux du défunt, valeur qui doit être fixée **au décès** (C. civ., art. 1870-1 - C. com., art. L. 221-15 - C. com., art. L. 223-13 et L. 223-14).

On estime parfois[1] que les textes légaux en cause peuvent être mieux entendus comme visant la date où le bénéficiaire de la clause entend s'en prévaloir. Quoi qu'il en soit, la loi prévoit des délais tels qu'il s'écoulera peu de temps entre le décès et l'exercice de cette faculté (v. C. com., art. L. 223-14, relatif aux **SARL** et applicable aux **sociétés de personnes** par interprétation).

212.34 Nullité des clauses ne garantissant pas à la succession l'équivalent monétaire des droits sociaux. La **légalisation des clauses** qui viennent d'être évoquées reste marquée par son **caractère exceptionnel**, eu égard au principe de prohibition des pactes sur succession future : elles ne peuvent donc être validées que dans la seule mesure nécessaire à la fin poursuivie, qui est de préserver un certain *intuitus personœ* dans les sociétés fondées sur ce caractère. Ainsi, ces clauses ne sauraient valablement priver la succession de la valeur représentative des droits en cause[2]. Cela explique la jurisprudence qui annule comme pacte sur succession future les clauses qui, tout en excluant les héritiers de l'associé prémourant de la société, ne leur garantissent pas un véritable équivalent monétaire.

En ce sens, a été invalidée la clause convenue dans un contrat de société en participation, par laquelle, au cas de décès de l'un des associés, la totalité de l'excédent d'actif des biens et intérêts indivis devait être attribuée à l'autre, moyennant le versement aux héritiers du prémourant d'un prix qui ne correspondait pas à la valeur des droits du défunt dans la société[3].

212.35 Nullité des conventions extérieures au contrat de société. Les **clauses de continuation entre associés** ou **d'agrément** ne sont **valables** qu'autant qu'elles **figurent dans les statuts**, seule hypothèse que le législateur ait légitimée. Le principe de prohibition retrouve donc son empire à l'endroit des conventions qui, hors du pacte social, auraient pour objet d'aménager la transmission des droits sociaux[4].

Dans cette affaire, avait été conclue une convention par laquelle un fils, qui avait reçu de son père un bloc d'actions, se reconnaissait débiteur d'un certain capital et s'engageait à verser au disposant un « *intérêt forfaitaire indexé* », le remboursement du capital n'intervenant qu'après la mort du père et en faveur de son frère pour la moitié seulement, étant par ailleurs prévu qu'en cas de prédécès du bénéficiaire des actions, celles-ci reviendraient au père. Les actions avaient été remises dans les mains d'un séquestre pour assurer l'exécution du contrat. À la demande du père, qui y était partie, les juges ont annulé cette convention, qui réglait d'avance la dévolution à cause de mort des actions, tant dans la succession du père que dans celle du fils.

On peut en rapprocher la sévérité manifestée par une cour d'appel dans une affaire où le père et la mère, après une donation de biens à venir intervenue de celui-là à celle-ci, avaient donné par préciput à l'un de leurs enfants associé dans une société de famille la majorité des parts, sous la condition de sa survie : nullité demandée et obtenue par un frère du donataire, également associé et non gratifié[5].

212.36 Cas des sociétés anonymes. Enfin, et bien que certains auteurs pensent le contraire[6], il apparaît que les **clauses statutaires** du type de celles qui ont été précédemment répertoriées, sont **interdites en matière de société par actions**, étant donné l'article L. 228-23 du Code de commerce, selon lequel la cession d'actions à un non-associé peut être soumise à l'agrément de la société par une clause des statuts, avec la précision que « *cette clause est écartée en cas de succession, de liquidation du régime matrimonial, ou de cession, soit à un conjoint, soit à un ascendant ou à un descendant* ».

§ 4
Stipulations contraires aux règles légales définissant les modalités du rapport des donations

212.41 Validité de la modification conventionnelle des modalités du rapport. Du temps où la loi prescrivait de manière principale le **rapport en nature**, on s'était interrogé sur les clauses de la donation stipulant un **rapport en valeur**. La jurisprudence les valida, estimant qu'elles n'avaient pas pour objet un élément d'une succession future, puisque le donateur s'était dessaisi définitivement du bien donné. Mais comme il s'en était dessaisi à charge pour le donataire d'en verser la valeur dans la succession, on pouvait bien y voir une stipulation sur succession future. Et l'objection serait encore plus forte aujourd'hui, lorsqu'il s'agit, par dérogation au principe légal du rapport en valeur, de stipuler un rapport en nature. Il est vrai qu'à partir du moment où le donateur a licence d'exclure tout rapport, on doit nécessairement lui laisser la faculté d'en définir les modalités pour le cas où il en maintiendrait le principe. Aussi bien, la loi permet expressément, depuis 1938, de déroger par l'acte de

1. M. Grimaldi, *Successions*, n° 361.
2. M. Grimaldi, *Successions*, n° 360.
3. Com. 9 janv. 1963, *Bull. civ.* III, n° 30.
4. Civ. 1re, 11 mars 1981, n° 79-16.831, *Bull. civ.* I, n° 87; *RTD civ.* 1982. 448, note J. Patarin.
5. V. Paris, 17 mai 1990, *JCP N* 1991. 129, note conf. Salvage; *RTD civ.* 1991. 375, obs. crit. J. Patarin.
6. J. Patarin, obs., *RTD civ.* 1982. 448 – pour la discussion, M. Grimaldi, *Successions*, n° 362.

donation aux règles fixant les modalités du rapport (v. C. civ., art. 858, al. 1er *in fine*, et art. 860, al. 3).

Une **clause très suspecte** serait celle définissant **un rapport forfaitaire d'une valeur manifestement supérieure à celle du bien donné.** Cependant, tant que le donataire a la faculté de rapporter le bien en nature (v. C. civ., art. 859), on peut admettre que la clause n'est pas excessivement contraignante. Elle n'encourrait donc la nullité que dans l'hypothèse où lui serait adjointe une renonciation à la faculté de rapporter en nature[1].

212.42 Cas où la modification résulte d'un acte postérieur à la donation. On sait que si l'acte de donation est silencieux, le don est rapportable, et en valeur. Peut-on prévoir par un acte ultérieur une substitution de ce rapport en valeur par un rapport en nature ? On a parfois soutenu qu'une telle modification, même convenue entre le donateur et le gratifié, correspondait à un pacte sur succession future, au motif que l'adoption du rapport en nature équivaut à renoncer par avance à la dispense partielle de rapport qu'un rapport en valeur contient toujours de manière virtuelle (l'idée étant que l'on n'est jamais assuré que le rapport en valeur correspond exactement à l'avantage effectivement reçu...). On ne peut cependant ignorer que le mode légal de calcul de la valeur rapportable est censé refléter la réalité économique de la donation. C'est pour cela que le dernier alinéa de l'article 860 du Code civil, lorsqu'il traite de l'hypothèse « *d'écart préciputaire entre le montant du rapport et la valeur du don* », ne mentionne que les stipulations contraires aux règles légales d'évaluation (v. C. civ., art. 860, al. 4). Le raisonnement selon lequel la convention *a posteriori* de rapport en nature serait un pacte prohibé repose donc sur des prémisses contestables. Aussi les commentateurs de la réforme de 1971 ont-ils admis la possibilité d'une telle convention[2].

212.43 Laxisme de la jurisprudence. Au demeurant, et pour ce qui concerne en général les conventions *ante mortem* relatives aux modalités du rapport, la Cour de cassation se montre tolérante. Elle a ainsi validé une convention passée entre des bénéficiaires de dons manuels aux termes de laquelle ces dons seraient rapportés à la succession future, affectés d'un indice à déterminer lors du partage[3].

En l'occurrence, il s'agit de **donation de sommes d'argent,** et si l'on veut prévoir une réévaluation, il paraît plus naturel de procéder, **non à une indexation, mais à l'application d'un intérêt** (ce qui au moins évite les difficultés propres au choix de l'indice). Cela invite à s'interroger sur la validité d'une telle stipulation, qui va être examinée maintenant.

212.44 Clause de rapport du capital et des intérêts à compter de la donation. Aujourd'hui comme jadis, on peut hésiter sur la légalité de la clause par laquelle l'enfant donataire, s'il veut prendre part à la succession de ses parents, devra rapporter le capital et les intérêts des biens donnés à compter du jour de la donation. La tendance des tribunaux est d'annuler une telle stipulation comme constitutive d'un pacte sur succession future[4]. Au terme d'une recherche d'intention, les juges peuvent estimer que la stipulation en cause avait pour but de contraindre le donataire à répudier la succession[5]. Il est probable que c'est en tout cas seulement sous l'angle de la prohibition des pactes sur succession future que la question mérite d'être réglée, car en elle-même, une dérogation à l'article 856 du Code civil (qui prévoit le rapport des fruits uniquement à compter du décès du donateur) devrait être possible. Ce texte ne semble pas constituer une règle d'ordre public, dès lors que la dispense de rapport qu'il institue pour la période antérieure au décès repose sur une présomption nécessairement approximative : l'idée est que le donateur, s'il avait conservé le bien, n'eût pas pu économiser des fruits consacrés à l'entretien, et qu'on n'aurait donc pas retrouvé ces fruits dans son patrimoine à son décès.

Un **critère de validation de la clause de rapport des fruits à compter de la donation** pourrait consister dans le **caractère frugifère ou non du bien en cause** : la clause ne devrait pas encourir de suspicion dans le premier cas.

Mais, de manière plus libérale, on peut admettre la validité en toute hypothèse d'une telle clause, dès lors du moins qu'elle est **stipulée dans la donation.** Il y aurait bien davantage matière à hésitation si la clause était stipulée *a posteriori* (mais avant le décès). L'arrêt précité du 18 mai 1994 conduit cependant à dire que les juges valideraient une telle convention, conclue entre tous les héritiers présomptifs[6].

212.45 Clause de rapport à la communauté. L'hypothèse est celle d'une donation conjointe d'un

1. COMP., Civ. 1re, 29 juin 1961, *D.* 1962. 217, note R. Savatier.
2. P. CATALA, no 47 – A. PONSARD, no 43.
3. Civ. 1re, 18 mai 1994, no 92-11.829, *Bull. civ.* I, no 178; *D.* 1995. Somm. 48, obs. M. Grimaldi; *RTD civ.* 1994. 649, obs. J. Patarin; *Defrénois* 1995, art. 35996, note M.-C. Forgeard – Cassant Paris, 17 oct. 1991, *JCP N* 1994. 201, note Bonnin et Bonduelle.
4. T. civ. Montpellier, 2 déc. 1869, *DP* 1874. 5. 468 – T. civ. Marseille, 17 janv. 1925, *RTD civ.* 1925. 398.
5. T. civ. Montpellier, 2 déc. 1869, préc.
6. Civ. 1re, 18 mai 1994, no 92-11.829, *Bull. civ.* I, no 178; *D.* 1995. Somm. 48, obs. M. Grimaldi; *RTD civ.* 1994. 649, note J. Patarin; *Defrénois* 1995, art. 35996, note M.-C. Forgeard; *JCP N* 1994. 201, note Bonnin et Bonduelle.

bien de communauté, consentie par deux époux à un enfant commun. Si les époux ne déclarent pas la proportion dans laquelle chacun d'eux y contribue, on présume qu'ils font chacun la donation pour moitié. Il en résulte que dans la liquidation, chacun des époux doit une récompense égale à la moitié de la donation, et que le rapport doit se faire pour moitié à la succession de chacun des époux. Mais on trouve parfois une **clause d'imputation de la donation sur la succession du prémourant des codonateurs**, clause qui est susceptible de faire difficulté au regard de la prohibition des pactes sur succession future. En effet, elle incite le liquidateur à appliquer l'entier rapport à la succession du prémourant, ce qui d'une certaine manière conduit à faire rapporter une valeur par anticipation, alors même qu'on ne sait pas si le gratifié aura la qualité d'héritier dans la succession du survivant (qui était aussi bien donateur dans l'acte). Il est cependant possible de tenir la clause pour valable, dès lors qu'elle stipule ou laisse suffisamment entendre que l'époux qui décède le premier sera réputé seul donateur. Sur la base de cette fiction, le rapport pourra être effectué en totalité à la succession (qui devra alors récompense à la communauté).

Sur les conventions *ante mortem* relatives, non aux modalités du rapport, mais à son existence même, v. s[s] n°s 211.64 et 211.82.

§ 5
Libéralités graduelles

212.51 Qualification en pacte sur succession future et évolution de l'interdiction. On appelait naguère **substitution fidéicommissaire** la disposition par laquelle l'auteur d'une libéralité grève le gratifié de l'obligation de conserver sa vie durant les biens remis, pour les transmettre, à son décès, à une seconde personne, déjà appelée (v. s[s] n°s 331.00 s.). Depuis la réforme de 2006, on parle de **libéralités graduelles.** Une telle stipulation peut aussi bien se rencontrer dans une **donation** que dans un **legs**. Et même dans ce dernier cas le mécanisme revêt un aspect conventionnel, en ce sens que celui qui accepte le **legs grevé de l'obligation de transmettre** s'oblige à respecter celle-ci. Or cet acte conventionnel prétend organiser la dévolution d'une succession future. En effet, l'essence de la libéralité graduelle est de régler par avance, pour les biens visés, la succession du grevé en supprimant la liberté de tester de celui-ci. Le mécanisme prétend imposer contractuellement un ordre de succéder distinct du régime légal, et souvent contraire.

Les rédacteurs du Code avaient estimé si inadmissible le système des substitutions, à cause de l'inaliénabilité qu'il institue, qu'ils l'avaient prohibé de manière spécifique. Ils en avaient toutefois autorisé limitativement deux types, mais afin de bien limiter l'inaliénabilité à la fonction qu'ils avaient en vue (la **protection des enfants du prodigue**), ils n'avaient autorisé que les **substitutions simples**, et non les substitutions graduelles : seule une génération pouvait être grevée, et seule une génération pouvait être appelée. Le **droit d'instituer une substitution n'appartenait qu'aux père et mère du grevé**, ou **à ses frères et sœurs sans enfants,** et dans les deux cas **uniquement en faveur des enfants nés ou à naître du grevé et sans différence entre eux.** Au demeurant, la **substitution** ne pouvait porter que sur les **biens constituant la quotité disponible du grevé.**

Cependant les juges sauvaient, par interprétation, un certain nombre de substitutions prohibées, en affectant de croire que selon la volonté du fondateur, le grevé restait libre d'aliéner le bien. Dès lors qu'on fait abstraction de l'inaliénabilité, il est certain que l'effet d'*ordo successivus* de la disposition se trouve effacé, ce qui la fait échapper à la qualification de pacte sur succession future.

En 2006, le législateur a décidé d'admettre assez largement les **libéralités graduelles,** spécialement en les ouvrant à toute personne, **qu'il existe ou non un lien de famille entre le disposant, le grevé et l'appelé,** et que **les bénéficiaires de la libéralité soient une personne physique ou une personne morale.** Cela suppose toutefois qu'on entre dans un cas de figure autorisé comme tel par la loi (C. civ., art. 1048 s.), car le principe de prohibition demeure, formulé à l'article 896 du Code civil selon lequel « *la disposition par laquelle une personne est chargée de conserver et de rendre à un tiers ne produit d'effet que dans le cas où elle est autorisée par la loi* ». Par exemple, une charge imposée au-delà du premier degré ne serait pas valable (C. civ., art. 1053). De même, il importe de respecter un certain mode de distribution de la réserve, même si désormais la substitution n'est plus limitée à la seule quotité disponible (C. civ., art. 1054). Enfin, l'obligation de conserver les biens doit s'effectuer en nature (C. civ., art. 1049, al. 1er). Ainsi, une libéralité graduelle qui prévoirait que le grevé peut disposer des biens sauf à devoir à titre de récompense une certaine somme d'argent à l'appelé, dépasserait l'autorisation légale et, aujourd'hui comme hier, tomberait sous le coup de la prohibition des pactes sur succession future[1].

212.52 Analyse du mécanisme. La jurisprudence faisait une analyse juridique particulière de la substitution, lorsqu'elle énonçait que le droit de l'appelé procède directement du disposant, et non d'une

1. Civ. 1re, 30 oct. 2006, n° 04-11.347, NP.

vocation à la succession du grevé, affirmation justifiée selon les arrêts par le fait que ce n'est pas du chef du grevé que l'appelé reçoit les biens substitués [1]. Cela affaiblissait la vision de pacte sur succession future qu'on pouvait avoir des substitutions, puisque leur objet semblait dès lors limité au règlement de la succession du disposant, qui est une succession ouverte. De son analyse, la jurisprudence avait tiré cette conséquence particulière que les constitutions d'hypothèque par l'appelé sur les biens grevés, ou les cessions de créance faisant partie de ces biens, du vivant du grevé, ne devaient pas être regardées comme un pacte sur succession future [2].

La loi a validé, pour les libéralités graduelles, l'analyse de la jurisprudence relative aux substitutions, puisque selon l'article 1051 du Code civil « *le second gratifié est réputé tenir ses droits de l'auteur de la libéralité* » (pour des développements complets sur les libéralités graduelles, v. s[s] n°s 331.00 s.).

§ 6
Institutions contractuelles

212.61 Notion et qualification en pacte sur succession future. L'institution contractuelle est une donation qui a pour objet tout ou partie des biens que le donateur laissera à son décès. Pour cette raison, on l'appelle également **donation de biens à venir**. L'institution contractuelle est un archétype de pacte sur succession future, puisqu'elle prétend désigner un héritier par la voie contractuelle. Une telle convention tombe donc sous le coup de la prohibition des pactes sur succession future.

212.62 Validation légale particulière. Le législateur a toutefois validé l'institution contractuelle pour des raisons pratiques lorsqu'elle est **stipulée dans un contrat de mariage, en faveur d'un époux ou des deux** (soit qu'elle provienne du conjoint – on parle de donation au dernier vivant – soit qu'elle provienne d'un tiers – v. C. civ., art. 1082 et 1093). De même la jurisprudence valide la donation de biens à venir entre époux, faite durant le mariage – c'est-à-dire précisément hors contrat de mariage –, la révocabilité essentielle de ce type de donation (v. s[s] n° 356.42) permettant d'écarter l'application de la prohibition.

212.63 Nullité des donations de biens à venir non permises par la loi. Pour le reste, toute institution contractuelle faite hors contrat de mariage et qui ne serait pas consentie entre deux époux en cours de mariage, doit être annulée puisqu'il s'agirait d'un pacte sur succession future non couvert par la dérogation qui vient d'être évoquée.

En outre, l'acte conclu entre les époux ne peut bénéficier de l'exemption légale que s'il n'outrepasse pas celle-ci. Par exemple, la jurisprudence annule la clause de l'institution contractuelle par laquelle l'instituant s'interdirait de disposer à titre onéreux des biens qui sont l'objet de l'institution : la Cour de cassation y voit une stipulation sur succession future dépassant l'exception prévue par le législateur [3].

212.64 Nullité des pactes portant sur les droits de l'institué. Il convient aussi d'annuler tout contrat qui, du vivant de l'instituant, aurait pour objet les droits de l'institué au titre de la donation de biens à venir. Et dans la même logique, toute renonciation anticipée à une telle donation est nulle comme constitutive d'un pacte sur succession future [4].

212.65 Validité des donations prenant le décès comme terme suspensif. Par opposition aux pures donations de biens à venir, serait valable la donation destinée à prendre seulement effet au décès, si on peut analyser sans hésiter son mécanisme comme celui d'un terme suspensif (ainsi, un arrêt a validé l'engagement par lequel, du vivant de son père donateur de la nue-propriété d'un domaine, le gratifié appelé de ce fait à recueillir l'usufruit au décès, promet de remettre à son frère la moitié du bien [5]).

§ 7
Hypothèque de bien à venir

212.71 Validité conditionnelle d'une hypothèque sur des biens qui pourraient être recueillis par succession. Aux termes de l'article 2419 du Code civil, « *l'hypothèque ne peut, en principe, être consentie que sur des immeubles présents* ». Du temps du texte antérieur, l'article 2130, qui était il est vrai plus catégorique, on en déduisait la nullité d'une constitution d'hypothèque par un héritier présomptif, sur un immeuble compris dans une succession qu'il espérait recueillir. Certains arrêts avaient souligné qu'il s'agissait en tout état de cause d'un pacte sur succession future [6]. Mais l'article 2420, 1°

1. Req. 5 juin 1918, *DP* 1919. 1. 9 – Civ. 10 juin 1918, *DP* 1919. 1. 90.
2. V. AUSSI, Paris, 14 janv. 1926, *DP* 1928. 2. 9, note Plassard, au sujet d'une cession globale.
3. Civ. 5 juill. 1928, *DP* 1929. 1. 43.
4. Civ. 1re, 16 juill. 1981, n° 80-11.285, *Bull. civ.* I, n° 261 ; *D.* 1983. 333, note M. Grimaldi ; *RTD civ.* 1983. 176, note J. Patarin.
5. Civ. 1re, 3 févr. 1969, *Bull. civ.* I, n° 54.
6. Dijon 25 avr. 1855, *DP* 1855. 2. 218.

ajoute : « *Celui qui ne possède pas d'immeubles présents et libres ou qui n'en possède pas en quantité suffisante pour la sûreté de la créance peut consentir que chacun de ceux qu'il acquerra par la suite sera affecté au paiement de celle-ci au fur et à mesure de leur acquisition* ». Même si les règles de publicité foncière ne facilitent pas en pratique la mise en place d'une telle hypothèque, celle-ci reste possible, et constitue au passage une exception à la prohibition des pactes sur succession future.

En dehors même du cas d'insuffisance visé par la loi, la jurisprudence tend à tourner le principe interdisant l'hypothèque des biens à venir, en requalifiant l'acte en promesse d'hypothèque[1]. Si toutefois la venue dans le patrimoine du débiteur du bien à hypothéquer correspondait à une dévolution successorale (ce qui n'était pas le cas dans l'arrêt de 1987), les juges hésiteraient peut-être davantage à valider : ce ne serait plus seulement le principe de l'article 2419 qui serait en cause, mais directement la prohibition des pactes sur succession future. Toutefois il faut bien admettre qu'à cet égard l'application de la prohibition ne s'impose peut-être pas aussi évidemment que le pensait jadis la cour de Dijon : les effets de la convention en cause ne contredisent aucun mécanisme successoral, puisqu'elle ne restreint pas la liberté du *de cujus* de disposer de ses biens, et qu'elle ne contraint pas l'héritier présomptif à accepter la succession.

§ 8
Renonciations et ratifications légalement permises aux cohéritiers d'un réservataire présomptif

212.81 L'exemption instituée à l'article 918 du Code civil, deuxième phrase. L'article 918 du Code civil vise les **ventes à charge de rente viagère,** et les **ventes avec réserve d'usufruit** que le défunt aurait consenties à l'un de ses héritiers réservataires. Par un souci de combattre des fraudes supposées à la réserve, la loi déclare que ces actes doivent être traités comme des donations, nonobstant leur caractère onéreux (sur cette règle, v. s[s] n°s 264.10 s.). Il existe toutefois un moyen d'éviter l'application de cette présomption : cela consiste à obtenir le consentement des co-successibles de l'acheteur. En effet, l'article 918 dispose que « *cette imputation et cette réduction ne peuvent être demandées que par ceux des autres successibles en ligne directe qui n'ont pas consenti à ces aliénations* ». Il y a bien là pacte sur succession future, autorisé par le législateur[2].

212.82 Caractère limité de l'exemption. On a dit que l'intervention contractuelle d'un héritier présomptif, destinée à reconnaître le caractère non libéral d'un acte était valable comme n'étant pas constitutive d'un tel pacte (v. s[s] n° 211.67). Encore s'agissait-il d'interventions purement déclaratives destinées à faciliter la preuve du caractère non libéral de l'acte passé. Mais on a alors souligné qu'il y aurait bien pacte sur succession future à dénier contractuellement tout caractère libéral à un acte constitutif d'une libéralité, car ce serait renoncer au bénéfice de certaines règles liquidatives, avant que la succession ne fût ouverte. Or l'article 918 du Code civil, pour les hypothèses qu'il vise, déclare de manière irréfragable qu'il s'agit de libéralités. La facilité qu'il institue *a contrario* dans sa dernière phrase ne peut donc être analysée que comme un pacte sur succession future exceptionnellement permis. Par conséquent, cette dérogation doit être conçue restrictivement, et les effets de la renonciation ne peuvent être étendus au-delà des termes précis dans lesquels cet acte est conçu : les intervenants peuvent donc toujours critiquer l'acte passé pour un autre motif[3].

De même, dès lors que l'acte litigieux n'entre pas dans les prévisions de l'article 918 du Code civil, c'est-à-dire s'il ne constitue, ni une vente avec réserve d'usufruit, ni une vente moyennant constitution d'une rente viagère, il peut mériter d'être annulé comme pacte sur succession future[4].

212.83 Renonciation à l'action en réduction permise *ante mortem* par l'article 924-4. Une disposition du même type que celle de l'article 918, troisième phrase, est prévue à l'article 924-4, dont l'origine remonte à l'article 930 alinéa 2 qui était lui-même issu de la réforme de 1971. On a dit précédemment que si la renonciation à une action en réduction ouverte est possible, une telle renonciation qui interviendrait *ante mortem* serait un pacte sur succession future prohibé (v. s[s] n° 211.64). Or cela pose en pratique le problème suivant : si le donataire souhaite vendre l'immeuble donné, il risque de ne pas trouver d'acheteur car celui-ci, lorsqu'il prendra connaissance par l'origine de propriété de la nature du titre d'acquisition de son vendeur, sera fondé à craindre la menace que fait peser sur son propre droit le caractère possiblement résolutoire d'une action en réduction. Pour pallier cet inconvénient, la réforme des liquidations successorales intervenue en 1971 avait permis de fermer définitivement toute action en réduction contre l'acheteur : il suffit que le donateur intervienne à

1. Civ. 3e, 7 janv. 1987, n° 85-10.608, *Bull. civ.* III, n° 4; *Defrénois* 1987. 34120, n° 112, note crit. Aynès.
2. Civ. 1re, 1er juill. 2009, n° 08-12.868, *Bull. civ.* I, n° 155; *RLDC* 2009, n° 64, p. 57, obs. E. Pouliquen; *AJ fam.* 2009. 407, obs. F. Bicheron.
3. Rennes, 14 févr. 1901, *DP* 1903. 2. 441.
4. Civ. 16 sept. 1940, *DH* 1940. 173 – RAPPR., Req. 28 oct. 1925, *DH* 1925. 628.

l'acte de vente avec tous les réservataires présomptifs vivant au moment de l'aliénation. La règle a été maintenue, avec certains éclaircissements, à l'article 924-4, qui dispose dans son alinéa 2 précisément : « *Lorsque, au jour de la donation ou postérieurement, le donateur et tous les héritiers réservataires présomptifs ont consenti à l'aliénation du bien donné, aucun héritier réservataire, même né après que le consentement de tous les héritiers intéressés a été recueilli, ne peut exercer l'action contre les tiers détenteurs. S'agissant des biens légués, cette action ne peut plus être exercée lorsque les héritiers réservataires ont consenti à l'aliénation* ». Il y a là sans nul doute un pacte sur succession future, puisqu'il s'agit d'une renonciation à demander la réduction alors même que la succession n'est pas ouverte, et c'est bien ainsi que le concevait la jurisprudence antérieure à 1971[1]. Cette dérogation, peu conforme à la logique juridique habituelle puisqu'elle consacre la renonciation à une action destinée à protéger un droit qui n'est pas encore né, a été uniquement dictée par un souci de sécurité des transactions.

212.84 Portée de la renonciation permise. C'est l'occasion de bien circonscrire les **limites de cette renonciation** : il ne s'agit pas pour les réservataires intervenants de renoncer à toute réduction. **Ils renoncent certes à agir contre l'acheteur, mais cela ne leur interdira pas de demander**, le cas échéant, la **réduction en valeur au donataire**. On peut en déduire qu'une renonciation absolue à l'action en réduction dépasserait les limites de l'exemption légale, et retomberait sous la prohibition des pactes sur succession future (sauf à se placer sous les conditions des articles 929 et suivants du Code civil mais cela vise un autre contexte).

212.85 Possibilité d'une renonciation par acte séparé. Le pacte sur succession future légalement autorisé par l'article 924-4 pourrait très bien revêtir une forme isolée : comme la loi ne dit rien du moment exact de cette renonciation, on peut admettre qu'elle intervienne même après l'aliénation, et sans forme particulière[2].

212.86 La question de la renonciation anticipée par rapport à l'aliénation. L'ancien article 930 alinéa 2 du Code civil prévoyait une renonciation figurant dans l'acte d'aliénation consenti par le donataire sur le bien donné (ou dans un acte séparé, mais postérieur - v. s^s^ n° 212.85). La question s'était posée de savoir si cette renonciation exceptionnellement autorisée pouvait être valablement donnée dans un acte antérieur à l'aliénation, c'est-à-dire dans la donation. On songe en particulier à une clause qui serait incluse dans la donation-partage, et par laquelle tous les copartagés (en supposant que tous les enfants y participent) consentiraient par avance aux actes de disposition de chacun sur les biens compris dans son lot, en précisant que ce consentement vaut renonciation à poursuivre la réduction contre les ayants cause du disposant. Bien qu'il y eût là extension d'une exception légale à la prohibition des pactes sur succession future, un auteur s'était prononcé pour la validation d'une telle clause[3] et il est vrai que l'admission d'une dérogation anticipée paraissait fidèle à la *ratio legis* du texte. La réforme de 2006 dissipe toute équivoque dans le sens de la validation, puisque l'article 924-4 alinéa 2 évoque un consentement donné « *au jour de la donation ou postérieurement* ».

212.87 La renonciation anticipée des articles 929 et suivants du Code civil. Ce nouveau cas - le plus général - de renonciation, a déjà été mentionné au chapitre 211 (v. s^s^ n° 211.64). Selon les dispositions de l'article 929 du Code civil, « *tout héritier réservataire présomptif peut renoncer à exercer une action en réduction dans une succession non ouverte* ». Cette renonciation, établie uniquement par acte authentique, doit être faite au profit d'une ou de plusieurs personnes déterminées. Elle peut viser une atteinte portant sur la totalité de la réserve ou sur une fraction seulement; elle peut également ne viser que la réduction d'une libéralité portant sur un bien déterminé. Il s'agit incontestablement d'une atteinte majeure au principe de la prohibition des pactes sur succession future, dans la mesure où la loi autorise un héritier réservataire, avant même l'ouverture de la succession, à renoncer partiellement ou entièrement à l'action en réduction qu'il aurait pu exercer contre les libéralités qui auraient outrepassé la quotité disponible (rappr. C. civ. art. 1527, al. 3, qui permet que l'enfant d'un premier lit renonce à l'exercice de l'action en retranchement). Il convient surtout de renvoyer à l'étude spécifique qui en est faite ailleurs (v. s^s^ n°s 264.151 à 264.195).

§ 9
Clause prévue à l'article 1873-13 du Code civil

212.101 Clause d'acquisition ou d'attribution de droits indivis. Une **convention d'indivision** peut

1. Req. 15 janv. 1908, *DP* 1909. 1. 153, note de Loynes.
2. A. Ponsard, n° 104, p. 139, au sujet de l'ancien art. 930.
3. V. M. Grimaldi, « De la clause stipulée dans une donation-partage pour protéger les ayants cause des donataires contre les effets de la réduction pour atteinte à la réserve », *Defrénois* 1996. 1. 36224.

comprendre une clause ouvrant, au profit des indivisaires survivants, une **faculté d'acquisition à titre onéreux de la part indivise d'un indivisaire prémourant** (sur le mécanisme, v. s[s] n°s 254.121 s.). Ce n'est assurément pas une convention de partage, puisque précisément l'indivision demeure : c'est, en réalité, une véritable **promesse de vente conditionnelle,** le prédécès du cédant tenant lieu de condition. Nul doute qu'il y ait là pacte sur succession future, comme le sont la **clause commerciale** de l'article 1390 du Code civil ou les **clauses d'attribution aux associés survivants** (v. s[s] n° 212.32). À raison de leur utilité, ces **clauses d'attribution aux indivisaires survivants** sont autorisées par exception, depuis la réforme de 1976. Le texte de l'article 1873-13 prévoit également la **clause d'attribution privilégiée des droits de l'indivisaire à son conjoint survivant ou à tel de ses héritiers désigné** – toujours moyennant indemnité.

SECTION 2
PACTES DOUTEUX VALIDÉS PAR LA JURISPRUDENCE

212.110 Subdivisions. On ne parlera pas ici de la délicate question des promesses *post mortem*, déjà examinée (v. s[s] n°s 211.91 s.). Il reste à évoquer le cas de la clause d'accroissement ou pacte tontinier (§ 1), et celui de certains actes relatifs à un règlement successoral futur (§ 2).

§ 1
Clause d'accroissement

212.111 Description et qualification. D'une manière générale, la clause d'accroissement se rencontre au cas d'**achat collectif d'un bien, lorsqu'il est stipulé que la propriété se concentrera sur la tête des survivants au fur et à mesure des décès** : le dernier vivant sera propriétaire pour le tout. Plus fréquemment, c'est à l'occasion de l'achat d'un logement par deux époux séparés de biens ou deux concubins, pacsés ou non, que ce type de clause se rencontre aujourd'hui. On lui trouve précisément le mérite d'assurer les droits du survivant, qui pourra rester dans les lieux à titre de propriétaire sans rien devoir à la succession du prémourant. Toujours est-il que **la pure clause d'accroissement** par laquelle les droits du prémourant viennent, au jour de son décès, accroître à ceux du survivant, **est nulle**[1]. Sa qualification en pacte sur succession future ne fait aucun doute, puisque par elle, on soustrait à la succession du prémourant un droit réel dont il était titulaire de son vivant, et cela sans la moindre contrepartie.

212.112 Validité au cas de stipulation de rétroactivité. Si en revanche, le rédacteur de la clause l'aménage en stipulant une rétroactivité du droit du survivant, ainsi tenu pour propriétaire de la totalité du bien dès l'acquisition, il n'y a plus pacte sur succession future (encore qu'on aperçoive assez mal ce que cela change au fond). C'est ce qu'a décidé la jurisprudence, qui a ainsi jugé utile de faire échapper à la prohibition la **clause d'accroissement** – ou plus exactement la **clause de tontine,** puisqu'il ne s'agit plus officiellement d'un mécanisme d'accroissement[2]. On a donc mis à profit la **fiction de la rétroactivité** pour masquer le fait que le droit en cause a été conventionnellement soustrait à une succession non ouverte.

Si cependant la clause d'accroissement était stipulée dans un acte postérieur à la co-acquisition, la stipulation de rétroactivité au jour de ladite acquisition ne suffirait pas à faire échapper la clause à la nullité des pactes sur succession future[3] (à l'encontre de cette analyse, des auteurs justifient cependant la validité d'une telle stipulation *a posteriori* par une analogie avec celle de la discutable promesse *post mortem*[4]).

§ 2
Actes variés concernant un règlement successoral futur

212.121 Rapport de dette à la première succession ouverte des époux créanciers communs en biens. La jurisprudence a validé la clause par laquelle une mère a imposé à son enfant de rapporter à sa succession les sommes que la communauté lui avait avancées pour payer ses dettes, bien que la succession du père ne fût pas encore ouverte. On pouvait soutenir qu'en imposant un rapport total de la dette dès la première succession, la stipulante avait anticipé sur le règlement de l'hérédité future du mari. Mais la Cour de cassation a estimé que la créance de la communauté était un droit actuel contre l'enfant, indépendant du parti successoral qu'il pourrait prendre au jour du décès de son

1. Req. 24 janv. 1928, *DP* 1928. 1. 157; *S.* 1929. 1. 137, note Vialleton.
2. Cass., ch. mixte, 27 nov. 1970, n° 68-10.452, *Bull. ch. mixte*, n° 3; *D.* 1971. 81, sur concl. contr. Lindon; *RTD civ.* 1971. 400, obs. R. Savatier; *RTD civ.* 1971. 620, note Nerson – V. DÉJÀ, Civ. 1re, 3 févr. 1959, *JCP* 1960. II. 11823, note Voirin.
3. Versailles, 4 déc. 1997, *RTD civ.* 1998. 434, obs. J. Patarin.
4. J.-J. Caussain, F. Deboissy et G. Wicker, *JCP* 003. I. 134, n° 11, s[s] Chambéry, 18 juin 2002.

père[1]. Apparemment la solution est juste, puisqu'il s'agit de rapporter une dette, et que la communauté créancière se trouvait dissoute au premier décès. Néanmoins, la communauté ne constitue pas une personne distincte, et le rapport de dette dépend bien de la qualité d'héritier, qui par définition n'était pas encore acquise à l'égard du père survivant.

212.122 Stipulation conventionnelle d'attribution prolongeant la reconnaissance d'un droit de jouissance causé de manière onéreuse. Les juges ont validé l'acte par lequel une femme, à la suite d'avances consenties pour la construction d'un immeuble, a abandonné sa vie durant, à sa fille et à son gendre, tant en son nom qu'en celui de son mari incapable, la jouissance gratuite de cet immeuble dépendant de la communauté, avec stipulation qu'à sa mort l'immeuble reviendrait à sa fille. À l'issue d'une recherche de volonté, les juges ont retenu que l'acte avait seulement pour effet d'accorder aux enfants le droit d'habiter l'immeuble en contrepartie des avances consenties[2].

1. Req. 29 juin 1910, *DP* 1911. 1. 49, note H. Capitant.

2. Civ. 1re, 8 oct. 1958, *Bull. civ.* I, n° 416.

TITRE

22. Les conditions préalables à la dévolution successorale

SECTION 0
ORIENTEUR

22.00 **Plan du titre.**

Division. Il importe de caractériser en premier lieu l'événement que constitue l'ouverture de la succession, et qui fait figure de préliminaire obligé de l'ensemble (chap. 221). On exposera ensuite les conditions sans lesquelles nulle personne ne pourrait faire valoir la moindre prétention sur la succession ouverte : ce sont les qualités exigées du successible (chap. 222).

CHAPITRE

221. Ouverture de la succession

François Xavier Testu
Professeur à l'Université de Tours
Avocat

Frédéric Bicheron
Professeur à l'Université Paris-Est
Créteil Val-de-Marne (UPEC)

SECTION 0 ORIENTEUR

221.00 Plan du chapitre.

Division. On traitera successivement des causes d'ouverture de la succession (sect. 1), de la date d'ouverture de la succession (sect. 2), et du lieu d'ouverture de la succession (sect. 3).

221.01 Textes applicables.

C. civ., art. 14, 15, 79, 88, 90, 99 al. 2, 102, 103, 104, 105, 108, 108-2, 108-3, 112, 116, 122, 128 al. 1er, 129, 130, 720, 725 al. 2, 776, 805, 841, 883 et 922

C. pr. civ., art. 44 et 45

L. n° 2006-728, 23 juin 2006, portant réforme des successions et des libéralités, *JO* 24 juin, p. 9513 (*entrée en vigueur le 1er janv. 2007*).

CAUSES D'OUVERTURE DE LA SUCCESSION : MORT, DISPARITION, ABSENCE

> Mort

C. civ., art. 720

Les successions s'ouvrent par la mort, au dernier domicile du défunt.

> Disparition

C. civ., art. 88

Peut être judiciairement déclaré, à la requête du procureur de la République ou des parties intéressées, le décès de tout Français disparu en France ou hors de France, dans des circonstances de nature à mettre sa vie en danger, lorsque son corps n'a pu être retrouvé.

Peut, dans les mêmes conditions, être judiciairement déclaré le décès de tout étranger ou apatride disparu soit sur un territoire relevant de l'autorité de la France, soit à bord d'un bâtiment ou aéronef français, soit même à l'étranger s'il avait son domicile ou sa résidence habituelle en France.

La procédure de déclaration judiciaire de décès est également applicable lorsque le décès est certain mais que le corps n'a pu être retrouvé.

> Absence

[C. civ., art. 112, 116, 122, 129, 130 et 725 al. 2]

C. civ., art. 112

Lorsqu'une personne a cessé de paraître au lieu de son domicile ou de sa résidence sans que l'on en ait eu de nouvelles, le juge des tutelles peut, à la demande des parties intéressées ou du ministère public, constater qu'il y a présomption d'absence.

C. civ., art. 116 (*L. 23 juin 2006, art. 29, 3°*)

Si le présumé absent est appelé à un partage, celui-ci peut être fait à l'amiable.

En ce cas, le juge des tutelles autorise le partage, même partiel, et désigne, s'il y a lieu, un notaire pour y procéder, en présence du représentant du présumé absent ou de son remplaçant désigné conformément à l'article 115, si le représentant initial est lui-même intéressé au partage. L'état liquidatif est soumis à l'approbation du juge des tutelles.

Le partage peut également être fait en justice conformément aux dispositions des articles 840 à 842.

Tout autre partage est considéré comme provisionnel. – *Pour les dispositions transitoires, v. L. 23 juin 2006, art. 47, II.*

C. civ., art. 122

Lorsqu'il se sera écoulé dix ans depuis le jugement qui a constaté la présomption d'absence, soit selon les modalités fixées par l'article 112, soit à l'occasion de l'une des procédures judiciaires prévues par les articles 217 et 219, 1426 et 1429, l'absence pourra être déclarée par le tribunal de grande instance à la requête de toute partie intéressée ou du ministère public.

Il en sera de même quand, à défaut d'une telle constatation, la personne aura cessé de paraître au lieu de son domicile ou de sa résidence, sans que l'on en ait eu de nouvelles depuis plus de vingt ans.

C. civ., art. 129

Si l'absent reparaît ou si son existence est prouvée postérieurement au jugement déclaratif d'absence, l'annulation de ce jugement peut être poursuivie, à la requête du procureur de la République ou de toute partie intéressée.

Toutefois, si la partie intéressée entend se faire représenter, elle ne pourra le faire que par un avocat régulièrement inscrit au barreau.

Le dispositif du jugement d'annulation est publié sans délai, selon les modalités fixées par l'article 123. Mention de cette décision est portée, dès sa publication, en marge du jugement déclaratif d'absence et sur tout registre qui y fait référence.

C. civ., art. 130

L'absent dont l'existence est judiciairement constatée recouvre ses biens et ceux qu'il aurait dû recueillir pendant son absence dans l'état où ils se trouvent, le prix de ceux qui auraient été aliénés ou les biens acquis en emploi des capitaux ou des revenus échus à son profit.

C. civ., art. 725, al. 2

[...] Peut succéder celui dont l'absence est présumée selon l'article 112.

DATE D'OUVERTURE DE LA SUCCESSION

> Date du décès

C. civ., art. 720

* V. texte complet de cet article *supra > Mort*

C. civ., art. 79

L'acte de décès énoncera :

1° Le jour, l'heure et le lieu du décès; [...]

Le tout, autant qu'on pourra le savoir.

Il sera fait mention du décès en marge de l'acte de naissance de la personne décédée.

> Date du décès au cas de disparition

[C. civ., art. 90, dern. al., et 99, al. 2]

C. civ., art. 90, al. dern.

[...] Si le décès est déclaré, sa date doit être fixée en tenant compte des présomptions tirées des circonstances de la cause et, à défaut, au jour de la disparition. Cette date ne doit jamais être indéterminée.

C. civ., art. 99, al. 2

[...] La rectification des jugements déclaratifs ou supplétifs d'actes de l'état civil est ordonnée par le tribunal. [...]

> Date du décès au cas d'absence

C. civ., art. 128, al. 1er

Le jugement déclaratif d'absence emporte, à partir de la transcription, tous les effets que le décès établi de l'absent aurait eus. [...]

> Point de départ du calcul de la quotité disponible

C. civ., art. 922

La réduction se détermine en formant une masse de tous les biens existant au décès du donateur ou testateur.

(*L. 23 juin 2006*) « Les biens dont il a été disposé par donation entre vifs sont fictivement réunis à cette masse, d'après leur état à l'époque de la donation et leur valeur à l'ouverture de la succession, après qu'en ont été déduites les dettes ou les charges les grevant. Si les biens ont été aliénés, il est tenu compte de leur valeur à l'époque de l'aliénation. S'il y a eu subrogation, il est tenu compte de la valeur des nouveaux biens au jour de l'ouverture de la succession, d'après leur état à l'époque de l'acquisition. Toutefois, si la dépréciation des nouveaux biens était, en raison de leur nature, inéluctable au jour de leur acquisition, il n'est pas tenu compte de la subrogation. »

On calcule sur tous ces biens, eu égard à la qualité des héritiers qu'il laisse, quelle est la quotité dont le défunt a pu disposer.

> Point de départ de l'exercice de l'option héréditaire

C. civ., art. 776 (*L. 23 juin 2006, art. 1er*)

L'option exercée a un effet rétroactif au jour de l'ouverture de la succession.

> Point de départ de la renonciation à la succession

C. civ., art. 805

L'héritier qui renonce est censé n'avoir jamais été héritier.

(*L. 23 juin 2006, art. 1er*) Sous réserve des dispositions de l'article 845, la part du renonçant échoit à ses représentants; à défaut, elle accroît à ses cohéritiers; s'il est seul, elle est dévolue au degré subséquent.

> Point de départ de l'effet déclaratif du partage

C. civ., art. 883

Chaque cohéritier est censé avoir succédé seul et immédiatement à tous les effets compris dans son lot, ou à lui échus sur licitation, et n'avoir jamais eu la propriété des autres effets de la succession.

Il en est de même des biens qui lui sont advenus par tout autre acte ayant pour effet de faire cesser l'indivision. Il n'est pas distingué selon que l'acte fait cesser l'indivision en tout ou partie, à l'égard de certains biens ou de certains héritiers seulement.

Toutefois, les actes valablement accomplis soit en vertu d'un mandat des coïndivisaires, soit en vertu d'une autorisation judiciaire, conservent leurs effets quelle que soit, lors du partage, l'attribution des biens qui en ont fait l'objet.

LIEU D'OUVERTURE DE LA SUCCESSION

> Domicile du défunt

C. civ., art. 720

* V. texte complet de cet article *supra > Mort*

> Domicile volontaire

[C. civ., art. 102 à 105]

C. civ., art. 102

Le domicile de tout Français, quant à l'exercice de ses droits civils, est au lieu où il a son principal établissement. [...]

C. civ., art. 103

Le changement de domicile s'opérera par le fait d'une habitation réelle dans un autre lieu, joint à l'intention d'y fixer son principal établissement.

C. civ., art. 104

La preuve de l'intention résultera d'une déclaration expresse, faite tant à la municipalité du lieu que l'on quittera, qu'à celle du lieu où on aura transféré son domicile.

C. civ., art. 105

À défaut de déclaration expresse, la preuve de l'intention dépendra des circonstances.

> Domicile de droit
[C. civ., art. 108 à 108-3]

C. civ., art. 108
Le mari et la femme peuvent avoir un domicile distinct sans qu'il soit pour autant porté atteinte aux règles relatives à la communauté de la vie.

Toute notification faite à un époux, même séparé de corps, en matière d'état et de capacité des personnes, doit également être adressée à son conjoint, sous peine de nullité.

C. civ., art. 108-2
Le mineur non émancipé est domicilié chez ses père et mère.

Si les père et mère ont des domiciles distincts, il est domicilié chez celui des parents avec lequel il réside.

C. civ., art. 108-3
Le majeur en tutelle est domicilié chez son tuteur.

> Compétence judiciaire en matière de succession
[C. pr. civ., art. 44 et 45 et C. civ., art. 841]

C. pr. civ., art. 44
En matière réelle immobilière, la juridiction du lieu où est situé l'immeuble est seule compétente.

C. pr. civ., art. 45
En matière de succession, sont portées devant la juridiction dans le ressort de laquelle est ouverte la succession jusqu'au partage inclusivement :

– les demandes entre héritiers; [...]

C. civ., art. 841 (*L. 23 juin 2006, art. 4*)
Le tribunal du lieu d'ouverture de la succession est exclusivement compétent pour connaître de l'action en partage et des contestations qui s'élèvent soit à l'occasion du maintien de l'indivision soit au cours des opérations de partage. [...]

> Interférence avec le privilège de juridiction
[C. civ., art. 14 et 15]

C. civ., art. 14
L'étranger, même non résidant en France, pourra être cité devant les tribunaux français, pour l'exécution des obligations par lui contractées en France avec un Français; il pourra être traduit devant les tribunaux de France, pour les obligations par lui contractées en pays étranger envers des Français.

C. civ., art. 15
Un Français pourra être traduit devant un tribunal de France, pour des obligations par lui contractées en pays étranger, même avec un étranger.

221.02 Jurisprudence de référence.

> La détermination du domicile comme lieu d'ouverture de la succession se fait selon les règles du droit français...

• **Civ. 1re, 17 nov. 1981, n° 80-14.728,** *Bull. civ.* I, n° 341

* V. ss n° 221.31

« S'il est exact que le domicile du défunt, qui, en vertu de l'article 110 du Code civil, détermine le lieu d'ouverture de la succession en France, et, par conséquent, en vertu de l'article 45 du Nouveau Code de procédure civile, la compétence des tribunaux français pour connaître des demandes qu'énumère ce texte, doit être déterminé d'après la loi française, justifie légalement sa décision déclarant les juridictions françaises incompétentes la cour d'appel qui, pour déterminer le domicile d'une défunte selon le droit français, relève que la défunte avait, depuis 1965, établi à Trèves (Allemagne Fédérale) le siège principal de sa demeure et de ses affaires et que ce domicile, qui est conservé malgré une absence même prolongée, n'avait pas été perdu du seul fait qu'elle s'était rendu chez sa fille en France. »

> ... et la question ressortit au pouvoir souverain des juges du fond

• **Civ. 1re, 3 juin 1998, n° 96-11.206,** *Bull. civ.* I, n° 189

* V. ss n° 221.31

« [...] La cour d'appel a légalement justifié sa décision en jugeant, à bon droit, que la vocation héréditaire relevait, pour la succession mobilière, du tribunal du lieu du dernier domicile, qu'elle a souverainement déterminé comme étant situé en France. »

221.03 Bibliographie indicative.

Actualisables. Rép. civ., vis *Succession (Dévolution)*, par R. Le Guidec et G. Chabot, janv. 2009 [màj janv. 2014]; *Conflits de lois dans le temps*, par L. Bach, mai 2006 [màj janv. 2014]; *Absence*, par F. Laroche-Gisserot, oct. 2008 [màj sept. 2012].

Ouvrages[1]. M. GRIMALDI, *Droit civil. Successions,* 6e éd., « Manuels », LexisNexis/Litec, 2001.

* V. références citées ss nos 02.06 et 02.07

221.04 Questions essentielles.

> La succession s'ouvre au dernier domicile du défunt.

* V. ss n° 221.31

> L'action en pétition d'hérédité est de la compétence du tribunal du lieu d'ouverture de la succession.

* V. ss n° 221.42

SECTION 1
CAUSES D'OUVERTURE D'UNE SUCCESSION

221.11 La mort. Depuis la réforme de 2001, c'est l'article 720 du Code civil qui dispose que « *les successions s'ouvrent par la mort* ». Dire que la succession s'ouvre par la mort signifie que la dévolution des biens qui constituent l'hérédité ne s'opère qu'au moment du décès; la prohibition des pactes sur succession future (v. ss nos 211.11 s. et 212.10 s.) constitue le principal corollaire du principe.

221.12 La disparition. À la **mort naturelle** comme cause d'ouverture de la succession, il faut assimiler le **cas de disparition**, puisque le jugement déclaratif de décès tient lieu *erga omnes* d'acte de décès. Ce système de **déclaration judiciaire de décès** s'applique non seulement au cas où une personne a

1. NB : les ouvrages les plus fréquemment cités et dont le nom des auteurs figure en petites capitales en bibliographie sont cités par les seuls noms des auteurs en petites capitales en notes de bas de page.

disparu « *dans des circonstances de nature à mettre sa vie en danger, lorsque son corps n'a pu être retrouvé* » (C. civ., art. 88, al. 1er) mais, plus largement, à toutes les hypothèses dans lesquelles le décès est certain, sans toutefois que le corps ait pu être retrouvé (C. civ., art. 88, al. dern.).

221.13 L'absence. Lorsqu'une personne a cessé de paraître au lieu de son domicile ou de sa résidence sans que l'on ait eu de nouvelles (v. C. civ., art. 112), le ministère public ou toute personne intéressée peut demander au juge d'intervenir. La mise en œuvre de cette procédure va normalement provoquer deux phases successives : l'une (la **présomption d'absence**) correspondant à une présomption de vie, l'autre (la **déclaration d'absence**) à une présomption de décès.

Dans la première phase, il s'agit seulement d'organiser la **gestion des biens de l'absent, sous un contrôle judiciaire assez étroit.** Durant cette première phase, si le présumé absent est appelé à un partage, celui-ci peut, depuis la réforme de 2006, être amiable (C. civ., art. 116).

Généralement cette première phase débouche sur un **jugement de déclaration d'absence – seconde phase –**, qui est rendu lorsque le défaut de nouvelles a duré un certain temps (dix ans à compter du jugement initial de présomption d'absence, ou vingt ans depuis les dernières nouvelles s'il n'y a pas eu de jugement, C. civ., art. 122). L'article 128 alinéa 1er du Code civil, dispose que « *le jugement déclaratif d'absence emporte, à partir de la transcription, tous les effets que le décès établi de l'absent aurait eus* ». La succession de l'absent, qui est probablement mort, est alors ouverte.

Elle comprendra, le cas échéant, les biens échus à l'absent par succession pendant la phase antérieure de présomption d'absence. En effet, tant qu'il n'est pas déclaré absent, celui qui n'a pas donné de ses nouvelles est présumé en vie, et donc apte à succéder. C'est pourquoi le jugement de déclaration d'absence n'a pas d'effet rétroactif.

Si l'absent reparaît, fût-ce simplement en donnant de ses nouvelles, le ministère public ou tout intéressé peut poursuivre l'annulation du jugement déclaratif d'absence (C. civ., art. 129), ce qui remettra sa succession en cause, puisqu'il faudra rétablir le patrimoine du reparu dans l'état où il aurait dû être. Précisément, l'ancien absent recouvrera ses biens, auxquels on ajoute ceux qu'il aurait dû recueillir pendant son absence, le prix des biens aliénés, ou les biens acquis en emploi des sommes échues à son profit (C. civ., art. 130).

Par renvoi de l'article 92 alinéa 2, la situation du disparu qui reparaîtrait doit être traitée de la même manière.

221.14 Synthèse : principe selon lequel on n'ouvre pas la succession d'une personne vivante. On peut affirmer qu'il existe, en droit français, un principe selon lequel on ne peut ouvrir la succession d'une personne vivante. Ainsi, la mort civile a disparu, et la confiscation générale, lorsqu'elle existait (jusqu'en 1993), n'était pas assimilée par la jurisprudence à une succession[1]. Si l'on ouvre la succession de l'absent ou du disparu, c'est parce qu'ils sont présumés morts. C'est pourquoi leur retour obligerait à revenir sur le règlement de leur succession. En somme, de la même manière qu'il faut, pour succéder, exister à l'instant de l'ouverture de la succession (C. civ., art. 725 – v. ss nos 222.20 s.), il faut que la personne n'existe plus pour que sa succession soit ouverte. Ces deux règles symétriques fondent la logique de l'institution successorale : une personne vient prendre la place d'une autre, ce qui suppose qu'une place soit vacante et qu'il y ait quelqu'un pour l'occuper. Le principe selon lequel on ne peut ouvrir la succession d'une personne vivante appartient à notre ordre public international. Il a ainsi été jugé que la succession d'un étranger ne pourrait être ouverte en France pour le motif que la loi nationale de cet étranger admettrait la mort civile ou une institution comparable[2].

SECTION 2
DATE D'OUVERTURE DE LA SUCCESSION

221.21 Intérêts pratiques. Il est nécessaire de déterminer l'instant d'ouverture de la succession, pour plusieurs raisons :

1° C'est à ce moment qu'il conviendra de se placer pour dresser précisément la **liste des successibles,** en ne retenant que les parents venant en rang utile et aptes à succéder à cet instant (v. ss nos 222.10 s.). Par exemple, selon l'ordre des décès, ce seront les petits-enfants du *de cujus* qui viendront à sa succession en représentation de leur père prédécédé, ou bien – au cas inverse de décès postérieur du père – ce seront les ayants droit de ce dernier qui viendront en lieu et place de lui-même héritier.

Ce qui précède est vrai de la liste des successibles au titre de la succession ordinaire, mais vaut aussi bien pour apprécier les conditions d'aptitude à un droit dévolu au titre d'une succession anomale[3].

2° La date d'ouverture de la succession sert de moment de référence pour établir la **masse de calcul de la quotité disponible** (C. civ., art. 922).

1. Com. 10 mai 1954, *S.* 1954. 1. 188.
2. Paris, 9 janv. 1939, *Rev. crit. DIP* 1939. 300.
3. Civ. 1re, 3 déc. 2002, no 00-15.113, *Bull. civ.* I, no 296; *RTD com.* 2005. 313, obs. F. Pollaud-Dulian.

3° Elle constitue également le moment de référence pour déterminer l'**assiette des droits dus au titre de l'impôt successoral.**

4° Elle détermine le **point de départ de la situation d'indivision entre les successeurs.**

5° Elle fixe le moment où remonteront les conséquences de certains événements auxquels la loi assigne un **effet rétroactif comme l'exercice de l'option héréditaire** (C. civ., art. 776 - *adde*, C. civ., art. 805 al. 1er) ou l'**effet déclaratif du partage** (C. civ., art. 883).

6° Elle arrête la date à partir de laquelle il est permis de passer une convention qui eût antérieurement mérité la qualification de pacte sur succession future (sur ces pactes prohibés v. ss nos 211.11 s. et 212.10 s.).

7° Elle permet de déterminer les **règles applicables lorsqu'une réforme successorale est intervenue,** les dispositions transitoires typiques en la matière (bien qu'il y ait quelques exemples contraires) consistant à déclarer la loi nouvelle applicable à toutes les successions ouvertes postérieurement à l'entrée en vigueur de la loi nouvelle[1]. Ce devrait, d'ailleurs, être la solution en l'absence de disposition transitoire, quelle que soit la manière dont on entend exactement l'article 2 du Code civil qui pose le principe de non-rétroactivité des lois. L'ouverture de la succession appartient à la matière extra-contractuelle, où règne logiquement un principe d'effet immédiat de la loi nouvelle. Dans sa fidélité à un vocabulaire traditionnel, la Cour de cassation a pu déclarer, en respectant l'idée précédente, qu'une « *loi nouvelle peut, sans rétroagir, détruire l'expectative d'une succession qui ne s'est ouverte que sous son empire* »[2].

8° C'est au moment de l'ouverture de la succession qu'on appréciera **l'existence de la nationalité française**, lorsqu'elle conditionne la **reconnaissance d'un droit successoral**, et spécialement le droit de prélèvement qu'offrait la loi de 1819 aux nationaux en matière de succession étrangère[3], avant que le Conseil constitutionnel ne déclare ce droit contraire à la Constitution (sur ce droit, v. ss no 222.72).

221.22 Détermination de la date.

1° Dans le cas habituel de succession ouverte par mort naturelle dûment constatée, c'est précisément **l'instant du décès** qui détermine le moment d'ouverture de la succession. On n'insistera pas ici sur la difficulté que le droit éprouve pour définir la mort. Le droit français, comme beaucoup de systèmes juridiques, considère que la mort correspond à la **mort cérébrale** (pour les précisions, v. CSP, art. R. 1232-1). On notera simplement que l'acte de décès doit énoncer le jour, l'heure, et le lieu du décès, « *le tout, autant qu'on pourra le savoir* » (C. civ., art. 79 - les indications de l'acte de décès ne constituent d'ailleurs qu'une présomption qui peut être détruite par des éléments probants[4]).

Il n'est pas interdit, en effet, de contester les mentions d'un acte de l'état civil : ceux-ci font foi de leur contenu, mais jusqu'à preuve contraire, laquelle peut être administrée par tous moyens; et il n'y a pas lieu à inscription de faux, malgré le caractère authentique des documents contestés, étant donné qu'il s'agit de remettre en cause un fait que l'officier d'état civil n'a pas constaté par lui-même. La procédure de rectification doit être intentée devant le président du tribunal (C. civ., art. 99 - C. pr. civ., art. 1046 s.).

La Cour de cassation a jugé que, lorsqu'il est impossible d'établir le moment du décès, le jour où l'officier d'état civil a constaté le décès doit être réputé jour du décès[5].

(Sur l'ordre d'ouverture des successions multiples, lorsque plusieurs personnes qui pourraient être les héritières les unes des autres sont mortes dans le même événement, v. ss nos 222.51 s.)

2° Au **cas de disparition** (v. ss no 221.12), la succession du disparu est ouverte à compter de la **date retenue comme celle du décès par le jugement déclaratif**[6], qui tient lieu d'acte de décès. La date du décès, qui ne peut jamais être indéterminée, doit alors être fixée par le juge « *en tenant compte des présomptions tirées des circonstances de la cause et, à défaut, au jour de la disparition* » (C. civ., art. 90, al. dern.). À défaut, le tribunal pourrait ultérieurement devoir rectifier son jugement déclaratif, à la requête de toute personne intéressée ou du ministère public (C. civ., art. 99, al. 2), ce dernier pouvant être incité à agir à la demande d'une administration[7].

Une règle spécifique vaut pour le cas d'accident d'aéronef : lorsqu'un tel appareil a disparu sans nouvelles, il est réputé perdu trois mois après la date de l'envoi des dernières nouvelles (C. aviat., art. L. 142-3).

3° Au **cas d'absence**, c'est la **transcription du jugement déclaratif d'absence** qui ouvrira la succession puisque, selon la loi, « *tous les effets que le décès*

1. Civ. 24 mai 1949, *D.* 1949. 495 – Pour la réforme de 2006, v. spéct L. no 2006-728, 23 juin 2006, art. 47, II, al. 3.
2. Civ. 23 nov. 1807, *D. jur. gén.*, vo *Succession*, no 201.
3. Req. 10 mai 1937, *DH* 1937. 329.
4. Civ. 1re, 28 janv. 1957, *Bull. civ.* I, no 43 – Civ. 1re, 7 janv. 1997, no 94-20.135, NP; *JCP* 1997. II. 22830, note B. Beignier, en matière d'assurance sur la vie; *RTD civ.* 1997. 393, obs. J. Hauser – Civ. 1re, 19 oct. 1999, no 97-19.845, *Bull. civ.* I, no 283; *RTD civ.* 2000. 79, obs. J. Hauser.
5. Req. 27 juill. 1882, *DP* 1883. 1. 462.
6. Civ. 1re, 15 janv. 1968, *D.* 1968. 263.
7. Civ. 1re, 14 mars 1995, no 92-21.226, *Bull. civ.* I, no 125; *RTD civ.* 1995. 323, obs. J. Hauser; *Defrénois* 1995. 1374, note J. Massip.

établi de l'absent aurait eus » se produisent à partir de cette date (C. civ., art. 128, al. 1er).

SECTION 3
LIEU D'OUVERTURE DE LA SUCCESSION

221.30 Intérêts pratiques. Il est utile de déterminer le lieu d'ouverture de la succession, pour deux raisons. D'abord, ce lieu détermine, selon le droit international privé français, la loi applicable à la succession mobilière[1]. Une autre raison tient à la fixation de la compétence judiciaire, y compris en droit interne. Seul ce dernier aspect sera développé, une fois précisé que la loi désigne le domicile du défunt comme lieu d'ouverture de la succession.

§ 1
Ouverture de la succession au domicile du défunt

221.31 Détermination du lieu d'ouverture de la succession. C'est le domicile du défunt à l'époque de son décès qui détermine le lieu d'ouverture de la succession. En effet, l'article 720 du Code civil, dans la rédaction que lui a donnée la réforme de 2001, dispose : « *Les successions s'ouvrent par la mort, au dernier domicile du défunt* ». Cette règle vaut, que la succession soit ouverte par décès, disparition ou absence. On a présumé que les intérêts du défunt se trouvent concentrés au lieu qui constitue le principal établissement de la personne. Ce n'est donc pas nécessairement au lieu du décès, qui peut être contingent, que la succession s'ouvre. La règle exprimée à l'article 720 depuis 2001 figurait auparavant, dans des termes équivalents, à l'article 110 (on a profité de la libération des articles liée à la suppression de la théorie des comourants pour réunir quelques principes successoraux). Il s'agit donc d'une règle traditionnelle, pour laquelle les précisions antérieures apportées par la jurisprudence conservent leur valeur.

La Cour de cassation a précisé que la **détermination du domicile se fait selon les règles du droit français**[2]. Il convient donc de rechercher le domicile conformément à l'article 102 du Code civil et à la jurisprudence qui s'y incorpore (*adde*, C. civ., art. 103 et 105). Le domicile correspond, par conséquent, au **lieu du principal établissement,** qui suppose une volonté de la personne en cause de s'y installer de façon suffisamment permanente. Le juge peut devoir procéder à une recherche de volonté, en s'appuyant sur un certain nombre d'indices. La localisation du principal établissement s'opère généralement par une **combinaison de critères** : résidence habituelle de la personne, centre de ses intérêts familiaux, siège de ses intérêts pécuniaires, lieu d'exercice de la principale activité professionnelle, inscription sur les listes électorales, etc. Lorsque ces critères fournissent des indications contradictoires, le juge en fait prévaloir un, qui n'est pas nécessairement le même d'une affaire à l'autre, puisque la question ressortit au **pouvoir souverain des juges du fond**[3].

221.32 Domicile de droit. Outre le cas du domicile volontaire, qui vient d'être évoqué, on peut rencontrer des hypothèses de domicile de droit. Certes, depuis la réforme du divorce de 1975, la femme n'est plus légalement domiciliée chez son mari, puisque les membres du couple, sans même qu'il soit porté atteinte à la communauté de vie au sens juridique, peuvent avoir un domicile distinct (v. C. civ., art. 108)[4]. Certains domiciles de droit subsistent cependant :

– le **mineur non émancipé** est, selon l'article 108-2 du Code civil, domicilié **chez ses père et mère.** S'ils ont des domiciles distincts, il est domicilié chez celui des parents avec lequel il réside (C. civ., art. 108-2, al. 2), à condition du moins que cette résidence ne résulte pas d'une voie de fait[5]. C'est donc en ce lieu que s'ouvrirait sa succession;

– de même, la **succession du majeur en tutelle** s'ouvrirait au **domicile du tuteur**, puisque c'est en ce lieu que l'incapable a son domicile (v. C. civ., art. 108-3).

Il ne semble pas qu'on puisse domicilier un prisonnier dans son centre d'emprisonnement ou de réclusion : la notion de domicile volontaire conserve donc toute sa valeur pour ce qui le concerne[6].

§ 2
Conséquences en matière de compétence judiciaire

221.41 Compétence *ratione loci* pour les actions successorales. Le lieu d'ouverture de la succession

1. Civ. 19 juin 1939, *DP* 1939. 1. 97; *S.* 1940. 1. 49, note Niboyet; B. Ancel et Y. Lequette, *GADIP*, 5e éd., Dalloz, 2006, no 18 – Sur l'aspect international des successions, v. *Droit international privé des successions*, ss nos 724.00 s., par M. Goré et R. de Gourcy.
2. Civ. 1re, 17 nov. 1981, no 80-14.728, *Bull. civ.* I, no 341.
3. Civ. 1re, 3 juin 1998, no 96-11.206, *Bull. civ.* I, no 189; *D.* 1998. IR 160 – Civ. 1re, 6 nov. 2013, no 12-22.749, NP.
4. Civ. 1re, 12 févr. 2014, no 13-13.873, *Bull. civ.* I [à paraître]; *AJ fam.* 2014. 192, obs. P. Hilt.
5. Civ. 1re, 9 oct. 1991, no 90-14.415, *Bull. civ.* I, no 257; *RTD civ.* 1992. 48, obs. J. Hauser; *Defrénois* 1992. 312, note J. Massip.
6. V. Poitiers, 11 janv. 1967, *Gaz. Pal.* 1967. 1. 71, note Barbier : succession *Pétain*; Rép. civ., vo *Domicile et demeure*, par Y. Buffelan-Lanore, mars 2005 [màj mars 2010], no 56.

détermine la compétence territoriale de la juridiction appelée à examiner les difficultés qui pourraient survenir. Il est opportun de regrouper les principales contestations successorales devant le tribunal géographiquement le mieux situé pour les examiner. Deux règles expriment cette idée.

L'article 45 du Code de procédure civile dispose :

« *En matière de succession, sont portées devant la juridiction dans le ressort de laquelle est ouverte la succession jusqu'au partage inclusivement :*

– les demandes entre héritiers;

– les demandes formées par les créanciers du défunt;

– les demandes relatives à l'exécution des dispositions à cause de mort ».

Bien que le texte parle d'**héritiers**, il faut y comprendre, outre les héritiers au sens strict, les légataires universels ou à titre universel (auxquels on assimile le cas échéant les institués contractuels).

L'article 841 du Code civil (réd. L. 23 juin 2006) dispose quant à lui :

« *Le tribunal du lieu d'ouverture de la succession est exclusivement compétent pour connaître de l'action en partage et des contestations qui s'élèvent soit à l'occasion du maintien de l'indivision soit au cours des opérations de partage. Il ordonne les licitations et statue sur les demandes relatives à la garantie des lots entre les copartageants et sur celles en nullité de partage ou en complément de part* ».

221.42 Cas de l'action en pétition d'hérédité. L'action en pétition d'hérédité tend à établir la réalité de la vocation héréditaire, avec pour conséquence immédiate de permettre la revendication des biens successoraux. Ce qui explique que sa nature – personnelle ou réelle – soit discutée en doctrine. En dépit de la controverse, et en l'absence d'arrêt de principe sur ce point, l'on s'accorde cependant à reconnaître que l'action doit être portée devant le **tribunal du lieu d'ouverture de la succession**, ce qui la rapproche d'une action réelle[1]. En outre, la Cour de cassation a eu l'occasion de juger que l'action en pétition d'hérédité doit être portée devant le tribunal du lieu d'ouverture de la succession **lorsqu'elle remet en cause un partage**[2]. Dans cette espèce, il s'agissait d'une action engagée après le partage, par un tiers qui se prévalait d'une qualité d'héritier qui aurait été méconnue. Cette action tendait donc à l'annulation du partage consommé, et, à ce titre, méritait d'entrer dans les prévisions de l'article 822 alinéa 1er *in fine* du Code civil, comme il a été précédemment indiqué (C. civ., art. 841 nouv.). On doit soumettre au même régime l'action en pétition d'hérédité. Il ne s'agit certes pas d'une action entre héritiers, puisqu'elle met en cause l'existence même du titre héréditaire, mais son objet est d'abord d'établir la réalité de la vocation héréditaire, dont la conséquence essentielle tient dans la transmission de la propriété des biens successoraux. Sa nature d'action réelle est donc admissible; et l'objet de propriété étant en l'occurrence une universalité, le lieu d'ouverture de la succession mérite d'être déterminant.

221.43 Actions soumises au droit commun. Tout opportune qu'elle soit, la compétence du tribunal du lieu d'ouverture de la succession a un caractère **dérogatoire au droit commun** (v. C. pr. civ., art. 42). Celui-ci doit donc reprendre son empire pour les actions non visées aux articles 45 du Code de procédure civile et 841 du Code civil, et mise à part l'action en pétition d'hérédité (v. s^s^ n° 221.42).

Seront donc soumises aux **règles de compétence de droit commun** :

– les actions entre héritiers postérieures au partage, à moins qu'il ne s'agisse de remettre en cause celui-ci;

– les actions indépendantes de tout partage parce que la succession se trouve dévolue à une seule personne;

– les actions qui ne seraient que la reprise d'une action exercée par le défunt à l'encontre de l'un de ses futurs héritiers;

– les actions dirigées par les héritiers contre un tiers débiteur de la succession;

– les actions réelles immobilières (v. auj. C. pr. civ., art. 44), ce qui doit comprendre les actions en revendication, les actions confessoires ou négatoires de servitude, et la saisie intentée par un créancier hypothécaire;

– l'action en déclaration d'indignité successorale (v. s^s^ n° 222.111).

221.44 Interférence du privilège de juridiction. L'ensemble des règles qui précèdent ont été exposées, abstraction faite de tout élément d'extranéité. Or le jeu des règles de compétence territoriale peut se trouver affecté par l'application de l'article 14 du Code civil, lorsque le demandeur, même non-résident, a la nationalité française[3]; il y aurait cependant lieu de combiner l'article 14 et les règles sus-exposées si un critère ordinaire de compétence territoriale était réalisé en France (si par exemple, outre la présence de certains éléments d'extranéité, toutes les parties étaient domiciliées en France).

On fera les mêmes observations au sujet de l'article 15 du Code civil, lorsque le titulaire de la nationalité française est en position de défendeur.

1. M. Grimaldi, *Successions*, 2001, n° 520.
2. Req. 21 févr. 1860, *DP* 1860. 1. 94.
3. V. Civ. 1re, 3 déc. 1996, n° 94-17.863, *Bull. civ.* I, n° 426; *Rev. crit. DIP* 1997. 318, note B. Ancel.

Les articles 14 et 15 valent pour toutes matières, et il en a été fait application en matière successorale. Comme le dit la Cour de cassation, ces textes, « *qui permettent au plaideur français d'attraire un étranger devant les juridictions françaises et au plaideur français ou étranger d'y attraire un Français, ont une portée générale s'étendant à toutes les matières, à la seule exclusion des actions réelles immobilières et des demandes en partage portant sur des immeubles situés à l'étranger, ainsi que des demandes relatives à des voies d'exécution pratiquées hors de France, et s'appliquent notamment à tous litiges nés de successions mobilières, où qu'elles se soient ouvertes et quelle que soit la loi qui les régit* »[1].

On devra donc tenir compte du **privilège de juridiction pour les successions mobilières.** Quant à l'exclusion relative aux actions immobilières et aux actions en partage relatives à des immeubles situés à l'étranger, rappelée par la jurisprudence précitée, elle vaut même si tous les héritiers sont français.

Ainsi, dans une succession entre Français qui comportait des immeubles situés en France et des immeubles situés en Uruguay, la juridiction française pouvait ordonner le partage, mais ne pouvait pas ordonner la licitation des immeubles situés en Uruguay, ni dire si ces immeubles pouvaient servir à former des lots susceptibles d'avoir une valeur équivalente à ceux fournis par les immeubles de France, parce que la dévolution successorale de ces immeubles demeure régie par la loi du pays de leur situation[2].

Plus généralement, pour les règles applicables aux successions internationales, v. s[s] n°s 72.00 s. et 82.11.

1. Civ. 1re, 17 nov. 1981, n° 80-14.728, *Bull. civ.* I, n° 341.

2. Civ. 1re, 24 nov. 1953, *Bull. civ.* I, n° 331.

CHAPITRE

222. Qualités exigées du successible

François Xavier Testu
Professeur à l'Université de Tours
Avocat

Frédéric Bicheron
Professeur à l'Université Paris-Est
Créteil Val-de-Marne (UPEC)

SECTION 0
Orienteur

222.00 Plan du chapitre.

Division. La qualité de successible ne saurait être reconnue à quelqu'un dont l'aptitude à succéder est déniée par le droit (sect. 1), ou qui serait indigne de venir à la succession ouverte (sect. 2).

222.01 Textes applicables.

C. civ., art. 88, 90, 113, 116, 120, 128 et 130, 311, 507-1, 725, 725-1, 726, 727, 727-1, 728, 729, 729-1, 754, 755

C. pén., art. 122-1, 122-4, 122-5, 131-1, 221-1, 222-1, 222-6, 222-7, 511-24

CSP, art. L. 2141-2, al. 3

L. n° 2006-728, 23 juin 2006, portant réforme des successions et des libéralités, *JO* 24 juin, p. 9513 (*entrée en vigueur le 1er janv. 2007*)

APTITUDES À SUCCÉDER

> Personne existante ou enfant conçu

C. civ., art. 725, al. 1er

Pour succéder, il faut exister à l'instant de l'ouverture de la succession ou, ayant déjà été conçu, naître viable. [...]

> Présomption de conception

C. civ., art. 311

La loi présume que l'enfant a été conçu pendant la période qui s'étend du trois centième au cent quatre-vingtième jour, inclusivement, avant la date de la naissance.

La conception est présumée avoir eu lieu à un moment quelconque de cette période, suivant ce qui est demandé dans l'intérêt de l'enfant.

La preuve contraire est recevable pour combattre ces présomptions.

> Insémination artificielle de la femme postérieure au décès du donneur ou transfert posthume d'embryon : interdiction et sanction pénale

[CSP, art. L. 2141-2, al. 2, et C. pén., art. 511-24]

CSP, art. L. 2141-2, al. 2

[...] L'homme et la femme formant le couple doivent être vivants, en âge de procréer et consentir préalablement au transfert des embryons ou à l'insémination. Font obstacle à l'insémination ou au transfert des embryons le décès d'un des membres du couple, le dépôt d'une requête en divorce ou en séparation de corps ou la cessation de la communauté de vie, ainsi que la révocation par écrit du consentement par l'homme ou la femme auprès du médecin chargé de mettre en œuvre l'assistance médicale à la procréation.

C. pén., art. 511-24

Le fait de procéder à des activités d'assistance médicale à la procréation à des fins autres que celles définies à l'article L. 2141-2 du Code de la santé publique est puni de cinq ans d'emprisonnement et de 75 000 euros d'amende.

> Personnes déjà mortes : théorie des comourants et ordre des décès

C. civ., art. 725-1

Lorsque deux personnes, dont l'une avait vocation à succéder à l'autre, périssent dans un même événement, l'ordre des décès est établi par tous moyens.

Si cet ordre ne peut être déterminé, la succession de chacune d'elles est dévolue sans que l'autre y soit appelée.

Toutefois, si l'un des codécédés laisse des descendants, ceux-ci peuvent représenter leur auteur dans la succession de l'autre lorsque la représentation est admise.

> Personne disparue : impossibilité de succéder de principe

[C. civ., art. 88 et 90]

C. civ., art. 88

* V. texte complet de cet article s^s^ n° 221.01, > *Disparition*

C. civ., art. 90

Lorsqu'elle n'émane pas du procureur de la République, la requête est transmise par son intermédiaire au tribunal. L'affaire est instruite et jugée en chambre du conseil. Le ministère d'avocat n'est pas obligatoire et tous les actes de la procédure ainsi que les expéditions et extraits desdits actes sont dispensés du timbre et enregistrés *gratis*.

Si le tribunal estime que le décès n'est pas suffisamment établi, il peut ordonner toute mesure d'information complémentaire et requérir notamment une enquête administrative sur les circonstances de la disparition.

Si le décès est déclaré, sa date doit être fixée en tenant compte des présomptions tirées des circonstances de la cause et, à défaut, au jour de la disparition. Cette date ne doit jamais être indéterminée.

> Personne présumée absente : possibilité de succéder

[C. civ., art. 725 al. 2, 113 et 116]

C. civ., art. 725, al. 2

[...] Peut succéder celui dont l'absence est présumée selon l'article 112.

C. civ., art. 113

Le juge peut désigner un ou plusieurs parents ou alliés, ou, le cas échéant, toutes autres personnes pour représenter la personne présumée absente dans l'exercice de ses droits ou dans tout acte auquel elle serait intéressée, ainsi que pour administrer tout ou partie de ses biens; la représentation du présumé absent et l'administration de ses biens sont alors soumises aux règles applicables à l'administration légale sous contrôle judiciaire telle qu'elle est prévue pour les mineurs, et en outre sous les modifications qui suivent.

C. civ., art. 507-1

Par dérogation à l'article 768, le tuteur ne peut accepter une succession échue au mineur qu'à concurrence de l'actif net. Toutefois, le conseil de famille ou, à défaut, le juge peut, par une délibération ou une décision spéciale, l'autoriser à accepter purement et simplement, si l'actif dépasse manifestement le passif.

Le tuteur ne peut renoncer à une succession échue au mineur sans une autorisation du conseil de famille ou, à défaut, du juge.

C. civ., art. 116

* V. texte complet de cet article et possibilité de partage s^s^ n° 221.01 > *Absence*.

> Personne déclarée absente : impossibilité de succéder de principe

[C. civ., art. 128 et 130]

C. civ., art. 128

Le jugement déclaratif d'absence emporte, à partir de la transcription, tous les effets que le décès établi de l'absent aurait eus.

Les mesures prises pour l'administration des biens de l'absent, conformément au chapitre Ier du présent titre prennent fin, sauf décision contraire du tribunal ou, à défaut, du juge qui les a ordonnées.

Le conjoint de l'absent peut contracter un nouveau mariage.

C. civ., art. 130

* V. texte complet de cet article s^s^ n° 221.01 > *Absence*

> Personne non présente

C. civ., art. 120

Les dispositions qui précèdent, relatives à la représentation des présumés absents et à l'administration de leurs biens, sont aussi applicables aux personnes qui, par suite d'éloignement, se trouvent malgré elles hors d'état de manifester leur volonté.

ABSENCE D'INDIGNITÉ SUCCESSORALE

> Indignités de plein droit

[C. civ., art. 726 et C. pén., art. 131-1, 221-1, 222-1, 222-6, 222-7]

C. civ., art. 726

Sont indignes de succéder et, comme tels, exclus de la succession :

1° Celui qui est condamné, comme auteur ou complice, à une peine criminelle pour avoir volontairement donné ou tenté de donner la mort au défunt;

2° Celui qui est condamné, comme auteur ou complice, à une peine criminelle pour avoir volontairement porté des coups ou commis des violences ou voies de fait ayant entraîné la mort du défunt sans intention de la donner.

C. pén., art. 131-1

Les peines criminelles encourues par les personnes physiques sont :

1° La réclusion criminelle ou la détention criminelle à perpétuité;

2° La réclusion criminelle ou la détention criminelle de trente ans au plus;

3° La réclusion criminelle ou la détention criminelle de vingt ans au plus;

4° La réclusion criminelle ou la détention criminelle de quinze ans au plus.

La durée de la réclusion criminelle ou de la détention criminelle à temps est de dix ans au moins.

C. pén., art. 221-1

Le fait de donner volontairement la mort à autrui constitue un meurtre. Il est puni de trente ans de réclusion criminelle.

C. pén., art. 222-1, al. 1er

Le fait de soumettre une personne à des tortures ou à des actes de barbarie est puni de quinze ans de réclusion criminelle. [...]

C. pén., art. 222-6, al. 1er

L'infraction définie à l'article 222-1 est punie de la réclusion criminelle à perpétuité lorsqu'elle a entraîné la mort de la victime sans intention de la donner. [...]

C. pén., art. 222-7

Les violences ayant entraîné la mort sans intention de la donner sont punies de quinze ans de réclusion criminelle.

> Cas d'exclusion d'indignité (de plein droit ou judiciairement prononcée) : le pardon du *de cujus*

C. civ., art. 728

N'est pas exclu de la succession le successible frappé d'une cause d'indignité prévue aux articles 726 et 727, lorsque le défunt, postérieurement aux faits et à la connaissance qu'il en a eue, a précisé, par une déclaration expresse de volonté en la forme testamentaire, qu'il entend le maintenir dans ses droits héréditaires ou lui a fait une libéralité universelle ou à titre universel.

> Cas d'exclusion d'indignité de plein droit : défaut de discernement, commandement par autorité manifeste, légitime défense

[C. pén., art. 122-1, al. 1er, 122-4, 122-5, al. 1er]

C. pén., art. 122-1, al. 1er

N'est pas pénalement responsable la personne qui était atteinte, au moment des faits, d'un trouble psychique ou neuropsychique ayant aboli son discernement ou le contrôle de ses actes. [...]

C. pén., art. 122-4

N'est pas pénalement responsable la personne qui accomplit un acte prescrit ou autorisé par des dispositions législatives ou réglementaires.

N'est pas pénalement responsable la personne qui accomplit un acte commandé par l'autorité légitime, sauf si cet acte est manifestement illégal.

C. pén., art. 122-5, al. 1er

N'est pas pénalement responsable la personne qui, devant une atteinte injustifiée envers elle-même ou autrui, accomplit, dans le même temps, un acte commandé par la nécessité de la légitime défense d'elle-même ou d'autrui, sauf s'il y a disproportion entre les moyens de défense employés et la gravité de l'atteinte. [...]

> Indignités judiciairement prononcées

C. civ., art. 727

Peuvent être déclarés indignes de succéder :

1° Celui qui est condamné, comme auteur ou complice, à une peine correctionnelle pour avoir volontairement donné ou tenté de donner la mort au défunt;

2° Celui qui est condamné, comme auteur ou complice, à une peine correctionnelle pour avoir volontairement commis des violences ayant entraîné la mort du défunt sans intention de la donner;

3° Celui qui est condamné pour témoignage mensonger porté contre le défunt dans une procédure criminelle;

4° Celui qui est condamné pour s'être volontairement abstenu d'empêcher soit un crime soit un délit contre l'intégrité corporelle du défunt d'où il est résulté la mort, alors qu'il pouvait le faire sans risque pour lui ou pour les tiers;

5° Celui qui est condamné pour dénonciation calomnieuse contre le défunt lorsque, pour les faits dénoncés, une peine criminelle était encourue;

Peuvent également être déclarés indignes de succéder ceux qui ont commis les actes mentionnés aux 1° et 2° et à l'égard desquels, en raison de leur décès, l'action publique n'a pas pu être exercée ou s'est éteinte.

> Action en déclaration d'indignité

C. civ., art. 727-1

La déclaration d'indignité prévue à l'article 727 est prononcée après l'ouverture de la succession par le tribunal de grande instance à la demande d'un autre héritier. La demande doit être formée dans les six mois du décès si la décision de condamnation ou de déclaration de culpabilité est antérieure au décès, ou dans les six mois de cette décision si elle est postérieure au décès.

En l'absence d'héritier, la demande peut être formée par le ministère public.

> Effets de l'indignité pour l'indigne

C. civ., art. 729

L'héritier exclu de la succession pour cause d'indignité est tenu de rendre tous les fruits et tous les revenus dont il a eu la jouissance depuis l'ouverture de la succession.

> Effets de l'indignité pour les enfants de l'indigne

[C. civ., art. 729-1, 754, 755]

C. civ., art. 729-1

Les enfants de l'indigne ne sont pas exclus par la faute de leur auteur, soit qu'ils viennent à la succession de leur chef, soit qu'ils y viennent par l'effet de la représentation; mais l'indigne ne peut, en aucun cas, réclamer, sur les biens de cette succession, la jouissance que la loi accorde aux père et mère sur les biens de leurs enfants.

C. civ., art. 754, al. 2 (*L. 23 juin 2006, art. 29*)

[...] Les enfants du renonçant conçus avant l'ouverture de la succession dont le renonçant a été exclu rapportent à la succession de ce dernier les biens dont ils ont hérité en son lieu et place, s'ils viennent en concours avec d'autres enfants conçus après l'ouverture de la succession. Le rapport se fait selon les dispositions énoncées à la section 2 du chapitre VIII du présent titre. [...]

C. civ., art. 755

La représentation est admise en faveur des enfants et descendants de l'indigne, encore que celui-ci soit vivant à l'ouverture de la succession.

Les dispositions prévues au deuxième alinéa de l'article 754 sont applicables aux enfants de l'indigne de son vivant.

222.02 Jurisprudence de référence.

> Comourants : détermination par tous moyens de l'ordre des décès

• **Civ. 1re, 21 janv. 1960**, *Bull. civ.* I, n° 47

* V. ss n° 222.53

« La présomption de survie établie par les articles 720 à 722 du Code civil et fondée sur la force de l'âge et du sexe n'est que subsidiaire. On ne saurait donc faire grief aux juges du fond de l'avoir écartée, alors qu'ayant à déterminer l'ordre des décès de deux époux et de leur enfant âgé de deux mois, retrouvés morts tous les trois sous les ruines de leur maison à la suite d'un bombardement aérien, ils ont décidé que l'enfant avait survécu à ses parents, après avoir constaté souverainement que ceux-ci avaient été retrouvés la tête écrasée par une lourde dalle, que le corps de l'enfant ne présentait au contraire aucune lésion apparente, que la situation des lieux était telle que l'effet mortel du "souffle" de la torpille aérienne devait être écarté, que l'enfant avait pu vivre encore sous les gravats et qu'il n'avait succombé finalement qu'a l'épuisement physiologique. »

> Comourants : en cas d'impossibilité de déterminer l'ordre des décès, règlement isolé des successions de chacun

• **Civ. 1re, 8 févr. 2005, nº 02-18.767,** *Bull. civ.* I, nº 79

* V. ss nº 222.54

« [...] aucune des présomptions de droit strict édictées aux articles 721 et 722 du Code civil, alors en vigueur et abrogés par la loi nº 2001-1135 du 3 décembre 2001, n'est applicable à la situation d'ensemble des comourants, eu égard à leurs âges respectifs, et [...], l'ordre des décès ne pouvant être établi, la dévolution successorale doit s'opérer sans tenir compte des droits successoraux réciproques de chacun des défunts. »

> Indignité de plein droit pour attentat ou tentative d'attentat à la vie du *de cujus*

• **Civ. 1re, 3 oct. 2006, nº 04-11.910,** *Bull. civ.* I, nº 429

* V. ss nº 222.92

L'article 727, 1° du Code civil, dans sa rédaction antérieure à la loi nº 2001-1135 du 3 décembre 2001, qui frappe d'indignité successorale l'héritier condamné pour avoir donné ou tenté de donner la mort au défunt, ne vise que les infractions impliquant l'intention de donner la mort.

222.03 Bibliographie indicative.

Actualisables. Rép. civ., vº *Succession (Dévolution)*, par R. Le Guidec et G. Chabot, janv. 2009 [màj janv. 2014].

Ouvrages[1]. C. AUBRY et C. RAU, t. IX, 5e éd., § 593, p. 423, et les auteurs cités – A. COLIN et H. CAPITANT, *Cours élémentaire de Droit civil français*, t. III, 10e éd., Dalloz, 1948, nº 1014 – M. GRIMALDI, *Droit civil. Successions*, 6e éd., « Manuels », LexisNexis/Litec, 2001.

* V. références citées ss nos 02.06 et 02.07

Articles. M.-P. Baudin-Maurin, « Être ou ne pas être (à propos de la modification de l'article 725 du Code civil par la loi nº 2001-1135 du 3 décembre 2001) », *D.* 2002. Chron. 1763 – V. Brémond, « Indignité et droit transitoire », *JCP N* 2002. 1541 – P. Daviaud, « La nouvelle indignité successorale », *D.* 2002. Chron. 1856 – V. Depadt-Sebag, « La procréation *post mortem* », *D.* 2011. 2213.

222.04 Questions essentielles.

> L'enfant simplement conçu bénéficie d'une aptitude à succéder subordonnée à sa naissance et sa viabilité.

* V. ss nº 222.33

> Lorsque des personnes titulaires de vocations héréditaires réciproques meurent dans un même événement, l'ordre des décès doit en priorité être reconstitué par tous moyens.

* V. ss nº 222.43

> Lorsque des personnes titulaires de vocations héréditaires réciproques meurent dans un même événement et que l'ordre des décès ne peut être reconstitué, on doit procéder au règlement isolé de chaque succession.

* V. ss nº 222.54

> Les étrangers peuvent succéder en France sans condition particulière.

* V. ss nº 222.71

> L'attentat à la vie du *de cujus* ou les violences mortelles sont des causes d'indignité successorale de plein droit, mais il existe un possible pardon du *de cujus*.

* V. ss nº 222.98

> Certaines atteintes à la personne ou à la réputation du *de cujus*, ainsi que certaines abstentions coupables relatives à sa sécurité, sont des causes d'indignité appréciées par le juge.

* V. ss nº 222.107

> L'action en déclaration d'indignité se prescrit par six mois, à compter du décès ou de la condamnation de l'indigne si celle-ci est postérieure au décès.

* V. ss nº 222.113

> L'indignité fait tomber rétroactivement le titre successoral.

* V. ss nº 222.121

> L'indignité n'a pas d'effet sur les libéralités ou les avantages matrimoniaux dont bénéficierait l'indigne.

* V. ss nº 222.125

SECTION 1
APTITUDE À SUCCÉDER

222.10 Annonce du plan. L'aptitude à succéder ne peut être reconnue qu'à une personne physique dont le droit reconnaît l'existence, ce qui mérite un certain nombre de précisions (§ 1). Pour le reste, la condition de nationalité est devenue indifférente (§ 2).

§ 1
Existence de la personne

222.20 Personnes physiques. L'ordre de succéder, c'est-à-dire l'ensemble des règles qui déterminent les catégories de personnes qui peuvent effectivement recueillir une succession, est toujours fondé sur la parenté ou l'alliance (v. *Dévolution de la succession*, ss nos 23.11 s.). Ce qui explique que le droit des successions proprement dit soit un domaine réservé aux personnes physiques, la question de la « *succession* » des personnes morales se posant en d'autres termes.

L'article 725 du Code civil dispose : « *Pour succéder, il faut exister à l'instant de l'ouverture de la succession ou, ayant déjà été conçu, naître viable* ». Cette

1. NB : les ouvrages les plus fréquemment cités et dont le nom des auteurs figure en petites capitales en bibliographie sont cités par les seuls noms des auteurs en petites capitales en notes de bas de page.

condition de préexistence à l'instant du décès mérite d'être explicitée pour les enfants conçus mais non encore nés (A), mais aussi lorsque plusieurs successibles meurent dans un même événement (B), et enfin à propos des personnes dont l'existence est devenue incertaine (C).

A.
Enfants à naître

222.21 **Division.** S'agissant des enfants à naître, l'état du droit repose sur deux propositions : l'enfant simplement conçu est apte à succéder, d'une part (1°), l'enfant qui n'est pas né viable n'est pas apte à succéder, d'autre part (2°).

1°
Aptitude de l'enfant simplement conçu

222.31 **L'enfant simplement conçu est apte à succéder.** De l'article 725 alinéa 1er du Code civil, il résulte que l'enfant qui n'est pas encore conçu est incapable de succéder. Ce texte, dont la rédaction a été inutilement remaniée en 2001, dispose que « *pour succéder, il faut exister à l'instant de l'ouverture de la succession ou, ayant déjà été conçu, naître viable* ». La solution est traditionnelle. Il n'est pas possible qu'une personne qui n'existe plus soit remplacée par une autre qui n'existe pas encore - qui n'existe même pas de manière embryonnaire. Le mort ne peut saisir que le vif (rappr., pour la succession testamentaire et les libéralités en général, C. civ., art. 906).

Si par exemple une personne meurt en laissant à sa survivance son père, sa mère et un frère, la conception d'un second frère après le décès ne permettra pas de faire de ce frère posthume un héritier du *de cujus*, malgré son égalité, en ordre et degrés, avec son frère héritier. Cette manière d'opérer une discrimination fondée, non sur la parenté, mais sur la chronologie, n'est peut-être pas pleinement conforme à la logique successorale. Elle a néanmoins l'avantage d'être simplificatrice, en choisissant arbitrairement la date du décès comme point de repère absolu pour apprécier les éléments constitutifs de la situation successorale.

Tout intéressé peut se prévaloir du défaut de qualité de celui qui réclame une hérédité alors qu'il n'était pas conçu à l'ouverture de la succession. Ainsi un débiteur de la succession actionné par celui-ci peut-il invoquer ce défaut de qualité, même si un héritier non contesté reconnaît le réclamant pour son cohéritier[1].

222.32 **Insémination artificielle.** Lorsque du sperme a été congelé, qu'advient-il si une femme se fait inséminer après la mort du donneur ? Cette pratique est en vérité interdite depuis la loi du 25 juillet 1994[2], l'article L. 2141-2 alinéa 3 du Code de la santé publique disposant que l'homme et la femme doivent être vivants au moment de l'insémination (« *Font obstacle à l'insémination ou au transfert des embryons le décès d'un des membres du couple, le dépôt d'une requête en divorce ou en séparation de corps ou la cessation de la communauté de vie, ainsi que la révocation par écrit du consentement par l'homme ou la femme auprès du médecin chargé de mettre en œuvre l'assistance médicale à la procréation* »). C'était déjà cette règle, dont la méconnaissance est aujourd'hui pénalement sanctionnée (C. pén., art. 511-24), qui était appliquée par la jurisprudence aux situations antérieures.

Toutefois, à supposer qu'une telle insémination soit réalisée au mépris de l'interdit - à l'étranger, par exemple -, la question successorale ne se posera pas si l'on refuse d'établir la filiation de l'enfant conçu dans des conditions irrégulières, ce qui devrait être le cas, encore que la solution inverse pourrait être retenue en application d'un droit fondamental à la filiation. Quoi qu'il en soit, l'enfant produit dans les conditions qu'on a décrites, dût-il bénéficier d'une filiation à l'égard de son père (ce qui n'est guère certain), n'aurait pas de vocation successorale puisqu'il n'était pas conçu au moment où la succession de son père s'est ouverte; c'est l'application directe de l'article 725.

222.33 **Identification du principe.** Puisque l'enfant non encore conçu n'est pas apte à succéder, le principe est, *a contrario*, que l'enfant déjà conçu au moment de l'ouverture de la succession mais pas encore né, a vocation à la succession. La tradition juridique (adage *Infans conceptus...*) s'attache au fait que l'enfant est vivant dans le sein de sa mère, avant même de naître. Elle en déduit qu'il doit être considéré comme né chaque fois qu'il y va de son intérêt. Or la reconnaissance de l'aptitude à succéder est présumée conforme à l'intérêt de l'enfant. L'article 725 alinéa 1er du Code civil formule explicitement la règle depuis 2001. En vérité, l'enfant simplement conçu jouit d'une **capacité juridique provisoire** subordonnée à sa **naissance** et à sa **viabilité** (v. ss n° 222.41).

222.34 **Détermination de la période de conception.** L'article 311 du Code civil présume que l'enfant a été conçu au cours d'une période qui s'étend du 300e au 180e jour, inclusivement, avant la date de la naissance. La conception est censée

1. Nîmes, 16 janv. 1850, *DP* 1851. 2. 126.

2. L. n° 94-630, 25 juill. 1994, modifiant le livre II *bis* du Code de la santé publique relatif à la protection des personnes qui se prêtent à des recherches biomédicales, *JO* 26 juill., p. 10747. La loi du 7 juillet 2011 relative à la bioéthique n'est pas revenue sur cette interdiction.

avoir eu lieu à un moment quelconque de cette période, selon l'intérêt de l'enfant (C. civ., art. 311, al. 2). Il s'agit **de présomptions simples** (C. civ., art. 311, al. 3). Des preuves plus précises ne sont donc pas inutiles, et il peut être opportun de produire la déclaration de grossesse faite aux organismes sociaux.

222.35 Transfert posthume d'embryon. Le développement des pouvoirs de la science en matière de fécondation *in vitro* et de transfert d'embryon a fait naître une importante question. Lorsqu'un embryon a été congelé, et que le père meurt au cours de cette période de congélation, la logique semble commander d'admettre que l'enfant, qui naîtra peut-être un jour de la réimplantation de l'embryon dans le ventre de sa mère, aura une vocation successorale à l'égard de son père. Comme la succession de celui-ci a pu être liquidée et partagée depuis longtemps, on mesure les graves inconvénients liés à la reconnaissance d'une vocation si tardivement déclarée. En pratique, la question se trouve aujourd'hui largement résolue par l'article L. 2141-2 du Code de la santé publique, qui dispose que l'homme et la femme doivent être vivants au moment du transfert de l'embryon.

Cependant, si l'interdit légal était transgressé, et à supposer (ce qui est douteux) que la filiation paternelle pût être établie, devrait-on reconnaître à l'enfant développé de cet embryon des droits successoraux ? La doctrine est divisée[1]. Sans doute faudrait-il lui reconnaître des droits successoraux, pour ne pas le priver de la succession de son auteur uniquement à raison des circonstances de sa naissance. Étant déjà conçu au moment du décès de son père, l'application de l'adage *infans conceptus* aurait à s'appliquer. En jurisprudence, on trouve une décision isolée et critiquée d'un tribunal qui a jugé, avant la loi de 1994 et sur une action en réclamation d'état, que c'est la date de la fécondation *in vitro* qui importe, et non celle du transfert d'embryon ou de la naissance postérieure au 300e jour après la fin du mariage[2] (comp., dans le sens d'un refus de transfert d'embryon *post mortem*[3]).

2°
Exclusion de l'enfant qui n'est pas né viable

222.41 L'enfant qui n'est pas né viable ne peut succéder. L'article 725 alinéa 1er (cité s[s] n° 222.20) écarte de la succession l'enfant qui n'est pas né viable (rappr. C. civ., art. 906, al. 3). L'exigence n'a de sens que pour l'enfant qui était simplement conçu lors de l'ouverture de la succession. Il est logique de tenir pour jamais né celui qui n'aurait pu profiter un jour de la succession, prendre sa place dans la société, dès lors qu'il était physiquement impossible qu'il restât en vie.

Les rédacteurs du Code n'ont pas donné de définition de la viabilité. La jurisprudence classique en a induit que le législateur ne désavouait pas les affirmations de l'ancien droit, pour lequel un enfant était né viable lorsqu'il est né vivant, à terme, bien conformé, et avec tous les organes nécessaires à la vie. L'instabilité de l'état de la science ne permet pas de fournir de définition précise qui ne soit à l'abri d'un rapide démenti. Il est simplement certain que la très brève durée de la vie d'un enfant ne suffit pas à dire que celui-ci n'était pas viable.

Une circulaire du ministère de la Santé, en date du 22 juillet 1993, a précisé les critères de viabilité en fonction de la durée de gestation déterminée – suivant des recommandations de l'OMS – à 22 semaines d'aménorrhée, ou par rapport à un poids de naissance égal ou supérieur à 500 grammes[4].

222.42 Charge de la preuve. Lorsqu'un enfant est né et qu'il a vécu quelques instants, c'est à celui qui aurait intérêt à se prévaloir de l'inaptitude résultant de l'absence de viabilité, qu'il incombe de démontrer que l'enfant n'était pas né viable. Cette attribution de la charge de la preuve résulte d'abord du principe selon lequel l'incapacité, qui déroge toujours au droit commun s'agissant d'un être humain, ne se présume pas. Au demeurant, on doit poser la présomption la plus proche de la réalité statistique; or la plupart des enfants qui naissent vivants sont viables.

B.
Personnes déjà mortes : théorie des comourants

222.51 Position du problème. Deux décès peuvent survenir à un intervalle rapproché, et il est important de déterminer l'ordre des décès, si les personnes en cause sont susceptibles de succéder

1. FAVORABLES : M. GRIMALDI, *Successions*, n° 88; V. Depadt-Sebag, « La procréation *post mortem* », *D.* 2011. 2213 – DÉFAVORABLES : Rép. civ., v° *Succession (Dévolution)*, par R. Le Guidec et G. Chabot, janv. 2009 [màj janv. 2014], n° 94.
2. TGI Angers, 10 nov. 1992, *D.* 1994. Somm. 30, obs. crit. X. Labbée.
3. TGI Rennes, 30 juin 1993, *JCP* 1994. II. 22250, note C. Neirinck – Toulouse, 18 avr. 1994, *JCP* 1995. II. 22472, note C. Neirinck – Civ. 1re, 9 janv. 1996, n° 94-15.998, *Bull. civ.* I, n° 21; *RTD civ.* 1996. 359, obs. J. Hauser; *D.* 1996. 376, note F. Dreiffuss-Netter; *RDSS* 1996. 628, note A. Terrasson de Fougères; *JCP* 1996. II. 22666, note C. Neirinck; *Defrénois* 1996. 532, note J. Massip.
4. V. AUSSI, Rép. min. n° 24484, *JOAN Q* 24 mai 1999, p. 3184; *JCP N* 1999. 974.

l'une à l'autre. Selon l'ordre des décès, la liste des héritiers peut en effet s'établir de manière très différente, lorsque les personnes en cause ne devaient pas avoir les mêmes héritiers (que l'on songe par exemple au cas de deux frères dont un seul est marié, et qui pour le reste ne laissent que des collatéraux ordinaires...).

222.52 Méthode de résolution de la question. La fixation de la date des décès résulte en principe des titres (v. s[s] n° 221.22). Si les décès se sont produits le même jour, le titre encore devrait suffire, puisqu'il indique normalement l'heure (C. civ., art. 79-1° - comp. C. civ., art. 90). La difficulté véritable se présente lorsque les **personnes en cause sont mortes dans un même événement** et qu'il existe une **forte incertitude sur l'ordre dans lequel les décès se sont produits.** On est certes enclin à penser qu'un recours aux témoignages, si les titres ne suffisent pas, peut résoudre la difficulté et établir cet ordre. C'est effectivement le système que retient la loi depuis la réforme de 2001, à la place d'un jeu de présomptions légales que le Code de 1804 avait mises en place, et qui faisaient l'objet de critiques unanimes. D'ailleurs la jurisprudence, qui n'appréciait guère ce système légal artificiel, décidait déjà qu'il ne devait être appliqué qu'autant que les circonstances, établies par tous moyens, ne permettaient pas de reconstituer l'ordre des décès. En somme la solution principale, qui consiste à reconstituer la chronologie par tous moyens de preuve, n'a pas changé depuis 1804. Mais en supprimant les présomptions légales prévues par le Code Napoléon, la réforme de 2001 a modifié les solutions applicables au cas d'impossibilité absolue de savoir qui est mort en premier et qui a survécu à l'autre ou aux autres comourants.

222.53 Solution principale : la détermination par tous moyens de l'ordre des décès. La réforme du 3 décembre 2001 a introduit un nouvel article dans le Code civil, l'article 725-1, dont l'alinéa 1er dispose : « *Lorsque deux personnes, dont l'une avait vocation à succéder à l'autre, périssent dans un même événement, l'ordre des décès est établi par tous moyens* ». L'expression **tous moyens** offre au juge une liberté totale dans la recherche d'indices qui permettront de restituer la suite des décès lorsque les titres ne suffisent pas. Une fois les indices recueillis, le juge devra assurément procéder à des inductions suffisamment sérieuses pour établir sa présomption de l'homme.

La preuve de la survie de l'une des personnes mortes à l'occasion du même événement pourrait résulter de déclarations faites par les témoins de l'événement, d'un procès-verbal dressé par les autorités locales (état des lieux, examen des corps...), ou des mentions insérées dans les actes de décès.

Par exemple, dans une affaire qui donna lieu à un arrêt classique, un groupe de personnes avait été emporté par une lame. L'état des corps retrouvés a paru révéler que l'une des victimes avait été tuée par le choc contre les rochers, l'autre, qui n'offrait aucune trace de contusions, ayant dû mourir noyée, donc ultérieurement[1]. On trouve des raisonnements comparables dans d'autres affaires (v. par ex. au sujet d'un bombardement[2]). Il pourrait même s'agir de circonstances tenant à des particularités personnelles aux individus en cause : la Cour de cassation l'admettait déjà avant 2001, « *sous la seule condition qu'elles soient indépendantes de l'âge ou du sexe des comourants* »[3], réserve qui s'expliquait par le caractère impératif des anciens articles 720 et suivants instituant les présomptions légales liées à l'âge. La même réserve devrait être retenue aujourd'hui, puisque l'intention du législateur de 2001 a été de supprimer un jeu de présomptions que le juge n'a pas à faire renaître. Il n'empêche que l'indice de l'âge pourrait être retenu si les circonstances établissaient par ailleurs que l'avantage ou le handicap de l'âge a dû jouer de manière quasi indubitable. Tel pourrait, par exemple, être le cas de deux noyés, dont l'un n'était pas en âge de savoir nager. Les juges du fond disposent bien entendu d'un pouvoir souverain pour retenir tel élément de fait qui permettrait d'induire la survie d'un codécédé par rapport à l'autre[4]. Certains auteurs relevaient qu'en la matière les juges du fond se contentaient des indices les plus légers pour écarter la théorie des comourants. Aujourd'hui, seuls des indices sérieux permettant une reconstitution de l'ordre des décès devraient empêcher la solution subsidiaire retenue par la loi, et exposée à l'alinéa 2 de l'article 725-1, qui va être évoqué maintenant.

222.54 Solution subsidiaire : le règlement isolé des successions des comourants. Pour le cas où aucun moyen de preuve ne permet de reconstituer l'ordre des décès, il y a lieu de régler la succession de chacun des comourants en faisant abstraction des autres. C'est ce que prévoit la loi depuis 2001, à l'article 725-1 alinéa 2 du Code civil : « *Si cet ordre ne peut être déterminé, la succession de chacune d'elles* [les personnes péries dans un même événement] *est dévolue sans que l'autre y soit appelée* ». Cette solution n'était pas inconnue du droit antérieur : on la recommandait particulièrement lorsque les conditions d'application des anciennes présomptions légales faisaient défaut, et qu'aucune circonstance de fait ne permettait de dire qui était mort le premier : on devait, dans cette situation de preuve impossible, régler la succession de chacun comme si l'autre n'avait pas existé[5]. Dans ce mode de règle-

1. Req. 21 avr. 1874, *DP* 1874. 1. 356.
2. Civ. 1re, 21 janv. 1960, *Bull. civ.* I, n° 47.
3. Civ. 6 mars 1928, *DH* 1928. 237; *S.* 1928. 1. 297, note Vialleton.
4. Civ. 24 janv. 1951, *D.* 1951. 345, note Lenoan.
5. V. ENCORE, Civ. 1re, 8 févr. 2005, n° 02-18.767, *Bull. civ.* I, n° 79; *AJ fam.* 2005. 151, obs. F. Bicheron; *D.* 2005.2055, note I. Corpart.

ment désormais préconisé par la loi, on fait comme si aucun des comourants n'avait survécu à l'autre : chacune des successions en cause doit alors être déférée séparément aux différents héritiers, abstraction faite des autres codécédés, puisque leur survie n'a pas été démontrée. On arrive ainsi, au cas de doute chronologique, à des **solutions plus mitoyennes,** dont on peut dire en général qu'elles sont plus opportunes puisqu'elles **tendent à répartir le patrimoine héréditaire entre plusieurs personnes,** sans procéder à des exclusives alors que le cas est douteux.

La doctrine préconisait depuis longtemps un tel système de règlement; encore a-t-il paru nécessaire à certains auteurs de préciser que les descendants des comourants ne devaient pas être privés pour autant des bénéfices de la représentation. Le législateur a suivi cette heureuse suggestion. Selon l'article 725-1 alinéa 3 du Code civil : « *Toutefois, si l'un des codécédés laisse des descendants, ceux-ci peuvent représenter leur auteur dans la succession de l'autre lorsque la représentation est admise* ».

EXEMPLE

Supposons ainsi que deux frères B et C meurent dans le même événement sans qu'aucun indice ne permette d'établir l'ordre des décès; ils n'ont d'autre parent qu'une sœur commune A, et B laisse deux enfants B′ et B″ (de ce fait, neveux de A et de C) : d'une part la succession de B sera dévolue à ses deux enfants B′ et B″; d'autre part la succession de C sera dévolue à sa sœur A (1/2) et à ses neveux B′ et B″ (1/4 chacun).

222.55 Conditions d'application de l'article 725-1 du Code civil : le nombre des comourants. Le texte commence par énoncer : « *Lorsque **deux personnes**, dont l'une avait vocation à succéder à l'autre, périssent dans un même événement...* » (alors que l'ancien article 720 énonçait : « *Si **plusieurs personnes** respectivement appelées à la succession l'une de l'autre, périssent dans un même événement...* »). Faut-il en induire que les nouvelles règles ne s'appliquent pas lorsqu'il existe plus de deux comourants ? Ce serait illogique. On maintiendra donc l'étendue de la condition antérieure.

222.56 Décès dans un même événement. Le décès dans « *un même événement* » est une condition requise par la loi. Reste à dire ce qu'il faut entendre précisément par un même événement. On peut ici s'appuyer sur la jurisprudence antérieure : l'événement en cause peut être, par exemple, un accident de la route, un naufrage, une catastrophe aérienne, un incendie, une inondation, un cyclone, la chute d'un bâtiment... La jurisprudence n'a pas une conception étroite de l'identité d'événement, puisqu'elle y a compris un bombardement réalisé par vagues successives[1], ou un double assassinat[2].

222.57 Manière dont il faut entendre les vocations héréditaires des comourants entre eux. Une condition traditionnelle d'application des règles relatives aux comourants tient à l'existence, entre eux, d'une **vocation héréditaire réciproque.** On a déjà fait allusion à cette condition, qui résulte des termes mêmes de la loi (v. auj. C. civ., art. 725-1). Elle paraît procéder d'une logique certaine. Lorsque la dévolution des successions en cause n'est pas identique selon l'ordre des décès, cela est dû effectivement à l'interférence de la vocation successorale réciproque de ceux qui sont morts dans le même événement. L'absence de vocations réciproques rendrait en revanche indifférent l'ordre des décès.

EXEMPLE

Supposons que deux frères B et C, morts dans un même événement, laissent l'un et l'autre des descendants : B laisse deux enfants, B′ et B″. C laisse C′. Si l'on considère que B est mort le premier, ses enfants B′ et B″ recueillent sa succession; et lorsque C meurt à son tour, son enfant C′ recueille sa succession. Et si on estime que C est mort le premier, sa succession est recueillie par C′. Lorsque B meurt à son tour, sa succession est recueillie par ses enfants B′ et B″. On voit que l'ordre des décès est indifférent, pour cette raison simple qu'il n'existait pas, du fait de descendants de chaque côté, de vocation successorale entre les comourants collatéraux privilégiés.

Une question, cependant, est de savoir si les vocations successorales doivent être pleinement **réciproques,** en ce sens que **chacun** des comourants devrait, pour que l'article 725-1 s'applique, être appelé à la succession de l'autre (ce qui exclurait que la vocation héréditaire fût simplement à sens unique). La question se pose parce que même l'interférence d'une vocation unilatérale entre comourants est de nature à modifier les effets de la dévolution selon l'ordre des décès.

Dans un tel cas, la **jurisprudence antérieure à la réforme de 2001** tendait à suivre le raisonnement suivant : dès lors que la réciprocité d'espoir successoral fait défaut, on ne peut exclure que soit mort le premier le seul appelé à la succession de l'autre. Il incombe alors à ceux qui se prévalent d'un ordre inverse des décès, de prouver la survie de leur auteur[3]. Et en l'absence d'une telle preuve, on réglera la succession de chacun comme si l'autre n'avait pas existé. La solution doit être maintenue après 2001.

Certes, la jurisprudence était principalement inspirée par le souci d'écarter la théorie légale des comourants telle qu'elle était conçue à l'époque. Or, l'état du droit

1. Civ. 1re, 25 janv. 1956, *Bull. civ.* I, n° 46.
2. Req. 6 nov. 1895, *DP* 1896. 1. 285.
3. RAPPR. Civ. 1re, 7 oct. 1953, *Bull. civ.* I, n° 268; *JCP* 1953. II. 7860, note Rodière.

depuis 2001 revient à la même solution : faute de prouver l'ordre des décès, on fera comme si les comourants du *de cujus* n'existaient pas (application de la règle subsidiaire de l'art. 725-1). Autant dire que le nouveau système légal relatif aux comourants doit s'appliquer même en l'absence de vocations **réciproques** entre tous les comourants : il suffit que l'un puisse être appelé à la succession de l'autre. En l'absence d'une telle compréhension, l'article 725-1 n'aurait d'ailleurs pratiquement pas d'intérêt.

222.58 Question de l'application de l'article 725-1 aux successions testamentaires. L'application des anciens articles 720 et suivants, qui instituaient les présomptions légales constitutives de la théorie des comourants, était réservée aux hypothèses de succession *ab intestat* : ces textes ne s'appliquaient pas s'il s'agissait de recueillir une assurance-vie[1], un legs[2] ou une donation entre époux[3]. La place des textes dans le Code et leurs termes mêmes en ce qu'ils évoquent une vocation successorale réciproque, permettaient de limiter leur jeu à la dévolution légale.

La loi de 2001 change-t-elle ces solutions ? Il est vrai que les arguments de texte conservent leur portée. Mais comme la jurisprudence restrictive s'expliquait surtout par le souhait de limiter étroitement l'application d'un système légal dont on n'appréciait guère le contenu, l'on pourrait concevoir que, désormais, la jurisprudence applique l'article 725-1 aux **successions testamentaires ou contractuelles**. En effet, considérant qu'il est nécessaire de trouver un système de solution lorsque deux comourants s'étaient mutuellement gratifiés, le nouveau système légal paraît proposer des solutions raisonnables. On ajoutera surtout que, dans les décisions antérieures, le système légal était écarté pour retenir un ensemble de solutions qui correspondent, en définitive, au système légal actuel. Il serait donc souhaitable que, pour simplifier, la jurisprudence décide désormais que les articles 725-1 et suivants du Code civil reçoivent application dès que meurent dans un même événement deux personnes appelées à succéder l'une à l'autre, ce qui comprend non seulement la succession *ab intestat*, mais aussi la **succession testamentaire ou contractuelle**.

C.
Personnes dont l'existence est incertaine

222.61 Le disparu. Même si la mort du disparu n'est pas absolument certaine, le droit le traite comme un mort, parce que les circonstances laissent peu de place au doute (C. civ., art. 88). Le disparu ne succède donc pas.

Si d'aventure le disparu reparaissait, il faudrait lui reconnaître un droit sur les biens successoraux qu'il aurait été appelé à recueillir entre la date fixée par le juge comme étant celle de son décès (C. civ., art. 90, al. 3), et la date de son retour. Mais ce droit n'est pas absolu, comme cela sera dit à propos du retour de l'absent (v. s[s] n° 222.62) – par renvoi de l'article 92 alinéa 2, la situation du disparu reparu doit être traitée de la même manière.

222.62 Le présumé absent. Lorsqu'une personne a cessé de paraître sans que l'on ait eu de nouvelles, l'intervention du juge, appelée par le ministère public ou toute partie intéressée, va normalement provoquer la mise en place de la première phase, dite de **présomption d'absence**, durant laquelle l'absent est présumé en vie. Si, au cours de cette période, l'ouverture d'une succession le désigne comme venant en rang utile, son aptitude à succéder est incontestable : l'article 725 alinéa 2 du Code civil dispose que « *Peut succéder celui dont l'absence est présumée selon l'article 112* ».

L'intervention initiale du juge aura eu en principe pour effet de mettre en place un régime de gestion identique à celui fixé par le législateur pour l'administration légale sous contrôle judiciaire des mineurs (C. civ., art. 113). C'est donc à cette institution qu'il faut se reporter pour déterminer comment l'option pourra être exercée au nom de l'absent (v. en particulier, C. civ., art. 507-1, par renvoi de l'article 389-6). L'**acceptation pure et simple** est possible si l'actif dépasse manifestement le passif, mais avec l'autorisation du conseil de famille ou, à défaut, du juge des tutelles (C. civ., art. 507-1, al. 1er). De même la **renonciation** à la succession requiert l'autorisation du conseil de famille ou, à défaut, du juge (v. C. civ., art. 507-1, al. 2). En revanche la personne désignée par le juge pourra accepter à concurrence de l'actif net la succession échue au présumé absent, sans avoir à solliciter d'autorisation particulière (art. 507-1, al. 1er).

Si le présumé absent est appelé à un partage, celui-ci peut désormais être fait à l'amiable. Le **juge des tutelles** autorise le partage, total ou partiel, et désigne s'il y a lieu un **notaire** pour y procéder, en présence du représentant du présumé absent (ou de son remplaçant si le représentant était lui-même intéressé au partage, ce qui peut souvent arriver). L'état liquidatif sera soumis à l'approbation du juge des tutelles. L'article 116 du Code civil (réd. L. n° 2006-728, 23 juin 2006), qui prévoit ces dispositions, ajoute que le partage peut également être fait en justice. Mais tout autre partage qu'un partage judiciaire ou un partage amiable pour lequel le juge des tutelles ne serait pas intervenu au début et à la fin (v. *supra*) serait considéré comme provisionnel (C. civ., art. 116, al. 3).

1. Civ. 1re, 11 oct. 1988, *Defrénois* 1989, art. 34422, note Breton.
2. TGI Paris, 29 juin 1978, *D.* 1979. IR 257, obs. D.-R. Martin.
3. Civ. 1re, 7 oct. 1953, *Bull. civ.* I, n° 268; *JCP* 1953. II. 7860, note Rodière.

222.63 Le déclaré absent. Si l'absent ne reparaît pas dans le délai de dix ans à compter du jugement (C. civ., art. 122), il est possible de passer à la seconde phase moyennant un jugement de déclaration d'absence : l'absent est alors présumé mort. Il n'est donc plus apte à recueillir une succession qui s'ouvrirait après la transcription sur les actes de l'état civil du jugement de déclaration d'absence passé en force de chose jugée (C. civ., art. 127 et 128).

Si toutefois l'absent reparaît, ou du moins si son existence est prouvée postérieurement au jugement déclaratif d'absence et qu'elle est judiciairement constatée (C. civ., art. 129), il recouvrera alors non seulement ses biens, mais aussi ceux qu'il aurait dû recueillir pendant son absence. Mais pour éviter de trop menacer la sécurité juridique, le législateur a prévu que la reconnaissance de ce droit successoral ne sera pas intégrale : le reparu recouvre les biens en cause dans l'état où ils se trouvent, et s'ils ont été vendus, il recueillera le prix, de même qu'il recueillera les biens acquis en emploi des sommes d'argent échues à son profit (C. civ., art. 130).

222.64 Le non-présent. À l'inverse du disparu, le non-présent est par définition vivant (C. civ., art. 120). Il doit donc être compté, le cas échéant, parmi les successibles. Les règles applicables à la mise en œuvre de ses droits patrimoniaux sont celles retenues pour les présumés absents (C. civ., art. 120), et celles fixées par le législateur pour l'administration légale sous contrôle judiciaire (v. s^s^ n° 222.62). La personne désignée par le juge pourra donc accepter à concurrence de l'actif net la succession échue au non-présent. L'acceptation pure et simple est possible si l'actif dépasse manifestement le passif, mais avec l'autorisation du juge des tutelles. De même une renonciation à la succession requiert l'autorisation du juge.

§ 2
Indifférence de la nationalité

222.71 Capacité des étrangers. Depuis la loi non codifiée du 14 juillet 1819, les étrangers peuvent succéder en France sans condition particulière, comme les nationaux (L. 14 juill. 1819, art. 1er).

222.72 Droit de prélèvement des nationaux. Pour garantir cependant aux ressortissants français une application de la dévolution successorale conforme au droit français, la loi de 1819 énonçait que si le *de cujus* laissait des héritiers les uns français, les autres étrangers, et si les biens successoraux étaient situés partie en France et partie à l'étranger, les français pouvaient prélever « *sur les biens situés en France une portion égale à la valeur des biens situés en pays étranger dont ils seraient exclus, à quelque titre que ce soit, en vertu des lois et coutumes locales* » (L. 14 juill. 1819, art. 2).

Par une décision en date du 5 août 2011, le Conseil constitutionnel a déclaré cette disposition non conforme à la Constitution et l'a abrogée[1].

SECTION 2
ABSENCE D'INDIGNITÉ SUCCESSORALE

222.81 Caractères généraux. On ne peut succéder que si l'on n'est pas indigne. L'indignité successorale est une **déchéance légale** : elle s'abat à titre de **peine civile** sur celui qui venait en rang utile pour succéder, mais qui s'est rendu coupable de torts graves envers le défunt ou sa mémoire. De cette idée de peine civile, la Cour de cassation déduit le **caractère strictement personnel de la sanction**[2].

222.82 Réforme de 2001 et droit transitoire. Les règles du Code civil relatives à l'indignité successorale ont été sensiblement modifiées, dans le sens de l'élargissement et de l'assouplissement, à l'occasion de la réforme du 3 décembre 2001[3]. Outre une redéfinition des causes classiques d'indignité successorale, la grande innovation a consisté à instituer, à côté de ces cas d'indignité de plein droit, des hypothèses d'indignité pour lesquelles l'application de la sanction est soumise à l'appréciation du juge.

La loi nouvelle a précisé que les causes d'indignité successorale sont déterminées par la loi en vigueur au jour où les faits ont été commis (L. 3 déc. 2001, art. 25-II-3°). Comme par ailleurs il résulte de l'article 25-I que **la réforme est entrée en vigueur le 1er juillet 2002, ce sont les faits commis après cette date qui entrent, le cas échéant, dans les qualifications nouvelles.** La loi de 2001 a précisé en outre, dans le même texte, que les dispositions de la loi nouvelle qui ont eu pour effet de rendre facultative pour le juge la déclaration de l'indignité, s'appliquent aux faits antérieurs, lorsque ceux-ci entraient dans le champ d'application de l'ancienne indignité (dont le prononcé était obligatoire) ; c'est une sorte de rétroactivité de la loi la plus douce. À ce sujet, la loi nouvelle fait référence

1. Cons. const. 5 août 2011, n° 2011-159 QPC, *JO* 6 août, p. 13478 ; *D.* 2011. 2035 ; *JDI* 2012. 137, note S. Godechot-Patris ; *Defrénois* 2011. 1351, note M. Revillard ; *AJ fam.* 2011. 440, note B. Haftel.
2. Civ. 1re, 18 déc. 1984, n° 83-16.028, *Bull. civ.* I, n° 340 ; *Defrénois* 1985. 33560, note G. Champenois.
3. L. n° 2001-1135, 3 déc. 2001, relative aux droits du conjoint survivant et des enfants adultérins et modernisant diverses dispositions de droit successoral, *JO* 4 déc., p. 19279 – Ph. Daviaud, « La nouvelle indignité successorale », *D.* 2002. 1856.

aux 1° et 5° de l'article 727 du Code civil. Les dispositions transitoires expresses de la loi ne résolvent pas toutes les difficultés. Il faudrait en particulier se demander ce qu'il peut advenir d'un pardon (désormais pris en compte, v. s[s] n° 222.98) intervenu avant le 1er juillet 2002. Il est probable que, par une interprétation « *constructive* » de la loi ancienne, le juge reconnaîtrait l'effet d'une telle absolution à la lumière de la loi nouvelle, si le cas devait se présenter.

Après avoir présenté les causes d'indignité (§ 1), sera envisagée l'action en déclaration d'indignité (§ 2), puis les effets de l'indignité (§ 3).

§ 1
Causes d'indignité

222.90 Énumération limitative. Pour procéder à une délimitation nécessaire, s'agissant d'une peine civile, le Code Napoléon avait décidé d'énoncer de manière limitative les causes d'indignité, qui se résumaient à trois types de faits (l'attentat à la vie du défunt, l'accusation capitale calomnieuse à son égard, l'absence de dénonciation du meurtre du défunt).

À l'occasion de la réforme successorale de 2001, on a décidé d'élargir les causes d'indignité. Tout en restant dans un système de délimitation légale pour éviter les initiatives judiciaires excessives, on a institué une double liste de faits indignes : aux termes d'une liste noire formulée à l'article 726 du Code civil, le législateur s'en est tenu à la logique classique selon laquelle la déchéance est encourue dès lors que le fait est constaté. Mais il existe dorénavant, à l'article 727, une liste grise qui institue un pouvoir d'appréciation du juge sur l'opportunité même de la sanction.

Avant d'évoquer plus en détail ces différents cas d'indignité, il importe de souligner que les diverses causes énoncées par les textes sont les seules qui permettent le prononcé de l'indignité[1]. Aussi certains faits, même spécifiquement graves dans une perspective successorale, et qui mériteraient que leur auteur fût logiquement frappé d'indignité, ne peuvent-ils légalement entraîner une telle sanction. Tel est le fait d'empêcher le *de cujus* de faire un testament, ou encore celui, pour un père, d'avoir été condamné pour des actes de pédophilie à l'égard de sa fille prédécédée dont il prétend hériter[2].

A.
Cas d'indignité de plein droit

222.91 Liste des causes d'indignité de plein droit. Ces cas de déchéance automatique (v. s[s] n°s 222.92 à 222.94), qui sont au nombre de deux, sont définis à l'article 726 du Code civil : il s'agit de l'existence d'une condamnation pour avoir donné ou tenté de donner la mort au défunt, ou d'une condamnation pour avoir volontairement porté des coups ou commis des voies de fait ayant entraîné la mort du défunt sans intention de la donner.

222.92 Attentat à la vie du *de cujus* ou sa tentative. On ne saurait hériter de ceux qu'on assassine. En vertu de cette considération traditionnelle l'ancien article 727, 1° du Code civil déclarait indigne celui qui était condamné pour avoir donné ou tenté de donner la mort au défunt. L'article 726, 1°, issu de la réforme de 2001, reprend cette cause d'indignité, en la précisant et en la délimitant : il faut que la mort du *de cujus* ait été recherchée par l'héritier. C'est donc l'hypothèse de **meurtre**, et non pas seulement d'assassinat, qui est visée (C. pén., art. 221-1).

Dans l'état antérieur de la législation, la doctrine estimait déjà que la condamnation exigée par la loi était celle qui vient sanctionner une intention meurtrière, comme l'impliquait le texte lorsqu'il parlait (c'est encore le cas) de celui qui a donné ou tenté de donner la mort au défunt. Aussi ne pouvait-on déclarer indigne de succéder celui qui avait été condamné pour homicide involontaire[3].

Tout homicide volontaire est donc passible d'indignité successorale, quelle que soit la nature exacte de l'intention. Ainsi, le fait de porter volontairement atteinte à la vie du *de cujus* pour abréger ses souffrances n'empêcherait pas l'application de la peine civile. Dans un tel cas cependant, une possible correctionnalisation judiciaire pourrait faire que l'indignité fût, non plus de plein droit, mais soumise à l'appréciation du juge comme relevant de l'article 727, 1° du Code civil.

Tout comme le texte antérieur à 2001, l'article 726, 1° assimile la **simple tentative** au meurtre accompli.

Le **complice en situation de successible** encourrait la peine civile d'indignité comme s'il était auteur principal. À suivre littéralement le texte, il faut que le complice ait eu lui-même la volonté de porter atteinte à la vie de la victime, ce qui lève tout doute sur la consistance exacte de l'intention criminelle du complice.

1. Civ. 1re, 28 mars 2012, n° 11-10.393, NP; *AJ fam.* 2012. 354, note N. Levillain; *RTD civ.* 2012. 757, obs. M. Grimaldi, « [...] *le juge n'a pas la faculté de prononcer la sanction de l'indignité successorale en raison de circonstances particulières non prévues par les textes* [...] ».
2. Rép. min. 14 déc. 2010, *JOAN Q* n° 89699 – questions.assemblee-nationale.fr/q13/13-89699QE.htm
3. Civ. 1re, 3 oct. 2006, n° 04-11.910, *Bull. civ.* I, n° 429; *AJ fam.* 2006. 424, obs. F. Bicheron; *D.* 2006. IR 2627; *RTD civ.* 2007. 600, obs. M. Grimaldi.

222.93 Violences ou tortures mortelles. On sait que l'article 222-7 du Code pénal punit d'une peine criminelle les violences ayant entraîné la mort sans intention de la donner. L'auteur d'un tel méfait sur la personne de celui ou celle dont il était susceptible d'hériter, encourrait de plein droit la peine civile d'indignité successorale. En effet, le texte de l'article 726, 2° du Code civil vise celui qui est condamné, comme auteur ou complice, à une peine criminelle pour avoir volontairement porté des coups ou commis des violences ou voies de fait ayant entraîné la mort du défunt sans intention de la donner. La formule relativement compréhensive du texte commande d'admettre que la cause d'indignité ne se limite pas à l'incrimination des **violences mortelles** de l'article 222-7 du Code pénal, mais comprend aussi l'infraction voisine des **tortures et actes de barbarie ayant entraîné la mort sans intention de la donner** (C. pén., art. 222-1 et 222-6). La solution civile, qui se démarque de la jurisprudence antérieure, est justifiée au titre de la morale. S'il est difficile d'admettre que le meurtrier ou l'assassin puisse légalement recueillir les biens de sa victime, la réprobation ne saurait être moindre pour l'auteur des coups ayant entraîné la mort.

Une différence entre le meurtre ou l'assassinat du *de cujus* et les violences mortelles sur sa personne, au regard de l'indignité successorale, tient au fait que, pour le second cas, la tentative n'est pas mentionnée comme cause de déchéance, ce qui est logique au regard de l'hypothèse.

En revanche, la **complicité dans les violences mortelles** est également une cause d'indignité.

222.94 Exigence d'une condamnation judiciaire de l'indigne à une peine criminelle. La définition légale indique que l'indignité successorale ne sera retenue que si les faits qui en sont la cause ont été sanctionnés par une **condamnation à une peine criminelle.** L'exigence d'une condamnation pénale de l'indigne est traditionnelle. En revanche, la nature de la peine – **criminelle** ou **correctionnelle** – est aujourd'hui l'**élément discriminant** entre les causes de **déchéance de plein droit** et les **déchéances successorales soumises à appréciation judiciaire** : la déchéance successorale ne sera automatique que si la peine prononcée a revêtu un caractère criminel.

Les **peines criminelles** encourues par les personnes physiques sont définies à l'article 131-1 du Code pénal. Il s'agit de la **réclusion criminelle à perpétuité** et des **réclusions criminelles à temps,** lesquelles commencent à quinze ans pour les peines prédéfinies. Si une cour d'assises prononçait une peine d'une durée moindre, elle devrait cependant être de dix ans au moins pour conserver sa qualification de peine criminelle (C. pén., art. 131-1, al. dern.). Si une peine d'une durée inférieure à dix ans était prononcée, elle serait de nature correctionnelle, ce qui ferait sortir le cas considéré du champ d'application de l'indignité de plein droit.

Outre le cas où le successible a été condamné, comme auteur ou complice, pour avoir volontairement donné la mort au *de cujus* ou avoir été l'auteur de violences mortelles, on doit déclarer **indigne** :

- celui qui a été **gracié**, parce que la grâce n'efface pas le fait délictueux;
- le meurtrier ou l'auteur des violences qui bénéficierait de **circonstances atténuantes**, tant qu'il resterait condamné comme auteur volontaire du crime; si toutefois les circonstances atténuantes avaient pour effet de ramener la peine à un niveau correctionnel, l'indignité successorale devrait faire l'objet d'une appréciation judiciaire et perdrait son caractère automatique;
- celui qui a été **amnistié**, dès lors du moins qu'une condamnation était intervenue auparavant; l'amnistie laisse en effet intacts les faits matériels reconnus par le juge (la solution est cependant discutée, comme d'ailleurs celle relative au cas de réhabilitation).

222.95 Absence de condamnation du fait de la mort du coupable. Un thème classique de réflexion, avant 2001, était de savoir si l'indignité doit être exclue lorsque le coupable est mort avant d'avoir été condamné, alors même que son crime paraît certain. En vérité, le texte ancien ne laissait aucun doute : l'exigence d'une condamnation étant absolument requise, l'indignité ne pouvait, dans un tel cas, être prononcée. La solution paraissait choquante, et les magistrats s'en accommodaient comme ils le pouvaient, n'hésitant pas parfois à retenir l'indignité, en l'absence de toute condamnation pénale[1]. Il est vrai qu'on peut éprouver des difficultés à faire la part des choses entre la certitude du méfait, et le jeu sacré de la présomption d'innocence (C. civ., art. 9-1). La réforme de 2001 a résolu le problème en classant une telle hypothèse parmi les indignités soumises à appréciation judiciaire. Le cas est donc visé à l'article 727 (et non à l'article 726), qui dispose dans son dernier paragraphe : « *Peuvent également être déclarés indignes de succéder ceux qui ont commis les actes mentionnés aux 1° et 2° et à l'égard desquels, en raison de leur décès, l'action publique n'a pas pu être exercée ou s'est éteinte* » (un défaut de rédaction renvoie aux 1° et 2° sans autre précision, de sorte que l'on peut croire qu'il s'agit des 1° et 2° de l'article 727, mais il faut raisonnablement comprendre qu'il s'agit de l'article 726). Cette solution est par ailleurs conforme à un arrêt rendu le 1er décembre 2009 par la Cour européenne

1. Riom, 15 mai 2001, *D.* 2001. 2938, obs. M. Nicod.

des droits de l'homme, qui a jugé que la sanction de l'indignité doit être appliquée, même si le successible est décédé avant sa condamnation pénale[1].

222.96 Cas où l'indignité, malgré les faits, sera exclue. L'indignité doit être exclue dans les différents cas où la responsabilité pénale est écartée. Tel sera par exemple le cas :

- si le successible a été acquitté ou absous pour **défaut de discernement** ou pour **impossibilité de contrôler ses actes** à raison de troubles psychiques ou neuropsychiques (C. pén., art. 122-1)[2];
- si le successible a été absous parce qu'il se trouvait en état de **légitime défense** (C. pén., art. 122-5);
- si l'homicide était **ordonné par la loi** ou **commandé par l'autorité légitime,** au titre d'un commandement qui n'était pas manifestement illégal (C. pén., art. 122-4).

De même, l'indignité de l'article 726 sera exclue au cas où l'action publique est prescrite (prescription de l'action qu'il ne faut pas confondre avec la prescription de la peine, qui serait indifférente).

Toutefois, il serait alors juste de considérer que, si l'indignité de plein droit ne peut être retenue, le juge pourrait retenir l'indignité à l'issue d'une appréciation judiciaire. Ce serait une application *a pari* de l'article 727 alinéa dernier.

222.97 Caractère automatique de l'indignité de l'article 726. Les modalités d'application des deux cas d'indignité prévus à l'article 726 correspondent au système d'indignité mis en place par les rédacteurs du Code en 1804, même si les causes ont été redéfinies. Il s'agit de déchéances automatiques. Un jugement spécial sur l'indignité n'est donc pas nécessaire. Certes, le juge civil peut avoir à intervenir si celui qu'on accuse d'indignité s'en défend (encore que l'existence d'un jugement pénal préalable devrait éviter toute discussion), mais le juge n'a aucun pouvoir d'appréciation en ce sens que, dès qu'il constate le cas d'indignité, la peine est automatiquement encourue.

222.98 Possible pardon du *de cujus*. Depuis la réforme de 2001, il résulte de l'article 728 du Code civil que le pardon du *de cujus* a un effet absolutoire sur la peine civile d'indignité. Ainsi, lors même que le comportement du successible lui ferait encourir une indignité de plein droit, la déchéance ne sera pas appliquée si le *de cujus*, en pleine connaissance de cause, a précisé par une déclaration expresse de volonté en la forme testamentaire qu'il entend maintenir le coupable dans ses droits héréditaires. Ce serait également le cas si le *de cujus* avait, en connaissance des faits d'indignité, consenti une libéralité universelle ou à titre universel au coupable.

B.
Cas d'indignité judiciairement prononcée

222.101 Causes d'indignité judiciaire. Les causes facultatives d'indignité successorale sont répertoriées de manière limitative par la loi à l'article 727 du Code civil, de sorte que même s'il existe, alors, une place pour l'appréciation judiciaire (v. s[s] n° 222.107), on ne saurait dire pour autant que la réforme de 2001, dont ces cas sont issus, a contredit le système de légalisation de l'indignité successorale institué en 1804. Selon le texte : « *Peuvent être déclarés indignes de succéder :*

1°) Celui qui est condamné, comme auteur ou complice, à une peine correctionnelle pour avoir volontairement donné ou tenté de donner la mort au défunt;

2°) Celui qui est condamné, comme auteur ou complice, à une peine correctionnelle pour avoir volontairement commis des violences ayant entraîné la mort du défunt sans intention de la donner;

3°) Celui qui est condamné pour témoignage mensonger porté contre le défunt dans une procédure criminelle;

4°) Celui qui est condamné pour s'être volontairement abstenu d'empêcher soit un crime soit un délit contre l'intégrité corporelle du défunt d'où il est résulté la mort, alors qu'il pouvait le faire sans risque pour lui ou pour les tiers;

5°) Celui qui est condamné pour dénonciation calomnieuse contre le défunt lorsque, pour les faits dénoncés, une peine criminelle était encourue ».

Le dernier paragraphe du texte, déjà évoqué, ajoute à cette liste d'indignes ceux qui ont commis les actes mentionnés aux 1° et 2° (de l'article 726) et à l'égard desquels aucune condamnation pénale n'a pu être prononcée à raison de leur décès (v. s[s] n° 222.95), et donc de l'extinction de l'action publique.

222.102 Atteintes volontaires à la personne du *de cujus*, réprimées par une peine correctionnelle. Peut être déclaré indigne celui qui est condamné, comme auteur ou complice, à une peine correctionnelle pour avoir volontairement donné (ou tenté de donner) la mort au défunt, ou pour avoir volontairement commis des violences ayant entraîné la mort du défunt sans intention de la donner. Ces deux cas, visés aux 1° et 2° de l'article 727 du Code civil, constituent l'écho affaibli des deux cas d'indignité automatique prévus par l'article 726. Concrètement, le fait délictueux sera de même nature, mais l'appréciation d'opportunité de la peine civile

1. CEDH 1er déc. 2009, Velcea et Mazare c/Roumanie, req. n° 64301/01.
2. Civ. 1re, 28 mars 2012, n° 11-10.393, NP; *AJ fam.* 2012. 354, note N. Levillain; *RTD civ.* 2012. 757, obs. M. Grimaldi.

est au fond rendue nécessaire par les éléments d'atténuation qui ont fait que, malgré la nature criminelle du fait commis, la peine prononcée a revêtu un **caractère correctionnel (peine de prison inférieure à dix ans)**. Cet abaissement de la répression signifie que les faits comportaient **d'importants éléments atténuants**, et cela justifie que la sanction civile perde son caractère automatique.

222.103 Accusation mensongère en matière criminelle. Peut également être déclaré indigne celui qui est condamné pour témoignage mensonger porté contre le défunt dans une procédure criminelle, ou pour dénonciation calomnieuse contre le défunt lorsque, pour les faits dénoncés, une peine criminelle était encourue. Ces deux cas, visés aux 3° et 5° de l'article 727 du Code civil, sont analogues à un cas antérieur d'indignité de plein droit. Le nouveau texte, en dehors même de sa différence d'effet (l'indignité n'est plus automatique), adopte à première vue une conception plus large de la cause d'indignité considérée. L'ancien texte se contentait en effet de sanctionner le fait d'avoir porté contre le défunt une accusation capitale calomnieuse, alors que le droit positif vise, tant le témoignage mensonger dans une procédure criminelle, que la dénonciation calomnieuse pour un cas où une peine criminelle était encourue. Mais en vérité et au-delà des apparences, il s'agit de la reprise, en termes mieux appropriés, de l'ancienne cause d'indignité. On avait en effet observé que le terme **accusation**, dans l'expression légale accusation capitale, était mal choisi, puisqu'il incombe au seul ministère public d'accuser à proprement parler : les particuliers ont un autre rôle, et on estimait qu'il fallait mettre sous le terme d'accusation qui était à prendre au sens commun (accuser quelqu'un de...), les cas de dénonciation aux autorités, de plainte, et aussi de faux témoignage. La réécriture des textes, en 2001, a confirmé cette conception. Il importe, pour cette cause d'indignité, de souligner le caractère nécessairement calomnieux ou mensonger de la dénonciation, qui en est un élément constitutif. Cela suppose la conscience d'accuser de façon erronée, et que le juge ait constaté cet élément : l'indigne aura dû être condamné en justice comme calomniateur. C'est en principe le juge pénal qui aura prononcé cette condamnation, pour faux témoignage ou pour dénonciation calomnieuse, mais le jugement rendu par un tribunal civil devrait pouvoir remplir la condition, soit à l'occasion d'une action en responsabilité civile, soit même à l'occasion du jugement d'indignité. Dans ce cas de figure le juge, après avoir nécessairement constaté le caractère moralement répréhensible du comportement (l'accusation mensongère), devra apprécier l'opportunité de la sanction civile d'indignité, ce qui est une question distincte. Admettre que le juge civil puisse constater les faits constitutifs du témoignage mensonger permettra d'obtenir le prononcé de l'indignité même après le décès du coupable – alors que cet événement éteindrait les poursuites pénales.

222.104 Abstention coupable. Selon l'article 727, 4° du Code civil, peut être déclaré indigne celui qui est condamné pour s'être volontairement abstenu d'empêcher soit un crime soit un délit contre l'intégrité corporelle du défunt d'où il est résulté la mort, alors qu'il pouvait le faire sans risque pour lui ou pour les tiers. Il y a là un élargissement de l'ancien cas d'indignité, au titre duquel la loi frappait d'une déchéance l'héritier majeur qui, instruit du meurtre du défunt, ne l'avait pas dénoncé à la justice. Il s'agit d'ailleurs du cas d'indignité le plus nouveau. L'ancien cas, qui posait dans le détail plusieurs problèmes d'interprétation, était surtout inspiré par le souci de sanctionner une violation du respect dû à la mémoire de la victime puisqu'on reprochait à l'indigne, par son silence coupable, de permettre au meurtrier d'échapper au châtiment. Le cas prévu à l'actuel article 727, 4° est beaucoup plus significatif, et semble mieux approprié à la logique successorale : celui qui s'est volontairement abstenu d'empêcher la mort du défunt mérite d'être déchu des droits que cette mort lui assure. Mais la place de ce cas parmi les indignités judiciaires, malgré sa gravité, peut s'expliquer par le fait que **l'appréciation de la culpabilité réelle dans la non-dénonciation du meurtre** ne peut être faite que **par le juge**.

222.105 Absence de condamnation pénale du successible à cause de son décès. C'est la dernière cause d'indignité judiciaire, répertoriée par la loi à l'article 727 dernier alinéa. Il est inutile d'y revenir, puisque ce cas, qui constitue manifestement une « *dégénérescence* » des cas d'indignité de plein droit malgré le renvoi défectueux du texte, a déjà été évoqué (v. s^s n° 222.95).

222.106 Exigence préalable d'une condamnation judiciaire. En posant, pour tous les cas autres que celui qui vient d'être évoqué, la condition préalable d'une condamnation de l'indigne, l'article 727, dans ses 1° à 5°, semble répondre à une exigence traditionnelle en matière d'indignité. La question est en vérité assez délicate.

S'agissant des 1° et 2°, il est clair que la **condamnation préalable** aura dû être prononcée par **le juge pénal** : cela résulte des termes du texte (*Celui qui est condamné... à une peine correctionnelle...*).

La question mérite en revanche réflexion pour les cas d'**accusation calomnieuse** (3° et 5°) ou pour l'**abstention coupable** (4°). Le texte rappelle l'exigence d'une **condamnation**, mais celle-ci ne pourrait-elle pas avoir été prononcée par un **juge civil ?**

Il faut répondre par l'affirmative : comme on l'a dit au sujet du cas particulier d'accusation mensongère en matière criminelle, c'est en principe le juge pénal qui aura prononcé la condamnation, mais le **jugement rendu par un tribunal civil pourrait remplir la condition**, soit à l'occasion d'une **action en responsabilité civile**, soit à l'occasion du **jugement d'indignité** lui-même. Cela contribue à expliquer la formule de l'article 727-1 qui, pour fixer le point de départ du délai pour agir en déclaration d'indignité, vise **la décision de condamnation ou de déclaration de culpabilité**.

222.107 Pouvoirs du juge au titre de la déclaration d'indignité. « *Peuvent être déclarés indignes...* » dit le texte de l'article 727, par opposition à la formule de l'article 726 (« *Sont indignes de succéder...* »). Le législateur, en 2001, a donc clairement voulu prévoir des cas d'indignité pour lesquels l'application de la peine civile, tout en étant possible, restera soumise à l'appréciation d'opportunité que le juge devra opérer. Celui-ci le fera en fonction des **circonstances de fait** et dans l'exercice de son **pouvoir souverain**, mais il n'est pas douteux que la Cour de cassation exercera de manière soigneuse son **contrôle de motivation** (relatif à un éventuel manque de base légale), eu égard à la gravité de la sanction. Le juge du fond devra donc détailler les motifs qui le poussent à écarter ou appliquer la peine, sans se limiter à une inspiration subjective d'indignation morale ou de mansuétude extrême. Il y a un cas où le pouvoir d'appréciation du juge n'existerait plus : s'il devait constater un acte de pardon du *de cujus*, exprimé dans les conditions de l'article 728. Alors la déchéance ne pourrait de toute manière être prononcée (v. s^s n° 222.98).

§ 2
Action en déclaration d'indignité

222.111 Compétence judiciaire. Parmi d'autres précisions sur le régime de l'action en déclaration d'indignité, l'article 727-1 alinéa 1er du Code civil fixe la compétence *ratione materiæ* : « *La déclaration d'indignité prévue à l'article 727 est prononcée après l'ouverture de la succession par le tribunal de grande instance à la demande d'un autre héritier. La demande doit être formée dans les six mois du décès si la décision de condamnation ou de déclaration de culpabilité est antérieure au décès, ou dans les six mois de cette décision si elle est postérieure au décès* ». Les tribunaux répressifs seront normalement intervenus pour prononcer la condamnation exigée par les articles 726 et 727 comme condition préalable (v. s^s n°s 222.92 à 222.94 et 222.102). Ils n'ont cependant pas le pouvoir de prononcer l'indignité : **l'action en déclaration d'indignité**, qui appartient tout entière au droit civil, est différente de l'action civile sur laquelle le juge pénal prononce, et qui tend seulement à la réparation du dommage provoqué par l'infraction. Voilà pourquoi le législateur précise aujourd'hui que l'indignité sera prononcée par le **tribunal de grande instance.** L'article 727-1 du Code civil apporte la précision au sujet de l'**indignité prévue à l'article 727**; ce texte vise effectivement des cas où l'intervention du juge civil est indispensable. Mais la solution doit valoir également pour les cas d'indignité de plein droit de l'article 726, lorsque le successible conteste son indignité et que l'intervention d'un juge civil devient nécessaire.

La juridiction territorialement compétente sera le **tribunal de grande instance du domicile du défendeur,** ou bien le **tribunal du lieu d'ouverture de la succession**, si la question se greffe sur une action en partage (l'indignité peut en effet être déclarée sur demande incidente). La loi ne dit rien de cet aspect de la question, ce qui est regrettable puisqu'il y a matière à hésitation. On pourrait en effet soutenir que le seul tribunal du lieu d'ouverture de la succession est compétent, en vertu de l'article 45 du Code de procédure civile qui désigne ce tribunal pour les contestations entre héritiers. Toutefois, comme l'action en déclaration d'indignité vise précisément à contester la qualité d'héritier, on peut estimer que l'application du texte est discutable. Au demeurant, la justification même de l'article 45 (regroupement des principales contestations successorales devant le tribunal géographiquement le mieux situé pour les examiner) ne vaut plus dans le cas présent, pour lequel il paraît opportun de revenir au droit commun (compétence du tribunal du domicile du défendeur).

222.112 Qualité pour agir. L'article 727-1 précise que la déclaration d'indignité prévue à l'article 727 (on y ajoutera l'article 726 pour les raisons déjà dites) est prononcée par le tribunal de grande instance à la demande d'un autre héritier. Le mot **héritier**, en ce qu'il renvoie au successeur légal, doit précisément recouvrir, en l'occurrence, les cohéritiers de l'indigne ou les héritiers d'un rang postérieur si la déclaration d'indignité doit les porter à un rang utile. Si l'on prend les mots dans leur sens juridique exact, un légataire universel n'aurait pas qualité pour agir, faute de titre successoral d'origine légale. Cette solution paraît peu rationnelle, et l'on admettra que le mot **héritier** peut être pris dans le sens élargi de successeur. Ainsi, un légataire universel, à titre universel ou particulier qui aurait par ailleurs intérêt à voir l'indignité prononcée, pourrait demander qu'elle fût déclarée s'il n'existait aucun autre héritier légal que l'auteur du fait délictueux. Avant la réforme des textes, une cour d'appel avait jugé, en ce sens, que doivent être admis à se prévaloir de l'indignité du successible les gratifiés dont la libéralité dépasse la quotité disponible, si l'indigne est un héritier réservataire, et qu'il n'y en a pas d'autre[1].

Pour le reste, il ne serait pas illogique d'admettre que le donataire qui souhaite échapper à l'action en réduction intentée par l'héritier réservataire unique, a qualité pour lui opposer son indignité successorale. La lettre du texte dans sa rédaction actuelle est toutefois fort éloignée d'une telle option. La jurisprudence appréciera, selon la conception qu'elle retiendra désormais de l'institution. On peut estimer que la lettre de la loi nouvelle est malheureuse, et qu'il importe de s'en remettre à la tradition doctrinale la plus étendue et la plus ancienne, qui ouvre l'action à tous ceux qui, pouvant profiter de l'exclusion du successible, ont intérêt à faire déclarer son indignité – ce qui comprend les gratifiés dans l'hypothèse déjà évoquée[2].

On peut enfin se demander si les **créanciers des successeurs** ont qualité pour demander en justice l'indignité. Il s'agit de savoir si le droit de se prévaloir de l'indignité n'est pas un droit exclusivement attaché à la personne, ce qui interdirait l'action oblique. Le point est discuté en doctrine[3]. Considérée du côté de celui qui a intérêt à se prévaloir de l'indignité, l'action en déclaration d'indignité a un caractère purement patrimonial. Peut-être pourrait-on hésiter à l'admettre lorsque la question se pose entre cohéritiers très proches (par exemple entre deux frères) ? Mais comme la possibilité de se prévaloir de l'indignité est beaucoup plus étendue, comme on vient de le voir (par ex. un étranger gratifié, contre un parent proche du *de cujus*), le caractère personnel de l'action doit sans doute être dénié[4]. Certains ont ajouté que la morale et l'ordre public sont intéressés à ce que la sanction puisse être provoquée par un assez grand nombre de personnes[5].

Le second paragraphe de l'article 727-1 précise que le ministère **public** aurait qualité pour agir, au cas d'absence d'héritier (ou de légataire universel) autre que le coupable. La solution présente de l'intérêt, au fond pour un motif d'honnêteté publique, et concrètement pour que l'État recueille la succession à l'issue d'une telle déclaration d'indignité.

1. Douai, 27 juill. 1937, *S.* 1938. 2. 109.
2. V. AUBRY et RAU, t. IX, 5e éd., § 593, p. 423, et les auteurs cités.
3. CONTRE l'action des créanciers, F. TERRÉ, Y. LEQUETTE et S. GAUDEMET, *Les successions. Les libéralités*, « Précis », 4e éd., Dalloz, 2014, no 73.
4. COMP. avec la possibilité pour les créanciers d'exercer l'action en réduction, Civ. 1re, 20 oct. 1982, no 81-16.092, *Bull. civ.* I, no 299 ; *D.* 1983. 120, note Rémy ; *Defrénois* 1983. 627, note A. Breton ; *RTD civ.* 1983. 771, obs. J. Patarin.
5. A. COLIN et H. CAPITANT, no 1014.

222.113 Époque de la demande et délai pour agir. L'article 727-1 alinéa 1er précise que la déclaration d'indignité est prononcée, **sur demande d'un autre héritier, après l'ouverture de la succession.** En effet, la qualité pour agir n'existe pas avant cette date. Le texte ajoute que la demande doit être formée dans les **six mois du décès** si la décision de condamnation ou de déclaration de culpabilité est antérieure au décès, ou dans les six mois de cette décision si elle est postérieure au décès. Il existe donc un délai de six mois pour agir, avec un point de départ mobile, selon que la condamnation est antérieure ou postérieure au décès. Des motifs de sécurité juridique ont pu justifier une telle brièveté : on verra que l'indignité risque de donner lieu à des restitutions, et l'effet résolutoire de propriété que cela peut entraîner invite à faire constater au plus vite le fait générateur. Cette dernière considération, mais aussi l'objet même de l'action – faire prononcer une déchéance de droits d'importance majeure – devrait inviter les interprètes à dire que le délai a une **nature préfixe**. Il ne s'agit pas d'une prescription extinctive. En conséquence, d'une part l'écoulement du délai de six mois éteindra complètement le droit de demander le prononcé de la peine civile d'indignité, sans qu'il soit possible d'invoquer des causes de suspension, et d'autre part le délai devra être appliqué d'office par le juge.

222.114 Question du prononcé *post mortem* de l'indignité. Il s'agit de savoir si la déclaration d'indignité, prononcée par le juge civil, peut être faite après la mort de l'indigne. On y a parfois répondu par la négative en invoquant le principe de personnalité des peines. Mais on peut répliquer que cette règle est strictement pénale. La peine du recel successoral frappe les héritiers du receleur, et cela ne paraît être que l'expression d'une solution générale relative aux peines civiles. On a aussi préconisé une analogie avec l'article 957 du Code civil, qui interdit de demander la révocation d'une donation pour ingratitude après la mort du donataire. Mais la solution de ce texte ne saurait être étendue, car elle est contraire au droit commun selon lequel une personne ne transmet ses droits à ses héritiers que sous la réserve des causes d'extinction qui les affectaient. Pour les cas où l'indignité se produit de plein droit (C. civ., art. 726), le jugement civil, s'il intervient (v. ss no 222.111), ne fait que constater la déchéance, sans avoir à prononcer la peine. Dans ces conditions, la déclaration d'indignité peut aussi bien intervenir après le décès de l'indigne.

La solution est plus discutable lorsqu'il s'agit de prononcer l'indignité judiciaire de l'article 727. En droit, parce que la peine civile n'a plus rien d'automatique, en fait parce qu'il serait bon d'entendre en personne celui qui est accusé d'indignité. Il paraît cependant opportun d'admettre que le juge prononce une indignité *post mortem*, avec cette précision cependant que, au cas de moindre doute sur les faits ou le degré de culpabilité du prétendu indigne, la sanction ne devrait pas être prononcée. Au cas d'instance *post mortem*, les défendeurs à l'action seront les successeurs de l'indigne. Encore faut-il préciser que l'action serait irrecevable pour défaut d'intérêt si l'indigne laissait des descendants, ceux-ci ne pouvant encourir les effets de la peine civile méritée par leur auteur, selon l'article 729-1 (v. s[s] n° 222.123).

222.115 Absolution donnée par le *de cujus*. On s'est demandé, sous l'empire des textes antérieurs, si le fait que la personne condamnée avait été pardonnée par sa victime avant de mourir pouvait inhiber la déchéance successorale. En bonne logique, et sans autre précision du législateur, il fallait considérer qu'en légalisant l'indignité les rédacteurs du Code l'avaient détachée de l'exhérédation, et qu'elle devait donc être prononcée pour des motifs d'honnêteté publique que la victime n'est pas en mesure d'apprécier.

C'est un parti différent que le législateur a pris en 2001, à l'article 728 du Code civil, qui dispose : « *N'est pas exclu de la succession le successible frappé d'une cause d'indignité prévue aux articles 726 et 727, lorsque le défunt, postérieurement aux faits et à la connaissance qu'il en a eue, a précisé, par une déclaration expresse de volonté en la forme testamentaire, qu'il entend le maintenir dans ses droits héréditaires ou lui a fait une libéralité universelle ou à titre universel* ». Par conséquent, la déchéance ne sera pas appliquée si le *de cujus*, en pleine connaissance de cause et en toute liberté, précise par une **déclaration expresse de volonté** qu'il entend maintenir le coupable dans ses droits héréditaires. Pour plus de garanties et pour limiter les incertitudes, la loi précise que cette déclaration de volonté doit avoir été faite **en la forme testamentaire**, ce qui suppose, si elle est faite sans recours à un notaire, qu'elle soit **entièrement manuscrite, datée et signée.**

La loi précise que le pardon pourrait également résulter du fait que le *de cujus* avait consenti une libéralité universelle ou à titre universel au coupable - là encore après les faits répréhensibles et en pleine connaissance de ceux-ci.

§ 3
Effets de l'indignité

222.121 Rétroactivité. L'article 729 se contente d'ordonner une restitution des fruits et des revenus : « *L'héritier exclu de la succession pour cause d'indignité est tenu de rendre tous les fruits et tous les revenus dont il a eu la jouissance depuis l'ouverture de la succession* ». Il faut aller plus loin, et évoquer les **nécessaires restitutions du capital,** car l'indigne, muni de la saisine, a pu s'emparer des biens, et même les vendre. Du fait de l'indignité, les droits successoraux de l'indigne lui sont enlevés et réattribués à ses cohéritiers ou aux successeurs subséquents selon l'hypothèse. Cette restitution s'opère en vertu d'une résolution du droit de l'héritier qui, jusqu'à la déclaration d'indignité, devait être considéré comme tel (pour peu qu'il eût accepté la succession, expressément ou tacitement). Aussi la **disparition rétroactive des droits de l'indigne** commande-t-elle les conséquences suivantes.

1° L'indigne devra **restituer les biens héréditaires** pour le cas où leur attribution aurait déjà été faite, ou pour le cas où il s'en serait emparé. La restitution portera sur **les biens eux-mêmes et leurs accroissements éventuels**[1], ou sur **leur valeur** s'ils ont été aliénés. Dans ce dernier cas en effet, les actes de disposition seront généralement maintenus (v. s[s] n° 222.122). L'indigne devra même une **indemnité** pour les biens qui auraient disparu par cas fortuit, car il doit être traité comme un **possesseur de mauvaise foi** (v. *infra*, 2°). En revanche, l'indigne n'aura pas à restituer les biens reçus à titre de libéralité, sauf à ce que soit exercée contre lui une action en révocation pour ingratitude.

2° Il devra restituer les **fruits et revenus qu'il aurait perçus depuis l'ouverture de la succession;** c'est ce que dit expressément l'article 729, qui l'assimile ainsi à un **possesseur de mauvaise foi.**

3° Il devra acquitter des **intérêts sur les sommes à restituer**, puisqu'il doit être traité comme un *accipiens* de mauvaise foi : en application de l'article 1378 du Code civil, l'intérêt courra pour la période comprise entre la perception des sommes par l'indigne et leur restitution aux héritiers. Ainsi, quant au point de départ des intérêts, l'indigne est considéré comme *in mora* malgré l'absence de mise en demeure (comp. C. civ., art. 1153), tout comme un voleur.

4° Enfin, il faudra admettre la **résurgence des droits éteints par confusion** : comme la succession est censée n'avoir jamais été acquise par l'indigne, les droits qui existaient à son profit ou contre lui, par rapport au patrimoine du *de cujus*, et qui s'étaient éteints par confusion, renaissent.

L'indigne devra restitution de ces diverses valeurs, desquelles il faudra toutefois soustraire ce qu'il aurait payé, de ses propres deniers, en qualité d'héritier (par ex. l'impôt successoral). Il aura en effet **droit au remboursement de toutes les sommes déboursées pour acquitter les dettes de la succession.** Toutefois cette application de la règle qu'on ne saurait s'enrichir aux dépens d'autrui mérite en l'occurrence de voir son étendue limitée. Ainsi, les

1. Rép. min. 2 juin 2009, *D.* 2009. 1528.

autres charges que les dettes héréditaires – eussent-elles été acquittées dans l'intérêt des biens successoraux (par ex. les impenses) – ne devraient pas ouvrir droit à remboursement.

222.122 Effets à l'égard des tiers. Les tiers qui auraient acquis des droits sur les biens héréditaires avant la déclaration d'indignité et à une époque où ces biens se trouvaient encore dans les mains de l'indigne, devraient voir logiquement leurs droits résolus. À vrai dire, les actes de disposition accomplis par l'indigne sur les biens héréditaires vont se trouver fréquemment validés. Selon les cas, l'ayant cause à titre particulier de l'indigne pourra se prévaloir de l'article 2276 du Code civil, de **l'usucapion abrégé (C. civ., art. 2272)**, ou de la **théorie de l'héritier apparent.** Et comme rien ne permet en principe à un tiers de soupçonner une indignité avant qu'elle ne soit déclarée, ces exceptions joueront facilement (par exemple, pour l'application de la théorie de la propriété apparente[1]). Somme toute, seul le tiers qui a acquis les biens de mauvaise foi, c'est-à-dire en connaissant l'existence d'une cause d'indignité, pourra être atteint par la reconnaissance de celle-ci (l'arrêt précité de la cour de Poitiers réserve, outre la mauvaise foi du tiers acquéreur, la fraude du cédant).

222.123 Influence de l'indignité sur la situation des enfants de l'indigne. Avant la réforme de 2001, l'enfant de l'indigne ne pouvait venir le représenter. Cette règle était choquante au regard du principe de la personnalité des peines, car elle écartait d'une succession un héritier à raison des fautes commises par son auteur. Ainsi le petit-fils se trouvait-il définitivement privé des biens de son grand-père, par la faute de son père.

La loi de 2001 a changé la règle, en posant que **les enfants de l'indigne peuvent venir à la succession même par représentation. En ce sens,** l'article 729-1 dispose : « *Les enfants de l'indigne ne sont pas exclus par la faute de leur auteur, soit qu'ils viennent à la succession de leur chef, soit qu'ils y viennent par l'effet de la représentation; mais l'indigne ne peut, en aucun cas, réclamer, sur les biens de cette succession, la jouissance que la loi accorde aux père et mère sur les biens de leurs enfants* ».

La pleine efficacité de la nouvelle solution supposait néanmoins que l'on changeât la règle qu'on ne représente pas les personnes vivantes, exprimée depuis 1804 à l'article 744. C'est ce qui a été fait (comp. la nouvelle rédaction de l'article 754). En outre, les articles 755 et 754 alinéa 2 apportent des précisions sur la représentation de l'indigne : « *La représentation est admise en faveur des enfants et descendants de l'indigne, encore que celui-ci soit vivant à l'ouverture de la succession* ». Et il résulte du second de ces textes, par renvoi, que les enfants de l'indigne conçus avant l'ouverture de la succession dont l'indigne avait été exclu rapporteront à la succession de ce dernier les biens dont ils avaient hérité en son lieu et place, s'ils viennent en concours avec d'autres enfants conçus après l'ouverture de la première succession.

Enfin, et pour des considérations d'ordre moral bien compréhensibles, l'article 729-1 *in fine* précise que l'indigne ne peut en aucun cas réclamer, sur les biens de la succession, l'usufruit que la loi accorde aux père et mère sur les biens de leurs enfants. On a ainsi voulu éviter que par le biais de la jouissance légale du patrimoine pupillaire (C. civ., art. 382), l'indigne ne profite tout de même de la succession.

222.124 Étendue de la sanction. L'indignité a un **effet relatif** :

a) En ce sens tout d'abord qu'elle ne joue qu'à l'égard d'une seule succession. Si par conséquent un homme est déclaré indigne de venir à la succession de son père, laissant ainsi son frère recueillir toute la succession, son indignité ne l'empêchera pas, le cas échéant, de recueillir ultérieurement dans la succession de son frère les biens du père par voie de transmission. De même, l'indignité n'empêche pas l'indigne de venir à une autre succession en représentation de sa victime. Des solutions différentes dépasseraient la stricte idée de déchéance, pour aller jusqu'à une interdiction perpétuelle qui aurait pour effet pratique d'étendre à des successions distinctes les conséquences d'un fait relatif à une seule.

b) Effet relatif de l'indignité, ensuite, en ce qu'elle **touche uniquement la personne de l'indigne,** sans affecter la vocation de ses parents, fussent-ils proches. L'idée a déjà été exprimée au sujet de la situation des enfants de l'indigne, mais c'est une solution de portée plus générale (refus d'appliquer l'indignité au père du meurtrier[2]).

222.125 Inapplicabilité des sanctions de l'indignité aux libéralités et aux avantages matrimoniaux. La doctrine majoritaire considère à juste titre que l'indignité vaut pour l'héritier *stricto sensu*. Elle ne peut être appliquée à un successeur dont le titre est purement testamentaire, et plus largement au gratifié, par exemple le bénéficiaire d'une donation de biens à venir[3]. Cela peut poser un problème d'interprétation pour l'héritier légal, par ailleurs institué dans un testament. Il faudra alors considérer que le legs tombe s'il se trouve dans la dépen-

1. Poitiers, 25 juin 1856, *DP* 1856. 2. 195.

2. Civ. 1re, 18 déc. 1984, no 83-16.028, *Bull. civ.* I, no 340.
3. Toulouse, 26 oct. 2000, *RTD civ.* 2001. 404, obs. J. Patarin.

dance du titre légal - autrement dit, si l'on peut considérer que le père (par exemple) n'a gratifié son fils que parce qu'il le concevait d'abord comme son héritier. Cela est plus facile à résoudre en termes généraux qu'à traiter dans les cas particuliers. Bien entendu, si l'institution testamentaire de l'indigne répondait aux conditions de l'article 728 (v. s^s n° 222.98), la question ne ferait plus difficulté, l'indigne se trouvant absous. Étant donné, donc, la solution principale, l'indigne n'aurait pas à restituer les biens reçus à titre de libéralité, sauf l'éventuel jeu de la révocation pour ingratitude (C. civ., art. 954, 955 et 1046). Les règles relatives à l'indignité successorale ne permettent pas, par ailleurs, de remettre en cause un avantage matrimonial[1].

1. Civ. 1re, 7 avr. 1998, n° 96-14.508, *Bull. civ.* I, n° 146; *D.* 1998. 529, note Thierry; *RTD civ.* 1998. 457, obs. B. Vareille; et 882, obs. J. Hauser; *JCP* 1998. I. 10197, note C. Puigelier; *Defrénois* 1998. 825, note G. Champenois; *Dr. fam.* 1998, n° 102, note B. Beignier.

TITRE

23. La dévolution de la succession

SECTION 0 ORIENTEUR

23.00 Plan du titre.

Chap. 231		**Droits des parents en l'absence de conjoint successible**
Sect.	1	Règle de l'ordre
Sect.	2	Règle du degré
Sect.	3	Règle de la division par branche
Sect.	4	Règle de la représentation
Sect.	5	Fiscalité
Chap. 232		**Droits du conjoint sur la succession**
Sect.	1	Promotion successorale du conjoint
Sect.	2	Conditions de successibilité
Sect.	3	Vocation en usufruit
Sect.	4	Vocation en propriété
Sect.	5	Fiscalité
Chap. 233		**Droits du conjoint au logement**
Sect.	1	Droits préexistants et droits nouveaux
Sect.	2	Droit temporaire de jouissance
Sect.	3	Droit viager d'usage et d'habitation
Sect.	4	Fiscalité
Chap. 234		**Droit du conjoint successible à des aliments**
Sect.	1	Ouverture du droit
Sect.	2	Charge de la pension
Sect.	3	Paiement de la pension
Sect.	4	Forme et délai de la demande de pension
Chap. 235		**Successions anomales**
Sect.	1	Biens dévolus selon leur origine
Sect.	2	Biens dévolus selon leur nature
Sect.	3	Fiscalité

23.11 La hiérarchie héréditaire. La dévolution consiste à déterminer les personnes que la loi appelle à la succession et l'ordre dans lequel elles se présentent lorsque le défunt n'a pas ou a incomplètement testé ou lorsque son pouvoir de disposition était restreint par la présence d'héritiers réservataires.

Ces personnes ont pour caractéristique commune d'avoir avec le futur défunt un lien de famille au sens large, c'est-à-dire un lien de parenté ou un lien matrimonial. Depuis 1804, le fondement de la dévolution légale est inchangé : celle-ci repose toujours sur les liens du sang et du mariage, même si, à l'intérieur de cette arborescence familiale, d'amples mouvements sont intervenus depuis l'avènement du Code civil.

Ce sont donc les parents par le sang et le conjoint survivant qui se voient conférer par la loi une vocation successorale, et, par là même, la qualité d'héritier.

Mais le groupe familial peut être immense et l'on ne saurait imaginer l'appeler en bloc à une succession, sous peine de réduire celle-ci à une poussière de biens.

L'exigence d'un classement, plus exactement d'une hiérarchisation des prétendants possibles à une hérédité, s'impose donc, et le législateur s'est employé à définir les règles de préséance qui caractérisent notre système dévolutif.

Ces règles ont pour objet d'une part, de désigner ceux qui, parmi les successibles, seront héritiers, ce qui revient à résoudre une question de hiérarchie, d'autre part, de fixer la quotité des droits concurrents des héritiers qui seraient appelés en même temps.

23.12 Présentation de la dévolution légale. La loi n° 2001-1135 du 3 décembre 2001, relative aux droits du conjoint survivant et des enfants adultérins et modernisant diverses dispositions du droit successoral[1], a fait œuvre novatrice en recompo-

1. L. n° 2001-1135, 3 déc. 2001, relative aux droits du conjoint survivant et des enfants adultérins et modernisant diverses dispositions du droit successoral, *JO* 4 déc., p. 19279, entrée en vigueur le 1er juill. 2001.

sant l'ordre successoral par rapport à ce qu'il était sous le droit antérieur. Elle établit au sein des héritiers une *summa divisio* entre les parents par le sang d'une part, et le conjoint survivant d'autre part, au point de consacrer à chacune de ces catégories de successibles une section distincte dans le nouveau chapitre 3 du Livre III du Code civil.

C'est dire qu'à lui seul, le conjoint survivant, héritier unique en son genre, élément non parental de la succession, mobilise l'intérêt du législateur autant que tous les héritiers du sang réunis, au point que le plan du chapitre s'en est trouvé bouleversé.

Depuis lors, la loi n° 2006-728 du 23 juin 2006, entrée en vigueur le 1er janvier 2007[1], parachevant l'œuvre entreprise en 2001 par une réforme en profondeur et dans son ensemble du droit des successions et des libéralités, a apporté quelques retouches aux règles de dévolution nouvellement établies, s'agissant notamment des droits des père et mère du défunt et ceux du conjoint survivant.

Néanmoins, l'exposé des règles de la dévolution *ab intestat* se fera selon le plan qui avait été adopté en 2001, inchangé en 2006.

Division. Ainsi seront tour à tour étudiés les droits des parents en l'absence de conjoint successible (chap. 231) puis les droits du conjoint successible (chap. 232 à 234). Ensemble, ils représentent ce que l'on pourrait appeler le droit commun de la dévolution légale, fondé sur le double principe de l'unité de la succession et de la proximité de la parenté. Il reste que nombre de droits et de biens obéissent, quant à eux, à des règles dévolutives dérogatoires; ils seront évoqués à part, au titre des dévolutions irrégulières (chap. 235).

1. L. n° 2006-728, 23 juin 2006, portant réforme des successions et des libéralités, *JO* 24 juin, p. 9513.

CHAPITRE

231. Droits des parents en l'absence de conjoint successible

MARIE-CLAUDE DE ROTON-CATALA
MAÎTRE DE CONFÉRENCES
À L'UNIVERSITÉ PARIS-SUD

CHRISTOPHE VERNIÈRES
PROFESSEUR À L'UNIVERSITÉ
PARIS 8 – VINCENNES SAINT-DENIS

SECTION 0
ORIENTEUR

231.00 **Plan du chapitre.**

231.01 **Textes applicables.**

C. civ., art. 733 à 755

CGI, art. 761, 764 *bis*, 777, 779, 796-0 *ter*, 800, 1709, 1133

L. n° 2006-728, 23 juin 2006, portant réforme des successions et des libéralités, *JO* 24 juin, p. 9513 (*en vigueur le 1er janv. 2007*)

Ord. n° 2005-759, 4 juill. 2005, portant réforme de la filiation, *JO* 6 juill., p. 11159 (*en vigueur le 1er juill. 2006*).

DÉVOLUTION

> Droits des parents en l'absence de conjoint successible

C. civ., art. 733 (*Ord. 4 juill. 2005, art. 17, VII*)

La loi ne distingue pas selon les modes d'établissement de la filiation pour déterminer les parents appelés à succéder.

Les droits résultant de la filiation adoptive sont réglés au titre de l'adoption.

> Ordres d'héritiers

[C. civ., art. 734 à 740]

C. civ., art. 734

En l'absence de conjoint successible, les parents sont appelés à succéder ainsi qu'il suit :

1° Les enfants et leurs descendants;

2° Les père et mère; les frères et sœurs et les descendants de ces derniers;

3° Les ascendants autres que les père et mère;

4° Les collatéraux autres que les frères et sœurs et les descendants de ces derniers.

Chacune de ces quatre catégories constitue un ordre d'héritiers qui exclut les suivants.

C. civ., art. 735

Les enfants ou leurs descendants succèdent à leurs père et mère ou autres ascendants, sans distinction de sexe, ni de primogéniture, même s'ils sont issus d'unions différentes.

C. civ., art. 736
Lorsque le défunt ne laisse ni postérité, ni frère, ni sœur, ni descendants de ces derniers, ses père et mère lui succèdent, chacun pour moitié.

C. civ., art. 737
Lorsque les père et mère sont décédés avant le défunt et que celui-ci ne laisse pas de postérité, les frères et sœurs du défunt ou leurs descendants lui succèdent, à l'exclusion des autres parents, ascendants ou collatéraux.

C. civ., art. 738
Lorsque les père et mère survivent au défunt et que celui-ci n'a pas de postérité, mais des frères et sœurs ou des descendants de ces derniers, la succession est dévolue, pour un quart, à chacun des père et mère et, pour la moitié restante, aux frères et sœurs ou à leurs descendants.

Lorsqu'un seul des père et mère survit, la succession est dévolue pour un quart à celui-ci et pour trois quarts aux frères et sœurs ou à leurs descendants.

C. civ., art. 738-1 (*L. 23 juin 2006, art. 29, 18°*)
Lorsque seul le père ou la mère survit et que le défunt n'a ni postérité ni frère ni sœur ni descendant de ces derniers, mais laisse un ou des ascendants de l'autre branche que celle de son père ou de sa mère survivant, la succession est dévolue pour moitié au père ou à la mère et pour moitié aux ascendants de l'autre branche.

C. civ., art. 738-2 (*L. 23 juin 2006, art. 29, 19°*)
Lorsque les père et mère ou l'un d'eux survivent au défunt et que celui-ci n'a pas de postérité, ils peuvent dans tous les cas exercer un droit de retour, à concurrence des quotes-parts fixées au premier alinéa de l'article 738, sur les biens que le défunt avait reçus d'eux par donation.

La valeur de la portion des biens soumise au droit de retour s'impute en priorité sur les droits successoraux des père et mère.

Lorsque le droit de retour ne peut s'exercer en nature, il s'exécute en valeur, dans la limite de l'actif successoral.

C. civ., art. 739
À défaut d'héritier des deux premiers ordres, la succession est dévolue aux ascendants autres que les père et mère.

C. civ., art. 740
À défaut d'héritier des trois premiers ordres, la succession est dévolue aux parents collatéraux du défunt autres que les frères et sœurs et les descendants de ces derniers.

> Degrés
[C. civ., art. 741 à 745]

C. civ., art. 741
La proximité de parenté s'établit par le nombre de générations; chaque génération s'appelle un degré.

C. civ., art. 742
La suite des degrés forme la ligne; on appelle ligne directe la suite des degrés entre personnes qui descendent l'une de l'autre; ligne collatérale, la suite des degrés entre personnes qui ne descendent pas les unes des autres, mais qui descendent d'un auteur commun.

On distingue la ligne directe descendante et la ligne directe ascendante.

C. civ., art. 743 (*L. n° 2009-526, 12 mai 2009, art. 10*)
En ligne directe, on compte autant de degrés qu'il y a de générations entre les personnes : ainsi, l'enfant est, à l'égard du père et de la mère, au premier degré, le petit-fils ou la petite-fille au second; et réciproquement du père et de la mère à l'égard de l'enfant et des aïeuls à l'égard du petit-fils ou de la petite-fille; ainsi de suite.

En ligne collatérale, les degrés se comptent par génération, depuis l'un des parents jusques et non compris l'auteur commun, et depuis celui-ci jusqu'à l'autre parent.

Ainsi, les frères et sœurs sont au deuxième degré; l'oncle ou la tante et le neveu ou la nièce sont au troisième degré; les cousins germains et cousines germaines au quatrième; ainsi de suite.

C. civ., art. 744
Dans chaque ordre, l'héritier le plus proche exclut l'héritier plus éloigné en degré.

À égalité de degré, les héritiers succèdent par égale portion et par tête.

Le tout sauf ce qui sera dit ci-après de la division par branches et de la représentation.

C. civ., art. 745
Les parents collatéraux ne succèdent pas au-delà du sixième degré.

> Divisions par branches, paternelle et maternelle
[C. civ., art. 746 à 750]

C. civ., art. 746
La parenté se divise en deux branches, selon qu'elle procède du père ou de la mère.

C. civ., art. 747
Lorsque la succession est dévolue à des ascendants, elle se divise par moitié entre ceux de la branche paternelle et ceux de la branche maternelle.

C. civ., art. 748
Dans chaque branche succède, à l'exclusion de tout autre, l'ascendant qui se trouve au degré le plus proche.

Les ascendants au même degré succèdent par tête.

À défaut d'ascendant dans une branche, les ascendants de l'autre branche recueillent toute la succession.

C. civ., art. 749
Lorsque la succession est dévolue à des collatéraux autres que les frères et sœurs ou leurs descendants, elle se divise par moitié entre ceux de la branche paternelle et ceux de la branche maternelle.

C. civ., art. 750
Dans chaque branche succède, à l'exclusion de tout autre, le collatéral qui se trouve au degré le plus proche.

Les collatéraux au même degré succèdent par tête.

À défaut de collatéral dans une branche, les collatéraux de l'autre branche recueillent toute la succession.

> Représentation
[C. civ., art. 751 à 755]

C. civ., art. 751 (*L. 23 juin 2006, art. 29, 20°*)
La représentation est une fiction juridique qui a pour effet d'appeler à la succession les représentants aux droits du représenté.

C. civ., art. 752

La représentation a lieu à l'infini dans la ligne directe descendante.

Elle est admise dans tous les cas, soit que les enfants du défunt concourent avec les descendants d'un enfant prédécédé, soit que tous les enfants du défunt étant morts avant lui, les descendants desdits enfants se trouvent entre eux en degrés égaux ou inégaux.

C. civ., art. 752-1

La représentation n'a pas lieu en faveur des ascendants; le plus proche, dans chacune des deux lignes, exclut toujours le plus éloigné.

C. civ., art. 752-2

En ligne collatérale, la représentation est admise en faveur des enfants et descendants de frères ou sœurs du défunt, soit qu'ils viennent à sa succession concurremment avec des oncles ou tantes, soit que tous les frères et sœurs du défunt étant prédécédés, la succession se trouve dévolue à leurs descendants en degrés égaux ou inégaux.

C. civ., art. 753

Dans tous les cas où la représentation est admise, le partage s'opère par souche, comme si le représenté venait à la succession; s'il y a lieu, il s'opère par subdivision de souche. À l'intérieur d'une souche ou d'une subdivision de souche, le partage se fait par tête.

C. civ., art. 754 (*L. 23 juin 2006, art. 29, 21°*)

On représente les prédécédés, on ne représente les renonçants que dans les successions dévolues en ligne directe ou collatérale.

Les enfants du renonçant conçus avant l'ouverture de la succession dont le renonçant a été exclu rapportent à la succession de ce dernier les biens dont ils ont hérité en son lieu et place, s'ils viennent en concours avec d'autres enfants conçus après l'ouverture de la succession. Le rapport se fait selon les dispositions énoncées à la section 2 du chapitre VIII du présent titre.

Sauf volonté contraire du disposant, en cas de représentation d'un renonçant, les donations faites à ce dernier s'imputent, le cas échéant, sur la part de réserve qui aurait dû lui revenir s'il n'avait pas renoncé.

On peut représenter celui à la succession duquel on a renoncé.

C. civ., art. 755 (*L. 23 juin 2006, art. 29, 22°*)

* V. texte complet de cet article s[s] n° 222.01, > *Effets de l'indignité pour les enfants de l'indigne*

FISCALITÉ

> Liquidation des droits de mutation à titre gratuit sur les immeubles

CGI, art. 761

Pour la liquidation des droits de mutation à titre gratuit, les immeubles, quelle que soit leur nature, sont estimés d'après leur valeur vénale réelle à la date de la transmission, d'après la déclaration détaillée et estimative des parties, sans distraction des charges, sauf, en ce qui concerne celles-ci, ce qui est dit aux articles 767 et suivants.

Pour les immeubles dont le propriétaire a l'usage à la date de la transmission, la valeur vénale réelle mentionnée au 1er alinéa est réputée égale à la valeur libre de toute occupation.

Néanmoins, si, dans les deux années qui ont précédé ou suivi, soit l'acte de donation, soit le point de départ des délais pour souscrire la déclaration de succession, les immeubles transmis ont fait l'objet d'une adjudication, soit par autorité de justice, soit volontaire, avec admission des étrangers, les droits exigibles ne peuvent être calculés sur une somme inférieure au prix de l'adjudication, en y ajoutant toutes les charges en capital, à moins qu'il ne soit justifié que la consistance des immeubles a subi, dans l'intervalle, des transformations susceptibles d'en modifier la valeur.

> Abattement dérogatoire aux droits de mutation sur les immeubles

CGI, art. 764 *bis* (*L. n° 2004-1484, 30 déc. 2004 – art. 8*)

Par dérogation aux dispositions du deuxième alinéa de l'article 761, il est effectué un abattement de 20 % sur la valeur vénale réelle de l'immeuble constituant au jour du décès la résidence principale du défunt lorsque, à la même date, cet immeuble est également occupé à titre de résidence principale par le conjoint survivant, par le partenaire lié au défunt par un pacte civil de solidarité ou par un ou plusieurs enfants mineurs ou majeurs protégés du défunt, de son conjoint ou de son partenaire.

Ces dispositions s'appliquent dans les mêmes conditions lorsque les enfants majeurs du défunt, de son conjoint ou de son partenaire sont incapables de travailler dans des conditions normales de rentabilité, en raison d'une infirmité physique ou mentale, congénitale ou acquise au sens du II de l'article 779.

> Tarif des droits de mutation à titre gratuit

CGI, art. 777 (*L. n° 2012-958, 16 août 2012, art. 5*)

Les droits de mutation à titre gratuit sont fixés aux taux indiqués dans les tableaux ci-après, pour la part nette revenant à chaque ayant droit :

TABLEAU I
Tarif des droits applicables en ligne directe

Fraction de part nette taxable	Tarif applicable
N'excédant pas 8 072 €	5 %
Comprise entre 8 072 et 12 109 €	10 %
Comprise entre 12 109 et 15 932 €	15 %
Comprise entre 15 932 et 552 324 €	20 %
Comprise entre 552 324 et 902 838 €	30 %
Comprise entre 902 838 et 1 805 677 €	40 %
Au-delà de 1 805 677 €	45 %

TABLEAU II
Tarif des droits applicables entre époux et entre partenaires liés par un pacte civil de solidarité

[tableau reproduit s[s] n° 232.01]

TABLEAU III
Tarif des droits applicables en ligne collatérale et entre non-parents

Fraction de part nette taxable	Tarif applicable
Entre frères et sœurs vivants ou représentés :	
– n'excédant pas 24 430 €	35 %
– supérieure à 24 430 €	45 %
Entre parents jusqu'au quatrième degré inclusivement :	55 %
Entre parents au-delà du quatrième degré et entre personnes non parentes :	60 %

Sous réserve des exceptions prévues au I de l'article 794 et à l'article 795, les dons et legs faits aux établissements publics ou d'utilité publique sont soumis aux tarifs fixés pour les successions entre frères et sœurs.

(À compter du 1er janvier 2013, l'actualisation annuelle des abattements, tarifs et seuils est supprimée)

> Abattements sur les tarifs des droits de mutation à titre gratuit (*pour les successions ouvertes et les donations consenties à compter du 17 août 2012*)

CGI, anc. art. 779 (*L. n° 2012-958, 16 août 2012, art. 5*)

I. Pour la perception des droits de mutation à titre gratuit, il est effectué un abattement de 100 000 euros sur la part de chacun des ascendants et sur la part de chacun des enfants vivants ou représentés par suite de prédécès ou de renonciation.

Entre les représentants des enfants prédécédés ou renonçants, cet abattement se divise d'après les règles de la dévolution légale.

En cas de donation, les enfants décédés du donateur sont, pour l'application de l'abattement, représentés par leurs descendants donataires dans les conditions prévues par le Code civil en matière de représentation successorale.

II. Pour la perception des droits de mutation à titre gratuit, il est effectué un abattement de 159 325 euros sur la part de tout héritier, légataire ou donataire, incapable de travailler dans des conditions normales de rentabilité, en raison d'une infirmité physique ou mentale, congénitale ou acquise.

Un décret en Conseil d'État détermine les modalités d'application du premier alinéa.

III. (*Abrogé*)

IV. Pour la perception des droits de mutation à titre gratuit, il est effectué en cas de donation ou, lorsque les dispositions de l'article 796-0 *ter* ne sont pas applicables, en cas de succession, un abattement de 15 932 euros sur la part de chacun des frères ou sœurs vivants ou représentés par suite de prédécès ou de renonciation.

Entre les représentants des frères et sœurs prédécédés ou renonçants, cet abattement se divise d'après les règles de dévolution légale.

V. Pour la perception des droits de mutation à titre gratuit, il est effectué un abattement de 7 967 euros sur la part de chacun des neveux et nièces.

VI. (*Abrogé*).

> Exonération des droits de mutation par décès des frères et sœurs (*pour les successions ouvertes à compter du 22 août 2007*)

CGI, art. 796-0 *ter* (*L. n° 2007-1223, 21 août 2007, art. 10*)

Est exonérée de droits de mutation par décès, la part de chaque frère ou sœur, célibataire, veuf, divorcé ou séparé de corps, à la double condition :

1° Qu'il soit, au moment de l'ouverture de la succession, âgé de plus de cinquante ans ou atteint d'une infirmité le mettant dans l'impossibilité de subvenir par son travail aux nécessités de l'existence ;

2° Qu'il ait été constamment domicilié avec le défunt pendant les cinq années ayant précédé le décès.

> Obligation de déclaration de succession et dispenses

CGI, art. 800 (*L. n° 2007-1223, 21 août 2007, art. 8*)

I. – Les héritiers, légataires ou donataires, leurs tuteurs ou curateurs, sont tenus de souscrire une déclaration détaillée et de la signer sur une formule imprimée fournie gratuitement par l'administration.

En sont dispensés :

1° Les ayants cause en ligne directe, le conjoint survivant et le partenaire lié par un pacte civil de solidarité lorsque l'actif brut successoral est inférieur à 50 000 euros et à la condition que ces personnes n'aient pas bénéficié antérieurement, de la part du défunt, d'une donation ou d'un don manuel non enregistré ou non déclaré (1) ;

2° Les personnes autres que celles visées au 1° lorsque l'actif brut successoral est inférieur à 3 000 euros.

En ce qui concerne les immeubles situés dans la circonscription des services des impôts autres que celui où est souscrite la déclaration, le détail est présenté non dans cette déclaration, mais distinctement, pour chaque service de la situation des biens, sur une formule fournie par l'administration et signée par le déclarant.

II. – La déclaration prévue au premier alinéa du I est établie en double exemplaire.

Nota : (1) Dispositions applicables aux successions ouvertes à compter du 1er janvier 2006.

> Paiement des droits des déclarations des mutations par décès

CGI, art. 1709 (*L. n° 2008-1425, 27 déc. 2008, art. 83*)

Les droits des déclarations des mutations par décès sont payés par les héritiers, donataires ou légataires.

Les cohéritiers, à l'exception de ceux exonérés de droits de mutation par décès, sont solidaires.

> Réunion de l'usufruit à la nue-propriété

CGI, art. 1133

Sous réserve des dispositions de l'article 1020, la réunion de l'usufruit à la nue-propriété ne donne ouverture à aucun impôt ou taxe lorsque cette réunion a lieu par l'expiration du temps fixé pour l'usufruit ou par le décès de l'usufruitier.

231.02 Jurisprudence de référence.

> La différence de traitement appliquée par la loi française entre enfants légitimes et enfants adultérins est

disproportionnée par rapport au but poursuivi, qui est la protection de la famille traditionnelle

• CEDH 1er févr. 2000, *Mazurek c/France*, req. n° 34406-97

[V. s^s n° 231.03 la bibliographie relative à la jurisprudence *Mazurek*]

* V. s^s n° 231.12

« 54. Le seul problème soumis à la Cour concerne la question de la succession d'une mère par ses deux enfants, l'un naturel, l'autre adultérin.

Or la Cour ne trouve, en l'espèce, aucun motif de nature à justifier une discrimination fondée sur la naissance hors mariage. En tout état de cause, l'enfant adultérin ne saurait se voir reprocher des faits qui ne lui sont pas imputables : il faut cependant constater que le requérant, de par son statut d'enfant adultérin, s'est trouvé pénalisé dans le partage de la masse successorale.

55. Eu égard à tous ces éléments, la Cour conclut qu'il n'y a pas de rapport raisonnable de proportionnalité entre les moyens employés et le but visé.

Partant, il y a eu violation de l'article 1er du Protocole n° 1 combiné avec l'article 14 de la Convention. »

> L'irrecevabilité de l'action en réduction d'une donation-partage formée par un enfant adultérin par application des dispositions transitoires de la loi du 3 décembre 2001, alors que la même action formée par un enfant légitime aurait été recevable, constitue une atteinte au principe de non-discrimination disproportionnée par rapport au but poursuivi, qui est d'assurer la stabilité des règlements successoraux achevés

• CEDH 7 févr. 2013, *Fabris c/France*, req. n° 16574/08

* V. s^s n° 231.15

« 61. En l'espèce, nul ne conteste le fait que le requérant s'est vu privé d'une part de réserve héréditaire et placé définitivement dans une situation différente de celle des enfants légitimes quant à la succession de leur mère. Il s'est en effet trouvé empêché d'obtenir la réduction de la donation-partage dont il avait été exclu et une part réservataire en raison de son statut d'enfant "adultérin".

62. Cette différence de traitement entre le requérant et ses demi-frère et demi-sœur résulte de l'article 25-II de la loi de 2001 qui met comme condition à l'application des nouveaux droits successoraux des enfants "adultérins" aux successions ouvertes avant le 4 décembre 2001 qu'elles n'aient pas donné lieu à un partage avant cette date. Or, interprétant la disposition transitoire concernée, la Cour de cassation a estimé que le partage successoral avait eu lieu en 1994, au moment du décès de la mère du requérant, suivant en cela une jurisprudence ancienne selon laquelle en matière de donation-partage, la succession est à la fois ouverte et partagée par le décès du donateur. Un enfant légitime, omis de la donation-partage ou non encore conçu lors de celle-ci, ne se serait pas vu opposer un tel obstacle pour obtenir sa réserve ou sa part héréditaire conformément aux articles 1077-1 et 1077-2 du Code civil (paragraphe 25 ci-dessus). Il n'est dès lors pas contesté que la différence de traitement subie par le requérant a pour seul motif sa naissance hors mariage. [...]

70. Aussi, à la lumière de ce qui précède, la Cour considère-t-elle que le but légitime de la protection des droits successoraux du demi-frère et de la demi-sœur du requérant n'était pas d'un poids tel qu'il dût l'emporter sur la prétention du requérant d'obtenir une part de l'héritage de sa mère. [...]

73. À la lumière de toutes ces considérations, la Cour conclut qu'il n'existait pas de rapport raisonnable de proportionnalité entre les moyens employés et le but légitime poursuivi. La différence de traitement dont le requérant a fait l'objet n'avait donc pas de justification objective et raisonnable. Partant, il y a eu violation de l'article 14 de la Convention combiné avec l'article 1 du Protocole n° 1. »

> Il ressort de l'article 752 du Code civil, dans sa rédaction antérieure à celle issue de la loi du 23 juin 2006, qu'il ne peut y avoir représentation, dans la ligne directe descendante, que si le défunt a eu plusieurs enfants

• Civ. 1re, 25 sept. 2013, n° 12-17.556, *Bull. civ.* I [à paraître]

* V. s^s n° 231.107

« Vu les articles 848 et 752 du Code civil dans leur rédaction antérieure à celle issue de la loi du 23 juin 2006, applicable en la cause;

Attendu qu'il ressort du second des textes susvisés qu'il ne peut y avoir représentation dans la ligne directe descendante que si le défunt a eu plusieurs enfants;

Attendu que, pour débouter M. et Mme X... de leur demande tendant à voir juger que les donations consenties par Raymond X... portaient atteinte à leur réserve successorale et devaient, en conséquence, être réduites, l'arrêt retient, d'une part, que si les co-héritiers X... sont les héritiers directs de leur grand-père paternel, il ne peut pour autant être fait abstraction de leur situation particulière, au regard des libéralités octroyées par leur grand-père à leur père, lesquelles sont incluses dans le patrimoine de leur père dont ils ont hérité et, d'autre part, que l'article 848 du Code civil prévoit que si le fils ne vient que par représentation, il doit rapporter ce qui avait été donné à son père; qu'il en déduit que les donations reçues par leur père et celles qu'ils ont reçues excédant la réserve héréditaire, ils ne peuvent prétendre à la réduction de celles consenties à Mme Y...;

Qu'en statuant ainsi, alors que Michel X... était le fils unique du défunt, de sorte que ses deux enfants, seuls héritiers de leur grand-père, venaient à la succession de celui-ci, non pas en représentation de leur père, mais de leur chef, de sorte qu'ils n'étaient pas tenus de rapporter les donations dont ce dernier avait bénéficié, la cour d'appel a violé par fausse application les textes susvisés; [...]. »

231.03 Bibliographie indicative.

Actualisables. Rép. civ., v° *Succession (1° Dévolution)*, par R. Le Guidec et G. Chabot, janv. 2009 [màj janv. 2014], n°s 172 à 291 – *J.-Cl. Civ.*, art. 731 à 733 (2007), par J. Foyer; art. 734 à 755 (2006), par J.-B. de Saint-Affrique.

Ouvrages[1]. B. Beignier, *La réforme du droit des successions*, « Carré Droit », LexisNexis/Litec, 2002; *Libéralités et*

1. NB : les ouvrages les plus fréquemment cités et dont le nom des auteurs figure en petites capitales en bibliographie sont cités par les seuls noms des auteurs en petites capitales en notes de bas de page.

successions, « Cours », Montchrestien, 2012 – S. Berre et S. Ferré-André, *Successions et libéralités*, « HyperCours », Dalloz, 2012 – R. Crône, M.-C. Forgeard et B. Gelot, *La réforme des successions*, Defrénois, 2002; *Le nouveau droit des successions et des libéralités. Loi du 23 juin 2006, commentaires et formules*, Defrénois, 2007 – A. Delfosse et J.-F. Péniguel, *La réforme des successions et des libéralités*, « Pratique professionnelle », LexisNexis/Litec, 2006 – M. Grimaldi, *Droit civil. Les successions*, 6ᵉ éd., « Manuels », LexisNexis/Litec, 2001 – Chr. Jubault, *Les successions, les libéralités*, 2ᵉ éd., « Précis Domat, droit privé », Montchrestien, 2010 – A.-M. Leroyer, *Droit des successions*, 3ᵉ éd., « Cours », Dalloz, 2014 – Ph. Malaurie, *Les successions, les libéralités*, « Droit civil », 5ᵉ éd., Defrénois/Lextenso, 2012 – J. Maury, *Successions, Libéralités*, 8ᵉ éd., « Objectif Droit », LexisNexis/Litec, 2012 – Th. Revet et F. Zenati-Castaing, *Successions*, « Droit fondamental », PUF, 2012 – A. Sériaux, *Successions et libéralités*, Ellipses, 2013 – F. Terré, Y. Lequette et S. Gaudemet, *Les successions, les libéralités*, 4ᵉ éd., « Précis », Dalloz, 2014 – P. Voirin et G. Goubeaux, *Droit civil, Régimes matrimoniaux, Successions, Libéralités*, 27ᵉ éd., « Manuels », t. II, LGDJ, 2012.

Articles. D. Arteil, « L'ascendant dans le nouveau droit des successions et des libéralités », *Defrénois* 2007. 477 – M. Beaubrun, « La loi du 3 décembre 2001 portant réforme du droit des successions », *Defrénois* 2001. I, art. 37386 – F. Bellivier et J. Rochfeld, « Droit successoral », *RTD civ.* 2002. 156 – E. Berry, « Du sort de la fente entre ascendants privilégiés et ordinaires après la loi du 3 décembre 2001 », *JCP N* 2004. 1257 – E. Berry-Bertin, « La représentation du renonçant : quelle représentation et quelle renonciation ? », *RLDC* 2007. 46 – A. Bertrand-Mirkovic, « La représentation de l'héritier renonçant », *Dr. fam.* 2006. Étude 56 – D. Boulanger, « Les nouveaux droits des parents en l'absence de conjoint successible », *JCP N* 2002. 1286 – Cl. Brenner, « En faveur d'une modification du régime de la renonciation à succession », *80 ans de la Semaine juridique*, nᵒ historique, hors-série déc. 2007, cahier 2, p. 12 – J. Casey, « Droit des successions, commentaire de la loi du 3 décembre 2001 », *RJPF* 2002-1/6 s.; *RJPF* 2002-2/6 – S. Gaudemet, « La représentation successorale au lendemain de la loi du 23 juin 2006 », *Defrénois* 2006, nᵒ 1366 – P. Gourdon, « Suppression des discriminations successorales touchant les enfants adultérins : les risques insoupçonnés de l'application rétroactive de la loi », *JCP N* 2002. 58 – G. Grillon, « Réforme des droits successoraux du conjoint survivant et des enfants adultérins et de diverses dispositions de droit successoral », *JCP* 2001. 2233 – M. Grimaldi, « La représentation de l'héritier renonçant », *Defrénois* 2008. 25 – T. Keravec et E. Mallet, « Réforme des successions : les droits du conjoint survivant et des enfants adultérins », *JCP N* 2002. 945 – Y. Lequette, « La règle de l'unité de la succession après la loi du 3 décembre 2001 : continuité ou rupture ? », *Mél. Simler*, Litec/Dalloz, 2006, p. 167 – N. Levillain, « Nouvelles règles liquidatives en présence d'un héritier renonçant », *JCP N* 2007. 1187; « Le rapport de la succession reçue en lieu et place de l'indigne », *JCP N* 2006. 1138 – M. Nicod, « La vocation successorale de l'enfant adultérin », *LPA* 20 sept. 2002, p. 30 – N. Peterka, « Les retouches à la dévolution successorale, À propos de la loi du 23 juin 2006 », *Dr. fam.* 2006. Étude 52 – S. Piédelièvre, « Réflexions sur la réforme des successions », *Gaz. Pal.* 2002. 1. Doctr. 576 – S. Robinne, « De quelques interrogations en droit des successions depuis la loi du 3 décembre 2001 », *Dr. et patr.* déc. 2002. 24 – F. Sauvage, « La réforme du droit des successions enfin adoptée », *JCP N* 2001. 1727 – B. Vareille, « Nouveau rapport, nouvelle réduction », *D.* 2006. 2565 – D. Vigneau, « Le rapport d'une donation à un renonçant », *JCP N* 2006. 1327; « Les rapports des articles 845 et 848 du Code civil en cas de représentation d'un donataire renonçant », *JCP N* 2008. 1193.

> Sur la jurisprudence *Mazurek*. S. Hocquett-Berg, « La condition juridique de l'enfant adultérin après la condamnation de la France par la Cour européenne des droits de l'homme », *LPA* 10 mai 2000, p. 11 – M. Josselin-Gall, « Le notaire entre l'article 760 du Code civil et la Cour européenne des droits de l'homme », *JCP* 2001. I. 834; *La réforme du droit des successions. Loi du 3 décembre 2001 : analyse et commentaire*, Litec, 2002 – G. Khairallah, « Le notaire et les droits successoraux de l'enfant adultérin », *Bull. Cridon* 1ᵉʳ-15 avr. 2000, nᵒˢ 7-8, II, p. 139 – J. Massip, « L'article 760 du Code civil relatif aux droits successoraux des enfants adultérins doit-il être considéré comme inapplicable », *LPA* 5 juill. 2000, p. 118 – J. Patarin, *RTD civ.* 2000. 601 – Ph. Stoffel-Munck, « L'enfant qui sort de l'ombre. L'adultérin à la lumière des droits de l'Homme », *Dr. et patr.* mai 2000. 56 – B. Vareille, « L'enfant de l'adultère et le juge des droits de l'homme », *D.* 2000. Chron. 626.

231.04 Questions essentielles.

> La loi du 3 décembre 2001 distingue quatre catégories d'héritiers classés selon un ordre de préférence, de sorte que ceux d'un ordre donné évincent ceux d'un ordre subséquent.

* V. sˢ nᵒˢ 231.10 à 231.41

> Au sein d'un même ordre, l'héritier le plus proche en degré exclut tous les autres; à degré de parenté égal, les héritiers succèdent par égale portion et par tête.

* V. sˢ nᵒˢ 231.51 et 231.52

> Eu égard à sa composition, si au sein du deuxième ordre sont en concours les père et/ou mère du défunt ainsi que ses frères et sœurs ou leurs descendants, la loi attribue forfaitairement 1/4 de la succession à chaque ascendant survivant et le surplus aux collatéraux.

* V. sˢ nᵒ 231.31

> Lorsque la succession est dévolue à des ascendants autres que les père et/ou mère du défunt ou à des collatéraux autres que ses frères et sœurs ou leurs descendants, celle-ci se divise par moitié entre parents des branches paternelle et maternelle. Au sein de chaque branche, le parent le plus proche en degré évince les autres. À égalité de degré, ils succèdent par égale portion et par tête. À défaut de parent dans une branche, ceux de l'autre branche recueillent toute la succession.

* V. sˢ nᵒ 231.61 à 231.77

> Dans les successions dévolues aux enfants du défunt (ligne directe descendante) ou à ses frères et sœurs (ligne collatérale privilégiée), la représentation successorale est admise lorsque l'un ou plusieurs d'entre eux est prédécédé, indigne ou renonçant, en l'état d'une postérité.

* V. s[s] n°s 231.91 et 231.92; 231.101 à 231.105

> Le représentant doit être le descendant le plus proche en degré du représenté. S'il doit être personnellement apte à succéder au défunt, son aptitude à recueillir la succession du représenté est indifférente.

* V. s[s] n° 231.106

> La représentation successorale a pour effets d'appeler à la succession le ou les représentants à la place du représenté; elle substitue un partage par souche au partage par tête.

* V. s[s] n°s 231.111 à 231.115

231.06 Droit transitoire – Articles 41, 46 et 47, I, II, III et IV de la loi n° 2006-728 du 23 juin 2006 portant réforme des successions et des libéralités. Les dispositions nouvelles sont applicables aux successions ouvertes à compter du 1er janvier 2007, y compris si des libéralités ont été consenties antérieurement à cette date. Les successions ouvertes avant cette date restent soumises à la législation en vigueur au jour du décès. À titre dérogatoire, les nouvelles dispositions relatives à l'indivision et au partage s'appliquent aux indivisions existantes et aux successions ouvertes mais non encore partagées à compter du 1er janvier 2007, les instances en cours n'étant pas concernées par cette rétroactivité.

231.07 Dispositions interprétatives – Article 47, IV de la loi du 23 juin 2006. L'article 738-1 du Code civil relatif à la division par branche entre un ascendant privilégié d'une branche et un ascendant ordinaire de l'autre branche étant un texte interprétatif, il s'applique aux instances en cours et aux successions ouvertes à compter du 1er juillet 2002, date de l'entrée en vigueur de la loi n° 2001-1135 du 3 décembre 2001.

231.08 Fondements de la dévolution légale. Tous les candidats virtuels à une succession ne vont pas la recueillir effectivement. Certains parents seront préférés à d'autres, en raison de la plus grande proximité de leur lien avec le défunt.

Plusieurs explications ont été proposées pour justifier ce critère de classement : la préférence légale pour les parents les plus proches serait le reflet le plus probable des affections présumées du défunt. Cette vue des choses, très en vogue au XIXe siècle, comporte assurément une part de vérité psychologique, si l'on en juge par le nombre de personnes qui s'abstiennent de faire un testament, donnant par là même au système légal une approbation implicite. Mais très vite, on s'est avisé qu'il serait hasardeux de ne faire reposer la dévolution successorale que sur des probabilités, exactes parfois, certaines jamais. C'est pourquoi on a proposé d'expliquer le classement légal des héritiers par l'idée d'un devoir moral et social du défunt envers ses proches, devoir d'autant plus impératif que le lien unissant l'un aux autres est plus étroit.

Au demeurant, ces deux conceptions tour à tour proposées comme fondement de la dévolution légale ne se contredisent pas. On peut à la fois éprouver une affection et ressentir un devoir moral, dès lors que l'ordre de la dévolution *ab intestat*, loin d'être une construction arbitraire de la loi, coïncide le plus souvent avec la gradation des affections du défunt.

231.09 Pérennité des règles dévolutives. Les lois du 3 décembre 2001 et du 23 juin 2006 ont, en la matière, maintenu pour l'essentiel les principes fondamentaux du droit successoral français; néanmoins, certaines règles qui ordonnent le classement des héritiers ont été reformulées dans un souci de clarification et de modernisation, cependant que d'autres comportent de plus substantielles innovations.

Il reste qu'aujourd'hui comme hier, quatre grands principes gouvernent la dévolution légale, et, le cas échéant, se combinent entre eux. Ce sont, d'une part, les **règles de l'ordre et du degré** (sect. 1 et 2), d'autre part, les **règles de la division par branche** (sect. 3) **et de la représentation successorale** (sect. 4) classiquement présentées comme d'éventuels correctifs aux précédentes.

SECTION 1
RÈGLE DE L'ORDRE

231.10 Échelle. L'article 734 du Code civil établit comme antérieurement, mais selon une présentation plus méthodique que la précédente, une échelle de **quatre ordres** successifs de parents susceptibles d'être appelés à une succession, l'alinéa 2 précisant que « *chacune de ces quatre catégories constitue un ordre d'héritiers qui exclut les suivants* », de telle sorte que le deuxième ordre ne sera appelé à succéder qu'à défaut du premier, le troisième en l'absence du deuxième et ainsi de suite.

§ 1
Premier ordre

231.11 Descendants. Le premier ordre d'héritiers est constitué par **tous les descendants du défunt**, c'est-à-dire ses enfants, ses petits-enfants, *etc.*, sans limitation de degré.

À l'origine, ne bénéficiaient de la plénitude des droits successoraux déférés aux descendants que ceux d'entre eux qui pouvaient se prévaloir d'une

filiation légitime, qu'il s'agisse d'une légitimité d'origine ou d'une légitimation.

Les **enfants adoptifs** n'étaient admis que sous certaines réserves, et les **enfants naturels** avaient des droits réduits.

Les lois du 11 juillet 1966 sur l'adoption et du 3 janvier 1972 sur la filiation[1] ont conféré un statut successoral identique à tous les enfants, quelle que soit la nature, légitime, naturelle ou adoptive de leur filiation, pourvu qu'elle ait été légalement établie, volontairement ou non.

La règle n'était cependant pas absolue dans la mesure où certains enfants naturels connaissaient un statut successoral restrictif.

Tel était le cas des **enfants adultérins** lorsqu'ils se trouvaient en situation de concours successoral avec certains membres de la famille légitime touchés par l'adultère, qu'il s'agisse des enfants issus du mariage transgressé par l'adultère ou du conjoint survivant trompé.

En réduisant de manière significative les droits de ces enfants à raison des circonstances de leur naissance, la loi successorale apportait une exception notable au principe d'égalité successorale voulu par le législateur de 1972.

Ce dernier, encore attaché à l'institution du mariage, et notamment au devoir de fidélité qui en découle, n'avait pas cru devoir laisser sans protection la famille légitime bafouée par l'adultère. C'est pourquoi les enfants adultérins d'hier connaissaient la même discrimination qui frappait, avant 1972, tous les enfants naturels simples en concours avec des enfants légitimes.

On pouvait légitimement penser que le glissement qui s'était ainsi opéré se poursuivrait un jour, de sorte que tous les enfants, quelles que soient les péripéties ayant entouré leur conception, se verraient attribuer un statut successoral identique.

231.12 **Arrêt *Mazurek*.** Une telle hypothèse était d'autant plus réaliste que le pouvoir du législateur national est aujourd'hui battu en brèche par la supériorité des engagements internationaux de la France, au nombre desquels la Convention de sauvegarde des droits de l'homme et des libertés fondamentales (Conv. EDH).

C'est ainsi que la légitimité de l'article 760 ancien du Code civil français a été déniée par la Cour européenne des droits de l'homme dans un arrêt *Mazurek* en date du 1er février 2000, à propos d'une succession à laquelle venaient les deux enfants de la défunte, l'un naturel légitimé par mariage, l'autre naturel adultérin[2].

Dans cette espèce, l'enfant adultérin avait vu ses droits réduits de moitié selon une application, approuvée par la Cour de cassation, du texte incriminé[3].

En condamnant la France sur le fondement des articles 1er du Protocole nos 1 et 14 de la Conv. EDH, l'un affirmant le droit au respect des biens, l'autre proscrivant toute discrimination, fondée notamment sur la naissance, la Cour de Strasbourg avait placé le débat sur le terrain de la protection des biens et non sur celui du respect de la vie privée prôné par l'article 8 de la Convention, auquel la Cour de cassation avait estimé que la vocation successorale était étrangère.

Selon la Cour de Strasbourg, une différence de traitement (ici entre enfants adultérins et enfants légitimes quant à la succession de leur auteur) contrevenait aux dispositions dont elle était la gardienne dès lors qu'elle apparaissait disproportionnée et inadéquate par rapport au but poursuivi.

Or, si le juge européen ne contestait pas la légitimité du but allégué par le Gouvernement français, à savoir la protection de la famille traditionnelle, il estimait en revanche qu'il n'y avait pas de rapport raisonnable de proportionnalité entre les moyens employés et le but poursuivi et que, partant, l'article 760 (ancien) du Code civil français violait l'article 1er du Protocole no I combiné avec l'article 14 de la Convention.

1. L. no 66-500, 11 juill. 1966, portant réforme de l'adoption, *JO* 12 juill., p. 5956 – L. no 72-3, 3 janv. 1972, sur la filiation, *JO* 5 janv., p. 145.

2. CEDH 1er févr. 2000, req. no 34406/97, *Mazurek c/ France*, *D.* 2000. 332, note J. Thierry; *JCP* 2000. II. 10286, note A. Gouttenoire et F. Sudre; *LPA* 21 juill. 2000, p. 20, note M. Canaple; *Dr. fam.* 2000, no 33, note B. de Lamy; *GAJC*, 12e éd., 2007, 593, obs. F. Terré et Y. Lequette; *RDSS* 2000. 606, obs. F. Monéger; *RTD civ.* 2000. 311, obs. J. Hauser; 419, obs. J.-P. Marguénaud; et 601, obs. J. Patarin – *Adde*, les articles de S. Hocquett-Berg, « La condition juridique de l'enfant adultérin après la condamnation de la France par la Cour européenne des droits de l'homme », *LPA* 10 mai 2000, p. 11 s. – J. Massip, « L'article 760 du Code civil relatif aux droits successoraux des enfants adultérins doit-il être considéré comme inapplicable », *LPA* 5 juill. 2000, p. 118 – Ph. Stoffel-Munck, « L'enfant qui sort de l'ombre. L'adultérin à la lumière des droits de l'homme », *Dr. et patr.* mai 2000. 56 s. – M. Josselin-Gall, « Le notaire entre l'article 760 du Code civil et la Cour européenne des droits de l'homme », *JCP* 2001. I. 834; *La réforme du droit des successions. Loi du 3 décembre 2001 : analyse et commentaire*, Litec, 2002 – G. Khairallah, « Le notaire et les droits successoraux de l'enfant adultérin », *Bull. Cridon* 1er-15 avr. 2000, nos 7-8, II, p. 139.

3. Civ. 1re, 25 juin 1996, no 94-14.858, *Bull. civ.* I, no 268; *R.* 444; *D.* 1997. Somm. 275, obs. F. Dekeuwer-Défossez; *D.* 1998. 453, note L. Brunet; *JCP* 1997. II. 22834, note Ph. Malaurie; *Defrénois* 1997. 310, obs. J. Massip; *Dr. fam.* 1996, no 26, note B. Beignier; *RTD civ.* 1996. 873, obs. J. Hauser; *RTD civ.* 1997. 542, obs. J.-P. Marguénaud.

231.13 Droit interne. Dès lors, le juge français ne pouvait, sans faire encourir à la France une nouvelle condamnation, continuer à appliquer les textes du Code civil comportant des règles restrictives du statut successoral de certains enfants adultérins.

Selon certains auteurs, la France était désormais placée devant une alternative : soit les juridictions nationales décidaient de se ranger à l'analyse de la Cour européenne en rendant une décision *contra legem*; soit le législateur français décidait d'abroger l'article 760 du Code civil.

Plusieurs décisions émanant des juges du fond s'alignèrent effectivement sur la jurisprudence strasbourgeoise, sans doute pour éviter une condamnation de la France.

Il ne restait donc plus au Parlement qu'à modifier en conséquence le Code civil.

C'est ce que fit la loi du 3 décembre 2001 en abrogeant tous les articles qui établissaient, depuis 1972, un statut successoral spécial pour les enfants adultérins.

Aussi l'actuel article 733 du Code civil proclame-t-il dans son 1er alinéa : « *La loi ne distingue pas selon les modes d'établissement de la filiation pour déterminer les parents appelés à succéder.* »

En conséquence, s'est trouvée supprimée l'ancienne section IV du chapitre III intitulée « Des droits successoraux résultant de la filiation naturelle ».

Désormais, l'enfant adultérin est un descendant du défunt comme les autres et bénéficie des mêmes droits successoraux, qu'il soit en présence des autres descendants du défunt ou du conjoint survivant.

231.14 Application immédiate. Les dispositions relatives aux droits successoraux des enfants adultérins sont d'application immédiate à toutes les successions ouvertes avant la date de publication de la loi au *Journal officiel* (4 déc. 2001) et n'ayant pas donné lieu à partage définitif avant cette date, à moins qu'une décision judiciaire irrévocable ou que des accords amiables ne soient intervenus (L. 3 déc. 2001, art. 25-II). C'est ainsi que, dans un partage successoral postérieur à l'entrée en vigueur de la loi du 3 décembre 2001, un enfant adultérin peut faire valoir des droits égaux à ceux d'un enfant légitime, quelle que soit la date d'ouverture de la succession, et notamment alors même que la succession se serait ouverte sous l'empire du droit antérieur à la loi du 3 janvier 1972 qui lui refusait la qualité d'héritier[1].

Il n'en demeure pas moins que cette disposition transitoire, fondée sur le souci du législateur de mettre en œuvre sans tarder le nouveau principe de non-discrimination, conduit à une application rétroactive de la loi qui peut se révéler source de difficultés, résultant notamment de la remise en cause de libéralités non réductibles à l'époque où elles ont été consenties par l'auteur adultère à un héritier « protégé » et devenues attentatoires à la réserve de l'enfant adultérin du fait de l'accroissement de ses droits tant successoraux que réservataires par la loi nouvelle.

231.15 Arrêt *Fabris*. À cet égard, on s'est interrogé sur le point de savoir si une donation-partage peut faire échec à la rétroactivité de la loi du 3 décembre 2001, au motif qu'elle peut être assimilée à un partage successoral. Par un arrêt *Fabris*, rendu en Grande chambre le 7 février 2013, la Cour européenne des droits de l'homme s'est prononcée contre cette analyse[2].

En l'espèce, un enfant adultérin *a matre* nommé H... Fabris, né en 1943 et dont la filiation maternelle avait pu être judiciairement constatée en 1983, demanda en 1998 la réduction d'une donation-partage que sa mère, décédée en 1994, avait faite entre ses deux enfants légitimes en 1970. La Cour de cassation jugea sa demande irrecevable en application des dispositions transitoires de la loi du 3 décembre 2001 (art. 25, II, 2°), qui, dans sa rédaction applicable à la cause, prescrit que les dispositions relatives aux nouveaux droits des enfants adultérins ne sont applicables qu'aux successions non encore partagées au 4 décembre 2001. Autrement dit, la donation-partage étant devenue un partage successoral définitif par le décès du donateur, survenu en 1994, elle pouvait être opposée à l'enfant adultérin[3].

L'enfant adultérin saisit cependant la Cour européenne des droits de l'homme et soutint qu'il avait subi une discrimination fondée sur la naissance contraire à l'article 14 de la Convention combiné avec l'article 1er du Protocole n° 1 et avec l'article 8 de la Convention.

Si un arrêt de chambre de la Cour jugea la décision de la Cour de cassation conforme à la Conv. EDH[4], l'arrêt rendu en Grande chambre, juge au

1. Civ. 1re, 15 mai 2008, n° 06-19.331, *Bull. civ.* I, n° 139; *JCP N* 2008. 1287, note V. Brémond; *Defrénois* 2009. 732, obs. J.-P. Marguénaud et B. Dauchez; *RTD civ.* 2008. 708, obs. M. Grimaldi.

2. CEDH 7 févr. 2013, Fabris c/France, req. n° 16574/08, *D.* 2013. 434, obs. I. Gallemeister; *D.* 2013. 1436, obs. F. Granet-Lambrechts; *JCP* 2013. Actu. 242, obs. F. Sudre; *Dr. fam.* 2013. Alerte 11, obs. M. Lamarche; *RTD civ.* 2013. 333, obs. J.-P. Marguénaud; *RTD civ.* 2013. 358, obs. J. Hauser.
3. Civ. 1re, 14 nov. 2007, n° 06-13.806, *Bull. civ.* I, n° 360; *D.* 2008. 133, note A. Mbotaingar; *JCP* 2009. I. 109, n° 1, obs. R. Le Guidec; *RTD civ.* 2008. 90, obs. J. Hauser; *RTD civ.* 2008. 337, obs. M. Grimaldi.
4. CEDH 21 juill. 2011, Fabris c/France, req. n° 16574/08, *D.* 2011. 2036, obs. I. Gallmeister; *AJ fam.* 2011. 556, obs. C. Vernières; *RTD civ.* 2011. 732, obs. J.-P. Marguénaud; *RTD civ.* 2011. 753, obs. J. Hauser.

contraire que l'interprétation faite par la Cour de cassation des dispositions transitoires de la loi du 3 décembre 2001 n'est pas conforme à la Conv. EDH[1]. Pour la Cour de Strasbourg, la différence de traitement dont l'enfant adultérin a fait l'objet n'avait pas de justification objective et raisonnable, de sorte qu'il y a eu violation de l'article 14 de la Convention combiné avec l'article 1er du Protocole n° 1. Précisément, il est reproché au juge français de ne pas avoir pu « *moduler différemment la protection de la sécurité juridique selon qu'elle était opposée à un enfant légitime ou à un enfant adultérin* » (§ 72), alors que « *si la même action en réduction de la donation-partage avait été exercée au même moment par un autre enfant légitime, né après celle-ci ou volontairement exclu du partage, cette fin de non-recevoir ne lui aurait pas été opposée* » (§ 71).

La **portée de la solution** est difficile à apprécier : cela signifie-t-il que l'ensemble des dispositions transitoires de la loi du 3 décembre 2001 relatives aux enfants adultérins ne soit pas conforme à la Conv. EDH ? Une telle compréhension de l'arrêt serait assurément de nature à faire sauter de nombreux partages successoraux. Mais, opportunément pour la sécurité juridique, telle ne semble pas l'analyse de la Cour de Strasbourg. Depuis son célèbre arrêt *Marckx*[2], la Cour admet que **la protection des droits acquis peut servir les intérêts de la sécurité juridique**, valeur sous-jacente à la Convention. Fort de ce principe, la Cour a ainsi jugé, à propos d'une succession acceptée par un enfant adultérin à l'ouverture de celle-ci, en 1993, et liquidée en 1996, que l'irrecevabilité de l'action décidée par la Cour de cassation au motif que la succession avait déjà fait l'objet d'un partage était conforme au principe de sécurité juridique[3]. Il suit de là qu'un enfant adultérin, qui aurait accepté un partage de succession avant l'entrée en vigueur de la loi du 3 décembre 2001, ne saurait prétendre à une violation de l'article 1er Protocole n° 1 combiné avec l'article 14 de la Convention.

Aussi bien, faut-il sans doute considérer que cet arrêt *Fabris* ne condamne pas les dispositions transitoires de la loi du 3 décembre 2001 relatives aux enfants adultérins.

231.16 Cas de l'enfant né d'un inceste absolu. Néanmoins restent encore aujourd'hui marqués du sceau de l'infériorité successorale certains enfants d'origine incestueuse.

En effet, l'enfant né d'un inceste dit « *absolu* », c'est-à-dire d'une **union entre parents en ligne directe, entre le frère et la sœur ou entre les frères ou entre les sœurs,** dont on sait qu'elle est prohibée par la loi sans possibilité de dispense (C. civ., art. 161 et 162), ne peut établir sa filiation qu'à l'égard d'un seul de ses deux parents, ainsi qu'en dispose l'article 310-2 du Code civil.

La vocation successorale étant subordonnée à l'établissement légal de la filiation, il s'ensuit qu'en cas d'inceste absolu, l'enfant n'a aucun droit dans la succession du parent à l'égard duquel sa filiation n'est pas établie. Cette restriction ne frappe pas en revanche l'enfant issu d'un inceste relatif, c'est-à-dire né de relations entre collatéraux ou alliés au 3e degré (tels qu'oncle/nièce, tante/neveu, par le sang ou par alliance), à condition, toujours, que sa filiation soit établie à l'égard de ses deux parents.

§ 2
Deuxième ordre

231.21 Ascendants privilégiés et collatéraux privilégiés. En l'absence de conjoint successible, le deuxième ordre d'héritiers rassemble à la fois les **ascendants dits privilégiés** à raison de la proximité de leur lien avec le défunt, ce qui désigne ses père et mère, et les **collatéraux également dits privilégiés,** c'est-à-dire les frères et sœurs du défunt et leurs descendants, lesquels ne peuvent plus désormais succéder au-delà du 6e degré (v. ss nos 231.51 s.). Le deuxième ordre est donc un **ordre mixte**, qui ne peut prétendre à la succession qu'à défaut d'héritiers du premier ordre, autrement dit de descendants du défunt, aussi éloignés soient-ils.

Il résulte de la formulation de l'article 734 alinéa 1er, 2°, issu de la loi du 3 décembre 2001 que les ascendants privilégiés appartiennent désormais à cet ordre en toutes circonstances, c'est-à-dire même en l'absence de collatéraux privilégiés, les ascendants autres que les père et mère, qualifiés d'ordinaires, relevant expressément d'un ordre subséquent (C. civ., art. 734, al. 1er, 3°).

Sous l'empire de la loi ancienne, les père et mère ne relevaient du deuxième ordre que s'ils étaient en concours avec les frères et sœurs du défunt, ou leur descendance; à leur défaut, ils appartenaient à un troisième ordre indifférencié, composé de tous les ascendants et gouverné par le principe de la division par branche (ancienne fente).

Cette nouvelle présentation de la hiérarchie successorale ne fait nullement obstacle au jeu traditionnel de la division par branche lorsque se trouvent en concours un ascendant privilégié dans une

1. CEDH 7 févr. 2013, Fabris c/France, req. n° 16574/08, préc.
2. CEDH 13 juin 1979, Marckx c/Belgique, req. n° 6833/74.
3. CEDH 10 févr. 2009, E.S. c/ France, req. n° 49714/06 – Suite à : Civ. 1re, 7 juin 2006, n° 04-19.176, *Bull. civ.* I, n° 297.

branche - père ou mère du défunt - et un (ou plusieurs) ascendant(s) ordinaire(s) dans l'autre branche, puisque cette division s'analyse précisément en une dérogation à la règle de l'ordre (v. s[s] n°s 231.61 s.).

231.22 Répartition forfaitaire. Le deuxième ordre pouvant être un ordre mixte, il importe de déterminer d'abord la **part globale des ascendants et des collatéraux,** avant de fixer les droits de chacun.

La dévolution de la succession n'est pas ici régie par la division par branche, étrangère à cet ordre d'héritiers. Le Code civil lui a préféré une **répartition forfaitaire** (C. civ., art. 738) qui opère de la manière suivante : chacun des père et mère prend un quart de la succession, le reste étant dévolu aux collatéraux privilégiés.

Si donc les deux parents survivent au défunt, ses frères et sœurs ou leur descendance pourront prétendre, ensemble, à la moitié de la succession.

Si seul le père ou la mère survit, les collatéraux pourront prétendre aux trois quarts, et à l'entière succession en l'absence des père et mère. Dans ce dernier cas, les collatéraux privilégiés évincent à la fois les ascendants ordinaires et les collatéraux ordinaires.

La part globale de chacun étant ainsi déterminée, il reste à fixer la **répartition des droits entre les collatéraux privilégiés.**

La quotité de droits qui leur est dévolue - qui est selon les cas de la moitié, des trois-quarts ou de toute la succession - se partage entre eux par égale portion, sous réserve des effets de la représentation.

§ 3
Troisième ordre

231.31 Ascendants ordinaires. S'agissant du troisième ordre d'héritiers, composé des **ascendants dits ordinaires**, ce qui désigne les ascendants autres que les père et mère du défunt, soit les grands-parents et autres aïeuls, la dévolution est gouvernée, comme on le verra, par la **règle dite de la division par branche**, si du moins il existe des ascendants dans les deux branches. L'ascendant le plus proche en degré dans chaque branche exclut alors les plus éloignés, sans nouvelle division ni représentation.

S'il n'y a d'ascendant que dans une branche, l'autre branche étant vacante ou représentée par des collatéraux ordinaires, les ascendants de la branche représentée recueillent toute la succession, la loi du 26 mars 1957 ayant supprimé la division entre ascendants d'une branche et collatéraux de l'autre (C. civ., art. 748).

§ 4
Quatrième ordre

231.41 Collatéraux ordinaires. Le quatrième et dernier ordre d'héritiers selon la loi rassemble les **collatéraux dits ordinaires**, c'est-à-dire autres que les frères et sœurs du défunt et leurs descendants, ce qui désigne ses oncles et tantes, cousins et cousines, et cela jusqu'au 6e degré.

Cette première distinction entre ordres, si elle est en effet essentielle, n'est pas suffisante. De par sa composition, qui peut rassembler des générations différentes, chaque ordre d'héritiers, s'il évince bien les ordres subséquents, ne va pas toutefois être appelé en bloc à la succession; supposons qu'un défunt laisse à sa survivance des enfants, des petits-enfants et des arrière-petits-enfants : bien qu'appartenant tous au premier ordre, celui des descendants, seuls certains d'entre eux ont vocation à hériter.

Il existe en effet, en plus de la **hiérarchie générale** qui vient d'être énoncée, une **hiérarchie interne**, c'est-à-dire un ordre de préséance à l'intérieur de chaque ordre. Cette hiérarchie interne est fondée sur la **règle du degré.**

SECTION 2
RÈGLE DU DEGRÉ

231.51 Énoncé de la règle. La règle du degré s'énonce ainsi : « *Entre parents du même ordre, c'est le plus proche en degré qui succède* ». À degré de parenté égal, les parents sont appelés ensemble à la succession, qui, en principe, sera partagée entre eux par parts égales; on parle alors d'un **partage par tête.** Cette règle du degré est subsidiaire par rapport à celle de l'ordre, ce qui signifie qu'entre parents d'ordres différents, la priorité du degré est sans importance, car c'est la qualité des ordres auxquels les divers parents appartiennent qui règle la préférence. Il importe donc de qualifier d'abord l'ordre et ensuite, à l'intérieur de l'ordre déterminé, de s'intéresser au degré de parenté.

En termes de dévolution successorale, un degré correspond au nombre de générations qui séparent le défunt du parent envisagé, chaque génération comptant pour un degré. C'est ainsi qu'en ligne directe, c'est-à-dire entre parents descendant les uns des autres, un père et son fils sont parents au premier degré (une seule génération les sépare), un grand-père et son petit-fils sont parents au deuxième degré, et ainsi de suite.

La détermination du degré de parenté est en revanche plus complexe en ligne collatérale, c'est-à-dire entre parents qui ne descendent pas les uns des autres, mais d'un auteur commun. Le calcul du degré de parenté se fait alors en remontant du défunt à l'auteur commun, puis en redescendant jusqu'à la personne concernée, chaque génération intermédiaire comptant pour un degré. On dira ainsi qu'un cousin germain est parent au quatrième degré du défunt.

231.52 Computation des degrés en ligne collatérale.

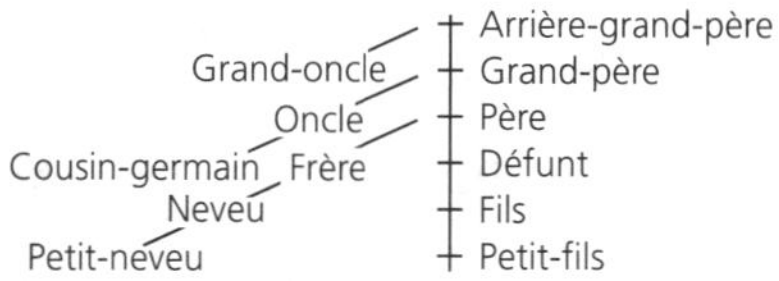

Du schéma ci-dessus, il apparaît que :

- le défunt et son grand-oncle sont parents au 4ᵉ degré dans le 4ᵉ ordre;

- le défunt et son frère sont parents au 2ᵉ degré dans le 2ᵉ ordre;

- le défunt et son petit-neveu sont parents au 4ᵉ degré dans le 2ᵉ ordre;

- le défunt et son cousin germain sont parents au 4ᵉ degré dans le 4ᵉ ordre;

- le défunt et son oncle sont parents au 3ᵉ degré dans le 4ᵉ ordre;

- le frère et le petit-neveu priment les autres collatéraux car ils sont d'un ordre préférable;

- le frère prime le petit-neveu car il est d'un degré préférable dans le même ordre;

- le petit-fils, bien que parent au 2ᵉ degré, prime le père, parent au 1ᵉʳ degré, car il appartient à un ordre préférable. Il y a subsidiarité du degré par rapport à l'ordre.

Mais à la différence de la vocation successorale en ligne directe, celle de la ligne collatérale ne s'étend pas à l'infini. Le Code civil de 1804 l'avait limitée au 12ᵉ degré, ce qui donnait déjà au cercle des successibles une étendue considérable, puisque allant jusqu'aux arrière-petits-enfants de cousins issus de germains du défunt.

Une loi du 31 décembre 1917 avait déjà modifié l'ancien article 755 du Code civil pour ramener au 6ᵉ degré la vocation successorale des collatéraux, en maintenant toutefois, à titre d'exception, l'ancien seuil de successibilité lorsque le défunt était juridiquement incapable de tester, ainsi que l'aptitude à succéder sans limitation de degré des descendants des frères et sœurs du défunt.

L'actuel article 745 du Code civil, en énonçant que « *les parents collatéraux ne succèdent pas au-delà du 6ᵉ degré* », entend clairement supprimer toute dérogation à la règle pour soumettre, désormais, au même seuil de successibilité tous les collatéraux, qu'ils soient privilégiés ou ordinaires.

Cette modification procède assurément autant de la prise en compte du resserrement contemporain des liens familiaux que de l'intention du législateur de ne pas s'embarrasser d'hypothèses successorales improbables.

Le **double principe de l'ordre et du degré** sur lequel repose le classement des héritiers légaux serait d'une application aisée s'il n'était parfois contrarié par ces **deux dérogations** aux effets nécessairement perturbateurs que sont la **division par branche** et la **représentation successorale**.

SECTION 3
RÈGLE DE LA DIVISION PAR BRANCHE

§ 1
Domaine

231.61 Énoncé de la règle. C'est sous l'intitulé « De la division par branche, paternelle et maternelle » que la loi du 3 décembre 2001 traite d'un mécanisme que la pratique et la doctrine nommaient par tradition la **fente successorale**.

Il s'agit d'un principe de **répartition de la succession en deux fractions égales,** respectivement dévolues **à la branche paternelle** et **à la branche maternelle du défunt**; cette clé de répartition joue un rôle important dans la mesure où, lorsqu'elle est appelée à jouer, la détermination des héritiers ne s'opérera plus selon les seuls critères de l'ordre et du degré.

Il n'est peut-être pas inutile de rappeler le fondement historique de la division par branche, fût-ce pour mesurer combien le droit positif s'en est détaché.

231.62 Droit coutumier. La division par branche est une institution empruntée dans ses grandes lignes à notre ancien droit coutumier, dont le souci majeur était d'assurer la **conservation des biens dans la famille d'où ils provenaient**. Lorsque le défunt ne laissait ni postérité ni frère et sœur, ses **biens propres**, c'est-à-dire les **héritages immobiliers qu'il avait recueillis de son vivant, retrouvaient leur origine familiale**, de telle sorte que les propres d'origine paternelle retournaient à la ligne ascendante paternelle, les propres d'origine maternelle connaissant un sort symétrique. Le système de dévolution des propres était ainsi gouverné par la règle dite « *Paterna paternis, materna maternis* ».

Les **acquêts**, quant à eux, c'est-à-dire les **biens acquis du vivant du défunt ainsi que les meubles,** subissaient un sort différent, car leur origine était souvent difficile à établir : ils faisaient l'objet d'une **répartition forfaitaire par moitié entre les deux**

lignes, paternelle et maternelle. On leur appliquait la règle dite « *Dimidium paternis, dimidium maternis.* »

231.63 Code civil. Le Code civil a rejeté cette tradition héritée des pays de coutume, jugée trop compliquée dans sa mise en œuvre, et lui préféra le **principe opposé de l'unité de la succession**, issu du droit romain et repris par les pays de droit écrit. Selon ce principe, consacré par l'ancien article 732 du Code civil, l'ensemble de la succession est dévolu selon une règle unique, celle de la **proximité du lien de parenté,** « *sans tenir compte de l'origine des biens* ».

Les rédacteurs du Code civil n'allèrent cependant pas jusqu'au bout de cette logique, s'avisant qu'il serait contraire à l'équité d'ignorer totalement la dualité du lignage de toute personne décédée sans postérité et de ne pas faire simultanément une place aux parents de chaque branche dans la dévolution successorale.

C'est pourquoi, tout en rejetant la règle *paterna paternis*, ils optèrent pour une solution transactionnelle consistant à **répartir forfaitairement la succession entre les deux branches,** comme si chacune d'elles avait contribué de manière égale à la formation du patrimoine du défunt. C'était en somme la généralisation à toute la succession de la règle appliquée aux seuls acquêts par l'ancien droit coutumier. Le but recherché était non plus d'assurer en totalité la conservation des biens dans les familles, mais de limiter les transferts de biens d'une famille à l'autre.

Ainsi se présentait à l'origine le **procédé de la division par branche,** selon lequel toute succession dévolue à des ascendants ou à des collatéraux autres que les frères et sœurs devait se scinder en deux moitiés égales destinées aux parents de chaque branche. Tout devait se passer comme si s'ouvraient deux successions distinctes et parallèles, ce qui bouleversait nécessairement les règles de la **priorité de l'ordre** et de la **proximité du degré**, règles qui ne s'appliquaient plus en bloc, mais séparément à l'intérieur de chaque branche. Ce n'était que lorsqu'une branche n'était pas représentée que l'on revenait à l'unité en attribuant la succession entière à la seule branche existante.

231.64 Évolution postérieure. Il apparut qu'appliquée dans toute sa rigueur, cette division de l'hérédité pouvait aboutir à des résultats choquants : placer en concours successoral le père du défunt (branche paternelle) et un collatéral de degré éloigné dans la branche maternelle ne paraissait guère conforme avec les probables affections du défunt ni avec l'accomplissement d'un devoir moral envers les plus proches parents.

C'est pourquoi la division par branche a connu par la suite une notable évolution qui s'est opérée au détriment de la logique initiale du système. Ces déformations ont été commandées par la nécessité de réduire de trop vifs décalages dans la distribution successorale que ne justifiait plus l'avènement d'une famille plus resserrée autour de son noyau fondateur, le couple.

Aussi la division par branche n'a-t-elle plus aujourd'hui valeur de principe. Son domaine d'application, dont le particularisme déjà patent sous le droit antérieur a été accru par la loi du 3 décembre 2001, s'est sensiblement rétréci.

231.65 Droit positif. La loi du 3 décembre 2001 a implicitement abrogé l'ancien article 732, de sorte que le principe de l'unité de la succession, quant à la dévolution légale, ne s'y trouve plus affirmé.

On peut s'interroger sur les causes de cette éclipse. Le principe de l'unité de la succession a toujours connu quelques exceptions, dont certaines ont pris fin, tandis que d'autres apparaissaient.

Ainsi la *loi du 3 décembre 2001* a-t-elle introduit **un cas nouveau de succession anomale au bénéfice des frères et sœurs du défunt** dans le nouvel article 757-3 du Code civil en même temps qu'elle supprimait un cas de division au sein de cette même catégorie d'héritiers lorsqu'ils sont issus de lits différents (C. civ., anc. art. 733 et 752). La *loi du 23 juin 2006* institue quant à elle un **nouveau droit de retour légal au profit des père et mère du défunt lorsqu'ils sont évincés par le conjoint survivant** (C. civ., art. 738-2 – v. s^s n°s 235.81 à 235.123).

Ces mouvements de sens inverse, qui fluctuent avec les mœurs, n'ont en vérité jamais menacé en profondeur le principe de l'unité de la succession. Si le législateur de 2001 n'a pas cru devoir le rappeler, c'est sans doute parce que, deux siècles après le Code civil, il ne semblait pas nécessaire d'affirmer que notre ordre juridique s'interdisait de revenir aux coutumes de l'Ancien droit abolies par la Révolution. Telle fut sans doute la préoccupation qui inspira en effet l'article 732 (ancien) en 1804.

231.66 Domaine actuel de la division par branche : cas d'exclusion. Il est d'abord deux domaines dans lesquels la division par branche n'est jamais appelée à jouer, pour la simple raison que les héritiers du défunt appartiennent de manière indissociable aux deux branches, paternelle et maternelle : il s'agit d'une part des **successions dévolues aux descendants, héritiers du premier ordre**, qui se rattachent indivisiblement au *de cujus;* il s'agit d'autre part des **successions dévolues aux frères et sœurs du défunt, ou à leurs descendants,** car ils sont eux aussi parents par le père et par la mère. L'exclusion de la division par branche, dans ces deux hypothèses de dévolution, est dans la nature des choses.

Le mécanisme de la division par branche est également écarté, mais cette fois par la volonté du législateur, lorsque viennent en **concours des ascendants privilégiés et des collatéraux privilégiés relevant de branches différentes.** En pareille hypothèse, la loi a pris soin de déterminer un principe de répartition autre que celui de la division par branche, qui consiste, comme on l'a vu, à attribuer forfaitairement le quart de la succession à chaque ascendant et le surplus aux collatéraux privilégiés (v. s[s] n° 231.22).

Ne relèvent finalement du **domaine de la division par branche** que les **successions dévolues à des ascendants ou à des collatéraux ordinaires,** la loi du 3 décembre 2001 ayant supprimé le cas particulier des frères et sœurs issus de lits différents qui faisaient l'objet d'une « *fente spéciale* » (C. civ., anc. art. 752).

§ 2
Applications

231.71 **Concours entre ascendants.** Le postulat est ici que le défunt n'a laissé ni postérité, ni frères et sœurs, ni descendants d'eux, mais seulement des ascendants.

Si les ascendants en concours sont les père et mère du défunt, il s'opère assurément une division par moitié de la succession au profit de chacun d'eux, mais celle-ci est en quelque sorte masquée par le fait qu'il s'agit d'héritiers de même ordre et de même degré, ce qui suffit à commander la division par tête.

La division par branche se révèle pleinement, en revanche, lorsque chaque branche est représentée par des ascendants d'ordre ou de degré différents.

231.72 **Ascendants d'ordres différents.** Supposons que le défunt laisse à sa survivance son père (ou sa mère) ainsi que ses grands-parents maternels (ou paternels) : les deux branches sont représentées, l'une par des ascendants du 2e ordre, l'autre par des ascendants du 3e ordre.

Par le jeu de la division, chaque branche est appelée à recueillir la moitié de la succession, soit une moitié pour le père (ou la mère) et une moitié pour les grands-parents maternels (ou paternels). À égalité de degré, ces derniers se partagent par tête la part globale qui leur revient, sans nouvelle possibilité de division, soit un quart chacun. La règle de l'ordre se trouve ici bouleversée.

Au lendemain de la loi du 3 décembre 2001, certains auteurs avaient déduit de la combinaison des articles 739 et 734 du Code civil issus de cette loi, que ce cas de division avait été supprimé.

Du premier texte invoqué, il ressort en effet qu'à défaut d'héritiers des deux premiers ordres, la succession est dévolue aux ascendants ordinaires.

Du second, il s'infère que les père et mère relèvent toujours du deuxième ordre, qu'il existe ou non des collatéraux privilégiés.

Fallait-il en conclure qu'au nom de la priorité de l'ordre, toute division était désormais exclue en cas de concours entre un ascendant privilégié dans une branche et un (ou des) ascendants ordinaires dans l'autre ?

Il était permis de douter du bien-fondé d'une telle interprétation, si l'on voulait bien observer que l'article 747 relatif à la division de la succession entre les deux branches lorsqu'elle est dévolue à des ascendants, ne distingue aucunement selon l'ordre auquel ils appartiennent.

Toujours est-il que *la loi du 23 juin 2006 a levé toute ambiguïté sur ce point*; par un texte interprétatif avec rétroactivité au 1er juillet 2002[1], elle a confirmé que la division par branche continuait à jouer dans ce cas de figure (C. civ., art. 738-1). Aujourd'hui comme hier, par conséquent, la division par branche figure comme le principe de répartition lorsque sont en concours des ascendants quelconques, pourvu qu'ils relèvent de branches différentes.

231.73 **Ascendants de même ordre, mais de degrés différents.** Supposons que le défunt laisse, du côté paternel, son grand-père et son arrière-grand-mère, tandis que survivent ses deux arrière-grands-parents maternels.

Par l'effet de la division par branche, la succession est dévolue pour moitié à chaque branche, au sein de laquelle le parent le plus proche en degré évince le plus éloigné, le partage se faisant par tête à égalité de degré. Ce qui donne dans notre exemple : une moitié pour le grand-père paternel (l'arrière-grand-mère, étant d'un degré plus éloigné, se trouve évincée), et un quart pour chaque arrière-grand-parent maternel.

Ici, ce n'est pas la règle de l'ordre qui est perturbée, puisque tous les ascendants relèvent du même ordre, celui des ascendants ordinaires, mais la règle du degré, dès lors que sont en concours des héritiers du 2e degré (le grand-père paternel) et du 3e degré (les arrière-grands-parents maternels).

231.74 **Ascendants de même ordre et de même degré.** On suppose un concours entre les deux grands-parents côté paternel et la seule grand-mère côté maternel.

Les premiers ont vocation à recueillir un quart chacun de la succession, la seconde, l'autre moitié. On voit qu'ici, le jeu de la division par branche a

1. Date d'entrée en vigueur de la loi du 3 décembre 2001.

pour effet d'écarter la règle du partage par tête à égalité de degré : si elle s'était appliquée, chaque ascendant se serait vu attribuer un tiers de la succession. Le partage est égal par branche; il est suivi, le cas échéant, d'une division par tête à l'intérieur de chaque branche.

231.75 Ascendants dans une seule branche. S'il n'y a d'ascendants que dans une branche, l'autre branche n'étant représentée que par des collatéraux ordinaires, la logique du mécanisme de la division par branche voudrait que ces deux catégories de successibles viennent en concours et se partagent par moitié la succession.

Tel n'est plus le cas depuis que la loi du 26 mars 1957 a supprimé ce cas de division entre ascendants d'une ligne et collatéraux de l'autre.

Désormais, lorsqu'il n'y a d'ascendants que dans une branche, ceux-ci sont appelés à recueillir toute la succession. On disait alors que la fente « *se refermait* » (C. civ., art. 748, al. 3).

231.76 Concours entre collatéraux ordinaires. La vocation successorale des collatéraux autres que les frères et sœurs du défunt ou leurs descendants se définit selon des règles semblables à celles qui gouvernent celle des ascendants, le mécanisme de la division par branche, non modifié par la loi de 2001, étant appelé à jouer.

Lorsqu'à défaut d'héritiers d'un ordre préférable, les collatéraux ordinaires sont appelés à succéder et qu'ils relèvent de branches différentes, la succession se divise donc par moitié entre la branche paternelle et la branche maternelle (C. civ., art. 749).

À l'intérieur de chaque branche, la dévolution s'opère en faveur de l'héritier le plus proche en degré et à égalité de degré, il y a partage par tête.

À défaut de collatéral dans une branche, la dévolution s'opère selon le mode interlinéaire. Autrement dit, et à l'image de ce qui se produit pour les ascendants en pareille hypothèse, les collatéraux de l'autre branche recueillent toute la succession (C. civ., art. 750).

C'est dire qu'il n'y a pas lieu à division lorsqu'aucun héritier au degré successible ne figure dans une branche.

En d'autres termes, la part destinée à la branche vacante n'est pas dévolue à l'État, dont nous verrons qu'il est apte à appréhender les successions vacantes, mais à la seule branche représentée.

Ce retour à la dévolution interlinéale atteste que la division par branche n'a pas pour effet de créer une dualité de successions. Si tel était le cas, la division opérée aurait un caractère définitif, ce qui irait à l'encontre du principe de l'unité de la succession voulue par le législateur de 1804 et encore en vigueur, bien que non expressément réaffirmé par celui de 2001.

Il ne faut donc voir dans la division par branche qu'un mode de désignation des héritiers et de répartition entre eux de la masse successorale.

EXEMPLE

Supposons que, dans la branche paternelle, le défunt laisse une cousine germaine, fille d'une sœur de son père, ainsi que le fils d'un cousin germain de son père, la branche maternelle étant représentée par le fils d'une cousine germaine de sa mère.

Après division par moitié de la succession entre les deux branches, les vocations héréditaires se définissent comme suit : dans la branche paternelle, le fils du cousin germain du père, parent du défunt au 6e degré, est évincé par la cousine germaine, parente au 5e degré.

Étant d'un degré préférable, elle peut prétendre à la moitié revenant à sa branche. Dans la branche maternelle, l'unique représentant, bien qu'au 6e degré, recueille la moitié afférente à sa branche.

En son absence, la cousine germaine, unique parente au degré successible côté paternel, aurait recueilli l'entière succession.

231.77 Suppression de la fente en cas de concours entre frères et sœurs de lits différents. Une forme particulière de division par branche trouvait naguère à s'appliquer dans les successions entre frères et sœurs du défunt lorsqu'ils étaient issus de lits différents, ce qui désigne en langage courant les demi-frères ou sœurs.

Lorsque cette configuration venait à se présenter, qu'il s'agisse d'affinités légitimes ou naturelles, le Code civil faisait une part plus avantageuse au collatéral parent par les deux branches (qualifié de germain) qu'à celui qui ne l'était que par une seule (qualifié de consanguin ou d'utérin).

La succession du défunt se divisait alors en deux moitiés représentant respectivement la branche paternelle et la branche maternelle, les collatéraux consanguins prenant part dans la première, les collatéraux utérins dans la seconde, cependant que les collatéraux germains prenaient part dans les deux (C. civ., anc. art. 752). Cette application particulière de la division par branche dans ce cas de figure était couramment dénommée « *fente spéciale* », et le sort plus avantageux fait aux collatéraux germains recevait l'appellation de privilège du double lien.

Cette manière de projeter les particularités de la fratrie dans l'ordre successoral est apparue anachronique à un double titre : de façon générale, d'une part, la multiplication des familles recomposées et d'enfants de lits différents élevés au sein d'un même foyer tend à affaiblir la justification du privilège du double lien par une présomption d'égale affection.

D'autre part, l'égalisation radicale des droits des enfants dans le mariage et hors du mariage lorsqu'ils succèdent à leur auteur commun ôte sa crédibilité à la discrimination résultant de la « *fente spéciale* » lorsqu'ils succèdent les uns aux autres.

Aussi la loi du 3 décembre 2001, soucieuse d'abolir toute discrimination selon la naissance, a-t-elle supprimé ce cas spécial de division par branche, dont il résulte du même coup une incontestable simplification des règlements successoraux. En effet, une fois supprimée la division entre collatéraux issus de lits différents, c'est la règle du degré qui retrouve son empire. Étant tous au 2e degré dans le même ordre, les demi-frères et sœurs du défunt lui succèdent par tête et par égales portions.

On trouvera néanmoins une résurgence de la division entre collatéraux privilégiés selon le lit dont ils sont issus dans le cas de succession anomale institué par l'article 757-3 du Code civil issu de la loi du 3 décembre 2001 (v. ss nos 235.20 s.).

SECTION 4
Règle de la représentation

§ 1
Fondement initial et fonctions actuelles

231.81 Chronologie atypique des décès. Il existe des situations familiales dans lesquelles une application rigoureuse de la règle du degré conduirait à des conséquences difficiles à admettre au plan de l'équité.

Il suffit d'imaginer un défunt ayant plusieurs enfants dont l'un serait mort avant lui tout en laissant une postérité : si la règle du degré jouait pleinement, seuls les enfants encore vivants à la mort de leur père seraient appelés à recueillir sa succession, à l'exclusion des enfants du prédécédé, évincés de la succession de leur grand-père par leurs oncles, parce que d'un degré plus éloigné. Ainsi, du seul fait d'une chronologie atypique des décès, certains petits-enfants seraient-ils, à terme, privés de la part de biens grands-paternels qu'ils auraient dû trouver dans la succession de leur père s'il avait survécu.

Pour soustraire la dévolution au hasard de l'ordre des décès et pour assurer l'égalité des souches que forment les héritiers du défunt avec leur descendance, la loi a prévu qu'il puisse être dérogé à la règle du degré par le recours à la technique de la **représentation successorale**, qu'une formulation simplifiée et passablement inappropriée en regard de son domaine actuel, issue de la loi du 23 juin 2006, définit comme étant « *une fiction juridique qui a pour effet d'appeler à la succession les représentants aux droits du représenté* » (C. civ., art. 751). Un héritier peut ainsi se trouver en concours avec des héritiers d'un degré plus proche et, partant, recueillir la part qu'aurait obtenue son auteur s'il avait survécu. Cet héritier succédera alors par représentation, alors qu'il n'était pas assez proche en degré pour succéder de son chef, c'est-à-dire en vertu d'une vocation successorale propre. C'est en cela que la représentation figure comme une **dérogation au principe de la hiérarchie des degrés,** puisqu'elle va mettre en concours des parents de degrés inégaux, de manière à assurer l'égalité des souches qui procèdent du défunt.

231.82 Impératif d'égalité entre les souches et à l'intérieur de la souche. Telle était la physionomie de la représentation jusqu'à ce que les lois du 3 décembre 2001 et du 23 juin 2006, soucieuses d'atteindre la pleine égalité des souches dans tous les cas de défaillance des héritiers directs, et pas seulement en cas de prédécès, aient fait jouer la représentation dans des hypothèses où, en droit pur, elle n'était pas fondée à s'appliquer (v. ss nos 231.102, 231.103 et 231.105). Ce faisant, elles ont substantiellement subverti cette institution d'origine romaine en la détachant de ses fondements originels, au point que la logique du système s'en trouve passablement obscurcie. On peine à comprendre, en effet, que l'enfant de l'indigne ou du renonçant soit appelé, en tant que représentant, aux droits de son auteur, alors que celui-ci en a été déchus ou les a abdiqués.

Quoi qu'il en soit, la promotion de la règle de la représentation par les réformes de 2001 et de 2006 emporte plusieurs conséquences pratiques.

D'une part, **l'égalité des souches se trouve élevée au rang d'un principe absolu** qui conduit à écarter le classement selon le degré toutes les fois qu'il la contrarierait : non plus seulement lorsque l'inégalité provoquée par ce classement résulterait d'un ordre accidentel des décès, mais aussi, depuis 2001, lorsqu'elle serait la suite de l'indignité d'un héritier, ou même, depuis 2006, de sa renonciation.

Sous cet aspect l'impératif d'égalité entre les souches fait que la représentation s'applique, alors même que le représentant pourrait succéder de son chef. La représentation ne se présente dès lors plus comme une « faveur » faite au représentant, et ce en dépit de la lettre des articles 752-1, 752-2 et 755 du Code civil, car elle n'est pas toujours de l'intérêt du représentant qui gagnerait parfois à hériter de son chef.

EXEMPLE 1

Supposons un *de cujus* qui a eu deux enfants A et B, tous deux prédécédés (indignes ou renonçants), laissant le premier un enfant A′, le second deux enfants B′ et B′′.

Sous l'empire du droit antérieur, A', B' et B'', tous trois à égalité de degrés, venaient à la succession de leur chef, de sorte que chacun recueillait 1/3 de la succession.

Sous l'empire du droit positif, la succession est dévolue par souches et non par têtes : pour 1/2 à A' et pour 1/4 à chacun de B' et B''. Par l'effet de la représentation A', B' et B'' accèdent au degré de leur auteur et recueillent ainsi ce que leur auteur aurait reçu s'il n'était pas prédécédé.

D'autre part, **la représentation est devenue un instrument de l'égalité à l'intérieur de la souche.** Dès lors qu'il peut y avoir représentation d'un héritier vivant, renonçant ou indigne, se pose la question de savoir quel sera l'effet de la survenance d'un nouvel enfant. Dans un souci d'égalité, le législateur a prévu qu'au décès de l'indigne ou du renonçant, ses enfants qui ont recueilli des biens dans la succession de leur aïeul, par représentation de leur auteur indigne ou renonçant, devront les rapporter à la succession afin qu'ils soient partagés avec les enfants nés postérieurement (C. civ., art. 754, al. 2 et 755, al. 2).

EXEMPLE 2

Supposons un *de cujus* qui a eu deux enfants A et B. A renonce à la succession laissant lui-même deux enfants A' et A''. Ceux-ci viendront naturellement par représentation de leur auteur renonçant. Si A a ultérieurement un autre enfant A''', ses frères et sœurs A' et A'' devront rapporter à la succession de leur auteur, A, les biens recueillis dans la succession de leur aïeul afin qu'ils soient redistribués à égalité entre le puîné et eux-mêmes.

Au demeurant, ce principe de l'égalité à l'intérieur de la souche paraît imposer la règle de la représentation dans des hypothèses nouvelles, notamment en présence d'une souche unique.

EXEMPLE 3

Supposons un *de cujus* laissant un enfant unique, A, qui renonce ou est déclaré indigne, alors qu'il a deux enfants A' et A''. De prime abord, ceux-ci peuvent venir à la succession de leur chef. Mais il semble ici que la règle de la représentation s'impose. En effet, au cas où leur auteur, A, aurait un nouvel enfant, l'égalité à l'intérieur de la souche postule que A' et A'' devront rapporter à la succession de A les biens recueillis dans la succession de leur aïeul afin qu'ils soient repartagés à égalité entre le puîné, A''', et eux-mêmes. C'est donc dire que A' et A'' viendront à la succession de leur aïeul en représentation de leur auteur renonçant ou indigne, car ils devront rapporter les biens dont ils ont hérité en « lieu et place » de leur auteur renonçant ou indigne.

Malgré ces bouleversements, il reste qu'aujourd'hui comme hier, la représentation n'est pas admise dans tous les modèles de dévolution; de plus, pour produire les effets particuliers que la loi lui attache, elle doit satisfaire certaines conditions. On s'en rendra compte en évoquant tour à tour le domaine (§ 2), les conditions (§ 3), puis les effets de la représentation (§ 4).

§ 2
Domaine de la représentation

231.91 Domaine de la représentation quant aux successions où elle est admise. La représentation n'existe pas dans tous les modèles successoraux, mais seulement dans deux d'entre eux. Elle ne peut en effet jouer que dans les successions dévolues aux enfants du défunt, quelle que soit la nature de leur filiation, d'une part (C. civ., art. 752), à ses frères et sœurs d'autre part (C. civ., art. 752-2).

Seuls, par conséquent, les descendants des enfants du défunt et ceux de ses frères et sœurs peuvent se prévaloir de ce bénéfice légal, à l'exclusion de tout autre successible.

C'est dire que la représentation ne joue pas en cas de prédécès d'un ascendant quel qu'il soit (privilégié ou ordinaire) ou d'un collatéral ordinaire, de sorte que pour ces deux catégories de successibles, c'est la règle du degré qui s'applique, combinée, le cas échéant, avec celle de la division par branche : à l'intérieur d'une même branche, le parent le plus proche exclut toujours le plus éloigné.

231.92 Domaine de la représentation quant aux personnes entre lesquelles elle est admise. La représentation met en scène, en dehors du défunt, deux catégories de personnes :

- d'une part le **successible** qui « monte » au degré le plus proche pour recueillir la part qui eût été dévolue à son auteur s'il avait été en mesure de succéder; c'est le **représentant**;

- d'autre part **l'auteur lui-même**, mort avant le défunt, ou indigne (depuis la loi du 3 décembre 2001) ou renonçant (depuis la loi du 23 juin 2006); c'est le **représenté.** Des conditions sont requises de part et d'autre pour que la représentation puisse jouer.

§ 3
Conditions de la représentation

231.101 Condition relative au représenté. Elles diffèrent assez sensiblement de ce qu'elles étaient sous l'empire du droit antérieur. On enseignait traditionnellement que la représentation ne pouvait jouer qu'en cas de prédécès du représenté : « *On ne représente pas une personne vivante, mais seulement celles qui sont mortes* » proclamait l'article 744 du Code civil aujourd'hui abrogé. Dans l'esprit de ses concepteurs originels, la représentation successorale n'avait pas grand-chose à voir avec la représentation du droit commun, c'est-à-dire celle qui s'exerce en vertu d'un mandat et qui joue entre personnes vivantes. En droit successoral, au contraire, le représentant désignait à l'origine celui qui accède au lieu et place d'un individu décédé pour continuer sa personne en exerçant les droits qui lui appartenaient. De cette conception, il ressortait qu'une personne vivante n'avait que faire de la représentation successorale, puisqu'elle pouvait exercer elle-même ses droits dans la succession du défunt, à moins qu'elle n'en fût privée à titre de sanction ou qu'elle les ait volontairement répudiés. Une personne, bien que vivante, peut en effet être écartée de la succession de son auteur, soit parce qu'elle est indigne, soit parce qu'elle y a renoncé. La logique de l'institution voudrait alors que les descendants de l'héritier indigne ou ceux de l'héritier renonçant pâtissent de l'exclusion de leur auteur, nul ne pouvant représenter, c'est-à-dire exercer les droits, d'une personne qui en est dépourvue, ce qui est le cas de l'indigne et du renonçant. C'est la raison pour laquelle étaient naguère exclus du bénéfice de la représentation les enfants et descendants de l'héritier indigne (qu'il fut mort ou vivant) ou renonçant, que rien n'empêchait par ailleurs de succéder de leur chef en l'absence d'héritier de rang préférable. Cette solution s'inférait du fondement même de l'institution qui rend le représentant impuissant à exercer les droits d'une personne qui n'en a aucun.

Bien qu'inscrite au cœur de la représentation successorale, la règle a été infléchie par la loi du 3 décembre 2001, au bénéfice des enfants de l'indigne, et par celle du 23 juin 2006, au profit de ceux du renonçant. L'extension du mécanisme de la représentation à la descendance de l'indigne puis à celle du renonçant a nécessairement changé la physionomie de l'institution, dont la finalité, de 1804 à 2001 était d'assurer l'égalité des souches en dépit du décès prématuré d'un héritier.

231.102 **Enfants de l'indigne.** Pour logique que fût la solution au strict plan juridique, l'éviction qui frappait les enfants de l'héritier indigne, lorsqu'ils étaient en concours avec des héritiers du défunt d'un degré préférable, est apparue très sévère et injuste à leur égard dans la mesure où elle conduisait à faire indirectement supporter à des innocents la faute de leur auteur.

Ce résultat heurtait non seulement le principe de la personnalité des peines, au nom duquel ne devrait être exclu de la succession que celui qui a eu des torts envers le défunt, mais encore il conduisait à réserver à l'enfant de l'indigne un sort différent selon que, figurant au degré successible, il venait de son chef à la succession ou que, primé par des héritiers d'un degré préférable, il s'en trouvait exclu parce que privé du secours de la représentation.

Aussi la loi du 3 décembre 2001 admit-elle, au nom de l'équité, la représentation de l'indigne, que celui-ci fût prédécédé ou vivant à l'ouverture de la succession du défunt (C. civ., art. 755).

Simplement, afin d'assurer l'égalité au sein de la souche de l'indigne, l'article 755 alinéa 2 du Code civil prescrit qu'en cas de survenance d'un nouvel enfant de l'indigne, les enfants qui auront recueilli des biens dans la succession de leur aïeul en feront le rapport à la succession de leur auteur en vue d'une égale redistribution entre le puîné et eux-mêmes.

231.103 **Enfants de comourants.** Inspiré par une semblable préoccupation d'équité, le législateur de 2001, tout en supprimant la théorie dite des comourants, a entendu maintenir la possibilité pour les descendants de l'un des comourants de venir, par représentation de leur auteur, à la succession de l'autre comourant (C. civ., art. 725-1, al. dern.), alors pourtant que l'abandon des présomptions légales de survie qui fondaient cette théorie postulait qu'en cas d'impossibilité de déterminer l'ordre des décès de deux personnes dont l'une avait vocation à succéder à l'autre, la succession de chacune soit dévolue sans que l'autre y soit appelée, ce qui était de nature à exclure toute possibilité de représentation, la réciprocité des vocations successorales étant occultée.

231.104 **Absence.** S'agissant du cas particulier de l'absence, la règle est qu'il n'y a pas lieu de représenter le présumé absent, puisqu'il est censé être toujours en vie et ne peut par conséquent être représenté (C. civ., art. 725 *in fine*).

En revanche, la représentation est admise pour le déclaré absent, pourvu toutefois que la déclaration judiciaire d'absence soit antérieure au décès du défunt, puisqu'alors il est réputé mort (C. civ., art. 128, al. 1er).

231.105 **Enfants du renonçant.** Au lendemain de l'entrée en vigueur de la loi du 3 décembre 2001, seul l'héritier renonçant ne pouvait être représenté dans la succession répudiée. La loi du 23 juin 2006, dont l'un des objectifs fut de favoriser la transmission des patrimoines aux générations les plus jeunes, a levé cette dernière restriction, de manière à éviter que les descendants d'un renonçant ne se trouvent gravement lésés par l'abdication de leur auteur. D'où le nouvel article 754, qui énonce : « *On ne représente les renonçants que dans les successions dévolues en ligne directe ou collatérale.* »

On soulignera la curieuse formulation du texte : visant en effet toutes les hypothèses dans lesquelles la représentation est admise, le « *ne que* » restrictif ne se justifie pas. Cette tournure malheureuse s'explique par le fait que le texte initial prévoyait de n'admettre la représentation du renonçant qu'en ligne directe; c'est un amendement de dernière minute qui a proposé d'étendre cette faveur légale aux collatéraux (sans préciser lesquels), ce qui fut fait, mais en omettant de supprimer le « *ne que* » de la première mouture.

L'admission de la représentation d'un renonçant est assortie de plusieurs corollaires.

D'une part, la loi de 2006 a réglé le cas de l'enfant puîné du renonçant comme l'avait été, en 2001, celui de l'enfant puîné de l'indigne : en vue d'assurer l'égalité au sein de la souche, ce que les représentants du renonçant auront reçu dans la succession de leur aïeul, ils en feront le rapport à la succession de leur auteur afin de réaliser une égale redistribution entre le puîné et eux-mêmes (C. civ., art. 754, al. 2).

D'autre part, la renonciation d'un héritier peut perturber les prévisions du *de cujus*. Aussi la loi de 2006 a-t-elle prévu deux règles :

– en cas de succession déférée à des descendants, l'héritier renonçant, qui est représenté, est pris en compte pour déterminer le taux de la réserve (C. civ., art. 913, al. 2);

– les donations rapportables qu'a reçues l'héritier renonçant, qui est représenté, s'imputent « *sur la part de réserve qui aurait dû lui revenir s'il n'avait pas renoncé* » (C. civ., art. 754, al. 3). La représentation de l'héritier renonçant permet ainsi que les donations par lui reçues s'imputent, non sur la quotité disponible, mais sur la part de réserve qui était la sienne et qui est devenue celle de son représentant (sur la question du rapport des donations consenties au renonçant représenté, v. s[s] n° 263.16).

231.106 Conditions relatives au représentant. On en dénombre deux.

Le représentant doit d'abord être **un descendant du représenté**, quelle que soit la nature de sa filiation, légitime, adoptive ou naturelle, la loi du 3 décembre 2001 rappelant qu'elle « *ne distingue pas entre la filiation légitime et la filiation naturelle pour déterminer les parents appelés à succéder* » (C. civ., art. 733, al. 1er).

La représentation jouant à l'infini (C. civ., art. 740), le degré de descendance importe peu, dès lors que les degrés intermédiaires entre le représenté et le représentant sont vacants.

C'est ainsi par exemple que si un père a deux fils dont l'un est prédécédé (ou indigne ou renonçant) en laissant un fils et un petit-fils, ce dernier ne pourra représenter son aïeul du moment que son propre père est vivant.

On enseignait classiquement que **le représentant** devait en outre être personnellement **apte à succéder au défunt,** ce qui supposait que deux conditions soient satisfaites : le représentant devait d'une part **être né ou à tout le moins conçu à l'ouverture de la succession,** principe essentiel gouvernant l'aptitude à hériter, et il devait d'autre part **ne pas être indigne à l'égard du défunt** (ainsi un petit-fils condamné pour le meurtre de son grand-père ne peut-il pas en hériter en représentation de son père prédécédé).

Or la première de ces deux conditions, être né ou conçu au décès de celui dont on prétend hériter, n'est plus aujourd'hui requise en la personne du représentant. La préoccupation égalitaire du législateur quant aux souches appelées à succéder l'a conduit en effet à reconnaître des droits à l'enfant du représenté dans la succession de l'ascendant dont il est exclu, alors même qu'il n'était pas encore conçu à l'époque de son ouverture. Impuissant à se prévaloir de la représentation, c'est par une autre voie qu'après coup il obtiendra d'être traité à égalité avec ceux des enfants du représenté, qui, pour être nés ou conçus avant l'ouverture de la succession du défunt, ont hérité de ce dernier aux lieu et place de leur auteur. Cette voie, c'est celle du **rapport successoral** dont ceux-ci seront débiteurs à son égard. La solution prévue par la loi du 3 décembre 2001 à propos de l'indigne a été transposée par celle du 23 juin 2006 au cas du renonçant (C. civ., art. 754 et 755).

Il importe peu en revanche que le représentant ait été apte ou non à recueillir la succession du représenté. La raison en est que, selon la doctrine, le représentant tient ses droits de la loi et non du représenté. Certes il hérite à la place et au rang du représenté, mais pas en son nom : il hérite en son propre nom; c'est là une des limites de la fiction légale que constitue la représentation.

Le **droit du représentant** étant par conséquent un **droit personnel** et **non un droit transmis,** rien n'interdit qu'il ait pu renoncer à la succession du représenté ou qu'il en ait été indigne. C'est ce que veut dire l'article 754 alinéa 2 du Code civil qui dispose : « *On peut représenter celui à la succession duquel on a renoncé.* »

231.107 Conditions quant à l'existence d'une pluralité de souches ? En ce qu'elle a pour fonction d'assurer l'égalité des souches, la représentation semble postuler une pluralité de souches. Est-ce à dire alors qu'elle est exclue lorsqu'il y a une souche unique ? La question est importante, car la représentation n'est pas toujours de l'intérêt du représentant qui gagnerait parfois à hériter de son chef. Un exemple permet de mieux comprendre les enjeux.

EXEMPLE

Supposons un *de cujus* qui n'a qu'un enfant A, lequel est prédécédé, laissant lui-même deux enfants A' et A''. Le *de cujus* a consenti à son enfant A une donation en avancement de part successorale, et légué la quotité disponible au profit d'un tiers.

Les deux petits-enfants vont-ils venir à la succession de leur grand-père de leur propre chef ou par représentation ?

S'ils succèdent par représentation, la part successorale qui leur est dévolue comprend la donation consentie à leur auteur puisque celle-ci s'impute sur la réserve. Le tiers légataire peut recevoir la totalité de la quotité disponible.

S'ils succèdent de leur propre chef, leur part successorale ne comprend pas la donation puisque celle-ci, réputée avoir été faite au profit d'un tiers, s'impute sur la quotité disponible. Corrélativement, le tiers légataire voit ses droits sur la quotité disponible amputés par la donation.

D'où l'intérêt de savoir si la représentation s'applique en présence d'une souche unique. La jurisprudence a décidé à plusieurs reprises au XIXe siècle que les petits-enfants venaient de leur chef à la succession de leur aïeul [1]. La solution reposait sur le principe selon lequel la dévolution devait s'opérer par têtes dès lors que les héritiers en concours sont de même degré. Plus récemment, à propos d'une succession ouverte après la réforme de 2001 mais avant celle de 2006, la Cour de cassation a décidé « *qu'il ne peut y avoir représentation dans la ligne directe descendante que si le défunt a eu plusieurs enfants* » [2].

La représentation paraît donc exclue en présence d'une souche unique. Il est permis toutefois de ne pas être convaincu par cette analyse. On ne peut ignorer que les fonctions de la représentation ont été bouleversées par les réformes de 2001 et 2006.

Primo, la représentation déroge, non seulement à la règle de la priorité du degré, mais encore à la règle de l'égalité des droits successoraux résultant de l'égalité des degrés (v. s^{s} n°s 231.82 et 231.115). Or on ne comprend guère pourquoi, en cas de pluralité de souches, les petits-enfants viennent systématiquement à la succession de leur aïeul par représentation de leur auteur, tandis qu'ils viennent, en cas de souche unique, de leur chef.

Deuxio, la règle de l'égalité à l'intérieur de la souche paraît imposer la représentation en cas de souche unique. En effet, lorsque le *de cujus* laisse un enfant unique qui renonce ou est déclaré indigne, laissant lui-même des enfants : ceux-ci devront rapporter à la succession de leur auteur les biens recueillis dans la succession de leur aïeul afin qu'ils soient redistribués à égalité entre les puînés et eux-mêmes (v. s^{s} n° 231.82).

Tertio, à l'instar de l'article 913-1 du Code civil, suivant lequel les petits-enfants tiennent invariablement la place de leur auteur pour la détermination du taux de réserve, la représentation aurait ici pour résultat d'empêcher que les prévisions du *de cujus* ne soient déjouées par le prédécès, l'indignité ou la renonciation de son enfant unique. Or, ici encore, on ne s'explique pas pourquoi la liberté de disposer à titre gratuit du *de cujus* serait plus ou moins entamée par une donation en avancement de part successorale consentie à un enfant, qui finalement ne vient pas à la succession, selon qu'il s'agit ou non d'un enfant unique.

Aussi bien, est-il permis d'espérer qu'un jour prochain la Cour de cassation ne distinguera plus selon qu'il existe une ou plusieurs souches [3].

§ 4
Effets de la représentation

231.111 Effet principal et direct. L'effet principal et direct de la représentation est de faire « *monter* » le représentant au degré du représenté et de le faire hériter en ses lieu et place, l'admettant de cette manière à concourir avec des héritiers plus proches du défunt. Par là se manifeste l'unique finalité aujourd'hui assignée au mécanisme de la représentation, qui est d'**assurer l'égalité des souches** en mettant ces dernières à l'abri des circonstances - prédécès, indignité ou renonciation - ayant eu pour effet d'écarter l'héritier au degré successible.

Il en résulte que **le représentant a tous les droits qu'aurait eus le représenté** s'il avait survécu ou s'il n'avait pas été indigne ou renonçant. Corrélativement, il a **les mêmes obligations** d'ordre successoral, notamment **l'obligation au rapport des libéralités**, non seulement celles qui lui ont été personnellement consenties par le défunt, mais aussi celles reçues de ce dernier par leur propre auteur.

231.112 Représentation en ligne directe descendante.

EXEMPLE

Le défunt avait trois enfants A, B, C, ce dernier étant mort avant lui, mais laissant lui-même un enfant C'.

1. Civ. 12 nov. 1860, *S.* 1861. 1. 138 – Civ. 2 avr. 1862, *S.* 1862. 1. 606 – Req. 10 nov. 1869, *D.* 1870. 1. 239; *S.* 1870. 1. 18 – Nancy, 30 mai 1868, *D.* 1868. 2. 121.
2. Civ. 1re, 25 sept. 2013, n° 12-17.556, *Bull. civ.* I [à paraître]; *D.* 2013. 2273; *JCP* 2014. I. 288, n° 6, obs. R. Le Guidec; *LPA* 7 mars 2014, p. 7, note J.-C. Mahinga; *JCP N* 2013. 1279, note M. Nicod; *RJPF* 2013-11/35, note F. Sauvage; *RTD civ.* 2013. 875, obs. M. Grimaldi.
3. Fiscalement, dans l'hypothèse où les petits-enfants succèdent à leur aïeul par suite du prédécès, de l'indignité ou de la renonciation de leur auteur, enfant unique du défunt, il est admis l'application de l'abattement prévu à l'article 779, I du CGI en faveur de l'enfant prédécédé sur la part successorale revenant aux petits-enfants : BOI-ENR-DMTG-10-50-20, 12 sept. 2012, n° 50 – V. s^{s} n° 611.202.

Si la représentation ne jouait pas, seuls A et B, étant au degré successible, seraient héritiers et se partageraient par moitié la succession de leur auteur; C′, d'un degré plus éloigné, serait écarté de la succession.

Pour remédier à cet effet injuste résultant d'une chronologie anormale des décès (d'ordinaire, les fils décèdent après leur père), la loi permet à C′ de venir, par le jeu de la représentation, aux droits de son auteur défunt, de manière à recueillir la part qui lui aurait été dévolue s'il avait survécu, c'est-à-dire un tiers, A et B se partageant les deux autres tiers.

À supposer que C′ soit lui-même prédécédé en l'état d'une descendance C′′, ce dernier aurait pareillement recueilli le tiers de la succession de son arrière grand-père, par l'effet d'une représentation qui, se produisant à l'infini dès lors que les degrés intermédiaires sont vacants, lui aura fait gagner deux degrés dans son ordre.

Un raisonnement analogue doit désormais être adopté s'agissant de l'éviction d'un héritier indigne ou renonçant, à ceci près qu'il est difficile alors de prétendre que son représentant exerce les droits dont son auteur est par hypothèse dépourvu.

231.113 Représentation en ligne collatérale privilégiée.

EXEMPLE

Une semblable démarche vaut, *mutatis mutandis*, pour les enfants de frères et sœurs prédécédés, indignes ou renonçants : ils viennent aux droits de ces derniers dans la succession du défunt : si celui-ci laisse à sa survivance trois frères A, B et C, ainsi que D′, fils d'un frère D prédécédé, ce neveu viendra concourir avec ses trois oncles pour recueillir le quart auquel son auteur aurait pu prétendre s'il avait survécu, ou s'il n'avait pas été indigne ou renonçant.

231.114 Effet induit. L'effet induit de la représentation est de substituer un partage par souche au partage par tête en cas de pluralité de représentants.

Si ces derniers ont en effet tous les droits qu'aurait eus le représenté s'il avait survécu, ou s'il n'avait pas été indigne ou renonçant, ils n'en ont pas davantage.

Ainsi plusieurs enfants représentant leur père prédécédé, indigne ou renonçant dans la succession du défunt ne prendront-ils, à eux tous, et quel que soit leur nombre, que la part qui eût été dévolue à leur auteur, et ce n'est qu'à l'intérieur de la souche qu'aura lieu, le cas échéant, un partage par tête s'il y a égalité de degré.

La souche, c'est donc l'auteur commun dont descendent ceux qui succèdent, et il y a autant de souches que d'héritiers vivants ou représentés.

EXEMPLE

Reprenons le tout dernier exemple (v. s[s] n° 231.112) et supposons que le frère D soit prédécédé en laissant, non pas un, mais deux enfants D′ et D′′.

Ces derniers recueilleront ensemble la part afférente à leur souche, soit un quart; étant d'égal degré, le partage s'effectuera par tête, soit un huitième chacun.

231.115 Extension du champ de la fiction légale. La loi, et ce, dès avant les réformes intervenues en 2001 et 2006, va plus loin encore dans cet ordre d'idées, en décidant qu'il y aura lieu à un partage par souche même si les premiers appelés sont tous prédécédés (C. civ., art. 752, pour la ligne directe descendante, et C. civ., art. 752-2, pour la ligne collatérale privilégiée). En pareille hypothèse pourtant, les héritiers de rang subséquent n'ont en pure logique nul besoin du secours de la représentation et pourraient venir à la succession de leur chef. Mais alors il y aurait lieu à un partage par tête, ce qui pourrait conduire à des résultats sensiblement différents de ceux d'un partage par souche, pour peu que les souches soient différemment composées.

Aussi, dans le souci d'assurer le droit égal des souches sur la succession de l'auteur commun, le législateur a-t-il choisi de faire jouer dans cette hypothèse une représentation en quelque sorte virtuelle, qui est ici ramenée à son effet constant, le partage par souche.

Les articles 752 et 752-2 du Code civil, dont la teneur n'a pas été modifiée par les lois du 3 décembre 2001 et du 23 juin 2006, visent le cas du prédécès des enfants ou des frères et sœurs du défunt sans qu'il soit expressément fait mention des cas de représentation nouvellement admis. On peut dès lors se demander si la solution vaut également pour le cas ou les enfants du défunt (ou ses frères et sœurs) sont tous indignes ou renonçants, puisque le bénéfice de la représentation, ou plus exactement son effet nécessaire, qui est le partage par souche, est désormais étendu aux cas d'indignité et de renonciation. Malgré le silence de la loi sur ce point, la logique du dispositif nouveau suggère une réponse affirmative. Néanmoins, eu égard à l'importance de l'enjeu, il serait souhaitable que le législateur se prononce clairement.

EXEMPLE 1

Le défunt laisse à sa survivance six petits-enfants, dont trois sont nés d'un fils A prédécédé, deux d'un fils B indigne et un d'un autre fils C renonçant.

Selon la logique de la règle du degré, étant au degré successible, les six petits-enfants devraient succéder de leur chef à leur grand-père, et, étant au même degré, se partager la succession par parts égales, soit un sixième chacun.

La loi faisant jouer la représentation en pareille hypothèse, ou du moins lui faisant produire son effet constant, qui est le partage par souche, chaque souche a vocation à recevoir une égale portion de l'hérédité; ainsi la souche de A recueillera-t-elle un tiers, soit un neuvième pour chacun de ses membres, cependant que la souche de B recevra un autre tiers, à partager en deux, soit un sixième pour chaque petit-enfant, le dernier d'entre eux se voyant attribuer l'entière part afférente à sa souche, soit un tiers.

Où l'on voit que l'égalité de degré ne conduit pas toujours à un partage par tête.

Le partage par souche entraîne enfin cette conséquence notable qu'en cas de renonciation, la part du renonçant n'accroîtra pas indifféremment celle de tous ses cohéritiers, mais profitera aux seuls cohéritiers de la souche à laquelle il appartient.

EXEMPLE 2

Supposons que dans l'exemple précédent, l'un des fils de B renonce à la succession de son grand-père.

Sa part, dont nous avons vu qu'elle était d'un sixième, ne va accroître que celle de son frère acceptant, qui se verra attribuer deux-sixièmes, soit un tiers, la part de ses cousins restant inchangée.

SECTION 5
FISCALITÉ

231.121 Fiscalité – Renvoi.
– V. les articles du Code général des impôts s[s] n° 231.01.

CGI, art. 761 > *Liquidation des droits de mutation à titre gratuit sur les immeubles.*

CGI, art. 764 *bis* > *Abattement dérogatoire aux droits de mutation à titre gratuit sur les immeubles.*

CGI, art. 777 > *Tarif des droits de mutation à titre gratuit.*

CGI, art. 779 > *Abattements sur les tarifs des droits de mutation à titre gratuit.*

CGI, art. 800 > *Obligation de déclaration de succession et dispenses.*

CGI, art. 1709 > *Paiement des droits des déclarations des mutations par décès.*

CGI, art. 1133 > *Réunion de l'usufruit à la nue-propriété.*

– Sur les tarifs des droits de mutation à titre gratuit et les abattements, v. aussi s[s] n°s 611.91 s., 611.150 s., 611.191 s. et 611.201 à 611.203.

231.122 Défiscalisation de la renonciation à succession. La loi n° 2007-1223 du 21 août 2007[1] a défiscalisé la renonciation à succession par abrogation de l'article 785 du Code général des impôts, qui prévoyait qu'en cas de renonciation à une succession, l'impôt à payer par les héritiers acceptants ne pouvait être inférieur à celui qui aurait été dû par le renonçant s'il avait accepté la succession.

1. L. n° 2007-1223, 21 août 2007, en faveur du travail, de l'emploi et du pouvoir d'achat, *JO* 22 août, p. 13945.

CHAPITRE

232. Droits du conjoint sur la succession

MARIE-CLAUDE DE ROTON-CATALA
MAÎTRE DE CONFÉRENCES
À L'UNIVERSITÉ PARIS-SUD

CHRISTOPHE VERNIÈRES
PROFESSEUR À L'UNIVERSITÉ
PARIS 8 – VINCENNES SAINT-DENIS

SECTION 0 ORIENTEUR

232.00 Plan du chapitre.

232.01 Textes applicables.

C. civ., art. 732, 756 à 762

CGI, art. 764 *bis*, 777, 780, 796-0 *bis*, 800

L. n° 2006-728, 23 juin 2006, portant réforme des successions et des libéralités, *JO* 24 juin, p. 9513 (*entrée en vigueur le 1er janv. 2007*)

DROITS DU CONJOINT SUCCESSIBLE

> Définition du conjoint successible

C. civ., art. 732 (*L. 23 juin 2006, art. 29, en vigueur le 1er janv. 2007*)

Est conjoint successible le conjoint survivant non divorcé.

C. civ., anc. art. 732

Est conjoint successible le conjoint survivant non divorcé contre lequel n'existe pas de jugement de séparation de corps ayant force de chose jugée.

> Nature, montant et exercice des droits du conjoint successible

[C. civ., art. 756 à 758-6]

C. civ., art. 756

Le conjoint successible est appelé à la succession, soit seul, soit en concours avec les parents du défunt.

C. civ., art. 757

Si l'époux prédécédé laisse des enfants ou descendants, le conjoint survivant recueille, à son choix, l'usufruit de la totalité des biens existants ou la propriété du quart des biens lorsque tous les enfants sont issus des deux époux et la propriété du quart en présence d'un ou plusieurs enfants qui ne sont pas issus des deux époux.

C. civ., art. 757-1

Si, à défaut d'enfants ou de descendants, le défunt laisse ses père et mère, le conjoint survivant recueille la moitié des biens. L'autre moitié est dévolue pour un quart au père et pour un quart à la mère.

Quand le père ou la mère est prédécédé, la part qui lui serait revenue échoit au conjoint survivant.

C. civ., art. 757-2

En l'absence d'enfants ou de descendants du défunt et de ses père et mère, le conjoint survivant recueille toute la succession.

C. civ., art. 757-3 (*L. 23 juin 2006, art. 29, 23°, en vigueur le 1er janv. 2007*)

Par dérogation à l'article 757-2, en cas de prédécès des père et mère, les biens que le défunt avait reçus de ses ascendants par succession ou donation et qui se retrouvent en nature dans la succession sont, en l'absence de descendants, dévolus pour moitié aux frères et sœurs du défunt ou à leurs descendants, eux-mêmes descendants du ou des parents prédécédés à l'origine de la transmission.

C. civ., art. 758 (*L. n° 2009-526, 12 mai 2009, art. 10*)

Lorsque le conjoint survivant recueille la totalité ou les trois quarts des biens, les ascendants du défunt, autres que les père et mère, qui sont dans le besoin bénéficient d'une créance d'aliments contre la succession du prédécédé.

Le délai pour la réclamer est d'un an à partir du décès ou du moment à partir duquel les héritiers cessent d'acquitter les prestations qu'ils fournissaient auparavant aux ascendants. Le délai se prolonge, en cas d'indivision, jusqu'à l'achèvement du partage.

La pension est prélevée sur la succession. Elle est supportée par tous les héritiers et, en cas d'insuffisance, par tous les légataires particuliers, proportionnellement à leur émolument.

Toutefois, si le défunt a expressément déclaré que tel legs sera acquitté de préférence aux autres, il sera fait application de l'article 927.

C. civ., art. 758-1

Lorsque le conjoint a le choix de la propriété ou de l'usufruit, ses droits sont incessibles tant qu'il n'a pas exercé son option.

C. civ., art. 758-2

L'option du conjoint entre l'usufruit et la propriété se prouve par tout moyen.

C. civ., art. 758-3

Tout héritier peut inviter par écrit le conjoint à exercer son option. Faute d'avoir pris parti par écrit dans les trois mois, le conjoint est réputé avoir opté pour l'usufruit.

C. civ., art. 758-4

Le conjoint est réputé avoir opté pour l'usufruit s'il décède sans avoir pris parti.

C. civ., art. 758-5

Le calcul du droit en toute propriété du conjoint prévu aux articles 757 et 757-1 sera opéré sur une masse faite de tous les biens existant au décès de son époux auxquels seront réunis fictivement ceux dont il aurait disposé, soit par acte entre vifs, soit par acte testamentaire, au profit de successibles, sans dispense de rapport.

Le conjoint ne pourra exercer son droit que sur les biens dont le prédécédé n'aura disposé ni par acte entre vifs, ni par acte testamentaire, et sans préjudicier aux droits de réserve ni aux droits de retour.

C. civ., art. 758-6 (*L. 23 juin 2006, art. 29, 24°, en vigueur le 1er janv. 2007*)

Les libéralités reçues du défunt par le conjoint survivant s'imputent sur les droits de celui-ci dans la succession. Lorsque les libéralités ainsi reçues sont inférieures aux droits définis aux articles 757 et 757-1, le conjoint survivant peut en réclamer le complément, sans jamais recevoir une portion de biens supérieure à la quotité définie à l'article 1094-1.

> Conversion de l'usufruit
[C. civ., art. 759 à 762]

C. civ., art. 759

Tout usufruit appartenant au conjoint sur les biens du prédécédé, qu'il résulte de la loi, d'un testament ou d'une donation de biens à venir, donne ouverture à une faculté de conversion en rente viagère, à la demande de l'un des héritiers nus-propriétaires ou du conjoint successible lui-même.

C. civ., art. 759-1

La faculté de conversion n'est pas susceptible de renonciation. Les cohéritiers ne peuvent en être privés par la volonté du prédécédé.

C. civ., art. 760

À défaut d'accord entre les parties, la demande de conversion est soumise au juge. Elle peut-être introduite jusqu'au partage définitif.

S'il fait droit à la demande de conversion, le juge détermine le montant de la rente, les sûretés que devront fournir les cohéritiers débiteurs, ainsi que le type d'indexation propre à maintenir l'équivalence initiale de la rente à l'usufruit.

Toutefois, le juge ne peut ordonner contre la volonté du conjoint la conversion de l'usufruit portant sur le logement qu'il occupe à titre de résidence principale, ainsi que sur le mobilier le garnissant.

C. civ., art. 761

Par accord entre les héritiers et le conjoint, il peut-être procédé à la conversion de l'usufruit du conjoint en un capital.

C. civ., art. 762

La conversion de l'usufruit est comprise dans les opérations de partage. Elle ne produit pas d'effet rétroactif, sauf stipulation contraire des parties.

FISCALITÉ

> Abattement dérogatoire aux droits de mutation sur l'immeuble servant de résident principale au conjoint survivant ou au partenaire pacsé

CGI, art. 764 *bis*

* V. texte complet de cet article s^s n° 231.01

> Tarif des droits de mutation à titre gratuit au profit du conjoint survivant ou partenaire pacsé

CGI, art. 777 (*L. n° 2012-958, 16 août 2012, art. 5*)

Les droits de mutation à titre gratuit sont fixés aux taux indiqués dans les tableaux ci-après, pour la part nette revenant à chaque ayant droit :

TABLEAU I
Tarif des droits applicables en ligne directe
[...]
[V. s^s n° 231.01]

TABLEAU II
Tarif des droits applicables entre époux et entre partenaires liés par un pacte civil de solidarité

Fraction de part nette taxable	Taux
N'excédant pas 8 072 €	5 %
Comprise entre 8 072 € et 15 932 €	10 %
Comprise entre 15 932 € et 31 865 €	15 %
Comprise entre 31 865 € et 552 324 €	20 %
Comprise entre 552 324 € et 902 838 €	30 %
Comprise entre 902 838 € et 1 805 677 €	40 %
Au-delà de 1 805 677 €	45 %

TABLEAU III
Tarif des droits applicables en ligne collatérale et entre non-parents
[…]
[V. s[s] n° 231.01]

Sous réserve des exceptions prévues au I de l'article 794 et à l'article 795, les dons et legs faits aux établissements publics ou d'utilité publique sont soumis aux tarifs fixés pour les successions entre frères et sœurs.

(À compter du 1er janvier 2013, l'actualisation annuelle des abattements, tarifs et seuils est supprimée)

> Réduction d'impôt

CGI, art. 780 (*L. n° 2007-1223, 21 août 2007, art. 8-V*)

Lorsqu'un héritier, donataire ou légataire a trois enfants ou plus, vivants ou représentés au jour de la donation ou au moment de l'ouverture de ses droits à la succession, il bénéficie, sur l'impôt à sa charge liquidé conformément aux dispositions des articles 777, (*L. n° 2007-1223, art. 8, V*) « 779, 788, 790 B, 790 D, 790 E et 790 F », d'une réduction de 100 % qui ne peut, toutefois, excéder 305 euros par enfant en sus du deuxième. Ce maximum est porté à 610 euros en ce qui concerne les donations et successions en ligne directe et (*L. n° 2007-1223, art. 8-V*) « les donations entre époux ou partenaires liés par un pacte civil de solidarité. »

Le bénéfice de cette disposition est subordonné à la production soit d'un certificat de vie dispensé d'enregistrement, pour chacun des enfants vivants des héritiers, donataires ou légataires et des représentants de ceux prédécédés, soit d'une expédition de l'acte de décès de tout enfant décédé depuis l'ouverture de la succession.

(Les dispositions ci-dessus de la loi n° 2007-1223 du 21 août 2007 sont applicables aux successions ouvertes et aux donations consenties à compter du 22 août 2007)

> Exonération des droits de mutation par décès en faveur du conjoint survivant ou du partenaire pacsé (*applicable aux successions ouvertes et aux donations consenties à compter du 22 août 2007*)

CGI, art. 796-0 *bis* (*mod. par L. n° 2007-1223, 21 août 2007, art. 8-V*)

Sont exonérés de droits de mutation par décès le conjoint survivant et le partenaire lié au défunt par un pacte civil de solidarité. (*Instr. DGI, 22 nov. 2007, BOI 7 G-6-07 : cette exonération court à compter du 22 août 2007*)

> Obligation de déclaration de succession conditionnelle

CGI, art. 800

* V. texte complet de cet article s[s] n° 231.01, > *Obligation de déclaration de succession et dispenses*

232.02 Jurisprudence de référence.

> Cumul des droits légaux et volontaires du conjoint survivant entre le 1er juillet 2002 et le 1er janvier 2007, dates d'entrée en vigueur des lois du 3 décembre 2001 et du 23 juin 2006

• **Cass., avis, 25 sept. 2006, n° 06-00.009,** *Bull. avis*, n° 8

* V. s[s] n°s 232.07 et 232.164

« 1° S'agissant des successions ouvertes depuis le 1er juillet 2002, la loi n° 2001-1135 du 3 décembre 2001 ayant abrogé la règle de l'imputation prescrite par l'article 767, alinéa 6, ancien du Code civil, le conjoint survivant peut cumuler les droits successoraux prévus aux articles 757, 757-1 et 757-2 du Code civil avec une ou des libéralités consenties en application de l'article 1094 ou de l'article 1094-1 du même code, sans toutefois porter atteinte à la nue-propriété de la réserve héréditaire ni dépasser l'une des quotités disponibles spéciales permises entre époux.

2° S'agissant des successions ouvertes à compter du 1er janvier 2007, la loi n° 2006-728 du 23 juin 2006 ayant réintroduit la règle de l'imputation en insérant un article 758-6 dans le Code civil, le conjoint survivant ne peut plus bénéficier d'un tel cumul. »

• **Civ. 1re, 25 mars 2009, n° 08-13.667,** NP

* V. s[s] n°s 232.07

« C'est sans dénaturer les termes clairs et précis du testament litigieux ni violer les articles 8 de la Convention européenne des droits de l'homme et 1er du Protocole n° 1 de celle-ci que la cour d'appel a retenu que les dispositions testamentaires, dénuées de toute ambiguïté, portaient exclusivement sur l'assiette de l'usufruit auquel le conjoint légataire pouvait alors prétendre et que la volonté du testateur n'avait pas pu être de la priver de droits en pleine propriété que la loi ne lui reconnaissait pas au moment de la rédaction du testament, et qu'en l'absence de toute équivoque sur sa portée, il n'y avait pas davantage lieu de rechercher l'intention du défunt au travers des dispositions antérieurement prises et révoquées, de sorte que le conjoint survivant était fondé à se prévaloir de l'article 757 du Code civil et prétendre au quart de la succession en pleine propriété. »

• **Civ. 1re, 4 juin 2009, n° 08-15.799,** *Bull. civ.* I, n° 122

* V. s[s] n°s 232.07 et 232.164

« Procédant à l'analyse de la volonté du testateur, la cour d'appel a estimé souverainement que, nonobstant l'intervention de la loi du 3 décembre 2001 dont elle a fait une exacte application, le maintien de la libéralité traduisait la volonté implicite du défunt de permettre un cumul des droits légaux et de la libéralité. »

• **Civ. 1re, 23 mai 2012, n° 10-21.510,** NP

* V. s[s] n°s 232.07

« La cour d'appel a souverainement estimé, par une interprétation nécessaire des termes du testament, que le testateur avait disposé de l'ensemble de ses biens ; qu'elle en a justement déduit que le testateur avait par là-même exclu que son épouse puisse se prévaloir de sa vocation successorale légale, de sorte que, le défunt n'ayant pas modifié son testament après l'entrée en vigueur de la loi du 3 décembre 2001, son conjoint ne pouvait prétendre cumuler son legs à titre universel en usufruit et le quart des biens de la succession en pleine propriété tel que fixé par l'article 757 du Code civil. »

232.03 Bibliographie indicative.

Actualisables. Rép. civ., v° *Succession (1° Dévolution)*, janv. 2009 [màj janv. 2014], par R. Le Guidec et G. Chabot, n°s 294 à 368 – *J.-Cl. Civ.*, fasc. 10, art. 756 à 767 (2007), et fasc. 20, art. 756 à 767 (2007), par P. Catala.

Ouvrages[1]. R. Crône et B. Gelot, *La réforme des successions*, Éd. Defrénois, 2002, n° 17 – S. Ferré-André et S. Berre, *Successions et libéralités*, « HyperCours », Dalloz, 2012, n° 157 – J. Hauser, Ph. Delmas Saint-Hilaire et Ph. Viudes, *La réforme successorale du 3 décembre 2001*, Éd. Cridon Bordeaux-Toulouse, 2004, n° 82 – N. Levillain et M.-C. Forgeard, « Dalloz référence », *Liquidation des successions*, 2013/2014, n° 132.46 – *Successions et libéralités. Nouveau régime juridique et fiscal,* « Dossier pratique », Francis Lefebvre, 2007, n° 136 – F. Terré, Y. Lequette et S. Gaudemet, *Les successions, les libéralités*, 4e éd., « Précis », Dalloz, 2014.

Articles. C. Baumann, « Tableau comparatif des droits *ab intestat* accordés au conjoint survivant français, allemand ou anglais », *AJ fam.* 2002. 219– M. Beaubrun, « La loi du 3 décembre 2001 portant réforme du droit des successions », *Defrénois* 2003, n° 2, p. 73 – B. Beignier, « La loi du 3 décembre 2001 : le conjoint héritier », *Dr. fam.* 2002. Chron. 8, p. 4; « Les droits du conjoint survivant pour les successions ouvertes depuis le 1er juillet 2002 », *Dr. et patr.* 2003, n° 115, p. 83 – Cl. Brenner, « Le nouveau visage de la réserve héréditaire », *RRJ* 2008. 83 – J. Casey, « Droit des successions : commentaire de la loi du 3 décembre 2001 », *RJPF* 2002-2/6 s. – P. Catala, « Prospective et perspectives en droit successoral », *JCP N* 2007. 1206 – J.-M. Do Carmo Silva, « La liquidation des droits légaux du conjoint en concours avec les père et mère du défunt », *Defrénois* 2011. 329 – I. Dauriac, « Le conjoint survivant dans la loi du 23 juin 2006 », *JCP N* 2007. 1203 – Ch. Delory et F. Fruleux, « Aspects fiscaux de la loi du 3 décembre 2001 : les nouveaux droits du conjoint survivant », *JCP N* 2002. 1470 – S. Ferre-André, « Les droits supplétifs et impératifs du conjoint survivant dans la loi du 3 décembre 2001 », *Defrénois* 2002, art. 37572 – Y. Flour, « Les nouveaux droits *ab intestat* du conjoint survivant », *Gaz. Pal.* 2-3 oct. 2002, p. 1412 s. – F. Gémignani et G. Bonnet, « Les conséquences de l'imputation des libéralités sur le quart légal en propriété du conjoint survivant », 106e congrès des notaires de France, *JCP N* 2010. 1147; « Usufruit légal du conjoint survivant : de quelques difficultés liquidatives », *Defrénois* 2010, art. 39088 – G. Grillon, « Les nouveaux droits successoraux du conjoint survivant », *JCP* 2002. I. 133 – M. Grimaldi, « Droits du conjoint survivant : brève analyse d'une loi transactionnelle », *AJ fam.* 2002. 48 s.; « L'admission du cumul de la vocation légale et de la vocation testamentaire du conjoint survivant... lorsque la succession s'est ouverte entre le 1er juillet 2002 et le 1er janvier 2007 », *RTD civ.* 2010. 141– R. Le Guidec, « Vue panoramique de la loi du 23 juin 2006 », *JCP* 2006. I. 160 – Chr. Jubault, « L'exercice de l'usufruit *ab intestat* du conjoint survivant (le retour de la masse d'exercice) », *Dr. fam.* 2003. Chron. 24; « Combinaison et cumul des libéralités entre époux avec la vocation *ab intestat* du conjoint survivant », *Defrénois* 2004, art. 37862 – M. Julienne, « L'assiette de l'usufruit légal du conjoint survivant », *D.* 2013. 2283 – M. Jusseaume, « Analyse de la nouvelle règle d'imputation de l'article 758-6 du Code civil au regard des règles du rapport », *LPA* 21 févr. 2008 – A.-M. Leroyer, « Réforme des successions et des libéralités », *RTD civ.* 2006. 612– N. Levillain, « Les nouveaux droits *ab intestat* du conjoint survivant », *JCP N* 2002. 1163; « Le traitement liquidatif des libéralités faites au conjoint survivant en sept questions », *JCP N* 2009. 1315 – Ph. Malaurie, « La réforme des successions et des libéralités », *Defrénois* 2006, art. 38482 – M. Mathieu, « La vocation légale du conjoint survivant en présence d'enfants ou de descendants », *JCP N* 2002. 1192 – A.-D. Merville, « La réforme du statut du conjoint survivant par la loi du 3 décembre 2001 », *JCP* 2002. I. 185 – S. Piédelièvre, « Réflexions sur la réforme des successions », *Gaz. Pal.* 5-6 avr. 2002, p. 2 s. – B. Renaud, « Droits du conjoint survivant : conséquences pratiques pour le notariat de la loi du 3 décembre 2001 », *AJ fam.* 2002. 54 – F. Sauvage, « La réforme du droit des successions enfin adoptée », *JCP N* 2001. 1727 – B. Vareille, « Réflexions sur l'imputation en droit des successions », *RTD civ.* 2009. 1 – D. Vigneau, « Les droits successoraux du conjoint survivant », *LPA* 30 sept. 2002, p. 11 – V. Zalewski, « L'imputation des libéralités faites au conjoint survivant sur ses droits légaux », *Defrénois* 2007, art. 38638.

232.04 Questions essentielles.

> Est successible le conjoint survivant non divorcé.

* V. ss nos 232.21 à 232.25

> Lorsque le conjoint survivant est en concours avec les seuls descendants issus de son union avec l'époux prémourant, il recueille à son choix l'usufruit de toute la succession ou le 1/4 en propriété des biens existants au décès.

* V. ss n° 232.31

> Le conjoint survivant est l'unique titulaire de l'option, laquelle est intransmissible et se prouve par tous moyens.

* V. ss nos 232.34 et 232.36

> Lorsque le conjoint survivant néglige de prendre parti dans les trois mois de la demande qui lui est faite par les héritiers, ou lorsqu'il décède sans avoir opté, il est réputé avoir opté pour l'usufruit.

* V. ss nos 232.34 et 232.35

1. NB : les ouvrages les plus fréquemment cités et dont le nom des auteurs figure en petites capitales en bibliographie sont cités par les seuls noms des auteurs en petites capitales en notes de bas de page.

> Les biens existants qui forment l'assiette de l'usufruit du conjoint sont ceux qui figurent dans le patrimoine du défunt et dont il était encore propriétaire lors de son décès.

* V. s^{s} n°s 232.40 et 232.41

> Doivent être déduits des biens existants le passif successoral ainsi que les legs non rapportables.

* V. s^{s} n° 232.43

> À la demande des héritiers nus-propriétaires ou du conjoint, l'usufruit de ce dernier, qu'il s'agisse de son usufruit légal ou d'un usufruit donné ou légué, peut être converti en une rente viagère.

* V. s^{s} n°s 232.71 à 232.79

> La conversion de cet usufruit en capital requiert l'accord des héritiers et du conjoint.

* V. s^{s} n°s 232.81 et 232.82

> Le conjoint survivant recueille la propriété du 1/4 des biens existants en présence d'enfants ou de descendants du défunt, soit que ces derniers ne soient pas tous communs aux époux, soit que l'étant, le conjoint ait choisi cette branche de l'option.

* V. s^{s} n° 232.92

> À défaut d'héritiers du premier ordre, ou s'ils sont tous indignes ou renonçants, le conjoint survivant recueille la moitié de la succession en propriété en présence des père et mère du défunt, les trois-quarts si seul le père ou la mère lui survit.

* V. s^{s} n° 232.92

> Le droit en propriété du conjoint se détermine sur une masse de calcul composée des biens existants auxquels sont réunis les biens légués, les biens donnés par le défunt à ses successibles sans dispense de rapport, ainsi que toutes les libéralités faites au conjoint lui-même.

* V. s^{s} n°s 232.103 à 232.114

> Les droits du conjoint se réalisent sur une masse d'exercice différente de la masse de calcul. La masse d'exercice se compose des biens existants, sous certaines déductions, à savoir :

- l'ensemble des libéralités faites par le défunt;
- les biens composant la réserve des héritiers réservataires;
- les biens soumis à un droit de retour.

* V. s^{s} n°s 232.121 à 232.161

> Sur la masse d'exercice ainsi constituée, il y a lieu d'imputer les libéralités faites par le défunt au conjoint survivant.

* V. s^{s} n°s 232.162 à 232.166

> En l'absence d'enfants et des père et mère du défunt, le conjoint recueille toute la succession en propriété, sauf ce qui sera dit du droit de retour dont bénéficient les collatéraux privilégiés dans le cas prévu par l'article 757-3 du Code civil.

* V. s^{s} n°s 232.171 et 232.172

232.06 Droit transitoire – articles 41, 46 et 47, I, II, III et IV de la loi n° 2006-728 du 23 juin 2006 portant réforme des successions et des libéralités[1]. Les dispositions nouvelles sont applicables aux successions ouvertes à compter du 1er janvier 2007, y compris si des libéralités ont été consenties antérieurement à cette date. Les successions ouvertes avant cette date restent soumises à la législation en vigueur au jour du décès. À titre dérogatoire, les nouvelles dispositions relatives à l'indivision et au partage s'appliquent aux indivisions existantes et aux successions ouvertes mais non encore partagées à compter du 1er janvier 2007, les instances en cours n'étant pas concernées par cette rétroactivité.

232.07 Dispositions interprétatives. La loi du 23 juin 2006 s'est abstenue de conférer un caractère interprétatif à l'article 758-6 du Code civil rétablissant le mécanisme de l'imputation des libéralités faites au conjoint sur ses droits *ab intestat* qui avait disparu depuis la loi du 3 décembre 2001. Il en résulte que l'imputation n'a pas lieu de jouer dans les successions ouvertes entre le 1er juillet 2002 et le 1er janvier 2007, dates respectives d'entrée en vigueur des lois de 2001 et de 2006. Cette solution a été confirmée par un avis de la Cour de cassation le 25 septembre 2006[2], dans lequel elle admet le cumul des droits légaux et volontaires du conjoint survivant entre ces deux dates, dans la limite de la quotité disponible spéciale entre époux. L'admission du cumul peut néanmoins poser de sérieuses difficultés d'interprétation de la volonté du *de cujus* lorsque la libéralité au conjoint a été consentie avant la loi du 3 décembre 2001[3].

EN RÉSUMÉ :

– pour les décès intervenus soit avant le 1er juillet 2002, soit après le 1er janvier 2007, la règle d'imputation s'applique sur le fondement de l'ancien article 767 du Code civil pour les premiers, et de l'actuel article 758-6 du même code pour les seconds;

– pour les décès intervenus entre le 1er juillet 2002 et le 1er janvier 2007, sous réserve de la volonté contraire du *de cujus*, le conjoint survivant peut cumuler sa vocation légale et les droits qu'il tient de libéralités, le tout dans la limite de la quotité disponible spéciale entre époux.

1. L. n° 2006-728, 23 juin 2006, portant réforme des successions et des libéralités, *JO* 24 juin, p. 9513.
2. Cass., avis, 25 sept. 2006, n° 06-00.009, *Bull. avis*, n° 8.
3. Civ. 1re, 25 mars 2009, n° 08-13.667, NP; *D.* 2009. 2508, n° 13, obs. M. Nicod; *RJPF* 2009-6/36, note Ph. Delmas Saint-Hilaire – Civ. 1re, 4 juin 2009, n° 08-15.799, *Bull. civ.* I, n° 122; *D.* 2009. Chron. 2058, obs. P. Chauvin, N. Auroy et C. Creton; Pan. 2516, obs. M. Nicod; *Dr. fam.* 2009, n° 111, note B. Beignier; *AJ fam.* 2009. 306, note A. Tisserand-Martin; *JCP* 2010. 374, obs. R. Le Guidec; *JCP N* 2010. 1072, note Gilles; *RTD civ.* 2010. 41, obs. M. Grimaldi– Civ. 1re, 23 mai 2012, n° 10-21.510, NP; *D.* 2012. 2425, obs. M. Nicod; *JCP N* 2013. 1060, obs. R. Le Guidec.

SECTION 1
PROMOTION SUCCESSORALE DU CONJOINT

232.11 Place du conjoint dans la hiérarchie successorale. La dévolution successorale selon le Code civil originaire reposait principalement sur la parenté et accessoirement sur le mariage.

L'héritage avait pour fonction principale d'assurer la conservation des richesses dans la famille du défunt. Le conjoint survivant, qui ne s'inscrit pas dans les cercles de la parenté, ne pouvait dès lors qu'être relégué à l'arrière-plan.

Sa vocation successorale a connu, de 1804 à nos jours, une évolution considérable qui a concerné d'une part la nature de ses droits - de pure propriété à l'origine, ils s'ouvrent aujourd'hui tantôt en propriété, tantôt en usufruit - et d'autre part l'étendue de sa vocation, qui a été plusieurs fois accrue sous ses deux aspects, usufruit et propriété.

Cette évolution s'explique par les différences profondes qui séparent l'état présent de la famille et de son patrimoine de ce qu'il fut à l'aube du XIXe siècle. Pour une majorité de couples, en effet, le patrimoine se constitue aujourd'hui davantage pendant le mariage qu'il n'est reçu par succession. Ce fait, en partie imputable à l'allongement de la durée de la vie qui retarde l'âge où l'on recueille un héritage, rend plus légitime qu'elle ne l'était la vocation d'un époux à hériter de son conjoint.

Quant à la famille, on sait combien elle s'est rétrécie au fil des décennies, au point de se réduire aujourd'hui, d'un point de vue sociologique, au seul noyau formé par le couple et les enfants.

Ce passage de la famille-souche à la famille dite « *nucléaire* » a pour corollaire le renforcement des liens dus à l'alliance, lequel s'opère nécessairement au détriment des liens qui découlent de la parenté.

La nouvelle prise en compte de l'*affectio conjugalis* a ainsi conduit le législateur à promouvoir le conjoint survivant au plan successoral. La position originale qu'il occupe aujourd'hui dans la hiérarchie héréditaire en est le reflet.

Il paraît utile, avant de décrire le statut successoral du conjoint en droit positif, d'en retracer brièvement l'évolution historique.

232.12 Vocation résiduelle du conjoint. Bien que n'étant pas héritier du sang, le conjoint bénéficiait sous l'ancien droit d'avantages successoraux et matrimoniaux appréciables : quarte du conjoint pauvre et gains de survie dans les pays de droit écrit, douaire en usufruit de la veuve dans les pays de coutumes.

Ces avantages disparurent avec la Révolution qui unifia la législation : le conjoint était appelé à recueillir toute la succession à défaut de parents au degré successible, par préférence à l'État.

Autant dire que cette vocation ne se réalisait jamais, car, à l'époque, les parents succédaient sans limitation de degré.

Le Code Napoléon reprit cette tradition et subordonna la vocation successorale entre conjoints à l'absence de successeurs jusqu'au 12e degré. La vocation du conjoint restait illusoire, mais il importe de noter qu'au même moment, la communauté de meubles et d'acquêts devenait le régime légal du pays.

Cette législation, dominée par le principe de conservation des biens dans la famille, s'avéra rapidement trop rigoureuse et inadaptée.

232.13 Esquisse d'une promotion successorale. Un mouvement tendant à améliorer la situation du conjoint s'est alors amorcé, se manifestant d'abord par des dispositions législatives particulières, extérieures au Code civil, telle la loi du 14 juillet 1866 sur les droits d'auteur attribuant au conjoint un droit d'usufruit sur le produit des œuvres du défunt.

La première grande loi générale fut la loi du 9 mars 1891 qui, modifiant l'article 767 ancien du Code civil, accorda au conjoint en concours avec des héritiers du sang un droit d'usufruit sur la succession du prédécédé, qui prenait fin en cas de remariage. Cette même loi alloua au survivant dans le besoin des aliments dans la succession du prémourant.

Puis la loi du 3 avril 1917 admit le maintien de l'usufruit du conjoint en cas de remariage, essentiellement pour ne pas encourager le concubinage, celui des veuves de guerre en particulier. La même année, la loi du 31 décembre ramena du 12e au 6e degré la vocation héréditaire des collatéraux ordinaires, ce qui augmentait indirectement les chances du conjoint de venir à la succession.

La loi du 29 avril 1925 étendit l'usufruit du conjoint survivant à la totalité de la succession en présence de collatéraux ordinaires.

232.14 Droits en propriété. La loi du 3 décembre 1930 et surtout celle du 26 mars 1957 marquèrent une étape plus importante. Tenant compte de l'affection probable du défunt et de la place de l'époux dans la famille conjugale, elles lui accordèrent un droit de succession en pleine propriété, même en cas de concours avec d'autres successibles, et ceci par l'utilisation, à son profit, du procédé de la fente successorale, aujourd'hui dénommé division par branche.

Le processus se déroula en deux temps. *La loi du 3 décembre 1930* attribua d'abord au conjoint, en l'absence de parent au degré successible dans une branche, la moitié revenant à la branche défaillante, alors que jusque-là, elle était dévolue à la branche représentée, qui se voyait ainsi attribuer l'entière succession.

Puis la *loi du 26 mars 1957* conféra à l'époux survivant un rang plus avantageux dans la hiérarchie des successibles en lui faisant primer les collatéraux ordinaires, sans renoncer pour autant à faire jouer la fente à son profit en présence d'ascendant dans une seule branche. Il en résulta qu'en présence d'ascendants dans une branche, de collatéraux ordinaires dans l'autre et d'un conjoint survivant, la moitié auparavant dévolue aux collatéraux revenait désormais en pleine propriété au conjoint. Tel était le sens de l'article 766 ancien du Code civil.

232.15 Incidence de la loi du 3 janvier 1972. Il n'en demeurait pas moins que, malgré cette avancée considérable, le conjoint était encore en marge de la succession normale, car, dépourvu de la saisine, il ne pouvait appréhender les biens successoraux que moyennant certaines formalités dont étaient dispensés les véritables héritiers. Il était un successeur « *irrégulier* », au même titre que les parents naturels et l'État.

C'est l'*ordonnance du 30 décembre 1958* qui fit de lui un véritable héritier en lui conférant la **saisine**.

Ce courant législatif favorable a marqué un temps d'arrêt avec la loi du 3 janvier 1972.

En accordant à l'enfant naturel les mêmes droits qu'à l'enfant légitime et en admettant la successibilité des enfants adultérins jusqu'alors écartés, la loi du 3 janvier 1972 a diminué par voie de conséquence la vocation successorale du conjoint survivant. Ce dernier ne pouvait en effet que pâtir du gonflement du premier ordre d'héritiers, ce qui allait à contre-courant de toute l'évolution du droit antérieur.

232.16 Loi du 3 décembre 2001[1]. La **double tendance favorable au conjoint survivant et aux enfants naturels** a trouvé son plein épanouissement dans la loi du 3 décembre 2001.

Celle-ci, en supprimant tous les textes qui, lors de la réforme de la filiation en 1972, avaient forgé un statut particulier aux enfants adultérins, a placé ces derniers sur un pied d'égalité avec les enfants naturels simples, dont les propres droits furent alignés en 1972 sur ceux des enfants légitimes.

Hormis l'hypothèse marginale de l'enfant né d'un inceste absolu, qui ne peut avoir de vocation successorale qu'à l'égard d'un seul de ses parents (v. s[s] n° 231.16), il n'y a plus, aujourd'hui, dans le Code civil, aucune discrimination successorale entre les enfants tenant aux circonstances de leur naissance.

Simultanément, la vocation successorale du conjoint a pris un tour nouveau, par la place que celui-ci occupe désormais dans la hiérarchie héréditaire.

Comme on a pu l'observer, le chapitre « Des héritiers » figurant au titre « Des successions » est aujourd'hui découpé en deux sections, respectivement consacrées aux droits des héritiers en l'absence du conjoint et aux droits du conjoint successible (v. s[s] n°s 232.11 s., 233.11 s. et 234.11 s.).

Cette *summa divisio* opérée par le législateur de 2001 dans la dévolution suffit à montrer le rôle décisif que joue le conjoint dans le nouveau droit des successions.

L'élargissement de sa vocation héréditaire se traduit tout d'abord par la généralisation de ses droits en propriété, lesquels, dans certains cas, deviennent même des droits réservataires.

Il se manifeste également dans la création de prérogatives particulières sur son logement, ainsi que par un renforcement de son droit à des aliments s'il est dans le besoin, ces deux mesures tendant à préserver ses conditions d'existence dans le cas où sa vocation *ab intestat* n'y suffirait pas.

232.17 Loi du 23 juin 2006. Outre une définition unifiée du conjoint successible, rendue nécessaire par la réforme du divorce intervenue en 2004, la loi du 23 juin 2006 apporte deux innovations notables s'agissant du conjoint survivant : d'une part, elle tranche une controverse doctrinale née postérieurement à la loi du 3 décembre 2001, relative à l'articulation des droits légaux du conjoint avec les libéralités reçues du défunt, d'autre part, elle étend le champ d'application du droit temporaire au logement accordé par la loi du 3 décembre 2001.

232.20 Annonce. Naguère prépondérante, la **vocation en usufruit** du conjoint est aujourd'hui éclipsée par la **vocation en propriété**.

La première des deux ne peut se réaliser que si le conjoint en fait la demande et à la condition que tous les enfants appelés à hériter en même temps que lui soient communs aux deux époux.

Dans toutes les autres configurations héréditaires, le conjoint succède en pleine propriété.

Il reste que la première situation, qui met face-à-face un conjoint survivant et les enfants communs du couple, est de loin la plus fréquente. Aussi seront successivement évoqués la vocation du conjoint en usufruit (sect. 3) puis ses droits en propriété (sect. 4), non sans avoir déterminé en amont les conditions de sa successibilité (sect. 2) et précisé en aval l'incidence sur ses droits légaux des libéralités dont il a pu être gratifié par le prémourant.

1. L. n° 2001-1135, 3 déc. 2001, relative aux droits du conjoint survivant et des enfants adultérins et modernisant diverses dispositions de droit successoral, *JO* 4 déc., p. 19279.

SECTION 2
CONDITIONS DE SUCCESSIBILITÉ

232.21 **Qualité d'époux.** La vocation héréditaire du conjoint n'est pas fondée sur une qualité indélébile comme la parenté, mais sur une qualité qui peut se perdre, celle d'époux.

Aussi est-elle affectée de **causes spéciales de caducité.**

232.22 **Divorce et séparation de corps.** La succession n'est dévolue au survivant qu'autant que celui-ci avait encore le titre d'époux au décès du prémourant. Tel n'est pas le cas de l'époux divorcé. Lorsque le mariage est déjà dissous à l'ouverture de la succession par une décision de justice ayant acquis force de chose jugée, la qualité de conjoint qui servait de cause au droit héréditaire a disparu.

La loi du 3 décembre 2001 déniait également, comme par le passé, la qualité de conjoint successible à l'époux contre lequel existait un jugement de séparation de corps passé en force de chose jugée, ce qui désignait une séparation de corps pour rupture de la vie commune à la demande du survivant ou une séparation prononcée pour faute à ses torts exclusifs. En revanche, le droit de succéder était maintenu au profit de l'époux survivant non coupable, ce qui désignait soit la séparation prononcée contre l'époux décédé ou aux torts partagés, soit celle qui résultait d'un consentement mutuel si les époux n'y avaient pas renoncé dans leur convention homologuée (C. civ., art. 732).

232.23 **Réforme du divorce.** La loi du 26 mai 2004[1] portant réforme du divorce a maintenu les **droits successoraux de tout conjoint survivant séparé de corps (sauf renonciation dans la convention homologuée),** conformément à l'objectif affiché de déconnecter les conséquences du divorce et du relâchement du lien conjugal de la répartition des torts entre les époux (C. civ., art. 301). Pour autant, la rédaction de l'article 732 du Code civil ne fut pas modifiée en conséquence, ce qui créait une discordance malheureuse dans le dispositif. Aussi, soucieux de coordonner les droits successoraux du conjoint avec les dispositions issues de cette réforme, le législateur de 2006 permet-il désormais à tout conjoint séparé de corps, même à ses torts exclusifs, de faire valoir ses droits dans la succession de l'époux prémourant. C'est ce qui résulte de la nouvelle formulation donnée à l'article 732 : « *Est conjoint successible le conjoint survivant non divorcé.* » Seul le divorce prononcé prive par conséquent le conjoint survivant de sa qualité de successible. C'est dire *a contrario* que **le conjoint en instance de divorce à l'époque du décès conserve la qualité de successible.** Bien plus, lui est maintenue en pareilles circonstances celle de **réservataire dans la succession de l'époux prémourant,** qualité qu'il endosse désormais toutes les fois que ce dernier est décédé sans postérité. Non seulement en effet la loi du 23 juin 2006 a supprimé la réserve des ascendants, mais elle a aussi donné du conjoint successible une définition unifiée qui le rend apte à prétendre à ses droits réservataires dès lors qu'il l'est à recueillir ses droits *ab intestat* (C. civ., art. 914-1 et 916).

1. L. nº 2004-439, 26 mai 2004, relative au divorce, *JO* 27 mai, p. 9319.

232.24 **Mariage annulé.** Lorsque l'annulation est prononcée du vivant des deux époux, le droit de succession réciproque est perdu en toute hypothèse.

Mais si l'un des deux époux était prédécédé lorsqu'est intervenu le jugement, de deux choses l'une : ou bien l'annulation produit son plein effet et elle efface rétroactivement la qualité de conjoint de l'époux survivant, qui doit alors restituer ce qu'il a reçu au titre de ses droits héréditaires; ou bien le mariage nul est déclaré putatif, et il n'est pas anéanti rétroactivement, de sorte que le survivant de bonne foi peut se prévaloir de toutes les conséquences du mariage antérieures à l'annulation, au nombre desquelles figure sa vocation successorale.

Il a donc le droit de conserver tous les biens dont il avait pu hériter (C. civ., art. 201).

232.25 **Mariage posthume.** Le mariage célébré après le décès d'un des époux ne confère aucun droit de succession au survivant, ainsi que l'énonce l'article 171 du Code civil.

La raison de cette disposition qui déroge à la règle selon laquelle « *les effets du mariage remontent à la date du jour précédant celui du décès de l'époux* » est précisément le risque d'un détournement de l'institution du mariage à des fins successorales.

SECTION 3
VOCATION EN USUFRUIT

§ 1
Option du conjoint

232.31 **Enfants communs aux deux époux.** En présence d'enfants ou de descendants, et lorsqu'ils sont tous issus des deux époux, le conjoint peut recueillir, à son choix, des droits en usufruit ou en propriété.

En pareille hypothèse, l'article 757 du Code civil lui ouvre en effet une option entre un **usufruit portant sur la totalité des biens** existant dans la succession et le **quart en propriété des biens de la succession.**

Il résulte de cette disposition légale que la coexistence, au sein d'un même foyer, d'enfants dont certains sont communs aux deux époux et d'autres ne le sont pas, a pour conséquence de fermer l'option proposée au survivant d'entre eux, sa vocation légale se trouvant dès lors ramenée à des droits en pleine propriété.

La prise en compte de la diversité des situations liées aux **recompositions familiales** justifie le choix du législateur pour une **règle dévolutive tantôt dualiste tantôt unitaire**, de manière à éviter que des enfants d'un premier lit du défunt ne se trouvent face à un conjoint survivant usufruitier, alors qu'il leur est étranger.

232.32 Notion d'enfants « *issus des deux époux* ». La notion d'enfants « *issus des deux époux* » retenue par la loi du 3 décembre 2001 se veut moins restrictive que celle d'enfants « *issus du mariage* » employée par le passé (C. civ., anc. art. 760 et 915), car elle permet d'y inclure ceux d'entre eux qui seraient nés avant le mariage de leurs père et mère.

Par ailleurs, et selon une jurisprudence désormais bien établie rendue à propos des textes susvisés, il y lieu d'assimiler à l'enfant issu des deux époux celui qui aurait fait l'objet d'une **adoption**, simple ou plénière, de la part des deux conjoints, ou encore l'enfant de l'un d'eux adopté par l'autre.

Ce qui importe, en réalité, pour que l'option existe, c'est que tous les enfants laissés par le défunt aient un lien de filiation établi à l'égard du conjoint survivant; par conséquent, si c'est uniquement le survivant qui a des enfants de différents lits, sa faculté d'option doit, nous semble-t-il, rester intacte, puisque de tels enfants ne sont pas, par hypothèse, appelés à la succession de l'époux prédécédé dès lors qu'ils n'ont aucun lien de filiation avec lui.

232.33 Nature de l'option. S'agissant de l'option offerte par l'article 757 du Code civil au conjoint survivant, elle évoque, par sa nature et sa fonction, sinon par l'intégralité de ses termes, le choix entre les trois différentes formes de quotité disponible spéciale qu'organise l'article 1094-1 du Code civil au profit du survivant des époux lorsque des libéralités lui ont été consenties par le prémourant.

La première branche de cette option est la quotité disponible ordinaire, qui est d'un quart en propriété en présence de trois enfants ou plus. La troisième branche propose, quant à elle, l'usufruit sur toute la succession, dont il est avéré dans la pratique qu'elle est fort prisée des conjoints survivants qui se sont consenti des donations à cause de mort.

Tout se passe comme si le législateur de 2001 avait voulu transposer sur le terrain de la **dévolution légale** le schéma qui recueillait les plus grandes faveurs sur celui de la **dévolution volontaire.**

Ne dit-on pas que la loi est faite pour le plus grand nombre ?

Voilà donc un dispositif qui propose, dans la succession *ab intestat*, un choix auquel sont déjà familiarisés nombre de praticiens et de conjoints survivants potentiels.

Le législateur, averti des difficultés rencontrées à propos d'une quotité disponible à géométrie variable et, plus généralement, inhérentes à toute solution formulée en termes d'option, n'a pas manqué de prévoir les caractères et les modalités d'exercice de celle qu'il mettait en place.

232.34 Intransmissibilité de l'option. De ce que l'option semble relever de la catégorie des droits exclusivement attachés à la personne, résulte son intransmissibilité entre vifs ou à cause de mort. Le conjoint successible en est l'unique titulaire, à l'exclusion de ses créanciers, qui ne peuvent ni le contraindre à opter ni opter en ses lieu et place sur le fondement de l'action oblique; à l'exclusion également de ses héritiers, s'il décède sans avoir opté. Dans ce dernier cas, le conjoint est réputé avoir opté pour l'usufruit (C. civ., art. 758-4).

232.35 Silence ou décès du conjoint. C'est au demeurant une présomption de même sens qu'édicte l'article 758-3 du Code civil pour le cas où, invité par les héritiers, ou l'un d'eux, à exercer son option, comme la loi le leur permet, le conjoint négligerait de prendre parti dans les trois mois de la demande qui lui est faite.

C'est donc à **l'usufruit** que va manifestement la préférence du législateur en cas de difficulté liée soit au silence soit au décès du conjoint titulaire de l'option; sans doute l'usufruit apparaît-il, par défaut, comme le **moyen le plus approprié pour maintenir au conjoint son cadre d'existence sa vie durant.**

Il reste que l'interpellation du conjoint ne constitue qu'une simple faculté pour les héritiers, qui peuvent préférer ne pas y recourir. Si donc le conjoint n'est pas sollicité sur ce point, son option n'est enfermée dans aucun délai ni forme et il semble qu'elle puisse intervenir à tout moment, du moins jusqu'au partage de la succession.

Néanmoins, pour inciter le conjoint à se manifester sans tenir indéfiniment les héritiers dans l'incertitude sur la nature exacte de leurs propres droits successoraux, laquelle dépend étroitement de celle des droits de l'époux survivant, l'article 758-1 déclare incessibles les droits de ce dernier tant qu'il n'a pas pris parti.

232.36 Forme de l'option. Selon l'article 758-2 du Code civil, l'**option se prouve par tous moyens,**

dont le plus probable consistera dans un **écrit**; c'est d'ailleurs sous la forme d'un écrit simple qu'elle doit se présenter lorsqu'elle est faite en réponse à l'invitation à se prononcer, elle aussi écrite, que lui auront adressée les héritiers, dans le délai de trois mois prescrit par l'article 758-3 du Code civil.

La forme plus élaborée de **l'acte authentique**, bien que non requise, paraît néanmoins plus sûre, eu égard aux incidences patrimoniales, financières et fiscales que présente chaque terme de l'option, ce que ne manque pas de souligner le notariat.

À l'opposé, la forme plus évanescente de **l'option tacite** semble pouvoir également être retenue, dès lors que le conjoint a accompli des actes traduisant sans ambiguïté son intention de se comporter soit en propriétaire indivis soit en usufruitier universel.

§ 2
Liquidation

232.40 **Usufruit universel.** Le traitement liquidatif de l'usufruit du conjoint est grandement simplifié par rapport à ce qu'il était sous l'empire de la loi ancienne, car désormais c'est d'un **usufruit universel** qu'il s'agit, et **non plus d'un usufruit de quotité**. *Avant la loi du 3 décembre 2001*, l'usufruit légal du conjoint ne pouvait être qu'un usufruit partiel, tantôt du quart, tantôt de la moitié de la succession, selon que ce dernier était en présence d'héritiers du premier ou du deuxième ordre.

Il n'y a plus lieu aujourd'hui de recourir, pour les besoins de la liquidation de cet usufruit, aux opérations complexes prescrites par l'ancien article 767 du Code civil, dont la raison d'être disparaît dès lors que l'usufruit légal du conjoint est appelé à grever l'entière succession.

A.
Assiette de l'usufruit

232.41 **Biens existants.** Désormais, et selon l'article 757 du Code civil, **l'usufruit du conjoint se calcule et s'exerce sur tous les biens existants, dont il y a lieu toutefois de déduire le passif successoral**, car c'est toujours sur un actif net que se liquident les droits des héritiers.

Les biens existants qui forment l'assiette des droits du conjoint désignent ceux qui figurent dans le patrimoine du défunt et dont il était encore propriétaire au moment de son décès.

Sont par conséquent **exclus de l'assiette de l'usufruit légal du conjoint les biens dont le prémourant avait disposé entre vifs, à titre onéreux ou par donations**, quand bien même celles-ci seraient rapportables en valeur à la succession, parce que consenties en avancement de part successorale ou encore réductibles pour atteinte à la réserve de ses bénéficiaires légaux.

Il suffit donc que, de son vivant, le défunt ait disposé de tous ses biens, en faveur de ses enfants comme de quiconque, pour que le conjoint survivant se trouve exhérédé, fût-ce de manière implicite, à l'ouverture de la succession, car il n'y a alors plus rien à distribuer à personne en général et au conjoint en particulier. Ce **risque d'exhérédation** atteint son paroxysme lorsque le prémourant laisse des descendants, le conjoint n'ayant pas la qualité de réservataire lorsqu'il est en concours avec des héritiers du premier ordre.

En effet, contrairement aux descendants du défunt qui, pour être remplis de leurs droits réservataires, disposent de l'action en réduction frappant les libéralités excessives faites par leur auteur, le conjoint ne jouit pas d'une telle protection dans cette configuration familiale, et peut donc se trouver totalement démuni.

Inversement, s'il existe des biens présents à l'ouverture de la succession et qu'ils constituent en tout ou partie **la réserve** des enfants communs aux deux époux, celle-ci sera grevée par l'usufruit universel du conjoint survivant jusqu'à son propre décès, la réserve des enfants étant alors ramenée à des droits en nue-propriété. La différence avec les droits en propriété du conjoint est ici patente puisque leur exercice ne peut avoir lieu que sur la quotité disponible (v. s[s] n° 232.131).

C'est ce qui se passe déjà pour l'usufruit donné ou légué au conjoint en vertu de l'article 1094-1 du Code civil relatif à la quotité disponible entre époux, dont l'une des trois branches de l'option propose au conjoint un usufruit universel. Mais alors la condition de nus-propriétaires faite aux enfants est le fruit de la volonté du défunt et elle guette tous les enfants de l'époux prémourant qui peuvent se réclamer d'un lien de filiation établi à son égard, et non pas uniquement les enfants communs aux deux époux.

EXEMPLE

Soit un *de cujus* qui laisse son conjoint et trois enfants communs. De son vivant, il avait fait donation à un tiers d'un bien estimé, au jour du décès, 100. À son décès, il est propriétaire de biens estimés 300.

La réserve héréditaire est de 300 et la quotité disponible est de 100 (C. civ., art. 922). La donation consentie au 1/3 n'est pas réductible. L'usufruit du conjoint s'exerce sur tous les biens existants, soit 300, lesquels forment la réserve des enfants.

232.42 **Droits de retour.** Les droits de retour légal (C. civ., art. 368-1, 738-2 et 757-3) ne pouvant jouer en présence de descendants, ils ne sauraient interférer avec l'usufruit légal du conjoint survivant.

Le conjoint ne saurait pas davantage exercer son usufruit sur les biens du *de cujus* qui étaient grevés d'un droit de retour conventionnel. Le retour conventionnel opérant comme une condition résolutoire, il entraîne automatiquement le retrait des biens concernés de la succession, réduisant d'autant l'assiette de l'usufruit du conjoint.

232.43 Biens légués. La question de savoir si les biens légués par le défunt font ou non partie des **biens existants** au sens de l'article 757 du Code civil est sujette à controverse.

En effet, la notion de biens existants n'est pas en elle-même très bien assurée en droit positif, en raison de l'ambiguïté des textes qui s'y réfèrent.

Dans l'article 922 du Code civil relatif à la **détermination de la réserve et de la quotité disponible**, il n'a jamais été mis en doute que la masse de biens qui sert de base à ce calcul inclut les biens légués par le défunt, car les legs ne prenant effet qu'au décès du testateur, les biens qui en font l'objet figurent nécessairement dans le patrimoine successoral au décès de son titulaire.

Dans l'article 758-5 au contraire, relatif, il est vrai, à **l'assiette des droits du conjoint en propriété** (v. s^s^ n° 232.103), distinction est faite entre les biens existants et les biens légués. Il est en effet question d'« *une masse faite de tous les biens existants au décès, auxquels seront réunis fictivement ceux dont le défunt aurait disposé, soit par acte entre vifs, soit par acte testamentaire, au profit de successibles, sans dispense de rapport* ».

À suivre la doctrine dominante, il semble qu'il faille établir une distinction selon que le legs est rapportable ou préciputaire.

Si le legs est rapportable, la volonté du *de cujus* a été d'attribuer un ou plusieurs biens à un héritier sans pour autant l'avantager. Le *de cujus* n'ayant pas dérogé aux vocations légales des héritiers, les biens légués devraient être grevés de l'usufruit du conjoint[1].

EXEMPLE 1

Soit un *de cujus* qui laisse son conjoint et trois enfants communs. À son décès, il est propriétaire de quatre immeubles de valeur identique, 100 chacun. Il a consenti à l'un de ses enfants un legs d'attribution portant sur l'un des immeubles.

L'usufruit du conjoint s'exerce sur l'ensemble des biens existants, en ce compris l'immeuble légué, soit 400.

Si le legs est préciputaire, la volonté du *de cujus* a été d'écarter la dévolution légale. Et, dans la limite du disponible, cette volonté s'impose aux héritiers. Aussi bien le conjoint ne saurait exercer son usufruit sur les biens légués à titre préciputaire[2].

EXEMPLE 2

Soit un *de cujus* qui laisse son conjoint et trois enfants communs. À son décès, il est propriétaire de quatre immeubles de valeur identique, 100 chacun. Il a légué, à titre préciputaire, à l'un de ses enfants l'un des immeubles.

La réserve héréditaire est de 300 et la quotité disponible est de 100 (C. civ., art. 922). Le legs n'est pas réductible. L'usufruit du conjoint s'exerce sur tous les biens existants non légués, soit 300.

Reste une difficulté en cas de **legs réductible.** Dans la mesure où l'usufruit du conjoint survivant s'exerce sur la réserve des descendants, on pourrait considérer qu'il s'exercera sur la portion réductible. Il pourrait néanmoins être objecté qu'une telle solution conduit à octroyer au conjoint une sorte de réserve en usufruit. Or l'on peut sérieusement douter que telle fut l'intention du *de cujus*. En disposant à cause de mort, le *de cujus* a exprimé sa volonté de déroger à la dévolution légale et, partant, d'exclure son conjoint. Aussi, il paraît douteux que le conjoint puisse exercer son usufruit sur une réserve ainsi reconstituée par la voie de la réduction de legs préciputaires.

Mais un doute subsistera tant que la Cour de cassation n'aura pas tranché le débat, le législateur de 2006 s'étant abstenu de clarifier la question. Celle-ci pourrait au demeurant être résolue d'une autre manière, par la stipulation d'une clause dans le testament, par laquelle le *de cujus* exprime clairement sa volonté d'exclure ou non les droits du conjoint tant sur les objets légués que sur la fraction réductible de ceux-ci.

B.
Imputation des libéralités au conjoint

232.51 Difficultés d'application. En vertu de l'article 758-6 du Code civil, issu de la loi du 23 juin 2006, « *les libéralités reçues du défunt par le conjoint survivant s'imputent sur les droits de celui-ci dans la succession. Lorsque les libéralités ainsi reçues*

1. F. Terré, Y. Lequette et S. Gaudemet, n° 162 – P. Catala, *J.-Cl. Civ.*, art. 756 à 767, fasc. 10, n° 46 – F. Gemignani et G. Bonnet, « Usufruit légal du conjoint survivant : de quelques difficultés liquidatives », *Defrénois* 2010. 673 – plus nuancé, M. Grimaldi, « Les nouveaux droits du conjoint survivant », *AJ fam.* 2002. 48 – *contra*, M. Julienne, « L'assiette de l'usufruit légal du conjoint survivant », *D.* 2013. 2283.

2. F. Terré, Y. Lequette et S. Gaudemet, n° 162 – P. Catala, art. préc. – F. Gemignani et G. Bonnet, art. préc., – M. Grimaldi, art. préc. – *contra*, M. Julienne, art. préc.

sont inférieures aux droits définis aux articles 757 et 757-1, le conjoint survivant peut en réclamer le complément, sans jamais recevoir une portion des biens supérieure à la quotité définie à l'article 1094-1 ».

De la généralité des termes employés, il résulte que les libéralités reçues par le conjoint survivant viennent s'imputer sur ses droits légaux, que ceux-ci soient en propriété ou en usufruit. Mais, à la différence des droits en propriété (v. s^s n° 232.162), l'imputation des libéralités sur l'usufruit légal ne se conçoit pas aisément.

Le **domaine de l'imputation** paraît en effet incertain. Se pose la question de savoir s'il faut imputer toutes les libéralités du conjoint sur sa vocation légale en usufruit ? La difficulté réside ici dans le sens à donner à l'imputation.

De prime abord, l'idée serait que, si le conjoint survivant a été gratifié par le *de cujus*, le montant des libéralités qu'il a reçues doit être déduit de son usufruit légal.

Mais rien n'est moins sûr. Comme il a été souligné, « *l'imputation vise à éviter qu'un même avantage ne figure deux fois au même lot* »[1]. Autrement dit, l'imputation présuppose que les biens donnés ou légués soient soumis à l'exercice des droits du conjoint. Partant, **seules les libéralités qui forment l'assiette de l'usufruit légal** du conjoint feraient l'objet d'une imputation. Il n'y aurait donc guère que les legs rapportables consentis au conjoint qui seraient susceptibles d'être imputés sur son usufruit légal, car seul ce type de libéralité fait partie de l'assiette de son usufruit[2]. Pratiquement, la solution est heureuse pour le conjoint, en ce qu'elle lui permet de **cumuler sa vocation légale avec ses libéralités,** à l'exclusion - rarissime - de legs d'attribution, et ce dans la limite du disponible spécial entre époux (C. civ., art. 1094-1). C'est ainsi que l'usufruit réversible qu'il tient d'une donation du *de cujus* ne viendrait pas en diminution de l'usufruit légal.

§ 3 Conversion

232.61 Inconvénients de l'usufruit. Même limité aux rapports entre le conjoint survivant et ses propres enfants, l'usufruit dévolu par la loi à celui-ci peut se révéler source d'incommodité, voire de difficultés; à plus forte raison en est-il ainsi lorsque, donné ou légué par le prémourant au titre de la quotité disponible spéciale entre époux, l'usufruit du conjoint doit être supporté par des enfants du disposant nés de précédentes unions.

L'usufruit, en tant que démembrement de la propriété, présente en effet, des inconvénients d'ordre économique, notamment pour le nu-propriétaire : n'ayant qu'un droit temporaire (l'usufruit est au maximum viager), l'usufruitier sera naturellement plus enclin à se préoccuper d'en retirer un maximum d'avantages immédiats, au risque d'épuiser la substance de la chose, plutôt que de favoriser sa mise en valeur sur le long terme.

C'est dire que tout usufruit porte en germe le risque d'une exploitation abusive des biens grevés, à quoi s'ajoute une réelle difficulté à le négocier, car l'usufruit et la nue-propriété se vendent mal séparément, même si c'est théoriquement possible.

Le droit d'usufruit peut donc constituer une entrave à la bonne exploitation et à la libre circulation des biens grevés, sans compter le risque accru de conflits dans les relations entre usufruitier et nus-propriétaires, surtout si ces derniers sont des enfants d'un précédent lit du défunt.

C'est pourquoi la loi du 9 mars 1891, tout en permettant la multiplication des usufruits familiaux, à raison de l'utilité qu'ils présentent par ailleurs, avait cherché à en limiter les inconvénients.

232.62 Physionomie de l'institution. Évolution. À cet effet, le législateur de l'époque institua au bénéfice des héritiers en concours avec le conjoint la possibilité de convertir son usufruit légal en une rente viagère (C. civ., anc. art. 767), l'objectif recherché étant de substituer au droit de jouissance du conjoint une prestation en argent. Sans attendre le décès de ce dernier, les héritiers du prémourant recouvraient ainsi toute liberté pour exploiter et administrer les biens successoraux et en percevoir les revenus.

Quant à l'usufruit transmis au conjoint par l'effet d'une libéralité, il était également susceptible d'une conversion, mais sur le fondement d'un autre texte (C. civ., anc. art. 1094-2, issu de L. 3 janv. 1972) et sur des bases sensiblement différentes de celles que posait l'ancien article 767 du Code civil pour l'usufruit légal.

Dans les deux cas, la faculté de conversion n'appartenait qu'aux héritiers, à l'exclusion du conjoint, ce qui marquait la défaveur du législateur de l'époque à son égard.

Faisant œuvre simplificatrice en même temps que novatrice, la loi du 3 décembre 2001, tout en maintenant la conversion de l'usufruit, a sensiblement modifié la physionomie générale de l'institution.

232.63 Domaine actuel de la conversion. Il s'est triplement élargi par rapport à ce qu'il était naguère. La loi offre en effet, non seulement aux

1. B. Vareille, « Réflexions sur l'imputation en droit des successions », *RTD civ.* 2009. 1, spéc. n° 27.
2. EN CE SENS, v. B. Vareille, art. préc. – F. TERRÉ, Y. LEQUETTE et S. GAUDEMET, n° 163.

héritiers nus-propriétaires, mais aussi désormais au conjoint usufruitier, deux modes de réalisation de la conversion de l'usufruit, et non plus un seul. Le premier est traditionnel et consiste à substituer à l'usufruit une rente viagère; le second est une nouveauté, ou plus exactement la consécration législative d'une jurisprudence et d'une pratique bien établies : c'est la conversion de l'usufruit en un capital.

De surcroît, la loi du 3 décembre 2001 a unifié le régime de la conversion, sous ses deux modalités, rente ou capital, en soumettant à une seule et même disposition tout usufruit du conjoint, quelle qu'en soit l'origine, légale ou volontaire.

A. Conversion en rente de l'usufruit légal ou légué

232.71 Unification du régime. Désormais, un seul corps de règles s'applique « *à tout usufruit appartenant au conjoint sur les biens du prédécédé, qu'il résulte de la loi, d'un testament ou d'une donation de biens à venir* » (C. civ., art. 759).

Cette **unification du régime de la conversion** quelle que soit l'origine, légale ou volontaire, de l'usufruit du conjoint atteste une nouvelle fois la préoccupation simplificatrice du législateur de 2001, ce qui ne l'a pas empêché, dans le même temps, de régler la conversion de manière plus approfondie que jadis.

Le texte actuel emporte une abrogation implicite de l'ancien article 1094-2 du Code civil. Il résulte toutefois de la nouvelle disposition légale, dont l'énumération des usufruits visés est sans doute limitative, que certains usufruits constitués sur la tête du conjoint survivant demeurent aujourd'hui encore exclus du champ de la conversion visée par l'article 759 : tel est le cas de l'usufruit dont bénéficie le survivant au titre d'une stipulation du contrat de mariage, d'une donation entre vifs consentie en sa faveur par le prémourant ou encore de celui qui peut lui revenir en vertu d'une succession anomale. De tels usufruits demeurent inconvertibles.

232.72 Bilatéralisation de la faculté de conversion. Alors que, sous l'empire de la loi ancienne, la faculté de demander la conversion n'appartenait qu'aux enfants et descendants nus-propriétaires, elle est aujourd'hui bilatéralisée, à telle enseigne que le conjoint est désormais fondé, au même titre que ces derniers, mais pour des raisons qui lui sont évidemment propres, à solliciter cette mesure, par exemple, pour se libérer d'un usufruit que, l'âge venant, il trouve trop lourd à gérer, au profit d'une rente plus légère à manier. L'heure n'est plus à protéger les seuls intérêts des parents du sang, au détriment de ceux du conjoint.

De la sollicitude du législateur de 2001 à l'endroit de ce dernier, il résulte de surcroît qu'en plus du **droit d'opter entre une vocation *ab intestat* en propriété ou en usufruit en présence d'enfants communs,** le conjoint jouit aujourd'hui d'une **prérogative supplémentaire**, celle de revenir sur son choix initial pour l'usufruit en sollicitant sa **conversion en rente viagère** : c'est au bout du compte une option à trois branches qu'avec ce droit de repentir, la loi nouvelle lui offre généreusement.

232.73 Nature de la conversion. En même temps que son champ d'application s'est étendu, la conversion de l'usufruit en rente viagère a changé de nature, en ce qu'elle revêt désormais un **caractère d'ordre public.**

Il ressort en effet de l'article 759-1 du Code civil que les héritiers ne peuvent renoncer à exercer cette faculté avant l'ouverture de la succession, pas plus que le disposant ne peut, de son vivant, les en priver, ce qui n'était pas le cas dans le droit antérieur.

Cependant, on peut se demander si le conjoint usufruitier compte au nombre des héritiers ne pouvant être privés du bénéfice de cette faculté : le pouvoir qu'a le *de cujus* d'exhéréder son conjoint n'implique-t-il pas *a fortiori* celui de le priver de prérogatives de moindre envergure, telle la faculté de demander la conversion de l'usufruit en rente viagère ?

232.74 Modalités de la conversion. La conversion revêt un caractère **amiable** ou **judiciaire**, selon que ses bénéficiaires légaux sont en accord ou pas, que ce soit sur le principe même de l'opération ou simplement sur sa mise en œuvre.

À défaut d'accord, soit entre le conjoint et les descendants, soit entre ces derniers seulement, le recours au juge s'impose, à la demande de l'une ou l'autre partie.

Contrairement au régime antérieur, où la conversion n'était facultative pour le juge qu'en cas de désaccord entre les héritiers nus-propriétaires et où elle était de droit dans le cas contraire (C. civ., anc. art. 767, al. 5), l'actuelle conversion n'est plus jamais obligatoire et la formulation du nouvel article 760 du Code civil paraît laisser au tribunal un large pouvoir d'appréciation pour ordonner ou refuser la conversion selon les intérêts en présence.

Néanmoins, **le juge ne peut imposer au conjoint la conversion de l'usufruit portant sur le logement occupé à titre de résidence principale,** ainsi que sur le mobilier le garnissant (C. civ., art. 760, al. 3). Cette disposition est en parfaite cohérence avec les droits au logement que les articles 763 à 766 du Code civil accordent au conjoint successible : droit temporaire de jouissance (v. s[s] n°s 233.21 à 233.36) et droit viager d'usage et d'habitation (v. s[s] n°s 233.41 à 233.78).

Si le juge fait droit à la demande de conversion, il lui appartient d'en fixer le **montant**.

Il reste que cette opération n'est pas dénuée de dangers pour le conjoint. La **substitution d'un droit personnel de créance à un droit réel** l'expose en effet au **double risque** de l'insolvabilité des débirentiers et de la dépréciation monétaire.

Aussi le droit de demander la conversion est-il assorti de certaines garanties que la réforme du 3 décembre 2001 a maintenues. Elles se traduisent par des conditions de délai, d'équivalence et de sûretés suffisantes.

232.75 Conditions de délai et d'équivalence. La loi autorise les héritiers à demander la conversion « *jusqu'au partage définitif* ». Au-delà, ces derniers seraient forclos pour substituer à l'usufruit une rente viagère, fût-elle équivalente.

Ce **délai de forclusion** s'explique par la nécessité de ne pas laisser indéfiniment les parties dans l'incertitude quant à la nature, réelle ou personnelle, de leur droit.

Par partage définitif, il faut désormais entendre la fin de l'indivision entre les cohéritiers nus-propriétaires, puisque l'usufruit du conjoint étant aujourd'hui universel et non plus de quotité, le partage d'une indivision en usufruit ne se conçoit plus.

C'est donc du partage définitif de la nue-propriété qu'il s'agit nécessairement, mais cette solution implique par hypothèse une pluralité de nus-propriétaires.

Si tel n'est pas le cas, on doit considérer, semble-t-il, que, faute d'un partage à intervenir (il n'existe en effet aucune indivision entre un usufruitier et un nu-propriétaire), la faculté de conversion ne se trouve enfermée dans aucun délai.

232.76 Opération de partage. Sous le régime antérieur à la loi du 3 décembre 2001, la jurisprudence, analysant la conversion comme une opération de partage, admettait l'action en rescision pour cause de lésion lorsqu'il était établi que la rente substituée à l'usufruit était inférieure aux trois-quarts de sa valeur.

L'article 762 du Code civil, en énonçant que « *la conversion de l'usufruit est comprise dans les opérations de partage* » consacre cette jurisprudence. Il en résulte que, comme le partage lui-même, outre qu'elle est passible de **l'action en complément de part** qui, depuis la loi du 23 juin 2006, remplace l'action en rescision pour lésion de plus du quart (C. civ., art. 889 et 890), la conversion est garantie par le **privilège du copartageant** (C. civ., art. 2374, 3°).

De ce que la conversion recevait la qualification d'opération de partage, une certaine doctrine avait naguère cru pouvoir en déduire le caractère rétroactif, en vertu de l'effet déclaratif du partage. Il résultait de cette analyse que, tenant directement ses droits du défunt, le conjoint était censé n'avoir jamais été usufruitier, mais crédirentier dès l'ouverture de la succession, ce qui avait pour fâcheux effet d'anéantir rétroactivement les droits qu'il avait pu consentir sur cet usufruit antérieurement à la conversion, solution peu compatible avec la sécurité des tiers ayant traité avec lui.

Saisie du problème à propos de l'usufruit légué au conjoint survivant, la Cour de cassation décida que la conversion ne produisait ses effets que pour l'avenir, sans que cela lui fît perdre pour autant sa qualification d'opération de partage[1]. La loi du 3 décembre 2001 a consacré cette solution en proclamant dans l'article 762 la non-rétroactivité de la conversion, sauf si les parties en décident autrement. De surcroît, le texte ne distinguant pas selon les modalités de la conversion, il est applicable à la conversion de l'usufruit du conjoint en capital (v. s^s^ n°s 232.81 et 232.82).

232.77 Maintien de l'équivalence initiale. Le législateur de 1891 prescrivait que la **rente de substitution fut équivalente à l'usufruit au moment de la conversion**; ce faisant, il n'avait pas prévu qu'une période d'instabilité monétaire pouvait survenir et porter atteinte à l'équivalence initiale.

Aussi la loi du 13 juillet 1963 posa-t-elle l'exigence supplémentaire du **maintien dans la durée de l'équivalence initiale,** ce qui autorisait, fût-ce de manière implicite, l'indexation de la rente, laquelle peut et doit désormais être **assortie d'indices propres à en permettre la révision**, étant précisé que l'indice choisi ne doit pas nécessairement être en relation avec l'objet de l'opération ou l'activité de l'une des parties comme le prescrit l'ordonnance du 30 décembre 1958, le caractère alimentaire de la rente permettant sa libre indexation.

232.78 Condition de sûretés suffisantes. L'insolvabilité ou le refus de paiement du débiteur sont des dangers qui menacent tout titulaire d'un droit de créance, et le crédirentier en particulier, dont le droit est à exécution successive.

Pour remédier à ce péril, le législateur de 1963 a subordonné la conversion à **l'octroi de sûretés suffisantes pour le crédirentier,** sans pour autant préciser quelle pourrait en être la nature. C'est donc aux parties, ou à défaut d'accord, au tribunal, qu'il appartient de choisir entre des sûretés réelles ou personnelles.

1. Civ. 1re, 24 nov. 1987, n° 85-18.285, *Bull. civ.* I, n° 310; *JCP* 1988. II. 21061, note Salvage; *Defrénois* 1988. 546, obs. Champenois; *RTD civ.* 1988. 379, obs. J. Patarin.

232.79 Complexité et rareté de l'opération. Force est de constater que, malgré les substantiels aménagements que lui a apporté le législateur de 2001, la conversion reste une opération dont la réalisation peut se révéler complexe, s'agissant notamment d'évaluer la jouissance produite par les biens successoraux en fonction de leur consistance. Il semble au demeurant que la pratique ne soit que rarement appelée à établir des projets de conversion, d'autant moins que l'opération présente, aujourd'hui comme hier, de sérieux **inconvénients d'ordre fiscal** : le débirentier ne peut en effet déduire la rente de ses revenus alors que celle-ci est par ailleurs assujettie à l'impôt sur les revenus du crédirentier; cela conduit à une double taxation, une première fois dans le patrimoine de l'héritier et une deuxième fois dans celui du conjoint survivant, ce qui n'est guère incitatif.

B.
Conversion de l'usufruit en capital

232.81 Rachat de l'usufruit. Modalités. Consacrant une pratique bien établie, l'article 761 du Code civil offre aux nus-propriétaires la faculté de racheter l'usufruit du conjoint survivant.

Mais le rachat en capital de l'usufruit n'obéit pas au même régime que sa conversion en rente viagère, car il ne peut pas être imposé par l'une des parties à l'autre. C'est par convention que le rachat en capital doit se réaliser, ainsi que l'énonce l'article précité.

Il n'est pas indifférent cependant que le législateur qualifie cette opération de conversion, de telle sorte que l'on pourra appliquer à la conversion en capital certaines règles de la conversion en usufruit, du moins lorsque la nature des droits en cause n'interdira pas cette application.

232.82 Valeur de l'usufruit. Le problème principal que pose cette modalité de la conversion tient à la **détermination du prix de l'usufruit.** Il existe un **barème fiscal** (CGI, art. 669) qui détermine forfaitairement les valeurs respectives de l'usufruit et de la nue-propriété d'après l'âge des intéressés. Ainsi l'Administration fiscale évalue-t-elle à 50 % de la pleine propriété la valeur de l'usufruit d'un conjoint âgé de 61 ans révolus, 40 % pour un âge de 71 ans révolus, 30 % pour un âge 81 ans révolus. Mais, selon la jurisprudence, ce barème ne s'impose pas à des fins non fiscales; il n'est obligatoire que pour la liquidation des droits de mutation. **En matière civile, la pratique lui préfère une évaluation dite économique**, consistant à calculer le montant de la rente qu'obtiendrait le conjoint à la faveur d'une conversion en rente viagère puis à capitaliser cette rente en tenant compte de son âge et de sa santé.

Un problème qui s'apparente à celui de la conversion en capital se pose au demeurant lorsque l'usufruitier et le nu-propriétaire décident de vendre conjointement le bien soumis à l'usufruit. La loi du 23 juin 2006, à la suite de la jurisprudence, prescrit qu'à défaut de stipulation dans l'acte de cession sur le prix de chacun des droits démembrés, le prix global de la chose vendue se partage entre l'usufruitier et le nu-propriétaire à proportion de la valeur respective de leur droit (C. civ., art. 621, al. 1er).

SECTION 4
VOCATION EN PROPRIÉTÉ

§ 1
Vocation en quotité

232.91 Généralisation de la vocation en propriété du conjoint. La vocation successorale du conjoint survivant est appelée à se réaliser en pleine propriété beaucoup plus souvent et plus largement que sous l'empire de la loi ancienne.

La loi du 3 décembre 2001 n'a en effet prévu de droits *ab intestat* en usufruit que dans l'hypothèse précédemment étudiée, c'est-à-dire celle où le conjoint, en concours avec les seuls descendants issus de son union avec l'époux prémourant, opte pour un usufruit universel, comme la loi le lui permet.

Dans toutes les autres configurations familiales, il recueille tantôt l'entière succession tantôt une partie de celle-ci, mais toujours en pleine propriété et sans faculté d'option.

232.92 Quotité variable de droits. La quotité de droits auxquels peut prétendre le conjoint au titre de sa vocation légale varie en fonction de la proximité des liens qui unissaient l'époux prédécédé et ses parents par le sang.

Ainsi le conjoint est-il appelé à recueillir la propriété du quart des biens de la succession en présence d'enfants ou de descendants du défunt, soit que ces derniers ne soient pas tous communs aux époux, soit que l'étant, le conjoint ait choisi cette branche de l'option.

À défaut d'héritiers du premier ordre (ou s'ils sont tous indignes ou renonçants), le survivant peut prétendre à la moitié de la succession en propriété si le défunt laisse ses père et mère, l'autre moitié étant dévolue par parts égales à ces derniers, à raison d'un quart chacun (C. civ., art. 757-1, al. 1er), ce qui traduit un accroissement significatif des droits légaux du conjoint par rapport à ce qu'ils étaient avant la loi du 3 décembre 2001, puisqu'alors il jouissait d'une même quotité de droits, mais en usufruit seulement.

Le renforcement de la vocation successorale du conjoint est encore plus spectaculaire lorsque le défunt ne laisse à sa survivance qu'un seul ascendant privilégié, père ou mère, car alors le survivant recueille les trois quarts de la succession, quant bien même il existerait des frères et sœurs du défunt, le quart restant étant dévolu au parent survivant (C. civ., art. 757-1, al. 2.). Dans le droit antérieur, les frères et sœurs du défunt, s'il en existait, étaient les bénéficiaires légaux de la part de l'ascendant prémourant. On sait que dans la hiérarchie héréditaire mise en place par la loi du 3 décembre 2001, le conjoint successible évince les collatéraux privilégiés.

A. Liquidation : masse de calcul

232.101 **Règle liquidative.** Lorsqu'il est en présence de descendants ou, à leur défaut, des père et/ou mère du défunt, les droits du conjoint portent sur une fraction arithmétique de la succession, qui s'exprime en une quote-part abstraite : un quart en présence de descendants, la moitié en présence des père et mère, les trois quarts si seul l'un d'eux survit. Il importe par conséquent de déterminer à quel droit effectif correspond la vocation en propriété du conjoint. Pour mener à bien cette opération, le législateur de 2001 a choisi de transposer sur le terrain des droits en propriété du conjoint la méthode de liquidation qui valait naguère pour chiffrer son usufruit légal lorsqu'il n'était que de quotité (C. civ., anc. art. 767).

C'est ce procédé que reproduit l'actuel article 758-5, mais cette fois à propos des quotes-parts de propriété et non plus d'usufruit.

232.102 **Séquence des opérations.** La méthode prévue par l'article 758-5 du Code civil s'articule autour de deux opérations successives :

- la première consiste à appliquer la fraction abstraite de droits dévolue au conjoint à un certain actif successoral qualifié **masse de calcul.** Celle-ci représente **l'assiette théorique de ses droits en propriété**;

- la seconde opération prescrit de ne faire porter le chiffre obtenu que sur une partie seulement de cette masse de calcul, appelée pour cette raison **masse d'exercice**, celle-ci constituant **l'assiette effective des droits du conjoint.**

232.103 **Masse de calcul.** La masse de calcul sert à déterminer l'assiette maximale des droits auxquels le conjoint peut prétendre.

Selon l'article 758-5 du Code civil, cette masse comporte deux sortes de biens successoraux : les **biens existants** et les **libéralités rapportables.**

Les premiers, également qualifiés biens présents, désignent ceux dont le défunt avait conservé la propriété jusqu'à son décès et qui figurent dans son patrimoine à l'ouverture de la succession. De ces biens doit être déduit le passif successoral, car c'est sur un actif net que se calculent les droits des héritiers en général et ceux du conjoint successible en particulier.

232.104 **Libéralités rapportables.** Les secondes, qui viennent augmenter la masse nette précédemment définie sont les libéralités consenties par le défunt, dès lors qu'elles sont sujettes à rapport. C'est par l'effet d'une **réunion fictive**, c'est-à-dire d'une addition purement comptable, que de telles libéralités entrent dans la composition de la masse de calcul.

232.105 **1) Donations entre vifs.** Les libéralités rapportables peuvent elles-mêmes être de deux sortes. Il s'agit d'abord des donations entre vifs consenties par le défunt à ses héritiers présomptifs à titre d'acompte sur leur part successorale future. De telles donations, contrairement à celles qui sont faites hors part successorale et qui constituent un avantage définitif pour le gratifié, sous réserve d'une réduction si elles sont excessives, sont rapportables à la succession, de manière à être prises en compte dans l'actif partageable, l'héritier gratifié étant tenu de prendre moins lors du partage, à hauteur de ce qu'il a déjà reçu, d'où l'appellation « *rapport en moins prenant* ».

232.106 **Présomption de rapport.** S'agissant des donations faites aux successibles, l'article 843 du Code civil édicte une présomption de rapport, qui ne s'efface que si le disposant a expressément stipulé dans l'acte gratuit, voire dans un acte postérieur, une dispense de rapport, ou si la **donation a expressément été faite hors part successorale,** encore qu'en cette matière, la jurisprudence admette la recherche d'une volonté implicite du donateur d'exonérer le gratifié de l'obligation au rapport. Il existe de surcroît des **dispenses légales de rapport** prévues par le Code civil pour certaines donations qui, pour cette raison, n'entrent pas davantage dans la masse de calcul des droits du conjoint (v. s^s^ n°s 263.10 s., et spéc^t^ n°s 263.41 à 263.47).

Parmi les donations, sont par hypothèse toujours étrangères au rapport celles consenties à des non successibles, qu'il s'agisse d'héritiers ne venant pas en rang utile, ou indignes ou renonçants (sous réserve pour ces derniers de l'existence d'une clause expresse de rapport figurant dans l'acte gratuit, ainsi que le prévoit le nouvel article 845 du Code civil) et, à plus forte raison, de tiers à la succession.

232.107 **Cas des donations-partages.** En ce qui concerne les biens compris dans une donation-partage, on a pu débattre de la manière dont ils doivent être traités au regard de l'article 758-5 du Code civil. Ces biens figurent dans la masse de calcul de l'article 922, mais ayant déjà été partagés, ils ne sont pas rapportables à la succession. Autrement dit, ils comptent pour le calcul de la réserve et sont réductibles s'il y a lieu de rétablir la part réservataire de l'un des héritiers insuffisamment pourvu dans la donation-partage et qui ne trouverait pas dans l'existant de quoi compléter sa réserve.

Tirant argument de ce que la donation-partage, quoique non rapportable, constitue, sauf clause de préciput, une avance de part successorale, certains auteurs considèrent qu'elle doit être prise en compte dans la masse de calcul des droits en propriété du conjoint[1].

Mais ce serait là, nous semble-t-il, commettre une erreur d'interprétation de l'article 758-5. En visant les libéralités consenties « *sans dispense de rapport* », l'article 758-5 alinéa 1er a en vue des libéralités qui, si elles n'en avaient pas été dispensées, auraient été rapportables : donc des libéralités susceptibles d'être rapportables ou de ne pas l'être. Or, on l'a dit, la question du rapport ne se pose pas pour la donation-partage. De surcroît, la *ratio legis* de l'article 758-5 conforte l'argument littéral. Elle indique en effet que les droits du conjoint se calculent sur une masse incluant les biens existants et les libéralités qui ne dérogent pas à la dévolution légale. Or telles sont les libéralités rapportables, car le rapport rétablit l'égalité entre les héritiers; mais telles ne sont pas les donations-partages, car les biens que recueille l'héritier diminuent assurément la vocation héréditaire des autres héritiers. Aussi bien, faut-il sans doute convenir que la donation-partage ne peut être prise en compte dans la masse de calcul de l'article 758-5 du Code civil[2].

Reste que la solution est préjudiciable au conjoint survivant puisque sa vocation théorique en propriété s'en trouve réduite. Or, en distribuant ses biens par voie de donation-partage, le *de cujus* n'a certainement ni la conscience ni la volonté de préjudicier à son conjoint.

1. M.-C. Forgeard et N. Levillain, n° 132.46 – S. Ferré-André et S. Berre, n° 157 – *Successions et libéralités. Nouveau régime juridique et fiscal,* « Dossier pratique », Francis Lefebvre, 2007, n° 136 – R. Crône et B. Gelot, n° 17 – J. Hauser, Ph. Delmas Saint-Hilaire et Ph. Viudes, n° 82.
2. P. Catala, *J.-Cl. Civ.*, art. 756 à 767, fasc. 10, n° 77 – M. Grimaldi, *J.-Cl. Civ.*, art. 1075 à 1080, fasc. 40, n° 4.

D'où l'utilité de stipuler dans la donation-partage une clause ayant pour objet d'intégrer à la masse de calcul de l'article 758-5 du Code civil les biens donnés par voie de donation-partage[3]. L'ingéniosité du notariat ne peinera guère à inventer une formule à cette fin, que les juges accueilleront sans doute avec faveur.

232.108 **2) Legs.** L'autre catégorie de libéralités susceptibles d'être sujettes à rapport est constituée par certains **legs consentis à des héritiers venant en rang utile**, non indignes ni renonçants. De manière générale, la loi attache aux legs, quels qu'en soient les destinataires, une **présomption inverse** de celle qui prévaut en matière de donations : **les legs sont en effet supposés avoir été consentis hors part successorale**, et comme tels, **dispensés de rapport** (C. civ., art. 843).

Néanmoins, la présomption édictée par le texte étant une **présomption simple**, le disposant a la faculté de stipuler rapportable un legs fait à un successible. L'hypothèse, pour être peu courante, n'en est pas moins concevable, eu égard à la finalité alors poursuivie par le testateur, qui est d'attribuer tel bien déterminé à tel héritier, à valoir sur sa part successorale, d'où l'appellation « *legs d'attribution* » employée pour les désigner.

232.111 **Bilan.** De tout ceci il résulte que doivent être fictivement réunis aux **biens existants**, pour la détermination de la masse de calcul des droits du conjoint, **les seuls biens donnés sans dispense de rapport** et **les seuls biens légués avec stipulation expresse de rapport**.

S'agissant des legs non assortis d'une telle stipulation, qui représentent l'immense majorité, il n'y a pas lieu de les intégrer dans ladite masse de calcul, en raison de leur caractère présumé préciputaire.

Il est en effet de l'essence d'une libéralité dispensée de rapport d'être soustraite à la dévolution légale et d'échapper par là-même aux héritiers qui n'en sont pas bénéficiaires, et ce de manière définitive lorsqu'ils ne sont pas réservataires, ce qui est le cas du conjoint en présence de descendants.

232.112 **Libéralités faites au conjoint.** Les libéralités faites au conjoint survivant lui-même doivent-elles figurer dans la masse de calcul de ses propres droits ? L'article 758-5 du Code civil n'opère aucune distinction selon la personne des successibles gratifiés, ce qui autorise à considérer que les libéralités faites au conjoint par l'époux prémourant doivent intégrer la masse de calcul, au même titre que celles consenties à d'autres successibles. Mais la question qui se pose est celle de savoir quel-

3. V. ainsi, M. Grimaldi et C. Vernières, « De quelques clauses des donations-partages », *Defrénois* 2014. 386.

les libéralités au juste, s'agissant du conjoint, doivent être prises en compte. Il n'est pas sûr en effet que leur traitement s'aligne en tous points sur celui qui s'applique aux libéralités faites aux autres successibles.

232.113 Incidence de l'imputation. Le nouvel article 758-6 introduit dans le Code civil par la loi du 23 juin 2006 suscite en effet une interrogation : ce texte réhabilite, pour les besoins de la liquidation des droits du conjoint en propriété, une opération naguère requise pour le calcul de l'usufruit légal du conjoint, mais que la loi du 3 décembre 2001 n'avait pas expressément reprise : cette opération, dont les termes sont aujourd'hui clairement énoncés, consiste à imputer sur les droits *ab intestat* du conjoint les libéralités qui lui ont été faites par le prémourant (v. s. n° 232.62). Or l'article 758-6 vise toutes les libéralités faites au conjoint, sans distinguer selon qu'elles sont rapportables ou préciputaires. À partir du moment où toutes les libéralités faites au conjoint sont déductibles de ses droits légaux dans la succession, on est tenté de considérer qu'il y a lieu de les inclure, sans distinction non plus, dans la masse de calcul définie par l'article 758-5 du Code civil. S'il en allait autrement, c'est-à-dire si l'on n'incluait dans la masse de calcul que les seules libéralités rapportables faites au conjoint, ce dernier se trouverait nécessairement frustré d'une partie de ses droits, puisque l'imputation des libéralités commandée par l'article 758-6 se ferait sur une masse de calcul que les libéralités préciputaires n'auraient pas contribué à grossir. La nouvelle règle d'imputation irait alors à l'encontre de l'intérêt du conjoint survivant, ce qui paraît peu compatible avec l'esprit du législateur.

Ceci nous conduit à penser que depuis le 1er janvier 2007, date d'entrée en vigueur de la loi du 23 juin 2006, toutes les libéralités faites au conjoint, quels qu'en soient la nature et le caractère, doivent figurer dans la masse de calcul de ses droits en propriété.

232.114 Seuil maximum. Les choses seraient relativement simples si l'on se bornait à appliquer à la masse précédemment décrite la fraction exprimant la quotité de droits en propriété dévolue au conjoint : un quart (en présence des descendants), la moitié (en présence des père et mère), les trois-quarts (en cas de prédécès du père ou de la mère).

Tel n'est pourtant pas le cas : à ce stade des opérations, le résultat obtenu n'est encore que théorique, en ce sens que le chiffre déterminé à partir de cette masse de calcul n'exprime qu'un maximum, une limite supérieure que ne doit pas dépasser la valeur des biens successoraux à attribuer en propriété au conjoint.

Pour connaître le montant réel de ses droits, il convient d'établir, à l'intérieur de la masse de calcul, une autre masse, en général plus restreinte, et au maximum égale, car composée des seuls biens existants, sur lesquels les droits du conjoint pourront effectivement et exclusivement s'exercer : c'est la masse d'exercice.

C'est dire en d'autres termes que certains biens figurant dans la masse de calcul échappent à l'emprise du conjoint.

B. Liquidation : masse d'exercice

232.121 Masse d'exercice. L'établissement de la masse d'exercice permet de déterminer les biens sur lesquels vont effectivement s'exercer les droits du conjoint survivant.

Aux termes de l'alinéa 2 de l'article 758-5 du Code civil : « *Le conjoint ne pourra exercer son droit que sur les biens dont le prédécédé n'aura disposé ni par acte entre vifs, ni par acte testamentaire, et sans préjudicier aux droits de réserve ni aux droits de retour* ».

Trois catégories de biens et de droits doivent par conséquent être soustraites de la masse de calcul pour former la masse d'exercice : les biens donnés ou légués, les droits réservataires et les droits de retour. On les évoquera successivement.

232.122 1) Biens dont le défunt a disposé à titre gratuit. Seules doivent être déduites de la masse de calcul les libéralités rapportables à la succession du défunt, puisqu'en ont déjà été exclues celles qui ne l'étaient pas, qu'il s'agisse de donations avec dispense de rapport ou de legs préciputaires. C'est dire qu'aucune libéralité ne doit figurer dans la masse d'exercice, pas plus les donations que les legs, quelque soit leur caractère, rapportable ou préciputaire.

Cet apparent paradoxe consistant à inclure dans la masse de calcul puis à exclure de celle d'exercice certains biens pour déterminer l'émolument du conjoint a pour finalité d'augmenter la valeur théorique de la quote-part de ses droits sur les biens laissés par le défunt, tout en évitant que le transfert des biens donnés ou légués, par définition sortis de son patrimoine (donations) ou en passe de l'être (legs), ne soit par la suite remis en cause.

La prise en compte des libéralités soumises à rapport dans la phase précédente n'aura donc servi qu'à « *gonfler* » l'assiette des droits du conjoint (d'où son caractère théorique), dont la limite supérieure est constituée par les biens existants.

EXEMPLE

Soit un défunt qui laisse à sa survivance trois enfants et son conjoint. Les biens existants à l'époque du partage sont évalués à 12 000 euros. Par ailleurs des biens ont été donnés en avancement de part successorale aux enfants pour un montant évalué à la même époque à 8 000 euros, cependant que le conjoint s'est vu gratifié à hauteur de 2 000 euros.

La masse de calcul est de : 12 000 + 8 000 + 2 000 = 22 000 euros. En présence de descendants, le conjoint peut prétendre au quart en propriété, soit 5 500 euros; c'est ce qui sera prélevé sur les seuls biens existants, qui forment la masse d'exercice.

Si les biens donnés n'avaient pas été fictivement réunis aux biens existants dans la masse de calcul, le droit du conjoint n'aurait été que de 12 000 : 4 = 3 000 euros, au lieu de 5 500 euros.

Autrement dit, en raison de leur irrévocabilité, les libéralités consenties par le défunt, ne sauraient être grevées par les droits en propriété du conjoint. Si elles ont été comptabilisées dans la masse de calcul, c'est uniquement pour accroître la valeur de la quote-part théorique dévolue à ce dernier.

On s'aperçoit que grâce à la dualité des masses, dont la technique fut élaborée en 1891 pour mettre en œuvre la liquidation des usufruits de quotité auxquels pouvait alors prétendre le conjoint - technique que la loi de 2001 a transposée à celle de ses droits en propriété - le conjoint recueille finalement plus du quart de l'actif existant.

232.131 **2) Droits des réservataires.** S'il existe des biens présents dans le patrimoine successoral, encore faut-il qu'ils ne servent pas, en tout ou en partie, à pourvoir les enfants du défunt de leurs droits réservataires (C. civ., art. 913), étant entendu qu'ils sont les seuls aujourd'hui à pouvoir y prétendre, la loi du 23 juin 2006 ayant supprimé la réserve des ascendants par abrogation de l'article 914. Dans le cas contraire, le conjoint ne pourra exercer ses droits sur la fraction des biens existants destinée à remplir les réservataires de leurs droits, car la réserve s'entend libre de charges, du moins lorsque le conjoint hérite en propriété. **Les droits en propriété du conjoint ne peuvent donc pas préjudicier aux droits de réserve.**

Concrètement, les biens qui composent la réserve globale des descendants devront être déduits de l'assiette des droits du conjoint, laquelle se trouve par conséquent ramenée à la quotité disponible, dont le taux varie selon le nombre d'enfants, sans jamais pouvoir être inférieure à un quart en propriété. C'est dire qu'il suffit que le prémourant ait disposé de la quotité disponible en faveur d'autres que son conjoint pour que celui-ci ne puisse prétendre à rien au titre de ses droits légaux. Où l'on voit que la situation du conjoint qui hérite en propriété est singulièrement différente de celle où il hérite en usufruit (v. s[s] n°s 232.41 s.).

EXEMPLE

Soit un *de cujus* qui laisse son conjoint et trois enfants communs. À son décès, il est propriétaire de quatre biens, de valeur identique, 100 000 euros chacun. Il a légué l'un des immeubles à un tiers.

Si le conjoint opte pour le quart en propriété :

Masse de calcul du quart en propriété dévolu au conjoint :

Biens existants	300 000
Biens ayant fait l'objet de libéralités rapportables	0
Soit	300 000
droits du conjoint : 300 000 × ¼	75 000

Masse d'exercice du droit de propriété :

La réserve globale des enfants est des 3/4 des biens existants, en ce compris les biens légués, augmentés des biens donnés (C. civ., art. 913 et 922), soit :

400 000 × 3/4 =	300 000

La masse d'exercice du quart en propriété du conjoint s'établit donc ainsi :

Masse de calcul	300 000
Réserve :	300 000
Soit	0

En raison du double maximum auquel elle est soumise, l'assiette effective du quart en propriété sera de 0.

En revanche, si le conjoint opte pour l'usufruit, il pourra l'exercer sur tous les biens existants, soit 300, lesquels forment la réserve des enfants.

232.132 **Articulation des opérations.** Cette deuxième déduction relative à la réserve ne doit pas se cumuler avec la précédente, car leurs théâtres d'opération respectifs se recoupent pour partie.

Les libéralités rapportables dont il était précédemment question ont en effet très souvent pour destinataires les héritiers réservataires venant à la succession, ce qui désigne aujourd'hui les seuls enfants et descendants du défunt, la loi du 23 juin 2006 ayant supprimé la réserve à laquelle, à défaut de descendants, pouvaient naguère prétendre les ascendants et au premier chef, les père et mère du défunt.

Or, il est dans la nature et dans la finalité des libéralités rapportables de fournir aux héritiers tout ou partie de leur réserve, ce qui se traduit, en termes liquidatifs, par leur imputation à titre principal sur leur part individuelle de réserve, le surplus éventuel devant s'imputer, à titre subsidiaire, sur la quotité disponible, l'excédent étant sujet à réduction (C. civ., art. 919-1). Il existe par conséquent une certaine coïncidence entre les libéralités rapportables et la réserve des descendants, du moins pour la partie d'entre elles qui s'impute sur la réserve.

C'est la raison pour laquelle il y a lieu de combiner les deux règles d'exclusion, de manière à ne pas soustraire deux fois les mêmes biens.

La bonne démarche consiste par conséquent à déduire d'abord de la masse de calcul le montant de la réserve globale, puis, le cas échéant, la valeur des donations rapportables, mais dans la mesure seulement de leur imputation subsidiaire sur la quotité disponible.

EXEMPLE

Le défunt laisse pour héritiers deux enfants et son conjoint. Les biens existants au décès sont évalués à 35 000 euros. L'un des enfants a bénéficié d'une donation de 40 000 euros, sans dispense de rapport. Les valeurs sont les mêmes au décès et au partage.

Masse de calcul du quart en propriété dévolu au conjoint :

– biens existants	35 000
+ valeur donation rapportable	40 000
Soit	75 000
droit du conjoint : 75 000 × ¼	18 750

Masse d'exercice du droit de propriété :

La réserve globale des enfants est des 2/3 des biens existants augmentés des biens donnés (C. civ., art. 913 et 922), soit :

75 000 × 2/3 =	50 000

La part de réserve de chaque enfant est de :

50 000 × 1/2 =	25 000
La quotité disponible est de :	25 000

La libéralité rapportable dont l'enfant a été gratifié s'impute à hauteur de 40 000 sur sa part de réserve (40 000 – 25 000), le surplus (15 000) s'imputant sur la quotité disponible, laquelle est ramenée à :

25 000 – 15 000 =	10 000

Ce chiffre (10 000) correspond à la somme à laquelle le conjoint peut prétendre au titre de ses droits ab intestat.

232.141 Date d'évaluation des biens existants et des biens donnés. S'agissant de savoir à quelle date il convient de se placer pour évaluer les diverses composantes des masses de calcul et d'exercice, la réponse n'est pas tout à fait la même selon qu'il existe ou non des héritiers réservataires. En l'absence de tels héritiers, c'est en principe la date du partage qui doit être retenue, car c'est en vue du partage que sont liquidés les droits du conjoint. La règle est d'application simple pour les biens existants ainsi que pour les biens légués à charge de rapport, car ces biens-là figurent encore dans le patrimoine du défunt au moment du règlement de sa succession. Il suffit par conséquent de procéder à leur estimation l'époque du partage.

232.142 Méthode d'évaluation des biens donnés. L'évaluation des biens donnés sans dispense de rapport obéit quant à elle à des règles différentes, car étant par hypothèse déjà sortis du patrimoine du défunt pour entrer dans celui du gratifié, ils ont pu changer de valeur par le fait de ce dernier entre l'époque où l'acte gratuit a pris effet et celle du partage, quand il ne les a pas carrément aliénés. Leur estimation s'opère alors selon le double critère retenu depuis la loi du 3 juillet 1971 relative aux règlements successoraux, qui prescrit de retenir la valeur des biens donnés à l'époque du partage mais selon leur état à l'époque où l'acte gratuit a pris effet, cette même loi ayant de surcroît prévu des modalités particulières d'évaluation pour le cas où le gratifié aurait aliéné le bien et selon que cette aliénation a été ou non suivie de remploi (C. civ., art. 860 s.). L'idée qui fonde ce système d'évaluation est que le gratifié doit seul bénéficier des plus-values ou pâtir des moins-values advenues au bien donné lorsqu'elles lui sont imputables, alors que l'ensemble de la cohérie doit être concernée par les variations de valeur lorsque celles-ci sont fortuites, c'est-à-dire lorsqu'elles se seraient de toute façon produites si le bien concerné, au lieu d'avoir été donné, était resté dans le patrimoine du défunt.

232.143 Évaluation des rapports faits à des réservataires. La méthode d'évaluation est en revanche plus complexe lorsque les libéralités rapportables ont pour destinataires des héritiers réservataires. Selon l'article 922 du Code civil en effet, la réserve et la quotité disponible se calculent en regard de valeurs estimées au décès du disposant, car c'est à cette date que se déterminent les vocations héréditaires des successibles. Or, cette réserve se détermine sur la base d'une autre masse de calcul définie par le texte précité, composée des biens existants au décès, auxquels sont fictivement réunies, après déduction du passif, toutes les donations consenties entre vifs, qu'elles soient rapportables ou non. Il importe donc de ne pas créer des distorsions de valeurs d'une masse par rapport à l'autre, alors surtout qu'elles sont constituées pour partie des mêmes biens :

existants + libéralités rapportables,
pour la masse de calcul de l'article 758-5;

existants + toutes les libéralités,
pour celle de l'article 922.

Aussi, de manière à préserver la cohérence du système, les masses de calcul et d'exercice des droits du conjoint devront-elles dans un premier temps s'établir en retenant des valeurs arrêtées à l'époque de l'ouverture de la succession. Le chiffre alors obtenu permettra de dégager la fraction de biens existants dévolus au conjoint, de sorte que si ces derniers ont changé de valeur entre le jour du décès et celui du partage, il suffira d'appliquer la fraction précédemment obtenue à la valeur des biens existants à l'époque du partage pour connaître les droits du conjoint Cette revalorisation proportionnelle permettra ainsi d'ajuster le montant des droits effectifs auxquels pourra prétendre le conjoint lors du règlement.

EXEMPLE

Mêmes données que dans le cas précédent, sauf que, entre la date du décès et l'époque du partage, les biens existants sont passés d'une valeur de 35 000 euros à une valeur de 70 000 euros.

De l'illustration précédente, il résultait que le conjoint pouvait prétendre à 10 000 euros sur 35 000 euros de biens existants, soit une proportion de 1/35e.

C'est dans cette même proportion qu'il exercera ses droits sur les biens existants pour leur valeur au partage, soit :

(70 000/35 = 2 000)

232.151 **3) Droits de retour.** Doivent enfin être exclus de la masse de calcul, selon l'article 758-5 du Code civil, les biens faisant l'objet d'un droit de retour.

Le droit de retour peut être **conventionnel** ou **légal**. Le premier résulte d'une clause de la donation prévoyant sa résolution en cas de prédécès du donataire, de manière que, si la circonstance se produit, le bien donné fasse retour dans le patrimoine du donateur. L'effet résolutoire de la clause entraîne alors de manière automatique le retrait du bien concerné de la succession, réduisant d'autant l'assiette des droits du conjoint.

Quant au retour légal, il a pour effet de soumettre certains biens, à raison de leur origine familiale, à des règles particulières de dévolution qui dérogent à celles du droit commun successoral, de manière à assurer leur maintien dans la famille d'où ils proviennent. Le retour légal permet ainsi à l'ascendant donateur, ou à son défaut, à ses propres descendants, de retrouver la propriété des biens transmis à titre gratuit lorsque le défunt est mort sans postérité; les biens forment pour cette raison une **succession dite anomale**, qui se règle indépendamment de la succession ordinaire, de sorte que, remontant à la famille d'où ils proviennent, ils échappent – notamment – à l'emprise du conjoint survivant, et après lui, à celle de ses propres héritiers (v. ss nos 235.20 s. et 235.81).

232.152 **Cas de retour concernés.** Des trois cas de retour légal existant en droit positif, deux seulement sont à prendre en compte, le cas échéant, pour la détermination des droits du conjoint survivant : celui, crée par la loi du 3 décembre 2001, **au bénéfice des collatéraux privilégiés,** lorsqu'à défaut de descendants du défunt, ils sont en concours avec son conjoint (C. civ., art. 757-3) et celui, issu de la loi du 23 juin 2006, **au profit des père et mère du défunt** également mort sans postérité (C. civ., art. 738-2).

Dans l'un et l'autre cas, il paraît certain que les biens objets du retour légal sont exclus de la succession ordinaire à laquelle est appelé le conjoint survivant, car ils sont régis par des règles de dévolution qui leur sont propres dont la finalité est précisément d'en empêcher la transmission au conjoint. De l'indépendance de la succession anomale par rapport à la succession ordinaire, il s'infère que les biens objet de retour n'ont pas leur place dans la composition des masses de calcul et d'exercice des droits du conjoint.

Quant au troisième cas de retour légal relatif aux ascendants de l'adopté simple mort sans postérité, il est de création plus ancienne mais la loi du 23 juin 2006 en a modifié le domaine d'application de telle sorte qu'il n'est plus désormais appelé à jouer lorsque l'adopté laisse à sa survivance un conjoint successible (C. civ., art. 368-1). Les biens qui, en son absence, auraient fait l'objet d'un retour n'ont donc pas à être retranchés de la succession ordinaire.

232.161 **Comparaison des deux masses.** La masse d'exercice une fois formée dans les termes qui viennent d'être dits, il convient de comparer sa valeur à celle des droits en propriété du conjoint telle qu'elle ressortait de la masse de calcul, étant entendu que toute libéralité rapportable consentie par le défunt ou sujette à retour a pour effet nécessaire de diminuer le volume de la masse d'exercice.

Deux résultats de sens inverse peuvent ressortir de la comparaison : soit la masse d'exercice est inférieure à l'assiette théorique préalablement déterminée, et alors le conjoint ne recueillera que les biens compris dans la masse d'exercice.

Soit la masse d'exercice se révèle supérieure aux droits théoriques du conjoint. Ces derniers constitueront alors la limite maximale que ses droits en propriété ne pourront dépasser.

EXEMPLE

Le défunt laisse pour lui succéder un enfant et son conjoint, lequel opte pour un quart en propriété. Il y a 100 000 euros de biens existants, et l'enfant a été gratifié en avancement de part successorale par son père à hauteur de 40 000 euros.

Masse de calcul des droits du conjoint

100 000 + 40 000 = 140 000 euros

Soit 140 000 × 1/4 = 35 000 euros = montant maximum des droits du conjoint.

Masse d'exercice

Les droits réservataires de l'enfant représentent la 1/2 (C. civ., art. 913) d'une masse de calcul qui se trouve ici identique à celle des droits du conjoint (C. civ., art. 922), puisqu'elle aussi composée des biens existants (100 000) augmentés des biens donnés (40 000), soit 140 000 euros. Une différence entre les deux masses de calcul n'aurait pu résulter que d'une libéralité préciputaire, qui aurait figuré dans l'une (celle de l'article 922) et non dans l'autre (celle de l'article 758-5).

D'où réserve de l'enfant : 140 000 × 1/2 = 70 000 euros, l'autre moitié représentant la quotité disponible.

La libéralité étant d'un montant inférieur à la réserve du descendant, il n'y a pas lieu à imputation subsidiaire sur la quotité disponible qui reste intacte et constitue la masse d'exercice des droits du conjoint, soit 70 000 euros, montant supérieur à ses droits théoriques qui étaient de 35 000 euros. Le conjoint recevra par conséquent 35 000 euros.

On aura compris qu'il existe deux cas dans lesquels il n'est pas utile de procéder à la détermination des masses de calcul et d'exercice : en l'absence de libéralités d'une part, car il suffit alors d'appliquer aux biens existants la quotité de droits en propriété dévolus par la loi au conjoint; lorsqu'à l'inverse les libéralités épuisent l'entière quotité disponible d'autre part, car alors le conjoint ne peut prétendre à rien au titre de la dévolution légale.

232.162 Imputation des libéralités faites au conjoint. L'ancien article 767 du Code civil relatif à la liquidation de l'usufruit légal du conjoint prescrivait de manière indirecte dans son sixième alinéa d'imputer sur cet usufruit toutes les libéralités que ce dernier avait reçues de l'époux prémourant, qu'il s'agisse de donations, de legs ou d'institution contractuelle, de sorte que sa vocation *ab intestat* s'éteignait lorsque lesdites libéralités étaient d'un montant égal ou supérieur à son usufruit légal, et que dans le cas contraire, il pouvait prétendre à la différence, dans les limites de la quotité disponible entre époux définie par l'article 1094-1 du Code civil. C'était en d'autres termes exclure le cumul des vocations légale et volontaire du conjoint, étant précisé que, selon une jurisprudence établie, la règle du non-cumul devait s'entendre comme supplétive, ce qui ménageait au disposant la faculté d'en dispenser le conjoint par une clause expresse de l'acte gratuit, le tout dans les limites du disponible entre époux.

La loi du 3 décembre 2001, qui transposa à la liquidation des droits en propriété du conjoint la méthode qui prévalait jusque-là pour celle de ses droits usufructuaires, resta silencieuse sur ce point en n'inscrivant, dans son nouvel article 758-5, aucune règle d'imputation relative aux libéralités dont le conjoint avait pu être gratifié.

232.163 Controverse doctrinale. Il s'ensuivit une controverse en doctrine sur la question de savoir si, dans le silence de la loi, la règle traditionnelle de l'imputation trouvait à s'appliquer aux nouveaux droits de propriété du conjoint comme naguère aux anciens droits d'usufruit. Certains interprètes de la loi nouvelle, supputant une inadvertance du législateur, et peut-être également hostiles à l'extension des droits du conjoint, préconisaient de procéder à l'imputation dont ils supposaient le principe maintenu, fût-ce de façon implicite, cependant que d'autres, estimant que le silence de la loi valait abrogation de la règle du non-cumul, s'autorisaient à déclarer cumulables les libéralités faites au conjoint et ses droits légaux.

232.164 Droit positif. La loi du 23 juin 2006 a clarifié le débat en réintroduisant expressément la **règle d'imputation, et donc du non-cumul,** dans un nouvel article 758-6. La question reste néanmoins posée s'agissant de la solution applicable aux successions ouvertes entre la date d'entrée en vigueur de la loi du 3 décembre 2001 (1er juillet 2002) et celle de la loi du 23 juin 2006 (1er janvier 2007). Il n'est pas douteux à cet égard que l'avis émis par la Cour de cassation le 26 septembre 2006, dans lequel elle admet le cumul des droits légaux et volontaires entre ces deux dates, sera d'un précieux secours pour le notaire liquidateur et, le cas échéant, pour le juge[1].

L'imputation des libéralités est donc redevenue **de droit positif,** avec cette différence qu'elle semble revêtir aujourd'hui un **caractère impératif**, l'Assemblée nationale n'ayant pas repris la mention « *sauf volonté contraire du disposant* » dont la Chancellerie avait proposé d'assortir l'article 758-6.

232.165 Résultats de l'imputation. Des droits légaux du conjoint précédemment calculés, il y a lieu de déduire les éventuelles libéralités qu'il a reçues de l'époux prémourant, dont on sait qu'elles prennent, le plus souvent mais pas nécessairement, la forme de donations de biens à venir. L'opération revêt, ici encore, un caractère purement comptable, c'est-à-dire en valeur, le conjoint successible précomptant sur ses droits légaux ce qu'il a déjà reçu. Une fois réalisée, l'imputation fait apparaître un solde positif ou négatif. Dans le premier cas, c'est-à-dire lorsque le montant de la libéralité est inférieur aux droits légaux du conjoint tels qu'ils résultent des articles 757 et 757-1 du Code civil, ce dernier peut en réclamer le complément à hauteur de la différence. Dans le second cas, inverse du précédent, le conjoint est fondé à conserver la libéralité

1. Cass., avis, 25 sept. 2006, nº 06-00.009, *Bull. avis*, nº 8, préc. – Civ. 1re, 4 juin 2009, nº 08-15.799, *Bull. civ.* I, nº 122, préc.

sans pouvoir cependant aller au-delà de la quotité disponible entre époux définie à l'article 1094-1 du Code civil.

232.166 Difficultés liquidatives. Une première série de difficultés résulte de ce que la quotité disponible entre époux est à géométrie variable, puisqu'elle revêt la forme d'une option à trois branches de valeurs inégales, dont les termes n'ont pas été modifiés par les lois de 2001 et 2006 : aujourd'hui comme hier, le conjoint peut prétendre, au choix du disposant ou par délégation de ce choix au gratifié, soit à la quotité disponible ordinaire, elle-même variable en fonction du nombre d'enfants sans jamais pouvoir être inférieure à un quart en propriété, soit à un quart en propriété augmenté des trois quarts en usufruit, soit enfin à un usufruit universel. Le problème se pose donc de savoir sur quel terme de l'option devra s'imputer la libéralité faite au conjoint toutes les fois que l'époux prémourant aura laissé à ce dernier le choix du disponible.

À quoi s'ajoute la difficulté d'imputer des droits réels de natures différentes, qui surgit dès lors que la disposition gratuite faite au conjoint est en usufruit, cependant que les droits légaux desquels elle doit être soustraite sont en propriété. Devra-t-on remettre à l'honneur les méthodes de conversion proposées par la pratique, les tribunaux ou l'administration fiscale sous le droit antérieur lorsque le problème inverse se posait, consistant à imputer des libéralités en propriété faites au conjoint sur son usufruit légal ?

On peut enfin se poser la question de savoir quel sens donner à l'article 758-6 du Code civil lorsque, par renvoi aux articles 757-1 et 1094-1, il plafonne les droits cumulés du conjoint à la quotité disponible lorsque celui-ci est en concours avec des ascendants, alors pourtant que la loi du 23 juin 2006 a privé ces derniers de tout droit réservataire. Est-ce à dire que la liberté de disposer à titre gratuit connaîtrait désormais une limite même en l'absence de réservataire ?

§ 2
Vocation en totalité

232.171 Éviction des collatéraux privilégiés. En l'absence de descendants et d'ascendants privilégiés, le conjoint successible n'est plus désormais en situation de concours successoral; il est appelé à recevoir la totalité de la succession en propriété (C. civ., art. 757-2) et évince par conséquent tous autres parents par le sang, collatéraux privilégiés et ascendants ordinaires.

La loi du 3 décembre 2001 a en effet provoqué un éclatement du deuxième ordre d'héritiers en présence d'un conjoint successible, ne retenant, pour concourir avec lui, que les seuls père et mère du défunt, à l'exclusion de ses frères et sœurs ou descendants d'eux, ravalés au rang subséquent.

Cette **éviction de la fratrie au profit du conjoint,** fût-elle en partie compensée par les nouveaux droits de retour que la loi du 3 décembre 2001 lui ménage sur certains biens marqués par leur origine familiale (C. civ., art. 757-3 – v. s^s^ n°s 235.20 s.) est un signe fort de la place que la loi nouvelle entend assigner au survivant dans les affections probables du défunt.

Tout comme l'est la **préférence donnée au conjoint sur les ascendants ordinaires du défunt** (grands-parents, principalement, et à leur défaut, aïeux plus éloignés), dont l'absence de droits légaux est, depuis 2001, compensée par une créance d'aliments contre la succession, s'ils se trouvent dans le besoin (C. civ., art. 758).

C'est donc de manière spectaculaire que la loi du 3 décembre 2001 a promu le conjoint successible dans la hiérarchie successorale. Là où, hier encore, il n'avait priorité que sur les collatéraux ordinaires, héritiers du quatrième ordre, et venait en concours avec les trois premiers ordres, plus souvent en usufruit qu'en propriété, le conjoint devient héritier de premier rang à défaut d'enfants du défunt et de ses auteurs directs.

Dans cette dernière hypothèse de surcroît, la loi de 2001 a fait du conjoint un héritier réservataire à hauteur du quart en pleine propriété de la succession. Cette promotion déjà considérable du conjoint s'est encore accrue depuis que la loi du 23 juin 2006 a supprimé la réserve des ascendants (C. civ., art. 914-1).

232.172 Assiette des droits du conjoint. Lorsque le conjoint survivant est appelé à la succession pour en recueillir l'entier émolument en pleine propriété, la détermination de l'assiette de ses droits ne soulève guère de difficultés liquidatives, car elle correspond à l'actif net existant au décès, ce qui désigne tous les biens dont le défunt avait encore la propriété à l'ouverture de la succession. C'est dire que sont non seulement exclus de cette assiette tous les biens donnés entre vifs, mais également, semble-t-il, les biens légués à d'autres qu'au conjoint; les legs sont en effet opposables à ce dernier, du moins dans la limite des trois quarts des biens existants, puisqu'au-delà, ils seraient attentatoires à la réserve à laquelle il peut prétendre dans ce contexte successoral. Quant aux biens objets d'un droit de retour légal, seuls sont à exclure de l'assiette des droits du conjoint, et encore pour la moitié seulement de leur valeur, ceux qui, aux termes de l'article 757-3, sont dévolus au titre de la succession anomale aux collatéraux privilégiés. S'agissant des deux autres cas de retour légal, pas plus celui de l'article 368-1 que celui de l'article 738-2 n'ont vocation à s'appliquer lorsqu'existe un conjoint successible.

SECTION 5
FISCALITÉ

232.181 **Fiscalité - Renvoi.**
- V. les articles du Code général des impôts s[s] n°s 231.01 et 232.01.

CGI, art. 764 *bis*, > *Abattement dérogatoire aux droits de mutation sur les immeubles* (v. s[s] n° 231.01).

CGI, art. 777, > *Tarif des droits de mutation à titre gratuit au profit du conjoint survivant ou partenaire pacsé* (v. s[s] n° 232.01).

CGI, art. 780, > *Réduction d'impôt* (v. s[s] n° 232.01).

CGI, art. 796-0 *bis*, > *Exonération des droits de mutation par décès en faveur du conjoint survivant ou du partenaire pacsé* (v. s[s] n° 232.01).

CGI, art. 800, > *Obligation de déclaration de succession et dispenses* (v. s[s] n° 231.01).

- V. aussi s[s] n°s 612.09, 612.51 et 612.120 s.

232.182 **Exonération des droits de mutation par décès et déclaration de succession.** L'exonération des droits de mutation par décès en faveur du conjoint survivant et du partenaire pacsé (CGI, art. 796-0 *bis*) ne dispense pas ceux-ci d'établir une déclaration de succession dans les six mois du décès (CGI, art. 800) :

- lorsque l'actif brut successoral est supérieur à 50 000 euros;

- lorsque l'actif brut successoral est inférieur à ce montant, si le conjoint a antérieurement au décès bénéficié de la part du défunt, d'une donation ou d'un don manuel non enregistré ou non déclaré.

CHAPITRE

233. Droits du conjoint au logement

MARIE-CLAUDE DE ROTON-CATALA
MAÎTRE DE CONFÉRENCES
À L'UNIVERSITÉ PARIS-SUD

CHRISTOPHE VERNIÈRES
PROFESSEUR À L'UNIVERSITÉ
PARIS 8 – VINCENNES SAINT-DENIS

SECTION 0 ORIENTEUR

233.00 **Plan du chapitre.**

233.01 **Textes applicables.**

C. civ., art. 763 à 766, 831-2, 831-3 et 1751

CGI, art. 669, 762 *bis* et 775 *quater*

L. n° 2006-728, 23 juin 2006, portant réforme des successions et des libéralités, *JO* 24 juin, p. 9513 (*entrée en vigueur le 1er janv. 2007*)

L. n° 2001-1135, 3 déc. 2001, relative aux droits du conjoint survivant et des enfants adultérins et modernisant diverses dispositions du droit successoral, *JO* 4 déc., p. 19279 (*entrée en vigueur le 1er juill. 2001*)

> Droit du conjoint successible au logement temporaire et droit viager au logement
[C. civ., art. 763 à 766]

C. civ., art. 763 (*L. 23 juin 2006, art. 29*)

Si, à l'époque du décès, le conjoint successible occupe effectivement, à titre d'habitation principale, un logement appartenant aux époux ou dépendant totalement de la succession, il a de plein droit, pendant une année, la jouissance gratuite de ce logement, ainsi que du mobilier, compris dans la succession, qui le garnit.

Si son habitation était assurée au moyen d'un bail à loyer ou d'un logement appartenant pour partie indivise au défunt, les loyers ou l'indemnité d'occupation lui en seront remboursés par la succession pendant l'année, au fur et à mesure de leur acquittement.

Les droits prévus au présent article sont réputés effets directs du mariage et non droits successoraux.

Le présent article est d'ordre public.

C. civ., art. 764

Sauf volonté contraire du défunt exprimée dans les conditions de l'article 971, le conjoint successible qui occupait effectivement, à l'époque du décès, à titre d'habitation principale, un logement appartenant aux époux ou dépendant totalement de la succession, a sur ce logement, jusqu'à son décès, un droit d'habitation et un droit d'usage sur le mobilier, compris dans la succession, le garnissant.

La privation de ces droits d'habitation et d'usage exprimée par le défunt dans les conditions mentionnées au premier alinéa est sans incidence sur les droits d'usufruit que le conjoint recueille en vertu de la loi ou d'une libéralité, qui continuent à obéir à leurs règles propres.

Ces droits d'habitation et d'usage s'exercent dans les conditions prévues aux articles 627, 631, 634 et 635.

Le conjoint, les autres héritiers ou l'un d'eux peuvent exiger qu'il soit dressé un inventaire des meubles et un état de l'immeuble soumis aux droits d'usage et d'habitation.

Par dérogation aux articles 631 et 634, lorsque la situation du conjoint fait que le logement grevé du droit d'habitation n'est plus adapté à ses besoins, le conjoint ou son représentant peut le louer à usage autre que commercial ou agricole afin de dégager les ressources nécessaires à de nouvelles conditions d'hébergement.

C. civ., art. 765

La valeur des droits d'habitation et d'usage s'impute sur la valeur des droits successoraux recueillis par le conjoint.

Si la valeur des droits d'habitation et d'usage est inférieure à celle de ses droits successoraux, le conjoint peut prendre le complément sur les biens existants.

Si la valeur des droits d'habitation et d'usage est supérieure à celle de ses droits successoraux, le conjoint n'est pas tenu de récompenser la succession à raison de l'excédent.

C. civ., art. 765-1

Le conjoint dispose d'un an à partir du décès pour manifester sa volonté de bénéficier de ces droits d'habitation et d'usage.

C. civ., art. 765-2

Lorsque le logement faisait l'objet d'un bail à loyer, le conjoint successible qui, à l'époque du décès, occupait effectivement les lieux à titre d'habitation principale bénéficie du droit d'usage sur le mobilier, compris dans la succession, le garnissant.

C. civ., art. 766

Le conjoint successible et les héritiers peuvent, par convention, convertir les droits d'habitation et d'usage en une rente viagère ou en capital.

S'il est parmi les successibles parties à la convention un mineur ou un majeur protégé, la convention doit être autorisée par le juge des tutelles.

> Attribution préférentielle

[C. civ., art. 831-2 à 831-3]

C. civ., art. 831-2 (*L. 23 juin 2006, art. 3 et 4*)

Le conjoint survivant ou tout héritier copropriétaire peut également demander l'attribution préférentielle :

1° De la propriété ou du droit au bail du local qui lui sert effectivement d'habitation, s'il y avait sa résidence à l'époque à l'époque du décès, et du mobilier le garnissant;

2° De la propriété ou du droit au bail du local à usage professionnel servant effectivement à l'exercice de sa profession et des objets mobiliers à usage professionnel garnissant ce local;

3° De l'ensemble des éléments mobiliers nécessaires à l'exploitation d'un bien rural cultivé par le défunt à titre de fermier ou de métayer lorsque le bail continue au profit du demandeur ou lorsqu'un nouveau bail est consenti à ce dernier.

C. civ., art. 831-3 (*L. 23 juin 2006, art. 3 et 4*)

L'attribution préférentielle de la propriété du local et du mobilier le garnissant visée au 1° de l'article 831-2 est de droit pour le conjoint survivant.

Les droits résultant de l'attribution préférentielle ne préjudicient pas aux droits viagers d'habitation et d'usage que le conjoint peut exercer en vertu de l'article 764.

> Règles communes aux baux des maisons et des biens ruraux

C. civ., art. 1751 (*L. n° 2014-366, 24 mars 2014, art. 4*)

Le droit au bail du local, sans caractère professionnel ou commercial, qui sert effectivement à l'habitation des deux époux, quel que soit leur régime matrimonial et nonobstant toute convention contraire et même si le bail a été conclu avant le mariage, ou de deux partenaires liés par un pacte civil de solidarité, dès lors que les partenaires en font la demande conjointement, est réputé appartenir à l'un et à l'autre des époux ou partenaires liés par un pacte civil de solidarité.

En cas de divorce ou de séparation de corps, ce droit pourra être attribué, en considération des intérêts sociaux et familiaux en cause, par la juridiction saisie de la demande en divorce ou en séparation de corps, à l'un des époux, sous réserve des droits à récompense ou à indemnité au profit de l'autre époux.

En cas de décès d'un des époux ou d'un des partenaires liés par un pacte civil de solidarité, le conjoint ou le partenaire lié par un pacte civil de solidarité survivant cotitulaire du bail dispose d'un droit exclusif sur celui-ci sauf s'il y renonce expressément.

> Fiscalité

[CGI, art. 669, 762 *bis* et 775 *quater*]

CGI, art. 669 (*L. n° 2003-1311, 30 déc. 2003, loi de finances pour 2004, art. 19, 1°*)

I. – Pour la liquidation des droits d'enregistrement et de la taxe de publicité foncière, la valeur de la nue-propriété et de l'usufruit est déterminée par une quotité de la valeur de la propriété entière, conformément au barème ci-après :

ÂGE de l'usufruitier	VALEUR de l'usufruit	VALEUR de la nue-propriété
Moins de : 21 ans révolus	90 %	10 %
Moins de : 31 ans révolus	80 %	20 %
Moins de : 41 ans révolus	70 %	30 %
Moins de : 51 ans révolus	60 %	40 %
Moins de : 61 ans révolus	50 %	50 %
Moins de : 71 ans révolus	40 %	60 %
Moins de : 81 ans révolus	30 %	70 %
Moins de : 91 ans révolus	20 %	80 %
Plus de : 91 ans révolus	10 %	90 %

Pour déterminer la valeur de la nue-propriété, il n'est tenu compte que des usufruits ouverts au jour de la mutation de cette nue-propriété.

II. – L'usufruit constitué pour une durée fixe est estimé à 23 % de la valeur de la propriété entière pour chaque période de dix ans de la durée de l'usufruit, sans fraction et sans égard à l'âge de l'usufruitier.

CGI, art. 762 *bis* (*L. n° 2003-1311, 30 déc. 2003, loi de finances pour 2004, art. 19, 4°*)

Pour la liquidation des droits de mutation à titre gratuit, la valeur des droits d'habitation et d'usage est de 60 % de la valeur de l'usufruit déterminée conformément au I de l'article 669.

CGI, art. 775 *quater* (*L. n° 2006-1771, 30 déc. 2006, loi de finances pour 2007, art. 59*)

Le montant des loyers ou indemnités d'occupation effectivement remboursé par la succession au conjoint survivant ou au partenaire lié au défunt par un pacte civil de solidarité en application des articles 515-6 et 763 du Code civil est déduit de l'actif de succession.

233.02 **Jurisprudence de référence.**

> Le conjoint survivant ne peut être privé des droits viagers d'usage et d'habitation que par la volonté du défunt exprimée dans un testament authentique reçu par deux notaires ou par un notaire assisté de deux témoins

• **Civ. 1re, 15 déc. 2010, no 09-68.076,** *Bull. civ.* I, no 269

* V. ss no 233.51

« Attendu que, pour débouter Mme Y… de sa demande tendant à l'attribution du droit d'habitation et d'usage de l'immeuble de Saint-Quentin ayant constitué le domicile conjugal, l'arrêt retient, par motifs adoptés, qu'il résulte de l'article 764 du Code civil qu'il peut être fait obstacle à ce droit par la volonté contraire du défunt exprimée par voie testamentaire, ce qui correspond à la volonté de Jacques X… de priver son épouse de l'appartement de Saint-Quentin et, par motifs propres, que la volonté du défunt, clairement exprimée dans les dispositions prises avant son décès et dont la validité formelle n'est pas contestée, ne lui a reconnu qu'un droit d'usufruit sur l'immeuble de la résidence de Cannes et que la circonstance, invoquée par la demanderesse, que cette exclusion testamentaire ou contractuelle est antérieure à la loi du 3 décembre 2001, n'est pas de nature à l'empêcher de produire ses effets sous l'empire de la loi nouvelle, dans la mesure où elle n'est aucunement en opposition avec les dispositions de cette loi;

Qu'en statuant ainsi, alors qu'il résultait de ses propres constatations que le défunt n'avait pas exprimé sa volonté de priver son épouse du droit viager au logement par un testament authentique reçu par deux notaires ou par un notaire assisté de deux témoins, la cour d'appel, qui n'a pas tiré les conséquences légales qui s'en évinçaient, a violé les textes susvisés » (C. civ., art. 764 et 971).

> Les droits viagers d'usage et d'habitation du conjoint survivant se limitent aux locaux affectés à son habitation effective

• **Civ. 1re, 25 sept. 2013, no 12-21.569,** *Bull. civ.* I [à paraître]

* V. ss nos 233.42

« Attendu, selon l'arrêt attaqué (Dijon, 19 avril 2012), que Jacques X… est décédé le 8 juin 2008 en laissant pour lui succéder Pascal et Delphine X…, ses deux enfants, ainsi que Mme Évelyne Y…, sa veuve séparée de biens; que selon acte authentique reçu le 29 mai 2009, celle-ci a déclaré vouloir bénéficier du droit viager d'habitation prévu par l'article 764 du Code civil sur les deux lots nos 6 et 8 de copropriété de l'immeuble situé… à Chalon-sur-Saône, constitutifs d'un appartement situé au rez-de-chaussée, qu'elle habite, et d'un studio situé au premier étage, occupé par sa fille; qu'elle a fait assigner les deux enfants du défunt afin de voir juger que ce droit viager d'habitation portait non seulement sur l'appartement du rez-de-chaussée mais également sur celui du premier étage; qu'un jugement a décidé que cet appartement était exclu du droit viager d'habitation;

Attendu que Mme Y… fait grief à l'arrêt de confirmer ce jugement, alors, selon le moyen, que le logement occupé effectivement par un conjoint successible à l'époque du décès, au sens de l'article 764 du Code civil, est constitué par l'ensemble immobilier que le *de cujus* a eu l'intention d'affecter au logement de son conjoint; qu'il peut être constitué de deux lots de copropriété situés dans le même bâtiment et occupés par le conjoint et l'un de ses enfants rattaché au foyer fiscal, nonobstant la circonstance qu'ils sont matériellement et juridiquement indépendants l'un de l'autre; qu'en se bornant, pour rejeter la demande de Mme Y… tendant à se voir reconnaître un droit d'habitation sur une partie du logement qu'elle occupait, à relever qu'il s'agissait d'un appartement indépendant de celui dans lequel les époux avaient vécu, circonstance insuffisante à exclure l'intention du de cujus d'affecter l'ensemble immobilier constitué par les deux lots au logement de Mme Y… et de la fille de celle-ci, la cour d'appel a violé l'article 764 du Code civil;

Mais attendu qu'ayant relevé que les lots litigieux, dépendant totalement de la succession, étaient distincts et que seul le no 6, au rez-de-chaussée, était effectivement occupé à titre d'habitation principale par le défunt et son épouse à l'époque du décès tandis que l'autre, le no 8, constitutif d'un studio indépendant et non attenant, qui n'est nullement l'accessoire du logement du rez-de-chaussée, a été investi par sa fille et le compagnon de celle-ci du vivant du défunt, la cour d'appel en a exactement déduit, sans avoir à procéder à une recherche inopérante, que les droits viagers de l'article 764 Code civil étaient limités au lot du rez-de-chaussée; que le moyen n'est pas fondé. »

233.03 **Bibliographie indicative.**

Actualisables.

* V. références citées ss no 232.03

Ouvrages.

* V. références citées ss no 231.03

Articles. B. Beignier, « La loi du 3 décembre 2001 : achèvement du statut du logement familial », *Dr. fam.* 2002. Chron. 5 – F. Bellivier et V. Brémond, « Réflexions autour du transfert à cause de mort du contrat de bail d'habitation », *JCP N* 2002. 1234 et 1240; « Les droits locatifs du conjoint survivant après la loi du 3 décembre 2001 », *LPA* 20 juill. 2002, p. 45 – Ch. Blanchard, « Le conflit du droit viager au logement du conjoint et du droit de retour légal des père et mère », *Defrénois* 2009. 2047 – J.-P. Garçon, « Le droit au logement du conjoint survivant en cas de détention indirecte de la résidence principale », *JCP* 2002. I. 133 – N. Levillain, « Le droit au logement temporaire du conjoint survivant », *JCP N* 2002. 1440; « Le droit viager au logement du conjoint survivant », *JCP N* 2003. 1043 – M. Monteillet-Geffroy, « L'attribution préférentielle du logement conjugal », *JCP N* 2005. 1078 – J.-F. Sagaut, « Les vocations légales viagères du conjoint survivant », *AJ fam.* 2002. 54 – F. Sauvage, « Le logement de la veuve », *Dr. et patr.* janv. 2003. 32 – F. Vauvillé, « Les droits au logement du conjoint survivant », *Defrénois* 2002. 1277 – B. Vareille, « Variations futiles sur les droits au logement du conjoint survivant », *Mél. M. Prieur*, Dalloz, 2007, p. 1271.

* V. aussi références citées ss no 232.03

233.04 Questions essentielles.
> Le conjoint survivant bénéficie en vertu de l'article 763 du Code civil d'un droit temporaire au logement dont la durée est limitée à l'année qui suit le décès.

Ce droit est un effet direct du mariage et n'est pas de nature successorale. L'article 763 contient des dispositions d'ordre public qui bénéficient de plein droit au conjoint survivant.

Il a pour objet le logement appartenant aux deux époux ou dépendant entièrement de la succession, ainsi que le mobilier garnissant ce logement.

* V. s[s] n°s 233.21 à 233.36

> Le conjoint survivant bénéficie en outre d'un droit viager au logement dont il peut jouir sa vie durant et dont l'objet est le même que celui du droit temporaire.

Mais alors que le droit temporaire ne constituait qu'une simple créance de jouissance, le droit viager comporte deux droits réels de nature successorale : un droit d'habitation sur le logement et un droit d'usage sur le mobilier qui le garnit.

Le défunt peut priver son conjoint du droit viager, mais à la condition que cette exclusion résulte d'une clause expresse figurant dans un testament authentique.

* V. s[s] n°s 233.41 à 233.56

> Le droit viager du conjoint, comme son usufruit, est susceptible de conversion en rente viagère ou en capital.

La valeur de droit viager s'impute sur celle des droits successoraux du conjoint; la loi fiscale la fixe à 60 % de la valeur de l'usufruit (CGI, art. 669), mais cette disposition ne s'impose pas dans les liquidations civiles.

* V. s[s] n°s 233.76 à 233.78

> Indépendamment des prérogatives qui figurent au titre des successions, l'article 1751 du Code civil attribue au conjoint un droit exclusif sur le bail dont il était cotitulaire avec l'époux prémourant et qui assurait le logement du ménage.

* V. s[s] n°s 233.12 et 233.13

SECTION 1
DROITS PRÉEXISTANTS ET DROITS NOUVEAUX

233.11 Besoins spécifiques du conjoint. La loi du 3 décembre 2001[1] n'a pas eu pour seuls objectifs de promouvoir le conjoint survivant dans la hiérarchie successorale et d'augmenter ses droits *ab intestat*.

S'en tenir à une revalorisation abstraite de sa vocation légale, fût-elle substantielle, n'aurait peut-être pas permis de lui garantir en toutes circonstances la satisfaction de certains besoins spécifiques touchant notamment à la préservation de son cadre de vie.

Le maintien des conditions d'existence du conjoint pendant son veuvage a en effet figuré comme une des préoccupations majeures du législateur de 2001, soucieux de répondre aux attentes d'un grand nombre de veufs et surtout de veuves.

La satisfaction de ce besoin propre au conjoint survivant impliquait que, parallèlement à ses droits *ab intestat*, dont rien n'interdit qu'il soit privé en présence de descendants, lui soit ménagée une vocation à titre particulier ayant pour objet le logement où il avait vécu au temps du mariage, de manière à maintenir son cadre de vie le reste de ses jours.

233.12 Statut du logement avant la réforme. Ce n'est pas à dire qu'avant la loi de 2001, les prérogatives du conjoint sur l'habitation familiale aient été inexistantes.

La loi successorale prévoyait déjà des mesures de nature à lui permettre de s'y maintenir, telle l'attribution préférentielle (C. civ., anc. art. 832) ou le maintien dans l'indivision avec occupation des lieux (C. civ., anc. art. 815-1).

Mais les deux hypothèses supposaient que le conjoint soit déjà copropriétaire du logement ou le devienne du fait du décès de son époux.

De surcroît, l'octroi de ces bénéfices par le juge était facultatif, ce dernier statuant en fonction des intérêts en présence, de sorte que le droit au logement que sollicitait le conjoint survivant ne lui était nullement garanti, d'autant moins que d'autres héritiers pouvaient être fondés, au même titre que lui, à s'en prévaloir.

Lorsque l'habitation est assurée par un bail à loyer, la loi vient encore, mais de manière tout aussi imparfaite, au secours du conjoint locataire en instituant une cotitularité du bail entre époux (C. civ., art. 1751) ou son attribution préférentielle (C. civ., anc. art. 832). Tel était le maigre dispositif protecteur dont le conjoint survivant pouvait se réclamer.

233.13 Aménagement des textes existants. La loi du 3 décembre 2001 a procédé à des aménagements de ces textes dans un sens favorable au conjoint survivant.

D'une part, **l'attribution préférentielle de la propriété du logement et du mobilier le garnissant** est désormais **de droit** pour lui (C. civ., art. 831-3, al. 1), alors qu'elle reste facultative pour les autres héritiers.

D'autre part, **la cotitularité du droit au bail des époux** est, depuis la loi du 3 décembre 2001, **renforcée par la reconnaissance au profit du conjoint d'un droit exclusif à poursuivre le bail,** ce qui a pour effet d'écarter dorénavant les héritiers du bénéfice de ce droit.

1. L. n° 2001-1135, 3 déc. 2001, relative aux droits du conjoint survivant et des enfants adultérins et modernisant diverses dispositions du droit successoral, *JO* 4 déc., p. 19279.

Dans les cas très exceptionnels enfin où le conjoint survivant ne pourrait se prévaloir des dispositions de l'article 1751 du Code civil (bail conclu par un des époux pendant une instance en divorce, bail mixte à usage d'habitation et professionnel), la loi du 3 décembre 2001, modifiant certaines dispositions de la loi du 6 juillet 1989 « *tendant à améliorer les rapports locatifs* », reconnaît au conjoint survivant, parmi d'autres bénéficiaires éventuels, il est vrai, le **droit au transfert sur sa tête du contrat de location.**

233.14 Création de droits nouveaux. Mais, surtout, la loi du 3 décembre 2001 instaure au profit du conjoint survivant **deux nouveaux droits sur le logement constitutif de son habitation principale**, appelés à se relayer dans le temps et qui lui sont exclusivement dédiés, quels que soient son régime matrimonial et sa situation successorale. Le premier est **temporaire** et revêt la forme d'un **droit de jouissance gratuite**, le second est un **droit viager**, qui prend les traits d'un **droit réel d'usage et d'habitation.**

Ce faisant, la loi du 3 décembre 2001 est venue parfaire ce que d'aucuns n'hésitent pas à nommer « *le statut légal du logement familial* ».

Il reste que, hormis le fait d'avoir le logement pour objet commun, tout oppose ces deux sortes de droits, d'où l'importance de bien les distinguer.

SECTION 2
DROIT TEMPORAIRE DE JOUISSANCE

§ 1
Caractères

233.21 Le texte légal. Selon l'article 763 du Code civil : « *Si, à l'époque du décès, le conjoint successible occupe effectivement, à titre d'habitation principale, un logement appartenant aux époux ou dépendant totalement de la succession, il a, de plein droit, pendant une année, la jouissance gratuite de ce logement, ainsi que du mobilier, compris dans la succession, qui le garnit.*

Si son habitation était assurée au moyen d'un bail à loyer, ou d'un logement appartenant pour partie indivise au défunt, les loyers ou l'indemnité d'occupation lui en seront remboursés par la succession pendant l'année, au fur et à mesure de leur acquittement.

Les droits prévus au présent article sont réputés effets directs du mariage et non droits successoraux.

Le présent article est d'ordre public. »

De ce texte, applicable aux successions ouvertes à compter de la publication de la loi au *Journal officiel*, soit le 4 décembre 2001, on dégagera les caractères principaux du droit temporaire de jouissance, avant d'en préciser l'assiette.

233.22 Droit d'ordre public. Le droit de jouissance temporaire du conjoint sur le logement a un **caractère impératif**, ce qui le met hors d'atteinte d'une manifestation contraire de volonté, qu'elle émane du prémourant qui chercherait à en priver son conjoint, du conjoint lui-même qui entendrait y renoncer par avance, c'est-à-dire avant même que d'être survivant, ou encore d'une convention matrimoniale.

Si rien n'interdit au défunt de disposer à cause de mort du bien qui assurait le logement de la famille, le conjoint serait en mesure d'opposer au gratifié son droit d'occupation gratuite jusqu'au terme de la **période légale de jouissance**, soit **une année à compter de l'ouverture de la succession.**

À la question de savoir si le legs du logement à un tiers gratifié rendrait la succession redevable envers le légataire d'une indemnité d'occupation privative, une doctrine majoritaire répond par la négative, au motif que l'immeuble étant impérativement affecté au conjoint par la loi pendant un an, il n'a pu être transmis à cause de mort que grevé de cette charge pour la période considérée et se trouve donc insusceptible d'une compensation de ce chef.

Pour des raisons identiques, on doit considérer qu'aucune indemnité d'occupation n'est due par le conjoint pendant l'année suivant le décès si le logement est devenu indivis entre lui et les héritiers par l'effet de ce décès.

233.23 Effet direct du mariage. De ce que le droit temporaire de jouissance est réputé par l'article 763 être un effet direct du mariage et non un droit de nature successorale résulte son automaticité, empruntée à celle du régime matrimonial primaire.

Tout se passe comme si l'article 763 du Code civil s'inscrivait *post mortem* dans le prolongement de l'article 215 du Code civil qui consacre le droit au logement pendant la vie des époux.

Pour cette raison et parce qu'il s'analyse comme un **gain de survie**, il bénéficie au conjoint de plein droit. Ce dernier n'a donc à en faire la demande à quiconque – héritiers ou bailleur –, et ce quel qu'ait été le régime matrimonial des époux et quelle que soit sa situation financière. Il suffit donc au conjoint successible de se maintenir dans les lieux, à compter du décès, pour en bénéficier, sans avoir à accomplir la moindre formalité.

Ce droit de jouissance n'a de surcroît aucune incidence sur le règlement de la succession du prédécédé, en ce sens que, même s'il porte atteinte à la réserve des héritiers, il n'est pas sujet à réduction, car il ne s'agit pas d'une libéralité, ce qui justifie du reste qu'au plan fiscal, il échappe aux droits de mutation à titre gratuit.

Au demeurant, la nature non successorale de ce droit fait que le conjoint peut l'exercer indépendamment du parti qu'il entend prendre quant aux droits légaux qui lui échoient à titre successoral. L'acceptation ou la renonciation du survivant à la succession du prémourant est sans effet sur son droit au maintien temporaire dans les lieux, pas plus d'ailleurs que le fait d'avoir été exhérédé par le défunt : être héritier du prémourant n'est pas une condition d'obtention du droit annuel de jouissance, il suffit d'être un époux survivant.

233.24 Abrogation des anciens droits de viduité. La prérogative instituée par l'article 763 au bénéfice de l'époux survivant fait écho aux droits de viduité de l'article 1481 du Code civil aujourd'hui abrogé, qui prévoyait la prise en charge par la communauté des frais de nourriture, de deuil et de logement pendant les neuf mois suivant le décès.

L'article 763 est à la fois de portée plus large, puisqu'il s'applique quel que soit le régime matrimonial des époux et ce, pendant une année, et d'objet plus restreint, dans la mesure où seul le logement se trouve désormais concerné.

Il reste qu'aujourd'hui comme hier, c'est **à titre d'époux créancier** que le conjoint peut y prétendre et non à titre d'héritier, même si la loi en réserve le bénéfice au seul conjoint « *successible* », c'est-à-dire celui présentant les qualités requises pour succéder au sens de l'article 732 du Code civil, ce qui désigne aujourd'hui le conjoint non divorcé.

Tout comme le droit à pension ouvert par le nouvel article 767 du Code civil au conjoint survivant qui est dans le besoin (v. s[s] n°s 234.11 s.), le droit temporaire de jouissance doit s'analyser comme un droit « *contre* » la succession, qui s'inscrit au passif de celle-ci et revêt la forme d'un droit personnel de créance, ayant pour objet soit la jouissance de l'habitation principale, soit le remboursement des loyers, selon que le droit par lequel est assuré le logement est un droit de propriété ou un droit de bail. En réalité, seule l'hypothèse d'un logement loué nécessite une évaluation car elle est seule génératrice d'un passif successoral correspondant aux douze mois de loyers à rembourser au conjoint.

Quoi qu'il en soit, le législateur de 2001 n'a pas voulu faire de cette mesure, volontiers qualifiée d'humanité, un droit « dans » la succession, c'est-à-dire un droit réel, à la manière du droit viager appelé à le compléter (v. s[s] n°s 233.41 à 233.78).

§ 2
Assiette

233.31 Assiette immobilière. Le droit temporaire au logement s'exerce sur le local dans lequel le conjoint avait son **habitation principale et effective à l'époque du décès.**

Cette notion d'habitation principale, dont on relèvera qu'elle n'est pas subordonnée à la condition de résidence commune des époux, est une question de fait qui est laissée à l'appréciation souveraine des juges du fond.

Outre cette condition de fait, le logement doit satisfaire à une condition de droit, en ce sens qu'il doit dépendre entièrement de la succession ou avoir appartenu aux deux époux.

La disposition de la loi désigne ainsi deux types de situations, soit que le logement fût la propriété privative du conjoint prédécédé, soit qu'il fut la propriété conjointe des époux, en tant que bien commun ou que bien indivis.

C'est dire que l'article 763 du Code civil ne trouve pas à s'appliquer si le bien est la propriété exclusive du conjoint survivant, lequel ne saurait dès lors se réclamer de la moindre créance à l'encontre de la succession, fût-elle cantonnée au remboursement des charges afférentes à sa propriété.

233.32 Détention indirecte du logement. Le texte retrouve-t-il son empire dans l'hypothèse où le logement appartenait à une société unipersonnelle du défunt ou à une société associant les deux époux ?

En pareil cas, le bien est la propriété d'une tierce personne (la société) et non pas du défunt ou des deux conjoints. D'aucuns ont pu en déduire que les conditions du droit temporaire posées par l'article 763 du Code civil n'étaient pas satisfaites[1].

Mais la solution peut paraître inopportune. À cet égard, il serait sans doute contraire à la volonté du législateur de priver le conjoint de l'habitation que la loi lui destine en raison de la personnalité morale de la société, dont l'écran devrait en l'espèce être translucide.

233.33 Logement indivis. Au lendemain de la loi du 3 décembre 2001, la doctrine était partagée sur le point de savoir si le conjoint survivant pouvait se prévaloir de l'avantage tiré de l'article 763 lorsque le logement était la propriété indivise du conjoint prédécédé ou des deux époux et d'une ou plusieurs tierces personnes non héritières.

Pour certains auteurs, la présence d'un (ou de plusieurs) tiers copropriétaire du bien concerné contrevenait à la condition posée par le texte d'« *un logement appartenant aux deux époux ou dépendant totalement de la succession* ». Selon une opinion de sens inverse, le caractère impératif de l'avantage concédé par la loi au survivant devait l'emporter, sauf à la succession à indemniser le tiers coproprié-

1. Rép. min. Jeanjean, *JOAN* 25 janv. 2005, n° 39324, p. 816.

taire au prorata de ses droits pour la jouissance annuelle du conjoint.

La loi du 23 juin 2006[1] a mis fin au débat en donnant à l'article 763 une nouvelle rédaction qui étend expressément le champ d'application du texte au conjoint qui n'est que propriétaire indivis du logement, la succession étant redevable de l'indemnité d'occupation envers le tiers pendant l'année qui suit le décès.

233.34 Assiette mobilière. La jouissance gratuite du conjoint porte également sur le **mobilier garnissant le logement** qu'il habite, ce qui participe du souci de protéger intégralement son cadre de vie.

Encore faut-il que ce mobilier, comme l'habitation elle-même, fasse partie de la succession, c'est-à-dire qu'il ait été la propriété exclusive du prédécédé ou la propriété commune des conjoints.

La notion de mobilier « *garnissant* » le logement désigne principalement les meubles meublants au sens de l'article 534 du Code civil.

La doctrine tend à préconiser une interprétation large de la notion, de manière à y inclure les objets d'agrément tels que tableaux, tapisseries ou autres œuvres d'art, qui, quoique n'étant pas nécessaires à l'existence quotidienne, font néanmoins partie du cadre de vie.

233.35 Logement en location. Si le conjoint occupe le logement sur la foi d'un bail et non d'un titre de propriété, le droit de jouissance temporaire lui sera de toutes façons assuré sur le mobilier par l'article 763 du Code civil.

En pareille hypothèse de surcroît, c'est-à-dire lorsque les époux sont titulaires de droits locatifs, on a vu que les loyers acquittés par le conjoint devaient lui être remboursés par la succession (v. s[s] n° 233.24).

La succession doit-elle également verser au conjoint le montant des charges de copropriété afférentes au logement ?

Une interprétation étroitement littérale du texte légal conduit à une réponse négative. Mais l'esprit de la loi suggère une opinion inverse : il semble bien que l'on ait voulu assurer au conjoint une année entière d'occupation gratuite, de sorte que les charges seraient en quelque sorte l'accessoire naturel des loyers[2].

C'est ainsi, semble-t-il que l'on entendait naguère l'article 1481. À la limite, cette gratuité s'étendrait aussi au remboursement de la taxe d'habitation, mais certainement pas aux dépenses faites pour les produits consommables (eau, gaz, électricité).

1. L. n° 2006-728, 23 juin 2006, portant réforme des successions et des libéralités, *JO* 24 juin, p. 9513.
2. EN CE SENS, v. Rép. min. Morange, *JOAN* 11 janv. 2005, n° 42589, p. 373.

233.36 Régime fiscal du droit temporaire au logement. Le droit à la jouissance gratuite du logement pendant un an ou le droit au remboursement des loyers par la succession sont réputés par la loi civile effets directs du mariage et non droits successoraux (C. civ., art. 763, al. 3), qualification qui ne manque pas d'avoir une incidence fiscale.

Selon l'article 775 *quater* du Code général des impôts en effet, lorsque le droit temporaire porte sur un logement loué par les époux, le montant des loyers, ou en cas d'indivision, des indemnités d'occupation, effectivement remboursés par la succession au conjoint survivant est déductible de l'actif taxable au titre du passif successoral. C'est dire que ces sommes ne sont pas soumises aux droits de mutation à titre gratuit.

SECTION 3
DROIT VIAGER D'USAGE ET D'HABITATION

§ 1
Assiette : conditions d'ouverture

233.41 Plan. Lorsque, parvenu à son échéance, le droit de jouissance annuelle du conjoint sur le logement vient à s'éteindre, un autre droit, ayant également pour fonction de lui assurer son cadre de vie, mais de nature différente, peut venir le relayer et même le perpétuer, puisqu'il s'agit d'un droit viager. Se présentant comme le complément dans la durée du droit annuel précédemment évoqué, il était naturel que le nouveau droit viager mis en place par le législateur de 2001 eût la même assiette.

En revanche, la source différente des deux droits explique qu'ils n'aient pas tout à fait le même titulaire.

233.42 Assiette du droit viager. C'est au logement que l'époux occupait effectivement à titre d'habitation principale à l'époque du décès de son conjoint et aux meubles le garnissant que s'applique l'article 764 du Code civil, comme le faisait déjà l'article 763 pour le droit de viduité. Précisément, le logement doit être déterminé suivant un critère purement objectif, tiré de l'**habitation effective**, et l'on ne saurait l'accroître suivant un critère subjectif, tiré de l'intention du *de cujus* : le conjoint survivant ne peut ainsi réclamer le bénéfice de son droit que sur les biens qu'il habite réellement, et non sur ceux que le *de cujus* destinait à son habitation[3].

3. V. Civ. 1re, 25 sept. 2013, n° 12-21.569, *Bull. civ.* I [à paraître]; *JCP N* 2014. 1147, obs. R. Le Guidec; *RTD civ.* 2013. 874, obs. M. Grimaldi.

C'est également la même condition de propriété qui se trouve posée, relative au logement et aux meubles le garnissant; dans les deux cas, ils doivent avoir appartenu aux époux ou dépendre totalement de la succession.

Par conséquent, tout ce qui a été dit à propos du droit temporaire en la matière vaut également pour le droit viager.

Mais les similitudes s'arrêtent là.

Si la fonction reste en effet la même d'un droit à l'autre, puisqu'il s'agit de maintenir le conjoint dans son cadre de vie tout le temps de son veuvage, les droits qui sont successivement appelés à remplir cette fonction diffèrent sensiblement, tant par leur domaine de rattachement que par leur nature juridique : au registre matrimonial du premier répond le genre proprement successoral du second; à une créance de jouissance temporaire fait écho et lui succède un droit réel d'usage et d'habitation.

D'où des disparités significatives dans leurs régimes respectifs.

233.43 **Logement loué.** Alors que le droit temporaire trouve à s'exercer sur le logement quel que soit le titre, de propriété ou locatif, par lequel il est assuré, parce qu'il s'analyse en un droit personnel « *réputé effet du mariage* » qui revêtira selon les cas, la forme d'une jouissance gratuite du logement ou d'une créance de remboursement des loyers, **le droit viager d'habitation**, en tant qu'il règle la dévolution des biens successoraux, **ne se conçoit pas s'agissant d'un logement loué,** dont le propriétaire ne saurait voir son bien grevé d'une quelconque charge au titre d'une succession à laquelle il est par hypothèse étranger.

Il ne semble pas en effet que les nouveaux droits du conjoint sur le logement puissent, dans l'esprit du législateur, porter atteinte aux droits des tiers.

Aussi l'article 765-2 du Code civil ramène t-il en pareille circonstance la protection viagère du conjoint à un simple droit d'usage portant sur les seuls meubles garnissant le logement pris à bail, à condition toutefois qu'ils dépendent de la succession.

C'est alors la législation sur les baux d'habitation, déjà protectrice du conjoint avant la réforme et encore améliorée depuis (v. s^s n° 233.12), qui est appelée à prendre le relais de la loi successorale pour assurer à ce dernier le toit dont il a besoin.

Deux droits complémentaires, mais de nature différente, droit réel pour le mobilier, droit personnel pour le logement, seront donc, le cas échéant, appelés à coexister, ce qui pourrait soulever des difficultés quant à leur articulation, eu égard notamment au décalage dans leurs durées respectives d'existence, l'expiration du bail ne coïncidant pas nécessairement avec celle de son titulaire.

233.44 **Titulaire du droit viager.** À lire les articles 763 et 764 du Code civil, il apparaît que, dans l'un et l'autre cas, c'est le **conjoint survivant** qui est titulaire des droits nouveaux dispensés par le législateur : c'est en effet au « *conjoint successible* », au sens de l'article 732 du Code civil, qu'est dédiée la faculté de se maintenir dans les lieux offerte par les deux textes, l'un pour une année, l'autre pour le reste de ses jours. Physiquement, c'est donc bien la même personne qui suscite l'attention bienveillante du législateur.

Juridiquement en revanche, il n'en va pas de même. Le caractère d'« *effet direct du mariage* » imprimé par la loi au droit temporaire suggère, ainsi qu'on l'a vu, que c'est en sa qualité d'époux survivant, créancier *post mortem* d'une obligation d'assistance et d'entraide, que le conjoint successible est fondé à en bénéficier de manière automatique et impérative, quand bien même il aurait été indigne ou aurait renoncé à la succession du prémourant.

En revanche, le droit viager s'analysant comme un **droit de nature successorale,** c'est **en sa qualité d'héritier** que le conjoint devrait pouvoir y prétendre, qualité qu'il perd s'il est indigne ou renonce à la succession.

Il semble donc que le conjoint ne puisse accéder au droit viager que s'il est **acceptant, pur et simple ou au moins à concurrence de l'actif net,** et encore n'en est-il ainsi que s'il en fait la **demande dans le délai imparti** par la loi et pourvu qu'il n'en ait pas été privé par le prémourant selon les formes prévues à l'article 971 du Code civil.

Il s'ensuit que, à l'opposé du droit dont il se veut le prolongement, le droit viager voit son existence même dépendre à la fois de la **volonté du survivant,** qui doit le réclamer, et de **celle du prémourant,** qui ne doit pas l'en avoir expressément privé.

Si prolongement il y a par conséquent, celui-ci n'a rien d'automatique.

233.45 **Caractère supplétif du droit viager.** La loi du 3 décembre 2001 reconnaît au conjoint survivant un droit d'usage et d'habitation sa vie durant sur le logement « *sauf volonté contraire du défunt exprimée dans les conditions de l'article 971 du Code civil* ».

Ainsi, à la différence du droit de jouissance annuelle, droit d'ordre public et hors d'atteinte d'une disposition testamentaire, celui qui est appelé à lui faire suite pour le perpétuer n'a rien d'impératif, de sorte que le conjoint se trouve exposé au **risque d'une exhérédation à titre particulier** qui pourra le chasser hors de ses murs si telle a été la volonté du prémourant.

Outre son exceptionnelle dureté au plan humain, un tel résultat, laissé à la discrétion du défunt, fût-il solidement encadré par le conseil du notaire, a pour effet de compromettre, au nom de la liberté testamentaire, le subtil dispositif protecteur du logement imaginé par la loi du 3 décembre 2001, en laissant s'introduire en son sein le germe de sa destruction.

Du moins la faculté laissée au prémourant d'expulser le survivant du logement de la famille connaît-elle une **double limite,** de forme et de fond.

233.51 Formalisme de l'exhérédation. Le formalisme requis en la matière est, dans l'esprit du législateur, destiné à appeler l'attention du testateur sur la gravité de sa décision, de manière à prévenir une décision dictée par l'impulsivité et lui assurer le temps de réflexion nécessaire.

Eu égard à la portée réelle mais aussi symbolique d'une disposition privant le conjoint de son droit viager au logement, il convient **d'interpréter strictement** la condition posée par l'article 764 du Code civil.

Le texte exige que la volonté contraire du défunt s'exprime exclusivement dans les conditions de l'article 971 du Code civil, ce qui désigne la **forme testamentaire authentique**, dont on sait qu'elle requiert la présence de **deux notaires** ou d'**un notaire assisté de deux témoins instrumentaires.**

C'est dire que toute autre forme, notamment la forme olographe, la plus couramment utilisée par les français, rendrait inopérante une clause d'exhérédation visant spécifiquement les droits d'usage et d'habitation du conjoint[1].

Le principe de l'équivalence des trois formes testamentaires, authentique, olographe et mystique, qui constitue le droit commun en matière de dévolution volontaire, se trouve donc ici exceptionnellement écarté.

C'est dire qu'existe aujourd'hui en droit positif deux techniques d'exhérédation du conjoint destinées à s'appliquer de manière distributive, la forme notariée pour le retrait des droits sur le logement et toute autre forme permise par la loi pour la privation des autres droits successoraux.

233.52 Privation explicite. Le prémourant ne peut en effet manifester sa « *volonté contraire* » qu'en privant explicitement son conjoint des avantages prévus par l'article 764 du Code civil.

Une **exhérédation générale**, frustrant le conjoint de tous ses droits légaux sans mentionner expressément ses droits sur le logement serait inopérante au regard dudit logement.

À plus forte raison en serait-il de même, semble-t-il, si le défunt s'était borné à instituer un légataire universel autre que le conjoint ou à léguer à titre particulier le logement à un tiers.

De telles dispositions ne traduisent en effet qu'une exclusion implicite et indirecte du conjoint survivant. Elles ne réalisent pas **l'exhérédation expresse** à titre particulier des droits viagers qu'exige l'article 764.

Tout se passe comme si le législateur avait voulu que l'exigence formelle d'authenticité soit garante d'une volonté responsable qui s'exprime clairement et en face, ce à quoi le notaire a pour mission de veiller.

Ce n'est pas à dire que le legs portant sur le logement serait alors totalement privé d'effet; simplement, il sera regardé comme une libéralité avec charge et le conjoint pourra opposer au légataire les prérogatives que lui accorde l'article 764 dont il n'a pas été expressément privé par testament notarié, de sorte que le tiers gratifié recevra en propriété le bien grevé d'un droit d'usage et d'habitation qui s'exercera jusqu'au décès du conjoint.

233.53 Logement commun ou indivis. Autant le legs au profit d'un tiers du logement sur lequel porte les droits viagers du conjoint ne paraît pas incompatible avec l'exercice par celui-ci de ses prérogatives lorsque le bien était un bien propre ou personnel du prémourant, autant on conçoit mal une exhérédation du conjoint par les mêmes voies, ou même plus directement, lorsque le logement lui appartient pour partie, que ce soit au titre d'une indivision avec l'époux défunt ou au titre de la communauté ayant existé entre eux.

La difficulté semble avoir échappé au législateur, qui n'en dit mot. la solution consistant à subordonner en pareille hypothèse le droit du conjoint aux résultats du partage (selon que le bien légué tombe ou non dans le lot du conjoint) ne semble pas devoir être retenue, car elle est destructrice du droit viager et fait offense à l'esprit de la loi : elle conduit en effet à obliger le conjoint à demander l'attribution préférentielle du logement – qu'il obtiendra puisqu'elle est désormais de droit – c'est-à-dire à acquérir la pleine propriété là où les seuls droits d'usage et d'habitation auraient suffi à la satisfaction de ses besoins.

Aussi paraît-il plus respectueux, à la fois du simple bon sens et du souci de protection du conjoint qui sous-tend les dispositions relatives à son logement, de considérer que les droits d'usage et d'habitation étant indivisibles par nature, leur privation par le prémourant est inconcevable lorsque le bien était commun ou indivis entre les époux.

1. POUR UNE APPLICATION, v. Civ. 1re, 15 déc. 2010, n° 09-68.076, *Bull. civ.* I, n° 269; *D.* 2011. 578, note C. Pérès; *D.* 2011. Pan. 1040, obs. J.-J. Lemouland et V. Vigneau; *D.* 2011. Pan. 2624, obs. M. Nicod; *AJ fam.* 2011. 114, obs. F. Bicheron; *JCP* 2011, n° 265, note F. Sauvage; *JCP N* 2011, n° 1189, note C. Lesbats; *Dr. fam.* 2011, n° 22, obs. B. Beignier.

233.54 Aménagements des droits viagers. Il ne semble faire aucun doute que si le prémourant a la faculté de priver son conjoint de tout droit sur un logement qui lui est propre ou personnel, il peut à plus forte raison se contenter de l'aménager à sa guise, dans un sens plus favorable à son conjoint, comme dans un sens plus restrictif.

Le prémourant peut par exemple choisir d'assouplir les conditions posées par l'article 764 en accordant à son conjoint le droit de donner à bail le logement concerné, alors même qu'il n'aurait pas cessé d'être adapté à ses besoins. Les droits viagers y perdraient assurément une part de leur spécificité pour se rapprocher d'un usufruit véritable. Si rien en droit ne l'interdit, le regard du notaire ne sera pas de trop pour s'assurer des véritables intentions du disposant. Bien que le formalisme de l'article 971 du Code civil ne paraisse pas s'imposer s'agissant d'accroître les prérogatives du conjoint, la prudence suggère de recourir à l'homme de l'art pour garantir le sens et l'efficacité des clauses testamentaires.

Le conjoint peut à l'inverse se voir dépouillé par la volonté du prémourant d'une partie de ses prérogatives sur le logement, si par exemple ce dernier lui interdit toute mise en location du logement, y compris s'il a cessé d'être adapté à ses besoins, ou encore s'il limite dans le temps les droits du conjoint sur ce bien. **Tout infléchissement apporté à l'exercice du droit au logement** tel que prévu par l'article 764 paraît commander le recours la **forme authentique**, l'appauvrissement du conjoint qui en résulte participant à notre sens d'un processus de même nature que celui de l'exhérédation, raison pour laquelle il devrait en emprunter la solennité.

233.55 Incidence de l'exhérédation sur l'usufruit légal ou légué. À la limite formelle tenant à l'exigence du testament authentique, l'alinéa 2 de l'article 764 du Code civil en ajoute une autre, qui est une règle de fond : « *La privation de ces droits d'habitation et d'usage exprimée par le défunt dans les conditions mentionnées au premier alinéa est sans incidence sur les droits d'usufruit que le conjoint recueille en vertu de la loi ou d'une libéralité, qui continuent à obéir à leurs règles propres* ».

La formule selon laquelle la privation est « *sans incidence* » sur l'usufruit légal ou légué semble avoir dérouté certains interprètes de la loi du 3 décembre 2001. Il est vrai que la commission mixte paritaire n'avait pas prévu cette disposition et que certains parlementaires ont soulevé le problème avant que le texte vienne en séance pour un vote définitif. À ce stade de la procédure, le Gouvernement seul avait le droit de proposer un amendement, ce que fit le Garde des Sceaux.

233.56 Interprétation. L'adjonction quelque peu hâtive du nouvel alinéa inséré dans l'article 764 explique que sa rédaction manque de technicité; mais, compte tenu du but de la disposition et des propos échangés lors du vote final, il faut comprendre que les termes « *sans incidence sur les droits d'usufruit, qui continuent à obéir à leurs règles propres* », signifient que l'option du conjoint en faveur de l'usufruit universel, lorsque l'article 757 la lui permet, doit l'emporter sur la volonté contraire du défunt, à telle enseigne que le conjoint jouira du logement en tant qu'usufruitier, alors même que le prémourant lui aurait retiré le droit d'usage et d'habitation.

Si par conséquent un époux est farouchement déterminé à priver le conjoint de tout droit réel sur le logement, quelle qu'en soit l'ampleur, usufruit ou simple droit d'habitation, il lui appartiendra non seulement d'exclure le droit viager dans la forme requise par la loi, mais encore, et cette fois dans la forme de son choix, de le priver de la possibilité d'opter pour l'usufruit légal (à moins qu'il ne préfère aménager son usufruit de manière à soustraire le logement de son assiette).

Toutes les fois en effet que le survivant peut se réclamer d'un usufruit universel, soit au titre de l'option ouverte par l'article 757, soit en vertu d'une disposition gratuite, le droit d'habitation n'aura guère d'utilité pour lui. Traditionnellement regardé comme un diminutif de l'usufruit, le droit d'habitation est nécessairement absorbé par ce dernier.

Le droit viager garde en revanche toute son utilité lorsque le conjoint est appelé à recueillir une quotité de droits en pleine propriété, car ceux-ci ne lui garantissent pas systématiquement un toit. C'est alors que la privation infligée au conjoint par le prémourant des droits viagers produira l'effet maximum, sauf bien sûr, à adjoindre à cette exclusion à titre particulier une exhérédation générale, qui réduirait le survivant à l'ultime garantie que la loi lui ménage à travers le droit de jouissance gratuite, mais temporaire, du logement.

§ 2
Exercice

233.61 Délai. Contrairement à la jouissance temporaire du logement instituée par l'article 763 du Code civil, le bénéfice du droit d'habitation n'est pas acquis automatiquement au conjoint, qui doit par conséquent en faire la **demande.** Il dispose d'**une année à compter de l'ouverture de la succession pour manifester sa volonté** (C. civ., art. 765-1), à défaut de quoi il serait, selon une opinion dominante, réputé y avoir tacitement renoncé.

233.62 Passivité du conjoint. La loi ne prévoyant aucun formalisme particulier pour articuler

cette demande, on peut se demander si le simple fait, pour un conjoint survivant qui n'est pas usufruitier universel, de s'être maintenu dans les lieux au-delà du délai de l'année correspondant à ses droits de viduité, ne pourrait s'interpréter comme une manifestation tacite de la volonté de bénéficier du droit viager. Cette solution aurait l'avantage de ne pas exposer un conjoint mal informé au risque d'une expulsion intempestive hors de son cadre de vie si les héritiers s'avisent tardivement, c'est-à-dire postérieurement à l'expiration du délai, de procéder au règlement de la succession.

Eu égard au fait que les intérêts en présence sont irréductiblement opposés, la passivité du conjoint serait porteuse d'une ambigüité propice à nourrir un conflit potentiel avec les héritiers du sang. Aussi la prudence suggère-t-elle **une manifestation expresse de volonté** (même hors délai : mieux vaut tard que jamais), à laquelle le notaire ne manquera pas d'inviter le conjoint et de lui prêter la main.

233.63 Droit viager et option successorale. Il est tentant de considérer que le choix exprimé par le conjoint de bénéficier du droit viager vaut de sa part acceptation tacite de la succession; il paraît en effet difficile d'admettre, fût-ce au nom de l'indivisibilité de l'option, que le conjoint demande à bénéficier du droit viager sans accepter ses droits successoraux.

Pour autant, il n'est pas inconcevable de voir dans le droit viager une sorte de **succession anomale**[1]. L'option pour le bénéfice du droit viager s'exercerait ainsi indépendamment de l'option successorale de droit commun. En faveur de cette analyse, on peut relever qu'il s'agit là d'un droit réel faisant l'objet d'une dévolution dérogatoire à celle du droit commun : ce droit n'est dévolu qu'au conjoint survivant; si ce droit s'impute sur la succession ordinaire, le conjoint survivant est cependant autorisé à en conserver le bénéfice quand bien même celui-ci excéderait en valeur sa vocation successorale.

233.64 Attributs du droit viager. Le droit viager au logement est un **droit réel composite** dans la mesure où il est constitué d'un **droit d'habitation portant sur le logement** et d'un **droit d'usage portant sur les meubles** le garnissant.

Lorsque le logement est assuré par un bail à loyer, le droit viager se ramène toutefois au seul droit d'usage portant sur le mobilier (v. s[s] n° 233.43).

1. V. AINSI, F. Vauvillé, « Les droits au logement du conjoint survivant », *Defrénois* 2002. 1291 – B. Vareille, « Variations futiles sur les droits au logement du conjoint survivant », *Mél. M. Prieur*, Dalloz, 2007, p. 1721, spéc. p. 1728.

Pour l'essentiel, le droit viager au logement s'exerce conformément au droit commun des droits d'usage et d'habitation tel qu'il résulte des articles 627, 631, 634 et 635 du Code civil, auxquels d'ailleurs renvoie l'alinéa 3 de l'article 764.

C'est dire que le **paiement des charges**, les **réparations d'entretien** et **l'acquittement des impôts** se rapportant à l'habitation objet du droit incombent à l'usager tenu de « *jouir en bon père de famille* ».

À la différence du droit d'usufruit qui les précède dans le Code civil, les droits d'usage et d'habitation confèrent à leur titulaire des prérogatives sensiblement plus restreintes que celles accordées à l'usufruitier, d'où l'expression « *diminutifs de l'usufruit* » volontiers utilisée pour les qualifier.

Ces restrictions s'expliquent par la forte dose d'*intuitu personae* qui préside généralement à la constitution de tels droits et qui en fait la singularité par rapport au droit d'usufruit. Ces restrictions se traduisent notamment par le fait que leur titulaire ne peut user du bien grevé que dans la stricte limite de ses besoins personnels et de ceux de sa famille et qu'il n'est pas autorisé à céder son droit ni à donner à bail le bien qui en est l'objet.

233.65 Dérogation au droit commun. L'article 764 ne renvoie cependant que de manière partielle aux dispositions du Code civil régissant les obligations de l'usager, de sorte que le droit du conjoint n'est soumis que pour partie au droit commun des droits d'usage et d'habitation et qu'il y déroge pour tout ce qui ne fait pas l'objet d'un renvoi exprès.

C'est ainsi que le conjoint survivant est dispensé de fournir caution et de faire dresser un état ou un inventaire des biens, à moins que lui-même, les héritiers ou l'un d'eux ne l'exigent, ainsi que le prévoit l'article 764 alinéa 4 du Code civil.

Mais surtout le texte dispose dans son 3e alinéa : « *Par dérogation aux articles 631 et 634, lorsque la situation du conjoint fait que le logement grevé du droit d'habitation n'est plus adapté à ses besoins, le conjoint ou son représentant peut le louer à usage autre que commercial ou agricole afin de dégager les ressources nécessaires à de nouvelles conditions d'hébergement.* »

En autorisant le conjoint à donner à bail le logement grevé du droit d'habitation, la loi semble lui reconnaître les attributs classiques de l'usufruitier, à savoir l'*usus* et le *fructus*, l'usager étant ordinairement réduit au seul *usus*. L'assimilation n'est pas totale cependant, car l'interdiction de céder le droit demeure, de même que celle de louer le bien à un usage autre que d'habitation, ce qui fait du droit viager sur le logement, lorsqu'il est conféré au conjoint, une figure *sui generis*, intermédiaire entre le droit commun de l'habitation et l'usufruit.

Bien que juridiquement peu orthodoxe, cette importante dérogation a été dictée au législateur par l'humaine préoccupation d'assurer au conjoint un maximum de sécurité en lui permettant à tout moment de changer son cadre de vie pour un environnement plus adapté, sans qu'il en résulte pour lui une perte des avantages matériels attachés à son droit viager.

233.66 Régime de la dérogation. La généralité de la formule « *n'est plus adapté à ses besoins* » retenue par la Commission mixte paritaire à la suite d'un amendement du Sénat paraît suffisamment souple pour désigner toutes sortes d'inadaptations – dont le conjoint est seul juge – sans s'en tenir à celle, extrême, qui justifierait son placement dans un établissement spécialisé, seule hypothèse initialement retenue par l'Assemblée nationale.

Ainsi un logement devenu difficile d'accès ou trop excentré eu égard à l'âge ou à l'état de santé du conjoint ou encore trop vaste – ce dont peut pâtir tout conjoint quel que soit son âge – serait de nature à justifier sa mise en location, pourvu toutefois que certaines conditions soient respectées.

L'article 764 écarte en effet toute possibilité pour le conjoint de consentir sur le logement qu'il délaisse un **bail à usage commercial ou rural.** Cette exclusion s'explique sans doute par les contraintes que de tels baux ne manqueraient pas de faire peser sur les héritiers, s'agissant notamment de l'indisponibilité du bien et de sa dépréciation.

Rien dans le texte n'interdit en revanche la conclusion d'un **bail professionnel** et à plus forte raison, d'un **bail mixte**, à usage d'habitation et professionnel, lesquels, il est vrai, ne comportent pas les mêmes contraintes.

233.67 Finalité de la dérogation. La faculté laissée au conjoint de donner le logement à bail répond dans l'esprit du législateur à une finalité précise, étrangère à toute intention spéculative : il s'agit pour le conjoint bailleur de financer les conditions d'un hébergement plus adapté à ses besoins, dont le coût sera en tout ou partie compensé par les loyers provenant de la location.

On peut se poser la question de savoir si les loyers restent acquis au conjoint ou s'ils reviennent au contraire à la succession, en tout ou en partie, lorsque ce dernier n'a pas besoin de cet argent pour se reloger, soit qu'il dispose d'autres possibilités d'hébergement, soit que le loyer perçu excède celui qu'il acquitte pour se reloger.

Une raison pourrait justifier que le conjoint ne soit redevable d'aucun compte envers les héritiers dans ces hypothèses : pour les besoins de la liquidation en effet, la valeur des droits viagers s'impute sur les droits héréditaires du conjoint, ainsi qu'il va être dit. Or les loyers à percevoir jouent un rôle décisif dans l'estimation de cette valeur aux fins d'imputation.

§ 3
Imputation : conversion

233.71 Imputation des droits viagers. Contrairement au droit temporaire de jouissance, le droit d'habitation n'est pas accordé au conjoint en plus de ses droits *ab intestat*.

Si la loi du 3 décembre 2001 a choisi le logement comme instrument privilégié de la protection du conjoint devenu veuf, elle n'est pas pour autant allée jusqu'à admettre la gratuité de son octroi. Parmi l'ensemble des biens susceptibles de composer l'actif successoral, le logement y est regardé comme le meilleur garant du maintien des conditions d'existence du survivant et figure à ce titre comme **une attribution prioritaire**, ce qui ne signifie **pas sans contrepartie**.

Pour bienveillant qu'il fût à l'égard du conjoint, le législateur ne lui permet pas de cumuler le bénéfice des droits viagers avec ceux qu'il recueille dans la succession. Le premier n'est qu'à valoir sur les seconds.

Cette dépendance du droit au logement par rapport aux droits successoraux confirme, s'il en était besoin, que le droit viager relève bien de la succession ordinaire. Certains interprètes, au lendemain de la loi du 3 décembre 2001, avaient estimé qu'il fallait y voir un cas de succession anomale, dont le règlement s'opérerait distinctement et de manière autonome, au point notamment que l'acceptation du premier n'emporterait pas nécessairement acceptation de la seconde.

Mais il ne semble pas juridiquement fondé de soutenir que le particularisme du statut conféré par la loi au logement du conjoint conduit à dissocier les droits qui y sont attachés de ceux que la loi lui reconnaît par ailleurs. L'exigence de l'imputation vient au soutien de cette affirmation.

Selon l'article 765 alinéa 1er, « *la valeur des droits d'habitation et d'usage s'impute sur la valeur des droits successoraux recueillis par le conjoint* ». Le texte invite donc à une soustraction; il en ressortira un solde, dont le sort sera évoqué après qu'aura été abordée la question de l'estimation du bien objet de cette imputation.

233.72 Évaluation des droits viagers aux fins d'imputation. Il est des cas tout d'abord où cette évaluation s'avère inutile, car l'imputation n'aurait elle-même aucun sens. Il en va ainsi toutes les fois que les droits viagers sont appelés à être absorbés par des droits successoraux de plus grande amplitude qui suffiront à eux seuls à assurer au survivant la jouissance du logement.

Ainsi les droits viagers se trouvent-t-il nécessairement compris dans l'usufruit universel attribué au survivant par la loi ou par la volonté du prémourant. À plus forte raison le seront-ils dans la pleine propriété de l'entière succession dévolue au conjoint en l'absence d'héritiers des deux premiers ordres.

Le **problème de l'évaluation des droits viagers aux fins d'imputation** ne se pose véritablement que lorsque le conjoint a vocation à recueillir une **quote-part de la succession, soit en propriété, soit en usufruit.**

L'imputation, dont on sait qu'elle est une opération purement comptable qui relève de la technique liquidative, consiste à **précompter la valeur des droits viagers sur celle des droits successoraux**, en sorte que le conjoint recevra sa part successorale diminuée de la valeur des droits sur le logement.

Toute la difficulté se concentre ici dans le fait qu'il y aura lieu dans tous les cas de procéder à la comparaison de droits réels de natures différentes, qu'il s'agisse d'imputer les droits viagers sur une quotité de droits en propriété ou en usufruit.

Cette difficulté ne peut se résoudre que par une **opération préalable de conversion**, à l'accomplissement de laquelle la loi de 2001 se révèle d'un maigre secours.

233.73 Modalités d'évaluation des droits viagers. La loi du 3 décembre 2001 énonce en son article 8, codifié à l'article 762 *bis* du Code général des impôts, que « *pour la liquidation des droits de mutation à titre gratuit, la valeur des droits d'habitation et d'usage est de 60 % de la valeur de l'usufruit déterminée conformément au I de l'article 669 du Code général des impôts* ». Il ressort par exemple de l'article 669 du même code que l'usufruit d'une personne âgée de 75 ans vaut les 3/10es de la pleine propriété. Dire que les droits viagers représentent 60 % de cette quotité signifie qu'ils représentent 18 % de la valeur totale du bien.

Cette règle d'évaluation a le mérite de donner la mesure de la « *décote* » des droits d'habitation et d'usage par rapport à ceux d'usufruit; mais elle ne s'impose qu'en matière fiscale.

Si cette valeur s'impose pour la déclaration de succession et le paiement des droits de mutation, rien ne l'exige en matière civile, s'agissant notamment de procéder aux opérations d'imputation.

Or avant que la loi de finances pour 2004 ne revalorise le barème fiscal, la doctrine et la pratique, estimant le barème antérieur totalement inadapté à la réalité, lui substituaient volontiers une **évaluation dite économique,** supposée mieux correspondre à la valeur réelle de l'usufruit.

Appliquée au logement, cette méthode d'évaluation consistait à retenir sa valeur locative, c'est-à-dire le loyer que produirait le bien s'il était donné à bail.

Le nouveau barème fiscal retrouvera-t-il les faveurs de la pratique depuis que sa revalorisation l'a rendu plus réaliste ou persistera-t-on à privilégier l'évaluation économique ?

Quoiqu'il en soit, une fois la valeur de l'usufruit déterminée en fonction du critère choisi, il suffit de lui appliquer, si les parties en sont d'accord, la décote de 40 % préconisée par le législateur pour connaître le montant à imputer sur l'usufruit du conjoint.

233.74 Imputation des droits viagers sur des droits en propriété. L'opération nécessite ici la **conversion des droits d'usage et d'habitation en un capital.**

La technique qui semble avoir la préférence des praticiens est celle qui est adoptée par les compagnies d'assurance dans leurs **barèmes de conversion des rentes viagères.**

Prenant en compte des facteurs tels que l'**âge** et l'**espérance de vie des crédirentiers,** ce que ne fait pas, ou mal, le barème fiscal, la valeur de capitalisation qui ressort de ces barèmes est considérée comme la mieux adaptée à la problématique de l'imputation et donc la plus recommandable.

233.75 Résultats de l'imputation. Selon l'article 765 du Code civil, l'imputation fait ressortir deux résultats possibles :

• Ou bien la valeur des droits d'habitation et d'usage est inférieure à celle des droits légaux du conjoint, et alors celui-ci « *peut prendre le complément sur les biens existants* ». La tournure du texte suggère qu'il s'agit d'une faculté accordée au conjoint qu'il peut par conséquent ne pas exercer. Elle évoque celle que l'article 758-6 lui reconnaît lorsque l'imputation des libéralités reçues du défunt sur ses droits légaux fait apparaître un solde en sa faveur.

• Ou bien la valeur des droits d'habitation et d'usage est supérieure à celle de ses droits successoraux, et alors le conjoint « *n'est pas tenu de récompenser la succession à raison de l'excédent* ».

Cette dissymétrie des résultats est particulièrement favorable au conjoint survivant, puisqu'il n'est redevable d'aucune indemnité envers la succession en cas de « *trop perçu* ». Elle doit s'apprécier en contemplation de l'idée que, pour assurer la protection du conjoint, le droit d'habitation doit pouvoir s'exécuter en toutes circonstances, quand bien même il représenterait en valeur l'essentiel de l'actif successoral et s'exercerait de ce fait au détriment des héritiers.

Force est d'admettre qu'on change alors de registre, passant de l'attribution en nature et à titre particulier d'un bien, certes prioritaire, mais à valoir sur des droits exprimés sous forme de quotités abstraites, à une attribution gratuite qui s'apparente à un préciput. À ceci près, toutefois, que c'est alors la valeur des droits viagers qui constituera probablement la base taxable des droits de mutation par décès et non la valeur, par hypothèse moindre, des droits successoraux du conjoint.

233.76 Conversion des droits viagers. Le caractère viager des droits d'usage et d'habitation implique qu'ils s'éteignent au plus tard au décès de leur titulaire.

Mais, comme l'usufruit dont ils empruntent le régime, ils peuvent s'éteindre du vivant même du conjoint, soit par l'effet d'une déchéance en cas d'abus de jouissance, soit par la perte du bien ou l'expropriation pour cause d'utilité publique, soit encore par consolidation, lorsque le titulaire du droit devient propriétaire du bien.

À ces causes d'extinction anticipée propres au droit commun des droits viagers, la loi successorale en ajoute une autre, spécifique au droit du conjoint sur le logement, qui réside dans la possibilité de le convertir, soit en rente viagère soit en capital (C. civ., art. 766).

Ainsi qu'il a été dit à propos de la conversion de l'usufruit successoral du conjoint (v. s^s^ n° 232.74), l'opération a pour effet de substituer un droit personnel de créance à un droit réel, résultat auquel, en raison de sa plus grande souplesse (et malgré sa plus grande vulnérabilité), peuvent légitimement aspirer un conjoint successible et des héritiers incommodés par l'exercice de droits concurrents, fussent-ils de natures différentes, sur un même bien.

233.77 Évaluation des droits objets de la conversion. L'évaluation apparaissant comme le préalable nécessaire à toute opération de conversion, on ne peut que se référer aux méthodes suggérées pour l'imputation. C'est dire que, pour convertir les droits viagers en rente, on pourra retenir la valeur économique de l'usufruit, calculée d'après le rendement locatif potentiel du bien et diminuée de la décote applicable en matière fiscale aux droits viagers.

De surcroît, le nécessaire maintien dans la durée de l'équivalence initiale entre la rente et les droits auxquels elle se substitue, menacé en période d'instabilité monétaire, postule l'indexation de la rente, laquelle pourra reposer sur un indice librement choisi par les parties eu égard au caractère alimentaire reconnu aux rentes viagères constituées entre particuliers.

Quant à la capitalisation de la rente, elle pourra s'opérer sur la base des barèmes établis par les actuaires des compagnies d'assurance.

On insistera sur le fait que ces techniques de conversion ne sont que proposées aux parties à l'opération, auxquelles il est parfaitement loisible, au nom de la liberté contractuelle, d'en substituer d'autres qu'elles jugeront mieux adaptées à leur situation.

233.78 Modalité de la conversion. À la différence de l'usufruit successoral du conjoint, dont on a vu que la conversion pouvait être amiable ou judiciaire, celle qui a pour objet les droits viagers d'usage et d'habitation n'est susceptible que de la première de ces deux modalités. Il résulte clairement en effet de l'article 766 du Code civil que la conversion ne peut être imposée par l'une des parties à l'autre; elle nécessite l'accord de tous les intéressés.

Cette disposition de la loi fait écho à celle qui interdit au juge d'ordonner contre la volonté du conjoint la conversion de l'usufruit portant sur le logement occupé à titre de résidence principale ainsi que sur le mobilier le garnissant (C. civ., art. 760, al. 3).

Si parmi les successibles parties à la convention de conversion figure un incapable, mineur ou majeur protégé, celle-ci doit être autorisée par le juge des tutelles (C. civ., art. 766, al. 2).

SECTION 4
FISCALITÉ

233.81 Fiscalité – Renvoi.

– V. les articles du Code général des impôts s^s^ n° 233.01, CGI, art. 669, 762 *bis* et 775 *quater*.

– V. aussi s^s^ n° 611.211.

CHAPITRE

234. Droit du conjoint successible à des aliments

Marie-Claude de Roton-Catala
Maître de conférences
à l'Université Paris-Sud

Christophe Vernières
Professeur à l'Université
Paris 8 – Vincennes Saint-Denis

Section 0
Orienteur

234.00 **Plan du chapitre.**

234.01 **Textes applicables.**

C. civ., art. 767

L. n° 2001-1135, 3 déc. 2001, relative aux droits du conjoint survivant et des enfants adultérins et modernisant diverses dispositions du droit successoral, *JO* 4 déc., p. 19279 (*entrée en vigueur le 1er juill. 2001*)

> Droit à pension du conjoint successible

C. civ., art. 767 (*L. n° 2009-526, 12 mai 2009, art. 10, JO 13 mai*)

La succession de l'époux prédécédé doit une pension au conjoint successible qui est dans le besoin. Le délai pour la réclamer est d'un an à partir du décès ou du moment où les héritiers cessent d'acquitter les prestations qu'ils fournissaient auparavant au conjoint. Le délai se prolonge, en cas d'indivision, jusqu'à l'achèvement du partage.

La pension alimentaire est prélevée sur la succession. Elle est supportée par tous les héritiers et, en cas d'insuffisance, par tous les légataires particuliers, proportionnellement à leur émolument.

Toutefois, si le défunt a expressément déclaré que tel legs sera acquitté de préférence aux autres, il sera fait application de l'article 927.

234.02 **Jurisprudence de référence.**

> La créance alimentaire est la continuation du devoir de secours entre époux

• Civ. 1re, 17 janv. 1995, n° 92-21.599, *Bull. civ.* I, n° 30

* V. ss n° 234.11

La possibilité pour le juge de décharger le débiteur de tout ou partie de la dette alimentaire lorsque le créancier a lui-même manqué gravement à ses obligations ne s'étend pas, sauf l'exception prévue par l'article 303 alinéa 2, au devoir de secours entre époux, dont l'obligation alimentaire pesant sur la succession de l'époux prédécédé n'est que la continuation.

> La prolongation du délai de la demande de pension jusqu'à l'achèvement du partage ne bénéficie pas au conjoint exhérédé

• Civ. 1re, 26 janv. 2011, n° 09-71.840 (sol. impl.), *Bull. civ.* I, n° 18

* V. ss n° 234.42

Les dispositions de l'article 767 selon lesquelles, en cas d'indivision, le délai d'un an imparti au conjoint successible pour réclamer une pension à la succession de l'époux prédécédé se prolonge jusqu'à l'achèvement du partage, ne s'appliquent que si le conjoint successible a des droits dans l'indivision. Tel n'est pas le cas lorsqu'il avait été exhérédé de tous ses droits par le *de cujus*.

234.03 **Bibliographie indicative.**

Actualisables. Rép. civ., v° *Succession (1° Dévolution)*, par R. Le Guidec et G. Chabot, janv. 2009 [màj janv. 2014], n° 368 – *J.-Cl. Civ.*, art. 756 à 767, fasc. 30 (2008), par S. Mazeaud-Leveneur.

* V. aussi références citées ss nos 232.03 et 233.03

Ouvrages.

* V. références citées ss nos 232.03 et 2333.03

Articles. R. Savatier, « Concours des héritiers du *de cujus* avec les créanciers alimentaires de la succession », *D.* 1971. Chron. 51 – C. Tournier, « La place de la faute du conjoint survivant au regard de ses droits successoraux ou alimentaires », *LPA* 2003, n° 26, p. 421.

234.04 Question essentielle.
> La loi du 3 décembre 2001 a supprimé le droit aux aliments du conjoint qui figurait à l'ancien article 207-1 du Code civil. Elle lui substitue, à l'article 767 nouveau, un droit à pension ouvert à l'époux survivant qui est dans le besoin, à la condition qu'il en fasse la demande dans le délai d'un an. Ce délai court de l'ouverture de la succession ou du jour où les héritiers cessent de fournir les prestations qu'ils procuraient antérieurement au conjoint. La pension alimentaire est une charge de la succession supportée par tous les héritiers sur l'actif indivis.

* V. s[s] n°s 234.11 à 234.42

234.05 Délai.
> La réclamation du conjoint pour obtenir une pension alimentaire est enfermée dans le bref délai d'**un an** à partir du décès.

* V. s[s] n° 234.42

SECTION 1
OUVERTURE DU DROIT

234.11 Conjoint démuni. S'il advient qu'à la mort de son époux, le conjoint survivant ne trouve ni dans ses ressources personnelles ni dans le régime matrimonial ni dans sa vocation héréditaire le minimum nécessaire pour vivre décemment, l'article 767 du Code civil lui octroie une **créance alimentaire à l'encontre de la succession.**

Ce droit alimentaire peut être regardé comme une résurgence *post mortem* de l'article 212 du Code civil qui impose aux époux un devoir de secours mutuel. Cette analyse est confirmée par une décision de la Cour de cassation, où celle-ci déclare que la créance alimentaire est « *la continuation du devoir de secours entre époux* »[1].

234.12 La loi du 3 décembre 2001. Cette loi[2] a transposé dans l'article 767 le texte de l'ancien article 207-1 du Code civil qui résultait de la loi du 3 janvier 1972. Les termes en sont les mêmes, sous quelques nuances toutefois : il est dit, à l'alinéa 1er du nouvel article, que la succession doit une pension et non pas des aliments, au conjoint successible dans le besoin. Mais étant donné que l'alinéa 2 commence à l'identique du texte précédant par les mots « *la pension alimentaire* », on admettra que la modification de l'alinéa 1er ne change rien au droit du conjoint ni à la charge de la succession.

Le double rattachement de ce droit aux données invariables d'une problématique alimentaire – quoique prolongée ici au-delà de la mort – et à la vocation successorale du conjoint lui confère un certain particularisme. Si dans ses grandes lignes en effet, le droit alimentaire de l'article 767 du Code civil garde l'aspect d'une **créance alimentaire ordinaire**, il revêt à d'autres égards une physionomie originale puisque l'obligation de secours s'éteignant en principe au décès d'un époux, **le débiteur désigné se trouve être ici la succession.**

234.13 Besoins du créancier et ressources du débiteur. Ici comme ailleurs, la créance d'aliments repose sur la vérification judiciaire des **facultés du *solvens*** et du **manque de l'*accipiens*,** ce dernier état impliquant lui-même une balance de ses besoins et de ses ressources. Conformément à la conception traditionnelle, les aliments sont conçus comme un viatique de base, en cela qu'ils ne sont pas tant destinés à maintenir le niveau de vie dont le conjoint jouissait au cours du mariage qu'à pourvoir à ses besoins essentiels.

L'état de besoin auquel il est pourvu par la voie alimentaire doit prendre en compte toutes les ressources du conjoint, y compris celles qui lui viennent de ses droits successoraux, en usufruit ou en propriété. C'est dire que les aliments de l'article 767 peuvent aussi bien se cumuler avec une vocation légale insuffisante que suppléer cette vocation quand le conjoint est exhérédé. Par conséquent, loin de se substituer à sa vocation héréditaire, la créance alimentaire du conjoint est destinée à la compléter en tant que de besoin.

SECTION 2
CHARGE DE LA PENSION

234.21 Charge de l'héritage. Ainsi que l'énonce l'article 767 du Code civil, les aliments sont dus par « *la succession* »; ils constituent donc une **charge de l'héritage** et sont, pour cette raison, prélevés sur l'hérédité, d'où il s'ensuit que le droit du conjoint présente le caractère d'une **créance** et non d'un droit de succession.

Le **prélèvement de la créance alimentaire sur l'actif successoral** emporte un certain nombre de **conséquences.**

1. Civ. 1re, 17 janv. 1995, n° 92-21.599, *Bull. civ.* I, n° 30; *D.* 1995. Somm. 329, obs. M. Grimaldi; *JCP* 1995. II. 22407, note A. Bénabent; *JCP N* 1995. 1087, note F. Monéger; *JCP N* 1996. 179, note J.-F. Pillebout; *Defrénois* 1995. 1022, obs. J. Massip; *RTD civ.* 1995. 348, obs. J. Hauser; *RTD civ.* 1995. 404, obs. Patarin; *RTD civ.* 1996. 458, obs. B. Vareille.
2. L. n° 2001-1135, 3 déc. 2001, relative aux droits du conjoint survivant et des enfants adultérins et modernisant diverses dispositions du droit successoral, *JO* 4 déc., p. 19279.

234.22 Limite du prélèvement. La notion même de prélèvement implique que le droit aux aliments se donne l'actif successoral pour limite; il en résulte que cette ponction pratiquée sur l'actif est fixée une fois pour toutes, à titre définitif, à concurrence d'un montant invariable, sous réserve toutefois d'une indexation susceptible d'affecter dès l'origine le libellé de la rente, à l'image de celle dont peut être assortie la prestation compensatoire dans le divorce.

234.23 Insolvabilité de la succession. La créance d'aliments ne pouvant s'exercer que sur les biens composant l'actif successoral dans la limite de leur valeur nette, il s'ensuit que l'époux ne peut prétendre à rien si la succession est insolvable. Contrairement au principe général posé par l'article 209 du Code civil, les héritiers voient leur obligation cantonnée aux seules forces de la succession : dans leurs rapports avec l'époux créancier d'aliments, tout se passe comme s'ils avaient accepté la succession à concurrence de l'actif net. Ils sont en quelque sorte tenus *propter rem*.

234.24 Conjoint successible. Tandis que l'ancien article 207-1 du Code civil parlait de l'époux survivant, le nouveau texte désigne le **conjoint successible,** ce qui désigne aujourd'hui le **conjoint non divorcé.**

Il importe de préciser néanmoins que le conjoint successible doit s'entendre ici au sens de l'article 763 (relatif au droit temporaire de jouissance sur le logement) et non pas de l'article 764 (relatif au droit viager au logement). En effet, la greffe de l'article 767 ne doit pas faire oublier que la pension vient en droite ligne du mariage, dont elle est un effet direct, et que le conjoint y a droit en sa qualité d'époux survivant.

Au demeurant, il est clair que les aliments lui sont dus en tant que créancier et non pas en tant qu'héritier : il est créancier d'aliments de la même manière qu'il est créancier de la jouissance gratuite du logement pendant une année. Pour cette raison, il peut y prétendre alors même qu'il serait exhérédé, fût-ce du seul droit viager, et alors même qu'il renoncerait à la succession[1]. La créance du survivant repose sur sa qualité de successible, au sens de vocation à succéder, mais non pas en sa qualité d'héritier acceptant.

234.25 Conjoint, héritier unique. L'époux survivant ne peut réclamer d'aliments lorsqu'il est lui-même seul successeur du défunt : le créancier et le débiteur n'étant alors qu'une seule et même personne, la dette d'aliments s'éteint par confusion. En revanche, si le conjoint, bien que donataire ou légataire de l'usufruit de toute la succession, ne trouve pas à satisfaire ses besoins fondamentaux, il est fondé à réclamer des aliments à la succession dont l'actif net se ramènera alors à une valeur en nue-propriété.

234.26 Priorité des créanciers de la succession. Dire que le prélèvement intervient sur l'actif net de la succession, c'est-à-dire après apurement du passif, signifie que **l'époux demandeur d'aliments passe après les créanciers héréditaires.** Mais il s'opère **avant le calcul de la réserve,** la dette d'aliments étant considérée comme un élément du passif présent déductible des biens existants dans le décompte prévu par l'article 922 du Code civil. Autrement dit, le droit du survivant, primé par celui des créanciers de la succession, l'emporte sur celui des héritiers réservataires. Telle est la conséquence de la qualification donnée à cette créance : c'est une **charge de l'hérédité.** Mais pas plus que les créanciers successoraux, le conjoint ne peut prétendre exercer ses droits sur les biens qui ne reviennent à la succession que par l'effet du rapport ou de la réduction : les valeurs rapportées ou réduites n'entrent dans la succession qu'au regard de certaines personnes (les cohéritiers pour le rapport, les réservataires pour la réduction), parmi lesquelles ni les créanciers en général ni le conjoint en particulier ne figurent. Il va de soi, cependant, que les réservataires ne contribuent que si la quotité disponible est insuffisante à pourvoir l'époux survivant.

234.27 Priorité du conjoint sur les légataires particuliers. Sur cette quotité, le conjoint passe avant les légataires particuliers, en vertu de la règle *Nemo liberalis nisi liberatus*. Si donc l'actif libre de legs s'avère insuffisant à assurer le service de la pension, les légataires subiront une réduction proportionnelle à leurs droits, à moins que le testateur n'ait fait une déclaration de préférence en faveur de certains legs, auquel cas celle-ci serait respectée dans les conditions qu'indique l'article 767 alinéa 3 du Code civil.

234.28 Dualité des créances. La pension de l'article 767 du Code civil n'ayant d'objectif qu'alimentaire, elle ne tend pas à procurer au survivant des ressources supérieures à la satisfaction de ses besoins élémentaires. Elle ne lui apportera donc pas plus que la créance alimentaire dont il dispose envers ses enfants et descendants en vertu de l'article 205 du Code civil. Or ce texte offre plus d'avantages au créancier d'aliments que l'article 767 : d'une part les facultés du débiteur y sont supérieures puisqu'elles cumulent la solvabilité personnelle des enfants et leur émolument successoral; d'autre part, le parent survivant n'est enfermé dans aucun délai pour demander des aliments à ses enfants; il peut le faire pour des besoins survenus plus d'un an après l'ouverture de la succession et même postérieurement au partage.

La logique voudrait donc que le conjoint n'exerce pas sa créance alimentaire contre la succession

1. Civ. 1re, 26 janv. 2011, n° 09-71.840 (sol. impl.), *Bull. civ.* I, n° 18; *D.* 2011. 442; *AJ fam.* 2011. 274, obs. C. Vernières; *RLDC* 2011/80, n° 4184, obs. J. Gallois.

quand il possède une créance personnelle contre les héritiers, car elle l'expose aux mêmes inconvénients (aliments plafonnés par les besoins, division des recours) sans lui procurer autant de commodités. Le fait pour le survivant de concourir le plus souvent avec les héritiers du premier ordre n'est peut-être pas sans incidence sur le choix de la créance dont il entendra se prévaloir. Cette situation explique probablement la rareté des demandes fondées sur l'article 207-1.

SECTION 3
PAIEMENT DE LA PENSION

234.31 **Les débirentiers.** Si le montant de la pension est « *prélevé* » sur l'hérédité, il n'en reste pas moins que, la succession étant dépourvue de la personnalité morale, son paiement aux échéances successives sera le fait des successeurs universels, héritiers et légataires, tenus de contribuer à l'acquittement de la dette d'aliments, chacun en proportion de la part qu'il recueille.

Ce mode d'exécution, qui place le crédirentier en face de plusieurs débirentiers non solidaires, dont chacun est tenu au prorata de son émolument, n'est pas sans inconvénient pour l'époux créancier d'aliments. Or il ne semble pas que la pratique se soit ici établie, comme c'est le cas pour d'autres aliments, d'exécuter l'obligation en une fois par le versement d'un capital, formule qui épargnerait à un créancier souvent âgé les difficultés rebutantes du recouvrement.

SECTION 4
FORME ET DÉLAI DE LA DEMANDE DE PENSION

234.41 **Forme.** À défaut de **reconnaissance amiable** de la dette alimentaire, le conjoint doit faire valoir son droit par voie de **demande en justice.** Mais, étant créancier de la succession et non des héritiers personnellement, cette demande ne peut intervenir qu'à **compter de l'ouverture de la succession.** C'est donc à cette époque qu'il convient de se placer, tant pour décider du principe de la pension que pour apprécier l'état de besoin du conjoint survivant.

Si ses ressources viennent par la suite à s'accroître, notamment du fait d'un remariage, la pension pourra être diminuée, voire supprimée. Mais l'inverse ne peut se produire. En effet, le chiffre fixé originairement constitue un maximum puisque la succession débitrice voit son état définitivement fixé au jour de l'ouverture de la succession, aucune ressource ultérieure n'étant susceptible de venir l'accroître.

234.42 **Délai.** La réclamation du conjoint est enfermée dans le **bref délai d'un an à partir du décès,** terme de rigueur qui ne peut être prorogé par le juge.

La loi du 3 décembre 2001 apporte, toutefois, deux modifications appréciables au droit ancien, s'agissant du délai pour réclamer des aliments : elle prévoit d'une part le **report du point de départ du délai** « *au moment où les héritiers cessent d'acquitter les prestations qu'ils fournissaient auparavant au conjoint* » et d'autre part la **prolongation du délai en cas de partage jusqu'à son achèvement,** quand bien même les opérations de partage auraient commencé plus d'une année après l'ouverture de la succession. C'est dire que le conjoint est recevable à faire valoir sa créance alimentaire jusqu'au partage accompli, dès lors qu'il y a pluralité d'héritiers et indivision[1]. Ces deux précisions ajoutées par la loi de 2001 attestent, s'il en était besoin, le réalisme et la sagesse du législateur.

1. Encore faut-il que le conjoint ait des droits dans l'indivision. Dans la négative, sa demande doit être faite dans le délai d'un an à partir du décès ou du moment où les héritiers ont cessé d'acquitter les prestations qu'ils lui fournissaient : Civ. 1re, 26 janv. 2011, nº 09-71.840, préc. s^{s} nº 234.24.

CHAPITRE

235. Successions anomales

MARIE-CLAUDE DE ROTON-CATALA
MAÎTRE DE CONFÉRENCES
À L'UNIVERSITÉ PARIS-SUD

CHRISTOPHE VERNIÈRES
PROFESSEUR À L'UNIVERSITÉ
PARIS 8 – VINCENNES SAINT-DENIS

SECTION 0
ORIENTEUR

235.00 **Plan du chapitre.**

235.01 **Textes applicables.**

C. civ., art. 368-1, 738-2, 757-3, 1751

CPI, art. L. 123-1 et L. 123-6

C. rur., art. L. 411-34

CGI, art. 791 *ter*

L. n° 2006-728, 23 juin 2006, portant réforme des successions et des libéralités, *JO* 24 juin, p. 9513 (*entrée en vigueur le 1er janv. 2007*).

L. n° 89-462, 6 juill. 1989, tendant à améliorer les rapports locatifs, *JO* 8 juill., art. 14, p. 8541.

> Droits des collatéraux en présence du conjoint survivant

C. civ., art. 757-3 (*L. 23 juin 2006, art. 29*)

Par dérogation à l'article 757-2, en cas de prédécès des père et mère, les biens que le défunt avait reçus de ses ascendants par succession ou donation et qui se retrouvent en nature dans la succession sont, en l'absence de descendants, dévolus pour moitié aux frères et sœurs du défunt ou à leurs descendants, eux-mêmes descendants du ou des parents prédécédés à l'origine de la transmission.

> Retour légal en matière d'adoption simple

C. civ., art. 368-1 (*L. 23 juin 2006, art. 29*)

Dans la succession de l'adopté, à défaut de descendants et de conjoint survivant, les biens donnés par l'adoptant ou recueillis dans sa succession retournent à l'adoptant ou à ses descendants, s'ils existent encore en nature lors du décès de l'adopté, à charge de contribuer aux dettes et sous réserve des droits acquis par les tiers. Les biens que l'adopté avait reçus à titre gratuit de ses père et mère retournent pareillement à ces derniers ou à leurs descendants.

Le surplus des biens de l'adopté se divise par moitié entre la famille d'origine et la famille de l'adoptant.

> Retour légal au profit des père et mère donateurs

C. civ., art. 738-2 (*L. 23 juin 2006, art. 29*)

Lorsque les père et mère ou l'un d'eux survivent au défunt et que celui-ci n'a pas de postérité, ils peuvent dans tous les cas exercer un droit de retour, à concurrence des quote-parts fixées au premier alinéa de l'article 738, sur les biens que le défunt avait reçus d'eux par donation.

La valeur de la portion des biens soumise au droit de retour s'impute en priorité sur les droits successoraux des père et mère.

Lorsque le droit de retour ne peut s'exercer en nature, il s'exécute en valeur, dans la limite de l'actif successoral.

> Propriété littéraire et artistique : droit exclusif d'exploitation de l'œuvre par l'auteur

CPI, art. L. 123-1

L'auteur jouit, sa vie durant, du droit exclusif d'exploiter son œuvre sous quelque forme que ce soit et d'en tirer un profit pécuniaire.

Au décès de l'auteur, ce droit persiste au bénéfice de ses ayants droit pendant l'année civile en cours et les soixante-dix années qui suivent.

> Propriété littéraire et artistique : exploitation de l'œuvre et droits du conjoint survivant

CPI, art. L. 123-6 (*L. 23 juin 2006, art. 12*)

Pendant la période prévue à l'article L. 123-1, le conjoint survivant, contre lequel n'existe pas un jugement passé en force de chose jugée de séparation de corps, bénéficie, quel que soit le régime matrimonial et indépendamment des droits qu'il tient des articles 756 à 757-3 et 764 à 766 du Code civil sur les autres biens de la succession, de l'usufruit du droit d'exploitation dont l'auteur n'aura pas disposé. Toutefois, si l'auteur laisse des héritiers à réserve, cet usufruit est réduit au profit des héritiers, suivant les proportions et distinctions établies par l'article 913 du Code civil.

Ce droit s'éteint au cas où le conjoint contracte un nouveau mariage.

> Droit au bail : bail d'habitation

[C. civ., art. 1751 et L. 6 juill. 1989, art. 14]

C. civ., art. 1751

* V. texte complet de cet article s[s] n° 233.01, > *Règles communes aux baux des maisons et des biens ruraux*

L. 6 juill. 1989, art. 14 (*L. 3 déc. 2001, art. 14, II*)

En cas d'abandon du domicile par le locataire, le contrat de location continue :

– au profit du conjoint sans préjudice de l'article 1751 du Code civil;

– au profit des descendants qui vivaient avec lui depuis au moins un an à la date de l'abandon du domicile;

– au profit du partenaire lié au locataire par un pacte civil de solidarité;

– au profit des ascendants, du concubin notoire ou des personnes à charge, qui vivaient avec lui depuis au moins un an à la date de l'abandon du domicile.

Lors du décès du locataire, le contrat de location est transféré :

– au conjoint survivant qui ne peut se prévaloir des dispositions de l'article 1751 du Code civil;

– aux descendants qui vivaient avec lui depuis au moins un an à la date du décès;

– au partenaire lié au locataire par un pacte civil de solidarité;

– aux ascendants, au concubin notoire ou aux personnes à charge, qui vivaient avec lui depuis au moins un an à la date du décès.

En cas de demandes multiples, le juge se prononce en fonction des intérêts en présence.

À défaut de personnes remplissant les conditions prévues au présent article, le contrat de location est résilié de plein droit par le décès du locataire ou par l'abandon du domicile par ce dernier.

> Droit au bail : bail rural

C. rur., art. L. 411-34 (*L. n° 2006-11, 5 janv. 2006, art. 3, JO 6 janv. 2006*)

En cas de décès du preneur, le bail continue au profit de son conjoint, du partenaire avec lequel il est lié par un pacte civil de solidarité, de ses ascendants et de ses descendants participant à l'exploitation ou y ayant participé effectivement au cours des cinq années antérieures au décès. Le droit au bail peut, toutefois, être attribué par le tribunal paritaire au conjoint, au partenaire d'un pacte civil de solidarité ou à l'un des ayants droit réunissant les conditions précitées. En cas de demandes multiples, le tribunal se prononce en considération des intérêts en présence et de l'aptitude des différents demandeurs à gérer l'exploitation et à s'y maintenir.

Les ayants droit du preneur ont également la faculté de demander la résiliation du bail dans les six mois à compter du décès de leur auteur.

La même faculté est accordée au bailleur lorsque le preneur ne laisse pas de conjoint ou d'ayant droit réunissant les conditions énoncées au premier alinéa du présent article.

Si la fin de l'année culturale est postérieure au décès de neuf mois au moins, la résiliation peut, au choix des ayants droit, prendre effet soit à la fin de l'année culturale en cours, soit à la fin de l'année culturale suivante. Dans le cas contraire, la résiliation ne prendra effet qu'à la fin de l'année culturale suivante.

> Fiscalité

CGI, art. 791 *ter* (*créé par L. n° 2007-1824, 25 déc. 2007, art. 32; mod. par L. n° 2009-1673, 30 déc. 2009, art. 36*)

En cas de donation en ligne directe de biens antérieurement transmis à un premier donataire en ligne directe et ayant fait retour au donateur en application des articles 738-2, 951 et 952 du Code civil, les droits acquittés lors de la première donation sont imputés sur les droits dus lors de la seconde donation. La nouvelle donation doit intervenir dans les cinq ans du retour des biens dans le patrimoine du donateur.

Nonobstant les dispositions prévues au premier alinéa, en cas de retour des biens au donateur en application des articles 738-2, 951 et 952 du Code civil, ce retour ouvre droit, dans le délai légal de réclamation à compter du décès du donataire, à restitution des droits de mutation à titre gratuit acquittés lors de la donation résolue.

235.02 Jurisprudence de référence.

> L'héritier renonçant est réputé n'avoir jamais été héritier, au regard notamment du retour légal

• **Civ. 1re, 23 mai 2012, n° 11-14.104,** *Bull. civ.* I, n° 112

* V. s[s] n° 235.51

« Attendu que l'héritier renonçant est censé n'avoir jamais été héritier; qu'il en résulte qu'un descendant renonçant ne peut faire obstacle au droit de retour qu'il soit légal ou convenu au cas de prédécès du donataire. »

> La dévolution du droit au bail rural est constitutive d'une succession anomale

• **Civ. 1re, 18 mars 1980,** nº 78-14.517, *Bull. civ.* I, nº 93

* V. ss nº 235.151

> Les souvenirs de famille peuvent être confiés à titre de dépôt à celui des membres de la famille qui paraît le plus qualifié

• **Civ. 1re, 28 févr. 1978,** nº 76-10.561, *Bull. civ.* I, nº 71

* V. ss nº 235.162

235.03 Bibliographie indicative.

Actualisables. Rép. civ., vº *Succession (1º Dévolution),* par R. Le Guidec et G. Chabot, janv. 2009 [màj janv. 2014], nos 387 à 415; vº *Adoption*, par F. Eudier, oct. 2008 [màj janv. 2014], nos 477 à 488 – *J.-Cl. Civ.*, fasc. 10, art. 734 à 735, nos 107 à 124, par J.-B. de Saint-Affrique.

Ouvrages[1]. B. Beignier, *Libéralités et successions*, « Cours », Montchrestien, 2012 – S. Berre et S. Ferré-André, *Successions et libéralités*, « HyperCours », Dalloz, 2012 – A. Delfosse et J.-F. Péniguel, *La réforme des successions et des libéralités*, « Pratique professionnelle », Litec, 2006 – Chr. Jubault, *Les successions les libéralités*, 2e éd., « Précis Domat », Montchrestien, 2010 – M. Grimaldi, *Droit civil. Les successions*, 6e éd., « Manuels », LexisNexis/Litec, 2001 – A.-M. Leroyer, *Droit des successions*, « Cours », Dalloz, 2014 – Ph. Malaurie, *Les successions, les libéralités*, 5e éd., Defrénois/Lextenso, 2012 – Th. Revet et F. Zenati-Castaing, *Successions*, « Droit fondamental », PUF, 2012 – A. Sériaux, *Successions et libéralités*, Ellipses, 2013 – F. Terré, Y. Lequette et S. Gaudemet, *Les successions, les libéralités*, 4e éd., « Précis », Dalloz, 2014 – P. Voirin et G. Goubeaux, *Droit civil, t. 2, Régimes matrimoniaux, successions-libéralités*, « Manuel », LGDJ, 2012.

Thèse. G. Paris, *Les droits de retour légaux des articles 738-2 et 757-3 du Code civil*, th. Paris II, 2012.

Articles. D. Arteil, « L'ascendant dans le nouveau droit des successions et des libéralités », *Defrénois* 2007, art. 38564 – Ch. Blanchard, « Le conflit du droit viager au logement du conjoint et du droit de retour légal des père et mère », *Defrénois* 2009. 2047 – V. Brémond, « Les droits locatifs du conjoint survivant après la loi du 3 décembre 2001 », *LPA* 30 juin 2002, p. 4 – V. David-Balestriero, « La succession de l'adopté après la loi du 23 juin 2006 », *Defrénois* 2007. 1085 – G. Delavaquerie, « Calcul des droits de l'adopté simple dans la succession de l'ascendant de l'adoptant », *Defrénois* 2010. 525 – G. Goubeaux, « Réforme des successions : l'inquiétant concours entre collatéraux privilégiés et conjoint survivant », *Defrénois* 2002, art. 37519 – C. Lacour, « L'incidence de la loi du 23 juin 2006 sur la succession de l'adopté simple », *Dr. fam.* 2007. Étude 35 – J. Leprovaux, « L'évolution des droits de retour légaux dans la législation contemporaine du droit des successions », *LPA* 2 juill. 2007, p. 6 – Y. Lequette, « La règle de l'unité de la succession après la loi du 3 décembre 2001 : continuité ou rupture ? », *Études offertes au doyen Ph. Simler*, Dalloz/Litec, 2006, p. 167 – L. Leveneur, « Pour le droit de retour de l'article 757-3 du Code civil, avec quelques améliorations », *Études offertes au doyen Ph. Simler*, Dalloz/Litec, 2006, p. 185 – N. Levillain, « Les nouveaux droits successoraux des ascendants », *JCP N* 2007. 1135; « Nouvelles règles de dévolution de la succession de l'adopté. Une réforme incomplète », *JCP N* 2007. 1223 – O. Penin, « L'évolution des droits de retour dans le code civil depuis les lois de 2001 et 2006 », *RTD civ.* 2014. 49 – N. Peterka, « Les retouches à la dévolution successorale; à propos de la loi du 23 juin 2006 », *Dr. fam.* 2006. Étude 52 – S. Robinne, « De quelques interrogations en droit des successions depuis la loi du 3 décembre 2001 », *Dr. et patr.* déc. 2002. 24 – F. Sauvage, « Adoptions simples et successions complexes », *AJ fam.* 2008. 457.

235.04 Questions essentielles.

> Trois successions anomales ont été créées ou modifiées par les réformes successorales récentes : l'une par la loi du 3 décembre 2001, les deux autres par la loi du 23 juin 2006.

L'article 757-3 du Code civil ouvre un droit de retour légal aux collatéraux privilégiés en présence du conjoint survivant lorsqu'il hérite de l'entière succession en propriété. Le droit des collatéraux a pour objet les biens que le défunt avait reçus de ses ascendants par donation ou succession et qui se retrouvent en nature dans sa succession.

Ces biens sont dévolus pour moitié au conjoint survivant, pour l'autre moitié aux frères et sœurs du défunt ou à leurs descendants, pourvu que ceux-ci descendent en ligne directe des ascendants prédécédés qui avaient gratifié le défunt.

* V. ss nos 235.20 à 235.41

> Un autre droit de succession anomale figure à l'article 368-1 du Code civil, au titre de l'adoption.

Il concerne les biens donné à l'adopté simple décédé sans postérité ni conjoint survivant, s'ils existent en nature lors du décès de l'adopté.

Selon que ces biens ont été donnés par les parents du sang ou par les parents adoptifs, ils retournent aux uns et aux autres, ou à leurs descendants.

* V. ss nos 235.50 à 235.73

> La loi du 23 juin 2006 institue à l'article 738-2 du Code civil un droit qualifié de retour sur les biens que le défunt avait reçus par donation de ses père et/ou mère.

Ce droit s'exerce dans tous les cas et s'exécute en valeur s'il ne peut pas s'exécuter en nature. Mais la valeur des biens soumis au droit de retour s'impute en priorité sur les droits successoraux des père et mère, sans pouvoir excéder le montant de ces droits.

* V. ss nos 235.81 à 235.123

> D'autres successions anomales, hors Code civil, portent sur les droits d'auteur dont le défunt était titulaire au moment de son décès, sur les baux ruraux et d'habitation, sur les souvenirs de famille et sur les sépultures.

* V. ss nos 235.141 à 235.172

1. NB : les ouvrages les plus fréquemment cités et dont le nom des auteurs figure en petites capitales en bibliographie sont cités par les seuls noms des auteurs en petites capitales en notes de bas de page.

235.08 Dérogations à la règle de l'unité de la succession. Des dispositions dérogatoires au droit commun affectent parfois certains biens héréditaires à des successibles auxquels ils n'auraient normalement pas dû échoir ou n'échoir que partiellement. Leur transmission à cause de mort obéit à des règles de dévolution particulières en sorte qu'ils seront attribués à un héritier déterminé de préférence aux autres, à raison de leur provenance ou de leur nature.

On parle à leur propos de successions anomales, l'épithète « *anomale* », héritée du vieux français, signifiant que leur dévolution s'opère **en dehors des règles communes**, notamment celle de l'unité de la succession, dont le postulat, implicite depuis que la loi du 3 décembre 2001[1] a abrogé l'ancien article 732, est **l'indifférence de la nature ou de l'origine des biens** quant à leur dévolution.

Ces dévolutions atypiques ne concernent pas l'universalité successorale dans son ensemble, mais seulement des droits ou des biens particuliers.

Le Code civil de 1804 ne connaissait que celles dont le critère de dévolution reposait sur l'origine des biens : il s'agissait de faire retourner certains biens transmis à titre gratuit, après le décès sans postérité de leur bénéficiaire, à celui dont ils provenaient ou à ses descendants, de manière à conserver les biens dans la famille.

Le droit né d'une succession anomale est volontiers qualifié « *droit de retour légal* », par opposition au retour conventionnel prévu par l'article 951 du Code civil, qui résulte d'une clause insérée dans une donation prévoyant que celle-ci sera résolue si le gratifié meurt sans descendance.

Aux cas de retour prévus par le Code civil, s'en ajoutent d'autres qui se sont développés en marge du Code civil et dont le critère de dévolution repose, non plus sur l'origine, mais sur la nature du bien reçu à titre gratuit.

SECTION 1
BIENS DÉVOLUS SELON LEUR ORIGINE

235.11 Le retour légal de 1804 à nos jours. Les rédacteurs du Code civil avaient prévu **trois cas de retour légal** :

• Le **droit des frères et sœurs légitimes de l'enfant naturel** sur les biens que ce dernier avait reçus de ses père et mère prédécédés. Ce cas de retour légal a été supprimé par la loi du 3 janvier 1972, car il se révéla incompatible avec le principe nouvellement posé – et aujourd'hui parvenu à son point d'achèvement – de l'assimilation, au plan successoral, des filiations naturelle et légitime, conférant à tous les descendants, quelle que soit leur filiation, une vocation successorale réciproque, ce qui du même coup rendait sans fondement ce cas de retour légal.

• Le **droit de l'ascendant donateur** qui, lui aussi, a été abrogé par la loi du 3 janvier 1972[2], avant d'être rétabli, mais sous une forme nouvelle, par la loi du 23 juin 2006[3].

• Les **droits de retour légal en matière d'adoption simple** prévus par l'article 368-1 du Code civil. Le pluriel employé pour les désigner se justifie par le fait que le texte institue deux droits de retour légal, l'un, traditionnel, au profit de l'adoptant donateur, l'autre, établi par la loi du 11 juillet 1966, au profit des parents par le sang de l'adopté mort sans postérité. Il s'ensuit que les biens reçus à titre gratuit des père et mère adoptifs font retour à ces derniers ou à leur descendance; symétriquement, ceux reçus à titre gratuit des père et mère par le sang leur reviennent ou reviennent à leur descendance; le reliquat de la succession est partagé entre les deux familles.

Du droit antérieur, seul subsiste, quoique retouché par le législateur de 2006, le retour légal au profit des ascendants de l'adopté simple. Deux autres cas de successions anomales ont été introduits depuis lors, l'un par la loi du 3 décembre 2001 **au profit des collatéraux privilégiés**, l'autre par la loi du 23 juin 2006 **au profit des père et mère du défunt.**

235.12 Double caractère successoral et anomal de la dévolution. Si on ne conteste plus aujourd'hui que le retour légal confère un véritable droit de nature successorale, celui-ci, parce que fondé sur le principe dérogatoire de la provenance des biens, revêt dans sa mise en œuvre une physionomie particulière.

De ce double caractère successoral et anomal découlent un certain nombre de conséquences.

C'est ainsi que les **conditions de successibilité** auxquelles sont soumis les héritiers ordinaires s'imposent pareillement à l'héritier anomal : il doit être vivant à l'ouverture de la succession, capable et non indigne. S'agissant du parti à prendre à l'égard du bien qui lui échoit, le successeur anomal dispose de **l'option** de droit commun entre **l'acceptation pure et simple**, l'acceptation **à concurrence de l'actif net** et la renonciation. Comme tout héritier,

1. L. n° 2001-1135, 3 déc. 2001, relative aux droits du conjoint survivant et des enfants adultérins et modernisant diverses dispositions du droit successoral, *JO* 4 déc., p. 19279.
2. L. n° 72-3, 3 janv. 1972, sur la filiation, *JO* 5 janv., p. 145.
3. L. n° 2006-728, 23 juin 2006, portant réforme des successions et des libéralités, *JO* 24 juin, p. 9513.

il est tenu au passif successoral, au prorata de l'actif recueilli et *ultra vires* s'il a accepté purement et simplement.

Le droit de retour étant un **droit héréditaire**, son titulaire ne prendra les biens que s'ils existent dans la succession, à l'exception notable du droit de retour des père et mère (C. civ., art. 738-2). C'est dire qu'il devra en principe respecter les aliénations et constitutions de droits réels faites par le donataire sur le bien objet du retour. En cela le retour légal se distingue du retour conventionnel, lequel joue comme une condition résolutoire anéantissant de façon rétroactive la donation et les droits éventuellement constitués sur le bien qui en est l'objet. Cet important avantage que représente le retour conventionnel pour le donateur explique la fréquente stipulation dans l'acte gratuit d'une clause résolutoire expresse renforçant le retour légal en y ajoutant la perspective d'une restitution en cas d'aliénation.

Une convention en général, et une renonciation en particulier, intervenant avant l'ouverture de la succession anomale tomberait sous le coup de la prohibition des pactes sur succession future édictée par l'article 1130 du Code civil.

235.13 Autonomie de la succession anomale. Le caractère anomal de la dévolution se manifeste dans l'autonomie de sa mise en œuvre par rapport à celle de la succession ordinaire : au décès du donataire s'ouvrent **deux successions distinctes**, par dérogation au principe d'unité et d'indivisibilité du patrimoine. L'héritier anomal peut être appelé conjointement aux deux successions (voire aux trois lorsque l'adopté simple a été gratifié à la fois par l'adoptant et par son père ou sa mère biologique) et en ce cas, elles sont dévolues selon leurs règles propres, indépendamment l'une de l'autre. Il s'ensuit notamment que l'héritier peut prendre des partis différents à l'égard de chacune d'elles, par exemple accepter l'une et renoncer à l'autre. Mais s'il répudie le retour légal pour s'en tenir à la succession ordinaire, les biens sujets à retour réintègrent cette dernière et, au lieu d'être dévolus exclusivement à l'héritier anomal, ils se partageront entre lui et ses cohéritiers. Plus généralement, si le successeur anomal est exclu parce que renonçant ou indigne, les biens soumis au retour tombent dans la succession ordinaire, ce qui atteste l'autonomie relative de la succession anomale.

Inversement, des personnes différentes peuvent être appelées à l'une et l'autre succession : il suffit pour cela que l'hériter anomal n'ait droit qu'au retour et soit primé dans la succession ordinaire par des successibles de rang préférable : ainsi un grand-père ascendant donateur peut-il être héritier anomal cependant que ses propres enfants et petits-enfants (père ou mère, frères et sœurs du défunt) font figure d'héritiers ordinaires.

Les deux vocations du successible anomal et de l'héritier ordinaire sont distinctes au point qu'**il n'existe pas d'indivision,** donc pas de relations de cohéritiers, entre eux (sous réserve de ce qui sera dit à propos du retour au profit des collatéraux privilégiés prévu par l'article 757-3 – v. s^{s} n°s 235.20 s.).

De ce que les biens objets de chaque dévolution forment **deux masses séparées,** il résulte que l'héritier anomal et l'héritier ordinaire ne se doivent pas réciproquement le rapport des libéralités et que les biens sujets au retour ne sont pas pris en compte pour le calcul des droits du conjoint survivant.

§ 1
Droits des collatéraux en présence du conjoint survivant (C. civ., art. 757-3)

235.20 Correctif à l'éviction des collatéraux. On sait qu'aujourd'hui le conjoint survivant évince de la succession du prémourant les frères et sœurs de celui-ci ainsi que leurs descendants (v. s^{s} n° 232.171). C'est une innovation majeure de la loi du 3 décembre 2001 que d'avoir instauré cette primauté du conjoint survivant dans la hiérarchie des affections présumées du défunt.

Cette prévalence du conjoint n'est cependant pas absolue, car pour compenser l'éviction de la fratrie, l'article 757-3 institue à son profit un droit sur les biens que le défunt avait reçus de leur auteur commun par succession ou donation, de sorte que ceux-ci échapperont, du moins pour partie, au conjoint survivant.

Ce droit de retour présente en effet la particularité d'être limité à la moitié seulement des biens d'origine familiale, l'autre moitié étant destinée au conjoint survivant. Il y a dès lors tout lieu de craindre que cette division, fruit d'un compromis entre l'Assemblée nationale et le Sénat, l'une favorable au mariage, l'autre au lignage, soit de nature à tenir en échec l'objectif poursuivi par le législateur : seule en effet une improbable divisibilité en nature et par moitié des biens concernés serait susceptible d'éviter la licitation aux fins de partage pour mettre fin à l'indivision existant entre les collatéraux et le conjoint survivant. Toutes les fois que cette opération s'imposera, le résultat sera exactement inverse de celui recherché, les biens licités sortant définitivement du patrimoine dans lequel la loi entendait pourtant les maintenir.

C'est dire qu'il ne s'agit pas à proprement parler d'un droit de retour légal, ses bénéficiaires (B) n'ayant pas vocation à recevoir l'intégralité des biens qui en sont l'objet (A). De ces conditions singulières, il résulte des effets incertains (C).

A. Biens concernés

235.21 Origine et nature. Seuls les **biens advenus au défunt par succession** - légale ou testamentaire - ou **par donation de ses ascendants** (à compter du 1er janvier 2007, car le texte du 3 décembre 2001 ne visait que les seuls père et mère) sont susceptibles de composer la succession anomale.

Le législateur ne distinguant pas, il y a lieu de considérer que tout bien, quelle qu'en soit la nature, mobilière ou immobilière, corporelle ou incorporelle, se trouve visé dès lors que le **caractère à la fois gratuit et parental de sa provenance** peut être établi et qu'il est **identifiable.**

235.22 Retour en nature. Pour être soumis au retour, les biens doivent se retrouver en nature dans la succession du défunt. Ce principe exprime la nécessité de retrouver identique à lui-même le bien jadis donné ou acquis par succession, puisque la succession anomale est précisément fondée sur l'origine des biens. C'est dire que la perte ou l'aliénation du bien par le donataire de son vivant, qu'elle fut onéreuse ou gratuite (y compris sous la forme d'une disposition testamentaire) fait obstacle au droit de retour : **le bien perdu ou aliéné est définitivement retranché de la succession anomale,** sans qu'il y ait lieu de faire jouer les règles de la subrogation réelle, aucun texte ne le prévoyant en la matière.

Les biens objets de la succession anomale ne peuvent donc s'entendre que des **biens initiaux**, c'est-à-dire ceux-là mêmes qui ont été reçus à titre gratuit par le défunt, à l'exclusion des biens subrogés acquis en remploi des précédents après qu'ils ont été aliénés. Le caractère anomal de la dévolution tient encore une fois à l'origine des biens concernés et non à leur valeur marchande. Leur perte ou leur destruction, qu'elle soit matérielle ou juridique, a pour conséquence nécessaire de faire disparaître la cause même de la succession anomale. Une **réserve** doit cependant être faite pour le cas où l'aliénation de la chose donnée aurait fait l'objet d'un **anéantissement rétroactif**, par exemple à la suite de **l'annulation d'une vente,** de **la révocation d'une donation pour ingratitude** ou de **la renonciation à un legs.** En pareille hypothèse, le bien est censé ne jamais être sorti du patrimoine du donataire, ce qui autorise l'ouverture du droit de retour. Si en revanche, le bien avait réintégré le patrimoine du défunt par suite d'une nouvelle acquisition, le retour se trouverait empêché, car ce serait à un titre différent du titre originaire que le bien figurerait dans la succession.

235.23 Modifications advenues au bien objet de retour. De façon moins radicale, il se peut que le bien familial, quoique se retrouvant en nature dans la succession, ait subi des modifications du chef du gratifié. Cette situation est génératrice d'incertitudes. On peut ainsi se demander à partir de quel degré de transformation il y aura dénaturation du bien le rendant impropre à figurer dans la succession anomale. Et si ce degré n'est pas atteint, on peut s'interroger sur le point de savoir qui, au juste, profitera ou pâtira des plus ou moins-values advenues au bien entre le moment de son acquisition gratuite et celui du décès, si elles sont imputables au gratifié.

235.24 Dons ou legs de sommes d'argent. La condition relative à l'existence du bien en nature dans la succession du défunt soulève la question de savoir si une donation ou un legs de somme d'argent, que les fonds aient été investis ou non, peut donner prise au droit de retour.

On pourrait en douter, eu égard à la finalité lignagère de l'institution : c'est en effet à raison de leur origine et en vue d'en assurer le maintien dans la famille du sang que certains biens vont partiellement faire retour aux représentants de cette famille et échapper du même coup à l'emprise conjugale. Or, à supposer que des deniers puissent être regardés comme des « *biens* » au sens de l'article 753-3 nouveau du Code civil, la fongibilité qui les caractérise paraît *a priori* incompatible avec le caractère de corps certain que devrait normalement revêtir un bien pour être qualifié bien de famille. L'argent, dont on dit volontiers qu'il n'a ni âme ni odeur, paraît *a priori* dépourvu de cette « *nature* » propre à en faire un bien familial appelé à se transmettre à travers les générations.

Cependant, il semble dorénavant difficile de considérer que les droits de retours légaux reposent sur le fondement de la conservation en nature des biens dans la famille. Comment, en effet, est-il possible d'assurer cette conservation lorsque la famille d'origine n'a vocation à recueillir qu'une portion des biens qui en sont l'objet - cas du retour de l'article 757-3 et de l'article 738-2 -, voire seulement qu'une partie de leur valeur - cas du retour de l'article 738-2 ? À tout le moins, si l'idée de conservation prédomine encore, sans doute faut-il convenir qu'il ne s'agit que d'une conservation de certaines « *richesses* » de la famille[1]. Dans cette optique, le retour devrait pouvoir s'exercer sur une somme

1. Pour une étude approfondie, v. G. Paris, *Les droits de retour légaux des articles 738-2 et 757-3 du Code civil*, th. Paris II, 2012, spéc. nos 115 s.

d'argent reçue à titre gratuit, dès lors qu'il se trouve dans la succession des deniers en quantité suffisante.

B.
Bénéficiaires

235.31 Caractère supplétif. La dévolution organisée par l'article 757-3 du Code civil n'est que supplétive de la volonté du défunt. C'est dire qu'il est loisible à ce dernier d'aménager la dévolution de ses biens autrement, et notamment d'en priver, en tout ou en partie, les bénéficiaires anomaux, par une aliénation entre vifs, gratuite ou onéreuse, ou par une disposition à cause de mort au profit des destinataires de son choix.

À défaut d'une manifestation de volonté, c'est la loi qui désigne les successeurs anomaux. Il ne peut s'agir, selon l'article 757-3, que des **frères et sœurs du défunt ou leurs descendants**, héritiers du deuxième ordre en l'absence de conjoint survivant, mais primés par ce dernier lorsqu'il existe.

235.32 Privilège du double lien. Mais les collatéraux privilégiés ne sont pas traités de manière indifférenciée : seuls, en effet, sont admis au bénéfice de cette dévolution particulière ceux d'entre eux qui sont « *eux-mêmes descendants du ou des parents prédécédés à l'origine de la transmission* ».

C'est dire que lorsque les **collatéraux privilégiés** sont issus de lits différents, la loi tient compte des branches, paternelle ou maternelle, dont ils relèvent pour opérer la dévolution anomale. Ainsi les **frères et sœurs consanguins**, parents du défunt dans la branche paternelle, peuvent-ils prétendre aux seuls biens – plus précisément à la moitié – que ce dernier aura reçus de son père; symétriquement, les **frères et sœurs utérins**, parents du défunt dans la branche maternelle, n'ont vocation à appréhender que la moitié des biens reçus de sa mère.

Quant aux **collatéraux germains**, issus du même père et de la même mère que le défunt, ils jouissent, à raison de leur double lien de rattachement filial, du privilège de prendre dans les deux branches leur part de biens parentaux donnés ou légués à leur frère ou sœur décédé.

EXEMPLE

Le défunt laisse pour lui succéder, outre son conjoint, un frère germain, une sœur utérine et deux neveux, fils d'un frère consanguin prédécédé.

Dans son patrimoine figure un vignoble qu'il a lui-même hérité de son père.

Ne pourront prétendre recevoir la moitié du vignoble au titre de l'article 757-3 du Code civil que son frère germain et ses deux neveux, venant par représentation aux droits de leur auteur prédécédé, car ils sont les seuls collatéraux à descendre du père du défunt qui est à l'origine de la transmission du bien.

La sœur utérine est, quant à elle, exclue de la succession anomale, car elle n'est pas la descendante du père donateur.

Ce qui donne, en termes de quotités, l'indivision suivante : la moitié (de la moitié) pour le frère germain, soit un quart du vignoble, l'autre moitié (de la moitié) aux neveux, soit un huitième chacun, le reste, soit la moitié, allant au conjoint survivant.

235.33 Finalité lignagère de l'institution. Si la loi du 3 décembre 2001 a supprimé la division par branches dans la succession légale ordinaire lorsqu'il existe des collatéraux privilégiés issus de lits différents, elle a choisi en revanche d'en reprendre le principe dans le cas de dévolution anomale prévu à l'article 757-3.

Cette résurgence d'une discrimination des collatéraux selon la naissance est un signe supplémentaire de l'**affectation strictement lignagère assignée à la succession anomale** : les biens de famille ne sont pas indistinctement dévolus aux collatéraux et partagés entre eux par égales portions à raison de leur égal degré de parenté avec le défunt; ils doivent faire retour à la seule branche d'où ils proviennent.

C.
Effets

235.41 Partage de l'indivision entre le conjoint et les collatéraux privilégiés. C'est sous le signe de l'indivision que la loi du 3 décembre 2001 a cru devoir placer ce nouveau dispositif, les biens concernés étant en effet indivis pour moitié entre le conjoint et les collatéraux privilégiés.

L'hypothèse la plus simple, encore que probablement assez théorique, est celle où la consistance des biens se prêterait aisément à un partage en nature (partage des parts d'une société de famille, par exemple) : la distribution de la succession anomale entre ses bénéficiaires légaux pourra alors s'opérer sans grande difficulté technique. Les biens familiaux subiront néanmoins une première fragmentation du fait de leur répartition par moitié entre le conjoint et la famille par le sang, et au sein même de la fratrie, ils feront l'objet d'une nouvelle dispersion. Le risque est alors celui d'une **atomisation des biens dans la famille**, ce qui n'est peut-être pas le moyen le plus propice pour y garantir leur maintien.

Plus probables et fréquents seront les cas où, dans l'impossibilité d'un partage en nature, une **licitation à des tiers étrangers à la famille** s'imposera, réduisant les ayants droit à un partage en valeur, résultat qui se situe aux antipodes des vues du législateur. La vocation successorale en nature des collatéraux, supposés être les gardiens du temple familial, est ainsi vouée à n'être que pure chimère toutes les fois que les biens qui en constituaient le socle échouent entre des mains tierces, faute de pouvoir rejoindre dans leur intégralité le patrimoine familial ou conjugal.

Il est vrai cependant que le droit patrimonial de la famille comporte en son sein les instruments propres à éviter ou à retarder une telle issue, qu'il s'agisse du **sursis au partage** (C. civ., art. 820), de **l'attribution éliminatoire** (C. civ., art. 824), ou encore de **l'attribution préférentielle** (C. civ., art. 821 s.).

235.42 Articulation avec le droit viager d'habitation du conjoint. Il n'en reste pas moins que ce **droit de retour** soulève de multiples interrogations, au nombre desquelles la question de son **articulation avec le droit au logement du conjoint**, si le bien objet de retour porte sur l'immeuble qui constitue sa résidence habituelle. D'une réponse ministérielle, il résulte que le droit viager d'habitation du conjoint est en ce cas prioritaire et paralyse le droit des collatéraux privilégiés pendant le temps de son exercice[1].

235.43 Dualité de la succession ? La primauté du droit viager sur le droit de retour, si elle devait être confirmée par la jurisprudence, invite à s'interroger sur le point de savoir si l'article 757-3 du Code civil est véritablement un nouveau cas de succession anomale[2]. Si le conjoint peut exercer son droit viager sur les biens objet de ce retour, ne serait-ce pas l'illustration que ceux-ci sont dans la succession ordinaire ? À suivre cette voie, il n'y aurait donc pas deux successions distinctes, autonomes, mais **une seule succession** – la succession ordinaire – à laquelle il serait dérogé par l'article 757-3 aux seules règles de dévolution. Ainsi, s'agissant de la transmission de la succession, il faudrait convenir qu'il n'y a qu'une seule **option successorale**, de sorte que le conjoint ne pourrait prendre un parti différent pour les biens objet de retour. De même, au regard de la **liquidation de la succession**, l'intégralité des biens objet du retour devrait être prise en compte pour le calcul de la réserve du conjoint.

235.44 Fiscalité. Le **droit de retour légal au profit des frères et sœurs** du défunt est soumis aux **droits de mutation à titre gratuit** applicable entre frères et sœurs[3].

1. Rép. min., *JO* 14 nov. 2006, p. 11972.
2. V. AINSI, G. Goubeaux, « Réforme des successions : l'inquiétant concours entre collatéraux privilégiés et conjoint survivant », *Defrénois* 2002, art. 37519, n°s 11 s. – F. TERRÉ, Y. LEQUETTE et S. GAUDEMET, n° 223.
3. BOI-ENR-DMTG-10-10-10-10, 12 sept. 2012, n° 20.

§ 2
Retour légal en matière d'adoption simple (C. civ., art. 368-1)

235.50 Double rattachement familial de l'adopté simple. La dévolution de la succession de l'adopté simple mort sans postérité est régie par l'article 368-1 du Code civil. L'adopté simple, contrairement à celui qui a fait l'objet d'une adoption plénière, « *reste dans sa famille d'origine et y conserve tous ses droits, notamment ses droits héréditaires* », ainsi que l'énonce l'article 364 du Code civil.

L'adoption simple ayant pour effet de maintenir les liens entre l'adopté et sa famille par le sang, sa succession se divise, suivant l'origine des biens qui la composent, en **succession anomale** et en **succession ordinaire**. Les biens relevant de cette dernière sont tous ceux que l'adopté n'a pas reçus par succession ou libéralités de ses ascendants adoptifs ou par le sang, ce qui désigne non seulement les biens acquis à titre onéreux mais aussi les biens reçus à titre gratuit de personnes autres que ses père et/ou mère adoptifs ou par le sang. La succession ordinaire se divise alors par moitié entre les deux familles, qui s'en répartissent les biens selon le droit commun de la dévolution légale.

Quant à la succession anomale, sa dévolution est marquée par le double rattachement de l'adopté simple à ses familles du sang et adoptive. Elle donne lieu à un **double retour légal lorsque l'adopté, mort sans postérité, a été gratifié par ses deux familles.** Il s'ensuit que les biens reçus à titre gratuit de l'adoptant retournent à ce dernier ou, en cas de prédécès, à ses descendants, un mouvement symétrique s'opérant pour les biens reçus de la famille d'origine. L'objectif de conservation des biens dans la famille d'où ils proviennent se réalise ainsi dans toute sa plénitude.

A.
Conditions du retour légal

1°
Quant aux personnes

235.51 Conditions du retour légal quant aux personnes. L'absence de postérité figure comme le dénominateur commun de toute dévolution anomale. Elle est la condition qui fonde le retour légal, lequel ne se justifie qu'à défaut d'héritiers suffisamment proches pour recueillir, sans considération de leur origine, les biens de leur auteur défunt. C'est ainsi que l'héritier renonçant étant réputé n'avoir jamais été héritier, il ne peut faire obstacle au droit de retour[1].

Le droit de retour appelé à jouer dans le cadre de l'adoption simple suppose en outre qu'un ascendant au moins ait survécu à l'adopté, et à défaut, ses propos descendants, sans limitation de degré. Les ascendants appelés à la succession anomale sont l'adoptant ou ses descendants, ainsi que les père et mère par le sang du défunt, ou leurs descendants, la loi du 11 juillet 1966 ayant conféré un droit identique aux deux familles, adoptive et du sang. Le cercle des bénéficiaires de cette faveur légale est à cet égard plus large que celui du nouveau droit de retour institué par la loi de 2006 au profit de l'ascendant donateur (C. civ., art. 738-2), lequel ne se reporte pas sur ses descendants en cas de prédécès (v. s[s] n° 235.91).

235.52 Absence de conjoint survivant. À ces conditions traditionnelles, la loi du 23 juin 2006 en a ajouté une autre. L'article 368-1 du Code civil a en effet été retouché, de sorte que le retour légal n'est aujourd'hui appelé à jouer que **si l'adopté simple meurt non seulement sans descendance mais encore en l'absence de conjoint survivant,** ce qui modifie sensiblement la physionomie traditionnelle de ce cas de retour légal. Si l'absence de descendants de l'adopté simple en est une condition classique, l'absence de conjoint qui s'y ajoute figure, quant à elle, comme une condition nouvelle, qui abonde le courant favorable à ce dernier. Il faut donc comprendre que désormais, la présence du conjoint de l'adopté simple paralyse le droit de retour des ascendants donateurs prévu par l'article 368-1 du Code civil.

La modification apportée par le législateur de 2006 au domaine de l'article 368-1 quant à ses bénéficiaires lui a été dictée par la nécessité d'harmoniser les vocations anomales des collatéraux privilégiés, qui, depuis la loi de 2001, se révélaient différentes selon que le défunt était ou n'était pas un adopté simple. Dans le premier cas, ils peuvent en effet prétendre à l'intégralité des biens de famille reçus de leur auteur commun par l'adopté simple sur le fondement de l'article 368-1, y compris en présence d'un conjoint successible, alors que l'article 757-3 issu de cette loi n'ouvre droit aux collatéraux privilégiés en général qu'à la moitié de ces mêmes biens, l'autre moitié revenant au conjoint. C'est pour résoudre ce conflit de droits de retour que la loi du 23 juin 2006 a choisi d'écarter le jeu de l'article 368-1 lorsque l'adopté simple décède à la survivance de son conjoint.

235.53 Incidences de la présence du conjoint survivant. De ce que la présence du conjoint de l'adopté simple fait obstacle au droit de retour des ascendants donateurs, découlent deux conséquences :

- les biens par eux donnés, qui leurs seraient revenus au titre de la succession anomale en l'absence de conjoint, vont trouver place dans la succession ordinaire et augmenteront d'autant l'assiette des droits de ce dernier. Il ne paraît pas certain en effet que l'ascendant donateur puisse, en ce cas, se déplacer sur le terrain de l'article 738-2 pour réclamer le retour, fût-il partiel, des biens donnés : le texte qui l'institue figure en effet dans une section du Code civil relative aux « *droits des parents en l'absence de conjoint* », ce qui laisse supposer que ce droit de retour est inopposable au conjoint survivant;

- le conjoint vient prendre rang à sa place dans chaque famille - famille par le sang, famille adoptive. Sous cet aspect, certains ont pu soutenir que les droits du conjoint en présence d'ascendants privilégiés devraient être déterminés en faisant abstraction de la division de la succession par moitié entre la famille d'origine et la famille adoptive. Une telle analyse ne paraît guère concevable d'un point de vue pratique. C'est ainsi que dans l'hypothèse où le conjoint viendrait en concours avec les père et mère par le sang et le parent adoptif, cela conduirait à attribuer la moitié au conjoint survivant et un quart à chaque ascendant, soit en définitive cinq quarts... Aussi bien convient-il, en présence d'un conjoint survivant, de procéder à la fente particulière de l'article 368-1 du Code civil.

2°
Quant aux biens

235.61 Biens reçus à titre gratuit des père et mère. Les biens faisant l'objet du retour légal sont ceux acquis à titre gratuit par l'adopté, de sa famille par le sang ou de sa famille adoptive. Dans chaque cas, les biens peuvent avoir été recueillis dans leur succession - ce sont alors les collatéraux privilégiés qui exercent le droit de retour - ou par le fait de libéralités entre vifs.

235.62 Biens existants en nature au décès. Eu égard à l'objectif de conservation familiale qui fonde ce cas de retour légal, celui-ci n'est appelé à jouer que si les biens concernés se retrouvent en nature dans la succession de l'adopté. Cette condition ayant été évoquée à propos du retour légal en faveur des collatéraux privilégiés, on se permettra d'y renvoyer (v. s[s] n°s 235.20 s.). Rappelons simplement

1. Civ. 1re, 23 mai 2012, n° 11-14.104, *Bull. civ.* I, n° 112; *D.* 2012. 2776, note D. Autem; *JCP N* 2012. 1346, note C. Blanchard; *RTD civ.* 2012. 762, obs. M. Grimaldi.

que des biens perdus ou aliénés, fût-ce par une disposition à cause de mort, ne satisfont pas à cette exigence. C'est dire l'extrême fragilité de ce droit de retour, l'adopté pouvant le mettre à néant par des dispositions de dernière volonté.

De là résultent deux conséquences pratiques :

- d'une part, le droit de retour ne peut être exercé contre les ayants cause de l'adopté, notamment contre les tiers acquéreurs;
- d'autre part, la subrogation réelle est exclue.

B. Effets du retour légal

235.71 **Caractère successoral.** De ce que le droit de retour est un véritable droit de succession, découlent plusieurs conséquences. Comme tout héritier, le bénéficiaire du droit de retour doit satisfaire aux exigences de capacité et d'absence d'indignité; il jouit du même droit d'option que tout successible; il doit supporter dans le passif du *de cujus* une part proportionnelle à l'actif qu'il recueille; il recueille les biens dans l'état matériel et juridique où il les trouve au décès; il ne saurait renoncer au bénéfice de son droit avant l'ouverture de la succession (v. s[s] n° 235.12).

235.72 **Dualité de la succession.** Le droit de retour donne ouverture à une succession séparée de la succession ordinaire. Il suit de là qu'il existe deux dévolutions différentes, de sorte que ce ne sont pas nécessairement les mêmes héritiers qui sont appelés à l'une et à l'autre succession et que celui qui est appelé à l'une et l'autre succession peut, à l'égard de chacune d'elles, exercer son droit d'option dans des sens différents (v. s[s] n° 235.12).

235.73 **Fiscalité.** Le droit de retour légal des familles adoptives et par le sang au décès de l'adopté simple est soumis aux droits de mutation à titre gratuit[1].

§ 3 Retour légal au profit des père et mère donateurs (C. civ., art. 738-2)

235.81 **Justification.** En abrogeant l'ancien article 914 du Code civil, la loi du 23 juin 2006 a fait perdre aux ascendants la qualité d'héritiers réservataires qu'ils avaient toujours eue jusque-là. Cette réserve trouvait à s'appliquer dès lors que le défunt était mort sans postérité, mais à la survivance de ses père et/ou mère ou de tout autre ascendant, dès lors que celui-ci venait en rang utile à la succession. À hauteur de cette réserve, dont le taux était identique à celui de leurs droits *ab intestat*, soit un quart de la succession en propriété pour chacun, les père et mère étaient assurés de recueillir une partie des biens figurant dans le patrimoine, au besoin reconstitué, de leur enfant décédé, le reste étant dévolu, selon les cas, aux collatéraux privilégiés, au conjoint survivant ou à un légataire universel.

Si les droits successoraux des ascendants privilégiés ont été maintenus à l'identique de ce qu'il était avant la réforme s'agissant de leur *quantum*, ils ne sont plus aujourd'hui intangibles. De surcroît, la loi du 23 juin 2006 ne reconnaît aux père et mère aucune créance d'aliments à l'encontre de la succession s'ils sont dans le besoin, celle-ci étant admise au profit des seuls ascendants ordinaires lorsque le conjoint survivant recueille les trois quarts ou la totalité des biens (C. civ., art. 758). Cette curiosité est sans doute due à une inadvertance du législateur de 2006 qui a omis d'étendre la créance d'aliments aux ascendants privilégiés alors qu'au même moment il supprimait leur réserve.

Désormais exclus de toute protection réservataire, les ascendants privilégiés sont aujourd'hui en situation de pouvoir être exhérédés au profit de quiconque par la volonté du prémourant, y compris s'ils se trouvent dans le besoin. Le gain qui en résulte pour le futur défunt s'agissant de sa liberté de disposer, est assurément conforme à l'un des objectifs que le législateur de 2006 s'était fixé, encore que l'admission du conjoint au titre de réservataire par la loi du 3 décembre 2001 (C. civ., art. 914-1) ait pour effet de neutraliser le résultat recherché. Du moins le dispositif actuel traduit-t-il la profonde mutation qui s'est opérée en législation au sein des solidarités familiales.

235.82 **Lot de consolation.** Cette *diminutio capitis* infligée aux ascendants privilégiés leur vaut, à titre de compensation, le retour légal instauré par l'article 738-2 du Code civil, par la grâce duquel ils pourront retrouver « *dans tous les cas* », c'est-à-dire qu'ils viennent à la succession ou qu'ils en soient écartés, « *la propriété de tout ou partie des biens qu'ils avaient pu donner à leur enfant mort sans postérité* », ce qui exclut de la faveur légale les père et/ou mère n'ayant consenti aucune donation. Quant aux ascendants ordinaires, primés par le conjoint survivant depuis la loi du 3 décembre 2001, ils ne sont pas davantage concernés par ce dispositif, quand bien même ils auraient généreusement gratifié le défunt. Leur seul viatique réside dans la créance d'aliments à laquelle seuls ceux d'entre eux dont l'impécuniosité est avérée pourront prétendre, si toutefois la succession n'échoit pas à un légataire universel, car alors ils n'auront pour tout salut que de recourir à la solidarité nationale.

1. BOI-ENR-DMTG-10-10-10-10, 12 sept. 2012, n° 20.

235.83 Qualification. Le texte instaurant la nouvelle prérogative de l'ascendant donateur parle d'un droit de retour, qualification dont on peut douter qu'elle soit appropriée en l'espèce. Au sens technique du terme en effet, un droit de retour se définit comme le droit en vertu duquel une chose échappe aux règles ordinaires de dévolution pour revenir en nature et dans son intégralité à la personne de qui le défunt la tenait. Or, ainsi qu'on le verra, l'article 738-2 admet, fût-ce à titre subsidiaire, que **le retour puisse s'opérer en valeur**, lequel de surcroît est enfermé dans une limite telle que si la valeur du bien donné par l'ascendant l'excède, il ne reviendra à ce dernier que pour partie.

Dans un ordre d'idée voisin, nous disions (v. s[s] n°s 235.20 s.) que le droit conféré aux collatéraux privilégiés par l'article 757-3 issu de la loi de 2001 n'était pas constitutif d'un véritable retour légal, car si les choses qui en sont l'objet doivent bien se retrouver en nature dans la succession du défunt, elles ne retournent que pour moitié et non dans leur intégralité aux collatéraux privilégiés.

S'agissant du **dispositif dérogatoire organisé au profit de l'ascendant donateur par le nouvel article 738-2**, il semble qu'il ne soit **pas davantage constitutif d'un retour légal que d'une succession anomale,** alors pourtant que son apparente finalité lignagère l'y rattacherait de façon naturelle.

Il résulte en effet du texte que les père et/ou mère ne peuvent récupérer du bien donné plus que leur quote-part légale dans la succession ordinaire. En se référant expressément à la vocation *ab intestat* de l'ascendant donateur pour la mise en œuvre de son droit dit de retour (un droit *sui generis ?*) et son éventuelle imputation, l'article 738-2 lui assigne clairement le cadre de la succession ordinaire. Telle n'est pas la marque d'une véritable succession anomale, laquelle se caractérise par son autonomie à la fois dévolutive et liquidative par rapport à la succession ordinaire, ce qui, au passage, soulève la question de savoir si l'ascendant donateur dispose de deux options distinctes et éventuellement de sens contraire, l'une relative à la succession ordinaire, l'autre aux biens donnés. Eu égard aux règles qui président à la mise en œuvre du droit institué par l'article 738-2, il semble que l'ascendant ne puisse prétendre à la restitution de tout ou partie des biens donnés que s'il accepte la succession.

En réalité, seul le concours de certaines circonstances permettrait, le cas échéant, de donner à l'institution le double caractère de retour légal et de succession anomale. Pour qu'il en soit ainsi, il faudrait que le bien donné fasse retour à l'ascendant en nature et dans son intégralité; il faudrait encore que l'ascendant ait été privé de tout droit dans la succession du prémourant et qu'enfin il n'ait pas assorti la donation d'une **clause de retour conventionnel**. Or ce type de clause est de pratique courante sinon systématique s'agissant de donations consenties par un ascendant, en raison de l'efficacité particulière que lui confère son effet rétroactif. Le retour conventionnel permet en effet à l'ascendant de se réserver le droit, en cas de prédécès sans postérité du donataire, de reprendre libres de toutes charges et hypothèques le bien donné. De surcroît le dispositif est lui-même fréquemment renforcé par une **clause d'inaliénabilité du bien jusqu'au décès du donateur.** Il s'ensuit que le retour légal ne sera vraisemblablement appelé à jouer que dans les rares hypothèses où ne figurent pas dans l'acte gratuit de telles stipulations, ce qui désigne essentiellement certaines donations, qui, à raison de leur forme, don manuel, donation indirecte ou déguisée, s'y prêtent difficilement.

A. Biens concernés

235.91 Donation par un ascendant privilégié. Seuls sont concernés les biens ayant fait l'objet d'une donation de la part du père ou de la mère du défunt, **quelle qu'en soit la nature** – préciput ou avancement de part successorale –, et **la consistance** – mobilière ou immobilière, corporelle ou incorporelle – dès lors que l'ascendant donateur est en mesure d'en établir la preuve. De ce que la restitution peut s'exécuter en valeur, il se déduit que le bien qui en est l'objet peut être une **chose fongible**, ce qui soumet les donations de **sommes d'argent** au retour légal, au même titre que les **corps certains**. Sont en revanche exclues les donations consenties par d'autres personnes que les père et/ou mère du défunt, en particulier les ascendants ordinaires, lesquels ne peuvent par conséquent espérer trouver dans le dispositif mis en place par la loi du 23 juin 2006 la moindre compensation à leur propre exclusion du cercle des réservataires.

Sont également exclus les biens que le défunt a recueillis dans les successions de ses père et/ou mère, ce qui distingue le droit de l'ascendant donateur de celui qu'organise la loi au profit des ascendants de l'adopté simple (C. civ., art. 368-1), dont on a vu qu'au cas de leur prédécès, qu'il s'agisse de celui de l'adoptant ou de celui des parents par le sang, les biens par eux donnés étaient dévolus à leurs descendants respectifs. À cet égard, le droit conféré à l'ascendant donateur par l'article 738-2 fonctionne à la manière d'un droit exclusivement attaché à la personne de son titulaire puisqu'il s'éteint en même temps que lui, ce qui atteste le fondement particulier de ce cas de retour légal, qui l'apparente davantage à un substitut de réserve à vocation alimentaire qu'à une dévolution fondée sur l'origine des biens.

B.
Assiette du droit de l'ascendant

235.101 Quote-part *ab intestat*. L'article 738-2 limite le droit de l'ascendant sur les biens donnés à la « *quote-part* » à laquelle il peut prétendre au titre de sa vocation légale en présence de collatéraux privilégiés, c'est-à-dire un quart de la succession en propriété, selon l'article 738 auquel le texte renvoie. Une certaine doctrine n'a pas manqué de souligner l'ambiguïté de cette disposition, dont on peut se demander si elle plafonne le retour au quart de la succession du défunt ou au quart des biens donnés. Dans la première hypothèse, les biens donnés ont vocation à retourner dans leur intégralité à l'ascendant toutes les fois que leur valeur est inférieure à celle de sa part *ab intestat* dans l'actif successoral[1]. Dans la seconde, les biens donnés ne retournent jamais à l'ascendant au-delà du quart de leur valeur, quelle que soit par ailleurs le montant de ses droits *ab intestat*, le surplus tombant dans la succession ordinaire[2]. Le fait que le nouveau droit de l'ascendant donateur soit destiné, dans l'esprit du législateur de 2006, à suppléer la suppression de sa réserve héréditaire nous incite à considérer que l'assiette de ce droit est, à l'instar de celle de son ancienne réserve, représentée par l'actif net de succession, quelle que soit la valeur des biens donnés. C'est donc à concurrence d'un quart de l'actif net partageable que l'ascendant pourra réclamer restitution, en nature ou en valeur, des biens donnés.

C.
Imputation

235.111 Non-cumul du droit de retour et des droits légaux. L'article 738-2 alinéa 2 du Code civil prescrit d'imputer en priorité la valeur du bien ou de la portion de bien soumise au droit de retour sur les droits successoraux des père et mère dans le cadre de la dévolution légale. En d'autres termes, l'ascendant donateur ne peut cumuler le bénéfice de ses droits légaux avec celui de l'article 738-2. C'est dire qu'on ne retrouve pas en la matière la dualité des successions qui est la marque habituelle de la succession anomale. Lorsqu'il n'a pas été exhérédé par le prémourant, la valeur des biens sujets au retour se déduit donc de ses droits *ab intestat*; l'ascendant retrouvera par conséquent l'intégralité des biens donnés si leur valeur est inférieure au quart de la succession et pourra prétendre, à concurrence du surplus, à prélever sur l'actif successoral. Le cas contraire fera naître une indivision entre l'ascendant donateur et les héritiers du défunt sur les biens concernés s'ils ne sont pas partageables en nature, d'où la perspective de situations délicates en termes liquidatifs, ce qui va au rebours de l'objectif de simplification des opérations de partage que s'était fixé le législateur de 2006. On peut ainsi se demander si le juge, en pareille circonstance, ordonnera la licitation du bien pour attribuer à l'ascendant la fraction du prix correspondant à ses droits, ou s'il attribuera intégralement le bien à ce dernier moyennant le versement d'une soulte correspondant à ce qui dépasse de la restitution autorisée, ce qui n'est rien d'autre qu'une attribution préférentielle.

Lorsque l'ascendant a été exclu de la succession ordinaire par le donataire, la valeur des biens lui revenant au titre du retour légal ne peut logiquement que se déduire de l'actif partageable, diminuant d'autant la part des héritiers, avec le même risque d'indivision si cette valeur excède le plafond autorisé.

D.
Modalités du retour

235.121 Retour en nature ou en valeur. Alors que les retours légaux institués tant au profit de l'ascendant donateur de l'adopté simple qu'à celui des collatéraux privilégiés ne peuvent s'exercer que si les biens concernés figurent encore physiquement dans le patrimoine du défunt à l'ouverture de sa succession, celui qu'organise la loi au bénéfice des ascendants privilégiés connaît deux modalités, dont l'une, le retour en nature, figure comme le principe, et l'autre, le retour en valeur, comme l'exception, cette dernière étant appelée à jouer toutes les fois que le bien donné aura été aliéné ou que les biens successoraux ne suffiront pas à remplir les ascendants de leurs droits. Lorsqu'il s'opère en valeur, l'alinéa 3 de l'article 738-2 du Code civil plafonne le retour dû à l'ascendant à l'actif successoral, de manière que les héritiers désignés par le défunt ne soient tenus qu'« *intra vires successionis* ». S'ils se trouvent exhérédés de fait, du moins n'ont-ils pas alors à supporter personnellement la charge du retour dû à l'ascendant donateur.

235.122 Articulation avec le droit viager d'habitation du conjoint. À l'instar du droit de retour de l'article 757-3 (v. s[s] n°s 235.20 à 235.43), se pose la question de l'articulation du droit de

1. Rép. civ., v° *Succession (1° Dévolution)*, par R. Le Guidec et G. Chabot, janv. 2009 [màj janv. 2014], n° 396 – *J.-Cl. Civ.*, fasc. 10, art. 734 à 735, n° 116, par J. de Saint-Affrique – B. Beignier, *Libéralités et successions*, « Cours », Montchrestien, 2012, n° 770 – F. Terré, Y. Lequette et S. Gaudemet, n° 231.
2. N. Levillain, « Les droits successoraux des ascendants, Droit de retour légal de l'article 738-2 », *JCP N* 2007. 1135.

retour au profit des père et mère avec le droit viager au logement du conjoint, si le bien objet du retour porte sur l'immeuble qui constitue sa résidence habituelle. Nous avons vu que la dualité des successions se trouve ici écartée (v. s[s] n° 235.111). Partant de là, il devrait être permis au conjoint d'exercer son droit viager sur ce bien.

235.123 Fiscalité. Selon l'article 763 *bis* du Code général des impôts résultant de la loi de finances rectificative pour 2006 [1], applicable à compter du 1er janvier 2007, le droit de retour institué par l'article 738-2 du Code civil « *ne donne pas lieu à perception de droits de mutation à titre gratuit* » [2].

§ 4
Conflits entre les cas de retour

235.131 Hypothèses de conflits. En instaurant, en 2001 et en 2006, deux nouveaux cas de retour, le législateur n'a vraisemblablement pas perçu que ceux-ci pouvaient entrer en conflit avec le retour, établi depuis 1966, au profit des ascendants de l'adopté simple.

235.132 Conflit entre les articles 368-1 et 757-3 du Code civil. C'est ainsi qu'à la suite de l'adoption de l'article 757-3 par la loi du 3 décembre 2001, s'est posée la question de sa conciliation avec l'article 368-1, lorsque l'adopté simple décédé laissait un conjoint, après avoir reçu des libéralités d'un ascendant lui-même décédé en laissant des descendants, c'est-à-dire des collatéraux privilégiés du *de cujus*. Dans cette hypothèse, les biens donnés étaient susceptibles de faire retour au profit des collatéraux privilégiés soit en entier (C. civ., art. 368-1) soit pour moitié (C. civ., art. 757-3).

Fort opportunément, la loi du 23 juin 2006 est venue supprimer ce conflit en précisant que l'article 368-1 ne peut s'appliquer en présence d'un conjoint.

235.133 Conflit entre les articles 368-1 et 738-2 du Code civil. En revanche, le législateur de 2006 n'a pas été aussi rigoureux lorsqu'il a adopté un droit de retour au profit des père et mère. Il en résulte en effet un conflit entre l'article 368-1 et l'article 738-2 du Code civil, dans l'hypothèse où l'adopté simple décède sans postérité ni conjoint, après avoir reçu par donation de l'un de ses père et mère par le sang ou son parent adoptif, encore en vie, un bien qui se retrouve en nature dans sa succession.

Dans la mesure où il a été spécialement conçu pour la succession de l'adopté simple, le droit de retour de l'article 368-1 du Code civil devrait être préféré [3]. Ce n'est qu'à titre subsidiaire, par exemple lorsque les biens donnés ne se retrouvent pas en nature dans la succession, que le droit de retour de l'article 738-2 paraît recevoir application.

SECTION 2
BIENS DÉVOLUS SELON LEUR NATURE

235.140 Pluralité des biens dévolus selon leur nature. Doivent être rapprochées des successions anomales certaines **transmissions exceptionnelles instituées par des lois spéciales** qui confèrent tel bien particulier à tel héritier censé plus apte à le recueillir.

Ici, la spécialisation héréditaire est inspirée non par la considération de l'origine familiale du bien dont il s'agit d'assurer la dévolution, mais par celle de sa nature particulière.

D'une liste hétérogène, on retiendra les régimes particuliers applicables en matière de propriété littéraire et artistique (§ 1), de baux (§ 2), de souvenirs de famille (§ 3) et de sépulture (§ 4).

§ 1
Propriété littéraire et artistique

235.141 Dualité des droits. On rappellera que l'auteur d'une œuvre de l'esprit possède deux types de droits fondamentaux sur celle-ci : des **droits moraux**, qui sont perpétuels et inaliénables, et des **droits pécuniaires** qui, à l'inverse des précédents, sont limités dans le temps et susceptibles d'exploitation.

S'agissant de ces derniers, les seuls qui nous retiendront ici eu égard à leur caractère patrimonial, la loi du 11 mars 1957 prévoyait que le droit d'exploitation appartenant à l'auteur prédécédé subsistait au profit de ses héritiers pendant l'année en cours et les cinquante années suivant son décès. La loi du 27 mars 1997 a porté ce délai à **soixante dix années** (CPI, art. L. 123-1). La dévolution héréditaire des droits pécuniaires s'opère selon des règles dérogatoires au droit commun, du moins quant à l'usufruit.

1. L. n° 2006-1771, 30 déc. 2006, loi de finances rectificatives pour 2006, *JO* 31 déc., p. 20228.
2. V. AUSSI, BOI-ENR-DMTG-10-10-10-10, 12 sept. 2012, n° 20.
3. F. TERRÉ, Y. LEQUETTE et S. GAUDEMET, n° 240 – V. David-Balestriero, « La succession de l'adopté après la loi du 23 juin 2006 », *Defrénois* 2007. 1085 – F. Sauvage, « Adoptions simples et successions complexes », *AJ fam.* 2008. 457.

L'article L. 123-6 du Code de la propriété intellectuelle accorde en effet au conjoint survivant, quels que soient les héritiers avec lesquels il se trouve en concours et tant qu'il ne contracte pas un nouveau mariage, un **usufruit spécial**, dont le texte précise, par une référence expresse à la loi du 3 décembre 2001, qu'il est indépendant aussi bien de celui qu'il pourrait tenir l'article 757 du Code civil que des droits viagers d'usage et d'habitation prévus par l'article 764 du même code. **L'usufruit du conjoint** porte sur les **droits d'exploitation attachés à la propriété littéraire et artistique dont l'auteur n'aura pas préalablement disposé au profit de tiers, par donation ou testament.**

Quant à la nue-propriété de ces droits, encore qualifiés droits d'auteur, elle obéit au droit commun de la dévolution successorale.

Ce **particularisme de l'usufruit des droits d'auteur** s'explique par le fait que l'époux survivant est présumé avoir, par sa sollicitude, créé le climat favorable à l'élaboration des œuvres de l'esprit et qu'il est par conséquent légitime de l'en récompenser par l'octroi d'un droit de jouissance sur le produit de cette création. Aussi la loi exclut-elle de ce bénéfice le conjoint survivant contre lequel existe un jugement passé en force de chose jugée de séparation de corps.

235.142 **Exercice concurrent.** L'usufruit relatif aux droits d'auteur obéit à un régime propre, et son rapport avec l'usufruit de l'article 757 du Code civil ne manque pas d'évoquer celui qui s'institue entre la succession ordinaire et la succession anomale. Plusieurs traits témoignent de l'exercice concurrent des droits conférés au conjoint survivant par l'article L. 123-6 du Code de la propriété littéraire et de ceux qu'il tient de l'article 757 du Code civil.

C'est ainsi que le survivant peut prendre des partis différents à l'égard de chacun de ces usufruits, par exemple renoncer à la jouissance des droits d'auteur pour se contenter de l'usufruit ordinaire. Il ne sera pas pour autant privé de tout droit sur ceux-ci, car sa renonciation aura pour effet de les réintégrer dans la masse successorale au même titre que les biens d'autre nature et provenance, de sorte qu'il pourra y prétendre sur le fondement de l'article 757 du Code civil. Le conjoint peut à l'inverse opter pour le cumul des deux avantages, sans qu'il y ait lieu d'imputer l'usufruit spécial sur l'usufruit ordinaire, l'indépendance des deux droits postulant que les droits d'auteur soient exclus de l'assiette de l'usufruit légal. L'indépendance entre les deux prérogatives conférées au survivant des époux n'est cependant pas absolue, puisque l'émolument spécial de l'usufruitier est réductible en cas d'atteinte à la réserve, conformément aux règles de droit commun édictées par l'article 913 du Code civil.

§ 2
Baux

235.150 **Typologie.** Certains baux sont soumis par la législation contemporaine à des règles de transmission qui dérogent au droit commun de la dévolution successorale. Tel est le cas des baux ruraux et des baux d'habitation.

235.151 **Baux ruraux.** Il résulte de l'article L. 411-34 du Code rural et de la pêche qu'à la mort du preneur, le bail rural « *continue au profit de son conjoint, du partenaire avec lequel il est lié par un pacte civil de solidarité, de ses ascendants et de ses descendants participant à l'exploitation ou y ayant participé effectivement au cours des cinq années antérieures au décès* ».

Contrairement à ce que pourrait suggérer une lecture hâtive de ce texte, la transmission des baux ruraux par décès ne saurait être regardée comme un simple cas d'attribution préférentielle, opération de partage ouvrant droit comme telle à compensation pécuniaire au profit des héritiers non attributaires : les dérogations qu'il contient aux règles ordinaires de la dévolution successorale en font un cas de succession anomale. C'est du moins dans cette voie que la jurisprudence de la Cour de cassation semble s'être engagée en 1980.

D'une part, en effet, la loi prend ici en considération la nature particulière d'un bien – le droit au bail rural – par exception à la règle générale, naguère posée par l'article 732 ancien du Code civil, mais toujours d'actualité, selon laquelle « *la loi ne considère ni la nature ni l'origine des biens pour en régler la succession* ».

D'autre part, le texte règle de façon particulière la dévolution de ce bien, puisqu'au nombre des appelés ne figurent pas les parents collatéraux, que la loi civile désigne pourtant comme successibles.

Le **particularisme de la transmission du bail rural** se marque davantage encore en ce que la **qualité d'héritier** est insuffisante à en conférer la titularité, comme c'eût été le cas dans la succession ordinaire; il y faut encore la **participation effective à l'exploitation lors du décès ou dans les cinq années qui l'ont précédé.**

Enfin, l'énumération des attributaires du bail rural n'est pas conforme à l'ordre adopté par la loi civile lorsqu'elle désigne les héritiers appelés à la succession ordinaire : autant d'éléments propres à qualifier d'anomale la dévolution du droit au bail rural, ainsi que l'a fait remarquer la Cour de cassation[1].

Si le preneur à bail ne laisse à son décès personne remplissant les deux conditions requises par l'arti-

1. Civ. 1re, 18 mars 1980, no 78-14.517, *Bull. civ.* I, no 93; *D.* 1981. 17, note A. Breton.

cle L. 411-34 du Code rural et de la pêche, le bailleur a la faculté de résilier le bail dans les six mois qui suivent le décès du preneur. À défaut d'exercer cette faculté, le bail se transmet aux héritiers ordinaires.

235.152 **Baux d'habitation.** En cette matière, la loi du 3 décembre 2001 a modifié deux textes du Code civil dans un sens favorable au conjoint survivant.

Il s'agit d'une part de l'article 1751 du Code civil relatif à la **cotitularité du bail entre époux**. Le législateur de 2001 fait du conjoint le bénéficiaire exclusif et automatique du bail au décès du prémourant, ce qui l'affranchit de toute concurrence avec les héritiers du défunt. Corrélativement il a modifié l'article 14 de la loi du 6 juillet 1989 relative à l'amélioration des rapports locatifs, pour reconnaître au conjoint, mais cette fois de manière non exclusive, le **droit au transfert du contrat de location lorsqu'il ne peut se prévaloir de l'article 1751**, ce qui correspond en pratique à des hypothèses marginales (bail conclu par un des époux pendant une instance en divorce, bail mixte à usage d'habitation et professionnel).

§ 3
Souvenirs de famille

235.161 **Particularisme.** Sont également objets d'une dévolution particulière les souvenirs de famille. Ce vocable désigne les objets familiaux de valeur essentiellement morale et subjective laissés par le défunt, même si certains d'entre eux revêtent de surcroît une valeur vénale qui peut n'être pas négligeable : papiers de famille, portraits, armes, décorations... En tant qu'ils témoignent de l'histoire familiale, ils constituent un héritage plus sentimental que patrimonial, dont l'affectation familiale commande que les règles de leur transmission soient aménagées de façon spécifique, notamment afin d'éviter une dispersion qui leur ferait perdre la dimension familiale qui fait l'essentiel de leur intérêt.

235.162 **Jurisprudence.** Le silence de la loi en cette matière à conduit la jurisprudence à dégager un principe d'attribution élaboré en marge des règles de dévolution et de partage établies par le Code civil.

Ainsi, à défaut de désignation testamentaire ou d'accord amiable entre les héritiers, la Cour de cassation se reconnaît-elle le droit de confier les souvenirs de famille « *à titre de dépôt, à celui des membres de la famille que les tribunaux estiment le plus qualifié* »[1].

C'est dire que les souvenirs de famille ne font pas l'objet d'une dévolution privative à tel ou tel héritier, mais sont remis à la disposition des membres de la famille dans les mains de l'un d'eux, fût-il non héritier, qui en sera simple dépositaire, à charge pour lui de les conserver et d'en permettre le libre accès aux autres membres de la famille.

Cette qualification suggère une **véritable copropriété indivise familiale**, qui fait échapper les biens qui en sont l'objet au droit commun de la dévolution, de l'indivision et du partage.

§ 4
Sépultures

235.171 **Double particularisme.** La transmission à cause de mort des concessions funéraires s'opère, elle aussi, de façon doublement particulière, dans la mesure où elle s'écarte à la fois du droit commun de la succession et de celui de la propriété.

Le plus souvent, la fondation d'une sépulture intervient dans le cadre d'une concession municipale et se fait à titre familial, le futur défunt créant la sépulture pour lui et pour les siens.

À défaut de disposition particulière de sa part, les membres proches de sa famille ainsi que leurs descendants disposent du droit d'y admettre de nouveaux corps, mais cette transmission n'a lieu que dans la limite des places disponibles.

235.172 **Nature du droit à sépulture.** Un moment discutée, la nature du droit à sépulture est aujourd'hui regardée en jurisprudence comme étant constitutive d'un **droit réel immobilier d'usage avec affectation spéciale,** dont les titulaires sont en quelque sorte copropriétaires. Le droit d'usage se traduit par le droit d'y être inhumé, d'y faire inhumer les siens et de s'opposer à l'inhumation de tiers. C'est à partir d'une notion plus sociale que juridique de la famille et en tenant compte de la volonté probable du concessionnaire originaire, que les tribunaux déterminent les bénéficiaires de ce droit : conjoint survivant, ascendants, descendants, même s'ils ne succèdent pas au patrimoine.

En cas de contestation, ou s'il n'y a pas assez de place pour tous, les prémourants sont prioritaires, par application de la règle *Prior tempore potior jure*.

Mais le tombeau ainsi que le droit de l'utiliser sont **hors du patrimoine et voués à l'indivision.** Ils ne peuvent par conséquent être ni licités, ni partagés, ni acquis par prescription.

Cependant, le fondateur peut modifier cette dévolution en attribuant, par disposition de dernière volonté, le tombeau à la personne de son choix, membre de la famille ou étranger.

1. Civ. 1re, 21 févr. 1978, n° 76-10.561, *Bull. civ.* I, n° 71 ; *JCP* 1978. II. 18836, concl. Gulphe.

SECTION 3
FISCALITÉ

235.181 Donation en ligne directe de biens antérieurement transmis à un premier donataire en ligne directe et ayant fait retour au donateur – Renvoi.

– V. aussi l'article du Code général des impôts s[s] n° 235.01, CGI, art. 791 *ter*.

– V. aussi s[s] n°s 613.31 et 613.32.

TITRE

24. La transmission et l'administration de la succession[1]

SECTION 0 ORIENTEUR

24.00 **Plan du titre.**

24.09 **Présentation.** Les règles de dévolution ayant permis de déterminer ceux qui sont appelés à recueillir les droits du *de cujus* et l'étendue de leur vocation successorale, il convient désormais de déterminer les modalités selon lesquelles ces droits sont transmis aux héritiers. Celles-ci sont regroupées sous l'appellation « *transmission de la succession* » ou « *administration de la succession* », les deux termes étant au demeurant quasiment synonymes. Traditionnellement, le droit français retenait l'expression de « *transmission* » marquant par là son attachement au principe de la continuation de la personne du défunt et ce, contrairement au terme d'administration plus volontiers retenue dans les pays de *Common Law* où cette phase successorale est plus organisée.

La loi du 23 juin 2006[2], portant réforme des successions et libéralités, a transformé, en profondeur, les modalités de transmission de la succession en ayant pour objectif de simplifier, d'accélérer et de sécuriser le règlement successoral. Dans cette perspective, l'organisation d'une véritable administra-

1. Cette contribution doit beaucoup à Marie Goré. Qu'elle reçoive ici l'hommage qui est dû à la finesse de ses analyses.

2. L. n° 2006-728, 23 juin 2006, portant réforme des successions et libéralités, *JO* 24 juin, p. 9513.

tion de la succession a été mise en place et le terme même figure dans le chapitre VI intitulé « De l'administration de la succession par un mandataire », du titre I « Des successions », du livre 3 du Code civil.

L'administration de la succession recouvre l'ensemble des opérations qui, du jour du décès au jour du partage, concourent à la remise définitive de leur dû aux ayants droit. Ainsi, font partie intégrante de cette phase l'appréhension et la gestion de l'actif, la liquidation du passif (sur laquelle, v. s^s^ n°s 261.10 s. à 264.10 s.).

Antérieurement à la réforme de 2006, le droit français consacrait clairement le **principe de la succession à la personne**, par opposition au système anglo-américain qui adopte le modèle de la succession aux biens. Toutes les conséquences en sont alors tirées : la transmission s'opère de plein droit au profit des successeurs désignés par les règles de la dévolution. Et ce principe s'applique tant en matière de succession *ab intestat* qu'en matière de succession testamentaire, sauf à relever certaines divergences dans la réglementation.

La dernière *réforme de 2006* a quelque peu altéré ces solutions. Il est en effet plus difficile d'être aussi affirmatif sur l'attachement du droit français au principe de la continuation de la personne du défunt compte tenu de certaines **innovations (administration par un mandataire, obligation au passif)** qui ne sont pas parfaitement compatibles avec le principe traditionnellement retenu. Il existe donc des tempéraments à la succession à la personne en droit français. Afin de rendre compte de la transmission et de l'administration de la succession, il convient d'évoquer successivement certaines difficultés.

D'une part, si la transmission s'opère de plein droit, elle n'est pas imposée aux successibles qui bénéficient d'une **option successorale** (chap. 241 à 244).

D'autre part, si l'acquisition des droits du *de cujus* se fait immédiatement au profit des successibles, l'exercice de ces mêmes droits peut nécessiter l'accomplissement de certaines formalités selon la qualité des successeurs. Ces solutions peuvent, en outre, être écartées par la désignation d'un mandataire selon diverses modalités précisées par la loi du 23 juin 2006. Il conviendra donc de déterminer quels sont les **modes de transmission de la succession** (chap. 245 à 248).

Enfin, le successible doit être en mesure de rapporter la **preuve de sa qualité d'héritier** (chap. 249).

CHAPITRE

240. Principes généraux

CHRISTOPHE VERNIÈRES
PROFESSEUR À L'UNIVERSITÉ
PARIS 8 – VINCENNES SAINT-DENIS

SECTION 0 ORIENTEUR

240.00 Plan du chapitre.

SECTION 1 TERMES DE L'OPTION SUCCESSORALE

240.11 Présentation. Si la transmission s'opère de plein droit, elle ne s'impose pas pour autant à l'héritier. La transmission présente donc un caractère facultatif. L'ancien article 775 du Code civil disposait très clairement : « *Nul n'est tenu d'accepter une succession qui lui est échue* ». Ce texte n'a certes pas été repris par la réforme intervenue en 2006, mais le principe demeure. Il résulte de l'article 768 du Code civil qui propose trois partis à l'héritier. Aussi bien, le terme héritier est-il en principe réservé, *stricto sensu*, à celui qui a pris parti, l'expression « *successible* » désignant celui qui, bien qu'appelé à la succession, n'a pas encore formulé les termes de son option. Si la transmission successorale est facultative, c'est pour tenir compte de la diversité des situations, les successions pouvant être déficitaires ou, au contraire, bénéficiaires.

La loi offre aux successibles trois possibilités :

– **L'acceptation pure et simple de la succession** qui ne fait que conforter la transmission de plein droit qui a été réalisée au profit de l'héritier. C'est la solution la plus classique. L'héritier se trouve alors tenu, en principe et sous certaines réserves, au passif au-delà de l'actif qu'il recueille.

– **L'acceptation à concurrence de l'actif net** (anciennement acceptation sous bénéfice d'inventaire). Les droits de l'héritier sont consolidés mais son obligation au passif est limitée à hauteur de l'actif recueilli avec, en contrepartie, une limitation de ses pouvoirs d'administration sur les biens héréditaires.

– **La renonciation** par laquelle l'héritier décide de répudier la succession à laquelle il est désormais étranger. Cette renonciation peut être justifiée par des motifs très variés : soit que l'héritier veuille échapper à un passif excessif sans avoir à se soumettre aux règles strictes de l'acceptation sous bénéfice d'inventaire, soit qu'il entende conserver une libéralité rapportable excédant sa part, soit, moins fréquemment, que l'héritier souhaite avantager ses autres cohéritiers qui bénéficieront ainsi de sa part.

Il conviendra d'examiner successivement d'une part le droit commun gouvernant le droit d'option (chap. 241), d'autre part les règles particulières régissant chacun des termes de l'option (chap. 242 à 244).

Trois partis sont offerts à l'héritier : l'acceptation pure et simple (chap. 242) – seul terme non formaliste –, l'acceptation à concurrence de l'actif net (chap. 243) et la renonciation (chap. 244).

SECTION 2 MODES DE TRANSMISSION ET D'ADMINISTRATION DE LA SUCCESSION

240.21 Présentation. Encore fidèle au principe de la continuation de la personne du défunt, – en dépit de certaines atteintes au principe résultant de la réforme de 2006 – le droit français consacre le **principe de l'acquisition immédiate et de plein droit des droits du *de cujus*** par les héritiers. Le successeur devient ainsi, *de plano*, sans autre formalité, par le seul fait du décès, titulaire des droits qui lui sont dévolus. Dès le décès, il se retrouve propriétaire des biens et créancier des débiteurs du *de cujus*. Aucune rupture ne se produit donc en raison du décès dans la titularité des droits.

Cette règle de la transmission immédiate des droits du *de cujus* s'applique indistinctement aux successeurs *ab intestat* ou testamentaires, qu'ils soient universels, à titre universel ou à titre particulier. L'immédiateté de la transmission est en principe d'une application très générale.

Il reste que la question de l'acquisition de **la titularité des droits** doit être dissociée de celle de **l'exercice des droits**. Ce n'est pas parce que le successeur est devenu titulaire de plein droit des droits et biens du *de cujus* qu'il a pour autant le pouvoir d'exercer effectivement les prérogatives qui y sont attachées sans autre formalité, avec tout ce que cela comporte : appréhension des biens, perception dès fruits, recouvrement des créances, défense à une action en justice, *etc*. En outre, il est de plus en plus de **situations où un mandataire sera habilité à administrer la succession**, qu'il tienne son droit du ***de cujus***, du **juge** ou de ses **cohéritiers**.

Les modalités de transmission et d'administration de la succession sont ainsi diverses et il faut donc successivement étudier : la saisine (chap. 245), l'absence de saisine (chap. 246), les successions vacantes ou en déshérence (chap. 247), l'administration de la succession par un mandataire (chap. 248) et la preuve de sa qualité d'héritier par le successible (chap. 249).

CHAPITRE

241. Option successorale : droit d'option

CHRISTOPHE VERNIÈRES
PROFESSEUR À L'UNIVERSITÉ
PARIS 8 – VINCENNES SAINT-DENIS

SECTION 0
ORIENTEUR

241.00 Plan du chapitre.

Division. L'étude générale du droit d'option mérite d'être abordée d'un quadruple point de vue : les titulaires de l'option (sect. 1), le délai d'exercice de l'option (sect. 2), les caractères de l'option (sect. 3), les causes d'inefficacité de l'option (sect. 4).

241.01 Textes applicables.

C. civ., art. 768 à 781

L. n° 2006-728, 23 juin 2006, portant réforme des successions et des libéralités, *JO* 24 juin, p. 9513 (*entrée en vigueur le 1er janv. 2007*)

C. civ., art. 768 (*L. n° 2006-728, 23 juin 2006, art. 1er*)

L'héritier peut accepter la succession purement et simplement ou y renoncer. Il peut également accepter la succession à concurrence de l'actif net lorsqu'il a une vocation universelle ou à titre universel.

Est nulle l'option conditionnelle ou à terme.

C. civ., art. 769 (*L. n° 2006-728, 23 juin 2006, art. 1er*)

L'option est indivisible.

Toutefois, celui qui cumule plus d'une vocation successorale à la même succession a, pour chacune d'elles, un droit d'option distinct.

C. civ., art. 770 (*L. n° 2006-728, 23 juin 2006, art. 1er*)

L'option ne peut être exercée avant l'ouverture de la succession, même par contrat de mariage.

C. civ., art. 771 (*L. n° 2006-728, 23 juin 2006, art. 1er*)

L'héritier ne peut être contraint à opter avant l'expiration d'un délai de quatre mois à compter de l'ouverture de la succession.

À l'expiration de ce délai, il peut être sommé, par acte extrajudiciaire, de prendre parti à l'initiative d'un créancier de la succession, d'un cohéritier, d'un héritier de rang subséquent ou de l'État.

C. civ., art. 772 (*L. n° 2006-728, 23 juin 2006, art. 1er*)

Dans les deux mois qui suivent la sommation, l'héritier doit prendre parti ou solliciter un délai supplémentaire auprès du juge lorsqu'il n'a pas été en mesure de clôturer l'inventaire commencé ou lorsqu'il justifie d'autres motifs sérieux et légitimes. Ce délai est suspendu à compter de la demande de prorogation jusqu'à la décision du juge saisi.

À défaut d'avoir pris parti à l'expiration du délai de deux mois ou du délai supplémentaire accordé, l'héritier est réputé acceptant pur et simple.

C. civ., art. 773 (*L. n° 2006-728, 23 juin 2006, art. 1er*)

À défaut de sommation, l'héritier conserve la faculté d'opter, s'il n'a pas fait par ailleurs acte d'héritier et s'il n'est pas tenu pour héritier acceptant pur et simple en application des articles 778, 790 ou 800.

C. civ., art. 774 (*L. n° 2006-728, 23 juin 2006, art. 1er*)

Les dispositions des articles 771, 772 et 773 s'appliquent à l'héritier de rang subséquent appelé à succéder lorsque l'héritier de premier rang renonce à la succession ou est indigne de succéder. Le délai de quatre mois prévu à l'article 771 court à compter du jour où l'héritier subséquent a eu connaissance de la renonciation ou de l'indignité.

C. civ., art. 775 (*L. n° 2006-728, 23 juin 2006, art. 1er*)

Les dispositions visées à l'article 774 s'appliquent également aux héritiers de celui qui décède sans avoir opté. Le délai de quatre mois court à compter de l'ouverture de la succession de ce dernier.

Les héritiers de celui qui décède sans avoir opté exercent l'option séparément, chacun pour sa part.

C. civ., art. 776 (*L. n° 2006-728, 23 juin 2006, art. 1er*)

L'option exercée a un effet rétroactif au jour de l'ouverture de la succession.

C. civ., art. 777 (*L. n° 2006-728, 23 juin 2006, art. 1er*)

L'erreur, le dol ou la violence est une cause de nullité de l'option exercée par l'héritier.

L'action en nullité se prescrit par cinq ans à compter du jour où l'erreur ou le dol a été découvert ou du jour où la violence a cessé.

C. civ., art. 778 (*L. n° 2006-728, 23 juin 2006, art. 1er; mod. par L. n° 2009-526, 12 mai 2009, art. 10*)

Sans préjudice de dommages et intérêts, l'héritier qui a recelé des biens ou des droits d'une succession ou dissimulé l'existence d'un cohéritier est réputé accepter purement et simplement la succession, nonobstant toute renonciation ou acceptation à concurrence de l'actif net, sans pouvoir prétendre à aucune part dans les biens ou les droits détournés ou recelés. Les droits revenant à l'héritier dissimulé et qui ont ou auraient pu augmenter ceux de l'auteur de la dissimulation sont réputés avoir été recelés par ce dernier.

Lorsque le recel a porté sur une donation rapportable ou réductible, l'héritier doit le rapport ou la réduction de cette donation sans pouvoir y prétendre à aucune part.

L'héritier receleur est tenu de rendre tous les fruits et revenus produits par les biens recelés dont il a eu la jouissance depuis l'ouverture de la succession.

C. civ., art. 779 (*L. n° 2006-728, 23 juin 2006, art. 1er*)

Les créanciers personnels de celui qui s'abstient d'accepter une succession ou qui renonce à une succession au préjudice de leurs droits peuvent être autorisés en justice à accepter la succession du chef de leur débiteur, en son lieu et place.

L'acceptation n'a lieu qu'en faveur de ces créanciers et jusqu'à concurrence de leurs créances. Elle ne produit pas d'autre effet à l'égard de l'héritier.

C. civ., art. 780 (*L. n° 2006-728, 23 juin 2006, art. 1er*)

La faculté d'option se prescrit par dix ans à compter de l'ouverture de la succession.

L'héritier qui n'a pas pris parti dans ce délai est réputé renonçant.

La prescription ne court contre l'héritier qui a laissé le conjoint survivant en jouissance des biens héréditaires qu'à compter de l'ouverture de la succession de ce dernier.

La prescription ne court contre l'héritier subséquent d'un héritier dont l'acceptation est annulée qu'à compter de la décision définitive constatant cette nullité.

La prescription ne court pas tant que le successible a des motifs légitimes d'ignorer la naissance de son droit, notamment l'ouverture de la succession.

C. civ., art. 781 (*L. n° 2006-728, 23 juin 2006, art. 1er*)

Lorsque le délai de prescription mentionné à l'article 780 est expiré, celui qui se prévaut de sa qualité d'héritier doit justifier que lui-même ou celui ou ceux dont il tient cette qualité ont accepté cette succession avant l'expiration de ce délai.

241.02 Jurisprudence de référence.

> Délai pour opter

• Civ. 1re, 11 mai 1966, n° 64-11.703, *Bull. civ.* I, n° 284

* V. ss n° 241.21

Si l'expiration du délai pour faire inventaire et délibérer établi par l'article 795 n'a pas pour effet de rendre acceptant pur et simple le successible qui n'a pas encore fait connaître sa position, elle l'oblige du moins à prendre parti; s'il n'a pas pris parti, le successible, qui ne dispose pas d'une exception dilatoire, doit être regardé comme héritier pure et simple à l'égard du créancier successoral qui l'a poursuivi.

> Transmissibilité de l'option

• Civ. 1re, 14 nov. 2006, n° 03-13.473, *Bull. civ.* I, n° 491

* V. ss n° 241.11

L'héritier de celui qui est appelé à une succession sans avoir pris parti dispose de tous les droits de son auteur; les héritiers qui acceptent la succession de leur grand-mère, décédée moins de trois ans après le décès de sa propre mère sans avoir manifesté une quelconque volonté d'acceptation ou de renonciation à la succession de ses parents, peuvent exercer le droit d'option héréditaire et renoncer à la succession de leurs arrière-grands-parents.

> Option par un successible en liquidation judiciaire

• Com. 3 mai 2006, n° 04-10.115, *Bull. civ.* IV, n° 109

* V. ss n° 241.16

La faculté d'accepter une succession ou d'y renoncer étant un choix attaché à la personne, le débiteur en liquidation judiciaire l'exerce seul, sans préjudice de la mise en œuvre éventuelle par le liquidateur, en sa qualité de représentant des créanciers, de l'action prévue par l'article 788 (anc.).

> Conditions de l'inopposabilité de la renonciation aux créanciers personnels du renonçant

• Civ. 1re, 19 déc. 2012, n° 11-25.578, *Bull. civ.* I, n° 271

* V. ss n° 241.105

Le créancier de l'héritier renonçant doit établir l'insolvabilité, au moins apparente, de celui-ci, à la date de la renonciation, pour se faire autoriser à accepter la succession en son lieu et place.

> Acceptation sous bénéfice d'inventaire

• Civ. 1re, 14 mai 1996, n° 93-20.972, *Bull. civ.* I, n° 211

* V. ss n° 241.83

L'héritier qui déclare ne prendre qualité que sous bénéfice d'inventaire accepte la succession.

> Application à la prescription de l'option de la règle *contra non valentem*

• Civ. 1re, 7 juin 2006, n° 04-11.141, *Bull. civ.* I, n° 296

* V. ss n° 241.41

L'ignorance légitime de l'ouverture de la succession, à l'exclusion de celle de l'existence d'un successible, suspend le délai de la prescription trentenaire prévue à l'article 789 ancien.

> Effets de la renonciation frauduleuse

• Civ. 1re, 14 nov. 2006, n° 03-30.230, *Bull. civ.* I, n° 492

* V. ss n° 241.105

Le créancier autorisé à accepter la succession en lieu et place de son débiteur ne devient pas héritier du défunt; son action est sans incidence sur l'option exercée par le renonçant, dont la part accroît à ses cohéritiers, qui sont tenus de payer les dettes successorales au prorata de leur part héréditaire.

241.03 Bibliographie indicative.

Actualisable. Rép. civ., v° *Succession (2° Transmission)*, par R. Le Guidec et G. Chabot, sept. 2011 [màj janv. 2014].

Ouvrages.

* V. références citées ss nos 02.06 et 02.07.

Articles. J.-R. Binet, « La sécurisation de l'option successorale », *Dr. fam.* 2006. Étude 55 – C. Brenner, « La gestion de la succession », *D.* 2006. Chron. 2559 – V. Brémond, « Le nouveau régime du passif successoral », *D.* 2006. Chron. 2561 – A.-M. Leroyer, « Réforme des successions et libéralités », *RTD civ.* 2006. 612 – S. Mazeaud-Leveneur, « La modernisation de l'option successorale », *JCP N* 2008. 1247; « Les conséquences du silence de l'héritier sur l'option successorale », *JCP N* 2012. 1399 – F. Mehdi-Ayoub Pfaff, « Vers une efficacité et une sécurité renforcées en matière d'option successorale », *RLDC* nov. 2007, p. 48 – J.-F. Sagaut, « L'option successorale après la loi du 23 juin 2006 », *AJ fam.* 2006. 310 – F. Sauvage, « Le cantonnement des libéralités », *Defrénois* 2010. 1027 – A. Tisserand-Martin, « Réflexions sur le régime de l'option successorale après la réforme du 23 juin 2006 », *Mél. G. Goubeaux*, Dalloz/LGDJ, 2009, p. 533.

241.04 Questions essentielles.

> L'héritier peut-il revenir sur son option et se rétracter ?

* V. ss n° 241.81

> L'héritier peut-il prendre un parti différent selon les différents éléments de la succession ?

* V. ss n° 241.71

> Comment remettre en cause une option ?

* V. ss n° 241.101

> À quelles conditions un mineur peut-il opter ?

* V. ss n° 241.13

> Les créanciers personnels d'un héritier peuvent-ils opter à la place de leur débiteur ?

* V. ss n° 241.16

241.05 Délais.

> Délai pour opter

• *Droit antérieur à la réforme du 23 juin 2006 (successions ouvertes avant le 1er janvier 2007) :* **double délai** : délai de **trois mois** à compter de l'ouverture de la succession pour procéder à l'inventaire et délai de **quarante jours** pour délibérer, et computation de ces deux délais.

* V. ss nos 241.21 à 241.23

• *Droit issu de la réforme du 23 juin 2006 (successions ouvertes depuis le 1er janvier 2007) :* **délai unique** de **quatre mois** à compter de l'ouverture de la succession pour opter; **à défaut, délai de deux mois**, à compter de la sommation qui ne peut être délivré qu'à l'expiration du délai de quatre mois.

* V. ss nos 241.24 et 241.25

> Délai de prescription du droit d'option

• *Droit antérieur à la réforme du 23 juin 2006 (successions ouvertes avant le 1er janvier 2007) :* **30 ans** à compter de l'ouverture de la succession.

* V. ss nos 241.31 et 241.32

• *Droit issu de la réforme du 23 juin 2006 (successions ouvertes depuis le 1er janvier 2007) :* **10 ans** à compter de l'ouverture de la succession.

* V. ss nos 241.35 et 241.36

241.06 Sanctions.

> Sanction du recel : privation du droit d'opter pour l'héritier receleur et privation de sa part dans les objets recelés.

* V. ss n° 241.63

> Nullité relative de l'option successorale en cas d'erreur sur la substance, de dol ou de violence.

* V. ss n° 241.102

241.07 Actions.

> Exception dilatoire de l'héritier n'ayant pas encore opté, dans la limite du délai légal ou prorogé.

* V. ss n° 241.23

> Actions et possibilité d'acceptation éventuelle de la succession par les héritiers subséquents.

* V. ss n° 241.44

> Action paulienne au profit du créancier personnel de l'héritier renonçant.

* V. ss n° 241.105

SECTION 1
TITULAIRES DU DROIT D'OPTION

241.11 Principe. Tous les successibles bénéficient de l'option successorale. Qu'ils tiennent leur titre de la loi ou de la volonté du *de cujus*, qu'il s'agisse de légataires ou d'institués contractuels. Et ce, quelle que soit l'étendue de leur vocation, universelle, à titre universel ou à titre particulier. L'option héréditaire appartient aux successibles de premier rang, ainsi qu'à leurs successeurs dans l'hypothèse où ils décéderaient avant de l'exercer (C. civ., art. 775), chacun exerçant l'option séparément pour sa part. C'est ainsi qu'un héritier, qui accepte la succession de sa grand-mère, peut exercer, du chef de celle-ci, l'option dans la succession de son arrière-grand-mère[1].

Qu'en est-il des **héritiers subséquents** ? Antérieurement à la réforme de 2006, la jurisprudence admettait qu'ils acceptent à titre provisoire dans

1. Civ. 1re, 14 nov. 2006, n° 03-13.473, *Bull. civ.* I, n° 491.

l'hypothèse où les héritiers venant en rang utile n'exerceraient pas l'option dans le délai requis ou renonceraient à la succession[1]. Cette saisine, dite virtuelle, leur permettait de pallier la négligence des héritiers en rang utile en appréhendant les biens de la succession et en exerçant les actions relatives à celle-ci. La loi nouvelle n'a pas consacré cette saisine virtuelle au profit des héritiers subséquents, mais elle leur octroie le droit de sommer les héritiers en rang utile de prendre parti (v. s[s] n°s 241.31 s.). Sous cet aspect, l'existence de cette action interrogatoire diminue fortement l'intérêt de la saisine virtuelle (v. s[s] n° 245.12).

241.12 Successible incapable : mesures applicables à compter du 1er janvier 2009. La protection des incapables a fait l'objet d'une réforme avec la loi n° 2007-308 du 5 mars 2007[2], laquelle n'est pas sans incidence sur les textes applicables en matière d'option des incapables. À cet égard, le décret n° 2008-1484 du 22 décembre 2008 classe l'acceptation à concurrence de l'actif net parmi les actes d'administration, tandis que l'acceptation pure et simple et la renonciation sont rangées au sein des actes de disposition[3]. Ces nouvelles règles sont en vigueur depuis le 1er janvier 2009.

241.13 Successible incapable : mineur non émancipé. Le régime spécifique mis en place varie nécessairement en fonction d'une part des termes de l'option adoptée, d'autre part du régime sous lequel l'incapable est placé. La combinaison des différentes dispositions aboutit au régime suivant :

• **Mineur sous administration légale pure et simple.** Les représentants légaux du mineur doivent agir ensemble pour accepter purement et simplement (C. civ., art. 389-5 et 507-1, al. 1er) et à défaut d'accord doivent solliciter l'autorisation du juge des tutelles, laquelle s'impose pour qu'ils renoncent au nom du mineur à la succession (C. civ., art. 389-5, al. 3). En revanche, les représentants légaux peuvent, seuls, accepter à concurrence de l'actif net comme ils pouvaient auparavant accepter seuls sous bénéfice d'inventaire (C. civ., art. 389-4 et 507-1, al. 1er).

• **Mineur sous administration légale sous contrôle judiciaire.** L'administrateur légal ne peut ni accepter purement et simplement ni renoncer à la succession qu'une fois autorisé par le juge des tutelles (C. civ., art. 389-6, al. 1er et 507-1). Il peut, seul, accepter à concurrence de l'actif net (ou accepter sous bénéfice d'inventaire) (C. civ., art. 389-6, al. 2 et 507-1, al. 1er).

• **Mineur sous tutelle.** Le tuteur doit requérir l'autorisation par délibération spéciale du conseil de famille pour accepter purement et simplement (C. civ., art. 507-1, al. 1er) ou pour renoncer à la succession (C. civ., art. 507-1, al. 2). Au demeurant, l'acceptation pure et simple de la succession ne peut être autorisée que si l'actif dépasse manifestement le passif. Mais le tuteur peut accepter seul la succession à concurrence de l'actif net (C. civ., art. 507-1, al. 1er).

241.14 Successible incapable majeur. Là encore, les modalités de l'option dépendent du régime auquel est soumis le majeur protégé et de l'option retenue. Ceci donne les solutions suivantes :

• **Majeur sous tutelle.** Les règles relatives à l'option du mineur sous tutelle s'appliquent en cette hypothèse (C. civ., art. 507-1).

• **Majeur en curatelle.** L'acceptation pure et simple de la succession ou la renonciation à la succession suppose que le majeur en curatelle soit assisté de son curateur (C. civ., art. 467). En revanche, le majeur en curatelle peut accepter seul à concurrence de l'actif net et il lui faudra être assisté pour recevoir des capitaux et en faire emploi (C. civ., art. 468).

• **Majeur sous sauvegarde de justice.** Dès lors que l'article 435 alinéa 1er du Code civil précise que le majeur placé sous la sauvegarde de justice conserve l'exercice de ses droits, ce dernier dispose d'une liberté totale pour les formes de son option successorale. Sous réserve d'une action en rescision pour lésion dans l'hypothèse où il aurait accepté purement et simplement une succession qui s'avérerait déficitaire (C. civ., art. 435).

241.15 Héritiers testamentaires. Le Code civil, dans sa rédaction antérieure à la réforme de 2006, réglementait l'option pour l'héritier *ab intestat* et la jurisprudence n'étendait cette réglementation aux successibles testamentaires qu'à certaines conditions. En particulier, le **légataire** qui renonçait à la succession était dispensé de la formalité de la déclaration au greffe[4] ainsi que **l'institué contractuel**[5].

1. Cass. civ., 20 juin 1898, *D.* 1899. 1. 441, note H. Capitant; *S.* 1899. 1. 513, note Wahl – Civ. 1re, 24 févr. 1970, *D.* 1970. 336, note A. Breton; *JCP* 1971. II. 16970, note J. Patarin.
2. L. n° 2007-308, 5 mars 2007, portant réforme de la protection juridique des majeurs, *JO* 7 mars, p. 4325.
3. Décr. n° 2008-1484, 22 déc. 2008, relatif aux actes de gestion du patrimoine des personnes placées en curatelle ou en tutelle, et pris en application des articles 452, 496 et 502 du Code civil, *JO* 31 déc., p. 20631, ann. 1.
4. Civ. 13 mars 1860, *D.* 1860. 1. 118 – Civ. 1re, 20 juill. 1982, n° 81-13.870, *Bull. civ.* I, n° 269; *RTD civ.* 1983. 370, obs. J. Patarin – Civ. 1re, 19 nov. 1991, n° 90-11.999, *Bull. civ.* I, n° 324; *RTD civ.* 1992. 626, obs. J. Patarin.
5. Civ. 24 nov. 1857, *DP* 1857. 1. 427 – Civ. 1re, 10 juill. 1962, *Bull. civ.* I, n° 357 – Civ. 1re, 22 janv. 1985, n° 83-15.912, *Bull. civ.* I, n° 32.

Ces solutions ne sont plus admises avec le nouvel article 804 alinéa 2 du Code civil qui précise que les héritiers universels ou à titre universel doivent se soumettre au formalisme de la renonciation. Seul le **légataire à titre particulier** est dispensé de cette formalité, par une interprétation *a contrario* de ce nouveau texte.

241.16 Créanciers personnels des héritiers. L'article 779 du Code civil prévoit la possibilité, pour les créanciers personnels d'un héritier qui renonce, ou qui reste inactif, d'accepter la succession en exerçant l'option de leur débiteur (sur la double action offerte aux créanciers, v. s[s] n° 241.105). Simplement, au cas particulier de l'héritier en liquidation judiciaire, le liquidateur ne saurait se substituer au débiteur dans l'exercice de l'option[1].

En toute hypothèse, cette **acceptation** doit être **autorisée en justice**, ne produit d'effets qu'à l'égard du créancier autorisé et n'a pas d'incidence sur les droits de l'héritier.

241.17 Créanciers du défunt. Par hypothèse, les créanciers du défunt ne peuvent bénéficier de l'application des articles 1166 et 1167 du Code civil puisque le successible, n'ayant pas encore accepté, n'est pas leur débiteur. Tout au plus, faut-il signaler ici que les créanciers successoraux ne peuvent que **contraindre l'héritier à opter** en le mettant en demeure de prendre parti (v. s[s] n°s 241.31 s.).

241.18 L'État. L'option successorale ne concerne pas l'État puisque celui-ci n'étant pas un successeur n'est pas tenu au passif *ultra vires*.

SECTION 2
DÉLAI D'EXERCICE DE L'OPTION

241.20 Principe. L'option successorale ne peut pas être faite de façon anticipée sous peine de tomber sous le coup de la prohibition des pactes sur succession future (C. civ., art. 722). Ce n'est donc qu'**à compter du décès** que le successeur peut exercer son option, ce que rappelle clairement l'article 770 du Code civil.

Précisément, la réforme a apporté une simplification en la matière en substituant au double délai pour faire inventaire et délibérer, un délai unique (§ 1), et en raccourcissant le délai de prescription (§ 2).

§ 1
Délai pour opter

A.
Droit antérieur à la réforme de 2006

241.21 Double délai. Le délai pour faire inventaire et délibérer est fixé par l'ancien article 795 du Code civil. L'alinéa 1er de ce texte octroie à l'héritier un **délai de trois mois pour faire inventaire**, lui permettant de connaître la composition active et passive de la succession. L'alinéa 2 du même texte le fait bénéficier d'un **délai de quarante jours pour délibérer**, c'est-à-dire pour réfléchir sur le parti qui lui paraît le plus approprié à adopter[2].

241.22 Computation du délai. La mise en œuvre de l'ancien article 795 du Code civil appelle un certain nombre de précisions.

D'une part, l'inventaire ne s'impose pas à l'héritier, c'est une **simple faculté** qui lui est donnée à titre d'information. Le délai dans lequel cet inventaire doit être éventuellement dressé n'est pas davantage impératif. En d'autres termes, l'inventaire peut être dressé après l'expiration des trois mois prévus par l'ancien article 795 du Code civil. Mais dans cette hypothèse, le successible ne peut prétendre délibérer après la date d'expiration du délai légal, c'est-à-dire trois mois et quarante jours après le décès. Ainsi, le délai global est nécessairement de trois mois et quarante jours. À l'expiration de ce délai, l'héritier ne peut exciper de l'établissement de l'inventaire après le délai de trois mois et il peut être contraint de prendre parti immédiatement par toute personne qui le souhaiterait.

D'autre part, dans le cas où l'établissement de l'inventaire se serait fait dans les trois mois, **le délai de quarante jours pour délibérer court à compter de la clôture de l'inventaire** (C. civ., anc. art. 795, al. 2). En conséquence, le successible peut être sommé d'opter avant l'expiration du délai global de trois mois et quarante jours.

Enfin, **le délai peut toujours être prolongé par le juge** (C. civ., anc. art. 798). Et ceci, même si le délai légal est expiré[3]. La prolongation du délai pour faire inventaire et délibérer relève de **l'appréciation souveraine des juges du fond** qui tiennent compte de différents paramètres (difficultés de l'inventaire à raison de l'importance, de la dispersion géographi-

1. Com. 3 mai 2006, n° 04-10.115, *Bull. civ.* IV, n° 109; *D.* 2006. Pan. 2250, obs. F.-X. Lucas et P.-M. Le Corre; *AJ fam.* 2006. 332, obs. F. Bicheron; *JCP* 2006. I. 185, n° 6, obs. M. Cabrillac; *JCP N* 2006. 1267, note J.-P. Garçon; et 1373, note F. Vauvillé; *JCP E* 2006. 1533, obs. M. Cabrillac; 1690, note J.-P. Garçon; *Defrénois* 2006. 1904, obs. D. Gibirila; *Dr. fam.* 2006, n° 134, obs. B. Beignier; *RJPF* 2006-9/48, obs. J. Casey; *Rev. proc. coll.* 2009, n° 59.

2. Civ. 1re, 11 mai 1966, n° 64-11.703, *Bull. civ.* I, n° 284.
3. Civ. 1re, 10 juill. 1990, n° 88-17.186, *Bull. civ.* I, n° 197; *Defrénois* 1991. 486, note F. Lucet.

que de la succession, ou à raison de contentieux relatif à la composition active ou passive de la succession[1]).

241.23 **Situation de l'héritier. Tant que le délai de trois mois et quarante jours n'est pas expiré,** et compte tenu d'une éventuelle prolongation judiciaire, l'héritier ne peut être contraint d'opter par les créanciers ou par ses cohéritiers. Ainsi, dispose-t-il d'une **exception dilatoire** (C. civ., anc. art. 797) qui lui permet d'échapper provisoirement aux poursuites sans avoir à prendre parti en faveur de tel ou tel terme de l'option successorale. Il peut donc imposer une situation d'attente à ceux qui le somment de prendre parti.

Une fois que le délai légal ou prolongé est expiré, l'héritier ne dispose plus d'une exception dilatoire. Il se trouve donc dans **l'obligation de prendre parti immédiatement,** sa liberté d'option restant entière tant que son droit d'option n'est pas prescrit. Seuls les créanciers successoraux, à l'exception des cohéritiers ou héritiers subséquents, sont en mesure de contraindre l'héritier de faire connaître son option.

B.
Droit issu de la réforme de 2006

241.31 **Délai unique.** Le délai fixé par l'article 771 du Code civil est un délai unique. L'héritier a un **délai de quatre mois, à compter de l'ouverture de la succession, pour opter.** Nul ne peut le contraindre à opter avant l'expiration de ce délai. À l'instar du droit antérieur, ce délai lui assure un temps de réflexion pour adopter le parti qui lui paraît le plus approprié.

Il faut néanmoins relever qu'une difficulté pratique peut survenir en cas de **décès d'un entrepreneur individuel à responsabilité limitée (EIRL).** En vertu de l'article L. 521-16 du Code de commerce, l'héritier peut éviter la disparition du patrimoine affecté à l'activité professionnelle en déclarant dans un délai de trois mois à compter du décès qu'il entend poursuivre cette activité professionnelle. C'est dire, en pareille occurrence, que l'héritier est, de fait, contraint d'opter dans le délai de trois mois, s'il veut conserver le bénéfice de la scission du patrimoine du *de cujus*.

Au-delà de cette singulière situation, à l'issue du délai de quatre mois, et seulement à l'expiration de cette période, l'héritier peut être sommé de prendre parti par acte extra-judicaire, par un créancier successoral un cohéritier, un héritier de rang subséquent ou l'État. À défaut de sommation, l'héritier conserve sa faculté d'opter sauf à ce qu'il soit considéré comme acceptant pur et simple en application des règles applicables à cette branche de l'option (v. s[s] n°s 242.11 s.).

1. Civ. 1re, 5 nov. 1991, n° 90-10.075, *Bull. civ.* I, n° 305.

241.32 **Situation de l'héritier après sommation.** Dans un délai de deux mois après la sommation l'héritier a deux possibilités : soit **il prend parti**, soit il demande au juge compétent un **délai supplémentaire.** Cette seconde possibilité est enfermée par l'article 772 du Code civil dans des **conditions précises.** L'héritier doit en effet justifier, soit qu'il n'a pu clôturer l'inventaire, et motiver son retard par des raisons autres que sa propre négligence, soit justifier de motifs sérieux et légitimes.

Si un délai supplémentaire lui est accordé, le délai de deux mois à compter de la sommation pour prendre parti est suspendu (C. civ., art. 772, al. 1er) à compter de sa demande. L'héritier devra prendre parti dans le délai supplémentaire qui lui est imparti. À défaut, le texte, dans son alinéa 2, le répute acceptant pur et simple, sans qu'une décision de justice soit nécessaire.

Si aucun délai supplémentaire ne lui est accordé, le délai de deux mois suspendu pendant l'instance recommence à courir et l'héritier doit prendre parti sous peine d'être **réputé acceptant pur et simple.** Ainsi, à la différence du droit antérieur où seule une décision de justice pouvait réputer l'héritier acceptant pur et simple, l'héritier est dorénavant de plein droit acceptant pur et simple, s'il ne prend pas parti à l'expiration du délai de deux mois.

§ 2
Délai de prescription

A.
Droit antérieur à la réforme de 2006

241.41 **Durée.** De l'ancien article 789 du Code civil, il résulte que la **prescription du droit d'option** est de **trente ans à compter du jour de l'ouverture de la succession** et les causes habituelles d'interruption et de suspension du droit commun sont applicables[2]. Ainsi, la règle *Contra non valentem agere non currit praescriptio* s'applique ici et la prescription est suspendue dès lors que l'héritier a légitimement ignoré la dévolution de la succession à son profit[3]. De même, l'incapacité du successeur est

2. Req. 27 janv. 1941, *JCP* 1941. II. 1635, note Voirin – Civ. 1re, 24 févr. 1970, n° 69-10.334, *Bull. civ.* I, n° 72 ; *D.* 1970. 336, note A. Breton ; *JCP* 1971. II. 16790, note J. Patarin ; *RTD civ.* 1970. 595, obs. R. Savatier.
3. Civ. 1re, 7 juin 2006, n° 04-11.141, *Bull. civ.* I, n° 296 ; *D.* 2006. AJ 2213.

une cause de suspension, conformément au droit commun.

241.42 Effets de l'écoulement du délai de prescription. À l'expiration du délai de prescription l'héritier ne dispose plus de la faculté d'opter. Et la jurisprudence a adopté une solution simple : l'héritier qui n'a pas pris parti dans le délai de trente ans est considéré comme étranger à la succession, comme **héritier renonçant**[1]. Et cette qualité peut lui être opposée par toute personne qui y aurait intérêt, cohéritier, héritiers subséquents ou même l'État.

241.43 Charge de la preuve. L'effet de l'accomplissement de la prescription se trouve, en réalité, étroitement lié à la question de l'attribution de la charge de la **preuve du défaut d'option pendant le délai de trente ans.** Revenant sur une jurisprudence antérieure, la Cour de cassation a décidé que « *celui qui réclame une succession ouverte depuis plus de trente ans doit justifier que lui-même et ses auteurs ont accepté au moins tacitement avant l'expiration du délai* »[2].

241.44 Situation des successibles de rang subséquent. Afin d'éviter une incertitude trop longue, la jurisprudence soumet l'ensemble des héritiers à la prescription trentenaire. Ainsi, au bout de trente ans, la prescription est acquise contre tous les successibles, fussent-ils les plus éloignés[3]. Et la prescription court contre les héritiers subséquents à compter du jour du décès[4].

Toutefois, compte tenu des inconvénients pratiques qu'une telle solution engendre à l'égard des héritiers de rang subséquent, certains remèdes viennent corriger en quelque sorte la sévérité, pourtant justifiée, de la jurisprudence.

D'une part, les **héritiers subséquents** bénéficient des **causes de suspension du délai de prescription** qui leur sont propres, telle la **minorité**.

D'autre part, les héritiers subséquents **peuvent accepter éventuellement la succession**, pour le cas où les héritiers qui leur sont préférables renonceraient ou n'opteraient pas pendant le délai de trente ans[5]. Enfin, corollaire nécessaire de cette acceptation éventuelle à titre anticipé, la jurisprudence, tirant toutes les conséquences de l'idée de **saisine virtuelle**, admet que les héritiers subséquents puissent, face à l'inaction des héritiers précédents, se mettre **en possession des biens successoraux** et **exercer les actions successorales**. Ils peuvent ainsi, interrompre une prescription contre un tiers[6], agir en pétition d'hérédité[7], voire agir en nullité d'un testament[8].

1. Req. 23 janv. 1855, *DP* 1855. 1. 116 – Civ. 13 févr. 1911, *D.* 1911. 1. 391.
2. Civ. 1re, 18 janv. 1989, n° 87-10.136, *Bull. civ.* I, n° 34; *Defrénois* 1989, art. 34492, obs. G. Champenois; *RTD civ.* 1989. 606, obs. J. Patarin.
3. Civ. 20 juin 1898, *D.* 1899. 1. 441, note H. Capitant.
4. Civ. 1re, 28 janv. 2009, n° 07-19.573, *Bull. civ.* I, n° 19; *D.* 2009. AJ 500, obs. V. Égéa; *D.* 2009. Pan. 2508, obs. M. Nicod; *JCP* 2010. Chron. 203, § 3, obs. R. Le Guidec; *AJ fam.* 2009. 135, obs. F. Bicheron; *Dr. fam.* 2009, n° 47, obs. B. Beignier; *RLDC* 2009/62, n° 3508, note G. Chauchat-Rozier.
5. Civ. 1re, 24 févr. 1970, n° 69-10.334, *Bull. civ.* I, n° 72; *D.* 1970. 336, note A. Breton; *JCP* 1971. II. 16790, note J. Patarin; *RTD civ.* 1970. 595, obs. R. Savatier.
6. Civ. 20 juin 1898, *D.* 1899. 1. 441, note Capitant.
7. Civ. 15 déc. 1913, *D.* 1926. 1. 119.
8. Civ. 8 mai 1923, *D.* 1926. 1. 119.

B.
Droit issu de la réforme de 2006

241.51 Délai. « *La faculté d'option se prescrit par dix ans à compter de l'ouverture de la succession.* » (C. civ., art. 780). Ce point de départ du délai de prescription connaît quelques tempéraments justifiés par des circonstances de fait exceptionnelles. Ainsi, le point de départ est-il différé lorsque le conjoint a été laissé en jouissance des biens héréditaires (C. civ., art. 780, al. 3), ou lorsque l'acceptation de l'héritier de premier rang est nulle (C. civ., art. 780, al. 4) et encore lorsque l'héritier n'a pas eu connaissance de la naissance de son droit, à condition toutefois que l'héritier ait eu des motifs légitimes d'ignorer l'ouverture de la succession (C. civ., art. 780 *in fine*).

241.52 Effets de l'écoulement du délai de prescription. L'article 780 du Code civil consacre expressément la solution dégagée sous l'empire du droit antérieur et l'héritier est réputé renonçant. De même, l'héritier qui prétend invoquer cette qualité devra rapporter la preuve de l'acte en vertu duquel il estime que la situation doit être modifiée et établir sa qualité d'acceptant ou celle de ses auteurs.

241.53 Prescription et héritiers de rang subséquent. Les solutions dégagées sous l'empire du droit antérieur doivent être ici reprises. Le principe est en effet que **la prescription court du jour du décès**, ce qui peut se justifier par le fait qu'ils peuvent sommer les héritiers de premier rang à prendre parti. Par exception, l'article 780 alinéa 3 du Code civil prévoit que la prescription contre les héritiers de rang subséquent d'un héritier acceptant court à compter du jour de la décision définitive constatant la nullité de l'acceptation de ce dernier. Les héritiers subséquents bénéficient ainsi d'une suspension de la prescription, ce qui est au demeurant fort juste puisqu'ils étaient jusque-là dans l'impossibilité d'opter. C'est le seul cas qui déroge à la règle de principe.

SECTION 3

CARACTÈRES DE L'OPTION

241.60 Présentation. L'option présente quatre caractères. Il convient donc d'étudier tour à tour la liberté de l'option (§ 1), l'indivisibilité de l'option (§ 2), la révocabilité de l'option (§ 3), et enfin la rétroactivité de l'option (§ 4).

§ 1 Liberté

241.61 Présentation. Par définition, l'option est libre : chaque successible choisit, à sa convenance, un des trois termes que la loi lui propose. Cette liberté de l'option connaît certains tempéraments qui altèrent, plus ou moins, le principe sus-énoncé. D'autre part, il faut, à l'évidence, tenir compte des **règles d'option applicables aux incapables** s'il y a lieu (v. s^s n°s 241.12 à 241.14).

241.62 Successible décédé avant d'avoir opté. L'article 775 alinéa 2 du Code civil prévoit que « *les héritiers de celui qui décède sans avoir opté exercent l'option séparément et chacun pour sa part* ». La liberté des héritiers est alors, en principe, pleine et entière et ils peuvent décider d'accepter ou de renoncer à la succession. De plus, il faut noter que les héritiers gardent cette liberté en toute hypothèse et il n'existe plus l'option imposée aux héritiers en cas de désaccord entre eux, comme cela était prévu dans le droit antérieur à la réforme (C. civ., anc. art. 782).

241.63 Recel (renvoi). Lorsqu'un héritier dissimule ou divertit certains éléments de la succession, soit qu'il veuille se les approprier au préjudice de ses cohéritiers, soit pour les soustraire aux gages des créanciers successoraux, il est coupable de recel. Il s'agit là d'une peine privée prévue par l'article 778 du Code civil (C. civ., anc. art. 792) qui déchoit l'héritier de sa faculté de renoncer à la succession comme de l'accepter à concurrence de l'actif net, **l'héritier receleur étant réputé acceptant pur et simple.** De plus, **la loi le prive de sa part dans les objets recelés.** Cette **double sanction** constitue une **atteinte inévitable à la liberté de l'option,** puisque l'héritier se trouve contraint d'accepter la succession purement et simplement avec toutes les conséquences que cela comporte au regard de l'obligation au passif. Les éléments constitutifs du recel ainsi que la sanction de celui-ci seront étudiés lors de l'acceptation pure et simple, le recel constituant une acceptation forcée de la succession (v. s^s n°s 242.51 s.).

§ 2 Indivisibilité

241.71 Principe. L'option est indivisible (C. civ., art. 769) : l'héritier ne peut pas prendre un parti distinct au regard des différents éléments de la succession. Ainsi il ne pourrait, accepter la succession purement et simplement pour certains biens et renoncer, en revanche, pour d'autres biens, à la succession. Il ne saurait pas davantage cantonner son option à une quote-part ou à un bien déterminé de l'hérédité.

241.72 Tempéraments seulement apparents. En trois hypothèses, des tempéraments seulement apparents au principe de l'indivisibilité de l'option peuvent se présenter. En réalité, il n'y a pas de dérogation réelle à l'indivisibilité de l'option dans la mesure où l'on n'est pas alors en présence d'une seule succession, mais de **plusieurs successions indépendantes**, voire de vocations différentes.

En premier lieu, en présence d'une succession anomale, l'héritier qui se trouve appelé en même temps à la **succession anomale** et à la **succession ordinaire** opte distinctement dans l'une et l'autre succession : il y a là **deux successions indépendantes.** La difficulté sur ce point est de s'entendre sur la diversité des cas de succession anomale et la portée qu'il faut accorder à cette notion même (v. s^s n°s 235.08 s.).

En second lieu, l'héritier qui est légataire peut opter différemment **en qualité d'héritier** et **en qualité de légataire**. Ainsi, il peut d'un côté répudier le legs, de l'autre accepter la succession *ab intestat, ou* inversement. Les deux vocations d'héritier et de légataire donnent droit à deux options distinctes [1].

En troisième lieu, si le conjoint dispose d'une année à partir du décès pour manifester sa volonté de bénéficier du droit viager d'habitation et d'usage (v. s^s n°s 233.41 s.), cela ne saurait le priver de son droit d'option pour le reste de la succession.

Enfin, dans le cadre d'une **succession internationale**, le morcellement des masses successorales que consacre la jurisprudence française conduit à considérer que **l'héritier peut opter différemment dans chaque masse de biens** (v. s^s n°s 721.11 s.; n°s 723.91 et 723.92; n°s 724.120 et 724.190). Là encore, l'on est en présence de successions distinctes, dans la mesure où il y a une étanchéité des masses successorales, l'une la masse mobilière étant soumise à la loi du dernier domicile du défunt, l'autre la masse immobilière étant soumise à la loi du lieu de situation de l'immeuble. Toutefois cette solution, en théorie exacte, doit, en pratique, être utilisée avec

1. POUR UNE APPLICATION, v. Civ. 1re, 18 déc. 2013, n° 12-21.875, *Bull. civ.* I [à paraître].

discernement, c'est-à-dire **en parfaite connaissance de cause de la consistance de l'actif et du passif, toutes masses confondues.** En effet, dès lors qu'au regard du passif, la Cour de cassation admet qu'un créancier puisse recouvrer sa créance sur n'importe quelle masse, il peut arriver qu'une masse apparemment bénéficiaire devienne insolvable, avec toutes les conséquences de droit au regard de l'héritier qui aurait accepté cette masse purement et simplement.

241.73 Exceptions – Cantonnement de l'émolument. L'indivisibilité de l'option rencontre deux exceptions notables.

D'une part, en vertu de l'article 1094-1 alinéa 2 du Code civil, le **conjoint survivant** peut cantonner son émolument lorsque le *de cujus* a disposé en sa faveur.

D'autre part, l'article 1002-1 du même code prévoit une solution comparable pour le **légataire** lorsque la succession a été acceptée par au moins un héritier désigné par la loi.

§ 3
Révocabilité

241.81 Présentation. Étant nécessairement **sans réserves**, au sens où elle ne peut être assortie d'aucune modalité (terme ou condition) (C. civ., art. 768), l'option successorale doit de plus être **ferme** et **définitive**, sous peine d'engendrer une certaine insécurité préjudiciable au règlement de la succession. En réalité, le caractère irrévocable de l'option ne peut être érigé en règle et il convient de distinguer entre les différents termes de l'option.

241.82 1) Acceptation pure et simple – Irrévocabilité absolue. Une fois qu'il a accepté purement et simplement la succession, la faculté d'accepter à concurrence de l'actif net ou de renoncer est en principe retirée à l'héritier[1].

Toutefois, l'article 786 du Code civil prévoit, dans des circonstances exceptionnelles (v. s^s^ n°s 261.60 s.), la possibilité de tempérer, au regard de l'obligation *ultra vires* de l'héritier, les conséquences de l'acceptation pure et simple.

241.83 2) Acceptation à concurrence de l'actif net – Révocabilité relative. L'héritier qui a accepté à concurrence de l'actif net peut revenir sur son choix, mais dans une certaine mesure seulement[2]. En effet, s'il ne lui est plus possible de renoncer à la succession[3], il peut en revanche prendre la qualité **d'acceptant pur et simple en renonçant à son premier parti.** Expresse ou tacite, la renonciation suppose alors une **manifestation de volonté non équivoque de rompre l'isolement des patrimoines** caractéristique de ce type d'option. Il faut être en présence d'un **acte qui crée une confusion entre le patrimoine de l'héritier et celui du *de cujus***[4] (v. s^s^ n°s 243.71 s.).

Dans les **rapports entre cohéritiers**, l'héritier qui a renoncé à accepter à concurrence de l'actif net est **réputé acceptant pur et simple**, avec toutes les conséquences qui en découlent, tant au regard de l'administration de la succession que de l'obligation au passif. Quant aux **créanciers**, qui n'ont pas à pâtir de la volte-face de l'héritier, **préférence** leur est reconnue en toute hypothèse sur la masse successorale[5]. Prévues notamment par les articles 801 et 802 du Code civil ces solutions ne sont pas très différentes de celles qui existaient sous l'empire du droit antérieur avec l'acception sous bénéfice d'inventaire.

241.84 3) Renonciation : droit antérieur à la réforme de 2006. L'ancien article 790 du Code civil autorisait l'héritier renonçant quel qu'il soit (héritier, légataire saisi ou non[6]), à se rétracter. La **rétractation de la renonciation** était cependant soumise à **deux conditions.**

D'une part, le droit d'option ne devait pas avoir été prescrit.

D'autre part, la succession ne devait pas avoir été entre-temps acceptée purement et simplement ou sous bénéfice d'inventaire par un autre héritier, quel qu'il soit, héritier en première ligne ou non, institué contractuel, légataire.

Seul l'envoi en possession de l'État n'avait aucune incidence et laissait entièrement efficace la rétractation par l'héritier de sa renonciation.

Enfin, la rétractation n'était soumise à aucun formalisme.

L'héritier une fois revenu sur sa renonciation, pouvait choisir le parti qu'il souhaitait quel qu'il soit, la renonciation étant rétroactivement anéantie. Toutefois, l'anéantissement rétroactif de la renonciation de l'héritier ne pouvait porter préjudice aux droits que les tiers avaient pu acquérir dans l'intervalle (C. civ., anc. art. 790). Et la jurisprudence, prolongeant à l'excès l'idée de respect des droits acquis ôtait à l'héritier qui rétractait sa renonciation toute possibilité de demander la réduction

1. Civ. 1re, 17 mars 1992, n° 90-14.547, *Bull. civ.* I, n° 89 ; *D.* 1993. Somm. 223, obs. F. Lucet ; *JCP* 1993. I. 3676, n° 1, obs. Testu ; *RTD civ.* 1993. 863, obs. J. Patarin.
2. Civ. 1re, 14 mai 1996, n° 93-20.972, *Bull. civ.* I, n° 211 ; *JCP* 1997. I. 4021, obs. R. Le Guidec ; *Defrénois* 1996. 1095, obs. G. Champenois ; *RTD civ.* 1996. 162, obs. J. Patarin.
3. Civ. 1re, 18 oct. 1994, n° 92-21.692, *Bull. civ.* I, n° 301.
4. Civ. 1re, 28 oct. 1980, n° 79-12.316, *Bull. civ.* I, n° 272 ; *D.* 1981. IR 467, obs. D.-R. Martin.
5. Civ. 20 juin 1908, *D.* 1908. 1. 575.
6. Civ. 1re, 1er févr. 1955, *D.* 1955. 437, rapp. Chavanne ; *Defrénois* 1955. art. 27362, note Françon.

des libéralités excessives[1], tout au moins des libéralités à titre particulier semble-t-il[2].

241.85 **4) Renonciation : droit issu de la réforme de 2006 – Conditions.** Le législateur de 2006 a apporté quelques aménagements notables aux solutions résultant du droit antérieur. Si le **principe** demeure celui de la **révocabilité de la renonciation**, les **conditions** et le **formalisme** de cette révocation ont été **modifiés**.

D'une part, la révocation suppose désormais l'accomplissement d'une **déclaration** dans les mêmes formes et sur le même registre que celui prévu à l'article 1339 du Code de procédure civile (C. pr. civ., art. 1340). La renonciation peut être désormais adressée ou déposée au greffe du tribunal compétent par voie postale (Décr. n° 2009-1366, 9 nov. 2009[3]).

D'autre part, la révocation de la renonciation n'est possible que si la **prescription du droit d'opter n'est pas acquise**, si **un héritier n'a pas accepté la succession purement et simplement** (solution déjà consacrée antérieurement), mais aussi si **l'État n'a pas été envoyé en possession** (c'est là une nouveauté).

241.86 **Renonciation : droit issu de la réforme de 2006 – Effets.** Le **formalisme** est exigé simplement aux fins d'**opposabilité aux tiers** et non comme condition de validité de la renonciation qui produit, à défaut, ses effets entre héritiers.

§ 4 Rétroactivité

241.91 **Principe.** Quelle que soit l'option retenue, celle-ci a un effet rétroactif : **l'héritier est censé avoir pris parti au jour du décès.** Son acceptation pure et simple, ou sous bénéfice d'inventaire, consolide sa qualité de propriétaire acquise dès l'ouverture de la succession. Et, quant à l'hypothèse de la renonciation, l'héritier renonçant est censé n'avoir jamais été héritier (C. civ., art. 805).

SECTION 4 Causes d'inefficacité de l'option

241.101 **Présentation.** La validité de l'option est assurément subordonnée au respect des conditions posées pour celles-ci, tant d'une façon générale que pour chacun des termes de l'option. Ainsi, l'option exercée avant l'ouverture de la succession serait frappée de nullité absolue, comme heurtant la prohibition des pactes sur succession future. Il reste que l'option successorale peut plus particulièrement se trouver privée d'efficacité, en raison soit d'un vice du consentement, soit de l'existence d'une lésion, soit enfin de la fraude. Ces trois causes d'inefficacité de l'option doivent être tour à tour examinées.

241.102 **Vices de consentement.** L'option successorale peut être affectée par l'un ou l'autre des trois vices du consentement que connaît le droit commun : **erreur**, **dol**, ou **violence**, et sanctionnés par la **nullité relative**. L'article 777 du Code civil le prévoit expressément.

Conformément aux principes généraux qui régissent l'intégrité du consentement, **l'erreur** est une **cause de nullité de l'option** lorsqu'elle porte **sur la substance**, c'est-à-dire en l'occurrence lorsqu'elle a pour objet **la nature ou l'étendue des droits de l'héritier**[4].

Quant au **dol**, l'auteur du dol importe peu dès lors qu'on est en présence d'un **acte juridique unilatéral**.

Enfin la **violence** est, dans les conditions même du droit commun, une cause d'annulation de toute option.

En toute hypothèse, l'action en nullité se prescrit par cinq ans à compter du jour où l'erreur ou le dol a été découvert ou du jour où la violence a cessé (C. civ., art. 777, al. 2), et **l'annulation de l'option** permet à l'héritier de recouvrer une **entière liberté de choix**.

241.103 **Lésion : droit antérieur à la réforme de 2006.** Conformément au droit commun, **la lésion n'est pas une cause d'annulation de l'option.** C'est ce que rappelait l'ancien article 783 du Code civil qui réservait toutefois « *le cas où la succession se trouverait absorbée ou diminuée de plus de moitié, par la découverte d'un testament inconnu au moment de l'acceptation* ». Ainsi, seule la découverte d'un testament, postérieurement à l'acceptation, contenant des legs grevant plus de la moitié de l'actif successoral, permettait à l'héritier d'invoquer la lésion. En toute hypothèse, le texte devait faire l'objet d'une interprétation stricte.

1. Civ. 5 juin 1878, *DP* 1878. 1. 344.
2. Civ. 16 nov. 1927, *DH* 1928. 103.
3. Décr. n° 2009-1366, 9 nov. 2009, relatif à la déclaration de renonciation à une succession et à la désignation en justice d'un mandataire successoral, *JO* 10 nov., p. 19437.
4. Civ. 24 mai 1948, *D.* 1948. 517, note Lenoan; *JCP* 1948. II. 4569, note C. B. – Civ. 1re, 16 juin 1960, *JCP* 1961. II. 12274, note Voirin – Paris, 14 avr. 2005, *Dr. fam.* 2006, n° 18, note B. Beignier, arrêts relatifs à une erreur sur les conséquences de la renonciation.

241.104 Lésion : droit issu de la réforme de 2006. La loi du 23 juin 2006 réaffirme le **même principe**. La lésion ne saurait justifier une annulation de l'option. Tout au plus peut-on tempérer cette affirmation par l'éventuelle mise en œuvre par l'héritier de l'alinéa 2 de l'article 786-1 du Code civil. Sans qu'il s'agisse de lésion au sens propre du terme, ce texte en a certaines conséquences puisqu'il permet à l'héritier d'être **déchargé en tout ou en partie de son obligation à une dette successorale** (v. s[s] n°s 261.60 s.). **L'action** doit être introduite **dans les cinq ans de la connaissance de l'existence et de la consistance de la dette.**

241.105 Fraude aux droits des créanciers. Les créanciers sont protégés d'une option frauduleuse de l'héritier par **l'action paulienne** qu'ils peuvent exercer dans les conditions du droit commun. En réalité, l'action paulienne, supposant un **acte d'appauvrissement du débiteur préjudiciable au créancier**, ne se conçoit pas lorsque par son option l'héritier crée un isolement des patrimoines : une telle option ne constitue pas un acte d'appauvrissement.

En revanche, elle est expressément prévue par l'article 779 du Code civil **pour la renonciation**, le **préjudice** étant **aisément caractérisé par l'insolvabilité avérée du successeur face à une succession solvable**[1]. Cette **action** est, en ce cas, réservée au seul **créancier personnel du renonçant** à l'exclusion de tout autre intéressé, créancier successoral ou légataire[2].

L'action paulienne doit également être admise **en cas d'acceptation pure et simple d'une succession déficitaire.** À condition toutefois de pouvoir établir l'existence d'une **fraude**, ce qui peut être délicat compte tenu du fait que l'acceptation pure et simple apparaît comme le choix le plus naturel, pouvant être opéré d'abord par piété filiale à l'égard du *de cujus*.

En tout état de cause, si elle aboutit, l'action paulienne a pour conséquence **l'inopposabilité de l'option au créancier poursuivant et à lui seul.** L'héritier reste donc renonçant à l'égard de ses cohéritiers ainsi qu'à l'égard des créanciers successoraux qui ne peuvent demander paiement qu'à ceux-ci[3]. S'agissant plus particulièrement de la renonciation frauduleuse de l'héritier, l'article 779 du Code civil prévoit qu'une fois la renonciation contestée par le biais de l'action paulienne, **le créancier accepte la succession au nom du débiteur par la voie oblique.**

L'article 779 du Code civil a apporté deux précisions par rapport aux textes antérieurs. D'abord, ces solutions sont étendues expressément à l'hypothèse de **l'héritier inactif.** Ensuite, la loi prévoit que les **créanciers** doivent être **autorisés en justice.**

241.106 Fraude aux droits de tiers autres que les créanciers. On ne peut exclure que l'option retenue par l'héritier préjudicie frauduleusement à des tiers, soit exclusivement, soit en même temps qu'aux créanciers du successible[4]. Le principe général *Fraus omnia corrumpit* permet alors à ce tiers de faire déclarer inopposable à son égard le parti de l'héritier. C'est ainsi que la renonciation d'un père à la succession de son propre père, avec l'intention de porter atteinte frauduleusement aux droits de son enfant adultérin a été jugée inopposable à ce dernier[5]. À l'inverse, n'a pas été jugée frauduleuse la renonciation de l'héritier réservataire visant à priver d'effet les legs consentis par le *de cujus*[6].

1. Civ. 1re, 7 nov. 1984, n° 83-15.433, *Bull. civ.* I, n° 298; *R.* 58; *Defrénois* 1985. art. 33600, obs. Champenois – Civ. 1re, 19 déc. 2012, n° 11-25.578, *Bull. civ.* I, n° 271; *D.* 2013. 85; *AJ fam.* 2013. 141, obs. C. Vernières; *Defrénois* 2013. 478, obs. D. Autem.
2. Req. 29 mars 1909, 2e et 3e arrêts, *DP* 1910. 1. 421 – Req. 15 mars 1859, *D.* 1859. 1. 321.
3. Civ. 1re, 14 nov. 2006, n° 03-30.230, *Bull. civ.* I, n° 492; *AJ fam.* 2006. 468, obs. F. Bicheron; *JCP* 2008. I. 108, n° 2, obs. R. Le Guidec; *LPA* 25 juin 2007, p. 14, note G. Yildirim; *RTD civ.* 2007. 600, obs. M. Grimaldi.
4. Civ. 1re, 4 déc. 1990, n° 88-17.991, *Bull. civ.* I, n° 278; *Defrénois* 1991. 497, obs. G. Champenois; *RTD civ.* 1992. 157, obs. J. Patarin.
5. Civ. 1re, 4 déc. 1990, n° 88-17.991, *Bull. civ.* I, n° 278, préc. s[s] prés[t] n°.
6. Civ. 1re, 15 mai 2008, n° 06-19.535, *Bull. civ.* I, n° 140; *D.* 2008. 2250, obs. M. Nicod; *JCP* 2009. I. 102, n° 2, obs. R. Le Guidec; *RTD civ.* 2008. 522, obs. M. Grimaldi.

CHAPITRE

242. Option successorale : acceptation pure et simple

Christophe Vernières
Professeur à l'Université
Paris 8 – Vincennes Saint-Denis

SECTION 0 ORIENTEUR

242.00 Plan du chapitre.

242.01 Textes applicables.

C. civ., art. 778; 782 à 786

L. n° 2006-728, 23 juin 2006, portant réforme des successions et des libéralités, *JO* 24 juin, p. 9513 (*entrée en vigueur le 1er janv. 2007*).

> Recel de biens ou droits successoraux

C. civ., art. 778

* V. texte complet de cet article s[s] n° 241.01

> Acceptation pure et simple de la succession

[C. civ., art. 782 à 786]

C. civ., art. 782 (*L. n° 2006-728, 23 juin 2006, art. 1er*)

L'acceptation pure et simple peut être expresse ou tacite. Elle est expresse quand le successible prend le titre ou la qualité d'héritier acceptant dans un acte authentique ou sous seing privé. Elle est tacite quand le successible saisi fait un acte qui suppose nécessairement son intention d'accepter et qu'il n'aurait droit de faire qu'en qualité d'héritier acceptant.

C. civ., art. 783 (*L. n° 2006-728, 23 juin 2006, art. 1er*)

Toute cession, à titre gratuit ou onéreux, faite par un héritier de tout ou partie de ses droits dans la succession emporte acceptation pure et simple.

Il en est de même :

1° De la renonciation, même gratuite, que fait un héritier au profit d'un ou de plusieurs de ses cohéritiers ou héritiers de rang subséquent;

2° De la renonciation qu'il fait, même au profit de tous ses cohéritiers ou héritiers de rang subséquent indistinctement, à titre onéreux.

C. civ., art. 784 (*L. n° 2006-728, 23 juin 2006, art. 1er*)

Les actes purement conservatoires ou de surveillance et les actes d'administration provisoire peuvent être accomplis sans emporter acceptation de la succession, si le successible n'y a pas pris le titre ou la qualité d'héritier.

Tout autre acte que requiert l'intérêt de la succession et que le successible veut accomplir sans prendre le titre ou la qualité d'héritier doit être autorisé par le juge.

Sont réputés purement conservatoires :

1° Le paiement des frais funéraires et de dernière maladie, des impôts dus par le défunt, des loyers et autres dettes successorales dont le règlement est urgent;

2° Le recouvrement des fruits et revenus des biens successoraux ou la vente des biens périssables, à charge de justifier que les fonds ont été employés à éteindre les dettes visées au 1° ou ont été déposés chez un notaire ou consignés;

3° L'acte destiné à éviter l'aggravation du passif successoral.

Sont réputés être des actes d'administration provisoire les opérations courantes nécessaires à la continuation à court terme de l'activité de l'entreprise dépendant de la succession.

Sont également réputés pouvoir être accomplis sans emporter acceptation tacite de la succession le renouvellement, en tant que bailleur ou preneur à bail, des baux qui, à défaut, donneraient lieu au paiement d'une indemnité, ainsi que la mise en œuvre de décisions d'administration ou de disposition engagées par le défunt et nécessaires au bon fonctionnement de l'entreprise.

C. civ., art. 785 (*L. n° 2006-728, 23 juin 2006, art. 1er*)

L'héritier universel ou à titre universel qui accepte purement et simplement la succession répond indéfiniment des dettes et charges qui en dépendent.

Il n'est tenu des legs de sommes d'argent qu'à concurrence de l'actif successoral net des dettes.

C. civ., art. 786 (*L. n° 2006-728, 23 juin 2006, art. 1er*)

L'héritier acceptant purement et simplement ne peut plus renoncer à la succession ni l'accepter à concurrence de l'actif net.

Toutefois, il peut demander à être déchargé en tout ou partie de son obligation à une dette successorale qu'il avait des motifs légitimes d'ignorer au moment de l'acceptation, lorsque l'acquittement de cette dette aurait pour effet d'obérer gravement son patrimoine personnel.

L'héritier doit introduire l'action dans les cinq mois du jour où il a eu connaissance de l'existence et de l'importance de la dette.

242.02 Jurisprudence de référence.

> Acceptation tacite : acte de disposition

• Civ. 1re, 17 mai 1977, n° 75-11.673, *Bull. civ.* I, n° 239

* V. ss n° 242.24

L'héritier qui dispose d'un bien héréditaire n'est pas réputé acceptant lorsqu'il est justifié qu'il ignorait que le bien dépendait en tout ou en partie de la succession.

> Acceptation tacite : action en justice

• Civ. 1re, 3 déc. 2002, n° 00-13.785, *Bull. civ.* I, n° 298

* V. ss n° 242.31

La défense à une action intentée par un créancier de la succession, n'a, par elle-même qu'un caractère conservatoire et n'implique pas d'accepter la succession; il en est autrement si la défense au fond est accompagnée d'une demande reconventionnelle qui a la même nature qu'une demande principale, et caractérise une acceptation tacite de la succession.

> Définition du recel

• Civ. 1re, 7 juill. 1982, n° 81-14.218, *Bull. civ.* I, n° 255

* V. ss n° 242.81

Le divertissement et le recel peuvent résulter de toute fraude commise par un indivisaire vis-à-vis des autres indivisaires à l'effet de rompre à son profit l'égalité dans le partage à intervenir.

> Sanctions du recel et repentir

• Civ. 1re, 14 juin 2005, n° 04-10.755, *Bull. civ.* I, n° 266

* V. ss nos 242.70 et 242.82

En matière de recel, le repentir suppose une restitution spontanée et antérieure aux poursuites.

242.03 Bibliographie indicative.

Actualisable. Rép. civ., v° *Succession (2° Transmission)*, par R. Le Guidec et G. Chabot, sept. 2011 [màj janv. 2014].

Ouvrages.

* V. références citées ss nos 02.06 et 02.07.

Article. B. Vareille, « Le recel successoral dans la jurisprudence récente », *Defrénois* 2007. 1119.

242.04 Questions essentielles.

> La vente d'un bien héréditaire constitue-t-elle toujours un acte d'acceptation tacite ?

* V. ss n° 242.24

> Le paiement des dettes héréditaires est-il en toute hypothèse constitutif d'une acceptation tacite ?

* V. ss n° 242.31

> La perception des fruits et revenus d'un bien successoral vaut-elle acceptation tacite de la succession ?

* V. ss n° 242.41

> L'usufruitier universel peut-il être un receleur ?

* V. ss n° 242.52

> La fraude fiscale peut-elle s'analyser en un recel ?

* V. ss n° 242.83

> La dissimulation d'une donation constitue-t-elle un recel ?

* V. ss n° 242.73

> La non-révélation d'un contrat d'assurance-vie constitue-t-elle un recel ?

* V. ss n° 242.74

> Le détournement d'actifs sociaux constitue-t-il un recel ?

* V. ss n° 242.78

242.06 Sanctions du recel.

> Déchéance de la faculté d'opter pour l'héritier receleur et attribution forcée de la qualité d'héritier acceptant pur et simple avec obligation au passif.

* V. ss n° 242.92

> Privation de la part de l'héritier receleur dans les objets recelés et obligation de restituer les fruits et revenus.

* V. ss n° 242.93

> Dommages et intérêts, et, en cas de dissimulation d'héritier, diminution de la part de l'héritier receleur.

* V. ss n° 242.95

242.09 Présentation. L'acceptation pure et simple ignore le formalisme qui entoure, en principe, tout acte unilatéral. Ceci tient sans doute au fait que l'acceptation pure et simple, choix le plus naturel, ne produit **pas d'effets spécifiques**. En effet, elle ne fait que consolider la qualité de propriétaire que l'héritier avait, du fait du principe de la continuation de la personne du défunt sur lequel repose encore le droit français, acquise dès le jour du décès (sur le passif, v. ss nos 261.60 s. et sur l'acceptation pure et simple, v. ss nos 261.141 s.). En réalité, les droits et obligations de l'héritier résultent directement de sa qualité, existante au décès, et non de son acceptation qui n'en est qu'une confirmation.

La réforme de 2006 n'a pas modifié en profondeur cette branche de l'option successorale. Elle a cependant, en réécrivant les textes, apporté des modifications utiles destinées à **sécuriser le règlement successoral**. En particulier, si le principe de l'obligation *ultra vires* de l'héritier acceptant purement et simplement demeure, elle réserve une exception notable en présence d'une **dette successorale ignorée de l'héritier**. Le **juge** dispose alors d'un **pouvoir modérateur** de l'obligation *ultra vires* de l'héritier acceptant purement et simplement. Semblablement, la loi du 23 juin 2006 a opportunément limité l'obligation de l'héritier quant aux legs de sommes d'argent. Renversant la solution jurisprudentielle[1], l'article 785 alinéa 2 du Code civil prescrit désormais que l'héritier acceptant pur et simple n'est tenu des legs de sommes d'argent qu'à concurrence de l'actif successoral net des dettes. Concernant plus spécifiquement la question du règlement du passif, elle sera traitée à cette occasion (v. *Passif successoral*, s^{s} n°s 261.10 s.).

N'étant assujettie à aucune exigence de forme, l'acceptation pure et simple peut revêtir trois aspects : l'acceptation expresse (sect. 1), l'acceptation tacite (sect. 2) et l'acceptation forcée par suite d'un recel (sect. 3).

SECTION 1
ACCEPTATION EXPRESSE

242.11 **Présentation.** L'article 782 du Code civil dispose que l'acceptation « *est expresse, quand le successible prend le titre ou la qualité d'héritier acceptant dans un acte authentique ou sous seing privé* ». Certes, l'acceptation pure et simple est un parti, en principe, dépourvu de tout formalisme. Mais afin d'éviter toute ambiguïté sur la volonté de celui qui accepte, héritier ou légataire, la loi préfère entourer l'acte unilatéral de certaines formes, souples, mais néanmoins exigées pour la validité même de l'acte. Ainsi, requiert-elle un écrit dans lequel la prise de la qualité d'héritier pur et simple est certaine.

242.12 **Nécessité de l'écrit.** L'écrit est exigé pour la **validité** même de l'acte d'acceptation pure et simple. Une déclaration seulement verbale par laquelle l'héritier reconnaîtrait prendre la qualité d'acceptant pur et simple est dépourvue de toute efficacité.

242.13 **Objet de l'écrit.** L'objet de l'écrit importe peu. Certes l'écrit peut être spécialement établi pour constater l'acceptation, auquel cas toute difficulté d'interprétation de l'intention de l'héritier paraît écartée. Mais l'écrit peut avoir été rédigé à une autre occasion (lettre missive, conclusions en justice, procurations, quittance, formalités postérieures à l'ouverture de la succession) : en cette hypothèse, il convient toujours de veiller à ce que **l'acceptation expresse de la succession résulte d'une volonté non équivoque**; ainsi, l'on peut ériger en règle générale d'interprétation que la seule prise de la qualité d'héritier ne suffit pas, encore faut-il que ce soit en qualité d'**héritier acceptant.** À défaut, aucune acceptation expresse pure et simple de la succession ne doit en résulter.

La solution est similaire en ce qui concerne le **légataire.** Il importe de s'assurer que celui-ci entend bien accepter la succession et non pas seulement faire savoir qu'il entend se prévaloir de son legs.

242.14 **Forme de l'écrit.** Elle est indifférente. Il peut s'agir d'un **acte authentique** ou d'un **acte sous seing privé, acte judiciaire ou extrajudiciaire,** que l'acte soit régulier ou non importe peu dès lors que l'intention de l'héritier s'y exprime **sans équivoque.** En présence d'un acte sous seing privé, celui-ci n'est opposable aux tiers, conformément au droit commun que s'il a **date certaine.**

La qualité d'héritier acceptant pur et simple, peut également être contenue dans une **lettre missive.** La personne du destinataire est alors généralement prise en compte pour apprécier la portée du contenu de la lettre missive au regard de l'acceptation. On admet que la **lettre adressée à un créancier successoral ou à un avocat** chargé par l'héritier de régler ses droits dans la succession constitue l'écrit exigé de l'ancien article 778 du Code civil[2], désormais l'article 782. En revanche, les lettres seulement privées, n'ayant pas pour destinataires des personnes concernées d'une manière ou d'une autre par l'option, ne paraissent pas déterminantes.

Restent les documents qui doivent être dressés lors du règlement de la succession, qu'ils soient facultatifs ou non (inventaire, acte de notoriété, attestation notariée immobilière, déclaration de succession). Aucune règle générale ne peut être énoncée ici et il convient d'examiner au cas par cas si la prise de qualité contenue dans ces actes constitue une acceptation de la succession. Aucune hésitation ne semble permise pour **l'attestation notariée immobilière,** qui, par définition, suppose la transmission au profit de l'héritier et donc son acceptation expresse de l'hérédité. En revanche, l'ambiguïté subsistait, dans le droit antérieur à la réforme de 2001, pour **l'inventaire** et **l'acte de notoriété** dont on ne peut poser, par principe, qu'ils emportent la prise de la qualité d'héritier pur et simple. En effet, l'inventaire ne constitue pour sa part qu'un acte conservatoire et l'acte de notoriété ne fait que constater la qualité héréditaire sans préjuger de l'option de l'héritier. En tout état de cause, l'héritier indécis devait par prudence spécifier qu'il n'entendait pas dans ces actes accepter purement et

1. Civ. 1er août 1904, *DP* 1904. 1. 513.

2. Civ. 1re, 4 janv. 1978, n° 76-13.133, *Bull. civ.* I, n° 5.

simplement. Désormais, l'article 730-2 du Code civil est sans équivoque puisqu'il précise que l'affirmation contenue dans l'acte de notoriété n'emporte pas, par elle-même, acceptation de la succession. Enfin, **la déclaration de succession** ne vaut pas, par elle-même, acceptation de la succession[1], dès lors qu'elle n'est qu'un simple acte d'administration.

242.15 Auteur de l'acceptation expresse. En principe, l'acceptation expresse est le fait de l'héritier lui-même, ou du légataire, l'ancien article 778 du Code civil ayant été étendu à ce dernier[2]. La même solution doit prévaloir, à l'évidence pour le nouvel article 782 du Code civil. L'on peut cependant concevoir que l'acceptation soit réalisée par un **mandataire du successible.** Les règles précédemment énoncées s'appliquent alors au mandataire qui devra prendre par écrit, pour le compte du mandant, la qualité d'héritier acceptant. Si elle est conforme aux exigences des textes précités, l'acceptation expresse ne pourra être affectée par une éventuelle révocation postérieure du mandat[3].

SECTION 2
ACCEPTATION TACITE

242.20 Présentation. L'article 782 du Code civil dispose que l'acceptation est « *tacite, quand le successible saisi fait un acte qui suppose nécessairement son intention d'accepter et qu'il n'aurait droit de faire qu'en qualité d'héritier acceptant* ». Le législateur admet ainsi que l'accomplissement d'un acte juridique ou matériel puisse impliquer l'intention de l'héritier de se comporter en acceptant pur et simple. Cette solution n'est pas sans danger pour l'héritier qui, soucieux de ne pas rester passif afin de préserver le patrimoine du défunt pour l'avenir, peut se retrouver, presque à son insu, acceptant pur et simple, avec toutes les conséquences que cela comporte au plan de l'**obligation au passif.** Et ceci est d'autant plus grave que l'acceptation pure et simple est considérée comme **irrévocable**, de façon absolue (v. s^s^ n° 241.82). Aussi l'acceptation tacite ne doit-elle être admise qu'avec circonspection, **lorsque la volonté d'accepter résulte de circonstances empreintes d'une certaine objectivité et d'actes supposant nécessairement l'intention de l'héritier d'accepter**[4].

Précisément, toute la difficulté est d'interpréter la volonté de celui-ci et il appartient aux juges du fond d'apprécier souverainement les faits d'où peut résulter l'acceptation tacite d'une succession[5]. Au demeurant, afin de mettre la Cour de cassation en mesure d'exercer son contrôle sur la qualification d'acceptation tacite, les juges ne peuvent déduire la volonté d'accepter la succession que d'un acte dont ils précisent la forme, la teneur, et la date[6].

Compte tenu de ces difficultés, le **législateur** a jugé opportun de donner des précisions sur ce qui constitue des **actes impliquant une acceptation tacite.** L'on retrouve ici l'un des objectifs de la réforme de 2006, à savoir la **sécurisation des règlements successoraux.** Précisément, en dressant une liste des actes susceptibles d'emporter acceptation tacite de la succession, la nouvelle loi entend mettre les héritiers à l'abri d'une mauvaise surprise et par là même leur faciliter l'initiative de l'administration de la succession.

À cet égard, si certains actes impliquent nécessairement une acceptation tacite (§ 1), d'autres en revanche sont réputés exclusifs de celle-ci (§ 2). Restent ceux qui prêtent à discussion (§ 3).

§ 1
Actes impliquant une acceptation tacite

242.21 Actes ayant pour objet la transmission de la part successorale de l'héritier. Les trois cas suivants sont prévus par l'article 783 du Code civil (C. civ., anc. art. 780). Il s'agit de :

– la **cession de ses droits successifs** par l'héritier, que la cession soit gratuite ou onéreuse;

– la **renonciation gratuite** au profit de **certains cohéritiers** déterminés. Cette hypothèse d'acceptation tacite a été étendue au cas d'une renonciation onéreuse[7];

– la **renonciation onéreuse** au profit de **tous ses cohéritiers.** Tel est le cas de la renonciation à titre onéreux du légataire universel sans désigner de bénéficiaire[8].

En dépit des termes de ces textes, les deux derniers cas sont en réalité des cessions de droits successifs, car l'héritier ne fait rien d'autre que de transmettre sa part à un ou plusieurs de ses cohéritiers, part qu'il a donc nécessairement acquise au préalable par son acceptation.

1. Civ. 7 juill. 1846, *D.* 1846. 1330.
2. Civ. 17 déc. 1894, *DP* 1895. 1. 229.
3. Civ. 4 avr. 1849, *DP* 1849. 1. 125.
4. Civ. 1re, 7 juin 1988, n° 86-10.399, *Bull. civ.* I, n° 182; *D.* 1995. 616; *RTD civ.* 1995. 941, obs. J. Patarin.
5. Civ. 1re, 9 juill. 1985, NP; *D.* 1986. 206, note H. Muir-Watt.
6. Civ. 1re, 6 juin 1978, n° 76-13.042, *Bull. civ.* I, n° 219.
7. Civ. 1re, 22 oct. 1968, *Bull. civ.* I, n° 244.
8. Civ. 1re, 8 juill. 2010, n° 09-65.007, *Bull. civ.* I, n° 171; *JCP* 2011, n° 251, § 10, obs. R. Le Guidec; *AJ fam.* 2010. 437, obs. C. Vernières; *RLDC* 2010/75, n° 3979, obs. G. Serra; *Dr. fam.* 2010, n° 152, obs. B. Beignier.

242.22 **Comportements de l'héritier relatifs à sa part successorale.** Certains actes peuvent avoir pour finalité d'attribuer sa part héréditaire au successeur. Ceux-ci valent alors **acceptation tacite**. Tel est le cas pour les **demandes en partage** ou la **participation de l'héritier à un partage**[1]. Il en va de même pour une **action en pétition d'hérédité**, la prétention de l'héritier impliquant d'elle-même son acceptation tacite de l'hérédité. La même solution doit être retenue pour une **demande d'envoi en possession** formée par le légataire universel[2].

Encore faut-il, pour que ces actes soient jugés équivalents à une acceptation tacite, que l'on soit bien en présence d'une **volonté de l'héritier de se faire attribuer sa part**. La seule intention de connaître ou de conserver cette part (inventaire, acte de notoriété) ne suffit pas pour le déclarer acceptant pur et simple, au titre d'une acceptation tacite.

242.23 **Actes de disposition relatifs à l'hérédité – Principe.** L'acceptation tacite de la succession résulte nécessairement de **tout acte de disposition portant sur un bien successoral**, quel qu'il soit, meuble ou immeuble, que l'acte soit à titre onéreux ou à titre gratuit, qu'il s'agisse d'une aliénation ou de la constitution d'un droit réel principal ou accessoire (usufruit, servitude, gage, *etc.*). Tout **acte de disposition juridique** voire **matérielle** vaut donc acceptation tacite. Bien plus, la **seule intention d'aliéner**, même non effectivement réalisée peut suffire à fonder une acceptation tacite (pour un congé donné à un locataire à raison d'une vente en définitive non intervenue[3]).

242.24 **Actes de disposition relatifs à l'hérédité – Tempéraments.** Le principe selon lequel un acte de disposition sur l'hérédité vaut généralement acceptation tacite mérite d'être nuancé quand les circonstances laissent planer une **équivoque sur la volonté de l'héritier** (v. s^s n°s 242.40 s.).

En particulier, l'héritier qui dispose d'un bien héréditaire n'est pas réputé acceptant lorsqu'il est établi qu'il ignorait que le bien dépendait, en tout ou en partie, de la succession[4], ou lorsqu'il est relevé que, s'il avait connu les conséquences de cette vente, il aurait renoncé à la succession[5]. De même, la volonté de l'héritier peut s'avérer **ambiguë** et donc exclure toute acceptation tacite si les conditions d'une aliénation établissent que celle-ci est intervenue pour le compte de créanciers, ou pour le compte de qui il appartiendra[6].

Au demeurant, l'ancien article 796 du Code civil écartait toute acceptation tacite si l'acte de disposition présentait un certain caractère conservatoire lorsque les biens concernés étaient « *susceptibles de dépérir ou dispendieux à conserver* » (v. s^s n° 242.31). De la même manière, il faut réserver les cas prévus par le nouvel article 784 du Code civil (v. s^s n° 242.32). Enfin, en toute hypothèse, si l'héritier a un doute sur les **conséquences de l'acte qu'il veut accomplir**, il lui appartient de **se faire autoriser par le juge** (C. civ., art. 784, al. 2) ce qui lui permet alors d'administrer la succession sans se soumettre à la procédure de l'acceptation à concurrence de l'actif net (v. s^s n°s 242.32 et 242.47).

§ 2
Actes exclusifs d'une acceptation tacite

242.30 **Présentation.** Similaire à l'ancien article 779 du Code civil, l'article 784 alinéa 1er est, à cet égard, très clair : « *Les actes purement conservatoires ou de surveillance et les actes d'administration provisoire peuvent être accomplis sans emporter acceptation de la succession, si le successible n'y a pas pris le titre ou la qualité d'héritier* ». Ces actes ont en effet le point commun de pouvoir être justifiés par la seule volonté de leur auteur de **préserver le patrimoine successoral** en conservant, temporairement, la valeur de l'actif héréditaire et attendre ainsi le moment de choisir, après mûre réflexion, le parti définitif qui s'impose. Lorsqu'ils ne s'accompagnent pas d'une intention délibérée de l'héritier d'accepter, ils sont exclusifs de toute acceptation tacite.

242.31 **Droit antérieur à la réforme de 2006 : actes réputés conservatoires ou de surveillance.** Par définition, l'acte conservatoire a pour seul but d'assurer la conservation, matérielle ou juridique, de tout ou partie de l'hérédité et n'implique pas que l'héritier entende prendre en main la gestion du patrimoine successoral. L'acte de surveillance doit lui être associé dans la mesure où celui-ci précède en quelque sorte l'acte conservatoire qu'il rend éventuellement possible, voire efficace (surveillance d'un délai de prescription ou de péremption d'une

1. Req. 19 mai 1888, *DP* 1890. 1. 341 – Civ. 1re, 6 juin 1984, n° 88-12.625, *Bull. civ.* I, n° 190.
2. Com. 2 déc. 1986, n° 85-11.823, *Bull. civ.* IV, n° 230.
3. Civ. 1re, 17 mars 1992, n° 90-14.547, *Bull. civ.* I, n° 89; *D.* 1993. Somm. 223, obs. F. Lucet; *JCP* 1993. I. 3676, obs. Testu; *RTD civ.* 1993. 863, obs. J. Patarin.
4. Civ. 1re, 17 mai 1977, n° 75-11.673, *Bull. civ.* I, n° 239; *Defrénois* 1977. art. 31532, obs. G. Champenois.
5. Civ. 1re, 5 mars 2002, n° 99-15.695, *Bull. civ.* I, n° 80; *D.* 2002. 3294, note S. Mirabail; *JCP* 2003. I. 180, n° 2, obs. R. Le Guidec; *AJ fam.* 2002. 186, obs. D.-B.; *Dr. fam.* 2002, n° 119, obs. B. Beignier; *RTD civ.* 2002. 836, obs. J. Patarin.
6. Civ. 1re, 8 déc. 1987, n° 85-17.312, *Bull. civ.* I, n° 344; *D.* 1988. IR 8.

inscription d'hypothèque, de l'état d'un bien successoral, *etc.*).

La jurisprudence avait sous l'empire des textes antérieurs à la réforme de 2006 dégagé certaines orientations. Étaient ainsi considérés comme actes conservatoires n'emportant pas acceptation tacite :

- les **défenses à une action en justice**[1];

- les **paiements au profit de créanciers successoraux** lorsqu'ils sont **justifiés par l'urgence** (frais funéraires[2], gages de domestiques...), que le paiement soit fait au moyen de deniers personnels[3] ou successoraux (C. civ., art. 815-6, al. 2) importe peu;

- les interruptions de prescription;

- les réparations urgentes;

- les demandes de renseignements sur la consistance active et passive de la succession;

- la nomination d'un gérant pour l'administration des biens;

- les réquisitions ayant pour but l'apposition, la levée des scellés ou l'établissement d'un inventaire[4];

- les inscriptions hypothécaires, renouvellements y compris.

Enfin, l'aliénation de biens périssables ou trop dispendieux à conserver était qualifiée d'acte conservatoire par l'ancien article 796 du Code civil, excluant par-là même toute acceptation tacite de l'héritier.

242.32 Droit issu de la réforme de 2006 : liste non limitative des actes réputés conservatoires. L'article 784 alinéa 3 du Code civil dresse une **liste**, non limitative semble-t-il, des actes réputés conservatoires. Cette **présomption** améliore au demeurant considérablement la situation de l'héritier : c'est à celui qui invoque la qualité d'héritier de l'auteur de l'acte de rapporter la preuve qu'il a accepté la succession.

Pour l'essentiel, la loi reprend à son compte les **solutions dégagées par la jurisprudence antérieure** en y apportant parfois quelques précisions ou conditions. Bon nombre des actes conservatoires les plus utilisés à l'ouverture de la succession se trouvent confortés : vente de biens périssables, paiement du passif urgent sous réserve de consignation. Les difficultés d'appréciation se déplacent alors, par exemple sur le point de savoir ce qu'est une **dette successorale dont le règlement est urgent.** En cas de doute, on ne peut qu'inviter l'héritier à demander **l'autorisation au tribunal** conformément à l'article 784 alinéa 2.

242.33 Droit issu de la réforme de 2006 : actes réputés d'administration provisoire. À première vue, ces actes méritent un traitement similaire à l'acte conservatoire dans la mesure où, par leur caractère simplement provisoire et parce qu'ils présentent une gravité moindre que l'acte d'administration définitive, ils ne préjugent pas, en principe, de l'option successorale de l'héritier.

La plus extrême **prudence** s'impose compte tenu de la difficulté, sinon de l'impossibilité à établir une **frontière** précise entre **l'acte d'administration provisoire** et **l'acte d'administration définitive.** En réalité, l'équivoque règne le plus souvent sur les actes d'administration et il conviendra de rechercher, au cas par cas, quelle a été l'intention réelle de l'héritier (v. s^s^ n°s 242.40 s.).

L'article 784 alinéa 4 considère comme un acte d'administration provisoire « *les opérations courantes nécessaires à la continuation à court terme de l'activité de l'entreprise dépendant de la succession* ». Ce texte traduit la volonté du législateur de protéger l'entreprise et de faciliter sa survie au-delà du décès. La précision apportée au texte permet ainsi à l'héritier d'agir sans devoir craindre une option successorale qui serait contraire à ses intérêts. Pourront alors être effectués le **paiement des salariés** ou le **règlement des fournisseurs** par exemple. Dans le même esprit, l'article 784 alinéa 5 prévoit « *la mise en œuvre de décisions d'administration ou de disposition engagées par le défunt et nécessaires au bon fonctionnement de l'entreprise* ». La réalisation d'une cession de branche d'activité sur la base d'un protocole décidé par le *de cujus* correspond par exemple à cette hypothèse.

242.34 Droit issu de la réforme de 2006 : baux. La réforme de 2006 a introduit une précision d'une grande importance pratique. Elle concerne en effet tous les **baux pour lesquels une indemnité est prévue en cas de non-renouvellement : baux commerciaux, artisanaux, baux ruraux et baux à construction.** Le texte de l'article 784 *in fine* prévoit en effet que peut être accompli **sans emporter acceptation tacite,** le renouvellement, en tant que bailleur ou preneur à bail, des baux dont le non-renouvellement entraînerait le paiement d'une indemnité d'éviction.

1. Civ. 1re, 13 déc. 1988, n° 87-10.269, *Bull. civ.* I, n° 362; *D.* 1989. IR 8, pour une action paiement et en résolution – Civ. 1re, 19 déc. 1989, n° 88-10.830, *Bull. civ.* I, n° 401; *D.* 1992. Somm. 225, obs. F. Lucet, pour une action en responsabilité – Civ. 1re, 6 avr. 1994, n° 92-13.120, *Bull. civ.* I, n° 145; *Defrénois* 1995. 604, note J. de Saint-Affrique – Civ. 1re, 3 déc. 2002, n° 00-13.785, *Bull. civ.* I, n° 298; *D.* 2003. Somm. 1872, obs. M. Nicod; *JCP* 2003. I. 180, n° 2, obs. R. Le Guidec; *AJ fam.* 2003. 73, obs. D.-B; *RTD civ.* 2003. 334; et 336, obs. J. Patarin.
2. Civ. 1re, 23 juin 1982, n° 81-13.205, *Bull. civ.* I, n° 240.
3. Civ. 18 août 1869, *DP* 1869. 1. 461.
4. Civ. 12 mars 1888, *DP* 1888. 1. 381.

§ 3
Actes prêtant à discussion

242.40 **Présentation.** La difficulté apparaît ici pour les actes d'administration qui, compte tenu des circonstances, pourraient être qualifiés selon les cas de provisoire ou de définitif. En eux-mêmes, ils suscitent **l'équivoque** et seule une analyse circonstanciée permet de prendre position. Au demeurant, l'interprétation souveraine des juges du fond, introduit nécessairement un aléa.

Depuis la réforme de 2006, la situation de l'héritier est, comme on l'a vu (v. s^s n° 242.32) facilitée dans la mesure où l'énumération faite à l'article 784 alinéa 2 lui permet de réaliser la plupart des actes d'administration courante : paiement des dettes justifiées par l'urgence, vente des biens périssables sous réserve de consignation des fonds. Il n'en demeure pas moins que **certains actes peuvent prêter à discussion** et sur ce point la jurisprudence antérieure peut garder, au cas par cas, toute son utilité.

242.41 **1) Recouvrement de créances héréditaires.** Il vaut acceptation sauf s'il est justifié par l'urgence (v. s^s n°s 242.31 et 242.32), ou si l'autorisation du président du tribunal de grande instance a été donnée (C. civ., art. 815-6, al. 2).

242.42 **2) Détention de biens héréditaires.** Celle-ci peut être constitutive d'un acte d'acceptation tacite, lorsque la détention n'existait pas antérieurement au décès[1].

242.43 **3) Administration d'un fonds de commerce.** L'administration d'une entreprise, quelle que soit la forme sous laquelle elle est exploitée, n'implique pas nécessairement la volonté de l'héritier d'accepter la succession tacitement.

Sous l'empire du droit antérieur à la réforme, les juges ont, en particulier, eu égard, d'une part à la participation à l'exploitation du vivant du *de cujus*, d'autre part aux conséquences que pourrait avoir l'inaction de l'héritier sur la bonne marche de l'entreprise, pour exclure le cas échéant toute acceptation tacite[2]. En tout état de cause, le seul fait de relever la simple « participation » de l'héritier à l'entreprise, sans que soient caractérisés, dans leur teneur et leur contenu, les actes emportant de sa part administration d'hérédité, ne suffisait pas pour établir une acceptation tacite[3]. En ce sens, il a été jugé que ne saurait être considérée comme constitutive d'une acceptation tacite l'administration provisoire d'un fonds de commerce par la mère du défunt, au cours de laquelle celle-ci a effectué le règlement des salaires, procédé au licenciement du personnel et pris les dernières mesures indispensables à la fermeture définitive du fonds[4].

Sous l'empire du droit issu de la réforme de 2006, la volonté de protéger l'entreprise devrait conduire également à ne retenir l'acceptation tacite que de façon restrictive.

242.44 **4) Défense à une action en justice.** La jurisprudence semble poser pour principe que la défense à une action en justice n'implique pas l'acceptation de la succession (v. s^s n° 242.31) et qu'il s'agit d'un **acte conservatoire lorsqu'elle est justifiée par l'urgence** (par ex., se procurer des fonds[5]) ou par le respect dû au défunt. Dans certains cas, il pourrait, toutefois, y avoir acceptation tacite[6] (dol implicite[7]). Tel est le cas lorsqu'est exercée une demande reconventionnelle de même nature que la demande principale[8]. À tout le moins, convient-il d'être prudent et de réserver, dans les conclusions en particulier[9], l'option de l'héritier.

242.45 **5) Délivrance d'un legs.** Un arrêt du 15 mai 2008 voit dans la délivrance d'un legs « *un acte qui, valant reconnaissance des droits du légataire et renonciation à se prévaloir des causes d'inefficacité du legs, ne peut être accompli qu'en qualité d'héritier* »[10]. La délivrance d'un legs par un héritier emporterait donc pour lui la qualité d'acceptant pur et simple, alors qu'un tel acte ne traduit aucune volonté de son auteur d'accepter la succession. Sous cet aspect, la solution est sans doute regrettable. La délivrance est une conséquence de la saisine successorale,

1. Civ. 1re, 19 déc. 1979, n° 78-15.049, *Bull. civ.* I, n° 332; *D.* 1980. IR 402, obs. J. Patarin.
2. Civ. 1re, 12 oct. 1969, *D.* 1970. Somm. 144; *JCP* 1970. II. 16235, note M. Dagot.
3. Civ. 1re, 9 nov. 1977, n° 75-13.107, *Bull. civ.* I, n° 410.
4. Bordeaux, 25 oct. 1999, *Juris-Data* n° 045414.
5. Req. 7 août 1900, *S.* 1901. 1. 96.
6. Civ. 1re, 30 oct. 1962, *Bull. civ.* I, n° 451.
7. Civ. 1re, 18 janv. 1989, n° 87-11.001, *Bull. civ.* I, n° 17.
8. Civ. 1re, 3 déc. 2002, n° 00-13.785, n° 00-13.788, *Bull. civ.* I, n° 298; *D.* 2003. Somm. 1872, obs. M. Nicod; *JCP* 2003. I. 180, n° 2, obs. R. Le Guidec; *Procédures* 2003, n° 58, note R. Perrot; *RTD civ.* 2003. 334; 336, obs. J. Patarin.
9. *A contrario*, des conclusions impliquant une acceptation dans un appel incident : Civ. 1re, 31 janv. 2006, n° 02-21.666, *Bull. civ.* I, n° 49; *JCP* 2008. I. 108, n° 1, obs. R. Le Guidec; *AJ fam.* 2006. 165, obs. F. Bicheron.
10. Civ. 1re, 15 mai 2008, n° 06-19.535, *Bull. civ.* I, n° 140; *D.* 2008. Pan. 2250, obs. M. Nicod; *JCP* 2009. 109, n° 2, obs. R. Le Guidec; *Defrénois* 2008. 1685, obs. Malaurie; *AJ fam.* 2008. 302, obs. F. Bicheron; *LPA* 2009, n° 239, p. 9, obs. N. Pétroni-Maudière; *RLDC* 2008/51, n° 3075, obs. Jeanne; *RLDC* 2008/54, n° 3197, note J.-C. Mahinga; *RJPF* 2008-7-8/36, note Casey; *RTD civ.* 2008. 522, obs. M. Grimaldi – DANS LE MÊME SENS, Civ. 1re, 1er juin 2011, n° 09-14.851, NP.

laquelle habilite l'héritier saisi à veiller à l'ensemble de l'hérédité, et ce quels qu'y soient ses droits (il appartient ainsi à l'hériter non réservataire exhérédé par une collection de legs particuliers de les délivrer). Aussi bien, on ne saurait assimiler la demande en délivrance, qui présuppose assurément l'acceptation de son legs par le légataire, et la délivrance elle-même, laquelle se conçoit fort bien de la part d'un héritier, qui sans exercer son droit d'option, reconnaît les droits d'un légataire.

242.46 **6) Exercice de l'usufruit en cas de clause de réversibilité.** On a pu hésiter sur le point de savoir si l'exercice de l'usufruit, à compter du jour du décès du donateur, par le bénéficiaire de la réversion, également héritier du donateur, constituait la manifestation d'accepter la succession de celui-ci. Tout dépend ici de la qualification de la clause de réversibilité de l'usufruit stipulée dans une donation : **donation de biens à venir** ou **donation de biens présents**. Non sans hésitation, la Cour de cassation s'est finalement prononcée en faveur de la **seconde qualification**[1]. Par suite, lorsque le bénéficiaire de la réversion est héritier du donateur et qu'au décès de celui-ci il commence à jouir du bien donné, son entrée en jouissance ne peut valoir acceptation tacite de la succession, car c'est un droit acquis entre vifs, et non à cause de mort, qu'il exerce ainsi[2].

242.47 **Bilan.** En dépit des améliorations apportées par la réforme de 2006, certaines hésitations subsistent nécessairement en pratique et il n'est pas inutile de dresser quelques orientations générales.

En premier lieu, il importe de rappeler ici que **l'acceptation d'une succession ne se présume pas**[3]. Il appartient donc à celui qui allègue cette acceptation, et en particulier au créancier successoral qui entend bénéficier de l'obligation *ultra vires* de l'héritier, d'en rapporter la **preuve**. Et, le doute profite parfois à l'héritier qui ne devrait pas alors être réputé acceptant pur et simple. Ainsi, et en toute hypothèse, même si c'est l'héritier qui s'en prévaut, l'acceptation n'est jamais présumée.

En second lieu, une même donnée, celle de **faveur pour l'héritier**, paraît déterminer la jurisprudence. Ainsi, il semble que l'acceptation tacite soit plus facilement admise lorsqu'elle est invoquée par l'héritier lui-même que lorsque c'est le **créancier successoral** qui la lui oppose afin d'en tirer toutes les conséquences, notamment **au regard de l'obligation au passif**.

En troisième lieu, admettre trop facilement l'acceptation tacite, c'est décourager l'héritier, en règle générale propriétaire et administrateur de l'hérédité, de toute initiative pouvant être profitable à la masse successorale et par-là même aux créanciers successoraux qui risquent alors de voir dépérir leur droit de gage. Ceci est particulièrement vrai lorsque la poursuite de l'entreprise est en cause et exige l'accomplissement de certains actes.

Enfin, l'héritier, soucieux de préserver sa liberté d'option dans l'avenir doit par prudence, soit émettre des **réserves** lors de l'accomplissement d'un acte, soit requérir **l'autorisation préalable du juge** conformément à l'article 784 alinéa 2 du Code civil.

SECTION 3
ACCEPTATION FORCÉE RÉSULTANT DU RECEL

242.51 **Définition.** L'article 778 du Code civil prévoit les conditions et les effets du recel dont traitait sous l'empire du droit antérieur l'ancien article 792 du Code civil.

Constitue un recel pour la Cour de cassation, « *toute manœuvre dolosive, toute fraude commise sciemment et qui a pour but de rompre l'égalité du partage quels que soient les moyens employés pour y parvenir* »[4].

Le recel successoral est donc un **délit sanctionné par une peine privée,** laquelle au demeurant est **double.**

D'une part, l'héritier se trouve **déchu,** tant **de la faculté d'accepter sous bénéfice d'inventaire** que de celle **de renoncer** : il est considéré comme acceptant pur et simple.

D'autre part, il est **privé de sa part dans les objets recelés** que ses cohéritiers se partageront sans lui.

En dépit de ce caractère de double peine privée, la jurisprudence ne s'est pas engagée dans une interprétation restrictive.

Il reste que seules peuvent rechercher la mise en œuvre de la sanction du recel, en le démontrant, les

1. Civ. 1re, 21 oct. 1997, n° 95-19.759, *Bull. civ.* I, n° 291; *JCP* 1997. II. 22969, note I. Harel-Dutirou; *RTD civ.* 1998. 721, obs. J. Patarin, et 937, obs. F. Zenati.
2. Cass., ch. mixte, 8 juin 2007, n° 05-10.727, *Bull. ch. mixte*, n° 6; *BICC* 15 sept. 2007, rapp. Rivière, avis Legoux; *R.* 332; *D.* 2007. AJ 1731, obs. C. Delaporte-Carré; *D.* 2008. Pan. 812, obs. G. Serra; *JCP* 2007. II. 10130, note G. Goubeaux; *JCP* 2009. I. 109, n° 81, obs. R. Le Guidec; *Defrénois* 2007. 1688, obs. Chappert; *AJ fam.* 2007. 353, obs. F. Bicheron; *LPA* 18 mars 2008, obs. A. Chamoulaud-Trapiers; *RJPF* 2007-7-8/37, note S. Valory; *Dr. fam.* 2007, n° 151, note B. Beignier; *RLDC* 2007/40, n° 2617, note F. Leandri; *RDC* 2007. 1166, obs. I. Dauriac; *RTD civ.* 2007. 588, obs. T. Revet; et 605, obs. M. Grimaldi.
3. Civ. 1re, 23 avr. 1981, n° 79-16.756, *Bull. civ.* I, n° 132; *RTD civ.* 1983. 166, obs. J. Patarin.
4. Civ. 15 avr. 1890, *DP* 1890. 1. 437.

personnes en droit de se prévaloir de la **qualité d'héritier**, ou de **créancier du défunt**[1].

242.52 Auteurs du recel. En ce qu'il vise à rompre l'égalité du partage, le recel ne peut être constitué que s'il existe une **pluralité de successeurs universels ou à titre universel**[2]. Sont donc concernés les héritiers *ab intestat*, les légataires universels ou à titre universel ainsi que les institués contractuels. Y échappent en revanche le légataire à titre particulier, le donataire non héritier, ainsi que l'usufruitier de l'universalité de la succession[3], car il n'est pas en indivision avec les héritiers nus-propriétaires[4].

En outre, le recel successoral ne peut sanctionner celui qui n'a pas la qualité de successeur, parce qu'il ne vient pas aux opérations de liquidation et de partage[5]. De même, le recel ne peut concerner que **l'héritier qui a effectivement accepté la succession,** quelles que soient les modalités de l'acceptation. Celui qui a renoncé à la succession est, sauf rétractation, un étranger à la succession et à ce titre le recel ne lui est pas applicable. Il en va de même en cas d'exhérédation ou d'indignité successorale.

S'agissant du **conjoint survivant**, les peines du recel successoral peuvent lui être applicables (sa qualité de légataire particulier n'absorbant pas en l'espèce le montant de son usufruit légal[6]), notamment lorsqu'il prétend ignorer ce qu'il est advenu de fonds propres qui lui ont été remis à titre de dépôt[7].

242.53 Extension de la notion de recel à la dissimulation d'héritier par la réforme de 2006. La définition du recel se trouve élargie dans les textes à la suite de la loi du 23 juin 2006. En effet, outre les hypothèses déjà énumérées, l'article 778 du Code civil prévoit le cas où il y a eu **dissimulation d'un héritier**, consacrant ainsi une jurisprudence antérieure.

§ 1
Éléments constitutifs du recel

242.60 Présentation. Ils sont au nombre de deux : un élément matériel (A) et un élément intentionnel (B), à l'exclusion de toute autre condition. En particulier, l'existence d'un préjudice n'est pas exigée[8].

A.
Élément matériel

242.70 Présentation. L'élément matériel du recel a fait l'objet d'une interprétation extensive par la jurisprudence qui se contente de **tout procédé frauduleux, quel qu'il soit.** Que l'acte soit antérieur ou postérieur au décès importe peu, dès lors que les effets se sont poursuivis après l'ouverture de la succession[9]. C'est la **rétention postérieure au décès** qui constitue le recel[10]. En revanche, il n'y a pas à tenir compte des faits antérieurs au décès s'ils ne se sont pas prolongés après[11]. Mais en toute hypothèse, le recel suppose un élément matériel, la seule intention non concrétisée de fausser le partage étant insuffisante[12].

La **complicité du défunt** qui, de son vivant, avait organisé le fait matériel du recel ne supprime en rien la qualification de recel successoral. En effet, en gardant le silence à ce sujet après l'ouverture de la succession, l'héritier se rend personnellement complice de la fraude[13].

242.71 Utilisation d'un faux. Peut constituer l'élément matériel du recel, la falsification de document qui conduit à modifier le partage au profit de l'héritier : la présentation d'un faux testament instituant l'héritier légataire[14] (pour un cas où l'élément intentionnel faisait défaut[15]; un autre où la

1. Civ. 1re, 28 janv. 2009, no 07-19.573, no 07-19.573, *Bull. civ.* I, no 19; *JCP* 2010, no 7, p. 374, obs. R. Le Guidec; *Dr. fam.* 2009, no 4, p. 44, obs. B. Beignier; *RLDC* 2009, no 59, p. 53, obs. E. Pouliquen; *RJPF* 2009-4/30, obs. F. Sauvage.
2. Civ. 1re, 5 janv. 1983, no 81-16.655, *Bull. civ.* I, no 10; *RTD civ.* 1984. 340, obs. J. Patarin.
3. Civ. 1re, 29 juin 2011, no 10-13.807, *Bull. civ.* I, no 138; *AJ fam.* 2011. 507, obs. C. Vernières; *RTD civ.* 2011. 788, obs. M. Grimaldi; *Dr. fam.* 2011, no 154, obs. B. Beignier.
4. Civ. 1re, 12 janv. 2011, no 09-17.298, *Bull. civ.* I, no 10; *D.* 2011. 304; *AJ fam.* 2011. 165, obs. C. Vernières.
5. Civ. 1re, 1er avr. 1981, no 80-11-385, *Bull. civ.* I, no 118.
6. Civ. 1re, 11 oct. 1988, no 86-14.841, *Bull. civ.* I, no 287; *R.* 164; *D.* 1990. 1, note A. Breton; *JCP* 1989. II. 21321, note La Marnierre; *Defrénois* 1989, art. 34449, note A. Breton; *RTD civ.* 1989. 362, obs. J. Patarin.
7. Civ. 1re, 24 nov. 1998, no 96-21.995, NP; *Dr. fam.* 1999, no 106, note Fouquet.
8. Civ. 1re, 12 juill. 1983, no 82-13.199, *Bull. civ.* I, no 208; *D.* 1984. 237, note H. Souleau; *RTD civ.* 1984. 339, obs. J. Patarin.
9. Civ. 1re, 28 juin 1961, *Bull. civ.* I, no 166.
10. Civ. 1re, 14 juin 2005, no 04-10.755, *Bull. civ.* I, no 266; *D.* 2005. AJ 1885; *AJ fam.* 2005. 326, obs. F. Bicheron; *JCP* 2008. I. 108, no 3, obs. R. Le Guidec; *Defrénois* 2005. 1524, obs. G. Champenois; *Dr. fam.* 2005, no 221, note B. Beignier – Civ. 1re, 28 juin 2005, no 04-13.776, *Bull. civ.* I, no 290; *D.* 2005. AJ 2105; *JCP* 2008. I. 108, no 3, obs. R. Le Guidec; *Defrénois* 2005. art. 38244, nos 76 et 77, obs. G. Champenois.
11. Civ. 1re, 17 oct. 1950, *D.* 1950. 2. 755.
12. Civ. 1re, 20 févr. 1996, no 94-10.262, *Bull. civ.* I, no 102; *RTD civ.* 1996. 446, obs. J. Patarin; *JCP* 1996. I. 3968, no 2, obs. R. Le Guidec.
13. Civ. 28 oct. 1907, *DP* 1910. 1. 292 – Civ. 1re, 28 juin 1961, *Bull. civ.* I, no 351.
14. Civ. 15 avr. 1890, *DP* 1890. 1. 437.
15. Civ. 1re, 4 déc. 1956, *JCP* 1959. II. 11141.

sanction est écartée en l'absence d'effet du faux testament[1]), la confection d'un faux acte de vente réalisant un allotissement au profit de l'héritier[2], de fausses déclarations lors de la rédaction d'un inventaire qui est alors inexact[3].

242.72 Dissimulation. Toute dissimulation de « *biens ou droits d'une succession* » (C. civ., art. 778) est susceptible d'être qualifiée de recel. Il en va notamment ainsi :

- de la dissimulation d'une dette envers le défunt[4];

- de la suppression de livres de commerces, factures et plus généralement tout document afin de masquer la valeur d'un bien successoral;

- de la destruction de tout testament instituant un tiers légataire universel ou à titre universel.

242.73 Cas particulier de dissimulation d'une donation. Avant la réforme de 2006, la jurisprudence qualifiait de recel la dissimulation d'une donation, alors même que celle-ci n'avait aucune incidence sur les opérations de liquidation de la succession, autrement dit qu'elle n'était ni rapportable ni réductible[5]. La solution était certainement critiquable car la dissimulation d'une telle donation ne nuit aucunement aux autres héritiers.

La loi du 23 juin 2006 y a remédié : l'article 778 alinéa 2 du Code civil prescrit désormais que la dissimulation d'une donation n'est constitutive d'un recel que dans les cas où la libéralité est rapportable ou réductible[6].

Il en résulte qu'il y a **recel** en cas de dissimulation :

- d'une **donation soumise à rapport**, quelle qu'elle soit, déguisée ou indirecte, d'un don manuel;

- d'une **donation** non rapportable mais **réductible**.

242.74 Cas particulier de dissimulation d'une assurance-vie. Semblablement, la dissimulation d'un contrat d'assurance-vie ne constitue pas un recel, « *sauf preuve judiciairement constatée du caractère manifestement exagéré des primes* »[7]. En effet, dès lors que les primes ne sont pas manifestement exagérées, le bénéfice de l'assurance-vie ne peut donner lieu ni à rapport ni à réduction, de sorte que celui qui le dissimule ne détourne pas des « *biens ou droits d'une succession* » (C. civ., art. 778).

242.75 Fausse créance. Est un recel la supposition d'une créance par l'héritier à son profit, l'actif net partageable se trouvant par-là même, sinon diverti, du moins diminué[8].

242.76 Divertissement de biens. Conformément à la lettre même de l'article 778 du Code civil, le recel est effectivement caractérisé lorsque l'héritier a soustrait des biens, que ceux-ci se trouvent chez le *de cujus*[9] ou chez un tiers, par exemple dans un coffre[10].Il en va de même en cas de **rétention de biens héréditaires** que l'héritier pouvait détenir à titre provisoire[11] ou de **retraits effectués sur des comptes ou des livrets** en vertu d'une procuration[12].

242.77 Aliénation. Est receleur l'héritier qui aliène un bien, sans en avertir ses cohéritiers, et garde le bien pour son profit exclusif[13].

242.78 Titres sociaux et actifs sociaux. Si le divertissement des titres sociaux, qui appartenaient au *de cujus*, caractérise le recel successoral[14], tel

1. Civ. 1re, 4 déc. 1990, n° 87-18.256, *Bull. civ.* I, n° 282; *RTD civ.* 1991. 534, obs. J. Mestre; *RTD civ.* 1992. 423, obs. J. Patarin.
2. Civ. 1re, 4 mai 1977, n° 76-10.320, *Bull. civ.* I, n° 208; *D.* 1977. IR 420.
3. Req. 20 juin 1944, *JCP* 1945. II. 2741.
4. Req. 9 nov. 1888, *DP* 1888. 1. 167.
5. Civ. 1re, 30 mai 1973, n° 72-11.746, *Bull. civ.* I, n° 188; *Defrénois* 1974, art. 30499, note A. Breton; *RTD civ.* 1974. 439, obs. R. Savatier – Civ. 1re, 19 juill. 1989, n° 88-11.323, *Bull. civ.* I, n° 300; *RTD civ.* 1992. 424, obs. J. Patarin; *Defrénois* 1989, art. 34633, obs. G. Champenois.
6. Notons que la Cour de cassation a depuis abandonné sa solution par un revirement de ralliement à la réforme : Civ. 1re, 20 oct. 2010, n° 09-16.157, *Bull. civ.* I, n° 211; *AJ fam.* 2010. 549, obs. C. Vernières; *Dr. fam.* 2010, n° 190, obs. B. Beignier; *JCP N* 2010. Actu. 748 – Civ. 1re, 26 janv. 2011, n° 09-68.368, *Bull. civ.* I, n° 19; *AJ fam.* 2011. 165, obs. C. Vernières; *JCP* 2012. 391, obs. R. Le Guidec; *Dr. fam.* 2011, n° 38, note B. Beignier.
7. Civ. 1re, 12 déc. 2007, n° 06-19.653, *Bull. civ.* I, n° 391; *JCP* 2009. I. 109, n° 3, obs. R. Le Guidec; *JCP N* 2008. 1210, note S. Hovasse; *Gaz. Pal.* 2009. 476, note X. Leducq; *RTD civ.* 2007. 135, obs. M. Grimaldi – Civ. 1re, 4 juin 2009, n° 08-15.093, *Bull. civ.* I, n° 123; *JCP* 2010, n° 203, § 4, obs. R. Le Guidec; *Dr. fam.* 2009, n° 110, note B. Beignier; *RCA* 2009. Étude 12, note Pierre; *RDC* 2010. 170, obs. C. Goldie-Genicon – Civ. 1re, 17 mars 2010, n° 09-10.168, NP.
8. Req. 1er mars 1920, *DP* 1921. 1.38.
9. Civ. 28 oct. 1907, *D.* 1910. 1. 291.
10. Civ. 1re, 11 oct. 1988, n° 86-14.841, *Bull. civ.* I, n° 287; *D.* 1990. 1, note A. Breton; *JCP* 1989. II. 21321, note de la Marnière; *RTD civ.* 1989. 362, obs. J. Patarin.
11. Req. 4 juin 1890, *DP* 1891. 1. 391.
12. Civ. 1re, 3 mars 1987, n° 85-16.227, *Bull. civ.* I, n° 82; *JCP* 1987. IV. 165.
13. Civ. 1re, 16 juill. 1992, n° 90-19.471, *Bull. civ.* I, n° 237; *RTD civ.* 1993. 388, obs. J. Patarin; *Defrénois* 1993. art. 35578, obs. Champenois; *JCP* 1993. I. 3713, obs. F.-X. Testu – Civ. 1re, 10 mars 1993, n° 90-19.279, *Bull. civ.* I, n° 109; *RTD civ.* 1994. 142, obs. J. Patarin.
14. Civ. 1re, 26 janv. 1994, n° 92-10.513, NP; *RTD civ.* 1996. 228, obs. B. Vareille (minoration frauduleuse de la valeur des titres sociaux compris dans la masse partageable).

n'est pas le cas du détournement d'actifs sociaux commis par l'héritier d'un associé décédé, parce que seuls les titres sociaux font partie de l'actif successoral, à l'exclusion des biens appartenant à la société[1].

242.79 Omission intentionnelle d'héritier. La dissimulation d'un héritier ne constituait pas, traditionnellement un recel, l'article 792 du Code civil ne concernant, pour la Cour de cassation, que les effets de la succession et non la personne d'un cohéritier[2]. La solution était contraire au bon sens : comment admettre que soit sanctionné celui qui détourne l'hérédité, mais non celui qui dissimule l'existence d'un héritier ? Cette conception restrictive a fort heureusement été abandonnée par la réforme de 2006, l'article 778 assimilant désormais au recel d'un bien la dissimulation de l'existence d'un héritier[3].

B.
Élément intentionnel

242.81 Nécessité. Le recel successoral suppose une intention frauduleuse de l'héritier qui entend **rompre à son profit l'égalité du partage**[4]. Mais cette fraude aux droits de ses cohéritiers n'est pas la seule retenue. Le recel peut supposer également une **fraude aux droits des créanciers successoraux** dont un **élément de gage** est **distrait** par l'acte de recel. Ainsi, allégué par des cohéritiers ou des créanciers, le recel ne peut être qualifié que si l'héritier a agi dans un dessein frauduleux et de mauvaise foi. La **preuve** de cet **élément intentionnel** paraît d'autant plus décisive que la jurisprudence interprète de façon libérale l'élément matériel du recel. Et en toute hypothèse, cette preuve doit être rapportée, positivement, **l'intention frauduleuse ne pouvant se présumer**[5].

242.82 Repentir. Les conséquences du recel sont écartées si, le successeur a spontanément, avant toute poursuite, fait cesser la situation constitutive de recel[6]. Le droit de repentir est au demeurant personnel à l'auteur du recel et ses héritiers ne sauraient l'invoquer. Et la jurisprudence a posé deux règles : d'une part, le repentir ne peut intervenir de façon efficace après le début des poursuites et le repentir doit être **spontané**[7]. Un repentir au cours d'une instance d'appel est sans effet[8].

242.83 Fraude fiscale. La fraude fiscale ne constitue pas un cas de recel. Aussi, celui qui divertit ou dissimule des biens héréditaires pour frauder le fisc n'encourt pas les peines du recel. Seules seront applicables les sanctions spécifiques prescrites par le droit fiscal[9].

§ 2
Sanctions du recel

242.91 Demandeurs. Seules peuvent rechercher la mise en œuvre de la sanction du recel, en en rapportant la preuve, les personnes en droit de se prévaloir de la **qualité d'héritier**, ou de **créancier du défunt**[10].

242.92 Attribution de la qualité d'héritier pur et simple. L'héritier receleur est **déchu de la faculté d'opter** : il est réputé, **à titre de sanction, acceptant pur et simple.**

1. Civ. 1re, 18 mai 2011, n° 10-12.127, *Bull. civ.* I, n° 96; *D.* 2011. 1414; *AJ fam.* 2011. 385, obs. C. Vernières; *RTD civ.* 2011. 572, obs. M. Grimaldi.
2. Civ. 1re, 25 mai 1987, n° 85-15.478, *Bull. civ.* I, n° 172; *D.* 1987. 465, note A. Breton; *Defrénois* 1987. 1202, obs. G. Champenois; *JCP N* 1987. 301, obs. P. Salvage; *RTD civ.* 1988. 154, obs. J. Patarin.
3. Par un revirement de ralliement à la réforme, la Cour de cassation a considéré, sous l'empire de l'article 792 ancien du Code civil, que le recel s'applique à l'omission intentionnelle d'héritier : Civ. 1re, 20 sept. 2006, n° 04-20.614, *Bull. civ.* I, n° 415; *D.* 2006. 2969, note D. Jacotot; *JCP* 2007. II. 10014, note J.-G. Eschylle; *JCP* 2008. I. 108, n° 3, obs. R. Le Guidec; *Dr. fam.* 2007. Étude 27.
4. Civ. 1re, 7 juill. 1982, n° 81-14.218, *Bull. civ.* I, n° 255.
5. Civ. 1re, 27 janv. 1987, n° 85-15.336, *Bull. civ.* I, n° 36; *Defrénois* 1987. art. 33912, note G. Morin – Civ. 1re, 12 déc. 2006, n° 05-18.573, *Bull. civ.* I, n° 553; *AJ fam.* 2007. 92, obs. F. Bicheron; *JCP* 2008. I. 108, n° 3, obs. R. Le Guidec – Civ. 1re, 28 juin 2005, n° 04-13.776, *Bull. civ.* I, n° 290; *D.* 2005. AJ 2105; *JCP* 2008. I. 108, n° 3, obs. R. Le Guidec; *Defrénois* 2005. 1522, obs. G. Champenois – Civ. 1re, 14 avr. 2010, n° 09-65.903, NP; *Defrénois* 2007. 1119, obs. B. Vareille; *RLDC* 2010, n° 72, p. 53, obs. E. Pouliquen; et n° 76, p. 46, obs. R. Mesa.
6. Civ. 1re, 17 oct. 1950, *JCP* 1950. II. 5841, note Cavarroc.
7. Civ. 1re, 17 janv. 2006, n° 04-17.675, *Bull. civ.* I, n° 25; *D.* 2006. AJ 327; *JCP* 2008. I. 108, n° 3, obs. R. Le Guidec; *AJ fam.* 2006. 117, obs. F. Bicheron; *Dr. fam.* 2006, n° 112, note J.-R. Binet – Civ. 1re, 14 juin 2005, n° 04-10.755, *Bull. civ.* I, n° 266; *D.* 2005. AJ 1885; *AJ fam.* 2005. 326, obs. F. Bicheron; *JCP* 2008. I. 108, n° 3, obs. R. Le Guidec; *Defrénois* 2005. 1524, obs. G. Champenois; *Defrénois* 2007. 1119, obs. B. Vareille; *Dr. fam.* 2005, n° 221, note B. Beignier.
8. Civ. 1re, 14 juin 2005, n° 04-10.755, préc. s^s prés^t n°.
9. Civ. 1re, 4 déc. 1956, *JCP* 1959. II. 11141.
10. Civ. 1re, 28 janv. 2009, n° 07-19.573, *Bull. civ.* I, n° 19; *D.* 2009. AJ 500, obs. V. Égéa; Pan. 2508, obs. M. Nicod; *JCP* 2010. Chron. 203, § 3, obs. R. Le Guidec; *Dr. fam.* 2009, n° 47, note Beignier; *RLDC* 2009/62, n° 3508, note G. Chauchat-Rozier; *RJPF* 2009-4/30, obs. F. Sauvage.

Ainsi, à supposer qu'il n'ait pas encore opté, il n'en a plus la liberté : ni la renonciation, ni l'acceptation à concurrence de l'actif net (ou sous bénéfice d'inventaire) ne lui sont offertes.

Et, dans le cas contraire où il aurait opté, il convient de distinguer selon les termes de l'option retenue :

– S'il avait accepté à concurrence de l'actif net (ou sous bénéfice d'inventaire), il en est déchu (C. civ., art. 800 – v. s^s n° 243.81).

– S'il avait renoncé à la succession, il est tenu pour acceptant pur et simple, sauf si sa renonciation est devenue irrévocable par l'acceptation d'un autre successeur.

– Enfin, s'il avait accepté purement et simplement, aucune modification n'intervient dans sa situation par suite du recel.

Réputé acceptant pur et simple à titre de véritable peine privée, l'héritier subit toutes les conséquences de cette acceptation forcée, en particulier au regard de l'obligation au passif, dont il est tenu *ultra vires*.

242.93 Privation de part dans les objets recelés. Tenu du passif successoral *ultra vires* au prorata de sa vocation successorale, l'héritier receleur ne peut prétendre à aucune part dans les objets divertis ou recelés. Les biens recelés feront l'objet d'un partage distinct entre les cohéritiers exclusivement. L'application de cette sanction appelle quelques précisions.

En premier lieu, l'auteur du recel n'est privé de sa part dans les **biens recelés** que dans la mesure où ces biens **font l'objet d'un partage.** Aussi, si l'héritier victime du recel n'a de droits qu'en usufruit, la sanction du recel ne peut porter que sur la jouissance des biens divertis, à l'exclusion de la nue-propriété[1].

En second lieu, l'objet du recel doit être précisé lorsqu'il résulte de la **vente d'un bien héréditaire.** Après avoir retenu que le receleur était redevable de la valeur actuelle du bien[2], la Cour de cassation, déclarant le receleur débiteur de la valeur actuelle des biens acquis au moyen du prix de vente, semble considérer que l'objet du recel est le produit de la vente[3]. Une doctrine autorisée propose à titre de conciliation que le montant de la restitution ne soit pas inférieur, ni à la perte subie par l'indivision (valeur actuelle du bien diverti), ni au profit subsistant pour le receleur (valeur actuelle du bien acquis en réemploi[4]).

Enfin, le receleur doit **restituer les fruits et revenus des biens détournés** à compter du jour où il en a pris possession[5].

242.94 Sanction de la dissimulation d'une donation. Le donataire receleur ne conservera rien des biens recelés, même si la donation n'excède pas la quotité disponible. Le donataire receleur devra, si la donation est rapportable ou réductible, le **rapport** sans pouvoir prétendre à aucune part dans la donation (C. civ., art. 778).

242.95 Sanction de la dissimulation d'héritier. L'article 778 du Code civil dispose que « *les droits revenant à l'héritier dissimulé et qui ont ou auraient pu augmenter ceux de l'auteur de la dissimulation sont réputés avoir été recelés par ce dernier* ». Il existe alors, outre la sanction des **dommages-intérêts** applicable en toute hypothèse en matière de recel, une sanction tenant à **priver l'héritier coupable de recel** de la différence entre la part qu'il aurait eu en l'absence de l'héritier dissimulé, et celle qu'il a en présence de ce dernier héritier, désormais bénéficiaire de tous ses droits.

242.96 Incidences fiscales du recel. L'héritier condamné pour recel est-il tenu d'acquitter les droits de mutation à titre gratuit sur les biens divertis ? Aux peines civiles faudrait-il ajouter une peine fiscale ? D'une part, aucun texte ne le prévoit. D'autre part, les droits de mutation à titre gratuit ne s'analysent pas en des charges de la succession – auxquelles le receleur est tenu – mais en des dettes personnelles à chaque héritier[6]. Aussi, puisque le receleur ne reçoit rien des biens qu'il a recelés, l'assiette des droits de mutation dont il est redevable ne saurait les inclure. Telle est à juste titre la solution de la Cour de cassation[7].

1. Civ. 1re, 12 juill. 1983, n° 82-13.199, *Bull. civ.* I, n° 208 ; *D.* 1984. 237, note H. Souleau ; *RTD civ.* 1984. 339, obs. J. Patarin.
2. Civ. 1re, 16 juill. 1992, n° 90-19.471, *Bull. civ.* I, n° 237 ; *JCP* 1993. I. 3713, obs. F.-X. Testu ; *Defrénois* 1993. 806, obs. Champenois ; *RTD civ.* 1993. 388, obs. J. Patarin.
3. Civ. 1re, 10 mars 1993, n° 90-19.279, *Bull. civ.* I, n° 109 ; *RTD civ.* 1994. 142, obs. J. Patarin.
4. Sur ce point, M. Grimaldi, *Droit civil, Successions*, 5e éd., Litec, 1998, n° 480, note 4.
5. Civ. 14 avr. 1897, *DP* 1897. 1. 287.
6. Civ. 1re, 14 févr. 1984, n° 82-16.526, *Bull. civ.* I, n° 61 ; *Defrénois* 1985, art. 33457, note A. Breton.
7. Com. 9 mars 2010, n° 08-21.080, *Bull. civ.* IV, n° 49 ; *D.* 2010. 828 ; *AJ fam.* 2010. 194, obs. C. Vernières ; *Defrénois* 2010. 1680, note F. Douet ; *RTD civ.* 2010. 606, obs. M. Grimaldi.

CHAPITRE

243. Option successorale : acceptation à concurrence de l'actif net (acceptation sous bénéfice d'inventaire)

CHRISTOPHE VERNIÈRES
PROFESSEUR À L'UNIVERSITÉ
PARIS 8 – VINCENNES SAINT-DENIS

SECTION 0
ORIENTEUR

243.00 **Plan du chapitre.**

243.01 **Textes applicables.**

C. civ., anc. art. 793 à 810

C. civ., art. 787 à 803

C. pr. civ., art. 1334 à 1338

L. n° 2006-728, 23 juin 2006, portant réforme des successions et des libéralités, *JO* 24 juin, p. 9513 (*entrée en vigueur le 1er janv. 2007*)

> Acceptation de la succession à concurrence de l'actif net

[C. civ., art. 787 à 803 et C. pr. civ., art. 1334 à 1338]

C. civ., art. 787 (*L. n° 2006-728, 23 juin 2006, art. 1er*)

Un héritier peut déclarer qu'il n'entend prendre cette qualité qu'à concurrence de l'actif net.

C. civ., art. 788 (*L. n° 2006-728, 23 juin 2006, art. 1er*)

La déclaration doit être faite au greffe du tribunal de grande instance dans le ressort duquel la succession est ouverte. Elle comporte élection d'un domicile unique, qui peut être le domicile de l'un des acceptants à concurrence de l'actif net, ou celui de la personne chargée du règlement de la succession. Le domicile doit être situé en France.

La déclaration est enregistrée et fait l'objet d'une publicité nationale, qui peut être faite par voie électronique.

C. civ., art. 789 (*L. n° 2006-728, 23 juin 2006, art. 1er*)

La déclaration est accompagnée ou suivie de l'inventaire de la succession qui comporte une estimation, article par article, des éléments de l'actif et du passif.

L'inventaire est établi par un commissaire-priseur judiciaire, un huissier ou un notaire, selon les lois et règlements applicables à ces professions.

C. civ., art. 790 (*L. n° 2006-728, 23 juin 2006, art. 1er*)

L'inventaire est déposé au tribunal dans le délai de deux mois à compter de la déclaration.

L'héritier peut solliciter du juge un délai supplémentaire s'il justifie de motifs sérieux et légitimes qui retardent le dépôt de l'inventaire. En ce cas, le délai de deux mois est suspendu à compter de la demande de prorogation.

Le dépôt de l'inventaire est soumis à la même publicité que la déclaration.

Faute d'avoir déposé l'inventaire dans le délai prévu, l'héritier est réputé acceptant pur et simple.

Les créanciers successoraux et légataires de sommes d'argent peuvent, sur justification de leur titre, consulter l'inventaire et en obtenir copie. Ils peuvent demander à être avisés de toute nouvelle publicité.

C. civ., art. 791 (*L. n° 2006-728, 23 juin 2006, art. 1er*)

L'acceptation à concurrence de l'actif net donne à l'héritier l'avantage :

1° D'éviter la confusion de ses biens personnels avec ceux de la succession;

2° De conserver contre celle-ci tous les droits qu'il avait antérieurement sur les biens du défunt;

3° De n'être tenu au paiement des dettes de la succession que jusqu'à concurrence de la valeur des biens qu'il a recueillis.

C. civ., art. 792 (*L. n° 2006-728, 23 juin 2006, art. 1er*)

Les créanciers de la succession déclarent leurs créances en notifiant leur titre au domicile élu de la succession. Ils sont payés dans les conditions prévues à l'article 796. Les créances dont le montant n'est pas encore définitivement fixé sont déclarées à titre provisionnel sur la base d'une évaluation.

Faute de déclaration dans un délai de quinze mois à compter de la publicité prévue à l'article 788, les créances non assorties de sûretés sur les biens de la succession sont éteintes à l'égard de celle-ci. Cette disposition bénéficie également aux cautions et coobligés, ainsi qu'aux personnes ayant consenti une garantie autonome portant sur la créance ainsi éteinte.

C. civ., art. 792-1 (*L. n° 2006-728, 23 juin 2006, art. 1er*)

À compter de sa publication et pendant le délai prévu à l'article 792, la déclaration arrête ou interdit toute voie d'exécution et toute nouvelle inscription de sûreté de la part des créanciers de la succession, portant tant sur les meubles que sur les immeubles.

Toutefois, pour l'application des dispositions de la présente section et sous réserve de la signification prévue à l'article 877, les créanciers saisissants sont considérés comme titulaires de sûretés sur les biens et droits antérieurement saisis.

C. civ., art. 792-2 (*L. n° 2006-728, 23 juin 2006, art. 1er*)

Lorsque la succession a été acceptée par un ou plusieurs héritiers purement et simplement et par un ou plusieurs autres à concurrence de l'actif net, les règles applicables à cette dernière option s'imposent à tous les héritiers jusqu'au jour du partage. Les créanciers d'une succession acceptée par un ou plusieurs héritiers purement et simplement et par d'autres à concurrence de l'actif net peuvent provoquer le partage dès lors qu'ils justifient de difficultés dans le recouvrement de la part de leur créance incombant aux héritiers acceptants à concurrence de l'actif net.

C. civ., art. 793 (*L. n° 2006-728, 23 juin 2006, art. 1er*)

Dans le délai prévu à l'article 792, l'héritier peut déclarer qu'il conserve en nature un ou plusieurs biens de la succession. En ce cas, il doit la valeur du bien fixée dans l'inventaire.

Il peut vendre les biens qu'il n'entend pas conserver. En ce cas, il doit le prix de leur aliénation.

C. civ., art. 794 (*L. n° 2006-728, 23 juin 2006, art. 1er*)

La déclaration de l'aliénation ou de la conservation d'un ou de plusieurs biens est faite dans les quinze jours au tribunal qui en assure la publicité.

Sans préjudice des droits réservés aux créanciers munis de sûretés, tout créancier successoral peut contester devant le juge, dans un délai de trois mois après la publicité mentionnée au premier alinéa, la valeur du bien conservé ou, lorsque la vente a été faite à l'amiable, le prix de l'aliénation en prouvant que la valeur du bien est supérieure.

Lorsque la demande du créancier est accueillie, l'héritier est tenu du complément sur ses biens personnels, sauf à restituer à la succession le bien conservé et sans préjudice de l'action prévue à l'article 1167.

C. civ., art. 795 (*L. n° 2006-728, 23 juin 2006, art. 1er*)

La déclaration de conserver un bien n'est pas opposable aux créanciers tant qu'elle n'a pas été publiée.

Le défaut de déclaration de l'aliénation d'un bien dans le délai prévu à l'article 794 engage l'héritier sur ses biens personnels à hauteur du prix de l'aliénation.

C. civ., art. 796 (*L. n° 2006-728, 23 juin 2006, art. 1er*)

L'héritier règle le passif de la succession.

Il paye les créanciers inscrits selon le rang de la sûreté assortissant leur créance.

Les autres créanciers qui ont déclaré leur créance sont désintéressés dans l'ordre des déclarations.

Les legs de sommes d'argent sont délivrés après paiement des créanciers.

C. civ., art. 797 (*L. n° 2006-728, 23 juin 2006, art. 1er*)

L'héritier doit payer les créanciers dans les deux mois suivant soit la déclaration de conserver le bien, soit le jour où le produit de l'aliénation est disponible.

Lorsqu'il ne peut s'en dessaisir au profit des créanciers dans ce délai, notamment en raison d'une contestation portant sur l'ordre ou la nature des créances, il consigne les sommes disponibles tant que la contestation subsiste.

C. civ., art. 798 (*L. n° 2006-728, 23 juin 2006, art. 1er*)

Sans préjudice des droits des créanciers munis de sûretés, les créanciers de la succession et les légataires de sommes d'argent ne peuvent poursuivre le recouvrement que sur les biens recueillis de la succession qui n'ont été ni conservés ni aliénés dans les conditions prévues à l'article 793.

Les créanciers personnels de l'héritier ne peuvent poursuivre le recouvrement de leurs créances sur ces biens qu'à l'issue du délai prévu à l'article 792 et après le désintéressement intégral des créanciers successoraux et des légataires.

C. civ., art. 799 (*L. n° 2006-728, 23 juin 2006, art. 1er*)

Les créanciers successoraux qui, dans le délai prévu à l'article 792, déclarent leurs créances après l'épuisement de l'actif n'ont de recours que contre les légataires qui ont été remplis de leurs droits.

C. civ., art. 800 (*L. n° 2006-728, 23 juin 2006, art. 1er*)

L'héritier est chargé d'administrer les biens qu'il recueille dans la succession. Il tient le compte de son administration, des créances qu'il paye et des actes qui engagent les biens recueillis ou qui affectent leur valeur.

Il répond des fautes graves dans cette administration.

Il doit présenter le compte à tout créancier successoral qui en fait la demande et répondre dans un délai de deux mois à la sommation, signifiée par acte extrajudiciaire, de lui révéler où se trouvent les biens et droits recueillis dans la succession qu'il n'a pas aliénés ou conservés dans les conditions prévues à l'article 794. À défaut, il peut être contraint sur ses biens personnels.

L'héritier qui a omis, sciemment et de mauvaise foi, de comprendre dans l'inventaire des éléments actifs ou passifs de la succession ou qui n'a pas affecté au paiement des créanciers de la succession la valeur des biens conservés ou le prix des biens aliénés est déchu de l'acceptation à concurrence de l'actif net. Il est réputé acceptant pur et simple à compter de l'ouverture de la succession.

C. civ., art. 801 (*L. n° 2006-728, 23 juin 2006, art. 1er*)

Tant que la prescription du droit d'accepter n'est pas acquise contre lui, l'héritier peut révoquer son acceptation à concurrence de l'actif net en acceptant purement et simplement. Cette acceptation rétroagit au jour de l'ouverture de la succession.

L'acceptation à concurrence de l'actif net empêche toute renonciation à la succession.

C. civ., art. 802 (*L. n° 2006-728, 23 juin 2006, art. 1er*)

Malgré la déchéance ou la révocation de l'acceptation à concurrence de l'actif net, les créanciers successoraux et les légataires de sommes d'argent conservent l'exclusivité des poursuites sur les biens mentionnés au premier alinéa de l'article 798.

C. civ., art. 803 (*L. n° 2006-728, 23 juin 2006, art. 1er*)

Les frais de scellés, d'inventaire et de compte sont à la charge de la succession. Ils sont payés en frais privilégiés de partage.

C. pr. civ., art. 1334 (*Décr. n° 2006-1805, 23 déc. 2006, art. 2, en vigueur le 1er janv. 2007*)

La déclaration d'acceptation à concurrence de l'actif net faite au greffe du tribunal de grande instance indique les nom, prénoms et profession de l'héritier, son élection de domicile ainsi que la qualité en vertu de laquelle il est appelé à la succession.

Le greffe inscrit la déclaration dans un registre tenu à cet effet et en donne récépissé au déclarant. Il informe l'héritier de l'obligation de publicité prévue au troisième alinéa de l'article 1335.

Les cohéritiers, les créanciers successoraux et les légataires peuvent, sur justification de leur titre, consulter la partie du registre relative à la succession en cause.

C. pr. civ., art. 1335 (*Décr. n° 2006-1805, 23 déc. 2006, art. 2, en vigueur le 1er janv. 2007*)

La publicité prévue aux articles 788, 790 et 794 du Code civil est faite au Bulletin officiel des annonces civiles et commerciales.

Les modalités de la publicité par voie électronique sont définies par arrêté du garde des Sceaux, ministre de la Justice.

Dans les quinze jours suivant la déclaration visée à l'article 788 du Code civil, l'héritier fait procéder, dans les mêmes formes que la publicité prévue au premier alinéa du présent article, à l'insertion d'un avis dans un journal d'annonces légales diffusé dans le ressort du tribunal compétent.

C. pr. civ., art. 1336 (*Décr. n° 2006-1805, 23 déc. 2006, art. 2, en vigueur le 1er janv. 2007*)

Les demandes de l'héritier acceptant à concurrence de l'actif net contre la succession sont formées contre les autres héritiers. S'il n'y en a pas ou si les actions sont intentées par tous les héritiers, elles le sont contre un curateur nommé dans les mêmes formes que celles prévues pour le curateur de la succession vacante.

C. pr. civ., art. 1337 (*Décr. n° 2006-1805, 23 déc. 2006, art. 2, en vigueur le 1er janv. 2007*)

À l'issue du délai de quinze mois prévu à l'article 792 du Code civil, après soit le désintéressement de tous les créanciers déclarés, soit l'épuisement de l'actif et l'affectation des sommes correspondantes au paiement des créanciers, l'héritier dépose au greffe le compte définitif de son administration.

Le dépôt donne lieu à publicité dans les conditions prévues à l'article 1335.

C. pr. civ., art. 1338 (*Décr. n° 2006-1805, 23 déc. 2006, art. 2, en vigueur le 1er janv. 2007*)

L'héritier fait l'avance des frais de publicité au greffe de la juridiction.

Ces frais sont à la charge de la succession. Toutefois, lorsque l'héritier déclare conserver un bien de la succession, les frais liés à la publicité de cette déclaration demeurent à sa charge.

Les frais liés à la délivrance de la copie de l'inventaire faite en vertu du dernier alinéa de l'article 790 du Code civil sont à la charge du créancier ou du légataire qui en fait la demande.

> Acceptation sous bénéfice d'inventaire

[C. civ., anc. art. 793 à 810]

C. civ., anc. art. 793

La déclaration d'un héritier, qu'il entend ne prendre cette qualité que sous bénéfice d'inventaire, doit être faite au greffe du tribunal de grande instance dans l'arrondissement duquel la succession s'est ouverte : elle doit être inscrite sur le registre destiné à recevoir les actes de renonciation.

C. civ., anc. art. 794

Cette déclaration n'a d'effet qu'autant qu'elle est précédée ou suivie d'un inventaire fidèle et exact des biens de la succession, dans les formes réglées par les lois sur la procédure, et dans les délais qui seront ci-après déterminés.

C. civ., anc. art. 795

L'héritier a trois mois pour faire inventaire, à compter du jour de l'ouverture de la succession.

Il a de plus, pour délibérer sur son acceptation ou sur sa renonciation, un délai de quarante jours, qui commencent à courir du jour de l'expiration des trois mois donnés pour l'inventaire, ou du jour de la clôture de l'inventaire s'il a été terminé avant les trois mois.

C. civ., anc. art. 796

Si cependant il existe dans la succession des objets susceptibles de dépérir ou dispendieux à conserver, l'héritier peut, en sa qualité d'habile à succéder, et sans qu'on puisse en induire de sa part une acceptation, se faire autoriser par justice à procéder à la vente de ces effets.

Cette vente doit être faite par officier public, après les affiches et publications réglées par les lois sur la procédure.

C. civ., anc. art. 797

Pendant la durée des délais pour faire inventaire et pour délibérer, l'héritier ne peut être contraint à prendre qualité, et il ne peut être obtenu contre lui de condamnation : s'il renonce lorsque les délais sont expirés ou avant, les frais par lui faits légitimement jusqu'à cette époque sont à la charge de la succession.

C. civ., anc. art. 798

Après l'expiration des délais ci-dessus, l'héritier, en cas de poursuite dirigée contre lui, peut demander un nouveau délai, que le tribunal saisi de la contestation accorde ou refuse suivant les circonstances.

C. civ., anc. art. 799

Les frais de poursuite, dans le cas de l'article précédent, sont à la charge de la succession, si l'héritier justifie, ou qu'il n'avait pas eu connaissance du décès, ou que les délais ont été insuffisants, soit à raison de la situation des biens, soit à raison des contestations survenues : s'il n'en justifie pas, les frais restent à sa charge personnelle.

C. civ., anc. art. 800

L'héritier conserve néanmoins, après l'expiration des délais accordés par l'article 795, même de ceux donnés par le juge conformément à l'article 798, la faculté de faire encore inventaire et de se porter héritier bénéficiaire, s'il n'a pas fait d'ailleurs acte d'héritier, ou s'il n'existe pas contre lui de jugement passé en force de chose jugée, qui le condamne en qualité d'héritier pur et simple.

C. civ., anc. art. 801

L'héritier qui s'est rendu coupable de recel, ou qui a omis, sciemment et de mauvaise foi, de comprendre dans l'inventaire des effets de la succession, est déchu du bénéfice d'inventaire.

C. civ., anc. art. 802

L'effet du bénéfice d'inventaire est de donner à l'héritier l'avantage :

1° De n'être tenu du payement des dettes de la succession que jusqu'à concurrence de la valeur des biens qu'il a recueillis, même de pouvoir se décharger du payement des dettes en abandonnant tous les biens de la succession aux créanciers et aux légataires;

2° De ne pas confondre ses biens personnels avec ceux de la succession, et de conserver contre elle le droit de réclamer le payement de ses créances.

C. civ., anc. art. 803

L'héritier bénéficiaire est chargé d'administrer les biens de la succession et doit rendre compte de son administration aux créanciers et aux légataires.

Il ne peut être contraint sur ses biens personnels qu'après avoir été mis en demeure de présenter son compte, et faute d'avoir satisfait à cette obligation.

Après l'apurement du compte, il ne peut être contraint sur ses biens personnels que jusqu'à concurrence seulement des sommes dont il se trouve reliquataire.

C. civ., anc. art. 804

Il n'est tenu que des fautes graves dans l'administration dont il est chargé.

C. civ., anc. art. 805

Il ne peut vendre les meubles de la succession que par le ministère d'un officier public, aux enchères, et après les affiches et publications accoutumées.

S'il les représente en nature, il n'est tenu que de la dépréciation ou de la détérioration causée par sa négligence.

C. civ., anc. art. 806

Il ne peut vendre les immeubles que dans les formes prescrites par les lois sur la procédure; il est tenu d'en déléguer le prix aux créanciers hypothécaires qui se sont fait connaître.

C. civ., anc. art. 807

Il est tenu, si les créanciers ou autres personnes intéressées l'exigent, de donner caution bonne et solvable de la valeur du mobilier compris dans l'inventaire, et de la portion du prix des immeubles non déléguée aux créanciers hypothécaires.

Faute par lui de fournir cette caution, les meubles sont vendus, et leur prix est déposé, ainsi que la portion non déléguée du prix des immeubles, pour être employés à l'acquit des charges de la succession.

C. civ., anc. art. 808

S'il y a des créanciers opposants, l'héritier bénéficiaire ne peut payer que dans l'ordre et de la manière réglés par le juge.

S'il n'y a pas de créanciers opposants, il paye les créanciers et les légataires à mesure qu'ils se présentent.

C. civ., anc. art. 809

Les créanciers non opposants qui ne se présentent qu'après l'apurement du compte et le payement du reliquat, n'ont de recours à exercer que contre les légataires.

Dans l'un et l'autre cas, le recours se prescrit par le laps de trois ans, à compter du jour de l'apurement du compte et du payement du reliquat.

C. civ., anc. art. 810

Les frais de scellés, s'il en a été apposé, d'inventaire et de compte, sont à la charge de la succession.

243.02 Jurisprudence de référence.

> Caractère irrévocable de l'acceptation

• **Civ. 1re, 24 janv. 1990, n° 88-19.443,** *Bull. civ.* I, n° 26

* V. s[s] n° 243.41

L'acceptation sous bénéfice d'inventaire étant irrévocable, son auteur ne peut ultérieurement renoncer valablement à la succession en accomplissant les formalités prévues par l'article 784.

> Déchéance du bénéfice d'inventaire

• **Civ. 1re, 22 nov. 1978, n° 77-11.629,** *Bull. civ.* I, n° 359

* V. s[s] n° 243.82

Ne peuvent être déchus du bénéfice d'inventaire les héritiers qui ont, malgré l'existence de créanciers opposants, procédé au paiement des autres créanciers sans observer les formes légales, dès lors que les juges du fond n'ont pas recherché si, dans une procédure régulière de distribution par contribution, les créanciers opposants auraient pu obtenir paiement de la totalité de leur créance.

> Conséquences de l'acceptation sous bénéfice d'inventaire

• **Civ. 1re, 11 déc. 1973, n° 71-14.111,** *Bull. civ.* I, n° 348

* V. s[s] n° 243.09

L'acceptation sous bénéfice d'inventaire a pour seul résultat de limiter l'obligation aux dettes des héritiers et demeure sans effet dans les rapports entre cohéritiers.

> Conséquences de l'absence de confusion des patrimoines au regard de la compensation

• **Civ. 1re, 2 mai 2001, n° 98-22.637,** *Bull. civ.* I, n° 116

* V. s[s] n° 243.09

Il résulte de l'article 802 (ancien) que les biens personnels de l'héritier qui a accepté une succession sous bénéfice d'inventaire sont distincts des biens dépendant de la succession et aucune compensation n'est dès lors possible entre les créances personnelles de l'héritier bénéficiaire et les dettes de la succession.

243.03 Bibliographie indicative.

Actualisable. Rép. civ., v° *Succession (2° Transmission)*, par R. Le Guidec et G. Chabot, sept. 2011 [màj janv. 2014].

Ouvrages.

* V. références citées s[s] n°s 02.06 et 02.07.

Articles. V. Brémond, « La nouvelle acceptation à concurrence de l'actif net », *JCP N* 2006. 1331 – M. Dagot, « Successions : acceptation à concurrence de l'actif net et conservation d'un bien par l'héritier », *Defrénois* 2007. 337 – N. Levillain, « Les conséquences de l'acceptation à concurrence de l'actif net », *JCP N* 2009. 1006.

243.04 Questions essentielles.

> Acceptation à concurrence de l'actif net

• La déclaration des créances a une conséquence directe sur l'ordre de paiement des créanciers.

* V. s[s] n° 243.22

• L'acceptation à concurrence de l'actif net a une incidence sur les droits des créanciers personnels de l'héritier.

* V. s[s] n° 243.24

• Un héritier peut conserver un ou plusieurs biens de la succession à des conditions précises.

* V. s[s] n° 243.25

• L'aliénation d'un bien suppose une déclaration d'aliénation par l'héritier.

* V. s[s] n° 243.27

> Acceptation sous bénéfice d'inventaire

• La perte de la faculté d'accepter une succession sous bénéfice d'inventaire peut résulter :

– d'une acceptation antérieure pure et simple de l'héritier.

* V. s[s] n° 243.64

– d'un jugement passé en force de chose jugée le condamnant comme héritier pur et simple.

* V. s[s] n° 243.65

• La renonciation au bénéfice d'inventaire peut résulter d'un acte quelconque incompatible avec la séparation des patrimoines et avec l'affectation du seul actif héréditaire au paiement des créanciers et légataires.

* V. s[s] n° 243.73

243.05 Délais.

> Droit issu dela réforme du 23 juin 2006 (successions ouvertes depuis le 1er janvier 2007)

• Délai de déclaration des créances et de suspension des poursuites : dans les **quinze mois** de la publicité de la déclaration d'acceptation de la succession à concurrence de l'actif net.

* V. s[s] n° 243.22

> Droit antérieur à la réforme du 23 juin 2006 (successions ouvertes avant le 1er janvier 2007)

• Délai pour procéder à inventaire :

Double délai : délai de **trois mois** à compter de l'ouverture de la succession pour procéder à l'inventaire (C. civ., art. 795, al. 1er) et délai de **quarante jours** pour délibérer (C. civ., art. 795, al. 2); sans préjudice de délai supplémentaire accordé par le juge (C. civ., art. 798).

L'ensemble de ces délais confèrent à l'héritier une exception dilatoire mais ce délai n'est pas obligatoire (il laisse subsister la possibilté de faire inventaire) et n'est pas non plus sanctionné par la forclusion.

* V. s[s] n°s 243.61 à 243.63

• Délai de prescription du droit d'accepter la succession sous bénéfice d'inventaire :

trente ans à compter de l'ouverture de la succession.

* V. s[s] n° 243.66

243.06 Sanctions.

> La déchéance du bénéfice d'inventaire résulte d'une décision de justice et sanctionne le recel de biens successoraux et la vente irrégulière de biens héréditaires.

* V. s[s] n°s 243.81 et 243.82

> Le non-respect des formalités d'acceptation d'une succession à concurrence de l'actif net (déclaration et inventaire) est sanctionné par l'attribution à l'héritier de la qualité d'acceptant pur et simple (avec obligation au passif).

* V. s[s] n° 243.14

> En cas d'acceptation à concurrence de l'actif net, le défaut de déclaration de la créance est sanctionné par l'extinction de la créance à l'égard de la succession.

* V. s[s] n° 243.22

243.09 **Présentation.** Il existe un parti intermédiaire entre l'acceptation pure et simple d'une part et la renonciation d'autre part. L'existence de cette faculté évite ainsi de réduire l'héritier à l'alternative suivante : accepter purement et simplement ou renoncer, ce qui pourrait soit le ruiner, soit lui faire perdre un actif en cas d'erreur d'appréciation et générer une vacance de la succession peu opportune. Cette option était dénommée, sous l'empire du droit antérieur à la réforme de 2006, l'acceptation sous bénéfice d'inventaire. Désormais, avec la loi du 23 juin 2006, il s'agit de l'acceptation à concurrence de l'actif net. Cette option successorale a fait l'objet d'une refonte en profondeur par la loi du 23 juin 2006, compte tenu des insuffisances du droit antérieur qui n'incitaient pas les héritiers à adopter ce parti. Cette dernière ne s'applique, conformément au droit transitoire de la loi du 23 juin 2006, que dans les successions ouvertes depuis le 1er janvier 2007.

L'importance des modifications apportées explique que soient examinées successivement et distinctement l'acceptation à concurrence de l'actif net et l'acceptation sous bénéfice d'inventaire.

Les effets spécifiques de l'acceptation à concurrence de l'actif net comme de l'ancienne acceptation sous bénéfice d'inventaire seront, comme pour l'acceptation pure et simple, étudiés à l'occasion de développements plus approfondis sur le règlement du passif (v. s[s] n°s 261.10 s.) et sur l'acceptation à concurrence de l'actif net (v. s[s] n°s 261.191 à 261.311).

Le présent chapitre sera donc consacré d'abord à l'acceptation à concurrence de l'actif net (sect. 1) puis à l'acceptation sous bénéfice d'inventaire (sect. 2).

SECTION 1
ACCEPTATION À CONCURRENCE DE L'ACTIF NET

243.10 **Présentation.** Régie par les articles 787 à 803 du Code civil, l'acceptation à concurrence de l'actif net se substitue, pour les successions ouvertes à compter du 1er janvier 2007, à l'acceptation sous bénéfice d'inventaire. En réalité, le changement terminologique, au demeurant regrettable, traduit une réforme en profondeur d'une branche de l'option successorale qui comportait de nombreuses insuffisances. Ce n'est pas à dire pour autant que le nouveau régime mis en place donne toute satisfaction, loin de là. Néanmoins, le législateur s'est efforcé d'organiser et de simplifier cette option sans pour autant que l'on puisse affirmer que l'œuvre soit achevée. N'ayant pas voulu tirer toutes les conséquences de la distinction entre la **succession à la personne**, principe traditionnel du droit français, et la **succession aux biens**, caractéristique de la *Common Law*, les solutions ne sont pas toujours convaincantes et laissent place à de nombreuses interrogations.

Seront successivement étudiés les conditions (§ 1) puis les effets (§ 2) de l'acceptation à concurrence de l'actif net.

§ 1
Conditions

243.11 **Conditions de fond – Renvoi.** L'acceptation à concurrence de l'actif net est comme toute option successorale soumise aux caractères généraux du droit d'option. Il convient donc de se reporter ici aux développements consacrés au droit commun de l'option ainsi qu'aux règles concernant les incapables (v. s[s] n°s 241.12 à 241.14) ou le délai d'exercice de l'option. On se limitera ici à analyser les **conditions de forme** propres à cette option.

243.12 **Déclaration.** Tout comme l'acceptation sous bénéfice d'inventaire, l'acceptation à concurrence de l'actif net est un parti formaliste. Il suppose une **déclaration expresse au greffe du tribunal de grande instance** du lieu d'ouverture de la succession, conformément aux articles 788 du Code civil et 1334 à 1338 du Code de procédure civile.

Cette déclaration fait l'objet d'un **enregistrement** (C. pr. civ., art. 1334) et d'une **double publicité** :

- la première faite par le greffe du tribunal au *Bulletin officiel des annonces civiles et commerciales* (*BODACC*) (C. pr. civ., art. 1335, al. 1 et 2);
- la seconde effectuée à l'initiative de l'héritier dans les quinze jours suivant la première publicité par l'insertion d'un avis dans un journal d'annonces légales diffusé dans le ressort du tribunal compétent (C. pr. civ., art. 1335, al. 3).

243.13 **Inventaire.** La déclaration doit être accompagnée ou suivie d'un inventaire établi par les personnes désignées par l'article 789 : **commissaire-priseur, notaire** ou **huissier de justice**. Les personnes pouvant demander l'établissement de l'inventaire, les personnes devant y être appelées, ainsi que le contenu de cet inventaire sont précisés dans le Code de procédure civile (C. pr. civ., art. 1329 à 1332). De plus, l'article 1338 du Code de procédure civile fixe la répartition des **frais de publicité** et des **frais de copie** de l'inventaire. Enfin, une fois établi, l'inventaire doit être **déposé au greffe du tribunal compétent** et ce dans un **délai de deux mois** après le dépôt de la déclaration. Ce dépôt fait également l'objet d'une **publicité** (C. civ., art. 790).

243.14 Sanctions du non-accomplissement de ces formalités. Ces formalités sont indispensables à l'existence d'une acceptation à concurrence de l'actif net. **À défaut** d'accomplir ces formalités dans le délai requis, **l'héritier sera considéré comme acceptant pur et simple,** avec toutes les conséquences que cela comporte notamment au regard de son **obligation au passif** (C. civ., art. 790, al. 4). La sanction, qui est à rebours du droit antérieur (v. s[s] n° 243.61), est très lourde pour l'héritier et appelle, à ce titre, la plus grande vigilance du notaire en charge du règlement successoral.

§ 2
Effets

243.21 Effets généraux – Renvoi. L'article 791 du Code civil énumère les conséquences et avantages de l'acceptation à concurrence de l'actif net : l'absence de confusion des patrimoines de l'héritier et du *de cujus*, l'obligation *intra vires*, et le maintien des droits que l'héritier créancier pourrait avoir contre la succession.

De plus, et c'est là une nouveauté par rapport au régime antérieur à 2006, **l'acceptation à concurrence de l'actif net par un seul héritier a pour effet de soumettre tous les héritiers, c'est-à-dire l'ensemble de la succession, à ce régime** (C. civ., art. 792-2). Les conséquences spécifiques de cette branche de l'option successorale au regard du règlement du passif seront examinées lors de l'étude plus générale du passif successoral (v. s[s] n°s 261.191 à 261.311).

243.22 Déclaration des créances. Dans les **quinze mois de la publicité de la déclaration au *BODACC*,** les créanciers non munis de sûretés doivent **déclarer leurs créances** en notifiant leur titre au domicile de l'héritier. Cette déclaration est très importante. D'une part, **les créanciers seront payés dans l'ordre de la déclaration.** C'est la course à la déclaration, solution curieuse que même le droit des procédures collectives ne connaît pas. D'autre part, à **défaut de déclaration** dans le délai prévu, il y a **extinction de la créance à l'égard de la succession,** conséquence grave qui s'étend à toutes les personnes concernées par la créance, cautions, coobligés ou garants autonomes.

Lorsqu'un créancier déclare sa créance dans le délai de quinze mois, mais après épuisement de l'actif, il ne dispose d'un recours que contre les légataires de corps certains et non contre les légataires de sommes d'argent.

243.23 Suspension des poursuites – Créanciers successoraux. Durant le **délai de quinze mois** requis pour la déclaration, les créanciers successoraux doivent suspendre toute mesure d'exécution sur les biens successoraux, qu'il s'agisse des meubles ou des immeubles.

243.24 Suspension des poursuites – Créanciers personnels. Les créanciers personnels de l'héritier sont également soumis à la suspension de toutes les mesures d'exécution pendant le **délai de quinze mois** fixé pour la déclaration des créances. Ce n'est qu'à l'expiration de ce délai qu'ils pourront espérer recouvrer leurs créances mais uniquement après désintéressement total des créanciers successoraux et des légataires (C. civ., art. 798).

243.25 Conservation d'un ou de plusieurs biens par un héritier. Il s'agit là d'une innovation importante de la loi du 23 juin 2006 qui remédie à la situation antérieure où l'héritier était contraint de procéder à la vente aux enchères des biens pour en garder le bénéfice. L'article 793 du Code civil permet à l'héritier, sous certaines conditions, de conserver un bien meuble ou immeuble de la succession. Tout d'abord, une **déclaration de conservation** doit être faite par l'héritier dans le **délai de quinze mois** de l'article 792 (C. civ., art. 793). À défaut, elle n'est pas opposable aux créanciers. Ensuite, l'héritier doit la **valeur du bien fixé dans l'inventaire;** il s'ensuit que le bien quitte le patrimoine successoral. Si le bien est cédé, l'héritier doit la valeur de l'aliénation.

Le **créancier** peut **contester devant le juge** dans un **délai de trois mois** la **valeur du bien conservé** et si la demande est accueillie l'héritier est tenu d'un complément sur ses biens personnels.

243.26 Administration de la succession. L'administration de la succession est assumée par l'héritier conformément à l'article 800 du Code civil. Il exerce alors les pouvoirs les plus larges et en contrepartie répond de ses actes. Il doit rendre compte aux créanciers à leur demande et peut être tenu pour responsable en cas de manquement grave. De plus, s'il dissimule des éléments d'actifs ou n'affecte pas au paiement des créanciers la valeur des biens aliénés ou conservés, il peut être déchu du bénéfice de l'acceptation à concurrence de l'actif net : il est alors réputé acceptant pure et simple.

L'héritier a la possibilité de se décharger de l'administration de la succession en demandant en justice la désignation d'un mandataire successoral (v. s[s] n°s 247.41 à 247.44).

243.27 Aliénation d'un bien. L'héritier n'a plus à recourir aux ventes publiques. Il doit cependant procéder à une **déclaration d'aliénation;** à défaut l'héritier est engagé sur ses biens personnels à hauteur du prix de l'aliénation (C. civ., art. 795). Le créancier peut toujours contester dans un **délai de**

trois mois le prix de l'aliénation en établissant que celui-ci est insuffisant. Si le tribunal accueille cette demande, l'héritier est tenu d'un complément sur ses biens personnels.

243.28 Cessation de l'acceptation à concurrence de l'actif net – Renvoi. Comme cela a été rappelé, l'acceptation à concurrence de l'actif net est **révocable** (v. s[s] n° 241.83) et les solutions admises antérieurement n'ont pas lieu d'être écartées. Elles sont applicables à cette nouvelle option.

Tout au plus, précisera-t-on ici que si l'acceptation à concurrence de l'actif net se transforme, de gré ou de force, en acceptation pure et simple l'héritier est tenu alors *ultra vires*. Toutefois, l'article 802 du Code civil précise que les créanciers et les légataires conservent le bénéfice de l'absence de confusion des patrimoines, et plus précisément l'exclusivité des poursuites sur les biens successoraux.

SECTION 2
ACCEPTATION SOUS BÉNÉFICE D'INVENTAIRE

243.30 Présentation. Véritable acceptation de la succession, l'acceptation sous bénéfice d'inventaire réalise au profit de l'héritier la **transmission de plein droit de l'hérédité** et ce, **rétroactivement** : le successible est réputé avoir la qualité d'héritier bénéficiaire du jour de l'ouverture de la succession, c'est-à-dire du jour même du décès. Prévenant la confusion des patrimoines, cette option soustrait l'héritier à l'obligation *ultra vires*. Les créanciers successoraux n'ont désormais pour seul gage que la masse de l'hérédité, isolée des biens de l'héritier[1]. Mais, établie dans l'intérêt personnel de l'héritier, l'acceptation bénéficiaire ne saurait, en laissant à l'héritier le libre exercice de ses prérogatives sur les biens, porter préjudice aux créanciers successoraux. C'est pourquoi les **pouvoirs de l'héritier bénéficiaire** sont alors soumis à **certaines contraintes**, qui justifient l'absence de responsabilité personnelle de l'héritier.

La présente section sera consacrée à l'ouverture (§ 1) puis à la cessation (§ 2) du bénéfice d'inventaire.

§ 1
Ouverture du bénéfice d'inventaire

243.40 Conditions de fond et de forme. Aux conditions de fond de toute option héréditaire (v. s[s] n°s 241.11 s.), l'acceptation sous bénéfice d'inventaire, parti formaliste, ajoute des exigences de forme très précises, auxquelles les développements suivants seront exclusivement consacrés.

Au nombre de deux, celles-ci poursuivent respectivement une finalité précise. La **déclaration au greffe du tribunal de grande instance** du lieu d'ouverture de la succession assure l'information des créanciers successoraux et la **rédaction d'un inventaire** établit la consistance exacte du patrimoine successoral. Ce sont les seules formalités nécessaires à l'efficacité de l'acceptation sous bénéfice d'inventaire.

A.
Nécessité d'une déclaration au greffe du tribunal de grande instance

243.41 Déclaration. Formalité essentielle pour l'ouverture du bénéfice d'inventaire, la déclaration au greffe du tribunal de grande instance du lieu d'ouverture de la succession, est prévue par l'article 793 du Code civil. Cette déclaration est faite sur le même registre que celui approprié pour recevoir les renonciations à succession. Elle ne nécessite aucune formule sacramentelle et peut être faite par **l'intéressé lui-même** ou par **un mandataire**, muni d'une procuration écrite spéciale, laquelle ne doit pas être nécessairement authentique.

Cette **déclaration** est une **condition nécessaire** en l'absence de laquelle l'acceptation bénéficiaire ne produirait pas d'effet.

Toutefois, condition nécessaire, la déclaration au greffe **n'est pas une condition suffisante** pour l'ouverture du bénéfice d'inventaire. En effet, conformément à l'article 794 du Code civil, si aucun inventaire n'est dressé, la déclaration est privée de toute efficacité[2].

B.
Inventaire

243.51 Rédaction d'un inventaire. L'article 794 du Code civil exige que la déclaration au greffe soit précédée ou suivie d'un **inventaire fidèle et exact des biens de la succession**. Cet inventaire est nécessaire pour connaître le montant exact de l'actif héréditaire qui constituera la limite des obligations de l'héritier quant au règlement du passif de la succession et pour protéger les créanciers successoraux en leur garantissant pour gage la valeur de la succession. À défaut d'inventaire dans le délai légal, l'héritier ayant déclaré accepter la succession sous

1. Civ. 1re, 11 déc. 1973, n° 71-14.111, *Bull. civ.* I, n° 348; *JCP* 1974. II. 17826, note M. Dagot – Civ. 1re, 2 mai 2001, n° 98-22.637, *Bull. civ.* I, n° 116; *D.* 2001. IR 1672; *JCP* 2002. I. 178, n° 1, obs. R. Le Guidec; *AJ fam.* 2001. 64; *RTD civ.* 2002. 131, obs. J. Patarin.

2. Civ. 1re, 24 janv. 1990, n° 88-19.443, *Bull. civ.* I, n° 26.

bénéfice d'inventaire peut se voir condamner comme héritier pur et simple à l'égard du créancier successoral le poursuivant[1].

S'il y a plusieurs héritiers bénéficiaires, l'inventaire fait par l'un d'eux profite à tous les autres. De plus si un inventaire a été dressé régulièrement et récemment à la demande d'un tiers, un simple procès-verbal de récolement est suffisant.

243.52 Formes. L'article 794 du Code civil renvoie en réalité aux articles 942 et 943 de l'ancien Code de procédure civile. Il résulte de ces textes que l'inventaire doit toujours revêtir la forme d'un **acte notarié**, un acte sous seing privé étant insuffisant.

L'article 942 énumère les personnes en présence desquelles l'inventaire doit être rédigé : **conjoint survivant, héritiers présomptifs, exécuteur testamentaire** si le testament est connu, **donataires, légataires universels ou à titre universel.**

Quant à l'article 943, il donne une énumération détaillée de toutes les formalités qui, outre celles exigées pour tous les actes notariés, doivent être contenues dans un inventaire.

L'inventaire ne doit comporter aucune omission, sinon il ne serait pas **fidèle** et **exact** comme l'exige l'article 794 du Code civil.

L'inventaire doit comprendre **tous les meubles faisant partie de la succession,** qu'il s'agisse de **meubles corporels ou incorporels.** *A contrario*, il ne faut pas faire figurer dans l'inventaire des meubles qui ne font pas partie de la succession car déjà sortis du patrimoine du *de cujus*. Tel est le cas, par exemple, des meubles qui se trouvaient grevés d'une substitution permise, et, qui, dès le décès du « grevé », sont transmis à l'« appelé »[2].

Il n'y a pas à faire figurer dans l'inventaire une description détaillée des immeubles successoraux.

243.53 Intervention des créanciers. Les **créanciers héréditaires** ne figurent pas dans l'article 942 du Code de procédure civile (ancien) relatif aux personnes devant assister à la rédaction de l'inventaire et n'ont donc pas à être appelés. Toutefois, il en va différemment si l'apposition des scellés a été requise et si les créanciers s'opposent à ce qu'ils soient levés hors de leur présence. En effet, il résulte des articles 1316 et suivants du Code de procédure civile que **les créanciers successoraux qui ont requis l'apposition des scellés doivent être appelés à assister à l'inventaire** puisque les scellés sont levés au fur et à mesure de la confection de l'inventaire. Un régime identique est applicable aux **légataires particuliers.**

1. Civ. 1re, 22 févr. 2000, n° 97-20.541, *Bull. civ.* I, n° 60.
2. Req. 20 août 1845, *DP* 1845. 1. 373.

C. Délai pour procéder à l'inventaire et perte de la faculté d'accepter sous bénéfice d'inventaire

243.61 Délais. L'article 794 du Code civil laisse entendre que l'inventaire doit être rédigé dans le délai prévu à l'article suivant, c'est-à-dire dans le délai de trois mois visé par l'alinéa 1er de l'article 795 : « *L'héritier a trois mois pour faire inventaire, à compter du jour de l'ouverture de la succession* ». À l'expiration de ce délai, l'alinéa 2 du même article 795 en accorde un second de quarante jours pour délibérer. Mais, en réalité l'article 800 du Code civil précise clairement : « *L'héritier conserve néanmoins, après l'expiration des délais accordés par l'article 795, même de ceux donnés par le juge conformément à l'article 798, la faculté de faire encore inventaire et de se porter héritier bénéficiaire* ».

Ainsi, non seulement **l'héritier n'est pas déchu du bénéfice d'inventaire après l'expiration du délai de trois mois**, pourtant destiné à la rédaction d'un inventaire, mais encore la déchéance ne survient **pas davantage après l'expiration du délai de quarante jours destiné à délibérer** et après celle, éventuelle, du délai supplémentaire que le tribunal peut accorder en vertu de l'article 798 du Code civil.

Le délai ne présente donc pas à proprement parler un caractère obligatoire, mais confère à l'héritier une **exception dilatoire.** L'expiration du délai n'est pas sanctionnée par la forclusion[3].

243.62 Pendant le délai de trois mois et quarante jours. Dans un premier temps, c'est-à-dire durant le délai de trois mois et quarante jours prévu à l'article 795 du Code civil, l'héritier ne peut être contraint à prendre parti car il bénéficie d'une **exception dilatoire.** Le défaut de déclaration ou d'inventaire pendant cette période ne saurait entraîner à son encontre une quelconque sanction, et encore moins sa condamnation comme héritier acceptant pur et simple.

243.63 À l'expiration du délai de trois mois et quarante jours. Dans un deuxième temps, l'expiration du délai de trois mois et quarante jours ne fait pas pour autant obstacle à l'accomplissement des formalités nécessaires à l'acceptation bénéficiaire. L'inaction de l'héritier pendant les délais prévus par l'article 795 du Code civil n'est en effet pas sanctionnée par la forclusion. L'intéressé peut donc faire procéder à l'inventaire et se porter bénéficiaire pendant l'instance d'appel qui l'oppose à un créancier du *de cujus*.

Le seul avantage que perd alors l'héritier est l'exception dilatoire de l'article 797 du Code civil. Il

3. Civ. 1re, 8 déc. 1987, n° 85-17.312, *Bull. civ.* I, n° 344.

n'est donc pas encore trop tard pour accepter sous bénéfice d'inventaire, mais il faut faire dresser rapidement l'inventaire[1]. En effet, à défaut, l'héritier qui a déclaré accepter la succession sous bénéfice d'inventaire mais qui n'a pas fait inventaire dans le délai légal est condamné comme héritier pur et simple à l'égard du créancier successoral qui l'a poursuivi[2].

243.64 Perte de la faculté d'accepter sous bénéfice d'inventaire – Première cause. La faculté d'accepter la succession sous bénéfice d'inventaire se perd, selon l'article 800 du Code civil, lorsque **l'héritier a déjà accepté celle-ci purement et simplement, que ce soit de façon expresse ou tacite.** Il s'agit seulement là d'une déchéance de la faculté d'accepter sous bénéfice d'inventaire et non d'une déchéance du bénéfice lui-même puisque celui-ci, par hypothèse, n'est pas encore acquis.

Encore faut-il que l'on soit en présence d'une acceptation pure et simple dépourvue de toute équivoque[3].

243.65 Perte de la faculté d'accepter sous bénéfice d'inventaire – Seconde cause. De la même façon, la faculté d'accepter la succession bénéficiaire devient impossible si, selon les termes de l'article 800 du Code civil, « *il existe contre l'héritier un jugement passé en force de chose jugée qui le condamne en qualité d'héritier pur et simple* ». Il doit s'agir d'une **décision contentieuse, qualifiant l'héritier, dans son dispositif, d'héritier pur et simple.** Il faut aussi une décision « *passée en force de chose jugée* », c'est-à-dire **non susceptible de voies de recours.** Le jugement, ainsi rendu à la demande d'un créancier héréditaire, ne produit effet qu'à l'égard de celui-ci de telle sorte que l'héritier peut encore accepter valablement la succession sous bénéfice d'inventaire à l'égard des autres créanciers, à condition qu'il accomplisse la double formalité en temps utile.

243.66 À l'expiration du délai de trente ans. Enfin, la **faculté d'accepter une succession sous bénéfice d'inventaire**, à l'instar des autres branches de l'option, est **prescrite au bout de trente ans.** Ce délai court à compter du jour de l'ouverture de la succession.

§ 2 Cessation du bénéfice d'inventaire

243.70 Présentation. Le bénéfice d'inventaire ne prend en principe fin que lorsque la succession est entièrement liquidée, conformément aux règles gouvernant cette option successorale. Cependant, il arrive que le bénéfice d'inventaire cesse de produire effet avant d'avoir atteint son terme normal et d'avoir pu jouer son rôle. Tel est le cas lorsqu'il y a renonciation au bénéfice d'inventaire par l'héritier (A), ou quand la déchéance du bénéfice d'inventaire frappe celui-ci (B), hypothèses produisant des effets identiques (C).

A. Renonciation

243.71 Renonciation au bénéfice d'inventaire – Principe. Dès lors qu'il est maître de ses droits, l'héritier peut renoncer volontairement à un bénéfice établi dans son intérêt exclusif. Il ne s'agit pas ici d'une renonciation se substituant à l'acceptation déjà intervenue : le principe de l'irrévocabilité de l'option héréditaire est respecté. Il y a simplement **substitution d'une acceptation pure et simple à une acceptation bénéficiaire.**

243.72 Renonciation expresse. La renonciation expresse résulte du fait que l'héritier bénéficiaire prend formellement, dans un acte juridique, la qualité d'héritier acceptant pur et simple. Mais il faut, pour cela, que **l'intention** de l'héritier apparaisse **sans équivoque et sans restriction**[4].

L'héritier bénéficiaire qui prend dans un acte instrumentaire la qualité d'héritier sans ajouter à cette expression l'adjectif « bénéficiaire » ou les mots « sous bénéfice d'inventaire » ne doit point, pour ce seul motif, être considéré comme ayant renoncé à ce bénéfice[5].

Lorsque la succession comporte des immeubles, la renonciation expresse au bénéfice d'inventaire doit faire l'objet de l'établissement et de la publication d'une **attestation notariée rectificative à la conservation des hypothèques** (Décr. n° 55-22, 4 janv. 1955, art. 29, al. 2).

243.73 Renonciation tacite – Possibilité. La renonciation tacite au bénéfice d'inventaire est possible[6]. L'accomplissement d'un acte quelconque impliquant normalement acceptation tacite pure et simple de l'hérédité ne vaut pas automatiquement renonciation au bénéfice d'inventaire. Il importe en effet que les **juges du fond** relèvent la **volonté de l'intéressé de se conduire en héritier pur et simple,** impliquant celle de renoncer au bénéfice d'inventaire[7].

1. Civ. 1re, 29 juin 1994, n° 92-19.684, *Bull. civ.* I, n° 232; *Defrénois* 1996. 673.
2. Civ. 1re, 22 févr. 2000, n° 97-20.541, *Bull. civ.* I, n° 60.
3. Civ. 1re, 8 déc. 1987, n° 85-17.312, *Bull. civ.* I, n° 344; *JCP* 1988. IV. 69; *JCP N* 1989. II. 109, obs. P. Salvage.
4. Civ. 1re, 7 avr. 1998, n° 96-14.578, NP; *Dr. fam.* 1998, n° 139, note B. Beignier.
5. Req. 4 nov. 1890, *DP* 1891. 501.
6. Req. 10 janv. 1939, *DH* 1939. 148.
7. Civ. 1re, 28 oct. 1980, n° 79-12.316, *Bull. civ.* I, n° 272; *D.* 1981. IR 467, obs. D.-R. Martin; *JCP* 1981. II. 1967, note M. Dagot.

Ainsi, la renonciation tacite au bénéfice d'inventaire ne peut résulter que **d'un acte incompatible avec la séparation des patrimoines et avec l'affectation du seul actif héréditaire au paiement des créanciers et légataires.**

En premier lieu, le silence ou l'inaction de l'héritier bénéficiaire ne sauraient en aucun cas suffire pour le faire considérer comme renonçant à son bénéfice.

En second lieu, l'accomplissement des actes d'administration, au sens large du terme, ne peut pas en principe constituer une renonciation tacite au bénéfice d'inventaire, dès lors qu'en vertu de l'article 803 du Code civil l'héritier est tenu d'administrer les biens de la succession.

243.74 Actes constituant une renonciation. Tel est le cas des actes de disposition à titre gratuit des biens dépendant de l'hérédité... ou celui d'une constitution de servitude sur des immeubles héréditaires[1]... ou celui de la dation en paiement par l'héritier bénéficiaire de biens dépendant de la succession au profit de l'un de ses créanciers personnels[2]... ou celui de la demande de l'héritier tendant à faire payer un débiteur héréditaire, non à la succession bénéficiaire, mais à lui personnellement[3].

243.75 Actes ne constituant pas une renonciation. Sans renoncer à son bénéfice, l'héritier peut :

- céder à un tiers ses droits successifs;

- provoquer le partage judiciaire ou procéder au partage amiable soit de la succession bénéficiaire[4], soit de biens indivis entre la succession et des tiers[5].

243.76 Actes prêtant à discussion. Tel est le cas de la **constitution d'hypothèque effectuée par l'héritier bénéficiaire sur un immeuble successoral.**

La jurisprudence refuse d'y voir une renonciation tacite au bénéfice d'inventaire lorsque l'hypothèque n'a été prise que **dans l'intérêt même de la conservation des biens héréditaires,** en particulier lorsqu'elle garantit des emprunts destinés à effectuer des réparations urgentes sur l'immeuble[6].

Au contraire, la jurisprudence qualifie de renonciation au bénéfice d'inventaire la constitution d'hypothèque lorsque celle-ci est **destinée à garantir des dettes personnelles de l'héritier bénéficiaire** car il s'agit alors d'un acte de disposition impliquant chez celui-ci l'intention délibérée de se comporter comme un héritier pur et simple et de confondre le patrimoine du *de cujus* avec le sien propre[7].

Une incertitude existe également pour le **compromis** ou la **transaction** conclue par l'héritier bénéficiaire au sujet de contestations relatives à l'hérédité.

B. Déchéance

243.81 Déchéance du bénéfice d'inventaire – Principe. L'hypothèse précise envisagée ici est la suivante : l'option a été régulièrement exercée en faveur de l'acceptation sous bénéfice d'inventaire mais **l'héritier** est, ultérieurement, **privé de son bénéfice à titre de sanction de son comportement irrégulier**.

La déchéance est une peine qui doit être prononcée par une **décision de justice**, alors que la renonciation se produit de plein droit et ne constitue pas une sanction.

Les créanciers héréditaires et les légataires particuliers sont certainement admis à faire prononcer contre l'héritier la déchéance du bénéfice d'inventaire, tout comme ses cohéritiers.

La déchéance du bénéfice d'inventaire ne peut atteindre que l'auteur des fautes que la loi veut réprimer. Ainsi, lorsque l'héritier bénéficiaire est un mineur non émancipé ou un majeur en tutelle et si les fautes auxquelles la loi attache la déchéance du bénéfice d'inventaire ont été commises par son représentant légal, l'incapable n'est pas privé de son bénéfice. Mais, le représentant légal doit réparer personnellement le préjudice que son comportement a causé aux créanciers.

Deux causes de déchéance du bénéfice d'inventaire sont prévues :

- le **recel des biens successoraux** prévu par l'article 801 du Code civil et suite logique de l'article 792. On se reportera aux développements précédents sur le recel (v. s[s] n°s 242.51 s.);

- la **vente des biens héréditaires** sans observer les formes prescrites par la loi.

243.82 Vente irrégulière des biens héréditaires. Si l'héritier bénéficiaire accomplit des actes de disposition sur les biens héréditaires sans observer les formes prescrites par la loi pour leur accomplissement, il doit être déclaré déchu de son bénéfice d'inventaire.

Si l'héritier bénéficiaire commet des irrégularités relativement à des actes de simple administration, il n'encourt pas, de ce seul fait, la déchéance du bénéfice d'inventaire[8].

1. Civ. 11 déc. 1861, *DP* 1862. 1. 79.
2. Req. 3 juill. 1854, *S.* 1854. 1. 485.
3. Req. 16 janv. 1939, *DH* 1939. 148.
4. Civ. 12 févr. 1900, *DP* 1902. 1. 177.
5. Req. 27 avr. 1922, *DP* 1923. 1. 60.
6. Civ. 12 juin 1865, *DP* 1865. 1. 444.
7. Req. 26 févr. 1912, *DP* 1913. 1. 364.
8. Civ. 1re, 22 nov. 1978, n° 77-11.629, *Bull. civ.* I, n° 359; *D.* 1979. IR 257, obs. D.-R. Martin; *RTD civ.* 1980. 141, obs. R. Savatier.

La jurisprudence admet que la déchéance du bénéfice d'inventaire pour inobservation des formes légales n'est pas encourue, si les formes suivies donnent plus de garanties aux créanciers que celles requises par la loi [1].

C.
Effets de la renonciation et de la déchéance

243.91 Effets de la renonciation au bénéfice d'inventaire et de la déchéance. Si la renonciation au bénéfice d'inventaire se réalise de plein droit, à l'égard de tous, alors que la déchéance, peine privée, doit être prononcée en justice et profite à ceux-là seuls qui l'ont provoquée, toutes deux produisent des conséquences identiques tant à l'égard de l'héritier qu'à l'égard des créanciers.

À l'égard de l'héritier, **la renonciation comme la déchéance opèrent rétroactivement.** Le successeur se retrouve acceptant pur et simple. **Les deux patrimoines sont considérés comme confondus depuis l'ouverture de la succession.** L'héritier est alors tenu *ultra vires* et dispose des pouvoirs sans limites sur l'hérédité.

Tout autre est la situation *à l'égard des créanciers*. En effet, la **séparation des patrimoines** résultant automatiquement de l'acceptation bénéficiaire est **maintenue au profit des créanciers successoraux et des légataires particuliers**, malgré la perte du bénéfice d'inventaire [2].

1. Req. 20 août 1845, *DP* 1845. 1. 373.

2. Civ. 20 juin 1908, *DP* 1908. 1. 575.

CHAPITRE

244. Option successorale : renonciation

Christophe Vernières
Professeur à l'Université
Paris 8 – Vincennes Saint-Denis

SECTION 0
Orienteur

244.00 **Plan du chapitre.**

244.01 **Textes applicables.**

C. civ., anc. art. 784 à 791

C. pr. civ., anc. art. 997

C. civ., art. 804 à 808

C. pr. civ., art. 1339 et 1340

L. n° 2006-728, 23 juin 2006, portant réforme des successions et des libéralités, *JO* 24 juin, p. 9513 (*entrée en vigueur le 1er janv. 2007*)

> Renonciation à la succession : nouveau régime
[C. civ., art. 804 à 808 et C. pr. civ., art. 1339 et 1340]

C. civ., art. 804 (*L. n° 2006-728, 23 juin 2006, art. 1er, mod. par L. n° 2009-526, 12 mai 2009, art. 5*)

La renonciation à une succession ne se présume pas.

Pour être opposable aux tiers, la renonciation opérée par l'héritier universel ou à titre universel doit être adressée ou déposée au tribunal dans le ressort duquel la succession s'est ouverte.

C. civ., art. 805 (*L. n° 2006-728, 23 juin 2006, art. 1er*)

L'héritier qui renonce est censé n'avoir jamais été héritier.

Sous réserve des dispositions de l'article 845, la part du renonçant échoit à ses représentants; à défaut, elle accroît à ses cohéritiers; s'il est seul, elle est dévolue au degré subséquent.

C. civ., art. 806 (*L. n° 2006-728, 23 juin 2006, art. 1er*)

Le renonçant n'est pas tenu au paiement des dettes et charges de la succession. Toutefois, il est tenu à proportion de ses moyens au paiement des frais funéraires de l'ascendant ou du descendant à la succession duquel il renonce.

C. civ., art. 807 (*L. n° 2006-728, 23 juin 2006, art. 1er*)

Tant que la prescription du droit d'accepter n'est pas acquise contre lui, l'héritier peut révoquer sa renonciation en acceptant la succession purement et simplement, si elle n'a pas été déjà acceptée par un autre héritier ou si l'État n'a pas déjà été envoyé en possession.

Cette acceptation rétroagit au jour de l'ouverture de la succession, sans toutefois remettre en cause les droits qui peuvent être acquis à des tiers sur les biens de la succession par prescription ou par actes valablement faits avec le curateur à la succession vacante.

C. civ., art. 808 (*L. n° 2006-728, 23 juin 2006, art. 1er*)

Les frais légitimement engagés par l'héritier avant sa renonciation sont à la charge de la succession.

C. pr. civ., art. 1339 (*Décr. n° 2006-1805, 23 déc. 2006, art. 2; mod. par Décr. n° 2009-1366, 9 nov. 2009, art. 1er*)

La déclaration de renonciation à une succession adressée ou déposée au greffe du tribunal de grande instance indique les nom, prénoms, profession et domicile du successible, ainsi que la qualité en vertu de laquelle il est appelé à la succession.

Le greffe inscrit la déclaration dans un registre tenu à cet effet et en adresse ou délivre récépissé au déclarant.

C. pr. civ., art. 1340 (*Décr. n° 2006-1805, 23 déc. 2006, art. 2*)

La révocation expresse de la renonciation donne lieu à une déclaration dans les mêmes formes et sur le même registre que celui prévu à l'article 1339.

> Renonciation à la succession : ancien régime
[C. civ., anc. art. 784 à 791 et C. pr. civ., anc. art. 997]

C. civ., anc. art. 784

La renonciation à une succession ne se présume pas; elle ne peut plus être faite qu'au greffe du tribunal de grande instance dans l'arrondissement duquel la succession s'est ouverte, sur un registre particulier tenu à cet effet.

C. civ., anc. art. 785

L'héritier qui renonce est censé n'avoir jamais été héritier.

C. civ., anc. art. 786

La part du renonçant accroît à ses cohéritiers; s'il est seul, elle est dévolue au degré subséquent.

C. civ., anc. art. 787

On ne vient jamais par représentation d'un héritier qui a renoncé : si le renonçant est seul héritier de son degré, ou si tous ses cohéritiers renoncent, les enfants viennent de leur chef et succèdent par tête.

C. civ., anc. art. 788

Les créanciers de celui qui renonce au préjudice de leurs droits, peuvent se faire autoriser en justice à accepter la succession du chef de leur débiteur, en son lieu et place.

Dans ce cas, la renonciation n'est annulée qu'en faveur des créanciers, et jusqu'à concurrence seulement de leurs créances : elle ne l'est pas au profit de l'héritier qui a renoncé.

C. civ., anc. art. 789

La faculté d'accepter ou de répudier une succession se prescrit par le laps de temps requis pour la prescription la plus longue des droits immobiliers.

C. civ., anc. art. 790

Tant que la prescription du droit d'accepter n'est pas acquise contre les héritiers qui ont renoncé, ils ont la faculté d'accepter encore la succession, si elle n'a pas été déjà acceptée par d'autres héritiers; sans préjudice néanmoins des droits qui peuvent être acquis à des tiers sur les biens de la succession, soit par prescription, soit par actes valablement faits avec le curateur à la succession vacante.

C. civ., anc. art. 791

On ne peut, même par contrat de mariage, renoncer à la succession d'un homme vivant, ni aliéner les droits éventuels qu'on peut avoir à cette succession.

C. pr. civ., anc. art. 997 (*abrogé par L. n° 2006-728, 23 juin 2006, art. 39*)

Les renonciations à succession sont faites au greffe du tribunal de grande instance dans le ressort duquel la succession s'est ouverte, sur le registre prescrit par l'article 784 du Code civil, sans qu'il soit besoin d'autre formalité.

244.02 Jurisprudence de référence.

> La renonciation à la succession ne se présume pas

• Civ. 1re, 19 nov. 1985, n° 84-14.638, *Bull. civ.* I, n° 311

* V. s^s n° 244.11

La renonciation à une succession ne peut se déduire de la renonciation à l'action en réduction.

244.03 Bibliographie indicative.

Actualisable. Rép. civ., v° *Succession (2° Transmission)*, par R. Le Guidec et G. Chabot, sept. 2011 [màj janv. 2014].

Ouvrages.

* V. références citées s^s n°s 02.06 et 02.07.

Articles. E. Berry-Bertin, « La représentation du renonçant; quelle représentation et quelle renonciation ? », *RLDC* 2006/33, n°s 2320 et 2007/1 – M. Grimaldi, « La représentation de l'héritier renonçant », *Defrénois* 2007. 25 – J. Leprovaux, « Des conséquences de la renonciation de l'héritier donataire, difficultés pratiques résultant de la réforme du droit des successions », *Defrénois* 2011, n° 1, p. 62 – D. Vigneau, « Le rapport d'une donation à un renonçant », *JCP N* 2006. 1327.

* V. aussi articles cités s^s n° 241.03

244.04 Questions essentielles.

> Personnes tenues à la déclaration de la renonciation à succession au greffe du tribunal de grande instance.

* V. s^s n°s 244.12 et 244.13

> Renonciations soumises à la déclaration au greffe.

* V. s^s n° 244.14

> En vertu de l'article 807 nouveau du Code civil l'héritier renonçant ne peut plus rétracter sa renonciation en cas de déshérence.

* V. s^s n° 244.24

> Rétractation et révocation de la renonciation à la succession.

* V. s^s n°s 244.24 et 244.25

244.09 Présentation. La loi du 23 juin 2006 reprend certains principes antérieurs du droit français en la matière. Ainsi, nul n'est tenu d'accepter une succession qui lui est échue. L'héritier peut toujours renoncer à la succession à laquelle il se trouve appelé[1]. Désormais étranger à la succession, et ce rétroactivement du jour de l'ouverture de la succession, l'héritier perd tout droit sur les biens héréditaires, et corrélativement, est affranchi de toutes les obligations inhérentes à la qualité d'héritier (sect. 2). Soumise aux conditions de fond requises d'une façon générale pour les actes juridiques et plus particulièrement pour le droit d'option, la renonciation est un **parti formaliste**, compte tenu des **incidences de cette option sur le gage des créanciers successoraux**. Il importe donc d'éviter que la renonciation soit déduite de la seule passivité de l'héritier à l'égard de la succession, sauf à ce que cette attitude dure dix ans (C. civ., art. 780, al. 2). Aussi bien des exigences très précises de forme sontelles requises (sect. 1). Sur tous ces points, la réforme de 2006 a fait preuve d'innovations considérables.

SECTION 1
CONDITIONS DE FORME

244.11 Déclaration au greffe. L'article 804 du Code civil réaffirme le caractère formaliste de la renonciation que posait le droit antérieur. Comme

1. Civ. 1re, 15 mai 2008, n° 06-19.535, *Bull. civ.* I, n° 140 – commentaires de la doctrine : M. Grimaldi, « La renonciation de l'héritier réservataire qui vise à priver d'effet les legs consentis par le *de cujus* ne constitue pas une fraude », *RTD civ.* 2008. 522; *JCP* 2009, n° 5, p. 18, obs. R. Le Guidec; Ph. Malaurie, « Les pouvoirs de l'exécuteur testamentaire, l'acceptation tacite et la renonciation frauduleuse », *Defrénois* 2008, art. 38818, p. 1685; *D.* 2008. 2245, n° 10, obs. M. Nicod; *AJ fam.* 2008. 302, obs. F. Bicheron; *LPA* 2009, n° 239, p. 9, obs. I. Pétroni-Maudière; *RLDC* 2008. 43, obs. J.-G. Mahinga.

le prescrivait l'ancien article 784 du Code civil, l'article 804 exige que la renonciation soit faite par une déclaration au greffe du tribunal de grande instance du lieu d'ouverture de la succession. Elle ne se présume donc pas et la renonciation à une action en réduction ne vaut pas renonciation à la succession[1]. À défaut d'accomplissement de cette formalité, la renonciation n'est pas nulle[2], mais seulement inopposable aux tiers (C. civ., art. 804, al. 2). Malgré le défaut de déclaration au greffe, la renonciation produit ainsi ses effets à l'égard de la cohérie, mais est inopposable aux tiers : les tiers ne peuvent s'en prévaloir; et elle ne peut leur être opposée.

Les modalités de la déclaration sont définies par l'article 1339 du Code de procédure civile, tel que modifié par la loi n° 2009-526 de simplification et de clarification du droit et d'allègement des procédures du 12 mai 2009[3] :

- la renonciation à succession peut désormais être **adressée** ou **déposée au greffe du tribunal de grande instance** : le renonçant n'est plus tenu de se déplacer ou de donner un mandat exprès d'accomplir cette formalité;

- la déclaration doit indiquer les nom, prénoms, profession et domicile du successible, ainsi que la qualité en vertu de laquelle il est appelé à la succession;

- le greffe inscrit la déclaration dans un registre tenu à cet effet et en adresse ou en délivre récépissé au déclarant.

244.12 Droit issu de la réforme de 2006 : personnes tenues de la déclaration au greffe. Désormais sont soumis au formalisme de la renonciation **tous les héritiers**, qu'il s'agisse d'un héritier universel ou à titre universel, d'un légataire universel ou à titre universel.

Seul le **légataire à titre particulier** est, par une lecture *a contrario* de ce texte, **dispensé** de la formalité de la déclaration.

244.13 Droit antérieur à la réforme de 2006 : personnes tenues de la déclaration au greffe. Dans l'état du droit antérieur à la réforme de 2006, **tous les héritiers *ab intestat*** doivent se soumettre à la formalité prescrite par l'article 784 du Code civil.

En revanche, le **légataire renonçant** est **dispensé** d'accomplir cette déclaration[4], qu'il s'agisse d'un légataire universel, à titre universel ou à titre particulier. Il en est de même pour **l'institué contractuel**[5]. Ces derniers peuvent donc se satisfaire d'une renonciation seulement tacite, dès lors que la volonté de renoncer est dépourvue d'ambiguïté.

244.14 Renonciations soumises ou soustraites à la déclaration au greffe. Seules sont **soumises** à la déclaration au greffe les **véritables renonciations**, c'est-à-dire celles qui sont gratuites et qui profitent à l'ensemble des héritiers.

Sont **soustraites** à tout formalisme les « pseudo-renonciations », ou **renonciations *in favorem*** qui sont en réalité des actes translatifs au bénéfice de certains cohéritiers ou de tiers, et donc des acceptations tacites. Elles peuvent réaliser des **donations indirectes,** et sont libérées alors du formalisme des donations, ou des actes à titre onéreux, s'il y a rémunération, et sont valablement consenties par acte sous seing privé.

La renonciation conventionnelle, qui emporte véritablement renonciation à succession, est pleinement efficace entre les parties - le renonçant ne peut plus faire valoir ses droits au préjudice de ses cohéritiers -, mais est inopposable aux tiers, spécialement aux créanciers successoraux. Les créanciers personnels sont également en droit d'ignorer la renonciation et peuvent donc saisir les biens successoraux. L'opposabilité de la renonciation aux tiers suppose donc le respect de la déclaration au greffe.

SECTION 2
EFFETS

244.21 À l'égard du renonçant. Le renonçant est censé n'avoir jamais été héritier et ce à compter de l'ouverture de la succession. De là, il suit plusieurs conséquences :

1°) Le renonçant n'a aucun droit sur l'actif. Plus précisément, en renonçant, l'héritier perd les droits sur l'actif successoral qu'il tenait de la loi : **c'est à sa vocation légale qu'il renonce.** Il peut néanmoins encore prétendre recueillir tout ou partie de l'actif au titre de sa qualité de légataire. Comme on l'a vu, l'héritier qui est légataire peut en effet opter diffé-

1. Civ. 1re, 19 nov. 1985, n° 84-14.638, *Bull. civ.* I, n° 311; *D.* 1987. Somm. 124, obs. D.-R. Martin.
2. Avant la réforme de 2006, la déclaration au greffe était exigée à peine de nullité : Civ. 1re, 20 oct. 1982, n° 81-16.092, *Bull. civ.* I, n° 299; *R.* 48; *D.* 1983. 120, note Rémy; *Defrénois* 1983. 627, note A. Breton; *RTD civ.* 1983. 771, obs. J. Patarin.
3. L. n° 2009-526, 12 mai 2009, de simplification et de clarification du droit et d'allègement des procédures, *JO* 13 mai, p. 7920 – C. Vernières, « Successions : précisions réglementaires », *AJ fam.* 2009. 470 – Y. Broussolle, « La loi de simplification et de clarification du droit et d'allègement des procédures », *Defrénois* 2009. 1449.
4. Civ. 13 mars 1860, *D.* 1860. 1. 118 – Civ. 1re, 19 nov. 1991, n° 90-11.999, *Bull. civ.* I, n° 324; *RTD civ.* 1992. 626, obs. J. Patarin.
5. Civ., 24 nov. 1857, *DP* 1857. 1. 427 – Civ. 1re, 22 janv. 1985, n° 83-15.912, *Bull. civ.* I, n° 32.

remment en qualité d'héritier et en qualité de légataire (v. s[s] n° 241.72).

Pareillement, l'héritier renonçant **n'est pas tenu au rapport des libéralités** qu'il avait reçues en avancement de part successorale, comme l'énonce l'article 845 du Code civil. L'héritier gratifié peut ainsi avoir intérêt à renoncer à la succession lorsque la libéralité rapportable excède ses droits dans la succession.

EXEMPLE 1

Supposons un *de cujus* qui laisse trois frères A, B et C. Il laisse un actif égal à 200 (valeur inchangée au jour du décès comme au jour du partage), le passif étant supposé nul. Il avait donné à A, en avancement de part successorale, un bien estimé, au jour du décès, 400 (valeur inchangée au jour du partage).

Si A accepte, il se partagera avec B et C 200 (biens existants) + 400 (rapport) = 600, de sorte qu'il n'aura droit dans la masse à partager qu'à 200 (il règlera donc son rapport en moins prenant à hauteur de 200, mais sera tenu de décaisser le surplus, soit 200).

Si A renonce, il conservera 400.

Il reste qu'une telle solution peut paraître critiquable, parce que la renonciation peut déjouer le pronostic du *de cujus* : la renonciation transforme la libéralité en un instrument inégalitaire entre les successibles que le *de cujus* n'avait pas voulu; de surcroît, en présence d'héritiers réservataires, la renonciation expose au risque de réduction des libéralités que le *de cujus* avait consenties au vu d'une quotité disponible qu'il pensait avoir conservée intacte. Afin d'éviter un tel écueil, la pratique notariale recommandait de stipuler dans la libéralité une clause qui érige la renonciation à la succession en une condition résolutoire de la libéralité : le gratifié renonçant était ainsi tenu de restituer tout ce qu'il avait reçu. Dans la même optique, la loi du 23 juin 2006 a introduit une innovation importante en prévoyant que **le disposant peut stipuler que le rapport sera exigé même en cas de renonciation du gratifié à la succession** (C. civ., art. 845, al. 1er). Cette clause, qui n'opère pas comme une condition résolutoire, neutralise simplement les effets de la renonciation : le donataire doit le rapport, non de la valeur de la libéralité qu'il a reçue, mais seulement de la valeur de cette libéralité en ce qu'elle excède la part qui lui serait revenue s'il avait accepté la succession[1].

EXEMPLE 2

Le même exemple que précédemment sauf que la donation faite à A stipule la clause contraire permise par l'article 845.

Si A accepte, son rapport (400), excédant ses droits (200) dans la masse partageable (600), ne pourrait s'exécuter pour le tout en moins prenant. Autrement dit, il réglerait son rapport en moins prenant à hauteur de 200, mais serait tenu de décaisser le surplus, soit 200.

En renonçant à la succession, la clause l'oblige donc à restituer cet excédent.

Par où l'on voit que la clause prévue à l'aricle 845 rétablit l'égalité entre les cohéritiers que la renonciation avait rompue.

EXEMPLE 3

Supposons un *de cujus* qui laisse quatre enfants A, B, C et D. Il laisse un actif égal à 600 (valeur inchangée au jour du décès comme au jour du partage), le passif étant supposé nul. Il avait donné à A, en avancement de part successorale, un bien estimé, au jour du décès, 200 (valeur inchangée au jour du partage). Il a institué un ami légataire universel.

La masse de calcul de quotité disponible (C. civ., art. 922) est égale à : 600 (biens existants) + 200 (réunion fictive de la donation) = 800. La quotité disponible (C. civ., art. 913) est égale à 800 × 3/4 = 200, et la réserve globale à 800 × 1/4 = 600.

Si A renonce, la part de réserve individuelle de chacun des trois enfants acceptant est égale à 200. En vertu de l'article 919-1, al. 1er, la donation faite à A (200) s'impute sur le disponible (200), de sorte qu'il ne reste rien pour le légataire : le legs est caduc. A conserve 200, et chacun de ses trois frères et sœurs ne reçoit sur les biens existants que sa part de réserve, égale à 200.

Si A renonce, alors qu'une clause de la donation l'astreint au rapport (C. civ., art. 845), il est traité comme un héritier acceptant pour la réunion fictive, l'imputation et, le cas échéant, la réduction de la libéralité qui lui a été consentie (C. civ., art. 919-1, al. 2). Ainsi, la part de réserve individuelle de chacun des quatre enfants est égale à 150. La donation faite à A s'impute principalement sur sa part de réserve (150), et, pour le surplus (50), sur le disponible. Du disponible, il reste donc pour le légataire : 200 – 50 = 150. Et, compte tenu du rapport dont A est redevable, les quatre enfants auraient dû se partager à égalité : 450 en biens existants (600 – 150 [émolument du légataire] = 450) + 200 d'indemnité de rapport = 650; chacun aurait donc dû recevoir 162,5. Comme A renonce, la clause l'oblige à restituer le surplus de son rapport en moins prenant, soit 37,5 (200 – 162,5).

Par où l'on voit que la clause prévue à l'article 845 rétablit les prévisions du *de cujus*, en ce qu'elle évite de rendre caduque une libéralité ultérieure.

2°) N'ayant aucun droit sur l'actif successoral, **le renonçant n'est pas tenu** corrélativement **des dettes ni des charges de la succession**, comme le souligne l'article 806 du Code civil issu de la loi du 23 juin 2006. C'est ainsi que les frais engagés par l'héritier avant sa renonciation, qui étaient liés à l'ouverture de la succession, à sa conservation ou à son administration provisoire, sont à la charge de la succession. Toutefois, la renonciation ne fait pas

1. V. M. Grimaldi, « La représentation de l'héritier renonçant », *Defrénois* 2007. 25, n° 11 – D. Vigneau, « Le rapport d'une donation à un renonçant », *JCP N* 2006. 1327.

disparaître certaines obligations. Ainsi que le précise l'article 806, le renonçant reste débiteur d'une obligation alimentaire à l'égard du défunt[1] et tenu des frais d'obsèques et des frais funéraires.

3°) Étranger à la succession, le renonçant peut exiger le paiement **des créances** qu'il avait contre le *de cujus* et doit payer **les dettes** dont il était tenu envers lui.

244.22 À l'égard des autres héritiers. En vertu de l'article 805 du Code civil, la renonciation a un effet dévolutif dans la mesure où elle est réputée accomplie au profit de tous les héritiers indistinctement, si le renonçant n'est pas représenté. Ceci impose de distinguer deux hypothèses :

1°) *Le renonçant est représenté.* La loi du 23 juin 2006 a apporté une innovation considérable, en reconnaissant la possibilité de **représenter un renonçant dans une succession dévolue dans l'ordre des descendants ou celui des collatéraux privilégiés.** Désormais, dans l'ordre des descendants et des collatéraux privilégiés, la renonciation d'un héritier ayant des enfants profite à ceux-ci et non à ses cohéritiers (sur la règle de la représentation successorale, v. s^s n°s 231.81 s. – sur la question du rapport des donations consenties au renonçant représenté, v. s^s n° 263.16).

EXEMPLE 1

Supposons un *de cujus* qui laisse deux enfants, A et B. A renonce à la succession, alors qu'il a deux enfants A′ et A″. La part de A bénéficiera à A′ et A″ et non à B, bien que celui-ci soit d'un degré plus proche.

On peut ainsi observer que la renonciation, combinée à la règle de la représentation, peut être un instrument de stratégie patrimoniale, lorsqu'un descendant ou un collatéral privilégié a un ou plusieurs cohéritiers et un ou plusieurs enfants. La renonciation *in favorem* de sa part au profit de ses propres enfants permet de les faire hériter plus jeunes, tout en bénéficiant d'une économie fiscale en sautant un degré d'imposition (sur la fiscalité de la représentation successorale, v. s^s n°s 611.201 s.).

2°) *Le renonçant n'est pas représenté.* En l'absence de représentation, la dévolution s'opère comme si le renonçant n'avait jamais existé. Sa part est dévolue à ses cohéritiers de même rang, à défaut aux héritiers du degré ou de l'ordre subséquent.

EXEMPLE 2

Supposons un *de cujus* qui laisse deux enfants, A et B, ainsi qu'un collatéral privilégié, son frère C. Si A renonce à la succession, sa renonciation bénéficie à B, héritier de même rang, qui prime C, héritier d'un ordre subséquent.

Mais si B était prédécédé sans postérité, la renonciation de A bénéficierait à C.

Cependant, cette règle selon laquelle les cohéritiers profitent de la renonciation de l'un des leurs souffre trois dérogations :

– Si la renonciation intervient au sein d'une souche, elle bénéficie exclusivement aux membres de la souche.

EXEMPLE 3

Supposons un *de cujus* qui laisse trois frères, A, B et C, tous trois prédécédés, laissant eux-mêmes chacun deux enfants A′ et A″, B′ et B″, C′ et C″. Si A′ renonce, sa renonciation bénéficie exclusivement à A″ et non aux autres cohéritiers, bien qu'ils soient de même ordre et de même degré.

– Si la succession est dévolue aux héritiers du second ordre, la renonciation de l'un des ascendants privilégiés bénéficie, non pas à l'autre, mais aux collatéraux privilégiés.

EXEMPLE 4

Supposons un *de cujus* qui laisse ses père et mère, ainsi que ses frères et sœurs A, B et C. Si le père renonce, sa part accroît, non celle de la mère, mais celle de A, B et C.

– Si la succession se partage par branche en vertu de la fente, la renonciation de l'un des héritiers bénéficie à ceux qui font partie de la même branche.

EXEMPLE 5

Supposons un *de cujus* qui laisse ses quatre grands-parents. Si le grand-père paternel renonce, sa part accroît, non celle des trois autres ascendants, mais exclusivement celle de la grand-mère paternelle.

Supposons encore un *de cujus* qui laisse ses père et mère et son grand-père paternel. Si le père renonce, sa part revient au grand-père, et non à la mère, qui ne bénéficie d'aucun accroissement.

244.23 Effets sur le calcul de la réserve. Bien qu'il soit étranger à la cohérie, le renonçant doit-il être pris en compte pour le calcul de la réserve ? Depuis le fameux arrêt *Laroque de Mons* de 1818, la Cour de cassation décidait que la renonciation de l'un des enfants était sans influence : le renonçant était compté pour la détermination du taux de la réserve.

La loi du 23 juin 2006 a posé la solution contraire. Désormais, l'héritier renonçant n'est plus en principe pris en compte pour déterminer le taux de la réserve (C. civ., art. 913, al. 2).

Ce principe connaît **deux exceptions** :

– Le renonçant est pris en compte s'il est **représenté** (C. civ., art. 913, al. 2). Cette exception va de soi. Le représentant venant au lieu et place du représenté, ses droits sont égaux aux siens en quantité et en qualité.

1. Lyon, 13 nov. 1952, *D.* 1953. 755, note Gervésie (obligation de contribuer au remboursement des frais d'hospitalisation du défunt).

– Le renonçant est également pris en compte dans la détermination du taux de la réserve lorsqu'il est tenu au **rapport d'une libéralité** en application de l'article 845 du Code civil.

244.24 Rétractation de la renonciation – Conditions. Quant à la forme, soucieuse de respecter le parallélisme des formes, la loi de 2006 prévoit que la **rétractation** de la renonciation doit être soumise au **même formalisme que la renonciation** elle-même (C. pr. civ., art. 1340). Cette solution n'existait pas dans le droit antérieur. Quant au fond, la révocation de la renonciation est désormais prévue à l'article 807 du Code civil (C. civ., anc. art. 790 sous l'empire du droit antérieur). L'héritier renonçant peut rétracter sa renonciation.

– D'une part, tant que le droit d'option n'est pas prescrit.

– D'autre part, tant que la succession n'a pas été acceptée, dans l'intervalle par un autre successeur, quelles que soient les modalités de l'acceptation.

– Enfin, mais uniquement sous l'empire du droit issu de la réforme de 2006 (et non sous l'empire de l'ancien article 790), tant que l'État n'a pas été envoyé en possession (v. s[s] n° 246.32). La situation de **déshérence** fait donc aujourd'hui **obstacle au changement d'avis de l'héritier renonçant.**

244.25 Rétractation de la renonciation – Effets. La rétractation de la renonciation efface rétroactivement la renonciation (v. s[s] n° 241.84), sous réserve des droits valablement acquis par les tiers.

CHAPITRE

245. Transmission et administration de la succession : saisine

Christophe Vernières
Professeur à l'Université
Paris 8 – Vincennes Saint-Denis

SECTION 0 ORIENTEUR

245.00 Plan du chapitre.

245.01 Textes applicables.

C. civ., art. 724, 1004, 1006, 1008

C. civ., art. 724

Les héritiers désignés par la loi sont saisis de plein droit des biens, droits et actions du défunt.

Les légataires et donataires universels sont saisis dans les conditions prévues au titre II du présent livre.

À leur défaut, la succession est acquise à l'État, qui doit se faire envoyer en possession.

C. civ., art. 1004

Lorsqu'au décès du testateur il y a des héritiers auxquels une quotité de ses biens est réservée par la loi, ces héritiers sont saisis de plein droit, par sa mort, de tous les biens de la succession; et le légataire universel est tenu de leur demander la délivrance des biens compris dans le testament.

C. civ., art. 1006

Lorsqu'au décès du testateur il n'y aura pas d'héritiers auxquels une quotité de ses biens soit réservée par la loi, le légataire universel sera saisi de plein droit par la mort du testateur, sans être tenu de demander la délivrance.

C. civ., art. 1008

Dans le cas de l'article 1006, si le testament est olographe ou mystique, le légataire universel sera tenu de se faire envoyer en possession, par une ordonnance du président, mise au bas d'une requête, à laquelle sera joint l'acte de dépôt.

245.02 Jurisprudence de référence.

> Saisine du conjoint survivant

• Civ. 1re, 3 févr. 2004, n° 02-19.077, *Bull. civ.* I, n° 40

* V. ss n° 245.51

« [...] Le conjoint survivant, investi de la saisine sur l'universalité de l'hérédité, a, dès le jour du décès et quelle que soit l'étendue de la vocation conférée par le legs qui lui a été consenti, la jouissance de tous les biens composant la succession, laquelle comprend la perception des fruits et est exclusive de toute indemnité d'occupation. »

245.03 Bibliographie indicative.

Actualisable. Rép. civ., v° *Succession (2° Transmission)*, par R. Le Guidec et G. Chabot, sept. 2011 [màj janv. 2014].

Ouvrages.

* V. références citées ss nos 02.06 et 02.07.

Articles. W. Dross, « La saisine successorale », *Defrénois* 2005. 471 – J. Maury, « Réquisitoire contre la saisine », *Mél. C. Mouly*, Litec, 1998, t. I, p. 335 s. – M. Nicod, « Le contrôle judiciaire du testament olographe lors de l'envoi en possession de l'article 1008 du Code civil », *D.* 2011. 1025 – X. Savatier, « Quand un légataire universel institué par testament olographe doit-il se faire envoyer en possession ? » ? *Defrénois* 1994. 145 – H. Vialleton, « La place de la saisine dans le système dévolutif français actuel », *Études Roubier*, t. II, p. 283 s.

245.04 Questions essentielles.

> Les héritiers de rang subséquent bénéficient de la saisine à la double condition que l'héritier appelé soit inactif et que l'héritier de rang subséquent accepte la succession.

* V. ss n° 245.12

> Le légataire héritier est saisi.

* V. ss n° 245.31

> La saisine investit son titulaire de l'exercice des droits et actions du *de cujus*.

* V. ss n° 245.52

245.08 Diversité des modes de transmission et d'administration de la succession. Fidèle au principe de la succession à la personne, le droit français connaissait traditionnellement deux modes de transmission de la succession, et plus particulièrement de la possession c'est-à-dire du pouvoir d'appréhender les biens héréditaires et d'exercer les droits du défunt. La situation la plus habituelle était celle où les héritiers bénéficient de la **saisine conférée par la loi,** leur permettant d'appréhender les biens héréditaires sans contrôle préalable. Ce n'était que dans des cas exceptionnels qu'une **investiture judiciaire** était nécessaire, à savoir **l'envoi en possession.** Ainsi, les modes de transmission opposaient les cas de saisine et ceux d'absence de saisine. Sans doute, cette vision dualiste était-elle tempérée par la pratique et la **jurisprudence** qui reconnaissaient la possibilité d'avoir **recours au mandat.** Mais il s'agissait là de situations marginales et somme toute exceptionnelles.

La loi de 2006 a profondément altéré ce schéma traditionnel en apportant de nombreuses innovations qui conduisent à multiplier les **cas où la succession peut être administrée par un mandataire (mandat à effet posthume, mandat conventionnel ou mandat judiciaire).** Il est probable que ce cas de figure, l'administration de la succession par un mandataire, sera désormais loin d'être exceptionnel. Aussi bien, si le principe de la succession à la personne demeure, il subit des altérations qui laissent penser que certaines conséquences de la succession aux biens ont été introduites dans le droit français.

Les développements qui suivent, relatifs à la saisine ou à l'absence de saisine (v. s^s n°s 246.10 s.), doivent donc être replacés dans le contexte général renouvelé par la loi de 2006 et ne trouvent à s'appliquer qu'en l'absence de mandat d'administration et tout particulièrement en l'absence de mandat à effet posthume (v. s^s n°s 247.10 à 247.28). Il faut également tenir compte de la désignation par le *de cujus* d'un exécuteur testamentaire dont les pouvoirs seront examinés à l'occasion de l'étude plus générale des libéralités (v. s^s n°s 323.131 à 323.161).

245.09 Définition. La saisine peut se définir comme l'aptitude reconnue à certains héritiers de **se comporter *de plano* comme possesseur de l'hérédité,** sans qu'il soit nécessaire de procéder à une formalité préalable ni de vérifier la régularité de leur titre. Aussi bien, l'attribution de la saisine est-elle fondée sur la **vraisemblance du titre successoral** de certains à qui l'on peut accorder, sans risque réel, le pouvoir d'appréhension de la succession. La détermination des successeurs saisis (sect. 1) puis des effets (sect. 2) de la saisine doit être successivement envisagée.

SECTION 1
SUCCESSEURS SAISIS

245.10 Plan. Une distinction doit être opérée entre les héritiers *ab intestat* (§ 1), les légataires héritiers (§ 3) ou non (§ 2), et les institués contractuels (§ 4).

§ 1
Héritiers *ab intestat*

245.11 Principe. L'article 724 du Code civil dispose : « *Les héritiers désignés par la loi sont saisis de plein droit des biens, droits et actions, du défunt.*

Les légataires et donataires universels sont saisis dans les conditions prévues au titre II du présent livre.

À leur défaut, la succession est acquise à l'État qui doit se faire envoyer en possession ».

Issu de la réforme de 2001, ce texte dissocie désormais la saisine de toute référence à l'obligation aux charges de la succession et distingue clairement la **saisine de plein droit des héritiers désignés par la loi** et celle qui suppose la **réunion de certaines conditions.** Il est ainsi fait référence aux articlse 1004, 1006 et 1008 du Code civil. Tout héritier, quel qu'il soit, conjoint, donataire ou légataire bénéficiant d'un titre universel a la saisine[1]. **Seul l'État**, qui n'est pas un véritable héritier, reste aujourd'hui privé de la saisine et doit, en conséquence, accomplir la **formalité de l'envoi en possession** (v. s^s n°s 246.31 s.).

245.12 Héritiers de rang subséquent. Seuls sont en principe saisis les héritiers appelés à succéder, c'est-à-dire ceux qui sont **en rang utile pour venir à la succession.** Eux seuls peuvent appréhender les biens héréditaires et exercer les droits et actions du *de cujus*. En ce sens, la saisine présente un caractère individuel et non collectif.

Toutefois, sous l'empire du droit antérieur à la réforme de 2006, la jurisprudence accordait aux **héritiers de second rang** ce que l'on appelle la **saisine virtuelle**[2]. Ces héritiers avaient virtuellement la saisine pour le cas où les héritiers de rang utile viendraient à renoncer à la succession ou laisseraient prescrire leur droit. C'était donc une saisine seulement destinée à suppléer la carence de l'héritier appelé. Aussi bien, cette saisine n'était-elle donnée aux héritiers de rang subséquent **qu'à une double condition :**

1. V. PAR EX., Civ. 1re, 4 juill. 2012, n° 11-10.594, *Bull. civ.* I, n° 156; *D.* 2012. 1886; *AJ fam.* 2012. 510, obs. C. Vernières; *JCP N* 2012. 1060, obs. R. Le Guidec; *LPA* 20 août 2012, note J.-G. Mahinga.
2. Civ. 20 juin 1898, *D.* 1899. 1. 441, note Capitant.

– celle de l'inaction de l'héritier appelé qui se désintéresse de l'hérédité,

– et celle de l'acceptation de la succession par l'héritier de second rang.

On peut se demander si la saisine virtuelle persiste encore avec la loi du 23 juin 2006. En effet, la loi nouvelle offre aux héritiers de second rang la possibilité de sommer un héritier en rang utile de prendre parti (C. civ., art. 771, al. 2), de sorte que si celui-ci ne prend pas parti dans les deux mois suivant la sommation, il est alors réputé acceptant pur et simple (C. civ., art. 772 – v. s[s] n°s 241.31 s.). Faut-il alors considérer que les héritiers de second rang n'ont plus besoin de se prévaloir d'une saisine virtuelle pour protéger leurs droits éventuels ? Sans doute, l'existence d'une action interrogatoire diminue fortement l'intérêt de la saisine virtuelle. Mais cette dernière pourrait conserver certaines utilités : certains actes conservatoires revêtent en effet une urgence telle que la saisine virtuelle peut s'avérer plus rapide, donc plus efficace, que la procédure de l'action interrogatoire.

§ 2
Légataire non-héritier

245.21 Légataire universel en l'absence d'héritier réservataire. L'article 1006 du Code civil attribue la saisine au seul légataire universel dès lors que ce dernier ne se trouve pas en présence d'héritiers réservataires. Le concours avec ces derniers lui ôte la saisine (C. civ., art. 1004), ce qui se justifie par l'idée que les héritiers réservataires, certains de recevoir une part dans la succession, peuvent craindre que la saisine du légataire favorise les détournements et les fraudes. Aussi, en ce cas, le légataire doit-il satisfaire à la formalité de la demande en délivrance.

245.22 Légataire universel saisi institué par testament authentique. Si le légataire, supposé saisi parce qu'il ne se trouve pas en présence d'héritiers réservataires, est institué par un testament authentique, aucune formalité ne s'impose à lui pour exercer les prérogatives attachées à son titre (C. civ., art. 1006). La saisine, en raison de la régularité et de la sincérité, presque acquises, de son titre, est dotée d'une totale efficacité.

245.23 Légataire universel saisi institué par un testament non authentique. Lorsque le légataire universel, supposé saisi, est institué par un testament olographe ou mystique, il doit, en dépit de la saisine, satisfaire à la formalité de l'envoi en possession de l'article 1008 du Code civil. L'accomplissement de l'envoi en possession est alors une condition pour que sa saisine développe tous ses effets.

245.24 Envoi en possession de l'article 1008 du Code civil. L'envoi en possession prévu par l'article 1008 du Code civil relève de la compétence du président du tribunal de grande instance lequel est saisi sur requête. Le contrôle exercé par le juge, qui doit s'assurer de la vraisemblance du titre, porte d'une part sur les conditions de la saisine du légataire (vocation universelle et absence d'héritiers réservataires), d'autre part sur la validité apparente du testament qui l'institue. Aussi, le fait pour le juge d'accorder l'envoi en possession ne préjuge en rien de l'issue d'une éventuelle contestation ultérieure sur le fond du testament. Au demeurant le juge peut soit accorder l'envoi en possession, soit le refuser, soit surseoir à statuer jusqu'à ce que la contestation au fond soit tranchée[1].

245.25 Envoi en possession – Effets. Les effets de l'envoi en possession sont doubles. D'une part, la saisine prend toute son effectivité. Tous les actes accomplis par le légataire universel en cette qualité sont rétroactivement validés. D'autre part, le testament fait désormais foi de son origine et, en cas de litige, il appartient à l'héritier de rapporter la preuve que le testament n'est pas l'œuvre du défunt, en établissant par exemple la fausseté de l'écriture ou de la signature[2].

245.26 Légataires non saisis. Le légataire universel en présence d'héritiers réservataires (C. civ., art. 1004), le légataire à titre universel (C. civ., art. 1011) et le légataire à titre particulier (C. civ., art. 1014) ne sont jamais saisis. Ils doivent se soumettre à une formalité spécifique, celle de la **demande en délivrance** (v. s[s] n°s 246.10 à 246.23).

§ 3
Légataire héritier

245.31 Saisine indivisible. Quelle que soit sa vocation, universelle ou non, qu'il soit ou non en présence d'héritiers réservataires, le légataire héritier, réservataire ou non, est saisi. Ceci résulte du caractère indivisible de la saisine reconnue à sa qualité d'héritier. Il bénéficie ainsi, sur l'ensemble des biens héréditaires, y compris ceux qui font l'objet du legs, de la saisine. La solution est désormais indiscutée (pour un legs universel[3]; pour un legs à titre particulier[4]; pour un legs à titre

1. Civ. 1re, 2 févr. 1960, *Bull. civ.* I, n° 70.
2. Civ. 1re, 6 juin 1990, n° 88-19.686, *Bull. civ.* I, n° 150; *Defrénois* 1990. 1162, note Savatier.
3. Civ. 29 avr. 1897, *DP* 1897. 1. 409 – Civ. 1re, 24 sept. 2008, n° 06-21.445, *Bull. civ.* I, n° 214.
4. Civ. 1re, 24 nov. 1969, *D.* 1970. 164, note Dedieu; *Defrénois* 1970, art. 29730, note A. Breton; *Defrénois* 1971, art. 29234, note Ph. Malaurie.

universel[1]; pour un conjoint survivant légataire en pleine propriété alors même que sa vocation légale est en usufruit[2]).

Par suite de l'attribution de la saisine, **le légataire héritier n'a pas à se soumettre à la formalité de la demande en délivrance** à laquelle sont assujettis les légataires non saisis.

245.32 Héritier légataire institué par un testament non authentique. S'il ne fait pas de doute que le légataire héritier est saisi, et donc n'a pas à demander la délivrance de son legs, la question a été posée de savoir si, dans l'hypothèse où il serait institué par un **testament mystique ou olographe**, le légataire héritier doit demander l'envoi en possession de l'article 1008 du Code civil ? La doctrine est partagée et la jurisprudence est incertaine.

En doctrine, certains opinent pour la négative : il serait superflu d'exiger l'envoi en possession puisque la qualité d'héritier confère la saisine sur l'ensemble de la succession[3]. À l'inverse, on expose que, dès lors qu'il invoque sa qualité de légataire, l'héritier doit se faire envoyer en possession[4] : s'il peut en effet appréhender l'ensemble de l'hérédité, car la saisine est indivisible, l'héritier légataire ne saurait évincer les autres héritiers des biens qui lui ont été légués sans avoir obtenu l'envoi en possession.

La jurisprudence ne paraît pas fixée : certaines décisions rendues par les juges du fond excluent tout envoi en possession[5] tandis que d'autres l'exigent[6].

Il semble, en l'absence de toute certitude sur ce point en droit positif et compte tenu des divergences doctrinales que, dans toute la mesure où l'héritier légataire invoque le testament, **il doit requérir l'envoi en possession.**

Ainsi, le légataire saisi qui invoque un testament non authentique doit se soumettre à l'envoi en possession, qu'il soit légataire universel en l'absence d'héritiers réservataires (C. civ., art. 1006), ou que, héritier *ab intestat*, réservataire ou non, son legs soit universel, à titre universel ou à titre particulier.

§ 4
Institué contractuel

245.41 Saisine. La jurisprudence attribue la saisine à l'institué contractuel qui se trouve ainsi **dispensé de toute formalité**, qu'il s'agisse de la **délivrance** ou de l'**envoi en possession**, au demeurant sans objet puisque le titre de l'institué est toujours authentique[7].

SECTION 2
EFFETS DE LA SAISINE

245.51 Prise de possession des biens héréditaires. La saisine a pour principal effet d'habiliter l'héritier ou le légataire ayant accompli la formalité de l'article 1008, à appréhender seul les biens héréditaires, à **prendre possession de l'hérédité toute entière**. C'est un avantage considérable car il peut agir seul, alors même que les biens sont indivis. À ce titre, il peut occuper le bien qui ne lui appartient qu'en partie, cette jouissance étant exclusive de toute indemnité au profit de l'indivision pour l'occupation du bien[8], percevoir les fruits, exiger la remise d'un bien légué à titre particulier et sur lequel il n'a pas de droit[9]. De même la cession de

1. Civ. 1re, 29 oct. 1979, n° 78-11.889, *Bull. civ.* I, n° 266; *JCP* 1981. II. 19527, note M. Dagot; *Defrénois* 1980, art. 32222, note A. Ponsard.
2. Civ. 1re, 20 mars 1984, n° 83-11.143, *Bull. civ.* I, n° 108; *Defrénois* 1984, art. 33432, obs. G. Champenois – Civ. 1re, 20 nov 2001, n° 99-17.212, *Bull. civ.* I, n° 288; *Dr. fam.* 2002, n° 10, obs. B. Beignier; *RJPF* 2002-1/42, obs. Ph. Delmas-Saint-Hilaire.
3. M. Vasseur, « De l'inutilité en droit pour le conjoint survivant institué légataire universel et non en présence de réservataires de se faire envoyer en possession de son legs », *D.* 1965. Chron. 31 – M. Voirin, *JCP* 1960. II. 1195 – R. Savatier, *RTD civ.* 1964. 154.
4. H. Vialleton, *D.* 1960. 268 – Ph. Malaurie, *D.* 1966. 419 – E. L. Bach, « Contribution à l'étude de la condition juridique du conjoint survivant », *RTD civ.* 1965. 545 – P. Barbier, « De la saisine de l'héritier à la saisine du légataire universel », *Gaz. Pal.* 1970. 1. 64 – X. Savatier, « Quand un légataire universel institué par testament olographe ou mystique doit-il se faire envoyer en possession ? », *Defrénois* 1994. 145 – M. Grimaldi, *Les successions*, Litec, 6e éd., 2001, n° 420.
5. Aix-en-Provence, 25 juin 1961, *D.* 1962. 624 – TGI Laval, 7 juin 1963, *JCP* 1963. II. 13369, note Esmein – Besançon, 11 oct. 1967, *D.* 1968. 572, note Salle de la Marnierre; *RTD civ.* 1968. 749, obs. Savatier.
6. Paris, 10 oct. 1959, *D.* 1960. 268, note Vialleton – Montpellier, 15 nov. 1965, *D.* 1966. 419, note Ph. Malaurie – Paris, 16 déc. 1967, *D.* 1968. 572, note Salle de la Marnierre – TGI Bressuire, 31 août 1993, *Defrénois* 1994, art. 35716.
7. Civ. 1re, 13 févr. 1968, *Bull. civ.* I, n° 60.
8. Civ. 1re, 2 juin 1987, n° 85-16.269, *Bull. civ.* I, n° 181; *D.* 1988. 137, note A. Breton; *Defrénois* 1988, art. 34227, note A. Breton – Civ. 1re, 3 févr. 2004, n° 02-19.077, *Bull. civ.* I, n° 40; *D.* 2004. Somm. 2337, obs. B. Vareille; *JCP N* 2004. Étude 1570, obs. J.-C. Mahinga; *Dr. fam.* 2004, n° 39, note B. Beignier – Civ. 1re, 24 sept. 2008, n° 06-21.445 (préc. ss n° 245.31), *Defrénois* 2009. 1613, obs. B. Vareille; *RJPF* 2008. 27, obs. Ph. Delmas Saint-Hilaire, J. Casey et S. Valory; *AJ fam.* 2008. 439, obs. F. Bicheron; *RLDC* 2008. 50, obs. Le Gallou.
9. Civ. 1re, 4 nov. 1952, *Bull. civ.* I, n° 284.

parts sociales consentie à un conjoint survivant par les deux filles du défunt ne saurait être qualifiée de cession à un tiers[1].

Outre, l'appréhension matérielle de l'hérédité, **l'héritier saisi peut accomplir seul tous les actes conservatoires et d'administration**, comme l'action en nullité d'un acte conclu par le *de cujus*[2], l'action en contestation d'une créance du *de cujus*[3], la perception de fruits, ou le recouvrement de créances[4]. Mais la saisine ne l'autorise pas à accomplir des actes de disposition sur des biens dont il ne serait pas exclusivement propriétaire, seuls les **actes de gestion ordinaire** lui étant permis.

245.52 Exercice des droits et actions du *de cujus*. La saisine réalise la substitution de plein droit de l'héritier au *de cujus*, tant activement que passivement. Le successeur saisi a donc qualité pour exercer les actions qui appartenaient au *de cujus*[5], ainsi que pour défendre à celles qui appartenaient à des tiers contre le défunt[6]. De même, les cohéritiers saisis peuvent exercer l'action en indemnisation du préjudice subi par leur auteur au titre d'une maladie professionnelle occasionnée par l'amiante[7]. Ils ne peuvent toutefois exercer des actions qui seraient personnelles au *de cujus*[8], mais doivent s'acquitter des déclarations fiscales imposées par la loi[9].

245.53 Contrôle du titre des successeurs non saisis. La saisine confère également à son attributaire le pouvoir de **vérifier la régularité du titre du légataire,** et plus généralement d'assurer une certaine **police de l'hérédité** (v. s^s^ n°s 246.11 s.). C'est ainsi à l'héritier saisi que le légataire doit demander la délivrance de son legs et ce n'est qu'à défaut d'une délivrance amiable que ce dernier devra s'adresser au juge (v. s^s^ n° 246.14).

245.54 Limites aux effets de la saisine – Mandats. Une première limite importante résulte désormais des diverses possibilités de mandat consacrées par loi de 2006. Il convient alors de se reporter aux développements à leur sujet (mandat à effet posthume, v. s^s^ n°s 247.10 à 247.28; mandat conventionnel, v. s^s^ n°s 247.31 à 247.34; mandat judiciaire, v. s^s^ n°s 247.40 à 247.56). Il convient également d'articuler les pouvoirs de l'héritier saisi avec ceux d'un éventuel exécuteur testamentaire désigné par le défunt (v. s^s^ n°s 323.131 à 323.161).

245.55 Limites aux effets de la saisine – Autres cas. D'une part, **l'apposition des scellés** (C. pr. civ., art. 1304 s.), parfois obligatoire, fait **obstacle** au pouvoir de l'héritier saisi de prendre possession des biens héréditaires.

D'autre part, la **saisine** ne s'exerce que **tant que le titulaire du droit n'a pas satisfait aux formalités** qui lui sont imposées **pour l'exercice de son droit.**

Ainsi, si l'héritier saisi peut, c'est le propre de la saisine, exercer un droit qui appartient à un successeur non saisi, dès l'instant où ce dernier accomplit la formalité requise, l'héritier saisi perd l'exercice de ce droit. Par exemple, dès que le légataire particulier a obtenu la délivrance de son legs, l'héritier saisi ne dispose plus du pouvoir d'administration sur le bien légué. Il en va de même si le titulaire du droit effectue une mesure conservatoire, comme demander la désignation d'un administrateur provisoire[10]. Cette mesure paralyse la généralité de l'habilitation que confère la saisine à l'héritier attributaire.

En outre, l'héritier saisi peut se heurter à la réticence de certains dépositaires, telles les banques, qui refusent de restituer les fonds à un seul des successeurs. Exception faite du compte joint pour lequel le cotitulaire survivant peut continuer à faire fonctionner le compte, la pratique bancaire consiste à bloquer le compte bancaire dont le *de cujus* était le seul titulaire et n'autorise des prélèvements que pour certaines dépenses d'un faible montant (frais funéraires dans la limite de 5 000 euros, montant fixé par C. mon. fin., art. L. 312-1-4; frais de dernière maladie, sous réserve qu'ils ne représentent pas une partie trop importante des dépôts; impôts dus par le défunt avant son décès).

Enfin, si l'indivisibilité de la saisine permet à l'un des cohéritiers saisis, pour pallier l'inaction des

1. Civ. 1re, 19 févr. 2002, n° 99-19.706, *Bull. civ.* I, n° 64; *Dr. fam.* 2002. 46, note B. Beignier.
2. Civ. 20 mai 1981, n° 79-17.171, *Bull. civ.* I, n° 176; *Defrénois* 1981, art. 32797, obs. G. Champenois.
3. Civ. 1re, 31 janv. 1989, n° 87-11.829, *Bull. civ.* I, n° 55; *JCP* 1990. II. 21419, note Salvage; *RTD civ.* 1989. 608, obs. J. Patarin.
4. Civ. 1re, 20 mars 1984, n° 83-11.143, *Bull. civ.* I, n° 108; *Defrénois* 1984, art. 33432, obs. G. Champenois.
5. Civ. 1re, 20 mai 1981, n° 79-16.863, *Bull. civ.* I, n° 177; *Defrénois* 1981. 1663, obs. G. Champenois, *JCP* 1982. II. 19795, note Rémy; *RTD civ.* 1982. 452, obs. J. Patarin – Civ. 1re, 21 mai 1990, n° 87-14.420, *Bull. civ.* I, n° 121; *RTD civ.* 1991. 776, obs. J. Patarin – Civ. 1re, 28 mars 2012, n° 10-30.713, *Bull. civ.* I, n° 80; *D.* 2012. 945; *Dr. fam.* 2012, n° 101, note J.-D. Azincourt.
6. Civ. 1re, 15 mars 1988, n° 86-15.791, *Bull. civ.* I, n° 82; *Defrénois* 1988, art. 34289, obs. G. Champenois; *RTD civ.* 1988. 799, obs. J. Patarin – Pour une action en requalification d'un contrat : Soc. 13 mai 2009, n° 07-40.934, *Bull. civ.* V, n° 128; *JCP S* 2009. 1354, note C. Puigelier.
7. Civ. 1re, 25 oct. 2005, n° 04-06.045, *Bull. civ.* I, n° 393.
8. Comme une pension de vieillesse que le défunt n'avait pas réclamée : Soc. 18 juill. 1996, n° 94-16.131, *Bull. civ.* V, n° 304.
9. Com. 20 mai 2008, n° 07-13.648, NP; *RJPF* 7-8/37, obs. J. Casey.
10. Civ. 1re, 4 mars 1975, n° 73-14.940, *Bull. civ.* I, n° 93.

autres titulaires, d'exercer les droits sur l'hérédité toute entière alors même qu'il n'en a qu'une quote-part, cette prérogative cesse dès lors que ces derniers font valoir leurs droits. Ainsi, un héritier saisi peut recouvrer la totalité d'une créance héréditaire tant que ses cohéritiers sont négligents. Si ceux-ci font valoir leurs droits, il ne peut alors réclamer qu'un paiement partiel[1].

1. Civ. 1re, 11 oct. 1988, nº 86-11.860, *Bull. civ.* I, nº 285.

CHAPITRE

246. Transmission et administration de la succession : absence de saisine

CHRISTOPHE VERNIÈRES
PROFESSEUR À L'UNIVERSITÉ
PARIS 8 – VINCENNES SAINT-DENIS

SECTION 0 ORIENTEUR

246.00 Plan du chapitre.

246.01 Textes applicables.

C. civ., art. 724 et 811, 1004 à 1024

L. nº 2006-728, 23 juin 2006, portant réforme des successions et des libéralités, *JO* 24 juin, p. 9513 (*entrée en vigueur le 1er janv. 2007*)

> Principe de la saisine

C. civ., art. 724

* V. texte complet de cet article s[s] nº 245.01

> Délivrance de legs au légataire universel

[C. civ., art. 1004 à 1009]

C. civ., art. 1004

* V. texte complet de cet article s[s] nº 245.01

C. civ., art. 1005

Néanmoins, dans les mêmes cas, le légataire universel aura la jouissance des biens compris dans le testament, à compter du jour du décès, si la demande en délivrance a été faite dans l'année, depuis cette époque; sinon, cette jouissance ne commencera que du jour de la demande formée en justice, ou du jour que la délivrance aurait été volontairement consentie.

C. civ., art. 1006

Lorsqu'au décès du testateur il n'y aura pas d'héritiers auxquels une quotité de ses biens soit réservée par la loi, le légataire universel sera saisi de plein droit par la mort du testateur, sans être tenu de demander la délivrance.

C. civ., art. 1007

Tout testament olographe ou mystique sera, avant d'être mis à exécution, déposé entre les mains d'un notaire. Le testament sera ouvert, s'il est cacheté. Le notaire dressera sur-le-champ procès-verbal de l'ouverture et de l'état du testament, en précisant les circonstances du dépôt. Le testament ainsi que le procès-verbal seront conservés au rang des minutes du dépositaire.

Dans le mois qui suivra la date du procès-verbal, le notaire adressera une expédition de celui-ci et une copie figurée du testament au greffier du tribunal de grande instance du lieu d'ouverture de la succession, qui lui accusera réception de ces documents et les conservera au rang de ses minutes.

C. civ., art. 1008

Dans le cas de l'article 1006, si le testament est olographe ou mystique, le légataire universel sera tenu de se faire envoyer en possession, par une ordonnance du président, mise au bas d'une requête à laquelle sera joint l'acte de dépôt.

C. civ., art. 1009

Le légataire universel, qui sera en concours avec un héritier auquel la loi réserve une quotité des biens, sera tenu des dettes et charges de la succession du testateur, personnellement pour sa part et portion et hypothécairement pour le tout; et il sera tenu d'acquitter tous les legs, sauf le cas de réduction, ainsi qu'il est expliqué aux articles 926 et 927.

> Délivrance de legs au légataire à titre universel

[C. civ., art. 1010 à 1013]

C. civ., art. 1010

Le legs à titre universel est celui par lequel le testateur lègue une quote-part des biens dont la loi lui permet de disposer, telle qu'une moitié, un tiers, ou tous ses immeubles, ou tout son mobilier, ou une quotité fixe de tous ses immeubles ou de tout son mobilier.

Tout autre legs ne forme qu'une disposition à titre particulier.

C. civ., art. 1011

Les légataires à titre universel seront tenus de demander la délivrance aux héritiers auxquels une quotité des biens est réservée par la loi; à leur défaut, aux légataires universels; et à défaut de ceux-ci, aux héritiers appelés dans l'ordre établi au titre Des successions.

C. civ., art. 1012

Le légataire à titre universel sera tenu, comme le légataire universel, des dettes et charges de la succession du testateur, personnellement pour sa part et portion, et hypothécairement pour le tout.

C. civ., art. 1013

Lorsque le testateur n'aura disposé que d'une quotité de la portion disponible, et qu'il l'aura fait à titre universel, ce légataire sera tenu d'acquitter les legs particuliers par contribution avec les héritiers naturels.

> Délivrance des legs particuliers

[C. civ., art. 1014 à 1024]

C. civ., art. 1014

Tout legs pur et simple donnera au légataire, du jour du décès du testateur, un droit à la chose léguée, droit transmissible à ses héritiers ou ayants cause.

Néanmoins le légataire particulier ne pourra se mettre en possession de la chose léguée, ni en prétendre les fruits ou intérêts, qu'à compter du jour de sa demande en délivrance, formée suivant l'ordre établi par l'article 1011, ou du jour auquel cette délivrance lui aurait été volontairement consentie.

C. civ., art. 1015

Les intérêts ou fruits de la chose léguée courront au profit du légataire, dès le jour du décès, et sans qu'il ait formé sa demande en justice :

1° Lorsque le testateur aura expressément déclaré sa volonté, à cet égard, dans le testament;

2° Lorsqu'une rente viagère ou une pension aura été léguée à titre d'aliments.

C. civ., art. 1016

Les frais de la demande en délivrance seront à la charge de la succession, sans néanmoins qu'il puisse en résulter de réduction de la réserve légale.

Les droits d'enregistrement seront dus par le légataire.

Le tout, s'il n'en a été autrement ordonné par le testament.

Chaque legs pourra être enregistré séparément, sans que cet enregistrement puisse profiter à aucun autre qu'au légataire ou à ses ayants cause.

C. civ., art. 1017

Les héritiers du testateur, ou autres débiteurs d'un legs, seront personnellement tenus de l'acquitter, chacun au prorata de la part et portion dont ils profiteront dans la succession.

Ils en seront tenus hypothécairement pour le tout, jusqu'à concurrence de la valeur des immeubles de la succession dont ils seront détenteurs.

C. civ., art. 1018

La chose léguée sera délivrée avec les accessoires nécessaires, et dans l'état où elle se trouvera au jour du décès du donateur.

C. civ., art. 1019

Lorsque celui qui a légué la propriété d'un immeuble, l'a ensuite augmentée par des acquisitions, ces acquisitions, fussent-elles contiguës, ne seront pas censées, sans une nouvelle disposition, faire partie du legs.

Il en sera autrement des embellissements, ou des constructions nouvelles faites sur le fonds légué, ou d'un enclos dont le testateur aurait augmenté l'enceinte.

C. civ., art. 1020

Si, avant le testament ou depuis, la chose léguée a été hypothéquée pour une dette de la succession, ou même pour la dette d'un tiers, ou si elle est grevée d'un usufruit, celui qui doit acquitter le legs n'est point tenu de la dégager, à moins qu'il n'ait été chargé de le faire par une disposition expresse du testateur.

C. civ., art. 1021

Lorsque le testateur aura légué la chose d'autrui, le legs sera nul, soit que le testateur ait connu ou non qu'elle ne lui appartenait pas.

C. civ., art. 1022

Lorsque le legs sera d'une chose indéterminée, l'héritier ne sera pas obligé de la donner de la meilleure qualité, et il ne pourra l'offrir de la plus mauvaise.

C. civ., art. 1023

Le legs fait au créancier ne sera pas censé en compensation de sa créance, ni le legs fait au domestique en compensation de ses gages.

C. civ., art. 1024

Le légataire à titre particulier ne sera point tenu des dettes de la succession, sauf la réduction du legs ainsi qu'il est dit ci-dessus, et sauf l'action hypothécaire des créanciers.

> Envoi en possession de l'État

C. civ., art. 811 (*L. n° 2006-728, 23 juin 2006, art. 1er*)

Lorsque l'État prétend à la succession d'une personne qui décède sans héritier ou à une succession abandonnée, il doit en demander l'envoi en possession au tribunal.

246.02 Jurisprudence de référence.

> Formes de la délivrance

• Civ. 1re, 18 nov. 1968, n° 66-13.789, *Bull. civ.* I, n° 282

* V. ss n° 246.13

La délivrance d'un legs n'est astreinte à aucune forme particulière et peut résulter de la mise en possession du légataire sans opposition de l'héritier légitime.

> Impossibilité de surseoir à la délivrance d'un legs

• Civ. 1re, 10 juill. 1968, n° 66-17.700, *Bull. civ.* I, n° 211

* V. ss n° 246.14

La délivrance d'un legs est une mesure essentiellement provisoire qui n'enlève aux héritiers et autres intéressés aucun des moyens de forme et de fond qu'ils peuvent avoir à proposer pour faire établir leurs droits dans la succession; dès lors, l'héritier réservataire n'est pas fondé à surseoir à la délivrance d'un legs à titre universel avec faculté de choisir les biens légués jusqu'à ce que la quotité disponible ait été déterminée, et cela surtout lorsque les juges du fait constatent que rien ne donne à penser que la réservé légale puisse être atteinte.

246.03 **Bibliographie indicative.**
Actualisables. Rép. civ., v° *Succession (2° Transmission)*, par R. Le Guidec et G. Chabot, sept. 2011 [màj janv. 2014]; v° *Envoi en possession*, par J. Hérail, janv. 2009; v° *Legs*, par J. Hérail, avr. 2008 [màj janv. 2014].
Ouvrages.
* V. références citées s^s n°s 02.06 et 02.07.
Articles. W. Dross, « La saisine successorale », *Defrénois* 2005. 471 – J. Maury, « Réquisitoire contre la saisine », *Mél. C. Mouly*, Litec, 1998, t. I, p. 335 s. – M. Nicod, « Le contrôle judiciaire du testament olographe lors de l'envoi en possession de l'article 1008 du Code civil », *D.* 2011. 1025 – X. Savatier, « Quand un légataire universel institué par testament olographe doit-il se faire envoyer en possession ? »; *Defrénois* 1994. 145 – H. Vialleton, « La place de la saisine dans le système dévolutif français actuel », *Études Roubier*, t. II, p. 283 s.

246.04 **Questions essentielles.**
> Successeurs à qui demander la délivrance.
* V. s^s n°s 246.11 à 246.14
> Délivrance amiable.
* V. s^s n° 246.13
> Frais de la demande en délivrance.
* V. s^s n° 246.15
> Délivrance des legs et acquisition des fruits.
* V. s^s n°s 246.22 et 246.23
> Effets de l'envoi en possession d'État.
* V. s^s n° 246.32

246.05 **Délais.**
> Délai de prescription de la demande en délivrance des legs :
• **trente ans** (droit antérieur à la réforme de 2006, pour les successions ouvertes avant le 1er janvier 2007).
• **dix ans** (droit issu de la réforme de 2006, pour les successions ouvertes depuis le 1er janvier 2007).
* V. s^s n° 246.16
> Demande d'envoi en possession de l'État devant le tribunal de grande instance du lieu d'ouverture de la succession qui doit statuer dans les **quatre mois**.
* V. s^s n° 246.31

246.09 **Présentation.** En dépit du principe de l'acquisition immédiate de la propriété des biens héréditaires au jour du décès, certains successeurs ne sont pas autorisés à exercer leurs droits sans formalités. Il s'agit de **successeurs non saisis**, et il convient d'examiner quels sont, à leur égard, les modes de transmission de la succession, c'est-à-dire **à quelles conditions ils peuvent appréhender les biens héréditaires et exercer les droits et actions du *de cujus*.** L'on raisonnera ici sur l'hypothèse où l'administration de la succession n'a pas été confiée à une personne déterminée, soit par le *de cujus* (v. s^s n°s 247.10 à 247.28 - sur l'exécuteur testamentaire, v. s^s n°s 323.131 à 323.161), soit par convention (v. s^s n°s 247.31 à 247.34), soit par décision du tribunal (v. s^s n°s 247.40 à 247.56). Sous cette réserve, la loi 2006 n'a pas modifié les solutions du droit positif antérieur en la matière qui doivent donc être rappelées.

D'une façon générale, les successeurs non saisis ne peuvent exercer leurs prérogatives qu'une fois intervenue la **vérification de leur titre.** Mais cette vérification est différente selon qu'il s'agit du **légataire** qui doit demander la **délivrance de son legs** (sect. 1), ou de **l'État** qui doit obtenir **l'envoi en possession** du tribunal compétent (sect. 2).

SECTION 1
DÉLIVRANCE DES LEGS

246.10 **Principe.** La délivrance des legs est une condition de l'entrée en possession des légataires non saisis, qui, à défaut, ne sont pas autorisés à exercer leurs droits *de plano*. Cette formalité s'impose donc à tout légataire non saisi. Ainsi, doivent demander la délivrance de leur legs :

- le légataire universel qui est en concours avec un héritier réservataire;

- tout autre légataire qui n'a pas en outre la qualité d'héritier *ab intestat*, cette qualité lui accordant le bénéfice de la saisine pour le tout.

Les conditions (§ 1) puis les effets (§ 2) de la délivrance des legs doivent être examinés.

§ 1
Conditions de la délivrance des legs

246.11 **Successeurs à qui demander la délivrance.** Par principe, la délivrance doit être demandée **à l'héritier saisi** puisque c'est lui qui assure la police de l'hérédité en exerçant un contrôle de la vraisemblance du titre (v. s^s n° 245.53). La demande de délivrance n'est soumise à **aucune condition de forme** et peut résulter d'une correspondance entre notaires[1]. Ce principe connaît les applications suivantes :

1° Le légataire universel, qui, par définition est en concours avec des héritiers réservataires, doit demander la délivrance à ces derniers (C. civ., art. 1004).

2° Le légataire à titre universel, doit demander la délivrance :

a) en l'absence de légataire universel, aux héritiers *ab intestat*;

b) en présence d'un légataire universel qui n'est pas en concours avec des héritiers réservataires, au légataire universel qui est saisi;

1. Civ. 1re, 10 mai 2006, n° 03-19.097, *Bull. civ.* I, n° 236; *D.* 2006. IR 1484.

c) en présence d'un légataire universel en concours avec des héritiers réservataires :

- aux héritiers réservataires tant que le légataire universel n'a pas obtenu la délivrance de son legs;

- au légataire universel lorsque celui-ci a obtenu la délivrance de son legs;

d) en l'absence de tout légataire universel et de tout héritier, à l'État une fois que celui-ci s'est fait envoyer en possession. À défaut, il doit demander que soit déclarée la vacance de la succession et demander la délivrance au curateur de la succession vacante (C. civ., art. 809 s.).

3° Le légataire à titre particulier doit demander la délivrance à celui qui a la charge d'exécuter le legs, c'est-à-dire selon les cas à l'héritier *ab intestat*, au légataire universel, à titre universel ou à titre particulier.

246.12 Pluralité de successeurs habiles à délivrer le legs. En toute hypothèse, en cas de pluralités de personnes habiles à accorder la délivrance, le légataire doit s'adresser **à chacun d'eux pour la part dont ils sont saisis**[1]. Toutefois, la délivrance est valablement consentie par ceux qui sont seuls connus du légataire au moment de sa demande[2].

246.13 Formes de la délivrance amiable. Ni la demande en délivrance, ni la délivrance ne sont assujetties à des conditions de forme. La délivrance peut être **expresse**, voire **constatée par un écrit** (acte de partage), ou simplement **tacite**. En ce dernier cas, elle résultera des circonstances : exécution volontaire du legs par l'héritier, prise de possession du bien légué par le légataire sans opposition de la part de l'héritier saisi[3]. L'existence d'une délivrance tacite relève de l'appréciation souveraine des juges de fond[4]. Le principe selon lequel la délivrance n'est soumise à aucun formalisme n'est pas altéré par le fait que, pour satisfaire aux règles de la publicité foncière, le légataire devra, **en matière immobilière**, présenter un **acte authentique de délivrance**.

246.14 Délivrance judiciaire. Si la délivrance amiable ne lui est pas accordée par le successeur habilité, le légataire est contraint de s'adresser au **tribunal de grande instance du lieu d'ouverture de la succession** qui tranchera. Si la validité du titre est reconnue, cette décision s'impose aux héritiers qui ne peuvent alors surseoir à la délivrance du legs[5].

246.15 Frais. L'article 1016 du Code civil prévoit que les **frais de la demande en délivrance** sont à la **charge de la succession**, mais sans qu'aucune atteinte à la réserve ne puisse en résulter. En conséquence, les frais ne viennent pas en déduction de l'actif existant pour le calcul de la réserve (C. civ., art. 922). Toutefois, si le légataire se voit refuser sa demande par le tribunal, c'est à lui seul de supporter la charge des frais.

246.16 Moment de la délivrance. Traditionnellement, la demande en délivrance était prescrite à l'expiration du **délai de trente ans**[6]. Le legs était alors privé de toute efficacité, sauf à faire jouer les règles de la prescription acquisitive si les conditions en étaient réunies[7].

Ces solutions doivent être reconsidérées compte tenu de la réforme du droit de la prescription intervenue avec la loi n° 2008-561 du 17 juin 2008[8]. En l'absence de toute précision légale, la question reste en suspens. L'application du droit commun de la prescription paraît exiger un délai de prescription de cinq ans (C. civ., art. 2224). Mais sans doute serait-il souhaitable qu'un alignement avec la prescription décennale du droit d'option (C. civ., art. 780) intervienne.

§ 2
Effets de la délivrance des legs

246.21 Principe. La délivrance assure la **reconnaissance du droit du légataire.** Par la délivrance, le titre du légataire a fait l'objet d'une vérification, laquelle cependant ne le purge pas de ces vices éventuels[9]. Reste que celui qui délivre volontairement le legs renonce à se prévaloir des causes d'inefficacité du legs, du moins celles dont il avait connaissance au moment de la délivrance[10].

Propriétaire en toute hypothèse dès le décès, le légataire devient, par la délivrance, habilité à exercer les droits et actions relatifs aux biens légués. En

1. Civ. 20 févr. 1922, *D.* 1925. 1. 163.
2. Req. 13 nov. 1855, *DP* 1856. 1. 185.
3. Civ. 1re, 18 nov. 1968, n° 66-13.789, *Bull. civ.* I, n° 282; *D.* 1969. 112.
4. Civ. 1re, 17 févr. 1971, n° 69-11.643, *Bull. civ.* I, n° 55; *D.* 1971. Somm. 141.
5. Civ. 1re, 10 juill. 1968, n° 66-17.700, *Bull. civ.* I, n° 211; *D.* 1968. 669, note A. Breton.
6. Civ. 1re, 22 oct. 1975, n° 74-11.694, *Bull. civ.* I, n° 293.
7. Civ. 8 mai 1895, *DP* 1895. 1. 1425, note Planiol.
8. L. n° 2008-561, 17 juin 2008, portant réforme de la prescription en matière civile, *JO* 18 juin, p. 9856.
9. Civ. 10 juill. 1968, n° 66-17.700, *Bull. civ.* I, n° 211, préc.
10. Civ. 1re, 15 mai 2008, n° 06-19.535, *Bull. civ.* I, n° 140; *D.* 2008. 2250, obs. M. Nicod; *JCP* 2009. I. 109, n° 2, obs. R. Le Guidec; *Defrénois* 2008. 1685, note Ph. Malaurie; *RTD civ.* 2009. 523, obs. M. Grimaldi.

conséquence, **il peut exiger l'exécution du legs,** et si nécessaire, exercer une **action en revendication** s'il s'agit d'un legs de corps certain ou en paiement s'il bénéficie d'un legs de somme d'argent. Mais si le legs ne lui confère que des droits indivis sur un bien ou un ensemble de biens, il n'acquiert sur ceux-ci que les prérogatives d'un indivisaire, notamment celle de demander le partage.

246.22 Acquisition des fruits - Date. Par la délivrance, le légataire acquiert les fruits du bien légué. Encore convient-il de distinguer selon la vocation du légataire, eu égard à la date d'acquisition des fruits.

- **Le légataire universel**, auquel la jurisprudence assimile le **légataire à titre universel**[1], a droit aux fruits à compter du jour du décès si la délivrance est demandée dans l'année qui suit celui-ci. À défaut, seuls les fruits échus après la délivrance amiable ou la demande de délivrance judiciaire lui sont acquis (C. civ., art. 1005).

- **Le légataire à titre particulier** n'acquiert les fruits que du jour de la délivrance amiable ou de la demande de délivrance judiciaire (C. civ., art. 1014). Cette solution de principe connaît toutefois deux exceptions qui permettent au légataire à titre particulier d'acquérir les fruits dès le décès. Tel est le cas lorsque le testateur l'a expressément prévu et lorsque le legs a pour objet, à titre d'aliments, une rente viagère ou une pension (C. civ., art. 1015).

246.23 Acquisition des fruits - Exceptions. Le principe selon lequel la délivrance produit des conséquences directes sur l'acquisition des fruits par le légataire connaît deux exceptions notables.

En premier lieu, les solutions précédemment énoncées (v. s^s^ n° 246.22) sont sans application au légataire qui est également héritier *ab intestat*. Celui-ci, bénéficiant de la saisine, a droit naturellement aux fruits dès le décès.

En second lieu, on ne doit pas négliger l'incidence de la règle de droit commun selon laquelle le possesseur de bonne foi fait les fruits siens.

1. Req. 29 juin 1910, *D.* 1911. 1. 49.

SECTION 2
ENVOI EN POSSESSION DE L'ÉTAT

246.31 Procédure. *Antérieurement à la loi de 2006*, la procédure d'envoi en possession était régie par les articles 769 et suivants du Code civil.

Désormais, l'envoi en possession est organisé par les articles 811 s. du Code civil et l'article 1354 du Code de procédure civile. L'État doit demander l'envoi en possession, qui fait l'objet d'une publicité (C. pr. civ., art. 1354), devant le **tribunal de grande instance du lieu d'ouverture de la succession.**

Le tribunal doit statuer dans les **quatre mois de la publicité**, après avis du ministère public et s'être assuré que la **succession** est bien **en déshérence**, c'est-à-dire qu'il n'existe pas d'héritiers, preuve qui peut résulter de l'absence de toute manifestation consécutive à la publicité. Il convient de se reporter ainsi aux développements ultérieurs sur les successions en déshérence (v. s^s^ n°s 248.31 à 248.43).

L'État procède à la rédaction de l'inventaire dans les conditions de l'article 809-2 du Code civil.

246.32 Effets. Une fois obtenu l'envoi en possession, **l'État,** jusque-là successeur irrégulier, se trouve alors dans la **situation d'un successeur saisi.** Il peut en conséquence **exercer tous les droits** dont il était titulaire dès le décès[2] et il a **droit aux fruits** du jour de l'ouverture de la succession[3].

L'envoi en possession ne rend pas pour autant son titre inattaquable. La régularité de son titre est seulement vraisemblable. Aussi, la révélation ultérieure d'un héritier pourrait-elle l'obliger à restitution. Toutefois, l'hypothèse, déjà rare sous l'empire du droit antérieur, le sera davantage encore désormais compte tenu de l'article 807 du Code civil, du délai décennal de prescription et de la faculté qu'a l'État de sommer les héritiers connus de prendre parti une fois passés **quatre mois depuis l'ouverture de la succession** (C. civ., art. 771). On ajoutera que l'envoi en possession de l'État interdit désormais à l'héritier renonçant de rétracter sa renonciation (C. civ., art. 807 *in fine*).

2. Civ. 1re, 14 nov. 2006, n° 03-13.473, *Bull. civ.* I, n° 491.
3. Civ. 20 juill. 1926, *DH* 1926. 435.

CHAPITRE

247. Administration de la succession par un mandataire

Christophe Vernières
Professeur à l'Université
Paris 8 – Vincennes Saint-Denis

SECTION 0
Orienteur

247.00 Plan du chapitre.

247.01 Textes applicables.

C. civ., art. 812 à 814-1

C. pr. civ., art. 1355 à 1357

L. n° 2006-728, 23 juin 2006, portant réforme des successions et des libéralités, *JO* 24 juin, p. 9513 (*entrée en vigueur le 1er janv. 2007*)

> Mandat à effet posthume : conditions
[C. civ., art. 812 à 812-1-4]

C. civ., art. 812 (*L. n° 2006-728, 23 juin 2006, art. 1er*)

Toute personne peut donner à une ou plusieurs autres personnes, physiques ou morales, mandat d'administrer ou de gérer, sous réserve des pouvoirs confiés à l'exécuteur testamentaire, tout ou partie de sa succession pour le compte et dans l'intérêt d'un ou de plusieurs héritiers identifiés.

Le mandataire peut être un héritier.

Il doit jouir de la pleine capacité civile et ne pas être frappé d'une interdiction de gérer lorsque des biens professionnels sont compris dans le patrimoine successoral.

Le mandataire ne peut être le notaire chargé du règlement de la succession.

C. civ., art. 812-1 (*L. n° 2006-728, 23 juin 2006, art. 1er*)

Le mandataire exerce ses pouvoirs alors même qu'il existe un mineur ou un majeur protégé parmi les héritiers.

C. civ., art. 812-1-1 (*L. n° 2006-728, 23 juin 2006, art. 1er*)

Le mandat n'est valable que s'il est justifié par un intérêt sérieux et légitime au regard de la personne de l'héritier ou du patrimoine successoral, précisément motivé.

Il est donné pour une durée qui ne peut excéder deux ans, prorogeable une ou plusieurs fois par décision du juge, saisi par un héritier ou par le mandataire. Toutefois, il peut être donné pour une durée de cinq ans, prorogeable dans les mêmes conditions, en raison de l'inaptitude, de l'âge du ou des héritiers, ou de la nécessité de gérer des biens professionnels.

Il est donné et accepté en la forme authentique.

Il doit être accepté par le mandataire avant le décès du mandant.

Préalablement à son exécution, le mandant et le mandataire peuvent renoncer au mandat après avoir notifié leur décision à l'autre partie.

C. civ., art. 812-1-2 (*L. n° 2006-728, 23 juin 2006, art. 1er*)

Les actes réalisés par le mandataire dans le cadre de sa mission sont sans effet sur l'option héréditaire.

C. civ., art. 812-1-3 (*L. n° 2006-728, 23 juin 2006, art. 1er*)

Tant qu'aucun héritier visé par le mandat n'a accepté la succession, le mandataire ne dispose que des pouvoirs reconnus au successible à l'article 784.

C. civ., art. 812-1-4 (*L. n° 2006-728, 23 juin 2006, art. 1er*)

Le mandat à effet posthume est soumis aux dispositions des articles 1984 à 2010 qui ne sont pas incompatibles avec les dispositions de la présente section.

> Mandat à effet posthume : rémunération du mandataire
[C. civ., art. 812-2 à 812-3]

C. civ., art. 812-2 (*L. n° 2006-728, 23 juin 2006, art. 1er; mod. par L. n° 2009-526, 12 mai 2009, art. 10*)

Le mandat est gratuit s'il n'y a convention contraire.

S'il est prévu une rémunération, celle-ci doit être expressément déterminée dans le mandat. Elle correspond à une part des fruits et revenus perçus par la succession et résultant de la gestion ou de l'administration du mandataire. En cas d'insuffisance ou d'absence de fruits et revenus, elle peut être complétée par un capital ou prendre la forme d'un capital.

C. civ., art. 812-3 (*L. n° 2006-728, 23 juin 2006, art. 1er*)

La rémunération du mandataire est une charge de la succession qui ouvre droit à réduction lorsqu'elle a pour effet de priver les héritiers de tout ou partie de leur réserve. Les héritiers visés par le mandat ou leurs représentants peuvent demander en justice la révision de la rémunération lorsqu'ils justifient de la nature excessive de celle-ci au regard de la durée ou de la charge résultant du mandat.

> Mandat à effet posthume : fin du mandat
[C. civ., art. 812-4 à 812-7]

C. civ., art. 812-4 (*L. n° 2006-728, 23 juin 2006, art. 1er*)

Le mandat prend fin par l'un des événements suivants :

1° L'arrivée du terme prévu;

2° La renonciation du mandataire;

3° La révocation judiciaire, à la demande d'un héritier intéressé ou de son représentant, en cas d'absence ou de disparition de l'intérêt sérieux et légitime ou de mauvaise exécution par le mandataire de sa mission;

4° La conclusion d'un mandat conventionnel entre les héritiers et le mandataire titulaire du mandat à effet posthume;

5° L'aliénation par les héritiers des biens mentionnés dans le mandat;

6° Le décès ou la mise sous mesure de protection du mandataire personne physique, ou la dissolution du mandataire personne morale;

7° Le décès de l'héritier intéressé ou, en cas de mesure de protection, la décision du juge des tutelles de mettre fin au mandat.

Un même mandat donné pour le compte de plusieurs héritiers ne cesse pas entièrement pour une cause d'extinction qui ne concerne que l'un d'eux. De même, en cas de pluralité de mandataires, la fin du mandat intervenant à l'égard de l'un ne met pas fin à la mission des autres.

C. civ., art. 812-5 (*L. n° 2006-728, 23 juin 2006, art. 1er*)

La révocation pour cause de disparition de l'intérêt sérieux et légitime ne donne pas lieu à la restitution par le mandataire de tout ou partie des sommes perçues au titre de sa rémunération, sauf si elles ont été excessives eu égard à la durée ou à la charge effectivement assumée par le mandataire.

Sans préjudice de dommages et intérêts, lorsque la révocation est intervenue en raison d'une mauvaise exécution de sa mission, le mandataire peut être tenu de restituer tout ou partie des sommes perçues au titre de sa rémunération.

C. civ., art. 812-6 (*L. n° 2006-728, 23 juin 2006, art. 1er*)

Le mandataire ne peut renoncer à poursuivre l'exécution du mandat qu'après avoir notifié sa décision aux héritiers intéressés ou à leurs représentants.

Sauf convention contraire entre le mandataire et les héritiers intéressés ou leurs représentants, la renonciation prend effet à l'issue d'un délai de trois mois à compter de la notification.

Sans préjudice de dommages et intérêts, le mandataire rémunéré par un capital peut être tenu de restituer tout ou partie des sommes perçues.

C. civ., art. 812-7 (*L. n° 2006-728, 23 juin 2006, art. 1er*)

Chaque année et en fin de mandat, le mandataire rend compte de sa gestion aux héritiers intéressés ou à leurs représentants et les informe de l'ensemble des actes accomplis. À défaut, une révocation judiciaire peut être demandée par tout intéressé.

Si le mandat prend fin par suite du décès du mandataire, cette obligation incombe à ses héritiers.

> Mandataire désigné par convention

C. civ., art. 813 (*L. n° 2006-728, 23 juin 2006, art. 1er*)

Les héritiers peuvent, d'un commun accord, confier l'administration de la succession à l'un d'eux ou à un tiers. Le mandat est régi par les articles 1984 à 2010.

Lorsqu'un héritier au moins a accepté la succession à concurrence de l'actif net, le mandataire ne peut, même avec l'accord de l'ensemble des héritiers, être désigné que par le juge. Le mandat est alors régi par les articles 813-1 à 814.

> Mandataire successoral désigné en justice
[C. civ., art. 813-1 à 814-1 et C. pr. civ., art. 1355 à 1357]

C. civ., art. 813-1 (*L. n° 2006-728, 23 juin 2006, art. 1er*)

Le juge peut désigner toute personne qualifiée, physique ou morale, en qualité de mandataire successoral, à l'effet d'administrer provisoirement la succession en raison de l'inertie, de la carence ou de la faute d'un ou de plusieurs héritiers dans cette administration, de leur mésentente, d'une opposition d'intérêts entre eux ou de la complexité de la situation successorale.

La demande est formée par un héritier, un créancier, toute personne qui assurait, pour le compte de la personne décédée, l'administration de tout ou partie de son patrimoine de son vivant, toute autre personne intéressée ou par le ministère public.

C. civ., art. 813-2 (*L. n° 2006-728, 23 juin 2006, art. 1er*)

Le mandataire successoral ne peut agir que dans la mesure compatible avec les pouvoirs de celui qui a été désigné en application du troisième alinéa de l'article 815-6, du mandataire désigné en application de l'article 812 ou de l'exécuteur testamentaire, nommé par le testateur en application de l'article 1025.

C. civ., art. 813-3 (*L. n° 2006-728, 23 juin 2006, art. 1er*)

La décision de nomination est enregistrée et publiée.

C. civ., art. 813-4 (*L. n° 2006-728, 23 juin 2006, art. 1er*)

Tant qu'aucun héritier n'a accepté la succession, le mandataire successoral ne peut accomplir que les actes mentionnés à l'article 784, à l'exception de ceux prévus à son deuxième alinéa. Le juge peut également autoriser tout autre acte que requiert l'intérêt de la succession. Il peut autoriser le mandataire successoral à dresser un inventaire dans les formes prescrites à l'article 789, ou le demander d'office.

C. civ., art. 813-5 (*L. n° 2006-728, 23 juin 2006, art. 1er*)

Dans la limite des pouvoirs qui lui sont conférés, le mandataire successoral représente l'ensemble des héritiers pour les actes de la vie civile et en justice.

Il exerce ses pouvoirs alors même qu'il existe un mineur ou un majeur protégé parmi les héritiers.

Le paiement fait entre les mains du mandataire successoral est valable.

C. civ., art. 813-6 (*L. n° 2006-728, 23 juin 2006, art. 1er*)

Les actes visés à l'article 813-4 accomplis par le mandataire successoral dans le cadre de sa mission sont sans effet sur l'option héréditaire.

C. civ., art. 813-7 (*L. n° 2006-728, 23 juin 2006, art. 1er*)

À la demande de toute personne intéressée ou du ministère public, le juge peut dessaisir le mandataire successoral de sa mission en cas de manquement caractérisé dans l'exercice de celle-ci. Il désigne alors un autre mandataire successoral, pour une durée qu'il définit.

C. civ., art. 813-8 (*L. n° 2006-728, 23 juin 2006, art. 1er*)

Chaque héritier peut exiger du mandataire successoral la consultation, à tout moment, des documents relatifs à l'exécution de sa mission.

Chaque année et à la fin de sa mission, le mandataire successoral remet au juge et à chaque héritier sur sa demande un rapport sur l'exécution de sa mission.

C. civ., art. 813-9 (*L. n° 2006-728, 23 juin 2006, art. 1er*)

Le jugement désignant le mandataire successoral fixe la durée de sa mission ainsi que sa rémunération. À la demande de l'une des personnes mentionnées au deuxième alinéa de l'article 813-1 ou à l'article 814-1, il peut la proroger pour une durée qu'il détermine.

La mission cesse de plein droit par l'effet d'une convention d'indivision entre les héritiers ou par la signature de l'acte de partage. Elle cesse également lorsque le juge constate l'exécution complète de la mission confiée au mandataire successoral.

C. civ., art. 814 (*L. n° 2006-728, 23 juin 2006, art. 1er*)

Lorsque la succession a été acceptée par au moins un héritier, soit purement et simplement, soit à concurrence de l'actif net, le juge qui désigne le mandataire successoral en application des articles 813-1 et 814-1 peut l'autoriser à effectuer l'ensemble des actes d'administration de la succession.

Il peut également l'autoriser, à tout moment, à réaliser des actes de disposition nécessaires à la bonne administration de la succession et en déterminer les prix et stipulations.

C. civ., art. 814-1 (*L. n° 2006-728, 23 juin 2006, art. 1er*)

En toute circonstance, l'héritier acceptant à concurrence de l'actif net peut demander au juge de désigner toute personne qualifiée en qualité de mandataire successoral à l'effet de le substituer dans la charge d'administrer et de liquider la succession.

C. pr. civ., art. 1355 (*Décr. n° 2006-1805, 23 déc. 2006, art. 2; mod. par Décr. n° 2009-1366, 12 mai 2009, art. 2*)

L'enregistrement prévu à l'article 813-3 du Code civil est fait au greffe du tribunal de grande instance dans le mois qui suit la nomination, sur le registre mentionné à l'article 1334. La décision de nomination est publiée à la requête du mandataire par voie électronique au Bulletin officiel des annonces civiles et commerciales, selon des modalités définies par arrêté du garde des Sceaux, ministre de la Justice.

S'il y a lieu, le président du tribunal de grande instance ou son délégué peut, par une ordonnance qui n'est pas susceptible de recours, ordonner que la publicité soit complétée par une insertion dans un journal d'annonces légales diffusé dans le ressort du tribunal.

Les frais de publicité sont à la charge de la succession.

C. pr. civ., art. 1356 (*Décr. n° 2006-1805, 23 déc. 2006, art. 2*)

Les héritiers sont tenus de communiquer au mandataire successoral tous les documents utiles à l'accomplissement de sa mission.

Le mandataire successoral peut convoquer les héritiers pour les informer et les entendre.

C. pr. civ., art. 1357 (*Décr. n° 2006-1805, 23 déc. 2006, art. 2*)

Le président du tribunal de grande instance ou son délégué peut, d'office ou sur demande des héritiers, convoquer le mandataire, solliciter de lui toutes les informations sur le déroulement de sa mission et lui adresser des injonctions.

247.03 Bibliographie indicative.

Actualisables. Rép. civ., v° *Succession (2° Transmission)*, par R. Le Guidec et G. Chabot, sept. 2011 [màj janv. 2014] – *J.-Cl. Civil Code*, art. 812 à 812-7, par G. Wicker.

Ouvrages.

* V. références citées s[s] n°s 02.06 et 02.07.

Articles. A. Aynès, « L'administration de la succession par autrui », *JCP N* 2008. I. 246 – J. Casey, « Le mandat posthume », *Dr. fam.* 2006. Étude 53 – L. Chambaz, « Le mandat posthume, le *trust* et la fiducie », *RLDC* 2006, n° 2339 – N. Couzigou-Suhas et P.-J. Claux, « La gestion de l'indivision successorale », *AJ fam.* 2006. 313 – A. Delfosse et J.-F. Peniguel, « Le mandat posthume », *JCP* 2006. 1371 – M. Grimaldi, « Le mandat à effet posthume », *Defrénois* 2007. 3; « Préciser le nouveau dispositif de mandat posthume », *Quatre-vingts ans de la Semaine juridique*, LexisNexis, 2007, p. 37 – J. Leprovaux, « La place de la famille dans la mise en œuvre du mandat de protection future et du mandat à effet posthume », *RJPF* 2006-9/6 – A.-M. Leroyer, « Réforme des successions et des libéralités », *RTD civ.* 2006. 612 – F. Luzu, « Pratique des mandats à effet posthume », *JCP N* 2009. 1358 – J. Prieur, « Mandat à effet posthume et risques liés au décès du dirigeant de société », *JCP N* 2010. 1057 – A. Reygrobellet, « Application pratique des nouveaux mandats en droit des sociétés, le cas du mandat à effet posthume », *JCP N* 2009. 1360 – J.-F. Sagaut, « Le mandat à effet posthume : regard notarial à destination des chefs d'entreprise », *Dr. et patr.* sept. 2007. 62 – B. Vareille, « Le mandat à effet posthume », *LPA* 2007, n° 129, p. 16.

247.04 Questions essentielles.
> Le mandat à effet posthume doit faire l'objet d'un acte authentique à peine de nullité
* V. s^s n° 247.11
> Absence d'incidence du mandat à effet posthume sur l'option des héritiers
* V. s^s n° 247.21
> Pouvoirs du mandataire à effet posthume, notamment en présence d'héritier ayant accepté la succession
* V. s^s n° 247.22 s.
> Aménagement conventionnel des pouvoirs du mandataire à effet posthume
* V. s^s n° 247.26
> Rémunération du mandataire à effet posthume
* V. s^s n° 247.27
> Causes de cessation du mandat à effet posthume
* V. s^s n° 247.28
> Pouvoirs et obligations du mandataire successoral judiciaire
* V. s^s n°s 247.51 à 247.54

247.05 Délais.
> Durée du mandat à effet posthume : **deux ans** à compter du décès, ou **cinq ans** (en cas de situations particulières), les deux délais étant prorogeables.
* V. s^s n° 247.13

247.06 Sanctions.
> Le non-respect des formalités du mandat à effet posthume est sanctionné par la nullité du mandat.
* V. s^s n° 247.11
> Au cas de « *manquement caractérisé dans l'exercice de ses fonctions* », le mandataire successoral judiciaire est dessaisi par le juge.
* V. s^s n° 247.55

247.08 Présentation. La loi du 23 juin 2006 poursuit le triple objectif de **sécuriser, accélérer et simplifier le règlement successoral** avec en priorité la volonté de protéger l'entreprise et d'assurer sa survie au-delà du décès de l'entrepreneur. Aussi a-t-elle, entre autres mis l'accent sur l'amélioration de la phase d'administration de la succession. Précisément, le chapitre VI, du titre premier consacré aux successions du livre 3 du Code civil, est intitulé « Administration de la succession par un mandataire ». Cette évolution n'est pas sans incidence sur les principes fondateurs du droit des successions. Dans la logique du principe de la succession à la personne, l'héritier administre la succession comme son patrimoine propre à la différence du système de succession aux biens où l'héritier est dessaisi de l'administration de la succession. Aussi bien observe-t-on un infléchissement du principe de la succession à la personne avec la reconnaissance de certaines conséquences de la succession aux biens.

L'une des innovations majeures de la réforme est la mise en place d'un mandat à effet posthume qui porte atteinte au principe traditionnellement affirmé en droit français de la saisine héréditaire des héritiers (v. s^s n°s 245.10 s.)

La loi nouvelle consacre par ailleurs des solutions déjà admises antérieurement, qui n'affectent pas avec la même intensité les principes traditionnels du droit des successions. Il s'agit de la désignation d'un mandataire d'un commun accord entre les héritiers et celle d'un mandataire judiciaire que la jurisprudence avait dégagée à l'occasion d'une acceptation sous bénéfice d'inventaire puis étendue à une acceptation pure et simple.

247.09 Plan. Il convient donc d'étudier successivement le mandat à effet posthume (sect. 1) puis le mandat conventionnel (sect. 2) et enfin le mandat judiciaire (sect. 3).

SECTION 1
MANDAT À EFFET POSTHUME

247.10 Présentation. Le mandat à effet posthume est régi par les articles 812 à 812-7 du Code civil. Il constitue l'une des innovations majeures de la réforme de 2006 et altère le principe traditionnel du droit français de la succession à la personne qui a pour corollaire la saisine. Celle-ci appartient aux héritiers qui, dès lors, sont habilités à exercer les droits et actions du défunt comme à prendre possession des biens héréditaires. La qualification de mandat, au sens du droit commun du mandat, a pu, à juste titre, être contestée : le mandataire tient son pouvoir du *de cujus* mais l'exerce pour le compte des héritiers, et l'effet principal du mandat est ici de dessaisir de ses pouvoirs de propriétaire celui pour le compte de qui il agit. Aussi a-t-on proposé une qualification « *d'espèce de fiducie testamentaire* »[1].

Afin d'en analyser toute la portée, il convient d'étudier successivement les conditions (§ 1) et les effets (§ 2) du mandat à effet posthume.

§ 1
Conditions

247.11 Contrat solennel. Il s'agit d'un acte qui est particulièrement grave compte tenu des conséquences précédemment évoquées à l'égard des héritiers. Le mandat à effet posthume doit faire l'objet d'un **acte authentique**, à peine de nullité. L'acte

1. M. Grimaldi, « Le mandat à effet posthume », *Defrénois* 2007, p. 3 et s., spéc. n° 5.

doit constater l'**accord des deux parties, mais chacune peut intervenir par actes séparés.** En outre, l'acte portant le mandat doit être « *précisément motivé* » (C. civ., art. 812-1-1, al. 1er), en ce sens qu'il doit contenir l'intérêt sérieux et légitime qui le justifie. Enfin, la prudence commande que l'acte soit enregistré au fichier des dernières volontés.

247.12 Désignation du mandataire. Toute personne physique ou morale peut être désignée comme mandataire, qu'il s'agisse d'un **héritier** ou d'un **tiers, à l'exception du notaire en charge de la succession.** Le *de cujus* peut désigner plusieurs mandataires, qui pourront agir conjointement, distinctement ou principalement et subsidiairement. Le *de cujus* pourrait ainsi désigner chaque mandataire en fonction du lieu de situation des biens à gérer, en fonction des compétences de chaque mandataire (par exemple, un professionnel de la gestion, pour l'aspect technique, et un proche de l'héritier, pour l'aspect humain, qui devront s'accorder quant aux actes à accomplir).

L'acceptation du mandataire s'impose avant le décès du mandant et comme on l'a vu doit être constatée par acte authentique. Une **renonciation du mandataire** peut intervenir avant le décès du mandant (C. civ., art. 812-1-1), ou après, à condition de notifier celle-ci aux personnes concernées trois mois avant qu'elle ne prenne effet.

247.13 Durée du mandat. Le mandat ne peut prendre effet qu'à compter du décès. En principe le mandat n'est conclu que pour une durée de **deux ans** qui peut être **prorogée**, à la demande d'un héritier ou du mandataire lui-même, par le juge, une ou plusieurs fois. Toutefois, pour tenir compte de situations particulières, le mandat peut être consenti pour une durée de **cinq ans** prorogeable également. L'article 812-1-1 alinéa 2 énumère de façon limitative les cas : inaptitude (c'est-à-dire incapacité ou incompétence), âge des héritiers, nature du bien (entreprise), ou compétences spécifiques que requiert l'administration de la succession (biens culturels par exemple).

§ 2
Effets

247.21 Option successorale. Le mandat à effet posthume est **sans incidence sur l'option des héritiers.** Le texte le rappelle expressément (C. civ., art. 812-1-2) afin de garantir aux héritiers la liberté de l'option. Les actes éventuellement accomplis par le mandataire, qui agit pour le compte des héritiers, n'affectent donc pas leur option qui leur reste personnelle.

247.22 Pouvoirs du mandataire. L'article 812 du Code civil définit le mandat à effet posthume comme un « *mandat d'administrer ou de gérer, sous réserve des pouvoirs conférés à l'exécuteur testamentaire, tout ou partie de sa succession pour le compte et dans l'intérêt d'un ou de plusieurs héritiers identifiés* ».

Les pouvoirs du mandataire sont d'abord définis négativement. Le mandataire ne peut interférer dans l'exécution des legs par l'exécuteur testamentaire. Le mandataire ne peut tenir en échec la mission de l'exécuteur testamentaire. Il existe une sorte de priorité dans les dernières volontés du *de cujus*.

Les pouvoirs du mandataire sont cependant surtout définis de façon positive. Plusieurs situations doivent être alors distinguées.

247.23 Pouvoirs du mandataire en l'absence d'acceptation de la succession par l'un des héritiers visés par le mandat. Dans le cas où **aucun héritier visé par le mandat n'a encore accepté la succession**, le mandataire ne peut accomplir que les actes ne valant pas acceptation tacite. Ceci s'explique par la règle suivant laquelle les actes du mandataire sont sans effet sur l'option de l'héritier. Aussi bien, pendant cette période d'attente, le mandataire n'a-t-il le pouvoir d'accomplir que des actes qui ne sont pas susceptibles d'emporter acceptation de la succession par l'héritier pour le compte duquel il agit. Concrètement, il s'agit d'**actes conservatoires ou de surveillance,** ainsi que des **actes d'administration provisoire,** tels que ceux qu'énumère l'article 784 du Code civil, par exemple les opérations courantes nécessaires à la continuation à court terme de l'activité de l'entreprise dépendant de la succession; le renouvellement, en tant que bailleur ou preneur à bail, des baux qui, à défaut, donneraient lieu au paiement d'une indemnité, ainsi que la mise en œuvre de décisions d'administration ou de disposition engagées par le défunt et nécessaires au bon fonctionnement de l'entreprise.

247.24 Pouvoirs du mandataire en cas d'acceptation de la succession par l'un des héritiers visés par le mandat. Lorsqu'**un héritier visé par le mandat a accepté la succession**, quelle que soit la forme d'acceptation retenue, les textes renvoient alors au **droit commun du mandat** (C. civ., art. 812-1-4). Cette référence suscite des interrogations qu'il appartiendra à la jurisprudence de dissiper. Cela signifie-t-il que le mandataire ne puisse accomplir que des actes d'administration ? Qu'il ne puisse accomplir des actes de disposition que s'il en a reçu le pouvoir exprès ? Ou, au contraire, qu'il puisse accomplir des actes de disposition, sans que le *de cujus* ne l'ait expressément prévu ?

La question est controversée. En effet, dans une première analyse, on peut déduire de la définition du mandat que le mandataire ayant mandat de gérer la succession, cela peut emporter la faculté pour lui de conclure des actes de disposition. Dans une autre analyse, on peut faire remarquer que cela contredit la possibilité laissée aux héritiers de mettre fin au mandat à effet posthume par l'aliénation de biens héréditaires (C. civ., art. 812-4), à supposer que le *de cujus* n'ait pas retiré cette faculté aux héritiers [1].

En jurisprudence, la première chambre civile de la Cour de cassation, dans une hypothèse de **conflit** entre le **mandataire à effet posthume** et **l'administrateur légal d'héritiers mineurs**, a décidé que « *les pouvoirs d'administration ou de gestion qui peuvent être conférés au mandataire posthume en vertu des article 812, alinéa 1er, et 812-1 du Code civil, ne lui permettent pas de s'opposer à l'aliénation par les héritiers des biens mentionnés dans le mandat, laquelle constitue l'une des causes d'extinction de celui-ci prévues par l'article 812-4 du même code* » [2]. Autrement dit, pour la première chambre civile, l'aliénation des biens par les héritiers étant une cause d'extinction du mandat, le mandataire posthume n'a pas le pouvoir de s'y opposer. La solution est justifiée tant les termes de l'article 812-4 du Code civil paraissent univoques. En revanche, la Haute juridiction ne dit mot sur la question de savoir si les pouvoirs du mandataire peuvent comprendre celui de disposer.

247.25 Discussion. À cet égard, on peut observer que les mots « *administrer* » et « *gérer* », figurant dans l'article 812 du Code civil, n'ont certainement pas le même sens, l'un étant plus restrictif que l'autre.

« Administrer » évoque le pouvoir d'accomplir seulement des actes d'administration, à l'exclusion des actes de disposition. Le mandataire posthume a alors pour mission de poursuivre l'exploitation des biens qu'assurait le *de cujus*. Autrement dit, il lui incombe de procéder à la mise en valeur normale des biens, d'accomplir des actes ne présentant pas un risque sérieux de dépréciation des biens. Ainsi le mandataire peut-il conclure les actes ou contrats courants et payer les dépenses de gestion habituelles ou prévisibles qui peuvent être acquittées à l'aide des revenus des biens [3]. Ainsi encore peut-il aliéner des éléments d'une universalité de fait, telle qu'un fonds de commerce ou un portefeuille de valeurs mobilières, à la condition qu'il conserve la substance de l'universalité, ce qui suppose qu'il fasse remploi du produit de l'aliénation dans l'acquisition de nouveaux éléments de l'universalité [4].

« Gérer » suggère en revanche une exploitation plus « dynamique » [5] des biens, qui ne saurait se limiter à leur mode antérieur de gestion. Dans cette optique, le champ d'action du mandataire dépasse le cadre des actes d'administration [6]. Et, ce faisant, il doit pouvoir effectuer **certains actes de disposition nécessaires à une bonne gestion des biens.** Tel devrait être le cas de la conclusion ou du renouvellement d'un bail rural ou commercial, de la mise en location-gérance du fonds de commerce.

Cela signifie-t-il que le mandataire puisse procéder à tous actes de disposition, notamment des **aliénations** ? Sans doute n'a-t-il pas le pouvoir d'accomplir des **actes translatifs à titre gratuit** ou des **actes abdicatifs** qui auraient pour effet de provoquer une dépréciation définitive du patrimoine qu'il a en charge de gérer. Mais sa mission de gestion ne lui confère-t-elle pas le pouvoir d'aliéner à titre onéreux et de remployer le prix dans l'acquisition de nouveaux biens, dès lors que des impératifs de bonne gestion le commandent ? Par exemple, peut-il vendre un immeuble – parce que le prix actuel du marché est élevé, parce qu'au contraire l'on redoute une baisse prochaine du marché, parce qu'une modification de la fiscalité immobilière y incite, etc. – et remployer le prix dans l'acquisition d'autres biens dont la gestion assurera un rendement plus sûr, voire meilleur que celui de l'immeuble aliéné ? La logique fiduciaire du mandat à effet posthume semble militer en ce sens. Dans la mesure où le mandataire a l'exclusivité de la gestion des biens, on peut concevoir qu'il puisse procéder à des aliénations dès lors qu'elles présentent un intérêt pour les héritiers visés par le mandat. Pour autant, rien n'est moins sûr. La loi reconnaît en effet aux héritiers le droit d'aliéner; surtout, l'exercice de ce droit est une cause d'extinction du mandat. De sorte qu'il peut être difficilement concevable que le mandataire et les héritiers aient un pouvoir concurrent d'aliénation.

1. Pour cette possibilité, v. M. Grimaldi, « Le mandat à effet posthume », *Defrénois* 2007. 3.
2. Civ. 1re, 12 mai 2010, no 09-10.556, *Bull. civ.* I, no 117; *D.* 2010. 2392, obs. M. Nicod; *AJ fam.* 2010. 287, obs. C. Vernières; *Defrénois* 2010. 1776, note F. Sauvage; *Defrénois* 2010. 2373, obs. A. Chamoulaud-Trappiers; *Dr. fam.* 2010. 104, note B. Beignier; *RTD civ.* 2010. 527, obs. J. Hauser; 602, obs. M. Grimaldi; *RDC* 2011. 203, obs. F. Bicheron.
3. V. PAR EX., Civ. 1re, 10 oct. 1995, no 93-147.88, *Bull. civ.* I, no 350; *RTD civ.* 1996. 963, obs. J. Patarin.
4. Civ. 1re, 2 juin 1993, no 91-16.370, *Bull. civ.* I, no 204.
5. G. Wicker, *J.-Cl. Civil Code*, art. 812 à 812-7, fasc. unique, no 55.
6. EN CE SENS, v. Circ. DACS no 2007-12, 29 mai 2007, relative à la présentation de la réforme des successions et des libéralités, *BOMJ* 30 août, texte no 2, p. 27 : « *Le recours à la notion de gestion a été choisi afin de ne pas limiter les actes du mandataire aux seuls actes d'administration. Sous réserve de l'interprétation souveraine des juridictions, la notion de gestion autorise le recours à des actes de disposition de certains éléments du patrimoine lorsqu'ils s'insèrent dans une logique de conservation, d'administration ou de valorisation du patrimoine successoral* ».

En somme, il semble donc qu'héritiers et mandataire jouissent chacun de leur **propre domaine d'action** : aux héritiers, l'exclusivité quant aux actes de disposition réalisant une aliénation des biens ayant le mandat pour objet; au mandataire, l'exclusivité de faire tous les actes d'administration et certains actes de disposition, à l'exclusion de ceux qui emportent aliénation. Cependant, à suivre cette logique, c'est l'utilité même du mandat à effet posthume qui est affectée. Car l'on ne voit guère, pour reprendre les termes du garde des Sceaux dans son exposé des motifs du projet de loi, comment « *ce mandat posthume pourra ainsi répondre aux besoins que satisfait, dans d'autres pays, la fiducie successorale* ». En effet, comme on l'a souligné, « *à quoi bon retirer à un héritier la gestion de sa succession s'il lui suffit, pour la retrouver, d'aliéner les biens héréditaires : de les vendre, de les donner, voire de simplement les apporter à une société* »[1] ? D'où l'intérêt d'aménager conventionnellement les pouvoirs du mandataire.

247.26 Aménagements conventionnels des pouvoirs du mandataire. Le *de cujus* pourrait émettre le souhait de renforcer les prérogatives du mandataire et, corrélativement, de diminuer celles des héritiers.

En premier lieu, il peut être suggéré au *de cujus* de faire **apport à une société des biens** qu'il entend confier au mandataire. La situation du mandataire apparaît raffermie : il peut voter toutes les décisions qui sont de la compétence d'une assemblée générale ordinaire, de sorte que, si les associés sont uniquement les héritiers visés par le mandant, le mandataire peut décider seul de céder des biens appartenant à la société. Toutefois, les héritiers ne sont pas dépourvus de toute action. D'une part, il leur appartient d'aliéner les droits sociaux. D'autre part, le mandataire est certainement sans pouvoir pour toutes décisions qui portent atteinte au pacte social. Autrement dit, le vote aux assemblées générales extraordinaires sont de la compétence des héritiers, ce qui leur permet de procéder à la restructuration de la société – fusion, apport partiel d'actifs ou scission –, à sa transformation, mais aussi et surtout à sa dissolution.

En second lieu, ainsi que le prévoit le droit commun du mandat, le *de cujus* peut, par une **clause expresse**, conférer au mandataire le **pouvoir d'aliéner les biens**, à charge pour lui soit de remettre le prix aux héritiers – ce qui entraînera la fin de sa mission –, soit de le remployer à l'acquisition de nouveaux biens dont il assurera la gestion. Simplement, cette clause n'a pas pour effet de priver les héritiers de leur faculté d'aliéner.

1. M. Grimaldi, obs. s^s Civ. 1re, 12 mai 2010, n° 09-10.556, préc s^s n° 247.23.

Aussi, *en troisième et dernier lieu*, il peut être de bonne méthode de stipuler une **clause d'inaliénabilité** portant sur les biens visés par le mandat[2]. Mais cette clause se heurte à une double limite. D'une part, la clause ne saurait porter atteinte aux droits réservataires des héritiers. D'autre part, la clause doit répondre aux conditions posées par l'article 900-1 du Code civil, ce qui suppose qu'elle soit temporaire et justifiée par un intérêt sérieux légitime.

247.27 Rémunération du mandataire. Comme pour tout mandat, la gratuité est la règle. Toutefois, une rémunération peut être prévue et elle est alors enfermée dans un cadre strict.

D'une part, quant aux modalités de la rémunération, deux formes sont prévues. Soit une **part des fruits et revenus perçus** par la succession et résultant de la gestion du mandataire. Soit en cas d'insuffisance ou d'absence, un **capital**.

D'autre part, la rémunération du mandataire est une charge de la succession. Elle est en effet une dette née après l'ouverture de la succession, mais qui est due à raison du décès. Cependant, les conséquences qu'emporte cette qualification peuvent parfois être critiquables. En effet, le poids des charges de la succession se répartit entre tous les successeurs qui sont tenus au passif. Si cela ne pose guère de difficultés lorsque tous les héritiers sont visés par le mandat à effet posthume, il en va autrement lorsqu'ils ne le sont pas tous. Car, en cette occurrence, il apparaît difficilement concevable que la rémunération du mandataire soit supportée par l'ensemble des héritiers. Aussi bien peut-on proposer deux solutions : soit stipuler conventionnellement que la rémunération ne sera supportée que par les héritiers visés par le mandat; soit, à défaut, permettre à la succession une action en contribution contre les héritiers concernés par le mandat.

Enfin, la rémunération du mandataire peut être réduite pour cause d'atteinte à la réserve héréditaire, voire être révisée judiciairement lorsque son montant apparaît excessif. Deux sanctions sont donc possibles :

– La rémunération est réductible en cas d'atteinte à la réserve héréditaire. La sanction de la **réduction pour atteinte à la réserve** est singulière, dès lors qu'aucune libéralité n'est consentie au mandataire. À cet égard, cela signifie-t-il que la rémunération doive être prise en compte dans la détermination de la masse de calcul de la quotité disponible et de la

2. La clause d'inaliénabilité ne saurait être stipulée dans le mandat à effet posthume, puisque celui-ci est conclu entre le *de cujus* et le mandataire. Cette clause doit donc être insérée dans un autre acte : la libéralité consentie au gratifié; voire dans le testament sans que celui-ci contienne un legs : il s'agit alors d'une affectation des biens imposée aux héritiers à titre de charge.

réserve ? La logique liquidative semble l'imposer, même si la solution n'est pas évidente. **La rémunération doit** vraisemblablement **s'imputer comme un legs**, donc **sur la quotité disponible**, puisque ce n'est qu'à cette date que le mandat à effet posthume acquiert véritablement force obligatoire. Il reste que son évaluation peut poser difficultés. Sans doute est-ce aisé lorsqu'elle est en capital; mais comment faire lorsqu'elle correspond à une part des fruits et revenus à percevoir ? La difficulté est d'autant plus sérieuse qu'on ne sait pas combien de temps durera le mandat. En réalité, la difficulté n'est pas si nouvelle. La question de l'évaluation se pose à chaque fois que le *de cujus* consent un legs d'une rente viagère ou de fruits à venir d'un bien. Et, en ces cas, il y a lieu de capitaliser la rente ou les fruits futurs en fonction de la durée de vie estimée du légataire. Appliquée à la rémunération du mandataire, la solution consiste à capitaliser les fruits et revenus « *en chiffrant la moins-value dont souffre la valeur vénale d'une pleine propriété amputée de tout ou partie de ses fruits* » [1], et ce en tenant compte de la durée prévisible du mandat.

– La **rémunération** du mandataire peut être **révisée**. Il y a là une simple application du droit commun du mandat qui admet la révision des honoraires des mandataires. Pour ce faire, l'excès s'apprécie par rapport à la durée du mandat ou eu égard à la charge effectivement assumée par le mandataire.

247.28 Cessation du mandat. Prévues à l'article 812-4 du Code civil, les causes de la cessation des fonctions du mandataire sont multiples : arrivée du terme, renonciation du mandataire, révocation judiciaire du mandat, disparition de l'objet du mandat, disparition du mandataire (décès, incapacité, dissolution de la personne morale), décès de l'héritier, mandat conclu entre les héritiers et le mandataire qui transforme en mandat conventionnel le mandat à effet posthume. À cette liste s'ajoute le cas où les héritiers aliènent un bien ou des biens dépendant de la succession. Il y a là pour les héritiers un moyen de faire échec au mandat à effet posthume, sauf à ce que le *de cujus* ait stipulé une clause d'inaliénabilité dans les conditions de l'article 900-1 du Code civil.

SECTION 2
MANDAT CONVENTIONNEL

247.31 Présentation. La réforme opérée par la loi du 23 juin 2006 ne consacre qu'un seul texte, l'article 813 du Code civil, au mandat conventionnel. Il s'agit d'un mandat confié d'un commun accord par les héritiers à l'un d'entre eux ou à un tiers. En réalité, la loi opère un renvoi selon les hypothèses concernées soit aux règles de droit commun du mandat, soit aux règles du mandat judiciaire. S'y ajoutent les dispositions propres à l'indivision.

247.32 Renvoi au droit commun du mandat. Il s'agit de l'hypothèse, sans doute la plus fréquente, où les héritiers ayant accepté la succession purement et simplement décident d'un commun accord de confier l'administration de la succession à un mandataire. Ce mandat requiert alors **l'unanimité de tous les héritiers.** Il est régi par le droit commun du mandat, c'est-à-dire les articles 1984 à 2010 du Code civil pour toutes les questions relatives à la mission, la rémunération, la responsabilité ou la révocation du mandataire.

247.33 Mandat confié par des indivisaires – Renvoi. Le mandat conventionnel précédemment évoqué s'ajoute à la possibilité, également prévue par la loi du 23 juin 2006 à l'article 815-3 du Code civil pour les indivisaires titulaires d'au moins deux tiers des droits indivis, de donner à l'un d'entre eux ou à un tiers un **mandat général d'administration.** Ce mandat sera revu avec l'examen des règles gouvernant **l'indivision** (v. s[s] n°s 252.21 à 252.113).

247.34 Renvoi aux règles du mandat judiciaire. L'alinéa 2 de l'article 813 envisage expressément un cas particulier, celui où **l'un des héritiers a accepté la succession à concurrence de l'actif net.** En ce cas, l'unanimité des héritiers ne suffit pas pour procéder à la **désignation d'un mandataire** et ce dernier doit nécessairement être désigné **par un juge.** La qualification de mandat conventionnel est alors inappropriée. On quitte alors les règles du mandat conventionnel pour celle régissant le mandat judiciaire (C. civ., art. 813-1 à 814).

SECTION 3
MANDAT JUDICIAIRE

247.40 Présentation. Lorsque ni un mandat à effet posthume, ni un mandat conventionnel n'ont été prévus ou possibles, il peut exister des situations de blocage auxquelles la désignation d'un mandataire successoral en justice peut remédier. Cette faculté était connue du droit antérieur à la loi du 23 juin 2006 et avait été consacrée par la jurisprudence. Les articles 813-1 à 814-1 nouveaux du Code civil le règlementent de façon spécifique. Il convient d'étudier successivement la désignation (§ 1) puis la mission de l'administrateur judiciaire (§ 2).

1. M. Grimaldi, « Le mandat à effet posthume », *Defrénois* 2007. 3, n° 11, note 31.

§ 1 Désignation du mandataire successoral judiciaire

247.41 Auteurs de la demande de désignation. La désignation d'un mandataire successoral peut être demandée en justice par **toute personne qui peut y avoir intérêt**. L'article 813-1 alinéa 2 du Code civil précise ainsi qu'il peut s'agir, d'un **héritier**, d'un **créancier**, de **toute personne assurant** pour le compte de la personne décédée **l'administration de la succession**, enfin par **le ministère public** lequel pourra être saisi par le notaire. De plus, dans le cas de l'acceptation à concurrence de l'actif net, il est prévu que l'héritier puisse bénéficier de cette faculté, en particulier s'il souhaite se décharger de l'administration de la succession (C. civ., art. 814-1).

247.42 Choix du mandataire. Il appartient au juge de choisir le mandataire, personne physique ou morale. Le texte précise que la personne doit être **qualifiée** ce qui suppose une **compétence établie pour administrer et liquider la succession** et variera selon les caractéristiques particulières de la succession (existence ou non d'une entreprise, présence de collection d'art, par ex.). En l'absence de toute autre précision, l'on doit admettre que le juge dispose d'une grande latitude pouvant nommer un héritier ou un tiers, voire une personne qui lui est proposée par le demandeur. En outre, **le juge dispose d'un large pouvoir d'appréciation pour fixer** tant la **rémunération** que la **durée de la mission du mandataire** qu'il doit pouvoir, au demeurant, proroger si les circonstances l'exigent (C. civ., art. 813-9).

247.43 Motifs de désignation. D'une façon générale, la désignation d'un mandataire se justifie par son utilité pour l'administration de la succession qui, à défaut, ne réaliserait pas son objectif. Aussi bien, l'article 813-1 du Code civil énumère-t-il, sans prétendre à l'exhaustivité semble-t-il, plusieurs cas : inertie et carence de l'héritier, mésentente entre héritiers laquelle peut expliquer qu'ils n'ont pu se mettre d'accord sur un mandataire, opposition d'intérêts et complexité de la succession. Cette dernière hypothèse recouvre, à l'évidence, les situations les plus variées, et laisse au juge un grand pouvoir d'appréciation. À ce motif général tiré de la nécessité de conduire une administration efficace de la succession, s'ajoute le cas particulier déjà évoqué où l'héritier, acceptant à concurrence de l'actif net, n'entend pas assumer la charge corrélative. Cette dernière hypothèse n'est pas sans incidence sur les pouvoirs dont dispose l'administrateur (v. s^s^ n°s 243.26 et 247.51).

247.44 Publicité. Afin d'avertir les tiers et de rendre la désignation du mandataire opposable plus particulièrement aux créanciers, un **enregistrement** et une **publicité** sont prévus. Ces formalités sont faites conformément aux prescriptions de l'article 1355 du Code de procédure civile[1].

§ 2 Mission du mandataire successoral judiciaire

247.51 Pouvoir général de représentation. Il va de soi que le mandataire exerce ses fonctions dans la **limite** qui lui a été **assignée par le juge**. Sous réserve des pouvoirs qui lui seraient expressément attribués par le juge, le mandataire « *représente l'ensemble des héritiers pour les actes de la vie civile et en justice* » (C. civ., art. 813-5). Cette fonction de représentation s'étend même au cas où parmi les héritiers, certains seraient incapables et feraient l'objet d'une protection. Compte tenu de cette fonction de représentation, le mandataire dispose de pouvoirs assez larges : convoquer et entendre les héritiers, le paiement fait entre ses mains est libératoire, et il peut accomplir tous les actes nécessaires à l'accomplissement de sa mission d'administration. Il s'agit alors de tous les **actes d'administration provisoire, actes conservatoires ou de surveillance** (C. civ., art. 813-4). Ce principe s'applique lorsque, hypothèse la plus fréquente, aucun héritier n'a accepté la succession.

Toutefois, lorsque le mandataire est nommé à la demande d'un héritier ayant accepté la succession à concurrence de l'actif net, le mandataire dispose des pouvoirs les plus larges pour administrer et liquider la succession au lieu et place de l'héritier (C. civ., art. 814-1). Il représente un héritier qui dispose de ses pouvoirs et a précisément voulu s'en décharger.

247.52 Pouvoirs spécifiques accordés par le juge. Comme on l'a vu, le juge a toute latitude pour fixer l'étendue de la mission du mandataire. Aussi peut-il l'autoriser à faire l'inventaire ou accomplir **tout acte que requiert l'intérêt de la succession**. De plus, dès lors qu'un héritier a accepté la succession, purement et simplement ou à concurrence de l'actif net, le juge peut autoriser le mandataire à exercer une **mission générale d'administration**, voire accomplir les **actes de disposition justifiés par l'administration de la succession**. Il fixe alors les prix et conditions des actes de dispositions (C. civ., art. 814).

1. D. Boulanger, « Déclaration de renonciation à succession et mandataire successoral désigné en justice », *JCP N* 2009. 739.

247.53 Pouvoir subsidiaire du mandataire. Le mandataire successoral exerce un pouvoir que l'on peut qualifier de subsidiaire au sens où il ne peut s'accomplir que sous réserve de pouvoirs attribués à d'autres : exécuteur testamentaire, mandataire à effet posthume, ou administrateur judiciaire nommé dans l'intérêt de l'indivision (C. civ., art. 815-6 nouv.). Dans toutes ces hypothèses, le mandataire ne pourra avoir que des **pouvoirs limités**.

247.54 Contrôle. Le mandataire doit rendre des comptes aux héritiers et au juge chaque année et à la fin de sa mission. À cette occasion, il établit un **rapport sur l'exécution de sa mission**. En outre, les héritiers peuvent à tout moment demander communication de documents concernant l'administration de la succession. Le président du tribunal de grande instance peut d'office ou sur demande des héritiers, convoquer le mandataire et lui adresser des injonctions (C. pr. civ., art. 1357).

247.55 Sanctions. En cas de manquement du mandataire à ses obligations, il peut être dessaisi à la demande de tout intéressé ou du ministère public. Il s'agit là d'une hypothèse relativement grave et le juge doit donc constater un « *manquement caractérisé dans l'exercice* » des fonctions du mandataire (C. civ., art. 813-7). S'il démet le mandataire de ses fonctions, le juge en désigne un autre dans les mêmes conditions que celles posées par l'article 813-1.

247.56 Cessation des fonctions. La fin du mandat successoral peut intervenir pour de multiples raisons. D'une part, la mission du mandataire s'achève par l'exécution complète de son but (C. civ., art. 813-9) ou par l'arrivée du terme prévu par le juge. Elle cesse également si une convention d'indivision est conclue entre les héritiers, ou si un acte de partage est signé. Enfin, elle prend fin par la renonciation du mandataire ou par son dessaisissement à titre de sanction de son comportement.

CHAPITRE

248. Administration des successions vacantes et en déshérence

CHRISTOPHE VERNIÈRES
PROFESSEUR À L'UNIVERSITÉ
PARIS 8 – VINCENNES SAINT-DENIS

SECTION 0 ORIENTEUR

248.00 Plan du chapitre.

248.01 Textes applicables.

C. civ., art. 809 à 811-3

C. pr. civ., art. 1342 à 1354

L. n° 2006-728, 23 juin 2006, portant réforme des successions et des libéralités, *JO* 24 juin, p. 9513 (*entrée en vigueur le 1er janv. 2007*)

> Succession vacante : ouverture de la vacance
[C. civ., art. 809 à 809-3 et C. pr. civ., art. 1342]

C. civ., art. 809 (*L. n° 2006-728, 23 juin 2006, art. 1er*)

La succession est vacante :

1° Lorsqu'il ne se présente personne pour réclamer la succession et qu'il n'y a pas d'héritier connu ;

2° Lorsque tous les héritiers connus ont renoncé à la succession ;

3° Lorsque, après l'expiration d'un délai de six mois depuis l'ouverture de la succession, les héritiers connus n'ont pas opté, de manière tacite ou expresse.

C. civ., art. 809-1 (*L. n° 2006-728, 23 juin 2006, art. 1er*)

Le juge, saisi sur requête de tout créancier, de toute personne qui assurait, pour le compte de la personne décédée, l'administration de tout ou partie de son patrimoine, de toute autre personne intéressée ou du ministère public, confie la curatelle de la succession vacante, dont le régime est défini à la présente section, à l'autorité administrative chargée du domaine.

L'ordonnance de curatelle fait l'objet d'une publicité.

C. civ., art. 809-2 (*L. n° 2006-728, 23 juin 2006, art. 1er*)

Dès sa désignation, le curateur fait dresser un inventaire estimatif, article par article, de l'actif et du passif de la succession par un commissaire-priseur judiciaire, un huissier ou un notaire, selon les lois et règlements applicables à ces professions, ou par un fonctionnaire assermenté appartenant à l'administration chargée du domaine.

L'avis au tribunal, par le curateur, de l'établissement de l'inventaire est soumis à la même publicité que la décision de curatelle.

Les créanciers et légataires de sommes d'argent peuvent, sur justification de leur titre, consulter l'inventaire et en obtenir copie. Ils peuvent demander à être avisés de toute nouvelle publicité.

C. civ., art. 809-3 (*L. n° 2006-728, 23 juin 2006, art. 1er*)

La déclaration des créances est faite au curateur.

C. pr. civ., art. 1342 (*Décr. n° 2006-1805, 23 déc. 2006, art. 2*)

Les publicités prévues aux articles 809-1, 809-2, 810-5 et 810-7 du Code civil donnent lieu à l'insertion d'un avis dans un journal d'annonces légales diffusé dans le ressort du tribunal compétent.

> Succession vacante : pouvoirs du curateur
[C. civ., art. 810 à 810-6 et C. pr. civ., art. 1343 à 1349]

C. civ., art. 810 (*L. n° 2006-728, 23 juin 2006, art. 1er*)

Dès sa désignation, le curateur prend possession des valeurs et autres biens détenus par des tiers et poursuit le recouvrement des sommes dues à la succession.

Il peut poursuivre l'exploitation de l'entreprise individuelle dépendant de la succession, qu'elle soit commerciale, industrielle, agricole ou artisanale.

Après prélèvement des frais d'administration, de gestion et de vente, il consigne les sommes composant l'actif de la succession ainsi que les revenus des biens et les produits de leur réalisation. En cas de poursuite de l'activité de l'entreprise, seules les recettes qui excèdent le fonds de roulement nécessaire au fonctionnement de celle-ci sont consignées.

Les sommes provenant à un titre quelconque d'une succession vacante ne peuvent, en aucun cas, être consignées autrement que par l'intermédiaire du curateur.

C. civ., art. 810-1 (*L. n° 2006-728, 23 juin 2006, art. 1er*)

Pendant les six mois qui suivent l'ouverture de la succession, le curateur ne peut procéder qu'aux actes purement conservatoires ou de surveillance, aux actes d'administration provisoire et à la vente des biens périssables.

C. civ., art. 810-2 (*L. n° 2006-728, 23 juin 2006, art. 1er*)

À l'issue du délai mentionné à l'article 810-1, le curateur exerce l'ensemble des actes conservatoires et d'administration.

Il procède ou fait procéder à la vente des biens jusqu'à l'apurement du passif.

Il ne peut céder les immeubles que si le produit prévisible de la vente des meubles apparaît insuffisant. Il procède ou fait procéder à la vente des biens dont la conservation est difficile ou onéreuse, alors même que leur réalisation n'est pas nécessaire à l'acquittement du passif.

C. civ., art. 810-3 (*L. n° 2006-728, 23 juin 2006, art. 1er*)

La vente a lieu soit par commissaire-priseur judiciaire, huissier ou notaire selon les lois et règlements applicables à ces professions, soit par le tribunal, soit dans les formes prévues par le code général de la propriété des personnes publiques pour l'aliénation, à titre onéreux, du domaine immobilier ou du domaine mobilier appartenant à l'État.

Elle donne lieu à publicité.

Lorsqu'il est envisagé une vente amiable, tout créancier peut exiger que la vente soit faite par adjudication. Si la vente par adjudication a lieu pour un prix inférieur au prix convenu dans le projet de vente amiable, le créancier qui a demandé l'adjudication est tenu, à l'égard des autres créanciers, de la perte qu'ils ont subie.

C. civ., art. 810-4 (*L. n° 2006-728, 23 juin 2006, art. 1er*)

Le curateur est seul habilité à payer les créanciers de la succession. Il n'est tenu d'acquitter les dettes de la succession que jusqu'à concurrence de l'actif.

Il ne peut payer, sans attendre le projet de règlement du passif, que les frais nécessaires à la conservation du patrimoine, les frais funéraires et de dernière maladie, les impôts dus par le défunt, les loyers et autres dettes successorales dont le règlement est urgent.

C. civ., art. 810-5 (*L. n° 2006-728, 23 juin 2006, art. 1er*)

Le curateur dresse un projet de règlement du passif.

Le projet prévoit le paiement des créances dans l'ordre prévu à l'article 796.

Le projet de règlement est publié. Les créanciers qui ne sont pas intégralement désintéressés peuvent, dans le mois de la publicité, saisir le juge afin de contester le projet de règlement.

C. civ., art. 810-6 (*L. n° 2006-728, 23 juin 2006, art. 1er*)

Les pouvoirs du curateur s'exercent sous réserve des dispositions applicables à la succession d'une personne faisant l'objet d'une procédure de sauvegarde, de redressement ou de liquidation judiciaires.

C. pr. civ., art. 1343 (*Décr. n° 2006-1805, 23 déc. 2006, art. 2*)

La mission du curateur est fixée par l'ordonnance de curatelle.

Le curateur ne peut délivrer les legs particuliers ou à titre universel consentis par le défunt qu'à l'issue du délai mentionné à l'article 810-1 du Code civil et lorsqu'ils ne font l'objet d'aucune opposition.

C. pr. civ., art. 1344 (*Décr. n° 2006-1805, 23 déc. 2006, art. 2*)

L'inventaire comprend :

1° La mention de l'ordonnance confiant la curatelle de la succession vacante à l'autorité administrative chargée des domaines;

2° L'indication des lieux où l'inventaire est fait;

3° La description et l'estimation des biens ainsi que la désignation des espèces en numéraire;

4° La consistance active et passive de la succession telle qu'elle résulte de tous documents, titres et papiers.

Il est daté et signé de son auteur.

C. pr. civ., art. 1345 (*Décr. n° 2006-1805, 23 déc. 2006, art. 2*)

Les frais liés à la délivrance de la copie de l'inventaire faite en vertu du troisième alinéa de l'article 809-2 du Code civil sont à la charge du créancier ou du légataire qui en fait la demande.

C. pr. civ., art. 1346 (*Décr. n° 2006-1805, 23 déc. 2006, art. 2*)

L'information délivrée aux créanciers ou aux légataires de l'existence d'une nouvelle publicité est faite par lettre simple.

C. pr. civ., art. 1347 (*Décr. n° 2006-1805, 23 déc. 2006, art. 2*)

La déclaration des créances est faite par lettre recommandée avec demande d'avis de réception ou par remise contre récépissé.

C. pr. civ., art. 1348 (*Décr. n° 2006-1805, 23 déc. 2006, art. 2, mod. par Décr. n° 2012-783, 30 mars 2012, art. 2*)

Lorsque la vente des biens dépendant de la succession n'est pas faite dans les formes prévues par le Code général de la propriété des personnes publiques pour l'aliénation, à titre onéreux, du domaine immobilier ou du domaine mobilier appartenant à l'État, elle est réalisée, pour les immeubles, selon les règles prévues aux articles 1271 à 1281 et, pour les meubles, dans les formes prévues aux articles R. 221-33 à R. 221-38 et R. 221-39 du Code des procédures civiles d'exécution.

C. pr. civ., art. 1349 (*Décr. n° 2006-1805, 23 déc. 2006, art. 2*)

Lorsqu'il est envisagé de procéder à une vente amiable, le curateur en informe par lettre recommandée avec demande d'avis de réception les créanciers de la succession qui se sont déclarés.

La demande d'un créancier faite en application du troisième alinéa de l'article 810-3 du Code civil est signifiée au curateur dans un délai d'un mois à compter de la réception de l'information.

> Succession vacante : reddition des comptes et fin de la curatelle

[C. civ., art. 810-7 à 810-12 et C. pr. civ., art. 1350 à 1353]

C. civ., art. 810-7 (*L. n° 2006-728, 23 juin 2006, art. 1er*)

Le curateur rend compte au juge des opérations effectuées par lui. Le dépôt du compte fait l'objet de publicité.

Le curateur présente le compte à tout créancier ou tout héritier qui en fait la demande.

C. civ., art. 810-8 (*L. n° 2006-728, 23 juin 2006, art. 1er*)

Après réception du compte, le juge autorise le curateur à procéder à la réalisation de l'actif subsistant.

Le projet de réalisation est notifié aux héritiers connus. S'ils sont encore dans le délai pour accepter, ils peuvent s'y opposer dans les trois mois en réclamant la succession. La réalisation ne peut avoir lieu qu'à l'expiration de ce délai, selon les formes prescrites au premier alinéa de l'article 810-3.

C. civ., art. 810-9 (*L. n° 2006-728, 23 juin 2006, art. 1er*)

Les créanciers qui déclarent leur créance postérieurement à la remise du compte ne peuvent prétendre qu'à l'actif subsistant. En cas d'insuffisance de cet actif, ils n'ont de recours que contre les légataires qui ont été remplis de leurs droits.

Ce recours se prescrit par deux ans à compter de la réalisation de la totalité de l'actif subsistant.

C. civ., art. 810-10 (*L. n° 2006-728, 23 juin 2006, art. 1er*)

Le produit net de la réalisation de l'actif subsistant est consigné. Les héritiers, s'il s'en présente dans le délai pour réclamer la succession, sont admis à exercer leur droit sur ce produit.

C. civ., art. 810-11 (*L. n° 2006-728, 23 juin 2006, art. 1er*)

Les frais d'administration, de gestion et de vente donnent lieu au privilège du 1° des articles 2331 et 2375.

C. civ., art. 810-12 (*L. n° 2006-728, 23 juin 2006, art. 1er*)

La curatelle prend fin :

1° Par l'affectation intégrale de l'actif au paiement des dettes et des legs;

2° Par la réalisation de la totalité de l'actif et la consignation du produit net;

3° Par la restitution de la succession aux héritiers dont les droits sont reconnus;

4° Par l'envoi en possession de l'État.

C. pr. civ., art. 1350 (*Décr. n° 2006-1805, 23 déc. 2006, art. 2*)

La demande de présentation du compte formée par un créancier ou un héritier est adressée au curateur par lettre recommandée avec demande d'avis de réception.

C. pr. civ., art. 1351 (*Décr. n° 2006-1805, 23 déc. 2006, art. 2*)

Le projet de réalisation de l'actif subsistant est notifié aux héritiers connus par lettre recommandée avec demande d'avis de réception.

L'opposition par les héritiers est faite dans les mêmes formes auprès du curateur.

C. pr. civ., art. 1352 (*Décr. n° 2006-1805, 23 déc. 2006, art. 2*)

À défaut d'héritier connu, la réalisation peut, à l'expiration d'un délai de deux ans à compter de l'établissement de l'inventaire, être entreprise sans autorisation.

C. pr. civ., art. 1353 (*Décr. n° 2006-1805, 23 déc. 2006, art. 2*)

Un arrêté du ministre de l'Économie, des Finances et de l'Industrie fixe, dans les conditions prévues par l'article L. 77 du code du domaine de l'État, le taux et l'imputation du prélèvement opéré au profit du Trésor pour frais d'administration, de gestion et de vente.

> Succession en déshérence

[C. civ., art. 811 à 811-3 et C. pr. civ., art. 1354]

C. civ., art. 811

Lorsque l'État prétend à la succession d'une personne qui décède sans héritier ou à une succession abandonnée, il doit en demander l'envoi en possession au tribunal.

C. civ., art. 811-1

Si l'inventaire prévu à l'article 809-2 n'a pas été établi, l'autorité administrative mentionnée à l'article 809-1 y fait procéder dans les formes prévues par l'article 809-2.

C. civ., art. 811-2

La déshérence de la succession prend fin en cas d'acceptation de la succession par un héritier.

C. civ., art. 811-3

Lorsqu'il n'a pas accompli les formalités qui lui incombent, l'État peut être condamné à des dommages et intérêts envers les héritiers, s'il s'en présente.

C. pr. civ., art. 1354 (*Décr. n° 2006-1805, 23 déc. 2006, art. 2*)

L'administration chargée des Domaines est dispensée de recourir au ministère d'avocat pour demander l'envoi en possession prévu à l'article 811 du Code civil.

Elle fait procéder à l'insertion d'un avis dans un journal d'annonces légales diffusé dans le ressort du tribunal compétent.

Le tribunal statue sur la demande, après avis du ministère public, quatre mois après la réalisation de la publicité prévue à l'alinéa précédent.

248.02 Jurisprudence de référence.

> Règlement du passif par le curateur à succession vacante

• Civ. 1re, 2 mai 1989, n° 88-10.783, *Bull. civ.* I, n° 173

* V. s[s] n° 248.23

Le curateur à succession vacante est assimilé à l'héritier bénéficiaire et il ne peut être tenu du paiement des dettes de la succession qu'à concurrence de la valeur des biens qu'il a recueillis.

> Conséquences de la succession vacante : absence de propriétaire connu

• Civ. 3e, 18 févr. 2009, n° 08-11.108, *Bull. civ.* III, n° 44

* V. s[s] n° 248.21

Les dispositions du deuxième alinéa de l'article L. 412-1 du Code rural écartant le droit de préemption du preneur en place ne peuvent trouver application lorsque, le propriétaire bailleur étant décédé, sa succession a été déclarée vacante après renonciation des héritiers et que, le bien loué administré par un curateur étant, à sa date de cession, sans propriétaire connu, le cessionnaire ne pouvait remplir la condition de lien de parenté ou d'alliance avec le propriétaire.

248.03 **Bibliographie indicative.**

Ouvrages.

* V. références citées s[s] n°s 02.06 et 02.07.

Article. J. Leprovaux, « Les successions vacantes et en déshérence », *Dr. fam.* 2006. Étude 57.

248.04 **Questions essentielles.**

> Personnes pouvant demander la vacance de la succession.

* V. s[s] n° 248.12

> Les créanciers doivent déclarer leurs créances auprès du curateur.

* V. s[s] n° 248.14

> Pouvoirs du curateur quant à la vente des biens héréditaires.

* V. s[s] n° 248.22

> La déshérence de la succession suppose l'envoi en possession de l'État.

* V. s[s] n° 248.32

248.09 **Présentation.** Il est des hypothèses où, au décès, aucun membre du groupe familial n'entend continuer la personne du défunt. Soit qu'il n'y ait aucun héritier, soit que l'héritier répudie la succession. Il convient alors de remédier à cette situation de carence familiale. C'est précisément à cela que répondent les successions vacantes et les successions en déshérence. La vacance de la succession se distingue de la déshérence.

La succession est en état de déshérence lorsque, faute d'héritiers, elle est recueillie par l'État qui se fait envoyer en possession (v. s[s] n°s 246.31 et 246.32).

En revanche, il y a vacance lorsque nul, pas même l'État, ne réclame la succession.

La réforme de 2006 a simplifié et clarifié au sein d'un même chapitre le régime de ces successions. Il convient donc d'étudier successivement les règles spécifiques qui régissent les successions vacantes (sect. 1) et les successions en déshérence (sect. 2).

SECTION 1
SUCCESSION VACANTE

§ 1
Ouverture de la vacance

248.11 **Cas de vacance.** Il y a vacance de la succession dans les cas prévus à l'article 809 du Code civil. Ces cas sont au nombre de trois :

- personne ne réclame la succession et il n'y a pas d'héritier connu;

- les héritiers connus renoncent à la succession;

- à l'expiration du délai de six mois après l'ouverture de la succession aucun héritier connu n'a opté.

La vacance de la succession ne signifie pas toutefois une vacance de la propriété; la vacance de la succession correspond seulement à une indétermination provisoire du titulaire des biens[1] – le titulaire des biens est le successible, s'il est finalement découvert, ou l'État ou la commune en vertu des articles 539 et 713 du Code civil.

248.12 **Conditions.** La **déclaration de vacance** est prononcée par **ordonnance du président du tribunal** du lieu d'ouverture de la succession (C. civ., art. 809-1 s.) à la demande de tout intéressé, créancier et débiteur du *de cujus*, légataires à titre particulier, administration du domaine ou ministère public. Le juge peut également être saisi par toute personne assumant l'administration de la succession ou d'une partie de celle-ci. Mais aucune saisine d'office du juge n'est possible.

L'ordonnance de curatelle fait alors l'objet d'une **publicité** par l'insertion d'un avis dans un journal d'annonces légales diffusé dans le ressort du tribunal compétent (C. pr. civ., art. 1342).

248.13 **Désignation du curateur et inventaire.** La curatelle de la succession vacante est confiée à l'administration du Domaine.

Le curateur doit d'abord faire établir un **inventaire** conformément à l'article 809-2 du Code civil. Le contenu de l'inventaire et l'information des légataires et créanciers sont précisés dans les articles 1344 et 1346 du Code de procédure civile.

La **publicité** de l'établissement de l'inventaire est également assurée, à l'instar de la déclaration de curatelle, dans les conditions de l'article 1342 du Code de procédure civile.

248.14 **Droits des créanciers.** Les créanciers doivent déclarer leurs créances auprès du curateur (C. civ., art. 809-3). Les modalités de cette déclaration sont précisées à l'article 1347 du Code de procédure civile qui prévoit soit une **lettre recommandée avec demande d'avis de réception** soit par **remise contre récépissé.**

Le texte ne mentionne aucune sanction de la non-déclaration des créances. Faut-il considérer la

1. Civ. 3e, 26 nov. 2008, n° 07-17.836, *Bull. civ.* I, n° 190; *JCP* 2009. 39, obs. Périnet-Marquet; *D.* 2009. 2300, obs. B. Mallet-Bricout; *Defrénois* 2009. 1046, obs. C. Atias; *LPA* 2009. 9, obs. A. Chamoulaud-Trapiers : la vacance de la succession ne fait pas du locataire un possesseur; simple détenteur pour autrui, il ne peut prescrire.

créance comme éteinte ? L'on peut hésiter à étendre ici la sanction, critiquable, prévue par l'article 792 du Code civil en cas d'acceptation à concurrence de l'actif net, et ce d'autant plus qu'aucun délai n'est ici spécifié pour réaliser cette déclaration. Au demeurant, aucun héritier ne réclamant la succession, il n'y a pas lieu à les protéger comme en matière d'acceptation à concurrence de l'actif net. Il semble donc qu'à la différence de ce qui est prévu en cas d'acceptation à concurrence d'actif net, il n'y a pas d'extinction des créances non déclarées.

L'article 810-9 du Code civil, quant à lui, envisage l'hypothèse de créanciers déclarant leur créance après la remise des comptes par le curateur. Les créanciers n'ont alors de recours que contre les légataires remplis de leurs droits, recours qui se prescrit par **deux ans** à compter de la réalisation de l'actif subsistant. C'est dire qu'après cette date le créancier ne bénéficie d'aucune possibilité de faire valoir ses droits.

§ 2
Mission du curateur

248.21 **Fonction.** La mission générale du curateur est d'**administrer et de liquider la succession vacante**, les biens étant alors considérés comme sans propriétaire connu[1], et la loi retient une acception assez large de ses pouvoirs. Ceux-ci sont définis de façon précise aux articles 810 à 810-6 du Code civil. Deux périodes doivent être distinguées.

Avant l'expiration du délai de six mois prévu aux articles 771 et 772 du Code civil, le curateur ne peut procéder qu'à des **actes conservatoires ou des actes d'administration provisoires** concernant des denrées périssables.

Mais à l'issue de cette période de six mois, aucune personne ne réclamant la succession, le curateur peut exercer l'ensemble des **actes conservatoires ou d'administration nécessaires.**

Le curateur prend possession des biens héréditaires et recouvre les valeurs dues à la succession. Il poursuit l'entreprise individuelle dépendant de la succession (C. civ., art. 810, al. 2).

248.22 **Vente de biens héréditaires.** Celle-ci est prévue par les articles 810-2 et 810-3 du Code civil. Le curateur doit procéder d'abord à la **vente des biens meubles.** Si celle-ci est insuffisante pour l'apurement du passif, il peut réaliser la **vente des immeubles.** La vente des biens héréditaires doit donc être justifiée par le règlement du passif et le paiement des créanciers.

Toutefois, le curateur n'est pas tenu de la seule liquidation du passif mais doit, de façon plus générale, administrer la succession. Aussi, peut-il vendre des biens dont la conservation serait onéreuse alors même qu'elle ne serait pas utile au règlement du passif.

L'article 810-3 du Code civil n'impose aucune forme particulière pour les modalités de la vente qui peut intervenir dans les formes prévues par le Code général de la propriété des personnes publiques, soit par le tribunal, soit par un commissaire-priseur judiciaire, huissier ou notaire. La vente est dans ce dernier cas réalisée selon les articles 1271 à 1281 duCode de procédure civile pour les immeubles et pour les meubles l'article 1348 du même code. La vente amiable est autorisée à condition que les créanciers déclarés de la succession en soient informés (C. pr. civ., art. 1349, al. 1), tout créancier pouvant au demeurant exiger que la vente soit faite par adjudication (C. civ., art. 810-3 *in fine*).

248.23 **Règlement du passif.** Le curateur doit présenter un **projet de règlement du passif** lequel est publié et doit prévoir le **paiement des créances** dans l'ordre prévu pour l'acceptation à concurrence de l'actif net par l'article 796 du Code civil, c'est-à-dire l'**ordre de la déclaration.** La loi n'imposant pas de délai, le curateur apprécie le moment opportun pour établir ce projet. En toute hypothèse, seul le curateur doit payer les créanciers et ce, à concurrence de l'actif[2].

L'article 810-4 dresse la liste des frais que le curateur est habilité à régler avant même l'établissement du projet de règlement du passif (impôts, frais funéraires ou de dernière maladie...).

Le règlement des dettes urgentes étant un acte conservatoire, le curateur peut y procéder dès le prononcé de la vacance (v. s[s] n° 248.21).

248.24 **Reddition de comptes.** La reddition des comptes s'effectue dans les conditions prévues aux articles 1350 et 1353 du Code de procédure civile. Le curateur présente le compte des différentes opérations effectuées au juge, plus précisément au **président du tribunal de grande instance,** lequel exerce alors son contrôle. Une fois le **compte déposé** et **publié**, le curateur est autorisé par le juge à procéder à la réalisation de l'actif subsistant.

248.25 **Réalisation de l'actif subsistant.** Celle-ci s'effectue dans les conditions précédemment évo-

1. Sur les conséquences de l'absence de propriétaire connu résultant de la vacance de la succession au jour d'une adjudication pour la mise en œuvre de l'article L. 412-1 du Code rural : Civ. 3e, 18 févr. 2009, n° 08-11.108, *Bull. civ.* III, n° 44; *Dr. rur.* 2009, n° 69.

2. Civ. 1re, 2 mai 1989, n° 88-10.783, *Bull. civ.* I, n° 173 – Civ. 1re, 5 oct. 1994, n° 92-19.132, *Bull. civ.* I, n° 264; *D.* 1995. Somm. 331, obs. M. Grimaldi.

quées de la vente des biens héréditaires (v. s[s] n° 248.22). **Notification** de ce **projet de vente** doit être faite aux **héritiers connus** qui pourraient être concernés par la succession et la réclamer (par ex., s'ils sont encore dans le délai de dix ans pour exercer l'option successorale et n'ont pas renoncé). Ils disposent alors d'un **délai de trois mois** pour faire **opposition** (C. civ., art. 810-8, al. 2 et C. pr. civ., art. 1352, al. 2). Le produit de cette réalisation est consigné à la Caisse des dépôts et consignations (C. civ., art. 810-10).

248.26 Cessation de la mission du curateur. L'article 810-12 du Code civil énumère les causes de cessation de la curatelle qui relèvent toutes d'une double idée. Soit la mission s'achève par réalisation de son but, soit la mission prend fin parce que la succession n'est pas une succession vacante. Tel est le cas lorsqu'il y a restitution de la succession aux héritiers dont les droits sont reconnus, ou envoi en possession de l'État.

SECTION 2
SUCCESSION EN DÉSHÉRENCE

§ 1
Ouverture de la déshérence

248.31 Hypothèse. La succession est en déshérence, au sens de l'article 811 du Code civil, lorsqu'en l'absence d'héritiers connus ou si la succession est abandonnée, **l'État prétend recueillir** celle-ci. La succession est donc en déshérence lorsque le **service des domaines demande à être envoyé en possession directement** et ne se contente pas de faire déclarer la succession vacante puis de se faire envoyer en possession de l'actif subsistant.

248.32 Envoi en possession de l'État. L'État doit se faire envoyer en possession par **le tribunal de grande instance du lieu d'ouverture de la succession,** sans avoir besoin de requérir le ministère d'un avocat (C. pr. civ., art. 1354). La demande fait l'objet d'une **publicité** et le tribunal doit statuer, après avis du ministère public dans les **quatre mois** après l'accomplissement de cette publicité (v. s[s] n°s 246.31 et 246.32). L'envoi en possession est accordé sur la preuve qu'il n'existe pas d'héritier, preuve qui est établie par le simple fait que la publicité n'a provoqué aucune réclamation.

248.33 Renvoi aux dispositions sur les successions vacantes. L'autorité administrative compétente procède à l'établissement de l'inventaire conformément à l'article 809-2 du Code civil. Il convient donc de se reporter ici aux exigences de ce texte comme aux prescriptions des articles 1344 et 1345 du Code de procédure civile.

§ 2
Effets de la déshérence

248.41 Aliénation des biens. L'inventaire une fois effectué, l'administration du domaine procède à l'aliénation des biens successoraux dans les conditions ordinaires de la vente des biens de l'État.

248.42 Responsabilité de l'État. L'État peut voir sa responsabilité engagée s'il manque à ses obligations, ce qui se traduit alors par des **dommages-intérêts** au profit d'héritiers, s'il y en a, hypothèse peu probable cependant (C. civ., art. 811-3).

248.43 Cessation de la déshérence. Il y a peu de cas où la déshérence prendra fin autrement que par l'accomplissement de son but. Sans doute, l'acceptation d'un héritier met-elle un terme à la situation de déshérence, à condition toutefois que celle-ci intervienne avant l'expiration du délai de dix ans. En réalité, dès lors que l'État a été envoyé en possession, la renonciation d'un héritier devient irrévocable (C. civ., art. 807)[1].

1. Sous l'empire du droit antérieur, la rétractation de la renonciation d'un héritier était toujours possible même si l'État avait été envoyé en possession : Civ. 1re, 6 avr. 1994, n° 92-13.462, *Bull. civ.* I, n° 146 ; *D.* 1994. IR 118 ; *RTD civ.* 1994. 652, obs. J. Patarin.

CHAPITRE

249. Preuve de la qualité d'héritier

CHRISTOPHE VERNIÈRES
PROFESSEUR À L'UNIVERSITÉ
PARIS 8 – VINCENNES SAINT-DENIS

SECTION 0 ORIENTEUR

249.00 **Plan du chapitre.**

249.01 **Textes applicables.**

C. civ., art. 730 à 730-5

L. n° 2007-1787, 20 déc. 2007, relative à la simplification du droit, *JO* 21 déc., p. 20639.

L. n° 2006-728, 23 juin 2006, portant réforme des successions et des libéralités, *JO* 24 juin, p. 9513 (*entrée en vigueur le 1er janv. 2007*)

> Preuve de la qualité d'héritier
C. civ., art. 730
La preuve de la qualité d'héritier s'établit par tous moyens.

Il n'est pas dérogé aux dispositions ni aux usages concernant la délivrance de certificats de propriété ou d'hérédité par des autorités judiciaires ou administratives.

> Acte de notoriété
[C. civ., art. 730-1 à 730-5]
C. civ., art. 730-1
La preuve de la qualité d'héritier peut résulter d'un acte de notoriété dressé par un notaire, à la demande d'un ou plusieurs ayants droit.

L'acte de notoriété doit viser l'acte de décès de la personne dont la succession est ouverte et faire mention des pièces justificatives qui ont pu être produites, tels les actes de l'état civil et, éventuellement, les documents qui concernent l'existence de libéralités à cause de mort pouvant avoir une incidence sur la dévolution successorale.

Il contient l'affirmation, signée du ou des ayants droit auteurs de la demande, qu'ils ont vocation, seuls ou avec d'autres qu'ils désignent, à recueillir tout ou partie de la succession du défunt.

Toute personne dont les dires paraîtraient utiles peut être appelée à l'acte.

Il est fait mention de l'existence de l'acte de notoriété en marge de l'acte de décès.

C. civ., art. 730-2
L'affirmation contenue dans l'acte de notoriété n'emporte pas, par elle-même, acceptation de la succession.

C. civ., art. 730-3
L'acte de notoriété ainsi établi fait foi jusqu'à preuve contraire.

Celui qui s'en prévaut est présumé avoir des droits héréditaires dans la proportion qui s'y trouve indiquée.

C. civ., art. 730-4
Les héritiers désignés dans l'acte de notoriété ou leur mandataire commun sont réputés, à l'égard des tiers détenteurs de biens de la succession, avoir la libre disposition de ces biens et, s'il s'agit de fonds, la libre disposition de ceux-ci dans la proportion indiquée à l'acte.

C. civ., art. 730-5
Celui qui, sciemment et de mauvaise foi, se prévaut d'un acte de notoriété inexact, encourt les pénalités de recel prévues à l'article 778, sans préjudice de dommages et intérêts.

249.02 **Jurisprudence de référence.**

> Preuve de la qualité d'héritier par tous moyens
• Civ. 1re, 10 mai 2007, n° 05-12.140, *Bull. civ.* I, n° 181

* V. ss n° 249.10

Le certificat d'héritier en vigueur en Alsace-Moselle ne constitue qu'une modalité de preuve non exclusive et ne fait pas obstacle à ce qu'un héritier puisse prouver sa qualité selon les modalités de preuve du droit commun de l'article 730.

249.03 Bibliographie indicative.

Actualisable. Rép. civ., v° *Pétition d'hérédité*, par J. Hérail, mars 2005 [màj janv. 2012].

Ouvrages.

* V. références citées s[s] n°s 02.06 et 02.07.

Articles. B. Beignier, « La loi du 30 décembre 2001 : la qualité d'héritier et sa preuve », *Dr. fam.* 2002. Chron. 10 – F. Chalvignac, « Le certificat successoral européen », *Dr. fam.* 2013. Dossier 39 – M. Dagot, « De la preuve de la qualité d'héritier », *JCP N* 2002. 1221 – M.-C. Forgeard, R. Crône et B. Gelot, « La réforme des successions (loi du 3 décembre 2001) », [commentaire et formules], *Defrénois* 2002 – S. Gaudemet, « Identifier les successeurs », *JCP N* 2011. 1130 – E. Jacoby, « Le certificat successoral européen », *JCP N* 2010. 1122; « Le certificat successoral européen et les registres fonciers », *JCP N* 2013. Actu. 343 – J. Picard, « L'acte de notoriété preuve de la qualité d'héritier », *JCP N* 2002. 1309 – C. Pérès, « La prescription de la pétition d'hérédité : pour une intervention législative », *D.* 2011. 2416 – B. Reynis, « Le certificat successoral européen, un acte authentique européen », *Defrénois* 2012. 767 – J.-F. Sagaut, « Le point de vue du notaire, regard notarial sur la phase liminaire d'identification des successeurs », *JCP N* 2001. 1131.

249.04 Questions essentielles.

> Force probante :

– de l'acte de notoriété : fait foi jusqu'à preuve du contraire et non jusqu'à inscription de faux.

* V. s[s] n° 249.13

– de l'intitulé d'inventaire : fait foi jusqu'à preuve du contraire et non jusqu'à inscription de faux.

* V. s[s] n° 249.22

– du certificat de propriété : confère à l'intéressé la qualité d'héritier et propriétaire apparent.

* V. s[s] n° 249.33

– de l'attestation notariée immobilière : confère à l'intéressé la qualité d'héritier et propriétaire apparent.

* V. s[s] n° 249.42

> Titulaires de l'action en pétition d'hérédité et preuve de leur qualité

* V. s[s] n°s 249.63 à 249.65

> Effets de l'action en pétition d'hérédité

– entre les parties : restitution des biens héréditaires au demandeur.

* V. s[s] n° 249.71

– à l'égard des tiers : maintien des actes d'administration et application de la théorie de l'héritier apparent en faveur du tiers de bonne foi.

* V. s[s] n° 249.72

249.05 Délai.

> Délai de prescription de l'action en pétition d'hérédité : en principe **trente ans**, mais ce délai doit se combiner avec la prescription désormais décennale du droit d'option du demandeur.

* V. s[s] n° 249.62

249.06 Sanctions.

> L'héritier qui se prévaut d'un acte de notoriété inexact, sciemment et de mauvaise foi, est sanctionné des **mêmes peines que celles sanctionnant le recel,** auxquelles peuvent se rajouter des **dommages et intérêts.**

* V. s[s] n° 249.15

249.07 Actions.

> **Action en pétition d'hérédité**

* V. s[s] n°s 249.60 à 249.72

249.09 Présentation. Du fait du décès, l'héritier est titulaire de plein droit du patrimoine du *de cujus* et s'il est saisi, ou une fois accomplies les formalités nécessaires, l'exercice des pouvoirs qui lui sont reconnus ne rencontre, en principe, plus d'obstacles réels. Toutefois, il peut arriver que tout ou partie des biens héréditaires soit détenu par des tiers qui marquent une certaine résistance pour remettre les biens à l'héritier. Deux hypothèses se présentent alors. Soit le tiers, se reconnaissant simple détenteur des biens successoraux, n'entend remettre ceux-ci à l'héritier que si ce dernier peut justifier de sa qualité. Celui-ci dispose alors de modes de preuve non contentieux de la qualité d'héritier (sect. 1). Soit le tiers se prétend propriétaire en qualité d'héritier. Une action, la pétition d'hérédité (sect. 2) permettra alors de départager les prétentions et de désigner le véritable héritier.

SECTION 1
MODES DE PREUVE NON CONTENTIEUX

249.10 Préliminaires. Aucun mode de preuve officiel de la qualité d'héritier n'était initialement prévu par le Code civil. C'est à la pratique notariale qu'était donc revenu le mérite de forger certains instruments de preuve, plus précisément **l'acte de notoriété,** lequel a désormais été consacré par l'article 730-1 du Code civil. Il reste que le principe posé à l'article 730, issu de la loi du 3 décembre 2001, est le suivant : « *La preuve de la qualité d'héritier s'établit par tous moyens* ».

L'on doit cependant signaler que le droit local d'Alsace et de Moselle connaît des dispositions propres tenant à l'existence du **certificat d'héritier,** délivré par le juge cantonal du lieu d'ouverture de la succession et qui, dans les départements concernés, établit la preuve de la qualité d'héritier. Ce certificat d'héritier vaut acte de notoriété sur le reste du territoire français. Il reste que ce mode de preuve ne constitue pas un mode exclusif et un héritier peut prouver sa qualité selon le droit commun de l'article 730[1].

Les modes de preuve de la qualité d'héritier - quel qu'il soit, héritier *ab intestat*, légataire ou institué contractuel - sont variés[2] : l'acte de notoriété (§ 1) est le principal, son contenu, et ses effets étant désormais définis par les articles 730-1 et suivants du Code civil. Toutefois, d'autres actes peuvent présenter une utilité probatoire. Il s'agit de l'intitulé d'inventaire (§ 2), du certificat de propriété (§ 3) et de l'attestation notariée immobilière (§ 4). À cela s'ajoute le certificat successoral européen, instauré par le règlement européen du 4 juillet 2012 (§ 5).

§ 1
Acte de notoriété

249.11 Établissement de l'acte. L'acte de notoriété est un acte, dressé par un **notaire** ou un **consul** lorsque les conventions consulaires le permettent. Il l'est à la demande d'un ou de plusieurs ayants droit. La loi n° 2007-1787 du 20 décembre 2007[3], relative à la simplification du droit, a modifié l'article 730-1 en abrogeant l'alinéa 2 qui permettait l'établissement d'un acte de notoriété par le greffier du tribunal du lieu d'ouverture de la succession. Désormais, l'établissement d'un acte de notoriété relève de la compétence exclusive du notaire[4].

249.12 Contenu. L'acte contient d'une part des constatations, d'autre part des déclarations. Les **constatations** sont celles prévues à l'article 730-1 alinéa 3 : visa de l'acte de décès et mention des pièces justificatives produites. Les **déclarations** sont relatives à l'affirmation, signée, du ou des ayants droit auteurs de la demande, de leur vocation à recueillir la succession (C. civ., art. 730-1, al. 4)[5], ainsi que celles résultant de toute personne dont les propos peuvent être utiles et qui serait alors appelée à l'acte (C. civ., art. 730-1, al. 5).

Sous l'empire du droit antérieur, l'acte était établi sur la **déclaration d'au moins deux témoins** attestant qu'à leur connaissance personnelle, il est notoire que tel ou tel individu a la qualité de successeur du *de cujus*. La connaissance directe qu'avait le déclarant de la croyance publique établie de la parenté était alors déterminante[6].

Sous l'empire du droit positif actuel, l'intervention de déclarants étrangers à la succession reste possible mais elle est seulement facultative, le législateur ayant privilégié, à juste titre, la **présence des héritiers.** La seule condition à l'intervention à l'acte d'éventuels témoins extérieurs, outre celle générale qu'ils soient dignes de foi, tient à l'utilité de leurs dires, ce qui exclut toute autre condition pouvant tenir à la nationalité ou à leur lien de parenté avec le défunt.

L'acte de notoriété peut être établi sans que les proportions des droits héréditaires se trouvent précisées dès lors que celles-ci peuvent dépendre de l'option successorale non encore exercée au jour de l'établissement de l'acte.

249.13 Force probante. L'acte de notoriété régulièrement dressé fait **foi jusqu'à preuve contraire** conformément à l'article 730-3. Dès lors que le notaire n'a pas constaté personnellement la vocation successorale de l'intéressé, et que sa mission ne consiste pas à juger de la valeur du titre qui lui est présenté, par exemple par un légataire, l'acte de notoriété ne fait pas foi jusqu'à inscription de faux. Il n'en demeure pas moins un **mode de preuve efficace et usuel.**

En particulier, **l'héritier est présumé avoir les droits héréditaires dans les proportions indiquées dans l'acte**, si elles y figurent. En conséquence, les héritiers désignés dans l'acte sont réputés avoir la libre disposition des biens ou des fonds de la succession, tout particulièrement à l'égard d'éventuels détenteurs, comme par exemple les établissements bancaires (C. civ., art. 730-4). Aussi, face à un héritier qui présente un acte de notoriété, les tiers qui auraient contracté avec lui sont à l'abri d'une éventuelle contestation de leurs droits par toute autre personne qui se présenterait ultérieurement comme étant le véritable héritier.

L'acte de notoriété doit être **mentionné en marge de l'acte de décès** (C. civ., art. 730-1, réd. L. 20 déc. 2007, relative à la simplification du droit).

249.14 Absence d'incidence sur l'option successorale. L'acte de notoriété est sans incidence sur l'option successorale (C. civ., art. 730-2). En effet, l'acte ne fait qu'attester de la vocation successorale de l'héritier sans emporter acceptation de la

1. Civ. 1re, 10 mai 2007, n° 05-12.140, *Bull. civ.* I, n° 181 ; *D.* 2007. AJ 1602 ; Rép. civ., v° *Acte de notoriété*, par J. Hérail, janv. 2009 [màj juin 2011], n° 37.
2. Transmission des sommes déposées sur un livret A : preuve de la qualité d'héritier : Rép. min. n° 71934 *JOAN Q*, 11 janv. 2011, p. 263 ; *JCP N* 2011. Actu. 152, p. 263.
3. L. n° 2007-1787, 20 déc. 2007, relative à la simplification du droit, *JO* 21 déc. 2007, p. 20639.
4. Sur la justification de la compétence exclusive du notaire : Rép. min. n° 1855, *JOAN Q* 21 oct. 2008, p. 9072 ; *JCP N* 2008. Actu. 718.
5. W. Nonnenmacher, « Attribution de communauté », *JCP N* 2010. 1208 : l'acte de notoriété a pour objet d'établir les qualités héréditaires des ayants droit et se distingue par conséquent de l'acte constatant l'attribution des biens communs au conjoint survivant.
6. Civ. 1re, 24 oct. 1984, n° 83-12.558, *Bull. civ.* I, n° 280.

succession : il ne contient que l'affirmation des ayants droit de leur vocation à recueillir la succession. Au demeurant, comme on l'a vu, l'acte de notoriété peut ne comporter aucune indication sur les proportions des droits des héritiers.

249.15 Peines du recel. Les peines du recel, prévues, à l'article 778 du Code civil, sanctionnent l'héritier qui se prévaut d'un acte de notoriété inexact, sciemment et de mauvaise foi. Ainsi, ne pourront-ils prétendre à **aucune part dans les objets divertis ou recelés**. Outre les peines du recel (v. s^s n°s 241.63 et 242.91 à 242.96), des **dommages et intérêts** peuvent être imposés (C. civ., art. 730-5).

249.16 Responsabilité du notaire. Le notaire, qui établit l'acte de notoriété, ne saurait se limiter à vérifier l'aptitude des témoins à connaître la situation. Il lui incombe de procéder aux recherches et vérifications nécessaires, telles que la consultation du fichier central des dispositions de dernière volonté, du livret de famille du défunt[1], etc.

§ 2
Intitulé d'inventaire

249.21 Contenu. Il s'agit en réalité du **préambule de l'inventaire** dans lequel sont précisées **l'identité, la qualité et l'étendue de la vocation successorale des personnes** qui requièrent l'inventaire. Ce document peut servir ainsi aux intéressés de pièce justificative lorsqu'ils ont à prouver leur qualité de successeur. Le **notaire** constate ici la qualité et la vocation du successeur, ce qui nécessite de sa part qu'il réclame les **documents nécessaires** pour justifier de cette vocation et une **vérification** précise de ceux-ci, sous peine d'engager sa responsabilité.

249.22 Force probante. L'intitulé d'inventaire confère à l'intéressé la **qualité d'héritier apparent**. Tout comme l'acte de notoriété, il ne fait pas foi jusqu'à inscription de faux de la vocation successorale de l'héritier, mais seulement jusqu'à preuve contraire.

1. Civ. 1re, 25 mars 2009, n° 07-20.774, *Bull. civ.* I, n° 70; *AJ fam.* 2009. 267, obs. V. Avena-Robardet (responsabilité du notaire engagée, car il disposait du livret de famille du défunt, lequel mentionnait que sa première union avait été dissoute par divorce. Bien que l'existence d'un descendant n'était pas révélée par le livret de famille, l'examen du jugement de divorce, auquel ce document fait référence, aurait permis au notaire de la découvrir) – Civ. 1re, 15 déc. 1999, n° 97-16.041, *Bull. civ.* I, n° 353; *RTD civ.* 2001. 175, obs. J. Patarin; *Defrénois* 2000. 1163, note B. Gelot (absence de responsabilité du notaire, car le notaire avait consulté le livret de famille et l'acte de divorce du défunt et que rien ne lui permettait de connaître l'existence d'un enfant naturel).

§ 3
Certificat de propriété ou d'hérédité

249.31 Contenu. Le législateur a confirmé la pratique et l'utilité d'autres modes de preuve en particulier les certificats de propriété ou d'hérédité. En effet, l'alinéa 2 de l'article 730 dispose : « *Il n'est pas dérogé aux dispositions ni aux usages concernant la délivrance de certificats de propriété* ».

Il s'agit d'un acte par lequel **l'officier public – maire, notaire** ou **juge d'instance – atteste le droit de propriété d'une ou plusieurs personnes sur un meuble déterminé**, à l'exclusion des immeubles. Il vise donc plus particulièrement le statut du bien que la qualité d'héritier d'une personne.

L'objet du certificat de propriété ne peut être que des titres nominatifs (actions, obligations, rentes sur l'État), ou des créances sur des organismes privés ou publics (caisses d'épargne, caisses de sécurité sociale) à l'exclusion des immeubles.

249.32 Délivrance du certificat. L'opportunité de délivrer un certificat d'hérédité est appréciée souverainement par l'officier public compétent. Le notaire dressera plus vraisemblablement un acte de notoriété pour lequel il est seul compétent. Le maire, quant à lui, dispose d'une semblable appréciation souveraine au vu des éléments qui lui sont fournis. En cas de refus, il convient de s'adresser au notaire qui établira alors un acte de notoriété[2].

249.33 Force probante. Le certificat de propriété ou d'hérédité donne à l'héritier dont la propriété est certifiée la **qualité d'héritier apparent**. Et les tiers doivent tenir pour exacte la certification de l'officier public, sans pouvoir exiger la communication des actes visés au certificat.

§ 4
Attestation notariée immobilière

249.41 Contenu. Toute transmission après décès d'un droit de propriété ou d'un droit réel immobilier à un successeur doit faire l'objet d'une publicité (Décr. 4 janv. 1955, art. 28-3° et 29, al. 1), laquelle est réalisée par l'attestation immobilière, attestation notariée. L'acte notarié certifie ainsi la propriété des intéressés sur l'immeuble désigné, après avoir visé les pièces qui établissent la dévolution. Les formalités de publicité des mutations immobilières, entre vifs ou à cause de mort, peuvent alors être accomplies.

2. Rép. min. n° 6967, *JO Sénat Q* 19 févr. 2009, p. 449; *JCP* 2009. Actu. 235.

249.42 Force probante. Les tiers doivent tenir pour exacte l'attestation notariée et peuvent considérer l'intéressé comme **héritier et propriétaire apparent.**

§ 5
Certificat successoral européen

249.50 Renvoi. Pour une étude complète, v. s[s] n°s 724.240 s.

249.51 Délivrance. Le règlement européen UE n° 650/2012 du 4 juillet 2012 relatif à la compétence, la loi applicable, la reconnaissance et l'exécution des décisions et des actes authentiques en matière de successions [1] a prévu la création d'un certificat successoral européen, afin de justifier de la qualité d'héritier et des pouvoirs des administrateurs de la succession sur l'ensemble du territoire de l'Union européenne à l'exception du Royaume-Uni, de l'Irlande et du Danemark, au moyen d'**un instrument unique circulant sans formalité de légalisation**, pour les successions qui s'ouvriront **à compter du 17 août 2015**.

Le certificat est établi sur la base de la loi successorale désormais unique, éventuellement adoptée par le testateur ou le futur défunt dans un pacte successoral, sa liberté de choix restant très encadrée par les dispositions du règlement.

L'autorité compétente est, soit une juridiction, soit une autre autorité qui, en vertu du droit national, est compétente pour régler les successions.

Il est délivré par l'autorité compétente dans l'État membre où la demande est présentée par tout héritier, légataire, exécuteur testamentaire ou administrateur de la succession selon un formulaire qui sera proposé par la Commission.

249.52 Effets. Selon l'article 69 du règlement, le certificat successoral européen délivré par l'autorité compétente - par exemple, le notaire - produit ses effets dans tous les États membres de l'Union ayant approuvé le règlement, sans qu'il soit besoin de recourir à une autre procédure. Il n'est donc plus nécessaire de recourir à l'apostille ou au certificat de coutume.

Le certificat successoral européen est présumé attester que l'héritier, le légataire, l'exécuteur testamentaire ou l'administrateur a cette qualité et dispose des pouvoirs éventuellement indiqués dans le certificat. Ainsi, la personne qui paie ou remet des biens au bénéficiaire du certificat successoral européen est libérée à moins qu'elle n'ait connaissance que le contenu du certificat successoral européen ne correspond pas à la réalité.

L'autorité qui rédige le certificat successoral européen conserve l'original - la minute s'il s'agit d'un acte notarié - et délivre des copies certifiées conformes. Simplement, la **copie du certificat successoral européen** a une **durée de validité de six mois à compter de sa délivrance**. Une fois la date de péremption écoulée, le porteur de la copie peut demander à l'autorité émettrice de proroger la durée de validité. La raison de cette durée de validité limitée des copies est liée à la possibilité que le certificat successoral européen puisse être rectifié, modifié ou même retiré.

1. Règl. UE n° 650/2012 du Parlement et du Conseil, 4 juill. 2012, relatif à la compétence, la loi applicable, la reconnaissance et l'exécution des décisions, et l'acceptation et l'exécution des actes authentiques en matière de successions et à la création d'un certificat successoral européen, *JOUE*, n° L 201.

SECTION 2
ACTION EN PÉTITION D'HÉRÉDITÉ

249.60 Présentation. C'est l'action par laquelle un héritier, quel qu'il soit, successeur universel ou à titre universel, légataire, ou institué contractuel, entend faire reconnaître sa qualité à l'encontre d'un tiers détenteur d'un bien héréditaire qui prétend y avoir droit également en qualité de successeur. Le contentieux a pour objet la dévolution successorale, la qualité de successeur universel et la propriété des biens héréditaires qui y est liée. Ce qui détermine tant l'exercice de l'action en pétition d'hérédité (§ 1) que ses résultats (§ 2).

§ 1
Exercice de l'action en pétition d'hérédité

249.61 Compétence. Le tribunal compétent est le **tribunal de grande instance du lieu d'ouverture de la succession.**

249.62 Prescription. Traditionnellement, l'action en pétition d'hérédité, analysée du point de vue de la prescription comme une **action personnelle**, car portant d'abord sur la qualité de successeur universel et seulement indirectement sur la transmission de biens héréditaires, se prescrivait par **trente ans** [2]. Toutefois, cette solution ne reflète plus aujourd'hui, semble-t-il, le droit positif. Deux éléments entrent en effet en ligne de compte.

D'une part, le droit de la prescription a été réformé par la loi n° 2008-561 du 17 juin 2008. Si comme cela vient d'être dit, l'action s'analyse en

2. Civ. 1re, 28 janv. 2009, n° 07-19.573, *Bull. civ.* I, n° 19; *D.* 2009. 500, obs. V. Egea; *Dr. fam.* 2009, n° 47, note B. Beignier.

une action personnelle, le délai de prescription serait désormais de **cinq ans**.

D'autre part, la prescription de l'action en pétition d'hérédité doit se combiner avec la **prescription** désormais **décennale** applicable au **droit d'option du demandeur**, laquelle court à compter du décès (C. civ., art. 780). Il s'ensuit qu'en toute hypothèse, si le demandeur a laissé prescrire son droit d'option, il ne saurait agir en pétition d'hérédité. Mais que décider si l'action en pétition d'hérédité est prescrite alors que le délai pour opter n'est pas expiré ? Il faudrait alors considérer que, **tant que court le délai pour opter, l'héritier peut agir en pétition d'hérédité, ce qui supposerait que les deux délais se prescrivent par dix ans**[1].

249.63 Parties. Le contentieux ne peut opposer que des plaideurs se prétendant successeurs universels ou à titre universel. Il importe peu qu'ils tiennent leur titre de la loi ou du testament, qu'ils soient successeurs anomaux ou ordinaires.

En tout état de cause, l'exercice de l'action en pétition d'hérédité suppose de la part de l'héritier qu'il bénéficie de la saisine ou à défaut qu'il ait satisfait aux formalités exigées (envoi en possession, délivrance). Au demeurant, l'héritier saisi peut, en raison de l'indivisibilité de la saisine, exercer l'action pour le tout lorsque les autres successibles appelés au même rang demeurent inactifs.

249.64 Preuve de la qualité de légataire universel. Elle est aisée et résultera de la production du testament, dont la force probante sera différente selon qu'il est olographe, authentique ou mystique.

249.65 Preuve de la qualité d'héritier *ab intestat*. Elle est plus complexe parce qu'elle suppose que soit établi le lien de parenté avec le *de cujus*, ou le lien d'alliance selon le cas.

La **preuve du lien d'alliance** résultera de la preuve du mariage dans les conditions du droit commun (C. civ., art. 194) par la production de l'acte de mariage sauf exceptions (C. civ., art. 46).

La **preuve de la filiation** est admise par la jurisprudence de façon relativement libérale en établissant une distinction entre les questions d'état et les questions de généalogie.

Ainsi, la **preuve de la généalogie** a pour seul objet la réalité et le degré de parenté entre le demandeur et le *de cujus*, l'état de l'individu ou d'un membre de la chaîne n'étant pas contesté. En ce cas, la preuve peut être rapportée **par tous moyens**, y compris par de simples papiers domestiques[2].

En revanche, la **preuve de l'état** suppose que la qualité d'héritier est liée à un état, lequel est contesté. En cette hypothèse, seuls les modes habituels de preuve de l'état sont recevables, conformément au **droit commun**[3].

§ 2
Résultats de l'action en pétition d'hérédité

249.71 Entre les parties. La reconnaissance de la qualité d'héritier du demandeur a pour premier effet la **restitution au demandeur des biens héréditaires détenus par le défendeur**. Toutefois, **l'étendue de la restitution** varie selon que ce dernier était de **bonne** ou de **mauvaise foi**. S'il est de bonne foi, le défendeur conservera les fruits perçus jusqu'au jour de la demande, ne répondra pas des détériorations subies par le bien et, en cas d'aliénation, ne devra que le profit qu'il en a retiré[4]. En revanche, s'il est de mauvaise foi, le défendeur doit :

- restituer les fruits;
- répondre des détériorations subies par les biens héréditaires;
- restituer la valeur du bien en cas d'aliénation.

249.72 À l'égard des tiers. Le sort des actes juridiques conclus entre le défendeur - dont il est désormais établi qu'il n'est pas successeur, ni donc propriétaire, mais dont cependant on ne peut nier qu'il était possesseur - et les tiers est régi par les principes suivants.

D'une part, les **actes d'administration** sont **maintenus**, conformément aux principes généraux.

D'autre part, l'acquéreur *a non domino* d'un meuble corporel, s'il est de bonne foi, est protégé par la règle de l'article 2276 du Code civil. Une même protection est offerte par l'article 1240 du Code civil à celui qui de bonne foi a payé sa dette au possesseur de la créance.

Enfin, la **théorie de l'héritier apparent** permet d'assurer une certaine sécurité juridique aux **tiers acquéreurs d'immeubles** : les actes accomplis par le successeur apparent sont en effet valables de ce seul fait, si toutefois certaines conditions se trouvent réunies.

- Il faut tout d'abord que **le tiers soit de bonne foi**, c'est-à-dire qu'il ait cru acquérir du véritable propriétaire, **et que son erreur ait été commune et invincible**, c'est-à-dire presque impossible à éviter[5].

1. EN CE SENS, v. C. Pérès, « La prescription de la pétition d'hérédité : pour une intervention législative », *D.* 2011. 2416.
2. Req. 9 avr. 1894, *DP* 1894. 1. 401.
3. Nîmes, 17 déc. 2008, *JCP* 2009. IV. 1760.
4. V. PAR EX., Chambéry, 14 mars 1990, *D.* 1992. Somm. 227, obs. F. Lucet; *RTD civ.* 1992. 803, obs. J. Patarin.
5. Req. 6 janv. 1930, *DP* 1931. 1. 43, note Laurent – Civ. 1re, 16 oct. 1961, *Bull. civ.* I, n° 462 – Civ. 1re, 9 janv. 1996, n° 93-20.460, *Bull. civ.* I, n° 15; *JCP* 1997. I. 4010, n° 3, obs. H. Périnet-Marquet.

Le tiers bénéficie d'une présomption de bonne foi mais c'est à lui d'établir l'erreur commune et invincible. Tel sera le cas lorsque le tiers a contracté sur la foi d'un des instruments de preuve de la qualité d'héritier, et tout particulièrement sur la foi d'un acte de notoriété compte tenu de l'article 730-3 du Code civil (v. s[s] n°s 249.10 s.). En revanche, il importe peu que l'héritier apparent soit de bonne ou mauvaise foi, car il ne s'agit pas de le sanctionner mais de protéger le tiers.

– Il faut ensuite que l'on soit en présence **d'un acte à titre onéreux,** les actes à titre gratuit ne faisant pas l'objet d'une protection particulière. L'ensemble des actes de disposition à titre onéreux est concerné (ventes, transactions, constitutions d'hypothèques), de même que les baux, à l'exclusion des cessions de droits successifs en raison de leur caractère spéculatif.

Lorsque ces conditions seront réunies, la théorie de l'héritier apparent permet au tiers de repousser par voie d'exception la prétention du véritable propriétaire. Le tiers acquéreur tient alors ses droits inattaquables de la loi[1]. Le successeur véritable se voit contraint de s'adresser à l'héritier apparent qui est tenu à son égard d'une obligation de restitution dont l'étendue varie selon sa bonne ou mauvaise foi (v. s[s] n° 249.71).

1. Civ. 1re, 22 juill. 1986, n° 84-17.004, *Bull. civ.* I, n° 214.

TITRE

25. L'indivision successorale

SECTION 0 ORIENTEUR

25.00 Plan du titre.

25.11 Notion. Lorsqu'il existe plusieurs successeurs à titre universel - héritiers ou légataires -, les biens qui composaient le patrimoine du *de cujus* se trouvent en indivision à compter du décès, et cette situation durera jusqu'au partage. La mort du titulaire du patrimoine a certainement apporté un changement radical, mais ce changement ne se manifeste pas dans l'immédiat de manière complète : jusqu'au partage le patrimoine du défunt lui survit d'une certaine manière car son unité n'est pas encore profondément atteinte : quoique soumise à l'emprise d'une pluralité de propriétaires, l'indivision constitue un objet de droit unique. Le mot même d'**indivision** manifeste l'idée : la division qui porte atteinte à l'unité n'est pas intervenue. D'ailleurs chaque membre de l'indivision est **propriétaire de la totalité** des biens indivis considérés dans leur nature; corollairement, l'objet de droit individuel se résume à une certaine fraction théorique, qui dans l'indivision successorale correspond au *quantum* de la part héréditaire de son titulaire.

25.12 Indivision successorale. Le décès d'une personne physique place immédiatement ses successeurs en situation d'indivision, et les articles 815 et suivants du Code civil sont applicables. Ce cas d'indivision successorale est l'hypothèse d'indivision la plus répandue, et c'est celle à laquelle le législateur a pensé en priorité.

Une telle situation vaut pour les héritiers au cas de pure succession légale, mais il pourrait aussi bien s'agir d'une indivision entre héritiers et légataires, si la succession est pour partie dévolue en vertu d'un testament et s'il existe des legs de quotité[1].

Ce serait également le cas si le bien légué en vertu d'un legs particulier faisait l'objet d'une réduction partielle en nature (hypothèse devenue marginale après la réforme de 2006), car il y a alors indivision entre le bénéficiaire du legs et l'héritier réservataire.

25.13 Indivision résultant d'une libéralité. Si la succession est purement testamentaire, les colégataires gratifiés d'un même bien ou d'un même ensemble de biens se trouvent en indivision entre

1. V. PAR EX., Civ. 1re, 5 mars 2002, no 99-18.984, *Bull. civ.* I, no 81 ; *AJ fam.* 2002. 186 ; *D.* 2002. 2555, note R. Libchaber.

eux, à moins que la volonté du testateur ait été d'attribuer des parts divises sur le bien.

Pour le cas particulier de legs adressé conjointement à deux époux mariés sous le régime légal, l'article 1405 alinéa 2 du Code civil précise que le bien légué tombe en communauté.

Une donation destinée conjointement à plusieurs personnes aurait le même effet : les codonataires se trouvent en indivision[1].

25.14 Indivision et démembrement de propriété. Lorsqu'il résulte de certaines dispositions prises par le *de cujus* que plusieurs usufruitiers sont en présence, il existe entre eux une indivision quant à la **jouissance** (C. civ., art. 817). Une telle indivision existe également entre les successeurs **en pleine propriété** et les successeurs **en usufruit.** Selon l'article 815-18 alinéa 1er du Code civil : « *Les dispositions des articles 815 à 815-17 sont applicables aux indivisions en usufruit en tant qu'elles sont compatibles avec les règles de l'usufruit.* »

Il peut également y avoir **indivision entre des nus-propriétaires** (C. civ., art. 818), ce qui est une situation assez courante après un décès (spécialement lorsque le conjoint survivant a été gratifié de la totalité de l'usufruit). De même une indivision existe, dans la mesure de la nue-propriété, entre des copropriétaires titulaires de droits indivis en pleine propriété et ceux qui n'ont qu'une part en nue-propriété.

En revanche, il n'y a pas indivision entre l'usufruitier et le nu-propriétaire (v. ss n° 251.101).

25.15 Indivision résultant de coacquisition. Parmi les autres hypothèses d'indivision qui se rencontrent en droit patrimonial de la famille, il faut mentionner le cas d'**acquisition en commun d'un bien entre époux mariés sous un régime séparatiste.** Malgré leur source conventionnelle, la plupart de ces indivisions ne font pas l'objet d'une convention d'indivision qui rendrait applicables les articles 1873-1 et suivants du Code civil (sur le régime de l'indivision entre partenaires d'un PACS, v. ss nos 511.81 à 511.85). Ce sont alors les articles 815 et suivants qui régissent ces indivisions voulues.

L'existence d'une indivision au cas de coacquisition est parfois discutée en pratique, la réalité n'étant pas toujours fidèle à l'apparence. Mais l'indication dans l'acte d'acquisition que le bien a été acquis conjointement et indivisément établit cette existence, et l'allégation d'un financement exclusif par l'un des coacquéreurs n'est pas de nature à la remettre en cause[2]; un déséquilibre entre la répartition des parts et le financement affecterait toutefois les comptes de liquidation, parce que l'indivisaire ou ses ayants droit verraient leur part amputée du montant de leur dette, au titre d'un rapport de celle-ci. Quoi qu'il en soit, entre époux mariés sous un régime de séparation des biens, le contrat de mariage comporte généralement des clauses portant présomption simple de propriété appelées à régler le statut des biens ayant fait l'objet d'une coacquisition en cours de mariage (v. C. civ., art. 1538, al. 2). L'article 1538 formule lui-même une **présomption d'indivision** pour le cas où aucun des époux ne pourrait justifier d'une propriété exclusive. Il se peut même que l'indivision existe entre deux époux séparés de biens, bien qu'un seul des époux ait figuré à l'acte d'acquisition. Son conjoint est alors admis à démontrer qu'il avait en réalité réglé une partie du prix d'acquisition, ou que l'acquisition avait eu lieu par emploi de fonds indivis.

25.16 Tontine. Lorsque deux individus - par exemple, des époux - acquièrent un bien avec stipulation de pacte tontinier (et à supposer que cela ne heurte pas l'immutabilité du régime matrimonial), ce bien n'est pas en indivision (ce qui exclut tout droit de demander le partage[3]), sauf pour ce qui concerne la jouissance[4].

25.17 Indivision postcommunautaire. Le droit de l'indivision a vocation à s'appliquer à la **communauté conjugale dissoute**, quelle que soit la cause de cette dissolution. Lorsque la communauté a été dissoute par divorce, séparation de corps, séparation de biens judiciaire ou changement de régime matrimonial, les indivisaires sont les deux époux. Lorsque la communauté a été dissoute par décès, l'indivision des biens communs réunit l'époux survivant et les successeurs du prémourant (sauf le cas de

1. V. PAR EX., Civ. 1re, 26 janv. 1977, n° 74-12.337, *Bull. civ.* I, n° 56.

2. Civ. 1re, 17 janv. 1995, n° 93-10.187, *Bull. civ.* I, n° 35 – Civ. 1re, 28 mars 2006, n° 04-11.033, *Bull. civ.* I, n° 185 – Civ. 1re, 19 mars 2014, n° 13-14.989, *Bull. civ.* I [à paraître].

3. Civ. 27 mai 1986, n° 85-10.031, *Bull. civ.* I, n° 140; *D.* 1987. 139, note G. Morin – Paris, 12 mars 2014, RG n° 12/11958.

4. Civ. 1re, 9 févr. 1994, n° 92-11.111, *Bull. civ.* I, n° 60; *RTD civ.* 1995. 151, obs. F. Zenati; 159, obs. J. Patarin; 165, obs. J. Patarin; et 338, obs. J. Hauser; *D.* 1994. 417, rapport Thierry; *D.* 1995. Somm. 51, obs. M. Grimaldi – Civ. 1re, 9 nov. 2011, n° 10-21.710, *Bull. civ.* I, n° 199; *D.* 2012. 971, obs. J.-J. Lemouland et V. Vigneau; *RTD civ.* 2012. 95, obs. J. Hauser; *Defrénois* 2012. 343, note N. Leblond; *Dr. fam.* 2012, n° 10, obs. B. Beignier; *Dr. fam.* 2012, n° 49, obs. S. Brun-Wauthier; *JCP N* 2012, n° 1123, note A. Leveneur; *CCC* 2012, n° 57, obs. L. Leveneur; *RDC* 2012. 445, obs. R. Libchaber – Civ. 1re, 17 déc. 2013, n° 12-15.453, *Bull. civ.* I [à paraître] – *Adde* C. Grimaldi, « Mystérieuse tontine », *Mél. G. Champenois*, Lextenso, 2012, p. 417.

communauté universelle avec attribution intégrale de la communauté au conjoint survivant, qui exclut l'idée d'indivision).

L'indivision postcommunautaire prend naissance au jour de l'événement qui produit la dissolution de la communauté, du moins au cas de dissolution par décès.

En cas de **séparation de biens judiciaire**, l'indivision naît dès le jour de la demande (C. civ., art. 1445, al. 2).

En cas de **dissolution par divorce ou séparation de corps**, elle est censée prendre naissance dans les rapports entre époux, dans la plupart des hypothèses, à la date de l'ordonnance de non-conciliation (C. civ., art. 262-1). L'un ou l'autre des époux peut toutefois demander que l'effet du jugement de divorce ou de séparation de corps soit avancé à la date où leur cohabitation et collaboration avaient cessé (C. civ., art. 262-1, al. 2). La même possibilité est admise pour le cas de séparation de biens judiciaire (C. civ., art. 1441 et 1442, al. 2).

25.18 Législation sur l'indivision. L'indivision, que les rédacteurs du Code civil avaient conçue comme un état transitoire anormal entre deux situations de propriété individuelle, a fini par faire l'objet d'une organisation législative. On a tenu compte du fait qu'un grand nombre d'indivisions se prolongent, spécialement lorsque les héritiers du conjoint prémourant souhaitent attendre le décès du conjoint survivant pour liquider et partager les deux successions ensemble. Par ailleurs, il semblait opportun de consacrer un certain nombre de solutions jurisprudentielles, la jurisprudence ayant fait une œuvre souvent remarquable en la matière.

Ainsi, par une loi de 1976 déclarée applicable aux indivisions en cours au jour de l'entrée en vigueur de la loi, deux corps de règles ont été insérés dans le Code civil.

D'une part un bloc constitué par une série d'articles destinés à régir les indivisions en l'absence de dispositions conventionnelles (C. civ., art. 815 à 815-18) ; c'est le **régime légal de l'indivision**.

D'autre part un bloc de textes constitué aux abords immédiats du droit civil des sociétés, et qui réunit les articles 1873-1 à 1873-18; c'est le **régime des conventions d'indivision.**

La réforme constituée par la loi n° 2006-728 du 23 juin 2006 [1], qui a apporté des compléments sensibles au droit de l'indivision et un certain bouleversement lié au recul du principe d'unanimité – recul accentué par la loi n° 2009-526 du 12 mai 2009 [2] –, n'a pas eu pour effet de changer radicalement cette répartition.

25.19 Caractère supplétif de volonté ou impératif des règles légales relatives à l'indivision. On verra que le régime de l'indivision conventionnel reste assez soigneusement encadré : il existe une sphère d'autonomie, mais la liberté contractuelle est loin d'y être totale – en particulier si l'on se reporte aux conditions de durée et, plus largement, au droit de demander le partage susceptible d'anéantir l'indivision et la convention qui l'organisait.

La question doit être posée en termes plus généraux : dans quelle mesure les règles légales en matière d'indivision sont-elles impératives ? Si l'on part du régime légal de l'indivision défini, pour l'essentiel, par les dispositions qui vont de l'article 815 à l'article 815-18 du Code civil, on relève qu'il s'agit dans l'ensemble de **règles supplétives de volonté**, en ce sens qu'elles trouveront à s'appliquer dès lors que, dans une situation d'indivision ordinaire, les indivisaires ne sont pas convenus de régler un point particulier (*adde* s^s^ n° 254.75). L'article 815-1 du Code civil souligne que les indivisaires peuvent passer des conventions relatives à l'exercice de leurs droits indivis. Mais quelques règles correspondent certainement à des **dispositions impératives** : par exemple celles relatives au **partage** (v. s^s^ n° 251.13), celles relatives à la **situation des créanciers** (v. s^s^ n°s 253.10 s.), ou celles relatives au **droit de préemption ou de substitution des indivisaires** [3] (v. s^s^ n° 251.241; comp. cep. s^s^ n° 251.237).

25.20 Plan. Pour exposer le régime de l'indivision, on traitera successivement des droits des indivisaires (chap. 251), des règles d'administration de l'indivision (chap. 252), de la situation des créanciers par rapport à l'indivision (chap. 253), et enfin de l'indivision conventionnelle (chap. 254).

1. L. n° 2006-728, 23 juin 2006, portant réforme des successions et des libéralités, *JO* 24 juin, p. 9513.
2. L. n° 2009-526, 12 mai 2009, de simplification et de clarification du droit et d'allègement des procédures, *JO* 13 mai, p. 7920.
3. V. O. Barret, *D.* 1992. 422, note s^s^ Civ. 1re, 9 oct. 1991, n° 89-17.916, *Bull. civ.* I, n° 250.

CHAPITRE

251. Régime légal de l'indivision : droits des indivisaires

FRANÇOIS XAVIER TESTU
PROFESSEUR À L'UNIVERSITÉ DE TOURS
AVOCAT

CHRISTOPHE VERNIÈRES
PROFESSEUR À L'UNIVERSITÉ
PARIS 8 – VINCENNES SAINT-DENIS

SECTION 0
ORIENTEUR

251.00 **Plan du chapitre.**

Division. Le premier droit de l'indivisaire est celui de sortir de l'indivision; il convient donc d'évoquer d'abord le droit au partage, limité dans certains cas (sect. 1). En outre, en qualité de propriétaire, l'indivisaire a fondamentalement un droit au capital, qu'il peut faire jouer de manière distincte de son droit au partage (sect. 2); les autres prérogatives de l'indivisaire sont analogues aux prérogatives classiques d'un propriétaire, sauf de sensibles limitations dues à la situation d'indivision, comme en témoigneront successivement l'étude du droit de disposer (sect. 3), et celle du droit d'usage et du droit aux fruits (sect. 4).

251.01 Textes applicables.

C. civ., art. 815 à 815-16, 815-18, 816 à 824, 837 à 840-1

L. n° 2006-728, 23 juin 2006, portant réforme des successions et libéralités, *JO* 24 juin, p. 9513 (*entrée en vigueur le 1er janv. 2007*)

> Sur les actes accomplis sur les biens indivis par les indivisaires ou autorisés en justice
[C. civ., art. 815-2 à 815-7]

* V. texte complet de ces articles s[s] n° 252.01

> Sur la situation des créanciers à l'égard de l'indivision
[C. civ., art. 815-17]

* V. texte complet de cet article s[s] n° 253.01

> Sur les conventions d'indivision
[C. civ., art. 1873-1 à 1873-18]

* V. texte complet de ces articles s[s] n° 254.01

> Droit général des indivisaires au partage et aux conventions d'indivision
[C. civ., art. 815 à 815-1]

C. civ., art. 815
Nul ne peut être contraint à demeurer dans l'indivision et le partage peut toujours être provoqué, à moins qu'il n'y ait été sursis par jugement ou convention.

C. civ., art. 815-1
Les indivisaires peuvent passer des conventions relatives à l'exercice de leurs droits indivis, conformément aux articles 1873-1 à 1873-18.

> Droit au partage en cas d'identité de droits démembrés
[C. civ., art. 817 à 819 – L. n° 2006-728, 23 juin 2006, art. 4]

C. civ., art. 817
Celui qui est en indivision pour la jouissance peut demander le partage de l'usufruit indivis par voie de cantonnement sur un bien ou, en cas d'impossibilité, par voie de licitation de l'usufruit. Lorsqu'elle apparaît seule protectrice de l'intérêt de tous les titulaires de droits sur le bien indivis, la licitation peut porter sur la pleine propriété.

C. civ., art. 818
La même faculté appartient à l'indivisaire en nue-propriété pour la nue-propriété indivise. En cas de licitation de la pleine propriété, le deuxième alinéa de l'article 815-5 est applicable.

C. civ., art. 819
Celui qui est pour partie plein propriétaire et qui se trouve en indivision avec des usufruitiers et des nus-propriétaires peut user des facultés prévues aux articles 817 et 818.

Le deuxième alinéa de l'article 815-5 n'est pas applicable en cas de licitation en pleine propriété.

> Droit au partage en présence d'un indivisaire de mauvaise volonté

C. civ., art. 837 (*L. 23 juin 2006, art. 4*)
Si un indivisaire est défaillant, sans qu'il soit néanmoins dans l'un des cas prévus à l'article 836, il peut, à la diligence d'un copartageant, être mis en demeure, par acte extrajudiciaire, de se faire représenter au partage amiable.

Faute pour cet indivisaire d'avoir constitué mandataire dans les trois mois de la mise en demeure, un copartageant peut demander au juge de désigner toute personne qualifiée qui représentera le défaillant jusqu'à la réalisation complète du partage. Cette personne ne peut consentir au partage qu'avec l'autorisation du juge.

> Droit au partage et partage partiel

C. civ., art. 838 (*L. 23 juin 2006, art. 4*)
Le partage amiable peut être total ou partiel. Il est partiel lorsqu'il laisse subsister l'indivision à l'égard de certains biens ou de certaines personnes.

> Droit au partage et partage unique
[C. civ., art. 839 et 840-1]

C. civ., art. 839 (*L. 23 juin 2006, art. 4*)
Lorsque plusieurs indivisions existent exclusivement entre les mêmes personnes, qu'elles portent sur les mêmes biens ou sur des biens différents, un partage amiable unique peut intervenir.

C. civ., art. 840-1 (*L. 23 juin 2006, art. 4*)
Lorsque plusieurs indivisions existent exclusivement entre les mêmes personnes, qu'elles portent sur les mêmes biens ou sur des biens différents, un partage unique peut intervenir.

> Atténuation du droit au partage : cas de maintien judiciaire dans l'indivision
[C. civ., art. 821 à 822]

C. civ., art. 821 (*L. 23 juin 2006, art. 4*)
À défaut d'accord amiable, l'indivision de toute entreprise agricole, commerciale, industrielle, artisanale ou libérale, dont l'exploitation était assurée par le défunt ou

par son conjoint, peut être maintenue dans les conditions fixées par le tribunal à la demande des personnes mentionnées à l'article 822.

S'il y a lieu, la demande de maintien de l'indivision peut porter sur des droits sociaux.

Le tribunal statue en fonction des intérêts en présence et des moyens d'existence que la famille peut tirer des biens indivis.

Le maintien de l'indivision demeure possible lors même que l'entreprise comprend des éléments dont l'héritier ou le conjoint était déjà propriétaire ou copropriétaire avant l'ouverture de la succession.

C. civ., art. 821-1 (*L. 23 juin 2006, art. 4*)

L'indivision peut également être maintenue, à la demande des mêmes personnes et dans les conditions fixées par le tribunal, en ce qui concerne la propriété du local d'habitation ou à usage professionnel qui, à l'époque du décès, était effectivement utilisé pour cette habitation ou à cet usage par le défunt ou son conjoint. Il en est de même des objets mobiliers garnissant le local d'habitation ou servant à l'exercice de la profession.

C. civ., art. 822 (*L. 23 juin 2006, art. 4*)

Si le défunt laisse un ou plusieurs descendants mineurs, le maintien de l'indivision peut être demandé soit par le conjoint survivant, soit par tout héritier, soit par le représentant légal des mineurs.

À défaut de descendants mineurs, le maintien de l'indivision ne peut être demandé que par le conjoint survivant et à la condition qu'il ait été, avant le décès, ou soit devenu du fait du décès, copropriétaire de l'entreprise ou des locaux d'habitation ou à usage professionnel.

S'il s'agit d'un local d'habitation, le conjoint doit avoir résidé dans les lieux à l'époque du décès.

> Durée du maintien dans l'indivision

C. civ., art. 823 (*L. 23 juin 2006, art. 4*)

Le maintien dans l'indivision ne peut être prescrit pour une durée supérieure à cinq ans. Il peut être renouvelé, dans le cas prévu au premier alinéa de l'article 822, jusqu'à la majorité du plus jeune des descendants et, dans le cas prévu au deuxième alinéa du même article, jusqu'au décès du conjoint survivant.

> Sursis au partage dans l'intérêt de l'indivisaire repreneur

C. civ., art. 820 (*L. 23 juin 2006, art. 4*)

À la demande d'un indivisaire, le tribunal peut surseoir au partage pour deux années au plus si sa réalisation immédiate risque de porter atteinte à la valeur des biens indivis ou si l'un des indivisaires ne peut reprendre l'entreprise agricole, commerciale, industrielle, artisanale ou libérale dépendant de la succession qu'à l'expiration de ce délai. Ce sursis peut s'appliquer à l'ensemble des biens indivis ou à certains d'entre eux seulement.

S'il y a lieu, la demande de sursis au partage peut porter sur des droits sociaux.

> Attribution éliminatoire

C. civ., art. 824 (*L. 23 juin 2006, art. 4*)

Si des indivisaires entendent demeurer dans l'indivision, le tribunal peut, à la demande de l'un ou de plusieurs d'entre eux, en fonction des intérêts en présence et sans préjudice de l'application des articles 831 à 832-3, attribuer sa part à celui qui a demandé le partage.

S'il n'existe pas dans l'indivision une somme suffisante, le complément est versé par ceux des indivisaires qui ont concouru à la demande, sans préjudice de la possibilité pour les autres indivisaires d'y participer, s'ils en expriment la volonté. La part de chacun dans l'indivision est augmentée à proportion de son versement.

> Perte du droit au partage du fait de l'*usucapion*

C. civ., art. 816 (*L. 23 juin 2006, art. 4*)

Le partage peut être demandé, même quand l'un des indivisaires a joui séparément de tout ou partie des biens indivis, s'il n'y a pas eu d'acte de partage ou une possession suffisante pour acquérir la prescription.

> Droit d'*usus* et droit aux revenus

[C. civ., art. 815-8 à 815-13] (*L. 23 juin 2006, art. 2*)

C. civ., art. 815-8

Quiconque perçoit des revenus ou expose des frais pour le compte de l'indivision doit en tenir un état qui est à la disposition des indivisaires.

C. civ., art. 815-9

Chaque indivisaire peut user et jouir des biens indivis conformément à leur destination, dans la mesure compatible avec le droit des autres indivisaires et avec l'effet des actes régulièrement passés au cours de l'indivision. À défaut d'accord entre les intéressés, l'exercice de ce droit est réglé, à titre provisoire, par le président du tribunal.

L'indivisaire qui use ou jouit privativement de la chose indivise est, sauf convention contraire, redevable d'une indemnité.

C. civ., art. 815-10

Sont de plein droit indivis, par l'effet d'une subrogation réelle, les créances et indemnités qui remplacent des biens indivis, ainsi que les biens acquis, avec le consentement de l'ensemble des indivisaires, en emploi ou remploi des biens indivis.

Les fruits et les revenus des biens indivis accroissent à l'indivision, à défaut de partage provisionnel ou de tout autre accord établissant la jouissance divise.

Aucune recherche relative aux fruits et revenus ne sera, toutefois, recevable plus de cinq ans après la date à laquelle ils ont été perçus ou auraient pu l'être.

Chaque indivisaire a droit aux bénéfices provenant des biens indivis et supporte les pertes proportionnellement à ses droits dans l'indivision.

C. civ., art. 815-11

Tout indivisaire peut demander sa part annuelle dans les bénéfices, déduction faite des dépenses entraînées par les actes auxquels il a consenti ou qui lui sont opposables.

À défaut d'autre titre, l'étendue des droits de chacun dans l'indivision résulte de l'acte de notoriété ou de l'intitulé d'inventaire établi par le notaire.

En cas de contestation, le président du tribunal de grande instance peut ordonner une répartition provisionnelle des bénéfices sous réserve d'un compte à établir lors de la liquidation définitive.

À concurrence des fonds disponibles, il peut semblablement ordonner une avance en capital sur les droits de l'indivisaire dans le partage à intervenir.

C. civ., art. 815-12

L'indivisaire qui gère un ou plusieurs biens indivis est redevable des produits nets de sa gestion. Il a droit à la rémunération de son activité, dans les conditions fixées à l'amiable, ou, à défaut, par décision de justice.

C. civ., art. 815-13 (*mod. par L. n° 2009-526, 12 mai 2009, art. 10*)

Lorsqu'un indivisaire a amélioré à ses frais l'état d'un bien indivis, il doit lui en être tenu compte selon l'équité, eu égard à ce dont la valeur du bien se trouve augmentée au temps du partage ou de l'aliénation. Il doit lui être pareillement tenu compte des dépenses nécessaires qu'il a faites de ses deniers personnels pour la conservation desdits biens, encore qu'elles ne les aient point améliorés.

Inversement, l'indivisaire répond des dégradations et détériorations qui ont diminué la valeur des biens indivis par son fait ou par sa faute.

> Droit de préemption ou de substitution au cas de disposition

[C. civ., art. 815-14 à 815-16]

C. civ., art. 815-14 (*L. 23 juin 2006, art. 2*)

L'indivisaire qui entend céder, à titre onéreux, à une personne étrangère à l'indivision, tout ou partie de ses droits dans les biens indivis ou dans un ou plusieurs de ces biens est tenu de notifier par acte extrajudiciaire aux autres indivisaires le prix et les conditions de la cession projetée ainsi que les nom, domicile et profession de la personne qui se propose d'acquérir.

Tout indivisaire peut, dans le délai d'un mois qui suit cette notification, faire connaître au cédant, par acte extrajudiciaire, qu'il exerce un droit de préemption aux prix et conditions qui lui ont été notifiés.

En cas de préemption, celui qui l'exerce dispose pour la réalisation de l'acte de vente d'un délai de deux mois à compter de la date d'envoi de sa réponse au vendeur. Passé ce délai, sa déclaration de préemption est nulle de plein droit, quinze jours après une mise en demeure restée sans effet, et sans préjudice des dommages-intérêts qui peuvent lui être demandés par le vendeur.

Si plusieurs indivisaires exercent leur droit de préemption, ils sont réputés, sauf convention contraire, acquérir ensemble la portion mise en vente en proportion de leur part respective dans l'indivision.

Lorsque des délais de paiement ont été consentis par le cédant, l'article 828 est applicable.

C. civ., art. 815-15 (*L. 23 juin 2006, art. 3*)

S'il y a lieu à l'adjudication de tout ou partie des droits d'un indivisaire dans les biens indivis ou dans un ou plusieurs de ces biens, l'avocat ou le notaire doit en informer les indivisaires par notification un mois avant la date prévue pour la vente. Chaque indivisaire peut se substituer à l'acquéreur dans un délai d'un mois à compter de l'adjudication, par déclaration au greffe ou auprès du notaire.

Le cahier des conditions de vente établi en vue de la vente doit faire mention des droits de substitution.

C. civ., art. 815-16 (*L. 23 juin 2006, art. 2*)

Est nulle toute cession ou toute licitation opérée au mépris des dispositions des articles 815-14 et 815-15. L'action en nullité se prescrit par cinq ans. Elle ne peut être exercée que par ceux à qui les notifications devaient être faites ou par leurs héritiers.

> Indivision en usufruit

C. civ., art. 815-18 (*L. 23 juin 2006, art. 2*)

Les dispositions des articles 815 à 815-17 sont applicables aux indivisions en usufruit en tant qu'elles sont compatibles avec les règles de l'usufruit.

Les notifications prévues par les articles 815-14, 815-15 et 815-16 doivent être adressées à tout nu-propriétaire et à tout usufruitier. Mais un usufruitier ne peut acquérir une part en nue-propriété que si aucun nu-propriétaire ne s'en porte acquéreur; un nu-propriétaire ne peut acquérir une part en usufruit que si aucun usufruitier ne s'en porte acquéreur.

251.02 Jurisprudence de référence.

> Cession de droits indivis et droit de préemption des coïndivisaires : nature de la notification faite aux coïndivisaires

- **Civ. 1re, 5 juin 1984, n° 83-10.660,** *Bull. civ.* I, n° 183
- **Civ. 1re, 9 févr. 2011, n° 10-10.759,** *Bull. civ.* I, n° 25

* V. s^s n° 251.232

« À défaut de disposition le précisant dans l'article 815-14 du Code civil, qui a seulement pour but d'éviter l'intrusion d'un tiers étranger à l'indivision, la notification faite au titulaire du droit de préemption de l'intention de céder les droits indivis ne vaut pas offre de vente; qu'il en résulte que l'indivisaire qui a fait cette notification peut renoncer à son projet de vente malgré la manifestation de volonté d'un autre indivisaire d'exercer le droit de préemption. »

> Cession d'un bien indivis par un seul indivisaire

- **Civ. 1re, 5 avr. 2005, n° 02-15.459,** *Bull. civ.* I, n° 169

* V. s^s n° 251.261

« Mais attendu que la cession d'un bien indivis par un seul indivisaire est opposable aux coïndivisaires à concurrence de la quote-part de son auteur, de sorte que c'est à bon droit que la cour d'appel a déclaré inopposables à Mme Z... les apports de Mme X... à la SCEA, en ce qu'ils portaient sur la moitié indivise du matériel agricole et des valeurs mobilières; que le moyen n'est pas fondé. »

> Sort des plus-values et moins-values subies par les biens indivis

- **Civ. 11 janv. 1937,** *DH* 1937. 101

* V. s^s n° 251.143

« [...] La plus-value acquise ou la moins-value soufferte par les biens de la succession pendant l'indivision profite ou préjudicie à tous les héritiers indivisaires, les divers lots proportionnels à la vocation héréditaire de ceux-ci devant être composés en considération de la valeur de leurs éléments au jour du partage, et non point au jour du décès. »

> Impenses nécessaires et dépenses de conservation juridique des biens indivis

• Civ. 1re, 4 mars 1986, no 84-15.071, *Bull. civ.* I, no 51

* V. ss no 251.345

« Vu les articles 815-2 et 815-13 du Code civil;

Attendu que, selon le premier de ces textes, tout indivisaire peut prendre les mesures nécessaires à la conservation des biens indivis; qu'il résulte du second que, pour le remboursement des impenses nécessaires, il doit être tenu compte, selon l'équité, à l'indivisaire de la plus forte des deux sommes que représentent respectivement la dépense qu'il a faite et le profit subsistant;

Attendu que Mme D... a réclamé la revalorisation de sa créance représentée par les remboursements qu'elle avait faits depuis le 1er mars 1965, date à laquelle a été reportée la dissolution de la communauté, de l'emprunt contracté pendant le mariage par les époux pour l'acquisition de la maison d'habitation, bien commun; que pour rejeter cette demande, l'arrêt attaqué se borne à énoncer qu'il s'agit du paiement du prix de l'immeuble, ce qui exclut l'application de l'article 815-13 du Code civil;

Attendu qu'en statuant ainsi, alors qu'il lui appartenait de rechercher si ces remboursements ne constituaient pas une mesure nécessaire à la conservation de l'immeuble, ce que le jugement infirmé de ce chef avait admis en relevant que, par ces remboursements, « Mme D. avait sauvegardé la maison », l'arrêt attaqué a violé les textes susvisés. »

> Entrée en compte de la créance de l'indivisaire sur la masse indivise

• Civ. 1re, 13 mars 2007, no 05-13.320, *Bull. civ.* I, no 109

* V. ss nos 251.142, 251.382 et 251.384

« Attendu que Mme Y... fait grief à l'arrêt attaqué d'avoir ordonné le partage de l'indivision et fixé la part respective des indivisaires à 30 928,68 et 5 709,22 euros alors, selon le moyen, que l'indivisaire peut seulement être indemnisé au titre des améliorations faites à ses frais sur le bien indivis, si les dépenses ainsi exposées ont réalisé pour l'indivision un profit subsistant au jour du partage, sauf à modérer cette indemnité pour tenir compte de l'équité; qu'en prenant en compte le coût du travail réalisé par M. X... et non la plus-value éventuellement apportée à l'immeuble, la cour d'appel a violé l'article 815-13 du Code civil;

Mais attendu qu'après avoir relevé que l'immeuble indivis avait été amélioré à la suite de travaux réalisés personnellement par M. X... à partir de matériaux achetés en commun, la cour d'appel a souverainement estimé que le montant de la plus-value apportée à l'immeuble indivis correspondait à la rémunération de l'activité de M. X..., qu'elle a fixé à 9 200 euros; que le moyen n'est pas fondé;

Mais sur la deuxième branche du moyen :

Vu les articles 815-13 et 815-17, alinéa 1er, du Code civil;

Attendu que l'arrêt attaqué a attribué à M. X... la moitié du prix de vente de l'immeuble et la totalité de la plus-value apportée par lui à ce bien;

Qu'en statuant ainsi, alors que s'agissant d'une créance sur l'indivision, l'indemnité due à M. X... devait être déduite de l'actif net à partager, qui ne pouvait donc être égal à la moitié du prix de vente de l'immeuble, la cour d'appel a violé les textes susvisés. »

251.03 Bibliographie indicative

Actualisables. Rép. civ., vo *Indivision (Régime légal),* par C. Albiges, mars 2011 [màj janv. 2014].

Ouvrages.

* V. références citées ss nos 02.06 et 02.07

251.04 Questions essentielles.

> L'indivision peut être prolongée, relativement à certains types de biens et à la demande ou au bénéfice de certaines personnes, par décision judiciaire.

* V. ss no 251.30

> L'indivisaire qui demande le partage alors que les autres souhaitent rester en indivision, peut faire l'objet d'une attribution éliminatoire.

* V. ss no 251.80

> L'usufruitier universel se trouve en principe protégé contre un partage de la pleine propriété.

* V. ss no 251.101

> L'indivision est traitée comme une universalité de droit, en ce sens que la subrogation réelle joue en son sein, de plein droit.

* V. ss no 251.131

> Les plus-values profitent à l'indivision, et celle-ci supporte les moins-values, à moins qu'elles ne soient dues à la faute d'un indivisaire.

* V. ss no 251.141

> Tout indivisaire est en droit d'obtenir une avance en capital.

* V. ss no 251.161

> L'acte de disposition de droits indivis est susceptible de donner lieu à l'application d'un droit de préemption au profit des coïndivisaires du cédant.

* V. ss no 251.210

> L'usage privatif de biens indivis donne lieu au paiement d'une indemnité d'occupation dont l'indivision est créancière.

* V. ss no 251.321

> L'indivisaire qui a procédé à des dépenses sur les biens indivis a en principe droit à remboursement.

* V. ss no 251.341

> Chaque indivisaire peut réclamer une part des bénéfices annuels.

* V. ss no 251.361

> L'indivisaire gérant a droit à rémunération de son activité.

* V. ss no 251.372

> Chaque indivisaire est en compte avec l'indivision, comptablement personnifiée, et les créances et les dettes de l'indivisaire au regard de l'indivision sont soumises à un régime particulier.

* V. ss no 251.381

251.05 Délais.
> Le maintien judiciaire de l'indivision ne peut être ordonné pour une durée supérieure à **cinq ans**, sauf renouvellement.
* V. s[s] n° 251.64
> L'action en paiement de l'indemnité d'occupation d'un bien indivis se prescrit par **cinq ans**; ce délai, qui n'est pas préfix, peut être conventionnellement allongé ou écarté.
* V. s[s] n° 251.322
> Prescription acquisitive par possession exclusive et non équivoque pendant **trente ans** (*usucapion*) pour les immeubles indivis (* V. s[s] n° 251.336) comme pour les meubles (* V. s[s] n° 251.22).

SECTION 1
DROIT AU PARTAGE ET ATTÉNUATIONS

251.10 La prérogative et ses diverses limites. L'article 815 du Code civil énonce que nul n'est tenu de rester dans l'indivision : c'est le droit fondamental de demander le partage (§ 1). Mais la fin du texte signale l'existence de dérogations diverses, dont la traditionnelle possibilité de limiter le droit au partage par une **convention** conclue par tous les indivisaires – ce qui renvoie aux articles 1873-1 et suivants, qui soumettent de telles conventions à des conditions de validité (v. s[s] n°s 254.10 s.). D'importantes atténuations du droit au partage sont constituées par les différents cas de **maintien judiciaire dans l'indivision** prévus par le législateur aux articles 821 et suivants (§ 2). Il faut y ajouter la **protection contre le partage** dont bénéficie l'usufruitier pour résister à certaines prétentions des nus-propriétaires (§ 3).

§ 1
Caractères du droit de demander le partage

A.
Caractère absolu et impératif

251.11 Nul n'est tenu de rester dans l'indivision. Bien que l'indivision puisse prendre fin autrement, spécialement par la réunion dans les mains d'une personne de la totalité des droits indivis, le partage est le mode normal de cessation de l'indivision. L'article 815 du Code civil dispose : « *Nul ne peut être contraint à demeurer dans l'indivision et le partage peut être toujours provoqué, à moins qu'il n'y ait été sursis par jugement ou convention* ».

Lorsque le partage est demandé, il se résoudra indifféremment par l'une des trois modalités maintenant classiques (éventuellement combinées selon les biens) : le **partage en nature**, le **partage sur licitation** (vente aux enchères du bien, pour partage du prix), ou l'**attribution préférentielle** à un indivisaire (v. s[s] n°s 271.111 s.).

L'étude du partage, faite par ailleurs dans cet ouvrage, révèle que la **réforme législative de 2006 et son décret d'application** n° 2006-1805 du 23 décembre 2006[1] ont veillé à faciliter et à accélérer les opérations de partage successoral en cas d'inertie ou de désaccord d'un ou plusieurs indivisaires.

Le **partage amiable** est désormais possible, même au cas de **passivité d'un indivisaire, après mise en demeure** par un copartageant de se présenter ou de se faire représenter au partage. Faute pour l'indivisaire de constituer mandataire dans les trois mois de la mise en demeure, le copartageant peut demander au juge de désigner toute personne qualifiée, qui représentera le défaillant jusqu'à la réalisation complète du partage. En outre, la procédure de **partage judiciaire** se trouve encadrée dans des délais plus rigoureux. L'ensemble de ce dispositif est de nature à permettre aux successeurs de parvenir à un **règlement rapide de la succession**, c'est-à-dire une sortie de l'indivision, et cela aussi contribue à éclairer la place du droit de l'indivision dans l'ensemble de notre législation : on a veillé à ne pas porter trop radicalement atteinte au principe d'unanimité, qui découle du droit de propriété constitutionnellement garanti, mais on s'est efforcé d'éviter que la situation d'indivision ne se prolonge indûment pour la seule raison qu'elle correspondrait aux intérêts d'un seul indivisaire.

251.12 Droit absolu à l'égard des coïndivisaires. Le droit de demander le partage se caractérise par différents traits qui marquent tous son caractère absolu. D'abord à l'égard des coïndivisaires : pour chaque indivisaire, le droit de sortir de l'indivision est discrétionnaire. L'objectif poursuivi est indifférent, et le fait qu'il soit malicieux n'invaliderait pas la demande : on écarte traditionnellement l'abus du droit en la matière[2]. Dans notre système, le droit à une appropriation individuelle des richesses reste fondamental.

La **réforme de 2006** a permis de faciliter l'exercice de ce droit, spécialement en présence d'un indivisaire de mauvaise volonté (C. civ., art. 837), mais plus largement en consacrant de façon explicite diverses manifestations du droit au partage (C. civ., art. 817 à 819, au cas d'identité de droits démembrés – C. civ., art. 838, pour le partage partiel) et en multipliant, à des fins de simplification,

1. Décr. n° 2006-1805, 23 déc. 2006, à la procédure en matière successorale et modifiant certaines dispositions de procédure civile, *JO* 31 déc., p. 20370.
2. Civ. 26 déc. 1866, *DP* 1867. 1. 27 – Nancy, 16 nov. 1961, *JCP* 1964. II. 13477, note P. Voirin.

les hypothèses de partage unique (C. civ., art. 839 et 840-1)[1].

251.13 Caractère impératif. Par ailleurs, la force du droit au partage se manifeste par son caractère impératif. Certes l'existence d'une convention peut l'écarter, mais ce ne peut être que de manière temporaire, et sous des conditions étroites posées par la loi : il y faut un acte juridique satisfaisant aux prescriptions des articles 1873-2 et suivants du Code civil (v. s^{s} n°s 254.11 à 254.41). Pour le reste, une convention ordinaire ne pourrait pas écarter le droit au partage[2], ni d'ailleurs une transaction venue consacrer l'indivision[3].

251.14 Caractère absolu à l'égard du juge. Le caractère absolu du droit au partage se manifeste aussi bien à l'égard du juge : celui-ci doit ordonner le partage dès lors qu'il est demandé par un indivisaire, et il ne saurait repousser cette demande, au motif par exemple que l'actif partageable est insuffisant pour couvrir le passif[4].

251.15 Caractère absolu à l'égard du testateur. Nul ne peut imposer par testament une indivision illimitée, qu'il ne serait même pas possible de conclure par convention[5]. Et même, quant à dire si un testateur peut imposer une **indivision limitée à cinq ans** (puisqu'il est possible aux intéressés de convenir d'un maintien de l'indivision pour cette durée – C. civ., art. 1873-3, al. 1er), la jurisprudence, après avoir hésité, semble **refuser la faculté d'imposer le moindre maintien dans l'indivision par testament**, si l'on s'en tient à ce que dit la Cour de cassation[6]. En revanche plusieurs cours d'appel ont, dans des arrêts postérieurs, admis l'effet du testament[7], même si ce n'est pas le cas de la cour de Paris[8]. Cette incertitude judiciaire peut inciter le *de cujus* à recourir au **mandat à effet posthume** pour tenter d'assurer un maintien temporaire de l'indivision (C. civ., art. 812 s.), malgré l'efficacité relative du procédé.

251.16 Imprescriptibilité. Le caractère absolu du droit de demander le partage se manifeste aussi bien dans le temps, puisqu'il est imprescriptible[9] : il n'y a pas de prescription extinctive de l'action en partage.

B. *Usucapion*

251.21 Perte du droit en conséquence d'une *usucapion*. Il faut cependant considérer qu'une prescription **acquisitive** peut avoir joué au profit de l'indivisaire qui aurait joui de manière privative des biens en cause durant un temps suffisant. En effet, selon l'article 816 *in fine* du Code civil, le partage n'est plus possible s'il y a eu « *possession suffisante pour acquérir la prescription* », cas qui doit d'ailleurs être tenu pour exceptionnel puisque le texte prend soin de rappeler à titre de principe que le partage peut être demandé même quand l'un des indivisaires a joui séparément des biens indivis.

251.22 Caractères de l'*usucapion* en la matière. L'originalité la plus importante de l'*usucapion* en matière d'indivision tient dans le fait que l'article 816 permet la prescription acquisitive de biens de toute nature (y compris mobiliers). Cela se justifie par l'utilité spécifique du texte : celle d'établir chaque indivisaire (en 2006 on a remplacé « *héritier* » par « *indivisaire* ») dans des droits incontestables lorsqu'il est devenu impossible de prouver le partage réalisé, ou des attributions anciennes dont on n'aurait pas retrouvé la trace. Il faut en effet se souvenir qu'un partage n'est soumis en principe à aucune forme[10] : un partage mobilier peut consister dans la simple distribution des meubles entre copartageants[11], et un partage immobilier est valable par le seul échange des consentements[12]. C'est pourquoi les termes de l'article 816, tant dans leur formulation initiale que depuis la réforme de 2006, mettent sur le même plan l'existence d'un acte de partage et la constatation d'une possession *ad usucapionem* comme causes d'irrecevabilité de l'action en partage.

251.23 *Usucapion* possible de l'intégralité de la succession. La considération que l'article 816 est destiné à garantir la tranquillité d'un copartageant au sujet d'un partage dont on aurait perdu la trace, pourrait faire douter de l'efficacité du texte pour le cas où un seul indivisaire aurait possédé privativement tous les biens indivis; en outre, on a parfois objecté que l'hérédité envisagée comme universalité

1. Pour une synthèse après la réforme, v. M.-C. Forgeard, « Limites du droit de demander le partage », *JCP N* 2008. 1146.
2. Civ. 18 nov. 1818, *S. chronol.*
3. Req. 9 mai 1827, *Jur. gén. Dalloz*, v° *Succession*, n° 1505.
4. Civ. 30 mai 1877, *DP* 1878. 1. 109.
5. Req. 25 nov. 1940, *DH* 1940. 209.
6. Civ. 1re, 5 janv. 1977, n° 75-15.199, *Bull. civ.* I, n° 15.
7. Orléans, 19 nov. 1991, *Juris-Data* n° 046576 – Pau, 16 sept. 1991, *Juris-Data* n° 045605.
8. Paris, 19 nov. 1987, *D.* 1987. Somm. 125.
9. Req. 13 déc. 1937, *S.* 1938. 1. 84.
10. Req. 2 janv. 1872, *DP* 1872. 1. 119.
11. Poitiers, 9 mai 1893, *DP* 1895. 2. 121.
12. Civ. 1re, 24 oct. 2012, n° 11-19.855, *Bull. civ.* I, n° 218; *D.* 2012. 2599; *RTD civ.* 2013. 160, obs. M. Grimaldi; *JCP N* 2013, n° 1008, note C. Brenner (l'authenticité du contrat de partage n'est requise qu'aux fins d'opposabilité aux tiers).

juridique ne paraît pas susceptible de possession proprement dite. Toutefois, la Cour de cassation a admis l'application du texte dans une telle hypothèse[1]; d'ailleurs, un partage véridique pourrait avoir pour issue l'attribution de l'entier actif à un seul copartageant, si tel était le résultat de la liquidation, par exemple à la suite de rapports de dettes. Enfin, ce n'est pas la succession comme universalité qui est en cause, mais la propriété de **l'actif successoral** – fût-il considéré dans son intégralité; ce qui peut être assurément objet de possession.

251.24 Conditions de la prescription acquisitive. Pour que l'*usucapion* puisse jouer, il faut que ses conditions habituelles soient satisfaites, et spécialement l'existence, dans la personne de l'indivisaire qui s'en prévaut, d'une **possession exclusive et sans équivoque**[2]. Cette possession doit d'ailleurs réunir toutes les qualités requises par l'article 2261 du Code civil[3]. C'est en vérité l'existence même de la possession privative qui sera souvent contestée : celle-ci ne sera reconnue que si l'indivisaire détenteur a manifesté la prétention de se considérer comme le seul et unique propriétaire des biens détenus, par des actes de disposition ou des actes d'administration assez significatifs pour écarter tout doute sur la réalité d'une telle prétention (v. s^s^ n° 251.336). La jouissance divise d'un bien indivis, sans esprit de possession *ad usucapionem*, ne permettrait pas de dire que l'indivision n'existe plus[4].

Il s'agira d'une **possession trentenaire**, puisque l'article 816 met ce mode d'acquisition sur la même ligne que le partage, ce qui fait abstraction de tout juste titre au sens des lois sur la prescription.

§ 2
Prolongation judiciaire de l'indivision

251.30 Subdivision. Certains mécanismes légaux permettent le maintien de l'indivision malgré l'absence d'une volonté unanime en ce sens. La loi délimite ces mécanismes, et un juge ne pourrait admettre un maintien dans l'indivision hors les conditions légales (v. s^s^ n° 251.14). On examinera successivement le maintien dans l'indivision des articles 821 et suivants du Code civil (A), le sursis au partage de l'article 820 (B) et l'attribution éliminatoire de l'article 824 (C).

1. Civ. 4 juill. 1853, *DP* 1853. 1. 298.
2. Civ. 1re, 10 déc. 1968, *Bull. civ.* I, n° 320.
3. Req. 14 nov. 1871, *DP* 1873. 1. 345.
4. RAPPR., Civ. 3e, 3 nov. 2005, n° 04-11.424, *Bull. civ.* III, n° 211; *AJDI* 2006. 228. obs. S. Prigent; *D.* 2005. IR 2900; *RDI* 2006. 129, obs. J.-L. Bergel; *JCP* 2006. I. 127, n° 7, note H. Périnet-Marquet.

A.
Maintien dans l'indivision

251.31 Élargissement des hypothèses. C'est surtout dans la liste des biens susceptibles de maintien dans l'indivision que la réforme de 2006 a marqué un certain élargissement. Pour le reste, on retrouve les aspects essentiels du droit antérieur. À beaucoup d'égard, les textes sont imprégnés du contexte généralement successoral de la question. Il n'y a cependant pas lieu de conclure que le maintien dans l'indivision soit réservé aux indivisions d'origine successorale, comme le prouve d'ailleurs la disposition de l'article 267 alinéa 2 du Code civil qui précise que le juge qui prononce le divorce statue sur les demandes de maintien dans l'indivision.

251.32 Raison d'être. L'institution, lorsqu'elle porte sur l'**entreprise**, exprime un certain souci du devenir de celle-ci, mais considéré surtout du point de vue des bénéficiaires désignés du mécanisme (même si le juge devra apprécier les intérêts en présence). On ne veut pas que le changement radical causé par le décès et le risque d'un dépeçage intempestif de l'entreprise soient susceptibles de remettre radicalement en cause le sort de celle-ci, et d'anéantir une source de revenu significative pour la famille. Cela explique cette mesure de maintien dans l'indivision, **essentiellement temporaire** comme on va le dire. Le caractère temporaire du mécanisme ne le rend pas anodin puisqu'il peut en particulier constituer, au profit de ses bénéficiaires, un relais indispensable vers l'attribution préférentielle prévue à l'article 831 (ce qui explique d'ailleurs que, le cas échéant, la demande d'attribution préférentielle doive être examinée préalablement à une demande de maintien dans l'indivision[5]).

Les mêmes considérations se retrouvent lorsqu'il s'agit du **maintien dans l'indivision du local ou du matériel professionnel.** Des considérations comparables peuvent être identifiées pour le maintien dans l'indivision du **local d'habitation** ou des **meubles** qui le garnissent, car il s'agit là encore, par une mesure temporaire destinée à assurer une certaine transition, de compenser les effets néfastes de la rupture causée par le décès. Cela est manifeste pour le local d'habitation et son mobilier, avec l'idée de maintien du cadre de vie qui s'y trouve naturellement associée. On exige d'ailleurs une condition de résidence à l'époque du décès.

251.41 Biens visés : l'entreprise. Il s'agit en premier lieu de toute entreprise agricole, commerciale, industrielle, artisanale ou libérale, soumise à une

5. Civ. 1re, 22 mai 2007, n° 04-20.205, *Bull. civ.* I, n° 207, sous l'empire des textes antérieurs.

situation d'indivision, et dont l'exploitation était assurée par le défunt ou par son conjoint (C. civ., art. 821, al. 1er). La loi apporte deux précisions importantes.

D'une part, la demande de maintien dans l'indivision peut porter sur des **droits sociaux** (C. civ., art. 821, al. 2), de sorte que l'entreprise entre dans le champ de la règle quel que soit son mode juridique d'exploitation - directe ou sociale. L'expression « *droits sociaux* » recouvre actions et parts sociales; quoi qu'il en soit le caractère familial de l'entreprise n'est pas formellement exigé (mais l'exploitation de l'entreprise doit avoir été assurée par le défunt ou son conjoint, ce qui constitue un critère objectif).

D'autre part, le maintien de l'indivision est possible même lorsque l'entreprise comprend des éléments dont le bénéficiaire de la mesure était déjà propriétaire ou copropriétaire avant l'ouverture de la succession (C. civ., art. 821, al. 4). De cette manière, c'est la **réalité économique de l'entreprise** qui est prise en considération, au-delà de la manière dont les différents biens constitutifs de celle-ci sont détenus. Le maintien dans l'indivision pourra donc être sollicité pour certains éléments constitutifs de l'entreprise, alors que le demandeur était, par exemple, unique propriétaire des autres éléments. La même solution vaut s'il en était copropriétaire au titre d'une autre indivision, postcommunautaire ou non. Il faut donc qu'il y ait une entreprise, et que certains de ses éléments ou les titres de détention (certains droits sociaux) figurent dans l'indivision; mais l'entreprise elle-même n'a pas à être indivise.

C'était déjà la solution antérieure de l'article 815-1, encore qu'elle valût uniquement, dans un contexte différent (protection des descendants mineurs), pour l'exploitation agricole. Il était déjà indifférent que l'unité économique ne fût pas toute dans l'indivision : il suffisait qu'une fraction d'exploitation agricole y figurât, et qu'elle fût complétée, pour remplir la condition légale, par d'autres droits de propriété (exclusif ou indivis) se trouvant dans les patrimoines des bénéficiaires du mécanisme. La solution était simple à concevoir pour des exploitations agricoles, où les parcelles peuvent aisément avoir des statuts historiques différents.

La transposition de la solution en 2006 à toutes les sortes d'exploitation, est parfaitement logique mais sa mise en œuvre sera parfois délicate, et la décision de maintenir tel ou tel élément en indivision pourra supposer un certain discernement sur la notion d'affectation, étant précisé que dans le doute le juge devrait revenir au principe, qui est le droit au partage, et non la mesure temporaire de maintien dans l'indivision.

Le cas échéant, le maintien dans l'indivision de l'entreprise ou de certains de ses éléments, sur le fondement de l'article 821, pourra être utilement complété par un maintien dans l'indivision du local professionnel ou des objets mobiliers servant à l'exercice de la profession.

251.42 Biens visés : le local et/ou les objets mobiliers professionnels. Selon l'article 821-1 du Code civil en effet, la propriété du local à usage professionnel qui, à l'époque du décès, était effectivement utilisé à cet usage par le défunt ou son conjoint, peut être maintenue en indivision. La loi vise également les objets mobiliers servant à l'exercice de la profession. Cela comprend le matériel et l'outillage, mais aussi les meubles meublants dont la configuration appellerait clairement la destination professionnelle en cause. Les objets mobiliers à usage professionnel pourraient bien entendu faire l'objet d'une demande indépendante de maintien dans l'indivision.

251.43 Biens visés : le local d'habitation et/ou les objets mobiliers qui le garnissent. L'article 821-1 dit également que la demande de maintien dans l'indivision peut porter sur la propriété du local d'habitation qui était effectivement utilisé à cet usage à l'époque du décès par le défunt ou son conjoint. L'emploi du mot **propriété** exclut le maintien dans l'indivision du droit au bail dont le *de cujus* aurait été titulaire (en ce qui concerne le local d'habitation, le conjoint survivant serait toutefois protégé par l'article 1751). La destination d'habitation s'entend en ce sens que la loi ne saurait permettre, par exemple, le maintien dans l'indivision d'une résidence secondaire.

La **réforme de 2006** a ajouté à la liste les objets mobiliers garnissant le local d'habitation - étant précisé que la demande devrait pouvoir porter sur ces seuls éléments mobiliers ou certains d'entre eux.

251.51 Bénéficiaires de la mesure : les descendants mineurs. Le maintien dans l'indivision peut tout d'abord être sollicité dans l'intérêt des descendants mineurs (C. civ., art. 822, al. 1er). On se trouve dans l'hypothèse où le défunt a laissé un ou plusieurs descendants mineurs (enfants ou petits-enfants appartenant à la cohérie, étant précisé que la demande formulée par les petits-enfants du *de cujus* devenus héritiers seulement en cours d'indivision à la suite du décès de leur père, a été jugée irrecevable sous l'empire des anciens textes[1]). La demande sera formulée par le **conjoint survivant** (qui interviendra donc ici en faveur des descendants), le **représentant légal des mineurs, ou tout héritier** (C. civ., art. 822). Cela exclut nettement le simple légataire, qui ne peut ni bénéficier du mécanisme[2], ni prétendre le déclencher en faveur de descendants.

1. Civ. 1re, 28 oct. 1969, *D.* 1970. 41, note Breton.
2. Civ. 1re, 21 juill. 1980, no 78-12.347, *Bull. civ.* I, no 230; *D.* 1981. IR 30, obs. Breton.

251.52 Autre bénéficiaire possible de la mesure : le conjoint survivant. S'il n'existe pas de descendants mineurs (C. civ., art. 822, al. 2), le conjoint survivant peut demander un maintien de l'indivision sur les biens précédemment nommés. Mais comme il s'agit d'obtenir la prolongation d'une **indivision**, on a exigé de ce conjoint qu'il fût copropriétaire des biens en cause, fût-ce par le fait du décès (C. civ., art. 822, al. 2). Cette condition se trouve satisfaite si le demandeur était un époux commun en biens du *de cujus*[1]. En revanche, la règle exclut le conjoint simple successeur en usufruit de biens personnels au défunt[2].

251.61 Aspects procéduraux. Le tribunal de grande instance est compétent pour juger une demande de maintien dans l'indivision. Il y a lieu de penser que cette demande est encore recevable en cause d'appel, ce qui d'ailleurs ne fait pas de doute dans la plupart des cas où, prétendant résister à une demande principale en partage, elle aura un caractère de demande reconventionnelle.

251.62 Pouvoir d'appréciation du juge. La décision de prescrire le maintien dans l'indivision est facultative pour le juge (« *l'indivision **peut être** maintenue...* »). La mesure doit résulter d'une décision judiciaire, prise à l'issue d'une appréciation de la situation au regard de certains éléments : la loi précise que le juge doit statuer « *en fonction des intérêts en présence et des moyens d'existence que la famille peut tirer des biens indivis* » (C. civ., art. 821, al. 3). La référence aux **intérêts en présence** commande au juge de considérer l'intérêt que les demandeurs en partage éprouvent de leur côté à obtenir une fin immédiate de l'indivision. Parmi les intérêts en présence, il y aura celui de l'entreprise considérée en elle-même. Au total, la question relève du pouvoir souverain des juges du fond, à charge pour eux d'être suffisamment explicites pour éviter une cassation pour manque de base légale.

La considération des intérêts en présence peut conduire le juge à accorder le maintien dans l'indivision pour une partie seulement des biens indivis visés par la demande : il peut donc maintenir certains biens dans l'indivision et prescrire le partage des autres, sauf à motiver une telle décision par la prise en compte d'intérêts différents pour l'un et l'autre cas.

251.63 Modalités du maintien dans l'indivision. Si le juge estime que le maintien dans l'indivision mérite d'être prononcé, il en fixe les conditions (C. civ., art. 821, al. 1er). Il peut par exemple déterminer le titulaire de la jouissance des biens en cause durant cette indivision prolongée – la logique veut que ce soient les bénéficiaires du système, mais il reste à décider si leur jouissance sera exclusive. Le juge pourrait également soumettre les bénéficiaires de la jouissance des biens à des obligations particulières à titre de garantie pour leurs coïndivisaires. Les conditions fixées par le juge peuvent également être relatives aux bénéfices de l'exploitation, si l'entreprise est totalement indivise, ou les conditions dans lesquelles le propriétaire des autres éléments de l'entreprise rétribuera l'indivision pour les éléments ainsi laissés à disposition. On pourrait imaginer que le juge soit conduit à préciser certaines conditions générales d'exploitation, mais il faut se souvenir qu'il n'a pas vocation à s'immiscer dans la gestion des entreprises, ce qui constitue une limite étroite.

251.64 Durée. Le maintien dans l'indivision ne peut être prescrit pour une durée supérieure à cinq ans (C. civ., art. 823 *in limine*). Il s'agit bien d'une **mesure temporaire de sauvegarde de certains intérêts** : comme on l'a dit en commençant, le législateur ne veut pas que le changement radical causé par le décès et le risque d'un dépeçage intempestif remettent en cause le sort d'une unité économique qui peut d'ailleurs constituer une source de revenu significative pour la famille. Mais il s'agit seulement d'assurer une transition en douceur, et non de contredire durablement le droit fondamental au partage.

Cependant le texte ajoute que le maintien dans l'indivision peut être **renouvelé jusqu'à la majorité du plus jeune des descendants, dans le cas de maintien au profit des héritiers mineurs,** ce qui en particulier laissera à un descendant le temps de remplir les conditions d'une attribution préférentielle.

De même, le **maintien dans l'indivision en faveur du conjoint peut être renouvelé jusqu'au décès de celui-ci.** Ce report se fera par des décisions judiciaires successives, qui supposent qu'à chaque fois le juge apprécie les intérêts en présence. On a vu que le conjoint demandeur doit avoir lui-même résidé dans les lieux « *à l'époque du décès* » (il ne suffirait donc pas que le *de cujus* y eût habité à cette époque). L'exigence révèle la fonction de la règle : il s'agit de garantir pour l'immédiat au conjoint survivant son cadre de vie, malgré le décès. Cela explique la relative précarité de la mesure : si le besoin venait à cesser – ce que révélerait le fait que le conjoint survivant n'occupe plus le local – les effets de la mesure devraient eux-mêmes cesser. Voilà pourquoi le maintien dans l'indivision doit être demandé tous les cinq ans, ou même à des échéances plus brèves, selon ce que décide le juge. Mais, bien qu'elle

1. Civ. 1re, 12 nov. 1986, *JCP* 1987. II. 20852, note Salvage.
2. Civ. 1re, 14 mars 1984, no 83-10.196, *Bull. civ.* I, no 99; *D.* 1984. 385, note A. Breton; *JCP N* 1985. II. 29, note Ph. Rémy.

soit **ajustée au besoin**, la mesure n'est pas de nature provisoire : l'attribution en jouissance qu'elle réalise pourra se prolonger au total jusqu'au décès du conjoint. Il faut admettre que cette occupation permise exceptionnellement par le juge contre la volonté d'indivisaires qui voulaient partager, donne normalement lieu au paiement de l'**indemnité compensatrice de l'article 815-9** alinéa 2.

B. Sursis au partage

251.70 Présentation. Il s'agit d'une procédure au terme de laquelle le juge a le pouvoir de reporter pour **deux années** au plus le partage demandé. Le sursis au partage peut correspondre à deux hypothèses très différentes, qu'on commencera par distinguer avant d'évoquer le régime procédural commun.

251.71 Le sursis au partage dans l'intérêt commun. Ce cas de sursis vise l'hypothèse dans laquelle la réalisation immédiate du partage, sollicitée par un indivisaire (ou un créancier – v. C. civ., art. 815-17, al. 3) « *risque de porter atteinte à la valeur des biens indivis* ». On peut imaginer un cas dans lequel les biens indivis seraient soumis dans l'immédiat à des fluctuations de valeur qui rendraient inopportune leur vente; dans tout partage en effet il y a un risque de licitation (v. C. civ. art. 841), même si le risque se trouve aujourd'hui diminué, du fait de la conjonction des articles 826 et 830 sur la promotion de l'égalité en valeur. On peut imaginer aussi que des circonstances temporaires (travaux, aménagements urbains...) ne présentent pas ces biens sous leur meilleur jour à l'égard d'un acheteur éventuel. Ou encore que certains droits indivis soient litigieux, et qu'il importe d'attendre l'issue proche du différend avec les tiers. Mais le fait que l'immeuble litigieux soit occupé par un indivisaire ne peut justifier l'octroi d'un tel sursis, alors que le partage en lui-même ne risque pas de porter atteinte à la valeur du bien[1]. Il s'agit d'une question de fait pour laquelle les juges du fond disposent d'un pouvoir d'appréciation souverain[2].

251.72 Absence de limite quant à la nature des biens. Le texte précise que « *ce sursis peut s'appliquer à l'ensemble des biens indivis ou à certains d'entre eux seulement* », ce qui fait allusion au cas où la réalisation immédiate du partage présenterait un risque de déperdition de valeur uniquement pour certains biens : il serait donc possible, pour cette raison, de retarder le partage de l'ensemble. Il faut en tout cas relever que, à la différence du maintien dans l'indivision (v. s[s] n°s 251.41 à 251.43), ce cas de sursis au partage n'est pas limité à des types de biens précis. L'impératif de l'intérêt commun, qu'on suppose ici menacé, a commandé de ne pas poser une telle limitation.

251.73 Le sursis dans l'intérêt de l'indivisaire repreneur. Selon l'article 820 du Code civil, le juge pourra surseoir au partage pour **deux années au plus** si l'un des indivisaires ne peut reprendre l'entreprise agricole, commerciale, industrielle, artisanale ou libérale dépendant de la succession qu'à l'expiration de ce délai. Le deuxième paragraphe ajoute que la demande de sursis peut porter sur des **droits sociaux**. Si l'on s'en remet à la lettre du texte, ce sursis au partage ne pourra être invoqué que dans les indivisions successorales (ce qui n'était pas vrai du sursis au partage dans l'intérêt commun). La survenance d'un décès inopiné peut prendre de court certains des héritiers intéressés à la reprise de l'exploitation : ce sursis au partage, qui doit accorder un répit, leur permettra de se libérer de leurs obligations actuelles, ou encore de terminer une formation.

251.74 La demande et son examen. La demande de sursis au partage (il s'agira généralement d'une demande reconventionnelle) pourra être formée par n'importe quel indivisaire. L'usufruitier ne pourra solliciter le sursis que si le partage demandé suppose celui de la jouissance (l'usufruitier universel est protégé dans les conditions de l'article 815-5 alinéa 2 du Code civil). Il faut admettre que l'appréciation du juge en matière de sursis au partage est davantage liée qu'en matière de maintien dans l'indivision, étant donné le caractère précis des conditions formulées à l'article 820. Le juge se trouve aussi plus étroitement lié pour la prolongation de l'indivision : le tribunal peut surseoir à ce partage « *pour deux années au plus* ». Ce délai doit être raisonnablement computé à partir de la décision du juge. De sorte que, *de facto*, il pourra s'écouler au total plus de deux ans entre le moment où celui qui veut résister au partage formule sa demande, et le terme du sursis.

C. Attribution éliminatoire

251.80 Raison d'être. L'article 824 du Code civil dispose que « *si des indivisaires entendent demeurer dans l'indivision, le tribunal peut, à la demande de l'un ou de plusieurs d'entre eux, en fonction des intérêts en présence, et sans préjudice de l'application des articles 831 à 832-3 du Code civil, attribuer sa part à celui qui a demandé le partage* ».

C'est l'ouverture d'une voie médiane, puisque le juge peut accorder sa part à celui qui veut sortir de

1. Civ. 1re, 22 mai 2007, n° 05-12.800, NP.
2. Civ. 1re, 8 janv. 1985, n° 83-13.659, *Bull. civ.* I, n° 14.

l'indivision, en maintenant cette indivision entre ceux qui souhaitent y rester. On a introduit cette règle en 1976 pour débarrasser l'indivision d'un membre sujet aux querelles, et pour diminuer le nombre des partages conflictuels.

251.81 Situation de ceux qui invoquent le mécanisme. Puisqu'il s'agit de « *demeurer dans l'indivision* », l'hypothèse est celle dans laquelle trois personnes au minimum se trouvent dans une indivision où deux au moins sont décidées à rester, en étant pour cela disposées à allotir le candidat au départ. Peu importe donc le nombre des partants; l'essentiel est qu'il reste au moins deux partisans de l'indivision[1]. Ceux-ci n'ont pas à établir qu'il existe pour eux un intérêt à rester dans l'indivision[2].

251.82 Hypothèse d'une demande en partage. Une autre condition préalable est l'existence d'une demande en partage : l'article 824 du Code civil ne peut pas être invoqué directement par certains indivisaires qui voudraient rester entre eux[3]. La jurisprudence en a également tiré cette conséquence que le désistement de **la demande en partage rend sans objet la demande en attribution éliminatoire**[4]. Si donc le demandeur initial ne souhaite pas se voir exclu d'une indivision qui durerait sans lui, et s'il redoute les conséquences concrètes de son allotissement immédiat, il peut encore se désister de sa demande, et interrompre de cette manière le processus de son élimination. En outre, en toute logique par rapport à la finalité du mécanisme, l'indivisaire qui a pris l'initiative d'une demande en partage ne peut se prévaloir de l'attribution éliminatoire, prévue uniquement dans l'intérêt des parties qui souhaitent demeurer dans l'indivision[5].

251.83 Nature et précisions procédurales. L'attribution éliminatoire est une modalité de partage[6] qui peut donc être présentée en tout état de cause. Mais on ne saurait y faire droit lorsqu'une autre modalité de partage a été prescrite de manière définitive, car il y aurait là une atteinte à l'autorité de la chose jugée[7]. Cependant, comme elle n'aboutit qu'à la réalisation d'un **partage partiel**[8], elle n'est pas incompatible avec une décision antérieure, même passée en force de chose jugée, qui se serait bornée à ordonner le partage des biens indivis sans prescrire de licitation préalable[9].

251.84 Intervention et pouvoirs du juge. Le recours au juge est indispensable puisqu'on va imposer un partage partiel à celui qui demandait le partage global. En la matière, les pouvoirs d'appréciation du tribunal correspondront à un examen d'opportunité : le texte précise que « *le tribunal peut* [...] *en fonction des intérêts en présence* » procéder à l'attribution éliminatoire. La question relève donc du pouvoir souverain des juges du fond[10].

251.85 Au regard de l'attribution préférentielle. L'attribution éliminatoire supposant une demande de partage global de l'indivision, elle ne saurait être mise en œuvre en cas de demande d'attribution préférentielle portant sur un bien de la masse indivise.

Il sera possible, en revanche, de faire jouer l'attribution éliminatoire contre un demandeur en attribution préférentielle, dès lors que celle-ci porte sur des biens qui, à eux seuls, forment toute l'indivision[11]. L'attribution préférentielle étant une opération de partage, celui qui la sollicite demande nécessairement un partage quant au bien qui en forme l'objet. Et s'il n'existe pas d'autre bien indivis, le partage qu'il demande est par la force des choses un partage global.

Mais lorsque l'attribution préférentielle et l'attribution éliminatoire sont simultanément demandées, laquelle doit prévaloir ? Telle a été la question posée à la Cour de cassation dans une affaire où un indivisaire, qui, après s'être vu opposer par ses frères et sœurs le maintien dans l'indivision par attribution éliminatoire de sa part, avait sollicité l'attribution préférentielle de l'un des biens de l'indivision. En ce cas, **la demande d'attribution préférentielle doit être appréciée préalablement à la demande de maintien dans l'indivision avec attribution éliminatoire**[12]. La solution paraît justifiée, car l'attribution préférentielle assure un retour à la propriété individuelle alors que l'attribution éliminatoire aboutit à un maintien partiel de l'indivision.

251.86 Effet : attribution normalement en nature. Si le juge prononce l'attribution éliminatoire, l'indivisaire qui avait demandé le partage se

1. Civ. 1re, 1er oct. 1996, no 94-19.097, *Bull. civ.* I, no 333; *D.* 1996. 393, note M. Grimaldi.
2. Civ. 1re, 19 mars 2008, no 06-17.805, *Bull. civ.* I, no 85.
3. Civ. 1re, 6 janv. 1987, no 85-10.175, *Bull. civ.* I, no 5; *D.* 1987. 394, note A. B., au sujet de l'ancien article 815 alinéa 3; *Defrénois* 1987. 697, note A. Breton.
4. Civ. 1re, 16 déc. 1986, no 83-10.501, *Bull. civ.* I, no 303.
5. Civ. 1re, 28 nov. 2007, no 06-18.490, *Bull. civ.* I, n 376.
6. Lyon, 11 avr. 1979, *D.* 1980. 254, note A. Breton.
7. Civ. 1re, 15 mai 1979, no 78-10.266, *Bull. civ.* I, no 141; *Defrénois* 1979. 32162, no 98, note G. Champenois.
8. Civ. 1re, 9 juin 2010, no 09-10.513, NP.
9. Civ. 1re, 7 juin 1995, no 93-14.766, *Bull. civ.* I, no 246; *D.* 1995. IR 615; *RTD civ.* 1995. 943, obs. J. Patarin; *JCP* 1996. I. 3921, no 5, obs. H. Périnet-Marquet.
10. Civ. 1re, 15 mai 1979, no 78-10.266, préc. ss no 251.83.
11. Civ. 1re, 15 mai 2008, nos 07-13.179 et 07-13.330, *Bull. civ.* I, no 133; *RTD civ.* 2009. 151, obs. M. Grimaldi.
12. Civ. 1re, 22 mai 2007, no 04-20.205, *Bull. civ.* I, no 207; *D.* 2007. 1733; *Dr. et patr.* févr. 2008. 90, obs. J.-B. Seube.

trouve alloti sous le contrôle du tribunal. La détermination de sa part doit en tout cas respecter le principe d'égalité du partage qui est, depuis la réforme de 2006, une égalité en valeur (C. civ., art. 826, al. 1er).

251.87 Conditions d'un allotissement en argent. Quant à la provenance des fonds destinés à financer le départ de celui qui voulait le partage, l'article 824 alinéa 2 du Code civil précise que « *s'il n'existe pas dans l'indivision une somme suffisante, le complément est versé par ceux des indivisaires qui ont concouru à la demande, sans préjudice de la possibilité pour les autres indivisaires d'y participer s'ils en expriment la volonté* ». L'argent doit donc être d'abord cherché dans la caisse de l'indivision; ce serait la meilleure solution puisque l'équilibre des parts de ceux qui restent ne serait pas alors modifié, chacun bénéficiant d'un accroissement proportionnel à ses droits originaires. Si la trésorerie de l'indivision ne permet pas de racheter la part d'un indivisaire, on recourra à la solution subsidiaire prévue par le texte : ceux qui ont demandé à maintenir l'indivision doivent financer le départ de celui qui voulait en sortir. Alors, « *la part de chacun dans l'indivision est augmentée en proportion de son versement* » (C. civ., art. 824, al. 2 *in fine*). Si ceux qui veulent que l'indivision soit maintenue n'acceptent pas de faire un sacrifice financier suffisant, le partage sera ordonné.

251.88 Détermination de la valeur de la part attribuée. L'ancien texte qui avait institué l'attribution éliminatoire, l'article 815 alinéa 3, précisait que la valeur de la part attribuée à l'éliminé devait être déterminée à l'issue d'une expertise. Toutes les parties pouvaient cependant être d'accord pour se dispenser de l'expertise; on peut en outre imaginer que, dans certains cas, le juge dispose d'éléments d'évaluation récents et incontestables. C'est donc à juste titre que l'exigence d'une expertise a disparu du texte; on se situe clairement dans le droit commun : le juge peut toujours prescrire une expertise, même si les parties ne le lui demandent pas, dès lors que la mesure lui paraît nécessaire.

§ 3
Protection de l'usufruitier institué contre le droit au partage

251.101 Évolution des règles. Il arrive assez souvent qu'au décès du premier conjoint le survivant des époux, qui est généralement la femme, bénéficie d'une situation d'usufruitier - parfois universel - des biens successoraux, par exemple en vertu d'une institution contractuelle. Les héritiers *ab intestat* se trouvent alors réduits à une situation de nue-propriété. Cela conduit à préciser les rapports entre la nue-propriété et l'usufruit, spécialement au regard du droit au partage.

Un point est sûr, c'est qu'**il n'y a pas d'indivision entre l'usufruitier et le nu-propriétaire**, comme le rappelle logiquement une jurisprudence constante[1]. La situation ne laisse pas cependant d'être délicate lorsque, outre l'usufruit, il existe sur le bien ou la masse de biens en cause une situation d'indivision sur la nue-propriété. Car si les droits de l'usufruitier et du nu-propriétaire ont juridiquement des objets distincts, ces objets distincts partagent un sort commun et, en l'occurrence, celui de s'appliquer aux biens indivis. Il en résulte que, économiquement, les nus-propriétaires sont prisonniers de leur titre, parce que la vente d'une propriété grevée d'usufruit est si peu attrayante pour des acheteurs qu'elle est pratiquement impossible pour les vendeurs. Pour obvier à cette altération du droit fondamental au partage, la jurisprudence, tout en posant le principe que les simples nus-propriétaires ne pouvaient imposer une licitation de la pleine propriété à l'usufruitier, admettait parfois, en fonction de la situation et pour favoriser la liquidation, que le nu-propriétaire pût déclencher cette licitation de l'ensemble. Or la solution avait été reprise par la Cour de cassation sous l'empire des textes issus de la réforme de 1976, ce qui avait ému une grande partie de la doctrine et le notariat. Pour briser cette jurisprudence, une réécriture de l'article 815-5 était intervenue en 1987, et aujourd'hui la loi précise encore que « *le juge ne peut, à la demande d'un nu-propriétaire, ordonner la vente de la pleine propriété d'un bien grevé d'usufruit contre la volonté de l'usufruitier* » (C. civ., art. 815-5, al. 2) - règle qui protège l'usufruitier alors même que celui-ci n'occuperait plus le bien dont la licitation est demandée[2]; la règle en effet vise à protéger l'usufruitier à raison du droit réel dont il est titulaire; ce n'est pas une institution fondée sur le besoin, comme par exemple le maintien dans l'indivision du conjoint survivant (comp. ci-dessus n° 251.64).

Il faut cependant compter avec une règle classique, que certes la réforme de 1987 a fait reculer dans un souci de protection du conjoint survivant, mais qui reste valable pour le reste : la règle prétorienne et raisonnable selon laquelle « *la licitation ne suppose pas nécessairement l'indivision; elle peut intervenir indépendamment de toute indivision juridique, quand elle est le moyen de dénouer, par la vente simultanée de divers droits réels, une situation de fait dont la complication s'oppose à l'exercice immédiat du droit privatif de chaque partie* »[3]. C'est dans cet

1. Civ. 3e, 7 juill. 1993, n° 92-19.193, *Bull. civ.* III, n° 112.
2. Civ. 1re, 17 janv. 2006, n° 04-13.789, *Bull. civ.* I, n° 23; *AJDI* 2006. 306.
3. Civ. 27 nov. 1918, *DP* 1922. 1. 238.

esprit qu'il avait été admis que le juge pût agréer à la demande d'une licitation de la pleine propriété formulée par le seul usufruitier, si cette issue était la seule protectrice de l'intérêt des parties[1]. De même il avait été admis, au cas de demande émanée du simple usufruitier de quotité, que si le partage devait logiquement porter sur la seule jouissance, il devrait être malgré tout procédé à la vente par licitation de la pleine propriété si cette solution apparaissait comme nécessaire à l'assiette de l'usufruit et comme seule protectrice de l'intérêt des parties[2]. Ces solutions ont été intégrées à la réforme de 2006, et elles contribuent à l'éclairer.

251.102 **Indivision quant à la jouissance.** Il peut exister une indivision de jouissance, ce qui est le cas s'il existe une pluralité d'usufruitiers, ou s'il existe un ou plusieurs usufruitiers en présence d'un ou plusieurs pleins propriétaires de quotité sur les mêmes biens.

Dans ces diverses hypothèses d'indivision pour la jouissance, chacun bénéficie du droit de demander le partage de l'usufruit (C. civ., art. 817 et 819). Ce partage se fera en principe par cantonnement sur un bien : c'est-à-dire que les copartageants (partage amiable) ou le juge (partage judiciaire) préciseront sur quel(s) bien(s) désignés s'appliquera désormais l'usufruit, qui était auparavant une quote-part d'usufruit sur une masse de biens. Si le cantonnement n'est pas possible (par ex. parce qu'il n'existe qu'un bien dans la masse), l'usufruit sera licité. Comme une licitation de droit démembré n'a guère de sens, économiquement parlant, la valeur qui risque d'en être obtenue sera très faible et ce ne serait évidemment pas intéressant pour les usufruitiers. Mais comme une valeur faible peut attirer n'importe qui, ce ne serait pas nécessairement intéressant non plus pour les nus-propriétaires, qui peuvent se retrouver en présence du plus indésirable des usufruitiers. La seconde phrase de l'article 817 précise donc opportunément que la licitation pourra porter sur la pleine propriété lorsqu'une telle solution apparaît seule protectrice de l'intérêt de tous les titulaires de droits sur le bien indivis.

251.103 **Indivision quant à la nue-propriété.** Il peut exister une indivision en nue-propriété, ce qui est le cas s'il existe une pluralité de nus-propriétaires, ou s'il existe un (ou plusieurs) nus-propriétaires en présence d'un ou plusieurs pleins propriétaires de quotité sur les mêmes biens. Dans ces hypothèses d'indivision pour la nue-propriété, chacun bénéficie du droit de demander le partage de cette nue-propriété (C. civ., art. 818 et 819)[3].

Ce partage se fera en principe par cantonnement sur un bien, l'article 818 renvoyant à l'article 817. Si le cantonnement n'est pas possible, la nue-propriété sera licitée, avec les mêmes objections que précédemment sur la licitation d'un droit démembré, si bien que la licitation de la pleine propriété peut être admise si elle apparaît seule protectrice de l'intérêt de tous les titulaires de droits sur le bien indivis. L'article 818 *in fine* prend toutefois le soin d'ajouter qu'il faut ici réserver l'application de l'article 815-5, alinéa 2, de sorte que le juge ne pourrait ordonner la vente de la pleine propriété d'un bien sans l'assentiment de celui qui est le titulaire de l'usufruit sur ce bien. Pour autant, certaines voies indirectes ne sont pas fermées aux nus-propriétaires et ils peuvent obtenir du juge la conversion de l'usufruit en rente viagère (v. C. civ., art. 759), ce qui leur permettra ensuite de vendre une propriété entière, libérée du droit de l'usufruitier.

Il faut aussi réserver le cas dans lequel le juge trouverait dans l'interprétation de la volonté du *de cujus* le principe d'une licitation de la pleine propriété[4]. Surtout, il faut avoir égard aux contours exacts de la règle de l'article 815-5 alinéa 2 : le pouvoir de blocage de l'usufruitier suppose qu'il soit titulaire de la totalité de l'usufruit sur le bien dont la licitation est envisagée. Cela signifie que, par rapport à une masse de biens (l'ensemble de l'indivision), l'**usufruitier unique** est protégé. En revanche ce ne serait pas le cas de l'**usufruitier de quotité.** Le plein propriétaire d'une fraction de la succession pourrait en effet obtenir, contre l'usufruitier de quotité, le partage de la pleine propriété, puisque la demande émanerait d'un coïndivisaire en jouissance[5].

Enfin, dans l'hypothèse où le titulaire d'une quote-part de la propriété (par ex. un quart) se trouve en présence du titulaire d'une quote-part de la nue-propriété (par ex. trois quart), la Cour de cassation estime qu'il existe une indivision entre les intéressés quant à la propriété des biens, et que le premier a donc qualité pour demander le partage afin de faire déterminer les biens composant sa part en pleine propriété[6].

251.104 **Conséquences d'une licitation.** Pour le cas où, d'une manière ou d'une autre (par ex., à la suite d'un accord entre les nus-propriétaires et

1. Req. 20 juill. 1932, *D.* 1933. 1. 113, note Savatier.
2. Civ. 1re, 21 juin 1954, *Bull. civ.* I, no 205.
3. V. DÉJÀ Civ. 1re, 2 mars 2004, no 01-17.708, *Bull. civ.* I, no 68; *JCP* 2005. I. 187, no 3, note R. Le Guidec.
4. Req. 9 avr. 1877, *DP* 1877. 1. 389 – Civ. 10 déc. 1889, *DP* 1891. 1. 71.
5. Civ. 24 juin 1863, *S.* 1863. 1. 339 – Civ. 1re, 19 janv. 1999, no 96-18.303, *Bull. civ.* I, no 24; *JCP* 1999. I. 189, no 2, note R. Le Guidec.
6. Civ. 1re, 12 janv. 2011, no 09-17.298, *Bull. civ.* I, no 10; *JCP* 2011, no 323, § 7, obs. H. Périnet-Marquet; *AJ fam.* 2011. 165, obs. C. Vernières; *Dr. fam.* 2011, no 41, obs. B. Beignier.

l'usufruitier), la licitation de la pleine propriété aurait lieu, l'usufruit et la nue-propriété se trouveront chacun transformés en un droit de pleine propriété à une fraction du prix, ce qui met un terme à l'usufruit en tant que tel, celui-ci ne se reportant pas sur le prix. Une convention contraire serait possible. Ces solutions, qui avaient été dégagées par la jurisprudence antérieure, ont été consacrées par la réforme de 2006, à l'article 621 alinéa 1er du Code civil.

SECTION 2
DROIT AU CAPITAL

251.111 Précisions. En tant qu'objet de propriété, l'indivision considérée sous son aspect actif représente un capital sur lequel chacun des copropriétaires est titulaire d'un droit réel. Cette prérogative fondamentale qui inspire tout le droit de l'indivision mérite des explications particulières, parce que le législateur a admis qu'un indivisaire puisse faire valoir ce droit au capital de manière spécifique – c'est-à-dire en dehors d'un partage d'ensemble – en instituant le droit d'obtenir une avance en capital (§ 2).

Mais avant de caractériser cette prérogative particulière, il est nécessaire d'apporter plusieurs éclaircissements sur la consistance du capital.

Dans une **indivision successorale**, l'**actif indivis** n'est pas différent de l'**actif successoral**; cette affirmation se trouve aujourd'hui confortée par la définition légale de la masse partageable, qui figure à l'article 825 du Code civil depuis la réforme de 2006.

Dans une **indivision postcommunautaire**, l'actif est constitué par les biens qui étaient communs sous l'empire du régime matrimonial (sur la question des biens faisant l'objet d'un contrat de location-attribution [1]).

Les aliénations postérieures viennent réduire cet actif, sauf le mécanisme de la subrogation (v. ss nos 251.131 à 251.134); les acquisitions faites avec des deniers indivis, ou au nom de l'indivision, viennent par ailleurs grossir celle-ci. À ce dernier sujet, c'est le titre qui importe; la manière dont l'acquisition a été financée est indifférente. Ainsi, lorsqu'un seul indivisaire finance l'acquisition, le bien est indivis si le titre l'indique; l'indivisaire qui a fourni le financement se trouve simplement créancier de l'indivision [2].

1. Civ. 1re, 28 févr. 2006, no 03-19.958, *Bull. civ.* I, no 105.
2. Civ. 1re, 28 mars 2006, no 04-11.033, *Bull. civ.* I, no 185.

Outre ces solutions générales, certains cas méritent des explications. Selon la loi en effet et pour prendre l'exemple du droit successoral, certains avoirs particuliers, comme les **créances** dont le défunt était titulaire, ne tombent pas en indivision – et il n'est cependant pas douteux qu'il s'agit de biens successoraux. Des précisions particulières s'imposent donc sur le capital de l'indivision (§ 1er).

§ 1
Capital de l'indivision

251.120 Cas particuliers. Quatre types de valeurs méritent des explications sur les conditions auxquelles elles intègrent l'actif indivis : les créances successorales (A); les biens subrogés (B); les plus-values et moins-values (C); les biens à caractère personnel marqué (D).

A.
Créances successorales

251.121 Principe de division et conflit de textes. L'obligation se divise entre les héritiers (C. civ., art. 1220, al. 1er). Pour se limiter ici à la face active de l'obligation, la créance du *de cujus* se partage de plein droit entre les indivisaires à proportion des parts héréditaires; autant dire qu'elle ne tombe pas en indivision. On ne retrouve le principe d'indivisibilité que si l'objet de l'obligation est indivisible (ce qui n'est pas le cas des créances de somme d'argent) ou si l'indivisibilité a été stipulée. Il a cependant fallu accommoder l'article 1220 avec les textes sur le partage qui semblent admettre une solution différente. C'est spécialement le cas de l'article 883, qui formule le principe de l'**effet déclaratif du partage** dans les termes les plus généraux, chaque cohéritier étant censé avoir succédé seul et immédiatement à **tous les effets** compris dans son lot. On peut également relever que, à l'époque où le partage en nature était de principe, les textes avaient l'occasion de préciser que les droits et les créances sont inclus dans le partage (C. civ., art. 832, al. 2 anc.).

251.122 Division des créances pour l'exercice du droit. Si l'on considère l'**exercice** du droit de créance, les créances ne tombent pas dans l'indivision. Ainsi, chaque indivisaire, tant que dure l'indivision, peut recouvrer la créance héréditaire pour la part qui lui revient [3]. C'est-à-dire que les paiements, demandés ou spontanés, que chaque indivisaire reçevrait dans les limites de sa part seraient valables,

3. V. PAR EX., Civ. 1re, 11 oct. 1988, no 86-11.860, *Bull. civ.* I, no 285.

et ils le resteront. Si l'indivisaire a reçu paiement de la créance au-delà de sa part, il est comptable des deniers encaissés à l'égard de ses coïndivisaires.

251.123 Indivision des créances au regard des actes de disposition. Si l'on considère en revanche **les actes de disposition**, il faut considérer que les créances héréditaires figurent dans l'indivision. Si donc l'une de ces créances fait, en cours d'indivision, l'objet d'une **cession** consentie par un indivisaire, la jurisprudence applique l'effet déclaratif du partage, ce qui évite de soumettre l'opération à l'article 1690 du Code civil (même s'il est *de facto* utile d'avertir d'une manière ou d'une autre le débiteur pour éviter les paiements mal dirigés); cela conduit surtout à annuler cette cession si l'indivisaire qui l'avait consentie n'est pas attributaire, dans le partage, de la créance en cause[1].

De même, il faut admettre que les créanciers de l'indivision (sur cette catégorie v. s[s] n°s 253.10 à 253.27) peuvent **saisir** les créances héréditaires, en considérant qu'elles figurent dans l'indivision.

B.
Biens subrogés

251.131 Subrogation réelle au sein de la masse indivise. L'actif de la masse indivise se compose en premier lieu de tous les biens existants au jour où se produit le fait générateur de l'indivision. Pour ce qui concerne l'indivision successorale, l'actif indivis comportera donc tous les biens dont le *de cujus* était propriétaire au moment de son décès; il faut ajouter les biens donnés par le défunt et qui sont restitués en nature au titre du rapport ou de la réduction, ce qui devient marginal dans la mesure où le rapport et la réduction s'exécutent en principe aujourd'hui en valeur.

Mais pour le temps qu'elle dure, l'indivision peut s'enrichir de certains biens. Cet enrichissement se produit d'autant plus facilement qu'on admet la subrogation réelle au sein de la masse indivise, comme à l'intérieur d'une universalité de droit. La solution avait été définitivement établie par un célèbre arrêt *Chollet c/Dumoulin*[2] : au sujet d'un immeuble qui avait été licité à un tiers en cours d'indivision, et s'agissant de savoir lors du partage qui, de l'indivision ou du seul attributaire du prix de l'immeuble dans le partage, devait être considéré comme vendeur, la Cour de cassation a choisi cette dernière solution, en appliquant l'effet déclaratif du partage au prix d'adjudication. Cela permettait de faire tomber l'hypothèque consentie par un coïndivisaire de l'attributaire, mais revenait à faire jouer l'effet déclaratif sur une créance de prix dont le défunt n'avait jamais été titulaire. Pour surmonter ce paradoxe, les juges eurent recours à la notion de subrogation réelle en disant que la créance qui « *remplace* » l'immeuble dans la masse devient elle-même « *un effet de succession* ». Cette logique n'a jamais été démentie par la jurisprudence ultérieure[3], et elle s'est trouvée consacrée par la loi à l'occasion de la réforme de 2006, puisque l'article 825 alinéa 1er du Code civil précise que la masse partageable comprend les biens existant à l'ouverture de la succession « *ou ceux qui leur ont été subrogés* ». Le texte ne marque d'ailleurs aucun progrès, puisqu'il paraît limité à l'indivision successorale alors que la solution, qui tient à la nature de l'indivision comme universalité, vaut pour toutes les indivisions quelle que soit leur source.

251.132 Cas de subrogation. Le mécanisme subrogatoire doit être reconnu de manière générale, c'est-à-dire en dehors même des cas où l'effet déclaratif est en cause, lorsqu'il s'agit de délimiter la composition de la masse indivise.

Ainsi, on admet que :

- le prix d'un immeuble indivis se substitue à la chose vendue[4];

- si un nouvel immeuble est acquis en remploi du bien initial, ce nouvel immeuble fait partie de la masse[5];

- si l'immeuble acquis en remploi est lui-même revendu, son prix de revente entrera dans l'indivision, même s'il est inférieur au coût d'acquisition[6].

Cela explique également que si un bien indivis a été vendu, on doit tenir compte dans le partage du prix d'aliénation, et non d'une évaluation faite auparavant en d'autres circonstances[7].

Il arrive aussi que, dans des hypothèses où l'on pouvait croire à l'existence d'une subrogation, les juges considèrent que, malgré certaines modifications juridiques, le bien doit toujours être considéré comme faisant lui-même partie de la masse, du moins pour les besoins de la liquidation (ainsi un

1. Req. 13 janv. 1909, *DP* 1911. 1. 435.
2. Cass., ch. réun., 5 déc. 1907, *DP* 1908. 1. 113, note Colin.
3. Civ. 1re, 26 oct. 1976, n° 74-12.930, *Bull. civ.* I, n° 307; *Defrénois* 1977. 31467, note G. Champenois.
4. Civ. 1re, 31 mars 1992, n° 90-17.212, *Bull. civ.* I, n° 96; *RTD civ.* 1993. 401, note F. Lucet et B. Vareille; *JCP* 1993. II. 22003, note J.-F. Pillebout; *JCP* 1993. II. 22041, note A. Tisserand; *Defrénois* 1992. 1121, note G. Champenois; *Defrénois*. 1993. 545, étude G. Morin.
5. Civ. 1re, 9 janv. 1979, n° 77-13-694, *Bull. civ.* I, n° 13; *D.* 1979. IR 254, note D. Martin.
6. Civ. 1re, 6 nov. 1967, *D.* 1968. 36.
7. Civ. 1re, 17 nov. 1971, n° 70-11.606, *Bull. civ.* I, n° 290; *D.* 1972. 261, note Dedieu – V. AUSSI, Com. 9 juill. 1974, n° 73-114.50, *Bull. civ.* IV, n° 224; *D.* 1974. IR 217.

cas où les juges ont estimé que la transformation en société du mode d'exploitation individuelle du fonds de commerce n'avait pas entraîné une modification de sa consistance[1]).

251.133 Nature de la subrogation. La doctrine antérieure à 2006 était partagée pour dire si la subrogation au sein de la masse indivise était une **subrogation légale** qui se produisait de plein droit, ou une **subrogation volontaire** qui supposait l'intention de l'indivisaire acquéreur et l'accord de ses coïndivisaires. Il paraissait logique d'admettre le jeu de la subrogation réelle de plein droit au sein de l'indivision successorale, comme on l'admettait au sein de la même masse lorsqu'elle constituait le patrimoine du *de cujus*, avant son décès. Mais un arrêt, il est vrai équivoque, semblait avoir admis le support volontaire de la subrogation[2].

Aujourd'hui, la loi vient clore le débat, non pas vraiment par l'article 825 du Code civil qui dit simplement qu'il faut tenir compte de la subrogation, mais en vertu de l'article 815-10 alinéa 1er qui précise de manière plus catégorique que « *sont de plein droit indivis, par l'effet d'une subrogation réelle, les créances et indemnités qui remplacent des biens indivis, ainsi que les biens acquis, avec le consentement de l'ensemble des indivisaires, en emploi ou remploi des biens indivis* ».

Toujours est-il que le mécanisme de subrogation ne peut être reconnu que si l'aliénation initiale, puis l'éventuelle acquisition subséquente, ont été réalisées conformément aux règles de gestion applicables à l'indivision, ce qu'il appartient à celui qui se prévaut de la subrogation de démontrer, au cas de contestation.

251.134 Opposabilité aux tiers. Il peut arriver que le jeu de la subrogation affecte la situation des tiers, spécialement des créanciers. Or, pour qu'elle soit opposable à tous, il ne suffira pas que l'acquisition d'un bien nouveau ait été faite avec des valeurs indivises. Il a été jugé que le créancier d'un indivisaire peut ignorer la subrogation, lorsque son débiteur, auteur de l'emploi, est indiqué aux actes d'acquisition comme seul acquéreur d'un immeuble, et qu'il fait ainsi figure d'unique propriétaire[3]. La solution paraît devoir être limitée aux cas d'acquisition d'un bien dont la transmission ne s'opère à l'égard des tiers que moyennant l'accomplissement d'une publicité. Dans de tels cas, si seul l'auteur de l'emploi figure en qualité d'acheteur, la subrogation ne sera opposable *erga omnes* que si l'acte publié mentionne que l'acquisition est faite au moyen de fonds indivis, et pour servir d'emploi à ces fonds (encore devra-t-on pouvoir démontrer l'existence de fonds à employer, de sorte qu'il est opportun que l'acte contienne des précisions sur l'origine des fonds indivis).

C. Plus-values et moins-values

251.141 Les plus-values profitent à l'indivision. Il paraît indiscutable qu'un gain en capital profite à l'indivision, et qu'inversement une perte en capital l'affecte négativement. La solution résulte d'ailleurs de la solution selon laquelle les biens à partager doivent être évalués à la date de la jouissance divise (C. civ., art. 829, al. 1er), c'est-à-dire au jour le plus proche du partage effectif (C. civ., art. 829, al. 2) : le choix d'une telle date fait que la plus-value survenue en cours d'indivision aura profité à tous les indivisaires – et que de la même manière la moins-value leur préjudiciera.

251.142 Question des plus-values dues aux efforts de l'indivisaire gérant. Ce qui précède implique donc que toute plus-value, quelle que soit sa nature ou son origine, soit intégrée à l'indivision.

En 1987, la Cour de cassation avait distingué selon que la plus-value était due ou non aux efforts personnels du gérant[4]. Un arrêt postérieur[5] était resté silencieux sur l'origine de la plus-value, se contentant d'affirmer, au sujet d'une clientèle libérale, que l'indivision s'accroît de la plus-value, sous réserve de l'attribution à l'indivisaire gérant de la rémunération de son travail conformément à l'article 815-12; on pouvait comprendre cette décision simplificatrice comme l'abandon de la distinction posée en 1987, ce que la Cour de cassation a confirmé depuis[6]. Elle a toutefois également dit que des juges du fond pouvaient souverainement décider que le montant de la plus-value apportée à l'immeuble indivis grâce aux travaux personnellement réalisés par un indivisaire avec des

1. Civ. 1re, 1er juill. 2003, no 01-10.708, *Bull. civ.* I, no 151.
2. Civ. 1re, 20 févr. 1996, no 93-21.141, *Bull. civ.* I, no 95; *RTD civ.* 1996. 961, note J. Patarin.
3. Civ. 1re, 4 janv. 1980, no 78-13.283, *Bull. civ.* I, no 10; *D.* 1980. 425, note A. Breton.
4. Civ. 1re, 25 mai 1987, no 85-16.995, *Bull. civ.* I, no 166; *D.* 1988. 28, note crit. A. Breton.
5. Civ. 1re, 12 janv. 1994, no 91-18.104, *Bull. civ.* I, no 10; *D.* 1995. Somm. 42, obs. M. Grimaldi; *D.* 1994. 311, note R. Cabrillac; *RTD civ.* 1994. 642, note F. Zenati; *RTD civ.* 1996. 231, note B. Vareille; *RTD com.* 1994. 546, note B. Bouloc; *JCP* 1994. I. 3785, III, no 1, note Ph. Simler; *JCP N* 1994. II. 329, note J.-F. Pillebout; *Defrénois* 1994. 430, note L. Aynès.
6. Civ. 1re, 29 mai 1996, no 94-14.632, *Bull. civ.* I, no 222; *RTD civ.* 1997. 713, note J. Patarin; *JCP N* 1997. II. 702, note S. Piedelièvre; *JCP N* 1996. I. 3968, no 4, note R. Le Guidec; *JCP N* 1996. I. 3972, no 11, note H. Périnet-Marquet; *JCP* 1997. I. 4008, no 17, note A. Tisserand – Civ. 1re, 23 juin 2010, no 09-13.688, *Bull. civ.* I, no 146; *Defrénois* 2010, art. 39184, no 3, obs. D. Fiorina.

matériaux acquis en commun, correspondait à la rémunération de l'activité de cet indivisaire[1].

De tout cela, il s'évince quelques enseignements pratiques :

- d'une part, la plus-value dont bénéficie un bien en raison de l'activité d'un coïndivisaire accroît à l'indivision;

- d'autre part, le coïndivisaire qui, par ses efforts personnels, a accru la valeur du bien a droit à une rémunération. Simplement, ce salaire doit être évalué conformément, non à l'article 815-13, mais à l'article 815-12 du Code civil. En effet, si ce salaire peut être fixé compte tenu des revenus et de la plus-value, dont on peut penser qu'ils sont en corrélation avec le travail fourni, le juge ne saurait, sans s'en expliquer, accorder un salaire égal à la plus-value.

251.143 Moins-values. La question de savoir si les moins-values subies par les biens indivis doivent être supportées par l'indivision se présente sous un aspect plus simple. La Cour de cassation a jugé que « *la moins-value soufferte par les biens de la succession pendant l'indivision... préjudicie à tous les héritiers indivisaires* »[2]. La jurisprudence a pu ainsi préciser que les pertes provoquées par une cause extérieure sont à la charge de tous, à la différence de celles dues au comportement d'un indivisaire. La solution a été depuis confortée par l'article 815-10 alinéa 4 du Code civil, qui dispose que « *chaque indivisaire* [...] *supporte les pertes proportionnellement à ses droits dans l'indivision* ». Mais il faut réserver, comme l'a fait la jurisprudence, la perte causée par la faute d'un indivisaire.

D.
Biens à caractère personnel

251.151 Données du problème. Il s'agit de biens patrimoniaux dont on ne peut être propriétaire que si l'on détient certaines qualités personnelles; leur transmissibilité, à supposer même qu'elle existe, est donc imparfaite, en ce sens qu'ils ne sont pas librement négociables. Les exemples courants sont constitués par les **offices ministériels**, la titularité d'une **clientèle libérale**, ou les **parts d'intérêt dans les sociétés de personnes** (y compris les SARL dont les statuts marquent un certain *intuitus personæ*). Puisque ces biens se transmettent difficilement, il faut se demander si, après qu'ils ont appartenu à l'universalité initiale (patrimoine du *de cujus;* communauté conjugale...), il est possible de les retrouver dans la masse indivise qui lui succède.

1. Civ. 1re, 13 mars 2007, n° 05-13.320, *Bull. civ.* I, n° 109; *RTD civ.* 2007. 801, note B. Vareille; *JCP* 2007. I. 197, n° 4, note H. Périnet-Marquet; *Defrénois* 2008. 1093, note D. Fiorina.
2. Civ. 11 janv. 1937, *DH* 1937. 101.

251.152 Indivision successorale. En ce qui concerne l'indivision héréditaire, il s'agit de savoir si le type de bien en cause est transmissible à l'héritier. C'est généralement le cas pour la valeur patrimoniale, mais pas pour la titularité sur ce bien : les héritiers doivent alors vendre le bien en recherchant un acquéreur qui réponde aux conditions de titularité. De sorte qu'en pratique le bien lui-même ne reste pas dans la masse indivise, où il est remplacé par le prix de cession (souvent les successeurs procèdent immédiatement à un partage de ce prix). Mais c'est surtout pour l'indivision postcommunautaire que la question se pose en pratique, parce que la dissolution de la communauté ne correspond pas aussi souvent que l'ouverture d'une succession à une interruption de l'activité en cause, et les intérêts en présence sont plus pressants pour dire quel élément tombe en indivision. C'est donc sous cet aspect que la jurisprudence a eu l'occasion d'envisager la question; on y retrouve la logique qui conduit à dissocier l'aspect purement patrimonial (la valeur) et l'aspect purement personnel (la titularité).

251.153 Seule la valeur du bien figure dans l'indivision. On admettait traditionnellement qu'un bien à caractère personnel ne figurait dans la masse que pour sa valeur; autrement dit, le bien considéré dans sa nature ne se trouvait pas lui-même soumis à l'indivision. C'est ce qui résultait de la fameuse distinction jurisprudentielle entre le titre et la finance, dont manifestement le législateur avait voulu en 1965 faire l'économie en plaçant les biens à caractère personnel dans la catégorie des biens propres par nature, avec le cas échéant droit à récompense de la communauté (C. civ., art. 1404). Mais la jurisprudence a reconstitué la distinction du titre et de la finance[3]. Il y a une certaine différence pratique entre les deux solutions : car poser que le bien est propre à charge de récompense, comme a paru le dire la loi, ou qu'il est commun sauf le titre, comme le dit la jurisprudence, détermine de façon différente le sort des fruits, puisque dans le second cas ceux-ci profiteront à l'indivision postcommunautaire (sauf à en déduire la rémunération de l'indivisaire professionnel), et non dans le premier. Ainsi, les revenus avant impôt produits par une étude d'huissier comprise dans l'indivision postcommunautaire doivent être rapportés à l'indivision[4].

3. Civ. 1re, 8 déc. 1987, n° 86-12.426, *Bull. civ.* I, n° 333; *D.* 1989. 61, note Ph. Malaurie; *JCP* 1989. II. 21336, note Ph. Simler; *Defrénois* 1988. 533, note G. Champenois – *Adde :* Civ. 1re, 14 mars 2006, n° 03-19.728, *Bull. civ.* I, n° 148; *D.* 2006. IR 1329; *AJ fam.* 2006. 382, note P. Hilt; *JCP* 2006. I. 193, n° 8, note Ph. Simler.
4. Civ. 1re, 10 mai 2006, n° 04-12.473, *Bull. civ.* I, n° 233.

251.154 Clientèles civiles. On ajoutera à ces solutions celle selon laquelle la clientèle civile d'une profession libérale, malgré son caractère officiellement extra-patrimonial, doit être comptée à l'actif de la communauté conjugale, ce qui fait qu'on retrouvera la valeur de cette clientèle dans l'indivision postcommunautaire [1]. La même analyse a été faite au sujet d'une indivision successorale [2].

251.155 Parts sociales. Le contrat de société précise généralement ce qu'il adviendra des parts sociales au décès de leur titulaire (C. civ., art. 1870 et 1870-1, pour les sociétés civiles - C. com., art. L. 223-13, pour les SARL - et C. com., art. L. 221-15, pour les sociétés en nom collectif (SNC) et les sociétés en commandite simple (SCS), et cela décidera de leur présence ou non dans l'indivision successorale. Pour l'indivision postcommunautaire, on estimera qu'elles s'y trouvent car si l'article 1832-2 du Code civil opère bien une distinction, ce n'est pas une distinction entre le titre et la finance, mais une distinction entre la qualité d'associé et le titre de gestion communautaire, qui est opératoire tant que dure la communauté [3] (même si le conjoint de l'acquéreur n'a pas demandé à entrer dans la société, la part acquise avec des deniers de communauté est commune : la qualité d'associé ne reste personnelle à l'époux acquéreur que comme titre spécifique d'intervention dans la société, ce qui est indifférent par rapport à la gestion des droits sociaux en tant que biens communs, d'où l'application de l'article 1424). Les parts figurent donc en nature et en valeur dans la communauté. Dans ces conditions, on les retrouve intégralement dans l'indivision postcommunautaire. Seules les règles de gestion changeront : on leur appliquera désormais les règles relatives à la gestion des biens indivis (v. s^s n°s 252.00 s.).

251.156 Activités commerciales soumises à diplôme. Le fait que l'exploitation d'un fonds de commerce soit subordonnée à la possession de certains diplômes (ex. pharmacie) ne l'empêche pas de tomber en communauté; un tel fonds figurera donc dans l'indivision postcommunautaire [4]. On peut toutefois se demander si cette solution mérite encore d'être répertoriée comme de droit positif, car il semble raisonnable d'appliquer ici la distinction du titre et de la finance, ce que d'ailleurs la jurisprudence admettait sous l'empire du droit antérieur à la réforme de 1965 [5].

§ 2
Droit d'obtenir une avance en capital

251.161 Raison d'être. La reconnaissance du droit d'obtenir chaque année une part dans les bénéfices de l'indivision (C. civ., art. 815-11, al. 1er – v. s^s n°s 251.361 à 251.365), améliore la condition de l'indivisaire. Parfois cependant une part de revenu ne suffit pas : l'indivisaire aurait besoin d'un capital sans attendre. L'article 815-11 alinéa 4 lui permet de l'obtenir, tout en y posant des conditions destinées à éviter qu'il ne soit porté atteinte au droit des autres indivisaires (comp. pour le divorce : C. civ., art. 267, al. 3). Le texte précise en effet qu'à concurrence des fonds disponibles le président du tribunal de grande instance peut ordonner une avance en capital sur les droits de l'indivisaire dans le partage à intervenir. L'avance en capital se présente donc comme une remise de numéraire qui anticipe sur la répartition ultérieure du capital indivis. Cela suppose que le juge s'assure que l'avance qu'il va accorder n'excédera pas de manière manifeste la part à laquelle le demandeur aura normalement droit dans le partage.

Le gérant d'une indivision n'a pas le pouvoir d'accorder une avance à un indivisaire, puisque celle-ci n'est possible que par ordonnance du juge, ou par l'accord unanime des indivisaires [6].

251.162 La condition qu'il existe des fonds disponibles. L'avance en capital est subordonnée à l'existence de fonds disponibles, mais peu importe l'origine de cette trésorerie : revenus non distribués ou fonds originaires. On peut même concevoir que le juge ordonne la vente de valeurs mobilières détenues à titre de placement, si l'on admet, ce qui est raisonnable, que la notion de fonds disponibles est plus large que celle de numéraire, et qu'elle couvre la contre-valeur de biens négociables; la Cour de cassation est même allée jusqu'à comprendre dans la notion des « *œuvres d'art aisément mobilisables* » [7].

1. Civ. 1re, 12 janv. 1994, n° 91-18.104, *Bull. civ.* I, n° 10; *D.* 1994. 311, note R. Cabrillac; *RTD civ.* 1994. 642, note F. Zenati; *RTD civ.* 1996. 231, note B. Vareille; *JCP* 1994. I. 3785, III, n° 1, note Ph. Simler; *JCP N* 1994. II. 329, note J.-F. Pillebout; *Defrénois* 1994. 430, note L. Aynès.
2. Civ. 1re, 19 nov. 2002, n° 00-18.339, *Bull. civ.* I, n° 277; *D.* 2003. 1590, note S. Mirabail; *JCP* 2003. I. 180, n° 6, obs. R. Le Guidec.
3. À noter que le conjoint peut revendiquer la qualité d'associé pour la moitié des parts sociales aussi longtemps qu'un jugement de divorce passé en force de chose jugée n'est pas intervenu : Com. 18 nov. 1997, n° 95-16.371, *Bull. civ.* IV, n° 298; *Dr. fam.* 1998. Comm. 5, note H. Lécuyer; *RTD civ.* 1998. 889, obs. J. Hauser – Com. 14 mai 2013, n° 12-18.103, *Bull. civ.* IV [à paraître]; *Dr. fam.* 2013. Comm. 135, note P. Binet; *RTD civ.* 2013. 585, obs. J. Hauser.
4. Req. 8 nov. 1922, *DP* 1924. 1. 186.
5. Civ. 1re, 10 mai 1984, n° 83-10.849, *Bull. civ.* I, n° 152.
6. Civ. 1re, 3 nov. 2004, n° 01-16.031, *Bull. civ.* I, n° 245.
7. Civ. 1re, 20 juin 2006, n° 05-14.281, *Bull. civ.* I, n° 321; *D.* 2007. 1751, note P. Courbe et F. Jault-Seseke; *Rev. crit. DIP* 2007. 383, note B. Ancel; *Dr. et patr.* 2006. 83, note M.-E. Ancel.

En tout état de cause, le président du tribunal garde le pouvoir d'apprécier l'opportunité d'une avance en capital, ce qu'il fera en fonction de l'intérêt commun.

251.163 Conséquences lors de la liquidation. Ce système d'avance peut présenter des dangers : l'avance se fera en argent; or si le partage n'intervient que longtemps après, c'est nécessairement une dette dévaluée par l'effet de la dépréciation monétaire qui se trouvera imputée au compte du bénéficiaire de l'avance. Pour éviter toute injustice, il faudrait que la somme accordée à titre d'avance fût indexée, ou du moins qu'elle fît l'objet d'une réévaluation lors du partage. Ce mécanisme, qui s'apparente à la technique de la dette de valeur, serait le mieux à même d'assurer l'égalité entre les coïndivisaires. Mais la Cour de cassation a précisé que l'allocation d'une avance ne constitue ni un partage partiel ni un partage provisionnel, de sorte qu'en l'absence de disposition légale et d'accord des parties, elle ne peut faire l'objet d'une réévaluation au jour du partage[1]. Toutefois, dans la mesure où la Cour analyse l'avance en capital comme une dette rapportable[2], elle produit, par application de l'article 856 du Code civil, intérêt de plein droit au taux légal à compter de sa naissance, comme toute dette née postérieurement à l'indivision.

SECTION 3
DROIT DE DISPOSITION : ÉTENDUE DU DROIT DE DISPOSER RECONNU À L'INDIVISAIRE

251.170 Distinction. Il est nécessaire de distinguer les droits de l'indivisaire sur sa quote-part abstraite, et ses droits sur chacun des biens indivis. S'il a en effet sur la première un droit de propriété actuel et exclusif, il a un droit simplement éventuel sur chacun des biens indivis considérés en nature. L'existence d'un droit accompli sur un tel bien reste subordonnée à l'issue du partage, et pour peu que le bien en cause soit mis au lot de l'un de ses coïndivisaires, l'indivisaire sera considéré comme n'ayant jamais eu le moindre droit dessus. Avant de traiter cette difficulté, essentiellement résolue par la jurisprudence en l'absence de précision légale (§ 2), on doit exposer le cas le plus simple : l'acte de disposition de la quote-part (§ 1).

1. Civ. 1re, 1er mars 1988, n° 86-13.374, *Bull. civ.* I, n° 58; *D.* 1988. 408, note Morin.
2. Civ. 1re, 29 nov. 1989, n° 87-11.680, *Bull. civ.* I, n° 372; *Defrénois* 1990, art. 34704, note G. Morin; *RTD civ.* 1990. 536, note J. Patarin; *RTD civ.* 1991. 145, note F. Zenati.

§ 1
Disposition de la quote-part

251.171 Présentation. Par principe, et en sa qualité de propriétaire, chaque indivisaire se voit reconnaître la faculté de disposer de ses droits dans l'indivision. Mais comme on doit tenir compte du fait qu'il s'agit d'une **copropriété** qui, lorsqu'elle dure, révèle une communauté d'intérêts, la loi a reconnu le droit de chaque indivisaire de préempter les droits indivis en voie d'être cédés. On évoquera successivement l'étendue du droit de disposition de chaque indivisaire (A), puis le droit de préemption et de substitution institué par la loi (B).

A.
Droits de l'indivisaire sur sa quote-part

251.180 Pouvoirs de l'indivisaire. Tout immatérielle qu'elle soit, la quote-part de droits indivis figure réellement à l'actif du patrimoine de son titulaire; chaque indivisaire a donc logiquement la faculté d'en disposer : la céder (1°) ou la donner en garantie (2°).

1°
Cession de quote-part indivise

251.181 Cession totale ou fractionnaire, onéreuse ou gratuite. L'indivisaire a la faculté de céder sa quote-part dans la masse indivise[3], en totalité ou en partie[4] : les cessions fractionnaires sont donc possibles. De même est valable la cession de quote-part dans un bien déterminé de l'indivision[5]. Les droits indivis peuvent être cédés à titre onéreux (vente, échange, dation en paiement), ou bien transmis par donation ou legs. La cession sera aussi bien consentie à un coïndivisaire qu'à un tiers, sauf l'existence possible du droit de préemption dans ce dernier cas (v. ss nos 251.201 à 251.252).

Selon une jurisprudence classique, le droit pour chacun des indivisaires de céder sa quote-part disparaît lorsque ses créanciers personnels ont exercé l'opposition à partage de l'article 882 du Code civil, qui correspond à une interdiction de faire le partage hors de leur présence (v. ss nos 253.37 à 253.39).

251.182 Conséquences contractuelles au cas de cession d'universalité. Lorsque l'indivision est successorale, la cession de la quote-part est une cession de droits successifs. La cession opère alors transfert de tout ou partie d'ensemble patrimonial, d'une universalité, ce qui entraîne l'application de règles

3. Civ. 1re, 4 oct. 2005, n° 03-12.697, *Bull. civ.* I, n° 359.
4. Civ. 1re, 16 avr. 1991, n° 89-17.930, *Bull. civ.* I, n° 137.
5. Civ. 1re, 17 oct. 1973, n° 72-10.948, *Bull. civ.* I, n° 271.

particulières. Ainsi, si la cession est faite à titre onéreux, il y aura lieu à l'application des articles 1696 à 1698 du Code civil, qui aménagent de façon spécifique les règles de garantie et l'étendue de la délivrance[1]. Le caractère de cession d'universalité commande que l'acquéreur se trouvera investi à l'égard des tiers des créances éventuellement comprises dans la masse, sans qu'une signification soit nécessaire[2]. Quant à la **délivrance**, le cédant est alors tenu de restituer à l'acheteur de l'hérédité les fruits qu'il a pu percevoir, ainsi que le prix des choses dépendant de la succession, et qu'il aurait aliénées (C. civ., art. 1697) - mais le texte réserve la stipulation contraire. Quant à la **garantie**, le cédant n'est tenu de plein droit que de garantir sa qualité d'héritier (C. civ., art. 1696), il ne répond pas de l'éviction d'objets particuliers qui auraient été considérés comme faisant partie de l'universalité en cause.

Mais dans une telle vente, ce sont les droits successoraux qui sont vendus et non la qualité même d'héritier. Il en résulte que le cédant reste soumis à l'action des **créanciers** héréditaires, sauf son recours contre le cessionnaire qui doit l'indemniser des sommes qu'il a employées à l'acquittement des dettes héréditaires (C. civ., art. 1698) - disposition également supplétive de volonté. Les créanciers héréditaires, qui sont devenus par le décès les créanciers du cédant, peuvent seulement atteindre le cessionnaire par la voie oblique. L'absence de principe de recours direct des créanciers héréditaires contre le cessionnaire démontre que la cession en cause n'emporte pas transfert de dettes, conformément aux principes de notre droit français; l'universalité cédée se présente donc plutôt comme une simple universalité de fait, malgré les développements équivoques de certains arrêts[3].

251.183 Autres effets. En outre, la cession d'une telle quote-part, qu'elle ait lieu à titre onéreux ou à titre gratuit, vaut acceptation de la succession par le cédant (v. C. civ., art. 783).

Le cessionnaire quant à lui recueillera tous les avantages patrimoniaux attachés à la qualité d'indivisaire, et spécialement le droit de prendre part au partage[4], ainsi que le droit de défendre à une demande en attribution préférentielle[5].

1. Ces aménagements étant dus à l'idée que la cession porte alors sur une universalité (et non sur des biens spécialement désignés), on les applique au cas de vente par un époux de ses droits dans la communauté dissoute (Req. 23 mars 1896, *DP* 1897. 1. 42, sol. impl.) et au cas de cession de droits dans une société en liquidation.
2. Req. 16 avr. 1889, *DP* 1890. 1. 260.
3. Req. 16 avr. 1889, préc.
4. Civ. 1re, 17 mai 1977, n° 75-15.309, *Bull. civ.* I, n° 240.
5. Civ. 1re, 9 janv. 1980, n° 78-14.550, *Bull. civ.* I, n° 21; *JCP* 1980. II. 19420, note J. Patarin.

251.184 Nature de l'opération lorsque la cession met fin à l'indivision. Si la cession de quote-part a pour effet de mettre fin à l'indivision, par exemple parce que l'opération porte sur la totalité des droits indivis d'un indivisaire dans une indivision qui en comportait deux, l'opération a la nature d'un **partage**, et non d'une vente. Le retour en argent sera donc analysé comme une **soulte**, et non comme un prix de vente. Cette qualification commande diverses conséquences, en particulier la garantie du copartageant et l'effet déclaratif. Ainsi, la cession de droits indivis entre cotitulaires d'un fonds de commerce va avoir cet effet que le bail lui-même sur les locaux loués va se trouver attribué au cessionnaire à titre de partage, et il n'y aura pas lieu à accomplir les formalités prévues au bail en cas de cession[6].

L'analyse de la cession en une opération de partage dépend précisément de deux conditions : le fait qu'elle mette fin à l'indivision, comme on l'a dit, mais également qu'elle soit consentie à titre onéreux[7]. Si en effet la cession était inspirée par une intention libérale, ce sont les règles de fond des donations qui devraient s'appliquer.

Il arrive bien entendu qu'une cession de quote-part entre indivisaires ne mette pas fin à l'indivision. Une telle cession ne constitue pas un acte de partage, mais elle a en tout cas un effet déclaratif qui dispense d'effectuer une publicité foncière de l'acte pour assurer son opposabilité aux tiers[8].

251.185 Incidences fiscales. Les cessions de droits successifs constituent des **ventes** et sont donc, en principe, taxées comme telles, d'après la nature des biens compris dans la cession. Toutefois, lorsque les cessions de droits successifs interviennent entre **indivisaires originaires**, elles bénéficient, en application de l'article 750, II du Code général des impôts, d'un régime de faveur identique à celui prévu pour les partages et licitations.

Aux termes de l'article 750, II du Code général des impôts, les cessions de droits successifs sont assujetties à un droit d'enregistrement ou à une taxe de publicité foncière de **2,50 %** lorsqu'elles interviennent au profit de membres originaires de l'indivision, de leur conjoint, de leurs ascendants ou descendants ou des ayants droit à titre universel de l'un ou de plusieurs d'entre eux. Le droit proportionnel réduit ne frappe que les droits cédés. Cependant, lorsque la cession met fin à l'indivi-

6. Civ. 3e, 13 oct. 2004, n° 03-12.968, *Bull. civ.* III, n° 169; *D.* 2004. 2935, note Y. Rouquet; *D.* 2005. 1090, note L. Rozès; *Defrénois* 2005. 1169, note L. Ruet.
7. Civ. 2 févr. 1915 et Civ. 23 avr. 1918, [motifs], *DP* 1920. 199 - Civ. 20 mai 1946, *Gaz. Pal. tables* 1946. 2, *vis Cession transport*, nos 1 et 2.
8. Civ. 1re, 12 déc. 2006, n° 04-11.579, *Bull. civ.* I, n° 547.

sion, l'imposition est liquidée sur la valeur des biens sans soustraction de la part de l'acquéreur.

Lorsque les cessions de droits successifs ne sont pas susceptibles de bénéficier du régime de faveur prévu par l'article 750, II du Code général des impôts, elles sont soumises au droit de mutation sur le prix augmenté des charges ou sur la valeur vénale réelle des biens, au taux réglé pour les ventes et déterminé d'après la nature des biens transmis.

2°
Dation en garantie d'une quote-part indivise

251.191 Hypothèque de quote-part consentie par tous. Si elle se rapporte, ne fût-ce que pour partie, à une fraction de biens immobiliers, la quote-part peut faire l'objet d'une hypothèque. L'hypothèque consentie par **tous** les indivisaires conserve son effet, quel que soit le résultat ultérieur du partage (C. civ., art. 2414, al. 2). Dans un tel cas, le créancier peut poursuivre la saisie du bien hypothéqué dès avant le partage de l'indivision, même s'il n'est le créancier que d'un indivisaire [1] (sur le conflit entre hypothèque et privilège du copartageant [2]). Les effets de cette situation claire ne font donc pas difficulté, à la différence du cas où l'hypothèque a été consentie par un indivisaire seul sur sa quote-part.

251.192 Hypothèque de quote-part constituée par son seul titulaire. L'indivisaire peut constituer une hypothèque sur sa quote-part indivise, ou sur une fraction de sa quote-part, lorsque la masse des biens indivis comporte des immeubles [3]. Il est de même possible au juge d'autoriser un créancier personnel à prendre une inscription provisoire d'hypothèque judiciaire sur la part indivise de son débiteur [4]. Cependant une telle hypothèque ne représente pas une garantie sûre, sa validité définitive dépendant de l'issue du partage : elle disparaîtra si l'immeuble est attribué à un autre indivisaire que celui qui l'avait constituée (arg. C. civ., art. 883 et 2414, al. 1er). La réforme de 2006 a cependant amélioré l'efficacité conditionnelle de la sûreté. Désormais en effet, si l'indivisaire qui avait consenti une hypothèque sur sa quote-part est, lors du partage, alloti du ou des immeubles indivis auxquels se rapporte cette quote-part, l'hypothèque conservera son effet dans toute la mesure de cet allotissement (C. civ., art. 2414, al. 3), sans être limitée à la quote-part qui appartenait à l'indivisaire, comme c'était le cas selon la jurisprudence antérieure.

251.193 Effet au cas d'adjudication. Si l'immeuble au sujet duquel un indivisaire a hypothéqué sa quote-part est adjugé sur licitation *à un étranger*, cet étranger reste tenu de l'hypothèque, puisque vis-à-vis de lui l'adjudication vaut vente (et non partage). Mais on peut se demander dans quelle mesure il reste tenu; la Cour de cassation a finalement fait prévaloir la solution selon laquelle l'adjudicataire n'est tenu que dans la mesure de la part du prix d'adjudication attribuée au constituant par le partage [5] – et non dans la mesure de la portion indivise qui appartenait au constituant dans l'immeuble. Cela fragilise l'hypothèque consentie par un indivisaire sur sa quote-part, puisqu'on ne peut pas savoir quelle portion du prix de l'immeuble le partage lui attribuera. Il est par exemple possible que le rapport de ses dettes interdise à l'indivisaire constituant de prétendre à une quelconque valeur dans l'actif partageable. La réforme de 2006 a consacré la jurisprudence *Chollet c/Dumoulin* (C. civ., art. 2414, al. 4 *in fine*).

251.194 Nantissement de quote-part. L'indivisaire peut donner en gage sa quote-part dans la masse indivise à un créancier, si l'indivision comprend des meubles. Les choses mobilières incorporelles susceptibles d'être cédées (tel est le cas d'une quote-part) peuvent en effet faire l'objet d'un nantissement. Cela suppose toutefois qu'on puisse réaliser les formalités énoncées par la loi pour la constitution d'un gage.

B.
Droit de préemption et de substitution reconnu aux coïndivisaires

251.201 Raison d'être. Pour éviter que n'importe qui n'entre sans contrôle dans la collectivité des indivisaires, le législateur a institué, par le système du droit de préemption reconnu aux coïndivisaires du cédant, un mécanisme de contrôle qui intervient avant la cession d'une quote-part indivise. Tel est l'esprit qui a présidé à l'élaboration des articles 815-14 à 815-16, et 815-18 du Code civil. Chaque indivisaire dispose de la **faculté de préempter la quote-**

1. Civ. 1re, 20 nov. 1990, no 89-13.876 *Bull. civ.* I, no 259; *RTD civ.* 1992. 147, note F. Zenati; *Defrénois* 1991. 1054, note R. Savatier – Civ. 1re, 14 juin 2000, no 98-10.577, *Bull. civ.* I, no 182; *D.* 2001. 696, note L. Aynès; *D.* 2000. 318, note C. Lienhard; *JCP* 2001. I. 309, no 11, note M. Storck; *JCP N* 2000. 1357. étude F. Vauvillé; *Defrénois* 2001. 368, note J.-P. Sénéchal; *Dr. et patr.* janv. 2001. 96, note M.-H. Monsèrié-Bon – Civ. 1re, 28 juin 2005, no 02-20.452, *Bull. civ.* I, no 283; *JCP N* 2006. 1025, note V. Brémond.
2. Civ. 1re, 13 juill. 2004, no 02-10.073, *Bull. civ.* I, no 206; *Defrénois* 2005. 342, note Ph. Théry; *Defrénois* 2005. 536, note S. Piedelièvre.
3. Civ. 1re, 20 oct. 1982, no 81-15.560, *Bull. civ.* I, no 297; *Defrénois* 1983, art. 33027, no 26, note J.-L. Aubert.
4. Civ. 3e, 2 nov. 1983, no 82-11.547, *Bull. civ.* III, no 212; *Defrénois* 1985, art. 33450, note Ph. Théry.
5. Cass., ch. réun., 5 déc. 1907, *Chollet c/Dumoulin*, *DP* 1908. 1. 113, note Colin.

part cédée par un autre indivisaire ou d'exercer un droit de substitution en cas de vente aux enchères de cette dernière. On va successivement examiner le champ d'application (1°), et la mise en œuvre (2°) du droit de préemption et de substitution.

1°
Champ d'application du droit de préemption et de substitution

251.210 Présentation. L'acte de disposition des droits indivis peut donner lieu à l'application du droit de préemption (vente amiable) ou du droit de substitution (venteaux enchères). Ces deux droits connaissent sensiblement le même champ d'application. On va successivement traiter des caractères de la cession soumise à préemption ou à substitution (a), et du bénéficiaire du droit de préemption et de substitution (b).

a.
Caractères de la cession soumise au droit de préemption et de substitution

251.211 Objet de la cession. Pour ouvrir le droit de préemption ou le droit de substitution, la cession projetée par l'indivisaire doit avoir pour objet « *tout ou partie de ses droits dans les biens indivis ou dans un ou plusieurs de ses biens* » (C. civ., art. 815-14 et 815-15). Peu importe, par conséquent, que la cession porte sur la totalité ou une partie des droits du cédant dans la masse commune, ou qu'elle concerne la totalité ou une partie des droits du cédant sur un bien déterminé.

Puisque les textes ouvrent le droit de préemption et le droit de substitution pour le cas de vente de tout ou partie des droits d'un indivisaire (C. civ., art. 815-14, al. 1er, et 815-15, al. 1er), il ne doit pas s'appliquer au cas de vente de la totalité d'un bien indivis[1]. Il est cependant possible de déroger à cette règle dans l'hypothèse où la vente en cause est une adjudication demandée par tous les indivisaires. La troisième chambre civile de la Cour de cassation a en effet admis l'exercice de la faculté de substitution de l'article 815-15 par l'un d'eux, dès lors que le cahier des conditions de vente réservait expressément cette faculté au profit de chacun des indivisaires[2].

251.212 Caractère onéreux de la cession. L'article 815-14 alinéa 1er du Code civil, vise le cas où l'indivisaire « *entend céder à titre onéreux* » ses droits. Les donations et les legs se trouvent donc soustraits à l'empire du droit de préemption : seule la vente est en cause – vente de gré à gré, ou vente par adjudication (C. civ., art. 815-15 – v. ss nos 251.235 à 251.237). Le fait de déguiser une vente de droits indivis en donation pour échapper au droit de préemption des indivisaires ne rend pas la cession nulle en elle-même si la cause de l'acte secret n'est pas illicite, mais la nullité de la vente pourrait alors être réclamée sur le fondement de l'article 815-16 tant que l'action n'est pas prescrite[3].

251.213 Cessions onéreuses n'ouvrant pas le droit de préemption et de substitution. Étant donné les difficultés pratiques – ou même l'impossibilité – de mise en œuvre du mécanisme lorsque la cession correspond à un échange ou à une dation en paiement, il faut exclure pour ces cas l'existence du droit de préemption : le coïndivisaire qui voudrait se prévaloir du droit de préemption ne pourrait pas, en effet, faire une proposition identique à celle du cessionnaire pressenti[4]. Pour cette raison, on devrait aussi exclure le droit de préemption lorsque les droits indivis font l'objet d'un **apport en société**[5]. De même, il faut écarter le cas où la contre-prestation prévue aurait un caractère personnel si marqué que son accomplissement ne serait pas possible à n'importe quel acquéreur. Il résulte en effet de l'article 815-14 alinéa 2 du Code civil que l'exercice du droit de préemption est subordonné non seulement au paiement par le préempteur du prix convenu, mais encore à l'exécution par lui des conditions dont la cession des droits indivis se trouve assortie. Spécialement, l'**obligation de soins** stipulée à l'acte de vente de droits indivis donne au contrat un caractère incompatible avec le droit de préemption[6]. Pour toutes ces hypothèses d'exclusion du droit de préemption, on réservera bien entendu le cas de fraude.

Par ailleurs, la Cour de cassation a eu l'occasion de préciser que le droit de préemption est sans application possible au cas de cession de quote-part indivise dans une indivision forcée et perpétuelle[7].

1. Civ. 1re, 14 févr. 1989, no 87-14.392, *Bull. civ.* I, no 80; *D.* 1989. 278, note G. Morin – Civ. 1re, 30 juin 1992, no 90-19.052, *Bull. civ.* I, no 208 (pour une vente par adjudication; *mutatis mutandis* la solution vaut pour une vente amiable).
2. Civ. 3e, 3 mai 1989, no 87-17.094, *Bull. civ.* III, no 99; *RTD civ.* 1990. 683, note F. Zenati – *Adde*, Civ. 2e, 6 oct. 1993, no 90-18.590, *Bull. civ.* II, no 275.
3. Civ. 1re, 18 oct. 2005, no 02-14.219, *Bull. civ.* I, no 364; *JCP* 2006. I. 127, no 5, note H. Périnet-Marquet.
4. Civ. 1re, 21 mai 1997, no 95-12.460, *Bull. civ.* I, no 164; *JCP* 1998, I, 133, no 3, obs. R. Le Guidec; *RTD civ.* 1997. 973, obs. J. Patarin (cas d'un échange).
5. Paris, 11 sept. 1997, *Defrénois* 1998. 119, note Ph. Malaurie.
6. Civ. 1re, 3 oct. 1985, *D.* 1986. 373, note A. Breton; *Defrénois* 1986, art. 33807, note A. Breton; *RDI* 1986. 437, note J.-L. Bergel.
7. Civ. 1re, 28 févr. 2006, no 04-15.937, *Bull. civ.* I, no 120; *RDI* 2006. 298, note J.-L. Bergel; *JCP* 2006. I. 178, no 7, note H. Périnet-Marquet.

251.214 Bénéficiaire de la cession. L'article 815-14 alinéa 1er du Code civil présuppose que la cession soit faite « *à une personne étrangère à l'indivision* ». Si en effet un indivisaire cède son droit à un autre, aucun élément extérieur au groupe ne vient s'y agréger : il n'y a pas lieu de réagir, et le droit de préemption des coïndivisaires n'est donc pas ouvert (et si la cession entre coïndivisaires porte sur un fonds de terre ou un bien rural, le droit de préemption du preneur en place n'est pas davantage ouvert[1]). Pareillement, l'adjudication au profit d'un indivisaire prive ses coïndivisaires de la possibilité d'exercer leur droit de substitution, mais non de leur droit d'être informés de l'adjudication[2].

Le fait que la cession soit consentie à l'usufruitier ne dispense pas le cédant de notifier la cession à ses coïndivisaires[3] : l'usufruitier, s'il n'est pas totalement un étranger, n'est pas non plus un membre de l'indivision. Sans doute aurait-il lui aussi un droit de préemption (v. C. civ., art. 815-18), mais c'est un droit subsidiaire qui suppose qu'aucun indivisaire n'ait lui-même préempté.

b.
Titulaires du droit de préemption et de substitution

251.221 Chacun des coïndivisaires ou eux tous. Le droit de préemption est d'abord reconnu à « *tout indivisaire* » par l'article 815-14 alinéa 2 du Code civil. Il en va naturellement de même du droit de substitution au cas de vente par adjudication. Chacun des coïndivisaires du cédant est donc titulaire de ce droit, et il pourra l'exercer pour son compte (y compris le service des domaines quand il se trouve titulaire de droits indivis, en qualité de curateur d'une succession vacante[4]).

Mais le droit de préemption pourra aussi être exercé par tous les indivisaires, ou quelques-uns d'entre eux agissant conjointement, comme le prévoit l'article 815-14 alinéa 4. Bien que l'article 815-15 du Code civil ne reconnaisse pas expressément cette possibilité, tous les indivisaires ou certains d'entre eux devraient pouvoir exercer le droit de substitution, à moins que le cahier des charges ne stipule une clause contraire[5].

251.222 Usufruitier ou nu-propriétaire. Le législateur a en outre jugé utile de reconnaître de manière subsidiaire le bénéfice du droit de préemption et de substitution à l'usufruitier ou au nu-propriétaire des biens compris dans l'indivision en cause. L'article 815-18 alinéa 2 du Code civil dispose ainsi : « *Les notifications prévues par les articles 815-14, 815-15 et 815-16 doivent être adressées à tout nu-propriétaire et à tout usufruitier. Mais un usufruitier ne peut acquérir une part en nue-propriété que si aucun nu-propriétaire ne s'en porte acquéreur ; un nu-propriétaire ne peut acquérir une part en usufruit que si aucun usufruitier ne s'en porte acquéreur* ». La reconnaissance d'une telle prérogative s'explique par l'existence d'une certaine liaison d'intérêts entre le nu-propriétaire et l'usufruitier, quoiqu'il n'y ait pas d'indivision entre eux.

2°
Mise en œuvre du droit de préemption et de substitution

a.
Procédure à suivre

251.231 Distinction. Le droit des coïndivisaires s'exerce de deux manières différentes selon que la cession a lieu de gré à gré ou par adjudication.

251.232 Notification aux coïndivisaires au cas de cession de gré à gré. La loi a prévu trois opérations successives : les notifications, l'acte de préemption, l'acte de vente. Selon l'article 815-14 alinéa 1er du Code civil l'indivisaire qui veut céder un droit indivis « *est tenu de notifier par acte extrajudiciaire aux autres indivisaires le prix et les conditions de la cession projetée, ainsi que les nom, domicile et profession de la personne qui se propose d'acquérir* ». La même notification doit être faite, le cas échéant, à tout nu-propriétaire et à tout usufruitier (C. civ., art. 815-18, al. 2). La formule **acte extrajudiciaire** fait exiger le recours à l'huissier[6]. Ainsi la simple remise par le notaire, au titulaire du droit de préemption, des actes de cession sous condition suspensive de non-exercice de ce droit, entache de nullité la procédure, sans qu'il soit possible de dire que le titulaire du droit de préemption était suffisamment informé : la nullité est encourue de plein droit, et il n'est pas besoin de démontrer un grief, comme en matière d'actes de procédure[7].

Un projet d'acte de vente relativement complet devra être notifié puisque le prix, les conditions de la cession (par. ex., les délais de paiement, la rémunération de l'intermédiaire), ainsi que le nom du

1. Civ. 3e, 24 nov. 2010, no 09-69.327, *Bull. civ.* III, no 207.
2. Civ. 1re, 17 nov. 2010, no 09-68.013, *Bull. civ.* I, no 237 ; *D.* 2010. 2847.
3. Civ. 1re, 17 mai 1983, no 82-11.931, *Bull. civ.* I, no 148 ; *D.* 1984. 83, note Morin.
4. Civ. 3e, 14 mars 2007, no 06-16.618, *Bull. civ.* III, no 37.
5. Civ. 1re, 7 oct. 1997, no 95-17.071, *Bull. civ.* I, no 266 ; *D.* 1998. 145, concl. Sainte-Rose ; *RTD civ.* 1998. 168, note J. Patarin ; *JCP* 1998. I. 117, no 7, note H. Périnet-Marquet ; *JCP* 1999. I. 132, no 1, note R. Le Guidec.
6. Com. 1er juin 1993, no 91-16.687, NP ; *JCP* 1994. I. 3746, no 12, note A. Viandier et J.-J. Caussain ; *RTD civ.* 1993. 884, note R. Perrot.
7. Civ. 1re, 5 mars 2002, no 00-13.511, *Bull. civ.* I, no 77 ; *JCP* 2002. I. 176, no 9, note H. Périnet-Marquet.

cessionnaire pressenti, son domicile et même sa profession, devront être mentionnés dans la déclaration d'intention d'aliéner. Ces exigences s'expliquent par le but de l'institution, qui est de veiller au maintien d'un certain *affectio communionis*. C'est ainsi que la Cour de cassation estime que la notification au coïndivisaire du projet de vente de droits indivis contenant une **clause de substitution d'acquéreur** ne remplit pas les exigences de l'article 815-14 du Code civil, dans la mesure où l'identité de l'**acquéreur effectif** n'avait pas été notifiée à l'indivisaire bénéficiaire du droit de préemption[1]. En pratique, si une clause de substitution est stipulée dans le projet de cession, il faut donc procéder à une nouvelle notification si le cessionnaire est une personne différente de celle mentionnée dans le projet.

L'indivisaire qui veut céder bénéficie cependant d'un **droit de repentir**. La Cour de cassation a en effet eu l'occasion de préciser que « *la notification faite au titulaire du droit de préemption de l'intention de céder ses droits indivis ne vaut pas offre de vente et que l'indivisaire qui a fait cette notification peut renoncer à son projet malgré la manifestation de volonté d'un autre indivisaire d'exercer son droit de préemption* »[2]. Le droit de préemption de l'indivisaire a seulement pour fonction d'éviter l'intrusion d'un tiers étranger à l'indivision. Aussi peut-on comprendre que le cédant dispose d'une faculté de repentir au cas d'exercice du droit de préemption par l'un des coïndivisaires. Car, si le cédant préfère ne pas vendre plutôt que de vendre au bénéficiaire du droit de préemption, le droit de préemption aura cependant rempli son but.

251.233 Déclaration d'acquérir. Le titulaire du droit de préemption dispose d'un délai d'un mois à compter de la notification, pour faire connaître au cédant qu'il entend préempter « *au prix et conditions qui lui ont été notifiés* » (C. civ., art. 815-14, al. 2 et 815-18, al. 2). La forme de cette intention d'acquérir doit encore, selon le texte, être celle d'un acte extrajudiciaire.

La validité de la déclaration de préemption suppose néanmoins que le projet d'acte soumis au cédant, par l'indivisaire qui entend exercer son droit de préemption, soit conforme aux conditions de la vente qui lui avaient été notifiée. Tel ne serait pas le cas, par exemple, si l'acte proposé par le coïndivisaire préempteur stipulait une condition d'octroi de prêt pour le paiement du prix qui n'était pas prévue dans la cession initialement projetée[3].

251.234 Délai de réalisation de la vente. Le préempteur qui a fait connaître son intention de se porter acquéreur à la place du cessionnaire pressenti est soumis à un second délai, de deux mois, pour **réaliser** l'acte de vente, délai courant à compter de la date d'envoi de sa réponse au vendeur (C. civ., art. 815-14, al. 3). Si le délai n'est pas respecté, la déclaration de préemption est « *nulle de plein droit, quinze jours après une mise en demeure restée sans effets* », et cela sans préjudice des dommages-intérêts qui pourraient être demandés par le vendeur. Quant à la mise en demeure dont parle le texte, une lettre recommandée du vendeur suffira, pourvu que s'y trouve le ton catégorique de la mise en demeure de passer l'acte d'achat.

Si la cession après exercice du droit de préemption a été effectuée alors que la procédure n'avait pas été respectée, seul le cédant peut se prévaloir de l'irrégularité, et non le cessionnaire pressenti[4].

251.235 Notification d'adjudication. La procédure au **cas d'adjudication** est sensiblement différente. La notification devient l'œuvre de l'avocat ou du notaire de l'indivisaire vendeur. La notification de l'adjudication projetée doit être faite aux coïndivisaires et, le cas échéant, au nu-propriétaire ou à l'usufruitier, un mois avant la date prévue pour la vente (C. civ., art. 815-15, al. 1er). Cela permet de tenir ces personnes informées; mais la loi a ici prévu, par la force des choses, un mécanisme d'acquisition *a posteriori*.

251.236 Droit de retrait des coïndivisaires. « *Chaque indivisaire peut se substituer à l'acquéreur dans un délai d'un mois à compter de l'adjudication, par déclaration au secrétariat-greffe ou auprès du notaire* » dit la loi (C. civ., art. 815-15, al. 1er *in fine*). Ce n'est donc plus un système de préemption qui est prévu, mais un véritable droit de retrait, avec les inconvénients que cela peut présenter pour la sécurité juridique, du fait de la remise en cause d'un contrat déjà conclu. Pour y pallier, le législateur a enfermé l'exercice de la faculté dans le délai relativement bref d'un mois.

251.237 Cahier des conditions de vente. En outre, pour la bonne information des acquéreurs éventuels, l'article 815-15, dernier alinéa du Code civil dispose que : « *Le cahier des conditions de vente établi en vue de la vente doit faire mention des droits de*

1. Civ. 1re, 28 janv. 2009, n° 07-18.120, *Bull. civ.* I, n° 18; *JCP N* 2009. 1112, note Rivière.
2. Civ. 1re, 5 juin 1984, n° 83-10.660, *Bull. civ.* I, n° 183; *JCP* 1985. II. 20469, note M. Dagot; *Defrénois* 1986. 1162, note M. Vion – Civ. 1re, 9 févr. 2011, n° 10-10.759, *Bull. civ.* I, n° 25; *D.* 2011. 594; *JCP* 2011. 323, n° 10, obs. H. Périnet-Marquet; *AJ fam.* 2011. 219, obs. C. Vernières.
3. Civ. 1re, 18 janv. 2012, n° 10-28.311, *Bull. civ.* I, n° 5; *D.* 2012. 282, obs. V. Da Silva; *Defrénois* 2012. 509, note N. Leblond.
4. Civ. 1re, 12 déc. 2007, n° 06-19.531, *Bull. civ.* I, n° 386.

substitution ». Ce cahier (le **cahier des charges** dans l'ancienne terminologie), qui fait la loi entre les parties à l'adjudication et en particulier les colicitants, peut préciser certaines modalités d'exercice du droit de substitution, spécialement en conditionnant ce droit au dépôt préalable du montant de l'adjudication[1].

Si la vente était poursuivie par un créancier personnel d'un indivisaire – et non faite à l'initiative de l'indivisaire lui-même – il n'y aurait pas lieu à l'ouverture de la faculté de substitution de l'article 815-15, surtout si la vente porte sur le bien lui-même. La loi a alors prévu, à l'article 815-17 alinéa 3, un autre mécanisme, celui de l'arrêt du cours de l'action en partage (que suppose la licitation) par les coïndivisaires du débiteur, qui peuvent acquitter l'obligation au nom de celui-ci. Mais le cahier des charges pourrait aussi rouvrir au coïndivisaires le bénéfice d'une clause de substitution, dont l'exercice pourrait d'ailleurs être conditionné – par exemple par une consignation préalable du prix[2].

b.
Sanction du droit de préemption et de substitution

251.241 Nullité de la vente. L'obligation pour le vendeur de droits indivis de notifier le projet d'aliénation est strictement sanctionnée : selon l'article 815-16 du Code civil, si elle n'est pas respectée, la vente est nulle, et cette sanction est la même pour le cas de défaut de notification, par l'avocat ou le notaire, d'une adjudication prévue. **L'action en nullité se prescrit par cinq ans,** et, comme toute nullité relative, elle ne peut être exercée que par ceux à qui les notifications doivent être faites, ou par leurs héritiers. Le délai de cinq ans commence à courir à compter du jour où les coïndivisaires du vendeur ont eu connaissance de la vente. Sous cet aspect, il a été précisé par la Cour de cassation que les coïndivisaires sont réputés avoir eu connaissance de la vente litigieuse dès lors que celle-ci a été publiée à la conservation des hypothèques[3].

c.
Effets du droit de préemption et de substitution

251.251 Droits du préempteur ou du retrayant. L'exercice du droit de préemption fait de son auteur le véritable acquéreur : c'est lui qui achète, par préférence à celui qui avait d'abord fait figure d'acheteur ou d'adjudicataire.

Lorsqu'un seul indivisaire exerce le droit de préemption, ses droits dans l'indivision sont augmentés dans la mesure de son acquisition.

Si en revanche le droit de préemption est exercé par plusieurs indivisaires, ils sont réputés acquérir ensemble la portion mise en vente, en proportion de leur part respective dans l'indivision (C. civ., art. 815-14). Le texte réserve la convention contraire. La règle devrait pouvoir s'appliquer au cas de vente par adjudication, à moins que le cahier des charges ne stipule une clause contraire, en vertu de laquelle l'indivisaire qui exercerait avant l'un des autres la faculté de substitution ouverte de cette manière, se trouvera seul substitué comme acquéreur à l'adjudicataire.

Ainsi, pour illustrer la règle de principe, lorsqu'un propriétaire de la moitié et deux propriétaires d'un quart sont en indivision, si la vente est faite par l'un de ces derniers, et si les deux autres indivisaires préemptent, l'un acquerra le droit vendu pour ses deux tiers, et l'autre pour un tiers seulement. Et dans la logique qui a consisté à admettre ce droit conventionnel de substitution, il a été jugé que l'indivisaire qui exerce avant l'un des autres la faculté de substitution ouverte de cette manière, se trouve seul substitué comme acquéreur à l'adjudicataire[4].

251.252 Indexation du solde du prix au cas de paiement différé. L'article 815-14 du Code civil envisage dans son alinéa 5 le cas particulier où le prix n'est pas payé comptant, que ce soit en totalité ou en partie. Pour un tel cas, où « des *délais de paiement ont été consentis par le cédant, l'article 828 est applicable* ». C'est-à-dire qu'il y aura lieu à une certaine variation de la somme due, selon que la valeur du bien qui en est la contrepartie augmente ou diminue de plus du quart.

§ 2
Disposition de la totalité d'un bien indivis

251.260 Données du problème. On a dit que la possibilité pour un indivisaire de disposer d'une quote-part indivise dans un bien déterminé est admise sans difficulté. Il en va autrement lorsqu'un seul indivisaire a entendu disposer de la totalité du bien, puisque les actes de disposition portant sur les biens indivis sont en principe soumis à **la règle d'unanimité**, en vertu de l'article 815-3 alinéa 3 du Code civil (v. s[s] n°s 252.24 s.), même si le recours au juge permet aujourd'hui quelques facilités pour surmonter les blocages. Reste à préciser le sort des actes de disposition non autorisés : on examinera successivement le cas de vente de la chose indivise (A), le sort des libéralités portant sur cette chose

1. Civ. 2e, 6 oct. 1993, n° 90-18.590, *Bull. civ.* II, n° 275.
2. Civ. 1re, 13 janv. 1993, n° 91-13.851, *Bull. civ.* I, n° 13.
3. Civ. 1re, 5 mars 2014, n° 12-28.348, *Bull. civ.* I [à paraître].
4. Civ. 1re, 7 oct. 1997, n° 95-17.071, *Bull. civ.* I, n° 266; *D.* 1998. 145, concl. Sainte-Rose; *RTD civ.* 1998. 168, note J. Patarin; *JCP* 1998. I. 117, n° 7, note H. Périnet-Marquet; *JCP* 1999. I. 132, n° 1, note R. Le Guidec.

indivise (B), et le cas de dation en garantie de cette chose (C).

A.
Vente de la chose indivise

251.261 Solution de principe : inopposabilité. Après une jurisprudence classique qui utilisait le concept obscur de **nullité partielle** en la matière, l'idée d'inopposabilité de l'acte aux coïndivisaires du vendeur s'est affirmée en jurisprudence, et depuis 2005 la Cour de cassation s'efforce d'être plus explicite en disant que cette inopposabilité est limitée à la cession de la quote-part de ceux qui n'ont pas concouru à l'acte[1]. Autrement dit, la cession du bien indivis est valable à l'égard du cédant à hauteur de sa quote-part et opposable aux autres indivisaires dans cette même limite. Cette sanction exprime l'idée que l'acte ne constitue pas une vente de la chose d'autrui totalement, mais seulement à l'égard des coïndivisaires du vendeur. Les arrêts se servent de l'inopposabilité comme d'un instrument destiné à contrecarrer une nullité trop radicale[2]. La notion permet de laisser ouverts les recours contractuels dont l'acheteur pourrait disposer contre son vendeur (par ex. celui de C. civ., art. 1636, sur la garantie d'éviction partielle - v. s^s^ n° 251.264). Il reste que la sanction de l'**inopposabilité partielle** de l'acte irrégulier aux coïndivisaires paraît difficilement compatible avec l'article 815-14 : si l'acquéreur est devenu indivisaire en lieu et place du vendeur, le droit de préemption n'a pas été purgé, de sorte que la vente est nulle (v. s^s^ n° 251.241). En outre, l'inopposabilité partielle de la vente risque de générer des situations inextricables : lorsque le bien vendu fait partie d'une indivision plus large, l'acquéreur se retrouve en indivision sur ce bien avec les indivisaires originaires, lesquels demeurent en indivision sur le surplus des biens avec le cédant. Mieux vaudrait donc retenir l'inopposabilité totale de la vente aux coïndivisaires.

Quoi qu'il en soit, la responsabilité d'un mandataire professionnel pourrait être recherchée par l'acheteur, dès lors que ce mandataire avait recueilli la signature d'un indivisaire à un acte, sans se préoccuper de savoir si celui-ci avait qualité pour céder seul le bien indivis en cause[3]. De même, un indivisaire a pu faire reconnaître, sur le fondement de l'article 1382 du Code civil, la responsabilité du notaire qui avait prêté son ministère à la Vente d'un bien indivis sans son accord[4].

251.262 Validation éventuelle. L'inopposabilité de la vente n'est pas définitive, en ce sens que lors du partage le bien litigieux pourrait être mis au lot du vendeur (en supposant qu'il n'ait pas entre-temps demandé la nullité du contrat), ce qui rendrait l'acheteur propriétaire pour le tout[5]. Une validation de la vente se trouverait également assurée par sa ratification par tous les coïndivisaires[6].

251.263 Droit de l'acquéreur de demander le partage. On doit se demander si, dès l'issue de la vente, l'acquéreur ne peut pas demander le partage, ce qui lui permettrait d'être fixé sans délai sur le sort de son opération. Nul doute qu'il ait intérêt à exercer ce droit au partage; la question est de savoir s'il a qualité pour le faire.

Dès l'instant que la vente est reconnue comme étant partiellement opposable aux coïndivisaires, on peut en effet se demander si ce n'est pas en qualité d'indivisaire que l'acheteur peut demander le partage. Le seul moyen de repousser une telle demande, qu'on peut juger inopportune, serait d'admettre la thèse de la nullité totale de l'opération, mais il ne semble pas que cette analyse mérite d'être privilégiée (v. s^s^ n° 251.264). Reste que si l'on admet la recevabilité d'une telle demande, la question rebondit : l'acquéreur peut-il demander le partage de la totalité des biens indivis ou doit-il cantonner sa demande au seul bien sur lequel il a acquis des droits indivis ? À première vue, seul le partage du bien objet de la vente devrait pouvoir être sollicité, puisque l'acquéreur n'a de droit indivis que sur ce bien. Mais dès lors qu'on décide que la vente est inopposable à certaines personnes, mais non pas nulle, l'acquéreur fait véritablement figure de créancier de l'indivisaire cédant, au titre du contrat de vente (et au moins en qualité de créancier de l'obligation de délivrance); or l'article 815-17 alinéa 3 du Code civil reconnaît au créancier personnel d'un indivisaire le droit de demander le partage de l'indivision.

251.264 Les cas de nullité totale. Si la jurisprudence retient la sanction de l'inopposabilité partielle de la vente du bien indivis irrégulièrement consentie, il n'en demeure pas moins que la sanction de la nullité peut parfois être adoptée.

1. Civ. 1re, 5 avr. 2005, n° 02-15.459, *Bull. civ.* I, n° 169 – V. ENCORE, Civ. 1re, 25 nov. 2009, n° 08-20.406 : « *Les ventes conclues par M. X... seul étaient opposables à Mme Y... seulement à concurrence de la quote-part de son auteur* » – *Adde :* Civ. 3e, 12 mai 2010, n° 08-17.186, *Bull. civ.* III, n° 95; *Defrénois* 2010, art. 39184, n° 5, obs. A. Chamoulaud-Trapiers; *JCP N* 2010. 1320, n° 17, obs. S. Piedelièvre.
2. Civ. 1re, 15 juin 1994, n° 91-20.633, *Bull. civ.* I, n° 212; *RTD civ.* 1995. 411, obs. J. Patarin.
3. Civ. 3e, 12 oct. 1976, n° 75-12.330, *Bull. civ.* III, n° 332.
4. Civ. 1re, 5 mars 2002, n° 99-18.984, *Bull. civ.* I, n° 81; *D.* 2002. 2555, note R. Libchaber; *AJ fam.* 2002. 186, note S. D.-B.
5. Civ. 1re, 12 juill. 1962, *D.* 1963. 246.
6. Civ. 1re, 30 janv. 1957, *D.* 1957. 182.

Tout d'abord, dès lors que les coïndivisaires du vendeur obtiennent que la vente leur soit déclarée inopposable, l'acheteur, qui bénéficie de la **garantie d'éviction**, peut demander la résolution de la vente, y compris donc pour la part de son vendeur, sur le fondement de l'article 1636 du Code civil.

En outre, avant toute contestation des coïndivisaires, l'acquéreur devrait pouvoir obtenir la **nullité de la vente pour erreur** : l'acquéreur a cru acquérir un droit de propriété exclusif sur un bien, et non un droit concurrent. Enfin, lorsque l'acquéreur a connu la qualité d'indivisaire de son auteur, la nullité pourrait aussi être acquise s'il était démontré que, dans l'intention des parties à la vente, celle-ci devait porter sur le bien tout entier par l'obtention d'une ratification des coïndivisaires du vendeur : en l'absence de ratification, la nullité devrait être prononcée même pour la part du vendeur[1].

251.265 Cas exceptionnels de validité de la vente passée par un seul. Dans certains cas, la vente d'un bien indivis peut devoir s'imposer dans l'intérêt commun. La réforme de 2006 a ainsi admis qu'un meuble indivis puisse être aliéné à la majorité qualifiée des indivisaires lorsqu'il s'agit de **payer les dettes de l'indivision** (C. civ., art. 815-3, al. 1er, 3°), ce qui valide la vente en cause, du moins si le ou les autres indivisaires ont été informés (C. civ., art. 815-3, al. 2). L'application de la **gestion d'affaires** a également pu être retenue[2].

De plus, depuis une loi de 2009, l'aliénation d'un bien indivis peut, dans tous les cas, être autorisée par décision de justice à la demande des indivisaires titulaires d'au moins deux tiers indivis (C. civ., art. 815-5-1).

B.
Libéralité portant sur une chose indivise

251.271 Donation et donation-partage. S'il ne fait aucun doute que la donation ou la donation-partage par un indivisaire de ses droits indivis est efficace, il n'en va pas toujours de même lorsque la libéralité entre vifs a pour objet la chose indivise. À l'instar de la vente, la donation ou la donation-partage d'un bien indivis consentie par un seul des indivisaires n'est pas nulle; elle est seulement **inopposable** aux autres indivisaires et son efficacité est subordonnée au **résultat du partage** : le droit du gratifié sera consolidé ou anéanti selon que le bien aura été mis dans le lot du donateur ou dans le lot de l'un de ses coïndivisaires[3].

1. Civ. 3e, 20 févr. 1979, n° 77-14.042, *Bull. civ.* III, n° 39.
2. Civ. 1re, 23 juill. 1974, n° 73-11.353, *Bull. civ.* I, n° 242.

251.272 Legs. Le legs par un indivisaire de ses **droits indivis** est assurément valable et efficace. En revanche, il y a plus de difficultés lorsque le legs porte sur une **chose indivise** (par exemple, legs par un époux d'un bien dépendant de l'indivision post-communautaire, legs par un héritier d'un bien appartenant à l'indivision successorale).

La validité du legs de chose indivise est une solution nette en jurisprudence[4]; mais l'efficacité du legs peut s'entendre de multiples manières. La règle de principe est la suivante : le sort du legs demeure en suspens tant que subsiste l'indivision; il sera fixé par les résultats du partage : le légataire obtiendra la chose léguée tout entière si elle tombe au lot des héritiers du testateur; au contraire, la disposition sera caduque si la chose échoit à un autre copropriétaire[5].

Toutefois, **lorsque l'indivision existait entre le testateur et ses héritiers,** la jurisprudence s'emploie à donner effet à la disposition libérale en analysant le legs en une charge imposée aux héritiers de procurer au légataire la chose indivise : « *Il est loisible au testateur d'imposer à ses héritiers ou légataires la charge de procurer à un autre légataire la propriété entière du bien légué lorsque le testateur n'a, sur celui-ci, qu'un droit de propriété indivis et que cette volonté peut être déduite par les juges du fond de l'ensemble des dispositions testamentaires sans qu'elle eût à être expressément formulée par le disposant* »[6]. L'étendue du legs est alors indépendante de l'issue du partage, celui-ci permettant seulement de dire si c'est la chose en nature qui entrera dans le patrimoine du légataire, ou sa simple valeur. De surcroît, le legs de la chose indivise pourrait être consolidé par la stipulation d'une clause pénale, par laquelle le testateur déclare exhéréder l'héritier récalcitrant.

Ces solutions paraissent difficilement applicables **lorsque l'indivision existait entre le testateur et un tiers.** À l'instar de ce que la jurisprudence décide pour le legs de la chose d'autrui, la difficulté pourrait cependant être tournée en analysant la disposition testamentaire comme une charge imposée à l'héritier d'obtenir du tiers qu'il acceptât de céder ses droits indivis.

3. Civ. 1re, 4 juill. 1984, n° 83-10.020, *Bull. civ.* I, n° 218; *D.* 1985. 214, note A. B.
4. Civ. 6 juin 1883, *D.* 1884. 1. 33; *S.* 1884. 1. 129 – Civ. 6 mai 1913, *DP* 1914. 1. 277; *S.* 1920. 1. 361, note Wahl – Civ. 1re, 20 févr. 1957, *Gaz. Pal.* 1957. 1. 423.
5. Civ. 21 juin 1927, *DP* 1928. 1. 51, note Célice – Civ. 5 févr. 1952, *JCP* 1952. II. 6906; *RTD civ.* 1952. 252, obs. R. Savatier – Civ. 1re, 2 juin 1987, n° 85-16.269, *Bull. civ.* I, n° 181; *D.* 1988. 137, note A. Breton.
6. Civ. 1re, 28 mars 2006, n° 04-10.596, *Bull. civ.* I, n° 186; *Defrénois* 2006. 1586, note C. Farge – V. DÉJÀ, Civ. 6 mai 1913, préc. ss prést n° – Civ. 20 févr. 1957, préc. ss prést n°.

251.273 Testament-partage. Le partage testamentaire peut assurément attribuer des **droits dans un bien indivis ou dans une masse indivise.** Peut-il attribuer un bien indivis (par exemple, une indivision postcommunautaire non encore partagée entre le testateur, conjoint survivant, et ses enfants venant aux droits du prédécédé) ? De prime abord, les solutions dégagées à propos des libéralités entre vifs (donations et donations-partages) et des legs pourraient être étendues au testament-partage : le testament-partage aurait alors un caractère aléatoire, en sorte que les droits de l'héritier alloti d'un tel bien seraient subordonnés au résultat du partage de l'indivision. Cependant, telle n'est pas l'analyse retenue par la Cour de cassation, qui considère qu'**un testament-partage comprenant des biens indivis encourt la sanction de la nullité**[1]. Dans la mesure où la nullité n'est que relative[2], le testateur pourrait toutefois dissuader ses héritiers d'attaquer le testament-partage, en stipulant une clause pénale par laquelle il déclare exhéréder celui qui attaquerait le partage qu'il a décidé.

C.
Dation en garantie de la chose indivise

251.281 Hypothèque d'un bien indivis consentie par un seul. L'hypothèque consentie par un seul indivisaire sur un immeuble indivis doit être considérée le plus souvent comme portant simplement sur la quote-part du constituant dans ce bien (pour le régime, v. s[s] n°s 251.192 s.). Mais dans certains cas, force est de constater que c'est l'immeuble indivis tout entier qui fait l'objet de l'hypothèque consentie par l'indivisaire sans l'autorisation des autres (pour le cas où l'hypothèque aurait été consentie par tous, v. s[s] n° 251.191). La validité d'une telle sûreté est subordonnée aux résultats du partage, comme le confirme aujourd'hui l'article 2414 alinéa 2 du Code civil, venu consacrer la jurisprudence[3]. Ainsi, si l'immeuble est mis au lot d'un copartageant du constituant, l'hypothèque disparaît totalement. Cet anéantissement, dû à l'effet déclaratif du partage, vaut à l'égard des copartageants comme à l'égard de leurs créanciers; de sorte que, si le bien hypothéqué par un indivisaire fait l'objet d'une licitation **à un coïndivisaire**, et que le constituant a droit à une partie du prix, ses créanciers hypothécaires ne pourront se prévaloir de la moindre préférence sur cette portion : ils devront y subir le concours des créanciers chirographaires[4]. Si en revanche l'immeuble a été licité **à un étranger,** celui-ci reste tenu de l'hypothèque si l'indivisaire constituant est alloti du prix de la licitation (C. civ., art. 2414, al. 2) – ce qui peut aussi bien réduire la garantie à néant. Le cas échéant, l'étendue de la sûreté se trouvera limitée à la part attribuée au constituant dans le partage du prix d'adjudication[5].

251.282 Nantissement d'un meuble indivis. Le nantissement d'un meuble indivis par un seul indivisaire est également concevable. Quant à sa validité, on peut raisonner comme en matière d'hypothèque s'il s'agit d'une sûreté assortie d'un système de publicité. S'il s'agit d'un gage avec dépossession, il sera opportun de présumer que la remise en gage est le signe d'une dation en garantie de la seule quote-part du débiteur dans le bien; on suivra alors les règles précédemment exposées à ce sujet (v. s[s] n° 251.194).

SECTION 4
DROIT D'USAGE ET DROIT AUX FRUITS

251.291 Prérogatives en cause. Chaque indivisaire est un véritable propriétaire, ce qui conduit à lui reconnaître, outre le droit de disposer dont il vient d'être fait état, le droit de se servir de la chose, et le droit d'en tirer profit. Certes l'objet direct de propriété est en l'occurrence une quote-part indivise, mais cette quote-part s'applique à des biens en nature, et ces biens sont susceptibles d'être utilisés, ou même mis à profit s'ils sont frugifères. L'indivision n'ayant pas la personnalité morale[6], les indivisaires sont forcément les titulaires des prérogatives correspondantes. On va examiner l'exercice de ces prérogatives (§ 1 et § 2). On y ajoutera un aperçu de la question des règlements pécuniaires (§ 3), qui

1. Civ. 1re, 9 déc. 2009, n° 08-17.351, *Bull. civ.* I, n° 247 – Civ. 1re, 9 déc. 2009, n° 08-18.677, *Bull. civ.* I, n° 248 – À CE SUJET, v. D. Autem, « Partage testamentaire de biens indivis : jusqu'on peut-on aller ? », *Defrénois* 2010. 39103.
2. Civ. 1re, 3 févr. 2010, n° 08-18.196, *Bull. civ.* I, n° 35; *AJ fam.* 2010. 185, note C. Vernières; *Defrénois* 2011. 716, obs. A. Chamoulaud-Trapiers; *Dr. fam.* 2010, n° 48, note B. Beignier; *RTD civ.* 2010. 607, obs. M. Grimaldi.
3. Civ. 3e, 29 nov. 1989, n° 87-13.947, *Bull. civ.* III, n° 221; *D.* 1990. Somm. 389, obs. L. Aynès – Civ. 1re, 5 avr. 2005, n° 02-11.011, *Bull. civ.* I, n° 172. *D.* 2005. IR 1250; *Dr. fam.* 2005, n° 142, note B. Beignier.
4. Req. 16 avr. 1888, *DP* 1888. 1. 249, rapp. Talandier.
5. Civ. 1re, 26 oct. 1976, n° 74-12.930, *Bull. civ.* I, n° 307.
6. Com. 21 juin 2005, n° 04-13.850, *Bull. civ.* IV, n° 136; *D.* 2005. 1848, note Lienhard – Civ. 1re, 25 oct. 2005, n° 03-20.382, *Bull. civ.* I, n° 388; *D.* 2005. 2873, note A. Lienhard; *D.* 2006. 79, note P.-M. Le Corre et F.-X. Lucas; *D.* 2006. 1380, note M. Bourassin, E. Claudel et A. Danis-Fatôme; *AJ fam.* 2006. 34, note P. Hilt – Civ. 3e, 6 juin 2007, n° 06-15.044, *Bull. civ.* III, n° 101 (sol. impl.).

prolonge naturellement cet aspect du droit de l'indivision.

§ 1
Exercice par les indivisaires des prérogatives d'*usus* et de *fructus* : usage des biens indivis

251.301 Distinction. On distingue deux sortes d'usage des biens indivis : l'usage commun aux divers indivisaires, et l'usage à caractère exclusif; celui du premier type est libre, alors que celui du second type oblige l'indivisaire usager à indemniser l'indivision. La distinction est formulée à l'article 815-9 du Code civil : « *Chaque indivisaire peut user et jouir des biens indivis conformément à leur destination, dans la mesure compatible avec le droit des autres indivisaires et avec l'effet des actes régulièrement passés au cours de l'indivision. À défaut d'accord entre les intéressés, l'exercice de ce droit est réglé, à titre provisoire, par le président du tribunal. L'indivisaire qui use ou jouit privativement de la chose indivise est, sauf convention contraire, redevable d'une indemnité* ». On étudiera successivement le régime de l'usage libre des biens indivis (A), et celui de l'usage exclusif par un indivisaire (B). Cette étude ne serait pas complète sans celle des conséquences pécuniaires des actes ayant affecté l'état des biens indivis; c'est la question des impenses et détériorations (C), dont l'éventualité se rencontre le plus souvent lorsqu'un indivisaire est usager d'un bien.

A.
Usage libre des biens indivis

251.311 Principe posé. L'article 815-9 alinéa 1er du Code civil consacre le principe selon lequel chaque indivisaire peut accomplir sur les biens indivis des actes matériels d'usage sans le consentement de ses coïndivisaires. Il en détermine la portée : pour être libres, l'usage et la jouissance des biens indivis doivent être conformes à la destination de ces biens, compatibles avec l'effet des actes régulièrement passés au cours de l'indivision, et en harmonie avec le droit des autres indivisaires. On va reprendre les différents aspects du texte, en évoquant d'abord les limites qu'il fixe au libre droit d'usage de chaque indivisaire, et en examinant ensuite le recours au juge, prévu pour faire respecter ces limites.

251.312 Conformité à la destination des biens. Pour être libre, l'utilisation des biens indivis doit d'abord être conforme à la destination de ces biens, c'est-à-dire à leur affectation. Ainsi, un indivisaire ne pourrait pas de sa seule autorité faire d'un immeuble d'habitation un bien à usage professionnel – *a fortiori* s'y livrer à une exploitation commerciale –, ou bien transformer une propriété d'agrément en exploitation agricole, ou encore transformer un bois en carrière, *etc*. Le mot **destination** recèle encore d'autres virtualités, comme celles dégagées par le droit de la copropriété des immeubles bâtis : la destination d'une construction, ce peut être plus précisément son degré de confort et d'élégance, et à cet égard un indivisaire doit respecter certains détails qui définissent la qualité de chaque bien.

251.313 Indemnité due pour non-respect de la destination. Si un indivisaire se sert d'une chose indivise sans que cet usage soit conforme à sa destination, la dégradation qui en résulterait le cas échéant donnerait lieu à indemnité. Le droit à indemnisation se trouvera acquis avant le partage et indépendamment de celui-ci; de sorte qu'il n'y a pas lieu de repousser le règlement de cette indemnité en l'intégrant dans les opérations de partage[1].

251.314 Compatibilité avec les actes régulièrement passés. L'usage et la jouissance des biens indivis doivent en outre, pour être libres, rester compatibles « *avec l'effet des actes régulièrement passés au cours de l'indivision* » (C. civ., art. 815-9). Si un indivisaire utilise une chose indivise en contradiction avec l'effet de tels actes, il porte atteinte, non plus matériellement à la chose indivise, mais juridiquement au droit indivis : cela aussi l'expose à devoir une indemnité.

251.315 Compatibilité avec les droits des autres indivisaires. La loi exige enfin, pour que l'usage et la jouissance des biens indivis soient libres, qu'ils soient compatibles avec le droit des autres indivisaires. Il faut que ce qu'un indivisaire veut faire n'empêche pas les autres de le faire de leur côté, s'ils le veulent. Comme le dit la jurisprudence « *dans la mesure où un copropriétaire peut prétendre à une jouissance privative de la chose indivise, cette jouissance ne doit pas porter atteinte au droit égal et réciproque des autres communistes* »[2].

251.316 Fondement légal des interventions du juge. La loi précise qu'à défaut d'accord entre les intéressés, l'exercice du droit d'user et de jouir d'un bien indivis est réglé, à titre provisoire, par le président du tribunal (C. civ., art. 815-9, al. 1er) – qui se prononcera en la forme des référés. On peut aussi mentionner les termes de l'article 815-7, selon lequel le président a le pouvoir d'interdire le déplacement des meubles « *sauf à spécifier ceux dont il attribue l'usage personnel à l'un ou à l'autre des*

1. Civ. 1re, 15 avr. 1980, n° 78-15.245, *Bull. civ.* I, n° 109; *D.* 1981. 101, note A. Breton.
2. Civ. 1re, 17 févr. 1971, n° 69-11.643, *Bull. civ.* I, n° 55.

ayants droit, à charge pour ceux-ci de donner caution s'il l'estime nécessaire » (v. s[s] n° 252.156).

251.317 Mesures permises au juge. Dans l'hypothèse qu'on évoque, le différend sera né sur la mesure de **l'usage et de la jouissance libres.** Mais cela n'interdit pas au juge saisi au titre de l'article 815-9, de prononcer, pour régler le litige, **l'attribution privative** de ces prérogatives à l'un des indivisaires. Dans ce cas, il y aura paiement d'une indemnité de jouissance. À l'inverse, le juge pourra refuser provisoirement tout exercice du droit de jouissance à l'un des indivisaires au cas de désaccord. La solution doit cependant être écartée s'il n'y a que deux indivisaires (cela reviendrait *de facto* à la solution précédente : une indemnité devrait alors être fixée). Entre ces deux issues extrêmes, le juge dispose d'une palette de pouvoirs pour régler le différend.

251.318 Caractères de ces mesures. Le règlement fixé par le président sur le fondement de l'article 815-9, le sera à titre provisoire, comme le texte le souligne. Il serait contraire à l'esprit de l'indivision de reconnaître au profit d'un indivisaire la jouissance exclusive de certains biens de manière définitive avant le partage.

B. Usage privatif des biens indivis

251.321 Indemnité de jouissance privative. L'article 815-9 alinéa 2 du Code civil dispose que : « *L'indivisaire qui use ou jouit privativement de la chose indivise est, sauf convention contraire, redevable d'une indemnité* ».

Cela vaut :

a) non seulement entre des indivisaires en pleine propriété, mais aussi bien, dans les rapports entre l'usufruitier et le nu-propriétaire dès lors qu'il existe une indivision en jouissance entre eux[1], ou dans les rapports entre tontiniers : si l'achat en commun d'un bien immobilier avec clause d'accroissement est exclusif de l'indivision, il confère aux parties des droits concurrents de jouissance indivise sur le bien tant que la condition de prédécès d'un des acquéreurs ne s'est pas réalisée, de sorte qu'une indemnité d'occupation est due à la partie cotitulaire du droit de jouissance par celle qui a la jouissance exclusive du bien[2];

b) pour l'époux en instance de divorce qui jouit privativement d'un bien indivis, et ce à compter de l'assignation[3]– cette solution valant en l'absence de règlement de la question par le juge, qui peut intervenir sur le fondement de l'article 255, 4° ou 8°, du Code civil;

c) pour tout indivisaire qui jouit privativement des lieux, même s'il n'y a pas occupation effective des lieux[4]. À ce sujet, le fait d'être le seul indivisaire à détenir les clefs de l'immeuble indivis et d'empêcher les autres d'en détenir, suffit à faire considérer qu'il y a jouissance privative[5] : dans son arrêt du 8 juillet 2009[6], la Cour de cassation a précisé que « *la jouissance privative d'un bien indivis résulte de l'impossibilité de droit ou de fait pour les coïndivisaires d'user de la chose* ».

On disait traditionnellement que l'indemnité de jouissance vient compenser, pour l'indivision, la perte des fruits et revenus du bien, et que cette fonction éclaire son régime. Considéré de manière générale, cela est vrai, mais la Cour de cassation a précisé que la règle légale selon laquelle l'indivisaire qui jouit privativement de la chose indivise doit indemnité, n'exige pas, pour l'attribution de celle-ci, qu'il soit établi que le bien indivis ait été productif de revenus[7].

251.322 Délai de prescription. L'action en paiement de l'indemnité d'occupation est prescrite par **cinq ans**, conformément à ce que prévoit l'article 815-10 alinéa 3 du Code civil pour les recherches relatives aux fruits et revenus de l'indivision[8]. Cependant cette prescription, qui n'est pas un délai préfix, peut être conventionnellement allongée ou

1. Civ. 1re, 19 janv. 1999, n° 96-18.303, *Bull. civ.* I, n° 24; *JCP* 1999. I. 189, n° 2, note R. Le Guidec (indivision en jouissance entre l'usufruitier de la moitié des biens d'une succession, et celui qui a la pleine propriété d'une moitié des mêmes biens) – Civ. 1re, 15 mai 2013, n° 11-24.217, *Bull. civ.* I [à paraître]; *D.* 2013. 2050, note C. Capitaine; *Dr. fam.* 2013, n° 106, obs. B. Beignier et P. Binet; *Defrénois* 2014. 125, obs. A. Chamoulaud-Trapiers (pas d'indivision en jouissance entre le conjoint survivant, qui opte pour le quart des biens en pleine propriété et les trois quarts en usufruit, et la fille du défunt, héritière en nue-propriété seulement).
2. Civ. 3e, 17 déc. 2013, n° 12-15.453, *Bull. civ.* III [à paraître].
3. Civ. 2e, 11 févr. 1998, n° 96-14.901, *Bull. civ.* II, n° 51; *D.* 1998. 493, note crit. Ph. Malaurie; *RTD civ.* 1999. 68, obs. J. Hauser; *Dr. fam.* 1998, n° 154, note H. Lécuyer.
4. Civ. 1re, 14 juin 2000, n° 98-20.285, *Bull. civ.* I, n° 183; *D.* 2000. IR 191; *RTD civ.* 2001. 114, obs. J. Hauser; *Defrénois* 2000. 1308, note J. Massip – Civ. 1re, 23 juin 2010, n° 09-13.250, *Bull. civ.* I, n° 145; *Defrénois* 2010. 2384, note A. Chamoulaud-Trapiers; *JCP N* 2011. 1001, note A. Tisserand-Martin.
5. Civ. 1re, 30 juin 2004, n° 02-20.085, *Bull. civ.* I, n° 194; *AJDI* 2004. 915; *AJ fam.* 2004. 458, obs. F. Bicheron – Civ. 1re, 8 juill. 2009, n° 07-19.465, *Bull. civ.* I, n° 160; *JCP N* 2009. Actu. 567, obs. H. Bosse-Platière.
6. Civ. 1re, 8 juill. 2009, n° 07-19.465, préc. s[s] prés[t] n°.
7. Civ. 1re, 12 mai 2010, n° 09-65.362, *Bull. civ.* I, n° 116; *Defrénois* 2010, art. 39184, n° 6, obs. A. Chamoulaud-Trapiers – *Adde :* N. Pierre, « Construction sur un terrain indivis par un indivisaire : conditions et fondements de l'action en démolition », *Defrénois* 2010, art. 39164.
8. Civ. 1re, 17 févr. 1987, n° 85-10.988, *Bull. civ.* I, n° 62; *D.* 1987. 589, note A. Breton – Civ. 1re, 12 déc. 2006, n° 05-17.515, *Bull. civ.* I, n° 546.

écartée[1]. La prescription court dès lors que les conditions de naissance du droit sont constituées; peu importe qu'elle n'ait pas encore été officiellement reconnue dans son principe ou que son montant n'ait pas été liquidé[2].

251.323 Bénéficiaire. Assimilée à un revenu, l'indemnité d'occupation accroît à l'indivision, et non directement au coïndivisaire[3] : on devra donc en attribuer le bénéfice à la masse, quitte à le voir partagé en un second temps. L'article 825 du Code civil dit bien que la masse partageable comprend les fruits afférents aux biens indivis, ce qui comprend nécessairement l'indemnité d'occupation qui vient remplacer les fruits.

251.324 Sort des fruits. Lorsque c'est l'indemnité d'occupation qui accroît à l'indivision, ce n'est plus le cas des fruits directement produits par le bien. Ainsi, pour une exploitation agricole, l'indemnité tient lieu de fermage, et les fruits produits par l'exploitation sont la propriété exclusive de l'indivisaire débiteur de l'indemnité[4] (*adde*, sur l'impossibilité de cumuler l'indemnité d'occupation et l'indemnité due au titre des fruits et revenus tirés d'un bien indivis[5]).

251.325 Comparaison avec un loyer. L'indemnité d'occupation est **comparable** à un loyer (comme le dit l'arrêt de 1985 au sujet du fermage), mais elle ne lui est pas assimilable : l'indivisaire occupant n'est pas dans la situation d'un locataire, et il ne bénéficie pas de la protection légale assurée à celui-ci. Son titre d'occupant est plus précaire, sa solidité résultant de l'accord passé avec ses coïndivisaires, ou de l'ordonnance du juge. Certes, l'indivision a pu consentir un véritable bail à un indivisaire, mais c'est alors une autre situation, qui dépasse le simple règlement de jouissance.

251.326 Cas où l'indemnité n'est pas due. Dans certaines hypothèses de jouissance privative d'une chose indivise et par exception, l'indemnité ne sera pas due par l'indivisaire usager. Ce sera le cas si sa jouissance se fonde sur un titre différent, par exemple un legs[6]. Ce sera en particulier le cas du conjoint survivant légataire de l'usufruit, et quelle que soit la quotité de celui-ci, puisque le conjoint, par ailleurs investi de la **saisine sur l'universalité de l'hérédité**, a la jouissance de tous les biens successoraux[7].

De même constitue un titre excluant le versement de l'indemnité le droit d'un époux en instance du divorce à bénéficier de la jouissance de l'appartement du fait des devoirs du mariage dont l'autre est encore débiteur[8]. Mais cela n'a rien d'automatique, et il ne faut cependant pas perdre de vue le principe selon lequel l'indemnité d'occupation est due par l'époux qui jouit privativement d'un bien indivis en cours de procédure, depuis le moment où l'on doit considérer que le divorce a pris effet en ce qui concerne leurs biens[9]; le fait que les enfants du couple cohabitent avec cet indivisaire usager ne suffit pas à le dispenser de devoir l'indemnité d'occupation[10]. Dans l'état du nouvel article 262-1 *in fine* du Code civil, la jouissance du logement conjugal par un seul des époux conserve cependant un caractère gratuit jusqu'à l'ordonnance de non-conciliation, sauf décision contraire du juge. Les juges du fond disposent d'un pouvoir souverain pour dire s'il convient d'appliquer le principe selon lequel l'indemnité de jouissance privative est due, ou si les obligations alimentaires pesant sur un époux dans le cadre de la procédure de divorce ont été fixées en fonction d'une jouissance gratuite de l'immeuble en indivision[11]; ils peuvent aussi estimer que la mise à la disposition de l'immeuble ne se justifie que partiellement par la contribution de l'un des époux à son obligation d'entretien : l'autre époux, bénéficiaire de l'occupation avec les enfants, peut donc devoir l'indemnité d'occupation dans une certaine mesure seulement[12]. Toutes ces solutions peuvent trouver à s'appliquer en l'absence d'un règlement judiciaire intervenu sur le fondement de l'article 255, 4° ou 8°, du Code civil.

1. Civ. 1re, 4 oct. 2005, n° 03-19.459, *Bull. civ.* I, n° 358; *D.* 2005. IR 2705; *JCP* 2006. I. 127, n° 2, note H. Périnet-Marquet.
2. Civ. 1re, 15 mai 2008, n° 06-20.822, *Bull. civ.* I, n° 132.
3. Civ. 1re, 14 nov. 1984, n° 83-14.866, *Bull. civ.* I, n° 305.
4. Civ. 1re, 17 déc. 1996, n° 94-21.989, *Bull. civ.* I, n° 452; *D.* 1997. 547, note R. Le Guidec; *RTD civ.* 1998. 943, obs. F. Zenati; *RTD civ.* 1998. 451, obs. B. Vareille; *Dr. fam.* 1997, n° 75, obs. B. Beignier; *JCP N* 1998. 811, obs. R. Le Guidec.
5. Civ. 1re, 27 oct. 1993, n° 91-15.611, *Bull. civ.* I, n° 301; *RTD civ.* 1994. 676, obs. R. Perrot – Civ. 1re, 3 oct. 2006, n° 04-18.435, *Bull. civ.* I, n° 426; *D.* 2007. IR 2483.
6. Civ. 1re, 2 juin 1987, n° 85-16.269, *Bull. civ.* I, n° 181; *D.* 1988. 28, note A. Breton – Civ. 1re, 24 sept. 2008, n° 06-21.445, *Bull. civ.* I, n° 214.
7. Civ. 1re, 3 févr. 2004, *Bull. civ.* I, n° 40 – Civ. 1re, 6 déc. 2005, n° 03-10.211, *Bull. civ.* I, n° 483.
8. Civ. 1re, 6 mars 1990, n° 88-17.555, *Bull. civ.* I, n° 61; *RTD civ.* 1990. 685, obs. F. Zenati – Civ. 1re, 13 avr. 1999, n° 96-22.808, *Bull. civ.* I, n° 126; *D.* 1999. Somm. 375, obs. J.-J. Lemouland.
9. Civ. 1re, 19 avr. 2005, n° 02-10.985, *Bull. civ.* I, n° 189; *D.* 2005. IR 1304; *Dr. fam.* 2005, n° 160, note V. Larribau-Terneyre.
10. Civ. 1re, 7 juin 2006, n° 04-12.331, *Bull. civ.* I, n° 292; *AJ fam.* 2006. 289, obs. S. David; *RTD civ.* 2006. 542, obs. J. Hauser.
11. Civ. 1re, 25 juin 2002, n° 98-22.882, *Bull. civ.* I, n° 173; *AJ fam.* 2002. 381, obs. S. D.; *D.* 2002. IR 2716; *RTD civ.* 2002. 787, obs. J. Hauser; et 790, obs. J. Hauser; *Dr. fam.* 2002, n° 149, note B. B.
12. Civ. 1re, 9 oct. 1990, n° 89-11.425, *Bull. civ.* I, n° 207.

En outre, il faut admettre que la nature de certains biens rend difficilement applicable à leur sujet l'idée de jouissance privative devant donner lieu à indemnité[1]. Ainsi, la Cour de cassation a exclu que l'exercice exclusif d'un droit indivis à l'accession à la propriété puisse donner lieu à paiement d'une indemnité d'occupation au titre d'une jouissance privative[2], ce qui est d'ailleurs discutable. Enfin, comme le texte de l'article 815-9 l'énonce, tous les indivisaires peuvent s'accorder pour que l'un d'eux jouisse privativement de la chose indivise sans être redevable d'une indemnité[3].

On a vu qu'en cours de procédure de divorce, le juge pouvait estimer que la jouissance privative d'un conjoint sur le logement indivis était gratuite. Cette gratuité peut-elle être maintenue (ou instituée) par le juge, entre le prononcé du divorce et le partage ? Étant donné la formule légale de l'article 815-9 du Code civil, la réponse doit être négative, malgré les termes d'un arrêt de la deuxième chambre civile de la Cour de cassation, qui pourraient laisser planer certains doutes[4] (arrêt dont le principal objet est de dire que le juge aux affaires familiales n'a pas compétence pour conférer à un conjoint le bénéfice d'une jouissance gratuite du domicile conjugal, ce contentieux relevant du juge chargé de la liquidation du régime matrimonial). La même formation a d'ailleurs ultérieurement précisé qu'il n'était pas possible de prescrire la jouissance gratuite d'un immeuble indivis à titre de prestation compensatoire[5]. Il semble donc que les règlements d'occupation **après** divorce passent exclusivement par l'attribution d'un droit réel temporaire ou viager d'occupation, à titre de prestation compensatoire (C. civ., art. 274-2°), ce qui ne pourrait plus valoir pour un bien de communauté.

251.331 Point de départ de l'indemnité. L'indemnité est due dès que la jouissance privative commence. Il faut cependant considérer l'effet de la prescription quinquennale (v. s[s] n° 251.322), qui peut être de nature à décaler le point de départ dans les limites des cinq années antérieures à la réclamation. Si l'indemnité est due entre époux en instance de divorce, elle doit être due à partir de la date où le bien ne pouvait plus être considéré comme étant à l'usage commun des époux. Cela signifie que l'indemnité d'occupation (au cas de jouissance privative) sera due à compter du jour constituant le point de départ des effets du divorce dans les rapports patrimoniaux entre les époux, c'est-à-dire en principe la date de l'ordonnance de non-conciliation (C. civ., art. 262-1), l'un ou l'autre des époux pouvant toutefois demander que l'effet du jugement de divorce ou de séparation de corps soit avancé à la date où leur cohabitation et collaboration avaient cessé (C. civ., art. 262-1, al. 2). La même possibilité est admise pour le cas de séparation de biens judiciaire (C. civ., art. 1441 et 1442, al. 2). Si les juges estimaient cependant que la jouissance exclusive de l'époux occupant doit être gratuite en vertu des devoirs du mariage dont son conjoint peut être encore débiteur en cours de procédure (v. s[s] n° 251.326), l'indemnité d'occupation privative ne serait due qu'à compter du jugement définitif de divorce[6], et ce jusqu'au partage.

251.332 Montant de l'indemnité. Si l'indemnité d'occupation est due, et en l'absence d'accord entre les parties, le juge devra fixer son montant. La jurisprudence a justement précisé que le juge ne saurait déléguer une telle mission au notaire liquidateur[7]. De même, il ne paraît pas qu'il entre dans la mission du mandataire conventionnel de l'article 813, ni dans celle du mandataire judiciaire des articles 813-1 et suivants, de fixer les modalités de l'occupation privative d'un bien indivis : cela ne paraît devoir appartenir qu'au juge, en dehors de l'accord unanime des indivisaires. Il ne s'agit pas en effet, à strictement parler, d'un acte de gestion des biens indivis.

Le juge devra considérer à quelle privation de revenus l'indivision s'expose, en concédant l'usage exclusif du bien à l'un de ses membres; c'est-à-dire qu'il faut s'inspirer du loyer qui pourrait être obtenu au cas de dation à bail d'un tel bien[8], même si la Cour de cassation a justement précisé que la valeur locative n'est pas un élément de référence automatique[9]; la pratique judiciaire tend d'ailleurs à pratiquer un abattement sensible sur la valeur locative[10]. On conçoit en effet que des circonstances

1. Pour un tableau, v. Paris, 2e ch. B, 22 sept. 1995, inédit.
2. Civ. 1re, 25 juin 2002, n° 00-14.376, *Bull. civ.* I, n° 172; *D.* 2002. 2430, note C. Barberot.
3. V. PAR EX., Civ. 1re, 7 juin 2006, n° 04-11.524, *Bull. civ.* I, n° 284, au sujet de l'usage d'un véhicule indivis; *AJ fam.* 2006. 326, obs. S. David; *D.* 2006. IR 1913.
4. Civ. 2e, 6 juin 2002, n° 00-15.232, *Bull. civ.* II, n° 117; *AJ fam.* 2002. 299, obs. S. D.-B.; *AJ fam.* 2003. 30; *D.* 2002. IR 2380; *RTD civ.* 2002. 492, obs. J. Hauser; *Defrénois* 2002. 1472, note. J. Massip; *Dr. fam.* 2003, n° 28, note H. L.
5. Civ. 2e, 28 nov. 2002, n° 00-20.577, *Bull. civ.* II, n° 271; *AJ fam.* 2003. 103, obs. S. D.; *D.* 2003. IR 532; *RTD civ.* 2003. 68, obs. J. Hauser; *Defrénois* 2003. 1083, obs. J. Massip – COMP. Civ. 2e, 1er avr. 1992, n° 90-15.816, *Bull. civ.* II, n° 113.
6. Civ. 1re, 18 janv. 1989, n° 87-13.177, *Bull. civ.* I, n° 22 – Civ. 1re, 28 févr. 1989, n° 87-11.162, *Bull. civ.* I, n° 95; *D.* 1990. Somm. 117, obs. A. Bénabent; *RTD civ.* 1991. 712, obs. D. Huet-Weiller.
7. Civ. 1re, 2 avr. 1996, n° 94-14.310, *Bull. civ.* I, n° 162.
8. Civ. 1re, 27 oct. 1992, n° 91-10.773, *Bull. civ.* I, n° 265; *RTD civ.* 1993. 630, obs. J. Patarin; *JCP* 1993. I. 3713, n° 3, note F.-X. Testu.
9. Civ. 1re, 13 déc. 1994, n° 92-20.780, *Bull. civ.* I, n° 369; *RTD civ.* 1995. 659, obs. J. Patarin; *RTD civ.* 1997. 168, obs. F. Zenati; et 170, obs. F. Zenati.
10. V. Poitiers, 2 juin 2010, *Defrénois* 2010, art. 39184, n° 2, obs. B. Vareille (abattement de 30 %, dont le juge relève qu'il a été admis par les parties).

particulières obligent à moduler cette donnée, dans un sens ou dans l'autre. D'ailleurs, le droit de l'indivisaire occupant est plus précaire que le droit du locataire, et cette précarité justifie une contrepartie financière moindre qu'un loyer.

251.333 Améliorations faites par l'occupant. Si l'occupant a amélioré à ses frais l'état du bien, l'indemnité d'occupation sera calculée en fonction de l'état du bien amélioré; mais l'indivisaire sera en mesure de faire valoir par ailleurs son droit à être indemnisé sur le fondement de l'article 815-13 du Code civil[1] (sur ce texte, v. s[s] n°s 251.341 s.).

251.334 Époque du paiement de l'indemnité d'occupation. Il a été jugé que l'indemnité d'occupation est assimilée à un revenu indivis, et que par conséquent chaque indivisaire peut solliciter sa part annuelle dans les bénéfices qui en résulteraient[2]. Cela signifie que, à la différence d'autres dettes d'un indivisaire à l'égard de l'indivision, l'indemnité d'occupation doit faire l'objet de paiements périodiques : elle n'entre donc pas en compte[3]. Si toutefois la question n'était soulevée que lors de la liquidation successorale, le paiement de l'indemnité serait comptabilisé au passif du compte de l'indivisaire occupant, pour la totalité de la période en cause, mais dans la limite des cinq années antérieures, conformément à la prescription quinquennale de l'article 815-10 alinéa 3 du Code civil (au sujet de la prescription, v. s[s] n°s 251.322 et 251.331). C'est en ce sens seulement que la Cour de cassation a pu dire que l'indemnité d'occupation *doit* entrer dans la masse active partageable[4]. Eu égard au mécanisme d'entrée en compte (v. s[s] n°s 251.384 à 251.388) c'est logiquement pour son montant total que l'indemnité d'occupation doit entrer en compte, l'intégration du solde du compte dans le partage assurant l'exacte étendue des droits de chacun. Ainsi, l'usufruitier de quote-part ne peut prétendre voir imputer au passif de son compte qu'une partie du montant de l'indemnité[5].

S'il s'agit d'un partage amiable, le liquidateur retiendra le montant de l'indemnité pour les cinq années antérieures à la date à laquelle il établit sa liquidation (à supposer évidemment une occupation privative pour la totalité de cette période). S'il s'agit d'un partage judiciaire, les cinq années antérieures devront être calculées en remontant à partir d'une citation en justice ou la signification de conclusions invoquant le bénéfice de l'indemnité, ou encore un simple procès-verbal de difficulté dressé par le notaire faisant état de cette demande (après quelques errements jurisprudentiels[6]). La Cour de cassation, admet même qu'une assignation comporte une demande implicite d'indemnisation si le fait d'occupation du bien indivis sans paiement d'indemnité y est simplement évoqué[7].

251.335 Effets d'une jouissance exclusive illégitime. Si un indivisaire s'empare de façon exclusive de l'usage et de la jouissance d'un bien indivis de manière clandestine ou en tout cas sans obtenir l'assentiment de ses coïndivisaires, ceux-ci peuvent saisir le juge sur le fondement de l'article 815-9 alinéa 1er *in fine*. Un tel comportement revient en effet à ne pas jouir du bien « *dans la mesure compatible avec le droit des autres indivisaires* ».

À cette possible réaction s'ajoute l'exercice des actions de droit commun que la jurisprudence ouvre classiquement aux coïndivisaires de l'usurpateur. C'est le cas pour la protection possessoire. Chaque indivisaire ne doit causer ni trouble ni dommage à la possession des autres. L'article 815-9 n'exclut donc pas l'application des règles de la possession, et l'action possessoire peut assurément être exercée par un indivisaire contre son coïndivisaire si celui-ci use privativement d'un immeuble commun, ou même s'il restreint par ses actes la jouissance normale des autres[8].

251.336 Possibilité de prescription acquisitive. Si, pendant plus de trente ans, au vu et au su de tous, l'un des indivisaires accomplit sur l'immeuble indivis des actes nettement exclusifs du droit de ses coïndivisaires sans que ces derniers protestent, il devient par *usucapion* propriétaire exclusif de l'immeuble. La jurisprudence admet en effet qu'on puisse prescrire contre son coïndivisaire[9]. Mais pour avoir force acquisitive, la possession d'un seul indivisaire doit être devenue exclusive par des actes caractérisés, apparents et non douteux[10]. La Cour de cassation dit que « *le caractère exclusif de la possession*

1. Civ. 1re, 27 oct. 1992, n° 91-10.773, *Bull. civ.* I, n° 265; *RTD civ.* 1993. 630, obs. J. Patarin.
2. Civ. 1re, 5 févr. 1991, n° 89-11.136, *Bull. civ.* I, n° 54; *Defrénois* 1991. 494, note G. Champenois; *RTD civ.* 1992. 615, obs. J. Patarin – et Civ. 1re, 13 déc. 1994, n° 92-20.780, préc. s[s] n° 251.332.
3. RAPPR. Civ. 1re, 12 mai 2010, n° 09-65.362, *Bull. civ.* I, n° 116.
4. Civ. 1re, 4 juin 2007, n° 05-21.842, *Bull. civ.* I, n° 219.
5. Civ. 1re, 4 juin 2007, n° 05-21.842, *Bull. civ.* I, n° 219.
6. EN CE SENS, Civ. 1re, 6 déc. 2005, n° 03-14.708, *Bull. civ.* I, n° 480 – Civ. 1re, 10 mai 2007, n° 05-19.789, *Bull. civ.* I, n° 176; *AJ fam.* 2007. 275, obs. F. Bicheron; *D.* 2007. AJ 1602 – RAPPR. Civ. 1re, 10 févr. 1998, n° 96-16.735, *Bull. civ.* I, n° 47; *D.* 1998. IR 64; *RTD civ.* 1998. 435, obs. J. Patarin.
7. Civ. 1re, 26 juin 2001, n° 99-15.487, *Bull. civ.* I, n° 190; *AJ fam.* 2001. 30.
8. Civ. 3e, 29 mai 1968, *Bull. civ.* III, n° 244.
9. Civ. 3e, 22 janv. 1992, n° 89-21.142, *Bull. civ.* III, n° 29; *Defrénois* 1992. 802, note H. Souleau.
10. V. Civ. 3e, 1er avr. 1992, n° 90-16.896, *Bull. civ.* III, n° 113 – et Civ. 1re, 27 oct. 1993, n° 91-13.286, *Bull. civ.* I, n° 304; *D.* 1995. Somm. 332, note M. Grimaldi – V. AUSSI, Civ. 3e, 12 janv. 1994, n° 91-21.260, NP.

d'un propriétaire indivis ne peut être établi que par l'existence d'actes incompatibles avec cette seule qualité »[1].

On a déjà eu l'occasion de dire qu'en matière d'indivision l'*usucapion* a cette particularité qu'elle peut valoir pour des biens mobiliers (v. s^s^ n° 251.22).

C.
Impenses et détériorations

251.341 Remboursement des impenses. L'indivisaire qui, en jouissant des biens communs ou en assumant leur gestion, aura assumé des dépenses sur ces biens, aura en principe droit à remboursement. L'article 815-13 alinéa 1er du Code civil énonce : « *Lorsqu'un indivisaire a amélioré à ses frais l'état d'un bien indivis, il doit lui en être tenu compte selon l'équité, eu égard à ce dont la valeur du bien se trouve augmentée au temps du partage ou de l'aliénation. Il doit lui être pareillement tenu compte des dépenses nécessaires qu'il a faites de ses deniers personnels pour la conservation desdits biens, encore qu'elles ne les aient point améliorés* ». Le législateur est donc parti de la conséquence des dépenses - amélioration, ou simple conservation du bien - pour énoncer la règle propre à chacune, mais on va voir que la jurisprudence tend à fondre les solutions.

251.342 Dépense d'amélioration. La plus-value qui résulte de l'amélioration appartient à l'indivision (v. s^s^ n° 251.141), mais l'indivisaire qui a engagé la dépense a droit à un remboursement, *a priori* calqué sur l'augmentation de valeur que le bien connaît, cette plus-value devant être évaluée au temps du partage ou de l'aliénation du bien.

La loi a donc considéré que l'essentiel tient dans l'augmentation de valeur du bien, sans qu'il y ait lieu de distinguer selon que l'impense apparaissait initialement comme somptuaire ou simplement utile. Peu importe, par ailleurs, que l'amélioration ait été faite à l'origine dans l'intérêt exclusif de l'indivisaire occupant et attributaire de l'immeuble indivis[2].

La Cour de cassation assimile aux impenses dont il doit être tenu compte à un indivisaire sur le fondement de l'article 815-13, le fait pour l'indivisaire d'avoir mis à la disposition de l'indivision un bien qui lui appartenait personnellement, pour permettre ou améliorer l'exploitation d'un bien indivis[3]. Cette indemnité pourra être calculée en fonction de ce que représentait une telle privation de jouissance.

251.343 Relative latitude du juge. Le texte de l'article 815-13 en appelle au passage à l'équité, ce qui incite à reconnaître au juge une certaine latitude : cela permettra de réintroduire, le cas échéant, la considération de la dépense faite - par exemple si celle-ci est assez récente; de même, cela pourrait conduire à exclure ou modérer le remboursement d'une dépense certes utile, mais exagérée par rapport aux souhaits des coïndivisaires.

251.344 Dépense de conservation. C'est le lot de toute dépense d'entretien : impense nécessaire qui a seulement pour objet de maintenir la valeur du capital, sans produire une véritable amélioration. La jurisprudence assimile à ce type de dépense la « *conservation juridique* » du bien notamment le paiement des **emprunts ayant permis de financer l'acquisition ou la construction.** La solution peut surprendre, car il s'agit plus d'une dépense d'acquisition que d'une dépense de conservation. Quoi qu'il en soit, il a été jugé que le remboursement d'arrérages de l'emprunt ayant financé la construction d'un immeuble devenu indivis à raison de la dissolution du mariage par le divorce des époux communs en biens constitue une dépense de conservation[4]; que la participation du mari au financement de l'acquisition d'un immeuble indivis entre les époux séparés de biens donne naissance, non à une créance entre époux, mais à une créance entre le mari et l'indivision qui s'était créée entre les époux par suite de l'acquisition[5]. Pareillement, il faudrait assimiler à une dépense de conservation l'indemnité versée au prêteur par l'assureur qui garantissait l'emprunteur[6]. Il a même été jugé que lorsque, dans la procédure de divorce, le juge a fixé le montant de la pension alimentaire due par le mari en fonction du montant des échéances de l'emprunt destiné à financer l'acquisition de l'immeuble indivis, réglées par la femme seule, il y a lieu de considérer que le mari débiteur de la pension

1. Civ. 3e, 27 nov. 1985, n° 84-15.259, *Bull. civ.* III, n° 158.
2. Civ. 1re, 23 mars 1994, n° 92-14.703, *Bull. civ.* I, n° 108 – Civ. 1re, 6 déc. 2005, n° 03-11.489, *Bull. civ.* I, n° 479.
3. Civ. 1re, 17 déc. 1996, n° 94-21.989, *Bull. civ.* I, n° 452; *D.* 1997. 547, note R. Le Guidec; *RTD civ.* 1998. 451, note B. Vareille; *RTD civ.* 1998. 943, note F. Zenati; *Dr. fam.* 1997, n° 75, note B. Beignier; *JCP N* 1998. 811, note R. Le Guidec.
4. Civ. 1re, 9 juill. 1991, n° 89-11.341, *Bull. civ.* I, n° 234; *JCP N* 1992. II. 211, n° 17, note A. T. – Civ. 1re, 7 juin 2006, n° 04-11.524, *Bull. civ.* I, n° 284; *AJ fam.* 2006. 326, obs. S. David; *D.* 2006. IR 1913 – Civ. 1re, 11 mai 2012, n° 11-17.497, *Bull. civ.* I, n° 106; *AJ fam.* 2012. 414, obs. P. Hilt; *RTD civ.* 2012. 561, obs. B. Vareille; *Defrénois* 2014. 120, obs. A. Chamoulaud-Trapiers.
5. Civ. 1re, 14 oct. 2009, n° 08-17.943, NP; *AJ fam.* 2010. 90, obs. P. Hilt; *LPA* 2010, n° 248, p. 5, obs. A. Chamoulaud-Trapiers – Civ. 1re, 26 sept. 2012, n° 11-22.929, *Bull. civ.* I, n° 184; *AJ fam.* 2012. 564, obs. P. Hilt; *RTD civ.* 2012. 766, obs. B. Vareille; *Defrénois* 2014. 121, obs. A. Chamoulaud-Trapiers.
6. RAPPR., Civ. 1re, 15 déc. 2010, n° 09-16.693, *Bull. civ.* I, n° 261.

a contribué indirectement au financement de l'immeuble indivis[1].

251.345 Évaluation de l'indemnité. L'article 815-13 alinéa 1er *in fine* du Code civil exige alors qu'on tienne compte de la dépense à celui qui l'a engagée, ce qui signifierait littéralement qu'on lui reconnaît un droit à remboursement pour le montant de la dépense (rappr. C. civ., art. 861, al. 2). Toutefois, la Cour de cassation a ajusté l'interprétation de l'article 815-13 sur la règle de l'article 1469 relatif aux récompenses en matière de régime matrimonial. Elle décide ainsi que, pour une dépense de conservation, il doit être tenu compte à l'indivisaire « de *la plus forte des deux sommes que représentent respectivement la dépense qu'il a faite et le profit subsistant* »[2]. Dès lors la plus-value, partie intégrante de la valeur du bien, suivra ses variations, et sa prise en compte va soustraire celui qui avait engagé des dépenses de conservation aux effets injustes du nominalisme monétaire : il s'est agi de faire entrer la dépense de conservation dans un système de dette de valeur pour réaliser son indexation. Peut-être n'y aura-t-il pas eu réellement d'augmentation de valeur mais, pour estimer le droit au remboursement, le liquidateur devra de toute façon estimer ce que représentait la dépense engagée par rapport à la valeur du bien à l'époque de la dépense, et appliquer cette fraction à la valeur du bien au temps du partage ou de l'aliénation.

Cette manière de traiter l'indemnité comme une dette de valeur suppose qu'elle ne soit pas productive d'intérêts tant qu'elle n'est pas chiffrée. L'analogie avec la **récompense au profit subsistant** peut être ici faite (C. civ., art. 1473, al. 2). En revanche, la solution est plus douteuse lorsque la dépense faite est retenue, et que l'indivisaire en demande remboursement.

251.346 Rôle de l'équité. La seconde phrase de l'article 815-13 du Code civil, relative à ces dépenses de conservation, renvoie à la première phrase (« *pareillement* ») qui, en matière d'amélioration, on l'a vu, fait référence à l'équité. Mais dans un souci de sécurité juridique, la Cour de cassation a précisé la place de l'équité, en lui assignant un rôle subsidiaire : les juges doivent d'abord évaluer le profit subsistant, « *sauf à tenir compte de l'équité pour modérer, le cas échéant, le montant de l'indemnité* »[3]. La prise en considération de l'équité pour calculer l'indemnité de l'indivisaire laisse donc au juge un véritable pouvoir modérateur, sans équivalent en matière de récompenses.

251.347 Époque du règlement. Il paraît résulter des termes de l'article 815-13 du Code civil que l'indemnité correspondant aux impenses entre en compte, et que par conséquent elle ne sera réglée que lors du partage, éventuellement par compensation avec la situation de débiteur qu'aurait l'indivisaire en cause à l'égard de l'indivision. Cependant l'entrée en compte est facultative[4]; si donc l'indivisaire créancier réclame l'indemnité sans attendre la liquidation d'ensemble, sa demande est recevable, et il faut se placer au moment de cette demande pour calculer le profit subsistant et le comparer à la dépense faite.

251.348 Dépenses n'ouvrant pas droit à indemnité. Quant aux limites de la qualification de dépense ouvrant droit à indemnité, la jurisprudence en exclut les travaux auxquels un indivisaire usager du bien avait procédé dans son intérêt, sans que ces travaux, qui n'avaient pas augmenté la valeur du bien, fussent nécessaires à sa conservation[5]. Il conviendrait en revanche de tenir compte d'impenses nécessaires faites par l'indivisaire dans un fonds de commerce indivis, même si les impenses avaient été faites après que l'indivisaire eut reçu le bien en location-gérance[6].

Concrètement, il a par exemple été jugé que les frais de télésurveillance de l'immeuble indivis ne constituaient pas des dépenses nécessaires à sa conservation (ce qui serait tout de même discutable s'il s'agissait de protéger des objets d'art immobilisés par destination), mais que les primes d'une assurance-habitation, qui tend à la conservation de l'immeuble, doivent incomber à l'indivision[7]. Cet arrêt semblait témoigner du fait que la Cour de cassation entend contrôler la notion, ce qui n'est pas opportun, le contrôle au titre du manque de base légale pouvant suffire à orienter l'exercice du pouvoir souverain des juges du fond sur pareille question. Il apparaît en définitive que la Cour reconnaît aux juges du fond un pouvoir souverain pour

1. Civ. 1re, 23 janv. 2008, no 07-10.753, *Bull. civ.* I, no 24; *JCP N* 2009. 1151, note J. Lesbats.
2. Civ. 1re, 4 mars 1986, no 84-15.071, *Bull. civ.* I, no 51; *RTD civ.* 1987. 384, obs. J. Patarin.
3. Civ. 1re, 7 juin 1988, no 86-15.090, *Bull. civ.* I, no 174; *D.* 1989. 141, note A. Breton; *RTD civ.* 1989. 120, note J. Patarin; *JCP N* 1989. II. 89, note Philippe; *Defrénois* 1988. 1079, note Morin.
4. Civ. 1re, 20 févr. 2001, no 98-13.006, *Bull. civ.* I, no 41; *D.* 2001. IR 906; *RTD civ.* 2001 642, obs. J. Patarin; et 916, obs. T. Revet – Civ. 1re, 4 juill. 2007, no 06-13.770, *Bull. civ.* I, no 254; *JCP* 2007. I. 197, no 4, obs. H. Périnet-Marquet; *Defrénois* 2008. 339, note A. Chamoulaud-Trapiers – Civ. 1re, 26 juin 2013, no 12-11.818, *Bull. civ.* I [à paraître].
5. Civ. 1re, 18 févr. 1986, no 84-16.652, *Bull. civ.* I, no 34.
6. Civ. 1re, 24 nov. 1998, no 96-14.002, *Bull. civ.* I, no 329; *D.* 1999. IR 5; *RDI* 1999. 188, obs. M. Bruschi.
7. Civ. 1re, 20 janv. 2004, no 01-17.124, *Bull. civ.* I, no 20; *AJDI* 2004. 229; *AJ fam.* 2004. 103, obs. S. D.-B.; *RTD civ.* 2004. 765, obs. B. Vareille; *Dr. fam.* 2004, no 85, note B. Beignier.

dire si les travaux financés par un indivisaire étaient ou non nécessaires à la conservation du bien[1] (les juges du fond ayant répondu par l'affirmative, au sujet de l'installation du chauffage dans une maison).

Toujours est-il qu'une dépense inutile sur les biens indivis ne mérite pas remboursement[2].

La Cour de cassation avait estimé qu'en relevant que des impenses étaient d'un montant infime, les juges du fond justifiaient leur décision de n'en pas tenir compte[3], ce qui s'apparentait à une application de la règle *De minimis*. D'un autre côté la portée de cet arrêt n'était pas certaine, au regard de la règle de fond, parce que la question paraissait plutôt posée sous l'angle d'un défaut de réponse à conclusions. En définitive, la Cour de cassation a précisé que : « *il doit être tenu compte à l'indivisaire des dépenses nécessaires à la conservation du bien, quelle que soit leur importance* »[4].

251.349 **Indemnité due au cas de détérioration.** L'indivision, de son côté, peut se faire indemniser des dégradations et détériorations qu'elle a subies : « *L'indivisaire répond des dégradations et détériorations qui ont diminué la valeur des biens indivis par son fait ou par sa faute* » (C. civ., art. 815-13, al. 2). La diminution de valeur visée par le texte est aussi bien une **détérioration matérielle**, qu'une **baisse de valeur économique** due à des fautes de gestion. Elle peut correspondre, non seulement à l'atteinte à la substance d'un actif existant, mais aussi bien au **gain manqué** (par ex. la négligence à encaisser des revenus auxquels l'indivision avait droit)[5]. L'indemnité obtenue de la part de l'indivisaire responsable de la détérioration profite, bien entendu, à l'ensemble de l'indivision, et non au seul indivisaire agissant[6]; elle a donc vocation à entrer en compte, même si, comme on va le voir, elle peut être perçue sans délai. On a parfois soutenu que cette créance de l'indivision devra en principe n'être liquidée qu'à l'époque du partage, car il serait logique d'appliquer aux détériorations le système prévu pour les améliorations. Il y a cependant lieu de considérer le choix inverse fait par la Cour de cassation sur une question pratiquement identique, celle de l'indemnité de dégradation due par un indivisaire qui s'est servi d'une chose indivise sans que cet usage soit conforme à sa destination[7]. Pour le reste, le partage constitue la date limite au-delà de laquelle il n'est plus possible, pour des indivisaires, de se plaindre des détériorations qu'un autre indivisaire aurait fait subir à des biens indivis[8].

§ 2
Exercice par les indivisaires des prérogatives d'*usus* et de *fructus* : fruits et revenus des biens indivis

251.350 **Présentation.** Tout en posant le principe que les fruits accroissent à l'indivision (A), la loi a établi des règles sur l'exercice du droit aux fruits (B); on y ajoutera des explications sur les conséquences qu'entraîne l'existence d'un indivisaire gérant, question difficile à dissocier de la précédente (C).

A.
Sort des fruits et revenus

251.351 **Les fruits et revenus accroissent à l'indivision.** La masse indivise s'accroît de tous les fruits et revenus produits pendant l'indivision; cette règle traditionnelle (*Fructus augent hereditatem*) est expressément énoncée en législation depuis la réforme de 1976. La mise en commun qu'elle prononce traduit la solidarité d'intérêts que l'indivision institue entre ses membres. L'article 815-10 alinéa 2 du Code civil dispose donc : « *Les fruits et les revenus des biens indivis accroissent à l'indivision, à défaut de partage provisionnel ou de tout autre accord établissant la jouissance divise* ». Le quatrième paragraphe du texte précise que le droit aux bénéfices (c'est-à-dire aux **fruits nets** : aux **fruits distribuables**) de chaque indivisaire est proportionnel à ses droits dans l'indivision.

Il ne faut pas comprendre littéralement l'adage latin précité : la règle selon laquelle les fruits constituent un accroissement de la masse patrimoniale en cause est propre au droit de l'indivision, et non au droit des successions; même dans une indivision successorale, c'est par un rattachement factuel (le lien capital-revenu) postérieur à l'ouverture de la succession que cet accroissement se produit. D'ailleurs on va voir que chaque indivisaire peut faire valoir annuellement son droit aux fruits, indépendamment même d'un partage de la succession. Les fruits n'intègrent donc pas la succession à

1. Civ. 1re, 10 mai 2006, nº 03-19.001, *Bull. civ.* I, nº 228; *D.* 2006. IR 1483; *RTD civ.* 2006. 542, obs. J. Hauser.
2. Civ. 1re, 13 déc. 1994, nº 92-20.780, *Bull. civ.* I, nº 369; *RTD civ.* 1995. 659, note J. Patarin; *RTD civ.* 1997. 168, obs. F. Zenati; *RTD civ.* 1997. 170, obs. F. Zenati.
3. Civ. 1re, 24 juin 1986, nº 84-15.215, *Bull. civ.* I, nº 178; *Defrénois* 1987, art. 34016, nº 58, obs. G. Champenois.
4. Civ. 1re, 20 janv. 2004, nº 01-17.124, *Bull. civ.* I, nº 20; *AJDI* 2004. 229; *AJ fam.* 2004. 103, obs. S. D.-B.; *RTD civ.* 2004. 765, obs. B. Vareille; *Dr. fam.* 2004, nº 85, note B. Beignier.
5. Civ. 1re, 15 mai 2008, nº 07-17.645, *Bull. civ.* I, nº 131.
6. Civ. 1re, 15 mai 2008, nº 07-17.645, préc. s^s prés^t nº.
7. Civ. 1re, 15 avr. 1980, nº 78-15.245, *Bull. civ.* I, nº 109; *D.* 1981. 101, note A. Breton; *RTD civ.* 1981. 173, obs. C. Giverdon – Civ. 1re, 12 mai 2010, nº 09-65.362, *Bull. civ.* I, nº 116.
8. Civ. 1re, 10 mai 2006, nº 03-13.537, *Bull. civ.* I, nº 234.

proprement parler, même si, à plusieurs égards, ils accroissent la masse constitutive de l'indivision successorale (C. civ., art. 825). Cela explique que, au sujet de l'application éventuelle des peines du recel, la Cour de cassation ait refusé de considérer que les loyers d'un immeuble successoral perçus après l'ouverture de la succession constituent des effets de la succession [1]; la même solution a été adoptée au sujet du recel de communauté [2]. De même, l'effet déclaratif du partage ne s'applique pas aux fruits et revenus produits par les biens indivis avant le partage [3].

251.352 Règle supplétive de volonté. Il ne s'agit pas d'une règle impérative : la loi commence par réserver l'application de la convention que les indivisaires auraient conclue pour déterminer le sort des fruits et revenus. Le texte prévoit notamment le cas où un **partage provisionnel** aurait été fait; comme un tel acte correspond à un partage de jouissance, il est normal que le droit aux fruits ne soit plus une prérogative du groupe. La loi envisage même tout autre accord établissant la jouissance divise : si par exemple les indivisaires décidaient que le gérant d'une exploitation indivise fera les fruits siens, cette convention devrait être respectée.

251.353 Champ d'application. L'article 815-10 alinéa 2 du Code civil ne fait aucune distinction parmi les fruits et revenus possibles. Cela conduit à dire que la règle comprend l'indemnité compensatrice due par l'indivisaire qui aurait la jouissance exclusive d'un bien (v. s^s n°s 251.321 à 251.336 s.). La règle de l'article 815-10 joue encore si l'indivisaire qui bénéficie du droit de jouissance du bien en a, non simplement la jouissance passive, mais la jouissance active, celle qui consiste à exploiter un bien à destination économique : entreprise commerciale, artisanale ou agricole.

251.354 Revenus d'une exploitation indivise. Les revenus produits par l'exploitation d'une entreprise en indivision viendront donc grossir l'actif indivis, du moins les revenus nets (C. civ., art. 815-12). C'est ainsi que la valeur patrimoniale des parts d'une société civile professionnelle titulaire d'une charge d'huissier constituant un bien dépendant de la communauté, il en résulte que les fruits et revenus de ce bien perçus par le mari en sa qualité d'associé pendant l'indivision post-communautaire accroissent à l'indivision [4]. Mais si les revenus produits par l'exploitation du bien géré par un indivisaire accroissent à l'indivision, cet exploitant peut d'un autre côté prétendre à une indemnité destinée à rémunérer son activité (C. civ., art. 815-12 *in fine*).

B.
Règles relatives à l'exercice du droit aux fruits

251.361 Droit de réclamer annuellement une part de bénéfices. Les fruits accroissent à l'indivision, mais nullement en ce sens qu'ils devraient être capitalisés. Bien au contraire, la loi prévoit leur répartition annuelle et confère à chaque indivisaire le droit d'en réclamer sa part : « *Tout indivisaire peut demander sa part annuelle dans les bénéfices* » (C. civ., art. 815-11, al. 1er). Cette reconnaissance d'un droit annuel aux bénéfices est censée inciter les indivisaires à ne pas négliger les revenus de leurs biens communs.

Les revenus produits par les biens indivis doivent être déclarés par chaque indivisaire au titre de l'impôt sur le revenu à proportion de ses droits dans l'indivision. Ce sont bien entendu les bénéfices nets réalisés par le bien indivis qui doivent être taxés [5]. En principe, l'impôt est dû même si les indivisaires ne le répartissent pas entre eux, en le maintenant dans l'indivision. Mais pour ce qui concerne les profits dégagés par une exploitation commerciale, le bénéfice ne sera imposé qu'au moment de sa perception par l'indivisaire [6]. Selon la jurisprudence, chaque indivisaire doit en principe être considéré comme coexploitant au regard de la loi fiscale.

251.362 Distribution des bénéfices nets. Il ne serait pas sensé de distribuer des bénéfices si de nouvelles dépenses doivent être faites : il y aurait alors un risque d'atteinte aux capitaux de l'indivision. Aussi bien, ne distribuera-t-on que les bénéfices nets : le texte légal ne permet à un indivisaire de réclamer sa part de bénéfices que sous déduction des dépenses régulièrement engagées – l'article 815-11 alinéa 1er évoque à ce sujet les « *dépenses entraînées par les actes auxquels cet indivisaire a consenti, ou ceux qui lui sont opposables* » (pour des précisions relatives aux bénéfices produits par un bien économique indivis [7]). Mais si tous les indivisaires étaient

1. Civ. 1re, 25 nov. 2003, n° 01-03.877, *Bull. civ.* I, n° 244; *AJ fam.* 2004. 70, obs. S. D.-B; *D.* 2004. Somm. 2343, obs. V. Brémont; *Dr. fam.* 2004, n° 9, note B. Beignier.
2. Civ. 1re, 17 juin 2003, n° 01-13.228, *Bull. civ.* I, n° 142; *AJ fam.* 2003. 351, obs. S. D.-B.; *D.* 2004. Somm. 2343, obs. V. Brémont.
3. Civ. 1re, 10 mai 2007, n° 05-12.031, *Bull. civ.* I, n° 179; *D.* 2007. AJ 1601; *RTD civ.* 2007. 592, obs. T. Revet; *RTD civ.* 2003. 537, note B. Vareille; *AJ fam.* 2003. 351, note S. D.-B.
4. Civ. 1re, 10 févr. 1998, n° 96-16.735, *Bull. civ.* I, n° 47; *Gaz. Pal.* 1999. 1. Somm. 124, obs. S. Piedelièvre; *RTD civ.* 1998. 435, obs. J. Patarin.
5. Civ. 1re, 10 mai 2006, n° 04-12.473, *Bull. civ.* I, n° 233; *D.* 2006. IR 1484.
6. CE 6 mars 1991, req. n° 61863, *Lebon*; *Dr. fisc.* 1992. Comm. 1242.
7. Civ. 1re, 26 juin 1985, NP; *D.* 1985. 194, note A. B.

d'accord pour une répartition intégrale des bénéfices, ils ne seraient pas tenus par cette restriction.

On a vu que le droit de l'indivision aux fruits disparaît lorsque le bien frugifère en cause fait l'objet d'une jouissance privative de la part d'un indivisaire, moyennant l'indemnité de l'article 815-9 alinéa 2 (v. s[s] n° 251.324).

251.363 Droit proportionnel aux droits dans l'indivision. Pour réclamer sa part annuelle dans les bénéfices, l'indivisaire doit justifier, non seulement de sa qualité, mais de la quotité de son droit, car le droit aux bénéfices est proportionnel aux droits dans l'indivision, comme le souligne l'article 815-10 alinéa 4 du Code civil. La loi dit la manière dont cette justification pourra être fournie : « *À défaut d'autre titre, l'étendue des droits de chacun dans l'indivision résulte de l'acte de notoriété ou de l'intitulé d'inventaire établi par le notaire* » (C. civ., art. 815-11, al. 2 – sur l'acte de notoriété, v. désormais C. civ., art. 730 s.).

251.364 Règlement des litiges. Comme il s'agit de répartir des revenus, toute difficulté éventuelle doit pouvoir être réglée rapidement et simplement. L'article 815-11 alinéa 3 du Code civil renferme cette disposition que : « *En cas de contestation, le président du tribunal de grande instance peut ordonner une répartition provisionnelle des bénéfices sous réserve d'un compte à établir lors de la liquidation définitive* ». La règle a le mérite d'éviter qu'on ne demande le partage pour des motifs mineurs.

Le texte laisse nettement entendre que ce pouvoir du juge d'ordonner une répartition provisionnelle n'est qu'une faculté : le juge du fond peut donc parfaitement, au terme de son appréciation des circonstances, refuser la répartition provisionnelle des bénéfices indivis[1]. La compétence du président du tribunal de grande instance est exclusive, et exclut celle du juge aux affaires familiales[2].

251.365 Prescription en matière de fruits et revenus indivis. Selon l'article 815-10 alinéa 2 du Code : « *Aucune recherche relative aux fruits et revenus ne sera recevable plus de cinq ans après la date à laquelle ils ont été perçus ou auraient pu l'être* ». Il n'est pas ici question du droit pour l'indivision de réclamer à un tiers le versement d'un revenu : une telle action serait soumise aux délais de droit commun. La prescription de l'article 815-10 joue dans les rapports internes à l'indivision, ce qui s'entend à deux égards : d'abord la demande de l'indivision, dirigée contre un indivisaire, de se faire remettre le revenu que celui-ci a perçu[3]; ensuite, la demande de l'indivisaire réclamant à l'indivision (c'est-à-dire à l'ensemble de ses coïndivisaires ou au gérant) sa part dans les bénéfices.

Comme il s'agit d'une prescription, et non d'un délai préfix, les personnes intéressées peuvent, par convention, convenir de modifier ce délai, par ex. en l'allongeant (v. s[s] n° 251.322). À cet égard, la Cour de cassation a pu préciser que les règles de prescription diffèrent entre **ce qui est échu** lors de la décision judiciaire de condamnation ayant force exécutoire et **ce qui devient exigible** ensuite : s'agissant de la **créance échue,** le mécanisme d'interversion des prescriptions est mis en œuvre, de sorte que la décision de condamnation substitue à la prescription d'origine de la créance (en l'occurrence, cinq ans) la prescription de droit commun (dix ans : C. pr. exéc., art. L. 111-4); s'agissant des **sommes à échoir**, celles qui ne sont exigibles qu'après la condamnation en justice, la prescription quinquennale de l'article 815-10 du Code civil doit s'appliquer[4].

C.
Situation de l'indivisaire gérant

251.371 Différents gérants possibles. On ne parlera ici que de l'indivisaire gérant qui aurait reçu mandat des autres pour assurer la gestion de l'indivision. Il faut cependant garder présentes à l'esprit les précisions apportées en 2006 au sujet du **nouveau mandataire successoral**. L'article 813 du Code civil indique à ce sujet que le mandat donné par les héritiers d'un commun accord peut l'être à l'un d'eux, mais aussi à un tiers. S'y ajoute la possibilité d'obtenir en justice la nomination d'un mandataire successoral (C. civ., art. 813-1 s.). Aujourd'hui, un mandat général d'administration peut être donné à la majorité des deux tiers des droits indivis (C. civ., art. 815-3, al. 1er, 2°), mais il ne couvrira les actes de gestion que dans certaines limites (v. s[s] n°s 252.81 s.).

251.372 Double règle de l'article 815-12 du Code civil. La situation de l'indivisaire gérant est réglée par l'article 815-12 : « *L'indivisaire qui gère un ou plusieurs biens indivis est redevable des produits nets de sa gestion. Il a droit à la rémunération de son activité, dans les conditions fixées à l'amiable, ou, à défaut, par décision de justice* ». Ce texte contient donc une double règle.

251.373 L'indivisaire gérant est redevable des produits nets de sa gestion. Dans tous les cas, l'indivisaire gérant doit faire profiter l'indivision des produits nets de sa gestion; mais puisque le

1. Civ. 1re, 16 mars 1999, n° 97-11.972, *Bull. civ.* I, n° 99; *RTD civ.* 1999. 887, obs. J. Patarin.
2. Civ. 1re, 17 janv. 2006, n° 04-19.053, *Bull. civ.* I, n° 12; *RTD civ.* 2006. 290, obs. J. Hauser.
3. V. PAR EX., Civ. 1re, 26 janv. 2011, n° 08-10.015, NP; *RTD civ.* 2012. 564, obs. B. Vareille.
4. Civ. 1re, 10 juill. 2013, n° 12-13.850, *Bull. civ.* I [à paraître]; *AJ fam.* 2013. 520, obs. C. Vernières.

texte vise les produits nets, le gérant pourra **déduire du bénéfice brut tous les frais** qui ont été nécessaires pour l'obtenir, et il ajoutera à cette déduction sa propre **rémunération.** Enfin il remettra le solde dans la masse indivise, ou le tiendra à la disposition des indivisaires au titre de la distribution des bénéfices. Cela suppose en tout cas qu'il tienne des comptes suffisamment précis (C. civ., art. 815-8).

251.374 L'indivisaire gérant a droit à une rémunération. Selon l'article 815-12 du Code civil, l'indivisaire gérant a droit à une rémunération, et celle-ci devra être fixée par voie judiciaire si elle ne peut l'être à l'amiable. Ce droit à rémunération se fonde sur l'intérêt commun : il est dans l'intérêt des indivisaires que l'un d'eux n'hésite pas à prendre en main la gestion des biens indivis. Le droit à rémunération n'existe cependant que si l'activité de gestion est suffisamment caractérisée : le seul fait de se servir d'un immeuble à usage d'habitation et d'en avoir le soin ne permet pas d'inférer une activité de gestion[1].

251.375 Montant de la rémunération. Le juge dispose d'un large pouvoir d'appréciation pour fixer la rémunération de l'indivisaire gérant, la loi n'indiquant pas de critère à ce sujet. Le pouvoir dont dispose le juge n'est pas limité par les résultats de la gestion, sauf à tenir compte, le cas échéant, de la responsabilité du gérant pour ses fautes de gestion[2]. Cela tend à exclure une rémunération proportionnelle aux bénéfices, à moins qu'elle ne résulte d'un commun accord des indivisaires. En revanche, la jurisprudence semble admettre l'idée que l'importance de l'engagement personnel du gérant dans son travail est de nature à exercer une influence sur le montant de la rémunération[3].

251.376 Époque à laquelle la rémunération est due. La rémunération doit être normalement conçue comme périodique, et la convention des parties ou la décision du juge arrêtera sa périodicité (mensuelle, trimestrielle, annuelle, *etc.*) selon son importance. Il n'empêche que son règlement peut n'intervenir qu'à l'époque du partage, si le gérant n'avait pas fait valoir son droit auparavant. D'ailleurs, une rémunération ainsi entrée en compte aurait l'intérêt d'échapper à l'impôt sur le revenu. En outre, elle sera productive de l'intérêt au taux légal, le point de départ des intérêts étant le jour où l'indivision est constituée débiteur[4].

§ 3
Règlements pécuniaires

251.381 Les comptes entre indivisaires s'insèrent dans la liquidation successorale. La question des règlements pécuniaires entre indivisaires présente un grand nombre de particularités, mais dans une indivision successorale ces règlements viennent s'insérer dans la liquidation d'ensemble, et il convient donc de renvoyer à l'étude de celle-ci (v. *Successions-Liquidation*, s^s n°s 26.00 s.). On se contentera d'indiquer ici quelques principes qu'il est utile d'avoir en vue au stade du fonctionnement de l'indivision[5].

251.382 Rapports entre chaque indivisaire et la masse. Bien que chaque indivisaire ait la qualité de copropriétaire de la masse indivise, on a depuis longtemps, pour des raisons comptables qui ont fini par retentir sur le fond du droit, pris l'habitude de considérer que chaque indivisaire est susceptible de faire figure de **créancier** ou de **débiteur** de l'indivision[6], ainsi traitée comme une universalité distincte[7] (*adde* : ci-dessous n° 251.384).

Un indivisaire peut être créancier de la masse au titre d'impenses qu'il aura faites (v. s^s n°s 251.341 s.), de frais divers qu'il aurait acquittés, par exemple le fait d'avoir payé, pour un lot en copropriété, des impôts locaux ou des charges de propriété distinctes de celles liées à l'occupation personnelle d'un indivisaire[8], de la rémunération pour sa gestion ou ses

1. Civ. 1re, 18 déc. 1990, n° 89-11.433, *Bull. civ.* I, n° 291 ; *RTD civ.* 1991. 576, note J. Patarin.
2. Civ. 1re, 28 févr. 1984, n° 82-15.270, *Bull. civ.* I, n° 75 ; *D.* 1984. 549, note A. Breton ; *RTD civ.* 1985. 430, obs. J. Patarin – *Adde*, Civ. 1re, 4 avr. 1991, n° 89-20.351, *Bull. civ.* I, n° 118 ; *RTD civ.* 1992. 429, note J. Patarin ; *RTD civ.* 1992. 791, note F. Zenati ; *RTD civ.* 1992. 797, note F. Zenati ; *Defrénois* 1991. 869, note G. Champenois – Civ. 1re, 25 oct. 2005, n° 02-13.787, *Bull. civ.* I, n° 386 ; *Dr. fam.* 2006, n° 16, note B. Beignier – Civ. 1re, 19 déc. 2012, n° 11-26.054, NP ; *JCP* 2013. 721, n° 18, obs. A. Tisserand-Martin ; *Defrénois* 2014. 124, obs. A. Chamoulaud-Trapiers.
3. Civ. 1re, 16 mars 1982, n° 80-17.244, *Bull. civ.* I, n° 109 ; *RTD civ.* 1983. 167, obs. J. Patarin.
4. Civ. 1re, 11 juin 1996, n° 94-14.293, *Bull. civ.* I, n° 248 ; *RTD civ.* 1999. 147, obs. F. Zenati.
5. V. AUSSI, A. Chamoulaud-Trapiers, « Liquidation d'indivision : du bon règlement du passif et des comptes », *Defrénois* 2010, art. 39176.
6. V. PAR EX., Civ. 1re, 5 mars 1991, n° 89-18.311, *Bull. civ.* I, n° 84 ; *D.* 1992. Somm. 227, note M. Grimaldi ; *RTD civ.* 1991. 578, note J. Patarin – Civ. 1re, 13 mars 2007, n° 05-13.320, *Bull. civ.* I, n° 109 ; *AJDI* 2007. 500 ; *RTD civ.* 2007. 801, obs. B. Vareille ; *Defrénois* 2008. 1093, note D. Fiorina.
7. COMP., Civ. 1re, 25 oct. 2005, n° 03-20.382, *Bull. civ.* I, n° 388 ; *AJ fam.* 2006. 34, obs. P. Hilt ; *D.* 2005. Pan. 79, obs. P.-M. Le Corre ; et 1380, obs. A. Danis-Fatôme ; *D.* 2005. AJ 873, note A. Lienhard.
8. Civ. 1re, 12 déc. 2007, n° 06-11.877, *Bull. civ.* I, n° 385 – Civ. 1re, 16 avr. 2008, n° 07-12.224, *Bull. civ.* I, n° 122.

travaux personnels[1], du financement de l'acquisition d'un bien indivis[2]...

Il peut être débiteur de la masse au titre d'une indemnité d'occupation, des pertes ou détériorations qu'un bien indivis aurait subies par sa faute, de la perception de fonds indivis qu'il n'aurait pas reversés à l'indivision (sur l'obligation de rapporter les revenus avant impôt produits par un office ministériel compris dans l'indivision postcommunautaire[3]) ou qu'il aurait prélevés dans la caisse de celle-ci, ou encore d'une avance en capital...

En revanche, ne sont pas prises en compte les sommes dont les copartageants peuvent être créanciers ou débiteurs les uns envers les autres, en dehors des relations nées de l'indivision[4]. En aucune manière ces dettes ne sauraient entrer en compte (pour ce qui concerne en particulier les créances entre époux, v. C. civ., art. 1479). Entre de telles dettes, et du fait que la masse indivise ne s'interpose pas, il pourra donc y avoir matière à compensation dans les termes du droit commun[5].

251.383 Exigibilité de certaines créances. Certaines de ces créances ou dettes entre un indivisaire et la masse sont immédiatement exigibles dans les rapports entre l'indivision et l'indivisaire en cause; on les traite comme des créances ordinaires. C'est le cas des **indemnités pour détérioration**[6], ou de l'**indemnité d'occupation**[7].

251.384 Principe de l'entrée en compte. Toutefois, le principe, pour les autres créances ou dettes, est qu'elles entrent en compte, ce qui signifie que le règlement s'en fera seulement lors du partage, et par des procédés particuliers qu'explique le caractère réel du droit de l'indivisaire. L'indivisaire qui, après fusion de ses créances et dettes à l'égard de la masse, sera en situation nette de crédit, se paiera par prélèvement sur la masse avant partage, cependant que l'indivisaire en situation débitrice nette prendra moins dans le partage, sa dette lui étant donnée en allotissement (elle viendra donc s'imputer sur sa part).

Les créances et dettes nées du fonctionnement de l'indivision rejoignent dans les comptes de liquidation d'autres droits et d'autres dettes de rapport, proprement issus de la situation successorale.

On retiendra ici que chaque indivisaire est en compte avec la masse pour le temps que dure l'indivision, et les droits de chaque indivisaire sur la masse nette dépendront pour partie de l'état de son compte à la date du partage[8] (*adde* : C. civ., art. 867). Un règlement direct entre indivisaires qui ferait abstraction de la masse donnerait de faux résultats[9], ou serait même impossible à déterminer correctement lorsque les indivisaires sont plus de deux. Parce que les créances et dettes en cause entrent en compte et se trouvent intégrées aux opérations de partage, il est logique de ne plus pouvoir formuler de réclamation à ce sujet après le partage[10].

Fondamentalement donc, l'entrée en compte des différents articles influe sur l'étendue de la masse partageable (ainsi, la Cour de cassation dit exactement que l'indemnité d'amélioration due à un indivisaire, en tant que « *créance sur l'indivision* », doit être déduite de l'actif net à partager[11]), et le solde du compte de chaque indivisaire détermine l'étendue de son allotissement. Cela explique que l'effet déclaratif du partage soit sans effet sur les articles du compte (ainsi les frais de gestion et de conservation d'un bien indivis profitent à tous les indivisaires et ne peuvent être mis à la charge du seul attributaire du bien[12]; ainsi encore, les fruits et revenus produits par les biens indivis avant le partage ne peuvent être réclamés à l'indivisaire preneur par l'attributaire de la propriété[13]).

251.385 Transformation des éléments entrés en compte. En entrant en compte, les créances ou dettes concernées se fondent dans le compte propre à chaque indivisaire, pour devenir de simples articles de crédit et de débit. Cette transformation affecte leur régime juridique : alors la créance perd

1. Civ. 1re, 13 mars 2007, n° 05-13.320, préc. s^s prés^t n°.
2. Civ. 1re, 9 juill. 1991, n° 89-11.341, *Bull. civ.* I, n° 234; *JCP N* 1992. II. 211, n° 17, note A. T. – Civ. 1re, 7 juin 2006, n° 04-11.524, *Bull. civ.* I, n° 284; *AJ fam.* 2006. 326, obs. S. David; *D.* 2006. IR 1913 – Civ. 1re, 14 oct. 2009, n° 08-17.943, NP; *AJ fam.* 2010. 90, obs. P. Hilt; *LPA* 2010, n° 248, p. 5, obs. A. Chamoulaud-Trapiers – Civ. 1re, 11 mai 2012, n° 11-17.497, *Bull. civ.* I, n° 106; *AJ fam.* 2012. 414, obs. P. Hilt; *RTD civ.* 2012. 561, obs. B. Vareille; *Defrénois* 2014. 120, obs. A. Chamoulaud-Trapiers – Civ. 1re, 26 sept. 2012, n° 11-22.929, *Bull. civ.* I, n° 184; *AJ fam.* 2012. 564, obs. P. Hilt; *RTD civ.* 2012. 766, obs. B. Vareille; *Defrénois* 2014. 121, obs. A. Chamoulaud-Trapiers.
3. Civ. 1re, 10 mai 2006, n° 04-12.473, *Bull. civ.* I, n° 233; *D.* 2006. IR 1484.
4. Civ. 1re, 26 mars 1974, n° 72-13.132, *Bull. civ.* I, n° 99; *D.* 1975. 41, note Sortais.
5. Civ. 1re, 17 déc. 1991, n° 90-12.191; *Bull. civ.* I, n° 355; *D.* 1993. Somm. 228, note B. Vareille; *RTD civ.* 1992. 622, note J. Patarin.
6. Civ. 1re, 15 avr. 1980, n° 78-15.245, *Bull. civ.* I, n° 109; *D.* 1981. 101, note A. Breton; *RTD civ.* 1981. 173, note C. Giverdon.
7. Civ. 1re, 13 déc. 1994, n° 92-20.780, *Bull. civ.* I, n° 369; *RTD civ.* 1995. 659, note J. Patarin; *RTD civ.* 1997. 170, note F. Zenati.
8. Civ. 25 juill. 1923, *DP* 1926. 1. 153, note Nast.
9. V. PAR EX. Civ. 1re, 10 mai 2006, n° 03-19.001, *Bull. civ.* I, n° 228; *RTD civ.* 2006. 542, obs. J. Hauser.
10. Civ. 1re, 10 mai 2006, n° 03-13.537, *Bull. civ.* I, n° 234.
11. Civ. 1re, 13 mars 2007, n° 05-13.320, *Bull. civ.* I, n° 109; *AJDI* 2007. 500; *RTD civ.* 2007. 801, obs. B. Vareille; *Defrénois* 2008. 1093, note D. Fiorina.
12. Civ. 1re, 23 juin 1964, *Bull. civ.* I, n° 334.
13. Civ. 1re, 10 mai 2007, n° 05-12.031, *Bull. civ.* I, n° 179; *D.* 2007. AJ 1601; *RTD civ.* 2007. 592, obs. T. Revet.

son exigibilité tant que dure l'indivision[1], elle est incessible, elle devient imprescriptible[2], et elle produit des intérêts au taux légal (C. civ., art. 866) à dater de son entrée en compte, qui se produit à l'ouverture de la succession pour les obligations entre le *de cujus* et l'héritier[3], et à la naissance de l'obligation pour les autres[4], toutes solutions aujourd'hui confirmées par l'article 866 du Code civil.

Pour le calcul des intérêts, la Cour de cassation a jugé qu'on doit tenir compte des variations dans le temps de la valeur de la chose (lorsque le montant de l'obligation est déterminable en fonction de la valeur du bien indivis auquel elle se rapporte), et de la modification du taux légal au cours de la période qui s'étend de l'entrée en compte jusqu'à la liquidation[5]; en bonne logique, cela commande un calcul année par année. La dette de rapport en valeur d'une libéralité n'est productive d'intérêts qu'à compter du jour où le montant du rapport est déterminé (C. civ., art. 856, al. 2).

251.386 Preuve des éléments du compte. Le législateur a voulu favoriser l'établissement du compte d'indivision, en ordonnant que soit ménagée aussi souvent que possible une preuve écrite de ses éléments. À cette fin, l'article 815-8 du Code civil dispose que : « *Quiconque perçoit des revenus ou expose des frais pour le compte de l'indivision doit en tenir un état qui est à la disposition des indivisaires* ». Cette obligation, d'ailleurs, ne pèse pas seulement sur les indivisaires, mais sur toute personne qui percevrait des revenus ou exposerait des frais pour le compte de l'indivision. Si une personne nie avoir perçu des fruits, on peut par tous moyens prouver cette perception (eu égard à la jurisprudence classique qui estime que tous les modes de preuve sont admissibles pour établir les faits d'où résulte l'obligation au rapport des dettes) et, une fois cette preuve faite, réclamer l'état des fruits perçus. Toujours est-il que la charge de la preuve de prouver la perception de revenus pour le compte de l'indivision incombe aux coïndivisaires de celui dont on prétend qu'il avait perçu des revenus[6]. Si une personne se prévaut de frais qu'elle prétend avoir exposés, on peut exiger qu'elle en justifie par un état.

251.387 Caractère facultatif de l'entrée en compte. Si l'entrée en compte est de principe pour la plupart des créances ou dettes nées en cours d'indivision entre un indivisaire et la masse, il importe de souligner qu'elle est facultative[7] (solution auj. confortée par l'article 865 du Code civil). L'indivisaire créancier bénéficie donc d'une option : soit laisser entrer sa créance en compte, soit en réclamer le paiement immédiat. De même, l'indivisaire débiteur pourrait arrêter le cours des intérêts en acquittant sa dette sans attendre le rapport de celle-ci au partage[8] (*adde* : C. civ., art. 865). La solution selon laquelle l'entrée en compte est facultative est encore manifestée par le fait que deux indivisaires peuvent convenir d'un règlement direct (au sujet de l'indemnité d'occupation[9]).

Dès lors que l'entrée en compte est facultative, la question se posera de savoir si telle créance est ou non entrée en compte, ce qui comme on l'a vu affecte son régime. Un critère simple pourrait être mis en œuvre : dès lors qu'un indivisaire demande paiement de sa créance sur la masse avant le partage du bien auquel cette créance se rapporte, on doit estimer que sa créance n'est pas entrée en compte, et que par conséquent il n'a pas droit aux intérêts de l'article 856 (au demeurant, il n'est peut-être pas en situation créditrice nette); et puisque cette demande anticipée par rapport à la liquidation révèle que la créance n'est pas entrée en compte, il devra avoir respecté le délai pour agir.

Si l'indivisaire créancier réclame paiement immédiat, il bénéficie du système formulé à l'article 815-17 alinéa 1er.[10]

251.388 Opposabilité aux tiers du système de règlement. Les articles du compte d'indivision, dont on a vu qu'ils ne s'éteignent pas par un paiement ordinaire, aboutissent à une balance qui ressemble à une compensation, mais au champ d'application large et aux effets énergiques. Le résultat est en effet opposable *erga omnes*, caractère emprunté au droit de propriété qui explique au total le mécanisme. Il s'agit à proprement parler d'un règlement de compte. Le paiement pur et simple du solde du compte d'indivision serait un procédé insuffisant pour assurer dans tous les cas l'égalité entre les indivisaires; aussi, comme on l'a exposé, le solde sera réglé en jouant sur l'étendue des droits de l'indivisaire dans les biens indivis. Si le solde de son

1. Civ. 1re, 5 déc. 1978, no 77-10.692, *Bull. civ.* I, no 377; *Defrénois* 1979. 32093, note G. Champenois.
2. Civ. 1re, 5 déc. 1978, no 77-10.692, *Bull. civ.* I, no 377.
3. Civ. 1re, 21 mars 2000, no 98-15.650, *Bull. civ.* I, no 96; *D.* 2000. 539, note F. Boulanger; *Defrénois* 2000. 1157, note M. Revillard; *Dr. fam.* 2000, no 70, note E. Fongaro; *Rev. crit. DIP* 2000. 399, note B. Ancel.
4. Civ. 1re, 21 déc. 1982, no 81-15.502, *Bull. civ.* I, no 370.
5. Civ. 1re, 11 juin 1981, no 80-11.177, *Bull. civ.* I, no 210; *D.* 1981. 594, note Morin; *JCP N* 1982. II. 25, note Rémy; *RTD civ.* 1982. 453, obs. J. Patarin.
6. RAPPR. Civ. 1re, 6 déc. 2005, no 03-11.489, *Bull. civ.* I, no 479.
7. Civ. 1re, 5 juin 1973, no 71-14.390, *Bull. civ.* I, no 197 – Civ. 1re, 20 févr. 2001, no 98-13.006, préc. ss no 251.347.
8. Civ. 1re, 10 juin 1976, *D.* 1976. IR 264.
9. Civ. 1re, 4 oct. 2005, no 03-19.459, *Bull. civ.* I, no 358; *D.* 2005. IR 2705.
10. Civ. 1re, 20 févr. 1996, no 93-21.141, *Bull. civ.* I, no 95, sol. impl., *RTD civ.* 1996. 961, obs. J. Patarin – Civ. 1re, 4 juill. 2007, no 06-13.770, *Bull. civ.* I, no 254; *Defrénois* 2008, art. 38725, note A. Chamoulaud-Trapiers.

compte est positif, l'indivisaire se paie par prélèvement (C. civ., art. 830 anc.; *adde* : arg. art. 867), et s'il est négatif, on procède par la voie du rapport (C. civ., art. 864 : l'indivisaire débiteur est alloti dans le partage avec le montant de sa dette, à due concurrence). Or ce règlement des dettes par le moyen d'un rapport, qui est lié aux prérogatives de propriétaire, confère aux copartageants un droit de préférence à l'encontre des créanciers personnels de l'indivisaire débiteur, fussent-ils privilégiés ou saisissants. Ces créanciers ne peuvent en effet être payés sur la part de leur débiteur qu'après que cette part a servi à régler les dettes de l'indivisaire envers la masse, et ils n'auront aucune possibilité d'exécution sur les biens indivis si au terme du partage la part de leur débiteur est entièrement absorbée par sa dette à l'endroit de l'indivision[1]. Si cependant le solde débiteur du compte excédait les droits de son titulaire dans la masse partageable, il devrait acquitter la différence par un paiement à la masse, mécanisme classique qui ramènerait au droit commun du paiement, sans que les coïndivisaires du débiteur fussent privilégiés par rapport aux créanciers personnels de celui-ci (C. civ., art. 864, al. 2).

1. Civ. 1re, 14 déc. 1983, n° 82-14.725, *Bull. civ.* I, n° 300; *D.* 1984. 310, note A. Breton; *RTD civ.* 1985. 191, note J. Patarin.

CHAPITRE

252. Régime légal de l'indivision : règles de gestion

FRANÇOIS XAVIER TESTU
PROFESSEUR À L'UNIVERSITÉ DE TOURS
AVOCAT

CHRISTOPHE VERNIÈRES
PROFESSEUR À L'UNIVERSITÉ
PARIS 8 – VINCENNES SAINT-DENIS

SECTION 0
ORIENTEUR

252.00 **Plan du chapitre.**

Division. Parmi les actes de gestion, ceux qui assurent la conservation des biens sont particulièrement recommandables. Cela a conduit le législateur à distinguer les actes conservatoires (sect. 1), et les autres actes de gestion (sect. 2), les premiers étant soumis à un régime qui facilite leur accomplissement.

252.01 **Textes applicables.**

C. civ., art. 815-2 à 815-7

L. n° 2006-728, 23 juin 2006, portant réforme des successions et libéralités, art. 2, *JO* 24 juin, p. 9513 (*entrée en vigueur le 1er janv. 2007*)

> Sur les droits et obligations des indivisaires
[C. civ., art. 815 à 815-1; 815-8 à 815-16; 815-18]

* V. texte complet de ces articles ss n° 251.01

> Sur la situation des créanciers à l'égard de l'indivision
[C. civ., art. 815-17]

* V. texte complet de cet article ss n° 253.01

> Sur les conventions d'indivision
[C. civ., art. 1873-1 à 1873-18]

* V. texte complet de ces articles ss n° 254.01

> Actes accomplis par les indivisaires sur les biens indivis
[C. civ., art. 815-2 à 815-3] (*L. 23 juin 2006, art. 2*)

C. civ., art. 815-2

Tout indivisaire peut prendre les mesures nécessaires à la conservation des biens indivis même si elles ne présentent pas un caractère d'urgence.

Il peut employer à cet effet les fonds de l'indivision détenus par lui et il est réputé en avoir la libre disposition à l'égard des tiers.

À défaut de fonds de l'indivision, il peut obliger ses coïndivisaires à faire avec lui les dépenses nécessaires.

Lorsque des biens indivis sont grevés d'un usufruit, ces pouvoirs sont opposables à l'usufruitier dans la mesure où celui-ci est tenu des réparations.

C. civ., art. 815-3

Le ou les indivisaires titulaires d'au moins deux tiers des droits indivis peuvent, à cette majorité :

1° Effectuer les actes d'administration relatifs aux biens indivis;

2° Donner à l'un ou plusieurs des indivisaires ou à un tiers un mandat général d'administration;

3° Vendre les meubles indivis pour payer les dettes et charges de l'indivision;

4° Conclure et renouveler les baux autres que ceux portant sur un immeuble à usage agricole, commercial, industriel ou artisanal.

Ils sont tenus d'en informer les autres indivisaires. À défaut, les décisions prises sont inopposables à ces derniers.

Toutefois, le consentement de tous les indivisaires est requis pour effectuer tout acte qui ne ressortit pas à l'exploitation normale des biens indivis et pour effectuer tout acte de disposition autre que ceux visés au 3°.

Si un indivisaire prend en main la gestion des biens indivis, au su des autres et néanmoins sans opposition de leur part, il est censé avoir reçu un mandat tacite, couvrant les actes d'administration mais non les actes de disposition ni la conclusion ou le renouvellement des baux.

> Actes autorisés en justice sur les biens indivis
[C. civ., art. 815-4 à 815-7] (*L. 23 juin 2006, art. 2*)

C. civ., art. 815-4
Si l'un des indivisaires se trouve hors d'état de manifester sa volonté, un autre peut se faire habiliter par justice à le représenter, d'une manière générale ou pour certains actes particuliers, les conditions et l'étendue de cette représentation étant fixées par le juge.

À défaut de pouvoir légal, de mandat ou d'habilitation par justice, les actes faits par un indivisaire en représentation d'un autre ont effet à l'égard de celui-ci, suivant les règles de la gestion d'affaires.

C. civ., art. 815-5
Un indivisaire peut être autorisé par justice à passer seul un acte pour lequel le consentement d'un coïndivisaire serait nécessaire, si le refus de celui-ci met en péril l'intérêt commun.

Le juge ne peut, à la demande d'un nu-propriétaire, ordonner la vente de la pleine propriété d'un bien grevé d'usufruit contre la volonté de l'usufruitier.

L'acte passé dans les conditions fixées par l'autorisation de justice est opposable à l'indivisaire dont le consentement a fait défaut.

C. civ., art. 815-5-1 (*créé par L. n° 2009-526, 12 mai 2009, art. 6*)
Sauf en cas de démembrement de la propriété du bien ou si l'un des indivisaires se trouve dans l'un des cas prévus à l'article 836, l'aliénation d'un bien indivis peut être autorisée par le tribunal de grande instance, à la demande de l'un ou des indivisaires titulaires d'au moins deux tiers des droits indivis, suivant les conditions et modalités définies aux alinéas suivants.

Le ou les indivisaires titulaires d'au moins deux tiers des droits indivis expriment devant un notaire, à cette majorité, leur intention de procéder à l'aliénation du bien indivis.

Dans le délai d'un mois suivant son recueil, le notaire fait signifier cette intention aux autres indivisaires.

Si l'un ou plusieurs des indivisaires s'opposent à l'aliénation du bien indivis ou ne se manifestent pas dans un délai de trois mois à compter de la signification, le notaire le constate par procès-verbal.

Dans ce cas, le tribunal de grande instance peut autoriser l'aliénation du bien indivis si celle-ci ne porte pas une atteinte excessive aux droits des autres indivisaires.

Cette aliénation s'effectue par licitation. Les sommes qui en sont retirées ne peuvent faire l'objet d'un remploi sauf pour payer les dettes et charges de l'indivision.

L'aliénation effectuée dans les conditions fixées par l'autorisation du tribunal de grande instance est opposable à l'indivisaire dont le consentement a fait défaut, sauf si l'intention d'aliéner le bien du ou des indivisaires titulaires d'au moins deux tiers des droits indivis ne lui avait pas été signifiée selon les modalités prévues au troisième alinéa.

C. civ., art. 815-6
Le président du tribunal de grande instance peut prescrire ou autoriser toutes les mesures urgentes que requiert l'intérêt commun.

Il peut, notamment, autoriser un indivisaire à percevoir des débiteurs de l'indivision ou des dépositaires de fonds indivis une provision destinée à faire face aux besoins urgents, en prescrivant, au besoin, les conditions de l'emploi. Cette autorisation n'entraîne pas prise de qualité pour le conjoint survivant ou pour l'héritier.

Il peut également soit désigner un indivisaire comme administrateur en l'obligeant s'il y a lieu à donner caution, soit nommer un séquestre. Les articles 1873-5 à 1873-9 du présent code s'appliquent en tant que de raison aux pouvoirs et aux obligations de l'administrateur, s'ils ne sont autrement définis par le juge.

C. civ., art. 815-7
Le président du tribunal peut aussi interdire le déplacement des meubles corporels sauf à spécifier ceux dont il attribue l'usage personnel à l'un ou à l'autre des ayants droit, à charge pour ceux-ci de donner caution s'il l'estime nécessaire.

252.03 Bibliographie indicative.

Actualisable. Rép. civ., v° *Indivision (Régime légal)*, par C. Albiges, mars 2011 [màj janv. 2014].

Ouvrages.
* V. références citées s^s n°s 02.06 et 02.07.

252.04 Questions essentielles.

> Chaque indivisaire a qualité pour accomplir seul les actes conservatoires relatifs aux biens indivis.
* V. s^s n° 252.11

> Depuis 2006, un grand nombre d'actes d'administration des biens indivis peuvent être accomplis à la majorité des deux tiers.
* V. s^s n° 252.21

> Les actes de disposition ou les actes d'administration les plus graves restent soumis à la règle classique d'unanimité.
* V. s^s n° 252.24

> La prudence pratique invite à requérir la présence de tous les indivisaires lors de l'exercice d'une action en justice, même si les règles se sont assouplies.
* V. s^s n° 252.51

> Un ou plusieurs indivisaires représentant les deux tiers des droits indivis peuvent confier un mandat général

d'administration, qui couvrira les actes d'exploitation normale des biens indivis.

* V. s[s] n° 252.81

> Les actes d'administration normale peuvent, sous certaines conditions, être couverts par un mandat tacite entre indivisaires.

* V. s[s] n° 252.91

> Différents mécanismes d'autorisation judiciaire permettent d'accomplir certains actes de gestion en dérogeant aux règles légales.

* V. s[s] n° 252.121

SECTION 1
ACTES CONSERVATOIRES

252.11 Définition. Dès lors qu'il s'agit d'assurer la conservation des biens indivis, chacun des indivisaires, sans avoir besoin de prendre la moindre autorisation de ses coïndivisaires ou du juge, est investi du **pouvoir d'accomplir les actes nécessaires.** L'article 815-2 alinéa 1er du Code civil dispose que : « *Tout indivisaire peut prendre les mesures nécessaires à la conservation des biens indivis même si elles ne présentent pas un caractère d'urgence* ». Étant donné l'assouplissement important que cet article apporte aux règles de gestion de l'indivision, un certain contentieux s'est constitué sur la **notion d'acte conservatoire** au sens du texte. La Cour de cassation a défini les actes conservatoires comme « *les actes matériels ou juridiques ayant pour objet de soustraire le bien indivis à un péril imminent sans compromettre sérieusement le droit des indivisaires* »[1]; elle avait précisé, dans un autre arrêt, que la mesure conservatoire doit être **nécessaire et urgente**, et qu'elle doit répondre à un péril menaçant la conservation matérielle ou juridique d'un bien indivis[2].

Ces indications conservent une part d'utilité, mais elles doivent être tenues pour caduques sous un aspect important, puisque **depuis 2006** le texte qu'on vient de citer précise que **l'urgence n'appartient pas à la définition de la mesure conservatoire**[3]. Cette suppression avait été justifiée, lors des travaux préparatoires de la réforme de 2006, par le fait qu'un entretien régulier des biens indivis est préférable à la réparation de dommages causés par l'inaction.

1. Civ. 3e, 25 janv. 1983, n° 80-15.132, *Bull. civ.* III, n° 24 – Civ. 1re, 25 nov. 2003, n° 01-10.639, *Bull. civ.* I, n° 241; *AJ fam.* 2004. 27, obs. S. D.-B; *D.* 2004. IR 33; *RDI* 2004. 279, obs. M. Bruschi; *Dr. fam.* 2004, n° 25, note B. Beignier.
2. Civ. 3e, 9 oct. 1996, n° 94-15.783, *Bull. civ.* III, n° 211; *RDI* 1997. 204, obs. J.-L. Bergel; *AJDI* 1997. 574, obs. D. Talon.
3. V. PAR EX., Caen, 8 juill. 2008, *Juris-Data* n° 372331 – Lyon, 8e ch., 10 janv. 2012, RG n° 10/07071 – Orléans, 2 juill. 2008, *Juris-Data* n° 369565.

252.12 Illustrations. Quelle que soit cette importante évolution, on peut toujours mentionner comme entrant dans la catégorie des mesures nécessaires à la conservation de la chose indivise :

- l'action en revendication d'une propriété indivise[4] ou d'une servitude de passage profitant à un fond indivis[5];
- l'action en réduction d'une donation portant atteinte à la réserve héréditaire[6];
- l'acte visant à faire cesser la voie de fait d'une commune qui avait entrepris des travaux sur un terrain appartenant à l'indivision[7];
- les paiements des annuités de l'emprunt contracté pour l'acquisition d'un immeuble commun[8];
- le paiement des primes d'assurance-habitation de l'immeuble indivis[9];
- les mises en demeure délivrées par un indivisaire à un locataire de payer des loyers[10], sans avoir égard au fait, le cas échéant, que la mise en demeure faisait mention de l'intention de poursuivre la résiliation du bail[11];
- l'action engagée tendant à l'expulsion d'occupants sans droit ni titre et au paiement d'une indemnité d'occupation[12], ainsi que la poursuite de l'expulsion d'un locataire prononcée par un jugement devenu irrévocable[13];
- l'appel interjeté pour l'indivision en situation d'occupant contre un jugement déclarant valable un congé en matière de bail commercial[14].

Semblablement, c'est en liaison avec ce régime particulier des mesures conservatoires que la Cour

4. Civ. 3e, 17 avr. 1991, n° 89-15.898, *Bull. civ.* III, n° 124; *RTD civ.* 1992. 804, obs. J. Patarin; *RTD civ.* 1995. 400, obs. F. Zenati; *Defrénois* 1992. 233, note M. Beaubrun – Civ. 3e, 19 juin 2002, n° 01-01.201, *Bull. civ.* III, n° 145; *JCP* 2003. I. 117, n° 6, obs. H. Périnet-Marquet; *Defrénois* 2003. 35, obs. C. Atias.
5. Civ. 1re, 4 déc. 1991, n° 89-19.989, *Bull. civ.* I, n° 305; *RTD civ.* 1992. 804, obs. J. Patarin; *AJDI* 1992. 715; *RDI* 1992. 301, obs. J.-L. Bergel.
6. Montpellier, 23 oct. 2007, *Juris-Data* n° 357071.
7. Civ. 3e, 7 avr. 1994, n° 92-14.148, *Bull. civ.* III, n° 79.
8. Civ. 1re, 4 mars 1986, n° 84-15.071, *Bull. civ.* I, n° 51; *RTD civ.* 1987. 386, note J. Patarin – Civ. 1re, 7 juin 2006, n° 04-11.524, *Bull. civ.* I, n° 284; *JCP* 2006. I. 193, n° 23, obs. A. Tisserand-Martin.
9. Civ. 1re, 20 janv. 2004, n° 01-17.124, *Bull. civ.* I, n° 20; *JCP* 2005. I. 128, n° 15, obs. A. Tisserand-Martin – Civ. 1re, 27 mars 2007, n° 05-14.491, NP; *JCP* 2007. I. 208, n° 21.
10. Civ. 3e, 30 oct. 1991, n° 90-16.340, *Bull. civ.* III, n° 258; *JCP N* 1992. II. 112, note Moreau; *RTD civ.* 1992. 804, note J. Patarin.
11. Civ. 3e, 15 juin 2005, n° 03-21.061, *Bull. civ.* III, n° 132.
12. Civ. 1re, 4 juill. 2012, n° 10-21.967, *Bull. civ.* I, n° 153; *D.* 2012. 1886.
13. Versailles, 2 juill. 1982, *Rev. loyers* 1982. 536.
14. Civ. 3e, 8 déc. 2004, n° 03-17.902, *Bull. civ.* III, n° 229; *D.* 2005. IR 244; *RDI* 2005. 207, obs. M. Bruschi.

de cassation admet que chaque indivisaire a qualité pour déclarer une créance de l'indivision à la procédure collective du débiteur de l'indivision[1].

Il a en revanche été jugé, par exemple, que l'action en révision d'un loyer commercial consenti sur un bien indivis a pour objet la mise en valeur de ce bien, et n'est pas une simple mesure de sauvegarde[2]; encore qu'il y ait matière à hésitation, la solution pourrait être maintenue sous l'empire de la loi nouvelle. Mais on peut tenir pour caduque la solution qui excluait du périmètre des mesures conservatoires la demande en bornage d'un fonds indivis[3].

252.13 Financement des actes conservatoires. L'accomplissement d'actes conservatoires sur les biens indivis ne pourra généralement se faire sans que des frais soient engagés. La loi dit comment l'indivisaire qui veut accomplir un acte conservatoire se procurera les fonds, en distinguant **trois situations**.

- Si l'indivisaire détient les fonds indivis, il peut les employer à l'effet de conserver les biens (C. civ., art. 815-2, al. 2).

- S'il ne détient pas de fonds indivis mais s'il en existe, il peut, en se fondant sur l'article 815-6 alinéa 2, contraindre ceux qui les détiennent à lui fournir une provision.

- Enfin, « *à défaut de fonds de l'indivision, il peut obliger ses coïndivisaires à faire avec lui les dépenses nécessaires* » (C. civ., art. 815-2, al. 3). Ces solutions ne vaudraient évidemment pas pour le cas où les dépenses conservatoires auraient été rendues nécessaires par la faute d'un indivisaire : il devrait alors les supporter lui-même[4].

252.14 Présomption de libre disposition des fonds indivis. Le pouvoir, pour chacun des indivisaires, de prendre les mesures nécessaires à la conservation des biens indivis est non seulement **opposable aux autres indivisaires**, mais il est également opposable **aux tiers** : pour permettre plus aisément à l'indivisaire qui détient des fonds indivis d'accomplir les actes conservatoires cet indivisaire est, aux termes de l'article 815-2 alinéa 2, « *réputé en avoir la libre disposition à l'égard des tiers* ». Il s'agit d'une règle de fond.

SECTION 2
AUTRES ACTES DE GESTION

252.20 Présentation. Lorsqu'il n'y a plus nécessité de sauver les biens dans l'intérêt commun, on retrouve des règles de gestion plus rigoureuses. Les actes de gestion qui ne sont pas purement conservatoires se trouvent répartis en deux catégories.

D'une part, ceux qui sont soumis à la règle traditionnelle requérant le **consentement de tous les indivisaires**, et qui à défaut de rester affichée comme un principe, demeure une règle résiduelle d'une réelle étendue.

Et *d'autre part*, ceux qui sont soumis à la règle de **majorité qualifiée des deux tiers** (rapportée à l'étendue des droits dans l'indivision), qui depuis 2006 vise un grand nombre d'actes d'administration et quelques actes de disposition, énumérés de manière limitative.

Les développements qui suivent ne seront pas ordonnés selon cette distinction mais, de manière plus pratique, selon les grandes catégories d'actes de gestion susceptibles de s'appliquer aux biens indivis (§ 1); on évoquera ensuite les divers assouplissements (§ 2) que la loi prévoit pour faciliter en pratique les règles de gestion dans certaines circonstances.

§ 1
Règles de gestion applicables aux différents actes

A.
Les deux règles de l'article 815-3

252.21 La règle de majorité des deux tiers. La solution traditionnelle, jusqu'à la réforme de 2006, consistait à appliquer le principe d'unanimité dans sa pleine étendue, ce qui tient d'ailleurs à la logique même de l'indivision. Des raisons pratiques ont conduit à réduire cette règle souvent bloquante. L'article 815-3 du Code civil commence désormais par poser la règle de la majorité des deux tiers comme s'il s'agissait de la règle de principe. On pourrait en douter si l'on considère que la règle énonce un champ d'application limité à certaines catégories d'acte. D'un autre côté, la nature même

1. Com. 11 juin 2003, n° 00-11.913, *Bull. civ.* IV, n° 95; *RDI* 2003. 566, obs. H. Heugas-Darraspen; *RTD com.* 2004. 595, obs. A. Martin-Serf; *RTD civ.* 2004. 124, obs. P. Crocq, se contentant d'invoquer « *les articles 815 et suivants* » – Civ. 1re, 14 mars 2012, n° 10-10.006, *Bull. civ.* I, n° 58; *D.* 2012. 813; *RTD civ.* 2012. 377, obs. R. Perrot, visant expressément « *l'article 815-2* ».
2. Com. 5 févr. 1963, *Bull. civ.* III, n° 85.
3. Civ. 3e, 9 oct. 1996, n° 94-15.783, *Bull. civ.* III, n° 211; *RDI* 1997. 204, obs. J.-L. Bergel; *AJDI* 1997. 574, obs. D. Talon – Civ. 3e, 9 juill. 2003, n° 01-15.613, *Bull. civ.* III, n° 155; *AJDI* 2003. 693, obs. O. Abram; *AJ fam.* 2003. 350, obs. S. D.-B.; *D.* 2004. 725, note S. Werthe Talon; *RDI* 2003. 569, obs. J.-L. Bergel – V. ss n° 252.51.
4. Civ. 1re, 23 juin 1964, *JCP* 1964. II. 13819, note J. Patarin – Civ. 1re, 16 juill. 1968, *JCP* 1969. II. 15833, note M. Dagot – Civ. 1re, 12 mai 1982, n° 81-11.850, *Bull. civ.* I, n° 171; *RTD civ.* 1983. 570, obs. J. Patarin.

des actes désignés permet d'estimer qu'il y a concrètement eu un renversement du principe traditionnel : l'unanimité n'est plus de règle, même si elle conserve une place éminente.

Les **actes** auxquels s'applique la **règle de majorité des deux tiers** sont, selon l'article 815-3 alinéa 1er du Code civil :

- l'accomplissement des actes d'administration tant qu'ils ressortissent à l'exploitation normale des biens indivis (arg. C. civ., art. 815-3, al. 3);
- la remise d'un mandat général d'administration à un tiers ou à un indivisaire;
- la vente de meubles indivis pour acquitter le passif;
- la conclusion et le renouvellement des baux qui ne sont pas assortis d'un statut légal protecteur du preneur.

La majorité des deux tiers est calculée, non en fonction des parts viriles, mais de l'étendue des droits indivis, de sorte qu'un seul indivisaire pourrait détenir cette majorité qualifiée contre plusieurs autres, le cas échéant.

252.22 Notion d'exploitation normale. L'exploitation normale, notion centrale dans l'article 815-3, doit correspondre à une gestion qui ne compromette pas la substance des biens et qui, plus largement, vise à assurer leur bon maintien dans le patrimoine. On peut penser aussi que l'exploitation normale est une exploitation conforme aux habitudes antérieures : l'état d'indivision n'est pas fait pour les expériences économiques ou financières. Au total, l'exploitation normale ne doit donc guère dépasser la **gestion courante**, même s'il est parfois nécessaire de prendre des initiatives particulières pour assurer le simple maintien de la valeur d'un bien.

252.23 Régime des actes pris à la majorité des deux tiers. L'article 815-3 précise à son alinéa deuxième que celui ou ceux qui accompliraient un acte conformément à la règle de la majorité des deux tiers, doivent en informer les autres indivisaires. L'existence de cette **obligation d'information** prouve qu'aucune procédure de vote n'a besoin d'être mise en place : il suffit de détenir les deux tiers des biens indivis pour accomplir directement les actes en cause. Cette absence de formalisme décisionnel a le mérite de simplifier la gestion pour des actes qui, dans la plupart des hypothèses, ne méritent pas de longues explications.

Il sera prudent de conserver la **trace écrite de l'accomplissement de l'obligation d'information** puisque, à défaut, l'acte de gestion accompli serait inopposable aux indivisaires minoritaires. La loi ne précise pas le délai dans lequel l'obligation d'information doit être exécutée. Toujours est-il qu'on a intérêt à donner l'information sans délai : si par exemple un acte d'administration était accompli par A et B sans avertir C, et que ce dernier effectue ensuite un acte sur le même bien susceptible d'entrer dans la catégorie des mesures conservatoires, on ne pourrait pas en droit le lui reprocher, même si cet acte venait contredire le premier.

252.24 La règle d'unanimité. Le principe séculaire d'unanimité, qu'on retrouve aujourd'hui au troisième alinéa de l'article 815-3, conserve un champ d'application très significatif, puisqu'il couvre **tous les actes de gestion graves ou présumés tels**, c'est-à-dire précisément, d'une part **tous les actes de disposition** qui, par exception, ne sont pas compris dans le champ d'application du premier alinéa du même article (v. s^{s} n° 252.21), et d'autre part **tous les actes qui ne ressortissent pas à l'exploitation normale des biens indivis**. Cela vise, peut-on penser, des actes d'administration qui impliqueraient un changement de destination ou de mode de gestion des biens, l'acte conclu à des conditions économiques inhabituelles (au détriment de l'indivision...) pour une raison particulière, des dations à bail de droit commun de très longue durée, *etc.*

Dans le doute, on aura la prudence de recueillir l'assentiment de tous les indivisaires. On n'oubliera pas que la règle d'unanimité résulte de la nature même de l'indivision, puisque les biens indivis font l'objet de droits de propriété identiques de plusieurs personnes. Ce n'est que pour des considérations pratiques et éviter les situations de blocage dues à la mauvaise foi, qu'on a fait reculer cette règle qui ne doit pas pour autant être sous-estimée. Sa violation entraînerait **l'inopposabilité aux indivisaires** dont on s'était dispensé de recueillir le consentement (v. s^{s} n° 251.261).

B.
Actes de disposition

252.31 Règles de gestion applicables aux actes de disposition : principe d'unanimité. Il a déjà été question des actes de disposition, lorsque les prérogatives de chaque indivisaire ont été évoquées (v. s^{s} n°s 251.260 s.). On rappellera que, comme le souligne l'article 815-3 alinéa 3 du Code civil, les actes de disposition portant sur un bien indivis sont en principe soumis à l'exigence de l'unanimité. Il ne serait d'ailleurs pas possible de renverser ce principe sans se mettre en contravention avec la Constitution et la Convention européenne des droits de l'homme. Ces textes assurent en effet la protection de la propriété, et donc des prérogatives fondamentales du copropriétaire minoritaire qui ne saurait faire l'objet d'une expropriation pour cause d'utilité privée; or ce pourrait être le cas si l'aliénation d'un bien indivis était susceptible d'être décidée selon une simple règle de majorité. Ces importants principes n'ont cependant pas empêché **certains aménagements raisonnables** dans la législation récente, en 2006 puis en 2009.

252.32 Exception à la règle d'unanimité. Par exception, la **vente d'un bien meuble** pour payer les dettes et charges de l'indivision peut être accomplie par un ou plusieurs indivisaires titulaires d'au moins **deux tiers des droits indivis** (C. civ., art. 815-3, al. 1er, 3°).

252.33 Assouplissement de la règle d'unanimité par voie de justice. La loi n° 2009-526 du 12 mai 2009, dite de simplification du droit, est intervenue pour assouplir la règle d'unanimité, créant à cet effet un article 815-5-1 du Code civil[1], applicable à toute indivision existante au jour de l'entrée en vigueur de cette loi[2]. Il ne s'est pas agi de formuler directement une exception, puisque l'aliénation ne pourra avoir lieu qu'après l'accomplissement de certaines formes préalables et le recours au juge.

Le mécanisme est précisément le suivant. Si le ou les indivisaires représentant au moins les deux tiers des droits indivis veulent procéder à l'aliénation d'un bien indivis sans que l'autre ou les autres soient d'accord, celui ou ceux qui veulent céder (on parlera désormais des **cédants**) peuvent, non pas directement vendre, mais **exprimer devant un notaire leur intention de procéder à l'aliénation** (C. civ., art. 815-5-1, al. 2). Le notaire fait ensuite signifier par huissier aux indivisaires minoritaires l'intention d'aliéner (C. civ., art. 815-5-1, al. 3) – il peut bien entendu n'y avoir qu'une personne destinataire de cette signification. Il faut supposer que la **déclaration d'intention d'aliéner** comportera quelques indications sommaires : au moins la **désignation de la chose**, et probablement un **prix indicatif** sans lequel le juge susceptible d'être saisi dans la phase ultérieure ne serait pas en mesure d'apprécier l'opportunité de l'acte. Mais pour le reste il n'est pas nécessaire de fixer un prix, ni d'indiquer un cessionnaire pressenti puisque, comme on va le dire, la procédure se terminera par une licitation si elle doit aller jusqu'à son terme, c'est-à-dire si les minoritaires ne se rallient pas aux cédants.

À l'issue de cette signification qui aura naturellement des airs de menace, les minoritaires peuvent finalement décider d'adhérer au projet de la majorité. Si ce n'est pas le cas, c'est-à-dire au cas d'opposition de l'un des minoritaires (ou d'eux tous), ou encore en l'absence de toute manifestation de la part des minoritaires au terme d'un délai de trois mois, le notaire doit dresser un procès-verbal de difficulté (C. civ., art. 815-5-1, al. 4).

Ensuite, le tribunal de grande instance peut, à la demande des cédants, autoriser l'aliénation (qu'il y ait ou non opposition). L'emploi du verbe « **pouvoir** » souligne qu'il s'agit seulement d'une faculté pour le tribunal qui, avant de prendre sa décision, devra considérer si l'acte de disposition qu'il lui appartient, le cas échéant, d'autoriser, ne porterait pas « *une atteinte excessive aux droits des autres indivisaires* » (C. civ., art. 815-5-1, al. 5). Il est certain que l'absence de réaction des minoritaires à l'issue de la signification, ou une opposition exprimée sans justification particulière, inviterait le juge à considérer que l'opération ne réalise pas d'atteinte excessive à leurs droits. Quoi qu'il en soit, les cédants devront manifestement procéder par voie d'**assignation** (le tribunal, qui n'est pas encore saisi, ne saurait traiter la question à partir de la seule transmission du procès-verbal dressé par le notaire), de sorte que les minoritaires auront l'occasion d'exprimer devant le juge leur point de vue par voie de **conclusions**, même s'ils ne s'étaient pas manifestés après la signification. Lors des travaux préparatoires au Sénat, le rapporteur a indiqué que le tribunal pourrait par exemple refuser d'autoriser la vente d'une maison de famille, si le préjudice moral causé aux indivisaires qui s'y opposent, alors qu'ils contribuent régulièrement à son entretien, était trop important. On peut bien entendu imaginer d'autres cas, encore qu'ils ne seront pas si nombreux, la plupart étant déjà pris en compte par ces autres solutions que sont **l'attribution préférentielle**, le **sursis au partage** ou le **maintien dans l'indivision**.

La **compétence du tribunal de grande instance** (et non du seul président) s'explique par le fait qu'un défendeur pourra former de manière reconventionnelle une demande générale de partage, ou solliciter l'attribution préférentielle.

La vente autorisée de cette manière doit s'effectuer « *par licitation* » (C. civ., art. 815-5-1, al. 6). C'est dire que, le cas échéant, la procédure se terminera avec une vente aux enchères par autorité de justice (adjudication – v. C. pr. civ., art. 1272) – sinon que les indivisaires, d'accord entre eux sur ce point, pourraient au moins procéder par licitation amiable. Quoi qu'il en soit, la licitation, surtout si elle prend la forme d'une adjudication, est rarement une opération avantageuse pour les vendeurs. En prescrivant un tel aboutissement, le législateur a en vérité formulé une menace qui doit inciter les minoritaires à accepter la recherche d'une vente de gré à gré, par la vertu d'une unanimité retrouvée.

1. L. n° 2009-526, 12 mai 2009, de simplification et de clarification du droit et d'allégement des procédures, *JO* 13 mai, p. 7920 – v. AUSSI, l'étude sur cette réforme par J. Lafond, *JCP N* 2009.1180 – *Adde*, N. Leblond, « La crise dans l'indivision », *Defrénois* 2010. 39171.
2. Civ. 1re, 15 janv. 2014, n° 12-28.378, *Bull. civ.* I [à paraître].

Le texte précise que **l'aliénation** effectuée dans les conditions fixées par l'autorisation du tribunal est **opposable à l'indivisaire ou aux indivisaires dont le consentement fait défaut**, dès lors que l'ensemble de la procédure a été respecté (C. civ., art. 815-5-1, al. 7). Par conséquent, même si les minoritaires ne participaient pas aux actes subséquents il y aurait lieu de les tenir pour covendeurs. L'emploi du prix n'est pas libre : les sommes retirées de la licitation, dit le texte, « *ne peuvent faire l'objet d'un remploi sauf pour payer les dettes et charges de l'indivision* ». L'idée est qu'on ne saurait admettre une dérogation à l'unanimité pour simplement améliorer l'actif indivis, en procédant à une cession puis un remploi jugé profitable pour la collectivité des indivisaires. Le prix doit donc, soit être partagé, soit servir à acquitter le passif ou faire face aux charges à venir. Il n'y a pas de hiérarchie à établir entre ces deux solutions, mais la destination programmée du prix pourra constituer l'un des facteurs de l'appréciation du juge, s'il s'agit de faire face à des charges de l'indivision (à cet égard, l'économie de l'article 815-5-1 retrouve, pour les immeubles le cas échéant, l'inspiration de l'article 815-3-3° au sujet des meubles).

Malgré la précaution d'un contrôle du juge, cette **dérogation judiciaire à la règle d'unanimité** est **exclue dans certains cas**. L'article 815-5-1 alinéa 1er précise que le recours à cette procédure n'est pas possible lorsque le bien indivis en cause fait l'objet d'un **démembrement de la propriété**, ou si l'un des indivisaires se trouve dans l'un des cas mentionnés à l'article 836, ce qui vise **l'absence**, **l'éloignement** qui ne permet pas de manifester sa volonté, ou l'existence d'un **régime d'incapacité** (**régime de protection**, dit le texte). Il faut ajouter que, *de facto*, si un indivisaire ne pouvait être localisé, la procédure ne saurait être mise en œuvre, faute de pouvoir procéder à la signification prescrite.

Le texte de l'article 815-5-1 alinéa 1er parle d'aliénation, ce qui voudrait dire que la procédure peut être utilisée non seulement pour les ventes, mais également pour les apports en société, échanges, ou dations en paiement. Mais cela ne paraît guère possible dès lors que la procédure doit se résoudre par une licitation pour le cas où elle parviendrait à son terme. Dans ces conditions, il paraît nécessaire d'admettre que cet assouplissement ne peut être mis à profit que pour les ventes.

252.34 Autres mécanismes judiciaires. On n'oubliera pas que, sous certaines conditions, d'autres interventions judiciaires, directes ou indirectes, peuvent permettre des actes de disposition (C. civ., art. 814, 815-5 et 815-6).

252.35 Définition des actes de disposition. Le principe d'unanimité couvre ces actes de disposition caractérisés que sont la vente (v. ss nos 251.261 s.), la donation (v. ss no 251.271), la dation en garantie (v. ss nos 251.281 s.). De même, il a été jugé que les successeurs en indivision d'un associé originaire ne peuvent demander qu'à l'unanimité la dissolution d'une société civile immobilière, parce qu'une telle action correspond à un acte de disposition[1].

On ajoutera que la Cour de cassation a paru adopter en matière d'indivision une compréhension assez large de l'acte de disposition, puisqu'elle y a intégré la réception d'une notification destinée à mettre en œuvre la condition résolutoire stipulée dans une vente[2]. Il est probable que la solution serait en pratique la même dans le nouvel état du droit, puisqu'on devrait au moins y voir un acte de gestion qui ne ressortit pas à l'exploitation normale des biens indivis. La qualification d'un acte « *réceptice* », essentiellement passif, en acte de gestion grave, ne va pas de soi, mais elle paraît logique si l'on a conscience de la gravité des effets de l'acte en l'occurrence.

252.36 Question relative aux clientèles civiles. Une question particulière est posée par les clientèles civiles, et elle s'est spécialement posée en matière d'**indivision postcommunautaire** : l'ex-époux qui exerce une profession libérale, et dont la clientèle se trouve pour sa valeur dans l'indivision[3] (v. ss no 251.154), doit-il se voir reconnaître un pouvoir de gestion exclusive (étant donné le caractère personnel de la clientèle), ou doit-on le soumettre à la règle d'unanimité de l'article 815-3, spécialement s'il décide de disposer de cette clientèle en lui présentant un successeur ? Il paraît clairement résulter d'un arrêt que, lorsque seule la valeur d'un bien tombe en communauté la cession du bien, qui porte nécessairement sur sa nature, ne porte pas sur un bien de l'indivision postcommunautaire[4]. La solution rendue à propos des parts d'un groupement agricole d'exploitation en commun (GAEC), paraît aussi juste pour les clientèles civiles : le droit de présenter un successeur à sa clientèle en s'engageant à ne pas se rétablir, est une prérogative si personnelle qu'une gestion partagée paraît difficilement admissible à son sujet; l'exigence d'unanimité ne saurait donc valoir.

1. Civ. 1re, 6 févr. 1980, no 78-12.513, *Bull. civ.* I, no 49.
2. Civ. 3e, 23 mai 1995, no 93-10.617, *Bull. civ.* III, no 130.
3. Civ. 1re, 12 janv. 1994, no 91-15.562, *Bull. civ.* I, no 11; *D.* 1994. 311, note R. Cabrillac; *D.* 1995. Somm. 41, note M. Grimaldi; *RTD civ.* 1996. 229, note B. Vareille; *JCP N* 1994. II. 329, note F. Pillebout; *Defrénois* 1994. 430, note L. Aynès.
4. Civ. 1re, 9 juill. 1991, no 90-12.503, *Bull. civ.* I, no 232; *RDI* 1992. 389, note J. Foyer et J. Hudault; *RTD com.* 1992. 204, note M. Jeantin; *Defrénois* 1991. 1333, note Le Cannu; *Defrénois* 1992. 35202, note R. Savatier.

C.
Bail

252.41 **Règles de gestion.** Traditionnellement la dation à bail d'un bien indivis devait être consentie par tous les indivisaires, et le bail conclu par un indivisaire sans le consentement de ses coïndivisaires était inopposable à ceux-ci[1].

La règle n'est plus aussi générale depuis la **réforme de 2006** : la conclusion et le renouvellement des baux autres que ceux portant sur un immeuble à usage agricole, commercial, industriel ou artisanal, sont désormais expressément soumis à la **règle de majorité des deux tiers des droits indivis** (C. civ., art. 815-3, alinéa 1er, 4o). Les contrats de location portant sur des biens meubles, ou les baux portant sur des terrains ni agricoles ni industriels, ou même les baux d'habitation, entrent dans le périmètre de la nouvelle règle et échappent donc à la règle d'unanimité.

En revanche, la conclusion ou le renouvellement des baux portant sur un immeuble agricole, industriel, commercial ou artisanal restent soumis à la **règle d'unanimité** (C. civ., art. 815-3, al. 1er *a contrario*). Cela s'explique par l'importance des droits que la loi accorde aux titulaires d'un droit de bail commercial ou rural. Cela dit, le texte de l'article 815-3 alinéa 1er, 4o ne retient pas littéralement comme critère la nature du droit du preneur, mais « *l'usage* » de l'immeuble donné à bail. Il y aurait donc lieu de revenir à la règle d'unanimité même si le bail consenti n'entrait pas dans un statut légal protecteur, à partir du moment où l'immeuble en cause est à destination agricole, commerciale ou industrielle.

252.42 **Inopposabilité du bail consenti sans respecter les règles de pouvoir.** Comme antérieurement jugé lorsque la règle d'unanimité avait une étendue supérieure, le bail conclu sans respecter les règles légales de pouvoirs sera inopposable aux coïndivisaires du contractant (et le cas échéant à l'acquéreur du bien[2]). Cette inopposabilité fait que le contrat n'est pas nul dans les rapports du bailleur et du preneur; il produit effet entre ces derniers tant que le preneur n'est pas inquiété par les autres indivisaires; et si, au jour du partage, la chose louée est mise au lot du bailleur, le bail deviendra définitif[3]. Une autre conséquence de l'absence de nullité du bail tient au fait que le preneur, dont le bail se trouve dépourvu d'efficacité, pourra obtenir des dommages-intérêts de l'indivisaire bailleur, si du moins on peut considérer que celui-ci avait commis une faute en consentant un bail sur des biens indivis sans mandat spécial[4].

Dans le cas particulier où les coïndivisaires du bailleur, qui n'ont pas consenti au bail, recueillent sa succession, le bail leur deviendra opposable par l'application du mécanisme général de transmission aux ayants cause universels prévu par l'article 1122 du Code civil[5], et par l'effet des règles de garantie[6]; cela peut être de nature à assurer l'effectivité du bail[7]. Du fait de la fréquence des indivisions familiales, le cas n'est pas rare.

Au cas où les règles de pouvoir n'auraient pas été respectées, une **ratification ultérieure** par les indivisaires qui n'avaient pas participé à l'acte alors que leur consentement était requis, serait possible[8]; il incombera au preneur d'en prouver les éléments[9]. La théorie de l'apparence pourrait même jouer de façon marginale, du moins au titre de la propriété apparente, lorsque le preneur ignorait l'existence d'une indivision – ce qu'il lui incomberait de prouver.

252.43 **Renouvellement du bail.** On a vu que le renouvellement des baux est assimilé par la loi à leur conclusion; les mêmes règles de pouvoir s'appliquent. Le verbe « *renouveler* » employé par l'article 815-3 alinéa 1er, 4o, vise non seulement le **renouvellement** du contrat, mais aussi sa **prolongation**[10], ou sa **tacite reconduction**[11]. L'action en **révision d'un loyer commercial**, ou l'exercice du **droit de reprise** en matière de baux ruraux, requiert **l'unanimité des indivisaires**.

252.44 **Action en paiement du loyer.** L'action en paiement de loyers requérait naguère l'unanimité des indivisaires. Ce n'est plus le cas aujourd'hui, puisque l'article 815-3 alinéa 1er, 1o du Code civil prévoit que les actes d'administration relatifs aux biens indivis peuvent être accomplis par **un ou plusieurs indivisaires représentant au moins deux tiers des droits indivis**. Or l'action en paiement du loyer, comme toutes les actions relatives à l'inexécution des obligations nées du bail, correspond à un **acte d'administration** qui n'est pas étranger à une exploitation normale des biens indivis. La mise en demeure de payer les loyers pourrait quant à elle être valable-

1. Civ. 3e, 12 avr. 1995, no 92-20.732, *Bull. civ.* III, no 109; *RDI* 1996. 335, obs. J.-L. Bergel; *JCP N* 1996. II. 541, note Moreau.
2. Civ. 1re, 30 juin 2004, no 99-15.294, *Bull. civ.* I, no 193; *AJDI* 2005. 25, obs. Y. Rouquet.
3. Civ. 1re, 27 oct. 1992, no 90-21.173, *Bull. civ.* I, no 264; *RTD civ.* 1993. 614, note F. Zenati.
4. Civ. 3e, 5 mai 1999, no 97-17.570, *Bull. civ.* III, no 105; *RTD civ.* 2000. 607, obs. J. Patarin, au sujet d'un bail rural.
5. Civ. 3e, 29 nov. 2000, no 98-22.737, *Bull. civ.* III, no 175.
6. Civ. 3e, 15 mai 2008, no 07-14.655, *Bull. civ.* III, no 81.
7. Civ. 1re, 2 juin 1987, no 84-13.513, *Bull. civ.* I, no 177.
8. Civ. 1re, 12 déc. 1961, *Bull. civ.* I, no 602.
9. Civ. 3e, 23 mars 1977, no 76-10.907, *Bull. civ.* III, no 150.
10. Dans l'état du droit antérieur : Req. 28 mai 1940, *S.* 1940. 1. 79.
11. Civ. 3e, 8 oct. 1974, no 73-13.224, *Bull. civ.* III, no 340.

ment faite par un seul indivisaire[1] : on peut y voir une mesure conservatoire, puisqu'un tel acte fait courir les intérêts moratoires.

252.45 Signification de congé. *Sous l'empire du droit antérieur à la réforme de 2006,* le congé ou le refus de renouvellement d'un **bail commercial** ou **rural** (sur le périmètre exact de la règle, v. s^s^ n° 252.41) ne peuvent être valablement signifiés qu'avec **l'accord de tous les indivisaires** (et la jurisprudence a précisé que la solution vaut pour le cas où le preneur est lui-même un indivisaire[2]). Telle était la règle traditionnelle pour les baux en général.

Depuis la réforme de 2006, eu égard à la gravité possible de ses conséquences pour l'indivision, la prudence commande de maintenir la règle de l'unanimité pour les baux commerciaux ou ruraux qui d'ailleurs, quant à leur conclusion ou renouvellement, ne sont pas sortis du champ d'application de l'unanimité. Une réponse ministérielle donne cependant une interprétation contraire, estimant que la notification d'un congé relativement à un bail portant sur des parcelles agricoles peut être assimilée à un acte d'administration de l'article 815-3, 1° du Code civil, si bien qu'on pourrait se contenter d'une participation des deux tiers des indivisaires[3]. En tout état de cause, le recours au juge sur le fondement de l'article 815-5 du Code civil, voire de l'article 815-6 (v. s^s^ n°s 252.121 s.) permettrait de débloquer la situation si l'on continuait de requérir l'unanimité, ce qui paraît logique pour les raisons qu'on a dites.

En revanche le congé ou le refus de renouvellement d'un **bail d'habitation** sera un acte soumis à la **majorité des deux tiers** des droits indivis, entrant dans le champ de l'article 815-3, alinéa 1er, 1°.

Cela étant, la Cour de cassation a souvent favorisé les moyens de valider un congé délivré par une partie seulement des indivisaires. Elle a ainsi reconnu l'efficacité d'un congé délivré par un seul des deux indivisaires, au motif que l'autre était intervenu dans l'acte d'assignation aux fins de validation du congé, de sorte que la nullité du congé avait pu être couverte[4]. D'ailleurs selon la jurisprudence classique, l'exigence d'unanimité ne revenait pas à dire que tous les indivisaires devaient signer ou faire délivrer le congé, mais sa validité n'existait alors qu'autant qu'il n'est pas désavoué par les autres (et en supposant au fond les conditions de la gestion d'affaires[5]). De même, au cas où le congé avait été délivré par un seul, l'approbation ultérieure tacite des autres (par ex. par leur participation à l'acte introductif d'instance de validation du congé) rendait celui-ci inattaquable[6]. L'esprit de cette jurisprudence doit certainement être maintenu.

252.46 Actions tendant à mettre fin au bail. Toute action tendant à la fin d'un **bail d'habitation** semble constituer un acte simplement soumis à la **majorité des deux tiers** des droits indivis, entrant dans le champ de l'article 815-3 alinéa 1er, 1° du Code civil.

Qu'en est-il s'agissant d'un **bail commercial ou rural ?** À raisonner par rapport à leur conclusion, on pourrait considérer que les actions judiciaires tendant à faire constater ou prononcer la **fin d'un bail commercial ou rural** supposeraient l'**accord unanime des indivisaires.** Mais telle n'est pas l'analyse retenue par la **Cour de cassation**, qui **décide que les titulaires des deux tiers** des droits indivis sont **recevables à intenter une action**, qui ressortit à l'exploitation normale des biens indivis, en résiliation d'un bail rural (dans le même sens pour une action justice tendant à mettre fin au bail, v. s^s^ n° 252.46)[7].

La solution serait bien entendu différente s'il s'agissait de mettre en œuvre l'expulsion prononcée par une décision de justice irrévocable, ce qui est une mesure conservatoire (v. s^s^ n° 252.12).

D.
Action en justice

252.51 Question de savoir si tous les indivisaires doivent être présents à l'instance. Selon le principe traditionnel, un indivisaire ne pouvait exercer seul une action en justice relative à la gestion des biens indivis, car l'initiative judiciaire entrait dans le périmètre de l'unanimité. Cela n'est plus vrai en principe, sauf certaines réserves ponctuelles précédemment mentionnées au regard des actes de disposition ou de certaines initiatives relatives aux baux commerciaux ou ruraux. En effet, la règle de majorité des deux tiers des droits indivis vaut pour les actes d'administration relatifs aux biens indivis (C. civ., art. 815-3, al. 1er, 1°). Aujourd'hui par exemple, et à la différence de ce qui avait jugé

1. Civ. 3e, 30 juin 1999, n° 97-17.010, *Bull. civ.* III, n° 158; *RTD civ.* 2000. 607, obs. J. Patarin; *RDI* 1999. 619, note M. Bruschi; *JCP N* 1999. 1620, note Moreau.
2. Civ. 3e, 29 mars 1995, n° 93-14.551, *Bull. civ.* III, n° 91; *RTD civ.* 1998. 143, obs. F. Zenati; *D.* 1995. IR 149; *JCP N* 1996. II. 1432, obs. Moreau.
3. Rép. min. n° 70521, *JOAN Q* 30 mars 2010, p. 3627 – questions.assemblee-nationale.fr/q13/13-70521QE.htm
4. Civ. 3e, 5 déc. 2001, n° 00-10.731, *Bull. civ.* III, n° 141; *AJDI* 2002. 128, obs. M.-P. Dumont; *D.* 2002. AJ 1072, obs. Y. Rouquet; *RTD com.* 2002. 274, obs. J. Monéger.
5. V. PAR EX., Soc. 6 mai 1965, *Bull. civ.* IV, n° 360.
6. Soc. 15 févr. 1961, *Bull. civ.* IV, n° 200.
7. Civ. 3e, 29 juin 2011, n° 09-70.894, *Bull. civ.* III, n° 113; *AJ fam.* 2011. 500, obs. C. Vernières; *JCP* 2011, n° 1298, § 7, obs. H. Périnet-Marquet – *Mutadis mutandis*, la solution vaut pour le bail commercial.

avant la réforme de 2006, on peut raisonnablement estimer que l'action en suppression d'ouvrages édifiés par un locataire de l'indivision, l'action en bornage, ou encore l'action en paiement d'une indemnité d'occupation ne relèvent plus de la règle d'unanimité (on se trouve à la limite de l'acte conservatoire, selon les nouvelles définitions). Il s'agit de mesures normales de protection de l'indivision, et on doit les admettre à tout le moins dans la catégorie des actes qui ressortissent à l'exploitation normale des biens indivis.

D'un point de vue purement pratique, la prudence invite à faire intervenir tous les indivisaires lorsque cela est possible.

Par prudence encore et d'un autre point de vue, tous les indivisaires doivent être appelés à l'instance lorsque les intérêts de l'indivision se trouvent en défense[1]; il n'est d'ailleurs pas certain que le retrait de la règle d'unanimité soit de nature à faire reculer cette solution-ci, qui participe aussi au droit à la défense dont chaque propriétaire de biens indivis est investi pour ce qui concerne les droits qui lui appartiennent.

252.52 Possibilité d'un mandat. Lorsque l'on se trouve dans le champ d'application de la règle d'unanimité, celle-ci est respectée lorsqu'un seul indivisaire agit en ayant reçu des autres mandat spécial : selon la jurisprudence, cette possibilité ne heurte pas la règle selon laquelle nul ne plaide par procureur[2]. *Mutatis mutandis*, on retiendra la règle pour satisfaire la règle de majorité des deux tiers, si besoin est.

252.53 Abandon de l'action par un indivisaire. Lorsque l'action est intentée par un nombre suffisant d'indivisaires, puis que l'un d'eux l'abandonne, il n'est pas exclu que cette action puisse aboutir, les juges considérant généralement que les indivisaires restés dans la procédure n'ont fait que poursuivre l'instance originaire[3]. On peut en rapprocher la solution selon laquelle l'appel interjeté par certains indivisaires seulement produit effet à l'égard des autres[4]; encore faut-il que ces deniers puissent être considérés comme ayant mandaté ceux qui figurent à l'instance d'appel, faute de quoi l'appel serait irrégulier comme entaché d'une irrégularité de fond[5] – à moins bien entendu que l'acte d'appel puisse être qualifié de conservatoire (v. s[s] n° 252.12).

252.54 Cas dans lesquels un indivisaire a qualité pour agir seul. Outre le cas des initiatives conservatoires (v. s[s] n° 252.12), chaque indivisaire est individuellement recevable à agir en justice lorsque l'on peut considérer qu'il s'agit pour lui de protéger ses droits indivis, avant l'indivision elle-même.

Ainsi, **dans les rapports avec les tiers**, est recevable l'action en revendication formée par un héritier, de biens dépendant de la succession, même si ses cohéritiers ne sont pas en cause[6]; la même solution a été admise, sur le fondement de la saisine successorale, pour l'action tendant à obtenir le bénéfice d'une indemnisation légalement due[7]. Symétriquement un indivisaire peut, sans le concours de ses coïndivisaires, défendre à l'action d'un tiers revendiquant un bien indivis[8]. De même, un indivisaire troublé dans sa possession a qualité pour agir individuellement par voie de complainte contre le tiers auteur du trouble[9], ce qui suppose une possession utile dans la personne du demandeur.

Dans les rapports entre indivisaires et en cas de conflits, tout indivisaire peut agir seul en justice à l'encontre de celui qui a passé un acte sans son consentement, au mépris de l'exigence d'unanimité[10] ou, selon le cas, sans avoir eu suffisamment égard à la règle de majorité des deux tiers.

E. Construction sur le terrain indivis

252.61 Conséquences d'une construction par un indivisaire sans autorisation. Une construction ne peut normalement être élevée sur un terrain indivis que de l'accord de tous les indivisaires. Si un indivisaire construit sans le consentement des autres, ceux-ci peuvent exiger la **démolition** et le **rétablissement des lieux en leur état primitif**[11], et cela sans attendre le partage[12]; on fera bien, alors, de recueillir la présence à l'action de tous les indivisaires moins le constructeur. Mais s'ils le préfèrent,

1. Sous l'empire du droit antérieur : Civ. 2e, 11 mars 1965, *Bull. civ.* II, n° 255.
2. Civ. 3e, 24 mars 1993, n° 91-17.063, *Bull. civ.* III, n° 44.
3. Civ. 3e, 4 nov. 1976, n° 75-12.274, *Bull. civ.* III, n° 380 – Civ. 1re, 14 mars 2012, n° 10-10.006, *Bull. civ.* I, n° 58; *D.* 2012. 813; *RTD civ.* 2012. 377, obs. R. Perrot.
4. Civ. 3e, 19 juin 2002, n° 00-21.869, *Bull. civ.* III, n° 146; *AJDI* 2003. 58; *AJ fam.* 2002. 305, obs. S. D.-B., se fondant sur l'article 553 NCPC.
5. Civ. 3e, 19 juin 2002, n° 00-21.869, préc. s[s] prés[t] n°.
6. Civ. 1re, 21 mai 1990, n° 87-14.420, *Bull. civ.* I, n° 121; *RTD civ.* 1991. 776, obs. J. Patarin; *Defrénois* 1991. 873, note G. Champenois – Civ. 3e, 19 juin 2002, n° 01-01.201, *Bull. civ.* III, n° 145; *Defrénois* 2003. 35, note C. Atias.
7. Civ. 1re, 25 oct. 2005, n° 04-06.045, *Bull. civ.* I, n° 393.
8. Civ. 3e, 5 nov. 1975, n° 74-11.546, *Bull. civ.* III, n° 318.
9. Civ. 3e, 9 mars 1982, n° 80-16.070, *Bull. civ.* III, n° 63.
10. Civ. 3e, 15 juin 1994, n° 92-15.608, *Bull. civ.* III, n° 124; *RTD civ.* 1995. 401, note F. Zenati.
11. Civ. 10 mai 1937, *DH* 1937. 346.
12. Civ. 1re, 12 mai 2010, n° 09-65.362, *Bull. civ.* I, n° 116 – V. AUSSI, N. Pierre, « Construction sur un terrain indivis par un indivisaire : conditions et fondements de l'action en démolition », *Defrénois* 2010, art. 39164.

les coïndivisaires du constructeur pourront obtenir la **copropriété des constructions** : s'ils ne demandent pas la démolition, les constructions deviennent par effet d'accession propriété commune des indivisaires, conformément à l'article 551 du Code civil[1]. Dans une telle hypothèse, le profit que procurent les constructions peut ouvrir un droit à indemnité pour l'indivisaire constructeur, sur le fondement de l'enrichissement sans cause de l'indivision[2] (v. auj. la nouvelle rédaction de l'article 555). Si l'hypothèse s'y prêtait, l'indivisaire constructeur pourrait plaider les impenses utiles de l'article 815-13 alinéa 1er et fonder de cette manière son droit à remboursement.

§ 2
Modalités d'application des règles de gestion

252.71 Présentation de ces modalités. Afin de faciliter la gestion de l'indivision la loi prévoyait déjà, **avant 2006**, des modalités d'application de la règle d'unanimité qui mettaient en œuvre une série d'institutions inspirées par l'idée de mandat : **mandat exprès** ou **tacite**, **représentation judiciaire**, **gestion d'affaires** - étant remarqué que ces diverses institutions peuvent trouver à se combiner dans une même indivision; elles pourraient même toutes concerner un acte de gestion donné, validé différemment à l'égard de chaque indivisaire.

Ces règles conservent leur intérêt aujourd'hui à l'intérieur du champ d'application de la règle d'unanimité. Certaines d'entre elles peuvent en outre trouver à s'appliquer pour faciliter l'application de la règle de majorité des deux tiers, lorsqu'on se trouve dans le champ d'application de celle-ci.

252.72 Leur conséquence sur la règle de l'effet déclaratif du partage. L'organisation assez minutieuse du **mandat de gestion** a eu pour effet de faire reculer la règle de l'effet déclaratif du partage : l'article 883 alinéa 3 du Code civil dispose depuis 1976 que les actes valablement accomplis en vertu d'un mandat donné par les coïndivisaires conservent leur effet quelle que soit l'issue du partage.

A.
Mandat exprès

252.81 Mandat général d'administration donné à un indivisaire ou à un tiers. Dans sa rédaction **antérieure à 2006**, l'article 815-3 précisait que **tous les indivisaires** pouvaient donner à l'un ou à plusieurs d'entre eux un mandat général d'administration. Il s'agissait donc clairement d'une modalité d'application de la règle d'unanimité.

Aujourd'hui, l'article 815-3 alinéa 1er dispose que le ou les indivisaires titulaires d'au moins deux tiers des droits indivis peuvent donner à l'un ou plusieurs d'entre eux, ou à un tiers, un mandat général d'administration. Ce mandat ne pourrait certainement couvrir que les actes qui sont dispensés de l'exigence d'unanimité, c'est-à-dire les actes d'administration qui ressortissent à l'exploitation normale des biens indivis, ou la vente des meubles pour payer les dettes et charges de l'indivision (arg. C. civ., art. 815-3, al. 1er). On peut hésiter sur la question de savoir si la conclusion et le renouvellement des baux sont des actes qui ressortissent à l'exploitation normale des biens indivis; la réponse est certainement négative pour les baux commerciaux ou ruraux, mais le cas reste douteux pour la conclusion ou le renouvellement des autres baux. On pourrait certes faire valoir que n'a pas été reprise l'ancienne disposition de l'article 815-3, alinéa 1er, qui prévoyait qu'un mandat spécial était nécessaire pour tout acte qui ne ressortissait pas à l'exploitation normale des biens indivis, ainsi que pour la conclusion ou le renouvellement des baux. Cela inviterait à conclure que la conclusion ou le renouvellement d'un bail ordinaire est un acte qui entre dans le champ du mandat général d'administration. Cependant la règle relative au mandat tacite (C. civ., art. 815-3, al. 4 - v. ss nos 252.91 à 252.94) continue d'assimiler aux actes de disposition la conclusion ou le renouvellement des baux en général, ce qui manifeste l'idée persistante du droit de l'indivision de ne pas en faire des actes de gestion ordinaire.

252.82 Actes supposant un mandat spécial. Lorsque les actes à accomplir sont des actes pour lesquels l'unanimité est requise (v. ss n° 252.24), le recours au mandat est possible mais, d'une part, il devra bien entendu être donné par l'ensemble des indivisaires, et d'autre part, il ne pourra s'agir que d'un mandat spécial si l'acte en cause, comme il arrivera souvent, est un acte de disposition ou assimilable; la solution résulte du droit commun du mandat (C. civ., art. 1988). Par dérogation à celui-ci, on comprendra cependant la conclusion et le renouvellement des baux parmi les actes assimilables aux actes de disposition, pour la raison exposée *supra* (v. ss n° 252.81).

252.83 Le mandat en matière successorale. Les règles qui viennent d'être exposées valent pour l'indivision en général. On rappellera que pour les indivisions d'origine successorale, il existe des règles spécifiques depuis la réforme de 2006 : outre l'institution possible, par le *de cujus*, d'un **mandat à**

1. Civ. 3e, 9 mars 1994, n° 92-12.971, *Bull. civ.* III, n° 48; *D.* 1994. Somm. 162, note A. Robert; *RDI* 1994. 410, note J.-L. Bergel; *RTD civ.* 1995. 654, note F. Zenati.
2. Req. 20 déc. 1910, *DP* 1911. 1. 377, note Planiol.

effet posthume (C. civ., art. 812 s. - v. s[s] n°s 247.10 à 247.28), la réforme de 2006 a prévu un texte pour le **mandat conventionnel** (C. civ., art. 813, renvoyant pour l'essentiel au droit commun du mandat - v. s[s] n°s 247.31 à 247.34), et diverses dispositions pour le **mandataire successoral désigné en justice** (C. civ., art. 813-1 s. - v. s[s] n°s 247.40 à 247.56).

252.84 Forme du mandat et rémunération du mandataire. Dans le silence de la loi, le mandat pourra être verbal ou écrit, la précaution élémentaire consistant tout de même, pour le mandataire, à réclamer un écrit, dans une matière où les ruptures d'intérêt sont parfois violentes et inopinées. Le mandat sera gratuit ou salarié, selon ce que les indivisaires ont décidé. En l'absence de précision, il faut tenir compte de l'article 815-12 qui pose en règle le droit à rémunération de l'indivisaire gérant (v. s[s] n° 251.374).

252.85 Responsabilité du mandataire. Conformément au droit commun, le mandataire doit faire diligence et rendre compte. Il répond des fautes qu'il a pu commettre dans l'exécution de son mandat. On sait qu'en principe il est seulement débiteur d'une obligation de moyens[1]; c'est en tout cas l'analyse qu'on fera au cas de mandat général de gestion. Si en revanche le mandat portait sur l'accomplissement d'un acte particulier d'où tout aléa serait exclu, il y aurait lieu d'appliquer le régime des obligations de résultat. D'une manière générale, la responsabilité du mandataire qui s'est engagé gratuitement devra être appréciée moins sévèrement (C. civ., art. 1992, al. 2). Si la responsabilité de l'indivisaire gérant est mise en jeu, l'indemnité qu'il pourrait devoir de ce chef devra être positivement payée à l'indivision, sans attendre le partage (v. s[s] n° 251.383).

252.86 Fin du mandat. Selon les règles habituelles, un mandat est librement révocable (le mandat donné par les indivisaires à l'un d'entre eux n'est certainement pas un mandat d'intérêt commun au sens de la jurisprudence, puisqu'il ne s'agit pas de développer une clientèle). Mais il faut considérer que lorsque plusieurs indivisaires ont donné mandat d'un commun accord, et étant donné le caractère indivisible du mandat, il n'est pas possible à l'un d'eux de révoquer le mandat sans l'accord des autres[2] - encore qu'il soit possible de prévoir le contraire dans le mandat[3]. Le mandat deviendrait caduc par le décès de l'un des mandants, sauf à y suppléer par un mandat tacite des successeurs de l'indivisaire décédé.

1. Civ. 1re, 18 janv. 1989, *D.* 1989. 302, note C. Larroumet.
2. RAPPR., Civ. 1re, 3 nov. 1947, *Bull. civ.* I, n° 16.
3. Civ. 1re, 17 juill. 1973, n° 72-12.810, *Bull. civ.* I, n° 247.

B. Mandat tacite

252.91 Définition légale. L'article 815-3 alinéa 4 du Code civil prévoit que si un indivisaire prend en main la gestion des biens indivis, au su des autres et néanmoins sans opposition de leur part, il est censé avoir reçu un mandat tacite, couvrant les actes d'administration mais non les actes de disposition ni la conclusion ou le renouvellement des baux. Le mandat tacite sera donc constitué au profit ou à la charge d'un indivisaire si deux conditions sont réunies : la prise en main de la gestion des biens indivis au su des autres, et l'absence d'opposition. Cette abstention en connaissance de cause doit être celle des coïndivisaires eux-mêmes, mais elle pourrait être le fait de leur propre représentant[4]. Malgré la réduction du champ d'application de la règle d'unanimité, il serait prudent de considérer que le mandat tacite ne doit être reconnu que si **la gestion des biens indivis a été prise au su de tous les autres.** L'idée d'un mandat tacite donné par un ou plusieurs indivisaires titulaires des deux tiers des droits indivis (pour l'accomplissement d'actes entrant dans le périmètre de cette règle de majorité) risquerait de compliquer, en l'élargissant excessivement, l'institution du mandat tacite.

252.92 Spécificité du mandat tacite en matière d'indivision. Le texte de l'article 815-3 alinéa 4 permet de dépasser le mandat tacite de droit commun. D'abord, il n'exige pas que tel acte précis ait été accompli par un indivisaire au su de ses coïndivisaires; il suffit que la gestion d'ensemble ait été prise au su des autres[5] (mais *a fortiori* le mandat tacite pourrait valoir pour un acte particulier[6]). En outre, dans le droit commun du mandat tacite, le juge doit apprécier l'attitude des individus pour rechercher leur volonté de consentir un mandat. La loi sur l'indivision interprète elle-même la volonté des intéressés en réputant l'existence du contrat; il suffit au juge de constater le double élément objectif constitué par l'accomplissement d'actes de gestion au su des coïndivisaires, et l'absence d'opposition.

252.93 L'article 815-3 alinéa 2 du Code civil ne vaut pas pour un étranger à l'indivision. C'est l'intérêt commun qui justifie qu'on puisse admettre aussi facilement le mandat tacite de l'article 815-3

4. Civ. 1re, 7 oct. 1997, n° 95-19.347, *Bull. civ.* I, n° 269; *RTD civ.* 1998. 74, obs. J. Hauser; *Defrénois* 1998. 729, note J. Massip; *Dr. fam.* 1998, n° 30, note T. Fossier; *Dr. fam.* 1997, n° 185, note B. Beignier.
5. V. PAR EX., Civ. 3e, 11 oct. 2000, n° 99-10.216, NP; *D.* 2001. 3580, obs. J.-R. Bouyeure; *Dr. fam.* 2000, n° 148, note B. Beignier.
6. Civ. 1re, 12 juin 2013, n° 12-17.419, *Bull. civ.* I [à paraître]; *D.* 2013. 1546.

du Code civil. Cette considération commande d'exclure qu'un tel mandat puisse être conféré à un gestionnaire extérieur à l'indivision, et la lettre du texte est clairement en ce sens. Si par conséquent un tiers se charge de quelques actes de gestion sur les biens indivis, le mandat tacite ne pourra être reconnu par la jurisprudence qu'en suivant les conditions plus exigeantes du droit commun.

En revanche l'usufruitier, parce qu'il fait partie de la communauté d'intérêts qui a l'indivision pour assise, doit pouvoir bénéficier du mandat tacite dans les termes de l'article 815-3 alinéa 2.

252.94 Étendue du mandat tacite. La loi précise que **le mandat tacite couvre les actes d'administration,** mais non les actes de disposition, ni la conclusion ou le renouvellement des baux (il y faudrait alors un mandat exprès[1]); cela vaut aussi bien pour les cas où l'indivision est bailleresse, que pour celui où elle est locataire[2]. Des actes d'une certaine gravité peuvent cependant être couverts par le mandat tacite, comme le pouvoir de contracter un emprunt pour payer une partie du passif de l'exploitation indivise[3] : il est certain que le mandat de gérer une exploitation comporte celui de trouver, selon les besoins, le financement nécessaire à une entreprise. Ce n'est pas à dire que la souscription d'un emprunt pour le compte de l'indivision participe toujours de la simple administration.

Au demeurant, on ne saurait soutenir que la jurisprudence a une vision large des actes de gestion susceptibles d'être couverts par un mandat tacite, puisqu'elle a par exemple jugé que la réception par un indivisaire d'une notification destinée à mettre en œuvre la condition résolutoire stipulée dans une vente consentie par les indivisaires, ne pouvait être validée au titre d'un tel mandat[4].

C. Représentation judiciaire

252.101 Hypothèse. La loi envisage le cas où l'un des indivisaires se trouve hors d'état de manifester sa volonté – à cause d'une incapacité mentale, ou d'un éloignement physique. Une requête adressée au tribunal de grande instance permet alors de recourir à l'habilitation judiciaire de l'article 815-4 alinéa 1er du Code civil : « *Si l'un des indivisaires se trouve hors d'état de manifester sa volonté, un autre peut se faire habiliter par justice à le représenter, d'une manière générale ou pour certains actes particuliers, les conditions et l'étendue de cette représentation étant fixées par le juge* ».

252.102 Portée et modalités de l'habilitation judiciaire. Le texte donne à l'habilitation judiciaire une grande souplesse puisqu'elle peut avoir une portée générale ou ne concerner que des actes particuliers. En outre, le juge fixera toutes les modalités de cette représentation. S'il s'agit d'une habilitation limitée à un acte ou à quelques actes définis, il pourra en particulier fixer les clauses essentielles des contrats en cause, par exemple le prix ou la durée. Si l'habilitation est générale, on doit considérer qu'elle est limitée aux actes d'administration (rappr. C. civ., art. 1988, al. 1er).

252.103 Articulation avec les règles relatives au mandat judiciaire en matière successorale. Les règles propres au mandataire successoral désigné en justice (C. civ., art. 813-1 s. – v. ss nos 247.40 à 247.56), tendent à la désignation d'un **mandataire professionnel** (c'est la « *personne qualifiée* » du texte). Si par conséquent l'indivision en cause est une indivision successorale, mais que le contexte permet de requérir que le mandat judiciaire soit confié à un indivisaire, c'est l'article 815-4 alinéa 1er qui restera applicable.

D. Gestion d'affaires

252.111 La gestion d'affaires dans le droit de l'indivision. L'article 815-4 alinéa 2 du Code civil prévoit qu'à défaut de pouvoir légal, de mandat ou d'habilitation par justice, les actes faits par un indivisaire, en représentation d'un autre ont effet à l'égard de celui-ci suivant les règles de la gestion d'affaires. Ce texte reprend pour l'essentiel le droit commun. Son énoncé vise seulement l'hypothèse de gestion par un indivisaire parce qu'il s'agit d'un cas qu'on pouvait hésiter à admettre : lorsqu'un indivisaire prend en main la gestion de l'indivision, il se trouve stimulé par son propre intérêt, et ce n'est pas un vrai cas de gestion pour autrui. Le texte opère donc, en tant que de besoin, une extension de la gestion d'affaires. Mais l'article 1372 du Code civil vaut de toute façon, et une personne étrangère à l'indivision peut être reconnue comme ayant géré l'affaire des indivisaires[5].

252.112 Conditions. Pour qu'un acte puisse être validé sur le fondement de la gestion d'affaires, il faut qu'il ait été **utile aux indivisaires**, et qu'on n'ait pas constaté d'opposition de leur part. La question

1. V. PAR EX., Civ. 1re, 25 oct. 2005, no 03-14.320, *Bull. civ.* I, no 387 ; *AJDI* 2006. 272, obs. S. Beaugendre ; *Dr. fam.* 2006, no 16, note B. Beignier.
2. Civ. 3e, 17 juill. 1991, no 90-10.102, *Bull. civ.* III, no 213 ; *AJDI* 1992. 209.
3. Civ. 1re, 12 nov. 1986, no 85-12.238, *Bull. civ.* I, no 259 ; *JCP* 1988. II. 21128, note P. Simler.
4. Civ. 3e, 23 mai 1995, no 93-10.617, *Bull. civ.* III, no 130.
5. Civ. 1re, 15 mai 1974, no 72-11.417, *Bull. civ.* I, no 147.

de savoir si la condition d'utilité a été satisfaite peut prêter à discussion; en tout cas, si le gérant de l'affaire est un indivisaire, l'utilité de la gestion sera appréciée au terme de celle-ci, comme ce doit être le cas en matière de gestion intéressée.

Du fait que le mandat tacite est reconnu de manière assouplie par la loi, la gestion d'affaires joue un moindre rôle en matière d'indivision, mais elle continue de présenter de l'intérêt, par exemple pour les cas où un indivisaire prend en main la gestion à l'insu des autres, ce qui exclut le mandat tacite mais n'empêche pas la gestion d'affaires (v. C. civ., art. 1372 : « [...] *soit que le propriétaire connaisse la gestion, soit qu'il l'ignore* »).

252.113 Enrichissement sans cause. Enfin, si un acte de gestion a été accompli par un indivisaire, et que celui-ci ne peut se prévaloir ni d'un mandat tacite, ni de la gestion d'affaires, il est possible de se tourner le cas échéant vers l'institution très subsidiaire qu'est l'enrichissement sans cause (de l'indivision, en l'occurrence); l'article 815-13 du Code civil en donne un certain écho, et le droit commun y pourvoit.

§ 3
Dérogations par voie de justice aux règles légales de gestion

252.121 Présentation. Dans les cas qui ont été précédemment examinés, les règles de gestion de l'indivision (principe d'unanimité, ou règle de majorité des deux tiers) étaient tempérées par d'autres règles, mais il n'était pas vraiment dérogé à ces règles; il s'agissait essentiellement d'aménagements permis par l'idée de mandat, *lato sensu*. Le privilège de passer franchement outre n'est reconnu qu'avec la permission du juge. C'est ce que prévoient les articles 815-5 et suivants du Code civil. L'article 815-5 donne au juge le pouvoir d'autoriser un indivisaire à passer seul un acte (A). L'article 815-6, auquel se rattache l'article 815-7, permet au juge de prescrire ou autoriser certaines mesures (B).

252.122 Influence sur l'effet du partage. Il faut rappeler que, par dérogation au traditionnel effet déclaratif du partage, les actes valablement accomplis en vertu d'une autorisation judiciaire « *conservent leurs effets quelle que soit, lors du partage, l'attribution des biens qui en ont fait l'objet* » (C. civ., art. 883, al. 3).

A.
Autorisation donnée à un indivisaire en cas de mise en péril de l'intérêt commun

252.131 Hypothèse. L'opposition d'un indivisaire à l'acte grave qu'un autre voudrait accomplir conduit à un blocage, puisque l'unanimité est normalement requise (v. s^s^ n° 252.24); il en irait de même si la majorité des deux tiers n'était pas acquise, lorsqu'on se trouve dans le périmètre d'application de cette règle de majorité. Or l'absence d'acte peut mettre en péril l'intérêt de l'indivision. Pour résoudre cette crise, l'article 815-5 alinéa 1er du Code civil prévoit qu'un indivisaire peut être autorisé par justice à passer seul un acte pour lequel le consentement d'un coïndivisaire serait nécessaire, si le refus de celui-ci met en péril l'intérêt commun[1].

Reste à dire ce qu'est un acte dont l'absence met en péril l'intérêt commun. Il est certain que c'est un acte moins nécessaire que celui qui serait commandé par la conservation des biens indivis, puisque l'article 815-2 permet d'accomplir celui-ci librement. Dans le cas de l'article 815-2, ce sont les biens indivis eux-mêmes qui sont en péril; dans l'article 815-5 ce n'est que l'intérêt commun qui est menacé... Pas davantage on ne saurait exiger la condition d'urgence[2]. D'un autre côté, l'acte pour lequel il est permis de demander une habilitation est plus important qu'un acte simplement utile. Ne pas accomplir un acte utile, c'est peut-être se priver d'un avantage, mais ce n'est pas mettre en péril l'intérêt commun. L'acte de l'article 815-5 prend donc place entre l'acte conservatoire et l'acte simplement utile.

252.132 Possibilité d'autoriser une aliénation. L'acte autorisé par le juge peut être une aliénation, puisque le texte ne fait pas de distinction entre actes d'administration et actes de disposition. Les illustrations jurisprudentielles de la règle sont d'ailleurs relatives à de tels actes[3].

Ainsi de la **vente de biens indivis** pour assurer le paiement des droits de succession, à défaut duquel des poursuites pourraient avoir lieu contre les divers héritiers et sur les biens de la succession[4] (en supposant aujourd'hui que celui ou ceux qui veulent procéder à cette vente ne détiennent pas les deux tiers des droits indivis, ou que les biens à vendre soient des immeubles – sinon v. C. civ., art. 815-3, al. 1er, 3°). De même, a pu être judiciairement autorisée la **vente d'une entreprise indivise** mena-

1. Le président du TGI ne saurait statuer en la forme des référés : Civ. 1re, 15 févr. 2012, n° 10-21.457, *Bull. civ.* I, n° 31; *D.* 2012. 553 – Et l'autorisation d'agir ne saurait résulter d'une ordonnance sur requête : Civ. 3e, 28 nov. 2012, n° 11-19.585, *Bull. civ.* III, n° 177; *D.* 2012. 2891.
2. Civ. 1re, 12 juill. 2001, n° 99-14.202, NP; *Dr. fam.* 2001, n° 113, obs. B. Beignier.
3. Outre les arrêts cités ci-après, v. J. Lafond, « La vente d'un immeuble indivis contre le gré d'un indivisaire – art. 815-5 C. civ. », *JCP N* 2008. 1000 : on trouvera dans cet article (n°s 10 s.) mention de diverses décisions de cours d'appel autorisant ou refusant la vente sur le fondement du texte précité.
4. Civ. 1re, 14 févr. 1984, n° 82-16.526, *Bull. civ.* I, n° 61; *D.* 1984. 453, note A. Breton; *RTD civ.* 1985. 189, obs. J. Patarin.

cée de fermeture pour des raisons sanitaires, la capacité financière de l'entreprise ne permettant pas de procéder aux travaux de mise en conformité[1]. Dans un autre cas, la vente a été autorisée parce qu'elle pouvait être passée dans des circonstances exceptionnellement avantageuses[2]. On peut aussi mentionner l'autorisation judiciaire de céder un droit au bail rural à l'un des indivisaires en particulier, cette cession étant, en présence d'un refus de renouvellement opposé par le bailleur, le seul moyen pour que demeure à l'actif indivis la valeur patrimoniale de l'exploitation agricole[3].

À l'occasion d'une autorisation relative à une vente de bien indivis, le juge peut même accorder des délais de paiement au tiers acquéreur, moyennant prise de garanties[4], si c'est le moyen d'assurer la réalisation de l'acte nécessaire aux intérêts de l'indivision.

252.133 Exclusion des validations judiciaires *a posteriori*. L'autorisation du juge doit intervenir *a priori*, comme le postulent les termes du texte légal. Un indivisaire ne saurait donc être autorisé, sur le fondement de l'article 815-5 du Code civil, à faire régulariser un acte antérieurement accompli au mépris de la loi, c'est-à-dire sans demander l'accord de ses coïndivisaires. Pour autant, la Cour de cassation se montre compréhensive pour intégrer sous l'autorisation de justice, non seulement l'acte expressément autorisé, mais aussi les actes de nature différente qui en constituent la conséquence directe; il a ainsi été jugé que la demande en dommages-intérêts constitue la conséquence directe de la demande en résiliation d'un bail rural pour sous-location prohibée[5].

252.134 Effets. L'article 815-5 alinéa 3 du Code civil, précise que : « *L'acte passé dans les conditions fixées par l'autorisation de justice est opposable à l'indivisaire dont le consentement a fait défaut* ». L'acte produira donc ses effets à l'égard de l'indivisaire récalcitrant comme s'il y avait été partie de bon gré.

La Cour de cassation a précisé que la vente autorisée par le juge ne correspond pas à une opération de partage, puisque le prix est destiné à revenir dans la masse indivise à la place du bien vendu[6]. Dans ces conditions, les règles du partage judiciaire ne s'appliquent pas – et c'est ce qui permet par exemple au juge d'autoriser un règlement différé[7].

B. Pouvoir du juge d'autoriser ou prescrire toutes mesures urgentes

252.141 Règle légale. L'article 815-6 alinéa 1er du Code civil prévoit que le président du tribunal de grande instance peut prescrire ou autoriser toutes les mesures urgentes que requiert l'intérêt commun.

Les mots « *prescrire* » ou « *autoriser* » visent deux cas différents : on autorise un indivisaire à passer un acte; on prescrit à un tiers de prendre certaines mesures, par exemple une mesure de sauvegarde d'un bien indivis. Le législateur a en tout cas voulu employer une formule englobante, ce qui permet de dire que le juge peut non seulement ordonner une **mesure isolée**, mais aussi bien ordonner – si on le lui demande – une **pluralité de mesures** qui auraient pour effet de mettre en place une véritable organisation provisoire de l'indivision. La nature des actes ainsi prescrits n'est pas en elle-même limitée : un acte de disposition d'un bien indivis peut être autorisé au titre de l'article 815-6[8].

252.142 Conditions. Il existe en tout cas des conditions à l'intervention du juge : la mesure doit être commandée par **l'urgence**, et elle doit être justifiée par **l'intérêt commun des indivisaires**. Ce sont deux conditions distinctes.

252.143 Procédure. Le président sera **saisi** par un **indivisaire**, ou par un **créancier personnel de celui-ci**. Bien que le texte ne le dise pas, il pourrait également être saisi par **l'usufruitier**, car il faut admettre une certaine extension de l'intérêt commun jusqu'à l'usufruitier. Le président du tribunal statuera en la forme des **référés**, mais il pourrait le cas échéant devoir trancher une contestation sérieuse, car il est davantage qu'un juge des référés[9]. À l'inverse, le juge des référés n'a pas les pouvoirs que donne l'article 815-6 du Code civil[10].

En revanche, il ne semble pas qu'il puisse, sur le fondement de l'article 815-6, statuer sur requête; la

1. Civ. 1re, 30 juin 1992, n° 90-19.052, *Bull. civ.* I, n° 208; *RTD civ.* 1990. 683, note F. Zenati; *RDI* 1990. 65, note J.-L. Bergel.
2. Civ. 1re, 29 nov. 1988, n° 86-14.496, *Bull. civ.* I, n° 340; *JCP* 1989. II. 21364, note F.-X. Testu; *RTD civ.* 1989. 609, note J. Patarin; *RTD civ.* 1990. 110, note F. Zenati.
3. Civ. 1re, 3 mars 1992, n° 90-16.420, *Bull. civ.* I, n° 71; *RTD civ.* 1993. 392, note J. Patarin.
4. Civ. 1re, 30 juin 1992, n° 90-19.052, préc. ss prést n°.
5. Civ. 3e, 22 mars 2006, n° 05-10.378, *Bull. civ.* III, n° 79; *AJDI* 2006. 588.
6. Civ. 1re, 3 déc. 1996, n° 94-13.744, *Bull. civ.* I, n° 439.
7. Civ. 1re, 30 juin 1992, n° 90-19.052, *Bull. civ.* I, n° 208, préc.
8. Civ. 1re, 16 févr. 1988, n° 86-16.489, *Bull. civ.* I, n° 45; *RTD civ.* 1989. 371, note J. Patarin.
9. V. PAR EX., Civ. 1re, 3 févr. 2004, n° 01-02.758, *Bull. civ.* I, n° 32.
10. Civ. 3e, 16 déc. 2009, n° 08-21.200, *Bull. civ.* III, n° 285; *D.* 2010. AJ 150; *JCP* 2010, n° 336, § 12, obs. H. Périnet-Marquet.

Cour de cassation a rappelé en la matière la nécessité d'un débat contradictoire[1].

Le juge compétent, même après la loi n° 2009-526 de simplification du droit, qui a étendu la compétence d'attribution du juge aux affaires familiales (JAF), est en tout état de cause le président du tribunal de grande instance, et la compétence du JAF est écartée, même lorsque les indivisaires sont des époux séparés de biens, ou participants aux acquêts, voire des couples non mariés[2].

252.144 Mesures urgentes mentionnées par les textes. Les deux derniers paragraphes de l'article 815-6, ainsi que l'article 815-7 du Code civil, donnent quelques exemples de mesures que le juge peut ordonner. Il s'agit d'une liste indicative, comme le révèle l'adverbe « *notamment* ».

C'est ainsi qu'il a été jugé qu'il entre dans les pouvoirs du président du tribunal de grande instance d'autoriser un indivisaire à conclure seul un acte de vente d'un bien indivis pourvu qu'une telle mesure soit justifiée par l'urgence et l'intérêt commun[3].

252.151 Maniement de deniers indivis. Selon l'article 815-6 alinéa 2 le président du tribunal de grande instance peut « *autoriser un indivisaire à percevoir des débiteurs de l'indivision ou des dépositaires de fonds indivis une provision destinée à faire face aux besoins urgents, en prescrivant, au besoin, les conditions de l'emploi* ». Cette précision est particulièrement utile pour éviter certains inconvénients résultant du blocage des comptes bancaires du défunt (comp. C. civ., art. 221, al. 2, pour le cas particulier du conjoint survivant), spécialement si aucun mandat posthume n'a été prévu. Afin d'éviter toute équivoque, le législateur a précisé que l'autorisation donnée par le juge n'entraîne pas prise de qualité d'héritier pour le conjoint survivant ou pour le successible. L'option successorale restera donc ouverte à la personne en cause. On sait au demeurant que la réforme de 2006 a amélioré de manière générale les règles en la matière. Dans le doute, l'indivisaire successible fera bien, également, de viser dans sa demande l'article 784 alinéa 2 du Code civil.

252.152 Nomination d'un administrateur ou d'un séquestre. L'article 815-6 alinéa 3 du Code indique que le président du tribunal de grande instance « *peut également soit désigner un indivisaire comme administrateur en l'obligeant s'il y a lieu à donner caution, soit nommer un séquestre* ». C'est essentiellement en cas de mésentente des indivisaires préjudiciable aux intérêts communs que le besoin de telles nominations se fait sentir. Certaines décisions avaient admis, malgré le sens littéral du texte, que l'administrateur nommé par le juge soit un tiers[4]. La solution doit être maintenue, avec cette précision toutefois que, s'il s'agit d'une indivision successorale, ce sont les articles 813-1 et suivants qui devront s'appliquer, du moins si le tiers est un professionnel de l'administration des patrimoines. L'usufruitier pourrait certainement être désigné en qualité d'administrateur (il est même théoriquement le mieux placé pour remplir cette fonction). Cependant, pour le cas où une indivision en nue-propriété et une indivision en usufruit (distinctes par leurs membres) se superposeraient sur les mêmes biens, l'administrateur de l'ensemble ne pourrait pas être choisi parmi les indivisaires en usufruit, parce que l'administrateur, représentant des indivisaires, ne peut disposer de plus de pouvoirs que l'indivision dont il est membre; or, dans le cas de figure évoqué, l'administrateur de l'ensemble pourrait être amené à prendre des décisions concernant les droits des nus-propriétaires[5].

La nomination d'un séquestre pourrait avoir lieu simultanément avec celle d'un administrateur judiciaire; il ne faut pas avoir égard à la formule alternative du texte, et la jurisprudence fournit des exemples de nomination d'un administrateur-séquestre.

252.153 Délimitation des pouvoirs de l'administrateur. Sur la base de la compétence que lui reconnaît l'article 815-6 alinéa 1er du Code civil, le juge dispose d'une latitude dictée par l'utilité pour définir les pouvoirs de l'administrateur ou du séquestre. Mais il existe une sorte de droit commun des pouvoirs de gérant d'indivision, constitué par les règles prévues à cet effet en matière d'indivision conventionnelle, ce qui explique que l'article 815-6 *in fine* dispose que « *les articles 1873-5 à 1873-9 du présent Code s'appliquent en tant que de raison aux pouvoirs et aux obligations de l'administrateur, s'ils ne sont autrement définis par le juge* » (sur le contenu de ces textes, v. ss nos 254.131 s.). Un arrêt avait pu laisser penser que le juge ne peut pas attribuer à l'administrateur des pouvoirs plus larges que ceux résultant de ces deux articles[6]. Ce n'est cependant

1. Civ. 3e, 27 mai 1998, n° 96-13.173, *Bull. civ.* III, n° 111; *D.* 1998. IR 162.
2. Circ. CIV/10/10, 16 juin 2010.
3. Civ. 1re, 4 déc. 2013, n° 12-20.158, *Bull. civ.* I [à paraître]; *D.* 2013. 2914.
4. Reims, 4 janv. 1978, *D.* 1979. IR 44, obs. A. Breton – Civ. 1re, 17 janv. 2006, n° 04-11.267, *Bull. civ.* I, n° 24; *D.* 2006. IR 327.
5. Civ. 1re, 6 févr. 2001, n° 98-19.060, *Bull. civ.* I, n° 24; *AJDI* 2001. 640; *D.* 2001. Somm. 2942, obs. B. Vareille; *RTD civ.* 2001. 640, obs. J. Patarin; *JCP N* 2002. 1143, étude Montravers; *Dr. fam.* 2001, n° 77 – Nîmes, 6 mai 2003, *JCP* 2004. IV. 1544.
6. Civ. 1re, 4 avr. 1991, n° 89-20.232, *Bull. civ.* I, n° 115; *RTD civ.* 1992. 160, obs. J. Patarin; *D.* 1992. 261, note P.-Y. Gautier.

pas le cas, puisque la Cour de cassation a admis que le président du tribunal autorise l'administrateur qu'il désigne à conclure un bail rural[1], soulignant que lorsque le président du tribunal, saisi sur le fondement de l'article 815-6, définit les pouvoirs de l'administrateur, les articles 1873-5 à 1873-9 ne s'appliquent pas.

On a vu que l'article 815-6 exige que les mesures qu'il vise soient commandées par l'urgence et justifiées par l'intérêt commun des indivisaires. Cela est vrai uniquement de la mesure judiciaire consistant à désigner, le cas échéant, un administrateur. Une fois celui-ci nommé, il doit certes respecter les limites fixées par le juge, mais il n'y a pas lieu de considérer que chacun de ses actes doit être commandé par l'urgence et l'intérêt commun[2].

252.154 Modification des mesures prises. Lorsque le juge a défini les pouvoirs de l'administrateur ou du séquestre, il peut y apporter des changements par une ordonnance ultérieure, si du moins on le lui demande, et si un changement est intervenu dans la situation; la décision initiale a en effet autorité de chose jugée au provisoire. Le maintien ou la mainlevée du séquestre sera décidé par le juge selon les circonstances.

252.155 Nomination d'un mandataire *ad hoc*. « *Qui peut le plus peut le moins* » : à partir du moment où le juge peut, sur le fondement de l'article 815-6, nommer un administrateur, qui est un mandataire investi d'un mandat général de gestion, il lui sera permis de faire droit à la demande d'un ou plusieurs indivisaires sollicitant la nomination d'un mandataire *ad hoc*, chargé d'accomplir un acte juridique particulier, par exemple la délivrance d'un congé à un indivisaire qui avait bénéficié d'une dation à bail de la part du *de cujus*[3].

252.156 Interdiction de déplacer les meubles corporels. L'article 815-7 du Code civil ajoute que « *le président du tribunal peut aussi interdire le déplacement des meubles corporels sauf à spécifier ceux dont il attribue l'usage personnel à l'un ou à l'autre des ayants droit, à charge pour ceux-ci de donner caution s'il l'estime nécessaire* ». Cette mesure particulière – qui suppose toujours l'urgence et le risque d'atteinte à l'intérêt commun – doit pouvoir s'appliquer à des objets très divers : meubles meublants, bijoux, titres au porteur, instruments de travail non immobilisés par destination, automobile, *etc.* C'est une sorte de saisie conservatoire sommaire entre indivisaires. L'ordonnance portant interdiction de déplacer devra être signifiée par le ou les requérants à l'indivisaire qui serait détenteur des meubles en cause, ce qui aura pour effet de le rendre gardien responsable dans les mêmes conditions qu'un saisi – y compris l'application éventuelle du droit pénal (C. pén., art. 314-6).

1. Civ. 1re, 19 oct. 2004, n° 02-11.366, *Bull. civ.* I, n° 226; *D.* 2004. IR 2834; *RDI* 2005. 208, obs. M. Bruschi.
2. Civ. 1re, 19 oct. 2004, n° 02-11.366, préc. s^s prés^t n°.
3. RAPPR., Civ. 1re, 3 févr. 2004, n° 01-02.758, *Bull. civ.* I, n° 32.

CHAPITRE

253. Régime légal de l'indivision : situation des créanciers à l'égard de l'indivision

FRANÇOIS XAVIER TESTU
PROFESSEUR À L'UNIVERSITÉ DE TOURS
AVOCAT

CHRISTOPHE VERNIÈRES
PROFESSEUR À L'UNIVERSITÉ
PARIS 8 – VINCENNES SAINT-DENIS

SECTION 0
ORIENTEUR

253.00 Plan du chapitre.

253.01 Textes applicables.

C. civ., art. 815-17 et 882

C. com., art. L. 642-18

L. n° 2006-728, 23 juin 2006, portant réforme des successions et libéralités, *JO* 24 juin, p. 9513 (*entrée en vigueur le 1er janv. 2007*)

> Sur les droits et obligations des indivisaires
[C. civ., art. 815 à 815-1; 815-8 à 815-16; 815-18]

* V. texte complet de ces articles ss n° 251.01

> Sur les actes accomplis sur les biens indivis par les indivisaires ou autorisés en justice
[C. civ., art. 815-2 à 815-7]

* V. texte complet de ces articles ss n° 252.01

> Sur les conventions d'indivision
[C. civ., art. 1873-1 à 1873-18]

* V. texte complet de ces articles ss n° 254.01

> Pouvoirs des diverses catégories de créanciers
C. civ., art. 815-17 (*L. 23 juin 2006, art. 2*)

Les créanciers qui auraient pu agir sur les biens indivis avant qu'il y eût indivision, et ceux dont la créance résulte de la conservation ou de la gestion des biens indivis, seront payés par prélèvement sur l'actif avant le partage. Ils peuvent en outre poursuivre la saisie et la vente des biens indivis.

Les créanciers personnels d'un indivisaire ne peuvent saisir sa part dans les biens indivis, meubles ou immeubles.

Ils ont toutefois la faculté de provoquer le partage au nom de leur débiteur ou d'intervenir dans le partage provoqué par lui. Les coïndivisaires peuvent arrêter le cours de l'action en partage en acquittant l'obligation au nom et en l'acquit du débiteur. Ceux qui exerceront cette faculté se rembourseront par prélèvement sur les biens indivis.

> Droit du créancier personnel d'un indivisaire d'intervenir au partage
C. civ., art. 882

Les créanciers d'un copartageant, pour éviter que le partage ne soit fait en fraude de leurs droits, peuvent s'opposer à ce qu'il y soit procédé hors de leur présence : ils ont le droit d'y intervenir à leurs frais; mais ils ne peuvent attaquer un partage consommé, à moins toutefois qu'il n'y ait été procédé sans eux et au préjudice d'une opposition qu'ils auraient formée.

253.03 Bibliographie indicative.

Actualisable. Rép. civ., v° *Indivision (Régime légal)*, par C. Albiges, mars 2011 [màj janv. 2014].

Ouvrages.
* V. références citées s^s n°s 02.06 et 02.07

253.04 Questions essentielles.
> Les créanciers de l'indivision, c'est-à-dire les créanciers héréditaires ou ceux dont le titre est né du fonctionnement de l'indivision, disposent en particulier d'un droit de poursuite sur les biens indivis.
* V. s^s n° 253.23
> Les créanciers personnels d'un indivisaire peuvent seulement provoquer le partage.
* V. s^s n° 253.32
> Les coïndivisaires du débiteur disposent de la faculté d'arrêter le cours de l'action en partage en désintéressant le créancier personnel qui avait pris cette initiative.
* V. s^s n° 253.34
> Tout créancier personnel d'un indivisaire peut intervenir au partage.
* V. s^s n° 253.37

253.09 Distinction entre deux catégories de créanciers. L'article 815-17 du Code civil[1] détermine les droits des diverses catégories de créanciers à l'égard de l'indivision, en distinguant les créanciers de l'indivision (sect. 1), et les créanciers personnels des indivisaires (sect. 2).

Chacun des deux premiers paragraphes du texte leur assigne en effet un statut différent : le créancier personnel de l'indivisaire n'a pas d'action sur les biens indivis, et priorité est donnée aux créanciers de l'indivision. Il existe donc dans toute indivision un passif qui correspond à l'actif constitué par les biens indivis : une fois encore l'indivision est traitée comme une universalité de droit – ce qu'était effectivement le patrimoine du *de cujus*, du vivant de celui-ci.

SECTION 1
CRÉANCIERS DE L'INDIVISION

253.10 Plan. Concevoir des tiers « *créanciers de l'indivision* » paraît étrange, puisque l'indivision n'a pas la personnalité morale. Il est donc nécessaire de préciser le propos, en évoquant la question du passif de l'indivision (§ 1), avant de dire quel sort la loi réserve à ces créanciers (§ 2).

§ 1
Passif de l'indivision

253.11 Contenu. Le passif de l'indivision qui donne aux créanciers le titre de poursuivre le paiement sur les biens indivis sans avoir à souffrir du concours des créanciers personnels des indivisaires, comprend essentiellement **deux catégories de dettes** : d'abord celles qui se rapportent aux **biens entrant dans la masse indivise lors de sa constitution**; ensuite celles qui naissent ultérieurement du **fonctionnement de l'indivision**. Ce n'est pas le lieu ici de s'étendre sur le **passif préexistant à la naissance de l'indivision**, qui dans les indivisions successorales correspond au passif né par le fait du défunt; on renverra donc à l'étude plus générale du passif successoral (v. s^s n°s 261.10 s.); de même, dans les indivisions postcommunautaires, ce passif préexistant est constitué de ce qui constituait auparavant les dettes communes[2], telles que les articles 1409 et suivants du Code civil les définissent (v. s^s n°s 143.61 à 143.81). On soulignera simplement que l'article 815-17 fait état du passif préexistant lorsqu'il parle des « *créanciers qui auraient pu agir sur les biens indivis avant qu'il y eût indivision* ». Mais le passif préexistant n'est pas le seul élément constitutif du passif indivis; il faut y ajouter le passif né du fonctionnement de l'indivision, qui mérite ici quelques développements.

253.12 Passif né du fonctionnement de l'indivision. L'article 815-17 alinéa 1er mentionne, pour les ajouter à la catégorie des créanciers héréditaires (ou des créanciers de la communauté), les « *créanciers* [...] *dont la créance résulte de la conservation ou de la gestion des biens indivis* ». La formule est un peu restreinte; il s'est agi de reprendre une terminologie devenue classique en jurisprudence, mais en vérité toute dette née du fonctionnement de l'indivision doit être admise dans le passif indivis.

Cela ne souffre pas d'exception. S'il était établi, par exemple, que des frais de conservation (travaux accomplis par un tiers...) ont été rendus nécessaires par la faute d'un indivisaire, la charge de la dette incomberait certes exclusivement à celui-ci dans les rapports internes à l'indivision (**contribution à la dette**); mais la question du rapport avec le tiers créancier (**obligation à la dette**) resterait tranchée par l'article 815-17 alinéa 1er. C'est-à-dire que même dans une telle hypothèse, le tiers entrepreneur qui a réalisé les travaux devrait être traité comme un créancier de l'indivision, avec droit de poursuite sur les biens indivis, et non sur le patrimoine du seul indivisaire fautif.

253.13 Problème posé par le passif du fonds de commerce indivis. Lorsque le bien indivis en cause est un fonds de commerce, et qu'un indivisaire en était le gérant, on hésite à dire si le gage des créanciers du commerçant doit être étendu à

1. Non-renvoi d'une QPC sur l'article 815-17 du Code civil, car l'action en partage prévue par l'article 815-17 au profit des créanciers successoraux et des créanciers de l'indivision ne porte pas une atteinte disproportionnée aux droits des coïndivisaires : Civ. 1re, 28 mars 2012, n° 12-40.002, *Bull. civ.* I, n° 78.

2. Civ. 1re, 27 janv. 1993, n° 91-12.829, *Bull. civ.* I, n° 32; *RTD civ.* 1993. 870, obs. F. Lucet et B. Vareille; *RTD civ.* 1994. 665, note B. Vareille – Civ. 1re, 13 déc. 2005, n° 02-17.778, *Bull. civ.* I, n° 494; *D.* 2006. IR 302.

l'ensemble des biens indivis. Ce sera probablement le cas lorsque le fonds était géré ostensiblement au nom de l'indivision. Ainsi, sous l'empire de la législation de 1987 sur les procédures collectives, la jurisprudence avait admis la possibilité de prononcer l'extension de faillite aux coïndivisaires du gérant lorsqu'il était déclaré que la gestion avait lieu pour le compte de l'indivision[1]. En l'absence de mandat, on hésite davantage à retenir cette solution[2] - encore qu'il faille prendre garde à l'existence facile d'un mandat tacite. Toujours est-il que, quant à la **contribution à la dette**, l'indivisaire gérant devra supporter, à l'égard de ses coïndivisaires, le passif d'exploitation à l'origine duquel il se trouve[3], à moins qu'il ne soit en mesure de démontrer que la chute de rentabilité de l'exploitation est due à des circonstances extérieures à sa gestion.

253.14 Contribution à la dette. D'une manière générale, la question de la contribution à la dette est simplement réglée par l'article 815-10 alinéa 4 du Code civil, qui dispose que « *chaque indivisaire* [...] *supporte les pertes proportionnellement à ses droits dans l'indivision* »; c'est la solution qu'il convient d'appliquer si l'indivision dégage un passif net, et que la liquidation n'a pas encore été opérée entre ses membres.

253.15 Cas où le créancier est un indivisaire. Tout ce qui vient d'être dit vaut pour le cas où la dette née du fonctionnement de l'indivision avait pour titulaire un tiers. Si le créancier de la masse est un indivisaire, le système du compte d'indivision (v. s^s^ n°s 251.381 à 251.388) peut interférer dans le jeu de ces règles. Mais du fait que l'entrée en compte est facultative, comme il a été dit, l'indivisaire créancier de la masse peut, s'il le préfère, obtenir le paiement immédiat de sa créance; il bénéficiera alors, comme tout créancier de l'indivision, du système mis en place par l'article 815-17 alinéa 1er[4].

1. Com. 18 mars 1986, *JCP N* 1988. Prat. 144, note P. Catala.
2. Com. 7 févr. 1989, n° 87-17.689, *Bull. civ.* IV, n° 52; *RTD civ.* 1989. 790, note J. Patarin – *Adde*, Civ. 1re, 4 avr. 1991, n° 89-20.351, *Bull. civ.* I, n° 118; *RTD civ.* 1992. 429, obs. F. Zenati; 791, obs. F. Zenati; et 797, obs. F. Zenati; *Defrénois* 1991. 869, note G. Champenois.
3. Orléans, 1er avr. 1987, *Defrénois* 1987. 1. 1314, note A. Honorat – Civ. 1re, 4 avr. 1991, n° 89-20.351, préc. s^s^ prés^t^ n°.
4. Civ. 1re, 20 févr. 2001, n° 98-13.006, *Bull. civ.* I, n° 41; *D.* 2001. IR 906; *JCP* 2001. I. 358, n° 5, obs. H. Périnet-Marquet; *RJPF* 2001-5/49, note J. Casey; *Dr. fam.* 2002, n° 12, obs. B. Beignier; *RTD civ.* 2001. 642, obs. J. Patarin; et 916, obs. T. Revet – Civ. 1re, 4 juill. 2007, n° 06-13.770, *Bull. civ.* I, n° 254 – Civ. 1re, 26 juin 2013, n° 12-11.818, *Bull. civ.* I [à paraître]; *Defrénois* 2014. 122, obs. A. Chamoulaud-Trapiers.

§ 2
Situation des créanciers de l'indivision

253.21 La règle de priorité et son rapport avec la division des dettes. L'article 815-17 alinéa 1er du Code civil reconnaît aux créanciers de l'indivision une exclusivité sur le gage constitué par la masse indivise. Cette règle de priorité (par rapport aux créanciers personnels des héritiers) a été dégagée à l'origine par la jurisprudence, malgré l'article 1220 du Code civil qui contraint théoriquement le créancier à diviser ses poursuites contre chaque héritier : on a entendu limiter les effets de la règle de division des dettes au seul cas où le créancier successoral exerce ses poursuites sur les biens personnels de l'héritier. C'est de cette logique qu'est issu l'arrêt *Frécon*[5], selon lequel les créanciers du défunt peuvent, jusqu'à la réalisation du partage, se faire payer sur l'ensemble des biens successoraux au lieu de poursuivre séparément chacun des successeurs. On a ainsi assuré la survie du droit de gage général sur le patrimoine du *de cujus*, tant que dure l'indivision : cela permet aux créanciers héréditaires d'échapper au concours des créanciers personnels des héritiers. La règle de l'article 1220 ne retrouve son empire que si les créanciers de l'indivision agissent postérieurement au partage, ou bien s'ils décident de poursuivre dès à présent les indivisaires sur leurs biens personnels[6] ce qui s'explique généralement par une insuffisance de l'actif indivis (v. s^s^ n° 253.25).

253.22 Règle de l'article 815-17 alinéa 1er du Code civil. La loi, à l'occasion de la réforme de 1976, a étendu la solution au bénéfice des créanciers nés en cours d'indivision pour les besoins de celle-ci, ce qui a le mérite de favoriser le crédit de l'indivision. L'article 815-17 dispose ainsi que « *les créanciers qui auraient pu agir sur les biens indivis avant qu'il y eût indivision, et ceux dont la créance résulte de la conservation ou de la gestion des biens indivis, seront payés par prélèvement sur l'actif avant le partage. Ils peuvent en outre poursuivre la saisie et la vente des biens indivis* ». Le deuxième alinéa du texte précise que les créanciers personnels d'un indivisaire ne peuvent quant à eux saisir les biens indivis (v. s^s^ n° 253.31) : les créanciers de l'indivision font bien figure de créanciers privilégiés.

253.23 Pouvoirs résultant du texte. Tout d'abord, les créanciers de l'indivision vont pouvoir faire ce qui est interdit aux créanciers personnels de l'indivisaire : se faire payer sur l'actif indivis - à l'extrême, saisir

5. Req. 24 déc. 1912, *DP* 1915. 1. 45.
6. Civ. 1re, 14 mars 1972, n° 70-20.084, *Bull. civ.* I, n° 83 – *Adde*, Civ. 1re, 16 juill. 1992, n° 90-17.972, *Bull. civ.* I, n° 236; *RDI* 1993. 260, obs. C. Giverdon et P. Capoulade; *D.* 1993. 171, note de La Marnierre – Civ. 1re, 29 nov. 2005, n° 03-11.385, *Bull. civ.* I, n° 460.

les biens indivis et les faire vendre. Le texte dit précisément qu'ils vont pouvoir se faire payer « *par prélèvement sur l'actif avant le partage* ». Un prélèvement est l'exercice d'un droit d'attribution à soi-même, préliminaire au partage.

Si le créancier de l'indivision est un indivisaire, le paiement par prélèvement est un mécanisme classique de règlement (v. s^s n° 253.24); mais plus souvent le créancier de l'indivision qui fera valoir son droit sera un tiers, et à cet égard la mise en place d'un mécanisme de prélèvement est curieuse. La formule a d'abord une signification ordinaire : le droit au paiement d'un créancier de l'indivision est actuel, sans qu'il soit besoin d'attendre le partage, et il pourra faire valoir ce droit auprès des indivisaires – l'idée de prélèvement montrant bien que la masse indivise constitue son gage naturel. La loi a en outre voulu souligner l'opportunité d'apurer le passif indivis avant le partage : si celui-ci est imminent, il est expédient de prévoir un règlement des créanciers par prélèvement; les créanciers auront d'ailleurs le souci de solliciter ce règlement, plutôt que de laisser se produire une division de la dette du fait de la réalisation du partage (v. s^s n° 253.21).

253.24 Mise en œuvre du droit de prélèvement. Ce mode de paiement est simple à mettre en œuvre s'il existe des fonds dans l'indivision. Si ce n'est pas le cas et si les indivisaires souhaitent éviter les complications d'une vente de biens indivis, l'un des biens pourrait être prélevé en nature par le créancier, au titre d'une dation en paiement sur laquelle il faudrait évidemment s'accorder. Quoi qu'il en soit, le créancier dispose toujours de la menace de saisie des biens indivis, pour le cas où l'exercice de son droit de prélèvement serait entravé par la mauvaise volonté des indivisaires.

253.25 Action éventuelle sur le patrimoine des indivisaires. Si le prélèvement n'est pas possible et s'il n'existe plus de biens indivis susceptibles d'être saisis, le créancier de l'indivision pourra agir en paiement contre les indivisaires sur leurs biens personnels, mais il devra alors diviser ses poursuites, la situation d'indivision n'ayant pas eu pour effet de créer une solidarité entre les indivisaires pour les dettes nées du fonctionnement de l'indivision[1]. L'existence d'un mandat entre indivisaires n'y changerait rien[2]; il y faudrait une stipulation expresse de solidarité.

253.26 Combinaison des règles de l'indivision et des règles du régime communautaire. L'indivision postcommunautaire appelle des précisions particulières, puisqu'il convient de combiner l'article 815-17 avec les règles spéciales du régime de communauté. Les créanciers de la communauté font partie des créanciers visés à l'article 815-17 alinéa 1er, puisqu'ils sont titulaires d'obligations préexistant à la naissance de l'indivision. Ils pourront donc se faire payer sur les biens indivis, comme ils pouvaient, du temps de la communauté, se faire payer sur les biens communs[3]. À cette application de l'article 815-17 alinéa 1er s'ajoute celle de l'article 1482, aux termes duquel l'époux du chef duquel la dette est entrée en communauté en est personnellement débiteur; le gage du créancier se trouve donc élargi jusqu'aux biens propres de cet époux. Il convient même de tenir compte de l'article 1483 alinéa 1er, selon lequel un époux peut être poursuivi pour la moitié des dettes entrées en communauté du chef de son conjoint. Ce cumul des deux ordres de règles – celles de l'indivision et celles du régime matrimonial – a été mis en lumière par la jurisprudence[4].

253.27 Combinaison des règles de l'indivision et des procédures collectives[5]. Il importe tout d'abord de souligner que l'ouverture de la procédure collective à l'encontre d'un indivisaire n'affecte pas le droit d'action des créanciers de l'indivision qui auraient pu agir auparavant sur les biens indivis; la Cour de cassation en tire cette conséquence que l'extinction de la créance, faute de déclaration au passif de l'indivisaire soumis à la procédure collective, est sans incidence sur le droit de poursuivre l'exécution de la créance sur les biens indivis, que le créancier de l'indivision tient de l'article 815-17 alinéa 1er du Code civil[6].

Pour le reste, la question de la combinaison des règles de l'indivision et des procédures collectives s'est essentiellement posée au sujet de l'application de l'ancien article L. 622-16 du Code de commerce, auquel correspond aujourd'hui l'article L. 642-18,

1. Civ. 1re, 29 nov. 2005, n° 03-11.385, *Bull. civ.* I, n° 460.
2. Civ. 3e, 20 janv. 1993, n° 90-15.112, *Bull. civ.* III, n° 8; *RDI* 1993. 260, obs. P. Capoulade et C. Giverdon; *RTD civ.* 1993. 845, obs. P.-Y. Gautier; *D.* 1994. Somm. 122, note C. Atias; *Defrénois* 1994. 437, note L. Aynès.
3. Civ. 1re, 9 juill. 1991, n° 90-12.764, *Bull. civ.* I, n° 235; *RTD civ.* 1992. 437, note F. Lucet et B. Vareille; *Defrénois* 1993. 172, note A. Honorat.
4. Civ. 1re, 1er mars 1988, n° 86-13.337, *Bull. civ.* I, n° 53; *JCP* 1988. II. 21158, note crit. P. Simler – *Adde*, Civ. 1re, 7 mars 1989, n° 86-18.786, *Bull. civ.* I, n° 110.
5. V. AUSSI, G. Wicker, « L'entreprise indivise et les procédures collectives », *L'Indivision*, Journée nationale de l'Association H. Capitant, Bordeaux, Dalloz, 2005, t. VII, p. 35 s. – S. Delrieu, *Indivision et procédures collectives* (th.), Defrénois, 2010.
6. Civ. 1re, 13 déc. 2005, n° 02-17.778, *Bull. civ.* I, n° 494; *D.* 2006. AJ 302, note A. Lienhard – RAPPR. Civ. 1re, 28 juin 2005, n° 02-20.452, *Bull. civ.* I, n° 283; *AJDI* 2005. 855; *JCP N* 2006. 1025, note V. Brémond – Com. 7 févr. 2012, n°s 11-12.787 et 11-13.213, *Bull. civ.* IV, n° 31; *D.* 2012. 499 – Civ. 2e, 16 mai 2013, n 12-16.216, *Bull. civ.* II [à paraître]; *D.* 2013. 1268, *Defrénois* 2014. 123, obs. A. Chamoulaud-Trapiers.

qui soumet les ventes d'immeubles du débiteur à certaines formes, et confère au liquidateur des droits exclusifs; si par exemple une saisie immobilière avait été engagée avant l'ouverture de la procédure collective, la procédure d'exécution est suspendue, et pour le cas où l'on jugerait utile de la reprendre, le liquidateur se trouverait subrogé dans les droits du créancier poursuivant, le liquidateur ayant seul qualité pour percevoir le prix et le distribuer selon l'ordre des créanciers. On rappellera en effet que la procédure collective n'englobe pas les biens sur lesquels le débiteur n'est titulaire que de droits indivis (à moins qu'elle ne regroupe que des créanciers de l'indivision); par conséquent les organes de la procédure ont seulement le pouvoir d'appréhender le lot du débiteur après avoir provoqué le partage[1]. Cela précisé, la jurisprudence procède à une distinction logique.

Lorsque la procédure collective est ouverte après la naissance de l'indivision, **le bien saisi doit échapper au champ d'application de cette procédure**, puisque le liquidateur fait figure de simple créancier personnel d'un indivisaire : « *La banque, créancière de l'indivision qui préexistait à l'ouverture de la procédure collective de l'ex-époux, pouvait poursuivre la saisie et la vente de l'immeuble indivis avant tout partage, tandis que le partage auquel aurait été contraint le liquidateur pour déterminer le sort du bien serait demeuré sans effet sur les droits des créanciers de l'indivision* »[2]. En effet, ni le liquidateur ni le juge-commissaire ne peuvent imposer aux indivisaires étrangers à la procédure collective les règles de l'ancien article L. 622-16 du Code de commerce (C. com., art. L. 642-18), de sorte que le liquidateur, représentant des créanciers personnels de l'un des indivisaires, doit suivre les règles de l'article 815-17 alinéa 3 du Code civil et provoquer le partage[3]. La solution qui maintient au profit du créancier de l'indivision le droit de saisir l'immeuble du débiteur malgré la procédure collective avait été déjà affirmée par la Cour de cassation, qui avait cependant, à cette occasion, obligé le poursuivant à présenter requête au juge-commissaire dont l'ordonnance est appelée à se substituer au commandement de droit commun[4], ce qui, à défaut d'être logique, peut avoir le mérite de permettre un certain contrôle sur les conditions de la vente[5]; cette exigence formelle ne mérite cependant pas d'être maintenue. C'est ainsi que ce créancier conserve son droit de poursuite, alors même qu'aucune déclaration de sa créance à la procédure collective n'a été accomplie[6] et que l'inaliénabilité temporaire résultant du plan de continuation arrêtée par le tribunal dans le cadre de la procédure collective ne saurait lui être opposée[7].

En revanche, *si l'ouverture de la procédure collective est antérieure à la naissance de l'indivision* (par. ex. avant le décès du débiteur), **le liquidateur représentant des créanciers a qualité pour poursuivre la vente forcée d'un immeuble successoral**, puisqu'il aurait pu agir ainsi avant la naissance de l'indivision; il est en effet, dans cette hypothèse, dans la situation d'un créancier de l'indivision, et il peut se prévaloir de l'article 815-17 alinéa 1er du Code civil[8].

SECTION 2
CRÉANCIERS PERSONNELS DES INDIVISAIRES

253.31 Prohibition de la saisie des parts indivises. L'article 815-17 alinéa 2 dispose : « *Les créanciers personnels d'un indivisaire ne peuvent saisir sa part dans les biens indivis, meubles ou immeubles* ». Toute saisie pratiquée contrairement à la défense portée par le texte serait nulle dès à présent[9]. La nullité pourrait être invoquée par tout indivisaire, c'est-à-dire le débiteur ou ses coïndivisaires.

La prohibition vaut pour les saisies de biens indivis[10], mais plus largement pour toutes les mesures ayant pour objet de rendre la quote-part de l'indivisaire indisponible;

1. Civ. 1re, 20 déc. 1993, n° 92-11.189, *Bull. civ.* I, n° 378; *D.* 1994. 358, note F. Derrida et A. Honorat; *RTD civ.* 1994. 393, obs. J. Patarin; et 895, obs. F. Zenati; *D.* 1995. 339, note F. Lucet.
2. Com. 18 févr. 2003, n° 00-11.008, *Bull. civ.* IV, n° 21; *D.* 2003. AJ 766, obs. A. Lienhard; *D.* 2003. Somm. 1620, note P.-M. Le Corre; *JCP N* 2003, n° 47, p. 1701, note F. Vauvillé – Civ. 2e, 16 mai 2013, n° 12-16.216, préc. ss prést n°.
3. Rouen, 19 mars 1992, *JCP* 1993. IV. 813 – Paris, 22 févr. 2000, *D.* 2000. IR 107 – Paris, 29 mai 2001, *D.* 2001. AJ 2891.
4. Com. 22 avr. 1997, n° 94-19.420, *Bull. civ.* I, n° 99; *D.* 1998. Somm. 106, obs. S. Piedelièvre; *JCP* 1997. I. 4054, n° 15, obs. P. Pétel; *Defrénois* 1997. 1432, obs. L. Aynès; *Defrénois* 1998. 254, note J.-P. Sénéchal.
5. P. Pétel, obs. préc. ss prést n°.
6. Civ. 1re, 13 déc. 2005, n° 02-17.778, préc. ss nos 253.11 et 253.27 – Civ. 2e, 16 mai 2013, n° 12-16.216, préc. ss n° 253.27.
7. Com. 7 févr. 2012, nos 11-12.787 et 11-13.213, préc. ss n° 253.27.
8. Com. 18 févr. 2003, n° 00-13.100, *Bull. civ.* IV, n° 22; *D.* 2003. AJ 766, obs. A. Lienhard; *JCP* 2003. I. 180, n° 4, obs. R. Le Guidec; *D.* 2003. Somm. 1620, obs. P.-M. Le Corre; *Dr. et patr.* juin 2003, p. 98, obs. M.-C. Monsèrié-Bon – V. DÉJÀ, Civ. 1re, 21 mai 1997, n° 95-14.102, *Bull. civ.* I, n° 163; *JCP* 1997. I. 4054, n° 14, obs. P. Pétel; *Dr. fam.* 1997, n° 122, note H. Lécuyer – Civ. 1re, 9 juill. 1991, n° 90-12.764, *Bull. civ.* I, n° 235; *Defrénois* 1993, art. 35446, note A. Honorat; *JCP E* 1997. I. 681, n° 14, obs. P. Pétel.
9. Civ. 1re, 1er déc. 1999, n° 97-20.965, *Bull. civ.* I, n° 331; *D.* 2000. IR 6.
10. V. PAR EX., Civ. 1re, 1er déc. 1999, n° 97-20.965, *Bull. civ.* I, n° 331; *D.* 2000. IR 6.

la Cour de cassation a, pour ce motif, invalidé une mesure judiciaire de consignation d'une somme correspondant à la part du débiteur dans les biens indivis[1]. La Cour a par ailleurs eu l'occasion de souligner l'impossibilité d'inscrire sur un immeuble indivis une hypothèque légale du chef d'un indivisaire, précisant que l'article 36 § 5 du décret du 14 octobre 1955 ne bénéficie qu'aux créanciers de l'ensemble de l'indivision[2]. La formulation d'un arrêt de la Cour de cassation suscite des interrogations, en disant que, puisqu'une banque avait consenti un prêt à deux époux dont l'un était indivisaire (avant l'ouverture de l'indivision), il en résultait que cette banque « *disposait, sur le patrimoine de ses débiteurs, d'un droit de gage général lui conférant la qualité de créancier de l'indivision comme ayant pu agir sur les biens indivis avant qu'il y eût indivision au sens de l'article 815-17 alinéa 1er* »[3]. Si on prête attention au rappel des faits effectué dans l'arrêt, on constate qu'un jugement antérieur avait condamné solidairement les époux en cause avec le *de cujus* à désintéresser la banque au titre de plusieurs prêts (mais hors le prêt en cause...) ; ces particularités, à défaut de la justifier, peuvent contribuer à expliquer la formule audacieuse de l'arrêt.

Qu'en est-il des possibilités de saisie, dans le cas où tous les indivisaires se trouveraient débiteurs au même titre, mais pour une dette étrangère à l'indivision ? Cela se produit lorsque les indivisaires sont deux personnes qui vivent ensemble, et qui peuvent, par exemple, s'être solidairement engagées à une dette étrangère au fonctionnement de leur indivision, ou encore dans des cas de responsabilité *in solidum*. Pour de telles hypothèses, on serait tenté d'admettre que la saisie des biens indivis reste interdite : la règle de l'article 815-17 vise à protéger les créanciers de l'indivision, et elle n'a pas moins de raison de s'appliquer lorsque, du fait de circonstances particulières, un créancier, sans avoir la qualité de créancier de l'indivision, a pour codébiteurs solidaires tous les indivisaires. La jurisprudence a cependant retenu la solution inverse[4]. Elle avait d'ailleurs déjà jugé auparavant que le créancier qui s'est fait consentir une hypothèque par tous les indivisaires sur un bien indivis, peut poursuivre la saisie de ce bien dès avant le partage de l'indivision, même s'il est le créancier d'un seul indivisaire[5].

253.32 Faculté de provoquer le partage. La loi vient contrebalancer l'impossibilité de saisie dont sont frappés les créanciers de l'indivisaire, en leur ouvrant le droit de provoquer le partage : l'article 815-17 alinéa 3 du Code civil dispose que les créanciers personnels d'un indivisaire ont « *la faculté de provoquer le partage au nom de leur débiteur ou d'intervenir dans le partage provoqué par lui* ». Le texte souligne que le créancier provoquera le partage, non en vertu d'un droit propre, mais au nom de son débiteur. C'est en effet l'article 1166 du Code civil sur l'action oblique qui explique traditionnellement la solution. On en déduit que l'action du créancier n'est admissible que si le débiteur a refusé ou négligé d'agir lui-même, compromettant ainsi l'intérêt de ses créanciers[6]. En revanche, les dispositions de l'article 1360 du Code de procédure civile ne sont pas applicables à la demande de partage provoquée par le créancier, de sorte qu'il n'a pas à faire état, dans son assignation, des diligences effectuées en vue d'un partage amiable[7].

On relèvera par ailleurs que, dans le cas où un indivisaire fait l'objet d'une procédure de liquidation judiciaire, le liquidateur peut exercer le droit au partage, non sur le fondement de l'article 815-17 alinéa 3, mais directement sur le fondement de l'article 815, puisqu'il exerce les droits et actions du débiteur dessaisi[8].

253.33 Conditions. La voie oblique étant fermée aux créanciers conditionnels et aux créanciers à terme, le créancier de l'indivisaire doit, pour pouvoir demander le partage, être titulaire d'une **créance certaine, liquide et exigible**. On doit également déduire de la nature du mécanisme que l'action exercée par le créancier sera soumise aux mêmes conditions d'exercice que si le débiteur l'exerçait lui-même; les coïndivisaires du débiteur pourraient donc opposer au créancier demandeur ce qu'ils auraient pu opposer au débiteur si celui-ci avait lui-même sollicité le partage – par exemple une demande de maintien dans l'indivision, y compris dans la modalité qui se réalise par une attribution éliminatoire. De même, les créanciers personnels des indivisaires verront leur initiative limitée si les cohéritiers ont conclu une convention d'indivision (*adde*, C. civ., art. 1873-15 – v. ss no 254.51). De même encore, la demande en partage formée par le créancier sera irrecevable faute d'intérêt s'il apparaît sûrement que l'héritier

1. Civ. 1re, 15 juill. 1999, no 97-14.361, *Bull. civ.* I, no 243; *JCP* 2000. I. 278, no 6, obs. R. Le Guidec.
2. Civ. 3e, 23 oct. 2002, no 01-02.137, *Bull. civ.* III, no 210.
3. Civ. 1re, 4 juill. 2007, no 06-13.770, *Bull. civ.* I, no 254; *Defrénois* 2008, art. 38725, note A. Chamoulaud-Trapiers.
4. Civ. 1re, 6 nov. 2001, no 98-20.518, *Bull. civ.* I, no 271; *RTD civ.* 2002. 150, obs. R. Perrot; *JCP* 2002. I. 176, no 8, note H. Périnet-Marquet; *JCP* 2002. I. 178, no 4, obs. R. Le Guidec; *JCP N* 2002. 1583, étude V. Brémond; *Dr. fam.* 2002, no 12, obs. B. B.
5. Civ. 1re, 20 nov. 1990, no 89-13.876, *Bull. civ.* I, no 259; *RDI* 1993. 371, obs. P. Delebecque et P. Simler; *D.* 1990. IR 291; *RTD civ.* 1992. 147, obs. F. Zenati; *Defrénois* 1991. 1054, note R. Savatier.
6. Civ. 1re, 17 mai 1982, no 81-12.312, *Bull. civ.* I, no 176 – Civ. 1re, 23 mai 2006, no 05-18.065, *Bull. civ.* I, no 263.
7. Civ. 1re, 25 sept. 2013, no 12-21.272, *Bull. civ.* I [à paraître]; *AJ fam.* 2013. 714, obs. A. de Guillenchmidt-Guignot.
8. EN CE SENS, Com. 3 déc. 2003, no 01-01.390, *Bull. civ.* IV, no 189; *AJ fam.* 2004. 67, obs. S. D.-B; *D.* 2004. AJ 141.

est débiteur envers la succession de sommes supérieures à sa part héréditaire[1].

253.34 Droit des coïndivisaires du débiteur d'arrêter le cours de l'action. La loi reconnaît aux coïndivisaires du débiteur le droit de résister à l'action en partage en désintéressant ses créanciers. Ils peuvent à cet égard se prévaloir de l'article 815-17 alinéa 3 du Code civil : « *Les coïndivisaires peuvent arrêter le cours de l'action en partage en acquittant l'obligation au nom et en l'acquit du débiteur* ». L'ensemble du mécanisme, comme on va le comprendre, suppose que soit bien connu le montant de la créance du créancier agissant, que les indivisaires devront payer pour arrêter l'action[2], ce qui ne va pas toujours de soi dans un contexte de procédure collective, comme dans l'affaire qui a donné lieu à l'arrêt du 27 mai 2010.

Le texte ajoute : « *Ceux qui exerceront cette faculté se rembourseront par prélèvement sur les biens indivis* ».

253.35 Explication du mécanisme. Il était logique, dans le souci de protéger la communauté d'intérêts à laquelle correspond l'indivision, de permettre l'arrêt de l'action en partage du créancier, alors que certains des indivisaires souhaitent rester en indivision. Mais cela a rendu nécessaire la mise en place d'un mécanisme original. En droit commun, la personne qui prend l'initiative de payer la dette d'autrui le fait moyennant une quittance subrogative délivrée par le créancier, ce qui rend le *solvens* créancier à son tour du débiteur. Mais le mécanisme de l'article 815-17 rend inutile la quittance subrogative : le texte donne bien davantage que le bénéfice d'une subrogation légale à l'indivisaire *solvens*, en lui conférant le droit de se faire rembourser par prélèvement sur les biens indivis. On traite donc l'indivisaire payeur comme un créancier de l'indivision (et non comme un simple créancier personnel de son coïndivisaire).

253.36 Exercice du droit recueilli par le *solvens*. Il faut d'abord comprendre le texte de l'article 815-17 *in fine*, du Code civil, comme prévoyant l'inscription de la créance à l'actif du compte d'indivision du *solvens* (sur le compte d'indivision, v. s^s n°s 251.381 à 251.388) – exactement comme si celui-ci avait fait une dépense dans l'intérêt de l'indivision. Ce n'est que si le solde de son compte est positif lors de la liquidation, que l'indivisaire exercera effectivement un prélèvement. Simultanément, l'indivisaire débiteur dont la dette avait été payée pour arrêter l'action en partage de son créancier, devra inscrire au passif de son compte le montant de cette dette, dont il doit le rapport. Cette entrée en compte, à laquelle renvoie manifestement l'article 815-17 lorsqu'il vise un remboursement par prélèvement, doit toutefois être tenue pour facultative (v. s^s n° 251.387). L'indivisaire *solvens* peut donc préférer être désintéressé sans attendre la liquidation; il se paiera alors sur les fonds indivis. En l'absence de fonds, la question se pose de savoir s'il peut exercer dès à présent le prélèvement d'un bien en nature. On peut admettre que le prélèvement soit exercé immédiatement, mais il ne saurait être valablement exercé sur un bien d'une valeur supérieure au montant de la dette acquittée (pour éviter une attribution privilégiée avec soulte qui ne serait fondée sur aucun texte); au cas de prélèvement d'un bien, le surplus éventuel de la créance du *solvens* entrera en compte.

253.37 Droit des créanciers personnels d'intervenir au partage. Les créanciers d'un copartageant ont le droit d'intervenir au partage provoqué par leur débiteur, comme le prévoit expressément l'article 815-17 alinéa 3 du Code civil. La règle se présente comme un rappel de l'article 882 du même code, qui permet à tout créancier d'un copartageant d'intervenir. Mais à la différence de ce texte, l'article 815-17 ne mentionne pas l'opposition du créancier comme un préalable à son intervention (l'opposition à partage est un acte destiné à interdire aux héritiers de procéder au partage hors la présence des créanciers opposants). Dans le cas spécifique visé par l'article 815-17 alinéa 3, une telle opposition ne paraît donc pas nécessaire, en droit; elle s'impose en pratique pour le créancier, s'il veut pouvoir utilement reprocher aux indivisaires d'avoir procédé au partage hors sa présence. Au demeurant, l'opposition à partage a d'autres vertus, puisqu'il est admis par la jurisprudence qu'elle vaut saisie au profit du créancier, en ce sens que le copartageant débiteur ne pourra plus disposer de sa part de l'indivision[3].

Le droit d'intervention existe aussi bien, malgré la formule de l'article 815-17, si le partage a été provoqué par un coïndivisaire du débiteur (et non plus par le débiteur lui-même). Mais dans un tel cas, il y a lieu d'admettre un retour au droit commun : le droit d'intervention sera subordonné à une opposition émanée du créancier.

253.38 Portée du droit d'intervention du créancier. Cette portée est définie par l'interprétation traditionnelle de l'article 882 du Code civil. La fonction du mécanisme est d'éviter les fraudes aux

1. Civ. 1re, 14 déc. 1983, n° 82-14.725, *Bull. civ.* I, n° 300; *D.* 1984. 310, note A. Breton; *RTD civ.* 1985. 191, obs. J. Patarin.
2. Civ. 1re, 27 mai 2010, n° 09-11.460, *Bull. civ.* I, n° 123; *RLDC* oct. 2010. 65, obs. B. Parance; *JCP N* 2010. 1318, obs. Garçon.
3. Civ. 1re, 10 avr. 1973, n° 71-14.796, *Bull. civ.* I, n° 137.

droits des créanciers – par ex. l'attribution au copartageant endetté de biens insaisissables ou faciles à escamoter, la mise à sa charge de rapports imaginaires, la supposition que ses coïndivisaires ont des prélèvements à faire, la mise au lot d'un copartageant du débiteur du bien indivis hypothéqué par celui-ci, la composition d'un lot par des biens surévalués, *etc.* Pour éviter ces fraudes, le créancier présent lors des opérations de partage pourra demander que les lots soient composés conformément à la loi, et veiller spécialement au respect de l'égalité dans le partage. Le recul du principe d'égalité en nature ne doit pas diminuer l'efficacité de ces pouvoirs de contrôle. Les indivisaires peuvent avoir de bonnes raisons pour ne pas souhaiter la présence d'un étranger au partage; on considérera que le droit d'intervention du créancier personnel d'un indivisaire peut être empêché par un paiement des coïndivisaires du débiteur, conformément à la formule – et avec les effets – de l'article 815-17 *in fine.*

253.39 Droit d'obtenir l'annulation du partage au titre des nullités de la période suspecte. L'article 882, qui institue un système préventif, est d'autant plus important que les recours *a posteriori* contre le partage sont en principe fermés. C'est le cas en particulier de l'action paulienne. Pour des raisons de sécurité juridique, la loi a préféré privilégier les interventions préventives des créanciers; ce n'est qu'au cas où les copartageants auraient méprisé ce droit d'intervention, que l'action paulienne, par exception, serait rouverte (sur toutes ces questions, v. s^s^ n°s 27.00 s.). Il faut cependant réserver l'action en nullité des actes passés en période suspecte, pour le cas où le copartageant se trouvait en état de cessation des paiements; la Cour de cassation estime en effet que le **partage** est un **acte commutatif** au sens de l'article L. 632-1, 2° du Code de commerce[1]. Il y a donc là un mécanisme complémentaire de protection des intérêts des créanciers d'un indivisaire.

1. Civ. 1re, 3 juin 2003, n° 01-17.971, *Bull. civ.* I, n° 136; *AJ fam.* 2003. 314, obs. S. D.-B.; *D.* 2003. 2655, note P.-G. Marly; *D.* 2004. Somm. 2266, obs. J. Revel; *RTD com.* 2004. 814, obs. A. Martin-Serf; *JCP N* 2005. 1199, note F. Vauvillé.

CHAPITRE

254. Régime conventionnel de l'indivision

FRANÇOIS XAVIER TESTU
PROFESSEUR À L'UNIVERSITÉ DE TOURS
AVOCAT

CHRISTOPHE VERNIÈRES
PROFESSEUR À L'UNIVERSITÉ
PARIS 8 – VINCENNES SAINT-DENIS

SECTION 0
ORIENTEUR

254.00 **Plan du chapitre.**

Division. Seront successivement évoquées les règles de validité des conventions d'indivision (sect. 1), les règles de fonctionnement prévues au titre du régime conventionnel (sect. 2 et 3), la situation des créanciers (sect. 4) et toutes dispositions qui figurent aux articles 1873-1 et suivants du Code civil.

254.01 **Textes applicables.**

C. civ., art. 1873-1 à 1873-18

> Sur les droits et obligations des indivisaires

[C. civ., art. 815 à 815-1 ; 815-8 à 815-16 ; 815-18]

* V. texte complet de ces articles s[s] n° 251.01

> Sur les actes accomplis sur les biens indivis par les indivisaires ou autorisés en justice

[C. civ., art. 815-2 à 815-7]

* V. texte complet de ces articles s[s] n° 252.01

> Conventions d'indivision

C. civ., art. 1873-1

Ceux qui ont des droits à exercer sur des biens indivis, à titre de propriétaires, de nus-propriétaires ou d'usufruitiers, peuvent passer des conventions relatives à l'exercice de ces droits.

> Conventions relatives à l'exercice des droits indivis en l'absence d'usufruitier

[C. civ., art. 1873-2 à 1873-15]

C. civ., art. 1873-2

Les coïndivisaires, s'ils y consentent tous, peuvent convenir de demeurer dans l'indivision.

À peine de nullité, la convention doit être établie par un écrit comportant la désignation des biens indivis et l'indication des quotes-parts appartenant à chaque indivisaire. Si les biens indivis comprennent des créances, il y a lieu aux formalités de l'article 1690; s'ils comprennent des immeubles, aux formalités de la publicité foncière.

C. civ., art. 1873-3

La convention peut être conclue pour une durée déterminée qui ne saurait être supérieure à cinq ans. Elle est renouvelable par une décision expresse des parties. Le partage ne peut être provoqué avant le terme convenu qu'autant qu'il y en a de justes motifs.

La convention peut également être conclue pour une durée indéterminée. Le partage peut, en ce cas, être provoqué à tout moment, pourvu que ce ne soit pas de mauvaise foi ou à contretemps.

Il peut être décidé que la convention à durée déterminée se renouvellera par tacite reconduction pour une durée déterminée ou indéterminée. À défaut d'un pareil accord, l'indivision sera régie par les articles 815 et suivants à l'expiration de la convention à durée déterminée.

C. civ., art. 1873-4

La convention tendant au maintien de l'indivision requiert la capacité ou le pouvoir de disposer des biens indivis.

Elle peut, toutefois, être conclue au nom d'un mineur, par son représentant légal seul; mais, dans ce cas, le mineur devenu majeur peut y mettre fin, quelle qu'en soit la durée, dans l'année qui suit sa majorité.

C. civ., art. 1873-5

Les coïndivisaires peuvent nommer un ou plusieurs gérants, choisis ou non parmi eux. Les modalités de désignation et de révocation du gérant peuvent être déterminées par une décision unanime des indivisaires.

À défaut d'un tel accord, le gérant pris parmi les indivisaires ne peut être révoqué de ses fonctions que par une décision unanime des autres indivisaires.

Le gérant, qui n'est pas indivisaire, peut être révoqué dans les conditions convenues entre ses mandants ou, à défaut, par une décision prise à la majorité des indivisaires en nombre et en parts. Dans tous les cas, la révocation peut être prononcée par le tribunal à la demande d'un indivisaire lorsque le gérant, par ses fautes de gestion, met en péril les intérêts de l'indivision.

Si le gérant révoqué est un indivisaire, la convention sera réputée conclue pour une durée indéterminée à compter de sa révocation.

C. civ., art. 1873-6

Le gérant représente les indivisaires dans la mesure de ses pouvoirs, soit pour les actes de la vie civile, soit en justice, tant en demandant qu'en défendant. Il est tenu d'indiquer, à titre purement énonciatif, le nom de tous les indivisaires dans le premier acte de procédure.

Le gérant administre l'indivision et exerce, à cet effet, les pouvoirs (*L. n° 85-1372 du 23 déc. 1985*) « attribués à chaque époux » [rédaction antérieure : « que la loi attribue au mari »] sur les biens communs. Il ne peut, toutefois, disposer des meubles corporels que pour les besoins d'une exploitation normale des biens indivis, ou encore s'il s'agit de choses difficiles à conserver ou sujettes à dépérissement. Toute clause extensive des pouvoirs du gérant est réputée non écrite.

C. civ., art. 1873-7

Le gérant exerce les pouvoirs qu'il tient de l'article précédent lors même qu'il existe un incapable parmi les indivisaires.

Néanmoins, l'article 456, alinéa 3, est applicable aux baux consentis au cours de l'indivision.

C. civ., art. 1873-8

Les décisions qui excèdent les pouvoirs du gérant sont prises à l'unanimité, sauf au gérant, s'il est lui-même indivisaire, à exercer les recours prévus par les articles 815-4, 815-5 et 815-6.

S'il existe des incapables mineurs ou majeurs parmi les indivisaires, les décisions dont il est parlé à l'alinéa précédent donnent lieu à l'application des règles de protection prévues en leur faveur.

Il peut être convenu entre les indivisaires qu'en l'absence d'incapables certaines catégories de décisions seront prises autrement qu'à l'unanimité. Toutefois, aucun immeuble indivis ne peut être aliéné sans l'accord de tous les indivisaires, si ce n'est en application des articles 815-4 et 815-5 ci-dessus.

C. civ., art. 1873-9

La convention d'indivision peut régler le mode d'administration en cas de pluralité de gérants. À défaut de stipulations spéciales, ceux-ci détiennent séparément les pouvoirs prévus à l'article 1873-6, sauf le droit pour chacun de s'opposer à toute opération avant qu'elle ne soit conclue.

C. civ., art. 1873-10

Le gérant a droit, sauf accord contraire, à la rémunération de son travail. Les conditions en sont fixées par les indivisaires, à l'exclusion de l'intéressé, ou, à défaut, par le président du tribunal de grande instance statuant à titre provisionnel.

Le gérant répond, comme un mandataire, des fautes qu'il commet dans sa gestion.

C. civ., art. 1873-11

Chaque indivisaire peut exiger la communication de tous les documents relatifs à la gestion. Le gérant doit, une fois par an, rendre compte de sa gestion aux indivisaires. À cette occasion, il indique par écrit les bénéfices réalisés et les pertes encourues ou prévisibles.

Chaque indivisaire est tenu de participer aux dépenses de conservation des biens indivis. À défaut d'accord particulier, les articles 815-9, 815-10 et 815-11 du présent code sont applicables à l'exercice du droit d'usage et de jouissance, ainsi qu'à la répartition des bénéfices et des pertes.

C. civ., art. 1873-12

En cas d'aliénation de tout ou partie des droits d'un indivisaire dans les biens indivis, ou dans un ou plusieurs de ces biens, les coïndivisaires bénéficient des droits de préemption et de substitution prévus par les articles 815-14 à 815-16 et 815-18 du présent code.

La convention est réputée conclue pour une durée indéterminée lorsque, pour quelque cause que ce soit, une part indivise est dévolue à une personne étrangère à l'indivision.

C. civ., art. 1873-13
Les indivisaires peuvent convenir qu'au décès de l'un d'eux chacun des survivants pourra acquérir la quote-part du défunt, ou que le conjoint survivant, ou tout autre héritier désigné, pourra se la faire attribuer à charge d'en tenir compte à la succession d'après sa valeur à l'époque de l'acquisition ou de l'attribution.

Si plusieurs indivisaires ou plusieurs héritiers exercent simultanément leur faculté d'acquisition ou d'attribution, ils sont réputés, sauf convention contraire, acquérir ensemble la part du défunt à proportion de leurs droits respectifs dans l'indivision ou la succession.

Les dispositions du présent article ne peuvent préjudicier à l'application des dispositions des articles 831 à 832-2.

C. civ., art. 1873-14
La faculté d'acquisition ou d'attribution est caduque si son bénéficiaire ne l'a pas exercée par une notification faite aux indivisaires survivants et aux héritiers du prédécédé dans le délai d'un mois à compter du jour où il aura été mis en demeure de prendre parti. Cette mise en demeure ne peut elle-même avoir lieu avant l'expiration du délai prévu au titre « Des successions » pour faire inventaire et délibérer.

Lorsqu'il n'a pas été prévu de faculté d'acquisition ou d'attribution, ou que celle-ci est caduque, la quote-part du défunt échoit à ses héritiers ou légataires. En pareil cas, la convention d'indivision sera réputée conclue pour une durée indéterminée à compter de l'ouverture de la succession.

C. civ., art. 1873-15
L'article 815-17 est applicable aux créanciers de l'indivision, ainsi qu'aux créanciers personnels des indivisaires.

Toutefois, ces derniers ne peuvent provoquer le partage que dans les cas où leur débiteur pourrait lui-même le provoquer. Dans les autres cas, ils peuvent poursuivre la saisie et la vente de la quote-part de leur débiteur dans l'indivision en suivant les formes prévues par le code de procédure civile [ancien]. Les dispositions de l'article 1873-12 sont alors applicables.

> Conventions relatives à l'exercice des droits indivis en présence d'usufruitier
[C. civ., art. 1873-16 à 1873-18]

C. civ., art. 1873-16
Lorsque les biens indivis sont grevés d'un usufruit, des conventions, soumises en principe aux dispositions du chapitre précédent, peuvent être conclues soit entre les nus-propriétaires, soit entre les usufruitiers, soit entre les uns et les autres. Il peut y avoir pareillement convention entre ceux qui sont en indivision pour la jouissance et celui qui est nu-propriétaire de tous les biens, de même qu'entre l'usufruitier universel et les nus-propriétaires.

C. civ., art. 1873-17
Lorsque les usufruitiers n'ont pas été parties à la convention, les tiers qui ont traité avec le gérant de l'indivision ne peuvent se prévaloir au préjudice des droits d'usufruit des pouvoirs qui lui auraient été conférés par les nus-propriétaires.

C. civ., art. 1873-18
Lorsque la convention passée entre usufruitiers et nus-propriétaires prévoit que des décisions seront prises à la majorité en nombre et en parts, le droit de vote afférent aux parts est divisé par moitié entre l'usufruit et la nue-propriété, à moins que les parties n'en soient autrement convenues.

Toute dépense excédant les obligations de l'usufruitier, telles qu'elles sont définies par les articles 582 et suivants, ne l'engage qu'avec son consentement donné dans la convention elle-même ou par un acte ultérieur.

L'aliénation de la pleine propriété des biens indivis ne peut être faite sans l'accord de l'usufruitier, sauf le cas où elle est provoquée par les créanciers habiles à poursuivre la vente.

254.03 **Bibliographie indicative.**

Actualisable. Rép. civ., v° *Indivision (Régime conventionnel)*, par C. Albiges, mars 2011 [màj janv. 2014].

Ouvrages. V. références citées s^s n°s 02.06 et 02.07

254.04 **Questions essentielles.**

> La convention d'indivision doit nécessairement être établie par écrit, à peine de nullité.

* V. s^s n° 254.11

> Dans la convention d'indivision à durée déterminée, qui ne peut être supérieure à cinq ans, le partage ne peut être provoqué que pour un juste motif.

* V. s^s n° 254.24

> Dans la convention d'indivision à durée indéterminée, le partage peut être provoqué dès lors que ce n'est pas à contretemps ni de mauvaise foi.

* V. s^s n° 254.31

> Les parties à la convention d'indivision ont pu convenir qu'au décès de l'un d'eux chacun des survivants pourra acquérir la quote-part du défunt, ou que le conjoint ou les héritiers du prémourant pourront se la faire attribuer.

* V. s^s n° 254.121

> Les pouvoirs du gérant au cas de convention d'indivision excluent les actes de disposition et les actes graves, à moins qu'il s'agisse d'un acte d'exploitation normale des meubles corporels.

* V. s^s n° 254.141

254.08 **Présentation.** Les indivisaires ont la faculté d'instituer de manière contractuelle leur maintien dans l'indivision. La loi souligne à cet effet que : « *Les coïndivisaires, s'ils y consentent tous, peuvent convenir de demeurer dans l'indivision* » (C. civ., art. 1873-2, al. 1er). La convention peut ne viser qu'à maintenir l'indivision pour une certaine période. Elle peut aussi organiser de façon élaborée cette indivision maintenue. La source de l'indivision est indifférente[1], et une convention d'indivision peut être conclue pour organiser une indivision d'origine légale, par exemple une indivision successorale.

1. Pour l'utilisation de l'indivision conventionnelle dans le contexte d'un PACS, v. l'étude de Ph. Van Steenlandt, *JCP N* 2009. 1251.

254.09 Sur l'opportunité de la formule. Lorsque l'on sait que l'indivision durera, il peut être opportun de procéder à une clarification de la situation, en concluant une convention. La formule proposée par la loi n'est d'ailleurs guère contraignante. La conclusion d'une convention d'indivision paraît même recommandable dès lors qu'il existe une **entreprise individuelle dans l'indivision,** afin de faire **reculer les risques de requalification en société créée de fait.** Une situation d'indivision peut être requalifiée en société créée de fait, si le juge y relève les éléments constitutifs du contrat de société : *affectio societatis* caractérisé, et participation de tous les intéressés aux bénéfices et aux pertes de l'exploitation[1]; une indivision successorale qui se prolonge sur des biens constitutifs d'une entreprise peut donc, si les circonstances s'y prêtent, se voir qualifiée de société créée de fait[2]. Cependant l'application de la théorie de la société créée de fait a un caractère subsidiaire[3], ce qui doit exclure son application dans le cas où une convention d'indivision a été conclue (tout comme dans le cas où une société a été créée de droit...); toutefois l'empêchement cesse lorsque la convention arrive à expiration, et une indivision prolongée au-delà de cet événement expose à la requalification en société[4].

SECTION 1

RÈGLES DE VALIDITÉ

254.10 Plan. On examinera d'abord les conditions de validité proprement dites de la convention d'indivision (§ 1 et § 2); on précisera ensuite la portée d'une convention d'indivision (§ 3).

§ 1
Conditions de validité des conventions d'indivision tenant à la convention elle-même

A.
Conditions de forme

254.11 Un contrat solennel. L'article 1873-2 alinéa 2 du Code civil dispose : « *À peine de nullité, la convention doit être établie par un écrit comportant la désignation des biens indivis et l'indication des quotes-parts appartenant à chaque indivisaire. Si les biens indivis comprennent des créances, il y a lieu aux formalités de l'article 1690; s'ils comprennent des immeubles, aux formalités de la publicité foncière* ». La convention d'indivision est ainsi un acte solennel : l'écrit y est exigé comme condition de validité[5].

254.12 Nature de l'écrit. Un écrit sous seings privés suffira (sauf à prendre la précaution de l'enregistrer pour lui donner date certaine à l'égard des tiers, et spécialement des créanciers personnels d'un indivisaire). Mais si l'indivision comprend des biens immobiliers, les formalités de publicité foncière devront alors être accomplies (outre le texte préc., v. Décr. n° 55-22, 4 janv. 1955[6], art. 28-6°), ce qui suppose l'établissement d'un titre authentique. L'inobservation des formalités de publicité foncière n'est pas sanctionnée par la nullité de la convention[7]. Précisément, l'article 28, 6° du décret du 4 janvier 1955 édictant une publicité à fin d'information des tiers, la sanction consiste, non dans l'inopposabilité de la convention non publiée[8], mais seulement dans l'octroi de dommages et intérêts aux tiers lésés par l'absence de publicité de la convention d'indivision (Décr. 4 janv. 1955, art. 30, 4).

254.13 Désignation des biens indivis. C'est en revanche à peine de nullité que la convention doit désigner les biens indivis, et indiquer les quotes-parts de chaque indivisaire (C. civ., art. 1873-2, al. 2). L'exigence peut être entendue avec une relative souplesse; ainsi, s'agissant des meubles d'une succession, une référence à l'inventaire sera suffisante.

B.
Condition de durée

254.20 Deux sortes de conventions. L'article 1873-3 du Code civil prévoit deux sortes de conventions : la convention à durée déterminée (1°), et la convention à durée indéterminée (2°). L'une et l'autre ont pour effet de limiter le droit de demander le partage, mais la première plus radicalement que la seconde.

1. V. PAR EX., Civ. 1re, 23 juin 1987, n° 85-18.308, *Bull. civ.* I, n° 205; *Defrénois* 1987. 1329, note A. Honorat.
2. V. PAR EX., Soc. 8 janv. 1976, n° 74-12.617, *Bull. civ.* V, n° 16.
3. Paris, 26 juin 1992, *JCP* 1992. I. 3612, n° 1, note A. Viandier et J.-J. Caussain.
4. Paris, 16 juin 1995, *JCP* 1995. I. 3885, n° 6, note A. Viandier et J.-J. Caussain.
5. Pour un exemple de formule succincte, v. J.-F. Pillebout, *JCP N* 2009. 1007.
6. Décr. n° 55-22, 4 janv. 1955, portant réforme de la publicité foncière, *JO* 7 janv., p. 346.
7. Civ. 1re, 10 juill. 2013, n° 12-12.115, *Bull. civ.* I [à paraître]; *D.* 2013. 1895; *RTD civ.* 2013. 828, obs. J. Hauser; *Defrénois* 2014. 13, obs. S. Piedelièvre.
8. COMP., Paris, 13 sept. 2001, *Defrénois* 2002. 829, obs. S. Piedelièvre.

1°
Convention à durée déterminée

254.21 Durée limitée par la loi. L'article 1873-3 du Code civil dispose que « *la convention peut être conclue pour une durée déterminée qui ne saurait être supérieure à cinq ans* ». Si la durée de la convention était supérieure à cinq ans, la convention ne serait pas nulle, mais elle devrait être ramenée à la durée légale (arg. anal. C. civ., art. 1660) [1].

254.22 Renouvellement possible. La convention pourra être renouvelée par une décision des parties, que la loi veut expresse, mais pas nécessairement écrite (C. civ., art. 1873-3), sauf l'incidence des règles de preuve. Si la convention est renouvelée avant l'arrivée du terme extinctif, le nouveau délai de cinq ans court à compter du renouvellement, et non à dater de l'expiration de la première convention. L'article 1873-3 alinéa 3 autorise une clause de tacite reconduction, pour une durée déterminée ou indéterminée.

254.23 Survenance du terme. Lorsque le terme extinctif survient, la convention d'indivision expire et les parties retombent dans le **régime d'indivision légale, jusqu'à un partage** (C. civ., art. 1873-3, al. 3).

254.24 Droit au partage soumis à contrôle. L'existence d'une convention d'indivision à durée déterminée n'empêche pas absolument le partage. L'article 1873-3 alinéa 1er dispose que « *le partage ne peut être provoqué avant le terme qu'autant qu'il y en a de justes motifs* ». Le juge aura donc le pouvoir d'apprécier l'existence d'un juste motif dont un ou plusieurs indivisaires se prévaudraient pour obtenir le partage avant l'arrivée du terme conventionnel. En somme, le droit individuel de demander le partage existe toujours, mais il est soumis à contrôle.

2°
Convention à durée indéterminée

254.31 Limitation moindre du droit au partage. La convention d'indivision à durée indéterminée a un effet atténué par rapport à une convention à durée déterminée, en ce sens que le droit au partage y subit moins d'entraves. L'article 1873-3 alinéa 2 du Code civil dispose : « *La convention peut également être conclue pour une durée indéterminée. Le partage peut, en ce cas, être provoqué à tout moment, pourvu que ce ne soit pas de mauvaise foi ou à contretemps* ». On exclut donc les demandes en partage purement malicieuses et celles qui seraient formées à un moment défavorable au regard de considérations économiques ou familiales. Par rapport à l'indivision légale, le droit au partage perd simplement son caractère discrétionnaire (comp. s^s n° 251.12).

§ 2
Conditions de validité des conventions d'indivision tenant à la personne des contractants

254.41 Qualité et capacité. On reviendra sur la mesure dans laquelle un usufruitier, qui ne se trouve pas en indivision avec les nus-propriétaires indivis, peut faire partie des contractants (v. s^s n° 254.61). Il s'agit simplement ici de relever les conditions de qualité et de capacité. Des personnes physiques comme des personnes morales (par ex. la société cessionnaire d'un héritier) peuvent participer à une convention d'indivision. En ce qui concerne la capacité, l'article 1873-4 alinéa 1er du Code civil dispose que : « *La convention tendant au maintien de l'indivision requiert la capacité ou le pouvoir de disposer des biens indivis* ». Cela s'explique par la limitation que va subir le droit au partage, du fait de la convention. Le même esprit, mêlé à un souci de ne pas rendre trop rigide la conclusion des conventions d'indivision, a inspiré le deuxième alinéa du texte, selon lequel la convention « *peut être conclue, au nom d'un mineur, par son représentant légal seul; mais, dans ce cas, le mineur devenu majeur peut y mettre fin, quelle qu'en soit la durée, dans l'année qui suit sa majorité* ». Le représentant du mineur pourra donc, en respectant les formes requises pour un acte de disposition, passer une convention qui liera son pupille jusqu'au terme contractuel.

§ 3
Portée d'une convention d'indivision

254.50 Subdivision. On va d'abord évoquer la question de l'opposabilité de la convention aux tiers. S'il ne s'agissait que des tiers absolus, il suffirait de renvoyer au droit commun des contrats. Mais la question mérite examen pour les créanciers de l'indivisaire; on parlera donc de la portée de la convention à leur égard (A). On évoquera ensuite la place de l'usufruitier dans l'indivision conventionnelle (B).

A.
Opposabilité aux créanciers de l'indivisaire

254.51 Opposabilité de la convention. Il faut préciser dans quelle mesure la limitation du droit

1. COMP. toutefois, Paris, 24 juin 2009, *Dr. fam.* 2010. 1, obs. V. Larribau-Terneyre (nullité de la convention d'une durée minimale de vingt-cinq ans).

de demander le partage, qui constitue le premier objet de la convention d'indivision, peut être invoquée à l'encontre des créanciers personnels des indivisaires, puisque l'article 815-17 alinéa 3 leur reconnaît le droit de demander le partage pour pouvoir ensuite saisir les biens attribués à leur débiteur. La question est tranchée par la loi, lorsqu'elle dispose que les créanciers d'un indivisaire « *ne peuvent provoquer le partage que dans le cas où leur débiteur pourrait lui-même le provoquer* » (C. civ., art. 1873-15, al. 2). L'effet de la convention d'indivision s'étend donc jusqu'à eux. On verra que, pour contrebalancer les inconvénients de cette opposabilité aux créanciers de l'indivisaire, la loi leur ouvre la possibilité de saisir et faire vendre la part indivise de leur débiteur (C. civ., art. 1873-15, al. 2 - v. s[s] n° 254.172).

Il faut se demander si le principe d'opposabilité de la convention vaut encore pour les créanciers qui auraient intenté l'action en partage avant la conclusion de la convention. La Cour de cassation ne reconnaît pas l'opposabilité de la convention postérieure à l'action en partage[1], mais sa position n'est pas à l'abri de la critique, car la jurisprudence admet d'habitude que l'action oblique n'a pas pour conséquence d'immobiliser le droit entre les mains du débiteur, celui-ci restant libre d'en disposer sans fraude.

B.
Participation éventuelle d'un usufruitier

254.61 Élargissement aux titulaires de droits démembrés. La convention d'indivision classiquement conçue est passée entre indivisaires. Mais comme pour le droit de préemption dans le régime légal, le législateur a estimé pouvoir dépasser ici la notion même d'indivision, en englobant les cas où la propriété est démembrée et où une indivision existe, soit d'un côté entre nus-propriétaires, soit de l'autre entre co-usufruitiers, soit même des deux côtés. La loi ouvre alors la possibilité d'une convention entre tous ceux qui, à des titres différents, ont un droit réel sur les biens indivis (à supposer tout de même qu'il existe quelque part une indivision). L'article 1873-1 du Code civil vient ainsi élargir la possibilité de définir un statut contractuel des biens en indivision : « *Ceux qui ont des droits à exercer sur des biens indivis, à titre de propriétaires, de nus-propriétaires ou d'usufruitiers, peuvent passer des conventions relatives à l'exercice de ces droits* ». Ce ne sont plus à proprement parler - ou plus seulement - des conventions d'indivision, mais ces conventions élargies y sont complètement assimilées quant au régime.

1. Civ. 1re, 8 mars 1983, n° 82-10.721, *Bull. civ.* I, n° 90; *D.* 1983. 613, note A. Breton; *RTD civ.* 1984. 539, obs. J. Patarin.

L'article 1873-16 reprend la règle en énonçant tous les cas de figure : « *Lorsque les biens indivis sont grevés d'un usufruit, des conventions, soumises en principe aux dispositions du chapitre précédent* [C. civ., art. 1873-2 s.], *peuvent être conclues soit entre les nus-propriétaires, soit entre les usufruitiers, soit entre les uns et les autres. Il peut y avoir pareillement convention entre ceux qui sont en indivision pour la jouissance et celui qui est nu-propriétaire de tous les biens, de même qu'entre l'usufruitier universel et les nus-propriétaires* ».

SECTION 2
RÈGLES DE FONCTIONNEMENT : SITUATION DES INDIVISAIRES

254.70 Subdivision. La situation des indivisaires parties à la convention se définit d'abord par leurs droits et obligations (§ 1). Mais il importe aussi de parler du régime de transmission des droits indivis (§ 2).

§ 1
Droits et obligations des indivisaires

254.71 Articulation entre régime conventionnel et régime légal. La loi, pour définir le régime conventionnel, se limite à des développements relativement brefs, parce que le régime légal a vocation à s'appliquer sur tous les points où la convention serait insuffisante. Le législateur a d'ailleurs estimé nécessaire de procéder dans certains cas par renvoi explicite.

254.72 Prérogatives des indivisaires. Ainsi, l'article 1873-11 du Code civil précise qu'« *à défaut d'accord particulier, les articles 815-9, 815-10, et 815-11 du présent code sont applicables à l'exercice du droit d'usage et de jouissance, ainsi qu'à la répartition des bénéfices et des pertes* ». Chaque indivisaire contractant peut donc user et jouir des biens indivis conformément à leur destination et réclamer chaque année sa part dans les bénéfices (v. s[s] n°s 251.361 s.). De même, il pourrait obtenir une avance en capital (v. s[s] n°s 251.161 s.).

254.73 Charges. Au titre des charges, « *chaque indivisaire est tenu de participer aux dépenses de conservation des biens indivis* » (C. civ., art. 1873-11, al. 2 *in limine*). Si, cependant, le fait d'un indivisaire, même non fautif, a causé la détérioration brutale du bien, la réparation sera à sa charge exclusive (sauf ses éventuels recours contre les tiers), conformément au droit commun déjà évoqué. Enfin, tout indivisaire doit supporter les pertes proportionnellement à ses droits indivis, du fait du renvoi de l'article 1873-11 à l'article 815-10.

254.74 Obligations à l'égard de l'indivision. Également du fait du renvoi légal, les articles 815-9, 815-10 et 815-11 s'appliquent pour régler la question du passif ou des dettes particulières d'un indivisaire à l'égard de l'indivision. Ainsi, celui qui ne respecterait pas la destination d'un bien indivis pourrait devoir une indemnité; celui qui jouirait privativement d'un tel bien devrait une indemnité d'occupation; celui qui percevrait des fruits de biens indivis en serait redevable à l'indivision...

254.75 Règles adaptables par convention. L'application de toutes ces règles ne vaut qu'en l'absence de précision conventionnelle « *À défaut d'accord particulier...* », dit la loi (C. civ., art. 1873-11). Par exemple, la répartition des pertes pourrait être contractuellement faite selon un critère différent de celui de l'article 815-10 alinéa 3, sauf à éviter des déséquilibres trop grands et injustes entre la charge et l'émolument, qui risqueraient d'invalider la convention.

254.76 Contrôle du gérant. La loi accorde aux indivisaires un pouvoir de contrôle sur l'activité du gérant : l'article 1873-11 alinéa 1er reconnaît à chaque indivisaire le pouvoir d'exiger la communication de tous documents relatifs à la gestion, et soumet le gérant à une obligation de reddition des comptes annuels.

§ 2
Transmission des droits indivis

254.81 Présentation. La loi a surtout rappelé ici l'institution du droit de préemption pour le cas de vente, amiable ou forcée. Mais elle a également édicté des règles complémentaires destinées à protéger la collectivité conventionnelle des indivisaires contre l'intrusion de tiers : dans ce dessein, divers cas de transformation de la convention initiale en convention à durée indéterminée ont été prévus, afin de rendre plus facile l'exercice du partage, et certains règlements conventionnels de la transmission des droits au cas de décès ont été envisagés pour favoriser le maintien d'un groupe homogène.

A.
Cession entre vifs de droits indivis

254.90 Division. Après de brèves remarques sur la nature de la cession de droits indivis dans une indivision conventionnelle (1°), on va évoquer le droit de préemption mis en place par la loi de manière spécifique (2°).

1°
Régime de la cession de droits indivis

254.91 Absence de spécificité en droit civil. La cession entre vifs des droits indivis peut être une **vente**, ou une **donation**. Si toutefois l'opération a pour résultat de faire disparaître l'indivision, par exemple parce que l'un des deux indivisaires cède à l'autre l'intégralité de ses droits, l'opération a la nature d'un **partage**, ce qui affecte le régime de l'opération. S'agissant du régime civil, il n'y a aucune spécificité des solutions par rapport à une cession des droits qui serait convenue dans le cadre d'une indivision légale; on y renverra donc. Ce n'est pas vrai du point de vue fiscal.

254.92 Handicap fiscal. On a eu l'occasion de dire, s'agissant des cessions entre indivisaires qui ont pour effet de mettre fin à l'indivision, qu'elles sont généralement taxées comme un partage, ce qui est plus avantageux que la taxation aux droits de mutation à titre onéreux. Cela est vrai du moins des indivisions d'origine familiale, depuis un assouplissement réalisé par un arrêt[1]. Cependant, d'une manière d'ailleurs peu logique, les motifs de cette décision réservent le cas où une convention d'indivision aurait été conclue par les indivisaires. On peut craindre alors un traitement fiscal plus onéreux de la cession, avec la taxation aux droits de mutation de la soulte reçue par le cédant (pour une précaution à prendre dans le contexte d'un règlement patrimonial sur divorce[2]).

2°
Reconnaissance du droit de préemption au cas de vente

254.101 Droit de préemption. En matière d'indivision conventionnelle, la loi a mis en place pour les transmissions entre vifs le droit de préemption déjà imposé dans le régime légal. Le renvoi est assuré par l'article 1873-12 alinéa 1er du Code civil qui dispose : « *En cas d'aliénation de tout ou partie des droits d'un indivisaire dans les biens indivis, ou dans un ou plusieurs de ces biens, les coïndivisaires bénéficient des droits de préemption et de substitution prévus par les articles 815-14 à 815-16 et 815-18 du présent Code* ». Cela vaut donc pour les types d'aliénation définis à l'article 815-14 (v. ss nos 251.212 et 251.213).

1. Com. 21 avr. 1992, n° 90-14.371, *Bull. civ.* IV, n° 172; *JCP N* 1993. II. 1, note J. Lafond; *Defrénois* 1992. 1269, note A. Chappert; *JCP* 1993. I. 3656, n° 12, note M. Storck.
2. V. M. Mathieu et J.-F. Pillebout, « Convention de divorce et maintien dans l'indivision par des époux séparés de biens », *JCP N* 1999. 112.

On estime parfois que ce renvoi a pour intérêt principal d'imposer comme impérative l'existence du droit de préemption dans l'indivision : la convention ne pourrait ainsi ni le supprimer, ni rendre son exercice plus difficile. Mais on peut penser, à l'inverse, que les contractants pourraient expressément repousser dans leur convention une institution qui après tout n'est conçue que dans leur intérêt, sans que l'intérêt public soit en cause.

B. Effet de la transmission des droits indivis à un étranger

254.111 Modification des caractères de la convention. La loi envisage le cas où, malgré le droit de préemption, des droits indivis tomberaient aux mains d'une personne étrangère à la convention initiale « *pour quelque cause que ce soit* ». Dans un tel cas, la convention sera réputée conclue pour une période indéterminée (C. civ., art. 1873-12, al. 2). Le partage pourra ainsi être demandé, à condition que ce ne soit pas de mauvaise foi ou à contretemps. La transformation s'explique par l'arrivée dans la collectivité de nouveaux indivisaires qui n'ont pas été choisis par l'ensemble des contractants initiaux; la conclusion d'une convention d'indivision suppose un *affectio communionis* caractérisé, où l'on fait acception des personnes.

254.112 Transmissions en cause. La généralité de la formule légale relative au transfert de part persuade de comprendre parmi ses causes, non seulement le cas de vente, mais d'autres hypothèses telles que l'échange ou toute autre cession onéreuse, ainsi que les cas de transmission à titre gratuit, donation ou legs particulier, comme y invite l'emploi du terme « *dévolution* » par le texte de loi.

254.113 Transmission universelle *mortis causa*. Un autre cas de transmission des droits est traité par la loi : l'hypothèse de transmission universelle à cause de mort, que ce soit par succession *ab intestat* ou testamentaire. Dans ce cas, la quote-part du défunt échoit normalement à ses héritiers et légataires, mais la convention devient, au jour du décès, à durée indéterminée si elle avait été conclue pour une durée déterminée (C. civ., art. 1873-14, al. 2). Cette solution a un caractère supplétif de volonté, car il est possible de régler dans la convention d'indivision la transmission des droits indivis au cas de décès.

C. Règlement conventionnel de la transmission *mortis causa*

254.121 Clauses envisagées par la loi. Les parties à la convention ont pu « *convenir qu'au décès de l'un d'eux chacun des survivants pourra acquérir la quote-part du défunt, ou que le conjoint survivant, ou tout autre héritier désigné, pourra se la faire attribuer à charge d'en tenir compte à la succession d'après sa valeur à l'époque de l'acquisition ou de l'attribution* » (C. civ., art. 1873-13, al. 1er). Ce texte évoque deux types de clauses.

254.122 Clause d'acquisition par les indivisaires survivants. Le premier type correspond à une clause d'acquisition par les coïndivisaires du prémourant. Ils pourront faire l'acquisition conjointe de la quote-part de celui-ci, de sorte que leurs droits respectifs dans l'indivision ne seront pas changés. Mais un seul d'entre eux pourrait être intéressé par l'acquisition, et alors la répartition ne sera plus la même. Enfin, certains des survivants mais pas tous peuvent décider d'acquérir.

Dans les cas d'acquisition conjointe, les indivisaires acquéreurs se mettront d'accord pour dire quelle proportion des droits du prémourant chacun achète. En l'absence d'accord ou de précision, on considère qu'ils acquièrent « *la part du défunt à proportion de leurs droits respectifs dans l'indivision* » (C. civ., art. 1873-13, al. 2 – rappr. C. civ., art. 1862, al. 1er). Par exemple, si l'indivision était répartie à égalité entre quatre membres, et qu'à la mort de l'un, deux seulement de ses coïndivisaires décident d'acquérir sa part, chacun en aura fait l'acquisition pour moitié, de sorte qu'après l'opération chaque acquéreur sera titulaire au total d'une quote-part de 3/8e.

254.123 Mise en œuvre du mécanisme. L'article 1873-14 alinéa 1er du Code civil prévoit que la faculté d'acquisition sera exercée au moyen d'une **notification** faite aux indivisaires survivants et aux héritiers du prémourant. À peine de caducité, cet acte (il peut s'agir d'une lettre recommandée avec accusé de réception) devra être accompli dans le délai d'un mois à compter du jour où le bénéficiaire de la faculté d'acquérir aura été mis en demeure de prendre parti. La mise en demeure elle-même ne pourra être délivrée avant l'expiration du délai pour faire inventaire et délibérer.

254.124 Paiement des droits acquis. Lorsque la faculté d'acquisition est exercée, son bénéficiaire doit payer la valeur des droits acquis à la succession de l'indivisaire décédé, l'évaluation devant être faite en se plaçant « *à l'époque de l'acquisition* » (C. civ., art. 1873-13, al. 1er). Aux termes de cette règle, qui doit raisonnablement être tenue pour impérative, l'estimation devra être faite en se plaçant au jour où la volonté d'acquérir aura été connue de tous les intéressés, c'est-à-dire à la date de la dernière notification s'il devait y en avoir plusieurs et si elles n'ont pas été toutes faites en même temps. Si toutefois l'acquisition effective supposait certaines formes, ou s'il survenait des difficultés telles que la régularisation du transfert de propriété intervienne à une date relativement éloignée des notifications évoquées, c'est la date de cette régularisation qu'il faudrait retenir.

254.125 **Clause d'attribution.** Un second type de clause est celui par lequel les indivisaires sont convenus qu'au cas de décès de l'un d'eux (éventuellement désigné par la convention), son conjoint survivant, ou tel de ses héritiers, pourra se faire attribuer dans la succession du prémourant sa part d'indivision. Si plusieurs héritiers bénéficiaires de la faculté d'attribution l'exercent, la part indivise du défunt leur sera acquise à proportion de leurs droits respectifs dans sa succession (C. civ., art. 1873-13, al. 2).

254.126 **Règlement.** Si la faculté d'attribution est exercée, son bénéficiaire imputera sur sa part successorale la valeur des droits indivis qu'il recueille grâce à la clause. La date d'évaluation sera comprise conformément à ce qui a été dit pour la faculté d'acquisition, car même si le texte parle de l'époque « de *l'attribution* », il n'est pas raisonnable d'attendre le partage global de la succession de l'indivisaire prémourant pour procéder à l'estimation définitive. On considérera que l'attribution de la part indivise en cause correspond à une opération de partage partiel de la succession du prémourant.

254.127 **Convention prévoyant la double faculté.** Une même convention peut prévoir la double faculté : acquisition au profit des coïndivisaires, attribution au profit du conjoint ou d'un héritier. Mais il sera alors opportun d'établir une hiérarchie entre les deux clauses de sorte que, afin d'éviter toute difficulté de mise en œuvre, l'une ne joue qu'à titre subsidiaire. À défaut, les deux clauses joueront concurremment, si bien que les coïndivisaires pourront se porter acquéreurs pour la moitié des parts du défunt, et les héritiers de celui-ci pour l'autre moitié, si les uns et les autres entendent profiter des facultés respectives qui leur sont ouvertes. Ce ne serait guère rationnel. La juxtaposition des deux types de clauses peut en revanche mieux se justifier si leur application est distributive : faculté d'acquisition pour le cas de décès de tel indivisaire désigné, faculté d'attribution au décès de tel autre.

254.128 **Place par rapport à l'attribution préférentielle.** Le dernier paragraphe de l'article 1873-13 du Code civil précise que l'exercice de la faculté d'acquisition ou d'attribution ne peut nuire au jeu éventuel de l'attribution préférentielle des articles 831 à 832-2 du Code civil.

SECTION 3
RÈGLES DE FONCTIONNEMENT : GESTION DES BIENS INDIVIS

254.130 **Organes de gestion.** La loi n'impose pas la nomination d'un gérant (sauf par des dispositions spéciales – v. par ex., C. civ., art. 1844, au sujet des droits sociaux en copropriété), mais elle pense logiquement qu'il en sera désigné au moins un, ce qui lui permet d'organiser la gestion de l'indivision conventionnelle en la faisant reposer sur deux organes : le gérant (§ 1) et l'ensemble des indivisaires (§ 2).

§ 1
Le gérant dans le régime conventionnel

A.
Statut du gérant

254.131 **Nomination.** Selon l'article 1873-5 alinéa 1er du Code civil : « *Les coïndivisaires peuvent nommer un ou plusieurs gérants, choisis ou non parmi eux* ». Le texte ajoute que les indivisaires peuvent aussi fixer d'un accord unanime les modalités de désignation du gérant.

254.132 **Révocation.** De même, il appartient à l'accord unanime des indivisaires de fixer les modalités de révocation du gérant (même texte). Mais en l'absence de stipulation à ce sujet, on appliquera les règles légales, qui distinguent selon que le gérant est ou non un indivisaire.

Si **le gérant est un indivisaire** il peut d'abord être révoqué par la décision unanime de ses coïndivisaires (C. civ., art. 1873-5, al. 2). Ainsi, si l'indivision ne comporte que deux membres, dont le gérant, l'article 1873-5 du Code civil donne au seul coïndivisaire du gérant le pouvoir de le révoquer[1]. Il peut également être révoqué par décision du tribunal saisi par un indivisaire, ce qui suppose que le gérant ait, par ses fautes de gestion, mis en péril les intérêts de l'indivision (C. civ., art. 1873-5, al. 4). Le fait qu'un ou plusieurs indivisaires soient à l'origine de la révocation conduit à admettre qu'une mésintelligence s'est installée au sein de l'indivision; le partage risque de devenir l'issue naturelle de cette situation, ce qui explique que, dans un tel cas, la convention d'indivision sera réputée conclue pour une durée indéterminée (C. civ., art. 1873-5, al. 5)

1. Civ. 1re, 13 janv. 1993, no 91-12.647, *Bull. civ.* I, no 12. À ce sujet, v. J.-F. Sagaut, « Du problème de la gestion de l'indivision : la solution de l'indivisaire-gérant », *AJ fam.* 2002. 280.

quel que fût son caractère initial - ce qui a pour effet de rétablir plus largement le droit de demander le partage, comme on l'a vu.

Si **le gérant n'est pas un indivisaire**, la révocation peut intervenir sur décision des indivisaires prise à la majorité en nombre et en parts (C. civ., art. 1873-5, al. 3) - là encore à défaut de stipulations particulières. Le gérant non indivisaire peut aussi être révoqué par jugement : les conditions sont alors les mêmes que pour le gérant indivisaire (C. civ., art. 1873-5, al. 4).

254.133 Rémunération. L'article 1873-10 alinéa 1er du Code civil dispose que « *le gérant a droit, sauf accord contraire, à la rémunération de son travail* ». Le texte indique que les conditions de la rémunération sont en principe fixées par les indivisaires « *à l'exclusion de l'intéressé* ». Cette dernière précision paraît curieuse, puisqu'on n'accepte d'assumer une tâche rémunérée que si l'on consent au montant de la rémunération... À vrai dire, il faut comprendre la formule comme visant l'hypothèse dans laquelle la rémunération n'aurait pas été préalablement fixée. Dans un tel cas, c'est-à-dire lorsque se pose la question de la valeur d'une tâche déjà accomplie pendant un certain temps, la réponse doit être apportée par tous les coïndivisaires du gérant, mais eux seuls.

À défaut d'accord entre les indivisaires sur les conditions de la rémunération du gérant, il appartiendra au président du tribunal de grande instance de fixer celles-ci en statuant « *à titre provisionnel* » (C. civ., art. 1873-10, al. 1er). Cela signifie que le président pourra lui-même modifier sa décision, mais aussi que le tribunal en formation collégiale, saisi au titre du partage, pourra revoir le montant de la rémunération initialement arrêtée, en hausse ou en baisse; la considération générale des opérations de liquidation peut en effet changer la perspective.

254.134 Responsabilité du gérant. La question de la responsabilité du gérant est traitée à l'article 1873-10 alinéa 2 : « *Le gérant répond, comme un mandataire, des fautes qu'il commet dans sa gestion* ». La faute du gérant qui a exercé sa mission à titre gratuit sera donc appréciée moins sévèrement que celle du gérant rémunéré (v. C. civ., art. 1992, al. 2). Parmi les fautes possibles du gérant, on peut retenir la violation de l'obligation de rendre compte. Après en effet avoir disposé que « *chaque indivisaire peut exiger la communication de tous les documents relatifs à la gestion* », l'article 1873-11 alinéa 1er ajoute que « *le gérant doit, une fois par an, rendre compte de sa gestion aux indivisaires. À cette occasion, il indique par écrit les bénéfices réalisés et les pertes encourues ou prévisibles* ». Si le gérant ne respecte pas son obligation annuelle de rendre des comptes, il devra réparer le préjudice causé à l'indivision par ce manquement; en l'absence de préjudice démontré, seule la révocation pourrait venir sanctionner sa négligence.

B. Pouvoirs du gérant

254.141 Détermination légale. La définition des pouvoirs du gérant repose sur une référence au régime matrimonial légal : « *Le gérant administre l'indivision et exerce, à cet effet, les pouvoirs attribués à chaque époux sur les biens communs* » (C. civ., art. 1873-6, al. 2). Il convient donc, pour connaître le contenu exact de ces pouvoirs, de se reporter aux articles 1421 et suivants du Code civil (v. s[s] n°s 136.11 s.); cela signifie en particulier que le gérant ne pourrait aliéner ou grever de droits réels un immeuble, fonds de commerce ou autre exploitation dépendant de l'indivision, ni faire ce type d'opération sur les droits sociaux non négociables, ou les meubles corporels dont l'aliénation est soumise à publicité (C. civ., art. 1424); il ne pourrait pas davantage donner à bail un fonds rural indivis, ou un immeuble commercial (C. civ., art. 1425). Sur un point particulier, cependant, les pouvoirs du gérant sont plus restreints que ceux d'un époux : l'article 1873-6 alinéa 2 dit que le gérant « *ne peut, toutefois, disposer des meubles corporels que pour les besoins d'une exploitation normale des biens indivis, ou encore s'il s'agit de choses difficiles à conserver ou sujettes à dépérissement* ». *A contrario*, le principe est qu'en matière de meubles corporels, l'accord unanime des indivisaires est une condition de validité de tout acte de disposition (réserve faite des ventes de biens meubles pour payer le passif indivis, où l'on retrouverait la règle de majorité des deux tiers des droits indivis : C. civ., art. 815-3, al. 1er, 3°). Cette restriction mérite probablement d'être étendue aux meubles incorporels, par exemple les brevets d'invention, comme le postule la référence à « *l'exploitation normale* ». Au total, on peut dire que le gérant de l'indivision a moins de pouvoirs qu'un époux commun en biens, mais qu'il en a davantage qu'un mandataire de droit commun (comp. C. civ., art. 1988, al. 1er).

254.142 Aménagements possibles. La convention d'indivision peut aménager les pouvoirs du gérant, mais dans certaines limites : elle peut en effet restreindre les pouvoirs que la loi accorde au gérant, mais elle ne peut pas les augmenter : « *Toute clause extensive des pouvoirs du gérant est réputée non écrite* », énonce l'article 1873-6, *in fine*.

254.143 Mécanisme de représentation. Techniquement, le pouvoir de gestion du gérant est fondé sur une représentation des indivisaires; l'article 1873-6 alinéa 1er du Code civil précise à cet effet que « *le* *gérant représente les indivisaires dans la mesure de ses pouvoirs, soit pour les actes de la vie civile, soit en justice, tant en demandant qu'en défendant* ». Eu égard à ce fondement tiré de la représentation, le gérant doit accomplir les actes de gestion en faisant apparaître sa qualité de gérant de telle indivision; s'il se contentait de passer les contrats en son nom, les tiers cocontractants pourraient prétendre qu'il s'était engagé personnellement. Le mécanisme de représentation explique encore la façon dont la loi traite le cas particulier dans lequel la convention d'indivision n'a été conclue que par les nus-propriétaires, lorsque l'usufruit est séparé de la nue-propriété : si le gérant traite avec des tiers relativement aux biens indivis, ces tiers ne pourront se prévaloir des pouvoirs du gérant au préjudice des droits d'usufruit (C. civ., art. 1873-17). La solution est normale, le gérant ne pouvant avoir plus de droits que ceux qui l'ont nommé.

254.144 Action en justice. L'article 1873-6 du Code civil, enfin, contient une disposition destinée à assurer le respect de la vieille règle que « *Nul en France ne plaide par procureur* », en déclarant que le gérant « *est tenu d'indiquer, à titre purement énonciatif, le nom de tous les indivisaires dans le premier acte de procédure* ». Mais la règle classique est assouplie, puisque la liste des indivisaires n'est exigée que pour le premier acte. Lorsqu'il précise que cette liste est exigée à titre énonciatif, le texte veut sans doute souligner que les indivisaires ne sont pas directement parties à l'instance (c'est une nouvelle manifestation d'autonomie de l'indivision); dès lors, l'omission de l'un d'eux dans le premier acte de procédure ne serait pas nécessairement une cause de nullité de la procédure.

254.145 Présence d'un incapable. Lorsqu'il existe un incapable parmi les indivisaires, les pouvoirs du gérant ne sont pas différents (C. civ., art. 1873-7, al. 1er); le fait que la loi passe outre l'incapacité d'un indivisaire marque encore l'autonomie de l'indivision.

Mais en ce qui concerne la conclusion des **baux, les pouvoirs du gérant** sont assimilés à **ceux d'un tuteur** (C. civ., art. 1873-7, al. 2, par renvoi à C. civ., art. 456, al. 3, devenu C. civ., art. 504, al. 3, depuis la loi n° 2007-308 du 5 mars 2007[1]); c'est dire que le gérant peut uniquement consentir des baux ne conférant ni droit à renouvellement, ni droit au maintien dans les lieux à l'expiration du bail. Si le gérant consent des baux ouvrant de tels droits, ils seront valables mais le preneur se verra dénier tout droit au renouvellement ou au maintien lors de l'expiration du bail. Telle est du moins la transposition que l'on peut faire de l'article 504 du Code civil. L'article 1873-7 précise que la règle de l'article 456 alinéa 3, devenu l'article 504 alinéa 3 depuis la loi du 5 mars 2007, « *est applicable aux baux consentis au cours de l'indivision* ». *A contrario*, si c'est simplement le renouvellement du bail qui intervient en cours d'indivision, le gérant aura compétence pour y procéder, avec bénéfice du droit au renouvellement ou au maintien dans les lieux pour le locataire.

1. L. n° 2007-308, 5 mars 2007, portant réforme de la protection juridique des majeurs, *JO* 7 mars, p. 4325.

C.
Pluralité de gérants

254.151 Distribution des pouvoirs. Au cas de pluralité de gérants, la convention peut régler le mode d'administration (C. civ., art. 1873-9 *in limine*), par exemple en prévoyant la compétence de tel indivisaire pour administrer tel bien particulier, un autre indivisaire ayant à charge la gestion des autres biens. Mais si la convention n'apporte pas de précisions sur les pouvoirs respectifs des gérants, on doit suivre le système légal, constitué par la combinaison de deux règles formulées à l'article 1873-9. D'un côté, chacun des gérants détient séparément les pouvoirs que la loi lui attribue (c'est-à-dire tels qu'ils ont été décrits plus haut); il peut donc les exercer sans avoir à consulter quelqu'un. D'un autre côté, chacun des gérants a le droit de s'opposer à toute opération avant qu'elle ne soit conclue (C. civ., art. 1873-9 *in fine*). Si un gérant passe outre à l'opposition d'un autre, son acte sera inopposable dans les rapports entre indivisaires (ou entre le gérant et ceux-ci, si le gérant est un tiers). Mais on doit douter que la règle vaille à l'égard des tiers contractants : l'opposition d'un gérant aux actes d'un autre gérant devrait être sans effet à l'égard de ceux-ci, à moins qu'il ne soit établi qu'ils en ont eu connaissance. Telle est l'interprétation la plus conforme à la sécurité juridique.

§ 2
Compétence de l'ensemble des indivisaires

254.161 Unanimité requise au-delà des pouvoirs du gérant. Le principe est que les décisions qui excèdent les pouvoirs du gérant requièrent l'unanimité des indivisaires. L'article 1873-8 alinéa 1er, qui rappelle ce principe, aurait dû, à la suite de la réforme de 2006, renvoyer à l'article 815-3, car il n'y a aucune raison de ne pas laisser place ici à l'application de la règle de majorité des deux tiers, même s'il est vrai que les actes qui excèdent les pouvoirs du gérant seront généralement, en fait, des actes de disposition pour lesquels l'unanimité est requise.

Le même article 1873-8 alinéa 1er réserve au gérant, s'il est lui-même indivisaire, la possibilité de s'appuyer sur les articles 815-4, 815-5 et 815-6 (représentation ou autorisation judiciaires). Pour les actes relevant de la compétence de l'ensemble des indivisaires, leur unanimité même ne suffirait pas dans le cas où il y aurait un incapable parmi eux. Outre l'accord unanime des indivisaires capables, il faudra alors respecter les règles de protection prévues en faveur de l'incapable (C. civ., art. 1873-8, al. 2), par exemple obtenir l'autorisation du conseil de famille, ou celle du juge des tutelles.

254.162 Possibilité de prévoir une règle de majorité. Dans leur convention, les indivisaires peuvent stipuler que, parmi les décisions soumises à la règle d'unanimité (c'est-à-dire celles qui excèdent les pouvoirs du gérant), certain type de décision pourra être prise à la majorité – simple ou qualifiée (C. civ., art. 1873-8, al. 3). Mais ce ne sera valable que si les indivisaires sont tous capables au moment de la décision collective. Au demeurant, cela ne saurait valoir pour autoriser l'aliénation d'un immeuble indivis (même texte).

Si, en vertu de cet assouplissement statutaire, la majorité exigée est une majorité en nombre et en parts (système le plus juste), et si la convention avait été passée entre des nus-propriétaires, « *le droit de vote afférent aux parts est divisé par moitié entre l'usufruit et la nue-propriété* » (C. civ., art. 1873-18, al. 1er), à moins que la convention ne prévoie un système moins grossier de calcul de la majorité.

254.163 Faculté de tenir une assemblée. La loi n'a pas prévu la tenue d'une assemblée générale des indivisaires. Mais s'ils sont nombreux, et à partir du moment où certains actes graves supposent leur accord, leur réunion en assemblée peut s'imposer pour des raisons pratiques. L'assemblée en tout cas échappe à une réglementation particulière.

254.164 Règles de protection de l'usufruitier. Il importe de protéger les intérêts de l'usufruitier. Deux règles, qui méritent d'être considérées comme impératives, ont été prévues à cet effet.

La première précise que « *toute dépense excédant les obligations de l'usufruitier, telles qu'elles sont définies par les articles 582 et suivants du Code civil, ne l'engage qu'avec son consentement donné dans la convention elle-même ou par un acte ultérieur* » (C. civ., art. 1873-18, al. 2). La « *convention elle-même* » est bien entendu la convention d'indivision (et non le contrat par lequel la dépense est engagée). Le recours à un « *acte ultérieur* », parce qu'il sera ponctuel, aura l'intérêt de préciser dans quelle mesure l'usufruitier assumera une charge qui excède ses obligations ordinaires, ce qui diminue les risques de contestation.

La seconde règle précise que « *l'aliénation de la pleine propriété des biens indivis ne peut être faite sans l'accord de l'usufruitier, sauf le cas où elle est provoquée par les créanciers habiles à en poursuivre la vente* » (C. civ., art. 1873-18, al. 3); cette règle fait partie, avec l'article 815-5 alinéa 2 déjà évoqué, d'un dispositif général de protection de l'usufruitier dans l'indivision. Les créanciers visés par le texte sont les créanciers de l'indivision (C. civ., art. 815-17, al. 1er).

SECTION 4
DROITS DES CRÉANCIERS

254.171 Renvoi au régime de l'article 815-17 du Code civil. Au sujet des créanciers, l'article 1873-15 alinéa 1er se borne en principe à renvoyer aux règles établies pour le régime légal de l'indivision. Du fait de ce renvoi vers l'article 815-17, seuls les créanciers de l'indivision (sur cette notion, v. ss nos 253.10 à 253.27) peuvent saisir les biens indivis, les créanciers personnels des indivisaires ayant uniquement la faculté de provoquer le partage pour, seulement ensuite, saisir les biens qui aboutiraient dans le patrimoine de leur débiteur.

254.172 Aménagement en faveur des créanciers d'un indivisaire. Le système de base est celui qui vient d'être décrit. Il était cependant nécessaire de tenir compte de la particularité que représente l'existence d'une convention d'indivision puisqu'elle limite le droit de demander le partage, ce qui ne manque pas d'affecter le droit des créanciers personnels de l'indivisaire. On a vu que ces créanciers ne peuvent avoir plus de droit que leur débiteur; l'article 1873-15 alinéa 2 suit cette logique en précisant que les créanciers d'un indivisaire « *ne peuvent provoquer le partage que dans le cas où leur débiteur pourrait lui-même le provoquer* ». L'existence de la convention d'indivision affecte donc la situation des créanciers personnels des indivisaires. Mais comme l'entrave au droit de provoquer le partage créé par la convention risque de trop affecter le crédit, et aussi parce qu'on ne saurait encourager des fraudes difficiles à débusquer, le texte légal précise que les créanciers personnels des indivisaires, lorsqu'ils n'ont pas la possibilité de provoquer le partage (ce qui vise spécialement le cas de convention à durée déterminée), « *peuvent poursuivre la saisie et la vente de la quote-part de leur débiteur dans l'indivision en suivant les formes prévues par le Code de procédure civile* ». S'il est effectivement procédé à la vente forcée, les coïndivisaires du saisi bénéficient du droit de substitution prévu à l'article 815-15 : telle est la dernière précision apportée par l'article 1873-15, qui renvoie à l'article 1873-12.

TITRE

26. La liquidation de la succession

SECTION 0 ORIENTEUR

26.00 Plan du titre.

Division. La liquidation de la succession vise à chiffrer les droits des successeurs en vue de la phase ultime du partage. Elle a un double objet : le passif (chap. 261) et l'actif de la succession (chap. 262 à 264).

26.11 Passif de la succession. La liquidation du passif héréditaire suscite trois interrogations :

Quelles dettes comprend-il ? C'est la question de la composition ou de la consistance du passif successoral.

Qui est tenu de l'acquitter et dans quelle mesure ? C'est la question de la charge du passif.

Comment payer les créanciers ? C'est la question du règlement du passif.

26.12 Actif de la succession et masse active partageable. Il s'agit ici de préciser le contenu et l'évaluation de la masse active partageable. En présence d'héritiers réservataires, la confection de la masse à partager constitue la troisième étape de la liquidation d'une succession, après le calcul de la réserve et l'imputation des libéralités. Dans l'aperçu liquidatif, doivent être bien distinguées la masse à partager et l'éventuelle masse de calcul de la quotité disponible telle que décrite par l'article 922 du Code civil : les deux masses ne sont pas nécessairement identiquement composées et évaluées.

26.13 Textes applicables. Le Code civil ne comportait aucune précision relative à la masse à partager jusqu'à la loi n° 2006-728 du 23 juin 2006 portant réforme des successions et des libéralités (ci-après : la loi du 23 juin 2006). Aujourd'hui, les articles 825 et 829 dudit Code précisent respectivement la composition et l'évaluation de la masse à partager, reprenant bon nombre des solutions acquises en jurisprudence et en doctrine, sous l'empire du droit antérieur. Deux cas de figure seront distingués : d'une part, celui où le défunt n'a pas consenti de libéralités, et, d'autre part, celui où le défunt a consenti des libéralités.

CHAPITRE

261. Passif successoral

FRANÇOIS SAUVAGE
PROFESSEUR À L'UNIVERSITÉ D'ÉVRY-VAL D'ESSONNE

SECTION 0
ORIENTEUR

261.00 **Plan du chapitre.**

261.01 **Textes applicables.**

C. civ., art. 785, 791 à 803, 806, 810-4, 870 à 882, 1009, 1012, 1024, 1220

CGI, art. 768, 773 et 775

C. pr. civ., art. 1328 à 1381

L. nº 2006-728, 23 juin 2006, portant réforme des successions et des libéralités, *JO* 24 juin, p. 9513 (*en vigueur le 1er janv. 2007*)

L. nº 2001-1135, 3 déc. 2001, relative aux droits du conjoint survivant et des enfants adultérins et modernisant diverses dispositions de droit successoral, *JO* 4 déc., p. 19279

Décr. nº 2006-1805, 23 déc. 2006, relatif à la procédure en matière successorale et modifiant certaines dispositions de procédure civile, *JO* 31 déc., p. 20370

Circ. min. Justice n° 73-07/C1/5-2/65, 29 mai 2007, présentation de la réforme des successions et des libéralités (http://www.textes-justice.gouv.fr).

* V. texte complet de la circulaire s[5] n° 81.11

> Acceptation pure et simple de la succession

C. civ., art. 785 (*L. 23 juin 2006, art. 1er*)

L'héritier universel ou à titre universel qui accepte purement et simplement la succession répond indéfiniment des dettes et charges qui en dépendent.

Il n'est tenu des legs de sommes d'argent qu'à concurrence de l'actif successoral net des dettes.

> Effets de l'acceptation de la succession à concurrence de l'actif net

[C. civ., art. 791 à 803] (*L. 23 juin 2006, art. 1er*)

C. civ., art. 791

L'acceptation à concurrence de l'actif net donne à l'héritier l'avantage :

1° d'éviter la confusion de ses biens personnels avec ceux de la succession;

2° de conserver contre celle-ci tous les droits qu'il avait antérieurement sur les biens du défunt;

3° de n'être tenu au paiement des dettes de la succession que jusqu'à concurrence de la valeur des biens qu'il a recueillis.

C. civ., art. 792

Les créanciers de la succession déclarent leurs créances en notifiant leur titre au domicile élu de la succession. Ils sont payés dans les conditions prévues à l'article 796. Les créances dont le montant n'est pas encore définitivement fixé sont déclarées à titre provisionnel sur la base d'une évaluation.

Faute de déclaration dans un délai de quinze mois à compter de la publicité prévue à l'article 788, les créances non assorties de sûretés sur les biens de la succession sont éteintes à l'égard de celle-ci. Cette disposition bénéficie également aux cautions et coobligés, ainsi qu'aux personnes ayant consenti une garantie autonome portant sur la créance ainsi éteinte.

C. civ., art. 792-1

À compter de sa publication et pendant le délai prévu à l'article 792, la déclaration arrête ou interdit toute voie d'exécution et toute nouvelle inscription de sûreté de la part des créanciers de la succession, portant tant sur les meubles que sur les immeubles.

Toutefois, pour l'application des dispositions de la présente section et sous réserve de la signification prévue à l'article 877, les créanciers saisissants sont considérés comme titulaires de sûretés sur les biens et droits antérieurement saisis.

C. civ., art. 792-2

Lorsque la succession a été acceptée par un ou plusieurs héritiers purement et simplement et par un ou plusieurs autres à concurrence de l'actif net, les règles applicables à cette dernière option s'imposent à tous les héritiers jusqu'au jour du partage.

Les créanciers d'une succession acceptée par un ou plusieurs héritiers purement et simplement et par d'autres à concurrence de l'actif net peuvent provoquer le partage dès lors qu'ils justifient de difficultés dans le recouvrement de la part de leur créance incombant aux héritiers acceptants à concurrence de l'actif net.

C. civ., art. 793

Dans le délai prévu à l'article 792, l'héritier peut déclarer qu'il conserve en nature un ou plusieurs biens de la succession. En ce cas, il doit la valeur du bien fixée dans l'inventaire.

Il peut vendre les biens qu'il n'entend pas conserver. En ce cas, il doit le prix de leur aliénation.

C. civ., art. 794

La déclaration de l'aliénation ou de la conservation d'un ou de plusieurs biens est faite dans les quinze jours au tribunal qui en assure la publicité.

Sans préjudice des droits réservés aux créanciers munis de sûretés, tout créancier successoral peut contester devant le juge, dans un délai de trois mois après la publicité mentionnée au premier alinéa, la valeur du bien conservé ou, lorsque la vente a été faite à l'amiable, le prix de l'aliénation en prouvant que la valeur du bien est supérieure.

Lorsque la demande du créancier est accueillie, l'héritier est tenu du complément sur ses biens personnels, sauf à restituer à la succession le bien conservé et sans préjudice de l'action prévue à l'article 1167.

C. civ., art. 795

La déclaration de conserver un bien n'est pas opposable aux créanciers tant qu'elle n'a pas été publiée.

Le défaut de déclaration de l'aliénation d'un bien dans le délai prévu à l'article 794 engage l'héritier sur ses biens personnels à hauteur du prix de l'aliénation.

C. civ., art. 796

L'héritier règle le passif de la succession.

Il paye les créanciers inscrits selon le rang de la sûreté assortissant leur créance.

Les autres créanciers qui ont déclaré leur créance sont désintéressés dans l'ordre des déclarations.

Les legs de sommes d'argent sont délivrés après paiement des créanciers.

C. civ., art. 797

L'héritier doit payer les créanciers dans les deux mois suivant soit la déclaration de conserver le bien, soit le jour où le produit de l'aliénation est disponible.

Lorsqu'il ne peut s'en dessaisir au profit des créanciers dans ce délai, notamment en raison d'une contestation portant sur l'ordre ou la nature des créances, il consigne les sommes disponibles tant que la contestation subsiste.

C. civ., art. 798

Sans préjudice des droits des créanciers munis de sûretés, les créanciers de la succession et les légataires de sommes d'argent ne peuvent poursuivre le recouvrement que sur les biens recueillis de la succession qui n'ont été ni conservés ni aliénés dans les conditions prévues à l'article 793.

Les créanciers personnels de l'héritier ne peuvent poursuivre le recouvrement de leurs créances sur ces biens qu'à l'issue du délai prévu à l'article 792 et après le désintéressement intégral des créanciers successoraux et des légataires.

C. civ., art. 799

Les créanciers successoraux qui, dans le délai prévu à l'article 792, déclarent leurs créances après l'épuisement de l'actif n'ont de recours que contre les légataires qui ont été remplis de leurs droits.

C. civ., art. 800

L'héritier est chargé d'administrer les biens qu'il recueille dans la succession. Il tient le compte de son administration, des créances qu'il paye et des actes qui engagent les biens recueillis ou qui affectent leur valeur.

Il répond des fautes graves dans cette administration.

Il doit présenter le compte à tout créancier successoral qui en fait la demande et répondre dans un délai de deux mois à la sommation, signifiée par acte extrajudiciaire, de lui révéler où se trouvent les biens et droits recueillis dans la succession qu'il n'a pas aliénés ou conservés dans les conditions prévues à l'article 794. À défaut, il peut être contraint sur ses biens personnels.

L'héritier qui a omis, sciemment et de mauvaise foi, de comprendre dans l'inventaire des éléments actifs ou passifs de la succession ou qui n'a pas affecté au paiement des créanciers de la succession la valeur des biens conservés ou le prix des biens aliénés est déchu de l'acceptation à concurrence de l'actif net. Il est réputé acceptant pur et simple à compter de l'ouverture de la succession.

C. civ., art. 801

Tant que la prescription du droit d'accepter n'est pas acquise contre lui, l'héritier peut révoquer son acceptation à concurrence de l'actif net en acceptant purement et simplement. Cette acceptation rétroagit au jour de l'ouverture de la succession.

L'acceptation à concurrence de l'actif net empêche toute renonciation à la succession.

C. civ., art. 802

Malgré la déchéance ou la révocation de l'acceptation à concurrence de l'actif net, les créanciers successoraux et les légataires de sommes d'argent conservent l'exclusivité des poursuites sur les biens mentionnés au premier alinéa de l'article 798.

C. civ., art. 803

Les frais de scellés, d'inventaire et de compte sont à la charge de la succession. Ils sont payés en frais privilégiés de partage.

> Renonciation à la succession

C. civ., art. 806 (*L. 23 juin 2006, art. 1er*)

Le renonçant n'est pas tenu au paiement des dettes et charges de la succession. Toutefois, il est tenu à proportion de ses moyens au paiement des frais funéraires de l'ascendant ou du descendant à la succession duquel il renonce.

> Succession vacante : pouvoirs du curateur

C. civ., art. 810-4 (*L. 23 juin 2006, art. 1er*)

Le curateur est seul habilité à payer les créanciers de la succession. Il n'est tenu d'acquitter les dettes de la succession que jusqu'à concurrence de l'actif.

Il ne peut payer, sans attendre le projet de règlement du passif, que les frais nécessaires à la conservation du patrimoine, les frais funéraires et de dernière maladie, les impôts dus par le défunt, les loyers et autres dettes successorales dont le règlement est urgent.

> Paiement des autres dettes

[C. civ., art. 870 à 882] (*L. 23 juin 2006, art. 3 et 6*)

C. civ., art. 870

Les cohéritiers contribuent entre eux au paiement des dettes et charges de la succession, chacun dans la proportion de ce qu'il y prend.

C. civ., art. 871

Le légataire à titre universel contribue avec les héritiers, au prorata de son émolument; mais le légataire particulier n'est pas tenu des dettes et charges, sauf toutefois l'action hypothécaire sur l'immeuble légué.

C. civ., art. 872

Lorsque des immeubles d'une succession sont grevés de rentes par hypothèque spéciale, chacun des cohéritiers peut exiger que les rentes soient remboursées et les immeubles rendus libres avant qu'il soit procédé à la formation des lots. Si les cohéritiers partagent la succession dans l'état où elle se trouve, l'immeuble grevé doit être estimé au même taux que les autres immeubles; il est fait déduction du capital de la rente sur le prix total; l'héritier dans le lot duquel tombe cet immeuble demeure seul chargé du service de la rente et il doit en garantir ses cohéritiers.

C. civ., art. 873

Les héritiers sont tenus des dettes et charges de la succession, personnellement pour leur part successorale, et hypothécairement pour le tout; sauf leur recours soit contre leurs cohéritiers, soit contre les légataires universels, à raison de la part pour laquelle ils doivent y contribuer.

C. civ., art. 874

Le légataire particulier qui a acquitté la dette dont l'immeuble légué était grevé demeure subrogé aux droits du créancier contre les héritiers.

C. civ., art. 875

Le cohéritier qui, par l'effet de l'hypothèque, a payé audelà de sa part de la dette commune, n'a de recours contre les autres cohéritiers, que pour la part que chacun d'eux doit personnellement en supporter, même dans le cas où le cohéritier qui a payé la dette se serait fait subroger aux droits des créanciers; sans préjudice néanmoins des droits d'un cohéritier qui, par l'effet de l'acceptation à concurrence de l'actif net, aurait conservé la faculté de réclamer le paiement de sa créance personnelle, comme tout autre créancier.

C. civ., art. 876

En cas d'insolvabilité d'un des cohéritiers, sa part dans la dette hypothécaire est répartie sur tous les autres, au marc le franc.

C. civ., art. 877

Le titre exécutoire contre le défunt l'est aussi contre l'héritier, huit jours après que la signification lui en a été faite.

C. civ., art. 878

Les créanciers du défunt et les légataires de sommes d'argent peuvent demander à être préférés sur l'actif successoral à tout créancier personnel de l'héritier.

Réciproquement, les créanciers personnels de l'héritier peuvent demander à être préférés à tout créancier du défunt sur les biens de l'héritier non recueillis au titre de la succession.

Le droit de préférence donne lieu au privilège sur les immeubles prévu au 6° de l'article 2374 et il est sujet à inscription conformément à l'article 2383.

C. civ., art. 879

Ce droit peut s'exercer par tout acte par lequel un créancier manifeste au créancier concurrent son intention d'être préféré sur un bien déterminé.

C. civ., art. 880

Il ne peut pas être exercé lorsque le créancier demandeur y a renoncé.

C. civ., art. 881

Il se prescrit, relativement aux meubles, par deux ans à compter de l'ouverture de la succession.

À l'égard des immeubles, l'action peut être exercée tant qu'ils demeurent entre les mains de l'héritier.

C. civ., art. 882

Les créanciers d'un copartageant, pour éviter que le partage ne soit fait en fraude de leurs droits, peuvent s'opposer à ce qu'il y soit procédé hors de leur présence : ils ont le droit d'y intervenir à leurs frais; mais ils ne peuvent attaquer un partage consommé, à moins toutefois qu'il n'y ait été procédé sans eux et au préjudice d'une opposition qu'ils auraient formée.

> Legs universel

C. civ., art. 1009 (*L. 23 juin 2006, art. 9*)

Le légataire universel, qui sera en concours avec un héritier auquel la loi réserve une quotité des biens, sera tenu des dettes et charges de la succession du testateur, personnellement pour sa part et portion et hypothécairement pour le tout; et il sera tenu d'acquitter tous les legs, sauf le cas de réduction, ainsi qu'il est expliqué aux articles 926 et 927.

> Legs à titre universel

C. civ., art. 1012 (*L. 23 juin 2006, art. 9*)

Le légataire à titre universel sera tenu, comme le légataire universel, des dettes et charges de la succession du testateur, personnellement pour sa part et portion, et hypothécairement pour le tout.

> Legs particuliers

C. civ., art. 1024 (*L. 23 juin 2006, art. 9*)

Le légataire à titre particulier ne sera point tenu des dettes de la succession, sauf la réduction du legs ainsi qu'il est dit ci-dessus, et sauf l'action hypothécaire des créanciers.

> Effets de l'obligation divisible

C. civ., art. 1220

L'obligation qui est susceptible de division doit être exécutée entre le créancier et le débiteur comme si elle était indivisible. La divisibilité n'a d'application qu'à l'égard de leurs héritiers, qui ne peuvent demander la dette ou qui ne sont tenus de la payer que pour les parts dont ils sont saisis ou dont ils sont tenus comme représentant le créancier ou le débiteur.

> Passif déductible

[CGI, art. 768, 773 et 775]

CGI, art. 768

Pour la liquidation des droits de mutation par décès, les dettes à la charge du défunt sont déduites lorsque leur existence au jour de l'ouverture de la succession est dûment justifiée par tous modes de preuve compatibles avec la procédure écrite.

CGI, art. 773 (*Décr. n° 2013-463, 3 juin 2013, art. 1er*)

Toutefois ne sont pas déductibles :

1° Les dettes échues depuis plus de trois mois avant l'ouverture de la succession, à moins qu'il ne soit produit une attestation du créancier en certifiant l'existence à cette époque, dans la forme et suivant les règles déterminées à l'article L. 20 du Livre des procédures fiscales;

2° Les dettes consenties par le défunt au profit de ses héritiers ou de personnes interposées. Sont réputées personnes interposées les personnes désignées dans l'article 911, dernier alinéa, du Code civil.

Néanmoins, lorsque la dette a été consentie par un acte authentique ou par un acte sous-seing privé ayant date certaine avant l'ouverture de la succession autrement que par le décès d'une des parties contractantes, les héritiers, donataires et légataires, et les personnes réputées interposées ont le droit de prouver la sincérité de cette dette et son existence au jour de l'ouverture de la succession;

3° Les dettes reconnues par testament;

4° Les dettes hypothécaires garanties par une inscription périmée depuis plus de trois mois, à moins qu'il ne s'agisse d'une dette non échue et que l'existence n'en soit attestée par le créancier dans les formes prévues à l'article L. 20 du Livre des procédures fiscales; si l'inscription n'est pas périmée, mais si le chiffre en a été réduit, l'excédent est seul déduit, s'il y a lieu;

5° Les dettes en capital et intérêts pour lesquelles le délai de prescription est accompli, à moins qu'il ne soit justifié que la prescription a été interrompue.

CGI, art. 775

Les frais funéraires sont déduits de l'actif de la succession pour un montant de 1 500 euros, et pour la totalité de l'actif si celui-ci est inférieur à ce montant.

261.02 Jurisprudence de référence.

> Le légataire universel est tenu *ultra vires* du passif de succession

• **Civ. 13 août 1851,** *DP* 1851. 1. 281.

* V. s^s n° 261.62

« Attendu que le droit à une quotité de succession implique l'obligation de supporter une quotité proportionnelle des dettes et charges; que ce droit et cette obligation sont des conséquences corrélatives de tout titre successif universel; qu'il n'y a point à distinguer, sous ce rapport, entre les successeurs à titre universel qui sont institués par la loi, et ceux qui sont institués par la volonté de l'homme; qu'il n'y a pas à distinguer davantage, soit entre le légataire universel qui, se trouvant en concours avec un héritier à réserve, est tenu de demander la délivrance, et le légataire universel qui, ne concourant point avec un héritier légitime, est saisi de plein droit de la succession, soit même entre le légataire universel et le légataire à titre universel; que ces divers légataires sont, comme les héritiers eux-mêmes, de véritables successeurs à titre universel, ayant les mêmes droits, sujets aux mêmes charges;

Attendu, en effet, que l'intention manifeste du législateur a été de modifier, à cet égard, les anciens principes tant du droit écrit que du droit coutumier, et de ne laisser subsister, si ce n'est quant à la saisine légale, aucune différence entre les diverses personnes qui succèdent à titre universel, ou par le vœu de la loi, ou par la volonté de l'homme; que cette assimilation entre les successeurs à titre universel, malgré les différences de dénomination, résulte de l'article 1002 du Code civil, qui ne subordonne pas les effets des dispositions testamentaires, universelles ou à titre universel, à leurs dénominations d'institution d'héritier ou de legs; qu'elle résulte plus spécialement et en termes exprès, en ce qui concerne l'assujettissement aux dettes et charges de la succession, du rapprochement de l'article 1017, qui, pour le payement des legs, restreint l'obligation personnelle des héritiers du testateur ou autres débiteurs desdits legs au prorata de la part et portion dont ils profiteront dans la succession, et des articles 873, 1009 et 1012, suivant lesquels le légataire universel, en concours avec un héritier à réserve, et le légataire à titre universel sont, sans restriction, tout comme les héritiers eux-mêmes, tenus des dettes et charges de la succession, personnellement pour leur part et portion, et hypothécairement pour le tout;

Attendu que l'obligation personnelle, dont le successeur à titre universel est ainsi tenu, existe avec toutes ses conséquences légales du moment où il est saisi des biens de la succession, soit que la saisine procède immédiatement de la loi, soit qu'elle procède de la délivrance; qu'elle n'a pas pour principe unique le titre successif d'où elle dérive; qu'elle a aussi pour cause la confusion des biens du défunt, avec les biens du successeur; qu'elle ne se mesure donc pas à l'importance des biens que ce dernier a recueillis, mais à la portée de son titre même; qu'il serait, en effet, contraire à la nature de l'obligation personnelle de se limiter selon la consistance et l'origine de certains biens advenus au débiteur; que le titre de celui-ci ne constatant pas par lui-même la consistance et la valeur des effets de la succession, a nécessairement pour résultat de réunir en ses mains et de confondre avec ses propres droits actifs ou passifs les droits actifs ou passifs du défunt; en telle sorte que les biens par lui recueillis deviennent, à l'instant même où il en obtient la saisine, le gage de ses propres créanciers, de même que ses propres biens deviennent le gage des créanciers de la succession; que, pour empêcher la confusion de s'opérer, soit par l'effet de la saisine légale, dans le cas où le successeur à titre universel est saisi de plein droit, soit par l'effet de la mise en possession, dans le cas où il doit demander la délivrance, et, pour prévenir les conséquences de cette confusion, un seul moyen est offert par la loi au successeur, qui, s'il craint de ne pas trouver dans son émolument des ressources suffisantes pour le payement des dettes, peut recourir au bénéfice d'inventaire; que, sous ce rapport, la position de l'héritier légitime et celle de l'héritier institué sont identiquement les mêmes, la loi n'ayant pas établi, en faveur du second, une qualité de successeur bénéficiaire qui subsisterait de plein droit sans l'accomplissement des formalités destinées à en assurer l'efficacité et à garantir les droits des créanciers. »

> Les créanciers successoraux peuvent, en dépit de l'article 1220 du Code civil, poursuivre la masse indivise pour la totalité de leur créance

• Req. 24 déc. 1912, *Frécon*, *GAJC*, 11e éd., n° 104

* V. s[s] n° 261.116

« Attendu, au surplus, que les demandeurs en cassation font vainement grief à l'arrêt de n'avoir pas appliqué le principe que les dettes se divisent de plein droit entre les héritiers; qu'en effet, malgré la division légale entre les héritiers des dettes de la succession, le gage dont les créanciers du défunt jouissaient de son vivant continue, même après son décès, et ce jusqu'au partage, de subsister d'une manière d'une manière indivisible sur l'hérédité entière; que la dame G. F..., intervenante dans le partage non effectué, avait donc le droit de recouvrer l'intégralité de sa créance sur la totalité des biens héréditaires, et que c'est cette règle qui est appliquée par l'arrêt attaqué, sous la forme de l'obligation au rapport total de la somme due par la succession d'A. F... à sa belle-fille par les héritiers qui prétendaient en conserver une partie. »

> Le privilège de la séparation des patrimoines n'accorde aucun droit de préférence dans les rapports des créanciers de la succession entre eux

• Req. 4 déc. 1871, *DP* 1871. 1. 249; *S.* 1871. 1. 238, concl. Reverchon.

* V. s[s] n° 261.175

« Attendu que la séparation des patrimoines demandée par application de l'article 878 du Code civil, et inscrite en vertu de l'article 2111 du même code, ne confère de privilège, conformément à l'esprit et au texte même de ces articles, que contre les créanciers de l'héritier, mais ne modifie en rien les rapports et les droits respectifs des créanciers du défunt entre eux, lesquels, ne venant pas en concours avec les créanciers de l'héritier, doivent partager, proportionnellement à leurs créances, les biens du défunt réservés par la séparation des patrimoines. »

261.03 Bibliographie indicative.

Actualisables. Rép. civ., v° *Succession (3° Liquidation et règlement du passif héréditaire)*, janv. 2010 [màj janv. 2014], par R. Le Guidec et G. Chabot.

Ouvrages. C. Aubry et C. Rau, *Traité de droit civil français*, t. X, 6e éd., par P. Esmein, § 635 *bis* à 638 – B. Beignier, *Libéralités et successions*, 2e éd., « Cours », Montchrestien, 2012 – Ph. Durnerin, *La notion de passif successoral*, « Bibl. dr. privé », t. 217, LGDJ, 1992 – S. Ferré-André et S. Berre, *Successions et libéralités*, « HyperCours », Dalloz, 2012 – J. Flour, *Le passif successoral*, *Cours de droit civil approfondi*, Les cours de droit, 1956-1957 – J. Flour et H. Souleau, *Droit civil. Les successions*, 3e éd., « coll. U », A. Colin, 1991 – F. Gasnier, *L'organisation de la liquidation du passif successoral*, « Thèses », t. 50, Defrénois, 2013 – M. Grimaldi, *Droit civil. Successions*, 6e éd., « Manuels », LexisNexis/Litec, 2001 – A.-M. Leroyer, *Droit des successions*, 3e éd., « Cours », Dalloz, 2014 – Ph. Malaurie, *Les successions. Les libéralités*, 5e éd., Defrénois/Lextenso, 2012 – J. Maury, *Successions et libéralités*, 8e éd., « Objectif droit », Lexis/Nexis, 2012 – H. L. J. Mazeaud, *Leçons de droit civil*, t. IV, vol. 2, *Successions-Libéralités*, 5e éd., par L. et S. Leveneur, Monchrestien, 1999, n°s 1203 à 1246 – M. Planiol et G. Ripert, *Traité* *pratique de droit civil français*, t. IV, *Successions*, 2e éd., par Maury et Vialleton, nos 353 à 467 – F. Sauvage, *Successions*, 22e éd., Encyclopédie Delmas, 2013 – A. Sériaux, *Successions et libéralités*, Ellipses, 2013 – F. Terré, Y. Lequette et S. Gaudemet, *Droit civil. Les successions. Les libéralités*, 4e éd., « Précis », Dalloz, 2014.

Articles. D. Arteil, « Redressement et liquidation judiciaires du débiteur décédé : quel intérêt pour les héritiers ? », *Defrénois* 2008, art. 38709 – V. Brémond, « La nouvelle acceptation à concurrence de l'actif net », *JCP N* 2006. 1331; « Les nouveaux tempéraments à l'obligation *ultra vires successionis* », *JCP N* 2006. 1366 – C. Brenner, « L'organisation des paiements dans les successions acceptées sous bénéfice d'inventaire : du vin nouveau dans de vieilles outres », *D.* 2002. 1769 – M. Dagot, « Successions : acceptation à concurrence de l'actif net et conservation d'un bien par l'héritier », *Defrénois* 2007, art. 38549 – D. Dutrieux, « Les frais d'obsèques », *JCP N* 1999. 1771 – Y. Lequette, « Le privilège de la séparation des patrimoines à l'épreuve de l'article 815-17 du Code civil », *Mél. A. Weill*, Dalloz/Litec, 1983, p. 371 – I. Lemaire, « L'intérêt du privilège de la séparation des patrimoines pour les créanciers successoraux », *JCP N* 2001. 700 – N. Levillain, « L'acceptation à concurrence de l'actif net : Pour qui ? Quand ? Comment ? » *JCP N* 2008. 1058; « Les conséquences de l'acceptation à concurrence de l'actif net », *JCP N* 2009. 1006 – S. Piedelièvre, « Crédit et successions : la sécurité de l'héritier passe avant les droits des créanciers successoraux », *Dr. et patr.* 2007, no 157, p. 59 – M. Sénéchal, « L'obligation du conjoint survivant aux dettes du défunt après la loi du 3 décembre 2001 », *Defrénois* 2003, art. 37673.

Passif successoral fiscalement déductible : A. Chappert, « Le passif successoral et le fisc », *Defrénois* 1992, art. 35197, 35218, 35234, 35391.

261.04 Questions essentielles. La liquidation du passif héréditaire suscite trois interrogations :

> Quelles dettes comprend-il ? C'est la question de la composition ou de la consistance du passif successoral.

* V. ss nos 261.10 à 261.45

> Qui est tenu de l'acquitter et dans quelle mesure ? C'est la question de la charge du passif.

* V. ss nos 261.50 à 261.131

> Comment payer les créanciers ? C'est la question du règlement du passif.

* V. ss nos 261.140 à 261.331

261.09 Application dans le temps de la loi du 23 juin 2006. La loi no 2006-728 du 23 juin 2006 qui a réformé le droit des successions[1] est entrée en vigueur le 1er janvier 2007 et a vocation à s'appliquer aux successions ouvertes à compter de cette date (L. 23 juin 2006, art. 47-II).

En ce qui concerne le **passif successoral**, la loi nouvelle a pour l'essentiel modifié la question de son **règlement**. En dépit de son intérêt théorique, le droit antérieur ne sera pas exposé de manière systématique en cette matière, car, en pratique, le règlement des dettes du défunt, le paiement des charges successorales et la délivrance des legs de sommes d'argent s'effectuent dès l'ouverture de la succession ou peu de temps après. Autant dire que si la succession s'est ouverte avant le 1er janvier 2007, le règlement du passif risque fort d'être une question d'école à l'heure où ces lignes sont publiées, par suite de l'épuisement de l'actif ou du désintéressement des créanciers. Seules quelques piqûres de rappel seront donc effectuées ponctuellement s'agissant du droit applicable aux successions ouvertes avant le 1er janvier 2007.

SECTION 1 Composition

261.10 Annonce. Trois éléments font partie du passif successoral :

- les dettes dont le défunt était tenu de son vivant (§ 1);
- les charges de la succession (§ 2);
- les legs de choses de genre (§ 3).

En outre, les particularités du passif fiscalement déductible seront succinctement évoquées (§ 4).

§ 1 Dettes du défunt

261.11 Principe : dettes dont était tenu le *de cujus* de son vivant. Toutes les dettes dont le *de cujus* était tenu de son vivant font *a priori* partie du passif de sa succession, c'est-à-dire :

- **Les dettes contractuelles** (par ex. : les obligations de garantie et de délivrance ou celle de payer le prix dont le défunt était tenu en conséquence d'une vente, les obligations du bailleur et du preneur dans un bail d'habitation de droit commun, l'obligation de non-concurrence, l'obligation passive née d'un pacte de préférence, l'obligation de règlement de la caution...).

Mais, une reconnaissance de dette par laquelle le débiteur reconnaît devoir une quote-part des biens qu'il possédera à son décès est annulable comme pacte sur succession future[2].

- **Les dettes quasi-contractuelles** (indemnité d'enrichissement sans cause, par exemple dans le cadre du règlement successoral d'une créance

1. L. no 2006-728, 23 juin 2006, portant réforme des successions et des libéralités, *JO* 24 juin, p. 9513.

2. Civ. 1re, 6 févr. 1996, no 94-13.072, *Bull. civ.*, no 67; *D.* 1997. 369, note I. Najjar; *D.* 1997. Somm. 368, obs. M. Grimaldi; *RTD civ.* 1996. 679, obs. J. Patarin.

d'assistance[1] ; répétition d'arrérages d'une pension ou d'indemnités journalières indûment versées sur le compte du défunt par une caisse d'assurance-maladie[2]).

- **Les dettes délictuelles et quasi délictuelles** (obligation de réparer le préjudice dont le *de cujus* est responsable par exemple[3]), ainsi que les amendes pénales auxquelles le débiteur a été irrévocablement condamné de son vivant nonobstant le principe de la personnalité des peines.

- **Les dettes légales** (notamment les dettes fiscales auxquelles le défunt était tenu, les majorations de retard et les pénalités fiscales dès lors qu'elles ont été prononcées avant le décès[4], *etc.*).

261.12 Justification : transmissibilité à cause de mort des dettes dont le *de cujus* était tenu de son vivant. Ces dettes ne s'éteignent pas en principe par le décès du débiteur (arg. C. civ., art. 1122, à propos des obligations conventionnelles) et sont donc transmises avec l'ensemble de son patrimoine à ses héritiers.

261.13 Exceptions : les dettes intransmissibles à cause de mort. Certaines dettes qui obligeaient le *de cujus* ne font exceptionnellement pas partie du passif de sa succession, soit parce qu'elles lui sont **personnelles** et s'éteignent avec lui (le caractère *intuitu personae* résultant de la volonté des parties ou de celle du législateur), soit que leur exécution porterait une **atteinte intolérable à la liberté individuelle de l'héritier.**

261.14 Exemples. Outre les clauses d'un contrat prévoyant expressément l'extinction de la dette au décès du débiteur et sans prétendre à l'exhaustivité, peuvent être comprises parmi les obligations intransmissibles à cause de mort :

- les **dettes alimentaires**, en principe (en revanche, à raison de leur fondement indemnitaire, la **prestation compensatoire** sous forme de rente ou de capital-rente fait l'objet d'un **droit de prélèvement sur l'actif net**, sauf volonté contraire des héritiers, v. C. civ., art. 280 s., alors que la pension alimentaire de l'ancien article 301 du Code civil est transmissible aux héritiers du débiteur prédécédé[5]);

- les **obligations de l'entrepreneur et du preneur** dans le contrat de louage d'ouvrage (C. civ., art. 1795);

- les **obligations du locataire** dont le bail est soumis à la loi du 6 juillet 1989 (L. 6 juill. 1989, art. 14, sauf transfert au bénéfice de certains proches);

- les **obligations des mandant et mandataire** (C. civ., art. 2003);

- **l'obligation de l'emprunteur dans le prêt à commodat** si le prêt a été consenti en considération de sa personne et à lui personnellement (C. civ., art. 1879, al. 2);

- **l'obligation de couverture de la caution**[6];

- l'**obligation du salarié ou de l'employeur du personnel de maison** (l'article L. 1224-1 du Code du travail est inapplicable aux employeurs de gens de maison, le bénéfice du transfert à cause de mort du contrat de travail étant réservé au transfert d'une activité économique autonome[7]);

- les **obligations de faire** du médecin, de l'avocat, de l'architecte...

§ 2
Charges de la succession

261.21 Textes. La notion de charge successorale est évoquée par diverses dispositions du Code civil sans pour autant être définie. Ainsi, l'article 873 du Code civil prévoit par exemple que les héritiers sont tenus des dettes et charges de la succession (v. aussi C. civ., art. 870, 871, 1009).

261.22 Définition. La charge successorale se distingue de la dette du défunt : **elle naît à l'occasion du décès ou après ce décès** et n'a jamais pesé sur le *de cujus*.

Bien que d'un point de vue chronologique elle se rapproche d'une dette personnelle de l'héritier puisque la charge successorale n'existe pas du vivant du *de cujus*, elle s'en distingue néanmoins car **elle naît du seul fait de l'ouverture de la succession.**

En somme, les charges successorales sont des dettes causées par l'ouverture de la succession d'une personne qui en sont la conséquence directe et nécessaire.

1. V. NOT. Civ. 1re, 12 juill. 1994, n° 92-18.639, *Bull. civ.* I, n° 250; *R.* 272; *D.* 1995. 623, note M. Tchendjou; *JCP* 1995. II. 22425 note A. Sériaux; I. 3876, n° 4, obs. R. Le Guidec; *Defrénois* 1994. 1511, note X. Savatier; *RDSS* 1995. 215, note F. Kessler; *RTD civ.* 1995. 373 obs. J. Mestre; *RTD civ.* 1994. 843, obs. J. Hauser; *RTD civ.* 1995. 407, obs. J. Patarin.
2. V. NOT., Cass., ch. mixte, 12 mai 2000, n° 97-18.851, *Bull. ch. mixte*, n° 1; *D.* 2001. 1210, note V. Mikalef-Toudic – Civ. 2e, 9 avr. 2009, n° 08-12.873, *Bull. civ.* II, n° 100; *D.* 2009. AJ 1357; *JCP* 2009, n° 228, obs. M. Billiau; *AJ fam.* 2009. 266, obs. A. Tisserand-Martin.
3. Civ. 1re, 31 janv. 1989, n° 87-11.009, *Bull. civ.* I, n° 48; *D.* 1989. IR 41.
4. Cons. const. 4 mai 2012, n° 2012-239 QPC, *JO* 5 mai, p. 8014; *AJ fam.* 2012. 417, obs. C. Vernières.
5. Civ. 1re, 4 juill. 2012, n° 11-14.962, *Bull. civ.* I, n° 152; *AJ fam.* 2012. 512, obs. N. Levillain.
6. Com. 29 juin 1982, n° 80-14.160, *Bull. civ.* IV, n° 258; *R.* 51; *GAJC*, 11e éd., n° 274; *D.* 1983. 360, note Mouly; *Gaz. Pal.* 1982. 2. 583, note S. Piedelièvre; *JCP* 1984. II. 20148, note P. Bouteiller; *RTD civ.* 1983. 354, note Ph. Rémy.
7. Soc. 5 déc. 1989, n° 86-43.165, *Bull. civ.* V, n° 695; rendu sous l'impulsion d'une directive européenne de 1977.

261.23 Exemples. À ce titre, sont communément compris parmi les charges de la succession :

• **Les frais funéraires ou frais d'obsèques** qui regroupent les frais d'inhumation et de cérémonie dans la mesure où ils ont été utiles, ce qui exclut les dépenses somptuaires ou excessives (mais si un contrat d'obsèques a été souscrit par le défunt, il s'agit alors d'une dette du défunt transmise le cas échéant à ses héritiers et, de surcroît, l'héritier peut avoir commandé les obsèques à titre personnel à une entreprise de pompes funèbres, ce qui l'oblige personnellement, sauf son recours contre ses cohéritiers [1]).

Les frais funéraires sont d'ailleurs garantis par un privilège qui porte sur les biens successoraux, non sur les biens personnels de l'héritier (C. civ., art. 2331, 2°).

La loi n° 2013-672 du 26 juillet 2013, de séparation et de régulation des activités bancaires [2], a même désormais consacré un usage bancaire en prévoyant que la personne qui s'est occupée du règlement des obsèques peut, sur présentation de la facture, obtenir le débit du ou des comptes bancaires du défunt de tout ou partie des frais funéraires, dans la double limite de 5 000 euros et du solde créditeur de ces comptes (v. C. mon. fin., art. L. 312-1-4). Toutefois, lorsque l'actif successoral est insuffisant, l'enfant est tenu d'acquitter les frais d'obsèques de ses parents sur le fondement des articles 205 et 371 du Code civil (devoirs alimentaire et de piété filiale) [3].

• **Les frais de scellés, d'inventaire et de compte** de l'article 803 du Code civil qui sont traditionnellement étendus à l'ensemble des frais nécessités par le règlement de la succession, c'est-à-dire aux frais utiles engagés dans l'intérêt commun des successeurs.

À ce titre, sont à la charge de la succession : les frais de liquidation et de partage, les frais de séquestre exposés à l'occasion d'un procès engageant exclusivement l'hérédité, les frais de garde-meubles du mobilier successoral, les frais de dépôt et d'ouverture d'un testament, les frais de demande en délivrance des legs (C. civ., art. 1016).

• **La rémunération du mandataire posthume** (C. civ., art. 812-3).

261.24 Dettes diverses dont la qualification de charges de la succession est discutée. En outre, peuvent être inclus dans les charges successorales, mais avec précaution eu égard aux hésitations doctrinales et/ou jurisprudentielles :

• **Les droits de mutation par décès,** observation faite que la qualification de charge successorale ou de dette personnelle à l'héritier est discutée (ainsi un arrêt déclare que les droits de succession constituent une dette personnelle à chaque héritier sur sa part [4]; un autre précise que la dépense occasionnée par les droits de mutation par décès représente une charge de la succession [5]).

Leur régime est hybride : l'Administration fiscale bénéficie de prérogatives réservées aux créanciers successoraux (droit de poursuivre les biens indivis ou de demander la séparation des patrimoines par ex.; sur ces points, v. s^s n°s 261.116 s. et n°s 261.151 s.), mais l'héritier en est tenu personnellement et même solidairement avec ses cohéritiers (CGI, art. 1709).

• **Les aliments dus par la succession au conjoint survivant dans le besoin** en application de l'article 767 du Code civil (réd. L. 3 déc. 2001 [6] – v. s^s n°s 234.11 s.) qui sont qualifiés par la Cour de cassation de dette « *à l'encontre de la succession* » [7] (mais une décision plus récente a considéré qu'ils étaient la manifestation de la continuation du devoir de secours entre époux [8]), auxquels peuvent désormais être associés les aliments dus par la succession aux ascendants de l'article 758 du Code civil.

• **Les dettes résultant de l'exercice des recours sur succession** aux titres notamment de l'aide sociale (CASF, art. L. 132-8), et de l'allocation de solidarité aux personnes âgées (CSS, art. L. 815-13).

Ces recours sont ouverts par le décès de l'allocataire et se substituent en quelque sorte aux recours qui existaient de son vivant.

1. Civ. 1re, 10 juill. 1990, n° 88-17.186, *Bull. civ.* I, n° 197; *Defrénois* 1991. 486, obs. F. Lucet.
2. L. n° 2013-672, 26 juill. 2013, de séparation et de régulation des activités bancaires, *JO* 27 juill., p. 12530.
3. Civ. 1re, 14 mai 1992, n° 90-18.967, *Bull. civ.* I, n° 140; *D.* 1993. 247, note J.-F. Eschylle; *Defrénois* 1992. 1435, obs. J. Massip; *RTD civ.* 1993. 171 obs. J. Patarin; *D.* 1993. Somm. 224 obs. M. Grimaldi; *JCP* 1993. II. 22097, note F.-X. Testu; *JCP N* 1993. II. 137, note Ph. Salvage – Civ. 1re, 28 janv. 2009, n° 07-14.272, *Bull. civ.* I, n° 12; *D.* 2009, Jur. 1927, note G. Raoul-Cormeil; Pan. 2508, obs. V. Bremond; *JCP* 2010, n° 203, obs. R. Le Guidec; *AJ fam.* 2009. 127, obs. F. Chenédé; *LPA* 10 juill. 2009, note J. Massip; *Defrénois* 2009. 748, note J. Massip; *RLDC* 2009/59, n° 3400, obs. Pouliquen; *RTD civ.* 2009. 307, obs. J. Hauser – V. AUSSI, C. civ., art. 806.
4. Civ. 1re, 14 févr. 1984, n° 82-16.526, *Bull. civ.* I, n° 61; *R.* 59; *D.* 1984. 453, note A. Breton; *JCP* 1985. II. 20381, note de La Marnierre; *Defrénois* 1985, art. 33457, 129; *RTD civ.* 1985. 189, obs. J. Patarin.
5. Crim. 17 mai 1988, n° 87-84.222, *Bull. crim.* n° 212; *D.* 1988. IR 207.
6. L. n° 2001-1135, 3 déc. 2001, relative aux droits du conjoint survivant et des enfants adultérins et modernisant diverses dispositions de droit successoral, *JO* 4 déc., p. 19279.
7. Civ. 1re, 1er mars 1988, n° 85-16.435, *Bull. civ.* I, n° 62.
8. Civ. 1re, 17 janv. 1995, n° 92-21.599, *Bull. civ.* I, n° 30; *D.* 1995. Somm. 329, obs. M. Grimaldi; *RDSS* 1995. 379, obs. F. Monéger; *JCP* 1995. II. 22407, note A. Bénabent; *JCP N* 1995. II. 1087, note F. Monéger; *JCP N* 1996. II. 179, note J.-F. Pillebout; *Defrénois* 1995. 1022, note J. Massip; *RTD civ.* 1995. 348, obs. J. Hauser; *RTD civ.* 1995. 404, obs. Patarin; *RTD civ.* 1996. 458, obs. B. Vareille.

La pratique notariale les qualifie dès lors de charges successorales, suivie en cela par l'Administration[1].

• **La créance de salaire différé due au décès de l'exploitant agricole par sa succession**, d'une part, **à celui de ses enfants qui a participé à l'exploitation (et à son conjoint) sans recevoir de rémunération** et, d'autre part, depuis la loi n° 99-574 du 9 juillet 1999 d'orientation agricole[2], **au conjoint de l'exploitant agricole si sa participation gratuite a duré au moins dix ans** (v. C. rur., art. L. 321-13 à L. 321-21-1 - et L. n° 99-574, 9 juill. 1999, art. 35). Cette créance ne peut être exercée contre le *de cujus* mais, en ce qui concerne l'enfant de l'exploitant agricole, elle peut être réglée par anticipation dans le cadre d'une donation-partage (C. rur., art. L. 321-17) ce qui, dans ce cas, rend sa qualification discutable (dette à terme ?). La Cour de cassation semble toutefois incliner vers la nature successorale de la dette de salaire différé[3].

• **La créance contre la succession du conjoint survivant du chef d'entreprise artisanale ou commerciale** (L. n° 89-1008, 31 déc. 1989, art. 14, mod. par Ord. n° 2006-346, 23 mars 2006)[4] qui a participé gratuitement à l'activité de l'entreprise appartenant au *de cujus*.

• Pour certains, **le droit au logement temporaire du conjoint et du partenaire d'un pacte civil de solidarité survivant** de l'article 763 du Code civil (réd. L. 3 déc. 2001 et L. 23 juin 2006) peut être qualifié de charge successorale[5].

261.25 Cas des dettes nées de la conservation ou de la gestion des biens indivis. En cas de **pluralité de successeurs**, les biens successoraux relèvent du régime de **l'indivision légale** et donc de l'article 815-17 du Code civil qui autorise les créanciers de l'indivision, au titre d'une dette née de la conservation ou de la gestion d'un bien indivis, à **prélever ou saisir un bien indivis avant tout partage** (v. s[s] n°s 261.116 s.).

En présence d'un régime comparable à celui des dettes successorales, la question de leur qualification de charge de la succession est discutée. On peut toutefois remarquer que l'article 815-17 n'est pas spécifique aux indivisions d'origine successorale mais participe du **droit commun de l'indivision.**

§ 3
Legs particuliers de choses de genre

261.31 Distinction avec le legs de chose certaine. À la différence des legs de corps certains qui concourent à la distribution de l'actif successoral sans pour autant augmenter le passif, les **legs de sommes d'argent** et plus généralement les **legs de choses de genre** doivent être **portés au passif de la succession comme n'importe quelle dette successorale.**

Alors que le légataire particulier de corps certains est propriétaire du bien légué au décès du testateur et dispose à ce titre de l'action en revendication, le **légataire de choses de genre** est un **simple créancier de la succession.** Il ne peut en effet acquérir aucun droit réel sur la chose de genre léguée tant que celle-ci n'a pas été individualisée par l'héritier obligé de le payer.

Mais, son assimilation à un créancier de la succession n'est pas parfaite depuis l'entrée en vigueur de la loi du 23 juin 2006 qui soumet notamment le legs de sommes d'argent, à des règles particulières, car son bénéficiaire ne devrait pouvoir prétendre qu'à des **droits sur l'actif net de la succession** en application de l'adage traditionnel *Nemo liberalis, nisi liberatus.*

§ 4
Passif successoral déductible

261.41 Déduction du passif successoral. Le passif successoral ainsi composé ne coïncide pas avec le passif fiscalement déductible de l'actif héréditaire taxable aux droits de mutation par décès.

Pour la liquidation et le paiement des droits de mutation par décès, les dettes à la charge du défunt sont déduites de l'actif héréditaire, lorsque leur existence au jour de l'ouverture de la succession est dûment justifiée, par tous modes de preuve compatibles avec la procédure écrite (CGI, art. 768) (v. s[s] n°s 612.90 s.).

261.42 Exemples. Sont par exemple déductibles :

– les emprunts pour le capital de la dette restant dû, les intérêts échus impayés et les intérêts à échoir (à défaut d'assurance-décès emprunteur);

1. En matière de Fonds national de solidarité, v. la qualification de dette de la succession par Rép. min. Aff. sociales [Vuillaume] n° 33108, *JOAN Q* 8 févr. 1988, p. 621; *Defrénois* 1988, art. 34234.
2. L. n° 99-574, 9 juill. 1999, loi d'orientation agricole, *JO* 10 juill., p. 10231; rectif *JO* 20 oct., p. 15647.
3. V. NOT., Civ. 1re, 20 nov. 2001, n° 98-15.576, Seguin et a. c/C[ts] Seguin, NP; *JCP* 2002. I. 178; *JCP N* 2002. 410, obs. B. Grimonprez; *JCP N* 2003. 1007, n° 2, obs. R. Le Guidec; *RD rur.* 2001, n° 573; *RD rur.* 2002, n° 181.
4. L. n° 89-1008, 31 déc. 1989, relative au développement des entreprises commerciales et artisanales et à l'amélioration de leur environnement économique, juridique et social, *JO* 2 janv., p. 9; mod. par Ord. n° 2006-346, 23 mars 2006, *JO* 24 mars, p. 4475.
5. N. Levillain, « Le droit au logement temporaire du conjoint survivant », *JCP N* 2002. 1440.

- les dettes d'impôts à la charge effective du défunt au jour de son décès (à condition que la dette d'impôt n'ait pas été contestée par le *de cujus*[1]);
- les frais de dernière maladie;
- *etc.*

261.43 Conditions. Pour être déductible de l'actif successoral, la dette doit être à la charge du défunt au jour de l'ouverture de la succession et son existence doit être prouvée[2].

La dette doit être **à la charge personnelle du défunt au jour de l'ouverture de sa succession**. Les dettes nées postérieurement au décès ne sont donc pas déductibles sauf exception (v. avant-dern. al. de ce numéro *in fine*).

La dette doit être **certaine dans son principe.** Elle n'a pas besoin d'être liquide. Si le montant de la dette n'est pas encore arrêté au moment où la déclaration de succession est déposée, elle pourra être déduite ultérieurement par voie de réclamation et les droits perçus en trop seront restituables pendant le délai de reprise.

Les dettes dont l'existence est incertaine au jour de l'ouverture de la succession ne sont pas déductibles. En conséquence, les **dettes sous condition suspensive** et les **dettes litigieuses ne sont pas déductibles**, mais si la condition suspensive se réalise et si la dette est reconnue judiciairement, le redevable pourra demander la restitution de l'impôt payé en trop.

La dette doit être **prouvée par tous modes de preuve compatibles avec la procédure écrite** : actes ou écrits, présomptions suffisamment graves et concordantes. Un inventaire des dettes détaillées article par article doit être annexé à la déclaration de succession et, le cas échéant, une attestation du créancier devra être produite sur demande de l'Administration.

261.44 Déductions prohibées. En outre, la déduction de certaines dettes est prohibée :

- dettes échues depuis plus de trois mois (sauf preuve contraire de non-remboursement au moyen d'une attestation du créancier);
- dettes seulement reconnues par testament;
- dettes échues garanties par une inscription hypothécaire périmée (si elles ne sont pas échues, elles sont déductibles sur production d'une attestation du créancier);
- dettes prescrites;
- dettes consenties par le défunt à ses héritiers ou à des personnes interposées, qui sont présumées fictives, sauf si ces dettes ont été constatées par acte authentique ou sous seing privé ayant date certaine permettant d'établir la sincérité et l'existence de la dette, auquel cas la dette sera déductible aux conditions de l'article 768 du Code général des impôts (v. CGI, art. 773) (v. s^s n°s 612.101 s.).

261.45 Exceptions. Par exception, certaines charges successorales sont néanmoins déductibles :

- les frais funéraires à concurrence de 1 500 euros sur justifications (CGI, art. 775, issu de L. n° 2002-1575, 30 déc. 2002, art. 14);
- les frais de testament;
- *etc.*

SECTION 2 CHARGE

261.50 Annonce. La question de la charge du passif héréditaire se dédouble : sur qui pèse-t-elle et quel est son poids ? Autrement dit, seront examinées successivement les débiteurs de l'obligation au passif successoral (§ 1) et la portée de l'obligation au passif successoral (§ 2).

§ 1 Débiteurs de l'obligation au passif successoral

261.51 Héritiers universels ou à titre universel. Les personnes tenues d'acquitter le passif de succession sont celles qui bénéficient d'une transmission à cause de mort du patrimoine successoral de caractère universel (puisque le patrimoine transmis comporte des éléments d'actif et de passif), c'est-à-dire :

- tous les héritiers *ab intestat* (C. civ., art. 870);
- tous les légataires et institués contractuels universels ou à titre universel (v. C. civ., art. 870 et 871)[3];
- les successeurs anomaux, dès lors qu'ils recueillent une universalité de biens (v. s^s n°s 235.11 s.).

261.52 Héritier à titre particulier. En revanche, le **légataire à titre particulier** ou **l'institué contractuel à titre particulier** ne sont pas tenus en principe du passif successoral (C. civ., art. 871 et 1024).

1. Com. 16 nov. 1999, n° 97-10.072, *Bull. civ.* IV, n° 198; *RJPF* févr. 2000, note F. Sauvage.
2. BOI-ENR-DMTG-10-40-20-10-20120912, 12 sept. 2012, n° 160.
3. Pour une application particulière et critiquable à un legs résiduel d'universalité, v. Civ. 1re, 8 févr. 2005, n° 87-84.222, *Bull. civ.* I, n° 80; *D.* 2005. 1674, note C. Brenner; *D.* 2005. Pan. 2114; *RTD civ.* 2005. 446, obs. B. Vareille.

Par exemple, le légataire particulier d'un lot de copropriété n'est pas tenu en principe des charges exigibles avant le décès du testateur.

Toutefois, par exception :

- le testateur peut imposer au légataire particulier le paiement d'une partie ou de la totalité du passif à titre de charge (C. civ., art. 1024);

- le légataire d'un immeuble hypothéqué est exposé au droit de suite du créancier hypothécaire qui peut demander le paiement au légataire (C. civ., art. 871 et 1024), sauf son recours contre la succession.

§ 2
Portée de l'obligation au passif successoral

261.60 Renonciation à succession. Au préalable, il est observé que la renonciation à succession ou au bénéfice du legs universel ou à titre universel a pour conséquence de **soustraire l'héritier à son obligation au passif successoral** (C. civ., art. 806), puisque l'héritier qui renonce est censé n'avoir jamais été héritier (C. civ., art. 805, du moins s'il ne s'est pas rétracté par la suite – v. s[s] n°s 244.09 s.).

Toutefois, nonobstant sa renonciation, l'héritier est tenu à proportion de ses moyens au **paiement des frais funéraires de l'ascendant ou du descendant à la succession duquel il renonce** (C. civ., art. 806, réd. L. 23 juin 2006). La loi du 23 juin 2006 consacre sur ce point une solution jurisprudentielle qui a admis que les frais funéraires du défunt peuvent être poursuivis contre ses débiteurs d'aliments[1].

En outre, la loi de séparation et de régulation des activités bancaires du 26 juillet 2013 a même désormais consacré un usage bancaire en prévoyant que la personne qui s'est occupée du règlement des obsèques peut, sur présentation de la facture, obtenir le débit du ou des comptes bancaires du défunt de tout ou partie des frais funéraires, dans la double limite de 5 000 euros et du solde créditeur de ces comptes (v. C. mon. fin., art. L. 312-1-4).

La portée de l'obligation au passif sera délimitée de manière générale à propos d'un héritier unique (A), avant d'examiner la situation particulière mais fréquente résultant de la pluralité d'héritiers (B).

1. Civ. 1re, 14 mai 1992, n° 90-18.967, *Bull. civ.* I, n° 140; *D.* 1993. 247, note J.-F. Eschylle; *D.* 1993. Somm. 224 obs. M. Grimaldi; *JCP* 1993. II. 22097, note Testu; *JCP N* 1993. II. 137, note Ph. Salvage; *Defrénois* 1992. 1435, obs. J. Massip; *RTD civ.* 1993. 171, obs. J. Patarin.

A.
Un héritier unique

1°
Obligation illimitée

261.61 Obligation *ultra vires successionis*. L'article 785 du Code civil (réd. L. 23 juin 2006) prévoit dans son premier alinéa que l'héritier universel ou à titre universel qui accepte purement et simplement la succession répond indéfiniment des dettes et charges qui en dépendent. Le **principe d'obligation illimitée au passif successoral** ou obligation *ultra vires successionis* qui pèse sur l'héritier est donc désormais posé par ce texte.

En cas d'acceptation pure et simple de la succession par un successeur universel ou à titre universel, celui-ci est tenu intégralement au passif, **y compris sur ses biens personnels.**

261.62 Obligation indéfinie de tous les successeurs universels ou à titre universel. Corollaire du principe de la continuation de la personne du défunt par l'héritier, l'obligation indéfinie aux dettes s'applique à **tous les héritiers**, y compris le **successeur anomal**, et à tous les **successeurs universels ou à titre universel** indépendamment du point de savoir s'ils ont la saisine ou non. La solution classique de l'arrêt *Toussaint* est consacrée[2].

EXEMPLE

Même si elle n'a pas encore été envoyée en possession (v. C. civ., art. 1006 et 1008), une association autorisée à accepter le legs universel dont elle a été gratifiée est saisie de plein droit dès le décès sous condition suspensive d'autorisation administrative et doit payer les **dettes successorales** et celles **nées de la conservation des biens de la succession**, en l'occurrence les **charges de copropriété** afférentes à un appartement dont le testateur était propriétaire[3].

261.63 Obligation indéfinie à toutes les dettes et charges, y compris dans les successions internationales. Dans le cas d'une succession internationale, scindée par exemple entre la **loi successorale française applicable aux immeubles successoraux** et la **loi successorale étrangère du pays où le défunt a eu son dernier domicile** applicable aux **meubles de la succession**, chacun des successibles dans l'une ou l'autre des successions est **tenu de l'entier passif successoral.** Le gage des créanciers de la succession ne doit pas souffrir du morcellement de la succession internationale. **Chaque masse doit la totalité**

2. Civ. 13 août 1851, *DP* 1851. 1. 281; *S.* 1851. 1. 657.
3. Civ. 1re, 16 juill. 1997, n° 95-18.978, *Bull. civ.* I, n° 253; *D.* 1997. IR 181; *Defrénois* 1998. 189, note Savatier; *Dr. fam.* 1997, n° 130, note B. Beignier.

de la dette au plan de l'obligation au passif. Dans une hypothèse où il existait une pluralité de masses successorales, il a été jugé que les dettes de la succession sont soumises à une loi unique (loi française en l'espèce) et devront être prélevées sur l'ensemble de la succession.

Mais au plan de la **contribution au passif**, la masse successorale française n'aura à supporter qu'une part de passif proportionnelle à la fraction qu'elle représente par rapport à la valeur totale des diverses masses[1] (sur l'obligation au passif et la contribution au passif d'une succession internationale, v. s[s] n°s 723.101 à 723.111).

La protection des créanciers successoraux conduit le règlement européen UE n° 650/2012 du 4 juillet 2012 à soumettre la **transmission du passif à une loi successorale unique dès lors que la succession s'est ouverte à compter du 17 août 2015**[2] (v. *Droit international privé*, s[s] n°s 72.08, 724.00 s. et spéc[t] 724.142).

261.64 Séparation des patrimoines professionnel et privé au décès de l'entrepreneur individuel à responsabilité limitée. La loi n° 2010-658 du 15 juin 2010 a créé l'entreprise individuelle à responsabilité limitée[3].

Le **principe de l'unicité du patrimoine** posé par Aubry et Rau s'en trouve un peu plus **affaibli**, puisqu'il est désormais possible de compartimenter son patrimoine entre celui qui est affecté à l'EIRL (**patrimoine professionnel**) et celui qui ne l'est pas (**patrimoine privé**). De même, le droit de **gage général des créanciers sur l'entier patrimoine du débiteur** proclamé par les articles 2284 et 2285 du Code civil, qui en constitue le corollaire, est tenu **en échec lorsque l'actif de l'EIRL répond seul de son passif,** et que le périmètre du gage des créanciers professionnels est limité aux biens qui sont affectés à l'entreprise.

Au **décès du chef d'entreprise** individuelle à responsabilité limitée, la déclaration d'affectation cesse en principe de produire ses effets (C. com., art. L. 526-15, al. 1er). **Patrimoine affecté** et **patrimoine non affecté** sont alors **réunifiés** au sein de la succession.

Par exception, l'affectation ne cesse pas dès lors que l'un des **héritiers ou ayants droit de l'entrepreneur individuel** décédé, sous réserve du respect des dispositions successorales, manifeste son **intention de poursuivre l'activité professionnelle** à laquelle le patrimoine était affecté (C. com., art. L. 526-16, al. 1er). L'héritier ayant manifesté son intention de poursuivre l'activité professionnelle en fait alors porter la mention au registre auquel a été effectué le dépôt de la déclaration visée à l'article L. 526-7 dans un délai de trois mois à compter de la date du décès (C. com., art. L. 526-16, al. 1er *in fine*). S'il entend poursuivre l'activité professionnelle du défunt, reprendre le patrimoine affecté, le cas échéant après partage et vente de certains des biens affectés pour les besoins de la succession, il doit déposer une **déclaration de reprise** au registre auquel a été effectué le dépôt de la déclaration visée à l'article L. 526-7 (C. com., art. L. 526-16, al. 2). Le passif affecté à l'EIRL lui est alors transmis avec les autres dettes de la succession. Néanmoins, les **créanciers professionnels du défunt** conservent leur **gage sur le patrimoine affecté,** alors que les **créanciers privés du défunt** conservent leur **gage sur le patrimoine non affecté.** En revanche, chacun d'eux peut poursuivre l'actif personnel de l'héritier, à moins que celui-ci ait accepté la succession à concurrence de l'actif net ou que ses créanciers aient inscrit le droit de préférence de l'article 878 du Code civil (v. s[s] n°s 261.152 et 261.172).

261.65 Exceptions. Font toutefois exception certaines dettes ou charges successorales car elles ne sont **exigibles que sur l'actif successoral,** les héritiers n'en étant tenus qu'*intra vires successionis*, c'est-à-dire :

– les **aliments** dus au **conjoint survivant** et aux **ascendants dans le besoin** en vertu des articles 767 et 758 du Code civil[4] (v. s[s] n°s 234.11 s., 232.171 s. et 261.24);

– le droit au **remboursement des loyers** dans le cadre du **droit au logement temporaire du conjoint et du partenaire d'un pacte civil de solidarité survivant** de l'article 763 du Code civil (réd. L. 3 déc.

1. T. civ. Papeete, 7 mars 1975, *Journ. not.* 1976, art. 53341.
2. Règl. UE n° 650/2012, du Parlement européen et du Conseil, 4 juill. 2012, relatif à la compétence, la loi applicable, la reconnaissance et l'exécution des décisions, et l'acceptation et l'exécution des actes authentiques en matière de successions et à la création d'un certificat successoral européen, *JOUE*, n° L 201, 27 juill., p. 107 – V. NOT., F. Sauvage, « L'option et la transmission du passif dans les successions internationales », in G. Khairallah et M. Revillard (dir), *Droit européen des successions internationales*, Defrénois, 2013. 105.
3. L. n° 2010-658, 15 juin 2010, relative à l'entrepreneur individuel à responsabilité limitée, *JO* 16 juin, p. 10984 – Parmi les déjà nombreux commentaires de la loi (et non du projet de loi Novelli), V. NOT., S. Piedelièvre, « L'entreprise individuelle à responsabilité limitée », *Defrénois* 2010, art. 39134 – B. Saintourens, « L'entrepreneur individuel à responsabilité limitée », *Rev. sociétés* 2010. 351 – F. Vauvillé, « Commentaire de la loi du 15 juin 2010 relative à l'entrepreneur individuel à responsabilité limitée », *Defrénois* 2010, art. 39144.
4. Civ. 1re, 9 mars 1994, n° 91-21.021, *Bull. civ.* I, n° 88; *D.* 1995. 44, note M. Grimaldi; *RTD civ.* 1995. 404, obs. J. Patarin; *RTD civ.* 1995. 348, obs. J. Hauser.

2001 et L. 23 juin 2006), car il s'agit d'une créance contre la succession[1];

- la **créance de subsides de l'enfant naturel** dont la filiation n'est pas légalement établie (v. C. civ., art. 342-5 qui renvoie également à l'article 767 pour le régime de la transmission à cause de mort);

- la **créance de salaire différé** (C. rur., art. L. 321-13 et L. 321-21-1 - v. s[s] n° 261.24);

- la **créance du conjoint du chef d'entreprise artisanale ou commerciale** (L. n° 89-1008, 31 déc. 1989 art. 14 - v. s[s] n° 261.24);

- les **créances dues au département** au titre de l'aide sociale (CASF, art. L. 132-8 - v. s[s] n° 261.24) et de l'allocation de solidarité aux personnes âgées (CSS, art. L. 815-13). - v. s[s] n° 261.24) qui prévoient un recours sur la fraction de l'actif net successoral qui excède un seuil fixé par décret;

- les **legs de sommes d'argent**, dont l'héritier acceptant pur et simple n'est tenu qu'à concurrence de l'actif successoral net des dettes depuis la loi du 23 juin 2006 (C. civ., art. 785, al. 2).

261.66 Remise de dette par le juge. Ensuite, l'héritier acceptant « *peut demander à être déchargé en tout ou partie de son obligation à une dette successorale qu'il avait des motifs légitimes d'ignorer au moment de l'acceptation, lorsque l'acquittement de cette dette aurait pour effet d'obérer gravement son patrimoine personnel* » (C. civ., art. 786, al. 2).

Par exemple, il pourrait solliciter une telle remise de dette en raison d'un cautionnement souscrit par le défunt ou d'une décision de justice l'ayant condamné à verser des dommages-intérêts dont l'existence était ignorée.

Jusqu'à présent, l'héritier acceptant surpris par la découverte tardive d'un élément de passif inconnu, ne pouvait que plaider que son consentement avait été vicié. Cette **action en nullité pour vice du consentement** est apparue trop étroite au législateur, à défaut pour l'héritier de pouvoir invoquer la lésion (en dehors des dispositions de l'ancien article 783 du Code civil aujourd'hui abrogées : découverte d'un testament inconnu qui absorbe ou diminue l'actif de plus de moitié); il la complète en conséquence par une **action en décharge destinée à protéger l'héritier**.

L'action en décharge doit être introduite par l'héritier auprès du **juge compétent pour statuer sur la dette dont la décharge est demandée** et non auprès de celui compétent pour le règlement de la succession (Circ. min. Justice 29 mai 2007, p. 21)[2] dans les **cinq mois** du jour où il a eu connaissance de l'existence et de l'importance de la dette (C. civ., art. 786, al. 3). Il semble donc que la dette doit être liquidée préalablement[3].

Le demandeur doit prouver :

- qu'il **ignorait la dette au jour de son acceptation** et qu'il avait de **justes motifs de l'ignorer**; la preuve de l'ignorance de la dette est libre, et les motifs légitimes sont appréciés par les tribunaux (Circ. min. Justice 29 mai 2007);

- que **l'acquittement de cette dette obérerait gravement son patrimoine personnel**; il ne suffit donc pas que le paiement de la dette rende la succession déficitaire, mais il est nécessaire qu'il mette en péril la fortune personnelle de l'héritier (Circ. min. Justice 29 mai 2007).

Si cette **double preuve** est rapportée, le juge peut **décharger totalement ou partiellement** l'héritier du paiement de la dette (Circ. min. Justice 29 mai 2007).

Certains auteurs se demandent si cette décharge a un effet libératoire ou si elle restreint le gage du créancier à l'actif successoral[4]. La première interprétation semble devoir être privilégiée, si l'on veut protéger efficacement l'héritier : la dette dont l'héritier est « *déchargé* » en tout ou en partie est intégralement ou partiellement éteinte[5].

2°
Obligation limitée

a.
Acceptation à concurrence de l'actif net : le principe

261.71 Obligation *intra vires successionis*. Aux termes de l'article 791 du Code civil : « *L'acceptation à concurrence de l'actif net donne à l'héritier l'avantage :* [...]

3° *de n'être tenu du paiement des dettes de la succession que jusqu'à concurrence de la valeur des biens qu'il a recueillis* ».

L'acceptation à concurrence de l'actif net, comme auparavant l'acceptation sous bénéfice d'inventaire (v. C. civ., anc. art. 802, 1°), a pour effet de **limiter l'obligation du successeur au passif.** Le successeur n'est pas tenu *ultra vires* mais *intra vires successionis*, c'est-à-dire à concurrence de l'actif recueilli.

1. V. NOT., M. Grimaldi, « Droits du conjoint survivant : brève analyse d'une loi transactionnelle », *AJ fam.* 2002. 48 – F. Sauvage, « Le logement de la veuve », *Dr. et patr.* janv. 2003. 32.
2. Circ. min. Justice n° 73-07/C1/5-2/GS, 29 mai 2007, p. 21.
3. EN CE SENS, S. Piedelièvre, « Crédit et successions : la sécurité de l'héritier passe avant les droits des créanciers de la succession », *Dr. et patr.* mars 2007. 59.
4. V. Brémond, « Les nouveaux tempéraments à l'obligation *ultra vires successionis* », *JCP N* 2006. 1366.
5. EN CE SENS, S. Piedelièvre, « Crédit et successions : la sécurité de l'héritier passe avant les droits des créanciers de la succession », art. préc.

Elle emporte en effet séparation des patrimoines du *de cujus* et de l'héritier bénéficiaire. Ce qui signifie, d'une part, que les créanciers du *de cujus* ne peuvent pas saisir ses biens personnels et, d'autre part, en sens inverse que les créanciers personnels de l'héritier ne peuvent poursuivre les biens qu'il a reçus du *de cujus* (v. s[s] n° 261.201).

L'acceptation à concurrence de l'actif net est par conséquent opportune lorsqu'un doute existe sur la consistance et le montant du passif successoral au regard de l'actif (ou réciproquement sur la consistance et le montant de l'actif successoral au regard d'un passif connu important) dont on peut se demander s'il sera suffisant pour désintéresser l'ensemble des créanciers.

261.72 **Obligation *cum viribus*.** Le créancier de la succession ne peut poursuivre l'héritier sur des biens autres que ceux qu'il a reçus (limitation *cum viribus* et non *pro viribus* : à concurrence des biens reçus en nature et non en valeur, à la différence, par exemple, du bénéfice d'émolument dont peut se prévaloir à la dissolution de la communauté le conjoint de l'époux débiteur, v. C. civ., art. 1483 s. - et s[s] n°s 145.84 et 145.102).

b.
Acceptation à concurrence de l'actif net : les exceptions

261.81 **Rétablissement de l'obligation *ultra vires*.** L'héritier peut toutefois être **exceptionnellement poursuivi sur ses biens personnels** dans les hypothèses suivantes :

- **Lorsqu'il n'a pas déposé l'inventaire dans le délai légal**, puisque, les conditions de son acceptation à concurrence de l'actif net n'étant alors pas réunies, il est considéré comme ayant accepté la succession purement et simplement (C. civ., art. 790, al. 4 - v. s[s] n° 243.13).

- S'il n'a **pas publié** ou s'il a **publié tardivement** une **déclaration d'aliénation** (v. s[s] n° 243.27), il est alors tenu du prix du bien aliéné sur ses deniers personnels (C. civ., art. 795, al. 2).

- Si **un créancier conteste avec succès la valeur prisée dans l'inventaire du bien** qu'il déclare conserver ou le prix de la vente amiable du bien qu'il déclare aliéner, il est tenu du complément sur ses deniers personnels, sauf, dans le premier cas, à restituer à la succession le bien conservé et sans préjudice de l'action paulienne, dans le second (C. civ., art. 794, al. dern.).

- Lorsqu'il **ne présente pas son compte d'administration au créancier de la succession qui en fait la demande** ou lorsqu'il **ne répond pas dans un délai de deux mois à la sommation** qui lui est faite par le créancier de révéler où se trouvent les biens et droits recueillis dans la succession qu'il n'a pas déclaré conserver ou aliéner dans les conditions prévues à l'article 794 du Code civil (C. civ., art. 800, al. 3 - v. s[s] n° 243.26).

- Lorsqu'il a commis une **faute grave dans l'administration de la succession** (C. civ., art. 800, al. 2), il est tenu *ultra vires* d'acquitter les dommages-intérêts s'il y a lieu (v. s[s] n° 243.26).

- Lorsqu'il est **déchu de son acceptation à concurrence de l'actif net** pour avoir omis, sciemment et de mauvaise foi, de comprendre dans l'inventaire des éléments actifs ou passifs de la succession ou pour n'avoir pas affecté au paiement des créanciers de la succession la valeur des biens conservés ou le prix des biens aliénés, puisqu'il est alors réputé être héritier acceptant pur et simple au jour de l'ouverture de la succession (C. civ., art. 800, al. dern.) ou lorsqu'il **révoque son acceptation à concurrence de l'actif net** (C. civ., art. 801). Toutefois, les créanciers successoraux et les légataires de sommes d'argent conservent l'exclusivité des poursuites sur les biens recueillis de la succession qui n'ont été ni conservés ni aliénés (C. civ., art. 802).

c.
Succession vacante

261.91 **Obligation *intra vires*.** L'autorité administrative chargée du domaine à qui est confiée la **curatelle d'une succession vacante** n'est tenue d'acquitter les **dettes de la succession que jusqu'à concurrence de l'actif successoral** (C. civ., art. 810-4, *in fine*, réd. L. 23 juin 2006). Les domaines administrent en effet les biens d'autrui, et ne peuvent être tenus d'acquitter sur les deniers publics les dettes qui ne sont pas les siennes.

Avant la loi du 23 juin 2006, la Cour de cassation avait d'ailleurs rappelé dans un arrêt rendu au visa des articles 802 et 814 du Code civil que « *l'Administration des domaines, nommée curateur à succession vacante, n'était tenue au paiement des dettes de la succession que jusqu'à concurrence de la valeur des biens qu'elle a recueillis* »[1].

d.
Succession en déshérence

261.101 **Obligation *intra vires*.** L'État appelé à recueillir une succession en déshérence (v. C. civ., art. 724, al. 3 et art. 811 s.) n'est **tenu d'acquitter le passif de succession que dans les limites de l'actif successoral.**

Il recueille en effet la succession en vertu de son droit de souveraineté, et ne saurait faire peser sur les finances publiques la charge d'un passif successoral.

1. Civ. 1re, 5 oct. 1994, n° 92-19.132, *Bull. civ.* I, n° 264; *D.* 1995. Somm. 331, obs. M. Grimaldi.

B.
Plusieurs héritiers

261.110 Obligation et contribution à la dette. Si plusieurs successeurs sont tenus d'acquitter le passif successoral, alors deux questions se posent :

- celle de l'obligation à la dette ou de l'étendue du droit de poursuite du créancier successoral contre chacun des successeurs (1°);

- celle de la contribution à la dette, c'est-à-dire celle de la charge définitive du passif entre les successeurs pour le cas où certains d'entre eux seulement auraient payé le créancier (2°).

1°
Obligation à la dette

261.111 Principe de la division des dettes entre les héritiers. Le principe est énoncé par l'article 1220 du Code civil qui prévoit notamment que chaque héritier n'est tenu de payer la dette que pour la part dont il est saisi ou dont il est tenu comme représentant le débiteur (v. C. civ., art. 873).

Un créancier de la succession doit par conséquent diviser ses poursuites entre les héritiers. Il ne peut réclamer à chacun d'eux qu'une part de la dette proportionnelle à la part d'actif qu'il doit recueillir en fonction de sa vocation héréditaire. Cette **division** est *a priori* **proportionnée à la vocation de l'héritier** et non à son émolument effectif, sauf exception, comme lorsque le conjoint recueille une quote-part de la succession liquidée sur une masse de calcul, mais plafonnée à la masse d'exercice (v. C. civ., art. 758-5).

En présence de deux héritiers de même rang se partageant l'actif par moitié, le créancier divise donc en principe sa dette par deux et peut seulement poursuivre chacun d'eux pour une moitié de la dette.

Admettre la solidarité des héritiers à l'égard du passif successoral alors qu'ils sont tenus par ailleurs *ultra vires* aurait été trop rigoureux (v. une application relativement récente à propos d'un arriéré de loyers impayés qui se divise entre les héritiers du locataire à proportion de leurs vocations héréditaires[1]).

Le risque d'insolvabilité de l'héritier débiteur pèse donc sur le créancier de la succession (qui peut toutefois exercer son droit de préférence, v. s^{s} n°s 261.151 s.) et non sur les cohéritiers. En outre, le **créancier poursuivant** se heurte à la **limitation de l'obligation au passif de l'héritier acceptant à concurrence de l'actif net** qu'il ne peut contourner en poursuivant les autres cohéritiers (v. en matière de bénéfice d'inventaire[2]).

261.112 Succession anomale et legs à titre universel de tout ou partie des meubles ou des immeubles. La division des poursuites au prorata des vocations héréditaires des successeurs pose un problème pratique en présence de **successeurs ordinaires**, ayant vocation à une fraction de la succession, et de **successeurs anomaux ou de légataires à titre universel**, de tout ou partie des meubles ou des immeubles : leurs droits ne peuvent être exprimés *a priori* par une fraction ou une quote-part de la succession s'ils sont fonction de la nature des biens successoraux (meuble ou immeuble) ou de leur origine (succession anomale de C. civ., art. 368-1, par ex. – v. s^{s} n°s 235.50 à 235.73 s.).

Pour déterminer la part de passif qui incombe au successeur anomal ou au légataire à titre universel de tout ou partie des meubles ou des immeubles comparativement à celle qui pèse sur les successeurs ordinaires, deux solutions sont concevables.

Une **règle proportionnelle** peut être appliquée : le successeur anomal ou le légataire à titre universel de tout ou partie des meubles ou des immeubles est **obligé à concurrence de la quote-part de la succession globale que représente la totalité des biens qu'il a vocation à recevoir.**

Mais cette méthode suppose préalablement évalués les droits et les biens compris dans l'hérédité, ce qui n'est pas toujours aisé.

Aussi est-il plus simplement préconisé **d'arrêter le droit de poursuite des créanciers à une part virile**, c'est-à-dire en **divisant le montant de la créance par le nombre de successeurs** (v. C. civ., art. 873).

261.113 Concours entre successeur saisi et successeur non saisi. Si la succession se partage entre un légataire universel non saisi en présence d'un héritier à réserve saisi, les créanciers successoraux ne pourront poursuivre le légataire universel tant que son legs ne lui aura pas été délivré et pourront donc recourir pour le tout contre l'héritier à réserve.

Après la délivrance du legs universel, le légataire universel peut être poursuivi à concurrence de la part d'actif qu'il a vocation à recueillir. La division des dettes est alors obligatoire et le créancier ne peut après la délivrance du legs exercer son droit de

1. Civ. 3e, 16 févr. 2000, n° 97-22.156, *Bull. civ.* III, n° 32; *D.* 2001. 961, note Ph. Bihr; *D.* 2001. Somm. 171, obs. CRDP Nancy 2; *D.* 2001. 2936, obs. V. Brémond; *JCP N* 2000. 903, obs. A. Djigo; *RJPF* 2000-7-8/27, obs. J. C.; *RDI* 2000. 250, obs. F. Collart-Dutilleul.

2. Civ. 1re, 3 déc. 2002, n° 00-13.785, n° 00-13.788, Sellin c/Bacon, *Bull. civ.* I, n° 298; *D.* 2003. 1872, obs. M. Nicod; *RTD civ.* 2003. 334, obs. J. Patarin.

poursuite pour le tout contre l'héritier réservataire[1].

261.114 Héritier en usufruit et héritier en nue-propriété. En présence d'un héritier en usufruit et d'un héritier en nue-propriété, le créancier successoral peut poursuivre le successeur en usufruit à proportion des intérêts de la dette, mais il peut poursuivre le successeur en nue-propriété pour le tout c'est-à-dire à concurrence de la dette en capital et intérêts[2].

Le bénéficiaire d'une donation entre époux au dernier vivant portant sur un usufruit universel peut donc être tenu de payer les dettes qui sont la charge des fruits et revenus et d'acquitter les arrérages de la rente dont son auteur était débiteur ainsi que les intérêts sur les arrérages échus[3].

261.115 Exceptions au principe de la division des dettes. Certaines exceptions au principe de la division des dettes résultent de la **nature de la dette** : ainsi il est fait exception au principe de division des dettes lorsque la dette est **indivisible** par nature ou par convention (C. civ., art. 1221, 5°) ou lorsque la dette est **hypothécaire** en vertu de l'indivisibilité de l'hypothèque (C. civ., art. 873, 1009, 1012, 1221, 1°, quoique, dans ce dernier cas, le créancier poursuivant peut préférer diviser les poursuites sans exercer son action hypothécaire).

D'autres exceptions reposent sur la **volonté du *de cujus* :** il a pu être stipulé dans le titre constitutif de l'obligation ou par testament que la charge de la dette reposerait sur un seul de ses héritiers (C. civ., art. 1221, 4°). Le créancier peut néanmoins poursuivre les autres héritiers pour leur part et portion.

Les **successeurs** peuvent en outre **dans le partage stipuler une clause de répartition inégale du passif** de façon à rééquilibrer des lots. Cette clause est de même inopposable au créancier qui peut préférer diviser ses poursuites.

261.116 Tempérament apparent : le droit pour le créancier successoral de prélever ou saisir les biens indivis. Si la division des dettes est justifiée lorsque le successeur est poursuivi sur ses biens personnels par un créancier successoral, en revanche les raisons qui commandent cette division ne se retrouvent plus si les biens poursuivis sont encore indivis. Le successeur tenu *ultra vires* qui peut limiter les poursuites exercées contre lui sur ses biens personnels avant le partage ou sur l'ensemble de ses biens y compris ceux recueillis dans l'actif successoral après le partage, n'est nullement menacé par son obligation *ultra vires* si le créancier dirige ses poursuites sur les biens de la succession restés à l'état d'indivision. Ces biens forment le gage naturel des dettes nées du chef du défunt de son vivant.

Une décision ancienne de la Cour de cassation a dès lors admis que les créanciers du *de cujus* peuvent recouvrer leur entière créance sur tous les biens relevant de l'indivision post-successorale aux motifs que « *le gage, dont les créanciers jouissaient de son vivant, continue, même après son décès, et ce jusqu'au partage, de subsister d'une manière indivisible sur l'hérédité toute entière* »[4]. Ainsi leur **droit de gage** est **identique avant et après le décès de leur débiteur** et le concours avec les créanciers personnels de l'héritier est évité, tout au moins jusqu'au partage.

Cette jurisprudence a été consacrée par la loi du 31 décembre 1976 qui a créé l'article 815-17 du Code civil. Celui-ci dispose à l'alinéa 1er : « *Les créanciers qui auraient pu agir sur les biens indivis avant qu'il y eût indivision* [...] *seront payés par prélèvement sur l'actif avant le partage. Ils peuvent en outre poursuivre la saisie et la vente des biens indivis* [...]. »

Les créanciers personnels de l'indivisaire sont privés du droit de saisir les biens indivis et peuvent seulement provoquer le partage (C. civ., art. 815-17, al. 2 et 3).

On remarquera que l'article 815-17 ne sort pleinement ses effets qu'en cas d'acceptation pure et simple de l'héritier puisque, en cas d'acceptation à concurrence de l'actif net, le créancier successoral est déjà protégé par la séparation des patrimoines contre les créanciers personnels de l'héritier (v. ss n° 261.201). Mais le créancier héréditaire doit toujours diviser ses poursuites en présence d'une pluralité d'héritiers dont certains ont accepté à concurrence de l'actif net et l'article 815-17 l'autorisera à saisir les biens indivis pour acquitter son entière créance.

261.117 Conséquences. Le **principe de la division des dettes** est en quelque sorte **différé au moment du partage.**

Si la succession est solvable, les droits des créanciers successoraux sont préservés après le décès de leur débiteur tant que les biens relevant de l'indivision post-successorale n'ont pas été partagés.

Les **créanciers de la succession** (c'est-à-dire si l'on suit à la lettre les termes de l'article 815-17 : **ceux dont la dette est née du vivant du *de cujus*** auxquels on assimile les créanciers au titre des charges

1. V. Civ. 1re, 16 mai 1960, n° 57-12.828, *Bull. civ.* I, n° 259; *D.* 1960. 681, 2e esp.
2. V. NOT., Civ. 2e, 18 janv. 2005, n° 02-30.577, *Bull. civ.* II, n° 15; *D.* 2005. Pan. 2129 obs. V. Brémond; *AJ fam.* 2005. 200; *Dr. fam.* 2005, n° 257, note A. Devers; *RJPF* 2005-5/43, note J. Casey.
3. Civ. 1re, 16 févr. 1999, n° 96-21.097, *Bull. civ.* I, n° 58; *D.* 1999. IR 84; *JCP* 2000. I. 211, n° 14, obs. H. Périnet-Marquet; *RTD civ.* 1999. 449, obs. J. Patarin.
4. Req. 24 déc. 1912, Frécon, *S.* 1914, 1, 201, 1re esp.

de succession mais non, semble-t-il, les légataires de choses de genre) n'ont pas à diviser leurs poursuites et à subir le risque d'insolvabilité de l'héritier impécunieux ni à concourir avec les créanciers personnels de l'héritier.

En revanche, ils **seront en concours avec ceux dont la créance résulte de la conservation ou de la gestion des biens indivis**, bien qu'elle soit postérieure à l'ouverture de la succession. L'article 815-17 assimile sur ce point précis ces créanciers à ceux qui auraient pu agir avant la naissance de l'indivision.

Ce droit de prélèvement et de saisie avant tout partage ne prive pas les créanciers de leur droit de poursuivre, s'il y a lieu, chacun des cohéritiers débiteurs pour sa part et portion sur ses biens personnels[1].

Le droit de gage sur les biens indivis subsiste même en entier, y compris si l'un des cohéritiers a acquitté sa part de passif, mais sauf son recours contre ses cohéritiers (mais c'est alors sur lui que pèse le risque d'insolvabilité...).

2°
Contribution à la dette

a.
Principe

261.121 Contribution en proportion de la part successorale de l'héritier. Aux termes de l'article 870 du Code civil, « *les cohéritiers contribuent entre eux au payement des dettes et charges de la succession, chacun dans la proportion de ce qu'il y prend* ». L'article 871 précise à propos du **légataire à titre universel** qu'il **contribue** avec les héritiers **au prorata de son émolument.**

PAR EXEMPLE :

- si un *de cujus* laisse quatre enfants, ceux-ci supportent à titre définitif chacun un quart du passif;

- si un *de cujus* laisse deux enfants et son conjoint légataire universel de tout l'usufruit des biens successoraux, ce dernier supporte seul à titre définitif la charge des intérêts de la dette, alors que chacun des enfants supporte la moitié de la dette en capital (v. C. civ., art. 612, qui précise les modalités selon lesquelles usufruitier et nu-propriétaire contribuent à la dette, observation faite que la Cour de cassation appliquait ce texte à la prestation compensatoire sous forme de rente au décès du débiteur, avant que la loi du 26 mai 2004 réformant le divorce institue un droit de prélèvement sur l'actif aux articles 280 et suivants du Code civil[2]).

261.122 Recours contributoires. Si le successeur a payé le créancier poursuivant au-delà de sa part, quatre actions s'ouvrent à lui :

- **l'action subrogatoire** (C. civ., art. 1251, 3°);

- **l'action en garantie d'éviction due entre copartageants**, s'il a payé après le partage, car il est évincé à hauteur de ce qu'il a payé au-delà de sa part (v. C. civ., art. 884, réd. L. 23 juin 2006);

- **l'action en indemnisation du gérant d'affaires** contre le maître (C. civ., art. 1375);

- **l'action de « *in rem verso* »**, sur le fondement de l'enrichissement sans cause, à défaut.

Le *solvens* doit alors diviser son recours, y compris lorsqu'il exerce l'action subrogatoire (arg. C. civ., art. 875), l'insolvabilité de l'un des successeurs étant supportée par tous « *au marc le franc* » (arg. C. civ., art. 876).

Ces recours contributoires permettent soit de rétablir une proportionnalité qui n'a pas été respectée par le créancier poursuivant, soit d'anéantir en tout ou en partie une proportionnalité exclue par le *de cujus* ou les successeurs, mais respectée par le créancier qui a divisé ses poursuites.

b.
Exceptions

261.131 Volonté contraire du défunt ou des héritiers. En effet, les **exceptions à ce principe de proportionnalité** résultent soit de la **volonté du *de cujus*** qui, notamment, peut par testament imposer une répartition définitive de la dette autre qu'en proportion des vocations héréditaires des successeurs, soit de la **volonté des successeurs** qui peuvent prévoir entre eux une répartition de la charge définitive du passif inégalitaire ou de façon plus générale détachée de la part de succession qu'ils ont vocation à recevoir.

Si, par convention, les parties ont exclu la proportionnalité de leur contribution au passif successoral alors qu'un créancier de la succession a divisé ses poursuites au prorata des parts héréditaires de chacun de ses débiteurs, le débiteur qui a trop payé dispose en outre d'un recours contre les autres débiteurs sur le fondement de la force obligatoire des conventions et peut leur demander d'exécuter leur obligation sous peine d'engager leur responsabilité.

1. Civ. 1re, 10 févr. 1993, n° 91-14.865, n° 91-15.736, *Bull. civ.* I, n° 72; *D.* 1993. IR 71; *JCP* 1994. I. 3791, n° 2, obs. R. Le Guidec; *Defrénois* 1994. 712, obs. J. de Saint Affrique.

2. Civ. 1re, 8 juin 2004, n° 00-15.279, *Bull. civ.* I, n° 168; *JCP* 2004. II. 10174 note F. Sauvage; *JCP* 2005. I. 187, n° 1, note R. Le Guidec; *Defrénois* 2004. 1680, obs. J. Massip; *AJ fam.* 2004. 283, obs. S. David; *Dr. fam.* 2004, n° 147, note V. Larribau-Terneyre; *RTD civ.* 2004. 720, obs. J. Hauser – Civ. 1re, 28 mars 2006, n° 04-10.406, *Bull. civ.* I, n° 187; *JCP* 2006. IV. 1952; *AJ fam.* 2006. 212; *LPA* 19 mars 2008, obs. N. Pétroni-Maudière.

SECTION 3
Règlement

261.140 **Annonce – Règlement en fonction de l'option successorale choisie.** Le règlement du passif héréditaire diffère selon que l'héritier a accepté la succession purement et simplement (§ 1) ou à concurrence de l'actif net (§ 2) (en ce qui concerne l'hypothèse de renonciation à succession, v. s[s] n°s 244.09 s.)

À défaut d'acceptation de la succession par un héritier, la succession peut aussi être recueillie par l'État ou simplement gérée par lui en l'attente d'une possible acceptation ultérieure. Ces situations de **déshérence** ou de **vacance** emportent un règlement particulier du passif successoral (§ 3).

À chacune de ces trois situations correspond un mode de règlement particulier du passif successoral qui sera examiné distinctement.

La question du paiement des dettes des copartageants sera évoquée avec le droit du partage, le rapport de dettes à la masse partageable étant une opération de partage (v. s[s] n°s 271.91 à 271.96).

§ 1
Acceptation pure et simple

A.
Principe

261.141 **Inorganisation des paiements.** Sans préjudice de l'application des règles des procédures collectives auxquelles le défunt aurait pu être soumis de son vivant ou qui pourraient être initiées dans l'année de son décès s'il est mort en étant de cessation de paiements (pour le redressement et la liquidation judiciaires, v. C. com., art. L. 631-3 et L. 640-3), **le règlement du passif successoral** en cas d'acceptation pure et simple de la succession est **soumis à un principe simple** : **l'inorganisation des paiements.**

261.142 **Justifications.** L'inorganisation des paiements en droit français est justifiée par la combinaison de deux principes :

– le premier est celui de la succession à la personne qui se manifeste notamment par la **confusion immédiate des patrimoines du défunt et de l'héritier** continuateur de la personne du *de cujus*. Le patrimoine du *de cujus* est absorbé au décès, actif comme passif, par celui de l'héritier. Le passif successoral est par conséquent immédiatement appréhendé par le patrimoine de l'héritier composé également de ses propres dettes. En conséquence, le successeur a les mêmes pouvoirs sur les biens successoraux que sur ses biens personnels et règle les dettes successorales comme ses dettes propres;

– le second est le prix de la course **en l'absence d'organisation du règlement des** créanciers successoraux.

Les créanciers de la succession paraissent en outre suffisamment protégés par l'obligation *ultra vires* de l'héritier acceptant pur et simple, bien qu'ils demeurent sous la menace des créanciers personnels de l'héritier.

261.143 **Conséquences.** Il en résulte que les **créanciers de la succession**, comme les **créanciers personnels de l'héritier**, sont payés **au prix de la course** et donc au fur et à mesure qu'ils se présentent, dans l'ordre qu'il convient à l'héritier.

À défaut de paiement, ils peuvent mettre en œuvre les **sûretés** qui garantissent leurs créances, le cas échéant, et exercer les **voies d'exécution de droit commun**, sauf à observer que le titre exécutoire contre le défunt l'est aussi contre l'héritier, mais huit jours après que la signification lui en a été faite (C. civ., art. 877) [1], soit à personne soit à domicile, mais non par un procès-verbal de recherches infructueuses [2].

EN PRATIQUE, le notaire chargé de régler la succession atténue toutefois cette inorganisation en réglant d'abord les créanciers successoraux qui se présentent à lui au moyen de l'actif successoral (notamment si les liquidités sont suffisantes), avant de partager l'actif net entre les héritiers.

B.
Tempéraments

1°
Les droits de préférence des créanciers de la succession et de l'héritier

261.151 **Contexte.** En raison de la confusion des patrimoines qui résulte du décès du débiteur, les **créanciers de la succession** se retrouvent **en concours avec les créanciers de l'héritier** à la fois **sur ses actifs personnels** et **sur les actifs successoraux.** En présence d'un héritier insolvable et d'une succession bénéficiaire, les créanciers successoraux risquent par conséquent d'être devancés par les créanciers personnels de l'héritier acceptant pur et simple avec lesquels ils sont en concours.

À l'inverse, lorsque l'héritier est solvable, mais que la succession est déficitaire, ses créanciers personnels risquent d'être précédés par les créanciers successoraux.

1. Même si l'héritier en a connaissance : Civ. 1re, 24 sept. 2009, n° 08-18.012, NP.
2. Civ. 1re, 1er févr. 2012, n° 10-25.578, *Bull. civ.* I, n° 22; *AJ fam.* 2012. 156, obs. N. Levillain.

Leur gage commun, composé tant des biens de la succession que des biens personnels de l'héritier, peut alors être **insuffisant à désintéresser intégralement les deux catégories de créanciers,** alors que du vivant du *de cujus* leur gage propre aurait suffi à désintéresser l'une des catégories de créanciers.

261.152 Bilatéralisation du droit de préférence. Aussi, dans de telles hypothèses, l'article 878 du Code civil permet aux **créanciers successoraux** de provoquer ce que l'on a improprement nommé **la séparation des patrimoines** et qui constitue en réalité un **droit de préférence**. Depuis l'entrée en vigueur de la loi du 23 juin 2006, ce droit de préférence a été étendu aux **créanciers personnels de l'héritier**.

L'article 878 du Code dispose en effet dans sa dernière version : « *Les créanciers du défunt et les légataires de sommes d'argent peuvent demander à être préférés sur l'actif successoral à tout créancier personnel de l'héritier.*

Réciproquement, les créanciers personnels de l'héritier peuvent demander à être préférés à tout créancier du défunt sur les biens de l'héritier non recueillis au titre de la succession.

Le droit de préférence donne lieu au privilège sur les immeubles prévu au 6° de l'article 2374 et il est sujet à inscription conformément à l'article 2383 ».

a. Conditions

261.161 Demandeur. Tout créancier du défunt peut **demander à être préféré sur l'actif successoral** à **tout créancier personnel de l'héritier** (créancier chirographaire, privilégié, à terme, conditionnel...). Peu importe que la créance soit exigible, liquide ou que le créancier soit muni d'un titre exécutoire. Sont traditionnellement assimilés aux créanciers du défunt, les créanciers au titre d'une charge successorale[1], et, désormais, les légataires de sommes d'argent (mais non les autres légataires de choses de genre).

Tout créancier personnel de l'héritier peut également **demander symétriquement à être préféré sur les actifs personnels de l'héritier** (y compris, pour après le partage, un créancier dont la créance résulte de la conservation ou de la gestion d'un bien indivis au sens de l'article 815-17 alinéa 1er du Code civil[2]).

261.162 Demande. Ce droit de préférence s'exerce par tout acte par lequel un créancier manifeste au créancier concurrent son intention d'être préféré sur un bien déterminé (C. civ., art. 879). Il pourra ainsi s'exercer par **lettre recommandée avec avis de réception** (LRAR) ou **exploit d'huissier** adressé à l'héritier ou son mandataire. Une action en justice n'est pas indispensable.

Mais, si le demandeur veut conserver son privilège sur un immeuble, il doit prendre une inscription (C. civ., art. 2383 et 2374, 6°).

261.163 Absence de renonciation. L'article 880 du Code civil précise que ce droit de préférence ne peut être exercé lorsque le créancier demandeur y a renoncé.

261.164 Absence de confusion et prescription. La confusion des biens successoraux et des biens personnels de l'héritier, qui ne se conçoit que pour les **meubles corporels**, interdit *de facto* la séparation des patrimoines. Il est donc utile de faire dresser un **inventaire** pour l'empêcher.

L'article 881 du Code civil **prescrit par deux ans le droit de demander la séparation des patrimoines en ce qui concerne les meubles.** Passé ce délai, ceux-ci sont en effet présumés irréfragablement confondus avec ceux de l'héritier.

À l'égard des immeubles, il peut toutefois être exercé tant que ceux-ci demeurent entre les mains de l'héritier (C. civ., art. 881, al. 2), aucune confusion n'étant à redouter.

261.165 Objet. Le **droit de préférence du créancier successoral** a pour objet **tout bien de la succession** (sauf les créances de rapport ou de réduction, qui ne profitent pas au créancier successoral, v. C. civ., art. 857 et 921), alors que **celui du créancier personnel de l'héritier** a pour objet **tout bien personnel.**

Les créanciers peuvent ne faire porter le droit de préférence que sur certains biens déterminés seulement.

b. Effets

261.171 Mesures conservatoires. Les créanciers titulaires d'un droit de préférence sont autorisés à prendre des mesures conservatoires destinées à empêcher les héritiers de détourner les biens qui sont l'objet réservé de leur droit de gage (par ex. : faire apposer des scellés, mettre le mobilier sous séquestre, faire exécuter une saisie-attribution sur les créances de la succession...).

1. V. TOUTEFOIS, les hésitations de V. Brémond, « Les nouveaux tempéraments à l'obligation *ultra vires successionis* », *JCP N* 2006. 1366, n° 13.

2. EN CE SENS, V. Brémond, « Les nouveaux tempéraments à l'obligation *ultra vires successionis* », préc. – et S. Piedelièvre, « Crédit et successions : la sécurité de l'héritier passe avant les droits des créanciers successoraux », *Dr. et patr.* mars 2007. 59 s., note 19.

261.172 Droit de préférence. Les créanciers successoraux privilégiés, au titre de l'article 878, disposent d'un droit de préférence sur les biens de la succession visés (étendu par la jurisprudence aux biens subrogés : un prix, par exemple), les autorisant à se faire payer avant les créanciers personnels de l'héritier.

Inversement, les créanciers personnels de l'héritier privilégiés, au titre de l'article 878, disposent d'un droit de préférence sur les biens personnels de l'héritier visés qui leur permet d'être payés avant les créanciers de la succession.

261.173 Droit de suite. Si un immeuble grevé par le droit de préférence est aliéné par l'héritier, le créancier est en principe titulaire d'un droit de suite qui lui permet de le saisir entre les mains du tiers acquéreur.

261.174 Date d'effet. En ce qui concerne les immeubles, si le privilège est inscrit dans les quatre mois de l'ouverture de la succession, il prend effet à cette date et les créanciers titulaires d'un droit de préférence primeront les créanciers hypothécaires inscrits après le décès mais avant eux (C. civ., art. 2386, al. 1er).

S'ils sont inscrits après l'expiration de ce délai, le privilège dégénère en hypothèque ordinaire et prend rang à la date de son inscription (C. civ., art. 2386, al. 2).

261.175 Difficultés lorsque certains créanciers seulement sont privilégiés. Si certains créanciers de la succession bénéficient d'un droit de préférence, alors que d'autres n'en profitent pas (ils ont pu être négligents et tarder à inscrire leur privilège), la Cour de cassation précise depuis longtemps que les créanciers privilégiés ne peuvent faire valoir leur droit de préférence contre les créanciers non privilégiés[1]. Les rapports et les droits respectifs des créanciers du défunt entre eux ne sont pas modifiés.

Cette égalité entre créanciers successoraux pose problème. Comment hiérarchiser leurs droits sur les biens successoraux, si les créanciers privilégiés priment les créanciers personnels du successeur, mais concourent à égalité avec les créanciers successoraux non privilégiés qui eux-mêmes concourent à égalité avec ces créanciers personnels ?

S'il est certain que les créanciers personnels du successeur ne peuvent profiter de la répartition du prix de vente d'un bien de la succession[2], la jurisprudence met en œuvre deux systèmes de répartition du prix entre les créanciers séparatistes et non séparatistes :

– la répartition peut être effectuée « *au marc le franc* » sans distinction[3] ;

– la répartition peut être effectuée entre les créanciers privilégiés comme si tous les créanciers étaient titulaires d'un droit de préférence, le reliquat étant réparti entre les autres créanciers successoraux « *au marc le franc* »[4].

Désormais, il est remarquable qu'une difficulté du même ordre se présentera, inversement, lorsque certains créanciers personnels seulement sont titulaires du droit de préférence.

EXEMPLES

ÉNONCÉ

Soit un actif brut de succession composé uniquement d'un immeuble d'une valeur de 100 000 euros en présence d'un héritier unique acceptant pur et simple ; un créancier successoral pour 50 000 euros (A) inscrit son droit de préférence dans les quatre mois du décès, alors qu'un autre créancier pour 75 000 euros (B) l'inscrit après ; entre-temps un créancier personnel de l'héritier (C) avait pris une inscription hypothécaire sur l'immeuble successoral pour 25 000 euros.

HYPOTHÈSE 1

Si après avoir prélevé ce qui revient au créancier inscrit soit 50 000 euros sur le prix de vente de l'immeuble, cette somme est répartie entre les deux créanciers successoraux proportionnellement, ils prennent :

A : 2/5 de 50 000 euros.

et B : 3/5 de 50 000 euros ;

après le paiement du créancier personnel hypothécaire C pour 25 000 euros,

le reliquat soit 25 000 euros est distribué « au marc l'euro » entre le créancier successoral non inscrit et le créancier inscrit, ceux-ci se répartissant les 25 000 euros au prorata de leurs droits.

Au total :

- A prend :
  (50 000 × 2/5) + (25 000 × 2/5) = 30 000 euros.
- B prend :
  (50 000 × 3/5) + (25 000 × 3/5) = 45 000 euros.
- C prend : 25 000 euros.

HYPOTHÈSE 2

Si le créancier inscrit est désintéressé comme si l'autre créancier de la succession avait également bénéficié d'un droit de préférence, alors il reçoit 2/5 de 100 000 euros soit 40 000 euros, le créancier personnel hypothécaire prend 25 000 euros et le reliquat est réparti entre les créanciers successoraux « au marc le franc ».

Au total :

- A prend :
  (100 000 × 2/5) + (25 000 × 2/5) = 50 000 euros.

1. Req. 4 déc. 1871, *DP* 1871. 1. 249 ; *S.* 1871. 1. 238.
2. Req. 4 déc. 1871, préc.
3. Req. 4 déc. 1871, préc.
4. Civ. 15 juill. 1891, *DP* 1893. 1. 465 ; *S.* 1891. 1. 409.

– B prend :
50 000 – 40 000 + (25 000 × 3/5) = 25 000 euros.
– C prend : 25 000 euros.

Aucun des deux systèmes n'est pleinement satisfaisant : le premier ne favorise pas le créancier inscrit diligent, le second néglige l'égalité entre les créanciers de la succession.

2°
L'hypothèque légale du légataire

261.181 Légataires de sommes d'argent. Les légataires de sommes d'argent (et plus généralement les légataires de choses de genre; quant aux légataires de corps certains, ils n'en ont pas besoin puisqu'ils sont propriétaires du bien légué au décès) bénéficient d'un droit d'hypothèque légale (v. C. civ., art. 2400, 4° et 1017).

Cette hypothèque grève tous les immeubles de la succession (C. civ., art. 2401) mais doit être inscrite sur chaque immeuble (C. civ., art. 2426, 2°) et prend rang à la date de cette inscription.

Elle confère aux **légataires de biens fongibles** un **droit de préférence sur les créanciers de l'héritier** (mais non sur les créanciers de la succession qui devancent les légataires en vertu de l'adage : *Nemo liberalis, nisi liberatus*) et un **droit de suite opposable aux tiers ayant acquis un immeuble après l'ouverture de la succession** (mais non aux tiers acquéreurs ayant acquis l'immeuble du vivant du défunt et ayant publié leur titre après son décès).

L'hypothèque étant **indivisible**, le légataire n'a pas en outre à diviser ses poursuites et peut poursuivre le propriétaire de l'immeuble pour le tout (C. civ., art. 1017).

§ 2
Acceptation à concurrence de l'actif net

261.191 Substitution de l'acceptation à concurrence de l'actif net à l'acceptation sous bénéfice d'inventaire. Pour les successions ouvertes depuis le 1er janvier 2007, l'acceptation à concurrence de l'actif net se substitue à l'acceptation sous bénéfice d'inventaire. Ce changement de vocabulaire n'est pas de pure forme : il signifie que le bouleversement de la matière est profond, moins d'ailleurs en ce qui concerne les conditions de l'acceptation à concurrence de l'actif net (v. ss nos 243.11 à 243.14), que s'agissant de ses effets, gouvernés par les articles 791 à 803 du Code civil, dans leur rédaction issue de la loi du 23 juin 2006 (v. ss nos 243.21 à 243.28).

Il est vrai que l'acceptation sous bénéfice d'inventaire était devenue impraticable, en raison de ses lourdeurs et de ses lacunes, et surtout des restrictions de pouvoir frappant l'héritier bénéficiaire, tant dans la gestion des actifs, que dans le règlement du passif. Par ailleurs, il était responsable de ses fautes et devait rendre compte de sa gestion, ce qui le conduisait le plus souvent à abandonner l'administration des biens successoraux aux mains des créanciers de la succession.

La loi du 23 juin 2006 entend restaurer cette branche de l'option successorale, largement délaissée en pratique, alors qu'elle est pourtant indispensable car ordonnée à la protection de l'héritier, lorsqu'il est incapable ou lorsque la succession est insolvable.

Cette **protection de l'héritier** n'est jamais perdue de vue par la loi nouvelle, quitte à sacrifier les **intérêts des créanciers de la succession.** La liquidation du passif mise en place se rapproche ainsi de celle prévue dans le cadre d'une procédure collective, en dépit de nombreuses particularités liées le plus souvent à une responsabilisation de l'héritier, à laquelle répond une déjudiciarisation de la procédure[1].

261.192 Généralisation de l'acceptation à concurrence de l'actif net jusqu'au partage en cas d'options successorales distinctes. Lorsque la succession a été acceptée par un ou plusieurs héritiers purement et simplement et par un ou plusieurs autres à concurrence de l'actif net, les règles applicables à cette dernière option s'imposent à tous les héritiers jusqu'au jour du partage (C. civ., art. 792-2, al. 1er, réd. L. 23 juin 2006). Mais, les créanciers successoraux peuvent dans ce cas provoquer ce partage dès lors qu'ils justifient de difficultés dans le recouvrement de la part de leur créance incombant aux héritiers acceptants à concurrence de l'actif net (C. civ., art. 792-2, al. 2, réd. L. 23 juin 2006), ce qui leur permettra de poursuivre les héritiers acceptants pur et simple sans être soumis aux règles de la procédure d'acceptation à concurrence de l'actif net. Ces règles nouvelles consacrent des solutions jurisprudentielles acquises[2].

A.
Séparation des patrimoines

261.201 Effets principaux. L'article 791 du Code civil dispose :

« *L'acceptation à concurrence de l'actif net donne à l'héritier l'avantage :*

1° d'éviter la confusion de ses biens personnels avec ceux de la succession;

1. COMP. V. Brémond, « La nouvelle acceptation à concurrence de l'actif net », *JCP N* 2006. 1331 – Et S. Piedelièvre, « Crédit et successions : la sécurité de l'héritier passe avant les droits des créanciers successoraux », *Dr. et patr.* 2007, n° 157, p. 59.
2. Req. 11 juin 1854, *DP* 1855. 1. 49.

2° de conserver contre celui-ci tous les droits qu'il avait antérieurement sur les biens du défunt;

3° de n'être tenu au paiement des dettes de la succession que jusqu'à concurrence de la valeur des biens qu'il a recueillis ».

Les effets principaux de l'acceptation sous bénéfice d'inventaire ont donc été conservés (v. C. civ., anc. art. 802).

261.202 Absence de confusion. D'abord, en l'absence de confusion entre les biens personnels de l'héritier et ceux de la succession (C. civ., art. 791, 1°), l'héritier acceptant à concurrence de l'actif net se trouve en quelque sorte à la tête de deux patrimoines, le sien et celui du défunt, composés chacun d'une masse active et d'une masse passive, ce qui est contraire à la théorie de l'unité du patrimoine.

261.203 Maintien des droits antérieurs. Ensuite, l'héritier conserve les droits qu'il avait antérieurement contre le défunt (C. civ., art. 791, 2°). Cette solution, reprise du bénéfice d'inventaire, est une conséquence de la séparation des patrimoines.

Ainsi, l'héritier créancier ou débiteur du défunt, le reste après le décès de celui-ci. Une servitude dont l'héritier est titulaire sur le fonds du défunt est maintenue après sa mort.

261.204 Acquisitions de droits nouveaux. Il peut aussi acquérir des droits nouveaux contre la succession, tout au moins dès lors qu'ils ne préjudicient pas à la succession, par exemple en se portant adjudicataire d'un bien successoral, ou en se faisant céder une créance successorale. Il bénéficie même de la subrogation légale s'il a payé avec ses deniers personnels une dette du défunt ou une charge successorale (C. civ., art. 1251, 4°, réd. L. 23 juin 2006).

261.205 Inopposabilité des exceptions. Lorsque l'héritier acceptant à concurrence de l'actif net exerce contre des tiers des droits dont il est personnellement titulaire, ses adversaires ne peuvent lui opposer les exceptions qu'ils auraient pu invoquer contre le défunt.

Alors qu'elle serait pleinement opposable à un héritier acceptant pur et simple, **l'exception de compensation** est ainsi inopposable à l'héritier : si un tiers est à la fois créancier de la succession et débiteur à titre personnel de l'héritier, il ne pourra se prévaloir de l'exception de compensation en raison de la séparation des patrimoines[1].

De même **l'exception de garantie** est inopposable à l'héritier acceptant à concurrence de l'actif net si le *de cujus* a vendu un bien appartenant à l'héritier qui revendiquerait ce bien entre les mains du tiers acquéreur (ainsi à propos d'une action en rescision pour cause de lésion de plus du quart poursuivie par l'héritier bénéficiaire qui avait cédé ses droits indivis au défunt : il n'est pas tenu à garantie envers l'acheteur à qui le *de cujus* avait vendu l'immeuble[2]).

Réciproquement, l'héritier acceptant à concurrence de l'actif net agissant pour le compte de la succession ne peut se voir opposer les exceptions nées dans sa personne.

261.206 Actions en justice. Les demandes de l'héritier sont alors formées contre les autres héritiers. S'il n'y en a pas ou si les actions sont intentées par tous les héritiers, elles le sont contre un curateur nommé dans les mêmes formes que celles prévues pour le curateur de la succession vacante (C. pr. civ., art. 1336, réd. Décr. 23 déc. 2006[3], qui reprend C. pr. civ., anc. art. 996).

261.207 Prescription. La prescription des créances de l'héritier acceptant à concurrence de l'actif net contre la succession est suspendue pour ne pas l'obliger à s'adresser des actes interruptifs de prescription (C. civ., art. 2258, réd. L. 23 juin 2006). En revanche, ses dettes contre la succession sont soumises à la prescription extinctive.

261.208 Obligation *intra vires* et *cum viribus*. Enfin, il suffit de rappeler que l'héritier acceptant à concurrence de l'actif net n'est bien entendu obligé au passif successoral qu'*intra vires* et *cum viribus* (C. civ., art. 791, 3° - v. s^s n°s 261.71 et 261.72).

B. Gestion de l'actif

261.211 Plein propriétaire. L'héritier est propriétaire des actifs de la succession. Il est désormais le seul « *maître à bord* » de la succession[4].

261.212 Administrateur. À ce titre, il a ainsi non seulement le **pouvoir de disposer des biens de la succession,** mais aussi le **devoir de les administrer,** à charge de rendre compte et sous sa responsabilité (C. civ., art. 800, réd. L. 23 juin 2006), sauf à ce qu'il requière du président du tribunal de grande instance compétent ou de son délégué statuant sur requête qu'un mandataire successoral s'en charge à

1. Pour une illustration, v. Civ. 1re, 2 mai 2001, n° 98-22.637, Monzo-Villaplana c/Axa et a., *Bull. civ.* I, n° 116; *D.* 2001. IR 1672; *RTD civ.* 2002. 130, obs. J. Patarin; *JCP N* 2003. 1007, n° 1, obs. R. Le Guidec.

2. Civ. 1re, 12 janv. 1988, n° 86-12.218, *Bull. civ.* I, n° 7; *JCP N* 1988. II. 333, note Ph. Salvage.

3. Décr. n° 2006-1805, 23 déc. 2006, relatif à la procédure en matière successorale et modifiant certaines dispositions de procédure civile, *JO* 31 déc., p. 20370.

4. V. Brémond, « La nouvelle acceptation à concurrence de l'actif net », *JCP N* 2006. 1331.

sa place (C. civ., art. 814-1, réd. L. 23 juin 2006 – C. pr. civ., art. 1379, réd. Décr. 23 déc. 2006).

261.213 Option. Dans un **délai de quinze mois à compter de la publicité de la déclaration d'acceptation à concurrence de l'actif net**, l'héritier acceptant à concurrence de l'actif net peut déclarer :

– qu'il conserve certains biens de la succession (1°);

– qu'il aliène d'autres biens de la succession (2°).

Ces biens sortent alors du patrimoine successoral et sont soustraits au gage des créanciers successoraux et légataires de sommes d'argent qui n'ont droit qu'à leur valeur, à l'inverse de ceux pour lesquels l'héritier n'a fait aucune déclaration.

1°
Conservation

261.221 Déclaration de conservation. L'héritier acceptant à concurrence de l'actif net peut déclarer qu'il entend conserver en nature un ou plusieurs biens de la succession, auquel cas il doit à la succession la valeur des biens qu'il déclare conserver telle qu'elle a été estimée dans l'inventaire (C. civ., art. 793, al. 1er, réd. L. 23 juin 2006).

En cas de mésentente entre les héritiers parmi lesquels seuls certains entendent conserver le bien, la déclaration de conservation suscitera sans doute des difficultés de mise en œuvre[1].

261.222 Délai de paiement. L'héritier a alors **deux mois après la déclaration de conservation** pour payer les créanciers (C. civ., art. 797, al. 1er, réd. L. 23 juin 2006). Lorsqu'il ne peut s'en dessaisir au profit des créanciers dans ce délai, notamment en raison d'une contestation portant sur l'ordre ou la nature des créances, il consigne les sommes disponibles tant que la contestation subsiste (C. civ., art. 797, al. 2, réd. L. 23 juin 2006).

261.223 Publicité. Aux fins d'information des créanciers, cette déclaration de conservation est faite dans les quinze jours au greffe du tribunal de grande instance compétent, qui en assure la publicité dorénavant par voie électronique au *Bulletin officiel des annonces civiles et commerciales (BODACC)*, sur le site www.bodacc.fr, dans les mêmes conditions que la déclaration d'acceptation à concurrence de l'actif net (C. civ., art. 794, al. 1er, réd. L. 23 juin 2006 – C. pr. civ., art. 1335, réd. Décr. 23 déc. 2006 – Arr. 9 nov. 2009[2]), sans que l'on sache précisément quel est le point de départ de ce délai de quinze jours...

Le **défaut de publicité** est sanctionné sans surprise par l'**inopposabilité aux tiers** (C. civ., art. 795, al. 1er, réd. L. 23 juin 2006), ce qui signifie que les créanciers de la succession peuvent poursuivre le bien visé tant que cette publicité n'est pas effectuée (sans préjudice de la suspension des voies d'exécution, v. s^s^ n° 261.252).

261.224 Contestation en justice de la valeur à la demande d'un créancier. Tout créancier peut alors **contester la valeur prisée dans l'inventaire**, devant le **président du tribunal de grande instance** ou son délégué statuant en la forme des référés, dans un délai de trois mois après publicité, en prouvant que la valeur du bien est supérieure (C. civ., art. 794, al. 2, réd. L. 23 juin 2006 – C. pr. civ., art. 1380, réd. Décr. 23 déc. 2006).

Lorsque la demande du créancier est accueillie, l'héritier est tenu du complément sur ses biens personnels, sauf à restituer le bien conservé (C. civ., art. 794, al. 3, réd. L. 23 juin 2006).

261.225 Effets. La déclaration de conservation a pour effet de permettre à l'héritier de **transférer le bien visé du patrimoine successoral au patrimoine personnel de l'héritier en en payant le prix aux créanciers de la succession** (Circ. min. Justice 29 mai 2007, p. 15)[3], de façon à soustraire ce bien du périmètre de leur gage. Le bien conservé peut par la suite être cédé librement.

Elle n'opère aucune mutation de propriété (Circ. min. Justice 29 mai 2007, p. 15).

Sans préjudice des droits des créanciers munis de sûretés, les biens conservés sont à l'abri des créanciers successoraux et légataires de sommes d'argent, et les créanciers personnels de l'héritier ne peuvent poursuivre le recouvrement de leurs créances sur ces biens qu'à l'expiration du délai de quinze mois à compter de la publicité de la déclaration d'acceptation à concurrence de l'actif net et après désintéressement intégral des créanciers successoraux et des légataires (C. civ., art. 798, réd. L. 23 juin 2006).

2°
Aliénation

261.231 Déclaration d'aliénation. L'héritier acceptant à concurrence de l'actif net peut aussi déclarer qu'il entend vendre les biens de la succession non conservés, auquel cas il doit le **prix de**

1. V. M. Dagot, « Successions : acceptation à concurrence de l'actif net et conservation d'un bien par l'héritier », *Defrénois* 2007. 337.

2. Arr. 9 nov. 2009, relatif aux modalités de diffusion par voie électronique de la déclaration d'acceptation d'une succession à concurrence de l'actif net et des actes subséquents à celle-ci, et des décisions de désignation des mandataires successoraux par voie de justice, *JO* 10 nov., p. 19438.

3. Circ. min. Justice n° 73-07/C1/562/GS, 29 mai 2007, p. 15.

l'aliénation (et non la valeur prisée dans l'inventaire) aux créanciers de la succession (C. civ., art. 793, al. 2, réd. L. 23 juin 2006). La vente amiable de meubles ou d'immeubles de la succession peut désormais se faire de gré à gré, et sans autorisation judiciaire pour la seconde (comp. C. civ., anc. art. 805 et 806). À défaut d'accord des créanciers de la succession, l'héritier pourrait privilégier une vente aux enchères publiques de façon à éviter que l'un d'eux conteste en justice le prix de la vente amiable.

261.232 Délai de paiement. Comme pour la déclaration de conservation, l'héritier a alors **deux mois pour payer les créanciers**, sauf consignation (C. civ., art. 797, al. 1er et 2). Le délai de deux mois court non à compter de la déclaration mais **à partir du moment où les fonds sont disponibles** (C. civ., art. 797, al. 1er).

261.233 Publicité. Les modalités de la publicité au *BODACC* par voie électronique de la déclaration d'aliénation sont identiques à celles de la déclaration de conservation (C. civ., art. 794, al. 1er – et C. pr. civ., art. 1335 – Arr. 9 nov. 2009, préc.). Mais, d'une part, une circulaire du Ministère de la Justice du 29 mai 2007 précise que le point de départ du délai de quinze jours est « *l'acte qui emporte le transfert de propriété* » (Circ. min. Justice 29 mai 2007, p. 16), et, d'autre part, le défaut de publicité est sanctionné différemment, puisque l'héritier est engagé sur ses biens personnels à hauteur du prix de l'aliénation tant que cette publicité n'est pas effectuée (C. civ., art. 795, al. 2).

261.234 Contestation en justice du prix à la demande d'un créancier. Comme pour la déclaration de conservation, tout créancier peut alors **contester le prix de l'aliénation**, lorsque la vente a été faite à l'amiable, devant le président du tribunal de grande instance ou son délégué statuant en la forme des référés, dans un délai de trois mois après cette publicité, en prouvant que la valeur du bien est supérieure (C. civ., art. 794, al. 2, réd. L. 23 juin 2006 – C. pr. civ., art. 1380, réd. Décr. 23 déc. 2006). La pratique notariale s'oriente en conséquence vers une vente d'immeuble dépendant d'une succession acceptée à concurrence de l'actif net sous condition suspensive de l'absence de contestation par les héritiers[1]. Aucune contestation n'est en revanche possible si la vente a lieu aux enchères publiques (Circ. min. Justice 29 mai 2007, p. 16).

1. V. J.-F. Pillebout, « Formules, Succession acceptée à concurrence de l'actif net, vente amiable d'un immeuble, condition suspensive, réalisation de la condition suspensive », *RFN* août 2008, p. 6.

Lorsque la demande du créancier est accueillie, l'héritier est tenu du complément sur ses biens personnels, sans préjudice de l'action paulienne (C. civ., art. 794, al. 3), voire d'une action en responsabilité.

261.235 Effets. La déclaration d'aliénation a pour effet de **permettre à l'héritier de vendre à l'amiable un bien successoral sans craindre d'être déchu de son acceptation à concurrence de l'actif net,** et de **transférer la propriété du bien visé au tiers acquéreur sans qu'il ait à redouter un recours des créanciers successoraux** (sauf l'hypothèse de la fraude paulienne visée par l'article 794 alinéa 3 du Code civil et sauf le droit de suite du créancier régulièrement inscrit), à charge de les payer au moyen du prix de vente.

Sans préjudice des droits des créanciers munis de sûretés, les biens aliénés sont à l'abri des créanciers successoraux et légataires de sommes d'argent, et les créanciers personnels de l'héritier ne peuvent poursuivre le recouvrement de leurs créances sur ces biens (par la voie de l'action paulienne) qu'à l'expiration du délai de quinze mois à compter de la publicité de la déclaration d'acceptation à concurrence de l'actif net et après désintéressement intégral des créanciers successoraux et des légataires (C. civ., art. 798, réd. L. 23 juin 2006).

C.
Apurement du passif

261.241 Augmentation de pouvoirs. L'article 796 du Code civil prévoit désormais que **l'héritier acceptant à concurrence de l'actif net règle le passif de la succession.**

Pour qu'il puisse accomplir sa mission, ses pouvoirs en la matière ont été largement augmentés par la loi du 23 juin 2006.

Mais, ces **pouvoirs accrus** sont source de **responsabilités aggravées,** aussi, diverses mesures ont été mises en place pour protéger l'héritier (ainsi que son mandataire).

À la recherche d'un équilibre improbable entre **protection des créanciers** et **sauvegarde de l'héritier**, le **règlement du passif** est somme toute organisé selon un **régime hybride** qui emprunte à la fois au **droit commun du paiement** et au **droit des procédures collectives.**

261.242 Organisation des paiements pendant quinze mois. Ce règlement organisé du passif successoral se prolonge pendant **quinze mois à compter de la publication de la déclaration d'acceptation à concurrence de l'actif net.**

1°
Première période : le règlement du passif pendant quinze mois à compter de la publication de la déclaration d'acceptation à concurrence de l'actif net

261.251 Déclaration des créances. Pendant cette période, les créanciers doivent déclarer leurs créances en notifiant leur titre au domicile élu par l'héritier lors de la déclaration (C. civ., art. 792, al. 1er). Cette déclaration peut donc être faite par **acte d'huissier ou lettre recommandée avec avis de réception** (LRAR) (Circ. min. Justice 29 mai 2007, p. 17).

Les créances dont le montant n'est pas encore définitivement fixé sont déclarées à titre provisionnel sur la base d'une évaluation (C. civ., art. 792, al. 1, *in fine*).

À défaut d'une déclaration dans le délai :

- d'une part, la créance du créancier non muni de sûreté sur un bien de la succession est éteinte à l'égard de la succession, ainsi que les engagements de la caution, du co-obligé et même du garant autonome qui l'assortissaient, le cas échéant (C. civ., art. 792, al. 2), ce qui est sévère pour les créanciers non professionnels;

- d'autre part, la créance ne peut prendre rang; il en résulte que même le créancier muni d'une sûreté réelle sur un bien successoral a intérêt à déclarer sa créance au plus tôt si sa garantie ne suffit pas à le désintéresser.

261.252 Arrêt des voies d'exécution et des inscriptions. À compter de la publication et pendant quinze mois, la déclaration d'acceptation à concurrence de l'actif net arrête ou interdit toute voie d'exécution et toute inscription de sûreté de la part des créanciers de la succession, portant tant sur les meubles que sur les immeubles (C. civ., art. 792-1, al. 1er).

Ainsi, l'héritier n'est pas soumis à une procédure d'exécution et le créancier échappe à un cumul entre procédure d'exécution et procédure de déclaration de créance. De même, le créancier ne peut inscrire une sûreté pour s'immiscer dans la kyrielle des déclarations.

En revanche, le cours des intérêts n'est pas arrêté, et les actions en justice introduites contre la succession ne sont pas suspendues, car il ne s'agit pas d'un véritable arrêt des poursuites individuelles (Circ. min. Justice 29 mai 2007, p. 18).

261.253 Procédure de saisie engagée avant la publicité de la déclaration d'acceptation. Toutefois, les créanciers qui ont engagé une procédure de saisie d'un bien de la succession avant la publication de la déclaration d'acceptation à concurrence de l'actif net, sont assimilés à des créanciers munis d'une sûreté qui prend effet à la date où le bien a été saisi (v. C. civ., art. 792-1, al. 2, et 877, sur renvoi), bien que la procédure d'exécution soit arrêtée.

Doivent notamment être considérés comme saisis, l'immeuble pour lequel le commandement aux fins de saisie immobilière a été signifié au débiteur (à condition qu'il ait été publié à la conservation des hypothèques dans les délais) ainsi que le meuble pour lequel le procès-verbal de saisie vente a été établi (Circ. min. Justice 29 mai 2007, p. 18) avant la publicité de la déclaration d'acceptation.

En revanche, selon la circulaire précitée de la Chancellerie, si le procès-verbal de saisie attribution d'une créance a été établi avant la publicité de la déclaration d'acceptation, l'effet attributif de la saisie attribution soustrait immédiatement la créance ou la somme saisie au patrimoine successoral et le créancier n'est pas réputé être un créancier muni de sûreté au sens de l'article 792-1 alinéa 2 : si l'excédent de sa créance (excédant le produit de la saisie attribution) n'est pas assorti d'une sûreté sur les biens de la succession, ce créancier est traité comme un créancier chirographaire et doit déclarer sa créance sous peine de voir sa créance éteinte (Circ. min. Justice 29 mai 2007, p. 18).

261.254 Ordre des paiements. Pendant ce délai de quinze mois, les créanciers de la succession sont payés par **l'héritier dans l'ordre suivant** :

- d'abord, **les créanciers inscrits** (et les créanciers saisissants assimilés) sont payés selon le rang de la sûreté assortissant leur créance (C. civ., art. 796, al. 1er);

- ensuite, **les autres créanciers sont payés dans l'ordre des déclarations** (C. civ., art. 796, al. 2); c'est le prix de la course à la déclaration et non une répartition « *au marc le franc* » qui est la règle, au préjudice des créanciers les moins diligents qui auraient sans doute été plus satisfaits avec une procédure de distribution proportionnelle au montant de leur créance;

- enfin, **les legs de sommes d'argent sont délivrés après paiement des créanciers** (C. civ., art. 796, al. 3), mais si un créancier impayé déclare sa créance dans le délai mais après épuisement de l'actif, il dispose d'un recours contre les légataires qui ont été remplis de leurs droits (C. civ., art. 799), ce qui devrait conduire l'héritier à temporiser avant de délivrer les legs (Circ. min. Justice 29 mai 2007, p. 19).

261.255 Délai de paiement. Pendant la période de quinze mois, l'héritier paye les créanciers dans l'ordre établi par l'article 796 du Code civil au fur et à mesure de leurs déclarations.

En outre, aux termes de l'article 797 alinéa 1er du Code civil, **l'héritier doit payer les créanciers**

dans les deux mois suivant soit la déclaration de conserver le bien, soit le jour où le produit de l'aliénation est disponible.

Lorsqu'il ne peut s'en dessaisir au profit des créanciers dans ce délai, notamment en raison d'une **contestation** portant sur l'ordre ou sur la nature des créances, il **consigne les sommes disponibles** tant que la contestation subsiste (C. civ., art. 797, al. 2) auprès de la Caisse des dépôts et consignations (C. mon. fin., art. L. 518-17).

2°
Seconde période : le règlement du passif à l'expiration du délai de quinze mois à compter de la publication de la déclaration d'acceptation à concurrence de l'actif net

261.261 **Inorganisation des paiements.** Cette organisation des paiements prend fin à l'expiration de cette période de quinze mois.

Les créances non munies de sûretés sur un bien de la succession qui n'ont pas été déclarées sont éteintes (C. civ., art. 792, al. 2).

Les autres sont payées comme en droit commun en fonction du rang de leur inscription. Les créanciers pourront alors exercer toute voie d'exécution.

Les créanciers personnels de l'héritier peuvent alors également poursuivre le recouvrement de leurs créances sur les actifs, mais après le désintéressement intégral des créanciers successoraux et des légataires (C. civ., art. 798, al. 2).

D.
Responsabilité

261.271 **Faute grave.** L'article 800 du Code civil prévoit dans son deuxième alinéa que l'héritier acceptant à concurrence de l'actif net ne répond que de ses **fautes graves dans l'administration des biens successoraux,** ce qui est justifié par la gratuité de sa mission.

La gestion du patrimoine héréditaire par l'héritier acceptant à concurrence de l'actif net peut ainsi le conduire à engager sa responsabilité vis-à-vis des créanciers et des légataires de sommes d'argent.

La faute grave est celle qui suppose la totale imprévoyance de l'héritier comme celle qu'il ne commettrait pas dans la gestion de ses propres affaires. La gravité de cette faute est appréciée souverainement par les tribunaux.

Par exemple, commettent une faute grave : l'héritier qui fait immatriculer à son nom des rentes sur l'État trouvées dans la succession pour les soustraire aux droits des créanciers successoraux[1]; celui qui a compromis par une mauvaise gestion une succession à l'origine suffisante pour acquitter tout le passif[2]; celui qui a payé spontanément des légataires au préjudice des créanciers opposants[3]...

Il est alors tenu d'acquitter des **dommages-intérêts sur ses biens personnels.**

E.
Compte d'administration

261.281 **Contrôle de gestion.** L'article 800 du Code civil prévoit d'une part que l'héritier tient compte de son administration, des créances qu'il paye et des actes qui engagent les biens recueillis ou qui affectent leur valeur, et d'autre part qu'**il doit présenter ce compte d'administration à tout créancier qui en fait la demande** (C. civ., art. 800, al. 1er et 3, réd. L. 23 juin 2006).

Le compte de l'héritier, après un exposé des faits, comporte trois chapitres : *1)* recettes; *2)* dépenses; *3)* solde des recettes et des dépenses.

À l'actif de ce compte sont portés les biens successoraux, les biens subrogés, les fruits perçus et les indemnités que le successeur peut devoir à raison de fautes commises dans sa gestion. Au passif de ce compte figurent toutes les dépenses effectuées pour le compte de la succession (paiement des dettes successorales, des legs, frais de scellés et d'inventaire, frais occasionnés par l'administration de la succession et sa liquidation...).

La reddition de compte procède d'un **accord de volonté si toutes les parties sont capables,** par acte notarié ou sous seing privé. À défaut, le compte est rendu en justice.

L'héritier acceptant à concurrence de l'actif net doit enfin **répondre dans un délai de deux mois à la sommation**, signifiée par acte extrajudiciaire, de lui révéler où se trouvent les biens et droits recueillis dans la succession qu'il n'a pas aliénés ou conservés dans les conditions prévues à l'article 794 du Code civil (C. civ., art. 800, al. 3, réd. L. 23 juin 2006).

261.282 **Sanction.** À défaut de présenter son compte d'administration ou de révéler où se trouvent les biens successoraux ni conservés ni aliénés, l'héritier peut être **contraint sur ses deniers personnels** (C. civ., art. 800, al. 3), ce qui ressemble à une **déchéance partielle et relative**[4].

1. Paris, 13 juin 1856, *DP* 1857. 2. 194.
2. Req. 17 déc. 1894, *DP* 1895. 1. 193.
3. Req. 26 nov. 1890, *DP* 1891. 1. 345.
4. V. Brémond, « La nouvelle acceptation à concurrence de l'actif net », *JCP N* 2006. 1331.

F.
Cessation de l'acceptation à concurrence de l'actif net

261.290 **Trois causes de cessation.** L'acceptation à concurrence de l'actif net prend fin par sa révocation, par sa déchéance ou par sa clôture.

1°
Révocation

261.291 **Acceptation pure et simple.** Sans pouvoir renoncer à succession en raison de **l'irrévocabilité de l'option successorale**, l'héritier peut révoquer son acceptation à concurrence de l'actif net pour prendre rétroactivement la qualité d'héritier acceptant pur et simple, tant qu'il n'est pas prescrit (C. civ., art. 801, réd. L. 23 juin 2006). Une révocation tacite semble possible, lorsque l'héritier confond les biens de la succession avec ses biens personnels (par ex., s'il consent une donation d'un bien successoral à un de ses enfants).

Il est alors tenu *ultra vires* du passif successoral. Toutefois, les créanciers successoraux et les légataires de sommes d'argent conservent l'exclusivité des poursuites sur les biens recueillis de la succession qui n'ont été ni conservés ni aliénés, ce qui est la transposition d'une jurisprudence ancienne protectrice de leurs droits (C. civ., art. 802). La séparation des patrimoines est ainsi maintenue unilatéralement à leur profit.

2°
Déchéance

261.300 **Trois causes de déchéance.** L'héritier peut être déchu rétroactivement de son acceptation à concurrence de l'actif net dans trois hypothèses :

261.301 **1) Absence de dépôt d'inventaire dans le délai.** L'héritier peut d'abord être déchu pour n'avoir pas déposé l'inventaire dans le délai requis (C. civ., art. 790, al. 4, réd. L. 23 juin 2006).

261.302 **2) Recel.** L'héritier peut ensuite être déchu **pour avoir omis, sciemment et de mauvaise foi**, de comprendre **dans l'inventaire des éléments actifs ou passifs de la succession** (C. civ., art. 800, al. dern., réd. L. 23 juin 2006).

261.303 **3) Défaut de paiement d'un créancier successoral en cas de déclaration de conservation ou d'aliénation.** Enfin, l'héritier peut être déchu de son acceptation à concurrence de l'actif net pour n'avoir pas affecté au paiement des créanciers de la succession la valeur des biens conservés ou le prix des biens aliénés (C. civ., art. 800, al. dern.).

Bien qu'il soit alors tenu *ultra vires* du passif, les créanciers successoraux et les légataires de sommes d'argent conservent l'exclusivité des poursuites sur les biens recueillis de la succession qui n'ont été ni conservés ni aliénés (C. civ., art. 802).

3°
Clôture

261.311 **Désintéressement des créanciers ou insuffisance d'actif.** À l'issue de la période de **quinze mois** de l'article 792 du Code civil, et après **désintéressement de tous les créanciers déclarés** ou épuisement de l'actif à la suite de son affectation au paiement des créanciers, l'héritier dépose au greffe son **compte d'administration définitif.** Ce dépôt est publié au *BODACC* dans les mêmes conditions que la déclaration d'acceptation à concurrence de l'actif net ou celle de l'inventaire estimatif (C. pr. civ., art. 1337 et 1335 sur renvoi).

§ 3
Succession vacante ou en déshérence

A.
Succession vacante

261.321 **Compétence du curateur.** Seul le curateur à succession vacante est habilité à payer les créanciers de la succession (C. civ., art. 810-4). Mais, ces pouvoirs s'exercent sous réserve des dispositions applicables à la succession d'une personne faisant l'objet d'une procédure de sauvegarde, de redressement ou de liquidation judiciaires (C. civ., art. 810-6).

261.322 **Déclaration des créances.** Une procédure de déclaration de créances est prévue par l'article 809-3 du Code civil. Cette déclaration est faite par LRAR ou remise contre récépissé (C. pr. civ., art. 1347, réd. Décr. n° 2006-1805, 23 déc. 2006).

Aucun délai de déclaration, aucune sanction en cas de défaut de déclaration ne sont prévus. Mais, les créanciers qui déclarent leur créance postérieurement à la remise par le curateur de son compte au juge ne peuvent prétendre qu'à l'actif subsistant. En cas d'insuffisance de cet actif, ils n'ont de recours que contre les légataires qui ont été remplis de leurs droits. Ce recours se prescrit par deux ans à compter de la réalisation de la totalité de l'actif existant (C. civ., art. 810-9).

261.323 **Projet de règlement du passif.** Après avoir pris connaissance des créances qui lui ont été déclarées, le curateur doit dresser un projet de règlement du passif, qui met en place un paiement des créances dans un ordre comparable à celui prévu par l'article 796 du Code civil en matière d'acceptation à concurrence de l'actif net (C. civ., art. 810-5, al. 1er et 2, qui renvoie à l'article 796 du même code).

Ce projet de règlement fait l'objet d'une publicité par insertion d'un avis dans un journal d'annonces légales de l'arrondissement du lieu d'ouverture de la succession (C. pr. civ., art. 1342, réd. Décr. 23 déc. 2006), ce qui permet aux créanciers d'en prendre connaissance et, pour ceux qui ne sont pas désintéressés, de le contester devant le président du tribunal de grande instance ou son délégué statuant en la forme des référés dans le mois de la publicité (C. civ., art. 810-5, al. 3 - et C. pr. civ., art. 1380, réd. Décr. 23 déc. 2006).

Le curateur ne peut payer, sans attendre d'avoir élaboré le projet de règlement du passif, que les frais nécessaires à la conservation du patrimoine, les frais funéraires et de dernière maladie, les impôts dus par le défunt, les loyers et les autres dettes successorales dont le règlement est urgent (C. civ., art. 810-4, al. 2).

B.
Succession en déshérence

261.331 Liquidation comme en matière domaniale. L'État appelé à recueillir une succession en déshérence est soumis à l'exercice de toutes les actions passives que des tiers auraient contre le défunt, sauf toutefois les modifications importantes pouvant résulter des règles établies pour la gestion et la liquidation des dettes de l'État.

La liquidation des dépenses s'effectue comme en matière domaniale ordinaire[1] sans qu'une procédure organisée des paiements particulière soit mise en place.

1. *Doc. Base DGI* 9 D 2352 et 9 D 2353, pour les modalités particulières à chaque type de dette.

CHAPITRE

262. Masse active partageable en l'absence de libéralités

CLAIRE FARGE
INGÉNIEUR PATRIMONIAL
(BNP PARIBAS – BANQUE PRIVÉE)
DOCTEUR EN DROIT

SECTION 0
ORIENTEUR

262.00 **Plan du chapitre.**

262.01 **Textes applicables.**

C. civ., art. 825, 829, 815-10, 815-11, 815-12

C. assur., art. L. 132-11

> Opérations de partage : composition de la masse partageable
C. civ., art. 825

La masse partageable comprend les biens existant à l'ouverture de la succession, ou ceux qui leur ont été subrogés, et dont le défunt n'a pas disposé à cause de mort, ainsi que les fruits y afférents.

Elle est augmentée des valeurs soumises à rapport ou à réduction, ainsi que des dettes des copartageants envers le défunt ou envers l'indivision.

> Opérations de partage : date d'estimation des biens
C. civ., art. 829

En vue de leur répartition, les biens sont estimés à leur valeur à la date de la jouissance divise telle qu'elle est fixée par l'acte de partage, en tenant compte, s'il y a lieu, des charges les grevant.

Cette date est la plus proche possible du partage.

Cependant, le juge peut fixer la jouissance divise à une date plus ancienne si le choix de cette date apparaît plus favorable à la réalisation de l'égalité.

> Droits et obligations des indivisaires
[C. civ., art. 815-10 à 815-12]

C. civ., art. 815-10

Sont de plein droit indivis, par l'effet d'une subrogation réelle, les créances et indemnités qui remplacent des biens indivis, ainsi que les biens acquis, avec le consentement de l'ensemble des indivisaires, en emploi ou remploi des biens indivis.

Les fruits et les revenus des biens indivis accroissent à l'indivision, à défaut de partage provisionnel ou de tout autre accord établissant la jouissance divise.

Aucune recherche relative aux fruits et revenus ne sera, toutefois, recevable plus de cinq ans après la date à laquelle ils ont été perçus ou auraient pu l'être.

Chaque indivisaire a droit aux bénéfices provenant des biens indivis et supporte les pertes proportionnellement à ses droits dans l'indivision.

C. civ., art. 815-11

Tout indivisaire peut demander sa part annuelle dans les bénéfices, déduction faite des dépenses entraînées par les actes auxquels il a consenti ou qui lui sont opposables.

À défaut d'autre titre, l'étendue des droits de chacun dans l'indivision résulte de l'acte de notoriété ou de l'intitulé d'inventaire établi par le notaire.

En cas de contestation, le président du tribunal de grande instance peut ordonner une répartition provisionnelle des bénéfices sous réserve d'un compte à établir lors de la liquidation définitive.

À concurrence des fonds disponibles, il peut semblablement ordonner une avance en capital sur les droits de l'indivisaire dans le partage à intervenir.

C. civ., art. 815-12

L'indivisaire qui gère un ou plusieurs biens indivis est redevable des produits nets de sa gestion. Il a droit à la rémunération de son activité dans les conditions fixées à l'amiable ou, à défaut, par décision de justice.

> L'assurance-vie sans désignation de bénéficiaire entre dans la masse partageable

C. assur., art. L. 132-11

Lorsque l'assurance en cas de décès a été conclue sans désignation d'un bénéficiaire, le capital ou la rente garantis font partie du patrimoine ou de la succession du contractant.

262.02 Jurisprudence de référence.

> Les créances font partie, avec les autres biens existants, de l'actif à partager

• **Req. 13 janv. 1909,** *S.* 1911. 1. 441, note Naquet.

* V. s^{s} n° 262.15

« [...] Attendu qu'une règle générale de droit et d'équité, qui est consacrée par les articles 829, 883, 1474 et 1872 du Code civil, et qui s'impose à tous les prétendants, donne droit à une fraction d'une masse commune, veut qu'aucun d'eux ne puisse, avant que tout l'actif à distribuer ait été soumis aux règles ordinaires du partage, disposer définitivement et irrévocablement, au regard des autres, d'un bien faisant partie de cette masse; que, notamment, les droits de chacun des époux sur la communauté dissoute restent incertains, à défaut d'une liquidation qui leur ait fait les attributions que ces droits comportaient; que ceci exclut même, pour les créances faisant partie de l'actif de la communauté, l'application de l'article 1220 du Code civil, en ce sens que la division de ces créances s'opérerait de plein droit entre les ayants droit par la seule survenance de la fin de la communauté, et les rendrait, dès ce moment, propriétaires incommutables de moitié d'elles; qu'un tel résultat serait en opposition avec les articles 832 et 1474 du Code civil, autant qu'avec l'article 883, qui ne fait aucune distinction entre les divers effets héréditaires; qu'il suit de là que celui auquel un des communistes a cédé une créance faisant partie de la masse à partager ne peut s'en attribuer la propriété que si le résultat du partage l'attribue à son cédant; qu'en jugeant ainsi, l'arrêt attaqué, loin de violer les dispositions de loi invoquées par le pourvoi, en a fait au contraire une juste et saine application.

Rejet. »

> Est de plein droit indivise la créance de prix remplaçant un immeuble indivis aliéné

• **Cass., ch. réun., 5 déc. 1907,** *Chollet c/Dumoulin, DP* 1908. 1. 113, note Colin.

* V. s^{s} n° 262.21

« [...] Attendu que si l'adjudication sur licitation d'un immeuble dépendant d'une hérédité doit, au regard de l'adjudicataire, quand il est un tiers étranger à l'indivision, être considérée comme une vente, elle constitue, dans les relations des cohéritiers entre eux une opération préliminaire du partage; que la vente ainsi faite l'est, en réalité, pour le compte de la masse successorale, et que la créance du prix entre dans l'actif à partager, pour y être soumise, comme l'aurait été l'immeuble même qu'elle remplace, aux règles ordinaires du partage, notamment en ce qui concerne, soit les prélèvements autorisés par l'article 830 du Code civil, au profit des cohéritiers à qui un rapport est dû en moins prenant, soit la formation et la composition des lots, à chacun desquels, suivant l'article 832, il convient d'attribuer, s'il se peut, « la même quantité de meubles, d'immeubles, de droits ou de créances de même nature et de même valeur », ce qui exclut, même pour les créances héréditaires, l'application en cette matière de l'article 1220, d'après lequel elles se divisent entre les héritiers du créancier proportionnellement à leur part, lorsqu'il s'agit d'en poursuivre le payement contre les débiteurs;

Attendu, en conséquence, que, sur le prix d'adjudication, le droit qui, en principe, appartient à chaque héritier n'est pas, dès le jour de la vente, fixé pour lui définitivement à l'égard de ses cohéritiers, mais reste subordonné aux résultats de la liquidation et du partage; que si donc un héritier est tenu à un rapport en moins prenant, et si, à la suite d'un prélèvement, opéré en conformité de l'article 830, la créance du prix est, dans le partage, attribuée tout entière à un de ses cohéritiers, il sera réputé rétroactivement n'avoir eu sur ce prix aucun droit puisque le cohéritier, qui en est attributaire, est, aux termes de l'article 883, "censé avoir succédé seul et immédiatement à tous les effets compris dans son lot », et qu'ainsi la créance remplaçant l'immeuble dans la masse successorale devient elle-même, quoique n'étant pas née en la personne du défunt, un « effet de succession", auquel l'article 883 s'applique;

Attendu qu'il en résulte que les créanciers personnels de l'héritier débiteur du rapport, n'ayant pas plus de droits que lui, ne peuvent, à l'encontre des copartageant par qui le prélèvement a été exercé, élever la prétention, soit, s'ils sont chirographaires, de concourir avec ceux-ci au marc le franc, soit de leur être préférés, s'ils ont fait inscrire une hypothèque consentie par lui sur l'immeuble durant l'indivision [...]. »

> Condition du jeu de la subrogation réelle à l'égard des tiers

• **Civ. 1re, 4 janv. 1980, n° 78-13.283,** *Bull. civ.* I, n° 10

* V. s^{s} n° 262.21

« [...] Mais attendu que la loi du 31 décembre 1976, relative à l'organisation de l'indivision, n'a pas modifié le régime légal antérieur quant à la preuve à l'égard des tiers du contenu d'une indivision; que l'arrêt constate que les immeubles "saisis" ont été acquis par M... G... postérieurement au décès de son épouse; que même si les consorts G... avaient pu établir que leur père avait réalisé ces acquisitions au moyen de fonds ou valeurs indivis, la subrogation réelle invoquée par eux n'en serait pas moins inopposable aux tiers que sont les créanciers du propriétaire indiqué aux actes d'acquisition comme seul acquéreur, créanciers représentés par les syndics à la liquidation de ses biens poursuivant la vente; que par ce motif de pur droit, substitué à ceux que critique le moyen, l'arrêt attaqué se trouve légalement justifié [...]. »

> Date d'évaluation des biens dans la masse à partager

• **Civ. 11 janv. 1937,** *Mulle*, *GAJC*, 11e éd., n° 111

* V. s^{s} n° 262.41

Aucune compensation légale ne saurait se produire entre le droit réel de copropriété qui appartient à un cohéritier sur l'ensemble des biens meubles et immeubles laissés par le *de cujus* et la dette, obligation personnelle, dont il peut être tenu envers l'hérédité.

Loin de s'éteindre à l'instant où s'ouvre la succession, la dette rapportable de cet héritier est, aux termes de l'article 858 du Code civil, productive d'intérêts depuis ce moment jusqu'au partage; par voie de réciprocité, l'héritier reste, jusqu'à l'acte mettant fin à l'indivision, investi de son droit de copropriété sur la totalité des biens successoraux.

La plus-value acquise ou la moins-value soufferte par les biens de la succession pendant le cours de l'indivision profite ou préjudicie à tous les héritiers indivisaires, les divers lots proportionnels à la vocation héréditaire de ceux-ci devant être composés, comme il ressort de l'article 890 du Code civil, en considération de la valeur de leurs éléments au jour du partage et non du décès.

> Les copartageants peuvent convenir d'évaluer certains biens à une date différente de celle du partage

• Cass., ass. plén., 22 avr. 2005, n° 02-15.180, *Bull. ass. plén.*, n° 5

* V. s^s n° 262.41

« [...] Mais attendu que, si la valeur des biens à partager doit être fixée au jour le plus proche du partage, les copartageants peuvent convenir d'en évaluer certains à une date différente;

Qu'ayant constaté que les époux s'étaient accordés le 2 juillet 1991 pour que la maison fût attribuée à Mme O... pour la valeur de 500 000 francs, que cet accord, entériné par le tribunal le 23 novembre 1992 portait seulement sur une partie de l'actif à partager et que les propositions d'attribution établies par le notaire liquidateur faisaient ressortir un partage égalitaire, la cour d'appel, qui a retenu que M. de S... ne rapportait pas la preuve de ce que, en signant l'acte de vente de l'immeuble à 650 000 francs, il ait voulu modifier les attributions ou valeurs conventionnellement arrêtées entre les parties ni subordonner sa signature à la modification préalable du partage des immeubles alors qu'une décision était en délibéré, a pu en déduire que l'immeuble devait être évalué à 500 000 francs, selon l'accord des parties, entériné par une décision judiciaire non frappée d'appel;

D'où il suit que le moyen n'est pas fondé [...]. »

> Évaluation du bien loué à l'attributaire

• Civ. 1re, 11 juin 1996, n° 94-16.608, *Bull. civ.* I, n° 252

* V. s^s n° 262.43

« [...] Mais attendu, d'abord, que lorsque le bénéficiaire de l'attribution préférentielle est en même temps titulaire d'un bail grevant le bien, la réunion sur sa tête des qualités de propriétaire et de locataire aboutit à la disparition du contrat de location, de telle sorte que ce bien doit être estimé comme libre de tout bail, sans qu'il y ait lieu de distinguer selon que le bailleur est le *de cujus* lui-même ou un tiers; [...]. »

262.03 Bibliographie indicative.

Actualisables. Rép. civ., v° *Indivision*, par C. Albiges, mars 2011 [màj juin 2013] – J.-Cl. Civ., art. 815 à 815-8.

Ouvrages[1]**.** A. Delfosse et J.-F. Péniguel, *La réforme des successions et libéralités*, LexisNexis/Litec, 2006; *Dossiers pratiques Francis Lefebvre*, « Les successions et les libéralités après la réforme » – J. Flour et H. Souleau, *Droit civil. Les successions*, 3e éd., coll. « U », A. Colin, 1991 – M.-C. Forgeard, R. Crône et B. Gelot, *Le nouveau droit des successions et des libéralités*, Defrénois, 2007 – M. Grimaldi, *Droit civil. Les successions*, « Manuels », 6e éd., LexisNexis/Litec, 2001 – Ph. Malaurie, *Les successions. Les libéralités*, 5e éd., Defrénois/Lextenso, 2012 – P. Raynaud (par L. et S. Leveneur), *Successions-Libéralités, Leçons de droit civil*, t. IV, vol. 2, 5e éd., Montchrestien, 1999 – F. Terré, Y. Lequette et S. Gaudemet, *Droit civil. Les successions. Les libéralités*, « Précis », 4e éd., Dalloz, 2014.

Articles. A. Delfosse et J.-F. Péniguel, « Le volet fiscal de la réforme des successions et des libéralités », *JCP N* 2007. 1016 – M. Nicod, « L'anticipation de la succession », *JCP N* 2006. 1136 – D. Vigneau, « Le règlement de la succession », *JCP N* 2006. 1144.

262.04 Questions essentielles.

> Tous les biens et droits composant le patrimoine du *de cujus* le jour de son décès se retrouvent-ils dans la masse à partager ?

* V. s^s n° 262.12

> Le jeu de la subrogation réelle s'applique-t-il ?

* V. s^s n° 262.21

> Les créances du *de cujus* sur les tiers figurent-elles dans la masse à partager ?

* V. s^s n° 262.15

> À quelle date doit-on se placer pour évaluer les biens ?

* V. s^s n° 262.41

> Un bien donné à bail doit-il être évalué libre ou occupé ?

* V. s^s n° 262.43

SECTION 1
Composition de la masse active partageable

§ 1
Biens existant à l'ouverture de la succession

262.11 Principe directeur. Il s'agit des **biens, compris dans la succession ordinaire** (sur les biens faisant l'objet d'une succession anomale, v. s^s n°s 235.08 s.), dont le *de cujus* était propriétaire à son décès et qui se retrouvent **en nature au moment du partage.**

262.12 Biens exclus. Sont donc exclus de la masse à partager :

1. NB : les ouvrages les plus fréquemment cités et dont le nom des auteurs figure en petites capitales en bibliographie sont cités par les seuls noms des auteurs en petites capitales en notes de bas de page.

– les biens sur lesquels le *de cujus* n'était titulaire que d'un **droit viager** (par ex., un usufruit) ou suspendu à une **condition** résolutoire de prédécès (droit assorti d'une clause de retour conventionnel ou d'une clause d'accroissement),

– les biens dont le *de cujus* était bien propriétaire au jour de son décès mais qui ont disparu pendant la période d'indivision (on ne partage que ce que l'on a),

– les **biens** que le *de cujus* a **légués à titre particulier** (ils sont devenus la propriété privative du légataire; mais l'on pourra trouver dans la masse à partager l'éventuelle indemnité de réduction due par le légataire – v. s^s^ n° 264.85),

– ou encore les biens qui n'ont jamais transité par le patrimoine du *de cujus* (capital d'une **assurance-vie** souscrite par le *de cujus* – V. cep. C. assur., art. L. 132-11 : le capital ou la rente garantis font partie du patrimoine ou de la succession du contractant en l'absence de tiers bénéficiaire désigné – V. s^s^ n° 263.43).

262.13 Biens et droits issus du régime matrimonial. Si le *de cujus* était marié, on trouvera dans l'actif à partager les **biens qu'il tient de son régime matrimonial** : la **quote-part du *boni* de communauté** qui lui est échue (en l'absence de clause dérogatoire : la moitié), majorée, le cas échéant du **solde de récompenses** dont il est créancier; ou la **créance de participation** dont il est créancier, s'il était marié sous le régime de la participation aux acquêts.

262.14 Les créances. Une distinction s'impose entre les créances sur les tiers et les créances sur les successeurs indivisaires.

262.15 1) Créances sur les tiers. Avec la loi du 23 juin 2006[1], a disparu la précision, jusqu'alors énoncée par l'article 832 alinéa 2 ancien du Code civil, selon laquelle les créances sur les tiers figurent dans la masse à partager. Lesdites créances sont aujourd'hui comprises parmi les biens existant à l'ouverture de la succession, visés par l'article 825 du Code civil.

La jurisprudence a eu à concilier cette **inclusion des créances sur les tiers dans l'actif à partager** avec la règle, énoncée par l'article 1220 du Code civil, de la **divisibilité de plein droit desdites créances entre les héritiers du créancier** – divisibilité qui paraît les exclure de l'actif indivis[2]. Elle l'a fait de la manière suivante[3]. Elle décide que, dans les rapports réciproques entre les successeurs, il faut attendre le partage pour savoir auquel d'entre eux revient la créance. En revanche, dans les rapports des successeurs avec le tiers débiteur, l'article 1220 du Code civil s'applique pleinement : chacun des successeurs peut réclamer sa part et portion de la créance au tiers débiteur et, dans cette mesure, le paiement du tiers est libératoire. De cette jurisprudence, il résulte qu'une créance du *de cujus* sur un tiers figure dans l'actif partageable soit comme telle si elle n'a pas été encaissée, soit comme créance(s) sur le (ou les) successeur(s) qui en ont reçu le paiement.

262.16 2) Créances sur les successeurs. Cette expression recouvre aussi bien les créances qui appartenaient au *de cujus* que les dettes qu'un successeur a pu contracter envers l'indivision. Ces créances-là sont expressément visées par l'article 825 alinéa 2 du Code civil. Elles ont pour particularité de ne pouvoir être envisagées isolément des créances dont le successeur peut être titulaire soit envers le *de cujus* (quelle que soit l'origine de cette créance, contractuelle, quasi-contractuelle, délictuelle ou légale) soit envers l'indivision, soit encore envers la succession *stricto sensu* (par ex., une créance de salaire différée).

En effet, en présence de **dettes et créances réciproques entre la succession et un successeur,** la pratique, entérinée par la jurisprudence et consacrée par la loi (C. civ., art. 815-8 et 815-11, al. 3), établit **un compte récapitulatif.** Il existe une controverse doctrinale relative à la nature de ce compte, controverse que la loi du 23 juin 2006 n'a pas dissipée. Deux conceptions s'affrontent[4].

Pour certains, ce compte fonctionne comme un **compte courant,** avec notamment cette conséquence que **les dettes et les créances d'un successeur,** à partir de leur entrée en compte (entrée en compte qui serait simplement facultative), **perdent leur individualité.** Elles ne sont donc plus exigibles au cours de l'indivision, **seul le solde du compte, connu au moment du partage, donnant lieu à un règlement**[5].

D'autres auteurs[6], soutiennent la **nature purement analytique de ce compte.** Simple état descriptif des créances et des dettes réciproques entre la succession et le successeur, il n'aurait aucune influence sur le régime juridique des rapports d'obligation qu'il récapitule. À l'appui de cette deuxième conception,

1. L. n° 2006-728, 23 juin 2006, portant réforme des successions et des libéralités, *JO* 24 juin, p. 9513.
2. Sur la formulation du problème, v. M. GRIMALDI, *Successions*, n°s 916 et 917.
3. Req. 13 janv. 1909, *S.* 1911. 1. 441, note Naquet; *D.* 1911. 1. 435.
4. F. TERRÉ, Y. LEQUETTE et S. GAUDEMET, n° 1037.
5. EN CE SENS, Rép. civ., v° *Indivision (régime légal)*, par C. Albiges, mars 2011 [màj juin 2013], n°s 140 à 142 – P. Raynaud, *Les successions et les libéralités*, 1983, n° 719 – V. AUSSI, s^s^ n° 251.385.
6. M. GRIMALDI, *Successions*, n° 864.

peut être avancée la jurisprudence qui autorise le successeur à poursuivre avant le partage les créances qu'il détient contre l'indivision[1]. Quant à la jurisprudence qui décide qu'un successeur ne peut se voir réclamer le paiement de ses dettes avant le partage[2], il est fait valoir qu'elle ne se fonde pas sur l'entrée en compte de ces dettes mais sur la technique particulière de paiement de ces dettes prévue par la loi (v. s^s n°s 271.91 à 271.96).

§ 2
Biens subrogés aux biens existants

262.21 Consécration de la jurisprudence par la loi du 23 juin 2006. L'article 825 alinéa 1er du Code civil, issu de la loi du 23 juin 2006, consacrant une jurisprudence célèbre et jamais démentie[3], admet le **jeu de la subrogation réelle.** D'où il résulte que si certains biens, parmi ceux laissés par le *de cujus* à son décès, ont, au cours de l'indivision, été remplacés par d'autres, il y a lieu d'inscrire à l'actif partageable les nouveaux biens qui représentent ceux que le *de cujus* avait laissés. La subrogation réelle opère **de plein droit** s'agissant des **créances et indemnités** qui remplacent des biens existants (créance de prix, prix perçu, indemnité d'assurance, créance indemnitaire de réparation en cas, par exemple, de construction au mépris d'une servitude). En cas d'**emploi ou de remploi de deniers indivis**, la subrogation réelle ne joue que **du consentement de l'ensemble des successeurs indivisaires.** Telles sont les solutions que la jurisprudence avançait sous l'empire du droit ancien et que la loi du 23 juin 2006 a consacrées à l'article 815-10 alinéa 1er du Code civil, lequel dispose : « *Sont de plein droit indivis, par l'effet d'une subrogation réelle, les créances et indemnités qui remplacent des biens indivis, ainsi que les biens acquis, avec le consentement de l'ensemble des indivisaires, en emploi ou remploi de biens indivis* ».

Il y a cependant des cas où la subrogation peut jouer **contre le gré des indivisaires**, lorsque l'emploi ou le remploi est intervenu au cours de l'indivision dans le cadre d'une **gestion d'affaire utile** ou au titre des **mesures d'urgence ordonnées par le président du tribunal** (C. civ., art. 815-6) ou encore en vertu d'une **autorisation donnée par le tribunal** dans l'intérêt commun (C. civ., art. 815-5).

À l'égard des tiers, la subrogation réelle ne sera possible que s'il a été mentionné dans l'acte d'acquisition qu'il y a eu emploi ou remploi de biens indivis[4].

§ 3
Fruits et revenus des biens indivis

262.31 Principe. Selon un principe général, s'exprimant, traditionnellement, sous la forme d'une maxime (*fructus augent hereditatem*) et consacré depuis la loi du 31 décembre 1976 par l'article 815-10 alinéa 2 du Code civil (C. civ., anc. art. 815-10, al. 1er) et également, depuis la loi du 23 juin 2006, par l'article 825 alinéa 1er du Code civil, **les fruits et revenus d'un bien indivis accroissent l'indivision.** Ce n'est qu'à compter de la date de la jouissance divise qu'ils sont acquis à l'attributaire du bien frugifère. Il n'y a pas à distinguer entre les **fruits naturels** (les récoltes) et les **fruits civils** (loyers, indemnité d'occupation que l'article 815-9 du Code civil met, sauf convention contraire, à la charge de l'indivisaire qui use ou jouit privativement d'un bien indivis).

262.32 Tempéraments. Cette règle est assortie d'un certain nombre de tempéraments.

Premièrement, les coïndivisaires ont toujours la possibilité de procéder d'un commun accord[5] à un **partage provisionnel.** Il s'agit d'un partage de la jouissance des biens (C. civ., art. 815-10, al. 2), chaque indivisaire fait alors siens les fruits des biens dont il a été alloti en jouissance (v. s^s n° 27.02 et s^s n°s 251.350 s.).

Deuxièmement, chaque coïndivisaire a le droit de demander sa **part annuelle dans les bénéfices**, sans être tenu d'attendre le partage définitif (C. civ., art. 815-11, al. 1er).

Troisièmement, aux termes de l'article 815-10 alinéa 3 du Code civil, aucune recherche relative aux fruits et revenus qui ont été ou auraient pu être perçus il y a plus de cinq ans ne peut être entreprise. Autrement dit, le droit des coïndivisaires aux fruits est soumis à une **prescription quinquennale.** Au moment de la liquidation de la succession, il n'y a pas à remonter plus de cinq ans en arrière.

Enfin, selon l'article 815-12 du Code civil, « *L'indivisaire qui gère un ou plusieurs biens indivis est redevable des produits nets de sa gestion* ». Il ne doit ainsi restituer les fruits qu'il a perçus que déduction faite des charges qu'il a dû acquitter et de la rémunération à laquelle il a droit (pour une application conditionnelle de la prescription quinquennale de

1. Civ. 1re, 5 juin 1973, n° 71-14.390, *Bull. civ.* I, n° 197.
2. Civ. 1re, 7 nov. 1978, n°s 77-12.798 et 77-12.799, *Bull. civ.* I, n° 334.
3. Cass., ch. réun., 5 déc. 1907, *Chollet c/Dumoulin*, *GAJC*, n° 117.
4. Civ. 1re, 4 janv. 1980, n° 78-13.283, *Bull. civ.* I, n° 10; *D.* 1980. 425, note A. Breton.
5. Civ. 1re, 29 nov. 1965, *Bull. civ.* I, n° 659.

l'article 815-10 alinéa 3 à la rémunération de l'indivisaire gérant[1]).

SECTION 2
ÉVALUATION DE LA MASSE ACTIVE PARTAGEABLE

262.41 Date de l'évaluation[2]. Codifiant la jurisprudence issue de l'arrêt *Mulle*[3], l'article 829 du Code civil, issu de la loi du 23 juin 2006, fixe la **date d'estimation des biens au jour de la jouissance divise**, avec la précision que cette **date doit être la plus proche possible du partage**. Un tempérament est apporté à cette règle par l'article 829 alinéa 3 du Code civil : le juge peut fixer la jouissance divise à une **date plus ancienne que celle du partage** si cette date **favorise l'égalité du partage**. Par ailleurs, il est acquis, en jurisprudence, que les coïndivisaires peuvent, d'un commun accord, fixer la date d'évaluation des biens à une date différente de celle de la jouissance divise[4].

262.42 État du bien. Les biens sont évalués compte tenu de leur **état au jour de la jouissance divise.** D'où il résulte que les plus et moins-values advenues aux biens depuis le décès profitent ou nuisent à l'indivision. Cependant, si les plus ou moins values sont imputables à un indivisaire, on retrouvera dans l'actif ou le passif à partager l'indemnité dont celui-ci se trouve créancier ou débiteur à l'égard de l'indivision.

L'article 829 alinéa 3 du Code civil précise que, pour l'estimation des biens, il faut tenir compte, s'il y a lieu, des **charges** qui les grèvent (comme, par ex., l'obligation d'entretien d'un monument classé monument historique).

262.43 Cas d'un bien indivis donné à bail en cours d'indivision. Que le preneur soit un tiers ou un indivisaire, **le bien doit toujours être évalué occupé.**

En ce sens, v. M. Grimaldi, qui précise : « [... si le bail a été consenti à un indivisaire], *l'indivisaire est débiteur envers la masse de l'avantage qui lui a été ainsi conféré, de sorte que, s'il est alloti du bien, tout se passe pour lui comme si le bien était évalué libre de bail* »[5].

1. v. M. Grimaldi, obs. s[s] Civ. 1re, 19 déc. 1995, n° 93-19.800, *Bull. civ.* I, n° 472; *Defrénois* 1996. 406 – POUR une opinion plus libérale, v. G. Morin, note s[s] Civ. 1re, 6 juill. 1983, n° 82-12.747, *Bull. civ.* I, n° 199; *D.* 1984. 168.
2. Sur l'état de la jurisprudence en matière d'évaluation des biens à partager, v. M. Grimaldi, « Le partage : état des lieux », *Defrénois* 2012. 1123, n°s 7 s.
3. Civ. 11 janv. 1937, *Mulle*, *GAJC*, 11e éd., n° 111; *S.* 1938. 1. 377, note Battifol; *DH* 1937. 101.
4. Cass., ass. plén., 22 avr. 2005, n° 02-15.180, *Bull. ass. plén.*, n° 5; *R.* 213; *BICC* 1er juill. 2005, rapp. Gridel, concl. Cavarroc; *D.* 2006. Pan. 336; *JCP* 2005. II. 10089, note Ph. Simler; *RLDC* 2005, n° 753, note F. Leandri; *Dr. fam.* 2005, n° 140, note B. Beignier; *RDC* 2005. 1155, obs. H. Lécuyer; *RTD civ.* 2005. 810, obs. M. Grimaldi.
5. M. GRIMALDI, *Successions*, n° 866 – *CONTRA*, F. TERRÉ, Y. LEQUETTE et S. GAUDEMET, n° 1027; Ph. MALAURIE, n° 863 – Civ. 1re, 11 juin 1996, n° 94-16.608, *Bull. civ.* I, n° 252; *D.* 1997. Somm. 369, obs. M. Grimaldi; *JCP* 1997. I. 4021, obs. R. Le Guidec; *Defrénois* 1996. 1447, obs. G. Champenois; *RTD civ.* 1997. 195; 197, obs. J. Patarin.

CHAPITRE

263. Masse partageable en présence de libéralités : le rapport des libéralités

CLAIRE FARGE
INGÉNIEUR PATRIMONIAL
(BNP PARIBAS – BANQUE PRIVÉE)
DOCTEUR EN DROIT

SECTION 0
ORIENTEUR

263.00 **Plan du chapitre.**

263.01 **Textes applicables.**

C. civ., art. 843 à 863, 1078-9, 754

C. assur., art. L. 132-13

> Rapport des libéralités
[C. civ., art. 843 à 863]

C. civ., art. 843

Tout héritier, même ayant accepté à concurrence de l'actif, venant à une succession, doit rapporter à ses cohéritiers tout ce qu'il a reçu du défunt, par donations entre vifs, directement ou indirectement; il ne peut retenir les dons à lui faits par le défunt, à moins qu'ils ne lui aient été faits expressément hors part successorale.

Les legs faits à un héritier sont réputés faits hors part successorale, à moins que le testateur n'ait exprimé la volonté contraire, auquel cas le légataire ne peut réclamer son legs qu'en moins prenant.

C. civ., art. 844

Les dons faits hors part successorale ne peuvent être retenus ni les legs réclamés par l'héritier venant à partage que jusqu'à concurrence de la quotité disponible : l'excédent est sujet à réduction.

C. civ., art. 845

L'héritier qui renonce à la succession peut cependant retenir le don entre vifs ou réclamer le legs à lui fait jusqu'à concurrence de la portion disponible à moins que le disposant ait expressément exigé le rapport en cas de renonciation.

Dans ce cas, le rapport se fait en valeur. Lorsque la valeur rapportée excède les droits qu'il aurait dû avoir dans le partage s'il y avait participé, l'héritier renonçant indemnise les héritiers acceptants à concurrence de cet excédent.

C. civ., art. 846

Le donataire qui n'était pas héritier présomptif lors de la donation, mais qui se trouve successible au jour de l'ouverture de la succession, ne doit pas le rapport, à moins que le donateur ne l'ait expressément exigé.

C. civ., art. 847

Les dons et legs faits au fils de celui qui se trouve successible à l'époque de l'ouverture de la succession sont toujours réputés faits avec dispense du rapport.

Le père venant à la succession du donateur n'est pas tenu de les rapporter.

C. civ., art. 848

Pareillement, le fils venant de son chef à la succession du donateur n'est pas tenu de rapporter le don fait à son père, même quand il aurait accepté la succession de celui-ci; mais si le fils ne vient que par représentation, il doit rapporter ce qui avait été donné à son père, même dans le cas où il aurait répudié sa succession.

C. civ., art. 849

Les dons et legs faits au conjoint d'un époux successible sont réputés faits avec dispense du rapport.

Si les dons et legs sont faits conjointement à deux époux, dont l'un seulement est successible, celui-ci en rapporte la moitié; si les dons sont faits à l'époux successible, il les rapporte en entier.

C. civ., art. 850

Le rapport ne se fait qu'à la succession du donateur.

C. civ., art. 851

Le rapport est dû de ce qui a été employé pour l'établissement d'un des cohéritiers ou pour le paiement de ses dettes.

Il est également dû en cas de donation de fruits ou de revenus, à moins que la libéralité n'ait été faite expressément hors part successorale.

C. civ., art. 852

Les frais de nourriture, d'entretien, d'éducation, d'apprentissage, les frais ordinaires d'équipement, ceux de noces et les présents d'usage ne doivent pas être rapportés, sauf volonté contraire du disposant.

Le caractère de présent d'usage s'apprécie à la date où il est consenti et compte tenu de la fortune du disposant.

C. civ., art. 853

Il en est de même des profits que l'héritier a pu retirer des conventions passées avec le défunt, si ces conventions ne présentaient aucun avantage indirect, lorsqu'elles ont été faites.

C. civ., art. 854

Pareillement, il n'est pas dû de rapport pour les associations faites sans fraude entre le défunt et l'un de ses héritiers, lorsque les conditions en ont été réglées par un acte authentique.

C. civ., art. 855

Le bien qui a péri par cas fortuit et sans la faute du donataire n'est pas sujet à rapport.

Toutefois, si ce bien a été reconstitué au moyen d'une indemnité perçue en raison de sa perte, le donataire doit le rapporter dans la proportion où l'indemnité a servi à sa reconstitution.

Si l'indemnité n'a pas été utilisée à cette fin, elle est elle-même sujette à rapport.

C. civ., art. 856

Les fruits des choses sujettes à rapport sont dus à compter du jour de l'ouverture de la succession.

Les intérêts ne sont dus qu'à compter du jour où le montant du rapport est déterminé.

C. civ., art. 857

Le rapport n'est dû que par le cohéritier à son cohéritier; il n'est pas dû aux légataires ni aux créanciers de la succession.

C. civ., art. 858

Le rapport se fait en moins prenant, sauf dans le cas du deuxième alinéa de l'article 845.

Il ne peut être exigé en nature, sauf stipulation contraire de l'acte de donation.

Dans le cas d'une telle stipulation, les aliénations et constitutions de droits réels consenties par le donataire s'éteindront par l'effet du rapport à moins que le donateur n'y ait consenti.

C. civ., art. 859

L'héritier a aussi la faculté de rapporter en nature le bien donné qui lui appartient encore à condition que ce bien soit libre de toute charge ou occupation dont il n'aurait pas déjà été grevé à l'époque de la donation.

C. civ., art. 860

Le rapport est dû de la valeur du bien donné à l'époque du partage, d'après son état à l'époque de la donation.

Si le bien a été aliéné avant le partage, on tient compte de la valeur qu'il avait à l'époque de l'aliénation. Si un nouveau bien a été subrogé au bien aliéné, on tient compte de la valeur de ce nouveau bien à l'époque du partage, d'après son état à l'époque de l'acquisition. Toutefois, si la dépréciation du nouveau bien était, en raison de sa nature, inéluctable au jour de son acquisition, il n'est pas tenu compte de la subrogation.

Le tout sauf stipulation contraire dans l'acte de donation.

S'il résulte d'une telle stipulation que la valeur sujette à rapport est inférieure à la valeur du bien déterminé selon les règles d'évaluation prévues par l'article 922 ci-dessous, cette différence forme un avantage indirect acquis au donataire hors part successorale.

C. civ., art. 860-1

Le rapport d'une somme d'argent est égal à son montant. Toutefois, si elle a servi à acquérir un bien, le rapport est dû de la valeur de ce bien, dans les conditions prévues à l'article 860.

C. civ., art. 861 (*L. n° 2009-526, 12 mai 2009, art. 10*)
Lorsque le rapport se fait en nature et que l'état des objets donnés a été amélioré par le fait du donataire, il doit lui en être tenu compte, eu égard à ce dont leur valeur se trouve augmentée au temps du partage ou de l'aliénation.

Il doit être pareillement tenu compte au donataire des dépenses nécessaires qu'il a faites pour la conservation du bien, encore qu'elles ne l'aient point amélioré.

C. civ., art. 862 (*L. n° 2009-526, 12 mai 2009, art. 10*)
Le cohéritier qui fait le rapport en nature peut retenir la possession du bien donné jusqu'au remboursement effectif des sommes qui lui sont dues pour dépenses ou améliorations.

C. civ., art. 863
Le donataire, de son côté, doit, en cas de rapport en nature, tenir compte des dégradations et détériorations qui ont diminué la valeur du bien donné par son fait ou par sa faute.

> Donations-partages faites à des descendants de degrés différents
C. civ., art. 1078-9
Dans la succession de l'enfant qui a consenti à ce que ses propres descendants soient allotis en son lieu et place, les biens reçus par eux de l'ascendant sont traités comme s'ils les tenaient de leur auteur direct.

Ces biens sont soumis aux règles dont relèvent les donations entre vifs pour la réunion fictive, l'imputation, le rapport et, le cas échéant, la réduction.

Toutefois, lorsque tous les descendants ont reçu et accepté un lot dans le partage anticipé et qu'il n'a pas été prévu d'usufruit portant sur une somme d'argent, les biens dont ont été allotis les gratifiés sont traités comme s'ils les avaient reçus de leur auteur par donation-partage.

> Représentation dans la succession
C. civ., art. 754
On représente les prédécédés, on ne représente les renonçants que dans les successions dévolues en ligne directe ou collatérale.

Les enfants du renonçant conçus avant l'ouverture de la succession dont le renonçant a été exclu rapportent à la succession de ce dernier les biens dont ils ont hérité en son lieu et place, s'ils viennent en concours avec d'autres enfants conçus après l'ouverture de la succession. Le rapport se fait selon les dispositions énoncées à la section 2 du chapitre VIII du présent titre.

Sauf volonté contraire du disposant, en cas de représentation d'un renonçant, les donations faites à ce dernier s'imputent, le cas échéant, sur la part de réserve qui aurait dû lui revenir s'il n'avait pas renoncé.

On peut représenter celui à la succession duquel on a renoncé.

> Capital ou rente payables au décès du contractant ne sont soumis ni aux règles du rapport ni à celles de la réduction
C. assur., art. L. 132-13
Le capital ou la rente payables au décès du contractant à un bénéficiaire déterminé ne sont soumis ni aux règles du rapport à succession, ni à celles de la réduction pour atteinte à la réserve des héritiers du contractant.

Ces règles ne s'appliquent pas non plus aux sommes versées par le contractant à titre de primes, à moins que celles-ci n'aient été manifestement exagérées eu égard à ses facultés.

263.02 Jurisprudence de référence.

> Les donations de fruits sont en principe rapportables
• Civ. 1re, 14 janv. 1997, n° 94-16.813, *Bull. civ.* I, n° 22

* V. ss n° 263.42

« [...] Vu l'article 843 du Code civil;

Attendu que ce texte n'opère aucune distinction selon que le défunt a donné un bien ou seulement les fruits de celui-ci;

Attendu que, pour décider que ne devait pas être rapporté à la succession de S... K..., au titre de libéralité, l'avantage dont avaient bénéficié certains héritiers, tiré de l'occupation gratuite d'immeubles pendant une période pouvant atteindre une quinzaine d'années avant le décès du père de famille, l'arrêt attaqué énonce que S... K... était libre de disposer à son gré de fruits qu'il avait la liberté de percevoir ou de ne pas percevoir;

Attendu cependant qu'en statuant ainsi la cour d'appel qui s'est fondée uniquement sur la circonstance inopérante que le défunt avait disposé de fruits en abandonnant gratuitement l'usage d'immeubles à certains de ses enfants, a violé le texte susvisé [...]. »

> Les primes manifestement excessives d'un contrat d'assurance-vie doivent être intégralement rapportées
• Civ. 1re, 1er juill. 1997, n° 95-15.674, *Bull. civ.* I, n° 217

* V. ss n° 263.43

« [...] Mais attendu que la cour d'appel a relevé, par motifs propres et adoptés des premiers juges, que les primes litigieuses représentaient plus du tiers de l'actif de G. R...; que celle-ci, âgée de 84 ans, avait peu de chances de percevoir le service de la rente au terme du contrat alors qu'elle aurait 92 ans; que le deuxième versement était intervenu au moment où elle sortait de l'hôpital et où son état physique était nécessairement très dégradé puisqu'elle devait décéder 4 jours plus tard, de sorte que ce versement n'avait pas d'utilité pour elle;

Que la cour d'appel en a déduit que les circonstances et époques du paiement des primes, ainsi que leur importance, établissaient que celles-ci étaient manifestement excessives et devaient être rapportées intégralement à la succession; que cette appréciation du caractère manifestement exagéré eu égard aux facultés de G. R... et de l'étendue de cet excès est souveraine; qu'ainsi, la cour d'appel, qui pouvait se fonder sur l'utilité de l'opération pour le souscripteur et sur l'âge de celui-ci, a légalement justifié sa décision [...]. »

> Le rapport est dû de la valeur vénale du bien donné au jour du partage
• Civ. 1re, 4 oct. 2005, n° 02-16.576, *Bull. civ.* I, n° 362

* V. ss n° 263.71

« [...] Vu l'article 860 du Code civil;

Attendu que le rapport est dû de la valeur du bien donné à l'époque du partage, d'après son état à l'époque de la donation;

Attendu que M.-A. P... est décédée le 12 janvier 1986 après avoir, par acte du 18 décembre 1985, consenti à sa fille Yvette, une donation en partie préciputaire portant sur une ferme; que, statuant sur les opérations de comptes, liquidation et partage de la succession, l'arrêt attaqué a dit que la valeur de la ferme devait être fixée au jour le plus proche des opérations de partage, en appliquant à la valeur retenue en 1992 par l'expert judiciaire pour les bâtiments la variation de l'indice INSEE du coût de la construction et à celle retenue pour les terres la variation du barème indicatif de la valeur vénale moyenne des terres agricoles labourables d'au moins un hectare libre;

Qu'en statuant ainsi en retenant des éléments impropres à établir la valeur vénale des biens au jour du partage, laquelle était constituée par le prix qui pourrait en être obtenu par le jeu de l'offre et de la demande, dans un marché réel, compte tenu de l'état des biens avant la mutation et des clauses de l'acte le constatant, la cour d'appel a violé les clauses susvisées [...]. »

> Référence à l'état du bien au jour de la donation
• Civ. 1re, 31 mai 2005, no 03-11.133, *Bull. civ.* I, no 237

* V. ss no 263.71

« [...] Vu l'article 860 alinéa 1er du Code civil;

Attendu, selon ce texte, que le rapport est dû de la valeur du bien donné à l'époque du partage, d'après son état à l'époque de la donation;

Attendu que G. et M. E... sont décédés respectivement les 6 janvier 1988 et 3 avril 1990, en laissant pour leur succéder leurs quatre fils, Maurice, Michel, Marc et Jean-Claude;

Attendu, pour fixer à un certain montant, en vue de leur rapport, la valeur d'un terrain donné le 20 octobre 1971 à J.-C. E... et celle d'une maison donnée le 9 mai 1986 à M. E... par leurs parents, l'arrêt attaqué a pratiqué un abattement de 25 % sur la valeur actuelle du terrain pour tenir compte du fait que le donataire l'avait viabilisé depuis la date de la donation et a déduit de la valeur actuelle de la maison le montant de factures correspondant à des travaux d'amélioration réalisés par le donataire depuis la date de la donation;

Qu'en se déterminant ainsi, sans rechercher la valeur des biens à l'époque du partage sur la base de leur état à la date de la donation, la cour d'appel a violé le texte susvisé par fausse application [...]. »

> Licéité d'une convention conclue par les enfants, du vivant de leur père, portant sur l'évaluation de la somme à rapporter au titre des dons manuels reçus du père
• Civ. 1re, 18 mai 1994, no 92-11.829, *Bull. civ.* I, no 178

* V. ss no 263.111

« [...] Attendu que ne constitue un pacte sur succession future que la convention qui a pour objet d'attribuer un droit éventuel sur tout ou partie d'une succession non ouverte;

Attendu que pour déclarer nul comme constituant un tel pacte l'acte par lequel les héritiers de J.-P. C... étaient convenus, avant l'ouverture de la succession, que les dons manuels reçus seraient rapportés à la succession affectés d'un indice à déterminer lors du partage, la cour d'appel a énoncé que cette convention avait pour but de créer au profit des cohéritiers un droit éventuel à percevoir une part successorale modifiée par cette convention;

Attendu qu'en se déterminant ainsi, alors que la stipulation litigieuse faisait naître au profit des héritiers un droit actuel au rapport des dons manuels affectés d'une indexation et constituait une modification licite des règles du rapport, la cour d'appel a violé le texte susvisé [...]. »

263.03 Bibliographie indicative.

Actualisables. Rép. civ., vo *Rapport des dons et legs*, par D. Guével, sept. 2007 [màj oct. 2013] – J.-Cl. Civ., Fasc. unique, art. 843 à 857.

Ouvrages[1]**.** A. Delfosse et J.-F. Péniguel, *La réforme des successions et libéralités*, LexisNexis/Litec, 2006; *Dossiers pratiques Francis Lefebvre*, « Les successions et les libéralités après la réforme » – J. Flour et H. Souleau, *Droit civil. Les successions*, 3e éd., coll. « U », A. Colin, 1991 – M.-C. Forgeard, R. Crône et B. Gelot, *Le nouveau droit des successions et des libéralités*, Defrénois, 2007 – M. Grimaldi, *Droit civil. Les successions*, « Manuels », 6e éd., LexisNexis/Litec, 2001 – Ph. Malaurie, *Les successions. Les libéralités*, 5e éd., Defrénois/Lextenso, 2012 – P. Raynaud (par L. et S. Leveneur), *Successions-Libéralités*, *Leçons de droit civil*, t. IV, vol. 2, 5e éd., Montchrestien, 1999 – F. Terré, Y. Lequette et S. Gaudemet, *Droit civil. Les successions. Les libéralités*, « Précis », 4e éd., Dalloz, 2014.

Articles spécifiques au rapport des libéralités. M. Grimaldi, « La représentation de l'héritier renonçant », *Defrénois* 2008, art. 38698 – N. Levillain, « Nouvelles règles liquidatives en présence d'un héritier renonçant », *JCP N* 2007. 1187 – B. Vareille, « Nouveau rapport, nouvelle réduction », *D.* 2006. 2565 – D. Vigneau, « Le rapport d'une donation à un renonçant », *JCP N* 2006. 1327.

263.04 Questions essentielles.

> À quelles conditions et sous quelle forme une libéralité peut-elle devoir être restituée par son bénéficiaire dans la masse à partager de la succession du disposant ?

* V. ss no 263.05

> Est-il possible d'échapper au rapport des libéralités ?

* V. ss no 263.46

> Qui peut profiter de l'accroissement de la masse à partager consécutif au(x) rapport(s) ?

* V. ss no 263.21

> À quelle(s) succession(s) les donations de biens communs sont-elles rapportables ?

* V. ss no 263.31

> Est-il possible de déroger aux règles légales d'évaluation de l'indemnité de rapport ?

* V. ss no 263.111

> Un rapport en nature est-il envisageable ?

* V. ss no 263.150

1. NB : les ouvrages les plus fréquemment cités et dont le nom des auteurs figure en petites capitales en bibliographie sont cités par les seuls noms des auteurs en petites capitales en notes de bas de page.

263.05 Vue d'ensemble. Lorsque le défunt a consenti des libéralités, la masse à partager s'accroît, le cas échéant, du montant total ou partiel desdites libéralités. Tel peut être le résultat de deux institutions fondamentales du droit successoral, le rapport et la réduction. L'une, **le rapport**, procède de la **liberté contractuelle** et a pour objet **l'égalité des héritiers**; l'autre, **la réduction**, relève de **l'ordre public successoral** et a pour objet la **protection de la réserve.** Ces deux institutions peuvent s'appliquer concurremment à propos d'une même libéralité.

263.06 Nouveau dispositif légal. Nouvelle terminologie. Les règles relatives au rapport des libéralités ont été sensiblement modifiées par la loi n° 2006-728 du 23 juin 2006[1] (ci-après L. 23 juin 2006). La nouveauté est d'abord d'ordre terminologique : là où l'on opposait, naguère, la **donation en avancement d'hoirie** à la **donation préciputaire** (ou **préciput**), on distingue désormais la **donation en avancement de part successorale** et la **donation faite hors part successorale**.

263.07 Application de la loi dans le temps. Les nouvelles règles issues de la loi du 23 juin 2006 sont applicables aux successions ouvertes à compter du 1er janvier 2007, y compris si des libéralités ont été consenties par le défunt antérieurement à cette date (L. 23 juin 2006, art. 47, I et II, al. 3).

EXEMPLE

Une donation a été consentie en 2004 par Jean à son petit-fils, Pierre, issu de son fils Paul. Paul décède en 2006. Jean décède le 2 janvier 2007. En application de l'article 846 du Code civil, issu de la loi du 23 juin 2006, Pierre ne doit pas rapporter à la succession de Jean la donation que ce dernier lui a consentie.

263.09 Annonce. Le rapport est un mécanisme qui oblige celui qui a reçu à titre gratuit un bien du défunt à en restituer la valeur pour qu'elle soit comprise dans la masse à partager. Le domaine et les modes d'exécution du rapport seront successivement précisés.

SECTION 1
DOMAINE DU RAPPORT

§ 1
Sujets du rapport

263.10 Une opération préparatoire au partage. Le rapport est une opération préparatoire au partage, destinée à assurer l'égalité des copartageants. Il ne peut donc y avoir lieu à rapport qu'en présence d'une **pluralité d'héritiers**.

A.
Débiteurs du rapport

263.11 Nécessaire réunion de plusieurs qualités. On apprend, à la lecture de l'article 843 du Code civil, que pour être tenu du rapport il faut réunir plusieurs qualités.

263.12 Qualité d'héritier *ab intestat*. Quel que soit son ordre d'appartenance, tout héritier *ab intestat* doit le rapport des libéralités qu'il a reçues du défunt. En revanche, cette obligation de rapporter ne pèse pas sur le **successeur testamentaire** (certains reconnaissent cependant la validité d'une stipulation contraire obligeant au rapport le légataire universel non héritier[2]). On enseigne généralement que celui qui cumule les qualités d'héritier *ab intestat* et de successeur testamentaire ne doit pas le rapport[3].

263.13 Venir à la succession. L'hériter *ab intestat* ne doit le rapport que s'il est appelé à la succession du disposant. Mais peu importe qu'il ait accepté purement et simplement ou à concurrence de l'actif net cette succession. De cette deuxième qualité requise par l'article 843 du Code civil, il résulte plusieurs conséquences.

1) **Le rapport n'est pas dû par l'héritier de second rang.** Ainsi, l'article 847 alinéa 1er du Code civil dispose-t-il que : « *Les dons et legs faits au fils de celui qui se trouve successible à l'époque de l'ouverture de la succession, sont toujours réputés faits avec dispense du rapport* ».

2) **Le rapport n'est pas dû par l'héritier entièrement exhérédé.** L'institution d'un légataire universel fait donc échapper au rapport les héritiers *ab intestat* non réservataires (pour une opinion plus nuancée, v. M. Grimaldi[4]). En revanche, l'héritier réservataire qui ne peut être totalement exhérédé serait toujours tenu au rapport. Il n'en irait autrement qu'en présence d'une renonciation anticipée à l'action en réduction (RAAR)[5].

3) **L'héritier renonçant, devenu étranger à la succession, ne doit pas le rapport.** Cette solution

1. L. n° 2006-728, 23 juin 2006, portant réforme des successions et libéralités, *JO* 24 juin, p. 9513.

2. Naquet, note s[s] Req. 26 juin 1905, *S.* 1907. I. 217 – M. GRIMALDI, *Successions*, n° 664, note 21 *in fine*.
3. EN CE SENS, Civ. 28 mai 1894, *D.* 1895. 1. 86 – V. l'opinion nuancée de M. GRIMALDI, *Successions*, n° 664, texte et note 21 : il y aurait place pour une volonté contraire du *de cujus* – EN CE SENS, Req. 26 juin 1905, *S.* 1907. I. 217, note Naquet.
4. M. GRIMALDI, *Successions*, n° 664, texte et note 17.
5. EN CE SENS, *Dossiers pratiques Francis Lefebvre*, « Les successions et les libéralités après la réforme », 2006, n° 1020.

était, avant la loi du 23 juin 2006, exclusivement fondée sur l'article 843 du Code civil qui, avant comme après la réforme, ne vise que l'héritier « *venant à une succession* ». Cette solution n'est pas pleinement satisfaisante. Car elle est susceptible de contrarier à la fois la volonté et les prévisions du disposant : sa volonté que la libéralité ne rompe pas l'égalité entre ses héritiers et son légitime calcul que la libéralité allait laisser la quotité disponible libre pour l'imputation des libéralités ultérieurement consenties. Le législateur de 2006, pour éviter de telles contrariétés, a envisagé spécifiquement, dans un nouvel article 845 du Code civil, la situation de l'héritier renonçant en matière de rapport. Cette **nouvelle disposition**, tout en conservant expressément la règle du non-assujettissement au rapport de l'héritier renonçant, **valide la stipulation d'une clause contraire, dans l'acte portant la libéralité.** Le disposant peut donc dorénavant, au moment où il consent la libéralité, imposer le rapport au gratifié même dans le cas où ce dernier renoncerait (certains, dont N. Levillain [1], considèrent que donateur et donataire ne pourraient, sans buter sur la prohibition des pactes sur succession future, prévoir une telle clause dans un acte postérieur à la libéralité).

263.14 Qualité d'héritier présomptif au jour de la donation. Réécrivant l'article 846 du Code civil, la loi du 23 juin 2006 a inversé la règle applicable à l'héritier *ab intestat* devenant successible postérieurement à la donation. L'article 846 ancien du Code civil énonçait que, sauf clause contraire, est tenu au rapport celui qui est successible au jour de l'ouverture de la succession alors même qu'il n'aurait pas été héritier présomptif lors de la donation. L'article 846 du Code civil énonce à l'inverse que : « *Le donataire qui n'était pas héritier présomptif lors de la donation, mais qui se trouve successible au jour de l'ouverture de la succession ne doit pas le rapport, à moins que le donateur ne l'ait expressément exigé* ». Notamment celui qui vient à la succession par représentation ne devrait plus avoir à rapporter les donations qu'il a personnellement reçues du défunt alors qu'il n'était pas au jour de la donation son héritier présomptif [2].

EXEMPLE

OBLIGATION AU RAPPORT ET QUALITÉ D'HÉRITIER PRÉSOMPTIF

Jean a un fils, Pierre. Pierre a lui-même une fille Marie. Jean consent, en 1999, une donation à Marie. En 2002, Pierre est tué dans un accident de voiture. Jean décède en avril 2007. Lors de la liquidation de cette dernière succession et sauf clause contraire, Marie n'est pas tenue de rapporter la donation qui lui a été consentie en 1999 alors que son père était encore vivant et qu'elle n'était donc pas l'héritier présomptif de Jean.

263.15 Nécessité d'avoir été personnellement gratifié par le disposant. Le principe. En principe, **il n'y a pas de rapport pour autrui.** Ainsi :

- le père venant à la succession du donateur n'est pas tenu de rapporter les dons et legs faits par le *de cujus* à son fils (C. civ., art. 847);

- le fils venant de son chef à la succession du donateur n'est pas tenu de rapporter le don fait à son père (C. civ., art. 848); telle est la situation des petits-enfants issus de l'enfant unique du grand-parent donateur : la représentation ne jouant pas en présence d'une souche unique, la donation faite à l'enfant prédécédé n'est pas rapportable (et est imputable sur la quotité disponible) [3];

- si une libéralité a été consentie conjointement à deux époux, dont l'un seulement est successible, celui-ci n'en rapporte que la moitié (C. civ., art. 849, al. 2).

263.16 Hypothèse particulière de la représentation. Principe. En cas de représentation, on déduisait traditionnellement des dispositions de l'article 848 du Code civil aux termes duquel « [...] *si le fils ne vient que par représentation, il doit rapporter ce qui avait été donné à son père, même dans le cas où il aurait répudié sa succession* », le principe selon lequel le représentant doit rapporter les dons reçus du défunt par le représenté, alors même que le représentant aurait renoncé à la succession du représenté (sur l'exclusion de l'application de cette disposition au cas où le fils vient à la succession par représentation du fait de la renonciation de son père [4]).

EXEMPLE

OBLIGATION AU RAPPORT ET REPRÉSENTATION

Jean est décédé le 2 janvier 2007. Il laisse une fille, Marie, et un petit-fils, Jacques, issu de son fils Pierre, prédécédé en 1997. Jacques a renoncé à la succession de Pierre. En 1985, Jean a consenti une donation à Pierre. Jacques, qui vient à la succession de Jean en représentation de son père Pierre, doit rapporter la donation que ce dernier a reçue de Jean.

263.17 Représentation d'un renonçant. Depuis l'entrée en vigueur de la loi du 23 juin 2006, la représentation d'un renonçant est **admise dans l'ordre des descendants et dans celui des collaté-**

1. N. Levillain, « Nouvelles règles liquidatives en présence d'un héritier renonçant », *JCP N* 2007. 1187, n° 30 – V. CEP., M. GRIMALDI, *Successions*, n° 678.
2. EN CE SENS, N. Levillain, « Nouvelles règles liquidatives en présence d'un héritier renonçant », *JCP N* 2007. 1187, n° 43 – *CONTRA*, A. DELFOSSE et J.-F. PÉNIGUEL, note 113, p. 101; note 157, p. 166; note 164, p. 170.
3. Civ. 1re, 25 sept. 2013, n° 12-17.556, *Bull. civ.* I [à paraître]; *JCP N* 2013. 1279, obs. M. Nicod; *RJPF* 2013-11/35, obs. F. Sauvage.
4. V. M. Grimaldi, « La représentation de l'héritier renonçant », *Defrénois* 2008, art. 38698, n° 12 *in fine*.

raux privilégiés (C. civ., art. 754, al. 1er)[1]. Ce qui soulève la question du rapport des dons consentis par le défunt au renonçant représenté. Deux situations doivent être distinguées.

- Ou bien le disposant a imposé au gratifié, par une **clause expresse de la libéralité**, le **rapport du don même en cas de représentation**, conformément aux dispositions de l'article 845 alinéa 1er du Code civil. En présence d'une telle clause, il semble que l'obligation de rapporter pèse alors sur le renonçant personnellement[2], sauf la possibilité de poursuivre à titre subsidiaire le ou les représentants en cas d'insolvabilité du représenté[3]. Le(s) représentant(s) du renonçant n'a (ont) alors aucun droit sur l'indemnité de rapport éventuellement due par le renonçant (v. EXEMPLE ss n° 263.132).

- En **l'absence d'une clause de rapport dans la donation** consentie au renonçant représenté, la **question** est **discutée** de savoir si le représentant doit rapporter à la succession du disposant la libéralité faite à son auteur[4].

263.18 Le conjoint et le rapport. En présence de descendants, le **conjoint survivant, héritier *ab intestat*,** remplit toutes les conditions pour être débiteur du rapport des donations qu'il a reçues du défunt. Cependant, le rapport, instrument d'égalité, ne peut jouer qu'avec **réciprocité**. Or, le conjoint, qu'il succède en pleine propriété ou en usufruit, n'est pas créancier du rapport[5]. Il faut donc en conclure que le conjoint survivant n'est pas redevable du rapport[6]. Néanmoins, du fait de la **technique de l'imputation des libéralités sur les droits légaux**, le conjoint se voit rempli de ses droits légaux par les libéralités qu'il reçoit, tel un héritier tenu au rapport[7].

B.
Créanciers du rapport

263.21 Règle de principe. Aux termes de l'article 857 du Code civil : « *Le rapport n'est dû que par le cohéritier à son cohéritier; il n'est pas dû aux légataires ni aux créanciers de la succession* ». Cette disposition n'a pas été modifiée par la loi du 23 juin 2006. Tendant à garantir l'égalité des héritiers, le rapport n'est dû qu'à ceux des cohéritiers qui viennent effectivement à la succession. Un héritier unique ne doit pas le rapport. En cas de renonciation de l'un des héritiers qui avait été gratifié d'une libéralité par le *de cujus*, les solutions sont les suivantes (C. civ., art. 845)[8] :

- en présence d'une **clause de rapport** et si le **renonçant n'est pas représenté**, le rapport est partagé entre les héritiers acceptants;

- en présence d'une **clause de rapport** et si le **renonçant est représenté,** le rapport ne profite pas au(x) représentant(s);

- à **défaut de clause de rapport** et si le **renonçant est représenté,** le rapport n'est pas dû (sur la question v. ss n° 263.17).

Doivent être précisées les situations du légataire et des créanciers du défunt.

263.22 Situation des légataires. Le rapport ne garantit que les **vocations héréditaires conférées par la loi.** Il n'est donc dû ni aux légataires universels ou à titre universel (auxquels il convient d'assimiler les institués contractuels) puisque, eux, tiennent leurs droits du défunt. Précisément, les légataires ne peuvent ni demander le rapport ni bénéficier du rapport effectué entre les héritiers. Il en résulte que, dans l'aperçu liquidatif, les droits du légataire doivent être calculés sur le seul actif net existant avant que ne soit rajouté le produit d'éventuels rapports.

EXEMPLES

DROITS DU LÉGATAIRE DANS UNE MASSE À PARTAGER COMPRENANT DES INDEMNITÉS DE RAPPORT

CAS N° 1

ÉNONCÉ

Jean décède le 2 janvier 2007. Il laisse pour lui succéder un frère et une sœur, Paul et Marie. Il avait donné à Paul,

1. *Rapp. Sénat* n° 343, 2005-2006, H. de Richemont, p. 34.
2. EN CE SENS, N. Levillain, « Nouvelles règles liquidatives en présence d'un héritier renonçant », *JCP N* 2007, 1187, n° 50 – A. Delfosse et J.-F. Peniguel, *La réforme de successions et libéralités*, Litec, 2006, nos 378-379.
3. EN CE SENS, D. Vigneau, « Le règlement de la succession, observations sur le projet de loi portant réforme des successions et des libéralités », *JCP N* 2006. 1144, n° 37.
4. Pour une réponse affirmative : A. DELFOSSE et J.-F. PENIGUEL, nos 378-379 – *CONTRA :* N. Levillain, « Nouvelles règles liquidatives en présence d'un héritier renonçant », *JCP N* 2007. 1187, n° 44 – M. Grimaldi, « La représentation de l'héritier renonçant », *Defrénois* 2008, art. 38698, spéc. n° 12 : « *La donation faite à son auteur peut diminuer ses droits dans les biens existants, voire les réduire à zéro, mais elle ne peut jamais l'obliger à "restituer" sur ses biens personnels* ».
5. P. Catala, J.-Cl. Civ. Code, Fasc. 10, art. 756 à 767, n° 80 – *Adde* 106e Congrès des notaires, 2010, *Couple et patrimoine*, p. 1004 : « *Si le législateur a finalement reculé devant la perspective de faire de l'époux un créancier à part entière du rapport, c'est parce que le spectre de féroces conflits avec les enfants d'une première union qui auraient été gratifiés et qui auraient dû dédommager le second conjoint a pesé lourdement dans sa décision.* »
6. B. Beignier, *Libéralités et successions*, « Cours », Montchrestien, 2010, n° 533.
7. EN CE SENS, B. Vareille, « Réflexions sur l'imputation en droit des successions », *RTD civ.* 2009. 1.
8. Sur le détail des règles liquidatives, v. N. Levillain, « Nouvelles règles liquidatives en présence d'un héritier renonçant », *JCP N* 2007. 1187.

en 1997, un appartement d'une valeur de 250 000 euros. Cet appartement vaut au décès comme au partage 350 000 euros. Aux termes d'un testament olographe régulier en la forme, il a institué une amie légataire universel. Les biens existant à son décès ont une valeur, au décès comme au partage, de 700 000 euros.

Liquider la succession.

SOLUTION PROPOSÉE

Masse à partager :

Les biens existants (pour leur valeur au jour du partage) :	700 000
Dont pour le légataire universel :	700 000
Reste :	0
À quoi s'ajoute le rapport dû par Paul	350 000
À partager entre les deux héritiers *ab intestat*	1/2
Soit pour chacun	175 000

Pour autant, un héritier continue à bénéficier du rapport alors même qu'il a été institué légataire universel.

CAS N° 2

ÉNONCÉ

Mêmes données que dans le cas précédent mais c'est Marie qui a été instituée légataire universel.

SOLUTION PROPOSÉE

Masse à partager :

Les biens existants	700 000
Dont pour Marie en qualité de légataire universel	700 000
Reste	0
À quoi s'ajoute le rapport dû par Paul	350 000
À partager entre les deux héritiers *ab intestat*	1/2
Soit pour chacun	175 000
Droits de Marie : à prendre sur les biens existants, en sa qualité de légataire universel	700 000
que devra lui verser Paul au titre du rapport dont il est tenu	et 175 000

263.23 Situation des créanciers. Les créanciers **successoraux** ne peuvent pas demander le rapport des donations consenties ni en profiter. Seule la voie de l'**action paulienne** (C. civ., art. 1167) leur est ouverte pour remettre en cause ces donations. Les biens légués, eux, quelle que soit la nature, rapportable ou non, du legs, sont avec les autres biens existants, inclus dans le gage des créanciers successoraux. Et, même, s'agissant des donations, l'exclusion des créanciers successoraux du bénéfice du rapport n'est qu'apparente dès que les héritiers ont accepté purement et simplement la succession. Car, alors, les créanciers successoraux étant assimilés aux créanciers personnels des héritiers, ils peuvent tout à la fois demander le rapport, par la **voie oblique** (C. civ., art. 1166) et profiter du rapport en saisissant les biens recueillis au titre du rapport par l'héritier.

§ 2
Libéralités sujettes au rapport

263.30 Annonce. Le domaine du rapport quant aux libéralités doit être précisé aussi bien quant à l'auteur de la libéralité (A) que quant à la nature de la libéralité (B).

A.
Quant à l'auteur de la libéralité

263.31 Libéralités reçues du *de cujus*. Seules les libéralités reçues du défunt sont susceptibles d'être rapportables à la succession de ce dernier : « *Le rapport ne se fait qu'à la succession du donateur* » (C. civ., art. 850).

Cela explique notamment les solutions applicables en présence d'une **donation de biens communs** :

- en principe, la donation est rapportable pour moitié à la succession de chacun des époux donateurs;
- mais si l'un des époux n'a donné son consentement à la donation que pour en assurer la validité (au regard de l'article 1422 alinéa 1er du Code civil), seul son conjoint a la qualité de donateur et la donation doit être entièrement rapportée à la succession de ce dernier.

263.32 Cas particulier. Donation-partage transgénérationnelle. Les biens reçus par les petits-enfants dans une donation-partage transgénérationnelle sont, en principe, **rapportables à la succession de l'enfant représenté** lequel n'est pourtant pas l'auteur de ladite donation partage (v. ss n° 263.45).

263.33 Cas particulier. Article 754 alinéas 2 et 4 du Code civil. Afin d'assurer l'égalité entre les **enfants de l'indigne ou du renonçant**, en ne pénalisant pas ceux de ces enfants qui n'auraient pas été conçus au moment de l'ouverture de la succession dont l'indigne ou le renonçant a été exclu, l'article 754 alinéas 2 et 4 met en place un mécanisme particulier de rapport. Il est ainsi prévu que les enfants du renonçant ou de l'indigne conçus avant l'ouverture de la succession dont le renonçant ou l'indigne a été exclu doivent rapporter à la succession de ce dernier les biens dont ils ont hérité en son lieu et place, s'ils viennent en concours avec d'autres enfants conçus après l'ouverture de la succession[1].

1. M. Grimaldi, « La représentation de l'héritier renonçant », *Defrénois* 2008, art. 36698.

EXEMPLE D'APPLICATION DE L'ARTICLE 754
ALINÉAS 2 ET 4 DU CODE CIVIL

ÉNONCÉ

Jean décède le 2 janvier 2007. Il a deux enfants, Paul et Marie. Paul est indigne, Marie est renonçante. À la date d'ouverture de la succession :

- Paul a deux enfants, Henri et Jeanne;
- Marie a un enfant, Arthur.

Jean n'a consenti aucune libéralité. La masse à partager est composée des seuls biens existants d'une valeur de1 000 000 euros. Cette masse se partage entre les deux souches représentées et à l'intérieur de chaque souche, par parts égales entre les représentants de la souche. Soit :

Henri et Jeanne reçoivent chacun 250 000.

Arthur reçoit 500 000.

En 2012, Marie est tuée dans un accident de voiture. Elle laisse pour lui succéder deux enfants : Arthur et Victor, né en 2009. Elle n'a consenti aucune libéralité. Les biens existants ont une valeur de 1 000 000. Les biens reçus par Arthur dans la succession de Jean sont évalués 950 000, au moment du partage de la succession de Marie.

La masse à partager de la succession de Marie comprend :

– Biens existants	1 000 000
– Le rapport dû par Arthur	950 000
Soit un total égal à	1 950 000
Dont la moitié	1/2
pour chaque enfant est de	975 000

B.
Quant à la nature de la libéralité

263.41 **Dispositif légal.** Les solutions de principe. Parmi les libéralités, seules les **donations** sont sujettes à **rapport**; les **legs**, eux, sont réputés **hors part successorale** (C. civ., art. 843, al. 1 et 2).

263.42 **Toutes les donations sont présumées rapportables.** Peu importe leur forme : donations notariées, dons manuels, donations indirectes, déguisées. Le seul fait que le formalisme prescrit par l'article 931 du Code civil n'a pas été respecté ne suffit pas à écarter la présomption du caractère rapportable de la donation consentie.

En revanche, il ne peut y avoir de libéralité rapportable sans libéralité, laquelle suppose la preuve notamment d'une intention libérale[1]. En matière de donations, le rapport est dû, quel que soit le montant de la donation : les **libéralités modiques** sont, elles aussi, en principe, rapportables. Et consacrant une solution énoncée par la Cour de cassation[2], l'article 851 alinéa 2 du Code civil, issu de la loi du 23 juin 2006, précise que sont également présumées rapportables les donations de fruits et revenus, sauf volonté contraire du disposant.

Néanmoins, les **présents d'usage** sont exclus du domaine du rapport, sauf volonté contraire du disposant (C. civ., art. 852).Pour recevoir cette qualification, le don doit, premièrement, avoir été **fait à l'occasion d'un événement** où il est d'usage de consentir une donation (anniversaire, mariage, fiançailles, étrennes, réussite aux examens...); deuxièmement, le don doit être d'une valeur modique compte tenu de la fortune du disposant. L'article 852 alinéa 2 du Code civil précise que « *le caractère de présent d'usage s'apprécie à la date où il est consenti* ».

263.43 **Cas particulier. Assurance-vie.** L'article L. 132-13 du Code des assurances, applicable y compris en présence d'un contrat de type épargne[3] dispose que : « *Le capital ou la rente payables au décès du contractant à un bénéficiaire déterminé ne sont soumis ni aux règles du rapport à succession, ni à celles de la réduction pour atteinte à la réserve des héritiers du contractant* ».

Une distinction doit être opérée entre le **capital versé par l'assureur au bénéficiaire** et les **primes versées à l'assureur par le souscripteur** : si le capital n'est jamais soumis au rapport, les primes versées, elles, le sont lorsqu'elles ont été manifestement exagérées eu égard aux facultés du souscripteur (v. C. assur., art. L. 132-13, al. 2). Cette notion de **primes manifestement exagérées** n'étant pas définie par la loi, la jurisprudence a dégagé un certain nombre de critères d'appréciation de l'excès :

– l'importance des primes versées doit être appréciée **par rapport à l'ensemble du patrimoine du souscripteur** mais aussi **par rapport à ses revenus**;

1. Ce principe a été fermement rappelé par la Cour de cassation par quatre arrêts rendus le 18 janvier 2012, à propos de l'occupation gratuite d'un logement des parents par l'un de leurs enfants : Civ. 1re, 18 janv. 2012, n° 10-25.685, *Bull. civ.* I, n° 7; n° 11-12.863, *Bull. civ.* I, n° 8, et nos 09-72.542 et 10-27.325, *Bull. civ.* I, n° 9 – V. AUSSI, Civ. 1re, 20 mars 2013, n° 11-21.368, NP.

2. Civ. 1re, 14 janv. 1997, n° 94-16.813, *Bull. civ.* I, n° 22; *R.* 190; *D.* 1997. 607, note V. Barabé-Bouchard; *D.* 1999. Chron. 155, obs. I. Najjar; *JCP* 1998. I. 133, obs. R. Le Guidec; *JCP N* 1998. 356, étude D. Barthe; *Dr. et patr.* 1998, obs. M. Grimaldi; *Defrénois* 1997. 1136, note Ph. Malaurie; *GAJC*, t. 1, 11e éd., n° 10; *RTD civ.* 1997. 480; 483, obs. J. Patarin; *RTD civ.* 1998. 414, obs. F. Zenati.

3. Cass., ch. mixte, 23 nov. 2004, nos 01-13.592, 02-11.352, 02-17.507, et 03-13.673, *Bull. ch. mixte*, n° 4; *R.* 205 et 354; *BICC* 15 févr. 2005, rapp. Crédeville, concl. De Gouttes; *D.* 2005. 1905, note B. Beignier; *JCP* 2005. I. 111, obs. J. Ghestin; *AJ fam.* 2005. 70, obs. F. Bicheron; *RLDC* 2005/12, n° 504, note P. Leroy; *RCA* 2005, Chron. 3, obs. F. Leduc et Ph. Pierre; *AJDA* 2004. 2302, obs. M.-C. de Montecler et P. Seydoux; *RDI* 2005. 11, obs. L. Grynbaum; *JCP N* 2005. 1003, étude Ph. Grosjean; *RTD civ.* 2005. 88, obs. R. Encinas de Munagorri; *RTD civ.* 2005. 434, obs. M. Grimaldi.

– l'âge et la **situation familiale du souscripteur** doivent également être pris en compte;

– plus généralement, l'excès s'apprécie eu égard à l'**utilité** ou l'**inutilité** de la souscription du contrat pour le souscripteur;

– c'est à la **date du versement des primes** que doit être mesuré leur caractère éventuellement exagéré.

Si les juges relèvent le caractère excessif des primes versées, ce qui est rare[1], l'objet du rapport est alors controversé : s'agit-il seulement de la fraction excessive des primes versées ou du montant intégral de ces dernières[2] ?

Il est à noter que la Cour de cassation, dans plusieurs décisions récentes, reconnaît la possibilité au souscripteur du contrat de stipuler rapportable à sa succession le capital reçu par le bénéficiaire désigné, refusant ainsi tout caractère d'ordre public à l'article L. 132-13 du Code des assurances, au moins dans les relations entre le souscripteur et le bénéficiaire[3].

263.44 Cas particulier. Frais divers non rapportables. L'article 852 alinéa 1er du Code civil énumère un certain nombre de frais qui ne doivent pas être rapportés, sauf volonté contraire du disposant : frais de nourriture, d'entretien, d'éducation, d'apprentissage, frais ordinaires d'équipement, frais de noces Les frais d'apprentissage et d'éducation ne comprennent pas les dépenses d'établissement dans la vie professionnelle lesquelles sont sujettes à rapport aux termes de l'article 851 alinéa 1er du Code civil.

263.45 Cas particulier. Donation-partage. Les biens compris dans une donation-partage n'ont jamais à être rapportés à la succession de l'auteur de la donation-partage[4]. En revanche, en présence d'une **donation-partage transgénérationnelle**, consacrée par la loi du 23 juin 2006 et régie par les articles 1078-4 et suivants du Code civil, les lots reçus par les petits-enfants sont, lors du règlement de la succession de l'enfant représenté, traités comme des donations consenties par ce dernier en avancement de part successorale et sont, comme telles, rapportables à la succession de celui-ci. Dans deux hypothèses, cette solution, énoncée par l'article 1078-9 alinéa 2 du Code civil ne s'applique pas :

– lorsque tous les petits-enfants issus de l'enfant représenté ont été allotis dans la donation-partage (C. civ., art. 1078-9, al. 3);

– lorsque l'enfant représenté a fait, à son tour, une donation-partage entre ses enfants, en y incorporant les biens compris dans la donation-partage transgénérationnelle (C. civ., art. 1078-10).

263.46 Pouvoir de la volonté. L'article 843 du Code civil réserve la **possibilité de clauses contraires** à chacune des deux présomptions qu'il pose (al. 1er, **présomption du caractère rapportable des donations**; al. 2, **présomption du caractère non rapportable des legs**).

Aucune forme particulière, aucun terme sacramentel ne sont exigés par la jurisprudence (comparer avec la lettre de la loi qui, aussi bien à l'article 843 alinéa 1er qu'à l'article 919 alinéa 1er du Code civil, ne prévoit de dispense de rapport que faite expressément). Simplement, la volonté du donateur de dispenser le gratifié du rapport ou celle du testateur d'assujettir le légataire au rapport doit être certaine. La **preuve** de cette volonté peut être rapportée **par tous moyens** et les juges peuvent s'appuyer sur des **circonstances extérieures à l'acte**[5].

263.47 Le caractère rapportable ou non rapportable d'une libéralité est, en principe, fixé au jour où la libéralité est consentie. Mais il est possible de revenir, par la suite, sur la volonté ainsi exprimée dans l'acte. Un testateur peut donc imprimer un caractère rapportable à un legs antérieurement consenti ou, au contraire, affranchir du rapport un legs qui y avait été antérieurement soumis. De la même façon, un donateur qui, initialement, avait consenti une donation en avancement de part successorale peut, dans un acte postérieur, stipuler une clause de dispense de rapport, à condition, puisqu'il y a surcroît de libéralité, que cela soit fait « *dans la forme des dispositions entre vifs ou testamentaires* » (C. civ., art. 919, al. 2)[6]. S'il s'agit, au contraire, de rendre rapportable une donation qui, initialement, avait été consentie hors part successorale, la modifica-

1. V. PAR EX., Civ. 2e, 4 juill. 2007, n° 06-14.048, *Bull. civ.* II, n° 182; *Dr. fam.* 2007, n° 176, obs. Nicolas; *AJ fam.* 2007. 361, obs. F. Bicheron; *RCA* 2007, n° 332; *RGDA* 2007. 881 (2e esp.), note L. Mayaux; *RLDC* 2007, n° 41, p. 52, note Céline Jeanne; mais uniquement s'il existe un aléa.
2. En faveur de la deuxième solution : Civ. 1re, 1er juill. 1997, n° 95-15.674, *Bull. civ.* I, n° 217; *D.* 1998. 543, note S. Choisez; *RCA* 1997, n° 317; *RGDA* 1997. 822, note J. Bigot; *JCP* 1998. I. 133, note R. Le Guidec.
3. Civ. 1re, 8 juill. 2010, n° 09-12.491, *Bull. civ.* I, n° 170 – Civ. 1re, 10 oct. 2012, n° 11-17.891, *Bull. civ.* I, n° 200 – Civ. 1re, 20 mars 2013, n° 11-27.221, NP; *RTD civ.* 2011. 167, comm. M. Grimaldi; *JCP N* 2013. 1263; *Defrénois* 2013, n° 8, p. 407, comm. M. Leroy et M. Iwanesko; *JCP N* 2014. Actu. 178, comm. M. Leroy et F. Douet.
4. Civ. 1re, 16 juill. 1997, n° 95-13.316, *Bull. civ.* I, n° 252; *D.* 1997. Somm. 370, obs. M. Grimaldi.
5. Pour les donations : Req. 28 juin 1882, *D.* 1885. 1. 27 – Civ. 1re, 24 oct. 1960, *Bull. civ.* I, n° 454 – Pour les legs : Civ. 29 avr. 1918, *DP* 1922. 1. 23 – T. civ. Seine, 11 mai 1922, *DP* 1923. 2. 68 – Civ. 1re, 17 mars 2010, n° 09-65.126, NP.
6. Civ. 1re, 29 juin 2011, n° 10-17.562, *Bull. civ.* I, n° 129.

tion doit intervenir avec l'accord du donataire, donc par contrat, lequel, semble-t-il, devrait pouvoir être constaté par acte sous seing privé[1].

SECTION 2
MODES D'EXÉCUTION DU RAPPORT

263.50 Annonce. Le rapport peut s'exécuter soit en valeur (§ 1) soit en nature (§ 2). Dans les deux cas, se pose la question des fruits et intérêts.

§ 1
Le principe du rapport en valeur

263.51 Origine. Le principe du rapport en valeur date d'un décret-loi du 17 juin 1938 : il n'a jamais été remis en cause. Il signifie que, au titre du rapport, dans la masse à partager, on ne trouve pas le bien objet de la libéralité rapportable mais une indemnité représentative de ce bien.

A.
Modalités d'évaluation

263.61 Article 860 du Code civil. L'article 860 du Code civil livre la méthode d'évaluation de l'indemnité de rapport, tout en précisant que les règles ainsi posées sont supplétives de volonté (C. civ., art. 860, al. 3).

1°
Dispositif légal

263.70 Distinctions à opérer. L'article 860 alinéas 1 et 2 du Code civil distingue plusieurs situations mais dans chacune d'elles il a recours au même mécanisme pour fixer le montant de l'indemnité de rapport : celui de la **dette de valeur.**

a.
Bien donné conservé par le donataire

263.71 Principe. Si le bien donné a été conservé par le donataire, l'indemnité due est égale à la **valeur du bien à l'époque du partage** (c'est-à-dire, le jour de la jouissance divise), **d'après son état à l'époque de la donation.** Deux précisions :

– c'est la valeur vénale du bien, laquelle correspond au **prix du marché,** qui doit être retenue[2];

– la référence faite à l'état du bien à l'époque de la donation signifie que, pour évaluer le bien, on ne doit pas tenir compte des plus ou moins-values qui lui sont advenues depuis l'époque de la donation dès lors qu'elles sont imputables au gratifié[3]. En revanche, on tiendra compte des améliorations et dégradations fortuites.

Afin de prévenir les difficultés que peut susciter cette référence à l'état du bien à l'époque de la donation, il est vivement conseillé de confectionner un **descriptif détaillé de l'état matériel et juridique du bien au jour de la donation.**

EXEMPLE

ÉNONCÉ

Jean décède le 2 janvier 2007. Il laisse pour lui succéder quatre frères : Pierre, Paul, Patrick et Paulin.

En 1985, il a donné à Pierre un fonds de commerce de librairie d'une valeur à l'époque de la donation de 80 000 euros. L'installation d'un magasin FNAC, dans une rue voisine, a entraîné la chute du chiffre d'affaires de la librairie, laquelle est estimée au jour du partage 35 000 euros. Une expertise révèle que, à défaut de l'installation du magasin FNAC, la librairie aurait conservé la valeur qui était la sienne au jour de la donation.

En 1988, il a donné à Paul un appartement libre, situé à Paris, rue de Turbigo, d'une valeur à l'époque de la donation de 150 000 euros. Paul loue cet appartement depuis 1998. Occupé, sa valeur est aujourd'hui de 210 000 euros alors que, libre de bail, il vaudrait 300 000 euros.

En 1992, il a donné à Patrick un terrain à destination agricole, d'une valeur à l'époque de la donation de 80 000 euros. Suite à un changement de PLU, ce terrain est aujourd'hui constructible. Et Patrick y a fait construire une maison. Aujourd'hui, le terrain construit vaut 250 000 euros alors que, sans la construction, il vaudrait 160 000 euros et, s'il était resté à destination agricole, il ne vaudrait que 100 000 euros.

En 1994, il a donné à Paulin un terrain à destination agricole et dédié à la culture du maïs, d'une valeur à l'époque de la donation de 100 000 euros. Paulin a abandonné la culture du maïs très rapidement et le terrain est aujourd'hui en friche. Aujourd'hui, le terrain est estimé 50 000 euros mais, s'il était cultivé, il vaudrait 90 000 euros.

SOLUTION PROPOSÉE

La masse à partager de la succession de Jean s'établit comme suit :

Indemnité de rapport due par Pierre :	35 000
Indemnité de rapport due par Paul :	300 000
Indemnité de rapport due par Patrick :	160 000
Indemnité de rapport due par Paulin :	90 000
Soit un total égal à :	585 000
Dont le quart	1/4
Revenant à chacun des frères, soit :	146 250

1. EN CE SENS, M. GRIMALDI, *Successions*, n° 678.
2. Civ. 1re, 4 oct. 2005, n° 02-16.576, *Bull. civ.* I, n° 362; *RTD civ.* 2005. 811, obs. M. Grimaldi; *AJ fam.* 2005. 454.
3. Civ. 1re, 31 mai 2005, n° 03-11.133, *Bull. civ.* I, n° 237; *AJ fam.* 2005. 327, obs. F. Bicheron; *RJPF* 2005-9/36, note J. Casey; *RLDC* 2005/20, n° 842, note Campels; *RTD civ.* 2005. 813, obs. M. Grimaldi.

263.72 Cas particulier. Dépenses nécessaires. Si le donataire a procédé sur le bien à des dépenses nécessaires (lesquelles correspondent aux dépenses que l'article 606 du Code civil fait peser sur le nu-propriétaire) dont il ne subsiste aucun profit à l'époque du partage (ex. : il a refait la toiture de la maison donnée et la toiture est au jour du partage à nouveau à refaire), la technique d'évaluation de l'article 860 du Code civil ne permet pas au donataire qu'il lui en soit tenu compte. Il semble alors, qu'afin d'assurer, dans ce cas-là, **l'égalité entre le rapport en valeur et le rapport en nature** (v. C. civ., art. 862), il faille l'autoriser à **déduire du montant de l'indemnité** qu'il doit les **dépenses** qu'il a supportées.

263.73 Cas particulier. Donation avec charge. En présence d'une donation avec charge, le montant du rapport est de **l'émolument net, déduction faite du montant de la charge,** laquelle doit elle-même préalablement avoir été diminuée de la valeur des fruits perçus par le donataire. Issu de la loi du 23 juin 2006, l'article L. 621-29-7 du Code du patrimoine dispose que lorsqu'un immeuble classé ou inscrit au titre des monuments historiques, transmis par donation ou par succession, est affecté d'une **clause d'inaliénabilité**, son évaluation est diminuée des charges, y compris d'entretien, nécessaires à sa préservation durant toute la durée de la clause.

263.74 Cas particulier. Démembrement de propriété. Donation de la nue-propriété. Si la donation n'a porté que sur la nue-propriété d'un bien, le rapport est dû ou bien de la pleine propriété, si l'usufruit avait été réservé par le donateur (car, à l'extinction de l'usufruit par la mort de son titulaire, la pleine propriété se reconstitue sur la tête du nu-propriétaire). Ou bien, le rapport est dû de la valeur de la seule nue-propriété à l'époque du partage, si l'usufruit a été constitué sur la tête d'un tiers, toujours en vie à cette époque (usufruit qui, s'il a été également donné devra, lui aussi, faire l'objet d'un rapport).

263.75 Cas particulier. Démembrement de propriété. Donation de l'usufruit[1]. Si la donation n'a porté que sur l'usufruit, de deux choses l'une :

- ou bien l'usufruit donné existe encore au moment du partage, et le rapport est dû pour la valeur de ce droit à cette date;

- ou bien l'usufruit s'est éteint et aucun rapport n'est dû puisque la valeur de ce droit est alors égale à zéro.

1. M. Iwanesko, « Donation de fruits, d'usufruit ou d'usufruit d'usufruit : conséquences successorales », *BPAT* juin 2010. 12 – N. Randoux et P. Caignault, « Les fruits et revenus à l'épreuve du rapport », *JCP N* 2012. 1241.

b.

Bien donné, aliéné par le donataire

263.81 Sous-distinction à opérer. Si le bien donné a été aliéné (vente, échange, apport en société, donation...) par le donataire avant le partage, intervient la sous-distinction suivante.

263.82 1) Absence de remploi. Si l'aliénation n'a pas été suivie de remploi, le rapport est dû de la valeur du bien (la valeur vénale s'entend et non nécessairement la contrepartie perçue par le donataire, si ce dernier a vendu le bien à un prix inférieur au prix du marché) à l'époque de l'aliénation, compte tenu de l'état du bien à l'époque de la donation.

263.83 2) Remploi. Si l'aliénation a été suivie de remploi, la loi du 23 juin 2006 a introduit une nouvelle distinction :

- ou bien le nouveau bien acquis était, en raison de sa nature, soumis à une dépréciation inéluctable, dès le jour de son acquisition et l'indemnité est calculée comme s'il y avait eu une simple aliénation. Sont ici concernés les biens de consommation (voiture, matériel informatique, appareils ménagers...);

- dans tous les autres cas, on tient compte de la valeur du nouveau bien à l'époque du partage, d'après son état à l'époque de son acquisition. Aucune condition de forme n'est posée par l'article 860 du Code civil pour que joue la subrogation dont la preuve doit être rapportée par celui qui l'invoque. Et si le bien donné n'a permis que, pour partie, l'acquisition du nouveau bien, il y a lieu à un calcul proportionnel. L'indemnité est égale à la valeur, à l'époque du partage, d'une fraction du nouveau bien : la fraction représentative de la contribution du bien donné à l'acquisition du nouveau bien. Ce calcul proportionnel doit prendre en compte :

- l'état du bien donné à l'époque de la donation;

- l'état du nouveau bien à l'époque de son acquisition.

EXEMPLE

Jean décède le 2 janvier 2007. Il laisse deux sœurs pour lui succéder : Marie et Jeanne. En 1992, il a donné à Marie un studio, d'une valeur à l'époque de la donation de 100 000 euros. Marie a effectué de nombreux travaux dans ce studio et l'a vendu en 1998 pour 180 000 euros (mais, sans lesdits travaux la valeur du studio n'aurait été que de 120 000 euros). La même année, grâce au produit de la vente et à des économies personnelles, Marie a acquis un appartement pour 250 000 euros. Cet appartement est aujourd'hui estimé 320 000 euros mais il ne vaudrait que 290 000 euros sans les travaux qu'y a effectués Marie.

L'indemnité de rapport due par Marie s'élève à :

120 000/250 000 × 290 000 = 139 200

c.

Perte du bien donné

263.91 Distinction. L'article 855 du Code civil envisage l'hypothèse de la perte du bien donné et opère la distinction suivante :

- si la perte du bien est **fortuite**, le donataire n'est, en principe, pas tenu du rapport (C. civ., art. 855, al. 1er). Toutefois, si le donataire a perçu une **indemnité** (dommages-intérêts, indemnité d'assurance, indemnité d'éviction...), il devra alors rapporter soit le montant de l'indemnité, soit la valeur du bien acquis à l'aide de cette indemnité, suivant la méthode exposée ci-dessus (C. civ., art. 855, al. 2 et 3);
- si la perte du bien est due à la **faute du donataire**, celui-ci doit **rapporter la valeur qu'il aurait eue au partage**.

d.

Donation d'une somme d'argent

263.101 Article 860-1 du Code civil. Les règles relatives au rapport d'une somme d'argent sont énoncées à l'article 860-1 du Code civil, issu de la loi du 23 juin 2006 : il reprend, inchangées, les dispositions de l'ancien article 869 du Code civil. Ainsi, en principe, le rapport d'une somme d'argent est égal à son **montant**. Toutefois, **si l'argent donné a servi à acquérir un bien**, le **rapport** est dû de la **valeur de ce bien**, dans les conditions prévues à l'article 860 du Code civil.

2°

Clauses dérogatoires

a.

Typologie

263.111 Différentes clauses envisageables. Les règles posées par l'article 860 alinéas 1 et 2 du Code civil sont supplétives de volonté. Autrement dit, les parties peuvent, en tous points, déroger aux règles légales concernant **l'évaluation de l'indemnité de rapport.** Il est ainsi possible de prévoir notamment :

- un rapport pour une **somme forfaitaire**;
- un rapport égal à la **valeur du bien au jour de la donation**;
- des **dérogations** concernant l'appréciation de l'état du bien.

Bien que l'article 860 du Code civil n'envisage ce type de clauses dérogatoire que « *dans l'acte de donation* », il est admis qu'elles peuvent être valablement stipulées dans un **acte ultérieur**[1]. Il est également possible aux cohéritiers, une fois que la succession est ouverte, de s'accorder pour s'écarter des règles légales d'évaluation. Un arrêt a même admis que ne constitue pas un pacte sur succession future prohibé la convention passée entre des enfants, du vivant de leur père, qui affecte d'un indice à déterminer au jour du partage, le montant du rapport de dons manuels reçus de leur père[2].

b.

Portée des clauses dérogatoires

263.121 Premier cas. Si la **clause diminue le montant du rapport**, il faut tenir compte de l'article 860 alinéa 4 du Code civil aux termes duquel : « *S'il résulte d'une telle stipulation que la valeur sujette à rapport est inférieure à la valeur du bien déterminé selon les règles d'évaluation prévues par l'article 922 ci-dessous, cette différence forme un avantage indirect acquis au donataire hors part successorale* ». Autrement dit, si la valeur sujette à rapport est inférieure à la valeur pour laquelle figure le bien donné dans la masse de calcul de la quotité disponible, suivant les règles d'évaluation posées par l'article 922 du Code civil (sur lesquelles v. ss nos 263.70 s.), la donation revêt un **caractère mixte : rapportable à hauteur du montant conventionnellement stipulé** et **préciputaire pour le surplus**. Elle fera donc l'objet d'un **traitement différencié**, au stade des imputations, pour chacune de ces deux portions[3].

EXEMPLE DE LIQUIDATION EN PRÉSENCE D'UNE CLAUSE MINORANT LE MONTANT DU RAPPORT

ÉNONCÉ

Jean décède le 2 janvier 2007. Il laisse pour lui succéder deux enfants : Paul et Jacques.

En 1995, il a donné à Paul un appartement. Une clause de l'acte de donation précise que Paul devra rapporter à la succession la valeur de l'appartement au jour de la donation, soit 100 000 euros. Au jour du décès, l'appartement, qui n'a pas subi de changement d'état au sens de l'article 860 du Code civil, est estimé 400 000 euros et au jour du partage 420 000 euros. Le patrimoine laissé par Jean à son décès est évalué à 200 000 euros, au décès et à 300 000 euros, au partage.

1. Sur la forme que doit revêtir l'acte portant la clause, v. M. Grimaldi, *Successions*, no 697.
2. Civ. 1re, 18 mai 1994, no 92-11.829, *Bull. civ.* I, no 178; *D.* 1995. Somm. 48, obs. M. Grimaldi; *Defrénois* 1995. 175, obs. M.-C. Forgeard; *RTD civ.* 1994. 649, obs. J. Patarin.
3. V. NOT., Civ. 1re, 6 nov. 2013, no 12-16.625, *Bull. civ.* I [à paraître]; *RJPF* 2014-1/46, note F. Sauvage.

SOLUTION PROPOSÉE

A. Masse de calcul de la quotité disponible (C. civ., art. 922)

Biens existants	200 000
Passif	0
Actif net existant	200 000
Réunion fictive :	
Donation consentie à Paul	400 000
Masse de calcul égale à	600 000
Dont le tiers	1/3
constitue la QD est de	200 000
et les deux tiers restant	2/3
la réserve globale, soit	400 000
Dont la moitié	1/2
Est égale à la réserve individuelle	
de chaque enfant est de	200 000

B. Imputation

La donation consentie à Paul est rapportable à hauteur de 100 000 euros et hors part successorale à hauteur de (400 000 – 100 000) 300 000.

La portion rapportable s'impute principalement sur la part de réserve individuelle de Paul (200 000) qu'elle n'excède pas et la portion préciputaire exclusivement sur la quotité disponible qu'elle excède à hauteur de (300 000 – 200 000) 100 000.

Masse à partager :

Actif net existant	300 000
Indemnité de rapport due par Paul	100 000
Indemnité de réduction due par Paul	100 000

263.122 Deuxième cas. Si la clause majore le montant du rapport, elle ne pose pas de difficulté liquidative particulière. Et il semble que le donataire peut y échapper en optant pour un rapport en nature[1].

B. Règlement de l'indemnité de rapport

263.130 Annonce. Le règlement de l'indemnité de rapport s'opère en moins prenant (1°) selon la technique de l'imputation (2°).

1° Rapport en moins prenant

263.131 Principe. Lorsqu'un héritier est débiteur d'une somme d'argent vis-à-vis de la succession, le règlement de sa dette se fait en moins prenant. C'est dire que l'héritier, au lieu de verser dans la masse partageable, la somme qu'il doit, prend moins que ses cohéritiers sur les autres biens. S'agissant précisément du règlement de l'indemnité de rapport, on parle de rapport en moins prenant (C. civ., art. 843, al. 2, pour le legs; C. civ., art. 858, al. 1er, pour la donation).

263.132 Exception. Issue de la loi du 23 juin 2006, l'exception concerne l'hypothèse où un héritier renonçant est tenu de rapporter la donation dont il a été gratifié par le défunt, ce qui suppose une clause spécifique dans l'acte de donation (C. civ., art. 845, al. 1er – V. ss no 263.13). Dans cette hypothèse-là, le rapport, qui se fait toujours en valeur, se règle par le **versement par le renonçant d'une somme d'argent d'un montant égal à l'excédent de la valeur** qui aurait dû être rapportée sur les droits que l'héritier renonçant aurait dû avoir dans la masse à partager s'il n'avait pas renoncé.

EXEMPLES

RENONCIATION ET RAPPORT

CAS No 1

ÉNONCÉ

Jean décède le 1er juillet 2007. Il laisse deux frères, Pierre et Paul, et une sœur, Marie. Marie renonce à la succession. Elle avait reçu en avancement de part successorale, avec obligation de rapporter le bien donné même en cas de renonciation, un appartement qui, au jour du partage, vaut 200. Jean laisse par ailleurs des biens évalués à 400. Il n'a consenti aucune autre libéralité.

Pour calculer le montant du rapport éventuellement dû par Marie, il faut procéder à une double liquidation (C. civ., art. 845, al. 2). Dans un premier temps, on calcule les droits théoriques du renonçant, c'est-à-dire, les droits qu'il aurait eus dans la masse à partager s'il n'avait pas renoncé. Puis, on compare ces droits théoriques du renonçant avec la valeur du bien qui lui a été donné. Et, de deux choses l'une :

– ou bien la donation qui lui a été consentie n'excède pas les droits qu'il aurait dû avoir dans la masse à partager s'il n'avait pas renoncé : alors, il ne doit rien;

– ou bien la valeur du bien donné excède celle des droits théoriques du renonçant : ce dernier doit alors indemniser les héritiers acceptants à concurrence de l'excédent.

Donc, il faut, ici, commencer par calculer les droits théoriques de Marie :

Masse à partager :

– biens existants	400
– rapport dû par Marie	200
ensemble :	600
soit pour chacun des héritiers :	1/3
égal :	200

1. EN CE SENS, M. GRIMALDI, *Successions*, no 706, 2° – F. TERRÉ, Y. LEQUETTE et S. GAUDEMET, no 1086.

La valeur du bien donné à Marie n'excédant les droits théoriques de cette dernière, Marie peut conserver le bien donné sans avoir à verser d'indemnité dans la masse à partager entre Pierre et Paul. Ces derniers se partagent également les biens existants.

CAS N° 2

VARIANTE

Les données sont les mêmes que dans le cas n° 1 à ceci près que le bien donné à Marie vaut 300 à l'époque du partage et les biens laissés par le défunt sont estimés à 300.

DROITS THÉORIQUES DE MARIE :

Masse à partager :

– biens existants	300
– rapport dû par Marie	300
ensemble :	600
soit pour chacun des héritiers	
un tiers	1/3
égal à :	200

Marie est débitrice d'une indemnité de :

300 (valeur du bien donné) – 200 (droits théoriques) = 100.

indemnité qu'elle doit régler en numéraire.

Masse à partager (entre Pierre et Paul) :

– biens existants	300
– indemnité de rapport due par Marie	100
ensemble :	400
dont la moitié	1/2
pour chacun des deux héritiers est égale à :	200

CAS N° 3

Mêmes données que dans le cas n° 2 à ceci près que Marie a une fille, Jeanne, qui la représente dans la succession de Jean.

En présence d'une clause de rapport c'est Marie et non Jeanne qui est tenue du rapport. Le montant du rapport est déterminé selon les règles édictées par l'article 845 alinéa 2 du Code civil (v. *supra* CAS N° 2). Marie est donc débitrice d'une indemnité de rapport égale à 100. Cette indemnité s'ajoute aux biens existants pour être, ensemble, partagés entre les deux frères, Pierre et Paul. Jeanne, représentante de Marie, n'a, elle aucun droit dans la masse à partager, étant donné que « *lorsque le renonçant est représenté, les représentants n'ont des droits dans la masse à partager que si les droits théoriques du renonçant sont supérieurs à la valeur des biens reçus en avancement de part successorale par leur auteur* » [1].

Donc :

Masse à partager :

– biens existants	300
– indemnité de rapport	100
ensemble	400
à partager également	1/2
entre les deux frères, soit	200

2°
Technique de l'imputation

263.141 Abrogation de l'article 830 ancien du Code civil. La loi du 23 juin 2006 a abrogé l'article 830 ancien du Code civil qui prévoyait, pour effectuer le rapport en moins prenant, la **technique du prélèvement.** Cette technique consiste à faire prélever par les cohéritiers du gratifié sur la masse héréditaire des biens d'une valeur égale à celle de l'indemnité de rapport. Dorénavant, subsiste, seule, l'autre technique possible pour effectuer le rapport en moins prenant et qui avait été imaginée par la **pratique notariale** : celle de **l'imputation.** La technique de l'imputation consiste à incorporer, dans la masse à partager, le montant du rapport et à placer l'indemnité de rapport dans le lot du donataire qui la recueille par imputation sur sa part. La créance de rapport s'éteint alors par **confusion.** Mais si le montant du rapport excède les droits du donataire dans la masse à partager, il devra, à hauteur de l'excédent, verser une somme d'argent dans la masse à partager.

EXEMPLE

ÉNONCÉ

Jean décède le 2 janvier 2007. Il laisse, pour lui succéder, quatre frères : Alain, Antoine, Auguste et Alban. En 1987, il a donné à Auguste un tableau de maître d'une valeur à l'époque de la donation de 100 000 euros et qui aujourd'hui (au décès comme au partage) vaut 300 000 euros. En 1999, il a donné à Alban un appartement qui, au jour de la donation, valait 250 000 et qui, aujourd'hui vaut 400 000. Le patrimoine de Jean est évalué, au jour de son décès comme au jour du partage à 500 000 euros.

SOLUTION PROPOSÉE

Masse à partager :

Actif net existant	500 000
Indemnité de rapport due par Auguste	300 000
Indemnité de rapport due par Alban	400 000
Total égal à :	1 200 000
Dont le quart revenant à chaque frère	1/4
Est de :	300 000

Droits des parties :

Auguste a droit à sa part héréditaire de 300 000 sur laquelle s'impute, sans l'excéder, l'indemnité de rapport

1. N. Levillain, « Nouvelles règles liquidatives en présence d'un héritier renonçant », *JCP N* 2007. 1187, n° 51.

dont il est redevable, laquelle indemnité s'éteint par confusion. Il ne reçoit donc rien sur les biens existants.

Alban a droit à sa part héréditaire de 300 000 sur laquelle s'impute l'indemnité de rapport dont il est redevable qui l'excède de 100 000. Il doit régler en argent cette fraction de l'indemnité et n'a droit à rien sur les biens existants.

Alain et Antoine vont prélever leur part héréditaire de 300 000 chacun sur les biens existants auxquels il faut rajouter les 100 000 qu'Alban doit régler par un versement en argent, soit un total égal à :

600 000 (= 300 000 × 2)

§ 2 L'exceptionnel rapport en nature

263.150 Annonce. Les conditions strictes (A) du rapport en nature s'expliquent par ses effets redoutables pour les tiers (B).

A. Conditions

263.151 Une option encadrée. Le rapport en nature, qui ne se conçoit qu'à propos d'une donation, n'est possible qu'en présence d'une clause spécifique de l'acte de donation le prévoyant (C. civ., art. 858, al. 2) [1] ou, à défaut d'une telle stipulation et en l'absence d'une clause dans l'acte de donation écartant la faculté de rapporter en nature [2], à la double condition suivante, posée par l'article 859 du Code civil, que :

- le bien donné appartienne encore au donataire au moment du partage;
- le bien soit libre de toute charge ou occupation créée par la volonté du donataire.

L'option pour un rapport en nature doit être exercée avant le partage et est indivisible [3].

263.152 Précisions. Si l'héritier renonçant est tenu au rapport de la donation qu'il a reçue, le rapport s'effectue nécessairement en valeur (C. civ., art. 845, al. 2). Par ailleurs, est discutée la question de savoir si le donataire conserve la faculté d'effectuer un rapport en nature lorsqu'une clause de la donation fixe le montant du rapport à une valeur supérieure à celle du bien au jour du partage [4].

1. Sur la possibilité d'écarter le rapport en nature de la donation par une clause expresse de la donation, v. Civ. 1re, 12 janv. 2011, n° 09-15.298, *RJPF*-2011-3/36, note Martel.
2. Civ. 1re, 12 janv. 2011, n° 09-15.298, *Bull. civ.* I, n° 8.
3. Sur l'impossibilité d'un rapport partiel en nature, v. Nancy, 14 févr. 1996, *Juris-Data* n° 045649.
4. Sur les termes de cette discussion, v. M. GRIMALDI, *Successions*, n° 706.

B. Effets

263.161 Effet principal. Le rapport en nature emporte la résolution de la donation. D'où les conséquences suivantes.

1) **Le donataire perd la propriété du bien** : il doit le restituer pour qu'il se retrouve dans la masse à partager.

2) Les **aliénations** et **constitutions de droits réels** consenties par le donataire (ce qui suppose que l'on se situe dans l'hypothèse d'une clause de rapport en nature) sont, en principe, **rétroactivement anéanties.** Cependant, il faut réserver **plusieurs hypothèses où cet effet résolutoire ne va pas jouer** :

- en présence d'une donation de meubles corporels, les tiers peuvent invoquer l'article 2276 du Code civil;
- en présence d'une donation immobilière, les droits des tiers seront maintenus si la clause de rapport en nature n'a pas été publiée (Décr. n° 55-22, 4 janv. 1955, art. 28-2°);
- si le donateur a consenti à l'aliénation ou à la constitution de droit réel, les droits des tiers seront également maintenus (C. civ., art. 858, al. 2 *in fine*). Précisément, en cas d'aliénation, le consentement du donateur vaut acceptation d'un rapport en valeur. En cas de constitution d'un droit réel, soit on considère que le donateur a simplement voulu renforcer l'efficacité du droit conféré au tiers : auquel cas, le donataire est toujours tenu au rapport en nature mais est également redevable d'une indemnité compensatrice de la dépréciation du bien. Soit on considère que, par ce consentement, le donateur a voulu écarter l'obligation pour le donataire de rapporter en nature. C'est une question d'interprétation de la volonté du donateur;
- les tiers échappent encore à l'effet résolutoire si le bien restitué dans la masse à partager est mis dans le lot du donataire. Pour cette raison, ils ont d'ailleurs le droit d'intervenir au partage pour y faire opposition.

263.162 Effet secondaire et éventuel. En cas de modification de l'état du bien depuis l'époque de la donation, un **compte** doit être établi entre le donataire et la succession. Ce compte récapitule les indemnités dues :

- par la succession au donataire, s'il y a eu des améliorations ou des dépenses nécessaires réalisées sur le bien par le donataire. L'ancien article 861 du Code civil précisait la méthode d'évaluation de ces indemnités en distinguant améliorations (alors l'indemnité est fixée au montant de la plus-value constatée au partage) et dépenses nécessaires (alors l'indemnité est égale à la plus forte des deux sommes que représentent, l'une, la dépense faite, et, l'autre, la plus-value constatée à l'époque du partage). Mais cet article a été abrogé par la loi du 23 juin 2006;

– par le donataire à la succession en cas de dégradations du bien qui lui sont imputables (C. civ., art. 863). L'indemnité est égale à la moins-value calculée au jour du partage.

Ces **différentes indemnités** sont autant d'articles du compte et il s'opère, entre elles, une **compensation** : seul le solde du compte est dû. S'il l'est pas le donataire, son règlement se fait en moins-prenant (C. civ., nouv. art. 864). S'il l'est par la succession, l'article 862 du Code civil offre au donataire la faculté de retenir la possession du bien donné jusqu'au remboursement effectif des sommes qui lui sont dues (pour dépenses ou améliorations).

§ 3
Fruits et intérêts

263.171 Intérêts. Codification de la jurisprudence par la loi du 23 juin 2006. La loi du 23 juin 2006 a corrigé la rédaction de l'article 856 du Code civil afin de codifier la jurisprudence de la Cour de cassation[1]. Alors que, dans sa formulation ancienne, l'article 856 du Code civil exigeait que soient restitués par le donataire les **fruits et intérêts des biens donnés** « *à compter de l'ouverture de la succession* », l'article 856 alinéa 2 nouveau énonce que « *les intérêts ne sont dus qu'à compter du jour où le montant du rapport est déterminé* ». Ce jour n'est pas systématiquement le **jour du partage** : il peut s'agir du **jour du décès,** en présence d'une clause de rapport forfaitaire[2] ou quand le rapport est dû de la valeur du bien à ce jour-là. Il est bien entendu que seule l'indemnité qui peut devoir être réglée en exécution d'un rapport en valeur est productive d'intérêts. En revanche, la fraction du rapport exécutée en moins-prenant ne produit pas d'intérêts[3].

263.172 Fruits. S'agissant des fruits, la règle reste inchangée après la loi du 23 juin 2006 : ils sont **dus à compter de l'ouverture de la succession.** En revanche, les fruits générés par le bien donné entre la donation et le décès du donateur ne sont pas rapportables. Certains, isolés, considèrent même cette exclusion comme impérative[4]. La Cour de cassation a précisé qu'il n'y a pas d'obligation au rapport des fruits lorsque le bien donné n'était pas, au jour de la donation, dans un état lui permettant de produire un revenu (ainsi d'un immeuble qui était insusceptible d'être mis en location au jour de la donation et qui a été loué à la suite de travaux réalisés par le donataire[5]).

1. Civ. 1re, 27 janv. 1987, n° 85-15.336, *Bull. civ.* I, n° 36; *Defrénois* 1987, art. 33912, note G. Morin.

2. Civ. 1re, 6 nov. 2013, n° 12-16.625, *Bull. civ.* I [à paraître], préc. ss n° 263.121.
3. S. Huyghe, *Rapport devant l'Assemblée Nationale* n° 2850, p. 224 *in fine*.
4. A. Colin et H. Capitant, n° 750.
5. Civ. 1re, 14 mars 2006, n° 03-21.046, *Bull. civ.* I, n° 163; *AJ fam.* 2006. 254, obs. F. Bicheron; *LPA* 9 oct. 2006, note A. Chamoulaud-Trapiers; *RLDC* 2006/29, p. 58, note Larée; *RTD civ.* 2006. 809, obs. M. Grimaldi.

CHAPITRE

264. Masse partageable en présence de libéralités : la réduction des libéralités

CLAIRE FARGE
INGÉNIEUR PATRIMONIAL
(BNP PARIBAS – BANQUE PRIVÉE)
DOCTEUR EN DROIT

SECTION 0
ORIENTEUR

264.00 **Plan du chapitre.**

264.01 Textes applicables.

C. civ., art. 912 à 930-5, 1078

CGI, art. 756 *bis*

> Réserve héréditaire et quotité disponible

[C. civ., art. 912 à 917]

C. civ., art. 912

La réserve héréditaire est la part des biens et droits successoraux dont la loi assure la dévolution libre de charges à certains héritiers dits réservataires, s'ils sont appelés à la succession et s'ils l'acceptent.

La quotité disponible est la part des biens et droits successoraux qui n'est pas réservée par la loi et dont le défunt a pu disposer librement par des libéralités.

C. civ., art. 913

Les libéralités, soit par actes entre vifs, soit par testament, ne pourront excéder la moitié des biens du disposant, s'il ne laisse à son décès qu'un enfant; le tiers, s'il laisse deux enfants; le quart, s'il en laisse trois ou un plus grand nombre.

L'enfant qui renonce à la succession n'est compris dans le nombre d'enfants laissés par le défunt que s'il est représenté ou s'il est tenu au rapport d'une libéralité en application des dispositions de l'article 845.

C. civ., art. 913-1

Sont compris dans l'article 913, sous le nom d'enfants, les descendants en quelque degré que ce soit, encore qu'ils ne doivent être comptés que pour l'enfant dont ils tiennent la place dans la succession du disposant.

C. civ., art. 914-1

Les libéralités, par actes entre vifs ou par testament, ne pourront excéder les trois quarts des biens si, à défaut de descendant, le défunt laisse un conjoint survivant, non divorcé.

C. civ., art. 916

À défaut de descendant et de conjoint survivant non divorcé, les libéralités par actes entre vifs ou testamentaires pourront épuiser la totalité des biens.

C. civ., art. 917

Si la disposition par acte entre vifs ou par testament est d'un usufruit ou d'une rente viagère dont la valeur excède la quotité disponible, les héritiers au profit desquels la loi fait une réserve, auront l'option, ou d'exécuter cette disposition, ou de faire l'abandon de la propriété de la quotité disponible.

> Réduction des libéralités excessives : opérations préliminaires

[C. civ., art. 918 à 920]

C. civ., art. 918

La valeur en pleine propriété des biens aliénés, soit à charge de rente viagère, soit à fonds perdus, ou avec réserve d'usufruit à l'un des successibles en ligne directe, est imputée sur la quotité disponible. L'éventuel excédent est sujet à réduction. Cette imputation et cette réduction ne peuvent être demandées que par ceux des autres successibles en ligne directe qui n'ont pas consenti à ces aliénations.

C. civ., art. 919

La quotité disponible pourra être donnée en tout ou en partie soit par acte entre vifs, soit par testament, aux enfants ou autres successibles du donateur, sans être sujette au rapport par le donataire ou le légataire venant à la succession, pourvu qu'en ce qui touche les dons la disposition ait été faite expressément et hors part successorale.

La déclaration que la donation est hors part successorale pourra être faite, soit par l'acte qui contiendra la disposition, soit postérieurement, dans la forme des dispositions entre vifs ou testamentaires.

C. civ., art. 919-1

La donation faite en avancement de part successorale à un héritier réservataire qui accepte la succession s'impute sur sa part de réserve et, subsidiairement, sur la quotité disponible, s'il n'en a pas été autrement convenu dans l'acte de donation. L'excédent est sujet à réduction.

La donation faite en avancement de part successorale à un héritier réservataire qui renonce à la succession est traitée comme une donation faite hors part successorale. Toutefois, lorsqu'il est astreint au rapport en application des dispositions de l'article 845, l'héritier qui renonce est traité comme un héritier acceptant pour la réunion fictive l'imputation et, le cas échéant, la réduction de la libéralité qui lui a été consentie.

C. civ., art. 919-2

La libéralité faite hors part successorale s'impute sur la quotité disponible. L'excédent est sujet à réduction.

C. civ., art. 920

Les libéralités, directes ou indirectes, qui portent atteinte à la réserve d'un ou plusieurs héritiers, sont réductibles à la quotité disponible lors de l'ouverture de la succession.

> Réduction des libéralités excessives : exercice de la réduction

[C. civ., art. 921 à 928]

C. civ., art. 921

La réduction des dispositions entre vifs ne pourra être demandée que par ceux au profit desquels la loi fait la réserve, par leurs héritiers ou ayants cause : les donataires, les légataires, ni les créanciers du défunt ne pourront demander cette réduction, ni en profiter.

Le délai de prescription de l'action en réduction est fixé à cinq ans à compter de l'ouverture de la succession, ou à deux ans à compter du jour où les héritiers ont eu connaissance de l'atteinte portée à leur réserve, sans jamais pouvoir excéder dix ans à compter du décès.

C. civ., art. 922

La réduction se détermine en formant une masse de tous les biens existant au décès du donateur ou testateur.

Les biens dont il a été disposé par donation entre vifs sont fictivement réunis à cette masse, d'après leur état à l'époque de la donation et leur valeur à l'ouverture de la succession, après qu'en ont été déduites les dettes ou les charges les grevant. Si les biens ont été aliénés, il est tenu compte de leur valeur à l'époque de l'aliénation. S'il y a eu subrogation, il est tenu compte de la valeur des nouveaux biens au jour de l'ouverture de la succession, d'après leur état à l'époque de l'acquisition. Toutefois, si la dépréciation des nouveaux biens était, en raison de leur nature, inéluctable au jour de leur acquisition, il n'est pas tenu compte de la subrogation.

On calcule sur tous ces biens, eu égard à la qualité des héritiers qu'il laisse, quelle est la quotité dont le défunt a pu disposer.

C. civ., art. 923

Il n'y aura jamais lieu à réduire les donations entre vifs, qu'après avoir épuisé la valeur de tous les biens compris dans les dispositions testamentaires; et lorsqu'il y aura lieu à cette réduction, elle se fera en commençant par la dernière donation, et ainsi de suite en remontant des dernières aux plus anciennes.

C. civ., art. 924

Lorsque la libéralité excède la quotité disponible, le gratifié, successible ou non successible, doit indemniser les héritiers réservataires à concurrence de la portion excessive de la libéralité, quel que soit cet excédent.

Le paiement de l'indemnité par l'héritier réservataire se fait en moins prenant et en priorité par voie d'imputation sur ses droits dans la réserve.

C. civ., art. 924-1

Le gratifié peut exécuter la réduction en nature, par dérogation à l'article 924, lorsque le bien donné ou légué lui appartient encore et qu'il est libre de toute charge dont il n'aurait pas déjà été grevé à la date de la libéralité, ainsi que de toute occupation dont il n'aurait pas déjà fait l'objet à cette même date.

Cette faculté s'éteint s'il n'exprime pas son choix pour cette modalité de réduction dans un délai de trois mois à compter de la date à laquelle un héritier réservataire l'a mis en demeure de prendre parti.

C. civ., art. 924-2

Le montant de l'indemnité de réduction se calcule d'après la valeur des biens donnés ou légués à l'époque du partage ou de leur aliénation par le gratifié et en fonction de leur état au jour où la libéralité a pris effet. S'il y a eu subrogation, le calcul de l'indemnité de réduction tient compte de la valeur des nouveaux biens à l'époque du partage, d'après leur état à l'époque de l'acquisition. Toutefois, si la dépréciation des nouveaux biens était, en raison de leur nature, inéluctable au jour de leur acquisition, il n'est pas tenu compte de la subrogation.

C. civ., art. 924-3

L'indemnité de réduction est payable au moment du partage, sauf accord entre les cohéritiers. Toutefois, lorsque la libéralité a pour objet un des biens pouvant faire l'objet d'une attribution préférentielle, des délais peuvent être accordés par le tribunal, compte tenu des intérêts en présence, s'ils ne l'ont pas été par le disposant. L'octroi de ces délais ne peut, en aucun cas, avoir pour effet de différer le paiement de l'indemnité au-delà de dix années à compter de l'ouverture de la succession. Les dispositions de l'article 828 sont alors applicables au paiement des sommes dues.

À défaut de convention ou de stipulation contraire, ces sommes sont productives d'intérêt au taux légal à compter de la date à laquelle le montant de l'indemnité de réduction a été fixé. Les avantages résultant des délais et modalités de paiement accordés ne constituent pas une libéralité.

En cas de vente de la totalité du bien donné ou légué, les sommes restant dues deviennent immédiatement exigibles; en cas de ventes partielles, le produit de ces ventes est versé aux cohéritiers et imputé sur les sommes encore dues.

C. civ., art. 924-4 (*L. n° 2008-561, 17 juin 2008, art. 3*)

Après discussion préalable des biens du débiteur de l'indemnité en réduction et en cas d'insolvabilité de ce dernier, les héritiers réservataires peuvent exercer l'action en réduction ou revendication contre les tiers détenteurs des immeubles faisant partie des libéralités et aliénés par le gratifié. L'action est exercée de la même manière que contre les gratifiés eux-mêmes et suivant l'ordre des dates des aliénations, en commençant par la plus récente. Elle peut être exercée contre les tiers détenteurs de meubles lorsque l'article 2276 ne peut être invoqué.

Lorsque, au jour de la donation ou postérieurement, le donateur et tous les héritiers réservataires présomptifs ont consenti à l'aliénation du bien donné, aucun héritier réservataire, même né après que le consentement de tous les héritiers intéressés a été recueilli, ne peut exercer l'action contre les tiers détenteurs. S'agissant des biens légués, cette action ne peut plus être exercée lorsque les héritiers réservataires ont consenti à l'aliénation.

C. civ., art. 926

Lorsque les dispositions testamentaires excéderont soit la quotité disponible, soit la portion de cette quotité qui resterait après avoir déduit la valeur des donations entre vifs, la réduction sera faite au marc le franc, sans aucune distinction entre les legs universels et les legs particuliers.

C. civ., art. 927

Néanmoins dans tous les cas où le testateur aura expressément déclaré qu'il entend que tel legs soit acquitté de préférence aux autres, cette préférence aura lieu; et le legs qui en sera l'objet ne sera réduit qu'autant que la valeur des autres ne remplirait pas la réserve légale.

C. civ., art. 928

Lorsque la réduction s'exécute en nature, le donataire restitue les fruits de ce qui excède la portion disponible, à compter du jour du décès du donateur, si la demande en réduction est faite dans l'année; sinon, du jour de la demande.

> Réduction des libéralités excessives : renonciation anticipée à l'action en réduction (RAAR)
[C. civ., art. 929 à 930-5]

C. civ., art. 929

Tout héritier réservataire présomptif peut renoncer à exercer une action en réduction dans une succession non ouverte. Cette renonciation doit être faite au profit d'une ou de plusieurs personnes déterminées. La renonciation n'engage le renonçant que du jour où elle a été acceptée par celui dont il a vocation à hériter.

La renonciation peut viser une atteinte portant sur la totalité de la réserve ou sur une fraction seulement. Elle peut également ne viser que la réduction d'une libéralité portant sur un bien déterminé.

L'acte de renonciation ne peut créer d'obligations à la charge de celui dont on a vocation à hériter ou être conditionné à un acte émanant de ce dernier.

C. civ., art. 930

La renonciation est établie par acte authentique spécifique reçu par deux notaires. Elle est signée séparément par chaque renonçant en présence des seuls notaires. Elle mentionne précisément ses conséquences juridiques futures pour chaque renonçant.

La renonciation est nulle lorsqu'elle n'a pas été établie dans les conditions fixées au précédent alinéa, ou lorsque le consentement du renonçant a été vicié par l'erreur, le dol ou la violence.

La renonciation peut être faite dans le même acte par plusieurs héritiers réservataires.

C. civ., art. 930-1

La capacité requise du renonçant est celle exigée pour consentir une donation entre vifs. Toutefois, le mineur émancipé ne peut renoncer par anticipation à l'action en réduction.

La renonciation, quelles que soient ses modalités, ne constitue pas une libéralité.

C. civ., art. 930-2

La renonciation ne produit aucun effet s'il n'a pas été porté atteinte à la réserve héréditaire du renonçant. Si l'atteinte à la réserve héréditaire n'a été exercée que partiellement, la renonciation ne produit d'effets qu'à hauteur de l'atteinte à la réserve du renonçant résultant de la libéralité consentie. Si l'atteinte à la réserve porte sur une fraction supérieure à celle prévue dans la renonciation, l'excédent est sujet à réduction.

La renonciation relative à la réduction d'une libéralité portant sur un bien déterminé est caduque si la libéralité attentatoire à la réserve ne porte pas sur ce bien. Il en va de même si la libéralité n'a pas été faite au profit de la ou des personnes déterminées.

C. civ., art. 930-3

Le renonçant ne peut demander la révocation de sa renonciation que si :

1° Celui dont il a vocation à hériter ne remplit pas ses obligations alimentaires envers lui;

2° Au jour de l'ouverture de la succession, il est dans un état de besoin qui disparaîtrait s'il n'avait pas renoncé à ses droits réservataires;

3° Le bénéficiaire de la renonciation s'est rendu coupable d'un crime ou d'un délit contre sa personne.

C. civ., art. 930-4

La révocation n'a jamais lieu de plein droit.

La demande en révocation est formée dans l'année, à compter du jour de l'ouverture de la succession, si elle est fondée sur l'état de besoin. Elle est formée dans l'année, à compter du jour du fait imputé par le renonçant ou du jour où le fait a pu être connu par ses héritiers, si elle est fondée sur le manquement aux obligations alimentaires ou sur l'un des faits visés au 3° de l'article 930-3.

La révocation en application du 2° de l'article 930-3 n'est prononcée qu'à concurrence des besoins de celui qui avait renoncé.

C. civ., art. 930-5

La renonciation est opposable aux représentants du renonçant.

> Donations-partage faites aux héritiers présomptifs
C. civ., art. 1078

Nonobstant les règles applicables aux donations entre vifs, les biens donnés seront, sauf convention contraire, évalués au jour de la donation-partage pour l'imputation et le calcul de la réserve, à condition que tous les héritiers réservataires vivants ou représentés au décès de l'ascendant aient reçu un lot dans le partage anticipé et l'aient expressément accepté, et qu'il n'ait pas été prévu de réserve d'usufruit portant sur une somme d'argent.

> Fiscalité de la renonciation anticipée à l'action en réduction
CGI, art. 756 *bis*

La renonciation à l'action en réduction prévue à l'article 929 du Code civil n'est pas soumise aux droits de mutation à titre gratuit.

264.02 Jurisprudence de référence.

> Assimilation aux legs des institutions contractuelles entre époux pendant le mariage, quant à l'imputation
• Civ. 1re, 10 févr. 1998, n° 96-12.501, *Bull. civ.* I, n° 52

* V. ss n° 264.86

« [...] Mais attendu que les donations de biens à venir que se font les époux au cours du mariage, parce qu'elles sont révocables, sont, quant à leurs effets, soumises aux règles des legs; qu'ayant constaté qu'après avoir confirmé l'institution contractuelle universelle consentie à son épouse au cours du mariage, qui absorbait la quotité disponible, M. P... avait fait un legs particulier à Mme A..., la cour d'appel a décidé, à bon droit, sans avoir à répondre à des conclusions dès lors inopérantes, que la donation de biens à venir devait être réduite comme un legs [...]. »

> Combinaison des quotités disponibles
• Civ. 1re, 26 avr. 1984, n° 83-11.839, *Bull. civ.* I, n° 140

* V. ss n° 264.111

« [...] Mais attendu qu'il était loisible à P. D...de léguer à son épouse l'usufruit de la totalité des biens composant sa succession, par application de l'article 1094-1 du Code civil résultant de la loi du 3 janvier 1972 et que cette libéralité, en ce qu'elle n'affectait pas la nue-propriété des biens, lui laissait la faculté de disposer au profit d'un ou de plusieurs de ses enfants, de la nue-propriété de la quotité disponible ordinaire fixée, en présence des trois enfants, au quart de l'article 913 du Code civil [...]. »

264.03 Bibliographie indicative.

Actualisables. Rép. civ., v° *Réserve héréditaire (quotité disponible)*, par É. Fongaro et M. Nicod, janv. 2011 [màj mars 2013]; v° *Réserve héréditaire (réduction des libéralités)*, par S. Deville et M. Nicod, juin 2012 – J.-Cl. Civ., Fasc. 10 à 30, art. 912 à 930-5.

Ouvrages[1]. A. Delfosse et J.-F. Péniguel, *La réforme des successions et libéralités*, LexisNexis/Litec, 2006; *Dossiers pratiques Francis Lefebvre*, « Les successions et les libéralités après la réforme » – J. Flour et H. Souleau, *Droit*

1. NB : les ouvrages les plus fréquemment cités et dont le nom des auteurs figure en petites capitales en bibliographie sont cités par les seuls noms des auteurs en petites capitales en notes de bas de page.

civil. Les successions, 3e éd., coll. « U », A. Colin, 1991 – M.-C. Forgeard, R. Crône et B. Gelot, *Le nouveau droit des successions et des libéralités*, Defrénois, 2007 – M. Grimaldi, *Droit civil. Les successions*, « Manuels », 6e éd., LexisNexis/Litec, 2001 – Ph. Malaurie, *Les successions. Les libéralités*, 5e éd., Defrénois/Lextenso, 2012 – P. Raynaud (par L. et S. Leveneur), *Successions-Libéralités, Leçons de droit civil*, t. IV, vol. 2, 5e éd., Montchrestien, 1999 – F. Terré, Y. Lequette et S. Gaudemet, *Droit civil. Les successions. Les libéralités*, « Précis », 4e éd., Dalloz, 2014.

Articles spécifiques à la réduction. I. Dauriac, « La renonciation anticipée à l'action en réduction », *D.* 2006. Chron. 2574 – N. Levillain, « La renonciation anticipée à l'action en réduction », *JCP N* 2006. 1349 – F. Sauvage, « La renonciation anticipée à l'action en réduction », *AJ fam.* 2006. 355 – B. Vareille, « Nouveau rapport, nouvelle réduction », *D.* 2006. Chron. 2565; « Réflexions sur l'imputation en droit des successions », *RTD civ.* 2009. 1.

264.04 Questions essentielles.

> Quand une libéralité est-elle réductible ?

* V. ss no 264.09

> Qu'est-ce que la quotité disponible spéciale ?

* V. ss no 264.41

> Le conjoint survivant est-il un héritier réservataire ?

* V. ss no 264.51

> Est-il possible de renoncer à demander la réduction d'une libéralité ?

* V. ss no 264.141

264.09 Définition. La réduction est la sanction applicable aux libéralités consenties par le défunt qui portent atteinte à la réserve héréditaire. Comme cette dernière, elle procède de l'ordre public successoral : les règles ci-après exposées sont donc, en principe, impératives. Il ne peut y avoir lieu à réduction qu'en présence d'au moins un héritier réservataire et à condition que le défunt ait consenti au moins une libéralité à un autre que lui. Si ces conditions sont réunies, il est nécessaire, pour établir la masse à partager, de déterminer, au préalable, si la ou les libéralités consenties par le défunt sont réductibles (sect. 1) et, dans l'affirmative, selon quelles modalités (sect. 2).

SECTION 1
Détection des libéralités réductibles

264.10 Trois temps. La détection des libéralités réductibles s'opère en trois temps successifs :

– dans un premier temps, il faut rechercher le taux de la réserve et celui de la quotité disponible (§ 1);

– dans un deuxième temps, il faut liquider, c'est-à-dire chiffrer, la réserve et la quotité disponible (§ 2);

– dans un troisième temps, il faut imputer les libéralités (§ 3).

§ 1
Taux de la réserve et de la quotité disponible

264.11 Innovation de la loi du 23 juin 2006. La loi du 23 juin 2006 a supprimé la réserve des ascendants prévue par l'article 914 ancien du Code civil (lequel article est abrogé). Dorénavant, n'ont la qualité d'héritier réservataire que les **descendants du défunt** (C. civ., art. 913) et, en leur absence, le **conjoint survivant** (C. civ., art. 914-1).

A.
Réserve des descendants

264.21 Bénéficiaires. Tous les descendants ont la qualité d'héritier réservataire, sans distinction selon la nature de leur filiation et quel que soit leur degré de parenté avec le défunt.

264.22 Taux variable. Selon qu'il s'agit d'apprécier la réductibilité de libéralités adressées au conjoint survivant ou à d'autres que lui, le taux de la quotité disponible des descendants est variable et l'on parle, dans un cas, de la **quotité disponible ordinaire** (QDO) et, dans l'autre cas, de la **quotité disponible spéciale** (QDS).

1°
Taux de la quotité disponible ordinaire

264.31 Distinctions. Fixée par l'article 913 du Code civil, la QDO a un taux **variable selon le nombre d'enfants** laissés par le défunt et venant personnellement à la succession de ce dernier ou y étant représentés. Ce taux est de :

- 1/2, si le défunt laisse un enfant;
- 1/3, si le défunt laisse deux enfants;
- 1/4, si le défunt laisse trois enfants ou plus.

Corrélativement, le **taux de la réserve globale** est d'1/2, des 2/3 ou des 3/4, selon que le défunt laisse un, deux enfants ou au moins trois enfants. Et cette réserve globale se répartit également entre les descendants venant à la succession, de leur chef ou par représentation, selon les règles de la dévolution légale. Ainsi, lorsque la succession est dévolue à des descendants au-delà du premier degré, la réserve globale se calcule en fonction du nombre de souches et se répartit ensuite entre les membres de chaque souche, selon les règles de la dévolution légale.

EXEMPLE

Jean décède le 2 janvier 2007. Il laisse pour lui succéder : un fils, Paul et deux petits-enfants, Marie et Adèle, issus de son deuxième fils, Stéphane, prédécédé en 1990. La quotité disponible est du 1/3; la réserve globale des 2/3. Cette réserve globale se répartit également entre les deux souches représentées : 1/3 pour chacune. Au final, la part réservataire de chacun est de :

– Paul :	1/3 (= 2/6)
– Marie :	1/6
– Adèle :	1/6

264.32 Cas de l'enfant renonçant. Sous l'empire du droit antérieur à la loi du 23 juin 2006, la jurisprudence décidait que l'enfant renonçant, bien que n'ayant aucun droit dans la succession, doit être pris en compte pour le calcul de la quotité disponible[1]. La loi du 23 juin 2006[2] revient sur cette règle jurisprudentielle. Pour les successions ouvertes à compter du 1er janvier 2007, s'applique l'article 913 alinéa 2 nouveau du Code civil, aux termes duquel :

- en principe, l'enfant renonçant n'est pas compris dans le nombre d'enfants laissés par le défunt;
- sauf dans deux hypothèses exceptionnelles où il compte pour la détermination de la quotité disponible : en cas de représentation et lorsqu'il est tenu au rapport d'une libéralité en application de l'article 845 du Code civil.

2°
Taux de la quotité disponible spéciale (QDS)

264.41 Option. Les libéralités consenties au conjoint survivant[3] bénéficient, pour leur imputation, d'une quotité disponible élargie, fixée par l'article 1094-1 du Code civil. Elles sont ainsi moins exposées que les autres à la réduction. L'article 1094-1 du Code civil prévoit, pour fixer cette quotité disponible spéciale, une option à trois branches :

- soit la pleine propriété de la QDO, laquelle, on le sait, est variable en fonction du nombre d'enfants (v. ss no 264.31);
- soit 1/4 en pleine propriété et 3/4 en usufruit;
- soit les 4/4 en usufruit.

À défaut de précision dans la libéralité, le choix entre l'un ou l'autre des termes de l'option revient au conjoint survivant; et, s'il décède sans avoir opté, l'option est transmise à ses héritiers. Cette option a un caractère personnel : elle ne peut être exercée, par voie oblique, par les créanciers du conjoint survivant.

1. Civ. 18 févr. 1818, *Laroque de Mons, Jur. gén.* vo *Successions*, no 1028.
2. L. no 2006-728, 23 juin 2006, portant réforme des successions et des libéralités, *JO* 24 juin, p. 9513.
3. La qualité de conjoint survivant s'apprécie au moment du décès et non au moment de la rédaction du testament : Civ. 1re, 26 oct. 2011, no 10-20.217, *Bull. civ.* I, no 180.

B.
Réserve du conjoint survivant

264.51 Caractère subsidiaire et taux fixe. La réserve du conjoint survivant est subsidiaire par rapport à celle des descendants. Le conjoint survivant ne bénéficie de la **qualité d'héritier réservataire qu'en l'absence de descendants.** Sa **réserve** est alors invariablement fixée à **un quart des biens**, la **quotité disponible** étant donc fixée aux **trois quart**.

264.52 Séparation de corps, divorce. Seul le divorce prive le conjoint survivant de sa qualité de successible (C. civ., art. 732) et d'héritier réservataire (C. civ., art. 914-1). La loi du 23 juin 2006 a supprimé les deux autres conditions qui étaient posées par l'article 914-1 du Code civil, à savoir :

- l'absence de jugement de séparation de corps prononcé contre le conjoint survivant et passé en force de chose jugée;
- l'absence d'instance en divorce ou en séparation de corps engagée au moment du décès.

§ 2
Liquidation de la réserve et de la quotité disponible

264.60 Annonce. La réserve et la quotité disponible se calculent sur une masse dont l'article 922 du Code civil réglemente la composition (A) et l'évaluation (B).

A.
Composition de la masse de calcul

264.61 Patrimoine fictivement reconstitué. La masse de calcul correspond, dans sa composition, au **patrimoine que le défunt aurait laissé à son décès s'il n'avait pas consenti de libéralités.** En effet, elle se compose non seulement des biens existants dans le patrimoine du défunt au jour du décès, déduction faite des dettes et des charges les grevant, mais aussi de toutes les donations consenties de son vivant par le défunt.

264.62 Biens existants. Par biens existants, il faut comprendre tous les biens dont le défunt est resté propriétaire jusqu'à son décès, y compris ceux dont il a disposé à cause de mort : ceux qu'il a légués et ceux inclus dans une institution contractuelle.

264.63 Déduction des dettes. Des biens existants (et d'eux seuls), on déduit toutes les **dettes** dont le défunt était tenu au jour de sa mort ainsi que certaines **charges de la succession** (frais funéraires, frais de liquidation et de partage)[1].

En déduisant les dettes de l'actif existant, on obtient **l'actif net existant.** Si les dettes excèdent l'actif existant, le solde est tenu pour nul. La masse de calcul est alors égale à la valeur des biens réunis fictivement.

264.64 Réunion fictive des biens donnés. À l'actif net existant, on réunit tous les biens dont le défunt a disposé par donation entre vifs. Aucune distinction ne doit être faite selon la forme (authentique ou non), l'objet (pleine propriété du bien ou démembrement de propriété) ou la nature (rapportable ou non; directe ou indirecte) de la donation ou encore selon la personne du donataire (successible ou non). Mais seuls les biens donnés, à l'exception de ceux dont le *de cujus* a disposé à titre onéreux, doivent être réunis fictivement. Il faut néanmoins tenir compte de la **double présomption posée par l'article 918 du Code civil.** En présence d'une **aliénation consentie par le défunt à l'un de ses successibles en ligne directe**[2] (la qualité de successible s'apprécie au jour de l'aliénation[3]), soit à charge de rente viagère (ou bail à nourriture[4]; en revanche sont exclues du champ d'application de l'article 918 du Code civil les aliénations faites avec réserve d'un droit d'usage et d'habitation[5]), soit à fonds perdus ou avec réserve d'usufruit, **l'article 918 du Code civil présume, de manière irréfragable**[6]**, l'existence d'une donation faite hors part successorale**[7]. Mais l'article 918 du Code civil précise, *in fine*, que seuls ceux des successibles en ligne directe qui n'ont pas consenti à l'aliénation peuvent se prévaloir de cette double présomption.

B. Évaluation des biens compris dans la masse de calcul

264.71 Biens existants. Les biens existants sont **évalués au jour du décès, compte tenu de leur état à cette date.** Si le défunt était commun en biens ou marié sous le régime de la participation aux acquêts, il est donc nécessaire de calculer ses droits dans le *boni* de communauté ainsi que son solde de récompenses ou sa créance de participation en valeurs décès.

EXEMPLE
D'UNE DOUBLE LIQUIDATION DE COMMUNAUTÉ
EN VUE DE L'ÉVALUATION DE LA MASSE DE CALCUL

ÉNONCÉ

M. et Mme Joly se sont mariés, sans contrat, le 30 janvier 1968. Quatre enfants sont issus de leur union : Jeanne, Laurent, Lise et Vincent. Monsieur Joly est décédé brutalement le 1er janvier 2007.

Mme Joly, installée, seule, depuis plusieurs mois à Megève, renonce à la succession.

Monsieur Joly avait acquis pour 500 000 F (76 224 euros), le 2 décembre 1967, un appartement à Paris, financé en totalité au moyen d'un prêt d'un montant total de 655 957 F (100 000 euros). Les mensualités de ce prêt, d'une durée de dix ans, ont commencé à courir le 31 janvier 1968. En 1992, Monsieur Joly a donné cet appartement à son filleul, Robert. À l'époque de la donation, l'appartement valait 200 000 euros. Sa valeur, au décès, était de 400 000 euros; elle est, au jour du partage de 410 000 euros.

Madame Joly a reçu, dans la succession de son père, en 1985, un studio à Megève, d'une valeur à l'époque de 90 000 euros. Ce studio était en mauvais état et mal agencé. Madame Joly y a fait faire d'importants travaux de rénovation pour un montant de 20 000 euros. Ce studio valait au décès 150 000 euros (mais si les travaux n'avaient pas été effectués il n'aurait valu que 105 000 euros) et, au jour du partage, 160 000 euros (110 000 euros, sans les travaux).

Monsieur et Madame Joly ont acquis, pour 300 000 euros, en 1992, une maison à Courbevoie. Cet achat a été financé :

– pour 1/3, grâce à une indemnité de licenciement perçue par Monsieur Joly, en 1991;

– pour 1/3, grâce aux économies réalisées sur ses revenus professionnels par Madame Joly;

– pour 1/3, grâce à un prêt, sans intérêts, octroyé par le père de Monsieur Joly à son fils. Ce prêt n'a, à ce jour, toujours pas été remboursé.

La maison de Courbevoie vaut, au jour du décès, 450 000 euros et, au jour du partage, 480 000 euros.

1. Précision donnée par : Civ. 1re, 1er déc. 1964, *Bull. civ.* I, n° 536; *D.* 1965. 341, note Esmein; *Gaz. Pal.* 1965. I. 114 – Puis solution consacrée par le législateur du 3 juillet 1971 à l'article 922 ancien du Code civil mais cette précision a disparu dans ledit article 922 avec la loi du 23 juin 2006.
2. L'aliénation consentie pour partie en viager à une SCI n'entre pas dans le champ d'application de l'article 918 du Code civil, peu important que cette société ait pour associé un successible en ligne directe du vendeur décédé : Civ. 1re, 30 sept. 2009, n° 08-17.411, *Bull. civ.* I, n° 199.
3. Civ. 1re, 17 mars 1982, *RTD civ.* 1983. 175, obs. J. Patarin.
4. Civ. 13 mai 1952, *D.* 1952. 505, note Lalou; *JCP* 1952. II. 7173, note Becqué.
5. Civ. 1re, 10 juill. 1996, n° 94-13.301, *Bull. civ.* I, n° 315; *JCP* 1997. I. 4021, obs. R. Le Guidec; *Defrénois* 1998. 465, note J. de Saint Affrique; *RTD civ.* 1997. 485; 489, obs. J. Patarin – Civ. 1re, 20 janv. 1987, n° 85-15.169, *Bull. civ.* I, n° 20; *R.* 150; *Defrénois* 1987. 602, note Morin; *JCP N* 1987. II. 253, note Mathieu.
6. Civ. 28 déc. 1937, *DP* 1940. 1. 41, note Holleaux – Civ. 1re, 29 janv. 2014, n° 12-14.509, *Bull. civ.* I [à paraître].
7. Sur le caractère limitatif des dispositions de l'article 918 du Code civil : Civ. 1re, 25 sept. 2013, n° 12-20.541, *Bull. civ.* I [à paraître] – Civ. 1re, 30 sept. 2009, n° 08-17.411, *Bull. civ.* I, n° 199.

Au décès de Monsieur Joly, le patrimoine possédé par les époux Joly comprend, outre les biens déjà mentionnés :

– une voiture, acquise en 2003, cotée à l'argus 8 000 euros au jour du décès et 7 000 euros au jour du partage ;

– un portefeuille de valeurs mobilières, au nom de Monsieur Joly, d'une valeur de 70 000 euros au jour du décès et 75 000 euros au jour du partage ;

– divers avoirs bancaires pour un montant total de 80 000 euros.

SOLUTION PROPOSÉE

I. LIQUIDATION DE LA COMMUNAUTÉ	Valeur partage (euros)	Valeur décès (euros)
A. Reprises et récompenses		
1. MADAME		
reprises :		
– studio de Megève	160 000	150 000
récompenses :		
– due à la communauté :		
• à raison des travaux effectués sur le studio de Megève :	50 000	45 000
– due par la communauté : néant		
Solde du compte de récompense dû par Madame à la communauté	50 000	45 000
2. MONSIEUR		
Reprises : néant		
Récompenses :		
– due à la communauté :		
• à raison du remboursement de l'emprunt contracté pour l'acquisition de l'appartement de Paris :	200 000	200 000
– due par la communauté : néant		
Solde du compte de récompense dû par Monsieur à la communauté	200 000	200 000
B. Communauté		
1. ACTIF		
Maison de Courbevoie	480 000	450 000
voiture	8 000	7 000
Portefeuille de VM	75 000	70 000
Avoirs bancaires	80 000	80 000
Solde du compte de récompenses de Monsieur	200 000	200 000
Solde du compte de récompenses de Madame	50 000	45 000
Total égal à :	893 000	852 000
2. PASSIF		
prêt	100 000	100 000
3. ACTIF NET À PARTAGER	793 000	752 000
Dont la moitié	1/2	1/2
Revenant à chaque époux est de :	396 500	376 000
C. Droits des parties		
1. MADAME		
Ses droits dans la communauté :	396 500	376 000
Déduction faite de son solde de récompenses :	50 000	45 000
Soit	346 500	331 000
		.../...
2. MONSIEUR		
Ses droits dans la communauté :	396 500	376 000
Déduction faite de son solde de récompenses :	200 000	200 000
Soit	196 500	176 000
II. LIQUIDATION DE LA SUCCESSION DE MONSIEUR JOLY		
A. Masse de calcul de la quotité disponible (C. civ., art. 992)		
• Biens existants au décès :		
la moitié du *boni* de communauté	376 000	
• déduction du passif		
le solde de récompense :	200 000	
• Actif net existant	176 000	
• réunion fictive des libéralités		
Donation consentie à Robert	400 000	
Soit une masse égale à :	576 000	
Dont le quart	1/4	
constitue la quotité disponible est de :	144 000	
Et les trois quart restants	3/4	
formant la réserve globale de :	432 000	
Dont le quart	1/4	
constitue la réserve individuelle est de :	108 000	

B. Imputation

La donation consentie à Robert s'impute exclusivement sur la quotité disponible qu'elle excède à hauteur de 256 000/400 000. L'indemnité de réduction due par Robert s'élève à :

$$256\ 000/400\ 000 \times 410\ 000 = 262\ 400$$

C. Masse à partager		
• Biens existants :		
la moitié du *boni* de communauté	396 500	
• déduction du passif		
solde du compte de récompense	200 000	
• actif net existant	196 500	
• à quoi s'ajoute :		
l'indemnité de réduction due par Robert	262 400	
Soit une masse égale à :	458 900	

264.72 Biens fictivement réunis. L'évaluation des biens donnés dans la masse de calcul s'effectue à partir des distinctions suivantes.

264.73 **1) Premier cas : le bien donné a été conservé par le donataire.** Si le bien donné a été conservé par le donataire, il est inscrit pour sa **valeur au décès** mais compte tenu de son **état**[1] **à l'époque de la donation** et **déduction faite des dettes** (ex. : remboursement du solde d'un prêt grevant le bien donné) et des **charges** (ex. : dépenses d'entretien relatives à un immeuble classé monument historique) le grevant (C. civ., art. 922, al. 2).

264.74 **2) Deuxième cas : le bien donné a été aliéné par le donataire.** Si le bien donné a été aliéné par le donataire, doit être retenue la **valeur du bien donné à l'époque de l'aliénation, sauf s'il y a eu remploi du prix et subrogation**. Car, dans cette dernière hypothèse, c'est, en principe, la valeur du nouveau bien au jour du décès d'après son état à l'époque de l'acquisition qui doit figurer dans la masse de calcul. Mais la loi du 23 juin 2006 apporte une exception à ce principe (C. civ., art. 922, al. 2, *in fine*) : « *Si la dépréciation des nouveaux biens était, en raison de leur nature, inéluctable au jour de leur acquisition, il n'est pas tenu compte de la subrogation* ». Sont ici visés les **biens de consommation** tels les véhicules automobiles, le matériel informatique, électroménager. Des règles identiques sont appliquées pour les **donations de sommes d'argent**. Une telle donation sera donc portée dans la masse de calcul soit pour son montant nominal, soit pour la valeur, au décès, du bien acquis grâce aux deniers donnés, sauf si le bien était promis à une dépréciation inéluctable au jour de son acquisition.

264.75 **3) Troisième cas. Perte du bien donné.** Tout dépend de l'origine de la perte du bien. Si le bien a péri par cas fortuit, il n'en est pas tenu compte, sauf à hauteur de l'indemnité éventuellement reçue par le donataire. Si le bien a péri par la faute du donataire, on porte, dans la masse de calcul, la valeur qu'aurait eue le bien s'il existait encore au décès.

264.76 **Cas particulier. Donation-partage.** En application de l'article 1078 du Code civil, les biens donnés dans le cadre d'une donation-partage sont, sauf convention contraire, **évalués au jour de la donation-partage**[2] **pour l'imputation et le calcul de la réserve** à la double condition suivante que :

- tous les héritiers réservataires vivants ou représentés au décès du donateur aient reçu un lot dans le partage anticipé et l'aient accepté expressément;
- qu'il n'ait pas été prévu de réserve d'usufruit portant sur une somme d'argent.

264.77 **Cas particulier. Donation en usufruit et/ou en nue propriété.** Si le défunt a consenti une donation en usufruit ou en nue-propriété, dans tous les cas de figure, **on retrouve, dans la masse de calcul, la valeur, au décès, du bien en pleine propriété**. En effet, de deux choses l'une :

1° ou bien le démembrement de propriété a disparu au décès du donateur :

- soit du fait de l'extinction de l'usufruit que le donateur s'était réservé : le donataire étant devenu plein propriétaire au décès du disposant/usufruitier, c'est la valeur de la pleine propriété du bien qui doit être réunie fictivement;
- soit du fait de l'extinction de l'usufruit qu'il avait donné, en raison du prédécès du donataire ou de l'expiration du temps pour lequel il avait été consenti (usufruit temporaire) : c'est alors parmi les biens existants que le bien figure en pleine propriété.

2° ou bien le démembrement de propriété persiste au jour du décès :

- soit parce que le donateur, en donnant la nue-propriété du bien, a stipulé une clause de réversibilité d'usufruit au profit d'un tiers. Il faut alors considérer qu'il y a eu deux donations : l'une de l'usufruit, l'autre de la nue-propriété;
- soit parce que le donateur a simplement donné l'usufruit du bien en en conservant la nue-propriété.

Dans ces deux hypothèses, on retrouvera l'usufruit donné parmi les biens fictivement réunis et la nue-propriété sera, selon le cas, soit réunie fictivement si elle a été donnée, soit inscrite parmi les biens existants, si le donateur l'avait conservée.

EXEMPLE :

COMPOSITION ET ÉVALUATION DE LA MASSE DE CALCUL EN PRÉSENCE DE DONATIONS AVEC DÉMEMBREMENT DE PROPRIÉTÉ

ÉNONCÉ

Jean, veuf, et vivant en concubinage avec Marie, décède le 1er janvier 2007. Il laisse trois enfants : Pierre, Paul et Patricia.

En 1990, Jean a donné à Pierre la nue-propriété d'une villa située à Royan, villa qu'il avait reçue dans la succession de sa marraine. La villa, à l'époque de la donation, valait 150 000 euros. Au décès, elle vaut 300 000 euros.

En 1995, Jean a donné à sa tante Berthe l'usufruit d'un studio situé à Nice, d'une valeur à l'époque de la donation de 88 000 euros. La tante Berthe est décédée le 3 janvier 2002. Le studio est estimé, au jour du décès de Jean, à 150 000 euros.

En 1998, Jean a donné à son fils Paul un appartement situé à Saint-Cloud, en s'en réservant l'usufruit et en stipulant cet usufruit réversible, à son décès, au profit de sa

1. Sur la notion d'état du bien, voir ce qui a été dit en matière de rapport ss n° 263.71 – Pour une application à la donation de parts sociales, v. Civ. 1re, 8 avr. 2009, n° 07-18.041, *Bull. civ.* I, n° 168; *D.* 2009. AJ 2109; *AJ fam.* 2009. 407, obs. F. Bicheron; *Defrénois* 2009. 2173, note M. Stoclet; *Defrénois* 2010. 211, note A. Rabreau; *RTD civ.* 2009. 762, obs. M. Grimaldi.
2. En présence d'une réserve d'usufruit par le donateur, il semble que c'est la valeur en pleine propriété qui doit être retenue : N. Randoux et P. Caignault, *JCP N* 2012. 1241, n° 10 – CONTRA : G. Soudey, *JCP N* 2013. Actu. 406.

compagne Marie. L'appartement est estimé au jour de la donation à 150 000 euros et au jour du décès de Jean à 250 000 euros.

En 2004, Jean a donné à Marie l'usufruit d'un studio à Courchevel. Ce studio valait, au jour de la donation, 110 000 euros. Au jour du décès, il est estimé à 165 000 euros. L'usufruit de Marie est estimé aux 4/10e de la toute propriété.

Jean laisse, à son décès, des biens pour une valeur totale de 570 000 euros.

SOLUTION PROPOSÉE

Liquidation de la succession

Masse de calcul

Deux méthodes sont proposées par la doctrine pour tenir compte, dans la masse de calcul, des démembrements de propriété occasionnés par les libéralités consenties par le *de cujus*[1].

Première méthode :	
• Biens existants	
– biens divers	570 000
– studio de Nice	150 000
– nue-propriété du studio de Courchevel	99 000 (6/10 × 165 000)
• Déduction du passif : néant	
• Actif net existant	819 000
• Réunion fictive	
– Donation de la villa de Royan à Pierre	300 000
– Donation de la nue-propriété de l'appartement de Saint-Cloud à Paul	150 000 (6/10 × 250 000)
– Donation de l'usufruit de l'appartement de Saint-Cloud à Marie	100 000 (4/10 × 250 000)
– Donation de l'usufruit du studio de Courchevel à Marie	66 000 (4/10 × 165 000)
Soit une masse de calcul égale à :	1 435 000

Deuxième méthode	Nue-propriété	Usufruit
• Biens existants		
– biens divers	570 000	570 000
– Studio de Nice	150 000	150 000
– Studio de Courchevel	165 000	
• déduction du passif : néant		
• Réunion fictive :		
– Donation de la villa de Royan à Pierre	300 000	300 000
– Donation à Paul de l'appartement de Saint-Cloud	250 000	
– Donation à Marie de l'appartement de Saint-Cloud		250 000
– Donation à Marie du studio de Courchevel		165 000
Soit une masse de calcul égale :	1 435 000	1 435 000

§ 3
Imputation des libéralités

264.80 **Annonce.** Une fois chiffrées la réserve et la quotité disponible, il est possible de mesurer l'excès éventuel des libéralités consenties par le défunt. Il y a des règles précises à respecter concernant tant l'ordre (A) que le secteur d'imputation (B). L'existence de libéralités consenties au conjoint survivant est source de complexité.

A.
Ordre d'imputation

264.81 **Annonce.** L'ordre d'imputation des libéralités repose sur la combinaison de trois règles[2].

264.82 **1) Première règle. Les donations sont imputées avant les legs** (C. civ., art. 923). Une donation est ainsi moins exposée au risque de réduction qu'un legs.

264.83 **2) Deuxième règle. Les donations sont imputées par ordre chronologique, en commençant par la donation la plus ancienne** (C. civ., art. 923). Ce sont donc les donations les plus récemment consenties par le défunt qui sont exposées au plus grand risque de réduction. Cette deuxième règle s'applique à toutes les donations, quelle que soit leur forme. Toutefois, elle suppose que puisse être rapportée la **preuve de la date de la donation.** Cette preuve ne pose pas de difficulté en présence d'une **donation authentique**, dont la date fait foi jusqu'à inscription de faux. En revanche, les **donations (indirectes ou déguisées)** consenties par acte sous seing privé relèvent des exigences probatoires de l'article 1328 du Code civil. Et il en va de même des **dons manuels**[3]. Or, une donation qui n'a pas de date certaine au sens de l'article 1328 du Code civil, doit être imputée après toutes les autres donations, mais toujours avant les legs[4].

264.84 **Cas particuliers.** Premièrement, si des donations ont la même date, elles sont, sauf indication contraire du disposant, réductibles proportionnellement. Deuxièmement, lorsque l'un des dona-

1. M. GRIMALDI, *Successions*, n° 735 texte et note 85.
2. Sur la place du pouvoir de la volonté, v. M. GRIMALDI, *Successions*, n°s 750 s. – N. Levillain, « Aménagement des dispositions légales : modifier l'ordre légal de réduction », *JCP N* 2013. 1100.
3. EN CE SENS, M. GRIMALDI, *Successions*, n° 740, note 94 – *CONTRA :* J. FLOUR et H. SOULEAU, *Successions*, n° 530.
4. Civ. 1re, 12 nov. 1998, n° 96-19.814, *Bull. civ.* I, n° 314; *R.* 193; *D.* 1999. 325, note J.-P. Langlade-O'Sughrue; *JCP N* 1999. 592, note Duchange; *Dr. fam.* 1999, n° 30, note B. Beignier; *RTD civ.* 1999. 680, obs. J. Patarin.

taires est insolvable ou inconnu, la réduction est supportée par le donataire précédent[1].

264.85 **3) Troisième règle.** Une fois que toutes les donations ont été imputées, il y a lieu d'**imputer les legs concurremment.** Leur excès éventuel entraînera leur réduction « *au marc le franc, sans aucune distinction entre les legs universels et les legs particuliers* » (C. civ., art. 926). Toutefois, le testateur peut expressément déclarer un **ordre de préférence entre les légataires** (C. civ., art. 927).

EXEMPLE 1
IMPUTATION CONCURRENTE DES LEGS.
DEUX LEGS À TITRE PARTICULIER

ÉNONCÉ

Jean décède le 1er janvier 2007. Il laisse deux enfants, Marie et Hélène, issues de son union avec Nicole, prédécédée.

Le patrimoine de Jean se compose, à son décès de :

– un appartement, situé à Bordeaux, d'une valeur au décès de 570 000 euros et, au partage, de 600 000 euros;

– portefeuille de valeurs mobilières, d'une valeur, au décès, de 110 000 euros et, au partage, de 135 000 euros;

– maison à Vouvray, d'une valeur, au décès, de 285 000 euros et, au partage, de 291 000 euros;

– collection de porcelaines de Sèvres, d'une valeur au décès comme au partage de 50 000 euros.

En 1982, Jean a donné à Marie un studio, situé à Paris, rue de Vaugirard, d'une valeur de 100 000 euros. Marie a réalisé, dans ce studio, des travaux pour un montant de 50 000 euros. Le studio est estimé, au décès, à 200 000 euros (190 000 euros, sans les travaux) et, au partage, à 210 000 euros (195 000 euros, sans les travaux).

Aux termes d'un testament olographe régulier en la forme, Jean a légué à Claudie l'appartement de Bordeaux et, à Hélène, la collection de porcelaines de Sèvres.

SOLUTION PROPOSÉE

Liquidation de la succession	
A. Masse de calcul de la quotité disponible	
• Biens existants :	
– appartement de Bordeaux	570 000
– Portefeuille de valeurs mobilières	110 000
– maison de Vouvray	285 000
– Porcelaine de Sèvres	50 000
• Déduction du passif : néant	
• Actif net existant égal à :	1 015 000
• Réunion fictive :	
– Donation faite à Marie	190 000
Masse égale à	1 205 000
Dont le tiers constitue la quotité disponible	1/3
est de :	401 666
Et les deux tiers restants	2/3
Représentant la réserve globale	803 333
Dont la moitié	1/2
Constitue la réserve individuelle de :	401 666

1. Civ. 11 janv. 1882, *DP* 1882. 1. 313, concl. Desjardin.

B. Imputations

La donation faite à Marie s'impute d'abord sur sa part de réserve individuelle, quelle n'excède pas. La donation n'est pas réductible mais elle reste rapportable pour le tout.

La quotité disponible est intacte pour l'imputation des legs.

Les deux legs d'une valeur totale de 620 000 euros s'imputent concurremment sur la quotité disponible.

Le legs consenti à Claudie s'impute à hauteur de 570 000/620 000 × 401 666 = 369 273. Ce legs est donc réductible à hauteur des 200 727/570 000 de la valeur du bien légué au partage (600 000). L'indemnité de réduction de par Claudie est donc égale à : 211 291.

Le legs consenti à Hélène s'impute à hauteur de 50 000/620 000 × 401 666 = 32 392. Ce legs est donc réductible à hauteur des 17 608/50 000 de la valeur de la collection au partage, laquelle n'a pas changé de valeur. Donc l'indemnité de réduction due par Hélène est égale à 17 608.

C. Masse à partager	
• Biens existants :	
– appartement de Bordeaux	600 000
– Portefeuille de valeurs mobilières	135 000
– maison de Vouvray	291 000
– Porcelaine de Sèvres	50 000
• Déduction du passif : néant	
• Actif net égal à	1 076 000
Dont pour :	
– Claudie :	600 000
– Hélène :	50 000
Reste à partager :	426 000
À quoi s'ajoute :	
– indemnité de réduction due par Claudie	211 291
– indemnité de réduction due par Hélène –indemnité de rapport due par Marie	17 608 195 000
Soit une masse à partager égale à :	849 899

EXEMPLE 2
IMPUTATION CONCURRENTE DES LEGS.
UN LEGS UNIVERSEL ET UN LEGS À TITRE PARTICULIER

ÉNONCÉ

Renvoi. On reprend les mêmes données que dans l'exemple précédent à ceci près que Claudie ne s'est pas vu consentir un legs à titre particulier mais un legs universel.

SOLUTION PROPOSÉE

A. Masse de calcul

(v. *supra*, EXEMPLE 1)

B. Imputation

Après l'imputation prioritaire de la donation consentie à Marie, le solde de la quotité disponible est intact.

Le legs universel et le legs à titre particulier s'imputent concurremment. Pour cette imputation concurrente il faut déterminer la vocation théorique du légataire universel (c'est-à-dire ce à quoi il aurait eu droit en l'absence d'héritiers réservataires exerçant l'action en réduction). Les droits théoriques du légataire universel s'élèvent au montant des biens existants déduction faite du montant du legs à titre particulier dont il supporte la charge, soit : 1 015 000 – 50 000 = 965 000. Le montant total des legs consentis par le défunt s'élève donc à : 1 015 000.

Le légataire universel a droit, sur la quotité disponible, aux 965 000/1015000 (401 666) = 381 879. Ses droits dans la masse à partager s'élèveront donc aux (381 879/965 000) × (montant des biens existants déduction faite du bien légué à titre particulier).

Le légataire à titre particulier a droit, sur la quotité disponible, aux (50 000/1 015 000) × 401 600 = 19 786. Il devra donc une indemnité de réduction égale à : 30 214.

C. Masse à partager :	
• Biens existants :	
– appartement de Bordeaux	600 000
– Portefeuille de valeurs mobilières	135 000
– maison de Vouvray	291 000
– Porcelaine de Sèvres	50 000
• Déduction du passif : néant	
	.../...
• Actif net égal à :	1 076 000
Dont pour :	
– Claudie :	406 018
– Hélène :	50 000
• Reste à partager	619 982
• À quoi s'ajoute :	
– l'indemnité de réduction due par Hélène	30 214
– l'indemnité de rapport due par Marie	195 000
Soit une masse égale :	845 196

264.86 Cas particulier. Les donations entre époux. La loi ne précise pas le rang de réduction des donations entre époux. Il faut distinguer selon le type de donation dont il s'agit. **Une institution contractuelle par contrat de mariage s'impute comme une donation** : avant les legs et avant les donations qui lui sont postérieures (sauf clause contraire[1]). Une **institution contractuelle consentie en cours de mariage** (libéralité que l'on désigne, en pratique, par l'expression de « *donation au dernier vivant* ») s'impute concurremment avec le legs (sauf clause d'imputation prioritaire)[2]. Enfin, une **donation de bien présent entre époux** est imputée comme une donation ordinaire : à sa date et avant le legs. Certains avancent la thèse qu'une donation de bien présent ne prenant pas effet au cours du mariage (tel un usufruit réputé réversible) devrait, en raison de sa révocabilité (v. C. civ., art. 1096, al. 2, *a contrario*, réd. issue L. 23 juin 2006), être assimilée à un legs[3].

264.87 Cas particulier. Avantages matrimoniaux. Lorsqu'un avantage matrimonial dégénère en libéralité, par suite de l'exercice de l'action en retranchement de l'article 1527 du Code civil (sur laquelle, v. s[s] n°s 152.22, 152.32 et 351.17), il doit être imputé à sa date qui est celle de la convention matrimoniale qui le stipule[4].

B.
Secteur d'imputation

264.90 Annonce. Le secteur d'imputation d'une libéralité diffère selon que l'on est en présence d'une libéralité faite hors part successorale (1°) ou en avancement de part successorale (2°).

1°
Libéralité hors part successorale

264.91 La quotité disponible exclusivement. Une libéralité faite hors part successorale **s'impute sur la quotité disponible exclusivement** et l'excédent est sujet à **réduction** (C. civ., art. 919-2). Relèvent donc de ce secteur d'imputation : les donations consenties à des non successibles ou à des héritiers non réservataires. Une donation consentie à un héritier réservataire peut également être consentie hors part successorale mais cela suppose une clause expresse en ce sens (v. s[s] n° 263.46). Les legs sont, en principe, consentis hors part successorale.

264.92 Le cas de l'héritier renonçant. Le secteur d'imputation des donations consenties à un héritier renonçant mérite d'être précisé. Si l'héritier renonçant n'est pas représenté et en l'absence d'une clause expresse de rapport en cas de renonciation, le renonçant est étranger à la succession et la donation qu'il a reçue s'impute exclusivement sur la quotité disponible (C. civ., art. 919-1, al. 2). Si l'héritier renonçant est représenté, la donation qu'il a reçue

1. M. Grimaldi, *Successions*, n° 747.

2. Civ. 1re, 10 févr. 1998, n° 96-12.501, *Bull. civ.* I, n° 52; *Defrénois* 1998. 832, obs. G. Champenois; *JCP N* 1998. 1049, note J. Casey; *Dr. fam.* 1999, n° 103, note Beignier (1re esp.); *RTD civ.* 1998. 444, obs. J. Patarin.
3. A. Delfosse et J.-F. Péniguel, n° 361, note 126.
4. V. M. Grimaldi, « Solutions d'examen professionnel », *Defrénois* 1986, art. 33706, note 23; *Defrénois* 1987, art. 34014, note 29.

en avancement de part successorale s'impute, dans tous les cas, principalement sur la part de réserve revenant à sa souche et subsidiairement sur la quotité disponible (ce secteur d'imputation est énoncé, selon qu'il existe ou non une clause expresse de rapport en cas de renonciation, soit par C. civ., art. 919-1, al. 2, soit par C. civ., art. 754, al. 3, qu'il convient de combiner, pour ce qui est de l'imputation subsidiaire sur la quotité disponible, avec C. civ., art. 919-1, al. 1er).

2°
Libéralités en avancement de part successorale

264.101 **Annonce.** La loi prévoit un secteur d'imputation mais il est possible de déroger à la règle légale.

264.102 **Le dispositif légal.** La libéralité faite en avancement de part successorale à un héritier réservataire qui accepte la succession s'impute prioritairement sur sa part de réserve individuelle et subsidiairement sur la quotité disponible. L'excédent est sujet à réduction (C. civ., art. 919-1, al. 1er). Si une libéralité faite en avancement de part successorale est également réductible, cela ne change rien pour le donataire : il était déjà tenu de restituer la totalité de la valeur du bien au titre du rapport (sur les enjeux, mineurs, qui existent quant au choix par le donataire entre une restitution au titre du rapport ou une restitution au titre de la réduction, v. M. Grimaldi[1]). En revanche, l'imputation subsidiaire des libéralités faites en avancement de part successorale sur la quotité disponible aboutit à restreindre d'autant la faculté du disposant de consentir des libéralités ultérieures. D'où l'intérêt qu'il peut y avoir à prévoir, conventionnellement, un autre secteur d'imputation.

EXEMPLE

IMPUTATION DES DONATIONS. DISPOSITIF LÉGAL

ÉNONCÉ

Jean décède le 1er janvier 2007. Il laisse deux enfants, Marianne et Jean-Baptiste. De son vivant, il a consenti plusieurs donations.

En 1995, il a donné à Marianne 90 000 euros. Marianne a ainsi pu financer le prix d'achat d'un appartement situé à Rouen. Cet appartement est aujourd'hui estimé à 260 000 euros.

En 1998, il a donné à Jean-Baptiste une maison d'une valeur de 210 000 euros, située à Trouville. Cette maison est aujourd'hui estimée à 421 000 euros.

En 2002, il a donné à un ami d'enfance, Pierre, un terrain constructible d'une valeur de 150 000 euros, situé près de Deauville. Pierre y a fait construire une maison. La propriété est aujourd'hui estimée à 500 000 euros (le terrain, s'il était resté nu vaudrait 250 000 euros).

Jean laisse divers avoirs bancaires d'un montant total de 32 000 euros.

SOLUTION PROPOSÉE

A. Masse de calcul

• Biens existants	
– avoirs bancaires	32 000
• déduction du passif :	néant
• actif net existant :	32 000
• Réunion fictive	
– donation faite à Marianne	260 000
– donation faite à Jean-Baptiste	421 000
– donation faite à Pierre	250 000
Soit une masse de calcul égale à :	963 000
Dont le tiers	1/3
Constitue la quotité disponible	321 000
Et les deux tiers restants	2/3
la réserve globale	642 000
Dont la moitié	1/2
Constitue la réserve individuelle	321 000

B. Imputation

La *donation faite à Marianne* s'impute sur sa part de réserve individuelle qui suffit pour l'absorber : il n'y a pas lieu d'une imputation subsidiaire sur la quotité disponible. La donation n'est donc pas réductible, mais elle est rapportable pour le tout. Le solde de la quotité disponible est intact.

La *donation faite à Jean-Baptiste* s'impute prioritairement sur sa part de réserve individuelle et, en tant qu'elle l'excède sur la quotité disponible. Solde de la quotité disponible restant après imputation : 221 000. La donation n'est pas réductible mais elle est rapportable pour le tout.

La *donation faite à Pierre* s'impute exclusivement sur la quotité disponible qu'elle excède à hauteur de 29 000 (250 000 – 221 000). La donation est donc réductible et Pierre devra une indemnité de réduction égale aux 29 000/250 000 de la valeur du terrain au partage.

264.103 **Dérogation. La clause d'imputation sur la réserve globale.** Le secteur d'imputation prévu par l'article 919-1 alinéa 1er du Code civil est supplétif de volonté. Il est possible au disposant de prévoir que la donation en avancement de part successorale qu'il consent sera imputée sur la réserve globale. Une telle clause a un double effet :

– elle précipite la réductibilité de la donation : dès qu'elle excède la part de réserve individuelle du donataire, elle est sujette à réduction[2];

1. M. Grimaldi, *Successions*, n° 758, note 170.

2. Une telle manière d'imputer consiste à interpréter la clause d'imputation sur la réserve globale comme impliquant un cantonnement de l'imputation à la réserve ▶

– elle libère le disponible pour les libéralités ultérieurement consenties par le disposant et diminue d'autant le risque de réduction de celles-ci.

EXEMPLE

IMPUTATION DES DONATIONS.

CLAUSE D'IMPUTATION SUR LA RÉSERVE GLOBALE

ÉNONCÉ

Les données sont identiques à celles de l'exemple précédent à cette nuance près : la donation consentie à Jean-Baptiste est assortie d'une clause d'imputation sur la réserve globale.

SOLUTION PROPOSÉE

A. Masse de calcul (v. exemple précédent)

B. Imputation

Pour la donation faite à Marianne : pas de changement par rapport aux résultats de l'exemple précédent.

La donation faite à Jean-Baptiste : s'impute exclusivement sur la part de réserve individuelle du gratifié et l'excédent est sujet à réduction. Donc la donation est réductible à hauteur de 100 000, ce qui, pour le gratifié ne change rien puisque la donation est de toutes les façons rapportable pour le tout.

La quotité disponible est intacte pour l'imputation de la *donation consentie à Pierre* qui va pouvoir s'y imputer intégralement. Pierre ne doit plus d'indemnité de réduction.

264.104 Cas particulier. Clause de rapport forfaitaire. Les donations assorties d'une clause de rapport forfaitaire font l'objet d'une double imputation à chaque fois que le montant du rapport est inférieur à la valeur du bien donné au décès. À hauteur de la différence, la donation s'impute comme une donation faite hors part successorale (à la date de l'acte dans lequel les parties sont convenues du montant du rapport). Et, à hauteur du rapport conventionnellement stipulé, la donation s'impute comme une donation faite en avancement de part successorale (v. EXEMPLE, s^s n° 263.121). Si la fraction rapportable de la libéralité donne lieu à une imputation subsidiaire sur le disponible, la question se pose de savoir si elle doit être imputée avant, après ou en même temps que sa fraction préciputaire. Les avis sont partagés (pour une imputation prioritaire de la fraction préciputaire, v. M. Grimaldi[1]; pour une imputation prioritaire de la fraction rapportable, v. G. Morin[2]; pour une imputation concurrente, v. Mathieu[3]).

264.105 Cas particulier. Libéralités-partage. Si elle est consentie au profit d'héritiers réservataires, la libéralité-partage, bien que non rapportable, s'impute, en principe, comme une donation faite en avancement de part successorale : principalement sur la part de réserve individuelle du gratifié et subsidiairement sur la quotité disponible. Mais le disposant peut stipuler une clause contraire, soit pour l'ensemble des lots, soit pour certains d'entre eux. Si la libéralité partage est consentie au profit d'héritiers non réservataires ou au profit d'un tiers, l'imputation se fait nécessairement sur le disponible (sur la complexité en présence d'une donation-partage transgénérationelle, v. s^s n°s 411.191, 413.111 à 413.113).

264.106 Cas particulier. Donation en avancement de part successorale consentie à un héritier réservataire renonçant. Les règles d'imputation en présence d'une donation en avancement de part successorale consentie à un héritier réservataire renonçant procèdent d'une première distinction, selon que le renonçant est, ou non, représenté.

264.107 1) Première situation : le renonçant n'est pas représenté (C. civ., nouv. art. 919-1, al. 2). La donation qui lui a été consentie est alors, en principe, traitée comme **une donation faite hors part successorale. Elle s'impute exclusivement sur la quotité disponible** et, à défaut d'excès, le renonçant conserve le bien sans devoir verser aucune indemnité dans la masse à partager. Toutefois, si une clause de rapport en cas de renonciation a été stipulée (v. C. civ., art. 845 et *supra*), le renonçant est traité comme un héritier acceptant pour la réunion fictive, l'imputation et, le cas échéant, la réduction de la libéralité qui lui a été consentie. En conséquence, en dépit de la renonciation, la donation en avancement de part successorale faite à l'héritier renonçant (qui est alors prise en compte pour le calcul de la réserve, v. s^s n° 264.32) s'impute prioritairement sur la part de réserve individuelle du renonçant et subsidiairement sur la quotité disponible.

Cette nouvelle règle, issue de la loi du 23 juin 2006, permet de ne pas déjouer les prévisions du défunt, en évitant que les libéralités qu'il a ultérieurement consenties soient exposées à un risque accru de réduction par suite de renonciation du gratifié.

264.108 2) Deuxième situation : le renonçant est représenté. Alors, sauf volonté contraire du disposant, les **donations** qui lui ont été consenties

▶ personnelle du gratifié. Mais une autre interprétation de la dite clause est possible : elle autorise une imputation subsidiaire sur la réserve (disponible) des cohéritiers du gratifié et, si nécessaire, sur la quotité disponible. Pour une présentation détaillée des deux thèses en présence, v. Cl. Brenner, J.-Cl. Civ. Code art. 912 à 930-5, fasc. 30, n°s 17 s.

1. M. GRIMALDI, *Successions*, n° 771, note 213.

2. G. Morin, *La loi du 3 juillet 1971 sur les rapports à succession, la réduction des libéralités et les partages d'ascendants*, Défrénois, 5e éd., 1984, n° 8 (2e exemple) – M. GRIMALDI, *Successions*, n° 771, note 213.

3. Mathieu, *J.-Cl. Form. notarial*, fasc. E 5, p. 4.

s'imputent **sur la part de réserve individuelle** qui lui aurait été allouée s'il n'avait pas renoncé, que la donation comporte ou non une clause de rapport en cas de renonciation (C. civ., art. 754, al. 3, issu de L. 23 juin 2006).

EXEMPLE 1

IMPUTATION D'UNE DONATION CONSENTIE EN AVANCEMENT DE PART SUCCESSORALE À UN HÉRITIER RÉSERVATAIRE RENONÇANT NON REPRÉSENTÉ

ÉNONCÉ

Jean décède le 1er janvier 2007. Il laisse pour lui succéder deux enfants, Pierre et Paul. Paul renonce à la succession. En 1992, Jean a donné à Paul un studio d'une valeur, à l'époque de la donation, de 92 000 euros. Le studio est estimé au décès à 400 000 euros et, au partage, à 462 000 euros. Jean laisse à son décès un patrimoine estimé à 700 000 euros (1 000 000 euros, au partage).

SOLUTION PROPOSÉE

A. Masse de calcul de la quotité disponible et de la réserve

Nota bene : Lorsque le renonçant n'est pas représenté et n'a pas reçu de libéralité à rapporter même en cas de renonciation, il n'est pas pris en compte dans le nombre d'enfants laissés par le *de cujus* pour la détermination du taux de la réserve globale (C. civ., art. 913, al. 2).

• Biens existants	700 000
• déduction du passif :	néant
• actif net existant	700 000
• réunion fictive	
– donation consentie à Paul	400 000
Soit une masse égale à :	1 100 000
Dont la moitié	1/2
Constitue la quotité disponible	550 000
Et l'autre moitié	1/2
La réserve individuelle	550 000

B. Imputation

La donation consentie à Paul s'impute exclusivement sur la quotité disponible, qu'elle n'excède pas. Elle n'est donc pas réductible. Paul conserve le bien donné sans rien devoir à la succession (C. civ., art. 845).

Pierre récupère la totalité des biens existants.

EXEMPLE 2

PRÉSENCE D'UNE CLAUSE OBLIGEANT LE RENONÇANT AU RAPPORT

ÉNONCÉ

Les données sont identiques à celles de l'exemple 1 à cette nuance près : la donation consentie à Paul comporte une clause expresse de rapport en cas de renonciation (conformément à l'article 845 C. civ.).

SOLUTION PROPOSÉE

A. Masse de calcul

Nota bene : L'enfant qui renonce est pris en compte pour la détermination de la réserve globale dans le nombre d'enfants laissés par le défunt s'il est tenu au rapport d'une libéralité en application de l'article 845 C. civ.

• Biens existants	700 000
• déduction du passif :	néant
• actif net existant	700 000
• réunion fictive	
– donation consentie à Paul	400 000
Soit une masse égale à :	1 100 000
Dont le tiers forme	1/3
la quotité disponible	366 666
Et les deux tiers restants	2/3
la réserve globale	733 332
Dont la moitié	1/2
représente la réserve individuelle	366 666

B. Imputation

La donation consentie à Paul s'impute principalement sur sa part de réserve individuelle et subsidiairement sur la quotité disponible (C. civ., art. 919-1, al. 2), qu'elle n'excède pas. La donation n'est donc pas réductible. Quant au montant du rapport, il s'obtient par comparaison entre les droits théoriques du renonçant dans la masse à partager et la valeur du bien donné, à l'époque du partage (sur la méthode liquidative à suivre, v. s^s n° 263.132).

EXEMPLE 3

L'HÉRITIER RÉSERVATAIRE RENONÇANT EST REPRÉSENTÉ

ÉNONCÉ

Les données sont identiques à celles de l'exemple 1, ci-dessus, à ceci près que Paul a deux enfants, Marie et Adèle, qui viennent à la succession de Jean par représentation de leur père.

SOLUTION PROPOSÉE

Renvoi. Que la donation consentie au renonçant comporte, ou non, une clause expresse de rapport en cas de renonciation, la donation s'impute sur la part de réserve de la souche du renonçant et subsidiairement sur la quotité disponible (C. civ., art. 754, al. 4). La solution, au regard de l'imputation, est donc identique à celle qui a été proposée dans l'EXEMPLE 2.

C. Combinaison des quotités disponibles ordinaires et spéciales

264.111 Jurisprudence de référence. L'opération d'imputation se complexifie lorsque, parmi les **libéralités consenties** par le défunt, certaines l'ont été **au conjoint survivant**[1]. Car la quotité disponible sur laquelle s'imputent les libéralités adressées au

1. V. cas pratiques corrigés : V. Zalewski, *Defrénois* 2009, art. 38953 ; N. Levillain, *Defrénois* 2009, art. 38961 ; *JCP N* 2010. 1002.

conjoint survivant ne coïncide pas nécessairement avec la quotité disponible ordinaire sur laquelle s'imputent exclusivement les libéralités adressées aux autres gratifiés. Le Code civil étant muet sur la manière de traiter une telle situation, il est revenu à la jurisprudence de définir la méthode à suivre en pareil cas. Les solutions ont été énoncées dans un arrêt de principe rendu par la première chambre civile de la Cour de cassation [1]. Il s'agit de respecter les règles suivantes :

– suivre l'ordre normal d'imputation, en fonction de la **date** et de la **nature des libéralités concernées**;

– s'agissant du secteur d'imputation, il faut distinguer selon **la qualité du gratifié** et **l'objet de la libéralité** :

• les libéralités faites à un autre que le conjoint survivant ne peuvent s'imputer que sur la quotité disponible ordinaire;

• pour les libéralités faites au conjoint survivant, il faut distinguer :

* si la libéralité est en pleine propriété, elle s'impute prioritairement sur la quotité disponible ordinaire et subsidiairement sur ce que le disponible spécial ajoute au disponible ordinaire;

* si la libéralité est en usufruit, elle s'impute d'abord sur le disponible spécial, donc sur l'usufruit de la réserve.

EXEMPLE

COMBINAISON DES QUOTITÉS DISPONIBLES ORDINAIRE ET SPÉCIALE

ÉNONCÉ

Jean, époux séparé de biens de Jacqueline, est décédé à Paris, le 2 janvier 2007, laissant à sa survivance :

– son conjoint, à qui il a consenti au cours de son mariage une donation de l'universalité des biens composant sa succession;

– deux enfants, Paul et Marie, issus de son union avec Jacqueline;

– son père, Jacques, et sa mère, Nicole;

– Pierre, un de ses amis qu'il a institué légataire universel.

Jean laisse divers biens à son décès évalués à 610 000 euros. Le passif successoral s'élève à 10 000 euros.

Procéder à l'imputation des libéralités.

SOLUTION PROPOSÉE

RAPPEL ET APPLICATION DES PRINCIPES DIRECTEURS

Loi successorale applicable. La succession étant ouverte le 2 janvier 2007, date du décès de Jean, il en ressort qu'elle est entièrement soumise aux dispositions de la loi du 23 juin 2006, entrée en vigueur le 1er janvier 2007.

Dévolution. En présence de représentants du premier ordre (les deux enfants), les père et mère du défunt, représentants du deuxième ordre d'héritiers, sont exclus de la succession (C. civ., art. 734).

Quotité disponible ordinaire. Le défunt laissant deux enfants, la quotité disponible ordinaire est égale au tiers en pleine propriété, en application des dispositions de l'article 913 du Code civil.

Quotité disponible spéciale. Pour l'imputation de la donation qui lui a été consentie, Jacqueline a le droit de choisir l'un des trois termes de l'option prévue par l'article 1094-1 du Code civil, soit :

– la quotité disponible ordinaire, donc le 1/3 en pleine propriété;

– 1/4 en pleine propriété + 3/4 en usufruit;

– 4/4 en usufruit.

Le thème restant silencieux quant au choix exercé par Jacqueline, nous envisagerons les différentes solutions envisageables selon que le choix du conjoint survivant s'exerce sur l'un ou l'autre des trois termes de l'option offerte par l'article 1094-1 C. civ.

Combinaison des quotités disponibles ordinaires et spéciales. En présence de libéralités consenties au conjoint survivant et à d'autres que lui, il faudra appliquer les règles induites de l'arrêt de la première chambre civile de la Cour de cassation du 26 avril 1984 et concernant la combinaison des quotités disponibles ordinaires et spéciales.

LIQUIDATION DE LA SUCCESSION

A. Masse de calcul de la quotité disponible

• biens existants	610 000
• déduction du passif	10 000
• actif net existant égal à :	600 000
Soit une masse égale à :	600 000
Dont le tiers	1/3
formant la quotité disponible est de :	200 000
et les deux tiers restants	2/3
la réserve globale	400 000
Dont la moitié	1/2
Formant la réserve individuelle est de :	200 000

B. Imputation

Première hypothèse : Le conjoint survivant opte pour la QDO

Alors la donation faite au conjoint survivant s'impute concurremment avec le legs universel et la QD se partage entre les deux gratifiés par parts égales soit :

– pour Jacqueline : 100 000 en pleine propriété.

– pour Pierre : 100 000 en pleine propriété.

1. Civ. 1re, 26 avr. 1984, n° 83-11.839, *Bull. civ.* I, n° 140; *Defrénois* 1985, art. 33456, p. 117; *RTD civ.* 1985. 194 – Civ. 1re, 20 févr. 1996, n° 93-17.115, *Bull. civ.* I, n° 99; *RTD civ.* 1996. 452, obs. J. Patarin – Civ. 1re, 12 mai 2010, n° 09-11.133, *Bull. civ.* I, n° 111; *D.* 2010. 1346; Pan. 2392, obs. V. Brémond, M. Nicod et J. Revel; *AJ fam.* 2010. 331, obs. F. Bicheron; *Dr. fam.* 2010, n° 105, note B. Beignier – V. Zalewski, « La combinaison des quotités disponibles après la loi du 23 juin 2006 : aspects pratiques », *RJPF* 2009-12/8.

D'où la masse à partager suivante :

• actif net existant	600 000
Dont :	
– pour Jacqueline	100 000
– pour Pierre	100 000
Reste à partager	400 000
Dont la moitié	1/2
Revenant à chaque enfant est de	200 000

Deuxième hypothèse : Le conjoint survivant opte pour 1/4 en pleine propriété et 3/4 en usufruit

Alors, la donation faite au conjoint survivant, en tant qu'elle est en usufruit, s'impute prioritairement sur l'usufruit de la réserve. À ce titre, Jacqueline reçoit déjà 2/3 en usufruit. Sur l'usufruit du disponible ordinaire, les deux libéralités s'imputent concurremment : soit 1/6 en usufruit chacun. Enfin, sur la nue-propriété du disponible ordinaire, il y a lieu d'opérer une réduction proportionnelle, les droits du conjoint survivant (1/4) étant moins élevés que ceux du légataire universel (1/3). Donc, sur la nue-propriété du disponible ordinaire, Jacqueline prend (1/4)/(1/4 + 1/3) × 1/3 = 1/7 (= 6/42) Et le légataire universel prend : (1/3)/(1/4 + 1/3) × 1/3 = 4/21 (= 8/42).

Donc au final :

– Jacqueline reçoit 6/42 en pleine propriété et 29/42 en usufruit;

– Pierre reçoit 7/42 en pleine propriété et 1/42 en nue-propriété.

Troisième hypothèse : Le conjoint survivant opte pour 4/4 en usufruit

Alors le legs et la donation faite au conjoint survivant s'imputent concurremment sur l'usufruit de la quotité disponible ordinaire. Soit :

– pour Pierre : 1/6 en usufruit;

– pour Jacqueline : 1/6 en usufruit.

Et le reste de la succession (4/6) revient en usufruit au conjoint survivant. Soit, au total :

– pour le conjoint survivant : 5/6 en usufruit;

– pour Pierre : 1/6 en nue-propriété et 1/6 en pleine propriété;

– les enfants se partageant également le reliquat des 4/6 en nue-propriété.

Nota bene : A été laissée de côté, dans chacune de ces trois hypothèses, la difficulté de savoir si la libéralité faite au conjoint survivant exclut ou non tout droit supplémentaire de ce dernier issu de sa vocation *ab intestat* (v. s[s] n°s 232.11 s.).

SECTION 2
MISE EN ŒUVRE DE LA RÉDUCTION

264.120 Annonce. La réduction, contrairement au rapport, **n'opère pas de plein droit. Elle doit être demandée par les héritiers réservataires.** Les conditions de cette action en réduction (§ 1) doivent être précisées avant que ne le soient les modalités de la réduction (§ 2).

§ 1
Action en réduction

264.130 Annonce. L'exercice de l'action en réduction (A) est soumis à certaines conditions (B). La loi du 23 juin 2006 a élargi les possibilités d'y renoncer.

A.
Exercice de l'action en réduction

264.131 Absence de formalisme. La demande en réduction d'une libéralité excessive n'est soumise à aucun formalisme particulier. Elle peut notamment résulter du fait que l'héritier demande au notaire chargé de liquider la succession à être rempli de ses droits ou encore du refus exprimé par l'héritier de délivrer son legs au légataire.

264.132 Titulaires du droit de demander la réduction. L'article 921 alinéa 1er du Code civil reconnaît aux **seuls héritiers réservataires ayant accepté la succession** le droit de demander la réduction. Il est possible que certains seulement parmi ces héritiers exercent leur droit de demander la réduction : la libéralité concernée est alors réduite dans la seule mesure nécessaire pour parfaire la part de réserve individuelle des demandeurs. L'article 921 du Code civil assimile aux réservataires leurs propres héritiers ou ayants cause, étant entendu que leurs créanciers personnels peuvent agir par la voie oblique de l'article 1166 du Code civil. Lorsqu'ils agissent en réduction, les héritiers réservataires exercent un droit qui leur est propre. D'où les deux solutions suivantes :

- pour eux, la libéralité est un fait juridique qui peut être prouvé par tous moyens;

- aucune exception ne peut leur être opposée du chef du défunt.

264.133 Exclusion du bénéfice de la réduction. L'article 921 alinéa 1er du Code civil précise que « *les donataires, les légataires, ni les créanciers du défunt, ne pourront demander cette réduction ni en profiter* ». C'est pourquoi, lors de l'établissement de la masse à partager, dans l'aperçu liquidatif, il faut prendre garde de calculer les droits du légataire universel ou à titre universel avant d'ajouter à l'actif net existant le produit des indemnités de réduction. Une précision, s'agissant des créanciers successoraux : si l'héritier réservataire a accepté purement et simplement, les créanciers successoraux sont devenus ses créanciers personnels et ils peuvent donc, par la voie oblique de l'article 1166 du Code civil, demander la réduction.

264.134 Prescription. Avant la loi du 23 juin 2006, le délai de prescription de l'action en réduction était, en principe, de trente ans, à compter du jour du décès du disposant. Il était, toutefois, exceptionnellement ramené à cinq ans, en présence d'un partage d'ascendant. Pour les successions ouvertes à compter du 1er janvier 2007, le délai de prescription est fixé, par l'article 921 alinéa 2 du Code civil, à **cinq ans, à compter de l'ouverture de la succession** ou à **deux ans, à compter du jour où les héritiers ont eu connaissance de l'atteinte portée à leur réserve,** sans que ce délai ne puisse jamais excéder dix ans à compter du décès.

B. Renonciation à l'action en réduction

1° Renonciation postérieure à l'ouverture de la succession

264.141 Toujours admise. Il a toujours été admis qu'un héritier réservataire peut renoncer à demander la réduction d'une libéralité excessive après l'ouverture de la succession. Une telle renonciation est exercée individuellement par chaque héritier réservataire et elle est susceptible de degrés : elle peut ne concerner qu'une libéralité excessive parmi d'autres. Elle n'est soumise à aucune forme particulière (cependant, la renonciation à l'action en réduction d'une libéralité portant sur un immeuble doit être publiée au Bureau des hypothèques compétent[1]) et peut même être tacite[2] (sur ce que le consentement sans réserves à la délivrance d'un legs ne devrait pas systématiquement valoir renonciation à en demander la réduction, v. M. Grimaldi[3]); même si elle prend souvent la forme d'un acte dit de « *consentement à exécution* ». Toutefois, la Cour de cassation exerce un contrôle de la qualification de renonciation[4].

Une renonciation par l'héritier réservataire à agir en réduction peut être remise en cause, d'une part, par ses créanciers personnels, par la voie paulienne de l'article 1167 du Code civil, à condition que la fraude soit démontrée[5]. D'autre part, elle peut être remise en cause par les propres héritiers de l'héritier réservataire. Ces derniers peuvent agir soit par la voie d'une action en réduction si la renonciation constitue une libéralité indirecte faite à ceux qui en ont bénéficié[6], soit par la voie d'une action en inopposabilité fondée sur l'adage *fraus omnia corrumpit*, s'ils prouvent qu'il y a eu fraude à leur droit à réserve[7].

2° Renonciation anticipée à l'action en réduction (RAAR)

264.151 Innovation de la loi du 23 juin 2006. Innovation majeure de la loi du 23 juin 2006, la renonciation anticipée à l'action en réduction (RAAR) est régie par les articles 929 à 930-5 du Code civil. Il s'agit d'un **pacte sur succession future exceptionnellement autorisé par la loi** (rappr. C. civ., art. 1130, al. 2, et art. 722).

264.152 Application. Aux termes de l'article 929 alinéa 1er « *tout héritier réservataire présomptif peut renoncer à exercer une action en réduction dans une succession non ouverte* ». Une telle renonciation peut intervenir soit **isolément**, soit **pour assurer l'efficacité d'une donation partage transgénérationnelle** (sur laquelle v. ss nos 413.111 à 413.113), ou **d'une libéralité graduelle ou résiduelle** (sur lesquelles v. ss nos 331.10 s. et 332.10 s.). Elle peut encore s'appliquer spécifiquement à un **avantage matrimonial** sous la forme d'une **renonciation temporaire à l'exercice de l'action en retranchement** (C. civ., art. 1527, al. 3).

264.153 Nature juridique. La renonciation anticipée à l'action en réduction (RAAR) est un **acte unilatéral** à « *dimension contractuelle* »[8]. En effet, l'article 929 alinéa 1er du Code civil précise que « *la renonciation n'engage le renonçant que du jour où elle a été acceptée par celui dont il a vocation à hériter* ». Certains retiennent la qualification de **contrat unilatéral** puisque la RAAR, pour produire des effets de droit suppose l'acceptation, dans l'acte ou postérieurement, de la personne dont la succession est en cause (le *de cujus*), mais elle ne crée d'obligation qu'à la charge du renonçant (contre la qualification de contrat unilatéral, v. F. Sauvage[9]). Le caractère unilatéral de l'engagement pris dans une RAAR est

1. Décr. 4 janv. 1955, art. 28, 4°, a).
2. Civ. 1re, 4 mai 1973, n° 72-11.289, *Bull. civ.* I, n° 151 – Civ. 1re, 4 nov. 1975, n° 73-14.300, *Bull. civ.* I, n° 311.
3. M. Grimaldi, *Successions*, n° 825, note 441.
4. Cass., ch. mixte, 26 avr. 1974, n° 72-10.770, *Bull. ch. mixte*, n° 1; *D.* 1975. 294.
5. Civ. 1re, 14 mars 1984, NP; *Gaz. Pal.* 1985. 1. 17, note A. Plancqueel.
6. Civ. 1re, 24 nov. 1982, n° 81-13.426, *Bull. civ.* I, n° 340; *RTD civ.* 1983. 574, obs. J. Patarin.
7. Civ. 1re, 4 févr. 1992, n° 90-15.760, *Bull. civ.* I, n° 41; *D.* 1993. Somm. 227, obs. B. Vareille; *JCP* 1992. II. 21946, note P. Salvage; *Defrénois* 1992. 853, obs. G. Champenois; *RTD civ.* 1992. 432, obs. J. Patarin.
8. S. Huygue, *Rapport devant l'Assemblée nationale*, n° 2850, p. 257.
9. F. Sauvage, « La renonciation anticipée à l'action en réduction », *AJ fam.* 2006. 355.

expressément précisé par l'article 929 alinéa 3 du Code civil : « *L'acte de renonciation ne peut créer d'obligations à la charge de celui dont on a vocation à hériter ou être conditionné à un acte émanant de ce dernier* ». Autrement dit, le renonçant ne peut monnayer sa renonciation ou la faire dépendre de la conclusion de tel ou tel acte par le renonçant (comme, par ex., la souscription d'un contrat d'assurance-vie en sa faveur). Toutefois, il est parfaitement possible que le *de cujus* fasse, par acte séparé, une donation au renonçant, en contrepartie de sa renonciation. Mais la renonciation et la donation n'ont pas leurs sorts liés. Si la renonciation est finalement privée d'effet, la donation est maintenue. Enfin, aux termes de l'article 930-1 alinéa 2, « *la renonciation, quelles que soient ses modalités, ne constitue pas une libéralité* ». C'est dire que le bénéficiaire de la libéralité excessive ne tient pas ses droits de l'hériter réservataire renonçant mais du disposant. Aucun transfert de propriété n'a lieu entre l'héritier réservataire renonçant et le gratifié (rappr. CGI, art. 756 *bis* : « *La renonciation à l'action en réduction prévue à l'article 929 du Code civil n'est pas soumise aux droits de mutation à titre gratuit* »).

264.160 **Annonce.** La RAAR est soumise à des conditions strictes, justifiées par les effets rigoureux qu'elle produit.

a.
Conditions de fond

264.161 **Les parties.** Alors même qu'il trouve sa source dans la seule volonté du renonçant, l'acte de renonciation suppose, pour sa réalisation, trois personnes : le renonçant, le futur défunt et le ou les bénéficiaires de la renonciation.

264.162 **1) Le renonçant.** La loi pose trois conditions à l'endroit du renonçant.

Premièrement, la renonciation ne peut émaner que d'un **héritier réservataire présomptif** (C. civ., art. 929, al. 1er). Seuls peuvent remplir cette première condition les descendants et, en leur absence, le conjoint survivant (C. civ., art. 914-1). C'est au jour de la renonciation que le renonçant doit revêtir la qualité d'héritier présomptif.

Deuxièmement, l'article 930-1 alinéa 1er du Code civil exige du renonçant qu'il ait la **capacité de consentir une donation entre vifs,** tout en refusant au **mineur émancipé**, qui pourtant dispose d'une telle capacité, le droit de procéder à une RAAR. Cette exigence de capacité exclut du domaine de la renonciation le **mineur non émancipé**, puisque ce dernier est atteint d'une incapacité de jouissance de disposer à titre gratuit entre vifs (C. civ., art. 903 et 904)[1]. En revanche, le **majeur sous sauvegarde de justice** peut, en théorie, effectuer une RAAR. Cependant, sa renonciation sera, comme tout acte qu'il réalise, exposé à la double sanction de la rescision pour lésion et de la réduction pour excès (C. civ., art. 435, al. 2), si bien qu'il est peu probable qu'un notaire accepte de recevoir l'acte. Le majeur sous curatelle, lui, ne peut renoncer valablement qu'avec l'assistance de son curateur (C. civ., art. 467 et 505). Enfin, s'agissant du **majeur en tutelle**, l'article 509 du Code civil, issu de la loi n° 2007-308 du 5 mars 2007, a mis fin aux controverses doctrinales en énonçant que le tuteur ne peut, même avec une autorisation, contracter une RAAR.

Troisièmement, **le consentement du renonçant ne doit pas être vicié par l'erreur, le dol ou la violence** (C. civ., art. 930, al. 2).

264.163 **2) Le *de cujus*.** La renonciation ne produit effet que du jour où elle est acceptée par celui dont le renonçant a vocation à hériter (le *de cujus*). Pour autant, cette acceptation ne crée aucune obligation à la charge du *de cujus* et elle ne peut être conditionnée à aucun acte émanant de ce dernier (C. civ., art. 929, al. 1 et 3).

264.164 **Le bénéficiaire de la renonciation.** La renonciation intervenant après l'ouverture de la succession peut être faite valablement sans désignation de bénéficiaire. En revanche, la renonciation anticipée à l'action en réduction « *doit être faite au profit d'une ou plusieurs personnes déterminées* » (C. civ., art. 929, al. 1er). Aucune condition n'est posée par la loi quant à la qualité du bénéficiaire : héritier, tiers, personne physique ou morale. Le nombre de bénéficiaires est également indifférent. En cas de pluralité de bénéficiaires, la renonciation peut être faite globalement, au profit de tous, ou pour des montants ou une clef de répartition déterminés. Par ailleurs, la loi ne fait aucune distinction selon la nature de la libéralité réductible : donation, authentique ou non, legs, institution contractuelle. Peu importe également la date de la libéralité consentie : pour que la RAAR soit efficace, il suffit qu'elle ait été faite après le 1er janvier 2007 et que la succession se soit ouverte après cette date (L. 23 juin 2006, art. 47, I – V. I. Combes[2]).

264.165 **L'objet de la renonciation. Portée modulable.** La renonciation a pour objet l'exercice

1. V. CEP., la nuance apportée par J. Massip, *Tutelle des mineurs et protection juridique des majeurs*, Defrénois, 2009, p. 569 : « *La renonciation à l'action en réduction, prévue par l'article 930 alinéa 2 du Code civil pourrait être autorisée par le juge des tutelles, dès lors qu'elle présente un intérêt pour le mineur, s'inscrivant dans le cadre d'un arrangement familial.* »
2. I. Combes, « La renonciation anticipée à l'action en réduction : une avancée pour les organismes philanthropiques », *JCP N*, hors série nov. 2006, p. 22.

de l'action en réduction dans une succession non ouverte. Cette renonciation est d'une portée modulable. On peut distinguer trois types de renonciation en fonction de leur objet. Tout d'abord, l'héritier peut renoncer de façon abstraite à exercer une action en réduction contre un ou plusieurs bénéficiaires déterminés, quelle que soit l'atteinte portée à sa réserve par les libéralités concernées. Une telle renonciation, la plus étendue, peut aboutir à priver l'héritier de sa part de réserve individuelle. Mais la renonciation peut aussi être limitée à une fraction de la part de réserve du renonçant (1/4, 1/2...). Enfin, la renonciation peut être ciblée lorsqu'elle ne vise que la réduction d'une libéralité portant sur un bien déterminé.

b.
Conditions de forme

264.171 Nullité de l'acte. L'article 930 du Code civil prévoit un certain nombre de conditions de forme qui doivent être respectées à peine de nullité de l'acte. La renonciation anticipée doit être établie par **acte authentique spécifique**. Il doit s'agir d'un acte séparé, *ad hoc*. La renonciation ne peut notamment pas être incluse dans l'acte portant la donation pour laquelle l'héritier renonce à exercer l'action en réduction. Cet acte doit être reçu par deux notaires, en personne, sans possibilité de représentation par des clercs habilités. L'un des deux notaires doit être désigné par le président de la Chambre des notaires (L. 25 ventôse an XI, art. 11). Afin de limiter les risques de pression sur le renonçant, il est prévu que chaque renonçant signe séparément l'acte en présence des seuls notaires. En cas de pluralité de renonçants, un acte unique peut être dressé mais il doit être signé séparément par chaque renonçant, en présence des seuls notaires. Enfin, l'acte de renonciation doit mentionner précisément les conséquences juridiques de la renonciation pour chaque renonçant.

c.
Effets de la renonciation anticipée à l'action en réduction

264.181 Exclusion de certains effets. La renonciation anticipée n'est pas une renonciation à la succession. Elle laisse intacte l'option successorale de l'héritier. La renonciation anticipée a pour objet l'action en réduction et non la réserve[1]. C'est pourquoi l'héritier auteur de la renonciation est pris en compte pour le calcul de la réserve globale et de la quotité disponible.

d.
Effets de la renonciation anticipée à l'action en réduction à l'ouverture de la succession du *de cujus* : aspects liquidatifs

264.191 Précisions quant à l'objet de la renonciation. Il y a deux manières de comprendre l'objet de la renonciation. Soit on considère que l'héritier réservataire renonce à la part de l'indemnité de réduction qui aurait dû lui advenir au moment du partage de la succession. D'où il résulte qu'on ne tient pas compte de la renonciation lors des opérations d'imputation. Simplement, au moment de la distribution de la masse à partager, l'héritier auteur de la renonciation ne pourra pas réclamer sa part dans l'indemnité de réduction. En revanche, il aura les mêmes droits que ses cohéritiers dans les biens existants (F. Sauvage et B. Vareille[2]).

Soit on considère que, par sa renonciation, l'héritier accepte que la fraction de la libéralité excédant la quotité disponible s'impute sur sa part de réserve, dans les proportions indiquées dans l'acte de renonciation (N. Levillain[3]; M.-C. Forgeard, R. Crône, B. Gelot[4]). D'où il résulte que l'héritier renonçant n'aura, dans la masse à partager, de droits dans les biens existants qu'à hauteur de la fraction de sa part de réserve non absorbée par l'imputation de la fraction réductible de la libéralité. Il est cependant possible de prévoir, dans l'acte de renonciation, que seule une partie de la fraction réductible, et non la totalité, fraction déterminée en fonction du nombre d'héritiers réservataires, s'imputera sur la part de réserve du renonçant.

EXEMPLE
LES DEUX INTERPRÉTATIONS POSSIBLES
QUANT À L'OBJET DE LA RAAR

ÉNONCÉ

Jean décède le 15 mars 2007. Il laisse pour lui succéder deux enfants, Paul et Marie. Les biens existants sont évalués à 900 000 euros parmi lesquels on trouve un appartement, d'une valeur de 400 000 euros, que Jean a légué à son filleul Pierre. Paul, par un acte notarié régulier en la forme, passé le 12 janvier 2007, a renoncé par anticipation à demander la réduction du legs consenti à Pierre. Les valeurs sont constantes entre le décès et le partage.

1. B. Vareille, « Portée liquidative de la renonciation anticipée à l'action en réduction : attention, danger ! », *Defrénois* 2008, art. 38710.

2. EN CE SENS, F. Sauvage, « La renonciation anticipée à l'action en réduction », *AJ fam.* 2006. 355, préc. – B. Vareille, *Defrénois* 2008, art. 38710, préc. – Rép. min. n° 22306, *JOAN Q* 12 août 2008, p. 699.
3. N. Levillain, « La renonciation anticipée à l'action en réduction », *JCP N* 2006. 1349.
4. M.-C. FORGEARD, R. CRÔNE, B. GELOT, n°s 285 s. – J.-F. Pillebout, *JCP N* 2008. Actu. 279.

SOLUTION PROPOSÉE

• *Première méthode liquidative :*

A. Masse de calcul de la quotité disponible

• Actif net existant :	900 000
Dont le tiers	1/3
Constitue la QDO	300 000
Et les deux tiers restants	2/3
Formant la réserve globale de	600 000
Dont la moitié	1/2
Constitue la part de réserve individuelle	300 000

B. Imputation

Le legs s'impute exclusivement sur la quotité disponible et l'excède à hauteur de 100 000. Le légataire doit donc une indemnité de réduction de 100 000.

C. Masse à partager

• Actif net existant	900 000
Dont pour le légataire universel	400 000
Reste	500 000
A quoi s'ajoute	
– l'indemnité de réduction due par le légataire	50 000 (100 000/2)

D. Droits des parties

Marie :	(500 000/2) + 50 000 = 300 000
Paul :	500 000/2 = 250 000

Le légataire ne doit verser que 50 000 au titre de l'indemnité de réduction.

• *Deuxième méthode liquidative :*

A. Masse de calcul

Inchangée (renvoi à la première méthode)

B. Imputation

Le legs s'impute sur la quotité disponible qu'il excède de 100 000. Cet excédent s'impute sur la part de réserve individuelle de Paul, sans l'excéder. Cette seconde imputation laisse à Paul un reliquat de réserve individuelle de 200 000.

C. Masse à partager

• Actif net existant	900 000
Dont pour le légataire	400 000
Reste	500 000

D. Droits des parties

Marie :	300 000
Paul :	200 000
Pierre :	400 000

Pour l'exposé d'une méthode liquidative[1] et des exemples pratiques dans des hypothèses complexes en raison de la pluralité de renonçants ou de bénéficiaires, v. N. Levillain[2]; M.-C. Forgeard, R. Crône, B. Gelot[3] et D. Vigneau[4].

264.192 Opposabilité de la renonciation aux représentants du renonçant. Aux termes de l'article 930-5 du Code civil : « *La renonciation est opposable aux représentants du renonçant* ».

264.193 Effets variables. La RAAR produit des effets variables, selon l'atteinte portée à la réserve du renonçant. L'article 930-2 alinéa 1er du Code civil distingue trois hypothèses.

Premièrement, la renonciation ne produit **aucun effet** s'il n'a pas été porté atteinte à la réserve héréditaire du renonçant. C'est un premier cas de **caducité de la renonciation.**

Deuxièmement, si l'atteinte à la réserve héréditaire n'est que partielle, la renonciation ne produit d'**effets qu'à hauteur de l'atteinte à la réserve du renonçant** résultant de la libéralité consentie. Et le renonçant conserve ses droits réservataires non utilisés par l'imputation de la fraction réductible de la libéralité.

Enfin, si l'atteinte à la réserve porte sur une fraction supérieure à celle prévue dans la renonciation, **l'excédent** est **sujet à réduction**; donc, s'il avait renoncé de manière globale à sa réserve, l'héritier réservataire se trouve exhérédé. Et le gratifié subit, lui, la réduction à hauteur de la fraction de sa libéralité qui excède le disponible et la part de réserve à laquelle il a été renoncé à son profit.

264.194 Effets conditionnées au respect du pacte initial. La renonciation a nécessairement un ou plusieurs bénéficiaire(s) déterminé(s) (v. ss no 264.164). Elle peut également ne viser que la réduction d'une libéralité portant sur un bien déterminé. Le respect des bénéficiaires et de l'objet de la libéralité ainsi précisés dans l'acte conditionne l'efficacité de la renonciation. Ainsi, la renonciation est caduque si la libéralité n'a pas été faite au profit de la ou des personnes déterminées. Et elle l'est pareillement si la libéralité porte sur d'autres biens que ceux désignés dans l'acte de renonciation.

264.195 La révocation exceptionnelle du pacte successoral. La révocation de la RAAR est soumise à des **conditions de fond et de forme.** Les conditions de fond sont énoncées par l'article 930-3 du Code civil qui énonce de manière limitative les trois cas

1. V. CEP., B. Vareille, obs. crit., *Defrénois* 2008, art. 38710, préc.
2. N. Levillain, « La renonciation anticipée à l'action en réduction », *JCP N* 2006. 1349.
3. M.-C. Forgeard, R. Crône et B. Gelot, nos 285 s.
4. D. Vigneau, « Précision ministérielle sur la portée liquidative de la renonciation anticipée à l'action en réduction : fin du danger ? », *JCP N* 2009. 1106.

dans lesquels le renonçant peut demander la révocation de sa renonciation.

Premier cas : le non-respect par le *de cujus* de ses obligations alimentaires envers le renonçant.

Deuxième cas : l'état de besoin du renonçant. À condition, toutefois, que cet état de besoin, qui doit être constaté au jour de l'ouverture de la succession, disparaîtrait si le renonçant n'avait pas renoncé à ses droits réservataires. La révocation ne peut alors être prononcée qu'à concurrence des besoins du renonçant (C. civ., art. 930-4, al. 2).

Troisième cas : crime ou délit commis par le bénéficiaire de la renonciation contre la personne du renonçant.

Si l'on se trouve dans l'un ou l'autre de ces trois cas, **la révocation n'a jamais lieu de plein droit** (C. civ., art. 930-4, al. 1er). Elle est soumise à certaines conditions de forme précisées par l'article 930-4 du Code civil. Ainsi, la révocation doit être **demandée en justice**. Cette demande doit être introduite dans un **délai très bref** afin de limiter l'insécurité juridique en résultant pour le gratifié. Précisément, la demande doit être formée :

- dans l'année à compter de l'ouverture de la succession, lorsque le renonçant est dans un état de besoin;

- dans l'année à compter du fait imputé par le renonçant ou du jour où ce fait est connu par ses héritiers pour les autres causes de révocation.

Si la révocation est prononcée, la renonciation perd ses effets. L'héritier réservataire peut donc demander la réduction les libéralités consenties au bénéficiaire. Le cas échéant, si la réduction se fait en nature, il peut même exercer ses poursuites contre le tiers détenteur, sauf s'il a consenti à l'aliénation, dans les conditions décrites à l'article 924-4 alinéa 2 du Code civil (ce consentement à l'aliénation nécessitant l'accord du donateur et des autres héritiers présomptifs ne peut figurer dans l'acte de renonciation [1]).

§ 2
Modalités de la réduction

264.200 **Annonce.** La réduction d'une libéralité peut s'opérer selon deux modalités différentes : **en nature ou en valeur.** En cas de réduction en nature, c'est tout ou partie du bien, objet de la libéralité, qui est restitué par le gratifié dans la masse à partager. La réduction en valeur permet, elle, au gratifié de conserver le bien donné ou légué tout en mettant à sa charge l'obligation de régler une indemnité de réduction. Les règles gouvernant le choix entre l'une ou l'autre de ces deux modalités ont été profondément modifiées par la loi du 23 juin 2006. Cela justifie un exposé distinct du droit antérieur et du droit postérieur au 1er janvier 2007. En revanche, les effets de la réduction, qu'elle opère en nature ou en valeur, ont été peu modifiés par la loi du 23 juin 2006.

A.
Successions ouvertes avant le 1er janvier 2007

264.210 **Annonce.** Dans les successions ouvertes avant le 1er janvier 2007, les modalités de la réduction dépendent à la fois de la qualité du gratifié, successible (1°) ou non-successible (2°), et de la nature de la libéralité (donation ou legs).

1°
Libéralités faites à un successible

264.211 **Les donations.** L'article 866 ancien du Code civil pose le **principe de la réduction en valeur** des donations faites à un successible. Seuls **trois cas de réduction en nature** étaient envisageables :

- lorsqu'une clause de la donation stipule l'exigence d'une réduction en nature;

- lorsque le donataire décide d'effectuer la réduction en nature, ce qui n'est possible que s'il n'a pas, de son chef, modifié la situation juridique du bien;

- lorsque le donataire est insolvable.

264.212 **Les legs.** Pour les legs (auxquels sont assimilées les institutions contractuelles entre époux), la réduction se fait, **en principe, en nature.** En effet, la loi n'admet la **réduction en valeur que dans certains cas**, bien définis :

- (C. civ., anc. art. 924, al. 2) : si la portion réductible du legs n'excède pas la part de réserve du gratifié;

- (C. civ., anc. art. 867) : si le legs porte sur un ou plusieurs biens constituant un ensemble malaisément divisible;

- (C. civ., anc. art. 867) : si le legs porte sur des objets mobiliers ayant été à l'usage commun du défunt et du légataire.

2°
Libéralités faites à un non-successible

264.221 **Le principe d'une réduction en nature. Le principe est que la réduction s'effectue en nature** sans distinguer selon qu'il s'agit d'une **donation** ou d'un **legs**. Cette règle, justifiée par le souci de conservation des biens dans la famille, ne peut être écartée par le disposant. Il y a cependant certains cas dans lesquels la réduction, exception-

1. N. Levillain, « La renonciation anticipée à l'action en réduction », *JCP N* 2006. 1349, n° 28.

nellement, s'opère en valeur. Ainsi, une donation faite à un non-successible est réductible en valeur :

- en cas d'impossibilité matérielle pour le gratifié de restituer le bien en nature, soit parce que le bien donné a péri (par sa faute), soit parce qu'il a aliéné le bien (sur les conditions d'une réduction en nature exercée contre le tiers acquéreur v. s[s] n° 264.271);

- en cas de donation-partage d'une entreprise faite conjointement à un tiers et aux descendants du donateur (C. civ., anc. art. 1075 et 1077-2, al. 1er).

Et un legs fait à un non-successible peut également être réductible en valeur non seulement dans les deux hypothèses d'impossibilité matérielle de restitution physique du bien (perte ou aliénation du bien) mais aussi dans les deux cas suivants :

- legs à l'État d'un bien présentant un intérêt pour le patrimoine historique, artistique ou culturel de la Nation (L. n° 87.571, 23 juill. 1987, art. 23);

- legs de parts sociales en présence de clauses d'agrément dans les statuts de la société. Précisément, il s'agit de clauses statutaires prévoyant qu'au décès d'un associé, la société continuera avec telle personne nommément désignée ou que l'associé décédé aura désignée par testament. Si la personne désignée par testament est légataire des parts sociales, elle ne subira la réduction qu'en valeur.

B.
Successions ouvertes à compter du 1er janvier 2007

264.231 Principe de la réduction en valeur. Abandonnant les subtilités du droit antérieur, l'article 924 alinéa 1er du Code civil, issu de la loi du 23 juin 2006, pose le principe de la réduction en valeur : « *Lorsque la libéralité excède la quotité disponible, le gratifié, successible ou non successible, doit indemniser les héritiers réservataires à concurrence de la portion excessive de la libéralité, quel que soit cet excédent* ».

Désormais et hormis le cas exceptionnel de réduction en nature exercée contre le tiers ayant cause du gratifié (v. s[s] n° 264.271), la réduction en nature d'une libéralité n'est possible que si le gratifié la réclame. Et, aux termes de l'article 924-1 du Code civil, une telle demande n'est envisageable que si le bien donné ou légué appartient encore au gratifié et qu'il est libre de toute charge dont il n'aurait pas déjà été grevé à la date de la libéralité, ainsi que de toute occupation dont il n'aurait pas déjà fait l'objet à cette même date. Si ces conditions sont réunies, le gratifié peut opter pour la réduction en nature de la libéralité. L'article 924-1 alinéa 2 du Code civil précise que « *cette faculté s'éteint s'il n'exprime pas son choix pour cette modalité de réduction dans un délai de trois mois à compter de la date à laquelle un héritier réservataire l'a mis en demeure de prendre parti* ».

C.
Effets de la réduction

1°
Effets de la réduction en valeur

264.240 Annonce. En cas de réduction en valeur, le gratifié conserve la propriété du bien donné ou acquiert la propriété du bien légué, sans que puissent être remis en cause les actes qu'il a pu accomplir sur le bien. Mais il est débiteur d'une indemnité de réduction au profit des héritiers réservataires. Se pose alors la question du montant de l'indemnité de réduction (a) et celle de son règlement (b).

a.
Montant de l'indemnité de réduction

264.241 Dette de valeur. C'est le même mécanisme, celui de la dette de valeur, que celui qui a déjà été exposé pour le calcul du montant de l'indemnité de rapport (v. s[s] n°s 263.61 s.) que l'on retrouve pour la détermination du montant de l'indemnité de réduction. Les règles autrefois posées par l'article 868 ancien du Code civil le sont aujourd'hui par l'article 924-2 du Code civil. L'indemnité de réduction est calculée en valeur partage et abstraction faite des modifications de l'état du bien qui sont imputables au gratifié (sur la notion d'état du bien, se reporter aux développements concernant l'indemnité de rapport, *supra*). En cas de réduction totale de la libéralité, l'indemnité de réduction s'élève à la valeur du bien donné ou légué au jour du partage (a été abrogé l'anc. art. 925 C. civ. qui prévoyait la caducité des legs réductibles en totalité, en raison de l'épuisement de la quotité disponible par l'imputation des libéralités antérieurement faites. Désormais, le légataire peut conserver le bien légué, moyennant le versement d'une indemnité de réduction, alors même que la quotité disponible aurait été absorbée par l'imputation des libéralités antérieurement consenties). Mais si la réduction n'est que partielle, un calcul proportionnel s'impose afin de réévaluer en valeur partage la fraction réductible de la libéralité, fraction déterminée lors des imputations, en valeurs décès. La formule à suivre est la suivante :

(portion excessive de la libéralité au décès/valeur du bien au décès) × valeur du bien au partage

264.242 Cas particulier. Aliénation du bien. Si le bien a été aliéné par le gratifié, l'indemnité de réduction est déterminée soit en fonction de la valeur du bien à l'époque de l'aliénation, soit, s'il y a eu remploi du prix perçu, en fonction de la valeur du bien subrogé à l'époque du partage. Mais, comme en matière de rapport, la loi du 23 juin 2006 est venue préciser que si la dépréciation du nouveau bien était, en raison de sa nature, inéluctable au jour de son acquisition, il n'est pas tenu compte de la subrogation.

264.243 **Cas particulier. Perte du bien.** Si le bien a péri par cas fortuit, aucune indemnité de réduction n'est due par le gratifié, sauf s'il a perçu une indemnité de remplacement. Mais si le bien a péri par la faute du gratifié, il reste redevable d'une indemnité de réduction.

EXEMPLE 1

MONTANT DE L'INDEMNITÉ DE RÉDUCTION

ÉNONCÉ

Jean décède le 1er janvier 2007. Il laisse pour lui succéder deux enfants, Paul et Marie. Les biens existants sont évalués, au décès, à 900 000 euros (1 100 000 euros au jour du partage), parmi lesquels une collection de tableaux estimée à 275 000 euros (300 000 euros, au jour du partage). En 1988, il a donné, hors part successorale, à Paul un studio d'une valeur, au jour de la donation, de 100 000 euros. Paul a effectué des travaux dans le studio puis l'a revendu, en 1995, pour un prix de 180 000 euros (mais le studio, sans les travaux, n'aurait valu que 150 000 euros). Avec le produit de cette vente il a acquis, pour 250 000 euros, un appartement lequel, au décès, est estimé à 350 000 euros. Aux termes d'un testament olographe régulier en la forme, il lègue au Musée de Moissac la collection de tableaux.

Calculer les éventuelles indemnités de réduction dues par les gratifiés.

SOLUTION PROPOSÉE

A. Masse de calcul

• Actif net existant	900 000
• Réunion fictive :	
– donation consentie à Paul	210 000 [(150 000/250 000) × 350 000)]
Soit une masse égale :	1 110 000
Dont le tiers	1/3
Constitue la quotité disponible	370 000
Et les deux tiers restants	2/3
Formant la réserve globale de :	740 000
Dont la moitié	1/2
Constitue la part de réserve individuelle	370 000

B. Imputation

La donation s'impute prioritairement et exclusivement sur la quotité disponible sans l'excéder. La donation n'est donc pas réductible et le solde de quotité disponible après imputation est de 160 000.

Le legs s'impute sur ce solde de quotité disponible et l'excède à hauteur de 115 000.

Le légataire doit une indemnité de réduction égale à : (115 000 / 275 000) × 300 000 = 125 454.

C. Masse à partager

• Actif net existant	1 100 000
Dont pour le légataire	300 000
Reste à partager	800 000
• À quoi s'ajoute :	
– l'indemnité de réduction due par le légataire	125 454
Soit une masse égale à	925 454
Dont la moitié	1/2
Revenant à chaque enfant est de	426 727

EXEMPLE 2

MONTANT DE L'INDEMNITÉ DE RÉDUCTION

ÉNONCÉ

Jean décède le 1er janvier 2007. Il laisse pour lui succéder deux enfants, Paul et Marie. Les biens existants sont évalués à 800 000 euros, parmi lesquels une collection de tableaux estimée à 275 000 euros. En 1988, il a donné, hors part successorale, à Paul un studio d'une valeur, au jour de la donation, de 100 000 euros. Paul a effectué des travaux dans le studio puis l'a revendu, en 1995, pour un prix de 180 000 (mais le studio, sans les travaux, n'aurait valu que 150 000 euros). Avec le produit de cette vente il a acquis, pour 250 000 euros, un appartement lequel, au décès, est estimé à 350 000 euros. En 1992, il a donné à Marie, hors part successorale, un studio à Courchevel, d'une valeur, à l'époque de la donation de 100 000 euros. Marie a revendu ce studio en 2006 pour 300 000 euros.

Aux termes d'un testament olographe régulier en la forme, il lègue au musée de Moissac la collection de tableaux.

Calculer les éventuelles indemnités de réduction dues par les gratifiés. Les valeurs sont réputées constantes entre le décès et le partage.

SOLUTION PROPOSÉE

A. Masse de calcul

• Actif net existant	800 000
• Réunion fictive	
– donation faite à Paul	210 000
– donation faite à Marie	300 000
Masse égale à :	1 310 000
Dont le tiers	1/3
Constitue la quotité disponible	436 666
et les 2/3 restants	2/3
la réserve globale	873 334
dont la moitié constitue la part de réserve individuelle	436 666

B. Imputation

Donation faite à Paul : elle s'impute exclusivement sur la quotité disponible qu'elle n'excède pas. La donation n'est pas réductible et le solde de la quotité disponible après imputation est de 226 666.

Donation faite à Marie : elle s'impute exclusivement sur la quotité disponible qu'elle excède à hauteur de 73 334. Marie doit une indemnité de réduction de 73 334.

Le legs est entièrement réductible.

C. Masse à partager

• Actif net existant	800 000
Dont pour le légataire	275 000
Reste	525 000
À quoi s'ajoutent :	
– indemnité de réduction due par Marie	73 334
– indemnité de réduction due par le légataire	275 000
Soit une masse égale à :	873 334
Dont la moitié	1/2
Revenant à chaque enfant	436 667

b.
Règlement de l'indemnité de réduction

264.251 **Moment et garantie du paiement.** Aux termes de l'article 924-3 alinéa 1er du Code civil (v. C. civ., anc. art. 868, al. 2), l'indemnité de réduction est, en principe, payable au moment du partage. Toutefois, un délai peut être octroyé au gratifié. Il peut l'être, tout d'abord et dans tous les cas, par les cohéritiers qui décident alors librement des conditions du crédit octroyé (durée, intérêts...). Le délai de paiement peut également être octroyé par le disposant (éventuellement dans un acte postérieur à la libéralité et qui n'est pas assujetti aux formes des donations et testaments puisque « *les avantages résultant des délais et modalités de paiement accordés ne constituent pas une libéralité* » : C. civ., art. 924-3, al. 2, *in fine*) ou, à défaut, par le juge mais alors uniquement dans l'hypothèse où la libéralité a pour objet un bien susceptible d'attribution préférentielle. L'article 924-3 du Code civil précise les conditions du crédit octroyé par le disposant ou par le juge et ces dispositions s'appliquent, à titre supplétif, en cas de délai octroyé par les cohéritiers. Ainsi, la durée du crédit ne peut excéder dix ans à compter du décès. Et l'octroi du délai rend applicable à l'indemnité de réduction le mécanisme d'indexation prévu pour les soultes (C. civ., nouv. art. 828 et C. civ., anc. art. 868, al. 2). Enfin, l'article 924-3 alinéa 3 du Code civil prévoit une déchéance du terme en cas de vente du bien donné ou légué selon les modalités suivantes : « *En cas de vente de la totalité du bien donné ou légué, les sommes restant dues deviennent immédiatement exigibles; en cas de ventes partielles, le produit de ces ventes est versé aux cohéritiers et imputé sur les sommes encore dues* ». Par ailleurs, en cas de délai de paiement d'une indemnité de réduction due à raison d'une libéralité portant sur un immeuble, les héritiers réservataires bénéficient d'une sûreté réelle : le privilège du copartageant, lequel doit être inscrit au bureau des hypothèques (C. civ., art. 2374-3).

264.252 **Fruits et intérêts.** L'article 924-3 alinéa 2 du Code civil prévoit qu'à défaut de convention ou stipulation contraire, l'indemnité de réduction est productive d'intérêts au taux légal et « *à compter de la date à laquelle le montant de l'indemnité de réduction a été fixé* », c'est-à-dire du jour du partage (il s'agit là d'une codification de la jurisprudence de la Cour de cassation[1]). L'article 928 du Code civil, issu de la loi du 23 juin 2006, exclut la restitution des fruits échus entre le décès et le partage en cas de réduction en valeur. Alors que, dans son dernier état, la jurisprudence l'imposait, en se fondant sur la lettre de l'article 928 ancien du Code civil, qui ne distinguait pas selon que la réduction se faisait en valeur ou en nature.

264.253 **Modes de paiement.** Dès que cela est possible, c'est-à-dire à hauteur des droits dans le partage du gratifié débiteur, le règlement de l'indemnité de réduction se fait en moins prenant (sur cette technique, v. ss no 263.131) : l'héritier débiteur est alloti de l'indemnité qu'il doit à la succession, laquelle indemnité s'éteint par confusion (C. civ., art. 924, al. 2, qui précise que l'indemnité s'impute par priorité sur ses droits dans la réserve). Le règlement en numéraire de l'indemnité de réduction remplace ou complète le règlement en moins prenant lorsque le gratifié est sans droits dans le partage ou n'y a que des droits inférieurs au montant de l'indemnité dont il est redevable.

2°
Effets de la réduction en nature

a.
À l'égard du gratifié

264.261 **Principe.** En cas de réduction en nature, on retrouve le bien, objet de la libéralité réductible, dans la masse à partager. Un legs réductible en nature est frappé de caducité totale ou partielle : le bien légué est conservé, en totalité ou en partie, par les héritiers réservataires. Une donation réductible en nature est résolue totalement ou partiellement : le donataire doit restituer tout ou

1. Civ. 1re, 21 mai 1985, no 83-16.590, *Bull. civ.* I, no 157; *R.* 85; *D.* 1987. 65, note G. Morin; *Gaz. Pal.* 1986. Somm. 91, note M. Grimaldi; *RTD civ.* 1986. 394, obs. J. Patarin.

partie du bien donné aux héritiers réservataires. En cas de réduction partielle en nature d'un legs ou d'une donation, le gratifié se trouve donc en situation d'indivision avec les héritiers réservataires.

264.262 Effets propres à la réduction en nature d'une donation. La réduction en nature d'une donation s'accompagne, premièrement, de l'établissement d'un compte entre le gratifié et la succession. Ce compte récapitule les différentes améliorations ou dégradations advenues au bien donné entre le jour de la donation et le jour du partage, à condition que ces variations d'état soient imputables au gratifié. Ce compte aboutit à l'indemnisation, soit du gratifié, soit de la succession.

La réduction en nature d'une donation s'accompagne également de la restitution des fruits échus entre le décès et le partage mais à la condition, posée par l'article 928 du Code civil, que la réduction soit demandée dans l'année du décès. Sinon, les fruits restent acquis au donataire jusqu'à la demande en réduction.

b.
À l'égard des ayants cause du gratifié

264.271 Le tiers acquéreur du bien donné ou légué. Lorsque le bien donné ou légué a été aliéné par le gratifié, la réduction en nature suppose la réunion des deux conditions suivantes :

- l'insolvabilité du gratifié;
- l'absence de consentement donné à l'aliénation par le donateur (s'il est encore vivant) et tous les héritiers réservataires (présomptifs, si l'aliénation a lieu du vivant du donateur) nés et vivants au jour de l'aliénation.

Ces conditions, qui existaient déjà sous le droit antérieur à la loi du 23 juin 2006 (v. C. civ., anc. art. 930), sont reprises par l'article 924-4 du Code civil[1] (en revanche, la loi du 23 juin 2006 ne consacre pas l'opinion doctrinale selon laquelle l'action contre le tiers supposerait l'absence d'une subrogation réelle dans le patrimoine du gratifié[2]). L'article 924-4 du Code civil, issu de la loi du 23 juin 2006, précise plusieurs points jusqu'alors objets de discussions doctrinales.

Premièrement, quant au moment où le consentement doit être donné par le disposant et les héritiers réservataires : ce peut être dans l'acte de donation lui-même ou postérieurement (C. civ., art. 924-4, al. 2).

Deuxièmement, quant au champ d'application de l'action contre le tiers acquéreur, il ressort de l'article 924-4 alinéa 1er du Code civil qu'il n'y a pas lieu de distinguer ni entre les donations et les legs, ni entre les immeubles ou les meubles : l'action peut être exercée contre le tiers acquéreur de meubles ou d'immeubles, donnés ou légués. Toutefois, le tiers détenteur des meubles donnés ou légués pourra, le cas échéant, bénéficier de la présomption de propriété posée par l'article 2276 du Code civil.

En revanche, s'agissant des modalités et des effets de l'action contre le tiers acquéreur, les solutions sont inchangées avant et après la loi du 23 juin 2006. Ainsi, l'action est exercée de la même manière que contre les gratifiés eux-mêmes et suivant l'ordre des dates des aliénations, en commençant par la plus récente (C. civ., art. 924-4, al. 1er et C. civ., anc. art. 930, al. 1er). Le tiers acquéreur dispose, quant à lui, d'une alternative : ou bien payer l'indemnité de réduction due par le gratifié ou bien se laisser évincer, sauf à agir en garantie d'éviction contre son auteur.

264.272 Autres ayants cause. L'article 929 ancien du Code civil prévoyait, en cas de réduction en nature, l'extinction des droits réels consentis par le gratifié sur le bien. Cet article a été logiquement abrogé par la loi du 23 juin 2006. En effet, dorénavant, la réduction en nature n'est possible que sur décision du gratifié, lequel ne peut imposer un tel choix que s'il n'a pas consenti de charge ou occupation nouvelles sur le bien.

1. S. de La Taille et S. Pézard, « La menace virtuelle de l'article 924-4 du Code civil : plaidoyer pour un retour à la raison », *JCP N* 2009. 1321.

2. P. CATALA, *La réforme des liquidations successorales*, n° 105.

TITRE

27. Le partage de la succession

27.00 **Plan du titre.**

27.01 **Généralités. Loi applicable.** Il y a lieu à partage en présence d'une pluralité d'héritiers et précisément d'une pluralité de successeurs universels ou à titre universel. Le partage met fin à l'indivision existant entre ces derniers en attribuant à chaque indivisaire un droit privatif sur un lot déterminé.

La loi du 23 juin 2006 [1] a apporté un certain nombre d'innovations au droit du partage en vue de simplifier les règles applicables, de les rendre plus efficaces et, au final, de renforcer la sécurité du partage. Le partage successoral est actuellement régi par les articles 816 à 892 du Code civil et 1358 à 1378 du Code de procédure civile. Ces nouvelles dispositions sont entrées en vigueur le 1er janvier 2007 et s'appliquent à toutes les indivisions existantes et à toutes les successions non encore partagées à cette date.

Par exception, les instances introduites avant le 1er janvier 2007 doivent être poursuivies et jugées conformément à la loi ancienne, laquelle s'appliquera également en appel et en cassation (L. 23 juin 2006, art. 47, II).

1. L. n° 2006-728, 23 juin 2006, portant réforme des successions et des libéralités, *JO* 24 juin, p. 9513.

27.02 **Pluralité de partages pour une même succession.** Une même succession peut être l'occasion d'une pluralité de partages. À cela il y a trois causes possibles.

Premièrement, une même succession peut faire l'objet d'une **pluralité d'indivisions.** Il en est ainsi à chaque fois que les successeurs n'ont pas les mêmes droits sur les biens : certains ont des droits en usufruit et d'autres en nue-propriété (or, il n'y a d'indivision qu'entre les droits de même nature, v. ss nos 25.00 s. et spéct 25.14). Dans ces cas-là, il faut, en principe, procéder à autant de partages qu'il y a d'indivisions distinctes : l'un de la jouissance, l'autre de la nue-propriété. Toutefois, codifiant la jurisprudence de la Cour de cassation [2], l'article 817 du Code civil, issu de la loi du 23 juin 2006, prévoit que si le partage en nature de l'usufruit est impossible, il peut être demandé la licitation de l'usufruit ou encore la licitation de la pleine propriété lorsque cette dernière apparaît seule protectrice de l'intérêt de tous les titulaires de droits sur le bien indivis. Et l'article 818 du Code civil, issu de la même loi de 2006, ouvre à l'indivisaire en nue-propriété les mêmes possibilités pour la nue-propriété indivise, à cette réserve près que la licitation de la pleine propriété n'est alors possible qu'avec l'accord de l'usufruitier (v. C. civ., art. 815-5, al. 2).

Enfin, l'article 819 du Code civil, issu, lui aussi de la loi du 23 juin 2006, étend toujours les mêmes possibilités à celui qui est, pour partie, plein propriétaire et qui se trouve en indivision avec des usufruitiers et des nus-propriétaires. Un tel indivisaire peut donc demander le partage en nature de l'usufruit, de la nue-propriété, la licitation de l'usufruit

2. Req. 20 juill. 1932, *DP* 1933. 1. 113, note Savatier.

ou de la nue-propriété et, même, la licitation de la pleine propriété, sans que ne soit alors requis l'accord de l'usufruitier. En revanche, le plein propriétaire ne peut se voir imposer le cantonnement ou la licitation en usufruit ou en nue-propriété car cela pourrait l'obliger à démembrer son droit de propriété.

Il y aura encore pluralité de partages si la succession, au lieu de faire l'objet d'un partage unique et global donne lieu à **plusieurs partages partiels**. Il y a partage partiel lorsque l'indivision subsiste à l'égard de certains biens ou de certaines personnes (C. civ., art. 838). En principe, le partage partiel requiert, à peine de nullité, l'accord de volonté de tous les indivisaires[1]. Même le juge ne peut l'ordonner que si tous les indivisaires y consentent[2]. Toutefois, la loi a prévu que certains partages partiels puissent être réalisés à la demande de l'un ou de certains seulement des indivisaires. Il en est ainsi du droit pour chaque indivisaire de réclamer sa part annuelle dans les bénéfices nets (C. civ., art. 815-11) et de la faculté laissée au juge d'ordonner, en présence d'une demande de partage global émanant de certains indivisaires, une attribution éliminatoire[3].

Pluralité de partages, enfin, si, en cours d'indivision, les héritiers décident de procéder à un **partage de la jouissance des biens indivis** (C. civ., art. 815-10, al. 2). Ce partage, dit provisionnel, permet à chacun d'user privativement des biens qui lui sont attribués et d'en acquérir les fruits. Ce partage est provisoire en ce sens qu'il ne préjuge pas de l'attribution de la propriété qui interviendra lors du partage définitif lequel, seul, fait cesser l'indivision.

27.03 Partage unique pour une pluralité d'indivisions. Consacrant la jurisprudence de la Cour de cassation[4], l'article 839 du Code civil, issu de la loi du 23 juin 2006, autorise un partage amiable unique pour faire cesser plusieurs indivisions à condition qu'elles existent exclusivement entre les mêmes personnes. Les indivisions peuvent porter sur les mêmes biens ou sur des biens différents. Cette disposition intéresse notamment le cas où, après le décès du prémourant des époux, les héritiers attendent le décès du conjoint survivant pour procéder au partage des deux indivisions successorales et éventuellement de l'indivision post-communautaire, née au décès du premier mourant des époux. L'article 840-1 du Code civil, issu de la loi du 23 juin 2006, étend cette faculté de partage unique au partage judiciaire.

1. Civ. 5 juin 1951, *Bull. civ.*, n° 173.
2. Civ. 1re, 9 juin 1964, *Bull. civ.* I, n° 307 – V. CEP., Civ. 1re, 28.03.1979, *Bull. civ.* I, n° 105.
3. Civ. 1re, 2 oct. 1979, n° 78-11.385, *Bull. civ.* I, n° 232 – C. civ., anc. art. 824 et art. 815, al. 3.
4. Civ. 1re, 21 oct. 1981, n° 80-15.342, *Bull. civ.*I, n° 305.

CHAPITRE

271. Modalités de réalisation du partage

CLAIRE FARGE
INGÉNIEUR PATRIMONIAL
(BNP PARIBAS – BANQUE PRIVÉE)
DOCTEUR EN DROIT

SECTION 0 ORIENTEUR

271.00 Plan du chapitre.

Division. La réalisation du partage, initiée par une demande en partage (sur laquelle v. s[s] n°s 251.10 à 251.104), suppose le respect d'un certain nombre de conditions de forme (sect. 1) et de fond (sect. 2).

271.01 Textes applicables.

C. civ., art. 116, 389-5, 466, 507 ; 816 à 819 ; 825 à 842 ; 864 à 867

C. pr. civ., art. 1359 s.

L. n° 2007-308, 5 mars 2007, portant réforme de la protection juridique des majeurs, *JO* 7 mars, p. 4325

L. n° 2006-728, 23 juin 2006, portant réforme des successions et des libéralités, art. 47, *JO* 24 juin, p. 9513 (*en vigueur le 1er janv. 2007*)

Décr. **n° 2006-1805, 23 déc. 2006,** relatif à la procédure en matière successorale et modifiant certaines dispositions de procédure civile, *JO* 31 déc., p. 20370

> Partage à l'égard d'un présumé absent

C. civ., art. 116 (*L. 23 juin 2006, art. 29-3°*)

Si le présumé absent est appelé à un partage, celui-ci peut être fait à l'amiable.

En ce cas, le juge des tutelles autorise le partage, même partiel, et désigne, s'il y a lieu, un notaire pour y procéder, en présence du représentant du présumé absent ou de son remplaçant désigné conformément à l'article 115, si le représentant initial est lui-même intéressé au partage. L'état liquidatif est soumis à l'approbation du juge des tutelles.

Le partage peut également être fait en justice conformément aux dispositions des articles 840 à 842.

Tout autre partage est considéré comme provisionnel.

> Partage dans le cadre d'une administration légale pure et simple

C. civ., art. 389-5 (*L. n° 2007-308, 5 mars 2007, art. 2*)

Dans l'administration légale pure et simple, les parents accomplissent ensemble les actes qu'un tuteur ne pourrait faire qu'avec l'autorisation du conseil de famille.

À défaut d'accord entre les parents, l'acte doit être autorisé par le juge des tutelles.

Même d'un commun accord, les parents ne peuvent ni vendre de gré à gré, ni apporter en société un immeuble ou un fonds de commerce appartenant au mineur, ni contracter d'emprunt en son nom, ni renoncer pour lui à un droit, sans l'autorisation du juge des tutelles. La même autorisation est requise pour le partage amiable, et l'état liquidatif (*L. n° 2006-728, 23 juin 2006, art. 29-5°*) « doit être approuvé par le juge des tutelles » [précédente rédaction : « devra être homologué dans les conditions prévues à l'article 466 »].

Si l'acte cause un préjudice au mineur, les parents en sont responsables solidairement.

> Partage à l'égard d'un mineur (*en vigueur jusqu'au 1er janv. 2009*)

C. civ., anc. art. 466 (*L. 23 juin 2006, art. 29-9°*)

Le partage à l'égard d'un mineur peut être fait à l'amiable.

En ce cas, le conseil de famille autorise le partage, même partiel, et désigne s'il y a lieu un notaire pour y procéder. L'état liquidatif est soumis à l'approbation du conseil de famille.

Le partage peut également être fait en justice conformément aux dispositions des articles 840 à 842.

Tout autre partage est considéré comme provisionnel.

> Partage à l'égard d'une personne protégée (*en vigueur à compter du 1er janv. 2009*)

C. civ., art. 507 (*L. 5 mars 2007, art. 8*)

Le partage à l'égard d'une personne protégée peut être fait à l'amiable sur autorisation du conseil de famille ou, à défaut, du juge qui désigne, s'il y a lieu, un notaire pour y procéder. Il peut n'être que partiel.

L'état liquidatif est soumis à l'approbation du conseil de famille ou, à défaut, du juge.

Le partage peut également être fait en justice conformément aux articles 840 et 842.

Tout autre partage est considéré comme provisionnel.

> Demandes en partage

[C. civ., art. 816 à 824] (*L. 23 juin 2006, art. 4*)

C. civ., art. 816

Le partage peut être demandé, même quand l'un des indivisaires a joui séparément de tout ou partie des biens indivis, s'il n'y a pas eu d'acte de partage ou une possession suffisante pour acquérir la prescription.

C. civ., art. 817

Celui qui est en indivision pour la jouissance peut demander le partage de l'usufruit indivis par voie de cantonnement sur un bien ou, en cas d'impossibilité, par voie de licitation de l'usufruit. Lorsqu'elle apparaît seule protectrice de l'intérêt de tous les titulaires de droits sur le bien indivis, la licitation peut porter sur la pleine propriété.

C. civ., art. 818

La même faculté appartient à l'indivisaire en nue-propriété pour la nue-propriété indivise. En cas de licitation de la pleine propriété, le deuxième alinéa de l'article 815-5 est applicable.

C. civ., art. 819

Celui qui est pour partie plein propriétaire et qui se trouve en indivision avec des usufruitiers et des nus-propriétaires peut user des facultés prévues aux articles 817 et 818.

Le deuxième alinéa de l'article 815-5 n'est pas applicable en cas de licitation en pleine propriété.

> Parts et lots

[C. civ., art. 825 à 830] (*L. 23 juin 2006, art. 4*)

C. civ., art. 825

La masse partageable comprend les biens existant à l'ouverture de la succession, ou ceux qui leur ont été subrogés, et dont le défunt n'a pas disposé à cause de mort, ainsi que les fruits y afférents.

Elle est augmentée des valeurs soumises à rapport ou à réduction, ainsi que des dettes des copartageants envers le défunt ou envers l'indivision.

C. civ., art. 826

L'égalité dans le partage est une égalité en valeur.

Chaque copartageant reçoit des biens pour une valeur égale à celle de ses droits dans l'indivision.

S'il y a lieu à tirage au sort, il est constitué autant de lots qu'il est nécessaire.

Si la consistance de la masse ne permet pas de former des lots d'égale valeur, leur inégalité se compense par une soulte.

C. civ., art. 827

Le partage de la masse s'opère par tête. Toutefois, il se fait par souche quand il y a lieu à représentation. Une fois opéré le partage par souche, une répartition distincte est opérée, le cas échéant, entre les héritiers de chaque souche.

C. civ., art. 828

Lorsque le débiteur d'une soulte a obtenu des délais de paiement et que, par suite des circonstances économiques, la valeur des biens qui lui sont échus a augmenté ou diminué de plus du quart depuis le partage, les sommes restant dues augmentent ou diminuent dans la même proportion, sauf exclusion de cette variation par les parties.

C. civ., art. 829

En vue de leur répartition, les biens sont estimés à leur valeur à la date de la jouissance divise telle qu'elle est fixée par l'acte de partage, en tenant compte, s'il y a lieu, des charges les grevant.

Cette date est la plus proche possible du partage.

Cependant, le juge peut fixer la jouissance divise à une date plus ancienne si le choix de cette date apparaît plus favorable à la réalisation de l'égalité.

C. civ., art. 830

Dans la formation et la composition des lots, on s'efforce d'éviter de diviser les unités économiques et autres ensembles de biens dont le fractionnement entraînerait la dépréciation.

> Attributions préférentielles

[C. civ., art. 831 à 834] (*L. 23 juin 2006, art. 4*)

C. civ., art. 831

Le conjoint survivant ou tout héritier copropriétaire peut demander l'attribution préférentielle par voie de partage, à charge de soulte s'il y a lieu, de toute entreprise, ou partie d'entreprise agricole, commerciale, industrielle, artisanale ou libérale ou quote-part indivise d'une telle entreprise, même formée pour une part de biens dont il était déjà propriétaire ou copropriétaire avant le décès, à l'exploitation de laquelle il participe ou a participé effectivement. Dans le cas de l'héritier, la condition de participation peut être ou avoir été remplie par son conjoint ou ses descendants.

S'il y a lieu, la demande d'attribution préférentielle peut porter sur des droits sociaux, sans préjudice de l'application des dispositions légales ou des clauses statutaires sur la continuation d'une société avec le conjoint survivant ou un ou plusieurs héritiers.

C. civ., art. 831-1 (*Ord. n° 2010-462, 6 mai 2010, art. 1er*)

Au cas où ni le conjoint survivant, ni aucun héritier copropriétaire ne demande l'application des dispositions prévues à l'article 831 ou de celles des articles 832 ou 832-1, l'attribution préférentielle prévue en matière agricole peut être accordée à tout copartageant sous la condition qu'il s'oblige à donner à bail dans un délai de six mois le bien considéré dans les conditions fixées au chapitre VI du titre Ier du livre IV du Code rural et de la pêche maritime à un ou plusieurs des cohéritiers remplissant les conditions personnelles prévues à l'article 831 ou à un ou plusieurs descendants de ces cohéritiers remplissant ces mêmes conditions.

C. civ., art. 831-2

Le conjoint survivant ou tout héritier copropriétaire peut également demander l'attribution préférentielle :

1° De la propriété ou du droit au bail du local qui lui sert effectivement d'habitation, s'il y avait sa résidence à l'époque du décès, et du mobilier le garnissant;

2° De la propriété ou du droit au bail du local à usage professionnel servant effectivement à l'exercice de sa profession et des objets mobiliers à usage professionnel garnissant ce local;

3° De l'ensemble des éléments mobiliers nécessaires à l'exploitation d'un bien rural cultivé par le défunt à titre de fermier ou de métayer lorsque le bail continue au profit du demandeur ou lorsqu'un nouveau bail est consenti à ce dernier.

C. civ., art. 831-3

L'attribution préférentielle de la propriété du local et du mobilier le garnissant visée au 1° de l'article 831-2 est de droit pour le conjoint survivant.

Les droits résultant de l'attribution préférentielle ne préjudicient pas aux droits viagers d'habitation et d'usage que le conjoint peut exercer en vertu de l'article 764.

C. civ., art. 832

L'attribution préférentielle visée à l'article 831 est de droit pour toute exploitation agricole qui ne dépasse pas les limites de superficie fixées par décret en Conseil d'État, si le maintien dans l'indivision n'a pas été ordonné.

C. civ., art. 832-1 (*Ord. n° 2010-462, 6 mai 2010, art. 1er*)

Si le maintien dans l'indivision n'a pas été ordonné et à défaut d'attribution préférentielle en propriété dans les conditions prévues à l'article 831 ou à l'article 832, le conjoint survivant ou tout héritier copropriétaire peut demander l'attribution préférentielle de tout ou partie des biens et droits immobiliers à destination agricole dépendant de la succession en vue de constituer avec un ou plusieurs cohéritiers et, le cas échéant, un ou plusieurs tiers, un groupement foncier agricole.

Cette attribution est de droit si le conjoint survivant ou un ou plusieurs des cohéritiers remplissant les conditions personnelles prévues à l'article 831, ou leurs descendants participant effectivement à l'exploitation, exigent que leur soit donné à bail, dans les conditions fixées au chapitre VI du titre Ier du livre IV du Code rural et de la pêche maritime, tout ou partie des biens du groupement.

En cas de pluralité de demandes, les biens du groupement peuvent, si leur consistance le permet, faire l'objet de plusieurs baux bénéficiant à des cohéritiers différents.

Si les clauses et conditions de ce bail ou de ces baux n'ont pas fait l'objet d'un accord, elles sont fixées par le tribunal.

Les biens et droits immobiliers que les demandeurs n'envisagent pas d'apporter au groupement foncier agricole, ainsi que les autres biens de la succession, sont attribués par priorité, dans les limites de leurs droits successoraux respectifs, aux indivisaires qui n'ont pas consenti à la formation du groupement. Si ces indivisaires ne sont pas remplis de leurs droits par l'attribution ainsi faite, une soulte doit leur être versée. Sauf accord amiable entre les copartageants, la soulte éventuellement due est payable dans l'année suivant le partage. Elle peut faire l'objet d'une dation en paiement sous la forme de parts du groupement foncier agricole, à moins que les intéressés, dans le mois suivant la proposition qui leur en est faite, n'aient fait connaître leur opposition à ce mode de règlement.

Le partage n'est parfait qu'après la signature de l'acte constitutif du groupement foncier agricole et, s'il y a lieu, du ou des baux à long terme.

C. civ., art. 832-2 (*Ord. n° 2010-462, 6 mai 2010, art. 1er*)

Si une exploitation agricole constituant une unité économique et non exploitée sous forme sociale n'est pas maintenue dans l'indivision et n'a pas fait l'objet d'une attribution préférentielle dans les conditions prévues aux articles 831, 832 ou 832-1, le conjoint survivant ou tout héritier copropriétaire qui désire poursuivre l'exploitation à laquelle il participe ou a participé effectivement peut exiger, nonobstant toute demande de licitation, que le partage soit conclu sous la condition que ses copartageants lui consentent un bail à long terme dans les conditions fixées au chapitre VI du titre Ier du livre IV du Code rural, sur les terres de l'exploitation qui leur échoient. Dans le cas de l'héritier, la condition de participation peut avoir été remplie par son conjoint ou ses descendants. Sauf accord amiable entre les parties, celui qui demande à bénéficier de ces dispositions reçoit par priorité dans sa part les bâtiments d'exploitation et d'habitation.

Les dispositions qui précèdent sont applicables à une partie de l'exploitation agricole pouvant constituer une unité économique. Cette unité économique peut être formée, pour une part, de biens dont le conjoint survivant ou l'héritier était déjà propriétaire ou copropriétaire avant le décès.

Il est tenu compte, s'il y a lieu, de la dépréciation due à l'existence du bail dans l'évaluation des terres incluses dans les différents lots.

Les articles L. 412-14 et L. 412-15 du Code rural et de la pêche maritime déterminent les règles spécifiques au bail mentionné au premier alinéa du présent article.

Si, en raison de l'inaptitude manifeste du ou des demandeurs à gérer tout ou partie de l'exploitation, les intérêts des cohéritiers risquent d'être compromis, le tribunal peut décider qu'il n'y a pas lieu d'appliquer les trois premiers alinéas du présent article.

C. civ., art. 832-3

L'attribution préférentielle peut être demandée conjointement par plusieurs successibles afin de conserver ensemble le bien indivis.

À défaut d'accord amiable, la demande d'attribution préférentielle est portée devant le tribunal qui se prononce en fonction des intérêts en présence.

En cas de demandes concurrentes, le tribunal tient compte de l'aptitude des différents postulants à gérer les biens en cause et à s'y maintenir. Pour l'entreprise, le tribunal tient compte en particulier de la durée de la participation personnelle à l'activité.

C. civ., art. 832-4

Les biens faisant l'objet de l'attribution sont estimés à leur valeur à la date fixée conformément à l'article 829.

Sauf accord amiable entre les copartageants, la soulte éventuellement due est payable comptant. Toutefois, dans les cas prévus aux articles 831-3 et 832, l'attributaire peut exiger de ses copartageants, pour le paiement d'une fraction de la soulte, égale au plus à la moitié, des délais ne pouvant excéder dix ans. Sauf convention contraire, les sommes restant dues portent intérêt au taux légal.

En cas de vente de la totalité des biens attribués, la fraction de la soulte y afférente devient immédiatement exigible; en cas de ventes partielles, le produit de ces ventes est versé aux copartageants et imputé sur la fraction de la soulte encore due.

C. civ., art. 833

Les dispositions des articles 831 à 832-4 profitent au conjoint ou à tout héritier appelé à succéder en vertu de la loi, qu'il soit copropriétaire en pleine propriété ou en nue-propriété.

Ces dispositions, à l'exception de celles de l'article 832, profitent aussi à l'héritier ayant une vocation universelle ou à titre universel à la succession en vertu d'un testament ou d'une institution contractuelle.

C. civ., art. 834

Le bénéficiaire de l'attribution préférentielle ne devient propriétaire exclusif du bien attribué qu'au jour du partage définitif.

Jusqu'à cette date, il ne peut renoncer à l'attribution que lorsque la valeur du bien, telle que déterminée au jour de cette attribution, a augmenté de plus du quart au jour du partage indépendamment de son fait personnel.

> Indivision et action en partage : partage amiable
[C. civ., art. 835 à 839] (*L. 23 juin 2006, art. 4*)

C. civ., art. 835

Si tous les indivisaires sont présents et capables, le partage peut intervenir dans la forme et selon les modalités choisies par les parties.

Lorsque l'indivision porte sur des biens soumis à la publicité foncière, l'acte de partage est passé par acte notarié.

C. civ., art. 836

Si un indivisaire est présumé absent ou, par suite d'éloignement, se trouve hors d'état de manifester sa volonté, un partage amiable peut intervenir dans les conditions prévues à l'article 116.

De même, si un indivisaire fait l'objet d'un régime de protection, un partage amiable peut intervenir dans les conditions prévues aux titres X et XI du livre Ier.

C. civ., art. 837

Si un indivisaire est défaillant, sans qu'il soit néanmoins dans l'un des cas prévus à l'article 836, il peut, à la diligence d'un copartageant, être mis en demeure, par acte extrajudiciaire, de se faire représenter au partage amiable.

Faute pour cet indivisaire d'avoir constitué mandataire dans les trois mois de la mise en demeure, un copartageant peut demander au juge de désigner toute personne qualifiée qui représentera le défaillant jusqu'à la réalisation complète du partage. Cette personne ne peut consentir au partage qu'avec l'autorisation du juge.

C. civ., art. 838

Le partage amiable peut être total ou partiel. Il est partiel lorsqu'il laisse subsister l'indivision à l'égard de certains biens ou de certaines personnes.

C. civ., art. 839

Lorsque plusieurs indivisions existent exclusivement entre les mêmes personnes, qu'elles portent sur les mêmes biens ou sur des biens différents, un partage amiable unique peut intervenir.

> Indivision et action en partage : partage judiciaire
[C. civ., art. 840 à 842] (*L. 23 juin 2006, art. 4*)

C. civ., art. 840

Le partage est fait en justice lorsque l'un des indivisaires refuse de consentir au partage amiable ou s'il s'élève des contestations sur la manière d'y procéder ou de le terminer ou lorsque le partage amiable n'a pas été autorisé ou approuvé dans l'un des cas prévus aux articles 836 et 837.

C. civ., art. 840-1

Lorsque plusieurs indivisions existent exclusivement entre les mêmes personnes, qu'elles portent sur les mêmes biens ou sur des biens différents, un partage unique peut intervenir.

C. civ., art. 841

Le tribunal du lieu d'ouverture de la succession est exclusivement compétent pour connaître de l'action en partage et des contestations qui s'élèvent soit à l'occasion du maintien de l'indivision soit au cours des opérations de partage. Il ordonne les licitations et statue sur les demandes relatives à la garantie des lots entre les copartageants et sur celles en nullité de partage ou en complément de part.

C. civ., art. 841-1

Si le notaire commis pour établir l'état liquidatif se heurte à l'inertie d'un indivisaire, il peut le mettre en demeure, par acte extrajudiciaire, de se faire représenter.

Faute pour l'indivisaire d'avoir constitué mandataire dans les trois mois de la mise en demeure, le notaire peut demander au juge de désigner toute personne qualifiée qui représentera le défaillant jusqu'à la réalisation complète des opérations.

C. civ., art. 842

À tout moment, les copartageants peuvent abandonner les voies judiciaires et poursuivre le partage à l'amiable si les conditions prévues pour un partage de cette nature sont réunies.

> Partage : paiement des dettes des copartageants
[C. civ., art. 864 à 867] (*L. 23 juin 2006, art. 6*)

C. civ., art. 864

Lorsque la masse partageable comprend une créance à l'encontre de l'un des copartageants, exigible ou non, ce dernier en est alloti dans le partage à concurrence de ses droits dans la masse.

À due concurrence, la dette s'éteint par confusion. Si son montant excède les droits du débiteur dans cette masse, il doit le paiement du solde sous les conditions et délais qui affectaient l'obligation.

C. civ., art. 865

Sauf lorsqu'elle est relative aux biens indivis, la créance n'est pas exigible avant la clôture des opérations de partage. Toutefois, l'héritier débiteur peut décider à tout moment de s'en acquitter volontairement.

C. civ., art. 866

Les sommes rapportables produisent intérêt au taux légal, sauf stipulation contraire.

Ces intérêts courent depuis l'ouverture de la succession lorsque l'héritier en était débiteur envers le défunt et à compter du jour où la dette est exigible, lorsque celle-ci est survenue durant l'indivision.

C. civ., art. 867

Lorsque le copartageant a lui-même une créance à faire valoir, il n'est alloti de sa dette que si, balance faite, le compte présente un solde en faveur de la masse indivise.

> Partage : paiement des autres dettes
[C. civ., art. 870 à 882] (*L. 23 juin 2006, art. 3 et 6*)

* V. texte complet de ces articles s[s] n° 261.01, > *Paiement des autres dettes*

> Partage amiable et procédure (*Décr. n° 2006-1805, 23 déc. 2006, art. 2*)

C. pr. civ., art. 1358

La personne qualifiée désignée en application de l'article 837 du Code civil pour représenter l'héritier défaillant sollicite l'autorisation de consentir au partage amiable en transmettant le projet de partage, approuvé par le reste des copartageants, au juge qui l'a désignée.

L'autorisation de consentir au partage est rendue en dernier ressort.

> Partage judiciaire et procédure
[C. pr. civ., art. 1359 à 1363] (*Décr. n° 2006-1805, 23 déc. 2006, art. 2*)

C. pr. civ., art. 1359

En cas de pluralité d'assignations, le demandeur au partage est celui qui a fait en premier enrôler son assignation au greffe du tribunal de grande instance.

C. pr. civ., art. 1360

À peine d'irrecevabilité, l'assignation en partage contient un descriptif sommaire du patrimoine à partager et précise les intentions du demandeur quant à la répartition des biens ainsi que les diligences entreprises en vue de parvenir à un partage amiable.

C. pr. civ., art. 1361

Le tribunal ordonne le partage, s'il peut avoir lieu, ou la vente par licitation si les conditions prévues à l'article 1378 sont réunies.

Lorsque le partage est ordonné, le tribunal peut désigner un notaire chargé de dresser l'acte constatant le partage.

C. pr. civ., art. 1362

Sans préjudice des dispositions de l'article 145, un expert peut être désigné en cours d'instance pour procéder à l'estimation des biens ou proposer la composition des lots à répartir.

C. pr. civ., art. 1363

S'il y a lieu au tirage au sort des lots, celui-ci est réalisé devant le notaire commis en application du second alinéa de l'article 1361 et, à défaut, devant le président du tribunal de grande instance ou son délégué.

Si un héritier est défaillant, le président du tribunal de grande instance ou son délégué peut, d'office, lorsque le tirage au sort a lieu devant lui ou sur transmission du procès-verbal dressé par le notaire, désigner un représentant à l'héritier défaillant.

271.02 Jurisprudence de référence.

> Absence de revalorisation de la dette de l'héritier débiteur

• Civ. 1re, 29 juin 1994, n° 92-15.253, *Bull. civ.* I, n° 233

* V. s[s] n° 271.96

« […] Vu les articles 829, 860 et 869 du Code civil;

Attendu que si le rapport de dettes prévu par l'article 829 du Code civil n'est qu'une technique de règlement qui n'obéit pas aux règles de l'article 869 du même code, lequel concerne exclusivement le rapport de dons, le cohéritier débiteur n'en doit pas moins réaliser le rapport de sa dette en moins prenant, par imputation de sa part, et non en effectuer le paiement;

Attendu que, pour exclure tout rapport à succession, l'arrêt attaqué énonce que la preuve d'une donation déguisée n'a pas été rapportée et que l'indivision successorale est créancière de M. E. F… pour la somme nominale de 1 000 000 de francs, montant du prêt qui lui avait été consenti par son père en 1962;

Attendu qu'en statuant ainsi, la cour d'appel a violé les textes susvisés :

Par ces motifs, casse et annule […]. »

> L'attribution préférentielle peut être demandée dans toutes les indivisions de nature familiale

• **Civ. 1re, 7 juin 1988, no 86-15.090,** *Bull. civ.* I, no 174

* V. ss no 271.104

« [...] Vu les articles 832, 1476 et 1542 du Code civil;

Attendu qu'il résulte de l'ensemble de ces textes que l'attribution préférentielle peut être demandée, sous les conditions prévues par la loi, dans le partage des indivisions de nature familiale et que le conjoint divorcé peut demander l'attribution préférentielle du local servant à son habitation et dont il est propriétaire par indivis, même si cette indivision a pris naissance par une convention antérieur au mariage;

Attendu que pour rejeter la demande d'attribution préférentielle de Mme Y..., l'arrêt énonce que l'appartement litigieux avait été acquis par M. X... et Mme Y... avant leur mariage et qu'ils n'étaient pas mariés sous le régime de la séparation des biens; qu'en se déterminant ainsi, la cour d'appel a violé les textes susvisés [...]. »

271.03 **Bibliographie indicative.**

Actualisables. Rép. civ., vo *Partage (2o Droit commun)*, « Réalisation du partage », par Cl. Brenner, avr. 2008 [màj janv. 2013], nos 154 à 275 s.; vo *Partage (4o Modes d'attribution spécifiques)*, par Cl. Brenner, janv. 2009 [màj mars 2013], nos 9 s. – J.-Cl. Civ., Fasc. 10 à 30, art. 831 à 834.

Ouvrages[1]. A. Delfosse et J.-F. Péniguel, *La réforme des successions et libéralités*, Litec, 2006; *Dossiers pratiques Francis Lefebvre*, « Les successions et les libéralités après la réforme » – J. Flour et H. Souleau, *Droit civil. Les successions*, 3e éd., coll. « U », A. Colin, 1991 – M.-C. Forgeard, R. Crône et B. Gelot, *Le nouveau droit des successions et des libéralités*, Defrénois, 2007 – M. Grimaldi, *Droit civil. Les successions*, 6e éd., « Manuels », LexisNexis/Litec, 2001 – Ph. Malaurie, *Les successions. Les libéralités*, 5e éd., Defrénois/Lextenso, 2012 – J. Massip, *Tutelle des mineurs et protection juridique des majeurs*, Defrénois, 2009 – P. Raynaud (par L. et S. Leveneur), *Successions-Libéralités, Leçons de droit civil*, t. IV, vol. 2, 5e éd., Montchrestien, 1999 – F. Terré, Y. Lequette et S. Gaudemet, *Droit civil. Les successions. Les libéralités*, 4e éd., « Précis », Dalloz, 2014.

Articles. Cl. Brenner, « La gestion de la succession », *D.* 2006. Chron. 2559 – N. Couzihou-Suhas et P.-J. Claux, « La gestion de l'indivision successorale », *AJ fam.* 2006. 313 – C. Fressenon, « Le notaire commis dans le cadre d'un partage judiciaire », *JCP N* 2009. 1326 – C. Golhen, « La déjudiciarisation du partage et la protection des héritiers incapables, présumés absents ou défaillants », *Defrénois* 2007. 1413 – J. Julien, « Les nouvelles règles en matière de partage », *Dr. fam.* 2006. Étude 58 – G. Yildirim, « La modernisation des opérations de partage », *D.* 2006. Chron. 2570.

271.04 **Questions essentielles.**

> Une succession doit-elle faire l'objet d'un partage unique ?

* V. ss no 27.02

> Un partage de succession doit-il nécessairement être notarié pour être valable ?

* V. ss no 271.12

> Dans quel cas le partage doit-il être réalisé judiciairement ?

* V. ss nos 271.51 à 271.55

> La présence d'un incapable parmi les héritiers fait-elle obstacle à la réalisation d'un partage amiable ?

* V. ss nos 271.20 à 271.41

> Comment surmonter l'inertie de l'un des indivisaires ?

* V. ss no 271.32

> Les soultes doivent-elles être payées comptant ?

* V. ss nos 271.82 à 271.84

> Quels sont les biens faisant l'objet de règles d'attribution spécifiques ?

* V. ss nos 271.111 à 271.133

SECTION 1
Conditions de forme

271.10 **Objectifs du législateur de 2006.** Le législateur de 2006 a voulu non seulement faire du partage amiable (§ 1) la règle et du partage judiciaire (§ 2) l'exception mais aussi accélérer et rendre plus efficace le partage judiciaire lorsqu'il s'avère inévitable.

§ 1
Partage amiable

A.
Conditions de droit commun

271.11 **Champ d'application des règles de droit commun.** Les règles de droit commun s'appliquent dès que tous les indivisaires sont présents et capables (C. civ., art. 835, al. 1er - C. civ., anc. art. 819).

271.12 **Définition. Principe du consensualisme.** L'article 835 alinéa 1er du Code civil, issu de la loi du 23 juin 2006[2] (rapprocher : C. civ., anc. art. 819), définit le **partage amiable** comme **celui dont la forme et les modalités ont été choisies par les parties.** Le partage amiable relève donc du principe du consensualisme : aucune condition de forme n'est requise pour sa validité. Un partage purement

1. NB : les ouvrages les plus fréquemment cités et dont le nom des auteurs figure en petites capitales en bibliographie sont cités par les seuls noms des auteurs en petites capitales en notes de bas de page.

2. L. no 2006-728, 23 juin 2006, portant réforme des successions et des libéralités, *JO* 24 juin, p. 9513.

verbal est donc théoriquement possible mais il est dangereux : la preuve du partage est soumise au **droit commun de la preuve des actes juridiques**[1]. Cependant, un acte notarié est requis, à des fins de publicité[2], lorsque l'indivision porte sur des biens soumis à publicité foncière (C. civ., art. 835, al. 2, codifiant l'article 4 du décret n° 55-22 du 4 janvier 1955, portant réforme de la publicité foncière).

B.
Règles particulières

271.20 Innovation de la loi du 23 juin 2006. Le législateur du 23 juin 2006 a voulu favoriser le partage amiable en l'autorisant dans des situations qui, sous le droit antérieur, impliquaient, en principe, un partage judiciaire. Trois situations sont ici concernées.

1°
Indivisaire incapable

271.21 Mineur non émancipé et majeur sous tutelle. Il existe des règles particulières de réalisation du partage lorsque l'un des indivisaires est un mineur non émancipé ou un majeur en tutelle. En revanche, aucune règle particulière n'est prévue en présence d'un majeur sous curatelle ou sous sauvegarde de justice : un partage amiable peut alors intervenir, dans les conditions de droit commun. Simplement, le majeur sous curatelle devra être assisté de son curateur (C. civ., art. 467).

271.22 Apport de la loi du 23 juin 2006. *Sous le droit antérieur*, le **partage judiciaire** était la règle en présence d'un **mineur non émancipé ou d'un majeur sous tutelle** parmi les indivisaires (C. civ., anc. art. 838, al. 2). Un **partage amiable** ne pouvait intervenir que sur **autorisation du conseil de famille** (ou du juge des tutelles, si le mineur relevait du régime d'administration légale) et, une fois établi, l'état liquidatif devait être homologué par le tribunal de grande instance (C. civ., anc. art. 466, anc. art. 495, anc. art. 389-5).

À présent, l'article 836 alinéa 2, issu de la loi du 23 juin 2006, présente le **partage amiable** comme une **alternative au partage judiciaire** et non plus comme une exception, en présence d'indivisaires soumis à un régime de protection. En effet, cet article dispose « *qu'en présence de tels indivisaires un partage amiable peut intervenir dans les conditions prévues aux titres X et XI du livre Ier* ». C'est dire que :

– Le partage amiable doit être **autorisé par le conseil de famille** ou, à défaut, par le **juge** ou, si le mineur est soumis au régime d'administration légale, par le **juge des tutelles**. Un notaire est désigné, s'il y a lieu, à l'effet de procéder au partage (C. civ., art. 507 et 389-5[3]). Le recours à un notaire n'est plus que facultatif lorsqu'aucun bien immobilier n'est compris dans la masse à partager[4].

– **L'état liquidatif doit être approuvé** soit par le conseil de famille, ou, à défaut par le juge, soit, en cas d'administration légale, par le juge des tutelles. Est ainsi supprimée la procédure d'homologation par le tribunal de grande instance.

Avant comme après la loi du 23 juin 2006, il est précisé que tout partage qui ne respecte pas ces règles est provisionnel (C. civ., art. 507, dern. al.). Il s'ensuit que lorsque le partage porte sur une somme d'argent ou sur le prix de vente d'un immeuble indivis, il est sans inconvénient que le partage ne soit pas autorisé et approuvé par le conseil de famille ou le juge. Valant comme partage provisionnel, nul ne pourra en contester la validité si l'égalité entre les copartageants a été respectée[5].

2°
Indivisaire défaillant

271.31 Définition. L'indivisaire défaillant est « *taisant* » : sans s'opposer au partage, il n'y participe pas et ne fait pas connaître sa volonté; il est passif. Par ailleurs, il ne doit ni être placé sous un régime de protection, ni être présumé absent ou hors d'état de manifester sa volonté.

271.32 Apport de la loi du 23 juin 2006. Jusqu'à la loi du 23 juin 2006, l'inertie de l'un des indivisaires rendait inévitable le recours au partage judiciaire. L'article 837 du Code civil, issu de la loi du 23 juin 2006, constitue une avancée majeure puisqu'il organise une **nouvelle procédure spécifique qui permet aux copartageants de l'indivisaire défaillant de surmonter un tel blocage**, tout en restant **dans le cadre d'un partage amiable**. Ainsi, un copartageant peut, par acte extrajudiciaire, mettre l'indivisaire défaillant en demeure de se faire représenter au partage amiable. À compter de la réception de cette mise en demeure, l'indivisaire défaillant dispose d'un délai de trois mois pour se

1. Req. 21 janv. 1867, *DP* 1867. 1. 97.
2. Le défaut d'authenticité de l'acte de partage portant sur des biens immobiliers n'affecte pas sa validité : Civ. 1re, 24 oct. 2012, n° 11-19.855, *Bull. civ.* I, n° 218.
3. Le décret n° 2008-1484 du 22 décembre 2008, relatif aux actes de gestion du patrimoine des personnes placées en curatelle ou en tutelle, et pris en application des articles 452, 496 et 502 du Code civil (*JO* 31 déc., p. 20631) classe le partage amiable dans la catégorie des actes de disposition.
4. J. Massip, *Tutelle des mineurs et protection juridique des majeurs*, Defrénois, 2009, n° 672, p. 571.
5. J. Massip, n° 672, p. 571 (préc. ss prést n°).

constituer un mandataire. À défaut, un copartageant (lequel n'est pas nécessairement celui qui a mis en demeure le défaillant) peut demander au juge de désigner une personne qualifiée pour représenter le défaillant jusqu'à réalisation complète du partage. Ce représentant ne peut consentir au partage qu'avec l'autorisation du juge.

3°
L'indivisaire présumé absent ou incapable de manifester sa volonté

271.41 De l'exception à l'alternative. Il résultait des termes des articles 116 alinéa 1er ancien et 838 alinéa 1er ancien du Code civil qu'en présence d'un indivisaire présumé absent ou hors d'état de manifester sa volonté, en raison de son éloignement (C. civ., art. 120), **le partage était, en principe, judiciaire**. Toutefois, l'article 116 alinéa 2 ancien du Code civil prévoyait la possibilité d'un **partage amiable sur autorisation du juge des tutelles** et imposait, dans ce cas, l'homologation par le tribunal de grande instance de l'état liquidatif.

L'article 836 alinéa 1er du Code civil, envisageant une telle situation, modifie la règle en présentant **le partage amiable** comme une **alternative** et **non plus comme une exception** au principe d'un partage judiciaire : « *Si un indivisaire est présumé absent ou, par suite d'éloignement, se trouve hors d'état de manifester sa volonté, un partage amiable peut intervenir dans les conditions prévues à l'article 116* ». L'article 116 du Code civil prévoit, lui, que le juge des tutelles peut autoriser le partage amiable et désigner un notaire pour y procéder, en présence du représentant du présumé absent ou de son remplaçant, si le représentant initial est lui-même intéressé au partage. Ensuite, **l'état liquidatif** est soumis à **l'approbation du juge**, laquelle approbation est substituée à l'ancienne procédure d'homologation. En cas de non-respect de ces règles, le partage est considéré comme **provisionnel.**

§ 2
Partage judiciaire

271.51 Une forme résiduelle de partage. L'article 840 du Code civil envisage le partage judiciaire comme une forme résiduelle de partage. En effet, il énonce, de manière limitative, les trois cas dans lesquels le partage se fait en justice, à savoir :

- lorsqu'un indivisaire refuse de consentir au partage amiable;
- lorsqu'il s'élève des contestations sur la manière d'y procéder ou de le terminer;
- lorsque le partage amiable n'a pas été autorisé par le juge en cas de représentation d'un indivisaire défaillant (C. civ., art. 837) ou n'a pas été approuvé par le conseil de famille en présence d'un indivisaire protégé ou présumé absent (C. civ., art. 836).

Traduisant la faveur du législateur pour le partage amiable, l'article 842 du Code civil, prévoit la faculté, à tout moment, pour les copartageants d'abandonner les voies judiciaires et de poursuivre le partage à l'amiable si les conditions prévues pour un partage de cette nature sont réunies.

271.52 Tribunal compétent. Avant comme après la loi du 23 juin 2006, c'est le **tribunal de grande instance du lieu d'ouverture de la succession** qui est **compétent** pour connaître de toutes les difficultés qui s'élèvent à l'occasion de **l'action en partage** qu'elles soient relatives au principe même du partage, aux conditions de sa réalisation, ou à ses suites (garantie des lots, critiques du partage - C. civ., art. 841).

271.53 Procédure[1]. Le législateur du 23 juin 2006 a cherché à rendre plus efficace, en en réduisant la complexité et la longueur, la procédure à suivre en présence d'un partage judiciaire. Le déroulement de la procédure est précisé par les articles 1359 et suivants du Code de procédure civile, issus du décret d'application de la loi du 23 juin 2006[2].

Tout d'abord, l'action en partage judiciaire nécessite une **assignation**, laquelle, sous peine à défaut d'irrecevabilité (C. pr. civ., art. 1360, issu du décret du 23 déc. 2006), doit contenir : « *un descriptif sommaire du patrimoine à partager* » et préciser « *les intentions du demandeur quant à la répartition des biens ainsi que les diligences entreprises en vue de parvenir à un partage amiable* ».

Le tribunal saisi ordonne le **partage**, s'il peut avoir lieu, ou la **vente par licitation**, si les biens ne peuvent être facilement partagés ou attribués (C. pr. civ., art. 1361). Lorsque le partage est ordonné, la procédure dépend de la complexité des opérations de partage à réaliser.

Dans les situations simples, le tribunal prononce le partage. Il peut recourir aux services d'un **expert** pour procéder à l'estimation des biens ou la composition des lots (C. pr. civ., art. 1362). Le tribunal peut désigner un **notaire** chargé de dresser l'acte constatant le partage (C. pr. civ., art. 1361, al. 2).

Dans les situations patrimoniales plus complexes, le tribunal désigne un **notaire** pour procéder aux opérations de partage et commet un **juge** pour surveiller ces opérations (C. pr. civ., art. 1364). Le notaire est choisi par les copartageants et, à défaut

1. V. NOT., M. Grimaldi, « Le partage : état des lieux », *Defrénois* 2012. 1123.
2. Décr. n° 2006-1805, 23 déc. 2006, relatif à la procédure en matière successorale et modifiant certaines dispositions de procédure civile, *JO* 31 déc., p. 20370.

d'accord, par le tribunal (C. pr. civ., art. 1364, al. 2). Deux mesures issues des réformes législative et réglementaire de 2006 permettent d'accroître l'efficacité de la procédure : le notaire, une fois désigné, dispose d'un **délai d'un an** pour dresser l'état liquidatif (C. pr. civ., art. 1368). Ce délai pour lequel des causes de suspension sont prévues par l'article 1369 du Code de procédure civile, peut, mais uniquement si la complexité des opérations de partage le justifie, être **prorogé pour une durée maximale d'un an par le juge** commis saisi sur demande du notaire ou sur requête d'un copartageant (C. pr. civ., art. 1370).

L'article 841-1 du Code civil introduit une nouvelle procédure pour passer outre l'inertie d'un indivisaire.

Sous l'empire du droit antérieur à la réforme de 2006, le copartageant qui ne répondait pas à la convocation du notaire chargé d'établir l'état liquidatif bloquait les opérations de partage. Le notaire devait alors dresser un procès-verbal de difficultés qu'il adressait au juge; la procédure alors enclenchée était longue et coûteuse pour les parties.

Dorénavant, **le notaire** tient dudit article 841-1 du Code civil le **pouvoir de mettre l'indivisaire inerte en demeure de se faire représenter**. Si l'indivisaire n'a pas désigné un mandataire dans un délai de trois mois après la mise en demeure, le notaire peut demander au juge de désigner une personne qualifiée qui représentera le défaillant jusqu'à la fin des opérations de partage.

271.54 Renforcement du rôle du notaire[1]. *Sous l'empire du droit antérieur à la réforme de 2006*, le notaire avait compétence pour former la masse partageable (C. civ., anc. art. 832, al. 2 et C. pr. civ., anc. art. 976). Mais il n'avait le pouvoir ni :

- **d'estimer les biens** : cette estimation relevait de la compétence du juge-commissaire assisté, si nécessaire, par des experts (C. civ., anc. art. 824 et 825);

- **de composer les lots** : l'article 834 alinéa 1er ancien du Code civil confiait cette mission à un expert désigné par le juge-commissaire, à moins que les cohéritiers choisissent l'un d'entre eux pour y procéder. Toutefois, le notaire pouvait être désigné en qualité d'expert.

Dorénavant, ces missions relèvent, toutes, de la compétence du notaire (C. pr. civ., art. 1368). Mais, aux termes de l'article 1365 alinéa 3 du Code de procédure civile, le notaire « *peut, si la valeur ou la consistance des biens le justifie, s'adjoindre un expert, choisi d'un commun accord entre les parties ou à défaut, désigné par le juge commis* ».

1. C. Fressenon, « Le notaire commis dans le cadre d'un partage judiciaire », *JCP N* 2009. 1326.

271.55 Issue de la procédure. Si les parties s'entendent sur l'état liquidatif dressé par le notaire et qu'elles signent l'acte, le partage, redevenu amiable, en application des dispositions de l'article 842 du Code civil, doit être porté à la connaissance du juge qui constate purement et simplement la clôture de la procédure (C. pr. civ., art. 1372). L'article 1373 du Code de procédure civile envisage l'hypothèse d'un désaccord des copartageants sur le projet d'état liquidatif dressé par le notaire. Alors, ce dernier doit transmettre au juge commis un procès-verbal reprenant les dires respectifs des parties ainsi que le projet d'état liquidatif. Puis, le greffe du tribunal invite les parties non représentées à constituer avocat. Le juge commis peut, au cours d'une audience de conciliation, entendre les parties ou leurs représentants et le notaire. En cas de persistance de la mésentente, le juge commis fait rapport au tribunal des points de désaccord. Le tribunal doit alors statuer sur les points de désaccord et il s'ensuit l'alternative suivante (C. pr. civ., art. 1375) :

- ou bien le tribunal homologue l'état liquidatif; dans ce cas, il ordonne, s'il y a lieu, le tirage au sort des lots par la même décision, soit devant le juge commis, soit devant le notaire commis;

- ou bien le tribunal renvoie les parties devant le notaire pour établir l'acte constatant le partage.

SECTION 2
CONDITIONS DE FOND

271.61 Précision. Les conditions de fond gouvernant le partage successoral, communes au partage amiable et au partage judiciaire, concernent, premièrement, la détermination et l'estimation de l'actif à partager et, deuxièmement, la composition et l'attribution des lots. Ne seront ici exposées que les règles relatives à la composition et l'attribution des lots, les règles relatives à l'actif à partager ayant été précédemment étudiées (v. ss nos 262.11 s. à 264.10 s.).

271.62 Apport de la loi du 23 juin 2006. Le **principe directeur** dans les **opérations de composition et d'attribution des lots** est celui de **l'égalité en valeur.** Il est inscrit à l'article 826 alinéa 1er du Code civil, issu de la loi du 23 juin 2006, laquelle loi est ainsi venue ici parachever une évolution initiée par un décret-loi du 17 juin 1938 (sur le détail de cette évolution, v. M. Grimaldi[2]).

271.63 Signification du principe de l'égalité en valeur. Il y a deux manières d'entendre le principe d'égalité qui préside dans les opérations de partage.

2. M. Grimaldi, *Successions*, nos 871 s.

Soit l'on considère que les lots revenant à chacun des copartageants doivent être composés de biens de nature identique : à chacun la même proportion de meubles, d'immeubles... (C. civ., anc. art. 832, al. 2). Une telle exigence d'égalité en nature conduit à vendre les biens qui ne peuvent être commodément divisés. Soit on considère que l'égalité est assurée dès lors que « *chaque copartageant reçoit des biens pour une valeur égale à ses droits dans l'indivision* » (C. civ., art. 826, al. 2). C'est alors le choix d'une égalité en valeur laquelle laisse une **entière liberté dans la composition des lots** : l'unique immeuble successoral peut être mis dans le lot de l'un des copartageants à charge, pour ce dernier, de verser une soulte à ses copartageants (solution impossible en l'état du droit antérieur à la réforme de 2006[1]). Le législateur de 2006, en posant le principe d'une égalité en valeur, permet, d'une part, de **simplifier les opérations de partage** et, d'autre part, **d'éviter les licitations** qui, seules, assuraient l'égalité en nature.

271.70 Annonce. Seront exposées, dans un premier temps, les règles générales gouvernant la formation des lots (§ 1) et, dans un second temps, les règles particulières d'attribution de certains biens (§ 2).

§ 1
Règles générales

A.
Composition et nombre de lots

271.71 Composition des lots. Reprenant, en en modernisant la terminologie, la règle anciennement inscrite à l'article 832 alinéa 1er du Code civil, l'article 830 du même code, issu de la loi du 23 juin 2006, énonce le principe directeur suivant : « *Dans la formation et la composition des lots, on s'efforce d'éviter de diviser les unités économiques et autres ensembles de biens dont le fractionnement entraînerait la dépréciation* ».

271.72 Nombre de lots. L'article 827 du Code civil combine les articles 831 et 836 anciens du Code civil pour clarifier la règle de détermination du nombre de lots. En principe, le nombre de lots doit être égal au nombre de copartageants : c'est le principe du **partage par tête.** Mais, il est écarté en cas de représentation car alors le partage se fait par souche : le **nombre de lots est égal au nombre de souches représentées,** sans tenir compte du nombre de représentants à l'intérieur de chaque souche. Ces derniers reçoivent donc ensemble le lot revenant à la souche et, ensuite, une répartition distincte est opérée entre les héritiers de chaque souche.

271.73 Tirage au sort. L'article 826 alinéa 3 du Code civil prévoit que si le partage se fait par tirage au sort, il est constitué autant de lots que nécessaire. D'où il résulte que si les droits des copartageants sont égaux, il y autant de lots que d'indivisaires. Mais si les indivisaires sont titulaires de droits inégaux, il faut constituer autant de lots que le plus petit dénominateur commun pour permettre à chacun d'être rempli de ses droits. Par exemple, si le défunt laisse son père et deux frères, dont les droits dans la masse à partager sont respectivement de 1/4 (2/8) et 3/8 pour chacun des deux frères, il faut composer huit lots.

B.
Soultes

271.81 Définition. La soulte est le règlement en numéraire que doit opérer celui des copartageants qui a reçu dans son lot un bien d'un montant supérieur à ses droits dans l'indivision. Autrement dit, le versement d'une soulte a pour objet de **compenser l'inégalité en nature des lots et de rétablir, entre eux, une égalité en valeur** (C. civ., art. 826, al. 4). Les soultes qui, hier déjà proliféraient[2], vont certainement encore se développer avec le nouveau principe d'égalité en valeur. La loi du 23 juin 2006 a repris les solutions déjà existantes et relatives au paiement des soultes.

271.82 Délai de paiement. En principe, la soulte est payable comptant (C. civ., art. 832-4 - Rappr. : C. civ., anc. art. 832, dern. al.). Toutefois, son débiteur peut obtenir des délais de paiement, soit dans certains cas d'attribution préférentielle (v. ss nos 145.11 s.), soit avec l'accord des copartageants. Si le débiteur de la soulte bénéficie d'un délai de paiement, se posent les questions des intérêts, de la revalorisation de la soulte et de la garantie du paiement.

271.83 Intérêts. Des intérêts sont dus dans trois cas :

- Si les copartageants, ayant accordé amiablement un délai de paiement au débiteur de la soulte, ont stipulé des intérêts et, le cas échéant, en ont fixé le taux. Car, à défaut de précision, le crédit consenti est gratuit.

- Si la soulte est immédiatement exigible, elle n'est productive d'intérêts, conformément au droit commun, qu'à partir du moment où le débiteur a

1. Civ. 1re, 18 juill. 1984, no 83-13.356, *Bull. civ.* I, no 239.

2. M. Grimaldi, *Successions*, no 903.

été mis en demeure de payer (C. civ., art. 1153). Le taux applicable est alors le taux légal.

– En cas de délai de paiement imposé par celui qui a bénéficié d'une attribution préférentielle (v. s[s] n° 271.151), les intérêts courent de plein droit, au taux légal, sauf convention contraire. Les intérêts courent alors du jour du partage[1].

271.84 Revalorisation. Aux termes de l'article 828 du Code civil, lorsque le débiteur de la soulte bénéficie d'un délai de paiement, le montant de la soulte doit être revalorisé à chaque fois que, par suite des circonstances économiques (à l'exclusion des circonstances qui sont dues au débiteur de la soulte), la valeur des biens composant le lot du débiteur a augmenté ou baissé de plus du quart depuis le partage : le montant de la soulte doit alors être, lui-même, corrigé, à la hausse ou à la baisse, dans la même proportion. Cette variabilité légale de la soulte est supplétive de volonté, tant dans son principe que dans ses modalités[2].

§ 2 Règles particulières d'attribution

271.90 Annonce. Des règles particulières régissent l'attribution, d'une part, des dettes des héritiers à l'égard de la succession et, d'autre part, de certains biens susceptibles de composer la succession.

A. Dettes des copartageants

271.91 Un mode simplifié de règlement. Lorsqu'un héritier est débiteur de la succession, il se voit attribuer sa dette dans le partage : à hauteur de ses droits, sa dette s'éteint donc par confusion, sans qu'il ait à opérer de règlement en numéraire. Alloti de sa dette, l'héritier débiteur prend moins que ses cohéritiers sur les autres biens figurant dans la masse à partager. Et si sa dette excède le montant de ses droits, il est tenu de payer l'excédent. Il y a là une simplification des opérations de règlement des dettes des copartageants et un moyen pour ces derniers d'échapper au risque d'insolvabilité de l'héritier débiteur. Le législateur de 2006 a abandonné l'ancienne terminologie qui consistait à désigner ce mode de règlement des dettes des héritiers par l'expression de « *rapport des dettes* ».

271.92 Apport de la loi du 23 juin 2006. Auparavant simplement évoquée par l'ancien article 829 du Code civil, la **technique de règlement des dettes des copartageants** fait aujourd'hui l'objet de quatre articles du Code civil : les articles 864 à 867, issus de la loi du 23 juin 2006, regroupés sous un nouveau chapitre intitulé : « Des dettes des copartageants ». Pour l'essentiel, ces nouvelles dispositions codifient la jurisprudence antérieure.

271.93 Domaine. Dettes concernées. Cette technique de règlement concerne toutes les dettes dont un successeur peut être tenu envers la succession et qui sont comprises dans la masse partageable : les **dettes envers le défunt**, les **dettes envers l'indivision,** les **dettes consécutives au rapport ou à la réduction.** Elle concerne ces dettes qu'elles soient ou non immédiatement exigibles. En revanche, ne relèvent pas de cette technique de règlement « *les sommes dont les copartageants peuvent être créanciers ou débiteurs les uns envers les autres en dehors des relations nées de l'indivision successorale* »[3]. Par ailleurs, les dettes des copartageants ne relèvent effectivement de cette technique de règlement que si elles ne se trouvent pas éteintes par une compensation avec leurs créances (C. civ., art. 867).

271.94 Domaine. Qualité du débiteur. Sont concernés par ce mode de règlement des dettes tous les successeurs, quelle que soit leur qualité : héritier, légataire ou institué contractuel. Il suffit que le débiteur vienne au partage.

271.95 Caractère facultatif. Le successeur débiteur a droit au « *rapport des dettes* » : il peut imposer à ses cohéritiers le règlement de sa dette par voie d'attribution lors du partage à intervenir. Alors, « *Sauf lorsqu'elle est relative aux biens indivis, la créance n'est pas exigible avant la clôture des opérations de partage* » (C. civ., art. 865)[4]. Pour autant, cette technique de règlement ne s'impose pas à l'héritier débiteur : ce dernier peut décider à tout moment de s'acquitter de sa dette volontairement avant le partage (C. civ., art. 865). Une telle décision peut être justifiée notamment par la volonté de stopper le cours des intérêts.

271.96 Absence de revalorisation. Intérêts. La dette du successeur est inscrite dans la masse à partager pour son montant nominal : elle ne relève pas du mécanisme de la dette de valeur. En consé-

1. Civ. 1re, 20 nov. 1979, *Defrénois* 1981. 1400, 1re esp., note Guimbellot.
2. Sur le caractère d'ordre public de la règle dans le cadre d'une donation-partage, v. C. civ., art. 1075-2 – M. Grimaldi, « Le partage : état des lieux », *Defrénois* 2012. 1123, n°s 11 et 12.
3. Civ. 1re, 26 mars 1974, n° 72-13.132, *Bull. civ.* I, n° 99; *D.* 1975. 41, note Sortais; *JCP* 1975. II. 17970, note M. Dagot.
4. Civ. 1re, 30 juin 1998, n° 96-13.313, *Bull. civ.* I, n° 234; *D.* 1998. IR 192; *JCP* 1999. I. 132, obs. R. Le Guidec; *Defrénois* 2000. 32, note R. Crône; *Dr. fam.* 1998, n° 161, note B. Beignier; *RTD civ.* 1999. 161, obs. J. Patarin.

quence, peu importe, pour l'évaluation de la dette, l'emploi qui a été fait par l'héritier des deniers empruntés : il n'est, en tout cas, tenu que de la somme nominale[1]. Toutefois, si la dette du successeur est une dette de valeur (comme une indemnité de rapport ou de réduction), elle le reste. Pour ce qui est des intérêts éventuellement dus, l'article 866 du Code civil, issu de la loi du 23 juin 2006, codifiant la jurisprudence antérieure, dispose que : « *Les sommes rapportables produisent intérêt au taux légal, sauf stipulation contraire.*

Ces intérêts courent depuis l'ouverture de la succession lorsque l'héritier en était débiteur envers le défunt et à compter du jour où la dette est exigible, lorsque celle-ci est survenue durant l'indivision ».

B.
Attribution préférentielle

271.101 Définition. L'attribution préférentielle consiste à soustraire un bien aux règles ordinaires du partage pour l'attribuer à un indivisaire que l'on préfère aux autres, à charge pour lui d'indemniser, si nécessaire, ses copartageants sous la forme d'une soulte. Ce mécanisme poursuit un triple objectif : préserver la fonction économique des biens, conserver les biens dans la famille, **privilégier une répartition intelligente des biens** sur le hasard d'un tirage au sort.

271.102 Évolution historique[2]. Le Code Napoléon ignorait l'attribution préférentielle. L'institution reçut ses toutes premières applications, de faible importance pratique, à propos des habitations à bon marché (L. 13 avr. 1894, abrogée par L. 10 juin 1978, art. 6) et des biens de famille (L. 12 juill. 1909, art. 19, mod. par L. 13 févr. 1937). Mais cette institution n'est devenue effective qu'en 1938 (Décr.-L. 17 juin 1938), lorsqu'elle eut pour objet les petites exploitations agricoles. Par la suite, le domaine de l'attribution préférentielle n'a cessé de s'étendre. La loi n° 61-1378 du 19 décembre 1961 l'a étendu à toutes les exploitations agricoles ainsi qu'aux entreprises commerciales, artisanales et industrielles à caractère familial, et au local d'habitation. La loi n° 70-1265 du 23 décembre 1970 a étendu le domaine de l'attribution préférentielle au nu-propriétaire et au successeur testamentaire ou contractuel ayant une vocation universelle. La loi d'orientation agricole n° 80-502 du 4 juillet 1980 a institué de nouvelles formes d'attribution préférentielle dont la finalité première est de décharger du poids de la soulte le successeur exploitant.

271.103 Apport de la loi du 23 juin 2006. La loi du 23 juin 2006 a, d'une part, restructuré les articles du Code civil qui étaient précédemment consacrés à l'attribution préférentielle afin de distinguer, d'abord, les différents cas d'attribution préférentielle, puis de présenter les dispositions qui leur sont communes. Le tout est dorénavant l'objet de onze articles numérotés de 831 à 834.

D'autre part, tout en conservant l'économie générale du mécanisme, la loi du 23 juin 2006 l'a actualisé afin, notamment, de favoriser la transmission des entreprises.

271.104 Indivisions concernées. L'attribution préférentielle ne joue que pour le partage de certaines indivisions[3]. Sont concernées les **indivisions successorales** mais aussi :

- les **indivisions post-communautaires** (C. civ., art. 1476), avec la précision, donnée par l'article 1476 alinéa 2 du Code civil que « [...] *pour les communautés dissoutes par divorce, séparation de corps ou séparation de biens, l'attribution préférentielle n'est jamais de droit, et il peut toujours être décidé que la totalité de la soulte éventuellement due sera payable comptant* »;
- les **indivisions entre époux séparés de biens,** après la dissolution du mariage par le décès de l'un des conjoints (C. civ., art. 1542);
- les **indivisions entre partenaires pacsés** (C. civ., art. 515-6);
- plus généralement, la Cour de cassation décide que l'attribution préférentielle peut être demandée dans « *toutes les **indivisions de nature familiale*** »[4];
- les **indivisions post-sociales** (C. civ., art. 1844-9, al. 2).

271.105 Caractère supplétif. L'attribution préférentielle ne joue qu'à la condition de ne pas avoir été écartée : l'attribution préférentielle est une **sim-**

1. Civ. 1re, 29 juin 1994, n° 92-15.253, *Bull. civ.* I, n° 233; *GAJC,* 12e éd., 2000, 506, obs. F. Terré et Y. Lequette; *D.* 1995. 88, note M. Grimaldi; *Defrénois* 1995, art. 35979, note M. Grimaldi; *JCP* 1995. I. 3876, n° 5, obs. R. Le Guidec; *JCP N* 1995. II. 1745, note J.-F. Pillebout; *RTD civ.* 1995. 161, obs. J. Patarin.
2. Rép. civ., v° *Partage, (4° « Modes d'attribution spécifiques* »), par Cl. Brenner, janv. 2009 [màj mars 2013], nos 9 s.
3. Il est ici question des règles légales d'attribution préférentielle et non de la faculté d'attribution préférentielle qui peut être prévue par les parties à toute indivision conventionnelle : Civ. 1re, 26 sept. 2012, n° 11-12.838, *Bull. civ.* I, n° 180 – Sur l'utilité d'une telle stipulation, not. dans l'acte d'une acquisition immobilière entre concubins, mais sur ses risques de requalification en pacte sur succession future pour le cas où elle jouerait aussi en cas de décès de l'un des coacquéreurs, v. M. Grimaldi, « Le partage : état des lieux », *Defrénois* 2012. 1123, n° 15.
4. Civ. 1re, 7 juin 1988, n° 86-15.090, *Bull. civ.* I, n° 174; *R.* 162; *D.* 1989. 141, note A. Breton; *JCP N* 1989. II. 89, note C. Philippe; *Defrénois* 1988. 10794, note G. Morin; *RTD civ.* 1989. 120, obs. J. Patarin.

ple modalité du partage et, comme telle, elle n'est pas d'ordre public. Les règles ont donc, ici, un **caractère supplétif.** Le *de cujus* peut en écarter l'application en soustrayant le bien susceptible d'une attribution préférentielle de la masse à partager, que ce soit au moyen d'une libéralité ou en vertu d'une clause de préciput insérée dans son contrat de mariage (pour le legs de l'exploitation à un autre que celui qui réunit les conditions pour bénéficier de l'attribution préférentielle[1]). Le *de cujus* peut, également, écarter directement le jeu de l'attribution préférentielle : soit en stipulant que tous les biens seront partagés en nature[2]; soit en prescrivant une attribution différente, par un testament-partage ou par une clause de son contrat de mariage (**clause commerciale** de C. civ., art. 1390 ou **clause de prélèvement moyennant indemnité** de C. civ., art. 1511 - sur ces clauses, v. s[s] n°s 151.81 à 151.84).

De leur côté, les héritiers peuvent également décider d'écarter le mécanisme de l'attribution préférentielle et procéder à un partage en nature[3]. Et il est possible à chacun des coïndivisaires de renoncer, pour sa part, à demander l'attribution préférentielle[4].

271.110 Annonce. Après avoir répertorié les différents cas d'attribution préférentielle, on envisagera les dispositions qui leur sont communes et qui concernent tant la demande que les effets de l'attribution préférentielle.

1°
Cas d'attribution préférentielle

a.
Entreprises (C. civ., art. 831)

271.111 Biens concernés. Peut faire l'objet d'une attribution, préférentielle toute entreprise agricole, commerciale, industrielle, artisanale ou libérale, qu'elle soit exploitée sous forme individuelle ou sous forme sociale (C. civ., art. 831, al. 1 et 2). L'attribution préférentielle peut porter sur tout ou partie de l'entreprise ou sur une quote-part indivise de celle-ci, même formée pour une part de biens dont le demandeur était déjà propriétaire ou copropriétaire avant le décès. Selon les cas, l'attributaire de la quote-part indivise acquiert la pleine propriété du bien (si l'indivision préexistante était constituée entre lui et le défunt) ou entre dans l'indivision préexistante au lieu et place du défunt. Lorsque l'entreprise est exploitée sous forme sociale, des dispositions légales ou des clauses statutaires sur la continuation d'une société avec le conjoint survivant ou un ou plusieurs héritiers peuvent s'opposer à l'attribution préférentielle de droits sociaux.

271.112 Conditions à remplir par l'attributaire. L'attributaire doit satisfaire trois conditions.

271.113 1) Première condition. L'attributaire doit avoir la qualité de **copartageant,** c'est-à-dire, venir au partage. Celui qui a renoncé à la succession ne peut donc pas demander l'attribution préférentielle. Peu importe que le copartageant tienne ses droits du défunt ou d'un héritier de celui-ci : l'héritier du successeur peut donc demander l'attribution préférentielle dès lors qu'il en remplit personnellement les conditions, sans qu'il y ait lieu de rechercher si son auteur les remplissait aussi[5]. Remplit cette première condition le **conjoint survivant** ou tout **héritier** : aussi bien celui qui tient ses droits de la loi que celui qui a une **vocation universelle ou à titre universel à la succession**, en vertu d'un **testament** ou d'une **institution contractuelle** (C. civ., art. 833, al. 1 et 2). Le légataire à titre particulier est, lui, exclu du bénéfice de l'attribution préférentielle.

271.114 2) Deuxième condition. L'attributaire doit être **copropriétaire en pleine propriété ou en nue-propriété** (C. civ., art. 833, al. 1er) du bien objet de la demande. Cette condition doit être remplie **au jour de l'ouverture de la succession.** Celui qui recueille l'usufruit du bien ne peut pas prétendre à une attribution préférentielle.

271.115 3) Troisième condition. En principe, celui qui demande l'attribution préférentielle d'une entreprise doit **participer ou avoir participé effectivement à son exploitation.** Cette condition implique, chez le demandeur, l'aptitude à gérer correctement le bien en cause[6]. Peu importe le moment auquel cette participation s'est produite, avant ou après l'ouverture de la succession[7]. Peu importe également le cadre juridique dans lequel elle s'est, ou non, déroulée : l'attributaire peut aussi bien avoir eu un statut particulier dans l'entreprise (gérant,

1. Req. 28 juill. 1947, *D.* 1947. 475 – Civ., 18 déc. 1950, *DH* 1951. 37, note Leonan.
2. Civ. 1re, 3 févr. 1959, *Bull. civ.* I, n° 67; *RTD civ.* 1959. 567, obs. Savatier.
3. Civ. 1re, 19 mars 1973, n° 72-10.976, *Bull. civ.* I, n° 105; *D.* 1973. 573, note A. Breton.
4. Civ. 1re, 17 juin 1970, n° 68-13.762, *Bull. civ.* I, n° 207 – Civ. 1re, 29 avr. 1975, n° 73-14.359, *Bull. civ.* I, n° 149; *D.* 1975. IR 159 – Civ. 1re, 5 juill. 1977, n° 75-13.762, *Bull. civ.* I, n° 313.
5. Civ. 1re, 10 juin 1987, n° 85-17.000, *Bull. civ.* I, n° 192; *R.* 148; *D.* 1987. 537, note Breton; *RTD civ.* 1988. 160, obs. Patarin.
6. Civ. 1re, 23 avr. 1985, n° 83-16.528, *Bull. civ.* I, n° 126; *R.* 83.
7. Civ. 1re, 16 déc. 1968, *D.* 1969. 109, note A. Breton.

salarié, bailleur à métayage) [1], qu'être intervenu en dehors de toute convention. La loi du 23 juin 2006 a assoupli cette condition de participation à l'exploitation en présence d'un héritier. En effet, l'article 831 alinéa 1er *in fine* du Code civil précise que « *dans le cas de l'héritier, la condition de participation peut être ou avoir été remplie par son conjoint ou ses descendants* ».

b. Règles particulières aux exploitations agricoles

271.121 L'attribution préférentielle des éléments mobiliers nécessaires à l'exploitation. L'article 831-2, 3° du Code civil envisage l'hypothèse où le défunt exploitait un fonds rural en qualité de fermier ou de métayer. Il prévoit alors que celui des successeurs, conjoint survivant ou tout héritier copropriétaire, qui bénéficie de la poursuite du bail ou d'un nouveau bail peut demander **l'attribution préférentielle de l'ensemble des biens mobiliers nécessaires à l'exploitation du fonds** (ce qu'il est convenu d'appeler le « ***train de culture*** »).

271.122 L'attribution préférentielle en vue de consentir un bail à un cohéritier. Ce cas d'attribution préférentielle est régi par l'article 831-1 du Code civil. Tout copartageant peut se voir accorder l'attribution préférentielle d'une **exploitation agricole**, même s'il n'y participe pas personnellement, sous la condition de s'engager à conclure, dans un délai de six mois, un bail à long terme au bénéfice de :

- un ou plusieurs des cohéritiers qui doivent, eux, remplir la condition de participation à l'exploitation;
- un ou plusieurs descendants de ces cohéritiers remplissant cette même condition.

271.123 Cette attribution préférentielle a un caractère subsidiaire. Elle ne peut être mise en œuvre que si ni le conjoint survivant, ni aucun héritier copropriétaire ne demande l'attribution préférentielle en application des articles 831 (v. ss n° 271.111), 832 (v. ss n° 271.127) ou 832-1 (v. ss n° 271.125) du Code civil.

271.124 Attribution préférentielle de l'exploitation agricole de petite superficie. L'attribution préférentielle des petites exploitations agricoles (celles dont la surface est inférieure à des seuils fixés par décret en Conseil d'État) obéit à des **règles particulières** prévues par les articles 832 et 833 du Code civil.

Tout d'abord, cette attribution est réservée au conjoint survivant et aux héritiers ayant une vocation *ab intestat* en pleine propriété ou en nue-propriété. Sont exclus du domaine de cette attribution les successeurs en usufruit et les légataires (C. civ., art. 833, al. 2).

Ensuite, pour ceux qui en bénéficient, l'attribution préférentielle est de droit si le maintien dans l'indivision n'a pas été ordonné (C. civ., art. 832).

Enfin, si une soulte est due par l'attributaire, ce dernier peut exiger des délais de paiement de ses copartageants, à concurrence de la moitié de la soulte et dans la limite de dix ans; les sommes restant dues portent, sauf convention contraire, intérêt au taux légal (C. civ., art. 832-4, al. 2). Mais en cas de vente de la totalité de l'exploitation, la soulte devient immédiatement exigible; en cas de vente partielle, le produit de la vente est versé aux copartageants et est imputé sur la fraction de la soulte restant due (C. civ., art. 832-4, al. 3).

271.125 Attribution préférentielle en vue de constituer un groupement foncier agricole (GFA). Ce cas d'attribution préférentielle est régi par l'article 832-1 du Code civil. Le conjoint survivant ou tout héritier *ab intestat* ou légataire copropriétaire, participant ou non à l'exploitation, peut demander une attribution préférentielle pour constituer un GFA. L'attribution porte sur tout ou partie des biens et droits immobiliers à destination agricole dépendant de la succession. Le GFA peut être constitué avec d'autres héritiers ou avec des tiers.

Cette attribution présente deux caractères particuliers. Premièrement, elle a un **caractère subsidiaire** : elle n'est possible que si le maintien dans l'indivision ou l'attribution préférentielle en propriété dans les conditions prévues aux articles 831 ou 832 du Code civil n'ont pas été ordonnés. Deuxièmement, elle est **de droit** si le conjoint survivant ou un ou plusieurs cohéritiers (ou les descendants de ces derniers) participant à l'exploitation exigent que leur soit donné à bail à long terme tout ou partie des biens du groupement. En présence d'une pluralité de demandes de baux, les biens du groupement peuvent, si leur consistance le permet, faire l'objet de plusieurs baux bénéficiant à des cohéritiers différents (C. civ., art. 832-1, al. 3). L'article 832-1 alinéa 5 du Code civil prévoit également des règles particulières pour le paiement de la soulte éventuellement due par l'attributaire. Sauf accord amiable différent, l'attributaire dispose d'un **délai d'un an** suivant le partage pour le paiement de la soulte éventuellement due à ses copartageants. Le paiement peut prendre la forme d'une **dation de parts du GFA,** sauf si les intéressés refusent ce mode de règlement dans le mois suivant la proposition qui leur en est faite.

L'article 832-1 du Code civil comporte deux autres règles :

1. Civ. 1re, 18 juill. 1972, n° 71-12.097, *Bull. civ.* I, n° 190; *D.* 1972. 654, note A. Breton; *JCP* 1973. II. 17383, note M. Dagot; *RTD civ.* 1973. 371, obs. R. Savatier.

– les biens et droits immobiliers que les demandeurs n'envisagent pas d'apporter au GFA, ainsi que les autres biens de la succession, sont attribués par priorité, dans les limites de leurs droits successoraux respectifs, aux indivisaires qui n'ont pas consenti à la formation du groupement (C. civ., art. 832-1, al. 5);

– le partage n'est parfait qu'après la signature de l'acte constitutif du GFA et, s'il y a lieu, du ou des baux à long terme.

271.126 Attribution préférentielle en vue de poursuivre l'exploitation. L'article 832-2 du Code civil dispose que l'héritier ou le conjoint souhaitant poursuivre personnellement l'exploitation peut exiger que le partage soit conclu sous la condition que les copartageants lui consentent un **bail à long terme sur les terres de l'exploitation qu'ils reçoivent dans leur lot.** *Deux conditions* doivent être remplies pour que puisse être mise en œuvre cette attribution préférentielle :

– **l'exploitation agricole** (ou la partie de l'exploitation agricole) sur laquelle le bail va porter **doit constituer une unité économique** et ne pas être exploitée sous une forme sociale. Cette unité économique peut être formée, pour une part, de biens dont le demandeur était déjà propriétaire ou copropriétaire avant le décès;

– **le demandeur doit participer ou avoir participé à l'exploitation.** S'agissant de l'héritier, la condition de participation peut être remplie par son conjoint ou ses descendants.

271.127 Cette attribution préférentielle présente deux caractères originaux. *Premièrement*, elle est **subsidiaire** : elle n'est possible que si l'exploitation n'est pas maintenue dans l'indivision et n'a pas fait l'objet d'une attribution préférentielle dans les conditions prévues aux articles 831, 832 ou 832-1 du Code civil. *Deuxièmement*, si les conditions de sa mise en œuvre sont réunies et sauf l'hypothèse de l'inaptitude manifeste du demandeur (C. civ., art. 832-2, al. 5), cette attribution préférentielle est **de droit** : le demandeur peut exiger la conclusion à son profit du bail, nonobstant toute demande de licitation.

C.
Local d'habitation ou à usage professionnel

271.131 Article 831-2 du Code civil. L'article 831-2 du Code civil prévoit l'attribution préférentielle du local d'habitation, du local à usage professionnel et des objets mobiliers les garnissant[1]. La demande d'attribution appartient au conjoint survivant ainsi qu'à tout héritier (héritier *ab intestat* ou successeur testamentaire ou institué contractuel ayant une vocation universelle ou à titre universel : C. civ., art. 833, al. 2) copropriétaire en pleine propriété ou en nue-propriété (C. civ., art. 833, al. 1er). Elle concerne :

– la propriété ou le droit au bail du local d'habitation, ainsi que du mobilier le garnissant à la double condition que celui-ci serve effectivement à cet usage et que le demandeur y ait résidé à l'époque du décès (C. civ., art. 831-2, 1°);

– la propriété ou le droit au bail du local à usage professionnel et des objets mobiliers le garnissant sous réserve que ledit local serve effectivement à l'exercice de la profession du demandeur (C. civ., art. 831-2, 2°).

271.132 Droits spécifiques du conjoint survivant sur sa résidence principale. Le conjoint survivant bénéficie d'une protection spécifique sur sa résidence principale (v. ss nos 233.11 s.), protection qui s'exprime, en matière d'attribution préférentielle, par les deux règles suivantes.

Premièrement, dès que le **conjoint survivant**, ayant la qualité de **copropriétaire**, demande l'attribution préférentielle de la propriété du local d'habitation et du mobilier le garnissant, cette **attribution est de droit (C. civ., art. 831-3, al. 1er)**. Et si le conjoint attributaire est débiteur d'une soulte, il bénéficie d'une faveur particulière pour le règlement de celle-ci : il peut exiger de ses copartageants des délais de paiement à concurrence de la moitié de la soulte et dans la limite de dix ans; les sommes restant dues portant, sauf convention contraire, intérêt au taux légal. Mais en cas de vente du logement ou du mobilier le garnissant, la soulte devient immédiatement exigible; en cas de vente partielle, le produit de la vente est versé aux copartageants et est imputé sur la fraction de la soulte restant due (C. civ., art. 832-4, al. 2 et 3).

Deuxièmement, l'attribution préférentielle du logement à un autre que le conjoint ne préjudicie pas aux **droits viagers d'habitation et d'usage** que le conjoint peut exercer en vertu de l'article 764 du Code civil (C. civ., art. 831-3, al. 2 – v. ss nos 233.41 à 233.78).

271.133 Apport de la loi du 23 juin 2006. La loi du 23 juin 2006 a étendu, au profit du **partenaire survivant d'un PACS, l'attribution préférentielle de droit de la propriété du logement et de son mobilier** mais à la condition que le défunt l'ait expressément **prévue par testament** (C. civ., art. 515-6, al. 2). En revanche, le partenaire ne bénéficie pas d'un régime de faveur pour le règlement de la soulte dont il est, le cas échéant, débiteur : s'applique à lui

1. L'attribution préférentielle est exclue si le local d'habitation appartient indivisément aux héritiers et à un tiers, une SCI par exemple : Civ. 1re, 15 janv. 2014, nos 12-25.322 et 12-26.460, *Bull. civ.* I [à paraître].

la règle de principe selon laquelle la soulte est payable comptant (C. civ., art. 832-4, al. 2).

2°
Dispositions communes

a.
Demande d'attribution préférentielle (C. civ., art. 832-3)

271.141 **Absence d'automaticité.** L'attribution préférentielle n'est jamais automatique : elle doit être demandée. Cette demande est présentée aux copartageants et, à défaut d'accord amiable, elle est portée devant le tribunal (C. civ., art. 832-3, al. 2). Cette demande peut être présentée dès l'ouverture de la succession et jusqu'à la clôture des opérations de partage.

271.142 **Demandes conjointes.** L'article 832-3 alinéa 1er du Code civil prévoit la possibilité de demandes conjointes : il s'agit d'une demande d'attribution préférentielle présentée conjointement par plusieurs successeurs, remplissant chacun les conditions posées par la loi. Le bien, s'il est attribué, sort de l'indivision successorale pour entrer dans une **nouvelle indivision, conventionnelle, composée exclusivement des attributaires.**

271.143 **Pouvoir d'appréciation du tribunal.** Le pouvoir d'appréciation du tribunal varie, d'abord, en fonction du cas d'attribution préférentielle concerné. En principe, l'attribution sollicitée est facultative : le tribunal se prononce alors « *en fonction des intérêts en présence* » (C. civ., art. 832-3, al. 2). Le critère des intérêts en présence laisse au tribunal une grande latitude pour déterminer l'opportunité de la demande. Le tribunal peut, par exemple, refuser l'attribution préférentielle à un successeur qui est manifestement incapable de faire face au paiement de la soulte [1]. Dans les cas exceptionnels où l'attribution préférentielle est de droit (v. ss nos 271.124, 271.125, 271.127 et 271.132), le tribunal se borne à vérifier le respect des conditions légales requises et, si tel est le cas, il doit accepter l'attribution, sans que les copartageants puissent s'y opposer. Le tribunal ne retrouve son pouvoir d'appréciation que s'il est saisi de demandes concurrentes.

271.144 **Demandes concurrentes.** Il y a demandes concurrentes lorsque plusieurs successeurs revendiquent une attribution préférentielle pour leur propre compte. Il appartient alors au tribunal de choisir entre les différents candidats mais son pouvoir d'appréciation est encadré par l'article 832-3 alinéa 3 du Code civil lequel prévoit un double critère d'appréciation : le tribunal doit tenir compte à la fois de l'aptitude des différents postulants à gérer les biens en cause et à s'y maintenir et, pour une entreprise, de la durée de la participation personnelle de chacun à l'activité.

b.
Estimation des biens et paiement de la soulte (C. civ., art. 832-4)

271.151 **Le dispositif légal.** Parce que l'attribution préférentielle est une opération de partage, l'article 832-4 alinéa 1er du Code civil fixe la date d'estimation des biens faisant l'objet de l'attribution à la date retenue pour l'évaluation des biens dans la masse à partager, soit la date de la jouissance divise au sens de l'article 829 du Code civil (v. ss no 262.41).

L'article 832-4 alinéa 2 du Code civil, envisageant le moment du paiement de la soulte, pose le principe qu'à défaut d'accord amiable entre les copartageants, la soulte est payable comptant. Cependant, dans le cas des attributions préférentielles de droit (attribution du local d'habitation au conjoint survivant et attribution d'une exploitation agricole de petite superficie), l'attributaire peut exiger un délai ne pouvant excéder dix ans pour payer une fraction de la soulte (au plus égale à la moitié). Des règles particulières pour le règlement de la soulte sont également posées par l'article 832-1 alinéa 5 du Code civil, pour l'attribution préférentielle en vue de la constitution d'un GFA.

c.
Bénéficiaires de l'attribution préférentielle

271.161 **Rappel et précisions.** Alors que cette qualité est mentionnée dans les différents articles détaillant les cas d'attribution préférentielle, l'article 833 alinéa 1er du Code civil rappelle que le conjoint ou tout héritier *ab intestat* peut prétendre à l'attribution préférentielle. Contrairement aux articles précités, ledit article 833 alinéa 1er ne reprend pas le qualificatif de survivant pour désigner le conjoint : c'est que **le partage n'est pas nécessairement successoral.** Il peut s'agir, par exemple, d'un **partage de communauté.** L'article 833 alinéa 1er du Code civil précise également que la qualité de copropriétaire de l'attributaire peut être satisfaite aussi bien par la pleine propriété que par la nue-propriété. L'article 833 alinéa 2 du Code civil étend le bénéfice de l'attribution préférentielle, à l'exception de celle qui est de droit de l'article 832 du Code civil (v. ss no 271.124), à l'héritier ayant une voca-

1. Civ. 1re, 20 mars 1979, no 77-12.751, *Bull. civ.* I, no 98; *D.* 1979. IR 496, obs. Martin; *RTD civ.* 1980. 384, obs. Savatier – Civ. 1re, 17 mars 1987, no 85-17.241, *Bull. civ.* I, no 99; *R.* 148; *D.* 1987. 589, note Breton.

tion universelle ou à titre universel, en vertu d'un testament ou d'une institution contractuelle[1].

d. Transfert de propriété et faculté de renonciation (C. civ., art. 834)

271.171 Réalisation du transfert de propriété lors du partage. La décision d'attribution préférentielle ne transfère pas la propriété du bien. Codifiant la jurisprudence, l'article 834 alinéa 1er du Code civil, issu de la loi du 23 juin 2006, dispose que « *le bénéficiaire de l'attribution, préférentielle ne devient propriétaire exclusif du bien attribué qu'au jour du partage définitif* ». Donc, jusqu'à ce jour, le bien demeure indivis. D'où il résulte que s'y appliquent toutes les règles relatives aux biens indivis :

– les fruits et revenus des biens faisant l'objet d'une attribution préférentielle accroissent à l'indivision[2];

– l'indivision supporte la charge des travaux dont il fait l'objet[3];

– l'attributaire qui occupe privativement le bien est redevable d'une indemnité d'occupation[4];

– si l'attributaire gère le bien, il supporte seul les conséquences de ses fautes[5];

– l'attributaire ne peut administrer le bien contre le gré de ses coïndivisaires[6].

De la réalisation du transfert de propriété lors du partage, il résulte encore que c'est à ce moment que la soulte, éventuellement due, devient exigible et peut être productrice d'intérêts[7].

271.172 Une exceptionnelle faculté de renonciation. Une fois décidée, l'attribution préférentielle est acquise définitivement : l'attributaire est tenu de recevoir le bien revendiqué (C. civ., art. 834, al. 2). Alors que la jurisprudence antérieure permettait à l'attributaire de renoncer à l'attribution préférentielle jusqu'au jour du partage définitif, l'article 834 alinéa 2 du Code civil, issu de la loi du 23 juin 2006, refuse, en principe, à l'attributaire toute faculté de renonciation. Toutefois, il prévoit que l'attributaire pourra renoncer dans l'hypothèse exceptionnelle où la valeur du bien, telle que déterminée au jour de son attribution, a augmenté de plus du quart au jour du partage, indépendamment de son fait personnel. Il y a là une voie de sortie pour l'attributaire qui se trouverait dans l'incapacité de faire face à l'augmentation de la soulte corrélative à celle du bien.

1. Sur l'exclusion du bénéfice de l'attribution préférentielle aux concubins ou à des personnes qui, bien qu'unies par des liens de famille, n'ont pas la qualité d'héritier *ab intestat* : Civ. 1re, 25 févr. 2003, no 99-18.217, NP – Civ. 1re, 23 mars 1994, no 92-12.574, *Bull. civ.* I, no 8.
2. Civ. 1re, 11 janv. 1977, no 75-13.310, *Bull. civ.* I, no 21.
3. Civ. 1re, 20 mars 1990, no 88-16.847, *Bull. civ.* I, no 66; *D.* 1990. IR 96; *JCP* 1991. II. 21671, note de La Marnierre; *Defrénois* 1991. 868 (II), obs. G. Champenois; *RTD civ.* 1991. 575, obs. J. Patarin.
4. Civ. 1re, 23 nov. 1982, no 81-15.037, *Bull. civ.* I, no 337.
5. Civ. 1re, 4 avr. 1991, no 89-16.363, NP; *JCP* 1991. IV. 216.
6. Civ. 1re, 20 déc. 1976, no 75-13.288, *Bull. civ.* I, no 419.
7. Civ. 1re, 20 nov. 1979, *D.* 1980. IR 399, obs. D. Martin; *Defrénois* 1981. 1400, 1re esp., note Guimbellot.

CHAPITRE

272. Effets du partage

SECTION 0 ORIENTEUR

272.00 Plan du chapitre.

272.01 Textes applicables.

C. civ., art. 116; 466; 883 à 892; 2374-3°

CGI, art. 746, 747, 748; 750, II

L. n° 2006-728, 23 juin 2006, portant réforme des successions et des libéralités, art. 47, *JO* 24 juin, p. 9513 (*en vigueur le 1er janv. 2007*)

> Partage à l'égard d'un présumé absent

C. civ., art. 116 (*L. 23 juin 2006, art. 29-3°*)

* V. texte complet de cet article s^s n° 271.01

> Partage à l'égard d'un mineur

C. civ., anc. art. 466 (*L. 23 juin 2006, art. 29-9°, en vigueur jusqu'au 1er janv. 2009*)

* V. texte complet de cet article s^s n° 271.01

> Effets du partage et de la garantie des lots

[C. civ., art. 883 à 886] (*L. 23 juin 2006, art. 3*)

C. civ., art. 883

Chaque cohéritier est censé avoir succédé seul et immédiatement à tous les effets compris dans son lot, ou à lui échus sur licitation, et n'avoir jamais eu la propriété des autres effets de la succession.

Il en est de même des biens qui lui sont advenus par tout autre acte ayant pour effet de faire cesser l'indivision. Il n'est pas distingué selon que l'acte fait cesser l'indivision en tout ou partie, à l'égard de certains biens ou de certains héritiers seulement.

Toutefois, les actes valablement accomplis soit en vertu d'un mandat des coïndivisaires, soit en vertu d'une autorisation judiciaire, conservent leurs effets quelle que soit, lors du partage, l'attribution des biens qui en ont fait l'objet.

C. civ., art. 884

Les cohéritiers demeurent respectivement garants, les uns envers les autres, des troubles et évictions seulement qui procèdent d'une cause antérieure au partage. « Ils sont également garants de l'insolvabilité du débiteur d'une dette mise dans le lot d'un copartageant, révélée avant le partage. » (*L. n° 2006-728, 23 juin 2006, art. 7*)

La garantie n'a pas lieu, si l'espèce d'éviction soufferte a été exceptée par une clause particulière et expresse de l'acte de partage; elle cesse, si c'est par sa faute que le cohéritier souffre l'éviction.

C. civ., art. 885

Chacun des cohéritiers est personnellement obligé, à proportion de son émolument, d'indemniser le cohéritier évincé de la perte qu'il a subie, évaluée au jour de l'éviction.

Si l'un des cohéritiers se trouve insolvable, la portion dont il est tenu doit être également répartie entre le garanti et tous les cohéritiers solvables.

C. civ., art. 886

L'action en garantie se prescrit par deux ans à compter de l'éviction ou de la découverte du trouble.

> Privilège immobilier spécial

C. civ., art. 2374, 3o

Les créanciers privilégiés sur les immeubles sont : [...]

3° Les cohéritiers, sur les immeubles de la succession, pour la garantie des partages faits entre eux, et des soultes ou retours de lots; (*L. n° 61-1378, 19 déc. 1961*) « pour la garantie des indemnités dues en application de l'article (*L. n° 2006-728, 23 juin 2006, art. 29-35°, applicable à compter du 1er janv. 2007*) "924" *[précédente rédaction : "866"]*, les immeubles donnés ou légués sont assimilés aux immeubles de la succession »; [...]

> Fiscalité du partage successoral : droit de partage de 1,1 %

[CGI, art. 746 à 748]

CGI, art. 746 (*L. n° 2011-900, 29 juill. 2011, art. 7*)

Les partages de biens meubles et immeubles entre copropriétaires, cohéritiers et coassociés, à quelque titre que ce soit, pourvu qu'il en soit justifié, sont assujettis à un droit d'enregistrement ou à une taxe de publicité foncière de 2,50 %.

CGI, art. 747

Le droit d'enregistrement ou la taxe de publicité foncière prévus à l'article 746 sont liquidés sur le montant de l'actif net partagé. Lorsque le partage comporte une soulte ou une plus-value, l'impôt sur ce qui en est l'objet est perçu aux taux prévus pour les ventes, au prorata, le cas échéant, de la valeur respective des différents biens compris dans le lot grevé de la soulte ou de la plus-value.

CGI, art. 748 (*L. n° 2007-1822, 24 déc. 2007, art. 18, loi fin. pour 2008, JO 27 déc., en vigueur le 28 déc. 2007*)

Les partages qui portent sur des biens meubles ou immeubles dépendant d'une succession ou d'une communauté conjugale et qui interviennent uniquement entre les membres originaires de l'indivision, leur conjoint, des ascendants, des descendants ou des ayants droit à titre universel de l'un ou de plusieurs d'entre eux, ne sont pas considérés comme translatifs de propriété dans la mesure des soultes ou plus-values. Il en est de même des partages portant sur des biens indivis issus d'une donation-partage et des partages portant sur des biens indivis acquis par des partenaires ayant conclu un pacte civil de solidarité ou par des époux, avant ou pendant le pacte ou le mariage. En ce qui les concerne, l'imposition est liquidée sur la valeur nette de l'actif partagé déterminée sans déduction de ces soultes ou plus-values.

> Fiscalité des licitations de biens dépendant d'une succession : droit de partage de 1,1 % pour certains bénéficiaires

CGI, art. 750, II (*L. 30 déc. 2004, art. 95 I A, loi fin. rect. pour 2004 et par L. 24 déc. 2007, art. 18, loi fin. pour 2008; en vigueur le 28 déc. 2007*)

I. Les parts et portions indivises de biens immeubles acquises par licitation sont assujetties à l'impôt aux taux prévus pour les ventes des mêmes biens.

II. Toutefois, les licitations de biens mobiliers ou immobiliers dépendant d'une succession ou d'une communauté conjugale ainsi que les cessions de droits successifs mobiliers ou immobiliers sont assujetties à un droit d'enregistrement ou à une taxe de publicité foncière de 1,10 % lorsqu'elles interviennent au profit de membres originaires de l'indivision, de leur conjoint, de leurs ascendants ou descendants ou des ayants droit à titre universel de l'un ou de plusieurs d'entre eux. Il en est de même des licitations portant sur des biens indivis issus d'une donation-partage et des licitations portant sur des biens indivis acquis par des partenaires ayant conclu un pacte civil de solidarité ou par des époux, avant ou pendant le pacte ou le mariage.

En ce qui concerne les licitations et cessions mettant fin à l'indivision, l'imposition est liquidée sur la valeur des biens, sans soustraction de la part de l'acquéreur.

272.02 Jurisprudence de référence.

> La créance du prix d'adjudication d'un immeuble indivis licité au profit d'un tiers entre dans l'actif à partager en étant subrogée à l'immeuble licité

• Cass., ch. réun., 5 déc. 1907, *Cholet c/Dumoulin*, *GAJC*, t. I, par F. Terré et Y. Lequette, 11e éd., n° 117

* V. ss n° 272.43

« [...] Attendu que, si l'adjudication sur licitation d'un immeuble dépendant d'une hérédité doit, au regard de l'adjudicataire, quand il est un tiers étranger à l'indivision, être considéré comme une vente, elle constitue, dans les relations des cohéritiers entre eux, une opération préliminaire du partage; que la vente ainsi faite l'est, en réalité, pour le compte de la masse successorale, et que la créance du prix entre dans l'actif à partager, pour y être soumise, comme l'aurait été l'immeuble même qu'elle remplace, aux règles ordinaires du partage [...]. ».

> L'inopposabilité est la sanction applicable aux actes accomplis irrégulièrement en cours d'indivision

• Civ. 1re, 15 juin 1994, n° 91-20.633, *Bull. civ.* I, n° 212

* V. ss n° 272.72

« [...] Vu les articles 815-3 et 883 du Code civil;

Attendu qu'il résulte de ces textes que la cession d'un bien indivis qui n'a pas été consentie par tous les indivisaires n'est pas nulle; qu'elle est simplement inopposable aux autres indivisaires et que son efficacité est subordonnée au résultat du partage; [...]. »

272.03 Bibliographie indicative.

Actualisables. Rép. civ., v° *Partage (4° Modes d'attribution spécifiques)*, par Cl. Brenner, janv. 2009 [màj mars 2013], nos 9 s.; v° *Partage (2° Droit commun)*, « Effets du partage », par Cl. Brenner, avr. 2008 [màj janv. 2013], nos 276 à 388 – J.-Cl. Civ., Fasc. unique, art. 883 et 884 à 886.

Ouvrages[1]. A. Delfosse et J.-F. Péniguel, *La réforme des successions et libéralités*, Litec, 2006; *Dossiers pratiques Francis Lefebvre*, « Les successions et les libéralités après la réforme » – J. Flour et H. Souleau, *Droit civil. Les successions*, 3e éd., coll. « U », A. Colin, 1991 – M.-C. Forgeard, R. Crône et B. Gelot, *Le nouveau droit des successions et des libéralités*, Defrénois, 2007 – M. Grimaldi, *Droit civil. Les successions*, 6e éd., « Manuels », LexisNexis/Litec, 2001 – Ph. Malaurie, *Les successions. Les libéralités*,

1. NB : les ouvrages les plus fréquemment cités et dont le nom des auteurs figure en petites capitales en bibliographie sont cités par les seuls noms des auteurs en petites capitales en notes de bas de page.

5e éd., Defrénois/Lextenso, 2012 – J. Massip, *Tutelle des mineurs et protection juridique des majeurs*, Defrénois, 2009 – P. Raynaud (par L. et S. Leveneur), *Successions-Libéralités, Leçons de droit civil*, t. IV, vol. 2, 5e éd., Montchrestien, 1999 – F. Terré, Y. Lequette et S. Gaudemet, *Droit civil. Les successions. Les libéralités*, 4e éd., « Précis », Dalloz, 2014.

Articles.

* V. références citées ss no 271.03

272.04 Questions essentielles.

> À partir de quand l'héritier est-il réputé avoir eu la propriété du ou des biens mis dans son lot ?

* V. ss nos 272.10 s.

> Quelle est la fiscalité du partage ?

* V. ss no 272.81

> Le cohéritier évincé, en tout ou partie, de son lot dispose-t-il d'une action contre ses copartageants ?

* V. ss nos 272.91 s.

272.09 Généralités. Annonce. Le partage met fin à l'indivision. Avant le partage, chaque héritier n'a qu'un droit indivis sur l'ensemble de l'actif; par l'effet du partage, il acquiert un droit privatif sur les biens mis dans son lot. À partir de là, deux questions se posent :

- De qui chaque héritier tient-il sa propriété exclusive ?
- À quelle date cette propriété lui est-elle acquise ?

La réponse à ces deux questions est donnée par le principe de l'effet déclaratif du partage (sect. 1). Afin de traduire l'exigence d'égalité qui préside au partage, cet effet déclaratif s'accompagne d'une obligation de garantie des lots mise à la charge de chacun des copartageants (sect. 2).

SECTION 1
Principe de l'effet déclaratif du partage

272.10 Signification. Le droit français analyse traditionnellement le partage en un acte déclaratif (sur la formation historique du principe de l'effet déclaratif[1]). Il faut comprendre que « *transformant la quote-part idéale portant sur l'ensemble des biens indivis en la propriété pleine et entière d'un lot, le partage se borne à fixer l'assiette d'un droit certes indéterminé dans son montant mais qui existe dans son principe dès l'ouverture de la succession* » (F. Terré et Y. Lequette[2]). Autrement dit, « *c'est le même droit qui appartient à l'héritier avant et après le partage : son droit privatif existe dès le décès, mais se* "déclare" *par le partage qui en définit l'objet – d'où l'expression d'*"effet déclaratif du partage" »[3]. De cette analyse du partage il résulte que chaque copartageant est réputé tenir directement son droit du défunt par le fait même du décès. Il n'est nullement l'ayant cause de ses copartageants. Ce principe de l'effet déclaratif du partage est exprimé par l'article 883 alinéa 1er du Code civil : « *Chaque cohéritier est censé avoir succédé seul et immédiatement à tous les effets compris dans son lot, ou à lui échus sur licitation et n'avoir jamais eu la propriété des autres effets de la succession* ». Ce sont le domaine (§ 1) et les conséquences de l'effet déclaratif (§ 2) qui vont ici être précisés.

§ 1
Domaine de l'effet déclaratif

A.
Actes donnant lieu à effet déclaratif

272.20 Annonce. L'effet déclaratif est attaché non seulement au partage proprement dit (1°) mais également à certains actes préparatoires au partage (2°).

1°
Le partage proprement dit

272.21 Tous les partages définitifs. Tous les partages, à partir du moment où ils sont définitifs, emportent effet déclaratif. Cet effet est donc attaché non seulement au partage successoral mais aussi au partage d'une communauté (C. civ., art. 1476), de l'indivision dans une séparation de biens (C. civ., art. 1542), d'une société dissoute (C. civ., art. 1844-9) et, plus généralement de toute indivision. Peu importe que le partage soit global ou partiel (C. civ., art. 833, al. 2); peu importe la forme du partage ou encore que le partage ait donné lieu, ou non, à une attribution préférentielle[4]. Peu importe encore la composition des lots de chacun : celui dont le lot est composé, en tout ou en partie, d'une soulte due par son ou ses copartageants est réputé tenir celle-ci du défunt. En revanche, le partage provisionnel, parce qu'il n'a qu'un caractère temporaire (v. ss no 27.02) échappe à l'effet déclaratif : il ne produit effet qu'à sa date.

2°
Actes préparatoires au partage

272.31 Licitation et vente amiables. La licitation est la vente aux enchères d'un bien ou d'un droit indivis; la vente amiable lui est assimilée.

1. V. G. Ripert et J. Boulanger, *Traité élémentaire de droit civil*, t. IV, 1959, nos 3109-3128.
2. F. Terré, Y. Lequette et S. Gaudemet, no 1148.
3. M. Grimaldi, *Successions*, no 912.
4. Paris, 21 févr. 1977, *D.* 1978. IR 78.

L'analyse de l'une comme de l'autre varie selon que l'adjudicataire ou l'acquéreur est un indivisaire ou un tiers. Ainsi, la licitation et la vente amiables au profit d'un héritier valent partage (pour la licitation, v. C. civ., art. 883, al. 1er; pour la vente amiable, v. C. civ., art. 883, al. 2). En revanche, lorsque l'adjudicataire ou l'acquéreur est un tiers, l'adjudication ou la vente est considérée comme un acte translatif à l'égard du tiers : celui-ci ne tient pas ses droits du défunt mais des coïndivisaires.

272.32 Cession de droits successifs. En cas de cession par l'un des héritiers de ses droits successifs à l'un de ses cohéritiers, le cessionnaire est considéré comme l'ayant cause du défunt pour l'ensemble de sa quote-part, y compris celle qu'il a acquise de ses cohéritiers. En revanche, la cession de droits successifs au profit d'un tiers à l'indivision vaut vente.

B.
Biens donnant lieu à effet déclaratif

272.41 Annonce. N'a jamais posé de difficultés la soumission des biens corporels à l'effet déclaratif. L'attributaire de tels biens est réputé les tenir directement du défunt depuis le décès. C'est l'extension de l'effet déclaratif aux créances qui a suscité des problèmes.

272.42 Les créances successorales. Ce n'est que si les créances successorales font partie de l'actif indivis que leur attribution constitue un partage soumis à l'effet déclaratif de l'article 883 du Code civil. Or, l'article 1220 du Code civil, en posant la règle de la divisibilité de plein droit des créances entre les héritiers du créancier a pu faire douter de l'appartenance desdites créances à la masse à partager. Mais la jurisprudence a limité la portée de l'article 1220 du Code civil aux seuls rapports entre les héritiers et le débiteur (v. ss no 262.15; sur la position du problème et sa résolution par la jurisprudence, voir M. Grimaldi[1]). En revanche, dans les rapports des héritiers entre eux ou avec les ayants cause de l'un d'entre eux, la créance est réputée faire partie de l'actif indivis. Elle doit donc être attribuée lors du partage comme n'importe quel autre élément de l'actif indivis, partage auquel s'applique l'effet déclaratif de l'article 883 du Code civil. D'où il résulte, par exemple, que la cession de la créance consentie par un héritier qui n'en est pas l'attributaire dans le partage est nulle[2].

272.43 La créance du prix d'adjudication d'un immeuble licité au profit d'un tiers. L'hypothèse est, ici, celle d'un immeuble successoral licité au profit d'un tiers. On sait déjà (v. ss no 272.31) qu'une telle licitation vaut vente. Lors du partage définitif, la créance du prix est attribuée à l'un des cohéritiers. Et la question s'est posée de savoir si cette créance est, ou non, soumise à l'effet déclaratif. C'est l'arrêt *Chollet c/ Dumoulin* qui y a répondu[3] : « *Si l'adjudication sur licitation d'un immeuble dépendant d'une hérédité doit, à, l'égard de l'adjudicataire, quand il est un tiers étranger à l'indivision, être considérée comme une vente, elle constitue dans les rapports des cohéritiers entre eux une opération préalable au partage; dès lors la créance du prix entre dans l'actif à partager pour y être soumise, comme l'aurait été l'immeuble qu'elle remplace, aux règles ordinaires du partage* ». La Cour de cassation se fonde sur la théorie de la subrogation réelle : la créance de prix est subrogée à l'immeuble et, par voie de conséquence, tout doit se passer comme si l'immeuble, et non la créance, avait été attribué à l'héritier. Il en résulte que l'hypothèque qui avait été constituée sur l'immeuble avant qu'il ne soit licité par un héritier autre que l'attributaire de la créance de prix est sans valeur. Plus généralement, il faut considérer que tous les droits qu'ont pu consentir les cohéritiers de l'attributaire de la créance sur l'immeuble licité ou la créance de prix l'ont été par des non-propriétaires.

C.
Personnes à l'égard desquelles se produit l'effet déclaratif

272.51 Caractère absolu de l'effet déclaratif. L'effet déclaratif a pour finalité de protéger chaque héritier contre les actes passés par un autre que lui sur les biens dont il a été ensuite alloti. Il n'a donc jamais fait de doute qu'il joue dans les rapports des cohéritiers entre eux ainsi que dans les rapports des cohéritiers avec les ayants cause des autres indivisaires. Par exemple, **l'attributaire de l'immeuble successoral ne peut se voir opposer l'hypothèque consentie par l'un de ses cohéritiers.** La jurisprudence va plus loin et confère un caractère absolu à l'effet déclaratif : cet effet joue *erga omnes*, quelles que soient les personnes en présence (entre ayant cause d'un même héritier[4]; dans les rapports d'un copartageant avec ses propres ayants cause[5]).

1. M. Grimaldi, *Successions*, nos 916 et 917.
2. Req. 13 janv. 1909, *S.* 1911. 1. 441, note Naquet; *D.* 1911. 1. 435.
3. Cass., ch. réun., 5 déc. 1907, *GAJC*, t. I, par F. Terré et Y. Lequette, 11e éd., no 117; *DP* 1908. 1. 113, note Colin; *S.* 1908. 1. 5, note Lyon-Caen, concl. proc. gén. Baudoin.
4. Civ. 10 nov. 1869, *S.* 1870. 1. 5, note Labbé.
5. Civ. 3e, 16 avr. 1970, no 67-13.666, *Bull. civ.* III, no 242; *D.* 1970. 770, note Chesné et Martine; *JCP* 1971. II. 16863, note Ourliac et de Juglart – TGI Paris, 16 nov. 1972, *JCP* 1973. II. 17426, note M. Dagot.

§ 2
Conséquences de l'effet déclaratif

A.
Au plan civil

1°
Absence d'effet translatif

272.61 Exclusion générale des règles propres aux actes translatifs de propriété. Le partage, acte déclaratif, n'est pas soumis aux règles propres aux actes translatifs de propriété. Cela peut être vérifié à plusieurs égards. Tout d'abord, au regard des sanctions des obligations nées du partage : elles sont différentes de celles encourues par les parties à une vente. Ainsi, lorsqu'une soulte n'est pas payée, son créancier ne dispose ni de l'action résolutoire (sauf clause contraire[1]), ni du privilège du vendeur (mais de celui du copartageant). Si l'un des copartageants subit un trouble, il jouit de la **garantie des lots** qui n'obéit pas aux mêmes règles que la garantie d'éviction due par le vendeur (v. s^s^ n°s 272.91 à 272.95). Si le partage porte sur des immeubles et qu'il est lésionnaire, la **lésion** n'est pas sanctionnée de la même façon qu'en présence d'une vente d'immeuble lésionnaire (v. s^s^ n°s 273.81 à 273.82). Ensuite, la **publicité du partage** est autrement réglementée que celle des actes translatifs de propriété. Ainsi, la publicité à laquelle le partage est soumis (mais seulement depuis les réformes de 1935 et 1955 : Décr. 4 janv. 1955, art. 28-3° et 29) est sanctionnée non par l'inopposabilité du partage mais par une simple condamnation à des dommages-intérêts de celui qui était tenu de publier au profit de ceux auxquels le défaut de publication a causé un préjudice. Par ailleurs, la signification au débiteur de la cession de créance, prévue par l'article 1690 du Code civil, ne s'applique pas en présence d'une attribution d'une créance incluse dans l'actif successoral. Enfin, le juste titre d'*usucapion* qui permet de se prévaloir de la prescription acquisitive abrégée de dix ou vingt ans doit être translatif : il ne peut donc être constitué par un partage[2].

2°
Rétroactivité

272.71 Lien naturel entre la déclarativité et la rétroactivité. L'effet déclaratif reconnu au partage, en ce qu'il signifie que les **droits privatifs des copartageants sur leur lot préexistent au partage** et leur sont transmis, **dès le décès**, par le *de cujus*, se double naturellement d'une certaine rétroactivité (v. M. Grimaldi[3]). Parce que chaque copartageant est réputé avoir eu la propriété privative des biens dont il est alloti depuis l'ouverture de la succession, il est, par là même, censé n'avoir jamais eu de droits sur les autres biens. C'est ce qu'affirme l'article 883 alinéa 1er du Code civil. D'où la règle de principe selon laquelle les droits relatifs à un bien nés du chef d'un autre que son attributaire sont inopposables à ce dernier.

272.72 Limites de la rétroactivité du partage. La rétroactivité du partage n'a pas un caractère absolu.

Sa relativité se vérifie, premièrement, dans les **rapports réciproques des copartageants.** En effet, d'une part, les biens soumis au partage sont évalués à l'époque du partage et non au jour du décès. D'autre part, les fruits des biens indivis échus pendant l'indivision accroissent l'indivision (v. s^s^ n° 262.31). Autant de solutions qui seraient écartées si la rétroactivité du partage avait un caractère absolu.

Deuxièmement, dans les **rapports des copartageants avec les tiers,** ne peuvent être remis en cause les actes réalisés pendant l'indivision conformément aux règles de celle-ci (C. civ., art. 883, al. 3). Il en résulte que non seulement les actes conservatoires (C. civ., art. 815-2) mais aussi les actes d'administration ou de disposition dès lors qu'ils ont été décidés à la majorité requise (C. civ., art. 815-3) ou avec une autorisation judiciaire (C. civ., art. 815-4 s.) sont maintenus, quel que soit l'attributaire du bien qu'ils concernent.

Au final, seuls sont exposés à un anéantissement rétroactif les actes accomplis en cours d'indivision au mépris des règles régissant celle-ci (sur ces règles, v. s^s^ n°s 251.260 et 251.282). Et encore, ces actes ne sont pas nuls : ils sont simplement inopposables à l'attributaire du bien auquel ils se rapportent si ce dernier n'y a pas consenti. Leur sort dépend donc des résultats du partage : l'acte est pleinement efficace si le bien est attribué à celui des indivisaires qui l'a accompli. Dans le cas contraire, il est inopposable à ce dernier[4].

Les dettes de responsabilité nées en cours d'indivision contre les indivisaires ne voient pas, elles, leur régime modifié au moment du partage[5].

1. Civ. 1re, 7 oct. 1981, n° 80-12.799, *Bull. civ.* I, n° 281; *RTD civ.* 1982. 778, note J. Patarin.
2. Civ. 3e, 30 oct. 1972, n° 71-11.541, *Bull. civ.* III, n° 575.
3. M. GRIMALDI, *Successions*, n° 922.
4. Civ. 1re, 15 juin 1994, n° 91-20.633, *Bull. civ.* I, n° 212; *RTD civ.* 1995. 411, obs. J. Patarin.
5. Civ. 1re, 31 oct. 2007, n° 06-16.228, *Bull. civ.* I, n° 338; *D.* 2007. AJ 2880; *AJDI* 2008. 793, obs. S. Prigent; *RJPF* 2008-1/48, p. 30, obs. J. Casey; *JCP N* 2008. 1006, note Allfroy; *RTD civ.* 2008. 131, obs. M. Grimaldi.

B. Au plan fiscal

272.81 Droits de 2,5 %. Le partage successoral, même s'il est effectué avec soultes, n'est pas considéré, au plan fiscal, comme un acte translatif, à partir du moment où il intervient entre les membres originaires de l'indivision, leur conjoint, leurs ascendants, leurs descendants ou les ayants droit à titre universel de l'un ou de plusieurs d'entre eux (CGI, art. 746, 747 et 748). Il n'est donc pas soumis aux droits de mutation exigibles sur les ventes mais à un droit de partage de 2,5 %. Ce droit est liquidé sur la valeur nette de l'actif, sans déduction des soultes ou plus-values.

SECTION 2 Garantie des lots

272.91 Fondement. Les articles 884, 885 et 886 du Code civil précisent les garanties dues en matière de partage. Ces garanties trouvent leur fondement dans l'impératif d'égalité qui préside au partage : les copartageants se garantissent mutuellement de rétablir l'égalité des lots au cas où celle-ci serait rompue par suite du trouble que l'un d'entre eux subirait dans sa jouissance.

272.92 Conditions de mise en œuvre de la garantie des lots. L'action en garantie des lots suppose la réunion de quatre conditions, déduites des dispositions de l'article 884 du Code civil. Premièrement, un copartageant doit subir un trouble ou une éviction. Par éviction, il faut comprendre la reprise, partielle ou totale, par le véritable propriétaire, dans le cadre d'une action pétitoire, d'un bien qui avait été compris à tort dans la succession. Le trouble s'entend, lui, d'une simple menace d'éviction, partielle ou totale, résultant de la réclamation d'un tiers se prétendant propriétaire du bien ou titulaire d'un droit réel sur ce bien (tel une servitude mais non un bail[1]). Seuls les troubles de droit sont retenus. S'agissant d'une créance, l'article 884 alinéa 1er du Code civil, tel que modifié par la loi du 23 juin 2006, assimile à l'éviction l'insolvabilité du débiteur (codification de la jurisprudence[2]). La doctrine, dans sa majorité, exclut du domaine de la garantie les vices cachés de la chose et le défaut de contenance des immeubles (v. Terré et Lequette[3]).

La seconde condition est que l'éviction ou le trouble aient une cause antérieure au partage, alors même qu'ils ne se réalisent qu'ensuite. Par exemple, la solvabilité du débiteur d'une dette mise dans le lot de l'un des copartageant n'est garantie qu'au jour du partage : peu importe l'insolvabilité future, sauf convention contraire[4].

Intimement liée à la seconde condition, la troisième condition est que l'éviction ne doit pas être imputable à une faute de l'héritier évincé : supporte seul son éviction l'héritier qui a omis d'interrompre une prescription courant contre lui. Enfin, l'exercice de l'action en garantie suppose que le partage ne stipule pas de clause de non garantie. Une telle clause n'est valable, aux termes de l'article 884 alinéa 2 du Code civil, que si elle est « *particulière et expresse* ». Autrement dit, pour être valable, la clause doit désigner précisément le bien et la cause d'éviction exclus de la garantie.

272.93 Délai de prescription. Aux quatre conditions précédemment exposées, s'ajoute celle tenant au respect du délai de prescription de l'action en garantie. Sous le droit antérieur, faute de disposition particulière, on appliquait, en principe (sauf le cas particulier de l'insolvabilité du débiteur d'une rente où s'appliquait le délai de cinq ans à compter du partage), à l'action en garantie des lots le délai de droit commun de trente ans, à compter de l'éviction ou de la découverte du trouble. L'article 886 du Code civil, issu de la loi du 23 juin 2006, ramène le délai de prescription de ladite action à deux ans, à compter de l'éviction ou de la découverte du trouble.

272.94 Effets de la garantie. L'effet de la garantie n'est pas une remise en cause du partage : il est d'obliger personnellement chacun des cohéritiers d'indemniser le cohéritier évincé de la perte qu'il a subie (C. civ., art. 885, al. 1er). Aux termes de l'article 885 alinéa 1er du Code civil, issu de la loi du 23 juin 2006, la perte est évaluée au jour de l'éviction (codification de la jurisprudence[5]). Le montant du préjudice est ensuite réparti entre tous les cohéritiers, y compris celui qui a été évincé, proportionnellement à l'émolument de chacun (C. civ., art. 885, al. 1er). L'article 885 alinéa 2 du Code civil précise que « *Si l'un des cohéritiers se trouve insolvable, la portion dont il est tenu doit être également répartie entre le garanti et tous les cohéritiers solvables* ». La créance de garantie ainsi fixée est assortie du privilège du copartageant qui porte sur tous les immeubles de la succession (C. civ., art. 2374-3°).

272.95 Cas particulier : le trouble ou l'éviction sont le fait d'un copartageant. Les articles 884 et suivants du Code civil ne concernent que l'hypo-

1. Soc. 18 juill. 1957, *Bull. civ.* IV, n° 860.
2. Civ. 1re, 22 mars 1983, n° 82-12.135, *Bull. civ.* I, n° 104; *RTD civ.* 1984. 139, obs. J. Patarin.
3. F. Terré, Y. Lequette et S. Gaudemet, nos 1142 s.
4. Grenoble, 16 déc. 1843, *DP* 1845. 2. 93.
5. Civ. 1re, 9 juin 1970, n° 69-11.048, *Bull. civ.* I, n° 196.

thèse où l'éviction ou le trouble sont le fait d'un tiers. Mais, *a fortiori*, chacun doit à son copartageant la garantie de son fait personnel. Cette garantie obéit à certaines règles particulières :

- elle est due même si le trouble est de fait;
- elle est due même si le trouble est postérieur au partage;
- elle est d'ordre public;
- elle pèse sur le seul copartageant fauteur de trouble.

CHAPITRE

273. Contestation du partage

SECTION 0
ORIENTEUR

273.00 **Plan du chapitre.**

273.01 **Textes applicables.**

C. civ., art. 116, 466; 887 à 892

L. n° 2006-728, 23 juin 2006, portant réforme des successions et des libéralités, art. 47, *JO* 24 juin, p. 9513 (*en vigueur le 1er janv. 2007*)

> Actions en nullité du partage

[C. civ., art. 887 à 888] (*L. 23 juin 2006, art. 8*)

C. civ., art. 887

Le partage peut être annulé pour cause de violence ou de dol.

Il peut aussi être annulé pour cause d'erreur, si celle-ci a porté sur l'existence ou la quotité des droits des copartageants ou sur la propriété des biens compris dans la masse partageable.

S'il apparaît que les conséquences de la violence, du dol ou de l'erreur peuvent être réparées autrement que par l'annulation du partage, le tribunal peut, à la demande de l'une des parties, ordonner un partage complémentaire ou rectificatif.

C. civ., art. 887-1

Le partage peut être également annulé si un des cohéritiers y a été omis.

L'héritier omis peut toutefois demander de recevoir sa part, soit en nature, soit en valeur, sans annulation du partage.

Pour déterminer cette part, les biens et droits sur lesquels a porté le partage déjà réalisé sont réévalués de la même manière que s'il s'agissait d'un nouveau partage.

C. civ., art. 888

Le copartageant qui a aliéné son lot en tout ou partie n'est plus recevable à intenter une action fondée sur le dol, l'erreur ou la violence, si l'aliénation qu'il a faite est postérieure à la découverte du dol ou de l'erreur ou à la cessation de la violence.

> Action en complément de part

[C. civ., art. 889 à 892] (*L. 23 juin 2006, art. 8*)

C. civ., art. 889

Lorsque l'un des copartageants établit avoir subi une lésion de plus du quart, le complément de sa part lui est fourni, au choix du défendeur, soit en numéraire, soit en nature. Pour apprécier s'il y a eu lésion, on estime les objets suivant leur valeur à l'époque du partage.

L'action en complément de part se prescrit par deux ans à compter du partage.

C. civ., art. 890

L'action en complément de part est admise contre tout acte, quelle que soit sa dénomination, dont l'objet est de faire cesser l'indivision entre copartageants.

L'action n'est plus admise lorsqu'une transaction est intervenue à la suite du partage ou de l'acte qui en tient lieu sur les difficultés que présentait ce partage ou cet acte.

En cas de partages partiels successifs, la lésion s'apprécie sans tenir compte ni du partage partiel déjà intervenu lorsque celui-ci a rempli les parties de leurs droits par parts égales ni des biens non encore partagés.

C. civ., art. 891

L'action en complément de part n'est pas admise contre une vente de droits indivis faite sans fraude à un indivisaire par ses coïndivisaires ou par l'un d'eux, lorsque la cession comporte un aléa défini dans l'acte et expressément accepté par le cessionnaire.

C. civ., art. 892
La simple omission d'un bien indivis donne lieu à un partage complémentaire portant sur ce bien.

273.02 Jurisprudence de référence. La jurisprudence ancienne a été codifiée par la loi du 23 juin 2006.

273.03 Bibliographie indicative.
Actualisables. Rép. civ., v° *Partage (2° Droit commun)*, « Remise en cause du partage », par Cl. Brenner, avr. 2008 [màj janv. 2013], n°s 389 à 541 – J.-Cl. Civ., Fasc. unique, art. 887, 888, 889 à 892.
Ouvrages[1]. A. Delfosse et J.-F. Péniguel, *La réforme des successions et libéralités*, Litec, 2006; *Dossiers pratiques Francis Lefebvre*, « Les successions et les libéralités après la réforme » – J. Flour et H. Souleau, *Droit civil. Les successions*, 3e éd., coll. « U », A. Colin, 1991 – M.-C. Forgeard, R. Crône et B. Gelot, *Le nouveau droit des successions et des libéralités*, Defrénois, 2007 – M. Grimaldi, *Droit civil. Les successions*, 6e éd., « Manuels », LexisNexis/Litec, 2001 – Ph. Malaurie, *Les successions. Les libéralités*, 5e éd., Defrénois/Lextenso, 2012 – J. Massip, *Tutelle des mineurs et protection juridique des majeurs*, Defrénois, 2009 – P. Raynaud (par L. et S. Leveneur), *Successions-Libéralités, Leçons de droit civil*, t. IV, vol. 2, 5e éd., Montchrestien, 1999 – F. Terré, Y. Lequette et S. Gaudemet, *Droit civil. Les successions. Les libéralités*, 4e éd., « Précis », Dalloz, 2014.
Articles.
* V. références citées ss n° 271.03

273.04 Questions essentielles.
> Un partage successoral peut-il être annulé ?
* V. ss nos 273.41 et 273.42
> Quelle est la sanction d'un partage lésionnaire ?
* V. ss nos 273.81 et 273.82

273.09 Objectif du législateur de 2006. L'un des objectifs du législateur du 23 juin 2006 a été d'éviter autant que possible la remise en cause du partage, afin d'assurer la sécurité juridique des intéressés. Ainsi, les vices du consentement ne sont plus systématiquement sanctionnés par la nullité et la lésion n'est plus sanctionnée par la rescision du partage mais par une action en complément de part.

SECTION 1 NULLITÉ

§ 1 Causes de nullité

A. Vices de forme

273.11 Valeur d'un partage provisionnel. Le non-respect des règles de forme, comme celui des règles protectrices des incapables ou des absents, est la **nullité relative.** Toutefois, **annulé**, le partage conserve la valeur d'un **partage provisionnel** (C. civ., art. 116, al. 4 - C. civ., art. 466, al. 4).

B. Vices du consentement

273.21 Apport de la loi du 23 juin 2006[2]. Alors que l'article 887 ancien du Code civil ne prévoyait que deux vices du consentement dans le partage, la **violence** et le **dol**, l'actuel article 887, tel que modifié par la loi du 23 juin 2006, vise également **l'erreur**, qu'il définit de manière stricte. Il s'agit, en réalité, d'une codification de la jurisprudence qui admettait déjà que le partage peut être annulé pour cause d'erreur si celle-ci a porté sur l'existence ou la quotité des droits des copartageants[3] ou sur la propriété des biens compris dans la masse partageable[4]. Dans ces deux cas, il y a **erreur sur la cause**[5].

C. Omission d'un copartageant

273.31 Codification de la jurisprudence. Codifiant la jurisprudence[6], l'article 887-1 du Code civil, issu de la loi du 23 juin 2006, prévoit que le partage peut être également annulé si l'un des cohéritiers y a été omis.

§ 2 Obstacles à la nullité

273.41 Nullité relative. En présence d'une nullité relative, la confirmation est un premier obstacle à la nullité. Par ailleurs, l'article 888 du Code civil reprend, en l'étendant à l'erreur, la règle anciennement inscrite à l'article 892 selon laquelle « *Le copartageant qui a aliéné son lot en tout ou partie n'est plus recevable à intenter une action fondée sur le dol, l'erreur ou la violence, si l'aliénation qu'il a faite est postérieure à la découverte du dol ou de l'erreur ou à la cessation de la violence* ». Il ne s'agit pas là d'une véritable confirmation car le seul fait de l'aliénation

1. NB : les ouvrages les plus fréquemment cités et dont le nom des auteurs figure en petites capitales en bibliographie sont cités par les seuls noms des auteurs en petites capitales en notes de bas de page.

2. L. n° 2006-728, 23 juin 2006, portant réforme des successions et des libéralités, *JO* 24 juin, p. 9513.
3. V. par ex., Civ. 17 nov. 1858, *D.* 1858. 1. 645 – Civ. 1re, 27 janv. 1953, *D.* 1953. 334, note M. F.; *RTD civ.* 1953. 561, obs. Savatier.
4. V. par ex., Civ., 5 juill. 1949, *D.* 1950. 393, 1re esp., note Fréjaville.
5. Civ. 1re, 3 févr. 2010, n° 09-10.857, NP; *JCP N* 2010. 1236, note J. Ghestin – M. Grimaldi, *Successions*, n° 933.
6. Req. 21 mars 1922, *D.* 1923. 1. 60.

suffit à maintenir le partage, sans qu'il soit nécessaire que le cohéritier ait eu l'intention de confirmer.

273.42 Alternative à la nullité. L'article 887 alinéa 3 du Code civil, issu de la loi du 23 juin 2006, prévoit une alternative à l'annulation du partage sur le fondement des vices du consentement : dès lors que les conséquences de ces derniers peuvent être réparées autrement, un **partage complémentaire ou rectificatif** peut être ordonné par le tribunal. De même, si un copartageant a été omis, l'article 887-1 alinéa 2 du Code civil prévoit que l'annulation du partage peut être évitée si l'héritier omis demande à recevoir sa part en nature ou en valeur. L'article 887-1 alinéa 3 du Code civil précise que, pour déterminer cette part, les biens et droits déjà partagés sont réévalués, comme s'il s'agissait d'un **nouveau partage**.

SECTION 2
ACTION EN COMPLÉMENT DE PART POUR CAUSE DE LÉSION

273.50 Apport de la loi du 23 juin 2006. Soucieux d'assurer la stabilité du partage, le législateur du 23 juin 2006 a substitué à l'ancienne action en rescision pour cause de lésion (C. civ., anc. art. 887, al. 2 à anc. art. 891) une **action en complément de part** régie par les articles 889 à 892 du Code civil. Il s'agit plus d'une évolution que d'un bouleversement des règles applicables en présence d'un partage lésionnaire[1] : aussi, bon nombre de solutions acquises sous l'empire du droit antérieur restent applicables dans le cadre du nouveau dispositif légal.

§ 1
Conditions de sanction de la lésion

273.51 Définition de la lésion : caractère exceptionnel de sa sanction. En principe, la lésion n'est pas de nature à vicier les conventions passées entre majeurs non protégés (C. civ., art. 1118). Font donc figure d'exception la vente d'immeuble (C. civ., art. 1674 s.) et le partage, deux actes dans lesquels la lésion est sanctionnée. En matière de partage, la lésion peut être définie comme le **préjudice subi par un copartageant qui n'obtient pas, dans le partage, un lot égal à ses droits dans la masse.** Une telle inadéquation heurte l'impératif d'égalité qui est de l'essence même du partage. La lésion n'est sanctionnée que si un certain nombre de conditions sont réunies.

1. Ph. MALAURIE, n° 1018.

A.
Montant de la lésion

273.61 Taux de la lésion. Comme sous l'empire de l'ancienne rescision pour lésion, la lésion ne peut être sanctionnée que si elle est de **plus du quart** (C. civ., art. 889, al. 1er - C. civ., anc. art. 887, al. 2). Autrement dit, il faut que l'un des cohéritiers ait reçu un lot qui n'atteigne pas les trois quarts de ce qu'il aurait dû recevoir. Cette lésion doit résulter d'une **évaluation inexacte de la masse partageable ou de certains biens** mais pas de l'omission d'un bien de la succession. Car, dans ce dernier cas, il y a simplement lieu de procéder à un partage complémentaire portant sur ce bien (C. civ., art. 892).

273.62 Évaluation de la lésion. Pour apprécier la lésion, l'évaluation des biens se fait **à l'époque du partage**, c'est-à-dire à la date de la jouissance divise (C. civ., art. 889, al. 1er - C. civ., anc. art. 890). En cas de **partages partiels successifs**, l'article 890 alinéa 3 du Code civil, issu de la loi du 23 juin 2006, codifiant la jurisprudence, dispose que l'appréciation de la lésion, à propos de l'un de ces partages, est possible sans qu'il y ait à attendre le partage résiduel à intervenir. Et elle doit s'opérer sans tenir compte ni des partages partiels déjà intervenus, à condition qu'ils aient rempli les parties de leurs droits par parts égales ni des biens indivis non encore partagés. *A contrario*, il est tenu compte des partages partiels déjà réalisés (antérieurs ou postérieurs au partage attaqué[2]) s'ils ont créé un avantage au profit d'un copartageant. Ce dispositif permet, d'une part, de compenser les inégalités entre les différents partages partiels[3] et, d'autre part, interdit de miser sur un futur partage inégal pour compenser l'inégalité existante.

Par ailleurs, il convient de préciser que le recours à l'expertise, obligatoire lorsqu'il s'agit d'apprécier l'existence d'une lésion en matière de vente immobilière (C. civ., art. 1678) n'est que facultatif en matière de partage[4].

B.
Actes exposés à la sanction

273.71 Tout acte faisant cesser l'indivision. Aux termes de l'article 890 alinéa 1er du Code civil (rappr. C. civ., anc. art. 888, al. 1er), la lésion est sanctionnée à l'occasion de « *tout acte, quelle que soit sa dénomination, dont l'objet est de faire cesser l'indivision entre copartageants* ». Sont ainsi concer-

2. Req. 27 avr. 1841, *S.* 1841. 1. 388.
3. Civ. 1re, 29 avr. 1975, n° 73-13.890, *Bull. civ.* I, n° 151.
4. Civ. 1re, 19 oct. 1960, *Bull. civ.* I, n° 448 – Civ. 1re, 13 avr. 1988, n° 86-17.736, *Bull. civ.* I, n° 99; *R.* 163.

nés non seulement les actes de partage proprement dit (partiel, global, judiciaire ou amiable) mais également les actes équipollents au partage, c'est-à-dire ceux qui font, eux aussi, cesser l'indivision[1], à savoir : la cession de droits successifs entre cohéritiers[2], la licitation au profit d'un copartageant, une transaction sur la composition, l'attribution des lots[3], voire sur l'évaluation d'un bien compris dans le partage[4].

273.72 Exclusion de certains actes. Premièrement, faisant application du principe général que l'aléa chasse la lésion au cas particulier de la vente de droits indivis faite entre coïndivisaires, l'article 891 du Code civil exclut une telle vente du domaine de l'action en complément de part lorsque « *la cession comporte un aléa défini dans l'acte et expressément accepté par le cessionnaire* » (rappr. C. civ., anc. art. 889). La sanction est donc exclue à chaque fois que le cessionnaire a accepté, en connaissance de cause et expressément, un lot dont la consistance est incertaine[5]. La simple présence dans la masse à partager de droits ou d'obligations à caractère aléatoire (rente viagère, usufruit...) ne confère pas au partage un caractère aléatoire[6]. Précisément, trois conditions doivent être remplies pour que l'action en complément de part contre une cession de droits indivis soit exclue :

- la cession doit être faite **sans fraude**, laquelle est entendue comme l'ignorance des parties de la valeur des droits objets de la cession;
- la cession doit comporter un **aléa réel**;
- la cession doit constituer une **cession d'universalité** et non une cession de droits indivis sur un bien déterminé.

Deuxièmement, l'article 890 alinéa 2 du Code civil exclut l'action en complément de part « *lorsqu'une transaction est intervenue à la suite du partage ou de l'acte qui en tient lieu sur les difficultés que présentait ce partage ou cet acte* ». En effet, une telle transaction ne remplit pas la condition posée par l'article 890 alinéa 1er du Code civil puisque, intervenue après le partage, elle ne peut avoir pour objet de mettre fin à une indivision. Enfin, la jurisprudence étend au partage la règle écrite à l'article 1684 du Code civil à propos de la vente : la lésion n'est pas sanctionnée dans les licitations qui ont dû se faire par autorité de justice, soit en vertu de la loi soit en raison du désaccord des héritiers[7].

§ 2 Sanction de la lésion

273.81 Droit antérieur à la loi du 23 juin 2006. Avant l'intervention du législateur du 23 juin 2006, la lésion conduisait, en principe, à la rescision, c'est-à-dire à l'anéantissement rétroactif du partage. Les biens étaient donc censés n'avoir jamais cessé d'être indivis et il fallait procéder à un nouveau partage. Cette action en rescision était soumise au régime de la nullité relative et notamment au délai de prescription quinquennal, lequel commençait à courir au jour du partage lésionnaire. Cependant, le défendeur à l'action pouvait, une fois la lésion établie, arrêter le cours de l'action en fournissant au demandeur un complément de part, soit en numéraire, soit en nature (C. civ., anc. art. 891). Que le **complément** soit fourni en numéraire ou en nature, il fallait en tous les cas, **l'évaluer au jour de sa remise** car il convient d'assurer au défendeur un lot égal à celui que lui eût procuré le nouveau partage s'il y avait eu rescision : nouveau partage pour lequel tous les biens eussent été estimés à leur valeur actuelle[8].

273.82 L'action en complément de part. Afin de limiter les risques d'annulation du partage, la loi du 23 juin 2006 a substitué à la rescision pour cause de lésion une action en complément de part (C. civ., art. 889 à 892)[9]. Ce complément de part, qui peut être fourni **en nature ou en valeur**, est très proche du rachat de la lésion du droit antérieur : son estimation devrait donc se faire dans les conditions qui étaient auparavant appliquées audit rachat. Simplement, le **délai de prescription** de l'action est raccourci : l'action en complément de part se prescrit par **deux ans à compter du partage** (C. civ., art. 889, al. 2).

1. Civ. 1re, 9 mars 1966, *Bull. civ.* I, no 178; *D.* 1966. 573, rapport Franck; *JCP* 1966. 14738, note Voirin; *RTD civ.* 1966. 386, obs. Savatier.
2. Civ. 1re, 17 mai 1977, no 75-15.309, *Bull. civ.* I, no 240.
3. Civ. 1re, 6 juill. 1982, no 81-13.444, *Bull. civ.* I, no 250; *Defrénois* 1983, art. 33104, note G. Champenois; *RTD civ.* 1983. 769, obs. J. Patarin.
4. Civ. 1re, 9 janv. 2008, no 06-16.454, *Bull. civ.* I, no 9.
5. Civ. 1re, 12 oct. 1966, *Bull. civ.* I, no 467 – Civ. 1re, 4 févr. 1981, no 79-15.798, *Bull. civ.* I, no 46; *D.* 1982. IR 21, obs. Martin; *JCP* 1981. II. 19694, note Ph. Rémy; *RTD civ.* 1982. 185, obs. J. Patarin.
6. Civ. 1re, 28 avr. 1982, no 81-12.073, *Bull. civ.* I, no 153.
7. Civ. 1re, 17 déc. 1956, *Bull. civ.* I, no 465; *JCP* 1957. II. 9890, note A. Ponsard; *D.* 1957. 281, note Léonan; *RTD civ.* 1957. 370, obs. R. Savatier – Civ. 1re, 25 avr. 1984, no 82-16.052, *Bull. civ.* I, no 135; *Defrénois* 1985, art. 33600, obs. G. Vermelle.
8. Cass., ass. plén., 9 mars 1961, *Bull. ass. plén.*, no 1; *D.* 1961. 505 – Civ. 1re, 19 mars 1975, no 74-10.965, *Bull. civ.* I, no 118.
9. À noter cependant la persistance de la sanction de la rescision pour lésion si le copartageant lésé est un majeur sous sauvegarde de justice ou sous mandat de protection future : C. civ., art. 435 et 488.

LIVRE

3. LES LIBÉRALITÉS

SECTION 0

ORIENTEUR

3.00 Plan du livre.

Division. À côté d'un droit commun des libéralités, applicable aux libéralités ordinaires, il existe des régimes spéciaux, propres aux libéralités familiales ou aux libéralités à caractère collectif.

D'où le plan de l'étude : les libéralités ordinaires (titres 31 et 32); les libéralités familiales (titres 33 à 35); les libéralités à caractère collectif (titres 36 à 39).

TITRE

31. Les libéralités ordinaires : les donations

SECTION 0 ORIENTEUR

31.00 Plan du titre.

CHAPITRE

310. Présentation

MARC NICOD
PROFESSEUR À L'UNIVERSITÉ
TOULOUSE 1 – CAPITOLE

310.11 Code civil, article 893. Jusqu'à la réforme de 2006, le Code civil n'affirmait pas explicitement l'existence d'un concept commun de « *libéralité* ». Il n'envisageait l'acte libéral qu'à travers ses déclinaisons particulières que sont la « *donation entre vifs* » et le « *testament* » (C. civ., anc. art. 893 : « *On ne pourra disposer de ses biens, à titre gratuit, que par donation entre vifs ou par testaments, dans les formes ci-après établies* »). Sans doute l'expression « *donation* », communément employée par les textes de 1804, était parfois comprise comme synonyme de « *libéralité* ». On trouve encore de nos jours quelques traces de cette ancienne terminologie. Ainsi l'article 711 continue d'enseigner que « *la propriété des biens s'acquiert et se transmet... par donation entre vifs ou testamentaire...* ».

Le nouvel article 893 du Code civil (issu de la loi n° 2006-728 du 23 juin 2006[1]) consacre une notion unitaire de libéralité (C. civ., art. 893, al. 1er), mais réaffirme, dans le même temps, sa **classification duale** (C. civ., art. 893, al. 2). Le texte dispose : « *La libéralité est l'acte par lequel une personne dispose à titre gratuit de tout ou partie de ses biens ou de ses droits au profit d'une autre personne* »; puis il ajoute : « *Il ne peut être fait de libéralité que par donation entre vifs ou par testament.* »

310.12 Gratuité. Un acte juridique ne peut être qualifié d'acte « *à titre gratuit* » que dans la mesure où l'opération qu'il réalise est économiquement déséquilibrée (une partie s'appauvrit, une autre s'enrichit), et que ce déséquilibre est intentionnel (élément subjectif qui colore et justifie l'avantage conféré). L'intention libérale doit être prouvée par celui qui invoque la gratuité; elle ne peut pas être déduite « *du seul déséquilibre constaté entre les engagements respectifs des contractants* »[2].

Au sein du titre gratuit, on distingue traditionnellement deux grandes familles : **les libéralités** (donations entre vifs, legs, institutions contractuelles), d'une part; **les contrats de services gratuits** (prêt à consommation, prêt à usage, mandat, dépôt...), d'autre part. Ces deux types d'actes de bienfaisance s'opposent tant par leurs modalités que par leur régime juridique. Toutefois, il arrive que la frontière qui les sépare manque de netteté. Ainsi en est-il, par exemple, de la mise à disposition d'un bien immobilier, qui peut être constitutive, suivant les circonstances, d'un « *prêt à usage* » ou d'une « *donation entre vifs* »[3]. La Cour de cassation veille désormais, dans cette seconde hypothèse, au respect des conditions d'existence de la libéralité, spécialement à la preuve d'une intention libérale du propriétaire[4].

Les libéralités sont des actes d'aliénation; elles opèrent le transfert d'une valeur patrimoniale, qui passe du disposant au gratifié. La modicité de l'objet transmis peut conduire, comme en témoignent les articles 852 (présent d'usage) ou 1083 du Code civil, à un assouplissement du régime juridique normalement applicable; en revanche, elle reste sans influence sur la nature de l'opéra-

1. L. n° 2006-728, 23 juin 2006, portant réforme des successions et libéralités, *JO* 24 juin, p. 9513.
2. Civ. 1re, 14 févr. 1989, n° 87-14.205, *Bull. civ.* I, n° 79.
3. Civ. 1re, 14 janv. 1997, n° 94-16.813, *Bull. civ.* I, n° 22; *D.* 1997. 607, note V. Barabé-Bouchard; *Defrénois* 1997, art. 36650, note Ph. Malaurie; I. Najjar, « La donation en possession », *D.* 1999. Chron. 155; *RTD civ.* 1997. 480, obs. J. Patarin; *RTD civ.* 1997. 483, obs. J. Patarin; *RTD civ.* 1998. 414, obs. F. Zenati – *Adde*, M. Grimaldi, « Retour sur les donations de fruits et de revenus (à propos de la mise à disposition d'un logement) », *Mél. G. Champenois*, Defrénois, 2012, p. 431.
4. Civ. 1re, 18 janv. 2012, nos 09-72.542, 10-25.685, 10-27.325, et 11-12.863, *Bull. civ.* I, nos 7, 8 et 9; *RTD civ.* 2012. 307, obs. J. Hauser; 353, obs. M. Grimaldi; *D.* 2012. Pan. 2482, obs. M. Nicod; *JCP* 2012. 513, note F. Sauvage; *JCP N* 2012. 1188, note Y. Delecraz.

tion. Ainsi que l'a rappelé la Cour de cassation en 2004, « *l'article 894 du Code civil n'opérant pas de distinction selon la valeur de la chose aliénée, la modicité des sommes données ne suffit pas à exclure la qualification de libéralité qui pourrait leur être attribuée* »[1].

310.13 Incompatibilité avec l'aléa. La jurisprudence et la doctrine dominante estiment que l'aléa chasse la gratuité.

En matière de tontine, la Cour de cassation pose pour principe que « *l'acquisition d'un bien avec clause d'accroissement constitue un contrat aléatoire et non une libéralité* »[2]. Mais elle permet aux juges du fond de constater que la pacte tontinier n'est nullement aléatoire. Lorsqu'un seul des contractants finance la totalité de l'acquisition, ou lorsqu'en raison de son âge et de son état de santé le prédécès d'un des contractants est prévisible, « *l'opération litigieuse, qui ne présente aucun aléa, constitue une libéralité* »[3].

De même, la Cour de cassation considère qu'un contrat d'assurance-vie placement ne peut pas être regardé comme une libéralité, puisqu'il comporte un aléa dès lors que ses « *effets dépendant de la durée de la vie humaine* »[4]. Avec une telle conception de l'aléa (distincte quoi qu'en dise la Haute juridiction de celle de l'article 1964 du Code civil !), seule l'hypothèse des primes manifestement exagérées au regard des facultés du contractant (C. assur., art. L. 132-13, al. 2), permet éventuellement de soumettre les assurances-placements aux règles du rapport à succession et de la réduction pour atteinte à la réserve. Toutefois, la Cour régulatrice estime que lorsque le souscripteur est, au jour de la conclusion du contrat, dans un état avancé de la maladie qui va l'emporter, l'aléa fait défaut[5]; l'opération peut, par suite, être requalifiée en donation indirecte si les circonstances de l'espèce révèlent « *une volonté actuelle et irrévocable de se dépouiller* »[6].

310.14 Donation rémunératoire. La « donation rémunératoire » est, comme le souligne sa dénomination complexe, une figure ambivalente. Il s'agit à l'ordinaire d'un paiement fait en récompense d'un service antérieurement rendu et non rémunéré.

Un médecin a, par exemple, donné des soins à l'un de ses amis ou parents sans demander d'honoraires; par reconnaissance, le malade lui consent ensuite une « donation rémunératoire ». Dans la mesure où le service fourni est appréciable en argent et que la chose « donnée » correspond approximativement à la rémunération qui aurait pu être réclamée (l'équivalence entre la valeur des biens donnés et celle des services rendus est souverainement appréciée par les juges du fond[7]), la prétendue libéralité constitue en fait un acte de disposition à titre onéreux. En effet, dans de telles circonstances, le disposant n'est pas mû par une intention libérale, mais par le désir de conférer une contrepartie. Ce caractère commutatif exclut la qualification de libéralité. Il arrive, toutefois, que la rémunération soit disproportionnée par rapport au service rendu. Dans cette hypothèse, l'excès – qui n'entraîne pas une disqualification de l'ensemble de l'opération en donation pure et simple[8] – doit être isolé et traité comme une libéralité, éventuellement réductible pour atteinte à la réserve[9].

310.15 Code civil, article 894. Selon l'article 894 du Code civil, « *la donation entre vifs est un acte par lequel le donateur se dépouille actuellement et irrévocablement de la chose donnée, en faveur du donataire qui l'accepte* ». Il s'agit donc d'une **libéralité contractuelle** *(elle suppose un accord de volontés)*, **portant sur des biens présents** *(elle ne peut avoir pour objet que les droits dont le donateur est actuellement titu-*

1. Com. 5 oct. 2004, n° 03-15.709, *Bull. civ.* IV, n° 178; *D.* 2005. Pan. 2123, obs. M. Nicod; *RTD com.* 2005. 372, obs. L. Grosclaude.
2. Civ. 1re, 14 déc. 2004, n° 02-11.088, *Bull. civ.* I, n° 313; *D.* 2005. 2263, note C. Le Gallou; *D.* 2005. Pan. 2122, obs. M. Nicod; *Defrénois* 2005, art. 38142, n° 13, obs. R. Libchaber; *JCP N* 2006, n° 1071, note R. Le Guidec; *Dr. et patr.* 2005, n° 141, p. 81, note H. Lécuyer; *RDC* 2005/3, p. 693, note A. Bénabent.
3. Civ. 1re, 10 mai 2007, n° 05-21.011, *Bull. civ.* I, n° 173; *D.* 2007. Pan. 2134, obs. M. Nicod; *JCP N* 2007, art. 1215, note J.-P. Garçon; *RJPF* 2007-9/28, note S. Valory; *RDC* 2007/4, p. 1165, note A. Bénabent.
4. Cass., ch. mixte, 23 nov. 2004, nos 02-17.507, 02-11.352, 03-13.673, et 01-13.592, *Bull. ch. mixte*, n° 4; *D.* 2005. 1905, note B. Beignier; *Defrénois* 2005, art. 38142, n° 11, obs. crit. Aubert; *RTD civ.* 2005. 434, obs. crit. M. Grimaldi; *RDI* 2005. 11, obs. L. Grynbaum; *AJDA* 2004. 2302, obs. M.-C. de Montecler et P. Seydoux; *RTD civ.* 2005. 88, obs. R. Encinas de Munagorri; *JCP N* 2006, n° 1071, note R. Le Guidec; *Dr. et patr.* 2005, n° 141, p. 79, note H. Lécuyer; *RDC* 2005/2, p. 297, note A. Bénabent.
5. Civ. 1re, 4 juill. 2007, n° 05-10.254, *Bull. civ.* I, n° 258; *Dr. fam.* 2007, n° 176, note Nicolas; *AJ fam.* 2007. 361, obs. F. Bicheron; *RLDC* 2007, n° 41, p. 51, note Jeanne.
6. Cass., ch. mixte, 21 déc. 2007, n° 06-12.769, *Bull. ch. mixte*, n° 13; *Dr. fam.* 2008, n° 30, note B. Beignier; *D.* 2008. Somm. 218, obs. G. Bruguière-Fontenille; *D.* 2008. 1314, note F. Douet; *RTD civ.* 2008. 137, obs. M. Grimaldi; *JCP N* 2008, n° 1174, note Riche; *JCP N* 2009, n° 1094, note R. Le Guidec; *Dr. et patr.* 2009, n° 180, p. 111, note P. Delmas Saint-Hilaire.
7. Com. 19 déc. 2006, n° 05-17.086, *Bull. civ.* IV, n° 260; *RTD civ.* 2007. 603, obs. M. Grimaldi; *RLDC* 2007, n° 35, p. 60, note Binet.
8. Civ. 1re, 8 juill. 2010, n° 09-67.135, *Bull. civ.* I, n° 169; *JCP N* 2010, art. 1341, note A. Sériaux; *RDLC* 2010. 3981, obs. G. S.; *Gaz. Pal.* 10-11 nov. 2010, p. 55, note J. Casey.
9. Civ. 1re, 8 juill. 2010, n° 09-67.135, préc. ss prést n°.

laire) et **irrévocable** *(le donateur ne doit pas être en mesure de reprendre ce qu'il a donné).*

310.16 Division. Par dérogation au droit commun des actes juridiques, les donations entre vifs sont des actes formalistes. Leur validité est ordinairement soumise au respect de **règles de forme.** Naturellement, elles obéissent également à des **règles de fond.**

CHAPITRE

311. Formalisme des donations

MARC NICOD
PROFESSEUR À L'UNIVERSITÉ
TOULOUSE 1 – CAPITOLE

SECTION 0 ORIENTEUR

311.00 **Plan du chapitre.**

311.01 **Textes applicables.**

C. civ., art. 931 à 933, 1339 et 1340

CGI, art. 635 A, 757, 784 al. 2

LPF, art. L. 64

L. n° 2006-728, 23 juin 2006, portant réforme des successions et des libéralités, *JO* 24 juin, p. 9513 (*entrée en vigueur le 1er janv. 2007*)

L. n° 2004-439, 26 mai 2004, relative au divoce, *JO* 27 mai, p. 9319 (*entrée en vigueur le 1er janvier 2005*)

> Donations entre vifs

[C. civ., art. 931 à 933, 1339 et 1340]

C. civ., art. 931 (*L. n° 2006-728, 23 juin 2006, art. 9*)

Tous actes portant donation entre vifs seront passés devant notaires, dans la forme ordinaire des contrats; et il en restera minute, sous peine de nullité.

C. civ., art. 932 (*L. n° 2006-728, 23 juin 2006, art. 9*)

La donation entre vifs n'engagera le donateur, et ne produira aucun effet, que du jour qu'elle aura été acceptée en termes exprès.

L'acceptation pourra être faite du vivant du donateur, par un acte postérieur et authentique, dont il restera minute; mais alors la donation n'aura d'effet, à l'égard du donateur, que du jour où l'acte qui constatera cette acceptation lui aura été notifié.

C. civ., art. 933 (*L. n° 2006-728, 23 juin 2006, art. 9*)

Si le donataire est majeur, l'acceptation doit être faite par lui, ou, en son nom, par la personne fondée de sa procuration, portant pouvoir d'accepter la donation faite, ou un pouvoir général d'accepter les donations qui auraient été ou qui pourraient être faites.

Cette procuration devra être passée devant notaires; et une expédition devra en être annexée à la minute de la donation, à la minute de l'acceptation qui serait faite par acte séparé.

C. civ., art. 1339 (*L. n° 2000-230, 30 mars 2000, art. 1er*)

Le donateur ne peut réparer par aucun acte confirmatif les vices d'une donation entre vifs, nulle en la forme; il faut qu'elle soit refaite en la forme légale.

C. civ., art. 1340 (*L. n° 2000-230, 30 mars 2000, art. 1er*)

La confirmation ou ratification, ou exécution volontaire d'une donation par les héritiers ou ayants cause du donateur, après son décès, emporte leur renonciation à opposer soit les vices de forme, soit toute autre exception.

> Fiscalité du don manuel

[CGI, art. 635 A, 757, 784 al. 2, 1729]

CGI, art. 635 A (*Décr. n° 2012-653, 4 mai 2012, art. 1er*)

Les dons manuels mentionnés au deuxième alinéa de l'article 757 doivent être déclarés ou enregistrés par le donataire ou ses représentants dans le délai d'un mois qui suit la date à laquelle le donataire a révélé ce don à l'administration fiscale.

Toutefois, pour les dons manuels dont le montant est supérieur à 15 000 euros, la déclaration doit être réalisée :

a) dans le délai d'un mois qui suit la date à laquelle le donataire a révélé ce don à l'administration fiscale ou, sur option du donataire lors de la révélation du don, dans le délai d'un mois qui suit la date du décès du donateur;

b) dans le délai d'un mois qui suit la date à laquelle ce don a été révélé, lorsque cette révélation est la conséquence d'une réponse du donataire à une demande de l'administration ou d'une procédure de contrôle fiscal.

CGI, art. 757 (*L. n° 2011-900, 29 juill. 2011, art. 9*)

Les actes renfermant soit la déclaration par le donataire ou ses représentants, soit la reconnaissance judiciaire d'un don manuel, sont sujets aux droits de mutation à titre gratuit. Ces droits sont calculés sur la valeur du don manuel au jour de sa déclaration ou de son enregistrement, ou sur sa valeur au jour de la donation si celle-ci est supérieure. Le tarif et les abattements applicables sont ceux en vigueur au jour de la déclaration ou de l'enregistrement du don manuel.

La même règle s'applique lorsque le donataire révèle un don manuel à l'administration fiscale.

Ces dispositions ne s'appliquent pas aux dons manuels consentis aux organismes d'intérêt général mentionnés à l'article 200.

CGI, art. 784 (*L. n° 2011-900, 29 juill. 2011, art. 7 – L. n° 2012-958, 16 août 2012, art. 5*)

Les parties sont tenues de faire connaître, dans tout acte constatant une transmission entre vifs à titre gratuit et dans toute déclaration de succession, s'il existe ou non des donations antérieures consenties à un titre et sous une forme quelconque par le donateur ou le défunt aux donataires, héritiers ou légataires et, dans l'affirmative, le montant de ces donations ainsi que, le cas échéant, les noms, qualités et résidences des officiers ministériels qui ont reçu les actes de donation, et la date de l'enregistrement de ces actes.

La perception est effectuée en ajoutant à la valeur des biens compris dans la donation ou la déclaration de succession celle des biens qui ont fait l'objet de donations antérieures, à l'exception de celles passées depuis plus de quinze ans, et, lorsqu'il y a lieu à application d'un tarif progressif, en considérant ceux de ces biens dont la transmission n'a pas encore été assujettie au droit de mutation à titre gratuit comme inclus dans les tranches les plus élevées de l'actif imposable.

Pour le calcul des abattements et réductions édictés par les articles 779, 780, 790 B, 790 D, 790 E et 790 F il est tenu compte des abattements et des réductions effectués sur les donations antérieures visées au deuxième alinéa consenties par la même personne.

NOTA : L. n° 2012-958, 16 août 2012, de finances rectificative pour 2012, art. 5, IV : ces dispositions s'appliquent, selon le cas, aux successions ouvertes et aux donations consenties à compter de la date de publication de la présente loi.

CGI, art. 1729 (*L. n° 2008-1443, 30 déc. 2008, art. 35 – en vigueur le 1er janv. 2009*)

Les inexactitudes ou les omissions relevées dans une déclaration ou un acte comportant l'indication d'éléments à retenir pour l'assiette ou la liquidation de l'impôt ainsi que la restitution d'une créance de nature fiscale dont le versement a été indûment obtenu de l'État entraînent l'application d'une majoration de :

a. 40 % en cas de manquement délibéré;

b. 80 % en cas d'abus de droit au sens de l'article L. 64 du Livre des procédures fiscales; elle est ramenée à 40 % lorsqu'il n'est pas établi que le contribuable a eu l'initiative principale du ou des actes constitutifs de l'abus de droit ou en a été le principal bénéficiaire;

c. 80 % en cas de manœuvres frauduleuses ou de dissimulation d'une partie du prix stipulé dans un contrat ou en cas d'application de l'article 792 *bis*.

> Fiscalité de la donation déguisée

[LPF, art. L. 64; CGI, art. 1729 et 1741]

LPF, art. L. 64 (*L. n° 2008-1443, 30 déc. 2008, art. 35*)

Afin d'en restituer le véritable caractère, l'administration est en droit d'écarter, comme ne lui étant pas opposables, les actes constitutifs d'un abus de droit, soit que ces actes ont un caractère fictif, soit que, recherchant le bénéfice d'une application littérale des textes ou de décisions à l'encontre des objectifs poursuivis par leurs auteurs, ils n'ont pu être inspirés par aucun autre motif que celui d'éluder ou d'atténuer les charges fiscales que l'intéressé, si ces actes n'avaient pas été passés ou réalisés, aurait normalement supportées eu égard à sa situation ou à ses activités réelles.

En cas de désaccord sur les rectifications notifiées sur le fondement du présent article, le litige est soumis, à la demande du contribuable, à l'avis du comité de l'abus de droit fiscal. L'administration peut également soumettre le litige à l'avis du comité.

Si l'administration ne s'est pas conformée à l'avis du comité, elle doit apporter la preuve du bien-fondé de la rectification.

Les avis rendus font l'objet d'un rapport annuel qui est rendu public.

CGI, art. 1729

* V. *supra*, *> Fiscalité du don manuel*

CGI, art. 1741 (*L. n° 2013-1117, 6 déc. 2013, art. 9*)

Sans préjudice des dispositions particulières relatées dans la présente codification, quiconque s'est frauduleusement soustrait ou a tenté de se soustraire frauduleusement à l'établissement ou au paiement total ou partiel des impôts visés dans la présente codification, soit qu'il ait volontairement omis de faire sa déclaration dans les délais prescrits, soit qu'il ait volontairement dissimulé une part des sommes sujettes à l'impôt, soit qu'il ait organisé son insolvabilité ou mis obstacle par d'autres manœuvres au recouvrement de l'impôt, soit en agissant de toute autre manière frauduleuse, est passible, indépendamment des sanctions fiscales applicables, d'une amende de 500 000 euros et d'un emprisonnement de cinq ans.

Les peines sont portées à 2 000 000 euros et sept ans d'emprisonnement lorsque les faits ont été commis en bande organisée ou réalisés ou facilités au moyen :

1° Soit de comptes ouverts ou de contrats souscrits auprès d'organismes établis à l'étranger;

2° Soit de l'interposition de personnes physiques ou morales ou de tout organisme, fiducie ou institution comparable établis à l'étranger;

3° Soit de l'usage d'une fausse identité ou de faux documents, au sens de l'article 441-1 du Code pénal, ou de toute autre falsification;

4° Soit d'une domiciliation fiscale fictive ou artificielle à l'étranger;

5° Soit d'un acte fictif ou artificiel ou de l'interposition d'une entité fictive ou artificielle.

Toutefois, cette disposition n'est applicable, en cas de dissimulation, que si celle-ci excède le dixième de la somme imposable ou le chiffre de 153 euros.

Toute personne condamnée en application des dispositions du présent article peut être privée des droits civiques, civils et de famille, suivant les modalités prévues aux articles 131-26 et 131-26-1 du Code pénal.

La juridiction peut, en outre, ordonner l'affichage de la décision prononcée et la diffusion de celle-ci dans les conditions prévues aux articles 131-35 ou 131-39 du Code pénal.

La durée de la peine privative de liberté encourue par l'auteur ou le complice d'un des délits mentionnés au présent article est réduite de moitié si, ayant averti l'autorité administrative ou judiciaire, il a permis d'identifier les autres auteurs ou complices.

Les poursuites sont engagées dans les conditions prévues aux articles L. 229 à L. 231 du Livre des procédures fiscales.

> Fiscalité de la donation indirecte : CGI, art. 1729

* V. *supra*, *> Fiscalité du don manuel*

311.02 Jurisprudence de référence.

> La donation entre vifs doit, en principe, être établie par acte notarié

• Civ. 1re, 23 janv. 2001, n° 97-20.618, *Bull. civ.* I, n° 8

* V. ss n° 311.70

« Attendu que, selon la règle de conflit française, la loi applicable à la forme des actes est celle du lieu de leur conclusion; que c'est à bon droit que la cour d'appel a fait application de la loi française pour déclarer nulle la donation faite en France par acte sous seing privé, peu important que les biens mobiliers objets de la libéralité fussent déposés en Suisse. »

> Les charges et conditions de la donation notariée doivent également être stipulées par acte authentique

• Civ. 1re, 17 oct. 2007,n° 05-14.818, *Bull. civ.* I, n° 322

* V. ss n° 311.12

« Attendu que, lorsqu'une donation a été consentie par acte authentique et que les conditions en ont été stipulées par acte sous seing privé, la nullité de ces conditions entraîne celle de la donation, dès lors que celle-ci fait référence à des conditions imposées par le donateur et obligeant le donataire. »

> La tradition réelle est une condition de validité du don manuel

• Civ. 1re, 11 juill. 1960, *Bull. civ.* I, n° 382

* V. ss nos 311.72 et 311.83

« Attendu que le don manuel n'a d'existence que par la tradition réelle que fait le donateur de la chose donnée, effectuée dans des conditions telles qu'elle assure la dépossession de celui-ci et assure l'irrévocabilité de la donation. »

> La donation déguisée est licite

• Civ. 1re, 29 mai 1980, n° 79-11.378, *Bull. civ.* I, n° 164

* V. ss n° 311.136

« Mais attendu que les libéralités faites sous le couvert d'actes à titre onéreux sont valables lorsqu'elles réunissent les conditions de forme requises pour la constitution des actes dont elles empruntent l'apparence, les règles auxquelles elles sont assujetties quant au fond étant celles propres aux actes à titre gratuit. »

> La donation indirecte suppose le recours à un acte juridique translatif qui lui sert de vecteur

• Civ. 1re, 20 nov. 1984, n° 83-12.510, *Bull. civ.* I, n° 312

* V. ss n° 311.141

« Attendu qu'en se déterminant ainsi, alors que même si la participation à ces actes pouvait révéler une intention libérale, il n'existait aucun acte juridique réalisant une donation impliquant un dessaisissement irrévocable. »

311.03 Bibliographie indicative.

Actualisables. Rép. civ., v° *Donation*, par I. Najjar, janv. 2008 [màj oct. 2013] – *J.-Cl. Civ.*, art. 931, Fasc. 10, J.-F. Montredon; art. 931, Fasc. 20, G. Thomas-Debenest.

Ouvrages spéciaux. A. Guerriero, *L'acte juridique solennel*, LGDJ, 1975 – H. Méau-Lautour, *La donation déguisée en droit civil français*, LGDJ, 1985 – J.-F. Montredon, *La désolennisation des libéralités*, LGDJ, 1989 – M. Nicod, *Le formalisme en droit des libéralités*, Éd. La Mouette, 2000 – N. Peterka, *Les dons manuels*, LGDJ, 2001 – S. Lambert, *L'intention libérale dans les donations*, PUAM, 2006.

Articles. J.-P. Arrighi, « Le don manuel par chèque », *D.* 1980. Chron. 165 – M. Dagot, « Des donations non solennelles », *JCP* 2000. 1. 248 – Debeaurain, « Les formes modernes de don manuel », *JCP N* 1979. I. 276 – F. Fruleux et J.-F. Desbuquois, « La taxation des dons manuels », *Actes prat. et strat. patr.* 2012, n° 4, p. 33 – X. Lagarde, « Réflexions sur le fondement de l'article 931 du Code civil », *RTD civ.* 1997. 25 – R. Libchaber, « Pour une redéfinition de la donation indirecte », *Defrénois* 2000, art. 37273 – I. Najjar, « Donations déguisées ou indirectes en droit français », *D.* 1995. Chron. 115.

311.04 Questions essentielles.

> Est-il permis d'établir l'existence d'une donation entre vifs par un écrit sous seing privé ?

* V. ss n° 311.12

> Des valeurs mobilières peuvent-elles faire l'objet d'un don manuel ?

* V. ss n° 311.92

> Comment conserver la preuve de la réalisation d'un don manuel ?

* V. ss n° 311.103

311.09 Vue d'ensemble. Depuis 1804, l'article 931 du Code civil impose la forme notariée aux donations entre vifs. Toutefois, cette règle ne concerne que les actes instrumentaires qui portent ostensiblement une libéralité. En marge de la donation notariée, la jurisprudence admet la validité de donations tacites, qui se réalisent sans le concours d'un notaire : dons manuels, donations indirectes et donations déguisées. On évoque, à cet égard, une tendance à la « *désolennisation* » des libéralités entre vifs.

Après avoir rappelé les limites de ce mouvement de fuite devant le formalisme légal (sect. 1), ce sont les règles de forme de la donation notariée (sect. 2), puis des donations non notariées (sect. 3 à 5), qu'il convient, tour à tour, d'envisager.

SECTION 1
FORMALISME LÉGAL ET LIMITES

311.11 Code civil, article 931. L'article 931 du Code civil énonce : « *Tous actes portant donation entre vifs seront passés devant notaires, dans la forme ordinaire des contrats, et il en restera minute, sous peine de nullité.* »

Ce célèbre texte ne pose pas le principe de la nécessité d'un acte notarié pour réaliser une donation entre vifs; plus modestement, il ne vise que la forme que doit revêtir l'acte instrumentaire qui constate cette libéralité. En exigeant *ad solemnitatem* que l'écrit soit rédigé en minute, le législateur entend assurer l'irrévocabilité du dépouillement du donateur[1]. Au-delà, l'intervention du notaire permet de placer le gratifiant à l'abri des entraînements irréfléchis et des abus d'influence.

En d'autres termes, l'article 931 du Code civil interdit seulement de formuler explicitement la volonté de donner dans un acte privé.

Il en résulte, d'une part, **la nullité des donations ostensibles par acte sous seing privé** et, d'autre part, **la validité de certaines donations non notariées.**

311.12 Prohibition des donations ostensibles par acte sous seing privé. Bien que de portée limitée, l'article 931 du Code civil énonce une règle avec laquelle il faut compter : l'écriture privée ne peut directement porter une donation entre vifs. En cas de transgression, c'est la libéralité elle-même qui est condamnée; elle est frappée de nullité absolue[2]. Et cette sanction est à même de s'étendre à une donation pourtant conclue par acte authentique, lorsque les charges ou conditions qui l'assortissent ont été réglées par acte sous seing privé[3].

Ainsi n'est-il pas permis de constater par acte sous seing privé la disposition gratuite d'un droit de passage[4], de la nue-propriété d'un immeuble[5], d'un fonds de commerce[6], d'un droit de chasse[7]ou de toute autre valeur patrimoniale (ainsi d'une donation éventuelle des fruits d'un immeuble[8]).

L'une des terres d'élection de la prohibition légale est constituée par les **pactes familiaux.** Il arrive assez couramment qu'à la suite du décès d'un des parents[9], d'un divorce ou d'un changement de régime matrimonial[10], les membres d'une famille concluent, par acte privé, un accord de répartition des biens qui emporte une ou plusieurs libéralités. Ces conventions - souvent des donations-partages cumulatives - sont nulles, puisque passées en violation de l'article 931 du Code civil.

311.13 Validité de certaines donations non notariées. Si la loi défend toutes donations franches non authentiques, elle n'interdit pas en revanche les donations tacites; celles qui n'osent pas dire (plutôt écrire) leur nom.

Il est relativement aisé de contourner la prohibition de l'article 931 du Code civil. Il suffit de ne pas matérialiser l'accord des volontés par un écrit (don manuel, v. s^{s} n°s 311.61 s.) ou bien de couvrir d'un voile pudique la gratuité de l'opération (donation déguisée, v. s^{s} n°s 311.131 s. - et donation indirecte, v. s^{s} n°s 311.141 s.).

À côté de **la donation notariée**, on rencontre donc des **donations non notariées.** Ces dernières sont aujourd'hui sans doute plus fréquentes que la première. Le désir des particuliers d'éluder les règles civiles (capacité, rapport, réduction, *etc.*) et surtout

1. V. NOT., X. Lagarde, « Réflexions sur le fondement de l'article 931 du Code civil », *RTD civ.* 1997. 25.
2. Civ. 1re, 15 févr. 2012, n° 11-11.636, NP; *D.* 2012. Pan. 2483, obs. M. Nicod.
3. Civ. 1re, 17 oct. 2007, n° 05-14.818, *Bull. civ.* I, n° 322; *D.* 2007. AJ 2735; *Defrénois* 2007, art. 38697, obs. R. Libchaber; 2008, art. 38731, note Ph. Malaurie; *LPA* 2008, n° 93, p. 18, note Ph. Malaurie; *JCP N* 2008. 1281, note P. Van Steenlandt; *JCP N* 2009. I. 109, note R. Le Guidec; *Dr. fam.* 2007, n° 226, note B. Beignier; *AJ fam.* 2007. 435, obs. F. Bicheron; *RTD civ.* 2008. 132, note M. Grimaldi; *RDC* 2008/2, p. 450, note Gaudemet.
4. Civ. 1re, 23 mai 1973, n° 72-10.186, *Bull. civ.* I, n° 178; *JCP* 1975. II. 17920, note M. Dagot; *Defrénois* 1975, art. 30908, note Goubeaux.
5. Civ. 3e, 20 févr. 1974, n° 72-11.928, *Bull. civ.* III, n° 84.
6. Civ. 1re, 5 avr. 1978, n° 76-15.340, *Bull. civ.* I, n° 148; *D.* 1978. IR 468, obs. D. Martin.
7. Dijon, 16 juin 1994, *D.* 1995. Somm. 189, obs. A. Robert.
8. Civ. 1re, 3 nov. 1988, n° 87-13.319, *Bull. civ.* I, n° 300; *Defrénois* 1989, art. 34482, p. 442, obs. G. Vermelle; *JCP* 1989. II. 21375, note T. Hassler; *RTD civ.* 1990. 700, note J. Patarin.
9. V. NOT. Civ. 1re, 1er déc. 1999, n° 97-21.953, *Bull. civ.* I, n° 327; *Dr. fam.* 2000, n° 44, note B. Beignier; *D.* 2000. IR 5; *JCP N* 2000, p. 1884, note M. Dagot; *RTD civ.* 2000. 884, note J. Patarin – Civ. 1re, 3 janv. 2006, n° 02-17.656, *Bull. civ.* I, n° 3; *D.* 2006. Pan. 2073, obs. M. Nicod; *Dr. fam.* 2006, n° 38, note B. Beignier; *RTD civ.* 2007. 610, note M. Grimaldi.
10. Civ. 1re, 10 juin 1987, n° 84-13.651, *Bull. civ.* I, n° 188.

fiscales normalement applicables aux libéralités explique largement ce succès.

311.14 **A) Donation notariée – Formalisme légal.** Le Code civil réglemente dans le détail, aux articles 931 et suivants, « *la forme des donations entre vifs* » (v. s[s] n°s 311.20 s.). Plus succinctement, il comporte également quelques textes intéressant la sanction de ce formalisme légal (v. s[s] n°s 311.41 s.).

311.15 **B) Donation non notariée – Généralités.** En marge de la donation constatée par acte notarié, seule forme de donner réglementée par le Code civil, la tradition juridique française admet certaines donations non notariées. Déjà pratiquées sous l'ancien droit, celles-ci ont aujourd'hui partiellement repoussé dans l'ombre les prévisions de l'article 931. Le législateur contemporain ne craint pas d'ailleurs d'évoquer expressément ce pluralisme : l'article 265 alinéa 1er du Code civil (L. n° 2004-439, 26 mai 2004[1]) vise désormais « *les donations de biens présents quelle que soit leur forme* ».

Si les donations non notariées échappent aux règles de forme édictées par les codificateurs, elles continuent, en revanche, d'obéir aux règles de fond des donations entre vifs (capacité, irrévocabilité spéciale, *etc.*). Elles sont, en particulier, sujettes au rapport et à la réduction.

311.16 **Division.** L'article 931 du Code civil impose la forme notariée à tout écrit portant donation entre vifs. Pour ce soustraire à cette exigence, deux voies sont envisageables :

- On peut s'abstenir de matérialiser l'acte libéral par un écrit. On se contente, par exemple, d'exprimer la volonté bienfaisante par un geste, la tradition de la chose donnée.

- Maintenant si l'on rédige un écrit, il faut prendre soin de dissimuler la nature de l'acte juridique qu'il porte. Autrement dit, on ment ou l'on se tait sur le véritable caractère de l'opération.

La jurisprudence distingue ainsi le **don manuel**, la **donation déguisée** et la **donation indirecte**.

SECTION 2
DONATION NOTARIÉE

311.20 **Principe d'authenticité.** En droit français, l'authenticité notariale ne s'est que tardivement imposée aux donations entre vifs. Il fallut attendre l'ordonnance de février 1731 pour que l'intervention du notaire s'élève définitivement au rang de solennité. C'est en gros cette réglementation édictée au XVIIIe siècle que l'on retrouve aujourd'hui dans le Code civil; elle prescrit à la fois **l'acte en minute, l'acceptation authentique et expresse, l'état mobilier.**

§ 1
Acte en minute

311.21 **Instrument notarié.** Aux termes de l'article 931 du Code civil, inchangé depuis 1804, l'acte portant donation entre vifs doit être passé « *devant notaires, en la forme ordinaire des contrats; et il en restera minute, sous peine de nullité* ».

La donation devait initialement être dressée en présence de deux notaires ou, à défaut, d'un notaire et de deux témoins. La loi du 28 décembre 1966 abandonna cet excès de précaution. Toute donation entre vifs peut désormais être reçue par un notaire unique; le pluriel conservé par l'article 931 du Code civil n'est qu'un reflet du passé. Mais contrairement au droit commun, le notaire n'est pas autorisé à habiliter un ou plusieurs clercs assermentés (L. 25 ventôse an XI, art. 10, al. 3, mod. par L. n° 73-546, 25 juin 1973); il doit recevoir personnellement la volonté de donner.

Pour le reste, la rédaction de l'acte de donation ne présente guère d'originalité. Elle doit être conforme aux directives du décret n° 71-941 du 26 novembre 1971, relatif aux actes établis par les notaires[2].

311.22 **Accord des volontés.** Comme tout contrat, la donation entre vifs suppose un accord de volontés. Il convient, par conséquent, que l'offre du disposant soit acceptée par le donataire.

Le donateur n'est pas tenu d'assister en personne à la confection de l'acte de donation. Il peut, s'il le souhaite, se faire représenter par un mandataire. Il faut alors que le mandat soit spécial[3] et donné sous forme notariée. Par ailleurs, le donateur est libre d'exprimer sa volonté bienfaisante suivant le mode qui lui convient. La jurisprudence reconnaît, par exemple, la possibilité pour le sourd-muet de manifester son intention de donner par des gestes non équivoques[4].

S'agissant d'un contrat conclu *intuitu personae*, l'acceptation d'une donation doit émaner du donataire lui-même[5]. Ni ses héritiers ni ses créanciers ne peuvent agir à sa place. Au cas où le donataire a

1. L. n° 2004-439, 26 mai 2004, relative au divorce, *JO* 27 mai, p. 9319.
2. Décr. n° 71-941, 26 nov. 1971, relatif aux actes établis par les notaires, *JO* 3 déc., p. 11795.
3. Civ. 1re, 29 juin 1983, n° 82-13.058, *Bull. civ.* I, n° 192.
4. Req. 30 janv. 1844, *S.* 1844. 1. 102 – Req. 17 déc. 1878, *DP* 1879. 1. 409; *S.* 1879. 1. 209.
5. Civ. 1re, 17 mai 1993, n° 91-17.907, *Bull. civ.* I, n° 176; *JCP* 1994. II. 22269, note Ebout; *JCP N* 1993. II. 359; *Gaz. Pal.* 1993, n° 321, Pan. 251; *RTD civ.* 1994. 925, obs. B. Vareille.

confié le soin d'accepter la libéralité à un mandataire, il convient, selon l'article 933 du Code civil, que la procuration soit « *passée devant notaires* »; et qu'une expédition soit annexée à la minute de la donation. Naturellement, le choix du mandataire ne peut pas être modifié par le notaire rédacteur; seul le mandataire désigné est en droit de faire usage de la faculté de substitution prévue par la procuration [1].

311.23 Formalisme de l'acceptation. L'acceptation des donations entre vifs est solennelle.

Le Code civil précise, d'une part, que l'acceptation doit être **authentique** (C. civ., art. 931 et 932, al. 2). Les tribunaux veillent à ce qu'elle soit, comme l'offre à laquelle elle répond, formulée dans un écrit dont il reste minute.

D'autre part, l'acceptation doit être faite **en termes exprès** (C. civ., art. 932, al. 1er). Quoique cette mention soit requise *ad validitatem* [2], il n'y a pas ici de formule sacramentelle. Il suffit, en pratique, que le notaire exprime clairement dans l'acte le consentement du donataire. En revanche, l'absence de mention de l'acceptation n'est pas susceptible d'être suppléée par les circonstances de l'espèce : ni la présence physique du donataire, ni sa simple signature ne satisfont à l'exigence légale [3].

On notera que l'article 1087 du Code civil écarte cette dernière formalité pour les donations faites par contrat de mariage (v. ss nos 341.11 s. à 347.11 s.). Celles-ci peuvent se former à la suite d'une simple acceptation tacite.

Quand le donataire est présent lors de la rédaction de l'acte dressé à la demande du donateur, le notaire indique que le bénéficiaire « *accepte* » la libéralité, et sa volonté de recevoir se matérialise par une signature. À défaut de cette marque d'approbation, la disposition est entachée de nullité. Les actes notariés devant être signés par toutes les parties (Décr. n° 71-941, 26 nov. 1971, art. 11 et 23), il n'est pas permis de recourir plus tard, pour corriger cette irrégularité formelle, à la procédure de l'article 932 alinéa 2 du Code civil [4].

311.24 Acceptation par acte séparé. Les codificateurs ont expressément envisagé l'éventualité d'une dissociation de l'offre de donner et de son acceptation. L'article 932 alinéa 2 du Code civil prévoit que « *l'acceptation pourra être faite du vivant du donateur, par un acte postérieur et authentique, dont il restera minute* ».

En pareille hypothèse, l'instrument notarié qui porte l'offre du disposant constate l'absence du donataire. Si celui-ci désire ultérieurement accepter, il lui faut donc, à son tour, manifester son acceptation dans un acte notarié. Afin que l'offrant ne reste pas dans l'ignorance de la réponse positive du donataire, les codificateurs ont décidé que ce second acte devait lui être notifié. Mais le Code n'ayant pas réglementé la forme de cette notification, la jurisprudence se contente d'une notification tacite – celle-ci se réduit parfois à la connaissance de l'acceptation par le gratifiant. Pourtant la formalité est d'importance : l'article 932 alinéa 2 énonce que la donation n'a d'effet, à l'égard du donateur, que du jour de la notification. On infère de ce texte qu'il est habile, jusqu'à cette date, à rétracter son offre de libéralité. D'après la Cour de cassation, la donation est en revanche parfaite, à l'égard du donataire, dès son acceptation [5]. Dès lors, ni le décès ni l'incapacité du donataire, survenant entre l'acceptation et la notification, n'ont pour conséquence d'entraîner la caducité de la libéralité.

311.25 Rétractation de l'acceptation. Le principe du parallélisme des formes conduit la Cour de cassation à juger que « *la renonciation à une donation doit revêtir la même forme authentique que l'acceptation qu'elle entend rétracter* » [6]. Le donataire ne peut pas prétendre « renoncer » à une donation entre vifs par un simple échange de lettres avec le donateur; pour défaire la libéralité, il lui faut passer par la rédaction d'un nouvel acte notarié [7].

En pratique, le donataire se défera du bien reçu en consentant, à son tour, une donation entre vifs au donateur initial; celle-ci se trouvera communément soumise, du fait de son caractère ostensible, au formalisme légal des articles 931 et suivants du Code civil [8] (*contra*, admettant l'existence d'une donation indirecte par « rétrocession » [9]).

1. Civ. 1re, 23 juin 2008, n° 06-17.489, *Bull. civ.* I, n° 27; *D.* 2008. AJ 483; *Defrénois* 2008, art. 38740-8, obs. R. Libchaber.
2. Civ. 1re, 8 juin 1966, *D.* 1966. 674, note P. Voirin; *JCP* 1966. II. 14728, note J. A. – Civ. 1re, 3 mars 1998, n° 95-12.053, *Bull. civ.* I, n° 89; *Defrénois* 1998, art. 36828, n° 88, obs. G. Champenois; *RTD civ.* 1998. 716, obs. J. Patarin.
3. Civ. 1re, 3 mars 1998, n° 95-12.053, préc. ss n° 311.23 – Civ. 1re, 2 mars 1999, n° 97-11.430, *Bull. civ.* I, n° 74; *D.* 1999. IR 88.
4. Civ. 1re, 28 nov. 1972, n° 71-13.226, *Bull. civ.* I, n° 260; *JCP* 1973. II. 17461, note M. Dagot; *Defrénois* 1973, art. 30403, note G. Morin.
5. Req. 4 mars 1902, *DP* 1902. 1. 214; *S.* 1902. 1. 161, note M. Lyon-Caen.
6. Civ. 1re, 2 juin 1970, n° 68-14.147, *Bull. civ.* I, n° 187; *JCP* 1972. II. 17095, note M. Dagot – Civ. 1re, 7 juin 2006, n° 04-14.652, *Bull. civ.* I, n° 289; *Defrénois* 2006, art. 38496, note B. Gelot; *D.* 2007. Pan. 2134, obs. M. Nicod.
7. Civ. 1re, 7 juin 2006, n° 04-14.652, préc. ss n° 311.24.
8. V. NOT. pour les circonstances de fait : Civ. 1re, 15 déc. 2010, n° 09-70.834, *Bull. civ.* I,
9. Civ. 1re, 1er juin 1994, n° 92-11.910, *Bull. civ.* I, n° 195; *Defrénois* 1994, art. 35953, n° 175, obs. G. Champenois; *RTD civ.* 1994. 655, obs. crit. J. Patarin.

311.26 Renonciation par le donateur aux charges et clauses protectrices. Par contraste avec l'hypothèse précédente (rétractation de l'acceptation, v. s[s] n°s 311.25), où c'est le transfert de propriété qui est en jeu, la jurisprudence est moins exigeante à l'égard du donateur qui entend finalement renoncer à l'une des clauses insérées en sa faveur dans la donation notariée (charges, inaliénabilité, droit de retour, *etc.*). Il lui est loisible de manifester sa volonté abdicative par un **acte sous seing privé**[1]. La Cour de cassation voit dans cette renonciation une **donation indirecte valide**[2].

§ 2
État estimatif des meubles

311.31 Donations mobilières. Lorsque la donation notariée a pour objet des effets mobiliers, elle doit comporter, à peine de nullité, un état descriptif et estimatif. La règle, qui tend principalement à garantir l'irrévocabilité du dépouillement du donateur, permet, en outre, d'éviter d'éventuelles contestations lors d'une restitution ultérieure (nullité, rapport, réduction, révocation légale).

Suivant l'article 948 du Code civil, un état portant énumération et estimation détaillées des meubles donnés, signé du donateur et du donataire, doit être annexé à la minute de la donation. Cette solennité a une portée générale. Elle s'impose pour la donation mobilière accessoire à une donation d'immeuble, pour la donation-partage[3], pour la donation d'une quote-part du mobilier ou pour la donation de meubles incorporels. Les tribunaux tempèrent toutefois ce formalisme à l'égard de la donation de sommes d'argent, qui n'a pas lieu d'être estimée, et à l'égard de la donation d'universalité, une collection par exemple, pour laquelle une énumération par catégories et une estimation globale est jugée suffisante[4] (mais la jurisprudence fait parfois preuve d'un laxisme contestable[5]). Le don manuel, soustrait aux formes légales, échappe naturellement à cette exigence.

L'état estimatif n'a pas besoin d'être dressé en la forme authentique; l'acte sous seing privé est à même de satisfaire le vœu de la loi. Mieux, la Cour de cassation affirme qu'il « *peut y être suppléé par un équipollent, tel qu'un inventaire auquel se réfèrent les parties ou par tout acte pouvant, fixer de manière invariable, la consistance et la valeur des objets donnés* »[6].

§ 3
Sanction

A.
Nature de la sanction

311.41 Nullité absolue. Le formalisme se caractérise par sa sanction. La forme, ce qui l'isole des autres formalités (preuve, publicité, *etc.*), est requise à titre de condition de validité de l'acte solennel. L'article 931 du Code civil est, sur ce terrain, dépourvu d'équivoque : en cas de transgression du rite, la donation entre vifs est frappée de nullité, plus précisément d'une nullité absolue[7].

On a longtemps enseigné que cette nullité changeait de nature en fonction de la période envisagée : absolue du vivant du donateur, puis relative à son décès. Cette extraordinaire métamorphose reposait sur une lecture partisane des articles 1339 et 1340 du Code civil. En effet, si le premier de ces textes énonce que « *le donateur ne peut réparer par aucun acte confirmatif les vices d'une donation entre vifs, nulle en la forme* »; le second prévoit que « *la confirmation ou ratification, ou exécution volontaire d'une donation par les héritiers ou ayants cause du donateur, après son décès, emporte leur renonciation à opposer* [...] *les vices de forme* ». Associant le pouvoir de confirmer au caractère de la nullité, la doctrine classique expliquait que la confirmation est prohibée par l'article 1339 parce que la nullité est, du vivant du disposant, absolue, et permise à ses héritiers par l'article 1340 parce qu'elle devient, à son trépas, relative.

De nos jours, la Cour de cassation estime, à bon escient, que la donation formellement irrégulière est entachée de **nullité absolue** même après la mort du donateur[8].

1. Civ. 1re, 14 mai 1996, n° 94-15.826, NP; *Defrénois* 1997, art. 36682, note Gelot – Civ. 1re, 5 avr. 2005, n° 03-19.614, *Bull. civ.* I, n° 168; *D.* 2005. Pan. 2123, obs. n° 144, note B. Beignier.
2. Civ. 1re, 20 févr. 2007, n° 04-16.817, NP; *D.* 2007. Pan. 2134, obs. M. Nicod; *Dr. fam.* 2007, n° 92, note B. Beignier; *RJPF* 2007-5/44, obs. J. Casey.
3. Civ. 1re, 10 juin 1970, n° 69-10.950, *Bull. civ.* I, n° 198; *JCP* 1971. II. 16656, note M. D.
4. Civ. 1re, 2 nov. 1954, *JCP* 1954. II. 8443, note P. Esmein.
5. Paris, 25 mars 1991, *D.* 1992. Somm. 230, obs. crit. M. Grimaldi.
6. Req. 11 avr. 1854, *DP* 1854. 1. 246.
7. EN DERNIER LIEU, Civ. 1re, 11 sept. 2013, n° 12-15.618, *Bull. civ.* I [à paraître]; *Defrénois* 2013. 1090, note C. Vernières; *Dr. fam.* 2013. Comm 153, note M. Nicod.
8. Civ. 1re, 26 janv. 1983, n° 82-10.426, *Bull. civ.* I, n° 39; *D.* 1983. 317, note A. Breton; *R.* 1983. 44 – Civ. 1re, 29 nov. 1989, n° 88-13.926, *Bull. civ.* I, n° 368; *Defrénois* 1990, art. 34802, n° 51, obs. J.-L. Aubert.

B.
Régime de la sanction

311.51 Titulaires de l'action en nullité. La jurisprudence ayant opté pour la nullité absolue, l'action en nullité est en principe ouverte à toute personne intéressée : donateur[1], donataire[2], créanciers[3]. Si du vivant des parties les héritiers ne peuvent agir, c'est faute de justifier d'un intérêt particulier et distinct; mais, au décès de leur auteur, ils sont à leur tour investis du droit d'alléguer le vice de forme.

311.52 Confirmation. La confirmation de la donation imparfaite est interdite au donateur par l'article 1339 du Code civil. Son acte confirmatif ne mérite pas, il est vrai, plus de crédit que l'acte nul, sans quoi la protection de la volonté de donner que la loi attache au formalisme notarié serait bien illusoire. Aussi les tribunaux maintiennent-ils fermement le respect de cette prohibition. Ils n'admettent pas plus l'exécution volontaire de la disposition nulle, notamment par don manuel[4], que l'accomplissement tardif de la solennité omise[5] ou la transaction[6]. La seule solution pour le disposant consiste à refaire, cette fois par un acte régulier en la forme, la libéralité souhaitée (C. civ., art. 1339 *in fine*).

Après la mort du gratifiant, la situation n'est plus la même : l'article 1340 du Code civil permet aux héritiers du disposant, ou éventuellement à ses ayants cause universels, de passer outre à l'irrégularité commise. Il leur est loisible de confirmer en connaissance de cause (C. civ., art. 1338), c'est-à-dire avec l'intention de réparer un vice connu[7], l'acte imparfait. À eux qui sont les premiers intéressés, et pour lesquels on ne peut sérieusement redouter un entraînement irréfléchi ou un abus d'influence, de se faire juges du bien-fondé de la disposition gratuite.

311.53 Prescription. Sous l'empire du **Code civil de 1804**, la nullité absolue se prescrivait par trente ans. En matière de donation notariée, ni le **délai trentenaire**, ni son point de départ au jour de l'acte de disposition ne faisaient difficulté lorsque l'action était exercée du vivant du donateur. Mais lorsqu'elle l'était après sa mort, la solution était plus hésitante. Dans un premier temps, la jurisprudence – raisonnant sur une nullité relative – s'en tenait à une **prescription décennale**, qui partait du décès du donateur, du moins quand les héritiers avaient eu connaissance de la donation[8]. Puis, à la fin du XXe siècle, la Cour de cassation affirma, au rebours de cette ancienne opinion, que la **prescription** restait **trentenaire** même après le décès, et qu'elle courait du jour de la donation[9].

Avec la réforme de la prescription civile opérée par la loi n° 2008-561 du 17 juin 2008[10], les règles ici applicables ont été profondément modifiées. Désormais, l'action en nullité pour vice de forme d'une donation notariée est soumise – comme toute action personnelle – au **délai de droit commun de cinq ans** (C. civ, art. 2224), avec un glissement possible du point de départ (connaissance de la donation irrégulière), assorti du **délai butoir de vingt ans** (C. civ., art. 2232). Sous cette réserve, le donataire est donc en droit d'opposer à la demande du donateur ou de ses héritiers la prescription quinquennale.

SECTION 3
Don manuel

311.61 Présentation. Comme le souligne sa dénomination suggestive, le don manuel est une donation entre vifs qui se réalise par la remise, de la main à la main, de la chose donnée[11].

La validité du procédé, qui semble être le mode le plus naturel d'extériorisation de la volonté de donner, n'a jamais été contestée. La tradition inhérente au don manuel est de nature, à l'imitation de l'acte authentique, à assurer l'irrévocabilité du dépouillement et, plus largement, à mettre en éveil la conscience du gratifiant.

311.62 Dualité du don manuel. Le don manuel présente, de nos jours, deux visages. L'un classique, hérité de l'ancien droit, qui suppose une tradition réelle, c'est-à-dire une **remise matérielle** du meuble transmis (v. s^s^ n°s 311.70 à 311.83); l'autre moderne, né de la dématérialisation croissante des biens, où les juges n'exigent guère que le **dessaisis-**

1. V. PAR EX., Civ. 1re, 28 nov. 1972, n° 71-13.226, *Bull. civ.* I, n° 260; *JCP* 1973. II. 17461, note M. Dagot – Civ. 1re, 11 sept. 2013, n° 12-15.618, préc. s^s^ n° 311.41.
2. V. PAR EX., Civ. 1re, 8 juin 1966, *D.* 1966. 674, note P. Voirin.
3. V. PAR EX., Civ. 1re, 1ER JUIN 1994, n° 92-11.910, *Bull. civ.* I, n° 195; *RTD civ.* 1994. 655, obs. J. Patarin.
4. Paris, 26 mai 1948, *JCP* 1948. II. 4558, note P. Raynaud.
5. Civ. 1re, 15 juin 1962, *Gaz. Pal.* 1962. 2, 181.
6. Civ. 1re, 12 juin 1967, *Bull. civ.* I, n° 208; *D.* 1967. 584, note A. Breton; *JCP* 1967. II. 15225, note R. L.
7. Civ., 14 mars 1867, *DP* 1867. 1. 201 – Req. 9 juill. 1873, *DP* 1874. 1. 219.
8. Req. 5 mai 1862, *DP* 1862. 1. 341 – Req. 27 nov. 1865, *DP* 1866. 1. 217; *S.* 1866. 1. 104.
9. Civ. 1re, 26 janv. 1983, n° 82-10.426, préc. s^s^ n° 311.41 – Civ. 1re, 29 nov. 1989, n° 88-13.926, préc. s^s^ n° 311.41.
10. L. n° 2008-561, 17 juin 2007, portant réforme de la prescription en matière civile, *JO* 18 juin, p. 9856.
11. V. N. Peterka, *Les dons manuels*, LGDJ, 2001.

sement irrévocable du donateur (v. s[s] n°s 311.91 à 311.93).

§ 1
Don manuel classique

311.70 **Tradition réelle.** La tradition réelle est la clef de voûte du don manuel. Elle est, au regard de l'article 931 du Code civil, la condition et le fondement de sa validité.

Le don manuel est, à l'ordinaire, un contrat réel; il se consomme, sans écrit, par la remise effective de la chose. C'est pourquoi la promesse de don manuel est nulle et de nul effet[1]. À l'offre de donation, émanant du donateur qui tend l'objet donné, répond l'acceptation du donataire, qui s'en saisit. La dépossession du gratifiant et la mise en possession corrélative du gratifié concrétisent l'accord des volontés.

L'exigence d'une tradition réelle ne fait pas obstacle à l'entremise d'un tiers[2]. Celui-ci peut tout aussi bien être le mandataire du donateur que du donataire, voire plus exceptionnellement des deux parties. Comme toujours en matière de libéralités, son mandat doit être spécial[3].

A.
Objet de la tradition

311.71 **Principe.** S'agissant d'un contrat réel, le domaine du don manuel se trouve circonscrit aux biens meubles, et plus précisément à ceux qui peuvent s'acquérir dans les conditions de l'article 2276 du Code civil. En théorie, seuls les **meubles corporels** s'offrent à la réalisation d'une tradition effective. Cependant, le caractère particulier de **certains biens incorporels** ne s'oppose pas à ce qu'ils soient transmis de la main à la main.

311.72 **Meubles corporels.** Tous les meubles dont la possession est matériellement transmissible peuvent, en principe, faire l'objet d'une donation manuelle. Il s'agira, par exemple, de pièces ou de lingots d'or, de bijoux, d'espèces monétaires, de tableaux, de livres rares, de meubles meublants...

On doit retrancher de cette liste les meubles corporels dont le transfert de propriété est assujetti à des formalités spéciales. Les navires, les bateaux de rivière et les aéronefs, qui sont immatriculés au nom de leurs propriétaires sur des registres publics, ne peuvent être donnés manuellement[4]. Il en va différemment pour les véhicules automobiles[5] (mais le transfert de la carte grise, sans tradition du véhicule, est jugé insuffisant[6]), car leur immatriculation n'est qu'une formalité de police, dépourvue d'effets civils.

311.73 **Meubles incorporels.** Les meubles et droits incorporels sont théoriquement exclus du champ d'application du don manuel. On ne peut transmettre par tradition ni un fonds de commerce[7] ni un droit de propriété intellectuelle[8].

De même, les créances ne peuvent être transmises par don manuel[9]. Seuls les titres au porteur, auxquels sont assimilés les titres à ordre endossés en blanc, dérogent à cette exclusion de principe. On estime que la créance y fait corps avec le titre et qu'ainsi matérialisée sa nature incorporelle cesse de créer un obstacle à une livraison de la main à la main. Aussi la jurisprudence a-t-elle admis la validité des dons d'effets de commerce[10] ou de chèques[11] opérés par endossement en blanc, joint à la remise du titre au donataire (sur les développements récents de cette jurisprudence, v. s[s] n° 311.93).

311.74 **Usufruit et nue-propriété.** Les tribunaux ont également considéré que des droits réels autres que la propriété, tels l'usufruit ou la nue-propriété – qui dans la tradition française ne se confondent pas avec la chose sur laquelle ils portent –, pouvaient valablement faire l'objet d'un don manuel[12] (plus récemment, don de l'usufruit d'une somme d'argent[13]).

Encore faut-il, toutefois, que la réserve d'usufruit stipulée au profit du donateur soit conciliable avec le **principe du dessaisissement définitif**. L'usufruitier ne peut ici conserver l'administration et la libre disposition des biens grevés[14], car de telles prérogatives sont incompatibles avec la tradition réelle.

1. Req. 23 juin 1947, *D.* 1947. 463 – Civ. 1re, 23 janv. 2001, n° 97-20.618, *Bull. civ.* I, n° 8; *JCP* 2001. II. 10620, note Légier; *Defrénois* 2001, art. 37357, p. 626, note R. Crône; *Rev. crit. DIP* 2002. 80, obs. B. Ancel.
2. Civ. 1re, 20 juin 1961, *JCP* 1961. II. 12352, note A. Ponsard.
3. Civ. 1re, 29 juin 1983, n° 82-13.058, *Bull. civ.* I, n° 192.
4. Civ., 18 janv. 1870, *DP* 1870. 1. 27.
5. Civ. 1re, 15 oct. 1963, *Bull. civ.* I, n° 433.
6. Civ. 1re, 11 juill. 1960, *D.* 1960. 702, note P. Voirin.
7. Civ. 1re, 5 avr. 1978, n° 76-15.340, *Bull. civ.* I, n° 148.
8. Civ., 26 févr. 1919, *DP* 1923. 1. 215.
9. Riom, 1er févr. 1973, *Gaz. Pal.* 1973. 2. 797, note D. Martin.
10. Civ., 12 déc. 1815, *S. chronol.*, p. 122.
11. Civ. 1re, 24 mai 1976, n° 75-10.678 *Bull. civ.* I, n° 188; *JCP* 1978. II. 18806, note C. Gavalda.
12. Civ., 11 août 1880, *DP* 1880. 1. 461; *S.* 1881. 1. 15 – Req. 15 nov. 1881, *DP* 1882. 1. 67; *S.* 1882. 1. 259.
13. Civ. 1re, 25 févr. 1997, n° 94-22.022, *Bull. civ.* I, n° 70; *D.* 1999. Somm. 309, obs. M. Nicod; *Dr. fam.* 1997, n° 116, note Lécuyer; *Defrénois* 1997, art. 36703, n° 176, obs. G. Champenois; *RTD civ.* 1998. 439, obs. J. Patarin.
14. Civ. 1re, 31 janv. 1967, *Bull. civ.* I, n° 40.

B. Caractères de la tradition

311.81 Tradition entre vifs. Le don manuel est un contrat entre vifs, une « *donation de main chaude* » comme on aimait autrefois l'appeler. Matérialisant l'échange des consentements, la tradition ne peut logiquement être accomplie *post mortem*. La jurisprudence est unanime pour déclarer sans valeur toute remise postérieure au décès du donateur[1].

C'est surtout en cas d'intervention d'un intermédiaire que la question retient l'attention. À défaut d'une tradition entre vifs, l'opération est doublement condamnée. À la caducité du mandat par la disparition du mandant - qui n'est, il est vrai, qu'une règle supplétive (C. civ., art. 2003) -, s'ajoute la prohibition des donations à cause de mort édictée par l'article 893 du Code civil (sur la nullité de tout mandat *post mortem* visant « *à transgresser les règles d'ordre public édictées en matière successorale* »[2]). Toutefois, lorsqu'il s'agit d'un mandat donné par le donataire, le don manuel peut produire son effet pourvu que la remise du bien à ce mandataire ait eu lieu avant le décès du disposant.

311.82 Tradition à titre autonome. La tradition n'est pas ici, comme à l'accoutumée, un mode d'exécution d'une obligation préalablement souscrite. Elle est la forme substantielle de la donation.

Dès lors, on comprend que la remise d'un meuble en exécution d'une donation sous seing privé entachée de nullité ne soit pas constitutive de don manuel. Pour être utile, la tradition doit avoir été effectuée « *à titre autonome et distinct* »[3], c'est-à-dire avec l'intention de donner naissance à une libéralité.

311.83 Dessaisissement irrévocable. Les dons manuels n'échappent pas aux règles de fond des donations entre vifs, notamment à la maxime « *donner et retenir ne vaut* ». Selon l'excellente formule de la Cour de cassation, « *le don manuel n'a d'existence que par la tradition réelle que fait le donateur de la chose donnée, effectuée dans des conditions telles qu'elle assure la dépossession de celui-ci et l'irrévocabilité de la donation* »[4].

Par suite, le gratifiant ne peut pas valablement conserver un pouvoir d'action sur la chose donnée[5]. Ainsi, il n'y a pas de tradition véritable - ni du reste de donation - lorsque le bienfaiteur dépose des bijoux ou des titres dans un coffre-fort loué au nom du donataire, obtient ensuite de ce dernier une procuration et garde par-devers lui la clef[6]. Dans de telles circonstances, il lui est facile de reprendre ce qu'il n'a vraiment abandonné. Cette absence de dessaisissement laisse, en outre, présumer l'existence d'une condition potestative de la part du donateur, c'est-à-dire d'une atteinte au principe de l'irrévocabilité spéciale des donations. La libéralité est donc nulle, tant en la forme qu'au fond[7].

§ 2 Nouvelles formes de don manuel

311.91 Conséquence de la dématérialisation des biens. La jurisprudence contemporaine qualifie volontiers de « *dons manuels* » des libéralités entre vifs qui, pourtant, sont réfractaires à la possibilité d'une tradition réelle[8]. Cette exigence concrète n'est pas compatible, en effet, avec la dématérialisation de certains biens, telles que la monnaie scripturale ou les valeurs mobilières.

De nouveaux procédés de transfert des richesses (virement, chèque...) remplacent désormais l'antique tradition manuelle. Au critère classique du don manuel, les tribunaux ont, en conséquence, adjoint un critère moderne, plus impalpable : le dessaisissement irrévocable du donateur (v. not., la solution très laxiste adoptée à propos de la remise d'une procuration sur des livrets de caisse d'épargne[9]).

1. Civ. 1re, 27 oct. 1993, n° 91-13.946, *Bull. civ.* I, n° 299; *RTD civ.* 1994. 144, obs. J. Patarin – Civ. 1re, 6 mars 1996, n° 94-14.222, *Bull. civ.* I, n° 119; *D.* 1996. IR 96; *JCP* 1997. I. 4021, obs. R. Le Guidec.
2. Civ. 1re, 28 juin 1988, n° 86-13.639, *Bull. civ.* I, n° 209; *D.* 1989. 181, note I. Najjar; *JCP* 1989. II. 21366, note D. Martin.
3. Paris, 26 mai 1948, *JCP* 1948. II. 4558, note P. Raynaud.
4. Civ. 1re, 11 juill. 1960, *D.* 1960. 702, note P. Voirin; *Gaz. Pal.* 1961. 1. 39 – Plus récemment, v. Civ. 1re, 10 oct. 2012, n° 10-28.363, *Bull. civ.* I, n° 195; *RTD civ.* 2012. 760, obs. M. Grimaldi; *RTD civ.* 2013. 146, obs. W. Dross.
5. Req. 3 nov. 1897, *DP* 1897. 1. 393, note Planiol.
6. Civ. 1re, 22 déc. 1971, n° 70-13.425, *Bull. civ.* I, n° 326; *Defrénois* 1972, art. 30189, obs. J.-L. Aubert – Civ. 1re, 19 nov. 1996, n° 95-10.242, *Bull. civ.* I, n° 154; *D.* 1997. Somm. 365, obs. M. Nicod – Civ. 1re, 3 avr. 2002, n° 99-20.527, *Bull. civ.* I, n° 105; *Defrénois* 2003, art. 37649, n° 8, obs. G. Champenois; *RTD civ.* 2002. 554, obs. J. Patarin.
7. V. PAR EX. Paris, 19 mars 1991, *D.* 1991. IR 126; *JCP N* 1992. Prat. 155, obs. A. Viandier et J.-J. Caussain.
8. V. Debeaurain, « Les formes modernes de don manuel », *JCP N* 1979. 276.
9. Civ. 1re, 14 mai 1996, n° 94-10.162, *Bull. civ.* I, n° 203; *Defrénois* 1996, art. 36387, n° 127, obs. G. Champenois; *D.* 1996. Somm. 393, obs. crit. M. Grimaldi; *JCP N* 1997. II. 1039, note Raffray – COMP. Civ. 1re, 3 mai 2006, n° 04-20.423, *Bull. civ.* I, n° 210; *D.* 2006. AJ 1526, obs. V. Avena-Robardet; *Dr. fam.* 2006, n° 196, 2e esp., note B. Beignier.

311.92 Don manuel par virement. Sur cette base renouvelée, la Cour de cassation a d'abord reconnu la validité du don manuel de monnaie scripturale, opéré par un **virement de compte à compte**[1].

Plus récemment, à la suite de l'entrée en vigueur de la loi du 30 décembre 1981 (la dématérialisation des titres, mise en application par le décret du 2 mai 1983, est intervenue le 3 novembre 1984), les tribunaux ont étendu cette jurisprudence à la **transmission des valeurs mobilières dématérialisées**[2]. De nos jours, il n'y a donc plus lieu de distinguer, en ce qui concerne le don manuel, suivant que les titres sont au porteur ou nominatifs.

Conformément au droit commun, la validité du don manuel par virement suppose :

- d'une part, qu'il y ait un **dessaisissement irrévocable** du disposant, ce qui exclut que le compte crédité soit un compte joint[3] ou un compte sur lequel le donateur bénéficie d'une procuration[4];

- d'autre part, que le déplacement de valeur intervienne **entre vifs**, ce qui signifie ici que le compte du donataire doit être crédité avant la mort du donateur donneur d'ordre[5].

311.93 Don manuel par chèque. Selon la jurisprudence, la remise au donataire d'un chèque établi à son ordre est constitutive de don manuel. Plus précisément, il s'agit du « *don manuel d'une somme d'argent fait au moyen de la remise d'un chèque* »[6]. La Cour de cassation met l'accent, à titre principal, sur l'irrévocabilité du dépouillement du donateur : « *La remise d'un chèque bancaire réalise la tradition par le dessaisissement irrévocable du tireur au profit du bénéficiaire qui acquiert immédiatement la propriété de la provision* »[7].

De cette solution, il résulte, en premier lieu, que le décès du donateur avant l'encaissement du chèque ne saurait faire obstacle à l'efficacité de la donation, puisque le donataire est, dès la transmission du chèque, en possession définitive de la provision[8].

De la même façon, l'éventuelle prescription du chèque, faute d'avoir été présenté au règlement dans le délai légal, ne peut rejaillir sur les droits du donataire, titulaire de la provision[9].

Enfin, la Cour de cassation en déduit qu'en cas d'inexistence de la provision, la donation est, faute d'un dessaisissement effectif du donateur, entachée de nullité[10] (la sanction a même été étendue à l'hypothèse d'un défaut seulement partiel de provision[11]). Certes, cette imperfection peut être couverte par une régularisation intervenant du vivant du gratifiant. Mais après le décès, les héritiers ne sont pas tenus au paiement des chèques non provisionnés que le *de cujus* a pu, dans une intention libérale, remettre au bénéficiaire.

§ 3
Preuve du don manuel

311.101 Don allégué par le donataire. Lorsqu'il est en possession du bien, le gratifié n'a pas, par application de la règle « *En fait de meubles, la possession vaut titre* » de l'article 2276 du Code civil, à prouver le don manuel qu'il invoque pour justifier son droit; l'existence du don est **présumée**[12].

1. Civ. 1re, 7 juill. 1959, *Bull. civ.* I, n° 342 – Civ. 1re, 12 juill. 1966, *Bull. civ.* I, n° 424; *D.* 1966. 614, note J. Mazeaud – Civ. 1re, 30 mars 1999, n° 97-11.948, *Bull. civ.* I, n° 112; *JCP* 2000. II. 10274, note P. Cagnoli; *D.* 2000. 457, obs. D. Martin; *Dr. fam.* 1999, n° 53, note B. Beignier; *RTD civ.* 1999. 677, obs. J. Patarin.
2. Com. 19 mai 1998, n° 96-16.252, *Bull. civ.* IV, n° 161; *D.* 1998. 551, note D.-R. Martin; *D.* 1999. Somm. 308, obs. M. Nicod; *D. Affaires* 1998. 1219, obs. M. B; *JCP N* 1998, n° 1663, obs. H. Hovasse; *Defrénois* 1999, art. 36922, note Chappert; *RTD civ.* 1999. 677, obs. J. Patarin; *RTD com.* 1998. 967, obs. F. Deboissy – V. AUSSI EN CE SENS, rép. min Justice n° 4142, *JO Sénat Q* 17 mars 1994, p. 604.
3. Civ. 1re, 17 avr. 1985, n° 83-16.939, *Bull. civ.* I, n° 117; *D.* 1986. 21, note Muller.
4. Civ. 1re, 14 déc. 2004, n° 03-18.413, *Bull. civ.* I, n° 317; *D.* 2005. 626, note C. Noblot; Pan. 809; *AJ fam.* 2005. 67, obs. F. Bicheron; *Dr. fam.* 2005, n° 27, note V. Larribau-Terneyre; et n° 38, note B. Beignier; *RTD com.* 2005. 394, obs. M. Cabrillac.
5. Civ. 1re, 27 oct. 1981, *D.* 1982. IR 237, obs. D. Martin – Civ. 1re, 27 oct. 1993, n° 91-13.946, *Bull. civ.* I, n° 299; *D.* 1994. IR 29.
6. Civ. 1re, 20 nov. 1985, n° 83-14.005, *Bull. civ.* I, n° 314; *Defrénois* 1986, art. 36694, p. 409, note G. Champenois; *RTD civ.* 1987. 137, obs. J. Patarin; *RTD com.* 1986. 413, obs. M. Cabrillac et B. Teyssié.
7. Civ. 1re, 10 févr. 1993, n° 91-14.486, *Bull. civ.* I, n° 65; *D.* 1994. 182, obs. M. Cabrillac; *JCP N* 1993. II. 288 – V. DÉJÀ Civ. 1re, 4 nov. 1981, n° 80-12.926, *Bull. civ.* I, n° 327; *Defrénois* 1982. 1378, obs. G. Champenois; *RTD civ.* 1982. 781, obs. J. Patarin.
8. Civ. 1re, 4 nov. 1981, n° 80-12.926, préc. ss prést n° – Civ. 1re, 14 janv. 1997, n° 95-10.493, NP; *Dr. fam.* mars 1997, n° 53, note B. Beignier.
9. Civ. 1re, 10 févr. 1993, n° 91-14.486, préc. ss prést n°.
10. Civ. 1re, 20 nov. 1985, n° 83-14.005, préc. ss prést n°.
11. Civ. 1re, 5 févr. 2002, n° 99-18.578, *Bull. civ.* I, n° 39; *D.* 2002. Somm. 2447, obs. M. Nicod; *Defrénois* 2003, art. 37649, n° 7, obs. G. Champenois; *D.* 2003. 344, obs. D. Martin; *AJ fam.* 2002. 108; *Dr. fam.* 2002, n° 47, note B. B.; *RJPF* 2002, n° 6, p. 23, note J. Casey; *Banque et Droit* 2002. 48, note T. Bonneau; *RTD civ.* 2002. 551, obs. J. Patarin.
12. Req. 5 déc. 1893, *DP* 1894. 1. 48; *S.* 1896. 1. 79 – Civ. 1re, 30 mars 1999, n° 97-11.948, *Bull. civ.* I, n° 112; *D.* 2000. 457, obs. D.-R. Martin; *JCP* 2000. II. 10274, note P. Cagnoli; *RTD civ.* 1999. 677, obs. J. Patarin; *RJC* 2001, n° 7, p. 219.

C'est à celui qui réclame l'objet litigieux qu'il appartient de renverser cette présomption de titre, en démontrant :

- soit l'absence même de possession (par ex., que le prétendu donataire n'est qu'un détenteur précaire - preuve qui doit être faite par écrit) ;
- soit l'inutilité de cette possession - prouvée par tous moyens - du fait de la mauvaise foi du possesseur (par exemple, en cas de vol ou de détournement) ou du vice dont elle est affectée (souvent l'équivoque, due à la cohabitation) ;
- soit l'absence de donation (circonstances de l'espèce rendant invraisemblable l'intention libérale).

Mais quand le donataire n'est plus en possession au moment de la demande, ou que sa possession est viciée, c'est à lui qu'il appartient d'établir la réalité du don manuel. Il lui faut prouver, d'une part, la remise du bien, ce qu'il peut faire par tous moyens, et, d'autre part, l'existence de l'acte libéral, ce qui nécessite en principe un écrit, si la valeur du don excède 1 500 euros (C. civ., art. 1341).

Par ailleurs, un détenteur précaire (tel le bénéficiaire d'une procuration sur le compte bancaire d'autrui) ne peut évidemment pas se prévaloir de l'article 2276 du Code civil pour rapporter la preuve d'un don manuel des sommes qu'il a perçues [1].

311.102 Don allégué contre le donataire. Parfois, le don manuel est invoqué contre le donataire.

Le donateur, qui entend révoquer la donation ou obtenir l'exécution des charges qui la grève, doit démontrer qu'il y a bien eu don manuel. S'il peut établir la tradition par tous moyens, il lui faut, en revanche, prouver par écrit la nature gratuite de cette remise. Conformément au droit commun, la preuve du *negotium est*, entre les parties, soumise aux prescriptions des articles 1341 et suivants du Code civil.

Les tiers, par exemple l'Administration fiscale (v. s^s^ n° 311.121), bénéficient, ici comme ailleurs, de la liberté de preuve [2].

Les héritiers du donateur apparaissent tantôt comme les continuateurs de la personne de leur auteur, tantôt comme faisant valoir des prérogatives personnelles. Quand ils agissent en nullité pour incapacité ou en révocation pour ingratitude (C. civ., art. 957, al. 2), ils exercent un droit déjà reconnu au donateur et doivent, comme lui, rapporter la preuve par écrit. À l'inverse, lorsqu'ils entendent obtenir la réduction ou le rapport du don manuel, ils se prévalent d'un droit propre. Dès lors, ils sont admis à prouver librement l'acte libéral [3].

1. Civ. 1re, 13 févr. 2013, n° 12-13.538, NP.
2. Civ. 1re, 11 juill. 1984, n° 83-12-312, *Bull. civ.* I, n° 231.
3. Civ. 13 août 1866, *DP* 1866. 1. 468 – Civ. 1re, 31 mars 1992, n° 90-17.714, *Bull. civ.* I, n° 98 ; *JCP* 1993. I. 3676, n° 3, obs. F.-X. Testu ; *JCP N* 1992. II. 406.

311.103 Écrits récognitifs de don manuel. La question de la preuve du don manuel illustre parfaitement l'intérêt qu'il peut y avoir à dresser un écrit récognitif de la libéralité accomplie.

Très tôt, la jurisprudence n'a pas hésité à reconnaître la **validité des reconnaissances sous seing privé de don manuel** [4]. À proprement parler, ces écrits ne portent pas « *donation entre vifs* », puisqu'ils sont simplement énonciatifs d'un don préexistant et consommé.

Le recours à l'acte récognitif a l'avantage d'assurer la preuve de l'existence et du contenu de la libéralité préalablement consentie de la main à la main (toutefois, sur les limites de cette pratique quant à la date de la donation [5]). Les parties pourront notamment y consigner les divers pactes adjoints (sur cette notion, v. s^s^ n°s 311.111 et 311.112) qui accompagnent la remise.

Il faut également noter que la loi fiscale incite, à présent, à la révélation des dons manuels. Les particuliers sont invités à présenter spontanément à l'enregistrement des déclarations écrites de dons manuels (formulaire n° 2735, proposé par la Direction générale des impôts [6]).

§ 4
Pactes adjoints au don manuel

311.111 Validité des pactes adjoints. Comme toutes les donations entre vifs, les dons manuels peuvent être accompagnés de clauses accessoires, dites « *pactes adjoints* », qui viennent nuancer les effets de la remise. Il s'agit, par exemple, de la stipulation d'une charge, d'une dispense de rapport, d'une réserve d'usufruit ou de nue-propriété, d'un droit de retour...

La validité du procédé est acquise depuis le début du XIXe siècle (pour une réserve d'usufruit [7] - pour une réserve de nue-propriété [8]). À l'ordinaire, le pacte adjoint donne lieu, postérieurement à la tradition, à la **rédaction d'un écrit** (v. s^s^ n°s 311.103 et 311.112).

311.112 Preuve des pactes adjoints. La charge de la preuve d'un pacte adjoint au don manuel incombe naturellement à celui qui l'invoque.

4. Req. 23 mai 1822, *S. chronol.*, p. 78.
5. Civ. 1re, 12 nov. 1998, n° 96-19.814, *Bull. civ.* I, n° 314 ; *D.* 1999. 325, note J. Langlade-O'Sughrue ; *JCP N* 1999, p. 592, note Duchange ; *Dr. fam.* 1999, n° 30, note B. Beignier ; *RTD civ.* 1999. 680, obs. J. Patarin.
6. Rép. QE n° 6251, *JOAN Q* 21 févr. 1994, p. 887 ; *Defrénois* 1994, art. 35861.
7. Req. 23 mai 1822, *DP* 1822. 1. 518 ; *S. chronol.* p. 78.
8. Req. 6 févr. 1844, *DP* 1844. 1. 152.

Les modes de preuve sont discutés. Pour les uns, la preuve doit se faire par écrit, sous les réserves usuelles, conformément à l'article 1341 du Code civil[1]. Pour les autres, au contraire, la preuve est libre[2]. Selon cette seconde opinion, la preuve du pacte adjoint n'est qu'une question d'interprétation de la donation manuelle. En effet, ce n'est pas l'existence de l'acte juridique qui est en jeu, mais seulement son contenu. La jurisprudence semble désormais s'orienter en ce sens; elle procède, pour caractériser le pacte adjoint, à une analyse de la **commune intention des parties à la libéralité**[3].

Au demeurant, il est toujours prudent de préconstituer une preuve littérale des éléments constitutifs de l'accord des volontés. La pratique tend d'ailleurs à confondre « *pacte adjoint* » et « *écrit recognitif* » (sur cette dernière notion, v. s^s n° 311.103).

§ 5
Fiscalité du don manuel

311.121 Traitement de faveur. Le traitement fiscal du don manuel est doublement singulier. D'une part, la mutation opérée par don manuel n'est pas immédiatement sujette à taxation. D'autre part, l'enregistrement de la libéralité n'est nullement inéluctable.

La loi de finances rectificative pour 2011, loi n° 2011-900 du 29 juillet 2011[4], est, cependant, venue complexifier le régime applicable. Afin de favoriser la révélation précoce des dons manuels à l'Administration fiscale, elle ouvre une **option au bénéficiaire d'un don supérieur à 15 000 euros** : il lui est permis d'acquitter les droits de mutation à titre gratuit soit dans le mois de la révélation, soit dans le mois qui suit le décès du donateur (CGI, art. 635A).

311.122 Taxation. Le don manuel n'est taxable que dans quatre hypothèses. Il est soumis à l'impôt dans la mesure où il a fait l'objet :

- d'une déclaration de la part du donataire ou de ses représentants dans un acte soumis à enregistrement (CGI, art. 757);

- d'une reconnaissance judiciaire (CGI, art. 757 - et cela même si le bénéficiaire du don n'était pas présent dans l'instance ayant abouti au jugement[5]);

- d'un rappel au titre d'une nouvelle donation intervenant entre les mêmes parties ou de la succession du donateur (CGI, art. 784 - à défaut les pénalités de l'article 1729 du Code général des impôts sont applicables en cas de mauvaise foi[6]);

- d'une révélation du don à l'administration fiscale soit spontanément, soit au cours d'une procédure de contrôle (CGI, art. 757). La libéralité doit alors être enregistrée dans le délai d'un mois (CGI, art. 635 A). Mais encore faut-il qu'il y ait effectivement une « révélation » par le donataire. À la suite de la condamnation de la France par la Cour européenne des droits de l'homme, dans l'affaire *Association des Témoins de Jéhovah*[7], la Cour de cassation décide à présent que le silence conservé par le contribuable, personne morale[8], comme personne physique[9], ne vaut pas révélation, susceptible d'entraîner la taxation du don.

Traditionnellement, la valeur imposable des biens donnés devait être estimée à la date du fait générateur de l'impôt. Pour les dons manuels consentis depuis le 31 juillet 2011 (date d'entrée en vigueur de la loi du 29 juillet 2011), il en va maintenant autrement. Le nouvel article 757 du Code général des impôts prévoit que les droits de mutation sont calculés sur la base la plus élevée, entre la valeur du don au jour de sa déclaration ou de son enregistrement et la valeur des biens transmis à la date de la donation.

Quant au tarif et aux abattements, il faut toujours prendre en compte les règles en vigueur au moment du fait générateur (déclaration ou enregistrement).

311.123 Renvoi. V. s^s n°s 611.181, 611.182 et 611.191.

SECTION 4
DONATION DÉGUISÉE

311.131 Notion. Le déguisement de la donation entre vifs est une hypothèse de simulation[10]. Celle-ci consiste, dans le cas de la donation déguisée, à

1. EN CE SENS v. Req. 28 oct. 1935, *DP* 1936. 1. 29.
2. V. rapp. Pilon, *DP* 1936. 1. 29.
3. EN DERNIER LIEU, v. Civ. 1re, 25 févr. 1997, n° 94-22.022, *Bull. civ.* I, n° 70; *D.* 1999. Somm. 309, obs. M. Nicod; *Defrénois* 1997, art. 36703, n° 176, obs. G. Champenois; *Dr. fam.* 1997, n° 116, note H. Lécuyer; *RTD civ.* 1998. 439, obs. J. Patarin.
4. L. n° 2011-900, 29 juill. 2011, de finances rectificative pour 2011, *JO* 30 juill., p. 12969.
5. Com. 8 juill. 1997, n° 95-14.904, NP; *JCP N* 1998, p. 17, note Martin.
6. Com. 7 févr. 1995, n° 93-13.123, *Bull. civ.* IV, n° 37; *Defrénois* 1996, art. 36254, note Chappert.
7. CEDH 30 juin 2011, Assoc. Témoins de Jéhovah c/ France, req. n° 8916/05, *RTD civ.* 2012. 702, obs. J.-P. Marguénaud.
8. Com. 15 janv. 2013, n° 12-11.642, *Bull. civ.* IV, n° 7.
9. Com. 16 avr. 2013, n° 12-17.414, *Bull. civ.* IV, n° 60; *D.* 2013. 1072.
10. V. Méau-Lautour, *La donation déguisée en droit civil français*, LGDJ, 1985.

proclamer faussement la présence d'une catégorie juridique, autre que celle de libéralité, qui puisse justifier l'enrichissement du donataire. Concrètement, les parties font croire, à l'aide d'éléments trompeurs, soit que l'appauvrissement du disposant a été compensé par un sacrifice équivalent du gratifié (par ex., la vente fictive), soit qu'il existe une cause antérieure justifiant l'avantage consenti (par ex., la reconnaissance de dette fictive). En toute hypothèse, elles élaborent une catégorie qui n'a pas de réalité.

311.132 Validité des donations déguisées. Lorsque l'artifice est découvert, la donation n'en est pas moins valable. La Cour de cassation affirme que le déguisement ne fait pas présumer l'illicéité de la cause[1] et que la simulation démontrée n'entraîne pas la nullité de la donation, mais seulement son éventuelle réduction[2].

Le principe de validité des donations déguisées[3] reçoit toutefois exception lorsque la libéralité est faite au profit d'un **incapable** (C. civ., art. 911, al. 1er); la donation déguisée est alors entachée de nullité. Avant la loi n° 2004-439 du 26 mai 2004, il en allait de même pour les donations simulées **entre époux** (C. civ., anc. art. 1099, al. 2 : « *Toute donation, ou simulée, ou faite à personnes interposées, sera nulle.* »). Mais depuis le 1er janvier 2005, le déguisement n'est plus, pour l'avenir, une cause d'annulation des libéralités conjugales (v. ss nos 353.30 à 353.76). Seules les donations déguisées consenties avant 2005 restent concernées par l'ancien article 1099 alinéa 2 du Code civil[4].

311.133 Donation déguisée et donation indirecte. Les donations non notariées ne doivent pas s'annoncer, *expressis verbis*, comme des donations entre vifs. Dès lors, deux techniques de dissimulation s'offrent aux particuliers, qui ne peuvent se contenter d'une simple tradition manuelle :

– Ils peuvent mentir, dans l'acte instrumentaire, sur la catégorie de l'opération; ils présentent comme étant onéreux un transfert patrimonial qui, en fait, est gratuit. On est en présence d'une **donation déguisée**.

– Ils peuvent également emprunter un mécanisme translatif, dont ils taisent la coloration véritable, c'est-à-dire gratuite. La **donation** est alors **indirecte**.

En d'autres termes, la donation déguisée se singularise par l'élaboration d'un mensonge; alors que la donation indirecte n'exige qu'une simple réticence.

311.134 Apparence trompeuse. Longtemps les tribunaux ont adopté une conception très extensive du déguisement. La moindre dissimulation était communément retenue comme constitutive de donation déguisée.

Mais, depuis 1984, la Cour de cassation s'est engagée sur la voie d'un contrôle de cette qualification[5]. Aujourd'hui, la notion de donation déguisée ne peut être retenue qu'à condition de « *caractériser une volonté de simulation, révélatrice du désir de créer une apparence trompeuse* » ou, à tout le moins, « *une intention de dissimulation mensongère de l'origine des fonds* » employés[6].

311.135 Diversité des procédés de déguisement. On ne saurait raisonnablement établir une liste exhaustive des procédés de déguisement; ceux-ci dépendent largement de l'ingéniosité des parties. On peut néanmoins rappeler les masques les plus fréquemment utilisés par ceux qui recourent au mensonge catégorique.

La vente fictive, celle dont le prix ne sera jamais acquitté, constitue certainement le mode le plus courant de déguisement de la donation. Mais on peut songer à bien d'autres habillages : déclaration d'apports fictifs dans un contrat de société[7] ou un contrat de mariage[8], reconnaissance de dette fictive[9], remise de dette par quittance fictive[10], *etc.*

En revanche, les tribunaux considèrent que l'achat pour autrui s'analyse ordinairement en un don manuel (lorsque le donateur remet les deniers au donataire pour qu'il achète un bien) ou en une donation indirecte (lorsque le donateur paye au vendeur le bien acheté au nom du donataire). La qualification de donation déguisée n'est désormais

1. Civ. 1re, 8 juill. 1975, n° 73-13.192, *Bull. civ.* I, n° 225.
2. Civ., 1er juin 1932, *DP* 1932. 169, note R. Savatier – Civ. 1re, 2 févr. 1971, n° 69-13.778, *Bull. civ.* I, n° 38; *D.* 1971. 590, note J. Ghestin.
3. EN DERNIER LIEU, v. Civ. 1re, 6 nov. 2013, n° 12-23.363, *Bull. civ.* I, [à paraître]; *Dr. fam.* 2014. Comm. 42, note M. Nicod.
4. Civ. 1re, 9 déc. 2009, n° 08-20.570, *Bull. civ.* I, n° 242; *D.* 2010. Pan. 728, obs. J.-J. Lemouland et D. Vigneau; *AJ fam.* 2010. 41, obs. F. Bicheron; *Defrénois* 2010, art. 39085, note J. Massip; *Dr. fam.* 2010, n° 16, obs. V. Larribau-Terneyre; et n° 25, obs. Beignier; *RTD civ.* 2009. 764, obs. M. Grimaldi.
5. Civ. 1re, 26 avr. 1984, n° 82-16.933, *Bull. civ.* I, n° 139; *Defrénois* 1985. 464, obs. G. Champenois; *Gaz. Pal.* 1985. 1. Pan. 11, obs. M. Grimaldi; *RTD civ.* 1985. 119, obs. Patarin – Civ. 1re, 6 janv. 1987, n° 85-15.202, *Bull. civ.* I, n° 4; *Defrénois* 1987. 1506, obs. G. Champenois.
6. Civ. 1re, 7 juin 1995, n° 93-16.597, *Bull. civ.* I, n° 247; *D.* 1995. IR 188; *JCP N* 1995. II. 176.
7. Civ., 5 janv. 1886, *DP* 1886. 1. 122 – Civ. 1re, 20 oct. 1971, n° 70-12.701, *Bull. civ.* I, n° 270.
8. Req. 16 août 1853, *DP* 1854. 1. 390.
9. Civ. 1re, 9 déc. 1965, *Bull. civ.* I, n° 692.
10. Civ. 1re, 30 mai 1973, n° 72-11.746, *Bull. civ.* I, n° 188.

retenue que dans l'hypothèse d'un mensonge sur l'origine des fonds employés[1].

311.136 Perfection du déguisement. L'apparence trompeuse ainsi créée ne doit pas laisser percer sa nature mensongère; le déguisement, dit-on, doit être parfait. Si la libéralité est visible au premier examen du titre qui la porte, la donation se trouve entachée de nullité absolue pour violation de l'article 931 du Code civil.

En la forme, la donation déguisée doit observer scrupuleusement les conditions de l'acte dont elle emprunte l'apparence[2]. De là une double exigence :

1° Le déguisement suppose, en premier lieu, le respect des formalités éventuellement imposées à l'acte fictif (solennités, formalités de preuve, formalités de publicité...). Ainsi la reconnaissance de dette mensongère doit-elle obéir aux prescriptions de l'article 1326 du Code civil, c'est-à-dire comporter la mention manuscrite par le débiteur du montant de la dette[3].

2° En outre, la cohérence du déguisement est subordonnée à la mention, dans l'écrit dressé pour l'occasion, des éléments catégoriques de l'apparence trompeuse choisie. S'agissant d'une vente, les parties sont tenues d'indiquer un prix. Depuis 1912, la Cour de cassation estime, à raison, que ce prix n'a pas besoin d'être réellement sérieux (rente viagère inférieure aux revenus[4] - prix de un franc[5] - vil prix[6]). Ici seule l'apparence compte; or il existe des contrats onéreux innomés dont le prix est d'un franc - cette stipulation symbolique manifeste justement l'attachement des parties à la qualification onéreuse.

En pratique, pour les donations déguisées immobilières, la simulation se traduit par la rédaction d'un écrit notarié; il y est souvent prévu que le prix sera payé hors de la vue du notaire. Si cet officier public est convaincu que la convention qu'on lui demande de rédiger masque en fait une donation déguisée, il doit informer ses clients du risque - notamment fiscal - d'une telle opération, sous peine d'engager sa responsabilité[7], et même refuser d'instrumenter, dans l'hypothèse d'une donation entre époux[8].

311.137 Preuve du déguisement : principe. À l'ordinaire, le déguisement de la donation ne se présume pas. C'est à celui qui l'invoque de démontrer qu'il y a eu simulation.

Lorsqu'il s'agit **d'une des parties** (donateur ou donataire), cette démonstration obéit aux règles du droit commun (en matière de déguisement, la preuve se fait généralement « *contre* [...] *le contenu aux actes* », C. civ., art. 1341) : le principe est donc la preuve par écrit[9]; mais s'il existe un commencement de preuve par écrit, celui-ci autorise le recours au témoignage[10]. Par exception, la preuve est libre, y compris entre les parties, si la simulation est jugée frauduleuse (ainsi en cas de donation entre époux[11]).

À l'égard **des tiers**, le déguisement est un simple fait juridique. Aussi la preuve peut-elle être administrée par tous moyens.

Les tribunaux considèrent que **l'héritier** qui demande le rapport ou la réduction d'un avantage déguisé exerce un droit propre, et qu'il peut donc l'établir librement, même à l'aide de simples présomptions[12]. Cette action en déclaration de simulation se prescrit par trente ans, à compter du jour du décès du *de cujus*[13].

En toute hypothèse, on doit prendre garde au fait que le déguisement emprunte fréquemment un masque notarié et qu'on ne peut, sans recourir à l'inscription de faux, contester des faits dûment constatés par l'officier public dans l'exercice de ses fonctions (comp. pour une vente dont le prix est acquitté « *hors la vue et la comptabilité du notaire* »[14]).

311.138 Présomption de l'article 918 du Code civil. Dans certaines circonstances, la loi présume le déguisement.

1. Civ. 1re, 26 avr. 1984, n° 82-16.933, préc. s^s n° 311.134 – Civ. 1re, 6 janv. 1987, n° 85-15.202, préc. s^s n° 311.134 – Civ. 1re, 7 juin 1995, n° 93-16.597, préc. s^s n° 311.134.
2. Civ. 1re, 22 oct. 1975, n° 73-14.076, *Bull. civ.* I, n° 288 – Civ. 1re, 29 mai 1980, n° 79-11.378, *Bull. civ.* I, n° 164; *D.* 1981. 273, note I. Najjar; *Defrénois* 1980, art. 32503, p. 1562, obs. G. Champenois; *RTD civ.* 1981. 422, obs. J. Patarin – Civ. 1re, 27 oct. 1993, n° 91-11.648, *Bull. civ.* I, n° 300; *RTD civ.* 1996. 218, obs. J. Patarin.
3. À l'époque du « bon pour... », v. Req. 7 mars 1898, *DP* 1898. 1. 220 – Req. 17 janv. 1934, *DH* 1934. 164.
4. Civ., 3 déc. 1912, *DP* 1913. 1. 175; *S.* 1914. 1. 383.
5. Civ. 1re, 29 mai 1980, n° 79-11.378, préc. s^s n° 311.136.
6. Civ. 1re, 27 oct. 1993, n° 91-11.648, préc. s^s n° 311.136.
7. V. Douai, 22 juin 1977, *JCP* 1978. IV. 318 – V. AUSSI Sanseau, « Le devoir de conseil du notaire en matière fiscale (à propos des donations déguisée) », *Defrénois* 1983. 337.
8. Civ. 1re, 25 juin 1991, n° 89-20.338, *Bull. civ.* I, n° 212; *RTD civ.* 1992. 758, obs. J. Mestre.
9. Civ. 1re, 24 oct. 1977, n° 76-15.061, *Bull. civ.* I, n° 379; *D.* 1977. IR 240, obs. D.-R. Martin.
10. Civ. 1re, 9 nov. 1976, n° 75-11.863, *Bull. civ.* I, n° 341; *Defrénois* 1977. 941, obs. G. Champenois.
11. Civ. 1re, 19 avr. 1977, n° 76-10.756, *Bull. civ.* I, n° 172.
12. Civ. 1re, 25 mars 1981, n° 79-16.230, *Bull. civ.* I, n° 105 – Civ. 1re, 5 janv. 1983, n° 81-16.655, *Bull. civ.* I, n° 10.
13. Civ. 1re, 24 nov. 1987, n° 86-10.635, *Bull. civ.* I, n° 309; *R.* 151; *JCP* 1989. II. 21214, note F.-X. Testu; *RTD civ.* 1989. 803, obs. J. Patarin – Civ. 1re, 23 mars 1994, n° 92-14.370, *Bull. civ.* I, n° 113; *D.* 1995. Somm. 333, obs. B. Vareille; *RTD civ.* 1994. 920, obs. J. Patarin.
14. Civ. 1re, 18 avr. 1989, n° 87-10.388, NP; *D.* 1992. Somm. 228, obs. B. Vareille.

Selon l'article 918 du Code civil, toute aliénation, soit à charge de rente viagère, soit à fonds perdus ou avec réserve d'usufruit, consentie à l'un des successibles en ligne directe est présumée déguiser une donation préciputaire. Cette présomption, qui est irréfragable[1], n'est écartée qu'en cas de consentement à l'aliénation des autres successibles.

311.139 Fiscalité des donations déguisées. En vertu de l'article L. 64 du Livre des procédures fiscales (procédure de répression des abus de droit), l'Administration des impôts est en droit de rectifier la qualification donnée par les parties lors de l'enregistrement de l'acte, mais il lui incombe alors d'établir le bien-fondé du redressement. Si le fisc prétend qu'une vente dissimule en fait une donation déguisée, il lui faut prouver, tout à la fois, l'existence d'un déséquilibre économique entre les prestations des parties et, surtout, l'intention libérale du cédant (l'élément psychologique ne peut être déduit de l'élément économique[2]). La Cour de cassation veille scrupuleusement au respect de la charge de la preuve[3]. Afin d'emporter la conviction du juge, l'administration doit présenter « *un faisceau de présomptions graves, précises et concordantes* » : état de santé ou grand âge du vendeur, liens de parenté ou d'affection l'unissant à l'acquéreur, insolvabilité notoire de celui-ci, modalités de la vente (stipulation d'une rente viagère ou d'une réserve d'usufruit, prix payé hors de la vue du notaire, renonciation au privilège du vendeur...).

Une fois la fraude démasquée, le contrevenant encourt de sérieuses sanctions. L'article 1729 du Code général des impôts prévoit le paiement des droits normalement exigibles, assorti de l'intérêt de retard et d'une majoration de 80 %. En outre, le donataire risque d'être poursuivi pénalement pour fraude fiscale (CGI, art. 1741[4]).

SECTION 5

DONATION INDIRECTE

311.141 Notion. La donation indirecte est difficile à cerner[5]. Cette donation non notariée offre de multiples visages; toutefois, la réticence (c'est-à-dire le silence conservé par les parties sur la nature véritable de l'opération) en constitue le principe fédérateur.

On peut définir la **donation indirecte** comme celle qui se réalise, sans simulation (ce en quoi elle se démarque de la donation déguisée – v. s[s] n° 311.131), au moyen d'un acte juridique (ce qui la sépare du don manuel) autre qu'une libéralité (sur cette nécessité d'un acte vecteur[6]). **L'acte support,** qui confère à la donation son caractère indirect, est sincère; il remplit effectivement la fonction translative qui lui est normalement impartie. Simplement, son économie est bouleversée par l'intrusion de l'intention libérale.

311.142 Acte support. Une donation indirecte peut prendre corps au sein d'une convention comme d'un acte unilatéral, d'un acte consensuel comme d'un acte solennel, d'un acte à titre onéreux comme d'un acte neutre. En fait, le seul point qui importe c'est que **l'acte juridique** qui sert de **vecteur** à la donation n'affiche pas ostensiblement la nature libérale de l'opération.

À l'égal de la donation déguisée, la donation indirecte doit respecter les règles de forme (solennité, preuve, publicité, *etc.*) de l'acte qui permet de la réaliser[7].

La généralité du procédé rend impossible une énumération exhaustive des actes susceptibles de receler un avantage indirect. Mais on peut, rationnellement, les regrouper en deux catégories : **les actes onéreux** et **les actes neutres.**

311.143 Actes onéreux volontairement déséquilibrés. La jurisprudence admet qu'en cas de déséquilibre intentionnel des prestations des parties, l'acte onéreux puisse abriter une donation indirecte. Il en va notamment ainsi lorsque, dans une intention libérale, il a été consenti une vente à vil prix[8] ou un bail à vil prix[9].

311.144 Actes neutres. Puisque pour donner valablement hors de la forme notariée il faut employer des détours, les actes neutres, à savoir ceux qui peuvent être indifféremment onéreux ou gratuit, constituent, par excellence, des instruments de dissimulation.

1. Civ., 24 août 1874, *DP* 1875. 1. 129 – Plus récemment, v. Civ. 1re, 29 janv. 2014, nos 12-14.509 et 13-16.511, *Bull. civ.* I [à paraître].
2. Civ. 1re, 14 févr. 1989, n° 87-14.205, *Bull. civ.* I, n° 79.
3. Com. 4 mars 1986, n° 84-16.099, *Bull. civ.* IV, n° 38 – Com. 14 janv. 1992, n° 89-16.046, *Bull. civ.* IV, n° 14; *JCP* 1993. I. 3676, n° 5, obs. F.-X. Testu; *RTD civ.* 1992. 747, obs. J. Hauser.
4. PAR EX., v. Crim. 19 mars 1979, n° 78-92.575, *Bull. crim.* n° 110.
5. V. R. Libchaber, « Pour une redéfinition de la donation indirecte », *Defrénois* 2000, art. 37273.
6. Civ. 1re, 20 nov. 1984, n° 83-12.510, *Bull. civ.* I, n° 312; *JCP* 1986. II. 20571, note M. Dagot – Civ. 1re, 17 sept. 2003, n° 01-11.001, *Bull. civ.* I, n° 182; *D.* 2003. 2986, note M. Nicod; *AJ fam.* 2003. 428, obs. S. D.-B.
7. Com. 14 févr. 1983, n° 81-12.741, *Bull. civ.* IV, n° 56; *Defrénois* 1984. 446, obs. G. Champenois.
8. Civ. 1re, 16 juill. 1959, *Bull. civ.* I, n° 360; *D.* 1960. 185, note R. Savatier.
9. Civ., 28 juill. 1913, *DP* 1917. 1. 58.

La **stipulation pour autrui** autorise des montages triangulaires extrêmement variés; elle est apte à servir de support à des donations indirectes (ex. : prêt remboursable à un tiers[1]). À l'article 1973 alinéa 2 le Code civil vise d'ailleurs explicitement une telle hypothèse : la rente viagère constituée au profit d'un tiers y est dispensée des formes requises pour les donations[2]. Bien que dotée d'un régime juridique dérogatoire (C. assur., art. L. 132-13), l'assurance sur la vie en constitue également une application courante[3].

La renonciation à un droit permet, de même, d'assurer la réalisation d'une donation indirecte. Ainsi en est-il, notamment, de la renonciation à succession[4] (même une renonciation purement abdicative[5]), de la remise de dette[6], ou de la renonciation à un droit préférentiel de souscription[7]. Toutefois, la renonciation n'est constitutive de donation indirecte que dans la mesure où elle correspond à une catégorie juridique autonome, c'est-à-dire lorsqu'elle porte sur des droits auxquels la loi (ou éventuellement le contrat) permet de renoncer[8]. Par suite, une renonciation conventionnelle au droit de propriété, inspirée par une intention libérale, ne peut s'analyser autrement qu'en une donation directe nulle[9] (comp. pour une renonciation à des droits d'auteur[10]). Encore que la Cour régulatrice n'applique pas toujours ce principe avec rigueur[11].

Au nombre des actes neutres, on peut encore citer le paiement ou l'achat pour autrui[12], le cautionnement[13], la cession de bail[14], voire la « *rétrocession* »[15] ou la constitution d'un trust anglo-américain[16].

1. Civ. 1re, 15 nov. 1978, no 77-10.891, *Bull. civ.* I, no 350.
2. Req. 12 févr. 1935, *DH* 1936. Somm. 11.
3. Com. 1er déc. 1998, no 96-21.052, NP; *Defrénois* 2000, art. 37244, annexe 2.
4. Civ. 1re, 22 déc. 1959, *Bull. civ.* I, no 554.
5. Civ. 1re, 27 mai 1961, *Bull. civ.* I, no 268; *D.* 1962. 657, note Boulanger.
6. Civ., 2 avr. 1862, *DP* 1863. 1. 454.
7. Civ. 1re, 2 déc. 1981, no 80-15.972, *Bull. civ.* I, no 363.
8. V. PAR EX., pour l'usufruit, Com. 2 déc. 1997, no 96-10.729, *Bull. civ.* IV, no 319; *AJDI* 1999. 207, obs. J.-P. Maublanc; *RTD civ.* 1999. 452, obs. J. Patarin; *Defrénois* 1998, no 7, p. 477, note A. Chappert.
9. Civ. 1re, 31 mars 1965, *Bull. civ.* I, no 237; *JCP* 1965. II. 14423, note P. Voirin.
10. Versailles, 20 janv. 1987, *D.* 1988. Somm. 207, obs. Colombet; *RTD civ.* 1988. 803, obs. J. Patarin.
11. En particulier, v. à propos d'une prétendue « rétrocession », Civ. 1re, 1er juin 1994, no 92-11.910, *Bull. civ.* I, no 195; *Defrénois* 1994, art. 35953, p. 1539, obs. G. Champenois; *RTD civ.* 1994. 655, obs. crit. J. Patarin.
12. Req. 25 juin 1872, *DP* 1874. 1. 16.
13. Civ. 1re, 12 mai 1982, no 81-11.446, *Bull. civ.* I, no 173; *D.* 1983. 320, note J. Mestre; *Defrénois* 1983, art. 33027, note J.-L. Aubert – Civ. 1re, 17 nov. 1987, no 85-15.899, *Bull. civ.* I, no 297.
14. Civ. 1re, 30 nov. 1982, no 81-15.726, *Bull. civ.* I, no 343; *D.* 1983. 85, note A. Breton.

311.145 Preuve de la donation indirecte. Contrairement à ce qui passe en matière de donation déguisée, il n'y a pas, dans le cas de la donation indirecte, d'apparence trompeuse à détruire. L'acte qui soutient la libéralité est muet, il ne dit pas si sa cause est onéreuse ou gratuite. On n'a donc pas à prouver contre un écrit, mais seulement à déterminer le sens de l'accord des volontés.

L'interprétation d'un acte juridique est toujours délicate, et la frontière séparant l'onérosité de la gratuité quelque peu fuyante. Celui qui veut établir l'existence d'une donation indirecte doit démontrer qu'un avantage a été concédé et cela dans une intention libérale. Cette double preuve, bien qu'elle puisse être administrée par tous moyens[17], se révèle souvent redoutable, surtout en ce qui concerne l'élément intentionnel (sur le pouvoir souverain des juges du fond[18]).

311.146 Fiscalité des donations indirectes. En vertu de l'article 1729 du Code général des impôts, s'il est établi que l'acte présenté à l'enregistrement comporte des insuffisances, des inexactitudes ou des omissions (ce qui est ordinairement le cas des donations indirectes non révélées), le contribuable de mauvaise foi est soumis à diverses pénalités : le montant des droits mis à sa charge est assorti de l'intérêt de retard et d'une majoration de 40 %. Mais si la mauvaise foi n'est pas démontrée, seul l'intérêt de retard est dû.

En outre, aucune pénalité n'est exigible pourvu que l'acte comporte des précisions suffisantes sur le mécanisme de l'opération, permettant à l'Administration d'établir sa nature gratuite sans recourir à des investigations extérieures[19].

Sur la qualification de donation indirecte et les conséquences fiscales, v. ss nos 612.141 à 612.143.

15. Civ. 1re, 1er juin 1994, no 92-11.910, *Bull. civ.* I, no 195, préc.
16. Civ. 1re, 20 févr. 1996, no 93-19.855, *Bull. civ.* I, no 93; Y. Lequette, « De l'ordre de réduction des libéralités réalisées au moyen d'un trust entre vifs », *D.* 1996. Chron. 231; *JCP* 1996. II. 22647, note M. Behar Touchais; *Defrénois* 1997, art. 36457, note Vignal; *RTD civ.* 1996. 454, obs. J. Patarin; *RTD civ.* 1999. 682, obs. J. Patarin.
17. Civ. 1re, 16 juill. 1959, *D.* 1960. 185, note R. Savatier.
18. Civ. 3e, 7 avr. 1976, no 74-12.883, *Bull. civ.* III, no 144 – Civ. 1re, 19 nov. 2002, no 00-13.276, *Bull. civ.* I, no 276; *D.* 2003. Somm. 1873, obs. M. Nicod.
19. Com. 17 janv. 1978, *Ind. enr.* 13231.

CHAPITRE

312. Règles de fond des donations : parties au contrat

YVONNE FLOUR
PROFESSEUR À L'UNIVERSITÉ
PANTHÉON-SORBONNE (PARIS I)

CHANTAL DONZEL-TABOUCOU
INGÉNIEUR D'ÉTUDE
AU CENTRE AUDIOVISUEL D'ÉTUDES JURIDIQUES (CAVEJ)
DE L'UNIVERSITÉ PANTHÉON-SORBONNE (PARIS I)
DOCTEUR EN DROIT PRIVÉ

SECTION 0
ORIENTEUR

312.00 Plan du chapitre.

312.01 Textes applicables.

C. civ., art. 901 à 911

L. n° 2006-728, 23 juin 2006, portant réforme des successions et des libéralités, *JO* 24 juin, p. 9513 (*entrée en vigueur depuis le 1er janv. 2007*)

L. n° 2004-439, 26 mai 2004, relative au divorce, *JO* 27 mai, p. 9319

L. n° 2007-308, 5 mars 2007, portant réforme de la protection juridique des majeurs, *JO* 7 mars, p. 4325 (*entrée en vigueur le 1er janv. 2007*)

Ord. n° 2010-177, 23 févr. 2010, de coordination avec la loi n° 2009-879 du 21 juillet 2009 portant réforme de l'hôpital et relative aux patients, à la santé et aux territoires, art. 27, *JO* 25 févr., p. 3585

> Capacité de disposer ou de recevoir par donation entre vifs ou par testament [C. civ., art. 901 à 911]

C. civ., anc. art. 901

Pour faire une donation entre vifs ou un testament, il faut être sain d'esprit.

C. civ., art. 901 (*L. n° 2006-728, 23 juin 2006*)

Pour faire une libéralité, il faut être sain d'esprit. La libéralité est nulle lorsque le consentement a été vicié par l'erreur, le dol ou la violence.

C. civ., art. 902

Toutes personnes peuvent disposer et recevoir soit par donation entre vifs, soit par testament, excepté celles que la loi en déclare incapables.

C. civ., art. 903

Le mineur âgé de moins de seize ans ne pourra aucunement disposer, sauf ce qui est réglé au chapitre IX du présent titre.

C. civ., art. 904

Le mineur, parvenu à l'âge de seize ans et non émancipé, ne pourra disposer que par testament, et jusqu'à concurrence seulement de la moitié des biens dont la loi permet au majeur de disposer.

Toutefois, s'il est appelé sous les drapeaux pour une campagne de guerre, il pourra, pendant la durée des hostilités, disposer de la même quotité que s'il était majeur, en faveur de l'un quelconque de ses parents ou de plusieurs d'entre eux jusqu'au sixième degré inclusivement ou encore en faveur de son conjoint survivant.

À défaut de parents au sixième degré inclusivement, le mineur pourra disposer comme le ferait un majeur.

C. civ., art. 906

Pour être capable de recevoir entre vifs, il suffit d'être conçu au moment de la donation.

Pour être capable de recevoir par testament, il suffit d'être conçu à l'époque du décès du testateur.

Néanmoins, la donation ou le testament n'auront leur effet qu'autant que l'enfant sera né viable.

C. civ., art. 907

Le mineur, quoique parvenu à l'âge de seize ans, ne pourra, même par testament, disposer au profit de son tuteur.

Le mineur, devenu majeur ou émancipé, ne pourra disposer, soit par donation entre vifs, soit par testament, au profit de celui qui aura été son tuteur, si le compte définitif de la tutelle n'a été préalablement rendu et apuré.

Sont exceptés, dans les deux cas ci-dessus, les ascendants des mineurs, qui sont ou qui ont été leurs tuteurs.

C. civ., art. 909 (*L. n° 2007-308, 5 mars 2007, art. 9*)

Les membres des professions médicales et de la pharmacie, ainsi que les auxiliaires médicaux qui ont prodigué des soins à une personne pendant la maladie dont elle meurt ne peuvent profiter des dispositions entre vifs ou testamentaires qu'elle aurait faites en leur faveur pendant le cours de celle-ci.

Les mandataires judiciaires à la protection des majeurs et les personnes morales au nom desquelles ils exercent leurs fonctions ne peuvent pareillement profiter des dispositions entre vifs ou testamentaires que les personnes dont ils assurent la protection auraient faites en leur faveur quelle que soit la date de la libéralité.

Sont exceptées :

1° Les dispositions rémunératoires faites à titre particulier, eu égard aux facultés du disposant et aux services rendus;

2° Les dispositions universelles, dans le cas de parenté jusqu'au quatrième degré inclusivement, pourvu toutefois que le décédé n'ait pas d'héritiers en ligne directe; à moins que celui au profit de qui la disposition a été faite ne soit lui-même du nombre de ces héritiers.

Les mêmes règles seront observées à l'égard du ministre du Culte.

C. civ., art. 910 (*L. n° 2011-525, 17 mai 2011, art. 21*)

Les dispositions entre vifs ou par testament au profit des établissements de santé, des établissements sociaux et médico-sociaux ou d'établissements d'utilité publique n'ont leur effet qu'autant qu'elles sont autorisées par arrêté du représentant de l'État dans le département.

Toutefois, les dispositions entre vifs ou par testament au profit des fondations, des congrégations et des associations ayant la capacité à recevoir des libéralités et, dans les départements du Bas-Rhin, du Haut-Rhin et de la Moselle, des établissements publics du culte et des associations inscrites de droit local, à l'exception des associations ou fondations dont les activités ou celles de leurs dirigeants sont visées à l'article 1er de la loi n° 2001-504 du 12 juin 2001 tendant à renforcer la prévention et la répression des mouvements sectaires portant atteinte aux droits de l'homme et aux libertés fondamentales, sont acceptées librement par celles-ci.

Si le représentant de l'État dans le département constate que l'organisme légataire ou donataire ne satisfait pas aux conditions légales exigées pour avoir la capacité juridique à recevoir des libéralités ou qu'il n'est pas apte à utiliser la libéralité conformément à son objet statutaire, il peut former opposition à la libéralité, dans des conditions précisées par décret, la privant ainsi d'effet.

Les libéralités consenties à des États étrangers ou à des établissements étrangers habilités par leur droit national à recevoir des libéralités sont acceptées librement par ces États ou par ces établissements, sauf opposition formée par l'autorité compétente, dans des conditions fixées par décret en Conseil d'État.

C. civ., art. 911 (*L. n° 2006-728, 23 juin 2006*)

Toute libéralité au profit d'une personne physique, frappée d'une incapacité de recevoir à titre gratuit, est nulle, qu'elle soit déguisée sous la forme d'un contrat onéreux ou faite sous le nom de personnes interposées, physiques ou morales.

Sont présumés personnes interposées, jusqu'à preuve contraire, les père et mère, les enfants et descendants, ainsi que l'époux de la personne incapable.

312.02 Jurisprudence de référence.

> Insanité d'esprit

• Civ. 1re, 28 janv. 2003, n° 00-17.712, NP

* V. ss n° 312.13

Si l'ancien article 513 du Code civil reconnaît à la personne en curatelle la faculté de tester, ce même texte réserve expressément la faculté de faire application des dispositions de l'article 901, aux termes desquelles pour faire un testament, il faut être sain d'esprit.

• Civ. 1re, 28 janv. 2003, n° 00-18.738, NP

* V. ss nos 312.12, 312.13 et 312.23

Pour qu'un acte fait par une personne ultérieurement placée sous le régime de la tutelle puisse être annulé sur le fondement de l'ancien article 503 du Code civil, il n'est pas nécessaire de rapporter la preuve de l'insanité d'esprit au moment de l'acte. Il suffit que la cause qui a déterminé l'ouverture de la tutelle ait existé notoirement à l'époque où l'acte a été fait.

> Incapacités de recevoir

• Civ. 1re, 1er juill. 2003, n° 00-15.786, NP

* V. ss n° 312.265

Une cour d'appel doit rechercher si la désignation d'un médecin généraliste, en tant que bénéficiaire d'un contrat d'assurance sur la vie du défunt, avait été faite au cours de la dernière maladie dont le donateur est décédé.

> Enfant adultérin

• Civ. 1re, 6 janv. 2004, n° 02-13.901, *Bull. civ.* I, n° 10

* V. ss n° 312.302

Selon l'article 25, II, 2° de la loi n° 2001-1135 du 3 décembre 2001, sous réserve des accords amiables déjà intervenus et des décisions judiciaires irrévocables, seront applicables aux successions ouvertes au 4 décembre 2001 et n'ayant pas donné lieu à partage avant cette date, les dispositions relatives aux nouveaux droits successoraux des enfants naturels dont le père ou la mère était, au temps de la conception, engagé dans les liens du mariage.

312.03 Bibliographie indicative.

Actualisables. Rép. civ., v° *Donation,* par I. Najjar, janv. 2008 [màj janv. 2014]; v° *Legs*, par J. Hérail, avr. 2008 [màj janv. 2014].

Ouvrages[1]. A. Colomer, *Les régimes matrimoniaux*, 12e éd., LexisNexis/Litec, 2005 – J. Flour et G. Champenois, *Les régimes matrimoniaux*, coll. « U », 2e éd., A. Colin, 2001, – J. Flour et H. Souleau, *Les libéralités*, coll. « U », A. Colin, 1982 – M. Grimaldi, *Libéralités, Partages d'ascendants*, 1re éd., LexisNexis/Litec, 2000 – J. Maury, *Successions et libéralités*, « Objectif droit », 7e éd., LexisNexis/Litec, 2012 – Ph. Malaurie, *Les successions, les libéralités*, 5e éd., Defrénois/Lextenso, 2012 – M. Planiol et G. Ripert, *Traité pratique de Droit civil français*, t. V, par Trasbot et Loussouarn, LGDJ, 1952-1960 – F. Terré, Y. Lequette et S. Gaudemet, *Les successions, les libéralités*, « Précis », 4e éd., Dalloz, 2014.

312.04 Questions essentielles.

> Une donation peut-elle être annulée en raison de la maladie mentale du donateur ?

* V. ss nos 312.11 s.

> Qui doit rapporter la preuve de la folie du donateur ?

* V. ss nos 312.31 s.

> À quelle date doit-on vérifier la capacité du donateur ?

* V. ss n° 312.96

> Un mineur peut-il donner ?

* V. ss n° 312.101

> Peut-on donner le logement de famille ?

* V. ss n° 312.141

> Peut-on donner à un chien ?

* V. ss n° 312.201

> À quelles conditions peut-on donner à un enfant mineur ?

* V. ss n° 312.222

> Un tuteur peut-il être bénéficiaire d'une donation ?

* V. ss n° 312.251

> Le médecin peut-il recevoir une donation ?

* V. ss nos 312.262 s.

312.09 Donation et droit commun des actes juridiques. La donation est un acte juridique : à ce titre, elle requiert pour être valable la capacité et le consentement des parties. Elle est cependant soumise à des conditions plus strictes qu'en droit commun. Parce qu'elle réalise un appauvrissement, elle suscite la méfiance. On peut craindre que la volonté du donateur ne soit pas réellement libre, ou qu'elle subisse la pression d'autrui (sect. 1). Quant au donataire, dans sa joie de recevoir, il peut accepter trop aisément des charges excessivement lourdes ou aliénantes pour sa liberté (sect. 2). Telles sont les raisons pour lesquelles la loi protège contre elles-mêmes chacune des parties à la donation (sect. 3). En outre, la loi interdit parfois la libéralité en raison des liens particuliers qui préexistent entre les intéressés.

1. NB : les ouvrages les plus fréquemment cités et dont le nom des auteurs figure en petites capitales en bibliographie sont cités par les seuls noms des auteurs en petites capitales en notes de bas de page.

SECTION 1
DONATEUR

312.10 Division. Le donateur doit consentir à la donation (§ 1 et § 2) et avoir la capacité, ainsi que le pouvoir, de disposer (§ 3 à § 5). Sur les deux points, la loi formule des règles particulières, plus ou moins dérogatoires au droit commun.

§ 1
Consentement du donateur : insanité d'esprit du donateur

A.
Insanité d'esprit

312.11 Nullité de la donation pour insanité d'esprit. Une **donation** peut être annulée, s'il est établi qu'au moment où elle a été consentie, le disposant ne jouissait pas de la plénitude de ses facultés intellectuelles. Selon l'article 901 du Code civil : « *Pour faire une libéralité, il faut être sain d'esprit* ». En réalité, ce texte ne fait que répéter une règle aujourd'hui formulée en termes généraux pour tous les actes juridiques à l'article 414-1 du même Code : « *Pour faire un acte valable, il faut être sain d'esprit* ». Ces deux règles ont un contenu identique : le **consentement requis pour donner ne diffère pas de celui qui est exigé pour contracter une obligation quelconque.** Le trouble mental qui annule le contrat s'apprécie de la même façon dans les actes gratuits et onéreux.

La nullité pour insanité d'esprit est plus fréquemment invoquée à l'encontre des **testaments** : les héritiers contestent volontiers le testament qui leur nuit et, devant un acte tout à la fois unilatéral et à cause de mort, le testateur est spécialement vulnérable. On pourrait penser en revanche que la présence du notaire et le dépouillement immédiat qui accompagne la donation préservent suffisamment le donateur pour exclure ce contentieux. Pourtant, l'insanité d'esprit n'épargne pas les actes entre vifs : la nullité a ainsi été admise contre des **donations par acte notarié**[1] et même contre une **donation par contrat de mariage**[2] ainsi qu'une **donation entre époux**[3]. De façon moins inattendue, elle l'a été plus fréquemment à l'encontre de **donations déguisées**[4], ou de **dons manuels**[5].

312.12 Relation de l'insanité d'esprit avec un régime d'incapacité. Bien entendu, les articles 414-1 et 901 cessent d'être applicables lorsque, en raison de la faiblesse de ses facultés mentales, le disposant a été placé sous un régime de protection. Ainsi la **donation consentie par un majeur en tutelle** est **nulle** de plein droit (C. civ., anc. art. 502 et art. 465, 4°) : la preuve de l'insanité d'esprit n'est pas alors nécessaire. De même, l'**ouverture ultérieure d'une tutelle** permet d'obtenir l'**annulation d'une disposition antérieure** en démontrant qu'à l'époque où elle a été faite, et de façon notoire, les facultés du donateur étaient déjà affaiblies, sans avoir à établir l'existence d'un trouble mental au moment précis où la donation a été consentie (C. civ., anc. art. 503 et nouv. art. 464)[6]. « *Pour qu'un acte fait par une personne ultérieurement placée sous le régime de la tutelle puisse être annulé sur le fondement de l'article 503* [ancien] *du Code civil, il n'est pas nécessaire de rapporter la preuve de l'insanité d'esprit au moment de l'acte. Il suffit que la cause qui a déterminé l'ouverture de la tutelle ait existé notoirement à l'époque où l'acte a été fait* »[7]. De même, la Cour de cassation a approuvé une cour d'appel qui, après avoir souverainement relevé que « *la personne, domiciliée en Allemagne, était décédée après avoir été placée sous le régime allemand de la curatelle, équivalent au régime français, à la suite d'une demande formée le 9 novembre 1992, et qu'elle était atteinte d'un trouble mental important tant au moment de la signature de la procuration du 27 janvier 1991 que de celle du 7 octobre 1991, a décidé, à bon droit, que les deux ventes des 9 et 28 octobre 1991 étaient nulles en application de l'article 489-1* [ancien] *du Code civil français* »[8].

Ainsi, l'ancien article 503 du Code civil permettait d'annuler les actes faits par la personne proté-

1. Paris, 4 févr. 1854, *DP* 1855. 2. 135 – Civ. 1re, 12 déc. 1957, *Bull. civ.* I, n° 169 – Civ. 1re, 30 mars 1960, *Juris-Data* n° 000190 – Paris, 8 oct. 1981, *Juris-Data* n° 026823 – Reims, 9 févr. 1984, *Juris-Data* n° 043235 – Paris, 2 mars 1987, *Juris-Data* n° 021616 – Bourges, 4 janv. 1988, *Juris-Data* n° 040008 – Toulouse, 6 juin 1989, *Juris-Data* n° 052969 – Reims, 17 mai 1990, *Juris-Data* n° 044163 – Paris, 9 nov. 1990, *Juris-Data* n° 024753.
2. Civ. 23 déc. 1856, *D.* 1857. 1. 17 ; *S.* 1857. 1. 244.
3. Civ. 28 déc. 1831, *S.* 1832. 1. 358.
4. Req. 12 avr. 1865, *DP* 1866. 1. 260 – Req. 27 juin 1887, *D.* 1888. 1. 103 ; *S.* 1887. 1. 419 – Nîmes, 29 janv. 1890, *D.* 1891. 2. 97.
5. Civ. 15 mai 1935, *DH* 1935. 339 – TGI Avesnes, 30 mars 1971, *Gaz. Pal.* 1972. 1. Somm. 5 – Civ. 1re, 12 mars 1974, *Gaz. Pal.* 1974. 1. Somm. 124 – Paris, 29 nov. 1985, *Juris-Data* n° 026383 – Dijon, 7 juin 1989, *Juris-Data* n° 048298.
6. POUR UN EX., v. Bourges, 3 juill. 1990, *Juris-Data* n° 049501.
7. Civ. 1re, 28 janv. 2003, n° 00-18.738, NP ; *Defrénois* 2003. 1090, obs. J. Massip ; *AJ fam.* 2003. 147, obs. F. B. ; *Dr. fam.* 2003, obs. B. Beignier ; *JCP N* 2004. 1473, étude A. Cermolacce ; *Gaz. Pal.* 2003. 2. Somm. 3220, note J. Massip ; *RTD civ.* 2003. 478, obs. J. Hauser.
8. Civ. 1re, 14 nov. 2006, n° 05-12.353, *Bull. civ.* I, n° 481 ; *AJ fam.* 2007. IR 39 ; *Dr. fam.* 2007, n° 70, note T. Fossier ; *RJPF* 2007-3/15, obs. J. Casey.

gée antérieurement à l'ouverture de la tutelle si la cause qui avait déterminé cette ouverture existait notoirement à l'époque des faits. Cette disposition créait une **présomption de trouble au moment de l'acte** et laissait au cocontractant le soin d'apporter la preuve que l'acte avait été fait dans un intervalle de lucidité.

Afin de moderniser cette action en nullité et de la rendre applicable aux curatelles, la loi du 5 mars 2007[1] a instauré, à l'article 464 du Code civil, **une « période suspecte » au cours de laquelle l'annulation ou la réduction des actes faits par le majeur peuvent être facilement prononcées.** Cette période est limitée aux **deux années** qui précèdent l'ouverture de la curatelle ou de la tutelle. Le délai est court pour trois raisons :

– ce dispositif est étendu à la curatelle;

– en dehors des cas où les règles de nullité pour insanité d'esprit sont applicables, la preuve de la connaissance ou du caractère notoire de l'altération est d'autant plus difficile que l'acte est ancien;

– cette « période suspecte » est source d'insécurité juridique pour les cocontractants et il est donc nécessaire de l'enfermer dans un délai précis.

L'action en réduction est subordonnée à la preuve de la notoriété de l'incapacité de l'auteur des actes litigieux ou à la preuve que cette incapacité était connue du cocontractant. **L'action en annulation** exigera en outre la justification d'un préjudice pour la personne protégée. L'action en réduction ou en annulation n'est ouverte que pour les actes accomplis dans les deux années qui ont précédé l'ouverture de la mesure de la protection. En application de l'article 466 du Code civil, pour les actes faits antérieurement à cette période de deux ans, l'action en nullité pour insanité d'esprit prévue par les articles 414-1 et 414-2, restera possible. Conformément au droit en vigueur, l'action en réduction ou en annulation se prescrira, par dérogation à l'article 2252 du Code civil, par **cinq ans** à compter du jour du jugement d'ouverture de la mesure de protection.

En sens inverse, **la preuve du trouble mental au moment de l'acte** permet, dans une hypothèse identique, de suppléer **l'absence de notoriété de l'état du donateur**[2]. Elle trouve également son utilité lorsque le régime de protection mis en place laisse à la personne protégée la liberté de consentir certaines libéralités (v. s^s n°s 312.111 s.).

1. L. n° 2007-308, 5 mars 2007, portant réforme de la protection juridique des majeurs, *JO* 7 mars, p. 4325.
2. Civ. 1re, 10 juin 1981, n° 79-16.663, *Bull. civ.* I, n° 202 – Civ. 1re, 6 juin 1990, n° 89-10.583, NP; *Defrénois* 1990. 1300, obs. J. Massip.

312.13 Indépendance de l'insanité d'esprit et du régime d'incapacité. La jurisprudence distingue les deux notions : la **protection de l'incapable** et l'**insanité d'esprit** sont deux voies distinctes. Les juges du fond apprécient souverainement l'insanité d'esprit, sans être liés par le choix de la mesure de protection décidée dans le cadre d'une instance distincte. Dans un arrêt du 28 janvier 2003[3], la Cour de cassation a approuvé la cour d'appel qui, ayant relevé que l'intéressé tenait des propos confus et incohérents lors de ses auditions à l'époque de la rédaction du testament, en a souverainement déduit qu'il ne disposait pas de la faculté de discernement requise pour l'établissement d'un testament valable et a ainsi légalement justifié sa décision ayant prononcé l'annulation de ce testament, sans être liée par le choix de la mesure de protection décidée dans le cadre d'une instance distincte. En sens inverse, dès lors que rien ne démontre l'insanité d'esprit du donateur, à la date de l'examen effectué par un expert médical, et nécessairement six mois plus tôt, à la date de la donation contestée par le donateur lui-même, puisqu'il résulte de ce rapport que le donateur pouvait encore donner un avis de principe sur la gestion de ses biens, les juges du fond ne font qu'estimer, dans l'exercice de leur pouvoir souverain que l'insanité d'esprit au jour de la donation n'était pas établie[4].

L'insanité d'esprit de l'ancien article 503 ou du nouvel article 464 du Code civil est **indépendante de la théorie des vices du consentement** du droit des obligations. Une cour d'appel, sans se fonder sur l'article 1116 du Code civil, justifie sa décision par l'insanité d'esprit du testateur, qu'elle apprécie souverainement[5].

« *Pour qu'un acte fait par une personne ultérieurement placée sous le régime de la tutelle puisse être annulé sur le fondement de l'article 503* [ancien] *du Code civil, il n'est pas nécessaire de rapporter la preuve de l'insanité d'esprit au moment de l'acte. Il suffit que la cause qui a déterminé l'ouverture de la tutelle ait existé notoirement à l'époque où l'acte a été fait* »[6].

312.14 Notion d'insanité d'esprit. L'insanité d'esprit est largement entendue. Selon la Cour de cassation, elle inclut « *toutes les variétés d'affection*

3. Civ. 1re, 28 janv. 2003, n° 00-17.712, NP; *Defrénois* 2003. 1093, obs. J. Massip; *AJ fam.* 2003. 148, obs. F. B.; *JCP N* 2004. 1473, étude A. Cermolacce.
4. Civ. 1re, 6 juill. 2000, n° 98-22.654, NP; *D.* 2001. Somm. 1506, obs. Ph. Delmas Saint-Hilaire.
5. Civ. 1re, 28 janv. 2003, n° 00-17.712, préc. s^s n° 312.12.
6. Civ. 1re, 28 janv. 2003, n° 00-18.738, préc. s^s n° 312.12; *Defrénois* 2003. 1090, obs. J. Massip; *Gaz. Pal.* 2003. 2. Somm. 3220, note J. Massip; *AJ fam.* 2003. IR 147; *JCP N* 2004. 1473, étude A. Cermolacce; *RTD civ.* 2003. 478, obs. J. Hauser.

mentale par l'effet desquelles l'intelligence du disposant aurait été obnubilée, ou sa faculté de discernement déréglée »[1].

Il est, en tout cas, clairement établi que l'insanité d'esprit au sens des anciens articles 489 et 901 du Code civil est **distincte de l'altération des facultés mentales** en tant que celle-ci constitue une cause d'ouverture d'un régime de protection. Ainsi, le fait qu'une demande d'ouverture de tutelle ait été rejetée ne signifie pas que la donation ne pourra être annulée pour insanité d'esprit. En sens inverse, que l'état d'esprit du disposant ait paru justifier une demande d'ouverture de tutelle ne démontre pas qu'il était à la même époque hors d'état de consentir une donation[2].

Peu importe par conséquent que l'altération des facultés mentales soit durable ou seulement momentanée, qu'elle procède d'un état psychique, d'une maladie physique, voire de l'absorption d'alcool ou de drogue. Peu importe également qu'elle soit totale ou partielle. Il suffit d'établir qu'au moment de la libéralité, son auteur ne jouissait pas d'une lucidité suffisante pour comprendre la portée et les conséquences de ses actes.

B. Illustrations

312.20 Applications. Il est hors de question d'énumérer toutes les hypothèses où la lucidité du donateur peut se trouver obscurcie. Il suffira de citer quelques cas d'application, parmi les causes le plus souvent invoquées.

312.21 1° Vieillesse, affaiblissement dû à l'âge. Il est constamment rappelé par la jurisprudence que la vieillesse, même très avancée, ne suffit pas à justifier l'annulation d'une libéralité, et même si elle s'accompagne d'un certain affaiblissement des facultés intellectuelles[3]. Il en va autrement si l'âge provoque une **démence sénile**, ou un **ramollissement cérébral**[4], ou si l'affaiblissement des facultés du donateur est si grand que, « *en supposant même qu'il ne touchât pas à la démence, il retire tout caractère de certitude* » à l'expression de la volonté[5].

312.22 2° Maladie, infirmité physique. De la même manière, le principe est que la maladie ne prive pas celui qui en est atteint de la faculté de disposer, tant qu'il demeure sain d'esprit (par ex., dans une hypothèse où le donateur était atteint d'une tumeur cérébrale provoquant une paralysie partielle; jugé néanmoins que les facultés mentales n'étaient pas atteintes[6]). De même la dépression nerveuse n'établit pas l'absence de lucidité, dès lors que le donateur a conservé « *une compréhension claire de la situation* » et manifeste une volonté précise[7] (comp. sur ce que « *la perte d'autonomie psychique et sociale* » d'une personne qui nécessite une assistance définitive en milieu protégé ne révèle en rien l'insanité d'esprit[8]). Mais l'insanité d'esprit est retenue lorsque la maladie provoque « *un état confusionnel* »[9], ainsi qu'en présence de troubles amnésiques ne permettant pas au donateur d'agir en connaissance de cause[10].

Il est clair par ailleurs que l'infirmité corporelle, si elle peut empêcher l'usage de certaines facultés d'expression (le langage pour un sourd-muet, l'écriture ou la signature des actes pour le paralytique, *etc.*) ne saurait interdire de disposer à titre gratuit, pas plus que de conclure un contrat quelconque, dès lors qu'elle n'atteint pas l'intelligence[11] (*adde* C. civ., art. 936, relatif aux modalités particulières de l'acceptation de la donation).

312.23 3° Passions violentes. Sont également parfois annulées les libéralités faites sous l'empire d'une violente passion, ayant retiré au donateur sa liberté d'esprit[12]. Toutefois l'argument est souvent

1. Civ. 4 févr. 1941, *DA* 1941. 11.
2. Lyon, 19 oct. 1989, *D.* 1989. IR 310 – COMP. à propos d'un placement en curatelle, Versailles, 4 déc. 1992, *Juris-Data* n° 047043 – d'une mise sous sauvegarde, Aix-en-Provence, 15 oct. 1990, *Juris-Data* n° 051374.
3. Civ. 18 oct. 1809, *D. jur. gén.*, *v° Disposition entre vifs et testamentaires*, n° 2901 – Paris, 6 mars 1993, *Juris-Data* n° 021320 – Rennes, 2 févr. 1993, *Juris-Data* n° 046471 – Civ. 1re, 24 mars 1998, n° 97-11.253, *Bull. civ.* I, n° 124.
4. Civ. 15 mai 1935, *DH* 1935. 339 – Reims, 17 mai 1990, *Juris-Data* n° 044163 – Paris, 2 mars 1987, *Juris-Data* n° 021616 – TGI Paris, 9 mars 1994, *Juris-Data* n° 04603.
5. Paris, 4 févr. 1854, *DP* 1855. 2. 135.
6. Civ. 1re, 22 déc. 1971, n° 70-13.692, *Bull. civ.* I, n° 329 – V. AUSSI Colmar, 6 juin 1984, *Juris-Data* n° 041593.
7. Paris, 13 juill. 1987, *Juris-Data* n° 024421 – Aix-en-Provence, 15 oct. 1990, *Juris-Data* n° 051374 – Versailles, 4 déc. 1992 *Juris-Data* n° 047043 – Civ. 1re, 8 déc. 1998, n° 96-18.198, NP; *Juridisque Lamy.*
8. Nîmes, 16 mars 1995, *Juris-Data* n° 030012.
9. Reims, 9 févr. 1984, *Juris-Data* n° 043235 – Bourges, 4 janv. 1988, *Juris-Data* n° 040008.
10. Civ. 8 oct. 1961, *Juris-Data* n° 026823 – Paris, 8 oct. 1981, *Juris-Data* n° 026823 – Civ. 1re, 6 janv. 2010, n° 08-14.002, NP (maladie d'Alzheimer) – COMP. pour un don manuel : Req. 17 mars 1813, *D. jur. gén.*, *v° Disposition entre vifs*, n° 226.
11. Sur le cas particulier des sourds-muets, à qui on a longtemps dénié, sous l'influence du droit romain et de l'ancien droit, toute capacité de consentir des donations, et même semble-t-il toute capacité civile v. *D. jur. gén.*, *v° Disposition entre vifs*, n° 229.
12. PAR EX., v. Lyon, 17 déc. 1863, où l'attachement du donateur pour sa maîtresse tournait, selon la cour, « *à l'obsession, allant jusqu'à l'égarement* » : la disposition est annulée – et sur pourvoi Req. 12 avr. 1865, *DP* 1866. ▶

rejeté : ni la colère[1], ni la jalousie[2], ni la violence de caractère[3], ne sont de soi des manifestations de l'insanité d'esprit, et le Code civil, à la différence de l'ancien droit, ignore la nullité des actes accomplis *ab irato*[4].

Tout va dépendre de l'**appréciation souveraine du juge** : une cour d'appel peut retenir l'insanité d'esprit du testateur en relevant le caractère inconsidéré du brusque changement d'avis de l'intéressé, sur les bénéficiaires de sa succession, à une période coïncidant avec l'altération de ses facultés mentales[5].

312.24 **4° Causes externes.** Parmi les causes d'insanité d'esprit extérieures à la personne, il faut citer principalement l'**absorption de drogues ou d'alcool** : l'acte est généralement annulé, dès lors que l'état d'ébriété ou l'influence de la drogue a privé le disposant de la faculté de réfléchir[6], sans qu'il y ait lieu d'ailleurs de distinguer selon que l'ivresse est le fait du donateur lui-même ou qu'elle est due à des manœuvres frauduleuses d'un tiers[7]. De même, la **détérioration des facultés intellectuelles** d'origine éthylique provoque l'annulation de la disposition[8], mais seulement s'il est établi qu'au moment de la rédaction le testateur n'était pas en possession de ses facultés intellectuelles[9].

C.
Preuve de l'insanité d'esprit

312.31 **Charge de la preuve.** La preuve de l'insanité d'esprit du donateur est **à la charge de celui qui se prévaut de la nullité.** Et celui-ci doit, en principe, établir le défaut de lucidité et de volonté **au moment même où la donation a été consentie.** C'est ce qui résultait de l'ancien article 489 (C. civ., nouv. art. 414-1) du Code civil : « *C'est à ceux qui agissent en nullité pour cette cause de prouver l'existence d'un trouble mental au moment de l'acte* »[10].

Une telle preuve est néanmoins difficile. Ainsi la jurisprudence vient-elle en aide au demandeur. Lorsqu'est établi un **état habituel de démence** pendant la période au cours de laquelle se situe l'acte litigieux (immédiatement avant et immédiatement après), la charge de la preuve se trouve inversée. C'est alors à celui qui défend la validité de la donation - en général le gratifié - de démontrer l'intervalle lucide[11]. Ce n'est donc que lorsque l'insanité d'esprit invoquée présente un caractère accidentel qu'elle doit être précisément démontrée au moment même de la confection de l'acte.

312.32 **Moyens de la preuve.** La preuve de l'insanité d'esprit se fait par tous moyens, **extrinsèques** ou **intrinsèques.**

Parmi les moyens intrinsèques, on peut relever « *une signature informe et tremblotante* »[12], la déclaration, émanant du notaire lui-même, suivant laquelle la donatrice était dans l'impossibilité de prononcer une parole et de répondre aux questions qui lui étaient posées[13], mais aussi le caractère déraisonnable de la disposition, notamment dans des cas où le donateur se dépouille de la totalité de ses biens, se privant de tout moyen d'existence[14].

Toutefois la preuve intrinsèque n'est pas nécessaire : la donation peut être annulée alors même qu'elle se présente sous l'apparence la plus raisonnable et la plus normale (v. s[s] n° 312.42). L'insanité d'esprit peut résulter d'écrits émanant du donateur, mais aussi de témoignages, d'expertises, ou de simples présomptions. Les juges du fond apprécient souverainement la pertinence de l'offre de preuve, et la force probante des preuves fournies ou des mesures d'instruction sollicitées[15].

Une difficulté particulière provient de la **mention**, fréquemment insérée dans les actes authentiques, par laquelle le notaire déclare que **le disposant est sain d'esprit.** Il est constamment admis qu'une telle déclaration peut être **combattue par tous moyens**, sans qu'il soit nécessaire de recourir à la

▶ 1. 261. – COMP. en matière de testaments, annulés parce que consentis sous l'empire de la « *haine aveugle* » que le testateur éprouvait à l'égard de sa famille : Montpellier, 7 févr. 1928, *DH* 1928. 232 – Req. 4 mai 1943, *DH* 1943. 66.

1. Req. 9 mars 1875, *DP* 1877. 1. 220 – Paris, 18 juin 1962, *D.* 1963. Somm. 9.
2. Paris, 1er mars 1935, *DH* 1935. 256 – Paris, 10 févr. 1962, *D.* 1962. Somm. 69.
3. Civ. 1re, 5 oct. 1960, *JCP* 1960. IV. 155.
4. Req. 9 mars 1875, préc. s[s] prés[t] n°.
5. Civ. 1re, 28 janv. 2003, n° 00-18.738, NP; *Defrénois* 2003. 1090, obs. J. Massip; *AJ fam.* 2003. 147, obs. F. B.; *JCP N* 2004. 1473, étude A. Cermolacce; *RTD civ.* 2003. 478, obs. J. Hauser.
6. Nîmes, 29 janv. 1890, *DP* 1891. 2. 97 – Toulouse, 8 juin 1863, *DP* 1863. 2. 139.
7. Nîmes, 29 janv. 1890, *D.* 1891. 2. 97.
8. Paris, 9 nov. 1990, *Juris-Data* n° 024753.
9. Civ. 1re, 28 janv. 1997, n° 95-13.265, NP; *Juridisque Lamy* – Pour des cas de toxicomanie, v. Beauvais, 1er juill. 1897, *DP* 1898. 2. 502 – Paris, 23 mars 1982, *Juris-Data* n° 023414.
10. Montpellier, 21 mars 1991, *Juris-Data* n° 034655 – Toulouse, 21 juin 1995, *Juris-Data* n° 046249 : la dégradation des facultés mentales du donateur dans les mois qui ont suivi la rédaction de l'acte ne peut faire présumer l'insanité d'esprit au jour de la donation.
11. Civ. 1re, 11 juin 1980, n° 78-15.129, *Bull. civ.* I, n° 184.
12. Nîmes, 29 janv. 1890, *D.* 1891. 2. 97.
13. Paris, 4 févr. 1854, *DP* 1855. 2. 135.
14. Lyon, 17 déc. 1863, préc. s[s] n° 312.23 – Nîmes, 29 janv. 1890, *D.* 1891. 2. 97.
15. À propos d'un testament, v. Civ. 5 déc. 1949, *D.* 1950. 57.

procédure d'inscription de faux. La force probante privilégiée des actes authentiques ne concerne en effet que les faits que le notaire a constatés dans l'exercice de sa mission. Tel n'est pas le cas de la santé mentale du disposant : le notaire n'ayant, pour l'apprécier, aucune compétence particulière : son opinion n'a, à cet égard, que la valeur d'un témoignage ordinaire[1].

312.33 Recours à l'expertise. La tentation est grande pour les héritiers de solliciter une mesure d'expertise, aux fins de rechercher et de décrire l'état de santé du défunt à la date où il a testé. Les juridictions saisies exercent un contrôle sur l'opportunité de la mesure.

La Cour de cassation approuve une cour d'appel qui a estimé, souverainement, que l'allégation des héritiers tenant à l'impossibilité de produire des éléments de preuve de l'état de leur parente était peu crédible et en contradiction avec leur affirmation de liens constants et profonds avec celle-ci jusqu'à sa mort. À l'évidence la dégradation de son état mental n'aurait pu leur échapper et aurait pu les conduire à prendre des mesures adaptées à la protection de ses intérêts comme des leurs. Il s'en déduit que les intéressés auraient pu établir l'insanité d'esprit alléguée autrement que par la mesure d'expertise sollicité[2].

312.34 Médecin traitant et secret professionnel. Une autre difficulté concerne la recevabilité d'un témoignage émanant du médecin traitant, en raison du secret professionnel auquel celui-ci est tenu.

Depuis les arrêts *Duret* et *Laforest* du 26 mai 1964, les certificats médicaux sont librement produits à l'appui de la preuve de l'insanité d'esprit[3].

Cette solution a été rappelée dans deux décisions plus récentes, à l'aune du Code pénal : la disposition de l'article 901 vaut autorisation de révélation du secret médical au sens de l'article 226-14 du Code pénal. Par l'effet de l'article 901, le professionnel est déchargé de son obligation au secret relativement aux faits dont il a eu connaissance dans l'exercice de sa profession. La finalité du secret professionnel étant la protection du non-professionnel qui les a confiés, leur révélation peut être faite non seulement à ce dernier mais également aux personnes ayant un intérêt légitime à faire valoir cette protection.

Ayant relevé que les enfants de la défunte avaient un intérêt légitime à rechercher si, à l'époque où elle avait consenti la donation critiquée, elle était saine d'esprit, les juges du fond n'ont fait qu'exercer leur office en prescrivant une mesure d'expertise dont, en décidant que l'expert ne devrait communiquer le dossier médical à aucune personne mais seulement le consulter afin de pouvoir répondre aux questions de sa mission, ils ont exactement fixé les modalités[4].

D. Sanction de l'insanité d'esprit et exercice de l'action

312.41 Sanction de l'insanité d'esprit. Par analogie avec les règles de capacité, l'insanité d'esprit du disposant est sanctionnée par une **nullité relative.** Cependant les conditions d'exercice de l'action diffèrent selon qu'elle est engagée du vivant du donateur ou après son décès.

Du vivant du donateur, l'action peut être exercée par lui-même, s'il a retrouvé la plénitude de ses facultés, par son tuteur ou son curateur si un régime de protection a été entre-temps mis en place (C. civ., art. 414-2). Elle peut l'être également par ses créanciers, usant de l'action oblique (C. civ., art. 1166). Le délai d'exercice de cette action est de cinq ans (C. civ., art. 414-2, al. 3, renvoyant à C. civ., art. 1304). Ce délai commence à courir dès le jour de l'acte, et non du jour où la cause de nullité a pris fin[5]. L'auteur de l'acte pourrait cependant invoquer une suspension de la prescription en raison de l'impossibilité où il s'est trouvé, en fait, d'agir. Cependant, cette preuve est difficile à rapporter, car elle s'entend, semble-t-il, d'une impossibilité absolue assimilable à un cas de force majeure[6].

312.42 Exercice de l'action après le décès du donateur. Après le décès de l'auteur de l'acte, l'action en nullité est plus largement ouverte à l'encontre des libéralités qu'ils avaient consenties avant sa mort qu'en droit commun.

1. Req. 27 févr. 1821, *D. jur. gén.*, *v° Disposition entre vifs*, n° 209 – Civ. 1re, 25 mai 1987, n° 85-18.684, *Bull. civ.* I, n° 171 ; *D.* 1988. 79, note A. Breton ; *JCP N* 1988. II. 39, note J.-F. Pillebout – Civ. 1re, 14 nov. 2000, n° 99-11.910, NP; *JCP N* 2001. 1612, note J.-F. Pillebout.
2. Civ. 1re, 2 mars 2004, n° 02-15.211, *Bull. civ.* I, n° 70; *D.* 2004. IR 1212 ; *Gaz. Pal.* 2004. 2. Somm. 2716; *AJ fam.* 2004. 286, obs. F. Bicheron ; *Dr. fam.* 2004, n° 111, note Contis; *AJDI* 2004. 745, obs. M. Olivier; *RTD civ.* 2004. 485, obs. J. Hauser.
3. Civ. 1re, 26 mai 1964, 2 esp., *D.* 1965. 109, note Le Bris; *JCP* 1964. 13751, concl. Lindon.
4. Civ. 1re, 22 mai 2002, n° 00-16.305, *Bull. civ.* I, n° 144; *D.* 2002. IR 2029; *Defrénois* 2002. 1477, obs. J. Massip; *AJ fam.* 2002. 263, obs. S. D.-B.; *RJPF* 2002-10/12, note Fossier; *RDSS* 2002. 484, obs. L. Dubouis – Civ. 1re, 2 mars 2004, n° 01-00.333, *Bull. civ.* I, n° 69; *D.* 2004. IR 1125; *Defrénois* 2004. 1244, obs. J. Massip; *AJ fam.* 2004. 186, obs. F. Bicheron.
5. Civ. 1re, 19 nov. 1991, n° 90-10.997, *Bull. civ.* I, n° 318; *D.* 1993. 277, note J. Massip.
6. Dans une hypothèse voisine, v. Civ. 2e, 10 févr. 1966, *D.* 1967. 315, note Revault – EN CE SENS, v. J. Massip, *Defrénois* 1992. 736.

En règle générale, les actes d'une personne décédée ne peuvent être critiqués par ses héritiers pour cause de trouble mental que dans des cas exceptionnels qu'énumère l'article 414-2 alinéa 2 du Code civil :

- lorsque l'acte porte en lui-même la preuve du trouble mental;

- lorsqu'il a été fait dans un temps où l'individu était placé sous sauvegarde de justice;

- lorsqu'une action a été introduite avant le décès aux fins d'ouvrir une tutelle ou une curatelle ou si effet a été donné au mandat de protection future.

Cette liste des hypothèses a été considérée comme limitative par la Cour de cassation. Elle a cassé l'arrêt qui, pour annuler l'acte de vente d'un immeuble par une personne dont l'état de santé était déficient, retient que l'absence de consentement inclut implicitement tous les vices susceptibles d'affecter l'apparence d'un tel consentement, que le texte susvisé ne s'applique donc pas, que le consentement n'a pu être recueilli qu'à la faveur sinon d'un dol délibéré, constitué par une exploitation de l'état de faiblesse de la victime, à tout le moins d'une erreur substantielle de celle-ci, incapable d'apprécier la nature et la portée des engagements pris[1]. La constitutionnalité de l'article 414-2 alinéa 2 du Code civil a d'ailleurs été vérifiée par le Conseil constitutionnel, qui a jugé que ces limitations sont justifiées par des motifs d'intérêt général et proportionnées au regard de ces objectifs[2].

Cependant, selon les termes de l'article 414-2 alinéa 2 lui-même, ces dispositions restrictives ne s'appliquent ni aux donations entre vifs ni aux testaments.

Sur le fondement de l'article 901 en effet, la nullité d'une donation peut être prononcée pour insanité d'esprit du donateur à la demande de ses héritiers, alors même qu'aucun régime de protection n'avait été sollicité avant le décès, et que l'acte se présente sous une apparence parfaitement raisonnable[3]. La jurisprudence précise que le délai d'exercice de l'action commence à courir à partir de la date du décès, ce qui a pour effet de lier le point de départ du délai de prescription de l'action à la qualité pour agir en nullité[4]. La nullité d'un contrat pour cause d'insanité d'esprit n'exclut pas l'action en responsabilité contre le contractant dont la faute a été, en l'espèce, caractérisée[5]. Cette action appartient aux successeurs universels du disposant, légaux ou testamentaires[6].

La nullité relative pour insanité d'esprit d'un testament ne peut être demandée que par les **successeurs universels légaux ou testamentaires** du *de cujus*; aussi, le légataire à titre particulier n'a pas qualité pour agir en nullité du testament et doit être déclaré irrecevable en sa demande[7].

312.43 Confirmation de la nullité. Du caractère relatif de la nullité pour insanité d'esprit, il résulte également que la donation nulle peut être confirmée dans les conditions du droit commun (C. civ., art. 1388), soit par le donateur lui-même lorsqu'il a retrouvé ses facultés intellectuelles, soit par ses héritiers.

§ 2
Consentement du donateur : vices du consentement

312.50 Application du droit commun. Au contraire de l'insanité d'esprit, le Code civil ne comportait aucune disposition particulière relative à la mise en œuvre de la théorie des vices du consentement dans le domaine de la donation. Il y avait donc lieu d'appliquer ici simplement les règles générales des actes juridiques, telles qu'elles figurent aux articles 1109 et suivants du Code civil. La loi du 23 juin 2006[8] a ajouté une seconde phrase à l'article 901 du Code civil : « *La libéralité est nulle lorsque le consentement a été vicié par l'erreur, le dol ou la violence* ». La solution ne fait donc désormais aucun doute[9].

1. Civ. 1re, 20 oct. 2004, nº 03-10.989, *Bull. civ.* III, nº 177; *D.* 2005. 257, obs. D. Noguéro; *D.* 2006. Pan. 1570, obs. J.-J. Lemouland et J.-M. Plazy; *Dr. fam.* 2005, nº 88, note Murat; *CCC* 2005, nº 23, note L. Leveneur; *Dr. et patr.* févr. 2005. 127, obs. P. Chauvel; *RTD civ.* 2005. 102, chron. J. Hauser.
2. Cons. const. 17 janv. 2013, nº 2012-288 QPC, *JO* 18 janv. 2013; *RTD civ.* 2013. 348, obs. J. Hauser – R. Mésa, « De l'extension du domaine de la nullité pour insanité d'esprit du *de cujus* », *RLDC* 1er avr. 2013, p. 36 s.
3. PAR EX., v. Reims, 9 févr. 1984, *Juris-Data* nº 043235 – COMP., pour un testament annulé alors que ses dispositions étaient intrinsèquement parfaitement sensées, v. Civ. 5 déc. 1949, *D.* 1950. 57.
4. Civ. 1re, 20 mars 2013, nº 11-28.318, *Bull. civ.* I [à paraître]; *JCP N* 6 nov. 2013, p. 41, note J. Massip; *RDC* 2012. 868, note E. Savaux; *Dr. fam.* 1er mai 2013, nº 36, obs. I. Maria – CONFIRMÉ par Civ. 1re, 29 janv. 2014, nº 12-35.341, *Bull. civ.* I [à paraître].
5. Civ. 1re, 28 janv. 2003, nº 00-12.498, NP; *Defrénois* 2003. 1088, obs. J. Massip; *Dr. fam.* 2003, nº 152, note T. Fossier; *Dr. et patr.* janv. 2004. 84, obs. F. Chabas.
6. Civ. 1re, 1969, *D.* 1969. 585.
7. Civ. 1re, 17 févr. 2010, nº 08-21.927, NP; *D.* 2010. Pan. 2115, obs. J.-J. Lemouland, D. Noguero et J.-M. Plazy.
8. L. nº 2006-728, 23 juin 2006, portant réforme des successions et des libéralités, *JO* 24 juin, p. 9513.
9. PAR EX. : Civ. 1re, 10 juill. 2013, nº 12-12.342, NP; *Dr. fam.* 2013. Comm. 141, obs. M. Nicod, qui rejette la demande en nullité d'une donataire, faute « *d'erreur sur la substance de nature à vicier le consentement de la donataire* ».

Encore que le contentieux ne soit pas très abondant, il ressort de la jurisprudence que l'application de ces règles générales est plus facile dans les **actes gratuits** que dans les actes onéreux, et la nullité y est plus aisément admise, en raison de l'importance du consentement du donateur dans une disposition de pure générosité.

A. L'erreur

312.51 Domaine d'application. L'erreur est une cause de nullité des donations, dans les limites énoncées à l'article 1110 du Code civil. Elle peut porter sur la **substance** même du bien donné, ou sur une **qualité substantielle** de celui-ci[1].

Il faut souligner que, en raison de l'absence de contrepartie qui caractérise la donation, l'erreur invoquée par le disposant porte nécessairement, ou en tout cas presque toujours, **sur sa propre prestation.** Il n'y a là aucun obstacle spécifique à la mise en œuvre de la nullité. L'erreur de celui qui s'oblige sur sa propre prestation est usuellement admise comme cause d'annulation du contrat, aussi bien que celle portant sur la prestation de l'autre partie[2]. Dans quelques cas néanmoins, l'erreur du donateur porte **sur la contrepartie offerte par le bénéficiaire,** notamment dans les libéralités rémunératoires, voire dans les libéralités avec charge : encore faut-il, pour que la nullité soit encourue, que la charge, ou le service rendu qu'il s'agit de rémunérer, constitue **l'élément essentiel de la libéralité**[3] (sur ce point, v. aussi s^s^ n° 312.52).

Compte tenu de l'importance de l'*intuitus personae* dans les actes gratuits, l'erreur invoquée porte souvent sur la **personne du gratifié.** Dans de rares cas, elle porte sur la **personne même du bénéficiaire**[4]. Plus fréquemment, elle porte sur une **qualité prêtée au gratifié,** et qui a motivé l'intention libérale. Par exemple, est nulle la donation faite par les héritiers à un fidèle serviteur du défunt, dès lors que ceux-ci ont découvert après coup que le bénéficiaire avait dissimulé l'existence d'un testament en sa faveur obtenu par captation[5].

312.52 Particularités du régime de l'erreur dans les donations. L'erreur dans les donations présente néanmoins quelques particularismes. Tout d'abord, l'erreur du disposant procède très souvent d'une **erreur de droit** : ainsi dans les exemples précédemment cités où le donateur s'est trompé sur le caractère transmissible du droit à réserve, sur la possibilité de révoquer la disposition consentie, sur les conséquences d'une renonciation, *etc.* Certes, il est couramment admis dans le droit commun des contrats que l'erreur de droit doit avoir les mêmes conséquences que l'erreur de fait. Toutefois ce type de situation se rencontre principalement dans les libéralités.

Ensuite, l'**erreur qui ne porte que sur les motifs** qui ont inspiré le donateur constitue une **cause de nullité de l'acte,** au rebours de ce qui se passe dans les actes à titre onéreux, **pourvu que ce motif ait été déterminant.** Très caractéristique à cet égard est l'arrêt rendu par la Cour de cassation le 14 mars 1985, qui a annulé la donation faite par une personne à son frère invalide à quatre-vingt pour cent, et à l'épouse de ce dernier, au motif que, deux mois plus tard, l'épouse gratifiée avait quitté le domicile conjugal et entamé une procédure de divorce : selon la Cour, l'intention libérale était « *indissociable* » de l'union conjugale existant entre les donataires[6]. Cette jurisprudence manifeste avec clarté la volonté des tribunaux d'étendre, dans le domaine des actes gratuits, le champ d'application de la nullité pour vice du consentement.

Toutefois, cette extension reste limitée. S'agissant d'un contrat, il est logique d'exiger, pour que l'erreur commise par le disposant soit sanctionnée par une nullité, que le motif sur lequel il s'est trompé soit entré dans le champ contractuel. Cette condition est remplie lorsqu'il reste étroitement relié, même si c'est de manière indirecte, avec la personne du gratifié, par exemple à travers son comportement, ou avec l'objet de la donation. Tel était bien le cas dans l'arrêt ci-dessus analysé du 14 mars 1985[7].

1. Ex. fréquent : erreur sur la nature du droit transmis : v. Civ. 1re, 15 juin 1960, *S.* 1961. 1, où un fils avait renoncé à la succession de son père dans l'intérêt de sa mère, donataire de l'usufruit de cette succession : croyant que la réserve est un droit purement personnel, il ignorait que sa renonciation ferait acquérir des droits réservataires à ses propres enfants – Civ. 1re, 21 juin 1960, *Bull. civ.* I, n° 339 – Civ. 1re, 26 nov. 1968, *Bull. civ.* I, n° 297, erreur sur le caractère irrévocable d'une donation.
2. Sur cette question, v. J. Ghestin, *Formation du contrat*, LGDJ, 1993, n°s 515 s. – TGI Paris, 13 déc. 1972, aff. du Poussin, *D.* 1973. 410.
3. Com. 8 avr. 1976, n° 75-10.971, *Bull. civ.* IV, n° 109 – COMP., Civ. 1re, 2 mars 1977, *D.* 1977. IR 294, où l'annulation est refusée parce qu'il n'était pas établi que le désir de remercier fût la cause de la donation.
4. PAR EX., v. Civ. 1re, 15 juin 1960, *S.* 1961. 1, où le renonçant avait cru faussement que sa renonciation bénéficierait à sa mère plutôt qu'à ses propres enfants.
5. Paris, 7 mars 1938, *JCP* 1938. 639. – COMP. Lyon, 6 févr. 1933, *DP* 1936. 2. 6, note Nast – Req. 13 juin 1826, *D.* 1826. 1. 367 : donation faite à un enfant, fils adultérin d'un neveu de la donatrice, dans la croyance qu'il était légitime, mais la nullité est ici rejetée au motif que l'erreur n'était pas déterminante.
6. Civ. 1re, 14 mars 1985, *Defrénois* 1985, art. 33636, n° 109, obs. Aubert.
7. V. NOT. sur ce point les observations de J.-L. Aubert, *Defrénois* 1985, art. 33636, n° 109.

À propos du contrat de cautionnement, usuellement consenti entre particuliers à titre amical et sans contrepartie, on peut rattacher à la même idée les décisions qui ont annulé l'engagement de la caution parce qu'elle s'était trompée sur la solvabilité du débiteur principal : l'erreur, portant sur le motif principal et déterminant, constituait un vice du consentement[1]. La jurisprudence récente est toutefois plus restrictive. En principe, l'erreur commise par la caution sur la solvabilité du débiteur principal est jugée indifférente, sauf si le garant avait fait de ce motif la condition de son engagement[2].

En sens inverse, au demeurant, il est constant en jurisprudence que, quel qu'en soit l'objet, simple motif, personne du gratifié, substance de la chose donnée, **l'erreur du disposant** ne vicie la donation que dans la mesure où elle a été « *la cause impulsive et déterminante* » de la libéralité : « *L'erreur ne provoque la nullité du contrat que si elle a été la seule cause, la cause vraiment déterminante de la donation* »[3].

On relèvera que ce **rôle causal** constitue en définitive le seul véritable critère qui délimite le champ d'application de la théorie de l'erreur aux donations. Il ressort de la comparaison des arrêts que les tribunaux se montrent relativement exigeants pour reconnaître un **caractère déterminant au motif erroné** : est jugé déterminant le motif qui à lui seul explique l'intention libérale; la pluralité des motifs ayant inspiré le donateur exclut au contraire qu'aucun d'eux se voie reconnaître un tel caractère. Très significatives à cet égard sont les énonciations de l'arrêt précité du 13 janvier 1826.

B. Le dol

312.61 Éléments constitutifs du dol. Le dol est, de tous les vices du consentement, celui qui est le plus souvent invoqué à l'encontre des donations, et qui suscite le contentieux le plus abondant. Conformément à l'article 1116 du Code civil, la nullité n'est encourue que s'il y a eu de véritables **manœuvres frauduleuses**, « des *pratiques artificieuses ou des insinuations mensongères* »[4] et que ces manœuvres ont eu un **caractère déterminant sur la décision du donateur**[5].

Ainsi, il n'y a pas eu dol viciant le consentement si le bénéficiaire a su gagner la bienveillance du disposant par les attentions qu'il lui a manifestées, même insincères ou trop empressées, par les services qu'il lui a rendus, même excessifs ou intéressés[6], voire par des manifestations d'affection simulée.

Constituent au contraire des manœuvres susceptibles d'annuler le contrat, le fait d'isoler le donateur de sa famille ou de ses amis, de dénigrer systématiquement ses parents et de provoquer la rupture de ses relations avec eux[7] ou, pour une femme, de simuler la maternité pour obtenir une donation de son amant[8] et, pour un homme, de faire état d'un faux titre nobiliaire et de se faire passer pour plus riche que l'on est pour obtenir de la donatrice qu'elle l'épouse et lui consente l'abandon de tous ses biens[9]. A également été qualifié de dol le fait de chambrer une personne âgée avant de la conduire, à une heure inhabituelle, chez un notaire qui n'était pas le notaire de famille, celui-ci ayant refusé de dresser l'acte[10]. Du reste, cet arrêt a été critiqué : le comportement ainsi incriminé s'apparente plutôt à une violence morale qu'à un dol.

La Cour de cassation a retenu qu'une personne débile moyenne de naissance aux capacités intellectuelles limitées mais sans pathologie psychiatrique, pouvait comprendre le but d'un testament, mais n'était capable ni d'en avoir l'initiative, ni d'en concevoir la rédaction, ni de l'écrire seule. Celle-ci avait rédigé le testament litigieux au stylo à bille en surlignant un texte pré-écrit au crayon de papier par son père, qui, selon l'expert, exerçait sur elle une forte influence et dont, selon l'expert et de nombreux témoins, elle était totalement dépendante. Cette influence est équivalente à un dol et la Cour de cassation approuve la cour d'appel d'avoir considéré que le testament, bien qu'écrit de la main de la testatrice, n'était pas, en raison de l'assistance d'un tiers qui en était le véritable auteur, l'expression de la volonté propre de la signataire[11].

La **simple réticence** peut dans certaines circonstances être jugée dolosive dans les donations comme dans les actes à titre onéreux.

En ce sens, une affaire où le notaire qui s'était fait consentir par une cliente âgée de quatre-vingt ans une institution contractuelle par contrat de mariage s'était bien gardé d'expliquer à la donatrice que cette disposition, à la différence d'un testament, était irrévocable[12]

1. Civ. 1re, 1er mars 1972, no 70-10.313, *Bull. civ.* I, no 70; *D.* 1973. 333, note Ph. Malaurie.
2. Civ. 1re, 19 mars 1985, no 84-10.533, *Bull. civ.* I, no 98; *JCP* 1986. 20659, note Bouteiller – Com. 11 janv. 1994, no 91-17.691, *Bull. civ.* IV, no 15.
3. Req. 13 janv. 1826 – Ex. arrêts ayant prononcé la nullité en relevant le caractère causal de l'erreur, Civ. 1re, 15 juin 1960, 1er mars 1972, 14 mars 1985, préc. ss nos 312.51 et 312.52 – Arrêts ayant rejeté la nullité au motif que l'erreur ne portait pas sur la cause de l'acte, Req. 13 janv. 1826 – Lyon, 6 févr. 1933 – Civ. 1re, 2 mars 1977, préc. ss no 312.51.
4. Req. 6 déc. 1909, *D.* 1910. 1. 142.
5. Req. 27 juin 1887, *DP* 1888. 1. 303.
6. Req. 21 avr. 1913, *D.* 1913. 1. 421 – Civ. 6 déc. 1907, *D.* 1908. 1. 102.
7. T. civ. Abbeville, 6 juill. 1949, *D.* 1949. 508.
8. Civ. 17 juin 1887, *D.* 1888. 1. 303.
9. Civ. 1re, 5 mars 1980, *Gaz. Pal.* 1980. Pan. 343.
10. Colmar, 30 janv. 1970, *D.* 1970. 297, note E. Alfandari.
11. Civ. 1re, 9 janv. 2008, no 07-10.599, *Bull. civ.* I, no 11; *AJ fam.* 2008. 81, obs. L. Pécaut-Rivolier; *RLDC* 2008/53, no 3160, note Bernard-Xemard; *RJPF* 2008-3/35, obs. J. Casey.
12. Civ. 1re, 21 juin 1960, *Bull. civ.* I, no 339.

(comparer avec un arrêt constatant des manœuvres destinées à faire croire faussement à la donatrice qu'elle ne consentait que des libéralités révocables[1]).

L'assimilation de la réticence au dol est d'ailleurs couramment admise en matière de cautionnement, lorsque le créancier a délibérément dissimulé à la caution la situation gravement obérée du débiteur principal[2].

312.62 Conditions de l'annulation pour dol. En matière de libéralités, il est couramment admis que le dol doit être sanctionné alors même qu'il émane, non du gratifié, mais d'une **tierce personne**, et même à l'insu du bénéficiaire de la libéralité[3]. La solution est dérogatoire au droit commun : en règle générale, le dol n'est une cause de nullité que s'il est le fait de l'une des parties au contrat. Il en est ainsi parce que les manœuvres dolosives sont perçues, non comme un simple vice du consentement, mais comme un délit. Pour justifier la règle différente qu'ils appliquent aux donations, les tribunaux se fondent sur l'article 901 du Code civil, d'où ils tirent que l'accomplissement d'une libéralité requiert un consentement parfaitement libre et parfaitement éclairé : les données psychologiques l'emportent ici sur les données morales. Cette jurisprudence traduit encore une fois l'élargissement des règles de droit commun applicables au consentement dans les actes à titre gratuit.

Une solution contraire, généralement critiquée en doctrine, est cependant nettement affirmée pour le cautionnement[4].

Comme en droit commun, en revanche, les tribunaux apprécient souverainement le caractère déterminant des manœuvres dolosives en tenant compte de la résistance que le disposant était capable de leur offrir, eu égard à sa personnalité et à son expérience. L'existence du dol sera d'autant plus facilement admise que le grand âge du donateur, sa faiblesse d'esprit, la maladie... auront facilité la tromperie[5].

312.63 Suggestion et captation. En matière de donations comme de testaments, sont fréquemment invoquées à l'encontre de la volonté du disposant la suggestion et la captation. Ces termes sont empruntés à l'ancien droit. Le premier désigne l'influence qu'une personne est capable d'exercer sur l'esprit d'une autre, pour pousser cette dernière à accomplir des actes qu'elle n'aurait pas accomplis d'elle-même. Le second se réfère à tous les moyens plus ou moins artificieux par lesquels une personne s'attire la bienveillance d'une autre en vue d'en obtenir un avantage.

La suggestion et la captation constituaient, selon l'ordonnance d'août 1735 (Ord. août 1735, art. 47), des causes distinctes d'annulation des libéralités. Il n'en est plus ainsi dans le Code civil. Ces termes n'ont aujourd'hui aucune signification propre. L'une et l'autre ne sont sanctionnées qu'autant qu'elles présentent les **caractères habituels du dol**.

C.
La violence

312.71 Conditions de la nullité pour violence. Dans le domaine de la violence, il n'existe **aucune différence notable** entre les **actes gratuits et onéreux.** Sont évidemment nulles les donations arrachées sous la contrainte.

Cette contrainte peut être dans de rares cas une violence ainsi **physique** : lorsque le donateur, invité à se rendre chez la donataire qui avait promis de le recevoir en l'absence de son mari, est tombé dans une embuscade et, séquestré dans une chambre jusqu'à l'arrivée du notaire et menacé de mort, a consenti à ses bourreaux une donation de tous ses biens[6]. Le plus souvent la contrainte est **morale**, et résulte de menaces ou de chantages, telle la menace de laisser sans soin une personne âgée et affaiblie par la maladie[7], ou celle d'exercer abusivement des poursuites judiciaires. C'est en effet un principe constant que **la menace de l'emploi d'une voie de droit est une violence illégitime dès lors qu'elle tend à obtenir un avantage indu**, ce qui est normalement le cas s'agissant d'une donation (comp., pour l'annulation d'une cession gratuite de terrain consentie à une commune qui, pour obtenir cette cession, avait refusé pendant plusieurs années au cédant l'autorisation de construire les bâtiments nécessaires à son activité[8]).

En toute hypothèse, la donation est annulée dès lors que la violence a été suffisamment grave pour influencer le consentement du disposant. Dans l'appréciation de ce **caractère déterminant**, les tribunaux tiennent compte, conformément aux ter-

1. Civ. 1re, 26 nov. 1968, *Bull. civ.* I, n° 297.
2. Civ. 1re, 21 janv. 1981, n° 79-15.443, *Bull. civ.* I, n° 25 – Com. 8 nov. 1983, n° 82-10.493, *Bull. civ.* IV, n° 298 – Civ. 1re, 26 nov. 1991, n° 90-14.978, *Bull. civ.* I, n° 331; *RTD civ.* 1992. 605, obs. M. Bandrac.
3. Civ. 18 mai 1825, *S.* 1826. 1. 8 – Req. 2 janv. 1887, *DP* 1888. 1. 303.
4. Civ. 1re, 27 juin 1973, n° 72-11.564, *Bull. civ.* I, n° 219; *D.* 1973. 733, note Ph. Malaurie – Civ. 1re, 20 mars 1989, n° 87-15.450, *Bull. civ.* I, n° 127.
5. POUR DES EX., v. Req. 12 avr. 1865, *D.* 1866. 1. 261 – Caen, 29 juin 1886 – Et sur pourvoi Req. 27 juin 1887, *D.* 1888. 1. 303 – Civ. 1re, 26 nov. 1968, *Bull. civ.* I, n° 297.
6. Bordeaux, 14 août 1876 – Et sur pourvoi, Req. 15 juill. 1878, *DP* 1879. 1. 22.
7. Req. 27 juin 1919, *S.* 1920. 1. p. 198.
8. Civ. 1re, 16 oct. 1962, *Bull. civ.* I, n° 423.

mes de l'article 1112 alinéa 2 du Code civil, de l'âge, du sexe, et de l'état de la personne concernée. La preuve d'un état dépressif du donateur facilite par exemple l'annulation de la disposition[1].

Enfin, il importe peu que **la violence émane du gratifié ou d'un tiers**[2]. Mais cette fois la solution est conforme au droit commun des contrats, et résulte simplement des termes de l'article 1111 du Code civil.

D.
Sanction des vices du consentement

312.81 Nullité relative. L'action en nullité n'offre ici aucune particularité. S'agissant d'une **nullité de protection**, elle est **relative**, et peut donc être invoquée par le **donateur** lui-même, ou par ses **héritiers** après son décès. Conformément au droit commun, l'action se prescrit par **cinq ans**, à compter du jour de la découverte de l'erreur ou du vice, ou du jour où la violence a cessé (C. civ., art. 1304). Elle est susceptible de **confirmation**, par le donateur lui-même ou par ses héritiers, dans les conditions habituelles.

§ 3
Capacité et pouvoir de consentir une donation : présentation générale

312.91 Capacité de disposer à titre gratuit. Le donateur doit évidemment avoir la capacité générale de contracter. Comme en droit commun, la capacité est la règle, l'incapacité l'exception (C. civ., art. 902). Cependant, en raison de la nature particulière de l'acte, qui appauvrit le disposant, il existe des **incapacités spéciales de donner**.

312.92 Incapacités absolues et incapacités relatives. Certaines de ces incapacités sont absolues, en ce sens que celui qu'elles frappent ne peut donner à quiconque; d'autres sont dites relatives, parce qu'elles n'existent qu'à l'égard de certaines personnes : à l'incapacité de donner qui atteint le disposant, correspond une incapacité de recevoir qui frappe le bénéficiaire. Plus que de véritables incapacités, les secondes forment des interdictions légales de donner et de recevoir, qui existent entre personnes déterminées. Elles seront étudiées plus loin (v. s[s] n°s 312.240 s.).

312.93 Incapacités de jouissance et incapacités d'exercice. Selon les cas, l'incapable n'est pas toujours placé dans la même situation.

Parfois, il se trouve privé complètement du droit de consentir une donation : non seulement il ne peut la consentir seul, mais aucune autorisation ne peut l'habiliter à donner, et personne ne peut le faire en son nom. **L'incapacité** porte sur la **jouissance même du droit.** Tel est le cas, en général, des **mineurs** et des **majeurs en tutelle.**

Parfois, l'incapable est seulement empêché de consentir seul à la donation, mais il peut le faire avec l'aide d'autrui. **L'incapacité** ne concerne que **l'exercice du droit.** Tel est le cas notamment des **majeurs en curatelle.**

312.94 Condamnation pénale et incapacité de donner. L'ancien Code pénal édictait une double incapacité frappant les personnes condamnées à des peines criminelles. Aux termes de l'article 36 de l'ancien Code pénal, les condamnés à une peine perpétuelle ne pouvaient donner ou léguer leurs biens. L'incapacité de disposer à titre gratuit était totale. Elle se doublait d'ailleurs d'une incapacité de recevoir. En outre, les condamnés à des peines temporaires étaient frappés par l'article 29 du même code d'interdiction légale. Selon l'interprétation communément admise, cette interdiction légale rendait le condamné incapable de consentir des donations. Cette double incapacité constituait une peine accessoire, automatiquement attachée à la condamnation principale.

Le Nouveau Code pénal a supprimé la notion de peine accessoire (C. pén., art. 132-17). Et s'il laisse subsister, à titre de peine complémentaire, l'interdiction de certains droits civiques ou de familles, ainsi que certaines déchéances ou incapacités pouvant être prononcées par le juge en cas de crimes ou de délits, la double incapacité de donner et de recevoir ne figure plus parmi celles-ci (C. pén., art. 132-10). Elle avait le défaut, surtout l'incapacité de disposer, de frapper la famille du coupable plus que le coupable lui-même.

312.95 Distinction des questions de capacité et de pouvoir. Même dotée d'une pleine capacité, une personne peut ne pas être en mesure de consentir seule une donation en raison d'une restriction apportée à ses pouvoirs, notamment par son régime matrimonial. L'exemple le plus caractéristique d'une telle limitation de pouvoirs se trouve dans l'article 1422 du Code civil, qui **interdit à un époux commun en biens de donner un bien commun sans le concours de son conjoint.**

312.96 Date à laquelle la capacité du donateur doit être vérifiée. S'agissant d'un contrat, la donation n'est parfaite que lorsqu'elle a été acceptée par le gratifié. Aucune difficulté n'apparaît quand la disposition et l'acceptation sont contenues dans le même acte. Mais il n'en est pas toujours ainsi :

1. V. une illustration dans Civ. 1re, 22 avr. 1986, *JCP* 1986. IV. 181.
2. Civ. 26 juill. 1949, *Gaz. Pal.* 1949. 2. 363.

l'acceptation peut intervenir plus tard, par acte séparé (C. civ., art. 932). Dans ce cas, elle doit être signifiée au donateur, si celui-ci n'est pas présent au moment où elle s'exprime (C. civ., art. 932). À quel stade de la réalisation de l'acte la capacité du donateur est-elle alors requise ? À coup sûr, le donateur doit être capable au moment où il émet son offre, mais cela ne suffit pas : **sa capacité doit durer jusqu'à ce que l'acceptation lui soit notifiée,** car c'est seulement à cet instant que la donation prend effet à son égard.

Bien entendu, cette précision ne vaut que pour les **donations authentiques** : les seules où la notification de l'acceptation est nécessaire. Pour les **donations non solennelles**, l'acceptation du gratifié suffit à les rendre parfaites, comme tout contrat. Une incapacité survenue postérieurement, même chez le donateur, est donc dépourvue d'effets.

312.97 Sanction des règles de capacité. La détermination de la sanction n'offre aucune difficulté particulière. La donation faite par une personne incapable de disposer est nulle, de **nullité relative.** Qu'elles soient de jouissance ou d'exercice, ces incapacités tendent toutes à protéger **le donateur**. Lui seul pourra donc s'en prévaloir, ou ses **successeurs universels**.

Du caractère relatif de la nullité, il résulte également qu'elle est susceptible de **confirmation**, par l'incapable lui-même après que son incapacité a cessé, ou après son décès par ses successeurs universels.

Enfin la **prescription** est celle de **cinq ans**, édictée par l'article 1304. **L'action en nullité pour insanité d'esprit des donations entre vifs ou des testaments** est soumise à la **prescription** de l'article 1304 du Code civil. La Cour de cassation[1] a décidé que viole les articles 901 et 1304 du même code la cour d'appel qui déclare recevable la demande en nullité de testaments pour insanité d'esprit en appliquant la prescription trentenaire, alors, d'une part, que l'article 414-2 alinéa 2 du Code civil, qui exclut les donations entre vifs et les testaments de son champ d'application, ne concerne que les modalités d'exercice de l'action en nullité des actes pour insanité d'esprit et non sa prescription, et alors, d'autre part, que la prescription abrégée de l'article 1304 du Code civil, qui constitue dans tous les cas où l'action n'est pas limitée à un moindre temps par une disposition particulière, la règle de droit commun en matière d'action en nullité relative pour vice du consentement, s'applique aux donations entre vifs comme aux testaments.

La **mise en œuvre de la sanction**, en revanche, se heurte parfois à des **difficultés de preuve** lorsque, pour tourner une incapacité de donner, les parties ont déguisé la donation sous l'apparence d'un acte onéreux. Ainsi un tuteur, se voyant interdire de consentir des donations au nom de son pupille, pourrait être tenté de simuler une vente. À l'évidence, l'annulation de la disposition incriminée présuppose que la preuve du déguisement ait été faite. Il suffit de préciser que, dans cette hypothèse, la simulation peut être prouvée par tous moyens, même dans les rapports entre les parties. Elle est ici frauduleuse, et la preuve d'une fraude est toujours libre.

312.98 Cas particulier de l'assurance-vie. La loi n° 2007-1775 du 17 décembre 2007[2], entrant immédiatement en vigueur après sa publication, a abrogé l'article L. 132-3-1 mort-né et a créé l'article L. 132-4-1 alinéa 1er du Code des assurances. Ce texte prévoit, pour la désignation ou la substitution du bénéficiaire (comme pour la souscription et le rachat; mais pas la révocation), en tutelle, la représentation par le tuteur avec l'autorisation du juge ou du conseil de famille constitué, et, en curatelle, l'assistance du curateur.

Le décret n° 2008-1484 du 22 décembre 2008[3] a créé deux annexes, et définit les actes de disposition et d'administration, en complément de l'article 496 du Code civil. Dans le régime de la curatelle, par renvoi comparatif au modèle de la tutelle, l'assistance est exigée pour les actes de disposition (C. civ., anc. art. 510, al. 1er – C. civ., art. 467, al. 1er).

Pour ce qui a trait à l'assurance-vie, malgré des opérations oubliées (arbitrage, nantissement, droit de renonciation), si, suivant les circonstances d'espèce, l'acceptation (annexe II, point IV) est plutôt un **acte d'administration**, lorsqu'elle est sans charges (colonne 1), elle est *a priori* rattachée à l'**acte de disposition** lorsqu'elle est avec charges (colonne 2). On retrouve l'annexe I et la qualification invariable pour l'avance (point VII, colonne 2), la souscription, le rachat, la désignation de bénéfi-

1. Civ. 1re, 11 janv. 2005, n° 01-13.133, *Bull. civ.* I, n° 23; *Gaz. Pal.* 2005. Somm. 1446; *D.* 2005. IR 246; *D.* 2005. 1207, note A.-L. Thomat-Raynaud; *LPA* 31 oct. 2005, p. 15, note J. Massip; *Defrénois* 2005. 1065, chron. J. Massip; *AJ fam.* 2005. 146, obs. F. Bicheron; *Dr. fam.* 2005, n° 63, note B. Beignier; *RJPF* 2005-4/46, note Casey; *RLDC* 2005/16, n° 667, note Bernard-Xemard.

2. L. n° 2007-1775, 17 déc. 2007, permettant la recherche des bénéficiaires des contrats d'assurance sur la vie non réclamés et garantissant les droits des assurés, *JO* 18 déc., p. 20358.

3. Décr. n° 2008-1484, 22 déc. 2008, relatif aux actes de gestion du patrimoine des personnes placées en curatelle ou en tutelle, et pris en application des articles 452, 496 et 502 du Code civil, *JO* 31 déc., p. 20631.

ciaire, sa substitution ou sa révocation (point IX, colonne 2).

§ 4
Capacité et pouvoir de consentir une donation : diversité des règles d'incapacité

A.
Situation des mineurs

312.101 Règles générales. Le **mineur émancipé** a, depuis la loi du 14 décembre 1964, une **pleine capacité**. Il peut donc comme un majeur consentir librement des donations. En sens inverse, un **mineur non émancipé** est frappé d'une **incapacité totale de donner** (C. civ., art. 904, *a contrario*). Et son représentant légal ne peut le faire en son nom : on ne voit pas en effet quel intérêt l'enfant pourrait trouver à une disposition qui ne fait que l'appauvrir. L'incapacité, qui est habituellement d'exercice, devient ici une **incapacité de jouissance**. Dans le même ordre d'idée, la promesse d'exécuter un legs verbal a été jugée interdite aux représentants légaux d'un mineur, au motif qu'elle relève du domaine intime de la conscience [1].

L'impossibilité de consentir une donation au nom d'un mineur soulève une difficulté lorsqu'il s'agit de **renoncer pour lui à un droit.** Si la renonciation est faite sans aucune contrepartie, n'équivaut-elle pas à une libéralité ? On devrait alors décider qu'elle est impossible. L'analyse doit cependant être plus nuancée, car toute renonciation, même gratuite, ne constitue pas une libéralité. Sa qualification dépend notamment de **l'intention qui animait le renonçant**. Par dérogation à l'article 768 du Code civil, le **tuteur** ne peut **accepter une succession** échue à la personne protégée qu'à concurrence de l'actif net; le conseil de famille ou, à défaut, le juge peut, par une délibération ou une décision spéciale, l'autoriser à accepter purement et simplement si l'actif dépasse manifestement le passif (C. civ., art. 507-1, al. 1er). Le tuteur ne peut **renoncer à une succession** échue à la personne protégée sans une autorisation du conseil de famille ou, à défaut, du juge (C. civ., art. 507-1, al. 2). Et, selon l'article 389-5 alinéa 3, les **parents** peuvent **renoncer à un droit** lui appartenant pourvu qu'ils y aient été **autorisés par le juge des tutelles**. La Cour de cassation a ainsi admis que pourrait être reconnue valable la renonciation, faite au nom d'un héritier mineur, au droit de demander la réduction d'une libéralité, à condition qu'elle ait été spécialement autorisée par le juge des tutelles, et « *à supposer qu'elle ne soit pas une libéralité* » [2].

La question se pose aussi en pratique à propos de l'application de l'article 929 du Code civil, texte qui autorise les **héritiers réservataires** à **renoncer**, en cas de vente par le gratifié d'un bien donné par leur auteur, à poursuivre le tiers acquéreur si la donation se révèle par la suite réductible. Une doctrine majoritaire admet que cette faculté doit être ouverte au **réservataire mineur, dûment autorisé** [3]. Une protection trop rigide de l'incapable risquerait en effet de se retourner non seulement contre les intérêts de l'ensemble des réservataires, mais aussi dans certains cas contre ceux du mineur lui-même [4].

312.102 Donation incluse dans un contrat de mariage. Par exception à la règle générale, lorsque le mineur se marie, il peut consentir à son futur conjoint les mêmes donations que s'il était majeur (C. civ., art. 1095 et 1398). Mais ces **donations** doivent alors être **autorisées** par les mêmes personnes dont le consentement est requis pour la validité du mariage. **L'incapacité** redevient **d'exercice**.

On rappellera à cet égard que, compte tenu de l'âge légal du mariage (dix-huit ans pour l'homme et la femme - C. civ., art. 144 [L. n° 2006-184, 4 avr. 2006, art. 1er]), cette possibilité ne concerne que les cas de dispense obtenue auprès du procureur de la République. Il en résulte qu'une jeune fille (ou un jeune homme) qui se marie peut, avec l'autorisation de ses ascendants, consentir toute donation qu'elle (ou il) veut, y compris une donation de biens à venir, à son futur époux. Ainsi le veut la règle *Habilis ad nuptias, habilis ad pacta nuptianda* (sur la question de l'institution contractuelle entre époux, v. ss nos 312.120 s.).

B.
Situation des majeurs protégés

312.111 Majeurs en tutelle. Leur situation est proche de celle des mineurs. En raison de l'article 465, 4° du Code civil, qui déclare nul de droit tout acte accompli par la personne protégée **après l'ouverture de la tutelle, il leur est impossible de consentir eux-mêmes une donation,** et leur représentant légal ne peut le faire à leur place. Ici aussi, par dérogation au droit commun, **l'incapacité** qui les frappe est **de jouissance**. Cette nullité a lieu

1. TGI Paris, 16 juin 1995, *Juris-Data* n° 048111.

2. Civ. 1re, 6 juill. 1982, n° 81-11.866, *Bull. civ.* I, n° 252.
3. EN CE SENS, v. surtout J.-F. Vouin, note au *D.* 1975. 754 – COMP., P. CATALA, n° 107 – A. PONSARD, *Liquidations successorales*, n° 104 – *Adde,* le rapport de Me Charlin au 80e congrès des notaires de France, p. 327.
4. V. CEP. pour la négative TGI Biarritz, 12 févr. 1975, *D.* 1975. 753, note Vouin préc. ss prést n°.

sans qu'il soit nécessaire de démontrer qu'au moment de la donation, le majeur n'avait pas sa pleine lucidité. L'existence de la *tutelle* crée en quelque sorte une **présomption irréfragable d'insanité d'esprit** (v. s^{s} n° 312.12). Par là-même, elle réalise une protection efficace de la famille contre des libéralités inconsidérées.

Rappelons également que l'article 464 permet de faire tomber une donation antérieure intervenue pendant une période suspecte de deux ans avant la mesure de protection, si la cause qui a déterminé l'ouverture de la tutelle existait notoirement à l'époque où l'acte a été fait (v. s^{s} n° 312.12).

Cependant **l'incapacité des majeurs** connaît des **tempéraments**, qui la rendent moins rigide que celle des mineurs.

En premier lieu, l'ancien article 505 permettait au **tuteur**, avec **l'autorisation du conseil de famille,** d'accomplir des **donations** au nom de la personne protégée, soit **au profit du conjoint** de cette dernière, soit **au profit de ses enfants.** L'article 505 du Code civil avait été réécrit par la loi n° 2006-728 du 23 juin 2006 : « *Avec l'autorisation du conseil de famille, des donations peuvent être faites au nom du majeur en tutelle en faveur de ses descendants, en avancement de part successorale; de ses frères ou sœurs ou de leurs descendants; de son conjoint* ».

Cette liste était considérée comme nécessairement **limitative** : le majeur en tutelle ne peut effectuer de donation qu'aux personnes énumérées dans ce texte et à nulle autre. Dans la seconde hypothèse, la donation est obligatoirement faite en avance d'hoirie, de manière à respecter l'égalité successorale entre l'enfant gratifié et ses frères et sœurs.

La loi n° 2007-308 du 5 mars 2007 a modifié entièrement la perspective :

– la personne en tutelle peut désormais faire des **donations à toute personne de son choix, sur autorisation du juge ou du conseil de famille**;

– les donations ne sont plus limitées aux descendants, au conjoint et aux frères et sœurs, et ne sont plus restreintes à des avances sur héritage.

Néanmoins, l'article 909 du Code civil prohibe toute donation d'une personne protégée au profit d'un **mandataire judiciaire à la protection des majeurs.**

En second lieu, résultant toujours d'une décision judiciaire, la **tutelle** laisse place à certains **aménagements.** Le **juge** peut ainsi, dans le jugement d'ouverture ou par jugement postérieur, **autoriser le majeur à accomplir certains actes**, seul ou avec l'assistance de son tuteur (C. civ., art. 501). Il ne serait pas absurde d'inclure certaines donations parmi ces actes. Par exemple, on facilitera sans doute grandement la prise en charge par sa famille d'une personne handicapée, si l'on admet que cette personne, en la supposant dépourvue d'enfants, pourra consentir des donations à ses frères et sœurs. Saisi d'une requête aux fins d'autoriser une donation, le juge (ou le conseil de famille) appréciera (après avoir ordonné un examen médical ou une expertise, s'il l'estime nécessaire et proportionné à l'importance de la donation) dans quelle mesure le discernement de la personne en tutelle justifie qu'elle soit seulement assistée ou bien qu'elle soit représentée à l'acte de donation (C. civ., art. 476, al. 1er).

En troisième lieu, il est généralement admis que la règle *habilis ad nuptias...*, qui n'est explicitement posée par la loi que pour le mineur (C. civ., art. 1095 et 1398, préc.), doit être **étendue aux majeurs.**

312.112 Majeurs en curatelle. La capacité de donner présente ici une moindre spécificité. Selon l'article 470 alinéa 2, le majeur en curatelle peut faire une **donation avec l'assistance de son curateur.** L'incapacité reste donc ici une simple **incapacité d'exercice**, et la règle qui s'applique aux donations est la même que pour tout acte de disposition (C. civ., art. 467).

312.113 Sauvegarde de justice. Si elle est un régime de protection, la sauvegarde de justice ne crée cependant aucune incapacité (C. civ., art. 435, al. 1er). La personne qui lui est soumise conserve donc la **liberté de faire toute donation** qu'elle veut, sous réserve de la preuve de l'insanité d'esprit au moment où la disposition litigieuse a été accomplie. Cependant, dans le cas où cette preuve ne peut être faite, les actes d'un majeur placé sous sauvegarde sont néanmoins susceptibles d'être **rescindés pour lésion**, ou **réduits pour excès** (C. civ., art. 435, al. 2). Il y a là un moyen de remettre en cause des libéralités qui paraîtraient excessives.

C.
Institution contractuelle

312.120 Cas particulier de l'institution contractuelle. Aux termes de l'article 1082 du Code civil, toute personne peut, dans un contrat de mariage, consentir à l'un des futurs époux donation de tout ou partie de sa succession. De la même manière, les futurs époux peuvent, dans leur contrat de mariage, se consentir l'un à l'autre de pareilles donations (C. civ., art. 1093), et ils le peuvent encore au cours du mariage, au moyen d'une donation dite « *au dernier vivant* ». Ces dispositions, dites institutions contractuelles, présentent un **caractère mixte, ou plutôt hybride.** Elles s'apparentent à une **donation** en ce qu'elles se réalisent par **contrat**, mais elles ressemblent à un **testament** en ce qu'elles constituent des **libéralités à cause de**

mort, ne conférant à l'institué aucun droit actuel sur les biens de l'instituant, mais seulement un droit éventuel sur les biens que celui-ci laissera à son décès. Cette double nature soulève une **difficulté du point de vue de la capacité requise,** puisque la loi définit la capacité de donner de façon plus restrictive que la capacité de tester (sur laquelle, v. s^s n°s 332.30 s.). Les solutions ne sont pas uniformes.

312.121 1° S'agissant d'une institution réalisée par contrat de mariage, la **capacité** requise est celle **de donner.** L'irrévocabilité de la disposition fait prévaloir sa parenté avec une **donation.**

En conséquence un **mineur**, même âgé de plus de seize ans, ne pourra consentir par contrat de mariage une institution au profit de son conjoint qu'à la condition d'y être **autorisé par les personnes qui doivent consentir au mariage.**

Un **majeur en tutelle** pourra disposer en faveur d'un de ses enfants à l'occasion du mariage de celui-ci, à condition d'être **autorisé par le conseil de famille, et représenté par son tuteur.**

Un **majeur en curatelle** devra **être assisté par son curateur.**

Les arrêts sont anciens, et par conséquent rendus dans des situations qui ne se retrouvent pas dans le droit positif actuel[1]. Les solutions ainsi dégagées se transposent aisément.

312.122 2° S'agissant d'une institution contractuelle entre époux pendant le mariage, les solutions s'inversent : la **capacité de tester** est suffisante. En raison de son caractère révocable, la prétendue donation entre époux est plus près d'être un véritable testament contractuel.

Il en résulte notamment qu'un **majeur en curatelle peut faire seul un tel acte,** sans avoir besoin de l'assistance de son curateur puisqu'il peut faire seul son testament (C. civ., art. 470, al. 1er).

Un **majeur en tutelle** au contraire ne le peut pas, sauf à y être **autorisé** dans les termes de l'article 476 alinéa 2 (v. s^s n°s 312.111 s.) : son testament est nul de droit (C. civ., art. 465, 4°).

Quant au **mineur**, par hypothèse émancipé par son mariage, il lui est loisible d'**instituer son conjoint en toute liberté.**

La jurisprudence est ici aussi ancienne, et doit être transposée aux données actuelles du droit positif, mais les solutions qu'elle a formulées sont sans équivoque[2].

D.
Entreprises en difficulté

312.131 Cas particulier des donations effectuées pendant la période suspecte. L'article L. 632-1 du Code de commerce prévoit un cas de nullité des donations spécifique aux procédures collectives, qui rend rétroactivement le donateur incapable de disposer[3]. Sont nuls de plein droit « *tous les actes à titre gratuit translatifs de propriété mobilière ou immobilière* » qui ont été effectués par le débiteur[4] entre la date de cessation des paiements telle qu'elle est fixée par le tribunal et la date du jugement d'ouverture de la procédure collective. De surcroît, et en vertu du paragraphe II de l'article L. 632-1, ces actes, qui, par définition, englobent les donations, peuvent aussi être annulés quand ils ont été « *faits dans les six mois précédant la date de cessation des paiements* ». Ces deux dispositions permettent de reconstituer le patrimoine du débiteur donateur qui a pu être vidé de ses actifs au moyen de manœuvres frauduleuses ou désespérées. La bonne ou la mauvaise foi du débiteur importe peu. Par conséquent, la donation peut être annulée qu'elle ait été feinte ou réellement mue par l'*animus donandi*. Le gage général des créanciers est ainsi reconstitué (C. com., art. L. 632-4).

312.132 Régime des donations de la période suspecte. Étant donné que cette action en nullité est exorbitante, elle est réservée à certains organes de la procédure collective : l'administrateur, le mandataire judiciaire, le commissaire à l'exécution du plan, le ministère public et le liquidateur[5]. Par conséquent, ni les créanciers, ni le donateur débiteur, ni le donataire, ne peuvent agir. Cette action en nullité est aussi notable par le fait qu'elle n'est soumise à **aucune prescription particulière.**

1. V. NOT., Cass., ch. réun., 21 juin 1892, *D.* 1892. 1. 369, un prodigue pourvu d'un conseil judiciaire, bien qu'il puisse tester, ne peut faire d'institution contractuelle par contrat de mariage – Comp., Req. 8 mai 1877, *DP* 1878. 1. 32 – Req. 25 avr. 1887, *D.* 1888. 1. 169, l'institution contractuelle qui porte sur les biens dotaux est nulle parce que la dot est inaliénable entre vifs.

2. V. Civ. 20 févr. 1929, validité de l'institution contractuelle consentie par un prodigue au profit de son conjoint – Req. 10 juill. 1944, *JCP* 1944. 2732, note Voirin, validité d'une institution contractuelle entre époux portant sur les biens dotaux.
3. A. Arnault, « Les libéralités du débiteur en difficulté après la loi du 26 juillet 2005 », *Dr. fam.* 2009. Étude 21.
4. Depuis la réforme des procédures collectives du 26 juillet 2005, la nullité peut aussi porter sur des actes dont le débiteur n'est pas le seul auteur. PAR EX., lorsque la donation a été faite par lui et son conjoint et qu'elle portait sur des biens communs, l'annulation concerne l'acte en son entier et pas seulement la quote-part théorique du débiteur : Com. 7 avr. 2009, n° 06-19.538, *Bull. civ.* IV, n° 50; *JCP N* 2009. Actu. 342; *JCP N* 2010. 1298, comm. J.-P. Garçon.
5. Com. 1er avr. 2014, n° 13-14.086, *Bull. civ.* IV [à paraître].

Cependant, dans un arrêt inédit tranché conformément aux règles en vigueur avant la réforme de la prescription civile du 17 juin 2008[1], la chambre commerciale de la Cour de cassation avait admis l'application de la prescription de droit commun de trente ans (C. civ., anc. art. 2262). Un arrêt postérieur, publié au *Bulletin civil*, a jugé pour sa part que l'action « *pouvait être exercée par ses titulaires, notamment le liquidateur judiciaire, aussi longtemps que ces derniers restaient en fonction* »[2].

Si c'est cette dernière solution qui prévaut, elle sera plus favorable aux créanciers dont le droit est mobilier, vu l'actuelle prescription de droit commun qui est désormais de cinq ans seulement (C. civ., art. 2224)[3]. Une autre spécificité du régime de cette nullité est qu'elle est **opposable aux tiers** qui ne peuvent se prévaloir de la **théorie de l'apparence**[4]. Enfin, il faut noter un danger particulier qui guette le donataire qui a exécuté des charges en contrepartie de son don. Lorsqu'une telle disposition est annulée, il doit déclarer sa créance à la procédure pour obtenir la restitution de ses prestations. Or, au moment de l'annulation, le **délai de déclaration** risque d'être écoulé, et aucune demande de relevé de forclusion ne pourra, en principe, intervenir dans les temps. Par conséquent, sa créance risque d'être inopposable à la procédure collective.

§ 5
Pouvoir de consentir une donation

312.140 Pouvoir de disposer et mariage. Indépendamment de toute question de capacité, le pouvoir de consentir une donation peut se trouver restreint, soit en raison des droits reconnus au conjoint du disposant, soit en raison de l'affectation du bien concerné à un usage familial. Pour l'essentiel, ces restrictions dépendent du régime matrimonial (primaire (A), de communauté (B), de participation aux acquêts (C)) sous lequel les époux sont mariés, sauf lorsque le bien donné constitue le logement de la famille.

A.
Régime primaire

312.141 Donation portant sur le logement de la famille. Aux termes de l'article 215 alinéa 3 du Code civil, « *les époux ne peuvent l'un sans l'autre disposer des droits par lesquels est assuré le logement de la famille et des meubles meublants dont il est garni* ». De portée très générale, la règle s'applique à l'évidence aux actes de disposition à titre gratuit comme à titre onéreux, pourvu du moins qu'il s'agisse de disposition entre vifs[5]. Il en résulte que, quel que soit son régime matrimonial, une personne mariée ne peut donner, ni en propriété ni en jouissance, sans le concours de son conjoint, le local d'habitation du ménage, même si ce bien est sa propriété personnelle.

Cependant, compte tenu de l'interprétation très empirique que la jurisprudence donne de cette règle, une **donation avec réserve d'usufruit** tant au profit du **donateur** lui-même que de son **conjoint** devrait être considérée comme valable, dans la mesure où elle respecte l'affectation familiale du logement[6].

Le **défaut de consentement du conjoint**, dans les cas où il est requis, est sanctionné par la **nullité de l'acte.** Cette nullité est **relative** : elle est à la disposition de l'époux dont le consentement a été omis, et peut être exercée pendant une année après qu'il ait eu connaissance de la disposition critiquée, sans pouvoir être intentée plus d'un an après la dissolution du mariage (C. civ., art. 215, al. 3). Quant aux modalités de l'intervention du conjoint, elles

1. Com. 30 mars 2010, n° 08-17.556, NP.
2. Com. 21 sept. 2010, n° 08-21.030, *Bull. civ.* IV, n° 140; *D.* 2010. 2221, obs.A. Lienhard; *JCP E* 2010. 1946, note S. Reifegerste.
3. Cependant, l'action en nullité exercée au titre de la période suspecte se heurtera à une autre fin de non-recevoir tirée de l'autorité de la chose jugée attachée à la décision statuant sur l'admission de la créance issue de l'acte argué de nullité : Com. 12 nov. 1991, n° 89-19.454, *Bull. civ.* IV, n° 342 - Com. 14 oct. 1997, n° 95-15.544, *Bull. civ.* IV, n° 256.
4. Il en était ainsi sous l'empire de la loi de 1985 : Com. 3 févr. 1998, n° 95-20.389, *Bull. civ.* IV, n° 53; *RTD civ.* 1998. 361, obs. J. Mestre; *RTD com.* 1999. 201, obs. A. Martin-Serf – Com. 30 juin 2004, n° 02-13.465, *Bull. civ.* IV, n° 137; *D.* 2005. 292, obs. P.-M. Le Corre et F.-X. Lucas. La solution est sans aucun doute toujours valable, car le droit des procédures collectives est un droit exorbitant – Au sujet de l'inefficacité de cette théorie de l'apparence, v. A. Bénabent, note crit. s[s] Com. 3 févr. 1998, n° 95-20.389, préc. s[s] prés[t] n°, « La théorie de l'apparence se miterait-elle ? », *D.* 1999. 185.
5. Sur la possibilité de consentir un legs de l'immeuble qui sert de logement aux époux, v. Civ. 1re, 22 oct. 1974, n° 73-12.402, *Bull. civ.* I, n° 274; *D.* 1975. 645, note Foulon-Piganiol.
6. Rapp. pour une vente avec réserve d'usufruit valable sans le consentement du conjoint, TGI Paris, 16 déc. 1970, *Gaz. Pal.* 1971. 1. 115 – V. CEP., EN SENS CONTRAIRE, dans un cas où la réserve d'usufruit ne profitait qu'au seul époux vendeur, Civ. 1re, 16 juin 1992, n° 89-17.305, *Bull. civ.* I, n° 185; *D.* 1993. Somm. 212, obs. J.-L. Aubert; *JCP N* 1993. II. 109, obs. G. Wiederkehr; *Defrénois* 1992. 1156, obs. G. Champenois; *RTD civ.* 1993. 636, obs. F. Lucet et B. Vareille; mais dans cette espèce la vente était manifestement inspirée par une intention frauduleuse.

dépendent du statut du bien donné. S'il s'agit d'un **bien commun**, les deux époux pourront en être codonateurs. Si le **bien** est **propre** ou personnel à l'un d'eux, le consentement du conjoint n'a pour effet que d'assurer la validité de la disposition, il ne lui confère évidemment pas la qualité de donateur (sur C. civ., art. 215, v. s[s] n°s 113.10 s.).

B.
Régime de communauté

312.150 Donation portant sur un bien commun. Selon l'article 1422 du Code civil, un époux marié sous un régime de communauté ne peut, sans le consentement de son conjoint, donner un bien commun. La formulation de ce texte rappelle celle de l'article 215 alinéa 3 : « *Les époux ne peuvent, l'un sans l'autre, disposer entre vifs, à titre gratuit, des biens de la communauté* ».

L'application de cette règle mérite d'être précisée quant à son **domaine**, quant à ses **modalités**, et quant aux **conséquences** de la donation consentie dans les conditions qu'elle prévoit (sur le texte, v. s[s] n°s 138.30 s.).

1°
Domaine d'application de la règle

312.151 Domaine d'application de la règle. La règle de l'article 1422 du Code civil vise *a priori* **toutes les variétés de donations** : ostensibles et faites par acte authentique, déguisées, indirectes, ou manuelles, quel qu'en soit l'objet et quel qu'en soit le bénéficiaire, dès lors qu'elles portent sur une valeur dépendant de la communauté.

Par exemple, ce texte a été appliqué à un **bail** portant sur un immeuble commun, **consenti sans stipulation de loyer**[1]. Le bail n'est pourtant pas un acte de disposition. Il faut comprendre que la donation porte ici sur la valeur que représente la jouissance gratuite de l'immeuble.

Il peut s'agir d'une libéralité adressée à un tiers, à un enfant commun ou non, voire à l'un des époux recevant une donation de son conjoint. Dans cette hypothèse, la donation ne peut évidemment être, à proprement parler, consentie que par un seul époux car on ne peut se faire de libéralité à soi-même, mais l'accord du conjoint requis par l'article 1422 résultera nécessairement de ce qu'il accepte la disposition faite en sa faveur.

Pourtant, certaines donations échappent à l'article 1422, en raison de leur **nature** ou en raison de leur **objet**.

1. Civ. 1re, 5 juill. 1988, n° 87-11.116, NP; *JCP* 1989. 21337, note Ph. Simler.

312.152 Cautionnement (exclu). La Cour de cassation a d'abord exclu du domaine de l'article 1422 le cautionnement, même lorsqu'il est donné à titre gracieux[2]. Selon ces arrêts, le texte ne vise que « *les actes qui emportent dessaisissement immédiat et définitif d'un élément patrimonial* ». Cette formule, qui coïncide en réalité avec la définition légale de la donation telle qu'elle figure dans l'article 894, est plus restrictive que celle d'acte gratuit. Or la caution, même si elle rend un service gratuit en faisant profiter le débiteur principal de son crédit, ne « dispose » pas des biens communs. En conséquence, **un époux peut valablement se porter seul caution, sans le concours de son conjoint.**

Sous l'empire de la loi du 13 juillet 1965, on a pu se demander si, néanmoins, l'article 1422 ne devait pas s'appliquer dans l'hypothèse où la caution, animée d'intention libérale envers le débiteur principal, renonçait à l'avance à tout recours contre ce dernier : il y a bien alors « *dessaisissement immédiat et définitif d'un élément patrimonial* », et le cautionnement réalise une donation indirecte[3]. La loi du 23 décembre 1985 avait modifié les termes du problème. En effet, en application de l'article 1415 du Code civil, l'époux qui se porte caution sans le concours de son conjoint n'engage que ses propres et ses revenus, à l'exclusion des acquêts de communauté. Or, de ses propres et de ses revenus, un époux a toujours le pouvoir de disposer seul (v. s[s] n° 312.154).

L'ordonnance du 23 mars 2006[4] a confirmé cette interprétation, en ajoutant un second alinéa à l'article 1422 du Code civil : « *Ils* [les époux] *ne peuvent non plus, l'un sans l'autre, affecter l'un de ces biens à la garantie de la dette d'un tiers* ». Il faut en conclure que l'application de l'article 1422 au cautionnement est désormais toujours exclue, même quand cet acte réalise incontestablement une donation indirecte[5].

312.153 Assurance-vie (exclue ?). L'exigence du consentement du conjoint est également **écartée** pour ce type particulier de **donation indirecte** que

2. Civ. 1re, 21 nov. 1973, n° 71-12.662, *Bull. civ.* I, n° 318; *D.* 1975. 549, note Steinmetz – Civ. 1re, 11 juill. 1978, n° 77-11.550, *Bull. civ.* I, n° 264; *D.* 1997. IR 73, obs. D. Martin – Civ. 1re, 27 janv. 1982, n° 80-17.124, *Bull. civ.* I, n° 46.
3. Sur cette hypothèse, v. Civ. 1re, 12 mai 1982, n° 81-11.446, *Bull. civ.* I, n° 173; *D.* 1983. 320, note J. Mestre – Civ. 1re, 17 nov. 1987, n° 85-15.899, *Bull. civ.* I, n° 297; *D.* 1988. Somm. 275, note L. Aynès; *Defrénois* 1988. 860, obs. L. Aynès; et 1251, obs. G. Champenois.
4. Ord. n° 2006-346, 23 mars 2006, relative aux sûretés, *JO* 24 mars 2006, p. 4475.
5. EN CE SENS, v. J. FLOUR et G. CHAMPENOIS, n° 363.

constitue la souscription par un époux d'une **assurance-vie au profit d'un tiers,** même lorsque les **primes** sont **payées au moyen de deniers communs**, comme c'est généralement le cas. L'éviction de l'article 1422 est ici la conséquence du mécanisme de la **stipulation pour autrui** : le capital perçu par le bénéficiaire lui provient directement de l'assureur, et n'a à aucun moment appartenu à la communauté. En attribuant à un tiers le bénéfice du contrat, le souscripteur ne dispose donc pas des biens communs.

Cette solution a été affirmée par l'assemblée plénière de la Cour de cassation, le 12 décembre 1986[1], sur le fondement de l'article L. 132-12 du Code des assurances. Dans cette espèce, le mari, ayant d'abord souscrit une **assurance-décès** au profit de sa femme, avait par la suite révoqué cette attribution, et désigné un autre bénéficiaire. L'arrêt énonce que, ce faisant, il n'avait pas disposé d'une créance qui se serait trouvée dans la communauté. Mais ce qui est affirmé pour la substitution d'un bénéficiaire à un autre doit certainement être étendu à la souscription du contrat et à l'attribution initiale du capital assuré.

Il résulte en revanche d'un arrêt rendu par la Cour de cassation le 10 juillet 1996, que le mari qui constitue une **assurance sur la vie au profit de tiers** (en l'espèce un neveu et une nièce), consent une **donation de deniers communs dont il doit récompense**[2]. Rappelons par ailleurs que, selon le célèbre arrêt *Praslicka*[3], la valeur d'un contrat en cours – lorsqu'il en a une, ce qui suppose l'existence d'une provision mathématique – fait partie de l'actif commun. En conséquence, en cas d'avance faite au souscripteur, ou en cas de rachat du contrat par celui-ci en cours de régime, les fonds qui lui sont ainsi versés sont communs : leur donation éventuelle relèverait alors certainement de l'article 1422.

312.154 Donation prélevée sur les revenus du donateur. L'article 1422 peut encore être neutralisé en raison de **l'objet de la donation**. En effet, la loi garantit à **chacun des époux**, même commun en biens, la **libre disposition de ses revenus**. Ce pouvoir exclusif résulte pour les **revenus de l'activité professionnelle** de l'article 223, texte du régime primaire qui, par conséquent, prévaut certainement sur les dispositions propres au régime de communauté. Le même principe de libre disposition s'applique aux **revenus des biens propres**, eux aussi soumis à une gestion exclusive (C. civ., art. 1428 et 225). Or, ce pouvoir de libre disposition inclut les actes de disposition à titre gratuit. La donation directement prélevée sur les revenus du donateur est donc valable, sans que le consentement du conjoint soit nécessaire. Mais la donation ainsi réalisée ouvre droit à **récompense au profit de la communauté**. En effet, l'époux qui l'a consentie a emprunté des biens communs pour acquitter une obligation qui lui est, par hypothèse, personnelle (sur le principe du droit à récompense, v. s^s n° 312.171).

Les **limites** de ce **pouvoir exclusif de disposer de ses revenus** ne sont pas faciles à tracer avec précision. Ainsi le mari ne peut donner valablement sans le consentement de sa femme des **bons de caisse** qu'il a acquis au moyen de ses gains et salaires, parce que les titres ainsi acquis constituent des **acquêts de communauté**, distincts des gains et salaires eux-mêmes : l'article 1422 leur est donc applicable[4]. Au contraire, la donation est valable lorsqu'elle a été faite à l'aide de sommes « *qui proviennent des gains et salaires* » de l'époux donateur[5]. La principale difficulté vient de ce que la Cour de cassation semble vouloir se référer à la **notion d'économie** : les revenus économisés perdent leur nature de revenus, et deviennent des biens communs « ordinaires »; ils retombent sous l'empire de l'article 1422[6]. On perçoit ainsi que le **pouvoir reconnu à chaque époux de faire librement don de ses revenus** est affecté d'une sorte de **précarité**, et ne se laisse pas exactement mesurer.

En tous cas, toutes les solutions posées à propos des gains et salaires des époux doivent être transposées aux revenus de biens propres.

312.155 Interférence des présomptions de pouvoirs. Enfin, on relèvera que l'application de l'article 1422 peut être paralysée par les **présomptions de pouvoir du régime primaire**. Il en est ainsi toutes les fois que la donation porte sur un meuble dont le donateur avait la détention individuelle (C. civ., art. 222). Il est alors présumé à l'égard des

1. Cass., ass. plén., 12 déc. 1986, n° 84-17.867, *Bull. ass. plén.*, n° 14; *R.* 200; *D.* 1987. 269, note J. Ghestin; *JCP* 1987. II. 20760, concl. Cabannes, note Boyer; *Defrénois* 1987. 541, note J.-L. Aubert; *RGAT* 1987. 234, note J.-L. Aubert.
2. Civ. 1re, 10 juill. 1996, n° 94-18.733, *Bull. civ.* I, n° 309; *D.* 1998. 26, note F. Sauvage; *Defrénois* 1997. 1080, obs. G. Champenois; *JCP N* 1997. Prat. 1093, p. 1752, n° 6, obs. P. Delmas Saint-Hilaire; *JCP* 1997. I. 4008, n° 16, obs. A. Tisserand.
3. Civ. 1re, 31 mars 1992, n° 90-16.343, *Praslicka*, *Bull. civ.* I, n° 95; *JCP* 1993. II. 22059, note Abry; *JCP* 1992. I. 3614, n° 6, note Ph. Simler; *Defrénois* 1992. 1159, obs. Champenois; *RTD civ.* 1992. 632, obs. F. Lucet et B. Vareille; *RTD civ.* 1992. 635, obs. Lucet et Vareille; *RTD civ.* 1995. 171, obs. B. Vareille.
4. Civ. 1re, 22 oct. 1980, n° 79-14.138, *Bull. civ.* I, n° 267; *JCP* 1982. II. 19757, note R. Le Guidec.
5. Paris, 19 nov. 1974, *D.* 1975. 614, concl. Cabannes – Civ. 1re, 24 févr. 1984, *D.* 1984. IR 271.
6. EN CE SENS, v. Civ. 1re, 29 févr. 1984, n° 82-16.769, *Bull. civ.* I, n° 82; *D.* 1984. 601, note D. Martin, qui a admis la validité de la donation critiquée en relevant qu'il n'avait pas été allégué devant les juges du fond que les sommes données eussent été économisées.

tiers de bonne foi avoir le pouvoir de disposer de ce bien. Certes, cette présomption ne profite qu'aux tiers; elle est dépourvue d'effet dans les rapports des époux entre eux. Il n'en reste pas moins qu'elle fait obstacle à l'annulation de la donation consentie sans le consentement du conjoint, et par conséquent à la restitution des biens donnés. Le donateur sera seulement tenu d'indemniser la communauté (v. s[s] n°s 114.10 s. et 114.50 s.).

2°
Modalités d'application de la règle

312.161 Modalités du consentement des époux. Il existe, pour un époux, deux manières de consentir à la donation que souhaite réaliser son conjoint.

Les époux peuvent tout d'abord donner ensemble : ils sont codonateurs, ce qui signifie qu'ils sont l'un et l'autre engagés envers le donataire à exécuter les obligations qui résultent de cet acte. Cette éventualité est sans aucun doute la plus naturelle lorsque la donation est, par exemple, faite au profit d'un enfant commun. Toutefois, **l'un des époux peut vouloir seulement autoriser son conjoint à donner**. Son intervention n'a pour but que d'assurer la validité de l'acte, sans qu'il entende prendre lui-même la qualité de donateur, ni assumer aucune obligation envers le gratifié. Cette seconde éventualité est notamment indispensable lorsque la donation est faite à l'enfant de l'un des époux (enfant d'un premier mariage, ou enfant naturel). Non seulement la donation conjointe aurait ici un coût fiscal insupportable, le bien donné étant taxable pour la moitié de sa valeur au taux de 60 % applicable entre personnes que n'unit aucun lien de parenté, mais en outre, elle tombait, avant la loi du 26 mai 2004, sous le coup des présomptions d'interposition de personnes de l'article 1100 du Code civil (aujourd'hui abrogé) : la **donation faite par un époux à l'enfant de son conjoint était irréfragablement présumée faite par personne interposée au conjoint lui-même**; elle constituait par conséquent une **donation déguisée entre époux**, et à ce titre elle était **nulle** (C. civ., art. 1099 – sur la nullité des donations déguisées entre époux avant la loi du 26 mai 2004, v. s[s] n°s 353.30 à 353.53 – et l'abrogation de cette nullité depuis la loi du 26 mai 2004, v. s[s] n°s 353.71 à 353.76 – sur la nullité des donations par personnes interposées, v. s[s] n°s 353.61 à 353.63).

À la suite de la loi du 23 décembre 1985, quelques uns de commentateurs de cette loi ont douté que cette seconde manière de pratiquer la cogestion soit encore possible. L'article 1422, dans sa nouvelle rédaction, énonce en effet : « *Les époux ne peuvent, l'un sans l'autre, disposer...* », ce qui paraît signifier qu'ils disposent nécessairement ensemble. Mais les raisons pratiques impérieuses ci-dessus exposées commandent absolument le maintien d'une interprétation moins rigide.

Bien entendu, selon que **la donation est faite par un seul époux ou par les deux,** les conséquences en seront très différentes. Dans le premier cas, le rapport est dû, le cas échéant, pour le tout, à la succession du donateur, et en tout état de cause la donation s'impute entièrement sur cette succession. Dans le second cas, l'imputation et le rapport se feront pour moitié sur la succession de chacun des époux.

Dans l'un et l'autre cas, il n'est évidemment pas nécessaire que la volonté des deux époux s'exprime au même instant. L'accord du conjoint peut intervenir après coup, puisque l'article 1427 du Code civil reconnaît l'efficacité d'une **ratification**. Il peut aussi être exprimé à l'avance, notamment sous la forme d'un **mandat**. En toute hypothèse, ce consentement doit être **spécial**[1].

3°
Conséquences de la donation

312.171 Incidence de la donation sur la liquidation de la communauté. La donation portant sur un bien de communauté ouvre-t-elle droit à récompense au profit de celle-ci ? Il n'y a pas de réponse uniforme à cette question. Tout dépend de la volonté des époux.

1° Lorsque la **donation** est **consentie par un seul** d'entre eux, l'autre n'étant intervenu que pour assurer la validité de l'acte, **récompense est due pour le tout à la communauté**. Il y a lieu en effet de considérer que le donateur a entendu prendre personnellement la donation à sa charge. Tout se passe donc comme s'il avait emprunté à la communauté pour acquitter une dette personnelle[2] (v. *Fiscalité*, s[s] n° 613.74).

2° Lorsqu'au contraire, **les deux époux ont consenti ensemble la donation,** la solution est moins assurée. Le plus logique est alors d'admettre qu'il n'y a lieu à aucune récompense, les époux ayant manifesté leur volonté de mettre l'obligation à la charge définitive de la communauté[3]. Par analogie avec l'hypothèse précédente, certains auteurs enseignent cependant que chaque époux supporte personnellement cette charge pour moitié, et qu'ainsi

1. Civ. 1re, 29 juin 1983, n° 82-13.058, *Bull. civ.* I, n° 192.
2. Req. 14 avr. 1886, *DP* 1887. 1. 169 – Req. 11 nov. 1902, *DP* 1902. 1. 172 – Paris, 19 nov. 1974, préc. s[s] n° 312.154 – *Adde,* Civ. 1re, 10 juill. 1996, préc. s[s] n° 312.153, où le mari doit récompense pour avoir constitué à l'aide de deniers communs une assurance-vie au profit d'un tiers.
3. EN CE SENS, V. PLANIOL ET RIPERT, t. IX, n° 913 – J. FLOUR et G. CHAMPENOIS, n° 564.

chacun d'eux doit récompense à la communauté pour la moitié de la valeur de la donation[1]. Mais il faut bien reconnaître qu'une telle récompense « bilatérale » n'offre en général qu'un faible intérêt.

Les **donations faites au profit d'enfants issus du mariage** font l'objet de dispositions spéciales, contenues dans les articles 1438 et 1439 du Code civil. Ces textes ne sont pas d'une grande clarté.

Selon l'article 1439 : « *La dot constituée à l'enfant commun en biens de communauté est à la charge de celle-ci* ». Ce texte ne distingue pas suivant que la donation a été faite par un seul époux ou par les deux : il semble donc faire de la donation à un enfant issu du mariage une dette commune par nature. Néanmoins, l'alinéa 2 du même texte ouvre à chacun des parents la possibilité de la prendre à sa charge, pour le tout ou pour une part supérieure à la moitié. Dans cette hypothèse, la communauté aura droit à récompense dans la même proportion. On retrouve l'idée que celui qui emprunte à la masse commune pour réaliser une libéralité qui lui est personnelle doit rembourser celle-ci.

L'article 1438 envisage quant à lui la **donation faite conjointement à l'enfant commun** : les pères et mère sont alors censés donner chacun pour moitié, mais le bien donné peut être pris dans la communauté ou être propre à l'un d'eux. Dans le premier cas, on est, semble-t-il, ramené à la situation visée dans l'article 1439 alinéa 1er, et aucune récompense n'est due. Dans le second, celui qui a fourni le bien donné a un recours contre son conjoint pour ce qu'il a payé en trop (C. civ., art. 1438, al. 2). La situation ainsi créée est déconcertante : un époux peut participer à la donation d'un bien qui ne lui appartient pas. Mais elle présente un indéniable **avantage fiscal**, en ce qu'elle permet, même lorsque le bien donné est la propriété personnelle d'un seul des parents, d'utiliser deux fois les abattements. Cet avantage fiscal est certainement le meilleur argument en faveur du maintien de ces textes, qui paraissent pourtant un peu décalés par rapport à l'état présent du droit des régimes matrimoniaux (sur l'avantage fiscal, v. *Fiscalité*, s^s n° 613.72).

De toute façon, les articles 1438 et 1439 n'énoncent que des **présomptions de volonté**. Les époux sont libres de régler autrement leur contribution à la donation. Très souvent, lorsqu'elle est faite conjointement par les pères et mère, celle-ci comporte une **clause d'imputation sur la succession du prémourant.** Cette clause signifie que, rétrospectivement, celui qui vient à mourir le premier est réputé avoir été seul donateur : sa succession doit alors récompense à la communauté pour la totalité de ce que celle-ci a versé (sur cette clause, v. *Fiscalité*, s^s n° 613.73).

312.172 Détermination du montant de la récompense. En thèse générale, la **récompense** est égale à la **valeur des biens donnés au jour de la donation.** Au regard de l'article 1469, la « valeur empruntée » n'a servi ni à acquérir, ni à améliorer ou conserver un bien. Aucun profit subsistant n'est perceptible dans le patrimoine emprunteur. La communauté a seulement permis à ce dernier d'acquitter une dette qui lui était personnelle. La récompense ne peut être égale qu'à la **dépense faite,** c'est-à-dire à ce dont la communauté s'est appauvrie au moment où la donation a été réalisée.

Une **autre solution** peut cependant être proposée lorsque la **donation est rapportable**. Dans cette hypothèse, en effet, la succession de l'époux donateur est à la fois débitrice de la récompense et créancière du rapport. Or, le montant du rapport est déterminé par la valeur des biens donnés au jour du partage. Rien ne justifie que la créance de la succession contre le gratifié soit ainsi réévaluée, tandis que la dette dont elle est redevable envers la communauté ne le serait pas. L'une et l'autre ont la même cause, la donation, et le même objet, la valeur des biens donnés. Il est donc très souhaitable de fixer ici le montant de la récompense par référence à celui du rapport. Cette solution peut se justifier au regard de l'article 1469, si l'on admet qu'il y a bien ici un profit subsistant pour la succession du donateur : la créance de rapport, qu'en fournissant le bien donné, la communauté lui a permis d'acquérir.

312.173 Sanction de la règle de l'article 1422 du Code civil. La donation d'un bien commun faite par un seul époux est nulle. Le régime de cette nullité relève de l'article 1427 du Code civil. Comme dans le cas de l'article 215 alinéa 3 (v. s^s n° 312.141), il s'agit d'une **nullité relative**, ouverte à celui des époux qui n'a pas donné son accord. L'action doit être intentée dans les **deux ans** qui suivent le jour où le demandeur a eu connaissance de l'acte irrégulier. Elle ne peut jamais être exercée plus de deux années après la dissolution de la communauté (C. civ., art. 1427, al. 1er).

Si l'un des époux se trouve hors d'état d'exprimer sa volonté, ou s'il refuse de consentir à une donation portant sur un bien de communauté ou sur le logement de la famille, le juge peut, sur le fondement de l'article 217, et si l'intérêt de la famille le commande, autoriser l'autre à accomplir seul cet acte. L'application de ce texte à la donation est sans doute peu fréquente, mais elle n'est pas impossible, et peut, dans certaines circonstances, révéler son utilité.

1. EN CE SENS, v. F. TERRÉ et Ph. SIMLER, n° 658 – A. COLOMER, n° 947.

C.
Régime de participation aux acquêts

312.181 Principe : liberté de disposer. Quand le donateur est marié sous un régime de participation aux acquêts, **en aucun cas le consentement de son conjoint n'est nécessaire** à la validité de l'acte. On sait en effet que ce régime fonctionne, pendant la durée du mariage, comme une séparation de biens (C. civ., art. 1569) : chacun des époux conserve la libre disposition de la totalité de ses biens, sans qu'il y ait à distinguer suivant leur origine. Cependant, la donation aura, **lors de la liquidation du régime**, des **incidences différentes** selon qu'elle portait sur des **biens originaires** ou sur des **biens acquêts**. À son tour, le résultat de la liquidation peut être source d'insécurité pour le gratifié.

312.182 Donation de biens ne figurant pas au patrimoine originaire. Deux règles entrent successivement en application, à la liquidation du régime, lorsqu'un époux a donné, sans le concours de son conjoint, un bien qui ne dépendait pas de son patrimoine originaire : en d'autres termes, il a donné un acquêt.

En premier lieu, cette donation est soumise, par l'article 1573, à **réunion fictive** : cette opération, qui consiste à réintégrer la valeur du bien donné dans le patrimoine final du donateur, aboutit à comptabiliser ce bien parmi les acquêts comme s'il n'avait pas été aliéné.

En second lieu, si le **donateur** est **débiteur de la créance de participation**, et si ses biens actuels ne suffisent pas à assurer le paiement de ce qu'il doit à son conjoint, celui-ci poursuivra le **recouvrement de sa créance sur le bien donné** (C. civ., art. 1577). Cette seconde règle prolonge la précédente. Elle la prolonge en droit : seuls sont affectés à la garantie du paiement de la créance de participation les biens qui font l'objet de la réunion fictive. Elle la prolonge aussi en fait : prenant en compte des acquêts dont le donateur n'a plus la propriété, l'article 1573 accroît le risque de son insolvabilité. L'intervention du conjoint à la donation se présente ainsi comme une précaution nécessaire si l'on veut mettre le gratifié à l'abri de toute menace.

À la lecture de l'article 1573, on comprend qu'en intervenant à l'acte, le conjoint renonce à la fois à l'action que lui ouvre l'article 1577 contre le donataire, mais aussi à la réunion fictive elle-même : en d'autres termes, il consent à ce que la **valeur du bien donné échappe à l'évaluation des acquêts**. Cette conséquence peut paraître trop défavorable à ses intérêts. Il faut admettre une intervention plus nuancée, par laquelle le conjoint de l'époux donateur renoncerait seulement à tout droit de poursuite contre le gratifié, tout en sauvegardant son droit sur la valeur d'acquêt que représente le bien donné.

312.183 Donation de biens originaires. Par définition, les biens originaires de chacun des époux ne constituent pas des valeurs d'acquêts sur lesquels l'autre pourrait avoir des droits. Il n'existe donc aucune raison de protéger les intérêts du conjoint lorsque la donation porte sur un tel bien. Il y aurait même quelque paradoxe à limiter la liberté d'en disposer, fût-ce indirectement, dans un régime dont l'un des maîtres mots est l'indépendance conjugale.

C'est pourquoi la donation d'un bien d'origine n'interfère en aucune manière avec la liquidation du régime. Le bien donné ne se trouvera pas inscrit au patrimoine originaire : selon l'article 1570 alinéa 1er, il n'est pas tenu compte des biens dont l'époux a disposé par donation entre vifs au cours du mariage. Bien entendu, il ne figurera pas non plus au patrimoine final : il n'est pas soumis à la réunion fictive de l'article 1573. Cette double exclusion assure la neutralité totale de la donation dans l'évaluation des acquêts. Par là-même, les biens originaires donnés au cours du mariage sont évidemment à l'abri de toute poursuite émanant du conjoint du donateur : l'article 1577 ne les concerne pas. **La liberté d'en disposer est donc totale.**

SECTION 2
DONATAIRE

312.190 Personnalité juridique et capacité de recevoir. Une première règle concernant le donataire paraît relever de l'évidence : la donation n'est possible qu'au profit d'une personne existante et déterminée (§ 1). Le gratifié doit aussi être capable de recevoir une libéralité (§ 2).

§ 1
Existence et détermination du donataire

312.200 Position de la question. Essentielle dans les testaments, où elle suscite un contentieux important, la question de l'existence et de la détermination du bénéficiaire de la libéralité ne se pose habituellement pas dans les donations, qui se réalisent par contrat entre deux personnes nécessairement individualisées. Cependant, des difficultés surgissent dans les **libéralités indirectes**, ou celles qui se font par **l'intermédiaire d'un tiers**. C'est ce qui se passe lorsque le disposant a voulu gratifier une personne dépourvue d'existence juridique (A), ou dont l'existence est incertaine (B).

A.
Donation aux personnes inexistantes

312.201 Existence des personnes physiques. L'article 906 du Code civil dispose que, pour être capable de recevoir entre vifs, il faut **être au moins conçu au moment de la donation.** Conformément à un principe général, l'enfant conçu est considéré comme né, à condition toutefois de naître viable (C. civ., art. 906, al. 3).

Cette règle appelle deux précisions. *D'abord*, l'existence du donataire est évidemment requise au moment de l'engagement du donateur : il n'y aurait aucun sens à écrire dans la loi que le gratifié doit exister au moment où il accepte. *Ensuite*, le Code civil présente cette exigence comme une condition de capacité. L'expression n'est pas très heureuse. L'existence de la personne précède sa capacité. En réalité, l'article 906 énonce principalement une impossibilité technique : il ne saurait y avoir de droit sans titulaire[1]. On pourrait y voir aussi une considération de politique législative. Les libéralités aux personnes futures sont dangereuses en ce qu'elles favorisent une propension excessive à l'anticipation. L'interprétation de la règle se fonde néanmoins exclusivement sur ses aspects techniques (v. s[s] n° 312.203).

La principale conséquence de ce texte est d'**interdire les donations au profit des enfants futurs d'une personne.** C'est dans ce but qu'elle a été introduite dans le Code civil. Plus généralement, elle met obstacle à toute libéralité adressée à un bénéficiaire dépourvu d'existence juridique, en d'autres termes qui n'a pas la qualité de sujet de droits : par exemple, à un **animal**[2].

312.202 Exceptions à l'article 906 du Code civil. La loi elle-même apporte **trois exceptions** à la règle de l'article 906.

La première concerne les **substitutions permises** : les biens donnés par une personne à l'un de ses descendants, ou à l'un de ses frères et sœurs, peuvent être grevés de substitution au profit des enfants du gratifié, y compris les « *enfants à naître* » (C. civ., art. 1048 et 1049). Sous ce terme, on entend les enfants futurs du grevé, y compris ceux qui ne sont pas encore conçus au moment où la disposition est consentie (sur les substitutions avant le 1er janvier 2007 : principe de prohibition [v. s[s] n°s 331.10 à 331.62] et substitutions fidéicommissaires exceptionnellement admises [v. s[s] n°s 332.10 à 332.172]).

La seconde concerne les **donations de biens à venir par contrat de mariage.** Ces donations peuvent être faites non seulement au profit de l'un des futurs époux, mais aussi à celui des enfants à naître du mariage (C. civ., art. 1082).

La troisième concerne **l'assurance sur la vie**, qui peut être souscrite au profit des enfants à naître de l'assuré (C. assur., art. L. 132-8). Cette troisième exception présente évidemment une importance pratique plus sensible que les précédentes.

312.203 Limites de la règle. Compte tenu du fondement purement technique qui lui est principalement reconnu, la règle de l'article 906 ne s'applique qu'aux libéralités directement faites à des personnes inexistantes. Cependant, elle laisse subsister la **possibilité de libéralités indirectes**, qui se réalisent par un **intermédiaire tenu d'exécuter une charge grevant la libéralité qu'il a lui-même reçue** : le bénéficiaire de la charge, lui, n'a pas besoin d'exister dès le jour de la donation, parce qu'il n'y a aucun risque de rupture dans la chaîne de la propriété. Par exemple, une donation qui ne peut être adressée à un animal peut l'être à son propriétaire, ou à une association adéquate, à charge pour le gratifié de pourvoir aux besoins de cet animal[3].

De manière générale, les donations faites aux personnes morales comportent souvent cette structure. En effet, elles sont presque toujours assorties de **charges**, lesquelles sont susceptibles de profiter à des personnes futures. Un prix littéraire sera attribué chaque année à des écrivains qui n'étaient évidemment pas conçus au jour où ce prix a été fondé.

312.204 Application de la règle aux personnes morales. Bien que les termes de l'article 906 ne se réfèrent directement qu'aux personnes physiques, il signifie également qu'un **groupement sans personnalité morale** ne peut recevoir de libéralité. Ainsi, une association non déclarée[4] (v. s[s] n°s 371.10 s.), une congrégation non autorisée[5] (v. s[s] n°s 372.11 et 372.12), une fondation non encore créée[6] (v. s[s] n°s 391.10 s.).

La législation s'oriente très clairement vers une reconnaissance plus large de l'aptitude des groupements à recevoir des libéralités. Un bon exemple est

1. Sur ce fondement de la règle, v. Civ. 1re, 22 juill. 1987, n° 85-13.907, *Bull. civ.* I, n° 258.
2. Lyon, 20 oct. 1958, *D.* 1959. 511, souscription publique au profit d'un chien d'aveugle – COMP. pour la constitution d'une rente au profit du propriétaire d'une auberge, et destinée à rester attachée à perpétuité à cette auberge – la disposition est nulle parce qu'elle n'est pas adressée à une personne – Colmar, 26 mars 1883, *D. jur. gén.*, *v° Dispositions entre vifs*, n° 331-4.
3. Pour une illustration, v. Lyon, 20 oct. 1958, préc. s[s] n° 312.201, où la cour d'appel a décidé que le bénéfice de la souscription devait aller à la Société protectrice des animaux plutôt qu'au propriétaire du chien concerné.
4. T. civ. Narbonne, 24 déc. 1925, *Gaz. Pal.* 1926. 1. 393.
5. Req. 17 janv. 1905, *DP* 1905. 1. 35.
6. Civ. 1re, 22 juill. 1987, préc. s[s] n° 312.201.

fourni par la loi du 11 mars 1988 sur la **transparence financière de la vie politique**. Cette loi dispose en termes très généraux (L. 11 mars 1988, art. 7) : « *Les partis et les groupements politiques ont la personnalité morale... Ils ont le droit d'acquérir à titre gratuit ou à titre onéreux des biens meubles ou immeubles...* ». De son côté, la loi du 23 juillet 1987 sur le **développement du mécénat** admet désormais la possibilité d'instituer légataire une fondation non existante au jour du décès du testateur : la reconnaissance ultérieure de cette fondation par décret en Conseil d'État rétroagira au jour de l'ouverture de la succession (L. 23 juill. 1987, art. 18-2, mod. par L. n° 90-559, 4 juill. 1990).

Là encore, il s'avère souvent **possible de faire indirectement ce qu'il n'est pas permis de faire directement** : ainsi la libéralité qu'on ne peut adresser à un groupement sans personnalité morale sera faite aux personnes physiques qui le composent (s'agissant d'un legs, au profit d'un « comité », réputé fait aux cinq personnes physiques composant ce comité)[1]. Le plus souvent, c'est le procédé de la charge qui permet de contourner l'obstacle. La libéralité est faite à une personne physique, ou à une personne morale préexistante, à charge pour celle-ci de créer une personne nouvelle et de lui affecter ensuite les biens qui lui sont destinés (pour une fondation à créer v. le célèbre exemple de l'Académie Goncourt[2]). Ces **techniques de contournement** accompagnent plus fréquemment les **libéralités testamentaires** parce que dans les donations entre vifs il est toujours possible, pour gratifier une personne morale, d'attendre qu'elle existe et qu'elle ait obtenu la reconnaissance.

B. Donations aux personnes incertaines

312.211 Fondement de la règle. L'incertitude sur la personne du gratifié apparaît quand celui-ci n'est pas déterminé au jour où la donation prend effet. Bien qu'aucun texte ne l'énonce explicitement, la donation faite à une personne indéterminée est sûrement interdite. La raison d'être de la règle est la même que la précédente : tout droit doit avoir un titulaire, il faut donc pouvoir identifier celui à qui les biens donnés vont être transmis. Il en résulte une double limitation de cette exigence.

312.212 Portée de la règle. *En premier lieu*, il n'est pas nécessaire que le bénéficiaire soit déterminé au jour de l'acte, il suffit qu'il soit **déterminable**. La distinction n'a évidemment pas d'intérêt dans les donations directes : il faut bien que le donataire soit connu pour accepter le contrat. Mais elle trouve à s'appliquer dans les **donations indirectes**.

L'assurance-vie en fournit encore une fois un bon exemple : selon l'article L. 132-8 du Code des assurances, « *est considéré comme déterminé le bénéficiaire suffisamment défini pour pouvoir être identifié au jour de l'exigibilité du capital ou de la rente garantie* ». Tel est le cas notamment du **conjoint**, et des **héritiers** ou **ayants droit** de l'assuré. Plus généralement le gratifié peut n'être désigné que par sa qualité.

En second lieu, comme dans l'hypothèse précédente, il est possible de faire indirectement ce qui n'est pas permis directement. **Une personne indéterminée peut être bénéficiaire d'une charge imposée au donataire.** Cette combinaison se rencontre toutes les fois que le donateur laisse au gratifié le soin de décider lui-même qui profitera de la charge. C'est le cas de la plupart des **dons faits à des associations charitables**.

§ 2 Capacité du donataire

312.220 Division. La capacité du bénéficiaire pose des problèmes très différents selon que la donation est adressée à une personne physique, ou une personne morale. Pour les personnes physiques (A), le principe est celui de la pleine capacité. Pour les personnes morales (B) en revanche, la question se pose de savoir dans quelles limites et à quelles conditions elles peuvent accepter des libéralités. Avantageuses pour leur destinataire, celles-ci peuvent être dangereuses pour l'intérêt public.

A. Personnes physiques

312.221 Capacité de jouissance et capacité d'exercice. En ce qui concerne les personnes physiques, il n'existe **plus d'incapacité de jouissance** depuis que le « nouveau » Code pénal a supprimé l'incapacité de recevoir qui frappait les condamnés à une peine criminelle (v. s[s] n° 312.94). Toute personne dotée de la personnalité juridique est apte à recevoir une donation.

Il n'en va pas de même des personnes morales. La reconnaissance de la personnalité d'un groupement ne suffit pas toujours à lui assurer le droit de recevoir des libéralités. Les associations subissent notamment d'importantes incapacités de jouissance.

1. V. Civ. 1re, 13 mai 1985, n° 84-13.481, *Bull. civ.* I, n° 148; *RTD civ.* 1986. 401, obs. J. Patarin.
2. Paris, 1er mars 1900, *S.* 1905. 78.

Comme en droit commun, en revanche, la **capacité d'exercice des mineurs et des majeurs protégés** connaît des **restrictions** : ils ne peuvent accepter seuls la donation qui leur est adressée. Suivant les cas, ces incapables sont assistés ou représentés.

312.222 Mineurs non émancipés. L'article 507-1 du Code civil - texte relatif à la tutelle à partir duquel il faut raisonner plus généralement - distingue selon que la succession est à concurrence de l'actif net ou non.

Lorsque le mineur est placé sous un **régime d'administration légale pure et simple** (sur la difficulté pratique d'opérer le dépouillement en cas de donation d'un parent à un de ses enfants, v. s^s^ n° 314.13), chacun de ses père et mère peut accepter seul la donation si elle est dépourvue de toute charge[1]. Dans l'hypothèse inverse, l'accord des deux parents est requis, et à défaut, l'acceptation ne pourra intervenir qu'avec l'autorisation du juge des tutelles (C. civ., art. 389-5, al. 1 et 2).

De la même manière, sous le **régime de l'administration légale sous contrôle judiciaire,** l'administrateur peut accepter seul une libéralité pure et simple. Il doit être autorisé par le juge des tutelles si la libéralité est grevée d'une charge (C. civ., art. 389-6).

Enfin, lorsque l'enfant est en **tutelle**, aux termes de l'article 507-1, l'acceptation est donnée par le tuteur seul pour accepter une succession à concurrence de l'actif, et avec l'autorisation du conseil de famille dans le cas contraire.

312.223 Interférence de l'article 935. L'application de ces règles, issues du régime de protection applicable en général au mineur, se trouve perturbée par l'article 935 alinéa 2 du Code civil. Selon ce texte, « *les père et mère... ou les autres ascendants, même du vivant des père et mère, quoiqu'ils ne soient pas tuteur du mineur, pourront accepter pour lui* ». Bien qu'elle ne fasse référence qu'à la tutelle, il n'est pas douteux que cette disposition s'applique à toute donation adressée à un enfant.

Elle ne présente, à la vérité, aucune utilité si l'acceptant est le **tuteur** ou l'**administrateur légal.** Son intérêt est d'accroître le nombre des personnes habilitées à accepter au nom de l'enfant. Tous les **ascendants** en ont le droit, également et concurremment. Un ascendant même éloigné peut ainsi le faire, contre l'opposition ou l'inaction d'un ascendant plus proche, fut-ce le tuteur ou l'administrateur.

Cette faveur est compréhensible quand la donation ne comporte **aucune charge** : l'acceptation ne présente que des avantages pour l'enfant. Il n'en est pas de même si l'acte est susceptible d'imposer des **obligations au gratifié.** En ce cas, il faut en revenir aux règles ci-dessus énoncées : l'acceptation de la donation doit être, suivant les cas, donnée d'un **commun accord par les père et mère** de l'enfant, ou **autorisée** soit par le **conseil de famille** soit par le **juge des tutelles** (v. s^s^ n° 312.222).

La doctrine est unanime en ce sens. La jurisprudence paraît cependant moins ferme, en ce sens que l'autorisation n'est jamais nécessaire[2] (v. cep. un arrêt exigeant une autorisation pour l'acceptation d'une donation avec charge[3]).

312.224 Majeurs protégés. Comme pour le mineur, il faut distinguer selon que la donation est ou non **assortie de charges.** Le **tuteur** accepte seul les libéralités pures et simples, l'**autorisation du conseil de famille** est nécessaire si elles sont grevées de charges (C. civ., art. 935, renvoyant à C. civ., art. 463).

De même un **majeur en curatelle** accepte seul dans le premier cas, et avec **l'autorisation de son curateur** dans le second (C. civ., art. 510).

Enfin, le **majeur sous sauvegarde de justice** peut toujours accepter seul une libéralité. Mais les engagements inconsidérés qu'il aurait acceptés en contrepartie encourraient, comme tous ses actes, la **réduction** ou la **rescision** (C. civ., art. 491-2).

312.225 Sanction des incapacités de recevoir. S'agissant d'incapacités d'exercice (v. s^s^ n° 312.221) protégeant le bénéficiaire de la libéralité, elles devraient n'être sanctionnées que par une nullité relative. Mais la jurisprudence apporte ici une **exception aux principes généraux,** en raison d'une attraction des règles de forme. Lorsque le donataire a accepté lui-même alors qu'il aurait dû être représenté, ou s'il a accepté seul alors qu'il aurait dû être assisté, ou encore si les autorisations requises font défaut, l'acceptation est irrégulière. La donation n'est pas seulement entachée d'une incapacité, elle est atteinte d'un vice de forme, et **la nullité est absolue** (C. civ., art. 1339). Il en résulte qu'elle peut être **invoquée** par **tout intéressé**, et notamment par le **donateur** lui-même[4]. Elle est pour les mêmes raisons soumise à **prescription trentenaire**, et insusceptible de confirmation. Pour valider la donation, il faut la refaire.

1. Civ. 1re, 7 janv. 1982, n° 80-15.294, *Bull. civ.* I, n° 7; *D.* 1983. 205, note M. Grimaldi; *RTD civ.* 1983. 173, obs. J. Patarin.

2. Req. 12 avr. 1832, *S.* 1832. 1. 458 – Req. 22 janv. 1986, *D.* 1896. 1. 184 – Civ. 1re, 6 nov. 1958, *Bull. civ.* I, n° 479.
3. Civ. 25 mars 1861, *D.* 1861. 1. 202.
4. Civ. 14 juill. 1856, *D.* 1856. 1. 282 – Req. 15 juill. 1889, *D.* 1890. 1. 100 – Civ. 30 oct. 1896, *D.* 1897. 1. 449, note Sarrut – Civ. 26 oct. 1915, *D.* 1921. 1. 39 – Civ. 1re, 8 juin 1966, *D.* 1966. 674, note Voirin.

Cette dérogation au régime naturel de la nullité a cependant ses limites.

D'une part, selon l'article 1340 du Code civil, « *la confirmation, ratification, ou exécution volontaire d'une donation par les héritiers ou ayants droit du donateur, après son décès, emportent leur renonciation à opposer soit les vices de forme soit toute autre exception* ». On déduit généralement de ce texte un changement de nature de la nullité pour vice de forme, après le décès du donateur. La jurisprudence la soumet alors à la prescription quinquennale applicable aux nullités relatives, et refuse le droit d'agir à toute autre personne que celles admises par le texte à confirmer l'acte. La situation est ici quelque peu ambiguë. La renonciation des héritiers du disposant les privera certainement du droit de se prévaloir de la nullité. Mais elle sera évidemment sans effet à l'égard du donataire dont l'acceptation était viciée par l'incapacité, ou de ses ayants droit. On est en présence d'une sorte de nullité relative bilatérale.

D'autre part, la solution doit être, compte tenu de son fondement, restreinte aux donations authentiques, les seules pour lesquelles la règle de capacité puisse être ainsi reliée à la forme de l'acte. Dans les donations non solennelles, le raisonnement ne se transpose pas. Si elles ont été acceptées par une personne n'ayant pas qualité pour le faire, ou si les autorisations requises n'ont pas été réunies, il faut en revenir à la nullité relative.

B.
Personnes morales

312.231 **Renvoi.** Pour les libéralités faites :

- aux associations, v. s[s] n°s 371.00 s.;
- aux autres personnes morales de droit privé, v. s[s] n°s 372.00 s.;
- aux personnes morales de droit public, v. s[s] n°s 381.00 s. et 382.00 s.;
- aux fondations reconnues d'utilité publique, v. s[s] n°s 391.00 s.;
- à la Fondation de France, v. s[s] n°s 392.00 s.;
- aux fondations d'entreprise, v. s[s] n°s 393.00 s.;
- aux fonds de dotation, v. s[s] n°s 394.00 s.

SECTION 3
INCAPACITÉS RELATIVES DE DONNER ET DE RECEVOIR

312.240 **Définition et raison d'être de ces incapacités.** Par hypothèse, ces restrictions au droit de disposer n'existent qu'entre personnes déterminées. Prises séparément, chacune des personnes concernées est dotée d'une pleine capacité. Mais la loi interdit à l'une de gratifier l'autre. Les incapacités visées sont par conséquent nécessairement corrélatives : à une incapacité de donner correspond une incapacité de recevoir. Ces incapacités, qui sont limitatives[1], ne poursuivent pas toutes la même finalité : la plupart protègent le disposant qui, en raison des rapports étroits qu'il entretient avec tel individu, pourrait se laisser aller à donner trop facilement. Elles reposent sur une **présomption de captation** (§ 1). Une autre concerne les **enfants adultérins**, et protège certains **héritiers légitimes** (§ 2).

Toutes ces règles en revanche sont édictées en considération de la nature gratuite de l'acte qu'elles interdisent ou limitent. Elles s'appliquent donc quelle que soit la forme de la donation. Parfois, les parties cherchent à les tourner en déguisant la libéralité, ou la personne du bénéficiaire. La loi prévient donc la **fraude** (§ 3).

§ 1
Incapacités relatives fondées sur une présomption légale de captation

312.250 **Principe.** Dans les cas qui vont être examinés, la loi interdit à une personne de recevoir une libéralité d'une autre parce qu'elle craint que la première soit à même d'abuser de son influence sur la seconde. **Cinq incapacités** correspondent à cette préoccupation, et **la liste en est limitative.** Il y a donc des circonstances où l'abus d'influence n'est pas moins à redouter, mais où la libéralité n'est pas interdite parce que la loi ne l'a pas prévu.

A.
Incapacité du tuteur

312.251 **Sa durée. Le tuteur ne peut rien recevoir de son pupille.** Cette incapacité dure, même après la cessation de la tutelle, jusqu'à ce que le compte définitif de tutelle ait été rendu et apuré (C. civ., art. 907, al. 2). Jusqu'à ce moment en effet, le jeune majeur n'a pas pleinement repris son indépendance à l'égard de son ancien tuteur. Il n'est pas nécessaire que le reliquat du compte ait été payé. Il suffit que le compte ait été apuré, c'est-à-dire vérifié, ou encore que l'action en reddition du compte soit prescrite (C. civ., art. 475). L'opinion prévaut par ailleurs qu'une donation qui serait accomplie sans attendre l'écoulement du délai d'un

1. Civ. 1re, 25 sept. 2013, n° 12-25.160, *Bull. civ.* I [à paraître]; *Dr. fam.* 2013. Comm. 166, obs. B. Beignier; *JCP N* 31 janv. 2014, p. 36, note J. Massip; *JCP* 11 nov. 2013. 2063, note A.-M. Leroyer.

mois prévu par l'article 472 du Code civil après remise du compte et avant son approbation serait valable : l'article 472 n'est pas ici applicable[1]. S'il y a eu changement de tuteur au cours de la minorité, l'incapacité de recevoir frappe pareillement celui dont les fonctions ont pris fin jusqu'à la reddition de son compte[2]. La doctrine ajoute majoritairement (v. les auteurs cités *supra*) que l'incapacité dure en ce cas jusqu'à la cessation de l'incapacité et la reddition d'un compte global portant sur l'ensemble de la gestion. On craint en effet une collusion entre les deux tuteurs. L'arrêt cité en ce sens[3] n'est pas probant. Au demeurant, tant que le mineur n'est pas devenu majeur ou n'a pas été émancipé, il ne peut consentir aucune donation. La question concerne les testaments.

312.252 **Son domaine.** La règle est propre à la **tutelle des mineurs** (arg. C. civ., art. 907), et ne doit pas être étendue à la tutelle des majeurs. On explique cette différence par le fait qu'un majeur en tutelle est privé du droit de consentir toute libéralité – sauf l'hypothèse de l'article 505 (v. s[s] n° 312.111). L'argument n'est pas convaincant. En cas de cessation de la tutelle, le risque d'abus d'influence n'est pas moins grand qu'à l'égard du mineur. Malgré cela, le principe d'interprétation stricte interdit de généraliser la règle. De même, le curateur ne supporte aucune interdiction de recevoir une libéralité de celui qu'il assiste.

S'agissant du mineur, la règle s'applique au **tuteur**, aux **cotuteurs** s'ils sont plusieurs, et aussi au **tuteur de fait**. L'incapacité épargne, en revanche, le subrogé tuteur, qui ne gère pas les biens du mineur, et l'administrateur légal. En outre, la loi fait une exception pour les ascendants : elle n'a pas voulu les priver des libéralités que leurs descendants souhaiteraient leur faire. Le lien qui les unit à leur pupille est *a priori* une garantie suffisante (C. civ., art. 907, al. 3).

La tutelle ne s'ouvrant jamais aujourd'hui du vivant de l'un des père et mère, cette exception ne joue plus qu'en faveur des ascendants plus éloignés : en général les grands-parents. Elle ne bénéficie ni aux collatéraux ni aux alliés.

B.
Incapacité des médecins

312.261 **Fondement.** Aux termes de l'article 909 alinéa 1er du Code civil, les médecins ne peuvent être gratifiés par leurs malades. Cette seconde incapacité s'explique comme la précédente par l'influence que le médecin est susceptible d'exercer sur l'esprit de ses patients. Le malade est souvent placé dans une grande dépendance psychologique à l'égard de celui dont il attend la guérison.

Quatre conditions sont requises pour que s'applique cette incapacité.

312.262 **1° Personnes soumises à l'incapacité.** La première concerne la **qualité du bénéficiaire**. Sous l'empire de la loi du 23 juin 2006, le texte visait les **médecins** et les **pharmaciens, ainsi que les docteurs en chirurgie et les officiers de santé**. Désormais, il vise « *les membres des professions médicales et de la pharmacie, ainsi que les auxiliaires médicaux* ». La loi du 5 mars 2007, applicable depuis le 1er janvier 2009, a donc étendu le champ d'application de l'article 909 alinéa 1er du Code civil[4]. La jurisprudence assimile aux personnes visées par cette disposition, celles **qui se livrent à l'exercice illégal de la médecine**[5]. Cette assimilation est nécessaire. Il serait paradoxal que les charlatans soient mieux traités que les médecins, qui offrent de meilleures garanties d'honorabilité. L'article 909 a ainsi été appliqué à un magnétiseur[6]. L'assimilation était écartée en revanche pour les gardes-malades, les infirmières, les aides du médecin ou du chirurgien[7]. Toutefois le nouvel article 909 mentionne désormais les auxiliaires médicaux. Certaines professions, qui prêtaient à hésitation, telles que les sages-femmes, les dentistes, les kinésithérapeutes, et aussi les étudiants en médecine, sont donc probablement concernées par l'incapacité maintenant. Ainsi en est-il de la psychiatre-psychanalyste qui, sans avoir traité sa patiente pour le cancer dont elle était atteinte, lui a apporté « *un soutien accessoire au traitement purement médical mais associé à celui-ci, lui prodiguant, parallèlement au traitement d'oncologie, des soins réguliers et durables afférents à la pathologie secondaire dont elle était affectée en raison même de la première maladie dont elle devait décéder et dont la seconde était la conséquence* »[8].

1. M. Planiol et G. Ripert, t. V, n° 256 – Aubry et Rau, t. X, n° 649.
2. Req. 30 juin 1920, *D.* 1921. 1. 157.
3. Req. 30 juin 1920, préc.
4. C. Lacour, « L'extension de l'incapacité spéciale de recevoir de l'article 909 du Code civil : droit positif et prospectif », *Dr. fam.* 2010. Étude 35.
5. Lyon, 17 juin 1896, *DP* 1897. 2. 419 – TGI Seine, 5 déc. 1963, *Gaz. Pal.* 1964. 1. 164.
6. Civ. 1re, 10 oct. 1978, n° 77-11.785, *Bull. civ.* I, n° 296; *D.* 1979. IR 75, note D. Martin; *JCP* 1980. II. 19341, note M. Dagot.
7. Pour les gardes-malades, v. Lyon, 22 déc. 1909, *DP* 1912. 2. 358 – Pau, 28 févr. 1968, *JCP* 1968. 15538, note Pageot.
8. Civ. 1re, 4 nov. 2010, n° 07-21.303, *Bull. civ.* I, n° 222; *Dr. fam.* 2010. Comm. 9, obs. B. Beignier; *LPA* 24 mars 2011, p. 3, note Vanuxem; *Defrénois* 2011. 39230, p. 817, n° 14, obs. J. Massip; *JCP N* 2011. 251, chron. R. Le Guidec, n° 7.

En revanche toute profession qui n'a aucun rapport avec l'exercice de la médecine est certainement en dehors du champ d'application du texte, même si l'activité qu'exercent ces professionnels leur permet de capter la confiance de leur client (ainsi pour un avocat[1]; ou pour un notaire[2]).

312.263 **2º Soins prodigués.** La seconde condition est que le bénéficiaire ait « *prodigué des soins* » au disposant. L'ancien libellé de l'article 909 du Code civil disait qu'il l'ait « *traité* ». Cette notion de traitement supposait plus que de simples conseils, ou une intervention ponctuelle. Elle impliquait une **direction habituelle et régulière des soins**, caractéristiques qui relèvent de l'appréciation souveraine des juges du fond[3]. La condition était rarement remplie pour les pharmaciens : ne traitait pas le malade celui qui se bornait à vendre des remèdes[4]. Quant aux médecins, n'encourait pas l'incapacité le praticien appelé en consultation exceptionnelle par le médecin traitant, celui qui se bornait à donner des conseils alors que d'autres suivaient le malade de manière habituelle[5], ou celui qui était intervenu de façon accessoire ou accidentelle[6]. Toutefois, il ne suffisait pas que plusieurs médecins soient intervenus simultanément pour écarter l'incapacité du légataire[7].

Le texte du nouvel article 909, parle désormais de « *soins prodigués* ». Prodiguer des soins et traiter une personne ne constituent sans doute pas des notions équivalentes, celle de traitement paraissant être plus restrictive que celle de soins. En remplaçant la première expression par la seconde, le législateur a donc élargi le champ d'application de l'article 909 alinéa 1er du Code civil, supprimant ainsi nombre de difficultés liées à la détermination de la notion de traitement.

312.264 **3º Libéralité effectuée pendant la maladie du donateur.** En troisième lieu, il faut que la libéralité ait été faite pendant la maladie au cours de laquelle le médecin a soigné le disposant. Une libéralité faite avant le commencement de cette maladie reste valable. En revanche, il n'est pas nécessaire qu'elle soit contemporaine du traitement lui-même. Par exemple, est nulle la donation faite à un moment où le donateur n'avait plus besoin de soins, mais entre deux épisodes où le médecin a soigné le malade pour la même affection[8].

312.265 **4º Mort subséquente du disposant.** En quatrième condition, il faut que le disposant meure de la maladie au cours de laquelle il a consenti la libéralité. Par conséquent, la donation n'est pas nulle si le malade revient à la santé, ou s'il vient à mourir d'autre chose[9].

Cette solution est trop restrictive : la donation a pu néanmoins être obtenue par captation, et le malade, même revenu à la santé, ne pourra la révoquer. Seule la preuve d'un vice du consentement lui permettra, dans une telle hypothèse, de revenir sur l'avantage accordé à son corps défendant à son médecin.

La **notion de dernière maladie** soulève d'ailleurs des difficultés en cas de maladie chronique, ou de développement d'une maladie ancienne. La jurisprudence recherche habituellement le début de la période d'aggravation finale qui a déterminé la mort (v. un arrêt relatif à l'incapacité d'un ministre du Culte mais la question est la même[10]). Parfois elle adopte une interprétation plus large, en reconnaissant que malgré des périodes de rémission, la même maladie a poursuivi son cours jusqu'à l'issue fatale[11]. En tout état de cause, il s'agit d'une question de fait qui échappe au contrôle de la Cour de cassation[12].

Il incombe aux juges du fond de rechercher si la désignation du médecin comme gratifié a été faite au cours de la dernière maladie dont le donateur est décédé[13].

La tendance contemporaine est à une application restrictive des quatre conditions posées par l'article 909 alinéa 1er du Code civil, en raison du principe d'interprétation stricte des textes spéciaux. Le principe demeure celui de la capacité de recevoir.

312.266 **Conséquences.** Quand les conditions en sont réunies, la **présomption de captation** est **irréfragable.** La nullité de la donation s'en déduit

1. Req. 12 mai 1931, *DH* 1931. 348.
2. Paris, 3 mai 1972, *S.* 1873. 2. 51.
3. Req. 17 janv. 1876, *DP* 1876. 1. 18. - Civ. 1re, 15 janv. 2014, nº 12-22.950, *Bull. civ.* I [à paraître] - Civ. 1re, 4 nov. 2010, nº 07-21.303, préc. ss nº 312.262.
4. Req. 7 avr. 1868, *DP* 1868. 1. 378.
5. Req. 8 août 1900, *DP* 1900. 1. 559 – Civ. 1re, 4 mai 1959, *Bull. civ.* I, nº 221.
6. Paris, 3 nov. 1982, *D.* 1983. IR 174, obs. D. Martin – Civ. 1re, 13 avr. 1988, nº 86-17.318, *Bull. civ.* I, nº 100 – COMP. Civ. 1re, 4 déc. 1985, nº 84-15.883, *Bull. civ.* I, nº 337; *R.* 87.
7. Civ. 22 oct. 1940, *Gaz. Pal.* 1940. 2. 192 – Civ. 22 janv. 1968, *D.* 1968. 382.
8. Paris, 8 mars 1867, *DP* 1867. 2. 145, concl. Vallée – Civ. 22 oct. 1940, préc.ss nº 312.263.
9. Req. 21 avr. 1913, *DP* 1913. 2. 421.
10. Civ. 1re, 3 juin 1959, *Bull. civ.* I, nº 278.
11. Req. 27 août 1822, *D. jur. gén.*, vº *Disposition entre vifs*, nº 368 – Toulouse, 12 janv. 1864, *DP* 1864. 2. 9 – Paris, 8 mars 1867, préc. ss nº 312.264 – Nancy, 17 mai 1935, *DH* 1935. 388.
12. Req. 29 juill. 1891, *DP* 1891. 1. 260 – Civ. 8 avr. 1897, *DP* 1897. 1. 362 – Req. 8 août 1900, *DP* 1900. 1. 559 – Civ. 3 juin 1959, préc. ss prést nº.
13. Civ. 1re, 1er juill. 2003, nº 00-15.786, NP; *D.* 2003. 2404, concl. J. Sainte-Rose; *Defrénois* 2004. 31, note N. Peterka; *RGDA* 2004. 157, note L. Mayaux.

automatiquement, sans qu'il soit possible au médecin gratifié de faire la preuve qu'elle n'est le fruit d'aucune captation, et qu'elle s'explique naturellement par les liens d'affection qui unissent entre eux le donataire et le donateur[1].

La forme de la donation est indifférente : le médecin, bénéficiaire du capital d'une assurance-vie souscrite par son malade, doit restituer ce capital à l'héritier de l'assuré, bénéficiaire en sous-ordre du contrat[2].

312.267 **Exceptions à l'incapacité.** Alors même que toutes les conditions en sont remplies, l'incapacité du médecin comporte **deux exceptions** (C. civ., art. 909, al. 3).

Il est d'abord permis de faire à son médecin une **libéralité rémunératoire.** Celle-ci tient lieu d'honoraires : la captation n'est pas à craindre. C'est pourquoi elle ne doit pas dépasser certaines limites, proportionnées aux facultés du disposant et aux services rendus[3]. Encore faut-il que le service n'ait pas été antérieurement rémunéré. Ce sont les conditions habituelles auxquelles une libéralité rémunératoire échappe à la qualification de libéralité, pour être considérée comme un acte à titre onéreux. Cette première exception n'est donc qu'apparente : la disposition est valable dans la mesure où elle n'est pas gratuite.

La jurisprudence est très pauvre, ce qui se comprend aisément : le malade est surtout porté à remercier son médecin lorsque celui-ci lui a apporté la guérison, ce n'est pas l'hypothèse de l'article 909. Il n'est pas nécessaire que le donateur ait expressément spécifié que la donation avait pour but de remercier, il suffit que le caractère rémunératoire ressorte suffisamment de l'acte qui la contient[4], ce qui est une question de fait[5]. Si la disposition paraît excessive, le juge la réduira à sa juste proportion sans l'annuler, s'il lui reconnaît néanmoins un caractère rémunératoire[6].

Une seconde exception a une portée réelle : elle concerne le **cas où le médecin est un proche parent du malade, jusqu'au quatrième degré.** L'affection naturelle entre parents suffit à faire tomber le soupçon de captation. Encore faut-il que le malade n'ait pas d'héritier en ligne directe, à moins que le médecin ne fasse lui-même partie de ces héritiers (C. civ., art. 909, al. 3). Toutes ces conditions se justifient d'elles-mêmes.

Cette exception admise par la loi pour les parents ne s'étend pas aux alliés[7]. En revanche, elle s'applique au conjoint qui, médecin lui-même, a soigné son époux malade[8]. Cette extension trouve sa justification dans l'existence du devoir d'assistance de l'article 212 du Code civil : de l'accomplissement d'une obligation ne peut naître une incapacité. On peut y voir aussi la manifestation de l'affection et d'un souci de prévoyance naturels entre époux. Il en irait autrement bien entendu s'il apparaissait que le gratifié a abusé de son influence pour obtenir un avantage de son conjoint[9].

À la lecture de l'article 909, cette exception ne paraît s'appliquer qu'aux dispositions à titre universel. En réalité, elle doit *a fortiori* inclure les libéralités faites à titre particulier[10].

C.
Incapacité des ministres du culte

312.271 **Assimilation aux médecins.** Les ministres du culte sont purement et simplement assimilés aux médecins. L'article 909 se borne à énoncer : « *Les mêmes règles seront observées à (leur) égard* ».

Les **conditions de l'incapacité** sont donc identiques. Il faut que le bénéficiaire ait apporté au malade une **assistance régulière**[11]. Il ne suffirait pas d'un acte isolé, comme l'administration des derniers sacrements[12]. Il faut aussi que la **libéralité ait été consentie au cours de la maladie** qui a motivé cette assistance, et que cette **maladie ait provoqué la mort du disposant**[13]. Les soins spirituels sont en quelque sorte assimilés aux soins médicaux. Il en résulte que toutes les exceptions qui valident une donation faite au profit d'un médecin s'appliquent aussi aux ministres du culte.

La question la plus délicate est de savoir à qui doit être reconnue la qualité de « ministre » d'un « culte ». La jurisprudence est rare. L'incapacité de l'article 909 a été appliquée bien entendu aux prê-

1. Req. 29 juill. 1891, *D.* 1892. 1 260.
2. Paris, 3 févr. 2000, *RCA* 2000, n° 378, note L. Grynbaum; *RGDA* 2000. 1095, note L. Mayaux.
3. Req. 10 déc. 1851, *DP* 1851. 1. 8.
4. Req. 21 mars 1870, *DP* 1870. 1. 329.
5. Req. 21 mars 1870, préc.
6. Civ. 13 août 1844, *D. jur. gén.*, v° *Disposition entre vifs*, n° 373 – Paris, 18 mars 1912, s[s] Req. 21 avr. 1913, *DP* 1913. 1. 421.
7. Civ. 12 oct. 1812, *D. jur. gén.*, v° *Disposition entre vifs*, n° 370.
8. Req. 30 août 1808, *D. jur. gén.*, v° *Disposition entre vifs*, n° 378 – Civ. 21 août 1822, *D. jur. gén.*, v° *Disposition entre vifs*, n° 379.
9. Civ. 11 janv. 1820, *D. jur. gén.*, v° *Disposition entre vifs*, n° 379.
10. COMP., sur ce point, M. PLANIOL et G. RIPERT, t. V, n° 241.
11. Req. 13 avr. 1880, *DP* 1880. 1. 263, rapp. Almeras-Latour – Civ. 1re, 3 juin 1959, *Bull. civ.* I, n° 278.
12. Grenoble, 16 avr. 1806, *D. jur. gén.*, v° *Disposition entre vifs*, n° 386 – Toulouse, 20 nov. 1835, *D. jur. gén.*, v° *Disposition entre vifs* – T. civ. Tours, 12 mars 1929, *S.* 1929. 2. 251.
13. Civ. 6 avr. 1897, *DP* 1897. 1. 362.

tres catholiques, aux pasteurs protestants[1], aux rabbins[2]. Des difficultés peuvent apparaître pour des « cultes » ayant un statut moins officiel. Il serait légitime d'étendre analogiquement l'incapacité de recevoir aux fondateurs et animateurs de sectes, dont l'appétit de lucre et l'influence sur l'esprit de leurs adeptes sont parfois spectaculaires. En revanche, on s'accorde généralement à l'écarter pour les dirigeants des loges maçonniques et des sociétés de libre-pensée, parce que l'idée de culte implique celle de religion, ce que précisément la libre-pensée n'est pas[3].

D. Incapacité des mandataires judiciaires à la protection des majeurs

312.281 Nouvelle protection. Depuis l'entrée en vigueur de la loi du 5 mars 2007, l'article 909 alinéa 2 du Code civil prévoit l'incapacité des mandataires judiciaires à la protection des majeurs ainsi que celle des personnes morales au nom desquelles ils exercent leurs fonctions. Ils ne peuvent donc recevoir de donation des personnes dont ils assurent la protection. Le législateur espère ainsi mettre un coup d'arrêt aux dérives auxquelles la profession a pu donner lieu. La loi précise que la date de la libéralité importe peu et sans doute faut-il comprendre qu'il n'est pas nécessaire que la donation ait été effectuée à une date proche du décès du majeur protégé.

E. Incapacité des personnels de certains établissements de soins

312.291 Fondement. Une dernière incapacité résulte, non plus du Code civil, mais de l'article L. 331-4 du Code de l'action sociale et des familles[4]. Ce texte vise « *les personnes physiques ou morales, propriétaires, administrateurs, ou employés des établissements,* les bénévoles qui interviennent en leur sein et les associations auxquelles ces derniers adhèrent [...] ». Il leur interdit de « *profiter des dispositions entre vifs ou testamentaires faites en leur faveur par des personnes hébergées dans le ou les établissements qu'elles exploitent ou dans lesquels elles sont employées que dans les conditions fixées à l'article 909 du Code civil* ». Comme les précédentes, cette incapacité de recevoir se fonde sur la **situation de dépendance** dans laquelle se trouvent placés les pensionnaires accueillis dans ce type d'établissement à l'égard du personnel. Des abus ont été constatés dans le passé, notamment dans les hôpitaux psychiatriques et les maisons de retraite.

312.292 Étendue. La règle est formulée dans des termes très généraux tant en ce qui concerne les établissements qu'elle vise que les personnes auxquelles s'applique l'incapacité : celle-ci frappe tous ceux qui exercent une **fonction médicale** ou **administrative**, ou occupent un **emploi, qu'il soit occasionnel ou permanent, dans les établissements concernés** et même les bénévoles et associations...

Quant à ses conditions d'application, l'article L. 331-4 du Code de l'action sociale et des familles se contente de renvoyer à l'article 909 du Code civil. Toutefois, la Cour de cassation affirme l'autonomie de la règle : la nullité n'atteint pas seulement les **libéralités faites pendant la dernière maladie du disposant** et au bénéfice des personnes qui ont « traité » ce dernier, mais **toutes celles qui sont faites pendant la période d'accueil au bénéfice de l'un quelconque des membres du personnel**[5]. Cette extension est logique : la dépendance du disposant à l'égard des employés de l'établissement est permanente. Au demeurant on ne comprendrait pas comment le propriétaire ou les administrateurs pourrait encourir l'incapacité si celle-ci n'était qu'une application particulière de l'article 909 du Code civil.

En revanche, les **exceptions** prévues à l'article 909 en faveur des **libéralités rémunératoires** et des **libéralités à des proches parents** sont ici applicables.

312.293 Sanction des incapacités fondées sur une présomption de captation. Les donations faites en violation des incapacités qui viennent d'être étudiées sont nulles de **nullité relative**[6]. Il faut comprendre que le droit d'agir est réservé au **disposant** : au mineur devenu majeur ou à ses ayants cause quand il s'agit de l'article 907[7], le donateur et ses ayants cause, notamment un légataire universel quand il s'agit de l'article 909 du Code civil[8]. Il est certain en effet que c'est dans l'intérêt du disposant qu'elles sont instituées.

Conformément au droit commun, ces nullités sont donc susceptibles de **confirmation**, par l'incapable lui-même ou par ses successeurs universels après que l'incapacité a cessé. De même, la **pres-**

1. Bordeaux, 7 déc. 1857, *DP* 1858. 2. 197.
2. Alger, 30 avr. 1856, *D.* 1859. 1. 81.
3. COMP., sur ce que l'Union des athées n'est pas une association cultuelle, CE 1er févr. 1985, *RD publ.* 1985. 483, concl. Delon, note Robert – Sur l'ensemble de la question v. M. PLANIOL et G. RIPERT, t. V, n° 243.
4. C. fam., anc. art. 209 *bis.*
5. Civ. 1re, 20 mars 1990, n° 88-16.454, *Bull. civ.* I, n° 67 ; *D.* 1991. 213, note J. Massip ; *RDSS* 1992. 342, obs. S. Hennion-Moreau ; *RTD civ.* 1991. 109, obs. J. Mestre.
6. Civ. 1re, 13 mai 1958, *Bull. civ.* I, n° 242.
7. Civ. 31 mai 1858, *S.* 1858. 1. 672.
8. Req. 7 nov. 1863, *D.* 1863. 1. 231.

cription de cinq ans (C. civ., art. 1304) se compte à partir du jour où l'incapacité a pris fin.

§ 2
Feu l'incapacité des enfants adultérins

312.300 Fondement de leur incapacité. La loi du 3 janvier 1972 a posé le principe d'égalité des filiations (C. civ., anc. art. 334). Les enfants naturels ont donc la même capacité de recevoir que les enfants légitimes. Ce principe s'applique à tous les enfants naturels, simples, adultérins ou incestueux.

Néanmoins, dans le souci de protéger la famille légitime, la loi laissait subsister des restrictions aux droits de l'enfant adultérin dans la succession légale, lorsqu'il venait en concours avec des enfants issus du mariage (C. civ., anc. art. 760), ou avec le conjoint victime de l'adultère (C. civ., anc. art. 759). Cette infériorité successorale se trouvait alors complétée par une incapacité de recevoir. Selon l'ancien article 908, l'enfant adultérin ne pouvait rien recevoir, par donation entre vifs ou par testament, de son père ou de sa mère adultère, au-delà de ce qui lui était accordé par les anciens articles 759 et 760.

L'arrêt *Mazurek* rendu par la Cour européenne de droits de l'homme le 1er février 2000, a jugé l'article 760 du Code civil contraire aux dispositions de la Convention du même nom[1] (sur cet arrêt, v. ss no 231.12). Dans la suite de cet arrêt, elle a pareillement condamné l'incapacité de recevoir instituée par l'article 908 ancien du Code civil comme contraire aux articles 8 et 14 combinés de la Convention[2], non par elle-même (il n'y a pas de droit à recevoir une libéralité) mais en raison des motifs qui l'inspirent[3]. Cette intervention de la Cour européenne a contraint le législateur français à supprimer toute discrimination à l'encontre de l'enfant adultérin. La loi no 2001-1135 du 3 décembre 2001[4] a posé le principe de l'égalité des droits successoraux des enfants adultérins, légitimes et naturels simples. L'ancien article 908 du Code civil a été abrogé.

312.301 Droit transitoire. Selon l'article 25, II, 5°) de cette loi, l'abrogation des dispositions relatives au droit des enfants naturels dont le père ou la mère était, au temps de la conception, engagé dans les liens du mariage, résultant de l'article 16 et de la nouvelle rédaction des articles 759 à 764, est entrée immédiatement en vigueur, y compris aux successions ouvertes et n'ayant pas donné lieu à partage à la date de publication du texte.

Cette entrée en vigueur immédiate de la loi du 3 décembre 2001 s'explique parce qu'il était devenu urgent de mettre fin à une discrimination sanctionnée, comme il est dit ci-dessus, par la Cour européenne de droits de l'homme. D'ailleurs les études et sondages ont montré que cette différence de traitement avait perdu tout écho auprès des citoyens. La protection de la famille légitime ne fait plus partie des soucis de la société française, et de ce fait, a été abandonnée par le législateur. Le couple légitime n'est plus le modèle de notre droit de la famille, mais une des trois modalités de la vie en couple (concubinage, pacs, mariage).

La doctrine s'est intéressée à cette entrée en vigueur immédiate[5].

312.302 Confirmations jurisprudentielles. Dès le lendemain de la loi, la cour d'appel de Paris a décidé qu'un acte de notoriété du 27 mars 1998, qui n'a reconnu à un enfant adultérin que la moitié des droits successoraux de ceux attribués à ses frères, est dénué de valeur de ce chef. De plus, la donation à un enfant adultérin par son défunt père est valable[6].

Le 6 janvier 2004[7], la Cour de cassation a cassé l'arrêt qui avait déclaré nulles les donations consenties par le défunt à son fils adultérin par la personne interposée de sa mère. La cour d'appel de Versailles, le 14 janvier 2002, avait décidé que la nullité édictée par l'article 911 du Code civil sanc-

1. CEDH 1er févr. 2000, Mazurek, req. no 34406/97, *D.* 2000. 626, note B. Vareille, *JCP* 2000. II. 10286, note A. Gouttenoire et F. Sudre; *RTD civ.* 2000. 429, obs. J.-P. Marguénaud; *Defrénois* 2000. 310, obs. J. Massip; *JCP N* 2001. 834, note M. Josselin-Gall; *RJPF* 2000. 24, obs. J. Casey.
2. L'article 8 de la Convention consacre le droit à la vie privée et familiale, dont la Cour considère que le domaine des libéralités et des successions lui est intimement associé : CEDH 22 déc. 2004, Merger et Cros c/France, req. no 68864/01. L'article 14 pose le principe de non-discrimination, qui selon la Cour n'a pas de portée propre, mais s'applique à la jouissance des droits et des libertés eux-mêmes garantis par la convention (même arrêt).
3. CEDH 22 déc. 2004, Merger et Cros c/France, req. no 68864/01, *JCP* 2005. 83, no 16, chron. F. Sudre; *RTD civ.* 2005. 335, obs. J.-P. Marguénaud; *Dr. fam.* 2005. Étude 17, obs. S. Le Chuiton.
4. L. no 2001-1135, 3 déc. 2001, relative aux droits du conjoint survivant et des enfants adultérins et modernisant diverses dispositions de droit successoral, *JO* 4 déc., p. 19279.
5. P. Delmas Saint-Hilaire, *RJPF* 2002-1/9 – M.-C. Forgeard, *Defrénois* 2002. 1195 – J.-P. Marguénaud et B. Dauchez, *Defrénois* 2002. 1366.
6. Paris, 2e ch. B, 7 mars 2002, *Gaz. Pal.* 2003. 1. Somm. 1990, note Guilmois.
7. Civ. 1re, 6 janv. 2004, no 02-13.901, *Bull. civ.* I, no 10; *D.* 2004. Somm. 2338, obs. M. Nicod; *Gaz. Pal.* 2004. 1. Somm. 2102, note J. Massip; *JCP* 2004. I. 155, no 1, obs. R. Le Guidec; *Defrénois* 2004. 590, obs. J. Massip.

tionne la violation d'une incapacité spéciale de recevoir privant la personne visée du droit de bénéficier d'une libéralité et que tel est le cas du donataire puisque, en sa qualité d'enfant adultérin, il ne peut recevoir dans la succession de son père plus que la moitié de la part à laquelle il aurait eu droit si tous les enfants eussent été légitimes et que les donations par interposition ont eu pour effet de faire échec aux règles relatives à la dévolution successorale.

La Cour de cassation censure ce raisonnement car, le jour où la cour d'appel s'est prononcée, les dispositions relatives aux nouveaux droits successoraux des enfants adultérins étaient applicables à la succession du défunt.

Cette décision conforte l'idée que l'abolition de la discrimination à l'encontre de l'enfant adultérin s'applique aux liquidations en cours au jour de l'entrée en vigueur de la loi du 3 décembre 2001.

La solution contraire avait été retenue pour la loi du 3 janvier 1972 : l'article 14 alinéa 1er de ce texte, aux termes duquel les droits successoraux que cette loi institue ne peuvent être exercés dans les successions ouvertes avant son entrée en vigueur, ne distinguait pas selon qu'il s'agissait de successions légales ou testamentaires. Lorsqu'une succession avait été ouverte antérieurement à l'entrée en vigueur de ladite loi et que la filiation adultérine du légataire d'une quote-part de cette succession avait été établie par un jugement devenu définitif, ce legs était nul comme fait au mépris de l'incapacité de recevoir édictée par l'ancien article 908, alinéa 3 du Code civil[1]. Toutefois, un enfant adultérin né avant le 1er août 1972 devait être appelé à la succession de son auteur qui ne s'était ouverte qu'après cette date[2].

312.303 Incertitudes. La valeur de ces dispositions transitoires au regard des exigences de la Convention européenne des droits de l'homme et de la jurisprudence de la Cour du même nom n'est cependant pas assurée. Certes la Cour n'ignore pas le principe de sécurité juridique. Elle a ainsi admis dans une décision *E.S. c/France,* du 10 février 2009[3], qu'en raison de ce principe, on ne saurait exiger de l'institution judiciaire qu'elle « *annule un partage librement accepté au vu d'un arrêt de la Cour intervenu après le dit partage* ». Mais le principe de sécurité juridique ne peut l'emporter sur le principe de non-discrimination qu'à la condition qu'il existe un **rapport raisonnable de proportionnalité entre les moyens employés et le but légitime poursuivi.**

C'est ce qu'illustre de façon spectaculaire un arrêt récent du 7 février 2013. Dans cette espèce, une femme avait donné naissance au cours de son mariage à deux enfants légitimes et un enfant naturel. Elle avait, en 1970, consenti une donation-partage entre ses deux enfants légitimes, puis était décédée en 1994. L'enfant naturel ayant engagé une action en réduction contre la donation-partage, la Cour de cassation rejeta cette action par un arrêt du 14 novembre 2007 sur le fondement de l'article 25, II, 2° de la loi du 3 décembre 2001, dans sa rédaction alors applicable, au motif qu'en présence d'une donation-partage, la succession devait être réputée partagée au jour du décès de la donatrice[4]. L'enfant ayant saisi la Cour européenne, celle-ci a d'abord, dans une décision du 21 juillet 2011[5], reconnu que les dispositions transitoires de la loi du 3 décembre 2001 poursuivent un but légitime de garantie de la sécurité juridique. Mais un nouvel arrêt de la Grande chambre en a jugé autrement : refuser à un enfant, en raison de la nature de sa filiation, une action en réduction qui aurait été ouverte dans les mêmes circonstances à un enfant né dans le mariage constitue une différence de traitement dépourvue de justification objective et raisonnable.

La confrontation des ces solutions fait apparaître une résistance inégale au principe de non-discrimination du partage de la succession, même inégalitaire, intervenu après le décès, que tous les héritiers ont accepté, et de la donation-partage, qui n'est pas un partage définitif puisque une action en réduction peut être exercée après le décès par un hériter omis, voire par un hériter insuffisamment alloti. C'est le refus de cette action à certains enfants alors qu'elle est ouverte à d'autres qui semble, pour la Cour européenne, constituer une discrimination dépourvue de justification objective et raisonnable.

§ 3
Sanction et prévention de la fraude

312.310 Position du problème. La sanction de ces incapacités spéciales ne soulève aucune diffi-

1. Civ. 1re, 14 oct. 1981, n° 80-10.541, *Bull. civ.* I, n° 294.
2. Civ. 1re, 9 mars 1982, n° 81-10.810, *Bull. civ.* I, n° 105.
3. CEDH 10 févr. 2009, E.S. c/France, req. n° 49714/06. Le décès avait eu lieu en 1983. Le partage de la succession du défunt entre ses enfants, sur la base de l'article 760 du Code civil alors en vigueur, avait été signé le 13 mars 1996 – Dans cette affaire, v. Civ. 1re, 7 juin 2006, n° 04-19.176, *Bull. civ.* I, n° 297; *Dr. fam.* 2006. 197, obs. B. Beignier.
4. Civ. 1re, 14 nov. 2007, n° 06-13.806, *Bull. civ.* I, n° 360; *D.* 2008. 133, note A. Mbotaingar; *RTD civ.* 2008. 90, obs. J. Hauser; *RTD civ.* 2008. 337, obs. M. Grimaldi; *AJ fam.* 2008. 40, obs. F. Bicheron; *RJPF* 2008. 55, obs. J. Casey.
5. CEDH 7 févr. 2013, Fabris c/France, req. n° 16574/08, *JCP N* 2013. 1061, chron. S. Le Chuiton; *AJ fam.* 2013. 189, note N. Levillain; *Gaz. Pal.* 20 mars 2013, p. 11, obs. Robbe et Travade-Lannoy; *D.* 2013. 1436, obs. F. Granet-Lambrechts.

culté quand la donation est faite ouvertement. Toutefois, souvent, le disposant s'efforce de tourner l'interdiction légale. La loi sanctionne cette fraude (A), et parfois la présume (B).

A. Sort des donations frauduleuses

312.311 Moyens de la fraude. Il est fréquent que les parties cherchent à tourner les prohibitions précédentes au moyen d'un **déguisement de la libéralité**, ou d'une **interposition de personne**. En dissimulant une donation sous le voile d'un acte à titre onéreux, on empêche les tiers d'en percevoir la véritable nature, et d'en demander la nullité : par exemple, un malade n'a pas le droit de donner un bien à son médecin, mais il a parfaitement le droit de le lui vendre. De même, en adressant une donation à un bénéficiaire apparent qui joue le rôle d'une personne interposée, on interdit aux tiers de connaître le nom du donataire véritable, par hypothèse incapable de recevoir, et la sanction se trouve là encore évitée : par exemple, quand un père adultérin, au lieu de gratifier son fils (ou sa fille), consent une donation à la mère de l'enfant, chargée de lui en transmettre le bénéfice.

312.312 Nullité des dispositions frauduleuses. Dans les deux cas, lorsque la **fraude** est **prouvée**, l'incapacité de recevoir réapparaît et la **libéralité** doit être **annulée** : c'est ce que dit l'article 911 alinéa 1er.

La loi n° 2006-728 du 23 juin 2006 a réécrit le texte de l'article 911 du Code civil, sans en modifier le sens :

« *Toute libéralité au profit d'une personne physique, frappée d'une incapacité de recevoir à titre gratuit, est nulle, qu'elle soit déguisée sous la forme d'un contrat onéreux ou faite sous le nom de personnes interposées, physiques ou morales.*

Sont présumés personnes interposées, jusqu'à preuve contraire, les père et mère, les enfants et descendants, ainsi que l'époux de la personne incapable ».

La nullité n'est pas seulement la conséquence de l'incapacité, par hypothèse établie, qui frappe le bénéficiaire. La jurisprudence donne à ce texte une portée propre, qui renforce dans tous les cas la sanction. Là où la disposition, directement faite à son bénéficiaire véritable, n'aurait encouru qu'une nullité relative, **l'article 911 sanctionne la simulation par une nullité absolue.** Tel serait le cas d'une donation faite par un malade à son médecin au moyen d'un déguisement ou d'une interposition de personne. De manière encore plus visible, là où la **libéralité faite à l'incapable** n'aurait été que **réductible**, elle **devient nulle pour le tout dès lors qu'elle a été dissimulée.** C'est ce qui se passe quand une donation est adressée à un enfant adultérin, par l'intermédiaire d'un tiers ou sous l'apparence d'un acte onéreux[1].

Il convient d'observer que seuls les **héritiers du défunt** ont un **intérêt à agir en requalification de la vente** et tel n'est pas le cas d'occupants des lieux[2].

312.313 Domaine de l'article 911. Le domaine de la règle est clairement circonscrit par son fondement. La nullité édictée par l'article 911 sanctionne une fraude, qui consiste à tourner une incapacité de recevoir. Partant, elle ne vise que les **incapacités de jouissance** et non d'exercice, car il ne saurait y avoir fraude à faire une libéralité à quelqu'un qui a le droit de la recevoir, même si sa capacité à exercer ses droits par lui-même est restreinte[3].

Pratiquement, c'était principalement l'incapacité des enfants adultérins qui était concernée. La disparition de l'interdiction par la loi du 3 janvier 1972 et la suppression de toute discrimination par celle du 3 décembre 2001 font perdre à ce texte toute incidence pratique dans cette hypothèse.

L'interposition de personne est souvent aussi utilisée pour faire des dispositions au profit de personnes morales incapables de recevoir : par exemple, dans des cas très fréquents en jurisprudence, à des congrégations religieuses non autorisées. Toutefois, le rétablissement de la réalité suffit à assurer la nullité de la libéralité pour incapacité, sans qu'il soit nécessaire de recourir à l'article 911.

312.314 Preuve de la simulation. Cette preuve pèse sur celui qui critique la donation. Elle est **libre**, même dans les rapports entre les parties dès lors que la simulation est frauduleuse[4], et les **juges du fond** disposent d'un **pouvoir souverain dans l'appréciation des faits.**

Pour établir l'interposition de personnes, la jurisprudence n'exige pas la preuve d'un accord formel entre les parties à l'acte ostensible : un engagement explicite de la personne interposée n'est pas nécessaire. Cependant il faut des **présomptions graves et précises** permettant d'affirmer l'existence d'une entente entre le disposant et le gratifié apparent sur la destination finale des biens donnés.

312.315 Distinction de l'interposition de personne et de la charge. La libéralité faite par per-

1. Civ. 3 avr. 1963, *D.* 1964. 306 – Civ. 1re, 10 mars 1970, n° 68-11.558, *Bull. civ.* I, n° 88; *D.* 1970. 661, note A. Breton – *Adde*, Req. 6 déc. 1876, *D.* 1877. 492.
2. Civ. 2e, 7 oct. 2009, n° 08-70.137, NP.
3. Civ. 1re, 7 janv. 1982, n° 80-15.294, *Bull. civ.* I, n° 7; *D.* 1983. 202, note M. Grimaldi.
4. Req. 12 juin 1907, *D.* 1908. 235 – COMP. pour des donations déguisées entre époux, Civ. 1re, 13 nov. 1968, *D.* 1969. 97 – Civ. 1re, 19 avr. 1977, n° 76-10.756, *Bull. civ.* I, n° 172; *D.* 1977. IR 322; *RTD civ.* 2007. 772, obs. Fages.

sonne interposée se distingue difficilement de la **libéralité avec charge.** En principe le critère tient au rôle de l'intermédiaire. S'il recueille réellement les biens qui font l'objet de la disposition, avec l'obligation de les transmettre au moins partiellement à une autre personne, il y a libéralité avec charge. Si l'intention des parties a été de transmettre directement les biens à leur destinataire final, l'intermédiaire n'étant qu'un prête-nom, il y a interposition de personnes[1].

Ce critère est extrêmement difficile à mettre en œuvre lorsqu'on l'applique aux **dispositions testamentaires.** La jurisprudence admet en effet qu'un legs universel grevé d'une charge absorbant la totalité de l'émolument, reste néanmoins un legs universel, parce que le légataire conserve la vocation à l'universalité, même si elle est purement théorique. Les choses semblent plus claires dans les **donations.** Si la charge de transmettre à un tiers vient à absorber le montant total de la libéralité, le donataire ne conserve aucun avantage : il n'est qu'un gratifié apparent. Cependant, la Cour de cassation abandonne entièrement cette distinction à l'**appréciation souveraine des juges du fond**[2].

(Sur cette distinction, v. aussi s^s n° 313.132.)

Il se peut aussi qu'en raison de l'incapacité de recevoir qui frappe le bénéficiaire de la charge, la donation tout entière soit nulle si la charge en apparaît comme la cause impulsive et déterminante. Mais cette nullité se fonde sur la cause illicite et non sur l'article 911 (v. s^s n° 313.113).

B. Présomptions d'interposition de personne

312.321 Contenu des présomptions. La difficulté de la preuve de l'interposition de personnes peut être considérable. C'est pourquoi, la loi la prévient en posant des présomptions, lorsque la donation est faite à un proche parent de l'incapable.

Selon l'article 911 alinéa 2, la donation est réputée faite à l'incapable lui-même lorsqu'elle est faite aux personnes suivantes :

- ses père et mère : mais la présomption ne s'étend pas aux autres ascendants; elle s'applique en revanche aux parents adoptifs comme aux parents par le sang[3];
- ses enfants et descendants;
- son conjoint.

Toutes ces présomptions supposent que le lien de parenté ou d'alliance existe au moment où la libéralité est consentie. Ainsi, la donation faite par contrat de mariage au futur époux d'un incapable n'est pas nulle[4]. De même, lorsque cette présomption se fonde sur un lien de filiation entre le bénéficiaire véritable de la libéralité et la personne prétendument interposée, ce lien doit être officiellement établi[5]. Ainsi, l'enfant naturel non reconnu du tuteur n'est pas présumé être une personne interposée s'il reçoit une donation venant du pupille. De même, la donation faite par le père d'un enfant adultérin à sa mère tombait sous l'empire de la présomption dès lors que la filiation maternelle était établie; dans le cas contraire, elle lui échappait. Néanmoins, se fondant sur l'effet déclaratif de la reconnaissance, la Cour de cassation avait admis que celle-ci, même postérieure à la donation, déclenche l'application de l'article 911 alinéa 2[6].

Rappelons qu'en revanche, en raison de l'article 908-1, l'incapacité de recevoir qui frappe l'enfant adultérin était applicable en l'absence d'une parenté juridiquement établie entre l'auteur de la libéralité et son destinataire (v. s^s n° 312.311). La présomption de l'article 911 pouvait donc jouer dans cette hypothèse, si la donation était faite par l'intermédiaire d'un tiers (ex., enfant non reconnu par son père adultérin, mais reconnu par sa mère naturelle; donation par le père à la mère). L'existence officielle du lien de filiation conditionnait l'application de la présomption, non l'incapacité elle-même.

312.322 Force de la présomption. Il appartient par conséquent à la personne réputée interposée de faire la preuve que la libéralité lui a été réellement adressée. Naguère, ces présomptions étaient irréfragables[7]. Désormais, quand elles sont applicables, ces présomptions sont aujourd'hui **réfragables.** Il appartient par conséquent à la personne réputée interposée de faire la preuve que la libéralité lui a été réellement adressée.

1. Req. 17 janv. 1905, *DP* 1905. 135.
2. Req. 17 janv. 1905, préc. – COMP. à propos d'un legs, Civ. 5 juill. 1886, *D.* 1886. 465.
3. M. PLANIOL et G. RIPERT, n° 256.
4. Civ. 24 janv. 1881, *S.* 1881. 104.
5. Req. 28 mai 1878, *D.* 1878. 401.
6. Civ. 30 janv. 1833, *D.* 1883. 201.
7. Civ. 30 janv. 1883, *S.* 1883. 193 – Civ. 22 janv. 1884, *D.* 1884. 117.

CHAPITRE

313. Règles de fond des donations : objet et cause

YVONNE FLOUR
PROFESSEUR À L'UNIVERSITÉ
PANTHÉON-SORBONNE (PARIS I)

CHANTAL DONZEL-TABOUCOU
INGÉNIEUR D'ÉTUDES
AU CENTRE AUDIOVISUEL D'ÉTUDES JURIDIQUES (CAVEJ)
DE L'UNIVERSITÉ PANTHÉON-SORBONNE (PARIS I)
DOCTEUR EN DROIT PRIVÉ

SECTION 0
ORIENTEUR

313.00 **Plan du chapitre.**

313.01 **Textes applicables.**

C. civ., art. 900 à 900-8 et 1133

L. n° 84-562, 4 juill. 1984, permettant la révision des conditions et charges apposées à certaines libéralités, *JO* 6 juill., p. 2127

> Libéralités : règles générales
[C. civ., art. 900 à 900-8]

C. civ., art. 900

Dans toute disposition entre vifs ou testamentaire, les conditions impossibles, celles qui seront contraires aux lois ou aux mœurs, seront réputées non écrites.

C. civ., art. 900-1

Les clauses d'inaliénabilité affectant un bien donné ou légué ne sont valables que si elles sont temporaires et justifiées par un intérêt sérieux et légitime. Même dans ce cas, le donataire ou le légataire peut être judiciairement autorisé à disposer du bien si l'intérêt qui avait justifié la clause a disparu ou s'il advient qu'un intérêt plus important l'exige.

Les dispositions du présent article ne préjudicient pas aux libéralités consenties à des personnes morales ou même à des personnes physiques à charge de constituer des personnes morales.

C. civ., art. 900-2 (*L. n° 84-562, 4 juill. 1984*)

Tout gratifié peut demander que soient révisées en justice les conditions et charges grevant les donations ou legs qu'il a reçus, lorsque, par suite d'un changement de circonstances, l'exécution en est devenue pour lui soit extrêmement difficile, soit sérieusement dommageable.

C. civ., art. 900-3 (*L. n° 84-562, 4 juill. 1984*)

La demande en révision est formée par voie principale; elle peut l'être aussi par voie reconventionnelle, en réponse à l'action en exécution ou en révocation que les héritiers du disposant ont introduite.

Elle est formée contre les héritiers; elle l'est en même temps contre le ministère public s'il y a doute sur l'existence ou l'identité de certains d'entre eux; s'il n'y a pas d'héritier connu, elle est formée contre le ministère public.

Celui-ci doit, dans tous les cas, avoir communication de l'affaire.

C. civ., art. 900-4 (*L. n° 84-562, 4 juill. 1984*)

Le juge saisi de la demande en révision peut, selon les cas et même d'office, soit réduire en quantité ou périodicité les prestations grevant la libéralité, soit en modifier l'objet en s'inspirant de l'intention du disposant, soit même les regrouper, avec des prestations analogues résultant d'autres libéralités.

Il peut autoriser l'aliénation de tout ou partie des biens faisant l'objet de la libéralité en ordonnant que le prix en soit employé à des fins en rapport avec la volonté du disposant.

Il prescrit les mesures propres à maintenir, autant qu'il est possible, l'appellation que le disposant avait entendu donner à sa libéralité.

C. civ., art. 900-5 (*L. n° 84-562, 4 juill. 1984*)

La demande n'est recevable que dix années après la mort du disposant ou, en cas de demandes successives, dix années après le jugement qui a ordonné la précédente révision.

La personne gratifiée doit justifier des diligences qu'elle a faites, dans l'intervalle, pour exécuter ses obligations.

C. civ., art. 900-6 (*L. n° 84-562, 4 juill. 1984*)

La tierce-opposition à l'encontre du jugement faisant droit à la demande en révision n'est recevable qu'en cas de fraude imputable au donataire ou légataire.

La rétractation ou la réformation du jugement attaqué n'ouvre droit à aucune action contre le tiers acquéreur de bonne foi.

C. civ., art. 900-7 (*L. n° 84-562, 4 juill. 1984*)

Si, postérieurement à la révision, l'exécution des conditions ou des charges, telle qu'elle était prévue à l'origine, redevient possible, elle pourra être demandée par les héritiers.

C. civ., art. 900-8 (*L. n° 84-562, 4 juill. 1984*)

Est réputée non écrite toute clause par laquelle le disposant prive de la libéralité celui qui mettrait en cause la validité d'une clause d'inaliénabilité ou demanderait l'autorisation d'aliéner.

> Validité des conventions : cause illicite

[C. civ., art. 1133]

C. civ., art. 1133

La cause est illicite, quand elle est prohibée par la loi, quand elle est contraire aux bonnes mœurs ou à l'ordre public.

313.02 Jurisprudence de référence.

> Nécessité de l'intention libérale

• **Req. 27 juin 1887,** *DP* 1888. 1. 303

• **Req. 9 déc. 1913,** *DP* 1919. 1. 29

• **Civ. 1re, 18 janv. 2012, nos 11-12.863, 09-72.542, 10-25.685 et 10-27.325,** *Bull. civ.* I, n° 8

*V. ss n° 313.23

« Seule une libéralité, qui suppose un appauvrissement du disposant dans l'intention de gratifier son héritier, est rapportable à la succession. »

> Cause immorale et libéralité

• **Civ. 1re, 3 févr. 1999, n° 96-11.946,** *Bull. civ.* I, n° 43

* V. ss nos 313.25 et 313.43

« N'est pas contraire aux bonnes mœurs la cause de la libéralité dont l'auteur entend maintenir la relation adultère qu'il entretient avec le bénéficiaire. A violé les articles 1131 et 1133 du Code civil une cour d'appel qui, pour prononcer la nullité d'un legs consenti par le défunt à sa maîtresse, a retenu que la disposition testamentaire n'avait été prise que pour poursuivre et maintenir une liaison encore très récente. »

• **Cass., ass. plén., 29 oct. 2004, n° 03-11.238,** *Bull. ass. plén.*, n° 12

* V. ss n° 313.44

« N'est pas nulle comme ayant une cause contraire aux bonnes mœurs la libéralité consentie à l'occasion d'une relation adultère.

Viole donc les articles 900, 1131 et 1133 du Code civil la cour d'appel qui, pour prononcer la nullité d'un legs universel, retient que celui-ci, qui n'avait « vocation » qu'à rémunérer les faveurs de sa bénéficiaire, est ainsi contraire aux bonnes mœurs. »

• **Civ. 1re, 13 déc. 2005, n° 02-14.135,** *Bull. civ.* I, n° 491

* V. ss n° 313.83

« Une clause par laquelle un époux subordonne la donation faite à son conjoint durant le mariage au cas où celui-ci survivrait, à la persistance du lien matrimonial n'est pas en soi illicite et est justifiée, sauf intention de nuire, par la nature même de cette libéralité. »

> Clauses d'inaliénabilité

• **Civ. 1re, 6 oct. 1959,** *D.* 1960. 515.

* V. ss nos 313.33 et 313.41

• **Civ. 1re, 8 janv. 1975, n° 73-11.648,** *Bull. civ.* I, n° 8

* V. ss n° 313.92

• **Civ. 1re, 15 juin 1994, n° 92-12.139,** *Bull. civ.* I, n° 211

* V. ss n° 313.93

• **Civ. 1re, 31 oct. 2007, n° 05-14.238,** *Bull. civ.* I, n° 337

* V. ss nos 313.91 et 313.95

• **Civ. 1re, 3 juin 1998, n° 96-12.372,** *Bull. civ.* I, n° 192

* V. ss n° 313.96

• **Civ. 1re, 11 janv. 2000, n° 97-19.136,** *Bull. civ.* I, n° 3

* V. ss n° 313.96

• **Civ. 1re, 4 juill. 2006, n° 04-12.825,** *Bull. civ.* I, n° 345

* V. ss n° 313.95 et 313.96

> Clause pénale

• **Civ. 1re, 20 févr. 2007, n° 04-16.461,** *Bull. civ.* I, n° 74

* V. ss n° 313.101

« Une clause pénale privant de ses droits dans une succession un héritier qui conteste les dispositions testamentaires est réputée non écrite lorsqu'elle tend à assurer l'exécution de celles portant atteinte à l'ordre public; toutefois cet héritier encourt les effets de la clause si sa contestation est jugée infondée, ainsi si l'héritier a été débouté de son action en révocation d'un legs pour cause d'ingratitude. »

> Notion de cause impulsive et déterminante
• Req. 3 juin 1863, *DP* 1863. I. 429.
* V. s^s n° 313.112

313.03 Bibliographie indicative.
Actualisables. Rép. civ., v° *Donation,* par I. Najjar, janv. 2008 [màj janv. 2014]; v° *Inaliénabilité*, par R.-N. Schütz, oct. 1999 [màj janv. 2013].
Ouvrages[1]. A. COLOMER, *Les régimes matrimoniaux*, 12e éd., LexisNexis/Litec, 2005 – J. FLOUR et G. CHAMPENOIS, *Les régimes matrimoniaux*, 2e éd., coll. « U », 2001, A. Colin – J. FLOUR et H. SOULEAU, *Les libéralités*, coll. « U », 2e éd., A. Colin, 1982 – M. GRIMALDI, *Libéralités, Partages d'ascendants*, 1re éd., LexisNexis/Litec, 2000 – J. MAURY, *Successions et libéralités*, « Objectif droit », LexisNexis/Litec, 2012 – Ph. MALAURIE, *Les successions, les libéralités*, 5e éd., Defrénois/Lextenso, 2012 – M. PLANIOL et G. RIPERT, *Traité pratique de Droit civil français*, t. V, par TRASBOT et LOUSSOUARN, LGDJ, 1952-1960 – F. TERRÉ, Y. LEQUETTE et S. GAUDEMET, *Les successions, les libéralités*, « Précis », 4e éd., Dalloz, 2014.
Articles. P. Delmas Saint-Hilaire, « Réflexions sur les mécanismes de rétention dans les donations », *JCP N* 2011. 1207 – V. Égéa, « Gratuité, intention libérale et désintéressement », *RLDC* 2013. 110 – H. Lécuyer, « L'irrévocabilité des donations », *Études offertes à Pierre Catala*, Litec, 2001, p. 405 – Y. Lequette, « Du paiement des droits de mutation par le donateur », *Études offertes à Pierre Catala*, Litec, 2001, p. 437.

313.04 Questions essentielles.
> Peut-on donner une chose future ?
* V. s^s n° 313.12
> Peut-on récompenser par une donation une liaison affective ?
* V. s^s n° 313.44
> Quelles sont les conditions de l'annulation pour immoralité ?
* V. s^s n° 313.52
> Peut-on donner à un enfant à la condition qu'il reste célibataire ?
* V. s^s n° 313.82
> Peut-on donner un bien à la condition qu'il ne soit pas vendu ?
* V. s^s n° 313.93
> Le donateur peut-il imposer au donataire le versement d'une somme d'argent ?
* V. s^s n° 313.121
> Est-il possible de réviser la charge imposée à un donataire ?
* V. s^s n° 313.142

1. NB : les ouvrages les plus fréquemment cités et dont le nom des auteurs figure en petites capitales en bibliographie sont cités par les seuls noms des auteurs en petites capitales en notes de bas de page.

313.09 Principe. De l'article 1108, il résulte que toute convention, pour être valable, doit présenter « *un objet certain* » et « *une cause licite* ». Cette double exigence s'impose dans les donations comme dans tous les contrats (sect. 1).

En outre, le donateur assortit fréquemment la donation qu'il consent de charges qu'il impose au gratifié. La question alors se complique : à côté de la disposition principale, il faut envisager l'objet de la charge qui l'accompagne, ainsi que l'incidence de celle-ci sur la cause de l'acte (sect. 2).

SECTION 1
OBJET ET CAUSE DANS LES DONATIONS PURES ET SIMPLES

§ 1
Objet

313.11 Définition de l'objet. Aux termes de l'article 894, la donation a pour objet « *une chose* », sur laquelle elle transfère au donataire un droit qui peut être la propriété, ou tout autre droit réel, tel un usufruit[2], une servitude, par exemple un droit de passage[3], un droit d'usage et d'habitation[4].

Cependant la donation n'implique pas nécessairement la **constitution ou le transfert d'un droit réel.** Elle peut également avoir pour objet un **droit personnel** ou une **créance**. Constituent ainsi des donations une cession de créance à titre gratuit, une remise de dette, un bail ne comportant pas de loyer[5], la cession gratuite de parts sociales ou de valeurs mobilières[6].

En revanche, les **services** ne sont pas l'objet de donation. En d'autres termes, celui qui, sans être rémunéré, rend un service à autrui ne consent pas une libéralité parce que, à proprement parler, il ne s'appauvrit pas. Le régime spécifique de la donation repose en effet, pour l'essentiel, sur l'idée que le donateur, et au-delà ses héritiers, doivent être protégés contre un appauvrissement, caractérisé par l'abandon d'un élément du patrimoine. Le manque

2. Civ. 1re, 3 nov. 1988, n° 87-13.319, *Bull. civ.* I, n° 300; *JCP* 1989. II. 21375, note T. Hassler; *JCP N* 1990. II. 27, note J.-F. Pillebout; *Defrénois* 1989, art. 34482 n° 32, obs. B. Vareille; *RTD civ.* 1989. 570, obs. P. Rémy; *RTD civ.* 1990. 700, obs. J. Patarin.
3. Civ. 1re, 23 mars 1975, *Defrénois* 1975, art. 30908, note Goubeaux; *JCP* 1975. 17920, note M. Dagot.
4. Req. 11 mars 1931, *DH* 1931. 202.
5. Civ. 1re, 5 juill. 1988, n° 87-11.116, NP; *JCP* 1989. 21337, note Ph. Simler.
6. À ce sujet, v. C. Donzel-Taboucou, *La donation de valeurs mobilières*, IRJS éd. [à paraître].

à gagner ne suffit pas à caractériser cet appauvrissement.

EXEMPLES

Ne constituent une donation ni un prêt sans intérêt, ni un travail effectué sans exiger de rémunération, ni la mise à disposition gratuite d'un immeuble par des parents au profit de leurs enfants[1]. Mais les difficultés de qualification sont fréquentes. Ainsi, a été qualifiée de donation l'autorisation donnée au mari d'occuper pendant trente ans un appartement appartenant à sa femme, assortie d'une faculté de sous-louer : cette faculté constituait une **donation éventuelle de fruits**[2]. Plus récemment, l'avantage résultant de ce que certains enfants du défunt avaient été logés gratuitement pendant une longue période a été analysé pareillement comme une donation de revenus, à ce titre rapportable à la succession[3].

Une analyse semblable est couramment développée à propos du **cautionnement.** Celui qui, de façon désintéressée, se porte caution pour un autre rend un service en faisant profiter de son crédit le débiteur principal; il ne consent pas une donation parce qu'il n'y a pas de « *dépouillement* » au sens de l'article 894 : à supposer que la caution se voie effectivement contrainte de payer le créancier, elle dispose contre le débiteur de recours qui, théoriquement au moins, lui évitent un appauvrissement[4].

Il en va autrement si, dès l'instant où il s'est porté caution, le garant a renoncé, expressément ou tacitement, à l'exercice de ces recours : alors l'appauvrissement qu'il subit en payant la dette est définitif, et le dépouillement existe bel et bien[5]. Cependant, ce n'est pas le service rendu qui constitue la donation, mais bien la somme d'argent déboursée pour le compte du débiteur.

L'**absence de dépouillement** permet aussi d'écarter les opérations dans lesquelles il n'y a pas de transfert patrimonial[6]. Ainsi, ne constitue pas une donation au profit du nu-propriétaire la construction d'immeubles de rapport sur des terrains détenus en usufruit[7]. De même, doit être écartée la qualification de donation de l'avantage né du vote d'un associé en faveur d'un autre dans le cadre d'une société. C'est un des effets du droit de gestion octroyé aux associés : en participant à la prise de décision de la société, personne morale autonome, ceux-ci peuvent indirectement accorder des avantages à leurs co-associés, mais faute de dépouillement personnel de leur part, ils ne réalisent pas de donation. La modification en faveur des associés nus-propriétaires de la répartition des bénéfices votée par les associés usufruitiers[8] ou la mise en réserve quasi systématique des bénéfices sociaux par ceux-ci ne constituent donc pas des libéralités[9].

L'**absence d'appauvrissement « significatif »** permet aussi d'exclure certaines catégories d'actes tels que les frais d'entretien[10].

313.12 Existence et détermination de l'objet. Pour être valable, l'objet doit répondre aux condi-

1. Civ. 1re, 3 nov. 1984, *JCP* 1986. II. 20571, note M. Dagot.
2. Civ. 1re, 3 nov. 1988, no 87-13.319, préc. ss prést no.
3. Civ. 1re, 14 janv. 1997, no 94-16.813, *Bull. civ.* I, no 22; *Defrénois* 1997, art. 33650, note Ph. Malaurie; *D.* 1997. 607, note V. Barabé-Bouchard; I. Najjar, « La donation en possession », *D.* 1999. Chron. 155; *JCP* 1998. I. 133, no 8, note R. Le Guidec; *JCP N* 1998. 356, étude D. Barthe; *RTD civ.* 1997. 480, obs. J. Patarin; *RTD civ.* 1997. 483, obs. J. Patarin; *RTD civ.* 1998. 414, obs. F. Zenati.
4. EN CE SENS, v. Civ. 1re, 21 nov. 1973, no 70-13.061, NP; *D.* 1975. 549, note F. Steinmetz – Civ. 1re, 11 juill. 1978, no 77-11.550, *Bull. civ.* I, no 264; *D.* 1979. IR 73, obs. D. Martin – Civ. 1re, 27 janv. 1982, no 80-17.124, *Bull. civ.* I, no 46; *D.* 1983. IR 189, obs. Vasseur.
5. Civ. 1re, 12 mai 1982, no 81-11.446, *Bull. civ.* I, no 173; *D.* 1983. 320, note J. Mestre; *JCP* 1983. II. 20060, note C. Aubertin – Civ. 1re, 17 nov. 1987, no 85-15.899, *Bull. civ.* I, no 297; *D.* 1988. Somm. 275, obs. L. Aynès; *Defrénois* 1988, art. 34275, obs. L. Aynès; et art. 34337, obs. G. Champenois.
6. Civ. 1re, 18 janv. 2012, no 09-72.542, *Bull. civ.* I, no 8; *JCP N* 2012. 1187, étude V. Barabé-Bouchard, et p. 1188, note Delecraz; *Dr. fam.* 2012. Comm. 50, obs. B. Beignier; *RTD civ.* 2012. 353, note M. Grimaldi; *LPA* 4 mai 2012, p. 12, note J.-G. Mahinga – M. Grimaldi, « Retour sur les donations de fruits et de revenus (à propos de la mise à disposition d'un logement) », *Mél. Champenois*, Defrénois/Lextenso, 2012, p. 431 - Civ. 1re, 20 mars 2013, no 11-21.368, NP; *Dr. fam.* 2013. Comm. 93.
7. Civ. 3e, 19 sept. 2012, no 11-15.460, *Bull. civ.* III, no 128; *D.* 2012. 2871, note A. Tadros; *RTD civ.* 2012. 751, obs. T. Revet; *RTD civ.* 2013. 148, obs. W. Dross; *Defrénois* 2012. 1187, note D. Fiorina; *JCP* 2012. 2141, note Travely et Collard; *Gaz. Pal.* 23 févr. 2013, p. 37, obs. Lerond.
8. Com. 18 déc. 2012, no 11-27.745, *Bull. civ.* IV, no 230; *Rev. sociétés* 2013. 203, note H. Le Nabasque; *RTD com.* 2013. 165, note P. Neau-Leduc; *JCP N* 2013. 1010, comm. J.-P. Garçon, et p. 1222, chron. F. Douet.
9. Com. 10 févr. 2009, no 07-21.806, *Bull. civ.* IV, no 19; *JCP N* 2013. 1222, chron. F. Douet; *D.* 2009. 560, obs. A. Lienhard; *D.* 2009. 1512, note V. Barabé-Bouchard; *AJ fam.* 2009. 175, obs. A. Tisserand-Martin; *LPA* 9 juin 2009, p. 4, note Pando; *RTDF* 2009. 194, note D. Poracchia; *Dr. soc.* 2009. Comm. 71, obs. R. Mortier; *RFN* 2009, no 5, p. 4, obs. Cornilleau; *JCP E* 2009. 1287, obs. H. Hovasse; *JCP N* 2009. 1171, note J.-P. Garçon; *Dr. fisc.* 2009. Comm. 252, obs. R. Gentilhomme; *Bull. Joly* 2009, § 142, p. 699, note S. Torck; *Dr. et patr.* juin 2009. 40, obs. A. Pellet; *RLDC* juin 2009, p. 57, note Parance; *D.* 2009. 2444, obs. D.-R. Martin; *RTD civ.* 2009. 348, obs. T. Revet; *D.* 2010. 289, obs. A. Rabreau; *Defrénois* 2011. Chron. 39225, p. 697, no 6, note D. Fiorina.
10. Civ. 1re, 1er févr. 2012, no 10-25.546, *Bull. civ.* I, no 23; *JCP* 2012. 831, note Donnier; *Dr. fam.* avr. 2012. 28, obs. B. Beignier; *RTD civ.* 2012. 352, obs. M. Grimaldi; *RTD civ.* 2012. 307, obs. J. Hauser – À ce sujet, v. C. Donzel-Taboucou, *La donation de valeurs mobilières*, IRJS éd. [à paraître], nos 158 s.

tions de droit commun, formulées dans les articles 1126 et suivants : il doit **exister**, être **déterminé**, **licite** et **dans le commerce**.

En ce qui concerne son **existence**, il suffit qu'elle soit assurée lors de l'exécution de la donation. Comme tout acte juridique, celle-ci peut avoir pour objet une chose future (C. civ., art. 1130, al. 1er) : par ex., une maison à construire[1], une indemnité à provenir d'une expropriation future[2], les revenus à venir de parts sociales[3]. Il n'en irait autrement que si l'existence future de la chose donnée était abandonnée au bon vouloir du donateur : la donation serait alors nulle pour atteinte à la règle de l'irrévocabilité (v. ss no 314.32).

Il en va de même de la **détermination** : l'objet doit seulement être **déterminable au moment de l'exécution de la donation.** On peut ainsi valablement donner le mobilier garnissant tel immeuble. L'interprétation de la règle, que pose l'article 1129, n'offre en cette matière aucune particularité. Si la libéralité a pour objet un **corps certain**, sa détermination implique qu'il soit **individualisé**. S'il s'agit d'une **chose de genre**, il doit être **déterminé dans son espèce, et déterminable dans sa quotité.** Par exemple, la promesse de « *faire un geste* » ne constitue pas une donation valable, faute d'un objet suffisamment déterminé[4].

Dans le cas particulier d'un droit indivis, la donation n'est pas nulle faute de détermination, mais l'efficacité de la libéralité est subordonnée au partage. Un arrêt du 23 octobre 2013 de la Cour de cassation précise à ce sujet que le donateur qui bénéficie d'une attribution préférentielle demeure libre d'y renoncer tant qu'il n'y a pas eu de partage définitif[5].

313.13 Licéité de l'objet. Enfin, la chose donnée doit être « *dans le commerce* ». Ainsi, les droits extrapatrimoniaux, les choses dont la commercialisation est interdite ou restreinte, les éléments du corps humain ne peuvent évidemment faire l'objet de libéralités.

La loi no 94-654 du 29 juillet 1994[6], complétée par la loi de bioéthique du 6 août 2004[7], réglemente pourtant le « *don* » des éléments du corps humain : notamment les **dons d'organe et de gamètes.** Par plusieurs de ses dispositions, la réglementation légale rapproche en effet ces dons d'une donation. D'une part, « *le prélèvement des éléments du corps humain et la collecte de ses produits sont subordonnés au consentement préalable du donneur* » (CSP, art. L. 1211-2), et ce consentement est strictement réglementé et entouré de formalités. Obligatoirement écrit quand il s'agit des gamètes (CSP, art. L. 1244-2), il est exprimé devant un magistrat s'agissant d'un prélèvement d'organes du vivant du donneur (CSP, art. L. 1231-1). D'autre part, le principe fondamental qui inspire toute la législation est celui de la gratuité du don (C. civ., art. 16-6). Malgré ces similitudes, le don d'organes ou de gamètes ne peut s'analyser en une donation. Au demeurant, le **principe de l'anonymat** qui domine toute la réglementation de l'utilisation des produits du corps humain interdit toute relation entre le donneur et le receveur (C. civ., art. 16-8, al. 1er). Par là même, il contredit la nature contractuelle de la donation, et l'article 932 du Code civil qui requiert l'acceptation expresse du donataire et la rencontre de deux consentements. En réalité, ce « *don* » porte sur des éléments qui ne concernent pas le patrimoine du donneur. Ils échappent à la sphère contractuelle.

§ 2
Cause

313.20 Définition et rôle de la cause. Dès lors que le donateur ne reçoit par définition aucune contrepartie à son engagement, la cause de l'acte ne peut être recherchée que dans la psychologie du disposant. Cependant, comme dans le droit commun des contrats, la notion de cause dans les donations se voit attribuer plusieurs fonctions différentes. À chacune de ces fonctions, est reliée une définition elle-même différente : la cause est ainsi tantôt définie en termes très généraux comme l'intention libérale (A), tantôt de façon plus précise comme le motif « *impulsif et déterminant* »[8] (B).

A.
Cause et intention libérale

313.21 Notion d'intention libérale. Dans une première analyse, la cause de la donation est classiquement identifiée à l'intention libérale, c'est-à-dire la conscience et la volonté, qui animent le dis-

1. Civ. 1re, 6 juin 1966, *Bull. civ.* I, no 342.
2. Req. 19 févr. 1878, *D.* 1878. 377.
3. Civ. 1re, 28 mai 1974, no 72-14.259, *Bull. civ.* I, no 157; *D.* 1975. 144, note A. Ponsard; *JCP* 1975. 17911, note H. Thuillier.
4. V. Com. 28 févr. 1983, no 81-14.921, *Bull. civ.* IV, no 86.
5. Civ. 1re, 23 oct. 2013, no 12.18.170, *Bull. civ.* I [à paraître]; *D.* 2013. 2901, note F. Julienne.
6. L. no 94-654, 29 juill. 1994, relative au don et à l'utilisation des éléments et produits du corps humain, à l'assistance médicale à la procréation et au diagnostic prénatal bioéthique, *JO* 30 juill., p. 11059.
7. L. no 2004-800, 6 août 2004, relative à la bioéthique, *JO* 7 août, p. 14040.
8. Pour une étude approfondie et exhaustive de la cause, v. C. Donzel-Taboucou, *La donation de valeurs mobilières*, IRJS éd. [à paraître], nos 273 s. et 394-395.

posant, de ne pas recevoir d'équivalent. Ainsi définie, la notion de cause est **abstraite**, puisqu'elle est la même dans toutes les libéralités.

On reproche à cette conception abstraite de la cause son inutilité. L'intention libérale est en effet si proche du consentement lui-même qu'il peut paraître difficile, voire artificiel, de les distinguer. Pourtant, elle ne se confond pas avec lui : elle le précise, en lui donnant une coloration particulière. Elle joue d'ailleurs un rôle spécifique, car c'est elle qui permet de séparer les actes à titre gratuit de certains actes à titre onéreux.

313.22 Applications. Contrats. En présence d'un déséquilibre des prestations convenues entre les parties, l'appauvrissement qui caractérise l'élément matériel de la libéralité est à coup sûr constitué. Toutefois, seule la recherche de l'intention du disposant permettra de qualifier l'acte de donation, au lieu d'y voir un contrat lésionnaire, ou nul pour défaut de prix[1].

La jurisprudence dominante maintient aujourd'hui que l'intention libérale ne peut être déduite du seul constat d'un déséquilibre contractuel[2].

313.23 Applications. Donations. La Cour de cassation a approuvé une cour d'appel d'avoir jugé que ne constituait pas une donation indirecte l'attribution à l'occasion d'un partage successoral d'une propriété à l'un des héritiers, dès lors que le moyen ne tend qu'à remettre en cause l'appréciation souveraine par les juges du fond de l'absence d'intention libérale du père, lorsqu'il a accepté l'attribution à son fils, dans le cadre du partage de la succession de sa mère, du château de Fontenay-le-Vicomte pour la somme indiquée à l'acte de partage, afin de le remplir de son legs de la quotité disponible[3]. Il en est de même de la mise à disposition d'un logement par un parent à un de ses enfants : alors qu'auparavant, la Cour de cassation considérait inutile la recherche de l'intention libérale du propriétaire[4], elle est revenue sur sa position et a exigé le 18 janvier 2012 que soit démontrée l'intention libérale du *de cujus* pour que l'avantage puisse être soumis au rapport[5].

313.24 Applications – Époux. Cette notion revêt également une importance particulière pour qualifier les **transferts** intervenus **entre époux séparés de biens.** Lorsqu'un époux finance l'acquisition réalisée par son conjoint, la qualification de donation - entre époux, et par conséquent révocable - n'est admise que si le bailleur de fonds prouve qu'il a agi dans une intention libérale[6]. Elle est au contraire écartée toutes les fois que le paiement peut avoir une cause différente : un prêt, ou la rémunération par le *solvens* de l'assistance que lui a apportée son conjoint, dans l'exercice de sa profession[7], ou tout simplement au foyer[8].

Par un raisonnement analogue, les **abandons** que se consentent les **époux à l'occasion d'un divorce** ne sont pas qualifiés de donations, parce que l'existence de l'instance en divorce exclut l'intention libérale[9].

313.25 Preuve de l'intention libérale. Le principe est fermement posé que c'est à celui qui se prévaut de la qualification de donation d'en faire la preuve, et notamment de démontrer l'élément intentionnel. Tout transfert de droit est ainsi présumé avoir une cause onéreuse[10].

1. PAR EX., v. Civ. 1re, 1er juin 1977, n° 74-11.994, *Bull. civ.* I, n° 259; *Defrénois* 1977, art. 31582, obs. G. Champenois, cassation d'un arrêt ayant qualifié de donation une cession de bien immobilier sans contrepartie, sans relever l'intention libérale – Civ. 1re, 14 févr. 1989, n° 87-14.205, *Bull. civ.* I, n° 79, bail à nourriture avec réserve d'usufruit; l'intention libérale ne pouvait être déduite du seul déséquilibre constaté entre les engagements respectifs des contractants – COMP. Civ. 1re, 4 nov. 1981, n° 80-12.255, *Bull. civ.* I, n° 329 : cassation d'un arrêt ayant qualifié de donation déguisée une vente dont le prix n'avait pas été payé, sans avoir relevé l'intention libérale des vendeurs.
2. Civ. 1re, 24 sept. 2002, n° 00-21.035, NP; *Dr. fam.* 2003, n° 16, note B. Beignier.
3. Civ. 1re, 19 nov. 2002, n° 00-13.276, *Bull. civ.* I, n° 276; *D.* 2003. Somm. 1873, obs. M. Nicod.
4. Civ. 1re, 8 nov. 2005, n° 03-13.890, *Bull. civ.* I, n° 409; *JCP N* 2008, n° 27, p. 17, note Fénardon.
5. Civ. 1re, 18 janv. 2012, nos 11-12.863, 09-72.542, 10-25.685 et 10-27.325, *Bull. civ.* I, n° 8; *JCP N* 2012. 1187, étude V. Barabé-Bouchard, et p. 1188, note Delecraz; *Dr. fam.* 2012. Comm. 50, obs. B. Beignier; *RTD civ.* 2012. 353, note M. Grimaldi; *LPA* 4 mai 2012, p. 12, note J.-G. Mahinga – M. Grimaldi, « Retour sur les donations de fruits et de revenus (à propos de la mise à disposition d'un logement) », *Mél. Champenois*, Defrénois/Lextenso, 2012, p. 431 - Civ. 1re, 20 mars 2013, n° 11-21.368, NP; *Dr. fam.* 2013. Comm. 93.
6. PAR EX., parmi beaucoup d'autres, Civ. 1re, 19 mai 1976, n° 75-10.558, *Bull. civ.* I, n° 183 – Civ. 1re, 9 nov. 1993, n° 91-22.059, *Bull. civ.* I, n° 317; *Defrénois* 1994. 443, obs. G. Champenois; *JCP* 1994. II. 22300, note C. Philippe; *JCP* 1994. I. 3785, n° 3, obs. M. Storck; et 3791, n° 8, obs. R. Le Guidec; *RTD civ.* 1994. 595, obs. J. Mestre; 662, obs. J. Patarin; *RTD civ.* 1995. 173, obs. B. Vareille.
7. Ou dans celui de la profession qu'il ne peut plus exercer : Civ. 1re, 18 déc. 2013, n° 12-17.420, *Bull. civ.* I [à paraître]; *D.* 2014. 527, note G. Viney; *RJPF* 2014-2/27, obs. V. Égéa.
8. Civ. 1re, 20 mai 1981, n° 80-11.544, *Bull. civ.* I, n° 175; *RTD civ.* 1982. 784, obs. J. Patarin – Civ. 1re, 28 févr. 1984, n° 83-10.310, *Bull. civ.* I, n° 78.
9. Bordeaux, 26 janv. 1994, *Juris-Data* n° 040063 – Paris, 15 mai 1993, *Juris-Data* n° 021001.
10. Civ. 1re, 1er oct. 1986, n° 85-13.514, *Bull. civ.* I, n° 230 – Com. 4 déc. 1990, n° 88-18.566, *Bull. civ.* IV, n° 307 - Civ. 1re, 26 sept. 2012, n° 11-10.960, *Bull. civ.* I, n° 189 – *Adde,* les arrêts cités ss n° 313.22 – Civ. 3e, 3 févr. 1999, n° 97-12.744, NP; *Juridisque Lamy*; *RDI* 1999. 253, obs. B. Boubli.

La preuve s'opère **par tous moyens**, et résulte le plus souvent d'une sorte de **faisceau d'indices** : l'existence de liens familiaux ou de liens affectifs, le fait que l'une des parties soit héritière de l'autre ou ait été instituée légataire, l'existence d'autres libéralités entre elles... Mais aucun de ces éléments n'est par lui-même suffisant, et chacun d'eux est parfois jugé déterminant, parfois inopérant.

Le principe énoncé ci-dessus peut se trouver contredit par l'application des règles de droit commun de la preuve. Il en est ainsi d'abord en matière de don manuel. Le possesseur d'une chose qui s'en prétend donataire bénéficie de la présomption de l'article 2276 du Code civil : il est réputé l'avoir reçue à titre de don. Cette présomption se renverse notamment par la preuve de l'absence d'intention libérale[1] (v. s^s^ n° 311.101). Il en est de même dans l'hypothèse d'un paiement pour autrui, susceptible de constituer une donation indirecte (v. s^s^ n° 311.142). Sur le fondement de l'article 1315, la Cour de cassation décide en effet que « *c'est à celui qui a sciemment acquitté la dette d'autrui sans subrogation de démontrer que la cause dont procédait ce paiement implique pour le débiteur l'obligation de rembourser les sommes ainsi versées* », ce qui n'est pas très éloigné d'une présomption d'intention libérale[2] (comp. s^s^ n° 311.143).

Dans les rapports entre époux, et notamment dans les **transferts entre époux séparés de biens** (v. s^s^ n° 313.24), l'intention libérale est aujourd'hui le plus souvent exclue par un motif purement hypothétique : le conjoint bailleur de fonds « a pu » vouloir compenser les sacrifices consentis par son conjoint[3]. Dans une situation comparable, la solution inverse est généralement admise entre concubins, peut-être parce que la donation ainsi constatée n'est pas menacée par une révocation : l'intention libérale se déduit de la communauté de vie et des sentiments d'affection existant entre les parties[4].

La loi du 26 mai 2004[5] a supprimé la révocabilité *ad nutum* des donations *ad nutum* entre époux; aussi cette jurisprudence est susceptible d'évoluer.

1. Civ. 1re, 30 mars 1999, n° 97-11.948, *Bull. civ.* I, n° 112; *D.* 2000. 457, obs. D.-R. Martin; *JCP* 2000. II. 10274, note P. Cagnoli; *JCP* 2000. I. 278, n° 7, obs. R. Le Guidec; *Dr. fam.* 1999, n° 53, note B. Beignier; *RTD civ.* 1999. 677, obs. J. Patarin.
2. V. Civ. 1re, 30 mars 1999, n° 97-11.300, NP; *Juridisque Lamy* – Civ. 1re, 9 févr. 2012, n° 10-28.475, *Bull. civ.* I, n° 25; *Defrénois* 2012. 40494, p. 455, obs. H. Lécuyer.
3. Civ. 1re, 9 nov. 1993, n° 91-22.059, préc. s^s^ n° 313.24; acquisition réalisée par la femme dès le début du mariage et financée par le mari; celui-ci a pu vouloir rétribuer à l'avance la collaboration future de son épouse.
4. Paris, 9 juill. 1993, *Juris-Data* n° 022409 – Poitiers, 6 janv. 1993, *Juris-Data* n° 045463.
5. L. n° 2004-439, 26 mai 2004, relative au divorce, *JO* 27 mai, p. 9319.

Enfin, **en matière fiscale**, lorsque l'Administration entend requalifier en donation un acte qui se présente sous une apparence onéreuse, la **preuve de l'intention libérale** se confond alors avec celle d'une **fraude**. C'est pourquoi la jurisprudence rappelle fréquemment qu'elle **ne se présume pas** et se montre exigeante[6].

B.

Cause impulsive et déterminante

313.31 Notion de cause impulsive et déterminante. Dans une approche moins abstraite, la cause de la donation doit être recherchée dans les motifs qui ont décidé le donateur à se dépouiller au profit d'un autre. Ces motifs sont évidemment contingents, et variables suivant les espèces. La cause ainsi caractérisée est **individuelle** et **concrète**. Elle joue, dans les libéralités, un double rôle : une donation peut être annulée pour **absence de cause** et **fausse cause** et, beaucoup plus souvent, pour **cause illicite ou immorale.**

À la vérité, l'analyse n'est pas dépourvue d'artifice : les motifs qui inspirent le disposant sont nécessairement multiples et complexes. La jurisprudence isole parmi eux celui qui a « *déterminé* » le consentement du donateur, qu'elle qualifie de cause. Il y a évidemment quelque arbitraire dans cette sélection (v. s^s^ n° 313.52).

313.32 Absence de cause et fausse cause. La règle posée par l'article 1131, selon laquelle « *l'obligation sans cause ou sur une fausse cause ne peut avoir aucun effet* » s'applique aux donations comme à tous les actes juridiques. En fait cependant, les hypothèses d'annulation pour absence de cause sont rares : on imagine difficilement une donation faite sans raison. Les applications jurisprudentielles de l'absence de cause se ramènent presque toujours à des cas d'erreur sur la cause (v. s^s^ n° 312.52).

Une question plus délicate surgit lorsque la donation a eu, au moment où elle était consentie, une cause réelle qui a disparu par la suite. En pratique, les situations correspondantes sont généralement abordées par le droit sous l'angle de la **révocation** : par exemple, lorsque le gratifié manifeste par son comportement qu'il n'était pas digne de l'affection que lui a témoignée le donateur (C. civ., art. 955 s. – v. s^s^ n°s 315.70 à 315.111), ou

6. Civ. 1re, 14 févr. 1989, n° 87-14.205, *Bull. civ.* I, n° 79 – Com. 4 déc. 1990, n° 88-18.566, *Bull. civ.* IV, n° 307 – Com. 14 janv. 1992, n° 89-16.046, *Bull. civ.* IV, n° 14; *D.* 1992. IR 52; *Defrénois* 1992, art. 35268, note Chappert.

lorsque les époux divorcent après s'être avantagés (C. civ., art. 267 s.).

Un arrêt a néanmoins admis la nullité d'une donation par suite de la disparition rétroactive de sa cause : deux époux avaient consenti le 22 juillet 1981 à leurs trois enfants une donation-partage de la nue-propriété d'un ensemble immobilier. La loi ayant supprimé rétroactivement, à compter du 9 juillet 1981, la réduction des droits de mutation précédemment attachée aux donations-partages, la Cour de cassation a admis que *« l'application rétroactive d'une loi de finance promulguée postérieurement à l'acte avait eu pour conséquence que celui-ci ne se trouvait plus justifié par le mobile qui avait incité les parties à y recourir »*[1].

313.33 Cause immorale et illicite. La théorie de la cause trouve sa véritable utilité pratique dans le **contrôle des motifs qui animent le donateur.** La cause impulsive et déterminante s'identifie ici au but recherché par lui. Selon les articles 1131 et 1133, la donation peut être annulée si ce but est immoral ou illicite. Les libéralités entre concubins ont fourni jusqu'à une époque récente la principale illustration de ce principe.

1° Domaine de la nullité pour cause immorale ou illicite

313.41 Donations entre concubins. Dès la fin du XIXe siècle, la jurisprudence avait admis que les libéralités que se consentent les concubins ne sont pas nulles de droit[2], même lorsque le concubinage était adultérin[3]. Néanmoins, la validité de ces libéralités devait être appréciée d'après l'**intention concrète du donateur** : la donation était nulle lorsqu'elle avait pour but la création, le maintien, ou la reprise des relations de concubinage, parce que la cause en était alors immorale[4].

Étaient en revanche déclarées valables les donations ayant pour but soit de réparer les conséquences de la rupture[5], soit d'assurer à la concubine des ressources pour ses vieux jours[6], soit encore de la remercier pour les soins prodigués au donateur[7], ou pour une collaboration professionnelle[8].

Plus généralement étaient validées les dispositions qui apparaissaient comme l'exercice d'un **devoir de conscience** ou d'une **obligation naturelle**[9], ou qui répondaient tout simplement à un mouvement naturel de l'affection[10]. Dans toutes ces hypothèses, la cause de la libéralité n'était pas jugée répréhensible.

La même distinction a été utilisée pour juger de la validité des libéralités consenties entre personnes ayant des relations homosexuelles[11].

313.42 Critique de cette jurisprudence. Dans les années récentes, cette distinction a fait l'objet de vives critiques portant à la fois sur son principe et sur sa mise en œuvre. D'une part, l'analyse du but poursuivi par le donateur impliquait des appréciations factuelles et surtout subjectives, inévitablement abandonnées au pouvoir souverain des juges du fond, qui rendaient très aléatoires le sort de ces libéralités. Les critères utilisés par les tribunaux étaient multiples - durée et stabilité de la relation, époque de la disposition ou de ses effets, situation de famille des intéressés - et nécessairement incertains. D'autre part, la banalisation de l'union libre, qui apparaît de plus en plus comme un modèle de vie commune apte à concurrencer le mariage et exempt de toute réprobation sociale, remet en cause le fondement même de la solution. Comment expliquer qu'une libéralité soit qualifiée d'immorale au motif qu'elle tend à créer ou maintenir une relation dont nul ne soutient qu'elle soit entachée d'immoralité ?

313.43 Le revirement du 3 février 1999. Ces considérations ont conduit la Cour de cassation à rompre avec sa jurisprudence traditionnelle. Par un arrêt du 3 février 1999, dans une espèce où un homme marié avait consenti un legs de 500 000 francs à sa maîtresse, elle énonce que *« n'est pas contraire aux bonnes mœurs la cause de la libéralité dont l'auteur entend maintenir la relation adultère qu'il entretient avec le bénéficiaire »*[12].

1. Civ. 1re, 11 févr. 1986, n° 84-15.513, *Bull. civ.* I, n° 25; *JCP* 1988. II. 21027, note C. David; *Defrénois* 1986, art. 33825, obs. G. Champenois; *RTD civ.* 1987. 586, obs. J. Patarin.
2. Req. 8 juin 1926, *D.* 1927. 113 – Civ. 11 mars 1918, *D.* 1918. 100 – Civ. 1re, 6 oct. 1959, *Bull. civ.* I, n° 383; *D.* 1960. 515, note Ph. Malaurie; *JCP* 1969. II. 11305, note Esmein – Civ. 1re, 3 févr. 1960, *Bull. civ.* I, n° 77 – Civ. 1re, 8 juill. 1975, n° 73-13.192, *Bull. civ.* I, n° 225.
3. Civ. 1re, 8 juill. 1975, n° 73-13.192, préc. s^s^ prés^t^ n° – Civ. 1re, 22 oct. 1980, n° 79-14.744, *Bull. civ.* I, n° 269.
4. Req. 31 juill. 1860, *S.* 1860, 34 – Civ. 1re, 2 déc. 1981, *D.* 1982. IR 474, obs. D.-R. Martin – Civ. 1re, 8 nov. 1982, n° 81-13.815, *Bull. civ.* I, n° 321.
5. Civ. 1re, 6 oct. 1959, *Bull. civ.* I, n° 383 – Paris, 28 mai 1976, *Gaz. Pal.* 1976. 2. 772 – Paris, 2 juin 1986, *D.* 1986. IR 310.
6. Civ. 1re, 22 déc. 1965, *Bull. civ.* I, n° 730.
7. Civ. 1re, 16 oct. 1967, *JCP* 1967. 15287 – COMP. Civ. 1re, 28 avr. 1987, n° 85-17.302, *Bull. civ.* I, n° 135.
8. Civ. 1re, 14 nov. 1960, *Bull. civ.* I, n° 494.
9. Civ. 1re, 6 oct. 1959, *Bull. civ.* I, n° 383 – Paris, 19 nov. 1974, *D.* 1975. 614, concl. Cabanes; *JCP* 1975. II. 18412, note H. Synvet.
10. Req. 8 juin 1926, *D.* 1927. 113 – Civ. 1re, 16 juill. 1974, n° 72-12.642, *Bull. civ.* I, n° 233; *JCP* 1974. IV. 326.
11. TGI Paris, 28 juin 1985, *Defrénois* 1985. 116, obs. G. Champenois – Civ. 1re, 21 nov. 1995, n° 94-10.278, NP; *Dr. et patr.* mars 1996. 72, obs. A. Bénabent.
12. Civ. 1re, 3 févr. 1999, n° 96-11.946, *Bull. civ.* I, n° 43; *R.* 307; *D.* 1999. 267, rapp. X. Savatier, note J.-P. Lan- ▶

Cette décision constitue un revirement de jurisprudence. En dépit de quelques incertitudes de formulation, sa portée ne prête pas à débat. Notamment, il résulte clairement de la rédaction de l'arrêt qu'il n'y a pas à distinguer les dispositions dont l'auteur « *entend* » poursuivre la relation qu'il entretient avec le bénéficiaire de celles qui « *ont pour but* » le maintien de cette relation. De même, il serait artificiel d'opposer les libéralités qui tendent à maintenir une relation préexistante - jugées licites - de celles qui viseraient à l'établissement d'une relation nouvelle, dont on ne voit pas pourquoi elles le seraient moins. En revanche, tous les commentateurs s'accordent à considérer que demeurent contraires aux bonnes mœurs les gratifications qui auraient directement pour objet la **rétribution d'un commerce charnel.** Mais on est alors plus proche d'un **paiement** que d'une **libéralité véritable.**

L'arrêt n'échappe pas à la critique. Si la solution qu'il pose est incontestablement juste quand il s'agit d'un concubinage « *simple* », il n'en va pas de même dans le domaine des relations adultères. Aux termes de l'article 212 du Code civil, le devoir de fidélité fait partie des obligations que la loi impose aux époux. Dès lors, l'adultère est tout à la fois la rupture d'un engagement contracté dans le mariage et la violation d'une obligation légale. On ne comprend pas comment un acte juridique accompli pour inciter une personne mariée à violer ses devoirs conjugaux peut ne pas être entaché de cause illicite.

313.44 Jurisprudence postérieure au revirement. Dans le droit fil de ce revirement, la Cour de cassation a décidé que n'est pas contraire aux bonnes mœurs la cause de la libéralité dont l'auteur entend maintenir la relation adultère qu'il entretient avec sa concubine[1]. De même, n'est pas immorale la libéralité consentie par un concubin à sa compagne, fût-elle sous-tendue par la volonté du donateur de prolonger dans le temps le lien qui l'unissait à la donataire[2]. Est licite un legs universel, qui n'avait « *vocation* » qu'à rémunérer les faveurs de sa bénéficiaire[3]. Observons qu'ici, on n'est pas loin d'un véritable paiement.

Dès lors, on a peine à imaginer une situation dans laquelle une libéralité pourrait apparaître comme demeurant entachée de cause immorale.

313.45 Autres applications de la cause immorale ou illicite. Les tribunaux ont utilisé aussi la cause illicite pour annuler des libéralités consenties entre époux pour assurer l'exécution d'une séparation, ou d'un divorce, amiables[4].

Il est vrai que la loi du 11 juillet 1975 a considérablement assoupli la prohibition des pactes de séparation amiable : institution du divorce par consentement mutuel (C. civ., art. 230 s.), possibilité pour les époux d'avoir des domiciles distincts (C. civ., art. 108). Le principe n'en demeure pas moins que toute séparation est judiciaire, et la jurisprudence citée conserve son intérêt.

On relève également l'annulation pour cause illicite d'une donation faite par un mari à son épouse en vue de faire échapper les biens donnés aux créanciers de ses enfants[5].

Enfin, reprenant une jurisprudence antérieure, la loi du 3 janvier 1972 recourrait à la notion de cause impulsive et déterminante pour frapper d'incapacité de recevoir certains enfants naturels d'origine adultérine, disposition aujourd'hui abrogée par la loi du 3 décembre 2001 (C. civ., anc. art. 908-1 - v. s^{s} n° 312.300).

(Sur l'application de la cause immorale et illicite dans les donations avec charge, v. s^{s} n°s 313.71 s.)

313.46 Preuve de la cause illicite ou immorale. La cause est toujours présumée licite. Il appartient donc, conformément au droit commun, à celui qui demande l'annulation de la donation de faire la

► glade-O'Sughrue; *D.* 1999. Somm. 307, obs. M. Grimaldi; *D.* 1999. Chron. 351; *D.* 1999. Somm. 377, obs. J.-J. Lemouland; *JCP* 1999. II. 10083, note M. Billau et G. Loiseau; *Defrénois* 1999. 680, obs. J. Massip; 738, obs. D. Mazeaud; et 814, obs. G. Champenois; *JCP N* 1999. 1430, note F. Sauvage; *Dr. fam.* 1999, n° 54, note B. Beignier; *RTD civ.* 1999. 364; et p. 817, obs. J. Hauser; p. 892, obs. J. Patarin.

1. Civ. 1re, 16 mai 2000, n° 98-15.950, NP; *Gaz. Pal.* 2001. 2. Somm. 1691, obs. Aubry; *LPA* 3 oct. 2000, p 20, note J. Massip; *Defrénois* 2000. 1049, note J. Massip; *Dr. fam.* 2000, n° 102, note B. Beignier – *Adde,* Toulouse, 29 mars 2000, *Dr. fam.* 2000, n° 100, note B. Beignier – Bordeaux, 12 oct. 2000, *Dr. fam.* 2001, n° 61.
2. Civ. 1re, 29 janv. 2002, n° 00-18.987, NP; *Gaz. Pal.* 2003. 1. Somm. 1945, obs. Schmit; *Gaz. Pal.* 2003. 2. Somm. 2561, obs. Bouffelière; *LPA* 24 juin 2002, p. 16, note J. Massip; *Defrénois* 2002. 681, chron. J. Massip; *Dr. fam.* 2002, n° 64, note H. Lécuyer.
3. Cass., ass. plén., 29 oct. 2004, n° 03-11.238, *Bull. ass. plén.*, n° 12; *R.* 203 et 208; *BICC* 1er févr. 2005, rapp. Bizot, concl. Allix; *AJ fam.* 2005. 23; *D.* 2004. 3175, note D. Vigneau; *D.* 2005. Pan. 809; *Gaz. Pal.* 2004. 3786, obs. Allix; *JCP* 2005. II. 10011, note F. Chabas; *JCP* 2005. I. 187, n° 7, note R. Le Guidec; *Defrénois* 2004. 1732, note R. Libchaber; *Defrénois* 2005. 234, note S. Piedelièvre; et 1045, note Mikalef-Toudic; *Dr. fam.* 2004, n° 230, note B. Beignier; *AJ fam.* 2005. 23, obs. F. Bicheron; *RTD civ.* 2005. 104, obs. J. Hauser.
4. Civ. 2 janv. 1907, *D.* 1907. 137, note Colin – Civ. 21 janv. 1954, *D.* 1954. 254.
5. Req. 28 déc. 1938, *DC* 1941. 132.

preuve du motif illicite ou immoral[1]. Cette preuve est **libre** : il peut donc être librement recouru à des éléments extérieurs à la donation elle-même.

La Cour de cassation a en effet condamné dès 1907 le système dit de « *la preuve intrinsèque* »[2], et soumis à cet égard les donations au droit commun de la preuve.

EXEMPLES

Références au journal intime du donateur[3], ou à divers indices de pur fait, tels que la durée de la relation confrontée au montant de la libéralité[4].

2°
Mise en œuvre de la nullité

313.51 Exercice de la nullité. La nullité pour cause immorale ou illicite est une **nullité absolue.** Il en résulte principalement que l'action est ouverte au **donateur** lui-même.

Il faut rappeler à cet égard que la règle *Nemo auditur propriam turpitudinem allegans* est ici hors de propos. D'une part, et de manière générale, elle ne fait pas obstacle à l'exercice de l'action en nullité[5], mais seulement aux restitutions éventuelles consécutives à l'annulation du contrat, lorsque celui-ci avait été partiellement exécuté. D'autre part, elle ne s'applique qu'aux contrats à titre onéreux, et ne concerne pas les donations[6]. Le donateur peut donc, quand bien même l'immoralité de la cause lui est imputable, demander l'annulation de l'acte, et reprendre par ce moyen ce qu'il avait donné (v. par ex. une hypothèse où deux époux qui s'étaient réconciliés demandaient ensemble la restitution de biens donnés par le mari à sa concubine[7]).

Un certain flottement apparaissait néanmoins sur ce dernier point dans la jurisprudence : les tribunaux donnaient parfois l'impression de « *mettre en balance* » l'immoralité respective des deux parties et, selon les résultats de cette pesée, d'accepter ou de refuser suivant les cas la restitution du bénéfice de la donation[8].

313.52 Conditions de la nullité. La première condition, pour que la nullité soit prononcée est évidemment que le **motif immoral ou illicite** ait **déterminé** le consentement du donateur. C'est en ce sens que l'on parle de cause « *impulsive et déterminante* » (v. s[s] n° 313.31).

En pratique cependant, la référence au motif déterminant est plus verbale que réelle. Les raisons qui poussent un individu à agir sont toujours nombreuses et diverses, et c'est la somme de tous ces motifs qui provoquent la décision. Il est donc arbitraire d'isoler celui qu'on appelle déterminant. Tel n'est pas le sens de la jurisprudence. En réalité, dès que parmi les multiples mobiles qui inspirent l'acte libéral, le juge découvre une préoccupation immorale ou illicite, il la qualifie pour cette seule raison de motif déterminant, sans rechercher si elle a été plus décisive que les autres. Il suffit donc, pour que la donation soit annulable, que l'un des motifs du disposant soit entaché d'immoralité.

La question a été débattue de savoir si le **motif incriminé** doit avoir été commun aux deux parties : plus précisément, doit avoir été **connu du donataire.** La Cour de cassation l'a d'abord affirmé nettement : « *Si les articles 1131 et 1133 du Code civil sont applicables aux dispositions à titre gratuit, c'est seulement lorsque, dans la commune intention des parties, la donation a été déterminée par un dessein immoral ou illicite* »[9]. En dépit de cette formulation péremptoire, il n'est pas certain que cet arrêt ait jamais fixé la jurisprudence. La question a disparu depuis que cette condition a été abandonnée en droit commun[10].

SECTION 2
OBJET ET CAUSE DANS LES DONATIONS AVEC CHARGES

313.61 Charges et conditions dans les donations. Il est très fréquent dans la pratique que la donation soit assortie d'une **condition,** ou faite sous l'obligation d'exécuter une **charge** que le donateur impose au gratifié.

1. Civ. 1re, 8 juill. 1975, n° 73-13.192, *Bull. civ.* I, n° 225 – Civ. 1re, 12 mai 1982, n° 81-11.446, *Bull. civ.* I, n° 173; *D.* 1983. 320; *JCP* 1983. II. 20060, note Ch. Aubertin.
2. Civ. 2 janv. 1907, préc. s[s] n° 313.47.
3. Paris, 8 oct. 1982, *Juris-Data* n° 025068 – Paris, 7 mai 1984, *Juris-Data* n° 000292.
4. Angers, 4 nov. 1985, *Juris-Data* n° 043849.
5. Civ. 1re, 25 janv. 1972, n° 70-12.679, *Bull. civ.* I, n° 25; *D.* 1972. 413, note Ph. le Tourneau – Civ. 1re, 22 juill. 1987, n° 85-15.947, *Bull. civ.* I, n° 252 – COMP. Civ. 3e, 24 juin 1992, n° 90-21.276, *Bull. civ.* III, n° 219; *D.* 1992. Somm. 400, obs. Ph. Delebecque; *Defrénois* 1992. 1448, obs. Aubert; *RTD civ.* 1993. 121, obs. J. Mestre.
6. Civ. 1re, 25 juin 1972, n° 70-12.679, préc. s[s] prés[t] n° – Rouen, 20 oct. 1973, *D.* 1974. 378, note Ph. le Tourneau.
7. Toulouse, 27 avr. 1992, *Juris-Data* n° 043572.
8. PAR EX., v. Toulouse, 9 juin 1988, *Juris-Data* n° 043388, immoralité commune aux deux parties, restitution refusée.
9. Req. 24 juin 1936, *DH* 1936. 409.
10. Civ. 1re, 7 oct. 1998, n° 96-14.359, *Bull. civ.* I, n° 285; *R.* 254; *D.* 1998. 563, note Sainte-Rose; *D.* 1999. Chron. 237; *D.* 1999. Somm. 110, obs. Delebecque; *JCP* 1998. II. 10202, note M.-H. Maleville; *JCP* 1999. I. 114, n° 1, note C. Jamin; *Defrénois* 1998. 1408, obs. D. Mazeaud; *Defrénois* 1999. 602, note Chariot; *CCC* 1999, n° 1, note Leveneur; *RTD civ.* 1999. 383, obs. J. Mestre.

Le Code civil emploie indifféremment les termes de charges et de conditions. Ainsi l'article 900 énonce que les « *conditions* » illicites sont réputées non écrites : à l'évidence, la proposition vaut aussi pour les charges. De même, les articles 953 et suivants organisent la révocation des donations pour inexécution des « *conditions* » : à l'évidence encore, ce qui est ici visé, ce sont toutes les clauses qui imposent au gratifié une obligation, quelle qu'en soit la nature. Enfin, l'article 900-2 ouvre au donataire le droit de demander en justice la révision tant des « *conditions* » que des « *charges* » de la donation.

Au-delà de l'imprécision de la loi, la distinction est difficile. Dans la rigueur des termes, la **charge** est **obligatoire**, l'exécution peut en être imposée. La condition respecte la liberté du gratifié, même si celui-ci, en provoquant sa défaillance, perd le bénéfice de la libéralité : il est seulement placé devant un choix. Ce critère en recoupe un autre, parfois présenté : la **charge** présente un **caractère patrimonial**, elle engage les biens du donataire; la **condition** est **relative à la personne**. Ainsi une clause de célibat constitue une condition et non une charge parce que, s'agissant d'une liberté fondamentale, le donataire conserve même en présence d'une clause licite le droit de se marier[1].

De toute façon l'intérêt pratique de la distinction est faible : les conditions et les charges sont soumises aux **mêmes règles**. Elles suivent ainsi la règle de l'article 931 du Code civil, selon laquelle « *tous actes portant donation entre vifs seront passés devant notaires, dans la forme ordinaire des contrats, et il en restera minute à peine de nullité.* » Le donateur ne peut être admis à poursuivre la révocation de la donation pour inexécution des charges non mentionnées dans l'acte de donation[2].

On examinera successivement les principes qui gouvernent la validité des conditions et des charges (§ 1), le contenu des principales clauses usuellement insérées dans les donations (§ 2), et enfin les modalités de leur révision (§ 3).

§ 1
Validité des conditions et des charges

313.70 Position du problème. Le donataire n'est guère en situation de discuter les modalités de la libéralité qu'il s'apprête à recevoir. Le donateur est souvent en mesure d'y insérer les conditions qu'il lui plaît. La validité de ces clauses s'apprécie, comme en droit commun, au regard de la notion générale d'ordre public. En revanche, l'incidence de la nullité d'une clause sur le sort de la donation fait l'objet d'une règle particulière.

A.
Détermination des clauses illicites

313.71 Critère. Aux termes de l'article 900 du Code civil, sont frappées de nullité « *les conditions impossibles et celles qui seront contraires aux lois ou aux mœurs* ». Il s'agit d'une **nullité absolue**, puisqu'elle repose sur un fondement d'ordre public.

La notion d'impossibilité est sans application pratique. Seule celle d'illicéité, au sens large incluant l'immoralité, doit être précisée.

Le principe est celui de la **validité des multiples clauses accessoires** qui figurent dans les donations. La gratuité de l'acte induit une conception très étendue de la liberté contractuelle : le donateur aurait pu ne pas donner; il demeure libre de fixer les conditions de l'avantage qu'il consent. Sauf les cas où elles heurtent directement une disposition légale précise, c'est seulement lorsqu'elles paraissent inspirées par un motif illégitime ou une intention répréhensible que sont annulées les conditions ou les charges que le disposant a stipulées. Le **critère jurisprudentiel** est donc essentiellement **subjectif**.

1°
Clauses limitant la liberté personnelle du gratifié

313.80 Domaine de la nullité. Un contentieux abondant, mais ancien, concerne les **clauses par lesquelles le donateur prétend régler la manière dont le gratifié devra se comporter dans la vie.** En dépit des restrictions fortes qu'elles apportent à la liberté individuelle, ces clauses ne sont pas systématiquement annulées. Selon la jurisprudence, elles ne sont pas **illicites** par leur objet; elles ne peuvent l'être que **par leur cause**, c'est-à-dire l'intention qui les anime.

313.81 1° Clause de résidence. Cette clause, obligeant le donataire à habiter en un lieu déterminé, a été déclarée valable dès lors qu'elle est temporaire et justifiée par un motif légitime, tel que « *l'attachement à la terre* »[3] ou l'assistance attendue du gratifié[4]. Elle est nulle au contraire quand elle

1. Civ. 29 avr. 1931, *DH* 1931. 345.
2. Civ. 1re, 17 oct. 2007, no 05-14.818, *Bull. civ.* I, no 322; *D.* 2007. AJ 2735; *JCP N* 2008. 1281, note Van Steenlandt; *Defrénois* 2007. 1733, obs. R. Libchaber; 2008. 557, note Ph. Malaurie; *AJ fam.* 2007. 435, obs. F. Bicheron; *Dr. fam.* 2007, no 226, note B. Beignier; *RTD civ.* 2008. 132, obs.M. Grimaldi.
3. Req. 17 mars 1925, *D.* 1928. 176.
4. Pau, 2 janv. 1827, *D.* 1827. 164 – Poitiers, 7 févr. 1885, *D.* 1887. 67.

n'apparaît que comme une restriction arbitraire à une liberté fondamentale[1].

313.82 2° Clause de célibat ou de viduité. Selon la Cour de cassation, cette clause est en principe valable, puisqu'aucune disposition légale ne l'interdit[2]. Seul le **motif qui l'inspire** en provoque l'annulation quand il est jugé **condamnable** : c'est le cas lorsque le donateur a cherché à perpétuer le souvenir de relations illégitimes[3], a obéi à un sentiment de rancœur personnelle[4], de jalousie exacerbée[5], ou lorsqu'une mère interdit à son fils d'épouser sa maîtresse, faisant ainsi obstacle à la légitimation d'un enfant[6]. Tel est aussi le cas de toutes les **clauses d'inspiration discriminatoire,** comme la condition de ne pas épouser un juif[7]. Ces clauses sont au contraire absoutes quand elles sont inspirées par un motif jugé valable : l'intérêt du gratifié, que le disposant cherche à protéger contre lui-même[8], ou le souci de conserver les biens donnés dans la famille[9]. La preuve d'un motif illégitime incombe en outre à celui qui demande l'annulation de la libéralité[10].

Cet ensemble de solutions pourrait cependant être aujourd'hui remis en question. D'un côté, le Conseil constitutionnel classe la liberté du mariage parmi « *les principes à valeur constitutionnelle* »[11]. D'un autre, la Convention européenne de sauvegarde des droits de l'homme énonce dans son article 12 : « *Tout homme a le droit de se marier* ». Au regard de ces principes supérieurs, les clauses qui limitent la liberté matrimoniale devraient être nulles de plein droit, en raison de la seule atteinte qu'elles portent par elle-même à une liberté fondamentale. À tout le moins, on pourrait s'attendre à un alignement des solutions applicables aux libéralités sur celles qui prévalent dans les contrats à titre onéreux : nullité de principe, sauf preuve d'un motif légitime. Une telle évolution est cependant difficile à prédire parce que les clauses de célibat ou de non-remariage semblent devenues fort rares. Affaire de mœurs là encore : les donateurs d'aujourd'hui sont moins portés que leurs prédécesseurs à vouloir contrôler la vie de ceux qu'ils gratifient.

313.83 3° Clause de non-séparation. La jurisprudence leur applique les mêmes critères de validité, et elles sont en général admises, soit au motif que le résultat qu'elles poursuivent n'est en rien illicite, soit après avoir constaté qu'elles n'ont pas eu pour but de marquer une opposition de principe à l'institution du divorce.

EXEMPLES

Validité de la clause subordonnant une donation à la condition que le gratifié se désiste d'une action en séparation de corps[12].

Validité de la clause par laquelle un époux subordonne la donation faite à son conjoint durant le mariage, au cas où celui-ci lui survivrait, à la persistance du lien matrimonial ou à l'absence de toute action entreprise pour y mettre fin[13].

313.84 Effet de ces clauses. La portée de telles clauses lorsqu'elles sont jugées valables doit être précisément délimitée. À l'évidence, elles n'ont pas pour effet d'interdire effectivement au gratifié les comportements qu'elles incriminent : lui interdire de se marier, d'engager une action en divorce, ou de choisir le lieu de sa résidence. L'exécution forcée ne peut en être ordonnée : l'atteinte à la liberté de la personne serait trop forte et trop directe. Mais le donataire qui passe outre s'expose à subir la **révocation de la libéralité** qu'il avait reçue (v. s^s^ n°s 315.50 s.). Au demeurant ces clauses semblent rares aujourd'hui.

2°
Clauses limitant les pouvoirs du gratifié sur les biens donnés

313.91 Conditions des clauses d'inaliénabilité. Les clauses interdisant au gratifié de disposer des biens donnés sont fréquentes dans les donations. Leur validité dépend d'abord de leur étendue. **Perpétuelles**, elles sont **nulles par leur objet**, car elles contredisent directement le principe de libre circulation des biens. Elles peuvent être validées, en revanche, à la double condition d'être à la fois **limitées dans le temps** et **justifiées par** « *un intérêt sérieux et légitime* » (C. civ., art. 900-1).

Dès lors qu'elle est limitée dans le temps et qu'elle est justifiée par un intérêt sérieux et légi-

1. PAR EX., v. Bordeaux, 25 août 1876, *S.* 1877. 379.
2. Civ. 22 déc. 1896, *D.* 1898. 537 – Civ. 30 mai 1927, *DH* 1927. 448 – COMP. Civ. 1re, 29 nov. 1989, n° 88-13.926, *Bull. civ.* I, n° 368; *D.* 1990. IR 6.
3. Req. 8 avr. 1913, *D.* 1915. 29.
4. Civ. 1re, 8 nov. 1965, *Gaz. Pal.* 1965. 1. 55.
5. Civ. 24 oct. 1939, *DH* 1940. 1.
6. Paris, 8 mars 1924, *DH* 1924. 355.
7. COMP. T. civ. Seine, 22 janv. 1947, *DH* 1947. 126.
8. Civ. 22 déc. 1896, *D.* 1898. 537 – Req. 11 nov. 1912, *DP* 1913. 105, note Ripert – Req. 25 mars 1946, *D.* 1946. 222.
9. Civ. 30 mai 1927, *DH* 1927. 448.
10. Civ. 30 mai 1927, *DH* 1927. 448.
11. Cons. const. 9 nov. 1999, n° 99-419 DC, § 60 et 67.
12. Dijon, 26 avr. 1932, *DH* 1932. 339 – COMP. pour une clause de non-divorce dans un testament, Rennes, 14 févr. 1972, *D.* 1976. 185, note Vouin.
13. Civ. 1re, 13 déc. 2005, n° 02-14.135, *Bull. civ.* I, n° 491; *D.* 2006. IR 99; *JCP* 2008. I. 108, n° 6, obs. R. Le Guidec; *JCP N* 2006. 1168, note Ph. Simler; *Defrénois* 2006. 836, note N. Peterka; *RJPF* 2006-4/42, obs. J. Casey; *LPA* 1er-2 mai 2006, note G. Yildirim.

time, une clause d'inaliénabilité peut être stipulée dans un acte à titre onéreux[1].

313.92 Durée des clauses d'inaliénabilité. Concernant leur durée, la Cour de cassation a précisé qu'une clause stipulée pour la durée de vie du donateur, ou du survivant d'eux s'ils sont plusieurs, est temporaire, donc valable[2]. En sens inverse, l'inaliénabilité imposée pour la durée de vie du gratifié est perpétuelle, donc nulle[3]. Une clause de tontine prenant fin au décès du prémourant a obligatoirement un caractère temporaire[4].

313.93 Motifs des clauses d'inaliénabilité. Concernant leurs motifs, l'inaliénabilité est fréquemment imposée **dans l'intérêt du donateur lui-même**, pour garantir la bonne exécution d'une autre clause qu'il a stipulée à son profit : par exemple le service d'une rente viagère[5], un droit de retour légal ou conventionnel[6], un droit d'usage et d'habitation[7]. Elle se présente aussi souvent comme le **complément d'une réserve d'usufruit**, l'usufruitier pouvant légitimement préférer que la nue-propriété reste à l'un de ses enfants plutôt que de passer à un tiers[8]. L'intérêt légitime requis par l'article 900-1 du Code civil doit cependant être entendu plus largement : il peut résulter de la volonté de conserver des biens dans la famille jusqu'au décès du donateur[9], ou se référer à d'autres personnes.

La clause d'inaliénabilité déroge au principe de la libre disposition des biens. Dès lors, c'est à bon droit qu'un arrêt énonce qu'il appartient à celui qui se prévaut d'une telle clause de justifier de l'intérêt sérieux et légitime qu'il allègue.

Des parents ayant donné à leurs fils la nue-propriété d'un immeuble étant stipulé une interdiction d'aliéner ce bien et que celui-ci ferait retour aux donateurs au cas de prédécès du donataire sans postérité et que l'usufruit ne s'éteindrait qu'au décès des deux donateurs, n'a pas donné de base légale à sa décision une cour d'appel qui a déclaré, à la requête d'un créancier, que cette clause n'était pas valable sans rechercher si la clause était justifiée par le souci des donateurs d'assurer la pleine efficacité du droit de retour conventionnel et alors que le fait que les donateurs s'étaient réservés l'usufruit du bien donné et que ce droit était opposable au tiers acquéreur, n'excluait pas le caractère sérieux et légitime de la clause d'inaliénabilité dont il était soutenu qu'elle avait été stipulée pour garantir aux usufruitiers que le nu-propriétaire serait leurs fils plutôt qu'un tiers[10].

L'existence de cet intérêt s'apprécie au jour où la clause a été stipulée, et sa disparition ultérieure ne peut affecter la validité d'une clause initialement justifiée. Tout au plus cette disparition peut-elle permettre au donataire d'en demander la mainlevée judiciaire (v. s^{s} n° 313.92).

313.94 Portée d'une clause d'inaliénabilité. Même valablement stipulée, l'inaliénabilité n'est pas dotée d'une efficacité absolue. L'article 900-1 permet en effet au juge d'autoriser le donataire à disposer du bien grevé « *si l'intérêt qui avait justifié la clause a disparu ou s'il advient qu'un intérêt plus important l'exige* ». Encore faut-il justifier de **circonstances nouvelles de nature à modifier les intérêts en cause**[11]. Ce texte affaiblit nettement l'efficacité de la clause.

Un donateur, bénéficiaire d'un droit de retour, a stipulé dans l'acte de donation une clause d'inaliénabilité interdisant aux donataires de vendre leurs droits sur ce bien sans son consentement. La Cour de cassation a approuvé une cour d'appel d'avoir déduit que le congé avec offre de vente était irrégulier, faute d'intervention du donateur pour donner son consentement à la vente, et retenu que ce consentement ne pouvait être efficace que lors d'un nouveau congé[12].

1. Civ. 1re, 31 oct. 2007, n° 05-14.238, *Bull. civ.* I, n° 337; *D.* 2007. AJ 2954, obs. S. Bigot de la Touanne; *D.* 2008. 963, note A.-L. Thomas-Raynaud; *JCP N* 2008, 1064, note Mortier; *AJ fam.* 2007. 476, obs. F. Bicheron; *RLDC* 2008/50, n° 3041, obs. Perruchot-Triboulet; *RJPF* 2007-12/43, obs. J. Casey; *Defrénois* 2008. 1485, obs. B. Thullier; *RTD civ.* 2008. 126, obs. T. Revet.
2. Civ. 1re, 8 janv. 1975, n° 73-11.648, *Bull. civ.* I, n° 8; *JCP* 1975. 18240, note H. Thuillier; *Defrénois* 1975, art. 30907, note A. Ponsard.
3. Civ. 24 janv. 1899, *DP* 1900. 533 – *Adde* sur l'appréciation relative de la durée de la clause, TGI Rochefort sur Mer, 20 oct. 1993, *JCP* 1994. IV. 1694.
4. Civ. 1re, 8 janv. 2002, n° 99-15.547, *Bull. civ.* I, n° 3; *JCP* 2002. II. 10036, note Y. Chartier; I. 178, n° 9, note R. Le Guidec; *JCP N* 2002. 1545, n° 40; *JCP N* 2003. 1270, étude Brochard; *RTD civ.* 2002. 343, obs. J. Patarin; 542, obs. T. Revet.
5. Civ. 1re, 20 juill. 1982, n° 81-13.192, *Bull. civ.* I, n° 267; *RTD civ.* 1983. 376, obs. J. Patarin.
6. Civ. 20 avr. 1958, *DP* 1958. 154 – Civ. 1re, 15 juin 1994, n° 92-12.139, *Bull. civ.* I, n° 211; *R.* 280; *D.* 1995. 342, note A. Leborgne; Somm. 50, obs. M. Grimaldi; *Defrénois* 1995. 51, note Savatier; *JCP* 1995. I. 3876, n° 8, note R. Le Guidec; *RTD civ.* 1995. 666, obs. J. Patarin; *RTD civ.* 1995. 919, obs. F. Zenati.
7. Civ. 1re, 10 juill. 1990, n° 87-16.773, *Bull. civ.* I, n° 192; *JCP N* 1991. II. 197, note Ph. Salvage; *Defrénois* 1991. 272, note F. Lucet; *RTD civ.* 1991. 141, obs. F. Zenati; 580, obs. J. Patarin.
8. Civ. 1re, 15 juin 1994, n° 92-12.139, préc. s^{s} prés^{t} n°.
9. Civ. 1re, 20 nov. 1985, n° 84-13.940, *Bull. civ.* I, n° 313.
10. Civ. 1re, 15 juin 1994, n° 92-12.139, préc. s^{s} prés^{t} n°.
11. Civ. 1re, 25 juin 1980, n° 79-12.149, *Bull. civ.* I, n° 198 – Civ. 1re, 29 mai 2001, n° 99-15.776, *Bull. civ.* I, n° 150; *JCP N* 2001, 1867, n° 51/52; *RTD civ.* 2001. 644, obs. J. Patarin; 882, obs. J. Mestre et B. Fages.
12. Civ. 3e, 31 mai 2006, n° 05-10.270, *Bull. civ.* III, n° 136; *D.* 2006. AJ 1635; *AJDI* 2006. 830, note F. de La Vaissière.

L'article 900-1 ne fait pas double emploi avec la procédure de révision des charges organisée par les articles 900-2 à 900-6 du Code civil, même si celle-ci permet également d'obtenir l'autorisation d'aliéner un bien que le donateur avait grevé d'inaliénabilité (C. civ., art. 900-4). Les conditions et la procédure en sont différentes[1] (sur la révision des charges, v. s^s n°s 313.141 à 313.145).

En outre, l'article 900-1 alinéa 2 exclut de son champ d'application les libéralités consenties à des personnes morales. **L'inaliénabilité même perpétuelle d'un bien donné à une association** est donc **valable**, dès lors qu'elle sert **l'intérêt général**[2].

Le donateur peut toujours renoncer au bénéfice d'une telle clause. En dépit du parallélisme des formes, il suffit pour cela d'un acte sous seing privé[3]. La renonciation relative à certains éléments seulement inclus dans la donation laisse subsister la clause pour le surplus[4].

313.95 Situation des créanciers du gratifié. En principe, l'interdiction de disposer a pour résultat de rendre le bien qu'elle frappe **insaisissable par les créanciers du gratifié**[5]. L'action en autorisation judiciaire d'aliéner, lorsqu'elle est subordonnée à des considérations personnelles d'ordre moral et familial, inhérentes à la donation, est exclusivement attachée à la personne du donataire et ne peut être exercée par son liquidateur[6].

Néanmoins, de ce point de vue aussi, la **portée de la clause** est **limitée.** L'inaliénabilité ne fait pas obstacle à l'inscription d'une **hypothèque légale**[7] ou **judiciaire**[8]. En effet, l'inscription n'est pas la saisie, et celle-ci demeure impossible tant que la clause est en vigueur. Les créanciers du donataire ne pourront saisir qu'au jour où elle aura épuisé ses effets[9].

De plus, après licitation du bien, le créancier peut obtenir la fraction du prix correspondant à la quote-part du débiteur non affectée par la clause d'inaliénabilité[10].

313.96 Inaliénabilité et voie oblique. La question de savoir si les créanciers peuvent agir par la voie oblique pour être judiciairement autorisés, sur le fondement de l'article 900-1 du Code civil, à disposer du bien donné est à l'origine d'une jurisprudence dont l'interprétation est délicate. Par un arrêt du 3 juin 1998, la Cour de cassation l'a exclu, au motif que « *l'action tendant à être autorisé à disposer du bien* [...], *subordonnée à des considérations personnelles d'ordre moral et familial* [...], *est exclusivement attachée à la personne du donataire* »[11]. L'arrêt est moins clair qu'il ne le paraît. Il peut signifier deux choses : soit que l'action oblique est impossible **dans les cas** où la clause a été stipulée – et acceptée – en raison de considérations personnelles ou familiales; soit que l'action oblique n'est **jamais** possible parce que la demande de mainlevée de la clause suppose toujours une appréciation à caractère moral, par nature personnelle.

Un premier arrêt du 11 janvier 2000 incline vers la première lecture : après avoir rappelé que le créancier qui agit par la voie oblique exerce l'action de son débiteur, l'arrêt en déduit que celui qui invoque l'article 900-1 doit faire la preuve d'un « *intérêt plus important* » dans la personne du débiteur lui-même. En d'autres termes, l'intérêt du créancier à être payé ne peut jamais prévaloir sur l'intérêt du donateur au maintien de la clause[12]. Cependant, dans un autre arrêt, du 11 janvier 2000 la Cour de cassation a estimé que le créancier qui agit par la voie oblique devra établir que l'intérêt du donataire est supérieur à l'intérêt du donateur qui a introduit la clause. Dans le cas présent il s'agissait de rembourser les créanciers du donataire[13].

Finalement, par un arrêt du 25 mai 2004, la Cour de cassation a tranché : **une banque ne peut**

1. TGI Paris, 14 déc. 1984, *JCP* 1985. II. 20462, concl. Brottiaux.
2. V. DÉJÀ Civ. 1re, 19 oct. 1965, *D.* 1965. 245.
3. Civ. 1re, 14 mai 1996, n° 94-15.826, NP; *Defrénois* 1997. 1257.
4. Civ. 2e, 8 oct. 1997, n° 95-15.269, Goyon et a./Gallut et a., *Bull. civ.* II, n° 245; *D.* 1997. IR 225.
5. Civ. 1re, 15 juin 1994, n° 92-12.139, préc. s^s n° 313.94 – Civ. 2e, 30 juin 1993, n° 91-14.775, *Bull. civ.* II, n° 241; *D.* 1995. Somm. 50, obs. M. Grimaldi; *RDI* 1994. 287, obs. Delebecque – Civ. 1re, 8 févr. 2000, n° 97-20.727, *Bull. civ.* I, n° 43; *D.* 2000. IR 74; *RJPF* 2000-6/46, note Ph. Delmas Saint-Hilaire; *RTD civ.* 2000. 383, obs. J. Patarin; *RTD civ.* 2000. 812, obs. J. Hauser.
6. Civ. 1re, 4 juill. 2006, n° 04-12.350, n° 04-12.825, 2 esp., *Bull. civ.* I, n°s 344 et 345; *D.* 2006. IR 2275.
7. Civ. 1re, 25 juin 1980, n° 79-12.704, *Bull. civ.* I, n° 200; *D.* 1981. IR 90, obs. D.-R. Martin; *Defrénois* 1981. 468, obs. G. Champenois; *RTD civ.* 1981. 671, obs. J. Patarin.
8. Civ. 1re, 20 déc. 1976, n° 74-14.544, *Bull. civ.* I, n° 414 – Civ. 1re, 9 oct. 1985, n° 84-13.306, *Bull. civ.* I, n° 252.
9. Civ. 1re, 9 oct. 1985, n° 84-13.306, préc. s^s prés^t n° – Civ. 1re, 15 juin 1994, n° 92-12.139, préc. s^s n°s 313.94 et 313.95.
10. Civ. 1re, 31 oct. 2007, n° 05-14.238, préc. s^s n° 313.91.
11. Civ. 1re, 3 juin 1998, n° 96-12.372, *Bull. civ.* I, n° 192; *Defrénois* 1999. 93, note X. Savatier; *JCP* 1998. II. 10167, note J. Casey; I. 177, n°s 14 s., obs. G. Loiseau; *JCP* 1999. I. 132, n° 6, obs. R. Le Guidec; *Dr. fam.* 1998, n° 90, note B. Beignier; *RTD civ.* 1998. 677, obs. J. Mestre; et 963, obs. J. Patarin.
12. Civ. 1re, 11 janv. 2000, n° 97-19.136, *Bull. civ.* I, n° 3; *D.* 2000. IR 33; *D.* 2000. 877, note F. Planckeel; *JCP* 2000. I. 215, n°s 19, obs. G. Loiseau; 278, n° 9, obs. R. Le Guidec; *Dr. fam.* 2000, n° 26, note B. Beignier; *RTD civ.* 2000. 332, obs. J. Mestre et B. Fages; 381, obs. J. Patarin.
13. Civ. 1re, 11 janv. 2000, n° 97-19.136, préc. s^s prés^t n°.

mettre en œuvre par voie oblique sa garantie hypothécaire sur un immeuble frappé d'une clause d'inaliénabilité; la cour d'appel avait statué en sens contraire au motif que la restriction des droits de son débiteur ne s'applique qu'aux droits exclusivement attachés à la personne, catégorie dont ne relève pas le droit ouvert au donataire par l'article 900-1 du Code civil de solliciter la levée d'une interdiction d'aliéner un bien en considération des intérêts en présence du donateur et du donataire. La Cour de cassation précise que « *l'action de la donataire subordonnée à des considérations personnelles d'ordre moral et familial inhérentes à la donation, était exclusivement attachée à sa personne, de sorte qu'elle ne pouvait être exercée par la banque créancière* »[1]. Cette jurisprudence a été confirmée : l'action de la donataire étant subordonnée à des considérations personnelles d'ordre moral et familial inhérentes à la donation, elle demeure exclusivement attachée à sa personne, de sorte qu'elle ne peut être exercée par un créancier agissant par voie oblique, à la place de son débiteur[2].

Si le donataire est en liquidation de biens, le liquidateur est dans une situation identique à celle du créancier sur le fondement; toutefois, l'action en autorisation judiciaire d'aliéner, lorsqu'elle est subordonnée à des considérations personnelles d'ordre moral et familial, inhérentes à la donation, est exclusivement attachée à la personne du donataire et ne peut être exercée par son liquidateur[3].

313.97 Interdiction d'hypothéquer. Cette clause est certainement licite, sauf à établir qu'elle est inspirée par un motif répréhensible. Elle est fréquemment adjointe à l'inaliénabilité, afin de permettre au donateur une surveillance aussi complète que possible du bien donné. Elles font pourtant, à elles deux, double emploi, puisqu'il n'est pas contesté que l'interdiction de disposer emporte par elle-même interdiction d'hypothéquer[4]. De toute façon, cette clause ne s'applique qu'aux hypothèques conventionnelles, à l'exclusion des hypothèques légales ou judiciaires[5].

1. Civ. 1re, 25 mai 2004, n° 02-12.268, *Bull. civ.* I, n° 149; *AJ fam.* 2004. 328, obs. S. Deis-Beauquesne; *Defrénois* 2004. 1397, obs. R. Libchaber; *Dr. fam.* 2004, n° 129, note B. Beignier – Civ. 1re, 16 nov. 2004, n° 02-12.268, *Bull. civ.* I, n° 265; *D.* 2004. IR 3192; *Dr. fam.* 2005, n° 15, note B. Beignier.
2. Civ. 1re, 8 mars 2005, n° 03-20.968, *Bull. civ.* I, n° 117; *AJ fam.* 2005. 328.
3. Civ. 1re, 4 juill. 2006, n° 04-12.825, *Bull. civ.* I, n° 344; *D.* 2006. AJ 2275; *JCP* 2007. I. 113, n° 7, obs. Cabrillac; *RJPF* 2006-11/45, obs. J. Casey.
4. Req. 20 févr. 1939, *DC* 1941. 22.
5. Civ. 1re, 25 juin 1980, n° 79-12.704, préc. s^s n° 313.95.

3°
Autres clauses

313.101 Clauses relatives au règlement d'une succession. Clauses pénales. Dans une conception classique, ces clauses sont **nulles dans les donations** parce qu'elles contredisent inévitablement l'ordre public successoral.

Ainsi, celles qui ont pour effet direct ou indirect de porter atteinte aux droits du gratifié dans la réserve héréditaire[6], ou celles qui constituent un pacte sur succession future[7].

Toutefois, la Cour de cassation a récemment infléchi l'interdiction.

Une femme est décédée, laissant pour lui succéder deux filles et un fils auxquels elle avait consenti des avancements d'hoirie, cédant, par ailleurs, à son fils des parts dans une société civile. L'une des filles a assigné ses frère et sœur en partage de la succession, soutenant que les cessions de part auraient, en réalité, constitué une donation déguisée devant être rapportée à la succession. Les deux autres héritiers ayant reconventionnellement demandé l'application de la clause pénale insérée par leur mère à son testament, qui stipulait que celui de ses enfants qui s'opposerait à la volonté de la défunte se verrait privé de la quotité disponible au bénéfice des autres. La Cour de cassation approuve la cour d'appel d'avoir décidé, d'une part, qu'une clause pénale, privant un héritier qui conteste, de la quotité disponible, doit être réputée non écrite, lorsqu'elle tend à assurer l'exécution de dispositions portant effectivement atteinte à la part réservataire de cet héritier et non lorsqu'elle serait seulement susceptible de comporter une telle atteinte et, d'autre part, d'avoir jugé à bon droit que l'action qui tendait à voir constater l'existence d'une donation déguisée sous forme de cession des parts susceptible d'entraîner pour son bénéficiaire l'obligation de rapporter à la succession la différence éventuelle entre le prix de cession et la valeur réelle des parts, constituait une remise en cause des décisions prises par la défunte[8].

Un homme est décédé en laissant pour héritiers non réservataires ses deux petites-nièces et un couple pour légataire institués en vertu d'un testament olographe en date du 21 mars 1990. Ce testament comprend la disposition suivante : « *Toute contestation de la part d'un héritier entraînera la suppression de son héritage* ». Le couple légataire a assigné les nièces en délivrance de son legs. Ces dernières ont sollicité la révocation pour

6. Civ. 1re, 10 mars 1970, n° 68-13.205, *Bull. civ.* I, n° 89; *D.* 1970. 585; clause pénale insérée dans une donation-partage privant les copartagés de leur droits dans la quotité disponible au cas où ils attaqueraient la libéralité pour quelque cause que ce soit.
7. Req. 8 avr. 1989, *D.* 1890. 205, donation faite par un oncle à sa nièce sous la condition que celle-ci renoncerait plus tard à la succession de ses parents.
8. Civ. 1re, 25 juin 2002, n° 00-11.574, *Bull. civ.* I, n° 175; *D.* 2003. Somm. 1875, obs. M. Nicod; *AJ fam.* 2002. 302, obs. S. D.-B.; *Dr. fam.* 2003, n° 18, note B. Beignier; *RJPF* 2002-11/39, obs. J. C.

cause d'ingratitude des légataires. Toutefois, elles ont été déboutées de leur action. La cour d'appel a décidé que la clause d'exhérédation ne saurait trouver application, l'arrêt retenant que la demande en révocation du legs pour cause d'ingratitude intéressait l'ordre public. Dans un arrêt de censure, la Cour de cassation observe que « *l'arrêt avait débouté les nièces de leur action en révocation pour ingratitude, ce dont il résultait qu'elles devaient subir, dans toutes ses conséquences, la condition qui, de la part du testateur, avait pour objet de prévenir une contestation infondée* »[1].

La clause pénale contenue dans le testament ne peut recevoir effet lorsque les cohéritiers du donataire se sont bornés à demander l'évaluation du bien donné en avancement d'hoirie, sans contester la donation[2].

313.102 Charges imposées aux personnes morales. Une jurisprudence importante **annule**, à la suite des lois de séparation toutes les **charges confessionnelles** dans les **libéralités faites aux personnes morales de droit public.** La nullité en a été très généralement prononcée, même dans les cas où elles étaient permises à la date où elle avait été stipulée. Par conséquent, une **condition, licite à son origine,** peut devenir **illicite par l'effet d'une loi postérieure.**

Sur les conditions prohibées en raison de l'irrévocabilité des donations, v. s[s] n°s 314.21 s.

B.
Sanction des clauses illicites

313.111 Différence de régime entre les actes onéreux et les libéralités. Selon l'article 900, les conditions illicites dans les dispositions entre vifs « *seront réputées non écrites* ». Le texte instaure ainsi un système de nullité partielle : le donataire conserve le bénéfice de la libéralité, sans avoir à supporter les effets d'une clause contraire à la loi. La règle ainsi posée est inverse de celle applicable en droit commun, telle qu'elle résulte de l'article 1172 du Code civil : « *Toute condition... prohibée par la loi est nulle et rend nulle la convention qui en dépend* ». Habituellement la nullité qui affecte une clause particulière s'étend à l'acte tout entier.

L'explication de cette différence est purement historique et politique. À la suite du législateur révolutionnaire, les rédacteurs du Code civil ont craint les conditions inspirées par un esprit hostile à l'ordre social nouveau : l'interdiction d'exercer des fonctions publiques par exemple, ou la prohibition des mariages considérés comme des mésalliances. Si on avait appliqué le droit commun, le donataire ayant recueilli la libéralité se serait cru obligé d'obéir à la clause qui lui était imposée, de peur d'avoir à rendre les biens reçus. En la déclarant non écrite, on encourage la dénonciation des conditions illicites, et on préserve la liberté du gratifié.

Ces motifs ont évidemment perdu leur valeur au fil du temps. La règle est alors apparue choquante dans ses résultats : le donataire conserve le bien donné tout en refusant la charge qui, dans l'esprit du donateur en était la contrepartie. C'est pourquoi, au prix de quelques déformations, la jurisprudence s'est efforcée de refouler la règle.

313.112 Éviction de l'article 900 du Code civil par la théorie de la cause. Il arrive que la **charge** ou la **condition** revête, dans l'économie de la donation, une importance centrale, au point qu'elle apparaît comme sa **cause**. Tel est le cas lorsque le but poursuivi par le disposant est **l'accomplissement de la charge, dont la donation n'est que le moyen.** Dans cette hypothèse la jurisprudence, se fondant sur l'article 1131 du Code civil, décide **qu'il y a lieu d'annuler** non seulement la condition ou la charge irrégulière, mais **la libéralité toute entière.** C'est le principe posé par un arrêt de la chambre des requêtes du 3 juin 1863 : « *Il est constant que la nullité d'une condition contraire à la loi entraîne la nullité de la donation à laquelle elle est jointe, s'il est reconnu que la condition a été la cause impulsive et déterminante de la libéralité* »[3].

La différence s'estompe ainsi entre les actes gratuits et les actes onéreux. Le sort de la donation dépend d'une analyse de volonté. Ou bien, la clause illicite n'a joué qu'un rôle accessoire dans la détermination du disposant : on reste sous l'empire de l'article 900[4]. Ou bien, elle a été le facteur déterminant : la libéralité tombe toute entière parce qu'elle a une cause illicite[5].

313.113 Applications. La **charge** est presque toujours jugée **déterminante** dans les **libéralités faites aux personnes morales** : c'est elle qui contient le but poursuivi par le disposant et qui explique la donation. Celle-ci est donc annulée en totalité, dès lors que cette charge est **illicite**, ou simplement **contraire à la spécialité de l'association bénéficiaire**[6].

1. Civ. 1re, 20 févr. 2007, n° 04-16.461, *Bull. civ.* I, n° 74; *JCP N* 2007. 1254, étude J.-C. Mahinga; *Defrénois* 2007. 1224, note Niel; *AJ fam.* 2007. 185, obs. F. Bicheron; *Dr. fam.* 2007, n° 90, note B. Beignier; *RJPF* 2007-4/39, obs. S.-H; *RTD civ.* 2008. 134, obs. M. Grimaldi.
2. Civ. 1re, 19 mars 1996, n° 94-13.119, *Bull. civ.* I, n° 145; *RTD civ.* 1997. 492, obs. J. Patarin.
3. Req. 3 juin 1863, *D.* 1863. 429.
4. Civ. 19 oct. 1910, *D.* 1911. 463.
5. Req. 3 juin 1863, *D.* 1863. 429.
6. Req. 12 mai 1909, *D.* 1910. 294 – COMP. Civ. 9 mai 1922, *DP* 1925. 206; legs fait au bureau de bienfaisance d'une commune avec une charge dont l'exécution est impossible pour des raisons de compétence territoriale.

Cette jurisprudence a été presque systématiquement appliquée aux **charges confessionnelles** accompagnant une **libéralité faite à une collectivité publique**[1].

L'annulation de la libéralité toute entière est plus rare au préjudice des **personnes physiques.** Tantôt les tribunaux s'en tiennent à l'application de l'article 900 : la **clause illicite** est seulement **déclarée non écrite.** C'est généralement le cas des clauses relatives au mariage[2] (v. l'ensemble des décisions citées s[s] n° 313.82). Tantôt ils décident que la clause litigieuse n'avait pas, en l'espèce, de caractère déterminant (par ex. une clause de résidence[3]; des clauses d'inaliénabilité[4] – v. en sens contraire pour la nullité totale[5]).

La disparition de la cause ne peut justifier le refus de tenir compte de la clause. La Cour de cassation a censuré une cour d'appel qui avait refusé d'annuler des constitutions d'hypothèques et des ventes immobilières intervenues en violation d'une clause d'inaliénabilité, au motif que celles-ci avaient permis à l'association de continuer à fonctionner et qu'elles correspondaient à un intérêt plus important que celui pour lequel la clause d'inaliénabilité avait été prévue[6].

§ 2
Analyse de quelques clauses usuelles

313.120 Présentation. La charge peut consister dans toute sorte de prestations, ou en une abstention, imposées au donataire. Leur diversité est très grande. Il suffira de présenter ici celles qui se rencontrent le plus fréquemment.

A.
Clauses diverses

313.121 Service d'une rente viagère. Ce type de clause est très fréquent, certainement l'un des plus usuels avec la réserve d'usufruit : le donataire s'engage à verser périodiquement au donateur ou toute autre personne désignée par lui, chaque mois ou chaque trimestre, une somme déterminée. Le montant de la rente est habituellement indexé : conformément à l'article 4 de la loi du 13 juillet 1963, le choix de l'indice est libre, comme pour les dettes d'aliments.

Selon l'article 4 de la loi du 25 mars 1949, le jeu de la **clause d'indexation** est enfermé dans une **double limite** : d'une part, le montant en capital de la rente réévaluée ne pourra en aucun cas dépasser la valeur du bien donné au moment de l'échéance; d'autre part, l'indexation conventionnelle ne peut aboutir à un résultat moins favorable pour le crédirentier que ne le serait la revalorisation légale.

À défaut d'indexation, la rente est en effet soumise à la **majoration légale** prévue par l'article 1er de la même loi, selon un coefficient modifié chaque année par la loi de finance, et d'autant plus élevé que la rente est ancienne. Elle peut également faire l'objet d'une **révision judiciaire** à la demande de l'une des parties, s'il apparaît que le bien donné a connu des variations de valeur supérieures ou inférieures à la variation forfaitaire (L. 25 mars 1949, art. 2 et 2 *bis*). La renonciation dans l'acte de donation au bénéfice de cette majoration légale n'est pas valable[7]. Mais il appartient dans tous les cas au crédirentier de demander le bénéfice de ces révisions conventionnelles ou légales[8].

Le **non-paiement de la rente** sera sanctionné par une **révocation de la donation pour inexécution des charges,** quand bien même le donateur ne se serait pas expressément réservé dans l'acte cette action révocatoire. En effet, l'article 1978 du Code civil, selon lequel l'action résolutoire n'existe pas de plein droit dans les contrats constitutifs de rentes viagères, ne s'applique pas aux donations[9]. Mais il en va autrement si la rente est d'un montant si élevé que l'acte ne mérite plus d'être qualifié donation (v. s[s] n° 313.131) : il retombe alors sous l'empire de la règle de droit commun[10].

313.122 Bénéficiaire de la rente. La rente peut être payable soit au **donateur** lui-même soit à un **tiers** : celui-ci en devient alors créancier au moyen d'une **stipulation pour autrui.** Le plus souvent, cette stipulation a pour but de gratifier le crédirentier. Elle doit alors être acceptée pour former à son profit une donation valable : avant acceptation, en effet, le droit du bénéficiaire reste révocable, ce qui est incompatible avec la notion même de donation. Néanmoins la rente peut aussi avoir été constituée à titre onéreux, notamment si le donateur a stipulé au profit d'un de ses créanciers : par exemple un ex-

1. Req. 31 oct. 1922, *D.* 1922. 239 – Req. 28 déc. 1938, *DH* 1939. 132 – CONTRA, Civ. 19 oct. 1910, *D.* 1911. 463.
2. V. Req. 8 avr. 1913, *D.* 1915. 29.
3. Paris, 23 juin 1892, *D.* 1892. 379.
4. Bordeaux, 8 juin 1959, *JCP* 1960. 11638 – Paris, 1er juill. 1961, *D.* 1962. 13.
5. Lyon, 6 août 1884, *D.* 1886. 121, note Mérignhac.
6. Civ. 1re, 23 janv. 2008, n° 06-16.120, *Bull. civ.* I, n° 19; *JCP* 2008. II. 10107, note J.-C. Mahinga; *AJ fam.* 2008. 123, obs. F. Bicheron; *Dr. fam.* 2008, n° 44, obs. B. Beignier; *Defrénois* 2008. 971, note Ph. Malaurie; et 1485, obs. Thullier.
7. Civ. 1re, 3 avr. 1979, n° 78-11.103, *Bull. civ.* I, n° 109.
8. Civ. 1re, 18 nov. 1968, *D.* 1969. Somm. 46.
9. Req. 22 oct. 1901, *D.* 1902. 24.
10. Req. 21 déc. 1887, *DP* 1888. 256.

conjoint divorcé envers qui il est redevable d'une prestation compensatoire.

La rente peut enfin être stipulée **tant au bénéfice du donateur lui-même que d'un tiers,** avec **clause de réversibilité au profit du survivant.** Cette clause est extrêmement fréquente entre époux. Selon l'article 1973 du Code civil, la réversibilité peut avoir elle aussi le double caractère d'une libéralité ou d'un acte à titre onéreux, suivant l'intention du stipulant. Toutefois, elle est présumée faite à titre gratuit, sauf volonté contraire. Dans cette hypothèse, elle reste révocable, quoiqu'acceptée, en raison de l'article 1096 du Code civil.

313.123 Stipulation de rente et régime de communauté. On admet sans grande hésitation que la rente viagère constitue dans tous les cas un bien propre à l'époux créancier, même si elle a pris naissance à l'occasion d'une donation de bien commun : il en est ainsi de la rente constituée au profit du conjoint, de celle qui est réversible au survivant, mais aussi de celle que l'époux donateur stipule à son profit personnel. C'est une conséquence de l'article 1404 (propres par nature). Cependant les arrérages de la rente perçus en cours de régime entrent en communauté puisqu'il s'agit d'un revenu[1].

Reste à savoir si elle donne lieu à récompense, précisément dans l'hypothèse où elle résulte de l'aliénation d'un bien commun. Il faut alors distinguer selon sa cause.

Si le stipulant a entendu faire une donation à son conjoint, il est admis de manière quasi unanime qu'**aucune récompense n'est due.** C'est presque toujours le cas quand la rente a été constituée par un époux au profit de l'autre. La même solution doit prévaloir pour la rente stipulée réversible sur la tête du survivant, puisque l'article 1973 alinéa 3 présume alors la gratuité (v. s^s n° 313.113).

Si au contraire le stipulant n'a été animé d'aucune intention libérale, l'opération est faite à **titre onéreux.** Le crédirentier doit alors **récompense** à la communauté puisqu'il tire un profit personnel des biens communs. C'est évidemment le cas de la rente stipulée par un époux à son propre bénéfice. Toutefois, tant que la communauté n'est pas dissoute, le créancier ne réalise aucun enrichissement, puisque les arrérages de la rente entrent en communauté. C'est donc seulement s'il continue à percevoir la rente après la dissolution qu'apparaît le profit personnel qu'il tire des biens communs, et donc le droit à récompense. On en déduit que la récompense est égale à la valeur de la rente au jour de la dissolution, c'est-à-dire au montant du capital qu'il faudrait débourser à cette date pour obtenir une rente d'égal montant.

Ce peut être exceptionnellement aussi le cas de la **clause de réversibilité,** lorsque les époux auront manifesté une volonté contraire à la présomption de l'article 1973. Tranchant les controverses jurisprudentielles, l'article 1973 alinéa 3 précise que cette **récompense** est alors égale à la **valeur de réversion de la rente,** c'est-à-dire la différence entre le montant qu'il a fallu verser pour obtenir une rente réversible, et celui qui aurait été nécessaire pour constituer une rente s'éteignant au décès du premier mourant. En pratique, on se réfère aux barèmes utilisés par les compagnies d'assurances[2].

Sur la réserve d'usufruit, v. s^s n°s 314.52 à 314.56 – sur l'obligation de payer les dettes du donateur, v. s^s n°s 314.71 à 314.73.

313.124 Obligation de soins. Le **bail à nourriture** se distingue de la rente viagère par son **caractère personnel.** Cette spécificité est source de difficultés nombreuses, concernant l'étendue de l'obligation et son exécution. Pour constituer une charge, l'obligation de soins doit être exprimée en **termes précis.** Les tribunaux interprètent les stipulations de logement, de nourriture, et d'entretien tantôt comme un simple vœu[3], tantôt comme une obligation véritable[4].

Il se peut cependant que cette charge initialement imposée se révèle ensuite impossible à exécuter, ne serait-ce qu'en raison d'une incompatibilité d'humeur entre les parties. La Cour de cassation a d'abord refusé la **conversion en rente,** si elle n'avait pas été prévue dans l'acte constitutif[5]. Quelques années plus tard, elle a admis la conversion judiciaire du bail à nourriture en rente viagère, dans les mêmes circonstances[6].

313.125 Affectation du bien donné. Il arrive que le donateur impose au gratifié d'employer le bien donné d'une manière qu'il aura lui-même déterminée.

EXEMPLES

Donation d'une somme d'argent destinée à financer un voyage d'études.

1. Civ. 1re, 31 mars 1992, n° 90-16.343, *Bull. civ.* I, n° 95; *JCP* 1993. II. 22059, note B. Abry; *JCP* 1992. I. 3614, n° 6, obs. Ph. Simler; *Defrénois* 1992. 1159, obs. G. Champenois; *RTD civ.* 1992. 632; 635, obs. F. Lucet et B. Vareille; *RTD civ.* 1995. 171, obs. B. Vareille.

2. Sur l'ensemble de la question, v. J. Patarin et G. Morin, *La réforme des régimes matrimoniaux*, n° 285, et les exemples chiffrés.
3. Riom, 17 avr. 1818, *S.* 1818. 374.
4. Pau, 29 avr. 1874, *D. jur. gén.*, v° *Disposition entre vifs*, n° 50 – Caen, 31 juill. 1875, *D. jur. gén.*, v° *Disposition entre vifs*, n° 51.
5. Civ. 7 févr. 1955, *D.* 1956. Somm. 21.
6. Civ. 6 avr. 1960, *D.* 1960. 629.

Donation d'un immeuble à une commune pour y créer une école ou un musée.

Donation à une association à caractère scientifique en vue du développement de la recherche contre telle maladie.

De telles clauses sont surtout fréquentes dans les **libéralités aux personnes morales,** pour lesquels l'affectation des biens donnés est presque toujours la motivation principale du donateur.

Bien que l'**affectation des biens** soit généralement stipulée dans l'intérêt du donataire lui-même, à qui elle procure un avantage ou qu'elle aide à remplir sa mission, il faut y voir une **véritable charge** dont **l'inexécution** est sanctionnée par une **révocation**, et dont l'exécution forcée peut être demandée par le donateur sauf si elle présente un caractère strictement personnel.

Une difficulté peut apparaître si l'affectation prévue par le donateur n'est **pas conforme à la mission normale de la personne morale bénéficiaire** : par exemple, une donation à un hospice, comportant des charges scolaires[1]. En principe, compte tenu du **principe de spécialité** qui gouverne la **capacité des personnes morales,** l'autorisation d'accepter la libéralité devrait alors être refusée par l'autorité administrative. Mais il n'en est pas toujours ainsi. D'une part, le **principe de spécialité** est **dépourvu de sanction civile,** par conséquent, si l'autorisation est néanmoins donnée, la libéralité demeure valable et la charge doit être exécutée. D'autre part, si cette exécution s'avère réellement impossible, notamment parce qu'un texte formel l'interdit (cas d'une charge confessionnelle imposée à une personne de droit public), la jurisprudence admet que le donataire peut la **déléguer à un établissement mieux qualifié,** avec lequel il lui appartient de s'entendre[2].

B.
Influence de la charge sur la libéralité

313.131 Influence de la charge sur la gratuité de l'acte. Lorsque la charge est stipulée dans l'intérêt du donateur, elle vient inévitablement diminuer la valeur de l'émolument transmis à titre gratuit. Il y aura donc lieu de tenir compte du **montant de l'obligation imposée au gratifié,** toutes les fois qu'il est nécessaire d'évaluer de façon précise l'enrichissement réel dont il a bénéficié : notamment pour l'application des règles du **rapport** (v. s^s n° 263.73) et de la **réduction** (v. s^s n°s 264.10 s.).

Cependant, cette déduction qui s'impose en droit civil n'est pas admise en droit fiscal : les droits de mutation à titre gratuit sont dus sur la valeur totale des biens donnés sans possibilité de soustraire la charge (CGI, art. 758 et 761).

Il arrive même que la **valeur de la charge** soit **égale ou supérieure à l'émolument reçu** : par ex., paiement d'une dette égale à la valeur du bien donné; rente viagère équivalant à un véritable prix. Dans ce type d'hypothèse, le caractère gratuit de la disposition disparaît purement et simplement. La prétendue libéralité doit être **requalifiée en acte à titre onéreux**, et l'ensemble des règles de la donation cesse de lui être applicables. C'est au juge qu'il appartient de restituer à l'acte sa qualification véritable, en évaluant les prestations réciproques mises à la charge de chacune des parties[3].

313.132 Charge dans l'intérêt d'un tiers. Lorsque la charge est stipulée dans l'intérêt d'un tiers (par ex. rente viagère au bénéfice d'une autre personne), elle produit les mêmes conséquences dans les rapports du **donateur** et du **donataire** : son montant doit être déduit de la valeur des biens donnés, et si elle leur est égale, l'acte perd son caractère de libéralité.

Dans les rapports entre le **donateur** et le **bénéficiaire de la charge,** l'opération est susceptible de plusieurs analyses (v. s^s n° 313.113). Parfois, la **stipulation** constitue une **donation indirecte,** elle-même soumise à toutes les règles de fond des donations. Il faut alors évaluer distinctement l'émolument reçu par chacun des gratifiés pour l'application des règles du rapport et de la réduction.

La **donation avec charge au profit d'un tiers** se rapproche beaucoup d'une **donation par personne interposée** (v. s^s n° 312.315). Dans son principe, la distinction est claire : la personne interposée n'est qu'un gratifié apparent, qui ne doit rien conserver des biens donnés. Ceux-ci ne font que transiter par son patrimoine et doivent parvenir au gratifié véritable. En pratique, elle est difficile à mettre en œuvre car l'interposition peut n'être que partielle; en sens inverse d'ailleurs, il arrive que la charge consiste à transmettre la totalité des biens donnés, notamment à une personne morale. L'importance de l'émolument conservé n'est donc pas significative. La jurisprudence s'en remet à **l'analyse de l'intention du disposant**, et la Cour de cassation laisse aux **juges du fond** un large **pouvoir d'appréciation.**

313.133 Charge dans l'intérêt du gratifié. Il s'agit presque toujours d'une **affectation obligatoire des biens donnés à un usage déterminé** (v. s^s n° 313.122). Cette charge ne modifie pas en général le caractère gratuit de l'acte[4]. Mais il faut pour

1. Comp. CE 8 févr. 1833, *DP* 1833. 18.
2. Req. 25 oct. 1921, *DP* 1922. 163 – Req. 15 juill. 1931, *DP* 1932. 33.
3. Req. 21 déc. 1887, *DP* 1888. 256.
4. Req. 12 mai 1909, *DP* 1910. 297 – Req. 17 mars 1913, *D.* 1922. 73, 4e esp., note Sarrut.

cela que la disposition réponde à **l'intérêt du bénéficiaire.** Dans le cas contraire, elle est faite à titre onéreux[1]. Lorsque le gratifié est une **personne morale**, elle trouve par définition intérêt à la disposition faite à son profit du seul fait que la **charge** qui lui est **imposée** est **conforme à sa mission**[2].

§ 3
Révision des charges

313.141 Hypothèse. Lorsque l'exécution de la charge stipulée dans une donation se prolonge dans le temps, il arrive que l'évolution des conditions économiques, ou même la transformation de l'environnement politique et social rendent très difficile voire impossible de la poursuivre.

C'est une loi du 4 juillet 1984 qui a autorisé la révision de conditions et des charges, « *lorsque, par suite d'un changement de circonstances, l'exécution en est devenue* (pour le gratifié), *soit extrêmement difficile soit extrêmement dommageable* » (C. civ., art. 900-2 à 900-8).

313.142 Domaine de la révision. Cette faculté est ouverte à « *tout gratifié* » : elle s'applique donc aux **personnes morales** aussi bien qu'aux **personnes physiques**, y compris les **personnes morales de droit public**, et les **fondations.**

Le « changement de circonstances » qui justifie la révision désigne en premier lieu l'évolution de la **conjoncture économique**, et notamment la **perte de valeur de la monnaie.**

EXEMPLE

Fondation bénéficiant, pour l'entretien d'un musée, d'une rente annuelle et perpétuelle de 5 000 francs de 1880, qui n'a plus soixante-dix ans plus tard « *qu'une valeur symbolique* »[3].

Il peut également résulter de circonstances d'une autre nature : par ex. d'une évolution des besoins sociaux ou des habitudes de mœurs qui font perdre à la charge, telle que le donateur l'a envisagée, son utilité originelle.

EXEMPLES

Donation d'un terrain à une association diocésaine en vue de la construction d'une église dans un quartier où il n'y a pas de paroissiens[4]; école ou collège ne répondant plus aux conceptions contemporaines en matière d'enseignement[5].

Encore faut-il que la démonstration soit faite : Marie-Louise Y... veuve X... est décédée le 15 octobre 1973, en laissant un testament olographe daté du 9 novembre 1964 par lequel elle a légué à l'Association amicale des anciens élèves du prytanée national militaire (l'Association) un capital à charge d'en attribuer les revenus à un ou plusieurs élèves du prytanée préparant un concours d'entrée aux grandes écoles, les bénéficiaires de ces attributions devant être choisis parmi les élèves de condition modeste ayant passé au moins quatre années au prytanée et s'étant distingués par leur goût de l'étude et leur sens de la camaraderie. Ayant considéré, au regard des dispositions testamentaires, qu'il appartenait à l'Association, non pas d'attendre les candidatures, mais de choisir elle-même les élèves répondant aux critères fixés par le legs, de les informer de ce choix et de solliciter leur réponse, c'est sans dénaturer les conclusions de l'Association que la cour d'appel a estimé souverainement que celle-ci ne démontrait pas que l'exécution de la charge du legs était devenue extrêmement difficile pour elle[6].

Quant à l'évaluation du **caractère difficile ou dommageable** que revêt **l'exécution de la charge** compte tenu de ces circonstances, il relève évidemment du **pouvoir souverain des juges du fond.** Il doit cependant être nettement caractérisé, et s'apprécie au regard des moyens dont dispose le gratifié pour exécuter l'obligation qui lui est imposée.

313.143 Demande en révision. La révision doit être demandée en justice (C. civ., art. 900-2). Elle ne peut résulter d'un accord entre le bénéficiaire de la libéralité et les héritiers du disposant[7]. Cette demande relève de la **compétence exclusive des tribunaux judiciaires**, même quand le donataire est une collectivité publique.

Elle est normalement formée **à titre principal**, mais elle peut également être exercée **à titre reconventionnel**, en réponse à une demande en exécution de la charge, ou en révocation de la libéralité qu'auraient formée les héritiers du donateur (C. civ., art. 900-3, al. 1er). Elle est dirigée contre ces mêmes héritiers; à défaut contre le Ministère public

1. Aix-en-Provence, 30 mars 1882, *D.* 1883. 245 – Req. 7 mars 1888, *D.* 1888. 268.
2. Req. 17 mars 1913, *D.* 1922. 73, 4e esp., note Sarrut – POUR DES HYPOTHÈSES CONTRAIRES, Civ. 25 janv. 1930, *S.* 1930. 281, note Geny – Civ. 24 févr. 1932, *S.* 1932. 321, note Geny.
3. Poitiers, 24 mars 1976, *JCP* 1976. 18379, note Savatier.
4. Lyon, 8 juin 1971, *D.* 1971. 555, note Chavrier – COMP. Civ. 1re, 8 mai 1968, *Bull. civ.* I, no 36; établissement de soins où aucun malade n'avait été accueilli depuis vingt-deux ans; terrain donné pour y construire un sanatorium, alors qu'il n'y a plus de malades de la tuberculose.
5. Nancy, 26 mai 1976, *JCP* 1977. 18707, note Savatier – Civ. 1re, 10 mars 1969, *D.* 1969. Somm. 85.
6. Civ. 1re, 25 janv. 2005, no 02-20.973, *Bull. civ.* I, no 51; *Gaz. Pal.* 2005. Somm. 2841; *Dr. fam.* 2005, no 64, note B. Beignier.
7. CE 19 févr. 1990, 10e et 6e ss-sect., *Cne d'Éguilles*, req. nos 73923 et 82498, *Lebon*; *AJDA* 1990. 554, obs. Auby; *JCP* 1990. 21535, note Boulanger.

(C. civ., art. 900-3, al. 3). Par conséquent, la révision ne peut être demandée aux bénéficiaires de la charge. Mais si ceux-ci ont engagé une action en exécution, le donataire peut appeler les héritiers du disposant dans la cause pour obtenir la révision.

Enfin, la **recevabilité de la demande** est subordonnée à une **condition de délai** : il faut attendre que **dix ans se soient écoulés depuis le décès du donateur** (C. civ., art. 900-5, al. 1er). Il en résulte que les charges imposées par le donateur sa vie durant, comme le service d'une rente viagère, ne sont jamais révisables. En cas de **demandes successives**, il faudra laisser passer un **nouveau délai de dix ans après le jugement qui a ordonné la précédente révision**. En outre, le gratifié doit alors justifier des diligences qu'il a faites dans l'intervalle pour exécuter ses obligations (C. civ., art. 900-5, al. 2).

Compte tenu de la dispersion éventuelle des héritiers, la demande est soumise à **publicité**, « *dans un journal diffusé dans le département du dernier domicile du donateur* » (Décr. 19 oct. 1984, art. 1er). Le jugement faisant droit à la demande devra lui aussi être publié, suivant des modalités qu'il déterminera lui-même (Décr. 19 oct. 1984, art. 3).

En cas d'absence d'un héritier, le jugement est susceptible de **tierce opposition.** Mais celle-ci n'est recevable qu'en cas de fraude du donataire (C. civ., art. 900-6, al. 1er). De plus, la **rétractation** ou la **réformation** du jugement « *n'ouvre droit à aucune action contre les tiers acquéreurs de bonne foi* » (C. civ., art. 900-6, al. 2).

313.144 **Étendue de la révision.** Le texte attribue au **juge** des **pouvoirs considérables**. Il peut, même d'office (C. civ., art. 900-4) :

- réduire en quantité ou en périodicité les prestations grevant les biens donnés;

- en modifier l'objet, en s'inspirant de l'intention du donateur;

- regrouper ces prestations avec d'autres, résultant d'autres libéralités;

- nonobstant toute clause d'inaliénabilité, autoriser l'aliénation de tout ou partie des biens donnés en ordonnant que le prix soit employé à des fins en rapport avec la volonté du disposant.

A ainsi été autorisée la vente d'un manoir dans lequel devait être créé un musée à la mémoire du donateur, et le transfert des œuvres de ce peintre au musée d'une grande ville pour leur donner un public[1]. Voir aussi, mais avant la loi de 1984, la vente d'un immeuble affecté au fonctionnement d'un hôpital pour organiser, avec le fruit de la vente, des soins à domicile[2]; le transfert dans un hospice départemental d'un asile de vieillard, et son remplacement par un centre d'accueil pour enfants[3]; la substitution d'un lycée d'enseignement professionnel à un collège communal[4].

313.145 **Révisions administratives.** Des **dispositions particulières** subsistent pour les **libéralités faites à l'État et aux établissements publics de l'État.** Elles figurent au Code général de la propriété des personnes publiques, articles L. 2222-12 et L. 2222-13 : la révision peut alors être autorisée par l'autorité administrative compétente, si l'auteur de la libéralité ou ses ayants droit y consentent. Dans le cas contraire, la révision est possible selon la procédure judiciaire. Le Code général de la propriété des personnes publiques prévoit également (CGPPP, art. L. 2222-14 s.), dans une hypothèse semblable, la restitution des libéralités. Par ailleurs, s'agissant des établissements hospitaliers, l'article L. 6145-10 du Code de la santé publique prévoit également la révision par arrêté du représentant de l'État dans le département des charges imposées à ces établissements, sous la même condition d'accord avec le donateur ou ses ayants droit.

1. TGI Dijon, 3 nov. 1986, inédit.
2. Civ. 1re, 8 mai 1968, préc. ss no 313.142.
3. Civ. 1re, 10 mars 1969, *D.* 1969. Somm. 85.
4. Civ. 1re, 10 mars 1969, préc. ss prést no.

CHAPITRE

314. Règles de fond des donations : irrévocabilité spéciale des donations

YVONNE FLOUR
PROFESSEUR À L'UNIVERSITÉ
PANTHÉON-SORBONNE (PARIS I)

CHANTAL DONZEL-TABOUCOU
INGÉNIEUR D'ÉTUDES
AU CENTRE AUDIOVISUEL D'ÉTUDES JURIDIQUES (CAVEJ)
DE L'UNIVERSITÉ PANTHÉON-SORBONNE (PARIS I)
DOCTEUR EN DROIT PRIVÉ

SECTION 0 ORIENTEUR

314.00 Plan du chapitre.

314.01 Textes applicables.

C. civ., art. 943 à 952

> Donations entre vifs : forme
[C. civ., art. 943 à 952]

C. civ., art. 943
La donation entre vifs ne pourra comprendre que les biens présents du donateur; si elle comprend des biens à venir, elle sera nulle à cet égard.

C. civ., art. 944
Toute donation entre vifs, faite sous des conditions dont l'exécution dépend de la seule volonté du donateur, sera nulle.

C. civ., art. 945
Elle sera pareillement nulle si elle a été faite sous la condition d'acquitter d'autres dettes ou charges que celles qui existaient à l'époque de la donation ou qui seraient exprimées soit dans l'acte de donation, soit dans l'état qui devrait y être annexé.

C. civ., art. 946
En cas que le donateur se soit réservé la liberté de disposer d'un effet compris dans la donation ou d'une somme fixe sur les biens donnés, s'il meurt sans en avoir disposé, ledit effet ou ladite somme appartiendra aux héritiers du donateur, nonobstant toutes clauses et stipulations à ce contraires.

C. civ., art. 947
Les quatre articles précédents ne s'appliquent point aux donations dont est mention aux chapitres VIII et IX du présent titre.

C. civ., art. 948
Tout acte de donation d'effets mobiliers ne sera valable que pour les effets dont un état estimatif, signé du dona-

teur et du donataire, ou de ceux qui acceptent pour lui, aura été annexé à la minute de la donation.

C. civ., art. 949

Il est permis au donateur de faire la réserve à son profit ou de disposer, au profit d'un autre, de la jouissance ou de l'usufruit des biens meubles ou immeubles donnés.

C. civ., art. 950

Lorsque la donation d'effets mobiliers aura été faite avec réserve d'usufruit, le donataire sera tenu, à l'expiration de l'usufruit, de prendre les effets donnés qui se trouveront en nature, dans l'état où ils seront; et il aura action contre le donateur ou ses héritiers, pour raison des objets non existants, jusqu'à concurrence de la valeur qui leur aura été donnée dans l'état estimatif.

C. civ., art. 951

Le donateur pourra stipuler le droit de retour des objets donnés soit pour le cas du prédécès du donataire seul, soit pour le cas du prédécès du donataire et de ses descendants.

Ce droit ne pourra être stipulé qu'au profit du donateur seul.

C. civ., art. 952 (*L. n° 2006-728, 23 juin 2006 – entrée en vigueur le 1er janv. 2007*)

L'effet du droit de retour est de résoudre toutes les aliénations des biens et des droits donnés, et de faire revenir ces biens et droits au donateur, libres de toutes charges et hypothèques, exceptée l'hypothèque légale des époux si les autres biens de l'époux donataire ne suffisent pas à l'accomplissement de ce retour et que la donation lui a été faite par le contrat de mariage dont résultent ces charges et hypothèques.

314.02 Jurisprudence de référence.

> La clause de réversion d'usufruit contenue dans un acte de donation régulièrement publié doit s'analyser en une donation de biens présents puisque le droit d'usufruit est directement acquis au bénéficiaire le jour de l'acte et que seul l'exercice en est différé

• **Civ. 3e, 6 nov. 2002, n° 01-00.681,** *Bull. civ.* III, n° 220

* V. ss n° 314.53

> Cette solution a été reprise par la chambre mixte le 8 juin 2007

• **Cass., ch. mixte, 8 juin 2007, n° 05-10.727,** *Bull. ch. mixte*, n° 6

* V. ss n° 314.53

> Droit de retour conventionnel

• **Req. 3 janv. 1934,** *DP* 1934. I. 105

* V. ss n° 314.83

• **Civ., 30 juill. 1860,** *DP* 1860. I. 327

* V. ss n° 314.94

• **Civ. 1re, 6 févr. 1996, n° 92-19.895,** *Bull. civ.* I, n° 62

* V. ss n° 314.91

314.03 Bibliographie indicative.

Actualisables. Rép. civ., v° *Donation,* par I. Najjar, janv. 2008 [màj janv. 2014].

Ouvrages[1]. A. Colomer, *Les régimes matrimoniaux*, 12e éd., LexisNexis/Litec, 2005 – J. Flour et G. Champenois, *Les régimes matrimoniaux*, coll. « U », 2e éd., A. Colin, 2001 – J. Flour et H. Souleau, *Les libéralités*, coll. « U », A. Colin, 1982 – M. Grimaldi, *Libéralités, Partages d'ascendants*, 1re éd., LexisNexis/Litec, 2000 – J. Maury, *Successions et libéralités*, « Objectif droit », 7e éd., LexisNexis/Litec, 2012 – Ph. Malaurie, *Les successions, les libéralités*, 5e éd., Defrénois/Lextenso, 2012 – M. Planiol et G. Ripert, *Traité pratique de Droit civil français*, t. V, par Trasbot et Loussouarn, LGDJ, 1952-1960 – F. Terré, Y. Lequette, S. Gaudemet, *Les successions, les libéralités*, « Précis », 4e éd., Dalloz, 2014.

Articles. A. Chappert, « Droit de retour conventionnel. Mise en œuvre. Aspects fiscaux », *Defrénois* 2001. 37343, p. 467 – F. Douet, « Aspects civils et fiscaux des donations d'usufruit temporaire », *JCP N* 2013. 1077 – W. Dross, « L'irrévocabilité spéciale des donations existe-t-elle ? », *RTD civ.* 2011. 25 – F. Grosjean et S. Hervois, « Donation temporaire d'usufruit. Levier fiscal et philanthropique », *JCP N* 2013. 1201 – H. Lécuyer, « L'irrévocabilité des donations », *Études offertes à Pierre Catala*, Litec, 2001, p. 405 – Y. Lequette, « Du paiement des droits de mutation par le donateur », *Études offertes à Pierre Catala*, Litec, 2001, p. 437 – H. Mazeron-Gabriel, « Retenir pour donner mieux », *JCP N* 2013. 1042 – S. Schiller et H. Fabre, « Actualité du démembrement de titres », *JCP N* 2013. 1275.

314.04 Questions essentielles.

> Peut-on donner la chose d'autrui ?

* V. ss n° 314.31

> Peut-on donner avec réserve d'usufruit au profit d'un tiers ?

* V. ss n° 314.53

> Le donateur peut-il imposer le mariage au donataire ?

* V. ss n° 314.62

> Qu'est-ce que le quasi-usufruit ?

* V. ss n° 314.55

> Le donataire peut-il être obligé de payer les dettes du donateur ?

* V. ss n° 314.72

> Peut-on stipuler que le bien reviendra au donateur si le donataire vient à mourir avant lui ?

* V. ss n° 314.82

314.09 Idée générale. L'article 894 du Code civil définit la donation par le dépouillement actuel et irrévocable du donateur. L'irrévocabilité se présente donc comme une condition spécifique, caractéristique de la donation. Les articles 943 et suivants en déduisent les conséquences, en énumérant les clauses prohibées parce qu'elles seraient contraires à cette irrévocabilité. Suivant cette méthode, il faut préciser le sens de la notion (sect. 1), avant de dégager les conséquences de la règle (sect. 2 et 3).

1. NB : les ouvrages les plus fréquemment cités et dont le nom des auteurs figure en petites capitales en bibliographie sont cités par les seuls noms des auteurs en petites capitales en notes de bas de page.

SECTION 1
SENS DU PRINCIPE D'IRRÉVOCABILITÉ

314.11 Irrévocabilité générale et irrévocabilité spéciale. La notion d'irrévocabilité recouvre deux significations distinctes[1].

En premier lieu, elle signifie que la donation une fois faite, le donateur ne peut plus revenir ni sur l'avantage qu'il a consenti, ni sur les conditions de la donation quand bien même la modification serait au bénéfice du donataire[2]. Mais, en ce premier sens, la règle n'a rien de spécifique à la donation. Elle n'est autre que l'application du principe général de la force obligatoire du contrat, tel que l'énonce l'article 1134 du Code civil : la donation acceptée engage définitivement le donateur, de même que tout contrat régulièrement formé « *tient lieu de loi* » à ceux qui l'ont conclu. C'est l'**irrévocabilité générale des contrats**.

En second lieu, elle revêt un sens qui est, cette fois, **spécifique**. Elle **interdit** en effet d'introduire dans la donation **toute clause par laquelle le donateur se réserverait un moyen, direct ou indirect, de reprendre ce qu'il a donné.** De telles clauses sont licites en droit commun : on peut par exemple, dans un contrat à titre onéreux, stipuler librement un pacte de réméré ou une clause de dédit. Il en est ainsi parce que, dès lors qu'elles ont été acceptées, ces clauses ne sont que la mise en œuvre de la commune volonté des parties, fondement de l'irrévocabilité générale. Elles sont au contraire prohibées dans les donations : même avec l'accord du donataire, le donateur ne peut se réserver aucune faculté de révocation ou de repentir. C'est **l'irrévocabilité spéciale.**

On voit ainsi comment l'irrévocabilité spéciale prolonge l'irrévocabilité ordinaire, tout en lui conférant une portée tout à fait exorbitante du droit commun.

314.12 Dessaisissement du donateur. En posant, dans l'article 894, **l'exigence d'un dépouillement actuel et irrévocable du donateur**, la loi ne formule pas deux conditions distinctes, mais une seule : le caractère actuel du dessaisissement n'est que la mise en œuvre du principe d'irrévocabilité. On le vérifie à propos des donations de biens à venir, dans les cas où elles sont exceptionnellement permises (C. civ., art. 1082 s.). Par leur nature même, ces dispositions échappent à la règle de l'irrévocabilité spéciale (C. civ., art. 1083), précisément parce qu'elles n'emportent aucun dessaisissement actuel. L'une ne va pas sans l'autre.

L'actualité du dessaisissement n'implique aucunement qu'il soit immédiat. Par exemple, s'agissant d'une donation portant sur un corps certain, le donateur peut en aliéner la propriété **à terme** ou **sous condition suspensive.** La seule exigence légale est que l'acte soit conclu de manière définitive.

314.13 Réalité du dessaisissement. Cependant la nécessité pour le donateur de se dessaisir pose parfois problème. Par exemple, lorsque des parents gratifient leur enfant mineur d'une somme d'argent, le dépouillement paraît douteux au regard du droit de jouissance légale dont les père et mère bénéficient sur les biens de leur enfant mineur. Des solutions peuvent être proposées pour pallier la difficulté : qualifier l'opération de quasi-usufruit légal ou déléguer la gestion des biens donnés à un tiers administrateur (C. civ., art. 389-3, al. 2)[3].

314.14 Ambiguïté de la règle. À dire vrai, l'irrévocabilité des donations est une règle complexe en ce qu'elle suscite plusieurs analyses.

– *En premier lieu*, elle se présente comme un **effet de la donation**. La donation une fois consentie ne peut être révoquée, même indirectement. Par exemple, lorsqu'un cautionnement a été consenti dans une intention libérale et réalise une donation indirecte, la caution qui a payé le créancier perd le droit d'utiliser contre le débiteur principal les recours que lui ouvre pourtant le droit du cautionnement, parce que ce faisant elle reprendrait ce qu'elle a donné[4]. Plus généralement, une grande partie des effets de la donation sont commandés par le principe d'irrévocabilité : notamment, en présence d'héritiers réservataires, l'ordre des réductions (C. civ., art. 923).

– Dans une analyse plus approfondie, l'irrévocabilité est une **condition de validité de la donation.** Le propre d'une condition de validité est en effet d'être **sanctionnée par la nullité de l'acte** lorsqu'elle n'est pas respectée. Tel est bien ici le cas : toute clause contraire à l'irrévocabilité spéciale entraîne la nullité de la donation (v. ss n° 314.16).

– *Enfin*, et de manière plus inattendue, la notion d'irrévocabilité n'est pas sans lien avec la **forme de l'acte.** Ce lien est manifeste dans les donations non

1. Sur les différents objets de l'irrévocabilité : C. Donzel-Taboucou, *La donation de valeurs mobilières*, IRJS éd. [à paraître], nos 170 s.
2. Civ. 1re, 29 juin 2011, n° 10-17.562, *Bull. civ.* I, n° 129; *Dr. fam.* 2011. Comm. 153, obs. B. Beignier; *Defrénois* 2012. 40425, chron. B. Vareille et A. Chamoulaud-Trapiers; *JCP N* 17 févr. 2012, p. 37, note C. Bourdaire-Mignot.
3. G. Bonnet, « Des principes à la pratique », *LPA* 9 mars 2012, n° 50, p. 35.
4. Civ. 1re, 12 mai 1982, n° 81-11.446, *Bull. civ.* I, n° 173; *D.* 1983. 320, note J. Mestre, *JCP* 1983. II. 20060, note Ch. Aubertin – Civ. 1re, 17 nov. 1987, n° 85-15.899, *Bull. civ.* I, n° 297.

notariées. Un don manuel n'est valable qu'à la condition que la tradition réelle opère un dépouillement actuel et irrévocable du donateur. Ainsi il n'y a pas don manuel lorsque le donateur fait un virement sur un compte joint commun à lui-même et au gratifié, ou dépose les objets donnés dans un coffre loué au nom du donataire, mais dont il a conservé la clef[1]. De la même manière, une donation indirecte implique que le support choisi pour transférer un droit au bénéfice du gratifié réalise un dessaisissement du donateur conforme aux exigences de l'article 894[2]. À défaut la donation est nulle en la forme.

314.15 Domaine d'application de la règle. S'agissant d'une condition de fond, **le principe est que toutes les donations lui sont soumises**, quelle que soit leur forme. Mais il est **deux exceptions** importantes à cette règle[3].

La première exception concerne les **donations que se consentent les époux au cours du mariage.**

Jusqu'à la loi du 26 mai 2004 portant réforme du divorce, toutes les donations conjugales pouvaient **toujours être révoquées unilatéralement par le donateur,** sans même que celui-ci ait à justifier d'un motif (C. civ., anc. art. 1096). À proprement parler, un tel acte n'engageait à rien. Ces libéralités entre époux échappaient donc non seulement à l'irrévocabilité spéciale des donations, mais aussi à l'irrévocabilité générale des contrats.

Depuis la loi précitée du 26 mai 2004, les **donations entre époux de biens présents,** prenant effet au cours du mariage, ont réintégré le droit commun. Elles sont désormais soumises à la **double irrévocabilité** qui s'applique aux donations ordinaires (C. civ., art. 1096, al. 2, réd. L. 26 mai 2004).

Au contraire, les **donations de biens à venir** que se consentent les époux demeurent **librement et unilatéralement révocables** (même texte). Ces donations, qui prennent leurs effets au décès du donateur, sont plus proches d'un legs que d'une disposition entre vifs. Dès lors, comme un testament, elles doivent pouvoir être révoquées à tout moment (sur la notion de donation de biens à venir, v. s[s] n° 314.41). Elles sont même révoquées de plein droit en cas de divorce (C. civ., art. 265, al. 2, réd. L. 26 mai 2004).

La seconde exception s'applique aux **donations incluses dans un contrat de mariage** (C. civ., art. 947). L'article 1086 précise le sens particulier de cette exception : les clauses prohibées dans les donations ordinaires en application des articles 943 et 945 (v. s[s] n°s 314.21 s.) y sont licites, notamment la réserve du droit de disposer, ainsi que l'obligation de payer les dettes futures du donateur. En revanche, et à défaut de clause particulière, ces donations une fois consenties ne peuvent être révoquées. En d'autres termes, elles échappent à l'irrévocabilité spéciale, mais restent soumises à l'irrévocabilité ordinaire des contrats.

Néanmoins, lorsque ces dispositions ont été consenties entre futurs époux, elles sont révoquées de plein droit au moment du divorce (C. civ., art. 265, al. 2).

314.16 Sanction de la règle. La donation qui porte atteinte à l'irrévocabilité est nulle. Cette nullité est affirmée par les articles 943, 944, 945 et suivants du Code civil. Il s'agit d'une **nullité absolue**, invocable par **tout intéressé**, et donc par le **donateur lui-même.** Elle se prescrit actuellement par **cinq ans** (C. civ., art. 2224, réd. L. 17 juin 2008), et n'est **pas susceptible de confirmation**[4]. Il en résulte qu'elle est encourue même si le donateur n'use pas de la faculté de révocation qu'il s'est réservée. On admet cependant l'application de l'article 1340 du Code civil : après le décès du donateur, ses héritiers et ayants cause peuvent renoncer à opposer la nullité.

En principe, contrairement à la règle énoncée par l'article 900 du Code civil, la **nullité** ne vicie pas seulement la clause critiquable, mais **s'étend à la donation toute entière** (C. civ., art. 944). Toutefois, dans la mesure où la faculté de révocation que s'est réservée, par hypothèse, le donateur n'affecterait pas tous les éléments compris dans l'acte, elle **pourrait n'être que partielle** (C. civ., art. 943 et 945), la donation conservant ses effets pour le surplus.

Dans tous les cas, le résultat est paradoxal, voire absurde. En invoquant la nullité de la disposition, le donateur obtient précisément le résultat qu'il avait recherché en stipulant une clause interdite, et pourquoi la donation est nulle : il reprend ce qu'il avait donné. **Loin de sanctionner l'atteinte à l'irrévocabilité, la nullité la consacre.** Ce paradoxe nourrit une **virulente critique** à l'encontre de la règle elle-même[5]. On lui reproche d'être tout à la fois anachronique et inutile.

314.20 Division. Les conventions prohibées par la loi sont énumérées aux articles 943 et suivants.

1. Civ. 1re, 22 déc. 1971, n° 70-13.425, *Bull. civ.* I, n° 326; *Defrénois* 1972, art. 30189, n° 47, note J.-L. Aubert – Civ. 1re, 17 avr. 1985, n° 83-16.939, *Bull. civ.* I, n° 117; *D.* 1986. 21, note Muller – Civ. 1re, 19 nov. 1996, n° 95-10.242, NP, *D.* 1997. Somm. 365, obs. M. Nicod.
2. Civ. 1re, 20 nov. 1984, n° 83-12.510, *Bull. civ.* I, n° 312; *JCP* 1986. II. 20571, note M. Dagot.
3. M. Gamet, « Libéralités entre futurs époux par contrat de mariage, par acte séparé ou par testament : que choisir ? », *Dr. et patr.* 2012, n° 217, p. 74.
4. Lyon, 8 févr. 1867, *D.* 1867. 154.
5. W. Dross, « L'irrévocabilité spéciale des donations existe-t-elle ? », *RTD civ.* 2011. 25.

Les unes concernent l'objet même de la donation (sect. 2), les autres les conditions qui peuvent y être insérées (sect. 3).

SECTION 2
INTERDICTIONS RELATIVES À L'OBJET DE LA DONATION

314.21 **Principe.** Tout droit figurant dans le patrimoine du donateur peut faire l'objet d'une donation (v. s^s^ n° 313.11). Mais le donateur doit se dépouiller actuellement et irrévocablement : il en résulte qu'il ne peut donner que des **biens présents**, et doit les aliéner définitivement. L'irrévocabilité interdit donc la donation de biens à venir, ainsi que la donation avec réserve du droit de disposer.

§ 1
Donation de biens à venir

314.30 **Formulation de la prohibition.** Elle figure dans l'article 943 du Code civil. Par biens présents, il faut entendre non seulement ceux dont le donateur est déjà propriétaire au jour de la donation, mais également ceux sur lesquels il n'a encore qu'un droit conditionnel. Un tel droit est en effet lui-même un élément du patrimoine, qui peut faire l'objet d'une donation.

Mais l'expression « *biens à venir* » revêt, quant à elle, une double signification : d'une part, elle désigne les biens sur lesquels le donateur n'a encore aucun droit au jour où la donation se réalise (A), et d'autre part, les biens que le donateur laissera à son décès, quant même il en serait déjà propriétaire au jour de l'acte (B).

A.
Biens sur lesquels le donateur n'a aucun droit lors de la donation

314.31 **Donation de la chose d'autrui.** Aucun texte n'en prononce la nullité. Celle-ci est néanmoins généralement admise, par analogie avec la vente (C. civ., art. 1599) et avec le legs (C. civ., art. 1021). Mais, sur ce fondement, la **nullité** est **relative**, par conséquent susceptible de **confirmation**.

Doit-on en outre condamner la donation de la chose d'autrui sur le fondement de l'irrévocabilité, au motif que le donateur resterait libre de priver la disposition d'efficacité en s'abstenant d'acquérir le bien ? La réponse dépend de la portée de son engagement. S'il s'est obligé de manière ferme à acquérir le bien dont il a disposé, la donation est dépourvue de tout caractère potestatif, et ne heurte pas le principe d'irrévocabilité. Elle est nulle en revanche, si le disposant n'a pris aucun engagement véritable.

314.32 **Donation de choses futures.** Pour la même raison, une donation peut valablement avoir pour objet une chose future (v. s^s^ n° 313.12). Une telle disposition n'est pas en elle-même contraire à l'irrévocabilité spéciale, sauf si la réalisation de la chose était abandonnée au bon vouloir du donateur.

B.
Biens que le donateur laissera à son décès

314.41 **Fondement de la prohibition.** L'article 943 interdit de donner tout ou partie des biens qui composeront la succession du donateur, non parce qu'il dépendrait de celui-ci de ne pas les acquérir, mais parce qu'il lui serait possible de retirer tout effet à la donation en aliénant de son vivant les biens donnés, voire en vidant son patrimoine[1].

Au demeurant, prise dans ce deuxième sens, la donation de biens à venir réaliserait un **pacte sur succession future**. Elle conférerait au donataire un droit de même nature que celui d'un légataire : dans un cas comme dans l'autre, le gratifié ne peut espérer recevoir que ce que le disposant laissera à son décès. C'est d'ailleurs pourquoi cette opération est également dénommée **institution contractuelle** : elle consiste en effet à instituer un successible par contrat. La prohibition de l'article 943 se rattache donc aussi à l'article 1130 du Code civil.

L'étendue de la nullité varie selon les cas. Lorsque la disposition porte à la fois sur des biens présents et sur des biens à venir, elle n'est nulle que pour les seconds, et reste valable pour les premiers (C. civ., art. 943), sauf cependant si dans l'intention des parties, les divers éléments de l'acte présentent un caractère indivisible[2].

314.42 **Exceptions.** On a déjà signalé (v. s^s^ n° 314.15) que la **donation de biens à venir** est exceptionnellement **permise** dans les **contrats de mariage, en faveur des futurs époux**, et aussi **entre époux au cours du mariage.**

314.43 **Domaine de la prohibition.** L'application de la règle soulève d'assez importantes difficultés de qualification.

La jurisprudence distingue en effet la **donation à cause de mort**, nulle, de la **donation *post mortem***, valable. *Dans le premier cas*, le donataire n'acquiert qu'un simple **droit éventuel** dans la succession du

1. Req. 20 juin 1932, *DH* 1932. 409 – Besançon 13 mars 1951, *D.* 1951. 317 ; *JCP* 1952. II. 6667, note P. Voirin.
2. Civ. 1re, 26 juin 1963, *Bull. civ.* I, n° 347.

donateur, pour le cas où les biens donnés figureraient encore dans le patrimoine de ce dernier à son décès. La liberté laissée par là-même au disposant constitue une atteinte à l'irrévocabilité spéciale. *Dans le second cas*, le donataire acquiert immédiatement un **droit ferme et définitif**, dont seule l'exigibilité est différée. Il ne s'agit plus d'une donation de biens à venir, mais d'une donation de biens présents, exécutable au décès. Elle est irrévocable, donc valable.

314.44 Applications. La solution ne prête pas à discussion lorsque la libéralité porte sur un **corps certain.** Il est alors relativement simple de vérifier l'existence d'un droit irrévocable, consenti de son vivant par le donateur. Si, par la suite, celui-ci a disposé de manière fautive du bien donné, une indemnité sera due.

Même dans cette hypothèse, cependant, des hésitations sont permises.

EXEMPLE 1

La Cour de cassation a qualifié de donation de biens à venir une clause de réversion d'usufruit consentie par un époux au profit de son conjoint. En l'espèce, cette donation était néanmoins valable, puisque faite entre époux (v. s^s^ n° 314.42). Mais l'arrêt en a déduit que le bénéficiaire ne pouvait renoncer à la réversion tant que la succession de son conjoint n'était pas ouverte [1]. L'analyse est certainement erronée. L'usufruit étant un droit viager, celui que s'est réservé le donateur s'éteint nécessairement par le décès. Ce n'est donc pas dans la succession du prémourant que le survivant trouve l'usufruit constitué à son profit : il le tient directement de la donation, l'exercice seul du droit, créé définitivement à ce moment, étant retardé jusqu'au décès du constituant.

EXEMPLE 2

Donation par des parents à l'un de leurs deux enfants de parts de société de famille constituée entre eux et lesdits enfants. Mais la donation n'a pas, conformément à l'article 1861 alinéa 3 du Code civil, été notifiée à la société, ni au frère du gratifié. Jugé que cette donation réalise une libéralité à cause de mort, consentie pour rompre l'égalité du partage d'une succession non ouverte [2].

La mise en œuvre du critère est encore beaucoup plus délicate lorsque la donation porte sur une somme d'argent, stipulée « *payable au décès* » ou « *sur l'actif successoral* ». La Cour de cassation décide qu'il y a lieu de rechercher quelle a été l'intention du donateur : a-t-il entendu faire naître contre lui-même une créance actuelle, affectée seulement d'un terme ? L'acte est valable, car l'objet de la donation est un bien présent. A-t-il entendu ne conférer au donataire qu'un droit éventuel dans sa propre succession, l'acte est nul car l'objet de la donation est un bien à venir [3]. L'analyse n'est pas dépourvue d'arbitraire. Divers indices peuvent néanmoins orienter l'interprétation du juge : en faveur d'une donation de biens présents, on invoquera l'existence d'une sûreté au profit du donataire [4], d'une stipulation d'intérêts [5], d'une réserve d'usufruit sur la somme donnée [6], d'une clause de retour conventionnel [7]. En sens inverse, la clause suivant laquelle la somme attribuée au donataire est à prendre dans la succession par préciput avant partage a été considérée comme l'indice d'une donation de biens à venir [8].

314.45 Effet d'une donation *post mortem*. Lorsque la donation exécutable au décès est valable en fonction des critères précédents, elle confère au donataire un **droit de créance ordinaire.** Avant le décès du donateur, le gratifié est dans la situation d'un **créancier à terme** : il peut se faire consentir une sûreté, il a droit aux effets de la déchéance du terme, il peut attaquer les actes accomplis en fraude à ses droits [9]. Au décès, il se présente comme un **créancier du défunt** : il vient en concours avec les créanciers chirographaires, et peut réclamer son paiement aux héritiers.

S'il y a plusieurs dispositions du même type, les bénéficiaires ne seront pourtant pas traités à égalité. Ils seront payés **par ordre chronologique,** en commençant par la **donation la plus ancienne.** C'est l'irrévocabilité spéciale qui commande cet ordre. La donation deuxième en date n'a pu porter atteinte à la précédente, et ainsi de suite. On se trouve ainsi en présence de créances particulières qui ont, en quelque sorte par leur seule nature, un rang de préférence entre elles [10] – sans qu'il y ait lieu de tenir compte d'éventuelles sûretés.

La situation devient complexe lorsque se trouvent en concours plusieurs donataires de sommes d'argent payables au décès, et plusieurs créanciers à titre onéreux du défunt. La difficulté est inégale selon que la succession a été acceptée purement et simplement ou sous bénéfice d'inventaire. Dans le premier cas, il n'y a aucun problème véritable. Chacun des créanciers, à titre onéreux ou à titre gratuit,

1. Civ. 1re, 20 avr. 1983, n° 82-10.848, *Bull. civ.* I, n° 124; *D.* 1986. 31, note M. Grimaldi; *JCP* 1984. II. 20257, note E.-S. de La Marnierre; *JCP N* 1985. II. 30, note Rémy; *RTD civ.* 1984. 349, obs. J. Patarin.
2. Paris, 17 mai 1990, *JCP N* 1991. II. 129.
3. Civ. 30 nov. 1937, *DH* 1938. 19.
4. Civ. 30 août 1881, *D.* 1882. 1. 62.
5. Req. 22 avr. 1817, *D. jur. gén.*, *v° Disposition entre vifs*, n° 1349-1°.
6. Req. 28 févr. 1865, *DP* 1865. 221.
7. Civ. 11 déc. 1844, *D.* 1845. 125.
8. Besançon, 13 mars 1951, *D.* 1951. 317 – COMP. Paris, 17 mai 1990, préc. s^s^ prés^t^ n°.
9. Lyon, 22 févr. 1893, *D.* 1894. 490.
10. Req. 7 mars 1860, *D.* 1860. 153.

peut, en raison de l'obligation *ultra vires*, réclamer aux héritiers la totalité de son paiement. Dans le second cas, il faut alors tenter de concilier le principe d'égalité des créanciers chirographaires avec celui de l'irrévocabilité des donations. La solution consiste à procéder d'abord à une répartition entre tous au marc le franc, puis, dans une seconde étape, à faire masse des sommes ainsi attribuées aux donataires, et à répartir celles-ci par ordre de date, les derniers ne touchant (éventuellement) rien[1].

§ 2
Donation avec réserve du droit de disposer

314.51 Portée de la prohibition. Selon l'article 946 du Code civil, la donation est nulle si le donateur s'est réservé le droit de disposer des biens donnés : elle est nulle pour le tout si la réserve est illimitée; si au contraire celle-ci ne porte que sur une partie des biens, la nullité n'est encourue que dans la même mesure.

Dans les deux cas, la nullité est applicable même si le donateur n'a pas effectivement usé du droit qu'il s'était réservé. Dans cette hypothèse, les biens ainsi retirés au gratifié reviennent aux héritiers du donateur, malgré toutes stipulations contraires.

Les cas d'application de l'article 946 en jurisprudence sont rares[2].

314.52 Donation avec réserve d'usufruit. L'article 949 du Code civil précise en termes exprès que la donation avec réserve d'usufruit est **valable.** Il y a bien en effet dépouillement actuel et définitif : dépouillement qui porte sur la nue-propriété. La réserve d'usufruit facilite souvent la donation : elle permet au donateur de transmettre son patrimoine de son vivant, tout en conservant l'usage ou la jouissance de ses biens. Elle est aussi **avantageuse sur le plan fiscal pour le gratifié**, qui ne paiera de droits que sur la valeur de la nue-propriété sans avoir à verser de complément de droits au décès de l'usufruitier[3].

Cette clause est possible dans toutes les donations, y compris dans les dons manuels[4].

314.53 Bénéficiaire de la réserve d'usufruit. L'usufruit peut en effet être réservé au profit du **donateur** lui-même, ou au profit d'un **tiers.** Dans cette hypothèse, on est en présence d'une **double libéralité** au profit de deux personnes différentes : l'une portant sur la nue-propriété du bien, l'autre sur la jouissance. Si le tiers n'accepte pas le droit ainsi constitué à son profit, celui-ci revient au donateur ou à ses héritiers. Le donataire en nue-propriété ne peut y prétendre avant le décès de la personne gratifiée en usufruit.

La réserve d'usufruit peut aussi être stipulée **à la fois au profit du donateur et d'un tiers.** C'est la **clause de réversibilité**, fréquente entre époux. On est alors en présence de **deux usufruits successifs** : le donateur exercera d'abord le droit qu'il s'est réservé pour lui-même; à son décès s'ouvrira celui qu'il avait constitué au profit du bénéficiaire de la réversion (sur l'analyse de cette clause, v. aussi s[s] n°s 313.122, 353.13 et 354.92).

Le **bénéficiaire d'une clause de réversion d'usufruit contenu dans un acte de donation** régulièrement publié ne doit pas faire établir et publier une attestation notariée constatant la transmission après le décès du titulaire initial. La Cour de cassation a estimé que cette clause doit s'analyser en une donation de biens présents puisque le droit d'usufruit est directement acquis au bénéficiaire le jour de l'acte et que seul l'exercice en est différé[5]. Cette solution a été reprise par la chambre mixte le 8 juin 2007[6].

314.54 Situation juridique de l'usufruitier. Quand le donateur s'est réservé la jouissance de la chose donnée, son usufruit est en principe régi par les règles du droit commun. Il existe néanmoins quelques dérogations.

Le **donateur usufruitier** est d'abord **dispensé de fournir caution** (C. civ., art. 601). En outre, lorsque la donation porte sur des biens mobiliers, il est également **dispensé d'inventaire** : l'état estimatif prévu par l'article 948 en tient lieu. Toutefois, s'agissant d'une donation sans forme (par ex., un don manuel), en l'absence d'état estimatif, il y a lieu de revenir à la nécessité de l'inventaire (C. civ., art. 600).

1. V. M. Planiol et G. Ripert, t. V, n° 442.
2. V. cep. Civ. 30 juin 1857, *D.* 1857. 308 – Req. 13 nov. 1877, *DP* 1878, 451 – Paris, 13 mars 1919, *Gaz. Pal.* 1920. 1. 56 – Besançon, 13 mars 1951, préc. s[s] n° 314.44 – Civ. 1re, 30 janv. 1967, *Bull. civ.* I, n° 40 – comp. Civ. 6 juill. 1863, *D.* 1863. 286.
3. Sur l'intérêt d'un tel démembrement de propriété en matière de donation d'actions : S. Schiller et H. Fabre, « Actualité du démembrement des titres », *JCP N* 2013. 1275 – v. aussi, s[s] n° 313.11.
4. Civ. 11 août 1880, *DP* 1880. 461 – Req. 28 oct. 1935, *DP* 1936. 29, rapp. Pilon – Lyon, 20 mars 1969, *JCP* 1970. II. 16492.
5. Civ. 3e, 6 nov. 2002, n° 01-00.681, *Bull. civ.* III, n° 220; *AJ fam.* 2003. 32; *D.* 2002. IR 3308; *JCP N* 2003. 1448, note M. Dagot; *Defrénois* 2003. 792, obs. S. Piedelièvre; *RTD civ.* 2003. 133, obs. J. Patarin.
6. Cass., ch. mixte, 8 juin 2007, n° 05-10.727, *Bull. ch. mixte*, n° 6; *R.* 332; *BICC* 15 sept. 2007, rapp. Rivière, avis Legoux; *D.* 2008. Pan. 807, obs. Serra; *JCP* 2007. II. 10130, note G. Goubeaux; *JCP* 2009. I. 109, n° 81, obs. R. Le Guidec; *Defrénois* 2007. 1688, obs. A. Chappert; *AJ fam.* 2007. 353, obs. F. Bicheron; *Dr. fam.* 2007, n° 151, note B. Beignier; *RTD civ.* 2007. 588, obs. T. Revet; *RTD civ.* 2007. 605, obs. M. Grimaldi.

Les droits et les obligations respectifs de l'usufruitier et du nu-propriétaire sont définis par les articles 582 et suivants. Cependant, ces dispositions, n'étant pas d'ordre public, peuvent faire l'objet d'**aménagements conventionnels dans la donation.** Le donateur peut ainsi se ménager des pouvoirs plus étendus que ceux qui résultent de la loi : par exemple, le droit d'apporter à l'immeuble donné toutes les transformations qu'il lui plaira, ou de consentir de baux sans le concours de l'usufruitier[1].

Ces **clauses** peuvent toutefois se heurter à des **limites** qui tiennent soit au **droit de l'usufruit** lui-même, soit au **droit successoral.** C'est ainsi que, s'agissant d'une donation portant sur des parts sociales et assortie d'une réserve d'usufruit au profit du donateur, le nu-propriétaire ne peut être privé du droit de participer aux décisions collectives et de voter dans les assemblées générales extraordinaires[2]. Et lorsque la réserve est définie par la loi en nue-propriété - ce qui est le cas de la réserve des descendants en présence d'une libéralité au conjoint - toute clause aggravant les charges du nu-propriétaire à l'avantage de l'usufruitier constituerait par là-même une atteinte à la réserve[3].

314.55 Réserve de quasi-usufruit. Lorsque la **donation** porte sur des **biens consomptibles**, l'usufruit que se réserve le donateur se mue alors en un **quasi-usufruit.** L'usufruitier a le pouvoir de disposer des choses soumises à son droit à charge, selon l'article 587, « de *rendre à la fin de l'usufruit, soit des choses de même quantité et qualité, soit la valeur estimée à la date de la restitution* ». Il en est ainsi parce que, compte tenu de la nature de la chose, il est impossible de s'en servir sans l'aliéner ou la consommer. C'est notamment le cas des **donations de somme d'argent faites en nue-propriété** : le donataire n'est que créancier de la somme donnée, dont le donateur garde la disposition jusqu'à la fin de son usufruit.

Contrairement à ce que pourrait laisser croire une analyse trop rapide, l'existence d'un quasi-usufruit sur les biens donnés ne heurte pas l'article 946. Si, en effet, le donateur dans l'exercice de son droit dispose des biens soumis à son usufruit, il demeure tenu de leur valeur envers le gratifié, qui par conséquent ne perd pas le bénéfice de la donation. En d'autres termes, s'il y a bien réserve du droit de disposer, elle n'emporte aucune faculté de révocation. Au demeurant, l'article 949 valide la réserve d'usufruit (v. s^s n° 314.52) sans distinguer suivant la nature des biens qui y sont soumis.

En dehors des choses consomptibles par leur nature, rien n'interdit au donateur de **stipuler un quasi-usufruit sur d'autres sortes de biens** : ce n'est là qu'une application de la liberté laissée aux parties d'étendre les prérogatives de l'usufruitier (v. s^s n° 314.53). Cette clause révèle principalement son utilité dans les **donations portant sur des valeurs mobilières** : investi de tous les pouvoirs d'un propriétaire, le donateur conserve une liberté de manœuvre qui facilite beaucoup la gestion du portefeuille[4].

Certes, la Cour de cassation a rappelé à plusieurs reprises que l'usufruit des valeurs mobilières n'est pas, en général, un quasi-usufruit, parce que ces valeurs ne sont en elles-mêmes des biens consomptibles[5]. Mais elle n'a jamais contesté en revanche la possibilité d'étendre par contrat le domaine de cette institution[6]. La validité d'une telle clause ne souffre donc aucune hésitation dès lors que, comme il a été constaté précédemment, elle ne comporte pas d'atteinte à l'irrévocabilité spéciale des donations[7].

Néanmoins, pour assurer sa compatibilité avec le principe d'irrévocabilité, il est opportun d'accompagner la **clause de quasi-usufruit** de **stipulations accessoires**, destinées tant à préciser l'étendue des prérogatives que se réserve le donateur qu'à garantir l'intangibilité du droit du donataire.

PAR EXEMPLE : organiser l'information du gratifié pour toutes les opérations effectuées par le donateur sur les titres donnés, interdire certains actes sans le consentement du donataire (donation, nantissement), préciser l'objet de la restitution en fin d'usufruit et son mode d'évaluation, stipuler des garanties de paiement au profit du nu-propriétaire[8].

1. Req. 19 févr. 1877, *D.* 1878. 377 – Req. 1er avr. 1895, *D.* 1895. 335.
2. Com. 4 janv. 1994, n° 91-20.256, *Bull. civ.* IV, n° 10; *R.* 335; *JCP* 1994. I. 3769, n° 4, obs. A. Viandier et J.-J. Caussain; *Defrénois* 1994. 556, obs. P. Le Cannu; *Rev. sociétés* 1994. 278, note M. Lecène-Marénaud; *RTD civ.* 1994. 644, obs. F. Zenati – Com. 9 févr. 1999, n° 96-17.661, *Bull. civ.* IV, n° 44; *R.* 368; *D.* 2000. Somm. 231, obs. J.-C. Hallouin; *JCP* 1999. II. 10168, note Blanc; *Defrénois* 1999. 625, obs. Hovasse; *Rev. sociétés* 1999. 81, note P. Le Cannu; *RTD com.* 1999. 902, obs. Y. Reinhard.
3. Civ. 1re, 18 oct. 1994, n° 93-11.384, *Bull. civ.* I, n° 302; *D.* 1995. Somm. 336, obs. B. Vareille; *JCP N* 1994. 1449, obs. Lucet; *RTD civ.* 1995. 414, obs. J. Patarin.
4. C. Donzel-Taboucou, *La donation de valeurs mobilières*, IRJS éd. [à paraître], v° « Universalité de fait des valeurs mobilières ».
5. Civ. 1re, 4 avr. 1991, n° 89-17.351, *Bull. civ.* I, n° 129; *RTD civ.* 1994. 381, obs. F. Zenati – Com. 12 juill. 1993, n° 91-15.667, *Bull. civ.* IV, n° 292; *Defrénois* 1993, art. 35674, n° 5, note H. Hovasse; *RTD civ.* 1994. 381, obs. F. Zenati; *RTD com.* 1994. 86, obs. R. Cabrillac et B. Teyssié; 353, obs. B. Bouloc.
6. Req. 30 mars 1926, *DH* 1927. 217.
7. EN CE SENS, v. M. Grimaldi et J.-F. Roux, *Defrénois* 1994, art. 35677, p. 3.
8. V. une formule proposée par M. Vion et Th. Le Pleux, *Defrénois* 1994, art. 35713, p. 168.

Signalons cependant que, depuis un arrêt du 12 novembre 1998, la Cour de cassation considère un portefeuille de valeurs mobilières, non comme une pluralité de biens distincts, mais comme une universalité de fait[1]. Il en résulte que les opérations d'arbitrage au sein de ce portefeuille constituent des actes non de disposition mais d'administration, que l'usufruitier peut accomplir seul. Grâce à cette analyse, l'usufruitier d'un portefeuille de valeurs est donc assuré d'une grande liberté de gestion. Les clauses de quasi-usufruit, qui s'étaient beaucoup répandues dans les donations de valeurs mobilières, ont perdu par là-même l'essentiel de leur utilité.

314.56 Restitutions en fin d'usufruit. L'article 950 précise les modalités de ces restitutions. Mais ce texte n'est qu'un rappel du droit commun, et doit être complété par références aux dispositions générales.

Le donataire est donc tenu de recevoir, dans l'état où ils se trouvent, les meubles qui se détériorent par l'usage, et il n'a de recours à exercer de ce chef contre le donateur que s'il y a faute ou dol de sa part. Quant aux meubles qui n'existent plus en nature, l'article 950 déclare le donateur responsable de leur valeur. Malgré les termes généraux du texte, il n'est pas douteux que l'usufruitier ne répond pas des pertes fortuites. Néanmoins la charge de la preuve du caractère fortuit pèse sur lui, ou sur ses héritiers[2].

S'agissant d'un quasi-usufruit en revanche, le donateur ayant conservé la propriété n'est pas libéré par la perte des choses soumises à son droit : en toute hypothèse, il doit restituer l'équivalent des biens qui ont fait l'objet de la donation. Aux termes de l'article 587, il dispose d'une option : restituer en nature des choses semblables, ou restituer leur valeur estimée à la date de la restitution. Mais lorsque la donation porte sur une somme d'argent, le principe du nominalisme monétaire veut que la restitution ne porte, sauf clause contraire, que sur la somme donnée elle-même, sans aucune réévaluation. Et, dans les autres cas, la détermination des choses « de *même qualité* », ou leur évaluation, peut soulever des difficultés infinies. Le contrat pourra donc utilement préciser l'objet et les modalités de cette restitution : prévoir par exemple une stipulation d'intérêt ou une clause d'indexation.

1. Civ. 1re, 12 nov. 1998, n° 96-18.041, *Bull. civ.* I, n° 315; *D.* 1999. 167, note L. Aynès; 633, note D. Fiorina; *JCP* 1999. II. 10027, note S. Piedelièvre; *JCP* 1999. I. 120, n° 29, obs. H. Périnet-Marquet; *JCP N* 1999. 351, note H. Hovasse; *RTD civ.* 1999. 422; 427; 430; 432, obs. F. Zenati; 674, obs. J. Patarin; *RTD com.* 1999. 459, obs. M. Storck.
2. Civ. 28 mars 1938, *DH* 1938. 200.

314.57 Autres clauses. À l'image de la réserve d'usufruit, le donateur peut librement démembrer la propriété de ses biens : ainsi peut-il conserver un **droit d'usage et d'habitation**, ou une **servitude** sur le bien donné. Il peut aussi, en sens inverse, conserver la **nue-propriété** et ne donner qu'un **droit de jouissance**. Aucune de ces clauses ne contredit l'article 946.

SECTION 3
INTERDICTIONS RELATIVES AUX MODALITÉS DE LA DONATION

314.60 Idée générale. Les parties sont libres, en principe, d'insérer dans une donation toutes les conditions qu'elles veulent (v. ss n° 313.71). Mais ces conditions ne doivent pas avoir pour résultat de faire échec à l'irrévocabilité. La principale conséquence de cette idée est la prohibition des conditions potestatives (§ 1) (C. civ., art. 944). L'interdiction de la clause qui imposerait au donataire de payer les dettes du donateur, visée dans l'article 945, n'est qu'une application particulière de la précédente (§ 2). Quant à la clause de retour conventionnel (§ 3), qu'autorise expressément l'article 951, elle constitue une condition purement casuelle.

§ 1
Donations sous condition potestative

314.61 Diversité des conditions potestatives. On en distingue traditionnellement deux sortes. Les **conditions purement potestatives** ne dépendent que d'une volonté arbitraire de celui qui s'oblige : je donnerai si je veux. Les **conditions simplement potestatives** supposent l'accomplissement, par celui qui s'engage, d'un fait qu'il ne dépend que de lui d'accomplir : si je fais tel voyage, si je choisis telle profession. Rappelons qu'en droit commun la condition simplement potestative est valable dès lors que, n'étant pas arbitraire, elle ne fait pas obstacle à la formation d'un engagement véritable. La **condition purement potestative**, en revanche, est **toujours nulle** parce qu'elle contredit la notion même d'engagement.

314.62 Conditions prohibées dans les donations. L'article 944 du Code civil interdit dans les donations toute condition dont l'exécution dépend de la seule volonté du donateur. Selon l'interprétation jurisprudentielle, la règle ainsi posée est plus sévère qu'en droit commun : toutes les conditions potestatives sont visées. C'est alors la **donation toute entière** qui est **nulle**, et non pas seulement la condition irrégulièrement stipulée. Cette dérogation à la règle générale est une conséquence de l'irrévocabilité spéciale (par ex., est nulle la libéralité faite entre concubins subordonnée à la persistance de la liaison existant entre eux, le concubinage étant par nature librement révocable[1]).

L'interprétation de la jurisprudence est cependant assez libérale. A ainsi été validée la donation faite sous la condition du mariage du donateur, au motif que cette condition n'est pas potestative mais mixte, puisqu'elle dépend partiellement de la volonté d'une autre personne. Il suffisait pourtant au disposant de refuser de se marier pour priver la donation de toute efficacité[2]. Plus récemment a été déclarée valable la donation faite par un associé majoritaire des revenus futurs de parts sociales : l'objet de la disposition ne dépendait pas selon l'arrêt de la volonté du donateur, mais des résultats de l'exercice, c'est-à-dire des circonstances économiques. La condition n'était donc pas potestative mais casuelle[3].

314.63 Cas des donations optionnelles ou comportant une faculté de substitution. Si l'article 944 du Code civil interdit les conditions potestatives, il n'invalide pas pour autant les donations comportant une clause permettant d'en modifier l'objet.

Les **donations optionnelles** sont de deux types : **alternatives** ou **facultatives.** Les premières portent « *sur deux objets, le donateur ayant la possibilité, au terme d'un délai d'option, d'exécuter son obligation en délivrant l'un ou l'autre des deux objets à son choix* », tandis que les secondes portent « *sur un objet principal, le donateur se réservant la possibilité, au terme d'un délai d'option, d'exécuter son obligation au moyen d'un autre objet préalablement défini* »[4]. Certes, dans de telles donations, le donateur conserve bien la possibilité de choisir le bien qu'il va finalement donner, cependant dès lors qu'il reste tenu de donner, et que les deux branches de l'option qui lui est réservée sont objectivement équivalentes, il n'y a pas d'atteinte à l'irrévocabilité spéciale des donations[5].

Les **donations avec faculté de substitution** reposent sur un mécanisme et une philosophie différents. « *La délivrance est instantanée, le donataire est immédiatement investi de l'ensemble des prérogatives d'un propriétaire sur la chose, mais le donateur se réserve la faculté d'y substituer telle autre chose* »[6]. Néanmoins, si la date du transfert de propriété les distingue des donations optionnelles, ces différentes modalités se rejoignent quant à l'objet que le disposant peut modifier. Les mêmes arguments valent par conséquent pour affirmer qu'elles ne contredisent pas l'irrévocabilité spéciale. La donation est valable si au jour de la substitution, l'équivalence des objets est respectée[7].

§ 2
Donations faites sous l'obligation de payer les dettes du donateur

314.71 Distinction. Ayant cause particulier, le donataire n'est pas en principe tenu de payer les dettes de son auteur. Il peut néanmoins accepter de les prendre en charge, par une clause spéciale de la donation. L'article 945 prévoit cette possibilité, en distinguant les **dettes présentes** et **futures** du disposant.

314.72 Dettes présentes. S'agissant de **dettes qui existent lors de la donation, l'engagement** pris par le gratifié de les payer est certainement **licite**. Contrairement à ce que paraît dire l'article 945, il n'est pas nécessaire qu'elles soient énumérées dans l'acte ou dans un état qui lui serait annexé[8]. Cet engagement peut même être **tacite**. Si les dettes ainsi imposées au donataire ne sont pas identifiées, il devra les acquitter toutes. Toutefois, seuls les créanciers se prévalant d'un titre ayant acquis date certaine avant la donation auront une action contre lui; autrement leurs créances ne lui seraient pas opposables. Il est donc pratiquement utile de dresser un état des dettes, afin de préciser l'étendue de l'obligation du gratifié.

L'opération s'analyse alors en une **donation avec charge**. Les dettes que le donataire devra payer réduisent l'émolument dont il bénéficie.

314.73 Dettes futures. L'article 945 conduit ici à une nouvelle distinction.

Si les **dettes futures** que le gratifié s'est engagé à payer sont **indéterminées**, la **donation** est **nulle pour le tout.** Cette nullité est d'ailleurs applicable alors même que le donateur n'aurait, jusqu'à son décès, contracté en réalité aucune dette. Il suffit

1. Civ. 1re, 25 nov. 1986, n° 84-12.796, *Bull. civ.* I, n° 280 – V. AUSSI, Req. 20 juin 1932, *DH* 1932. 409 – Versailles, 2 oct. 1988, *Juris-Data* n° 049243.
2. Civ. 30 août 1880, *D.* 1880. 464.
3. Civ. 1re, 28 mai 1974, n° 72-14.259, *Bull. civ.* I, n° 157; *D.* 1975. 144, note A. Ponsard – V. AUSSI Civ. 1re, 16 févr. 1965, *JCP* 1965. II. 14198, note Esmein.
4. X. Bouché et X. Guédé, « Les donations optionnelles englobent les donations alternatives et facultatives », *JCP N* 2012. Étude 1229, nos 4 et 6.
5. X. Bouché et X. Guédé, « Les donations optionnelles englobent les donations alternatives et facultatives », *JCP N* 2012. Étude 1229, nos 36 s.
6. X. Boucher et X. Guédé, *Rapport au 108e Congrès des notaires de France*, p. 212 s.
7. X. Boucher et X. Guédé, *Rapport au 108e Congrès des notaires de France*, p. 216, n° 1360.
8. Req. 17 juin 1913, *D.* 1914. 280 – Civ. 13 nov. 1854, *D.* 1855. 7.

qu'ayant eu la liberté de le faire, il ait eu le moyen de détruire l'effet de la libéralité.[1].

Si les **dettes futures** sont **déterminées**, et **constatées** « *soit dans l'acte de donation, soit dans un état qui lui est annexé* », le texte paraît admettre la *validité* de l'obligation qu'aurait assumée le donataire de les payer (C. civ., art. 945).

Le résultat est cependant déconcertant : le donateur reste libre de contracter à l'avenir les dettes ainsi désignées, et conserve par là-même la faculté de réduire à son gré l'étendue de la donation. Pour donner à l'article 945 un sens compatible avec l'irrévocabilité, il faut en limiter l'application aux **dettes qui existent au moins dans leur principe au jour de la donation**, même si leur étendue n'est pas encore déterminée (par ex., dettes à venir d'un contrat à exécution successive, tel un contrat d'approvisionnement).

En dehors de ce cas très particulier, en présence d'une clause mettant à la charge du donataire l'obligation de payer certaines dettes futures du donateur, la donation est privée d'effet à concurrence des dettes ainsi prévues, qu'elles aient été ou non effectivement contractées. En tout état de cause, le gratifié ne peut donc prétendre conserver la valeur de la dette à laquelle il s'était d'avance engagé[2].

§ 3
Clause de retour conventionnel

314.80 **Définition.** Il s'agit d'une clause selon laquelle la donation sera résolue si le donataire meurt avant le donateur : les biens donnés retournent alors dans le patrimoine de ce dernier. Cette clause constitue une **condition résolutoire purement casuelle**, et ne porte donc aucune espèce d'atteinte à l'irrévocabilité de la disposition. La loi la prévoit et la réglemente expressément dans les articles 951 et 952 du Code civil, en raison de son importance pratique. Le droit de retour conventionnel se rencontre dans presque toutes les donations.

Le qualificatif conventionnel est là pour distinguer cette stipulation contractuelle du droit de retour légal que le Code civil accordait à l'ascendant donateur. Le retour légal a été supprimé par la loi du 3 janvier 1972, mais il subsiste dans les donations antérieures.

La loi du 23 juin 2006 a cependant rétabli un **droit de retour légal, au moins partiel,** au profit des père et mère du *de cujus*. Aux termes de l'article 738-2 du Code civil, ceux-ci « *peuvent dans tous les cas exercer un droit de retour, à concurrence (du quart), sur les biens que le défunt avait reçus d'eux par donation* ». Le **retour légal** et le retour conventionnel sont cependant de natures très différentes. Le premier est un **droit successoral.** Celui qui l'exerce reprend les biens donnés en qualité d'héritier, et par conséquent dans l'état où ils se trouvent. Le repreneur est aussi soumis aux obligations corrélatives qui pèsent sur les héritiers. Le **retour conventionnel** met en œuvre un **mécanisme contractuel.** Il agit comme une condition résolutoire. Par là même, les biens repris échappent entièrement à la succession du donataire.

Au demeurant, la fréquence de la clause, quasi systématique dans les donations, ôtera sans doute une grande partie de son intérêt au droit de retour institué par l'article 738-2 du Code civil.

Le droit de retour institué par l'article 757-3 du Code civil au profit des frères et sœurs du *de cujus* lorsqu'ils se trouvent en présence du conjoint est quant à lui très mal dénommé. Il porte en effet sur les biens que le défunt avait reçus de ses ascendants par succession ou donation. Ainsi les frères et sœurs « *reprennent-ils* » des biens qu'ils n'avaient pas eux-mêmes donnés. Ce qui contredit l'idée même de retour.

Si cette clause est usuelle, c'est parce qu'elle correspond à une psychologie commune : le donateur veut gratifier une personne déterminée, mais il n'entend pas qu'à la suite du décès de celle-ci, les biens qu'il donne passent en des mains étrangères.

A.
Conditions du droit de retour

314.81 **Volonté des parties.** S'agissant d'une convention, le droit de retour doit évidemment avoir été **stipulé**, dans la donation ou dans un acte séparé, par exemple un pacte adjoint à un don manuel. Il n'est pas nécessaire qu'il soit formulé expressément, mais il importe que la volonté des parties soit claire, et l'interprétation d'une volonté tacite présente toujours un aléa important.

EXEMPLES

L'existence d'un droit de retour ne résulte pas automatiquement de ce que la donation a été faite en avance d'hoirie[3], ni de ce qu'elle comporte une clause d'inaliénabilité[4]. L'interprétation des juges du fond est en tout cas souveraine[5].

1. Lyon, 8 févr. 1867, *D.* 1867. 154.
2. Paris, 8 mars 1877, *DP* 1878. 2.
3. Limoges, 16 janv. 1841, *S.* 1841. 360 – Mais EN SENS CONTRAIRE, Montpellier, 19 nov. 1830, *S.* 1831. 185.
4. Nancy, 24 déc. 1869, *DP* 1872. 57 – Mais EN SENS CONTRAIRE : Toulouse, 16 janv. 1907, *DP* 1909. 222 – COMP. sur la liaison de ces deux clauses, Civ. 26 janv. 1954, *JCP* 1954. II. 8038, note Voirin.
5. Req. 2 mars 1887, *DP* 1887. 204.

Lorsque la clause figure dans un acte séparé, celui-ci doit être publié si la donation est immobilière. On est en effet en présence d'un acte dressé distinctement pour constater une clause susceptible d'entraîner la résolution d'un acte préexistant, lui-même soumis à publicité (Décr. 4 janv. 1955, art. 28-2°). À défaut le droit de retour serait inopposable aux tiers qui auraient acquis des droits sur l'immeuble donné (Décr. 4 janv. 1955, art. 30-1, al. 4).

314.82 Cas d'ouverture du droit de retour. Ce droit peut être stipulé en vue de plusieurs hypothèses.

En premier lieu, il peut l'être pour le cas de **prédécès pur et simple du donataire** : la donation sera alors résolue du seul fait que le donataire meure avant le donateur, même s'il laisse des enfants.

En second lieu, il peut l'être pour le cas de **prédécès du donataire sans postérité.** Si le donataire meurt en laissant des enfants, la condition est défaillie : la donation est définitivement consolidée. À supposer que ces enfants meurent à leur tour, sans postérité, avant le donateur, ce dernier ne pourra reprendre les biens qu'il avait donnés.

Quels sont les enfants dont la présence mettra obstacle à l'exercice du droit de retour ? La réponse à cette question dépend essentiellement de la volonté du donateur, interprétée en cas de doute par les juges du fond. En l'absence de précision dans l'acte, aucune raison n'apparaît de distinguer entre enfants légitimes et enfants naturels[1].

En troisième lieu, le droit de retour peut être stipulé pour le cas de **prédécès du donataire et de ses descendants.** Si le donataire meurt le premier en laissant des enfants, le droit de retour ne s'ouvre pas, mais l'incertitude subsiste. Si les descendants meurent à leur tour sans postérité, ou s'ils renoncent à la succession du donataire, ce qui équivaut à leur prédécès[2], le donateur reprendra ses biens.

Cette dernière formule est la plus fréquente parce que c'est elle qui en général répond le mieux aux désirs du disposant, d'autant qu'avec l'allongement de la vie humaine, il n'est pas rare que celui-ci survive à la fois à ses enfants (ou certains d'entre eux) et ses petits enfants, eux-mêmes décédés accidentellement.

1. Quant à l'assimilation d'un enfant adopté à un enfant légitime, v. Civ. 1re, 16 mars 1971, n° 70-10.290, *Bull. civ.* I, n° 85. – *Adde*, Paris, 7 nov. 1990, *JCP N* 1970. 175, note Camoz.
2. Civ. 1re, 23 mai 2012, n° 11-14.104, *Bull. civ.* I, n° 112; *Defrénois* 2012. 40628, p. 1023, note I. Dauriac; *JCP N* 2012. 1346, note C. Blanchard; *JCP* 2012. 988, note F. Sauvage; *D.* 2012. 2776, note D. Autem; *LPA* 4-5 sept. 2012, p. 8, note J.-G. Mahinga; *JCP N* 2013. 1060, chron. R. Le Guidec.

314.83 Bénéficiaires du retour. La règle posée par la loi sur ce point est stricte : **le droit de retour ne peut bénéficier qu'au donateur seul.** Il n'est pas possible d'en faire profiter un tiers, pas même ses propres héritiers.

La principale conséquence de la règle concerne les **donations consenties conjointement par plusieurs personnes** : notamment par deux époux. Si l'un d'eux seulement survit au gratifié, tandis que l'autre est prédécédé, le survivant ne peut reprendre que les biens qu'il a personnellement donnés, à l'exclusion de ceux donnés par le premier mourant. Ce principe trouve notamment à s'appliquer dans les **donations-partages conjonctives** : si l'un des enfants meurt par exemple après son père, mais avant sa mère, celle-ci ne pourra exercer son droit sur tous les biens reçus par cet enfant : elle reprendra ceux dont elle était antérieurement propriétaire, et non ceux qui appartenaient à son mari[3].

La jurisprudence n'est cependant pas toujours fidèle à ce principe. Plusieurs arrêts décident que le droit de retour, dans cette hypothèse, doit s'exercer non en considération de l'origine des biens, mais en proportion de ceux que chacun des donateurs a apportés à la masse donnée en commun. Ce qui conduit parfois à ne pas permettre à celui qui survit au gratifié de reprendre tous les biens qu'il lui avait donnés[4], parfois à lui permettre de reprendre des biens qu'il n'avait pas donnés personnellement[5] (sur une question comparable en cas de révocation de la donation pour inexécution des charges, v. s^s n° 315.61).

La difficulté est pour le juge de devoir **interpréter la clause de retour conventionnel** afin de vérifier s'il n'est pas contraire à l'article 951 du Code civil. La clause intitulée **réserve du droit de retour**, ainsi libellée : « *En cas de décès d'un des donataires sans postérité, la donatrice se réserve le droit de retour des immeubles à lui attribué et, en cas de décès de la donatrice avant les donataires, à la branche restante de la famille Y...* » a été interprétée comme instituant un droit de retour à l'avantage d'une personne autre que le donateur, et a ainsi été privée d'effet[6].

Quant à la **sanction de cette règle**, elle varie suivant les cas.

Lorsque le droit a été stipulé à la fois au profit du donateur et d'un tiers, cette clause encourt la nullité dans la seule mesure où elle bénéficie au tiers : la donation est maintenue, et le droit de retour s'exercera normalement au profit du donateur[7].

3. Civ. 1re, 28 juin 1961, *Bull. civ.* I, n° 350 – Civ. 1re, 25 nov. 1952, *Defrénois* 1952, art. 27142.
4. Req. 3 janv. 1934, *DP* 1934. 105, note Savatier.
5. Civ. 1re, 14 févr. 1962, *D.* 1963. 75, note Savatier.
6. Civ. 1re, 8 juill. 2010, n° 09-11.301, NP.
7. Civ. 1re, 28 juin 1961, préc. s^s prés^t n°.

Si, en revanche, le droit de retour a été réservé au profit exclusif d'un tiers, la donation est annulée pour le tout. Elle s'apparente alors en effet à une substitution prohibée[1].

B.
Effets du droit de retour

314.91 **Principe.** Les effets du droit de retour sont ceux habituellement attachés à une **condition résolutoire.**

Tant que la **condition** est **pendante**, tout se passe pour le donataire comme si la donation était pure et simple. Il peut librement administrer les biens donnés et en disposer à sa convenance[2].

Tel est du moins le principe. Mais il est fréquent que la convention des parties restreigne cette liberté en stipulant une interdiction d'aliéner qui renforce le droit de retour et en constitue l'accessoire. Même en l'absence d'une clause d'inaliénabilité, il est de toute façon particulièrement dangereux d'acquérir un bien grevé d'un droit de retour, en raison de la rétroactivité de celui-ci lorsqu'il est appelé à s'appliquer (v. s^{s} n° 314.92).

Si la condition vient à défaillir, parce que le donateur vient à mourir le premier, la **donation** est définitivement **consolidée.**

Si la condition se réalise, c'est-à-dire si le donataire prédécède, ou si lui-même et ses descendants précèdent le donateur dans la mort, la **donation** est **résolue de plein droit et rétroactivement.**

314.92 **Effet de la résolution entre les parties.** Par l'effet de cette résolution, les biens donnés reviennent en entier au donateur, et doivent lui être restitués. À défaut de **restitution volontaire**, ce dernier dispose d'une **action personnelle fondée sur le contrat**, mais aussi d'une **action en revendication.** Mais bien entendu, le donateur ne peut reprendre que ce qu'il a effectivement donné.

Ainsi, quand il s'est réservé l'usufruit, il ne peut reprendre au décès du donataire que la nue-propriété : il en résulte que si, dans l'exercice de son droit d'usufruitier, il avait consenti un bail au gratifié, ce bail subsiste au profit des héritiers de ce dernier[3].

La **restitution** peut donner lieu à l'établissement d'un **compte** entre le donateur et les héritiers du donataire. Si le bien a péri par la faute de ce dernier, ses héritiers en doivent la valeur. Si le bien a été amélioré, il y aura lieu d'appliquer la théorie des impenses : les impenses utiles et nécessaires doivent être indemnisées. Les fruits du bien en revanche ne sont pas restituables, puisque le donataire était un possesseur de bonne foi[4]. Enfin si l'exécution d'une charge a donné lieu à des versements de somme d'argent, elles devront être remboursées[5].

314.93 **Effet à l'égard des tiers.** La **rétroactivité** de la résolution produit également ses **effets à l'égard des tiers.** Il en résulte que sont anéantis tous les actes de disposition qui ont pu être accomplis par le donataire : les aliénations, les constitutions de droits réels. Les biens qui font l'objet du retour doivent revenir au donateur « *francs et quittes de toutes charges* » (C. civ., art. 952).

L'article 952 apporte à cette règle une **exception**, qui concerne l'**hypothèque légale des époux.** Celle-ci survit à la résolution de la donation, à plusieurs conditions :

- que la donation, par hypothèse immobilière, ait été faite dans le contrat de mariage;

- que les autres biens du donataire soient insuffisants pour désintéresser son conjoint;

- enfin l'hypothèque ainsi maintenue ne peut garantir que « *l'exécution des conventions matrimoniales* » contenues dans le même contrat que la donation, et non les créances nées entre les époux au cours du mariage.

Le seul cas qui pourrait donc correspondre à ces conditions est celui de l'article 2136 : époux mariés en participation aux acquêts, pour sûreté de la créance de participation. Mais l'hypothèse de départ - donation incluse dans le contrat de mariage - est aujourd'hui fort rare.

La **rétroactivité** de la résolution est cependant soumise aux **limites de droit commun.** D'une part, tous les actes d'administration accomplis par le donataire sont maintenus. D'autre part, s'il s'agit de meubles corporels, l'article 2279 viendra au secours de l'acquéreur et le protégera contre la revendication du donateur. S'agissant d'immeubles, l'acquéreur pourra se prévaloir d'une prescription acquisitive. Mais la clause étant normalement publiée, cet acquéreur sera par là-même de mauvaise foi, et ne pourra donc invoquer que la prescription trentenaire. En outre, ce délai ne peut courir avant le décès du donataire, puisque le donateur n'a jusqu'à cette date qu'un droit conditionnel (C. civ., art. 2257). Le bénéfice de la prescription

1. Civ. 21 juin 1841, *S.* 1941. 603 – Civ. 18 avr. 1842, *S.* 1842. 523.
2. V. Civ. 1re, 6 févr. 1996, n° 92-19.895, *Bull. civ.* I, n° 62; *D.* 1997. 119 : « *Le bien donné est entré dans le patrimoine du donataire qui peut en disposer sous la même condition* », note Tardy; *Defrénois* 1996. 1438, obs. G. Champenois; *JCP* 1996. I. 3962, n° 8, obs. G. Wiederkehr; *RTD civ.* 1997. 718, obs. J. Patarin; 940, obs. J. Mestre.
3. Civ. 1re, 20 oct. 1970, n° 69-10.533, *Bull. civ.* I, n° 270; *D.* 1971. 161, note Dedieu.
4. Civ. 1re, 18 févr. 1975, n° 72-14.587, *Bull. civ.* I, n° 67.
5. Civ. 1re, 7 juin 1995, n° 93-14.620, *Bull. civ.* I, n° 236; *D.* 1995. 614; *JCP N* 1996. 1475, note J. Hérail; *RTD civ.* 1995. 951, obs. J. Patarin.

est donc passablement illusoire. En revanche, si la clause de retour conventionnel n'a pas été publiée, la résolution sera inopposable aux tiers.

Enfin il ne faut pas oublier que la mise en œuvre d'un droit de retour conventionnel peut entraîner quelques **conséquences fiscales**[1]. La loi de finances pour 2010[2] prévoit que le retour des biens au donateur en application de l'exercice du droit de retour légal des ascendants donateurs ou du droit de retour conventionnel ouvre droit à **restitution des droits de mutation à titre gratuit acquittés** lors de la donation résolue (CGI, art. 791 *ter* - v. s^s n° 613.32). Cette solution met un terme à des divergences d'appréciation et reprend la solution retenue par la Cour de cassation[3]. Ce droit à restitution a concerné les retours opérés à compter du 1er janvier 2010.

314.94 Renonciation au droit de retour. Les effets du droit de retour peuvent se trouver paralysés par une renonciation à laquelle consentirait le donateur. Celle-ci peut être **expresse** ou **tacite**, **totale** ou **partielle**. Elle intervient fréquemment à l'occasion d'une vente que consent le donataire afin de garantir l'acquéreur. Mais la volonté de renoncer doit être clairement établie. Elle ne résulte pas, par exemple, du seul fait que la donation a été rappelée dans un acte ultérieur, sans que le droit de retour ait été à ce moment réitéré[4]. C'est pourquoi aussi, la renonciation du donateur à la succession du donataire n'emporte pas par elle-même renonciation au droit de retour, le retour conventionnel n'étant pas à la différence du retour légal un droit de nature successorale[5].

1. À ce sujet, v. étude de A. Chappert, « Droit de retour conventionnel. Mise en œuvre et aspects fiscaux », *Defrénois* 2001. 37343, p. 467.
2. L. n° 2009-1673, 31 déc. 2009, *JO* 31 déc., p. 22856.
3. Com. 4 déc. 2007, n° 06-12.024, *Bull. civ.* IV, n° 256; *Defrénois* 2008 n° 17, p. 1929, note A. Chappert; *Defrénois* 2008, n° 13, p. 1466, note F. Douet.
4. Civ. 30 juill. 1860, *D.* 1860. 317.
5. Civ. 1re, 18 févr. 1975, n° 72-14.587, préc. ss n° 314.92.

CHAPITRE

315. Règles de fond des donations : suites de la donation

YVONNE FLOUR
PROFESSEUR À L'UNIVERSITÉ
PANTHÉON-SORBONNE (PARIS I)

CHANTAL DONZEL-TABOUCOU
INGÉNIEUR D'ÉTUDES
AU CENTRE AUDIOVISUEL D'ÉTUDES JURIDIQUES (CAVEJ)
DE L'UNIVERSITÉ PANTHÉON-SORBONNE (PARIS I)
DOCTEUR EN DROIT PRIVÉ

SECTION 0 ORIENTEUR

315.00 **Plan du chapitre.**

315.01 **Textes applicables.**

C. civ., art. 938 à 942, 953 à 966

L. n° 2006-728, 23 juin 2006, portant réforme des successions et des libéralités, *JO* 24 juin, p. 9513 (*entrée en vigueur le 1er janv. 2007*)

> Donations entre vifs : forme

[C. civ., art. 938 à 942]

C. civ., art. 938

La donation dûment acceptée sera parfaite par le seul consentement des parties; et la propriété des objets donnés sera transférée au donataire, sans qu'il soit besoin d'autre tradition.

C. civ., art. 939

(*Ord. n° 2010-638, 10 juin 2010, art. 11*)

Lorsqu'il y aura donation de biens susceptibles d'hypothèques, la publication des actes contenant la donation et l'acceptation, ainsi que la notification de l'acceptation qui aurait eu lieu par acte séparé, devra être faite au service chargé de la publicité foncière de la situation des biens.

C. civ., art. 940

Lorsque la donation sera faite à des mineurs, à des majeurs en tutelle, ou à des établissements publics, la publication sera faite à la diligence des tuteurs, curateurs ou administrateurs.

C. civ., art. 941

Le défaut de publication pourra être opposé par toutes personnes ayant intérêt, excepté toutefois celles qui sont chargées de faire faire la publication, ou leurs ayants cause, et le donateur.

C. civ., art. 942

Les mineurs, les majeurs en tutelle ne seront point restitués contre le défaut d'acceptation ou de publication des donations; sauf leur recours contre leurs tuteurs, s'il y échet, et sans que la restitution puisse avoir lieu, dans le cas même où lesdits tuteurs se trouveraient insolvables.

> Donations entre vifs : exception à la règle de l'irrévocabilité

[C. civ., art. 953 à 966]

C. civ., art. 953

La donation entre vifs ne pourra être révoquée que pour cause d'inexécution des conditions sous lesquelles elle aura été faite, pour cause d'ingratitude, et pour cause de survenance d'enfants.

C. civ., art. 954

Dans le cas de la révocation pour cause d'inexécution des conditions, les biens rentreront dans les mains du donateur, libres de toutes charges et hypothèques du chef du donataire; et le donateur aura, contre les tiers détenteurs des immeubles donnés, tous les droits qu'il aurait contre le donataire lui-même.

C. civ., art. 955

La donation entre vifs ne pourra être révoquée pour cause d'ingratitude que dans les cas suivants :

1° Si le donataire a attenté à la vie du donateur;

2° S'il s'est rendu coupable envers lui de sévices, délits ou injures graves;

3° S'il lui refuse des aliments.

C. civ., art. 956

La révocation pour cause d'inexécution des conditions, ou pour cause d'ingratitude, n'aura jamais lieu de plein droit.

C. civ., art. 957

La demande en révocation pour cause d'ingratitude devra être formée dans l'année, à compter du jour du délit imputé par le donateur au donataire, ou du jour que le délit aura pu être connu par le donateur.

Cette révocation ne pourra être demandée par le donateur contre les héritiers du donataire, ni par les héritiers du donateur contre le donataire, à moins que, dans ce dernier cas, l'action n'ait été intentée par le donateur, ou qu'il ne soit décédé dans l'année du délit.

C. civ., art. 958

(*Ord. n° 2010-638, 10 juin 2010, art. 11*)

La révocation pour cause d'ingratitude ne préjudiciera ni aux aliénations faites par le donataire, ni aux hypothèques et autres charges réelles qu'il aura pu imposer sur l'objet de la donation, pourvu que le tout soit antérieur à la publication, au fichier immobilier, de la demande en révocation.

Dans le cas de révocation, le donataire sera condamné à restituer la valeur des objets aliénés, eu égard au temps de la demande, et les fruits, à compter du jour de cette demande.

C. civ., art. 959

Les donations en faveur de mariage ne seront pas révocables pour cause d'ingratitude.

C. civ., art. 960

(*L. n° 2006-728, 23 juin 2006, art. 9*)

Toutes donations entre vifs faites par personnes qui n'avaient point d'enfants ou de descendants actuellement vivants dans le temps de la donation, de quelque valeur que ces donations puissent être, et à quelque titre qu'elles aient été faites, et encore qu'elles fussent mutuelles ou rémunératoires, même celles qui auraient été faites en faveur de mariage par autres que par les conjoints l'un à l'autre, peuvent être révoquées, si l'acte de donation le prévoit, par la survenance d'un enfant issu du donateur, même après son décès, ou adopté par lui dans les formes et conditions prévues au chapitre Ier du titre VIII du livre Ier.

C. civ., anc. art. 960

(*Ord. n° 2005-759, 4 juill. 2005, art. 17 – version en vigueur du 1er juill. 2006 au 1er janv. 2007*)

Toutes donations entre vifs faites par personnes qui n'avaient point d'enfants ou de descendants actuellement vivants dans le temps de la donation, de quelque valeur que ces donations puissent être, et à quelque titre qu'elles aient été faites, et encore qu'elles fussent mutuelles ou rémunératoires, même celles qui auraient été faites en faveur de mariage par autres que par les ascendants aux conjoints, ou par les conjoints l'un à l'autre, demeureront révoquées de plein droit par la survenance d'un enfant légitime du donateur, même posthume.

C. civ., anc. art. 960

(*version en vigueur jusqu'au 1er juill. 2006*)

Toutes donations entre vifs faites par personnes qui n'avaient point d'enfants ou de descendants actuellement vivants dans le temps de la donation, de quelque valeur que ces donations puissent être, et à quelque titre qu'elles aient été faites, et encore qu'elles fussent mutuelles ou rémunératoires, même celles qui auraient été faites en faveur de mariage par autres que par les ascendants aux conjoints, ou par les conjoints l'un à l'autre, demeureront révoquées de plein droit par la survenance d'un enfant légitime du donateur, même d'un posthume, ou par la légitimation d'un enfant naturel par mariage subséquent, s'il est né depuis la donation.

C. civ., art. 961

Cette révocation peut avoir lieu, encore que l'enfant du donateur ou de la donatrice fût conçu au temps de la donation.

C. civ., art. 962

(*L. n° 2006-728, 23 juin 2006, art. 15*)

La donation peut pareillement être révoquée, même si le donataire est entré en possession des biens donnés et qu'il y a été laissé par le donateur depuis la survenance de l'enfant. Toutefois, le donataire n'est pas tenu de restituer les fruits qu'il a perçus, de quelque nature qu'ils soient, si ce n'est du jour auquel la naissance de l'enfant ou son adoption en la forme plénière lui a été notifiée par exploit ou autre acte en bonne forme, même si la demande pour rentrer dans les biens donnés a été formée après cette notification.

C. civ., anc. art. 962

(*Ord. n° 2005-759, 4 juill. 2005, art. 17 – version en vigueur du 1er juill. 2006 au 1er janv. 2007, identique à version antérieure au 1er juill. 2006*)

La donation demeurera pareillement révoquée lors même que le donataire serait entré en possession des biens donnés, et qu'il y aurait été laissé par le donateur depuis la survenance de l'enfant; sans néanmoins que le donataire soit tenu de restituer les fruits par lui perçus, de quelque nature qu'ils soient, si ce n'est du jour que la naissance de l'enfant ou sa légitimation par mariage subséquent lui aura été notifiée par exploit ou autre acte en bonne forme; et ce, quand même la demande pour rentrer dans les biens donnés n'aurait été formée que postérieurement à cette notification.

C. civ., art. 963
(*L. n° 2006-728, 23 juin 2006, art. 15*)
Les biens et droits compris dans la donation révoquée rentrent dans le patrimoine du donateur, libres de toutes charges et hypothèques du chef du donataire, sans qu'ils puissent demeurer affectés, même subsidiairement, à l'hypothèque légale des époux; il en est ainsi même si la donation a été faite en faveur du mariage du donataire et insérée dans le contrat de mariage.

C. civ., anc. art. 963
(*version en vigueur jusqu'au 1er janv. 2007*)
Les biens compris dans la donation révoquée de plein droit rentreront dans le patrimoine du donateur, libres de toutes charges et hypothèques du chef du donataire, sans qu'ils puissent demeurer affectés, même subsidiairement, à la restitution de la dot de la femme de ce donataire, de ses reprises ou autres conventions matrimoniales; ce qui aura lieu quand même la donation aurait été faite en faveur du mariage du donataire et insérée dans le contrat, et que le donateur se serait obligé comme caution, par la donation, à l'exécution du contrat de mariage.

C. civ., art. 964
(*L. n° 2006-728, 23 juin 2006, art. 9*)
La mort de l'enfant du donateur est sans effet sur la révocation des donations prévue à l'article 960.

C. civ., anc. art. 964
(*version en vigueur jusqu'au 1er janv. 2007*)
Les donations ainsi révoquées ne pourront revivre ou avoir de nouveau leur effet, ni par la mort de l'enfant du donateur, ni par aucun acte confirmatif; et si le donateur veut donner les mêmes biens au même donataire, soit avant ou après la mort de l'enfant par la naissance duquel la donation avait été révoquée, il ne le pourra faire que par une nouvelle disposition.

C. civ., art. 965
(*L. n° 2006-728, 23 juin 2006, art. 15*)
Le donateur peut, à tout moment, renoncer à exercer la révocation pour survenance d'enfant.

C. civ., anc. art. 965
(*version en vigueur jusqu'au 1er janv. 2007*)
Toute clause ou convention par laquelle le donateur aurait renoncé à la révocation de la donation pour survenance d'enfant sera regardée comme nulle et ne pourra produire aucun effet.

C. civ., art. 966
(*L. n° 2006-728, 23 juin 2006, art. 15*)
L'action en révocation se prescrit par cinq ans à compter de la naissance ou de l'adoption du dernier enfant. Elle ne peut être exercée que par le donateur.

C. civ., anc. art. 966
(*version en vigueur jusqu'au 1er janv. 2007*)
Le donataire, ses héritiers ou ayants cause, ou autres détenteurs des choses données, ne pourront opposer la prescription pour faire valoir la donation révoquée par la survenance d'enfant qu'après une possession de trente années, qui ne pourront commencer à courir que du jour de la naissance du dernier enfant du donateur, même posthume; et ce sans préjudice des interruptions, telles que de droit.

315.02 Jurisprudence de référence.

> Notion de cause impulsive et déterminante
• **Civ., 29 nov. 1892,** *DP* 1889. I. 81.
* V. ss n° 315.51

> Inexécution des charges
• **Civ. 1re, 18 déc. 1990, n° 88-13.146,** *Bull. civ.* I, n° 298
* V. ss nos 315.52 et 315.55
• **Civ. 28 déc. 1921,** *JCP* 1922. I. 233
* V. ss n° 315.52
• **Req. 3 mai 1921,** *DP* 1921. I. 14
* V. ss n° 315.52
• **Civ. 1re, 25 juin 1980, n° 79-12.704,** *Bull. civ.* I, n° 200
* V. ss n° 315.53
• **Civ. 1re, 18 nov. 1968,** *D.* 1969. Somm. 46
* V. ss nos 313.121 et 315.53
• **Req. 3 mai 1852,** *DP* 1852. I. 138
* V. ss n° 315.51
• **Civ. 14 févr. 1956,** *JCP* 1956. II. 9343
* V. ss n° 315.54
• **Toulouse, 1re ch., 3 août 2000,** *JCP N* 2002. 1017, n° 1
* V. ss n° 315.52

> Causes de révocation
• **Civ. 1re, 14 mars 2012, n° 11-13.791,** *Bull. civ.* I, n° 56
* V. ss n° 315.51
« Le divorce est sans incidence sur une donation de biens présents faite entre époux et prenant effet au cours du mariage. »

> Révisions des charges
• **Civ. 1re, 6 avr. 1994, n° 92-12.844,** *Bull. civ.* I, n° 140
* V. ss n° 315.61
• **Civ. 1re, 17 déc. 1996, n° 94-17.120,** *Bull. civ.* I, n° 459
* V. ss nos 315.32 et 315.54

> Action en révocation
• **Poitiers, 10 nov. 1875,** *DP* 1876. II. 179
* V. ss n° 315.54
• **Req. 6 févr. 1900,** *S.* 1900. I. 272
* V. ss n° 315.54

> Effets de l'action en révocation
• **Civ. 1re, 5 oct. 1976, n° 75-10.306,** *Bull. civ.* I, 281
* V. ss nos 315.32 et 315.62
• **Civ. 1re, 6 avr. 1994, n° 92-12.844,** *Bull. civ.* I, n° 140
* V. ss n° 315.61

> Irrévocabilité pour cause d'ingratitude
• **Civ. 1re, 30 déc. 1952,** *JCP* 1953. II. 7475
* V. ss n° 315.121

> Cas d'ingratitude
• **Req. 1er déc. 1885,** *DP* 1886. I. 222
* V. ss n° 315.82
• **Civ. 1re, 20 nov. 1984, n° 83-13.236,** *Bull. civ.* I, n° 313
* V. ss n° 315.83
• **Civ. 1re, 16 juin 1998, n° 96-15.366,** *Bull. civ.* I, n° 209
* V. ss n° 315.83
• **Paris, 15 déc. 1955,** *D.* 1956. 128
* V. ss n° 315.84

> Action en révocation pour ingratitude

• **Civ. 1re, 8 mars 1988, n° 86-11.144,** *Bull. civ.* I, n° 67

* V. ss n° 315.91

• **Civ. 1re, 18 déc. 1990, n° 88-13.146,** *Bull. civ.* I, n° 298

* V. ss n° 315.52

• **Civ., 22 juin 1897,** *DP* 1897. I. 559

* V. ss n° 315.83

• **Civ. 1re, 9 janv. 2008, n° 06-20.108,** *Bull. civ.* I, n° 3

* V. ss n° 315.84

« La révocation d'un acte de donation pour ingratitude ne peut être prononcée que pour des faits commis par le donataire postérieurement à sa réalisation. »

• **Civ. 1re, 22 nov. 1977, n° 76-12.847,** *Bull. civ.* I, n° 432

* V. ss n° 315.101

> Action en révocation pour survenance d'enfants

• **TGI Saintes, 7 mai 1996,** *RTD civ.* 1997. 718, obs. Patarin.

* V. ss n° 315.125

• **TGI Béthunes, 13 mars 1979,** *JCP* 1981. II. 19647

* V. ss n° 315.120

315.03 Bibliographie indicative.

Actualisables. Rép. civ., v° *Donation,* par I. Najjar, janv. 2008 [màj janv. 2014].

Ouvrages[1]. A. Colomer, *Les régimes matrimoniaux,* 12e éd., LexisNexis/Litec, 2005 – J. Flour et G. Champenois, *Les régimes matrimoniaux,* coll. « U », 2e éd., A. Colin, 2001 – J. Flour et H. Souleau, *Les libéralités,* coll. « U », A. Colin, 1982 – M. Grimaldi, *Libéralités, Partages d'ascendants,* 1re éd., LexisNexis/Litec, 2000 – J. Maury, *Successions et libéralités,* « Objectif droit », 7e éd., LexisNexis/Litec, 2012 – Ph. Malaurie, *Les successions, les libéralités,* 5e éd., Defrénois/Lextenso, 2012 – M. Planiol et G. Ripert, *Traité pratique de Droit civil français,* t. V, par Trasbot et Loussouarn, LGDJ, 1952-1960 – F. Terré, Y. Lequette, S. Gaudemet, *Les successions, les libéralités,* « Précis », 4e éd., Dalloz, 2014.

Articles. D. Coron et F. Lucet, « Révocation pour survenance d'enfants. Assurances-vie et union libre », *Defrénois* 2000. 37183, p. 690 – J. Hauser, « Révocations pour survenance d'enfants. Quelles donations ? Quels enfants ? », *Defrénois* 2001. 37437, p. 1379.

315.04 Questions essentielles.

> Le transfert du bien donné porte-t-il sur les accessoires ?

* V. ss n° 315.11

> Comment assurer la publicité de la donation ?

* V. ss n° 315.12

> Peut-on révoquer une donation pour ingratitude ?

* V. ss n° 315.31

> Le juge peut-il apprécier les motifs de la révocation ?

* V. ss n° 315.55

> La révocation d'une donation est-elle rétroactive ?

* V. ss n° 315.55

> La révocation a-t-elle lieu lorsque le donateur devient père ou mère d'un enfant ?

* V. ss n° 315.126

315.09 Divisions. La donation est un contrat. À cet égard, elle présente un double caractère : elle est à la fois un acte translatif de droits, et créateur d'obligations (sect. 1). Comme tous les contrats, elle est aussi menacée de diverses causes de résolution. Mais en matière de libéralités, il est plus usuel de parler de révocation (sect. 2).

SECTION 1
EFFETS DE LA DONATION

315.10 Division. Le plus souvent la donation transfère au donataire la propriété ou un droit réel sur le bien donné (§ 1). Dans tous les cas, elle fait naître des obligations entre les parties (§ 2).

§ 1
Transfert des droits sur le bien donné

315.11 Réalisation du transfert. Entre les parties, la donation obéit sur ce point aux règles de droit commun. Selon l'article 938 du Code civil, la donation, comme la vente, **transfère la propriété des biens donnés** par le seul effet des consentements[2].

La portée de cette règle est également la même qu'en droit commun. D'une part, elle ne s'applique réellement qu'aux donations portant sur un **corps certain.** Pour les **choses de genre,** le transfert de propriété est suspendu jusqu'à leur **individualisation.**

D'autre part et surtout, **le transfert porte sur tous les accessoires du bien donné** : le donataire est placé exactement dans la même situation qu'un acquéreur à titre onéreux.

Il en résulte notamment : *1)* que si le bien est loué, il doit **poursuivre le bail** (C. civ., art. 1743); *2)* que de la même manière, il doit **continuer l'assurance** qui couvrait le bien (C. assur., art. L. 121-10); *3)* que s'agissant d'un fonds de commerce, d'une entreprise, ou de la cession gratuite d'un bloc de contrôle d'une société, il doit **poursuivre l'exécution des contrats de travail** (C. trav., art. L. 1224-1). De même, les créances attachées à la chose, telles

1. NB : les ouvrages les plus fréquemment cités et dont le nom des auteurs figure en petites capitales en bibliographie sont cités par les seuls noms des auteurs en petites capitales en notes de bas de page.

2. La donation de valeurs mobilières obéit à des règles dérogatoires : C. Donzel-Taboucou, *La donation de valeurs mobilières,* IRJS éd. [à paraître], nos 1075 s. – S. Arnaud, S. Ginon et F. Petit, « Le transfert de propriété des valeurs mobilières », *Dr. sociétés* 2012. Étude 14.

que les actions en garantie, sont transmises au gratifié.

315.12 Opposabilité aux tiers. À l'égard des tiers, le transfert est subordonné à des formalités, elles aussi calquées sur le régime des actes onéreux.

Si la donation porte sur un **meuble corporel**, on lui applique l'article 2276 : la **mise en possession réelle** est nécessaire pour assurer au donataire la primauté de son droit. S'agissant de **meubles incorporels**, l'opposabilité de la donation requiert l'accomplissement des formalités de **publicité** normalement applicables à leur aliénation.

Si la donation porte sur une **créance**, elle doit être **signifiée** au débiteur dans les formes prévues à l'article 1690, du moins s'il s'agit d'une créance civile. Les titres négociables du droit commercial obéissent aux formalités qui leur sont propres : pour les **titres au porteur** c'est, comme pour les meubles corporels, la **tradition** qui tient lieu de publicité; pour les **titres à ordre**, l'**endossement**; pour les **titres nominatifs**, le transfert de la cession sur les **registres de la société émettrice**.

Enfin, en ce qui concerne les **immeubles**, la donation doit être **publiée à la conservation des hypothèques.** Mais il existe ici un régime particulier, organisé par les articles 939 et 941 du Code civil. Selon ce dernier texte, le défaut de publication peut être invoqué par toutes personnes « *ayant intérêt* ». L'inopposabilité de la donation non publiée est donc à première vue nettement plus étendue qu'en droit commun. Au regard de l'article 30-1 du décret du 4 janvier 1955 en effet, seuls les tiers ayant acquis du même auteur, sur le même immeuble, des droits concurrents peuvent se prévaloir de l'absence de publicité : par exemple, un autre acquéreur, un créancier inscrit. Au regard de l'article 941, tous les créanciers chirographaires du donateur, et même ses ayants cause universels, font partie des personnes « *ayant intérêt* » à ignorer la donation.

La jurisprudence ne tire pas toujours les conséquences de cette différence de régime. Notamment, lorsque l'immeuble donné est loué à un tiers, le locataire se voit refuser le droit d'invoquer le défaut de publicité de la donation, au motif qu'il n'est titulaire que d'un simple droit de créance[1]. Déjà, en 1878, la Cour de cassation avait refusé aux héritiers du donateur le droit de se prévaloir du défaut de publication[2]. Le droit commun tend à recouvrir le particularisme de l'article 941.

L'article 939 ne vise que les donations portant sur des « *droits susceptibles d'hypothèques* ». Il en résulte qu'une donation portant sur un droit non susceptible d'hypothèque, comme un droit d'usage et d'habitation ou une servitude, demeure sous l'empire du droit commun : la publicité en est régie par le décret du 4 janvier 1955.

315.13 Inopposabilité aux tiers : fraude paulienne. Malgré la réalisation des formalités appropriées, la libéralité peut être déclarée inopposable aux créanciers du donateur parce que faite en fraude de leurs droits. La fraude paulienne implique la démonstration de l'**intention de tromper** du disposant et la preuve du **préjudice** que la libéralité cause au créancier[3]. Celui-ci doit, en outre, faire valoir une **créance certaine**, ce qui n'est pas le cas lorsque le donateur a saisi la justice d'une contestation de sa dette[4].

Quant aux effets de l'action paulienne, celle-ci rend la donation inopposable au créancier qui, de cette façon, peut saisir le bien comme s'il n'avait jamais quitté le patrimoine de son débiteur[5]. En revanche, elle n'entraîne pas l'anéantissement rétroactif de la libéralité, et n'empêche pas non plus une action en partage entre coïndivisaires[6].

§ 2
Obligations des parties

315.20 Plan. Les obligations qui naissent de la donation pèsent à titre principal sur le donateur (A). Cependant le donataire n'en est pas entièrement exempté (B).

A.
Obligations du donateur

315.21 Obligation de délivrance. Comme un vendeur, le donateur est tenu à la délivrance du bien donné. Celle-ci doit porter sur la prestation promise elle-même[7], et s'il y a lieu, sur les **fruits** du bien depuis le jour où la disposition a pris effet[8].

1. Civ. 3e, 17 juin 1980, no 79-11.505, *Bull. civ.* III, no 118; *JCP* 1981. II. 19584, note M. Dagot – V. AUSSI, Soc. 17 mai 1958, *D.* 1959. 465, note R. Savatier – *CONTRA*, Civ. 1re, 19 oct. 1966, *D.* 1967. 15160, note Rouiller.
2. Req. 1er août 1878, *D.* 1879. 167.
3. Civ. 1re, 10 avr. 2013, no 12-12.174, NP.
4. Civ. 1re, 16 mai 2013, no 12-13.637, *Bull. civ.* I [à paraître]; *JCP* 2013. 1503, note Ph. Simler; *Gaz. Pal.* 2013, no 184-185, p. 20, note D. Houtcieff.
5. Com. 9 avr. 2013, no 12-17.963, NP; *Gaz. Pal.* 12 juill. 2013, p. 26, obs. I. Rohart-Messager.
6. Civ. 1re, 17 oct. 2012, no 11-10.786, *Bull. civ.* I, no 202; *RDC* 2013. 571, note R. Libchaber; *RDC* 2013. 197, note C. Goldie-Genicon; *JCP N* 18 janv. 2013, p. 25, note J.-J. Barbiéri.
7. V. PAR EX., s'agissant d'un office ministériel, si le donataire n'a pu être nommé, il ne peut prétendre à la valeur de l'office, Civ. 4 nov. 1857, *D.* 1857. 417.
8. Req. 22 févr. 1897, *S.* 1897. 343.

L'obligation de délivrance est une **obligation de résultat** : le défaut ou le retard dans l'exécution engagent la responsabilité du donateur. L'appréciation de cette responsabilité sera néanmoins allégée en considération du caractère gratuit du contrat.

315.22 Obligation de garantie. Le principe est qu'au contraire le **donateur** n'est tenu envers le donataire **ni à la garantie d'éviction, ni à la garantie des vices cachés.** Le gratifié reçoit le bien dans l'état où il se trouve, avec les risques qu'il comporte. C'est la **contrepartie de la gratuité**.

Ce principe connaît toutefois **plusieurs** limites.

En premier lieu, le donateur est tenu à la **garantie de son fait personnel** : il répond de sa mauvaise foi. Par exemple, engagerait sa responsabilité celui qui après avoir donné, mais avant que la donation n'ait été publiée, revendrait le bien à un tiers.

On admet également que, si la donation porte sur un immeuble hypothéqué, le donataire qui aura payé le créancier inscrit pour conserver le bien est subrogé dans les droits de ce dernier, et dispose ainsi d'un recours contre le donateur. Par ailleurs, le gratifié peut exercer les actions en garantie qui appartenaient à son auteur contre les précédents propriétaires : ces actions lui ont été transmises en même temps que le bien.

En second lieu, l'obligation de garantie retrouve parfois son empire :

- soit en raison de la nature particulière de la donation, notamment lorsque celle-ci a été faite à titre de constitution de dot (C. civ., art. 1440);
- soit en raison d'une clause particulière de l'acte.

B. Obligations du donataire

315.31 Obligation de reconnaissance. Un devoir de reconnaissance pèse naturellement sur le gratifié. C'est avant tout un **devoir moral**, mais il est sanctionné par le droit, au moyen d'une **action en révocation** (C. civ., art. 955 - v. s^{s} n°s 315.70 s.). Cette obligation n'a cependant pas de contenu positif : le donataire doit seulement s'abstenir de certains actes, que la loi qualifie d'ingratitude. C'est une **obligation de ne pas faire**.

315.32 Obligation d'exécuter les charges. Lorsque la donation a été assortie de charges, celles-ci doivent être exécutées. L'obligation pèse évidemment sur le gratifié lui-même ou ses héritiers. Mais, sauf volonté contraire du donateur, elle peut être accomplie par un tiers, à qui le donataire aura confié l'exécution, ou même par un de ses créanciers, qui voudrait par ce moyen s'opposer à une action en révocation de la donation [1].

L'**action en exécution** appartient d'une part au donateur ou à ses héritiers, d'autre part au tiers bénéficiaire de la charge. Elle peut aussi être exercée par les créanciers du gratifié, toujours dans le but de mettre obstacle à la révocation. L'action révocatoire qui sanctionne l'inexécution, et qui constitue en réalité une action en résolution calquée sur celle de l'article 1184, n'appartient qu'au donateur et ses héritiers.

L'obligation de payer les frais de la donation pèse en principe sur le donataire, par analogie avec l'article 1593 en matière de vente. En pratique, c'est presque toujours le donateur qui les prend à sa charge. Le paiement des droits par le donateur constitue un supplément de libéralité, mais il est admis en droit fiscal que ne sont pas dus des droits sur les droits (sur les charges usuellement stipulées, v. s^{s} n°s 313.120 s.).

315.33 Renonciation à la charge. Quand la charge a été stipulée dans son seul intérêt, le donateur peut évidemment y renoncer librement. Quand elle a été imposée dans l'intérêt d'un tiers, le donateur peut également y renoncer seul tant qu'elle n'a pas été acceptée. Après acceptation par le bénéficiaire, le consentement de celui-ci est nécessaire. Quant à la charge stipulée dans l'intérêt du gratifié lui-même, il ne peut y être mis fin qu'avec l'accord des deux parties.

Enfin, le donataire ne peut se libérer de l'obligation aux charges en renonçant à la libéralité elle-même (sur la révision des charges dont l'exécution devient trop onéreuses, v. s^{s} n°s 313.141 s.).

315.34 Paiement des dettes du donateur. Le donataire peut, à condition que la clause reste compatible avec l'irrévocabilité spéciale des donations, s'engager à payer les dettes du donateur, ou une partie d'entre elles (v. s^{s} n° 314.71). Mais cette **obligation** peut-elle lui être **imposée de plein droit**, en dehors d'une stipulation particulière, par exemple parce que la donation porte sur une quote-part des biens du donateur, voire sur leur totalité ou en tout cas une fraction considérable de leur masse ?

La **réponse de principe** est certainement négative. D'une part, les ayants cause particuliers ne sont pas tenus de plein droit des dettes de leur auteur. D'autre part, il n'y a pas de transfert à titre universel entre vifs. Celui qui acquiert une partie, même très importante, des biens d'un autre reste un acquéreur à titre particulier. Il n'est donc pas tenu des dettes, sauf s'il s'est volontairement soumis à cette obligation.

1. Civ. 1re, 5 oct. 1976, n° 75-10.306, *Bull. civ.* I, n° 281 – Civ. 1re, 17 déc. 1996, n° 94-17.120, *Bull. civ.* I, n° 459; *D.* 1997. IR 24.

Mais cette **réponse négative** doit être **tempérée** : la **jurisprudence** admet que **l'obligation au paiement des dettes peut être implicitement incluse dans la donation**. Cette clause implicite est facilement reconnue quand la libéralité porte sur une fraction importante des biens du donateur, ou lorsqu'elle comporte un état des dettes de ce dernier, annexé à l'acte.

SECTION 2 CAUSES DE RÉVOCATION

315.41 Présentation. Le Code civil énumère dans les articles 953 et suivants trois causes de révocation des donations : l'inexécution des charges (C. civ., art. 954), l'ingratitude du donataire (C. civ., art. 955), la survenance d'un enfant au donateur (C. civ., art. 960).

Ces dispositions légales sont présentées comme des « *exceptions à la règle de l'irrévocabilité des donations entre vifs* ». Cette présentation est fausse. Les événements qui provoquent selon la loi la « *révocation* » de la donation ne doivent rien à la volonté du donateur. Ils n'atténuent donc nullement le principe d'irrévocabilité.

§ 1 Révocation pour inexécution des charges

315.50 Fondement. La « *révocation* » de la donation n'est ici qu'une application du droit commun de la résolution judiciaire des contrats, en cas d'inexécution par l'une des parties de ses obligations. De par la réciprocité des engagements qu'elle contient, la donation avec charges revêt le caractère d'un contrat synallagmatique. L'article 954 n'est donc qu'une application particulière du principe général posé dans l'article 1184.

A. Conditions de la révocation

315.51 Domaine de la révocation. Toute donation est susceptible d'être révoquée pour ce motif. La nature de la charge est également indifférente : même quand elle a été stipulée dans le seul intérêt du gratifié, le donateur peut demander la révocation (v. s^s n° 315.32). Il y a cependant quelques exceptions. Ainsi, il est inutile de prévoir la révocation d'une donation de biens présents entre époux prenant effet au cours du mariage en cas de divorce, la jurisprudence ayant refusé de faire produire le moindre effet à une telle clause[1] (v. s^s n° 342.34, 354.83 et 354.94).

La jurisprudence précise que la clause d'inaliénabilité est une charge, dont la violation est sanctionnée au moyen de l'article 954[2]. Par ailleurs, le non-paiement d'une rente viagère permet l'exercice de cette action, même si elle n'a pas été réservée dans l'acte. L'article 1978 est inapplicable à la donation (v. s^s n° 313.121).

Il faut cependant, pour que la révocation soit encourue, que la **charge** ait revêtu **dans l'esprit du disposant une importance déterminante** : qu'elle ait été la **cause de la libéralité**. À défaut, elle se présente seulement comme une stipulation accessoire, une simple modalité de la donation qui aurait pu exister sans elle, et le donateur ne peut alors obtenir la révocation sur le fondement de l'article 954. Cette distinction laisse place à un grand arbitraire.

EXEMPLES

Dans cette espèce, la donation était affectée de deux charges, la seconde devant prendre le relais de la première en cas d'impossibilité d'exécution de celle-ci. Jugé qu'elles ont été l'une et l'autre les causes impulsives et déterminantes de la donation; en conséquence, l'inexécution de la première ne justifiait pas la révocation dès lors que la seconde avait été respectée[3] – le donateur n'avait pas fait de telle ou telle clause la condition absolue et irritante de la donation[4]...

En sens inverse, a été considérée comme une clause déterminante justifiant la révocation l'obligation de présenter les pièces d'une collection ancienne dans un ordre déterminé pour en faire apparaître le caractère historique[5].

315.52 Inexécution de la charge. Pour obtenir la révocation, il faut justifier d'une **inexécution avérée**, et non pas seulement éventuelle[6]. Cependant il n'est pas nécessaire qu'elle soit totale. La révocation pour cause d'inexécution des conditions ou charges d'une donation n'est que l'application, à des actes en partie seulement gratuits, du principe posé par l'article 1184 du Code civil relatif à la résolution

1. Civ. 1re, 14 mars 2012, n° 11-13.791, *Bull. civ.* I, n° 56; *JCP N* 13 avr. 2012, p. 29, note C. Brenner; *Dr. fam.* 2012. Comm. 83, obs. B. Beignier; *RTD civ.* 2012. 357, note M. Grimaldi; *RTD civ.* 2012. 300, obs. J. Hauser; *Defrénois* 30 sept. 2012, n° 18, p. 893, note C. Donzel-Taboucou; *JCP N* 2012. Actu. 350, obs. H. Bosse-Platière; *LPA* 25 avr. 2012, p. 16, note J.-C. Mahinga; *LPA* 24 mai 2013, p. 6, note J. Massip; *RLDC* 1er mai 2012, p. 47, note M. Nicod; *RJPF* 2012-5/6, note F. Sauvage; *D.* 2012. 1386, note A. Posez; *RDC* 2012. 891, note C. Goldie-Genicon; *JCP N* 24 mai 2013, p. 46, note C. Lesbats.
2. Civ. 1re, 20 déc. 1976, n° 74-14.544, *Bull. civ.* I, n° 414.
3. Req. 6 avr. 1887, *DP* 1888. 301.
4. Req. 29 nov. 1892, *DP* 1893. 81 – V. AUSSI, Req. 3 mai 1852, *DP* 1852. 138 – Civ. 16 juill. 1855, *DP* 1855. 419.
5. Civ. 24 avr. 1958, *D.* 1958. Somm. 113.
6. Req. 22 oct. 1901, *DP* 1902. 241 – Civ. 28 déc. 1921, *Gaz. Pal.* 1922. 1. 233.

des contrats synallagmatiques. Conformément à ce qui est admis sur le fondement de l'article 1184, une **inexécution partielle** suffit à faire tomber la libéralité[1], à condition toutefois qu'elle présente un **caractère de gravité suffisante**[2]. En outre dans cette hypothèse, la jurisprudence se contente parfois d'une **révocation elle-même partielle,** dès lors que l'exécution telle qu'elle a eu lieu présente pour le donateur une utilité sérieuse[3]. Pareillement, une **exécution tardive** peut selon les circonstances conserver son intérêt pour le donateur, ou équivaloir à une inexécution.

315.53 Cause de l'inexécution. En principe, la révocation sanctionne une **inexécution imputable au donataire.** Aucune difficulté n'apparaît en cas de faute de ce dernier : la donation doit certainement être anéantie[4].

Lorsque l'inexécution résulte d'un **cas fortuit** ou d'un événement de **force majeure**, la donation est **pareillement privée d'effets.** Cette solution a été notamment affirmée à la suite des lois laïques, qui ont rendu impossible l'exécution de nombreuses charges confessionnelles accompagnant des libéralités faites à des personnes publiques[5].

Toutefois, à propos des clauses d'inaliénabilité, la jurisprudence a décidé au contraire que n'est pas une cause de révocation l'inexécution qui n'est pas le fait personnel du donataire, mais de ses créanciers, lesquels ont procédé à l'inscription sur le bien grevé d'une hypothèque légale ou judiciaire[6] (v. s^s^ n° 313.93). Pour concilier cette solution avec la précédente, il faut comprendre que l'inscription, lorsqu'elle constitue une prérogative légale, ne réalise pas une inexécution de la clause.

En revanche, si l'inexécution est **imputable au donateur lui-même,** celui-ci ne peut certainement pas obtenir la révocation. C'est notamment le cas du crédirentier qui n'a pas demandé le bénéfice des majorations légales de la rente : il ne peut ensuite invoquer sa propre négligence pour réclamer la restitution des biens donnés[7] (v. s^s^ n° 313.121).

1. Req. 3 mai 1921, *DP* 1921. 14.
2. Civ. 1re, 18 déc. 1990, n° 88-13.146, *Bull. civ.* I, n° 298; *RTD civ.* 1991. 783, obs. J. Patarin – Toulouse, 1re ch., 3 août 2000, *JCP N* 2002. 1017, n° 1, *RTD civ.* 2000. 179, obs. J. Patarin.
3. Req. 26 nov. 1912, *S.* 1914. 207.
4. Civ. 1re, 25 juin 1980, n° 79-12.704, *Bull. civ.* I, n° 200; *D.* 1981. IR 90, obs. D.-R. Martin; *RTD civ.* 1981. 671, obs. J. Patarin; *Defrénois* 1981. 468, note G. Champenois.
5. V. Civ. 1re, 19 oct. 1896, *D.* 1897. 604, où la donation est révoquée bien que les juges aient constaté que l'inexécution procédait d'une interdiction légale, et non d'une mauvaise volonté du donataire.
6. Civ. 1re, 20 déc. 1976, n° 74-14.544, préc. s^s^ n° 315.51 – Civ. 1re, 25 juin 1980, n° 79-12.704, préc. s^s^ prés^t^ n°.

315.54 Action en révocation. Selon l'article 956, la révocation n'a **jamais lieu de plein droit.** Une **action en justice** est, en principe, nécessaire. Mais les parties peuvent déroger à ce principe, en stipulant une **clause résolutoire**[8]. La validité de cette clause est clairement affirmée, malgré les termes catégoriques de l'article 956, par analogie avec les contrats à titre onéreux[9]. Pour être efficace, il faut cependant qu'elle soit parfaitement explicite[10].

L'**action en révocation** est dirigée contre le donataire lui-même, ou contre ses héritiers. Elle appartient d'abord au donateur. Elle se transmet à ses héritiers, ou à ses légataires universels. En cas de pluralité de successeurs, l'action se divise entre eux si l'exécution de la charge supporte cette division. Dans le cas contraire, elle est indivisible[11]. Elle peut également être exercée par les créanciers du donateur, agissant par la voie oblique.

Le donateur dispose d'une **option** : il peut à son choix poursuivre l'**exécution forcée** de la charge, ou la **résolution pour inexécution.** Il en résulte que le gratifié, de son côté, peut arrêter à tout moment l'action révocatoire en offrant l'exécution, même en cause d'appel alors qu'une décision a déjà été rendue sur le fond. Il faut toutefois réserver l'hypothèse où cette exécution apparaîtrait comme trop tardive pour conserver son utilité. Plus généralement, on admet que toute personne qui y a intérêt, notamment un créancier du donataire[12], ou le tiers détenteur du bien donné[13], peut arrêter l'action en exécutant à la place du donataire.

En revanche, cette action est refusée, faute d'intérêt, au tiers bénéficiaire de la charge[14]. La seule possibilité qui lui soit offerte est d'agir en exécution contre le donataire.

L'action en révocation se prescrit par **trente ans,** à compter du jour où le donataire a cessé d'exécuter la charge dont il était débiteur[15].

Enfin, la demande est soumise à **publication** (Décr. 4 janv. 1955, art. 28-4) sous peine d'irrecevabilité (Décr. 4 janv. 1955, art. 32-5), quand la donation porte sur un immeuble. Mais la jurisprudence a considérablement édulcoré cette sanction :

7. Civ. 1re, 18 nov. 1968, *D.* 1969. Somm. 46.
8. Civ. 1re, 25 sept. 2013, n° 12-13.747, *Bull. civ.* I [à paraître]; *RTD civ.* 2013. 880, note M. Grimaldi; *RLDC* 1er déc. 2013, p. 58, obs. A. Paulin.
9. Civ. 14 févr. 1956, *JCP* 1956. 9343.
10. Civ. 1re, 20 juin 1960, *Bull. civ.* I, n° 335.
11. Paris, 3 juill. 1890, *S.* 1891. 74.
12. Req. 6 févr. 1900, *S.* 1900. 272 – Civ. 1re, 17 déc. 1996, n° 94-17.120, *Bull. civ.* I, n° 459; *D.* 1997. IR 24; créancier inscrit du chef du gratifié offrant le paiement d'une rente viagère.
13. Poitiers, 10 nov. 1875, *DP* 1876. 179.
14. Civ. 1re, 15 juill. 1963, *Bull. civ.* I, n° 395.
15. Civ. 30 janv. 1962, *JCP* 1962. IV. 38.

elle décide en effet que la publicité peut intervenir jusqu'à la clôture des débats, et même en cause d'appel[1]. Cette tolérance retire à la publication la plus grande part de son intérêt, puisque les tiers pourront n'être informés de l'existence de l'action qu'au moment où elle s'achève.

315.55 Décision du juge. Le juge dispose en ce domaine d'un **large pouvoir d'appréciation.** Ce pouvoir tient d'abord à l'indétermination des conditions de la révocation, telles qu'elles viennent d'être étudiées : l'importance de la charge dans l'esprit du disposant, la gravité de l'inexécution, relèvent évidemment d'une appréciation souveraine[2]. Mais il va plus loin : **le juge n'est jamais tenu de prononcer la révocation,** et les tribunaux s'efforcent souvent de sauvegarder la libéralité. On a vu qu'ils se reconnaissent le pouvoir de prononcer des révocations seulement partielles (v. s[s] n° 315.52). Ils peuvent aussi accorder au gratifié un **délai pour l'accomplissement de la charge**[3]. Ils peuvent, tout en repoussant la révocation, condamner le donataire à **réparer le préjudice causé au donateur**[4].

Le délai accordé une fois ne peut être renouvelé. Mais il peut être suspendu en cas de force majeure[5].

Lorsqu'ils prononcent la révocation, les tribunaux peuvent y adjoindre une condamnation à des dommages-intérêts réparant le préjudice causé par l'inexécution, dans l'hypothèse bien sûr où celle-ci est fautive[6].

B. Effets de la révocation

315.61 Effet de la révocation entre les parties. Les effets de la révocation pour inexécution des charges sont calqués sur ceux de la résolution des contrats synallagmatiques, telle que l'organise l'article 1184 du Code civil. Ils sont donc commandés par un **principe de rétroactivité.**

Les biens donnés doivent être **restitués** au donateur ou à ses héritiers, dans l'état où ils se trouvaient lors de la donation[7]. Si le bien a péri par la faute du donataire, la **restitution** se fera **en valeur.** Au contraire, si le bien a péri par cas fortuit, le donataire est libéré car, en application de l'adage *res perit domino*, c'est le donateur qui supporte la perte. Quant aux **fruits**, le donataire les conserve jusqu'au jour de la demande en révocation.

L'objet de cette **restitution** pose, dans les **donations-partages conjonctives**, une difficulté comparable à celle rencontrée à propos des effets d'une clause de retour conventionnel (v. s[s] n° 314.91). L'hypothèse est que l'un des ascendants est décédé, alors que l'autre est toujours en vie. L'un des donataires copartagés cesse d'exécuter la charge dont il était redevable, en général une rente viagère réversible sur la tête du survivant des donateurs. La Cour de cassation a longtemps décidé que, dans le cadre d'une action en révocation, le survivant des donateurs ne peut reprendre que les biens qu'il a personnellement donnés, à l'exclusion de ceux qui proviennent de son conjoint[8]. Cette solution est regrettable : il arrive que l'inexécution soit ainsi dépourvue de sanction parce que tous les biens mis dans le lot du débiteur défaillant provenaient du patrimoine du premier mourant. Mieux vaudrait décider que, dans tous les cas, le survivant pourra se voir restituer une fraction des biens donnés, égale à la proportion dans laquelle il a contribué à la formation de la masse des biens donnés en commun. Un arrêt plus récent amorce un mouvement en ce sens[9].

En tout état de cause, la **révocation d'une donation-partage** prononcée contre l'un des copartageants pour cause d'inexécution des charges, bien que rompant l'égalité du partage en opérant le retour dans le patrimoine du donateur des biens donnés et entrés dans le lot de ce copartageant, n'a pas pour conséquence l'anéantissement de ce partage pour le tout. Cette sanction laisse subsister à l'égard des autres copartageants l'effet de la transmission de propriété qui en est résulté à leur profit, y compris lorsque celle-ci consiste en une soulte versée par le donataire évincé[10].

1. Civ. 1re, 18 déc. 1962, *D.* 1963. 146.
2. Req. 6 avr. 1887, préc. s[s] n° 315.51 – Civ. 1re, 18 déc. 1990, n° 88-13.146, préc. s[s] n° 315.52.
3. Req. 5 juill. 1905, *DP* 1905. 456 – Civ. 1re, 19 déc. 1984, n° 83-14.083, *Bull. civ.* I, n° 343; *RTD civ.* 1985. 762, obs. J. Patarin; *RTD civ.* 1986. 107, obs. J. Mestre – Civ. 1re, 13 oct. 1993, n° 91-17.899, *Bull. civ.* I, n° 277.
4. Civ. 1re, 18 déc. 1990, n° 88-13.146, préc. s[s] n° 315.52.
5. Civ. 1re, 19 déc. 1984, n° 83-14.083, préc. s[s] n° 315.55.
6. Nancy, 7 nov. 1978, *D.* 1979. IR 494 – Civ. 1re, 17 déc. 1980, n° 79-13.420, *Bull. civ.* I, n° 336.
7. Civ. 1re, 6 avr. 1994, n° 92-12.844, *Bull. civ.* I, n° 140; *D.* 1995. Somm. 49 (2e esp.), obs. M. Grimaldi; *JCP* 1995. II. 22387, note P. Brun; I. 3876, n° 9, obs. Le Guidec; *RTD civ.* 1995. 167, obs. J. Patarin.
8. Civ. 14 janv. 1913, *D.* 1913. 138 – Civ. 1[re], 19 mars 1973, n° 72-10.378, *Bull. civ.* I, n° 101; *D.* 1973. 593, note A. Breton – Civ. 1[re], 29 mai 1980, n° 79-12.762, *Bull. civ.* I, n° 165; *D.* 1982. 18, note Y. Flour et M. Grimaldi – Civ. 1[re], 22 juin 1983, n° 82-13.811, *Bull. civ.* I, n° 183.
9. Civ. 1[re], 4 oct. 1988, n° 86-15.243, *Bull. civ.* I, n° 266; *D.* 1989. 33, note A. Breton; *JCP* 1989. II. 21266, note P. Salvage.
10. Civ. 1re, 4 juill. 2006, n° 04-16.272, *Bull. civ.* I, n° 346; *D.* 2006. AJ 2054; *JCP* 2008. I. 108, n° 9, obs. R. Le Guidec; *Gaz. Pal.* 2007. 385, note Y. Puyo; *RJPF* 2006-11/44, note J. Casey; *RTD civ.* 2007. 614, obs. M. Grimaldi.

Ces **restitutions** donnent lieu comme d'habitude à l'établissement d'un **compte** : d'un côté, si le bien a été détérioré par la faute du donataire, celui-ci devra compenser cette détérioration par une indemnité[1]; il est en outre redevable des fruits du bien à compter de la demande; d'un autre côté, il a droit au remboursement de ses impenses utiles et nécessaires, suivant les règles de droit commun[2]; si dans l'exécution partielle de la charge, il a versé des sommes d'argent au donateur, elles doivent lui être restituées[3].

Des difficultés apparaissent lorsque la charge est périodique, et qu'elle a été exécutée quelque temps, avant que le gratifié ne s'interrompe : cas d'une rente viagère d'abord régulièrement versée, et dont les paiements ont cessé par la suite. Le donateur conserve alors les arrérages de la rente qu'il a perçus. En revanche, il ne peut évidemment exiger le paiement des arrérages non versés, qui précisément justifient la révocation de la donation, ce qui reviendrait à cumuler l'exécution forcée avec la résolution du contrat. La Cour de cassation énonce cette double règle en précisant que « *la révocation prend effet à partir du moment où le débirentier a cessé d'exécuter son obligation* »[4]. La formule est ambiguë; elle ne signifie certainement pas qu'il n'y a pas lieu de remettre les choses dans l'état où elles se trouvaient au jour de la donation, ce qui gommerait presque complètement la rétroactivité posée par l'article 954. En revanche, elle laisse entendre que les revenus du bien pourraient être soumis à restitution, non à dater de la demande, mais depuis le jour de l'inexécution.

315.62 **Effets à l'égard des tiers.** À l'égard des tiers, la rétroactivité a pour effet d'**anéantir tous les actes de disposition** (aliénations, constitutions de droits réels), **consentis par le gratifié.** L'article 954 du Code civil dispose en effet que « *les biens rentreront dans le patrimoine du donateur libres de toutes charges et hypothèques du chef du donataire* ». Il en résulte notamment que la révocation pour inexécution des charges est opposable aux créanciers hypothécaires inscrits du chef du gratifié[5]. La révocation a pour effet d'anéantir rétroactivement l'hypothèque, peu important la date de son inscription[6].

1. Civ. 22 juin 1887, *DP* 1887. 305.
2. Agen, 8 mars 1893, *DP* 1895. I. 329.
3. Metz, 13 févr. 1990, *Juris-Data* n° 048267.
4. Civ. 1re, 17 déc. 1980, n° 79-13.420, *Bull. civ.* I, n° 336 – Civ. 1re, 12 mai 1982, n° 81-12.735, *Bull. civ.* I, n° 174 – COMP. à propos d'une clause d'inaliénabilité : « *la révocation prend effet à partir du moment où l'aliénation du bien donné a été effective* », Civ. 1re, 20 nov. 1985, n° 84-13.940, *Bull. civ.* I, n° 313.
5. Civ. 1re, 5 oct. 1976, n° 75-10.306, *Bull. civ.* I, n° 281.
6. Civ. 1re, 7 mars 2000, n° 94-17.120, NP; *Dr. fam.* 2001, n° 22, note B. Beignier; *RJPF* 2000-7-8/60, note J. Casey.

La rétroactivité connaît, à cet égard, divers tempéraments, eux aussi issus du droit commun. Les **actes d'administration** accomplis par le donataire sont tous **maintenus.** S'agissant des actes de disposition, l'acquéreur est protégé par la règle de l'article 2276, si la donation portait sur un meuble corporel. Si elle portait sur un immeuble, l'acquéreur sera parfois en mesure d'invoquer l'*usucapion*.

En outre, en matière immobilière, le jugement qui prononce la révocation est, comme la demande, soumis à publicité (Décr. 4 janv. 1955, art. 28-4). Mais cette publicité n'est pas très efficace : l'omission de la formalité n'est pas sanctionnée par l'inopposabilité du jugement aux tiers, tout simplement parce qu'aucun texte ne prévoit cette sanction. Ceux qui auront traité avec le donataire, même après le jugement, subiront les effets de la révocation. Leur seul recours est alors dans une action en responsabilité civile contre l'officier ministériel chargé d'effectuer la publicité.

§ 2
Révocation pour ingratitude du donataire

315.70 **Fondement.** La révocation pour ingratitude est prévue à l'article 955 du Code civil qui en énumère les causes. Elle constitue la sanction du devoir de reconnaissance qui pèse sur le donataire. Mais, comme ce devoir, par sa nature plus moral que juridique, est particulièrement flou dans son contenu, il est normal d'exiger un comportement grave et bien caractérisé. C'est pourquoi, les conditions (A) et les effets (B) de l'ingratitude sont strictement définis par la loi.

A.
Conditions de la révocation

315.80 **Donations révocables.** La règle a une portée très générale. En principe, **toutes les donations** sont exposées à cette sanction.

Elle a été ainsi appliquée à des donations indirectes[7] ou déguisées[8] ainsi qu'aux dons manuels[9]. Le caractère prétendument rémunératoire d'une disposition ne permet pas de la faire échapper à l'article 955, dans la mesure en tout cas où elle reste une donation, c'est-à-dire où la valeur du bien donné ne se limite pas à la rémunération normale du service rendu[10].

7. Civ. 20 juill. 1893, *D.* 1893. 598.
8. Civ. 1re, 2 févr. 1970, n° 68-12.873, *Bull. civ.* I, n° 41.
9. Paris, 8 juill. 1926, *DH* 1926. 488.
10. Req. 17 août 1831, *S.* 1831. 317.

Néanmoins, la règle connaît **deux exceptions**, l'une légale, l'autre jurisprudentielle.

Selon l'article 959 du Code civil, les **donations** « *faites en faveur du mariage* » ne sont pas révocables pour ingratitude. Cette première exception s'explique parce que ces donations ne sont pas seulement destinées à leur bénéficiaire immédiat, mais à la famille en train de se constituer et aux enfants qui en naîtront. Il serait injuste que l'ingratitude du gratifié se retournât contre son conjoint et ses enfants.

Cette exclusion s'applique, selon la jurisprudence, à toutes les donations faites aux futurs époux à l'occasion du mariage, incluses dans le contrat de mariage ou faites par acte distinct. En revanche, elle ne concerne que **les libéralités émanant d'un tiers**, et ne s'étend pas à celles que les futurs époux se consentent l'un l'autre[1]. Cette limitation s'explique parce qu'ici les enfants ne souffriront pas de la révocation, puisqu'ils retrouveront dans la succession du conjoint les biens dont ils auront été privés dans la succession du gratifié.

Selon la jurisprudence, les **présents d'usage**, parce qu'ils ne constituent pas des donations véritables, **échappent également aux règles de révocation** de celles-ci[2]. Cette seconde exception déborde donc le seul cas de l'ingratitude.

1°
Cas d'ingratitude

315.81 Trois cas d'ingratitude. L'article 955 du Code civil énumère trois types de comportements constituant des actes d'ingratitude. Cette liste est limitative. Malgré cela, l'existence d'une cause de révocation est admise assez largement, car les formules légales sont peu précises.

315.82 1) Attentat à la vie du donateur. L'attentat à la vie suppose la volonté de tuer. La donation ne serait donc pas révocable si le donataire avait causé la mort du donateur par un acte d'imprudence, ou s'il n'avait pas sa lucidité au moment de l'attentat[3]. De même, un simple défaut de soins et d'assistance ne constitue pas l'attentat au sens de l'article 955[4]. Au cas de légitime défense, l'intention homicide existe, mais elle se trouve justifiée et la révocation est par conséquent exclue. En sens inverse, **la simple tentative de meurtre suffit** : la révocation sera prononcée même si le donateur n'a été ni tué ni blessé.

Les coups et blessures volontaires ayant entraîné la mort sans intention de la donner relèvent du deuxième cas prévu par l'article 955.

Il faut souligner que **la condamnation pénale du donataire n'est pas une condition nécessaire de l'anéantissement de la donation.** C'est là une différence qui oppose nettement la révocation pour ingratitude à l'indignité successorale (v. C. civ., art. 727).

315.83 2) Sévices, délits et injures graves. Les sévices désignent les mauvais traitements physiques, non sanctionnés par la loi pénale. Les délits sont des actes réprimés par la loi pénale (délits au sens strict, et *a fortiori* crimes). Ces infractions peuvent atteindre le donateur dans sa personne, ou seulement dans ses biens. Provoquent ainsi la révocation de la donation : l'abus de confiance[5], le vol[6], ou même la confection de faux testament. Encore faut-il que de tels actes aient été commis volontairement. L'**intention délictueuse,** comme tout à l'heure l'intention homicide, est une condition nécessaire. Ainsi des coups et blessures par imprudence ne seront pas sanctionnés[7].

Les **injures** désignent toute offense tendant à atteindre le donateur dans son honneur ou dans sa réputation. À leur égard aussi, **l'intention fautive** du donataire doit être démontrée[8]. Une application fréquente de la notion d'injure grave dans les rapports entre époux concerne l'adultère[9]. Mais l'infidélité d'une maîtresse à son amant ne justifie pas la révocation des donations qu'il lui avait consenties, parce qu'il n'existe pas entre eux d'obligation de fidélité[10].

La **condition de gravité** s'applique, non aux seules injures, mais aux trois notions visées au texte.

PAR EXEMPLE, la révocation a pu être refusée malgré la preuve d'un vol commis par le donataire au préjudice du donateur, au motif que ce vol ne présentait pas un caractère de gravité suffisante[11] : ou encore, il ne peut être reproché à l'arrêt attaqué d'avoir débouté une mère de son action en révocation de donation pour cause d'ingratitude contre son fils, dès lors que c'est dans l'exercice de son pouvoir souverain d'appréciation que la cour d'appel a estimé que, eu égard au grave conflit relationnel existant entre la mère et le fils, les vols commis au préjudice de cette dernière ne justifiaient

1. Civ. 1re, 1er mars 1977, no 75-12.563, *Bull. civ.* I, no 109 – M. Gamet, « Libéralités entre futurs époux par contrat de mariage, par acte séparé ou par testament : que choisir ? », *Dr. et patr.* 2012, no 217, p. 74.
2. Civ. 1re, 30 déc. 1950, *JCP* 1953. 7475, note Mihura.
3. Dijon, 17 juill. 1872, *S.* 1873. 10.
4. Civ. 1er déc. 1885, *S.* 1886. 100.
5. Req. 20 oct. 1930, *S.* 1931. 29.
6. Bordeaux, 6 mars 1854, *S.* 1855. 247.
7. Dijon, 17 juill. 1872, *S.* 1873. 10.
8. Req. 4 août 1906, *DP* 1907. 234 – Req. 27 déc. 1939, *Gaz. Pal.* 1940. 1. 189.
9. PAR EX., Nîmes, 24 oct. 1945, *JCP* 1946. 3050 – Civ. 1re, 19 mars 1985, no 84-10.237, *Bull. civ.* I, no 99; *D.* 1986. 9, note A. B.
10. Req. 20 juill. 1936, *Gaz. Pal.* 1936. 2. 789.
11. Civ. 22 juin 1897, *DP* 1897. 559.

pas la révocation de la donation[1]. De même, elle a été écartée en présence de violences physiques sur la personne du donateur, parce que celles-ci s'inséraient « *dans un climat familial déjà très conflictuel* »[2].

La Cour de cassation contrôle de manière précise la motivation des juges du juge permettant de caractériser l'injure grave : « *Si la scène du 21 décembre 1996 au cours de laquelle Mme Y... a injurié son père, était partiellement explicable dans le contexte précédemment retracé, ce contexte ne saurait cependant absoudre des injures d'une particulière gravité telles que celles qui ont consisté à dénier à M. X... la qualité de père en invoquant l'absence de lien véritable par le sang et que cette scène n'avait été suivie d'aucune offre de réconciliation ou d'excuses, le conflit s'étant au contraire durci* »[3].

La **gravité des faits** reprochés relève évidemment de l'**appréciation souveraine des juges du fond**[4]. Mais c'est principalement à propos de l'injure que se manifeste cette liberté, qui permet de tenir compte non seulement des intentions, mais aussi des comportements et des habitudes des uns et des autres[5].

La **révocation d'un acte de donation pour ingratitude** ne peut être prononcée que pour des **faits commis par le donataire postérieurement à sa réalisation**.

Un père et son épouse avaient réalisé une donation-partage entre leurs trois enfants. Les deux chèques d'un montant chacun de 300 000 francs émis respectivement le 19 mai 1995 du vivant du donateur et le 19 mars 1997 par son épouse, ainsi que l'avance de 80 000 francs consentie suivant chèque émis le 7 août 1997, sont intervenus antérieurement à l'acte de donation-partage réalisé le 26 décembre 1997. Selon la Cour de cassation, peu importe à quelle date la donatrice avait eu connaissance de l'existence des délits reprochés au donataire; ces versements ne pouvaient justifier la demande en révocation de la donation-partage[6].

315.84 **3) Refus d'aliment.** Positivement, la donation ne crée pas, à la charge du donataire, de véritable obligation alimentaire envers le donateur : le second ne peut réclamer en justice au premier le versement d'une pension[7], sauf bien sûr si le droit à des aliments procède d'une autre disposition légale, telle que l'article 205[8]. Négativement pourtant, la donation encourt la révocation toutes les fois que le gratifié abandonne son bienfaiteur dans l'indigence.

Pour justifier cette sanction, trois conditions doivent être réunies :

– le donateur doit avoir au préalable **réclamé des aliments au donataire qui les lui a refusés** mais le seul fait de contester le montant de la pension demandée n'est pas assimilable à un refus, à condition cependant de proposer à son tour une offre raisonnable[9];

– conformément au droit commun, le donateur doit **établir son état de besoin et proportionner sa demande aux ressources du donataire**;

– il faut enfin tenir compte de l'**importance de la donation** : le gratifié ne peut se voir reprocher de ne pas avoir fourni des aliments qui auraient absorbé le montant de son enrichissement.

2°
Parties à l'action

315.90 **Parties à l'action.** Comme en cas d'inexécution des charges, **la révocation n'a pas lieu de plein droit** : une **action en justice** est toujours nécessaire (C. civ., art. 956).

315.91 **1) Demandeur.** Le droit d'agir en révocation pour ingratitude appartient au **donateur** et à **lui seul** : l'action lui est personnelle.

Elle n'en présente pas moins une nature patrimoniale. Si le donateur est incapable, son représentant légal a qualité pour agir en son nom (v. pour un mineur, sur ce qu'un administrateur *ad hoc* a le pouvoir d'agir sans l'autorisation du juge des tutelles[10]).

En principe, les **héritiers du donateur** se voient refuser le droit d'exercer cette action, dès lors que lui-même ne l'a pas fait de son vivant (C. civ., art. 957, al. 2). Mais l'action leur est ouverte dans deux cas : le premier est celui où leur auteur est mort au cours de l'instance qu'il avait engagée; le second, celui où il est décédé sans avoir agi, mais au cours du délai qui lui était imparti pour le faire (C. civ., art. 957, al. 2). Les mêmes règles s'appliquent au légataire universel[11].

1. Civ. 1re, 14 janv. 2003, no 00-20.467, *Bull. civ.* I, no 5; *AJ fam.* 2003. 106, obs. S. D.-B.; *RJPF* 2003-3/49, obs. J. Casey; *RTD civ.* 2003. 530; 531, obs. J. Patarin.
2. Civ. 1re, 16 juin 1998, no 96-15.366, *Bull. civ.* I, no 209; *D.* 1998. IR 178; *JCP* 1999. I. 132, no 7, obs. R. Le Guidec; *JCP N* 1998, 1542; *Dr. fam.* 1999, no 19, note B. Beignier; *RTD civ.* 1998. 965, obs. J. Patarin.
3. Civ. 1re, 21 févr. 2006, no 02-14.407, *Bull. civ.* I, no 81; *D.* 2006. IR 672; *RJPF* 2006-4/41, obs. J. Casey.
4. Civ. 21 juill. 1875, *DP* 1875. 449 – Civ. 1re, 20 nov. 1984, no 83-13.236, *Bull. civ.* I, no 313 – Civ. 1re, 16 juin 1998, no 96-15.366, préc. ss no 315.83.
5. V. NOT., Lyon, 29 mai 1973, *D.* 1976. 14.
6. Civ. 1re, 9 janv. 2008, no 06-20.108, *Bull. civ.* I, no 3; *AJ fam.* 2008. 122, obs. Bicheron; *Dr. fam.* 2008, no 62, obs. Julienne; *RTD civ.* 2008. 133, obs. M. Grimaldi.
7. Req. 1er déc. 1919, *DP* 1920. 5.
8. Civ. 1re, 21 avr. 1969, *D.* 1969. 525.
9. Paris, 15 déc. 1955, *D.* 1956. 128.
10. Civ. 1re, 8 mars 1988, no 86-16.153, *Bull. civ.* I, no 63; *R.* 155; *Gaz. Pal.* 1989. 1. 43, note J. Massip.
11. Bordeaux, 27 nov. 1890, *DP* 1892. 535.

La jurisprudence interprète largement ces dispositions : elle admet que les héritiers peuvent demander la révocation pour ingratitude lorsque le donateur avait engagé avant de mourir une action en divorce, considérée comme « *un préalable* » à l'action en révocation[1]. Elle leur reconnaît également ce droit quand le donateur est décédé dans l'ignorance des faits constitutifs d'ingratitude, au motif que, dans ces circonstances, le délai n'a pu courir à son encontre.

Précisons qu'au cas de pluralité d'héritiers, chacun d'eux a qualité pour exercer seul l'action révocatoire[2].

Les créanciers doivent se voir refuser le droit de se substituer à leur débiteur par la voie oblique. Même si l'action a un objet patrimonial, elle suppose en effet l'appréciation d'un élément moral. Telle est en tout cas l'opinion dominante[3].

Jugé cependant qu'un tiers peut intervenir dans l'instance, mais seulement à titre accessoire[4].

315.92 **2) Défendeur.** En ce sens également, l'action est **strictement personnelle.** Elle ne peut être exercée que contre le **donataire lui-même, à l'exclusion de ses héritiers.** Cette restriction s'explique par le caractère de pénalité qu'emprunte la sanction de l'ingratitude.

Jugé que l'action révocatoire ne peut être dirigée que contre le donataire personnellement, alors même que celui-ci est dessaisi à la suite d'une procédure de faillite[5]. En revanche, la question de savoir si l'instance peut être poursuivie contre les héritiers, quand elle a été entamée du vivant du donataire, est controversée.

3°
Action en révocation pour ingratitude

315.101 **Délai d'exercice de l'action.** Ce délai est fixé par l'article 957 à **un an.** Selon la jurisprudence, ce délai n'institue pas une prescription, mais une véritable **déchéance** : il ne souffre donc ni interruption, ni suspension, ni prolongation[6].

Si l'acte d'ingratitude reproché au donataire est unique, le délai d'un an court en principe du jour où il a été commis, ou du jour où le donateur en a eu connaissance (C. civ., art. 957). Toutefois si cet acte constitue une infraction pénale, le point de départ du délai pourra se trouver repoussé jusqu'au jour où l'existence de cette infraction aura été reconnue par une juridiction répressive[7]. Si ces **actes** se sont **répétés** ou se prolongent dans le temps, c'est la **date du dernier d'entre eux** qui doit être retenue, ou celle à laquelle l'ingratitude a cessé[8].

Le délai court à l'encontre des héritiers de la même manière qu'il courait contre le donateur[9]. Par conséquent, si celui-ci a eu connaissance des faits, ses héritiers n'auront pour agir que le temps qui reste pour achever l'année commencée. Si au contraire le donateur est mort dans l'ignorance, ses héritiers disposeront d'un an pour agir, à compter du jour où eux-mêmes auront été informés.

315.102 **Obstacles à l'exercice de l'action.** Lorsque le donateur, en pleine connaissance de cause, aura pardonné au donataire, l'action s'éteindra : **le pardon est une fin de non-recevoir, opposable aux héritiers**[10]. Ce pardon peut être **exprès** ou **tacite** : il résulte notamment de ce que le donateur, informé du comportement du gratifié, aura laissé écouler le délai d'un an sans intenter d'action.

Mais **le pardon n'intervient que pour le passé.** Le donateur ne pourrait renoncer à l'avance à l'action en révocation avant que les faits constitutifs d'ingratitude ne se soient produits[11] : la révocation pour ingratitude touche à l'ordre public.

B.
Effets de la révocation

315.111 **Personnalité de la peine.** Les effets de la révocation sont entièrement commandés par l'idée de **sanction personnelle** : il s'agit de punir un ingrat, et lui seul.

La révocation ne porte donc en principe **aucune atteinte aux droits des tiers.** Au contraire de la révocation pour inexécution des charges, elle est à leur égard dépourvue de rétroactivité. Par conséquent, **tous les actes accomplis par le donataire**

1. Aix-en-Provence, 28 nov. 1927, *Gaz. Pal.* 1927. 1. 598 – Paris, 29 janv. 1985, *Juris-Data* n° 024486.
2. Civ. 1re, 8 janv. 1991, n° 89-12.384, *Bull. civ.* I, n° 10; *RTD civ.* 1991. 776, obs. J. Patarin.
3. EN CE SENS, v. Douai, 27 juill. 1937, *S.* 1938. 109.
4. Civ. 1re, 8 mars 1988, n° 86-11.144, *Bull. civ.* I, n° 67; *JCP N* 1988. II. 297, note Pillebout; *RTD civ.* 1990. 278, obs. J. Mestre.
5. Civ. 1re, 1er juin 1959, *Bull. civ.* I, n° 257.
6. Civ. 22 juin 1897, *DP* 1897. 559 – Civ. 1re, 1er févr. 2012, n° 10-27.276, *Bull. civ.* I, n° 17; *RLDC* 1er avr. 2012, p. 50, note A. Paulin - Civ. 1re, 18 déc. 2013, n° 12-26.571, *Bull. civ.* I [à paraître]; *RJPF* 2014-2/48, obs. Mauclair.
7. Civ. 1re, 22 nov. 1977, n° 76-12.847, *Bull. civ.* I, n° 432; *JCP* 1977. II. 19023.
8. Req. 22 déc. 1869, *S.* 1870. 167 – Civ. 1re, 21 avr. 1969, *D.* 1969. 525, note A. Breton – Civ. 1re, 19 mars 1985, n° 84-10.237, préc. ss n° 315.83.
9. Civ. 10 mars 1856, *DP* 1856. 56.
10. Paris, 19 oct. 1942, *DA* 1943. Somm. 14.
11. Civ. 1re, 22 nov. 1977, n° 76-12.847, *Bull. civ.* I, n° 432; *D.* 1978. IR 241, obs. D.-R. Martin.

sont maintenus, notamment les aliénations et les constitutions d'hypothèques (C. civ., art. 958).

Cette absence de rétroactivité n'est pas totale. Lorsque la **donation** a porté sur un **immeuble**, la **demande en révocation pour ingratitude** est soumise à **publicité** par l'article 958. Cette publicité a des effets considérables : tous les **actes de disposition** accomplis ultérieurement seront **résolus**, si la demande aboutit.

Parallèlement, quand la **donation** a porté sur des **meubles**, tous les **actes de disposition** postérieurs à l'introduction de la demande seront **anéantis**, sauf l'application de l'article 2276.

Entre les parties, rien ne s'oppose en revanche à l'effet rétroactif de la révocation. Le donataire est tenu de restituer les biens qu'il avait reçus. Cette **restitution** a lieu **en nature** si cela est possible, **en valeur** si le gratifié a aliéné les biens donnés dans l'intervalle. Par analogie, s'il a hypothéqué un immeuble ou l'a grevé de charges, il devra indemniser le donateur pour la perte qui en résulte.

Enfin la restitution donne lieu à l'établissement d'un **compte**, comme dans le cas de la révocation pour inexécution des charges (v. s^s^ n° 315.61). L'article 958 précise que, conformément au droit commun, le donataire ne doit les fruits qu'à compter du jour de la demande.

§ 3
Révocation pour survenance d'enfant

315.120 **Définition.** L'hypothèse est qu'une personne qui n'a pas d'enfant a fait une donation. Si, par la suite elle en a un, la donation sera de plein droit révoquée (C. civ., art. 960). Cette cause de révocation est en outre impérative : le donateur ne peut y renoncer, ni dans la donation, ni même après la survenance de l'enfant qui en est la cause (C. civ., art. 965).

La règle est malaisée à justifier. On l'explique habituellement par le souci de protéger la volonté du donateur : si celui-ci avait pensé avoir un jour des enfants, peut-être n'aurait-il pas disposé comme il l'a fait. Mais les inconvénients de cette solution sont grands. La révocation, ayant lieu de plein droit, crée une très forte insécurité. Et l'institution de la réserve suffit à protéger les enfants du donateur, quelle que soit la date des libéralités consenties par leurs parents.

Un notaire recevant un acte de donation à la demande d'un donateur sans enfant, doit attirer l'attention des parties sur l'existence de cette révocation automatique. À défaut, il engagerait sa responsabilité pour manquement à son devoir de conseil[1].

A.
Conditions de la révocation

315.121 **Donations révocables.** L'article 960 use d'une formule très extensive : « *Toutes donations entre vifs* [...] *de quelque valeur que ces donations puissent être, à quelque titre qu'elles aient été faites, encore qu'elles fussent mutuelles ou rémunératoires, même celles qui auraient été faites en faveur du mariage...* » sont concernées.

De cet énoncé, il résulte :

- qu'il n'y a pas à tenir compte de la **forme** des donations. Sont révocables les dons manuels[2], les donations déguisées[3], les donations indirectes[4].

Il faut toutefois vérifier qu'on se trouve bien en présence d'une libéralité véritable[5]. Ainsi, bien qu'elles soient explicitement visées, les donations rémunératoires échappent à la révocation toutes les fois que le bien donné correspond avec la valeur normale du service rendu : il ne s'agit pas en réalité d'une donation, mais d'un acte à titre onéreux[6].

- qu'il n'y a pas lieu non plus, en principe, de tenir compte du **montant** de la libéralité : les libéralités « modiques » sont révocables comme les autres. Cependant les **présents d'usage** échappent, selon la jurisprudence, à la révocation pour survenance d'enfant, comme à toutes les causes de révocation des donations[7]. Ce qui tempère fortement le principe posé au texte.

315.122 **Exception.** L'article 960 réserve une exception importante : ce sont les **donations faites entre futurs époux à l'occasion du mariage**, ou **entre époux pendant le mariage**. La survenance d'un enfant est alors un événement qui a nécessairement été envisagé par le donateur, et il serait absurde d'en faire une cause de révocation.

L'article 960 vise aussi, pour les exclure, les donations faites, à l'occasion du mariage, à l'un des futurs conjoints par un ascendant : il y a là une

1. TGI Béthunes, 13 mars 1979, *JCP* 1981. 19647.
2. Rouen, 28 janv. 1998, n° 98-14.183, NP; *Dr. fam.* 1999, n° 104, note B. Beignier – POURVOI REJETÉ par Civ. 1re, 16 mai 2000, n° 98-14.183, NP; *RJPF* 2000-10/49, obs. P. Delmas Saint-Hilaire.
3. Req. 9 juill. 1879, *DP* 1881. 27 – Req. 3 déc. 1895, *DP* 1896. 284.
4. Civ. 1re, 22 déc. 1959, *Bull. civ.* I, n° 554. – *Adde*, pour une libéralité indirecte résultant d'une stipulation pour autrui acceptée par le bénéficiaire, et néanmoins révoquée, Req. 7 mai 1919, *D.* 1921. 131.
5. Civ. 1re, 3 déc. 1991, n° 90-12.469, *Bull. civ.* I, n° 339; *Dr. et patr.* 1992. 60521; *D.* 1993. Somm. 231, note B. Vareille; *JCP* 1992. I. 3604, n° 6, note F.-X. Testu; *RTD civ.* 1992. 625, obs. J. Patarin.
6. À ce sujet, v. remarques D. Coron et F. Lucet, « Révocation pour survenance d'enfants assurance-vie et union libre », *Defrénois* 2000. 37183, p. 690.
7. Civ. 30 déc. 1952, *JCP* 1952. 7475, note J. Mihura.

erreur évidente. Si l'un des époux reçoit une donation de l'un de ses ascendants, la preuve est faite que le donateur avait au moins un enfant à la date de la libéralité. La révocation est donc exclue par les données mêmes de l'hypothèse.

315.123 Conditions tenant aux enfants du donateur. Pour que la donation se trouve résolue, deux conditions doivent être réunies :

1° que le donateur n'ait pas eu d'enfants au jour où la donation a été faite;

2° qu'il lui en soit survenu un par la suite.

L'une et l'autre doivent être précisées [1].

315.124 Absence d'enfants au jour de la donation. Il résulte de l'article 960 que la présence d'un seul enfant ou descendant du donateur à cette date suffit à empêcher toute révocation du fait d'une naissance ultérieure.

Il n'y a pas lieu de tenir compte en revanche d'un enfant simplement conçu. Selon l'article 961 en effet, la donation se trouve révoquée par la **naissance d'un enfant**, même si celui-ci était déjà conçu au jour où elle a été faite. Cette règle s'explique par l'adage *Infans conceptus*. L'enfant conçu ne peut être tenu pour né que dans la mesure où son intérêt le commande. Il n'est évidemment pas de son intérêt de tenir la donation pour irrévocable.

Il n'y a pas lieu non plus de distinguer suivant la **nature du lien de filiation.** Tous les enfants, légitimes, naturels, ou adoptifs, font également obstacle par leur présence à la révocation ultérieure de la libéralité.

Aucun doute n'était possible, en ce qui concerne l'assimilation d'un enfant naturel à un enfant légitime depuis la loi du 3 janvier 1972, posant le principe de l'égalité de droits [2]. Une légère hésitation se faisait jour en ce qui concerne les enfants ayant fait l'objet d'une adoption simple. Leur intégration dans la famille de l'adoptant n'est pas complète. Néanmoins, leurs droits successoraux sont ceux d'un enfant légitime.

Une jurisprudence contrastée concerne l'enfant non issu du même couple. Un arrêt ancien considérait que si l'article 960 déclare que les donations faites par personnes qui n'auront pas d'enfants au moment de la donation, demeureront révoquées de plein droit par la survenance d'un enfant légitime du donateur, le même article dispose que cette révocation n'aura pas lieu, quand il s'agira de donations faites en contrat de mariage, par l'un à l'autre des conjoints; en affranchissant ainsi les donations respectivement émanées des époux, dans leur pacte matrimonial, de la révocabilité pour survenance d'enfant, la loi ne distingue aucunement entre le cas où il naîtrait aux conjoints des enfants légitimes communs, et le cas où leur mariage étant demeuré stérile, et l'époux donataire étant prédécédé, l'époux donateur aurait un ou plusieurs enfants d'un second mariage [3]. La cour d'appel de Paris a, plus récemment décidé que l'exception est inapplicable et la révocation est de droit si l'enfant né après la donation n'est pas issu du mariage de l'époux donateur avec le donataire. En effet, dans ce dernier cas, l'enfant est dépourvu de vocation héréditaire à l'égard du donataire et la donation le dépouille de tout droit sur les biens donnés [4].

La loi n° 2006-728 du 23 juin 2006 a pris acte de la stricte égalité entre toutes les filiations en procédant à la réécriture du texte : « *Toutes donations entre vifs faites par personnes qui n'avaient point d'enfants ou de descendants actuellement vivants dans le temps de la donation, de quelque valeur que ces donations puissent être, et à quelque titre qu'elles aient été faites, et encore qu'elles fussent mutuelles ou rémunératoires, même celles qui auraient été faites en faveur de mariage par autres que par les conjoints l'un à l'autre, peuvent être révoquées, si l'acte de donation le prévoit, par la survenance d'un enfant issu du donateur, même après son décès, ou adopté par lui dans les formes et conditions prévues au chapitre Ier du titre VIII du livre Ier.* »

315.125 Survenance ou adoption ultérieure d'un enfant. Le texte de l'article 960 est assez large. Il envisage la révocation de la donation dans deux cas : la naissance d'un enfant, ou l'adoption d'un enfant naturel, lui-même né après la donation. Même avant la réforme du 23 juin 2006, il était unanimement admis que ces solutions devaient être mises en harmonie avec le principe d'égalité des filiations posé par la loi du 3 janvier 1972, même si le texte, malencontreusement, n'avait pas été corrigé [5].

Aujourd'hui, il faut considérer que toute naissance survenant après la donation en emporte la révocation, quelle que soit la nature du lien de filiation.

La **naissance d'un enfant posthume** opère cette révocation (C. civ., art. 960). Pour que celle-ci se produise, il faut cependant vérifier que l'enfant est né vivant et viable [6].

En revanche, il était généralement enseigné, avant la loi du 23 juin 2006, que **l'adoption, simple**

1. À ce sujet, v. étude J. Hauser « Révocation pour survenance d'enfants. Quelles donations et quels enfants ? », *Defrénois* 2001. 37437, p. 1379.
2. EN CE SENS, v. Paris, 8 juill. 1992, *Juris-Data* n° 022613.
3. Civ. 11 mai 1857, *D.* 1857. 215.
4. Paris, 23 juin 1986, *JCP* 1987. II. 20785, note J.-F. Montredon.
5. EN CE SENS, v. Nîmes, 3 déc. 1992, *Juris-Data* n° 030261.
6. Lyon, 24 mars 1876, *S.* 1877. 200.

ou plénière, d'un enfant par le donateur ne pouvait produire le même résultat. En effet, il était soutenu que l'adoption permettrait alors au disposant de révoquer à sa convenance la donation, ce qui viendrait contredire le principe de l'irrévocabilité. Pareillement, n'emportait pas révocation **la reconnaissance,** après que la donation ait été consentie, d'**un enfant né antérieurement**[1].

Depuis la loi du 23 juin 2006, la solution est inversée.

315.126 Droit antérieur : automaticité de la révocation. Pendant longtemps, la révocation pour survenance d'enfants différait nettement des précédentes en ce qu'elle se produisait **de plein droit**. L'ancien article 960 le précisait formellement. Plusieurs conséquences se déduisaient de cette automaticité :

– **aucune action en justice n'était nécessaire** pour prononcer la résolution de la donation; certes, il se pouvait que le gratifié refuse de restituer les biens qu'il avait reçus, voire qu'il conteste l'existence de la cause de révocation, de telle sorte que surgissait un contentieux. Mais, à supposer les conditions légales réunies, le tribunal ne faisait que constater une résolution déjà opérée, et en tirer les conséquences. Il était privé du pouvoir d'opportunité qui lui appartenait dans les hypothèses précédentes. De ce caractère automatique, il résultait que contrairement à toutes les autres causes de révocation, celle-là n'est soumise à aucune formalité de publicité, même pour les donations immobilières;

– **toute personne intéressée** pouvait faire constater cette révocation; le mécanisme de cette condition résolutoire était un fait invocable par tous. Toutefois, les propres enfants du donateur ne pouvaient s'en prévaloir tant que leur père – ou leur mère – est vivant(e);

– **aucune confirmation de la donation** n'était possible. Il est impossible de renoncer à un fait déjà réalisé. Mais le donateur pouvait, si telle était sa volonté, refaire la donation. Il s'agissait d'un acte nouveau qui prenait effet à sa date, ce qui modifie notamment l'application des règles de la réduction.

315.127 Droit actuel. La loi du 23 juin 2006 remplace la révocation de plein droit par une simple **faculté de procéder à cette révocation**, à condition que l'acte de donation ait expressément prévu cette possibilité. L'insertion de cette condition devrait, en pratique, permettre de diminuer sensiblement ces cas de révocation. Certains praticiens pensaient qu'il fallait supprimer totalement ce type de révocation. Le législateur l'a maintenue au motif que cette solution semble plus respectueuse de la liberté et de la volonté du disposant : le donateur peut être placé dans une situation telle qu'il n'aurait pas accordé la donation s'il avait su, à la signature de l'acte, qu'il donnerait dans les années suivantes naissance à un enfant.

315.128 Nécessité d'une prévision conventionnelle. La révocation de la donation n'est possible que si l'acte de donation le prévoit.

Cette condition ne devrait pas faire difficulté. Par prudence, les notaires ont soin de faire mentionner cette possibilité de révocation. Dans la mesure où la révocation n'est plus automatique, il convient par prudence de la prévoir à l'acte notarié. Le moment venu, le donateur en fera ou n'en fera pas usage.

315.129 Personne pouvant agir. L'article 966 du Code civil, dans sa rédaction issue de la loi du 23 juin 2006, prévoit que **seul le donateur** peut exercer l'action en révocation des donations pour survenance d'enfant. Il est effectivement nécessaire de préciser quelles personnes sont autorisées à demander une telle révocation, dans la mesure où cette dernière n'est plus effectuée de plein droit. Un débat a eu lieu au cours des travaux parlementaires : la disposition a semblé trop restrictive et a été discuté un amendement visant à ouvrir cette procédure aux **héritiers du donateur,** car ceux-ci peuvent également avoir intérêt à obtenir la révocation de donations antérieurement faites par le donateur à des tiers. La Commission avait adopté un amendement du rapporteur, visant à permettre aux héritiers du donateur d'introduire une action en révocation des donations entre vifs pour survenance d'enfant, mais cette idée fut abandonnée par la suite. Cet amendement élargit aux héritiers le droit d'introduire l'action en révocation des donations entre vifs pour survenance d'enfant. Comme le projet de loi entendait restreindre de façon importante la révocation des donations pour survenance d'enfant, le gouvernement s'est opposé à cet amendement : « *Il est préférable de s'en tenir au projet de loi, qui prévoit que seul le donateur pourra demander cette révocation.* » En outre, l'amendement permettait à d'autres personnes de la famille de se substituer au défunt, ce qui ne paraît pas opportun. La donation est un acte strictement personnel, la décision de la révoquer également. Élargir la possibilité de faire révoquer les donations ne va pas dans le sens de la réforme.

B. Effets de la révocation

315.131 Effet rétroactif. La donation peut être révoquée, même si le donataire est entré en possession des biens donnés et qu'il y a été laissé par le

1. TGI Saintes, 7 mai 1996, *RTD civ.* 1997. 718, obs. J. Patarin.

donateur depuis la survenance de l'enfant. La révocation pour survenance d'enfant opère comme une **véritable condition résolutoire.** Tout se passe comme si la donation n'avait jamais été faite. Le donataire doit donc restituer au donateur les biens qui lui avaient été donnés.

L'article 962 pose une règle particulière en ce qui concerne la **restitution des fruits** :

- jusqu'à la naissance de l'enfant, le donataire conserve les fruits qu'il a perçus, car il est un **possesseur de bonne foi**;

- à compter de cette naissance, le donataire est en principe **comptable des fruits**, mais seulement si l'événement qui a révoqué la donation lui a été notifié « *par exploit ou autre acte en bonne forme* »; jusqu'à cette notification, en effet, la loi le répute encore possesseur de bonne foi;

- à compter de la notification, **il doit les fruits**, même si la demande en restitution des biens est formée ultérieurement.

La **rétroactivité** de la révocation est **opposable aux tiers** : l'article 963 précise que le donateur reprend les biens « libres de toutes charges et hypothèques ». Les **actes de disposition** accomplis par le gratifié sont **anéantis**, mais pas les actes d'administration. S'agissant d'actes portant sur des biens meubles corporels, l'acquéreur sera protégé par l'article 2279.

Un arrêt a admis que la rétroactivité de la révocation devait l'emporter même sur l'inaliénabilité du domaine public [1].

315.132 Action en restitution. Si le donataire ne procède pas spontanément à la restitution des biens donnés, le donateur dispose d'une action pour l'y contraindre. Cette action est prescriptible. Mais la prescription obéit à des règles dérogatoires, formulées dans l'article 966.

Pendant longtemps, la prescription fut trentenaire dans tous les cas : tant à l'égard du donataire lui-même, qu'à l'égard d'éventuels sous-acquéreurs, à qui la loi refuse ainsi le bénéfice de la prescription décennale sans tenir compte de leur bonne foi. L'ancien article 966 du Code civil prévoyait que l'action en révocation des donations pour survenance d'enfant est prescrite au terme d'un délai de **trente années** de possession du bien par les donataires, à compter de la naissance du dernier enfant du donateur.

La nouvelle rédaction de cet article, issue de la loi du 23 juin 2006, réduit ce délai à **cinq ans**, ce qui peut *a priori* sembler court, mais confortera la sécurité juridique des donations et devrait rester suffisant pour laisser au donateur le temps de déterminer les conséquences qu'il entend tirer de l'existence de l'enfant.

En outre, et curieusement, la prescription court, non du jour de la naissance du premier enfant du donateur, date à laquelle le titre du donataire s'est pourtant trouvé résolu, mais de celle du dernier enfant, ce qui peut la retarder beaucoup en cas de naissances successives.

La loi du 23 juin 2006 a précisé que le **délai de prescription** commence à courir **à compter de la naissance, mais aussi, le cas échéant, de l'adoption du dernier enfant du donateur,** cette précision venant combler une lacune de la rédaction actuelle du Code civil – compte tenu de la nécessité de protéger les droits successoraux des enfants adoptés au même titre que ceux des enfants biologiques du donateur.

Enfin, la prescription a pour effet de faire revivre la donation révoquée. Ce qui montre qu'il s'agit non d'une prescription acquisitive comme on pourrait s'y attendre, mais d'une **prescription extinctive,** au demeurant difficilement conciliable avec l'idée d'une résolution de plein droit. Il s'en déduit une conséquence essentielle : le gratifié, lorsqu'il bénéficie de cette prescription, conserve les biens en sa qualité primitive de donataire; il est donc tenu, s'il y a lieu, au rapport et à la réduction. Si elle est peu logique, cette solution est évidemment plus favorable aux enfants du donateur que celle d'une acquisition légale par l'effet de l'*usucapion*.

1. Paris, 16 avr. 1926, *D.* 1927. 127.

TITRE

32. Les libéralités ordinaires : les testaments

SECTION 0

ORIENTEUR

32.00 Plan du titre.

CHAPITRE

321. Formalisme des testaments

MARC NICOD
PROFESSEUR À L'UNIVERSITÉ
TOULOUSE 1 – CAPITOLE

SECTION 0 ORIENTEUR

321.00 **Plan du chapitre.**

321.01 **Textes applicables.**

C. civ., art. 968 à 980

L. n° 2006-728, 23 juin 2006, portant réforme des successions et des libéralités, *JO* 24 juin, p. 9513 (*entrée en vigueur le 1er janv. 2007*)

L. n° 94-337, 29 avr. 1994, désignant les personnes habilitées à instrumenter en matière de testament international, art. 1er, *JO* n° 101, 30 avr. 1994, p. 6327.

Conv. Washington, 26 oct. 1973, portant loi uniforme sur la forme d'un testament international – Annexe (loi uniforme).

* V. texte complet s^s n° 83.12

> Formalisme du testament dans le Code civil
[C. civ., art. 968 à 980]

C. civ., art. 968 (*L. n° 2006-728, 23 juin 2006, art. 9*)

Un testament ne pourra être fait dans le même acte par deux ou plusieurs personnes, soit au profit d'un tiers, soit à titre de disposition réciproque ou mutuelle.

C. civ., art. 969 (*L. n° 2006-728, 23 juin 2006, art. 9*)

Un testament pourra être olographe, ou fait par acte public ou dans la forme mystique.

C. civ., art. 970 (*L. n° 2006-728, 23 juin 2006, art. 9*)

Le testament olographe ne sera point valable, s'il n'est écrit en entier, daté et signé de la main du testateur : il n'est assujetti à aucune autre forme.

C. civ., art. 971 (*L. n° 2006-728, 23 juin 2006, art. 9*)

Le testament par acte public est reçu par deux notaires ou par un notaire assisté de deux témoins.

C. civ., art. 972 (*L. n° 2006-728, 23 juin 2006, art. 9*)

Si le testament est reçu par deux notaires, il leur est dicté par le testateur; l'un de ces notaires l'écrit lui-même ou le fait écrire à la main ou mécaniquement.

S'il n'y a qu'un notaire, il doit également être dicté par le testateur; le notaire l'écrit lui-même ou le fait écrire à la main ou mécaniquement.

Dans l'un et l'autre cas, il doit en être donné lecture au testateur.

Il est fait du tout mention expresse.

C. civ., art. 973 (*L. n° 2006-728, 23 juin 2006, art. 9*)

Ce testament doit être signé par le testateur en présence des témoins et du notaire; si le testateur déclare qu'il ne sait ou ne peut signer, il sera fait dans l'acte mention expresse de sa déclaration, ainsi que de la cause qui l'empêche de signer.

C. civ., art. 974 (*L. n° 2006-728, 23 juin 2006, art. 9*)

Le testament devra être signé par les témoins et par le notaire.

C. civ., art. 975 (*L. n° 2006-728, 23 juin 2006, art. 9*)

Ne pourront être pris pour témoins du testament par acte public, ni les légataires, à quelque titre qu'ils soient, ni leurs parents ou alliés jusqu'au quatrième degré inclusivement, ni les clercs des notaires par lesquels les actes seront reçus.

C. civ., art. 976 (*L. n° 2006-728, 23 juin 2006, art. 9*)

Lorsque le testateur voudra faire un testament mystique, le papier qui contiendra les dispositions ou le papier qui servira d'enveloppe, s'il y en a une, sera clos, cacheté et scellé.

Le testateur le présentera ainsi clos, cacheté et scellé au notaire et à deux témoins, ou il le fera clore, cacheter et sceller en leur présence, et il déclarera que le contenu de ce papier est son testament, signé de lui, et écrit par lui ou par un autre, en affirmant, dans ce dernier cas, qu'il en a personnellement vérifié le libellé; il indiquera, dans tous les cas, le mode d'écriture employé (à la main ou mécanique).

Le notaire en dressera, en brevet, l'acte de suscription qu'il écrira ou fera écrire à la main ou mécaniquement sur ce papier ou sur la feuille qui servira d'enveloppe et portera la date et l'indication du lieu où il a été passé, la description du pli et de l'empreinte du sceau, et mention de toutes les formalités ci-dessus; cet acte sera signé tant par le testateur que par le notaire et les témoins.

Tout ce que dessus sera fait de suite et sans divertir à autres actes.

En cas que le testateur, par un empêchement survenu depuis la signature du testament ne puisse signer l'acte de suscription, il sera fait mention de la déclaration qu'il en aura faite et du motif qu'il en aura donné.

C. civ., art. 977 (*L. n° 2006-728, 23 juin 2006, art. 9*)

Si le testateur ne sait signer ou s'il n'a pu le faire lorsqu'il a fait écrire ses dispositions, il sera procédé comme il est dit à l'article précédent; il sera fait, en outre, mention à l'acte de suscription que le testateur a déclaré ne savoir signer ou n'avoir pu le faire lorsqu'il a fait écrire ses dispositions.

C. civ., art. 978 (*L. n° 2006-728, 23 juin 2006, art. 9*)

Ceux qui ne savent ou ne peuvent lire, ne pourront faire de dispositions dans la forme du testament mystique.

C. civ., art. 979 (*L. n° 2006-728, 23 juin 2006, art. 9*)

En cas que le testateur ne puisse parler, mais qu'il puisse écrire, il pourra faire un testament mystique, à la charge expresse que le testament sera signé de lui et écrit par lui ou par un autre, qu'il le présentera au notaire et aux témoins, et qu'en haut de l'acte de suscription il écrira, en leur présence, que le papier qu'il présente est son testament et signera. Il sera fait mention dans l'acte de suscription que le testateur a écrit et signé ces mots en présence du notaire et des témoins et sera au surplus, observé tout ce qui est prescrit par l'article 976 et n'est pas contraire au présent article.

Dans tous les cas prévus au présent article ou aux articles précédents, le testament mystique dans lequel n'auront point été observées les formalités légales, et qui sera nul comme tel, vaudra cependant comme testament olographe, si toutes les conditions requises pour sa validité comme testament olographe sont remplies, même s'il a été qualifié de testament mystique.

C. civ., art. 980 (*L. n° 2006-728, 23 juin 2006, art. 9 et 16*)

Les témoins appelés pour être présents aux testaments devront comprendre la langue française et être majeurs, savoir signer et avoir la jouissance de leurs droits civils. Ils pourront être de l'un ou de l'autre sexe, mais le mari et la femme ne pourront être témoins dans le même acte.

> Formalisme du testament international
• Conv. Washington, 26 oct. 1973, portant loi uniforme sur la forme d'un testament international – Annexe (loi uniforme).

* V. texte complet s^{s} n° 83.12

> Formalisme du testament international : personnes habilitées à instrumenter
• L. n° 94-337, 29 avr. 1994, désignant les personnes habilitées à instrumenter en matière de testament international, art. 1er, *JO* 30 avr., p. 6327.

Art. 1er

Les personnes habilitées à instrumenter en matière de testament international mentionnées à l'article 2 de la Convention, faite à Washington le 26 octobre 1973, portant loi uniforme sur la forme d'un testament international sont :

– sur le territoire de la République française, les notaires;

– à l'égard des Français à l'étranger, les agents diplomatiques et consulaires français.

321.02 Jurisprudence de référence.

> Une disposition testamentaire verbale peut être valablement exécutée par les héritiers du testateur
• Civ. 1re, 22 juin 2004, n° 01-14.031, *Bull. civ.* I, n° 180

* V. s^{s} n°s 321.21 et 321.111

« Attendu que si une disposition de dernière volonté purement verbale est nulle de plein droit, elle peut cependant, comme constituant une obligation naturelle, servir de cause à une obligation civile valable. »

> L'écrit olographe doit extérioriser une volonté testamentaire
• Civ. 1re, 11 janv. 2005, n° 02-16.985, *Bull. civ.* I, n° 24

* V. s^{s} n° 321.50

« La validité d'un testament n'implique pas l'emploi de termes sacramentels et il appartient au juge, pour rechercher la volonté du rédacteur, d'interpréter l'acte au regard des éléments extrinsèques invoqués par les parties. »

> Le testament olographe ne doit pas être dactylographié
• Civ. 1re, 23 oct. 1984, n° 83-14.398, *Bull. civ.* I, n° 278

* V. s^{s} n° 321.52

« Attendu qu'après avoir rappelé l'exigence de l'article 970 du Code civil, selon laquelle le testament olographe doit être écrit en entier de la main du testateur, l'arrêt a justement énoncé qu'un texte obtenu mécaniquement au moyen de caractères impersonnels d'une machine à écrire ne répondait pas à cette condition de validité, exigée impérativement tant à titre de précaution contre les falsifications possibles que pour assurer l'expression exacte et fidèle, par le testateur lui-même de ses volontés. »

> L'indifférence de la date sauve le testament olographe non daté

• Civ. 1re, 10 mai 2007, n° 05-14.366, *Bull. civ.* I, n° 182

* V. ss n° 321.92

« Mais attendu qu'en dépit de son absence de date, un testament olographe n'encourt pas la nullité dès lors que des éléments intrinsèques à l'acte, corroborés par des éléments extrinsèques, établissent qu'il a été rédigé au cours d'une période déterminée et qu'il n'est pas démontré qu'au cours de cette période, le testateur ait été frappé d'une incapacité de tester ou ait rédigé un testament révocatoire ou incompatible. »

> Le notaire ne peut pas recourir à un interprète en cas de testament par acte public

• Paris, 29 mai 2001, *D.* 2001. Somm. 2937, obs. Nicod.

* V. ss n° 321.143

« Considérant que l'acte mentionne que M. L. a dicté au notaire son testament en langue chinoise, traduit par Me Q., avocat, l'un des témoins. Considérant que le notaire ne connaissait pas la langue chinoise et que le recours à un interprète est prohibé pour établir un testament par acte public. Qu'une telle manière de procéder est en effet de nature à diminuer les garanties que l'article 972 du Code civil a entendu consacrer en exigeant la dictée par le testateur et la lecture au testateur par l'officier public, auquel une mission de contrôle direct et de fidélité a été confiée par la loi. »

321.03 Bibliographie indicative.

Actualisables. Rép. civ., v° *Testament,* par M. Nicod, janv. 2008 – *J.-Cl. Civ.*, art. 970, fasc. 10 et 20, Coupet.

Ouvrages spéciaux. A. Guerriero, *L'acte juridique solennel*, LGDJ, 1975 – J.-F. Montredon, *La désolennisation des libéralités*, LGDJ, 1989 – M. Nicod, *Le formalisme en droit des libéralités*, Éd. La Mouette, 2000 – J.-P. Waymel, *Les formes du testament olographe*, Montchrestien, 1966.

Articles. Ch. Byk, « La forme internationale du testament », *JCP N* 1994. 331 – C. Feddal, « La date du testament olographe », *JCP* 1989. I. 3423 – M. Grimaldi, « La jurisprudence et la date du testament olographe », *D.* 1984. Chron. 253 – D. Guével, « Remarques sur l'évolution des conditions de forme des testaments olographes », *Mél. M. Gobert*, Economica, 2004, p. 449 – D. Lochouarn, « La capacité de tester des personnes atteintes de surdité, de mutité ou de cécité », *JCP N* 2000. 819 – R. Mesa, « Reconstitution de la date et absence de signature du testament olographe : la position de la Cour de cassation », *RLDC* 2009, n° 3657 – J.-F. Montredon, « Le recul du formalisme inhérent au testament authentique », *JCP N* 1991. I. 213 – M. Nicod, « Le testament du militaire », *Rev. Méditerranées* 2001, n° 29, p. 151 – N. Reuter, « La main du testateur », *JCP* 1976. I. 2829 – L. Revillard, « Une nouvelle forme de testament : le testament international », *Defrénois* 1995, art. 36021 – G. Teilliais, « La signature du testament olographe », *LPA* 17 oct. 1997, p. 8.

321.04 Questions essentielles.

> Est-il permis à deux époux de tester par un seul et même acte ?

* V. ss n° 321.11

> Quelle est l'efficacité d'une copie de testament ?

* V. ss n° 321.22

> L'absence de datation d'un testament olographe peut-elle être corrigée ?

* V. ss n° 321.80

> Qui peut être témoin lors d'un testament par acte public ?

* V. ss n° 321.132

321.09 Vue d'ensemble. Il est permis à la volonté du testateur d'emprunter diverses voies d'extériorisation. Il existe, en effet, une pluralité de formes testamentaires (testament olographe, testament par acte public, testament mystique, testament international et testaments privilégiés). Néanmoins, le formalisme des testaments est plus rigoureux que celui des donations entre vifs : on ne rencontre pas de legs valablement réalisés en dehors des formes testamentaires prévues par la loi.

Au-delà des *principes communs* (sect. 1), applicables à l'ensemble des testaments, ce sont règles particulières à chacune des *formes de tester* (sect. 2 à 6) qui devront être étudiées.

SECTION 1
PRINCIPES COMMUNS AUX DIFFÉRENTES FORMES DE TESTER

321.10 Solennité. Manifestation d'une volonté venue d'outre-tombe, le testament obéit à un strict formalisme – requis à peine de nullité (C. civ., art. 1001). La solennité tend à garantir à la fois l'extériorisation libre de la volonté dernière et sa conservation jusqu'au décès. D'où la prohibition des testaments conjonctifs et des testaments verbaux.

§ 1
Testament : acte unilatéral

321.11 Prohibition des testaments conjonctifs. L'article 968 du Code civil interdit à deux ou plusieurs personnes de tester par un seul et même acte, soit au profit d'un tiers, soit à titre de disposition mutuelle. L'interdiction intéresse en particulier les testaments entre époux.

Destinée, théoriquement, à protéger la sincérité et la révocabilité des dispositions prises, la prohibition des testaments conjonctifs est, de nos jours, plus gênante qu'utile. Elle entrave notamment la pratique des testaments-partages pour les époux communs en biens.

Consciente des inconvénients de la règle, la jurisprudence tend à neutraliser les risques d'anéantissement de la volonté testamentaire par une interprétation très restrictive de la notion de conjonction. Selon la Cour de cassation, il n'y a de testament conjonctif que lorsqu'au moins deux volontés s'expriment, de manière indissociable, dans un seul corps de texte[1]. Concrètement, la nullité n'est encourue qu'en présence, après les dispositions testamentaires, de deux signatures matérialisant une volonté de disposer commune, insécable.

En conséquence, les tribunaux valident l'acte rédigé au pluriel mais signé par un seul époux[2], l'acte comportant deux signatures mais réglant uniquement la succession du mari[3], tout comme les actes rédigés en contemplation l'un de l'autre mais sur des feuillets distincts[4], voire sur une même feuille mais séparément (l'un au recto, l'autre au verso[5] - testaments séparés par un trait[6]).

§ 2
Testament : acte écrit

321.21 Prohibition des testaments verbaux. La loi française prohibe également - quoique par prétérition - le testament verbal ou nuncupatif. L'article 969 du Code civil ne prévoit, en effet, que trois formes de tester, toutes trois écrites. Seule l'écriture est un gage de pérennité.

En **droit interne**, une disposition de dernière volonté formulée de manière orale se trouve, par là même, entachée de nullité[7]. On ne peut tester ni devant témoins ni à l'aide d'un magnétophone ou d'un procédé audiovisuel (sur la nullité du testament vidéo[8]). Dans de telles circonstances, il est toutefois loisible aux héritiers du testateur d'exécuter, en connaissance de cause, le legs verbal (la jurisprudence y voit souvent une obligation naturelle, pouvant servir de cause à une obligation civile valable[9]). Cette exécution vaut de leur part renonciation au droit d'en critiquer la forme.

En **droit international privé**, la Cour de cassation avait naguère jugé que l'ordre public français ne faisait pas obstacle à l'efficacité des formes orales étrangères, du moins lorsque des circonstances particulières le justifiaient[10]. Depuis l'entrée en vigueur de la Convention de La Haye du 5 octobre 1961 (1967), un français ne peut, de même, user d'une forme nuncupative étrangère qu'en cas de situations exceptionnelles (la France ayant retenu la réserve de l'article 10 de la Convention), telles qu'inondations, guerres ou épidémies.

321.22 Perte ou destruction de l'écrit. Il arrive qu'au jour du décès du disposant l'instrument testamentaire ne puisse pas être retrouvé - soit qu'il ait été perdu, soit qu'il ait été détruit. Cette perte ou cette destruction ne privent pas le légataire de toutes prérogatives; elles compliquent néanmoins singulièrement sa tâche puisque la simple production d'un brouillon ou d'une copie reste inefficace[11]. Pour triompher, il lui faudra rapporter la preuve de l'existence d'un testament régulier l'instituant et de sa disparition à l'insu du testateur.

Afin d'établir son droit, le légataire peut invoquer le bénéfice de l'article 1348 alinéa 1er du Code civil; il peut également tenter de profiter des facilités de preuve offertes par l'alinéa 2 du même texte.

321.23 Perte par cas fortuit. Lorsque la perte de l'original du testament résulte « *d'un cas fortuit ou d'une force majeure* », l'article 1348 alinéa 1er du Code civil autorise le bénéficiaire prétendu à rapporter par tous moyens une triple preuve :

1° Celle de l'existence d'un testament parfait en la forme.

2° Celle de sa disparition en dehors de la volonté du testateur.

3° Et, enfin, celle du legs allégué.

Pour profiter de la liberté de preuve, il faut d'abord démontrer que l'écrit a disparu par cas fortuit ou par le fait d'un tiers (auquel on ne saurait assimiler l'avocat du légataire[12]), par exemple à la suite de l'intervention délictueuse d'un héritier évincé. Il ne suffit pas, en revanche, d'établir que le testament existait au moment du décès et qu'il

1. Civ. 1re, 21 avr. 1971, n° 70-10.213, *Bull. civ.* I, n° 127; *JCP* 1973. II. 17328, note M. Dagot.
2. TGI Paris, 30 avr. 1981, *Gaz. Pal.* 1982. 1. 256.
3. Paris, 27 avr. 1984, *Defrénois* 1985. 438, note D. Talon.
4. Civ. 2 mai 1842, *S.* 1842. 1. 553.
5. Req. 21 juill. 1851, *DP* 1851. 1. 267; *S.* 1851. 1. 570.
6. T. civ. Seine, 30 avr. 1936, *DH* 1937. Somm. 7.
7. Req. 19 nov. 1867, *DP* 1868. 1. 216; *S.* 1868. 1. 27.
8. V. Rép. QE n° 11866, *JOAN Q* 1er déc. 1986, p. 4612; *JCP* 1987. IV. 22.
9. Req. 20 nov. 1876, *DP* 1878. 1. 376 – Civ. 1re, 22 juin 2004, n° 01-14.031, *Bull. civ.* I, n° 180; *D.* 2004. 2953, note M. Nicod; *JCP* 2004. II. 10165, note Sériaux; *AJ fam.* 2004. 405, obs. F. Bicheron; *RTD civ.* 2005. 397, obs. J. Mestre et B. Fages; *RLDC* 2004, n° 9, p. 49, note F. Leandri; *RJPF* 2004-10/26, note J. Casey.
10. Civ. 1re, 21 avr. 1959, *D.* 1959. 521, note Ph. Malaurie.
11. Civ. 1re, 13 déc. 2005, n° 04-19.064, *Bull. civ.* I, n° 503; *D.* 2006. IR 102; *JCP N* 2006. 1169, note J.-R. Binet; *AJ fam.* 2006. IR 73, obs. F. Bicheron.
12. Civ. 1re, 12 nov. 2009, n° 08-17.791, n° 08-18.898, *Bull. civ.* I, n° 227; *D.* 2010. 689, note Y. Dagorne-Labbé; Pan. 2403, obs. M. Nicod; *JCP* 2009. 584, note J.-R. Binet; *Dr. fam.* déc. 2009, n° 153, note B. Beignier; *JCP N* 2010. 1166, note J.-G. Mahinga.

n'avait pas, à cette date, été révoqué[1]. En cas de contestation de l'authenticité du testament, le légataire prétendu doit naturellement rapporter la preuve que le défunt en était bien l'auteur[2].

La régularité formelle du testament, en général olographe, est délicate à établir. À cet égard, la présentation d'une photocopie peut se révéler utile pour convaincre le juge du bien-fondé de la demande, tout spécialement quand la conformité du document à l'original n'est pas contestée par les héritiers *ab intestat*[3].

321.24 Copie fidèle et durable. Il est aujourd'hui admis que le bénéficiaire d'un testament dont l'original est perdu puisse, en outre, essayer de tirer parti de l'alinéa 2 de l'article 1348 du Code civil (mod. par L. n° 80-525, 12 juill. 1980), relatif à la copie fidèle et durable. En théorie, une photocopie pourrait donc être invoquée pour établir les dernières volontés du testateur. Mais, jusqu'à présent, aucune des demandes formées devant la Cour de cassation sur le fondement de l'article 1348 alinéa 2 n'a abouti. Tantôt parce que le légataire prétendu n'avait pas été, comme l'exige le texte, le « *dépositaire* » de l'original[4]; tantôt parce qu'il « *ne rapportait pas la preuve que la destruction de l'acte original était fortuite et indépendante de toute volonté de son rédacteur* »[5].

321.25 Conservation de l'écrit. Le décalage - de plus ou moins longue durée - entre la rédaction de l'écrit testamentaire et le décès du disposant fait courir à la volonté émise un double risque :

- On peut craindre, en premier lieu, la destruction ou l'altération du support instrumentaire - surtout si le testament est découvert par les héritiers.

- On peut également redouter que la mémoire de l'acte dévolutif se perde. Comment retrouver, dix ans, quinze ans ou plus, après sa confection, le testament établi par *de cujus* ?

La conservation du testament par acte public est nécessairement assurée par le notaire, qui ne peut se dessaisir de ses minutes, fût-ce à la demande de son client. Les testaments olographes, mystiques et internationaux n'offrent pas les mêmes garanties. L'inconvénient majeur de ces formes de tester tient justement à la vulnérabilité des titres privés. Pour éviter l'égarement ou la destruction, le meilleur remède est de procéder à un **dépôt notarié des actes testamentaires.** Ce dépôt intervient soit de manière volontaire, antérieurement au décès, soit légalement, après sa survenance.

1° De nombreux testateurs ont pris l'initiative de remettre, de leur vivant, leurs dispositions ultimes entre les mains d'un tiers, surtout d'un notaire. En déposant son testament à l'étude, le gratifiant entend se prémunir contre la menace de dépérissement qui pèse sur toute écriture privée (v. sur la responsabilité éventuelle du notaire[6]). Lorsque le testament olographe est remis au notaire sous pli fermé, il ne peut être reproché à l'officier public de ne pas en avoir contrôlé la régularité formelle[7].

2° Dans le même esprit, l'article 1007 du Code civil, qui préside à l'ouverture et à l'exécution des testaments olographes et mystiques, enjoint à toute personne se trouvant en possession du testament d'un défunt de le déposer entre les mains d'un notaire. L'officier public doit alors dresser sur le champ procès-verbal de l'ouverture et de l'état du testament, en précisant les circonstances du dépôt. Testament privé et procès-verbal sont conservés au rang de ses minutes. Puis, dans le délai d'un mois, le notaire doit adresser une expédition du procès-verbal et une copie du testament (sur le recours à la photocopie[8]) au greffier du tribunal de grande instance du lieu d'ouverture de la succession, qui lui aussi gardera ces documents au rang de ses minutes. Ces diverses précautions - dont l'efficacité est certes limitée - n'affectent nullement, en cas de méconnaissance, la validité de l'acte testamentaire[9].

321.26 Fichier central des dispositions de dernières volontés. Afin d'assurer l'exécution des actes dévolutifs dont ils ont la garde, les notaires ont mis en place dès 1975, par application anticipée de la Convention de Bâle du 16 mai 1972, « *relative à l'établissement d'un système d'inscription des testa-*

1. Civ. 1re, 23 juin 1971, n° 70-10.937, *Bull. civ.* I, n° 209.
2. Civ. 1re, 2 mars 2004, n° 01-16.001, *Bull. civ.* I, n° 71; *Dr. fam.* avr. 2004, n° 55, note B. Beignier; *AJ fam.* 2004. IR 143, obs. S. Deis-Beauquesne; *RLDC* 2004, n° 5, p. 45, note F. Leandri; et n° 6, p. 43, note J.-R. Binet.
3. Civ. 1re, 21 avr. 1959, *D.* 1959. 521, note Malaurie – Civ. 1re, 14 mai 1991, n° 90-13.135, *Bull. civ.* I, n° 159; *D.* 1992. 149, note E. Agostini.
4. Civ. 1re, 19 avr. 2005, n° 02-16.447, *Bull. civ.* I, n° 197; *AJ fam.* 2005. 279, obs. F. Chénedé; *Dr. fam.* 2005, n° 195, note J.-R. Binet – Civ. 1re, 12 nov. 2009, n° 08-17.791, n° 08-18.898, préc. ss n° 321.23.
5. Civ. 1re civ., 13 déc. 2005, n° 04-19.064, préc. ss n° 321.22.
6. Civ. 1re, 23 nov. 1977, *JCP* 1979. II. 19243, note M. Dagot.
7. Civ. 1re, 22 mars 2005, n° 03-19.907, *Bull. civ.* I, n° 154; *AJ fam.* 2005. IR 366; *Dr. fam.* 2005, n° 170, note B. Beignier.
8. Civ. 1re, 24 mars 1998, n° 95-21.972, *Bull. civ.* I, n° 126; *D.* 1999. Somm. 310, obs. M. Nicod.
9. Douai, 12 nov. 1852, *DP* 1856. 2. 24 – Besançon, 11 oct. 1967, *D.* 1968. 572, note de La Marnierre; *RTD civ.* 1968. 404, obs. R. Savatier.

ments »[1], un fichier central des dispositions de dernières volontés. Ce fichier répond à une double mission : procéder à l'inscription des testaments et institutions contractuelles; renseigner, après le décès du gratifiant, les tiers intéressés (notaire, héritiers, créanciers) sur l'existence de la libéralité. La fiche du disposant indique son nom, prénom, date et lieu de naissance et précise que tel notaire est détenteur de ses dispositions à cause de mort.

Lors du règlement d'une succession, tout notaire liquidateur est tenu d'interroger le fichier central, permettant ainsi à la pensée ultime du défunt de recevoir exécution.

En France (où la Convention de Bâle est entrée en vigueur le 20 mars 1976), l'inscription au fichier est effectuée à la requête du notaire instrumentaire (testament authentique) ou du notaire dépositaire (testaments olographe, mystique ou international). Mais on doit noter que, dans ce second cas, le testateur est en droit de s'opposer à l'inscription du testament qu'il laisse en dépôt - à condition de signer une décharge au notaire.

§ 3
Sanction du formalisme testamentaire

321.31 Nullité absolue. L'article 1001 du Code civil requiert l'observation des solennités imposées au testament à peine de nullité. Comme en matière de donations entre vifs, cette sanction s'analyse en une nullité absolue, au régime dérogatoire.

Le testateur ne peut, de lui-même, relever son testament de la nullité. S'il souhaite sauver ses dispositions dernières, il lui faut refaire un nouveau testament, parfait en la forme (arg. C. civ., art. 1339).

La jurisprudence a étendu, au testament la confirmation *post mortem*, édictée par l'article 1340 du Code civil pour la donation nulle[2]. Frappé de nullité absolue, le testament formellement irrégulier peut néanmoins être **confirmé** par les héritiers du testateur, agissant en connaissance de cause[3].

§ 4
Formes de tester

321.41 Pluralité des formes testamentaires en droit interne. La loi française propose une pluralité de moules testamentaires.

Le testateur a aujourd'hui le choix entre, au moins, quatre formes de tester. Ainsi que l'indique l'article 969 du Code civil, « *un testament pourra être olographe, ou fait par acte public ou dans la forme mystique* ». Depuis le 1er décembre 1994, il convient d'ajouter à ces prévisions le **testament international.** Malgré sa dénomination trompeuse, celui-ci peut être utilisé - en l'absence de tout élément d'extranéité - pour des besoins purement internes.

En outre, en cas de **circonstances exceptionnelles,** la loi autorise le recours à certaines formes authentiques simplifiées, les **testaments dits privilégiés.**

321.42 Droit international privé. Naguère, l'article 999 du Code civil semblait limiter le choix du testateur français testant à l'étranger entre la forme authentique locale et la forme olographe française. Mais les tribunaux, par une interprétation extensive du texte, guidée par la règle *locus regit actum*, autorisaient en fait le recours à toutes les formes testamentaires étrangères, mêmes privées.

Depuis l'entrée en vigueur, en 1967, de la Convention de La Haye « *sur les conflits de lois en matière de forme des dispositions testamentaires* » du 5 octobre 1961, l'option offerte au testateur a été notablement élargie. Cette Convention, qui s'est substituée aux règles de conflits de lois antérieures, constitue désormais le droit commun français; elle est indépendante de toute condition de réciprocité. Le système retenu propose **huit rattachements alternatifs** (Conv. La Haye, art. 1er). Le testament fait à l'étranger est valable, en la forme, pourvu qu'il réponde à la loi interne[4] :

1° du lieu où le testateur a disposé;

2° de la nationalité du testateur au moment où il a testé;

3° de la nationalité du testateur au moment de son décès;

4° du domicile du testateur au moment où il a testé (« *la question de savoir si le testateur a son domicile dans un lieu déterminé est régie par la loi de ce même lieu* »[5]);

5° du domicile du testateur au moment de son décès;

6° de la résidence habituelle au moment où il a testé;

7° de la résidence habituelle au moment de son décès;

8° enfin pour les immeubles, du lieu de leur situation.

1. *JO* 16 mai 1976; *JCP* 1976. III. 44316.
2. Req. 13 mars 1816, *S. chronol.*, p. 168 – Req. 7 nov. 1853, *DP* 1854. 1. 27; *S.* 1853. 1. 684.
3. COMP. Civ. 1re, 22 janv. 1974, *D.* 1974. IR 116.
4. G. Droz, « Les nouvelles règles de conflit françaises en matière de forme des testaments », *Rev. crit. DIP* 1968. 1.
5. Civ. 1re, 14 nov. 2007, no 06-16.636, *Bull. civ.* I, no 353; *D.* 2008. Pan. 1507, obs. P. Courbe; *Defrénois* 2008. 1326, obs. M. Revillard; *JCP* 2008. II. 10088, note J.-C. Mahinga; *Dr. fam.* 2008, no 16, note Fongaro; *Rev. crit. DIP* 2008. 263, obs. P. Lagarde.

SECTION 2
FORMALISME DU TESTAMENT OLOGRAPHE

321.50 Présentation. Le testament olographe doit être l'œuvre personnelle du testateur : il convient qu'il soit écrit en entier, daté et signé de la main de son auteur (C. civ., art. 970).

La forme olographe est, et de loin, la forme testamentaire la plus répandue. Elle offre l'avantage de la simplicité, de la gratuité et du secret. En contrepartie, il est à craindre, d'une part, que le testateur n'exprime pas clairement sa volonté dernière, et, d'autre part, que le testament soit perdu ou détruit à son insu, accidentellement ou frauduleusement. Afin de corriger ces inconvénients, il est permis aux particuliers de s'entourer des conseils d'un notaire, qui éventuellement leur fournit un modèle et conserve l'acte olographe en dépôt dans son étude.

Si le Code civil consacre plusieurs articles au testament par acte public et au testament mystique, il règle le sort du testament olographe par un texte unique, au surcroît laconique. Le formalisme de l'article 970 se réduit à trois solennités : **l'écriture, la datation** et **la signature**. Comme l'indique la lettre de la loi, le testament olographe « *n'est assujetti à aucune autre forme* ». En particulier, il n'exige pas l'emploi de termes sacramentels[1].

Il convient encore de préciser que tout document revêtu des solennités de l'article 970 du Code civil ne constitue pas, *ipso facto*, un testament olographe (par exemple, le titre chèque ne peut jamais être analysé comme un testament[2]). Pour être qualifié de testament, l'écrit doit exprimer la volonté testamentaire de son auteur; et il appartient aux juges du fond de rechercher, y compris à l'aide d'éléments extrinsèques, cette intention de tester[3].

§ 1
Écriture

321.51 Écriture manuscrite. L'écriture constitue l'élément formaliste fondamental et, du reste, éponyme du testament olographe. Mais le qualificatif « *olographe* », c'est-à-dire « *écrit en entier* », ne rend pas toute la richesse de la notion d'écriture. Il y manque la référence à la main du testateur.

L'écriture doit, en premier lieu, être **manuscrite,** ce qui sous-entend qu'elle soit **reconnaissable.** Mais cet aspect matériel ne suffit pas. Elle doit, en outre, avoir été tracée en connaissance de cause. Autrement dit, il faut que le scripteur ait eu **l'intelligence des signes** que sa main a formés.

321.52 Écriture reconnaissable. L'écriture du testament est légalement « de *la main du testateur* ». Pour remplir le vœu de la loi, cette solennité demande à être accomplie dans des conditions telles qu'elle ne laisse aucun doute sur l'identité du disposant. S'il peut être prouvé qu'un tiers a rédigé tout ou partie de l'acte olographe, celui-ci est nécessairement entaché de nullité pour vice de forme[4]. L'épreuve du papier permet, en outre, au testateur de prendre conscience de la portée de son geste, il en mesure l'importance au fil de la plume.

Il est loisible au gratifiant d'employer n'importe quel support (y compris une lettre missive[5], même non expédiée[6], à condition toutefois d'y exprimer effectivement une volonté de tester[7]), n'importe quel instrument traçant, n'importe quelle langue, n'importe quel type d'écriture (par exemple, des lettres d'imprimerie[8]). En revanche, il lui est interdit d'user d'un procédé mécanique (machine à écrire, machine à imprimer), jugé trop anonyme. À plusieurs reprises, la Cour de cassation a condamné avec vigueur la pratique du testament dactylographié[9]. C'est pour la Cour régulatrice une question de principe, indépendante du point de savoir si le document est bien l'œuvre du testateur. Aussi le testament écrit mécaniquement est-il nul[10], alors même qu'une mention expresse, libellée de la main du testateur, atteste que c'est lui-même qui a actionné la machine[11].

1. Civ. 1re, 11 janv. 2005, n° 02-16.985, *Bull. civ.* I, n° 24; *D.* 2005. 1064, note M. Nicod; *AJ fam.* 2005. 147, obs. F. Bicheron; *Dr. fam.* mars 2005, n° 62, note B. Beignier.
2. Civ. 1re, 5 févr. 2002, n° 99-18.578, *Bull. civ.* I, n° 39; *D.* 2002. Somm. 2447, obs. M. Nicod; *D.* 2003. 344, obs. D.-R. Martin; 2712, chron. A. Boujeka; *Dr. fam.* 2002, n° 47, obs. B. B.; *Defrénois* 2003, art. 37649, n° 7, obs. G. Champenois; *RTD civ.* 2002. 551, obs. J. Patarin.
3. Civ. 1re, 11 janv. 2005, n° 02-16.985, préc. ss prést n°.
4. Civ. 1re, 20 sept. 2006, n° 04-20.614, *Bull. civ.* I, n° 415; *D.* 2006. 2969, note D. Jacotot; *JCP* 2007. II. 10014, note J.-G. Eschylle; *Dr. fam.* 2007. Étude n° 27, obs. Guilhermont.
5. Req. 24 juin 1828, *S.* 1828. 1. 116.
6. Civ. 1re, 10 mars 1993, n° 91-15.925, NP; *JCP N* 1994. 191, note Camoz.
7. Civ. 1re, 9 nov. 1982, n° 81-14.085, *Bull. civ.* I, n° 327 – Civ. 1re, 13 avr. 1988, n° 86-17.318, *Bull. civ.* I, n° 100; *JCP N* 2004. 1554, note Ruel.
8. Civ. 1re, 22 nov. 1966, *Bull. civ.* I, n° 519.
9. Civ. 18 mai 1936, *DH* 1936. 345 – Civ. 1re, 1er mars 1961, *JCP* 1961. II. 12271, note Tarabeux – Civ. 1re, 23 oct. 1984, n° 83-14.398, *Bull. civ.* I, n° 278 – Civ. 1re, 24 févr. 1998, n° 95-18.936, *Bull. civ.* I, n° 79; *D.* 2000. 428, obs. M. Nicod; *Gaz. Pal.* 1999. 1. Somm. 127, obs. S. Piedelièvre.
10. Civ. 18 mai 1936, préc. ss prést n°.
11. COMP. la solution plus libérale de la Cour de révision monégasque, 8 mai 1974, *Defrénois* 1974. 955, note R. Savatier – Cour de révision monégasque, 2 déc. 1974, *Defrénois* 1975. 447, note R. Savatier.

321.53 Assouplissement judiciaire. Les tribunaux se sont néanmoins écartés de la nécessité d'une écriture personnalisée dans le cas du **testament à main guidée.**

Lorsque le testateur n'est plus à même de former des signes lisibles, en raison de sa vieillesse ou de son infirmité, un tiers peut lui fournir une aide matérielle, en guidant sa main[1]. Si cette assistance n'altère pas l'écriture du disposant, qui reste identifiable, le testament est sans conteste valable. À l'inverse, en l'absence d'un minimum de motricité de la main, l'acte dévolutif devrait être frappé de nullité, car rien ne prouve qu'il émane réellement du *de cujus*. La jurisprudence se montre en fait plus indulgente.

S'en remettant à l'appréciation des juges du fond, la Cour de cassation ne manque pas de rappeler, chaque fois qu'il est établi que le prétendu gratifiant était hors d'état de comprendre la portée du testament qu'on lui faisait écrire, qu'il faut que l'écriture du testateur « *soit reconnaissable, en dépit des marques d'assistance matérielle qu'un tiers aurait pu lui apporter, de manière à révéler qu'il en est bien le scripteur* »[2]. Mais lorsque les juges constatent que le document exprime fidèlement la volonté testamentaire, la Haute juridiction ne sanctionne pas le défaut de graphisme personnel, elle se contente de relever que le testateur avait l'intelligence des signes émis[3]. L'élément intellectuel l'emporte ici sur l'élément matériel.

321.54 Intelligence des signes. Du fait de la réticence des notaires à prêter leur concours à la réception des testaments authentiques, l'usage du testament olographe recopié d'après un modèle est de pratique courante. La licéité du procédé est indiscutable[4].

Encore faut-il, cependant, pour que le testament soit valide que le scripteur ait eu conscience de la valeur des caractères qu'il a reproduits. Ce second aspect de l'écriture amène les tribunaux à prononcer la nullité des testaments qui émanent de personnes totalement illettrées[5]. Celles-ci ne peuvent pas s'approprier le texte qu'elles copient, puisqu'elles n'en saisissent pas le sens. Concrètement, ce qui importe c'est que le testateur sache lire les signes par lui tracés. Même s'il ne sait pas réellement écrire, c'est-à-dire former des lettres et agencer les mots, il est à même, s'il est capable de lire, de comprendre la signification de l'écrit testamentaire[6]. Il n'est plus à craindre, alors, que le testateur ait été trompé - de bonne ou de mauvaise foi - par son conseil. Aussi la Cour de cassation retient-elle que « *le testament demeure valable lorsque son auteur, qui n'a fait que recopier un modèle, l'a transcrit en connaissance de cause et s'en est approprié le contenu* »[7].

321.55 Force probante de l'écriture. Le testament olographe n'est qu'un **acte sous seing privé**; il ne fait donc pas foi de son origine. L'héritier contestataire est en droit de déclarer qu'il ne reconnaît pas l'écriture ou la signature de son auteur (C. civ., art. 1323, al. 2), obligeant en conséquence le légataire à en établir la sincérité par la procédure de vérification d'écriture (C. pr. civ., art. 287 et 288). La charge de la preuve pesant en cas de dénégation sur le gratifié, c'est lui qui en supporte le risque (les juges du fond sont parfois tentés, au contraire, de faire peser le fardeau de la preuve sur les héritiers *ab intestat*; d'où de fréquents arrêts de cassation[8]).

La jurisprudence écarte, cependant, cette solution de droit commun, lorsque le légataire universel, saisi sur le fondement de l'article 1006 du Code civil, a définitivement obtenu son envoi en possession conformément à l'article 1008 (v. s^s n°s 245.24 s.). Sauf circonstances exceptionnelles rendant le testament suspect (par ex., la précipitation de la demande du légataire[9]), la Cour de cassation estime que le contrôle sommaire du président du tribunal du lieu d'ouverture de la succession justifie un renversement de la charge de la preuve[10]. C'est alors aux héritiers déniant l'écrit qu'il incombe d'en prouver la fausseté.

1. Civ. 1re, 11 févr. 1997, n° 95-12.382, *Bull. civ.* I, n° 57; *D.* 1997. Somm. 365, obs. M. Nicod; *JCP N* 1997. 1187, note B. Beignier; *Defrénois* 1997. 1452, obs. G. Champenois.
2. Civ. 1re, 8 avr. 1986, n° 84-14.118, *Bull. civ.* I, n° 81.
3. Civ. 1re, 16 juill. 1956, *Bull. civ.* I, n° 310 – Civ. 1re, 4 janv. 1973, n° 71-13.534, *Bull. civ.* I, n° 6.
4. Civ. 1re, 6 oct. 1959, *Bull. civ.* I, n° 385; *D.* 1959. 507, 1re esp., note G. Holleaux; *JCP* 1959. II. 11323, note P. Voirin; *RTD civ.* 1960. 148, obs. Savatier – Lyon, 26 mars 1975, *D.* 1978. 263, note Dufour.
5. Req. 20 déc. 1858, *D.* 1859. 1. 274 – Req. 23 janv. 1934, *DH* 1934. 129; *S.* 1934. 1. 126 – Civ. 1re, 5 nov. 1956, *Bull. civ.* I, n° 387; *D.* 1956. 718; *JCP* 1956. II. 9665.
6. COMP. très libéral, Lyon, 4 mars 1970, *Gaz. Pal.* 1970. 2. 82; *RTD civ.* 1970. 806, obs. Savatier.
7. Civ. 1re, 5 nov. 1956, préc. s^s prés^t n°.
8. Civ. 1re, 13 déc. 1988, n° 87-10.121, *Bull. civ.* I, n° 358 – Civ. 1re, 13 oct. 1992, n° 91-12.289, *Bull. civ.* I, n° 253; *D.* 1993. 230, obs. M. Grimaldi; *RTD civ.* 1993. 396, obs. J. Patarin – Civ. 1re, 7 juin 1995, n° 92-17.325, NP; *Defrénois* 1997, art. 36605, p. 853, note Bernard de Saint Affrique – Civ. 1re, 2 mars 1999, n° 97-13.765, *Bull. civ.* I, n° 77; *Defrénois* 1999, art. 37082, n° 114, obs. G. Champenois; *RJPF* 1999-4/27, note J. Casey – Civ. 1re, 3 nov. 1999, n° 98-22.308, *Bull. civ.* I, n° 291; *D.* 2000. Somm. 429, obs. M. Nicod; *RTD civ.* 2000. 610, obs. J. Patarin.
9. Civ. 6 mai 1856, *DP* 1856. 1. 216.
10. Civ, 28 déc. 1824, *DP* 1825. 1. 6; *S.* 1824. 1. 604 – Civ. 1re, 6 juin 1990, n° 88-19.686, *Bull. civ.* I, n° 150; *Defrénois* 1990. 1162, note Savatier – Civ. 1re, 29 févr. 2012, n° 10-27.332, *Bull. civ.* I, n° 45; *D.* 2012. Pan. 2483, obs. M. Nicod.

Souvent critiquée, cette jurisprudence séculaire peut se recommander d'une double considération : il y a plus de testaments vrais que de testaments faux; instrument par excellence de la liberté testamentaire, le testament olographe mérite d'être placé à l'abri d'une simple dénégation.

321.56 Additions et ratures. Il arrive communément que le testateur apporte quelques changements au texte de son testament olographe; il ajoute une clause, en rature une autre. Si ces diverses surcharges sont l'œuvre d'un tiers, elles sont évidemment sans effet.

Lorsque les modifications introduites par le testateur font directement suite à la confection de l'écrit, les tribunaux considèrent qu'elles font corps avec lui, et qu'il n'est donc pas nécessaire de les dater ni de les signer[1].

À l'opposé, lorsqu'il est établi que les changements sont postérieurs à la rédaction - ils lui sont en principe présumés contemporains[2] -, ils devront être accompagnés d'une **signature** et d'une **date** dans l'hypothèse où ils dénaturent le testament ou introduisent des dispositions nouvelles[3]. Seules les additions interprétatives échappent à cet impératif[4].

§ 2 Datation

321.60 Importance de la date. L'exigence d'une date pour la validité du testament olographe est une solennité d'ordre technique, tardivement surajoutée (Ord. Versailles, août 1735, art. 38). À la différence de l'écriture et de la signature, elle n'est pas réellement de l'essence de l'acte olographe. Son importance tient aux intérêts qui s'attachent à la localisation dans le temps de la déclaration testamentaire : contrôle de la capacité du disposant - voire du gratifié (C. civ., art. 909) -, chronologie des testaments successifs, interprétation des dispositions prises, recherche d'éventuelles captations ou abus d'influence, *etc.*

La jurisprudence a adopté à l'égard de la datation une position nuancée. D'un côté, elle se montre exigeante en ajoutant à l'existence de la date (A), seule requise par le texte, son exactitude (B). Mais, d'un autre côté, comme beaucoup de testateurs oublient de dater leur testament ou ne le datent qu'imparfaitement, elle a largement ouvert la possibilité de régulariser l'acte de dernière volonté.

1. Civ. 1re, 15 nov. 1972, n° 68-11.299, *Bull. civ.* I, n° 248.
2. Req. 13 juill. 1875, *DP* 1876. 5. 430; *S.* 1875. 1. 422.
3. Civ. 1re, 9 déc. 1986, n° 85-12.256, *Bull. civ.* I, n° 297.
4. Civ. 1re, 26 mai 1982, n° 81-12.696, *Bull. civ.* I, n° 202; *RTD civ.* 1983. 375, obs. J. Patarin.

A. Existence de la date

321.61 Mention d'une date. L'article 970 du Code civil dispose que le testament olographe n'est point valable, s'il n'est « *daté... de la main du testateur* ». Il en résulte, logiquement, que cette mention ne peut être portée par un tiers[5] et que, de même, une date imprimée est sans valeur[6].

La place de la datation dans le testament est indifférente[7]. Elle peut valablement figurer sur l'enveloppe le contenant, pourvu que cette enveloppe et l'instrument testamentaire forment un tout[8].

Lorsque la date mentionnée par le testateur est difficilement lisible, il appartient au juge - l'existence même de la date n'étant pas en cause - d'interpréter l'écriture, au besoin à l'aide d'éléments extrinsèques[9].

321.62 Notion de date. Le Code civil n'a pas précisé ce qu'il fallait entendre par « *daté* ». Conformément à l'usage antérieur, la Cour de cassation a rapidement jugé que la date comprend l'indication des jour, mois et année; celle du lieu et de l'heure n'est pas requise[10].

Le testament doit comporter une date complète. La mention du millésime ne suffit pas, pas plus que celle du mois et du millésime[11]. Cependant, il n'est pas nécessaire pour dater avec rigueur le testament olographe de se servir des indications du calendrier. La datation peut être fixée d'après le jour d'une fête, d'un événement familial ou historique, comme de toutes autres circonstances propres à être situées dans le temps avec précision (à propos des testaments de suicidés[12]).

B. Exactitude de la date

321.71 Condition de validité. La jurisprudence exige que la date apposée sur le testament olographe soit exacte. Le testateur doit indiquer le

5. Civ. 1re, 19 avr. 1988, n° 86-16.160, *Bull. civ.* I, n° 114; *Defrénois* 1988. 1229, note M. Grimaldi.
6. Civ. 1re, 11 janv. 1984, n° 82-16.749, *Bull. civ.* I, n° 15; *Defrénois* 1984, art. 33387, p. 1119; *RTD civ.* 1985. 201, obs. J. Patarin.
7. Civ. 1re, 17 avr. 1961, *D.* 1961. 447.
8. Req. 9 janv. 1900, *DP* 1900. 1. 97.
9. Civ. 1re, 18 nov. 1997, n° 95-18.026, *Bull. civ.* I, n° 320; *R.* 189; *D.* 1999. Somm. 310, obs. M. Nicod; *Dr. fam.* 1998, n° 46, note Gozzi – Agen, 5 janv. 2000, *Dr. fam.* 2001, n° 85, note B. Beignier.
10. Req. 6 janv. 1814, *S. chronol.*, p. 502 – Req. 22 nov. 1870, *DP* 1872. 1. 272; *S.* 1871. 1. 104.
11. Civ. 1re, 25 nov. 1975, n° 74-13.467, *Bull. civ.* I, n° 344.
12. Civ. 1re, 25 nov. 1975, n° 74-13.467, *Bull. civ.* I, n° 344.

moment où il estime que son testament est achevé, à savoir le moment où il signe la déclaration testamentaire (sur cette concomitance entre la date et la signature de l'écrit testamentaire [1]). Toute inexactitude quant à cette mention est cause d'anéantissement de l'acte olographe; le testament antidaté ou postdaté est nul. Selon la Cour de cassation, la fausseté de la date énoncée équivaut à son absence [2]. Cette sévérité est toutefois compensée par deux règles accessoires :

1° D'une part, afin de ne pas favoriser les contestations des héritiers *ab intestat*, les tribunaux écartent l'article 1328 du Code civil, qui prévoit, normalement, que l'acte sous seing privé n'a date certaine contre les tiers qu'en cas d'enregistrement, de décès d'un de ses signataires, ou de relation de sa substance dans un acte authentique. Ils estiment que le testament olographe fait foi de la date qu'il énonce (autrement dit, il existe une présomption d'exactitude de la date portée sur le testament [3]); c'est donc aux héritiers contestataires qu'il appartient d'en établir la fausseté [4]. Cette démonstration se révèle souvent délicate, car, sauf le cas de fraude (C. civ., art. 1353), elle est soumise au système de la preuve intrinsèque; les éléments extrinsèques ne sont reçus que dans la mesure où ils sont en corrélation avec les éléments intrinsèques [5].

2° D'autre part, si l'inexactitude démontrée est le fruit d'un comportement involontaire, d'une simple inadvertance, la jurisprudence en autorise la régularisation.

C.
Régularisation de la date

321.80 ***Favor testamenti.*** La datation délibérément fausse, quel que soit du reste le mobile auquel ait obéi le testateur, est une cause de nullité à laquelle il n'est pas permis de remédier [6]. À l'opposé, lorsqu'il s'agit seulement d'une erreur ou d'un oubli du scripteur, les tribunaux peuvent corriger ce défaut en partant des indications fournies par le testament.

Il existe deux procédures de sauvetage du testament irrégulièrement daté (date absente ou incomplète) :

- d'une part, il est permis de procéder, pourvu qu'il y ait dans l'acte un élément intrinsèque de datation, à la reconstitution de la date (1°);

- d'autre part, il est désormais possible d'invoquer, au cours d'une période déterminée, *l'indifférence de la date* (2°).

1°
Reconstitution de la date

321.81 **Date reconstituée.** Depuis le XIXe siècle, la Cour de cassation permet de rectifier la date de l'écrit olographe lorsque celle-ci est soit **erronée** (du fait d'une inadvertance), soit **incomplète** [7]. Par la suite, elle a également reconnu la possibilité de suppléer à un **défaut total de datation** [8].

Au premier chef, cette reconstitution doit être tirée du testament lui-même, au moyen des énonciations de l'acte ou de l'état matériel du titre, notamment des informations résultant d'un papier timbré [9]. En pareille hypothèse, bien qu'indiquée de manière inconsciente, la date s'évince malgré tout du testament conformément aux prévisions l'article 970 du Code civil.

Depuis 1855 [10], la Haute juridiction autorise, au surplus, les tribunaux à se servir d'éléments extrinsèques, afin de corroborer les éléments intrinsèques dans lesquels la preuve de la date du testament olographe doit avoir son principe et sa racine [11]. En définitive, seule l'absence d'un point de départ intrinsèque pertinent paralyse, aujourd'hui encore, les efforts de régularisation des juges [12]. Cette jurisprudence traditionnelle conserve aujourd'hui tout son intérêt. La possibilité de reconstituer la date du testament olographe est, en effet, ouverte au légataire, même dans l'hypothèse où la localisation dans le temps de l'acte testamentaire est juridiquement utile.

1. Civ. 1re, 24 févr. 1998, n° 96-12.336, NP; *Dr. fam.* oct. 1998, n° 144, note B. Beignier.
2. Civ. 1re, 11 févr. 2003, n° 99-12.626, *Bull. civ.* I, n° 46; *JCP* 2004. II. 10032, note F. Boulanger; *Dr. fam.* avr. 2003, n° 55, note B. Beignier; *AJ fam.* 2003. IR 147, obs. D.-B.
3. Civ. 1re, 24 sept. 2002, n° 00-21.761, *Bull. civ.* I, n° 221.
4. Civ. 11 juin 1902, *DP* 1902. 1. 434, note L. S.; *S.* 1905. 1. 117 – Civ. 1re, 3 janv. 1979, n° 76-14.317, *Bull. civ.* I, n° 4.
5. Civ. 1re, 28 mai 2002, n° 99-19.071, NP.
6. Req. 11 mai 1864, *S.* 1864. 1. 233; *DP* 1864. 1. 294 – Civ. 1re, 7 mai 1951, *Bull. civ.* I, n° 139.
7. Req. 19 févr. 1818, *S.* 1818. 1. 176 – Req. 12 juin 1821, *S.* 1821. 1. 339.
8. Civ. 1re, 11 oct. 1955, *D.* 1956. 5; *JCP* 1955. II. 8994.
9. Req. 8 janv. 1890, *S.* 1890. 1. 409.
10. Req. 8 mai 1855, *DP* 1855. 1. 163.
11. Req. 4 juin 1934, *DH* 1934. 460 – Civ. 1re, 24 juin 1952, *Bull. civ.* I, n° 209; *D.* 1952. 613; *JCP* 1952. II. 7179, note P. Voirin.
12. Civ. 1re, 8 mars 1988, n° 86-14.944, *Bull. civ.* I, n° 71; *D.* 1989. 110, note Ph. Malaurie; *Defrénois* 1988. 1229, note M. Grimaldi; *RTD civ.* 1989. 123, obs. J. Patarin; *JCP N* 1989, p. 218, note J.-F. Montredon – Civ. 1re, 9 nov. 1993, n° 91-17.756, *Bull. civ.* I, n° 322; *D.* 1994. 315, note B. Berry; *RTD civ.* 1994. 400, obs. J. Patarin.

2°
Indifférence de la date

321.91 Apport et limites de l'arrêt *Payan*. En l'absence d'une date complète, la nullité du testament olographe a longtemps été inéluctable[1]. Mais, en 1983, la Cour de cassation opéra un revirement spectaculaire. Dans le célèbre arrêt *Payan*, elle fit reproche aux juges du fond d'avoir annulé un testament daté seulement « *janvier 1975* », alors que ni l'incapacité du testateur ni l'existence d'un testament ultérieur incompatible n'avaient été débattues entre les parties[2]. La philosophie de cette décision novatrice peut être ainsi résumée : là où une date complète est inutile, l'absence de quantième est sans conséquence[3]. La jurisprudence *Payan* s'inscrit dans un mouvement d'**assouplissement du formalisme testamentaire**, qui prend appui sur l'idée qu'il n'y a pas lieu de sanctionner la violation de la forme « *là où les intérêts qu'elle tend à protéger ne sont même pas en cause* »[4].

Démentant la logique de son propre système, qui aurait dû conduire à valider le testament non daté pourvu qu'il n'y ait aucun intérêt à connaître sa date[5], la Cour de cassation a refusé, dans un premier temps, d'étendre la jurisprudence *Payan* au testament daté d'un simple millésime[6] et au testament dépourvu de toute date[7]. De 1983 à 2007, la mansuétude judiciaire est restée cantonnée à **l'omission du seul quantième du mois**[8].

321.92 Extension au testament non daté. C'est seulement en 2007 que la Cour régulatrice, opérant une judicieuse révolution (v. encore dans le sens de la nullité[9]), a finalement accepté de tirer toutes les conséquences du système adopté en 1983. À présent, conformément à la maxime « *Nullité sans grief n'opère rien* », le testament non daté n'est plus automatiquement nul; il reste néanmoins annulable si sa rédaction ne peut pas être enfermée dans une période clairement délimitée ou si la précision manquante cause un quelconque préjudice juridique.

L'arrêt *Sauviat*, rendu le 10 mai 2007, étend la règle d'indifférence de la date à l'omission du mois et de l'année. Dans un attendu de principe très pédagogique, la première Chambre civile explique « *qu'en dépit de son absence de date, un testament olographe n'encourt pas la nullité dès lors que des éléments intrinsèques à l'acte, corroborés par des éléments extrinsèques, établissent qu'il a été rédigé au cours d'une période déterminée et qu'il n'est pas démontré qu'au cours de cette période, le testateur ait été frappé d'une incapacité de tester ou ait rédigé un testament révocatoire ou incompatible* »[10]. À l'exigence traditionnelle d'une date précise (jour, mois et année) se trouve ainsi substituée, lorsqu'il n'est pas utile d'en savoir plus, la simple détermination d'une période de rédaction (phase au cours de laquelle le testament a été rédigé).

321.93 Pas de nullité sans grief. Il ressort de cette importante décision que l'exigence légale d'une mention de la date « de *la main du testateur* » (C. civ., art. 970) n'est nullement abandonnée. La validité du testament non daté reste l'exception. Pour que le juge renonce à prononcer la nullité pour vice de forme, deux conditions doivent être réunies :

1) Il faut, *en premier lieu*, que la rédaction du testament puisse être localisée, à partir d'un point de départ intrinsèque à l'acte, au cours d'une période délimitée. Ce qui suppose que l'on soit en mesure d'en fixer le commencement et la fin[11]. La durée de cette séquence semble être laissée à l'appréciation des juges du fond. Ainsi, au début de l'année 2014, la Cour régulatrice a estimé qu'une phase de presque sept années pouvait être admise au titre de l'inscription dans le temps de l'acte testamentaire[12].

2) Il convient, *en second lieu*, que les héritiers contestataires ne démontrent pas qu'il est nécessaire

1. Civ. 1re, 2 févr. 1971, n° 69-14.253, *Bull. civ.* I, n° 40; *D.* 1971. 421, note Maury; *JCP* 1972. II. 17000, note M. D.
2. Civ. 1re, 9 mars 1983, n° 82-11.259, *Bull. civ.* I, n° 95; *D.* 1984. 641; *JCP* 1984. II. 20177, note M. Dagot; *Defrénois* 1983, art. 33172, note H. Souleau; *RTD civ.* 1983. 775, obs. J. Patarin.
3. M. Grimaldi, « La jurisprudence et la date du testament olographe », *D.* 1984. Chron. 253.
4. M. Grimaldi, note ss Civ. 1re, 1er juill. 1986, n° 84-17.298, *Bull. civ.* I, n° 193; *D.* 1986. 544, n° 3.
5. EN CE SENS, Toulouse, 28 oct. 1985, *Gaz. Pal.* 1987. 1. Somm. 141 – TGI Nîmes, 24 sept. 1992, *D.* 1993. Somm. 229, obs. M. Grimaldi – Caen, 19 mars 1996, *Dr. fam.* 1996, n° 16, note B. Beignier.
6. Civ. 1re, 8 mars 1988, n° 86-14.944, préc. ss n° 321.88.
7. Civ. 1re, 19 avr. 1988, n° 86-16.160, *Bull. civ.* I, n° 114; *Defrénois* 1988. 1229, note M. Grimaldi; *RTD civ.* 1989. 123, obs. J. Patarin.
8. COMP. à peine plus généreux, Civ. 1re, 1er juin 1994, n° 92-14.272, *Bull. civ.* I, n° 200; *D.* 1995. Somm. 52, obs. M. Grimaldi; *RTD civ.* 1995. 670, obs. J. Patarin; *RLDC* 2006, n° 3, p. 58.
9. Civ. 1re, 7 juin 2006, n° 04-10.602 *Bull. civ.* I, n° 301; *AJ fam.* 2006. IR 291, obs. F. Bicheron.
10. Civ. 1re, 10 mai 2007, n° 05-14.366, *Bull. civ.* I, n° 182; *D.* 2007. Pan. 2135, obs. M. Nicod; *Dr. fam.* 2007, n° 131, 1re esp., note B. Beignier; *Defrénois* 2007, art. 38666, note M. Beaubrun; *D.* 2007. 2327, Chron. P. Chauvin et C. Creton; *RTD civ.* 2007. 604, obs. M. Grimaldi.
11. Civ. 1re, 8 avr. 2009, n° 08-12.217, NP; *AJ fam.* 2009. 266, obs. F. Bicheron; *RLDC* 2009, n° 3657, note R. Mesa.
12. Civ. 1re, 5 mars 2014, n° 13-14093, [à paraître]; *Dr. fam.* 2014, comm. 78, note B. Beignier; *JCP N* 2014. 1188, note G. Chabot; *Defrénois* 2014. 628, note M. Nicod.

de connaître la date exacte du testament (principalement pour le contrôle de la capacité du testateur et de la chronologie des dispositions testamentaires).

Avec cette jurisprudence salvatrice, la date du testament olographe n'est plus soumise, au détriment du respect de la volonté du testateur, à un formalisme aveugle; le défaut de date n'est désormais sanctionné que la mesure où son absence fait grief. Pour autant, la Cour de cassation ne consacre pas un « *formalisme causé* », puisqu'il n'est pas permis au légataire, en cas d'omission de la formalité, de rapporter la preuve que le testateur avait bien la capacité de tester et qu'il n'avait pas fait d'autres testaments.

§ 3
Signature

321.101 **Exigence légale.** Le testament olographe doit, enfin, être « *signé de la main du testateur* » (C. civ., art. 970). La signature constitue une formalité substantielle, à laquelle il ne peut être suppléé. Aussi n'est-il pas permis aux juges du fond de valider un testament non signé en se fondant sur la volonté - fût-elle non équivoque - du gratifiant[1].

En vérité, le défaut de signature du testateur fait toujours grief, car, lorsque le seing est manquant, on ne peut pas savoir si le document litigieux est vraiment achevé.

321.102 **Rôle de la signature.** En droit commun, la signature est essentiellement un signe d'identification de son auteur. Dans le testament olographe, cette fonction étant déjà assumée par l'écriture manuscrite, le seing du testateur tend principalement à attester du caractère définitif de la volonté émise. Manifestant l'*animus testandi*, la signature permet de séparer l'acte testamentaire achevé du simple projet.

Compte tenu de ce rôle, la jurisprudence a adopté de la signature une conception spécifique à la matière, comportant deux aspects : l'un matériel (A), l'autre intellectuel (B).

A.
Aspect matériel de la signature

321.111 **Nature de la signature.** La signature requise au titre de l'article 970 du Code civil doit d'abord être **manuscrite**; il n'est pas permis au testateur d'user d'un cachet, d'une griffe ou d'un tampon. Elle doit en outre, suivant l'usage commun, être **graphique** (d'où l'exclusion des empreintes digitales[2]). Mais pour le reste, en l'absence de définition légale, les tribunaux font preuve de libéralisme.

Il a rapidement été acquis en jurisprudence que devait être considérée comme valable toute signature conforme à celle que le testateur avait l'habitude d'apposer dans ses actes publics ou privés. On a ainsi admis l'usage du nom de religion[3], du nom marital[4], d'un pseudonyme[5], voire d'un prénom[6].

Plus récemment, la Cour de cassation a même abandonné la référence à la signature habituelle du testateur. Elle estime, à présent, qu'une signature insolite répond aux exigences de l'article 970 du Code civil lorsqu'elle ne laisse aucun doute ni sur l'identité de l'auteur de l'acte ni sur sa volonté d'en approuver les dispositions[7].

On notera encore que la signature ne suppose pas toujours un graphisme original. Depuis l'époque de la codification, la Cour régulatrice valide la simple mention manuscrite des nom et prénom du testateur[8]. Mais il faut, dans une telle hypothèse, que la mention soit suffisamment détachée du corps du texte pour en révéler l'approbation[9]. Ce qui naturellement n'est pas le cas, lorsque le testament - sur lequel ne figure aucune signature - s'ouvre par la formule « *Je soussigné X...* »[10].

321.112 **Place de la signature.** À l'ordinaire, la signature doit être apposée sur l'instrument lui-même, à la fin de l'acte testamentaire. Elle en constitue, en effet, selon l'heureuse formule de Pothier, « *le complément et la perfection* »[11]. Et la Cour de cassation prend soin, de nos jours, de rappeler régulièrement cette règle de bon sens, qui veut que la

1. Civ. 1re, 7 juin 1995, n° 93-13.256, *Bull. civ.* I, n° 248; *D.* 1995. 616; *RTD civ.* 1995. 946, obs. J. Patarin; *Defrénois* 1996, art. 36277, note Hauser – Civ. 1re, 17 févr. 2004, n° 01-15.223, *Bull. civ.* I, n° 55; *D.* 2004. Somm. 2341, obs. M. Nicod; *JCP N* 2004. 1490, note Ruel; *AJ fam.* 2004. 143, obs. S. Deis-Beauquesne; *Dr. fam.* 2004, n° 54, note B. Beignier.

2. Civ. 15 mai 1934, *DP* 1934. 1. 113.
3. Req. 23 mars 1824, *S.* 1824. 1. 245.
4. Civ. 1re, 17 avr. 1961, *Bull. civ.* I, n° 206; *D.* 1961. 447.
5. Req. 20 oct. 1908, *DP* 1910. 1. 291.
6. Civ. 1re, 24 juin 1952, *Bull. civ.* I, n° 209; *D.* 1952. 613; *JCP* 1952. II. 7179, note P. Voirin.
7. Civ. 1re, 5 oct. 1959, *Bull. civ.* I, n° 380; *JCP* 1959. II. 11323 (2e esp.), note P. Voirin; *D.* 1959. 507, note G. Holleaux.
8. Req. 20 avr. 1813, *S. chronol.*, p. 332 – PLUS RÉCEMMENT, Civ. 1re, 22 juin 2004, n° 01-14.031, *Bull. civ.* I, n° 180; *D.* 2004. 2953, note M. Nicod; *JCP* 2004. II. 10165, note A. Sériaux; *AJ fam.* 2004. 405, obs. F. Bicheron; *RTD civ.* 2005. 397, obs. J. Mestre et B. Fages.
9. Civ. 11 juill. 1935, *DH* 1935. 425; *S.* 1935. 1. 328; *RTD civ.* 1935. 874, obs. Savatier.
10. Civ. 1re, 14 janv. 2003, n° 00-18.526, *Bull. civ.* I, n° 14; *D.* 2003. Somm. 1874, obs. M. Nicod; *JCP* 2004. II. 10032, note Boulanger; *AJ fam.* 2003. 106, obs. D.-B.; *Dr. fam.* 2003, n° 35, note B. Beignier; *Defrénois* 2003, art. 37712, n° 31, obs. G. Champenois.
11. R.-J. Pothier, *Traité des donations testamentaires*, 1777, chap. 1er, art. 2, § 2.

signature figure à la suite du texte qu'elle entend approuver[1].

Cependant, par exception, les circonstances de l'espèce peuvent conduire les juges à reconnaître l'efficacité d'une signature qui bénéficierait d'une autre localisation[2]. Comme la date, le seing peut, par exemple, figurer sur l'enveloppe dans laquelle se trouve le testament, pourvu qu'il existe un lien incontestable entre ces diverses pièces[3].

B. Aspect intellectuel de la signature

321.121 Approbation du contenu. Les tribunaux se montrent extrêmement souples quant à la nature et la place de la signature. Il reste cependant un point sur lequel ils ne transigent pas : la marque apposée par le testateur ne doit laisser aucun doute sur sa volonté d'approuver les dispositions énoncées. La Cour de cassation use d'ailleurs d'une formule particulièrement nette : « *la signature* [...] *est le signe de l'approbation personnelle et définitive du contenu de l'acte et de la volonté de s'en approprier les termes* »[4]. Il en résulte qu'elle ne peut pas être antérieure au texte lui-même[5].

Cet élément intentionnel est déterminant. La signature a, en effet, pour conséquence de métamorphoser ce qui n'était jusque-là qu'un projet en testament définitif; elle parachève l'extériorisation testamentaire.

SECTION 3 FORMALISME DU TESTAMENT PAR ACTE PUBLIC

321.130 Présentation. Les articles 971 et suivants du Code civil régissent le testament « *par acte public* ». Ces dispositions spéciales ne constituent pas un corps complet de législation, elles doivent être combinées avec celles, plus générales, qui gouvernent les actes dressés par les notaires (L. 25 ventôse an XI - et Décr. n° 71-941, 26 nov. 1971[6]). Il en résulte, habituellement, un accroissement de la solennité.

Par exemple, il importe, conformément aux prévisions de l'article 14 du décret de 1971, que chaque feuillet du testament notarié comporte le paraphe du testateur[7].

Les testaments notariés sont, somme toute, assez rares. Les notaires répugnent à recevoir des actes au formalisme complexe, qui risquent d'entraîner la mise en œuvre de leur responsabilité civile; les testateurs craignent, pour leur part, l'indiscrétion des témoins, qui, selon la jurisprudence, doivent assister à la dictée et à la lecture de l'acte de dernière volonté. Ce danger de divulgation peut toutefois, depuis 1950, être contourné, puisqu'il est dorénavant possible de tester devant deux notaires, sans témoins. La loi du 3 décembre 2001 pourrait faire naître un regain d'intérêt pour cette forme testamentaire : l'article 764 du Code civil réserve - mais il est vrai à des fins de dissuasion - au seul testament notarié l'exercice de la faculté d'exhéréder le conjoint survivant de son droit viager au logement.

Parmi les règles de forme du testament authentique, on peut distinguer celles qui sont relatives aux personnes qui assistent à la déclaration testamentaire (§ 1) de celles qui concernent l'élaboration de l'instrument notarié (§ 2). Ces diverses précautions confèrent à l'acte dévolutif une force probante renforcée (§ 3).

§ 1 Assistance

321.131 Le ou les notaires. Depuis la réforme opérée par la loi du 8 décembre 1950, l'article 971 du Code civil dispose : « *Le testament par acte public est reçu par deux notaires ou par un notaire assisté de deux témoins.* »

Comme le rappelle sa dénomination légale, le « *testament par acte public* » doit être reçu par une personne publique. Le Code civil a réservé cette attribution au notaire. Tandis qu'à l'ordinaire cet officier public peut aujourd'hui instrumenter seul, en matière testamentaire, la loi rompt avec cette simplicité. Elle requiert, à des fins de protection de la volonté du disposant, une assistance plus nombreuse : le notaire doit se faire accompagner d'un confrère ou de deux témoins.

1. Civ. 1re, 14 janv. 2003, n° 00-18.526, préc. ss n° 321.111 – Civ. 1re, 17 févr. 2004, n° 01-15.223, préc. ss n° 321.101 – Civ. 1re, 17 juin 2009, n° 08-12.896, *Bull. civ.* I, n° 137; *D.* 2009. Chron. C. cass. 2058; Pan. 2516, obs. M. Nicod; *JCP N* 2009. 1290, note J.-C. Mahinga.
2. Civ. 1re, 21 juill. 1980, n° 79-12.059, *Bull. civ.* I, n° 233; *Defrénois*, art. 32503, p. 1559, obs. G. Champenois.
3. Civ. 1re, 3 nov. 1976, *Bull. civ.* I, n° 325.
4. Civ. 1re, 14 févr. 1968, *Bull. civ.* I, n° 68 – Civ. 1re, 18 déc. 1984, n° 83-16.152, *Bull. civ.* I, n° 341; *Gaz. Pal.* 1985. Somm. 224, obs. M. Grimaldi; *D.* 1985. IR 306, obs. D.-R. Martin.
5. En dernier lieu, v. Civ. 1re, 24 févr. 1998, n° 96-12.336, NP; *Dr. fam.* oct. 1998, n° 144, note B. Beignier.
6. Décr. n° 71-941, 26 nov. 1971, relatif aux actes établis par les notaires, *JO* 3 déc., p. 11795.
7. Civ. 1re, 10 oct. 2012, n° 11-20.702, *Bull. civ.* I, n° 201; *RTD civ.* 2012. 761, obs. M. Grimaldi; *D.* 2013. Pan. 2250, obs. M. Nicod; *AJ fam.* 2012. 618, obs. N. Levillain.

Toujours par dérogation au droit commun, le ou les notaires doivent procéder en personne à la réception de la volonté de tester; il ne leur est pas permis de recourir au service d'un clerc assermenté (L. 25 ventôse an XI, art. 10, al. 3).

321.132 Les témoins. Si le choix des témoins instrumentaires est libre[1], n'importe qui ne peut néanmoins être témoin à un testament notarié. La capacité est ici strictement réglementée.

En premier lieu, les deux témoins doivent être physiquement en mesure de s'assurer de la régularité des opérations accomplies : ils doivent être capables d'entendre, de voir et de signer[2].

En second lieu, la loi les assujettit à plusieurs conditions juridiques. En vertu de l'article 980 du Code civil, les deux témoins doivent comprendre la langue française (avant la loi du 23 juin 2006, ils devaient être de nationalité française), être majeurs, avoir la jouissance de leurs droits civils, ne pas être mari et femme. L'article 975 interdit, en outre, aux légataires, à leurs parents et alliés jusqu'au quatrième degré inclus, ainsi qu'aux clercs du notaire instrumentaire, de prêter leur concours à la réception du testament notarié[3].

§ 2 Instrument testamentaire

321.141 Acte notarié en minute. Le Code civil n'indique pas si le testament notarié doit être obligatoirement reçu en minute. Au début du XIXe siècle, quelques auteurs avaient soutenu qu'il était possible de le rédiger en brevet. Mais, dès 1821, le Conseil d'État adopta la solution contraire[4]. De nos jours, il est établi que le notaire est tenu de dresser en minute le testament par acte public (arg. Décr. n° 71-941, 26 nov. 1971, art. 13).

321.142 Formalités de rédaction. Au formalisme traditionnel des actes notariés (Décr. n° 71-941, 26 nov. 1971), le Code civil ajoute aux articles 972, 973 et 974 un certain nombre de solennités spécifiques, destinées à garantir une exacte correspondance entre la pensée du testateur et son expression écrite due au notaire. On peut retenir cinq étapes principales dans la rédaction du testament notarié : la dictée, l'écriture, la lecture, les mentions expresses et les signatures.

1. Civ. 1re, 18 sept. 2002, n° 00-10.577, *Bull. civ.* I, n° 212; *Dr. fam.* 2002, n° 152, note B. B.; *Defrénois* 2003, art. 37712, n° 34, obs. G. Champenois.
2. Req. 8 nov. 1875, *DP* 1876. 1. 339; *S.* 1876. 1. 156.
3. COMP. Civ. 1re, 9 janv. 1980, *Bull. civ.* I, n° 23; *D.* 1980. IR 403, obs. D.-R. Martin – Civ. 1re, 3 févr. 2010, n° 09-10.205, *Bull. civ.* I, n° 34; *JCP N* 2010. 1165, note Rivière; et 1230, note M. Nicod.
4. CE, avis, 9 avr. 1821, *S.* 1823. 2. 82.

321.143 1° Dictée. Le testateur est tenu de dicter ses dernières volontés (C. civ., art. 972), c'est-à-dire de les énoncer verbalement. Il ne peut se contenter d'approuver le testament préalablement rédigé par le notaire[5], ni même de le lire, car la lecture ne doit pas être confondue avec la dictée[6].

Cette **énonciation verbale** doit se faire, à peine de nullité, devant les deux notaires ou devant le notaire assisté des deux témoins[7]. Mais la jurisprudence n'exige pas des témoins une écoute attentive, il suffit qu'ils aient été « *en mesure d'entendre la dictée du testament au notaire* »[8]. Il n'est pas permis au disposant de tester par signes, ce qui s'oppose à ce qu'une personne muette use de la forme authentique[9]. La nécessité d'une dictée ne fait pas obstacle, en revanche, à ce que le testateur s'aide d'un brouillon, établi à l'avance par lui-même ou par un tiers[10]. De même, le notaire est en droit de poser des questions pour s'éclairer sur des intentions véritables du déclarant, à condition toutefois que ces questions ne soient pas conçues de manière à gêner la liberté du disposant, ni à lui suggérer des dispositions auxquelles sans ces provocations il n'eût point songé[11]. Si la dictée est faite dans une langue étrangère, ce qu'aucune disposition ne défend, celle-ci doit être comprise du notaire et des témoins. L'intermédiaire d'un interprète est, en effet, prohibé[12].

5. Civ. 1re, 18 mai 2011, n° 09-15.231, NP; *Dr. fam.* 2011. Comm. 114, note B. Beignier; *D.* 2011. Pan. 2633, obs. M. Nicod; *Defrénois* 2012, art. 40488, note A. Chamoulaud-Trapiers.
6. Civ. 1re, 20 mai 1968, *Bull. civ.* I, n° 147 – Civ. 1re, 26 sept. 2007, n° 05-19.909, *Bull. civ.* I, n° 310; *AJ fam.* 2007. IR 435; *D.* 2008. Pan. 2251, obs. M. Nicod; *JCP* 2008. II. 10051, note J.-C. Mahinga; *JCP N* 2007, n° 47, p. 32, note Mortier; *Dr. fam.* 2007, n° 12, note B. Beignier; *RLDC* 2007, n° 43, p. 54, note Jeanne – Civ. 1re, 29 juin 2011, n° 10-17.168, *Bull. civ.* I, n° 139; *RTD civ.* 2011. 791, obs. M. Grimaldi; *Dr. fam.* 2011. Comm. 132, note B. Beignier; *D.* 2011. Pan. 2633, obs. M. Nicod; *AJ fam.* 2011. 501, note C. Vernières; *Defrénois* 2012, art. 40488, note A. Chamoulaud-Trapiers.
7. Civ. 1re, 18 déc. 1973, n° 72-13.590, *Bull. civ.* I, n° 356 – Civ. 1re, 23 juill. 1979, n° 78-10.220, *Bull. civ.* I, n° 227; *D.* 1980. IR 141, obs. D.-R. Martin.
8. Civ. 1re, 19 déc. 1978, n° 77-15.542, *Bull. civ.* I, n° 397; *Defrénois* 1979. 1. 1248, obs. G. Champenois.
9. Civ. 1re, 7 juill. 1965, *Bull. civ.* I, n° 463; *D.* 1965. 557; *JCP* 1965. II. 14385, note P. Voirin – Civ. 1re, 4 juin 2007, n° 05-21.189, *Bull. civ.* I, n° 227; *Dr. fam.* 2007, n° 152, 2e esp., note B. Beignier; *JCP N* 2007, n° 26, p. 11; *RLDC* 2007, n° 41, p. 50, note Jeanne.
10. Civ. 1re, 6 juin 1990, n° 88-19.440, *Bull. civ.* I, n° 149; *Defrénois* 1991. 111, note Savatier.
11. Req. 15 janv. 1866, *S.* 1866. 1. 48.
12. Civ. 1re, 18 déc. 1956, *JCP* 1957. II. 9718, note C. Jacquillard – Paris, 29 mai 2001, *Dr. fam.* 2001, n° 122, obs. B. Beignier; *D.* 2001. Somm. 2937, obs. M. Nicod.

321.144 2° Écriture. Au fur et à mesure de la dictée, le notaire écrit ou fait écrire par un clerc, à la main ou mécaniquement, la déclaration testamentaire. Selon le mot de la Cour de cassation, il convient que la « *rédaction du testament corresponde exactement à la volonté exprimée oralement par le testateur* »[1]. Le notaire n'est toutefois pas astreint à rapporter littéralement les paroles du testateur. Il doit, au contraire, les transposer en style juridique afin d'en favoriser la compréhension, à charge évidemment de conserver le sens et la substance de la dictée[2]. L'officier public est tenu de se comporter en secrétaire intelligent.

321.145 3° Lecture. Il est ensuite donné lecture du testament au testateur, de sorte que celui-ci puisse vérifier que ses intentions ont été comprises et respectées par le rédacteur. C'est au notaire qu'il revient, en principe, de lire l'acte en présence des témoins[3]. Mais la jurisprudence admet qu'un testateur sourd puisse valablement procéder à la lecture à haute et intelligible voix[4].

321.146 4° Mentions expresses. Conformément aux prévisions de l'article 972 alinéa 4 le notaire fait mention expresse de l'accomplissement des formalités requises. On estime que ces mentions n'exigent pas l'emploi de formules sacramentelles. Il suffit, pour satisfaire le vœu de la loi, que les termes choisis ne laissent aucun doute sur la réalité du fait. La Cour régulatrice a expliqué, à juste titre, que la mention expresse de la lecture n'avait pas à préciser que celle-ci avait été donnée par le notaire[5].

321.147 5° Signatures. Enfin vient la phase de signatures. L'article 973 du Code civil impose au testateur l'obligation de signer en présence du notaire et des témoins. Peu importe que le signe graphique ne soit pas habituel, pourvu qu'il établisse avec certitude l'identité du scripteur[6]. Si du fait de la maladie ou de l'ignorance le testateur est dans l'impossibilité de signer, il doit le déclarer expressément (cette déclaration doit bien sûr être sincère[7]); le notaire doit mentionner cette déclaration et la cause qui empêche le disposant[8] (sur les limites de l'obligation imposée au notaire[9]). L'article 974 prescrit, en outre, la signature des témoins et du notaire. Si le testateur décède ou perd connaissance avant que ces signatures aient été apposées, le testament, alors imparfait, doit être considéré comme inefficace.

§ 3
Force probante

321.151 Foi attachée à l'authenticité. Le testament notarié offre une plus grande résistance aux critiques des héritiers *ab intestat* évincés que le testament olographe[10]. La foi attachée à l'écriture publique les oblige souvent à s'engager sur la voie onéreuse et aléatoire de l'inscription de faux[11].

Le testament par acte public fait foi de tout ce que le notaire a personnellement constaté et qu'il lui appartenait légalement de relever (présence du testateur et des témoins, date de l'acte, dictée, écriture et signature, *etc.*). À l'inverse, les autres affirmations de l'acte testamentaire peuvent être combattues par preuve contraire. Ainsi, une jurisprudence constante reconnaît, à raison, que l'on peut, sans être obligé de s'inscrire en faux, être admis à prouver que le testateur n'était pas sain d'esprit au moment de la rédaction, malgré l'énonciation contraire du testament authentique, cette énonciation n'exprimant que l'opinion du notaire sur un état mental que la loi ne l'a pas chargé de constater[12].

SECTION 4
FORMALISME DU TESTAMENT MYSTIQUE

321.161 Présentation. Le testament mystique, c'est-à-dire secret, est une forme hybride : il s'agit d'une écriture privée dont la perfection est subordonnée à une intervention ultérieure du notaire.

1. Civ. 1re, 28 juin 1961, *Bull. civ.* I, n° 353.
2. Civ. 3 mars 1890, *DP* 1890. 1. 354; *S.* 1890. 1. 160 – Civ. 1re, 19 mars 1991, n° 89-19.960, *Bull. civ.* I, n° 96; *JCP N* 1992. II. 1, note Ph. Salvage.
3. Civ. 1re, 5 févr. 2002, n° 00-15.740, *Bull. civ.* I, n° 45; *AJ fam.* 2002. IR 148; *Defrénois* 2003. 552, obs. G. Champenois.
4. Civ. 14 févr. 1872, *DP* 1872. 1. 457; *S.* 1872. 1. 5.
5. Civ. 1re, 5 févr. 2002, n° 00-15.740, préc. ss n° 321.146.
6. Req. 31 déc. 1850, *DP* 1851. 1. 52; *S.* 1851. 1. 26 – Civ. 1re, 27 oct. 1971, n° 70-10.125, *Bull. civ.* I, n° 277; *JCP N* 1972. Prat. 5248 – Civ. 1re, 6 juin 1990, n° 88-19.686, *Bull. civ.* I, n° 150 (1er moyen), *Defrénois* 1991, art. 34951, note Savatier.
7. Req. 13 mai 1868, *S.* 1868. 1. 357; *DP* 1869. 1. 317 – Civ. 1re, 23 mai 1995, n° 93-14.911, *Bull. civ.* I, n° 215; *D.* 1996. 209, note F. Ruel; *RTD civ.* 1995. 669, obs. J. Patarin.
8. Civ. 1re, 4 juin 2007, n° 06-12.765, *Bull. civ.* I, n° 228; *D.* 2007. AJ 1791; *Dr. fam.* 2007, n° 152, 1re esp., note B. Beignier.
9. Civ. 1re, 28 févr. 2006, n° 03-19.075, *Bull. civ.* I, n° 131; *D.* 2006. Pan. 2074, obs. M. Nicod – Civ. 1re, 12 sept. 2012, n° 11-18.542, NP.
10. PAR EX. : Civ. 1re, 3 févr. 2010, n° 09-10.205, *Bull. civ.* I, n° 34; *JCP N* 2010. 1230, note M. Nicod.
11. Civ. 1re, 28 juin 1961, *Bull. civ.* I, n° 353 – Civ. 1re, 3 mai 1977, n° 75-14.667, *Bull. civ.* I, n° 202.
12. Req. 5 juill. 1888, *DP* 1889. 1. 151; *S.* 1888. 1. 431 – Plus récemment, Civ. 1re, 25 mai 1987, n° 85-18.684, *Bull. civ.* I, n° 171; *D.* 1988. 79, note A. Breton.

Cette forme testamentaire n'est plus guère pratiquée. Elle est aujourd'hui communément critiquée par les auteurs du fait de sa complexité; elle permet pourtant de répondre à certaines situations marginales : testateur illettré, paralytique ou sourd-muet. Celui qui se trouve dans l'impossibilité d'écrire, du moins dans la mesure où il sait lire (C. civ., art. 978), peut avoir avantage à user de la forme mystique. Mais l'introduction dans notre droit, en 1994, du **testament international**, qui n'est jamais qu'un **testament mystique simplifié**, a fortement réduit l'intérêt du moule organisé par le Code civil (v. s[s] n°s 321.171 s.).

321.162 Confection. Le testament mystique comporte deux phases : la rédaction de l'acte de dernière volonté et sa présentation au notaire (C. civ., art. 976 à 980).

Dans un premier temps, le testament est rédigé par le testateur, ou sous sa direction par un tiers, à la main ou mécaniquement. L'écrit doit être signé par le disposant, sauf déclaration postérieure de son incapacité à signer (C. civ., art. 977).

Dans un second temps, le document est présenté clos, cacheté et scellé au notaire en présence de deux témoins. Le testateur déclare que le contenu est son testament et, s'il ne l'a pas écrit lui-même, qu'il en a personnellement vérifié le libellé. Le notaire dresse alors en brevet un acte de suscription, soit sur la feuille exprimant les dernières volontés, soit sur l'enveloppe qui la contient. Il doit y énoncer diverses mentions, telles que la date et le lieu de la présentation, la description du pli, la déclaration du testateur (sur la nécessité de mentionner l'auteur matériel du testament[1]). Puis cet acte doit être signé par le testateur, le notaire et les témoins. Si le testateur est dans l'impossibilité de signer, il sera fait mention de sa déclaration, ainsi que du motif qu'il en aura donné.

Les dispositions de l'article 980 du Code civil étant applicables au testament mystique, les deux témoins doivent comprendre la langue française être majeurs, savoir signer, avoir la jouissance de leurs droits civiques et, enfin, ne pas être mari et femme. En revanche, les exclusions de l'article 975 ne sont pas de rigueur puisqu'on ignore, le testament étant secret, quels en sont les bénéficiaires.

321.163 Force probante. La dualité des phases d'élaboration du testament mystique est à l'origine d'une vive controverse sur la nature de l'écrit intérieur. On a parfois prétendu qu'il participait de l'authenticité de l'acte de suscription; en sorte que le testament mystique ne pourrait être attaqué, dans son ensemble, que par inscription de faux. Mais la doctrine et la jurisprudence majoritaires estiment, au contraire, que l'acte secret n'est qu'une écriture privée et que le notaire n'ayant ni la mission ni la possibilité de vérifier l'exactitude de la déclaration du testateur, son intervention ne peut lui conférer un caractère authentique[2]. Cette seconde opinion a reçu la consécration implicite de la Cour de cassation[3].

Lorsque l'écriture ou la signature de l'acte testamentaire est contestée, les légataires sont, comme en matière de testament olographe, tenus d'en poursuivre la vérification (v. s[s] n° 321.55). Seul l'acte de suscription fait foi jusqu'à inscription de faux.

321.164 Conversion par réduction. L'inobservation des solennités légales est, ici comme ailleurs, sanctionnée par la **nullité absolue** (C. civ., art. 1001). Il se peut, toutefois, que le testament mystique imparfait réunisse les conditions de validité de la forme olographe. Dans cette hypothèse, l'article 979 alinéa 2 du Code civil prévoit la possibilité d'une conversion par réduction : même s'il a été qualifié de mystique, l'acte peut valoir comme **testament olographe**.

SECTION 5
FORMALISME DU TESTAMENT INTERNATIONAL

321.171 Présentation. En raison de la mobilité croissante des personnes et des biens, il a été recherché, à l'initiative de l'Institut international pour l'unification du droit privé (Unidroit), une forme testamentaire susceptible d'être admise dans le droit interne de tous les pays. Ces travaux ont abouti à l'élaboration de la Convention de Washington du 26 octobre 1973. Celle-ci comporte en annexe une loi matérielle uniforme (v. s[s] n° 83.12), régissant la forme d'un testament international, que les États contractants sont tenus d'introduire dans leur législation nationale. Le testament international est une sorte de testament mystique, débarrassée des scories romaines qui l'entravent encore dans notre Code civil.

L'intérêt majeur du système ainsi mis en place réside dans la reconnaissance directe par chaque droit interne de la validité formelle des testaments internationaux, sans qu'aucune distinction soit faite suivant le lieu de confection de l'acte, la nationalité, le domicile ou la résidence du testateur ou encore le pays où sont situés les biens légués (L. uniforme, art. 1er). Grâce à ce nouvel instru-

1. Lyon, 1er juill. 1980, *JCP* 1981. II. 19675, note M. Dagot; *D.* 1981. IR 468, obs. D.-R. Martin.

2. Toulouse, 30 juin 1930, *DP* 1931. 2. 25, note Loup.
3. Civ. 1re, 16 juill. 1956, *Bull. civ.* I, n° 309.

ment testamentaire, disposant, notaire et juge n'ont plus à s'inquiéter de la loi applicable à la forme de l'acte dévolutif. La volonté dernière est désormais efficace pourvu que les solennités prescrites par la Convention aient été respectées.

Par ailleurs, l'effet de la Convention de Washington du 26 octobre 1973 se trouve amplifié par l'intervention de la Convention de La Haye du 5 octobre 1961 sur les conflits en matière de forme des dispositions testamentaires (v. s[s] n°s 321.42 et 83.11) : un testament en la forme internationale fait dans un pays qui a ratifié la Convention de Washington sera considéré régulier, en vertu de la loi du lieu de rédaction consacrée par l'article premier de la Convention de La Haye, dans tous les États parties à la Convention de La Haye, même s'ils n'ont pas adhéré à la Convention relative au testament international.

321.172 **Introduction en droit français.** Après une longue période d'attentisme, le gouvernement français a décidé, en 1993, de relancer la procédure de ratification de cette Convention, signée par la France dès 1974. La loi n° 94-320 du 25 avril 1994 a autorisé la ratification du traité et la loi n° 94-337 du 29 avril 1994 a désigné les personnes habilitées à instrumenter : il s'agit sur le territoire de la République française des notaires et, à l'égard des français vivant à l'étranger, des agents diplomatiques et consulaires.

À la suite du dépôt de l'instrument français de ratification, puis de la publication de la Convention de Washington par le décret n° 94-990 du 8 novembre 1994, la loi uniforme s'est intégrée à notre législation civile. Depuis le 1er décembre 1994, il est permis de tester en France suivant la forme internationale.

321.173 **Confection.** À l'instar du testament mystique, la confection du testament international se réalise en deux temps :

1° Le testateur exprime ses dernières volontés dans un écrit. Ce document, qui n'est pas nécessairement rédigé par le disposant lui-même, peut être établi en une langue quelconque, à la main ou par un procédé mécanique (L. uniforme, art. 3).

2° Le testateur déclare devant deux témoins et une personne habilitée à instrumenter que ce document, dont il n'est pas tenu de divulguer la substance, est son testament et qu'il en connaît le contenu (L. uniforme, art. 4). L'article V de la Convention de Washington précise que « *les conditions requises pour être témoin sont régies par la loi en vertu de laquelle la personne habilitée a été désignée* » et son alinéa 2 ajoute que « *la seule qualité d'étranger ne constitue pas un obstacle pour être témoin d'un testament international* ».

Depuis la réforme du 23 juin 2006, la législation française s'est assouplie sur ce terrain : désormais, l'article 980 du Code civil exige seulement que les témoins à l'acte testamentaire comprennent la langue française.

Le testateur signe ensuite le testament en présence des deux témoins et de la personne habilitée ou, s'il l'a précédemment signé, reconnaît et confirme son seing. En cas d'incapacité, il est fait mention de la cause qui l'empêche de signer. Puis, les témoins et la personne habilitée apposent sur le champ leur signature, en présence du testateur (L. uniforme, art. 5). En présence de plusieurs feuillets, il est prévu que « *chaque feuillet doit être signé par le testateur* » (L. uniforme, art. 6). La Cour de cassation estime à juste titre, malgré le silence de la Convention, que cette dernière formalité est requise à peine de nullité[1].

La personne habilitée doit, au surplus, accomplir un certain nombre de formalités, dont l'inobservation est dépourvue de sanction. Le notaire ou l'agent diplomatique est tenu d'indiquer, à la fin du testament, la date de sa signature (L. uniforme, art. 7). À défaut, en cas de pluralité de testaments, la preuve de la date du testament international pourra être apportée par tous moyens. La personne habilitée doit encore interroger le testateur sur la conservation du testament (L. uniforme, art. 8) et rédiger, selon un modèle susceptible d'aménagements, une attestation justifiant que les obligations de la loi uniforme ont été respectées (L. uniforme, art. 9 et 10). Sauf preuve contraire, l'exemplaire de l'attestation conservé par le notaire (L. uniforme, art. 11) « *est accepté comme preuve suffisante de la validité formelle de l'instrument en tant que testament au sens de la présente loi* » (L. uniforme, art. 12).

Enfin, en cas d'omission des solennités édictées, la loi uniforme explique que la nullité du testament international « *n'affecte pas sa validité éventuelle quant à la forme en tant que testament d'une autre espèce* » (L. uniforme, art. 1er).

SECTION 6
FORMALISME DES TESTAMENTS DITS PRIVILÉGIÉS

321.181 **Faveur de la loi.** La loi accorde à certains testateurs, en raison de la situation exceptionnelle dans laquelle ils se trouvent (opération militaire, isolement dû à une maladie contagieuse ou à l'insularité, voyage maritime), le privilège d'une

1. Civ. 1re, 10 oct. 2012, n° 11-20.702, *Bull. civ.* I, n° 201 ; *RTD civ.* 2012. 761, obs. M. Grimaldi ; *D.* 2013. Pan. 2250, obs. M. Nicod ; *AJ fam.* 2012. 618, obs. N. Levillain.

écriture publique très allégée (la loi du 23 juin 2006 en a légèrement modernisé la réglementation). Liés à l'impossibilité de se conformer aux règles de l'acte notarié, ces moules testamentaires dérogatoires sont d'interprétation stricte[1] et n'ont qu'une force temporaire. Leur validité cesse, en principe, six mois après la fin des circonstances ayant motivé l'allégement du formalisme.

321.182 **Formalités.** Il existe trois sortes de testaments privilégiés : le **testament des militaires** (C. civ., art. 981 à 984); le testament **des personnes atteintes d'une maladie contagieuse et des insulaires** (C. civ., art. 985 à 987); le testament **des navigants** (C. civ., art. 988 à 997). Ces différentes catégories de disposants sont autorisées à formuler leurs dernières volontés devant une autorité supérieure (officier, médecin chef, juge d'instance, officier municipal, capitaine de navire, *etc.*), en présence de deux témoins. Les testaments ainsi établis, généralement en double original, sont considérés comme des actes authentiques faisant foi jusqu'à inscription de faux.

En pratique, ces divers testaments privilégiés ne sont guère usités[2]. Lorsque le testateur est en mesure d'écrire, il lui est en effet plus simple d'employer la forme olographe.

1. Req. 27 juill. 1921, *Gaz. Pal.* 1921. 2. 395.

2. COMP. Papeete, 23 oct. 1997, *Dr. fam.* sept. 1998, nº 127, note B. Beignier.

CHAPITRE

322. Règles de fond des testaments : notion et capacité

MARC NICOD
PROFESSEUR À L'UNIVERSITÉ
TOULOUSE 1 – CAPITOLE

SECTION 0

ORIENTEUR

322.00 Plan du chapitre.

322.01 Textes applicables.

C. civ., art. 470, 476, 895, 901 à 904

L. nº 2007-308, 5 mars 2007, portant réforme de la protection juridique des majeurs, *JO* 7 mars, p. 4325 (*entrée en vigueur le 1er janvier 2009*)

L. nº 2006-728, 23 juin 2006, portant réforme des successions et des libéralités, *JO* 24 juin, p. 9513 (*entrée en vigueur le 1er janvier 2007*)

> Testament

C. civ., art. 895 (*L. nº 2006-728, 23 juin 2006, art. 9 et 10*)

Le testament est un acte par lequel le testateur dispose, pour le temps où il n'existera plus, de tout ou partie de ses biens ou de ses droits, et qu'il peut révoquer.

> Testament et capacité
[C. civ., art. 901 et 902]

C. civ., art. 901 (*L. nº 2006-728, 23 juin 2006, art. 9 et 10*)

Pour faire une libéralité, il faut être sain d'esprit. La libéralité est nulle lorsque le consentement a été vicié par l'erreur, le dol ou la violence.

C. civ., art. 902 (*L. nº 2006-728, 23 juin 2006, art. 9*)

Toutes personnes peuvent disposer et recevoir, soit par donation entre vifs, soit par testament, excepté celles que la loi déclare incapables.

> Testament et capacité : mineur
[C. civ., art. 903 et 904]

C. civ., art. 903 (*L. nº 2006-728, 23 juin 2006, art. 9*)

Le mineur âgé de moins de seize ans ne pourra aucunement disposer, sauf ce qui est réglé au chapitre IX du présent titre.

C. civ., art. 904 (*L. nº 2006-728, 23 juin 2006, art. 9*)

Le mineur, parvenu à l'âge de seize ans et non émancipé, ne pourra disposer que par testament, et jusqu'à concurrence seulement de la moitié des biens dont la loi permet au majeur de disposer.

Toutefois, s'il est appelé sous les drapeaux pour une campagne de guerre, il pourra, pendant la durée des hostilités, disposer de la même quotité que s'il était majeur, en faveur de l'un quelconque de ses parents ou de plusieurs d'entre eux jusqu'au sixième degré inclusivement, ou encore en faveur de son conjoint survivant.

À défaut de parents jusqu'au sixième degré inclusivement, le mineur pourra disposer comme le ferait un majeur.

> Testament et capacité : majeur en curatelle

C. civ., art. 470 (*L. nº 2007-308, 5 mars 2007, art. 7*)

La personne en curatelle peut librement tester sous réserve des dispositions de l'article 901.

Elle ne peut faire de donation qu'avec l'assistance du curateur.

Le curateur est réputé en opposition d'intérêts avec la personne protégée lorsqu'il est bénéficiaire de la donation.

> Testament et capacité : majeur en tutelle

C. civ., art. 476 (*L. nº 2007-308, 5 mars 2007, art. 7*)

La personne en tutelle [...].

Elle ne peut faire seule son testament après l'ouverture de la tutelle qu'avec l'autorisation du juge ou du conseil de famille s'il a été constitué, à peine de nullité de l'acte. Le tuteur ne peut ni l'assister ni la représenter à cette occasion.

Toutefois, elle peut seule révoquer le testament fait avant ou après l'ouverture de la tutelle.

Le testament fait antérieurement à l'ouverture de la tutelle reste valable à moins qu'il ne soit établi que, depuis cette ouverture, la cause qui avait déterminé le testateur à disposer a disparu.

322.02 Jurisprudence de référence.

> Le testament est librement révocable

• Civ. 1re, 30 nov. 2004, no 02-20.883, *Bull. civ.* I, no 297

* V. ss no 322.13

« Vu l'article 895 du Code civil; [...]

Qu'en se déterminant ainsi alors que la faculté de révoquer un testament constitue un droit discrétionnaire exclusif de toute action en responsabilité, la cour d'appel a violé le texte susvisé. »

> Le legs avec faculté d'élire est prohibé

• Civ. 1re, 8 nov. 2005, no 02-21.177, *Bull. civ.* I, no 411

* V. ss no 322.14

« Vu les articles 895 et 1134 du Code civil,

Attendu qu'il résulte du premier de ces textes que le testateur ne peut abandonner à un tiers le choix discrétionnaire du légataire qu'il entend instituer et, suivant le second, que, si les juges du fond interprètent souverainement la volonté du testateur, ils ne peuvent, sous couvert d'interprétation, procéder à une réfaction du testament. »

> Le testament fait avant l'ouverture de la tutelle peut être annulé sur le fondement de l'article 503 du Code civil (repris par C. civ., nouv. art. 464), y compris à la demande d'un légataire universel

• Civ. 1re, 14 juin 2005, no 02-19.038, *Bull. civ.* I, no 258

* V. ss no 322.45

« Mais attendu d'abord que M. Y... institué légataire universel par Madeleine X... avait de ce fait qualité pour agir en nullité de testament sur le fondement de l'article 503 du Code civil; qu'ensuite c'est en vertu de son pouvoir souverain que la cour d'appel a prononcé la nullité de cet acte; [...]. »

322.03 Bibliographie indicative.

Actualisables. Rép. civ., vo *Testament,* par M. Nicod, janv. 2008 – *J.-Cl. Civ.*, art. 971 à 998, fasc. 10, J.-F. Pillebout.

Ouvrages spéciaux. J.-F. Montredon, *La désolennisation des libéralités*, LGDJ, 1989 – M. Nicod, *Le formalisme en droit des libéralités*, Éd. La Mouette, 2000 – J.-P. Waymel, *Les formes du testament olographe*, Montchrestien, 1966.

Articles. J.-R. Binet, « Altération des facultés mentales et libéralités » *Droit et vieillissement de la* personne, Litec, 2008, p. 91 – M. Grimaldi, « Les dernières volontés », *Mél. Cornu*, PUF, 1994, p. 177 – J.-J. Lemouland, « Le testament de l'incapable (dans la loi du 23 juin 2006) », *Dr. fam.* 2006. Étude 48 – D. Lochouarn, « La capacité de tester des personnes atteintes de surdité, de mutité ou de cécité », *JCP N* 2000. 819 – I. Omarjee, « Actes de disposition à titre gratuit et droit des incapacités : aspects pratiques », *RLDC* janv. 2009, no 3272 – N. Peterka, « Les libéralités du majeur protégé dans la loi du 5 mars 2007 », *Dr. fam.* 2007. Étude 20.

322.04 Questions essentielles.

> Un testateur pourrait-il s'engager irrévocablement ?

* V. ss no 322.13

> Le choix du légataire peut-il être abandonné à un tiers ?

* V. ss no 322.14

> Est-il permis à un mineur de tester ?

* V. ss nos 322.31 et 322.32

> Le majeur en tutelle peut-il rédiger seul un testament ?

* V. ss nos 322.41 s.

322.09 Divisions. Après avoir étudié la notion de testament (sect. 1), il faudra envisager la capacité de disposer ou de recevoir par testament (sect. 2).

SECTION 1
NOTION DE TESTAMENT

322.11 Définition légale. L'article 895 du Code civil enseigne que « *le testament est un acte par lequel le testateur dispose, pour le temps où il n'existera plus, de tout ou de partie de ses biens ou de ses droits et qu'il peut révoquer* » (rédaction légèrement remaniée par la loi du 23 juin 2006[1]). La définition donnée par ce texte est communément critiquée, car elle confond « *le testament* » et « *le legs* ». Or ces deux vocables ne recouvrent pas la même réalité : le **legs** est une **libéralité à cause de mort**, toujours révocable et portant sur des biens à venir; le **testament** est un **acte-cadre**, qui est susceptible d'abriter diverses sortes de dispositions de dernière volonté, aussi bien patrimoniales (legs, exhérédation, partage successoral...) qu'extrapatrimoniales (funérailles, sépulture, reconnaissance d'un enfant naturel, désignation d'un tuteur...). En un mot, les codificateurs ont défini le contenu (le legs) sous la rubrique de son contenant (le testament).

Cette maladresse lexicale est néanmoins excusable dans la mesure où, d'une part, il n'y pas de legs sans testament[2], d'autre part, l'immense majorité des testaments comporte bien des legs (même s'il est vrai que l'absence de legs n'affecte nullement le caractère testamentaire de l'acte[3]).

En toute hypothèse, l'article 895 du Code civil a le mérite de rappeler que le testament est un acte personnel, conçu dans la perspective du trépas et toujours révocable.

1. L. no 2006-728, 23 juin 2006, portant réforme des successions et des libéralités, *JO* 24 juin, p. 9513.
2. Sur l'inefficacité du legs indirect : Civ. 1re, 17 sept. 2003, no 01-11.001, *Bull. civ.* I, no 182; *D.* 2003. 2986, note M. Nicod; *AJ fam.* 2003. 428, obs. S. D.-B.
3. Req. 20 juill. 1943, *JCP* 1943. II. 2450, note Voirin; *S.* 1945. 1. 9, note Garreau de la Méchenie – Aix-en-Provence, 30 déc. 1907, *DP* 1908. 2. 103.

322.12 Manifestation de volonté posthume. L'originalité première du testament est d'être un **acte à cause de mort**. C'est parce que l'homme a conscience qu'il est mortel, qu'il est conduit à tester. Le testament et la mort sont étroitement associés dans la psychologie humaine comme dans la science juridique.

Du vivant de son auteur, le testament ne produit aucun effet. Il n'acquiert force juridique que du jour du décès du testateur (v., par ex. pour les legs, C. civ., art. 1014). Par suite, il y a deux temps dans la perfection de l'acte testamentaire : la rédaction de l'instrument et le décès du scripteur. De leur enchaînement dépend l'efficacité des dispositions prises.

Le testament permet l'expression des dernières volontés, celles que le testateur entend voir respecter, après sa disparition, par ceux qui lui survivront. Souvent elles ont trait aux biens qu'il espère laisser à son décès, elles sont donc constitutives de legs.

L'expression « *dernières volontés* » est ambiguë. Elle ne vise pas nécessairement la pensée ultime du *de cujus*, mais la dernière à avoir été formalisée selon les solennités légales. Le formalisme fige la volonté testamentaire - du moins dans la mesure où celle-ci n'a pas été ultérieurement révoquée (v. s^s^ n°s 324.10 s.).

322.13 Libre révocabilité. Acte de dernières volontés, le testament est par essence un acte librement révocable. La Cour de cassation estime, d'ailleurs, que « *la faculté de révoquer un testament constitue un droit discrétionnaire exclusif de toute action en responsabilité* »[1]. Dans cet esprit, il a été jugé avec raison que « *la remise d'un chèque ne peut en aucune façon constituer un testament* »[2].

Après la confection de l'instrument testamentaire, le testateur est en droit de revenir, à tout moment, sur les dispositions qu'il a prises. Pourvu qu'il coule son intention révocatoire dans l'un des moules auxquels la loi reconnaît cet effet, il reste maître de ses commandements posthumes jusqu'à son dernier souffle de vie. La règle est d'ordre public. Le testateur ne saurait y renoncer.

1. Civ. 1re, 30 nov. 2004, n° 02-20.883, *Bull. civ.* I, n° 297; *D.* 2005. 1621, note J.-Y. Maréchal; *JCP* 2005. II. 10179, note J.-R. Binet; *AJ fam.* 2005. 24, obs. F. Bicheron; *Dr. fam.* 2005, n° 16, note B. Beignier; *RTD civ.* 2005. 443, obs. M. Grimaldi; *RTD civ.* 2005. 104, obs. J. Hauser; *RJPF* 2005-2/28.
2. Civ. 1re, 5 févr. 2002, n° 99-18.578, *Bull. civ.* I, n° 39; *D.* 2002. Somm. 2447, obs. M. Nicod; *D.* 2003. 344, obs. D.-R. Martin; *D.* 2003. Chron. 2712, obs. A. Boujeka; *Defrénois* 2003, art. 37649, n° 7, obs. G. Champenois; *RJPF* 2002-6/23, note J. Casey; *Banque et Droit* 2002, n° 83, note T. Bonneau.

322.14 Acte personnel. Ainsi que l'indique l'article 895 du Code civil, c'est le testateur qui doit personnellement disposer dans son testament. Il ne peut laisser ce soin à un tiers, car il n'est pas permis de tester par procureur. Il en résulte, en particulier, l'interdiction du legs avec faculté d'élire[3].

SECTION 2
CAPACITÉ DE DISPOSER OU DE RECEVOIR PAR TESTAMENT

322.20 Renvoi. La majorité des règles de capacité applicables aux testaments sont en fait communes à toutes les libéralités. Aussi, pour l'essentiel, doit-on renvoyer à ce qui a été expliqué lors de l'étude des donations entre vifs (v. s^s^ n°s 312.91 s.). Seules les institutions spécifiques à la matière testamentaire seront ici retenues. Elles intéressent principalement le testateur (§ 1), plus rarement le légataire (§ 2).

§ 1
Capacité du testateur

322.21 Spécificité de la capacité de tester. La capacité du testateur ne se présente pas exactement sous le même jour que celle du donateur.

Certes, il y a peu à dire des **incapacités relatives** (sur cette notion, v. s^s^ n° 312.92). L'unique particularité se trouve à l'article 995 du Code civil. Ce texte ne vise étrangement que les testaments; il interdit au passager d'un navire de prendre, au cours d'un voyage maritime, des dispositions en faveur d'officiers de bâtiment autres que ceux lui sont parents ou alliés.

Les **incapacités absolues**, en revanche, offrent une plus grande originalité, due à la nature personnelle du testament (v. s^s^ n° 322.14). Fruit du face-à-face de l'homme avec sa mort, l'acte de dernière volonté ne s'accommode ni d'une représentation ni même d'une assistance (« *l'assistance du tuteur* » maladroitement introduite par la loi du 23 juin 2006 a rapidement été abrogée par la loi du 5 mars 2007 - v. s^s^ n°s 322.43 et 322.44). Il en résulte un régime généralement plus libéral que pour la capacité de donner : si l'on estime que l'incapable est suffisamment lucide pour tester, il doit pouvoir le faire seul; et s'il ne l'est pas, il ne doit pas pouvoir tester du tout.

3. Civ. 1re, 6 mars 1984, n° 83-10.892, *Bull. civ.* I, n° 88; *D.* 1985. 5, note Breton – Civ. 1re, 8 nov. 2005, n° 02-21.177, *Bull. civ.* I, n° 411; *AJ fam.* 2006. IR 37, obs. F. Bicheron; *Dr. fam.* 2005, n° 277, note B. Beignier; *RLDC* 2006, n° 24, p. 49, note F. Leandri.

A. Cas du mineur

322.31 Mineur non émancipé. La règle, énoncée à l'article 903 du Code civil, est que « *le mineur de moins de seize ans est frappé d'une incapacité totale de tester* ».

Après seize ans, dans la mesure où il n'a pas été émancipé (sinon il est pleinement capable de disposer à titre gratuit - C. civ., art. 413-6), la situation change. L'article 904 du Code civil prévoit qu'il lui est alors permis de tester « *jusqu'à concurrence de la moitié des biens dont la loi permet au majeur de disposer* ». Grâce à cette demi-capacité, le mineur non émancipé de plus de seize ans peut léguer - à qui bon lui semble - la moitié de la quotité disponible ordinaire.

La loi du 23 juin 2006 a indirectement accru la liberté testamentaire de ce mineur, en supprimant la réserve des ascendants. En l'absence d'enfant, il lui est maintenant loisible (depuis le 1er janv. 2007) de distribuer par testament la moitié de ses biens successoraux.

La **capacité partielle du mineur de seize ans** s'apprécie au **jour de la confection du testament**. En conséquence, un legs fait par un mineur de quinze ans est nul, même s'il meurt après son seizième anniversaire. Pareillement, un legs consenti entre seize et dix-huit ans ne vaut que sur la moitié de la quotité disponible, même si le testateur décède bien après sa majorité.

322.32 Mineur combattant sous les drapeaux. La loi du 28 octobre 1916 a édicté un régime d'exception pour le mineur qui est appelé pour une campagne militaire. Pendant la période des hostilités, il est en effet autorisé à « *disposer de la même quotité que s'il était majeur, en faveur de l'un quelconque de ses parents ou de plusieurs d'entre eux jusqu'au sixième degré inclusivement ou encore en faveur de son conjoint* » (C. civ., art. 904, al. 2). « *À défaut de parents au sixième degré inclusivement, le mineur pourra disposer comme le ferait un majeur* » (C. civ., art. 904, al. 3); c'est-à-dire qu'il lui est alors permis d'instituer la personne de son choix.

B. Cas du majeur

1° Majeur en tutelle

322.41 Majeur en tutelle. La réglementation de la capacité testamentaire du majeur en tutelle a connu, ces derniers temps, plusieurs modifications. Les législateurs de 2006 et de 2007 ont souhaité faciliter la manifestation de sa volonté de tester. Certes, le principe général est resté inchangé : le **testament rédigé après l'ouverture de la tutelle** par le majeur, agissant **de son propre mouvement,** est entaché de **nullité**. Mais les possibilités de déroger à cette interdiction ont été progressivement élargies (C. civ., art. 476, al. 2 et 3).

322.42 Loi de 1968. Depuis la loi du 3 janvier 1968, il est admis que l'incapacité de jouissance qui frappe le majeur en tutelle est susceptible d'un **aménagement judiciaire.** Après avis médical, le **juge des tutelles** pouvait déjà, conformément aux prévisions de l'ancien article 501 du Code civil, lui reconnaître la faculté de rédiger son testament, pourvu qu'il soit en état de le faire seul (en ce sens, v. pour un testament établi en la forme authentique[1]).

322.43 Loi de 2006. Soucieuse d'étendre la liberté d'action du majeur en tutelle, la loi n° 2006-728 du 23 juin 2006 (entrée en vigueur le 1er janv. 2007) a voulu que le **conseil de famille** puisse également autoriser l'exercice de la faculté de tester. Mais, dans le but de prévenir d'éventuelles pressions, le législateur de 2006 avait cru bon d'ajouter que l'incapable bénéficierait alors de « *l'assistance du tuteur* » (C. civ., anc. art. 504, al. 1er). Bien sûr, celui-ci ne devait pas, comme à l'ordinaire, « *représenter le majeur* » (C. civ., anc. art. 504, al. 2). Cette intervention d'un tiers dans un acte éminemment personnel était néanmoins malvenue.

Dans le même temps, la loi de 2006 a aussi entendu favoriser la **libre révocabilité du testament de l'incapable.** C'est pourquoi elle a admis que le majeur en tutelle puisse toujours révoquer seul, c'est-à-dire sans avoir à requérir une quelconque autorisation, « *le testament fait avant comme après l'ouverture de la tutelle* » (C. civ., anc. art. 504, al. 1er, *in fine*). La liberté de révocation est ici clairement distinguée de la faculté de tester; l'acte révocatoire, qui n'a pas à être autorisé, ne peut donc pas contenir de nouveaux legs.

322.44 Loi de 2007. La loi n° 2007-308 du 5 mars 2007[2], portant réforme de la protection juridique des majeurs (entrée en vigueur le 1er janv. 2009), est venue, à son tour, assouplir le régime applicable au testament du majeur en tutelle (C. civ., art. 476). Elle conserve l'essentiel des apports de la loi de 2006 : elle maintient la nécessaire autorisation du juge ou du conseil de famille

1. Civ. 1re, 29 mai 2001, n° 99-17.478, NP; *D.* 2002. Somm. 2167, obs. J.-J. Lemouland; *JCP* 2002. II. 10172, note E. Courtois-Champenois; *Defrénois* 2001, art. 37430, p. 1358, note J. Massip; *RJPF* 2001-9/14, note Pansier.
2. L. n° 2007-308, 5 mars 2007, portant réforme de la protection juridique des majeurs, *JO* 7 mars, p. 4325.

pour la faculté de tester et le libre exercice par l'incapable de la faculté de révoquer. En revanche, elle supprime l'exigence inopportune d'une « *l'assistance du tuteur* » lors de la rédaction du testament.

Désormais, l'article 476 alinéa 2 du Code civil expose que la personne en tutelle « *ne peut faire son testament après l'ouverture de la tutelle qu'avec l'autorisation du juge ou du conseil de famille s'il a été constitué, à peine de nullité de l'acte. Le tuteur ne peut ni l'assister ni la représenter à cette occasion* ». Et l'alinéa 3 ajoute : « *Toutefois, elle peut seule révoquer le testament fait avant ou après l'ouverture de la tutelle* ».

322.45 Testaments antérieurs à l'ouverture de la tutelle. Pour ce qui est des testaments faits avant l'ouverture de la tutelle, le législateur contemporain (depuis la loi de 1968), consacrant la solution traditionnellement retenue en jurisprudence[1], s'est prononcé dans le sens de leur **validité**.

Dans sa rédaction issue de la réforme de 2007, l'article 476 alinéa 4 du Code civil prévoit que « *le testament fait antérieurement à l'ouverture de la tutelle reste valable* ». Cependant, un tel acte testamentaire n'est pas à l'abri des **contestations**. La mise sous tutelle de son auteur le rend particulièrement vulnérable. D'une part, il encourt la nullité s'il est « *établi que, depuis l'ouverture de la tutelle, la cause qui avait déterminé le testateur à disposer a disparu* » (C. civ., art. 476, al. 4 *in fine*). On peut songer, par exemple, à la naissance d'un enfant ou à l'abandon d'un projet matrimonial. D'autre part, et surtout, une action en annulation sur le fondement de l'article 464 (notoriété de l'altération des facultés personnelles dans les deux années précédant l'ouverture de la tutelle) ou de l'article 901 (insanité d'esprit) du Code civil est toujours à redouter[2].

2°
Majeur en curatelle

322.51 Majeur en curatelle. On sait qu'en matière de **donation** entre vifs le majeur en curatelle est, à l'ordinaire, frappé d'une **incapacité d'exercice**; il ne peut consentir de dons qu'avec l'assistance de son curateur (C. civ., art. 470, al. 2). En revanche, la loi écarte l'incapacité quand il s'agit pour lui de tester.

L'article 470 alinéa 1er du Code civil (qui a repris le contenu de l'ancien article 513) permet au majeur en curatelle de **disposer seul par testament**, sous réserve qu'il soit sain d'esprit. Ainsi qu'on l'a expliqué (v. ss n° 322.21), il ne saurait y avoir place en ce domaine pour une quelconque assistance.

En pratique, le testament fait par le majeur en curatelle est un **acte fragile**. Il est assez fréquent qu'il soit annulé pour insanité d'esprit, sur le fondement de l'article 901 du Code civil[3]. En outre, rompant avec la jurisprudence antérieure[4], la loi du 5 mars 2007 a étendu à la curatelle la **période suspecte de deux ans** prévue par l'article 464 du Code civil. Les testaments consentis avant le jugement d'ouverture de la mesure de protection se trouvent, en conséquence, plus menacés qu'auparavant.

§ 2
Capacité du légataire

322.61 Principe protecteur. La protection du légataire incapable est identique à celle du donataire incapable. Elle répond aux mêmes exigences : prévenir une acceptation à la légère d'un avantage qui peut être accompagné de charges; éviter que l'incapable n'ait à souffrir de l'inaction de ceux qui doivent le représenter ou l'assister. C'est pourquoi il convient, ici encore, de renvoyer à ce qui a été dit précédemment pour les donations (v. ss nos 312.220 s.).

Il n'y a guère que l'hypothèse des legs universels, à titre universel et à titre particulier grevés de charges, qui mérite quelques précisions.

322.62 Legs universel ou à titre universel adressé à un mineur non émancipé ou à un majeur en tutelle. Lorsqu'une succession *ab intestat* échoit à un mineur non émancipé ou à un majeur en tutelle, certaines précautions sont prises pour l'exercice de l'option héréditaire. Le représentant légal ne peut accepter, sans autorisation particulière, qu'à concurrence de l'actif net (C. civ., art. 507-1, al. 1er); mais s'il entend **accepter purement et simplement,** il doit être **autorisé** :

– **par l'autre parent** en cas d'administration légale pure et simple (C. civ., art. 389-5, al. 1er);

– **par le juge des tutelles** pour l'administration légale sous contrôle judiciaire (C. civ., art. 389-6, al. 1er);

1. Req. 19 janv. 1937, *DP* 1937. 1. 33, note Savatier.
2. Civ. 1re, 9 mars 1982, n° 81-10.354, *Bull. civ.* I, n° 102; *Defrénois* 1983, art. 33022, p. 328, note J. Massip; *JCP* 1993. II. 19996, note Rémy – Civ. 1re, 28 janv. 2003, n° 00-17.712, NP; *Defrénois* 2003, art. 37802, p. 1090, obs. J. Massip; *AJ fam.* 2003. IR 148, obs. F. B.; *JCP N* 2004. Étude 1473, obs. Cermolacce; *RTD civ.* 2003. 478, obs. J. Hauser – Civ. 1re, 14 juin 2005, n° 02-19.038, *Bull. civ.* I, n° 258; *D.* 2006. Pan. 1575, obs. J.-J. Lemouland et J.-M. Plazy; *AJ fam.* 2005. 362, obs. C. Grimaldi; *Defrénois* 2005, art. 38278, n° 90, obs. Massip; *RTD civ.* 2006. 89, obs. J. Hauser.
3. V. PAR EX. Civ. 1re, 28 janv. 2003, n° 00-17.712, NP; préc. ss n° 322.45 – Civ. 1re, 20 juin 2006, n° 05-14.948, NP; *Dr. fam.* 2006, n° 211, note T. Fossier.
4. Civ. 1re, 29 nov. 1983, n° 82-14.982, *Bull. civ.* I, n° 282; *Gaz. Pal.* 1984. 1. 269, note J. M.

– ou par une **délibération spéciale du conseil de famille** dans le régime de la tutelle (C. civ., art. 507-1, al. 1er).

Par analogie (C. civ., art. 724-1), les mêmes précautions ont cours pour l'acceptation des legs universels et à titre universel, ainsi que des legs à titre particulier grevés de charges [1].

1. L'acceptation d'un legs à titre particulier non grevé de charges est qualifiée d'acte d'administration par le V de l'annexe 1 du décret n° 2008-1484 du 22 décembre 2008 (*JO* 31 déc., p. 20631).

CHAPITRE

323. Règles de fond des testaments : contenu du testament

MICHEL GRIMALDI
PROFESSEUR À L'UNIVERSITÉ
PANTHÉON-ASSAS (PARIS II)

SECTION 0
ORIENTEUR

323.00 Plan du chapitre.

Division : diversité du contenu. La loi définit le testament comme l'acte par lequel *« le testateur dispose pour le temps où il n'existera plus, de tout ou partie de ses biens ou de ses droits et qu'il peut révoquer »* (C. civ., art. 895). Mais en vérité le testament a un objet plus large : il porte les *dernières volontés* de son auteur, qui peuvent s'appliquer à autre chose qu'à ses biens. Il peut donc contenir, non seulement des dispositions patrimoniales (sect. 1), mais aussi des dispositions extra-patrimoniales (sect. 2). En outre, pour veiller à la bonne exécution de ses volontés, le testateur peut désigner un exécuteur testamentaire (sect. 3). Enfin, il n'est pas rare que le testament pose des difficultés d'interprétation (sect. 4).

323.01 Textes applicables.

C. civ., art. 316, al. 3, 387, 389-3, 403, al. 2, 477, 479, 724, 812 s., 895, anc. 908-2, 967, 1002, 1002-1, 1010, 1021, 1025 à 1034, 1094-1, 1156, 1405 al. 2, 1984, 1986, 1990, 1993 s., 1999 s., 2003 et 2004

CGI, art. 788 *bis*

CGCT, art. R. 2213-13

C. pén., art. 433-21-1

CPI, art. L. 113-6, L. 121-1, L. 121-2, al. 2

CSP, art. L. 1111-11, L. 1232-1

L. n° 2007-308, 5 mars 2007, portant réforme de la protection juridique des majeurs, *JO* 7 mars, p. 4325 (*entrée en vigueur le 1er janv. 2009*)

L. n° 2006-728, 23 juin 2006, portant réforme des successions et des libéralités, *JO* 24 juin, p. 9513 (*entrée en vigueur le 1er janv. 2007*)

L. n° 2005-370, 22 avr. 2005, relative aux droits des malades et à la fin de vie, *JO* 23 avr., p. 7089; rect. *JO* 20 mai, p. 8732

L. 7 juill. 1949, autorisant le legs des yeux à un établissement public ou à une œuvre privée pratiquant la greffe de la cornée

L. 15 nov. 1887, sur la liberté des funérailles, art. 3

Décr. n° 76-435, 18 mai 1976, art. 7

Décr. n° 71-941, 26 nov. 1971, art. 2, al. 2

> Reconnaissance d'enfant
C. civ., art. 316, al. 3 et 4

[...] Elle [la reconnaissance] est faite dans l'acte de naissance, par acte reçu par l'officier de l'état civil ou par tout autre acte authentique.

L'acte comporte les énonciations prévues à l'article 62 et la mention que l'auteur de la reconnaissance a été informé du caractère divisible du lien de filiation ainsi établi.

> Autorité parentale relative aux biens de l'enfant

C. civ., art. 387

La jouissance légale ne s'étend pas aux biens que l'enfant peut acquérir par son travail, ni à ceux qui lui sont donnés ou légués sous la condition expresse que les père et mère n'en jouiront pas.

> Les biens donnés ou légués au mineur sous administration d'un tiers ne sont pas soumis à l'administrateur légal

C. civ., art. 389-3, al. 3 (*L. n° 2007-308, 5 mars 2007, art. 2*)

[...] Ne sont pas soumis à l'administration légale les biens qui auraient été donnés ou légués au mineur sous la condition qu'ils seraient administrés par un tiers. Ce tiers administrateur aura les pouvoirs qui lui auront été conférés par la donation ou le testament; à défaut, ceux d'un administrateur légal sous contrôle judiciaire.

> Nomination d'un tuteur testamentaire pour l'enfant mineur ou majeur

[C. civ., art. 403 et 448 – *L. n° 2007-308, 5 mars 2007*]

C. civ., art. 403, al. 1er et 2

Le droit individuel de choisir un tuteur, qu'il soit ou non parent du mineur, n'appartient qu'au dernier vivant des père et mère s'il a conservé, au jour de son décès, l'exercice de l'autorité parentale.

Cette désignation ne peut être faite que dans la forme d'un testament ou d'une déclaration spéciale devant notaire [...].

C. civ., art. 448

La désignation par une personne d'une ou plusieurs personnes chargées d'exercer les fonctions de curateur ou de tuteur pour le cas où elle serait placée en curatelle ou en tutelle s'impose au juge, sauf si la personne désignée refuse la mission ou est dans l'impossibilité de l'exercer ou si l'intérêt de la personne protégée commande de l'écarter. En cas de difficulté, le juge statue.

Il en est de même lorsque les parents ou le dernier vivant des père et mère, ne faisant pas l'objet d'une mesure de curatelle ou de tutelle, qui exercent l'autorité parentale sur leur enfant mineur ou assument la charge matérielle et affective de leur enfant majeur désignent une ou plusieurs personnes chargées d'exercer les fonctions de curateur ou de tuteur à compter du jour où eux-mêmes décéderont ou ne pourront plus continuer à prendre soin de l'intéressé.

> Mandat de protection future

[C. civ., art. 477 et 479 – *L. n° 2007-308, 5 mars 2007*]

C. civ., art. 477

Toute personne majeure ou mineure émancipée ne faisant pas l'objet d'une mesure de tutelle peut charger une ou plusieurs personnes, par un même mandat, de la représenter pour le cas où, pour l'une des causes prévues à l'article 425, elle ne pourrait plus pourvoir seule à ses intérêts.

La personne en curatelle ne peut conclure un mandat de protection future qu'avec l'assistance de son curateur.

Les parents ou le dernier vivant des père et mère, ne faisant pas l'objet d'une mesure de curatelle ou de tutelle, qui exercent l'autorité parentale sur leur enfant mineur ou assument la charge matérielle et affective de leur enfant majeur peuvent, pour le cas où cet enfant ne pourrait plus pourvoir seul à ses intérêts pour l'une des causes prévues à l'article 425, désigner un ou plusieurs mandataires chargés de le représenter. Cette désignation prend effet à compter du jour où le mandant décède ou ne peut plus prendre soin de l'intéressé.

Le mandat est conclu par acte notarié ou par acte sous seing privé. Toutefois, le mandat prévu au troisième alinéa ne peut être conclu que par acte notarié.

C. civ., art. 479

Lorsque le mandat s'étend à la protection de la personne, les droits et obligations du mandataire sont définis par les articles 457-1 à 459-2. Toute stipulation contraire est réputée non écrite.

Le mandat peut prévoir que le mandataire exercera les missions que le Code de la santé publique et le Code de l'action sociale et des familles confient au représentant de la personne en tutelle ou à la personne de confiance.

Le mandat fixe les modalités de contrôle de son exécution.

> Saisine

C. civ., art. 724

Les héritiers désignés par la loi sont saisis de plein droit des biens, droits et actions du défunt.

Les légataires et donataires universels sont saisis dans les conditions prévues au titre II du présent livre.

À leur défaut, la succession est acquise à l'État, qui doit se faire envoyer en possession.

> Mandat à effet posthume

C. civ., art. 812 (*L. n° 2006-728, 23 juin 2006, art. 1*)

Toute personne peut donner à une ou plusieurs autres personnes, physiques ou morales, mandat d'administrer ou de gérer, sous réserve des pouvoirs confiés à l'exécuteur testamentaire, tout ou partie de sa succession pour le compte et dans l'intérêt d'un ou de plusieurs héritiers identifiés.

Le mandataire peut être un héritier.

Il doit jouir de la pleine capacité civile et ne pas être frappé d'une interdiction de gérer lorsque des biens professionnels sont compris dans le patrimoine successoral.

Le mandataire ne peut être le notaire chargé du règlement de la succession.

> Testament

C. civ., art. 895 (*L. n° 2006-728, 23 juin 2006, art. 9 et 10*)

Le testament est un acte par lequel le testateur dispose, pour le temps où il n'existera plus, de tout ou partie de ses biens ou de ses droits et qu'il peut révoquer.

> Capacité de disposer ou de recevoir par donation entre vifs ou par testament

C. civ., anc. art. 908-2 (*mod. par L. n° 2006-728, 23 juin 2006, art. 9; abrogé par L. n° 2009-61, 16 janv. 2009, art. 1er*)

Dans les dispositions entre vifs ou testamentaires, les expressions « fils et petits-fils, enfants et petits-enfants », sans autre addition ni désignation, doivent s'entendre de la descendance naturelle aussi bien que légitime, à moins que le contraire ne résulte de l'acte ou des circonstances.

> Institutions d'héritiers et legs

[C. civ., art. 967 et 1002 – *L. n° 2006-728, 23 juin 2006*]

C. civ., art. 967

Toute personne pourra disposer par testament soit sous le titre d'institution d'héritier, soit sous le titre de legs, soit sous toute autre dénomination propre à manifester sa volonté.

C. civ., art. 1002

Les dispositions testamentaires sont ou universelles, ou à titre universel, ou à titre particulier.

Chacune de ces dispositions, soit qu'elle ait été faite sous la dénomination d'institution d'héritier, soit qu'elle ait été faite sous la dénomination de legs, produira son effet suivant les règles ci-après établies pour les legs universels, pour les legs à titre universel, et pour les legs particuliers.

> Cantonnement

[C. civ., art. 1002-1 et CGI, art. 788 *bis*]

C. civ., art. 1002-1 (*L. n° 2006-728, 23 juin 2006, art. 18*)

Sauf volonté contraire du disposant, lorsque la succession a été acceptée par au moins un héritier désigné par la loi, le légataire peut cantonner son émolument sur une partie des biens dont il a été disposé en sa faveur. Ce cantonnement ne constitue pas une libéralité faite par le légataire aux autres successibles.

CGI, art. 788 *bis* (*L. n° 2006-1771, 30 déc. 2006, art. 53*)

Les biens recueillis par un héritier ou un légataire en application de l'article 1002-1 ou du deuxième alinéa de l'article 1094-1 du Code civil sont réputés transmis à titre gratuit par le défunt.

> Legs universel

C. civ., art. 1003 (*L. n° 2006-728, 23 juin 2006, art. 9*)

Le legs universel est la disposition testamentaire par laquelle le testateur donne à une ou plusieurs personnes l'universalité des biens qu'il laissera à son décès.

> Legs à titre universel

C. civ., art. 1010 (*L. n° 2006-728, 23 juin 2006, art. 9*)

Le legs à titre universel est celui par lequel le testateur lègue une quote-part des biens dont la loi lui permet de disposer, telle qu'une moitié, un tiers, ou tous ses immeubles, ou tout son mobilier, ou une quotité fixe de tous ses immeubles ou de tout son mobilier.

Tout autre legs ne forme qu'une disposition à titre particulier.

> Legs de la chose d'autrui

C. civ., art. 1021 (*L. n° 2006-728, 23 juin 2006, art. 9*)

Lorsque le testateur aura légué la chose d'autrui, le legs sera nul, soit que le testateur ait connu ou non qu'elle ne lui appartenait pas.

> Exécuteur testamentaire

[C. civ., art. 1025 à 1034 – *L. n° 2006-728, 23 juin 2006*]

C. civ., art. 1025

Le testateur peut nommer un ou plusieurs exécuteurs testamentaires jouissant de la pleine capacité civile pour veiller ou procéder à l'exécution de ses volontés.

L'exécuteur testamentaire qui a accepté sa mission est tenu de l'accomplir.

Les pouvoirs de l'exécuteur testamentaire ne sont pas transmissibles à cause de mort.

C. civ., art. 1026

L'exécuteur testamentaire peut être relevé de sa mission pour motifs graves par le tribunal.

C. civ., art. 1027

S'il y a plusieurs exécuteurs testamentaires acceptant, l'un d'eux peut agir à défaut des autres, à moins que le testateur en ait disposé autrement ou qu'il ait divisé leur fonction.

C. civ., art. 1028

L'exécuteur testamentaire est mis en cause en cas de contestation sur la validité ou l'exécution d'un testament ou d'un legs.

Dans tous les cas, il intervient pour soutenir la validité ou exiger l'exécution des dispositions litigieuses.

C. civ., art. 1029

L'exécuteur testamentaire prend les mesures conservatoires utiles à la bonne exécution du testament.

Il peut faire procéder, dans les formes prévues à l'article 789, à l'inventaire de la succession en présence ou non des héritiers, après les avoir dûment appelés.

Il peut provoquer la vente du mobilier à défaut de liquidités suffisantes pour acquitter les dettes urgentes de la succession.

C. civ., art. 1030

Le testateur peut habiliter l'exécuteur testamentaire à prendre possession en tout ou partie du mobilier de la succession et à le vendre s'il est nécessaire pour acquitter les legs particuliers dans la limite de la quotité disponible.

C. civ., art. 1030-1

En l'absence d'héritier réservataire acceptant, le testateur peut habiliter l'exécuteur testamentaire à disposer en tout ou partie des immeubles de la succession, recevoir et placer les capitaux, payer les dettes et les charges et procéder à l'attribution ou au partage des biens subsistants entre les héritiers et les légataires.

À peine d'inopposabilité, la vente d'un immeuble de la succession ne peut intervenir qu'après information des héritiers par l'exécuteur testamentaire.

C. civ., art. 1030-2

Lorsque le testament a revêtu la forme authentique, l'envoi en possession prévu à l'article 1008 n'est pas requis pour l'exécution des pouvoirs mentionnés aux articles 1030 et 1030-1.

C. civ., art. 1031

Les habilitations mentionnées aux articles 1030 et 1030-1 sont données par le testateur pour une durée qui ne peut excéder deux années à compter de l'ouverture du testament. Une prorogation d'une année au plus peut être accordée par le juge.

C. civ., art. 1032

La mission de l'exécuteur testamentaire prend fin au plus tard deux ans après l'ouverture du testament sauf prorogation par le juge.

C. civ., art. 1033
L'exécuteur testamentaire rend compte dans les six mois suivant la fin de sa mission.

Si l'exécution testamentaire prend fin par le décès de l'exécuteur, l'obligation de rendre des comptes incombe à ses héritiers.

Il assume la responsabilité d'un mandataire à titre gratuit.

C. civ., art. 1033-1
La mission d'exécuteur testamentaire est gratuite, sauf libéralité faite à titre particulier eu égard aux facultés du disposant et aux services rendus.

C. civ., art. 1034
Les frais supportés par l'exécuteur testamentaire dans l'exercice de sa mission sont à la charge de la succession.

> Interprétation des conventions
C. civ., art. 1156
On doit dans les conventions rechercher quelle a été la commune intention des parties contractantes, plutôt que de s'arrêter au sens littéral des termes.

> Clause d'entrée des biens légués en communauté
C. civ., art. 1405, al. 1er et 2
Restent propres les biens dont les époux avaient la propriété ou la possession au jour de la célébration du mariage, ou qu'ils acquièrent, pendant le mariage, par succession, donation ou legs.

La libéralité peut stipuler que les biens qui en font l'objet appartiendront à la communauté. Les biens tombent en communauté, sauf stipulation contraire, quand la libéralité est faite aux deux époux conjointement. [...]

> Mandat
C. civ., art. 1984
Le mandat ou procuration est un acte par lequel une personne donne à une autre le pouvoir de faire quelque chose pour le mandant et en son nom.

Le contrat ne se forme que par l'acceptation du mandataire.

C. civ., art. 1986
Le mandat est gratuit s'il n'y a convention contraire.

> Mineur non émancipé mandataire
C. civ., art. 1990
Un mineur non émancipé peut être choisi pour mandataire; mais le mandant n'aura d'action contre lui que d'après les règles générales relatives aux obligations des mineurs.

> Gestion et obligations du mandataire
C. civ., art. 1993 s.
Tout mandataire est tenu de rendre compte de sa gestion, et de faire raison au mandant de tout ce qu'il a reçu en vertu de sa procuration, quand même ce qu'il aurait reçu n'eût point été dû au mandant.

> Obligations du mandant
C. civ., art. 1999 s.
Le mandant doit rembourser au mandataire les avances et frais que celui-ci a faits pour l'exécution du mandat, et lui payer ses salaires lorsqu'il en a été promis.

S'il n'y a aucune faute imputable au mandataire, le mandant ne peut se dispenser de faire ces remboursements et paiement, lors même que l'affaire n'aurait pas réussi, ni faire réduire le montant des frais et avances sous le prétexte qu'ils pouvaient être moindres.

> Fin du mandat
C. civ., art. 2003 (*L. n° 2009-526, 12 mai 2009, art. 10*)
Le mandat finit :

Par la révocation du mandataire,

Par la renonciation de celui-ci au mandat,

Par la mort, la tutelle des majeurs ou la déconfiture, soit du mandant, soit du mandataire.

> Révocation du mandat
C. civ., art. 2004
Le mandant peut révoquer sa procuration quand bon lui semble et contraindre, s'il y a lieu, le mandataire à lui remettre soit l'écrit sous seing privé qui la contient, soit l'original de la procuration, si elle a été délivrée en brevet, soit l'expédition, s'il en a été gardé minute.

> Legs du corps à un établissement de santé, de formation ou de recherche sur déclaration du défunt enregistrée par l'établissement
CGCT, art. R. 2213-13
Un établissement de santé, de formation ou de recherche ne peut accepter de don de corps que si l'intéressé en a fait la déclaration écrite en entier, datée et signée de sa main. Cette déclaration peut contenir notamment l'indication de l'établissement auquel le corps est remis.

Une copie de la déclaration est adressée à l'établissement auquel le corps est légué; cet établissement délivre à l'intéressé une carte de donateur, que celui-ci s'engage à porter en permanence.

L'exemplaire de la déclaration qui était détenu par le défunt est remis à l'officier d'état civil lors de la déclaration de décès.

Après le décès, le transport est déclaré préalablement, par tout moyen écrit, auprès du maire de la commune du lieu de décès ou de dépôt. La déclaration est subordonnée à la détention d'un extrait du certificat de décès prévu à l'article L. 2223-42 attestant que le décès ne pose pas de problème médico-légal et que le défunt n'était pas atteint d'une des infections transmissibles figurant sur l'une des listes mentionnées à l'article R. 2213-2-1.

Les opérations de transport sont achevées dans un délai maximum de vingt-quatre heures à compter du décès.

L'établissement assure à ses frais l'inhumation ou la crémation du corps réalisée sans qu'il soit nécessaire de respecter les conditions prévues à l'article R. 2213-33 ou à l'article R. 2213-35.

> Non-respect des volontés du défunt relatives à ses funérailles
C. pén., art. 433-21-1
Toute personne qui donne aux funérailles un caractère contraire à la volonté du défunt ou à une décision judiciaire, volonté ou décision dont elle a connaissance, sera punie de six mois d'emprisonnement et de 7 500 euros d'amende.

> Déclaration de paternité d'une œuvre pseudonyme ou homonyme
CPI, art. L. 113-6, al. 2 et 3
Les auteurs des œuvres pseudonymes et anonymes jouissent sur celles-ci des droits reconnus par l'article L. 111-1.

Ils sont représentés dans l'exercice de ces droits par l'éditeur ou le publicateur originaire, tant qu'ils n'ont pas fait connaître leur identité civile et justifié de leur qualité.

La déclaration prévue à l'alinéa précédent peut être faite par testament; toutefois, sont maintenus les droits qui auraient pu être acquis par des tiers antérieurement.

Les dispositions des deuxième et troisième alinéas ne sont pas applicables lorsque le pseudonyme adopté par l'auteur ne laisse aucun doute sur son identité civile.

> Transmissibilité à cause de mort du droit moral de l'auteur
CPI, art. L. 121-1
L'auteur jouit du droit au respect de son nom, de sa qualité et de son œuvre.

Ce droit est attaché à sa personne.

Il est perpétuel, inaliénable et imprescriptible.

Il est transmissible à cause de mort aux héritiers de l'auteur.

L'exercice peut être conféré à un tiers en vertu de dispositions testamentaires.

> Transmissibilité à cause de mort du droit de divulgation de l'œuvre
CPI, art. L. 121-2
L'auteur a seul le droit de divulguer son œuvre. Sous réserve des dispositions de l'article L. 132-24, il détermine le procédé de divulgation et fixe les conditions de celle-ci.

Après sa mort, le droit de divulgation de ses œuvres posthumes est exercé leur vie durant par le ou les exécuteurs testamentaires désignés par l'auteur. À leur défaut, ou après leur décès, et sauf volonté contraire de l'auteur, ce droit est exercé dans l'ordre suivant : par les descendants, par le conjoint contre lequel n'existe pas un jugement passé en force de chose jugée de séparation de corps ou qui n'a pas contracté un nouveau mariage, par les héritiers autres que les descendants qui recueillent tout ou partie de la succession et par les légataires universels ou donataires de l'universalité des biens à venir.

Ce droit peut s'exercer même après l'expiration du droit exclusif d'exploitation déterminé à l'article L. 123-1.

> Testament de vie
CSP, art. L. 1111-11 (*L. n° 2005-370, 22 avr. 2005, art. 7 et 10*)
Toute personne majeure peut rédiger des directives anticipées pour le cas où elle serait un jour hors d'état d'exprimer sa volonté. Ces directives anticipées indiquent les souhaits de la personne relatifs à sa fin de vie concernant les conditions de la limitation ou l'arrêt de traitement. Elles sont révocables à tout moment.

À condition qu'elles aient été établies moins de trois ans avant l'état d'inconscience de la personne, le médecin en tient compte pour toute décision d'investigation, d'intervention ou de traitement la concernant.

Un décret en Conseil d'État définit les conditions de validité, de confidentialité et de conservation des directives anticipées.

> Prélèvement d'organes sur la dépouille mortelle
CSP, art. L. 1232-1
Le prélèvement d'organes sur une personne dont la mort a été dûment constatée ne peut être effectué qu'à des fins thérapeutiques ou scientifiques.

Ce prélèvement peut être pratiqué dès lors que la personne n'a pas fait connaître, de son vivant, son refus d'un tel prélèvement. Ce refus peut être exprimé par tout moyen, notamment par l'inscription sur un registre national automatisé prévu à cet effet. Il est révocable à tout moment.

Si le médecin n'a pas directement connaissance de la volonté du défunt, il doit s'efforcer de recueillir auprès des proches l'opposition au don d'organes éventuellement exprimée de son vivant par le défunt, par tout moyen, et il les informe de la finalité des prélèvements envisagés.

Les proches sont informés de leur droit à connaître les prélèvements effectués.

L'Agence de la biomédecine est avisée, préalablement à sa réalisation, de tout prélèvement à fins thérapeutiques ou à fins scientifiques.

323.02 Jurisprudence de référence.

> Un legs sans légataire est nul
• Paris, 29 juin 1990, *JCP N* 1993. II. 40, note Camoz

* V. s[s] n° 323.82

« Est nul le legs qui, étant fait à "*une association de bienfaisance pour des enfants sans famille et malheureux*" ne comporte "*aucun bénéficiaire déterminable*". »

> Le legs universel se définit par la vocation au tout, et non par l'émolument
• Civ. 1re, 25 mars 1981, n° 79-16.986, *Bull. civ.* I, n° 106

* V. s[s] n° 323.31

La validité du legs universel n'est pas subordonnée à l'attribution d'un émolument à celui que le testament désigne comme bénéficiaire, la nature d'un tel legs, qui porte sur l'universalité des biens du disposant, étant déterminée non par ce que le légataire reçoit, mais par ce que le testament lui donne vocation à recevoir.

> L'héritier qui succombe dans sa contestation d'une disposition testamentaire encourt la clause pénale stipulée par le testateur alors même qu'il invoquait une atteinte à l'ordre public
• Civ. 1re, 25 juin 2002, n° 00-11.574, *Bull. civ.* I, n° 175

* V. s[s] n° 323.104

« Une clause pénale, privant un héritier qui conteste, de la quotité disponible, doit être réputée non écrite, lorsqu'elle tend à assurer l'exécution de dispositions portant effectivement atteinte à la part réservataire de cet héritier et non lorsqu'elle serait seulement susceptible de comporter une telle atteinte. »

> La clause qui exclut de l'administration légale des père et mère les biens légués à un enfant mineur n'est point bornée par la réserve
• Civ. 1re, 6 mars 2013, n° 11-26.728, *Bull. civ.* I [à paraître].

* V. s[s] n° 323.111

« L'article 389-3 du Code civil, qui permet au disposant, sans aucune distinction, de soustraire à l'administration légale des père et mère les biens qu'il donne ou lègue à un mineur, est une disposition générale qui ne comporte aucune exception pour la réserve. »

323.03 Bibliographie indicative.

Actualisables. Rép. civ., v° *Testament*, par M. Nicod, janv. 2008 [màj mars 2012] – *J.-Cl. Civ.*, *Legs*, art. 1002 à

1021, par R. Le Guidec; 1003 à 1013, par D. Vigneau; 1014 à 1017, par F. Lucet, 1025 à 1034, par F. Letellier.

Ouvrages généraux et monographies[1].

> Antérieurs à la loi n° 2006-728 du 23 juin 2006 : P. Catala, *La réforme des liquidations successorales*, 3e éd., *Defrénois*, 1982 – J. Flour et H. Souleau, *Les libéralités*, coll. « U », Armand Colin, 1982 – M. Grimaldi, *Libéralités, Partages d'ascendants*, Litec, 2000 – Chr. Jubault, *Les successions, Les libéralités*, 1re éd., Montchrestien, 2005 – E. Lambert, *De l'exhérédation et des legs*, Paris, 1895 – H., L. et J. Mazeaud, par L. et S. Leveneur, *Successions, Libéralités*, 5e éd., Montchrestien, 1999 – A. Sériaux, *Manuel de droit des successions et des libéralités*, PUF, 2003.

Thèse. F. Letellier, *L'exécution testamentaire*, th. Paris II, *Defrénois*, 2004 (préf. B. Beignier).

> Postérieurs à la loi n° 2006-728 du 23 juin 2006 : A. Delfosse et J.-F. Péniguel, *La réforme des successions et des libéralités*, (préf. M. Grimaldi, avant-propos L. Dejoie), Litec, 2006 – S. Ferré-André et S. Berre, *Successions et libéralités*, « Hypercours », Dalloz, 2012 – D. Guevel, *Droit des successions et des libéralités*, 2e éd., LGDJ, 2010 – A.-M. Leroyer, *Droit des successions*, 2e éd., Dalloz, 2011 – Ph. Malaurie, *Les successions, les libéralités*, Defrénois/Lextenso, 5e éd., 2012 – A. Sériaux, *Successions et libéralités*, Ellipses, 2013 – F. Terré, Y. Lequette et S. Gaudemet, *Les successions, les libéralités*, « Précis », 4e éd., Dalloz, 2014.

Thèse. C. Bahurel, *Les volontés des morts. Vouloir pour le temps où l'on ne sera plus*, th. Paris II, 2012.

Articles. J. Casey, « Commentaire de la réforme du droit des successions », *RJPF* 2007-1/10 – A. Chamoulaud-Trapiers, « Les exécuteurs testamentaires », *D.* 2006. 2577 – M. Grimaldi, « L'exécuteur testamentaire », *Defrénois* 2000, art. 37086 – H. Letellier, « La refonte de l'exécution testamentaire; participation au débat sur l'offre de loi », *LPA* 2 mai 2005; *Dr. fam.* 2006. Étude 47.

323.04 Questions essentielles.

> Distinction de l'exécuteur testamentaire, du mandataire posthume et du mandataire de protection future pour le compte d'autrui.

* V. ss n° 323.141

SECTION 1
DISPOSITIONS PATRIMONIALES

323.11 Dispositions positives ou dispositions négatives. Le plus souvent, les dispositions patrimoniales sont **positives** : le testateur y désigne les personnes qui recueilleront ses biens. Parfois, elles sont **négatives** : le testateur y prive de ses biens les personnes auxquelles la loi les destine. Dans le premier cas, le testateur consent un legs (§ 1); dans le second, il stipule une exhérédation (§ 2). En outre, le testament peut contenir des dispositions qui, relatives aux biens du testateur, n'en modifient cependant pas la dévolution (§ 3).

1. NB : les ouvrages les plus fréquemment cités et dont le nom des auteurs figure en petites capitales en bibliographie sont cités par les seuls noms des auteurs en petites capitales en notes de bas de page.

§ 1
Legs

323.20 Annonce. Le legs a un objet (A) et un bénéficiaire (B).

A.
Objet du legs

323.21 Définition par le testateur. Le legs étant l'acte par lequel le testateur dispose de ses biens, il appartient au testateur de fixer lui-même l'étendue de ses dispositions : il ne saurait l'abandonner à la volonté d'un tiers. Autrement dit, on ne teste pas par procuration. La Cour de cassation a fermement condamné en 1984 le legs assorti du mandat donné à un tiers d'en déterminer le montant[2].

Jadis, en 1922, la Cour de cassation avait validé un **legs assorti d'un mandat de répartition**[3], par lequel le testateur chargeait un tiers de répartir à sa guise les biens qu'il léguait en bloc à différents légataires, alors pourtant qu'une telle disposition est très proche d'un legs avec faculté d'élire : la liberté de répartition, en effet, confine à la faculté d'élection dès lors qu'elle permet au mandataire d'attribuer à l'un des légataires l'essentiel du legs. Mais cette décision semble condamnée par les termes dans lesquels la Cour a, en 1984, annulé le **legs avec mandat de détermination**[4].

2. Civ. 1re, 6 mars 1984, n° 83-10.892, *Bull. civ.* I, n° 88; *D.* 1985. 5, note A. Breton; *Defrénois* 1985, art. 33466, même note; *RTD civ.* 1985. 431, obs. J. Patarin : le testateur ayant légué à sa gouvernante une somme de 100 000 F, puis ajouté dans un codicille que son exécuteur testamentaire aurait « *tous pouvoirs pour apprécier s'il est opportun de délivrer à* [la gouvernante] *la totalité ou partie seulement du legs de 100 000 F* » et qu'il pourrait « *déterminer en son âme et conscience le montant de la somme à délivrer à* [la légataire] », la Cour de cassation approuve l'arrêt d'appel d'avoir annulé ce codicille au motif, notamment, que la disposition par laquelle le testateur « *n'exprimait pas lui-même sa volonté en ce qui concerne les conditions dans lesquelles le legs pourrait être réduit ou supprimé ne pouvait constituer un testament valable au regard de l'article 895 du Code civil* » – Civ. 1re, 25 sept. 2013, n° 12-17.752, NP : maintien de l'arrêt qui, au terme d'une interprétation souveraine, a « *exclu que la clause litigieuse constituât un legs avec mandat de détermination* » et « *en a exactement déduit que les legs consentis par le défunt* [...] *devaient recevoir exécution* ».
3. Civ. 17 juill. 1922, *DP* 1924. 1. 5, note Bartin; *S.* 1924. 1. 97, note Tissier.
4. Civ. 1re, 6 mars 1984, n° 83-10.892, préc. ss prést n°.

Enfin, il serait téméraire de déduire d'un arrêt rendu en 2007[1] l'abandon de la jurisprudence de 1984. Le legs litigieux était ainsi conçu : « *Mon légataire universel, selon mon désir très cher, se chargera le moment venu de faire une dot très honorable à ses filles, Laure et Françoise L..., ou une rente si le capital dont elles disposeraient offrait un danger par leur situation particulière* [...]. *Si je ne fixe pas de chiffre moi-même, c'est pour ne pas gêner ou plutôt embarrasser passagèrement leur père, mais je tiens vivement que loin d'être négligées, elles aient une grande partie de mon patrimoine...* ». Le **mandat de détermination** était évident, mais le procès, au lieu de porter sur la validité du legs, roula sur sa qualification, donc sur l'étendue des droits des deux filles du légataire universel, et non sur sa validité. Et c'est ainsi qu'au terme d'une suite erratique de quatre arrêts on aboutit à reconnaître à ce legs l'efficacité d'un legs universel (qualification aberrante), là où il eût fallu l'annuler en raison du mandat de détermination qu'il contenait[2].

323.22 Tout ou partie des biens. Le testateur peut, à son choix, léguer tout ou partie de ses biens : cette liberté est incluse dans la définition même du testament (C. civ., art. 895 : « *tout ou partie* »)[3]. De ce point de vue, le legs peut être universel (1°), à titre universel (2°) ou à titre particulier (3°). Mais la qualification du legs pose parfois des difficultés, qu'il est d'autant plus important de résoudre que sont nombreux les intérêts qui s'y attachent (4°).

En outre, l'étendue du legs peut se trouver modifiée par la volonté du légataire, auquel la loi du 23 juin 2006 a attribué une faculté de cantonnement (5°).

1° Legs universel

323.31 Fond : vocation au tout. L'article 1003 du Code civil définit le legs universel comme celui par lequel « *le testateur donne à une ou plusieurs personnes l'universalité des biens qu'il laissera à son décès* ». La définition est ambiguë. Car le propre du légataire universel n'est pas de recevoir tous les biens que le testateur laisse à sa mort, mais d'avoir vocation à les recevoir tous. Le legs universel se caractérise, non par l'*émolument recueilli*, mais par la **vocation conférée : une vocation au tout.**

Ce dont voici deux illustrations extrêmes :

– Celui qui a été institué légataire universel le **reste** alors même que le testateur a disposé par des legs à titre particulier de chacun des biens qu'il laisse à sa mort. Car la **propriété effective** de chaque légataire à titre particulier laisse subsister **sa vocation à la propriété** du tout : si les legs particuliers sont caducs, notamment par suite de la renonciation de leurs bénéficiaires, sa vocation lui permet d'en recueillir l'objet. Il peut ainsi y avoir **legs universel sans émolument**[4].

– Celui qui a été institué légataire de bien déterminés qui se trouvent être les seuls que le *de cujus* a laissés à sa mort **ne devient pas** légataire universel. Car sa propriété effective sur chacun de ces biens n'équivaut point à une vocation au tout : si le *de cujus* avait laissé d'autres biens, il n'aurait pu y prétendre. Il peut y avoir **émolument maximum sans legs universel.**

En outre, le légataire universel, en sa qualité de continuateur de la personne du défunt, a vocation à recevoir les droits extrapatrimoniaux transmissibles à cause de mort, tel le droit moral d'auteur[5].

323.32 Forme : absence de formule sacramentelle. En matière de legs, la loi n'impose aucune formule sacramentelle[6] : suivant l'article 967 du Code civil, « *toute personne pourra disposer par testament, soit sous le titre d'institution d'héritier, soit sous le titre de legs,* ***soit sous toute autre dénomination propre à manifester sa volonté*** ».

1. Civ. 1re, 9 janv. 2007, n° 06-12.872, *Bull. civ.* I, n° 14; *AJ fam.* 2007. 88, obs. F. Bicheron; *Dr. fam.* 2007, n° 2, p. 39, note B. Beignier.
2. Civ. 1re, 28 mars 1995, n° 93-11.672, NP – Civ. 1re, 16 mars 1999, n° 96-22.140, NP – Civ. 1re, 12 mai 2004, n° 01-01.871, *Bull. civ.* I, n° 138; *AJ fam.* 2004. 242; *JCP* 2005, n° 1, p. 30, note J.-G. Mahinga; *JCP N* 2006, n° 7, p. 356, note R. Le Guidec – Civ. 1re, 9 janv. 2007, n° 06-12.872, préc. ss prést n°.
3. Civ. 1re, 5 nov. 1996, n° 94-21.089, *Bull. civ.* I, n° 384; *D.* 1997. Somm. 366, obs. M. Nicod : « *Il n'était pas nécessaire, pour que la volonté de la testatrice soit valablement exprimée dans l'acte litigieux, qu'elle ait disposé de l'ensemble de ses biens* » – Civ. 1re, 17 déc. 1996, n° 94-18.985, *Bull. civ.* I, n° 461; *D.* 1997. 445, note J. Ravanas; *JCP* 1997. II. 22888, note B. Beignier; *RTD civ.* 1998. 446, obs. J. Patarin.
4. Civ. 1re, 25 mars 1981, n° 79-16.986, *Bull. civ.* I, n° 106; *JCP* 1982. II. 19787, note Ph. Rémy; *RTD civ.* 1982. 647, obs. J. Patarin : « *La validité du legs universel n'est pas subordonnée à l'attribution d'un émolument à celui que le testament désigne comme bénéficiaire, la nature d'un tel legs, qui porte sur l'universalité des biens du disposant, étant déterminée non par ce que le légataire reçoit, mais par ce que le testament lui donne vocation à recevoir* » — Civ. 1re, 8 mai 1973, n° 71-12.120, NP; *Gaz. Pal.* 1973. 2. 893 : « *La validité du legs universel n'est pas subordonnée à l'attribution d'un émolument à celui que le testament désigne comme bénéficiaire, ce legs pouvant être absorbé par la charge imposée par le gratifiant d'exécuter des legs particuliers* ».
5. Civ. 1re, 17 déc. 1996, n° 94-18.985, *Bull. civ.* I, n° 461; *D.* 1997. 445, note J. Ravanas; *JCP* 1997. II. 22888, note B. Beignier; *RTD civ.* 1998. 446, obs. J. Patarin.
6. Civ. 9 août 1858, *DP* 1858. 1. 334 – Paris, 6 avr. 1946, *D.* 1946. 405.

S'agissant d'un legs universel, la formule usuelle est : « *J'institue X... pour légataire universel* ». Mais d'autres expressions peuvent être utilisées, pourvu qu'elles signifient la vocation au tout :

- le legs de **tous les meubles et de tous les immeubles**, puisqu'on ne peut laisser aucun bien qui ne soit meuble ou immeuble;

- le legs de la **nue-propriété de tous les biens**, puisque, l'usufruit étant essentiellement temporaire, la nue-propriété est, à terme, toute propriété;

- le legs de la **quotité disponible**, puisqu'il peut donner droit à la totalité des biens laissés par le testateur, soit qu'il n'y ait point d'héritiers réservataires, soit que ceux-ci renoncent ou aient reçu leur réserve par donations entre vifs ou par donation-partage[1];

- le legs du **surplus** ou du **restant des biens**, qui, venant par hypothèse après un ou plusieurs legs particuliers, donne vocation aux biens compris dans ces legs-ci pour peu qu'ils soient caducs ou que leurs bénéficiaires y renoncent.

Parfois, il y a lieu à interprétation de volonté, parce que l'expression utilisée par le testateur est ambiguë, l'ambiguïté pouvant tenir soit aux termes employés, soit aux circonstances de l'espèce[2]. Les juges du fond y sont souverains[3], sauf dénaturation[4].

323.33 Effets. Cas particuliers du legs avec assignation de biens. Les effets du legs universel se présentent différemment selon que le légataire est ou non le seul successeur universel.

Dans le premier cas, son legs lui confère la **propriété privative** de l'ensemble des biens laissés par le *de cujus*, à l'exception de ceux qui auraient été légués à titre particulier.

Dans le second cas, il convient de procéder à une sous-distinction.

Soit il se trouve en présence d'héritiers réservataires et ne subit la **réduction** qu'**en valeur** (comme c'est le principe depuis la loi du 23 juin 2006 : C. civ., art. 924) : il se trouve alors, comme dans le premier cas, propriétaire exclusif de tous les biens laissés par le *de cujus*[5].

Soit il se trouve en présence d'héritiers réservataires mais exécute la **réduction en nature** (comme il peut le préférer : C. civ., art. 924-1) ou d'un autre légataire universel ou encore d'un légataire à titre universel : son legs ne lui donne alors droit qu'à une quote-part des biens laissés par le *de cujus*, exception faite, toujours, de ceux qui auraient été légués à titre particulier. Le voilà donc titulaire de **droits indivis** dans la succession : c'est lors du partage successoral, où il sera appelé et alloti, qu'il se trouvera investi de droits privatifs[6].

Dans ce même cas, il est cependant permis au testateur de désigner les biens qui composeront sont lot : ce legs, que l'on dit avec **assignation de biens (ou de part)**, reste un legs universel. Son avantage est que, dans la limite de ses droits, le légataire acquiert dès le décès la propriété des biens que le testateur lui a assignés. La jurisprudence permet que le testateur lui délègue la faculté de composer lui-même son lot : on parle alors d'un **legs avec faculté de choix**[7].

Un legs universel avec assignation de biens est proche d'un legs universel doublé de legs particuliers[8]. Il s'en distingue cependant en ce que, s'agissant d'une disposition unique, son bénéficiaire ne peut que l'accepter ou le décliner en bloc, alors que le bénéficiaire d'un legs universel et de plusieurs legs particuliers se trouve institué par une série de dispositions indépendantes et peut, pour chacune d'elles, opter distinctement : accepter les legs particuliers et répudier le legs universel, ou inversement, sauf le cas où le testateur les auraient conçus indivisibles[9]. Mais cette différence s'est largement estompée depuis que l'article 1002-1 du Code civil, issu

1. Req. 20 juin 1921, *Gaz. Pal.* 1921. 2. 366 – Civ. 1re, 5 mai 1987, n° 85-15.392, motifs, *Bull. civ.* I, n° 143; *RTD civ.* 1988. 560, obs. J. Patarin : « *La donation ou le legs de la quotité disponible est une donation ou un legs universel* ».
2. Excessivement généreux pour le bénéficiaire de la disposition litigieuse : Civ. 1re, 9 janv. 2007, n° 06-12.872, préc. ss n° 323.21 : la qualification de legs universel est retenue à propos d'une disposition par laquelle le testateur charge un premier légataire (qui, lui, était assurément universel) « *de faire une dot très honorable à ses filles* », telle que celles-ci « *aient une grande partie* [du] *patrimoine* »; *AJ fam.* 2007. 88; *Dr. fam.* 2007. Comm. 45.
3. Civ. 1re, 25 mars 1981, n° 79-16.986, préc. ss n° 323.31.
4. Civ. 1re, 9 juil. 1958, *D.* 1958. 583.
5. P. Chassaing, « Trois décisions judiciaires pour éclairer le règlement des successions », *Defrénois* 2014. 443.
6. **Concours de légataires universels** : Civ. 1re, 12 mai 2004, n° 01-01.871, préc. ss n° 323.21 : « *L'institution de plusieurs légataires universels sans assignation de parts confère à tous des droits égaux et ne rend pas cette institution sans objet* » – **Concours d'un légataire universel et d'héritiers réservataires** : Civ. 1re, 3 oct. 2000, n° 98-18.492, NP; *D.* 2001. Somm. 2939, obs. B. Vareille; *Dr. fam.* 2001, n° 33, note B. Beignier : « *Attendu, ensuite, que, jusqu'au partage, le légataire universel en concours avec des héritiers réservataires ne peut prétendre à la jouissance divise des biens légués* ».
7. Civ. 1re, 11 juill. 1979, *JCP* 1981. II. 19556, note M. Dagot.
8. Civ. 1re, 25 mars 1981, n° 79-16.986, *Bull. civ.* I, n° 106; *JCP* 1982. II. n° 19787, note Ph. Rémy – RAPPR. Civ. 1re, 13 oct. 1976, *Gaz. Pal.* 1976. 2. Somm. 276 : institution contractuelle universelle *suivie* d'un legs à titre particulier.
9. Civ. 1re, 18 déc. 2013, n° 12-21.875, *AJ fam.* 2014. 122, obs. N. Levillain; *RTD civ.* 2014. 421, obs. M. Grimaldi.

de la loi du 23 juin 2006[1], permet au légataire de cantonner son émolument.

2°
Legs à titre universel

323.41 Définition. Distinction avec le legs universel et le legs particulier. L'article 1010 du Code civil prescrit que le **legs à titre universel** est celui par lequel le testateur lègue « *une quote-part des biens dont la loi permet de disposer, telle qu'une moitié, un tiers, ou tous ses immeubles ou de tout son mobilier* » (C. civ., art. 1010, al. 1er); après quoi, il ajoute que « *tout autre legs ne forme qu'une disposition à titre particulier* » (C. civ., art. 1010, al. 2).

Constituent donc un legs à titre universel cinq types de legs (C. civ., art. 1010, al. 1er) :
- le legs d'une quote-part de tous les biens;
- le legs de tous les immeubles;
- le legs de tous les meubles;
- le legs d'une quote-part des immeubles;
- le legs d'une quote-part des meubles.

Cette liste étant limitative (C. civ., art. 1010, al. 2), le legs de la totalité ou d'une quotité d'une catégorie de biens autre que celle des immeubles ou des meubles constitue un legs particulier : ainsi le legs des biens situés en France ou des biens ruraux[2].

Ainsi défini, le legs à titre universel se situe clairement par rapport au **legs universel.** Il s'en rapproche en ce qu'il se caractérise par la vocation qu'il confère, et non par l'émolument effectif. Mais, il s'en distingue en ce qu'il **ne donne jamais vocation au tout** : plus restreinte, la vocation qu'il confère est limitée soit à une quotité du tout, soit à la catégorie des biens immeubles, soit à la catégorie des biens meubles, soit à une quotité de l'une de ces catégories.

Le legs à titre universel est plus difficile à situer par rapport au **legs à titre particulier.** Les cinq espèces de legs énumérés par l'alinéa 1er de l'article 1010 ont pour point commun d'être des dispositions qui, **sans donner vocation au tout, ne portent pas sur des biens déterminés, individualisés.** Mais si l'on adoptait ce critère, *tout* legs portant sur une catégorie de biens, et pas seulement celui qui porte sur la catégorie des immeubles ou des meubles, devrait être à titre universel : ce qu'exclut précisément l'alinéa 2 de l'article 1010. Force est donc d'admettre qu'il y a une part d'illogisme dans la répartition des dispositions testamentaires entre les deux catégories : le legs de tous les immeubles est à titre universel, celui de toutes les valeurs mobilières est à titre particulier, alors que rien, rationnellement, ne distingue ces deux dispositions. L'anomalie s'explique par l'histoire[3].

323.42 Effets. Les effets du legs à titre universel varient suivant son objet.

S'il porte sur tous les immeubles ou sur tous les meubles, il en confère au légataire la propriété privative, exception faite de ceux qui auraient été légués à titre particulier et sauf réduction en nature au bénéfice d'héritiers réservataires.

Dans tous les autres cas, il ne confère au légataire que des **droits indivis**, soit sur l'ensemble des biens, soit sur les meubles ou les immeubles seulement, exception faite, toujours, de ceux qui ont pu être légués à titre particulier[4]. En outre, comme le legs universel, le legs à titre universel peut être assorti d'une assignation de biens (ou de part) ou d'une faculté de choix.

3°
Legs à titre particulier

323.51 Catégorie résiduelle. Distinction entre le legs particulier et l'attribution du bénéfice d'une charge. Du legs à titre particulier – ou du legs particulier, dit-on aussi –, la loi ne donne qu'une définition négative : comme il a déjà été indiqué, l'article 1010, après avoir défini le legs à titre universel (C. civ., art. 1010, al. 1er), énonce que « *tout autre legs ne forme qu'une disposition à titre particulier* » (C. civ., art. 1010, al. 2). Dans cette catégorie résiduelle, entrent ainsi les legs qui portent soit sur un ou plusieurs biens déterminés (tel tableau, telle somme d'argent, tel capital assuré[5]), soit sur tout

1. L. n° 2006-728, 23 juin 2006, portant réforme des successions et des libéralités, *JO* 24 juin, p. 9513.
2. Civ. 1re, 13 févr. 1973, n° 71-13.861, *Bull. civ.* I, n° 54; *D.* 1973. 656, note A. Breton; *Defrénois* 1973, art. 30429, même note; *RTD civ.* 1974. 175, obs. Savatier : « *Le legs à titre universel ne peut s'entendre que d'une fraction arithmétique de l'ensemble de l'hérédité, ou des immeubles ou des meubles ou encore de la totalité des immeubles ou de la totalité des meubles* » – V. DÉJÀ : Req. 21 mai 1930, *DH* 1930. 346.
3. F. TERRÉ, Y. LEQUETTE et S. GAUDEMET, n° 386.
4. Civ. 1re, 5 mars 2002, n° 99-18.984, *Bull. civ.* I, n° 81; *D.* 2002. 2555, note Libchaber; *AJ fam.* 2002. 186, obs. S. D.-B : « *Attendu que la transmission d'une quote-part du patrimoine du défunt à son légataire à titre universel s'opérant de plein droit par le seul fait du décès du testateur, indépendamment de la délivrance qui ne porte que sur la possession, l'héritier réservataire se trouve en état d'indivision avec le bénéficiaire du legs jusqu'au partage* ».
5. Civ. 1re, 20 mai 2009, n° 08-11.355, *Bull. civ.* I, n° 105; *Defrénois* 2009. 1492, avis Chevalier; *JCP N* 2009. 1256, note S. Hovasse : legs à titre particulier, du capital assuré, mis à la charge du légataire universel. Mais le capital assuré étant en principe reçu hors succession, en vertu des règles propres à l'assurance-vie (C. assur., art. L. 132-12 s.), il n'a pas à être pris en compte pour le calcul de la réserve et de la quotité disponible.

ou partie d'une catégorie de biens autres que celle des meubles ou des immeubles (les tableaux, les valeurs mobilières).

Deux observations :

- Il peut arriver que le légataire à titre particulier recueille la propriété de **tous** les biens composant la succession : ainsi, lorsque les biens déterminés ou la catégorie de biens formant l'objet du legs représentent tous les biens laissés par le *de cujus*. Le legs n'en est pas pour autant universel (v. s^s n° 323.31).

- Rationnellement, seul le legs de biens déterminés devrait être à titre particulier; le legs de tout ou partie d'une catégorie de biens devrait, comme le legs de tout ou partie des meubles ou des immeubles, relever de la catégorie du legs à titre universel (v. s^s n°s 323.41 et 323.42).

La jurisprudence distingue entre le legs à titre particulier et la charge apposée à un legs (universel, à titre universel ou à titre particulier) dans l'intérêt d'un tiers. Certes, le bénéficiaire de la charge est, comme un légataire à titre particulier, gratifié par le testateur. Mais, alors que le legs à titre particulier est en principe indépendant de toute autre disposition, la charge dépend du legs auquel elle est apposée et tombe donc avec lui s'il est privé d'effet pour une cause ou pour une autre, comme une nullité ou la renonciation du légataire[1]. Mais la distinction entre le legs et la charge, qui ressortit au pouvoir souverain d'appréciation des juges du fond, est difficile[2]. La qualification de charge ne saurait en tout cas être préférée à celle de legs au seul motif que le testateur met un legs à titre particulier à la « *charge* » du légataire universel qu'il institue par ailleurs, car il ne fait alors qu'exprimer cette évidence que le legs à titre particulier préjudicie au légataire universel, dont il diminue l'émolument[3].

323.52 Objet déterminé. Comme tout acte juridique (C. civ., art. 1129), le legs à titre particulier doit avoir un objet déterminé ou du moins **déterminable**[4]. Mais la jurisprudence fait parfois preuve d'une grande indulgence[5].

1. F. Terré, Y. Lequette et S. Gaudemet, n° 351 – Civ. 1re, 1er juill. 2003, n° 01-00.373, *Bull. civ.* I, n° 156; *AJ fam.* 2003. IR 389; *D.* 2003. 2031, note B. Beignier – Civ. 1re, 19 sept. 2007, n° 06-18.082, NP; *RTD civ.* 2008. 342, note M. Grimaldi.
2. A. Françon, « La distinction de la libéralité et de la charge d'une libéralité », *Defrénois* 1954, art. 27291.
3. par ex., v. Civ. 1re, 20 mai 2009, n° 08-11.355, préc. s^s prés^t n°.
4. Civ. 1re, 16 mars 1999, n° 96-22.140, NP; *Dr. fam.* 1999, n° 47, note B. Beignier : exclusion de la qualification de legs à titre particulier en présence d'une disposition portant sur « *une dot très honorable* » (même affaire que celle ayant donné lieu à Civ. 1re, 9 janv. 2007, n° 06-12.872, préc. s^s n° 323.21).

323.53 Effets. Le legs à titre particulier confère la propriété privative des biens sur lesquels il porte. Sauf, naturellement, si le legs est d'une quote-part. Mais, même en ce cas, le légataire à titre particulier ne vient pas au partage de la succession : le legs est source d'une indivision particulière entre son bénéficiaire et les successeurs universels ou à titre universel.

4°
Difficultés et intérêts de la qualification

323.60 Annonce. Certaines difficultés sont de fait, d'autres de droit.

323.61 1) Difficultés de fait : interprétation de la volonté du testateur. Parfois, la difficulté éprouvée à qualifier le legs tient à une incertitude sur son objet : il y a hésitation sur ce qu'a voulu léguer le testateur. Il se peut, par exemple, que le père d'un enfant unique qui lègue à un tiers la « *quotité disponible de ses biens* » ait entendu borner, en toute hypothèse, l'émolument du légataire à la moitié des biens qu'il laisserait à sa mort. La difficulté est alors d'interprétation de volonté. Comme telle, elle constitue une question de fait, qui relève de l'appréciation souveraine des juges du fond, sauf dénaturation.

323.62 2) Difficultés de droit : legs en usufruit. Lorsque le legs porte sur l'usufruit de tel bien déterminé, ou de telle catégorie de biens, ou encore de tous les biens, il n'y a aucune incertitude sur son objet : il n'y a pas matière à interprétation de la volonté du testateur. Si, donc, la qualification du legs pose problème, celui-ci est de pur droit.

La difficulté est de savoir si le critère du legs universel est d'ordre uniquement **quantitatif** ou d'ordre à la fois **quantitatif et qualitatif.**

5. Civ. 1re, 20 janv. 2004, n° 01-03.799, NP; *D.* 2004. Somm. 2341, obs. M. Nicod; *Defrénois* 2005, art. 38095, note B. Gelot. En présence d'une disposition ainsi conçue : « *Mon fils Claude X... aura droit à la rémunération des soins qu'il m'a donnés et me donnera jusqu'au jour de mon décès, à la rémunération du travail bénévole qu'il a effectué et qu'il effectuera et au remboursement des dépenses que je lui causerai jusqu'au jour de mon décès* », cassation de l'arrêt ayant retenu la nullité partielle de ce legs (en ce qu'il vise la rémunération du travail bénévole) pour indétermination, « *alors qu'il venait de relever qu'un certificat médical en date du 31 mars 1994 établissait "que l'état de santé des parents X... avait nécessité l'aide d'une tierce personne à domicile de 1980 à 1985 pour M. X..., décédé le 21 mars 1985, et de 1980 à 1992 pour Mme X..., décédée le 8 mars 1992", d'où il résultait que le travail accompli était à tout le moins équivalent à celui résultant de l'assistance quotidienne d'une tierce personne* ».

Un **critère purement quantitatif** conduit à ne s'attacher qu'à **l'assiette des droits du légataire** : est universel tout legs conférant un droit qui, quelle que soit sa nature, est susceptible de s'exercer sur l'entière succession. Un legs en usufruit doit donc être qualifié comme un legs en propriété : s'il est de l'usufruit de l'entière succession, il est universel; s'il est de l'usufruit de tous les meubles, il est à titre universel; s'il est de l'usufruit d'un tableau déterminé, il est à titre particulier.

Un **critère quantitatif et qualitatif** conduit à s'attacher non seulement à **l'assiette**, mais aussi à la **nature des droits du légataire** : est universel le legs qui confère vocation à recevoir l'entière succession en propriété. Un **legs en usufruit** n'est donc jamais universel. Il ne peut être qu'à titre universel (s'il porte sur tout ou partie de la succession ou sur tous les meubles ou sur tous les immeubles) ou **à titre particulier** (dans tous les autres cas).

La jurisprudence a adopté ce second critère[1].

Rappelons que le legs en nue-propriété ne pose pas la même difficulté. Il peut, aux mêmes conditions qu'un legs en propriété, être universel, à titre universel ou à titre particulier (v. s^{s} n° 323.32). Car la nue-propriété, est, à terme, pleine propriété[2].

323.63 Incidence de la qualification retenue par le testateur. Parce que la qualification est, en elle-même, une question de droit, celle qu'a pu retenir le testateur ne lie pas le juge[3].

Ce qui n'empêche pas que, dans le cas où l'objet du legs est incertain, (v. s^{s} n° 323.61), et dans ce cas seulement, elle puisse aider à le définir (même si, plus qu'à sa dénomination, c'est à la **teneur de la disposition** qu'il faille alors s'attacher).

323.64 Intérêts multiples de la qualification. Les intérêts de la qualification sont nombreux. S'agissant de la **transmission de la succession**, le légataire universel a parfois la **saisine**, alors que le légataire à titre universel et le légataire à titre particulier ne l'ont jamais (C. civ., art. 724 – v. s^{s} n°s 245.10 s.). C'est un point important. Soit un testateur qui, ayant un cousin pour seul héritier *ab intestat*, souhaite instituer ses deux filleuls légataires de l'ensemble de ses biens : s'il les institue légataires universels, ils seront saisis et n'auront rien à demander au cousin exhérédé; alors que, s'il les institue légataires à titre universel, ils auront à demander la délivrance au cousin, qui ne manifestera sans doute aucun empressement à la leur accorder.

S'agissant du **passif**, le légataire universel ou à titre universel y est tenu, alors que le légataire à titre particulier ne l'est pas.

S'agissant, enfin, de **l'accroissement** (v. s^{s} n° 324.61), il a toujours lieu entre légataires universels, mais n'a lieu que parfois entre légataires à titre universel ou à titre particulier. Dans le cas ci-dessus envisagé, la renonciation de l'un des filleuls profite à l'autre (qui recueille toute la succession) si les deux legs sont universels, alors qu'elle profite au cousin (qui partage la succession avec l'autre filleul) si les deux legs ne sont qu'à titre universel.

5°
Faculté de cantonnement

323.71 Exception à l'indivisibilité de l'option successorale. Apportant une importante dérogation à l'indivisibilité de l'option, dont elle a maintenu le principe (C. civ., art. 769), la loi du 23 juin 2006, permet au gratifié à cause de mort de ne recueillir qu'une partie des biens formant l'objet de la libéralité[4] : l'article 1002-1 du Code civil permet à tout légataire de « *cantonner son émolument sur une partie des biens dont il a été disposé en sa faveur* »; et l'article 1094-1 alinéa 2 le permet au conjoint survivant gratifié, sans préciser la nature de la libéralité, qui, entre époux, peut être un legs ou une institution contractuelle (libéralité, en principe interdite, mais permise entre époux).

AINSI, tel musée institué légataire de plusieurs tableaux peut décider de n'en recevoir que certains; le conjoint survivant institué légataire ou donataire de l'usufruit de l'entière succession peut limiter sa jouissance à une moitié de l'hérédité ou à tel ou tel bien déterminé.

323.72 Conditions du cantonnement. L'article 1002-1 du Code civil subordonne le cantonnement à l'acceptation de la succession par au moins un héritier *ab intestat*, sans doute pour éviter que ne se retrouvent abandonnés, et donc placés sous la responsabilité de l'État, des biens dont personne ne voudrait, parce qu'embarrassants ou sans valeur (terrains pollués, immeubles menaçant ruine, par exemple). Curieusement, cette condition ne se retrouve pas à l'article 1094-1, applicable aux seuls legs adressés au conjoint.

En outre, le *de cujus* peut, par une clause de la libéralité, interdire le cantonnement. Cette clause d'indivisibilité se conçoit notamment lorsque la libéralité porte sur plusieurs biens qui, dans son esprit, forment un ensemble : plusieurs tableaux, dont il ne veut pas que le légataire ne prenne que

1. Req. 29 juin 1910, *DP* 1911. 1. 49, note H. Capitant.
2. Req. 3 déc. 1872, *DP* 1873. 1. 233 : le legs de la nue-propriété de tous les immeubles est à titre universel.
3. Civ. 9 août 1858, *DP* 1858. 1. 334.
4. F. Sauvage, « Le cantonnement des legs », *Defrénois* 2010. 1027 – M. Giray, « Le cantonnement de l'émolument du conjoint selon le nouvel article 1094-1, alinéa 2, du Code civil », *JCP N* 2007. 1067.

les plus beaux... Elle peut aussi procéder du souci d'éviter les tensions familiales que peut créer une faculté qui, d'une certaine manière, permet au gratifié de fixer l'étendue de sa libéralité et donc, indirectement, les droits des autres successeurs.

Enfin, le cantonnement devrait être exercé en même temps que l'acceptation, dont il n'est qu'une modalité. Permettre qu'une acceptation sans réserve fût plus tard transformée par l'effet d'un cantonnement serait faire fi de la sécurité juridique[1].

323.73 Modalités du cantonnement. Le gratifié peut, par le cantonnement, limiter son émolument à certains « *des biens dont il a été disposé en sa faveur* ». Il peut renoncer à certains des biens dont la libéralité lui confère la propriété ou restreindre la quotité à laquelle elle lui donne droit : le légataire de quatre immeubles peut n'en retenir que deux, et le conjoint légataire de l'usufruit du tout se contenter d'un usufruit ne portant que sur quelques biens (puisque son titre lui permet de les recueillir tous) ou sur une moitié de la succession.

Mais le légataire ne saurait manipuler le cantonnement pour transformer ses droits. Le légataire d'une quotité ne peut cantonner ses droits sur tel ou tel bien particulier, alors que c'est le partage seulement qui détermine les biens qui lui reviennent : il ne peut, par un cantonnement, ni se soustraire aux aléas du partage ni muter son legs de quotité en en un legs à titre particulier[2]. Pas davantage, le légataire gratifié en toute propriété ne saurait-il cantonner son émolument sur l'usufruit ou la nue-propriété : le cantonnement ne peut se traduire par la création d'un usufruit, c'est-à-dire d'un droit sur la chose d'autrui. S'approprier ou démembrer n'est pas cantonner. Dit autrement, la faculté de cantonner n'est pas une licence de faire n'importe quoi : elle n'est pas un permis de dénaturer ou de dépecer la libéralité.

323.74 Effets du cantonnement. Le cantonnement a pour effet direct de restreindre l'étendue de la libéralité.

Mais lorsque la libéralité est universelle ou à titre universel, quel en est l'impact sur le passif dont est tenu le gratifié ? Sur le plan de la **contribution aux dettes,** le cantonnement devrait sortir tous ses effets : la charge définitive du passif successoral ne peut se répartir entre les successeurs autrement que proportionnellement à la répartition de l'actif. Sur le terrain de **l'obligation à la dette**, sans doute faut-il distinguer. Lorsque le gratifié cantonne en quotité, soit qu'il limite sa vocation en quotité (un tiers au lieu d'une moitié), soit qu'il borne à une quotité sa vocation au tout, il paraît naturel que son obligation au passif se mesure à sa nouvelle vocation. Mais lorsqu'il cantonne à certains biens, c'est sa vocation, inchangée, qui continue de fonder son obligation au passif : le légataire universel qui cantonne à tel ou tel bien ne saurait donc prétendre ni ne plus être tenu du passif, au motif qu'il devrait être traité comme un légataire à titre particulier, ni même n'en être tenu qu'à concurrence de la fraction de l'actif que représentent les biens retenus, au motif qu'il devrait être traité comme un légataire à titre universel.

La loi précise expressément que le cantonnement ne peut être analysé comme une libéralité que ferait son auteur à celui ou à ceux qui en bénéficient (C. civ., art. 1002-1 et 1094-1). La précision est, du point vue fiscal, essentielle. Du point de vue civil, elle devrait être relativisée : autant il est exclu que les héritiers du gratifié puissent, au décès de celui-ci, opposer leur réserve au bénéficiaire du cantonnement, autant il ne l'est pas que ses créanciers ne puissent l'attaquer par la voie paulienne comme ils pourraient critiquer sa renonciation.

323.75 Portée de la faculté de cantonnement. *En premier lieu,* la faculté de cantonnement renouvelle l'intérêt d'instituer légataire universel un héritier *ab intestat*. Parce que l'héritier ne peut cantonner, alors que le légataire le peut, l'héritier gagne à son institution, non plus seulement une éventuelle augmentation de sa vocation, mais aussi la faculté de moduler son émolument : il lui suffit de renoncer à sa vocation légale, mais d'accepter sa vocation testamentaire, comme la loi le lui permet (C. civ., art. 769, al. 2), puis de cantonner. Ainsi, léguer à son conjoint, en présence d'enfants qui sont tous communs, un usufruit universel, alors que la loi le lui accorde déjà, c'est lui ouvrir la faculté de ne recueillir l'usufruit que des seuls biens qu'il choisira. Instituer ses deux enfants légataires universels, c'est, sans modifier leur vocation, leur per-

1. Cependant, dans le cas d'une libéralité de quotité, v. s[s] n° 323.73 note 2.
2. *Observations* : – 1°/ Le légataire universel ne peut lui-même cantonner son émolument à certains des biens laissés par le *de cujus* que dans la mesure où son titre lui permet de les revendiquer tous (ce qui suppose qu'il soit le seul successeur universel venant à la succession ou, s'il est en présence de réservataires, qu'il n'opte pas pour une réduction en nature) – 2°/ Lorsque la libéralité n'est que d'une quotité, on devrait admettre que le gratifié pût cantonner son émolument, le partage une fois fait, à certains des biens dont il a été alloti. Simplement, il faudrait alors lui permettre de réserver, lors de son acceptation, la faculté de cantonnement, qu'il n'exercerait, le cas échéant, que lors du partage (v. s[s] n° 323.72, note 1) – 3°/ Lorsque le legs de quotité comporte une faculté de choix, le légataire peut évidemment, en usant aussi de sa faculté de cantonner, jeter son dévolu sur tel ou tel bien qui n'excède pas la quotité à laquelle il a droit (faculté de choix) et s'en contenter (faculté de cantonnement).

mettre de restreindre leur héritage (sauf la condition qu'un héritier ait accepté sa vocation légale, v. s[s] n° 323.72).

En deuxième lieu, la faculté de cantonnement fait, d'une certaine manière, dépendre l'étendue de la libéralité de la volonté du gratifié. Ce qui n'est pas dans la tradition... Dans la limite du maximum fixé par l'intention libérale du disposant, le gratifié peut moduler le montant de ses droits (C. civ., art. 779).

En troisième lieu, la faculté de cantonnement a sensiblement estompé la différence qui existait jadis entre un legs universel avec assignation de biens et un legs universel doublé de legs à titre particulier (v. s[s] n° 323.33)[1].

B. Bénéficiaire du legs

323.81 Existence et capacité : renvoi. Le légataire doit exister et avoir la capacité de recevoir à titre gratuit (v. s[s] n°s 322.61 et 322.62).

323.82 Nécessité d'une désignation directe ou indirecte. Parce qu'il ne peut, d'évidence, y avoir de transmission sans ayant cause, il ne peut y avoir de legs sans bénéficiaire désigné. Un legs sans légataire est nul[2].

Mais la jurisprudence, soucieuse de sauver la disposition, s'emploie parfois à « trouver » le légataire, qui, apparemment, manque. Ce dont voici quelques exemples :

- le testateur ayant déclaré : « *Je donne ma maison, meubles et immeubles. Je reconnais que le magasin est à mon mari* », le mari est jugé légataire universel[3];
- « *le legs aux œuvres du maréchal Pétain, à charge d'établir un orphelinat à Cavaillon* » est compris comme un legs à la ville de Cavaillon, sous la même charge[4];
- le legs adressé à « *une ou plusieurs œuvres charitables* » est interprété comme étant fait aux œuvres charitables de la ville d'origine du testateur[5];
- le legs destiné à « *fonder un ou des lits pour tuberculeux, ou des lits pour vieillards* », est interprété comme étant fait à l'Assistance publique de Paris[6];
- le legs « *à l'œuvre des enfants assistés et abandonnés à la ville de Nice* » est compris comme un legs au bureau d'aide sociale de la ville de Nice avec affectation à une « *fondation de Bellet* » qui poursuivait un but analogue[7];
- la phrase « *j'institue pour légataire donc le cancer, le cœur* » est comprise comme un legs à la Fondation de France[8];
- le legs à « *la recherche contre le cancer* » bénéficie aux différentes institutions ayant cette recherche pour objet[9];
- en présence du legs fait à « *la belle œuvre de recherche contre le cancer* », l'arrêt fait le tri entre les candidats... [10]

La désignation peut être directe ou indirecte. Elle est **directe**, lorsque le legs est à personne **dénommée.** Ce qui suppose que le testateur connaisse, au moment où il teste, l'identité du légataire. Elle est **indirecte** lorsque le testateur ne dénomme pas le légataire, mais donne le **moyen de l'identifier** : tantôt il connaît son identité au moment où il teste, et la désignation indirecte n'est qu'une métaphore (« *l'aîné de mes deux fils* »); tantôt il ne la connaît pas encore, et cette désignation est la seule possible (« *celle qui sera ma femme au jour de ma mort* »[11]).

323.83 Désignation imparfaite pour cause de maladresse ou d'ambiguïté : interprétation salvatrice des tribunaux. La désignation du légataire peut être imparfaite, surtout lorsqu'elle est indirecte.

Parfois, elle est **maladroite**, en ce sens qu'elle comprend une erreur matérielle ou que, prise à la lettre, elle trahirait la volonté du testateur. La jurisprudence corrige l'erreur[12], ou, fidèle à l'article 1156 du Code civil, fait prévaloir l'esprit sur la lettre : un legs adressé « *à la personne qui me soignera et me fermera les yeux* » profite, non pas au personnel de l'hôpital où le testateur est mort, mais à la dernière personne qui l'a soignée avant son hospitalisation[13].

1. V. obs. M. Grimaldi, *RTD civ.* 2014.421.
2. Paris, 29 juin 1990, *JCP N* 1993. II. 40, note Camoz : nullité du legs qui, étant fait à « *une association de bienfaisance pour des enfants sans famille et malheureux* », ne comporte « *aucun bénéficiaire déterminable* » – Dijon, 1er avr. 1998, *Dr. fam.* 1999, n° 21, note B. Beignier : nullité du legs fait à « *une œuvre humanitaire* ».
3. Req. 21 févr. 1934, *DP* 1934. 1. 69, rapport Pilon.
4. Civ. 1re, 8 janv. 1957, *Bull. civ.* I, n° 11; *D.* 1957. 265.
5. Civ. 1re, 25 mai 1960, *Bull. civ.* I, n° 289.
6. Civ. 1re, 6 janv. 1965, n° 62-12.776, *Bull. civ.* I, n° 19,
7. Civ. 1re, 18 févr. 1986, n° 84-15.593, *Bull. civ.* I, n° 28.
8. Nancy, 28 avr. 1976, *Defrénois* 1977, art. 31996.
9. Rouen, 22 févr. 1995, *JCP* 1996. IV. 401 – RAPPR. Paris, 11 mars 2003, *Dr. fam.* 2003, n° 125 : le legs au « Centre de recherche contre le cancer à Villejuif », est adressé au Centre national de la recherche scientifique, et non à l'Association pour la recherche sur le cancer.
10. Paris, 10 sept. 1997, *D.* 1997. IR 235.
11. Req. 21 févr. 1934, *DP* 1934. 1. 69, rapport Pilon.
12. Civ. 6 avr. 1891, *DP* 1892. 1. 279 : « *Il résulte pour la Cour la conviction la plus complète que le legs fait par la demoiselle Avetant au profit de* "Pierre Souillé de Verdun" *ne peut s'appliquer qu'à* "Prosper Chemery de Souilly" *près Verdun* » – Civ. 1re, 8 déc. 1998, n° 96-19.645, *Bull. civ.* I, n° 353; *RTD civ.* 2000. 146, obs. J. Patarin : le legs à « l'association Sansouire » peut être réclamé par la « fondation Sansouire »; *D.* 1999. 521, note Y. Dagorne-Labbe.
13. T. civ. Chaumont, 12 nov. 1956, *Gaz. Pal.* 1957. 1. 158.

Parfois, la désignation est **ambiguë**, parce qu'imprécise : ainsi un legs adressé à la famille, aux parents, aux enfants (*quid* des petits-enfants issus d'enfants prédécédés ?), aux neveux (*quid* des nièces ?), aux héritiers (désignés par la loi du jour du testament ou par celle du jour du décès ?).

Il appartient alors au **juge du fond** de rechercher et de découvrir la **volonté du testateur**. Pour conduire ce travail d'interprétation, il lui est permis de recourir non seulement aux éléments intrinsèques au testament (termes employés par le testateur, teneur des dispositions), mais aussi à tous les éléments extrinsèques, c'est-à-dire aux circonstances de la cause (personnalité et milieu culturel du testateur, relations entre le testateur et les « candidats » au bénéfice du legs).

Exceptionnellement, la loi énonce une **directive d'interprétation.** Ainsi, à dessein de promouvoir l'égalité des filiations légitime et naturelle, l'ancien article 908-2 du Code civil (issu de la loi du 3 janvier 1972 portant réforme de la filiation et abrogé par la loi n° 2009-61 du 16 janvier 2009 ratifiant l'ordonnance n° 2005-759 du 4 juillet 2005 portant réforme de la filiation) énonçait que, « *dans les dispositions entre vifs, les expressions "fils et petits-fils, enfants et petits-enfants", sans autre addition ni désignation, doivent s'entendre de la descendance naturelle aussi bien que légitime, à moins que le contraire ne résulte de l'acte ou des circonstances* ». Cette consigne, bien que gommée du Code civil, devrait continuer à guider le juge.

Au demeurant, un singulier arrêt de la Cour de Strasbourg conduit à se demander si, s'agissant de la qualité de la filiation du légataire, l'interprétation du juge ne se trouve pas aujourd'hui contrainte par le principe de non-discrimination qu'énonce l'article 14 de la Convention européenne de sauvegarde des droits de l'homme et des libertés fondamentales. Cet arrêt condamne – comme étant « *en flagrante contradiction avec l'interdiction de discrimination établie à l'article 14 et plus généralement avec les principes sous-jacents à la convention* » (§ 59) – l'interprétation du juge andorran qui avait considéré qu'un petit-enfant **adoptif** ne pouvait bénéficier d'une disposition prise envers « *un petit-fils issu d'un mariage légitime et canonique* »[1].

323.84 Nécessité d'une désignation par le testateur : nullité du legs avec faculté d'élire. Le legs avec faculté d'élire est un legs dont le testateur décide qu'un tiers choisira le bénéficiaire. Il est nul[2].

Sa nullité, qui n'est prévue par aucun texte, se justifie par trois considérations. D'abord, par le **caractère personnel du testament**, qui ne peut être que l'œuvre de son auteur : comme on l'a déjà dit à propos du legs avec mandat d'en déterminer l'objet (v. s[s] n° 323.21), nul ne teste par procureur. Ensuite, par le **souci d'éviter que les biens ne restent vacants**, sans maître, entre le décès du testateur et l'élection du légataire. Enfin, par la crainte que le tiers chargé de l'élection ne soit l'objet de **pressions** insupportables.

Dans sa condamnation du legs avec faculté d'élire, la jurisprudence fait preuve à la fois de rigueur et de souplesse :

– De **rigueur**, en ce qu'elle ne distingue pas selon l'étendue de la liberté laissée au tiers : la nullité est pareillement encourue, que le tiers dispose d'une faculté de choix discrétionnaire, ou qu'il doive opérer son choix parmi des personnes relevant d'une catégorie définie par le testateur[3].

– De **souplesse**, en ce qu'elle admet qu'un legs soit assorti de la charge d'en transmettre le bénéfice à une personne laissée au choix du légataire[4]. C'est que manque ici l'un des arguments qui justifient la prohibition du legs avec faculté d'élire : entre le décès et l'exécution de la charge de transmettre, la propriété est fixée sur la tête du légataire. Quant aux deux autres arguments, ils perdent de leur force : une charge de transmettre ne se concevant guère qu'au bénéfice d'une ou plusieurs personnes relevant d'une catégorie déterminée, le bénéficiaire « final » se trouve dans une bonne mesure défini par le testateur et le risque de pressions s'amenuise.

Mais cet assouplissement ne prive pas pour autant de toute sa portée pratique la prohibition du legs avec faculté d'élire. *En premier lieu*, le **legs avec charge** ne peut couvrir qu'un legs avec faculté d'élire au sein d'une catégorie définie par le testateur. *En second lieu*, ces deux types de legs ne sont pas d'effets pleinement équivalents : celui qui a reçu mission d'élire le légataire ne peut en aucun cas bénéficier du legs, alors que celui qui a été insti-

1. CEDH 13 juill. 2004, *Pla et Puncernau c/Andorre*, req. n° 69498/01, *D.* 2005. 1832, note E. Poisson-Drocourt; *D.* 2005. 2114, obs. M. Nicod; *JCP* 2005. I. 103, n° 15, obs. F. Sudre; *JCP* 2005. II. 10052, note F. Boulanger; *Defrénois* 2006. 1909, note Ph. Malaurie; *RTD civ.* 2004. 804, obs. J.-P. Marguénaud.

2. Civ. 12 août 1863, *DP* 1863. 1. 356 – Civ. 1re, 25 nov. 1952, *JCP* 1953. II. 7696 *bis*, note P. Voirin – Civ. 1re, 8 nov. 2005, n° 02-21.177, *Bull. civ.* I, n° 411 : « *Le testateur ne peut abandonner à un tiers le choix discrétionnaire du légataire qu'il entend instituer* »; *AJ fam.* 2006. IR 37; *Dr. fam.* 2005, n° 12, comm. n° 277, p. 31 – Dijon, 1er avr. 1999, *Dr. fam.* 1999, n° 21, note B. B. : legs d'une maison à une œuvre humanitaire que le fils du testateur jugera nécessiteuse.

3. Civ. 12 août 1863, préc. s[s] prés[t] n°.

4. Req. 7 janv. 1902, *DP* 1903. 1. 302 – Req. 14 janv. 1941, *JCP* 1941. II. 1699 : validité du legs adressé à une commune, à charge pour elle de verser chaque année une somme à une de ses jeunes filles « *qui aura soigné ses parents avec dévouement* » – Civ. 4 nov. 1952, *JCP* 1953. II. 7554, note A. Ponsard.

tué légataire à charge de transmettre a vocation à en bénéficier dans le cas où la charge ne pourrait s'exécuter.

§ 2
Exhérédation

323.90 Définition, forme, effets et modalités. L'exhérédation est la disposition par laquelle le testateur prive ses héritiers des droits que leur accorde la loi dans sa succession[1].

En la **forme**, elle peut trouver place dans tout testament : authentique, olographe, mystique ou international[2]. Sauf, cependant, celle qui prive le conjoint de son droit viager au logement, qui n'est permise que dans un testament authentique (C. civ., art. 764)[3]. L'exception se justifie par la gravité de l'acte : celui qui entend priver son conjoint de son cadre de vie doit y avoir réfléchi et avoir été conseillé.

Quant à ses **effets**, l'exhérédation ne retire aux successibles que leur **émolument**, et non point leur **titre** d'héritier[4]. Aussi conservent-ils les prérogatives qui y sont attachées, tant qu'ils ne l'ont pas abdiqué en renonçant à la succession. Ils peuvent notamment obtenir copie de l'inventaire[5], prendre des mesures conservatoires pour le cas où le testament viendrait à être privé d'effet[6], demander la nullité pour trouble mental de contrats passés par le *de cujus*[7]. Et c'est à eux qu'il appartient de délivrer leurs legs aux légataires qui ne sont pas saisis (par exemple, à deux légataires à titre universel, chacun d'une moitié de la succession).

L'exhérédation est susceptible de plusieurs modalités.

Quant à son **étendue**, elle peut être **totale** ou **partielle**, et ce, d'un double point de vue : du point de vue **personnel**, elle peut frapper tous les héritiers ou certains d'entre eux seulement; du point de vue **matériel**, elle peut priver ceux qu'elle atteint de tous leurs droits *ab intestat* ou d'une partie seulement de ces droits (étant bien entendu que l'exhérédation totale a pour limite la réserve héréditaire).

Dans son **principe** même, l'exhérédation peut être **pure et simple** ou **conditionnelle**, selon qu'elle frappe l'héritier sans considération de son comportement ou qu'elle ne l'atteint qu'à titre de sanction pour le cas où il refuserait d'exécuter telle ou telle autre disposition du testament : dans le premier cas, on parle d'exhérédation ferme (A); dans le second, d'exhérédation à titre de clause pénale (B).

A.
Exhérédation ferme

323.91 Exclusion. Il s'agit d'une exhérédation qui est acquise dès l'ouverture de la succession. Le testament ne contient pas une simple menace d'exclusion : il exclut.

Cette exclusion se présente différemment selon que le testateur a disposé ou non de ses biens par un ou plusieurs legs, spécialement par un legs universel.

323.92 Exhérédation ferme au cas d'institution de légataire. Au cas d'institution d'un légataire – que l'on supposera universel –, l'exhérédation est tantôt implicite, tantôt expresse. Elle est **implicite** lorsque le testateur n'ajoute rien à l'institution du légataire : elle résulte alors du seul fait que, le légataire recueillant la succession, les héritiers *ab intestat* en sont nécessairement exclus. D'où les formules classiques : « *Instituer, c'est exhéréder* » ou « *Disposer, c'est exclure* ». Elle est **expresse** lorsque le testateur déclare non seulement instituer tel ou tel pour légataire universel mais aussi exhéréder ses héritiers *ab intestat*.

A priori, une exhérédation formelle paraît redondante, puisque l'exclusion des héritiers légaux est le

1. A. Ponsard, « Quelques remarques sur les clauses d'exhérédation », *Mél. Voirin*, 1967. 666 s.
2. Civ. 1re, 25 juin 2008, nº 07-13.438, *Bull. civ.* I, nº 186; *Dr. fam.* 2008, nº 126, note B. Beignier : « *La forme authentique n'est pas requise pour la validité du testament qui prive le conjoint survivant de sa vocation légale dans la succession de son époux prédécédé* ».
3. Civ. 1re, 15 déc. 2010, nº 09-68.076, *Bull. civ.* I, nº 269; *D.* 2011. 578, note C. Peres; *D.* 2011. Pan. 2624, obs. M. Nicod; *AJ fam.* 2011. 114, obs. F. Bicheron; *JCP* 2011, nº 265, note F. Sauvage; *Dr. fam.* 2011, nº 22, obs. B. Beignier.
4. Req. 22 juill. 1896, *S.* 1896. 1. 513, note Appert – Req. 8 nov. 1932, *DH* 1932. 585; *S.* 1933. 1. 281. note H. Vialleton : « *Si les héritiers non réservataires primés par des légataires universels perdent l'émolument que la loi les appelait à recueillir dans la succession, ils conservent néanmoins, tant qu'ils n'y ont pas renoncé, le titre que la loi leur confère et, avec lui, tous les droits inhérents à ce titre, notamment celui de prendre, sous le contrôle et avec l'autorisation du juge, toutes mesures conservatoires, pour le cas où le testament viendrait à être annulé ou reconnu caduc* » – Civ. 1re, 4 déc. 2013, nº 12-13.401, NP; *RTD civ.* 2014. 419, obs. M. Grimaldi.
5. Req. 22 juill. 1896, préc. ss prést nº. L'héritier exhérédé devrait aussi, et même *a fortiori,* pouvoir obtenir communication du testament qui l'exhérède : C. Brenner et F. Collard, « La communication du testament par le notaire », *JCP N* 2012.1330.
6. Req. 8 nov. 1932, préc. ss prést nº.
7. Civ. 1re, 4 déc. 2013, nº 12-13.401, préc. ss prést nº : la solution, en l'espèce, se retourne contre l'héritier qui, ne pouvant se prévaloir de l'impossibilité d'agir où l'aurait placé le testament, qui l'exhéréderait, se voit opposer la prescription quinquennale de son action en nullité (de contrats d'assurance-vie et d'avenants bénéficiant au légataire universel), pourtant introduite moins de cinq ans après qu'il eut obtenu l'annulation du testament.

corollaire obligé de l'institution d'un légataire universel. Elle peut, cependant, s'avérer utile au cas de **caducité du legs**. En effet, la question se pose alors de savoir ce qu'il advient de l'exhérédation : tombe-t-elle, de sorte que la succession revient aux héritiers appelés par la loi ? ou tient-elle, de sorte que la succession échoit à l'État qui la recueille en vertu de son droit sur les successions en déshérence ? La solution relève de l'interprétation de la volonté du testateur :

– Soit le testateur a voulu avant tout gratifier le légataire : il a été animé d'un sentiment positif, de préférence pour le légataire, et non d'un sentiment négatif, d'exhérédation de ses héritiers *ab intestat*. Alors, l'exclusion ne survit pas à l'institution dont elle n'était que le corollaire : la caducité du legs rétablit les héritiers dans leurs droits[1].

– Soit le testateur a voulu avant tout exclure ses héritiers *ab intestat*. Alors, l'exclusion survit à l'institution qui n'était que le moyen de l'accomplir : la caducité du legs ne profite pas aux héritiers *ab intestat*, mais à l'État[2].

Or, dans cette recherche de volonté, où tous les modes de preuve sont recevables, la prévalence de la volonté d'exclure sur la volonté d'instituer sera plus facilement admise si l'exhérédation est expresse que si elle n'est que tacite[3].

323.93 Exhérédation ferme sans institution de légataire. Cette exhérédation, qui résulte d'une disposition purement négative, ne peut qu'être **expresse**. Ses effets varient selon qu'elle est partielle ou totale.

Lorsqu'elle n'est que **partielle**, c'est-à-dire lorsque le testateur n'exclut que certains de ses héritiers (deux de ses trois enfants; tous ses enfants mais non ses petits-enfants), elle profite aux autres, qui bénéficient soit d'un accroissement de part (le troisième enfant), soit d'un appel à la succession (les petits-enfants). D'où les formules classiques, symétriques des précédentes : « *Exhéréder, c'est instituer* » ou « *Exclure, c'est disposer* ». On en déduit que c'est en qualité de légataires, et non point d'héritiers, que les successibles auxquels l'exhérédation bénéficie en recueillent le profit. Rien n'est moins sûr... Mais la question est sans grand intérêt pratique.

Lorsque l'exhérédation est **totale** ou **collective**, c'est-à-dire lorsque le testateur déclare exclure toute sa famille, voire tous ses ayants droit, elle profite à l'État, qui recueille alors la succession, soit parce que la clause ne le vise pas (il n'appartient pas à la famille), soit parce qu'elle est inefficace à son égard (recueillant les biens en qualité de souverain et non d'héritier, il ne peut être privé de ses droits – sur la nature des droits de l'État, v. s[s] n°s 248.31 à 248.43).

1. Civ. 1re, 12 juill. 1960, *Bull. civ.* I, n° 391; *D.* 1960. 558.
2. Req. 19 nov. 1906, *DP* 1907. 1. 288.
3. Req. 19 nov. 1906, préc. s[s] prés[t] n° – COMP. Civ. 1re, 12 juill. 1960, *D.* 1960. 558.

B. Exhérédation conditionnelle

323.101 Disposition accessoire et dissuasive. L'exhérédation conditionnelle sanctionne l'héritier qui n'exécute pas les dernières volontés du testateur. Elle est donc une **stipulation accessoire aux dispositions** (le plus souvent des legs) dont elle vise à garantir l'exécution. Plus précisément, elle constitue une **clause pénale.**

Comme une exhérédation ferme, elle vaut institution de ceux auxquels elle profite. Simplement, l'institution est ici conditionnelle.

323.102 Validité : principe et limites. La validité des clauses pénales d'exhérédation est admise par **une jurisprudence constante**[4].

Elle est toute naturelle lorsque la disposition principale que conforte la clause pénale est elle-même **valable** : lorsqu'il s'agit, par exemple, d'un legs, d'une charge[5] ou encore d'un partage testamentaire régulier (où elle vient consolider la répartition décidée par le *de cujus*[6]). L'héritier exhérédé ne peut alors s'en prendre qu'à lui-même : les dispositions testamentaires régulières ont force obligatoire et c'est une faute punissable d'empêcher leur exécution.

Mais, même lorsque la disposition principale est irrégulière, la clause pénale n'est pas nécessairement nulle. La jurisprudence distingue selon que la règle violée relève de l'ordre public ou ne protège que des intérêts privés : dans le premier cas, la clause pénale est réputée non écrite; dans le second, elle sort tout de même ses effets. Ainsi, est **nulle** la clause pénale qui conforte une disposition irrégulière en la forme[7], ou qui porte atteinte à l'option héréditaire[8] ou à la réserve[9]. Mais est **valable** celle

4. Civ. 1re, 3 mars 1971, n° 69-13.142, motifs, *Bull. civ.* I, n° 70.
5. Civ. 1re, 9 oct. 1961, *Bull. civ.* I, n° 442 : « *legs* » de la chose d'autrui requalifié en charge.
6. La licéité de la clause pénale d'exhérédation a pu être contestée dans les donations-partages, mais non dans les testaments-partages : v. *Effets de la libéralité-partage*, n° 412.42.
7. Civ. 18 janv. 1858, *D.* 1858. 1. 24.
8. Req. 1er juin 1942, *DC* 1943. 60, note J. C.
9. Civ. 14 mars 1866, *DP* 1866. 1. 173 – Req. 29 juin 1910, *S.* 1913. 1. 33, note Hugueney; *D.* 1911. 1. 49, note Capitant – Civ. 1re, 11 mars 1952, *Bull. civ.* I, n° 102 – Civ. 1re, 25 juin 2002, n° 00-11.574, *Bull. civ.* I, n° 175; *D.* 2003. 1875, obs. M. Nicod; *AJ fam.* 2002. 302, obs. S. D.-B; *RJPF* 2002-11/39, obs. J. C.

qui soutient un legs de la chose d'autrui (legs nul au terme de l'article 1021 du Code civil), notamment de la chose de l'héritier[1], ou encore le testament-partage incluant des biens dépendant de la communauté, dissoute et non encore partagée, ayant existé entre le testateur et son conjoint[2].

Cette distinction est singulière. D'une part, il est dans la nature des choses que la nullité du principal s'étende à l'accessoire. D'autre part, on comprend mal que la punition infligée à l'héritier qui refuse d'exécuter une disposition illicite puisse être justifiée par le fait que l'irrégularité n'atteint que ses seuls intérêts privés. Mais sans doute ne faut-il pas attacher trop d'importance à cette distinction. D'abord, certains arrêts ne la font pas, qui subordonnent la validité de la clause pénale à celle de la disposition principale sans autre précision[3]. Ensuite, ceux qui la font statuent le plus souvent sur le cas d'un **legs de la chose d'autrui** : donc sur un cas où la disposition principale aurait pu être validée par les juges du fond moyennant sa requalification en charge (d'acquérir pour transmettre).

323.103 Portée. La clause pénale, supposée licite, sanctionne naturellement l'héritier qui refuse d'exécuter le testament sans en contester la validité ni l'efficacité. Mais elle frappe aussi celui qui a refusé de l'exécuter parce qu'il le croyait, à tort, irrégulier ou atteint par une cause de révocation. Tombe ainsi sous le coup de la clause pénale l'héritier qui refuse d'exécuter le legs au motif qu'il entame sa réserve mais qui succombe dans son action en réduction[4]; ou encore l'héritier qui oppose au légataire son ingratitude mais qui est débouté de son action en révocation[5]. On a bien tenté d'opposer que l'héritier devrait pouvoir faire vérifier en justice le respect de l'ordre public[6]. La Cour de cassation n'a pas été convaincue[7]. Cette rigueur procède du légitime souci de prévenir les contestations abusives ou irréfléchies, contre lesquelles la clause pénale est précisément dirigée. Elle n'en est pas moins excessive.

En revanche, l'héritier ne s'expose pas à l'exhérédation s'il demande simplement au tribunal d'interpréter le testament[8], car rechercher le sens d'une disposition n'est pas la critiquer, mais, au contraire, vouloir l'exécuter comme il faut. Pas davantage l'exhérédation ne peut sanctionner le tiers complice de l'inexécution du testament, qui, n'étant pas héritier, ne peut être visé par elle[9].

§ 3
Dispositions diverses

323.111 Diversité. Les dispositions autres que des legs - mais qui leur sont très généralement, apposées - que l'on peut trouver dans un testament sont fort diverses. Parmi elles, on citera :

– la **clause *d'attribution à un tiers de l'administration des biens* légués à un héritier mineur**, avec exclusion corrélative de l'administration légale (et, par voie de conséquence, de la jouissance légale) des père et mère (C. civ., art. 389-3); étant précisé que la clause peut porter sur les biens formant la réserve de l'enfant, car elle ne constitue nullement

1. Civ. 25 févr. 1925, *D.* 1925. 1. 195, note R. Savatier – Req. 17 janv. 1934, *DP* 1934. 1. 112 – RAPPR. Civ. 1re, 3 déc. 1991, n° 90-10.055, NP; *Defrénois* 1992, art. 35238, note X. Savatier.
2. Civ. 1re, 9 déc. 2009, n° 08-18.677, *Bull. civ.* I, n° 248; *D.* 2010. AJ 91, obs. C. Le Douaron; *JCP* 2010, n° 203, § 14, obs. R. Le Guidec; *AJ fam.* 2010. 91, obs. F. Bicheron; *Dr. fam.* 2010, n° 27, obs. B. Beignier; *Defrénois* 2010. 923, note D. Autem; *RJPF* 2010-3/27, note J. Casey; *RLDC* 2010/68, n° 3726, obs. E. Pouliquen.
3. Civ. 22 juill. 1874, *D.* 1875. 1. 453 – Civ. 1re, 10 mars 1970, *D.* 1970. 584, note A. B.
4. Civ. 22 juill. 1874, *D.* 1875. 1. 453 – Req. 29 juin 1910, *S.* 1913. 1. 33, note Hugueney; *D.* 1911. 1. 49, note Capitant – Civ. 1re, 10 mars 1970, *D.* 1970. 584, note A. B. – Civ. 1re, 25 juin 2002, n° 00-11.574, *Bull. civ.* I, n° 175; *D.* 2003. 1875, obs. M. Nicod; *AJ fam.* 2002. 302, obs. S. D.-B; *RJPF* 2002-11/39, obs. J. C.
5. Civ. 1re, 20 févr. 2007, n° 04-16.461, *Bull. civ.* I, n° 74; *RTD civ.* 2008. 134, obs. M. Grimaldi; *AJ fam.* 2007. 185; *RJPF* 2007, n° 4, p. 32.
6. M. Grimaldi, *Libéralités, Partages d'ascendants*, n° 1477.
7. Civ. 1re, 25 juin 2002, n° 00-11.574, préc. ss prést n° : « *Une clause pénale, privant un héritier qui conteste, de la quotité disponible, doit être réputée non écrite, lorsqu'elle tend à assurer l'exécution de dispositions portant effectivement atteinte à la part réservataire de cet héritier et non lorsqu'elle serait seulement susceptible de comporter une telle atteinte* »; *D.* 2003. 1875, obs. M. Nicod – Civ. 1re, 20 févr. 2007, n° 04-16.461, préc. ss prést n° : « *Vu l'article 900 du Code civil, ensemble, l'article 1134 du même code; Attendu qu'il résulte du premier de ces textes qu'une clause pénale privant de ses droits dans une succession un héritier qui conteste les dispositions testamentaires, est réputée non écrite lorsqu'elle tend à assurer l'exécution de celles qui portent atteinte à l'ordre public; que, toutefois, cet héritier encourt les effets de la clause si la contestation est jugée infondée* [...]. *Attendu que pour décider que la clause d'exhérédation ne saurait trouver application, l'arrêt [attaqué] retient que la demande en révocation du legs pour cause d'ingratitude intéressait l'ordre public; Qu'en statuant ainsi, alors que l'arrêt avait débouté les consorts L... de leur action en révocation pour ingratitude, ce dont il résultait qu'ils devaient subir, dans toutes ses conséquences, la condition qui, de la part du testateur, avait pour objet de prévenir une contestation infondée, la cour d'appel a violé* [...] ».
8. Civ. 1re, 10 mai 1955, *Bull. civ.* I, n° 194 – Civ. 1re, 17 juill. 1963, *Bull. civ.* I, n° 405.
9. Civ. 1re, 1er oct. 1996, n° 94-16.867, *Bull. civ.* I, n° 337; *RTD civ.* 1997. 200, obs. J. Patarin; *JCP* 1996. 46. IV. 2252; *JCP N* 1997, n° 8, Jur. 324.

une charge (qui, elle, ne pourrait grever la réserve : C. civ., art. 912, al. 1er) [1];

- la **clause *d'exclusion de la (seule) jouissance légale*** des père et mère sur les biens légués a un enfant mineur (de moins de 16 ans) (C. civ., art. 387); étant encore précisé que la réserve de l'enfant ne saurait y être opposée [2];

- la **clause stipulant *l'entrée en communauté*** des biens légués (si le légataire est marié sous une communauté réduite aux acquêts - C. civ., art. 1405, al. 2) [3], ou, au contraire, leur ***exclusion de la communauté*** (si le légataire est marié sous une communauté universelle ou de meubles et acquêts); mais la portée de la clause d'entrée en communauté peut, le cas échéant, être limitée par le jeu de la réserve, et un enfant légataire peut ainsi obtenir que la clause ne produise effet que dans les limites de la quotité disponible [4];

- la **clause *d'affectation des biens légués***, qui constitue une charge, dont le légataire, s'il est héritier réservataire, peut demander le cantonnement à la quotité disponible (C. civ., art. 913);

- la **clause *imposant aux héritiers de vendre tel ou tel bien*** pour s'en partager le prix (mais, s'il s'agit d'un immeuble, cette obligation ne peut être imposée à des héritiers réservataires [5]);

Mais un testament, même authentique, ne saurait contenir un **mandat à effet posthume** : mandat créé par la loi du 23 juin 2006 [6] et prévu par les articles 812 et suivants du Code civil. Car ce mandat, qui revêt nécessairement la forme authentique (mais la forme authentique ordinaire, et non celle, plus lourde, du testament authentique), doit être accepté par le mandataire avant le décès du mandant (C. civ., art. 812-1-4, al. 4); or nulle disposition testamentaire ne saurait être acceptée du vivant du *de cujus*. Il serait cependant parfaitement possible que, par un acte distinct du testament, un mandat à effet posthume fût donné relativement aux biens légués, à un héritier ou à un tiers.

Pas davantage un testament, fût-il notarié, ne peut contenir un **mandat de protection future :** mandat créé par la loi du 5 mars 2007 [7] et prévu par les articles 477 et suivants du Code civil. Naturellement, il ne saurait s'agir ici que du mandat que des père et mère peuvent donner à un tiers de représenter leur enfant handicapé, mineur ou majeur, s'ils viennent à décéder : seul ce mandat, à l'exclusion de celui que l'on peut donner pour soi-même au cas d'inaptitude, se peut concevoir dans un testament. Mais la nécessité, implicite, de l'acceptation du mandataire du vivant du mandant y fait obstacle.

SECTION 2
DISPOSITIONS EXTRAPATRIMONIALES

323.121 Diversité. Malgré la définition qu'en donne l'article 895 du Code civil, le testament peut contenir des dispositions étrangères aux biens, pourvu, naturellement, que l'ordre public soit respecté [8].

Il peut notamment contenir :

- une **reconnaissance d'enfant naturel**, pourvu qu'il soit authentique (C. civ., art. 316, al. 3);

- la **nomination d'un tuteur pour un enfant mineur**, pourvu que le testateur soit le survivant de ses père et mère et exerce l'autorité parentale (C. civ., art. 403, al. 1 et 2);

- la **nomination d'un tuteur pour un enfant majeur**, pourvu que le testateur soit le survivant de

1. Civ. 1re, 6 mars 2013, n° 11-26.728, NP; *RTD civ.* 2013. 421, obs. M. Grimaldi : « *Attendu que l'article 389-3 du Code civil, qui permet au disposant, sans aucune distinction, de soustraire à l'administration légale des père et mère les biens qu'il donne ou lègue à un mineur, est une disposition générale qui ne comporte aucune exception pour la réserve* » – D. Boulanger, « L'efficacité totale des clauses d'exclusion de la jouissance ou de l'administration légale », *JCP N* 1994. 363.
2. La jurisprudence qui permet que la clause d'exclusion de l'administration légale des père et mère porte sur des biens composant la réserve de l'enfant (Civ. 1re, 6 mars 2013, n° 11-26.728, préc. ss prést n°) vaut *a fortiori* pour la clause excluant la seule jouissance légale – Une jurisprudence ancienne, qui était en sens contraire (Req. 11 nov. 1928, *S.* 1830. 1. 78 – Civ. 27 juin 1933, *DP* 1934. 1. 94, note R. Savatier), doit être tenue pour caduque (M. Grimaldi, obs. préc. ss Civ. 1re, 6 mars 2013, n° 11-26.728); D. Boulanger, art. préc.
3. À titre d'illustration, dans le cas d'une donation-partage, v. Civ. 1re, 21 sept. 2005, n° 02-21.503, *Bull. civ.* I, n° 335; *JCP N* 2005. 1459, note Martel; *Dr. fam.* 2006, n° 11, note B. Beignier; *RLDC* 2005, n° 22, p. 48, note C. Le Gallou.
4. Civ. 1re, 2 nov. 1994 *(obiter dictum)*, n° 92-19.036, *Bull. civ.* I, n° 310; *D.* 1995. Somm. 337, obs. M. Grimaldi; *JCP N* 1995. II. 691, obs. Ph. Simler; *Defrénois* 1995, art. 36040, obs. G. Champenois; *RTD civ.* 1995. 426, obs. B. Vareille – Civ. 1re, 11 sept. 2013, n° 12-11.694, *Bull. civ.* I [à paraître]; *JCP* 2013. 1891, note F. Sauvage; *RTD civ.* 2013. 878, obs. M. Grimaldi : un fils unique que sa mère avait institué légataire universel sous la condition que l'actif légué, composé de valeurs mobilières, entre dans sa communauté, peut demander, sur le fondement de sa réserve, que la moitié seulement des sommes produites par la vente du portefeuille soit inscrite à l'actif de la communauté.
5. Civ. 1re, 5 nov. 1996, n° 94-15.886, *Bull. civ.* I, n° 383; *RTD civ.* 1997. 486, obs. J. Patarin; *JCP N* 1997. 1708; *Gaz. Pal.* 1997. Pan. 168.
6. L. n° 2006-728, 23 juin 2006, portant réforme des successions et des libéralités, *JO* 24 juin, p. 9513.
7. L. n° 2007-308, 5 mars 2007, portant réforme de la protection juridique des majeurs, *JO* 7 mars, p. 4325.
8. C. Bahurel, *Les volontés des morts. Vouloir pour le temps où l'on ne sera plus*, th. Paris II, 2012.

ses père et mère et en assume la charge matérielle et affective (C. civ., art. 448, al. 2);

- la **déclaration de la paternité d'une œuvre pseudonyme ou anonyme** (CPI, art. L. 113-6, al. 2), le **legs du droit moral de l'auteur** (CPI, art. L. 121-1, al. 4), spécialement du **droit de divulgation** (CPI, art. L. 121-2, al. 2), qui en est l'un des attributs;

- le **règlement du sort des papiers domestiques**;

- la **nomination d'un exécuteur testamentaire** chargé, le cas échéant, de veiller au respect des dispositions extrapatrimoniales (v. s[s] n°s 323.131 s.);

- le **règlement du sort d'une sépulture**, ou, plus précisément, du droit d'y être inhumé, qui peut être légué ou retiré;

- l'**interdiction d'un prélèvement d'organes sur la dépouille mortelle** (CSP, art. L. 1232-1) ou, tout au contraire, le **« legs » du corps** à un établissement de santé, de formation ou de recherche (Décr. n° 76-435, 18 mai 1976, art. 7 - CGCT, art. R. 2213-13 - Rappr. L. 7 juill. 1949, qui autorise le legs des yeux à un établissement public ou à une œuvre privée pratiquant la greffe de la cornée);

- le **règlement des funérailles,** y compris du mode de sépulture (L. 15 nov. 1887).

La loi du 15 novembre 1887, sur la liberté des funérailles, permet à tout majeur ou mineur émancipé, « *en état de tester* », de régler les conditions de ses funérailles (caractère civil ou religieux, mode de sépulture) (L. 15 nov. 1887, art. 3, al. 1er). La volonté devrait, selon la loi, être exprimée « *dans un testament ou dans une déclaration faite en forme testamentaire, soit par devant notaire, soit sous signature privée* » (L. 15 nov. 1887, art. 3, al. 3). Mais la jurisprudence passe outre : même autrement exprimée qu'en la forme d'un testament, et même tacite, la volonté du défunt doit être suivie[1]. Civilement obligatoire[2], cette volonté est aussi pénalement protégée (C. pén., art. 433-21-1). En outre, l'intéressé peut « *charger une ou deux personnes de veiller à l'exécution de ses dispositions* » (L. 15 nov. 1887, art. 3, al. 2), sorte d'exécuteurs testamentaires à la dépouille mortelle.

323.122 Testament de vie. Le « ***testament de vie*** » prévu par la loi du 22 avril 2005[3], par lequel une personne donne « des *directives anticipées pour le cas où elle serait hors d'état d'exprimer sa volonté* » et indique ainsi « *ses souhaits relatifs à sa fin de vie concernant les conditions de la limitation ou l'arrêt de traitement* » (CSP, art. L. 1111-11) n'est pas un véritable testament. Car, s'il est certes révocable à tout moment, il produit ses effets du vivant de son auteur. Sauf à observer qu'il s'agit tout de même d'un acte de dernière volonté... lucide[4]. Il peut, à cet égard être rapproché du **mandat de protection future** (C. civ., art. 477 s.).

SECTION 3
DÉSIGNATION D'UN EXÉCUTEUR TESTAMENTAIRE

323.131 Définition et utilité de l'exécution testamentaire. L'exécuteur testamentaire est une personne que le testateur « *nomme pour veiller ou procéder à l'exécution de ses volontés* » (C. civ., art. 1025).

Son utilité apparaît dans plusieurs hypothèses.

Tantôt, ceux auxquels la loi confie la mission d'exécuter le testament sont **éloignés ou inconnus** : la famille est vaste mais dispersée.

Tantôt le testateur nourrit envers eux une **juste défiance.** S'agissant de ses **dispositions patrimoniales**, dont l'exécution incomberait à ses successeurs investis de la saisine légale, il craint que ceux-ci, héritiers *ab intestat* ou légataires universels, ne fassent preuve d'inertie ou de mauvaise volonté à exécuter des legs qui leur préjudicient. S'agissant de ses **dispositions extrapatrimoniales,** dont l'exécution incomberait aux continuateurs de sa personne, il redoute que ceux-ci, héritiers ou légataires universels ou à titre universel, s'abstiennent d'exécuter ou de faire exécuter des mesures qu'ils jugeraient coûteuses, inutiles ou inconvenantes (modalités des funérailles, messes commémoratives). S'agissant, enfin, des **charges patrimoniales ou extrapatrimoniales, apposées à des legs,** il craint que nul ne se soucie de leur bonne exécution : crainte particulièrement justifiée lorsque, d'une part, il n'existe aucun tiers qui puisse se plaindre de l'inexécution de la charge[5], et que, d'autre part, les héritiers n'ont pas intérêt à réclamer son exécution[6].

1. Req. 23 avr. 1912, *D.* 1913. 1. 41, note H. Capitant - Req. 27 avr. 1922, *S.* 1922. 1. 295 - Civ. 1re, 9 nov. 1982, n° 81-15.305, *Bull. civ.* I, n° 326; *RTD civ.* 1994. 76, obs. J. Hauser - Civ. 1re, 26 avr. 1984, n° 83-11.117, *Bull. civ.* I, n° 142.
2. Civ. 1re, 27 janv. 1981, n° 79-16.156, *Bull. civ.* I, n° 32; *RTD civ.* 1981. 891, note J. Patarin - Civ. 1re, 24 mars 1993, n° 91-16.440, *Bull. civ.* I, n° 129 : condamnation du conjoint qui refuse d'exécuter les consignes relatives au sort de l'urne funéraire; *RTD civ.* 1994. 76, obs. J. Hauser; *D.* 1993. IR 102; *JCP* 1993, n°s 281-282, Pan. 221.
3. L. n° 2005-370, 22 avr. 2005, relative aux droits des malades et à la fin de vie, *JO* 23 avr., p. 7089; rect. *JO* 20 mai, p. 8732.
4. F. Melin, « Les directives anticipées : vers l'admission du testament biologique en droit français », *Defrénois* 2004, art. 38055 - E. Putman, « Le testament de vie est désormais réglementé... », *RJPF* 2006-5/10.
5. Soit que la charge ait été stipulée au bénéfice de son débiteur, et non d'un tiers (clause d'inaliénabilité protectrice du gratifié); soit que le tiers bénéficiaire reste indéterminé tant que la charge n'est pas exécutée (une fondation à constituer).
6. Soit que la charge pèse sur eux; soit qu'ils pressentent que leur action provoquerait une demande reconventionnelle en révision de la charge.

323.132 **Loi du 23 juin 2006 : esprit de faveur.** L'exécution testamentaire a été vue avec une certaine faveur par la loi du 23 juin 2006 [1, 2] : l'exécuteur testamentaire bénéficie désormais de pouvoirs accrus, mais qui restent encore insuffisants aux yeux de certains [3].

§ 1
Nature et caractères de l'exécution testamentaire

323.141 **Nature de l'exécution testamentaire : distinction d'avec le mandat à effet posthume et le mandat de protection future pour autrui.** L'exécuteur testamentaire est un simple mandataire, et il est le **mandataire du testateur** [4]. Mandataire, il n'est **ni fiduciaire ni légataire universel** : à la différence du premier, il n'acquiert point la propriété des biens héréditaires à charge de les transmettre; à la différence du second, qui peut être chargé d'exécuter des legs particuliers qui absorbent l'actif, il n'a pas même vocation à cette propriété (d'où l'enjeu de la discussion qui peut s'élever sur le point de savoir si celui qui a été désigné comme exécuteur testamentaire n'a pas été aussi institué légataire universel : au testateur de s'exprimer clairement). En outre, il est le mandataire du testateur, et non point de ceux auxquels il doit remettre les biens [5].

Il doit encore être distingué du **mandataire posthume** (C. civ., art. 812 s. – v. s[s] n°s 247.10 à 247.28). D'une part, sa mission, précise et ponctuelle, est d'exécuter des legs, alors que celle du mandataire posthume, plus générale et plus durable, est d'administrer tout ou partie de la succession – d'où la condition exigée du mandataire, mais non de l'exécuteur testamentaire, lorsque des biens professionnels sont compris dans l'objet de leur mission : l'absence d'incapacité de gérer (C. civ., art. 812, al. 3). D'autre part, il est au service des volontés du *de cujus*, et donc du légataire, alors que le mandataire sert les intérêts des héritiers.

Il peut néanmoins arriver que leurs pouvoirs respectifs se recoupent : l'exécuteur testamentaire est habilité à provoquer la vente des meubles pour exécuter les legs de sommes d'argent (v. s[s] n° 323.152) et le mandataire posthume peut recevoir un mandat étendu à l'ensemble des meubles. En cas de conflit, la loi livre la solution dans la définition même qu'elle donne du mandat posthume : les pouvoirs de l'exécuteur testamentaire tiennent en échec ceux du mandataire posthume (C. civ., art. 812, al. 1er : « *sous réserve des pouvoirs confiés à l'exécuteur testamentaire...* »). Cette priorité s'explique par le souci d'éviter que le mandat posthume ne se retourne contre le *de cujus* : il ne faut pas que les pouvoirs de gestion que le *de cujus* a conférés au mandataire dans l'intérêt et pour le compte de ses héritiers nuisent à la bonne exécution de ses libéralités. Reste qu'il sera parfois opportun que la même personne soit à la fois mandataire posthume et exécuteur testamentaire : on ne voit point le conflit d'intérêt qui pourrait interdire ce cumul.

L'exécuteur testamentaire se distingue pareillement, et pour la même raison, du **mandataire de protection future pour le compte d'autrui.** Ce mandataire, dont des parents peuvent pourvoir leur enfant handicapé, mineur ou majeur, pour le temps où ils ne seront plus, est, comme le mandataire posthume, investi d'un mandat de gestion dans l'intérêt d'un héritier, et non d'un mandat d'exécution des volontés du *de cujus*. Étant ici observé que le mandat de protection future et le mandat posthume se distinguent l'un de l'autre à plusieurs égards : le mandataire de protection future représente véritablement l'enfant, il agit en son nom (C. civ., art. 477, al. 3); son mandat peut porter sur tous les biens de l'enfant, et non pas seulement sur ceux qui composent la succession du mandant (même texte, impl.); il peut s'étendre, au-delà de la protection du patrimoine de l'enfant, à celle de sa personne (C. civ., art. 479); et, parce qu'il est par hypothèse notarié (C. civ., art. 477, al. 4), il confère sur le patrimoine de l'enfant des pouvoirs beaucoup plus étendus, qui sont ceux d'un tuteur autorisé (C. civ., art. 490, al. 1er).

323.142 **Caractères de l'exécution testamentaire.** Le mandat de l'exécuteur testamentaire présente des caractères qui, pour beaucoup, ne sont pas ceux d'un mandat ordinaire :

– Le mandat ordinaire est un contrat (C. civ., art. 1984, al. 2), alors que celui de l'exécuteur testamentaire procède, comme un legs, d'un **acte juridique unilatéral**, le testament, suivi d'une acceptation.

– Le mandat ordinaire porte en principe sur la passation d'actes juridiques (C. civ., art. 1984, al. 1er), alors que celui de l'exécuteur testamentaire inclut souvent l'accomplissement d'**actes matériels,** et même parfois s'y limite.

1. L. n° 2006-728, 23 juin 2006, portant réforme des successions et des libéralités, *JO* 24 juin, p. 9513.
2. A. Chamoulaud-Trapiers, « Les exécuteurs testamentaires », *D.* 2006. 2577.
3. H. Letellier, « La refonte de l'exécution testamentaire : participation au débat sur l'offre de loi », *LPA* 2 mai 2005; *Dr. fam.* 2006. Étude 47.
4. Req. 9 avr. 1941, *JCP* 1942. II. 2033, note P. Voirin; *RTD civ.* 1942. 92, obs. Savatier.
5. D'où il suit que, s'il dilapide les fonds destinés à des légataires à titre particulier, ceux-ci peuvent demander le paiement de leurs legs au légataire universel : Req. 9 avr. 1941, préc. s[s] prés[t] n°.

– Le mandat ordinaire s'éteint en principe à la **mort du mandant** (C. civ., art. 2003), alors que celui de l'exécuteur testamentaire y trouve, par essence, le **point de départ de son exécution.**

– Le mandat ordinaire est librement révocable par le mandant tout au long de son exécution (C. civ., art. 2003 et 2004), alors que celui de l'exécuteur testamentaire, ne sortant ses effets qu'au décès du mandant, **ne peut** évidemment **pas être révoqué** par celui-ci : il ne peut l'être que par le tribunal pour motifs graves (C. civ., art. 1026).

Mais, par d'autres traits, il relève du droit commun du mandat :

– Il est consenti *intuitu personae*, comme un mandat ordinaire (C. civ., art. 2003, impl.). D'où plusieurs conséquences, que voici :

• si l'exécuteur refuse sa mission ou prédécède au testateur, un tiers ne saurait lui être substitué [1];

• s'il meurt avant l'achèvement de sa mission, ses pouvoirs s'éteignent car ils ne sont pas transmissibles à cause de mort (C. civ., art. 1025, al. 3);

• s'il se substitue un tiers, il commet une faute qui justifie sa révocation et qui, le cas échéant, engage sa responsabilité.

– Il est en principe gratuit (C. civ., art. 1033-1), comme un mandat ordinaire (C. civ., art. 1986). Mais naturellement, l'exécuteur a droit, comme un mandataire ordinaire (C. civ., art. 1999 s.), au **remboursement de ses frais et débours**, lesquels, parce qu'il est le mandataire du testateur, sont **à la charge de la succession** [2] (C. civ., art. 1034). En outre, un legs à titre particulier (le **diamant** ou **legs du diamant**) peut lui être consenti « *eu égard aux facultés du disposant et aux services rendus* » (C. civ., art. 1033-1).

– Il met à la charge de l'exécuteur une **obligation de rendre compte** à la fin de sa mission (C. civ., art. 1033).

§ 2 Choix et missions de l'exécuteur testamentaire

323.151 Choix de l'exécuteur testamentaire. Quant au **fond**, le testateur choisit **librement** son exécuteur testamentaire : un ami en lequel il a une confiance particulière et dont il connaît l'autorité morale sur ses successeurs; un professionnel dont il apprécie la compétence, tel un notaire ou un avocat qu'il sait apte à dénouer la complexité juridique du règlement successoral, ou encore un expert qu'il sait habile à donner des estimations délicates, d'immeubles, entreprises ou œuvres d'art.

1. Civ. 3 juin 1872, *DP* 1872. 1. 242.
2. Civ. 23 janv. 1940, *DC* 1941. 104, note Trasbot.

Il peut en désigner **plusieurs** (C. civ., art. 1025) : un ami, pour son autorité sur les héritiers; un professionnel, pour sa connaissance du patrimoine.

Mais il doit choisir une personne jouissant d'une **pleine capacité** (C. civ., art. 1025, al. 1er) : il ne saurait désigner ni un mineur, ni un majeur en tutelle ou en curatelle. Le mandat de l'exécuteur se sépare ici du mandat ordinaire, qui peut en théorie être confié à un incapable, notamment à un mineur (C. civ., art. 1990).

La nomination d'un notaire doit intervenir en conformité au principe qui interdit à l'officier public de recevoir aucun acte qui contiendrait quelque disposition en sa faveur (Décr. n° 71-941, 26 nov. 1971, art. 2, al. 2 – et, auparavant, L. 25 ventôse an XI, art. 8). Un notaire peut donc être nommé exécuteur testamentaire avec ou sans diamant par un testament qu'il ne reçoit pas (testament authentique reçu par un autre notaire, testament olographe [3] ou testament mystique [4]), et il peut l'être aussi, mais sans diamant, par un testament qu'il reçoit [5]. Une autre question est de savoir si le notaire nommé exécuteur peut, outre l'accomplissement de sa mission, procéder au règlement de la succession. D'un arrêt de la Cour de cassation, il résulte qu'il le peut, sauf, naturellement, qu'il ne saurait instrumenter dans les actes où il intervient comme exécuteur [6].

Quant à la **forme**, la désignation doit respecter celle des testaments. Elle peut être **implicite** : aucune formule sacramentelle n'est requise [7].

323.152 Étendue de la mission et moyens des pouvoirs de l'exécuteur testamentaire : cas de l'exécution ordinaire. La mission de l'exécuteur testamentaire et les pouvoirs qui lui permettent de l'accomplir varient suivant la volonté du testateur. Le Code de 1804 distinguait suivant que le testateur lui avait ou non conféré la « **saisine** » (C. civ., anc. art. 1026). La loi du 23 juin 2006 a heureusement supprimé le mot, qui était assez mal venu, mais elle a conservé la chose : elle laisse au testateur le choix

3. Paris, 10 févr. 1942, *Journ. not.* 1942, art. 41325.
4. Req. 4 juin 1883, *D.* 1884. 1. 51.
5. Req. 4 juin 1883, préc. : « *Attendu que la simple qualité d'exécuteur testamentaire attribuée au notaire par délégation spéciale du testateur dans les conditions mêmes que le législateur a imposées à cette charge, n'a rien d'incompatible avec la réception du testament par le notaire qui ne devient ainsi ni partie, ni légataire, et qui, loin d'en tirer profit, se trouve privé du droit d'instrumenter comme officier public dans les actes où il figurera comme exécuteur* ».
6. Req. 4 juin 1883, préc. ss prést n° – CONTRA Paris, 10 févr. 1942, motifs, préc. ss prést n° – L. Maguet, *Journ. not.* 1942, art. 41324.
7. Req. 26 janv. 1886, *DP* 1886. 1. 41.

entre une **exécution ordinaire** et une **exécution renforcée.**

C'est au testateur de choisir, et à lui seul : les pouvoirs renforcés qu'il ne donne pas à son exécuteur, celui-ci ne pourra les réclamer (C. civ., art. 1030). Mais il peut les lui donner tacitement[1].

Dans le cas de l'exécution ordinaire, l'exécuteur n'a qu'un simple **rôle de surveillance** : sa mission n'est pas d'exécuter lui-même le testament, mais de veiller à sa bonne exécution[2] (C. civ., art. 1025). Ses pouvoirs, à la mesure de sa mission, sont assez limités. Il prend **toutes mesures conservatoires utiles,** notamment celles qui sont de nature à éviter la dilapidation ou le détournement des actifs au préjudice des créanciers et légataires : il peut faire dresser un inventaire après y avoir appelé les héritiers (C. civ., art. 1029, al. 2.); sans doute peut-il aussi, bien que la loi ne le prévoie plus expressément, faire apposer des scellés si des héritiers sont incapables ou absents (C. civ., anc. art. 1031, al. 1er). Il doit aussi **contrôler** ceux qui sont tenus d'exécuter le testament : il peut les attraire en justice pour les y contraindre, qu'il s'agisse des successeurs saisis, auxquels il incombe de délivrer et de payer les legs, ou des proches du *de cujus*, qui doivent respecter les dispositions extrapatrimoniales. Il peut encore **provoquer la vente du mobilier**, à défaut de liquidités suffisantes pour acquitter les dettes urgentes de la succession (C. civ., art. 1029, al. 3 - COMP., pour le droit antérieur, la jurisprudence selon laquelle l'exécuteur ne peut ni payer une dette au *de cujus* ni défendre à l'action exercée par un créancier successoral[3]). Il doit, le cas échéant, **soutenir en justice la validité ou l'exécution du testament**[4]; corrélativement, si celles-ci sont contestées, il doit être mis en cause (C. civ., art. 1028 - COMP. C. civ., anc. art. 1031, al. 4, qui ne prévoyait qu'une intervention facultative). Il doit enfin **veiller à l'exécution des charges apposées aux libéralités**, et, si besoin, agir en révocation. Mais, il ne peut aucunement appréhender la succession : ni prendre possession des biens ni exercer les droits qui en dépendent. Et pas davantage ne peut-il payer les legs.

Le risque est que l'exécuteur ne se désintéresse d'une mission de simple contrôle. C'est pourquoi, le plus souvent, le testateur élargit le périmètre de son action.

323.153 Étendue de la mission et pouvoirs de l'exécuteur testamentaire : cas de l'exécution renforcée. Le testateur peut élargir la mission de l'exécuteur et accroître ses pouvoirs à cette fin : il peut le charger, non pas simplement de « *veiller* » à l'exécution du testament, mais d'y « ***procéder*** » lui-même (C. civ., art. 1025), et corrélativement l'« ***habiliter*** » à accomplir les actes nécessaires à cette exécution, tels la vente de biens héréditaires (C. civ., art. 1030 et 1030-1). Mais son pouvoir varie selon qu'il se trouve ou non en présence d'**héritiers à réserve : descendants ou conjoint**.

– **S'il existe des héritiers réservataires,** le testateur peut simplement charger l'exécuteur de **payer les legs particuliers de nature mobilière,** notamment les legs de somme d'argent, dans la limite de la quotité disponible (de payer les legs et non de les délivrer : le paiement, qui est la remise du bien légué, relève de la compétence de l'exécuteur; la délivrance, qui est la reconnaissance juridique du droit du légataire, relève de celle des successeurs saisis); et l'exécuteur peut alors, à cette fin, **appréhender** et, si nécessaire, **vendre les actifs mobiliers** (C. civ., art. 1030). Mais l'exécuteur ne peut recevoir une mission plus large. Les immeubles restent donc hors de sa puissance : on disait naguère que sa saisine n'était que mobilière. À noter que le pouvoir de payer les legs mobiliers inclut sans doute celui d'**acquitter les dettes, même non urgentes**, car les créanciers doivent être payés avant les légataires[5].

– **À défaut d'héritier réservataire,** le testateur peut aller beaucoup plus loin. Il peut « *habiliter l'exécuteur à vendre tout ou partie des immeubles, à recevoir et placer les capitaux, à payer les dettes et*

1. Pau, 13 janv. 1890, *D.* 1891. 2. 51.
2. Civ. 15 avr. 1867, *DP* 1867. 1. 295.
3. Civ. 23 janv. 1940, *DC* 1941. 1. 105.
4. Civ. 1re, 15 mai 2008, no 06-19.535, *Bull. civ.* I, no 140; *LPA* 23 juill. 2008, note Ph. Malaurie; *RTD civ.* 2008. 522, obs. M. Grimaldi; *D.* 2008. Pan. 2250, obs. M. Nicod; *JCP* 2008. Actu. 362, obs. S. Thouret; *JCP* 2009. I. 109, no 2, obs. R. Le Guidec; *AJ fam.* 2008. 302, obs. F. Bicheron; *RJPF* 2008-7-8/36, note J. Casey; *RLDC* 2008/51, no 3075, obs. Jeanne; *RLDC* 2008/54, no 3197, note J.-G. Mahinga (renonciation d'une fille unique visant à provoquer la réduction d'un legs universel – sur la demande de son fils, appelé à la succession de son chef – par suite de l'imputation sur la quotité disponible de la donation qui lui avait été faite en avancement de part successorale (arrêt rendu en application du droit antérieur à la loi no 2006-728 du 23 juin 2006) : « *Mais attendu qu'étant chargé, aux termes de l'article 1031, alinéa 4, du Code civil, dans sa rédaction antérieure à la loi no 2006-728 du 23 juin 2006, de veiller à l'exécution du testament, l'exécuteur testamentaire a le pouvoir, au nom et dans l'intérêt collectif des légataires, d'agir en justice pour obtenir des héritiers l'exécution des volontés du testateur; que la cour d'appel a décidé, à bon droit, qu'en sa qualité d'exécuteur testamentaire, M. Z... pouvait exercer une action tendant à faire constater la fraude entachant la renonciation de Mme Colette X... à la succession de son père dès lors que cette renonciation compromettait la bonne exécution du testament et portait ainsi atteinte aux dernières volontés du défunt* ».
5. Sur la possibilité, sous l'empire du droit antérieur, de conférer à l'exécuteur le pouvoir de vendre les meubles et d'acquitter les dettes, v. Civ. 23 janv. 1940, motifs, *DC* 1941. 1. 105.

charges, et à procéder à l'attribution ou au partage des biens subsistants entre les héritiers et les légataires » (C. civ., art. 1031-1). L'exécuteur peut alors, non plus seulement appréhender et vendre les meubles pour payer les legs mobiliers, mais aussi vendre les immeubles, percevoir les créances, apurer le passif et procéder au partage de l'actif net entre les successeurs universels ou à titre universel. Le voilà dans la position d'un **véritable liquidateur de la succession.**

Déjà, ***sous l'empire du droit antérieur à la réforme de 2006***, le testateur pouvait, en l'absence de réservataires, autoriser l'exécuteur à vendre les immeubles, même amiablement, à en percevoir le prix et à le distribuer aux ayants droit, et ce afin de permettre l'**exécution de legs de deniers** malgré l'insuffisance de liquidités, ou de **faciliter un partage** que la nature des biens rendrait délicat[1]. On disait alors que, faute d'héritiers réservataires, la saisine pouvait s'étendre aux immeubles : expression ambiguë dans la mesure où la faculté de vendre les immeubles n'est pas celle de les appréhender. La réforme paraît aller plus loin, en ce que l'exécuteur peut être autorisé à **percevoir tous les capitaux** (et pas seulement ceux provenant de la vente des immeubles) et à procéder au **partage de tous les biens entre héritiers et légataires.**

- Par ailleurs, et comme l'avait admis la jurisprudence sans distinguer selon qu'il existe ou non des réservataires, le testateur peut donner à l'exécuteur **mission de détruire certains papiers**[2]. Mais il ne peut le laisser libre de décider de l'exécution des legs[3], car il est interdit de tester par mandataire (v. s[s] n° 323.21).

La ***réforme de 2006*** assure aux **héritiers** une double **protection contre l'exécution renforcée.**

D'une part, la **vente des immeubles**, à la supposer permise, suppose leur **information préalable.** S'ils n'en ont pas été informés, la vente leur est inopposable. Leur droit d'être informé implique celui de s'opposer à une vente qui ne serait pas nécessaire à la bonne exécution du testament ou qui serait consentie à un prix insuffisant.

D'autre part, l'exercice des pouvoirs découlant de l'exécution renforcée est subordonné à un **contrôle judiciaire de la régularité apparente du testament** si celui-ci n'a pas été fait en la forme authentique : l'exécuteur doit solliciter du président du tribunal de grande instance **l'envoi en possession** auquel l'article 1008 du Code civil astreint le légataire universel saisi institué par un testament non authentique (C. civ., art. 1030-2).

1. Les actifs immobiliers une fois réalisés, il n'y aura plus que des deniers à partager. Sur cette liquidation : Req. 17 avr. 1855, *D.* 1855. 1. 201.
2. Req. 26 janv. 1886, *DP* 1886. 1. 41 – Civ. 11 juin 1890, *DP* 1891. 1. 324.
3. Civ. 1re, 6 mars 1984, *D.* 1985. 5, note Breton.

323.154 Durée de la mission et des pouvoirs de l'exécuteur testamentaire. L'article 1031 du Code civil prescrit que, dans le cas d'exécution renforcée, les habilitations de l'exécuteur ne peuvent excéder **deux années** à compter de l'ouverture du testament, sauf prorogation par le juge dans la limite d'une année. Puis l'article 1032, qui vaut pour toute exécution, renforcée ou pas, enferme la mission de l'exécuteur dans la même durée de deux ans, mais sauf prorogation par le juge ici illimitée. De la combinaison de ces deux textes, il résulte que le juge peut maintenir l'exécuteur dans ses **fonctions de surveillance** tout le temps que prend l'exécution du testament, mais que, dans le **cas d'exécution renforcée**, il ne peut le maintenir dans ses **fonctions d'exécution** proprement dite au-delà de **trois années.**

Sous l'empire du droit antérieur, seule était réglementée la durée de la saisine. Elle était limitée à un an et un jour à compter du décès (C. civ., anc. art. 1026, al. 1er), et la Cour de cassation annulait toute clause de prolongation[4]. Simplement, le délai légal une fois expiré, un administrateur judiciaire pouvait être nommé, qui pouvait être... l'exécuteur testamentaire[5].

L'exécution testamentaire peut prendre fin prématurément, soit que l'exécuteur meurt (C. civ., art. 1025, al. 3), soit qu'il se trouve relevé de sa mission par le tribunal pour motifs graves (C. civ., art. 1026).

323.155 Obligation des successeurs de respecter la mission de l'exécuteur et obligation de l'exécuteur de bien exécuter sa mission et d'en rendre compte. Les successeurs, tenus de respecter les volontés de leur auteur, ne doivent pas entraver la mission de l'exécuteur, sous peine d'engager leur **responsabilité civile**[6].

De son côté, l'exécuteur doit exécuter sa mission dès lors qu'il l'a acceptée (C. civ., art. 1025, al. 2), sauf à en être relevé par le tribunal pour motifs graves (C. civ., art. 1026), tel son état de santé. Et il doit l'exécuter convenablement, sous peine de **dommages intérêts**, de **révocation judiciaire** (C. civ., art. 1026), ou de **nomination d'un administrateur judiciaire** dont les pouvoirs viendraient limiter les siens[7].

Au terme de sa mission, il doit **rendre compte** (C. civ., art. 1033), désormais **dans les six mois** (C. civ. art. 1033, al. 1er). À ce titre, il est tenu d'exposer l'utilisation qu'il a faite des biens qu'il a

4. Civ. 20 mai 1867, *D.* 1867. 1. 200.
5. Req. 10 févr. 1903, *D.* 1904. 1. 113 – Req. 23 mai 1898, *D.* 1899. 1. 99.
6. Civ. 11 juin 1890, motifs, *DP* 1891. 1. 324.
7. Civ. 1re, 15 févr. 1965, n° 63-11.480, *Bull. civ.* I, n° 130.

détenus et de restituer ceux qu'il détiendrait encore. Si sa mission a pris fin par sa mort, cette obligation pèse sur ses héritiers (C. civ., art. 1033, al. 2). Il a été jugé que le testateur peut dispenser son exécuteur de rendre compte pourvu qu'il n'existât pas d'héritier réservataire[1].

D'une manière générale, que ce soit en cours ou à l'expiration de sa mission, la **responsabilité de l'exécuteur** se mesure à celle d'un **mandataire à titre gratuit** (C. civ., art. 1033, al. 3).

§ 3
Exécution testamentaire et saisine

323.161 Conclusion : exécution testamentaire et saisine. La saisine des héritiers est l'un des principes fondateurs du droit successoral français (C. civ., art. 724) : c'est aux héritiers *ab intestat* (auxquels on assimile le légataire universel en l'absence d'héritier réservataire), et non point à un tiers, que la loi estime devoir confier la police et la conservation de l'hérédité dans la période de l'après-décès[2]. C'est pourquoi l'exécution testamentaire, qui procède d'un esprit contraire, n'est admise que sous les limites qui ont été exposées. La même observation vaut pour le mandat à effet posthume et, dans une certaine mesure, pour le mandat de protection future pour autrui, qui sont, tous deux, également soumis à de strictes conditions.

En outre, **l'exécution testamentaire, même renforcée, n'exclut point la saisine des successeurs, mais coexiste avec elle.** D'où peut naître un conflit de compétence, positif ou négatif, selon que l'exécuteur et le successeur s'estiment tous deux compétents ou tous deux incompétents pour prendre la mesure en cause. Exemple de conflit positif, qui a été tranché en faveur du successeur : la délivrance des legs[3].

SECTION 4
INTERPRÉTATION DU TESTAMENT

323.171 Diversité et fréquence des problèmes d'interprétation. Le testament donne lieu à un contentieux de l'interprétation aussi varié qu'abondant[4].

Le contentieux porte, selon le cas :

– Sur l'**existence même du testament** : simple projet ou testament arrêté ?

– Sur la **nature des stipulations testamentaires** : legs universel, à titre universel ou à titre particulier ? legs universel ou nomination d'un exécuteur testamentaire ? legs de la chose d'autrui ou stipulation d'une charge d'acquérir ? testament ordinaire ou testament-partage ?

– Sur l'**objet du legs**, c'est-à-dire sur la nature ou l'étendue de ce qui est légué (quoi ou combien ?) : le legs en « *francs* » consenti peu après la réforme monétaire de 1958 porte-t-il sur des francs « *nouveaux* » ou sur des francs « *anciens* » [un franc nouveau valait cent francs anciens][5] ? le legs de X francs à prendre sur des valeurs mobilières est-il un legs de somme d'argent ou un legs de valeurs mobilières représentant au décès la somme stipulée[6] ? le legs universel, spécialement de la quotité disponible, a-t-il pour limite la quotité disponible du jour du testament ou celle du jour de l'ouverture de la succession, entre-temps majorée (la question ne se posant qu'au cas où, entre-temps, une loi est venue augmenter le disponible) ?

– Sur la **personne du légataire** : s'agit-il d'un legs à une personne morale à créer (nul) ou d'un legs à une personne physique à charge de créer la personne morale (valable) ? quel est le véritable bénéficiaire d'un legs consenti à une ou plusieurs personnes imparfaitement désignées ?

– Sur la **portée d'une disposition** : révocation ou maintien d'un legs antérieur ?

Comme on le voit, l'enjeu de la contestation varie : tantôt, il ne s'agit que des effets du testament, positifs (étendue d'un legs) ou négatifs (révocation d'un legs antérieur); tantôt il s'agit de son efficacité même, de son existence ou de sa validité.

C'est le **testament olographe** qui surtout alimente ce contentieux : non seulement parce qu'il est la forme testamentaire la plus usitée, mais aussi parce qu'il est souvent l'œuvre d'une volonté solitaire, privée du conseil du notaire, et de plus troublée par l'âge ou la perspective de la mort[7].

1. Douai, 23 juin 1846, *DP* 1846. 2. 155 – Lyon, 15 nov. 1910, *Mon. jud. Lyon* 9 févr. 1911.
2. M. Grimaldi, *Successions*, n°s 407 s.
3. RAPPR., sur la désignation du notaire-liquidateur, Civ. 1re, 15 févr. 1965, n° 63-11.480, *Bull. civ.* I, n° 130 : en vertu de l'ancien article 828 du Code civil (aujourd'hui, de l'article 1364, al. 2, du Code de procédure civile), les successeurs accordés peuvent imposer leur choix à l'exécuteur.
4. A. Ponsard, « Sur quelques difficultés relatives à l'interprétation des testaments : le rôle du juge dans la détermination du légataire et du bénéficiaire de la charge », *JCP* 1957. I. 1385.
5. Civ. 1re, 19 janv. 1970, *JCP* 1970. II. 16261 – Civ. 1re, 6 janv. 1971, n° 69-13.926, *Bull. civ.* I, n° 7 – Civ. 1re, 23 juin 1971, n° 70-10.177, *Bull. civ.* I, n° 213.
6. Civ. 1re, 14 févr. 1984, *Defrénois* 1985, art. 33501, 3e esp.
7. M. Grimaldi, « Les dernières volontés », *Études G. Cornu*, PUF, 1994, p. 199.

323.172 Solution des problèmes d'interprétation. On applique le droit commun, suivant lequel l'**interprétation** est une **question de fait**[1]. D'où les deux conséquences qui suivent.

En premier lieu, l'interprétation du testament relève du **pouvoir souverain des juges du fond**, sauf l'interdiction qui leur est faite de dénaturer des clauses claires et précises[2]... et sauf, peut-être aussi, la condamnation à laquelle ils exposeraient l'État français en retenant une interprétation que la Cour européenne des droits de l'homme jugerait discriminatoire[3].

En second lieu, la **liberté de la preuve** est de règle[4]. Chacune des parties peut avancer tous modes de preuve au soutien de l'interprétation qu'elle défend. Sont pareillement recevables la **preuve intrinsèque**, tirée du testament lui-même (de son support, de ses termes ou de son graphisme), et la **preuve extrinsèque,** tirée d'éléments extérieurs au testament[5] (autres écrits, tels les papiers domestiques[6]; la personnalité du testateur[7], son patrimoine[8], ses relations avec sa famille et le légataire; les usages locaux[9]...).

Quelques principes, cependant, peuvent guider le juge dans le travail d'interprétation qui lui incombe.

D'abord, ceux des articles 1157 et suivants du Code civil : par exemple, celui de l'interprétation *potius ut valeat quam ut pereat* (C. civ., art. 1157), qui conduit à préférer le sens qui valide la disposition testamentaire à celui qui la condamne.

Ensuite, peut-être, un principe suivant lequel, le testament étant un acte de **dernière** volonté, l'interprétation doit en être conduite en se plaçant au jour du décès du testateur plutôt qu'à celui où il a été rédigé : le testateur, libre jusqu'à la fin de sa vie de le révoquer ou de le modifier, est présumé l'avoir écrit à son heure dernière. Ainsi, en droit substantiel, un legs adressé au conjoint doit, le cas échéant, être compris comme consenti, non pas à celui du jour du testament, mais à celui du jour du décès. Et, en droit transitoire, le testateur doit, jusqu'à preuve contraire, être réputé avoir pris en considération la loi intervenue entre le jour où il a testé et celui où il est mort : celle qui a augmenté la quotité disponible entre époux[10], ou celle qui a majoré la vocation légale du conjoint survivant[11].

De la masse des décisions rendues, se dégage une constante et forte tendance en faveur de l'**efficacité du testament.** Souvent la Cour de cassation, quoi qu'elle dise, permet aux juges du fond une interprétation qui confine à la réécriture des dernières volontés. À cet égard, les solutions retenues en pré-

1. Civ. 1re, 9 juill. 1958, motifs, *Bull. civ.* I, n° 370.
2. Civ. 1re, 9 juill. 1958, préc. : « *Vu l'article 1134 du Code civil; si l'interprétation de la volonté du défunt, exprimée dans son testament, appartient exclusivement aux juges du fond, ceux-ci ne peuvent néanmoins refaire le testament en méconnaissant le sens des dispositions dépourvues d'ambiguïté en se référant à des éléments d'appréciation extérieurs à ce document* ».
3. CEDH 13 juill. 2004, *Pla et Puncernau c/ Andorre*, req. n° 69498/01, préc. ss n° 323.83.
4. F. Terré, Y. Lequette et S. Gaudemet, n° 466, avec les références – M. Grimaldi, *Libéralités, Partages d'ascendants*, n° 1487, avec les références.
5. Req. 23 févr. 1863, motifs, *DP* 1863. 1. 171 : « *Lorsque les termes d'un testament laissent quelque incertitude, soit sur la personne du légataire, soit sur l'objet de la disposition, les tribunaux peuvent, pour sortir de cette incertitude, recourir, non seulement aux énonciations qu'il renferme, mais encore à tous les genres de preuve extrinsèques propres à faire connaître l'intention du testateur* » – Req. 10 févr. 1885, *DP* 1886. 1. 111 – Civ. 1re, 8 déc. 1998, n° 96-19.645, *Bull. civ.* I, n° 353 : une cour d'appel, saisie d'une contestation sur la personne du légataire, « *pouvait recourir, non seulement aux énonciations du testament, mais encore à des éléments de preuve extrinsèques pour déterminer quelle était l'intention du testateur* »; *RTD civ.* 2000. 146, obs. J. Patarin; *D.* 1999. 521, note Y. Dagorne-Labbe.
6. Civ. 1re, 8 déc. 1998, n° 96-19.645, *Bull. civ.* I, n° 353; *RTD civ.* 2000. 146, obs. J. Patarin; *D.* 1999. 521, note Y. Dagorne-Labbe.
7. Req. 10 févr. 1885, préc. ss prést n°.
8. Req. 10 févr. 1885, préc. ss prést n°.
9. Pour des usages corses excluant les filles : Civ. 1re, 19 janv. 1982, n° 81-10.760, *Bull. civ.* I, n° 33; *D.* 1982. 59, note Prévault.
10. P. Roubier, note ss Civ. 14 juin 1948, *JCP* 1949. II. 4661 – G. Morin, « Commentaire de la loi du 13 juillet 1963 », *Defrénois* 1963, art. 28431, n° 43 : le disposant « *avait toute latitude pour modifier ses dispositions depuis la loi nouvelle, et, s'il les a maintenues, on doit en déduire qu'il a entendu leur attribuer les effets déterminés par cette loi* ».
11. V. par ex., sur la question de savoir si le conjoint peut cumuler ses droits légaux et ses droits testamentaires : Civ. 1re, 4 juin 2009, n° 08-15.799, *Bull. civ.* I, n° 122 (cumul admis par référence à la loi du jour du décès [loi du 3 décembre 2001], alors que la loi du jour de la confection du testament l'excluait); *D.* 2009. Chron. C. cass. 2058, obs. P. Chauvin; *D.* 2009. Pan. 2508, obs. M. Nicod; *JCP* 2010, n° 203, obs. R. Le Guidec; *AJ fam.* 2009. 306, obs. A. Tisserand-Martin; *Dr. fam.* 2009, n° 111, note B. Beignier; *RTD civ.* 2010. 141, obs. M. Grimaldi – Civ. 1re 18 mai 2011, n° 10-18.137, (même solution) NP; *Dr. fam.* 2011, n° 115, note B. Beignier : « *Mais attendu que la cour d'appel a estimé qu'aucune des dispositions testamentaires prises par le défunt ne permettait de déduire sa volonté de priver son épouse des droits en pleine propriété tels que fixés par la loi nouvelle et qu'Arnold X..., décédé plus de trois ans après la publication de cette loi, qui avait la possibilité de modifier son testament à la lumière de celle-ci, n'avait pas jugé utile de prendre de nouvelles dispositions; qu'ayant par là même, par une appréciation souveraine, analysé la volonté du testateur* [...], *la cour d'appel, qui a décidé que Mme Y... pouvait cumuler la libéralité et sa vocation successorale légale, a, par ces seuls motifs, légalement justifié sa décision* » – comp. Civ. 1re, 15 déc. 2010, n° 09-68.076, préc. ss n° 323.90.

sence de libéralités adressées à des personnes incertaines ou futures sont révélatrices : en présence d'une disposition claire, qui est *a priori* nulle, le juge du fond qui ose une interprétation salvatrice proche de la réfection est rarement censuré pour dénaturation, alors que peut l'être celui qui n'a pas entrepris ce travail salvateur[1]. En ne relevant que rarement une **dénaturation par commission** et en censurant parfois une **dénaturation par omission**, la Cour de cassation, non seulement admet une **interprétation-réfection**, mais y incite[2].

Corollaire de cette *favor testamenti* : l'arbitraire de l'interprétation créatrice. Alors surtout que celui qui a parlé n'est plus là pour s'en expliquer. De cette interprétation divinatoire, qui n'est qu'un art de faire parler les morts, Jacques Flour disait qu'elle constituait une « *boîte à surprises* »[3].

1. EXEMPLES : Civ. 1re, 13 mai 1985, n° 84-13.481, *Bull. civ.* I, n° 148 : le legs à un « comité » (association inexistante faute d'avoir été déclarée) peut, sans dénaturation, être interprété comme un legs aux cinq personnes physiques composant le comité – Civ. 1re, 14 mai 1991, n° 90-13.135, *Bull. civ.* I, n° 159 : en présence d'un legs adressé à une fondation inexistante au décès, il y a dénaturation à ne pas rechercher si la testatrice n'a pas entendu grever ses héritiers de la charge de fonder; *D.* 1992. 149, note E. Agostini; *JCP* 1991, nos 28-29. IV. 269; *JCP N* 1992, n° 6. II. 40.
2. RAPPR. Civ. 1re, 5 nov. 1996, n° 94-21.089, *Bull. civ.* I, n° 384; *D.* 1997. Somm. 366, obs. M. Nicod; *JCP* 1998. I. 133, obs. R. Le Guidec; *JCP N* 1998. 171, obs. H. Perinet-Marquet : une cour d'appel ayant qualifié un écrit de simple projet en raison de son imprécision et de son incohérence, son arrêt est cassé au motif « *qu'il incombait aux juges du fond d'interpréter l'acte* »; *RTD civ.* 1999. 169, obs. J. Patarin.
3. J. FLOUR ET H. SOULEAU, *Libéralités*, n° 212.

CHAPITRE

324. Règles de fond des testaments : inefficacité des dispositions testamentaires

MARC NICOD
PROFESSEUR À L'UNIVERSITÉ
TOULOUSE 1 – CAPITOLE

SECTION

SECTION 0
ORIENTEUR

324.00 **Plan du chapitre.**

324.01 **Textes applicables.**

C. civ., art. 1035 à 1046

L. n° 2006-728, 23 juin 2006, portant réforme des successions et des libéralités, *JO* 24 juin, p. 9513 (*entrée en vigueur le 1er janvier 2007*)

L. n° 2001-1135, 3 déc. 2001, relative aux droits du conjoint survivant et des enfants adultérins et modernisant diverses dispositions de droit successoral, *JO* 4 déc., p. 19279

> Révocation du testament
[C. civ., art. 1035 à 1037]

C. civ., art. 1035 (*L. n° 2006-728, 23 juin 2006, art. 9*)

Les testaments ne pourront être révoqués, en tout ou en partie, que par un testament postérieur, ou par un acte devant notaires portant déclaration du changement de volonté.

C. civ., art. 1036 (*L. n° 2006-728, 23 juin 2006, art. 9*)

Les testaments postérieurs qui ne révoqueront pas d'une manière expresse les précédents, n'annuleront, dans ceux-ci, que celles des dispositions y contenues qui se trouveront incompatibles avec les nouvelles, ou qui seront contraires.

C. civ., art. 1037 (*L. n° 2006-728, 23 juin 2006, art. 9*)

La révocation faite dans un testament postérieur aura tout son effet, quoique ce nouvel acte reste sans exécution par l'incapacité de l'héritier institué ou du légataire, ou par leur refus de recueillir.

> Aliénation de la chose léguée et révocation du legs

C. civ., art. 1038 (*L. n° 2006-728, 23 juin 2006, art. 9*)

Toute aliénation, celle même par vente avec faculté de rachat ou par échange, que fera le testateur de tout ou de partie de la chose léguée, emportera la révocation du legs pour tout ce qui a été aliéné, encore que l'aliénation postérieure soit nulle, et que l'objet soit rentré dans la main du testateur.

> Caducité et suspension des dispositions testamentaires
[C. civ., art. 1039 à 1041, et 1043]

C. civ., art. 1039 (*L. n° 2006-728, 23 juin 2006, art. 9*)

Toute disposition testamentaire sera caduque si celui en faveur de qui elle est faite n'a pas survécu au testateur.

C. civ., art. 1040 (*L. n° 2006-728, 23 juin 2006, art. 9*)

Toute disposition testamentaire faite sous une condition dépendante d'un événement incertain, et telle que, dans l'intention du testateur, cette disposition ne doive être exécutée qu'autant que l'événement arrivera ou n'arrivera pas, sera caduque, si l'héritier institué ou le légataire décède avant l'accomplissement de la condition.

C. civ., art. 1041 (*L. n° 2006-728, 23 juin 2006, art. 9*)

La condition qui, dans l'intention du testateur, ne fait que suspendre l'exécution de la disposition, n'empêchera pas l'héritier institué, ou le légataire, d'avoir un droit acquis et transmissible à ses héritiers.

C. civ., art. 1043 (*L. n° 2006-728, 23 juin 2006, art. 9*)

La disposition testamentaire sera caduque lorsque l'héritier institué ou le légataire la répudiera ou se trouvera incapable de la recueillir.

> Caducité du legs par perte de la chose léguée

C. civ., art. 1042 (*L. n° 2006-728, 23 juin 2006, art. 9*)

Le legs sera caduc si la chose léguée a totalement péri pendant la vie du testateur.

Il en sera de même si elle a péri depuis sa mort, sans le fait et la faute de l'héritier, quoique celui-ci ait été mis en retard de la délivrer, lorsqu'elle eût également dû périr entre les mains du légataire.

> Legs conjoint

[C. civ., art. 1044 à 1045]

C. civ., art. 1044 (*L. n° 2006-728, 23 juin 2006, art. 9*)

Il y aura lieu à accroissement au profit des légataires, dans le cas où le legs sera fait à plusieurs conjointement.

Le legs sera réputé fait conjointement, lorsqu'il le sera par une seule et même disposition, et que le testateur n'aura pas assigné la part de chacun des colégataires dans la chose léguée.

C. civ., art. 1045 (*L. n° 2006-728, 23 juin 2006, art. 9*)

Il sera encore réputé fait conjointement quand une chose qui n'est pas susceptible d'être divisée sans détérioration, aura été donnée par le même acte à plusieurs personnes, même séparément.

> Demande en révocation des dispositions testamentaires

C. civ., art. 1046 (*L. n° 2006-728, 23 juin 2006, art. 9*)

Les mêmes causes qui, suivant l'article 954 et les deux premières dispositions de l'article 955, autoriseront la demande en révocation de la donation entre vifs, seront admises pour la demande en révocation des dispositions testamentaires.

324.02 Jurisprudence de référence.

> La révocation expresse d'un testament est formaliste

• Civ. 1re, 22 juin 2004, n° 02-20.398, *Bull. civ.* I, n° 179

* V. ss n° 324.13

« Vu les articles 1035 du Code civil et 9-2 de la loi du 25 ventôse an XI modifié par la loi du 28 décembre 1966;

Attendu qu'il résulte de ces textes que les testaments ne peuvent être révoqués, en tout ou en partie, que par un testament postérieur ou par un acte devant notaires portant déclaration de changement de volonté; que les actes contenant révocation de volonté doivent, à peine de nullité, être reçus par deux notaires ou par un notaire assisté de deux témoins; que l'acte de donation n'emporte révocation expresse d'un testament antérieur en raison de la clause qu'il comporte que si cet acte répond aux exigences de forme précitées. »

> Les causes de révocation tacite sont limitées

• Civ. 1re, 4 juill. 2007, n° 05-16.023, *Bull. civ.* I, n° 260

* V. ss n° 324.10

« La révocation tacite d'un testament ne peut résulter que de la rédaction d'un nouveau testament incompatible, de l'aliénation de la chose léguée ou de la destruction ou de l'altération volontaire du testament. »

> L'aliénation du bien légué n'emporte qu'une présomption simple de révocation

• Civ. 1re, 11 mars 2003, n° 00-16.663, *Bull. civ.* I, n° 73

* V. ss n° 324.22

« Les dispositions de l'article 1038 du Code civil, selon lesquelles toute aliénation que fera le testateur de tout ou partie du bien légué, emportera la révocation du legs encore que l'aliénation postérieure soit nulle, édictent une présomption simple de révocation susceptible de céder devant la preuve contraire d'une absence de volonté de révocation de la part du testateur. »

> L'héritier *ab intestat* n'est pas tenu d'exécuter la charge grevant le legs à la place du légataire renonçant

• Civ. 1re, 1er juill. 2003, n° 01-00.373, *Bull. civ.* I, n° 156

* V. ss n° 324.62

« En cas de renonciation par un légataire au legs qui lui avait été consenti, l'héritier recueille la succession en son entier en vertu de la dévolution légale de sorte qu'il ne peut être tenu d'exécuter la charge dont était assortie la disposition testamentaire devenue caduque. »

324.03 Bibliographie indicative.

Actualisables. Rép. civ., v° *Testament,* par M. Nicod, janv. 2008 [màj mars 2012] – *J.-Cl. Civ.*, art. 1035 à 1038, fasc. unique, F. Lucet; art. 1039 à 1043, fasc. unique, G. Thomas-Debenest.

Ouvrages spéciaux. J.-F. Montredon, *La désolennisation des libéralités*, LGDJ, 1989 – M. Nicod, *Le formalisme en droit des libéralités*, Éd. La Mouette, 2000 – J.-P. Waymel, *Les formes du testament olographe et le maintien de ces formes jusqu'au décès du testateur*, préf. J. Flour, 1966, Montchrestien.

Articles. F. Bianchi, « Une donation entre époux peut-elle révoquer un testament antérieur ? », *Defrénois* 1995, art. 36098 – A. Colomer, « La révocation tacite d'un testament olographe », *Defrénois* 1985, art. 35507 – M. Grimaldi, « Les dernières volontés », *Mél. Cornu*, PUF, 1994, p. 177; « L'exécuteur testamentaire », *Defrénois* 2000, art. 37086 – F. Letellier, « Les pouvoirs de l'exécuteur testamentaire », *JCP N* 2001. 1548 – G. Teilliais, « La révocation volontaire des testaments », *LPA* 13 août 1997.

324.04 Questions essentielles.

> Le testateur qui veut révoquer son testament doit-il respecter le principe du parallélisme des formes ?

* V. ss n° 324.11

> Les héritiers du légataire peuvent-ils prétendre au bénéfice du legs en cas de prédécès de leur auteur ?

* V. ss n° 324.42

> Quelles sont les conditions de forme de la renonciation du légataire ?

* V. ss n° 324.45

324.09 Vue d'ensemble. Le testament, même lorsque sa formation est régulière – c'est-à-dire à l'abri d'une action en nullité –, est un acte fragile. Diverses causes peuvent encore affecter l'efficacité des dispositions qu'il comporte, notamment des legs.

D'abord, le testateur est toujours à même de modifier ses intentions dernières. L'une des caractéristiques essentielles du testament est d'être librement révocable (v. s[s] n° 322.13). Les libéralités qui ont pu y être consenties restent, jusqu'au décès, à la merci d'un changement de volonté (sect. 1).

Ensuite il arrive, sans intervention du testateur, que le testament ne puisse plus être exécuté au jour où il aurait normalement dû entrer en vigueur. Le prédécès du légataire, son incapacité ou la perte de la chose léguée sont autant de circonstances justifiant la caducité des legs (sect. 2).

Enfin, alors que la disparition du testateur interdit une révocation volontaire, toute personne intéressée (héritier *ab intestat*, légataire universel) peut agir en révocation judiciaire, afin de voir sanctionner une attitude répréhensible du légataire (sect. 3).

Chacune de ces trois causes d'inefficacité mérite une étude particulière, avant que ne soient envisagées leurs conséquences communes sur les biens légués (sect. 4).

SECTION 1
RÉVOCATION VOLONTAIRE

324.10 Extériorisation de la volonté révocatoire. Le législateur a réglementé avec soin les **solennités** qui donnent force à la volonté de tester (v. s[s] n°s 321.10 s.); de même, il a prévu les **modes d'extériorisation** que doit emprunter la volonté révocatoire. Les articles 1035 à 1038 du Code civil offrent au testateur, qui entend revenir sur ses dispositions testamentaires, quatre procédés de révocation. Les uns sont **exprès** : nouveau testament ou déclaration notariée révocatoire; les autres **tacites** : incompatibilité des testaments successifs ou aliénation de la chose léguée.

A priori, l'énumération légale devrait être limitative. Pourtant, il faut bien convenir qu'il existe au moins une autre cause de révocation volontaire que les codificateurs ont omis de mentionner : la destruction matérielle du testament[1]. À la différence du testament par acte public, qui rédigé en minute est à l'abri d'un anéantissement volontaire, les différentes formes testamentaires privées (testament olographe, mystique ou international) peuvent être détruites matériellement par leur auteur. Au-delà, la vraie difficulté est de savoir si la preuve d'un changement de volonté permet, à elle seule, d'effacer l'acte testamentaire. Avec sagesse, la Cour de cassation s'y refuse catégoriquement. Elle expose que « *la révocation tacite d'un testament ne peut résulter que de la rédaction d'un nouveau testament incompatible, de l'aliénation de la chose léguée ou de la destruction ou de l'altération volontaire du testament* »[2]. En d'autres termes, il n'est pas permis aux tribunaux de déduire l'abolition d'un testament d'une simple intention de révoquer (ainsi la croyance erronée de la testatrice en la destruction de son testament pendant la guerre est dépourvue de conséquences[3]). Par elle-même, la volonté révocatoire est insuffisante[4]; pour être utile, elle doit avoir été **régulièrement extériorisée.**

§ 1
Révocation expresse

324.11 Formalisme. L'article 1035 du Code civil propose au testateur deux modes de révocation expresse : un testament postérieur ou un acte de révocation devant notaires.

Ce faisant, la loi fait montre d'un formalisme raisonné. Elle ne soumet pas la révocation expresse à un strict parallélisme des formes : un testament authentique peut être anéanti par un testament olographe, ou encore par une déclaration notariée portant changement de volonté.

324.12 Testament révocatoire. Par un nouveau testament, le testateur est en mesure d'abolir ses dispositions antérieures. Il lui est d'ailleurs recommandé, en pratique notariale, d'entamer la rédaction de ses dernières volontés par une **clause de révocation expresse** de toutes celles qui, éventuellement, les ont précédées. Aussi n'y a-t-il pas lieu de s'étonner que la majorité des testaments révocatoires contiennent à leur tour des legs.

Si le nouveau testament est nul pour vice de forme, ce qui introduit un doute sur la réalité de la volonté qu'il exprime, la révocation est également nulle[5]. En revanche, si l'inefficacité des dispositions nouvelles est le fait du légataire (incapacité, répudiation des legs), l'article 1037 du Code civil prévoit que la révocation demeure. Dans le même esprit, la jurisprudence admet qu'un testament nul pour vice de fond puisse produire son effet, pourvu que l'intention révocatoire soit certaine[6].

324.13 Déclaration révocatoire. Afin de faciliter l'extériorisation des changements de volonté, les codificateurs ont autorisé le testateur à révoquer son testament par une **simple déclaration devant**

1. TOUTEFOIS, dans le sens plutôt d'une inexistence du testament détruit par le testateur, v. Paris, 29 janv. 1962, *D.* 1962. Somm. 46.

2. Civ. 1re, 4 juill. 2007, n° 05-16.023, *Bull. civ.* I, n° 260; *D.* 2007. AJ 2037; *Dr. fam.* 2007, n° 174, note B. Beignier; *RJPF* 2007-9/32, note J. Casey.
3. Civ. 1re, 25 mai 1959, *Bull. civ.* I, n° 264; *JCP* 1959. II. 11188, note R. Savatier.
4. Civ. 1re, 4 juill. 2007, n° 05-16.023, préc. s[s] prés[t] n°.
5. Req. 10 janv. 1865, *DP* 1865. 1. 185 – Civ. 1re, 9 janv. 1979, n° 77-10.405, *Bull. civ.* I, n° 16.
6. Civ. 23 juill. 1867, *DP* 1867. 1. 329 – Req. 9 mars 1903, *S.* 1904. 1. 69.

notaires. Contrairement au testament révocatoire, celle-ci – qui n'est pas un testament ! – ne peut pas comporter de nouveaux legs[1]. La déclaration révocatoire est un **acte solennel** (C. civ., art. 1035). En 1804, la différence formelle avec le testament authentique était très marquée. De nos jours, depuis que la loi du 8 décembre 1950 a simplifié le formalisme testamentaire, son particularisme s'est considérablement atténué. Les règles d'assistance sont désormais identiques : les deux formes requièrent une réception de la volonté en présence de deux notaires ou d'un notaire accompagné de deux témoins (C. civ., art. 971 – L. 25 ventôse XI, art. 9, 2°). Il en résulte qu'un acte notarié ordinaire, tel un acte de donation entre époux, ne peut emporter révocation expresse d'un testament antérieur[2]. Ce qui continue néanmoins de séparer ces deux types d'acte révocatoire, c'est que la révocation notariée échappe aux solennités spécifiques (dictée, lecture, mentions) du testament par acte public[3].

§ 2
Révocation tacite

324.21 Incompatibilité des testaments successifs. La rédaction d'un nouveau testament n'a pas pour conséquence nécessaire, sauf clause de révocation expresse, de remettre en cause le ou les testaments antérieurs. Le principe est, en effet, que ces actes successifs doivent s'appliquer **cumulativement**. Mais la loi admet une hypothèse de révocation tacite, lorsque les différents actes de dernière volonté sont incompatibles.

Selon l'article 1036 du Code civil, les dispositions nouvelles ne révoquent les anciennes que dans la mesure où il existe entre elles une **incompatibilité** ou une **contrariété**. Suivant les circonstances, la révocation tacite peut donc être totale ou partielle. Les juges du fond sont souverains pour interpréter la volonté du testateur et pour déterminer la portée de la révocation[4].

Il n'est pas toujours aisé pour les magistrats d'apprécier la compatibilité des dispositions successivement émises. Dans les faits, les combinaisons les plus diverses peuvent se présenter : un second legs de même nature que le premier n'est pas fatalement révocatoire, le disposant a pu vouloir établir un concours entre les deux bénéficiaires (legs universels successifs[5]) ; et il peut en aller de même pour un second legs de nature différente (legs universel faisant suite à un legs à titre particulier[6], ou l'inverse[7]). En vérité, tout est ici question d'interprétation de volonté.

324.22 Aliénation de la chose léguée. L'article 1038 du Code civil dispose : « *Toute aliénation, celle même par vente avec faculté de rachat ou par échange, que fera le testateur de tout ou partie de la chose léguée, emportera la révocation du legs pour tout ce qui a été aliéné, encore que l'aliénation postérieure soit nulle, et que l'objet soit rentré dans la main du testateur.* » Ce texte introduit une hypothèse de révocation qui n'intéresse que les legs à titre particulier ayant pour objets des corps certains[8].

Dans son application, la jurisprudence privilégie l'intention du testateur sur la lettre de la loi. Elle estime que l'article 1038 édicte une simple présomption de volonté révocatoire, que le légataire peut renverser en rapportant la preuve contraire[9].

En outre, elle n'accorde à la présomption qu'un domaine limité. Pour qu'elle accepte de la retenir, il faut tout à la fois une aliénation consommée (un projet ne suffit pas[10]) et une aliénation volontaire (ce qui exclut la vente forcée, notamment la saisie ou l'expropriation).

324.23 Destruction de l'écrit testamentaire. Malgré le silence du Code civil, on admet que la destruction matérielle de l'instrument testamentaire, quand elle est l'œuvre du testateur, révoque les dispositions qu'il contenait. En pratique, cette cause de révocation tacite ne se conçoit que pour les testaments privés, surtout pour le testament olographe.

Au vu de la jurisprudence, deux situations doivent être clairement distinguées :

1. COMP. Req. 29 janv. 1908, *DP* 1911. 1. 61 ; *S.* 1911. 1. 502.
2. Civ. 1re, 22 juin 2004, n° 02-20.398, *Bull. civ.* I, n° 179 ; *Defrénois* 2004, art. 38033, note B. Beignier ; *AJ fam.* 2004. 365, obs. F. Bicheron ; *Dr. fam.* 2004, n° 155, note Beignier ; *RTD civ.* 2006. 361, obs. B. Vareille.
3. Req. 1er juin 1870, *DP* 1871. 1. 110 ; *S.* 1870. 1. 433.
4. Civ. 3 avr. 1889, *DP* 1889. 1. 461 – Req. 2 août 1930, *DH* 1930. 474 – Civ. 1re, 24 avr. 1968, *Bull. civ.* I, n° 117 ; *JCP* 1968. II. 15564, note M. D. – Civ. 1re, 14 mai 1996, n° 94-14.667, *Bull. civ.* I, n° 212 ; *JCP* 1996. IV. 1496 ; *RTD civ.* 1997. 722, obs. J. Patarin – V. CEP. Civ. 1re, 6 mars 1984, *D.* 1985. 17, note crit. A. Breton.
5. Civ. 7 juill. 1886, *DP* 1887. 1. 75.
6. Req. 4 juin 1867, *DP* 1867. 1. 331 ; *S.* 1867. 1. 235.
7. Req. 15 janv. 1923, *DP* 1923. 1. 182.
8. Req. 15 mai 1860, *DP* 1860. 1. 277 – Civ. 1re, 18 nov. 1986, n° 84-14.793, *Bull. civ.* I, n° 273 ; *JCP* 1987. IV. 38.
9. Civ. 1re, 6 févr. 1968, *Bull. civ.* I, n° 52 ; *D.* 1968. Somm. 69 – Civ. 3e, 4 juill. 1979, n° 78-12.455, *Bull. civ.* III, n° 150 – Civ. 1re, 11 mars 2003, n° 00-16.663, *Bull. civ.* I, n° 73 ; *JCP* 2003. I. 180, n° 9, obs. R. Le Guidec.
10. Req. 31 mai 1907, *DP* 1909. 1. 377, note L. Guenee – COMP. en cas de promesse de vente, Civ. 1re, 24 avr. 1985, *D.* 1986. 153, note Breton – Civ. 1re, 8 avr. 1986, n° 84-16.167, *Bull. civ.* I, n° 80.

1° Ou bien la destruction volontaire du testament a été achevée avant le décès (notamment par incinération), c'est-à-dire que l'instrument a totalement disparu, qu'il n'en reste rien. Dans ce cas, le défunt a, sans conteste, révoqué ses dernières volontés et est mort *intestat*.

2° Ou bien la destruction est encore inachevée au décès. On retrouve, par exemple, le testament lacéré dans les papiers du *de cujus*. La situation est alors moins nette. Après quelques hésitations, la Cour de cassation affirme aujourd'hui que « *la lacération d'un testament n'emporte pas présomption légale de révocation de cet acte* »[1]. Par elle-même, la lacération ne suffit pas à caractériser l'intention révocatoire[2]. « *Il appartient aux juges du fond de rechercher* [...] *d'après les circonstances de la cause et celles de la lacération elle-même, si la volonté du testateur a été d'anéantir des dispositions testamentaires antérieures* »[3].

§ 3 Rétractation

324.31 Révocation de la révocation. Le testament étant durant la vie du testateur toujours révocable, la révocation est, elle-même, sujette à rétractation. Celle-ci, qui redonne force aux dispositions temporairement révoquées, peut intervenir soit de manière expresse (les exigences de forme de l'article 1035 du Code civil doivent être scrupuleusement respectées[4]), soit par voie indirecte (par ex., destruction d'un testament révocatoire).

SECTION 2 Caducité

324.41 Présentation. Il existe des événements qui rendent impossible l'exécution de dispositions testamentaires régulièrement formées et qui ne sont provoqués ni par l'intervention du testateur (ce qui les distingue de la révocation volontaire) ni par la faute du légataire (ce qui les distingue de la révocation judiciaire); on parle alors de caducité.

Aux articles 1039 à 1043 du Code civil, le législateur a énuméré plusieurs circonstances qui entraînent la caducité des dispositions de dernière volonté. Aux hypothèses légales, la jurisprudence ajoutait naguère, par faveur pour la volonté présumée du testateur, la disparition de la cause du legs. Mais, à présent, la Cour de cassation condamne cet interventionnisme judiciaire et réaffirme le caractère limitatif des cas légaux de caducité.

324.42 Prédécès du légataire. Le choix du légataire est usuellement opéré en considération de sa personne. Par suite, qu'il vienne à décéder avant le testateur et le legs est caduc, faute de bénéficiaire (C. civ., art. 1039). Ainsi que l'a justement énoncé la Cour de cassation, « *la représentation n'existe pas à l'égard des dispositions testamentaires* »[5]; celles-ci ne sauraient donc profiter aux héritiers du légataire.

La règle vaut pour les personnes physiques comme pour les personnes morales – qui peuvent être dissoutes avant la mort de leur bienfaiteur[6].

Le testateur a, certes, la possibilité de prévenir le risque de caducité en prévoyant, expressément ou tacitement, que les successeurs du légataire seront appelés en cas de prédécès[7]. En outre, il est également permis à ses héritiers ou légataires de s'entendre pour appeler au partage, afin de respecter sa volonté supposée, les enfants d'un légataire prédécédé[8].

324.43 Perte de la chose léguée. Lorsque le bien légué a totalement péri entre la rédaction du testament et le décès du testateur, le legs est caduc, faute d'objet (C. civ., art. 1042). Selon la Cour régulatrice, la vente par le tuteur de l'immeuble légué, du vivant du testateur devenu incapable, emporte, de même, caducité du legs[9].

Cette cause de caducité ne menace que les legs à titre particulier de corps certain; en effet, les universalités et les choses de genre ne se perdent pas.

Le testateur peut, cette fois encore, écarter la caducité légale. Il lui suffit d'organiser un mécanisme de subrogation réelle. La jurisprudence fait d'ailleurs preuve, dans la recherche de l'intention du gratifiant, d'un grand libéralisme. Elle a ainsi jugé, pour un legs portant sur des parts de société civile immobilière, que la libéralité devait s'exécuter

1. Civ. 1re, 28 avr. 1969, *Bull. civ.* I, n° 152; *D.* 1969. 541, note Lindon; *JCP* 1969. II. 16034, note M. Dagot; *Defrénois* 1970, art. 29732, note Savatier.
2. V. DÉJÀ, Req. 23 janv. 1888, *DP* 1889. 1. 149; *S.* 1888. 1. 78.
3. Civ. 1re, 28 avr. 1969, préc. ss prést n°.
4. Req. 26 mars 1879, *DP* 1879. 1. 285; *S.* 1879. 1. 253.
5. Civ. 2 juill. 1924, *DP* 1926. 1. 102.
6. Bordeaux, 31 mars 1952, *D.* 1953. 41, note Lalou.
7. Req. 8 nov. 1921, *DP* 1922. 1. 183; *S.* 1922. 1. 345.
8. Civ. 1re, 24 oct. 2000, n° 98-14.975, *Bull. civ.* I, n° 271; *RTD civ.* 2001. 410, obs. J. Patarin; *RTD civ.* 2001. 406, obs. J. Patarin.
9. Civ. 1re, 30 juin 2004, n° 02-13.107, *Bull. civ.* I, n° 198; *D.* 2006. Pan. 1570, obs. J.-J. Lemouland et J.-M. Plazy; *Dr. fam.* 2004, n° 212, note T. Fossier; *RTD civ.* 2004. 716, obs. J. Hauser – Civ. 1re, 7 juin 2006, n° 04-10.612, *Bull. civ.* I, n° 299; *D.* 2008. Pan. 313, obs. J.-J. Lemouland; *Defrénois* 2006, 1785, obs. J. Massip; *RTD civ.* 2006. 805, obs. M. Grimaldi.

sur les appartements qui avaient été attribués au testateur, de son vivant, à la suite de la dissolution de la société[1].

324.44 Incapacité du légataire. La caducité du legs est encourue quand le légataire se trouve, après la rédaction du testament, juridiquement incapable de recueillir la libéralité (C. civ., art. 1043).

324.45 Répudiation du legs. « *Nul n'est légataire qui ne veut* ». L'acte unilatéral du testateur ne peut contraindre le gratifié à recevoir contre sa volonté. Aussi le Code civil indique-t-il que la disposition testamentaire est caduque, si le légataire la répudie (C. civ., art. 1043).

Les tribunaux ont longtemps considéré que la renonciation du légataire, n'étant légalement assujettie à aucune formalité, échappait, même en cas de legs universel ou à titre universel, à la nécessité de la déclaration au greffe de l'ancien article 784 du Code civil[2]. Aujourd'hui, les termes très généraux de l'article 724-1 du Code civil (texte issu de la loi du 3 déc. 2001) - qui étend les dispositions relatives à l'option héréditaire aux légataires universel et à titre universel, « *quand il n'y est pas dérogé par une règle particulière* » - amènent à rompre avec cette solution traditionnelle. Le légataire, qui souhaite rendre opposable aux tiers la répudiation du legs qui lui avait été consenti, paraît donc tenu de se soumettre aux exigences du nouvel article 804 alinéa 2 du Code civil (texte issu de la loi du 23 juin 2006).

324.46 Disparition de la cause du legs. Le motif déterminant qui a conduit le disposant à tester peut disparaître après la confection du testament. Doit-on alors considérer que la libéralité est caduque, faute de cause subjective ?

Par le passé, certains tribunaux ont cru devoir donner à cette question une réponse positive. Ils avaient notamment admis la caducité quand le testateur avait institué un légataire universel parce qu'il n'avait pas d'enfants au jour où il testait[3] (les juges utilisaient parfois, dans le même but, d'autres voies : ils leur arrivaient d'indiquer que le legs était affecté d'une condition résolutoire tacite[4], ou qu'il avait été tacitement révoqué). Cette jurisprudence audacieuse pouvait se recommander de la logique de l'article 476 alinéa 4 du Code civil (reprise de l'ancien article 504 alinéa 2 du Code civil), qui prévoit l'inefficacité du testament fait antérieurement à l'ouverture de la tutelle lorsque « *la cause qui avait déterminé le testateur à disposer a disparu* » (v. s[s] n° 322.45). De nos jours, la Cour de cassation entend mettre un terme à cette extension prétorienne des cas légaux de caducité du testament. Elle expose désormais « *qu'il appartient exclusivement au testateur, capable, de tirer les conséquences de la disparition prétendue de la cause qui l'a déterminé à disposer* »[5]. Autrement dit, c'est au testateur, et à lui seul, de réagir en cas de disparition du motif qui l'a déterminé à tester, soit par un nouveau testament, soit par un acte révocatoire.

Il en résulte, vraisemblablement, que la disparition de la cause ne peut plus être utilement invoquée que dans le cas particulier prévu par l'article 476 alinéa 4 : testament antérieur d'une personne placée sous tutelle, et qui n'est pas en mesure de le révoquer.

SECTION 3
RÉVOCATION JUDICIAIRE

324.51 Présentation. Après le décès du testateur, les héritiers *ab intestat* peuvent demander en justice, en présence de certaines fautes du légataire, la révocation des legs qui lui ont été consentis. Les manquements sanctionnés sont au nombre de deux : l'inexécution des charges et l'ingratitude (C. civ., art. 1046).

324.52 Inexécution des charges. L'article 1046 du Code civil renvoie aux règles applicables à la révocation des donations pour inexécution des charges (C. civ., art. 954).

La remise en cause du legs suppose en conséquence la réunion de deux conditions, souverainement appréciées par le juge : d'une part, la **charge** doit avoir été la **cause impulsive et déterminante de la libéralité**[6]; d'autre part, **l'inexécution** doit être **grave**. Sur ce dernier terrain, la jurisprudence se montre libérale, préférant l'esprit de la disposition testamentaire sur sa lettre. Elle considère, par exemple, que la volonté du testateur n'est nullement méconnue quand ce sont des circonstances

1. Civ. 1re, 19 janv. 1960, *Bull. civ.* I, n° 38.
2. Req. 10 nov. 1874, *DP* 1875. 1. 40 – Civ. 1re, 20 juill. 1982, n° 81-13.870, *Bull. civ.* I, n° 269; *RTD civ.* 1983. 370, obs. J. Patarin.
3. Douai, 30 janv. 1843, *S.* 1843. 2. 69 – Rennes, 11 avr. 1905, *DP* 1906. 2. 257, note Planiol.
4. Civ. 31 juill. 1861, *DP* 1861. 1. 390; *S.* 1862. 1. 80.
5. Civ. 1re, 15 déc. 2010, n° 09-70.834, *Bull. civ.* I, n° 270; *D.* 2011. 795, note E. Naudin; *RTD civ.* 2011. 165, obs. M. Grimaldi; *JCP N* 2011. 1087, note Rivière – Civ. 1re, 15 fév. 2012, n° 10-23.026, *Bull. civ.* I, n° 34; *JCP N* 2012. 1256, note E. Naudin; *Defrénois* 2012. 459, obs. H. Lécuyer; *AJ fam.* 2012. 236, obs. A. Bonnet.
6. Civ. 1re, 27 janv. 1981, n° 79-16.156, *Bull. civ.* I, n° 32; *D.* 1982. IR 20, 2e esp., obs. D.-R. Martin; *RTD civ.* 1981. 891, obs. J. Patarin.

nouvelles qui imposent une adaptation des charges de la libéralité[1].

324.53 Ingratitude. La révocation judiciaire des legs pour ingratitude (C. civ., art. 1046) est calquée sur celle des donations (C. civ., art. 955), sous réserve des trois précisions suivantes :

1° Le refus d'aliments au bienfaiteur n'est ici naturellement pas pris en compte.

2° À l'attentat à la vie et aux sévices, délits ou injures graves de l'article 955, le Code civil ajoute une hypothèse originale d'ingratitude : l'injure grave à la mémoire du testateur (C. civ., art. 1047).

3° Conformément à l'article 957 du Code civil, l'action en révocation judiciaire d'une disposition testamentaire doit, en principe, être formée « *dans l'année du jour du délit imputé au bénéficiaire de la libéralité ou du jour que le délit aura pu être connu par le gratifiant* »[2]. Cependant, « *lorsque le disposant s'est trouvé dans l'incapacité d'agir avant le décès* », le délai court du jour « *où ils* (les héritiers) *ont eu connaissance du délit imputé au légataire et du testament fait en faveur de celui-ci* »[3].

SECTION 4
CONSÉQUENCES DE L'INEFFICACITÉ

324.61 Sort des biens légués. Lorsque pour une raison ou une autre un legs est frappé d'inefficacité, le sort des biens concernés s'en trouve changé.

En principe, l'inexécution profite aux débiteurs potentiels des legs inefficaces : héritiers *ab intestat*, légataires universels, à titre universel, voire à titre particulier[4]. Ils recueillent les biens dont la transmission a été paralysée. Mais le principe n'est pas sans exception.

D'une part, il se peut que le testateur ait, de lui-même, envisagé la dévolution de ses biens en cas de défaillance de la libéralité initiale. Il advient qu'il mentionne un légataire suppléant, par crainte du prédécès ou de la renonciation du légataire désigné. C'est là ce que l'on nomme une **substitution vulgaire**, disposition qui a toujours été parfaitement licite (C. civ., art. 898).

D'autre part, la loi a établi un mécanisme complexe d'**accroissement** dans l'hypothèse des legs conjoints. La conjonction peut résulter soit d'une disposition unique, sans attribution de parts (« *Je lègue tel immeuble à Pierre et à Paul* » – C. civ., art. 1044), soit de dispositions distinctes, toujours sans assignation de parts (« *Je lègue tel immeuble à Pierre. Je lègue le même immeuble à Paul* » – C. civ., art. 1045). L'inefficacité d'un des legs a pour conséquence d'accroître la part du ou des colégataires[5]. Il semble que cet accroissement ait un caractère forcé, c'est-à-dire que le bénéficiaire ne peut y renoncer. Par suite, il est tenu d'exécuter les charges grevant le legs caduc ou révoqué[6]. Confrontés à d'importantes difficultés de mise en œuvre, les tribunaux ont tendance à refouler ces règles héritées du droit romain et à se référer, par préférence, à l'intention réelle du testateur[7]. En pratique, ils considèrent que les articles 1044 et 1045 du Code civil édictent des présomptions simples, qui cèdent devant la preuve d'une volonté contraire[8].

324.62 Conséquences sur la charge. Lorsqu'un legs avec charge est caduc ou révoqué, la Cour régulatrice estime aujourd'hui, à juste titre, que le respect de cette charge ne peut être imposé à l'héritier du testateur qui reçoit finalement les biens (comp. ayant admis, en matière de fondation, la transmission de la charge à l'héritier *ab intestat* en présence d'un legs annulé pour vice de fond[9]). Elle explique que « *l'héritier recueille la succession en son entier en vertu de la dévolution légale, de sorte qu'il ne peut être tenu d'exécuter la charge dont était assortie la disposition testamentaire devenue caduque* »[10].

1. V. PAR EX., Civ. 1re, 14 mai 1974, n° 73-10.870, *Bull. civ.* I, n° 140 – Civ. 1re, 24 janv. 1979, n° 76-13.049, *Bull. civ.* I, n° 36.
2. Civ. 1re, 22 mai 1970, n° 69-10.623, *Bull. civ.* I, n° 168.
3. Civ. 1re, 14 févr. 1990, n° 88-12.486, *Bull. civ.* I, n° 45; *D.* 1991. 107, note G. Morin; *Defrénois* 1990. 1156, note G. Morin.
4. Req. 9 août 1859, *DP* 1859. 1. 449.
5. Civ. 1re, 26 janv. 2011, n° 10-11.915, NP; *JCP N* 2011. 1195, note F. Sauvage.
6. Douai, 29 nov. 1893, *DP* 1894. 2. 599.
7. V. PAR EX., Req. 18 juin 1878, *DP* 1879. 1. 33; *S.* 1879. 1. 193, note Labbé.
8. Civ. 1re, 26 janv. 2011, n° 10-11.915, préc. ss prést n°.
9. Civ. 1re, 14 mai 1991, n° 90-13.135, *Fondation Dupré*, *Bull. civ.* I, n° 159, *D.* 1992. 149, note E. Agostini.
10. Civ. 1re, 1er juill. 2003, n° 01-00.373, *Bull. civ.* I, n° 156; *D.* 2003. 2031, note B. Beignier; *JCP* 2004. II. 10161, note J.-C. Mahinga; *RJPF* 2003-10/24, note J. Casey – Civ. 1re, 19 sept. 2007, n° 06-18.082, NP; *RTD civ.* 2008. 343, obs. M. Grimaldi.

TITRE

33. Les libéralités familiales : les libéralités successives

SECTION 0

ORIENTEUR

33.00 Plan du titre.

33.08 Vue d'ensemble. Les substitutions, qu'il est habituel d'étudier dans tous leurs détails techniques au titre des libéralités familiales alors qu'un seul de leurs aspects concerne directement la famille, sont soit vulgaires, lorsqu'un tiers recueille le bien à défaut d'une autre personne, soit fidéicommissaires, lorsqu'un tiers recueille le bien au décès d'une autre personne initialement gratifiée. Ce sont les substitutions fidéicommissaires qui soulèvent le plus de difficultés : jadis prohibées à de rares exceptions, la loi du 23 juin 2006 les reconnaît plus largement en introduisant un régime des libéralités graduelles plus libéral (chap. 331). Quant à la charge résiduelle, ignorée précédemment par le Code civil et dont le régime antérieur s'était formé autour d'un droit *sui generis* issu de la pratique et encadré par une œuvre prétorienne séculaire, elle est également désormais consacrée par la réforme et a fait son entrée dans le Code civil (chap. 332).

33.09 Évolution. Utilité de la réforme. Le régime antérieur au 1er janvier 2007 basé sur la prohibition généralisée des substitutions ne s'avérait guère satisfaisant : à la fois trop contraignant et fort complexe, il ne se révélait par surcroît finalement que peu efficace. Les substitutions se devaient d'être rajeunies pour être adaptées aux réalités économiques et sociales de notre temps, ce qui est désormais chose faite par l'introduction dans le Code civil d'un nouveau chapitre intitulé « Des libéralités graduelles et résiduelles ».

CHAPITRE

331. Libéralités graduelles

JEAN-FRANÇOIS SAGAUT
NOTAIRE
DOCTEUR EN DROIT

SECTION

SECTION 0 ORIENTEUR

331.00 Plan du chapitre.

331.01 Textes applicables.

C. civ., art. 1048 à 1056

L. n° 2006-728, 23 juin 2006, portant réforme des successions et des libéralités, *JO* 24 juin, p. 9513 (*entrée en vigueur le 1er janv. 2007*)

CGI, art. 752 et art. 784 C

> Libéralités graduelles

[C. civ., art. 1048 à 1056] (*L. n° 2006-728, 23 juin 2006, art. 9 et 20*)

C. civ., art. 1048

Une libéralité peut être grevée d'une charge comportant l'obligation pour le donataire ou le légataire de conserver les biens ou droits qui en sont l'objet et de les transmettre, à son décès, à un second gratifié, désigné dans l'acte.

C. civ., art. 1049

La libéralité ainsi consentie ne peut produire son effet que sur des biens ou des droits identifiables à la date de la transmission et subsistant en nature au décès du grevé.

Lorsqu'elle porte sur des valeurs mobilières, la libéralité produit également son effet, en cas d'aliénation, sur les valeurs mobilières qui y ont été subrogées.

Lorsqu'elle concerne un immeuble, la charge grevant la libéralité est soumise à publicité.

C. civ., art. 1050

Les droits du second gratifié s'ouvrent à la mort du grevé.

Toutefois, le grevé peut abandonner, au profit du second gratifié, la jouissance du bien ou du droit objet de la libéralité.

Cet abandon anticipé ne peut préjudicier aux créanciers du grevé antérieurs à l'abandon, ni aux tiers ayant acquis, de ce dernier, un droit sur le bien ou le droit abandonné.

C. civ., art. 1051

Le second gratifié est réputé tenir ses droits de l'auteur de la libéralité. Il en va de même de ses héritiers lorsque ceux-ci recueillent la libéralité dans les conditions prévues à l'article 1056.

C. civ., art. 1052

Il appartient au disposant de prescrire des garanties et des sûretés pour la bonne exécution de la charge.

C. civ., art. 1053

Le second gratifié ne peut être soumis à l'obligation de conserver et de transmettre.

Si la charge a été stipulée au-delà du premier degré, elle demeure valable mais pour le premier degré seulement.

C. civ., art. 1054

Si le grevé est héritier réservataire du disposant, la charge ne peut être imposée que sur la quotité disponible.

Le donataire peut toutefois accepter, dans l'acte de donation ou postérieurement dans un acte établi dans les conditions prévues à l'article 930, que la charge grève tout ou partie de sa réserve.

Le légataire peut, dans un délai d'un an à compter du jour où il a eu connaissance du testament, demander que sa part de réserve soit, en tout ou partie, libérée de la charge. À défaut, il doit en assumer l'exécution.

La charge portant sur la part de réserve du grevé, avec son consentement, bénéficie de plein droit, dans cette mesure, à l'ensemble de ses enfants nés et à naître.

C. civ., art. 1055

L'auteur d'une donation graduelle peut la révoquer à l'égard du second gratifié tant que celui-ci n'a pas notifié, dans les formes requises en matière de donation, son acceptation au donateur.

Par dérogation à l'article 932, la donation graduelle peut être acceptée par le second gratifié après le décès du donateur.

C. civ., art. 1056

Lorsque le second gratifié prédécède au grevé ou renonce au bénéfice de la libéralité graduelle, les biens ou droits qui en faisaient l'objet dépendent de la succession du grevé, à moins que l'acte prévoit expressément que ses héritiers pourront la recueillir ou désigne un autre second gratifié.

> Fiscalité des libéralités graduelles

[CGI, art. 752 et art. 784 C]

CGI, art. 752

Sont présumées, jusqu'à preuve contraire, faire partie de la succession, pour la liquidation et le paiement des droits de mutation par décès, les actions, obligations, parts de fondateur ou bénéficiaires, biens ou droits placés dans un *trust* défini à l'article 792-0 *bis*, parts sociales et toutes autres créances dont le défunt a eu la propriété ou a perçu les revenus ou à raison desquelles il a effectué une opération quelconque moins d'un an avant son décès.

La preuve contraire ne peut résulter de la cession à titre onéreux consentie à l'un des héritiers présomptifs ou descendants d'eux, même exclu par testament, ou à des donataires ou légataires institués, même par testament postérieur, ou à des personnes interposées, telles qu'elles sont désignées par le deuxième alinéa de l'article 911 du Code civil, à moins que cette cession ait acquis date certaine avant l'ouverture de la succession.

La présomption du premier alinéa n'est pas appliquée aux biens ayant fait l'objet d'une libéralité graduelle ou résiduelle, telle que visée aux articles 1048 à 1061 du Code civil.

Les mesures destinées à l'application du présent article sont fixées par décret en Conseil d'État.

CGI, art. 784 C

Dans le cas de libéralités graduelles ou résiduelles telles que visées aux articles 1048 à 1061 du Code civil, lors de la transmission, le légataire ou le donataire institué en premier est redevable des droits de mutation à titre gratuit sur l'actif transmis dans les conditions de droit commun. Le légataire ou donataire institué en second n'est redevable d'aucun droit.

Au décès du premier légataire ou donataire, l'actif transmis est taxé d'après le degré de parenté existant entre le testateur ou le donateur et le second légataire ou donataire. Le régime fiscal applicable et la valeur imposable des biens transmis au second légataire ou donataire sont déterminés en se plaçant à la date du décès du premier gratifié.

Les droits acquittés par le premier légataire ou donataire sont imputés sur les droits dus sur les mêmes biens par le second légataire ou donataire.

331.02 Jurisprudence de référence.

La jurisprudence citée ici concerne le régime antérieur au 1er janvier 2007.

> La nullité édictée par l'article 896 alinéa 2 du Code civil frappe également la première libéralité, à l'exception de ses dispositions qui n'étaient pas rattachées à l'opération de substitution par un lien d'indivisibilité.

• **Civ. 1re, 6 juin 1961,** *Bull. civ.* I, n° 293

* V. ss n° 331.51

« Sur la troisième branche du moyen : vu l'article 896 du Code civil;

Attendu que la nullité édictée par ce texte n'atteint que les biens frappés de substitution;

Que si le testament comporte d'autres legs distincts et réguliers, ceux-ci sont valables hors le cas ou la clause de substitution réagit sur l'ensemble de l'acte qui forme alors un tout indivisible;

Attendu qu'indépendamment du domaine de Raincheval, F... a encore légué à ses filles Monique et Nicole, à concurrence de leur réserve et de sa quotité disponible, la maison d'Amiens où il habitait avec elles;

Qu'en déclarant le testament du 15 janvier 1956 nul pour le tout sans rechercher s'il existait une indivisibilité entre la clause de substitution et les autres clauses de l'acte, l'arrêt attaqué n'a pas légalement justifié sa décision;

Par ces motifs : casse et annule, mais dans la limite de la troisième branche du moyen; [...]. »

331.03 Bibliographie indicative.

Actualisables. Rép. civ., v° *Substitution*, par J. Hérail, avr. 2008 – J.-Cl. Civ., « Donations et testaments », art. 896 à 899, G. Goubeaux.

Ouvrages[1]. J. FLOUR et H. SOULEAU, *Droit civil. Les libéralités*, coll. « U », A. Colin, 1982, n°s 483 à 503 – M. GRIMALDI, *Droit civil. Les successions*, 6e éd., LexisNexis/Litec, 2001, n°s 363 à 400 – Ph. MALAURIE, *Les successions. Les libéralités*, 5e éd., Defrénois/Lextenso, 2012, n°s 776 à 805 – F. TERRÉ, Y. LEQUETTE et S. GAUDEMET, *Droit civil. Les successions. Les libéralités*, « Précis », 4e éd., Dalloz, 2014, n°s 611 à 622 – C. Witz, *La fiducie en droit privé français*, Economica, 1980 – *Mémento pratique Patrimoine* 2013/2014, Éd. F. Lefebvre, [libéralités graduelles], n°s 24550 à 24608.

Articles. M. Clermon, R. Marsella et M. Gauthier, « Donation résiduelle, donation graduelle », *Actes pratiques et stratégie patrimoniale 2009*, n° 4, dossier n° 21, p. 22 – F. Collard et B. Taverly « L'obligation de conservation en valeur au secours de la libéralité graduelle », *JCP N* 2012. 1177 – M. Grimaldi, « Les libéralités graduelles et les libéralités résiduelles », *JCP N* 2006. 1387 – Ph. Malaurie « Les libéralités graduelles et résiduelles », *Defrénois* 2006, art. 38493 – M.-H. Morand de Jouffrey, « Prohibition des pactes sur successions futures et des substitutions fidéicommissaires », *JCP N* 1999. 632 – M. Nicod « Libéralités graduelles et résiduelles : quelques difficultés d'application », *JCP N* 2008. 1249 – N. Peterka, « Les libéralités graduelles et résiduelles, entre rupture et continuité », *D.* 2006. 2580 – J.-F. Pillebout, « Libéralité graduelle », *RFN 2008*, n° 10, formule n° 8, p. 39 – J.-F. Sagaut, « Les donations graduelles et résiduelles », *JCP N* 2006. 1388.

331.04 Questions essentielles.

> Qu'est-ce qu'une libéralité graduelle ?

* V. s^s n° 331.71

> À quel moment le ou les gratifiés doivent-ils accepter la libéralité ?

* V. s^s n° 331.93

> Les biens doivent se retrouver en nature au décès du grevé.

* V. s^s n° 331.103

> La charge peut-elle grever la réserve du grevé ?

* V. s^s n° 331.106

> Peut-on prévoir une charge graduelle sur plusieurs générations ?

* V. s^s n° 331.117

> Le grevé peut-il librement disposer des biens qu'il a reçus ?

* V. s^s n° 331.124

> De quels droits dispose l'appelé avant qu'il ne prenne possession des biens ?

* V. s^s n°s 331.125 s. et 331.131 s.

> Jusqu'à quel moment le disposant peut-il révoquer la désignation de l'appelé ?

* V. s^s n° 331.161

> Quel est le traitement fiscal de la charge graduelle ?

* V. s^s n° 331.171

331.05 Sanctions.

> *Avant la réforme issue de la loi n° 2006-728 du 23 juin 2006*[2], l'article 896 du Code civil disposait qu'une substitution prohibée « *sera nulle, même à l'égard du donataire, de l'héritier institué, ou du légataire* ». Cela signifie, sans la moindre ambiguïté, que la nullité frappait non seulement la seconde libéralité mais également la première qui devait être exécutée immédiatement.

* V. s^s n° 331.50

> *Aujourd'hui* admises, les libéralités graduelles ne sauraient être valablement stipulées en présence d'héritiers réservataires qu'en respectant certaines conditions.

* V. s^s n°s 331.106 et 331.115

> Comme jadis pour les substitutions autorisées (C. civ., art. 1048 anc. *in fine*), la libéralité graduelle ne peut organiser plus de deux transmissions. En conséquence, l'appelé ne peut être tenu, à son tour, de conserver et de transmettre à un troisième gratifié. La libéralité qui l'y obligerait serait maintenue, mais dégrevée de cette charge illicite (C. civ., art. 1052).

* V. s^s n° 331.117

331.09 Divisions. Après avoir rappelé le régime antérieur au 1er janvier 2007, fondé sur la prohibition des substitutions (sect. 1), sera présenté le nouveau régime des libéralités graduelles (sect. 2).

SECTION 1
RAPPEL SUR LE RÉGIME ANTÉRIEUR AU 1ER JANVIER 2007 : LE PRINCIPE DE PROHIBITION DES SUBSTITUTIONS

331.10 Présentation du principe. Le principe de prohibition des substitutions était énoncé par l'ancien article 896 du Code civil dont l'alinéa 2 précise : « *Toute disposition par laquelle le donataire, l'héritier institué, ou le légataire, sera chargé de conserver et de rendre à un tiers, sera nulle, même à l'égard du donataire, de l'héritier institué, ou du légataire.* » Pour bien comprendre cette règle ancienne, ses fondements (§ 1) et son domaine (§ 2) doivent êtres précisés, avant de revenir sur le régime de la sanction (§ 3).

§ 1
Fondements du principe de la prohibition

331.11 Fondements politiques. La substitution qui permettait de régler le sort d'un bien pour plusieurs générations et d'avantager l'aîné de chacune d'elles, était parfaitement adaptée aux structures

1. NB : les ouvrages les plus fréquemment cités et dont le nom des auteurs figure en petites capitales en bibliographie sont cités par les seuls noms des auteurs en petites capitales en notes de bas de page.

2. L. n° 2006-728, 23 juin 2006, portant réforme des successions et des libéralités, *JO* 24 juin, p. 9513.

politiques de l'Ancien Régime. Même si l'ordonnance de Moulins de 1560 et le chancelier D'Aguesseau l'avaient limitée à **deux degrés,** elle avait donc été maintenue jusqu'en 1789. Le droit intermédiaire n'eut guère d'autre choix que de l'interdire tant elle était lourde de menaces pour le principe d'égalité et la nouvelle organisation de la société civile. Ces considérations d'ordre politique n'ont pas été étrangères au maintien du principe de prohibition par le Code civil, même si elles n'ont pas été expressément invoquées. L'organisation, par Napoléon Ier puis par la Restauration, de ces sortes de substitutions perpétuelles que furent les majorats devait d'ailleurs attester de la vitalité de ce fondement. Aujourd'hui cependant, les facteurs politiques précités ne pouvaient plus justifier le maintien du principe de prohibition.

331.12 Fondements juridiques. Pour les rédacteurs du Code civil, la principale raison d'interdire les substitutions tenait à l'**incapacité des personnes futures de recevoir à titre gratuit** formulée par l'ancien article 906. Cette explication n'était pas entièrement convaincante car les substitutions étaient prohibées par l'ancien article 896 même lorsqu'elles étaient faites au profit d'une personne déjà née. Une autre considération de technique juridique a pu avoir aussi son influence : la substitution, dont l'objet est de défier le temps, génère, à la longue, des **situations si complexes** qu'elle devient une source inépuisable de chicanes. En définitive les fondements juridiques apparaissaient donc, à la veille de la réforme, insuffisants ou mineurs.

331.13 Fondements économiques. Ayant pour conséquence l'inaliénabilité du bien, la substitution cumule tous les inconvénients économiques d'une entrave à la libre circulation des richesses : mauvaise gestion, anéantissement du crédit, perturbation des mécanismes du marché. À l'heure du marché intérieur de plus en plus étroitement organisé à partir du principe de libre circulation des facteurs de production, ces considérations d'ordre économique constituaient ainsi le fondement le plus solide de la prohibition instituée par l'ancien article 896.

§ 2
Domaine de la prohibition

331.20 Vue d'ensemble. La prohibition des substitutions ne concernait que **les substitutions fidéicommissaires,** c'est-à-dire les libéralités par lesquelles un premier gratifié est tenu de conserver le bien pour pouvoir le transmettre à son propre décès à quelqu'un d'autre. Cette délimitation ne résultait cependant pas très clairement de l'ancien article 896 qui évoquait certes la nécessité de deux libéralités successives (A), l'obligation pour le premier gratifié de conserver le bien afin de le rendre au second (B) mais qui ne fixait pas au décès du gratifié initial la date de la seconde transmission (C). Préciser le domaine de la prohibition existant jadis revient donc à analyser tour à tour les deux caractères distinctifs indiqués par l'ancien article 896 du Code civil et celui qui résultait de la tradition.

A.
Enchaînement de deux libéralités

331.21 Libéralité au profit du grevé. Pour que la prohibition de l'ancien article 896 s'applique, il convenait d'abord qu'une première libéralité portant sur le même bien ait été réellement adressée à un gratifié initial dénommé le grevé.

Il était indifférent que cette **libéralité** soit une **donation** ou un **legs.** L'objet de la libéralité n'importait pas davantage : pourvu qu'il y ait identité des choses transmises au grevé avec celles qu'il devait transmettre à son tour, la prohibition s'appliquait aux **immeubles** comme aux **meubles,** à la **quotité d'une succession** comme à un **bien individualisé**[1].

Le premier élément constitutif d'une substitution prohibée faisait en revanche défaut lorsque la libéralité faite au grevé n'était pas efficace ou n'était pas véritable.

L'**inefficacité de la première libéralité** intervenait principalement lorsque le grevé décédait avant le testateur. Dans ce cas, le legs en faveur du second bénéficiaire subsistait seul, car il n'était plus entaché d'aucune irrégularité[2].

Le **manque de sincérité,** également salvateur au regard de l'ancien article 896, se rencontrait dans le cas où le grevé était en réalité une personne interposée entre le disposant et le véritable et unique bénéficiaire (supposé capable de recevoir à titre gratuit).

331.22 Libéralité au profit de l'appelé. Pour qu'il y ait substitution prohibée, il fallait encore que le disposant ait consenti, sur les mêmes biens, une **seconde libéralité** au profit d'un **second bénéficiaire** qui serait appelé à les recueillir après le grevé.

L'inefficacité de cette seconde libéralité, qui survenait notamment si l'appelé décédait avant le testateur, avait, elle aussi, pour conséquence d'écarter l'application de l'ancien article 896 du Code civil et d'assurer la régularité de l'autre.

331.23 Le trait de temps entre les deux transmissions. L'interdiction ne valait que si les deux

1. Civ. 1re, 13 févr. 1973, no 71-13.279, *Bull. civ.* I, no 53; *D.* 1973. 633.
2. Civ. 1re, 22 oct. 1968, *Bull. civ.* I, no 243; *D.* 1969. 3.

libéralités ayant le même objet produisaient leurs effets l'une après l'autre. Il n'y avait donc pas substitution prohibée lorsque, comme dans l'hypothèse de substitution vulgaire, une seule d'entre elles était destinée à recevoir exécution, ni lorsque les deux devaient être exécutées simultanément, comme dans le cas où l'une portait sur l'usufruit, l'autre sur la nue-propriété. Puisque les deux libéralités devaient produire effet successivement, le bénéficiaire de la première était inéluctablement tenu d'une charge particulière.

B. Charge de conserver et de transmettre

331.31 Inaliénabilité. Cette charge, imposée au grevé, de conserver le bien pour pouvoir le transmettre à l'appelé est l'élément fondamental sur lequel reposait le principe de prohibition. Il en résulte en effet une dangereuse inaliénabilité.

331.32 Conservation. La chose que le grevé devait conserver est la chose même qu'il a reçue. L'application de cette règle a soulevé des difficultés dans le cas où la première libéralité avait pour objet des **choses fongibles,** interchangeables par hypothèse, et pour lesquelles l'inaliénabilité n'avait pas grand sens. Pourtant, après quelques hésitations, la jurisprudence avait décidé qu'une substitution prohibée pouvait fort bien porter sur une somme d'argent quand le grevé avait l'obligation de la conserver et de la rendre[1].

331.33 Transmission. La charge de transmettre, élément constitutif de la prohibition de l'ancien article 896, supposait une limitation suffisamment ferme de la liberté de disposer à titre gratuit du grevé.

C'est pourquoi il n'y avait pas substitution prohibée lorsque le disposant avait seulement émis le vœu que le gratifié transmette à son tour les biens à telle personne[2]. C'est l'hypothèse du **legs précatif.** De même, il n'y avait pas substitution prohibée lorsque la désignation du bénéficiaire de la seconde libéralité était trop vague pour porter réellement atteinte à la liberté du grevé. Il en allait ainsi quand le bénéficiaire en première ligne s'était vu imposer l'obligation de « *léguer tout ce qu'il tiendra du disposant au soulagement des malheureux* »[3].

En revanche, l'élément constitutif de la prohibition était vérifié si l'appelé devait être choisi par le grevé au sein d'un groupe précisément délimité tel qu'une famille[4].

S'agissant toujours de la désignation de l'appelé, il convient de rappeler que la nullité de l'ancien article 896 était encourue non seulement lorsqu'il n'était pas encore conçu mais aussi quand il était déjà vivant au moment de la première libéralité.

C. Ouverture de la substitution par la mort du grevé

331.41 Règlement anticipé de la succession du grevé. Dans le régime antérieur, il a toujours été admis que, en raison de son fondement politique, l'ancien article 896 avait surtout voulu empêcher le disposant de faire lui-même le testament du grevé. C'est pourquoi, malgré le silence du texte, la qualification de substitution prohibée supposait une disposition modificative de l'ordre successif entraînant la seconde transmission au moment et par l'effet du décès du grevé[5].

En conséquence la prohibition n'était pas constituée dans deux cas importants où la volonté du disposant ne dérogeait pas au régime légal de dévolution de la succession du grevé :

- lorsque le premier gratifié devait transmettre le bien au second à une date fixée à l'avance;
- lorsque la seconde transmission dépendait d'une condition susceptible de se réaliser du vivant du grevé comme par exemple le mariage de l'appelé[6].

331.42 Extension à l'hypothèse de dissolution d'une personne morale. Même si la dissolution d'une personne morale n'entraîne pas véritablement l'ouverture de sa succession, une jurisprudence contestée avait décidé que les éléments constitutifs de la substitution prohibée étaient réunis lorsque l'auteur d'une libéralité adressée à une personne morale stipulait que les biens donnés ou légués seraient transmis à un tiers en cas de dissolution[7].

§ 3 Sanction de la prohibition

331.50 Annonce. La sanction prévue par l'ancien article 896 était une **nullité** qui s'écartait du droit commun des libéralités. Son originalité (A) se retrouvait également dans sa mise en œuvre (B).

1. Req. 16 juin 1911, *DP* 1913. I. 382.
2. Civ. 5 juin 1899, *DP* 1899. I. 373.
3. Req. 13 déc. 1864, *DP* 1865. I. 169.
4. Req. 16 févr. 1903, *S.* 1903. I. 401.
5. Civ. 1re, 19 mars 1963, *Bull. civ.* I, n° 172.
6. Civ., 18 juin 1913, *DP* 1918. I. 100.
7. Req. 12 févr. 1896, *D.* 1896. I. 545.

A.
Originalité de la sanction

331.51 Originalité de l'étendue de la nullité. Aux termes de l'ancien article 896 alinéa 2, une substitution prohibée « *sera nulle, même à l'égard du donataire, de l'héritier institué, ou du légataire* ». Cela signifie, sans la moindre ambiguïté, que la **nullité** frappait non seulement **la seconde libéralité** mais également **la première** qui devait être exécutée immédiatement. Il y avait là une dérogation au principe énoncé par l'ancien article 900 du Code civil qui conduisait seulement à réputer non écrite la charge illicite de conserver et de transmettre et qui laissait subsister la première libéralité adressée au grevé. Cette nullité de l'ensemble de l'opération laissait néanmoins intactes les dispositions contenues dans la première libéralité qui n'étaient pas rattachées à la substitution par un lien d'indivisibilité[1].

L'originalité du système se retournait en conséquence contre le grevé qui s'exposait à tout perdre en demandant la nullité de la libéralité adressée à l'appelé; elle profitait au disposant et à ses héritiers puisque l'annulation faisait en principe rentrer le bien dans le patrimoine successoral.

331.52 Originalité des effets de la nullité. La nullité a un effet rétroactif qui fait revenir les biens entre les mains du donateur ou de ses héritiers. Toutefois cet effet ne se produisait pleinement que dans le cas où la première libéralité était une donation. S'il s'agissait d'un legs il convenait de distinguer deux cas originaux :

- lorsque le grevé était le seul héritier *ab intestat* du testateur, l'effet de la nullité était paralysé à son égard car on ne pouvait pas lui retirer ses droits d'héritier;

- lorsque l'appelé était le seul héritier *ab intestat* du testateur, on ne pouvait pas non plus lui retirer ses droits d'héritiers en sorte que la nullité, au lieu d'avoir un effet rétroactif, le dispensait d'attendre le décès du grevé pour recueillir les biens.

B.
Mise en œuvre de la nullité

331.61 Caractère d'ordre public. Ce caractère découlait des considérations politiques et économiques qui justifiaient la prohibition des substitutions. La nullité de l'ancien article 896 obéissait donc au régime des **nullités absolues.** Il en résultait trois conséquences majeures :

- la nullité pouvait être **invoquée par tout intéressé** c'est-à-dire : par le grevé et l'appelé encore qu'ils n'aient qu'un intérêt moral à ne pas rester dans un rapport de droit nul; par le donateur ou ses héritiers lorsque la première libéralité était une donation; par les héritiers *ab intestat* du testateur si la première libéralité était un legs universel; par ceux qui auraient dû acquitter le legs s'il s'agissait d'un legs particulier.

Cette nullité d'ordre public n'étant que d'intérêt privé il ne semble pas qu'elle ait pu être soulevée par le Ministère public ni prononcée d'office par le juge;

- la nullité n'était **pas susceptible de confirmation;**

- l'action en nullité **se prescrivait par trente ans** à compter du jour de la donation ou du jour du décès du testateur suivant la nature de la libéralité adressée au grevé.

331.62 Preuve. C'est à celui qui invoque la nullité qu'il revient de prouver l'existence d'une substitution prohibée. Il est soumis à un système de **preuve intrinsèque.** C'est donc par l'acte comprenant la première libéralité qu'il lui fallait établir la charge pour le grevé de conserver et de transmettre à l'appelé.

SECTION 2
NOUVEAU RÉGIME DES LIBÉRALITÉS GRADUELLES ISSU DE LA LOI DU 23 JUIN 2006

331.70 Vue d'ensemble. Faciles à contourner lorsqu'elles étaient prohibées, difficiles à analyser quand elles étaient permises, les substitutions se devaient d'être rajeunies pour être adaptées aux réalités économiques et sociales de notre temps. C'est désormais chose faite et le nouveau régime des libéralités graduelles, instauré par la loi n° 2006-728 du 23 juin 2006[2], renouvelle sensiblement la matière en ouvrant l'accès à ces charges dont un disposant peut assortir son geste libéral (§ 1). Le nouveau régime bien que plus permissif se trouve toutefois encadré par des dispositions légales précises relatives aux conditions (§ 2) comme aux effets (§ 3) de cette charge, lesquels constituent l'objet de la présente étude.

§ 1
Définition et intérêt

331.71 Définition. La libéralité graduelle est une libéralité qui est faite à un premier gratifié sous la

1. Civ. 1re, 6 juin 1961, *Bull. civ.* I, n° 293; *JCP* 1961. II. 12338.

2. L. n° 2006-728, 23 juin 2006, portant réforme des successions et libéralités, *JO* 24 juin, p. 9513.

double charge de conserver les biens et de les transmettre lors de sa mort à un second gratifié (C. civ., art. 1048). Elle repose donc sur **deux transmissions successives**, la première par le disposant au profit du « *grevé* » à charge de conserver et de transmettre les biens donnés à un « *second gratifié* » désigné par le disposant, la seconde par le « *grevé* », lors de son décès, à ce « *second gratifié* » et portant sur ces mêmes biens (C. civ., art. 1048).

331.72 Intérêt. Depuis le 1er janvier 2007, le régime des substitutions est ainsi libéralisé. Alors que jadis elles n'étaient autorisées que dans les limites de l'ancien article 1048 du Code civil (v. s[s] n°s 332.10 s.), c'est-à-dire en faveur des enfants du donateur ou du testateur, à charge de transmettre à leurs propres enfants ou, en cas de mort sans enfant du disposant, en faveur de ses frères et sœurs, à charge pour eux de transmettre à leurs propres enfants, il n'existe plus de condition posée sur la qualité du grevé et du second gratifié.

§ 2 Conditions

331.80 Annonce. Classiquement, l'étude des conditions de forme (B) et de fond (C) sera précédée de rappels concernant la capacité des parties (A).

A. Capacité

331.81 Droit commun (renvoi). La charge graduelle n'étant qu'une condition assortissant la libéralité qui en est le siège, les règles du droit commun en matière de capacité tant du disposant que du grevé sont applicables (sur les règles de capacité en matière de donation, v. s[s] n°s 312.91 s. – sur les règles de capacité en matière de testament, v. s[s] n°s 322.20 à 322.62).

B. Condition de forme

331.91 Principe général (renvoi). D'une manière générale, la libéralité graduelle obéit, selon qu'elle est entre vifs ou à cause de mort, aux règles qui régissent la **donation** (v. s[s] n°s 311.11 s.) ou le **testament** (v. s[s] n°s 321.10 s.).

331.92 L'acceptation. Dans le cas d'une **donation graduelle**, le donataire grevé comme le second gratifié doivent accepter le bénéfice de celle-ci (v. s[s] n°s 311.23 à 311.25). Cette **acceptation** intervient, normalement, du vivant du donateur sous réserve des précisions suivantes.

331.93 L'acceptation par le second gratifié. Deux précisions méritent d'être apportées :

– d'une part si l'acceptation est faite par un acte séparé, le second gratifié doit alors notifier au donateur son acceptation qui, jusque-là, peur révoquer sa désignation (C. civ., art. 1055, al. 1er);

– d'autre part, par dérogation à l'article 932 du Code civil, si le second donataire n'a pas accepté du vivant du donateur, il le peut encore après son décès (C. civ., art. 1055, al. 2).

À défaut de plus amples précisions dans le texte de la loi et à titre de recommandation pratique, on ne peut qu'inviter le donateur à fixer des délais au donataire en second pour faire connaître son intention.

C. Conditions de fond

331.100 Annonce. Des précisions méritent d'être apportées pour présenter les conditions de fond en abordant tour à tour les conditions relatives aux biens (1°), puis celles relatives aux personnes (2°).

1° Quant aux biens

331.101 Biens ou droits identifiables. L'article 1049 du Code civil prévoit que la libéralité graduelle ne peut porter que sur des biens ou droits identifiables à la date de la transmission et subsistant en nature au décès du grevé. L'appréciation des biens sur lesquels peut porter la charge graduelle mérite d'être ainsi abordée d'un point de vue qualitatif et quantitatif.

331.102 Appréciation qualitative. Comme par le passé pour les substitutions permises, la libéralité graduelle peut porter sur toute sorte de biens, qu'ils soient meubles, et spécialement des valeurs mobilières (C. civ., art. 1049, al. 2), ou immeubles (C. civ., art. 1049, al. 3).

331.103 Conservation en nature. Le choix a été fait de la conservation en nature des biens objets de la charge graduelle. Cette position, discutée dans le cadre de l'élaboration du projet de loi, trouve sa légitimité à deux titres : d'abord, la restitution en nature assure une meilleure protection aux deux bénéficiaires successifs (grevé et second gratifié) contre l'incompétence ou la prodigalité du grevé; ensuite, elle est conforme à l'esprit de la substitution fidéicommissaire, qui visait à assurer la conservation des biens dans les familles. Ce choix législatif demeure critiqué par une partie de la doctrine qui aurait préféré un principe de restitution en valeur. Certains pensent même que par convention une obligation de conservation en valeur pourrait être substituée au principe légal, par l'effet de la technique de subrogation réelle.

S'il est certain que la restriction du droit de disposer par le gratifié constitue un frein au développement des libéralités graduelles, les dispositions des articles 1048 et 1049 du Code civil, éclairées par le débat parlementaire préalable à l'adoption de la réforme de 2006, semblent toutefois suffisamment claires pour exprimer les plus grandes réserves sur la validité de telles clauses.

331.104 Valeurs mobilières. Lorsqu'elle porte sur des valeurs mobilières, la libéralité produit également son effet, en cas d'aliénation des valeurs mobilières d'origine, mais alors sur celles qui y auront été subrogées (C. civ., art. 1049, al. 2). En cas de cession, les valeurs acquises en remploi sont simplement subrogées aux valeurs mobilières aliénées. Cette solution est logique dans la mesure où elle est nécessaire pour maintenir la fiction juridique selon laquelle le second gratifié est réputé tenir ses biens du disposant et non pas du grevé (C. civ., art. 1051).

331.105 Publicité. Lorsqu'elle concerne des immeubles, la charge grevant la libéralité est soumise à publicité. À défaut la charge serait inopposable aux créanciers et aux tiers acquéreurs de bonne foi du grevé. Si la charge graduelle a pour siège une **donation**, la mention de charge graduelle sera spécialement publiée en marge de l'acte de donation lui-même. Si elle est incluse dans un **testament**, le notaire dressera alors une attestation notariée relatant le décès du disposant et le régime des biens grevés. En outre, il serait certainement opportun de prescrire par surcroît une **clause d'insaisissabilité du bien** par laquelle serait assurée une meilleure efficacité de l'obligation de conservation des biens.

331.106 Appréciation quantitative. Lorsque le grevé est un héritier réservataire (enfant ou conjoint), la double charge ne peut porter que sur la seule quotité disponible (C. civ., art. 1054), dans la mesure où la règle est que la réserve doit être servie à son bénéficiaire exempte de toute charge. En conséquence si la charge excédait la quotité disponible pour empiéter sur la réserve du grevé, ce dernier pourrait en obtenir le **cantonnement**. Cela existait déjà par le passé pour les substitutions permises (C. civ., anc. art. 1048).

331.107 Tempérament. La loi nouvelle assouplit cette prohibition, que la charge graduelle soit incluse dans une donation ou un legs.

S'il s'agit d'une **donation**, le grevé peut renoncer au cantonnement du vivant même du donateur, pourvu qu'il le fasse dans le respect des conditions auxquelles l'article 930 assujettit la **renonciation anticipée à l'action en réduction pour atteinte à la réserve** (C. civ., art. 1054, al. 2).

S'il s'agit d'un **legs**, le gratifié grevé doit tout d'abord demander le cantonnement dans l'année du décès (C. civ., art. 1054, al. 3). Ensuite, il est important de souligner que la loi ajoute, dans l'hypothèse où la charge porte sur la part de réserve du gratifié avec son consentement, que celle-ci bénéficie alors de plein droit à l'ensemble des enfants nés ou à naître du grevé (C. civ., art. 1054, al. 4). Cette dernière règle se comprend : elle est censée assurer que le consentement du grevé ne puisse préjudicier à ses enfants ou à tel d'entre eux.

2°
Quant aux personnes

331.111 Extension du domaine des substitutions. Les substitutions naguère autorisées ne l'étaient que dans le cadre familial et entre proches parents (v. s^{s} n°s 332.31 et 332.32). Désormais, la liberté du disposant est complète.

331.112 Le grevé. Le premier gratifié peut être l'un des successibles : parent – quel que soit son ordre d'appartenance (descendant, ascendant, collatéral privilégié ou collatéral ordinaire) – ou conjoint. Il peut également être un non-successible : un parent qui n'est pas héritier (un frère ou une sœur en présence d'enfants par ex.), une concubine, un filleul, un ami...

331.113 L'appelé. Le second gratifié peut être tout aussi librement choisi. Ainsi il peut être un successible du disposant ou du grevé (ses enfants ou tel d'entre eux) ou ne pas l'être.

331.114 Situations variées. La voie est ouverte à toutes les combinaisons jadis prohibées par le Code Napoléon. Compte tenu de cette grande liberté quant à la désignation du grevé et de l'appelé, le disposant peut ainsi gratifier tour à tour des mêmes biens son conjoint ou sa concubine, puis ses enfants, communs ou d'un autre lit; ou bien encore il pourra désigner comme grevé son fils aîné, puis le fils aîné de celui-ci; ou bien encore son fils qui n'a pas d'enfant, ou sa fille qui en a; ou bien encore son fils handicapé, puis ses autres enfants.

331.115 Limite de la réserve. La liberté de choix de l'appelé est cependant limitée dans l'hypothèse où la libéralité porte sur la réserve du grevé.

331.116 Limite concernant les personnes morales. Si l'on conçoit fort bien que l'appelé puisse être une personne morale (par ex. le grevé étant un enfant handicapé et l'association qui s'est occupée de lui étant l'appelé, ou bien encore à un héritier en tant que grevé puis à un musée en qualité d'appelé), en revanche on voit plus difficilement que le grevé puisse être une personne morale, dans la mesure où, selon l'article 1048, le bien ne se trouve transmis qu'au décès du grevé. Peut-on raisonnablement assimiler au décès de la personne physique la dissolution d'une personne morale ?

331.117 Limite à deux transmissions. Comme jadis pour les substitutions autorisées (C. civ., anc. art. 1048 *in fine*), la libéralité graduelle ne peut organiser plus de deux transmissions. En conséquence, l'appelé ne peut être tenu, à son tour, de conserver et de transmettre à un troisième gratifié. La libéralité qui l'y obligerait serait maintenue, mais dégrevée de cette charge illicite (C. civ., art. 1053).

§ 3 Effets

331.120 Annonce. Eu égard au mécanisme mis en œuvre par la libéralité graduelle - elle opère une double transmission - **deux périodes successives** sont à distinguer. La première court du jour où le grevé acquiert ses droits jusqu'au jour où l'appelé peut à son tour exercer les siens, c'est-à-dire en principe du jour de l'acte de donation ou de celui du décès du disposant en cas de legs, pour s'achever le jour de la mort du grevé (A). La seconde court du jour où s'ouvrent les droits de l'appelé (B). La loi envisage aussi le cas de caducité des droits de l'appelé (C). Enfin le nouveau dispositif a été complété d'un volet fiscal (D).

A. Effets antérieurs à l'ouverture des droits de l'appelé

331.121 Situation du grevé et de l'appelé. Durant cette première période, deux acteurs sont intéressés par la situation née de la mise en œuvre de la libéralité graduelle, **le grevé** d'une part qui entre en scène serait-on tenté de dire et dispose à ce titre de prérogatives réelles sur les biens transmis même s'il doit subir des limites à celles-ci et, d'autre part, **l'appelé** qui « *attend son tour* » et bien que dans l'ombre du grevé, dispose de certaines prérogatives ou garanties.

331.122 S'agissant des droits du grevé. Avant l'ouverture de la substitution, le grevé est propriétaire viager du bien donné ou légué. Son droit de propriété est cependant affecté par la charge graduelle.

331.123 Un droit de propriété. Il dispose d'une situation qui est juridiquement celle d'une propriétaire ordinaire. Les droits de l'appelé ne sont qu'éventuels comme étant soumis à la survie de ce dernier. En principe quoique le grevé soit tenu de conserver et de transmettre, ses actes, même d'aliénation, sont inattaquables (sous réserve de la bonne foi du tiers acquéreur), et les biens peuvent être saisis par ses créanciers.

331.124 Limites aux droits du grevé. Sa propriété est cependant **doublement limitée.** D'une part, les tiers refuseront de traiter avec lui car leurs droits pourraient être anéantis par l'ouverture des droits de l'appelé. Il s'agit d'une première limite de fait. D'autre part, en droit, ses prérogatives peuvent être bridées par l'effet de mesures que le disposant a prises dans l'intérêt de l'appelé ou que le juge peut l'autoriser à provoquer.

331.125 S'agissant des droits de l'appelé. Bien qu'éventuels, ses droits demeurent cessibles à certaines conditions. Par surcroît, ses droits peuvent être confortés par certaines garanties.

331.126 Une position d'attente. Ses droits ne sont qu'éventuels et sont conditionnés à sa survie par rapport au grevé. Il peut cependant veiller à la préservation de ses droits en accomplissant des actes conservatoires. Il peut à ce titre effectuer des actes de conservation juridique (par ex. : l'interruption d'une prescription) ou de conservation matérielle (par ex. : l'interdiction faite au grevé d'affecter la substance du bien grevé qui en altérerait la valeur à terme).

331.127 Une faculté de disposer de ses droits. Comme tout propriétaire conditionnel, l'appelé peut disposer de ses droits sur les biens grevés. Simplement, son ayant cause n'acquiert lui-même que des droits conditionnels. On rappellera que ce faisant l'appelé ne dispose pas de droits dans une succession future. En effet si ses droits sont futurs, ils portent bien sur une succession ouverte, à savoir celle du disposant.

331.128 Mesures à prendre dans la perspective de l'éventuelle ouverture des droits de l'appelé. À l'effet de garantir l'appelé contre les comportements du grevé qui rendraient ses droits illusoires, mais aussi pour apporter le confort nécessaire aux tiers contre le risque d'anéantissement des droits qu'ils acquerraient du grevé, la loi nouvelle renvoie au disposant le soin de prescrire les mesures qu'il jugera pertinentes (C. civ., art. 1052). Il s'agit là d'un réel désengagement de la loi par rapport à la situation antérieure laquelle prévoyait de nombreuses mesures protectrices des intérêts de l'appelé à la substitution. On peut toutefois supposer que les praticiens sauront réintroduire par le conseil qu'ils dispenseront au disposant, les garanties jadis connues (**inventaire, publication au fichier immobilier,**

clause d'inaliénabilité, droit de retour...). Rappelons en outre que si le bien grevé est un immeuble, la loi continue tout de même à pourvoir à la protection des tiers par la **publicité** de la charge graduelle qu'elle rend obligatoire (C. civ., art. 1049, al. 3). Attention, à défaut de publicité, l'appelé ne pourra opposer ses droits aux ayants cause du grevé.

B. Effets postérieurs à l'ouverture des droits de l'appelé

331.130 Les causes de l'ouverture du droit de l'appelé sont les mêmes que sous l'empire de la loi ancienne. En principe son droit s'ouvre par le décès du grevé (1°) (C. civ., art. 1050, al. 1er); exceptionnellement, ils s'ouvrent par anticipation par la volonté du grevé (2°) (C. civ., art. 1050, al. 2).

1° Ouverture au décès du grevé

331.131 Ouverture au décès du grevé : le principe. Selon les dispositions de l'article 1049 du Code civil, l'appelé recueille les biens compris dans la libéralité graduelle pourvu qu'ils subsistent en nature.

331.132 L'exigence de conservation en nature signifie que les droits de l'appelé ne sont anéantis qu'en cas de perte du bien. La charge n'est alors pas reportée sur les deniers qui pourraient représenter les biens (dommages-intérêts, indemnité d'assurance) par l'effet d'une subrogation, sauf le cas d'un portefeuille de valeurs mobilières (v. ss n° 331.134). Par contre, il ne faut pas déduire de l'exigence de conservation en nature que les droits de l'appelé seraient tenus en échec en cas d'aliénation du bien. Une telle interprétation viendrait à réduire à néant la charge de conserver et reviendrait à réduire la libéralité graduelle à une libéralité résiduelle.

331.133 Opposabilité des droits de l'appelé et ses conséquences. Au décès du grevé, l'appelé est donc fondé, le cas échéant, à revendiquer les biens contre des tiers acquéreurs ou adjudicataires. Il reçoit également les biens libres de toutes charges, notamment de toute hypothèque, qu'aurait pu consentir le grevé sur ceux-ci. En outre, de la règle selon laquelle l'appelé tient ses droits directement du disposant (C. civ., art. 1051), on tire la conclusion que n'étant par conséquent pas l'ayant cause du grevé, les héritiers réservataires de ce dernier ne sauraient lui opposer leur réserve dans la succession de leur auteur.

331.134 Cas du portefeuille de valeurs mobilières. Dans le cas où la libéralité porte sur un portefeuille de valeurs mobilières et où le grevé a procédé à des opérations d'arbitrage, l'appelé le recueille **dans sa composition au jour du décès du grevé** (C. civ., art. 1049, al. 2). Il s'agit là de l'application de la jurisprudence selon laquelle en arbitrant, le grevé n'a pas aliéné mais simplement administré le bien donné ou légué, le portefeuille étant considéré comme une universalité.

2° Ouverture anticipée

331.141 Exception. Par exception au principe de l'ouverture des droits de l'appelé au décès du grevé, ce dernier peut cependant **abandonner par anticipation au second gratifié** la jouissance du bien ou du droit sur lequel porte la libéralité (C. civ., art. 1051, al. 1er et 2). Cette faculté existait déjà par le passé. Comme jadis, seul l'**abandon en jouissance** est envisageable, dans la mesure où un abandon en propriété remettrait en cause l'économie générale de l'opération, laquelle repose sur le décès du grevé. Enfin, cet abandon ne constitue pas une donation de la part du grevé car, rappelons-le, le second gratifié est censé tenir ses droits directement du disposant.

331.142 Utilité de la renonciation anticipée. Cette renonciation correspond à l'hypothèse où le bien, du fait de la charge qui le grève, ne convient plus au grevé ou qu'il n'en a plus l'utilité.

331.143 Effets de la renonciation anticipée. Il convient de dissocier les effets à l'égard de l'appelé de ceux à l'égard des créanciers et des tiers.

331.144 Effets à l'égard de l'appelé. L'ouverture des droits de l'appelé n'est que **provisoire**, car elle n'exclut pas la caducité de ce droit par suite du prédécès de son titulaire. Le partage définitif ne pourra réellement intervenir que lors du décès du grevé.

331.145 Effets à l'égard des créanciers et des tiers. Eu égard au caractère provisoire de la renonciation, celle-ci n'est **pas opposable aux ayants cause du grevé** à qui elle ne saurait porter préjudice : elle ne l'est ni aux créanciers ni aux tiers acquéreurs dont les droits sont nés antérieurement à l'abandon (C. civ., art. 1050, al. 3). La renonciation ne le deviendra que dans la mesure où les droits de l'appelé se trouvent consolidés par le prédécès du grevé. Ce n'est qu'à cet instant que les droits des tiers seront rétroactivement résolus. Par contre du vivant du grevé, l'appelé bénéficiant de l'abandon ne peut revendiquer les biens aliénés ou encore demander la nullité des cessions consenties. Cela s'explique dans la mesure où si le second gratifié décède avant le grevé, les biens abandonnés dépendront alors de la succession de ce dernier et les aliénations et constitutions de droits réels seront alors consolidées.

C.
Caducité des droits de l'appelé

331.150 Annonce. Le scénario prévu *ab initio* par le disposant peut se trouver déjoué et la libéralité au profit de l'appelé rendue caduque soit pour des raisons qui lui sont extérieures (1°), soit par l'effet de sa volonté (2°).

1°
Cas d'inefficacité

331.151 Principes. La libéralité graduelle ne peut sortir ses effets qui si les décès ont lieu selon les prévisions du disposant. Ainsi lorsque le second gratifié vient à décéder avant le grevé, les biens ou droits objet de la libéralité graduelle dépendent de la succession du grevé. Il en est de même si le second gratifié renonce au bénéfice de la libéralité.

331.152 Exceptions. Par exception, dans les deux éventualités qui viennent d'être évoquées, l'acte de libéralité graduelle peut, soit prévoir expressément que les héritiers du second gratifié recueilleront la libéralité, soit désigner un second gratifié, et l'on parle alors de substitution vulgaire (C. civ., art. 1056). Par l'effet de cette **substitution**, l'appelé de substitution ainsi désigné est réputé à son tour tenir ses droits du disposant (C. civ., art. 1051 *in fine*). À défaut d'une telle substitution, les biens dont le premier gratifié n'aura pas disposé entre vifs dépendront de sa succession et ceux dont le grevé aura disposé seront définitivement acquis à ses ayants cause (C. civ., art. 1056).

2°
Cas de révocation

331.161 Exercice de l'action révocatoire. La libéralité graduelle peut être révoquée par son auteur, à l'égard du second gratifié, tant que celui-ci n'a pas notifié son acceptation au donateur (C. civ., art. 1055). Rappelons (v. s^s n° 331.81) que cette acceptation doit avoir lieu dans les formes requises en matière de donation mais que, par dérogation à l'article 932 du Code civil, le second gratifié peut accepter la libéralité graduelle après le décès du donateur. Cette dérogation autorise en conséquence à désigner comme seconds gratifiés les enfants nés ou à naître du grevé, y compris ceux qui seraient nés après le décès de l'auteur de la libéralité.

D.
Aspect fiscal

331.171 La loi fiscale se range à l'analyse civile. À l'instar de la libéralité résiduelle qui sera examinée ci-après (v. s^s n°s 332.10 s.), en cas de charge graduelle, le second gratifié est réputé tenir ses droits de l'auteur de la libéralité, c'est-à-dire du disposant (C. civ., art. 1051). En application de cette fiction juridique, les biens reçus sont censés n'avoir jamais transité par le patrimoine du premier gratifié. Il n'y a donc **pas de libéralité entre le premier et le second gratifié.** D'autre part, ces biens ne dépendent pas de la succession du premier gratifié. Il est heureux de constater que sitôt la loi civile adoptée, la loi de finances rectificative n° 2006-1771 du 30 décembre 2006 [1] est venue donner un cadre fiscal cohérent à ce nouveau régime, en adéquation avec l'analyse civile. C'est ainsi que les articles 47 et 54 de ladite loi de finances rectificative tirent toutes les conséquences, sur le plan fiscal, de la définition de la libéralité graduelle donnée par l'article 1048 du Code civil.

331.172 Lors de la donation ou au décès du disposant. Le donataire ou le légataire le premier institué est redevable des **droits de mutation à titre gratuit** calculé sur l'assiette des biens transmis dans les conditions du droit commun. À ce moment-là, le second gratifié n'est redevable d'aucun droit.

331.173 Au décès du grevé. Le second bénéficiaire est alors imposé au titre des **droits de mutation à titre gratuit,** d'après son degré de parenté avec le donateur ou le testateur dont il tient directement ses droits, sur la base d'une assiette constituée du *residum*. Les taux applicables et la valeur imposable des biens transmis sont déterminés en se plaçant à la date du décès du premier gratifié. En outre, selon l'article 784 C du Code général des impôts [2], les droits payés par le premier gratifié sont imputés sur les droits dus sur les mêmes biens par le second bénéficiaire.

Enfin, l'article 47 de la même loi de finances rectificative prévoit pour sa part que la présomption de propriété prévue à l'article 752 du Code général des impôts ne s'applique pas aux biens ayant fait l'objet d'une libéralité graduelle ou résiduelle.

331.174 Renvoi. Sur la fiscalité des libéralités graduelles et résiduelles, v. s^s n°s 613.31 et 613.32.

1. L. fin. rect. n° 2006-1771, 30 déc. 2006, *JO* 30 déc. 2006, p. 20228; et rect. *JO* 20 janv. 2007, p. 1201.
2. Créé par Décr. n° 2007-484, 30 mars 2007, art. 1, *JO* 31 mars, p. 6004.

CHAPITRE

332. Libéralités résiduelles

Jean-François Sagaut
Notaire
Docteur en droit

SECTION 0
Orienteur

332.00 **Plan du chapitre.**

332.01 **Textes applicables.**

C. civ., art. 1057 à 1061 (et C. civ., art. 1048 à 1056 par renvoi, pour lesquels v. ss no 331.01)

L. no 2006-728, 23 juin 2006, portant réforme des successions et des libéralités, *JO* 24 juin, p. 9513; entrée en vigueur le 1er janv. 2007.

CGI, art. 752 et art. 784 C

> Libéralités résiduelles

[C. civ., art. 1057 à 1061]

C. civ., art. 1057 (*L. no 2006-728, 23 juin 2006, art. 9 et 20*)

Il peut être prévu dans une libéralité qu'une personne sera appelée à recueillir ce qui subsistera du don ou legs fait à un premier gratifié à la mort de celui-ci.

C. civ., art. 1058 (*L. n° 2006-728, 23 juin 2006, art. 9 et 20*)

La libéralité résiduelle n'oblige pas le premier gratifié à conserver les biens reçus. Elle l'oblige à transmettre les biens subsistants.

Lorsque les biens, objets de la libéralité résiduelle, ont été aliénés par le premier gratifié, les droits du second bénéficiaire ne se reportent ni sur le produit de ces aliénations ni sur les nouveaux biens acquis.

C. civ., art. 1059 (*L. n° 2006-728, 23 juin 2006, art. 9 et 20*)

Le premier gratifié ne peut disposer par testament des biens donnés ou légués à titre résiduel.

La libéralité résiduelle peut interdire au premier gratifié de disposer des biens par donation entre vifs.

Toutefois, lorsqu'il est héritier réservataire, le premier gratifié conserve la possibilité de disposer entre vifs ou à cause de mort des biens qui ont été donnés en avancement de part successorale.

C. civ., art. 1060 (*L. n° 2006-728, 23 juin 2006, art. 9 et 20*)

Le premier gratifié n'est pas tenu de rendre compte de sa gestion au disposant ou à ses héritiers.

C. civ., art. 1061 (*L. n° 2006-728, 23 juin 2006, art. 9 et 20*)

Les dispositions prévues aux articles 1049, 1051, 1052, 1055 et 1056 sont applicables aux libéralités résiduelles.

> Fiscalité des libéralités résiduelles

[CGI, art. 752 et art. 784 C]

* V. texte complet de ces articles s^s n° 331.01 > *Fiscalité des libéralités graduelles*

332.02 Jurisprudence de référence.

LA JURISPRUDENCE CITÉE ICI CONCERNE LE RÉGIME ANTÉRIEUR AU 1ER JANVIER 2007.

> Le double legs alternatif conditionnel n'est pas une substitution prohibée

• Civ. 19 mars 1873, *Dabrin c/Fontenilliat*, *DP* 1873. 1. 55

* V. s^s n° 332.162

« Sur le deuxième moyen :

Attendu que l'arrêt attaqué, répondant à la seconde partie des conclusions des demandeurs, interprète et applique le testament litigieux en ce sens, que le testateur a prévu deux hypothèses distinctes, à savoir : celle où les quatre enfants F... parviendraient à leur majorité ou se marieraient avant cette époque, et celle où l'un ou plusieurs d'entre eux décèderai(en)t en minorité sans avoir contracté mariage;

Que, dans le premier cas, il les a institués ses légataires universels en toute propriété;

Que, dans le second cas, il a réduit celui ou ceux qui ne parviendraient pas à leur majorité à un simple legs d'usufruit, et qu'il a donné aux survivants la part à laquelle auraient eu droit les prédécédés, faisant ainsi deux legs conditionnels, l'un d'usufruit, l'autre de propriété;

Attendu que cette interprétation n'est nullement contredite par les termes du testament;

Qu'il en résulte une double disposition, l'une embrassant tous les légataires institués avec assignation de part et droit éventuel d'accroissement, l'autre s'appliquant individuellement à chacun d'eux sous la condition qui y est apposée;

Mais que, dans tous les cas, soit que la condition vienne à défaillir ou à se réaliser, les légataires recueilleront ou seront censés recueillir les biens légués, directement et immédiatement des mains du testateur, par l'effet d'une transmission unique, et sans le secours d'aucun possesseur intermédiaire chargé de conserver et de rendre;

D'où il suit qu'en décidant que le testament de D... ne contient aucune substitution prohibée, et, par suite, en déclarant les demandeurs mal fondés dans leur action, l'arrêt attaqué, loin de violer les articles invoqués par le pourvoi, a fait à la cause une exacte application des règles de la matière;

Par ces motifs, rejette. »

> Le legs *de residuo* peut porter sur l'ensemble des biens du testateur, y compris ceux qui constituent la réserve du gratifié en première ligne dès lors qu'il n'est pas porté atteinte aux droits d'héritier réservataire de celui-ci

• Civ. 1re, 31 janv. 1995, n° 93-12.099, *Bull. civ.* I, n° 67

* V. s^s n° 332.172

« Attendu que les règles impératives protectrices des droits de l'héritier réservataire ne peuvent être invoquées par ce dernier ou ses ayants cause que lorsqu'il a été porté atteinte à la réserve; qu'en l'espèce, la cour d'appel a constaté que Pierre Z... avait recueilli l'intégralité des biens dépendant de la succession de sa mère et que le testament ne mettait à sa charge aucune obligation, et qu'en particulier, il n'était pas tenu de conserver les biens reçus; qu'elle en a exactement déduit que le legs consenti à l'association sur ceux des biens qui subsisteraient au décès de Pierre Z... n'avait pas porté atteinte aux droits que celui-ci tenait de sa qualité d'héritier réservataire; que, dès lors, par ce seul motif qui excluait l'exercice par les consorts X... de l'action en réduction de ce legs, l'arrêt attaqué est légalement justifié; que le moyen ne peut donc être accueilli;

Par ces motifs :

Rejette le pourvoi. ».

332.03 Bibliographie indicative

Actualisables. Rép. civ., v° *Substitution*, par J. Hérail, avr. 2008 – J.-Cl. Civ., « Donations et testaments », art. 896 à 899, G. Goubeaux.

Ouvrages[1]. J. FLOUR et H. SOULEAU, *Droit civil. Les libéralités*, coll. « U », A. Colin, 1982, n°s 504 à 519 – M. GRIMALDI, *Droit civil. Les successions*, 6e éd., LexisNexis/Litec, 2001, n°s 363 à 400 – Ph. MALAURIE, *Les successions. Les libéralités*, 5e éd., Defrénois/Lextenso, 2012, n°s 776 à 805 – M. PLANIOL et G. RIPERT, t. V, par A. TRASBOT et

1. NB : les ouvrages les plus fréquemment cités et dont le nom des auteurs figure en petites capitales en bibliographie sont cités par les seuls noms des auteurs en petites capitales en notes de bas de page.

Y. LOUSSOUARN, 2e éd., LGDJ, 1957, nos 794 à 817 – F. TERRÉ, Y. LEQUETTE et S. GAUDEMET, *Droit civil. Les successions. Les libéralités*, « Précis », 4e éd., Dalloz, 2014, nos 620 à 622 – C. Witz, *La fiducie en droit privé français*, Economica, 1980 – *Mémento pratique Patrimoine* 2013/2014, Éd. F. Lefebvre, [libéralités résiduelles], nos 24680 à 24690.

Articles. P. Buffetteau, « Réflexions sur le legs *de residuo* », *Defrénois* 1993. 35626, p. 1153 – J. Carbonnier, « De la distinction de la substitution prohibée et du double legs permis en usufruit et en nue-propriété », *Defrénois* 1946. 26421, p. 201 – M. Clermon, R. Marsella et M. Gauthier « Donation résiduelle, donation graduelle », *Actes pratiques et stratégie patrimoniale* 2009, no 4, dossier no 21, p. 22 – G. Dumont et S. Lerond, « La donation-partage transgénérationnelle graduelle/résiduelle », *Dr. et patr.* 2009, no 184, p. 40 – F. Fruleux, « Vers un renouveau de la libéralité résiduelle ? », *JCP N* 2008. 1004 – M. Grimaldi, « Les libéralités graduelles et les libéralités résiduelles », *JCP N* 2006. 1387 – Ph. Malaurie « Les libéralités graduelles et résiduelles », *Defrénois* 2006, art. 38493 – M.-H. Morand de Jouffrey, « Prohibition des pactes sur successions futures et des substitutions fidéicommissaires », *JCP N* 1999. 632 – M. Nicod « Libéralités graduelles et résiduelles : quelques difficultés pratiques », *JCP N* 2008. 1249 – N. Peterka, « Les libéralités graduelles et résiduelles, entre rupture et continuité », *D.* 2006. 2580 – J.-F. Sagaut, « Les donations graduelles et résiduelles », *JCP N* 2006. 1388.

332.04 Questions essentielles.

S'AGISSANT DU RÉGIME ANTÉRIEUR AU 1ER JANVIER 2007

> Les grands-parents peuvent-ils donner des biens à leurs petits enfants avec la charge de rendre ces biens aux enfants nés et à naître ?

* V. ss no 332.41

> Les biens qui constituent la réserve du grevé peuvent-ils être frappés d'une charge de conserver et de transmettre à ses enfants ?

* V. ss no 332.52

> Avant le décès du grevé, les appelés ont-ils des droits sur les biens compris dans une substitution permise ?

* V. ss nos 332.101 et 332.102

> Comment distinguer une double libéralité en usufruit et en nue-propriété et une substitution fidéicommissaire ?

* V. ss nos 332.151 et 332.152

> Quelle est l'étendue du droit du premier bénéficiaire de disposer des biens compris dans une substitution permise ?

* V. ss no 332.171

S'AGISSANT DU NOUVEAU RÉGIME APPLICABLE DEPUIS LE 1ER JANVIER 2007

> Qu'est-ce qu'une libéralité résiduelle ?

* V. ss no 332.181

> Une libéralité résiduelle peut-elle valablement grever la part de réserve du premier gratifié ?

* V. ss no 332.203

> Le grevé a-t-il les mêmes droits que le premier gratifié d'une libéralité graduelle ?

* V. ss nos 332.211 s.

> Le grevé peut-il valablement disposer des biens reçus à titre onéreux ?

* V. ss nos 332.221 s.

> Le grevé peut-il valablement disposer des biens reçus à titre gratuit ?

* V. ss nos 332.231 s.

> Quel est le régime fiscal de la libéralité résiduelle ?

* V. ss no 332.261

332.05 Sanctions.

> L'absence d'obligation de conservation qui pèse sur le grevé dans l'hypothèse d'une libéralité résiduelle le laisse *a priori* libre de disposer des biens et de réduire ainsi à néant les espoirs du second gratifié. Les pouvoirs du premier gratifié diffèrent cependant selon qu'il s'agit d'actes de disposition à titre gratuit ou à titre onéreux. Enfin, la loi opère par renvoi aux libéralités graduelles s'agissant des cas de caducité des droits de l'appelé.

Le premier gratifié conserve la possibilité de disposer entre vifs ou à cause de mort des biens qui ont lui été donnés en avancement de part successorale (C. civ., art. 1059, al. 3). La charge résiduelle ne pourra donc valablement grever que des biens qui composeront la quotité disponible.

* V. ss nos 332.234 s.

332.09 Historique et évolution. Dès 1804, le Code civil a affirmé, par son article 898, la validité des substitutions vulgaires qui n'entraînent aucune charge de conserver et de transmettre car elles se bornent à appeler un tiers à recueillir le don, l'hérédité ou le legs dans le cas où le premier bénéficiaire désigné ne le recueillerait pas. Surtout, il a décidé, dans l'intérêt de la famille, que certaines substitutions, pourtant fidéicommissaires, seraient exceptionnellement permises (sect. 1).

L'évolution entamée par l'œuvre prétorienne précitée s'est poursuivie plus récemment à la faveur de l'adoption de la loi du 23 juin 2006. Cette dernière loi a doté désormais le Code civil d'un régime reconnaissant et encadrant les libéralités résiduelles (sect. 2).

SECTION 1
RAPPEL SUR LE RÉGIME ANTÉRIEUR AU 1ER JANVIER 2007 : LES SUBSTITUTIONS FIDÉICOMMISSAIRES EXCEPTIONNELLEMENT ADMISES

332.10 Annonce. Il est utile de faire un rappel sur les conditions puis les effets de ces substitutions permises avant la réforme du 23 juin 2006[1], pour mieux pouvoir dégager leur nature juridique. En

1. L. no 2006-728, 23 juin 2006, portant réforme des successions et libéralités, *JO* 24 juin, p. 9513.

outre, même si elle est encore solidement justifiée par des considérations économiques, la prohibition des substitutions ne présente pas que des avantages : elle contrarie la volonté du disposant qui est souvent un testateur; elle empêche des opérations parfois éminemment conformes à l'intérêt de la famille. C'est pourquoi elle n'a jamais été absolue. Ses justifications politiques s'estompant, elle a encore été relativisée. Ainsi, dès l'origine, il y a eu des substitutions permises par volonté législative (§ 1), et, depuis le début du XXe siècle, se sont multipliées les substitutions permises par « *habileté jurisprudentielle* » (§ 2).

§ 1
Substitutions fidéicommissaires jadis permises par volonté législative

332.20 **Distinction.** Dans le régime antérieur il convenait de distinguer entre les **conditions de validité de la substitution, traditionnellement de fond et de forme** (A et B), (v. s^{s} n°s 332.30 à 332.62 s.), sans lesquelles l'opération restait soumise au principe de **prohibition** de l'article 896 et les **conditions d'efficacité de la charge** de conserver et de transmettre (v. s^{s} n°s 332.70 s.) dont la sanction est la **déchéance** ou **l'inopposabilité** (C). Quant aux effets des substitutions autorisées, ils devaient s'apprécier en dissociant la période antérieure à l'ouverture de la substitution (D) de celle postérieure à celle-ci (E). Enfin, la nature juridique même des substitutions jadis autorisées a suscité des réponses diverses et contradictoires, nourries de thèses inspirées du régime des conditions et des effets précités (F).

A.
Conditions de fond

332.30 **Intérêt de la famille.** Ce sont des préoccupations d'ordre familial qui ont conduit les rédacteurs des anciens articles 1048 et suivants du Code civil à fléchir, dans quelques cas, le principe de prohibition des substitutions fidéicommissaires. Le Code civil avait en effet admis ce moyen pour **lutter efficacement contre la prodigalité et les manœuvres dilapidatrices d'un héritier présomptif** : en lui imposant la charge de conserver et de rendre les biens qu'on lui transmet, on protégeait la génération suivante contre ses frasques. Les conditions de fond qui étaient posées reflétaient cet objectif de solidarité entre les générations.

1°
Conditions requises chez le disposant

332.31 **Père et mère.** La première catégorie de personnes qui étaient admises à faire valablement une substitution fidéicommissaire se composait, d'après l'ancien article 1048 du Code civil, du **père** et de la **mère du grevé.** La jurisprudence a fait une interprétation très stricte de ce texte en décidant que la substitution ne pouvait pas émaner du grand-père ou de la grand-mère du grevé[1].

332.32 **Frères et sœurs sans enfant.** La seconde et dernière catégorie de disposants jadis autorisés à procéder à une substitution fidéicommissaire comprenait, d'après l'ancien article 1049, les **frères** et **sœurs du grevé** à condition qu'ils soient destinés à mourir sans enfant. Là encore le texte semblait d'interprétation stricte. En conséquence, il ne pouvait être étendu aux oncles et tantes du grevé.

2°
Conditions requises chez les appelés

332.41 **Enfants nés et à naître.** Selon l'ancien article 1050 du Code civil, les deux catégories de disposants qui échappaient à la prohibition de l'ancien article 896 ne pouvaient organiser la substitution qu'au profit des enfants nés et à naître du grevé, c'est-à-dire de leurs petits-enfants dans l'hypothèse de l'ancien article 1048, de leurs neveux et nièces dans le cas de l'article 1049.

Naguère, les appelés devaient être les enfants légitimes du grevé. Depuis la réforme du 3 janvier 1972 et jusqu'à celle du 23 juin 2006, il ne faisait aucun doute que les enfants légitimés, adoptifs ou naturels du grevé pouvaient eux aussi bénéficier de la règle de l'ancien article 1050[2].

En outre, il suffisait que l'appelé soit conçu au décès du grevé puisque le texte vise les enfants à naître.

332.42 **Principe d'égalité.** Les substitutions de l'Ancien Régime ayant servi à conforter le droit d'aînesse et le privilège de masculinité, les rédacteurs du Code civil ont veillé à ce que les rares substitutions permises ne puissent servir à maintenir ces institutions inégalitaires. Aussi, l'ancien article 1050 exigeait-il que la substitution se fasse au profit de tous les enfants nés et à naître du grevé, sans exception ni préférence d'âge ou de sexe.

332.43 **Premier degré seulement.** Sous l'Ancien droit, les substitutions consolidaient d'autant plus fermement l'aristocratie qu'elles étaient graduelles c'est-à-dire qu'elles permettaient au disposant de fixer le sort de ses biens, de degré en degré, pour plusieurs générations. Pour éviter cette dérive nobiliaire, les rédacteurs du Code civil ont donc limité à

1. Civ. 29 juin 1853, *DP* 1853. I. 283.
2. Civ. 1re, 29 juin 1983, n° 82-12.319, *Bull. civ.* I, n° 193; *Defrénois* 1984. 944.

un seul degré les substitutions permises. Les anciens articles 1048 et 1049 précisaient en effet l'un et l'autre qu'ils validaient la charge de rendre les biens aux enfants nés et à naître « *au premier degré seulement* ».

À ce principe, l'ancien article 1051 apportait cependant une exception en admettant que les descendants d'un enfant prédécédé recueilleraient par **représentation** la portion de cet enfant. Le texte ne visait expressément que le cas où le grevé laissait et des enfants au premier degré et des descendants d'un enfant prédécédé. Aussi la plupart des auteurs considéraient que la représentation était exclue et la substitution caduque quand il restait uniquement des descendants d'enfants tous prédécédés.

3°
Conditions relatives aux biens transmis

332.51 Indifférence de la nature juridique. Tous les biens susceptibles d'être transmis à titre gratuit pouvaient faire l'objet d'une substitution permise : les **meubles** comme les **immeubles**, les **biens corporels** comme les biens incorporels, les **choses fongibles** comme les choses **non fongibles**. Lorsque la substitution avait pour objet une fraction d'un bien recueilli par le grevé dans la succession du disposant, la détermination de ce qui était précisément frappé d'inaliénabilité faisait difficulté. Pour la résoudre, il était admis qu'un cantonnement puisse être demandé[1]. À défaut, l'ensemble du bien recueilli ne se trouvait pas pour autant affecté à la garantie des droits de l'appelé. Un arrêt de la première chambre civile de la Cour de cassation du 1er octobre 1996[2] avait décidé que l'obligation de restitution incombant au grevé ne portait alors que sur la quote-part dont l'appelé était propriétaire par l'effet de la clause de substitution.

332.52 Importance de la quotité. Suivant la formulation un peu elliptique des anciens articles 1048 et 1049, les biens du disposant ne pouvaient faire l'objet d'une substitution permise qu'à concurrence de la **quotité disponible**. Autrement dit, les biens qui constituaient la réserve du grevé ne pouvaient être frappés d'une charge de conserver et de transmettre à ses enfants. Cette règle appelle deux observations :

– Elle ne valait que pour l'hypothèse prévue par l'ancien article 1048 car les frères et sœurs visés par l'ancien article 1049 n'étaient pas héritiers réservataires.

1. Req. 22 janv. 1906, *DP* 1907. I. 428.
2. Civ. 1re, 1er oct. 1996, no 94-16.867, *Bull. civ.* I, no 337; *D.* 1996. Somm. 392, obs. M. Grimaldi; *RTD civ.* 1997. 200, obs. J. Patarin.

– Elle réduisait considérablement l'intérêt pratique des substitutions en faveur des petits-enfants car elle obligeait le disposant à commencer par avantager l'enfant le moins fiable ou à réduire l'opération à une part dérisoire de sa fortune.

EXEMPLE

A a trois enfants X, Y et Z. Y est un joueur invétéré et son père craint fort qu'il ne laisse pas grand-chose à ses propres enfants. Pour protéger ces derniers grâce à la substitution de l'article 1048, A dispose de deux solutions contradictoires et également décourageantes :

1°) pour assurer à ses petits-enfants menacés une protection substantielle il devra donner ou léguer à Y sa part de réserve dont il pourra librement disposer (soit le quart aux termes de l'article 913 du Code civil) et l'ensemble de la quotité disponible qui sera seule frappée de la charge de conserver et de transmettre (soit à nouveau le quart d'après le même texte). En définitive A aura dû transmettre gratuitement la moitié de sa fortune au plus terrible de ses trois enfants; ce qui est un peu paradoxal et injuste pour les petits-enfants des souches X et Z;

2°) répartir égalitairement la quotité disponible entre ses trois enfants mais alors la charge de substitution dont bénéficieront les petits-enfants de la souche Y ne portera que sur un douzième de sa fortune (c'est-à-dire le tiers de la quotité disponible); ce qui peut ne pas constituer une véritable protection.

Les inconvénients du système augmentaient avec le nombre d'enfants. L'ancien article 1048 ne présentait donc un véritable intérêt qu'en présence d'un enfant unique. C'est pourquoi certains auteurs considèrent que, pour assurer l'efficacité de la substitution en cas de famille nombreuse, il était opportun de grever la part réservataire de l'enfant prodigue.

B.
Conditions de forme

332.61 Substitution par testament. Lorsque la substitution était faite de cette manière prévue par les anciens articles 1048 et 1049, le disposant avait la faculté de modifier un premier testament en grevant le légataire, par un second testament, de la charge de conserver et de transmettre les biens légués à ses propres descendants. Par ailleurs, la forme de la substitution épousait purement et simplement la forme du testament qui la contenait.

332.62 Substitution par donation. La substitution pouvait se faire aussi par donation (C. civ., anc. art. 1048 et 1049). Dans ce cas, elle épousait également la forme de l'acte qui la contenait.

La marge de manœuvre du disposant était alors moins grande que dans le cas où il procédait par testament. La substitution devait en effet être **contemporaine de l'acte** : l'ajouter après coup revenait à révoquer partiellement la donation et contrevenait au principe d'irrévocabilité formulé par l'ancien article 894 du Code civil. L'ancien article 1052 apportait cependant une atténuation à cette règle classique. Il prévoyait en effet que la charge de conserver et de rendre pourrait être valablement ajoutée à condition de figurer dans une nouvelle libéralité, entre vifs ou testamentaire, adressée au même gratifié. C'est par l'établissement d'un lien d'indivisibilité entre les deux libéralités que le gratifié se voyait imposer cette modification de la première libéralité s'il voulait pouvoir bénéficier de la seconde.

C.
Conditions d'efficacité de la charge de conserver et de transmettre

332.70 Annonce. Pour que les biens soient un jour effectivement transmis aux appelés, il faut les protéger contre les risques de dilapidation par le grevé. Il faut aussi que les tiers soient mis au courant de la situation car il ne faudrait pas que leur présent soit sacrifié à l'avenir des appelés. L'efficacité de la charge de conserver et de transmettre passait donc par des mesures actuelles de protection de l'intérêt des appelés (1°) et par des mesures d'information des tiers (2°).

1°
Mesures de protection de l'intérêt des appelés

332.71 Nomination d'un tuteur à la substitution. Ce tuteur ne méritait pas son nom car il n'était pas chargé de représenter les appelés ni d'administrer les biens en leur nom. Il avait seulement pour mission de surveiller le grevé pour s'assurer qu'il respectait toutes les mesures légales destinées à prévenir la dilapidation des biens. Il avait donc plutôt un **rôle de subrogé tuteur**.

Le tuteur était nommé, soit dans l'acte qui organise la substitution soit grâce à un acte authentique postérieur, par le disposant lui-même (C. civ., anc. art. 1055). En l'absence de désignation d'un tel tuteur, à la mort du disposant le grevé (ou son tuteur s'il est mineur), devait provoquer, dans le mois du décès, la désignation d'un tuteur à la substitution par le conseil de famille des appelés mineurs (C. civ., art. 1056). La violation de cette obligation de provoquer la nomination d'un tuteur dans le mois du décès du disposant, ou dans le mois de la découverte, depuis cette mort, de l'existence de l'acte organisant la substitution, était lourdement sanctionnée par l'article 1057 du Code civil. Ce texte prévoyait en effet la **déchéance du grevé et l'ouverture anticipée de la substitution** qui entraînera le transfert immédiat des biens aux appelés.

Cette déchéance pouvait être demandée soit par le procureur de la République, soit par tout parent des appelés, soit par le tuteur ou le curateur des appelés incapables, soit par les appelés majeurs eux-mêmes étant précisé que, s'ils étaient plusieurs, ils n'étaient pas soumis aux prescriptions de l'article 815-3 du Code civil[1].

Elle n'était cependant pas encourue de plein droit. Elle était en effet écartée lorsque le grevé a seulement négligé de provoquer le remplacement d'un premier tuteur décédé depuis sa nomination[2].

D'une manière plus générale, il semble que la déchéance fut exclue quand le grevé avait été empêché d'exécuter son obligation par la force majeure.

332.72 Rédaction d'un inventaire. Afin de fixer la consistance des biens qui devront revenir aux appelés à la mort du grevé, l'ancien article 1058 ordonnait qu'il soit procédé à un inventaire **après le décès du disposant.**

Cet inventaire, qui n'était pas exigé en cas de legs particulier car alors les biens à transmettre aux appelés sont identifiés, devait être dressé en la **forme authentique**, dans les trois mois du décès du disposant et en présence du tuteur. Le défaut d'inventaire pouvait être sanctionné par la mise en jeu de la responsabilité civile du tuteur à la substitution et du grevé (C. civ., anc. art. 1073 et 1074).

332.73 Vente des meubles. Parce qu'ils sont périssables, de nombreux meubles ne pouvaient pas être utilement transmis le moment venu. Aussi l'ancien article 1062 imposait-il au grevé de les vendre, après affiches et aux enchères, afin d'en placer la valeur que les appelés recueilleraient. Le délai pour réaliser cette opération n'était pas précisé par la loi mais si le retard causait un préjudice aux appelés, la responsabilité civile du grevé et celle du tuteur pouvaient être engagées.

Rationnellement, la vente des meubles ne s'imposait que pour les meubles corporels. Elle était en outre exclue pour les immeubles par destination (C. civ., anc. art. 1064) et pour ceux que le disposant avait expressément autorisé le grevé à conserver (C. civ., anc. art. 1063).

332.74 Emploi des deniers. L'argent provenant de la vente des meubles, mais aussi les deniers comptants (C. civ., anc. art. 1065) et les deniers provenant des effets actifs recouvrés et des remboursements de rentes (C. civ., anc. art. 1066) devaient être placés dans l'intérêt des appelés dans un délai de **six mois** susceptible d'être prolongé

1. Civ. 1re, 6 mai 1997, n° 94-15.510, *Bull. civ.* I, n° 149; *RTD civ.* 1998. 171, obs. J. Patarin; *D.* 1997. 483, rapp. Thierry.
2. Req. 22 déc. 1875, *DP* 1876. I. 208.

(C. civ., anc. art. 1065) ou de **trois mois** (C. civ., anc. art. 1066).

Le placement était fait suivant les instructions du disposant, ou à défaut, en immeubles (C. civ., anc. art. 1067) en présence et à la diligence du tuteur à la substitution.

2°
Mesures d'information des tiers

332.81 **Utilité de la publicité.** Quoique tenu de conserver et de transmettre les biens compris dans la substitution, le grevé n'était pas privé du droit de les aliéner. Néanmoins, s'il le faisait, la vente était anéantie à son décès pour que les biens puissent revenir aux appelés, comme prévu par l'acte du disposant. La **publicité** était donc d'une utilité extrême pour prévenir les tiers candidats à l'acquisition de l'originalité de la situation.

332.82 **Organisation de la publicité.** Elle résultait de l'ancien article 1069 qui l'avait prévue avant même la mise en place de la publicité foncière par la loi du 23 mars 1855. Elle a été instituée pour deux catégories de biens : les **immeubles** et les **créances privilégiées ou hypothécaires.** Pour les premiers elle était réalisée conformément aux lois et règlements concernant la publicité foncière. Pour les secondes, elle se faisait suivant les prescriptions des anciens articles 2148 et 2149 alinéa 2 du Code civil; ce qui revenait soit à annoter l'acte contenant la substitution en marge de l'inscription déjà prise du privilège ou de l'hypothèque soit à mentionner la substitution dans le bordereau d'inscription de la sûreté.

332.83 **Sanction du défaut de publicité.** Si la publicité n'était pas réalisée, la sanction était **l'inopposabilité de la substitution** aux tiers. Les tiers ainsi protégés étaient, d'après l'ancien article 1070 du Code civil, les créanciers et tiers acquéreurs du grevé. Par tiers acquéreurs, il fallait entendre les ayants cause à titre onéreux du grevé. Ne pouvaient en revanche se prévaloir du défaut de publicité les ayants cause à titre gratuit du grevé; le grevé lui-même et ses héritiers (C. civ., anc. art. 1072.).

L'inopposabilité pouvait être invoquée par les créanciers et les tiers acquéreurs même à l'encontre d'un appelé mineur ou majeur en tutelle (C. civ., anc. art. 1070); même s'ils avaient pu avoir connaissance de la substitution par d'autres voies (C. civ., anc. art. 1071).

L'inopposabilité de la substitution se traduisait par l'opposabilité aux appelés des actes passés par les tiers relativement aux biens compris dans la substitution : ceux qui les avaient acquis à titre onéreux en restaient propriétaires; ceux qui les avaient fait saisir en conserveront le prix. Pour se faire dédommager d'un tel préjudice, les appelés ne pouvaient qu'invoquer les anciens articles 1070, 1073 et 1074 du Code civil pour engager la responsabilité civile du tuteur et du grevé.

D.
Effets antérieurs à l'ouverture de la substitution

332.90 **Présentation.** Les effets de la substitution changeaient radicalement à partir du moment où les appelés pouvaient exercer leurs droits. Ce moment, dénommé **ouverture de la substitution,** était généralement marqué par le décès du grevé. Il pouvait néanmoins arriver avec d'autres événements : la déchéance prévue par l'ancien article 1057 en cas de manquement par le grevé à son obligation de provoquer la nomination d'un tuteur et l'abandon anticipé par le grevé de ses droits sur les biens compris dans la substitution décrit par l'ancien article 1053. Pour comprendre le régime antérieur à la réforme de ce point de vue, il conviendra donc d'analyser successivement et par ordre chronologique les effets antérieurs à l'ouverture de la substitution (v. s^{s} n°s 332.91 s.) et les effets liés à l'ouverture de la substitution (v. s^{s} n°s 332.111 s.).

1°
Effets à l'égard du grevé

332.91 **Obligation de conservation.** L'obligation de conserver pour pouvoir transmettre, qui est de l'essence même de la substitution fidéicommissaire, se prolongeait évidemment jusqu'à l'ouverture de la substitution. Le grevé avait donc l'obligation d'apporter à la conservation des biens substitués les soins d'un bon père de famille. La jurisprudence avait même précisé que le respect de cette obligation allait jusqu'à interdire au grevé de modifier l'exploitation des biens reçus[1]. L'arrêt du 1er octobre 1996[2] avait toutefois précisé que le grevé pouvait librement disposer de la partie du bien qui excède la fraction dont l'appelé est propriétaire par l'effet de la clause de substitution.

332.92 **Droits en cas de survivance des appelés.** La substitution fidéicommissaire ayant pour objectif de protéger la génération à venir, cette hypothèse correspond aux prévisions du disposant.

Avant l'ouverture de la substitution, le grevé est le seul propriétaire des biens. Malgré son obligation de conserver et de restituer, en dépit de la surveillance du tuteur, il pouvait donc accomplir seul

1. Civ. 28 févr. 1923, *D.* 1925. I. 189.
2. Civ. 1re, 1er oct. 1996, n° 94-16.867, *Bull. civ.* I, n° 337; *D.* 1996. Somm. 392, obs. M. Grimaldi; *RTD civ.* 1997. 200, obs. J. Patarin.

sur ces biens tous les actes d'administration et de disposition, lesquels sont pour le moment inattaquables même par les appelés. Certes, au moment de l'ouverture de la substitution ces actes seraient sans doute rétroactivement anéantis, perspective qui affecte considérablement le crédit du grevé mais, juridiquement, rien ne l'empêchait d'exercer toutes ses prérogatives de propriétaire.

332.93 Droits en cas de prédécès des appelés. Il se pouvait que le destin bouleverse les prévisions du disposant et que le ou les appelés meurent avant le grevé. Alors la substitution ne s'ouvrait pas mais était frappée de **caducité**. En conséquence tous les actes accomplis par le grevé, y compris les actes de disposition étaient définitivement validés.

Les mêmes conséquences se produisaient lorsque la caducité était provoquée par la renonciation des appelés à la substitution.

2°
Effets à l'égard des appelés

332.101 Préservation de l'avenir. Les appelés pouvaient accomplir un certain nombre d'actes pour assurer la transmission effective à laquelle ils pouvaient prétendre le jour de l'ouverture de la substitution. C'est ainsi qu'ils pouvaient interrompre la prescription à l'égard des tiers qui étaient entrés en possession d'un bien substitué. Ils pouvaient aussi empêcher le grevé d'accomplir des actes matériels de nature à altérer la chose[1]. En revanche, ils étaient, dans cette phase, désarmés face aux actes, juridiques, de disposition accomplis sur les biens par le grevé.

332.102 Disposition actuelle. Une jurisprudence critiquée avait permis aux appelés d'hypothéquer à l'avance les immeubles compris dans la substitution[2] ou même de céder leurs droits sans tomber sous le coup de la prohibition des pactes sur succession future[3]. S'il y avait caducité de la substitution, à cause notamment du prédécès de l'appelé, ces actes étaient anéantis. En revanche, en cas d'ouverture, ils étaient rétroactivement validés. Toutefois, dès avant la réforme du 23 juin 2006, cette solution semblait néanmoins devoir être abandonnée à la suite de l'arrêt de la première chambre civile de la Cour de cassation du 6 mai 1997[4] qui avait précisé que « *jusqu'à son décès le grevé est pleinement propriétaire du bien sur lequel les appelés ne disposent que d'un droit éventuel* ».

1. Civ. 28 févr. 1923, *D.* 1925. I. 189.
2. Req. 5 juin 1918, *DP* 1919. I. 190.
3. Civ. 10 juin 1918, *DP* 1919. I. 90.
4. Civ. 1re, 6 mai 1997, no 94-15.510, *Bull. civ.* I, no 149; *RTD civ.* 1998. 171, obs. J. Patarin; *D.* 1997. 483, rapp. Thierry.

E.
Effets attachés à l'ouverture de la substitution

1°
Ouverture par le décès du grevé : effets en cas d'acceptation de la seule substitution

332.111 Principe. Les appelés ne devenaient pas propriétaires de plein droit des biens qui faisaient l'objet de la substitution. Ils devaient en effet l'accepter au moins tacitement. Après acceptation, ils avaient droit à la restitution des biens. En conséquence, tous les actes de disposition accomplis par le grevé, aliénation ou constitution d'hypothèque, étaient rétroactivement anéantis, pourvu que la substitution ait été publiée. Les appelés étaient donc censés tenir directement les biens du disposant et ils devaient les recueillir francs et quittes de toutes charges et hypothèques nées du chef du grevé.

332.112 Exceptions. Dans certains cas, les appelés ne pouvaient pas opposer la substitution et devaient, par conséquent, supporter les droits acquis par les tiers sur les biens concernés. C'est ainsi que :

– les **actes d'administration** et les **actes conservatoires** consentis par le grevé restaient valables. Cette règle est particulièrement importante en matière de baux;

– la **prescription acquisitive** pouvait être invoquée contre les appelés par l'acquéreur de bonne foi d'un meuble corporel (C. civ., art. 2279) ou par le possesseur d'un immeuble (C. civ., art. 2262);

– les **aliénations** consenties par le grevé avec l'autorisation du disposant ou du tribunal étaient maintenues : les appelés ne pouvaient donc faire valoir leurs droits que sur les biens acquis en remploi.

2°
Ouverture par le décès du grevé : effets en cas d'acceptation de la substitution et d'acceptation pure et simple de la succession du grevé

332.121 Transmission de l'obligation de garantie. Les appelés étant, par hypothèse, des descendants du grevé, ils ont vocation à recueillir sa succession. S'ils acceptaient purement et simplement cette succession tout en acceptant la substitution, les conséquences de l'ouverture étaient radicalement modifiées vis-à-vis des tiers. L'obligation de garantie du grevé était en effet être transmise aux appelés. Ils ne pouvaient donc pas faire valoir leurs droits à l'encontre des tiers acquéreurs ou des titulaires de droit réels puisque l'on ne peut pas évincer quand on doit garantie.

3°
Effets en cas d'ouverture par déchéance ou abandon anticipé

332.131 Vue d'ensemble. Dans ces deux cas, il y a transmission des biens aux appelés plus tôt que prévu. Cependant, cette anticipation est trop contraire à l'esprit d'une institution conçue en fonction du décès du grevé : c'est seulement contre le risque de cet événement-là que les tiers étaient avertis par la publicité; surtout, c'est à partir de cet événement-là que l'on pouvait connaître le nombre des descendants entre lesquels la substitution doit être égalitairement répartie. C'est pourquoi, tant que le décès du grevé n'était pas advenu, l'ouverture de la substitution ne produisait que des **effets limités** entre appelés et vis-à-vis des tiers.

332.132 Effets à l'égard des appelés. Les biens compris dans la substitution étaient partagés entre les appelés déjà nés ou au moins conçus au jour de la déchéance ou de l'abandon. Il ne s'agissait cependant que d'un **partage provisoire**. En effet, le partage définitif ne pouvait se faire qu'entre ceux qui avaient la qualité d'appelé au jour du décès du grevé. À ce moment-là, il fallait éventuellement recommencer les opérations de partage pour allotir les nouveaux enfants que le grevé avait pu avoir depuis l'ouverture ou pour répartir entre tous les appelés survivants la part attribuée au moment du partage provisoire à un appelé décédé depuis sans postérité.

332.133 Effets à l'égard des tiers. L'ancien article 1053 du Code civil précisait que l'ouverture de la substitution, consécutive à un abandon anticipé, ne pouvait préjudicier aux créanciers antérieurs du grevé qui ont pu prendre une inscription hypothécaire ou engager une procédure de saisie. Il était généralement admis que cette règle devait être généralisée : elle valait donc aussi en cas de déchéance; elle valait également au profit des tiers acquéreurs. En conséquence, l'ouverture anticipée de la substitution maintenait en l'état les droits des tiers. Il fallait attendre que la mort vienne lever l'incertitude qui caractérisait la situation : ou bien, le décès du grevé entraînait l'anéantissement rétroactif des droits des tiers comme en cas d'ouverture ordinaire; ou bien, le prédécès des appelés les rendait définitivement inattaquables en provoquant la caducité de la substitution.

F.
Nature juridique

332.141 Imbroglio théorique. La question de la nature juridique des substitutions jadis permises a suscité des réponses diverses et contradictoires. Les données théoriques sont d'ailleurs à ce point emmêlées que la cohérence de cette vieille institution ne semblait plus pouvoir venir que d'un emprunt au droit anglo-saxon.

332.142 Vague parenté avec l'usufruit. La situation résultant de la substitution entre le jour de la transmission du bien au grevé et le jour de l'ouverture ressemble à celle qui existerait en cas d'usufruit : le grevé, comme l'usufruitier, jouissait des biens à charge de les conserver et de les rendre; l'appelé, comme le nu-propriétaire, attendait le moment où la propriété lui reviendra entièrement. La jurisprudence interdisant au grevé de modifier l'exploitation des biens reçus accentuait encore la similitude. La comparaison ne pouvait cependant pas être conduite très loin car le grevé, véritable propriétaire, a plus que l'*usus* et le *fructus* alors que l'appelé a moins qu'une nue-propriété et ne se trouve tenu d'aucune charge.

332.143 Thèse de la propriété conditionnelle. Selon cette thèse, venant de Pothier, le **grevé** est un **propriétaire sous condition résolutoire qu'il décède avant les appelés**; les appelés étant propriétaires sous condition suspensive qu'ils survivent au grevé. Cette analyse expliquait parfaitement pourquoi le grevé put accomplir des actes de disposition qui étaient rétroactivement anéantis s'il prédécédait aux appelés. Elle a été expressément invoquée par la jurisprudence pour permettre aux appelés de passer, avant l'ouverture de la substitution, des actes de disposition qui seront rétroactivement validés s'ils survivent au grevé[1].

La thèse de la propriété conditionnelle s'exposait cependant à une très grave critique. Par le jeu des deux conditions résolutoire et suspensive qu'elle enchevêtre, elle obligeait à considérer que le grevé prédécédé n'avait jamais été propriétaire et que les appelés tenaient directement leurs droits du disposant. Cela revenait à effacer la première libéralité et à méconnaître la définition même de la substitution fidéicommissaire qui repose sur une double libéralité successive. On peut d'ailleurs considérer que l'arrêt du 6 mai 1997[2], qui, jusqu'au décès du grevé, lui attribuait la pleine propriété du bien sur lequel l'appelé avait seulement un droit éventuel, ruinait cette vieille théorie.

332.144 Thèse de la propriété temporaire ou inaliénable. Pour la doctrine moderne, héritière de Planiol et de Josserand, la propriété du grevé n'est pas affectée d'une condition résolutoire. Ce qui est conditionnel ce n'est pas le droit de propriété lui-

1. Req. 5 juin 1918, *DP* 1919. I. 190.
2. Civ. 1re, 6 mai 1997, n° 94-15.510, *Bull. civ.* I, n° 149; *D.* 1997. 483, rapp. Thierry; *RTD civ.* 1998. 171, obs. J. Patarin.

même, c'est son caractère perpétuel ou temporaire, aliénable ou inaliénable. Le grevé est titulaire d'une propriété inaliénable ou temporaire dans le cas où il prédécède aux appelés; il est titulaire d'une propriété aliénable ou perpétuelle dans le cas où tous les appelés meurent avant lui.

Corrélativement, si le grevé n'a pas une propriété sous condition résolutoire, les appelés ne sauraient avoir une propriété sous condition suspensive car là où il n'y a pas de propriété sous condition résolutoire, il ne saurait y avoir, quelque part et pour le même bien, une propriété sous condition suspensive selon l'enseignement de Josserand.

Dès lors, le droit des appelés ne peut être qu'un **droit éventuel.** En conséquence, le jour de l'ouverture de la substitution, ils deviendront propriétaires sans rétroactivité et tiendront leurs droits non pas directement du disposant, mais du grevé.

Cette analyse respectait scrupuleusement la définition de la substitution fidéicommissaire puisqu'elle maintenait très distinctement les deux libéralités successives. En revanche, elle était impuissante à expliquer par quel miracle les appelés ont pu faire valablement des actes de disposition avant l'ouverture de la substitution. En outre, elle forçait peut-être le sens des mots en qualifiant d'éventuel un droit qui repose sur une charge de conserver et de transmettre.

332.145 Raccordement à la fiducie-gestion ? En définitive, il s'agissait de justifier un système dans lequel le grevé serait pleinement propriétaire et les appelés énergiquement protégés. Or, la conciliation de ces deux objectifs semble très difficile à réaliser au moyen de nos concepts juridiques classiques : à trop vouloir renforcer les appelés on nie la propriété du grevé; à trop vouloir respecter la propriété du grevé on caricature la réalité des droits des appelés.

L'idéal eu donc été de reconnaître au grevé une « *propriété exclusive mais finalisée* ». Pour l'atteindre, il suffisait selon certains auteurs, et plus particulièrement le Professeur Alain Sériaux, de rajeunir la substitution fidéicommissaire permise en la coulant dans le moule du **trust anglo-saxon** susceptible d'être introduit en droit français sous le nom de **fiducie-gestion**.

Cette proposition est des plus séduisantes car elle admet la double transmission tout en renforçant la sécurité des appelés par l'isolement dans le patrimoine du grevé de la masse des biens frappés de substitution. Il est néanmoins permis de se demander si elle va assez loin. En effet, le grevé étant le fiduciaire et l'appelé le bénéficiaire, on est porté à conclure que le premier, certes propriétaire exclusif, l'est exclusivement dans l'intérêt du second. C'est peut-être oublier que, dans l'esprit de la substitution jadis permise, le grevé doit, lui aussi, bénéficier de la libéralité. Pour que la fiducie-gestion puisse concourir à la satisfaction de ce double intérêt successif on peut sans doute imaginer qu'elle soit constituée avec le concours d'un tiers, un trustee ou fiduciaire, seul propriétaire des biens qu'il gérerait dans l'intérêt d'un premier bénéficiaire, l'enfant ou le collatéral privilégié du disposant fiduciant, avant de les transmettre, au moment de décès, aux appelés. Il s'agirait là, certes, d'un bouleversement complet du fonctionnement de la substitution fidéicommissaire permise mais d'un bouleversement qui respecterait scrupuleusement l'esprit de l'institution. En outre, ce serait le moyen de la faire servir à un objectif de plus en plus pressant auquel on n'a encore jamais pu la plier : lutter contre l'inaptitude à la gestion du grevé.

§ 2
Substitutions fidéicommissaires jadis permises par habileté jurisprudentielle

332.150 Vue d'ensemble. Il existe un certain nombre d'opérations voisines de la substitution fidéicommissaire, qui, techniquement, ne se confondaient pas pour autant avec elle, telle qu'envisagée avant la réforme du 23 juin 2006. Usant de son pouvoir d'interprétation de la volonté des disposants, la jurisprudence les avait pourtant largement sollicitées pour contourner la prohibition de l'ancien article 896. Afin de mesurer l'ampleur de ce contournement il est utile de rappeler ces opérations voisines qui sont principalement au nombre de trois et qui constituent toujours une alternative aux libéralités résiduelles (v. s[s] n°s 332.180 s.) : la double libéralité en usufruit et en nue-propriété (A), le double legs alternatif conditionnel (B) et le legs *de residuo* (C).

A.
Double libéralité en usufruit et en nue-propriété

332.151 Caractères distinctifs. La double libéralité en usufruit et en nue-propriété se distingue de la substitution fidéicommissaire, jadis définie en ce qu'elle ne porte pas sur deux libéralités successives mais sur deux libéralités qui produisent leurs effets en même temps, l'une sur l'usufruit, l'autre sur la nue-propriété d'un bien.

Juridiquement, la différence entre les deux institutions est indiscutable : dans un cas le premier bénéficiaire est propriétaire, dans l'autre il n'est qu'usufruitier; dans un cas le second bénéficiaire ne recueille son droit qu'au décès du premier bénéficiaire, dans l'autre il est immédiatement titulaire d'un droit de nue-propriété. C'est pourquoi l'ancien article 899 du Code civil avait expressément validé « *la disposition entre vifs ou testamentaire par laquelle l'usufruit sera donné à l'un et la nue-propriété à l'autre* ».

Pratiquement, les résultats sont pourtant très proches. Dans les deux cas en effet une personne aura joui d'un bien jusqu'à sa mort sans pouvoir en disposer, tandis qu'une autre personne aura dû attendre cet événement funeste pour en recueillir la libre disposition. La similitude est encore plus forte lorsque la personne qui reçoit l'usufruit est beaucoup plus âgée que celle gratifiée en nue-propriété.

332.152 Bienveillance jurisprudentielle. Compte tenu de la proximité des deux opérations, les disposants ne précisent pas souvent en des termes techniquement rigoureux laquelle des deux ils entendent mettre véritablement sur pied. En cas de litige, les tribunaux exploitaient souvent la moindre ambiguïté des dispositions libérales adressées à deux personnes pour y découvrir un legs (ou, plus rarement en pratique, une donation en usufruit et en nue-propriété, validée par l'ancien article 899) plutôt qu'une substitution prohibée par l'ancien article 896 pourtant plus vraisemblable. Il existe en jurisprudence d'innombrables exemples de ces décisions qui, prenant prétexte d'une rédaction équivoque et s'appuyant sur le texte de l'ancien article 899, ont réussi le sauvetage de dispositions qui organisaient en réalité une substitution prohibée[1].

B.
Double legs alternatif conditionnel

332.161 Caractères distinctifs. Dans cette opération, deux personnes sont gratifiées sous une condition inverse. Le même événement à venir vaut à la fois comme condition résolutoire de la libéralité consentie à la première et comme condition suspensive de la libéralité adressée à la seconde. Si l'événement se réalise, la première libéralité est rétroactivement anéantie tandis que la seconde est censée avoir toujours existé; si l'événement ne se réalise pas, la première sera définitivement consolidée alors que la seconde ne produira jamais aucun effet. Les événements susceptibles d'être ainsi érigés en conditions inverse sont variables. Le plus classique est le **prédécès sans postérité du bénéficiaire de la première libéralité.**

Ainsi conçu, le mécanisme diffère de la substitution fidéicommissaire en ce qu'il écarte la succession de deux libéralités : quoi qu'il arrive, une seule d'entre elles sera censée avoir existé depuis l'origine. Il faut bien admettre cependant que la différence ne tient pas aux réalités économiques comme dans la double libéralité en usufruit et en nue-propriété mais à une fiction juridique. La ressemblance est d'ailleurs si forte sur le plan pratique comme sur le plan théorique que les substitutions fidéicommissaires jadis permises étaient souvent expliquées par la même idée de condition résolutoire et suspensive.

En définitive on pourrait presque affirmer que le double legs alternatif conditionnel est une substitution fidéicommissaire singularisée sur un point : le deuxième gratifié doit être au moins conçu au moment du décès du disposant.

332.162 Audace jurisprudentielle. Contrairement à la double libéralité en usufruit et en nue-propriété, le double legs alternatif conditionnel n'a pas été expressément validé par le Code civil. La jurisprudence l'a longtemps tenu pour une substitution prohibée[2], mais elle a fini par en admettre la validité[3]. Sans doute restait-elle attentive à vérifier que l'intention délibérée du testateur n'avait pas été de masquer une véritable substitution[4]. Il est néanmoins très audacieux de prétendre admettre la validité d'une opération si proche d'une substitution fidéicommissaire sans remettre en question la prohibition de principe de cette dernière.

C.
Legs *de residuo*

332.171 Critères distinctifs. Également appelé **fidéicommis sans inaliénabilité**, le legs *de residuo* est la disposition par laquelle le testateur lègue ses biens à une première personne en stipulant qu'elle devra transmettre à une seconde personne précisément désignée ce qui restera du legs à sa mort.

L'opération se rapproche de la substitution fidéicommissaire en ce que le résidu, s'il y en a un, fera de plein droit l'objet d'une double transmission successive. Elle en diffère fondamentalement en ce que le premier bénéficiaire n'a **pas l'obligation de conserver** : il peut librement, valablement et définitivement disposer de l'ensemble des biens légués et ne rien laisser au second bénéficiaire désigné après lui. Dès lors la reconnaissance de la validité du legs *de residuo* était tout à fait justifiée et ce avant même la réforme du 23 juin 2006[5]. Cependant la jurisprudence a régulièrement rapproché le legs *de resi-*

1. V., entre autres, Req. 10 mai 1922, *Gaz. Pal.* 1922. 2. 274 – Req. 22 févr. 1944, *JCP* 1959. II. 11136.
2. Req. 7 mai 1862, *DP* 1862. I. 289.
3. Civ. 19 mars 1873, *Dabrin c/Fontenilliat*, *DP* 1873. 1. 55; 1874. 1. 5, note Labbé; *GAJC*, t. I, 11e éd., 2000, n° 131, 592, comm. F. Terré et Y. Lequette.
4. V. PAR EX., Req. 16 juin 1911, *DP* 1913. I. 382.
5. Req. 10 févr. 1897, *DP* 1898. I. 519.

duo permis de la substitution prohibée ne serait-ce qu'en interprétant là aussi des dispositions équivoques comme des legs *de residuo*[1].

332.172 Escalade jurisprudentielle. L'évolution antérieure à l'adoption de la loi du 23 juin 2006 a porté principalement sur le droit de disposer du premier bénéficiaire. Certes, si le testateur avait stipulé une interdiction absolue de disposer même à titre onéreux, la combinaison ne serait plus un legs *de residuo* mais une substitution prohibée[2]. Cependant la faculté d'anéantir le résidu avait été singulièrement diminuée.

– D'abord la jurisprudence avait décidé que le testateur pouvait interdire au premier gratifié de disposer des biens par donation ou par testament[3].

– Ensuite, la première chambre civile de la Cour de cassation avait précisé le 27 juin 1961[4] que le pouvoir de disposer par testament était interdit même dans le silence du testament : il fallait au contraire une stipulation expresse pour le sauvegarder.

– Plus récemment, ce fut le pouvoir de disposer à titre onéreux qui a été atteint. Il l'avait été par un important arrêt rendu par la première chambre civile de la Cour de cassation le 2 juin 1993[5] à propos d'un legs *de residuo* portant sur un portefeuille de valeurs mobilières. En l'espèce, le premier bénéficiaire avait cédé une partie des titres composant le legs et avait procédé à l'acquisition et à la souscription de titres nouveaux. À son décès, ses héritiers prétendaient que le résidu auquel pouvait prétendre le second bénéficiaire portait seulement sur les titres existant au jour du décès du testateur, les autres ayant été aliénés à titre onéreux conformément aux règles applicables au legs *de residuo*. Cette analyse a été censurée par la Cour de cassation. Elle a en effet décidé, à la surprise presque générale, que la cession de titres anciens suivie de l'achat de titres nouveaux n'était pas un acte de disposition réduisant le résidu mais un acte de gestion normale de portefeuille. En conséquence, le résidu comprenait l'ensemble du portefeuille tel qu'il était constitué au décès du premier bénéficiaire. À la suite de cet arrêt, de nombreux auteurs ont fait observer qu'il y avait là une restriction à la faculté de disposer à titre onéreux, équivalente à une obligation de conserver, et que la Cour suprême avait transformé un legs *de residuo* en substitution normalement prohibée.

Toujours au titre du rapprochement du legs *de residuo* et de la substitution fidéicommissaire, il faut citer la jurisprudence qui admettait que celui-là, comme celle-ci quand elle était permise, pouvait être adressé à une personne future[6].

Poursuivant l'évolution, un arrêt de la première chambre civile du 31 janvier 1995[7] avait admis que le legs *de residuo*, à la différence d'une substitution permise, pouvait valablement porter sur la réserve héréditaire aussi bien que sur la quotité disponible.

Ainsi l'évolution des règles applicables au legs *de residuo* ne permettait pas seulement de contourner la prohibition des substitutions fidéicommissaires, il ouvrait aux disposants des possibilités que les substitutions permises ne leur offraient même pas.

C'est dans ce contexte qu'intervint l'importante réforme issue de la loi du 23 juin 2006.

SECTION 2
NOUVEAU RÉGIME DES LIBÉRALITÉS RÉSIDUELLES

332.180 Vue d'ensemble. Tirant les enseignements du système passé, essentiellement prétorien sur le sujet, la loi nouvelle du 23 juin 2006 codifie le régime des libéralités résiduelles. Cette consécration est heureuse et offre une alternative à la charge graduelle qui a été étudiée ci-dessus (v. s[s] n°s 331.10 s.). Si elles ont en commun de constituer des libéralités à double détente (le disposant donne ou lègue des biens à des bénéficiaires qui en jouiront successivement, le second à la mort du premier), elles se séparent en raison des obligations moins fortes qui pèsent sur le grevé dans le cadre d'une charge résiduelle qui n'emporte pas, pour le bénéficiaire, l'obligation de conserver ce qu'il a reçu du disposant. Les droits de l'appelé n'en sont que plus fragiles voire incertains. Envisageons successivement la définition (A), les conditions (B) et les effets (C) des libéralités résiduelles, tels qu'ils se présentent après la loi du 23 juin 2006.

1. Civ. 20 janv. 1958, *JCP* 1858. II. 11136 – V. AUSSI l'interprétation donnée par la Cour de cassation en cas de clause de droit de retour confuse : Civ. 1re, 8 juill. 2010, n° 09-11.301, NP.
2. Civ. 16 févr. 1903, *S.* 1903. I. 401.
3. Req. 11 févr. 1863, *D.* 1863. I. 232 – Req. 8 mai 1899, *D.* 1900. I. 68.
4. Civ. 1re, 27 juin 1961, *D.* 1962. 285.
5. Civ. 1re, 2 juin 1993, n° 91-16.370, *Bull. civ.* I, n° 204; *D.* 1993. 613, note D.-R. Martin; *RTD civ.* 1994. 147, obs. J. Patarin; *RTD civ.* 1995. 395, obs. F. Zenati; *D.* 1994. 582, note B. Fauvarque-Cosson; *JCP* 1994. II. 22206, note J.-P. Couturier; *Defrénois* 1993. 1274, note P. Buffeteau; *Defrénois* 1994. 414, note I. Souleau-Defrénois – V. AUSSI, Civ. 1re, 7 juin 2006, n° 04-10.616, *Bull. civ.* I, n° 300; *RTD civ.* 2006. 807, obs. M. Grimaldi; *AJ fam.* 2006. 380, obs. F. Bicheron.
6. Civ. 1re, 17 nov. 1971, n° 70-11.907, *Bull. civ.* I, n° 292; *D.* 1972. 133.
7. Civ. 1re, 31 janv. 1995, n° 93-12.099, *Bull. civ.* I, n° 67; *RTD civ.* 1995. 418, obs. J. Patarin; *D.* 1996. 24, note M. Arrault et Ph. Delmas-Saint-Hilaire; *JCP* 1995. II. 22529, note Vignal; *Defrénois* 1995. 1109, note M. Grimaldi.

§ 1
Définition et intérêt

332.181 Définition. La libéralité résiduelle est une libéralité qui est faite au premier gratifié sous la charge d'en transmettre, après sa mort, l'objet à un second gratifié s'il n'en a point disposé de son vivant (C. civ., art. 1057). Le second gratifié est réputé tenir ses droits de l'auteur de la libéralité (C. civ., art. 1061 par renvoi de l'art. 1061). Ainsi tout comme la libéralité graduelle, elle repose sur un mécanisme de deux transmissions successives, la première par le disposant au profit du « *grevé* », la seconde, éventuelle, par le « *grevé* » au second bénéficiaire. Mais à la différence de la charge graduelle qui comporte la double obligation et de conserver et de transmettre, la charge résiduelle n'oblige le « *grevé* » qu'à transmettre et non pas à conserver. Celui-ci est par conséquent interdit de disposer à cause de mort mais demeure libre de disposer entre vifs (v. s[s] n°s 332.210 à 332.261).

332.182 Problématique. En introduisant la notion de « *libéralités résiduelles* », le législateur consacre la jurisprudence élaborée relativement au legs *de residuo* par interprétation des dispositions de l'ancien article 896 du Code civil et il l'étend aux donations. À l'égard du grevé, cette charge apparaît comme plus avantageuse dans la mesure où l'obligation n'est que de transmettre mais ne s'accompagne pas de l'obligation de conserver. En conséquence les droits de l'appelé apparaissent comme très fragiles, puisqu'ils ne s'exerceront qu'au décès du grevé, dans la seule mesure du *residum* des biens objets de la libéralité initiale. Le grevé pourra déjouer ses espoirs en ayant aliéné les biens à titre onéreux et en avoir ensuite consommé le prix ou avoir procédé à des réinvestissements divers.

332.183 Intérêt. Le contraste existe sans conteste entre la charge graduelle et la charge résiduelle. Un disposant a désormais le choix de graduer l'importance de la contrainte qu'il assigne au grevé. Il lui faudra opter en tenant compte de nombreux éléments : présence d'un héritier vulnérable, besoins du grevé en terme de revenus complémentaire ou de capital, degré de confiance dans la capacité de gestion du grevé... Le choix entre les deux formes de libéralités (graduelle ou résiduelle) devra être opéré clairement, comme par le passé. Mais alors qu'antérieurement à la réforme, en cas de disposition insuffisamment claire, l'enjeu était la **validité** même de la libéralité, aujourd'hui le débat se déplacera sur le terrain de ses **effets**. Alors que jadis le contentieux opposait couramment les héritiers du disposant d'une part, qui dénonçaient une substitution nulle, aux deux gratifiés (le grevé et le second bénéficiaire) d'autre part, qui défendaient quant à eux l'existence d'une libéralité résiduelle valable, désormais le procès opposera souvent les gratifiés entre eux, l'appelé plaidant l'existence d'une libéralité graduelle génératrice de l'obligation de conserver, le grevé soutenant au contraire l'existence d'une libéralité résiduelle l'obligeant simplement à transmettre. Le conseil en amont auprès du disposant au moment où il rédigera la libéralité sera donc essentiel pour éviter ainsi toute confusion entre les deux types de charges.

§ 2
Conditions

A.
Capacité

332.191 Droit commun (renvoi). La charge résiduelle n'étant qu'une condition assortissant la libéralité qui en est le siège, les règles du droit commun en matière de capacité tant du disposant que du grevé sont applicables (v. s[s] n°s 312.91 s. et 322.20 à 322.62).

B.
Conditions de forme et de fond

332.201 Principe général (renvoi). D'une manière générale, la libéralité résiduelle obéit, selon qu'elle est consentie entre vifs ou à cause de mort, aux règles qui régissent la donation (v. s[s] n°s 311.11 s.) ou le testament. (v. s[s] n°s 321.10 s).

332.202 Assimilation au régime de la libéralité graduelle (renvoi). Quant aux personnes, quant aux biens et quant à la forme, ce qui a été dit plus haut pour les libéralités graduelles vaut en principe *mutatis mutandis* pour les libéralités résiduelles (C. civ., art. 1061, par renvoi aux art. 1049 à 1055 – V. s[s] n°s 331.161 s.).

332.203 Exception au principe de renvoi au régime de la libéralité graduelle. La loi veille à la protection de la réserve du grevé en des termes qui diffèrent ce ceux prévus pour la libéralité graduelle. Ainsi, si par principe, la libéralité résiduelle peut être effectuée en avancement de part successorale ou hors part successorale, lorsque le premier gratifié est héritier réservataire, il conserve la possibilité de disposer, entre vifs comme à cause de mort, des biens qui ont été donnés en avancement de part successorale (C. civ., art. 1059, al. 3). Il peut également demander le cantonnement à hauteur de la quotité disponible seulement des effets de la charge résiduelle, de manière à ce que sa part réservataire lui soit servie nette de toute charge. Par contre, on ne comprend pas que n'aient pas été transposées purement et simplement les règles relatives à la renonciation et à la prescription du droit de cantonner la charge grevant une libéralité graduelle (selon les formes de l'article 930 du Code civil – V. s[s] n° 331.107).

§ 3
Effets

332.210 Annonce. À l'instar de la libéralité graduelle, la charge résiduelle met en œuvre un mécanisme de double transmission. Mais alors que dans la première l'obligation de transmettre va contrarier l'exercice de son droit de propriété par le grevé sa vie durant (v. *supra* s[s] n°s 331.121 s.), l'absence d'obligation de conservation par ce dernier dans l'hypothèse d'une libéralité résiduelle le laisse *a priori* libre de disposer des biens et de réduire ainsi à néant les espoirs du second gratifié (A). Les pouvoirs du premier gratifié diffèrent cependant selon qu'il s'agit d'actes de disposition à titre gratuit ou à titre onéreux (B). Enfin la loi opère par renvoi aux libéralités graduelles s'agissant des cas de caducité des droits de l'appelé (C).

A.
Principe de liberté du premier gratifié

332.211 Prérogatives étendues par rapport au grevé d'une charge graduelle. Dans le périmètre des biens objets de la libéralité, les pouvoirs du premier gratifié sont donc plus étendus que ceux du grevé de la libéralité graduelle. En effet, le grevé, qui n'est pas tenu ici de conserver, peut librement disposer des biens reçus entre vifs (C. civ., art. 1058), à titre onéreux comme à titre gratuit (C. civ., art. 1059, al. 2).

332.212 Absence de recours de l'appelé. L'appelé ne saurait ni poursuivre les tiers acquéreurs des biens aliénés, comme il le pourrait en cas de libéralité graduelle (v. s[s] n° 331.133) ni invoquer le bénéfice d'une subrogation réelle : ses droits ne se reportent ni sur le produit de ces aliénations ni sur les nouveaux biens acquis (C. civ., art. 1059, al. 2). Le texte de la loi nouvelle retient en conséquence une définition stricte de la notion de *residum*.

332.213 Cas d'un portefeuille de valeurs mobilières. Par exception au principe d'absence de subrogation au bénéfice du second bénéficiaire qui vient d'être rappelé, si le bien objet de la libéralité est constitué d'un portefeuille de valeurs mobilières, nonobstant l'accomplissement d'un acte d'arbitrage par le grevé – ce qui sera pourtant de nature à changer la composition en nature du bien objet de la libéralité initiale – la subrogation opérera et les droits du second bénéficiaire reportés sur la composition du portefeuille au décès du grevé (C. civ., art. 1049 par renvoi de l'article 1061 qui consacré une solution dégagée par la jurisprudence[1]).

332.214 Absence de reddition de compte. Le grevé n'est pas tenu de rendre compte de sa gestion de ces biens, que ce soit à l'égard du disposant ou ses héritiers, pas plus qu'au second gratifié (C. civ., art. 1060).

B.
Limites aux pouvoirs du premier gratifié

332.220 Limites aux actes de disposition à titre gratuit. Il convient de distinguer selon que le grevé entend accomplir des actes à titres onéreux (1°) ou des actes à titres gratuits (2°) sur les biens qu'il a reçus.

1°
Actes à titre onéreux

332.221 Absence de restrictions. De ce que la libéralité résiduelle ne comporte pour le premier gratifié aucune obligation de conserver les biens reçus mais simplement l'obligation de transmettre ce qui restera à son décès, c'est-à-dire les biens subsistants (C. civ., art. 1059, al. 1er), il en résulte qu'aucune restriction au droit de disposer entre vifs à titre onéreux n'existe *a priori*.

332.222 Ambiguïté d'une clause contraire. Il semble envisageable que le disposant assortisse son geste libéral de restrictions à la capacité de disposer à titre onéreux du grevé mais alors au risque d'une assimilation totale de cette libéralité au régime de la libéralité graduelle dont elle se rapprocherait alors à l'identique.

2°
Actes à titre gratuit

332.231 a) Principe. Le premier gratifié connaît des restrictions à sa propre liberté de disposer à titre gratuit des biens objets de la libéralité résiduelle. Ces restrictions sont importantes et participent de l'identité même de la libéralité résiduelle. Elles permettent notamment de les singulariser des simples donations ou legs précatifs. Ces limites sont posées par la loi différemment selon que la libéralité envisagée par le

1. Civ. 1re, 2 juin 1993, n° 91-16.370, *Bull. civ.* I, n° 204; *D.* 1993. 613, note D.-R. Martin; *RTD civ.* 1994. 147, obs. J. Patarin; *RTD civ.* 1995. 395, obs. F. Zenati; *JCP* 1994. II. 22206, note Couturier; *Defrénois* 1993. 1274, note Buffeteau; *Defrénois* 1994. 414, note I. Souleau-Defrénois.

premier gratifié au profit d'une autre personne que le second gratifié est une donation ou un legs.

332.232 Donation par le premier gratifié. Le premier gratifié n'a la faculté de disposer par donation entre vifs des biens qui lui ont été donnés ou légués à titre de libéralité résiduelle qu'à défaut de stipulation contraire incluse dans la libéralité elle-même (C. civ., art. 1059, al. 2). Le disposant conserve donc seul le choix d'autoriser ou non le premier gratifié à éliminer de lui-même le second bénéficiaire en lui octroyant ou pas le droit de les donner.

332.233 Legs par le premier gratifié. Le premier gratifié ne peut pas plus disposer par testament des biens donnés ou légués à titre résiduel (C. civ., art. 1059, al. 1er). Il ne le peut pas non plus par institution contractuelle. La loi nouvelle met ainsi fin à une controverse doctrinale et consacre la jurisprudence antérieure[1]. En outre, même si le texte nouveau reste muet sur la question, on imagine mal qu'il puisse être admis une clause contraire dans le testament, qui permettrait au premier gratifié de léguer les biens. À défaut d'être formellement interdite, on peut légitimement penser que la stipulation d'une telle clause serait de nature à disqualifier la libéralité en simple legs précatif. Pourrait-on en effet encore parler de libéralité résiduelle là où le premier gratifié ne serait plus tenu d'aucune charge ?

332.234 b) Exception : le premier gratifié est un héritier réservataire. Par exception au principe qui vient d'être énoncé, lorsqu'il est réservataire, le premier gratifié conserve la possibilité de disposer entre vifs ou à cause de mort des biens qui ont lui été donnés en avancement de part successorale (C. civ., art. 1059, al. 3). La charge résiduelle ne pourra donc valablement grever que des biens qui composeront la quotité disponible.

332.235 L'exception s'applique aux libéralités entre vifs comme à cause de mort. L'exception dont il vient d'être fait état est logique dans la mesure où les biens donnés qui participent de la composition de la part réservataire du gratifié doivent lui être servis libres de toute charge. Au nom de cette logique et bien que le texte n'ait expressément prévu cette exception que dans l'hypothèse d'une donation résiduelle, on peut raisonnablement penser que cette exception doit également profiter au premier gratifié s'agissant cette fois de biens légués, dans la mesure où ce legs portera sur des biens qui composeront tout ou partie de sa réserve (C. civ., art. 843, al. 2). Le simple fait que cela ait été expressément prévu pour le legs graduel (C. civ., art. 1054, al. 3) mais que l'article 1061 du Code civil ne fasse pas de renvoi à ces dispositions ne semble pas être un argument suffisant pour exclure cette assimilation au régime du legs graduel.

332.236 Exercice de l'action en réduction par le premier gratifié. S'il n'admet pas cette atteinte à sa réserve et qu'il veut léguer à son tour les biens reçus du disposant au titre de sa réserve à une autre personne que le second bénéficiaire, le premier gratifié devra exercer l'action en réduction, dans le délai de droit commun de *cinq ans* après le décès du testateur (C. civ., art. 821, al. 2), à l'effet de demander le cantonnement de la charge résiduelle à la seule partie correspondant à la quotité disponible.

3°
Garanties

332.241 Analogie contestable avec le régime de la libéralité graduelle. La loi prévoit que le disposant peut, comme au cas de libéralité graduelle, prescrire des garanties et des sûretés qui garantissent la bonne exécution de la charge (C. civ., art. 1052, par renvoi de l'art. 1061). Toutefois, la transposition est singulière, voire inappropriée, dès lors que la charge n'est que de transmettre : on ne voit pas quelle sûreté ou garantie serait utile pour écarter la menace d'un legs que viendrait à consentir le premier gratifié qu'il suffira de faire déclarer nul le moment venu, sous réserve de ce qui a été dit ci-dessus en cas d'héritier réservataire (v. ss no 331.115).

C.
Caducité des droits du second gratifié

332.251 Renvoi. Comme la libéralité graduelle, la libéralité résiduelle est caduque par le prédécès ou la renonciation du second gratifié, les biens demeurant alors la propriété du premier bénéficiaire. Les mêmes tempéraments sont admis, à savoir que la libéralité sera maintenue si une clause de l'acte prévoit expressément que les héritiers du second gratifié pourront recueillir la libéralité résiduelle ou qu'il désigne un autre second gratifié. Cette souplesse permet au disposant d'éviter que les biens donnés ou légués ne reviennent à la famille du premier gratifié (C. civ., art. 1056, par renvoi de l'art. 1061 – v. ss nos 331.150 à 331.161).

D.
Aspect fiscal

332.261 Renvoi. Comme pour la libéralité graduelle, en cas de libéralité résiduelle le second gratifié est réputé tenir ses droits de l'auteur de la libéra-

1. Civ. 1re, 27 juin 1961, *D.* 1962. 285, note Ancel – Civ. 1re, 9 avr. 1970, no 68-12.972, *Bull. civ.* I, no 111 – Civ. 1re, 23 avr. 1981, no 80-11.665, *Bull. civ.* I, no 133.

lité, c'est-à-dire du disposant (C. civ., art. 1051, par renvoi de l'art. 1061).

En application de cette fiction juridique, les biens reçus sont censés n'avoir jamais transité par le patrimoine du premier gratifié. Il n'y a donc pas de libéralité entre le premier et le second gratifié. D'autre part, ces biens ne dépendent pas de la succession du premier gratifié (CGI, art. 752 et art. 784 C, issus de L. fin. rect. n° 2006-1771, 30 déc. 2006, art. 47 et 54 - V. s nos 331.171 à 331.173). Les taux applicables et la valeur imposable des biens transmis sont déterminés en se plaçant à la date du décès du premier gratifié. En outre, selon l'article 784 C du Code général des impôts[1], les droits payés par le premier gratifié sont ceux dus sur les mêmes biens par le second bénéficiaire.

Sur la fiscalité des libéralités graduelles et résiduelles, v. ss nos 613.31 et 613.32.

1. Créé par Décr. n° 2007-484, 30 mars 2007 (anct CGI, art. 791 *bis*).

TITRE

34. Les libéralités familiales : les donations par contrat de mariage

SECTION 0
ORIENTEUR

34.00 Plan du titre.

Division. Les libéralités familiales comprennent des donations liées au mariage, ainsi que les libéralités-partages et libéralités substitutives, dont le régime a été profondément rénové et assoupli par la loi n° 2006-728 du 23 juin 2006[1], portant réforme des successions et des libéralités.

S'agissant des donations liées au mariage, le Code civil invite à distinguer les donations faites aux époux par des tiers et les donations entre époux.

Il est préférable d'opposer les **donations faites par contrat de mariage**, dominées par l'idée de faveur pour l'institution du mariage, aux **donations faites en dehors du contrat de mariage** qui, bien que n'étant plus aujourd'hui dominées par un esprit de défiance envers les époux, obéissent à un régime différent.

Les premières relèvent d'un certain nombre de caractéristiques communes (chap. 341) et peuvent être faites par des tiers aux futurs époux (chap. 342, 343, 344 et 345) ou par les ascendants de ces derniers (chap. 346)

1. L. n° 2006-728, 23 juin 2006, portant réforme des successions et des libéralités, *JO* 24 juin, p. 9513.

ou, encore, être consenties entre les futurs époux (chap. 347). Les secondes seront étudiées au titre 35.

34.11 Textes applicables. Quelques textes spécifiques aux libéralités familiales sont épars dans le Code civil : l'article 947 (qui perpétue l'adage « *donner et retenir hors mariage ne vaut* ») les articles 959 et 960 (relatifs à la révocation pour cause d'ingratitude ou pour survenance d'enfant), les articles 1398 et 1399 (consacrés à la capacité de disposer par contrat de mariage) et, enfin, les articles 265 et 265-1 (qui se prononcent sur le sort des donations en cas de divorce). Mais la plupart des dispositions sont regroupées aux articles 1048 à 1100 qui forment les chapitres VI, VII, VIII et IX du titre II - rebaptisé par la loi n° 2006-728 du 23 juin 2006 « Des libéralités » - du Livre troisième du Code civil. Les deux premiers chapitres sont désormais respectivement intitulés « Des libéralités graduelles et résiduelles » et « Des libéralités-partage ». Quant aux deux seconds, ils demeurent consacrés, d'une part, aux « *donations faites par contrat de mariage aux époux, et aux enfants à naître du mariage* » et, d'autre part, aux « *dispositions entre époux, soit par contrat de mariage, soit pendant le mariage* ».

34.12 Vue d'ensemble. La famille et les libéralités sont faites pour se rencontrer sous la commune influence de l'affection présumée. Pourtant, jusqu'à présent, lorsque la famille entrait en jeu, les principes généraux qui gouvernaient le droit des libéralités s'infléchissaient; parfois même ils s'inversaient. Ces bouleversements s'expliquaient un peu par le souci de faciliter la transmission des biens aux générations nouvelles. Ils tenaient surtout à un singulier mélange de faveur pour l'institution du mariage et de défiance envers les personnes mariées. Or le mariage a beaucoup perdu de sa spécificité, si bien que le particularisme des libéralités familiales est pour une large part devenu anachronique. C'est pourquoi, les réformes récentes ayant successivement modifié le droit de la famille ont progressivement atténué la spécificité de ces libéralités, sans pour autant la gommer totalement. En effet, si la défiance a quasiment disparu de la scène de ces dernières, la faveur pour l'institution du mariage transparaît encore aujourd'hui des dispositions qui les régissent.

34.13 Renvois. Les libéralités-partages, dont le caractère de libéralité familiale n'est pas douteux, feront l'objet de développements ultérieurs qui rendront mieux compte de leur complexité (v. s[s] n°s 410.11 s. à 413.11 s.). S'agissant des libéralités substitutives, dont le domaine n'est plus restreint - depuis la réforme de 2006 - à un cercle familial étroit, elles ont été étudiées au titre 33 qui leur est entièrement consacré (v. s[s] n°s 331.10 s. et 332.10 s.).

CHAPITRE

341. Règles caractéristiques de toute donation par contrat de mariage

NATHALIE PETERKA
PROFESSEUR À L'UNIVERSITÉ PARIS-EST
CRÉTEIL VAL-DE-MARNE (UPEC)

SECTION 0
ORIENTEUR

341.00 Plan du chapitre.

Division. Pour toute donation faite par contrat de mariage, il y a un infléchissement du droit commun des libéralités aussi bien pour la forme (sect. 1) que pour le fond (sect. 2).

341.01 Textes applicables.

C. civ., art. 947, 1081 à 1087, 1088, 1093 et 1397

L. n° 2006-728, 23 juin 2006, portant réforme des successions et des libéralités, *JO* 24 juin, p. 9513 (*entrée en vigueur le 1er janv. 2007*)

L. n° 2004-439, 26 mai 2004, relative au divorce, *JO* 27 mai, p. 9319 (*entrée en vigueur le 1er janv. 2005*)

> Donations faites par contrat de mariage aux époux et aux enfants à naître du mariage
[C. civ., art. 1081 à 1087] (*L. n° 2006-728, 23 juin 2006, art. 9*)

C. civ., art. 1081

Toute donation entre vifs de biens présents, quoique faite par contrat de mariage aux époux, ou à l'un d'eux, sera soumise aux règles générales prescrites pour les donations faites à ce titre.

Elle ne pourra avoir lieu au profit des enfants à naître, si ce n'est dans les cas énoncés au chapitre VI du présent titre.

C. civ., art. 1082

Les père et mère, les autres ascendants, les parents collatéraux des époux, et même les étrangers, pourront, par contrat de mariage, disposer de tout ou partie des biens qu'ils laisseront au jour de leur décès, tant au profit desdits époux, qu'au profit des enfants à naître de leur mariage, dans le cas où le donateur survivrait à l'époux donataire.

Pareille donation, quoique faite au profit seulement des époux ou de l'un d'eux, sera toujours, dans ledit cas de survie du donateur, présumée faite au profit des enfants et descendants à naître du mariage.

C. civ., art. 1083

La donation dans la forme portée au précédent article, sera irrévocable en ce sens seulement que le donateur ne pourra plus disposer, à titre gratuit, des objets compris dans la donation, si ce n'est pour sommes modiques, à titre de récompense ou autrement.

C. civ., art. 1084

La donation par contrat de mariage pourra être faite cumulativement des biens présents et à venir, en tout ou partie, à la charge qu'il sera annexé à l'acte un état des dettes et charges du donateur existantes au jour de la donation; auquel cas, il sera libre au donataire, lors du décès du donateur, de s'en tenir aux biens présents, en renonçant au surplus des biens du donateur.

C. civ., art. 1085

Si l'état dont est mention au précédent article n'a point été annexé à l'acte contenant donation des biens présents et à venir, le donataire sera obligé d'accepter ou de répudier cette donation pour le tout. En cas d'acceptation, il ne pourra réclamer que les biens qui se trouveront existants au jour du décès du donateur, et il sera soumis au paiement de toutes les dettes et charges de la succession.

C. civ., art. 1086

La donation par contrat de mariage en faveur des époux et des enfants à naître de leur mariage pourra encore être faite, à condition de payer indistinctement toutes les dettes et charges de la succession du donateur, ou sous d'autres conditions dont l'exécution dépendrait de sa volonté, par quelque personne que la donation soit faite : le donataire sera tenu d'accomplir ces conditions, s'il n'aime mieux renoncer à la donation; et en cas que le donateur, par contrat de mariage, se soit réservé la liberté de disposer d'un effet compris dans la donation de ses biens présents, ou d'une somme fixe à prendre sur ces mêmes biens, l'effet ou la somme, s'il meurt sans en avoir disposé, seront censés compris dans la donation et appartiendront au donataire ou à ses héritiers.

C. civ., art. 1087

Les donations faites par contrat de mariage ne pourront être attaquées ni déclarées nulles sous prétexte de défaut d'acceptation.

C. civ., art. 1088

Toute donation faite en faveur du mariage sera caduque si le mariage ne s'ensuit pas.

> Dispositions entre époux, soit par contrat de mariage, soit pendant le mariage
[C. civ., art. 1093 et 1397]

C. civ., art. 1093 (*L. n° 2006-728, 23 juin 2006, art. 9*)

La donation de biens à venir, ou de biens présents et à venir, faite entre époux par contrat de mariage, soit simple, soit réciproque, sera soumise aux règles établies par le chapitre précédent, à l'égard des donations pareilles qui leur seront faites par un tiers, sauf qu'elle ne sera point transmissible aux enfants issus du mariage, en cas de décès de l'époux donataire avant l'époux donateur.

C. civ., art. 1397 (*L. n° 2007-308, 5 mars 2007, art. 11*)

Après deux années d'application du régime matrimonial, les époux peuvent convenir, dans l'intérêt de la famille, de le modifier, ou même d'en changer entièrement, par un acte notarié. À peine de nullité, l'acte notarié contient la liquidation du régime matrimonial modifié si elle est nécessaire.

Les personnes qui avaient été parties dans le contrat modifié et les enfants majeurs de chaque époux sont informés personnellement de la modification envisagée. Chacun d'eux peut s'opposer à la modification dans le délai de trois mois.

Les créanciers sont informés de la modification envisagée par la publication d'un avis dans un journal habilité à recevoir les annonces légales dans l'arrondissement ou le département du domicile des époux. Chacun d'eux peut s'opposer à la modification dans les trois mois suivant la publication.

En cas d'opposition, l'acte notarié est soumis à l'homologation du tribunal du domicile des époux. La demande et la décision d'homologation sont publiées dans les conditions et sous les sanctions prévues au Code de procédure civile.

Lorsque l'un ou l'autre des époux a des enfants mineurs, l'acte notarié est obligatoirement soumis à l'homologation du tribunal du domicile des époux.

Le changement a effet entre les parties à la date de l'acte ou du jugement qui le prévoit et, à l'égard des tiers, trois mois après que mention en a été portée en marge de l'acte de mariage. Toutefois, en l'absence même de cette mention, le changement n'en est pas moins opposable aux tiers si, dans les actes passés avec eux, les époux ont déclaré avoir modifié leur régime matrimonial.

Lorsque l'un ou l'autre des époux fait l'objet d'une mesure de protection juridique dans les conditions prévues au titre XI du livre Ier, le changement ou la modification du régime matrimonial est soumis à l'autorisation préalable du juge des tutelles ou du conseil de famille s'il a été constitué.

Il est fait mention de la modification sur la minute du contrat de mariage modifié.

Les créanciers non opposants, s'il a été fait fraude à leurs droits, peuvent attaquer le changement de régime matrimonial dans les conditions de l'article 1167.

Les modalités d'application du présent article sont déterminées par décret en Conseil d'État.

341.02 Jurisprudence de référence.

> L'adoption d'un nouveau régime matrimonial n'entraîne pas *ipso facto* la caducité des donations que les époux s'étaient consenties par un premier contrat de mariage

• Civ. 1re, 29 oct. 1974, n° 72-12.823, *Siébert, Bull. civ.* I, n° 288

* V. ss n° 341.52

« Attendu que les juges d'appel ont relevé que le contrat de mariage des époux S... ne contenait aucun accord des époux mettant à néant les libéralités figurant dans le précédent;

Que, dès lors, ils ont décidé à bon droit que l'adoption d'un nouveau régime n'entraînant pas *ipso facto* la caducité des donations que s'étaient consentis les époux, celles-ci se trouvaient maintenues;

Qu'abstraction faite de tous autres motifs critiques par le moyen, ils ont légalement justifié leur décision et que le moyen ne saurait être accueilli;

Par ces motifs : rejette le pourvoi. »

341.03 Bibliographie indicative.

Actualisables. Rép. civ., v° *Donation par contrat de mariage*, par A. Colomer, juin 2012 – *J.-Cl. Civ.*, « Donations et testaments », art. 1086 à 1090, fasc. 40, M. Grimaldi.

Ouvrages[1]. J. FLOUR et H. SOULEAU, *Droit civil. Les libéralités*, coll. « U », A. Colin, 1982, n°s 387 s. – M. GRIMALDI, *Droit civil. Libéralités. Partages d'ascendants*, LexisNexis/Litec, 2000 – Chr. JUBAULT, *Droit civil. Les successions. Les libéralités*, « Précis Domat droit privé », 2e éd., Montchrestien, 2010 – A.-M. LEROYER, *Droit des successions*, « Cours », 2e éd., Dalloz, 2011 – Ph. MALAURIE, *Les successions. Les libéralités*, 5e éd., Defrénois/Lextenso, 2012 – H. L. J. MAZEAUD et F. CHABAS, *Leçons de droit civil*, tome IV, vol. 2, *Successions-Libéralités*, par L. et S. LEVENEUR, 5e éd., Montchrestien, 1999, nos 1552 à 1572 – F. Sauvage, *Successions*, 22e éd., Encyclopédie Delmas, 2013 – A. SÉRIAUX, *Successions et libéralités*, Ellipses, 2013 – F. TERRÉ, Y. LEQUETTE et S. GAUDEMET, *Droit civil. Les successions. Les libéralités*, « Précis », 4e éd., Dalloz, 2014 – F. Zenati-Castaing et T. Revet, *Cours de droit des successions*, « Droit fondamental », PUF, 2012.

Thèse. F. Lucet, *Des rapports entre régime matrimonial et libéralités entre époux*, th. Paris II, 1987

Article. D. Martin, « Le droit matrimonial des libéralités », *JCP N* 1977. I. 39.

341.04 Questions essentielles.

> Quelle est la signification de la règle « *Donner et retenir hors mariage ne vaut* » ?

* V. ss nos 341.21 à 341.23

> Les donations survivent-elles à l'anéantissement du contrat de mariage qui les contenait ?

* V. ss nos 341.41 et 341.42

> L'adoption d'un nouveau régime matrimonial entraîne-t-elle la caducité des donations que les époux s'étaient consenties par un premier contrat de mariage ?

* V. ss nos 341.51 à 341.54

341.08 Évolution. Le droit français veut encore croire que des arguments vénaux peuvent inciter au mariage. Aussi se montre-t-il toujours très favorable aux donations qui facilitent la conclusion d'une telle union. Lorsque les donations sont contenues dans un contrat de mariage, il ne fait aucun doute qu'elles poursuivent un **objectif matrimonial.** C'est donc sans hésitation ni arrière-pensée que leur est appliqué un **régime juridique spécial,** caractérisé par un assouplissement des règles du droit commun des libéralités. Cette **faveur** délibérée est cependant **contrariée** par la nécessité d'articuler les donations avec le contrat de mariage lui-même et avec le régime matrimonial qu'il a organisé.

SECTION 1
ASSOUPLISSEMENT DES RÈGLES DE FORME

341.11 Évolution historique. En la forme, la validité des donations notariées est longtemps restée subordonnée à la présence d'un deuxième notaire ou de deux témoins. En revanche, le contrat de mariage relevait d'un acte authentique ordinaire passé devant un seul notaire. Lorsque les donations étaient contenues dans un contrat de mariage, elles lui empruntaient ses règles de forme et devenaient par conséquent valables sans la présence du deuxième notaire ou des deux témoins. Cette remarquable faveur pour les donations par contrat de mariage s'est évanouie lorsque la loi du 28 décembre 1966 a admis la réception de toute donation par un seul notaire.

341.12 Disparition de l'exigence d'une acceptation expresse. Pour les donations, l'article 932 alinéa 1er du Code civil pose l'exigence, inhabituelle en droit français, d'une acceptation « *en termes exprès* ». L'article 1087 écarte cette règle pour les donations faites par contrat de mariage, en disposant qu'elles ne pourront être attaquées ni déclarées nulles sous prétexte de défaut d'acceptation. Ce texte doit être bien compris car il pourrait laisser entendre qu'il va jusqu'à supprimer la nécessité d'accepter la donation. Or, il signifie seulement que l'acceptation, toujours indispensable, n'est plus soumise à **aucune forme particulière.** La donation sera donc valable grâce à une simple signature du contrat de mariage par le donataire alors que, suivant l'article 932 alinéa 1er, la donation entre vifs ne produit effet que du jour où elle a été acceptée en termes exprès et l'acceptation expresse de la donation ne peut résulter de la seule présence du donataire lors de la rédaction de l'acte de donation et de la simple signature de celui-ci[2].

La faveur de la règle de l'article 1087 peut cependant devenir illusoire en cas d'annulation pour vice de forme du contrat de mariage contenant les donations. Si elles n'avaient pas été acceptées en termes exprès, elles seront – elles aussi – anéanties.

SECTION 2
ORIGINALITÉ DES RÈGLES DE FOND

341.20 Annonce. Les règles de fond sont plus profondément modifiées que les règles de forme. Elles sont, surtout, davantage contrastées. La principale règle de fond apporte ainsi un assouplisse-

1. NB : les ouvrages les plus fréquemment cités et dont le nom des auteurs figure en petites capitales en bibliographie sont cités par les seuls noms des auteurs en petites capitales en notes de bas de page.

2. Civ. 1re, 2 mars 1999, no 97-11.430, *Bull. civ.* I, no 74; *D.* 1999. IR 88.

ment, en écartant l'irrévocabilité spéciale des donations (§ 1), cependant que les autres, dictées par des exigences d'articulation, entraînent un surcroît de rigueur (§ 2).

§ 1
Exclusion de l'irrévocabilité spéciale des donations

341.21 La règle « Donner et retenir hors mariage ne vaut ». Comme on le sait, l'adage « *Donner et retenir ne vaut* » signifie, dans son acception la plus récente, que les donations sont soumises à une irrévocabilité plus rigoureuse que celle instaurée par l'article 1134 du Code civil pour le droit commun des contrats. Cette irrévocabilité spéciale se traduit par quatre prohibitions édictées par le Code civil en ses articles 943 (**prohibition des donations de biens à venir**), 944 (**prohibition des donations sous condition potestative**), 945 (**prohibition des donations faites avec obligation pour le donataire de payer les dettes futures du donateur**) et 946 (**prohibition des donations avec réserve du droit de disposer**). Or, l'article 947 dispose que « *les quatre articles précédents* », et par conséquent les quatre prohibitions évoquées, « *ne s'appliquent point aux donations dont il est fait mention aux chapitres VIII et IX du présent titre* », c'est-à-dire aux donations par contrat de mariage et aux donations entre époux pendant le mariage. Ces libéralités ne sont pas assujetties à la règle de l'irrévocabilité spéciale des donations. L'article 947 consacre ce que l'Ancien droit exprimait par le brocard « *Donner et retenir **hors mariage** ne vaut* ». Toutefois, depuis la loi n° 2004-439 du 26 mai 2004 ayant réformé le droit des libéralités conjugales, le domaine de cet adage semble - encore que cela soit contesté par une partie de la doctrine - réduit à la sphère des seules donations par contrat de mariage et laisser de côté une partie des libéralités entre époux effectuées pendant la durée de l'union conjugale (au sujet de ces dernières, v. la controverse relative à leur assujettissement à la règle de l'irrévocabilité spéciale des donations, s[s] n°s 354.84 s.).

341.22 Applications de la règle. À l'égard des donations faites par des tiers, les conséquences de l'article 947 sont tirées par les articles 1082 à 1085 du Code civil, qui lèvent la prohibition des donations de biens à venir, et par l'article 1086 qui, en des termes assez équivoques, écarte les trois autres prohibitions et, notamment, celle des **conditions simplement potestatives**[1]. S'agissant des donations entre futurs époux, seule la première **dérogation à l'irrévocabilité spéciale** est envisagée par l'article 1093. Il est cependant unanimement admis que, compte tenu de la fermeté de l'article 947, les autres dérogations organisées par l'article 1086 s'appliquent à toutes les donations par contrat de mariage, y compris à celles que se consentent les futurs époux.

L'exclusion de l'irrévocabilité spéciale permet aussi de stipuler que les donations par contrat de mariage échapperont à l'ordre légal de la réduction et pourront être réduites avant des libéralités consenties ultérieurement.

341.23 Retour à l'irrévocabilité ordinaire des contrats. L'exclusion de l'irrévocabilité spéciale ne va pas jusqu'à rendre librement révocables les donations par contrat de mariage. Elles restent toutes soumises à l'irrévocabilité de droit commun de l'article 1134 du Code civil. En conséquence, le donateur reste définitivement lié si aucune **clause** l'autorisant à rompre le contrat de donation n'a été stipulée ou si aucune **convention révocatoire** n'a été ultérieurement conclue avec le donataire. Il s'agissait là d'une différence radicale avec la donation entre époux pendant le mariage qui était, avant l'entrée en vigueur de la loi du 26 mai 2004 (le 1er janvier 2005), toujours révocable *ad nutum* et qui ne l'est plus, depuis cette date, que si elle porte sur des biens à venir ou si, ayant pour objet des biens présents, ses effets sont reportés après la dissolution de l'union conjugale (sur le nouveau domaine de la règle, v. s[s] n°s 354.11; n°s 354.84 s.; n°s 354.101 s.). Une autre différence entre la donation par contrat de mariage et celle consentie pendant la durée de l'union tient à ce que l'insertion de la première dans le contrat de mariage la met en relation avec le principe de l'immutabilité du régime matrimonial.

§ 2
Articulation entre les donations et le cadre matrimonial

341.30 Présentation. Le cadre matrimonial dans lequel les donations sont enchâssées comprend le mariage, le contrat de mariage et le régime matrimonial.

A.
Caducité au cas où « *le mariage ne s'ensuit pas* »

341.31 Controverses sur le fondement de la règle édictée par l'article 1088 du Code civil. Pour expliquer pourquoi, aux termes de l'article 1088,

1. M. Grimaldi, *J.-Cl. Civ.*, « Donations par contrat de mariage », art. 1086 à 1090, fasc. 40, n°s 14 s.

toute donation faite en faveur du mariage devient **caduque en cas de non-célébration** de celui-ci, il a été parfois invoqué la notion de cause. Aujourd'hui, l'opinion dominante fonde la solution sur la théorie de la condition - suspensive - laquelle serait en l'occurrence une condition *si nuptiae sequantur*.

341.32 Hypothèses de caducité. La caducité frappe la donation quelle que soit la raison pour laquelle les noces n'ont pas été célébrées : décès, rupture des fiançailles. Il suffit que le mariage en vue duquel la libéralité avait été faite ne l'ait pas suivie.

341.33 Hypothèses échappant à la caducité. Même si le mariage n'a pas été célébré, la donation peut survivre si elle n'avait pas été consentie en considération du mariage (*propter nuptias*). Le cas est certes peu vraisemblable lorsqu'une donation a été faite par contrat de mariage puisqu'elle est alors présumée *propter nuptias*. Cependant, cette **présomption** n'est **pas irréfragable** (du moins selon l'opinion dominante), de sorte que le donataire pourra parfois conserver le bénéfice de la donation en établissant qu'elle n'avait pas été déterminée par le mariage mais par un autre motif, tel que la réparation d'une séduction dolosive.

341.34 Hypothèse discutée. La question est vivement débattue de savoir si la caducité est également encourue dans l'hypothèse où le **mariage** en considération duquel la donation avait été faite a été effectivement **célébré puis annulé**. Pour certains, la nullité du mariage doit toujours entraîner la caducité de la donation. D'autres proposent de distinguer en fonction du but que les parties avaient envisagé au moment de l'acte. D'autres encore considèrent que la caducité devrait être écartée mais seulement lorsque le mariage annulé est putatif[1].

B. Répercussions de l'annulation du contrat de mariage

341.41 Annulations en cascade. Lorsque le contrat de mariage est annulé, les **donations** qui s'appuyaient sur lui pour bénéficier d'assouplissements dérogatoires au droit commun des libéralités sont également **annulées**. Cette solution rigoureuse vaut à l'égard des donations ne satisfaisant pas aux exigences du principe d'irrévocabilité spéciale comme pour celles, déjà rencontrées, qui n'ont pas été acceptées en termes exprès.

1. Sur tout ceci, v. M. Grimaldi, *J.-Cl. Civ.*, art. 1086 à 1090, fasc. 40, n° 70.

341.42 Maintien des donations. Corrélativement, les donations survivent à l'anéantissement du contrat de mariage si, par ailleurs, elles obéissaient à toutes les **exigences, de forme et de fond, du droit commun.** Cette règle reçoit, cependant, une **exception** lorsque la donation, conforme au droit commun, était rattachée par un **lien d'indivisibilité au régime matrimonial** organisé par le contrat de mariage annulé.

C. Interférences avec le principe de l'immutabilité du régime matrimonial

341.51 Présentation des difficultés. Il faut distinguer deux périodes, celle antérieure à la loi du 13 juillet 1965 et celle postérieure à cette loi.

Avant la loi du 13 juillet 1965, l'immutabilité était **absolue** et elle visait les **conventions matrimoniales.** Les donations par contrat de mariage étant indiscutablement des conventions matrimoniales, elles étaient, sous réserve de quelques tempéraments, frappées de plein fouet par le principe d'immutabilité. Leur situation était donc paradoxale puisqu'elles échappaient à l'irrévocabilité spéciale des donations pour venir se heurter à l'immutabilité de l'ancien article 1395 qui paralysait les conventions révocatoires conformes à la règle de l'irrévocabilité ordinaire des contrats.

Depuis la loi du 13 juillet 1965, l'immutabilité est devenue **relative** et elle ne concerne plus que le **régime matrimonial.** L'incidence de la réforme sur le sort des donations par contrat de mariage a été appréciée de la manière la plus contradictoire.

Pour certains, la nouvelle immutabilité relative ne concerne que le régime matrimonial cependant que les conventions matrimoniales, donations comprises, restent soumises à l'immutabilité absolue.

Pour d'autres, le principe d'immutabilité désormais assoupli ne vaut plus que pour le régime matrimonial et les donations relèvent du principe de mutabilité du droit commun des contrats.

Une thèse intermédiaire soutient que le nouveau régime d'immutabilité relative, organisé par l'article 1397, vaut à la fois pour le régime matrimonial et pour les conventions matrimoniales. Cependant, les tenants de cette troisième interprétation hésitent sur le point de savoir si la révocation conventionnelle des donations peut intervenir, dans les conditions prévues par l'article 1397, à titre principal, de manière isolée, ou si elle doit être l'accessoire d'un changement ou d'une modification du régime matrimonial.

Dans le même ordre d'idée, la question aussi se pose de savoir si, en l'absence de révocation expresse ou tacite, le changement de régime matrimonial entraîne la caducité des donations contenues dans le régime initial.

341.52 Incertitude des solutions. Depuis la réforme de 1965, les interférences entre les donations et la nouvelle immutabilité relative des régimes matrimoniaux ont suscité des solutions contradictoires de la part des juges du fond et une jurisprudence équivoque de la Cour de cassation.

Deux cours d'appel ont décidé que les donations par contrat resteraient soumises à l'immutabilité absolue de jadis [1]. Un tribunal de grande instance a considéré, au contraire, que le nouveau principe s'appliquait aussi à ces donations [2]. La première chambre civile de la Cour de cassation, s'est prononcée sur un aspect de la question à deux reprises, d'abord, le 29 octobre 1974, dans une affaire *Siébert* [3] abondamment et diversement commentée, puis le 14 mai 1975 [4].

Dans l'arrêt *Siébert*, les époux avaient adopté le régime de communauté universelle par un contrat de mariage aux termes duquel ils s'étaient, par ailleurs, consenti des donations. Par la suite, ils avaient obtenu un changement de régime matrimonial qui les plaçait sous le régime de la séparation de biens mais sans rien indiquer sur le sort des donations antérieures. La première chambre civile a ainsi eu l'occasion de préciser que « *l'adoption d'un nouveau régime matrimonial n'entraînait pas* ipso facto *la caducité des donations que les époux s'étaient consenties par un premier contrat de mariage* ». La même solution a été reproduite, par la suite, par l'arrêt du 14 mai 1975.

De cette solution appliquée aux hypothèses dans lesquelles il n'y a **pas de révocation conventionnelle des donations antérieures,** on se demande ce que l'on peut tirer pour trancher la question de la validité des révocations qui ont été effectivement convenues. C'est ici que les opinions divergent complètement.

Pour certains, l'arrêt *Siébert* ne dit rien des révocations conventionnelles des donations antérieures et les maintient donc sous le régime de l'immutabilité absolue (sauf lien d'indivisibilité entre les donations et le régime matrimonial initialement retenu).

D'autres argumentent *a contrario* et démontrent que si, selon la Cour de cassation, le seul changement de régime matrimonial ne suffit pas à entraîner de plein droit la caducité des donations, c'est bien qu'une convention conclue entre le donateur et le donataire, venant s'ajouter au changement de régime pourrait, elle, les révoquer valablement. Si cette interprétation, étendant le nouveau régime d'immutabilité relative aux donations faites par contrat de mariage était la bonne, il resterait à la jurisprudence à préciser si elle autorise seulement les **révocations accessoires** à un changement de régime matrimonial ou si elle admet aussi les **révocations isolées** touchant des donations indépendamment de tout changement du régime matrimonial.

341.53 Généralité des solutions. Même si elles n'ont été ébauchées qu'à propos de donations entre futurs époux, les solutions relatives aux interférences avec l'immutabilité des régimes matrimoniaux ont vocation à s'appliquer à toutes les donations par contrat de mariage, y compris à celles faites par des tiers.

Par ailleurs, si elles valent pour les donations de biens présents, elles sont en revanche susceptibles, s'agissant des donations de biens à venir, d'être paralysées par la prohibition des pactes sur succession future à laquelle il ne peut être dérogé qu'avec l'autorisation de la loi (C. civ., art. 722 et 1130, al. 2).

341.54 Incidence de la loi n° 2006-728 du 23 juin 2006. La loi du 23 juin 2006, portant réforme des successions et des libéralités [5], a partiellement déjudiciarisé le changement de régime matrimonial, sans pour autant abandonner le principe de l'immutabilité (C. civ., art. 1396, al. 3 et 1397). Depuis le 1er janvier 2007, les nouvelles dispositions du texte requièrent l'homologation judiciaire en présence d'une opposition formulée notamment par « *les personnes qui avaient été parties dans le contrat modifié* ». En subordonnant l'éviction du juge à l'absence d'opposition des personnes ayant pris part au contrat de mariage dont la modification est envisagée, la nouvelle version de l'article 1397 semble tolérer, au moins implicitement, que le changement de régime matrimonial affecte aussi les donations consenties par des tiers. La solution doit être étendue *a fortiori* aux donations par contrat de mariage intervenues entre les époux, dès lors que ces derniers ont stipulé dans la convention modificative une clause révocatoire de ces donations. Demeure, en revanche, en suspens la question de savoir si la révocation des donations par contrat de mariage peut intervenir, de manière isolée, indépendamment d'un changement ou d'une modification du régime matrimonial.

1. Agen, 25 avr. 1972, *D.* 1976. 189, note Casanova – Amiens, 5 nov. 1974, *D.* 1976. 188, note Casanova ; *JCP* 1975. II. 18132, note J. Patarin.
2. TGI Cahors, 10 déc. 1970, *D.* 1972. 130, note Saujot ; *RTD civ.* 1972. 129 – Agen, 25 avr. 1972, *RTD civ.* 1974. 131 [arrêt confirmatif].
3. Civ. 1re, 29 oct. 1974, n° 72-12.823, *Bull. civ.* I, n° 288 ; *D.* 1976. 189, note Casanova ; *JCP* 1975. II. 18015, note J. Patarin ; *Defrénois* 1975, art. 30879, p. 363, note G. Morin ; *Gaz. Pal.* 1975. 1. 143, note Martin ; *RTD civ.* 1975. 304 obs. R. Nerson ; M. Grimaldi, *J.-Cl. Civ.*, art. 1081, nos 58 à 63.
4. Civ. 1re, 14 mai 1975, n° 74-10.879, *Bull. civ.* I, n° 163.
5. L. n° 2006-728, 23 juin 2006, portant réforme des successions et des libéralités, *JO* 24 juin, p. 9513.

CHAPITRE

342. Règles caractéristiques de toute donation par contrat de mariage consentie par les tiers autres que les ascendants

NATHALIE PETERKA
PROFESSEUR À L'UNIVERSITÉ PARIS-EST
CRÉTEIL VAL-DE-MARNE (UPEC)

SECTION 0
ORIENTEUR

342.00 **Plan du chapitre.**

342.01 **Textes applicables.**

C. civ., art. 265-1, 959 et 1089

L. n° 2004-439, 26 mai 2004, relative au divorce, *JO* 27 mai, p. 9319 (*entrée en vigueur le 1er janv. 2005*)

Ord. n° 2005-759, 4 juill. 2005, portant réforme de la filiation, *JO* 6 juill., p. 11159

> Donations par contrat de mariage consenties par des tiers autres que les ascendants
[C. civ., art. 265-1, 959 et 1089]

C. civ., art. 265-1 (*L. n° 2004-439, 26 mai 2004, art. 16*)
Le divorce est sans incidence sur les droits que l'un ou l'autre des époux tient de la loi ou des conventions passées avec des tiers.

C. civ., art. 959
Les donations en faveur de mariage ne seront pas révocables pour cause d'ingratitude.

C. civ., art. 1089
Les donations faites à l'un des époux, dans les termes des articles 1082, 1084 et 1086 ci-dessus, deviendront caduques si le donateur survit à l'époux donataire et à sa postérité.

* V. texte des articles 1082, 1084 et 1086, s^s n° 341.01.

342.02 **Jurisprudence de référence.**

> Validité de la clause de non-divorce

• **Civ. 1re, 13 déc. 2005, n° 02-14.135,** *Bull. civ.* I, n° 491

* V. s^s n° 342.34

« [...] aucune disposition légale n'interdit à l'époux qui consent une donation à son conjoint pendant le mariage d'assortir celle-ci d'une condition dont l'inexécution entraînera la révocation; que la stipulation d'une telle condition dans une donation entre époux ne fait nullement obstacle à la libre révocabilité de celle-ci, laquelle peut intervenir, de façon discrétionnaire, à tout moment; [...]

« [...] la clause par laquelle un époux subordonne la donation faite à son conjoint durant le mariage au cas où celui-ci lui survivrait, à la persistance du lien matrimonial ou à l'absence de toute action entreprise pour y mettre fin, n'est pas en soi illicite et est justifiée, sauf intention de nuire, par la nature même de cette libéralité [...].

« [...] c'est par une appréciation souveraine de la volonté de l'époux donateur et par une interprétation de la clause litigieuse que son ambiguïté rendait nécessaire, que la cour d'appel a estimé qu'en employant le terme « instance » sans autre précision ni renvoi aux dispositions légales, M. X... s'était référé au sens commun de ce terme et avait entendu mettre fin aux avantages matrimoniaux consentis à son épouse dès l'engagement d'une procédure de divorce ou de séparation de corps, c'est-à-dire dès la saisine, par voie de requête, du juge aux affaires familiale [...]. »

> Les dispositions impératives de l'article 265 alinéa 1er du Code civil font obstacle à l'insertion, dans une donation de biens présents prenant effet au cours du mariage, d'une clause résolutoire liée au prononcé du divorce ou à une demande en divorce

• Civ. 1re, 14 mars 2012, no 11-13.791, *Bull. civ.* I, no 56

* V. ss no 342.34

« Sur le moyen unique, pris en sa seconde branche :

Vu l'article 265, alinéa 1er, du Code civil, ensemble l'article 1096, alinéa 2, du même code;

Attendu qu'il résulte de ces textes que le divorce est sans incidence sur une donation de biens présents faite entre époux et prenant effet au cours du mariage;

Attendu, selon l'arrêt attaqué, que, par acte notarié du 28 juillet 2006, M. X... a fait donation à son épouse commune en biens, Mme Y..., d'un droit viager d'usage et d'habitation portant sur un appartement, une cave et un parking lui appartenant en propre, l'acte comportant une clause, intitulée "condition de non divorce", aux termes de laquelle, "En cas de divorce ou de séparation de corps, ou, si une telle instance était en cours au jour du décès du donateur, la présente donation sera résolue de plein droit et anéantie"; que, le 22 juillet 2008, M. X... a assigné son épouse en divorce pour altération définitive du lien conjugal et en constatation de la résolution de plein droit de la donation;

Attendu que, pour décider que la clause de non-divorce stipulée à l'acte de donation est licite, que cette libéralité est privée d'effet en raison du prononcé du divorce et ordonner à Mme Y... de libérer les lieux occupés, l'arrêt énonce que si l'article 265 du Code civil, spécifique au divorce, prévoit, dans son premier alinéa, que le divorce est sans incidence sur les donations de biens présents quelle que soit leur forme, il n'interdit cependant pas aux époux de déroger par convention expresse à ce principe général, dont le caractère d'ordre public revendiqué par l'épouse ne ressort d'aucun élément, que s'il est exact que la condition de non-divorce est purement potestative en présence des dispositions des articles 237 et 238 de ce code instituant comme cause de divorce l'altération définitive du lien conjugal, cette nature ne condamne cependant pas la validité de cette clause qui échappe, selon l'article 947 du code précité, à la sanction de la nullité édictée par l'article 944 du même code, envers toutes les donations entre vifs sous des conditions dont l'exécution dépend de la seule volonté du donateur, qu'il résulte, enfin, des termes clairs et sans équivoque de la clause litigieuse que la donation est résolue en cas de divorce ou de séparation de corps, sans que son application soit réservée au seul jour du décès du donateur, que cette clause de non-divorce apparaît licite et que le prononcé du divorce des époux n'étant pas remis en cause devant la cour, la clause résolutoire de la donation est acquise;

Qu'en statuant ainsi, alors que les dispositions impératives du premier des textes susvisés font obstacle à l'insertion, dans une donation de biens présents prenant effet au cours du mariage, d'une clause résolutoire liée au prononcé du divorce ou à une demande en divorce, la cour d'appel a violé les textes susvisés;

Et attendu que la cassation entraîne l'annulation par voie de conséquence de la disposition de l'arrêt relative à la fixation du montant de la prestation compensatoire. »

342.03 Bibliographie indicative.

Actualisables. Rép. civ., vo *Donation par contrat de mariage*, par A. Colomer, juin 2012 – *J.-Cl. Civ.*, « Donations et testaments », art. 1086 à 1090, fasc. 40, M. Grimaldi.

Ouvrages[1]. J. Flour et H. Souleau, *Droit civil. Les libéralités*, coll. « U », A. Colin, 1982, nos 387 s. – M. Grimaldi, *Droit civil. Libéralités. Partages d'ascendants*, LexisNexis/Litec, 2000, nos 1547 à 1574 – Chr. Jubault, *Droit civil. Les successions. Les libéralités*, « Précis Domat droit privé », 2e éd., Montchrestien, 2010, nos 847 à 856 – Ph. Malaurie, *Les successions. Les libéralités*, 5e éd., Defrénois/Lextenso, 2012, no 708 – H. L. J. Mazeaud et F. Chabas, *Leçons de droit civil*, t. IV, vol. 2, *Successions-Libéralités*, par L. et S. Leveneur, 5e éd., Montchrestien, 1999, nos 1552 à 1572 – A. Sériaux, *Successions et libéralités*, Ellipses, 2013, nos 77 à 80 – F. Terré, Y. Lequette et S. Gaudemet, *Droit civil. Les successions. Les libéralités*, « Précis », 4e éd., Dalloz, 2014, nos 626 à 629.

Article. D. Martin, « Le droit matrimonial des libéralités » *JCP N* 1977. I. 39.

342.04 Question essentielle.

> Les donations faites par contrat de mariage par un tiers sont-elles affectées par le divorce ou la séparation de corps ?

* V. ss nos 342.31 à 342.34

342.07 Évolution : variations terminologiques et déclin sociologique. Pour désigner les **donations faites aux futurs époux par les tiers**, on parle souvent de **constitutions de dot**. L'expression est cependant d'un maniement délicat car elle a presque autant de significations différentes que d'auteurs qui l'utilisent.

Pour certains, les constitutions de dot comprennent seulement les donations faites par les tiers par contrat de mariage; pour d'autres, plus nombreux, elles englobent toutes les donations consenties par les tiers à l'occasion du mariage, que ce soit par contrat de mariage ou par acte séparé. Les uns qualifient de constitution de dot toute donation faite aux époux quelle que soit son importance; les autres considèrent que les simples cadeaux de noces ne méritent pas cette dénomination.

1. NB : les ouvrages les plus fréquemment cités et dont le nom des auteurs figure en petites capitales en bibliographie sont cités par les seuls noms des auteurs en petites capitales en notes de bas de page.

C'est pourquoi les donations consenties par les tiers par contrat de mariage seront appelées constitutions de dot par pure commodité de langage.

Il est devenu rare que des tiers consentent des libéralités aux futurs époux par contrat de mariage. Les raisons de ce déclin sont multiples et largement interdépendantes. La première tient, sans doute, à la promotion de la femme : elle n'a plus besoin de dot pour compenser la faiblesse des revenus qu'elle procurera au ménage après le mariage. En irait-il autrement que, deuxième raison, sa famille, bourgeoise, ne pourrait plus la doter richement faute de ressources, devenues insuffisantes. S'il était encore matériellement possible de consentir une donation par contrat de mariage aux futurs époux, une troisième considération achèverait de saper l'intention libérale : le renforcement de la perspective d'un divorce qui permettrait au conjoint – même coupable – de conserver le bien donné.

SECTION 1
EXCLUSION DE LA RÉVOCATION POUR INGRATITUDE

342.11 Justification de la règle. Formulée par l'article 959 du Code civil, cette exception à la règle de l'article 953 s'explique par une application généreuse de l'idée de personnalité de la peine privée que constitue, à certains égards, la révocation. En sanctionnant l'époux ingrat, on punirait aussi, par une sensible diminution des ressources de la famille, le conjoint et les enfants innocents dans l'intérêt desquels la donation avait pourtant été consentie. C'est ce résultat injuste que l'article 959 permet d'empêcher. Puisque le coupable ne serait pas le seul à être puni, la sanction est écartée.

SECTION 2
CADUCITÉ EN CAS DE PRÉDÉCÈS, SANS POSTÉRITÉ DU DONATAIRE

342.21 Le régime de la caducité. L'article 1089 du Code civil qui institue cette caducité particulière aux donations faites à l'un des époux, la soumet à **deux conditions** : la première tient au prédécès du donataire et la seconde au prédécès de sa postérité ou au défaut de postérité.

La condition de **prédécès du donataire** soulève essentiellement des difficultés de preuve.

Lorsque le donataire et sa postérité, d'une part, et le donateur, d'autre part, sont tous décédés, la charge de la preuve de l'ordre des décès est attribuée à leurs héritiers respectifs suivant les règles du droit commun (*actori incumbit probatio*).

La condition de prédécès ou de **défaut de postérité** suppose une définition de la notion de postérité. Suivant l'opinion dominante, elle s'entend des enfants nés du mariage que la donation avait pour but de favoriser.

En conséquence, la condition n'est pas remplie et la caducité est écartée lorsque survivent au donataire des enfants issus du mariage ou des enfants ayant fait l'objet au cours du mariage d'une adoption plénière par les époux, voire d'une adoption simple. En revanche, la condition est remplie et la caducité s'impose si le donataire laisse à sa survivance des enfants non issus des deux époux, des enfants issus d'un autre mariage ou des enfants ayant été légitimés par autorité de justice, avant l'entrée en vigueur de l'ordonnance n° 2005-759 du 4 juillet 2005 [1]. La même solution semble prévaloir en présence d'enfants issus du mariage mais abandonnés en vue d'une adoption plénière ou d'enfants ayant fait l'objet au cours du mariage d'une adoption plénière individuelle par le donataire.

La caducité de l'article 1089 a naturellement pour **effet** d'anéantir rétroactivement la donation.

342.22 Le domaine contesté de la caducité. L'article 1089 étend la caducité aux donations faites à l'un des époux dans les termes des articles 1082, 1084 et 1086 du Code civil, c'est-à-dire successivement : aux **donations de biens à venir**, aux **donations cumulatives de biens présents et de biens à venir** et aux **donations de biens présents** qui, grâce au contrat de mariage, échappent à l'irrévocabilité spéciale des donations et sont affectées d'une condition potestative. Autrement dit, la caducité de l'article 1089 ne vise pas toutes les donations consenties par des tiers aux futurs époux par contrat de mariage mais seulement celles d'entre elles qui ne pouvaient être **consenties que par contrat de mariage**.

Il est unanimement admis que ce domaine est encore trop large : le prédécès du donataire sans postérité ne devrait entraîner la caducité que des seules donations de biens à venir. Comme, en ce cas, les biens sont seulement recueillis au décès du donateur, il est en effet logique qu'ils ne puissent revenir à quelqu'un d'autre que le donataire ou ses descendants. En revanche, les donations de biens présents dépouillent immédiatement le donateur. Il n'y a donc aucune raison pour que le prédécès du gratifié sans postérité permette au disposant de récupérer le bien. Que la donation échappe au principe de l'irrévocabilité spéciale ne saurait expliquer cette dérogation au droit commun des donations de biens présents. Il a été démontré, à la vérité, que

1. Ord. n° 2005-759, 4 juill. 2005, portant réforme de la filiation, *JO* 6 juill., p. 11159.

l'article 1089 ne vise les donations faites dans les termes de l'article 1086 que par pure inadvertance. La jurisprudence n'en n'applique pas moins à la lettre ce texte incorrect[1].

Il reste qu'une clause contraire pourrait écarter l'application de l'article 1089 en cas de donation de biens présents.

SECTION 3
MAINTIEN DE LA DONATION EN CAS DE DIVORCE OU DE SÉPARATION DE CORPS

342.31 Absence d'incidence du divorce. Avant l'entrée en vigueur de la loi n° 2004-439 du 26 mai 2004[2], relative au divorce, les causes légales de révocation des donations entre époux, liées à la rupture ou au relâchement de l'union conjugale, étaient inapplicables aux donations que les tiers avaient adressées aux époux par contrat de mariage ou en dehors de ce dernier (C. civ., anc. art. 267 à 269). L'ancien article 267 prévoyait, en effet, que l'époux aux torts exclusifs duquel le divorce était prononcé perdait « de *plein droit toutes les donations que son conjoint lui avait consenties, soit lors du mariage, soit après* ». La même déchéance était fulminée par l'article 269 à l'encontre de celui qui avait pris l'initiative d'un divorce pour rupture de la vie commune. Cette conséquence patrimoniale se manifestait pareillement en cas de séparation de corps, par renvoi de l'article 304.

Ces textes ne visant que les donations consenties par le conjoint, il était admis (conformément à la jurisprudence dégagée sous l'ancien article 299 qui régissait la question avant la loi de 1975) que la déchéance ne frappait pas les donations effectuées par un autre que le conjoint. C'est ainsi, par exemple, que l'époux ayant pris l'initiative d'un divorce pour rupture de la vie commune conservait les donations faites par ses beaux-parents. Jointe à l'augmentation du nombre des divorces, cette règle quelque peu paradoxale fournissait une explication à la raréfaction des donations aux futurs époux. Plusieurs moyens d'en éluder l'application étaient certes envisageables mais leurs chances de prospérer paraissaient minimes.

342.32 Inapplicabilité de l'ancien article 265 alinéa 2 du Code civil. Dans sa version antérieure à la loi du 26 mai 2004, l'ancien article 265 alinéa 2 disposait que « *l'époux contre lequel le divorce est prononcé perd les droits que la loi ou des conventions passées avec des tiers attribuent au conjoint* ». L'ambiguïté de ce texte avait rendu la doctrine perplexe, au point que cette dernière en était arrivée à se demander si la seule utilité de cette disposition n'était pas d'entraîner la déchéance des donations faites, à l'époux coupable, par des tiers en considération du mariage[3]. L'ancien article 265 alinéa 2 aurait ainsi permis de corriger les conséquences paradoxales de la rédaction étriquée des anciens articles 267 et 269. Mais la jurisprudence n'avait pas retenu cette interprétation du texte. Elle jugeait, tout au contraire, que l'article 265 alinéa 2 était inapplicable aux donations consenties à un époux par ses beaux-parents[4].

342.33 Loi n° 2004-439 du 26 mai 2004. Absence d'incidence du divorce. La loi du 26 mai 2004 relative au divorce a confirmé, sur ce point, les solutions du droit antérieur. Dans le souci de pacifier la rupture de l'union conjugale, le législateur a dissocié les torts et les conséquences patrimoniales du divorce ou de la séparation de corps. D'une part, les nouvelles dispositions de l'article 265 ne distinguent plus, pour décider du maintien ou de la révocation des donations entre époux, suivant la nature du divorce et la charge des griefs imputables à chaque conjoint. D'autre part, l'article 265-1 dispose aujourd'hui expressément que « *le divorce est sans incidence sur les droits que l'un ou l'autre des époux tient de la loi ou des conventions passées avec des tiers* », de telle sorte que le maintien, en cas de divorce, des donations consenties par des tiers ne se heurte plus aujourd'hui à la moindre ambiguïté textuelle. Ajoutons que les dispositions de la réforme de 2004 sont entrées en vigueur le 1er janvier 2005 et qu'elles ont été déclarées applicables, sous quelques exceptions, aux procédures de divorce ou de séparation de corps introduites avant cette date (L. n° 2006-439, 26 mai 2004, art. 33-II, III et IV).

342.34 Stipulation d'une clause de non-divorce ? Pour s'épargner l'amertume de voir le futur conjoint d'une personne qu'il chérit conserver une donation après un divorce, le donateur pourrait être tenté de stipuler que cette libéralité sera résolue en cas de survenance d'un pareil événement. La validité d'une telle clause a été, il est vrai, discutée. Certains ont considéré qu'elle portait une trop rude atteinte à la liberté de divorcer pour être licite[5]. D'autres font valoir que la clause de non-divorce heurte moins gravement les fondements

1. Sur tout ceci, v. M. Grimaldi, *J.-Cl. Civ.*, art. 1086 à 1090, fasc. 40, nos 81 s.
2. L. n° 2004-439, 26 mai 2004, relative au divorce, *JO* 27 mai, p. 9319.
3. R. Lindon et A. Bénabent, *Le droit du divorce*, Litec, 1984, nos 898 s.
4. Paris, 27 févr. 1984, *JCP* 1985. II. 20481.
5. V. Rép. min., garde des Sceaux, n° 46334, *JOAN Q* 2 juill. 1984, p. 3072 – COMP., Rép. min., garde des Sceaux, n° 66699, *JOAN Q*, 7 mars 2006, p. 2576; *RLDC* mai 2006, p. 57.

constitutionnels du droit civil que la clause de célibat dont la validité est parfois admise. À cet argument, il faut d'ailleurs ajouter que si la Convention européenne des droits de l'homme garantit le droit de se marier et de fonder une famille, la Cour de Strasbourg n'en déduit pas l'existence d'un droit au divorce [1]. Quant à la première chambre civile de la Cour de cassation, elle a été saisie, à deux reprises, de la question de la **validité d'une clause de non-divorce** stipulée dans le cadre d'une donation entre époux.

Par un **arrêt du 13 décembre 2005**, la Haute juridiction a d'abord décidé que cette clause, lorsqu'elle est insérée dans une institution contractuelle entre époux, « *n'est pas en soi illicite et est justifiée, sauf intention de nuire, par la nature même de cette libéralité* » [2].

Elle a ensuite jugé, par un **arrêt du 14 mars 2012** [3], rendu à propos d'une clause de non-divorce stipulée dans une donation de biens présent entre époux prenant effet au cours du mariage, que les dispositions impératives de l'article 265 alinéa 1er du Code civil font obstacle à l'insertion, dans une telle donation, d'une clause résolutoire liée au prononcé du divorce ou à une demande en divorce. C'est dire que la Cour de cassation fonde l'illicéité de la clause de non-divorce, non pas sur une éventuelle atteinte à la règle de l'irrévocabilité spéciale des donations, laquelle n'est au demeurant pas applicable aux donations par contrat de mariage (v. ss nos 341.21 à 341.23), mais sur le caractère d'ordre public de la législation du divorce. L'on ne peut exclure, dans ces conditions et bien que le caractère impératif des textes relatifs au maintien ou à la révocation des donations ne soit pas sans susciter la critique, que les dispositions de l'article 265-1 s'opposent à l'aménagement anticipé du sort au divorce des donations consenties par les tiers aux futurs époux par le contrat de mariage.

1. CEDH 18 déc. 1986, Johnston et a. c/Irlande, req. n° 9697/82, in F. Sudre, J.-P. Marguénaud, J. Andriantsimbazovina, A. Gouttenoire et M. Levinet, *Les grands arrêts de la Cour européenne des droits de l'homme*, PUF, 2003, n° 41.
2. Civ. 1re, 13 déc. 2005, n° 02-14.135, *Bull. civ.* I, n° 491; *D.* 2006. IR 99; *Defrénois* 2006, art. 38396, p. 836, note N. Peterka; *JCP N* 2006. 1168, note Ph. Simler; *JCP* 2008. I. 108, n° 6, obs. R. Le Guidec; *RTD civ.* 2006. 543, obs. J. Hauser.
3. Civ. 1re, 14 mars 2012, n° 11-13.791, *Bull. civ.* I, n° 56; *D.* 2012. 812, obs. J. Marrocchella; *D.* 2012. 1386, note A. Posey; *AJ fam.* 2012. 223, obs. S. David; *RTD civ.* 2012. 300, obs. J. Hauser; *RTD civ.* 2012. 357, obs. M. Grimaldi; *JCP* 2012, n° 561, obs. M. Mekki; *JCP* 2012. 607, obs. C. Brenner; *JCP* 2013. Doctr. 250, obs. R. Le Guidec; *JCP N* 2013. 1060, obs. R. Le Guidec; *RDC* 2012. 981, obs. C. Goldie-Genicon.

CHAPITRE

343. Donations de biens présents faites par les tiers autres que les ascendants

NATHALIE PETERKA
PROFESSEUR À L'UNIVERSITÉ PARIS-EST
CRÉTEIL VAL-DE-MARNE (UPEC)

SECTION 0
ORIENTEUR

343.00 Plan du chapitre.

343.01 Textes applicables.

> Garantie de dot
C. civ., art. 1440
La garantie de la dot est due par toute personne qui l'a constituée; et ses intérêts courent du jour du mariage, encore qu'il y ait terme pour le paiement, s'il n'y a stipulation contraire.

343.02 Jurisprudence de référence.

> Le constituant de la dot est tenu de la garantir des vices cachés
• **Dijon 11 févr. 1887,** *DP* 1888. 2. 42
* V. s^s n° 343.11

343.03 Bibliographie indicative.

Actualisables. Rép. civ., v^is *Donation par contrat de mariage,* par A. Colomer, juin 2012; *Action paulienne,* par P.-Y. Gautier et F. Pasqualini, sept. 2006 [màj juin 2013] – *J.-Cl. Civ.,* « Donations et testaments », art. 1086 à 1090, fasc. 40; art. 1081, fasc. 10, M. Grimaldi.

Ouvrages[1]. J. FLOUR et H. SOULEAU, *Droit civil. Les libéralités,* coll. « U », A. Colin, 1982, n°s 387 s. – M. GRIMALDI, *Droit civil. Libéralités. Partages d'ascendants,* LexisNexis/Litec, 2000, n°s 1547 à 1574 – Ph. MALAURIE, *Les successions. Les libéralités,* 5e éd., Defrénois/Lextenso, 2012, n° 708 – H. L. J. MAZEAUD et F. CHABAS, *Leçons de droit civil,* t. IV, vol. 2, *Successions-Libéralités,* par L. ET S. LEVENEUR, 5e éd., Montchrestien, 1999, n°s 1552 à 1572 – A. SÉRIAUX, *Successions et libéralités,* Ellipses, 2013, n° 78 – F. TERRÉ, Y. LEQUETTE et S. GAUDEMET, *Droit civil. Les successions. Les libéralités,* « Précis », 4e éd., Dalloz, 2014, n°s 626 à 629.

Article. D. Martin, « Le droit matrimonial des libéralités » *JCP N* 1977. I. 39.

343.04 Question essentielle.

> Le tiers qui consent une donation de biens présents aux futurs époux par contrat de mariage est-il tenu à la garantie des vices cachés et à la garantie d'éviction du fait d'un tiers ?

* V. s^s n° 343.11

343.09 Spécificité. Vue d'ensemble. Après abstraction des règles caractéristiques de toute donation par contrat de mariage puis des règles distinguant toutes les donations consenties par les tiers, la spécificité des donations de biens présents faites par des tiers par contrat de mariage apparaît au grand jour. Celle-ci tient essentiellement au particularisme de leur situation, à mi-chemin entre la notion d'acte à titre onéreux (sect. 1) et celle d'acte à titre gratuit (sect. 2). Il convient ainsi de les étudier en opposant les deux aspects de leur nature juridique ambivalente.

1. NB : les ouvrages les plus fréquemment cités et dont le nom des auteurs figure en petites capitales en bibliographie sont cités par les seuls noms des auteurs en petites capitales en notes de bas de page.

SECTION 1
DONATION DE BIENS PRÉSENTS, ACTE À TITRE ONÉREUX

343.10 Explication du caractère onéreux des donations de biens présents. La doctrine classique, s'appuyant sur l'article 1440 du Code civil, et la jurisprudence ont considéré que la donation faite par un tiers ne constituerait pas pour le futur époux gratifié un avantage purement gratuit. Elle serait la contrepartie des charges nouvelles imposées par le mariage et la contrepartie teinterait naturellement l'acte d'un caractère onéreux. Aujourd'hui, la plupart des auteurs dénoncent le manque de pertinence de cette explication. En effet, il n'y a aucune raison pour que l'importance des charges du gratifié empêche l'acte par lequel une personne se dépouille gratuitement en sa faveur d'être encore une libéralité. En réalité, l'explication traditionnelle joue sur les mots : ce n'est pas parce que la dot sert à contrebalancer une nouvelle charge du gratifié qu'il va y avoir pour le constituant une contrepartie caractéristique de l'acte à titre onéreux. Quoi qu'il en soit, le droit positif consacre encore des solutions qui participent de l'analyse traditionnelle. Certaines d'entre elles découlent de l'article 1440 qui traite de la garantie d'éviction, due par le constituant de la dot (§ 1), ainsi que des intérêts de cette dernière (§ 2). D'autres ont été ajoutées par la jurisprudence pour singulariser le régime de l'action paulienne (§ 3) et celui de l'action en nullité pour dol (§ 4).

§ 1
Obligation de garantie du constituant de dot

343.11 Différence avec le donateur ordinaire. Parce que la donation est un acte à titre gratuit, le donateur ordinaire n'est tenu ni de la garantie des vices cachés de la chose donnée, ni de la garantie d'éviction du fait d'un tiers. Il doit seulement garantir son **fait personnel.** Le domaine de la garantie de celui qui consent une donation aux futurs époux est augmenté par l'article 1440 aux termes duquel : « *La garantie de la dot est due par toute personne qui l'a constituée.* »

Ce texte a pour effet d'étendre l'obligation du constituant à la **garantie d'éviction du fait des tiers.** Il doit logiquement l'étendre aussi à la **garantie des vices cachés.** Cette conséquence rarement évoquée de l'article 1440 a été admise par la jurisprudence[1] et par Josserand[2] qui se recommandait de Domat.

L'extension du domaine de la garantie peut toutefois être paralysée par une clause contraire du contrat de mariage.

§ 2
Intérêts de la dot

343.21 Dérogation au droit commun des intérêts moratoires. Aux termes de l'article 1153 du Code civil, les intérêts moratoires liés au retard dans l'exécution d'une obligation ne sont dus que du jour de la sommation de payer ou d'un autre acte équivalent, exceptés les cas où la loi les fait courir de plein droit.

La constitution de dot est un de ces cas, en vertu de l'article 1440 *in fine* du Code civil. Ce texte dispose, en effet, que les intérêts de la dot « *courent du jour du mariage, encore qu'il y ait terme pour le paiement* ». Le Code civil se montre donc plus sévère à l'égard de ceux qui ont consenti une donation aux futurs époux qu'il ne l'est habituellement envers les débiteurs liés par un contrat à titre onéreux. Il s'agit là d'une application extrême de l'idée selon laquelle la dot est censée procurer, dès le mariage, les ressources dont les époux ont besoin pour vivre.

343.22 Portée de la dérogation. La règle de l'article 1440 *in fine* suppose que la dot porte sur une somme d'argent. Par conséquent, le constituant ne devra des dommages-intérêts qu'à compter du jour de la sommation si la dot se compose d'objets ne rapportant ni intérêts ni fruits.

L'article 1440 *in fine* n'est **pas impératif.** Il admet lui-même que les parties puissent en écarter l'application par une « *stipulation contraire* ».

§ 3
Action paulienne

343.31 Originalité des règles dégagées par la jurisprudence. L'action paulienne de l'article 1167 du Code civil autorise les créanciers à obtenir, par le mécanisme de l'action paulienne, l'inopposabilité de l'acte faisant sortir frauduleusement un bien du patrimoine de leur débiteur. Les conditions d'exercice de cette action sont différentes selon qu'elle est dirigée contre un acte à titre gratuit ou un acte à titre onéreux. Dans le premier cas, il suffit d'établir la fraude du débiteur qui s'est fait donateur; cependant que, dans le second cas, il faut prouver de surcroît la complicité de fraude du cocontractant puis, le cas échéant, du sous-acquéreur. Or, la jurispru-

1. Dijon, 11 févr. 1887, *DP* 1888. 2. 42.

2. L. Josserand, *Cours de droit civil positif français*, vol. 3, 2e éd., 1933, no 414, p. 227.

dence décide constamment, depuis 1878, que les créanciers du constituant doivent, pour obtenir la révocation de la dot, démontrer la complicité de fraude, avec ce dernier, de l'époux doté et de son conjoint considéré comme sous-acquéreur. Au regard de l'action paulienne, la donation faite par des tiers est donc traitée comme un acte à titre onéreux et l'intérêt des époux à faire face à leurs nouvelles charges préféré à l'intérêt des créanciers du donateur à rentrer dans leurs fonds.

343.32 Critique du système jurisprudentiel. La jurisprudence a pratiquement pour conséquence de supprimer l'action paulienne en matière de dot. Il est, en effet, très difficile de prouver la complicité des futurs époux dans la mesure où le constituant se garde bien de leur faire part de son insolvabilité. Cette situation avait quelques partisans à une époque où la faveur pour le mariage l'emportait largement sur la commisération pour les créanciers. Désormais, le système jurisprudentiel ne compte plus guère de défenseurs. On lui reproche à la fois son iniquité (car il n'est pas normal de ruiner des créanciers pour établir de nouveaux époux) et son incohérence (car il est fallacieux de considérer que les époux donataires sont tenus d'une contrepartie envers le donateur).

343.33 Érosion du particularisme par le droit des procédures collectives. Lorsque le débiteur relève d'une procédure de redressement judiciaire, les créanciers sont protégés par un mécanisme plus énergique que l'action paulienne : la nullité de certains actes accomplis depuis la date de la cessation des paiements. Au premier rang de ces actes, figurent les actes à titre gratuit. Le tribunal peut, en outre, annuler les actes à titre gratuit faits dans les six mois précédant la date de cessation des paiements, marquant le début de la période suspecte (C. com., art. L. 632-1, I, 1 et II[1]). L'article 29 alinéa 2, 1° de la loi du 13 juillet 1967 assimilait expressément les constitutions de dot aux libéralités. Lorsque le constituant était commerçant, les créanciers échappaient donc à la jurisprudence qui les obligeait à prouver la complicité des futurs époux et bénéficiaient, au contraire, de la protection du droit des procédures collectives. L'assimilation salvatrice des constitutions de dot aux libéralités, dans l'intérêt des créanciers du constituant, a disparu avec les réformes successives des procédures collectives. Mais il est plus qu'invraisemblable que le législateur ait entendu l'écarter.

D'ailleurs, le seul point sur lequel la doctrine s'interroge encore est celui de savoir si le droit des procédures collectives ne devrait pas ébranler le système jurisprudentiel à l'égard des donateurs qui relèvent encore de l'action paulienne, c'est-à-dire à l'égard des donateurs qui ne sont ni commerçants, ni artisans, ni agriculteurs. La loi n° 2003-710 du 1er août 2003[2], instaurant la procédure de rétablissement personnel, franchit, à l'évidence, une étape vers cette voie. Le texte pose, au profit du débiteur dont « *la situation est irrémédiablement compromise* » (v. C. consom., art. L. 330-1, al. 3), le principe de l'effacement généralisé des dettes non professionnelles – à l'exception des dettes alimentaires, des amendes pénales et des réparations pécuniaires allouées aux victimes d'infractions pénales – moyennant la liquidation des biens composant le patrimoine du débiteur au moment de la procédure. Précisons qu'à la différence du droit des procédures collectives, la procédure de rétablissement personnel ne comporte pas la mise en place d'une période suspecte interdisant de payer les créanciers antérieurs à son ouverture.

§ 4
Action en nullité pour dol

343.41 Exclusion du dol d'un tiers. Par dérogation à la règle déduite de l'article 1116 du Code civil, les actes à titre gratuit encourent la nullité lorsque le consentement du disposant a été surpris par des manœuvres dolosives étant l'œuvre d'un tiers. La jurisprudence a cependant soumis les constitutions de dot au droit commun, en refusant ici de prendre en considération le dol d'un tiers[3].

La rareté et l'ancienneté des décisions interdisent cependant d'affirmer que cette autre conséquence de la nature ambivalente des donations de biens présents faites par des tiers aux futurs époux est encore de droit positif.

SECTION 2
DONATIONS DE BIENS PRÉSENTS, ACTE À TITRE GRATUIT

343.51 Soumission aux règles de la réduction et du rapport. La constitution de dot reprend le caractère d'acte à titre gratuit – qu'elle ne devrait jamais

1. C. com., art. L. 632-1, mod. par Ord. n° 2010-1512, 9 déc. 2010, portant adaptation du droit des entreprises en difficulté et des procédures de traitement des situations de surendettement à l'entrepreneur individuel à responsabilité limitée, art. 4, *JO* 10 déc., p. 21617.
2. L. n° 2003-710, 1er août 2003, d'orientation et de programmation pour la ville et la rénovation urbaine, *JO* 2 août, p. 13281.
3. Dijon, 23 juill. 1936, *D. jur. gén.* *vis Dispositions entre vifs et testamentaires*, n° 2244, 3°.

quitter – dans les rapports entre l'époux doté et les héritiers du constituant.

Elle est, en effet, prise en compte pour le **calcul de la réserve et de la quotité disponible** et, dans l'hypothèse où elle porte atteinte à la première, se trouve soumise à **réduction**.

En outre, lorsque l'époux doté est un héritier présomptif du constituant appelé à sa succession, il est tenu, en vertu de l'article 851 du Code civil, au rapport de ce qui a été employé pour son établissement, dans un souci d'égalité avec ses cohéritiers.

CHAPITRE

344. Institutions contractuelles ou donations de biens à venir par les tiers autres que les ascendants

NATHALIE PETERKA
PROFESSEUR À L'UNIVERSITÉ PARIS-EST
CRÉTEIL VAL-DE-MARNE (UPEC)

SECTION 0
ORIENTEUR

344.00 **Plan du chapitre.**

Division. Les institutions contractuelles sont soumises aux causes de révocation qui caractérisent toutes les donations faites par des tiers par contrat de mariage. Il suffira donc d'étudier leurs conditions (sect. 1 et 2) et leurs effets (sect. 3 et 4) pour en faire ressortir le particularisme.

344.01 **Textes applicables.**

C. civ., art. 1081 à 1086; 1089 et 1090

L. n° 2006-728, 23 juin 2006, portant réforme des successions et des libéralités, *JO* 24 juin, p. 9513 (*entrée en vigueur le 1er janv. 2007*)

C. civ., art. 1081 à 1086

* V. texte complet des articles 1081 à 1086, ss n° 341.01

C. civ., art. 1089

* V. texte complet de cet article, ss n° 342.01

C. civ., art. 1090

Toutes donations faites aux époux par leur contrat de mariage seront, lors de l'ouverture de la succession du donateur, réductibles à la portion dont la loi lui permettait de disposer.

344.02 **Jurisprudence de référence.**

> L'instituant ne peut pas s'interdire la faculté de disposer à titre onéreux des biens compris dans l'institution contractuelle

• Civ. 5 juill. 1928, *DP* 1929. 1. 43

* V. ss n° 344.51

« [...] Attendu que l'instituant ne put s'interdire la faculté disposer à titre onéreux des biens de l'institution contractuelle ; qu'une pareille convention ou renonciation constituerait une stipulation sur succession future qui, ne rentrant point dans l'exception prévue aux articles 1082 et 1083 du Code civil, tomberait sous la règle générale posée par les articles 791 et 1130 du même code ;

« [...] que, par contrat de mariage du 12 juin 1920, les époux B... ont fait donation à leur fils du quart par préciput et hors part de tous leurs biens meubles et immeubles qu'ils laisseraient à leur décès, stipulant en outre que « pour garantir l'entière exécution de la donation de ce quart préciputaire à leur décès, ils s'interdisent de vendre aucune propriété de leur domaine au détriment de ce quart » ;

« [...] que, pour déclarer cette dernière disposition valable, l'arrêt [CA Nîmes, 5 mai 1926] se fonde sur ce que la clause d'inaliénabilité qu'elle formule à l'égard du donateur, simple obligation de ne pas faire, devant se résoudre, en cas d'inexécution, en dommages-intérêts, n'est pas contraire à l'ordre public ; en quoi il a violé le texte ci-dessus visé ;

Par ces motifs, casse [...], renvoie. »

344.03 Bibliographie indicative.

Actualisables. Rép. civ., v° *Donation par contrat de mariage*, par A. Colomer, juin 2012 – *J.-Cl. Civ.*, « Donations et testaments », art. 1082 et 1083 ; art. 1086 à 1090, fasc. 40, Grimaldi.

Ouvrages[1]. J. Flour et H. Souleau, *Droit civil. Les libéralités*, coll. « U », A. Colin, 1982, n°s 387 s. – M. Grimaldi, *Droit civil. Libéralités. Partages d'ascendants*, LexisNexis/Litec, 2000, n°s 1547 à 1574 – Chr. Jubault, *Droit civil. Les successions. Les libéralités*, 2e éd., Montchrestien, 2010, n°s 850 à 853 – Ph. Malaurie, *Les successions. Les libéralités*, 5e éd., Defrénois/Lextenso, 2012, n°s 750 à 758 – H. L. J. Mazeaud et F. Chabas, *Leçons de droit civil*, t. IV, vol. 2, *Successions-Libéralités*, par L. et S. Leveneur, 5e éd., Montchrestien, 1999, n°s 1552 à 1572 – A. Sériaux, *Successions et libéralités*, Ellipses, 2013, n° 70 – F. Terré, Y. Lequette et S. Gaudemet, *Droit civil. Les successions. Les libéralités*, « Précis », 4e éd., Dalloz, 2014, n°s 626 à 629.

Thèse. M. Grimaldi, *La nature juridique de l'institution contractuelle*, th. Paris II, 1977.

Article. D. Martin, « Le droit matrimonial des libéralités » *JCP N* 1977. I. 39.

344.04 Questions essentielles.

> Peut-on renoncer à une institution contractuelle avant le décès de l'instituant ?

* V. s^s^ n° 344.73

> L'institué est-il saisi en toute hypothèse ?

* V. s^s^ n° 344.93

1. NB : les ouvrages les plus fréquemment cités et dont le nom des auteurs figure en petites capitales en bibliographie sont cités par les seuls noms des auteurs en petites capitales en notes de bas de page.

344.07 Vue d'ensemble. Singularité. Il s'agit ici d'analyser les institutions contractuelles consenties par des tiers par contrat de mariage, c'est-à-dire celles dont le caractère de donation est le plus appuyé. L'institution contractuelle, que le Code civil appelle plus volontiers donation de biens à venir, est « *une libéralité par laquelle l'instituant dispose au bénéfice de l'institué, qui accepte, soit de tout ou partie des biens qui composeront sa succession, soit de tel ou tel bien qui s'y trouverait* » (M. Grimaldi). C'est donc une libéralité « bâtarde », « mixte », « hybride », « amphibie », « composite », bref une libéralité pittoresque par laquelle le gratifiant dispose pour le temps où il ne sera plus, comme s'il s'agissait d'un legs, mais aux termes d'un contrat conclu avec le gratifié, comme s'il s'agissait d'une donation.

Planiol écrivait que « *la donation de biens à venir ou institution contractuelle* » est peut-être la plus grande singularité du droit français. Elle contredit, en effet, deux des principes fondamentaux qui gouvernent le droit des successions et des libéralités : **l'irrévocabilité spéciale des donations et la prohibition des pactes sur succession future.** Il existe, sans doute, d'autres donations qui échappent au premier de ces principes et le second subit, lui aussi, d'autres entorses. Une double dérogation, aussi franche et directe, reste néanmoins une étrangeté.

Parce qu'elle contrevient à deux principes aussi essentiels, l'institution contractuelle n'est valable que dans les cas expressément visés par le Code civil :

– lorsqu'elle est consentie par des tiers aux futurs époux par contrat de mariage (C. civ., art. 1082) ;

– lorsqu'elle est consentie entre époux par contrat de mariage (C. civ., art. 1093) ;

– La jurisprudence en a admis la validité dans un troisième cas, aujourd'hui consacré par le législateur à l'article 1096 du Code civil, celui de l'institution contractuelle consentie entre époux au cours du mariage. Ces différentes hypothèses ne relèvent d'ailleurs pas d'un régime uniforme, ce qui justifie que la première soit analysée à part.

344.08 Nature juridique. Le Code civil n'ayant pas fourni beaucoup d'indications, la doctrine s'est longuement interrogée sur la nature juridique de l'institution contractuelle. S'agit-il d'un testament, dans la mesure où elle porte sur des biens que le disposant laissera à son décès, ou faut-il la regarder comme une donation entre vifs parce qu'elle est irrévocable ? L'opinion, héritée de Pothier, suivant laquelle l'institution contractuelle est d'abord une donation avait prévalu. Depuis quelques années, on s'est cependant avisé que cette analyse était trop monolithique. Aussi, la plupart des auteurs, séduits par la thèse dualiste de M. Grimaldi[1], enseignent-ils, aujourd'hui, qu'il faut distinguer entre les institutions contractuelles conclues par contrat de mariage - soumises à l'irrévocabilité ordinaire des contrats - dont le caractère dominant est bien celui d'une donation et les institutions contractuelles consenties entre époux en cours de mariage - librement révocables - dont le caractère dominant est largement celui du testament, lui aussi marqué par la libre révocabilité.

SECTION 1
CONDITIONS DE FORME

344.11 **Rappel.** Conformément aux exigences de forme de l'article 1082 du Code civil, les institutions contractuelles consenties par des tiers aux époux ne sont **valables que** si elles ont lieu **par contrat de mariage.** Si elles figuraient dans un contrat séparé, elles seraient frappées de nullité absolue quand bien même ce contrat aurait été conclu en considération du mariage[2].

344.12 **Institutions contractuelles mobilières.** Il existe une controverse sur le point de savoir si la validité des institutions contractuelles mobilières est subordonnée à l'établissement de **l'état estimatif exigé par l'article 948 du Code civil.** Selon certains auteurs classiques, les donations de biens à venir seraient dispensées de cette formalité. D'autres auteurs considèrent, au contraire, que l'état estimatif est utile à la protection de l'institué car l'instituant n'est pas privé du droit de disposer à titre onéreux des biens compris dans l'institution (C. civ., art. 1083). L'argument met en exergue que l'établissement de l'état estimatif n'est justifié, en tout état de cause, que pour les seuls meubles existant au jour de l'ouverture de la libéralité. Il devra donc être dressé au décès de l'instituant.

344.13 **Institutions contractuelles immobilières. Avant le décret du 4 janvier 1955** ayant réformé la publicité foncière, les institutions contractuelles portant sur des immeubles n'étaient pas soumises immédiatement à la transcription puisqu'elles n'entraînent pas un transfert immédiat de la propriété. C'était seulement au moment du décès de l'instituant qu'il fallait transcrire.

Depuis le décret du 4 janvier 1955, la solution a été sensiblement modifiée. En effet, d'après l'article 28-2° de ce texte, « *les actes entre vifs dressés distinctement pour constater des clauses d'inaliénabilité temporaire et toutes autres restrictions au droit de disposer* [...] *sont obligatoirement publiés au bureau des hypothèques de la situation des immeubles.* » Or, l'institution contractuelle entraîne une restriction du droit de disposer de l'immeuble puisque l'instituant ne peut plus en disposer à titre gratuit. Elle doit donc être publiée sous la menace d'une inopposabilité aux donataires ultérieurs du même immeuble qui auraient, eux, régulièrement transcrit.

SECTION 2
CONDITIONS DE FOND

§ 1
Conditions tenant à l'objet de l'institution

344.21 **Institution universelle, à titre universel et à titre particulier.** Aux termes de l'article 1082 du Code civil, l'institution peut porter sur l'ensemble des biens que l'instituant laissera au jour de son décès. Il s'agit alors d'une institution universelle. Elle peut aussi ne concerner qu'une partie de ces biens; ce qui en fait une institution à titre universel. Même si l'article 1082 ne le précise pas, il est enfin admis unanimement qu'un bien ou des biens déterminés peuvent être l'objet d'une institution contractuelle à titre particulier. L'institution peut être consentie, par ailleurs, en pleine propriété ou en usufruit.

§ 2
Conditions tenant à la personne de l'instituant

344.31 **Lien avec l'institué.** Les tiers qui, d'après l'article 1082 du Code civil, peuvent consentir une institution contractuelle aux futurs époux par contrat de mariage sont « *les père et mère, les autres ascendants, les parents collatéraux des époux, et même les étrangers.* » Un lien de parenté entre l'instituant et l'institué n'est donc pas nécessaire, un lien d'amitié suffit.

344.32 **Capacité.** La question a été discutée de savoir si la capacité requise de l'instituant était soumise aux règles du testament ou à celles de la donation. Depuis 1877, la jurisprudence fait prévaloir, sur ce point, le caractère de donation de l'institution contractuelle conclue par contrat de mariage[3]. La solution est alors justifiée à l'aune de l'irrévocabilité de l'institution contractuelle qui tend à rapprocher cette dernière de la donation. Soulignons

1. M. Grimaldi, *La nature juridique de l'institution contractuelle*, th. Paris II, 1977.
2. Nîmes, 8 janv. 1850, *S.* 1850. 2. 91.
3. Req. 8 mai 1877, *DP* 1878. 1. 32.

que les réformes récentes en faveur de l'extension progressive de la capacité de disposer à titre gratuit du majeur protégé - et, au premier chef, du majeur sous tutelle - profiteront à l'instituant. À compter du 1er janvier 2009, ce dernier sera autorisé à instituer, par l'intermédiaire de la représentation ou avec l'assistance de son tuteur et avec l'autorisation préalable du conseil de famille ou du juge, un tiers sans que ce dernier lui soit uni par un lien de parenté (C. civ., art. 476, al. 1er, réd. L. n° 2007-308, 5 mars 2007). Jusqu'à cette date, seuls les enfants et les collatéraux privilégiés pourront bénéficier d'une institution contractuelle consentie par un tiers, à la condition, s'agissant des premiers, que l'institution contractuelle ait lieu en avancement de part successorale (C. civ., anc. art. 505, réd. L. n° 2006-728, 23 juin 2006). Le majeur sous curatelle doit être, pour sa part, assisté de son curateur (C. civ., anc. art. 513 - C. civ., art. 470, réd. L. n° 2007-308, 5 mars 2007), le tout sous réserve des dispositions conférant au juge des tutelles la faculté d'autoriser la personne placée sous tutelle ou sous curatelle à agir seule.

§ 3
Conditions tenant à la personne de l'institué

344.41 Institution faite au profit des futurs époux. L'instituant peut ne consentir la libéralité qu'à un seul des futurs époux. Il arrive parfois qu'il en gratifie les deux. En ce cas, l'institution contractuelle se partage par moitié entre les institués, sauf volonté différente plus précise.

Aucune autre personne que les futurs époux ou les enfants à naître ne peut bénéficier, même indirectement de l'institution. C'est la raison pour laquelle l'instituant, à la différence du testateur, ne peut pas stipuler que la libéralité sera maintenue en cas de prédécès de l'institué et de sa postérité.

344.42 Institution « *présumée faite au profit des enfants et descendants à naître du mariage* ». L'article 1082 alinéa 2 du Code civil édicte une règle spécifique à l'institution contractuelle consentie par des tiers. Aux termes de ce texte, « *pareille donation, quoique faite au profit seulement des époux ou de l'un d'eux, sera toujours, dans ledit cas de survie du donateur, présumée faite au profit des enfants et descendants à naître du mariage* ».

La règle est traditionnellement présentée comme une dérogation à l'article 906 alinéa 1er du Code civil, suivant lequel il faut être conçu au moment de la donation pour être capable de la recevoir. Un auteur (M. Grimaldi) soutient cependant que la dérogation est purement apparente. À l'instar du legs, l'institution contractuelle n'investit le bénéficiaire des droits transmis qu'au jour du décès du disposant. Il est donc logique de rattacher cette libéralité à l'article 906 alinéa 2, selon lequel il suffit d'être conçu à l'époque du décès du testateur pour être capable de recevoir par testament. La règle de l'article 1082 alinéa 2 participe de celles qui rapprochent du testament les institutions contractuelles consenties par les tiers par contrat de mariage, dont le caractère de donation est certes dominant mais non exclusif.

Elle crée une sorte de substitution vulgaire grâce à laquelle les enfants à naître du mariage profiteront **directement** de l'institution si l'époux institué - leur auteur - vient à mourir avant l'instituant.

Il existe une vive incertitude sur le point de savoir si l'article 1082 alinéa 2 permet de réaliser une institution *per saltum* c'est-à-dire une institution immédiate des enfants à naître sans institution préalable des époux ou de l'un d'eux. La Cour de cassation paraît l'avoir admis par un arrêt du 10 juillet 1888 [1]. La doctrine fait toutefois observer que cet arrêt relatif à un acte antérieur au Code civil n'a pas directement abordé la question de la validité de l'institution *per saltum*.

L'article 1082 alinéa 2 n'est pas d'ordre public. L'instituant peut donc stipuler qu'en cas de prédécès de l'institué, la libéralité sera caduque malgré la présence d'enfants nés du mariage.

344.43 Confrontation des articles 1082 alinéa 2 et 1089 du Code civil. Ces deux textes, dont l'application aux institutions contractuelles faites par les tiers par contrat de mariage est indiscutée, prennent l'un et l'autre la descendance du gratifié en considération. Le premier pour présumer qu'elle bénéficiera de la libéralité en cas de prédécès de l'institué, le second pour décider de la caducité de la libéralité si, en cas de prédécès de l'institué, elle n'existe pas ou plus.

La postérité de l'institué dont la présence ou le défaut commandent la mise en œuvre de ces deux règles est définie sensiblement de la même manière. Elle s'entend de tous les enfants rattachés au mariage en vue duquel la libéralité a été consentie (v. ss n° 342.21).

Pour le reste, il faut comprendre que les deux règles jouent en sens opposé. Celle de l'article 1082 alinéa 2 a pour effet d'élargir le domaine de l'institution contractuelle aux enfants à naître, cependant que celle de l'article 1089 a pour objet de le contenir en l'empêchant de se propager au-delà des enfants à naître. C'est pourquoi la première peut être écartée par une clause contraire (v. ss n° 344.42) tandis que la seconde est impérative (v. ss n° 344.41).

1. Civ. 10 juill. 1888, *DP* 1890. 1. 57.

344.44 Capacité. La capacité d'accepter l'institution contractuelle doit être appréciée à deux moments différents, lors de sa **conclusion**, d'une part, et lors de son **ouverture**, d'autre part. Au moment de la conclusion de l'institution contractuelle, la loi calque la capacité d'accepter cette libéralité sur la capacité matrimoniale, en application de la maxime « *Habilis ad nuptias...* ». Il en est ainsi non seulement dans le cas du **mineur non émancipé** (v. C. civ., art. 1398, al. 1er et 1095) mais aussi, selon une partie de la doctrine, dans celui du **majeur sous tutelle ou sous curatelle**[1]. Or, dans sa rédaction applicable depuis le 1er janvier 2009, l'article 1399 se contente de requérir, pour la conclusion des conventions matrimoniales, l'assistance, dans le contrat, du tuteur ou du curateur. Au jour de l'ouverture de l'institution, l'institué doit avoir la **capacité** – plus stricte – exigée pour l'acceptation d'un legs car, si l'institution contractuelle est universelle ou à titre universel, il s'engage à supporter tout ou partie du passif successoral (v. C. civ., art. 507-1).

SECTION 3
EFFETS PENDANT LA VIE DE L'INSTITUANT

§ 1
Situation de l'instituant

344.50 Présentation de la situation. La situation de l'instituant reflète parfaitement l'ambiguïté de l'institution contractuelle qui participe à la fois du testament et de la donation. En effet, d'un côté, il est un testateur qui reste **propriétaire** des biens jusqu'à son décès. De l'autre, il est un donateur par contrat de mariage échappant à l'irrévocabilité spéciale des donations mais toujours soumis à **l'irrévocabilité ordinaire des contrats.** En tant que propriétaire, il devrait pouvoir disposer librement des biens et dépouiller directement le gratifié à sa guise. En tant que donateur, il ne devrait pas pouvoir en disposer sans l'accord de l'institué. La situation serait donc logiquement intenable. Pour la débloquer, l'article 1083 du Code civil a dégagé un principe de conciliation. L'instituant, qui est toujours propriétaire, a la faculté de disposer à titre onéreux (A) mais, pour empêcher qu'il ne révoque trop brutalement une libéralité encore marquée du sceau de l'irrévocabilité, il est soumis à une interdiction de disposer à titre gratuit (B).

A.
Faculté de disposer à titre onéreux

344.51 Caractère impératif de la faculté de disposer à titre onéreux. La Cour de cassation a décidé, par un arrêt du 5 juillet 1928, que l'instituant ne peut s'interdire la faculté de disposer à titre onéreux des biens compris dans l'institution contractuelle : cette faculté est d'ordre public[2]. La solution est fondée sur le principe de prohibition des pactes sur succession future. Le Code civil a apporté une exception à ce principe en admettant l'institution contractuelle. Ce serait trop étendre cette exception que de retirer la faculté sauvegardée par l'article 1083.

344.52 Révocation indirecte de l'institution contractuelle. Lorsqu'il use de la faculté de disposer à titre onéreux des biens compris dans la libéralité, l'instituant révoque indirectement mais sûrement l'institution contractuelle.

Les conséquences de cette révocation indirecte sont variables suivant l'objet de l'institution. Si celle-ci porte sur des biens déterminés (ou sur une quote-part de biens déterminés) la révocation est complète. En effet, dans ce cas, la Cour de cassation a exclu, par un arrêt du 23 mars 1841[3], toute subrogation réelle de sorte que l'institué ne peut faire valoir aucun droit sur les biens susceptibles d'avoir remplacé les biens aliénés dans le patrimoine de l'instituant. En revanche, dans l'hypothèse d'une institution universelle ou d'une institution portant sur une quote-part du patrimoine, la révocation devient quelque peu suicidaire. En effet, les droits de l'institué sont alors reportés sur les nouveaux éléments qui composent le patrimoine, si bien que l'instituant est contraint de dilapider sa propre fortune s'il veut avoir dépouillé l'institué le jour venu.

B.
Interdiction de disposer à titre gratuit

344.61 Caractère supplétif de l'interdiction de disposer à titre gratuit. L'institution contractuelle prive le disposant du droit d'aliéner à titre gratuit les biens compris dans la libéralité[4]. Depuis un arrêt de la chambre des requêtes du 1er mars 1876, la jurisprudence déclare toutefois valable la clause par laquelle l'instituant se réserve le droit de révoquer l'institution en disposant, à titre gratuit, des

1. EN CE SENS, v. M. Grimaldi, *J.-Cl. Civ.*, « Donations et testaments », art. 1082 et 1083, fasc. B, nos 15 s. et les auteurs cités, no 42.

2. Civ. 5 juill. 1928, *DP* 1929. 1. 43.
3. Civ. 23 mars 1841, *S.* 1841. 1. 298.
4. Civ. 1re, 24 févr. 1969, *Bull. civ.* I, no 85; *D.* 1969. 409, note A. Breton.

biens sur lesquels elle porte[1]. La solution est justifiée, notamment, par l'idée qu'une telle clause introduit une condition simplement potestative, admise par l'article 1086 du Code civil en cas de donation par contrat de mariage.

Il convient donc d'observer que l'article 1083 présente deux aspects opposés : impératif quand il octroie une faculté de disposer à titre onéreux; supplétif quand il interdit de disposer à titre gratuit. Les deux solutions sont parfaitement conciliables puisqu'elles tendent, l'une et l'autre, à respecter la révocabilité inhérente à la notion d'institution contractuelle.

344.62 Restriction au pouvoir de révocation indirecte de l'institution contractuelle. À défaut de clause contraire, l'article 1083 prive l'instituant du droit de disposer à titre gratuit des biens compris dans l'institution. Legs, donations ordinaires, déguisées, indirectes ou par contrat de mariage lui sont désormais interdits dans un souci de protection de l'institué. Il lui reste seulement le droit de faire des libéralités « *pour sommes modiques, à titre de récompenses ou autrement* », c'est-à-dire notamment des libéralités rémunératoires ou des présents d'usage.

344.63 Risques de fraude. Privé du droit de disposer à titre gratuit alors qu'il conserve le droit de disposer à titre onéreux, l'instituant peut être tenté de dissimuler une libéralité sous l'apparence d'un acte à titre onéreux. C'est la conséquence inéluctable du compromis besogneux que l'article 1083 a mis en place.

§ 2
Situation de l'institué

344.70 Présentation de la situation. Il est habituel de comparer la situation de l'institué à celle de l'héritier réservataire. À l'instar du second, le premier a vocation à recueillir certains des biens qui se trouveront dans la succession d'une personne si par bonheur il lui survit et bénéficie d'une protection contre les actes à titre gratuit que cette personne pourrait être tentée de consentir. Pour être largement voisines, les deux situations ne sont pas, pour autant, complètement identiques. En effet, les droits de l'héritier réservataire lui sont conférés par la loi alors que ceux de l'institué ont une origine conventionnelle. Mais surtout, si par certains aspects, la situation de l'institué est identique à celle d'un héritier réservataire (A), par d'autres, elle présente une certaine supériorité (B).

1. Req. 15 mai 1876, *DP* 1876. 1. 433.

A.
Identité des situations de l'institué et de l'héritier réservataire

344.71 Impossibilité d'attaquer les actes irrégulièrement consentis par l'instituant. Du vivant de l'instituant, les droits de l'institué sont incertains. Il est possible que l'institution ne s'ouvre jamais si la mort commence par frapper du côté du gratifié et de sa descendance. Comme l'héritier réservataire, l'institué doit donc attendre le prédécès du donateur pour pouvoir poursuivre la nullité ou la révocation des libéralités qui ont irrégulièrement amoindri ses espérances.

344.72 Incessibilité du droit. Comme celui de l'héritier réservataire, le droit de l'institué est un droit à exercer dans une succession qui, par hypothèse, n'est pas encore ouverte. Toute cession de ce droit serait immanquablement annulée pour violation du principe de prohibition des pactes sur succession future.

344.73 Nullité de la renonciation anticipée. Renoncer à la succession d'un homme vivant ou aliéner les droits éventuels que l'on peut avoir à cette succession serait un pacte sur succession future. S'il connaît d'indéniables assouplissements, le principe de la prohibition d'un tel pacte demeure inscrit - bien que dans une formule aujourd'hui adoucie - aux articles 722 et 1130 alinéa 2 du Code civil (réd. L. n° 2006-728, 23 juin 2006). Aux termes de ces deux textes, les pactes sur succession future ne produisent effet que dans les cas et dans les conditions prévus par la loi. Or, celle-ci ne valide pas, en dehors de quelques hypothèses particulières, la renonciation anticipée à une succession non encore ouverte ni la cession de droits éventuels dans une telle succession. Ainsi, la renonciation conventionnelle à une institution contractuelle, avant le décès de l'instituant, demeure-t-elle prohibée[2]. La nullité d'une telle renonciation, laquelle avait été parfois justifiée par la jurisprudence au nom du principe de l'immutabilité des conventions matrimoniales, reste donc d'actualité.

Longtemps, cette jurisprudence a fait l'unanimité. Depuis la loi du 13 juillet 1965 qui a assoupli le principe de l'immutabilité du régime matrimonial, un mouvement de contestation s'est développé sous l'influence de M. Grimaldi. Suivant ce courant doctrinal, la révocation conventionnelle d'une institution contractuelle ne serait plus con-

2. V. antérieurement à la loi du 23 juin 2006, Civ. 1re, 16 juill. 1981, n° 80-11.285, *Bull. civ.* I, n° 261 ; *D.* 1983. 333, note M. Grimaldi; *RTD civ.* 1983. 176, obs. J. Patarin – Sur renvoi, Agen, 6 oct. 1982, *J. not.* 1983. 1496, obs. Raison.

traire au principe d'immutabilité et elle n'aurait jamais été un véritable pacte sur succession future puisqu'elle se propose de rétablir l'égalité successorale, éventuellement rompue, et de dissoudre un *votum mortis*. Pour le moment, la Cour de cassation résiste à ce vent de contestation. Pour combien de temps encore ?

B. Supériorité de la situation de l'institué sur celle de l'héritier réservataire

344.81 **Droit transitoire.** La situation juridique de l'héritier réservataire n'est constituée qu'au décès du *de cujus*. Avant ce jour, une loi nouvelle pourrait fort bien, sans application rétroactive, diminuer sa réserve. Il s'agirait d'un cas ordinaire d'application immédiate de la loi nouvelle aux situations juridiques qui ne sont pas encore constituées. En revanche, la situation juridique de l'institué contractuel est fixée dès le contrat. Par conséquent, une loi nouvelle promulguée entre le jour du contrat et celui du décès de l'instituant ne peut pas affecter cette situation car elle aurait, elle, une application rétroactive[1].

344.82 **Mesures conservatoires.** L'héritier réservataire ne peut pas provoquer de mesures conservatoires pour protéger sa réserve légale. Il en va autrement pour l'institué depuis deux arrêts de la Cour de cassation du 2 mai 1855[2] et du 22 janvier 1873[3]. Cet avantage – qui ne va pas jusqu'à lui permettre d'attaquer immédiatement les libéralités attentatoires à l'institution contractuelle – s'explique tout à la fois par l'irrévocabilité du droit de l'institué et par l'obligation de ne pas disposer à titre gratuit, contractuellement souscrite par l'instituant.

SECTION 4 EFFETS AU DÉCÈS DE L'INSTITUANT

§ 1 Acceptation de l'institution

344.90 **Option successorale.** Si le gratifié ou ses enfants nés du mariage sont encore vivants, le décès de l'instituant va entraîner **l'ouverture de l'institution.** À cet instant, l'institué ou ses descendants vont se trouver dans la même situation qu'un légataire universel, à titre universel ou à titre particulier. Comme un légataire, ils ont un droit d'option entre l'acceptation et la répudiation de l'institution qui avait déjà été acceptée au moment de la conclusion du contrat de mariage. Si le choix d'une nouvelle acceptation leur est offert, c'est parce qu'elle a un autre objet. Au moment de la conclusion du contrat, l'institué avait accepté la qualité de successible. Désormais, il faut accepter les biens, et éventuellement les dettes, compris dans la succession.

Les effets de l'institution seront donc différents selon qu'elle aura été acceptée (A et B) ou qu'il y aura été renoncé (C) (v. s[s] n°s 344.111 s.).

A. Acceptation pure et simple

344.91 **Formes et caractères.** Elle peut être expresse ou tacite. Après quelques hésitations, la jurisprudence a décidé qu'elle est irrévocable.

344.92 **Acquisition de la propriété.** L'institué, qui jusqu'alors n'était pas propriétaire des biens compris dans l'institution, va le devenir par l'acceptation. Cette acquisition de la propriété s'opère avec un effet rétroactif limité. L'institué acceptant est réputé propriétaire depuis le jour du décès et non pas depuis le jour de l'institution.

344.93 **Saisine de l'institué.** Comme le légataire, l'institué ne devrait être saisi qu'à la double condition d'avoir un titre universel et de n'être pas en présence d'héritiers réservataires du *de cujus*. Cependant, une jurisprudence contestée décide que l'institué a la saisine en toute hypothèse, y compris en présence d'un héritier réservataire[4]. En conséquence, il a toujours droit aux **fruits** à partir du jour du décès.

344.94 **Obligation au passif.** Du point de vue de l'obligation au paiement des dettes de l'instituant, l'institué est dans la même situation qu'un légataire. Il convient donc de distinguer :

– **institué à titre particulier,** il n'est pas tenu du passif;

– **institué universel ou à titre universel** il y est tenu, et il y est tenu ***ultra vires***, sous réserve des dispositions nouvelles de l'article 786 alinéa 2 du Code civil, dans sa version issue de la loi du 23 juin 2006.

Que l'on rattache l'obligation *ultra vires* à la vocation universelle ou à titre universel, comme le fait la célèbre jurisprudence *Toussaint*[5], ou que l'on continue à la faire dépendre de la saisine, l'institué

1. Civ. 31 janv. 1832, *S.* 1832. 1. 220.
2. Civ. 2 mai 1855, *DP* 1855. 1. 193.
3. Req. 22 janv. 1873, *DP* 1873. 1. 473.
4. Civ. 1re, 13 févr. 1968, *Bull. civ.* I, n° 60.
5. Civ. 13 août 1851, *GAJC*, t. I, 12e éd., Dalloz, 2007, p. 626.

universel ou à titre universel ne saurait y échapper. Il a vocation à l'universalité et il a toujours la saisine.

344.95 Rapport et réduction. L'institution contractuelle acceptée est soumise à des règles particulières de rapport et de réduction étudiées au chapitre de la *Liquidation des successions* (sur le rapport des libéralités, v. s[s] n°s 263.10 s.; et sur la réduction des libéralités, v. s[s] n°s 264.10 s.).

344.96 Actions contre les actes à titre gratuit irrégulièrement passés par l'instituant. Avant le décès de l'instituant, l'institué ne peut prendre que des mesures conservatoires à l'encontre des libéralités réalisées à son détriment. Après le décès, il va pouvoir les attaquer. Ce point est certain. Ce qui l'est moins c'est la nature juridique de l'action qu'il va alors pouvoir exercer. S'agit-il d'une action en nullité, qui aboutira toujours à la restitution en nature des biens dont il a été irrégulièrement disposé à titre gratuit, ou d'une action en réduction qui, depuis la loi du 23 juin 2006, conduira presque toujours à une restitution en valeur (C. civ., art. 924 à 928) ? La doctrine n'avait jamais répondu franchement à la question, dont l'intérêt pratique n'est apparu qu'en 1938 avec l'admission des premiers cas de réduction en valeur. Quant à la jurisprudence, elle a admis que l'institué exerce une **action en réduction**, analogue à celle que la loi attribue aux héritiers réservataires pour la protection de leur réserve[1]. Aussi, l'institué ne recevra-t-il désormais que la valeur de la chose calculée à l'époque du partage (C. civ., art. 924-2). En effet, la loi du 23 juin 2006 a généralisé la règle de la réduction en valeur sans plus opérer de distinction suivant la qualité du bénéficiaire et la nature de la libéralité (v. cep., C. civ., art. 924-1 et 924-4 qui maintiennent, de manière subsidiaire, la réduction en nature).

Outre l'action en réduction, il est admis que, dans certaines hypothèses particulières, l'institué puisse exercer d'autres actions :

– **l'action en déclaration de simulation,** lorsque l'instituant a dissimulé la libéralité sous l'apparence d'un acte à titre onéreux, voire l'action en nullité de l'article 1099 alinéa 2 du Code civil lorsque l'instituant avait consenti, sous l'empire des dispositions antérieures à la loi du 26 mai 2004, une donation déguisée à son conjoint (sur les incertitudes liées, en la matière, au droit transitoire, v. s[s] n°s 353.30, 353.42 et 353.73 s.);

– **l'action en responsabilité contractuelle de droit commun** dirigée contre la succession pour le cas où l'action en réduction se heurte à l'insolvabilité du tiers bénéficiaire de la libéralité irrégulière et à l'impossibilité de revendiquer le bien en nature entre les mains du sous-acquéreur ou d'exercer, à l'encontre de ce dernier, la réduction en valeur (v. C. civ., art. 924-4).

344.97 Cas particulier de l'institution contractuelle de somme d'argent. La jurisprudence décidait, jusqu'à présent, que le bénéficiaire d'une institution contractuelle se trouvait dans la situation d'un créancier et qu'il pouvait poursuivre les successeurs du défunt au-delà des forces de la succession[2]. La solution était calquée sur celle admise au sujet des legs de sommes d'argent, lesquels obligeaient les successeurs acceptants purs et simples *ultra vires successionis*. La loi du 23 juin 2006 a renversé cette règle. L'article 785 alinéa 2 dispose, aujourd'hui, que l'héritier universel ou à titre universel qui accepte purement et simplement la succession « *n'est tenu des legs de sommes d'argent qu'à concurrence de l'actif successoral net des dettes* ». La solution vaut, *mutatis mutandis*, pour l'institution contractuelle de somme d'argent.

Lorsque le patrimoine du défunt est insuffisamment rempli, apparaît une autre question délicate, celle de savoir si, pour obtenir la somme d'argent prévue par l'institution, l'institué va pouvoir attaquer toutes les libéralités ultérieurement consenties par l'instituant ou s'il devra s'en tenir aux seules libéralités ultérieures ayant également porté sur une somme d'argent. Il serait sans doute judicieux, ainsi que le suggère une partie de la doctrine, de faire dépendre la réponse à cette interrogation de l'interprétation de la volonté des parties à l'institution contractuelle.

B.
Acceptation à concurrence de l'actif net

344.101 Formes et caractère. Implicitement admise par la jurisprudence dans les cas où l'institué peut être tenu du passif successoral, c'est-à-dire en cas d'institution universelle ou à titre universel, l'acceptation sous bénéfice d'inventaire – devenue depuis la loi du 23 juin 2006 l'acceptation à concurrence de l'actif net – suppose une déclaration au greffe du tribunal de grande instance dans le ressort duquel la succession est ouverte. La déclaration est enregistrée et fait l'objet d'une publicité nationale (C. civ., art. 788). Elle est accompagnée ou suivie d'un inventaire de la succession, également soumis à publicité, devant être déposé au tribunal dans un délai de deux moins à compter de la déclaration. À défaut d'avoir déposé l'inventaire dans le délai prévu, l'héritier est réputé acceptant pur et simple (C. civ., art. 789 et 790). Tant que la prescription

1. Civ. 1re, 24 févr. 1969, *Bull. civ.* I, n° 85; *D.* 1969. 409, note A. Breton.

2. Besançon, 8 juin 1898, *D.* 1899. 2. 143.

du droit d'accepter la succession n'est pas acquise contre lui, l'héritier peut révoquer son acceptation à concurrence de l'actif net en acceptant purement et simplement (C. civ., art. 801).

344.102 Obligation *intra vires*. L'institué bénéficie de l'avantage essentiel attaché à une acceptation à concurrence de l'actif net. Il n'est tenu des dettes de l'instituant décédé qu'à concurrence des biens qu'il recueille dans l'institution contractuelle et ne peut être poursuivi que sur ces seuls biens, dans les conditions prévues par l'article 798 du Code civil.

§ 2
Renonciation à l'institution

344.111 Intérêt de la renonciation. Le principal intérêt de la renonciation, c'est de rendre l'institué étranger à l'institution et de le soustraire au paiement des dettes de l'instituant. Concrètement, elle est avantageuse pour l'institué universel ou à titre universel en cas d'insolvabilité du défunt instituant. L'institué à titre particulier, qui n'est pas tenu aux dettes, n'a donc pas d'intérêt matériel à renoncer.

344.112 Influence sur la situation des autres survivants. Lorsque l'institution était présumée faite au profit des descendants, ceux-ci vont en recueillir le bénéfice (s'il y en a un) après la renonciation de l'institué. Ils sont en effet investis, par l'article 1082 du Code civil, d'un droit qui leur appartient en propre. À défaut de descendants présumés institués, ou en cas de renonciation de leur part, le bénéfice de l'institution reviendra, selon les cas, aux héritiers *ab intestat*, à d'autres institués ou à des légataires universels ou à titre universel.

344.113 Consolidation des actes à titre gratuit ultérieurs. Les libéralités postérieures à l'institution contractuelle que l'instituant avait consenties au mépris de l'article 1083 ne vont plus pouvoir être attaquées. Leurs bénéficiaires vont donc pouvoir les conserver définitivement, sauf à respecter les règles habituelles de la réduction et du rapport.

344.114 Formes et caractère. La renonciation à une institution contractuelle ouverte présente la particularité d'échapper à la déclaration au greffe du tribunal de grande instance du lieu d'ouverture de la succession, laquelle n'est exigée que pour la renonciation à une succession *ab intestat*[1]. Dégagée sous l'empire de l'ancien article 784 du Code civil, la solution demeure valable sous celui des nouvelles dispositions de l'article 804, issues de la loi du 23 juin 2006. L'institué peut donc renoncer par acte notarié voire tacitement.

La question reste cependant discutée de savoir si cet assouplissement de la forme vaut seulement pour l'institution à titre particulier ou s'il peut être étendu à l'institution universelle ou à titre universel.

Il est admis que la renonciation à une institution contractuelle n'est pas définitive. Comme la renonciation à une succession, elle peut être rétractée (v. C. civ., art. 807).

1. Req. 29 mai 1888, *DP* 1889. 1. 349, rapp. Lepelletier – Civ. 1re, 12 févr. 1968, *Bull. civ.* I, n° 58 – Civ. 1re, 20 avr. 1982, n° 81-12.190, *Bull. civ.* I, n° 139; *RTD civ.* 1983. 370, obs. J. Patarin – Civ. 1re, 20 juill. 1982, n° 81-13.870, *Bull. civ.* I, n° 269; *RTD civ.* 1983. 370, obs. J. Patarin.

CHAPITRE

345. Donations cumulatives de biens présents et à venir par les tiers autres que les ascendants

NATHALIE PETERKA
PROFESSEUR À L'UNIVERSITÉ PARIS-EST
CRÉTEIL VAL-DE-MARNE (UPEC)

SECTION 0
ORIENTEUR

345.00 Plan du chapitre.

Division. La donation cumulative de biens présents et à venir retenue par le Code civil est une donation unique qui est organisée comme une institution contractuelle du vivant de l'instituant mais qui à son décès peut se transformer rétroactivement en une donation de biens présents. Elle a donc un régime juridique complexe, d'ailleurs fort peu retenu par la pratique, qui repose sur des conditions spécifiques (sect. 1 et 2) et dont les effets (sect. 3) sont singulièrement variables.

345.01 Textes applicables.

C. civ., art. 1084 et 1085

* V. textes complets des articles s[s] n° 341.01

L. n° 2006-728, 23 juin 2006, portant réforme des successions et des libéralités, *JO* 24 juin, p. 9513 (*entrée en vigueur le 1er janv. 2007*)

345.02 Jurisprudence de référence.

> La déclaration du donateur, à l'acte de donation, qu'il n'a pas de dettes, satisfait aux dispositions de l'article 1084 du Code civil prescrivant pour la donation cumulative de biens présents et à venir l'annexion d'un état des dettes et charges du donateur existantes au jour de la donation

• Civ. 1re, 22 févr. 2000, n° 97-21.917, *Bull. civ.* I, n° 56

* V. s[s] n° 345.13

Une cour d'appel, ayant constaté que la donatrice avait déclaré à l'acte de donation qu'elle n'avait pas de dettes, peut en déduire que cette mention satisfait aux dispositions de l'article 1084 du Code civil prescrivant, pour la donation cumulative de biens présents et à venir, l'annexion à l'acte d'un état des dettes et charges du donateur existantes au jour de la donation.

345.03 Bibliographie indicative.

Actualisables. Rép. civ., v° *Donation par contrat de mariage,* par A. Colomer, juin 2012 – *J.-Cl. Civ.*, « Donations et testaments », art. 1086 à 1090, fasc. 40, M. Grimaldi; « Donations par contrat de mariage. Donation cumulative de biens présents et à venir », art. 1084 à 1085, fasc. C, M. Grimaldi.

Ouvrages[1]. J. FLOUR et H. SOULEAU, *Droit civil. Les libéralités*, coll. « U », A. Colin, 1982, n°s 431 à 435 – M. GRI-

1. NB : les ouvrages les plus fréquemment cités et dont le nom des auteurs figure en petites capitales en bibliographie sont cités par les seuls noms des auteurs en petites capitales en notes de bas de page.

MALDI, *Droit civil. Libéralités. Partages d'ascendants*, LexisNexis/Litec, 2000, n°s 1547 à 1574 – Chr. JUBAULT, *Droit civil. Les successions. Les libéralités*, 2e éd., Montchrestien, 2010, n°s 854 à 856 – Ph. MALAURIE, *Les successions. Les libéralités*, 5e éd., Defrénois/Lextenso, 2012, n° 757 – A. SÉRIAUX, *Successions et libéralités*, Ellipses, 2013, n° 80 – F. TERRÉ, Y. LEQUETTE et S. GAUDEMET, *Droit civil. Les successions. Les libéralités*, « Précis », 4e éd., Dalloz, 2014, n°s 626 à 629.

345.04 Question essentielle.
> Le défaut de l'annexion à l'acte de donation de l'état des dettes et charges du donateur existant au jour de la donation est-il toujours sanctionné par la déchéance du droit d'opter pour la donation rétroactive de biens présents ?
* V. s^s n°s 345.11 à 345.13

345.07 Vue d'ensemble. La donation cumulative de biens présents et à venir est organisée par les articles 1084 et 1085 du Code civil. Il s'agit d'une variété d'institution contractuelle sur laquelle vient se greffer une **option supplémentaire** offerte à l'institué. Au décès de l'instituant, il pourra choisir soit d'être considéré comme un institué contractuel, avec les avantages et les inconvénients attachés à cette condition, soit de s'en tenir aux biens présents dans le patrimoine du disposant au moment de l'institution. C'est donc une institution contractuelle qui permet à l'institué de ne pas subir les conséquences des actes à titre onéreux de l'instituant.

345.08 Ambiguïté terminologique. La donation que décrit l'article 1084 en disant qu'elle « *pourra être faite cumulativement des biens présents et à venir* » n'est pas, en réalité, une donation cumulative. Il s'agit, au vrai, d'une **donation alternative** telle que, sous l'Ancien Droit, en connaissaient les pays de coutume. Une véritable donation cumulative, comme il en existait sous l'Ancien Droit dans les pays de droit écrit, porterait à la fois sur les biens présents et sur les biens à venir et s'analyserait en une double donation : une donation ordinaire avec transfert immédiat de la propriété pour les biens présents; une institution contractuelle tant du vivant de l'instituant qu'à son décès pour les biens à venir.

L'erreur terminologique commise par les rédacteurs du Code civil est source de confusion lorsque les parties, comme elles en ont le droit, ont entendu réaliser une véritable donation cumulative de biens présents et de biens à venir.

SECTION 1
CONDITIONS SPÉCIFIQUES

345.11 Spécificité des seules conditions de forme. Variété d'institution contractuelle, la donation cumulative de biens présents et à venir est soumise à toutes les conditions de fond exigées pour ce genre de libéralité, y compris à celles relatives à la personne du gratifié. Sur le terrain de la forme, il a fallu soumettre cette libéralité à des règles particulières, afin de déterminer avec certitude l'objet des droits du gratifié s'il opte pour la donation rétroactive de biens présents.

345.12 État estimatif des meubles donnés. La formalité exigée par l'article 948 du Code civil, dont l'application aux institutions contractuelles mobilières est discutée, s'impose aux donations cumulatives de biens présents et à venir. L'état estimatif est en effet requis pour les meubles présents. À l'égard de ceux qui auraient été omis, le droit d'option disparaîtrait et le gratifié ne pourrait plus y prétendre qu'en qualité de biens à venir.

345.13 État des dettes et charges du donateur existant au jour de la donation. Cette condition, posée par l'article 1084 du Code civil, est la **condition caractéristique** de la donation de biens présents et à venir. L'utilité de cette règle est de permettre de démêler, parmi les dettes du défunt, celles qui sont antérieures à la donation. Cette ventilation est indispensable lorsque la donation, considérée comme une donation de biens présents, oblige le donataire au paiement des dettes présentes du donateur. En conséquence, le défaut d'état des dettes et charges est sanctionné par la **déchéance du droit d'opter pour la donation rétroactive de biens présents** (C. civ., art. 1085). Un arrêt de la première chambre civile de la Cour de cassation du 22 février 2000 – qui permet, en passant, de remarquer que l'archaïsme de la donation cumulative de biens présents et à venir ne lui a pas encore retiré toute vitalité – a atténué la rigueur de la sanction, en décidant que la simple déclaration, dans l'acte, de l'absence de toute dette permettait de satisfaire aux prescriptions du Code civil tout aussi bien que l'annexion d'un état des dettes et charges[1].

Malgré cet assouplissement, l'exigence de l'article 1084 ne laisse cependant pas d'étonner par sa généralité. Il n'est en effet utile de connaître l'état des dettes antérieures à la donation que dans les cas où le donataire est tenu de les payer. Or, ces cas sont rares puisque le donataire de biens présents est un ayant cause à titre particulier. Il n'est pas tenu des dettes présentes sauf si l'acte les met à sa charge. En exigeant toujours l'établissement d'un état des dettes et charges, l'article 1084 donne donc à entendre que, par exception au droit commun des

1. Civ. 1re, 22 févr. 2000, n° 97-21.917, *Bull. civ.* I, n° 56; *D.* 2000. Somm. 430, obs. M. Nicod; *RTD civ.* 2000. 378, obs. J. Patarin; *JCP* 2001. I. 366, n° 5, obs. R. Le Guidec.

donations de biens présents, le bénéficiaire d'une donation cumulative de biens présents et à venir est toujours tenu des dettes qui existaient au moment de l'acte. Cette interprétation paraît excessive à beaucoup. Elle ne serait admissible que dans les cas où le donataire reçoit l'intégralité ou une quote-part de l'actif présent. Elle devrait être écartée, en revanche, quand le donateur ne reçoit que tel ou tel bien présent.

SECTION 2
EFFETS PENDANT LA VIE DU DONATEUR

345.21 Coïncidence théorique avec les effets de l'institution contractuelle ordinaire. En attendant le décès qui ouvrira l'option, le donataire et le donateur sont juridiquement dans la situation de l'institué et de l'instituant ordinaires. C'est donc le donateur qui reste propriétaire des biens donnés sans avoir, en principe, le droit d'en disposer à titre gratuit mais en conservant celui d'en disposer à titre onéreux. Cette dernière faculté ne peut être cependant exercée que de manière tout à fait exceptionnelle car les candidats acquéreurs sont généralement rebutés par la perspective d'un anéantissement de l'acte pour le cas où le gratifié viendrait à opter, plus tard, pour la donation de biens présents.

Le donataire est fondé, quant à lui, à prendre des **mesures conservatoires** pour se prémunir contre les actes à titre gratuit relatifs aux biens à venir ou aux biens présents et contre les actes à titre onéreux sur ces derniers effectués par l'instituant. Elles permettent, également, à l'institué de se protéger contre la saisie des biens présents par les créanciers de l'instituant. Ces mesures conservatoires peuvent consister, par exemple, en l'obligation pour le tiers gratifié de fournir caution[1].

SECTION 3
EFFETS À LA MORT DU DONATEUR

345.30 Régime juridique de l'option. Aux termes de l'article 1084 du Code civil, l'option entre l'institution contractuelle et la donation de biens présents ne peut être exercée que lors du décès du donateur. Elle est **irrévocable** et soumise à publicité foncière.

La doctrine considérait, jusqu'à présent sur le fondement de l'ancien article 789 du Code civil, que la faculté d'opter de l'institué se prescrivait par une durée de trente ans à compter du décès du donateur. La loi du 23 juin 2006 conduit à raccourcir ce délai. En effet, les nouvelles dispositions de l'article 780 soumettent l'option successorale à **une prescription de dix ans** à compter de l'ouverture de la succession, dès lors que l'héritier n'a pas été sommé d'opter et qu'il n'est pas tenu pour acceptant pur et simple en application des articles 778, 790 et 800 du Code civil (C. civ., art. 771 à 773). Le nouveau délai de dix ans a vocation, à l'instar de l'ancienne prescription trentenaire, à régir l'option du gratifié en faveur de l'institution contractuelle (§ 1) ou de la donation de biens présents (§ 2).

1. Req. 22 janv. 1873, *DP* 1873. 1. 473.

§ 1
Option en faveur de l'institution contractuelle

345.31 Choix commandé par l'enrichissement du donateur depuis le jour de la donation. C'est dans cette hypothèse que l'institution est avantageuse pour le gratifié. Normalement, la **sous-option** que lui ouvre sa nouvelle qualité d'institué contractuel entre acceptation pure et simple, acception à concurrence de l'actif net et répudiation de l'institution est donc purement théorique. En effet, à s'en tenir à des considérations strictement économiques, il est absurde de choisir l'institution contractuelle pour y renoncer ensuite. Si la donation de biens à venir était financièrement risquée, il fallait opter pour la donation de biens présents.

345.32 Assimilation à l'institué contractuel ordinaire. Après avoir successivement choisi et accepté l'institution contractuelle, le bénéficiaire devient propriétaire des biens. Si l'institution est universelle ou à titre universel, il est tenu des dettes sans qu'il y ait à distinguer selon qu'elles sont antérieures ou postérieures à la donation. Le gratifié peut faire réduire les libéralités ultérieures. En outre, il doit respecter les actes à titre onéreux consentis par le donateur, ce qui apportera un grand soulagement aux acquéreurs téméraires qui étaient exposés au risque d'anéantissement de l'acte.

§ 2
Option en faveur de la donation de biens présents

345.41 Choix commandé par l'appauvrissement du donateur depuis le jour de la donation. L'avantage de la donation cumulative de biens présents et à venir est précisément de permettre au donataire d'échapper aux risques de mauvaise fortune qui peuvent frapper le donateur après la donation.

345.42 Acquisition rétroactive de la propriété des biens présents. Par son option, le donataire est réputé avoir été propriétaire, depuis le jour de la donation, des biens qui étaient alors dans le patrimoine du donateur. C'est dire qu'il va pouvoir les revendiquer entre les mains des tiers, y compris entre les mains des tiers acquéreurs à titre onéreux.

345.43 Obligation aux seules dettes constatées dans l'état des dettes et charges. Il y a une incertitude sur le point de savoir si le donataire est tenu, dans tous les cas, des dettes antérieures à la donation ou s'il ne l'est qu'en présence d'une stipulation de l'acte (v. s[s] n° 345.13). Il est certain, en revanche qu'il n'est tenu des dettes du donateur que si celles-ci ont été mentionnées dans l'état joint à la donation. Donataire de biens présents, il échappe au passif né, après la libéralité, à la charge du donateur.

345.44 Renonciation « *au surplus des biens du donateur* ». Par cette formule, l'article 1084 du Code civil apporte une contrepartie aux avantages de l'option en faveur de la donation de biens présents. S'il préfère s'en tenir à ces derniers, le gratifié doit, en effet, se priver corrélativement des biens que le donateur avait pu acquérir depuis la donation.

CHAPITRE

346. Donations faites par les ascendants

NATHALIE PETERKA
PROFESSEUR À L'UNIVERSITÉ PARIS-EST
CRÉTEIL VAL-DE-MARNE (UPEC)

SECTION 0
ORIENTEUR

346.00 Plan du chapitre.

346.01 Textes applicables.

C. civ., art. 204 et 959

L. n° 2006-728, 23 juin 2006, portant réforme des successions et des libéralités, *JO* 24 juin, p. 9513 (*entrée en vigueur le 1er janv. 2007*)

> Donations faites par les ascendants
[C. civ., art. 204 et 959]

C. civ., art. 204
L'enfant n'a pas d'action contre ses père et mère pour un établissement par mariage ou autrement.

C. civ., art. 959
Les donations en faveur de mariage ne seront pas révocables pour cause d'ingratitude.

346.02 Jurisprudence de référence.

> Exclusion de la révocation pour cause d'ingratitude des donations par contrat de mariage faites par les ascendants

• **Civ. 1re, 1er mars 1977, n° 75-12.563,** *Bull. civ.* I, n° 109
* V. ss n° 346.11

« Attendu que, selon les juges du fond, A... a, le 23 juillet 1962, constitue une maison en dot a sa fille a l'occasion du mariage de celle-ci avec B...;

Qu'une demande en révocation de cette donation pour cause d'ingratitude, formée par A..., a été rejetée par l'arrêt confirmatif attaque, au motif que l'article 959 du Code civil écarte la révocation pour cause d'ingratitude en ce qui concerne les donations en faveur du mariage;

Attendu qu'il est fait grief a la cour d'appel d'avoir ainsi statué, alors que l'article 959 ne concerne que les donations faites aux époux Y... des tiers, et que, selon le moyen, les parents de l'époux X... ne sont pas des tiers, dès lors qu'il existe entre eux un lien successoral, grâce auquel l'ingrat et ses enfants pourvu qu'ils ne soient pas indignes de succéder, pourront retrouver dans la succession du donateur le bien dont la donation a été révoquée;

Mais attendu que la cour d'appel a retenu a bon droit que l'article 959 précité vise a protéger, des conséquences d'un fait qui ne leur est pas imputable, les enfants nés du mariage du donataire et que la seule exception qui puisse lui être apportée concerne les donations faites entre futurs époux à l'occasion du mariage, les descendants retrouvant alors dans la succession de leur autre parent ce qu'ils perdent dans celle de l'ingrat [...]. »

346.03 Bibliographie indicative.

Actualisables. Rép. civ., v° *Donation par contrat de mariage,* par A. Colomer, juin 2012 – *J.-Cl. Civ.*, « Donations et testaments », art. 1086 à 1090, fasc. 40, M. Grimaldi; art. 1081, fasc. 10, M. Grimaldi.

Ouvrages[1]. J. FLOUR et H. SOULEAU, *Droit civil. Les libéralités*, coll. « U », A. Colin, 1982, nos 387 s. – M. GRIMALDI, *Droit civil. Libéralités. Partages d'ascendants*, LexisNexis/Litec, 2000, nos 1547 à 1574 – Chr. JUBAULT, *Droit civil. Les successions. Les libéralités*, 2e éd., Montchrestien, 2010, nos 847 à 856 – H. L. J. MAZEAUD et F. CHABAS, *Leçons de droit civil*, t. IV, vol. 2, *Successions-Libéralités*, par L. et S. LEVENEUR, 5e éd., Montchrestien, 1999, nos 1573 à 1593 – A. SÉRIAUX, *Successions et libéralités*, Ellipses, 2013, nos 77 à 80 – F. TERRÉ, Y. LEQUETTE et S. GAUDEMET, *Droit civil. Les successions. Les libéralités*, « Précis », 4e éd, Dalloz, 2014, nos 626 à 629.

Article. L. Weiller, « Article 204 : l'enfant n'a pas d'action contre ses père et mère pour un établissement par mariage ou autrement », *RLDC* 2004 (n° 7), n° 298, p. 54.

1. NB : les ouvrages les plus fréquemment cités et dont le nom des auteurs figure en petites capitales en bibliographie sont cités par les seuls noms des auteurs en petites capitales en notes de bas de page.

346.04 Question essentielle.
> Les donations par contrat de mariage faites par les ascendants sont-elles révocables pour cause d'ingratitude ou pour cause de survenance d'enfants ?

* V. s[s] n°s 346.11 et 346.12

346.07 Vue d'ensemble. Les donations faites par les ascendants par contrat de mariage présentent parfois quelques aspects particuliers. Encore que le particularisme des causes de révocation (sect. 1) a été refoulé, tandis que celui des constitutions de dot et des promesses d'égalité est fortement teinté d'archaïsme (sect. 2 et 3).

SECTION 1
CAUSES DE RÉVOCATION

346.11 Exclusion de la révocation pour ingratitude. La jurisprudence a précisé que l'article 959 du Code civil – qui exclut la révocation pour cause d'ingratitude des donations en faveur du mariage – ne s'applique qu'aux donations faites par les tiers[1]. Ces derniers incluent les père et mère de chaque époux[2].

346.12 Fausse exception à la révocation pour survenance d'enfants. À lire l'ancienne version de l'article 960 du Code civil, on pouvait croire que les donations faites par les ascendants aux conjoints échappaient au principe de révocation de plein droit par la survenance d'un enfant du donateur. Il est vrai que la donation consentie aux futurs époux par les parents n'était pas révoquée lorsque ces derniers avaient, à nouveau, un enfant. Cependant, le maintien de la donation ne s'expliquait pas par une exception au principe formulé par l'article 960. Il tenait à ce que les conditions de mise en œuvre du principe de révocation n'étaient pas réunies. En effet, la révocation n'était encourue que si, au moment de la donation, le donateur n'avait point d'enfants ou de descendants vivants. Or, dans notre hypothèse, il y en avait déjà au moins un, sur le point de se marier...

On ajoutera que, depuis l'entrée en vigueur de la loi du 23 juin 2006[3], le caractère automatique de la révocation des donations pour cause de survenance d'enfants a disparu, pour laisser place à une révocation facultative lorsque l'acte de donation la prévoit. L'application dans le temps de ces nouvelles dispositions n'a pas été réglée par le législateur[4].

1. Civ., 26 févr. 1856, *DP* 1856. 1. 49 [1re esp.].
2. Civ. 1re, 1er mars 1977, n° 75-12.563, *Bull. civ.* I, n° 109.
3. L. n° 2006-728, 23 juin 2006, portant réforme des successions et des libéralités, *JO* 24 juin, p. 9513.
4. En faveur d'une application rétrospective, v. M. Nicod, « Les dispositions transitoires et interprétatives de la loi du 23 juin 2006 » : *D.* 2006. 2587.

SECTION 2
DOTS CONSTITUÉES PAR LES PÈRE ET MÈRE

346.21 Accentuation du caractère onéreux. En droit romain et dans les pays de droit écrit, la constitution de dot par les père et mère était obligatoire. Le Code civil a certainement condamné cette règle par l'article 204, selon lequel « *l'enfant n'a pas d'action contre ses père et mère pour un établissement par mariage ou autrement* ». Certains auteurs et une partie de la jurisprudence ont cependant déduit de la tournure de ce texte le maintien, à la charge des parents, d'une **obligation naturelle de doter**. Cette thèse est aujourd'hui condamnée car ses prolongements logiques sont rejetés par le droit positif. En effet, la constitution de dot par les père et mère reste une donation soumise au rapport et à la réduction alors qu'elle devrait relever entièrement du régime des actes à titre onéreux si elle était l'exécution d'une obligation naturelle[5]. Aussi, le seul vestige encore visible de l'influence romaine est-il une simple accentuation du caractère onéreux qui singularise déjà toutes les donations de biens présents faites par les tiers par contrat de mariage. Cette accentuation se traduit par l'exclusion du formalisme protecteur de la volonté du disposant. La principale application de ce particularisme des constitutions de dot par les père et mère est leur maintien après annulation du contrat de mariage, même lorsqu'elles n'ont pas été expressément acceptées.

346.22 Répartition de la charge de la dot. Lorsqu'elle est constituée par les père et mère, la dot soulève de délicates difficultés d'obligation, de contribution et de rapport qui sont abordées au Livre 1 des *Régimes matrimoniaux* pour les deux premières (v. s[s] n°s 141.10 s. et 142.10 s.) et au titre 26 sur la *Liquidation des successions* pour la troisième (v. s[s] n°s 263.10 s.).

SECTION 3
PROMESSES D'ÉGALITÉ

346.31 Définition. La promesse d'égalité est la clause par laquelle le père et la mère, ou l'un d'eux seulement, promettent à l'un de leurs enfants qui se marie, de ne pas rompre à son désavantage l'égalité entre lui et ses frères et sœurs. C'est donc un pacte sur succession future admis par la jurispru-

5. Sur l'obligation naturelle de donner, V. NOT H. Capitant, note s[s] Montpellier, 16 déc. 1901, *D.* 1907. 2. 241 – COMP. J. Flour, Rapport, in *La notion d'obligation naturelle et son rôle en droit civil. Travaux de l'Association H. Capitant*, t. VII, 1952, E. Doucet, 1956, p. 813.

dence, en raison de sa parenté avec l'institution contractuelle, à condition qu'il figure dans un contrat de mariage.

346.32 **Effets.** Ils peuvent varier en fonction de l'interprétation de la volonté des parties. Dans le cas le plus courant, la promesse d'égalité prive le promettant de disposer de la quotité disponible en faveur des autres réservataires mais elle ne lui interdit pas d'en disposer au profit d'étrangers car alors le bénéficiaire de la promesse et les autres réservataires sont également frustrés. Il s'agit donc d'une institution contractuelle ayant pour objet la part du bénéficiaire dans la quotité disponible, mais d'une institution contractuelle plus fragile que les autres car elle peut être entièrement révoquée par des actes à titre gratuit consentis à des étrangers.

CHAPITRE

347. Donations par contrat de mariage entre futurs époux

NATHALIE PETERKA
PROFESSEUR À L'UNIVERSITÉ PARIS-EST
CRÉTEIL VAL-DE-MARNE (UPEC)

SECTION 0 ORIENTEUR

347.00 Plan du chapitre.

347.01 Textes applicables.

C. civ., art. 265, 959, 960, 1091 à 1093 et 1095

L. n° 2007-308, 5 mars 2007, portant réforme de la protection juridique des majeurs, *JO* 7 mars, p. 4325 (*entrée en vigueur le 1er janv. 2009*)

L. n° 2006-728, 23 juin 2006, portant réforme des successions et des libéralités, *JO* 24 juin, p. 9513 (*entrée en vigueur le 1er janv. 2007*)

L. n° 2004-439, 26 mai 2004, relative au divorce, *JO* 27 mai, p. 9319 (*entrée en vigueur le 1er janv. 2005*)

> Donations par contrat de mariage entre futurs époux [C. civ., art. 265, 959, 960, 1091 à 1093, et 1095]

C. civ., art. 265 (*L. n° 2006-728, 23 juin 2006, art. 43*)

Le divorce est sans incidence sur les avantages matrimoniaux qui prennent effet au cours du mariage et sur les donations de biens présents quelle que soit leur forme.

Le divorce emporte révocation de plein droit des avantages matrimoniaux qui ne prennent effet qu'à la dissolution du régime matrimonial ou au décès de l'un des époux et des dispositions à cause de mort, accordés par un époux envers son conjoint par contrat de mariage ou pendant l'union, sauf volonté contraire de l'époux qui les a consentis. Cette volonté est constatée par le juge au moment du prononcé du divorce et rend irrévocables l'avantage ou la disposition maintenus.

Toutefois, si le contrat de mariage le prévoit, les époux pourront toujours reprendre les biens qu'ils auront apportés à la communauté.

C. civ., art. 959 (*L. n° 2006-728, 23 juin 2006, art. 9*)

Les donations en faveur de mariage ne seront pas révocables pour cause d'ingratitude.

C. civ., art. 960 (*L. n° 2006-728, 23 juin 2006, art. 9 et 15*)

Toutes donations entre vifs faites par personnes qui n'avaient point d'enfants ou de descendants actuellement vivants dans le temps de la donation, de quelque valeur que ces donations puissent être, et à quelque titre qu'elles aient été faites, et encore qu'elles fussent mutuelles ou rémunératoires, même celles qui auraient été faites en faveur de mariage par autres que par les conjoints l'un à l'autre, peuvent être révoquées, si l'acte de donation le prévoit, par la survenance d'un enfant issu du donateur, même après son décès, ou adopté par lui dans les formes et conditions prévues au chapitre Ier du titre VIII du livre Ier.

C. civ., art. 1091 (*L. n° 2006-728, 23 juin 2006, art. 9*)

Les époux pourront, par contrat de mariage, se faire réciproquement, ou l'un des deux à l'autre, telle donation qu'ils jugeront à propos, sous les modifications ci-après exprimées.

C. civ., art. 1092 (*L. n° 2006-728, 23 juin 2006, art. 9*)

Toute donation entre vifs de biens présents, faite entre époux par contrat de mariage, ne sera point censée faite sous la condition de survie du donataire, si cette condition n'est formellement exprimée; et elle sera soumise à toutes les règles et formes ci-dessus prescrites pour ces sortes de donations.

C. civ., art. 1093 (*L. n° 2006-728, 23 juin 2006, art. 9*)

La donation de biens à venir, ou de biens présents et à venir, faite entre époux par contrat de mariage, soit simple, soit réciproque, sera soumise aux règles établies par le chapitre précédent, à l'égard des donations pareilles qui leur seront faites par un tiers, sauf qu'elle ne sera point transmissible aux enfants issus du mariage, en cas de décès de l'époux donataire avant l'époux donateur.

C. civ., art. 1095 (*L. n° 2006-728, 23 juin 2006, art. 9*)

Le mineur ne pourra, par contrat de mariage, donner à l'autre époux, soit par donation simple, soit par donation réciproque, qu'avec le consentement et l'assistance de ceux dont le consentement est requis pour la validité de son mariage; et, avec ce consentement, il pourra donner tout ce que la loi permet à l'époux majeur de donner à l'autre conjoint.

347.02 Jurisprudence de référence.

> Les donations que se font les époux par contrat de mariage sont révocables pour ingratitude

• Civ. 26 févr. 1856, *DP* 1856. 1. 49, 1re esp.

* V. ss n° 347.21

« Attendu, en principe général, que les donations entre vifs sont révocables pour cause d'ingratitude; que, si, sous l'ancienne législation, il avait été introduit une exception à ce principe à l'égard des donations faites en faveur de mariage, cette exception ne s'appliquait qu'aux donations faites aux époux par les tiers; que les donations faites par les époux l'un à l'autre restaient soumises à la révocation; que le Code Napoléon s'est approprié cette jurisprudence. »

347.03 Bibliographie indicative.

Actualisables. Rép. civ., v° *Donations entre époux*, par V. Brémond, mars 2013, nos 95 à 117 – *J.-Cl. Civ.*, « Donations et testaments », art. 1091 à 1100, fasc. 10, J.-F. Montredon.

Ouvrages[1]. J. Flour et H. Souleau, *Droit civil. Les libéralités*, coll. « U », A. Colin, 1982, nos 436 s. – M. Grimaldi, *Droit civil. Libéralités. Partages d'ascendants*, LexisNexis/Litec, 2000, nos 1575 à 1577 – Chr. Jubault, *Droit civil. Les successions. Les libéralités*, 2e éd., Montchrestien, 2010, nos 858 s. – Ph. Malaurie, *Les successions. Les libéralités*, 5e éd., Defrénois/Lextenso, 2012, n° 708 – H. L. J. Mazeaud et F. Chabas, *Leçons de droit civil*, t. IV, vol. 2, *Successions-Libéralités*, par L. et S. Leveneur, Montchrestien, 5e éd., 1999, nos 1557 à 1572 – A. Sériaux, *Successions et libéralités*, Ellipses, 2013, nos 81 et 82 – F. Terré, Y. Lequette et S. Gaudemet, *Droit civil. Les successions. Les libéralités*, « Précis », 4e éd., Dalloz, 2014, nos 630 à 632.

Article. J. Chevallier, « De la révocation pour cause d'ingratitude des libéralités entre époux et futurs époux », *Rev. crit. légis. et jurispr.* 1933, p. 257.

347.04 Questions essentielles.

> Les donations par contrat de mariage entre futurs époux sont-elles révoquées en cas de survenance d'enfant issu d'un mariage subséquent ?

* V. ss n° 347.31

> L'institution contractuelle entre époux par contrat de mariage est-elle transmissible aux enfants nés du mariage en cas de prédécès de l'époux donataire au donateur ?

* V. ss n° 347.32

> Les donations entre époux par contrat de mariage sont-elles révoquées par l'effet du divorce ?

* V. ss nos 347.41 s.

347.07 Évolution. Les donations par contrat de mariage sont devenues rares. Entre futurs époux, elles sont rarissimes notamment en raison de leur libre révocabilité. Soumises aux règles de forme et de fond caractéristiques de toutes les donations par contrat de mariage (v. ss nos 341.11 s.), elles se distinguent de celles qui sont consenties par des tiers sur quatre points : la capacité (sect. 1), la révocation pour cause d'ingratitude (sect. 2), l'influence des enfants à naître (sect. 3), leur sort en cas de dissolution du mariage, notamment par divorce (sect. 4).

SECTION 1
Capacité

347.11 Extension de la capacité du mineur non émancipé. Le mineur non émancipé ne peut pas faire de donation, qu'il soit âgé de moins (C. civ., art. 903) ou de plus (C. civ., art. 904) de seize ans. En revanche, il peut donner à son futur conjoint avec le consentement et l'assistance de ceux dont le consentement est requis pour la validité de son mariage. Ainsi en décide l'article 1095 du Code civil qui transpose aux donations entre futurs époux par contrat de mariage l'adage « *Habilis ad nuptias, habilis ad pacta nuptiala* », également affirmé par l'article 1398 du même code en des termes plus généraux.

347.12 Restriction de la capacité du mineur émancipé. Le mineur émancipé peut librement consentir des donations (C. civ., anc. art. 481, al. 1er, devenu C. civ., art. 413-6, réd. L. n° 2007-308, 5 mars 2007). Si, toutefois, entre le jour de l'émancipation et celui de sa majorité, il entend effectuer une donation par contrat de mariage à son futur conjoint il semble que, paradoxalement, l'article 481 alinéa 2 l'oblige à observer les mêmes règles que s'il n'était pas émancipé. En conséquence il ne pourrait, lui aussi, donner à son futur époux qu'avec le consentement et l'assistance de ceux dont le consentement est requis pour la validité de son mariage.

347.13 Incertitude quant à la capacité du majeur sous tutelle. Pour le **majeur sous curatelle** les choses sont simples. Il peut accomplir, avec l'assistance de son curateur, une donation soit par contrat de mariage, soit en dehors de ce dernier (C. civ., anc. art. 513 – C. civ., art. 470, al. 2, et 1399, réd. L. n° 2007-308, 5 mars 2007).

1. NB : les ouvrages les plus fréquemment cités et dont le nom des auteurs figure en petites capitales en bibliographie sont cités par les seuls noms des auteurs en petites capitales en notes de bas de page.

Pour le **majeur sous tutelle**, il y a davantage d'hésitations.

La difficulté tient à la détermination de la portée de l'article 1399 du Code civil qui lui a étendu l'adage « *Habilis ad nuptias, habilis ad pacta nuptiala* ». Pour certains auteurs, ce texte – qui vise les conventions matrimoniales – vaut aussi pour les donations par contrat de mariage. Ils en déduisaient, sous l'empire de la législation antérieure au 1er janvier 2009, que le majeur pouvait consentir de telles donations avec l'assistance de ceux qui devaient consentir à son mariage (c'est-à-dire, le conseil de famille ou les père et mère). D'autres auteurs, constatant que législateur n'a pas prévu de texte précisant, pour les majeurs sous tutelle, ce que l'article 1095 précise pour les mineurs, considéraient que l'article 1399 n'avait pas pu transposer aux donations par contrat de mariage l'adage « *Habilis ad nuptias...* ». Dès lors, selon eux, le majeur sous tutelle ne pouvait accomplir de donation par contrat de mariage au profit de son futur conjoint que *via* la représentation du tuteur, muni de l'autorisation du conseil de famille (C. civ., anc. art. 505), à moins que le majeur ait été autorisé par le juge des tutelles à passer cet acte, seul ou avec assistance (C. civ., anc. art. 501). La loi du 5 mars 2007 portant réforme de la protection juridique des majeurs ne tranche pas la controverse[1]. Elle en atténue néanmoins la portée (C. civ., art. 476, al. 1er et 473, al. 2, réd. L. n° 2007-308, 5 mars 2007). La réforme permet, en effet, au majeur sous tutelle de gratifier, avec l'assistance ou au besoin la représentation du tuteur, toute personne de son choix – ce qui inclut à l'évidence son futur conjoint –, de telle sorte que l'intérêt de la question se réduira, désormais, à la **nature de la mission du tuteur : assistance** (C. civ., art. 1399, réd. L. n° 2007-308, 5 mars 2007) ou **représentation** (C. civ., art. 476, al. 1er) et à la nécessité d'une **autorisation du conseil de famille** ou **du juge des tutelles**.

SECTION 2
RÉVOCATION POUR CAUSE D'INGRATITUDE

347.21 Priorité à l'esprit de l'article 959 du Code civil. La lettre de l'article 959 indique clairement que les donations en faveur de mariage ne seront pas révocables pour cause d'ingratitude, sans **distinguer suivant l'auteur de la libéralité.** La jurisprudence décide pourtant que le texte ne s'applique pas aux donations entre futurs époux[2]. Cette solution est généralement approuvée car elle est conforme à l'esprit de l'article 959 qui vise à protéger les enfants, innocents, contre les effets de la révocation. Ici, le danger est en effet moindre car les descendants retrouveront (théoriquement) dans la succession de leur parent donateur les biens que la révocation aura fait sortir de celle de leur parent donataire et ingrat.

SECTION 3
INFLUENCE DES ENFANTS À NAÎTRE

347.31 Exclusion de la révocation pour survenance d'enfants. L'article 960 du Code civil prévoit que la survenance d'enfants reste sans influence sur les donations faites entre conjoints (v. également, C. civ., art. 1096, al. 3). La jurisprudence a décidé que cette solution valait aussi bien pour les **donations entre futurs époux par contrat de mariage** que pour les **donations entre époux.** La règle de l'article 960 s'explique encore parce que l'intérêt des enfants n'est pas menacé. Il est en effet inutile de révoquer la donation puisqu'ils recueilleront (théoriquement) dans la succession de leur parent donataire les biens qu'ils auraient trouvé, si cette révocation avait été admise, dans celle de leur parent donateur. Cette explication est cependant ruinée dans le cas où il survient un enfant au donateur mais seulement au cours d'un mariage subséquent. En pareil cas, l'enfant issu de la seconde union ne peut pas recueillir les biens dans la succession de l'ex-époux donataire puisqu'ils ne sont pas unis l'un à l'autre par un lien de filiation. Pourtant, une jurisprudence critiquée de la Cour de cassation exclut la révocation de la donation entre époux même dans cette hypothèse[3]. Il convient cependant de signaler que, plus récemment, certains juges du fond ont admis le jeu de la révocation lorsque l'enfant, né après la donation, n'est pas issu du mariage de l'époux donateur avec le donataire[4]. Précisons pour clore ce point que, depuis l'ordonnance du 4 juillet 2005, relative à la filiation[5], l'article 960 ne subordonne plus la révocation pour cause de survenance d'enfant à l'existence d'un lien de filiation légitime avec le donateur. Enfin, la loi du 23 juin 2006 abolit le caractère automatique de la révocation, sans toutefois préciser l'application dans le temps de cette abrogation.

1. L. n° 2007-308, 5 mars 2007, portant réforme de la protection juridique des majeurs, *JO* 7 mars, p. 4325.
2. Civ., 26 févr. 1856, *DP* 1856. 1. 49 – Civ. 1re, 1er mars 1977, n° 75-12.563, *Bull. civ.* I, n° 109.
3. Civ. 11 mai 1857, *D.* 1857. 1. 215.
4. Paris, 23 juin 1986, *JCP* 1987. II. 20785, note J.-F. Montredon.
5. Ord. n° 2005-759, 4 juill. 2005, relative à la filiation, *JO* 6 juill., p. 11159.

347.32 Intransmissibilité de l'institution contractuelle aux enfants nés du mariage. Après avoir affirmé que les institutions contractuelles faites entre futurs époux par contrat de mariage relèvent, en principe, des règles prévues pour les institutions contractuelles consenties par les tiers, l'article 1093 du Code civil énonce cette disposition exceptionnelle qui manifeste ses effets en cas de prédécès de l'époux donataire. Le texte énonce, en effet, que « *la donation de biens à venir, ou de biens présents et à venir, faite entre époux par contrat de mariage, soit simple, soit réciproque, sera soumise aux règles établies par le chapitre précédent, à l'égard des donations pareilles qui leur seront faites par un tiers, sauf qu'elle ne sera point transmissible aux enfants issus du mariage, en cas de décès de l'époux donataire avant l'époux donateur* ». La règle s'explique, ici encore, parce que les enfants trouveront (théoriquement) dans la succession de leur parent donateur les biens soumis à l'institution contractuelle qui leur aurait été transmise.

Il faut cependant observer que cette dérogation aux règles normales de l'institution contractuelle n'est pas sans dangers pour les enfants. En effet, l'institution étant devenue caduque par le prédécès du donataire, l'instituant retrouvera le droit de disposer à titre gratuit dont il serait resté privé si l'institution avait été transmise. C'est la raison pour laquelle la plupart des auteurs considèrent que la règle de l'article 1093 ne devrait pas être regardée comme une règle d'ordre public.

SECTION 4
SORT EN CAS DE DISSOLUTION DU MARIAGE

347.41 Dissolution par divorce. Dispositions antérieures à la loi du 26 mai 2004. Avant la loi du 26 mai 2004 relative au divorce, les anciens articles 267 et 269 du Code civil décidaient que les donations et avantages matrimoniaux étaient perdus de plein droit par le conjoint qui avait des torts exclusifs ou qui avait pris l'initiative d'un divorce pour rupture de la vie commune. Ils reconnaissaient, corrélativement, à l'autre conjoint le maintien du bénéfice de ses donations et avantages. Les mêmes solutions étaient applicables à la séparation de corps.

347.42 Casse-tête liquidatif. Un casse-tête liquidatif apparaissait lorsque les donations entre époux étaient **réciproques** et portaient sur des **biens à venir**. En cas d'application des articles 267 ou 269 du Code civil, une donation était révoquée tandis que l'autre était maintenue pour produire effet au jour du prédécès de l'ex-époux déchu. Or, ce dernier avait fort bien pu se remarier et gratifier son nouveau conjoint. Il en résultait une situation assez paradoxale dans laquelle le premier et le second conjoint venaient en concurrence à la succession.

347.43 Déconnexion des torts et des conséquences patrimoniales du divorce. (L. n° 2004-439 du 26 mai 2004). Dans le souci de pacifier la rupture ou le relâchement du lien conjugal, la loi du 26 mai 2004[1] a dissocié les torts et les conséquences patrimoniales du divorce ou de la séparation de corps. Cette dissociation est inscrite à l'article 265 du Code civil, lequel a été déclaré applicable, sous quelques exceptions, aux procédures de divorce et de séparation de corps introduites avant le 1er janvier 2005 (L. n° 2005-439, 26 mai 2004, art. 33-I à IV). Aux termes des deux premiers alinéas de ce texte, « *le divorce est sans incidence sur les avantages matrimoniaux qui prennent effet au cours du mariage et sur les donations de biens présents quelle que soit leur forme* [al. 1er]. *Le divorce emporte révocation de plein droit des avantages matrimoniaux qui ne prennent effet qu'à la dissolution du régime matrimonial ou au décès de l'un des époux et des dispositions à cause de mort, accordés par un époux envers son conjoint par contrat de mariage ou pendant l'union, sauf volonté contraire de l'époux qui les a consentis. Cette volonté est constatée par le juge au moment du prononcé du divorce et rend irrévocables l'avantage ou la disposition maintenus* [al. 2] ». L'article 265 vise aussi bien les donations entre époux par contrat de mariage que les donations effectuées au cours de l'union conjugale. Il met fin aux difficultés liquidatives qui pouvaient surgir, sous l'empire des dispositions antérieures, à propos des donations réciproques de biens à venir. Dans l'hypothèse où la donation est maintenue par la volonté du disposant, il conviendra de cerner l'exacte portée de l'irrévocabilité de la libéralité, en distinguant l'institution contractuelle par contrat de mariage et celle effectuée au cours du mariage. Se pose par ailleurs ici, comme au sujet des donations de biens à venir hors contrat de mariage, la question cruciale de la licéité des clauses aménageant, de manière anticipée, le sort de la libéralité en cas de divorce (v. s[s] n° 356.63).

347.44 Dissolution par décès. Loi n° 2006-728 du 23 juin 2006. La réforme des successions et des libéralités, issue de la loi du 23 juin 2006, a apporté une double précision concernant le traitement successoral des donations entre époux. La première a trait à leur combinaison avec les droits *ab intestat* du conjoint survivant dans la succession de l'époux prédécédé. Mettant fin à la controverse née à la suite de la loi du 3 décembre 2001, les nouvelles dispositions de l'article 758-6 du Code civil prescri-

1. L. n° 2004-439, 26 mai 2004, relative au divorce, *JO* 27 mai, p. 9319.

vent l'imputation des libéralités entre époux sur les droits légaux du conjoint survivant tout en autorisant ce dernier à en réclamer le complément (v. s[s] n° 351.15). La seconde a trait à la portée de l'acceptation de la libéralité (institution contractuelle ou legs) au décès du disposant. Par dérogation à la règle de l'indivisibilité de l'option, l'article 1094-1 alinéa 2 permet au conjoint survivant, sauf stipulation contraire du disposant, de cantonner son émolument sur une partie des biens dont il a été disposé en sa faveur, sans que cette limitation soit considérée comme une libéralité faite aux autres successibles (comp. sur la faculté de cantonnement reconnu à tout légataire, C. civ., art. 1003). Les conséquences de ce cantonnement sur l'obligation au passif du gratifié devront être mesurées avec le plus grand soin (v. s[s] n° 351.16).

347.45 Option successorale et choix entre les trois quotités disponibles spéciales entre époux. Dans le cas de la donation de biens à venir, l'époux institué bénéficie, lorsque la **libéralité** est **universelle** ou **à titre universel**, de l'option successorale. Par ailleurs, lorsque l'institution contractuelle laisse, comme il est usuel, à l'institué la faculté de choisir entre les trois quotités disponibles spéciales entre époux (C. civ., art. 1094-1), **l'exercice de ce choix est en principe transmis aux héritiers du gratifié sous réserve de la volonté contraire de l'instituant.** Il s'ensuit qu'en présence d'une clause stipulant que l'exercice de l'option de l'article 1094-1 appartiendra au survivant seulement, la libéralité est caduque si l'institué est décédé sans avoir exercé l'option, expressément ou tacitement[1].

1. Civ. 1re, 1er juill. 2009, n° 08-16.851, *Bull. civ.* I, n° 147 ; *JCP N* 2010. 1171, obs. R. Le Guidec ; *RTD civ.* 2010. 145, obs. M. Grimaldi.

TITRE

35. Les libéralités familiales : les donations entre époux hors contrat de mariage

SECTION 0 ORIENTEUR

35.00 **Plan du titre.**

35.09 **Vue d'ensemble.** La chronologie invite, après des propos introductifs (chap. 351), à regrouper les donations par acte séparé, qui sont consenties avant le mariage, et les cadeaux de noces, généralement offerts au moment du mariage (chap. 352). Les donations entre époux pendant le mariage – qui représentent la partie vivante et vivace des libéralités familiales – appelleront de plus longs développements et exigent une présentation plus détaillée (chap. 353 à 356).

CHAPITRE

351. Propos introductifs

NATHALIE PETERKA
PROFESSEUR À L'UNIVERSITÉ PARIS-EST
CRÉTEIL VAL-DE-MARNE (UPEC)

SECTION 0
ORIENTEUR

351.00 Plan du chapitre.

351.01 Textes applicables.

C. civ., art. 757, 757-1, 757-2, 758-5, 758-6, 1094-1 et 1096

L. n° 2007-1223, 21 août 2007, en faveur du travail, de l'emploi et du pouvoir d'achat, *JO* 22 août, p. 13945.

L. n° 2006-728, 23 juin 2006, portant réforme des successions et des libéralités, *JO* 24 juin, p. 9513 (*entrée en vigueur le 1er janv. 2007*)

L. n° 2001-1135, 3 déc. 2001, relative aux droit du conjoint survivant et des enfants adultérins et modernisant diverses dispositions du droit successoral, *JO* 4 déc., p. 19279 (*entrée en vigueur le 1er juill. 2002*)

> Droits du conjoint successible
[C. civ., art. 757, 757-1, 757-2, 758-5 et 758-6]

C. civ., art. 757 (*L. n° 2001-1135, 3 déc. 2001, art. 1er*)

Si l'époux prédécédé laisse des enfants ou descendants, le conjoint survivant recueille, à son choix, l'usufruit de la totalité des biens existants ou la propriété du quart des biens lorsque tous les enfants sont issus des deux époux et la propriété du quart en présence d'un ou plusieurs enfants qui ne sont pas issus des deux époux.

C. civ., art. 757-1 (*L. n° 2001-1135, 3 déc. 2001, art. 1er*)

Si, à défaut d'enfants ou de descendants, le défunt laisse ses père et mère, le conjoint survivant recueille la moitié des biens. L'autre moitié est dévolue pour un quart au père et pour un quart à la mère.

Quand le père ou la mère est prédécédé, la part qui lui serait revenue échoit au conjoint survivant.

C. civ., art. 757-2 (*L. n° 2001-1135, 3 déc. 2001, art. 1er*)

En l'absence d'enfants ou de descendants du défunt et de ses père et mère, le conjoint survivant recueille toute la succession.

C. civ., art. 758-5 (*L. n° 2001-1135, 3 déc. 2001, art. 1er*)

Le calcul du droit en toute propriété du conjoint prévu aux articles 757 et 757-1 sera opéré sur une masse faite de tous les biens existant au décès de son époux auxquels seront réunis fictivement ceux dont il aurait disposé, soit par acte entre vifs, soit par acte testamentaire, au profit de successibles, sans dispense de rapport.

Le conjoint ne pourra exercer son droit que sur les biens dont le prédécédé n'aura disposé ni par acte entre vifs, ni par acte testamentaire, et sans préjudicier aux droits de réserve ni aux droits de retour.

C. civ., art. 758-6 (*L. n° 2006-728, 23 juin 2006, art. 29*)

Les libéralités reçues du défunt par le conjoint survivant s'imputent sur les droits de celui-ci dans la succession. Lorsque les libéralités ainsi reçues sont inférieures aux droits définis aux articles 757 et 757-1, le conjoint survivant peut en réclamer le complément, sans jamais recevoir une portion des biens supérieure à la quotité définie à l'article 1094-1.

> Dispositions entre époux pendant le mariage
[C. civ., art. 1094-1 et 1096]

C. civ., art. 1094-1 (*L. n° 2006-728, 23 juin 2006, art. 9 et 25*)

Pour le cas où l'époux laisserait des enfants ou descendants, issus ou non du mariage, il pourra disposer en faveur de l'autre époux, soit de la propriété de ce dont il pourrait disposer en faveur d'un étranger, soit d'un quart de ses biens en propriété et des trois autres quarts en usufruit, soit encore de la totalité de ses biens en usufruit seulement.

Sauf stipulation contraire du disposant, le conjoint survivant peut cantonner son émolument sur une partie des biens dont il a été disposé en sa faveur. Cette limitation ne peut être considérée comme une libéralité faite aux autres successibles.

C. civ., art. 1096 (*L. n° 2006-728, 23 juin 2006, art. 9 et 25*)

La donation de biens à venir faite entre époux pendant le mariage est toujours révocable.

La donation de biens présents qui prend effet au cours du mariage faite entre époux n'est révocable que dans les conditions prévues par les articles 953 à 958.

Les donations faites entre époux de biens présents ou de biens à venir ne sont pas révoquées par la survenance d'enfants.

351.02 Jurisprudence de référence.

> Conversion de l'usufruit en valeur-propriété afin d'imputation des libéralités entre époux sur les droits légaux du conjoint survivant

• Civ. 1re, 6 févr. 2001, n° 99-10.845, *Bull. civ.* I, n° 28

* V. ss nos 351.15 et 356.71

« Sur le moyen unique du pourvoi :

Vu l'article 767, alinéas 4 et 6, du Code civil;

Attendu qu'il résulte de ce texte que les libéralités consenties au conjoint survivant s'imputent sur l'usufruit légal et non sur la valeur de biens en pleine propriété, fussent-ils l'assiette de l'usufruit;

Attendu que pour ordonner l'ouverture des opérations de compte, liquidation et partage de la succession de J... B..., l'arrêt attaqué a dit que la libéralité consentie en toute propriété à Mme veuve B... s'imputera sur la valeur du capital sur lequel porte l'usufruit légal du conjoint survivant, dans la limite du double maximum de la masse d'exercice et de la masse de calcul;

Attendu qu'en statuant ainsi, la cour d'appel a violé le texte susvisé;

Par ces motifs :

Casse et annule [...]. »

> Dispositions antérieures à la loi du 23 juin 2006 : cumul des vocations légale et volontaire du conjoint survivant dans la limite de la quotité disponible

• Cass., avis, 25 sept. 2006, n° 06-00.009, *Bull. avis*, n° 8

* V. ss n° 351.14

« Vu la demande d'avis formulée le 2 mai 2006 par le tribunal de grande instance de Saintes [...] :

« 1. Depuis la loi du 3 décembre 2001, le conjoint survivant peut-il cumuler sa vocation successorale *ab intestat* avec le bénéfice d'une libéralité lui octroyant un droit plus étendu ?

2. Dans l'affirmative, ce cumul est-il absolu ou limité, notamment par les droits de réserve des cohéritiers ?

3. En ce cas, la réserve peut-elle être atteinte par le droit en usufruit du conjoint survivant ? »

Sur le rapport de Monsieur le conseiller référendaire Chauvin et les conclusions de Monsieur l'avocat général Sarcelet, est d'avis que :

1. S'agissant des successions ouvertes depuis le 1er juillet 2002, la loi n° 2001-1135 du 3 décembre 2001 ayant abrogé la règle de l'imputation prescrite par l'article 767 alinéa 6 ancien du Code civil, le conjoint survivant peut cumuler les droits successoraux prévus aux articles 757, 757-1 et 757-2 du Code civil avec une ou des libéralités consenties en application de l'article 1094 ou de l'article 1094-1 du même code, sans toutefois porter atteinte à la nue-propriété de la réserve héréditaire ni dépasser l'une des quotités disponibles spéciales permises entre époux.

2. S'agissant des successions ouvertes à compter du 1er janvier 2007, la loi n° 2006-728 du 23 juin 2006 ayant réintroduit la règle de l'imputation en insérant un article 758-6 dans le Code civil, le conjoint survivant ne peut plus bénéficier d'un tel cumul. »

351.03 Bibliographie indicative.

Actualisable. *J.-Cl. Civ.*, « Donations et testaments », art. 1091 à 1100, fasc. 20, J.-F. Montredon.

Ouvrage[1]. F. Terré, Y. Lequette et S. Gaudemet, *Droit civil. Les successions. Les libéralités*, « Précis », 4e éd., Dalloz, 2014, nos 623 à 657.

Rapport. F. Dekeuwer-Défossez, *Rénover le droit de la famille. Propositions pour un droit adapté aux réalités et aux aspirations de notre temps*, Doc. fr., 1999, p. 160.

Articles. B. Beignier, « Les donations entre époux ont-elles encore un intérêt ? », *RLDC* mai 2004, suppl. au n° 35, p. 67 – C. Brenner, « Brèves observations sur la révocation des donations entre époux après la loi du 26 mai 2004 », *Defrénois* 2005, art. 38084, p. 93 – J. Casey, « Libéralités et avantages matrimoniaux : nouvelles donnes ? », *Dr. fam.* 2006. Étude 49 – Ph. Delmas Saint-Hilaire, « La réversion d'usufruit entre époux à l'épreuve de l'article 265 du Code civil », *RJPF* 2005-7-8/6; « La réversion d'usufruit entre époux de nouveau révocable *ad nutum* ! », *RJPF* 2007-5/8 – S. Ferré-André, « Des droits supplétifs et impératifs du conjoint survivant dans la loi du 3 décembre 2001 », *Defrénois* 2002, art. 37572, p. 863 s. – J. Hauser et Ph. Delmas Saint-Hilaire, « Vive les libéralités entre époux ! », *Defrénois* 2003, art. 37645, p. 3; « Les quotités disponibles et la loi du 3 décembre 2001 », *Defrénois* 2003, art. 37749, p. 739; « Volonté et ordre public dans le nouveau droit du divorce : un divorce entré dans le champ contractuel ? », *Defrénois* 2005, art. 38115, p. 357 – N. Peterka, « Le nouveau visage des libéralités familiales au lendemain de la loi du 23 juin 2006 », *Gaz. Pal.*, n° spécial « Droit privé du patrimoine », 8-9 nov. 2006, nos 312 à 313, p. 4; « Les incidences de la réforme des successions et des libéralités sur le droit des régimes matrimoniaux », *AJ fam.* 2006. 358 – P. Potentier, « La nouvelle donation entre époux », *Defrénois* 2003, art. 37842, p. 1521; rect. 2004, p. 104 – F. Sauvage, « Les donations entre époux restrictives après la loi du 3 décembre 2001 », *JCP N* 2003. 1102; « Les conséquences du divorce sur les libéralités et les avantages matrimoniaux », *Defrénois* 2004, art. 38038, p. 1425 – B. Savouré, « La protection du conjoint : nouvelles perspectives », *Dr. et patr.* avr. 2007. 60 – B. Vareille, « La donation de biens à venir entre époux ne peut servir à une exhérédation (à propos de Rép. min., 11 avr. 2006) », *Defrénois* 2006, art. 38446, p. 1359;

1. NB : les ouvrages les plus fréquemment cités et dont le nom des auteurs figure en petites capitales en bibliographie sont cités par les seuls noms des auteurs en petites capitales en notes de bas de page.

« Réflexions sur l'imputation en droit des successions », *D.* 2009. 1 – V. Zalewski, « L'imputation des libéralités faites au conjoint survivant sur ses droits légaux », *Defrénois* 2007, art. 38638, p. 1184.

351.04 Questions essentielles.

> Les libéralités entre époux sont-elles imputables sur les droits *ab instestat* du conjoint survivant ?

* V. s[s] n° 351.14

> Permettent-elles de réduire les droits légaux du conjoint survivant ?

* V. s[s] n°s 351.15 et 351.16

> Les donations entre époux sont-elles librement révocables ?

* V. s[s] n°s 351.21 s.

SECTION 1
INTÉRÊTS DES DONATIONS ENTRE ÉPOUX

351.10 De 1804 à 2002. En 1804, le Code civil fit du conjoint survivant le parent pauvre de la succession. Placé dans la catégorie des successeurs irréguliers, celui-ci n'était appelé à la succession qu'à défaut de parents successibles au douzième degré. La loi du 9 mars 1891 amorça une amélioration de la vocation successorale du conjoint survivant. Elle lui accorda l'usufruit du quart ou de la moitié de la succession, en fonction de la proximité du lien de parenté des héritiers par le sang avec lesquels le conjoint se trouvait en concours, ainsi qu'un droit de créance alimentaire contre la succession lorsqu'il se trouvait dans le besoin. C'est seulement en 1958 que le conjoint acquit la qualité d'héritier, en quittant la catégorie des successeurs irréguliers dépourvus de la saisine et contraints de solliciter un envoi en possession. Dans ce contexte, les libéralités entre époux - et spécialement les donations au dernier vivant - fournissaient un utile remède à l'atrophie de sa vocation successorale. Cela, surtout, à la suite de la loi du 13 juillet 1963 ayant augmenté la quotité disponible spéciale entre époux, en présence de descendants, à l'option à trois branches composée de la quotité disponible ordinaire, de l'usufruit universel ou du quart en propriété et des trois quarts en usufruit de la succession (C. civ., art. 1094 - v. s[s] n°s 351.11 s.).

351.11 Nouvelle donne : lois n° 2001-1135 du 3 décembre 2001 et n° 2006-728 du 23 juin 2006. La loi du 3 décembre 2001[1], entrée en vigueur le 1er juillet 2002, a considérablement amélioré la vocation successorale du conjoint survivant. Ce dernier recueille désormais, en présence des descendants du *de cujus*, le quart en propriété ou l'usufruit universel de la succession et, en présence de ses père et mère, la moitié des biens en propriété. Il prime les collatéraux privilégiés, sous réserve du droit de retour prévu, au profit de ces derniers, sur les biens reçus du défunt par ses ascendants par succession ou donation. Mieux encore, la loi du 3 décembre 2001 a marqué un tournant décisif en conviant le conjoint survivant à la table de la réserve dès lors que le défunt ne laissait ni descendants ni père et mère. La loi du 23 juin 2006[2], dont la majorité des dispositions est entrée en vigueur le 1er janvier 2007, a consolidé la **qualité d'héritier réservataire du conjoint**. Ce dernier y accède désormais, à la faveur de la suppression de la réserve des ascendants, dès lors que le *de cujus* est décédé sans postérité. Ajoutons que, lorsqu'il n'est pas réservataire, l'accroissement des droits du conjoint survivant est aujourd'hui possible *via* la **renonciation anticipée** des descendants **à l'exercice de l'action en réduction des libéralités** consenties par le défunt à son époux[3] (C. civ., art. 929 s.).

351.12 Intérêts des donations entre époux en droit positif. Existe-t-il encore, en l'état du droit positif, un intérêt à recourir aux donations entre époux ? Si la réponse est sans conteste affirmative, il convient aussitôt d'ajouter que l'intérêt des donations entre époux consiste, non plus exclusivement à augmenter les **droits successoraux du conjoint survivant**, mais plus exactement à **les aménager.**

L'intérêt d'un tel aménagement est, au moins, **triple.**

En premier lieu, les libéralités entre époux - et notamment les libéralités universelles - permettent, semble-t-il, en dépit des incertitudes entourant sa nature juridique, de **tenir en échec le droit de retour légal reconnu aux frères et sœurs du défunt** par l'article 757-3 du Code civil[4].

351.13 Donner plus. *En deuxième lieu*, les libéralités conjugales permettent, comme par le passé, **d'augmenter les droits successoraux du conjoint survivant.** Soulignons ici que la masse de calcul des

1. L. n° 2001-1135, 3 déc. 2001, relative aux droits du conjoint survivant et des enfants adultérins et modernisant diverses dispositions de droit successoral, *JO* 4 déc., p. 19279.

2. L. n° 2006-728, 23 juin 2006, portant réforme des successions et des libéralités, *JO* 24 juin, p. 9513.

3. PAR EX., v. B. Savouré, « La protection du conjoint : nouvelles perspectives », *Dr. et patr.* avr. 2007. 60.

4. EN CE SENS, v. Rép. min. Justice n° 85443, *JOAN Q* 11 juill. 2006, p. 7371, *erratum* publié *in JOAN Q* 13 févr. 2007 ; *JCP N* 2007. Actu. 267 – *Adde*, G. Goubeau, « L'inquiétant concours entre collatéraux privilégiés et conjoint survivant », *Defrénois* 2002, art. 37519, p. 427, spéc. n°s 11 s. – S. Ferré-André, « Des droits supplétifs et impératifs du conjoint survivant dans la loi du 3 décembre 2001 », *Defrénois* 2002, art. 37572, p. 863, spéc. n°s 31 s.

droits de celui-ci diffère selon qu'ils résultent d'une libéralité ou de la loi. En effet, si dans la première hypothèse, la masse de calcul des droits du conjoint comporte, conformément à l'article 922, les biens existants, y compris les legs, auxquels sont réunis fictivement l'ensemble des donations, dans la seconde, cette masse est amputée des libéralités effectuées hors part successorale (C. civ., art. 758-5, al. 1er) [1]. La masse d'exercice des droits du conjoint diffère pareillement d'une hypothèse à l'autre. S'exerçant sur la quotité disponible calculée suivant l'article 922 lorsqu'ils puisent leur source dans la volonté du défunt, l'assiette des droits légaux du conjoint est diminuée des libéralités s'imputant sur la quotité disponible (donations préciputaires et legs) et n'inclut pas les rapports (C. civ., art. 758-5, al. 2). Une dichotomie comparable s'observe au sujet des droits en usufruit du conjoint survivant. Si ceux résultant de l'article 757 du Code civil se calculent sur les biens existants, lesquels n'incluent ni les donations ni, suivant une partie de la doctrine, les legs préciputaires non réductibles [2], les droits en usufruit que le conjoint tient de son époux se calculent sur la masse définie par l'article 922, laquelle comprend, outre les biens présents sous déduction des dettes qui grèvent la succession au jour de son ouverture, l'ensemble des donations et des legs.

En résumé, le conjoint ne reçoit pas la même chose suivant qu'il recueille le quart en propriété ou l'usufruit de la succession par la voie de la dévolution légale ou par celle de la dévolution volontaire.

351.14 Cumul des libéralités entre époux et des droits légaux du conjoint survivant. Controverse. On se souvient qu'au lendemain de la loi n° 2001-1135 du 3 décembre 2001, la question s'était posée de savoir si le conjoint survivant pouvait cumuler ses droit légaux et ses droits volontaires et, par suite, franchir les limites du disponible spécial entre époux. Le débat résultait de l'abrogation de l'ancien article 767 alinéa 6, qui, avant cette loi, prescrivait l'imputation des libéralités entre époux sur la vocation *ab intestat* du conjoint et, ainsi, bannissait toute possibilité de cumul. Or, combinée avec la promotion de la vocation successorale du conjoint survivant, l'abrogation de l'article 767 alinéa 6 pouvait conduire à accorder au conjoint des droits supérieurs au maximum de la quotité disponible définie à l'article 1094-1. La doctrine était divisée sur la possibilité de procéder à un tel dépassement [3]. Une réponse ministérielle s'y était nettement opposée [4]. C'est seulement après la promulgation de la loi du 23 juin 2006 que **la Cour de cassation** a tranché la controverse. Par un avis du 25 septembre 2006, elle **a toléré le cumul des vocations légale et volontaire du conjoint survivant,** sous réserve qu'il ne soit pas porté atteinte à la nue-propriété de la réserve héréditaire, que la quotité disponible spéciale entre époux ne soit pas dépassée [5] et que le disposant n'ait pas eu la volonté de priver le conjoint survivant de ce cumul [6].

351.15 Imputation des libéralités entre époux sur les droits légaux du conjoint survivant. La loi n° 2006-728 du 23 juin 2006 apporte une **double limite** aux vertus augmentatives des libéralités entre époux. *D'une part*, elle réaffirme les frontières de la **quotité disponible spéciale** de l'article 1094-1, celle définie à l'article 1094 disparaissant à la suite de la suppression de la réserve des ascendants. *D'autre part*, elle restaure la **règle du non-cumul des vocations,** en prescrivant l'imputation des libéralités entre époux sur les droits *ab intestat* du conjoint survivant. L'article 758-6 du Code civil dispose ainsi, dans sa rédaction issue de la réforme, que « *les libéralités reçues du défunt par le conjoint survivant s'imputent sur les droits de celui-ci dans la succession. Lorsque les libéralités ainsi reçues sont inférieures aux droits définis aux articles 757 et 757-1, le conjoint survivant peut en réclamer le complément, sans jamais recevoir une portion des biens supérieure à la quotité définie par l'article 1094-1* ». Soulignons que cette dernière précision est dépourvue d'utilité, dès lors que le législateur renoue avec la **règle de l'imputation**. Pour autant, celle-ci doit être exclue toutes les fois que le conjoint survivant opte en faveur de **l'usufruit légal** prévu par l'article 757, les

1. P. Catala, *J.-Cl. Civ. Code*, art. 756 à 767, fasc. 10, nos 71 s.
2. P. Catala, *J.-Cl. Civ. Code*, art. 756 à 767, fasc. 10, n° 46.
3. S. Ferré-André, « Des droits supplétifs et impératifs du conjoint survivant dans la loi du 3 décembre 2001 », *Defrénois* 2002, art. 37572, p. 863, spéc. nos 24 s. – J. Hauser et Ph. Delmas Saint-Hilaire, « Les quotités disponibles et la loi du 3 décembre 2001 », *Defrénois* 2003, art. 37749, p. 739.
4. Rép. min. Budget n° 9142, *JOAN Q*, 3 mars 2003, p. 1643 ; *Defrénois* 2003, art. 37708, p. 491 – S. Prigent, « Les limites de la quotité disponible entre époux : réponse ministérielle du 3 mars 2003 », *Dr. fam.* 2003. Chron. 33.
5. Cass., avis, 25 sept. 2006, n° 06-00.009, *Bull. avis*, n° 8 ; *AJ fam.* 2006. 364 ; *RJPF* 2003-4/52, obs. Ph. Delmas Saint-Hilaire ; *RLDC* déc. 2006, p. 57, obs. G. Chabot – EN CE SENS, Civ. 1re, 4 juin 2009, n° 08-15.799, *Bull. civ.* I, n° 122 ; *D.* 2009. 2058, obs. P. Chauvin, N. Auroy et C. Creton ; *D.* 2009. 2516, obs. M. Nicod ; *JCP N* 2010. 1171, obs. R. Le Guidec ; *AJ fam.* 2009. 306, obs. A. Tisserand-Martin ; *Dr. fam.* 2009, n° 111, note B. Beignier ; *RTD civ.* 2010. 141, obs. M. Grimaldi.
6. Civ. 1re, 23 mai 2012, n° 10-21.510, NP ; *JCP* 2013. 1060, obs. R. Le Guidec – Civ. 1re, 11 mai 2012, n° 11-12.306, NP ; *D.* 2012. 2485, obs. M. Nicod ; *JCP* 2013. 1060, obs. R. Le Guidec.

libéralités dont il a bénéficié n'étant pas prises en compte pour la détermination de l'assiette de cet usufruit[1]. Il reste qu'en dehors de cette hypothèse, l'imputation paraît s'imposer au disposant de manière impérative, contrairement à la solution admise avant la loi du 3 décembre 2001[2]. En effet, dans le souci de protéger les descendants, l'Assemblée nationale a supprimé la faculté, initialement reconnue au *de cujus* par le projet de loi, d'écarter l'imputation de la libéralité sur la vocation légale du conjoint survivant[3]. L'imputation prescrite par l'article 758-6 implique, ainsi que l'exigeaient les dispositions antérieures à la loi de 2001, de procéder à des exercices de conversion toutes les fois que les droits légaux et les droits volontaires du conjoint ne sont pas de même nature. Ainsi, si en la présence d'enfants non communs, le conjoint bénéficie d'une libéralité portant sur l'usufruit universel de la succession, il convient d'évaluer cet usufruit en valeur-propriété afin de procéder à son imputation sur les droits légaux du conjoint survivant, soit la propriété du quart de la succession[4]. À cette fin, le barème fiscal de l'usufruit servira utilement d'instrument d'évaluation, et cela, bien qu'il ne s'impose pas en matière civile[5].

351.16 **Donner ou accepter moins.** *En troisième lieu*, les libéralités entre époux peuvent être désormais utilisées afin de **réduire les droits légaux du conjoint**, sous réserve qu'en l'absence de descendants, il ne soit pas porté atteinte à sa réserve (C. civ., art. 914-1)[6]. Reste alors à déterminer si le conjoint pourrait renoncer, dans une donation de biens à venir, soit à réclamer le complément de ses droits légaux soit à exercer l'option ouverte par l'article 757, sans tomber sous le coup de la nullité des pactes sur succession future. Une telle solution paraît peu probable. En effet, si elle s'émousse au fil des réformes, la prohibition de ces pactes n'en demeure pas moins inscrite dans le Code civil. Ce dernier ne permet d'y échapper qu'en présence d'un texte dérogatoire (C. civ., art. 722 et 1130, al. 2). Ajoutons que l'institution contractuelle entre époux est, à elle seule, insuffisante pour interdire au gratifié d'opter, au titre de ses droits légaux, en faveur de l'autre branche de l'option de l'article 757 que celle qui lui est offerte par la libéralité[7]. Ainsi, la donation au dernier vivant ayant pour objet l'usufruit universel de la succession ne fait-elle pas obstacle à ce que l'époux institué opte, à l'ouverture de celle-ci au titre de sa vocation légale, pour le quart en propriété des biens *du cujus*, afin de compléter, le cas échéant, les droits qu'il tient de la libéralité (v. s[s] n° 351.15). Seules une ou plusieurs dispositions testamentaires en nue-propriété en faveur d'autres personnes, et en particulier des descendants du défunt, sont de nature à l'en empêcher[8]. En revanche, l'article 1094-1 alinéa 2, issu de la loi n° 2006-728 du 23 juin 2006, autorise le conjoint survivant, par dérogation à la règle de l'indivisibilité de l'option, à cantonner son émolument, sauf stipulation contraire du disposant, sur une partie des biens dont il a été disposé en sa faveur, au moyen d'un legs ou d'une institution contractuelle. Le texte précise que cette limitation ne peut être considérée comme une libéralité faite aux autres successibles. Ses répercussions, sur le terrain de l'obligation au passif du conjoint, devront être appréciées avec précaution[9].

351.17 **Attrait successoral ?** La loi du 23 juin 2006 autorise, depuis le 1er janvier 2007, les héritiers réservataires présomptifs du disposant à renoncer, du vivant de leur auteur, à exercer l'action en réduction des libéralités consenties par ce dernier au profit de gratifiés déterminés (C. civ., art. 929 s.). S'il n'est certes pas le seul à pouvoir en bénéficier, le conjoint gratifié est assurément éligible au nouveau dispositif. Les descendants du *de*

1. Sur ce point, v. B. Vareille, « Réflexions sur l'imputation en droit des successions », *RTD civ.* 2009. 1; V. Zalewski, « La combinaison des quotités disponibles après la loi du 23 juin 2006 : aspects pratiques », *RJPF* 2009-12/8, spéc[t] note 1; « L'imputation des libéralités faites au conjoint survivant sur ses droits légaux : un retour au droit antérieur à la loi du 3 décembre 2001 », *Defrénois* 2007. 1184.
2. EN CE SENS, F. TERRÉ, Y. LEQUETTE et S. GAUDEMET, n° 183 – *CONTRA*, critiquant le caractère impératif de l'imputation, v. obs. préc. M. Grimaldi et R. Le Guidec, s[s] Civ. 1re, 4 juin 2009, n° 08-15.799, (préc. s[s] n° 351.14).
3. *Rapport S. Huyghe,* Doc. AN, n° 3122, 12e législature, 6 févr. 2006, p. 65.
4. Antérieurement à la loi du 3 déc. 2001, v. F. TERRÉ, Y. LEQUETTE et S. GAUDEMET, n° 183 – Civ. 1re, 6 févr. 2001, n° 99-10.845, *Bull. civ.* I, n° 28; *R.* 345; *D.* 2001. 3566, note C. Aubert de Vincelles; *JCP* 2001. I. 136, n° 4, obs. R. Le Guidec; *JCP N* 2001. 1070, note Duchange; *Dr. fam.* 2001. Chron. 11, obs. J.-R. Binet; *RTD civ.* 2001. 637, obs. J. Patarin.
5. D. Vigneau, « Les nouvelles règles de la dévolution successorale », *D.* 2006. 2556, spéc. note 10.
6. J. Hauser et Ph. Delmas Saint-Hilaire, « Vive les libéralités entre époux ! », *Defrénois* 2003, art. 37645, p. 3 – F. Sauvage, « Les donations entre époux restrictives après la loi du 3 décembre 2001 », *JCP N* 2003. 1102 – B. Beignier, « Les donations entre époux ont-elles encore un intérêt ? », *RLDC* mai 2004, suppl. au n° 35, p. 67.
7. Rép. min. Justice, *JOAN Q* 11 avr. 2006, p. 3999 – *Adde*, B. Vareille, « La donation de biens à venir entre époux ne peut servir à une exhérédation (à propos de rép. min. 11 avr. 2006) », *Defrénois* 2006, art. 38446, p. 1359.
8. Rép. min., 11 avr. 2006, préc. s[s] prés[t] n°.
9. M. Giray, « Le cantonnement de l'émolument du conjoint survivant par le nouvel article 1094-1 alinéa 2 du Code civil », *JCP N* 2007. 1067.

cujus pourront ainsi souscrire à son profit une **renonciation anticipée à l'action en réduction (RAAR)**. Cette dernière comporte son *alter ego* dans le domaine du droit matrimonial. En effet, l'article 1527 alinéa 3 du Code civil permet, désormais, aux enfants d'un autre lit de renoncer « *dans les formes prévues aux articles 929 à 930-1,* [...] *à demander la réduction de l'avantage matrimonial excessif avant le décès de l'époux survivant* ». La disposition incarne une variation de la renonciation anticipée à l'action en réduction, au profit du seul conjoint bénéficiaire d'un avantage matrimonial, sans en constituer pour autant le décalque. En effet, l'héritier s'engage ici non plus à délaisser l'action en réduction mais seulement à en **différer l'exercice jusqu'au décès du survivant**. Reste à déterminer si, s'agissant des avantages matrimoniaux, les dispositions de l'article 1527 alinéa 3 sont exclusives de celles des articles 929 et suivants. L'existence d'une règle spéciale au droit matrimonial impose d'envisager cette restriction, sans toutefois éclairer les motifs ayant présidé à son adoption. Il est, en tous cas, certain que si elle devait l'emporter, l'interprétation restrictive de l'article 1527 alinéa 3 conduirait à parer les libéralités conjugales de nouveaux atours, propres à disputer la vedette aux avantages matrimoniaux.

351.18 Attrait fiscal. On ajoutera que les libéralités entre époux, et spécialement les libéralités à cause de mort, présentent depuis la loi n° 2007-1223 du 21 août 2007, en faveur du travail, de l'emploi et du pouvoir d'achat, un net attrait fiscal. En effet, les donations à cause de mort et les legs bénéficient de l'exonération des droits de mutation par décès reconnue au conjoint survivant (CGI, art. 796-0 *bis*). La loi nouvelle fait expressément profiter de cette exonération la réversion d'usufruit entre époux en alignant cette dernière sur le régime des droits de mutation par décès (CGI, art. 796-0 *quater*). S'agissant des autres donations de biens présents, la réforme maintient, en revanche, l'abattement de 79 533 euros sur la part du conjoint du donateur. Soulignons que cet abattement n'est, pas davantage que l'exonération des droits de mutation par décès, l'apanage du conjoint survivant[1]. L'un comme l'autre s'appliquent pareillement au partenaire survivant sous réserve, s'agissant de l'abattement effectué pour la perception des droits de mutation à titre gratuit entre vifs, que le PACS ne soit pas rompu au cours de l'année civile de sa conclusion ou de l'année suivante pour un motif autre que le mariage entre partenaires ou le décès de l'un d'eux (CGI, art. 790 F). Voilà assurément qui marque le franchissement d'une nouvelle étape vers l'alignement du PACS, amorcé par la loi du 23 juin 2006, sur le modèle du mariage (sur la *Fiscalité*, v. s[s] n° 613.10 s. – sur le *Pacte civil de solidarité*, v. s[s] n°s 511.00 s.).

1. A. Delfosse et J.-F. Peniguel, « Réforme des droits de mutation à titre gratuit », *JCP N* 2007. Actu. 482.

SECTION 2
RÉVOCABILITÉ ET IRRÉVOCABILITÉ DES DONATIONS ENTRE ÉPOUX HORS CONTRAT DE MARIAGE

351.21 Ancien principe de révocabilité *ad nutum*. Pendant longtemps, les donations faites entre époux pendant le mariage ont eu pour point commun d'être librement révocables. Fondée sur la crainte des abus d'influence du donataire sur son conjoint, la règle puisait ses origines dans l'Ancien droit qui, suivant les régions, prohibait ces donations ou les tolérait tout en les déclarant librement révocables[2]. La libre révocabilité des donations conjugales fut reprise, en 1804, par les rédacteurs du Code civil à l'article 1096.

351.22 Critiques du principe. La règle fut progressivement critiquée au double motif qu'elle était inadaptée à la place croissante du conjoint dans la famille contemporaine et conduisait à introduire, dans le domaine des donations entre vifs, une inégalité peu compréhensible entre les donations entre époux – librement révocables – et celles entre concubins soumises à la règle de l'irrévocabilité spéciale des donations[3]. Pis encore, la rétroactivité de la révocation avait pour conséquence d'anéantir rétrospectivement les droits du donataire et ceux de ses ayants cause et, par suite, d'entacher les biens objets de la libéralité d'une indisponibilité de fait préjudiciable au gratifié et à la libre circulation des biens.

351.23 Abandon du principe. Aussi, la loi n° 2004-439 du 26 mai 2004 relative au divorce[4] a-t-elle abrogé la règle de la révocabilité *ad nutum* des donations conjugales effectuées en dehors du contrat de mariage. Les contours de cette abrogation méritent d'être correctement cernés. Seul est ici visé le domaine des donations de biens présents faites entre époux hors contrat de mariage. La loi n° 2006-728 du 23 juin 2006 est d'ailleurs venue restreindre la cible de l'irrévocabilité nouvelle aux donations prenant effet pendant la durée de l'union conjugale (v. s[s] n°s 354.80 à 354.103).

2. F. Terré, Y. Lequette et S. Gaudemet, n° 633.
3. Rapport F. Dekeuwer-Défossez, *Rénover le droit de la famille. Propositions pour un droit adapté aux réalités et aux aspirations de notre temps*, Doc. fr., 1999, p. 160.
4. L. n° 2004-439, 26 mai 2004, relative au divorce, *JO* 27 mai, p. 9319.

351.24 Distinction des donations de biens présents et des donations de biens à venir. Les donations de biens à venir sont en revanche épargnées par la cascade législative. Au rebours de la donation de biens présents qui conduit à transférer au gratifié un bien faisant actuellement partie du patrimoine du donateur, la **donation de biens à venir – ou institution contractuelle –** n'emporte aucun dépouillement du vivant du disposant et prend pour objet soit tout ou partie des biens que ce dernier laissera à son décès, soit un ou plusieurs biens déterminés, sous réserve qu'ils figurent encore dans sa succession à l'ouverture de celle-ci. Ayant pour finalité d'organiser la transmission successorale du patrimoine du *de cujus*, cette libéralité est dotée d'une nature hybride et relève, bien qu'étant acceptée par le gratifié, des actes de dernières volontés. Aussi, la révocabilité participe-t-elle, dans le cas de l'institution contractuelle entre époux pendant le mariage comme en matière de testament, de l'essence de la libéralité. Les libéralités conjugales continuent d'incarner des dérogations au droit commun des libéralités. En particulier, l'alternative entre la donation entre vifs et le testament - affirmée par l'article 893 alinéa 2 du Code civil - ne s'impose pas à elles. C'est pourquoi, il convient, après l'étude des donations par acte séparé et des cadeaux de noces (v. s^s^ n°s 352.10 à 352.33), de distinguer, d'une part, les donations de biens présents (v. s^s^ n°s 353.10 à 353.123 et n°s 354.11 à 354.103) et les achats pour autrui entre époux (v. s^s^ n°s 355.10 à 355.83) et, d'autre part, les donations de biens à venir faites entre époux pendant le mariage (v. s^s^ n°s 356.11 à 356.81).

CHAPITRE

352. Donations par acte séparé et cadeaux de noces

NATHALIE PETERKA
PROFESSEUR À L'UNIVERSITÉ PARIS-EST
CRÉTEIL VAL-DE-MARNE (UPEC)

SECTION 0
ORIENTEUR

352.00 **Plan du chapitre.**

352.01 **Textes applicables.**

C. civ., art. 959 et 1088

L. n° 2004-439, 26 mai 2004, relative au divorce, *JO* 27 mai, p. 9319 (*entrée en vigueur le 1er janv. 2005*)

> Exception à la règle de la révocabilité des donations entre vifs pour cause d'ingratitude
C. civ., art. 959

Les donations en faveur de mariage ne seront pas révocables pour cause d'ingratitude.

> Caducité de la donation en cas de non-célébration du mariage
C. civ., art. 1088

Toute donation faite en faveur du mariage sera caduque si le mariage ne s'ensuit pas.

352.02 **Jurisprudence de référence.**

> Les institutions contractuelles et les donations cumulatives de biens présents et à venir faites, avant le mariage, en dehors du contrat de mariage, sont nulles
• Civ. 19 juin 1872, *DP* 1872. 1. 346

* V. ss n° 352.22

« Sur le premier moyen :

Attendu qu'aux termes de l'article 1398 du Code civil, le mineur habile à contracter mariage n'est habile à consentir toutes les conventions dont ce contrat est susceptible, et ces conventions ne sont valables qu'autant qu'il a été assisté, dans le contrat, des personnes dont le consentement est nécessaire pour la validité du mariage;

Attendu qu'en vertu du principe de l'immutabilité des conventions matrimoniales, la nullité résultant de la contravention à cet article est absolue et peut être opposée par toute partie intéressée à s'en prévaloir;

Attendu que la disposition de cet article qui comprend, en termes exprès, toutes les conventions dont le contrat de mariage est susceptible, s'applique nécessairement aux donations qui, par une faveur spéciale, ne peuvent être faites aux époux que par contrat de mariage, et qui constituent une partie indivisible des conventions matrimoniales;

Attendu que C... était mineure lors de son contrat de mariage du 24 septembre 1843, qu'elle n'a pas été assistée, dans ce contrat, par ses père et mère encore vivants, et que, par ce motif, ce contrat a été annulé, sur la demande du mari, par jugement du 3 avril 1868;

Attendu, dès lors, que la donation de biens présents et la donation de biens à venir faites, dans ce contrat, à C..., par J..., son oncle, ne pouvant profiter des immunités établies par les articles 1082 et 1087 du Code civil, sont radicalement nulles pour défaut d'acceptation et comme comprenant des biens qui ne pouvaient être donnés que par contrat de mariage; qu'en prononçant cette nullité au profit de l'héritier du donateur, l'arrêt attaqué, loin de violer lesdits articles, en a fait une juste application;

Sur le deuxième moyen :

Attendu qu'après avoir déclaré, en principe, la responsabilité du notaire A..., pour ne s'être pas assuré de l'état de minorité de C... et ne l'avoir pas fait assister par ses parents, en recevant son contrat de mariage, la cour d'appel avait à déterminer, en fait, la mesure de cette responsabilité et la quotité de l'indemnité qui pouvait être due à C... en réparation du préjudice que lui avait causé la négligence du notaire A...;

Attendu qu'en fixant cette indemnité à la somme de 1 500 francs, la cour d'appel s'est livrée à une appréciation souveraine des faits et circonstances de la cause, et que cette décision échappe à la censure de la Cour de cassation;

Par ces motifs, rejette. »

352.03 Bibliographie indicative.

Actualisable. *J.-Cl. Civ.*, « Donations et testaments », art. 1091 à 1100, fasc. 10, n°s 76 à 98, J.-F. Montredon et M. Nicod.

Ouvrages[1]. J. Flour et H. Souleau, *Droit civil. Les libéralités*, coll. « U », A. Colin, 1982, n° 387 – N. Peterka, *Les dons manuels*, LGDJ, 2001 – M. Planiol et G. Ripert, *Traité pratique de droit civil français*, par A. Trasbot et Y. Loussouarn, t. V, *Donations et testaments*, 2e éd., LGDJ, 1957, n° 736.

352.04 Question essentielle.

> Les cadeaux de noces doivent-ils être rendus si le mariage n'est pas célébré ?

* V. s^{s} n°s 352.31 et 352.32

SECTION 1
DONATIONS PAR ACTE SÉPARÉ

352.10 Notion. Les donations par acte séparé désignent les libéralités entre vifs effectuées, en dehors des conventions matrimoniales, en considération du mariage du donataire. Elles peuvent être consenties soit par des tiers soit entre futurs époux. En ce dernier cas, elles étaient soumises, **avant l'entrée en vigueur de la loi du 26 mai 2004** – soit le 1er janvier 2005 –, à la **règle de la nullité des donations déguisées entre époux**[2] (C. civ., anc. art. 1099, al. 2 – V. s^{s} n°s 353.40 à 353.63). D'une manière générale, la question se pose de savoir si les donations par acte séparé relèvent, au même titre que les donations par contrat de mariage, des règles dérogatoires au droit commun des donations. Parfois la réponse est affirmative, le plus souvent elle est négative. Il convient donc de présenter successivement, d'abord, les règles dérogatoires communes aux donations par acte séparé et aux donations par contrat de mariage (§ 1) puis les règles dérogatoires exclues en cas de donations par acte séparé (§ 2).

1. NB : les ouvrages les plus fréquemment cités et dont le nom des auteurs figure en petites capitales en bibliographie sont cités par les seuls noms des auteurs en petites capitales en notes de bas de page.
2. Civ. 22 mai 1951, *D.* 1951. 507 – Civ. 1re, 11 févr. 1986, n° 84-15.521 *Bull. civ.* I, n° 21; *Defrénois* 1986, art. 33809, p. 1262, obs. G. Champenois – Paris, 2e ch. A, 19 janv. 1999, *Juris-Data* n° 02-3991 – Civ. 1re, 28 févr. 2006, n° 03-19.206, *Bull. civ.* I, n° 127; *JCP* 2006. I. 193, n° 5, obs. G. Wiederkehr; *JCP* 2008. I. 108, n° 3, obs. R. Le Guidec.

§ 1
Règles dérogatoires communes aux donations par acte séparé et aux donations par contrat de mariage

352.11 Caducité en cas de non-célébration du mariage. L'article 1088 du Code civil prévoit la caducité de « *toute donation faite en faveur du mariage* » si le mariage ne s'ensuit pas. Puisque le texte ne vise pas exclusivement les donations par contrat de mariage, la jurisprudence l'applique aussi aux donations par acte séparé, particulièrement lorsqu'il s'agit de donations déguisées ou de dons manuels. Cependant l'application de l'article 1088 se heurte ici à une difficulté probatoire particulière. En effet, rien ne permet de présumer que la donation par acte séparé avait été faite en considération du mariage. Pour obtenir la caducité, le donateur devra donc établir selon le droit commun de la preuve que la libéralité avait été consentie *propter nuptias*.

352.12 Révocation pour cause d'ingratitude. L'article 959 du Code civil exclut la révocation, pour cause d'ingratitude, des donations faites « *en faveur du mariage* ». La formule englobe les donations par acte séparé consenties par les tiers. En revanche, la règle de l'article 959 ne vaut pas pour les donations consenties entre futurs époux qui demeurent révocables pour cause d'ingratitude[3].

352.13 Sort des donations par acte séparé, en cas de divorce, avant la loi n° 2004-439 du 26 mai 2004. Sous l'empire des dispositions antérieures à la loi du 26 mai 2004[4], les donations entre futurs époux par contrat de mariage étaient éligibles aux causes légales de révocation liées au divorce ou à la séparation de corps. La Cour de cassation avait étendu ces causes de révocation aux donations par acte séparé, dès lors que ces libéralités avaient été consenties en prévision du mariage[5]. En conséquence, la donation était révoquée de plein droit toutes les fois que le divorce ou la séparation de corps était prononcé aux torts exclusifs du donataire ou que ce dernier se trouvait à l'origine d'une demande en divorce ou en séparation de corps fondée sur la rupture de la vie commune (C. civ., anc. art. 267 à 269, réd. L. n° 1975-617, 11 juill. 1975).

3. Civ. 1re, 26 févr. 1856, *DP* 1856. 1. 49 (1re esp.) – Civ. 1re, 1er mars 1977, n° 75-12.563, *Bull. civ.* I, n° 109.
4. L. n° 2004-439, 26 mai 2004, relative au divorce, *JO* 27 mai, p. 9319.
5. Civ. 1re, 25 mars 1981, n° 80-10.211, *Bull. civ.* I, n° 102.

352.14 Sort des donations par acte séparé, en cas de divorce, depuis la loi du 26 mai 2004. La loi du 26 mai 2004 a procédé à la déconnexion des torts et des effets du divorce. Ce dernier est désormais sans incidence sur les donations de biens présents que les époux ont pu se consentir par contrat de mariage ou en dehors de celui-ci (C. civ., art. 265, al. 1er). La règle nouvelle vaut *mutatis mutandis* pour les donations effectuées par acte séparé.

§ 2
Règles dérogatoires inapplicables aux donations par acte séparé

352.21 Idée générale. La jurisprudence refuse d'étendre aux **donations par acte séparé** les dérogations au droit commun des libéralités entre vifs que la lettre du Code civil réserve aux **donations faites par contrat de mariage.**

352.22 Applications particulières. L'article 1087 du Code civil qui écarte l'exigence d'une acceptation expresse par le donataire ne vaut pas pour les donations par acte séparé. En conséquence, la donation qui n'a pas été acceptée en termes exprès ne survit pas à la nullité du contrat de mariage qui lui servait de support[1]. Il n'en est autrement que si les conditions du don manuel sont réunies. Cela suppose tout à la fois l'acceptation, fût-elle implicite, du donataire et la tradition réelle du meuble donné à titre autonome et distinct de l'acte nul[2].

Les donations par acte séparé restent soumises au principe d'irrévocabilité spéciale des donations car elles ne bénéficient pas de la règle de l'article 947 du Code civil détaillée par les articles 1082 à 1086 et par l'article 1093. C'est la raison pour laquelle les institutions contractuelles et les donations cumulatives de biens présents et à venir faites, avant le mariage, en dehors du contrat de mariage sont nulles[3].

352.23 Critiques doctrinales. La doctrine reproche à la jurisprudence de faire trop étroitement dépendre le régime juridique des donations *propter nuptias* de l'acte qui les contient. Cette priorité accordée au contenant sur le contenu entraîne le grave inconvénient d'empêcher les dons manuels, les donations déguisées ou les donations indirectes consenties par les tiers en considération du mariage, de bénéficier des règles de faveur édictées par le Code civil. De telles libéralités ne trouvent en effet que très exceptionnellement leur place dans un contrat de mariage.

Certains auteurs, tels que Planiol et Ripert[4], considèrent qu'il serait plus rationnel d'étendre aux donations par acte séparé toutes les règles spécifiques édictées pour les donations par contrat de mariage. D'autres, plus modérés, estiment que seules les règles spécifiques justifiées par la faveur due au mariage (c'est-à-dire les règles écartant l'irrévocabilité spéciale des donations) devraient être transposées aux donations par acte séparé. En revanche, les règles spéciales qui trouvent leur raison d'être dans le lien unissant la donation au contrat de mariage (c'est-à-dire, essentiellement, la règle de l'article 1087 dispensant le donataire d'une acceptation expresse) devraient être réservées aux donations par contrat de mariage.

SECTION 2
CADEAUX DE NOCES

352.31 Notion. Les cadeaux de noces appartiennent à la catégorie plus générale des présents d'usage. Rappelons que cette qualification dépend de la réunion de deux éléments : d'une part, l'existence d'un usage de faire des cadeaux à telle ou telle occasion, d'autre part, la modicité du cadeau eu égard à la situation sociale et financière du disposant[5]. La modicité du présent s'apprécie à l'époque à laquelle ce dernier a été effectué[6]. Cette définition prétorienne a été consacrée par la loi du 23 juin 2006[7], à l'article 852 du Code civil, qui affranchit les cadeaux d'usage du rapport successoral.

1. Civ. 11 juill. 1853, *D.* 1853. 1. 281 – Civ. 19 juin 1872, *DP* 1872. 1. 346.
2. Civ. 1re, 20 juill. 1953, *Bull. civ.* I, n° 256 – N. Peterka, *Les dons manuels*, LGDJ, 2001, préf. P. Catala, nos 249 s. et 561 ; *J.-Cl. Civ. Code*, art. 931, fasc. 30, nos 113 s.
3. Civ. 19 juin 1872, *DP* 1872. 1. 346.
4. M. Planiol et G. Ripert, t. V, par A. Trasbot et Y. Loussouarn, n° 736 – J. Flour et H. Souleau, n° 387.
5. par ex., v. Civ., 30 déc. 1952, *Rép. gén. not.* 1953, art. 22147, note J. Carbonnier; *JCP* 1953. II. 7475, obs. J. Mihura; *RTD civ.* 1953. 360, obs. R. Savatier – Civ. 1re, 20 juin 1961, *D.* 1961. 641, note J. Savatier; *JCP* 1981. II. 12352, note A. Ponsard – Civ. 1re, 15 oct. 1963, *Bull. civ.* I, n° 433 – Civ. 1re, 10 déc. 1969, *Bull. civ.* I, n° 387; *JCP* 1970. II. 16351, note M. D.; *RTD civ.* 1970. 559, obs. R. Savatier – Civ. 1re, 6 déc. 1988, n° 87-15.083, *Bull. civ.* I, n° 347; *JCP N* 1989. II. 305, note G. Venandet – Rouen, 19 oct. 1971, *RTD civ.* 1972. 625, obs. R. Savatier – Paris, 9 nov. 2005, *Juris-Data* n° 287160.
6. Civ. 1re, 10 mai 1995, n° 93-15.187, *Bull. civ.* I, n° 197; *D.* 1996. 262, note R. Tendler; *JCP* 1996. I. 3968, n° 7, obs. R. Le Guidec; *Defrénois* 1996. 1279, note J. Bernard de Saint-Affrique; *RTD civ.* 1995. 662, obs. J. Patarin; *RTD civ.* 1996. 212, obs. J. Patarin – Toulouse, 1re ch., 13 févr. 2001, *Juris-Data* n° 147931; *Dr. fam.* 2001, n° 100, note B. Beignier.
7. L. n° 2006-728, 23 juin 2006, portant réforme des successions et des libéralités, *JO* 24 juin, p. 9513.

352.32 **Preuve.** Les cadeaux de noces se distinguent des autres présents d'usage sur le terrain de la preuve de l'usage qui les motive. La démonstration de leur appartenance à cette catégorie est facilitée. Le mariage est en effet une occasion où il est indiscutablement d'usage de faire des cadeaux[1].

352.33 **Régime.** Du seul point de vue des règles particulières aux donations consenties en considération du mariage, le régime juridique des cadeaux de noces se singularise au regard de l'article 1088 du Code civil. En effet, contrairement aux donations par contrat de mariage et aux donations par acte séparé, ces présents ne sont pas frappés de caducité si le mariage n'est pas célébré[2]. Encore faut-il qu'il s'agisse véritablement d'un cadeau de noces et non d'une donation *propter nuptias*, telle que la remise d'une bague de fiançailles spécialement façonnée à l'intention de la fiancée et d'une grande valeur par rapport à la situation économique du donateur[3].

1. PAR EX., v. Civ. 1re, 10 mai 1995, n° 93-15.187, préc. ss n° 352.31.

2. Au sujet des cadeaux d'usage entre fiancés, Paris, 3 déc. 1976, *D.* 1978. 339, note Foulon-Piganiol.

3. Versailles, 22 nov. 2002, *BICC* n° 582, 1er août 2003, n° 1013 ; *AJ fam.* 2003. 186, obs. S. D.

CHAPITRE

353. Donations de biens présents entre époux hors contrat de mariage : formalisme et capacité

NATHALIE PETERKA
PROFESSEUR À L'UNIVERSITÉ
PARIS-EST CRETEIL VAL-DE-MARNE (UPEC)

SECTION 0 ORIENTEUR

353.00 **Plan du chapitre.**

353.01 **Textes applicables.**

C. civ., art. 470 (anc. 505), 476 (anc. 513), 931, 932, 948, 1048 à 1061, 1075 à 1078-3, 1099 et 1099-1

L. n° 2007-308, 5 mars 2007, portant réforme de la protection juridique des majeurs, *JO* 7 mars, p. 4325 (*entrée en vigueur le 1er janv. 2009*)

L. n° 2004-439, 26 mai 2004, relative au divorce, *JO* 27 mai, p. 9319 (*entrée en vigueur le 1er janv. 2005*)

> Forme des donations entre vifs
[C. civ., art. 931, 932 et 948]

C. civ., art. 931 (*L. n° 2006-728, 23 juin 2006, art. 9*)

Tous actes portant donation entre vifs seront passés devant notaires dans la forme ordinaire des contrats; et il en restera minute, sous peine de nullité.

C. civ., art. 932 (*L. n° 2006-728, 23 juin 2006, art. 9*)

La donation entre vifs n'engagera le donateur, et ne produira aucun effet, que du jour qu'elle aura été acceptée en termes exprès.

L'acceptation pourra être faite du vivant du donateur par un acte postérieur et authentique, dont il restera minute; mais alors la donation n'aura d'effet, à l'égard du donateur, que du jour où l'acte qui constatera cette acceptation lui aura été notifié.

C. civ., art. 948 (*L. n° 2006-728, 23 juin 2006, art. 9*)

Tout acte de donation d'effets mobiliers ne sera valable que pour les effets dont un état estimatif, signé du donateur et du donataire, ou de ceux qui acceptent pour lui, aura été annexé à la minute de la donation.

> Libéralités graduelles
[C. civ., art. 1048 à 1056]

* V. texte complet de ces articles s[s] n° 331.01

> Libéralités résiduelles
[C. civ., art. 1057 à 1061]

* V. texte complet de ces articles s[s] n° 332.01

> Dispositions générales aux libéralités-partages
[C. civ., art. 1075 à 1075-5]

C. civ., art. 1075 (*L. n° 2006-728, 23 juin 2006, art. 9, 21 et 22*)

Toute personne peut faire, entre ses héritiers présomptifs, la distribution et le partage de ses biens et de ses droits.

Cet acte peut se faire sous forme de donation-partage ou de testament-partage. Il est soumis aux formalités, conditions et règles prescrites pour les donations entre vifs dans le premier cas et pour les testaments dans le second.

C. civ., art. 1075-1 (*L. n° 2006-728, 23 juin 2006, art. 9, 21 et 22*)

Toute personne peut également faire la distribution et le partage de ses biens et de ses droits entre des descendants de degrés différents, qu'ils soient ou non ses héritiers présomptifs.

C. civ., art. 1075-2 (*L. n° 2006-728, 23 juin 2006, art. 9, 21 et 22*)

Si ses biens comprennent une entreprise individuelle à caractère industriel, commercial, artisanal, agricole ou libéral ou des droits sociaux d'une société exerçant une activité à caractère industriel, commercial, artisanal, agricole ou libéral et dans laquelle il exerce une fonction dirigeante, le disposant peut en faire, sous forme de donation-partage et dans les conditions prévues aux articles 1075 et 1075-1, la distribution et le partage entre le ou les donataires visés auxdits articles et une ou plusieurs autres personnes, sous réserve des conditions propres à chaque forme de société ou stipulées dans les statuts.

Cette libéralité est faite sous réserve que les biens corporels et incorporels affectés à l'exploitation de l'entreprise ou les droits sociaux entrent dans cette distribution et ce partage, et que cette distribution et ce partage aient pour effet de n'attribuer à ces autres personnes que la propriété ou la jouissance de tout ou partie de ces biens ou droits.

C. civ., art. 1075-3 (*L. n° 2006-728, 23 juin 2006, art. 22*)

L'action en complément de part pour cause de lésion ne peut être exercée contre les donations-partages et les testaments-partages.

C. civ., art. 1075-4 (*L. 23 juin 2006, art. 22, 4° et 6°*)

Les dispositions de l'article 828, sont applicables aux soultes mises à la charge des donataires, nonobstant toute convention contraire.

C. civ., art. 1075-5 (*L. 23 juin 2006, art. 22, 7°*)

Si tous les biens ou droits que le disposant laisse au jour de son décès n'ont pas été compris dans le partage, ceux de ses biens ou droits qui n'y ont pas été compris sont attribués ou partagés conformément à la loi.

> Donations-partages faites aux héritiers présomptifs
[C. civ., art. 1076 à 1078-3]

C. civ., art. 1076 (*L. n° 2006-728, 23 juin 2006, art. 9, 21 et 23*)

La donation-partage ne peut avoir pour objet que des biens présents.

La donation et le partage peuvent être faits par actes séparés pourvu que le disposant intervienne aux deux actes.

C. civ., art. 1076-1 (*L. 23 juin 2006, art. 23, 2°*)

En cas de donation-partage faite conjointement par deux époux, l'enfant non commun peut être alloti du chef de son auteur en biens propres de celui-ci ou en biens communs, sans que le conjoint puisse toutefois être codonateur des biens communs.

C. civ., art. 1077 (*L. n° 2006-728, 23 juin 2006, art. 9, 21 et 23*)

Les biens reçus à titre de partage anticipé par un héritier réservataire présomptif s'imputent sur sa part de réserve, à moins qu'ils n'aient été donnés expressément hors part.

C. civ., art. 1077-1 (*L. n° 2006-728, 23 juin 2006, art. 9, 21 et 23*)

L'héritier réservataire, qui n'a pas concouru à la donation-partage, ou qui a reçu un lot inférieur à sa part de réserve, peut exercer l'action en réduction, s'il n'existe pas à l'ouverture de la succession des biens non compris dans le partage et suffisants pour composer ou compléter sa réserve, compte tenu des libéralités dont il a pu bénéficier.

C. civ., art. 1077-2 (*L. n° 2006-728, 23 juin 2006, art. 9, 21 et 23*)

Les donations-partages suivent les règles des donations entre vifs pour tout ce qui concerne l'imputation, le calcul de la réserve et la réduction.

L'action en réduction ne peut être introduite qu'après le décès du disposant qui a fait le partage. En cas de donation-partage faite conjointement par les deux époux, l'action en réduction ne peut être introduite qu'après le décès du survivant des disposants, sauf pour l'enfant non commun qui peut agir dès le décès de son auteur. L'action se prescrit par cinq ans à compter de ce décès.

L'héritier présomptif non encore conçu au moment de la donation-partage dispose d'une semblable action pour composer ou compléter sa part héréditaire.

C. civ., art. 1078 (*L. n° 2006-728, 23 juin 2006, art. 9, 21 et 23*)

Nonobstant les règles applicables aux donations entre vifs, les biens donnés seront, sauf convention contraire, évalués au jour de la donation-partage pour l'imputation et le calcul de la réserve, à condition que tous les héritiers réservataires vivants ou représentés au décès de l'ascendant aient reçu un lot dans le partage anticipé et l'aient expressément accepté, et qu'il n'ait pas été prévu de réserve d'usufruit portant sur une somme d'argent.

C. civ., art. 1078-1 (*L. n° 2006-728, 23 juin 2006, art. 9, 21 et 23*)

Le lot de certains gratifiés pourra être formé, en totalité ou en partie, des donations, soit rapportables, soit faites hors part, déjà reçues par eux du disposant, eu égard éventuellement aux emplois et remplois qu'ils auront pu faire dans l'intervalle.

La date d'évaluation applicable au partage anticipé sera également applicable aux donations antérieures qui lui auront été ainsi incorporées. Toute stipulation contraire sera réputée non écrite.

C. civ., art. 1078-2 (*L. n° 2006-728, 23 juin 2006, art. 9, 21 et 23*)

Les parties peuvent aussi convenir qu'une donation antérieure faite hors part sera incorporée au partage et imputée sur la part de réserve du donataire à titre d'avancement de part successorale.

C. civ., art. 1078-3 (*L. n° 2006-728, 23 juin 2006, art. 9, 21 et 23*)

Les conventions dont il est parlé aux deux articles précédents peuvent avoir lieu même en l'absence de nouvelles donations du disposant. Elles ne sont pas regardées comme des libéralités entre les héritiers présomptifs, mais comme un partage fait par le disposant.

> Validité des donations déguisées et des donations indirectes entre époux

C. civ., art. 1099 (*L. n° 2006-728, 23 juin 2006, art. 9*)

Les époux ne pourront se donner indirectement au-delà de ce qui leur est permis par les dispositions ci-dessus.

> Achat pour autrui entre époux

C. civ., art. 1099-1 (*L. n° 2006-728, 23 juin 2006, art. 9*)

Quand un époux acquiert un bien avec des deniers qui lui ont été donnés par l'autre à cette fin, la donation n'est que des deniers et non du bien auquel ils sont employés.

En ce cas, les droits du donateur ou de ses héritiers n'ont pour objet qu'une somme d'argent suivant la valeur actuelle du bien. Si le bien a été aliéné, on considère la valeur qu'il avait au jour de l'aliénation, et si un nouveau bien a été subrogé au bien aliéné, la valeur de ce nouveau bien.

> Règles de capacité gouvernant les donations du majeur sous tutelle

[C. civ., anc. art. 505; C. civ.,art. 476]

C. civ., anc. art. 505

(*en vigueur jusqu'au 1er janv. 2009*)

Avec l'autorisation du conseil de famille, des donations peuvent être faites au nom du majeur en tutelle en faveur :

– de ses descendants, en avancement de part successorale;

– de ses frères ou sœurs ou de leurs descendants;

– de son conjoint.

C. civ., art. 476

(*L. n° 2007-308, 5 mars 2007, art. 7 – en vigueur depuis le 1er janv. 2009*)

La personne en tutelle peut, avec l'autorisation du juge ou du conseil de famille s'il a été constitué, être assistée ou au besoin représentée par le tuteur pour faire des donations.

Elle ne peut faire seule son testament après l'ouverture de la tutelle qu'avec l'autorisation du juge ou du conseil de famille s'il a été constitué, à peine de nullité de l'acte. Le tuteur ne peut ni l'assister ni la représenter à cette occasion.

Toutefois, elle peut seule révoquer le testament fait avant ou après l'ouverture de la tutelle.

Le testament fait antérieurement à l'ouverture de la tutelle reste valable à moins qu'il ne soit établi que, depuis cette ouverture, la cause qui avait déterminé le testateur à disposer a disparu.

> Règles de capacité gouvernant les donations du majeur sous curatelle

[C. civ., anc. art. 513; C. civ., art. 470]

C. civ., anc. art. 513 (*en vigueur jusqu'au 1er janv. 2009*)

La personne en curatelle peut librement tester, sauf application de l'article 901 s'il y a lieu.

Elle ne peut faire de donation qu'avec l'assistance de son curateur.

C. civ., art. 470

(*L. n° 2007-308, 5 mars 2007, art. 7 – en vigueur depuis le 1er janv. 2009*)

La personne en curatelle peut librement tester sous réserve des dispositions de l'article 901.

Elle ne peut faire de donation qu'avec l'assistance du curateur.

Le curateur est réputé en opposition d'intérêts avec la personne protégée lorsqu'il est bénéficiaire de la donation.

353.02 Jurisprudence de référence.

> La qualification de donation déguisée ne peut être retenue qu'en présence, dans l'acte, d'une affirmation mensongère quant à l'origine des fonds

• Civ. 1re, 5 avr. 2005, n° 02-21.011, *Bull. civ.* I, n° 167

* V. ss nos 353.89, 354.23 et 355.72

« Attendu que les époux X..., mariés sous le régime de la séparation de biens, ont acquis indivisément, par moitié un immeuble et un fonds de commerce; qu'après leur divorce, la société Bail équipement (la société), créancière de M. Y..., a assigné ce dernier en partage-licitation des biens immobiliers; que pour s'opposer à la demande, Mme Z... a invoqué l'existence, au profit de M. Y..., d'une donation déguisée dont elle a sollicité la nullité, en soutenant avoir financé entièrement l'acquisition;

Sur le premier moyen, pris en ses deux branches :

Attendu que Mme Z... fait grief à l'arrêt attaqué d'avoir dit que l'acquisition ne constituait pas une donation déguisée au profit de M. Y..., alors, selon le moyen :

1) que l'article 1099 du Code civil ne subordonne pas l'existence d'une donation déguisée à la dissimulation mensongère de l'origine des fonds; qu'en statuant ainsi la cour d'appel a violé ce texte;

2) qu'en retenant que Mme Z... avait avancé une somme de 450 000 francs et souscrit deux emprunts d'un montant total de 450 000 francs tout en relevant par ailleurs qu'elle n'aurait versé que la moitié des fonds d'acquisition, la cour d'appel a entaché son arrêt d'une

contradiction de motifs en violation de l'article 455 du Nouveau Code de procédure civile;

Mais attendu, d'une part, que la qualification de donation déguisée ne peut être retenue qu'en présence, dans l'acte, d'une affirmation mensongère quant à l'origine des fonds; que c'est dans l'exercice de son pouvoir souverain d'appréciation que la cour d'appel a estimé que la preuve d'une telle affirmation n'était pas rapportée;

Que, d'autre part, l'arrêt attaqué étant infirmatif, le grief est dénué de toute portée;

D'où il suit que le moyen ne peut être accueilli [...]. »

> Un contrat d'assurance-vie peut être requalifié en donation si les circonstances dans lesquelles son bénéficiaire a été désigné révèlent la volonté du souscripteur de se dépouiller de manière irrevocable

• Cass., ch. mixte, 21 déc. 2007, n° 06-12.769, *Bull. ch. mixte*, n° 13

* V. s^s n° 353.121

« [...] Mais attendu, d'une part, que la cour d'appel a retenu, à bon droit, que l'acceptation d'une donation dans les formes prescrites par les articles 932 et suivants du Code civil n'est exigée que pour la donation passée en la forme authentique et peut résulter de l'attribution du bénéfice du contrat;

Attendu, d'autre part, qu'un contrat d'assurance-vie peut être requalifié en donation si les circonstances dans lesquelles son bénéficiaire a été désigné révèlent la volonté du souscripteur de se dépouiller de manière irrévocable; que la cour d'appel, qui a retenu que Serge G... qui se savait, depuis 1993, atteint d'un cancer et avait souscrit en 1994 et 1995 des contrats dont les primes correspondaient à 82 % de son patrimoine, avait désigné, trois jours avant son décès, comme seule bénéficiaire la personne qui était depuis peu sa légataire universelle, a pu en déduire, en l'absence d'aléa dans les dispositions prises, le caractère illusoire de la faculté de rachat et l'existence chez l'intéressé d'une volonté actuelle et irrévocable de se dépouiller; qu'elle a exactement décidé que l'opération était assujettie aux droits de mutation à titre gratuit;

D'où il suit que le moyen n'est pas fondé;

Par ces motifs :

Rejette le pourvoi. »

> Les donations déguisées entre époux faites avant le 1er janvier 2005 demeurent entachées de nullité

• Civ. 1re, 9 déc. 2009, n° 08-20.570, *Bull. civ.* I, n° 242

* V. s^s n° 353.75

« Sur le moyen unique :

Vu l'article 2 du Code civil, ensemble l'article 1099, alinéa 2 du même code, dans sa rédaction antérieure à la loi n° 2004-439 du 26 mai 2004;

Attendu que la loi nouvelle ne s'applique pas, sauf rétroactivité expressément décidée par le législateur, aux actes juridiques conclus antérieurement à son entrée en vigueur;

Attendu que, par acte notarié du 19 août 1988, M. X... a vendu à Mme Y..., moyennant un prix payé comptant, la moitié indivise d'un immeuble; que les parties se sont mariées le 7 octobre 1988; qu'un jugement du 25 avril 2000 a prononcé leur divorce; que, par acte du 6 septembre 2001, Mme Y... a demandé la vente aux enchères publiques de l'immeuble indivis; que M. X..., soutenant que le prix de vente n'avait pas été réellement payé, a conclu à l'annulation de l'acte de vente s'analysant en une donation déguisée;

Attendu que pour débouter M. X..., l'arrêt constate que sa demande reconventionnelle n'a plus de fondement juridique, l'article 1099, alinéa 2 du Code civil qu'il invoque ayant été abrogé par la loi n° 2004-439 du 26 mai 2004;

Qu'en statuant ainsi, alors que, à défaut de mention expresse de rétroactivité, les dispositions de la loi du 26 mai 2004, abrogeant l'article 1099 alinéa 2 du Code civil ne sont pas applicables aux donations visées par ce texte et conclues avant le 1er janvier 2005, la cour d'appel a violé les textes susvisés;

Par ces motifs :

Casse et annule [...]. »

353.03 Bibliographie indicative.

Actualisables. Rép. civ., v° *Donation entre époux*, par V. Brémond, mars 2013, n°s 67-87, n° 150-154, n° 158-171 – *J.-Cl. Civ. Code*, art. 1091 à 1100, fasc. 20, J.-F. Montredon.

Ouvrages[1]. C. AUBRY et C. RAU, t. XI, par P. ESMEIN, 6e éd., Litec, 1956 – J. FLOUR et H. SOULEAU, *Droit civil. Les libéralités*, coll. « U », A. Colin, n°s 444 à 482 – M. GRIMALDI, *Droit civil. Libéralités. Partages d'ascendants*, LexisNexis/Litec, 2000, n°s 1591 à 1611 – Chr. JUBAULT, *Droit civil. Les successions. Les libéralités*, « Domat droit privé », 2e éd., Montchrestien, 2010 – Ph. MALAURIE, *Les successions. Les libéralités*, 5e éd., Defrénois/Lextenso, 2012, n°s 709 à 728 – H. L. J. MAZEAUD et F. CHABAS, *Leçons de droit civil*, t. IV, vol. 2, *Successions, Libéralités*, par L. et S. LEVENEUR, 5e éd., Montchrestien, 1999, n°s 1539 à 1551 – H. Méau-Lautour, *La donation déguisée en droit civil français. Contribution à la théorie générale de la donation*, LGDJ, 1985 – M. PLANIOL et G. RIPERT, *Traité pratique de droit civil français*, par A. TRASBOT et Y. LOUSSOUARN, t. V, *Donations et testaments*, 2e éd., LGDJ, 1957, n°s 753 à 766 – M.-C. de Roton-Catala, *Les successions entre époux*, Economica, 1990 – A. SÉRIAUX, *Successions et libéralités*, Ellipses, 2013, n°s 83 à 87 – F. TERRÉ, Y. LEQUETTE, S. GAUDEMET, *Droit civil. Les successions. Les libéralités*, « Précis », 4e éd., Dalloz, 2014, n°s 653 à 657.

Thèse. M. Grimaldi, *La nature juridique de l'institution contractuelle*, th. Paris II, 1977.

Articles. B. Beignier et M. Nicod, « Donations entre époux : d'un droit à l'autre... », *Defrénois* 2005, art. 38104, p. 265 – L. Bloch, « Révocabilité ou irrévocabilité des donations dans le couple ? », *LPA* 2005, n° 171, p. 3 – C. Brenner, « Brèves observations sur la révocation

1. NB : les ouvrages les plus fréquemment cités et dont le nom des auteurs figure en petites capitales en bibliographie sont cités par les seuls noms des auteurs en petites capitales en notes de bas de page.

des donations entre époux après la loi du 26 mai 2004 », *Defrénois* 2005, art. 38084, p. 93 – P. Buffeteau, « Réflexions sur les articles 1096 du Code civil et L. 132-9 du Code des assurances », *JCP N* 1998. 1578 – J. Casey, « Les incidences de la loi du 26 mai 2004 en droit patrimonial de la famille », *RJPF* 2004-10/11 – M. Dagot, « Réflexions sur l'article 1099-1 du Code civil », *JCP* 1971. I. 2397 – I. Dauriac, « Sort des libéralités et ruptures conjugales », *AJ fam.* 2006. 235; « Libéralités conjugales et avantages matrimoniaux : l'épreuve de droit transitoire », *Mél. Ph. Jestaz*, Dalloz, 2006, p. 97 – Ph. Delmas Saint Hilaire, « La réversion d'usufruit entre époux à l'épreuve de l'article 265 du Code civil », *RJPF* 2005 7-8/11; « La réversion d'usufruit entre époux à nouveau révocable *ad nutum* ! », *RJPF* 2007-5/12 – A. Depondt et H. Marck, « L'assurance-vie et la modification de l'article 1096 du Code civil », *Dr. et patr.* 2006, n° 150, p. 40 – M. Giray, « L'imbroglio des libéralités entre époux depuis la réforme du divorce », *Dr. et patr.* mars 2005. 31 – J. Hauser et Ph. Delmas Saint Hilaire « Vive les libéralités entre époux », *Defrénois* 2003, art. 37645, p. 3 – S. Hovasse, « La clause bénéficiaire en assurance-vie à l'épreuve de la réforme du divorce et des libéralités », *JCP N* 2007. 1136; également publié *in JCP* 2007. I. 150 – S. Le Chuiton, « Les dispositions transitoires de la loi du 23 juin 2006 », *JCP N* 2007. 1041 – R. Libchaber, « Pour une redéfinition de la donation indirecte », *Defrénois* 2000, art. 37273, p. 1409 – J.-G. Mahinga, « Les libéralités entre époux après la loi n° 2004-439 du 26 mai 2004 réformant le divorce », *JCP* 2005. I. 104 – M. Nicod, « Les dispositions transitoires et interprétatives de la loi du 23 juin 2006 », *D.* 2006. 2587 – N. Peterka, « Le nouveau visage des libéralités familiales au lendemain de la loi du 23 juin 2006 », *Gaz. Pal.*, n° spécial « Droit privé du patrimoine », 8-9 nov. 2006, p. 4 s.; « Les libéralités du majeur protégé dans la loi du 5 mars 2007 », *Dr. fam.* 2007. Étude 20 – S. Piedelièvre, « L'aménagement des libéralités entre époux par la loi du 26 mai 2004 », *D.* 2004. 2512 – J.-F. Pillebout, « Les opérations financières conjugales après la réforme du divorce – Nouvelles règles du jeu en matière de libéralités entre époux », *JCP* 2006. I. 126 – J.-L. Puygauthier, « Les libéralités et les avantages matrimoniaux après la réforme du divorce du 26 mai 2004 », *JCP N* 2004. 1538 et 1548; rect. 2005, 1089 – C. Rieubernet, « Le nouveau régime des donations entre époux au lendemain de la loi du 26 mai 2004 relative au divorce », *LPA* 21 juill. 2004, p. 10 – F. Sauvage, « La discrète abrogation de l'article 1100 du Code civil », *JCP N* 2002. 1347; « Les donations entre époux restrictives après la loi du 3 décembre 2001 », *JCP N* 2003. 1102; « Des conséquences du divorce sur les libéralités entre époux et les avantages matrimoniaux », *Defrénois* 2004, art. 38038, p. 1425 – B. Savouré, « La protection du conjoint survivant : nouvelles perspectives », *Dr. et patr.* avr. 2007. 60 – M. Storck, *JCP* 2004. I. 176, n° 24 – D. Vigneau, « Donations entre époux : quels droits ? », *D.* 2005. 980.

353.04 Question essentielle.

> La règle de la nullité des donations déguisées entre époux est-elle applicable aux donations effectuées avant le 1er janvier 2005 ? Si tel était le cas, l'abrogation de la prohibition des donations simulées entre époux ne conduirait qu'à l'assèchement partiel du contentieux des libéralités conjugales.

* V. ss nos 353.30 s.

SECTION 1
FORMALISME

353.10 Soumission au droit commun. Depuis la loi n° 2004-439 du 26 mai 2004[1], les donations entre époux sont assujetties, du point de vue de la forme, à l'ensemble des règles du droit commun des donations entre vifs. Aussi, peuvent-elles se plier soit au formalisme notarié (§ 1), soit à l'un des formalismes de substitution admis en matière de donations (§ 2). Sur le terrain de la capacité, elles sont appelées, à court terme, à rejoindre le giron du droit commun.

§ 1
Formalisme notarié

353.11 Donations simples. À l'instar des donations extra-matrimoniales, les donations de biens présents entre époux sont soumises à l'authenticité notariale prévue par l'article 931 du Code civil. Elles doivent être acceptées, **de manière expresse, en la forme authentique** (C. civ., art. 932). La règle de forme s'applique, à peine de nullité de la libéralité, non seulement à la donation mais aussi aux conditions auxquelles elle est subordonnée[2]. La renonciation à la donation par le gratifié est pareillement assujettie à ce formalisme[3]. En revanche, le donateur est libre de renoncer à une clause de l'acte de donation, fût-elle protectrice de ses intérêts, sans pour autant utiliser la forme notariée[4]. Enfin, les

1. L. n° 2004-439, 26 mai 2004, relative au divorce, *JO* 27 mai, p. 9319.
2. Civ. 1re, 17 oct. 2007, n° 05-14.818, *Bull. civ.* I, n° 322; *Defrénois* 2007, art. 38697, note R. Libchaber; *Defrénois* 2008, art. 38731, note Ph. Malaurie; *JCP N* 2008. 1281, note P. Van Steenlandt; *AJ fam.* 2007. 435, obs. F. Bicheron; *Dr. fam.* 2007, n° 226, note B. Beignier; *RTD civ.* 2008. 132, obs. M. Grimaldi.
3. Civ. 1re, 7 juin 2006, n° 04-14.652, *Bull. civ.* I, n° 289; *D.* 2007, Pan. 2134, obs. M. Nicod; *JCP* 2008. I. 108, n° 9, obs. R. Le Guidec; *AJ fam.* 2006. 378, obs. F. Bicheron; *Defrénois* 2006, art. 38496, p. 1838, note B. Gelot; *RTD civ.* 2007. 613, obs. M. Grimaldi.
4. Civ. 1re, 5 avr. 2005, n° 03-19.614, *Bull. civ.* I, n° 168; *D.* 2005, Pan. 2114, obs. M. Nicod; *AJ fam.* 2005. 360, obs. F. Bicheron; *Dr. fam.* 2005, n° 144, note B. Beignier; *JCP N* 2005. 1396, note J.-G. Mahinga – Civ. 1re, 20 févr. 2007, n° 04-16.817, NP, *D.* 2007, Pan. 2134, obs. M. Nicod; *Dr. fam.* 2007, n° 92, note B. Beignier.

donations conjugales donnent lieu, conformément au droit commun, à la rédaction d'un état estimatif toutes les fois qu'elles portent sur des biens mobiliers (C. civ., art. 948).

353.12 Abrogation de la prohibition des donations conjonctives entre époux. Dans sa version de 1804, l'article 1097 du Code civil disposait que « *les époux ne pourront, pendant le mariage, se faire ni par acte entre vifs, ni par testament, aucune donation mutuelle ou réciproque par un seul et même acte* ». Fondée sur le souci de garantir la libre révocabilité des donations entre époux, la prohibition des donations conjonctives conduisait, en pratique, à interdire l'insertion, dans une vente ou une donation, d'une **clause croisée de réversibilité de l'usufruit ou de la rente viagère** versée par l'acquéreur au profit du survivant du ou des époux donateur(s) ou vendeur(s). Afin de remédier à cet inconvénient, la prohibition fut d'abord abrogée pour les seules clauses croisées insérées dans les donations-partages, avant de disparaître complètement par une loi n° 63-1092 du 6 novembre 1963[1]. Les dispositions de cette dernière sont applicables rétroactivement aux contrats conclus antérieurement à son entrée en vigueur[2].

353.13 Clauses de réversion. Formalisme. Depuis un arrêt de la première chambre civile du 21 octobre 1997, la Cour de cassation analyse la clause de réversibilité de l'usufruit sur la tête du conjoint survivant comme une donation de biens présents à terme, seul l'exercice du droit du bénéficiaire étant différé au décès du donateur[3]. Ajoutons que la donation est également conditionnelle puisqu'elle est subordonnée au prédécès du donateur. La clause de réversion doit-elle, pour autant, se plier nécessairement au formalisme notarié imposé aux donations entre vifs ? Une telle conclusion serait certainement excessive. En effet, la clause se coule dans le mécanisme de la stipulation pour autrui dans lequel chacun des époux tient le rôle du stipulant pour le cas ou il décéderait le premier. La neutralité de cette technique lui permet, dès lors que la gratuité de sa cause n'est pas dévoilée dans l'acte, de servir de support à une donation indirecte[4]. Or, celle-ci a toujours été valable, même entre époux (C. civ., art. 1099).

353.14 Donations-partages faites aux héritiers présomptifs. Le formalisme notarié n'appelle au sujet des donations conjugales aucune remarque particulière, si ce n'est que son domaine s'étend aux nouvelles libéralités familiales - modernisées par la réforme de 2006 - auxquelles le conjoint est désormais éligible. La loi n° 2006-728 du 23 juin 2006[5] a élargi, en effet, le cercle des personnes susceptibles d'être gratifiées par la voie d'une donation-partage. Cette libéralité est aujourd'hui ouverte à l'ensemble des héritiers présomptifs du disposant (C. civ., art. 1075 s.) ce qui inclut le conjoint même en présence des descendants du *de cujus*. En leur absence, la donation-partage demeure concevable entre le conjoint survivant et les collatéraux privilégiés sur les biens de famille que le disposant tient de ses ascendants par succession ou donation (C. civ., art. 757-3). Dans sa rédaction issue de la réforme de 2006, l'article 1075, alinéa 2 soumet la donation-partage « *aux formalités, conditions et règles prescrites pour les donations entre vifs* ». Aussi, la donation-partage est-elle entachée de nullité absolue dès lors qu'elle découle ostensiblement d'un acte sous seing privé[6]. Il en est de même lorsque, résultant de plusieurs actes distincts, ces derniers ne forment pas un ensemble indissociable et indivisible de nature à refléter la volonté répartitrice clairement exprimée de l'ascendant. La Cour de cassation a jugé récemment, dans un arrêt il est vrai sujet à controverse, qu'une telle volonté ne pouvait être déduite d'actes distincts établis à des

1. L. n° 63-1092, 6 nov. 1963, relative aux donations mutuelles entre époux et aux clauses de réversibilité, *JO* 7 nov., p. 9907.
2. J.-F. Montredon, *J.-Cl. Civ. Code*, art. 1091 à 1100, fasc. 20, n° 88.
3. Civ. 1re, 21 oct. 1997, n° 95-19.759, *Bull. civ.* I, n° 291; *JCP* 1997. II. 22969, note I. Harel-Dutirou; *JCP* 1999. I. 132, n° 5, obs. R. Le Guidec; *LPA* 18 août 1999, p. 17, obs. Teillais; *RTD civ.* 1998, 721, obs. J. Patarin; 937, obs. F. Zenati – EN CE SENS, Civ. 3e, 6 nov. 2002, n° 01-00.681, *Bull. civ.* III, n° 220; *AJ fam.* 2003. 32, obs. S. D.-B.; *JCP N* 2003. 1448, note M. Dagot; *Defrénois* 2003, art. 37752, p. 792, obs. Piedelièvre; *RTD civ.* 2003, 133, obs. J. Patarin – Cass., ch. mixte, 8 juin 2007, n° 05-10.727, *Bull. ch. mixte*, n° 6; *D.* 2007. AJ 1731, obs. C. Delaporte-Carré; *JCP* 2007. II. 10130, note G. Goubeaux; *JCP N* 2007. Actu. 472; *Dr. fam.* 2007, n° 151, note B. Beignier; *D.* 2008, Pan. 807; *AJ fam.* 2007. 353, obs. F. Bicheron; *JCP* 2009. I. 109, n° 81, obs. R. Le Guidec; *Defrénois* 2007. 1688, obs. A. Chappert; *RTD civ.* 2007. 588, obs. T. Revet; *RTD civ.* 2007. 605, obs. M. Grimaldi.
4. EN CE SENS, J.-F. Montredon, *J.-Cl. Civ. Code*, art. 1091 à 1100, fasc. 20, n° 89.
5. L. n° 2006-728, 23 juin 2006, portant réforme des successions et des libéralités, *JO* 24 juin, p. 9513.
6. Civ. 1re, 1er déc. 1999, n° 97-21.953, *Bull. civ.* I, n° 327; *JCP* 2000. I. 278, note R. Le Guidec; *JCP N* 2000. 1844, note M. Dagot; *Dr. fam.* 2000, n° 44, note B. Beignier; *RTD civ.* 2000. 884, obs. J. Patarin – Civ. 1re, 3 janv. 2006, n° 02-17.656, *Bull. civ.* I, n° 3; *D.* 2006, Pan. 2066, obs. V. Brémond, M. Nicod et J. Revel; *Dr. fam.* 2006, n° 38, note B. Beignier; *JCP* 2008. I. 108, n° 9, obs. R. Le Guidec; *RJPF* 2006-4/52; *RTD civ.* 2007. 610, obs. M. Grimaldi; *RTD civ.* 2007. 613, obs. M. Grimaldi.

dates différentes ni davantage du témoignage du notaire du disposant[1].

353.15 Donations graduelles et donations résiduelles. (Sur ces deux notions, v. s[s] n°s 331.10 s. et 332.10 s.). La loi du 23 juin 2006 a considérablement assoupli le régime des anciennes substitutions fidéicommissaires, même si le principe de leur prohibition demeure inscrit à l'article 896 du Code civil dans une formule adoucie. Rebaptisée sous le nom de **libéralités graduelles**, ces dernières sont désormais ouvertes au profit de toutes personnes - physiques ou morales - sans égard pour l'existence d'un lien de parenté unissant le disposant, le grevé et l'appelé (C. civ., art. 1048 s., réd. L. n° 2006-728, 23 juin 2006). Désormais, le conjoint peut bénéficier d'une libéralité graduelle en qualité de premier gratifié, à charge de conserver les biens et de les transmettre à son décès aux enfants issus d'une précédente union du disposant. Ajoutons que l'intérêt de recourir à ces libéralités n'est pas restreint au seul cadre de la famille recomposée. Au sein de la famille traditionnelle, elle permet d'imposer au conjoint survivant l'obligation de conserver en nature les biens reçus et ainsi de garantir, au besoin *via* la stipulation d'une clause d'inaliénabilité, leur transmission aux enfants. Le recours à la **donation résiduelle,** dont la réforme de 2006 consacre expressément la validité, autorise à n'imposer au conjoint que l'obligation de transmettre le reliquat des biens reçus (C. civ., art. 1057 s.). Sur le terrain du formalisme, la donation graduelle et la donation résiduelle peuvent soit revêtir la forme notariée (C. civ., art. 931)[2], soit emprunter l'une des formes de substitution en se glissant, par exemple, dans un don manuel assorti d'un pacte adjoint[3]. Par ailleurs, si dans les deux libéralités substitutives, le gratifié en second est tenu de notifier son acceptation au donateur qui, jusque-là, peut révoquer sa désignation, il peut encore, par dérogation à l'article 932 du Code civil, accepter la donation après le décès du disposant (C. civ., art. 1055 et 1061).

1. Civ. 1re, 6 févr. 2007, n° 04-20.029, *Bull. civ.* I, n° 51; *D.* 2007. AJ 662, obs. C. Delaporte-Carré; *D.* 2007. 2135, obs. M. Nicod; *AJ fam.* 2007. 142, obs. F. Bicheron; *JCP* 2008. I. 108, n° 9, obs. R. Le Guidec; *Defrénois* 2007, art. 38651, p. 1294; *RTD civ.* 2007. 611, obs. M. Grimaldi – Sur les difficultés d'interprétation de cet arrêt, v. not. J. Casey, « Nouveau rappel : la donation-partage doit être établie par acte authentique », *RJPF* 2007-5/36, et F. Bicheron, obs. préc. – Rappr. Civ. 1re, 17 avr. 1985, n° 84-11.908, *Labourdette, Bull. civ.* I, n° 118; *D.* 1985. 243, note Groslière; *Defrénois* 1987, art. 34030, p. 1008, note G. Champenois; *GAJC*, t. 1, 11e éd., Dalloz, 2000, n° 143.
2. M. Grimaldi, « Les libéralités graduelles et les libéralités résiduelles », *JCP N* 2006. 1387 – M. Nicod, « Le réveil des libéralités substitutives : les libéralités graduelles et résiduelles du Code civil », *Dr. fam.* 2006. Étude 45 – N. Peterka, « Les libéralités graduelles et résiduelles, entre rupture et continuité », *D.* 2006. 2580 – B. Savouré, « Les nouvelles donations : place aux libéralités graduelles et résiduelles ! », *RLDC* déc. 2006, suppl. au n° 33, p. 27.
3. N. Peterka, n°s 139 s.; *J.-Cl. Civ. Code*, art. 931, fasc. 30.

§ 2
Formalisme de substitution

353.20 Triptyque des donations atypiques. Le plus souvent, les donations de biens présents entre époux se coulent dans l'une des formes de substitution admises au sujet des donations atypiques. Ces dernières sont valablement effectuées, dès lors qu'elles respectent l'exigence de la tradition réelle en matière de dons manuels[4] ou celle, au vrai plus fuyante et contestée, de l'acte neutre dans le cas des donations indirectes[5]. Pendant très longtemps, les donations déguisées sous l'apparence d'un acte à titre onéreux ou par personnes interposées ont été prohibées lorsqu'elles étaient effectuées entre époux. Cette prohibition a été abrogée par la loi du 26 mai 2004, de telle sorte qu'aujourd'hui les époux sont autorisés, à l'instar des concubins ou des partenaires liés par un PACS, à se consentir des donations déguisées. L'abrogation de la règle de la nullité des donations déguisées entre époux (A), conjuguée avec la suppression de la révocabilité *ad nutum* des donations de biens présents (v. s[s] n°s 354.80 à 354.103), provoquera, à l'avenir, l'assèchement partiel du contentieux des donations conjugales (B).

A.
Abrogation de la règle de la nullité des donations déguisées entre époux

353.30 Idée générale. Incertitude du droit transitoire. Il convient d'exposer successivement les dispositions antérieures à la loi du 26 mai 2004 - qui demeurent applicables aux donations déguisées consenties avant 1er janvier 2005puis les dispositions issues de cette loi (sur les difficultés de droit transitoire, v. s[s] n°s 353.73 à 353.76).

1°
Dispositions antérieures à la loi du 26 mai 2004

353.40 C. civ., art. 1099 alinéa 2 ancien. La règle de la nullité des donations déguisées entre époux était inscrite, sous l'empire des dispositions

4. N. Peterka, *Les dons manuels*, LGDJ, 2001, préf. P. Catala.
5. A. Ponsard, *Les donations indirectes en droit civil français*, th. Dijon, Sirey, 1946 – R. Libchaber, « Pour une redéfinition de la donation indirecte », *Defrénois* 2000, art. 37273, p. 1409.

antérieures à la loi du 26 mai 2004, à l'article 1099 du Code civil. Le texte énonçait, dans son alinéa 1er, que « *les époux ne pourront se donner indirectement au-delà de* [la quotité disponible]. » Le second alinéa ajoutait que « *toute donation, ou déguisée, ou faite à personnes interposées, sera nulle* ». Le texte assimilait à la nullité des donations déguisées entre époux (a) celle des donations faites par personnes interposées (b).

a.
Nullité des donations déguisées entre époux

α.
Nature de la nullité et caractéristiques de l'action

353.41 Indifférence de l'absence d'atteinte à la réserve. Retenant une interprétation littérale de l'article 1099 alinéa 2, la Cour de cassation avait jugé très tôt qu'une donation déguisée entre époux était toujours nulle, même si elle ne portait pas atteinte à la réserve[1]. En conséquence, la donation entre époux restait un des cas originaux dans lesquels la simulation était, en elle-même, une cause de nullité.

353.42 Fragilité des fondements de la nullité édictée par l'article 1099 alinéa 2. Traditionnellement, la nullité de l'article 1099 alinéa 2 était justifiée par l'idée de protection renforcée de la réserve. À la vérité, cette explication traditionnelle ne comptait plus guère de partisans. Son incohérence était, en effet, flagrante puisque la sanction frappait intégralement toute donation déguisée entre époux même lorsqu'elle ne portait pas atteinte à la réserve.

Selon une autre analyse, la règle avait pour finalité de protéger la libre révocabilité des donations entre époux, en déjouant toute tentative de dissimulation propre à paralyser la faculté de révocation unilatérale du conjoint donateur. Cette explication n'était pas non plus très convaincante car, une fois la simulation établie, la qualification de donation entre époux éclatait au grand jour, de sorte que la nullité n'ajoutait rien à la révocation redevenue possible. L'intérêt de la nullité et la pertinence du fondement apparaissaient cependant dans une hypothèse : celle dans laquelle l'époux donateur ne pouvait plus révoquer la donation parce qu'il était décédé.

Enfin, certains auteurs tiraient le fondement de la règle de la nullité des donations déguisées entre époux de la protection de la volonté du disposant. D'après eux, le texte reposait sur la présomption du défaut de liberté de l'époux qui consent une donation à son conjoint en simulant un autre acte ou en prenant un tiers comme intermédiaire. Là encore, l'explication tournait court car elle aurait dû conduire logiquement à étendre la nullité aux dons manuels et aux donations indirectes entre époux. En outre, elle présupposait de manière trop subversive que ce ne serait pas l'amour, mais le mariage qui rendrait fou.

353.43 Rétrécissement progressif du domaine de la nullité des donations déguisées entre époux. La fragilité des fondements de la règle de l'article 1099 alinéa 2 l'avait progressivement rendue archaïque.

Aussi, la loi et la jurisprudence en avaient-elles réduit le domaine d'application. L'article 1832-1 alinéa 2 du Code civil, issu de la loi du 4 janvier 1978, conduisait à **écarter la prohibition de l'article 1099 alinéa 2 en matière de sociétés entre époux.** Le texte prévoit en effet, que « *les avantages et libéralités résultant d'un contrat de société entre époux ne peuvent être annulés parce qu'ils constitueraient des donations déguisées, lorsque les conditions en ont été réglées par acte authentique* ». On soulignera, au passage, que l'article 1832-1 alinéa 2 n'a pas été abrogé à la suite de la suppression de la règle de la nullité des donations déguisées entre époux. Par ailleurs, l'article 1099-1, issu de la loi du 28 décembre 1967, énonçant que dans l'hypothèse où un époux acquiert un bien avec des deniers qui lui ont été donnés par son conjoint, **la donation n'est que des deniers** et non du bien auxquels ils ont été employés, a indirectement conduit la jurisprudence à tarir la source la plus abondante de donations déguisées entre époux (v. ss nos 355.70 à 355.72).

Enfin, dans le souci évident de limiter le domaine de la nullité de ces donations, la jurisprudence avait considéré que de nombreuses opérations réalisées entre époux mariés sous le régime de la séparation de biens ne constituaient pas des donations mais des **rémunérations d'une activité excédant la contribution aux charges du mariage.** Mieux encore, la jurisprudence avait fini par retenir une définition restrictive de la notion de déguisement, en décidant que ce dernier supposait un **mensonge par commission** découlant des affirmations mensongères de l'acte relatives à l'origine des fonds[2]. En conséquence, les hypothèses de nullité

1. Civ. 30 nov. 1831, *S.* 1832. 1. 134 – Civ. 11 nov. 1834, *S.* 1834. 1. 769.

2. Civ. 1re, 26 avr. 1984, no 82-16.933, *Bull. civ.* I, no 139; *Defrénois* 1985. 464, obs. G. Champenois; *RTD civ.* 1985. 199, obs. J. Patarin; *JCP N* 1985. II. 26, note P. Rémy – Civ. 1re, 6 janv. 1987, no 85-15.202, *Bull. civ.* I, no 4. – Civ. 1re, 14 juin 1989, no 85-17.858, *Bull. civ.* I, no 236 – Civ. 1re, 5 avr. 2005, no 02-21.011, *Bull. civ.* I, no 167; *D.* 2005. IR 1176; *RTD civ.* 2005. 598, obs. J. Mestre et B. Fages – Civ. 1re, 28 févr. 2006, no 03-19.206, *Bull. civ.* I, no 127; *JCP* 2006. I. 193, no 5, obs. G. Wiederkehr; *JCP* 2008. I. 108, no 3, obs. R. Le Guidec.

de donations déguisées entre époux s'étaient considérablement raréfiées.

353.44 Titulaires de l'action en nullité des donations déguisées. L'incertitude des fondements de la nullité des donations déguisées entre époux avait jeté le trouble sur la question - pourtant cruciale - de la détermination des titulaires de l'action.

S'il s'agissait d'assurer la libre révocabilité des donations entre époux, l'action en nullité devait avoir l'époux donateur pour seul titulaire puisque la faculté de révocation était strictement attachée à la personne.

Si l'on retenait l'idée de protection renforcée de la réserve, il fallait logiquement décider que l'action appartenait exclusivement aux héritiers réservataires.

Admettait-on la justification tirée de la protection du consentement du donateur ? On pouvait alors permettre à tous ses héritiers, voire à ses créanciers, d'exercer l'action.

Comme la jurisprudence n'avait pas clairement choisi parmi ces divers fondements, elle n'avait que très confusément identifié les titulaires de l'action en nullité si bien que le droit antérieur à la loi du 26 mai 2004 est à l'image d'une mosaïque de solutions acquises - mais parfois contestables - et de solutions incertaines.

353.45 Solutions acquises. Il était acquis, depuis un arrêt de la première chambre civile de la Cour de cassation du 29 avril 1965[1], que l'action en nullité appartenait à l'époux donateur. L'intérêt de cette action était sans doute limité puisqu'il suffisait à l'époux de révoquer unilatéralement la donation après avoir établi que l'acte à titre onéreux apparent était fictif. Cet intérêt n'était pourtant pas négligeable en matière de donations entre futurs époux consenties en vue du mariage, qui échappaient à la révocabilité *ad nutum* (v. s^s n° 341.23). Il pouvait se manifester encore lorsque, psychologiquement, l'époux donateur répugnait à exercer une révocation unilatérale.

Il convient par ailleurs de préciser, à cet égard, que l'action en nullité pour donation déguisée, exercée par l'époux donateur, valait révocation (v. ss nos 354.11 à 354.72).

Il était également acquis que l'action en nullité pouvait être exercée par les héritiers réservataires mais qu'elle était refusée aux autres héritiers[2].

353.46 Solutions incertaines. L'arrêt de la première chambre civile du 30 novembre 1983 ne visant directement que les héritiers non réservataires, le sort des légataires universels restait en suspens, même si la doctrine majoritaire leur déniait le droit d'exercer l'action en nullité. Les institués contractuels par contrat de mariage, dont la situation est la plus proche de celle des héritiers réservataires, auraient ainsi été les seuls autres successibles à pouvoir se prévaloir de la sanction édictée par l'article 1099 alinéa 2. Il n'existait cependant pas de jurisprudence précise en ce sens.

Compte tenu de l'enchevêtrement des principes censés gouverner la matière, ni la doctrine, ni la jurisprudence n'avaient nettement résolu la question de savoir si les créanciers de l'époux donateur pouvaient exercer l'action en nullité, par la voie oblique, en se fondant sur les dispositions l'article 1166 du Code civil.

353.47 Nature de la nullité : nullité absolue. Par un arrêt de la première chambre civile du 10 mars 1970, la Cour de cassation avait précisé que la nullité de l'article 1099 alinéa 2, fondée sur une raison d'ordre public, était une nullité absolue échappant à la prescription quinquennale édictée par l'article 1304 du Code civil en cas de nullité relative[3]. En conséquence, le délai pour agir était de trente ans.

353.48 Point de départ du délai de trente ans. Le point de départ du délai de prescription variait selon la qualité du demandeur.

Lorsque le **demandeur** était l'**époux donateur**, le délai aurait dû en principe commencer à s'écouler à partir du jour de l'acte simulé. Il fallait cependant tenir compte de l'ancien article 2253 du Code civil suivant lequel la prescription « *ne court point entre époux* » (v. C. civ., art. 2236, réd. L. n° 2008-561, 17 juin 2008). C'est donc, pratiquement, à partir du jour de la dissolution du mariage que le délai commençait à courir (ou recommençait à courir dans le cas de donations consenties entre futurs époux en prévision du mariage).

Lorsque le **demandeur** était **un héritier réservataire**, il fallait prendre garde de bien distinguer l'action en déclaration de simulation, d'une part, et l'action en nullité, d'autre part. Normalement, l'action en déclaration de simulation, sans laquelle la nullité de l'article 1099 alinéa 2 ne pouvait pas aboutir, était soumise à la prescription trentenaire qui commence à s'écouler à partir du jour de l'acte simulé. La tentation était donc grande de considérer que, trente ans après la simulation, les héritiers réservataires ne pouvaient plus agir ni en déclaration de simulation ni en nullité. En réalité, la pre-

1. Civ. 1re, 29 avr. 1965, *D.* 1966. 205.
2. Civ. 1re, 30 nov. 1983, n° 82-14.375, *Bull. civ.* I, n° 283; *Defrénois* 1984, art. 33285, p. 576, note M.-C. Rondeau-Vivier; *RTD civ.* 1985. 197, obs. J. Patarin.
3. Civ. 1re, 10 mars 1970, n° 68-11.558, *Bull. civ.* I, n° 88; *D.* 1970. 661, note A. Breton.

mière chambre civile de la Cour de cassation avait rappelé, par un arrêt du 23 mars 1994, que l'action en déclaration de simulation restait tributaire de la demande principale[1]. En conséquence, le point de départ du délai de l'une et de l'autre action devait être fixé au jour où l'action principale (c'est-à-dire l'action en nullité) était ouverte à l'héritier réservataire, soit le jour du décès de l'époux donateur.

353.49 Extinction de l'action en nullité après le divorce. Un arrêt remarqué rendu par la première chambre civile de la Cour de cassation, le 1er décembre 1976, avait jugé que « *la prohibition des donations déguisées entre époux* [cessait] *nécessairement par l'effet du divorce et qu'il* [était] *loisible, en conséquence, aux époux, après la dissolution de leur mariage, de maintenir leur commune volonté de faire produire effet aux donations déguisées qu'ils avaient pu se consentir pendant le cours de l'union conjugale ou en prévision de cette union* »[2]. Une telle solution, qui s'apparentait à **une confirmation** même si elle se conciliait difficilement avec les caractères classiques de la nullité absolue, entraînait l'impossibilité pour les héritiers réservataires d'agir en nullité après le décès de l'ex-époux donateur.

β.

Preuve du déguisement et effets de la nullité

353.51 Charge et objet de la preuve. La charge de la preuve incombait au demandeur en nullité. Aucun assouplissement à ce principe n'était admis[3] car il n'existait pas, pour les donations déguisées entre époux, de présomption comparable à celles instituées par l'article 918 relatif aux donations aux successibles en ligne directe et par l'ancien article 1100 relatif à l'interposition de personnes. Il fallait donc établir le déguisement. Autrement dit, il fallait démontrer que l'acte n'était pas un acte à titre onéreux mais, en réalité, un acte à titre gratuit, ce qui impliquait de rapporter la preuve de l'intention libérale. Cette preuve avait été rendue plus difficile par la jurisprudence qui, dans les relations entre époux, avait quelque peu déformé la notion de libéralité (v. ss nos 355.10 à 355.62).

353.52 Modes de preuve. La preuve du déguisement pouvait se faire par tous moyens. Cette règle s'appliquait quelle que fut la qualité du demandeur : héritier réservataire ou donateur. L'héritier réservataire pouvait prouver la libéralité par tous moyens car la jurisprudence le tient pour un tiers à l'égard de l'acte apparent[4]. Quant au donateur, il était dispensé de rapporter la preuve par écrit en raison de la fraude (C. civ., art. 1353) et surtout parce que l'acte apparent est un commencement de preuve par écrit autorisant la preuve par tous moyens (C. civ., art. 1347)[5].

Bien entendu, lorsque l'acte apparent était un acte notarié, le demandeur, quel qu'il fut, devait commencer par démontrer l'inexactitude des constatations du notaire suivant la lourde procédure d'inscription de faux.

353.53 Effets de la nullité des donations déguisées entre époux. Conformément au droit commun, la nullité des donations déguisées entre époux emportait **l'anéantissement rétroactif** de la libéralité. La chose donnée devait être restituée au donateur, ou à ses héritiers, par le donataire, ou par les héritiers ou les ayants cause à titre particulier de ce dernier. Ceux-ci pouvaient toutefois échapper aux conséquences de la nullité grâce à l'ancien article 2279 du Code civil ou à la théorie de l'apparence. Par ailleurs, la règle de **l'article 1099-1** relatif aux donations de deniers, conduisait, lorsque la qualification de donation déguisée n'était pas écartée, à **substituer une dette de valeur** à la restitution en nature (v. ss nos 355.70 à 355.83).

b.

Nullité des donations par personnes interposées

353.61 Assimilation des donations par personnes interposées aux donations déguisées. L'ancien article 1099 alinéa 2 visait indistinctement toute donation « *ou déguisée, ou faite à personnes interposées* ». La jurisprudence avait ainsi décidé qu'une donation faite entre époux par personne interposée était, elle aussi, frappée de nullité même lorsqu'elle ne portait pas atteinte à la réserve[6]. Le régime de cette nullité était calqué sur celui de la nullité des donations déguisées proprement dites. Néanmoins, l'ancien article 1100 du Code civil avait instauré, en matière de preuve, une différence considérable qui fut abolie par la loi du n° 2002-305 du 4 mars 2002[7].

353.62 Présomption d'interposition de personnes. La preuve de la simulation était difficile à établir. Elle l'était encore davantage lorsqu'un réseau de personnes entremises avait été tissé. C'est la rai-

1. Civ. 1re, 23 mars 1994, n° 92-14.370, *Bull. civ.* I, n° 113; *D.* 1995. Somm. 333, obs. B. Vareille; *RTD civ.* 1994. 920, obs. J. Patarin.
2. Civ. 1re, 1er déc. 1976, n° 74-12.073, *Bull. civ.* I, n° 381; *R.* 1976-1977, p. 40; *D.* 1977. 177, note A. Breton; *JCP* 1977. II. 18625, note J. Patarin; *Gaz. Pal.* 1977, 2, 451, note Vialatte.
3. Civ. 1re, 5 oct. 1972, n° 71-11.853, *Bull. civ.* I, n° 195.
4. Req. 14 févr. 1927, *S.* 1927. 1. 166 – Civ. 1re, 21 juill. 1980, n° 79-12.273, *Bull. civ.* I, n° 232.
5. Civ. 9 nov. 1976, n° 75-11.863, *Bull. civ.*, n° 341.
6. Civ. 11 nov. 1834, *S.* 1834. 1. 769.
7. L. n° 2002-305, 4 mars 2002, relative à l'autorité parentale, *JO* 5 mars, p. 4161.

son pour laquelle l'ancien article 1100 du Code civil avait édicté **deux présomptions irréfragables d'interposition entre le donateur et son conjoint.** Le demandeur en nullité était dispensé de prouver que les donations adressées à des personnes proches avaient en réalité le conjoint du donateur pour bénéficiaire et le défendeur n'était pas admis à démontrer le contraire[1].

Les deux catégories de proches irréfragablement présumés interposés étaient :

- les enfants du conjoint issus d'un précédent mariage;
- les parents dont le conjoint est héritier présomptif.

Il convient de souligner que la jurisprudence avait retenu une **interprétation extensive de l'article 1100**, au mépris du principe suivant lequel les présomptions sont de droit étroit. C'est ainsi qu'aux enfants issus d'un précédent mariage, elle avait assimilé les enfants naturels du conjoint[2] et les enfants adoptifs[3].

Une cour d'appel avait même décidé d'étendre l'application du texte aux libéralités testamentaires, mais par arrêt du 2 avril 1996, la première chambre civile de la Cour de cassation a exclu le legs du domaine de l'article 1100[4].

En outre, la qualité d'héritier présomptif devait être appréciée au jour de la donation. En conséquence, la présomption s'appliquait, et la nullité était encourue, même si un événement venait empêcher le conjoint de succéder au donataire. Enfin, il faut préciser que si la personne interposée n'était pas une de celles énumérées par l'ancien article 1100, la nullité pouvait être prononcée, mais le demandeur devait alors démontrer la simulation sans pouvoir compter sur le secours d'aucune présomption.

353.63 Abrogation de l'ancien article 1100 du Code civil. La sévérité de la nullité des donations matrimoniales par personnes interposées était dénoncée depuis longtemps. Elle rendait en effet radicalement impossibles des libéralités qui répondent pourtant à un attachement louable et de plus en plus fréquent pour les enfants du conjoint. C'est pourquoi de nombreux auteurs avaient proposé la suppression des présomptions de l'article 1100 et, même plus énergiquement, celle de la nullité des donations entre époux par personnes interposées qui était plus encore critiquée que la prohibition des donations déguisées entre époux[5]. C'est ainsi que la présomption d'interposition de personnes de l'article 1100 fut sacrifiée, à la satisfaction générale, sur l'autel de la famille recomposée par la loi n° 2002-305 du 4 mars 2002 relative à l'autorité parentale. D'application immédiate, l'abrogation de l'article 1100 devança de plus de deux ans la suppression annoncée de l'article 1099 alinéa 2 du Code civil (L. n° 2002-305, 4 mars 2002, art. 11-I, al. 1er)[6].

2°
Dispositions issues de la loi du 26 mai 2004

353.71 Chronique d'une abrogation annoncée. La règle de la nullité des donations déguisées entre époux était critiquée depuis plusieurs années par la doctrine. La faiblesse et l'incertitude des fondements de la règle fournissaient le principal appui aux blâmes doctrinaux. De nombreux auteurs avaient proposé l'abandon pur et simple de la prohibition des donations déguisées entre époux[7], cependant que d'autres suggéraient un affinement de son domaine[8]. Le rapport Dekeuwer-Défossez préconisait, pour sa part, la soumission des donations déguisées entre époux au droit commun, corrélativement à l'abrogation - également proposée par ce rapport - de la règle de la révocabilité *ad nutum* des donations conjugales[9].

353.72 Validité des donations déguisées entre époux depuis la loi du 26 mai 2004. Le législateur n'est pas demeuré sourd à ces suggestions. Saisissant l'occasion de la réforme du divorce, il a abrogé, par la loi n° 2004-439 du 26 mai 2004, tout à la fois la prohibition des donations déguisées entre époux et la libre révocabilité des donations matrimoniales. Les donations déguisées entre époux sont

1. Civ. 1re, 15 févr. 1961, *Bull. civ.* I, n° 104.
2. Civ. 1re, 30 juin 1969, *JCP* 1970. II. 16290.
3. Civ. 5 janv. 1965, *D.* 1965. 533, note Chevallier – Civ. 26 févr. 1968, *D.* 1968. 587, note Voirin.
4. Civ. 1re, 2 avr. 1996, n° 94-12.935, *Bull. civ.* I, n° 60; *JCP* 1996. II. 22702, note R. Le Guidec; *D.* 1996. 609, rapp. J. Thierry; *Defrénois* 1996. 824, obs. G. Champenois; *RTD civ.* 1996. 965, obs. J. Patarin.
5. Rapport F. Dekeuwer-Défossez, *Rénover le droit de la famille. Propositions pour un droit adapté aux réalités et aux aspirations de notre temps*, Doc. fr., 1999, p. 163 – *Adde*, H. Fulchrion, « La transmission des biens dans les familles recomposées », *Defrénois* 1994, art. 35853.
6. F. Sauvage, « La discrète abrogation de l'article 1100 du Code civil », *JCP N* 2002, n° 1347.
7. J. Patarin, note au *JCP* 1979. II. 19220 – D. Martin, « Le désordre du droit des libéralités conjugales », *Mél. A. Weill*, Dalloz/Litec, 1983, p. 415 – M.-C. Rondeau-Vivier, note ss Civ. 1re, 30 nov. 1983, n° 82-14.375, *Bull. civ.* I, n° 283; *Defrénois* 1984, art. 33285, p. 576 – H. Méau-Lautour, *La donation déguisée en droit civil français. Contribution à la théorie générale de la donation*, LGDJ, 1985, préf. P. Raynaud, n° 618, p. 463.
8. J.-F. Montredon, *J.-Cl. Civ. Code*, art. 1091 à 1100, fasc. 20, n° 44.
9. Rapport F. Dekeuwer-Défossez, *Rénover le droit de la famille. Propositions pour un droit adapté aux réalités et aux aspirations de notre temps*, Doc. fr., 1999, p. 162.

désormais soumises au droit commun des libéralités et, notamment, aux causes légales de révocation applicables aux donations extraconjugales. Elles peuvent ainsi être révoquées pour cause d'ingratitude ou pour inexécution des conditions et charges (C. civ., art. 953 s.). Elles échappent, en revanche, à la révocation pour cause de survenance d'enfant, quand bien même l'acte de donation comporterait une clause stipulant une telle révocation (C. civ., art. 1096, al. 3 et 960 s.).

353.73 Conflits de lois dans le temps. Nullité des donations déguisées entre époux antérieures au 1er janvier 2005. La loi du 26 mai 2004 ne comporte pas de disposition transitoire relative à l'abrogation de l'article 1099 alinéa 2 du Code civil. La question de l'application dans le temps de la suppression de la nullité des donations déguisées entre époux surgit ainsi inéluctablement. Il est vrai que, de prime abord, les principes traditionnels du droit transitoire suffisent à régler, en la matière, la question de l'application diachronique des dispositions nouvelles. Le raisonnement est *a priori* simple. La donation étant un contrat, elle est assujettie à la règle de la survie de la loi ancienne en matière contractuelle. Aussi, les donations déguisées entre époux consenties avant le 1er janvier 2005, date de l'entrée en vigueur de la loi du 26 mai 2004, sont-elles entachées de **nullité absolue**[1]. Celle-ci peut être demandée par le **donateur** ou ses **héritiers réservataires** dans le nouveau délai de prescription de droit commun de **cinq ans**, applicable depuis le 19 juin 2008, sans que la durée totale du délai puisse toutefois excéder trente ans[2]. La prescription court **à compter de la dissolution du mariage** ou, lorsque la nullité est invoquée par les héritiers réservataires, **à compter du décès du disposant** (v. ss no 353.47). Compte tenu des règles de droit transitoire gouvernant la prescription, la **nullité des donations déguisées entre époux antérieures au 1er janvier 2005** ne peut plus être invoquée depuis le 19 juin 2013, dès lors que la prescription a commencé à courir avant l'entrée en vigueur de la réforme, soit le 19 juin 2008, et qu'elle n'a pas été interrompue avant son accomplissement ou, au plus tard, avant le 19 juin 2013[3]. En revanche, elle peut être encore invoquée par l'époux donateur, dans le nouveau délai de droit commun, dès lors que la dissolution du mariage est postérieure au 19 juin 2008 (C. civ., art. 2236). Elle peut être pareillement invoquée par ses héritiers réservataires, lorsqu'il est décédé après cette date.

353.74 Critiques. Application immédiate de la validité des donations déguisées entre époux. Cette analyse a été vigoureusement critiquée par une partie de la doctrine laquelle a invoqué, au soutien de l'application immédiate de la validité des donations déguisées entre époux, de puissants arguments[4] :

– L'argument tiré de la prévisibilité contractuelle, qui permet traditionnellement de justifier la survie de la loi ancienne en matière contractuelle, est ici inopérant. Car, c'est précisément l'application immédiate de la loi nouvelle, portant abrogation de la révocabilité *ad nutum* des donations conjugales et de la nullité des donations déguisées entre époux, qui offre, en la matière, un gage de sécurité juridique.

– L'abrogation de ces règles relève du statut légal du contrat, celui des époux. Or, la volonté n'a pas de prise sur ce statut. Le respect de la volonté des contractants est par suite impuissant pour écarter la règle de l'application immédiate de la loi nouvelle.

– La règle de la survie de la loi ancienne est une règle jurisprudentielle dérogatoire au principe de l'application immédiate de la loi nouvelle. Le juge est ainsi autorisé à l'écarter toutes les fois qu'il estime que la loi nouvelle exprime un intérêt supérieur qui doit être préféré.

– L'impératif de sécurité juridique impose de favoriser une unité de législation, afin d'éviter la confusion juridique qu'entraînerait la coexistence de deux régimes distincts.

– Par analogie avec la rétroactivité des lois pénales plus douces, il est permis de faire produire aux lois civiles confirmatives un effet salvateur des actes antérieurs à leur entrée en vigueur.

353.75 Incidence de la loi no 2006-728 du 23 juin 2006. En dépit de leur pertinence, les arguments de la doctrine n'ont pas convaincu, le législateur. En effet, la loi no 2006-728 du 23 juin 2006, portant réforme des successions et des libéralités, comporte des dispositions transitoires réglant, notamment, l'application dans le temps des textes issus de la loi du 26 mai 2004, relatifs aux donations entre époux. Au vrai, la réforme de 2006 s'est contentée de préciser l'application diachronique de

1. EN CE SENS, C. Rieubernet, « Le nouveau régime des donations entre époux au lendemain de la loi du 26 mai 2004 relative au divorce », *LPA* 21 juill. 2004, p. 10 – F. Sauvage, « Des conséquences du divorce sur les libéralités entre époux et les avantages matrimoniaux », *Defrénois* 2004, art. 38038, p. 1425.
2. L. no 2008-561, 17 juin 2008, portant réforme de la prescription en matière civile, art. 26, *JO* 18 juin, p. 9856.
3. L. no 2008-561, 17 juin 2008, art. 26 II.
4. B. Beignier et M. Nicod, « Donations entre époux : d'un droit à l'autre », *Defrénois* 2005, art. 38104, p. 265 – COMP., I. Dauriac, « Libéralités conjugales et avantages matrimoniaux : l'épreuve de droit transitoire », *Mél. Ph. Jestaz*, Dalloz, 2006, p. 97.

l'abrogation de la révocabilité discrétionnaire des donations de biens présents entre époux. Elle décide, en son article 47-III, que ces dernières demeurent révocables dans les conditions prévues par l'article 1096 du Code civil dans sa rédaction antérieure au 1er janvier 2005, lorsqu'elles ont été faites avant cette date. La validité des anciennes donations déguisées entre époux restait, quant à elle, en suspens. Sur ce point, la Cour de cassation a précisé, par un arrêt de la première chambre civile du 9 décembre 2009, que les donations déguisées faites avant le 1er janvier 2005 demeurent entachées de nullité[1]. Conforme aux principes du droit transitoire, la solution trouve un puissant soutien dans les dispositions de la loi de 2006, relatives à la révocabilité des donations conjugales de biens présents, dont la nullité des donations simulées entre époux constitue le corollaire[2]. S'agissant des donations déguisées entre époux antérieures au 1er janvier 2005, l'ancien article 1099 alinéa 2, ainsi que la jurisprudence relative à ce texte ont aujourd'hui perdu tout intérêt dans l'hypothèse où le point de départ de la prescription est intervenu antérieurement à l'entrée en vigueur de la loi, c'est-à-dire avant le 19 juin 2008. Ils demeurent, en revanche, pleinement d'actualité dès lors que la dissolution du mariage ou le décès du donateur se produisent postérieurement à cette date (v. ss nos 353.40 à 353.63 et 353.73). Il n'est pourtant pas certain que telle ait été réellement la volonté du législateur. En effet, commentant les dispositions de droit transitoire du projet de loi portant réforme des successions et des libéralités, le rapporteur de la commission des lois de l'Assemblée nationale expliquait, lors de la première lecture du texte, que « *la réponse du projet de loi est différente, s'agissant de la possibilité du recours en annulation d'une donation simulée, sur le fondement de l'ancien article 1099 alinéa 2* [...]. *Compte tenu de la disparition de ce texte, l'action en annulation des donations déguisées entre époux intervenues avant le 1er janvier 2005 ne devrait plus pouvoir être engagée, en vertu du principe* « pas de nullité sans texte », *sans qu'il soit besoin de le préciser* »[3]. L'argument est, à la vérité, peu convaincant. Il eut été sans doute plus efficient de préciser, par une disposition expresse de la loi, l'application rétrospective de l'abrogation de l'article 1099 alinéa 2, ainsi que le montre la jurisprudence contraire qui, sous la réserve de la prescription de l'action en nullité, continue d'appliquer le texte aux donations conclues avant le 1er janvier 2005[4].

353.76 Donations déguisées entre époux. Dualité de régimes. Deux régimes distincts coexistent ainsi depuis le 1er janvier 2005 selon que la donation déguisée est antérieure ou postérieure à cette date, ce qui n'est pas un gage d'intelligibilité du droit. Les époux pourront sans doute contourner cette difficulté en mettant à profit les incertitudes de frontières entre la notion de **donation déguisée** et celle de **donation indirecte**. Il reste que cette démarche contribue, sous la réserve du jeu de la prescription, au maintien d'une source abondante du contentieux des donations conjugales, dont la loi du 26 mai 2004 poursuivait pourtant l'assèchement.

B.
Assèchement partiel du contentieux des donations conjugales

353.80 Privation d'intérêt de la distinction des donations déguisées et des donations indirectes et de la preuve du caractère rémunératoire de la donation. La suppression de la prohibition des donations déguisées entre époux conduit au tarissement de deux sources majeures du contentieux civil des donations conjugales. Elle prive d'intérêt, d'une part, la distinction des donations déguisées et des donations indirectes (1°) et, d'autre part, la preuve du caractère rémunératoire de la donation déguisée (2°).

1°
Privation d'intérêt de la distinction des donations déguisées et des donations indirectes

353.81 Distinction du droit civil et du droit fiscal. Donations déguisées postérieures au 1er janvier 2005. S'agissant des libéralités postérieures au 1er janvier 2005, les dispositions de la loi du 26 mai 2004 ôtent tout intérêt à la distinction des donations déguisées et des donations indirectes. Précisons qu'il n'en est ainsi que sur le seul terrain du droit civil. Sur celui du droit fiscal, la donation

1. Civ. 1re, 9 déc. 2009, no 08-20.570, *Bull. civ.* I, no 242; *D.* 2010. Pan. 728, obs. J.-J. Lemouland et D. Vigneau; *AJ fam.* 2010. 41, obs. F. Bicheron; *Dr. fam.* 2010, no 25, note B. Beignier; *Defrénois* 2010. 605, note J. Massip; *RTD civ.* 2009. 764, obs. M. Grimaldi.
2. EN CE SENS, Ph. MALAURIE, nos 728 et 716 – *CONTRA*, I. Dauriac, « Libéralités conjugales et avantages matrimoniaux : l'épreuve de droit transitoire », *Mél. Ph. Jestaz*, Dalloz, 2006, p. 97, qui propose de dissocier le domaine d'application temporel des deux règles.
3. Rapport S. Huyghe, *Doc. AN*, no 2850, 8 févr. 2006, p. 347.
4. Civ. 1re, 9 déc. 2009, no 08-20.570, préc. ss prést no – Paris, 23 nov. 2005, RG no 2004/17325, inédit, cité par M. Nicod, « Les dispositions transitoires et interprétatives de la loi du 23 juin 2006 », *D.* 2006. 2587, spéc. no 11, note 24.

déguisée demeure un **abus de droit par acte fictif**, puisqu'elle conduit à éluder l'application des droits de mutation à titre gratuit[1]. Mais il est vrai qu'entre époux, l'abattement de 79 533 euros sur la part du conjoint du donateur diminue l'intérêt de recourir à cette simulation (v. CGI, art. 790 E[2], qui, exonérant le conjoint survivant des droits de mutation par décès [CGI, 796-0 *bis*], maintient cet abattement au profit des donations de biens présents entre époux, à l'exception de la réversion d'usufruit qui relève des droits de mutation par décès [CGI, 796-0 *quater*])[3].

353.82 Donations antérieures au 1er janvier 2005. Maintien du contentieux. Depuis 1804, l'article 1099 du Code civil valide expressément les donations indirectes entre époux. Le texte dispose, en effet, que « *les époux ne pourront se donner indirectement au-delà de ce qui leur est permis par les dispositions ci-dessus* », c'est-à-dire par l'article 1094-1 relatif à la quotité disponible spéciale entre époux. L'article 1099 soumet les donations indirectes entre époux à la réduction quand elles portent atteinte à la réserve. C'est dire que leur validité de principe n'a jamais fait plus de doute que celle des donations indirectes extraconjugales. Elles n'appellent donc aucun développement particulier, si ce n'est celui de leur distinction avec les donations déguisées entre époux laquelle présente, pour les donations faites avant le 1er janvier 2005, un intérêt crucial.

353.83 Caractère fuyant de la notion de donation indirecte. La donation indirecte n'est pas une donation ostensible car elle ne figure pas dans un acte présentant les caractères de l'acte à titre gratuit. Ce n'est pas non plus une donation déguisée car l'acte qui la contient n'est pas mensonger. Ce n'est pas davantage un don manuel car elle n'existe qu'en prenant appui sur un autre acte juridique. Cette définition négative rend particulièrement délicate l'opération de qualification d'un acte en donation indirecte. C'est donc au prix de nombreuses hésitations que la doctrine fait entrer dans cette catégorie de donations atypiques tout à la fois les actes à titre onéreux volontairement déséquilibrés et les actes neutres, indifféremment à titre onéreux ou à titre gratuit, dès lors qu'ils sont soutenus par une intention libérale non exprimée (par ex., la stipulation pour autrui, la renonciation)[4]. D'autres auteurs proposent de restreindre la notion à l'absence de flux direct de richesses entre le patrimoine du donateur et celui du gratifié (par exemple, le paiement pour autrui)[5]. Que l'on retienne la première ou la seconde définition, la notion de donation indirecte incarne une catégorie hétéroclite susceptible d'accueillir de nombreuses opérations entre époux.

353.84 Relativité de la distinction entre donations indirectes et donations déguisées dans les relations conjugales. Les notions de donation déguisée et de donation indirecte sont si proches l'une de l'autre que la plupart des opérations libérales entre époux peuvent recevoir la qualification – salutaire pour les libéralités effectuées avant le 1er janvier 2005 – de donation indirecte. C'est le cas, selon la jurisprudence, de deux parmi les plus importantes d'entre elles : la vente moyennant rente viagère stipulée réversible sur la tête du conjoint[6] et la vente avec réserve d'usufruit au profit du conjoint[7]. Quant aux autres, il suffisait, avant 2005, d'une simple habileté rédactionnelle pour les extraire du domaine de l'ancien article 1099 alinéa 2.

353.85 Achat pour autrui entre époux. Fourniture de deniers au conjoint gratifié. Les difficultés de qualification des donations conjugales se soulevaient, au premier chef, au sujet de l'achat pour autrui (v. ss nos 355.10 à 355.83). Celui-ci s'opère principalement *via* la fourniture de deniers par le donateur à son conjoint en vue de l'acquisition d'un bien. Cette opération correspond, lorsqu'elle est causée par une intention libérale, à un don manuel suivi d'un achat par l'époux donataire. Pourtant, jusqu'à l'intervention de la loi n° 67-1179 du 28 décembre 1967[8], la Cour de cassation refusait de retenir cette qualification. Elle décidait, tout au contraire, que l'ensemble de l'opération formant « *un tout indivisible* », devait être qualifié de donation déguisée, entachée de nullité en vertu de l'ancien article 1099 alinéa 2[9]. Il n'en restait pas moins difficile d'expliquer comment l'indivisibilité entre le don manuel et l'achat consécutif pouvait provoquer un déguisement. La doctrine en avait

1. F. Douet, *Précis de droit fiscal de la famille*, « Litec fiscal », 9e éd., Litec, 2010, préf. M. Cozian, n° 2702.
2. L. n° 2007-1223, 21 août 2007, en faveur du travail, de l'emploi et du pouvoir d'achat, *JO* 22 août, p. 13945.
3. A. Delfosse et J.-F. Peniguel, « Réforme des droits de mutation à titre gratuit », *JCP N* 2007. Actu. 482.
4. A. Ponsard, *Les donations indirectes en droit civil français*, th. Dijon, Sirey, 1946.
5. R. Libchaber, « Pour une redéfinition de la donation indirecte », *Defrénois* 2000, art. 37273, p. 1409.
6. Civ. 1re, 12 janv. 1960, *Bull. civ.* I, n° 23.
7. Civ. 1re, 18 oct. 1966, *Bull. civ.* I, n° 472.
8. L. n° 67-1179, 28 déc. 1967, tendant à modifier les dispositions de l'article 1099-2° du Code civil relatif aux donations entre époux.
9. Civ. 30 avr. 1941, *JCP* 1941. II. 1727, note P. Voirin – Civ. 27 déc. 1949, *RTD civ.* 1950. 529, obs. R. Savatier; *JCP N* 1950. II. 5679, note P. Voirin – Civ. 1re, 30 mai 1951, *JCP* 1951. II. 6614; *D.* 1951. 617, note Lenoan – COMP., adoptant la qualification de don manuel de deniers, Aix-en-provence, 17 févr. 1944, *JCP* 1945. II. 2784, note Savatier.

puisé la justification dans la théorie de la contraction[1]. Pour ces auteurs, la simulation résultait de ce que les époux avaient contracté dans un acte apparemment simple - l'achat - une opération qui, en réalité, était complexe - don manuel et acquisition.

353.86 Conséquences de la théorie de la contraction. Dénoncée à juste titre par une partie de la doctrine, la théorie de la contraction impliquait de rechercher la **commune intention des parties**[2]. Il en résultait que la qualification juridique de l'opération (donation déguisée ou don manuel de deniers) relevait de l'appréciation souveraine des juges du fond, ce qui lui injectait une incertitude préjudiciable à la sécurité juridique. Pis encore, les conséquences de la théorie étaient particulièrement redoutables. En cas de nullité, mais aussi de révocation, la jurisprudence décidait que les deniers et le bien acquis formant un tout un indivisible, la donation avait pour objet, non pas ceux-là, mais celui-ci. C'était donc le bien acquis qu'il fallait restituer au donateur, ou à ses héritiers réservataires, au détriment de l'intérêt des tiers.

353.87 Jurisprudence brisée par la loi : C. civ., art. 1099-1. Les résultats auxquels conduisait cette jurisprudence étaient si choquants que le législateur dût intervenir pour la briser. Il le fit par la loi n° 67-1179 du 28 décembre 1967, en introduisant dans le Code civil l'article 1099-1. Applicable à toutes les restitutions entre époux (qu'elles soient consécutives à l'annulation ou à la révocation de la donation et quelle que soit la forme de cette dernière - v. s[s] n°s 355.70 s.)[3], le texte protège les intérêts des tiers. Il énonce, en effet, que, dans le cas d'acquisition d'un bien par un époux « *avec des deniers qui lui ont été donnés par l'autre à cette fin, la donation n'est que des deniers et non du bien auquel ils ont été employés* ». L'article 1099-1 ne néglige pas pour autant l'intérêt du donateur et de ses héritiers. Mettant en œuvre le mécanisme protecteur de la dette de valeur, le second alinéa du texte dispose que « *les droits du donateur ou de ses héritiers* [...] *ont pour objet* [...] *une somme d'argent suivant la valeur actuelle du bien* » (v. s[s] n° 355.71).

353.88 Maintien de l'objet de la donation de deniers. Conséquence directe : maintien des droits sur le bien acquis. Le principal objectif de la loi de 1967 a été de rompre le lien d'indivisibilité, établi par la jurisprudence entre la tradition des deniers et l'achat, qui entraînait la restitution paradoxale du bien acquis dans un patrimoine où il n'avait pourtant jamais figuré. En cantonnant les droits du donateur et de ses héritiers sur les deniers donnés, le législateur a délibérément écarté l'anéantissement rétroactif des droits que le donataire a acquis sur le bien et qu'il a pu éventuellement transmettre à des tiers (v. s[s] n° 355.71).

353.89 Conséquence indirecte : recul de la qualification de donation déguisée. L'article 1099-1 du Code civil évite prudemment d'aborder la délicate question de la qualification. Pourtant, en précisant que la donation n'a pour objet que les deniers et en scindant les deux actes que la jurisprudence avait artificiellement reliés, il a sapé le principal fondement de la qualification de donation déguisée. Comment, en effet, pourrait-il y avoir simulation si la donation n'est qu'un **don manuel de deniers**, lequel a toujours été **valable, même entre époux** ? Après quelques hésitations, la jurisprudence a pris en compte cette conséquence indirecte du nouveau texte, en limitant la qualification de donation déguisée au seul cas de **présence, dans l'acte, d'une affirmation mensongère quant à l'origine des fonds**[4].

2°
Privation d'intérêt de la preuve du caractère rémunératoire de la donation déguisée

353.91 Notion de libéralité rémunératoire. L'abrogation de la règle de la nullité des donations déguisées entre époux ôtera, à l'avenir, une grande partie de son utilité à l'argument tiré du caractère

1. P. Voirin, notes au *JCP* 1941. II. 1727; *JCP* 1944. II. 2571 *JCP* 1947. II. 3719; *JCP* 1963. II. 12973.
2. J. Boulanger, « Usage et abus de la notion d'indivisibilité », *RTD civ.* 1950. 1 – Savatier, obs. préc. s[s] Civ. 27 déc. 1949, *RTD civ.* 1950. 529 – M. Dagot, *La simulation en droit privé*, LGDJ, 1967, préf. P. Hébraud, n° 47; « Réflexions sur l'article 1099-1 du Code civil », *JCP* 1971. I. 2397.
3. Civ. 1re, 2 mars 1976, n° 74-11.916, *Bull. civ.* I, n° 88; *JCP* 1977. II. 18699, note M. Dagot; *Defrénois* 1976, art. 31128, p. 847, note G. Morin – Civ. 1re, 23 janv. 1980, n° 78-15.040, *Bull. civ.* I, n° 35; *Gaz. Pal.* 1980, 2, 706 (2e esp.), note Plancqueel; *Defrénois* 1980, art. 32448, p. 1298, obs. G. Champenois; *RTD civ.* 1981. 430, obs. J. Patarin – Civ. 1re, 11 juin 1980, n° 79-11.625, *Bull. civ.* I, n° 182; *D.* 1981. IR 89, obs. D. Martin – Civ. 1re, 21 juill. 1987, n° 86-10.054, *Bull. civ.* I, n° 243 – Civ. 1re, 9 févr. 1994, n° 92-11.111, *Bull. civ.* I, n° 60; *D.* 1994. 417, rapp. J. Thierry; *D.* 1995. Somm. 51, obs. M. Grimaldi; *RTD civ.* 1995. 151, obs. F. Zenati; *RTD civ.* 1995. 159, obs. J. Patarin; *RTD civ.* 1995. 165, obs. J. Patarin; et *RTD civ.* 1995. 338, obs. J. Hauser.
4. Civ. 1re, 26 avr. 1984, n° 82-16.933, *Bull. civ.* I, n° 139; *Defrénois* 1985, p. 464, obs. G. Champenois; *JCP N* 1985. II. 26, note Rémy; *RTD civ.* 1985. 199, obs. J. Patarin – Civ. 1re, 6 janv. 1987, n° 85-15.202, *Bull. civ.* I, n° 4 – Civ. 1re, 14 juin 1989, n° 85-17.858, *Bull. civ.* I, n° 236 – Civ. 1re, 5 avr. 2005, n° 02-21.011, *Bull. civ.* I, n° 167; *D.* 2005. IR 1176; *RTD civ.* 2005, 598, obs. J. Mestre et B. Fages – Civ. 1re, 28 févr. 2006, n° 03-19.206, *Bull. civ.* I, n° 127; *JCP* 2006. I. 193, n° 5, obs. G. Wiederkehr; *JCP* 2008. I. 108, n° 3, obs. R. Le Guidec.

rémunératoire de la libéralité. On se souvient que, traditionnellement, les donations rémunératoires sont exclues de la catégorie des libéralités, comme étant l'exécution d'une obligation naturelle exclusive de l'intention libérale, dès lorsqu'elles sont consenties en contrepartie d'un service antérieurement rendu, appréciable en argent, qu'il est d'usage de rémunérer et qu'il existe une équivalence entre le service rendu et la rémunération versée par le disposant. La qualification onéreuse de ces prétendues donations permet de les soustraire au régime des libéralités et, notamment, aux anciennes règles de la nullité des donations déguisées entre époux et de la révocabilité discrétionnaire des donations conjugales qui demeurent applicables aux donations effectuées avant le 1er janvier 2005 (C. civ., art. 1099, al. 2 et 1096, réd. 1804 - v. ss nos 353.73 à 353.76 et ss nos 354.11 à 354.72).

353.92 Collaboration professionnelle non rémunérée et activité au foyer. Entre époux - et spécialement entre ceux mariés sous le régime de la séparation de biens -, la qualification de donation rémunératoire est retenue dans deux séries d'hypothèses : la participation non rétribuée d'un époux à la profession de son conjoint, d'une part, et l'activité de la femme au foyer, d'autre part, dès lors qu'elles excèdent le devoir d'assistance entre époux ainsi que la contribution aux charges du mariage (C. civ., art. 212 et 214). Lorsque la cause de l'opération puise sa source dans l'un de ces événements, la Cour de cassation décide, de manière constante, que l'acte juridique ne correspond pas à une donation, à défaut d'intention libérale.

353.93 Charge de la preuve de l'intention libérale. C'est à l'époux disposant - généralement, le mari - invoquant la nullité résultant du déguisement ou souhaitant révoquer la donation qu'il incombe de démontrer qu'il a agi *animo donandi*. Cette démonstration est souvent fort délicate car les juges font l'objet d'une grande souplesse en **présumant l'absence d'intention libérale**, dès lors que la cause de la remise est équivoque[1] (pour un ex. de renversement de la présomption[2]).

Constituant une véritable soupape de sécurité pour les libéralités antérieures au 1er janvier 2005, la jurisprudence relative aux donations rémunératoires entre époux séparés de biens est destinée à se raréfier à l'avenir. Il serait pour autant inexact d'en conclure à sa disparition. En effet, elle demeure un argument utile pour esquiver la réduction de la donation en cas de dépassement de la quotité disponible spéciale entre époux et échapper à la libre révocabilité des donations conjugales de biens présents à effet différé.

SECTION 2
CAPACITÉ

353.100 Distinction des règles de capacité gouvernant les donations du tutélaire, du curatélaire et l'assurance-vie. Il convient de distinguer les règles de capacité gouvernant les donations du majeur sous tutelle (§ 1), celles du majeur sous curatelle (§ 2) et les dispositions spécifiques à l'assurance-vie (§ 3).

§ 1
Règles de capacité gouvernant les donations du majeur sous tutelle

353.101 Donations du tutélaire. De la loi no 68-5 du 3 janvier 1968 à la loi no 2006-728 du 23 juin 2006. La loi du 3 janvier 1968[3] avait reconnu à l'époux placé sous tutelle, la faculté de consentir des donations entre vifs à son conjoint, par l'intermédiaire du tuteur muni de l'autorisation du conseil de famille ou du juge des tutelles. En effet, l'ancien article 505 prévoyait, dans sa version issue de cette loi, qu'« *avec l'autorisation du juge des tutelles, des donations peuvent être faites au nom du majeur en tutelle, mais seulement au profit de ses descendants et en avancement d'hoirie, ou en faveur de son conjoint* ». Les réformes successives ayant modifié, d'abord le droit patrimonial de la famille, puis celui des majeurs protégés, ont étendu le cercle des personnes éligibles à une donation entre vifs du majeur sous tutelle. L'époux de ce dernier y demeure en bonne posture, puisque la loi du 23 juin 2006 (v. C. civ., anc. art. 505) et, aujourd'hui, celle du 5 mars 2007[4] (v. C. civ., art. 476), continuent d'inclure le conjoint parmi les personnes susceptibles d'être gratifiées par le tutélaire.

353.102 De la loi no 2006-728 du 23 juin 2006 à la loi no 2007-308 du 5 mars 2007. La nouvelle version du texte est appelée à régir les donations de biens présents entre époux effectuées

1. Civ. 1re, 10 juill. 1979, *Defrénois* 1980, p. 46, note Ponsard – Civ. 1re, 24 oct. 1978, no 76-12.557, *Bull. civ.* I, no 316; *JCP* 1979. II. 19220, note J. Patarin; *Defrénois* 1979, art. 32038, obs. G. Champenois; *D.* 1979. IR 75, obs. D. Martin – Civ. 1re, 20 mai 1981, nos 80-11.544 et 79-17.171, *Bull. civ.* I, nos 175 et 176; *RTD civ.* 1982. 784, obs. J. Patarin.
2. Amiens, 13 mars 1998, *Gaz. Pal.* 23-17 avr. 2000, p. 54, note Rodolphe.
3. L. no 68-5, 3 janv. 1968, portant réforme du droit des incapables majeurs, *JO* 4 janv., p. 114.
4. L. no 2007-308, 5 mars 2007, portant réforme de la protection juridique des majeurs, *JO* 7 mars, p. 4325.

entre le 1er janvier 2007, date de l'entrée en vigueur de la loi du 23 juin 2006, et le 1er janvier 2009, marquant la mise en application de la loi n° 2007-308 du 5 mars 2007 portant réforme de la protection juridique des majeurs [1]. Libérant les donations du tutélaire de toute entrave liée à la personne de leur bénéficiaire, cette réforme profite *a fortiori* au conjoint du disposant (C. civ., art. 476, al. 1er, réd. L. 5 mars 2007). Elle lui fait certes encourir, dans le même temps, le risque d'exhérédation au profit de tiers, dès lors qu'il n'est pas réservataire (c'est-à-dire en présence de descendants). Mais ce danger ne doit pas être surestimé. En effet, les progrès de la capacité de donner du majeur sous tutelle ne traduisent pas une innovation fondamentale. Il s'agit, tout au plus, d'une « *mise en ordre des textes sur le plan technique* » puisque l'ancien article 501 du Code civil autorisait déjà, dans sa rédaction issue de la loi du 3 janvier 1968, le tutélaire à élargir le cercle des donataires potentiels avec l'autorisation du juge des tutelles [2]. La loi du 5 mars 2007 innove toutefois en ce qu'elle permet au juge de moduler le rôle du tuteur en fonction de la capacité de discernement du donateur placé sous tutelle. Le juge peut ainsi prescrire, suivant les cas, l'assistance ou la représentation, cependant que l'ancien article 501 lui permettait seulement d'autoriser le tutélaire à agir seul ou avec assistance (C. civ., art. 476, al. 1er, réd. L. 5 mars 2007).

353.103 Indifférence du formalisme. L'obligation de solliciter l'autorisation du conseil de famille ou du juge des tutelles, pour effectuer une donation par voie d'assistance ou de représentation du tutélaire, s'impose quelle que soit la forme de la donation. Les donations avec charges et les donations rémunératoires y sont soumises, sous réserve qu'il n'y ait pas d'équivalence entre le montant de l'émolument et celui de la charge ou du service rendu. En revanche, les dons modiques et les présents d'usage y échappent en raison de leur innocuité patrimoniale (C. civ., art. 473, al. 1er).

353.104 Sanction des règles de capacité. La sanction du dépassement de pouvoir du tuteur correspond, dans le cas où il aurait agi sans l'autorisation du juge des tutelles ou du conseil de famille ou par voie de représentation du majeur alors que le juge avait prescrit l'assistance de ce dernier, à la **nullité de droit**, sans qu'il soit nécessaire de démontrer un préjudice subi par la personne protégée. Il en est de même lorsque la donation est accomplie par le majeur protégé sans la représentation du tuteur (C. civ., art. 465, al. 1er, 3° et 4°, réd. L. 5 mars 2007 [3]). L'acte entaché de nullité pour excès de pouvoirs du protecteur est susceptible de **confirmation**, avec l'autorisation du juge des tutelles ou du conseil de famille. La confirmation de l'acte peut intervenir dans le **délai de cinq ans** prévu à l'article 1304 et tant que la mesure de protection est ouverte. Lorsque la personne protégée aurait dû être assistée pour la donation, l'inobservation de cette règle de capacité est sanctionnée par une **nullité facultative**, dont le prononcé est tout à la fois laissé à l'appréciation du juge et subordonné à la démonstration d'un préjudice subi par la personne protégée (C. civ., art. 465, al. 1er, 2°). Enfin, la **nullité pour trouble mental** demeure applicable, pourvu que les conditions en soient réunies (C. civ., art. 901), toutes les fois que l'époux protégé a consenti à la donation seul ou avec l'assistance du tuteur, et cela quand bien même la donation aurait été autorisée par le juge des tutelles ou le conseil de famille. C'est, en effet, une chose que de respecter les règles de capacité et une autre que d'émettre un consentement lucide. Or, l'assistance et l'autorisation ne pallient pas l'absence de discernement de la personne protégée au moment de l'acte. L'action en nullité pour insanité d'esprit est ouverte aux héritiers dans le **délai de cinq ans** à compter du décès de leur auteur [4].

§ 2
Règles de capacité gouvernant les donations du majeur sous curatelle

353.111 Donations du curatélaire. Loi n° 2006-728 du 23 juin 2006. Dans le domaine de la curatelle, et spécialement des donations du curatélaire, la loi du 5 mars 2007 reste globalement fidèle aux dispositions de la loi du 3 janvier 1968. Le législateur autorise le disposant sous curatelle à consentir des donations avec l'assistance du curateur (C. civ., anc. art. 513, réd. L. 3 janv. 1968 – C. civ., art. 470, L. 5 mars 2007). La réforme de 2007 précise expressément que ce dernier « *est en opposition d'intérêt avec la personne protégée lorsqu'il est bénéficiaire de la donation* ». La disposition a bien sûr vocation à s'appliquer au conjoint nommé curateur de son époux [5], ce qui impose, à défaut de subrogé curateur, la désignation d'un curateur *ad hoc* (C. civ., art. 455, réd. L. 5 mars 2007).

1. L. n° 2007-308, 5 mars 2007, portant réforme de la protection juridique des majeurs, *JO* 7 mars, p. 4325.
2. Th. Fossier, intervention au *102e Congrès des notaires, Les personnes vulnérables*, Strasbourg, 21-24 mai 2006. Travaux des commissions. Compte rendu, p. 93 – COMP. C. civ., art. 473, al. 2, réd. L. n° 2007-308, 5 mars 2007.
3. *Adde*, C. civ., art. 502, réd. L. 3 janv. 1968.
4. Civ. 1re, 29 janv. 2014, n° 12-35.341, *Bull. civ.* I, [à paraître]; *Dr. fam.* 2014, n° 48, note I. Maria.
5. DÉJÀ EN CE SENS, Papeete, 5 juill. 2001, *Juris-Data* n° 175224.

353.112 Autorisation du juge des tutelles. La personne en curatelle conserve, par ailleurs, la faculté de s'adresser au juge afin qu'il l'autorise à accomplir seule l'acte pour lequel le curateur refuse son assistance (C. civ., art. 469, al. 3, réd. L. 5 mars 2007) et le juge celle d'énumérer, lors de l'ouverture de la curatelle ou postérieurement, certains actes que le curatélaire a la capacité de faire seul (C. civ., art. 471, réd. L. 5 mars 2007[1]). Pareille autorisation sera sans doute délicate à obtenir, pour l'accomplissement d'une donation, en raison de la privation qu'elle inflige au disposant. Tout dépendra des clauses de la disposition gratuite et, spécialement, de la stipulation d'une réserve d'usufruit en faveur du donateur ou d'une charge au profit de ce dernier.

353.113 Sanctions des règles de capacité. Ces règles de capacité sont sanctionnées par une nullité de protection qui, à l'instar de celle frappant les libéralités effectuées au cours de la période suspecte (C. civ., anc. art. 503, réd. L. 3 janv. 1968 - C. civ., art. 464, réd. L. 5 mars 2007), est tout à la fois facultative et subordonnée à la justification d'un préjudice subi par la personne protégée (C. civ., art. 465, al. 1er, 2°). Si cette dernière exigence, affirmée par la loi du 5 mars 2007, ne devrait pas soulever de réelles difficultés pour les donations, le recours à la nullité de droit de l'article 901 permettra, de toute façon, d'en faire l'économie. L'existence d'une curatelle sera susceptible de faciliter, à cet égard, la démonstration de l'état habituel de démence du donateur à l'époque de la libéralité. Il reste que l'irrégularité de la donation pour défaut d'assistance du curateur ne se conçoit guère, en pratique, que pour les seules donations atypiques faites à l'écart du notaire, de telle sorte qu'il faut d'abord surmonter les difficultés de preuve de la libéralité avant d'en réclamer l'annulation. Précisons, enfin, que cette dernière peut être demandée dans le **délai de cinq ans** prévu par l'article 1304 et que le curateur ne pourra engager seul l'action en nullité qu'après y avoir été autorisé par le juge des tutelles (C. civ., art. 465, al. 1er, 2°, al. 2 et al. 3, réd. L. 5 mars 2007)[2]. L'assistance de l'époux sous curatelle ne fait pas obstacle à une éventuelle annulation de la donation pour insanité d'esprit, sur le fondement de l'article 901 du Code civil (v. ss n° 353.104).

§ 3
Dispositions spécifiques à l'assurance-vie

353.121 Proximité des donations entre époux et de l'assurance-vie. Il est pour ainsi dire impossible d'aborder la question des donations entre époux sans évoquer celle de l'**assurance-vie**, tant il est vrai que la seconde fait concurrence aux premières. Rappelons, par ailleurs, que l'assurance-vie se fond dans la catégorie des donations entre vifs, et plus précisément dans celle des donations indirectes, toutes les fois que l'absence d'aléa - et par suite l'existence de l'intention libérale - est caractérisée par les juges du fond[3]. Il en est ainsi, d'après un arrêt de la chambre mixte de la Cour de cassation du 21 décembre 2007[4], lorsque les circonstances dans lesquelles le bénéficiaire de l'assurance-vie a été désigné révèlent la volonté du souscripteur de se dépouiller de manière irrévocable. Cette solution devrait mettre un terme à la position de certaines juridictions du fond qui admettaient jusqu'à présent difficilement la preuve de l'intention libérale du souscripteur[5].

353.122 Acceptation de l'assurance-vie souscrite antérieurement à l'ouverture d'une mesure

1. COMP. C. civ., art. 511, réd. L. 3 janv. 1968.
2. COMP. C. civ., art. 510-1, réd. L. 3 janv. 1968.
3. Civ. 1re, 4 juill. 2007, n° 05-10.254, *Bull. civ.* I, n° 258; *AJ fam.* 2007. IR 361; *Dr. fam.* 2007, n° 176, note Nicolas; *RJPF* 2007-10/28, note J. Casey (1re esp.) – *Adde*, Cass., ch. mixte, 23 nov. 2004, n° 02-17.507, n° 02-11.352, n° 03-13.673, n° 01-13.592, 4 esp., *Bull. ch. mixte*, n° 4; *D.* 2004. 916, note H. Groutel; *D.* 2005. 1905, note B. Beignier; *AJDA* 2004. 2302, obs. de Montecler et Seydoux; *AJ fam.* 2005. 70, obs. F. Bicheron; *RDI* 2005. 11, obs. L. Grynbaum; *JCP E* 2005, 82, note Mélin; *Defrénois* 2005. 607, obs. J.-L. Aubert; *RTD civ.* 2005. 434, n° 1, obs. M. Grimaldi – Sur ces arrêts, v. J. Ghestin, « La Cour de cassation s'est prononcée contre la requalification des contrats d'assurance-vie en contrats de capitalisation », *JCP* 2005. I. 111 – H. Lécuyer, « Promesses jurisprudentielles d'une longue vie à l'assurance-vie », *Dr. fam.* 2005, Chron. n° 6 – Ph. Grosjean, « Les nouvelles frontières de l'assurance-vie. (à propos de Cass., ch. mixte, 23 nov. 2004) », *JCP N* 2005. 1003 – F. Leduc et P. Pierre, « Assurance-placement : une qualification déplacée », *RCA* 2005. Étude 3.
4. Cass., ch. mixte, 21 déc. 2007, n° 06-12.769, *Bull. ch. mixte*, n° 13; *D.* 2008. 218, obs. G. Bruguière-Fontenille; *D.* 2008. 1314, note F. Douet; *D.* 2009. Pan. 253, obs. H. Groutel; *AJ fam.* 2008. 79, obs. F. Bicheron; *JCP* 2008. II. 10029, note L. Mayaux; I, 134, n° 12, obs. L. Mayaux; *JCP* 2009. I. 109, n° 10, obs. R. Le Guidec; *JCP E* 2008, 1265, note S. Hovasse; *JCP N* 2008. 1174, note Riche; *Dr. fam.* 2008, n° 30, note B. Beignier; chron. 11, obs. Nicolas; *RTD civ.* 2008. 137, obs. M. Grimaldi – Civ. 1re, 10 mai 2007, n° 05-21.011, *Bull. civ.* I, n° 173; *D.* 2007. AJ 1510, obs. C. Delaporte-Carré; *D.* 2007. Pan. 2126, obs. V. Brémond, M. Nicod et J. Revel; *JCP N* 2007. 1215, note J.-P. Garçon; *AJ fam.* 2007. 316, obs. F. Bicheron; *RLDC* 2007/41, n° 2672, note B. Xemard – COMP. Civ. 1re, 17 mars 2010, n° 08-15.658, *Bull. civ.* I, n° 66; *D.* 2010. AJ 893; *Dr. fam.* 2010, n° 88, note I. Maria; *Defrénois* 2010, art. 39135, p. 1440, note D. Noguéro; *RJPF* 2010-6/30, note F. Sauvage; *JCP N* 2010. 1244, note S. Hovasse.
5. Pour un exemple d'aléa retenu en dépit de la maladie du souscripteur décédé un mois après la souscription du contrat : Limoges, ch. civ., sect. 1, 26 mai 2005, *Juris-Data* n° 28-5319.

de protection. Signalons que la loi du 5 mars 2007 portant réforme de la protection juridique des majeurs a introduit dans le Code des assurances une disposition visant à prémunir le disposant contre l'acceptation d'une assurance-vie souscrite, au profit d'un tiers, avant l'ouverture d'une tutelle ou d'une curatelle au bénéfice du souscripteur. Construit sur le modèle de l'article 464 du Code civil définissant la période suspecte (réd. L. n° 2007-1775, 17 déc. 2007[1]), le nouvel article L. 132-4-1 alinéa 3 du Code des assurances dispose que : « *l'acceptation du bénéfice d'un contrat d'assurance sur la vie conclu moins de deux ans avant la publicité du jugement d'ouverture de la curatelle ou de la tutelle du stipulant peut être annulée sur la seule preuve que l'incapacité était notoire ou connue du contractant à l'époque où les actes ont été passés* ». Contrairement à l'article 464 du Code civil, la nullité de l'acceptation de l'assurance-vie ne requiert pas nécessairement un préjudice de la personne protégée, ce qui permet d'esquiver les difficultés liées à sa justification. Il n'en demeure pas moins qu'une protection efficace de la personne vulnérable contre une acceptation hâtive et, plus encore, contre un accord à cette acceptation (C. assur., art. L. 132-9), implique de dépasser la rédaction maladroite du texte et de cerner précisément les actes inclus dans la **période suspecte**[2]. Celle-ci s'applique-t-elle seulement à la conclusion de l'assurance-vie, c'est-à-dire à l'accord du souscripteur et de l'assureur, ou implique-t-elle aussi que l'acceptation du bénéficiaire soit intervenue au cours de cette période ? Si l'on s'en tient à la lettre du texte, il importe peu *a priori* que l'acceptation soit intervenue avant ou après le prononcé de la mesure de protection pourvu que l'assurance-vie ait été souscrite dans les deux ans qui ont précédé la publicité du jugement d'ouverture. Pour autant, la période suspecte ne présente véritablement un intérêt que si l'acceptation est émise avant la mise en place de la mesure. Mais il faut, alors, pour que la protection joue, que l'altération des facultés personnelles du souscripteur ait été « *notoire* » ou connue du « *cocontractant* », à l'époque « *où les actes ont été passés* ». Ce qui implique que le bénéficiaire et/ou l'assureur connaissaient, ou à tout le moins ne pouvaient ignorer, l'état de vulnérabilité du souscripteur à l'époque de son consentement à l'acceptation.

353.123 Souscription, rachat, désignation et substitution de bénéficiaire d'assurance-vie postérieurs à l'ouverture d'une mesure de protection.

L'article L. 132-4-1 alinéa 1er du Code des assurances permet, dans sa rédaction issue de la loi n° 2007-1775 du 17 décembre 2007, la souscription ou le rachat du contrat d'assurance sur la vie, ainsi que la désignation ou la substitution du bénéficiaire, après l'ouverture d'une tutelle, dès lors que ces actes ont été autorisés par le conseil de famille ou le juge des tutelles[3]. Sous la curatelle, ils requièrent, sous la menace d'une nullité il est vrai seulement facultative, l'assistance de la personne protégée par le curateur ou un curateur *ad hoc*[4]. Dérogeant à l'interdiction de souscrire une assurance en cas de décès sur la tête d'un majeur en tutelle (C. assur., art. L. 132-3), la disposition nouvelle répond aux propositions du 102e Congrès des notaires[5] et forme un corps de textes cohérent avec les règles gouvernant les donations dont, ainsi qu'il a été souligné, l'assurance-vie n'est pas si éloignée. L'article L. 132-9, I, alinéa 2 apporte, par ailleurs, un heureux tempérament au caractère strictement personnel du droit de révocation. Celui-ci conduisait, sous l'empire des dispositions antérieures à la loi du 5 mars 2007, à rendre irrévocable la désignation du bénéficiaire effectuée par le souscripteur antérieurement à l'ouverture de la mesure de protection, et cela, alors même que l'assurance-vie n'avait pas encore été acceptée. Cette désignation peut être désormais révoquée, sous la tutelle, avec l'autorisation du juge ou du conseil de famille et, sous la curatelle, avec l'assistance du curateur[6]. Il conviendra de préciser, à l'avenir, si les dispositions du Code des assurances, prescrivant la représentation ou l'assistance du majeur protégé, demeurent applicables lorsque la désignation ou la substitution de bénéficiaire a lieu par voie testamentaire. Le caractère éminemment personnel du testament devrait conduire, à notre sens, à les écarter.

1. COMP. C. civ., art. 503, L. 3 janv. 1968.
2. Sur C. assur., art. L. 132-4-1, al. 3, V. NOT. Ph. Delmas Saint-Hilaire, « Le contrat d'assurance-vie nouveau est arrivé ! », *RJPF* 2008-3/8.
3. *Adde*, C. mut., art. L. 223-5-1.
4. Civ. 1re, 17 mars 2010, n° 08-15.658, préc. ss n° 353.121 – C. civ., art. 465, al. 1er, 2° – V. AUSSI, Décr. n° 2008-1484, 22 déc. 2008, ann. 1, col. 2, IX.
5. *Les personnes vulnérables*, Strasbourg, 21-24 mai 2006. Travaux des commissions. Compte rendu, p. 144 s.
6. V. AUSSI, Décr. n° 2008-1484, 22 déc. 2008, ann. 1, col. 2, IX, préc. – COMP. Civ. 2e, 15 mars 2007, n° 05-21.830, *Bull. civ.* II, n° 68; *D.* 2007. 1932, note D. Noguéro; *JCP N* 2007. 1191, note S. Hovasse; *Dr. fam.* 2007, n° 134, note Nicolas; *Dr. et patr.* janv. 2008. 118, obs. H. Fulchiron; *RCA* 2007, n° 228, note M. Bary; *RTD civ.* 2007. 309, obs. J. Hauser; qui, rendu sur le fondement de l'article 500 alinéa 2 du Code civil, permet au gérant de la tutelle, muni de l'autorisation du juge des tutelles, de procéder à la modification de la désignation du bénéficiaire de l'assurance-vie, dès lors que le souscripteur est dans l'impossibilité absolue d'agir.

CHAPITRE

354. Donations de biens présents entre époux hors contrat de mariage : révocabilité et irrévocabilité

NATHALIE PETERKA
PROFESSEUR À L'UNIVERSITÉ PARIS-EST
CRÉTEIL VAL-DE-MARNE (UPEC)

SECTION 0
ORIENTEUR

354.00 **Plan du chapitre.**

354.01 **Textes applicables.**

C. civ., art. 1096 [réd. 1804]

C. civ., art. 1096, al. 2 [réd. L. n° 2004-439, 26 mai 2004]

C. civ., art. 1096, al. 2 [réd. L. n° 2006-728, 23 juin 2006, art. 9 et 25]

[...] La donation de biens présents qui prend effet au cours du mariage faite entre époux n'est révocable que dans les conditions prévues par les articles 953 à 958.

Les donations faites entre époux de biens présents ou de biens à venir ne sont pas révoquées par la survenance d'enfants.

L. n° 2006-728, 23 juin 2006, portant réforme des successions et des libéralités, *JO* 24 juin, p. 9513 (*entrée en vigueur le 1er janv. 2007*)

L. n° 2004-439, 26 mai 2004, relative au divorce, *JO* 27 mai, p. 9319 (*entrée en vigueur le 1er janv. 2005*)

354.02 **Jurisprudence de référence.**

> Les dons manuels, qui s'analysent comme des donations de biens présents, ayant nécessairement été pris en compte dans la convention définitive conclue par les époux et homologuée par le juge aux affaires familiales, participent du règlement global des effets du

divorce et ne peuvent plus faire l'objet d'une révocation ultérieure, sauf clause contraire de la convention
• Civ. 1re, 28 févr. 2006, n° 03-10.245, *Bull. civ.* I, n° 115
* V. ss nos 354.21, 354.42, 354.43 et 354.93

« Sur le moyen unique :

Attendu, selon l'arrêt attaqué (Grenoble, 14 octobre 2002), que le divorce des époux X... a été prononcé, le 9 mars 1999, sur leur demande conjointe; qu'aux termes de la convention définitive par laquelle ils ont réglé les effets de leur divorce, hormis l'institution contractuelle qu'ils s'étaient consentie pendant le mariage, expressément révoquée, il n'a pas été fait mention des donations qu'ils avaient pu se consentir;

Attendu que M. Y... fait grief à l'arrêt de l'avoir débouté de sa demande en révocation des dons manuels qu'il avait consentis à son épouse, pendant le mariage, alors, selon le moyen :

1/ que le droit de révocation de l'article 1096 du Code civil est un droit absolu et d'ordre public qui peut s'exercer d'une manière discrétionnaire jusqu'au décès du donateur, même après la rupture du lien conjugal; que des dispositions combinées des articles 268 et 1096 du Code civil, il s'évince que les donations maintenues faute de décision dans la convention de divorce conservent le caractère révocable ou irrévocable qui était le leur avant le divorce; qu'en l'espèce, il résulte des propres constatations de la cour qu'il n'est fait aucune allusion dans la convention définitive de divorce aux autres donations et plus particulièrement aux dons manuels de sommes d'argent effectués par M. Y...; qu'il en résulte que les donations litigieuses conservaient leur caractère révocable, faute de stipulation contraire dans la convention homologuée; qu'en décidant le contraire, la cour d'appel a violé les articles 268 et 1096 du Code civil;

2/ que la renonciation à un droit ne se présume pas et ne peut résulter que d'une manifestation non équivoque de la volonté de renoncer; qu'en se fondant sur le seul silence de la convention définitive qui ne visait que la révocation de la donation du 7 juillet 1993, pour en déduire que les époux avaient entendu faire participer les autres donations au règlement des effets du divorce alors que le silence de la convention ne suffisait pas à caractériser la volonté non équivoque de M. Y... à révoquer les autres donations qu'il avait consenties durant le mariage à Mme Z... pour un montant non négligeable de 126 380,24 euros, la cour d'appel a violé les articles 1134, ensemble 268 et 1096 du Code civil;

3/ qu'en se bornant à affirmer péremptoirement qu'admettre la révocation des donations maintenues reviendrait à compromettre l'équilibre de la convention sans procéder à aucune analyse de la convention définitive et de l'équilibre voulu par les parties, la cour d'appel a privé sa décision de motifs en violation de l'article 455 du Nouveau Code de procédure civile;

4/ qu'en statuant comme elle l'a fait sans répondre aux conclusions péremptoires de M. Y... faisant valoir qu'il avait consenti à payer une prestation compensatoire à Mme Z... sous forme d'une rente mensuelle de 2 000 francs par mois, et que cette dernière, qui ne l'avait jamais aidé dans l'exercice de sa profession d'instituteur, avait bénéficié de nombreux cadeaux et était partie avec différents biens qu'il avait achetés, à savoir deux véhicules automobiles de prix, des postes de télévision et l'ensemble du mobilier garnissant le domicile conjugal, ce dont il résultait que l'intention de M. Y... n'était en aucune façon de maintenir les donations de sommes d'argent qu'il avait consenties à son épouse durant leur mariage mais au contraire de les révoquer et que l'équilibre de la convention définitive n'en était pas moins respecté, la cour d'appel a violé l'article 455 du Nouveau Code de procédure civile;

Mais attendu que les dons manuels, qui s'analysent comme des donations de biens présents, ayant nécessairement été pris en compte dans la convention définitive conclue par les époux et homologuée par le juge aux affaires familiales, participent du règlement global des effets du divorce et ne peuvent plus faire l'objet d'une révocation ultérieure, sauf clause contraire de la convention, d'où il suit que le moyen n'est fondé en aucune de ses branches;

Par ces motifs :

Rejette le pourvoi [...]. »

> Les dispositions impératives de l'article 265 alinéa 1er du Code civil font obstacle à l'insertion, dans une donation de biens présents prenant effet au cours du mariage, d'une clause résolutoire liée au prononcé du divorce ou à une demande en divorce
• Civ. 1re, 14 mars 2012, n° 11-13.791, *Bull. civ.* I, n° 56
* V. ss nos 354.83, 354.94 et 354.103

« Sur le moyen unique, pris en sa seconde branche :

Vu l'article 265 alinéa 1er du Code civil, ensemble l'article 1096 alinéa 2 du même code;

Attendu qu'il résulte de ces textes que le divorce est sans incidence sur une donation de biens présents faite entre époux et prenant effet au cours du mariage;

Attendu, selon l'arrêt attaqué, que, par acte notarié du 28 juillet 2006, M. X... a fait donation à son épouse commune en biens, Mme Y..., d'un droit viager d'usage et d'habitation portant sur un appartement, une cave et un parking lui appartenant en propre, l'acte comportant une clause, intitulée "condition de non divorce", aux termes de laquelle, "en cas de divorce ou de séparation de corps, ou, si une telle instance était en cours au jour du décès du donateur, la présente donation sera résolue de plein droit et anéantie"; que, le 22 juillet 2008, M. X... a assigné son épouse en divorce pour altération définitive du lien conjugal et en constatation de la résolution de plein droit de la donation;

Attendu que, pour décider que la clause de non-divorce stipulée à l'acte de donation est licite, que cette libéralité est privée d'effet en raison du prononcé du divorce et ordonner à Mme Y... de libérer les lieux occupés, l'arrêt énonce que si l'article 265 du Code civil, spécifique au divorce, prévoit, dans son premier alinéa, que le divorce est sans incidence sur les donations de biens présents quelle que soit leur forme, il n'interdit cependant pas aux époux de déroger par convention expresse à ce principe général, dont le caractère d'ordre public revendiqué par l'épouse ne ressort d'aucun élément, que s'il est exact que la condition de non-divorce est purement potestative en présence des dispositions des articles 237 et 238 de ce code instituant comme cause de divorce l'altération définitive du lien conjugal, cette nature ne condamne cependant pas la validité de cette clause qui échappe, selon l'article 947 du code précité, à la sanction de la nullité édictée par l'article 944 du même code, envers toutes les donations entre vifs sous des conditions dont l'exécution dépend de la seule volonté du donateur, qu'il résulte, enfin, des termes clairs et sans équivoque de la clause litigieuse que la donation est résolue en cas de divorce ou de séparation de corps, sans que son application soit réservée au seul jour du décès du donateur, que cette clause de non-divorce apparaît licite et que le prononcé du divorce des époux n'étant pas remis en cause devant la cour, la clause résolutoire de la donation est acquise;

Qu'en statuant ainsi, alors que les dispositions impératives du premier des textes susvisés font obstacle à l'insertion, dans une donation de biens présents prenant effet au cours du mariage, d'une clause résolutoire liée au prononcé du divorce ou à une demande en divorce, la cour d'appel a violé les textes susvisés;

Et attendu que la cassation entraîne l'annulation par voie de conséquence de la disposition de l'arrêt relative à la fixation du montant de la prestation compensatoire. »

> Perte de la faculté de révocation des donations entre époux après le prononcé du divorce en cas de renonciation tacite du donateur à user de cette faculté

• Civ. 1re, 26 oct. 2011, n° 10-25.078, *Bull. civ.* I, n° 179

* V. ss nos 354.21, 354.42, 354.93 et 354.103

« Attendu qu'un jugement du 31 décembre 2000 a prononcé le divorce de M. X... et de Mme Y..., fixé le montant de la prestation compensatoire due à l'épouse et constaté que le mari indiquait qu'il n'entendait pas révoquer les donations consenties à celle-ci pendant le mariage; qu'après avoir déclaré révoquer toutes ces donations par acte notarié du 4 octobre 2002, M. X... a assigné Mme Y... en paiement; que cette dernière étant décédée en cours d'instance, M. Z..., son légataire universel, a repris l'instance;

Attendu que M. X... fait grief à l'arrêt attaqué (Agen, 8 juin 2010) d'avoir rejeté sa demande tendant à la condamnation de M. Z... à lui payer la somme de 357 101,85 euros, avec les intérêts au taux légal à compter du 4 février 2008;

Attendu que la renonciation à un droit peut être tacite dès lors que les circonstances établissent, de façon non équivoque, la volonté de renoncer; qu'après avoir rappelé que le jugement de divorce, dont M. X... n'avait pas interjeté appel, constatait que ce dernier n'entendait pas révoquer les donations consenties à son épouse pendant le mariage, les juges du fond ont relevé que, pour l'appréciation de la prestation compensatoire, il avait fait plaider que si les donations étaient révocables, il n'était pas dans son intention d'user de la faculté de révocation de sorte qu'il convenait de prendre en considération le patrimoine de son épouse constitué grâce aux donations qu'il lui avait faites, et que le juge du divorce en avait tenu compte; que ces énonciations caractérisent une renonciation non équivoque de M. X... à user ultérieurement de la faculté de révocation des donations consenties à son épouse; que, par ce motif de pur droit, suggéré par la défense, substitué à ceux critiqués, la décision déférée se trouve légalement justifiée; que le moyen ne peut donc être accueilli;

Par ces motifs :

Rejette le pourvoi [...]. »

354.03 Bibliographie indicative.

Actualisables. Rép. civ., v° *Donation entre époux*, par V. Brémond, mars 2013, nos 229 à 242; 252 – *J.-Cl. Civ. Code*, art. 1091 à 1100, fasc. 20, nos 4 à 80, J.-F. Montredon.

Ouvrages[1]. C. Aubry et C. Rau, t. XI, par P. Esmein, *Traité de droit civil français*, 6e éd., Litec, 1956 – J. Flour et H. Souleau, *Droit civil. Les libéralités*, coll. « U », A. Colin, 1982, nos 444 à 460 – M. Grimaldi, *Droit civil. Libéralités. Partages d'ascendants*, LexisNexis/Litec, 2000, nos 1591 à 1611 – Chr. Jubault, *Droit civil. Les successions. Les libéralités*, coll. « Domat droit privé », 2e éd., Montchrestien, 2010, nos 828 à 845 – Ph. Malaurie, *Les successions. Les libéralités*, 5e éd., Defrénois/Lextenso, 2012, nos 706 à 717 – H. L. J. Mazeaud et F. Chabas, *Leçons de droit civil*, tome IV, vol. 2, *Successions-Libéralités*, par L. et S. Leveneur, 5e éd., Montchrestien, 1999, nos 1539 à 1551 – M. Planiol et G. Ripert, par A. Trasbot et Y. Loussouarn, *Traité pratique de droit civil français*, t. V, *Donations et testaments*, 2e éd., LGDJ, 1957, nos 753 à 766 – A. Sériaux, *Successions et libéralités*, Ellipses, 2013, nos 83 à 87 – F. Terré, Y. Lequette et S. Gaudemet, *Droit civil. Les successions. Les libéralités*, « Précis », 4e éd., Dalloz, 2014, nos 633 à 638.

Articles. B. Beignier et M. Nicod, « Donations entre époux : d'un droit à l'autre... », *Defrénois* 2005, art. 38104, p. 265 – B. Beignier, « Clause de révocation de la donation en cas de divorce, "marche arrière toute !" », *JCP N* 2012. Actu. 430 – J.-R. Binet, « Clause de non-divorce et libéralités conjugales : un heureux mariage », *D.* 2006. 1923 – L. Bloch, « Révocabilité et irrévocabilité des donations dans le couple ? », *LPA* 29 août 2005, p. 3 – C. Brenner, « Brèves observations sur la révocation des donations entre époux après la loi du 26 mai 2004 », *Defrénois* 2005, art. 38084, p. 93 – P. Buffeteau, « Réflexions sur les articles 1096 du Code civil et L. 132-9 du Code des assurances », *JCP N* 1998. 1578 – J. Casey, « Les incidences de la loi du 26 mai 2004 en droit patrimonial de la famille », *RJPF* 2004-10/11; « Libéralités entre époux et avantages matrimoniaux : nouvelles donnes ? », *Dr. fam.* 2006. Étude 49 – M. Dagot, « Réflexions sur l'article 1099-1 du Code civil », *JCP* 1971. I. 2397 – I. Dauriac, « Sort des libéralités et ruptures conjugales » : *AJ fam.* 2006. 235; « Libéralités conjugales et avantages matrimoniaux : l'épreuve de droit transitoire », *Mél. Ph. Jestaz*, Dalloz, 2006, p. 97 –

1. NB : les ouvrages les plus fréquemment cités et dont le nom des auteurs figure en petites capitales en bibliographie sont cités par les seuls noms des auteurs en petites capitales en notes de bas de page.

Ph. Delmas Saint Hilaire, « La réversion d'usufruit entre époux à l'épreuve de l'article 265 du Code civil », *RJPF* 2005-7-8/11; « La réversion d'usufruit entre époux à nouveau révocable *ad nutum* ! », *RJPF* 2007-5/12 – A. Depondt et H. Marck, « L'assurance-vie et la modification de l'article 1096 du Code civil », *Dr. et patr.* juill.-août 2006. 40 – O. Gazeau, H. Lemaire et F. Vancleemput, « L'annihilation des effets d'une donation entre époux de biens présents », *Defrénois* 2010. 1981 – M. Giray, « L'imbroglio des libéralités entre époux depuis la réforme du divorce », *Dr. et patr.* mars 2005. 30 – J. Hauser et Ph. Delmas Saint Hilaire, « Vive les libéralités entre époux », *Defrénois* 2003, art. 37645, p. 3; « Volonté et ordre public dans le nouveau droit du divorce : un divorce entré dans le champ contractuel ? », *Defrénois* 2005, art. 38115, p. 357 – S. Hovasse, « La clause bénéficiaire en assurance-vie à l'épreuve de la réforme du divorce et des libéralités », *JCP N* 2007. 1136; également publié *in JCP* 2007. I. 150 – S. Le Chuiton, « Les dispositions transitoires de la loi du 23 juin 2006 », *JCP N* 2007. 1041 – C. Lesbats, « La nullité de la clause de non-divorce dans les donations de biens présents », *JCP N* 2013. 1146 – J.-G. Mahinga, « Les libéralités entre époux après la loi n° 2004-439 du 26 mai 2004 réformant le divorce », *JCP* 2005. I. 104 – J. Massip, « L'incidence du divorce sur les donations entre époux », *JCP N* 2012. 1109 – M. Nicod, « Les dispositions transitoires et interprétatives de la loi du 23 juin 2006 », *D.* 2006. 2587 – N. Peterka, « Variations autour de la clause de non-divorce stipulée dans une donation entre époux », *Defrénois* 2006, art. 38396, p. 836; « Le nouveau visage des libéralités familiales au lendemain de la loi du 23 juin 2006 », *Gaz. Pal.* n° spécial « Droit privé du patrimoine », 8-9 nov. 2006, p. 4 s.; « Les incidences de la réforme des successions et des libéralités sur le droit des régimes matrimoniaux », *AJ fam.* 2006. 358; « Les libéralités du majeur protégé dans la loi du 5 mars 2007 », *Dr. fam.* 2007. Étude 20 – N. Petroni-Maudière, « Pour une nouvelle analyse de la clause de réversibilité d'usufruit au profit du conjoint », *Defrénois* 2006, art. 38362, p. 549 – S. Piedelièvre, « L'aménagement des libéralités entre époux par la loi du 26 mai 2004 », *D.* 2004. 2512 – J.-F. Pillebout, « Les opérations financières conjugales après la réforme du divorce – Nouvelles règles du jeu en matière de libéralités entre époux », *JCP* 2006. I. 126 – J.-L. Puygauthier, « Les libéralités et les avantages matrimoniaux après la réforme du divorce du 26 mai 2004 relative au divorce », *JCP N* 2004. 1538 et 1548; rect. 2005. 1089 – C. Rieubernet, « Le nouveau régime des donations entre époux au lendemain de la loi du 26 mai 2004 », *LPA* 21 juill. 2004 (n° 145), 10 – F. Sauvage, « Des conséquences du divorce sur les libéralités entre époux et les avantages matrimoniaux », *Defrénois* 2004, art. 38038, p. 1425; « Les clauses de non-divorce ont-elles encore un avenir ? », *RJPF* 2012-5/6 – M. Storck, *JCP* 2004. I. 176, n° 24 – J. Vassaux, « Les incidences de la réforme du divorce sur le rôle du notaire », *Dr. et patr.* févr. 2005. 26 – D. Vigneau, « Donations entre époux : quels droits ? », *D.* 2005. 980.

354.04 Questions essentielles.

> L'irrévocabilité des donations de biens présents entre époux à effet pendant le mariage peut-elle être contrecarrée par la stipulation d'une clause de non-divorce ?

* V. s[s] n°s 354.83 et 354.94

> Les donations de biens présents entre époux antérieures au 1er janvier 2005 sont-elles librement révocables ?

* V. s[s] n° 354.102

> Les donations de biens présents entre époux à effet après le mariage, consenties avant le 1er janvier 2007, sont-elles irrévocables ?

* V. s[s] n° 354.103

> Les donations entre époux demeurent-elles révocables après le prononcé du divorce ?

* V. s[s] n°s 354.12, 354.42, 354.83, 354.93 et 354.102.

354.09 Vue d'ensemble. Dans sa version de 1804, l'article 1096 alinéa 1er, du Code civil disposait que « *toutes donations faites entre époux pendant le mariage, quoique qualifiées entre vifs, seront toujours révocables* ». Il s'agissait d'une disposition *insolite*. En effet, elle ne signifiait pas seulement que les donations qu'elle régissait échappaient, comme les donations faites par contrat de mariage, à l'irrévocabilité spéciale des donations : elle les soustrayait aussi à l'irrévocabilité ordinaire des contrats pour les rendre révocables *ad nutum*. Consenties pendant le mariage, les donations étaient donc des contrats dépourvus de toute force obligatoire. Après avoir abrogé cette règle et rendu irrévocables l'ensemble des donations de biens présents entre époux par la loi du 26 mai 2004 (sect. 1), le législateur a restreint, à l'occasion de la loi du 23 juin 2006, l'irrévocabilité nouvelle de ces donations aux seules libéralités prenant effet au cours du mariage (sect. 2). L'application dans le temps de ces réformes successives est réglée par des dispositions de droit transitoire (sect. 3).

SECTION 1 RÉGIME ANTÉRIEUR À LA LOI DU 26 MAI 2004

§ 1 Libre révocabilité des donations entre époux

354.11 Droit transitoire. Survie de la règle ancienne. En 1804, le Code civil a repris de l'Ancien droit la règle de la libre révocabilité des donations entre époux. Inscrite à l'article 1096, celle-ci a franchi le cap du bicentenaire du Code civil, à la suite duquel la loi n° 2004-439 du 26 mai 2004[1], relative au divorce, en a modifié les dispositions afin de rendre irrévocables l'ensemble des donations conjugales de biens présents. Après l'entrée en vigueur de la loi du 26 mai 2004 – le 1er janvier 2005 –, la loi

1. L. n° 2004-439, 26 mai 2004, relative au divorce, *JO* 27 mai, p. 9319.

du 23 juin 2006[1] est venue ajuster les nouvelles dispositions de l'article 1096 alinéa 2, tout en énonçant des dispositions de droit transitoire (sur lesquelles, v. s[s] n°s 354.101 à 354.103), de telle sorte qu'aujourd'hui, la règle de la révocabilité discrétionnaire des donations entre époux faites hors contrat de mariage est **restreinte à la sphère** :

- des donations de biens à venir (C. civ., art. 1096, al. 1er),
- des donations de biens présents antérieures au 1er janvier 2005 (L. n° 2006-728, 23 juin 2006, art. 47-III),
- sauf clause contraire, des donations de biens présents consenties entre le 1er janvier 2005 et le 1er janvier 2007 - date de l'entrée en vigueur de la réforme du 23 juin 2006 - « *qui ne prennent pas effet au cours du mariage* » (L. n° 2006-728, 23 juin 2006, art. 46 - C. civ., art. 1096, al. 2, réd. L. 23 juin 2006),
- des donations de biens présents qui ne prennent pas effet au cours du mariage effectuées postérieurement au 1er janvier 2007 (C. civ., art. 1096, al. 2).

354.12 Fondements traditionnels. Curieusement, les explications doctrinales des fondements de la révocabilité *ad nutum* des donations entre époux sont toujours restées très sommaires. Il est vrai qu'il était admis, avant 2005, que la règle était principalement dictée par le souci de protéger l'époux donateur contre les abus, perfides ou autoritaires, de l'influence de son conjoint (v. s[s] n° 351.21). Cette explication, nourrie de défiance envers les époux et de pessimisme quant à la sincérité des sentiments conjugaux, était complétée par le dogme de la conservation des biens dans les familles, du moins dans l'hypothèse où le couple n'avait pas de descendance.

Ces fondements traditionnels - qui n'avaient déjà plus beaucoup de force lors de l'élaboration du Code civil - n'ont eu de cesse d'en perdre depuis. Dans le même temps, les conséquences paradoxales du maintien de la règle ont pris, au fur et à mesure de l'évolution des mœurs, une tournure de plus en plus perverse. Ainsi, l'ancien article 1096 alinéa 1er conduisait-il à fragiliser la situation du conjoint donataire, dont la donation était sujette à révocation discrétionnaire, par rapport à celle du concubin gratifié dont la libéralité bénéficiait au contraire de l'irrévocabilité renforcée des donations (C. civ., art. 894). D'un point de vue plus technique, la règle de la révocabilité *ad nutum* des donations conjugales se conciliait mal avec le déclin de la prohibition des contrats à titre onéreux entre époux.

1. L. n° 2006-728, 23 juin 2006, portant réforme des successions et des libéralités, *JO* 24 juin, p. 9513.

354.13 Fondement contemporain. Le fondement de l'ancienne révocabilité *ad nutum* des donations entre époux ne doit pas être recherché dans d'audacieuses réflexions théoriques. Une humble observation des faits suffit pour avancer une justification, au moins partielle, de la règle. Elle résulte du constat suivant. Si, sous l'influence de la pratique notariale, les donations entre époux ont supplanté les donations entre futurs époux par contrat de mariage, c'est sans doute en raison de l'ancienne révocabilité *ad nutum* des premières. Seule celle-ci permettait de parer efficacement aux conséquences de l'instabilité contemporaine du lien matrimonial, alors que le droit de la famille faisait dépendre, à la même époque, le sort des donations conjugales des torts imputables à chaque époux dans le cadre du divorce (v. C. civ., anc. art. 267 à 269, réd. L. n° 75-617, 11 juill. 1975). L'analyse trouve un puissant soutien dans la loi du 23 juin 2006 qui, ajustant les dispositions de la réforme de 2004, réinjecte une dose de révocabilité dans le domaine des donations de biens présents consenties entre époux pendant le mariage (v. s[s] n°s 354.80 à 354.103).

§ 2
Caractères de la libre révocabilité des donations entre époux

354.21 Caractère d'ordre public. Selon une jurisprudence ancienne[2], toute clause aux termes de laquelle l'époux donateur renonce, à l'avance, à sa faculté de révoquer la disposition qu'il consent à son conjoint est frappée de nullité absolue. Ce caractère d'ordre public serait cependant **temporaire.** Après la dissolution du mariage par le divorce, l'ex-époux donateur pourrait en effet renoncer valablement à révoquer la donation qu'il avait consentie pendant le mariage. Telle est du moins la solution admise par la doctrine à la suite d'un rapprochement avec un arrêt de la première chambre civile de la Cour de cassation du 1er décembre 1976 qui permet à l'ex-époux donateur de renoncer, après le divorce, à demander la nullité d'une donation déguisée[3].

Par ailleurs, la conclusion, dans le cadre d'une **procédure de divorce**, d'une **convention entre époux pour la liquidation et le partage de leur régime matrimonial** fait obstacle à la révocation

2. Civ., 22 juill. 1846, *DP* 1846. 1. 300.
3. Civ. 1re, 1er déc. 1976, n° 74-12.073, *Bull. civ.* I, n° 381 ; *R.* 1976-1977, 40 ; *D.* 1977. 177, note A. Breton ; *JCP* 1977. II. 18625, note J. Patarin ; *Gaz. Pal.* 1977. 2. 451, note Vialatte – EN CE SENS, v. par ex., M. GRIMALDI, *Libéralités. Partages d'ascendants,* LexisNexis/Litec, 2000, n° 1602, note 259.

ultérieure de la donation, dès lors que celle-ci est maintenue par une clause expresse de la convention[1].

Reste à déterminer le **sort de la libéralité dans le silence de la convention.** Ce dernier emporte, s'agissant des donations de biens présents, pareillement la **suppression du droit de révocation.** En effet, s'il est vrai que l'interprétation *a contrario* d'un arrêt rendu par la première chambre civile de la Cour de cassation le 6 février 2008, pourrait laisser penser, à première analyse, que la donation conserve son caractère révocable, rien ne justifie, à y regarder de plus près, la pertinence de cette solution. En effet, d'une part, l'arrêt du 6 février 2008 a été rendu à propos d'une **donation de biens à venir** (v. s^s^ n° 356.63). D'autre part, la suppression du droit de révocation trouve un puissant soutien dans un arrêt antérieur du 28 février 2006, par lequel la Cour de cassation a décidé, en l'absence de clause stipulant le maintien exprès de dons manuels entre époux, que ces « *donations de biens présents, ayant nécessairement été pris(es) en compte dans la convention définitive conclue par les époux et homologuée par le juge aux affaires familiales, participent du règlement global des effets du divorce et ne peuvent plus faire l'objet d'une révocation ultérieure, sauf clause contraire de la convention* »[2]. À défaut de convention, la Cour de cassation tolère que le donateur renonce tacitement au cours de la procédure de divorce à user de sa faculté de révocation, ce qui laisse entendre en creux qu'il en conserve le bénéfice après le prononcé du divorce, toutes les fois qu'en l'absence de convention de divorce, une telle renonciation ne peut pas être suffisamment caractérisée[3] (v. s^s^ n° 354.93).

354.22 Caractère absolu et discrétionnaire. L'exercice par l'époux donateur de son droit de révocation n'a pas à être justifié et il n'est pas susceptible d'abus[4]. C'est donc un droit souverain, discrétionnaire qui n'offre aucune prise à la théorie jurisprudentielle de l'abus de droit. Cette affirmation, que la Cour de cassation ne semble pas avoir démentie, se recommande de Josserand.

Par ailleurs, le caractère absolu du droit de révocation autorise le donateur à l'exercer, même après le décès du donataire, peu important la présence dans l'acte de donation d'une clause de retour conventionnel en cas de prédécès du gratifié sans enfant ni descendance[5].

354.23 Caractère strictement personnel. La faculté de révoquer la donation est strictement attachée à la personne de l'époux donateur. En conséquence :

- elle ne peut pas être exercée par ses créanciers sur le fondement de l'action oblique[6];
- elle n'est pas transmissible à ses héritiers quand bien même ils seraient ses héritiers réservataires;
- elle ne peut pas être exercée par le représentant du majeur placé sous tutelle ou par le majeur en curatelle avec l'assistance du curateur (C. civ., art. 458).

§ 3 Domaine de la libre révocabilité des donations entre époux

354.30 Idée générale. La jurisprudence a régulièrement étendu le champ d'application de l'ancien article 1096 alinéa 1er. Les donations exclues de la libre révocabilité (A) sont beaucoup moins nombreuses et significatives que celles qui y sont soumises (B). Il existe, par ailleurs, des interférences avec les causes légales de révocation prévues par les articles 953 à 959 du Code civil (C).

A. Donations exclues de la libre révocabilité

354.31 Donations entre concubins. L'ancien article 1096, alinéa 1er ne vise que les donations entre époux. Les donations entre concubins sont, par suite, irrévocables[7]. La solution vaut *mutatis*

1. Rendu dans le cadre d'un divorce sur requête conjointe, v. Civ. 1re, 6 févr. 2008, n° 05-18.745, *Bull. civ.* I, n° 40; *D.* 2009. Pan. 832, obs. G. Serra; *JCP* 2009. I. 109, n° 9, obs. R. Le Guidec; *JCP N* 2008. 1199, note J. Casey; *AJ fam.* 2008. 120, obs. S. David; *Dr. fam.* 2008, n° 41, note V. Larribau-Terneyre; *Defrénois* 2008. 1113, obs. J. Massip; *RJPF* 2008-5/27, obs. S. Valory; *RTD civ.* 2008. 282, obs. J. Hauser; *RTD civ.* 2008. 347, obs. M. Grimaldi.
2. Rendu dans le cadre d'un divorce sur requête conjointe, V. AUSSI : Civ. 1re, 28 févr. 2006, n° 03-10.245, *Bull. civ.* I, n° 115; *D.* 2006. 1426, concl. J. Sainte-Rose; *D.* 2006. 2074, obs. M. Nicod; *D.* 2007. Pan. 608, obs. G. Serra et L. Williatte-Pellitteri; *AJ fam.* 2006. 203, obs. S. David; *Dr. fam.* 2006, n° 110, note V. Larribau-Terneyre; *RTD civ.* 2006. 291, n° 21, obs. J. Hauser.
3. Civ. 1re, 26 oct. 2011, n° 10-25.078, *Bull. civ.* I, n° 179; *RTD civ.* 2012. 102, obs. J. Hauser; *Dr. fam.* 2012. Comm. 6, note V. Larribau-Terneyre – J. Massip, « L'incidence du divorce sur les donations entre époux », *JCP N* 2012. 1109.
4. T. civ. Lille, 26 mars 1932, *DH* 1933. Somm. 14.
5. Caen, 1re ch., sect. civ., 9 déc. 1997, *Juris-Data* n° 1197-04-7380.
6. Civ. 1re, 19 avr. 1988, n° 86-18.028, *Bull. civ.* I, n° 101 – COMP. Civ. 1re, 5 avr. 2005, n° 02-21.011, *Bull. civ.* I, n° 167; *D.* 2005. IR 1776; *RTD civ.* 2005. 598, obs. J. Mestre et B. Fages.
7. Versailles, 9 juill. 1992, *JCP N* 1994. II. 89, note Pillebout – Aix-en-Provence, 16 mars 2000, *Dr. fam.* 2000, n° 131, note B. Beignier.

mutandis pour les donations entre partenaires liés par un PACS.

354.32 Présents d'usage. Les présents qu'il est d'usage de se faire entre époux, à l'occasion d'un anniversaire ou au moment de la naissance d'un enfant, ne sont pas soumis à la règle de la libre révocabilité, à la condition de rester proportionnés à la situation financière et sociale du donateur[1].

B.
Donations soumises à la libre révocabilité

354.41 Principe. Toutes les donations consenties entre époux hors contrat de mariage relèvent du domaine de l'ancien article 1096 alinéa 1er du Code civil, quels que soient leur forme ou leur mode de réalisation. L'application de ce principe a parfois soulevé quelques difficultés dans certaines hypothèses particulières où la jurisprudence a cependant fini par le faire triompher. Les plus importantes de ces hypothèses délicates seront examinées ci-après.

354.42 Prolongement du principe de libre révocabilité au-delà du divorce ? La question a été discutée de savoir si l'époux aux torts exclusifs duquel le divorce est prononcé, déjà privé des donations et avantages matrimoniaux faits par son conjoint (C. civ., art. 267), perd aussi la faculté de révoquer les libéralités entre vifs qu'il avait lui-même consenties à l'autre. La première chambre civile de la Cour de cassation a nettement répondu par la négative en énonçant que « *si l'époux innocent conserve en principe les donations qui lui ont été faites, c'est avec les caractères qu'elles présentaient de sorte que celles qui lui ont été faites pendant le mariage restent révocables conformément à l'article 1096 du Code civil* »[2].

Cette jurisprudence, antérieure à la réforme du divorce, avait été rendue à l'occasion d'un divorce pour faute. Sa portée restait très indécise à l'égard des autres cas de divorce et, en particulier, du divorce par consentement mutuel. Dans ce dernier cas, il était en effet légitime de se demander si la décision - explicite ou implicite - de maintenir les donations consenties pendant le mariage (C. civ., art. 268) avait pour effet de les soustraire à la libre révocabilité.

La Cour de cassation a tranché la difficulté dans un arrêt rendu par la première chambre civile le 28 février 2006, sous l'empire des dispositions antérieures à la loi du 26 mai 2004, en jugeant que « *les dons manuels, qui s'analysent comme des donations de biens présents, ayant nécessairement été pris en compte dans la convention définitive conclue par les époux et homologuée par le juge aux affaires familiales, participent du règlement global des effets du divorce et ne peuvent plus faire l'objet d'une révocation ultérieure, sauf clause contraire de la convention* »[3]. La solution semble transposable, depuis la réforme du 26 mai 2004, à l'ensemble des cas de divorce dès lors que les époux ont conclu une convention pour la liquidation et le partage de leur régime matrimonial (C. civ., art. 265-2 et 268). En l'absence d'une telle convention, la donation demeure en revanche révocable après le prononcé du divorce, dès lors que les circonstances de l'espèce ne permettent pas de caractériser la volonté non équivoque du donateur de renoncer à user de sa faculté de révocation[4] (v. ss no 354.93).

354.43 Application du principe aux donations atypiques. Les donations atypiques sont soumises à la règle de l'ancien article 1096 du Code civil. Les **donations indirectes** et les **dons manuels** entre époux sont ainsi librement révocables, dès lors qu'ils ont été consentis avant le 1er janvier 2005 (pour un don manuel[5] - v. ss nos 354.21 et 354.93). Il en est de même des **donations déguisées.** Il est vrai qu'entre époux, ces dernières sont frappées de nullité absolue, dès lors qu'elles ont été consenties avant l'entrée en vigueur de la loi du 26 mai 2004 (C. civ., anc. art. 1099, réd. 1804 - v. ss nos 353.30 et 353.82). La sanction édictée par l'ancien article 1099 pouvait d'ailleurs s'expliquer par le souci de déjouer la manœuvre consistant à dissimuler une donation entre époux derrière un acte apparent à titre onéreux en vue de la rendre irrévocable. La nullité n'exclut cependant pas la révocation. Plutôt que l'action en nullité, l'époux donateur a la possibilité d'exercer une action en

1. Civ. 1re, 15 oct. 1963, *Bull. civ.* I, no 433 – Paris, 1er juin 1965, *JCP* 1966. II. 14762, note Vié.
2. Civ. 1re, 29 mai 1979, no 77-15.778, *Bull. civ.* I, no 154; *D.* 1980. 77, note A. Bénabent; IR 139, obs. Martin – Civ. 1re, 4 févr. 1992, no 90-10.695, *Bull. civ.* I, no 40; *JCP N* 1993. II. p. 45, note J. Hérail; *JCP* 1992. I. 3604, no 5, obs. F.-X. Testu; *RTD civ.* 1992. 371, obs. J. Hauser.
3. Civ. 1re, 28 févr. 2006, no 03-10.245, *Bull. civ.* I, no 115; *D.* 2006. 1426, concl. J. Sainte-Rose; *D.* 2006. 2074, obs. M. Nicod; *D.* 2007. Pan. 608, obs. G. Serra et L. Williatte-Pellitteri; *AJ fam.* 2006. 203, obs. S. David; *Dr. fam.* 2006, no 110, note Larribau-Terneyre; *RTD civ.* 2006. 291, no 21, obs. J. Hauser.
4. Civ. 1re, 26 oct. 2011, no 10-25.078, préc. ss no 354.21.
5. Civ. 1er juill. 1947, *D.* 1947. 501, note Ripert; *JCP* 1948. II. 4147, note Savatier – Civ. 1re, 28 févr. 2006, no 03-10.245, *Bull. civ.* I, no 115 – pour les donations indirectes, v. Civ. 22 févr. 1893, *DP* 1893. 1. 401, note Planiol – Civ., 26 mai 1982, no 81-11.853, *Pelletier, Bull. civ.* I, no 195; *Defrénois* 1982, art. 32944, p. 1368, obs. G. Champenois – Civ. 1re, 25 avr. 1989, no 87-14.536, *Bull. civ.* I, no 167; *D.* 1989. 445, note G. Morin; *Defrénois* 1989, art. 34568, note G. Morin; *JCP* 1989. II. 21370, note E.-S. de La Marnierre; *JCP N* 1989. II. 277, note J. Hérail.

déclaration de simulation pour faire apparaître la donation qu'il pourra ensuite révoquer purement et simplement sur le fondement de l'ancien article 1096 alinéa 1er. Afin d'éviter qu'un tel choix ne soit source d'embarras, la jurisprudence a décidé que l'action en nullité fondée sur l'ancien article 1099 alinéa 2 vaut révocation, dès lors qu'elle est exercée par l'époux donateur, et cela, quelle que soit la qualification finalement reconnue à la donation[1].

Ces solutions paraissent devoir être étendues aux donations par personnes interposées soumises par l'ancien article 1099 au même régime que les donations déguisées.

354.44 **Application à l'assurance-vie et à la clause de réversion de rente.** Dès lors qu'elles ont été inspirées par une intention libérale en faveur du conjoint, ces opérations constituent des donations entre époux. Il existe cependant un obstacle de taille à leur libre révocabilité. Elles prennent, en effet, la forme de stipulations pour autrui. Or, les stipulations pour autrui deviennent irrévocables après avoir été acceptées par le bénéficiaire, en l'occurrence le conjoint (C. civ., art. 1121). Il fallait donc choisir entre une exception à libre révocabilité des donations entre époux et une dérogation aux règles de la stipulation pour autrui. C'est cette dernière solution qui a été retenue dans les deux hypothèses.

En matière de donation à charge de rente stipulée réversible au décès du donateur au profit de son conjoint qui accepte expressément, la réversion a été jugée librement révocable par un arrêt de la première chambre civile de la Cour de cassation du 25 avril 1989[2].

En matière d'assurance-vie souscrite par un conjoint au profit de l'autre qui accepte, la Cour de cassation admet la révocation *ad nutum*[3]. Cette solution a été maintenue après la loi du 13 juillet 1930 qui a introduit la règle, exprimée aujourd'hui par l'article L. 132-13 du Code des assurances, selon laquelle le capital ou la rente payables au décès du contractant à un bénéficiaire déterminé échappent aux règles du rapport et de la réduction[4]. La Cour de cassation avait même appliqué cette règle de libre révocabilité lorsque l'opération d'assurance-vie avait été conclue conjointement par les deux époux[5] avant d'écarter la qualification de donation indirecte dans cette hypothèse particulière[6].

C.
Interférences de la libre révocabilité des donations entre époux et des causes légales de révocation

354.51 **Maintien des causes légales de révocation.** Les donations entre époux relèvent des mêmes causes légales de révocation que les donations entre futurs époux. Elles échappent donc à la révocation pour cause de survenance d'enfant mais restent soumises à la révocation pour ingratitude ainsi qu'à la révocation pour inexécution des conditions ou charges (C. civ., art. 953 à 959 et 1096, al. 3).

354.52 **Utilité exceptionnelle des causes légales de révocation.** L'époux donateur ayant la faculté de révoquer discrétionnairement les donations consenties à son conjoint, le bénéfice d'une cause légale de révocation lui est indifférent. Ses héritiers en découvrent, en revanche, les mérites en cas de décès de leur auteur avant l'exercice de la faculté ouverte par l'ancien article 1096. C'est ainsi, par exemple, que les héritiers peuvent obtenir, dans les conditions prévues par l'article 957 alinéa 2 du Code civil, la révocation d'une donation conjugale faite par le *de cujus* en invoquant un fait constitutif d'ingratitude[7] (pour un cas de révocation pour cause d'inexécution de la charge, imposée au conjoint bénéficiaire de l'usufruit universel de la succession, de payer les droits de mutation par décès dus par les héritiers nus-propriétaires[8]).

§ 4
Mise en œuvre de la révocation

A.
Modes de révocation

354.61 **Paradoxe jurisprudentiel.** Le Code civil étant resté muet sur ce point, la jurisprudence a dû

1. Civ. 1re, 29 févr. 1984, no 82-16.769, *Bull. civ.* I, no 82; *Defrénois* 1985, art. 33501, p. 521 (2e esp.), note Breton – Civ. 1re, 13 oct. 1992, no 91-11.590, NP.
2. Civ. 1re, 25 avr. 1989, *Bull. civ.* I, no 167; *D.* 1989. 445, note G. Morin; *Defrénois* 1989, art. 34568, note G. Morin; *JCP* 1989. II. 21370, note E.-S. de La Marnierre; *JCP N* 1989. II. 277, note J. Hérail.
3. Civ. 22 févr. 1893, *DP* 1983. 1. 401, note Planiol.
4. Civ. 26 mai 1982, no 81-11.853, *Pelletier, Bull. civ.* I, no 195; *Defrénois* 1982, art. 32944, p. 1368, obs. G. Champenois – Civ. 1re, 2 juin 2005, no 04-13.306, *Bull. civ.* I, no 143; *D.* 2005. 2928, note M. Robineau; *RGDA* 2005. 676, note J. Kullmann.
5. Civ. 1re, 25 nov. 1997, no 95-18.991, *Bull. civ.* I, no 325; *D.* 1998. IR 1059.
6. Civ. 1re, 13 mai 1998, no 96-16.222, *Bull. civ.* I, no 170; *D.* 1999. 291, note N. Raynaud de Lage; *Defrénois* 1998, art. 36848, p. 937, rapp. Sargos; *JCP N* 2000. I. 966, obs. R. Le Guidec; *JCP* 1999. I. 189, no 9, obs. R. Le Guidec; *RCA* 1999, no 53, Ph. Delmas Saint-Hilaire.
7. PAR EX., v. Toulouse, 1re ch., sect. 2, 12 oct. 2004, *Juris-Data* no 259008; *JCP* 2005. IV. 2313.
8. Civ. 1re, 29 janv. 2002, no 99-20.484, NP; *RJPF* 2002-4/27, note J. Casey.

préciser les modalités suivant lesquelles la révocation offerte par l'ancien article 1096 pourrait être valablement exercée. Le mode tacite et le mode exprès ont été admis l'un et l'autre. Il reste que la Cour de cassation a fait preuve, non sans paradoxe, d'une grande sévérité à l'égard de la révocation expresse tandis qu'elle a reçu avec une grande souplesse la révocation tacite. Aussi, la volonté implicite paraît-elle revêtue, en ce domaine, d'une force plus énergique que certaines manifestations de volonté explicites.

354.62 Révocation expresse. D'après la jurisprudence, la révocation expresse ne peut résulter que d'un acte notarié ou d'un testament. Toute autre modalité de révocation expresse resterait sans effet, particulièrement la signification par exploit d'huissier[1]. C'est cette solution, jamais démentie directement, qui place la matière sous le signe de l'ambiguïté. De nombreux auteurs, choqués par le formalisme excessif de cette règle, considéraient cependant, déjà avant 2005 qu'elle ne reflétait plus le droit positif. Elle s'appuyait, en effet, sur une assimilation des actes notariés contenant révocation des donations aux actes notariés contenant révocation du testament. Or, cette assimilation, dictée par une loi du 25 ventôse an XI, a été supprimée par une loi du 28 décembre 1966. En outre, le maintien de la règle était difficilement conciliable avec les solutions bienveillantes progressivement élaborées pour la révocation tacite[2].

354.63 Révocation tacite. Une telle révocation peut résulter de tout comportement ou acte ultérieur incompatibles avec le maintien de la donation, tel qu'un testament contraire à la donation, associé au relâchement des liens unissant le donateur et son conjoint[3]. Si l'acte est le plus souvent un testament, il peut également s'agir d'une donation à une autre personne[4] et, notamment, d'une autre donation s'imputant sur la quotité disponible[5].

De manière plus audacieuse, la Cour de cassation admet que la révocation tacite puisse s'induire de « *tout fait ou acte révélant de manière non équivoque l'intention révocatoire du donateur* »[6], telles que les déclarations hostiles de ce dernier à l'égard de son conjoint et l'intention exprimée, avant son décès, de gratifier des tiers[7], ou les violences mortelles dont lui-même et son enfant ont été victimes de la part du donataire[8]. L'interprétation de la volonté du donateur relève, par ailleurs, du pouvoir souverain d'appréciation des juges du fond[9].

B. Effets de la révocation

354.71 Anéantissement de la donation. La révocation d'une donation entre époux a pour effet essentiel de l'anéantir. L'application de ce principe ne soulève pas de difficultés lorsque la libéralité correspond à une donation de biens à venir. Dans ce cas, le donataire n'ayant encore aucun droit sur les biens donnés, la révocation l'empêche seulement d'en acquérir la propriété au décès du donateur. La situation est beaucoup plus complexe en matière de donations de biens présents. En pareil cas, le donataire est investi de droits dont la révocation emporte la **résolution rétroactive.**

354.72 Résolution des droits réels constitués sur des biens présents. En raison du caractère rétroactif de la résolution, le bien va retourner dans le patrimoine du donateur, libre des droits qui avaient été consentis au donataire. Ce dernier, désormais dépouillé du bien, ne pourra guère compter que sur le secours des articles 549 et 550 du Code civil pour pouvoir faire siens les fruits et revenus déjà perçus.

Quant aux droits que le donataire avait constitué sur le bien au profit de tiers, ils vont être également anéantis sous les réserves suivantes :

- les droits résultant d'actes d'administration seront maintenus;

- les droits conférés sur des biens mobiliers peuvent être protégés par l'article 2279 du Code civil;

- les tiers ayant publié leur droit réel immobilier avant la publication de la révocation n'échapperont pas à la résolution puisque le défaut de publicité de la révocation d'une donation de biens présents immobiliers n'est pas sanctionné par l'inopposabilité (Décr. n° 55-22, 4 janv. 1955, art. 30-1, al. 4). En revanche, ils auront droit à des dommages-intérêts en réparation du préjudice subi.

1. Civ. 1er juill. 1947, *D.* 1947. 501, note Ripert, *JCP* 1948. II. 4147, note Savatier.
2. EN CE SENS, V. M. GRIMALDI, *Libéralités. Partages d'ascendants*, LexisNexis/Litec, 2000, n° 1604, note 265 – COMP., J. FLOUR et H. SOULEAU, *Les libéralités*, par SOULEAU, n° 458.
3. Civ. 1re, 14 déc. 1999, n° 97-17.630, NP; *Dr. fam.* 2000, n° 27, note B. Beignier.
4. Civ. 30 nov. 1896, *DP* 1897. 1. 449.
5. Civ. 1re, 18 janv. 1965, *Bull. civ.* I, n° 44; *D.* 1965. 536.
6. Civ. 1re, 14 déc. 1960, *Bull. civ.* I, n° 545 – Civ. 1re, 29 mai 1990, n° 88-15.057, *Bull. civ.* I, n° 125; *Defrénois* 1990. 1368, obs. G. Champenois.
7. Paris, 2e ch. B, 11 mars 1994, *Juris-Data* n° 020708.
8. Riom, 15 mai 2001, *D.* 2001. Somm. 2938, obs. M. Nicod; *JCP* 2002. IV. 1694; *Juris-Data* n° 142774.
9. Civ. 1re, 23 mai 1995, n° 93-13.121, NP.

SECTION 2
ÉVOLUTION LÉGISLATIVE : DE LA LOI DU 26 MAI 2004 À LA LOI DU 23 JUIN 2006

354.80 Idée générale. Droit transitoire. Les donations entre époux sont, depuis plusieurs années, au cœur de l'actualité législative. La volonté du législateur de moderniser la matière s'est manifestée à une double reprise, d'abord, à l'occasion de la loi du 26 mai 2004 relative au divorce, puis à l'occasion de celle du 23 juin 2006 portant réforme des successions et des libéralités. Rompant avec les dispositions de 1804, la réforme de 2004 a soumis, pendant une courte période, les donations de biens entre époux à une irrévocabilité généralisée (§ 1), avant que la réforme de 2006 ne cantonne, de manière rétroactive, le domaine de l'irrévocabilité nouvelle à certaines libéralités (§ 2) à l'aide de dispositions de droit transitoire (§ 3).

§ 1
Loi du 26 mai 2004 : irrévocabilité généralisée des donations de biens présents entre époux

354.81 Critiques de la révocabilité *ad nutum* des donations entre époux. La règle de la révocabilité *ad nutum* des donations entre époux essuyait, dès avant les travaux parlementaires ayant précédé l'adoption de la loi du 26 mai 2004, de vives critiques doctrinales[1]. Celles-ci tenaient, d'abord, à la discrimination qu'instaurait l'ancien article 1096 entre, d'une part, l'époux gratifié encourant la révocation discrétionnaire de ses droits et, d'autre part, le concubin donataire protégé par la règle de l'irrévocabilité spéciale des donations (C. civ., art. 894)[2]. Elles dénonçaient, ensuite, les conséquences néfastes qu'engendrait la rétroactivité de la révocation pour le donataire et ses ayants cause ainsi que ses effets pervers sur la circulation des biens[3]. À la vérité, les jours de la révocabilité *ad nutum* des donations de biens présents entre époux étaient comptés depuis 1999. En effet, la proposition d'instaurer l'irrévocabilité de ces donations fut suggérée par le rapport remis par Mme F. Dekeuwer-Défossez, le 14 septembre 1999, au garde des Sceaux. Après avoir été envisagée par le Premier ministre Lionel Jospin au cours de la « Conférence de la famille » du 15 juin 2000, elle fut finalement votée par les parlementaires à l'occasion de la réforme du divorce. C'est ainsi que loi du n° 2004-439 du 26 mai 2004 abrogea la règle de la révocabilité discrétionnaire des donations de biens présents entre époux et fit pénétrer ces libéralités dans le giron de l'irrévocabilité (v. s^s^ n° 351.23).

354.82 Loi du 26 mai 2004. Domaine de l'irrévocabilité. La loi du 26 mai 2004 a marqué une double rupture avec le droit antérieur. En effet, d'une part, elle a modifié l'article 1096 pour restreindre la libre révocabilité aux seules donations de biens à venir entre époux (al. 1er) et n'autoriser celle des donations de biens présents « *que dans les conditions prévues par les articles 953 à 958* » (al. 2), c'est-à-dire pour cause d'ingratitude ou d'inexécution des conditions ou charges de la libéralité. D'autre part, le législateur a prolongé les effets de l'irrévocabilité nouvelle à l'hypothèse du divorce, mettant ainsi un terme aux anciennes causes légales de révocation autrefois liées à la rupture de l'union conjugale (C. civ., anc. art. 267 s., réd. L. n° 75-617, 11 juill. 1975). Afin de pacifier cette dernière, le Code civil dissocie désormais les torts et les conséquences patrimoniales du divorce. Les anciennes causes de révocation des donations et des avantages matrimoniaux sont ainsi remplacées par la double règle inscrite à l'article 265, selon laquelle si « *le divorce est sans incidence sur les avantages matrimoniaux qui prennent effet au cours du mariage et sur les donations de biens présents quelle que soit leur forme* » (al. 1er), il « *emporte* [en revanche] *révocation de plein droit des avantages matrimoniaux qui ne prennent effet qu'à la dissolution du régime matrimonial ou au décès de l'un des époux et des dispositions à cause de mort, accordés par un époux envers son conjoint par contrat de mariage ou pendant l'union, sauf volonté contraire de l'époux qui les a consentis. Cette volonté est constatée par le juge au moment du divorce et rend irrévocable l'avantage ou la disposition ainsi maintenus* » (al. 2). Dès leur entrée en vigueur, les dispositions de l'article 265 ont suscité un vif débat : celui du sort, à l'heure du divorce, de la clause de réversion d'usufruit entre époux. Analysée par la Cour de cassation comme une donation de biens présents à terme, la réversion d'usufruit relève, à n'en pas douter, du domaine de l'article 265 alinéa 1er[4]. En d'autres

1. V. NOT., Rapport Gélard, Doc. Sénat, n° 120, session ord. 2003-2004.
2. D. Martin, « Le désordre du droit des libéralités conjugales », *Mél. A. Weill*, Dalloz/Litec, 1983, p. 415.
3. F. TERRÉ, Y. LEQUETTE et S. GAUDEMET, n° 636.
4. Civ. 1re, 21 oct. 1997, n° 95-19.759, *Bull. civ.* I, n° 291; *JCP* 1997. II. 22969, note I. Harel-Dutirou; *JCP* 1999. I. 132, n° 5, obs. R. Le Guidec; *LPA* 18 août 1999, p. 17, obs. Teillais; *RTD civ.* 1998. 721, obs. J. Patarin; *RTD civ.* 1998. 937, obs. F. Zenati – EN CE SENS, Civ. 3e, 6 nov. 2002, n° 01-00.681, *Bull. civ.* III, n° 220; *AJ fam.* 2003. 32, obs. S. D.-B.; *JCP N* 2003. 1448, note M. Dagot; *Defrénois* 2003, art. 37752, p. 792, obs. Piedelièvre; *RTD civ.* 2003. 133, obs. J. Patarin – Cass., ch. mixte, 8 juin 2007, n° 05-10.727, *Bull. ch. mixte*, ►

termes, le divorce est sans incidence sur cette libéralité, de telle sorte qu'elle demeure irrévocable en dépit de ce dernier, sous la seule réserve des dispositions des articles 953 à 958 du Code civil. Pourtant, il ne fait pas davantage de doute que l'intention du disposant est de ne faire bénéficier son conjoint de la donation - dont les effets sont suspendus à son prédécès - qu'à la condition qu'il revête encore cette qualité à cette date. De cette intention, la loi du 26 mai 2004 ne tenait aucun compte.

354.83 Controverse autour de la clause de non-divorce. Restait alors l'issue de la stipulation d'une clause résolutoire pour cause de divorce ou introduction d'une instance en divorce, plus communément appelée clause de non-divorce. Mais, à la vérité, cette échappatoire est incertaine. En effet, si elle est admise par la Cour de cassation dans la donation de biens à venir - sous réserve de l'intention de nuire du disposant[1] -, plusieurs arguments semblent en revanche s'opposer à la validité de cette clause dans le contexte d'une donation de biens présents (v., hostile à la validité de la clause[2]). À l'obstacle aujourd'hui tiré du caractère impératif des dispositions de l'article 265 alinéa 1er du Code civil[3], pourrait venir s'ajouter l'ordre public imprégnant encore, malgré l'assouplissement de cette matière, le droit des libéralités (v. s^s n° 354.94). En effet, ce dernier s'oppose à la stipulation - dans une donation entre vifs - de toute condition potestative, ne s'agirait-il que d'une condition **simplement** potestative (C. civ., art. 894 et 944). Or, la création du divorce pour altération définitive du lien conjugal fait basculer la clause de non-divorce dans cette catégorie. La difficulté pourrait être résolue par l'érection, en droit des libéralités comme en droit commun des contrats, de la volonté arbitraire en critère distinctif de la condition potestative. Une telle analyse fait alors glisser la clause de non-divorce dans la catégorie des conditions mixtes, lesquelles ne sont pas prohibées par la règle de l'irrévocabilité des donations[4]. Mais, à supposer que cette règle n'entrave pas la stipulation d'une clause de non-divorce, il faut encore que cette dernière ne contrevienne pas à l'article 900 du Code civil dont les dispositions interdisent les conditions contraires aux lois ou aux mœurs. Or, tel serait certainement le cas d'une clause dictée par la volonté du donateur d'enchaîner le gratifié par les liens du mariage...[5]

354.84 Nature de l'irrévocabilité. La controverse relative à la validité de la clause de non-divorce sous-tend un autre débat : celui de la nature de l'irrévocabilité des donations de biens présents consenties entre époux pendant le mariage. Ces libéralités sont-elles soumises au droit commun des libéralités et, par suite, à la règle de l'irrévocabilité spéciale des donation (C. civ., art. 894 et 944 s.) ou sont-elle seulement assujetties, à l'exception des causes de révocation prévues par les articles 953 à 958, à la règle de l'irrévocabilité ordinaire des contrats (C. civ., art. 1134) ? Rappelons qu'il est traditionnellement enseigné que la première interdit au disposant de se réserver, serait-ce avec l'accord du gratifié, le moyen de reprendre directement ou indirectement le bien donné, cependant que la seconde lui interdit seulement de revenir unilatéralement sur la donation. Aussi, le droit des libéralités ban-

► n° 6; *D.* 2007. AJ 1731, obs. C. Delaporte-Carré; *D.* 2008. Pan. 807; *JCP* 2007. II. 10130, note G. Goubeaux; *JCP* 2009. I. 109, n° 81, obs. R. Le Guidec; *JCP N* 2007. Actu. 472; *AJ fam.* 2007. 353, obs. F. Bicheron; *Dr. fam.* 2007, n° 151, note B. Beignier; *Defrénois* 2007. 1688, obs. A. Chappert; *RTD civ.* 2007. 588, obs. T. Revet; *RTD civ.* 2007. 605, obs. M. Grimaldi – Sur la distinction de la réversion d'usufruit et de la notion d'avantage matrimonial, v. Civ. 1re, 31 janv. 2006, n° 02-21.121, *Bull. civ.* I, n° 48; *D.* 2006. Pan. 2073, obs. M. Nicod; *Defrénois* 2006, art. 38469, p. 1607, obs. G. Champenois; *AJ fam.* 2006. 209, obs. P. Hilt; *Dr. fam.* 2006, n° 60, note B. Beignier.

1. Civ. 1re, 13 déc. 2005, n° 02-14.135, *Bull. civ.* I, n° 491; *Defrénois* 2006, art. 38396, p. 836, note N. Peterka; *JCP N* 2006, 1168, note Ph. Simler; *JCP* 2008. I. 108, n° 6, obs. R. Le Guidec; *RTD civ.* 2006. 543, obs. J. Hauser.
2. Rép. min. Justice, n° 66699, *JOAN Q*, 7 mars 2006, p. 2576; *RLDC* mai 2006, p. 57.
3. Civ. 1re, 14 mars 2012, n° 11-13.791, *Bull. civ.* I, n° 56; *D.* 2012. 812, obs. J. Marrocchella; *D.* 2012. 1386, note A. Posey; *AJ fam.* 2012. 223, obs. S. David; *RTD civ.* 2012. 300, obs. J. Hauser; *RTD civ.* 2012. 357, obs. M. Grimaldi; *JCP* 2012, n° 561, obs. Mekki; *JCP* 2012. 607, obs. C. Brenner; *JCP N* 2012. 1182, note C. Brenner; *JCP* 2013. Doctr. 250, obs. R. Le Guidec; *JCP N* 2013. 1060, obs. R. Le Guidec; *RDC* 2012. 981, obs. C. Goldie-Genicon – *CONTRA*, J. Hauser et Ph. Delmas Saint-Hilaire, « Volonté et ordre public dans le nouveau droit du divorce : un divorce entré dans le champ contractuel ? », *Defrénois* 2005, art. 38115, p. 357.
4. Sur laquelle, H. Lécuyer, « L'irrévocabilité spéciale des donations », *Études offertes à P. Catala*, Litec, 2001, p. 405.
5. Sur tout ceci, v. N. Peterka, note s^s Civ. 1re, 13 déc. 2005, n° 02-14.135, *Bull. civ.* I, n° 491; *Defrénois* 2006, art. 38396, p. 836; *JCP N* 2006. 1168, note Simler; *RTD civ.* 2006. 543, obs. J. Hauser; *JCP* 2008. I. 108, n° 6, obs. R. Le Guidec – COMP., favorable à la validité de la clause, Ph. Delmas Saint-Hilaire, « La réversion d'usufruit entre époux à l'épreuve de l'article 265 du Code civil », *RJPF* 2005-7-8/6 – V. critiques, F. Sauvage, « Des conséquences du divorce sur les libéralités entre époux et les avantages matrimoniaux », *Defrénois* 2004, art. 38038, p. 1425 – J. Vassaux, « Les incidences de la réforme du divorce sur le rôle du notaire », *Dr. et patr.* févr. 2005. 26.

nit-t-il toute condition potestative, lorsque le droit commun des contrats tolère les conditions simplement potestatives.

L'attraction des donations de biens présents entre époux dans la sphère de l'irrévocabilité spéciale des donations fut contestée, dès le lendemain de l'entrée en vigueur de la loi de 2004, par une partie de la doctrine[1]. Selon celle-ci, loin de soumettre ces donations au droit commun des libéralités, le législateur se serait contenté de les assujettir à l'irrévocabilité ordinaire des contrats (sous réserve des dispositions des articles 953 à 958). La thèse repose, pour l'essentiel, sur une interprétation exégétique des textes et, spécialement, de l'article 947 du Code civil. Celui-ci exclut des « *quatre articles précédents* » - qui sont la traduction de la maxime « Donner et retenir ne vaut » - les « *donations dont est mention aux chapitres VIII et IX du présent titre* ». Il en résulte que « *les dispositions entre époux, soit par contrat de mariage, soit pendant le mariage - qui sont l'objet du chapitre IX - sont écartées de la règle de l'irrévocabilité spéciale des donations* ».

Si elle est *a priori* séduisante, la thèse ne convainc pas, à la réflexion. En effet, elle fait l'impasse sur l'esprit de la loi dont - ainsi qu'en témoignent les travaux parlementaires - la finalité fut d'aligner les donations de biens présents entre époux sur les donations entre concubins ou partenaires liés par un PACS et, par suite, de les soumettre au droit commun des libéralités[2]. Ajoutons que le législateur n'a pas saisi l'occasion des réformes récentes du droit patrimonial de la famille et des personnes pour gommer l'antagonisme entre la lettre des textes et leur esprit. Voilà qui pourrait annoncer l'érosion progressive du particularisme de l'irrévocabilité des donations et leur attraction vers le giron du droit commun des contrats…

§ 2
Loi du 23 juin 2006 : irrévocabilité cantonnée des donations de biens présents entre époux

354.91 Ajustement des dispositions de la loi du 26 mai 2004. Le législateur a saisi l'occasion de la réforme des successions et des libéralités pour ajuster certaines dispositions de la loi du 26 mai 2004 jugées contraires à la liberté du disposant, laquelle se trouve au cœur de la loi du 23 juin 2006. C'est ainsi que, dans le souci de préserver cette liberté, le législateur a restreint l'irrévocabilité des donations de biens présents entre époux aux seules libéralités développant leur effet pendant l'union conjugale. S'inspirant de la rédaction de l'article 265 alinéa 1er du Code civil, relatif au sort des avantages matrimoniaux en cas de divorce, le nouvel article 1096 alinéa 2 dispose désormais que « *la donation de biens présents **qui prend effet au cours du mariage** n'est révocable que dans les conditions prévues par les articles 953 à 958* », c'est-à-dire pour cause d'ingratitude ou d'inexécution des conditions ou charges. Les donations de biens présents à effet après le mariage redeviennent, quant à elles, révocables *ad nutum* dans les conditions prévues par l'article 1096 du Code civil dans sa rédaction antérieure au 1er janvier 2005 (arg., L. n° 2006-728, 23 juin 2006, art. 46, sur lesquelles, v. ss nos 354.11 à 354.72).

354.92 Donation à terme au décès du donateur. La nouvelle rédaction de l'article 1096 alinéa 2 appelle des précisions quant à la délimitation de son domaine. La réforme réserve, en effet, la nouvelle révocabilité aux seules donations conjugales de biens présents qui ne prennent pas effet pendant l'union conjugale. Or, le législateur ne fournit aucune indication sur cette notion qui mérite, pourtant, quelques éclaircissements. Étant une libéralité entre vifs, la donation de biens présents entre époux déploie toujours son effet instantanément, et donc, pendant le mariage. Prise à la lettre, la formule du législateur paraît ainsi se réduire à une tautologie. Une telle conclusion serait cependant inexacte. En effet, l'instantanéité du transfert résultant de la donation entre vifs tend, dans le domaine des donations entre époux comme dans celui des donations extraconjugales, à s'estomper. Le nouvel article 1096 alinéa 2 a vocation à s'appliquer aux donations *post mortem* qui ne bénéficient au gratifié qu'au décès du donateur. Si la clause de réversibilité d'usufruit - au sujet de laquelle les critiques adressées à la loi de 2004 ont incontestablement dicté le texte[3] - est ici visée au premier chef, le texte désigne, d'une manière plus générale, l'ensemble des donations à terme au décès du donateur. Sans oublier l'assurance-vie, lorsqu'elle est requalifiée en donation indirecte[4]. Soulignons que, si elles ressemblent *a priori* à la donation de biens à venir, ces libéralités ne se confondent certainement pas avec elle. En effet, à la différence de la première, la donation *post mortem* confère immédiatement au gratifié, du vivant du donateur, un droit faisant actuellement

1. C. Brenner, « Brèves observations sur la révocation des donations entre époux après la loi du 26 mai 2004 », *Defrénois* 2005, art. 38084, p. 93.
2. Rapport P. Gélard, Doc. Sénat, n° 120, session ord. 2003-2004, p. 132.
3. Rapport S. Huyghe, Doc. AN, n° 3122, 6 juin 2006, p. 57.
4. S. Hovasse, « La clause bénéficiaire en assurance-vie à l'épreuve de la réforme du divorce et des libéralités », *JCP N* 2007. 1136, également publié *in JCP* 2007. I. 150.

partie du patrimoine de ce dernier. Elle l'investit instantanément d'un droit contre le disposant dont l'exigibilité est reportée au décès de celui-ci.

354.93 Sort en cas de divorce. La qualification de donation à effet après le mariage produit de lourdes conséquences en cas de divorce. Si aux termes de l'article 265 alinéa 2, le divorce emporte la révocation de plein droit des donations de biens à venir, les donations à effet différé sont au contraire maintenues, en l'absence de révocation, lors du divorce. En effet, la loi du 23 juin 2006 n'a pas modifié l'article 265, alinéa 1er qui continue de disposer que « *le divorce est sans incidence sur* [...] *les donations de biens présents quelle que soit leur forme* ». Mais ces dernières n'en conservent pas moins, après le divorce, le caractère révocable que leur imprime la nouvelle rédaction de l'article 1096 alinéa 2. Par cette disposition, le droit des libéralités conjugales pourrait ainsi renouer – du moins en l'absence de convention entre époux pour la liquidation et le partage de leur régime matrimonial (C. civ., art. 265-2) – avec l'ancien contentieux de la révocation post-divorce des donations entre époux (v., sous l'empire des dispositions antérieures à la loi du 26 mai 2004[1] – v. ss no 354.21). S'il est vrai qu'en présence d'une telle convention, la perte de la faculté du disposant de révoquer la donation, à défaut de clause lui réservant expressément cette faculté, paraît heurter la finalité poursuivie par le législateur, lequel a souhaité en 2006 permettre au donateur d'éviter que les donations consenties à son conjoint puissent prendre effet à une époque où ce dernier a perdu cette qualité; il n'en demeure pas moins que le maintien de la faculté de révocation post-divorce n'est pas souhaitable, tant il est vrai que la libéralité participe de l'économie de la convention et de la fixation de la prestation compensatoire. Si bien que la solution dégagée par la Cour de cassation sous l'empire des dispositions antérieures à la loi du 26 mai 2004 doit être maintenue[2]. En l'absence de convention de divorce, la Haute juridiction admet que le donateur puisse renoncer tacitement au cours de la procédure de divorce à la faculté de révoquer les donations consenties à son conjoint, ce qui implique qu'il conserve le bénéfice de cette faculté, dès lors que les circonstances n'établissent pas suffisamment sa volonté d'y renoncer[3]. Aussi, convient-il par précaution de veiller à la révocation de la donation lors du divorce ou à ce qu'il y soit expressément renoncé[4].

354.94 Clause de non-divorce. La loi du 23 juin 2006 n'a pas émoussé la controverse relative à la validité de la clause de non-divorce (v. ss nos 342.34, 354.83 et 356.64), ainsi que l'illustre l'important arrêt rendu par la première chambre de la Cour de cassation, le 14 mars 2012[5]. En l'espèce, la Haute juridiction s'est fondée sur le caractère impératif des dispositions de l'article 265 alinéa 1er du Code civil pour décider que ces dernières « *font obstacle à l'insertion, dans une donation de biens présents prenant effet au cours du mariage, d'une clause résolutoire liée au prononcé du divorce ou à une demande en divorce* ». Unanimement critiquée par la doctrine[6], la solution conduit à imprimer aux donations de biens présents à effet immédiat, à la faveur de la législation du divorce, une « *super-irrévocabilité* », laquelle s'avère bien plus énergique que l'irrévocabilité spéciale des donations. Cette dernière tolère, elle, la stipulation de conditions résolutoires étrangères à la seule volonté du donateur. Si les donations entre époux rejoignent ainsi les donations entre concubins, dont le maintien ne peut pas être subordonné à l'absence de rupture, il n'en reste pas moins que le lissage du régime des donations consenties au sein du couple conduit à nier, contre la réalité juridique, la diversité des variétés d'unions conjugales. À l'heure où la possibilité de recourir à des contrats prénuptiaux fait débat, où les aménagements conventionnels sont favorisés par la législation sur le divorce et où se trouve enfin consacrée la **clause de liquidation**

1. Civ. 1re, 28 févr. 2006, no 03-10.245, *Bull. civ.* I, no 115; *D.* 2006. 1426, concl. J. Sainte-Rose; *D.* 2006. 2074, obs. M. Nicod; *D.* 2007. 608, obs. G. Serra et L. Williatte-Pellitteri; *AJ fam.* 2006. 203, obs. S. David; *Dr. fam.* 2006, no 110, note V. Larribau-Terneyre; *RTD civ. 2006*. 291, no 21, obs. J. Hauser – Sur ce sujet, COMP. J. Casey, « Libéralités entre époux et avantages matrimoniaux : nouvelles donnes ? », *Dr. fam.* 2006, no 11, p. 31, spéc. no 4.
2. Civ. 1re, 28 févr. 2006, no 03-10.245, *Bull. civ.* I, no 115 préc. ss no 354.21, 354.42, 354.43.
3. Civ. 1re, 26 oct. 2011, no 10-25.078, préc. ss no 354.21.
4. C. Lesbats, « La renonciation à la révocabilité des donations entre époux », *JCP N* 2013. 1154.
5. Civ. 1re, 14 mars 2012, no 11-13.791, préc. ss no 354.83.
6. B. Beignier, « Clause de révocation de la donation en cas de divorce, "marche arrière toute !" », *JCP N* 2012. Actu. 430 – C. Brenner, note ss Civ. 1re, 14 mars 2012, no 11-13.791, préc. ss no 354.83 – *JCP* 2012. 607; *JCP N* 2012. 1182 – C. Lesbats, « La nullité de la clause de non-divorce dans les donations de biens présents », *JCP N* 2013. 1146 – S. David, « Une donations entre époux de biens présents prenant effet au cours du mariage ne peut contenir une clause de non-divorce », *AJ fam.* 2012. 223 – H. Bosse-Platière, « Prohibition des clauses de non-divorce dans les donations de biens présents prenant effet au cours du mariage », *JCP N* 2012. Actu. 350 – *Adde*, J. Marrocchella, « Révocation d'une donation entre époux : clause de non-divorce », *D.* 2012. 812 – COMP., F. Sauvage, « Les clauses de non divorce ont-elles encore un avenir ? », *RJPF* 2012-5/6 – O. Gazeau, H. Lemaire et F. Vancleemput, « L'annihilation des effets d'une donation entre époux de biens présents », *Defrénois* 2010. 1981.

alternative en droit des régimes matrimoniaux, l'arrêt marque un frein, à vrai dire peu compréhensible à l'aune de l'esprit de la loi du 26 mai 2004 et sans doute inopportun, aux libéralités conjugales. Il laisse au demeurant intacte la question cruciale de l'étendue de la sanction, laquelle conduira toutes les fois que la clause de non-divorce aura incarné la cause impulsive et déterminante de la donation à l'anéantissement de l'entière libéralité et, par suite, à la restitution du bien donné au disposant [1]. S'il est vrai que la stipulation d'une clause de non-divorce présente un intérêt, au premier chef, pour les donations de biens présents à effet au cours du mariage consenties depuis le 1er janvier, lesquelles sont irrévocables, cette clause ne doit pas être négligée dans les donations à effet post-mariage dont l'article 265 alinéa 1er du Code civil est impuissant à entraver la libre révocabilité. En cette matière, la stipulation d'une clause de non-divorce permettra d'éviter que la donation sorte ses effets au profit du conjoint en instance de divorce ou de celui ayant perdu cette qualité au jour du décès du donateur. Elle autorisera à pallier, par l'adjonction d'une condition résolutoire au terme suspensif tiré du décès du disposant, l'oubli de la révocation de la donation lors du divorce et, par suite, à couper court à l'éventualité d'un contentieux de l'après-divorce.

Signalons que le 106e Congrès des notaires propose d'instaurer, à cet effet, la règle de la révocation automatique, en cas de divorce, de la réversion d'usufruit stipulée au profit du conjoint, sauf volonté contraire du disposant [2].

354.95 Capacité. La promulgation de la loi n° 2007-308 du 5 mars 2007, portant réforme de la protection juridique des majeurs, moins d'un an après la réforme des successions et des libéralités conduit naturellement à s'interroger sur la combinaison de ces nouveaux textes [3]. Rappelons que l'essentiel de la réforme de 2007 est entré en vigueur le 1er janvier 2009. Si elles assouplissent considérablement la révocation du testament en conférant à la personne placée sous tutelle la capacité d'effectuer cet acte, sans assistance ou représentation ni autorisation du conseil de famille ou du juge des tutelles (C. civ., anc. art. 504, al. 1er, réd. L. 23 juin 2006 et, reprenant les dispositions du texte, C. civ., art. 476, al. 3, réd. L. 5 mars 2007), les réformes successives ne comportent aucun texte réglant, de manière spécifique, la capacité requise pour la révocation d'une donation entre époux. Celle-ci soulève portant des difficultés délicates. En effet, en l'absence de disposition particulière, le caractère strictement personnel du droit de révocation en interdit l'exercice au tuteur (arg. C. civ., art. 458). Il est vrai que l'article 458 du Code civil permettra au tutélaire de révoquer seul la donation effectuée au profit de son conjoint antérieurement ou postérieurement à l'ouverture de la mesure de protection, sans qu'il soit nécessaire de passer par le détour d'un allégement de la tutelle. Il reste qu'une telle possibilité demeure subordonnée à un discernement suffisant du donateur pour exprimer sa volonté... Si bien que la solution consistant à reconnaître, ici, la capacité naturelle de la personne protégée, sur le fondement de la catégorie des actes strictement personnels visée à l'article 458, risque de conduire, à supposer que cette disposition soit applicable aux actes mixtes, à une impasse. On regrettera qu'en ce domaine, le législateur ne se soit pas inspiré de l'article L. 132-4-1 alinéa 1er du Code des assurances - dont les dispositions procèdent pourtant à l'origine de la loi du 5 mars 2007 - qui, tempérant le caractère strictement personnel de la révocation de l'assurance-vie, permet désormais à la personne sous tutelle, représentée par le tuteur, d'en révoquer le bénéfice, avec l'autorisation du juge des tutelles ou du conseil de famille et à celle sous curatelle de procéder à cet acte avec l'assistance du curateur (comp., un arrêt qui permet, sur le fondement de l'ancien article 500 alinéa 2 du Code civil, au gérant de la tutelle muni de l'autorisation du juge des tutelles, de procéder à la modification de la désignation du bénéficiaire de l'assurance-vie, dès lors que le souscripteur est dans l'impossibilité absolue d'agir [4]). La solution rejoint celle retenue à propos de la révocation d'une donation entre époux pour cause d'ingratitude ou inexécution des conditions ou charges (C. civ., art. 953). Aux termes du décret relatif aux actes de gestion, la faculté de révocation s'analyse ici en toute hypothèse comme un acte de disposition impliquant l'autorisation du juge des tutelles ou l'assistance du curateur [5].

1. C. Brenner, note ss Civ. 1re, 14 mars 2012, n° 11-13.791, préc. ss n° 354.83.
2. 106e Congrès des notaires de France, « Couples, patrimoine : les défis de la vie à deux ». Propositions adoptées, *Defrénois* 2010, Act. 1310 – S. Gaudemet, « Révocation ou maintien de la réversion d'usufruit et des avantages matrimoniaux au divorce : la mise en ordre proposée par le Congrès des notaires », *RDC* 2010. 1353.
3. V. N. Peterka, « Les libéralités du majeur protégé dans la loi du 5 mars 2007 », *Dr. fam.* 2007. Étude 20.
4. Civ. 2e, 15 mars 2007, n° 05-21.830, *Bull. civ.* II, n° 68; *D.* 2007. 1932, note D. Noguéro; *JCP N* 2007. 1191, note S. Hovasse; *AJ fam.* 2007. 185, obs. L. Pécaut-Rivolier; *RTD civ.* 2007. 309, obs. J. Hauser; *JCP N* 2007. 1312, obs. J.-M. Plazy; *Dr. fam.* 2007, n° 134, note Nicolas.
5. Décr. n° 2008-1484, 22 déc. 2008, relatif aux actes de gestion du patrimoine des personnes placées en curatelle ou en tutelle, et pris en application des articles 452, 496 et 502 du Code civil, *JO* 31 déc., p. 20631, ann. 1, col. 2, V.

§ 3
Dispositions de droit transitoire : rétroactivité de la loi du 23 juin 2006

354.101 Idée générale. La loi du 23 juin 2006 comporte une série de dispositions de droit transitoire destinées à dénouer l'imbroglio des textes successifs et à conférer à la réforme de 2006 une étendue temporelle maximale. Ces dispositions conduisent à distinguer, d'une part, les donations antérieures à l'entrée en vigueur de la loi du 26 mai 2004 et, d'autre part, celles qui lui sont postérieures.

354.102 Donations antérieures à l'entrée en vigueur de la loi du 26 mai 2004. La loi du 26 mai 2004 – dont les dispositions sont entrées en vigueur le 1er janvier 2005 – n'avait pas réglé la question de l'application dans le temps de la nouvelle règle de l'irrévocabilité des donations de biens présents entre époux. Il est vrai que le recours au droit commun transitoire commandait, à première vue, la survie de l'ancienne règle de la révocabilité *ad nutum* en vigueur à la date de la donation. Mais cette solution avait été vigoureusement dénoncée par une partie de la doctrine à l'aide de puissants arguments, si bien que le sort des donations consenties antérieurement au 1er janvier 2005 était entaché d'une grande incertitude[1] (v. ss no 353.74). Cette dernière a été dissipée par le législateur à l'occasion de la réforme des successions et des libéralités. La loi no 2006-728 du 23 juin 2006 dispose, en son article 47-III, que « *les donations de biens présents faites entre époux avant le 1er janvier 2005 demeurent révocables dans les conditions prévues par l'article 1096 du Code civil dans sa rédaction antérieure à cette date* ». Le texte ajoute que « *ces dispositions présentent un caractère interprétatif pour l'application de la loi no 2004-439 du 26 mai 2004 relative au divorce* ». Si elle peut se targuer de respecter les prévisions contractuelles et, par suite, de garantir la sécurité juridique[2], la solution conduit à soumettre les donations de biens présents entre époux à un double régime dont l'application de chaque branche est fonction de la date de la libéralité. Ce qui suppose, dans le cas des donations atypiques et notamment des dons manuels, que la preuve de celle-ci puisse être rapportée. Librement révocables dans les conditions prévues par l'ancien article 1096, les donations de biens présents consenties avant le 1er janvier 2005 demeurent soumises aux causes légales de révocation édictées, en matière de divorce, par les dispositions antérieures à la loi du 26 mai 2004, toutes les fois que l'assignation a été délivrée avant l'entrée en vigueur de cette loi[3]. En pareille hypothèse, l'époux coupable est privé, de plein droit, sur le fondement de l'ancien article 267, de toutes les donations que son conjoint lui avait consenties. Il reste que la survivance de l'ancien droit du divorce est appelée, à mesure de l'écoulement du temps, à se raréfier[4].

354.103 Donations postérieures à l'entrée en vigueur de la loi du 26 mai 2004. La réforme des successions et des libéralités prend soin de préciser l'application dans le temps de la nouvelle règle de la révocabilité des donations de biens présents entre époux à effet après le mariage, en lui conférant un **effet rétroactif.** La loi du 23 juin énonce en effet, en son article 46, que « *sauf clause contraire, les donations de biens présents qui ne prennent pas effet au cours du mariage, consenties entre le 1er janvier 2005 et la date d'entrée en vigueur de la présente loi* [soit le 1er janvier 2007], *sont librement révocables dans les conditions prévues par l'article 1096 du Code civil dans sa rédaction antérieure au 1er janvier 2005* ». Si le texte autorise à stipuler l'irrévocabilité de la **donation à effet différé**, pour les libéralités consenties entre le 1er janvier 2005 et le 1er janvier 2007, la validité d'une telle clause est *a priori* plus douteuse, dans le silence de la loi, s'agissant des donations effectuées après l'entrée en vigueur de la réforme de 2006. On se souvient, en effet, que la révocabilité discrétionnaire des donations – version *ante* 2005 – revêtait un caractère d'ordre public que seule une autorisation expresse du législateur paraissait pouvoir écarter. Telle n'est pourtant pas la jurisprudence de la Cour de cassation, laquelle admet la renonciation tacite du donateur à l'exercice de la faculté de révocation[5]. C'est dire que si **l'irrévocabilité de la donation de biens présents à effet immédiat postérieure au 1er janvier 2005** est désormais **d'ordre public** au point que la stipulation d'une clause de non-divorce y soit prohibée[6], la révocabilité *ad nutum* des donations de biens présents consenties avant cette date et, par suite, celle des donations de biens présents à effet différé postérieures au 1er janvier 2005, laquelle obéit au même régime juri-

1. B. Beignier et M. Nicod, « Donations entre époux : d'un droit à l'autre… », *Defrénois* 2005, art. 38104, p. 265.
2. Rapport S. Huyghe, Doc. AN, no 2580, 8 févr. 2006, p. 346-347.
3. L. no 2004-439, 26 mai 2004, art. 33-II – COMP., en matière d'avantages matrimoniaux : Civ. 1re, 1er déc. 2010, no 09-70.138; *Bull. civ.* I, no 250 – J. Massip, « Le sort des avantages matrimoniaux en cas de divorce », *JCP N* 2011. 1142 – Civ. 1re, 18 mai 2011, no 10-17.943, *Bull. civ.* I, no 90; *Dr. fam.* 2011. Comm. 107, note V. Larribau-Terneyre; *JCP* 2011. Doctr. 1371, obs. A. Tisserand-Martin.
4. Civ. 1re, 16 avr. 2008, no 07-17.117, NP; *Defrénois* 2008. 1839, note J. Massip.
5. Civ. 1re, 26 oct. 2011, no 10-25.078, préc. ss no 354.21.
6. Civ. 1re, 14 mars 2012, no 11-13.791, préc. ss no 354.83.

dique que la première, ne revêt plus un caractère impératif[1]. Par suite, une clause de renonciation à user de la faculté de révocation peut y être valablement stipulée. Si l'on peut sans doute déceler dans ce hiatus – lequel conduit non sans paradoxe à analyser pour les besoins de la cause l'article 1096 alinéa 2 du Code civil tantôt comme un texte impératif, tantôt comme un texte supplétif – le souci de garantir la sécurité juridique du conjoint gratifié, la pertinence d'une telle interprétation s'émousse d'autant plus sérieusement toutes les fois qu'il s'agit d'aboutir au maintien d'une donation à effet différé.

1. J. Massip, *L'incidence du divorce sur les donations entre époux*, préc.

CHAPITRE

355. Achats pour autrui entre époux

NATHALIE PETERKA
PROFESSEUR À L'UNIVERSITÉ PARIS-EST
CRÉTEIL VAL-DE-MARNE (UPEC)

SECTION 0
ORIENTEUR

355.00 **Plan du chapitre.**

355.01 **Textes applicables.**

C. civ., art. 1099-1 (*L. n° 2006-728, 23 juin 2006, art. 9*)

Quand un époux acquiert un bien avec des deniers qui lui ont été donnés par l'autre à cette fin, la donation n'est que des deniers et non du bien auquel ils sont employés.

En ce cas, les droits du donateur ou de ses héritiers n'ont pour objet qu'une somme d'argent suivant la valeur actuelle du bien. Si le bien a été aliéné, on considère la valeur qu'il avait au jour de l'aliénation, et si un nouveau bien a été subrogé au bien aliéné, la valeur de ce nouveau bien.

355.02 **Jurisprudence de référence.**

> L'achat entre époux avec clause d'accroissement ne s'analyse pas comme une libéralité, en raison de l'aléa exclusif de l'intention libérale, à moins que le prédécès de l'acquéreur ait été probable, en raison de son état de santé lors de l'acquisition et de la différence d'âge avec son conjoint

• Civ. 1re, 14 déc. 2004, n° 02-11.088, *Bull. civ.* I, n° 313

* V. ss n° 355.51

« Attendu que des difficultés sont apparues dans le cadre de la liquidation et du partage de la succession de Gilbert X..., sa fille, Françoise X..., épouse Y..., poursuivant rapport à la succession par Mme Denise Z..., troisième épouse de son père, de donations indirectes qui lui auraient été consenties par son défunt mari, d'une part, à l'occasion d'achats de biens immobiliers avec stipulation de clauses d'accroissement, d'autre part, pour le financement de parts d'une SCI Nice Flirey [...];

Mais sur la première branche du premier moyen :

Vu l'article 1099-1 du Code civil;

Attendu que l'acquisition d'un bien avec clause d'accroissement constitue un contrat aléatoire et non une libéralité;

Attendu que pour juger Mme A... tenue à rapporter à la succession de son défunt mari, la somme de 303 180 francs et des sommes représentant la moitié de la valeur actuelle des deux appartements sis avenue Pauliani à Nice, l'arrêt retient, après avoir jugé valides les clauses d'accroissement stipulées à l'occasion des acquisitions de l'appartement situé avenue du Mont Boron et de ceux sis avenue Pauliani à Nice, que ces acquisitions n'avaient pu être financées par Mme A... qu'à l'aide de donations indirectes consenties par son mari;

Attendu qu'en statuant ainsi, la cour d'appel a violé l'article susvisé;

Par ces motifs, sans qu'il y ait lieu de statuer sur la deuxième branche du premier moyen :

Casse et annule [...]. »

• Civ. 1re, 10 mai 2007, n° 05-21.011, *Bull. civ.* I, n° 170

* V. ss n° 355.51

« Attendu que Pierre X... et Mme Y..., sa compagne, ont constitué, le 6 octobre 1998, une SCI Les Hibiscus au capital de 50 000 francs, puis procédé à l'augmentation du capital de cette société au moyen de l'apport d'un bien immobilier par Pierre X... avec stipulation que les 20 500 parts composant le capital social ainsi que tous les droits attachés à ces parts seraient mis en tontine à titre de pacte aléatoire au profit de celui des deux associés qui survivra sans que les héritiers, ayants droit et représentants du prédécédé puissent prétendre à aucun droit sur lesdites parts et créances; que Pierre X... est décédé le 30 septembre 2000 en laissant notamment, pour lui succéder, ses trois enfants, Z..., Henri et Norbert (les consorts X...); que ces derniers ont assigné Mme Y... aux fins de faire constater que la clause d'accroissement n'était pas aléatoire et dissimulait une libéralité;

Attendu que Mme Y... fait grief à l'arrêt attaqué (Aix-en-Provence, 22 févr. 2005), d'avoir dit que l'acte du 30 décembre 1998 s'analysait en une donation déguisée;

Attendu que les juges d'appel ont constaté que Pierre X... ayant financé seul le capital initial et son augmentation de la SCI Les Hibiscus, et retenu qu'en raison de son état de santé à l'époque de la constitution de la société et de la différence d'âge qui existait entre les associés, il était probable qu'il décède avant Mme Y...; qu'en l'état de ces constatations et appréciations souveraines, la cour d'appel a pu décider que l'opération litigieuse, qui ne présentait aucun aléa, constituait une libéralité; que le moyen n'est pas fondé;

Par ces motifs :

Rejette le pourvoi [...]. »

> L'acquisition en indivision d'une résidence secondaire et d'immeubles de rapport ne s'analyse pas comme une donation entre époux, dès qu'elle est motivée par l'obligation de contribuer aux charges du mariage ou qu'elle revêt un caractère rémunératoire

• Civ. 1re, 18 déc. 2013, n° 12-17.420, *Bull. civ.* I [à paraître]

* V. s^s^ n°s 355.31 et 355.35

« Attendu, selon l'arrêt attaqué (Bordeaux, 31 janvier 2012), que M. X..., qui s'était marié le 22 juillet 1978 avec Mme Y..., sous le régime de la séparation de biens, a exercé, à titre individuel, une activité d'agent immobilier, avant de créer, en 1985, avec son épouse, la société Mandel immobilier, chacun des époux détenant 250 parts sociales; qu'en 1986, M. X... étant devenu notaire, Mme Y... a poursuivi seule l'activité de la société jusqu'en 1990, époque à laquelle cette société a été liquidée; que les époux ont acquis, notamment, indivisément, chacun pour moitié, de 1987 à 1990, cinq immeubles de rapport et, en 1991, un immeuble leur servant de résidence secondaire; qu'au mois de novembre 2006, M. X... a assigné son épouse, à titre principal, en révocation des donations indirectes qu'il soutenait lui avoir consenties en finançant les acquisitions immobilières et, subsidiairement, en fixation de ses créances envers l'indivision;

Sur le premier moyen, pris en ses deux branches :

Attendu que M. X... fait grief à l'arrêt de le déclarer non fondé à révoquer la donation indirecte consentie à son épouse au titre du financement de l'immeuble indivis de Piraillan et de le débouter de ses demandes subsidiaires tendant à se voir reconnaître, au même titre, titulaire d'une créance sur l'indivision ou sur son épouse, sur le fondement des articles 815-2 et 815-13 du Code civil et des principes régissant l'enrichissement sans cause, alors, selon le moyen :

1°/ que la contribution aux charges du mariage ne saurait englober les dépenses d'investissement réalisées par un époux au nom de son conjoint impécunieux aux fins de constituer à celui-ci un patrimoine immobilier et qu'en décidant en l'occurrence que le financement intégral par le mari de l'immeuble indivis de Piraillan constituait une simple modalité de contribution aux charges du mariage, la cour d'appel a violé par fausse application les articles 214 et 1537 du Code civil et par refus d'application les articles 815-2 et 815-13 du Code civil;

2°/ que la seule contribution en nature de l'épouse aux charges du mariage n'avait pu servir de cause au financement par le mari de sa part des dépenses d'investissement relatives à l'immeuble indivis de Piraillan, qu'encore eût-il fallu que l'épouse apporte au ménage plus qu'une simple contribution aux charges du mariage, ce que l'arrêt attaqué n'a pas constaté, et que la cour d'appel a ainsi violé par refus d'application les articles 1096 et 1371 du Code civil;

Mais attendu, d'une part, que la contribution aux charges du mariage, distincte, par son fondement et par son but, de l'obligation alimentaire, peut inclure des dépenses d'investissement ayant pour objet l'agrément et les loisirs du ménage; qu'ayant relevé que l'activité stable de l'époux lui procurait des revenus très confortables lui permettant d'acquérir une résidence secondaire pour la famille, les juges du fond ont pu décider que le financement par le mari de l'acquisition d'un tel bien indivis participait de l'exécution de son obligation de contribuer aux charges du mariage;

Et attendu qu'ayant ainsi retenu qu'en exécutant cette obligation, le mari n'avait fait que payer sa dette, la cour d'appel n'avait pas à procéder à une constatation que sa décision rendait inopérante;

D'où il suit que le moyen ne saurait être accueilli :

Sur le second moyen, pris en ses trois branches, ci-après annexé :

Attendu que M. X... fait encore grief à l'arrêt de rejeter sa demande de révocation des donations au titre des immeubles de rapport acquis pendant la vie commune;

Attendu qu'il incombait au mari, qui invoquait l'existence d'une donation révocable, de prouver avoir financé les acquisitions litigieuses dans une intention libérale; qu'après avoir justement relevé que la seule circonstance que les comptes joints ouverts au nom des époux étaient alimentés par les seuls revenus du mari était insuffisante à caractériser cette intention libérale, la cour d'appel a constaté que, de 1986 à 1990, Mme Y... avait assumé seule les fonctions de gérante de la société Mandel immobilier sans percevoir aucune rémunération puisque M. X..., devenu notaire, ne pouvait plus exercer aucun rôle au sein de celle-ci, la cour d'appel a fait ressortir que l'activité de l'épouse était allée au-delà de son obligation de contribuer aux charges du mariage et estimé que cette activité constituait la cause des versements effectués par le mari au titre de l'acquisition des immeubles, peu important que le mari ait aussi financé l'acquisition des parts sociales; qu'elle a, par ces seuls motifs, légalement justifié sa décision;

Par ces motifs :

Rejette le pourvoi [...]. »

355.03 Bibliographie indicative.

Actualisables. Rép. civ., v° *Donation entre époux*, par V. Brémond, mars 2013, n°s 81 s. – *J.-Cl. Civ. Code*, art. 1091 à 1100, fasc. 20, n°s 106 à 117, J.-F. Montredon.

Ouvrages[1]. C. Aubry et C. Rau, t. XI, par P. Esmein, *Traité de droit civil français*, 6e éd., Litec, 1956 – J. Flour et H. Souleau, *Droit civil. Les libéralités*, coll. « U », A. Colin, 1982, n°s 470 à 482 – M. Grimaldi, *Droit civil. Libéralités. Partages d'ascendants*, LexisNexis/Litec, 2000, n°s 1593 à 1596 – Chr. Jubault, *Droit civil. Les successions. Les libéralités*, coll. « Domat droit privé », 2e éd., Montchrestien, 2010, n°s 828 à 845 – Ph. Malaurie, *Les successions. Les libéralités*, 5e éd., Defrénois/Lextenso, 2012, n°s 718 à 728 – H. L. J. Mazeaud et F. Chabas, *Leçons de droit civil*, tome IV, vol. 2, *Successions-Libéralités*, par L. et S. Leveneur, 5e éd., Montchrestien, 1999, n°s 1539 à 1551 – M. Planiol et G. Ripert, par A. Trasbot et Y. Loussouarn, *Traité pratique de droit civil français*, t. V, *Donations et testaments*, 2e éd., LGDJ, 1957, n°s 753 à 766 – A. Sériaux, *Successions et libéralités*, Ellipses, 2013, n° 83 à 87 – F. Terré, Y. Lequette et S. Gaudemet, *Droit civil. Les successions. Les libéralités*, « Précis », 4e éd., Dalloz, 2014, n°s 633 à 640.

Articles. M. Dagot, « Réflexions sur l'article 1099-1 du Code civil », *JCP* 1971. I. 2397 – J. Hauser et Ph. Delmas Saint-Hilaire. « Vive les libéralités entre époux », *Defrénois* 2003, art. 37645, p. 3; « Volonté et ordre public dans le nouveau droit du divorce : un divorce entré dans le champ contractuel ? », *Defrénois* 2005, art. 38115, p. 357 – D. de la Marnierre, « Du paiement par un époux séparé de biens du prix de l'acquisition faite par un conjoint », *Gaz. Pal.* 1979. 1. Doctr. 57 – A. Faure et J.-M. Mathieu, « Les contributions dans le couple (ou "l'impossible qualification des flux financiers") », *JCP N* 2011. 1314 – S. et P. Lecourt, « Les donations déguisées entre époux après la loi du 28 décembre 1967 », *JCP* 1968. I. 2139 – G. Morin, « Le nouvel article 1099-1 et ses incidences sur l'indépendance des époux », *Defrénois* 1968. 373 – S. Piedelièvre, « Réflexions sur l'achat pour autrui entre époux », *JCP* 1991. I. 3484 – J. Viatte, « L'achat pour autrui », *Gaz. Pal.* 1972. 2. Doctr. 447.

355.04 Questions essentielles.

> Dans quels cas la remise de deniers par l'un des époux en vue de l'acquisition d'un bien par son conjoint est-elle qualifiée d'acte à titre onéreux ?

* V. s^{s} n°s 355.10 à 355.62

> L'article 1099-1 du Code civil s'applique-t-il dans l'hypothèse où l'époux donateur remet directement les deniers au tiers qui vend le bien à l'époux gratifié ?

* V. s^{s} n° 355.74

> Le mécanisme de la dette de valeur, institué par l'article 1099-1 alinéa 2 du Code civil, s'applique-t-il lorsqu'un époux a donné des deniers en vue de financer l'amélioration d'un bien appartenant à l'autre ?

* V. s^{s} n° 355.82

355.09 Vue d'ensemble. L'achat pour autrui est une opération par laquelle un bien est acquis par une personne mais payé grâce à des deniers fournis par une autre personne. Dans les rapports entre l'acquéreur et le vendeur, l'acte est un acte à titre onéreux (sect. 1). Dans les rapports entre l'acquéreur et le fournisseur de deniers, l'opération présente, au contraire, tous les signes de la gratuité (sect. 2).

Entre époux, le mécanisme de l'achat pour autrui est très fréquemment mis en œuvre surtout parce qu'il permet de rectifier les effets un peu trop énergiques d'un régime de séparation de biens. Cette vitalité de l'achat pour autrui entre époux a engendré un foisonnement de difficultés qui a retenu l'attention de la jurisprudence et du législateur. Ils se sont attachés à concilier trois intérêts souvent antagonistes : celui de l'époux acquéreur, celui de l'époux fournisseur de deniers et celui des tiers. Leurs efforts ont abouti à une situation *a priori* déconcertante : l'achat pour autrui entre époux reste généralement un acte à titre gratuit mais il est de plus en plus souvent qualifié d'acte à titre onéreux, afin de le soustraire au régime des donations conjugales. Il reste que l'assouplissement de ce dernier, et notamment l'abrogation de la nullité des donations déguisées entre époux ainsi que de la libre révocabilité des donations de biens présents à effet pendant le mariage, devrait conduire à restituer leur qualification gratuite à nombre d'opérations jusqu'à présent analysées comme des actes à titre onéreux.

SECTION 1
ACHAT POUR AUTRUI ENTRE ÉPOUX, ACTE À TITRE ONÉREUX

355.10 Progrès de la qualification d'acte à titre onéreux. Intérêts pratiques et théoriques. Droit transitoire. Pratiquement, qualifier un achat pour autrui entre époux d'acte à titre onéreux revient, s'agissant des **opérations antérieures au 1er janvier 2005**, à les mettre à l'abri de la nullité des donations déguisées entre époux et de la révocation *ad nutum* des donations entre époux. La démarche permet également, quelle que soit la date de la libéralité, de soustraire cette dernière à la révocabilité discrétionnaire des donations de biens présents entre époux à effet après le mariage (v. L. n° 2006-728, 23 juin 2006, art. 46 et 47-III). Elle préserve, enfin, la donation d'une éventuelle réduction pour atteinte à la réserve. Il est donc essentiel de retracer les contours de la qualification d'acte à titre onéreux (§ 1) laquelle conduit, par répercussion, à reconsidérer la place de l'élément intentionnel – *l'animus donandi* – dans la définition de l'acte libéral (§ 2).

1. NB : les ouvrages les plus fréquemment cités et dont le nom des auteurs figure en petites capitales en bibliographie sont cités par les seuls noms des auteurs en petites capitales en notes de bas de page.

§ 1
Contours de la qualification d'acte à titre onéreux

355.20 **Division.** La jurisprudence écarte la qualification de libéralités entre époux, au profit de celle d'acte à titre onéreux, en se fondant un double critère (A) dont on fournira quelques applications (B).

A.
Double critère

355.21 **Activité excédant la contribution aux charges du mariage.** Pour que, entre les époux, la remise des deniers ayant servi à payer le prix d'acquisition reçoive la qualification d'acte à titre onéreux, il faut, tout d'abord, que **le conjoint bénéficiaire ait déployé ou promis une activité excédant ce que les articles 212 et 214 du Code civil exigent de lui au titre du devoir d'assistance entre époux et de la contribution aux charges du mariage.** L'appréciation de ce dépassement relève du pouvoir souverain des juges du fond. Ces principes résultent de l'arrêt *Bitter* du 24 octobre 1978 [1] par lequel la première chambre civile de la Cour de cassation a consolidé la jurisprudence retenant la qualification à titre onéreux.

355.22 **Appauvrissement et enrichissement corrélatifs.** Pour que la qualification d'acte à titre onéreux s'impose, il faut ensuite que **l'activité excédant la contribution aux charges du mariage n'ait pas déjà été rémunérée et qu'elle ait enrichi l'époux fournisseur des deniers.** La corrélation est relativement commode à établir dans la mesure où la Cour de cassation décide que, de manière générale, l'absence de rémunération de l'un entraîne enrichissement de l'autre [2]. Lorsque ces conditions se trouvent réunies, l'acte juridique s'analyse comme une **donation rémunératoire**, c'est-à-dire, en réalité, comme un acte à titre onéreux esquivant le régime juridique des libéralités conjugales [3]. Les relations entre époux séparés de biens constituent le domaine d'élection de cette qualification. Les libéralités rémunératoires entre époux devancent, en quelque sorte, l'action *de in rem verso* qu'aurait pu exercer l'époux appauvri, s'il n'avait pas bénéficié de cette libéralité.

B.
Applications

355.31 **Collaboration professionnelle non rétribuée d'un époux à la profession de son conjoint.** La jurisprudence a commencé à considérer que la remise de deniers par l'un des époux, en vue de l'acquisition d'un bien par l'autre, est un acte à titre onéreux, dans des hypothèses où le bénéficiaire avait déjà collaboré, dans les conditions évoquées ci-dessus, à l'activité professionnelle de son conjoint. Tel était le cas dans l'affaire *Bitter* précitée et dans de nombreux autres arrêts rendus depuis par la première chambre civile de la Cour de cassation [4]. Il est vrai qu'une telle activité – souvent très intense quand la profession du conjoint est une profession commerciale, artisanale ou agricole – se prête particulièrement à un dépassement des devoirs d'assistance entre époux et de contribution aux charges du mariage.

La jurisprudence récente illustre la vitalité de cette solution. Par un **arrêt du 18 décembre 2013**, la Cour de cassation a rejeté la qualification de donation à propos du financement, par un époux séparé de biens, de l'acquisition en indivision avec son conjoint de plusieurs immeubles de rapport, au motif que l'épouse, qui avait bénéficié de ces versements, avait assumé seule et sans percevoir de rémunération les fonctions de gérante de la société qu'il avait constituée et que son activité était ainsi allée au-delà de son obligation de contribuer aux charges du mariage [5]. La Haute juridiction approuve les juges du fond d'avoir décidé que l'activité de l'épouse constituait la cause des versements effectués par le mari au titre de l'acquisition des immeubles. Le même arrêt écarte pareillement la qualification de donation indirecte, à propos du financement par le mari d'une résidence secondaire indivise, au motif que, d'une part, la contribution aux charges du mariage peut inclure des dépenses d'investissement ayant pour objet l'agrément et les loisirs du ménage et, d'autre part, le financement par le mari de l'acquisition d'un tel bien indivis participe de

1. Civ. 1re, 24 oct. 1978, no 76-12.557, *Bull. civ.* I, no 316; *JCP* 1979. II. 19220, note J. Patarin; *Defrénois* 1979, art. 32038, obs. G. Champenois; *D.* 1979, IR 75, obs. Martin.
2. Civ., 9 janv. 1979, no 77-12.991, *Bull. civ.* I, no 11; *Defrénois* 1980, art. 32174, p. 45, note A. Ponsard.
3. P. Laroche de Roussane et J.-P. Ferrandès, « Les donations rémunératoires entre époux : état de la jurisprudence », *Dr. et patr.* mars 1997. 41. – A. Goutenoire-Cornut, « Collaboration familiale et enrichissement sans cause », *Dr. fam.* 1999. 6.
4. Civ. 1re, 24 oct. 1978, no 76-12.557, *Bull. civ.* I, no 316 – Civ. 1re, 9 nov. 1993, no 91-22.059, *Bull. civ.* I, no 317; *JCP* 1994. II. 22300, note Phillipe; *JCP* 1994. I. 3785, no 3, obs. Storck; et 3791, no 8, obs. R. Le Guidec; *Defrénois* 1994. 443, obs. G. Champenois; *RTD civ.* 1994. 595, obs. J. Mestre; *RTD civ.* 1994. 662, obs. J. Patarin; *RTD civ.* 1995. 173, obs. B. Vareille.
5. Civ. 1re, 18 déc. 2013, no 12-17.420, *Bull. civ.* I [à paraître].

l'exécution de son obligation de contribuer aux charges du mariage.

C'est dire que les flux financiers entre époux se prêtent volontiers au jeu des qualifications, ce qui permet au bénéficiaire d'esquiver, cela d'autant plus que l'absence d'intention libérale est ici présumée, la révocabilité discrétionnaire des anciennes donations de biens présents (v. s[s] n° 355.35)[1].

355.32 Collaboration professionnelle à venir. Par un arrêt du 9 novembre 1993, la première chambre civile de la Cour de cassation a franchi un pas supplémentaire dans la qualification d'acte à titre onéreux en retenant cette dernière dans une espèce où la remise des deniers avait été consentie, à l'avance, par le mari pour rémunérer la future collaboration de sa femme à la bonne marche de l'exploitation agricole, laquelle avait été acquise en indivision avec les seuls deniers du mari[2].

355.33 Travail au foyer. L'accomplissement des tâches domestiques fut pendant longtemps le moyen le plus classique, pour les femmes, de contribuer aux charges du mariage. Le poids des traditions et la force des habitudes ne permettaient pas d'imaginer que l'exécution de ces travaux quotidiens puisse conduire à un dépassement des exigences de l'article 214. La Cour de cassation n'a pourtant pas hésité à bousculer les idées reçues. Elle a, en effet, décidé que la remise de deniers pouvait constituer la juste contrepartie du travail au foyer dans le cas où l'épouse a dû, pour l'accomplir, faire le sacrifice de sa carrière professionnelle[3]. Il semble, toutefois, qu'une interruption momentanée de la carrière ne représente pas un sacrifice suffisant pour dépouiller la remise de deniers de sa gratuité ordinaire[4], à moins qu'elle s'accompagne pour l'épouse d'une perte de rémunération (en l'espèce[5], l'épouse avait été contrainte d'interrompre sa carrière professionnelle pour accompagner son mari au cours de ses affectations à l'étranger. Or, les juges du second degré avaient relevé que si elle y avait trouvé une activité au bout d'un certain temps, sa rémunération avait été sans commune mesure avec sa rémunération en France métropolitaine).

355.34 Prolongements plausibles. L'évolution analysée s'est faite dans l'intérêt de la femme mariée sous le régime de la séparation de biens qui fait des efforts exceptionnels pour contribuer à la réussite professionnelle de son mari, sans pouvoir prendre part à celle-ci dans une masse commune. Gageons que, dans des circonstances inversées, le mari pourrait bénéficier, lui aussi, de cette jurisprudence[6] !

Il est également probable que ce système de rémunération des activités excédant la mesure du devoir d'assistance entre époux et de la contribution aux charges du mariage, n'est pas limité au régime de la séparation de biens. Même sous un régime communautaire, la qualification de donation rémunératoire – par suite d'acte à titre onéreux – pourrait, en effet, présenter parfois une utilité. Tel pourrait être le cas, par exemple, au sujet de l'époux qui sacrifie tous ses loisirs à la restauration d'un propre de son conjoint.

355.35 Originalité de la construction jurisprudentielle. Présomption d'absence d'intention libérale. Pour pouvoir révoquer ou obtenir la nullité sur le fondement des anciens articles 1096 et 1099, alinéa 2 – dans leur rédaction antérieure au 1er janvier 2005 laquelle demeure applicable aux libéralités effectuées avant cette date – l'époux fournisseur de deniers doit démontrer que l'opération a consisté en une donation. Il doit donc prouver qu'il était mû par une intention libérale.

La Cour de cassation décide, en effet, qu'il incombe au mari, qui invoque l'existence d'une donation révocable, de prouver avoir financé les acquisitions litigieuses dans une intention libérale[7]. C'est ainsi, par exemple, que la seule circonstance que le prix ait été payé à l'aide des comptes joints des époux alimentés par les seuls revenus du conjoint fournisseur des deniers est insuffisante à caractériser l'*animus donandi*[8]. Fidèle à sa jurisprudence dégagée sous l'empire des anciens textes, la Haute juridiction refuse d'admettre que le mari a administré la preuve de cette intention lorsque les critères tirés, d'une part, de l'activité excédant la contribution aux charges du mariage et, d'autre part, de l'appauvrissement et de l'enrichissement

1. A. Faure et J.-M. Mathieu, « Les contributions dans le couple (ou " »l'impossible qualification des flux financiers »") », *JCP N* 2011. 1314.
2. Civ. 1re, 9 nov. 1993, n° 91-22.059, *Bull. civ.* I, n° 317.
3. Civ. 1re, 10 juill. 1979, *Defrénois* 1980, p. 46, note Ponsard – Civ. 1re, 4 mars 1980, n° 78-12.900, *Bull. civ.* I, n° 76; *RTD civ.* 1981. 428. – Civ. 1re, 20 mai 1981, nos 80-11.544 et 79-17.171, *Bull. civ.* I, nos 175 et 176; *RTD civ.* 1982. 784, obs. J. Patarin – Civ. 1re, 3 juin 1998, n° 96-11.971, NP; *Dr. fam.* 1998, n° 123, note B. Beignier; *JCP* 1998. I. 183, n° 11, obs. M. Storck – Civ. 1re, 19 oct. 1999, n° 97-10.258, NP; *Dr. fam.* 2000, n° 63, note B. Beignier – Civ. 1re, 8 févr. 2000, n° 98-10.846, *Bull. civ.* I, n° 44; *D.* 2000. Somm. 428, obs. M. Nicod; *JCP* 2000. I. 245, n° 1, obs. Wiederkehr; *Dr. fam.* 2000, n° 43, note B. Beignier.
4. Civ. 1re, 27 janv. 1993, n° 91-13.986, *Bull. civ.* I, n° 35; *D.* 1987. 253, note Morin; *RTD civ.* 1987. 578, obs. J. Patarin.
5. Civ. 1re, 24 févr. 1998, n° 96-11.122, NP; *Dr. fam.* 1998, n° 123, notre B. Beignier.
6. V. DÉJÀ, Civ. 1re, 25 févr. 1981, n° 79-15.773, *Bull. civ.* I, n° 71; *JCP* 1982. II. 19843.
7. EN CE SENS, Civ. 1re, 18 déc. 2013, n° 12-17.420, préc. s[s] n° 355.31.
8. Civ. 1re, 18 déc. 2013, n° 12-17.420, préc. s[s] prés[t] n°.

corrélatifs, sont rassemblés. La réunion des deux critères équivaut donc à une présomption d'absence d'intention libérale si difficile à renverser qu'elle est presque irréfragable[1].

Sur le fondement de ces deux critères, la Cour de cassation a approuvé une cour d'appel d'avoir déduit de la modicité des revenus de l'ex-épouse et du remboursement par l'ex-mari de la plupart des mensualités échues du prêt contracté pour l'acquisition d'un immeuble propre de celle-ci, l'existence d'une intention libérale de l'ex-mari à l'égard de son ex-femme relativement au financement de l'acquisition de cet immeuble[2].

La Cour de cassation a censuré, en revanche, l'arrêt d'une cour d'appel ayant retenu l'intention libérale du mari, auteur du financement de l'intégralité de l'immeuble acquis en indivision avec son épouse, au motif que celle-ci ne démontrait pas avoir participé à la vie du ménage au-delà de son obligation normale de contribution aux charges du mariage et qu'il importait peu de savoir si elle avait travaillé ou non depuis la date de l'acquisition de l'immeuble puisqu'elle ne contestait pas que son mari en avait financé la totalité. Un tel arrêt doit être cassé pour violation de l'article 455 du Code de procédure civile, pour ne pas avoir motivé sa décision sur la preuve de l'intention libérale ayant animé le mari lorsqu'il a effectué les paiements pour le compte de son épouse[3]. C'est dire que, pour renverser la présomption d'absence d'*animus donandi*, les juges du fond sont tenus d'en caractériser l'existence, en recherchant si le bénéficiaire de la prétendue donation n'avait pas renoncé à tout avenir professionnel pour se consacrer au ménage et à ses enfants, en contribuant aux charges du mariage au-delà de son obligation normale.

Cette originalité de la preuve de l'intention libérale, dans les relations entre époux, conduit à s'interroger sur le rôle de celle-ci dans la définition des libéralités.

§ 2
Rôle de l'intention libérale dans la définition des libéralités

355.40 Annonce. Il faudra commencer, d'abord, par définir l'intention libérale (A) pour pouvoir opposer, ensuite, le rôle décisif qu'elle joue habituellement dans la définition des libéralités (B) au rôle déclinant qui lui est réservé dans les relations entre époux par la jurisprudence analysée (C).

A.
Définition de l'intention libérale

355.41 Controverse doctrinale. Si la doctrine est à peu près unanime pour considérer qu'il n'y a pas de libéralité sans intention libérale, elle est en revanche divisée sur la définition de cette dernière notion.

Certains auteurs prônent une conception affective, moralement très exigeante, puisqu'elle n'admet l'intention libérale que dans les actes purgés du plus petit motif égoïste. Il lui est reproché de réduire à presque rien la catégorie des libéralités tant « *il est rare que les motifs qui poussent un homme à se dépouiller au profit d'autrui soient purs de tout alliage* »[4].

D'autres auteurs se prononcent pour une conception abstraite dans laquelle l'intention libérale est nettement distinguée des motifs et des mobiles, puisqu'elle est présentée comme la conscience et la volonté de ne pas recevoir de contrepartie. La critique essentielle adressée à cette thèse est de confondre trop largement intention libérale et consentement à l'acte.

355.42 Hésitations jurisprudentielles. L'intention libérale est délicate à analyser en jurisprudence. La difficulté vient, au premier, chef de ce que la notion relève de l'appréciation souveraine des juges et de l'absence de contrôle de qualification exercée par la Cour de cassation. La majorité des arrêts semblent, il est vrai, privilégier la conception abstraite de *l'animus donandi*. Cette dernière permet à la jurisprudence de se monter plus généreuse et plus précise pour accueillir des actes dans la catégorie des libéralités. Cela ne l'a pas empêchée, toutefois, d'être perplexe pour apprécier s'il y avait ou non intention libérale dans un certain nombre d'hypothèses délicates. Ainsi, a-t-elle mis fort longtemps à décider que la présence, chez le disposant, d'un intérêt moral à l'opération n'était pas exclusive de l'intention libérale; ce qui l'a conduite à accorder la qualification de donations aux offres de concours. Plus récemment, la chambre commerciale de la Cour de cassation s'est à nouveau ralliée à la conception objective, sous couvert de l'appréciation souveraine de l'intention libérale par les juges du fond, dans un arrêt mettant en cause *Les témoins de Jéhovah*. Elle décide que la satisfaction

1. Civ. 1re, 24 oct. 1978, no 76-12.557, *Bull. civ.* I, no 316 – Civ. 1re, 9 nov. 1993, no 91-22.059, *Bull. civ.* I, no 317 – Civ. 1re, 10 juill. 1979, préc. ss no 353.93 et 355.33 – Civ. 1re, 4 mars 1980, no 78-15.968, *Bull. civ.* I, no 72 – Civ. 1re, 17 juin 1997, no 95-17.442, NP – Civ. 1re, 21 oct. 1997, no 95-20.072, NP – Civ. 1re, 13 janv. 1998, no 96-11.625, NP – Civ. 1re, 24 févr. 1998, no 96-11.122, NP – Civ. 1re, 3 juin 1998, no 96-11.971, NP – Civ. 1re, 19 oct. 1999, no 97-10.258, NP – Civ. 1re, 8 févr. 2000, no 98-10.846, *Bull. civ.* I, no 44.
2. Civ. 1re, 3 avr. 2007, no 06-12.094, NP; *RJPF* 2007-10/21.
3. Civ. 1re, 12 janv. 2011, no 09-70.002, NP.
4. J. FLOUR et H. SOULEAU, *Les libéralités*, par SOULEAU, no 41.

morale, tirée de l'exercice du culte, ne suffit pas à exclure l'intention libérale et, par suite, à ôter la qualification de libéralité aux offrandes versées par les fidèles[1].

Précisons, enfin, qu'il n'a pas encore très clairement précisé si, et dans quelle mesure, l'exécution d'une obligation naturelle chassait l'intention libérale et, par conséquent, la qualification de libéralité.

En s'appuyant sur des arrêts relativement anciens de la Cour de cassation et sur de nombreuses décisions des juridictions du fond, la doctrine, tout en constatant la grande incertitude qui règne en la matière, propose les distinctions suivantes. Si l'acte récompense un service déjà rémunéré antérieurement, il doit être qualifié de libéralité. S'il a été fait alors que le service n'a pas déjà été rémunéré, la qualification variera en fonction de la nature du service. S'agit-il d'un service qu'il n'est pas habituel de monnayer ? L'acte sera une libéralité. S'agit-il d'un service qui est ordinairement monnayé ? L'acte sera à titre onéreux.

B.
Importance du rôle habituel de l'intention libérale dans la qualification de libéralité

355.51 « ***Pas de libéralité sans intention libérale.*** » Si pour certains auteurs, comme Planiol, l'existence d'un appauvrissement et d'un enrichissement sans contrepartie suffirait à caractériser la notion de libéralité, la jurisprudence a clairement affirmé que « *la volonté de donner ou de léguer est de l'essence des dispositions à titre gratuit* »[2] et que, par conséquent, il n'y a pas de testament ni de donation[3] sans intention libérale.

L'intention libérale est d'ailleurs nécessaire pour distinguer les libéralités des contrats lésionnaires et des contrats aléatoires. Ainsi, l'acquisition d'un bien par deux époux avec **clause d'accroissement** échappe-t-elle à la qualification de libéralité, en raison de l'aléa que lui injecte cette clause[4]. Il en va toutefois différemment lorsque le prédécès de l'époux ayant intégralement financé l'acquisition était probable en raison de son état de santé à l'époque l'achat et de sa différence d'âge avec son conjoint[5].

C'est l'intention libérale qui permet de distinguer, parmi les actes qui ont entraîné un appauvrissement et un enrichissement sans contrepartie, entre ceux qui peuvent justifier une action *de in rem verso* ou en répétition de l'indu et ceux qui sont soumis au régime des libéralités. C'est encore elle qui permet d'attribuer leur qualification aux libéralités mutuelles et notamment aux donations mutuelles particulièrement fréquentes entre époux.

355.52 Pas d'acte à titre onéreux avec intention libérale ? L'intention libérale, nécessaire, n'est pas suffisante pour entraîner la qualification de libéralité. Il existe, en effet, de nombreuses et importantes hypothèses dans lesquelles un acte, pourtant causé par une telle intention, est réintégré par la jurisprudence dans la catégorie des actes à titre onéreux, à défaut de l'élément matériel de la notion de libéralité, c'est-à-dire d'un appauvrissement du disposant et d'enrichissement corrélatif du bénéficiaire. Il en est ainsi des fondations de messe, lorsque la somme versée correspond au coût normal des messes programmées[6], des dots moniales lorsque la valeur des biens donnés à la congrégation correspond à ce qui est nécessaire pour assurer l'entretien du donateur entré en religion[7], des donations avec charges au profit du disposant lorsque la valeur des services auxquels le donataire est tenu équivaut ou dépasse la valeur de ce qui lui a été donné[8].

En revanche, **lorsque l'intention libérale est associée à l'élément matériel, l'acte est nécessairement une libéralité** soumise à toutes les règles édictées par la loi pour ce type d'acte juridique[9]. Or, cette affirmation est partiellement démentie par la jurisprudence relative à la collaboration professionnelle ou domestique du conjoint.

C.
Déclin du rôle de l'intention libérale dans les relations entre époux

355.61 Ambiguïté des rapports entre intention libérale et affection conjugale. L'affection conju-

1. Com. 5 oct. 2004, n° 03-15.709, *Bull. civ.* IV, n° 178; *D.* 2005. Pan. 2114; *Defrénois* 2005. 133, obs. A. Chappert; *RTD com.* 2005. 372, obs. L. Grosclaude.
2. Req. 27 juin 1887, *DP* 1888. 1. 303.
3. Req. 9 déc. 1913, *DP* 1919. 1. 29 – Civ. 1re, 1er juin 1977, n° 74-11.994, *Bull. civ.* I, n° 259.
4. Civ. 1re, 14 déc. 2004, n° 02-11.088, *Bull. civ.* I, n° 313; *D.* 2005. 2263, note C. Le Gallou; *D.* 2005. Pan. 2114; *JCP* 2005. I. 187, n° 8, obs. R. Le Guidec; *Dr. fam.* 2005, n° 61, note Brun; *AJ fam.* 2005. 109, obs. F. Chenedé; *Defrénois* 2004, art. 38142, p. 617, obs. R. Libchaber; *RDC* 2005. 693, obs. A. Bénabent.
5. Civ. 1re, 10 mai 2007, n° 05-21.011, *Bull. civ.* I, n° 173; *D.* 2007. AJ 1510, obs. C. Delaporte-Carré; *D.* 2007. 2134, obs. M. Nicod; *AJ fam.* 2007. 316, obs. F. Bicheron; *JCP N* 2007. 1215, note J.-P. Garçon; *RLDC* 2007/41, n° 2672, note B. Xemard; *RDC* 2007. 1165, obs. A. Bénabent.
6. Civ. 6 déc. 1909, *D.* 1910. 1. 281.
7. Civ. 13 mars 1907, *D.* 1907. 1. 281.
8. Req. 25 févr. 1913, *S.* 1920. 1. 220.
9. J. Flour et H. Souleau, *Les libéralités*, n° 29.

gale n'est évidemment pas incompatible avec l'intention libérale. Cependant, elle se manifeste dans des conditions si particulières, sur le plan de la vie juridique et sur le plan de la vie pratique, qu'elle a rendu beaucoup plus difficile la découverte de l'intention libérale et qu'elle a incité la jurisprudence à n'en pas tenir compte, particulièrement en matière de collaboration professionnelle ou domestique. Cette technique d'exclusion n'est pas non plus dénuée d'équivoque.

355.62 Ambiguïté de la technique d'exclusion de l'intention libérale des relations entre époux. La jurisprudence qui repose sur une présomption d'absence d'intention libérale paraît considérer que, dans les cas envisagés, l'intention libérale n'existe pas dans les rapports entre époux. Une telle démarche, destinée à corriger les inégalités dont l'épouse est encore victime, n'est peut-être pas d'une grande élégance car « *elle oblige le mari à établir soit que la femme n'avait fait que son devoir, soit que son don excédait la valeur du renoncement, toutes choses difficiles et quelque peu répugnantes* »[1]. Afin d'éviter ces travers, l'on pourrait avancer l'interprétation suivante. La jurisprudence, qui repose sur une présomption pratiquement irréfragable, n'exclut pas l'intention libérale des relations conjugales. Elle exclut la qualification libérale, à supposer même qu'il y ait une intention libérale associée à l'élément matériel se présentant sous ses deux aspects d'appauvrissement et d'enrichissement sans contrepartie. La remise de deniers destinés à rémunérer la collaboration professionnelle ou domestique du conjoint ne serait d'ailleurs pas la seule hypothèse dans laquelle une présomption empêcherait la qualification libérale, malgré une éventuelle intention libérale entre époux. Tel paraît déjà être le cas des avantages matrimoniaux au regard de l'article 1527 alinéa 1er du Code civil.

Quoi qu'il en soit, toute remise de deniers par un époux en vue de l'acquisition d'un bien par l'autre n'échappe pas encore à la qualification d'acte à titre gratuit.

SECTION 2

ACHAT POUR AUTRUI ENTRE ÉPOUX, ACTE À TITRE GRATUIT

355.70 Vue d'ensemble. Quand elle est dépourvue de tout caractère rémunératoire, la fourniture de deniers par un époux, en vue de l'acquisition d'un bien par l'autre, s'analyse comme une donation ente vifs. À ce titre, elle est soumise aux règles de la réduction pour atteinte à la réserve et de la libre révocabilité des donations conjugales antérieures au 1er janvier 2005 ainsi que des donations de biens présents entre époux à effet après la dissolution du mariage postérieures à cette date (v. L. n° 2006-728, 23 juin 2006, art. 46 et 47-III – v. s^{s} n°s 354.11 à 354.103). Pendant longtemps, la Cour de cassation a fait tomber les libéralités opérées *via* un achat pour autrui sous le coup de la prohibition des donations déguisées entre époux, en assimilant à une simulation le lien d'indivisibilité – ou la contraction – existant entre le don manuel de deniers, d'une part, et l'achat consécutif effectué par l'époux donataire, d'autre part[2]. Aujourd'hui, cette jurisprudence est anéantie par la loi n° 67-1179 du 28 décembre 1967, ayant introduit dans le Code civil l'article 1099-1. Les dispositions de ce texte mettent fin aux conséquences néfastes qu'emportait, pour les tiers, la théorie de la contraction (sur laquelle, v. s^{s} n° 353.85). En effet, l'article 1099-1 adopte le contre-pied de la jurisprudence antérieure d'après laquelle, les deniers et le bien acquis formant un tout indivisible, la donation avait pour objet – non pas ceux-là – mais celui-ci, de telle sorte que la restitution au donateur ou à ses héritiers réservataire devait porter sur ce bien[3]. Mettant fin à cette solution, le texte dispose, dans son alinéa 1er, que lorsqu'un « *époux acquiert un bien avec des derniers qui lui ont été donnés par l'autre à cette fin, la donation n'est que des deniers et non du bien auquel ils sont employés* ».

L'article 1099-1 ne néglige pas pour autant l'intérêt du donateur et de ses héritiers. Il décide, en effet, dans son second alinéa, que la somme d'argent sur laquelle porte leur droit à restitution sera calculée suivant le mécanisme protecteur des dettes de valeur. Aussi, le texte repose-t-il sur un double pilier, celui du maintien de l'objet de la donation de deniers (§ 1), d'une part, et celui de la dette de valeur (§ 2), d'autre part.

§ 1

Maintien de l'objet de la donation de deniers

355.71 Conséquence directe : maintien des droits sur le bien acquis. En 1967, la principale finalité poursuivie par le législateur fut de rompre le lien d'indivisibilité, établi par la jurisprudence entre la remise des deniers et l'achat, qui entraînait la restitution paradoxale du bien acquis dans un patri-

1. A. SÉRIAUX, p. 18.

2. Civ. 30 avr. 1941, *JCP* 1941. II. 1727, note Voirin.
3. Civ. 30 avr. 1941, *JCP* 1941. II. 1727, note Voirin – Civ. 30 mai 1951, *JCP* 1951. II. 6614; *D.* 1951. 617, note Lenoan.

moine où il n'avait jamais figuré. En cantonnant les droits du donateur et de ses héritiers sur les deniers donnés, la loi a mis un terme à l'anéantissement rétroactif des droits du donataire et de ses ayants cause sur le bien acquis. Ainsi, les droits de tiers sont-ils sauvegardés et le crédit de l'époux donataire - le plus souvent la femme mariée sous un régime de séparation de biens - renforcé. En revanche, l'article 1099-1 fait supporter le risque de l'insolvabilité du gratifié par le donateur.

355.72 Conséquence indirecte : recul de la qualification de donation déguisée. En précisant que « *la donation n'est que des derniers et non du bien auquel ils sont employés* », l'article 1099-1 a ruiné le principal fondement de la qualification de donation déguisée. Loin de reposer sur une quelconque simulation, la libéralité prend appui sur la tradition réelle des deniers et, par suite, sur un don manuel. Or, cette libéralité atypique a toujours été valable, même entre époux (v. s^s^ n° 353.20). Après quelques hésitations, la jurisprudence a pris en compte cette conséquence indirecte de l'article 1099-1 en restreignant la qualification de donation déguisée entre époux au seul cas de **présence, dans l'acte, d'une affirmation mensongère sur l'origine des fonds**[1]. C'est dire qu'aujourd'hui, l'article 1099-1 peut encore sauver de la nullité nombre de donations conjugales, prétendument simulées, effectuées avant le 1er janvier 2005.

355.73 Conditions : affectation des deniers à l'acquisition. L'article 1099-1, qui a brisé le traditionnel rapport d'indivisibilité, n'a pas pour autant exclu tout lien entre la remise des deniers et l'acquisition du bien. Au contraire, il réserve ses innovations au cas où « *un époux acquiert un bien avec des deniers qui lui ont été donnés par l'autre à cette fin* ». Cette condition d'affectation des deniers donnés à l'acquisition du bien est à peu près la seule dont dépende l'application de l'article 1099-1. La jurisprudence a en effet exploité la plupart des possibilités offertes par le nouveau texte en repoussant toutes les exigences implicites que les donateurs dépités auraient aimé faire prendre en considération.

355.74 Indifférence du mode de versement des deniers. Paiement pour autrui. Rationnellement, il conviendrait de distinguer l'hypothèse, expressément visée par l'article 1099-1, de celle dans laquelle le donateur verse directement les deniers entre les mains du vendeur du bien. La Cour de cassation a cependant rejeté cette distinction. Elle confère à l'article 1099-1 l'étendue la plus large, en précisant que ce texte « *est de portée générale* »[2]. L'article 1099-1 s'applique ainsi à toute remise gratuite de deniers par un époux à son conjoint en vue procurer à celui-ci l'entrée dans son patrimoine d'un bien qui ne s'y trouvait pas déjà, quelle que soit la forme de la donation de deniers[3].

Il importe peu, par ailleurs, que le don de deniers n'ait servi qu'au **financement partiel** de l'acquisition du bien[4]. Peu importe également que ce dernier n'ait **pas été aliéné, par la suite, par le donataire**[5].

355.75 Indifférence du mode de réalisation de l'acquisition. Il n'est pas nécessaire, pour que l'article 1099-1 du Code civil soit applicable, que l'acquisition résulte d'une vente. Elle peut, par exemple, tout aussi bien provenir d'un partage avec paiement d'une soulte[6].

Il n'est pas davantage nécessaire que l'acquisition ait porté sur l'ensemble du bien : l'article 1099-1 vaut également pour l'acquisition d'une part indivise[7].

§ 2
Dette de valeur

355.81 Dette de valeur. Protection contre l'érosion monétaire. La jurisprudence antérieure à la loi de 1967 avait eu pour objectif essentiel de protéger

1. Civ. 1re, 26 avr. 1984, n° 82-16.933, *Bull. civ.* I, n° 139; *Defrénois* 1985, p. 464, obs. G. Champenois; *RTD civ.* 1985. 199, obs. J. Patarin; *JCP N* 1985. II. 26, note Rémy – Civ. 1re, 14 juin 1989, n° 85-17.858, *Bull. civ.* I, n° 236 – Civ. 1re, 5 avr. 2005, n° 02-21.011, *Bull. civ.* I, n° 167; *D.* 2005. IR 1176; *RTD civ.* 2005. 598, obs. J. Mestre et B. Fages – Civ. 1re, 28 févr. 2006, n° 03-19.206, *Bull. civ.* I, n° 127; *JCP* 2006. I. 193, n° 5, obs. G. Wiederkehr; *JCP* 2008. I. 108, n° 3, obs. R. Le Guidec.
2. Civ. 1re, 25 janv. 1977, n° 75-13.599, *Bull. civ.* I, n° 44.
3. Civ. 1re, 23 janv. 1980, n° 78-15.040, *Bull. civ.* I, n° 35; *Gaz. Pal.* 1980. 2. 706 (2e esp.), note Plancqueel; *Defrénois* 1980, art. 32448, p. 1298, obs. G. Champenois; *RTD civ.* 1981. 430, obs. J. Patarin – Civ. 1re, 11 juin 1980, n° 79-11.625, *Bull. civ.* I, n° 182; *D.* 1981. IR 89, obs. D.-R. Martin – Civ. 1re, 21 juill. 1987, n° 86-10.054, *Bull. civ.* I, n° 243 – Civ. 1re, 9 févr. 1994, n° 92-11.111, *Bull. civ.* I, n° 60; *D.* 1994. 417, rapp. J. Thierry; *D.* 1995. Somm. 51, obs. M. Grimaldi; *RTD civ.* 1995. 151, obs. F. Zenati; *RTD civ.* 1995. 159, obs. J. Patarin; *RTD civ.* 1995. 165, obs. J. Patarin; et *RTD civ.* 1995. 338, obs. J. Hauser.
4. Civ., 14 juin 1972, n° 71-10.409, *Bull. civ.* I, n° 151; *D.* 1972. 514, note J.-L. Aubert; *JCP* 1972. II. 17212, note M. Dagot; *Gaz. Pal.* 1972, 2, 833, note Garde – RAPPR. Civ. 1re, 4 nov. 1976, n° 75-11.707, *Bull. civ.* I, n° 329 – Civ. 1re, 9 mai 1978, n° 76-14.618, *Bull. civ.* I, n° 179; *JCP* 1980. II. 19276, note M. Dagot.
5. Civ. 1re, 25 janv. 1977, n° 75-13.599, *Bull. civ.* I, n° 44.
6. Civ. 1re, 2 mars 1976, n° 74-11.916, *Bull. civ.* I, n° 88; *JCP* 1977. II. 18699, note M. Dagot; *Defrénois* 1976, art. 31128, p. 847, note G. Morin.
7. Civ. 1re, 25 janv. 1977, n° 75-13.599, *Bull. civ.* I, n° 44 – Civ. 1re, 9 mai 1978, n° 76-14.618, *Bull. civ.* I, n° 179; *JCP* 1980. II. 19276, note M. Dagot.

le donateur et ses héritiers contre le risque de dépréciation des deniers donnés. Lors de la réforme – qui allait aggraver leur situation en leur faisant supporter les risques d'insolvabilité –, le législateur a voulu continuer à les protéger contre l'inflation. C'est la raison pour laquelle l'article 1099-1 dispose que « *les droits du donateur ou de ses héritiers n'ont pour objet qu'une somme d'argent suivant la valeur actuelle du bien* ». Rappelons que **cette protection joue quelle que soit la cause de la restitution** : nullité, révocation ou réduction de la libéralité.

355.82 Transposition partielle de l'article 1469 alinéa 3 du Code civil (récompenses dans les régimes communautaires). En 1967, le mécanisme de la dette de valeur était déjà prévu, par l'article 1469 alinéa 3, pour le calcul des récompenses dans les régimes communautaires. Ce texte a directement inspiré la rédaction de l'article 1099-1. Ce dernier lui emprunte deux règles importantes qui puisent elles-mêmes leur source dans le jeu d'une subrogation réelle imparfaite. En cas d'aliénation du bien acquis avec les deniers fournis par le conjoint, l'époux gratifié est débiteur de la valeur du bien au jour de l'aliénation. Si un nouveau bien est subrogé au bien aliéné, le donataire doit une somme égale à la valeur du bien nouvellement acquis. L'emprunt au mécanisme des récompenses n'est cependant pas complet. En effet, l'article 1469, alinéa 3 organise le système de la dette de valeur pour les cas d'acquisition, de conservation et d'amélioration, alors que l'article 1099-1 concernant les donations entre époux ne vise que **l'acquisition**. Il en résulte une grave incertitude sur le point de savoir si l'alinéa 2 du texte est applicable lorsqu'un époux a donné des deniers en vue de **financer l'amélioration d'un bien appartenant à son conjoint.** Précisons, enfin, que **la valeur actuelle du bien acquis doit être appréciée sans les améliorations que le donataire lui a apportées depuis l'acquisition**[1]. La Cour de cassation injecte à l'article 1099-1 la règle, énoncée par les articles 860, 922 et 924-2 du Code civil au sujet du rapport successoral, du calcul de la réserve et de l'indemnité de réduction, imposant de corriger l'évaluation du bien en fonction de son état originaire.

355.83 Frais d'acquisition et intérêts. Un arrêt de la première chambre civile de la Cour de cassation du 27 janvier 1993[2] a précisé que les frais de l'acquisition du bien doivent être pris en compte pour la détermination du montant de la donation, calculé en fonction de la valeur actuelle du bien. Quant au mode de calcul des intérêts dus par le donataire, il a été modifié par une décision de la première chambre civile de la Cour de cassation du 3 décembre 1991[3]. Étendant un principe déjà en vigueur dans les autres branches du droit patrimonial de la famille[4] (v. C. civ., art. 1473, en matière de récompenses), cet arrêt fixe le point de départ des intérêts de la dette de valeur, non plus au jour de l'acte introductif d'instance, mais à la date de sa liquidation. Cette solution – dégagée à propos des intérêts dus en cas de révocation de la donation – devrait logiquement s'appliquer aux hypothèses d'annulation et de réduction soumises à l'article 1099-1.

1. Civ. 1re, 18 oct. 1994, n° 91-22.330, *Bull. civ.* I, n° 295; *RTD civ.* 1995. 404, obs. J. Patarin; *JCP N* 1996. II. 179, note J.-F. Pillebout.
2. Civ. 1re, 27 janv. 1993, n° 91-13.986, *Bull. civ.* I, n° 35; *Defrénois* 1993, p. 805, obs. G. Champenois.
3. Civ. 1re, 3 déc. 1991, n° 90-12.469, *Bull. civ.* I, n° 339; *D.* 1993. Somm. 231, obs. B. Vareille; *JCP* 1992. I. 3604, n° 6, obs. F.-X. Testu; *RTD civ.* 1992. 625, obs. J. Patarin.
4. Civ. 1re, 21 mai 1985, n° 83-16.590, *Bull. civ.* I, n° 157; *D.* 1987. 65; *RTD civ.* 1986. 394, obs. J. Patarin; pour la reduction – Civ. 1re, 27 janv. 1987, n° 85-15.336, *Bull. civ.* I, n° 36; *GAJC*, t. I, 11e éd., Dalloz, 2000, n° 110; *D.* 1987. 253, note G. Morin; *RTD civ.* 1987. 578, obs. J. Patarin – Civ. 1re, 4 oct. 1988, n° 87-11.338, *Bull. civ.* I, n° 272; *D.* 1989. 119, note Morin; *RTD civ.* 1990. 128, obs. J. Patarin; en matière de rapport successoral.

CHAPITRE

356. Donations de biens à venir entre époux hors contrat de mariage : institutions contractuelles

NATHALIE PETERKA
PROFESSEUR À L'UNIVERSITÉ PARIS-EST
CRÉTEIL VAL-DE-MARNE (UPEC)

SECTION 0
ORIENTEUR

356.00 Plan du chapitre.

356.01 Textes applicables.

C. civ., art. 1096, al. 1er

La donation de biens à venir faite entre époux pendant le mariage est toujours révocable. [...]

L. n° 2006-728, 23 juin 2006, portant réforme des successions et des libéralités, *JO* 24 juin, p. 9513 (*entrée en vigueur le 1er janv. 2007*)

356.02 Jurisprudence de référence.

> La capacité requise d'un époux pour consentir une institution contractuelle à son conjoint en cours de mariage est la capacité de tester

• Civ., 20 févr. 1929, *D.* 1929. 1. 104

* V. s^s n° 356.31

« Vu les articles 513 et 1096 du Code civil;

Attendu que l'époux pourvu d'un conseil judiciaire peut valablement, durant le mariage, sans l'assistance de son conseil, donner entre vifs à son conjoint, pour le cas où celui-ci lui survivra, les biens qu'il délaissera au jour de son décès;

Attendu que s'il est interdit au prodigue ou faible d'esprit de faire, par contrat de mariage, une telle donation à son futur conjoint sans l'assistance de son conseil judiciaire, cette interdiction provient de ce qu'une institution contractuelle passée dans ces conditions enlève au donateur, d'une manière irrévocable, le droit de disposer à titre gratuit des objets compris dans la donation;

Mais attendu qu'il n'en est pas de même d'une donation de biens à venir, faite par un des époux en faveur de l'autre pendant le mariage, laquelle ne comporte point de dessaisissement actuel du donateur, la libéralité étant subordonnée à la survivance du donataire et susceptible de révocation;

Attendu que P.-M. A... ayant, par acte du 4 août 1914 (reçu T..., notaire à Rochefort), fait donation à sa conjointe, alors qu'il était pourvu d'un conseil judiciaire, de ses biens à venir, l'arrêt attaqué (Rennes, 20 févr. 1924) a décidé qu'il n'avait pu consentir un tel acte, malgré son caractère de révocabilité, sans l'assistance de son conseil; en quoi il a violé les articles ci-dessus visés;

Par ces motifs,

Casse [...], renvoie devant la cour d'appel d'Angers. »

> Les donations de biens à venir que se font les époux au cours du mariage sont soumises aux règles des legs et sont susceptibles d'être réduites comme eux.

• Civ. 1re, 10 févr. 1998, n° 96-12.501, *Bull. civ.* I, n° 52

* V. ss n° 356.52

« Attendu que les donations de biens à venir que se font les époux au cours du mariage, parce qu'elles sont révocables, sont, quant à leurs effets, soumises aux règles des legs; qu'ayant constaté qu'après avoir confirmé l'institution contractuelle universelle consentie à son épouse au cours du mariage, qui absorbait la quotité disponible, M. P... avait fait un legs particulier à Mme A..., la cour d'appel a décidé, à bon droit, sans avoir à répondre à des conclusions dès lors inopérantes, que la donation de biens à venir devait être réduite comme un legs;

Par ces motifs :

Rejette le pourvoi. »

> La clause par laquelle un époux subordonne la donation faite à son conjoint au cas où celui-ci lui survivrait, à la persistance du lien matrimonial ou à l'absence de toute action entreprise pour y mettre fin, n'est pas en soi illicite et est justifiée, sauf intention de nuire, par la nature même de cette libéralité.

• Civ. 1re, 13 déc. 2005, n° 02-14.135, *Bull. civ.* I, n° 491

* V. ss nos 354.83 et 356.64

« Attendu que par acte notarié du 30 janvier 1995, Jean-Yves X... a fait donation à sa seconde épouse, Mme Pascaline Y..., de la plus forte quotité disponible, en assortissant cette donation d'une clause aux termes de laquelle elle ne produirait pas d'effet en cas de divorce ou de séparation de corps ou si une instance en divorce ou en séparation de corps était en cours; qu'après le décès du donateur, sa fille Myriam, née d'un précédent mariage, s'est prévalue du fait qu'une instance de divorce était en cours au jour du décès de son père, Mme Y... ayant présenté une requête en divorce le 5 mai 1995 et une ordonnance de non-conciliation ayant été rendue le 8 juin suivant.

Sur le premier moyen, pris en sa première branche :

Attendu qu'il est fait grief à l'arrêt attaqué (Rennes, 5 févr. 2002) d'avoir dit que la donation consentie par le défunt à son épouse ne pouvait produire effet alors, selon le moyen, que la révocation, lorsqu'elle ne résulte pas d'une cause légale, suppose une manifestation de volonté actuelle et non équivoque du donateur qui ne peut être exprimée, par avance, sauf à remettre en cause d'emblée la volonté de donner et l'existence de toute donation; qu'en application de l'article 1096 du Code civil, les époux sont libres de manifester à tout instant une telle volonté; qu'en constatant que la clause litigieuse, par laquelle M. X... convenait par avance et dès la donation, de sa volonté future de révoquer la donation en cas de divorce ou de séparation de corps, était licite dès lors que les époux étaient libres de révoquer à tout moment les donations qu'ils se consentaient, la cour d'appel a violé l'article 1096 du Code civil;

Mais attendu qu'aucune disposition légale n'interdit à l'époux qui consent une donation à son conjoint pendant le mariage d'assortir celle-ci d'une condition dont l'inexécution entraînera la révocation; que la stipulation d'une telle condition dans une donation entre époux ne fait nullement obstacle à la libre révocabilité de celle-ci, laquelle peut intervenir, de façon discrétionnaire, à tout moment; que le moyen est inopérant;

Sur le premier moyen, pris en sa deuxième branche, tel qu'il figure dans le mémoire en demande et est reproduit ci-après :

Attendu que la clause par laquelle un époux subordonne la donation faite à son conjoint durant le mariage au cas où celui-ci lui survivrait, à la persistance du lien matrimonial ou à l'absence de toute action entreprise pour y mettre fin, n'est pas en soi illicite et est justifiée, sauf intention de nuire, par la nature même de cette libéralité; qu'après avoir souverainement constaté que la clause litigieuse n'était pas inspirée par le désir de l'époux d'empêcher sa femme de divorcer, la cour d'appel a jugé à bon droit que la clause de non divorce insérée par M. X... dans l'acte du 30 janvier 1995 était licite; que le moyen n'est pas fondé; [...]

Par ces motifs :

Rejette le pourvoi. »

> La donation de biens à venir est caduque si l'acte de donation contient une clause aux termes de laquelle l'exercice du choix entre les trois branches de la quotité disponible spéciale entre époux appartiendra seulement au survivant et si ce dernier est décédé sans avoir exercé l'option.

• Civ. 1re, 1er juill. 2009, n° 08-16.851, *Bull. civ.* I, n° 147

* V. ss n° 356.51

« Attendu que Marcel X... est décédé le 7 février 2000, en laissant pour lui succéder Erge Y..., sa seconde épouse, et Mmes Sylvie D... et Françoise Z..., ses filles issues de son premier mariage; que, par acte notarié du 10 juillet 1989, il avait fait donation à son épouse de "la plus forte quotité disponible entre époux en vigueur au jour du décès, soit en pleine propriété seulement, soit en pleine propriété et usufruit, soit en usufruit seulement au choix de l'épouse survivante" avec stipulation que "le choix entre l'une ou l'autre de ces donations appartiendra au survivant seulement"; que Erge Y... est décédée le 29 juin 2002, en laissant pour lui succéder M. A..., son fils né d'une première union, sans avoir exercé l'option prévue à l'acte du 10 juillet 1989;

Sur le premier moyen, pris en ses trois branches :

Attendu que M. A...fait grief à l'arrêt confirmatif attaqué (Besançon, 19 mars 2008) d'avoir dit qu'il ne pouvait revendiquer aucun droit dans la succession de Marcel X... en exécution de l'acte de donation du 10 juillet 1989, alors, selon le moyen :

1°/ que, si le conjoint gratifié n'a pas opté de son vivant pour l'une des quotités disponibles entre époux, son héritier, qui dispose de tous ses droits, peut le faire dans les conditions où lui-même en avait la faculté; qu'en jugeant que, par exception, la clause de l'acte de donation stipulant que l'exercice de ce droit d'option à l'épouse survivante "seulement" excluait qu'elle soit transmissible à son héritier, M. A..., quand l'héritier de l'épouse gratifiée était fondé à exercer l'option de caractère patrimonial dont disposait son auteur, la cour d'appel a violé les articles 724, 781 et 1094-1 du Code civil;

2°/ qu'en toute hypothèse, le droit d'option prévu à l'article 1094-1 du Code civil au bénéfice du conjoint survivant constitue un droit patrimonial qui est transmissible à ses héritiers après son décès, en cas de non-exercice; qu'en jugeant que, par exception, la clause de l'acte de donation stipulant que l'exercice de ce droit d'option à l'épouse survivante "seulement" excluait qu'elle soit transmissible à son héritier, M. A..., quand une telle clause a manifestement pour objet d'éviter qu'un autre que la donataire ou son héritier, qui est le continuateur de sa personne, n'exerce ce droit d'option en méconnaissance de ses intérêts, ce qui pourrait être le cas des créanciers de la donataire, de sorte que M. A...pouvait opter pour une part en pleine propriété des biens dépendant de la succession de Marcel X... et qu'il avait donc la qualité d'héritier et d'indivisaire, la cour d'appel a dénaturé l'acte du 10 juillet 1989 et a ainsi violé l'article 1134 du Code civil;

3°/ qu'en toute hypothèse, les parties ne peuvent déroger au principe d'irrecevabilité des donations, ni stipuler une clause de retour en dehors des hypothèses prévues à l'article 951 du Code civil; qu'en affirmant que les parties avaient entendu réserver à la donataire l'exercice du droit d'option, de sorte qu'à défaut d'un tel exercice avant le décès de la donataire, la donation ne pouvait développer un quelconque effet, la cour d'appel a conféré à cet acte un caractère révocable et a attaché à cette stipulation des conséquences identiques à celles produites par une clause de retour, en dehors des hypothèses où celle-ci est admise, en violation des articles 894 et 951 du Code civil;

Mais attendu que, si le droit d'option prévu à l'article 1094-1 du Code civil revêt un caractère patrimonial et est transmissible aux héritiers du conjoint gratifié, décédé sans avoir effectué un choix, il en est autrement lorsque l'acte de donation stipule que l'exercice de ce droit appartiendra au survivant seulement, une telle clause excluant la transmissibilité du droit; qu'ayant relevé que le droit d'option appartenait au survivant seulement et que Erge Y... était décédée sans l'avoir exercé, la cour d'appel en a exactement déduit que la donation était caduque; que le moyen n'est pas fondé [...]. »

356.03 Bibliographie indicative.

Actualisables. Rép. civ., v° *Donation entre époux*, par V. Brémond, mars 2013, n°s 172 à 176 – *J.-Cl. Civ. Code*, art. 1091 à 1100, fasc. 20, spéc. n°s 118 à 145, J.-F. Montredon.

Ouvrages[1]. C. Aubry et C. Rau, t. XI, par P. Esmein, *Traité de droit civil français*, 6e éd., Litec, 1956 – J. Flour et H. Souleau, *Droit civil. Les libéralités*, coll. « U », A. Colin, 1982, n°s 444 à 460 – M. Grimaldi, *Droit civil. Libéralités. Partages d'ascendants*, LexisNexis/Litec, 2000, n°s 1658 à 1662 – Chr. Jubault, *Droit civil. Les successions. Les libéralités*, coll. « Domat droit privé », 2e éd., Montchrestien, 2010, n°s 859 et 860 – Ph. Malaurie, *Les successions. Les libéralités*, 5e éd., Defrénois/Lextenso, 2012, n°s 750 à 758 – H. L. J. Mazeaud et F. Chabas, *Leçons de droit civil*, tome IV, vol. 2, *Successions-Libéralités*, par L. et S. Leveneur, 5e éd., Montchrestien, 1999, n°s 1539 à 1551 – M. Planiol et G. Ripert, par A. Trasbot et Y. Loussouarn, *Traité pratique de droit civil français*, t. V, *Donations et testaments*, 2e éd., LGDJ, 1957, n°s 767 à 784 – M.-C. de Roton-Catala, *Les successions entre époux*, Economica, 1990 – A. Sériaux, *Successions et libéralités*, Ellipses, 2013, n°s 83 à 87 – F. Terré, Y. Lequette et S. Gaudemet, *Droit civil. Les successions. Les libéralités*, « Précis », 4e éd., Dalloz, 2014, n°s 649 et 650.

Thèse. M. Grimaldi, *La nature juridique de l'institution contractuelle*, th. Paris II, 1977.

Articles. B. Beignier et M. Nicod, « Donations entre époux : d'un droit à l'autre... », *Defrénois* 2005, art. 38104, p. 265 – J.-R. Binet, « Clause de non-divorce et libéralités conjugales : un heureux mariage », *D.* 2006, 1923 – L. Bloch, « Révocabilité ou irrévocabilité des donations dans le couple ? », *LPA* 29 août 2005, p. 3 – C. Brenner, « Brèves observations sur la révocation des donations entre époux après la loi du 26 mai 2004 », *Defrénois* 2005, art. 38084, p. 93 – P. Buffeteau, « Réflexions sur les articles 1096 du Code civil et L. 132-9 du Code des assurances », *JCP N* 1998. 1578 – J. Casey, « Les incidences de la loi du 26 mai 2004 en droit patrimonial de la famille », *RJPF* 2004-10/11; « Libéralités entre époux et avantages matrimoniaux : nouvelles donnes ? », *Dr. fam.* 2006. Étude 49; « Maintien d'une institution contractuelle entre époux dans une convention de divorce : prudence ! À propos de l'arrêt de la première chambre civile du 6 février 2008 », *JCP N* 2008. 1199 – M. Dagot, « Réflexions sur l'article 1099-1 du Code civil », *JCP* 1971. I. 2397 – I. Dauriac, « Sort des libéralités et ruptures conjugales », *AJ fam.* 2006, 235; « Libéralités conjugales et avantages matrimoniaux : l'épreuve du droit transitoire », *Mél. Ph. Jestaz*, Dalloz, 2006, p. 97 – Ph. Delmas Saint-Hilaire, « La réversion d'usufruit entre époux à l'épreuve de l'article 265 du Code civil », *RJPF* 2005 7-8/11; « La réversion d'usufruit entre époux à nouveau révocable *ad nutum* ! », *RJPF* 2007-5/12 – A. Depondt et H. Marck, « L'assurance-vie et la modification de l'article 1096 du Code civil », *Dr. et patr.* juill.-août 2006. 40 – M. Giray, « L'imbroglio des libéralités entre époux depuis la réforme du divorce », *Dr. et patr.* mars 2005. 31 – J. Hauser et Ph. Delmas Saint Hilaire, « Vive les libéralités entre époux », *Defrénois* 2003, art. 37645, p. 3; « Volonté et ordre public dans le nouveau droit du divorce : un divorce entré dans le champ contractuel ? », *Defrénois* 2005, art. 38115, p. 357 – S. Hovasse, « La clause bénéficiaire en assurance-vie à l'épreuve de la réforme du divorce et des libéralités », *JCP N* 2007. 1136; *JCP* 2007. I. 150 – S. Le Chuiton,

1. NB : les ouvrages les plus fréquemment cités et dont le nom des auteurs figure en petites capitales en bibliographie sont cités par les seuls noms des auteurs en petites capitales en notes de bas de page.

« Les dispositions transitoires de la loi du 23 juin 2006 », *JCP N* 2007. 1041 – J.-G. Mahinga, « Les libéralités entre époux après la loi n° 2004-439 du 26 mai 2004 réformant le divorce », *JCP* 2005. I. 104 – J. Massip, « L'incidence du divorce sur les donations entre époux », *JCP N* 2012. 1109 – M. Nicod, « Les dispositions transitoires et interprétatives de la loi du 23 juin 2006 », *D.* 2006. 2587 – N. Peterka, « Variations autour de la clause de non-divorce stipulée dans une donation entre époux », *Defrénois* 2006, art. 38396, p. 836; « Le nouveau visage des libéralités familiales au lendemain de la loi du 23 juin 2006 », *Gaz. Pal.*, n° spécial « Droit privé du patrimoine », 8-9 nov. 2006, p. 4 s.; « Les incidences de la réforme des successions et des libéralités sur le droit des régimes matrimoniaux », *AJ fam.* 2006. 358; « Les libéralités du majeur protégé dans la loi du 5 mars 2007 », *Dr. fam.* 2007. Étude 20 – S. Piedelièvre, « L'aménagement des libéralités entre époux par la loi du 26 mai 2004 », *D.* 2004. 2512 – J.-F. Pillebout, « Les opérations financières conjugales après la réforme du divorce – Nouvelles règles du jeu en matière de libéralités entre époux », *JCP* 2006. I. 126 – J.-L. Puygauthier, « Les libéralités et les avantages matrimoniaux après la réforme du divorce du 26 mai 2004 », *JCP N* 2004. 1538 et 1548; rect. 2005. 1089 – C. Rieubernet, « Le nouveau régime des donations entre époux au lendemain de la loi du 26 mai 2004 relative au divorce », *LPA* 21 juill. 2004, p. 10 – F. Sauvage, « Des conséquences du divorce sur les libéralités entre époux et les avantages matrimoniaux », *Defrénois* 2004, art. 38038, p. 1425 – M. Storck, *JCP* 2004. I. 176, n° 24 – J. Vassaux, « Les incidences de la réforme du divorce sur le rôle du notaire », *Dr. et patr.* févr. 2005. 26 – D. Vigneau, « Donations entre époux : quels droits ? », *D.* 2005. 980.

356.09 **Vue d'ensemble.** Les institutions contractuelles entre époux ont une importance pratique considérable (sect. 1) alors que, du fait de l'originalité de leur régime juridique (sect. 2 et 3), elles ne servent strictement à rien[1] puisqu'elles sont, à l'instar du testament, librement révocables. Ces libéralités sont, par ailleurs, révoquées de plein droit par l'effet du divorce, sauf volonté contraire de l'instituant (sect. 4 à 6).

SECTION 1
IMPORTANCE PRATIQUE

356.11 **Engouement pour les institutions contractuelles entre époux.** Il y a quelques années, Mme de Roton-Catala écrivait, dans sa thèse, que 96,4 % des notaires conseillaient aux époux la donation de biens à venir - également appelée institution contractuelle - pour assurer la transmission de leurs successions entre eux et que ce conseil était suivi dans 96,2 % des cas. Rien ne laisse deviner que cette prédilection ait été sérieusement émoussée. Il semble même que cet engouement ait imprégné le mouvement de rénovation du droit de la famille. En effet, la loi n° 2004-439 du 26 mai 2004 a validé, à la suite du rapport Dekeuwer-Défossez[2], la pratique des donations de biens à venir entre époux hors contrat de mariage dont le seul fondement résultait, jusqu'alors, de la jurisprudence. Ainsi, l'article 1096, alinéa 1er précise-t-il, depuis la réforme de 2004, que la donation de biens à venir faite entre époux pendant le mariage est toujours révocable. Sur le terrain du droit fiscal, l'exonération des droits de mutation à titre gratuit dont bénéficie l'institution contractuelle entre époux devrait accentuer, sans aucun doute, l'engouement des couples mariés pour cette technique de transmission (CGI, art. 769-0 *quater*)[3].

356.12 **Faveur à l'endroit du mariage.** La donation de biens à venir déroge au *numerus clausus* des libéralités inscrit à l'article 893 alinéa 2 du Code civil. Incarnant une libéralité hybride, à mi-chemin entre la donation entre vifs et le testament, le Code civil ne la valide qu'entre les époux ou, lorsqu'elle a lieu par contrat de mariage, entre les futurs époux ou au profit de ces derniers ou des enfants à naître du mariage (C. civ., art. 1093; art. 1096, al. 1er et 1082). Les concubins et les partenaires liés par un PACS sont ainsi exclus du bénéfice de l'institution contractuelle qui reste, à ce jour, une marque de faveur du législateur à l'endroit du mariage. La clause d'accroissement leur offre, certes, un palliatif à l'interdiction de la donation de biens à venir mais celui-ci reste imparfait en cas de rupture.

356.13 **Prépondérance des institutions contractuelles réciproques.** Généralement, les époux qui ont recours à l'institution contractuelle souhaitent que le survivant dispose de ressources suffisantes au moment de la dissolution du mariage par le décès. Or, en dépit de statistiques cruelles pour le sexe masculin, on ne sait pas à l'avance lequel des deux conjoints survivra à l'autre. Il est donc habituel qu'ils se consentent des institutions contractuelles réciproques en laissant au destin le soin de choisir laquelle des deux sera la seule à produire effet. C'est ce que, dans le langage courant, on appelle « *se faire donation au dernier vivant* ».

356.14 **Fréquence des institutions contractuelles en usufruit.** Destinées à conserver des ressources convenables au conjoint survivant, les institutions contractuelles sont souvent en usufruit. Il en est tout particulièrement ainsi lorsque les époux ont des descendants. Il convient de préciser, à cet égard,

1. J. Flour et H. Souleau, *Libéralités*, n° 460.

2. F. Dekeuwer-Défossez, *Rénover le droit de la famille. Propositions pour un droit adapté aux réalités et aux aspirations de notre temps*, Doc. fr., 1999.
3. A. Delfosse et J.-F. Peniguel, « Réforme des droits de mutation à titre gratuit », *JCP N* 2007. Actu. 482.

que les progrès réalisés, lors de la loi n° 2001-1135 du 3 décembre 2001 par les droits successoraux du conjoint survivant, n'entament pas l'utilité de cette pratique, toutes les fois que le *de cujus* laisse des enfants non communs (C. civ., art. 757). Qui plus est, la masse de calcul des droits du conjoint survivant n'est pas la même suivant qu'ils résultent de la loi ou d'une donation de biens à venir (v. s^s n° 351.13).

SECTION 2
RÉGIME JURIDIQUE : CONDITIONS

§ 1
Conditions de forme

356.21 Conditions générales. Les institutions contractuelles entre époux sont soumises aux règles de forme des donations solennelles. Elles bénéficient néanmoins de certains assouplissements en raison de leur parenté avec le testament. Comme celui-ci, elles ne confèrent, en effet, aucun droit actuel sur les biens qui en sont l'objet. Aussi n'est-il pas nécessaire de les accompagner d'un état estimatif des meubles ni de procéder, avant le décès, à la publicité foncière des immeubles qu'elles désignent.

En la forme, une institution contractuelle entre époux offre donc l'avantage d'être plus souple qu'une donation. Elle présente aussi l'intérêt d'être une disposition à cause de mort plus solide qu'un testament olographe grâce à son authenticité et plus discrète qu'un testament authentique dans la mesure où sa rédaction n'est pas subordonnée à la présence de deux témoins instrumentaires (C. civ., art. 971). Telles sont les principales raisons de forme qui expliquent le succès de l'institution contractuelle entre époux, étant précisé que cette dernière ne peut emporter révocation d'un testament antérieur qu'à la condition de se plier au formalisme des actes contenant révocation de volonté (C. civ., art. 1035) [1].

356.22 Suppression des conditions particulières aux institutions contractuelles réciproques. Sous l'empire de l'ancien article 1097 du Code civil, les époux ne pouvaient se faire aucune donation mutuelle et réciproque par un seul et même acte. Cette prohibition des donations conjonctives était censée garantir la libre révocabilité des donations entre époux. Elle reposait sur l'idée selon laquelle le sort des deux donations serait indissolublement lié quand elles figurent dans un même acte. Pour que chacun des deux conjoints conserve l'entière liberté de révoquer la donation consentie à l'autre, l'ancienne règle exigeait donc que les donations mutuelles figurent dans deux actes séparés. En réalité, cette disposition était inutile et simpliste car chacun des deux époux gardait isolément son droit de révocation même s'il n'y avait qu'un seul acte. En outre, elle présentait l'inconvénient d'entraîner la nullité des libéralités réciproques incluses dans un contrat à titre onéreux (par exemple, rente viagère réversible stipulée dans une vente de biens communs). Aussi a-t-elle été abrogée par une loi n° 63-1092 du 6 novembre 1963. Depuis, toutes les donations réciproques entre époux, et notamment les donations « *au dernier vivant* », peuvent valablement figurer dans un même acte, quand bien même elles seraient antérieures à l'entrée en vigueur de la loi de 1963 (sous réserve, dans cette dernière hypothèse, de décisions judiciaires passées en force de chose jugée). Cette réforme a sans doute contribué à faire de l'institution contractuelle la plus répandue des dispositions à cause de mort entre époux puisque la prohibition des testaments conjonctifs a été, quant à elle, maintenue (C. civ., art. 968).

§ 2
Conditions de fond

356.31 Capacité de donner ou capacité de tester ? Parce qu'elle dépouille immédiatement le donateur, la donation entre vifs est soumise à des règles de capacité plus rigoureuses que celles exigées pour le testament. Du point de vue de la capacité, il peut donc être utile de savoir si l'institution contractuelle doit être rattachée à la catégorie des donations ou à celle des testaments.

Lorsqu'il s'agit d'une **institution contractuelle consentie entre futurs époux par contrat de mariage**, l'**irrévocabilité** qui la caractérise justifie, selon une partie de la doctrine, sa soumission aux **règles de capacité prévues pour les donations** (v. s^s n° 344.32). D'autres auteurs sont, au contraire, favorables à l'assimilation des donations entre époux par contrat de mariage aux conventions matrimoniales [2].

Lorsqu'elle est **consentie entre époux pendant le mariage**, la **libre révocabilité** de la donation de biens à venir accentue, en revanche, sa ressem-

1. Civ. 1re, 22 juin 2004, n° 02-20.398, *Bull. civ.* I, n° 179; *Defrénois* 2004, art. 38033, p. 1386, note B. Beignier; *AJ fam.* 2004. 365, obs. F. Bicheron; *JCP* 2005. I. 128, n° 19, obs. Storck; *Dr. fam.* 2004, n° 154, note B. Beignier; *RTD civ.* 2006. 361, obs. B. Vareille.

2. M. GRIMALDI, *Libéralités. Partages d'ascendants*, LexisNexis/Litec, 2000, n° 1066 – D. Vigneau, « Libéralités et succession de l'incapable majeur », *JCP N* 1999. 850.

blance avec le **testament**. C'est pourquoi la jurisprudence[1], tardivement comprise et approuvée par la doctrine, se satisfait à son égard de la **capacité de tester**. Il en résulte que le **majeur sous curatelle** peut consentir une donation de biens à venir pendant le mariage, sans l'assistance de son curateur, sous réserve des dispositions de l'article 901 (C. civ., art. 470, al. 1er). Quant au **majeur placé sous tutelle**, il bénéficie aujourd'hui, pour effectuer une institution contractuelle, des progrès réalisés par sa capacité de tester laquelle devient une incapacité d'exercice subordonnée à l'autorisation du juge des tutelles ou du conseil de famille[2]. Soulignons que l'article 476 alinéa 2 interdit au tuteur de représenter ou d'assister la personne protégée pour la confection de son testament, cependant que l'assistance de la personne en tutelle était précédemment exigée, à peine de nullité, par l'article 504 du Code civil dans sa version issue de la loi du 23 juin 2006[3]. Voilà qui incitera à une vigilance toute particulière quant aux règles de capacité applicables, lesquelles doivent être déterminées en se plaçant à la **date de la conclusion de la donation de biens à venir**.

SECTION 3
RÉGIME JURIDIQUE : EFFETS

§ 1
Effets du vivant de l'époux instituant

356.41 Effets communs à toutes les institutions contractuelles. Comme un testateur, l'instituant reste propriétaire des biens jusqu'à son décès. La caractéristique essentielle de toute institution contractuelle est en effet de n'entraîner **aucun transfert de propriété** et même, plus généralement, **aucun dépouillement du vivant du disposant.**

Comme un testateur, et comme tout autre instituant, l'époux conserve en outre *la* **faculté**, d'ordre public, **de disposer à titre onéreux, des biens compris dans l'institution.**

356.42 Effet caractéristique de l'institution contractuelle entre époux : le maintien de la faculté de disposer à titre gratuit. Les autres instituants se heurtent à une interdiction de disposer à titre gratuit qui reflète, tant bien que mal, la soumission de l'institution contractuelle par contrat de mariage à l'irrévocabilité ordinaire des contrats (v. ss nos 344.50 et 344.61 à 344.63). Au contraire, l'institution contractuelle entre époux faite pendant le mariage a toujours relevé, quant à elle, du principe de libre révocabilité qui régissait, avant la loi du 26 mai 2004, l'ensemble les donations entre époux. Mieux encore, sa validité découlait de ce principe. Lors de la réforme de 2004, il a fallu inscrire expressément la libre révocabilité de l'institution contractuelle dans le Code civil, afin d'en sauvegarder la validité. L'article 1096 alinéa 1er énonce ainsi, aujourd'hui, que « *la donation de biens à venir faire entre époux pendant le mariage est toujours révocable* ». L'époux instituant peut donc révoquer tacitement la libéralité en disposant à titre gratuit des biens qu'elle comprend, par exemple au moyen d'une donation ultérieurement consentie par le donateur à sa nouvelle épouse[4] ou d'un testament olographe instituant son fils légataire à titre universel et son épouse légataire à titre particulier[5]. L'institution contractuelle entre époux ne lie donc pas davantage l'instituant que ne le ferait un testament. C'est ce qui permet à certains auteurs d'affirmer qu'elle ne sert strictement à rien et les oblige à expliquer par des considérations d'ordre purement psychologique son succès persistant[6].

356.43 Particularisme du droit transitoire. Les institutions contractuelles consenties par des tiers ou entre futurs époux par contrat de mariage sont considérées, en droit transitoire, comme des libéralités irrévocables. Par conséquent, c'est la loi en vigueur au jour où elles ont été consenties qui continuera à les régir même si une loi nouvelle vient réduire (ou augmenter) la quotité disponible sur laquelle elles ont été constituées[7]. En revanche, les institutions contractuelles entre époux partagent avec le legs la qualification de libéralité révocable. Comme lui, elles sont donc soumises aux lois nouvelles susceptibles de modifier la quotité disponible[8].

1. Civ. 20 févr. 1929, *D.* 1929. 1. 104 – Req. 10 juill. 1944 *JCP* 1944. II. 2732.
2. COMP. sous l'empire des dispositions de la loi du 3 janvier 1968, M. GRIMALDI, *Libéralités. Partages d'ascendants*, n° 1066.
3. Sur tout ceci, v. N. Peterka, « Les libéralités du majeur protégé dans la loi du 5 mars 2007 », *Dr. fam.* 2006. Étude 20.
4. Civ. 1re, 28 févr. 2006, n° 03-20.150, *Bull. civ.* I, n° 114; *D.* 2006. 2074, obs. M. Nicod; *Defrénois* 2006, art. 38441, p. 1322, obs. Massip; *AJ fam.* 2006. IR 203; *Dr. fam.* 2006, n° 111, note V. Larribau-Terneyre.
5. Chambéry, ch. civ., 8 nov. 2005, *JCP* 2006. IV. 2730; *Juris-Data* n° 299033.
6. PAR EX., v. J. FLOUR et H. SOULEAU, *Les libéralités*, par SOULEAU, n° 460.
7. Civ. 1re, 23 juin 1987, n° 85-17.426, *Bull. civ.* I, n° 206; *D.* 1988. 122, note M. Grimaldi; *RTD civ.* 1988. 559, obs. J. Patarin.
8. Civ., 8 nov. 1982, n° 81-15.711, *Bull. civ.* I, n° 322; *D.* 1983. 445, note Y. Flour et M. Grimaldi; *RTD civ.* 1983. 581, obs. J. Patarin.

§ 2
Effets au décès de l'époux instituant

356.51 Acquisition de la propriété, saisine et obligation au passif. Comme tout institué contractuel, l'époux bénéficiaire d'une institution contractuelle consentie en cours de mariage est, à la mort de son conjoint instituant, un successible. À ce titre, il va avoir, entre acceptation et répudiation, une option dont l'effet remontera au jour du décès[1]. En cas d'acceptation, il deviendra propriétaire des biens compris dans l'institution, aura la saisine et sera tenu aux dettes suivant des règles communes à toutes les institutions contractuelles (v. s^s^ n°s 344.90 à 344.94). Ainsi, le bénéficiaire d'une donation de biens à venir portant sur l'usufruit universel de la succession du prémourant n'est-il n'est pas tenu de la prestation compensatoire versée, sous forme de rente viagère, par le *de cujus* à son ex-conjoint, puisque celle-ci ne puise pas sa source dans la volonté du défunt (C. civ., art. 610)[2].

Lorsque la libéralité laisse, comme il est usuel, au conjoint institué la faculté de choisir entre les trois quotités disponibles spéciales entre époux (C. civ., art. 1094-1), cette option est transmise aux héritiers du gratifié sauf volonté contraire de l'instituant. En présence d'une clause de l'acte de donation stipulant que l'exercice de ce droit appartiendra au survivant seulement, la libéralité est caduque si l'institué est décédé sans avoir exercé l'option, expressément ou tacitement[3].

356.52 Réduction. L'institué contractuel reste un gratifié soumis au rapport et à la réduction suivant les principes analysés plus haut (v. s^s^ n° 344.95). Il importe néanmoins de rappeler ici la caractéristique essentielle des institutions contractuelles entre époux consenties pendant le mariage. Compte tenu de leur libre révocabilité, elles ne devraient pas être imputées au même rang que les donations entre vifs, c'est-à-dire avant les legs et à leur date, mais en même temps que les legs pour être soumises, comme eux, à une éventuelle réduction proportionnelle. Cette solution – longtemps discutée – a été expressément consacrée par un arrêt de la première chambre civile de la Cour de cassation du 10 février 1998 ayant approuvé une cour d'appel d'avoir décidé que « *la donation de biens à venir devait être réduite comme un legs* »[4].

1. Civ. 1re, 20 oct. 1992, *Bull. civ.* I, n° 256.
2. Agen, 1re ch., 4 oct. 2006, *JCP* 2007. IV. 1400; *Juris-Data* n° 318337.
3. Civ. 1re, 1er juill. 2009, n° 08-16.851, *Bull. civ.* I, n° 147; *JCP N* 2010. 1171, obs. R. Le Guidec; *RTD civ.* 2010. 145, obs. M. Grimaldi.

SECTION 4
Sort en cas de prédécès de l'institué et en cas de divorce

356.61 Caducité en cas de prédécès de l'institué. Les institutions contractuelles entre époux relèvent, comme les institutions contractuelles entre futurs époux par contrat de mariage, de la règle de l'article 1093 du Code civil qui écarte la transmissibilité aux enfants issus du mariage, en cas de décès de l'époux donataire avant l'époux donateur.

356.62 Caducité globale des institutions contractuelles réciproques. Dans l'hypothèse classique de donation faite au dernier vivant, chaque époux peut librement révoquer l'institution contractuelle consentie à l'autre. Lorsque l'une des institutions contractuelles réciproques a ainsi été révoquée, qu'advient-il de l'autre ? Est-elle maintenue jusqu'à ce qu'elle soit révoquée à son tour ou est-elle immédiatement frappée de caducité ? Le droit positif n'apporte pas de réponse précise à cette question mais la doctrine contemporaine penche pour la seconde solution au motif que la réciprocité de l'aléa serait un élément déterminant de l'opération[5].

356.63 Révocation de plein droit par l'effet du divorce. La loi n° 2004-439 du 26 mai 2004 relative au divorce a dissocié, dans le souci de pacifier la rupture de l'union conjugale, les torts et les conséquences patrimoniales de celle-ci. Abrogeant les anciennes causes légales de révocation liées au divorce (C. civ., anc. art. 267 à 269), la réforme décide que « *le divorce emporte révocation de plein droit des avantages matrimoniaux qui ne prennent effet qu'à la dissolution du régime matrimonial et des dispositions à cause mort, accordés par un époux envers son conjoint par contrat de mariage ou pendant l'union, sauf volonté contraire de l'époux qui les a consentis. Cette volonté est constatée par le juge au moment du prononcé du divorce et rend irrévocables l'avantage ou la disposition maintenus* » (C. civ.,

4. Civ. 1re, 10 févr. 1998, n° 96-12.501, *Bull. civ.* I, n° 52; *RTD civ.* 1998. 444, obs. J. Patarin; *Defrénois* 1998. 832, obs. G. Champenois; *JCP N* 1998 1049, note J. Casey; *JCP* 1999. I. 132, n° 9, obs. R. Le Guidec; *Dr. fam.* 1999, n° 103 [1re esp.], note B. Beignier – *CONTRA*, antérieurement, Poitiers, 7 mars 1979, *D.* 1982. 195, note crit. M. Grimaldi; *RTD civ.* 1982. 456, obs. J. Patarin.
5. M.-C. de Roton-Catala, *Les successions entre époux*, Economica, 1990.

art. 265, al. 2). Le sort de l'institution contractuelle entre époux pendant le mariage est ainsi calqué sur celui du testament, ce que justifient pleinement la nature hybride de cette libéralité et sa proximité avec ce dernier. Ce sont, à la vérité, les dispositions de l'article 265 alinéa 2 *in fine* qui laissent perplexes. Comment, en effet, une libéralité dont l'essence est d'être révocable *ad nutum* peut-elle devenir irrévocable par la grâce de la volonté du disposant, fût-elle constatée par le juge ? Cette volonté doit-elle être nécessairement expresse ou peut-elle être tacite[1] ? Et *quid* de la validité de la clause consistant à stipuler, dans la donation de biens à venir, que cette dernière sera maintenue pour le cas où le mariage viendrait à être rompu par le divorce ? C'est poser la question de **l'aménagement du régime légal de révocation de l'institution contractuelle par l'effet du divorce**.

Or, cette interrogation comporte plusieurs entrées.

Celle, d'abord, de savoir si la volonté contraire « *constatée par le juge au moment du prononcé du divorce* » peut être exprimée *ab initio*, ainsi que l'admet une réponse ministérielle de la Chancellerie au sujet de la clause d'exclusion des biens professionnels dans le régime de la participation aux acquêts[2], ou si la volonté contraire de l'instituant doit être nécessairement arrêtée dans le cadre de la procédure de divorce.

Celle, ensuite, de savoir si le caractère impératif de l'alinéa 1er de l'article 265 du Code civil contamine l'alinéa 2 de ce texte. Si cette dernière interprétation était retenue, la validité de la clause de maintien de la donation de biens à venir en cas de divorce ne pourrait être admise qu'au prix d'une interprétation souple des dispositions de l'article 265 alinéa 2 *in fine* du Code civil.

Ajoutons que, sous l'empire des anciens textes, la Cour de cassation avait décidé, conformément à la nature de l'institution contractuelle entre époux, que cette dernière demeurait révocable, après la rupture de l'union conjugale, dès lors que la convention réglementant les effets du divorce ne contenait aucune stipulation relative aux donations et avantages que les époux s'étaient consentis au cours du mariage[3]. Plus récemment, la Haute juridiction a décidé, sur le fondement des articles 268 et 278 du Code civil dans leur rédaction antérieure à la loi du 26 mai 2004, à propos d'une donation au dernier vivant, que « *les donations faites entre époux pendant le mariage qui sont maintenues de façon expresse dans la convention définitive de divorce homologuée par le juge, deviennent irrévocables* »[4]. Le sort de l'institution contractuelle, en cas de divorce, est ainsi soumis à un régime unifié quels que soient les textes applicables à la libéralité. Si ce n'est – il est vrai – que sous l'empire des dispositions de la loi de 2004, la donation est, sauf volonté contraire du disposant, révoquée de plein droit, cependant qu'elle conserve, sous les textes antérieurs, son caractère révocable.

356.64 Intérêt résiduel de la clause de non-divorce. S'il est vrai que les nouvelles dispositions de l'article 265 alinéa 2 ôtent une grande partie de son intérêt à la stipulation d'une clause de non-divorce dans une donation de biens à venir entre époux, il ne faudrait pas en conclure à la hâte que le texte la rend superflue. En effet, une telle clause conserve toute son utilité dans l'hypothèse du décès de l'instituant au cours de l'instance en divorce. La Cour de cassation a d'ailleurs eu l'occasion de se prononcer, dans cette hypothèse, sur la validité d'une clause de non-divorce stipulée dans une institution contractuelle entre époux. Rendue sous l'empire des dispositions antérieures à la loi du 26 mai 2004, elle a jugé, par un arrêt de la première chambre civile du 13 décembre 2005, que « *la clause par laquelle un époux subordonne la donation faite à son conjoint au cas où celui-ci lui survivrait, à la persistance du lien matrimonial ou à l'absence de toute action entreprise pour y mettre fin, n'est pas en soi illicite et est justifiée, sauf intention de nuire, par la nature même de cette libéralité* »[5] (v. ss nos 342.34, 354.83 et 354.94).

SECTION 5

INCIDENCE DE LA LOI DU 23 JUIN 2006 SUR L'INSTITUTION CONTRACTUELLE ENTRE ÉPOUX

356.71 Imputation sur les droits légaux. La loi du 23 juin 2006 emporte une double répercussion

1. EN CE SENS, J. Massip, « L'incidence du divorce sur les donations entre époux », *JCP N* 2012. 1109.
2. Rép. min. n° 18632, *JOAN Q* 26 mai 2009, p. 5148; *JCP N* 2009. Actu. 428.
3. Civ. 1re, 28 févr. 2006, n° 03-20.150, *Bull. civ.* I, n° 114; *D.* 2006. 2074, obs. M. Nicod; *Defrénois* 2006, art. 38441, p. 1322, obs. J. Massip; *AJ fam.* 2006. 203, obs. S. David; *Dr. fam.* 2006, n° 111, note V. Larribau-Terneyre.
4. Civ. 1re, 6 févr. 2008, n° 05-18.745, *Bull. civ.* I, n° 40; *D.* 2009. Pan. 832, obs. G. Serra; *JCP* 2009. I. 109, n° 9, obs. R. Le Guidec; *JCP N* 2008. 1199, note J. Casey; *AJ fam.* 2008. 120, obs. S. David; *Dr. fam.* 2008, n° 41, obs. V. Larribau-Terneyre; *Defrénois* 2008, p. 486; *RTD civ.* 2008. 282, obs. J. Hauser; *RTD civ.* 2008. 347, obs. M. Grimaldi.
5. Civ. 1re, 13 déc. 2005, n° 02-14.135, *Bull. civ.* I, n° 491; *Defrénois* 2006, art. 38396, p. 836, note N. Peterka; *JCP N* 2006. 1168, note Ph. Simler; *JCP* 2006. II. 10136, note Simler; *JCP* 2008. I. 108, n° 6, obs. R. Le Guidec; *RTD civ.* 2006. 543, obs. J. Hauser.

sur l'institution contractuelle entre époux. Elle précise, d'une part, les libéralités conjugales s'imputent sur les droits légaux du conjoint survivant, ce dernier étant autorisé à en réclamer le complément lorsque la libéralité est inférieure à ses droits successoraux. Il conviendra, ainsi, le cas échéant de convertir les droits volontaires ou les droits légaux du conjoint survivant en valeur propriété afin de procéder à l'imputation de ceux-là sur ceux-ci [1] (v. s[s] n° 351.15).

356.72 **Faculté de cantonnement.** La réforme confère, d'autre part, au conjoint gratifié la faculté de cantonner son émolument sur une partie des biens dont il a été disposé en faveur. Cette limitation peut être écartée par une stipulation contraire du disposant et elle ne peut être considérée comme une libéralité faite aux successibles (C. civ., art. 1094-1, al. 2). Restera à mesurer, avec précaution, les conséquences d'un tel cantonnement du point de vue du passif... [2]

SECTION 6

INCIDENCE DE L'INSTITUTION CONTRACTUELLE ENTRE ÉPOUX SUR LE DROIT DE RETOUR LÉGAL DES COLLATÉRAUX PRIVILÉGIÉS

356.81 **Neutralisation.** Rappelons, enfin, que les libéralités entre époux - et notamment un legs universel au profit du conjoint survivant - permettent, ainsi que le précise le rectificatif d'une réponse ministérielle du Garde des Sceaux publié le 13 février 2007, de tenir en échec le droit de retour légal reconnu aux frères et sœurs du défunt par l'article 757-3 du Code civil [3] (v. s[s] n° 351.12). La solution s'applique pareillement, sous réserve qu'elle soit suivie par la jurisprudence, à l'institution contractuelle entre époux.

1. Antérieurement à la loi du 3 déc. 2001, v. Civ. 1re, 6 févr. 2001, n° 99-10.845, *Bull. civ.* I, n° 28; *D.* 2001. 3566, note C. Aubert de Vincelles; *JCP* 2001. I. 136, n° 4, obs. R. Le Guidec; *JCP N* 2001. 1070, note Duchange; *Dr. fam.* 2001. Chron. 11, obs. J.-R. Binet; *RTD civ.* 2001. 637, obs. J. Patarin.
2. V. M. Giray, « Le cantonnement de l'émolument du conjoint survivant par le nouvel article 1094-1, alinéa 2 du Code civil », *JCP N* 2007. 1067.
3. EN CE SENS, v. Rép. min. Justice n° 85443, *JOAN Q* 11 juill. 2006, p. 7371, *erratum* publié *in JOAN Q* 13 févr. 2007; *JCP N* 2007. Actu. 267.

TITRE

36. Les libéralités à caractère collectif

CHAPITRE

360. Introduction

Jean-Pierre Marguénaud
Professeur à la Faculté de droit
et de sciences économiques
de l'Université de Limoges

Benjamin Dauchez
Notaire

360.00 Divisions. Parmi les libéralités à caractère collectif, on peut distinguer assez nettement les libéralités adressées aux associations (chap. 371), qui ont fait l'objet d'assouplissements significatifs en 2005, de celles qui sont destinées aux autres personnes morales de droit privé (chap. 372) toujours gouvernées par l'idée de suspicion. Les libéralités adressées aux personnes morales de droit public, évidemment moins suspectées et souvent soutenues par l'idée d'affectation perpétuelle devront ensuite être étudiées dans leurs dispositions générales (chap. 381) et dans leurs règles particulières (chap. 382). Il restera à s'intéresser aux fondations spécialement organisées pour recevoir des libéralités et les faires servir à la réalisation d'une œuvre d'intérêt général et à but non lucratif qui sont traditionnellement à vocation perpétuelle (chap. 391 et 392) mais qui, avec l'apparition des fondations d'entreprise, peuvent aussi être à vocation temporaire (chap. 393). Nous étudierons enfin le fonds de dotation, nouvelle personne morale instituée par la loi du 4 août 2008, qui bouleverse par sa souplesse de création et de fonctionnement le système juridique mécénal français (chap. 394).

360.01 Textes applicables. La diversité des personnes morales susceptibles de recevoir des libéralités conduit à un éparpillement des textes applicables.

Certains se trouvent dans le Code civil (C. civ., art. 900-2 à 900-8, 902 et 910), d'autres dans le Code général de la propriété des personnes publiques (CGPPP, art. L. 1121-1 et L. 1121-2) d'autres encore dans le Code général des collectivités territoriales (CGCT, art. L. 2242-1 à L. 2242-5; L. 3213-6; L. 3213-7 et L. 4221-6).

Plus nombreux sont ceux qui n'ont pas été codifiés. On peut citer la loi du 4 février 1901 [1], sur la tutelle administrative en matière de dons et legs; le décret du 2 avril 2002 [2], simplifiant la procédure administrative applicable aux legs; le décret du 11 mai 2007 [3], relatif aux associations, fondations congrégations et établissements publics du culte; les lois du 23 juillet 1987 [4] et du 4 juillet 1990 [5] concernant les fondations d'utilité publique et les fondations d'entreprise, sans oublier les lois du 11 mars 1988 [6], du 15 janvier 1990 [7] et du 19 janvier 1995 [8] relatives à la transparence financière et au financement de la vie politique.

360.11 Notion. Les libéralités à caractère collectif sont des libéralités qui visent à avantager non pas une ou deux personnes déterminées mais un groupe plus ou moins étendu de personnes, voire l'intérêt général. Aussi sont-elles adressées à des **personnes morales.**

Cette définition classique des libéralités à caractère collectif, qui met les personnes morales en situation de bénéficiaires ou de destinataires, demande à être un peu corrigée. Depuis quelques années en effet, la question des libéralités faites non pas aux personnes morales mais par les personnes morales a pris de plus en plus d'acuité. Elle a déjà obligé le législateur à créer en 1990 les fondations d'entreprises. Elle pourrait susciter d'autres réflexions lorsqu'elle se présente sous la forme de cadeaux d'entreprise.

1. L. 4 févr. 1901, sur la tutelle administrative en matière de dons et legs, *JO* 6 févr., p. 933.
2. Décr. n° 2002-449, 2 avr. 2002, simplifiant la procédure administrative applicable aux legs, *JO* 4 avr., p. 5912.
3. Décr. n° 2007-807, 11 mai 2007, relatif aux associations, fondations congrégations et établissements publics du culte, *JO* 12 mai, p. 8689.
4. L. n° 87-571, 23 juill. 1987, sur le développement du mécénat, *JO* 24 juill., p. 8255.
5. L. n° 90-559, 4 juill. 1990, créant les fondations d'entreprise et modifiant les dispositions de la loi n° 87-571 du 23 juillet 1987 sur le développement du mécénat relatives aux fondations, *JO* 6 juill., p. 7914.
6. L. n°s 88-226 et 88-227, 11 mars 1988, relatives à la transparence financière, *JO* 12 mars, p. 3288 et 3290.
7. L. n° 90-55, 15 janv. 1990, relative à la limitation des dépenses électorales et à la clarification du financement des activités politiques, *JO* 16 janv., p. 639.
8. L. n° 95-65, 19 janv. 1995, relative au financement de la vie politique, *JO* 21 janv., p. 1105.

Dès lors, les libéralités à caractère collectif pourraient rapidement répondre à la définition suivante : ce sont les **libéralités adressées aux personnes morales** et les **libéralités faites par les personnes morales.** Il est sans doute trop tôt pour mettre ces deux aspects sur un plan d'égalité, mais il faut commencer à faire une place au second.

360.12 **Particularisme.** Les libéralités à caractère collectif sont soumises à de nombreuses règles spécifiques. En outre, certaines règles générales du droit des libéralités, comme celles relatives à la révision des charges et conditions, ne s'appliquent guère qu'à la demande de personnes morales. Les raisons de ce particularisme sont d'ordre économique, politique et technique.

– *Sur le plan économique*, les libéralités à caractère collectif représentent une grave **entrave à la libre circulation des biens** dans la mesure où elles sont adressées à des personnes morales dont la durée de vie n'est pas souvent limitée et qui modifient rarement la composition de leur patrimoine.

– *Sur le plan politique*, les libéralités accordées à des personnes morales ont toujours été regardées avec **défiance et suspicion** car elles peuvent dangereusement accroître la force de groupements hostiles à l'État. Cette défiance a été spectaculairement étendue pour des considérations de moralisation de la vie publique, aux libéralités faites aux partis politiques.

Elle est cependant loin d'être générale. À l'origine, elle était réservée aux associations et plus particulièrement aux fondations. En outre, depuis quelques années, l'État a pris conscience de la nécessité d'encourager par des mesures juridiques et fiscales spécifiques les dons et legs aux personnes morales de bon aloi, plus promptes et plus efficaces que lui pour lutter contre les fléaux sociaux ou promouvoir le développement culturel et artistique.

– *Sur le plan technique*, la matière se caractérise par une **interpénétration du droit public et du droit privé.** Autorisations ou oppositions administratives et reconnaissances d'utilité publique sont en effet au cœur du droit des libéralités adressées aux personnes morales de droit privé. En outre, il arrive souvent que les personnes privées transmettent gratuitement – et volontairement – tout ou partie de leur fortune à des personnes morales de droit public.

Une autre difficulté technique vient de ce que les personnes morales sont les destinataires naturels des **libéralités soumises à une affectation perpétuelle,** particulièrement délicates à organiser.

TITRE

37. Les libéralités aux personnes morales de droit privé

37.00 **Plan du titre.**

CHAPITRE

371. Libéralités adressées aux associations

JEAN-PIERRE MARGUÉNAUD
PROFESSEUR À LA FACULTÉ DE DROIT
ET DES SCIENCES ÉCONOMIQUES
DE L'UNIVERSITÉ DE LIMOGES

BENJAMIN DAUCHEZ
NOTAIRE

SECTION 0 ORIENTEUR

371.00 Plan du chapitre.

371.01 Textes applicables.

C. civ., art. 900-1 à 900-8 et 910

L. 1er juill. 1901, relative au contrat d'association, *JO* 2 juill., art. 6 et 11, p. 4025.

Décr. n° 2007-807, 11 mai 2007, relatif aux associations, fondations, congrégations et établissements publics du culte et portant application de l'article 910 du Code civil, art. 1 à 7, *JO* 12 mai, p. 8689.

> Capacité de disposer ou de recevoir par donation entre vifs ou par testament
[C. civ., art. 900-1 à 900-8 et 910]

* V. texte complet des articles 900-1 à 900-8 s^s n° 313.01 > *Libéralités : règles générales*

* V. texte complet de l'article 910 s^s n° 312.01 > *Capacité de disposer ou de recevoir par donation entre vifs ou par testament*

> L. 1er juill. 1901

Art. 6 (*mod. par L. n° 2012-387, 22 mars 2012, art. 126, JO 23 mars – en vigueur le 24 mars 2012*)

Toute association régulièrement déclarée peut, sans aucune autorisation spéciale, ester en justice, recevoir des dons manuels ainsi que des dons d'établissements d'utilité publique, acquérir à titre onéreux, posséder et administrer, en dehors des subventions de l'État, des régions, des départements, des communes et de leurs établissements publics :

1° Les cotisations de ses membres;

2° Le local destiné à l'administration de l'association et à la réunion de ses membres;

3° Les immeubles strictement nécessaires à l'accomplissement du but qu'elle se propose.

Les associations déclarées qui ont pour but exclusif l'assistance, la bienfaisance, la recherche scientifique ou médicale peuvent accepter les libéralités entre vifs ou testamentaires dans des conditions fixées par décret en Conseil d'État.

NOTE. *Les dispositions de l'article 2 de l'ordonnance du 28 juillet 2005 ne sont pas applicables aux libéralités pour lesquelles des demandes d'autorisation de leur acceptation ont été formées avant l'entrée en vigueur de ladite ordonnance (Ord. 28 juill. 2005, art. 9).*

Art. 11 (*mod. par Ord. 28 juill. 2005, art. 2 – en vigueur le 1er janv. 2006*)

Ces associations peuvent faire tous les actes de la vie civile qui ne sont pas interdits par leurs statuts, mais elles ne peuvent posséder ou acquérir d'autres immeubles que ceux nécessaires au but qu'elles se proposent. Cependant, elles peuvent acquérir, à titre onéreux ou à titre gratuit, des bois, forêts ou terrains à boiser. Toutes les valeurs mobilières d'une association doivent être placées en titres nominatifs, en titres pour lesquels est établi le bordereau de références nominatives prévu à l'article 55 de la loi n° 87-416 du 17 juin 1987 sur l'épargne ou en valeurs admises par la Banque de France en garantie d'avances.

Elles peuvent recevoir des dons et des legs dans les conditions prévues par l'article 910 du Code civil.

NOTE (identique à note s^s art. 6).

> Décr. n° 2007-807, 11 mai 2007

Art. 1er (*mod. par Décr. n° 2012-377, 19 mars 2012, art. 3 – en vigueur le 22 mars 2012*)

Tout notaire chargé du règlement d'une succession contenant des legs en faveur de l'un des établissements et associations mentionnés à l'article 910 du Code civil en informe l'établissement ou l'association bénéficiaire et la déclare à l'autorité administrative dès qu'il est en possession des dispositions testamentaires.

Toute association ou établissement mentionné à l'article 910 du Code civil, bénéficiaire d'une libéralité entre vifs, la déclare aussitôt au à l'autorité administrative.

L'autorité administrative mentionnée aux alinéas précédents est le préfet du département où l'établissement ou l'association a son siège.

La déclaration à l'autorité administrative est faite par courrier recommandé avec demande d'avis de réception et accompagnée des documents suivants :

1° En cas de legs : une copie ou un extrait du testament et de ses codicilles relatifs à la libéralité et une copie de l'acte de décès ou d'un bulletin de décès du testateur;

2° Pour les libéralités entre vifs : une copie de l'acte de disposition ou, à défaut, la justification de la libéralité;

3° Les statuts de l'établissement bénéficiaire et les documents attestant de ce qu'ils ont été régulièrement déclarés ou approuvés;

4° La justification de l'acceptation de la libéralité ainsi que, le cas échéant, la justification de l'aptitude de l'association ou de l'établissement bénéficiaire à en exécuter les charges ou à en satisfaire les conditions compte tenu de son objet statutaire;

5° Pour les associations.Lorsque le dossier est complet, l'administration adresse à l'association ou à l'établissement et, le cas échéant, au notaire, un accusé de réception mentionnant la date de réception du dossier et la date à laquelle, à défaut de décision expresse, l'absence d'opposition sera acquise. Cet accusé de réception fait courir le délai ouvert à l'autorité administrative pour statuer. En cas de dossier incomplet, l'accusé de réception fixe un délai pour la production des pièces manquantes et précise que le délai ouvert à l'autorité administrative pour statuer court à compter de la date de réception de ces pièces.

Les dispositions du présent article ne sont pas applicables aux libéralités consenties par des personnes physiques ou morales en vue de la constitution de la dotation initiale d'une fondation ni aux dévolutions d'actif résultant de la dissolution d'un établissement reconnu d'utilité publique, qui sont régies par les dispositions de l'article 3.

Art. 2 (*mod. par Décr. 20 avr. 2010, art. 2 – en vigueur le 6 sept. 2010*)

Lorsque le préfet envisage de faire usage de son droit d'opposition à l'acceptation des libéralités faites aux établissements et associations visés au deuxième alinéa de l'article 910 du Code civil, il en informe l'association ou l'établissement et le cas échéant le notaire, par lettre recommandée avec demande d'avis de réception, et invite l'association ou l'établissement à présenter ses observations dans un délai de quinze jours.

À l'expiration du délai ainsi fixé, le préfet décide, au vu des observations éventuelles de l'association ou de l'établissement, de s'opposer ou non à l'acceptation. En cas d'opposition, il notifie sa décision dûment motivée, par lettre recommandée avec demande d'avis de réception, à l'association ou à l'établissement et le cas échéant au notaire.

L'absence de notification d'une décision expresse dans un délai de quatre mois à compter de la date de l'accusé de réception mentionné à l'article 1er vaut absence d'opposition à l'acceptation d'une libéralité.

À la demande des associations et établissements intéressés, le préfet délivre une attestation de cette absence d'opposition.

Les dispositions du présent article ne sont pas applicables aux libéralités régies par les dispositions de l'article 3.

Art. 3

Le décret reconnaissant une fondation comme établissement d'utilité publique ou approuvant la délibération relative à la dissolution d'un établissement d'utilité publique vaut absence d'opposition à l'acceptation des libéralités mentionnées dans le décret.

Art. 4 (*mod. par Décr. 20 avr. 2010, art. 3 – en vigueur le 6 sept. 2010*)

La demande d'autorisation d'acceptation des libéralités faites aux établissements mentionnés au premier alinéa de l'article 910 du Code civil et aux associations ou fondations dont les activités ou celles de leurs dirigeants sont visées à l'article 1er de la loi du 12 juin 2001 susvisée est adressée au préfet du département où est le siège de la fondation ou de l'association.

Elle comporte :

1° Les statuts de l'établissement, de l'association ou de la fondation;

2° Les noms, prénoms, profession, domicile et nationalité de ceux qui, à un titre quelconque, sont chargés de son administration;

3° La désignation de la libéralité;

4° L'emploi envisagé pour ladite libéralité;

5° Le budget prévisionnel de l'exercice en cours ainsi que les comptes annuels des trois derniers exercices clos ou, si l'association a été créée depuis moins de trois ans, les comptes annuels des exercices clos depuis sa date de création.

Art. 5

Le préfet accuse réception des demandes d'autorisation d'acceptation de libéralités faites par les personnes morales mentionnées à l'article 4, dans les conditions prévues par le décret du 6 juin 2001 susvisé.

Sauf dans le cas de réclamations formulées par des héritiers, l'absence de décision expresse dans un délai de six mois à compter de la demande vaut autorisation d'acceptation.

À la demande des personnes morales intéressées, le préfet délivre une attestation de cette autorisation tacite.

Art. 6

Les réclamations concernant les legs en faveur des personnes morales mentionnées à l'article 4, formulées par les héritiers désignés par la loi, sont recevables auprès du préfet du département du lieu de l'ouverture de la succession, dans un délai de six mois à compter de l'ouverture de la succession. Elles comportent les noms, prénoms et adresse des réclamants, leur ordre et degré de parenté vis-à-vis du défunt ainsi que les motifs de la réclamation.

Le préfet informe la personne morale légataire de ces réclamations et délivre aux réclamants un accusé de réception.

Lorsque les réclamations sont formulées après l'expiration du délai mentionné au premier alinéa ou émanent de personnes autres que les héritiers désignés par la loi, l'accusé de réception fait mention de leur irrecevabilité.

Le préfet transmet les réclamations recevables à l'autorité administrative compétente pour instruire la demande d'autorisation du legs.

Dans le cas d'une libéralité entre vifs au profit d'une personne morale mentionnée à l'article 4, l'autorité administrative compétente pour instruire la demande d'autorisation de la libéralité recueille des renseignements sur la situation de famille et de fortune du donateur.

Art. 6-1 (*créé par Décr. 19 mars 2012, art. 4 – en vigueur le 22 mars 2012*)

Les dispositions du présent chapitre sont applicables aux libéralités consenties aux États et aux établissements étrangers dans les cas suivants :

1° En matière de legs :

a) Pour les successions ouvertes en France, lorsque la libéralité porte sur des biens immobiliers ou mobiliers situés en France;

b) Pour les successions ouvertes à l'étranger, lorsque la libéralité porte sur des biens immobiliers situés en France;

2° En matière de donation :

a) Lorsque la libéralité porte sur des biens immobiliers situés en France;

b) Lorsque la loi française a été choisie par les parties;

c) Lorsque, en l'absence de choix de loi, le donateur est domicilié en France ou que l'acte a été établi en France.

Art. 6-2 (*créé par Décr. 19 mars 2012, art. 4 – en vigueur le 22 mars 2012*)

I. — Lorsqu'ils sont avisés d'une succession satisfaisant aux critères définis à l'article 6-1, les notaires en informent l'État ou l'établissement étrangers et en font la déclaration au ministre de l'Intérieur.

Lorsque l'État ou l'établissement étrangers est bénéficiaire d'une libéralité entre vifs, il appartient au mandataire désigné selon la loi étrangère pour accomplir les formalités en France de procéder à la déclaration de la donation au ministre de l'Intérieur.

II. — La déclaration au ministre de l'Intérieur est faite par courrier recommandé avec demande d'avis de réception et accompagnée des documents suivants, avec leur traduction en français s'il y a lieu :

1° En cas de legs : une copie ou un extrait du testament et de ses codicilles relatifs à la libéralité et une copie de l'acte de décès ou d'un bulletin de décès du testateur;

2° Pour les libéralités entre vifs : une copie de l'acte de donation ou, à défaut, la justification de la libéralité;

3° La justification de l'acceptation de la libéralité par l'État ou par l'établissement étrangers ainsi que, le cas échéant, la justification de l'aptitude de l'établissement bénéficiaire à en exécuter les charges ou à en satisfaire les conditions compte tenu de son objet statutaire;

4° La procuration à une personne nommément désignée par l'État ou par l'établissement étrangers pour accomplir les formalités en France ou la justification de la nomination d'un mandataire désigné selon la loi étrangère;

5° Les statuts de l'établissement étranger bénéficiaire, déclarés ou approuvés conformément à son droit national, et tout document officiel attestant que l'établissement est habilité par son droit national à recevoir des libéralités.

III. — Lorsque le bien donné ou légué est un bien culturel au sens du chapitre Ier du titre Ier du livre Ier du Code du patrimoine, la déclaration est accompagnée d'une description du bien précisant sa nature, son support, le nom de son auteur, son titre et sa date, ses matériaux, ses dimensions ainsi que tout signe distinctif utile à son identification, et d'une photographie d'un format suffisant pour rendre possible la reconnaissance du bien.

Lorsque le dossier est complet, le ministre de l'Intérieur adresse au mandataire désigné et, le cas échéant, au notaire un accusé de réception mentionnant la date de réception du dossier et la date à laquelle, à défaut de décision expresse, l'absence d'opposition sera acquise. Cet accusé de réception fait courir le délai de douze mois ouvert au ministre de l'Intérieur pour statuer.

En cas de dossier incomplet, l'accusé de réception fixe un délai pour la production des pièces manquantes et précise que le délai ouvert au ministre de l'Intérieur pour statuer court à compter de la plus tardive des dates de réception des pièces manquantes.

Art. 6-3 (*créé par Décr. 19 mars 2012, art. 4 – en vigueur le 22 mars 2012*)

Le ministre de l'Intérieur consulte le ministre des Affaires étrangères qui dispose d'un délai de huit mois pour émettre son avis.

Le cas échéant, il recueille simultanément l'avis du ou des autres ministres intéressés qui doit lui parvenir dans un délai de six mois.

Lorsque le bien donné ou légué est un bien culturel au sens du chapitre Ier du titre Ier du livre Ier du Code du patrimoine, le ministre intéressé est le ministre chargé de la culture.

Art. 6-4 (*créé par Décr. 19 mars 2012, art. 4 – en vigueur le 22 mars 2012*)

Au vu des avis recueillis, le ministre de l'Intérieur peut faire usage de son droit d'opposition à l'acceptation des libéralités consenties aux États ou établissements étrangers, pour les motifs tirés :

1° Des engagements internationaux souscrits par la France ou de la défense de ses intérêts fondamentaux;

2° De la nature des activités de l'établissement étranger ou de ses dirigeants, en particulier celles visées à l'article 1er de la loi du 12 juin 2001 susvisée.

Le ministre de l'Intérieur peut également faire usage de son droit d'opposition lorsque l'établissement étranger ne justifie pas que son droit national lui reconnaît la capacité juridique de recevoir des libéralités ou lorsque son objet statutaire ne lui permet pas d'exécuter les charges liées à la libéralité.

Art. 6-5 (*créé par Décr. 19 mars 2012, art. 4 – en vigueur le 22 mars 2012*)

Lorsque le ministre de l'Intérieur envisage de faire usage de son droit d'opposition à l'acceptation d'une libéralité, il en informe le mandataire désigné et, le cas échéant, le notaire par lettre remise contre signature. Il invite le mandataire désigné à présenter ses observations dans un délai d'un mois.

À l'expiration du délai ainsi fixé, et au plus tard dans le délai mentionné à l'article 6-2, le ministre de l'Intérieur décide, au vu des observations éventuelles du mandataire désigné, de s'opposer ou non à l'acceptation de la libéralité. En cas d'opposition, il notifie sa décision dûment motivée, par lettre remise contre signature, au mandataire désigné et, le cas échéant, au notaire.

L'absence de notification de la décision dans le délai de douze mois mentionné à l'article 6-2 vaut absence d'opposition à l'acceptation de la libéralité. À la demande du mandataire désigné, le ministre de l'Intérieur délivre une attestation de cette absence d'opposition.

Art. 6-6 (*créé par Décr. 19 mars 2012, art. 4 – en vigueur le 22 mars 2012*)

L'absence de décision d'opposition à l'acceptation d'une libéralité par un établissement étranger est sans effet sur son éligibilité éventuelle au bénéfice des exonérations de droits de mutation à titre gratuit prévues par l'article 795 du Code général des impôts en faveur de certains organismes ou établissements. Ces exonérations fiscales s'appliquent aux établissements étrangers répondant aux mêmes conditions que les établissements français éligibles lorsqu'il existe en la matière un régime de réciprocité entre la France et l'État où l'établissement a son siège, cette réciprocité résultant d'une convention internationale relative aux doubles impositions ou d'un accord particulier.

Art. 6-7 (*créé par Décr. 19 mars 2012, art. 4 – entré en vigueur le 22 mars 2012*)

L'absence de décision d'opposition du ministre de l'Intérieur à l'acceptation d'une libéralité par un État ou un établissement étrangers ne dispense pas le demandeur de recueillir les autorisations requises, le cas échéant, par d'autres législations.

Art. 7

L'acquisition à titre onéreux ou l'aliénation, par les établissements congréganistes autorisés ou légalement reconnus et, dans les départements du Bas-Rhin, du Haut-Rhin ou de la Moselle, par les établissements publics du culte, de biens immeubles, de rentes ou valeurs garanties par l'État est autorisée par arrêté du préfet du département où l'établissement a son siège.

L'autorisation est réputée accordée si le préfet n'y a pas fait opposition dans les deux mois de leur notification par l'établissement.

371.02 **Jurisprudence de référence.**

> Une association créée en vue de recevoir une libéralité est illicite

• Civ. 3e, 3 mai 1973, no 72-12.176, *Bull. civ.* III, no 304

* V. ss no 371.10

« Attendu que l'arrêt attaqué retient encore "que la cession à un organisme d'exploitation, le Cadir, était bien la condition de l'autorisation et que la décision de H..., de Villeneuve et de S... de ne pas se soumettre aux exigences du Cadir par l'intermédiaire de C... a été la seule raison du refus de l'autorisation, que le Cadir n'a eu aucune vie réelle et que son activité s'est bornée à ce que fut l'objet de sa constitution, que c'est bien pour les besoins de l'affaire des Évières que le Cadir a été créé par D..., B... et C... sur la base d'une opération de profit, envisagée préalablement dans le cadre du Bdpa, et que l'exigence, par eux, de conditionner la délivrance du permis de construire à la remise au Cadir pour la somme fictive d'un franc symbolique, d'un terrain d'aviation et d'un terrain de golf et de leurs aménagements ou, à défaut de la valeur de l'ensemble, constitue une faute et apporte la preuve que cette association n'avait été créée que pour recevoir une libéralité";

Que, de ces constatations et énonciations, la cour d'appel, qui n'avait pas à rechercher si l'association envisageait de demander à être reconnue d'utilité publique, a justement déduit, sans violer le principe de la séparation des pouvoirs et sans contradiction, que le Cadir avait un objet illicite et devait être dissous. »

> Les dons et legs modiques adressés à des associations sont dispensés d'autorisation administrative préalable

• Req. 26 juill. 1910, *DP* 1911. I. 202

* V. ss no 371.121

« Mais attendu qu'il était constant en fait et qu'il résultait même de l'acte du 16 février 1851, que la donation de 1817 n'avait pas été passée par acte authentique; que l'arrêt attaqué constate que la fabrique de l'église de Saint-Michel de Dijon n'en avait pas moins joui dès cette époque, sans interruption et d'un accord commun, des sommes qui lui avaient été remises;

Attendu que, dans ces conditions, la libéralité ayant été faite manuellement, échappait par sa nature même à la rigueur des principes qui ne reconnaissent d'effet à l'acceptation que si elle a été préalablement autorisée; que cette autorisation qui s'était produite ultérieurement dans les termes de l'acte confirmatif, a rétroagi au jour même de la remise à la fabrique des sommes qui lui avaient été données; qu'en décidant, par suite, que l'auteur de la donation litigieuse était P... du patrimoine duquel elle était sortie avant son décès et non la dame d'H... qui n'avait jamais possédé les deniers ayant servi à sa réalisation, la cour d'appel de Dijon, dont au surplus l'appréciation sur les intentions de la dame d'H... dans son acte de confirmation est souveraine, n'a pas violé les dispositions invoquées par le pourvoi; qu'elle n'a pas non plus violé les dispositions le principe de la séparation des pouvoirs administratif et judiciaire puisque son interprétation a porté sur le contrat et non sur les termes de l'autorisation, qui n'étaient que la reproduction de ce contrat dont la juridiction administrative n'avait pas le moyen de fixer le sens. »

> En cas de refus d'autorisation d'accepter une libéralité, une association peut exercer un recours pour excès de pouvoir dans les conditions du droit commun

• CE 6 déc. 1972, *Sieur Billet*, req. nos 80315 et 80335, *Lebon* 786.

* V. ss nos 371.152, 371.181 et 371.203

« Requête du sieur B... [Paul-Jean] tendant à l'annulation pour excès de pouvoir d'un décret du 2 mars 1970 refusant d'autoriser l'association dite "Communauté sociale européenne" à accepter le legs universel de la dame L... veuve T... autorisant l'association dite "Les petits frères des pauvres" à accepter ce legs et approuvant une transaction entre la demoiselle L... [Madeleine] et l'association dite "Les petits frères des pauvres";

Requête semblable de la Communauté sociale européenne, Union des peuples d'Europe pour la justice et le progrès;

Vu l'article 910 du Code civil; la loi du 4 février 1901; la loi du 1er juillet 1901; l'ordonnance du 31 juillet 1945 et le décret du 30 septembre 1953; le Code général des impôts;

Considérant que les requêtes susvisées du sieur Billet et de la Communauté sociale européenne sont dirigées contre le même décret; qu'elles ont fait l'objet d'une instruction commune; qu'il y a lieu de les joindre pour y être statué par une seule décision; sans qu'il soit besoin de statuer sur les fins de non-recevoir opposées par le ministre de l'Intérieur. »

> Libéralités possibles en faveur des associations affiliées à un organisme d'utilité publique

• Civ. 1re, 16 sept. 2010, no 09-68.221, NP

« Mais attendu que la cour d'appel qui a constaté, que Marthe X... avait clairement testé en faveur de l'association Société des amis des chats de Toulon, sans chercher à contourner par une interposition de personnes l'interdiction de recevoir directement une libéralité frappant cette association, que manifestement elle ignorait, en a exactement déduit que le mécanisme juridique admis par l'autorité administrative, consistant à autoriser l'organisme d'utilité publique auquel l'association gratifiée est affiliée à accepter le legs, à charge pour lui d'en affecter le montant à une œuvre ou une action de cette association, dans le respect de la volonté du testateur, ne constitue pas une interposition de personne prohibée au sens de l'article 911 ancien du Code civil. »

371.03 **Bibliographie indicative.**

Actualisables. Rép. civ., vo *Association*, par M. Behar-Touchais et C. Legros, janv. 2003 [màj sept. 2012] – *J.-Cl. Civ.*, « Donations et testaments », fasc. 140 et 150, L. Imbert – E. Alfandari (dir.), P.-H. Dutheil (coord.), *Associations*, Juris Éditions (feuillet mobile).

Ouvrages[1]. R. Brichet, *Associations et syndicats*, 6e éd., Litec, 1992 – Conseil d'État, *Les associations et la loi de*

1. NB : les ouvrages les plus fréquemment cités et dont le nom des auteurs figure en petites capitales en bibliographie sont cités par les seuls noms des auteurs en petites capitales en notes de bas de page.

1901, cent ans après, rapport public 2000, Doc. fr., mars 2000 – M. Grimaldi, *Libéralités. Partage d'ascendants*, LexisNexis/Litec, 2000, n°s 1670 à 1686.

Articles. L. Broyer, « Associations simplement déclarées d'assistance, de bienfaisance, de recherche, cultuelles, comment le savoir ? » *Bull. Cridon Paris,* 15 mai 2010, n° 10, p. 6 – D. Bruneau, « Une révolution tranquille : la suppression de la tutelle administrative sur les libéralités », *JCP N* 2005, n° 46, HS, p. 11 s. – S. Castagné, « N'est-pas donataire (ou légataire) qui veut : les donations et les legs aux associations », *JCP N* 2002. 1596 – Y. Flour, « Les droits reconnus aux donateurs dans le Code civil », *Rev. sociétés* 2001. 783 – M.-A. Latournerie, « Réflexion sur la capacité civile des associations », suppl. au n° 70, *Lamy Association* 16 juill. 2001 – J.-F. Sagaut, « Regard notarial sur le nouveau régime des libéralités faites aux associations, congrégations et fondations », *JCP N* 2007, n° 1200.

371.04 Questions essentielles.

> Une association a-t-elle la capacité de recevoir une libéralité ?

* V. s^s n°s 371.10, 371.40, 371.71 et 371.101

> Un bien immobilier peut-il être transmis à titre gratuit à une association ?

* V. s^s n° 371.71

> Une donation à une association peut-elle être consentie avec réserve d'usufruit ?

* V. s^s n° 371.61

> Une libéralité consentie à une association doit elle faire l'objet d'une autorisation préfectorale ?

* V. s^s n° 371.110

371.05 Délais.

> Le délai dans lequel le préfet peut exercer le droit d'opposition qui lui permet de priver l'autorisation d'acceptation d'effet est de :

– **quatre mois** à compter de la date d'accusé de réception du dossier de déclaration d'une libéralité en faveur d'une association (Décr. 11 mai 2007, art. 2).

* V. s^s n°s 371.201 et 371.203

– **six mois** à compter de la demande d'autorisation d'acceptation d'une libéralité (Décr. 11 mai 2007, art. 5). Pour les associations soumises à autorisation préfectorale préalable, l'absence de décision dans les **six mois** de la demande vaut acceptation.

* V. s^s n° 371.111

> Le délai de réclamation des familles est de **six mois** à compter de la date d'ouverture de la succession, pour s'opposer à l'autorisation administrative d'accorder la libéralité, lorsqu'il s'agit d'un legs (Décr. 11 mai 2007, art. 6).

* V. s^s n° 371.152

371.06 Sanctions.

> **Nullité absolue**

* V. s^s n°s 371.12, 371.63 et 371.110

> **Révocation**

* V. s^s n° 371.223

SECTION 1
Capacité de jouissance des associations

371.10 Vue d'ensemble. La question de la capacité à recevoir à titre gratuit des associations est encore placée sous le signe de la défiance. Deux règles essentielles en attestent. D'après la première, exprimée par un arrêt de la troisième chambre civile de la Cour de cassation le 3 mai 1973 une association créée en vue de recevoir une libéralité est illicite[1].

Suivant la seconde, beaucoup plus connue, la capacité de jouissance des associations est modulée en fonction de la catégorie à laquelle elles appartiennent. À cet égard, il faut distinguer les associations non déclarées, les associations déclarées et les associations reconnues d'utilité publique. Les premières doivent être considérées à part car si elles ne peuvent pas recevoir de libéralités c'est parce qu'elles ne sont pas dotées de la personnalité juridique. Les autres ont longtemps été radicalement distinctes sur le plan de la capacité à recevoir à titre gratuit : aux associations déclarées frappées d'une incapacité de jouissance s'opposaient les associations reconnues d'utilité publique en principe investies d'une pleine capacité.

Depuis quelques années, la défiance a diminué d'intensité de sorte que l'incapacité de jouissance est elle aussi en recul. Il n'en faut pas moins continuer à distinguer la capacité de jouissance des associations déclarées (§ 1) et celle des associations reconnues d'utilité publique (§ 2).

§ 1
Capacité de jouissance des associations déclarées

A.
Principe : incapacité de jouissance

371.11 Formulation. L'incapacité de jouissance des associations déclarées ne résulte qu'indirectement de l'article 6 de la loi du 1er juillet 1901. En effet, ce texte, qui énumère les actes permis aux associations entrant dans cette catégorie, ne mentionne pas, de façon générale, les acquisitions à titre gratuit. Il en résulte une incapacité de recevoir à titre gratuit dans des cas autres que ceux limitativement prévus par un texte. C'est ce pourquoi on parle encore régulièrement de la **petite personnalité** des associations déclarées.

1. Civ. 3e, 3 mai 1973, n° 72-12.176, *Bull. civ.* III, n° 304.

371.12 **Sanction.** Les **actes d'acquisition à titre gratuit** réalisés malgré l'incapacité de jouissance des associations déclarées sont frappés de **nullité** par l'article 17 de la loi de 1901. D'après ce texte, la nullité est encourue que l'acte ait été accompli directement ou par personne interposée et elle peut être prononcée soit à la diligence du Ministère public, soit à la requête de tout intéressé.

La jurisprudence a précisé qu'il s'agissait là d'une **nullité absolue**[1], soumise à un délai de prescription commençant à courir au jour de l'acte irrégulier[2]. La Cour de cassation a également décidé que la nullité absolue valait aussi pour les **donations déguisées** souverainement détectées par les juges du fond[3] et que la sanction devait être étendue à l'acquisition réalisée au moyen des biens donnés[4].

371.13 **Contournement de la nullité par substitution de légataire.** La complexité des règles applicables en la matière est de nature à surprendre les disposants qui adressent des libéralités à des associations incapables de les recevoir. Lorsqu'il s'agit d'une donation, la méprise est sans grande conséquence car le donateur pourra faire une nouvelle libéralité à une autre association capable. Le remède n'est évidemment d'aucun secours en cas de legs. C'est pourquoi la jurisprudence, soucieuse de sauver le testament de la nullité, procède à une substitution de légataire pour peu que la libéralité ait été stipulée avec charge par le disposant. Le legs est alors orienté vers une association reconnue d'utilité publique ayant le même objet que l'association non déclarée couchée sur le testament[5].

371.14 **Principe menacé par la Convention européenne des droits de l'homme.** L'influence grandissante de la Convention européenne des droits de l'homme sur le droit privé français oblige aujourd'hui à se demander si l'incapacité de jouissance déduite de l'article 6 de la loi de 1901 est conforme aux exigences de l'article 11 qui garantit le droit à la liberté d'association combiné avec l'article 14 qui consacre le principe de non-discrimination. Déjà, par une décision du 6 janvier 1993, la Commission européenne des droits de l'homme, remplacée depuis le 1er novembre 1998 par la nouvelle Cour, avait admis la recevabilité de la requête introduite par l'Union des athées, association déclarée à qui l'autorisation d'accepter un legs de 2 000 francs avait été refusée par les autorités administratives en raison de son incapacité de recevoir à titre gratuit. Cette affaire n'a pas donné lieu à un arrêt, obligatoire, de la Cour de Strasbourg, mais, selon une procédure supprimée le 1er novembre 1998, à une décision du Comité des ministres du Conseil de l'Europe du 7 juin 1995 qui avait constaté une violation de l'article 14 (principe de non-discrimination) combiné avec l'article 11 (droit à la liberté d'association). L'idée selon laquelle priver une catégorie d'association de tout droit de recevoir une libéralité constitue une discrimination au sens de la Convention européenne des droits de l'homme fait son chemin[6].

B.
Exceptions

371.20 **Peau de chagrin.** L'incapacité de jouissance des associations déclarées est en constante régression. Aux atténuations traditionnelles (1°) sont venues s'ajouter des exceptions modernes (2°) de plus grande ampleur.

1°
Atténuations traditionnelles

371.21 **Cotisations.** Les cotisations, dont le versement correspond à l'exécution d'une obligation contractuelle de l'adhérent, ne sont pas des libéralités : par hypothèse, elles ne sont pas inspirées par une intention libérale. Cependant, leur montant étant illimité, elles ont toujours été considérées comme un moyen d'atténuer l'incapacité de jouissance des associations déclarées. La seule limite toujours fixée par l'article 6 de la loi de 1901 concerne le rachat des cotisations. Pour empêcher cette opération de couvrir un don à une association incapable de recevoir, la loi a en effet plafonné à 16 euros le montant des sommes servant à rédimer les cotisations. La règle est aujourd'hui devenue désuète. D'ailleurs, ce qu'il est interdit de donner sous cette forme sophistiquée peut être gratuitement transmis par des moyens beaucoup plus simples admis récemment (v. ss nos 371.31 s.).

371.22 **Subventions.** En vertu de l'article 6 de la loi relative au contrat d'association, les associations simplement déclarées peuvent recevoir des subventions de l'État, des départements, des communes et de leurs établissements publics. Depuis 1901 ont été ajoutées les subventions des régions.

1. Civ. 7 févr. 1912, *D.* 1912. I. 433.
2. Civ. 1re, 26 janv. 1983, n° 82-10.426, *Bull. civ.* I, n° 39; *D.* 1983. II. 317; *RTD civ.* 1983. 773, obs. J. Patarin; *RTD civ.* 1983. 749, obs. F. Chabas.
3. Civ. 1re, 18 avr. 1958, *Bull. civ.* I, n° 187.
4. Civ. 1re, 21 nov. 1960, n° 58-12.580, *Bull. civ.* I, n° 502 – Civ. 1re, 10 juin 1964, n° 62-10.904, *Bull. civ.* I, n° 308.
5. Req. 30 oct. 1934, *DH* 1934. 569.
6. V. M. Grimaldi, *Libéralités. Partage d'ascendants*, n° 1676.

2°
Exceptions modernes

371.31 **Dons et donations.** La loi du 23 juillet 1987 sur le développement du mécénat[1] a apporté à l'article 6 de la loi de 1901 une modification significative pour permettre aux associations déclarées de recevoir des dons manuels et éventuellement des donations par acte notarié. Une telle réforme était en effet indispensable pour offrir aux mécènes le plus de souplesse et le plus de choix possibles dans la réalisation de leur projet de soutien matériel gratuit à une œuvre ou une activité d'intérêt général.

Pour encourager de tels dons, le Code général des impôts prévoit en outre que, dans des conditions encore améliorées par la loi du 1er août 2003[2], ils ouvriront droit à une réduction d'impôt. Cette réduction est fixée à :

- **66 % du montant des dons dans la limite de 20 % du revenu imposable** lorsqu'il s'agit de dons effectués par des contribuables autres que des entreprises au profit d'œuvres ou organismes d'intérêt général, ayant un caractère philanthropique, éducatif, scientifique, social, humanitaire, sportif, familial, culturel ou concourant à la mise en valeur du patrimoine artistique, à la défense de l'environnement naturel ou à la diffusion de la culture, de la langue et des connaissances scientifiques françaises... (CGI, art. 200, al. 1er).

- **75 % du montant des dons dans la limite de 521 euros (à compter de l'imposition des revenus de l'année 2011)** lorsqu'il s'agit de dons effectués par des contribuables autres que des entreprises au profit d'organismes sans but lucratif qui procèdent à la fourniture gratuite de repas à des personnes en difficulté, qui contribuent à favoriser leur logement ou qui procèdent, à titre principal, à la fourniture gratuite de soins à des personnes en difficulté (CGI, art. 200, al. 1 *ter*). Naguère limité à 66 %, cet avantage fiscal témoigne de la vitalité de ce qu'il est convenu d'appeler « l'amendement Coluche » et de la volonté de favoriser l'implication des citoyens dans la lutte contre la pauvreté.

S'agissant des versements effectués par des entreprises assujetties à l'impôt sur le revenu ou à l'impôt sur les sociétés au profit d'œuvres ou d'organismes d'intérêt général ayant un caractère philanthropique, éducatif, scientifique, social, *etc.*, l'article 238 *bis* alinéa 1er, a, du Code général des impôts dispose « *qu'ils ouvrent droit à une réduction d'impôt égale à 60 % de leur montant* [...] *dans la limite de 5 ‰ du chiffre d'affaires* » et précise que cette disposition « *s'applique même si le nom de l'entreprise versante est associé aux opérations réalisées par ces organismes* ».

371.32 **Dons des établissements publics.** Dans la nouvelle rédaction qu'elle a donnée à l'article 6 de la loi de 1901, la loi du 23 juillet 1987 a également reconnu aux associations déclarées le droit de recevoir des dons des établissements publics. Cette nouvelle règle a pour conséquence notable d'aider la Fondation de France à redistribuer les fruits de la générosité publique entre les différentes mailles du tissu associatif.

371.33 **Collectes.** Il est admis depuis longtemps que des associations, même simplement déclarées, peuvent organiser des collectes, des quêtes ou recevoir des oboles[3]. La modicité des ressources provenant de tels appels à la générosité publique justifie cette atténuation de l'incapacité de jouissance. Cependant, quand ils sont amplifiés par les moyens de communication modernes, ces appels peuvent aujourd'hui permettre de drainer des sommes considérables susceptibles de réveiller les vieilles craintes. Aussi une loi du 7 août 1991 a-t-elle précisé les conditions dans lesquelles les associations peuvent faire **appel à la générosité publique**[4].

Désormais, les campagnes d'appel à la générosité publique sont soumises à une **déclaration préalable** auprès de la Préfecture du département du siège social lorsqu'elles sont organisées à **l'échelon national** soit sur la voie publique soit grâce à l'utilisation de moyens de communication par une association quelconque soutenant une cause scientifique, sociale, familiale, humanitaire, philanthropique, éducative, sportive, culturelle ou concourant à la défense de l'environnement.

La déclaration préalable doit fournir un certain nombre de précisions concernant notamment la période et les modalités de la campagne d'appel à la générosité publique. En outre, la loi exige la présentation d'un **compte d'emploi annuel** des ressources collectées grâce à de telles campagnes. Ce compte d'emploi est soumis au contrôle de la Cour des comptes qui peut adresser des observations au président de l'association concernée. Les modalités de présentation du compte ont été fixées par un arrêté du 30 juillet 1993; celles du contrôle de la Cour des comptes par un décret du 17 septembre 1992[5].

1. L. n° 87-571, 23 juill. 1987, sur le développement du mécénat, *JO* 24 juill., p. 8255.
2. L. n° 2003-709, 1er août 2003, relative au mécénat, aux associations et aux fondations, *JO* 2 août, p. 13277; rectif. *JO* 20 sept., p. 16127.
3. CE 26 avr. 1929, Charpentier, *DH* 1929. 303.
4. L. n° 91-772, 7 août 1991, relative au congé de représentation en faveur des associations et des mutuelles et au contrôle des comptes des organismes faisant appel à la générosité publique, *JO* 10 août, p. 10616.
5. Décr. n° 92-1011, 17 sept. 1992, relatif au contrôle des comptes des organismes faisant appel à la générosité publique, *JO* 23 sept., p. 13193.

Au moins pour les associations simplement déclarées, cette réglementation est somme toute libérale. Elle leur permet en effet d'accroître considérablement leurs ressources sans guère de contraintes quand elles se satisfont d'une campagne régionale ou locale d'appel à la générosité publique, sans autorisation préalable quand elles organisent une campagne nationale.

371.34 Offrandes. L'exception relative aux dons manuels admise par l'article 6 de la loi de 1901 permet à de nombreuses organisations, à vocation religieuse principalement, de vivre ou de survivre grâce à des offrandes. Or, une modification fiscale aurait pu les asphyxier et les condamner à disparaître sans l'intervention de la Cour européenne des droits de l'homme. Cette réforme fiscale, introduite à l'article 757 du Code général des impôts par la loi n° 91-1322, loi de finances pour 1992 du 30 décembre 1991[1], est celle qui a enfin de permis de taxer les dons manuels qui échappent à toute déclaration en décidant qu'ils sont soumis aux **droits de mutation des actes à titre gratuit** lorsqu'ils ont fait l'objet d'une **reconnaissance** ou d'une **révélation** à l'occasion d'une vérification de comptabilité par exemple. Tout portait à croire que cette nouvelle règle ne vaudrait que pour les **dons manuels faits aux personnes physiques,** mais, emportée par son élan et son enthousiasme, l'Administration l'avait également appliquée aux dons manuels faits aux personnes morales. La loi du 1er août 2003 avait rassuré le monde associatif, que cette audace fiscale avait fortement inquiété, en faisant préciser par l'article 757 du Code général des impôts qu'il ne s'appliquait pas aux organismes d'intérêt général mentionnés à l'article 200 du même code. L'association *Les Témoins de Jéhovah* ne faisant pas partie de ces organismes, l'Administration procéda à la taxation des offrandes qui lui avaient été faites entre 1993 et 1996 et lui réclama 4 590 295 euros. Par un arrêt du 30 juin 2011[2], la Cour européenne des droits de l'homme a estimé que cette mesure avait constitué une ingérence dans le droit à la liberté de religion garanti par l'article 9 de la Convention européenne des droits de l'homme qui n'était pas prévue de manière suffisamment prévisible par la loi puis, par un arrêt du 5 juillet 2012[3], elle a condamné la France, c'est-à-dire le contribuable, à rembourser à l'association 4 650 295 euros. Les mêmes principes ont conduit la Cour européenne à rendre le 31 janvier 2013 des arrêts fortement critiqués[4], car ils étaient favorables à des organisations au caractère sectaire plus marqué qui ont encore coûté au contribuable français plus de 4 000 000 d'euros.

371.35 Associations déclarées assimilées aux associations reconnues d'utilité publique. Depuis 1901, des lois spéciales sont intervenues pour conférer à **certaines associations simplement déclarées** une **capacité de recevoir à titre gratuit** étendue aux dons et aux legs, comparable à celles des associations reconnues d'utilité publique (v. ss nos 371.62, 371.71, 371.81 et 371.91).

Tel a été le cas de :

- la loi du 9 décembre 1905 relative à la séparation des Églises et de l'État pour les **associations cultuelles ayant exclusivement pour objet l'exercice public d'un culte.** L'assimilation aux associations reconnues d'utilité publique n'est cependant pas complète car la capacité de recevoir des dons et des legs est compensée par l'incapacité spécifique de recevoir des subventions de l'État, des départements et des communes;

- l'ordonnance du 3 mars 1945, devenue Code de la famille et de l'aide sociale puis, récemment, Code de l'action sociale et des familles, pour les **Unions d'associations familiales** (CASF, art. L. 211-10);

- la loi du 23 juillet 1987 pour les **associations d'assistance et de bienfaisance,** déjà distinguées par une loi du 14 janvier 1933, aujourd'hui abrogée, et pour les **associations de recherche scientifique ou médicale.** La jurisprudence paraît avoir élargi la portée de ce texte en retenant une nouvelle définition de la bienfaisance. Jusqu'alors elle considérait que cette notion s'entendait de la **poursuite d'un but philanthropique et social.** En conséquence, la qualité d'association de bienfaisance était largement accordée aux associations organisant la solidarité et l'entraide entre les hommes, mais elle était refusée aux associations de protection des animaux[5]. Or, un revirement de jurisprudence semble être intervenu sur ce dernier point (ainsi d'un arrêt qui accorde plus généreusement la qualification d'association de bienfaisance à une association dont l'objet reste toutefois énigmatique[6]).

Les critères permettant à certaines associations déclarées de bénéficier de la capacité de recevoir et de l'exonération fiscale sont si incertains que le décret n° 2010-395 du 20 avril 2010[7] leur permet

1. L. n° 91-1322, 30 déc. 1991, de finances pour 1992, *JO* 31 déc., p. 17225, art. 15.
2. CEDH 30 juin 2011, Témoins de Jéhovah c/France, req. n° 8926/05.
3. CEDH 5 juill. 2012, Témoins de Jéhovah c/France, req. n° 8916/05.
4. V. PAR EX. CEDH 31 janv. 2013, Église évangélique missionnaire et Salaûn c/France, req. n° 25502/07.
5. CE 18 juin 1937, Ligue française pour la protection du cheval, *DP* 1937. 3. 36.
6. CE 4 févr. 1994, req. n° 138972, Assoc. Inuk-Buliard, NP; *RDSS* 1995. 155, note E. Alfandari.
7. Décr. n° 2010-395, 20 avr. 2010, relatif au régime des libéralités consenties aux associations, fondations, con- ▶

désormais d'interroger préalablement le préfet sur la réalité de leur statut juridique.

§ 2
Capacité de jouissance des associations reconnues d'utilité publique

371.40 **Plan.** Ici aussi, il y a un principe (A) et des exceptions (B, C, D et E), mais ils sont renversés.

A.
Principe : capacité de jouissance

1°
Présentation générale

371.41 **Formulation.** La capacité de jouissance des associations reconnues d'utilité publique résulte de l'article 11 alinéa 2 de la loi du 1er juillet 1901 suivant lequel elles peuvent recevoir des dons et des legs dans les conditions prévues par l'article 910 du Code civil.

371.42 **Portée.** L'article 11 alinéa 2 de la loi de 1901 doit être compris comme une extension aux dons et legs de la capacité de jouissance des associations déclarées. C'est dire que, tout autant et généralement depuis plus longtemps que ces dernières, les associations reconnues d'utilité publique peuvent :

- percevoir des cotisations et recueillir des subventions publiques ou des dons venant des établissements publics;

- recevoir des dons manuels. L'**avantage fiscal** accordé aux mécènes qui leur en adressent était d'ailleurs plus important qu'en matière d'associations déclarées. Lorsqu'il profitait à un **donateur particulier,** il était certes toujours de 50 % du montant du don mais dans la limite de 10 % du revenu imposable au lieu de 1,75 % jusqu'à la loi du 28 décembre 2001 (CGI, art. 200, al. 1er et 3). Quand il bénéficiait à une **entreprise assujettie à l'impôt sur le revenu** ou **à l'impôt sur les sociétés,** il était constitué par l'autorisation de déduire du bénéfice imposable l'intégralité du versement dans la limite de 3,25 ‰ du chiffre d'affaires, au lieu de 2,25 ‰ (CGI, art. 238 *bis*, al. 2). L'avantage fiscal a cependant été nivelé par la loi du 1er août 2003, relative au mécénat, aux associations et aux fondations, d'où résulte la modification de l'article 238 *bis* alinéa 1er, a du Code général des impôts se traduisant par une réduction d'impôt de 60 % du montant du versement dans la limite désormais indifférenciée de 5 ‰ du chiffre d'affaires;

- collecter des ressources en faisant appel à la générosité publique. Les associations reconnues d'utilité publique relèvent à cet égard des règles générales prévues par la loi du 7 août 1991 [1] et les décrets du 17 septembre 1992 [2] et du 30 juillet 1993 [3].

2°
Application aux associations en cours de reconnaissance d'utilité publique

371.51 **Opposition entre le Conseil d'État et la Cour de cassation.** Il arrive assez souvent qu'un disposant mal informé adresse une donation ou un legs à une association qui n'a pas encore bénéficié de la reconnaissance d'utilité publique et se trouve toujours privée de la « *grande personnalité juridique* ». On est alors en présence d'une difficulté similaire à celle qui survient en cas de legs direct à une fondation non encore créée : dans les deux hypothèses, il s'agit d'une **libéralité faite à une personne morale future.** Or le Conseil d'État et la Cour de cassation ont résolu différemment la grave question de savoir si une telle libéralité - un legs en pratique car le donateur peut toujours consentir une nouvelle donation pour s'adapter aux circonstances - est valable dans un système juridique hostile à l'idée que des biens puissent rester sans maître entre le jour du décès du testateur et celui de la création de la personne morale destinataire.

Selon le Conseil d'État, le legs adressé à une association non encore reconnue, comme celui fait à une fondation à créer, est **valable** car la reconnaissance d'utilité publique a un effet rétroactif au jour du décès du testateur. Cette solution n'a jamais été infirmée depuis sa formulation par un avis de la section de l'Intérieur du Conseil d'État le 20 décembre 1854 (avis rapporté par Marguerie, auteur favorable à la validité des libéralités adressées aux personnes morales futures par transposition de la maxime *infans conceptus* [4]). Ainsi, pour la Haute Juridiction administrative, la fiction juridique de la rétroactivité permet-elle de respecter la volonté du testateur tout en évitant la vacance de la propriété pendant la période intermédiaire.

En revanche, *la Cour de cassation* a obstinément considéré qu'un legs en faveur d'une personne

▶ grégations et établissements publics du culte, *JO* 22 avr., p. 7406.

1. L. nº 91-772, 7 août 1991, relative au congé de représentation en faveur des associations et des mutuelles et au contrôle des comptes des organismes faisant appel à la générosité publique, *JO* 10 août, p. 10616.
2. Décr. nº 92-1011, 17 sept. 1992, relatif au contrôle des comptes des organismes faisant appel à la générosité publique, *JO* 23 sept., p. 13193.
3. Décr. 30 juill. 1993, *JO* 1er août.
4. R. Marguerie, « Étude sur les libéralités faites aux établissements non reconnus », *Rev. crit. législ. jur.* 1878. 566.

morale future était **nul** par application de l'article 906 du Code civil suivant lequel il faut être conçu à l'époque du décès du testateur pour être capable de recevoir par testament. Cette jurisprudence, qui concernait aussi les fondations à créer, a été expressément appliquée aux associations en cours de reconnaissance au moment du décès[1]. En conséquence, l'association enfin reconnue d'utilité publique ne bénéficiait d'aucune rétroactivité et les héritiers du testateur pouvaient invoquer les droits qu'ils tenaient du fait même du décès pour obtenir la nullité du legs.

371.52 Incidence de la loi du 4 juillet 1990. Comme on le verra (v. s[s] n°s 39.00 s.), la loi du 4 juillet 1990[2], qui a institué les fondations d'entreprise, a également aménagé le régime général des fondations d'utilité publique. À ce titre, elle a expressément tranché la controverse qui opposait la Cour de cassation au Conseil d'État en faveur de ce dernier. En effet, aux termes de son article 18-2 alinéa 1er un legs peut être fait au profit d'une fondation qui n'existe pas au jour de l'ouverture de la succession sous la condition qu'elle obtienne, après les formalités de constitution, la reconnaissance d'utilité publique. L'article 18-2 alinéa 3 précise même que la personnalité morale de la fondation d'utilité publique rétroagit au jour de l'ouverture de la succession.

La loi n'a cependant pas étendu la solution nouvelle à la question connexe des legs adressés à des associations qui n'ont pas encore obtenu la reconnaissance d'utilité publique. Cet oubli est probablement de peu d'importance. On voit mal en effet comment la Cour de cassation pourrait maintenir sa jurisprudence critiquée à l'encontre des seules associations en cours de reconnaissance. Un argument *a fortiori* paraît même commander qu'elles soient soumises à la nouvelle règle : à la différence des fondations à créer, elles ont déjà franchi l'étape des formalités de constitution et sont déjà revêtues d'une petite personnalité juridique.

B.
Exception : interdiction de recevoir des donations avec réserve d'usufruit au profit du disposant

371.61 Fondement de la règle. Formulée par l'article 11 alinéa 3 de la loi de 1901, la règle qui interdisait aux associations, même reconnues d'utilité publique, d'accepter des donations avec réserve d'usufruit au profit du donateur était dictée par le souci de **protection de la famille du disposant.** Le législateur avait en effet considéré que le donateur pourrait trop facilement dépouiller ses proches au profit d'une personne morale s'il ne commençait pas par éprouver lui-même les conséquences de l'appauvrissement. Aussi ne pouvait-il consentir de donations aux associations qu'en pleine propriété.

371.62 Domaine. L'interdiction d'accepter une donation avec réserve d'usufruit valait selon l'article 11 alinéa 3 de la loi de 1901, aussi bien pour les **donations mobilières** que pour les **donations immobilières.**

En raison de son caractère exceptionnel, cette règle, qui limite la capacité de jouissance, devait être interprétée restrictivement. Elle ne semblait donc pas pouvoir être étendue aux donations avec réserve du droit d'usage et d'habitation ni aux donations avec réserve d'usufruit au profit d'un tiers voire au profit du conjoint. En revanche, elle devait être appliquée, malgré le silence de la loi du 23 juillet 1987[3] modifiant l'article 6 de la loi de 1901, aux associations déclarées ayant pour but exclusif l'assistance, la bienfaisance, la recherche scientifique ou médicale qui peuvent elles aussi accepter des libéralités entre vifs ou testamentaires. Dotées d'un statut *a priori* moins favorable que celui des associations reconnues d'utilité publique auxquelles elles sont assimilées du point de vue de la capacité de recevoir à titre gratuit, il ne semblait pas y avoir de raison de les traiter plus libéralement. Dans les deux cas, la règle pouvait néanmoins être éludée par la réalisation d'un apport (v. s[s] n° 371.81).

371.63 Sanction. La règle de l'article 11 alinéa 3 de la loi de 1901 était sanctionnée par l'article 17 qui édictait une nullité absolue susceptible d'être prononcée soit à la diligence du Ministère public soit à la requête de tout intéressé et notamment des héritiers du donateur.

371.64 Abrogation. La règle de l'article 11 alinéa 3 de la loi de 1901 qui était naguère prévue pour les congrégations a été étendue un peu rapidement sans doute aux associations. Nombreux en effet étaient les auteurs qui pensaient que l'autorisation administrative d'accepter les donations constituait déjà une sauvegarde suffisante de l'intérêt de la famille. D'ailleurs, conscient de l'archaïsme de cette règle, la loi du 1er août 2003, relative au

1. Civ. 7 févr. 1912, *D.* 1912. I. 433 – Civ. 1re, 5 avr. 1978, n° 76-13.347, *Bull. civ.* I, n° 151.
2. L. n° 90-559, 4 juill. 1990, créant les fondations d'entreprise et modifiant les dispositions de la loi n° 87-571 du 23 juillet 1987 sur le développement du mécénat relatives aux fondations, *JO* 6 juill., p. 7914.
3. L. n° 87-571, 23 juill. 1987, sur le développement du mécénat, *JO* 24 juill., p. 8255.

mécénat, aux associations et aux fondations[1], l'a abrogée.

C.
Exceptions : restrictions à la capacité de recevoir des immeubles à titre gratuit

1°
Analyse de l'article 11 alinéa 1er de la loi de 1901

371.71 Plafonnement de la fortune immobilière. Sur le plan politique comme sur le plan économique, la formation de patrimoines de mainmorte au profit des associations a toujours suscité la méfiance. Les risques étant exacerbés en matière immobilière, le législateur a strictement limité la capacité des associations d'acquérir des immeubles aussi bien à titre onéreux qu'à titre gratuit. Ainsi, pour ce qui regarde les libéralités, l'article 11 alinéa 1er de la loi de 1901 exclut-il du patrimoine des associations les **immeubles qui ne seraient pas nécessaires au but qu'elles se proposent.** Une loi du 2 juillet 1913 a cependant introduit une **exception** à cette restriction pour permettre aux associations d'acquérir à titre gratuit (ou à titre onéreux) des **bois, forêts ou terrains à boiser** qui ne seraient pas nécessaires à leur fonctionnement. Le législateur aura sans doute considéré que la longévité de ces personnes morales était particulièrement adaptée aux exigences d'une gestion à long terme des ressources forestières du pays.

Ces dispositions sont expressément prévues pour les associations reconnues d'utilité publique. La question de leur transposition aux associations ayant pour but exclusif l'assistance, la bienfaisance, la recherche scientifique ou médicale est délicate. Ces associations sont visées par l'alinéa 2 de l'article 6 de la loi de 1901 consacré aux associations déclarées en général. Or l'alinéa 1er de cet article interdit l'acquisition à titre onéreux des immeubles qui ne seraient pas strictement nécessaires à l'accomplissement du but poursuivi. En conséquence, les associations déclarées, avantagées par l'article 6 alinéa 2, ne peuvent pas davantage que les associations reconnues d'utilité publique recevoir gratuitement des immeubles aucunement nécessaires à leur fonctionnement. En outre, selon la plupart des auteurs, l'adjonction, dans la formulation de l'article 6 alinéa 1 de l'adverbe strictement qui ne figure pas à l'article 11 alinéa 1er empêcherait ces associations de bénéficier de l'exception relative aux bois, forêts ou terrains à boiser. Cet argument, comme tous les arguments textuels, devrait probablement être manié avec plus de précautions.

371.72 Suppression du mécanisme de conversion en fortune mobilière. L'article 11 alinéa 1er ne privait pas complètement les associations concernées du bénéfice des libéralités immobilières qui n'étaient pas nécessaires à leur fonctionnement. Moins suspicieux à l'égard des fortunes mobilières, il se bornait en effet à imposer l'aliénation, dans les formes et délais prescrits par l'acte administratif autorisant l'acceptation, de l'immeuble donné ou légué de façon à ce que le prix en soit versé à la caisse de l'association.

Or, cette partie essentielle de l'alinéa 1er a été abrogée par l'ordonnance n° 2005-856 du 28 juillet 2005 qui a réformé le droit des libéralités[2] profitant aux associations, congrégations et fondations. Il s'agit sans doute là d'un contrepoids à la capacité d'accepter des libéralités qui vient d'être reconnue (v. ss nos 371.110 s.) : à une extension de la capacité d'exercice correspondrait une restriction de la capacité de jouissance relative aux immeubles étrangers au fonctionnement de l'association.

371.73 Sanction. Toute acquisition à titre gratuit d'un immeuble, réalisée au mépris des dispositions de l'article 11 alinéa 2 est frappée de la nullité absolue édictée par l'article 17 de la loi de 1901.

2°
Distinction entre apport d'un immeuble et libéralité immobilière

371.81 Importance de la distinction. Selon l'article 1er de la loi du 1er juillet 1901, l'association suppose que deux ou plusieurs personnes mettent en commun d'une façon permanente leurs connaissances et leur activité dans un but autre que de partager des bénéfices. Sans apport, il n'y a donc pas d'association. Ces apports, dépourvus de toute intention libérale, sont généralement réalisés en industrie. Ils peuvent aussi porter sur des biens meubles ou sur des biens immeubles. Dans ce dernier cas, ils ne peuvent pas non plus transférer d'autres immeubles que ceux nécessaires au fonctionnement de l'association, à son administration ou à la réunion de ses membres.

En dépit de ce commun plafonnement, il peut y avoir avantage à transférer la propriété d'un

1. L. n° 2003-709, 1er août 2003, *JO* 2 août, p. 13277; rect. *JO* 20 sept., p. 16127.

2. Ord. n° 2005-856, 28 juill. 2005, portant simplification du régime des libéralités consenties aux associations, fondations et congrégations, de certaines déclarations administratives incombant aux associations, et modification des obligations des associations et fondations relatives à leurs comptes annuels, *JO* 29 juill., p. 12350.

immeuble en l'apportant plutôt qu'en le donnant ou le léguant.

L'intérêt est évident pour les associations déclarées dont la capacité à recevoir à titre gratuit est restreinte. Il n'est pas non plus négligeable pour les associations reconnues d'utilité publique et les associations déclarées ayant pour but exclusif l'assistance, la bienfaisance, la recherche scientifique ou médicale. Leur apporter un immeuble pouvait en effet permettre d'éluder l'interdiction formulée naguère par l'article 11 alinéa 3 relative à la réserve d'usufruit au profit du donateur. C'est aujourd'hui encore le moyen d'échapper au formalisme de l'article 931 du Code civil. En pratique, ce sont souvent les associations cultuelles qui ont généré des difficultés de qualification entre apport et donation d'immeuble.

371.82 Ambiguïté de la distinction. Il y a apport lorsque le précédent propriétaire de l'immeuble n'était pas animé par une intention libérale mais par la **recherche d'une contrepartie**[1]. Seulement cette contrepartie peut être morale ou religieuse[2]. En outre, l'appréciation de son existence relève du **pouvoir souverain des juges du fond**[3]. Il en résulte une alternance de décisions parfois vivement critiquées qui qualifient « apport » des actes ressemblant beaucoup à des donations immobilières ou « libéralité » des dispositions fort proches d'un apport d'immeuble[4].

D. Exception : aménagement de la capacité de recevoir des meubles à titre gratuit

371.91 Placement des capitaux. Pour assainir la gestion des associations reconnues d'utilité publique et des associations déclarées assimilées, l'article 11 alinéa 1er de la loi de 1901, modifié par la loi du 23 juillet 1987, prévoit que leurs valeurs mobilières « *doivent être placées en titres nominatif, en titres pour lesquels est établi le bordereau de références nominatives prévu à l'article 55 de la loi du 17 juin 1987 sur l'épargne*[5] *ou en valeurs admises par la Banque de France en garantie d'avances* ». À l'évidence, cette disposition vaut pour les capitaux reçus à titre gratuit.

1. Civ. 1re, 1er mars 1988, n° 86-13.158, *Bull. civ.* I, n° 52.
2. Civ. 1re, 1er mars 1988, n° 86-13.158, préc. ss prést n°.
3. Civ. 1re, 26 janv. 1983, n° 82-10.426, *Bull. civ.* I, n° 39; *R.* 44; *D.* 1983. 317, note A. Breton; *RTD civ.* 1983. 773, obs. J. Patarin; *RTD civ.* 1983. 749, obs. F. Chabas.
4. V. NOT. Civ. 1re, 26 janv. 1983, n° 82-10.426, relatif à une « attribution » sous seing privé d'un presbytère à une association cultuelle (préc. ss prést n°).
5. L. n° 87-416, 17 juin 1987, sur l'épargne, *JO* 18 juin, p. 6519.

E. Exception : incapacité des associations indéterminées

371.101 Extension de l'incapacité des personnes indéterminées. Plutôt qu'une véritable incapacité, l'indéterminabilité du bénéficiaire est un obstacle de fait à la validité d'une libéralité. Elle n'est pas expressément envisagée par le Code civil, mais elle est unanimement rattachée à l'article 906 qui fait de l'existence du gratifié une condition de validité des donations et des legs. En conséquence, une libéralité adressée à une personne indéterminable est entachée de nullité. Cette règle élaborée pour les personnes physiques vaut aussi *a priori* pour les personnes morales. À leur égard, on pourrait même penser qu'elle a plus d'occasions de s'appliquer car les disposants ignorent souvent la dénomination précise d'une association et la désignent plutôt d'après son activité. Il y aurait là une redoutable limite à la capacité à recevoir à titre gratuit des associations reconnues d'utilité publique et des associations déclarées assimilées. Cette limite a cependant été largement repoussée par la jurisprudence.

371.102 Relativité de l'extension. Pratiquement menaçante en cas de legs, la nullité pour indéterminabilité de l'association bénéficiaire est largement écartée par les tribunaux en vertu de leur pouvoir d'interprétation de la volonté du testateur. Non seulement, ils rectifient ses erreurs matérielles dans la désignation de l'association gratifiée, mais encore, en cas d'ambiguïté, ils devinent eux-mêmes celle qu'il a entendu désigner[6].

SECTION 2 CAPACITÉ D'EXERCICE DES ASSOCIATIONS

371.110 Tournant historique. Une association dotée de la capacité de jouissance peut librement refuser une libéralité. En revanche, elle ne pouvait pas librement l'accepter. Il lui fallait en effet obtenir une autorisation administrative préalable. Cette exigence résultait de l'article 910 du Code civil complété par une loi du 4 février 1901 et trois décrets du 13 juin 1966, du 6 mai 1988 et du 20 décembre 1994. Elle était lourdement sanctionnée par la **nullité absolue** de la libéralité acceptée sans autorisation[7].

Cette restriction remarquable à la capacité d'exercice des associations manifestait de la

6. Civ. 1re, 18 févr. 1986, n° 84-15.593, *Bull. civ.* I, n° 28; *R.* 135.
7. Civ. 14 févr. 1906, *DP* 1907. 1. 313.

manière la plus éclatante la suspicion dans laquelle elles étaient encore tenues malgré les importants assouplissements apportés par le décret n° 2002-449 du 2 avril 2002 [1]. Elle permettait à la Puissance publique de s'assurer que la libéralité n'allait pas entraîner une accumulation de biens économiquement inquiétante et qu'elle ne s'accompagnerait pas de charges politiquement dangereuses pour l'intérêt général ou pour celui de l'association gratifiée elle-même.

La lourdeur bureaucratique de ce système, vivement dénoncée lors des travaux du 92e Congrès des notaires de France, tenu à Deauville le 15 mai 1996, et par le rapport du Conseil d'État, *Les associations et la loi de 1901 cent ans après* [2], était devenue un frein dangereux pour la vitalité du monde associatif. Le postulat qui le sous-tendait paraissait chaque année plus difficile à concilier avec les exigences toujours plus pressantes de l'article 11 de la Convention européenne des droits de l'homme qui garantit le droit à la liberté d'association. Aussi l'ordonnance n° 2005-856 du 28 juillet 2005 [3] a-t-elle eu la sagesse de libéraliser l'acceptation des libéralités faites aux associations, congrégations et fondations.

Cette « *révolution tranquille* » [4] a cependant débuté par « *une période de trouble* » [5]. Pour qu'elle fasse sentir son influence bénéfique, il fallait en effet attendre un décret d'application dont on a vainement espéré la publication avant le 1er janvier 2006. Les praticiens et les associations ont donc dû traverser une période de confusion au cours de laquelle l'aléa des divergentes interprétations préfectorales des dispositions transitoires de l'ordonnance du 28 juillet 2005 décidait seul du point de savoir s'il convenait déjà d'appliquer le nouveau régime ou de s'en tenir encore à l'ancien. Cette phase d'incertitude vient de prendre fin grâce au décret du 11 mai 2007 [6]. Depuis sa publication au *Journal officiel* du 12 mai 2007, le tournant historique amorcé par l'ordonnance du 28 juillet 2005 est donc définitivement négocié. Le nouveau droit de l'acceptation des libéralités consenties aux associations, congrégations et fondations reste néanmoins placé sous le signe du paradoxe. Réformé par une ordonnance qui n'avait qu'un objectif de simplification procédurale, il présente l'inédite et tentaculaire liberté d'accepter les libéralités, organisée à partir du nouvel alinéa 2 de l'article 910 du Code civil, comme une simple exception au principe d'autorisation préalable toujours exprimé par l'alinéa 1 de l'article 910. Il faut donc commencer par étudier le principe qui relève presque de l'histoire du droit (§ 1) avant d'aborder l'exception qui constitue désormais le cœur du droit positif (§ 2).

§ 1
Principe résiduel : l'autorisation administrative préalable

A.
Domaine de l'autorisation administrative préalable

1°
Les personnes

371.111 Les personnes énumérées par l'article 910 alinéa 1er du Code civil. Aux termes de cette disposition remaniée par la loi n° 2006-728 du 23 juin 2006 [7], les seules personnes morales, occasionnellement de droit privé, restant soumises au régime d'autorisation administrative préalable étaient les établissements de santé et les établissements sociaux et médico-sociaux auxquels s'ajoutent « *les pauvres d'une commune* ». Or, la loi n° 2009-526 du 12 mai 2009 a allégé le texte de toute référence aux pauvres de la commune [8], tandis que l'article 27 de l'ordonnance n° 2010-177 du 23 février 2010, portant réforme de l'hôpital [9], a supprimé, dans un objectif de simplification du droit, celle relative aux établissements de santé, sociaux et médico-sociaux. Désormais ne relève plus de l'article 910 alinéa 1er du Code civil que l'énigmatique catégorie des **établissements d'utilité publique,** catégorie distincte des fondations et des associations qui sont les principales bénéficiaires de la réforme.

1. Décr. n° 2002-449, 2 avr. 2002, simplifiant la procédure administrative applicable au legs, *JO* 4 avr., p. 5912.
2. Conseil d'État, *Les associations et la loi de 1901 cent ans après*, Doc. fr., mars 2000.
3. Ord. n° 2005-856, 28 juill. 2005, *JO* 29 juill., p. 12350.
4. D. Bruneau, « Une révolution tranquille : la suppression de la tutelle administrative sur les libéralités », *JCP N* 2005, n° 46, HS, p. 11 s.
5. J.-F. Sagaut, « Regard notarial sur le nouveau régime des libéralités faites aux associations, congrégations et fondations », *JCP N* 2007. 1208.
6. Décr. n° 2007-807, 11 mai 2007, relatif aux associations, fondations, congrégations et établissements publics du culte et portant application de l'article 910 du Code civil, *JO* 12 mai, p. 8689.
7. L. n° 2006-728, 23 juin 2006, portant réforme des successions et libéralités, *JO* 24 juin, p. 9513.
8. L. n° 2009-526, 12 mai 2009, de simplification et de clarification du droit et d'allègement des procédures, *JO* 13 mai, p. 7920.
9. Ord. n° 2010-177, 23 févr. 2010, de coordination avec la loi n° 2009-879 du 21 juillet 2009 portant réforme de l'hôpital et relative aux patients, à la santé et aux territoires, *JO* 25 févr., p. 3585.

371.112 Les personnes rejetées par l'article 910 alinéa 2 du Code civil. Les associations et fondations dont les activités ou celles de leurs dirigeants sont visées par l'article 1er de la loi du 12 juin 2001[1], tendant à renforcer la prévention et la répression des mouvements sectaires portant atteinte aux droits de l'homme et aux libertés fondamentales, sont explicitement écartées du bénéfice de la nouvelle liberté d'acceptation des libéralités. Il faut donc en déduire qu'elles restent soumises au régime de l'autorisation administrative préalable même si l'on conçoit difficilement qu'elle puisse leur être accordée.

2°
Les actes

371.121 Exclusion traditionnelle des dons et legs modiques. Parce qu'ils ne risquent pas d'entraîner une accumulation de richesses, ils ont été dispensés d'autorisation préalable par deux arrêts de la chambre des requêtes du 27 novembre 1876[2] et du 26 juillet 1910[3]. La même dérogation a été implicitement étendue aux associations à caractère religieux qui peuvent librement faire des quêtes ou placer des troncs dans leurs locaux.

371.122 Exclusion des dons manuels. Naguère, on enseignait que les dons manuels, s'ils n'étaient pas modiques, étaient soumis à une autorisation administrative préalable dont la seule particularité était de pouvoir être donnée après la réalisation de la libéralité[4]. Aujourd'hui, cette solution est expressément démentie par l'article 6 alinéa 1er de la loi de 1901. Depuis sa modification par la loi du 23 juillet 1987[5], relative au développement du mécénat, ce texte dispose en effet que « *toute association régulièrement déclarée peut, sans aucune autorisation spéciale* [...] *recevoir des dons manuels ainsi que des dons des établissements d'utilité publique* ». Formulée à propos des associations déclarées, cette règle vaut aussi pour les associations reconnues d'utilité publique dotées d'un statut plus favorable qui leur conférait avant 1987 la capacité de recevoir des dons manuels et qui avait déjà dû les inciter à oublier de demander une autorisation *a posteriori*.

371.123 Exclusion des subventions publiques et des sommes collectées grâce à une campagne d'appel à la générosité publique. Pour les subventions publiques, la dispense d'autorisation administrative qui allait de soi a été également formulée par l'article 6 alinéa 1er de la loi de 1901. Quant aux sommes collectées grâce à une campagne d'appel à la générosité publique, elles sont soumises par la loi du 7 août 1991[6] à un système de déclaration préalable qui exclut implicitement mais nécessairement le mécanisme de l'autorisation préalable.

371.124 Donations et legs. En définitive, l'autorisation administrative préalable n'est exigée que pour les legs et les donations sous la réserve générale d'absence de modicité et à condition pour les libéralités entre vifs qu'elles aient été consenties par acte notarié conformément aux exigences formulées à peine de nullité par l'article 931 du Code civil[7].

B.
Régime de l'autorisation administrative préalable

371.131 Vue d'ensemble. Le mécanisme d'autorisation préalable applicable aux associations reconnues d'utilité publique s'est toujours caractérisé par sa lourdeur et sa longueur. Cette dernière particularité était de nature à nuire assez gravement à l'association gratifiée exposée à la caducité de l'offre de donation si le donateur vient à mourir avant l'éventuelle autorisation, au retrait de l'offre, à un durcissement de l'attitude des héritiers du testateur et à la perte des fruits et intérêts de la libéralité pendant toute la durée de la procédure. Pour obvier à ces inconvénients, l'article 8 de la loi du 4 février 1901 avait déjà admis une **acceptation provisoire** sans autorisation préalable des dons et legs. Une telle acceptation laisse la libéralité sous condition suspensive d'obtention de l'autorisation administrative. En attendant la décision, l'association n'est toujours pas propriétaire, mais elle peut prendre des mesures conservatoires. Surtout, en cas d'obtention de l'autorisation, la rétroactivité jouera plus complètement pour empêcher notamment la caducité de l'offre de donation. D'autres simplifications ont été introduites par le décret du 11 mai 2007[8] dans les rares cas où l'autorisation administrative subsiste. Son régime juridique ne fera l'objet que d'une présentation sommaire.

371.132 La demande. La demande d'autorisation d'accepter la libéralité est adressée au préfet du département où est le siège de la fondation ou de l'association gratifiée. Elle comprend les statuts de

1. L. n° 2001-504, 12 juin 2001, tendant à renforcer la prévention et la répression des mouvements sectaires portant atteinte aux droits de l'homme et aux libertés fondamentales, *JO* 13 juin, p. 9337.
2. Req. 27 nov. 1876, *DP* 1877. I. 152.
3. Req. 26 juill. 1910, *DP* 1911. I. 202.
4. Civ. 26 juill. 1910, *S.* 19120. I. 573.
5. L. n° 87-571, 23 juill. 1987, *JO* 24 juill., p. 8255.
6. L. n° 91-772, 7 août 1991, *JO* 10 août, p. 10616.
7. Sur ce dernier point, Civ. 1re, 26 janv. 1983, n° 82-10.426, *Bull. civ.* I, n° 39; *R.* 44; *D.* 1983. 317, note A. Breton; *RTD civ.* 1983. 773, obs. J. Patarin; *RTD civ.* 1983. 749, obs. F. Chabas.
8. Décr. n° 2007-807, 11 mai 2007, *JO* 12 mai, p. 8689.

la personne morale en question, les noms, prénoms, profession, domicile et nationalité de ceux qui, à un titre quelconque, sont chargés de son administration, la désignation de la libéralité et l'emploi qu'il est envisagé d'en faire (Décr. 11 mai 2007, art. 4).

1°
Préparation de la décision

371.140 Idées générales. Avant de prendre sa décision, l'autorité compétente se livre à une instruction qui lui permet d'apprécier quelle est la solution respectueuse du principe de spécialité (a) qui concilie le mieux l'intérêt général, l'intérêt de la famille du disposant (b) et l'intérêt de l'association (c) qu'elle s'efforce d'ailleurs de rallier à ses vues.

a.
Prise en considération du principe de spécialité

371.141 Signification du principe. D'après ce principe classique, la personnalité juridique n'est reconnue aux personnes morales que dans un but particulier. En conséquence, elles doivent limiter leur activité juridique au domaine spécialisé qui leur a été assigné par la loi ou par leurs statuts. Les donations et les legs peuvent entraîner une personne morale en dehors de sa spécialité en raison des conditions et des charges dont ils sont assortis. C'est la raison pour laquelle elle ne peut pas accepter une libéralité qui l'obligerait à exercer une activité étrangère à son objet.

Dans son application aux libéralités, le **principe de spécialité** est cependant d'une nature difficile à préciser. Pour les uns, il frappe la personne morale d'une véritable incapacité de jouissance l'empêchant de recevoir à peine de nullité des libéralités contenant des conditions ou des charges étrangères à sa spécialité.

Pour les autres, plus nombreux, il s'agit simplement d'un principe de bonne administration qui doit inspirer un refus d'autorisation d'accepter mais dont la méconnaissance n'appelle aucune sanction civile.

Entre ces deux conceptions, la jurisprudence ne semble pas avoir très clairement choisi. Un arrêt rendu par la chambre civile du 31 janvier 1893[1] est d'ailleurs invoqué de la manière la plus contradictoire. Certains auteurs y voient l'affirmation par les juridictions civiles du pouvoir d'annuler pour cause illicite des libéralités contraires au principe de spécialité même lorsqu'une autorisation administrative a été obtenue. D'autres le citent pour illustrer la primauté de la thèse suivant laquelle le principe de spécialité ne comporte pas de sanctions civiles.

1. Civ. 31 janv. 1893, *S.* 1893. I. 153.

371.142 Application limitée. Appliqué strictement aux libéralités faites aux établissements publics, le principe de spécialité est moins contraignant en matière de libéralités adressées aux associations reconnues d'utilité publique dont les statuts peuvent définir plus largement l'activité. Les autorités compétentes l'invoquent néanmoins pour justifier le refus d'autorisation lorsque la charge grevant la libéralité excède les forces de l'association gratifiée.

En définitive, on peut affirmer que le principe de spécialité, imprécisément sanctionné, n'est pas véritablement appliqué : il est pris en considération pour préparer la décision du préfet.

b.
Prise en compte de l'intérêt de la famille du disposant

371.151 Suppression de l'interpellation et de la consultation des héritiers. Aux termes de l'article 3-2 du décret n° 66-388 du 13 juin 1966[2], et du décret du 1er février 1896 modifié par le décret du 24 décembre 1901, l'autorisation administrative d'accepter un legs même modique était subordonnée à la lourde procédure dite « *d'interpellation des héritiers* » qui, selon les modalités précisées par une circulaire du 9 décembre 1966, mobilisait l'énergie des maires et des notaires pour rechercher, au moins jusqu'au 6e degré, les « *héritiers connus* » du défunt. Après l'interpellation, l'autorité compétente procédait, même si aucun texte ne l'y obligeait expressément, à une consultation des héritiers pour qu'ils puissent faire valoir leur point de vue et défendre leurs intérêts. Les opinions recueillies n'étaient même pas des avis mais elles permettaient de mieux apprécier la situation et de justifier un refus total ou partiel d'autorisation lorsqu'un héritier se trouvait dans une situation de famille et de fortune précaire.

Formulées en considération du mode de vie de la fin du XIXe siècle, ces exigences étaient de plus en plus difficiles à observer même avec le secours de généalogistes expérimentés. Elles présentaient en outre de graves inconvénients théoriques et pratiques : dénaturer la volonté clairement exprimée du testateur en ajoutant une réserve administrative à la réserve légale; allonger considérablement et inégalitairement le délai à l'issue duquel les associations légataires pouvaient entrer en possession des biens légués. C'est pourquoi cette procédure, qui était imperturbablement appliquée même en l'absence d'héritiers réservataires[3], a été abolie par le décret du 2 avril 2002[4], qui a entièrement

2. Décr. n° 66-388, 13 juin 1966, relatif à la tutelle administrative des associations, fondations et congrégations, *JO* 17 juin, p. 4870.
3. V. Rép. min. 24 oct. 1994, *Defrénois* 1996, art. 36443.
4. Décr. n° 2002-449, 2 avr. 2002, *JO* 4 avr., p. 5912.

refondu le décret du 1er février 1896, lui-même abrogé par le décret du 11 mai 2007 [1] qui est désormais le siège du doit positif.

371.152 Délai de réclamation des familles. Lorsque la libéralité est un legs, la famille peut toujours exprimer son hostilité à l'autorisation qui la dépouillera de biens sur lesquels elle avait cru pouvoir compter. Les héritiers désignés par la loi disposent en effet d'un délai de six mois à compter de l'ouverture de la succession pour adresser au préfet leurs réclamations (Décr. 11 mai 2007, art. 6). Le préfet peut évidemment tenir compte d'une opposition recevable [2] mais il n'est pas lié par elle. Les critiques de la famille entraînent néanmoins une importante conséquence procédurale prévue par l'article 7 de la loi du 4 février 1901 : un décret en Conseil d'État sera nécessaire pour que l'autorisation d'accepter les dons et les legs ayant fait l'objet d'une réclamation puisse être donnée.

c. Concertation avec l'association gratifiée

371.161 Nécessité d'un échange de points de vue. En cas de refus, l'association gratifiée est paralysée. En revanche, l'hypothèse inverse lui laisse une grande marge de manœuvre. En effet, l'autorisation d'accepter n'est pas l'acceptation que seule l'association peut donner. Sa décision à cet égard est d'autant plus libre que l'autorité dite de tutelle ne peut pas lui adresser d'injonction [3]. L'autorité compétente est donc placée devant la nécessité d'entamer une concertation avec l'association gratifiée pour s'assurer qu'elle acceptera la libéralité si d'aventure l'autorisation doit être assortie de modalités contraignantes.

2° Contenu de la décision

371.171 Décision pure et simple. L'autorité compétente peut refuser radicalement d'autoriser l'acceptation de la libéralité lorsqu'elle lui semble contraire à l'intérêt général ou à l'intérêt de l'association, trop attentatoire à l'intérêt de la famille ou assortie de charges illicites ou étrangères à l'activité définie par la loi ou les statuts. Elle peut aussi accorder une autorisation sans formuler la moindre restriction.

371.172 Autorisation modulée. Souvent, l'autorité administrative fixe spontanément des conditions par exemple en n'autorisant qu'une acceptation sous bénéfice d'inventaire.

Surtout, pour ménager les intérêts des héritiers *ab intestat*, elle peut donner une **autorisation partielle** ne portant que sur une quote-part de la libéralité. Cet acte de bienveillance envers la famille du disposant est connu sous la dénomination très approximative de « *réduction administrative* » ou de « *réserve administrative* ». Destinée à protéger les héritiers non réservataires qui sont dans le besoin contre les libéralités testamentaires adressées aux seules personnes morales, la « *réserve administrative* » constitue une atteinte originale et discutée à la liberté de tester. En supprimant l'interpellation des héritiers, le décret du 2 avril 2002 lui a cependant retiré une bonne partie de sa vitalité.

371.173 Autorisation implicite. La simplification réalisée par le décret du 2 avril 2002 s'est traduite aussi par l'instauration, en l'absence de réclamations formulées par les héritiers, d'un **mécanisme d'autorisation implicite** que le décret du 11 mai 2007 vient de reprendre à son compte en son article 3. Il est désormais admis que si, dans le délai de six mois à compter de l'ouverture du testament, les héritiers n'ont formulé aucune réclamation, l'absence de décision expresse dans un autre délai de six mois à compter de la demande vaut autorisation d'acceptation. Les associations concernées peuvent alors demander au préfet une attestation de cette autorisation tacite.

3° Recours contre la décision

371.181 Recours de l'association. C'est évidemment contre une décision de refus que l'association gratifiée exercera un recours. Plusieurs hypothèses sont à distinguer :

- Si le refus provient d'un arrêté préfectoral, l'article 6 du décret du 13 juin 1966 [4] disposait que l'association pouvait former dans le délai d'un mois suivant la notification, un recours administratif sur lequel il était statué par décret en Conseil d'État sur le rapport du ministre de l'Intérieur. Or cet article 6 a été abrogé par le décret du 20 décembre 1994 laissant la place au droit commun du recours pour excès de pouvoir.

- Si le refus résulte d'un arrêté ministériel ou d'un décret en Conseil d'État en cas de réclamation des héritiers, l'association déçue peut exercer un recours pour excès de pouvoir dans les conditions du droit commun [5].

1. Décr. n° 2007-807, 11 mai 2007, *JO* 12 mai, p. 8689.
2. CE 6 déc. 1972, nos 80315 et 80335, Sieur Billet, *Lebon* 786.
3. CE, avis, 22 août 1980, n° 327164.
4. Décr. n° 66-388, 13 juin 1966, *JO* 17 juin, p. 4870.
5. CE 6 déc. 1972, nos 80315 et 80335, Sieur Billet, *Lebon* 786.

371.182 Recours des héritiers. Devant les juridictions administratives, les héritiers et les légataires particuliers peuvent exercer un recours pour excès de pouvoir contre l'arrêté ou le décret autorisant l'acceptation[1].

Devant les juridictions judiciaires, ils ne peuvent pas agir contre la décision administrative elle-même, mais ils ont encore la possibilité de contester la validité de la libéralité qu'elle a permis à l'association d'accepter. C'est ainsi qu'ils peuvent demander la nullité pour vice du consentement ou cause illicite[2]. Quand il s'agit d'héritiers réservataires, ils peuvent exercer l'action en réduction pour le cas où la libéralité acceptée après autorisation excéderait la quotité disponible.

Un arrêt de la première chambre civile de la Cour de cassation du 21 février 1956[3] a précisé que, si au cours des débats devant les juridictions judiciaires, la question de la validité de l'acte administratif d'autorisation était soulevée, il y avait question préjudicielle relevant de la compétence des juridictions administratives.

§ 2
Exception tentaculaire : liberté d'acceptation

371.190 Vue d'ensemble. L'alinéa 2 que l'ordonnance du 28 juillet 2005[4] a ajouté à l'article 910 du Code civil permet aux fondations, congrégations et associations ayant la capacité de recevoir des libéralités d'accepter librement les dispositions entre vifs ou par testament qui leur sont adressées, pour peu qu'elles n'entrent pas dans le champ d'application de la loi du 12 juin 2001[5], relative à la prévention et à la répression des mouvements sectaires portant atteinte aux droits de l'homme et aux libertés fondamentales.

Désormais, l'immense majorité des associations échappe donc à l'exigence d'autorisation administrative préalable. En conséquence, la distinction entre les associations déclarées, les associations reconnues d'utilité publique et les associations déclarées ayant pour but exclusif l'assistance, la bienfaisance, la recherche scientifique ou médicale d'autorisation, est devenue désuète, dans la mesure où elle appelait des régimes d'autorisation différenciés.

La mise en œuvre de la nouvelle règle par le décret du 11 mai 2007[6] s'est traduite, formellement, par l'abrogation de l'essentiel du décret n° 66-388 du 13 juin 1966 qui organisait la tutelle administrative sur l'acceptation des dons et legs. En outre, le décret du 11 mai 2007 fixe les **dispositions transitoires** qui rendent les nouvelles règles applicables aux libéralités pour lesquelles aucune demande d'autorisation n'a été formulée auprès de l'autorité administrative **avant le 1er janvier 2006** et qui précisent que les demandes d'autorisation formulées **après cette date** sont assimilées à des déclarations d'acceptation à l'égard desquelles le délai d'opposition a commencé à courir le 13 mai 2007. Cette opposition est la seule menace administrative qui pèse encore sur l'acceptation des libéralités par les personnes morales de droit privé relevant de l'article 910 alinéa 2 du Code civil. Elle permet de mieux se rendre compte que, pour spectaculaire qu'elle soit, la liberté nouvellement accordée n'est quand même qu'une liberté surveillée. Aussi faut-il analyser successivement les modalités d'exercice de la liberté d'acceptation des libéralités (A) et le régime de la surveillance qui s'exerce encore sur elle (B).

A.
Modalités d'exercice de la liberté d'acceptation

371.191 Importance du rôle du notaire pour l'acceptation des legs. Lorsqu'un notaire est chargé d'une succession contenant un legs en faveur d'une personne morale visée par l'alinéa 2 de l'article 910 du Code civil, il a l'obligation de l'en informer. L'article 1er du décret du 11 mai 2007, qui rappelle cette évidence, impose surtout au notaire de déclarer l'existence de la libéralité au préfet du département où l'association bénéficiaire a son siège dès qu'il est en possession des dispositions testamentaires. Cette **déclaration** qui doit être faite par courrier recommandé avec demande d'avis de réception, doit être accompagnée, principalement, d'une copie ou d'un extrait du testament, d'une copie de l'acte de décès du testateur, des statuts de la personne morale bénéficiaire, de la justification de l'acceptation de la libéralité et de l'aptitude à en exécuter les charges et conditions.

371.192 Isolement de la personne morale bénéficiaire pour l'acceptation des libéralités entre vifs. Lorsqu'une personne morale visée par le nouvel alinéa de l'article 910 du Code civil accepte une donation, c'est sur elle que le décret du 11 mai 2007 fait reposer la responsabilité d'adresser au préfet du département de son siège social la décla-

1. CE 10 déc. 1982, n° 26803, Assoc. « Les amis de Mar Tugdual », *Dr. adm.* 1983, n° 4, p. 1.
2. Civ. 2 janv. 1877, *D.* 1877. I. 113.
3. Civ. 1re, 21 févr. 1956, *JCP* 1956. IV. 49.
4. Ord. n° 2005-856, 28 juill. 2005, *JO* 29 juill., p. 12350.
5. L. n° 2001-504, 12 juin 2001, *JO* 13 juin, p. 9337.
6. Décr. n° 2007-807, 11 mai 2007, relatif aux associations, fondations, congrégations et établissements publics du culte et portant application de l'article 910 du Code civil, art. 1 à 7, *JO* 12 mai, p. 8689.

ration qui incombe au notaire en cas de legs. Il n'est pas tout à fait certain qu'elle soit la mieux placée pour faire face à cette exigence. Heureusement le texte n'interdit pas de donner mandat à un notaire pour assurer la transmission à la préfecture des données requises[1].

B. Exercice du droit d'opposition de l'autorité administrative

371.201 **Délai.** Le délai dans lequel le préfet peut exercer le droit d'opposition qui lui permet de priver l'acceptation d'effet est de **quatre mois pour les legs** et **deux mois pour les donations** (Décr. 11 mai 2007, art. 2). Le point de départ du délai est fixé d'une manière originale qui signifie on ne peut plus clairement que la nouvelle liberté est une liberté surveillée. C'est en effet le préfet lui-même qui décide du jour où il commence à courir puisqu'il s'agit du jour où il délivre un accusé de réception à l'auteur de la transmission. Néanmoins, si le dossier lui paraît incomplet, le préfet peut, dans l'accusé de réception, fixer un autre délai pour le compléter des pièces manquantes. Or, c'est le jour de la réception de la dernière pièce manquante que le délai de quatre ou deux mois commencera enfin à courir (Décr. 11 mai 2007, art. 4).

Il faut signaler un autre cas particulier dans lequel le délai est au contraire éludé. C'est celui prévu par l'article 3 du décret du 11 mai 2007, suivant lequel un décret reconnaissant une fondation comme établissement d'utilité publique vaut absence d'opposition à l'acceptation des libéralités mentionnées. Cette règle complète celle de l'article 1 *in fine* du décret du 11 mai 2007 qui dispense de la formalité de la déclaration les libéralités consenties par des personnes physiques ou morales en vue de la constitution de la dotation d'une fondation.

371.202 **Instruction.** Lorsque le préfet envisage de faire opposition à l'acceptation de la libéralité parce que l'organisme légataire ou donataire serait inapte à l'utiliser, conformément à son objet statutaire, il doit, d'après l'article 2 du décret du 11 mai 2007, en informer l'association et le cas échéant le notaire par lettre recommandée avec demande d'avis de réception et inviter l'association à présenter ses observations dans les quinze jours. À l'expiration de ce délai, le préfet, en fonction de ces éventuelles observations, prend sa décision. Il faut remarquer que l'ordonnance du 28 juillet 2005 et le décret du 11 mai 2007 ne font plus la moindre allusion à la prise en compte de l'intérêt de la famille du disposant auquel la procédure d'autorisation administrative préalable n'est pas – ou plutôt n'était pas – insensible.

371.203 **Décision.** L'absence de notification d'une décision expresse dans le délai de quatre mois pour les legs et deux mois pour les donations vaut absence d'opposition à l'acceptation de la libéralité (Décr. 11 mai 2007, art. 2, al. 3).

En cas d'opposition, dûment motivée, le préfet doit la notifier par lettre recommandée avec demande d'accusé de réception à l'association et le cas échéant au notaire. Une telle décision qui prive la personne morale de la propriété du bien qui était l'objet de la libéralité fait peser des risques de rétroactivité contre lesquels un jeu de conditions suspensives pourrait être utile[2]. Il semble par ailleurs aller de soi que la jurisprudence *Billet*[3], qui ouvre le recours pour excès de pouvoir aux associations qui se heurt (aient) à un refus d'autorisation préalable (v. s^s n° 371.181) pourrait, *mutatis mutandis*, permettre à une association ou à une fondation de contester une opposition à l'acceptation d'une libéralité.

§ 3 Capacité d'exercice des États étrangers et des établissements étrangers

371.211 **Précision législative.** À l'occasion de la loi n° 2011-525 du 17 mai 2011, de simplification et de l'amélioration de la qualité du droit[4], le législateur a précisé le régime juridique des libéralités consenties aux États étrangers et établissements étrangers habilités par leur droit national à recevoir des libéralités. Ces libéralités peuvent être librement acceptées. Le ministre de l'Intérieur dispose d'un **délai de huit mois** pour faire usage de son **droit d'opposition.**

La non-opposition du ministre n'implique pas que le donataire est exonéré de droits de mutation à titre gratuit.

L'exonération fiscale ne s'applique aux établissements étrangers que dans la mesure où ils répondent aux **mêmes conditions d'exonération que les établissements français**, et qu'il existe en la matière un régime de **réciprocité** entre la France et l'État où

1. J.-F. Sagaut, « Regard notarial sur le nouveau régime des libéralités faites aux associations, congrégations et fondations », *JCP N* 2007. 1208.

2. J.-F. Sagaut, « Regard notarial sur le nouveau régime des libéralités faites aux associations, congrégations et fondations », *JCP N* 2007. 1208.
3. CE 6 déc. 1972, req. n°s 80315 et 80335, Sieur Billet, *Lebon* 786.
4. L. n° 2011-525, 17 mai 2011, de simplification et de l'amélioration de la qualité du droit, *JO* 18 mai 2011, p. 8537.

l'établissement a son siège, cette réciprocité résultant d'une convention internationale relative aux doubles impositions ou d'un accord particulier.

SECTION 3
EXÉCUTION DES CHARGES

371.220 Bouleversement législatif. La question de l'exécution des charges grevant les libéralités acceptées par les personnes morales de droit privé en général et par les associations en particulier a été profondément renouvelée par la loi du 4 juillet 1984 relative à la révision des conditions et charges apposées à certaines libéralités[1]. Pour mieux faire ressortir l'ampleur du changement, la présentation du droit positif (§ 2 et 3) devra être précédée d'un rappel historique (§ 1).

§ 1
Rappel historique

371.221 Rejet implacable de la théorie de l'imprévision. Adresser une libéralité à une personne morale est le moyen le plus ingénieux et le plus efficace pour un disposant qui trépasse de défier le temps qui passe. En imposant au bénéficiaire des charges et conditions suffisamment précises, il peut en effet gouverner indéfiniment depuis son tombeau l'affectation des biens donnés ou légués. Néanmoins, le temps finit toujours par transformer les circonstances économiques, sociales ou monétaires de manière si radicale que l'exécution des charges devient matériellement écrasante ou rationnellement absurde. Se pose alors la question de savoir si l'on peut procéder à une révision qui permettrait d'adapter les exigences d'une volonté d'autrefois aux réalités du moment. Une réponse affirmative est admise depuis une loi du 21 juillet 1927 et une ordonnance du 5 février 1959 lorsque le bénéficiaire de la libéralité est une personne morale de droit public. En revanche, lorsque le gratifié est une personne morale de droit privé, toute possibilité de révision a longtemps été énergiquement écartée par la jurisprudence judiciaire hostile par tradition et par principe à la théorie de l'imprévision.

371.222 Aménagement des modalités d'exécution. La seule consolation apportée aux associations déstabilisées par le changement des circonstances d'exécution des charges et conditions est venue d'une loi du 20 mars 1954 qui n'a pas permis une véritable révision mais un simple échelonnement de « *la périodicité des attributions prévues par le disposant* ». L'intérêt de cette disposition était donc fort limité.

371.223 Affaiblissement relatif de la menace de révocation pour inexécution des charges. Les associations bénéficiaires de libéralités grevées de charges à qui ne s'offrait aucune perspective de révision ou qui ne pouvaient se satisfaire d'un aménagement des modalités d'exécution, avaient parfois la tentation de réduire d'elles-mêmes les charges et conditions ou de modifier unilatéralement l'affectation des dons ou legs. Elles s'exposaient alors à une **action en révocation** exercée par de lointains héritiers du disposant, aiguillonnés par des généalogistes quelquefois peu scrupuleux. Avant de prononcer la révocation qui entraîne le retour des biens libres de toutes charges dans le patrimoine des héritiers, certains tribunaux s'efforçaient cependant de sauver la libéralité grâce à une appréciation souveraine de la volonté du disposant. Ainsi pouvaient-ils décider que l'exécution des charges n'était pas la cause impulsive et déterminante de la libéralité ou que leur modification unilatérale par le gratifié n'était pas étrangère aux vues de l'auteur de la libéralité. Ce courant jurisprudentiel, illustré notamment par un arrêt de la première chambre civile de la Cour de cassation du 14 mai 1974[2], s'était certes renforcé mais insuffisamment pour retirer aux héritiers leur position de force face aux personnes morales entravées par l'évolution des circonstances. Aussi, nombre d'associations bénéficiaires de libéralités continuaient-elles à en exécuter les charges en dépit du bon sens économique, politique et social plutôt que de prendre le risque d'être assignées en révocation. Quant aux plus hardies qui s'aventuraient à modifier unilatéralement l'affectation des biens, elles devaient souvent conclure des transactions désastreuses avec des héritiers âpres au gain.

Dans ces conditions, la doctrine et la pratique réclamaient énergiquement une réforme pour organiser clairement la révision des charges et conditions grevant les libéralités faites aux personnes morales de droit privé au premier rang desquelles figurent les associations. C'est seulement en cours de discussion parlementaire que le bénéfice de la législation nouvelle fut étendu aux personnes physiques et aux personnes morales de droit public auxquelles on n'avait pas songé à l'origine car le problème les affectait moins gravement.

1. L. n° 84-562, 4 juill. 1984, relative à la révision des conditions et charges apposées à certaines libéralités, *JO* 6 juill., p. 2127.

2. Civ. 1re, 14 mai 1974, n° 73-10.870, *Bull. civ.* I, n° 140; *RTD civ.* 1969. 155.

§ 2
Droit positif : règles générales

371.231 Renvoi. Les règles établies par la loi du 4 juillet 1984 étant applicables à toutes les libéralités quel qu'en soit le bénéficiaire, elles sont étudiées en détail au titre des libéralités ordinaires (v. s^s^ n°s 313.141 à 313.145). Il suffira donc de préciser brièvement que :

1° Conformément aux dispositions des articles 900-2 et 900-5 du Code civil, les associations bénéficiaires de libéralités avec conditions et charges peuvent, comme les autres personnes et, en pratique, plus souvent que les autres personnes, en demander la révision dix années après la mort du disposant lorsque, par suite d'un changement de circonstances, l'exécution en est devenue pour elles, soit extrêmement difficile, soit sérieusement dommageable.

2° La demande en révision des associations relève, comme celle des autres personnes physiques ou morales de droit privé, de la procédure judiciaire organisée par les articles 900-3, 900-4, 900-6 du Code civil qui permet au juge de prononcer même d'office des mesures pouvant aller jusqu'à l'autorisation d'aliéner tout ou partie des biens faisant l'objet de la libéralité à charge d'employer le prix de vente à des fins en rapport avec la volonté du disposant.

3° Selon l'article 900-7, l'association qui a obtenu la révision peut, à la demande des héritiers, être condamnée à exécuter à nouveau les conditions et charges comme à l'origine si une telle exécution redevient possible ultérieurement.

§ 3
Droit positif : règle spécifique aux personnes morales

371.241 Validité des clauses d'inaliénabilité perpétuelle. La charge ou condition grevant la libéralité a quelquefois pour objet d'interdire au gratifié d'aliéner les biens qui lui ont été transmis. Dangereuses pour la libre circulation des biens, les clauses d'inaliénabilité sont cependant soumises à des conditions de validité très strictes par l'article 900-1 du Code civil institué par la loi du 3 juillet 1971. D'après l'alinéa 1er de ce texte, elles ne sont en effet valables que si elles sont temporaires et justifiées par un intérêt sérieux et légitime. Or l'alinéa 2 précise que ces dispositions ne préjudicient pas aux libéralités consenties à des personnes morales (ou même à des personnes physiques à charge de constituer des personnes morales). Bien que rédigé de façon elliptique, cet alinéa semble donc maintenir la solution affirmée par la Cour de cassation le 19 octobre 1965 dans l'affaire *Congar* [1] et consacrer la validité des clauses d'inaliénabilité perpétuelle grevant les libéralités adressées aux personnes morales.

371.242 Atténuation de la spécificité. Avant la loi du 4 juillet 1984, la spécificité de la règle applicable aux personnes morales était d'autant plus forte qu'il n'existait aucune possibilité « *d'obtenir la mainlevée judiciaire de l'aliénabilité frappant les biens donnés ou légués* » [2]. Désormais, les **clauses d'inaliénabilité perpétuelle**, toujours valables quand elles affectent les libéralités adressées aux personnes morales, sont susceptibles de **révision judiciaire**. Elles relèvent en effet des règles nouvelles instituées par l'article 900-4 qui permet au juge d'autoriser l'aliénation de tout ou partie des biens faisant l'objet de la libéralité et par l'article 900-8 qui répute non écrite « *toute clause par laquelle le disposant prive de la libéralité celui qui mettrait en cause la validité d'une clause d'inaliénabilité ou demanderait l'autorisation d'aliéner* ».

1. Civ. 1re, 19 oct. 1965, Congar, *D.* 1966. 245.
2. C. Witz, « Révision des charges et conditions en matière de libéralités après la loi du 4 juillet 1984 », *D.* 1985. Chron. 101.

CHAPITRE

372. Libéralités adressées aux autres personnes morales de droit privé

JEAN-PIERRE MARGUÉNAUD
PROFESSEUR À LA FACULTÉ DE DROIT
ET DES SCIENCES ÉCONOMIQUES
DE L'UNIVERSITÉ DE LIMOGES

BENJAMIN DAUCHEZ
NOTAIRE

SECTION 0
ORIENTEUR

372.00 Plan du chapitre.

Division. Sans viser à l'exhaustivité, on distinguera les congrégations religieuses (sect. 1), les syndicats (sect. 2), les sociétés civiles et commerciales (sect. 3), les comités d'entreprise (sect. 4) et les partis politiques (sect. 5).

372.01 Textes applicables.

L. 1er juill. 1901, relative au contrat d'association, *JO* 2 juill., art. 13 et 15, p. 4025.

L. 30 mai 1941, art. 1er

C. élect., art. L. 52-8

> Congrégations religieuses
L. 1er juill. 1901, art. 13

Toute congrégation religieuse peut obtenir la reconnaissance légale par décret rendu sur avis conforme du Conseil d'État; les dispositions relatives aux congrégations antérieurement autorisées leur sont applicables.

La reconnaissance légale pourra être accordée à tout nouvel établissement congréganiste en vertu d'un décret en Conseil d'État.

La dissolution de la congrégation ou la suppression de tout établissement ne peut être prononcée que par décret sur avis conforme du Conseil d'État.

L. 1er juill. 1901, art. 15 (*mod. par Décr. n° 2004-1159, 29 oct. 2005, art. 19, JO 31 oct. – en vigueur le 1er janvier 2005*)

Toute congrégation religieuse tient un état de ses recettes et dépenses; elle dresse chaque année le compte financier de l'année écoulée et l'état inventorié de ses biens meubles et immeubles.

La liste complète de ses membres, mentionnant leur nom de famille, ainsi que le nom sous lequel ils sont désignés dans la congrégation, leur nationalité, âge et lieu de naissance, la date de leur entrée, doit se trouver au siège de la congrégation.

Celle-ci est tenue de représenter sans déplacement, sur toute réquisition du préfet à lui même ou à son délégué, les comptes, états et listes ci-dessus indiqués.

Seront punis des peines portées au paragraphe 2 de l'article 8 les représentants ou directeurs d'une congrégation qui auront fait des communications mensongères ou refusé d'obtempérer aux réquisitions du préfet dans les cas prévus par le présent article.

> Financement et plafonnement des dépenses électorales
C. élect., art. L. 52-8 (*mod. par L. n° 2011-412, 14 avr. 2011, art. 8*)

Les dons consentis par une personne physique dûment identifiée pour le financement de la campagne d'un ou plusieurs candidats lors des mêmes élections ne peuvent excéder 4 600 euros.

Les personnes morales, à l'exception des partis ou groupements politiques, ne peuvent participer au financement de la campagne électorale d'un candidat, ni en lui consentant des dons sous quelque forme que ce soit, ni en lui fournissant des biens, services ou autres avantages directs ou indirects à des prix inférieurs à ceux qui sont habituellement pratiqués.

Tout don de plus de 150 euros consenti à un candidat en vue de sa campagne doit être versé par chèque, virement, prélèvement automatique ou carte bancaire.

Le montant global des dons en espèces faits au candidat ne peut excéder 20 % du montant des dépenses autorisées lorsque ce montant est égal ou supérieur à 15 000 euros en application de l'article L. 52-11.

Aucun candidat ne peut recevoir, directement ou indirectement, pour quelque dépense que ce soit, des contributions ou aides matérielles d'un État étranger ou d'une personne morale de droit étranger.

Par dérogation au premier alinéa de l'article L. 52-1, les candidats ou les listes de candidats peuvent recourir à la publicité par voie de presse pour solliciter les dons autorisés par le présent article. La publicité ne peut contenir d'autres mentions que celles propres à permettre le versement du don.

Les montants prévus au présent article sont actualisés tous les ans par décret. Ils évoluent comme l'indice des prix à la consommation des ménages, hors tabac.

372.03 Bibliographie indicative.

Ouvrage[1]. M. Grimaldi, *Libéralités, Partages d'ascendants*, LexisNexis/Litec, 2000, n°s 1677 et 1679.

Article. R. Abraham, « Le champ d'application de la loi du 15 janvier 1990 relative au financement des activités politiques », *RFDA* 1993. 469.

372.04 Questions essentielles.

> À quelles règles spécifiques les libéralités consenties aux congrégations religieuses (* V. s^{s} n° 372.11), aux syndicats (* V. s^{s} n° 372.21), aux sociétés civiles et commerciales (* V. s^{s} n° 372.31), aux comités d'entreprise (* V. s^{s} n° 372.41), et aux partis politiques (* V. s^{s} n° 372.51) obéissent-elles ?

> Les sociétés civiles et commerciales peuvent-elles recevoir des libéralités sans autorisation administrative ?

* V. s^{s} n° 372.31

> Les personnes morales peuvent-elles contribuer par des dons au financement des partis ou groupements politiques ?

* V. s^{s} n° 372.54

372.05 Délais.

> Délai de **dix ans** à compter du décès du disposant pour pouvoir demander la révision des conditions et charges.

* V. s^{s} n° 372.24

372.06 Sanctions pénales.

> **3 750 euros** d'amende et/ou **un an** d'emprisonnement.

* V. s^{s} n° 372.55

1. NB : les ouvrages les plus fréquemment cités et dont le nom des auteurs figure en petites capitales en bibliographie sont cités par les seuls noms des auteurs en petites capitales en notes de bas de page.

372.07 Vue d'ensemble : libéralisation progressive. Les derniers développements relatifs au financement des partis politiques vont à contre-courant (v. s^{s} n°s 372.51 s.). Le mouvement général enclenché au début des années 1980 tend en effet à éliminer méthodiquement les entraves à la capacité à recevoir gratuitement des personnes morales de droit privé :

- la capacité de jouissance est en extension, particulièrement celle des associations déclarées;

- l'autorisation administrative qui limite la capacité d'exercice est en recul particulièrement pour les comités d'entreprise;

- la révision des charges a été organisée par la loi du 4 juillet 1984[2];

- des incitations fiscales ont été accordées par la loi du 23 juillet 1987 sur le développement du mécénat[3].

La suspicion inspire sans doute encore le droit positif, mais son déclin est incontestable. Et probablement irréversible. C'est ainsi que, en 1996, le *92e Congrès des notaires de France*, consacré au monde associatif, a fortement suggéré d'étendre à toutes les associations la capacité de recevoir des dons et legs dont bénéficient les seules associations reconnues d'utilité publique ou assimilées et de supprimer toutes les restrictions à la capacité de recevoir des immeubles à titre gratuit. Cependant de récents scandales que chacun a en tête ont bien fait comprendre que toute **libéralisation** supplémentaire devrait impérativement avoir pour contrepoids une plus grande **transparence** de la gestion des associations faisant appel à la générosité publique[4].

SECTION 1
CONGRÉGATIONS RELIGIEUSES

372.11 Assimilation aux associations reconnues d'utilité publique. Une suspicion renforcée à l'égard des congrégations religieuses explique que leur personnalité juridique, et par conséquent leur **capacité à recevoir à titre gratuit,** existe seulement à partir de leur **reconnaissance légale** par décret rendu sur avis conforme du Conseil d'État (L. 1er juill. 1901, art. 13). Une fois franchi ce cap difficile, les congrégations sont assimilées aux associations reconnues d'utilité publique, du moins du point de vue de l'aptitude à recevoir à titre gratuit. Leur **capacité de jouissance** est donc déterminée par

2. L. n° 84-562, 4 juill. 1984, relative à la révision des conditions et charges apposées à certaines libéralités, *JO* 6 juill., p. 2127.
3. L. n° 87-571, 23 juill. 1987, sur le développement du mécénat, *JO* 24 juill., p. 8255.
4. V. aussi, sur ce point sensible, les propositions du *Congrès de Deauville*.

l'article 11 de la loi de 1901. Quant à leur capacité de jouissance, elle a été elle aussi étendue par l'ordonnance du 28 juillet 2005[1] et le décret du 11 mai 2007[2] qui ont substitué la libre acceptation des libéralités sous réserve d'un droit d'opposition de l'autorité administrative à la traditionnelle autorisation administrative préalable. À peine observera-t-on que l'alinéa 2 de l'article 910 du Code civil n'a pas imaginé que les congrégations puissent, à l'instar des fondations et des associations, être privées du bénéfice du nouveau régime parce qu'elles dépendraient de mouvements sectaires attentatoires aux droits de l'homme et aux libertés fondamentales. Par ailleurs, toutes les dispositions édictées par les articles 900-1 à 900-8 qui se rapportent à la révision des conditions et charges et aux clauses d'inaliénabilité leurs sont applicables comme à tous les gratifiés en général ou comme à toutes les personnes morales dont elles ne sont pas distinguées.

372.12 Fin de la discrimination frappant les congrégations de femmes. Une loi du 24 mai 1825, modifiée en 1941, soumettait la capacité de jouissance des seules congrégations de femmes à deux restrictions originales.

La première, énoncée par l'article 4, ne leur permettait que de recevoir des libéralités à titre particulier. Cette règle discriminatoire était cependant inspirée par un souci de protection car elle avait pour conséquence d'écarter le paiement des dettes du disposant.

La seconde, résultant de l'article 5, les empêchait de recevoir des libéralités de plus de 50 000 francs dépassant le quart de la fortune du disposant lorsque ledit disposant était une religieuse, membre de l'établissement.

La loi du 30 juillet 1987[3], prenant en compte le principe de non-discrimination consacré par l'article 14 de la Convention de sauvegarde des droits de l'homme et des libertés fondamentales (Conv. EDH), a abrogé ces dispositions vétustes. La loi du 24 mai 1825 n'a pas pour autant disparu de notre arsenal juridique, mais sa modification par l'ordonnance du 28 juillet 2005 fait que, désormais, les congrégations et communautés religieuses de femmes peuvent accepter des libéralités aux nouvelles conditions de liberté établies par l'article 910 alinéa 2 du Code civil.

1. Ord. n° 2005-856, 28 juill. 2005, portant simplification du régime des libéralités consenties aux associations, fondations et congrégations, de certaines déclarations administratives incombant aux associations, et modification des obligations des associations et fondations relatives à leurs comptes annuels, *JO* 29 juill., p. 12350.
2. Décr. n° 2007-807, 11 mai 2007, relatif aux associations, fondations, congrégations et établissements publics du culte, *JO* 12 mai, p. 8689.
3. L. n° 87-588, 30 juill. 1987, portant diverses mesures d'ordre social, *JO* 31 juill. 1987, p. 8574.

SECTION 2
SYNDICATS

372.21 Reconnaissance d'une pleine capacité d'acquérir à titre onéreux et à titre gratuit. La loi dite Waldeck-Rousseau du 21 mars 1884, qui a procédé à la reconnaissance légale des syndicats, était encore inspirée par une certaine défiance qui s'était notamment traduite par une restriction de la capacité d'acquérir. Ainsi ne pouvaient-ils acquérir à titre onéreux et, surtout, à titre gratuit que des cotisations et des immeubles nécessaires à leur fonctionnement.

La loi du 12 mars 1920, soucieuse de permettre aux syndicats de se constituer un véritable patrimoine immobilier, leur a en revanche accordé une pleine capacité d'acquérir sans autorisation à titre onéreux, ou à titre gratuit. Dans ces conditions, il est permis d'affirmer que le respect du principe de spécialité constitue la seule limite à la capacité d'acquérir à titre gratuit des syndicats.

372.22 Pleine capacité de jouissance. Les syndicats ont, en matière de libéralités, une capacité de jouissance plus étendue encore que celle des associations reconnues d'utilité publique. Ils peuvent en effet acquérir à titre gratuit (comme à titre onéreux) des immeubles qui ne sont pas nécessaires à leur fonctionnement tels des immeubles de rapport. En outre, rien ne semble leur avoir jamais interdit d'accepter une donation mobilière ou immobilière avec réserve d'usufruit au profit du donateur.

372.23 Pleine capacité d'exercice. Les syndicats ont longtemps eu sur les associations même reconnues d'utilité publique l'immense avantage de n'être pas soumis à une autorisation administrative d'acceptation des libéralités qui leur sont adressées. Le législateur a en effet considéré qu'une telle manifestation de tutelle administrative serait attentatoire à la liberté syndicale. La récente reconnaissance aux associations, fondations et congrégations de la liberté surveillée d'accepter des libéralités (v. s^s^ n°s 371.190 s.) n'a pas complètement effacé leur position favorable puisqu'ils ne sont pas exposés au droit d'opposition de l'autorité administrative.

372.24 Soumission au droit commun de la révision des charges et conditions. Les articles 900-1 à 900-8 du Code civil qui depuis la loi du 4 juillet 1984[4] gouvernent la révision des conditions et

4. L. n° 84-562, 4 juill. 1984, relative à la révision des conditions et charges apposées à certaines libéralités, *JO* 6 juill., p. 2127.

charges et les clauses d'inaliénabilité sont applicables aux syndicats comme à toutes les personnes morales de droit privé. Ils peuvent donc demander une révision judiciaire dix ans après le décès du disposant lorsque l'exécution des charges et conditions grevant la libéralité est devenue pour eux soit extrêmement difficile soit sérieusement dommageable. À leur égard, les clauses d'inaliénabilité perpétuelle sont valables comme vis-à-vis des autres personnes morales sous réserve de l'application de l'article 900-8.

SECTION 3
SOCIÉTÉS CIVILES ET COMMERCIALES

372.31 Double ambiguïté. La notion de libéralité, structurée par l'idée d'appauvrissement gratuit, et le contrat de société, défini par le but lucratif, semblent s'exclure mutuellement. D'ailleurs la question des libéralités faites aux sociétés civiles et commerciales a été longtemps tenue pour peu importante. Aujourd'hui encore, les traités et manuels de droit des sociétés qui l'évoquent sont très rares. Certains auteurs considèrent cependant que les sociétés peuvent « *retirer un avantage certain de libéralités à but social qui pourraient leur être adressées* ». Le problème pourrait donc gagner progressivement en acuité et en intérêt.

Quoi qu'il en soit, il est unanimement enseigné que les sociétés civiles et commerciales bénéficient à toutes fins utiles d'une pleine capacité de recevoir à titre gratuit. Cette affirmation n'est pourtant pas dépourvue d'ambiguïté. Elle s'appuie en effet sur un arrêt de la chambre des requêtes du 29 octobre 1891[1] qui énonce seulement une **solution implicite** et sur les articles 5 de la loi du 24 juillet 1966[2] et 1842 du Code civil qui se bornent à reconnaître en termes généraux la personnalité morale aux sociétés sans spécifier, la capacité d'acquérir à titre gratuit. En dépit de cette imprécision, il faut admettre que, le cas échéant, les sociétés civiles et commerciales peuvent recevoir par dons ou legs, sans la moindre autorisation administrative, tous biens meubles, tous biens immeubles nécessaires ou non à leur fonctionnement, y compris avec réserve d'usufruit au profit du donateur. Il faut admettre aussi que les règles des articles 900-1 à 900-8 relatives à la révision des conditions et charges et aux clauses d'inaliénabilité leur sont applicables comme aux autres personnes morales de droit privé (v. s^s n°s 371.231 à 371.242).

Les mêmes règles semblent transposables aux **groupements d'intérêt économique** en vertu de l'article L. 251-4 du Code de commerce qui leur reconnaît la personnalité morale et la pleine capacité ainsi qu'à certaines **coopératives**.

1. Req. 29 oct. 1891, *DP* 1895, I, 145.
2. L. n° 66-537, 24 juill. 1966, sur les sociétés commerciales, *JO* 26 juill., p. 6402.

SECTION 4
COMITÉS D'ENTREPRISE

372.41 Capacité de recevoir des subventions, des dons et des legs. Investi d'importantes attributions sociales (C. trav., art. L. 2323-83 s.), le comité d'entreprise jouit toutefois d'une personnalité juridique complète reconnue par l'article L. 2325-1 du Code du travail. Ce texte, issu d'une loi du 28 octobre 1982, met fin à une controverse célèbre en consacrant la thèse suivant laquelle les ressources du comité d'entreprise ne sont pas affectées à ses seules activités sociales. Pour exercer ses attributions sociales, mais aussi économiques et professionnelles, il peut donc recevoir les subventions que l'employeur a l'obligation de lui verser (C. trav., art. L. 2325-43) et les cotisations facultatives du personnel. Il peut aussi accepter des dons et recevoir des legs aussi bien en meubles qu'en immeubles sans autres limitations que celles inhérentes au respect du principe de spécialité.

372.42 Suppression de l'autorisation préfectorale d'acceptation. L'ancien article R. 432-1 du Code du travail décidait que le comité d'entreprise ne pouvait recevoir des dons et des legs qu'après autorisation du préfet accordée sur rapport du directeur départemental du travail. Cette manifestation de tutelle administrative, puisée dans le régime des associations, a été supprimée par un décret du 8 juin 1983.

372.43 Soumission au droit commun de la révision des charges et conditions. Le comité d'entreprise relève, comme toutes les personnes morales de droit privé bénéficiaires de libéralités grevées de charges, des dispositions des articles 900-1 à 900-8 instituées par la loi du 4 juillet 1841 (v. s^s n°s 371.231 à 371.242).

SECTION 5
PARTIS POLITIQUES

372.51 Nature juridique. Bien qu'ils s'intéressent directement à la chose publique et que l'article 4 de la Constitution de 1958 reconnaisse officiellement leur contribution à « *l'expression du suffrage* », les partis politiques doivent être classés dans la catégorie des personnes morales de droit privé. Ils ont en effet emprunté pendant longtemps le moule juridique façonné pour les associations par la loi du 1er juillet 1901. Depuis la loi organique n° 88-227 du 11 mars 1988[1] ils jouissent, en vertu de l'article 7, d'un statut juridique certes plus précis mais qui est généralement qualifié de « *statut un peu plus souple que celui qui s'applique aux associations ordinaires* ».

372.52 Extension de la capacité de recevoir à titre gratuit par la loi n° 88-227 du 11 mars 1988. Aux termes de l'article 7 de cette seconde loi relative à la transparence financière de la vie politique, les partis politiques ont le droit d'acquérir à titre gratuit (ou à titre onéreux) des meubles ou des immeubles. Il y a là une amélioration sensible de la situation qui était la leur lorsqu'ils ne pouvaient se constituer que sous la forme d'une association régie par la loi de 1901 : ils ont eu d'emblée la même capacité de jouissance qu'une association reconnue d'utilité publique; ils n'ont plus été touchés par les restrictions qu'édictait l'article 11 de la loi de 1901 relativement aux immeubles et aux donations avec réserve d'usufruit au profit du disposant; surtout ils n'ont plus été soumis à une autorisation administrative d'accepter.

372.53 Plafonnement des dons par la loi du 15 janvier 1990. La loi n° 88-226 du 11 mars 1988 relative à la transparence financière de la vie politique avait mis en place des règles relatives au financement des campagnes pour l'élection des députés qui prévoyaient notamment un plafonnement des dons manuels consentis aux candidats. Le financement des autres campagnes électorales ainsi que celui des partis politiques n'étaient pas visés par ces mesures novatrices. Rendue nécessaire par la révélation de pratiques toujours plus douteuses, la loi du 15 janvier 1990[2] a dû améliorer et généraliser le système. C'est ainsi qu'elle a ajouté à la loi n° 88-227 du 11 mars 1988 plusieurs articles relatifs au financement des partis politiques. Il en résulte principalement que :

- les partis politiques et leurs organisations territoriales ou spécialisées qu'ils désignent à cet effet recueillent des fonds uniquement par l'intermédiaire d'un **mandataire nommément désigné** par eux, qui est soit une association de financement soit une personne physique dénommée « *mandataire financier* »;

- les dons consentis par des **personnes physiques** dûment identifiées pour le financement de la campagne d'un ou plusieurs candidats lors des mêmes élections ne peuvent excéder 7 500 euros (C. élect., art. L. 52-8, al. 1er). En outre, tout don de plus de 150 euros consenti à un candidat en vue de sa campagne doit être versé par chèque;

- enfin, aucune association de financement ou aucun mandataire financier ne peut recevoir directement ou indirectement des contributions ou aides matérielles d'un **État étranger** ou d'une **personne morale de droit étranger** (L. 11 mars 1988, art. 11-4, mod. par L. 30 déc. 2005).

372.54 Interdiction par la loi du 19 janvier 1995 de recevoir des dons et des avantages directs ou indirects consentis par les personnes morales. La loi du 11 juin 1990 avait distingué entre d'une part les personnes morales de droit public, les personnes morales de droit privé dont la majorité du capital appartient à une ou plusieurs personnes morales de droit public, les casinos, cercles et maisons de jeux qui ne pouvaient effectuer aucun don à une association de financement ou à un mandataire financier d'un parti politique et, d'autre part, toutes les autres personnes morales de droit privé qui, elles, pouvaient consentir des dons sauf à ne pas dépasser la limite de 500 000 francs par an et par parti.

Pressé par les nécessités politiques et médiatiques, le législateur de 1995 a dû se résoudre à renouer avec la vieille tradition de suspicion envers les libéralités consenties à des personnes morales en y ajoutant une suspicion inédite à l'égard des libéralités consenties par des personnes morales. C'est ainsi qu'a été ajouté à la loi n° 88-277 du 11 mars 1988 un article 11-4 alinéa 2 aux termes duquel : « *Les personnes morales à l'exception des partis ou groupements politiques ne peuvent contribuer au financement des partis ou groupements politiques, ni en consentant des dons sous quelque forme que ce soit à leurs associations de financement ou à leurs mandataires financiers, ni en leur fournissant des biens, services ou autres avantages directs ou indirects à des prix inférieurs à ceux qui sont habituellement pratiqués.* » Ce texte crée donc une nouvelle incapacité relative de disposer et de recevoir à titre gratuit fondée sur une présomption légale de captation qui se nourrit de l'ambiguïté des relations entre le monde politique et le monde des affaires.

372.55 Sanctions pénales. Ceux qui auront versé ou accepté des dons en violation des dispositions de l'article 11-4 de la loi du 11 mars 1988 tels que modifiés par les lois de 1995 et 2005 s'exposent à une amende de 3 750 euros et/ou à un an d'emprisonnement. (L. 11 mars 1988, art. 11-5).

1. L. org. n° 88-227, 11 mars 1988, relative à la transparence financière de la vie politique, *JO* 12 mars, p. 3290, partiellement abrogée et intégrée dans le Code général des impôts.
2. L. n° 90-55, 15 janv. 1990, relative à la limitation des dépenses électorales et à la clarification du financement des activités politiques, *JO* 16 janv., p. 639.

TITRE

38. Les libéralités aux personnes morales de droit public

38.00 **Plan du titre.**

38.01 **Textes applicables.** La capacité à recevoir à titre gratuit des personnes morales de droit public est régie par des dispositions générales édictées pour la plupart par le Code général des collectivités territoriales (CGCT, art. L. 2242-1 s.), la loi du 10 août 1871 sur les conseils généraux et le Code général de la propriété des personnes publiques (CGPPP, art. L. 1121-1 à L. 1121-6, R. 1121-2 à R. 1121-3 et R. 2222-21 à R. 2222-27).

CHAPITRE

381. Dispositions générales

JEAN-PIERRE MARGUÉNAUD
PROFESSEUR À LA FACULTÉ DE DROIT
ET DES SCIENCES ÉCONOMIQUES
DE L'UNIVERSITÉ DE LIMOGES

BENJAMIN DAUCHEZ
NOTAIRE

SECTION 0 ORIENTEUR

381.00 Plan du chapitre.

Divisions. Comme en matière de libéralités adressées aux personnes morales de droit privé, trois questions principales doivent être distinguées : celle de la capacité de jouissance (sect. 1); celle de la capacité d'exercice (sect. 2); celle de la révision des charges éventuelles (sect. 3).

381.01 Textes applicables.

CGPPP, art. L. 1121-1 à L. 1121-6, R. 1121-2 à R. 1121-3 et R. 2222-21 à R. 2222-27

CGCT, art. L. 2122-22, 9°; L. 2242-1 à L. 2242-4; L. 3213-6; R. 2242-1; R. 3213-9 et R. 3213-10

CSP, art. L. 6145-10-1

Décr. n° 2002-449, 2 avr. 2002, portant simplification de la procédure administrative applicable aux legs en faveur de l'État, des départements, des communes et de leurs établissements et des associations, fondations et congrégations et au contrôle des actes de disposition des associations ou fondations reconnues d'utilité publique, *JO* 4 avr., p. 5912.

> Dons et legs faits à l'État

[CGPPP, art. L. 1121-1, R. 1121-1 à R. 1121-3 et R. 2222-21 à R. 2222-27]

CGPPP, art. L. 1121-1

Sous réserve des dispositions de l'article L. 1121-3, les dons et legs faits à l'État sont acceptés, en son nom, par l'autorité compétente, dans les formes et conditions fixées par décret en Conseil d'État.

CGPPP, art. R. 1121-1 (*créé par Décr. n° 2011-1612, 22 nov. 2011*)

L'acceptation des dons et legs faits à l'État est prononcée par arrêté ministériel, dans les conditions fixées aux articles R. 1121-2, R. 1121-3 et R. 1121-5.

Lorsque la libéralité consentie à l'État est assortie de charges ou conditions, le ministre compétent pour prendre l'arrêté prévu au premier alinéa est celui qui a qualité pour exécuter les charges ou conditions ou, si l'exécution de ces charges ou conditions ne relève d'aucun autre ministre, le ministre chargé du Domaine.

CGPPP, art. R. 1121-2 (*créé par Décr. n° 2011-1612, 22 nov. 2011*)

Tout notaire constitué dépositaire d'un testament contenant des libéralités en faveur de l'État est tenu, aussitôt après l'ouverture du testament, d'adresser au préfet du département du lieu d'ouverture de la succession la copie intégrale de ces dispositions.

Lorsque le lieu d'ouverture de la succession est situé à l'étranger, ladite copie est adressée au préfet de Paris.

CGPPP, art. R. 1121-3 (*créé par Décr. n° 2011-1612, 22 nov. 2011*)

La réclamation concernant un legs en faveur de l'État, formulée par les héritiers légaux, est recevable auprès du ministre compétent dans un délai de six mois à compter de l'ouverture du testament. Elle comporte les nom, prénoms et adresse des réclamants, leur ordre et degré de parenté vis-à-vis du défunt ainsi que les motifs de la réclamation.

Le ministre délivre au réclamant un accusé de réception.

Lorsque la réclamation est formulée après l'expiration du délai mentionné au premier alinéa ou émane de personnes autres que les héritiers légaux, l'accusé de réception fait mention de son irrecevabilité.

L'autorité compétente statue sur l'acceptation ou le refus du legs dans les douze mois suivant la transmission par le notaire prévue à l'article R. 1121-2. Le silence gardé par l'autorité compétente au-delà du délai défini au présent alinéa vaut refus de la libéralité.

CGPPP, art. R. 2222-21 (*créé par Décr. n° 2011-1612, 22 nov. 2011*)

La révision ou la restitution de dons et legs faits à l'État n'est possible qu'après que le disposant ou, s'il est décédé, ses ayants droit ont été informés du projet et ont reçu communication d'une note précisant le montant des revenus des libéralités et de celui des charges correspondantes depuis l'origine de la libéralité si celle-ci remonte à moins de dix ans ou, dans le cas contraire, pendant les dix dernières années, ainsi que les conditions dans lesquelles sont envisagées la restitution ou la révision.

CGPPP, art. R. 2222-22 (*créé par Décr. n° 2011-1612, 22 nov. 2011*)

Les communications prévues à l'article R. 2222-21 sont adressées par le préfet du département du dernier domicile ou de la dernière résidence connus en France du disposant ou, à défaut, celui d'un des lieux où les biens donnés ou légués sont situés ou détenus.

Lorsque le disposant n'a pas eu de résidence en France et que les biens donnés ou légués sont situés à l'étranger, elles sont adressées par le préfet de Paris.

CGPPP, art. R. 2222-23 (*créé par Décr. n° 2011-1612, 22 nov. 2011*)

Pour l'application du premier alinéa de l'article L. 2222-13 et de l'article L. 2222-14, la révision des conditions et charges grevant un don ou legs fait à l'État ou la restitution de cette libéralité est autorisée par arrêté conjoint du ministre de la Justice, du ministre chargé du domaine et du ministre qui a qualité pour exécuter les charges ou conditions dont est assortie la libéralité. Lorsque la libéralité comporte des biens mentionnés à l'article L. 2222-16, les arrêtés sont également signés par le ministre chargé des monuments historiques.

Ces arrêtés sont publiés au Journal officiel de la République française. Ils sont en outre notifiés individuellement aux personnes intéressées dont l'adresse est connue.

CGPPP, art. R. 2222-24 (*créé par Décr. n° 2011-1612, 22 nov. 2011*)

La restitution des biens compris dans une libéralité faite à l'État est constatée par un procès-verbal établi par le directeur départemental des finances publiques du département de situation des immeubles donnés ou légués. Toutefois, lorsque ces immeubles sont situés dans des départements différents ou lorsque la libéralité ne comporte que des biens meubles, le directeur départemental des finances publiques compétent est spécialement désigné par le ministre chargé du domaine.

Ce procès-verbal est signé par le préfet du département et par le disposant ou ses ayants droit qui acceptent la restitution. Il y est annexé un inventaire des biens restitués et un état des sommes et titres versés à la Caisse des dépôts et consignations en application du premier alinéa de l'article L. 2222-15.

S'il y a plusieurs ayants droit, les biens sont restitués à celui ou à ceux d'entre eux qui en acceptent la remise.

CGPPP, art. R. 2222-25 (*créé par Décr. n° 2011-1612, 22 nov. 2011*)

Si le disposant n'a pu être retrouvé, si, au cas où il est décédé, tous ses ayants droit sont restés inconnus ou inactifs, s'ils ont refusé de signer le procès-verbal de restitution ou, si malgré cette signature, les meubles n'ont pu faire l'objet d'une remise effective la gestion des biens est confiée au directeur départemental des finances publiques mentionné à l'article R. 2222-24, par une ordonnance rendue à la requête du préfet par le président du tribunal de grande instance dans le ressort duquel se trouve le siège du service de l'administration chargée des domaines appelé à gérer les biens.

La requête est introduite au plus tard six mois après la date de publication au Journal officiel de la République française de l'arrêté de restitution.

L'ordonnance du président du tribunal est signifiée au disposant ou à ses ayants droit dont l'adresse est connue. Dans le cas contraire, la signification est faite conformément aux dispositions de l'article 659 du Code de procédure civile; en outre, l'ordonnance est publiée par extrait au Journal officiel de la République française.

La remise des biens à l'administration chargée des domaines par l'administration détentrice est constatée par un procès-verbal dressé contradictoirement.

CGPPP, art. R. 2222-26 (*créé par Décr. n° 2011-1612, 22 nov. 2011*)

À l'expiration d'un délai d'un an à compter de la signification de l'ordonnance du président du tribunal, l'administration chargée des domaines vend, dans les formes prévues au premier alinéa de l'article 810-3 du Code civil, les biens dont la gestion lui a été confiée.

Le délai prévu au premier alinéa est porté à deux ans dans le cas où l'adresse du disposant ou de l'un de ses ayants droit est inconnue.

En cas d'urgence, le directeur départemental des finances publiques chargé de la gestion des biens peut toutefois demander au président du tribunal l'autorisation de vendre avant l'expiration des délais prévus ci-dessus certains biens sujets à dépérissement ou dispendieux à conserver. Il avise de sa demande, selon le cas, le disposant ou ses ayants droit dont l'adresse est connue, par lettre recommandée avec demande d'avis de réception.

Le disposant ou ses ayants droit peuvent, jusqu'à la veille du jour fixé pour la vente, demander la remise des biens confiés à l'administration chargée des domaines.

En ce cas, la restitution est constatée dans les conditions indiquées à l'article R. 2222-24 du présent code mais est subordonnée au paiement préalable par le disposant ou ses ayants droit des dépenses assumées par l'État, y compris, le cas échéant, celles déjà engagées pour parvenir à la vente des biens.

CGPPP, art. R. 2222-27 (*créé par Décr. n° 2011-1612, 22 nov. 2011*)

Le produit net de la vente, après règlement des frais et dépenses et déduction du prélèvement prévu à l'article R. 2321-9, est versé à la Caisse des dépôts et consignations, au compte ouvert au nom du disposant ou de sa succession conformément aux dispositions du deuxième alinéa de l'article L. 2222-15.

Sont également versés à ce compte, sous les mêmes retenues, les revenus de la libéralité échus depuis la date de l'arrêté de restitution et, plus généralement, toutes sommes encaissées par l'administration chargée des domaines pour le compte des bénéficiaires de la restitution.

Le directeur départemental des finances publiques compétent rend compte au tribunal de l'accomplissement de sa mission.

> Dons et legs faits aux établissements publics de l'État

CGPPP, art. L. 1121-2

Les établissements publics de l'État acceptent et refusent librement les dons et legs qui leur sont faits sans charges, conditions ni affectation immobilière.

Lorsque ces dons ou legs sont grevés de charges, de conditions ou d'affectation immobilière, l'acceptation ou le refus est autorisé par arrêté du ou des ministres de tutelle de l'établissement public.

> Dons et legs faits aux établissements publics de santé

CSP, art. L. 6145-10-1 (*mod. par Ord. n° 2010-177, 23 févr. 2010, art. 26*)

Par dérogation aux articles L. 1121-2 et L. 1121-3 du Code général de la propriété des personnes publiques, les dons et legs faits aux établissements publics de santé sont acceptés ou refusés librement par le directeur.

> Dispositions communes aux dons et legs faits à l'État ou aux établissements publics de l'État

[CGPPP, art. L. 1121-3 et R. 1121-5]

CGPPP, art. L. 1121-3

Dans tous les cas où les dons et legs donnent lieu à des réclamations des héritiers légaux, l'autorisation de les accepter est donnée par décret en Conseil d'État.

CGPPP, art. R. 1121-5 (*créé par Décr. n° 2011-1612, 22 nov. 2011*)

Si un même testament contient des libéralités distinctes en faveur de plusieurs des personnes morales mentionnées à la présente section, les autorités qualifiées se prononcent séparément sur l'acceptation de chaque libéralité lorsque les héritiers n'ont formulé aucune réclamation dans le délai de six mois mentionné au premier alinéa de l'article R. 1121-3.

Dans le cas contraire, un même décret en Conseil d'État statue sur l'acceptation des diverses libéralités. Le délai prévu au quatrième alinéa de l'article R. 1121-3 est alors porté à quatorze mois.

> Dispositions applicables aux collectivités territoriales et à leurs établissements publics

[CGPPP, art. L. 1121-4 à L. 1121-6]

CGPPP, art. L. 1121-4

L'acceptation des dons et legs consentis aux communes et à leurs établissements publics est prononcée dans les conditions fixées aux articles L. 2242-1 à L. 2242-5 du Code général des collectivités territoriales.

CGPPP, art. L. 1121-5

L'acceptation des dons et legs consentis aux départements et à leurs établissements publics est prononcée dans les conditions fixées aux articles L. 3213-6 et L. 3213-7 du Code général des collectivités territoriales.

CGPPP, art. L. 1121-6

L'acceptation des dons et legs consentis aux régions et à leurs établissements publics est prononcée dans les conditions fixées à l'article L. 4221-6 du Code général des collectivités territoriales.

> Dons et legs à une commune ou un établissement public communal

[CGCT, art. L. 2122-22, 9°, L. 2242-1 à L. 2242-4 et R. 2242-1]

CGCT, art. L. 2122-22, 9° (*mod. par Ord. n° 2009-1530, 10 déc. 2009, art. 3 – L. n° 2014-58, 27 janv. 2014, art. 92*)

Le maire peut, en outre, par délégation du conseil municipal, être chargé, en tout ou partie, et pour la durée de son mandat : [...]

9° D'accepter les dons et legs qui ne sont grevés ni de conditions ni de charges; [...]

CGCT, art. L. 2242-1 (*créé par L. n° 96-142, 21 févr. 1996*)

Le conseil municipal statue sur l'acceptation des dons et legs faits à la commune.

CGCT, art. L. 2242-2 (*mod. par L. n° 2013-428, 27 mai 2013, art. 19*)

Lorsqu'un don ou un legs est fait à un hameau ou à un quartier qui ne constitue pas une section de commune, le conseil municipal statue sur l'acceptation de cette libéralité.

En cas d'acceptation, la commune gère le bien dans l'intérêt du hameau ou du quartier concerné.

CGCT, art. L. 2242-3 (*créé par L. n° 96-142, 21 févr. 1996*)

Les établissements publics communaux acceptent et refusent les dons et legs qui leur sont faits.

CGCT, art. L. 2242-4 (*créé par L. n° 96-142, 21 févr. 1996*)

Le maire peut toujours, à titre conservatoire, accepter les dons et legs et former, avant l'autorisation, toute demande en délivrance.

Les établissements publics communaux peuvent également, sans autorisation préalable, accepter provisoirement ou à titre conservatoire les legs qui leur sont faits.

La délibération du conseil municipal ou de la commission administrative, qui intervient ultérieurement, a effet du jour de cette acceptation.

CGCT, art. R. 2242-1 (*mod. par Décr. n° 2002-449, 2 avr. 2002, art. 7*)

Tout notaire constitué dépositaire d'un testament contenant un legs en faveur d'une commune ou d'un établissement public communal est tenu, dès l'ouverture du testament, d'adresser au maire ou au représentant de l'établissement légataire, la copie intégrale des dispositions testamentaires.

La copie est écrite sur papier libre, et il est délivré récépissé des pièces transmises.

> Dons et legs à un département ou à un établissement public départemental
[CGCT, art. L. 3213-6, R. 3213-9 et R. 3213-10]

CGCT, art. L. 3213-6 (*mod. par L. n° 2009-526, 12 mai 2009, art. 83*)
Sous réserve des dispositions de l'article L. 3211-2, le conseil général statue sur l'acceptation des dons et legs faits au département.
NOTA : Une nouvelle version de cet article modifié par la loi n° 2013-403 du 17 mai 2013 relative à l'élection des conseillers départementaux, des conseillers municipaux et des conseillers communautaires, et modifiant le calendrier électoral s'appliquera aux élections organisées en mars 2015 à l'occasion du prochain renouvellement général des conseils départementaux, y compris aux opérations préparatoires à ce scrutin (date indéterminée).

CGCT, art. R. 3213-9 (*mod. par Décr. n° 2002-449, 2 avr. 2002, art. 7*)
Tout notaire constitué dépositaire d'un testament contenant un legs en faveur d'un département ou d'un établissement public départemental, est tenu, dès l'ouverture du testament, d'adresser au président du conseil général ou au représentant de l'établissement légataire, la copie intégrale des dispositions testamentaires.

La copie est écrite sur papier libre et il est délivré récépissé des pièces transmises.
NOTA : Une nouvelle version de cet article modifié par le décret n° 2013-938 du 18 octobre 2013 portant application de la loi n° 2013-403 du 17 mai 2013 relative à l'élection des conseillers départementaux, des conseillers municipaux et des conseillers communautaires, et modifiant le calendrier électoral s'appliquera aux élections organisées en mars 2015 à l'occasion du prochain renouvellement général des conseils départementaux, y compris aux opérations préparatoires à ce scrutin (fin de vigueur : date indéterminée).

CGCT, art. R. 3213-10 (*mod. par Décr. n° 2002-449, 2 avr. 2002, art. 9*)
Les réclamations concernant les legs en faveur d'un département ou d'un établissement public départemental, formulées par les héritiers légaux, sont recevables auprès du ministre de l'Intérieur, dans un délai de six mois à compter de l'ouverture du testament. Elles comportent les nom, prénoms et adresse des réclamants, leur ordre et degré de parenté vis-à-vis du défunt, ainsi que les motifs de la réclamation.

Le ministre de l'Intérieur informe le président du conseil général ou le représentant de l'établissement légataire de ces réclamations et délivre aux réclamants un accusé de réception.

Lorsque les réclamations sont formulées après l'expiration du délai mentionné au premier alinéa ou émanent de personnes autres que les héritiers légaux, l'accusé de réception fait mention de leur irrecevabilité.

381.03 Bibliographie indicative.
Actualisable. *J.-Cl. Civ.*, « Donations et testaments », fasc. 140 et 150, L. Imbert.
Ouvrage[1]. M. GRIMALDI, *Droit civil, Libéralités. Partages d'ascendants*, LexisNexis/Litec, 2000, n°s 1681 et 1682.
Article. Cl. Witz, « La révision des charges et conditions en matière de libéralités après la loi du 4 juillet 1984 », *D.* 1985, chron. 101.

381.04 Questions essentielles.
> Une donation consentie à une collectivité territoriale obéit elle à un formalisme spécifique ?
* V. s^s^ n°s 381.32 et 381.33
> Quelles sont les conséquences d'une réclamation de la famille du disposant en faveur d'une personne morale de droit public ?
* V. s^s^ n°s 381.22 et 381.43
> La révision des charges et conditions d'une libéralité adressée à une personne morale de droit public est-elle subordonnée à la condition d'écoulement du délai de dix ans à compter du décès du disposant ?
* V. s^s^ n°s 381.50 et 381.52

381.05 Délais.
> L'autorité compétente ne statue sur l'acceptation ou le refus du legs que passé le délai de **douze mois** suivant la transmission par le notaire prévue à l'article R. 1121-2 du Code général de la propriété des personnes publiques. Le silence au-delà de ce délai vaut refus (CGPPP, art. R. 1121-3).
* V. s^s^ n° 381.22
> Procédure judiciaire de révision : respect d'un délai de **dix ans** à compter du décès du disposant (C. civ., art. 900-5).
* V. s^s^ n° 381.51
> Procédure administrative de révision : pas de délai de **dix ans** à compter du décès du disposant.
* V. s^s^ n° 381.52
> Restitution des dons et legs : champ d'application limité aux dons et legs faits à l'État ou à ses établissements publics et **pas de délai de dix ans** à respecter à compter du décès du disposant.
* V. s^s^ n° 381.62

SECTION 1
CAPACITÉ DE JOUISSANCE

381.11 L'État. L'État, qui a vocation à recueillir les successions en déshérence grâce à l'article 768 du Code civil, jouit d'une capacité à recevoir des dons et legs que lui reconnaît implicitement l'article L. 1121-1 du Code général de la propriété des personnes publiques. Compte tenu de la généralité de ses attributions, sa capacité de jouissance n'est même pas restreinte par le principe de spécialité.

381.12 Collectivités territoriales. L'article L. 2242-1 du Code général des collectivités territoriales recon-

1. NB : les ouvrages les plus fréquemment cités et dont le nom des auteurs figure en petites capitales en bibliographie sont cités par les seuls noms des auteurs en petites capitales en notes de bas de page.

naît aux **communes** le droit de recevoir des dons et legs; pour les **départements**, ce droit est consacré par l'article 46-5° de la loi du 10 août 1871. S'agissant des **régions**, il n'existe aucune affirmation de principe mais l'article 20, 2°, c, de la loi du 6 janvier 1986[1] range les dons et legs parmi les recettes d'investissement dont elles disposent.

La commune et le département étant des collectivités territoriales caractérisées par la généralité de leurs attributions, leur capacité de recevoir à titre gratuit n'est pas limitée par le principe de spécialité. Il est néanmoins enseigné qu'ils ne peuvent pas, grâce à des libéralités, s'occuper directement de services dont le législateur leur a retiré la gestion pour les attribuer à d'autres personnes morales telles que les bureaux d'aide sociale, les hôpitaux, les hospices ou les caisses des écoles.

La région, qui est plutôt une collectivité territoriale à compétences spéciales, est théoriquement affectée dans sa capacité de recevoir à titre gratuit par le principe de spécialité. Cependant ses compétences spéciales sont tellement étendues que sa situation ne semble guère différer sur ce point de celles des deux autres collectivités territoriales.

381.13 Établissements publics. Les établissements publics communaux peuvent recevoir des dons et legs en vertu de l'article L. 2242-3 du Code général des collectivités territoriales. Les établissements publics dépendant de l'État jouissent de la même capacité de recevoir à titre gratuit grâce à l'article L. 1121-2 du Code général de la propriété des personnes publiques. D'une manière plus générale, l'article 4 de la loi du 4 février 1901[2], sur la tutelle administrative en matière de dons et legs, admet que des libéralités peuvent être adressées à tous les établissements publics à caractère communal, départemental ou national. Tous sont limités par le principe de spécialité.

SECTION 2
CAPACITÉ D'EXERCICE

381.20 Annonce. Avant de pouvoir accepter une libéralité, les personnes morales de droit public sont généralement tenues d'attendre que la famille du disposant ait pu faire valoir son point de vue (§ 1). Quelques-unes doivent encore obtenir une autorisation administrative d'accepter, dans certaines circonstances de plus en plus rares il est vrai depuis la loi du 2 mars 1982[3] qui a considérablement accru les « *droits et libertés des communes, des départements et des régions* » (§ 2).

§ 1
Délai de réclamation de la famille

381.21 Allègement du rôle du notaire et du préfet. Aux termes des articles R. 2242-1 et R. 3213-9 du Code général des collectivités territoriales, R. 1121-2 et R. 1121-4 du Code général de la propriété des personnes publiques, tout **notaire** constitué dépositaire d'un testament contenant un legs en faveur d'une commune, d'un établissement public communal, d'un département, d'un établissement public départemental, de l'État ou d'un établissements public de l'État, est tenu, dès l'ouverture du testament d'**adresser au représentant de la personne morale de droit public gratifiée** la **copie intégrale des dispositions testamentaires.**

Avant le décret du 2 avril 2002[4], il devait aussi adresser copie au préfet du département du lieu d'ouverture de la succession et il devait surtout joindre à la copie du testament un état des héritiers dont l'existence lui avait été révélée, avec leurs noms, prénoms, profession, degré de parenté et adresse. L'article 7 du décret du 2 avril 2002, amplifiant les droits et libertés des collectivités territoriales, a supprimé l'obligation d'adresser copie au préfet du département du lieu d'ouverture de la succession. Le même article 7 et l'article 10, dans un commun objectif de simplification, ont supprimé, d'une manière générale, l'envoi d'un état des héritiers.

Après avoir été informé par le notaire, le préfet disposait d'un délai de huit jours pour requérir le maire du lieu d'ouverture de la succession de lui transmettre dans le plus bref délai, un état contenant tous les renseignements complémentaires qu'il pouvait recueillir sur les héritiers déjà connus ainsi que, le cas échéant, toutes indications relatives à d'autres héritiers. C'est ce qui était prescrit par l'article R. 2242-2 du Code général des collectivités territoriales pour la commune et les établissements publics communaux, R. 3213-10 du même code pour le département et les établissements publics départementaux et par les articles R. 1121-2

1. L. n° 86-16, 6 janv. 1986, relative à l'organisation des régions et portant modification des conseils généraux, *JO* 8 janv., p. 367.
2. L. 4 févr. 1901, *JO* 6 févr., p. 933.
3. L. n° 82-213, 2 mars 1982, relative aux droits et libertés des communes, des départements et des régions, *JO* 3 mars, p. 730.
4. Décr. n° 2002-449, 2 avr. 2002, portant simplification de la procédure administrative applicable aux legs en faveur de l'État, des départements, des communes et de leurs établissements et des associations, fondations et congrégations et au contrôle des actes de disposition des associations ou fondations reconnues d'utilité publique, *JO* 4 avr., p. 5912.

et R. 1121-4 du Code général de la propriété des personnes publiques pour l'État et les établissements publics dépendant de l'État.

Toujours selon les mêmes textes, le préfet devait, dès réception de ces renseignements, inviter les personnes qui lui avaient été signalées comme héritières soit par le notaire, soit par le maire, à prendre connaissance du testament et à donner leur consentement à son exécution ou à produire leurs moyens d'opposition, le tout dans un délai d'un mois.

Cette lourde procédure d'interpellation des héritiers a été supprimée par le décret du 2 avril 2002.

381.22 Incidence de la réclamation des héritiers sur la décision. Il convient de distinguer l'incidence sur le moment de la décision et l'incidence sur son contenu.

S'agissant des legs adressés à l'État et aux établissements publics dépendant de lui, la procédure de réclamation des héritiers retarde la décision. En effet, d'après l'article R. 1121-3 du Code général de la propriété des personnes publiques l'autorité compétente ne statue sur l'acceptation ou le refus du legs que passé le délai de six mois commençant à courir le jour de l'ouverture du testament.

Une telle règle n'est pas expressément énoncée à l'égard des legs en faveur des communes, des établissements publics communaux, des départements et des établissements publics départementaux mais on voit mal pourquoi la décision pourrait ici intervenir avant l'expiration du délai de six mois.

381.23 Exaltation de l'initiative individuelle. Même s'ils ne sont plus alertés par le notaire et le préfet grâce à la procédure d'interpellation et de consultation, les membres de la famille éloignée qui, bien que non réservataires, auraient néanmoins recueilli la succession à défaut de testament, ne sont quand même pas privés de la possibilité de formuler des réclamations. Désormais il leur faudra partir en quête d'informations qui leur étaient livrées et prendre l'initiative de l'accomplissement de formalités qui leur été naguère indiquées. Il est permis de se demander si cette mesure simplificatrice ne présente que des vertus. En effet, elle se borne à simplifier la tâche de ceux qui sont professionnellement habitués aux exigences bureaucratiques pour rendre plus complexe celle de parents éloignés que les démarches et les formalités rebutent. Il ne faudrait donc pas s'étonner si la réforme de 2002, qui intéresse aussi les libéralités testamentaires adressées aux associations (v. s^{s} n°s 371.10 s.), conduisait à faire un tri malséant entre les parents procéduriers, vindicatifs et instruits qui parviendraient encore à faire valoir leur point de vue et les parents indolents, ignares et démunis qui ne réclameraient jamais rien. La meilleure manière de respecter l'initiative individuelle aurait peut-être consisté à restaurer la liberté de tester en supprimant la possibilité de réclamer à tous les héritiers non réservataires évincés au profit d'une personne morale. Quoi qu'il en soit, le décret du 2 avril 2002[1] a précisé les conditions dans lesquelles les héritiers légaux peuvent formuler des réclamations concernant les legs en faveur d'une personne morale de droit public. Elles doivent toujours intervenir dans un **délai de six mois à compter de l'ouverture du testament** et toujours indiquer les noms, prénoms et adresse des réclamants, leur ordre et degré de parenté vis-à-vis du défunt ainsi que les motifs de la réclamation (v. CGCT, art. R. 2242-2 et R. 3213-10 – et CGPPP, art. R. 1121-3). Elles doivent être adressées au ministre de l'Intérieur quand elles concernent un legs en faveur d'une commune, d'un établissement public communal, d'un département ou d'un établissement public départemental, au ministre compétent quand elles se rapportent à un legs fait à l'État.

L'autorité compétente reste libre de tenir ou non compte des observations de ceux qui se prétendent héritiers. Cependant, dans tous les cas où les dons et legs suscitent des **réclamations des familles**, l'autorisation de les accepter est donnée par décret en Conseil d'État (L. 4 févr. 1901, art. 7 – et CGPPP, art. L. 1121-1).

§ 2
Liberté d'acceptation

381.30 Présentation. Comme les associations, les personnes morales de droit public ne pouvaient généralement accepter une libéralité qu'avec l'autorisation préalable d'une autorité dite de tutelle. Depuis la loi de décentralisation du 2 mars 1982[2], la liberté d'accepter (ou de refuser) des dons ou des legs est devenue le principe (A). Toutefois il existe encore quelques limites (B).

A.
Principe

381.31 Application à l'État. S'il n'y a pas de réclamations des héritiers légaux, les dons et legs faits à l'État sont acceptés, en son nom, par le ministre compétent, qui statue par voie d'arrêté (CGPPP, art. L. 1121-1). Lorsque la libéralité est assortie de charges ou conditions, le ministre compétent pour prendre l'arrêté d'acceptation est celui qui a la qualité pour exécuter les charges ou condi-

1. Décr. n° 2002-449, 2 avr. 2002, *JO* 4 avr., p. 5912.
2. L. n° 82-213, 2 mars 1982, *JO* 3 mars p. 730.

tions ou, si l'exécution de ces charges ou conditions ne relève d'aucun autre ministre, le ministre chargé du domaine (CGPPP, art. R. 1121-1). En outre si la libéralité donne lieu à réclamation des familles, on sait que l'acceptation est faite par un décret en Conseil d'État (CGPPP, art. L. 1121-3). Enfin, le décret du 2 avril 2002[1] a modifié l'article R. 1121-5 du Code général de la propriété des personnes publiques pour préciser que si un même testament contient des libéralités distinctes en faveur de diverses personnes administratives, les autorités qualifiées se prononcent séparément sur l'acceptation de chaque libéralité lorsque les héritiers n'ont formulé aucune réclamation dans le délai de six mois à compter de l'ouverture du testament.

381.32 **Application à la commune.** Depuis la loi du 2 mars 1982, une disposition du Code des communes (C. communes, art. L. 312-1), aujourd'hui reprise par l'article L. 2242-1 du Code général des collectivités territoriales, donne au **conseil municipal** le pouvoir de statuer sur l'acceptation des dons et legs faits à la commune; même si la libéralité est consentie avec charges; même s'il faut décider de transiger avec les héritiers du disposant. Par ailleurs l'article L. 312-4 du Code des communes, reproduit par l'article L. 2242-4 du Code général des collectivités territoriales décide que le maire peut toujours, à titre conservatoire, accepter les dons et legs et former, avant l'autorisation, toute demande en délivrance, et précise que la délibération ultérieure du conseil municipal aura effet du jour de cette acceptation.

Le **maire** pourra accepter les donations consenties à la commune s'il a reçu une délégation générale du conseil municipal, et à condition que la donation ne soit grevée ni de conditions ni de charges (CGCT, art. L. 2122-22, 9°). À défaut, il devra être spécialement autorisé à accepter cette donation par une délibération du conseil municipal (CGCT, art. L. 2122-21).

L'acceptation pourra également résulter du dépôt au rang des minutes du notaire du procès-verbal de délibération acceptant la donation, à condition que celle-ci ait été consentie selon la procédure prévue à l'article 932 du Code civil.

381.33 **Application au département.** Depuis la loi du 2 mars 1982[2], les libéralités adressées au département ne sont plus acceptées par le préfet sur délibération conforme du conseil général. C'est en effet le conseil général qui statue seul, à moins qu'il n'ait consenti une délégation prévue à l'article L. 3211-2 du Code général des collectivités territoriales, sur l'acceptation des dons et legs faits au département et sur le refus de ces libéralités (CGCT, art. L. 3213-6).

Comme en matière de libéralités faites aux communes il est prévu (par l'article 53 modifié de la loi du 10 août 1871) que le président du conseil général peut toujours, à titre conservatoire, accepter les dons et legs et que la décision du conseil général qui interviendra ensuite aura effet du jour de cette acceptation.

381.34 **Application aux établissements publics.** L'article 4 de la loi du 4 février 1901[3] sur la tutelle administrative dispose, d'une manière générale, que les établissements publics acceptent et refusent, sans autorisation de l'administration supérieure, les dons et les legs qui leur sont faits sans charges, conditions ni affectation immobilière (v. aussi, CGCT, art. L. 2242-3 – et CGPPP, art. L. 1121-2).

L'article 8 de la loi du 4 février 1901 précise que tous les établissements publics peuvent, sans autorisation préalable, accepter provisoirement ou à titre conservatoire les dons et legs qui leur sont faits (v. aussi, CGCT, art. L. 2242-4).

L'article 1er du décret du 26 décembre 2003[4], relatif au **conseil artistique des musées nationaux,** énonce que l'acceptation des libéralités faites aux musées nationaux, lorsque ces libéralités consistent en des biens culturels destinés à prendre place dans les collections nationales ou en sommes d'argent expressément destinés à leur achat, est donnée après **avis d'une commission d'acquisition.**

L'article 2 exonère de cette procédure les donations inférieures en valeur à un certain seuil.

Ce décret rend parfois difficile l'application de l'article 788, III du Code général des impôts qui permet de soustraire de l'actif taxable d'une succession les biens donnés dans les six mois du décès à certains organismes d'intérêt général ou d'utilité publique, ainsi qu'à l'État ou ses établissements publics.

B. Limites

381.41 **Libéralités grevées de charges, conditions ou affectation immobilière adressées aux établissements publics.** L'article 4 alinéa 2 de la loi du 4 février 1901[5] prévoit, d'une manière générale, que l'acceptation ou le refus de tels dons et legs doivent être autorisés par **arrêté du préfet** si l'établissement bénéficiaire a le caractère communal ou

1. Décr. n° 2002-449, 2 avr. 2002, *JO* 4 avr., p. 5912.
2. L. n° 82-213, 2 mars 1982, *JO* 3 mars, p. 730.
3. L. 4 févr. 1901, sur la tutelle administrative en matière de dons et legs, *JO* 6 févr., p. 933.
4. Décr. n° 2003-1302, 26 déc. 2003 relatif au conseil artistique des musées nationaux, *JO* 30 déc., p. 22471.
5. L. 4 févr. 1901, *JO* 6 févr., p. 933.

départemental et par **décret en Conseil d'État** s'il a un caractère national. Lorsqu'ils sont faits à des établissements publics de l'État, l'article L. 1221-2 du Code général de la propriété des personnes publiques exige qu'ils soient acceptés ou refusés par **arrêté ministériel**.

381.42 Libéralités faites à un hameau ou au quartier d'une commune. Lorsqu'un don ou un legs est fait à un hameau ou à un quartier constituant, d'après les articles L. 2411-1 et suivants du Code général des collectivités territoriales, une **section de commune**, la libéralité est acceptée ou refusée sans autorisation particulière, par une commission syndicale qui assure la gestion des biens et droits de cette personne morale originale (CGCT, art. L. 2411-6, 5°).

Lorsque le hameau ou le quartier gratifié ne constitue pas encore une section de commune, l'article L. 2242-2 du Code général des collectivités territoriales organise une procédure complexe qui peut conduire à l'exigence de l'intervention d'une autorité administrative supérieure. Ainsi convient-il de constituer immédiatement une commission syndicale appelée à donner son avis. Si la commission est d'accord avec le conseil municipal pour accepter ou refuser la libéralité, la décision est prise sans autorisation particulière par l'assemblée communale. En revanche, s'il y a désaccord entre le conseil municipal et la commission syndicale, il est statué par arrêté motivé du préfet après avis du président du tribunal administratif.

381.43 Réclamations de la famille du disposant. On sait que les réclamations des membres de la famille ont pour conséquence de subordonner l'acceptation de la libéralité à une autorisation par décret en Conseil d'État. Lorsque le don ou le legs contestés n'étaient pas destinés à l'État, cette règle entraîne le retour en force de la tutelle administrative qui se traduit par une nécessaire acceptation par décret (L. 4 févr. 1901, art. 7).

SECTION 3
EXÉCUTION DES CHARGES

381.50 Présentation. Depuis une loi du 21 juillet 1927[1] et une ordonnance du 5 janvier 1959, la théorie de l'imprévision a été accueillie pour permettre aux seules personnes morales de droit public de faire face à l'alourdissement de l'exécution des charges et conditions grevant les libéralités qu'elles avaient acceptées. En cours d'élaboration de la loi du 4 juillet 1984[2] permettant la révision des conditions et charges apposées à certaines libéralités, le projet qui était initialement réservé aux personnes morales de droit privé, fut étendu aux personnes morales de droit public pour empêcher qu'elles ne se trouvent bientôt à la traîne après avoir été longtemps en avance. La loi du 4 juillet 1984 n'a pas pour autant soumis toutes les personnes morales de droit public aux règles nouvelles. Pour certaines, elle a en effet maintenu une procédure administrative de révision des charges et conditions (A) et un mécanisme de restitution des dons et legs (B).

§ 1
Révision administrative des charges et conditions

381.51 Domaine. Aux termes de l'article 2 de la loi du 4 juillet 1984[3], il faut distinguer parmi les personnes morales de droit public :

- d'une part, les collectivités territoriales et les établissements publics territoriaux et locaux à l'exclusion des établissements hospitaliers qui sont soumis à l'ensemble des dispositions des articles 900-2 à 900-8 du Code civil et à la **procédure judiciaire de révision**;
- d'autre part, l'État, les établissements publics de l'État et les établissements hospitaliers qui sont les seuls à relever de la **procédure administrative de révision** précisée par l'article L. 1311-17 du Code général des collectivités territoriales, les articles L. 2222-12 et 13 du Code général de la propriété des personnes publiques et par l'article L. 6145-10 du Code de la santé publique.

381.52 Particularisme des conditions. Les articles qui organisent la procédure administrative empruntent purement et simplement à l'article 900-2 du Code civil pour subordonner la révision à un changement de circonstances rendant l'exécution des charges et conditions soit extrêmement difficile soit sérieusement dommageable. En revanche, ils s'écartent résolument de la règle de l'article 900-5 du Code civil puisqu'ils n'imposent pas au débiteur de la charge une attente de dix ans à compter du décès du disposant.

381.53 Particularisme des règles de compétence. La décision de procéder à la révision n'appartient pas au juge judiciaire mais conjointement, au

1. L. 21 juill. 1927, permettant la réduction des charges des fondations dans les établissements hospitaliers, *JO* 22 juill., p. 7546.

2. L. n° 84-562, 4 juill. 1984, permettant la révision des conditions et charges apposées à certaines libéralités, *JO* 6 juill., p. 2127.
3. L. n° 84-562, 4 juill. 1984, *JO* 6 juill., p. 2127.

ministre de la Justice, au ministre chargé du domaine, au ministre ayant qualité pour exécuter les charges et, le cas échéant, au ministre chargé des Monuments historiques (CGPPP, art. R. 2222-23) lorsqu'il s'agit de libéralités faites à l'État ou à un établissement public de l'État (CGPPP, art. L. 2222-13) au préfet lorsque le débiteur est un établissement public de santé (CSP, art. L. 6145-10).

381.54 Prépondérance de l'accord du disposant ou de ses ayants droit. La procédure administrative ne peut aboutir aux mesures de révision semblables à celles prévues par l'article 900-4 du Code civil qu'avec l'accord de l'auteur de la libéralité ou de ses ayants droit. À défaut de leur acceptation, l'État, l'établissement public de l'État ou l'établissement public de santé accablé par l'alourdissement de la charge n'aura plus que la ressource de demander la révision judiciaire dans les conditions prévues aux articles 900-2 à 900-8 du Code civil (CGPPP, art. L. 2222-13, al. 2 - CSP, art. L. 6145-10). Au pire, un ultime remède est encore à la disposition de certains.

§ 2
Restitution des dons et legs

381.61 Champ d'application. La restitution n'est prévue par les articles L. 2222-15 et L. 2222-17 du Code général de la propriété des personnes publiques que pour les dons et legs faits à l'État ou aux établissements publics dépendant de l'État.

381.62 Régime juridique. Il est organisé par les articles L. 2222-13 à L. 2222-18, R. 1121-2 à R. 1121-5 et R. 2222-21 à R. 2222-27 du Code général de la propriété des personnes publiques :

- la restitution est permise, aux mêmes conditions que la révision, à la suite d'un changement de circonstances rendant l'exécution des charges et conditions soit extrêmement difficile, soit sérieusement dommageable et sans attendre l'expiration d'un délai de dix ans après le décès du disposant;

- la restitution porte sur la totalité des biens originairement compris dans la libéralité qui se retrouvent en nature au jour de la décision. Elle s'étend au produit net des aliénations précédemment effectuées mais elle peut épargner les immeubles classés monuments historiques ou inscrits à l'inventaire supplémentaire prévu à l'article L. 621-25 du Code du patrimoine et les meubles classés en vertu de l'article L. 622-1 du même code. Le disposant ou ses ayants droit reprennent les biens dans l'état où ils se trouvent;

- la décision de restitution est prise par arrêté interministériel signé par le ministre de la Justice, par le ministre chargé du domaine, par le ministre ayant qualité pour exécuter les charges dont est assortie la libéralité et, le cas échéant, par le ministre chargé des monuments historiques;

- si le disposant ou ses ayants droit sont restés inconnus, inactifs ou s'ils ont refusé de signer le procès-verbal de restitution, la gestion des biens est confiée au directeur des services fiscaux par une ordonnance rendue à la requête du préfet par le président du tribunal de grande instance;

- à l'expiration d'un délai d'un an à compter de la signification de l'ordonnance du président du tribunal de grande instance, les domaines vendent les biens dans les formes prévues par les articles 826 et 827 du Code civil;

- le produit net de la vente est versé à la caisse des dépôts et consignations à un compte ouvert au nom du disposant ou de sa succession.

CHAPITRE

382. Règles particulières

JEAN-PIERRE MARGUÉNAUD
PROFESSEUR À LA FACULTÉ DE DROIT
ET DES SCIENCES ÉCONOMIQUES
DE L'UNIVERSITÉ DE LIMOGES

BENJAMIN DAUCHEZ
NOTAIRE

SECTION 0
ORIENTEUR

382.00 **Plan du chapitre.**

382.01 **Textes applicables.**

C. civ., art. 910 et 937

CGI, art. 1131, 1716 *bis* et 1840 G *bis*

Décr. n° 2007-807, 11 mai 2007, relatif aux associations, fondations, congrégations et établissements publics du culte et portant application de l'article 910 du Code civil, art. 7, *JO* 12 mai, p. 8689

> Acquisition à titre onéreux ou aliénation par des établissements congréganistes autorisés ou légalement reconnus

Décr. 11 mai 2007, art. 7

L'acquisition à titre onéreux ou l'aliénation, par les établissements congréganistes autorisés ou légalement reconnus et, dans les départements du Bas-Rhin, du Haut-Rhin ou de la Moselle, par les établissements publics du culte, de biens immeubles, de rentes ou valeurs garanties par l'État est autorisée par arrêté du préfet du département où l'établissement a son siège.

L'autorisation est réputée accordée si le préfet n'y a pas fait opposition dans les deux mois de leur notification par l'établissement.

> Formes des donations au profit d'établissements d'utilité publique

C. civ., art. 910 (*mod. par L. n° 2011-525, 17 mai 2011, art. 21, JO 18 mai, p. 8537*)

Les dispositions entre vifs ou par testament au profit d'établissements d'utilité publique n'ont leur effet qu'autant qu'elles sont autorisées par arrêté du représentant de l'État dans le département.

Toutefois les dispositions entre vifs ou par testament, au profit des fondations, des congrégations et des associations ayant la capacité à recevoir des libéralités et, dans les départements du Bas-Rhin, du Haut-Rhin et de la Moselle, des établissements publics du culte et des associations inscrites de droit local, à l'exception des associations ou fondations dont les activités ou celles de leurs dirigeants sont visées à l'article 1er de la loi n° 2001-504 du 12 juin 2001 tendant à renforcer la prévention et la répression des mouvements sectaires portant atteinte aux droits de l'homme et aux libertés fondamentales, sont acceptées librement par celles-ci.

Si le représentant de l'État dans le département constate que l'organisme légataire ou donataire ne satisfait pas aux conditions légales exigées pour avoir la capacité juridique à recevoir des libéralités ou qu'il n'est pas apte à utiliser la libéralité conformément à son objet statutaire, il peut former opposition à la libéralité, dans des conditions précisées par décret, la privant ainsi d'effet.

Les libéralités consenties à des États étrangers ou à des établissements étrangers habilités par leur droit national à recevoir des libéralités sont acceptées librement par ces États ou par ces établissements, sauf opposition formée par l'autorité compétente, dans des conditions fixées par décret en Conseil d'État.

C. civ., art. 937 (*mod. par L. n° 2009-526, 12 mai 2009, art. 111 – en vigueur le 14 mai 2009*)

Sous réserve des dispositions des deuxième et troisième alinéas de l'article 910, les donations faites au profit d'établissements d'utilité publique sont acceptées par les administrateurs de ces établissements, après y avoir été dûment autorisés.

> Patrimoine artistique national

CGI, art. 1131

I. Sous réserve des dispositions de l'article 1020, l'acquéreur, le donataire, l'héritier ou le légataire d'une œuvre d'art, de livres, d'objets de collections ou de documents de haute valeur artistique ou historique, est exonéré des droits de mutation et des taxes annexes afférents à la transmission de ces biens, lorsqu'il en fait don à l'État dans le délai prévu pour l'enregistrement de l'acte constatant la mutation ou de la déclaration de la succession.

Le donateur peut stipuler qu'il conservera, sa vie durant, la jouissance du bien donné. Il peut également stipuler que la réserve de jouissance bénéficiera après sa mort à son conjoint. Lorsqu'il s'agit d'une personne morale, la réserve de jouissance prend fin à sa dissolution; elle ne peut, en tout état de cause, excéder vingt-cinq ans à moins que le bien donné ne soit accessible au public dans des conditions fixées par la décision d'agrément prévue au II.

Lorsque la décision d'agrément prévue au II constate que les biens donnés sont attachés à un immeuble, en raison des motifs historiques ou artistiques et lorsque le donateur prend l'engagement de les conserver dans cet immeuble et d'autoriser le public à les visiter, le donateur peut stipuler que la réserve de jouissance bénéficiera successivement aux personnes auxquelles l'immeuble sera transmis tant qu'elles respecteront elles-mêmes cet engagement.

II. La donation est soumise à un agrément donné dans des conditions fixées par décret en Conseil d'État [v. annexe II, art. 310 G]. Dans les cas prévus aux deuxième et troisième alinéas du I, la décision d'agrément arrête notamment les mesures propres à assurer la conservation et la surveillance des biens donnés à l'État.

La donation n'est considérée comme réalisée qu'après acceptation, par le donateur, des conditions prévues par la décision d'agrément.

En cas de refus d'agrément ou de non-acceptation par le donateur dans le délai imparti par la décision d'agrément, les droits et taxes prévus au I, à l'exclusion de toute pénalité de retard, deviennent exigibles dans le délai d'un mois.

III. Le donateur et ses ayants cause peuvent, à tout moment, renoncer à la réserve de jouissance et remettre les biens à l'État.

CGI, art. 1840 G *bis* (*mod. par Ord. n° 2005-1512, 7 déc. 2005, art. 20 – en vigueur le 1er janv. 2006*)

La violation de l'engagement prévu au I de l'article 1131 met fin de plein droit à la réserve de jouissance et les biens donnés doivent être remis à l'État à la première réquisition, sous peine d'une astreinte de 150 euros au plus par jour de retard, établie et recouvrée selon les règles applicables en matière de droits d'enregistrement.

> Dation en paiement : paiement par remise d'œuvres d'art, de livres, d'objets de collection, de documents de haute valeur artistique ou historique ou par remise d'immeubles au Conservatoire de l'espace littoral et des rivages lacustres

CGI, art. 1716 *bis* (*mod. par L. n° 2011-1978, 28 déc. 2011 – art. 53*)

I. Les droits de mutation à titre gratuit et le droit de partage peuvent être acquittés par la remise d'œuvres d'art, de livres, d'objets de collection, de documents, de haute valeur artistique ou historique, ou d'immeubles situés dans les zones d'intervention du Conservatoire de l'espace littoral et des rivages lacustres définies à l'article L. 322-1 du Code de l'environnement dont la situation ainsi que l'intérêt écologique ou paysager justifient la conservation à l'état naturel ou d'immeubles en nature de bois, forêts ou espaces naturels pouvant être incorporés au domaine forestier de l'État.

Le premier alinéa est applicable lorsque le montant des droits que l'intéressé propose d'acquitter par dation est au moins égal à 10 000 euros, au titre de chaque imposition considérée.

L'offre de dation ne peut être retirée dans le délai de six mois suivant la date de son dépôt. Ce délai peut être prorogé de trois mois par décision motivée de l'autorité administrative, notifiée à l'intéressé.

Cette procédure exceptionnelle de règlement des droits est subordonnée à un agrément donné dans des conditions fixées par décret en Conseil d'État.

La décision d'agrément fixe la valeur libératoire qu'elle reconnaît aux biens offerts en paiement. La dation en paiement n'est parfaite que par l'acceptation par l'intéressé de ladite valeur.

Si l'intéressé ne donne pas son acceptation à l'agrément des biens offerts en paiement pour la valeur proposée dans l'offre de dation ou s'il retire son offre de dation avant la notification de la décision d'agrément, les droits dus sont assortis de l'intérêt de retard prévu à l'article 1727, calculé à compter du premier jour du mois suivant celui au cours duquel les droits devaient être acquittés jusqu'au dernier jour du mois du paiement.

Lorsque l'État accepte les biens offerts en paiement pour une valeur libératoire différente de celle proposée par l'intéressé dans son offre, ce dernier dispose de trente jours pour confirmer son offre à cette nouvelle valeur ou pour y renoncer. S'il renonce, l'intérêt de retard est calculé à compter du premier jour du mois suivant l'expiration du délai de trente jours précité, jusqu'au dernier jour du mois du paiement.

L'offre de dation n'est pas recevable :

1° Si les biens offerts en paiement ont précédemment donné lieu à deux refus d'agrément;

2° Lorsqu'ils sont détenus depuis moins de cinq ans par l'intéressé. Cette condition ne s'applique pas s'ils sont entrés en sa possession par mutation à titre gratuit.

II. (*abrogé à compter du 1er janv. 1996*).

382.02 **Jurisprudence de référence.**

> Les pauvres peuvent recevoir des libéralités bien qu'il soit difficile de les déterminer

• **Civ. 21 avr. 1898,** *S.* 1898. I. 233

* V. s^{s} n° 382.22

« Sur le premier moyen :

Attendu que la cour d'appel avait à apprécier le sens et la portée de la disposition testamentaire suivante : *"Je donne 5 000 francs au curé de la paroisse d'Ainay, et pareille somme à celui de la paroisse Saint-Georges, pour leurs pauvres"*; qu'elle a décidé, d'une part, que ces legs sont faits aux pauvres que connaissent les curés desdites paroisses, et non aux curés eux-mêmes; que, d'autre part, la testatrice a soumis ces legs à la double condition que les sommes données seraient immédiatement distribuées, et que leur distribution aurait lieu par l'intermédiaire des curés d'Ainay et de Saint-Georges; qu'enfin, cette double condition a été la cause déterminante sans laquelle la libéralité n'aurait pas été faite; [...]

Attendu qu'à la vérité, le décret du 23 mars 1893, qui a autorisé l'acceptation du bureau de bienfaisance, porte que les fonds seront placés en rente 3 % sur l'État, avec mention, sur l'inscription, de la destination des arrérages;

Mais, attendu que cet acte de tutelle administrative est intervenu avant que le testament eût été interprété par l'autorité judiciaire, qui, seule, était compétente pour en fixer le sens; que ce décret se borne à ordonner les mesures de conservation que le bureau eût été tenu de prendre dans le cas où il y aurait eu un capital à conserver; que, s'il y a un intérêt d'ordre public à ce que les biens des pauvres soient fidèlement conservés, et, par suite, à ce que les bureaux de bienfaisance soient chargés des mesures propres à assurer cette conservation, cette règle n'est applicable qu'aux biens destinés à être effectivement conservés lorsqu'il s'agit de créer une fondation; que tel n'est pas le cas dans l'espèce;

Attendu que, dans cet état des faits, l'efficacité de la disposition testamentaire susdite reste subordonnée aux autorisations ultérieures que le gouvernement jugera convenable d'accorder ou de refuser, conformément à l'article 910 du Code civil, ainsi que la cour d'appel l'a décidé à bon droit;

D'où il suit qu'en autorisant le bureau de bienfaisance de Lyon à retirer de la Caisse des dépôts et consignations le montant des legs, à la charge par lui de le faire distribuer, par curés d'Ainay et de Saint-Georges, à leurs pauvres, l'arrêt, qui d'ailleurs est motivé, s'est conformé aux principes de la matière et n'a violé aucun des articles de la loi visés par le pourvoi. »

382.03 **Bibliographie indicative.**

Ouvrage[1]. M. GRIMALDI, *Libéralités. Partages d'ascendants*, LexisNexis/Litec, 2000, n° 1121.

Article. S. Lavigne, « La dation en paiement par remise d'œuvres d'art », *AJDA* 1988. 382.

382.04 **Question essentielle.**

> Qu'est-ce que la réserve de jouissance d'un bien présentant un intérêt artistique ou historique ?

* V. s^{s} n° 382.42

382.05 **Délais.**

> Le délai maximum de la réserve de jouissance d'une œuvre d'art donnée par une personne morale est de **vingt-cinq ans.**

* V. s^{s} n° 382.42

382.06 **Sanctions.**

> **Nullité** des charges confessionnelles

* V. s^{s} n° 382.11

382.09 **Spécificités.** La jurisprudence et quelques textes d'inspiration fiscale ont dû apporter quelques précisions et quelques aménagements sur des points sensibles qui concernent presque exclusivement les personnes morales de droit public même s'ils sont généralement présentés au titre des libéralités en général.

Ainsi une règle exprimée aujourd'hui par l'article 11-4 de la loi du 11 mars 1988[2] empêche-t-elle toutes les personnes morales de droit public de contribuer au financement des partis politiques en consentant des dons sous quelque forme que ce soit à leurs associations de financement et mandataires financiers ou même en leurs fournissant des biens, services et autres avantages à des prix inférieurs à ceux qui sont habituellement pratiqués.

Il existe de plus nombreuses règles particulières, d'origine législative ou jurisprudentielle, qui concernent leur capacité de recevoir à titre gratuit. Les plus significatives sont dictées par le principe de séparation des Églises et de l'État (sect. 1) commandées par la nécessité de rendre efficaces les libéralités adressées aux pauvres (sect. 2) ou inspirées par l'objectif de conservation du patrimoine artistique national (sect. 3).

SECTION 1
RETOMBÉES DU PRINCIPE DE SÉPARATION DES ÉGLISES ET DE L'ÉTAT

382.11 **Nullité des charges confessionnelles.** Avant même la loi du 9 décembre 1905, le législateur (L. 30 oct. 1886) et la jurisprudence de la Cour de cassation interdisaient d'adresser aux personnes morales de droit public des libéralités avec charge d'entretenir un enseignement à caractère confessionnel. Depuis la loi de séparation des Églises et de l'État, la nullité frappe toutes les conditions et charges confessionnelles dans les libéralités faites aux personnes morales de droit public. Seule

1. NB : les ouvrages les plus fréquemment cités et dont le nom des auteurs figure en petites capitales en bibliographie sont cités par les seuls noms des auteurs en petites capitales en notes de bas de page.

2. L. n° 88-227, 11 mars 1988, relative à la transparence financière de la vie politique, *JO* 12 mars, p. 3290.

l'étendue de la nullité fait question. Parfois la jurisprudence considère que la charge confessionnelle était la cause impulsive et déterminante de l'acte libéral et elle annule l'ensemble de la libéralité sur le fondement de l'article 1131 du Code civil[1]. D'autres fois, elle applique l'article 900 du Code civil qui conduit à réputer la charge non écrite et à maintenir la libéralité[2].

La nullité est cependant évitée lorsqu'il est possible de faire exécuter la charge confessionnelle par une autre personne morale que la personne morale de droit public gratifiée ou quand on organise une substitution de bénéficiaires[3].

382.12 Libéralités adressées aux établissements publics des cultes d'Alsace-Moselle. Après 1919, ont été maintenus dans les trois départements du Bas-Rhin, du Haut-Rhin et de la Moselle des établissements publics du culte ailleurs supprimés par l'article 2 de la loi du 9 décembre 1905.

Ces établissements publics pouvaient recevoir des libéralités aux conditions fixées par l'article 2 du décret du 13 juin 1966[4] modifié par le décret du 20 décembre 1994[5]. Il en résultait qu'ils étaient soumis au régime d'autorisation préalable applicable aux associations au lieu de bénéficier de la liberté de principe accordée aux autres établissements publics. Ainsi devaient-ils obtenir l'autorisation du préfet du lieu de leur siège. Ils bénéficiaient néanmoins de tous les allègements institués par le décret du 2 avril 2002[6] (suppression de la procédure d'interpellation des héritiers; acceptation tacite à l'expiration du délai de six mois à compter de la demande...).

Depuis que, dans le prolongement de l'ordonnance libératrice du 28 juillet 2005[7], le décret du 11 mai 2007[8] a abrogé le décret de 1966, ces établissements publics du culte relèvent de ce qui est devenu le droit commun de la libre acceptation des libéralités par les associations, congrégations et fondations. Ainsi l'article 7 du décret du 11 mai 2007 ne laisse-t-il plus subsister de particularisme à leur égard que pour l'autorisation de l'acquisition à titre onéreux ou de l'aliénation d'immeubles.

382.13 Offres de concours. Définie comme « *le contrat par lequel une personne s'engage à fournir une prestation à une collectivité publique, en vue de la réalisation d'un travail public* », l'offre de concours soulève une difficulté de qualification célèbre et redoutable. Aussi est-elle traditionnellement abordée au moment de l'étude de la notion de libéralité. Il convient néanmoins d'observer ici que la question se pose essentiellement en cas d'offre de construction ou de réfection d'édifices cultuels[9].

SECTION 2
LIBÉRALITÉS FAITES AUX PAUVRES

382.20 Plan. Les pauvres sont indiscutablement aptes à recevoir des libéralités (§ 1) mais ils sont presque inévitablement représentés par des personnes morales de droit public (§ 2).

§ 1
Aptitude des pauvres à recevoir des libéralités

382.21 Problème. Les libéralités adressées aux pauvres devraient être nulles parce qu'elles sont faites à des personnes indéterminées assimilables à des personnes futures incapables de recevoir à titre gratuit aux termes de l'article 906 du Code civil. En outre, les pauvres en général ou les pauvres de telle ou telle localité ne constituent pas une personne morale.

Cette analyse se heurte cependant à une longue tradition fortifiée par le christianisme et à une objection de principe. Certains auteurs ont en effet observé que les pauvres ne sont pas véritablement indéterminés. Certes, on ne les reconnaît pas à des signes certains mais, écrivait Planiol dans une formule dont la pertinence a été renforcée par les développements de l'aide sociale, « *la classe des pauvres a une existence réelle; c'est celle qui est secourue par la charité tant publique que privée, et, puisque des secours lui sont journellement distribués pour des sommes considérables, il est évidemment permis de contribuer volontairement à augmenter ces distributions par des legs* ».

382.22 Solutions. L'aptitude des pauvres à recevoir des libéralités, naguère présupposée par les

1. Req. 31 oct. 1922, *D.* 1922. I. 239.
2. Civ. 19 oct. 1910, *D.* 1911. I. 463.
3. Sur l'ensemble de la question on peut encore utilement consulter l'article de Trasbot, « Conditions et charges confessionnelles dans les libéralités aux personnes morales publiques », *Mél. Capitant* 1938, p. 839.
4. Décr. n° 66-388, 13 juin 1966, relatif à la tutelle administrative des associations, fondations et congrégations, *JO* 17 juin, p. 4870.
5. Décr. n° 94-1119, 20 déc. 1994, modifiant le décret n° 66-388 du 13 juin 1966 relatif à la tutelle administrative des associations, fondations et congrégations, *JO* 24 déc., p. 18351.
6. Décr. n° 2002-449, 2 avr. 2002, simplifiant la procédure administrative applicable aux legs, *JO* 4 avr., p. 5912.
7. Ord. n° 2005-856, 28 juill. 2005, *JO* 29 juill., p. 12350.
8. Décr. n° 2007-807, 11 mai 2007, relatif aux associations, fondations, congrégations et établissements publics du culte et portant application de l'article 910 du Code civil, *JO* 12 mai, p. 8689.
9. Req. 24 avr. 1863, *D.* 1863. I. 402 – Civ. 19 juill. 1894, *D.* 1895. I. 125.

articles 910 et 937 du Code civil qui désormais n'y font plus référence, a été expressément reconnue par la jurisprudence de la Cour de cassation[1].

L'obstacle pratique de la détermination des bénéficiaires de chaque libéralité adressée aux pauvres est surmonté de la manière suivante : à défaut de précisions de la part du disposant, les tribunaux, par une appréciation souveraine, décident que les bénéficiaires sont les pauvres d'une commune donnée, généralement celle du domicile ou de la résidence du testateur mais éventuellement celle du lieu où le testament a été fait[2].

§ 2
Représentation des pauvres par une personne morale de droit public

382.31 Représentation des pauvres bénéficiaires de libéralités faites sans indication d'intermédiaire. D'après l'ancien article 937 du Code civil, les libéralités faites aux pauvres sans indication d'intermédiaire sont acceptées à leur intention par le maire de la commune. Cette règle n'est pourtant pas appliquée. En effet, si la libéralité intéresse les pauvres de plusieurs communes, elle est acceptée par le préfet; si elle concerne plusieurs départements, elle est acceptée par le ministre de l'Intérieur. Surtout les libéralités adressées aux pauvres d'une commune déterminée ne sont pas acceptées et distribuées par le maire mais par le **centre d'action sociale** qui dans chaque commune ou chaque groupement de communes remplace, aux termes de l'article L. 123-7 du Code de l'action sociale et des familles, les anciens bureaux d'assistance et les anciens bureaux de bienfaisance.

382.32 Représentation des pauvres bénéficiaires de libéralités adressées à un intermédiaire. Dans cette hypothèse, la jurisprudence administrative et la jurisprudence civile avaient organisé, sans l'appui du moindre texte, un monopole de la représentation des pauvres au profit des anciens bureaux de bienfaisance. Toute clause tendant à écarter leur intervention était d'ailleurs déclarée nulle comme contraire à l'ordre public[3]. Ainsi toute personne désirant gratifier les pauvres d'une commune étaitelle obligée de laisser intervenir une administration laïque. Pour atténuer la rigueur de ce système propre à réfréner la charité privée, il avait été admis que, après acceptation par le bureau de bienfaisance, la distribution de la libéralité pourrait être faite par un intermédiaire désigné par le disposant. La loi du 13 avril 1908 avait cependant précisé que cet intermédiaire de distribution de secours aux pauvres ne pouvait pas être un ecclésiastique (L. 9 déc. 1905, art. 3, § 14 modifié).

Depuis que le bureau de bienfaisance a laissé la place au bureau d'aide sociale, puis au centre d'action sociale, la question est vivement discutée de savoir si le monopole de représentation des pauvres de la commune a été maintenu. Par un arrêt du 18 février 1986, la Cour de cassation semble avoir répondu par l'affirmative[4].

SECTION 3
CONSERVATION DU PATRIMOINE ARTISTIQUE NATIONAL

382.40 Présentation. Pour favoriser la conservation du patrimoine artistique national, la loi du 31 décembre 1968[5], complétée par un décret du 10 novembre 1970[6] et codifiée aux articles 1131, 1716 *bis* et 1840 G *bis* du Code général des impôts, a consenti des faveurs fiscales à ceux qui remettent gratuitement à l'État des œuvres d'art, des livres, des objets de collection ou des documents de haute valeur artistique ou historique. Ces dispositions, étendues à ceux qui veulent enrichir les musées des collectivités territoriales par la loi du 19 août 1986[7] et la loi de finance du 30 décembre 1991, organisent deux procédures : celle de la donation d'œuvres d'art, livres, objets de collection (§ 1) et celle de la dation d'œuvres d'art, livres... en paiement de droits de succession (§ 2).

§ 1
Donation d'œuvres d'art, livres, objets de collection...

382.41 Exonération fiscale. L'héritier ou le légataire d'une œuvre d'art, de livres, d'objets de collec-

1. Civ. 21 avr. 1898, *S.* 1898. I. 233 – Civ. 1re, 25 mai 1960, n° 58-12.357, *Bull. civ.* I, n° 289.
2. Civ. 1re, 25 mai 1960, n° 58-12.357, *Bull. civ.* I, n° 289 – Civ. 1re, 18 févr. 1986, n° 84-15.593, *Bull. civ.* I, n° 28; *R.* 135; *JCP* 1986. IV. 122.
3. Civ. 4 août 1856, *D.* 1958. I. 453.
4. Civ. 1re, 18 févr. 1986, n° 84-15.593, préc. ss n° 382.22.
5. L. n° 68-1251, 31 déc. 1968, tendant à favoriser la conservation du patrimoine artistique national, *JO* 3 janv. 1969, p. 77.
6. Décr. n° 70-1046, 10 nov. 1970, fixant les conditions dans lesquelles sont donnés les agréments prévus par la loi n° 68-1251 du 31 décembre 1968, tendant à favoriser la conservations du patrimoine artistique national, *JO* 11 nov., p. 10438.
7. L. n° 86-972, 19 août 1986, portant dispositions diverses relatives aux collectivités locales, *JO* 22 août, p. 10190.

tions ou de documents de haute valeur artistique ou historique qui en fait don soit à l'État (CGI, art. 1131), soit à une fondation reconnue d'utilité publique répondant aux conditions fixées au b du 1 de l'article 200 du Code général des impôts, (CGI, art. 788, III) dans les six mois suivant le décès est exonéré de droits de succession.

382.42 Réserve de jouissance. Contrairement au dispositif mis en place par l'article 788, III du Code général des impôts, celui prévu à l'article 1131 du même code au profit de l'État permet au donateur de se réserver la jouissance du bien donné. Si le donateur est une personne physique, la réserve de jouissance peut être stipulée pour sa vie entière et être prolongée au bénéfice du conjoint survivant. S'il s'agit d'une personne morale, la réserve de jouissance prend fin à la dissolution et ne peut excéder vingt-cinq ans en toutes hypothèses sauf une. En effet, lorsque les biens donnés par une personne morale ou physique sont des biens attachés à un immeuble en raison de motifs historiques ou artistiques, le donateur qui s'engage à les conserver à la même place et à autoriser le public à les visiter peut stipuler que la réserve de jouissance bénéficiera aux propriétaires successifs de l'immeuble tant qu'ils respecteront eux-mêmes cette contrainte touristique. La violation de cet engagement met fin de plein droit à la réserve de jouissance et expose à la remise à l'État des biens donnés, à la première réquisition et sous peine d'une astreinte de 150 euros au plus par jour de retard.

Il peut être renoncé à tout moment à la réserve de jouissance (v. s[s] n° 381.34, l'observation concernant la difficulté d'application de cette mesure.)

382.43 Agrément. Le dispositif de l'article 1131 du Code général des impôts (donation à l'État) prévoit que l'offre de donation du contribuable doit recevoir l'agrément du ministre de l'Économie et des Finances, sur proposition du ministre compétent pour accepter et après avis d'une commission constituée suivant les règles du décret du 10 novembre 1970[1]. La décision d'agrément arrête des conditions, souvent relatives à l'exercice de la jouissance réservée, que le donateur doit lestement accepter s'il veut rendre la donation effective et éviter d'avoir à payer dans le délai d'un mois les droits de mutation et taxes annexes.

1. Décr. 10 nov. 1970.

§ 2 Dation d'œuvres d'art, livres, objets de collection... en paiement des droits de succession

382.51 Procédure exceptionnelle de règlement des droits de succession. L'article 2 de la loi du 31 décembre 1968[2] codifiée aux articles 1131, I, 1716 *bis* et 1840 G *bis* du Code général des impôts permet à tout héritier, donataire ou légataire d'acquitter les droits de succession par la remise d'œuvres d'art, de livres, d'objets de collection ou de documents de haute valeur artistique ou historique. Cette procédure, expressément qualifiée d'exceptionnelle, est subordonnée à un agrément donné ici aussi par le ministre de l'Économie et des finances sur proposition du ministre compétent pour accepter le don et sur avis d'une commission constituée selon les règles du décret du 10 novembre 1970[3].

La décision d'agrément fixe la valeur libératoire qu'elle reconnaît aux biens offerts en paiement. La dation en paiement n'est parfaite que par l'acceptation par l'intéressé de ladite valeur.

382.52 Conclusion – Utilité d'une synthèse législative. On peut constater un étonnant éparpillement des textes applicables aux libéralités adressées aux personnes morales de droit public. Il s'en rencontre dans la jurisprudence, dans de vieilles lois comme celle du 4 février 1901, dans le Code civil, dans le Code général des collectivités territoriales, dans le Code du domaine de l'État, dans le Code de la famille et de l'aide sociale, auxquels ne se sont que partiellement substitués les récents Code de l'action sociale et des familles et Code de la propriété des personnes publiques...

Une telle dispersion est, ici comme ailleurs, source de complexité et, surtout, d'imprécision. C'est ainsi, par exemple, qu'il faut s'en remettre au bon sens juridique pour transposer à la région les règles prévues pour les autres collectivités territoriales. Pour apporter clarté et cohérence à une matière qui n'est peut-être pas secondaire car elle met parfois en jeu des sommes considérables, un effort de synthèse, législatif ou réglementaire, paraît, sinon urgent, du moins souhaitable. Il faut à cet égard regretter que la création par la loi du 21 février 1996[4] du Code général des collectivités territoriales n'ait en rien amélioré la situation.

2. L. n° 68-1251, 31 déc. 1968, *JO* 3 janv. 1969, p. 77.
3. Décr. 10 nov. 1970.
4. L. n° 96-142, 21 févr. 1996, relative à la partie Législative du Code général des collectivités territoriales, *JO* 24 févr., p. 2992.

TITRE

39. Les fondations

39.00 **Plan du titre.**

39.07 **Évolution.** Inspirées à l'origine par des considérations essentiellement religieuses, les fondations ont connu de longs jours heureux sous l'Ancien Régime avant d'inquiéter sérieusement pour avoir permis l'accumulation de biens de mainmorte et le renforcement de l'influence de l'Église. Déjà, un édit d'août 1749 les avait soumises à des conditions fort restrictives. La Révolution, hostile par principe aux corps intermédiaires, les supprima tout à fait. Le Code civil les dédaigna majestueusement.

C'est au Conseil d'État qu'elles doivent leur retour sur la scène juridique française. Depuis un avis du 3 nivôse an XIV et grâce à une jurisprudence audacieuse, la Haute juridiction administrative leur a en effet permis de contourner les obstacles que les pesanteurs historiques et la théorie civiliste du patrimoine opposaient à leur épanouissement.

Tant de bienveillance, prodiguée de façon peu synthétique, devait cependant conduire à une situation caractérisée à la fois par la rigidité et le manque de rigueur juridique. La rigidité avait pour résultat d'empêcher les gens de fortune modeste et les petites et moyennes entreprises de se faire mécènes. Le manque de rigueur juridique permettait à de très nombreuses associations de se parer du titre de fondation pour abuser la générosité de donateurs naïfs. Aussi le législateur est-il intervenu à deux reprises en moins de trois ans, le 23 juillet 1987 et le 4 juillet 1990, pour apporter à cette institution millénaire les moyens de se régénérer.

Le terme « fondation » a deux significations complémentaires. Suivant un premier sens, il s'agit de l'affectation d'une masse de biens à un service déterminé. D'après un second sens, il s'agit de l'organisme chargé d'exécuter ce service au moyen de cette masse de biens. Or ces deux aspects de la fondation ont été l'un comme l'autre précisés par les lois de 1987 et 1990.

Naguère, l'affectation était généralement qualifiée de perpétuelle tandis que le service auquel elle devait être liée était vaguement entendu. La loi du 23 juillet 1987 a précisé, par son article 18, que la fondation supposait « l'affectation irrévocable de biens, droits ou ressources à la réalisation d'une œuvre d'intérêt général et à but non lucratif ». Le lien entre fondation et intérêt général est donc clairement affirmé. Quant à la loi du 4 juillet 1990, elle a institué les fondations d'entreprise qui n'ont qu'une vocation temporaire. Le lien entre fondation et perpétuité est ainsi clairement rompu.

Les lois récentes ont également défini, avec une rigueur qui faisait dangereusement défaut autrefois, les organismes qui peuvent être juridiquement dénommés « fondations ». Il s'agit désormais exclusivement des fondations d'entreprise répondant aux exigences de la loi du 4 juillet 1990 (chap. 393) et des fondations ayant obtenu la reconnaissance d'utilité publique prévue par l'article 18 de la loi du 23 juillet 1987 (chap. 391), qui sont les unes et les autres des personnes morales. Depuis la loi du

4 juillet 1990, il existe cependant des fondations dépourvues de la personnalité juridique qui sont organisées autour de biens, droits ou ressources gérées par une fondation affectataire soit, en pratique, par une fondation affectataire spécialisée : la Fondation de France (chap. 392). Le fonds de dotation, dernier organisme mécénal à avoir été créé par le législateur le 4 août 2008[1], sur une inspiration des *Endowment Funds* américains, ne peut prétendre à la qualification de fondation. Sa souplesse de création et de gestion en fait une structure très appréciée des mécènes pour la réalisation de leurs projets (chap. 394).

1. L. n° 2008-776, 4 août 2008, de modernisation de l'économie, art. 140, *JO* 5 août, p. 12471.

CHAPITRE

391. Fondations à vocation perpétuelle : les fondations reconnues d'utilité publique

JEAN-PIERRE MARGUÉNAUD
PROFESSEUR À LA FACULTÉ DE DROIT
ET DES SCIENCES ÉCONOMIQUES
DE L'UNIVERSITÉ DE LIMOGES

BENJAMIN DAUCHEZ
NOTAIRE

SECTION 0
ORIENTEUR

391.00 **Plan du chapitre.**

391.01 **Textes applicables.**

L. n° 87-571, 23 juill. 1987, sur le développement du mécénat, *JO* 24 juill., art. 18 et 18-2

CGI, art. 200, 238 *bis*

> Définition et conditions de validité de la fondation d'utilité publique

L. 23 juill. 1987, art. 18 (*mod. par L. n° 90-559, 4 juill. 1990, art. 1er*)

La fondation est l'acte par lequel une ou plusieurs personnes physiques ou morales décident l'affectation irrévocable de biens, droits ou ressources à la réalisation d'une œuvre d'intérêt général et à but non lucratif.

Lorsque l'acte de fondation a pour but la création d'une personne morale, la fondation ne jouit de la capacité juridique qu'à compter de la date d'entrée en vigueur du décret en Conseil d'État accordant la reconnaissance d'utilité publique. Elle acquiert alors le statut de fondation reconnue d'utilité publique.

La reconnaissance d'utilité publique peut être retirée dans les mêmes formes.

Lorsqu'une fondation reconnue d'utilité publique est créée à l'initiative d'une ou plusieurs sociétés commerciales ou d'un ou plusieurs établissements publics à caractère industriel et commercial, la raison sociale ou la dénomination d'au moins l'une ou l'un d'entre eux peut être utilisée pour la désignation de cette fondation.

Les dispositions des trois premiers alinéas du II de l'article 5 de la présente loi sont étendues à toutes les fondations reconnues d'utilité publique.

> Conditions de validité du legs au profit d'une fondation d'utilité publique non existante au jour d'ouverture de la succession

L. 23 juill. 1987, art. 18-2 (*mod. par L. n° 90-559, 4 juill. 1990, art. 3*)

Un legs peut être fait au profit d'une fondation qui n'existe pas au jour de l'ouverture de la succession sous la condition qu'elle obtienne, après les formalités de constitution, la reconnaissance d'utilité publique.

La demande de reconnaissance d'utilité publique doit, à peine de nullité du legs, être déposée auprès de l'autorité administrative compétente dans l'année suivant l'ouverture de la succession.

Par dérogation aux dispositions du deuxième alinéa de l'article 18, la personnalité morale de la fondation reconnue d'utilité publique rétroagit au jour de l'ouverture de la succession.

À défaut de désignation par le testateur des personnes chargées de constituer la fondation et d'en demander la reconnaissance d'utilité publique, il est procédé à ces formalités par une fondation reconnue d'utilité publique désignée par le représentant de l'État dans la région du lieu d'ouverture de la succession.

Pour l'accomplissement de ces formalités, les personnes mentionnées à l'alinéa précédent ont la saisine sur les meubles et immeubles légués. Elles disposent à leur égard d'un pouvoir d'administration à moins que le testateur ne leur ait conféré des pouvoirs plus étendus.

> Réduction d'impôt sur le revenu pour dons et versements au profit de fondations

CGI, art. 200 (*mod. par L. n° 2013-1279, 29 déc. 2013, art. 17 et Décr. n° 2014-549, 26 mai 2014, art. 1er*)

1. Ouvrent droit à une réduction d'impôt sur le revenu égale à 66 % de leur montant les sommes prises dans la limite de 20 % du revenu imposable qui correspondent à des dons et versements, y compris l'abandon exprès de revenus ou produits, effectués par les contribuables domiciliés en France au sens de l'article 4 B, au profit :

a) De fondations ou associations reconnues d'utilité publique sous réserve du 2 *bis*, de fondations universitaires ou de fondations partenariales mentionnées respectivement aux articles L. 719-12 et L. 719-13 du Code de l'éducation et, pour les seuls salariés des entreprises fondatrices ou des entreprises du groupe, au sens de l'article 223 A, auquel appartient l'entreprise fondatrice, de fondations d'entreprise, lorsque ces organismes répondent aux conditions fixées au b;

b) D'œuvres ou d'organismes d'intérêt général ayant un caractère philanthropique, éducatif, scientifique, social, humanitaire, sportif, familial, culturel, ou concourant à la mise en valeur du patrimoine artistique, notamment à travers les souscriptions ouvertes pour financer l'achat d'objets ou d'œuvres d'art destinés à rejoindre les collections d'un musée de France accessibles au public, à la défense de l'environnement naturel ou à la diffusion de la culture, de la langue et des connaissances scientifiques françaises;

c) Des établissements d'enseignement supérieur ou d'enseignement artistique publics ou privés, d'intérêt général, à but non lucratif;

d) D'organismes visés au 4 de l'article 238 *bis*;

e) D'associations cultuelles et de bienfaisance, ainsi que des établissements publics des cultes reconnus d'Alsace-Moselle;

f) D'organismes publics ou privés dont la gestion est désintéressée et qui ont pour activité principale la présentation au public d'œuvres dramatiques, lyriques, musicales, chorégraphiques, cinématographiques et de cirque ou l'organisation d'expositions d'art contemporain, à la condition que les versements soient affectés à cette activité. Cette disposition ne s'applique pas aux organismes qui présentent des œuvres à caractère pornographique ou incitant à la violence;

g) De fonds de dotation :

1° Répondant aux caractéristiques mentionnées au b;

2° Ou dont la gestion est désintéressée et qui reversent les revenus tirés des dons et versements mentionnés au premier alinéa du 1 à des organismes mentionnés aux a à f ou à la Fondation du patrimoine dans les conditions mentionnées aux quatre premiers alinéas du 2 *bis*, ou à une fondation ou association reconnue d'utilité publique agréée par le ministre chargé du budget dans les conditions mentionnées au dernier alinéa du même 2 *bis*. Ces organismes délivrent aux fonds de dotation une attestation justifiant le montant et l'affectation des versements effectués à leur profit.

Ouvrent également droit à la réduction d'impôt les frais engagés dans le cadre d'une activité bénévole et en vue strictement de la réalisation de l'objet social d'un organisme mentionné aux deuxième à huitième alinéas, lorsque ces frais, dûment justifiés, ont été constatés dans les comptes de l'organisme et que le contribuable a renoncé expressément à leur remboursement.

1 *bis*. Pour l'application des dispositions du 1, lorsque les dons et versements effectués au cours d'une année excèdent la limite de 20 %, l'excédent est reporté successivement sur les années suivantes jusqu'à la cinquième inclusivement et ouvre droit à la réduction d'impôt dans les mêmes conditions.

1 *ter*. Le taux de la réduction d'impôt visée au 1 est porté à 75 % pour les versements effectués au profit d'organismes sans but lucratif qui procèdent à la fourniture gratuite de repas à des personnes en difficulté, qui contribuent à favoriser leur logement ou qui procèdent, à titre principal, à la fourniture gratuite des soins mentionnés au 1° du 4 de l'article 261 à des personnes en difficulté. Ces versements sont retenus dans la limite de 521 euros à compter de l'imposition des revenus de l'année 2011. Il n'en est pas tenu compte pour l'application de la limite mentionnée au 1.

La limite de versements mentionnée au premier alinéa est relevée chaque année dans la même proportion que la limite supérieure de la première tranche du barème de l'impôt sur le revenu de l'année précédant celle des versements. Le montant obtenu est arrondi, s'il y a lieu, à l'euro supérieur.

2. Les fondations et associations reconnues d'utilité publique peuvent, lorsque leurs statuts ont été approuvés à ce titre par décret en Conseil d'État, recevoir des versements pour le compte d'œuvres ou d'organismes mentionnés au 1.

La condition relative à la reconnaissance d'utilité publique est réputée remplie par les associations régies par la loi locale maintenue en vigueur dans les départements de la Moselle, du Bas-Rhin et du Haut-Rhin, lorsque la mission de ces associations est reconnue d'utilité publique.

Un décret en Conseil d'État fixe les conditions de cette reconnaissance et les modalités de procédure déconcentrée permettant de l'accorder.

2 *bis*. Ouvrent également droit à la réduction d'impôt les dons versés à la « Fondation du patrimoine » ou à une fondation ou une association qui affecte irrévocablement ces dons à la « Fondation du patrimoine », en vue de subventionner la réalisation des travaux prévus par les conventions conclues en application de l'article L. 143-2-1 du Code du patrimoine entre la « Fondation du patrimoine » et les propriétaires des immeubles, personnes physiques ou sociétés civiles composées uniquement de personnes physiques et qui ont pour objet exclusif la gestion et la location nue des immeubles dont elles sont propriétaires.

Les immeubles mentionnés au premier alinéa ne doivent pas faire l'objet d'une exploitation commerciale. Toutefois, ces dispositions ne sont pas applicables lorsque la gestion de l'immeuble est désintéressée et que les conditions suivantes sont cumulativement remplies :

1° Les revenus fonciers nets, les bénéfices agricoles, les bénéfices industriels et commerciaux et les bénéfices des sociétés commerciales, augmentés des charges déduites en application du 5° du 1 de l'article 39, générés par l'immeuble au cours des trois années précédentes sont affectés au financement des travaux prévus par la convention;

2° Le montant des dons collectés n'excède pas le montant restant à financer au titre de ces travaux, après affectation des subventions publiques et des sommes visées au 1°.

Le donateur ou l'un des membres de son foyer fiscal ne doit pas avoir conclu de convention avec la « Fondation du patrimoine » en application de l'article L. 143-2-1 précité, être propriétaire de l'immeuble sur lequel sont effectués les travaux ou être un ascendant, un descendant ou un collatéral du propriétaire de cet immeuble. En cas de détention de l'immeuble par une société mentionnée au premier alinéa, le donateur ou l'un des membres de son foyer fiscal ne doit pas être associé de cette société ou un ascendant, un descendant ou un collatéral des associés de la société propriétaire de l'immeuble.

Les dons versés à d'autres fondations ou associations reconnues d'utilité publique agréées par le ministre chargé du budget dont l'objet est culturel, en vue de subventionner la réalisation de travaux de conservation, de restauration ou d'accessibilité de monuments historiques classés ou inscrits, ouvrent droit à la réduction d'impôt dans les mêmes conditions.

3. Ouvrent également droit à la réduction d'impôt les dons, prévus à l'article L. 52-8 du Code électoral versés à une association de financement électorale ou à un mandataire financier visé à l'article L. 52-4 du même code qui sont consentis à titre définitif et sans contrepartie, soit par chèque, soit par virement, prélèvement automatique ou carte bancaire, et dont il est justifié à l'appui du compte de campagne présenté par un candidat ou une liste. Il en va de même des dons mentionnés à l'article 11-4 de la loi n° 88-227 du 11 mars 1988 modifiée relative à la transparence financière de la vie politique ainsi que des cotisations versées aux partis et groupements politiques par l'intermédiaire de leur mandataire.

Les dons et cotisations mentionnés à la seconde phrase du premier alinéa du présent 3 sont retenus dans la limite de 15 000 euros.

4. (*abrogé*).

4 *bis*. Ouvrent également droit à la réduction d'impôt les dons et versements effectués au profit d'organismes agréés dans les conditions prévues à l'article 1649 *nonies* dont le siège est situé dans un État membre de l'Union européenne ou dans un autre État partie à l'accord sur l'Espace économique européen ayant conclu avec la France une convention d'assistance administrative en vue de lutter contre la fraude et l'évasion fiscales. L'agrément est accordé lorsque l'organisme poursuit des objectifs et présente des caractéristiques similaires aux organismes dont le siège est situé en France répondant aux conditions fixées par le présent article.

Lorsque les dons et versements ont été effectués au profit d'un organisme non agréé dont le siège est situé dans un État membre de l'Union européenne ou dans un autre État partie à l'accord sur l'Espace économique européen ayant conclu avec la France une convention d'assistance administrative en vue de lutter contre la fraude et l'évasion fiscales, la réduction d'impôt obtenue fait l'objet d'une reprise, sauf si le contribuable produit, à la demande de l'administration fiscale, les pièces justificatives attestant que cet organisme poursuit des objectifs et présente des caractéristiques similaires aux organismes dont le siège est situé en France répondant aux conditions fixées par le présent article.

Un décret fixe les conditions d'application du présent 4 *bis* et notamment la durée de validité ainsi que les modalités de délivrance, de publicité et de retrait de l'agrément.

5. Les versements ouvrent droit au bénéfice de la réduction d'impôt, sous réserve que le contribuable soit en mesure de présenter, à la demande de l'administration fiscale, les pièces justificatives répondant à un modèle fixé par l'administration attestant du montant et de la date des versements ainsi que de l'identité des bénéficiaires.

Toutefois, pour l'application du 3, les reçus délivrés pour les dons et les cotisations d'un montant égal ou inférieur à 3 000 euros ne mentionnent pas la dénomination du bénéficiaire. Un décret en Conseil d'État détermine les modalités d'application de cette disposition.

6. (*abrogé*).

7. (*abrogé*).

CGI, art. 238 *bis* (*mod. par L. n° 2012-354, 14 mars 2012, art. 3*)

1. Ouvrent droit à une réduction d'impôt égale à 60 % de leur montant les versements, pris dans la limite de 5 pour mille du chiffre d'affaires, effectués par les entreprises assujetties à l'impôt sur le revenu ou à l'impôt sur les sociétés au profit :

a) D'œuvres ou d'organismes d'intérêt général ayant un caractère philanthropique, éducatif, scientifique, social, humanitaire, sportif, familial, culturel ou concourant à la mise en valeur du patrimoine artistique, à la défense de l'environnement naturel où à la diffusion de la culture, de la langue et des connaissances scientifiques françaises, notamment quand ces versements sont faits au bénéfice d'une fondation universitaire, d'une fondation partenariale mentionnées respectivement aux articles L. 719-12 et L. 719-13 du Code de l'éducation ou d'une fondation d'entreprise, même si cette dernière porte le nom de l'entreprise fondatrice. Ces dispositions s'appliquent même si le nom de l'entreprise versante est associé aux opérations réalisées par ces organismes;

b) De fondations ou associations reconnues d'utilité publique ou des musées de France et répondant aux conditions fixées au a, ainsi que d'associations cultuelles ou de bienfaisance et des établissements publics des cultes reconnus d'Alsace-Moselle. La condition relative à la reconnaissance d'utilité publique est réputée remplie par les associations régies par la loi locale maintenue en vigueur dans les départements de la Moselle, du Bas-Rhin et du Haut-Rhin lorsque la mission de ces associations est reconnue d'utilité publique. Un décret en Conseil d'État fixe les conditions de cette reconnaissance et les modalités de procédure permettant de l'accorder;

c) Des établissements d'enseignement supérieur ou d'enseignement artistique publics ou privés, d'intérêt général, à but non lucratif;

d) Des sociétés ou organismes publics ou privés, agréés à cet effet par le ministre chargé du budget en vertu de l'article 4 de l'ordonnance n° 58-882 du 25 septembre 1958 relative à la fiscalité en matière de recherche scientifique et technique;

e) D'organismes publics ou privés, y compris de sociétés de capitaux dont les actionnaires sont l'État ou un ou plusieurs établissements publics nationaux, seuls ou conjointement avec une ou plusieurs collectivités territoriales, dont la gestion est désintéressée et qui ont pour activité principale la présentation au public d'œuvres dramatiques, lyriques, musicales, chorégraphiques, cinématographiques et de cirque ou l'organisation d'expositions d'art contemporain, à la condition que les versements soient affectés à cette activité. Cette disposition ne s'applique pas aux organismes qui présentent des œuvres à caractère pornographique ou incitant à la violence;

e *bis*) De projets de thèse proposés au mécénat de doctorat par les écoles doctorales dans des conditions fixées par décret;

e *ter*) De sociétés, dont l'État est l'actionnaire unique, qui ont pour activité la représentation de la France aux expositions universelles;

e *quater*) Des sociétés nationales de programme mentionnées à l'article 44 de la loi n° 86-1067 du 30 septembre 1986 relative à la liberté de communication et affectés au financement de programmes audiovisuels culturels;

f) De la « Fondation du patrimoine » ou d'une fondation ou une association qui affecte irrévocablement ces versements à la « Fondation du patrimoine », en vue de subventionner la réalisation des travaux prévus par les conventions conclues en application de l'article L. 143-2-1 du Code du patrimoine entre la « Fondation du patrimoine » et les propriétaires des immeubles, personnes physiques ou sociétés civiles composées uniquement de personnes physiques et qui ont pour objet exclusif la gestion et la location nue des immeubles dont elles sont propriétaires.

Les immeubles mentionnés au premier alinéa ne doivent pas faire l'objet d'une exploitation commerciale. Toutefois, ces dispositions ne sont pas applicables lorsque la gestion de l'immeuble est désintéressée et que les conditions suivantes sont cumulativement remplies :

1° Les revenus fonciers nets, les bénéfices agricoles, les bénéfices industriels et commerciaux et les bénéfices des sociétés commerciales, augmentés des charges déduites en application du 5° du 1 de l'article 39, générés par l'immeuble au cours des trois années précédentes sont affectés au financement des travaux prévus par la convention;

2° Le montant des dons collectés n'excède pas le montant restant à financer au titre de ces travaux, après affectation des subventions publiques et des sommes visées au 1°.

Les dirigeants ou les membres du conseil d'administration ou du directoire de la société ne doivent pas avoir conclu une convention avec la « Fondation du patrimoine » en application de l'article L. 143-2-1 précité, être propriétaires de l'immeuble sur lequel sont effectués les travaux ou être un conjoint, un ascendant, un descendant ou un collatéral du propriétaire de cet immeuble. Lorsque l'immeuble est détenu par une société mentionnée au premier alinéa, les associés ne peuvent pas être dirigeants ou membres du conseil d'administration ou du directoire de la société donatrice ou d'une société qui entretiendrait avec la société donatrice des liens de dépendance au sens du 12 de l'article 39. Les dirigeants ou les membres du conseil d'administration ou du directoire de la société donatrice ne peuvent être un conjoint, un ascendant, un descendant ou un collatéral des associés de la société civile propriétaire de l'immeuble.

Les dons versés à d'autres fondations ou associations reconnues d'utilité publique agréées par le ministre chargé du budget dont l'objet est culturel, en vue de subventionner la réalisation de travaux de conservation, de restauration ou d'accessibilité de monuments historiques classés ou inscrits ouvrent droit à la réduction d'impôt dans les mêmes conditions.

g) De fonds de dotation :

1° Répondant aux caractéristiques mentionnées au a ;

2° Ou dont la gestion est désintéressée et qui reversent les revenus tirés des dons et versements mentionnés au premier alinéa du présent 1 à des organismes mentionnés aux a à e *bis* ou à la Fondation du patrimoine dans les conditions mentionnées aux quatre premiers alinéas du f, ou à une fondation ou association reconnue d'utilité publique agréée par le ministre chargé du budget dans les conditions mentionnées au sixième alinéa du même f. Ces organismes délivrent aux fonds de dotation une attestation justifiant le montant et l'affectation des versements effectués à leur profit.

Les organismes mentionnés au b peuvent, lorsque leurs statuts ont été approuvés à ce titre par décret en Conseil d'État, recevoir des versements pour le compte d'œuvres ou d'organismes mentionnés au a.

Lorsque la limite fixée au premier alinéa est dépassée au cours d'un exercice, l'excédent de versement peut donner lieu à réduction d'impôt au titre des cinq exercices suivants, après prise en compte des versements effectués au titre de chacun de ces exercices, sans qu'il puisse en résulter un dépassement du plafond défini au premier alinéa.

La limite de 5 pour mille du chiffre d'affaires s'applique à l'ensemble des versements effectués au titre du présent article.

Les versements ne sont pas déductibles pour la détermination du bénéfice imposable.

2. (*abrogé*).

3. (*abrogé*).

4. Ouvrent également droit, et dans les mêmes conditions, à la réduction d'impôt prévue au 1 les dons versés aux organismes agréés dans les conditions prévues à l'article 1649 *nonies* et dont l'objet exclusif est de verser des aides financières permettant la réalisation d'investissements tels que définis au 1 de l'article 12 du règlement (CE) n° 800/2008 de la Commission du 6 août 2008 déclarant certaines catégories d'aides compatibles avec le marché commun en application des articles 87 et 88 du traité (Règlement général d'exemption par catégorie) ou de fournir des prestations d'accompagnement à des petites et moyennes entreprises telles qu'elles sont définies à l'annexe I à ce règlement.

L'agrément est délivré à l'organisme s'il s'engage à respecter continûment l'ensemble des conditions suivantes :

1° La gestion de l'organisme est désintéressée ;

2° Ses aides et prestations ne sont pas rémunérées et sont utilisées dans l'intérêt direct des entreprises bénéficiaires ;

3° Les aides accordées entrent dans le champ d'application de l'article 15 du règlement (CE) n° 800/2008 de la Commission du 6 août 2008 précité ;

4° Le montant versé chaque année à une entreprise ne devra pas excéder 20 % des ressources annuelles de l'organisme ;

5° Les aides ne peuvent bénéficier aux entreprises exerçant à titre principal une activité visée à l'article 35.

Un organisme ayant pour objet exclusif de participer, par le versement d'aides financières ne relevant pas du 1 de l'article 12 du règlement mentionné au premier alinéa du présent 4, à la création, à la reprise ou au développement de petites et moyennes entreprises telles qu'elles sont définies à l'annexe I au même règlement ou de leur fournir des prestations d'accompagnement peut également se voir délivrer l'agrément, sous réserve du respect des conditions mentionnées aux 1°, 2°, 4° et 5° et du règlement (CE) n° 1998/2006 de la Commission, du 15 décembre 2006, concernant l'application des articles 87 et 88 du traité aux aides *de minimis* ou du règlement (CE) n° 1535/2007 de la Commission, du 20 décembre 2007, concernant l'application des articles 87 et 88 du traité CE aux aides *de minimis* dans le secteur de la production de produits agricoles ou du règlement (CE) n° 875/2007 de la Commission, du 24 juillet 2007, relatif à l'application des articles 87 et 88 du traité CE aux aides *de minimis* dans le secteur de la pêche et modifiant le règlement (CE) n° 1860/2004.

L'agrément accordé aux organismes qui le sollicitent pour la première fois porte sur une période comprise entre la date de sa notification et le 31 décembre de la deuxième année qui suit cette date. En cas de demande de renouvellement d'agrément, ce dernier, s'il est accordé, l'est pour une période de cinq ans.

Un décret fixe les modalités d'application du présent article, notamment les dispositions relatives aux statuts des organismes bénéficiaires des dons, les conditions de retrait de l'agrément et les informations relatives aux entreprises aidées que les organismes communiquent au ministre ayant délivré l'agrément.

4 *bis*. Ouvrent également droit à la réduction d'impôt les dons et versements effectués au profit d'organismes agréés dans les conditions prévues à l'article 1649 *nonies* dont le siège est situé dans un État membre de l'Union européenne ou dans un autre État partie à l'accord sur l'Espace économique européen ayant conclu avec la France une convention d'assistance administrative en vue de lutter contre la fraude et l'évasion fiscales. L'agrément est accordé lorsque l'organisme poursuit des objectifs et présente des caractéristiques similaires aux organismes dont le siège est situé en France répondant aux conditions fixées par le présent article.

Lorsque les dons et versements ont été effectués au profit d'un organisme non agréé dont le siège est situé dans un État membre de l'Union européenne ou dans un autre État partie à l'accord sur l'Espace économique européen ayant conclu avec la France une convention d'assistance administrative en vue de lutter contre la fraude et l'évasion fiscales, la réduction d'impôt obtenue fait l'objet d'une reprise, sauf lorsque le contribuable a produit dans le délai de dépôt de déclaration les pièces justificatives attestant que cet organisme poursuit des objectifs et présente des caractéristiques similaires aux organismes dont le siège est situé en France répondant aux conditions fixées par le présent article.

Un décret fixe les conditions d'application du présent 4 *bis* et notamment la durée de validité ainsi que les modalités de délivrance, de publicité et de retrait de l'agrément.

391.02 Jurisprudence de référence.

> Validation du procédé de la fondation testamentaire indirecte

• Civ. 5 juill. 1886, *Fondation de l'école libre d'Azay-le-Rideau, D.* 1886. I. 465

* V. s^{s} n° 391.34

« Sur le moyen unique :

Vu l'article 1003 du Code civil;

Attendu que, par son testament olographe en date du 1er août 1882, la demoiselle B... a légué tous ses biens meubles et immeubles, et généralement tout ce qu'elle posséderait à sa mort, au sieur A...;

Attendu qu'il ressort manifestement de cette disposition, vocation, au profit de A..., à l'universalité des biens composant la succession de la testatrice;

Qu'il importe peu, dès lors, que l'exécution des charges qui ont été imposées audit A... et l'accomplissement du mandat qu'il a, par là même, à remplir, doive absorber en totalité l'émolument de la disposition faite à son profit;

Qu'il n'en reste pas moins le continuateur juridique de la personne de la testatrice en sa qualité de légataire universel de cette dernière;

Attendu que si le testament porte que tous les frais de la succession doivent être prélevés sur les biens de la succession de la de la demoiselle B..., il ne suit pas de là que le légataire universel ne soit tenu des dettes;

Attendu, cependant, que l'arrêt attaqué décide que B... n'était pas, en réalité, investi de la qualité de légataire universel, parce que de la juste et saine application des termes mêmes du testament, il résulterait qu'aucune portion des biens composant la succession n'est susceptible de se réunir légitimement aux biens de l'institué qui ne serait pas tenu des dettes;

Qu'en statuant ainsi, l'arrêt attaqué a méconnu la portée juridique des clauses du testament de la demoiselle B... et violé l'article susvisé;

Par ces motifs, casse. »

> La liquidation des biens d'une fondation doit se faire suivant les dispositions statutaires qui s'imposent même au gouvernement

• CE, ass., 22 déc. 1982, *Fondation « Les orphelins apprentis d'Auteuil »*, req. n° 19091, *Lebon* 434

* V. s^{s} n° 391.153

« Sans qu'il soit besoin de statuer sur la fin de non-recevoir opposée par le ministre de l'Intérieur et la ville de Saint-Denis :

Considérant que, par délibération du 7 juillet 1977, la commission administrative de la fondation Orphelinat Genin, reconnue comme établissement d'utilité publique, par un décret du 27 juillet 1875, a décidé la dissolution de cette fondation et l'attribution de ses biens à la fondation dite Les orphelins apprentis d'Auteuil, que l'article 2 du décret attaqué [Décr. 6 avr. 1979] déclare ne pas approuver les dispositions de cette délibération relatives à l'attribution des biens, et que l'article 3 constate que, du seul fait de l'approbation donnée à l'article 1er du décret de la décision de dissolution de la fondation Orphelinat Genin, les biens appartenant à cette dernière reviennent à la ville de Saint-Denis (Seine-Saint-Denis) à charge, par celle-ci, de les affecter, dans toute la mesure du possible, conformément aux buts de la donation faite par Mlle Genin;

[...] Considérant, d'autre part, que la requérante soutient que les statuts de la fondation Orphelinat Genin publiés au Bulletin des Lois en annexe au décret précité du 27 juillet 1875 ne comportant aucune disposition relative à la dévolution de ses biens en cas de dissolution, la fondation était libre, dans ce dernier cas, de disposer de ses biens et qu'ainsi, en décidant, par l'article 3 du décret attaqué, que les biens de la fondation reviennent à la ville de Saint-Denis, le gouvernement a excédé sa compétence;

Considérant que seul le texte des statuts qui a été notifié à la fondation Orphelinat Genin était opposable à cette dernière; que ce texte comporte un article qui prévoit le retour des biens de la fondation à la ville de Saint-Denis en cas de dissolution; que, dès lors, le gouvernement, qui était tenu de prendre l'article 2 sus analysé du décret attaqué, n'a pas excédé sa compétence en se bornant à constater, par l'article 3, l'application de plein droit des dispositions statutaires;

Considérant enfin que le détournement de pouvoir n'est pas établi;

Considérant qu'il résulte de ce qui précède que la fondation Les orphelins apprentis d'Auteuil n'est pas fondée à demander l'annulation du décret attaqué du 6 avril 1979;

[...] (*rejet*). »

> Respect de la volonté du testateur.

• CE, ass., 23 févr. 2001, *Fondation « Forteresse de Polignac »*, req. n° 196809, *Lebon* 79

* V. s^{s} n° 391.62

« [...] Considérant que M. Edmond de A..., désigné dans le testament de M. Louis de A... comme membre du conseil d'administration de la Fondation "Forteresse de A..." à créer, justifie d'un intérêt lui donnant qualité pour attaquer le décret en date du 27 mars 1998 par lequel la fondation "Forteresse de A..." a été reconnue d'utilité publique et les statuts de cette fondation ont été approuvés; [...]

Considérant que la légalité d'un décret reconnaissant d'utilité publique une fondation qui n'existe pas au jour de l'ouverture de la succession du testateur est subordonnée à la condition que la volonté de ce dernier n'ait pas été méconnue;

Considérant que pour demander l'annulation du décret en date du 27 mars 1998 par lequel la fondation "Forteresse de A..." a été reconnue d'utilité publique et ses statuts ont été approuvés, M. Edmond de A... soutient, d'une part, que ni Mme Z... ni M. Éric de Y... ne pouvaient être regardés comme désignés par le testament de M. Louis de A... pour demander la reconnaissance d'utilité publique de la fondation "Forteresse de A..." et, d'autre part, que la composition du conseil d'administration de la fondation, telle qu'elle résulte des statuts approuvés par ce décret, méconnaît la volonté du testateur;

Considérant qu'aux termes du testament en date du 10 avril 1996 par lequel M. Louis de A... a effectué un legs au profit de la fondation non encore constituée dite "Fondation Forteresse de Polignac" : "... Si cette fondation n'est pas encore autorisée, mes exécuteurs testamentaires devront poursuivre les formalités de constitution... Si la fondation "Forteresse de A..." n'était pas définitivement agréée avant mon décès, la reconnaissance devrait être poursuivie et obtenue... par un mandataire, membre du futur Conseil, avec l'aide de mes exécuteurs testamentaires"; que le même testament prévoyait que la fondation serait administrée par un conseil d'administration composé de dix membres, répartis en trois catégories dont celle du fondateur, "dont les membres, en majorité devront être porteur légaux du nom de A..., au nombre de cinq avec un Comité d'Honneur présidé par le chef de famille, avec voix consultative", qu'il désignait nommément les membres du comité actif, au nombre desquels figuraient M. Guy de A... et M. Edmond de A..., ainsi que les exécuteurs testamentaires de M. Louis de A..., parmi lesquels figurait M. Guy de A...; qu'il prévoyait que "si certaines des charges et conditions que j'ai stipulées ne pouvaient, pour des raisons juridiques, être respectées, dans ce cas ces charges et possessions devraient être modifiées, allégées voire supprimées pour permettre... la délivrance des legs particuliers"; que par un autre testament, en date du 12 avril 1996, M. Guy de A... a nommé M. Henri X... en qualité d'exécuteur testamentaire et a chargé ce dernier de veiller à la constitution de la fondation "Forteresse de A..." en lui laissant "le soin, le cas échéant, de préciser les statuts, si cela s'avérait indispensable pour satisfaire toute exigence légale ou administrative"; que M. X... a donné mandat le 26 février 1997 à Mme Z... pour obtenir la reconnaissance d'utilité publique de la fondation;

Considérant que l'appréciation du bien-fondé des moyens soulevés par M. Edmond de A... dépend du point de savoir si Mme Z... ou M. Éric de Y... pouvaient être regardés comme étant désignés par le testament de M. Louis de A... pour demander la reconnaissance d'utilité publique de la fondation "Forteresse de A..." et si la composition du conseil d'administration résultant des statuts approuvés par le décret attaqué méconnaît la volonté du testateur; qu'il n'appartient qu'à l'autorité judiciaire de trancher ces questions; que, par suite, eu égard au caractère sérieux de la contestation soulevée, il y a lieu pour le Conseil d'État de surseoir à statuer sur le pourvoi de M. Edmond de A... jusqu'à ce que la juridiction compétente se soit prononcée sur cette question préjudicielle; [...]. »

391.03 Bibliographie indicative.

Actualisables. Rép. civ., v° *Fondation*, par Ch. Debbasch (anc. éd.) – *J.-Cl. Adm.*, « Fondations », 1955, R. Brichet – *Lamy Associations*, n°s 920 s, G. Sousi et Y. Mayaud (dir.).

Ouvrages. E. Baron et X. Delsol, *Les fondations reconnues d'utilité publique et d'entreprise. Régime juridique et fiscal*, Juris-Service AGEC, 1992 – R. Cassin, *Des libéralités avec charges et des fondations en droit français*, DES de droit privé, 1938-1939, « Les cours de droit » – M. Grimaldi, *Libéralités. Partages d'ascendants*, LexisNexis/Litec, 2000, n°s 1690 à 1712 – M. Pomey, *Traité des fondations d'utilité publique*, PUF, 1980 – H. Souleau, *L'acte de fondation en droit privé*, th. Paris, 1969.

Articles. J. Bernard de Saint Affrique, « Fondations et libéralités », *Defrénois* 1997, art. 36646 – G. Daublon, « Remarques sur les fondations », *Defrénois* 1996, art. 36297 – M. Drapier, « Entre personnes privées et mission d'intérêt général : la « Fondation du patrimoine » une institution à l'équilibre incertain », *D.* 1997. Chron. 212 – P.-Y. Gautier, « La "solution Goncourt" : les fondations indirectes en droit d'auteur », *D.* 1991. Chron. 145 – A. Gobin, « Évolution récente du droit des fondations en France », *JCP N* 1982. I. 246 – F. Zenati, « La loi du 23 juillet 1987 sur le développement du mécénat », *RTD civ.* 1987. 803.

391.04 Questions essentielles.

> Peut-on faire un legs au profit d'une fondation qui n'existe pas au jour de l'ouverture de la succession ?

* V. s^{s} n° 391.35

> Quelle est la protection de l'appellation « fondation » ?

* V. s^{s} n° 391.81

391.05 Délais.

> Demande de reconnaissance d'utilité publique d'une fondation **dans l'année de l'ouverture de la succession.**

* V. s^{s} n° 391.35

> Autorisation tacite des opérations d'aliénation, de constitution d'hypothèques ou d'emprunt par une fondation **dans les deux mois de la notification.**

* V. s^{s} n° 391.111

391.06 Sanctions.

> Dissolution

* V. s^{s} n°s 391.151 à 391.153

> Retrait de la reconnaissance d'utilité publique

* V. s^{s} n° 391.152

391.09 Vocation et évolution. Les fondations reconnues d'utilité publique, dont le régime juridique est organisé par les articles 18 et suivants de la loi du 23 juillet 1987 modifiée par la loi du 4 juillet 1990, ont vocation à exécuter le service d'une affectation perpétuelle à une œuvre d'intérêt général.

Savamment présentées dans le *Traité des fondations d'utilité publique* publié en 1980 par le conseiller d'État Michel Pomey, il faut, depuis les réformes récentes, analyser leur création (sect. 1), leur fonctionnement (sect. 2) et leur disparition (sect. 3).

SECTION 1
CRÉATION

391.10 Vue d'ensemble. Selon l'article 18 de la loi du 23 juillet 1987[1], la fondation est d'abord un **acte**[2] qui peut avoir pour but la création d'une **per-**

1. L. n° 87-571, 23 juill. 1987, sur le développement du mécénat, *JO* 24 juill., p. 8255.
2. V. H. Souleau, *L'acte de fondation en droit français*, th. Paris, 1969.

sonne morale. Dans cette hypothèse qui est la nôtre, l'acquisition de la personnalité juridique est subordonnée à un décret de **reconnaissance d'utilité publique**. Il convient donc de distinguer deux facteurs de création d'une fondation d'utilité publique : l'acte de fondation (§ 1) et la reconnaissance d'utilité publique (§ 2).

§ 1
Acte de fondation

A.
Fondateurs

391.11 Définition de l'acte de fondation. « *La fondation est l'acte par lequel une ou plusieurs personnes physiques ou morales décident l'affectation irrévocable de biens, droits ou ressources à la réalisation d'une œuvre d'intérêt général et à but non lucratif* » (L. 23 juill. 1987, art. 18). Cette définition invite à présenter successivement les fondateurs et l'affectation qu'ils décident (B).

391.12 Personnes physiques. Toute personne physique, française ou étrangère, ayant, d'après sa loi nationale, la capacité requise pour faire une libéralité, peut créer une fondation. Une seule personne physique suffit mais la fondation peut être constituée par plusieurs personnes ou même par souscription publique à l'exemple célèbre de l'Institut Pasteur.

391.13 Personnes morales de droit privé. Toute personne morale de droit privé, française ou étrangère, peut créer une fondation à condition de respecter le **principe de spécialité** et de ne pas s'en arroger le contrôle. La première de ces deux restrictions rend délicate, aussi bien civilement que pénalement, la création d'une fondation par une société civile ou commerciale.

La fondation peut être créée par plusieurs personnes morales.

391.14 Personnes morales de droit public. Sous réserve du respect du principe de spécialité, elles peuvent participer à la création d'une fondation avec des personnes morales de droit privé. Il existe en revanche une très vive controverse sur le point de savoir si elles peuvent procéder seules à une telle création. La loi du 4 juillet 1990[1] a cependant clarifié partiellement le problème. Elle a en effet ajouté un article 18 alinéa 3 à la loi du 23 juillet 1987 pour admettre la création de fondations reconnues d'utilité publique à l'initiative d'un ou plusieurs établissements publics à caractère industriel et commercial.

B.
Affectation

391.20 Fin et moyens. L'acte de fondation tend essentiellement à l'affectation **irrévocable** d'un certain nombre de moyens, regroupés sous l'appellation dotation (1° et 2°), à la réalisation d'une fin d'intérêt général (3°).

1°
Dotation : contenu

391.21 Biens, droits, ressources. L'article 18 énumère les biens qui peuvent être des meubles ou des immeubles; les droits au premier rang desquels figurent les droits d'auteur et les divers droits permettant d'occuper un immeuble; les ressources qui sont constituées par des fonds ou des versements à venir.

391.22 Importance. Le Conseil d'État donne des avis défavorables à la reconnaissance d'utilité publique des fondations quand leurs ressources sont trop précaires ou trop modiques pour leur permettre d'être indépendantes et de fonctionner efficacement[2]. Il n'existe pas de seuil en dessous duquel la dotation serait systématiquement jugée insuffisante; il n'existe aucun texte imposant une dotation totalement ou partiellement en capital. Les exigences du Conseil d'État conduisent néanmoins à prévoir une dotation constituée de biens productifs de revenus.

391.23 Maintenance. Il ne suffit pas que la dotation soit suffisante au moment de la création : il faut qu'elle le demeure pour assurer durablement l'indépendance et le bon fonctionnement de la fondation[3]. En conséquence, il est pratiquement indispensable de garantir par des sûretés réelles ou personnelles les versements annuels qui ont été prévus. Dans le même esprit, l'inaliénabilité perpétuelle des biens affectés à la fondation peut aussi être stipulée par le fondateur grâce à l'article 900-1 alinéa 2 du Code civil. On sait en effet (v. s[s] n° 371.241) que ce texte prévoit en faveur des personnes morales une exception au principe suivant lequel les clauses d'inaliénabilité doivent être temporaires pour être valables.

1. L. n° 90-559, 4 juill. 1990, créant les fondations d'entreprise et modifiant les dispositions de la loi n° 87-571 du 23 juillet 1987 sur le développement du mécénat relatives aux fondations, *JO* 6 juill., p. 7914.

2. CE, avis, 10 juin 1952, req. n° 258124 – CE, avis, 24 mai 1977, req. n° 319689.
3. CE, avis, 11 juin 1955, req. n° 265775.

2°
Dotation : contenant

391.31 Dotation par donation. Avec un tel procédé, le fondateur organise matériellement la fondation puis, de son vivant, lui fait acquérir la personnalité juridique par une reconnaissance d'utilité publique accordée en considération d'une offre de donation de biens, droits ou ressources. Après être devenue une personne morale, la fondation accepte l'offre de donation et se trouve ainsi dotée. Le fondateur paye donc d'un dépouillement immédiat la satisfaction de voir son œuvre accéder à la vie juridique. L'aboutissement de son projet peut cependant être empêché par deux risques majeurs qui menacent sa personne et son patrimoine : le décès avant l'acceptation de la donation par la fondation, la saisie avant que le transfert de propriété ne soit devenu opposable aux créanciers.

391.32 Dotation par donation – Validité. Juridiquement, la validité du mécanisme a été mise en doute en raison de ce que l'offre de donation est adressée à une personne n'existant pas encore. Il est cependant admis que l'acceptation, après la création de la fondation, d'une offre qui lui avait été faite avant, se concilie parfaitement avec le régime juridique de l'offre. Le destinataire de l'offre, ferme et précise, est en effet déterminé de façon suffisamment claire avant même d'acquérir la personnalité juridique.

391.33 Dotation par testament. Il est admis depuis longtemps que le testateur peut créer indirectement une fondation en faisant à une personne morale préexistante un legs avec charge de fonder. La question de savoir si le testateur pouvait faire un legs direct à une fondation non encore créée a, en revanche, suscité une célèbre opposition de principe entre la Cour de cassation et le Conseil d'État. La loi du 4 juillet 1990 [1] a spectaculairement consacré la thèse de la Haute juridiction administrative.

391.34 Fondation testamentaire indirecte. La jurisprudence a admis la validité de ce procédé dans l'affaire de la fondation de l'école libre d'Azay-le-Rideau [2]. Elle a ainsi balayé plusieurs objections d'inégale pertinence qui se fondaient sur le principe de prohibition des substitutions naguère dénommées fidéicommissaires ou sur la nullité des libéralités adressées aux incapables par personne interposée.

Pour être indiscutablement valable, la fondation testamentaire indirecte n'en présente pas moins de sérieux inconvénients : elle est onéreuse car, fiscalement, elle repose sur une double mutation du testateur au légataire puis du légataire à la fondation créée; elle est fragile car, civilement, elle est subordonnée à l'acceptation du légataire; lequel, après avoir éventuellement accepté, ne court pas grands risques à ne pas exécuter la charge de fonder.

En outre, les biens légués peuvent être saisis dans le patrimoine du légataire entre le jour du décès et le jour prévu pour leur transmission à la fondation nouvelle. Aussi le recours à cette technique est-il déconseillé depuis la consécration de la fondation testamentaire directe.

391.35 Fondation testamentaire directe. Les termes de la controverse entre la Cour de cassation, hostile à la validité d'un tel procédé contraire à l'article 906 du Code civil, et le Conseil d'État qui l'admet depuis un avis du 20 décembre 1854, ont été déjà présentés à propos des libéralités adressées aux associations en cours de reconnaissance d'utilité publique (v. s^s n°s 371.51 et 371.52). Depuis la loi du 4 juillet 1990, l'article 18-2 de la loi du 23 juillet 1987 consacre expressément la validité de la fondation testamentaire directe. Il la soumet néanmoins à deux conditions :

– le legs fait au profit d'une fondation qui n'existe pas au jour de l'ouverture de la succession est placé sous la condition suspensive d'obtention, par la fondation, de la reconnaissance d'utilité publique après les formalités de constitution;

– la demande de reconnaissance d'utilité publique doit, à peine de nullité du legs, être déposée dans l'année suivant l'ouverture de la succession. Elle doit être formulée par les personnes désignées par le testateur pour constituer la fondation, ou, à défaut d'une telle indication, par une fondation reconnue d'utilité publique désignée par le représentant de l'État dans la région du lieu d'ouverture de la succession. L'article 18-2 précise en outre que les personnes chargées des formalités de constitution et de demande de reconnaissance « *ont la saisine sur les meubles et les immeubles légués* » et qu'elles disposent à leur égard d'un pouvoir d'administration à moins que le testateur ne leur ait confié des pouvoirs plus étendus.

3°
Œuvre d'intérêt général

391.41 Notion. Selon l'article 18 de la loi du 23 juillet 1987, l'acte de fondation doit affecter la dotation à la réalisation « *d'une œuvre d'intérêt général et à but non lucratif* ». Il s'agit là d'une notion essentiellement évolutive regroupant les œuvres à vocation philanthropique, éducative, scientifique, sociale, humanitaire, sportive, familiale, culturelle; celles qui concourent à la mise en valeur du patrimoine artistique, à la défense de l'environnement naturel, à la diffusion de la culture, de la langue et

1. L. n° 90-559, 4 juill. 1990, *JO* 6 juill., p. 7914.
2. Civ. 5 juill. 1886, *D.* 1886. I. 465 – Req. 6 nov. 1888, *D.* 1889. I. 314.

des connaissances scientifiques françaises ainsi que les œuvres de sauvegarde et de protection des animaux.

Restent, en revanche, en dehors de la catégorie des œuvres d'intérêt général, les œuvres à but lucratif, les œuvres dont l'objet est exclusivement religieux ainsi que les œuvres sociales de l'entreprise soumises au monopole légal des comités d'entreprise.

391.42 Régime. L'affectation à une œuvre d'intérêt général dûment spécifiée s'impose aux exécuteurs testamentaires, aux légataires, aux ayants droit des fondateurs, au conseil et aux bénéficiaires de la fondation.

Si l'œuvre définie par le fondateur n'est pas exécutée, il pourra, ou ses ayants droit pourront, demander la révocation de la libéralité fondatrice.

§ 2 Reconnaissance d'utilité publique : conditions

A. Conditions de fond

391.51 Conditions générales découlant de l'article 18 de la loi du 23 juillet 1987. Pour qu'une fondation puisse bénéficier d'un décret de reconnaissance d'utilité publique, il faut qu'elle tende à la réalisation d'une **œuvre d'intérêt général**, qu'elle soit dotée de **ressources suffisantes** et qu'elle soit **indépendante** aussi bien des fondateurs que de la puissance publique. En revanche, le fonctionnement de fait de la fondation n'est pas une condition préalable à la reconnaissance d'utilité publique.

391.52 Projet de statuts. La reconnaissance d'utilité publique n'est possible que dans la mesure où les détails de l'organisation et du fonctionnement de la future personne morale ont été préalablement réglés. C'est pourquoi le fondateur ou, dans l'hypothèse de fondation testamentaire, la personne qu'il a désignée à cette fin, doivent rédiger un **projet de statuts** précisant le contenu de la dotation, l'objet de la fondation, la composition, les attributions du conseil et la nomination de ses premiers membres ainsi que les règles devant présider à la modification des statuts ou à une éventuelle dissolution.

Ce projet qui peut être rédigé par acte sous seing privé reprend généralement les statuts types élaborés par le Conseil d'État. Une certaine originalité est cependant admise[1].

La reconnaissance d'utilité publique peut être subordonnée à des aménagements du projet de statuts. Il est donc pratiquement essentiel, dans le cas de fondation testamentaire, que le fondateur ait conféré au légataire ou à l'exécuteur testamentaire le **pouvoir de consentir aux modifications exigées** sous la menace d'un avis défavorable.

B. Conditions de forme

391.61 Procédure. La demande de reconnaissance d'utilité publique doit comprendre le projet de statuts en dix exemplaires ainsi que, en deux exemplaires, un exposé du but de l'œuvre et des services qu'elle peut rendre, un acte authentique constituant la dotation, un projet de budget, la liste des membres du conseil. Elle est adressée soit au préfet du département où la fondation aura son siège qui transmettra au ministère de l'Intérieur, soit directement au bureau des groupements et associations du ministère de l'Intérieur.

Le ministre de l'Intérieur peut souverainement décider de ne pas donner suite à la demande. Il peut tout aussi bien prendre la décision de l'instruire. Après une instruction qui se traduit par une consultation du préfet et diverses vérifications, le ministre de l'Intérieur, s'il le juge opportun, transmet la demande au Conseil d'État. Celui-ci, après avoir éventuellement obtenu une modification des statuts, rend un avis que le gouvernement est libre de ne pas suivre.

391.62 Décret de reconnaissance. Il s'agit d'un acte discrétionnaire, pris, s'il est estimé opportun, par le Premier ministre ou quelquefois par le président de la République. Il comprend généralement deux articles : l'un qui accorde la reconnaissance d'utilité publique et approuve les statuts; l'autre qui autorise l'acceptation de la libéralité réalisant la dotation. Il peut faire l'objet d'un **recours pour excès de pouvoir** dans les conditions du droit commun, mais seul le **juge judiciaire** pourra se prononcer sur le point de savoir s'il a ou non violé la **volonté du fondateur**[2]. Faisant application de cette règle, le Conseil d'État a estimé que seule l'autorité judiciaire pouvait trancher la question de savoir si l'auteur de la demande de reconnaissance d'utilité publique avait été effectivement désigné par le testament par un arrêt d'assemblée du 23 février 2001. Cet arrêt est d'autant plus important qu'il affirme que la légalité d'un décret reconnaissant d'utilité publique une fondation n'existant pas au jour de l'ouverture de la succession du testateur est subordonnée à la condition que la volonté de ce dernier n'a pas été méconnue[3].

1. CE, avis, 25 oct. 1977, req. n° 320725.

2. CE 20 oct. 1971, d'Espinay de Saint-Luc, req. n°s 77810 et 77811, *Lebon* 615.
3. CE, ass., 23 févr. 2001, Fondation « Forteresse de Polignac », req. n° 196809, *Lebon* 79.

§ 3
Reconnaissance d'utilité publique : effets

A.
Naissance de la personnalité juridique

391.71 Consécration de la différence entre associations et fondations. Les associations obtiennent au moins la petite personnalité juridique « *par simple déclaration* » suivie d'une publication au *Journal officiel* (L. 1er juill. 1901, art. 5, al. 1). Les fondations n'acquièrent, elles, la personnalité juridique qu'en vertu de la reconnaissance d'utilité publique. C'est ce qu'avait admis la pratique administrative s'appuyant notamment sur l'arrêt *Société de Marie* rendu par le Conseil d'État le 20 mars 1908[1]. C'est la solution consacrée désormais par l'article 18 alinéa 2 de la loi du 23 juillet 1987 qui relie expressément **l'acquisition de la capacité juridique à la reconnaissance d'utilité publique.**

391.72 Moment de la naissance. Il y a sur ce point décisif un principe et une importante exception.

Le principe posé par l'article 18 alinéa 2 de la loi fait commencer la personnalité juridique de la fondation « *à compter de la date d'entrée en vigueur du décret en Conseil d'État accordant la reconnaissance d'utilité publique* ».

L'exception est prévue en faveur des **fondations testamentaires directes**. À leur égard, l'article 18-2 alinéa 3 dispose en effet que, par dérogation aux dispositions de l'article 18 alinéa 2, « *la personnalité morale de la fondation reconnue d'utilité publique rétroagit au jour de l'ouverture de la succession* ». L'introduction d'une telle fiction juridique était d'ailleurs le seul moyen, depuis longtemps admis par le Conseil d'État dans la célèbre querelle qui l'opposait à la Cour de cassation, susceptible d'éviter la vacance de la propriété des biens légués entre le décès du fondateur et la création de la fondation.

B.
Individualisation de la personne morale

391.81 Appellation de « fondation ». Après la reconnaissance d'utilité publique, les fondations sont les seules personnes morales à pouvoir faire usage dans leur intitulé, leurs statuts, contrats, documents ou publicité de l'appellation de fondation. Cette protection de la dénomination est assurée, par l'article 20 de la loi du 23 juillet 1987 modifiée en 1990. Par une telle disposition, le législateur a entendu assainir une situation caractérisée par la recrudescence d'organismes qui se paraient pompeusement du titre de fondation pour mieux séduire des donateurs crédules[2].

391.82 Nom. Comme toute personne morale, la fondation reconnue d'utilité publique est individualisée par un nom. Ce nom comprend de manière seulement facultative l'appellation de fondation qui est protégée mais pas obligatoire. Pour le reste, il se compose soit du pseudonyme du fondateur, soit de son nom patronymique, soit du nom de son conjoint ou d'un proche, soit du nom d'un personnage célèbre, soit du nom d'un lieu, soit encore d'un nom caractérisant l'œuvre poursuivie. Sont seules exclues les dénominations correspondant à une marque déposée, tendant à une publicité directe ou indirecte en faveur du tabac, coïncidant avec le nom patronymique d'un particulier étranger à la fondation, recoupant le nom d'une autre personne morale.

Le nom de la fondation peut être changé grâce à une modification des statuts. Comme le nom des autres personnes morales, il protège contre les atteintes des tiers et les risques de confusion.

391.83 Localisation. La fondation est rattachée à un État par sa **nationalité** qui retentit généralement sur la loi applicable. La nationalité dépend du **siège social** réel qui peut être déplacé en France par simple modification des statuts mais ne peut être transféré à l'étranger en l'absence de traité prévoyant la continuation de la personnalité juridique de la fondation dans le pays d'accueil.

SECTION 2
FONCTIONNEMENT

391.90 Plan. Pour qu'une fondation puisse fonctionner efficacement en vue de réaliser l'œuvre d'intérêt général dont elle est le soutien, elle a besoin de prendre des décisions (§ 1) et de trouver des ressources (§ 2).

§ 1
Décisions

391.91 Présentation du pouvoir de décision. Les statuts de la fondation doivent répartir les pouvoirs entre les différents organes qui décident en son nom et qui lui sont propres.

Les décisions ne sont cependant pas prises librement car la fondation est soumise à un contrôle généralement administratif.

1. CE 20 mars 1908, Sté de Marie, *Lebon* 238.

2. V. l'*affaire de la « fondation » Fluocaril, JCP E* 1984, Cah. dr. entr. n° 11, p. 30.

A.
Organes de décision

391.101 Conseil d'administration. La fondation étant une personne morale soudée par l'affectation irrévocable de moyens à la réalisation d'une œuvre d'intérêt général, elle présente cette particularité remarquable de ne pas avoir d'adhérents. En conséquence son conseil d'administration ne se compose pas de membres élus par une assemblée générale mais de membres nommés ou désignés. Il en existe plusieurs catégories :

- celle des membres nommés par les fondateurs qui peuvent d'ailleurs se nommer eux-mêmes;
- celle des membres de droit dont la présence est obligatoire pour empêcher le conseil de se replier sur lui-même et que les statuts désignent ès qualités, ou, plus souvent encore, ès fonctions parmi les représentants de l'État, des collectivités territoriales ou des établissements publics;
- celle des membres cooptés par le conseil d'administration parmi des personnalités indépendantes et reconnues pour leur compétence dans la spécialité de la fondation.

Il arrive parfois que le conseil d'administration ait des membres élus mais des membres élus par des collèges de représentants du personnel qui n'incarnent pas la fondation.

Le nombre des membres (généralement moins d'une douzaine), la durée de leurs fonctions, les modalités de leur renouvellement, l'équilibre des pouvoirs entre les diverses catégories, la fréquence des réunions, les conditions de *quorum*, l'organisation des débats, les modalités de vote... sont précisés par les statuts, souvent sous la dictée du Conseil d'État qui avait pu subordonner son avis favorable à telle ou telle modification relative à ces délicates questions de fonctionnement.

Il est désormais possible de prévoir dans les statuts de la fondation la participation aux séances d'un commissaire du gouvernement. Sa présence se substitue alors à celle des membres de droit. Il est désigné par le ministère de l'Intérieur après avis des autres ministères. Sa voix est consultative. Il veille au respect de l'utilité publique de la fondation et de ses statuts.

Les *attributions* du conseil d'administration sont les suivantes : adoption du règlement intérieur, vote du budget, administration de la fondation et gestion de son patrimoine.

391.102 Bureau. Généralement, le conseil d'administration désigne parmi ses membres un bureau de quatre personnes à savoir : le président choisi entre les membres autres que les membres de droit, le vice-président, le secrétaire et le trésorier. La durée de leurs fonctions est déterminée par les statuts.

Le bureau a pour attributions d'instruire et d'exécuter les décisions du conseil. Il est également chargé d'élaborer un rapport annuel sur la situation financière et morale de la fondation.

Deux membres du bureau ont des attributions spécifiques. Il s'agit du trésorier qui présente les comptes d'exercice et du président qui ordonne les dépenses et qui est généralement chargé par les statuts de représenter la fondation dans tous les actes de la vie civile.

B.
Contrôle

391.111 Contrôle administratif des actes de la fondation. Il se manifeste par la nécessité d'une approbation administrative qui se prolonge au-delà de la reconnaissance d'utilité publique et de l'approbation des statuts. C'est ainsi que les **modifications apportées aux statuts** relèvent des dispositions de l'article 9 du décret 11 mai 2007[1], qui prévoit une approbation donnée soit par décret en Conseil d'État pris sur le rapport du ministre de l'Intérieur, soit par arrêté du ministre de l'Intérieur pris conformément à l'avis du Conseil d'État.

Surtout, le Conseil d'État oblige pratiquement à faire prévoir par les statuts une **autorisation administrative** des opérations **d'aliénations de biens mobiliers ou immobiliers, de constitutions d'hypothèques ou d'emprunts**. Alors s'applique la règle de l'article 8 du décret du 11 mai 2007 qui renvoie à une autorisation donnée par arrêté du préfet du département où est le siège de la fondation, autorisation qui, est réputée accordée si le préfet n'a pas fait opposition dans les deux mois de la notification. Pour les libéralités, l'autorisation d'accepter, naguère imposée par l'article 910 du Code civil, a été supprimée par l'ordonnance du 28 juillet 2005[2] comme elle l'a été pour les associations étudiées plus haut.

391.112 Contrôle des comptes de la fondation. Une kyrielle de textes financiers place les fondations sous un contrôle de l'État et des collectivités territoriales dont elles reçoivent des subventions et les soumettent aux vérifications et contrôle des comptables du Trésor, de l'Inspection générale des finances et de la Cour des comptes.

1. Décr. n° 2007-807, 11 mai 2007, relatif aux associations, fondations, congrégations et établissements publics du culte et portant application de l'article 910 du Code civil, *JO* 12 mai, p. 8689.
2. Ord. n° 2005-856, 28 juill. 2005, portant simplification du régime des libéralités consenties aux associations, fondations et congrégations, de certaines déclarations administratives incombant aux associations, et modification des obligations des associations et fondations relatives à leurs comptes annuels, *JO* 29 juill., p. 12350.

En outre, depuis la loi du 4 juillet 1990 (L. 4 juill. 1990, art. 1er-11), les fondations reconnues d'utilité publique sont tenues de nommer au moins **un commissaire aux comptes** et un suppléant qui exercent leurs fonctions dans les conditions prévues par la loi du 24 juillet 1966 [1].

391.113 Surveillance administrative des organes de la fondation. Selon l'avis n° 248022 rendu par la section de l'Intérieur du Conseil d'État le 28 juin 1949, le gouvernement, et plus particulièrement le ministre de l'Intérieur, a toujours, « *en vertu des principes traditionnels du droit français* », la haute surveillance des fondations et de leurs conseils d'administration qui lui permet d'exiger la communication sans déplacement de tous renseignements, pièces ou documents utiles à l'appréciation de leur situation et de leur activité. Le retrait de la reconnaissance d'utilité publique peut être la conséquence ultime de cette prérogative régalienne.

§ 2 Ressources

391.120 Vue d'ensemble. Les fondations reconnues d'utilité publique fonctionnent essentiellement grâce :

1° à leurs dotations et aux revenus qu'elles produisent;

2° à des subventions publiques;

3° à de nouvelles libéralités.

L'étude de leurs ressources se confond donc à peu près avec celle de leur capacité à recevoir à titre gratuit. Pour l'aborder, il faudra suivre la même démarche que pour la capacité à recevoir à titre gratuit des associations. Ainsi apparaîtront mieux les points de convergence et de divergence entre ces deux catégories de personnes morales du triple point de vue de la capacité de jouissance (A), de la capacité d'exercice (B) et de l'exécution des charges (C).

A. Capacité de jouissance

391.121 Alignement sur les associations reconnues d'utilité publique. La reconnaissance d'utilité publique confère aux fondations comme aux associations ce qu'il est convenu d'appeler « *la grande personnalité juridique* ». Comme les associations reconnues d'utilité publique les fondations peuvent donc :

– collecter des ressources en faisant appel à la générosité publique conformément aux règles générales fixées par la loi du 7 août 1991 [2] et les décrets du 17 septembre 1992 [3] et du 30 juillet 1993 [4];

– recevoir en vertu de la loi du 23 juillet 1987 sur le développement du mécénat des dons bénéficiant des avantages fiscaux prévus par les articles 200 et 238 *bis* du Code général des impôts à savoir une déduction fiscale longtemps plafonnée à 10 % du revenu imposable lorsque le mécène est un particulier et à 3,25 ‰ du chiffre d'affaires à déduire du revenu imposable lorsque le donateur est une entreprise soumise à l'impôt sur le revenu ou à l'impôt sur les sociétés. La loi du 1er août 2003, relative au mécénat, aux associations et aux fondations [5], a d'ailleurs modifié les articles 200 et 238 *bis* du Code général des impôts pour encourager encore la générosité publique envers les fondations. Les particuliers qui font des dons à une fondation bénéficient donc d'une réduction d'impôt sur le revenu égale à 60 % et désormais de 66 % (au lieu de 50 %) dans la limite de 20 % (au lieu de 10 %) du revenu imposable. Les entreprises peuvent elles aussi bénéficier d'une réduction d'impôt égale à 60 % du montant de leur versement dans la limite de 5 ‰ (au lieu de 3,25 ‰) de leur chiffre d'affaires;

– recueillir des subventions publiques ou des dons venant des établissements publics;

– recevoir des dons et legs, aptitude qui accroît de manière significative leur capacité de recevoir à titre gratuit. L'essentiel est pourtant ailleurs.

391.122 Élargissement de la capacité de recevoir à titre gratuit. La capacité de jouissance des associations reconnues d'utilité publique reçoit encore, aux termes de l'article 11 de la loi du 1er juillet 1901, une importante limite. Elles ne peuvent en effet recevoir des immeubles qui ne seraient pas nécessaires à leur fonctionnement. Cette restriction, ainsi que celle relative aux donations avec réserve d'usufruit au profit du donateur qui a été supprimée par la loi du 1er août 2003, ne sont pas reprises par la loi du 23 juillet 1987 pour les fondations [6]. D'ailleurs le Conseil d'État les repousse depuis un avis n° 322564 du 4 avril 1978.

1. L. n° 66-537, 24 juill. 1966, sur les sociétés commerciales, *JO* 26 juill., p. 6402.
2. L. n° 91-772, 7 août 1991, relative au congé de représentation en faveur des associations et des mutuelles et au contrôle des comptes des organismes faisant appel à la générosité publique, *JO* 10 août, p. 10616.
3. Décr. n° 92-1011, 17 sept. 1992, relatif au contrôle des comptes des organismes faisant appel à la générosité publique, *JO* 23 sept., p. 13193.
4. Décr. 30 juill. 1993, *JO* 1er août.
5. L. n° 2003-709, 1er août 2003, relative au mécénat, aux associations et aux fondations, *JO* 2 août, p. 13277; rect. *JO* 20 sept., p. 16127.
6. L. n° 87-571, 23 juill. 1987, *JO* 24 juill., p. 8255.

En définitive, la capacité de recevoir à titre gratuit des fondations reconnues d'utilité publique n'est plus guère limitée que par le respect du principe de spécialité que certaines charges pourraient contrarier[1].

B.
Capacité d'exercice

391.131 Conquête de la liberté d'acceptation. En tant qu'établissement d'utilité publique, les fondations relèvent des dispositions de l'article 910 du Code civil qui subordonnaient l'acceptation des libéralités qui leur sont adressées à une autorisation administrative et de l'article 1er du décret du 13 juin 1966[2] qui organisait cette manifestation de la tutelle administrative. Leur capacité d'exercice était donc réduite comme celle des associations et elles devaient par conséquent obtenir, quel que soit le montant de la libéralité, une autorisation de l'accepter par arrêté préfectoral.

Or, la profonde réforme de l'article 910 du Code civil opérée par l'ordonnance du 28 juillet 2005 les concerne aussi directement que les associations[3]. Elles peuvent donc, elles aussi, dans les conditions précisées par le décret du 11 mai 2007[4], accepter des libéralités entre vifs ou à cause de mort sous la seule réserve d'un droit d'opposition de l'autorité administrative.

C.
Exécution des charges

391.141 Intérêt de la réforme de 1984. Avant que la loi du 4 juillet 1984[5] ne vienne autoriser et organiser la révision des conditions et charges apposées à certaines libéralités, les fondations avaient déjà essayé de se prémunir contre les bouleversements rendant impossible ou difficile l'exécution des charges grevant les libéralités dont elles avaient bénéficié. Elles y parvenaient grâce à des aménagements statutaires dont l'efficacité dépendait toujours de l'acceptation du disposant, fondateur ou autre, et, souvent, du bon vouloir de ses héritiers. De telles techniques statutaires et contractuelles, d'ailleurs encore utilisables, n'étaient pas dénuées d'utilité pratique. Cependant, elles ne répondaient que partiellement à la nécessité de faire face à l'alourdissement des charges imposées aux fondations. Encore qu'il n'ait pas cru devoir les nommer, c'est donc principalement en faveur de ces personnes morales de droit privé menacées de devoir cesser leur activité d'intérêt général à cause d'une volonté dépassée par les circonstances que le législateur de 1984 a organisé la révision judiciaire des charges.

391.142 Conséquences de la réforme de 1984. Comme tous les autres gratifiés, les fondations peuvent demander, dix ans après la mort du disposant, que soient révisées en justice les charges grevant les donations et legs qu'elles ont reçus, lorsque, par suite d'un changement de circonstances, l'exécution en est devenue pour elles soit extrêmement difficile soit sérieusement dommageable, conformément aux règles établies par les articles 900-2 et suivants du Code civil.

Les **clauses d'inaliénabilité perpétuelle**, qui coïncident avec la vocation perpétuelle des fondations reconnues d'utilité publique, peuvent toujours valablement affecter les biens qui leur sont donnés ou légués (C. civ., art. 900-1, al. 2). Cependant elles sont désormais susceptibles de **révision judiciaire** en vertu des articles 900-4 et 900-8 du Code civil.

Les règles nouvelles permettent d'obtenir la **révision judiciaire de toutes les charges dont l'exécution est devenue difficile ou dommageable en raison d'un changement de circonstances,** qu'il s'agisse de charges apposées aux libéralités ayant constitué la dotation de la fondation ou de charges affectant les dons et legs consentis en cours de fonctionnement.

SECTION 3
DISSOLUTION

391.151 Caractère exceptionnel et paradoxal de l'hypothèse. Les fondations reconnues d'utilité publique ayant vocation à la perpétuité, leur disparition n'est pas dans la nature des choses. Il est d'ailleurs rarissime qu'elle advienne. Elle est néanmoins prévue et organisée par les statuts en fonction des textes réglementaires et de l'attitude du Conseil d'État.

391.152 Causes de dissolution. Il en existe deux. L'une est une cause de dissolution forcée; l'autre une cause de dissolution volontaire.

1. V. CE, sect. intérieur avis, req. n° 299115, 11 janv. 1968 – et CE, sect. intérieur avis, 14 mars 1978, req. n° 322485.
2. Décr. n° 66-388, 13 juin 1966, relatif à la tutelle administrative des associations, fondations et congrégations, *JO* 17 juin, p. 4870.
3. Ord. n° 2005-856, 28 juill. 2005, portant simplification du régime des libéralités consenties aux associations, fondations et congrégations, de certaines déclarations administratives incombant aux associations, et modification des obligations des associations et fondations relatives à leurs comptes annuels, *JO* 29 juill., p. 12350.
4. Décr. n° 2007-807, 11 mai 2007, *JO* 12 mai, p. 8689.
5. L. n° 84-562, 4 juill. 1984, relative à la révision des conditions et charges apposées à certaines libéralités, *JO* 6 juill., p. 2127.

La cause de **dissolution forcée** est le **retrait de la reconnaissance d'utilité publique** prévu par l'article 18, alinéa 3 de la loi du 23 juillet 1987[1]. Le retrait, et la dissolution qui en découle automatiquement[2], sont prononcés par un décret en Conseil d'État après que la fondation a été mise en mesure de s'expliquer sur les griefs qui lui sont reprochés.

La **dissolution volontaire** est **décidée par le conseil d'administration** suivant la procédure prévue par les statuts. Néanmoins, elle ne peut devenir effective qu'après une **approbation gouvernementale** prévue par l'article 9 du décret 11 mai 2007[3].

Cette approbation, peu fréquente, résulte d'un arrêté du ministre de l'Intérieur sur avis conforme du Conseil d'État ou, en cas de divergence, d'un décret en Conseil d'État pris sur rapport du ministre de l'Intérieur.

391.153 Opérations de liquidation des biens de la fondation. Elles sont en principe réglées par des dispositions statutaires qui s'imposent même au gouvernement en ce qu'elles prévoient le retour des biens à tel ou tel organisme. Elles tiennent cette force d'une importante décision du Conseil d'État : l'arrêt *Fondation « Les orphelins apprentis d'Auteuil »* du 22 décembre 1982[4].

Le contenu de ces dispositions statutaires est cependant influencé fortement par le Conseil d'État, enclin à ne donner un avis favorable à la reconnaissance d'utilité publique que si elles prescrivent la désignation par le conseil d'administration de commissaires chargés de la liquidation des biens et l'attribution de l'actif net à un ou plusieurs établissements analogues c'est-à-dire à une autre fondation, à un établissement public, à une association reconnue d'utilité publique ou à une association déclarée ayant pour but exclusif l'assistance, la bienfaisance, la recherche scientifique ou la recherche médicale.

Si, par extraordinaire, le conseil d'administration ne prenait par les mesures de liquidation prévues par les statuts, un décret nommerait un commissaire liquidateur pour y pourvoir.

1. L. n° 87-571, 23 juill. 1987, *JO* 24 juill., p. 8255.
2. CE, sect. intérieur avis, 29 mars 1949, req. n° 243679.
3. Décr. n° 2007-807, 11 mai 2007, *JO* 12 mai, p. 8689.
4. CE, ass., 22 déc. 1982, Fondation « Les orphelins apprentis d'Auteuil », req. n° 19091, *Lebon* 434.

CHAPITRE

392. Fondation à vocation perpétuelle : la Fondation de France

Jean-Pierre Marguénaud
Professeur à la faculté de droit
et des sciences économiques
de l'Université de Limoges

Benjamin Dauchez
Notaire

SECTION 0
Orienteur

392.00 **Plan du chapitre.**

392.01 **Textes applicables.**

Statuts de la Fondation de France (oct. 1996)

* V. texte complet des statuts en annexe s^s n° 81.12

> But de la Fondation de France
[art. 1 et 2]

Art. 1er

L'établissement dit « Fondation de France » a pour but de recevoir toutes libéralités, sous forme notamment de dons et legs ou de versements manuels, d'en assurer la gestion et de redistribuer ces libéralités, ou leurs fruits et produits disponibles, au profit de personnes, œuvres ou organismes d'intérêt général, ayant un caractère philanthropique, éducatif, scientifique, social, humanitaire, culturel ou concourant à la mise en valeur du patrimoine artistique, à la défense de l'environnement ou à la diffusion de la culture française, en se conformant, pour ce faire, aux intentions, charges et conditions éventuellement stipulées par les donateurs.

Il a vocation, dans les conditions prévues aux présents statuts, à recevoir des versements pour le compte d'œuvres ou d'organismes mentionnés aux articles 200 et

238 *bis* du Code général des impôts, qui s'assignent un but analogue aux siens.

Il a son siège à Paris.

Art. 2

La Fondation met en œuvre tous les moyens licites, eu égard notamment aux prescriptions du Code civil et de la législation fiscale en matière de libéralités, qui paraîtront le plus conformes à son caractère d'établissement d'utilité publique et le plus appropriés à la réalisation de son objet désintéressé.

Toutefois, elle s'interdit :

– dans la collecte de ses ressources, d'accepter, sauf de ses fondateurs, toute libéralité qui, en raison de sa nature ou de celle des charges et conditions l'assortissant, pourrait aussi bien être faite directement au profit du bénéficiaire final, sans que son intervention soit nécessaire pour assurer, par exemple, la gestion de la libéralité ou les répartitions correspondantes;

– dans la gestion de ses biens, toute opération de caractère purement spéculatif ainsi que toute exploitation directe de toute entreprise ou établissement de caractère industriel ou commercial, et que toute participation non minoritaire au capital d'une même société, sauf si l'objet même de la société concernée permet la réalisation d'activités relevant des buts énoncés à l'article 1 des présents statuts;

– dans l'utilisation de ses fonds libres d'affectation, et sauf en matière d'études et recherches nécessaires à l'accomplissement de sa mission, toute opération directe, c'est-à-dire toute action par une voie autre que celle du concours à des personnes ou organismes tiers sous la forme de subsides divers : bourses, prix, allocations, subventions, *etc.*

Elle s'oblige :

– à se conformer, dans les limites prévues par la législation en vigueur, aux charges et conditions dont les auteurs de libéralités auront, avec l'accord de la Fondation et, s'il y a lieu, l'autorisation des autorités administratives, assorti ces libéralités, notamment quant à leur disposition, à leur gestion, à leur affectation, y compris les charges accessoires au profit de particuliers, la constitution au nom des donateurs de fonds ou fondations, la participation éventuelle de leurs représentants à la gestion ou à la distribution…; étant entendu qu'en l'absence de stipulation expressément contraire, les libéralités consenties à la Fondation seront réputées faites aux clauses et conditions générales prévues par le règlement intérieur;

– à assurer l'équilibre du budget de fonctionnement administratif de ses services à l'aide de ses ressources propres, des concours que ses fondateurs pourraient lui apporter à cet effet, et de la participation aux frais généraux de la Fondation dont les donateurs auront admis l'imputation sur leurs libéralités.

Afin de remplir sa mission définie au deuxième alinéa de l'article 1er, la Fondation de France ouvre des comptes individualisés destinés à recevoir les versements pour le compte des organismes concernés.

La Fondation pourra passer toute convention nécessaire à l'accomplissement de sa mission, en particulier pour la gestion de ses biens et le placement de ses fonds, ainsi que pour l'organisation et le fonctionnement de ses services.

> Organisation et fonctionnement

Art. 16

Les décisions de la Fondation relatives aux aliénations de biens mobiliers et immobiliers dépendant de la dotation, à la constitution d'hypothèques et aux emprunts ne sont valables qu'après approbation administrative, sous réserve des dispositions de l'article 18 *in fine*.

Les décisions relatives à l'acceptation de dons et legs ainsi qu'à la modification des charges et conditions grevant ces libéralités, ne sont valables qu'après l'approbation administrative éventuellement requise par la législation en vigueur.

> Dotation et ressources annuelles

Art. 19

Les ressources annuelles de la Fondation se composent :

1) Des revenus de la dotation y compris la quote-part des plus-values de cession qui sera admise à cet effet par le règlement intérieur.

2) Des subventions publiques qui pourraient lui être accordées.

3) Du produit des dons et legs dont la capitalisation n'aura pas été décidée.

4) Des versements faits par des particuliers ou par des entreprises, dans le cadre notamment des mesures fiscales admettant de tels versements en déduction de l'impôt sur le revenu ou sur les sociétés.

5) Du produit des ressources créées à titre exceptionnel et, s'il y a lieu, avec l'agrément de l'autorité compétente.

6) Du produit des rétributions éventuellement perçues pour services rendus, et notamment des prélèvements mentionnés au 10e alinéa de l'article 7.

Il est justifié auprès des ministres intéressés, de l'emploi des fonds provenant de toutes les subventions sur fonds publics éventuellement accordées au cours de l'exercice écoulé, ainsi que, auprès du ministre chargé des Finances et sur sa demande, de l'emploi des versements visés au 4 ci-dessus et effectués en exonération d'impôt.

Il est tenu une comptabilité faisant apparaître annuellement un compte de résultat, un bilan et une annexe. En outre, la comptabilité retrace l'ensemble des comptes définis à l'article 2 par secteur d'activité.

392.02 Jurisprudence de référence.

> La Fondation de France a vocation a recueillir les libéralités affectées à l'intérêt général sans précision de l'organisme bénéficiaire

• Nancy, 28 avr. 1976, *JCP* 1976. II. 19123 et 19158 *bis; Defrénois* 1977, art. 31396, note Souleau

* V. ss no 392.52

> Révison judiciaire des charges et conditions apposées aux libéralités acceptées par la Fondation de France

• Civ. 1re, 1er juill. 2003, no 00-13.474, NP

* V. ss no 392.61

« […] Mais attendu, d'une part, que les fondations reconnues d'utilité publique peuvent, en application des articles 900-2 et suivants du Code civil, solliciter du juge judiciaire la révision des conditions et charges grevant les legs ou donations qui leur ont été consentis;

Attendu, d'autre part, que la cour d'appel, après avoir constaté que le premier désir de la testatrice de conserver l'atelier comme lieu d'exposition et de rencontre grâce aux ressources locatives de l'appartement avait été immédiatement estimé inapplicable par l'association avec l'accord des exécuteurs testamentaires, a relevé que cet appartement, de petite surface, n'avait pas été loué et n'avait servi qu'aux réunions épisodiques de l'association sans aucune autre mise en œuvre tandis que l'association avait besoin pour l'accomplissement de ses actions, notamment pour assurer la défense des intérêts de l'artiste auprès du Musée Beaubourg qui avait réduit les surfaces d'exposition des œuvres, d'une dotation annuelle supérieure et qui ne soit plus grevée par les frais afférents à l'immeuble; que par ces motifs, elle a caractérisé le changement de circonstances rendant l'exécution de la charge sérieusement dommageable pour l'action de l'association gratifiée;

Attendu, enfin, qu'en retenant que cette action était conforme au vœu de la testatrice exprimé dans son testament d'honorer la mémoire de son mari, la cour d'appel n'a pas dénaturé cet acte ni son codicille mais a souverainement apprécié la volonté de la défunte; [...]. »

392.03 **Bibliographie indicative.**

Ouvrage. E. Pavillon, *La Fondation de France, 1969-1994*, Anthropos-Economica, 1995.

Articles. M. Pommey « La Fondation de France » *AJDA* 1969. I. 237 – H. Souleau, « Les libéralités adressées à la Fondation de France », *Defrénois* 1970, art. 29521, p. 257.

392.04 **Questions essentielles.**

> La Fondation de France a-t-elle vocation générale à recueillir les legs affectés à une mission d'intérêt général sans indication d'un organisme précis ?

* V. s^s n° 392.52

> La Fondation de France peut elle assurer la gestion des comptes de fondation dépourvues de la personnalité juridique ?

* V. s^s n° 392.101

> Le leg à la Fondation de France avec charge de créer une autre fondation a-t-il un intérêt ?

* V. s^s n° 392.122

> La Fondation de France peut elle redistribuer une libéralité à une personne physique ?

* V. s^s n° 392.133

392.09 **Création et fonctionnement.** La Fondation de France a une vocation perpétuelle encore plus nettement affirmée dont profitent les fondations dépourvues de la personnalité juridique que le nouvel article 20 de la loi du 23 juillet 1987 permet de lui rattacher.

En à peine plus de trente ans d'existence, la Fondation de France a conquis, en matière de générosité et de politique sociale, une place éminente et originale qui suscite l'admiration des uns et l'inquiétude de quelques autres. Pour comprendre les raisons de son influence grandissante, il convient de rappeler sa genèse (sect. 1) et d'exposer ses règles de fonctionnement (sect. 2).

SECTION 1
GENÈSE DE LA FONDATION DE FRANCE

392.11 **Nécessité d'un « *renouveau du mécénat et des fondations* ».** En 1965, André Malraux, conscient de l'insignifiance du rôle des fondations en France, confia la mission de mener une étude comparative sur la question à un maître des requêtes au Conseil d'État, Michel Pomey. Dans son rapport intitulé *Le mécénat et les fondations*, publié en 1966, ce dernier fit apparaître que la situation française s'expliquait certes par la rigidité du régime juridique et fiscal applicable aux fondations mais aussi et surtout par l'impossibilité pratique de relayer le mécénat individuel d'aristocrates richissimes par un mécénat collectif de disposants modestes. D'où l'idée de mettre à la disposition des personnes privées, soucieuses d'affecter tout ou partie de leur fortune à une œuvre d'intérêt général, un organisme qui recevrait leurs libéralités pour en assurer la gestion et la redistribution conformément à leur volonté et en leur nom.

392.12 **Exemple des *trusts* charitables anglo-saxons.** Pour organiser cet « intermédiaire » actif entre le disposant et l'œuvre à laquelle sa libéralité est affectée, le rapport Pomey préconisait une combinaison méthodique entre le régime, de droit public, des fondations reconnues d'utilité publique et le régime, de droit privé, des libéralités avec charges. Le moyen de cette conciliation était une fondation fiduciaire c'est-à-dire une fondation personne morale de droit privé gérant et redistribuant, en qualité de propriétaire, des biens affectés par la volonté du disposant au service et au profit d'un tiers bénéficiaire. Or les conceptions françaises du droit du patrimoine s'accommodaient mal d'un tel mécanisme connu et pratiqué dans les pays anglo-saxons sous le nom de *trust*. Le coup d'audace du rapporteur a consisté à proposer l'introduction en France d'un équivalent du système anglo-saxon des *trusts* charitables et même plus précisément des *community trusts* dont la *Cleveland Foundation*, créée en 1914, fut le premier exemple (c'est sur ce modèle que fut instituée la Fondation de France, véritable fondation autonome de fondations non autonomes).

392.13 **Mise en œuvre du projet.** Le projet de création de la Fondation de France n'a abouti qu'à la suite d'un long processus au cours duquel ses promoteurs, conduits par F. Bloch-Lainé, sont parvenus à vaincre les réticences du ministre des Affaires culturelles et du Premier ministre grâce à l'appui du ministre de l'Économie et des Finances Michel Debré[1]. Finalement, un accord a été trouvé sur le point crucial du choix des cofondateurs qui devaient réunir une dotation initiale de 16 250 000 francs. Ainsi la Fondation de France a-t-elle été créée par la Caisse des dépôts et consignations assistée de quinze banques et organismes de crédit publics et privés puis reconnue d'utilité publique par un décret du 9 janvier 1969 signé par le général De Gaulle.

392.14 Spécificité de la Fondation de France. La Fondation de France, comme toutes les autres fondations, est une personne morale de droit privé qui entre dans la catégorie des établissements d'utilité publique en raison de la reconnaissance d'utilité publique dont elle a fait l'objet.

Sa spécificité tient à la **vocation générale** et au **caractère fiduciaire** qui lui sont conférés par l'article 1er des statuts ainsi libellé :

« *L'établissement dit "Fondation de France" a pour but de recevoir toutes libéralités, sous forme notamment de dons et legs ou de versements manuels, d'en assurer la gestion et de redistribuer ces libéralités ou leurs fruits et produits disponibles, au profit de personnes, œuvres ou organismes d'intérêt général, ayant un caractère philanthropique, éducatif, scientifique, social, humanitaire, culturel ou concourant à la mise en valeur du patrimoine artistique, à la défense de l'environnement ou à la diffusion de la culture française, en se conformant, pour ce faire, aux intentions, charges et conditions éventuellement stipulées par les donateurs.*

Il a vocation, dans les conditions prévues aux présents statuts, à recevoir des versements pour le compte d'œuvres ou d'organismes mentionnés aux articles 200 et 238 bis du Code général des impôts, qui s'assignent un but analogue aux siens. »

SECTION 2
FONCTIONNEMENT : ORGANES

392.21 Conseil d'administration. Il se compose de trois catégories de membres : les sept représentants des établissements fondateurs dont le directeur général de la Caisse des dépôts et consignations (CDC); les huit personnes désignées par le Premier ministre et par les ministres intéressés dont le ministre des Affaires culturelles et le ministre de l'Éducation nationale; les douze personnalités au plus cooptées par les membres en exercice du conseil à la majorité et au scrutin secret. La durée du mandat varie selon les catégories (statuts, art. 4). Selon l'article 7 des statuts, ses **attributions** sont les suivantes : définir les grandes lignes de l'action de la Fondation et arrêter ses programmes d'activité; voter le budget; discuter et approuver, s'il y a lieu les comptes de l'exercice clos; accepter les libéralités qui sont faites à la Fondation sous réserve de l'approbation administrative éventuellement requise ou les refuser; décider de la distribution de subsides de la Fondation aux œuvres ou organismes d'intérêt général et, de manière plus générale, régler les affaires de la Fondation et délibérer des questions mises à l'ordre du jour.

392.22 Bureau. Il est élu pour un an par le conseil d'administration parmi ses membres. Il comprend un président, qui représente la Fondation dans tous les actes de la vie civile et ordonnance les dépenses, deux vice-présidents, un trésorier qui encaisse les recettes, acquitte les dépenses, présente les comptes de l'exercice clos, un secrétaire et, éventuellement un trésorier adjoint et un secrétaire adjoint.

392.23 Comités juridique et financier. Prévus par les articles 10 et 11 des statuts, ils assistent le conseil d'administration dans la gestion des biens et fonds de la Fondation et dans celle de ses services. À cet effet, ils font toutes propositions et donnent tous avis en ce qui concerne notamment l'acceptation des libéralités avec charges, le placement des fonds, les acquisitions, les baux, hypothèques et emprunts, l'élaboration du règlement intérieur et du budget.

Les établissements fondateurs y ont chacun un représentant membre de droit. La Chambre syndicale des agents de change et le Conseil supérieur du notariat peuvent être invités à s'y faire représenter.

SECTION 3
FONCTIONNEMENT : MISSIONS

392.31 Intermédiaire actif. Selon Henri Souleau, la Fondation de France « *apparaît comme un intermédiaire actif entre les disposants et les œuvres d'intérêt général, comme un catalyseur favorisant l'affectation des libéralités à des missions désintéressées* » grâce aux trois attributions qui lui sont confiées par l'article 1er des statuts : la collecte, la gestion et la redistribution des libéralités[2].

1. Sur ces péripéties, et plus généralement sur le bilan et les perspectives de la nouvelle institution, v. l'ouvrage de Mme E. Pavillon, *La Fondation de France 1969-1994*, Anthropos, distr. Economica, 1995.

2. H. Souleau, « Les libéralités adressées à la Fondation de France », *Defrénois* 1970, art. 29521, p. 257.

§ 1
Mission de collecte des libéralités

392.40 Plan. Pour pouvoir canaliser le plus grand nombre possible de libéralités vers des œuvres d'intérêt général, la Fondation de France a évidemment la capacité de recevoir à titre gratuit. Sur de nombreux points, cette capacité est semblable à celle des autres fondations reconnues d'utilité publique. À certains égards elle est cependant particularisée pour que le rôle d'intermédiaire actif puisse être tenu.

A.
Règles de capacité communes à toutes les fondations

392.41 Capacité de jouissance. La Fondation de France peut recevoir des dons et des legs sans être soumise aux restrictions que l'article 11 de la loi du 1er juillet 1901 édicte à l'encontre des associations reconnues d'utilité publique. Elle peut donc recevoir des immeubles qui ne seraient pas nécessaires à son fonctionnement et accepter des donations avec réserve d'usufruit au profit du donateur.

392.42 Capacité d'exercice. Comme toutes les personnes morales de droit privé appartenant à la catégorie des établissements d'utilité publique, la Fondation de France entre dans le champ d'application de l'article 910 du Code civil (v. ce texte ss nº 382.01). Elle peut donc désormais accepter une libéralité sous réserve d'un droit d'opposition de l'autorité administrative aux conditions précisées par le décret du 11 mai 2007[1] étudiées plus haut au titre des associations (v. ss nos 371.110 s.).

B.
Règles de capacité spécifiques

392.51 Interdiction de jouer un rôle d'intermédiaire passif. La Fondation de France doit intervenir activement pour aider des élans de générosité modestes à rencontrer une œuvre d'intérêt général. Elle n'a pas pour vocation de servir de relais superflu à des libéralités qui pourraient tout aussi bien se réaliser sans elle. C'est pourquoi l'article 2 des statuts lui interdit d'accepter, sauf de ses fondateurs, toute libéralité qui, en raison de sa nature ou de celle des charges et conditions l'assortissant, pourrait aussi bien être faite directement au profit du bénéficiaire final, sans que son intervention soit nécessaire pour assurer, par exemple, la gestion de la libéralité ou les répartitions correspondantes.

392.52 Problème de la vocation générale à recueillir les legs maladroitement affectés à une mission d'intérêt général. Les autres établissements d'utilité publique, fondations ou associations, ont une capacité à recevoir à titre gratuit limitée par le principe de spécialité à l'un des aspects de l'intérêt général. La Fondation de France, grâce à l'article 1er de ses statuts, a, au contraire, une spécialité qui lui permet d'embrasser l'ensemble de l'intérêt général. Elle peut en effet recevoir toutes libéralités « *pour les redistribuer au profit de personnes, œuvres ou organismes d'intérêt général, de caractère philanthropique, éducatif, scientifique, social ou culturel* ». La question s'est posée de savoir si, au titre de cette vocation générale, la Fondation de France ne pouvait pas recueillir puis réorienter les legs, relativement nombreux en pratique, affectés à une tâche d'intérêt général mais sans indication d'un organisme bénéficiaire précis, qui sont exposés à la nullité des libéralités faites à une personne indéterminée. La cour d'appel de Nancy, par un arrêt du 28 avril 1976 a répondu par l'affirmative dans l'éclairante affaire du testament de la demoiselle Saintin qui avait évasivement institué « *pour légataire, dont le cancer, le cœur, des messes pour la famille* »[2]. Estimant que la Fondation de France, institution d'utilité publique a, de par ses statuts, vocation à recueillir les libéralités faites dans un intérêt public et à leur donner une affectation conforme à la volonté de leurs auteurs, la cour de Nancy a ordonné son envoi en possession des biens dépendant de la succession de la testatrice en lui prescrivant de partager l'actif de manière égalitaire entre les organismes de recherche sur le cancer et les organismes de recherche sur les maladies du cœur.

Cette décision a été très diversement appréciée. Certains l'ont vivement approuvée pour avoir parfaitement compris et illustré le rôle d'intermédiaire actif de la Fondation de France. D'autres l'ont sévèrement critiquée pour s'être résolument engagée sur la voie du sacrifice de l'intérêt des familles.

Si la solution devait être consolidée par la Cour de cassation, l'efficacité des legs affectés à un but d'intérêt général serait systématiquement assurée par une personne morale de droit privé dont l'indépendance par rapport à l'État reste encore controversée.

392.53 Privilège fiscal aboli. À l'origine, les libéralités adressées à la Fondation de France étaient

1. Décr. nº 2007-807, 11 mai 2007, relatif aux associations, fondations, congrégations et établissements publics du culte et portant application de l'article 910 du Code civil, *JO* 12 mai, p. 8689.

2. Nancy, 28 avr. 1976, *JCP* 1976. II. 19123 et 19158 *bis*; *Defrénois* 1977, art. 31396, note Souleau.

soumises à un taux de déductibilité fiscale privilégié (15 % du revenu imposable ou 0,3 % du chiffre d'affaire au lieu de respectivement 1 % et 0,1 %). Un temps, il avait été question d'accroître encore l'étendue de cet avantage. Face à la vivacité des réactions du mouvement associatif qui craignait l'établissement d'une situation d'hégémonie et de monopole, le privilège fut seulement maintenu avant d'être aboli par la loi de finances pour 1982.

Désormais, les libéralités faites à la Fondation de France sont soumises, comme les dons et legs adressés aux autres fondations ou aux associations reconnues d'utilité publique, au régime de déduction fiscale établi par les articles 200 et 238 *bis* du Code général des impôts. Comme les autres fondations et les associations reconnues d'utilité publique, elle peut servir de relais pour faire bénéficier les libéralités adressées aux associations simplement déclarées du taux de déductibilité le plus élevé.

En outre, les dons et legs adressés à la Fondation de France sont exonérés de droits de mutation à titre gratuit. Les libéralités faites à de nombreux autres organismes bénéficient de la même exonération en vertu de l'article 795 du Code général des impôts.

C.
Exécution des charges

392.61 Application de la loi du 4 juillet 1984. Comme toutes les autres fondations reconnues d'utilité publique, la Fondation de France peut invoquer la loi du 4 juillet 1984[1] pour obtenir la révision judiciaire des charges et conditions apposées aux libéralités qu'elle a acceptées (v. s[s] n°s 391.141 et 391.142). Un arrêt de la première chambre civile de la Cour de cassation du 1er juillet 2003 offre d'ailleurs un bon exemple d'application des articles 900-2 et suivants du Code civil salutaire pour la Fondation de France[2].

§ 2
Mission de gestion des libéralités

392.70 Diversification. À côté de la gestion classique organisée par l'article 2 de ses statuts, la Fondation de France a développé une pratique de gestion pour le compte d'œuvres d'intérêt général que les lois des 23 juillet 1987 et 4 juillet 1990 ont consacrée et développée, accélérant ainsi le processus d'acculturation du droit français au trust anglo-saxon.

A.
Gestion classique

1°
Contraintes statutaires

392.71 Limitation des opérations spéculatives. Aux termes de l'article 2 alinéa 2 de ses statuts, la Fondation de France s'interdit « *toute opération de caractère purement spéculatif ainsi que toute exploitation directe de toute entreprise ou établissement de caractère industriel ou commercial et que toute participation non minoritaire au capital d'une même société* »; sauf si l'objet même de la société concernée permet la réalisation d'activités relevant des buts énoncés à l'article 1er des statuts. L'interdiction de participer à la vie des affaires n'est donc pas absolue : des participations minoritaires au capital d'une société sont admises; des participations majoritaires peuvent être prévues. D'ailleurs une des raisons d'être de la Fondation de France est d'assurer la gestion la plus efficace possible des biens donnés ou légués grâce à une parfaite maîtrise des techniques de placement.

392.72 Interdiction des opérations directes. Le même article des statuts interdit à la Fondation de France « *toute opération directe, c'est-à-dire toute action par une voie autre que celle du concours à des personnes ou organismes tiers sous la forme de subsides divers* ». Cette interdiction n'a de sens et d'utilité qu'à l'égard des fonds libres d'affectation imposée par le disposant. Elle est levée en matière d'études et recherches nécessaires à l'accomplissement de la mission de la Fondation de France.

2°
Opérations réalisées

392.81 Conversion des libéralités en argent. Les libéralités adressées à la Fondation peuvent avoir pour objet une somme d'argent. Elles peuvent aussi porter sur des immeubles ou sur des meubles aussi variés que des œuvres d'art ou des actions. L'opération la plus fréquemment réalisée consiste à vendre la plupart de ces biens pour mieux pouvoir en faire fructifier et en répartir le prix. Ainsi la Fondation de France peut-elle échapper à l'accusation de favoriser une nouvelle accumulation de biens de mainmorte.

392.82 Placement des fonds. Au lieu de redistribuer immédiatement les libéralités de somme d'argent qui lui ont été adressées et le prix des dons et legs en nature qu'elle a monnayés, la Fondation

1. L. n° 84-562, 4 juill. 1984, relative à la révision des conditions et charges apposées à certaines libéralités, *JO* 6 juill., p. 2127.
2. Civ. 1re, 1er juill. 2003, n° 00-13.474, NP.

de France peut les faire fructifier avec d'autant plus d'espoir d'efficacité que son conseil d'administration comprend les représentants des organismes financiers les plus puissants et les plus prestigieux du pays.

B.
Gestion pour le compte d'œuvres d'intérêt général

1°
Service de transit

392.91 **Pratique officieuse.** Pour augmenter le nombre de leurs donateurs, beaucoup d'associations éprouvent le besoin de faire transiter les versements manuels qui leur sont adressés par la Fondation de France. L'avantage qu'elles peuvent en espérer est double : elles bénéficient de la bonne renommée de cette institution; elles obtiennent pour ceux qui les gratifient un taux de déduction fiscale majoré. Profitant de son statut fiscal dérogatoire, la Fondation de France a officieusement organisé ce service de transit de nature fiduciaire. Elle l'a fait pour les seules associations auxquelles elle a délivré un agrément après un contrôle minutieux exercé par une commission créée en 1984. Le maintien de cette activité a été un moment discuté car elle expose à des abus d'utilisation du nom de la Fondation de France et lui fait jouer un rôle d'intermédiaire à peine actif. Elle a néanmoins été consacrée et encadrée par la loi.

392.92 **Consécration législative.** L'article 5 de la loi du 23 juillet 1987 relative au développement du mécénat[1] prévoit que les établissements d'utilité publique, c'est-à-dire les fondations et les associations reconnues d'utilité publique, peuvent, lorsque leurs statuts ont été approuvés à ce titre par décret en Conseil d'État, recevoir des versements pour le compte d'œuvres d'intérêt général. Les bénéficiaires de ce mécanisme sont les associations de caractère philanthropique, éducatif, scientifique, social, humanitaire, sportif, familial, culturel ou concourant à la défense du patrimoine artistique ou de l'environnement naturel qui ne sont pas elles-mêmes reconnues d'utilité publique parce qu'elles sont simplement déclarées.

Bien qu'il ait été consacré de façon générale pour l'ensemble des établissements d'utilité publique, le droit de recevoir des versements pour le compte d'œuvres d'intérêt général n'a guère été accordé par autorisation administrative qu'à la Fondation de France. Dans cette activité désormais officielle, elle doit se plier aux exigences formulées par l'article 5 de la loi du 23 juillet 1987 à savoir : établir, sous la menace des peines prévues par l'article L. 242-8 du Code de commerce des comptes annuels selon les principes du Code de commerce; nommer au moins un commissaire aux comptes et un suppléant qui sont choisis et qui exercent leurs fonctions conformément aux règles définies par le Code de commerce.

2°
Fondations abritées

392.101 **Fondations sans personnalité juridique.** Parallèlement à son activité de transit qui lui permettait de gérer les comptes d'associations simplement déclarées, la Fondation de France avait également entrepris d'assurer la gestion de plusieurs dizaines de comptes de fondations qui n'étaient pas reconnues d'utilité publique. L'article 5 de la loi du 23 juillet 1987 avait également officialisé cette pratique. Une ambiguïté demeurait cependant car l'article 20 de la loi du 23 juillet 1987 réservait la qualification de fondation aux seules organisations reconnues d'utilité publique et dotées en conséquence de la personnalité juridique. La loi du 4 juillet 1990[2] a clarifié la situation en ajoutant à l'article 20 la disposition suivante : « *Toutefois, peut également être dénommée fondation l'affectation irrévocable, en vue de la réalisation d'une œuvre d'intérêt général et à but non lucratif, de biens, droits ou ressources à une fondation reconnue d'utilité publique dont les statuts ont été approuvés à ce titre, dès lors que ces biens, droits ou ressources sont gérés directement par la fondation affectataire, et sans que soit créée à cette fin une personne morale distincte.* » Là encore, en dépit de la formulation générale du texte, la Fondation de France est restée pendant longtemps une des rares fondations, avec la Fondation du Patrimoine, à avoir été autorisée à abriter d'autres fondations dépourvues de la personnalité juridique. Le nombre des fondations abritantes a cependant augmenté au cours de ces dernières années.

392.102 **Fondations sans dotation.** À l'origine, la Fondation de France avait utilisé les comptes de fondation pour créer des fondations à capital avec des legs et des donations modestes versées périodiquement. Progressivement ces comptes ont répondu à la nécessité souvent signalée de permettre la création de fondations sans dotation.

1. L. n° 87-571, 23 juill. 1987, sur le développement du mécénat, *JO* 24 juill., p. 8255.

2. L. n° 90-559, 4 juill. 1990, *JO* 6 juill., p. 7914.

§ 3
Mission de redistribution des libéralités

A.
Redistribution des libéralités pures et simples

392.111 Liberté de choix. Aux termes de l'article 1er de ses statuts, la Fondation de France doit respecter « *les intentions, charges et conditions éventuellement stipulées par les donateurs* ». C'est dire qu'elle peut aussi recevoir des libéralités pures et simples qui semblent d'ailleurs en constante progression. Dans ce cas, elle est libre de redistribuer, soit la libéralité elle-même, soit ses fruits ou ses produits, à toute œuvre d'intérêt général de son choix. La Fondation de France a profité de cette liberté de manœuvre pour réaliser des programmes d'intervention en faveur du tiers-monde, de la recherche médicale et scientifique, de la culture, de l'environnement. Dans le domaine social, elle a mis récemment l'accent sur la lutte contre l'exclusion.

B.
Redistribution des libéralités avec charge

1°
Libéralités avec charge de fonder

392.121 Intérêt des donations avec charge de créer une fondation. Un fondateur, soucieux de ne mourir qu'après avoir mis son œuvre en place, peut fort bien consentir une donation à la fondation qu'il va faire créer. Pour être relativement simple, cette opération n'en est pas moins aléatoire (v. ss n° 391.31). Ses chances de faire aboutir son projet sont sérieusement renforcées s'il choisit d'adresser à la Fondation de France une donation avec charge de faire créer une fondation nouvelle puis de lui transmettre le montant de la libéralité à titre de dotation. Avec un tel procédé, les risques inhérents au décès du fondateur avant l'acceptation de la donation par la fondation nouvelle sont en effet écartés puisque les biens ne se trouvent plus alors dans son patrimoine mais dans celui de la Fondation de France. Pour la même raison, sont également conjurés les risques d'échec liés à la saisie des biens destinés à la future fondation par les créanciers du candidat fondateur, sous réserve bien entendu de l'application de l'article 1167 du Code civil en cas de fraude.

Les garanties d'exécution par la Fondation de France de cette charge de fonder sont d'ailleurs très fortes. Leur étendue peut mieux s'apprécier dans l'hypothèse de legs avec charge de fonder.

392.122 Intérêt des legs avec charge de créer une fondation. Depuis que la loi du 4 juillet 1990 a expressément consacré la validité de la fondation testamentaire directe, il n'est plus guère conseillé de recourir à la technique du legs avec charge de créer une fondation nouvelle (v. ss nos 391.34 et 391.35). Néanmoins, les inconvénients qui justifient cette défaveur sont considérablement amoindris lorsque la charge de fonder est imposée à la Fondation de France. En effet, la solidité de ses assises financières rend peu plausible la saisie, dans son patrimoine, des biens légués entre le jour du décès du testateur et celui de la création de la nouvelle fondation. En outre, il n'y a guère à redouter qu'elle néglige d'exécuter la charge qui lui incombe car les articles 1er et 2 alinéa 5 des statuts lui font obligation de respecter les intentions du disposant notamment celles qui se rapportent à la constitution d'une fondation.

2°
Libéralités avec charge d'affectation à des personnes existantes

392.131 Personnes morales déterminées. Le disposant peut imposer à la Fondation de France de redistribuer la libéralité à une personne morale poursuivant un but d'intérêt général qu'il désigne expressément. Dans la mesure où, le plus souvent, de telles libéralités pourraient tout aussi bien être directement adressées au bénéficiaire final, elles ne sont que très rarement acceptées par la Fondation de France dont le rôle est d'être un intermédiaire actif (v. ss n° 392.51).

392.132 Personnes morales indéterminées. Le plus souvent, le disposant se borne à spécifier le secteur d'intérêt général vers lequel sa libéralité devra être redistribuée. Alors la Fondation de France retransmettra les biens reçus ou leurs fruits et produits à une ou plusieurs personnes morales dont l'activité correspond aux intentions du donateur ou du testateur. Dans cette dernière hypothèse, l'opération s'apparente quelque peu au legs avec faculté d'élire par lequel le testateur confère à un tiers le droit de désigner le bénéficiaire du legs. Il existe cependant entre les deux combinaisons une différence essentielle : en cas de legs avec faculté d'élire, le tiers ne devient jamais propriétaire des biens en sorte que la propriété resterait vacante entre le jour du décès du testateur et le jour de la désignation du bénéficiaire; en cas de legs avec charge de désigner le bénéficiaire dans un secteur d'intérêt général déterminé, la Fondation de France est juridiquement le seul légataire donc propriétaire pendant la période intermédiaire. C'est pourquoi la première technique est annulée par une jurisprudence contestée tandis que la validité de la seconde ne fait aucun doute.

392.133 Personnes physiques indéterminées. L'article 1er des statuts imposant une redistribution à des « *personnes, œuvres ou organismes d'intérêt général* » sans autres précisions, il est admis que le bénéficiaire final puisse être une personne physique. C'est pourquoi le disposant peut apposer à la libéralité adressée à la Fondation de France la charge d'en distribuer les revenus sous forme de prix ou de bourses à des personnes physiques à choisir dans une catégorie déterminée. C'est d'ailleurs autour de cette modalité de redistribution que se sont créées et que se développent les fondations sans personnalité juridique abritées par la Fondation de l'hôtel de Pomereu.

SECTION 4
INTENSIFICATION DE L'INFLUENCE ANGLO-SAXONNE

392.141 Reconnaissance indirecte du trust. La Fondation de France, dont l'amplification du rôle est due à une reconnaissance indirecte du *trust*, n'est pas le seul exemple d'emprunt au modèle anglo-saxon. Ainsi le Conseil national des fondations, créé par l'article 20 rénové de la loi de 1987 pour rassembler et diffuser les informations relatives aux fondations et pour proposer aux pouvoirs publics des actions tendant au mécénat des fondations, découle-t-il du *Council of foundations* américain. Plus récemment, la *National Trust* d'outre-Manche a pu servir de modèle[1] à l'importante Fondation du patrimoine instituée par la loi du 2 juillet 1996[2], reconnue d'utilité publique par un décret du 18 avril 1997[3], et désormais régie par les articles L. 143-1 à L. 143-15 du Code du patrimoine, qui a pour mission de promouvoir la connaissance, la consécration et la mise en valeur des monuments, des ensembles mobiliers et des espaces naturels ne faisant l'objet d'aucune protection particulière. Dotée d'une structure juridique originale qui en fait un hybride de la fondation et de l'association, la Fondation du patrimoine qui a été constituée avec des apports initiaux de 32 millions de francs, peut recevoir des libéralités et, comme le Fondation de France, abriter d'autres fondations[4]. Cependant la greffe sur le lourd mécanisme du droit français traditionnel des fondations pourrait avoir du mal à prendre[5].

1. M. Grimaldi, *Libéralités. Partage d'ascendants*, p. 529.
2. L. n° 96-590, 2 juill. 1996, relative à la « Fondation du patrimoine », *JO* 3 juill., p. 10002.
3. Décr. 18 avr. 1997, portant reconnaissance d'utilité publique et approbation des statuts de la Fondation du patrimoine, *JO* 20 avr., p. 6016.
4. M. Grimaldi, *Libéralités. Partage d'ascendants*, p. 527.
5. M. Drapier, *D.* 1997. Chron. 212.

CHAPITRE

393. Fondations à vocation temporaire : les fondations d'entreprise

JEAN-PIERRE MARGUÉNAUD
PROFESSEUR À LA FACULTÉ DE DROIT
ET DES SCIENCES ÉCONOMIQUES
DE L'UNIVERSITÉ DE LIMOGES

BENJAMIN DAUCHEZ
NOTAIRE

SECTION 0 ORIENTEUR

393.00 **Plan du chapitre.**

393.01 **Textes applicables.**

L. n° 87-571, 23 juill. 1987, sur le développement du mécénat, art. 19, 19-1, 19-3 et 19-8, *JO* 24 juill.

CGI, art. 238 *bis*

> Définition de la fondation d'entreprise

L. n° 87-571, 23 juill. 1987

Art. 19 (*mod. par L. n° 2002-5, 4 janv. 2002, art. 29, 1°*)

Les sociétés civiles ou commerciales, les établissements publics à caractère industriel et commercial, les coopératives, les institutions de prévoyance ou les mutuelles peuvent créer, en vue de la réalisation d'une œuvre d'intérêt général, une personne morale, à but non lucratif, dénommée fondation d'entreprise. Lors de la constitution de la fondation d'entreprise, le ou les fondateurs s'engagent à effectuer les versements mentionnés à l'article 19-7 de la présente loi.

> Capacité juridique de la fondation d'entreprise

L. 23 juill. 1987

Art. 19-1 (*mod. par L. n° 2002-5, 4 janv. 2002, art. 29 2°*)

La fondation d'entreprise jouit de la capacité juridique à compter de la publication au Journal officiel de l'autorisation administrative qui lui confère ce statut.

Cette autorisation est réputée acquise à l'expiration d'un délai de quatre mois à compter du dépôt de la demande. Elle fait alors l'objet de la publication prévue à l'alinéa ci-dessus.

La fondation d'entreprise fait connaître à l'autorité administrative toute modification apportée à ses statuts; ces modifications sont autorisées dans les mêmes formes que les statuts initiaux. La majoration du programme d'action pluriannuel est déclarée sous la forme d'un avenant aux statuts.

Art. 19-3

La fondation d'entreprise peut, sous réserve des dispositions de l'article 19-8, faire tous les actes de la vie civile qui ne sont pas interdits par ses statuts mais elle ne peut acquérir ou posséder d'autres immeubles que ceux nécessaires au but qu'elle se propose. Toutes les valeurs mobilières doivent être placées en titres nominatifs, en titres pour lesquels est établi le bordereau de références nominatives prévu à l'article 55 de la loi n° 87-416 du 17 juin 1987 sur l'épargne ou en valeurs admises par la Banque de France en garanties d'avances. Lorsque la fondation d'entreprise détient des actions des sociétés fondatrices ou de sociétés contrôlées par elles, la fondation ne peut exercer les droits de vote attachés à ces actions.

> Ressources de la fondation d'entreprise

L. 23 juill. 1987

Art. 19-8 (*mod. par L. n° 2003-709, 1er août 2003, art. 11 et 12, JO 2 août*)

Les ressources de la fondation d'entreprise comprennent :

1° Les versements des fondateurs à l'exception de la dotation initiale si celle-ci a été constituée et n'a pas fait l'objet de l'affectation prévue à l'article 19-6;

2° Les subventions de l'État, des collectivités territoriales et de leurs établissements publics;

3° Le produit des rétributions pour services rendus;

4° Les revenus de la dotation initiale si celle-ci a été constituée et n'a pas fait l'objet de l'affectation prévue à l'article 19-6 et des ressources mentionnés aux 1°, 2° et 3° ci-dessus.

Sous peine de retrait de l'autorisation administrative prévue à l'article 19-1, la fondation d'entreprise ne peut faire appel à la générosité publique; elle ne peut recevoir de dons ni de legs. Elle peut toutefois recevoir des dons effectués par les salariés de l'entreprise fondatrice. Elle peut également recevoir des dons effectués par les salariés des entreprises du groupe, au sens de l'article 223 A du Code général des impôts, auquel appartient l'entreprise fondatrice.

> Fiscalité

CGI, art. 238 *bis*

* V. texte complet de cet article s^s n° 391.01

393.03 Bibliographie indicative.

Actualisables. Rép. civ., v° *Fondation*, par Ch. Debbasch (anc. éd.) – *Lamy Associations*, n°s 915 s, G. Sousi et Y. Mayaud (dir.).

Ouvrages. E. Baron et X. Delsol, *Les fondations reconnues d'utilité publique et d'entreprise. Régime juridique et fiscal*, Juris-Service AGEC, 1992 – M. Grimaldi, *Libéralités. Partages d'ascendants*, LexisNexis/Litec, 2000, n°s 1713 à 1715.

Articles. Ch. Debbasch, « Le nouveau statut des fondations : fondations d'entreprise et fondations classiques », *D.* 1990. 269 – A. Gobin, « La loi du 4 juillet 1990 sur les fondations d'entreprise et fondations d'utilité publique », *JCP N* 1990. I. 449 – M.-H. Maleville, « Premières remarques sur la fondation d'entreprise », *JCP E* 1990. II. 15901; et « Remarques complémentaires sur la fondation d'entreprise », *JCP E* 1991. I. 98.

393.04 Questions essentielles.

> Les fondations d'entreprise peuvent-elles recevoir des dons ?

* V. s^s n° 393.62

> Quel est le sort des biens d'une fondation d'entreprise dissoute ?

* V. s^s n° 393.123

393.05 Délais.

> Autorisation implicite de créer une fondation d'entreprise dans le délai de **4 mois** à compter de la demande.

* V. s^s n° 393.52

> La durée minimum et renouvelable de la fondation d'entreprise est de **5 ans**.

* V. s^s n° 393.121

393.06 Sanctions.

> Dissolution

* V. s^s n°s 393.121 à 393.124

393.07 Évolution. La loi du 23 juillet 1987 sur le développement du mécénat[1] s'est efforcée de promouvoir l'idée selon laquelle l'intérêt général peut être efficacement servi non seulement par les collectivités publiques mais aussi par les individus et par les entreprises, lesquelles ont souvent les moyens et la volonté de réaliser des opérations d'envergure en matière de recherche, et dans le domaine culturel ou artistique. Pour canaliser leurs élans philanthropiques, les entreprises peuvent créer une fondation reconnue d'utilité publique classique. L'article 18 alinéa 4 de la loi du 23 juillet 1987 a d'ailleurs prévu que dans le cas où une fondation reconnue d'utilité publique est créée à l'initiative d'une ou plusieurs sociétés commerciales, la raison ou la dénomination sociale d'au moins l'une d'entre elles peut être utilisée pour la dénomination de cette fondation. Ce principe prévu à l'origine pour les seules sociétés commerciales a été étendu aux établissements publics à caractère industriel et commercial par la loi du 4 juillet 1990[2].

L'expérience a néanmoins prouvé que la longueur de la procédure de reconnaissance d'utilité publique et la lourdeur du contrôle administratif exercé sur les fondations classiques dissuadaient sans rémission toutes les velléités fondatrices des entreprises par ailleurs souvent méfiantes à l'égard de « *la situation monopolistique* » de la Fondation de France qui pourrait leur servir d'intermédiaire. C'est pourquoi l'Association pour le développement du mécénat d'entreprise (Admical) présidée par M. Jacques Rigaud a obtenu du ministre Jack Lang le dépôt d'un projet de loi visant à introduire en droit français une nouvelle institution adaptées aux exigences du mécénat des entreprises, surtout petites et moyennes : la fondation d'entreprise raccordée à la loi du 23 juillet 1987.

1. L. n° 87-571, 23 juill. 1987, sur le développement du mécénat, *JO* 24 juill., p. 8255.
2. L. n° 90-559, 4 juill. 1990, créant les fondations d'entreprise et modifiant les dispositions de la loi n° 87-571 du 23 juillet 1987 sur le développement du mécénat relatives aux fondations, *JO* 6 juill., p. 7914.

Cette institution originale, qui a vu le jour grâce à la loi du 4 juillet 1990 complétée par un décret nº 91-1005 du 30 septembre 1991[1], lui-même modifié par le décret nº 2002-998 du 11 juillet 2002[2] reste une fondation, c'est-à-dire un groupement de biens et non un groupement de personnes, mais elle est soumise à un régime juridique beaucoup plus souple que celui des fondations reconnues d'utilité publique. Son particularisme se manifeste lors de sa constitution (sect. 1) à l'occasion de son fonctionnement (sect. 2) et au moment de sa dissolution (sect. 3).

SECTION 1
CONSTITUTION

393.10 Vue d'ensemble. La création d'une fondation d'entreprise résulte elle aussi d'un acte de fondation et d'une intervention étatique qui confère la personnalité juridique. Ces deux facteurs sont cependant marqués par une profonde originalité. Le premier se distingue de l'acte de fondation classique par la qualité des fondateurs et par l'exigence d'un programme d'action pluriannuel (§ 1). Le second se singularise par la substitution d'une autorisation administrative à la lourde reconnaissance d'utilité publique (§ 2).

§ 1
Acte de fondation

A.
Fondateurs

393.11 Institution réservée à certaines personnes morales. À l'origine, il était prévu d'attribuer la possibilité de créer une fondation d'entreprise à toutes les entreprises, individuelles aussi bien que collectives. Le Sénat soucieux de ne pas établir, parmi les personnes physiques, une discrimination en faveur des commerçants, a cependant introduit un amendement réservant le droit de fonder aux sociétés civiles et commerciales, aux établissements publics à caractère industriel et commercial, aux coopératives et aux mutuelles (L. 23 juill. 1987, art. 19 rénové). Sont donc exclus non seulement les commerçants personnes physiques mais aussi les artisans exerçant individuellement leur activité, les membres des professions libérales et les organismes professionnels. La liste de l'article 19 serait d'ailleurs limitative en sorte que les groupements d'intérêt économique ne pourraient pas, eux non plus, créer une fondation d'entreprise[3]. D'aucuns considèrent que cette disposition exclut du champ du mécénat une trop grande part du tissu des PME françaises[4].

B.
Affectation

1°
Moyens affectés

393.21 Programme d'action pluriannuel. Une des originalités les plus remarquables de la fondation d'entreprise tient à l'obligation pour les fondateurs d'effectuer les versements nécessaires à la réalisation du programme d'action pluriannuel que les statuts doivent impérativement établir (L. 23 juill. 1987, art. 19 et 19-7 rénovés). L'article 5 du décret du 11 juillet 2002 a précisé que le montant du programme ne pouvait être inférieur à 150 000 euros. Les sommes correspondantes peuvent être **versées en plusieurs fractions sur une période maximale de cinq ans.** En outre, les sommes que chaque membre fondateur s'engage à verser doivent être garanties par une caution bancaire (L. 23 juill. 1987, art. 19-7) et le retrait de la fondation est impossible tant qu'elles n'ont pas été intégralement acquittées (L. 23 juill. 1987, art. 19-11).

393.22 Dotation. Aux termes de l'article 19 rénové de la loi du 23 juillet 1987, les fondateurs devaient aussi apporter une dotation initiale. Cette exigence avait été maintenue pour faire apparaître clairement que la fondation d'entreprise n'est pas une association mais un groupement de biens. Pour autant, la dotation ne remplissait pas la même fonction que dans une fondation reconnue d'utilité publique. En effet, son objet n'était pas de financer les activités de la fondation mais d'attester que les fondateurs étaient sérieusement attachés à leur projet philanthropique. Aussi est-elle directement dépendante du programme pluriannuel (L. 23 juill. 1987, art. 19-6 rénové). Aussi son montant était-il moins élevé que celui exigé par le Conseil d'État pour donner un avis favorable à une reconnaissance d'utilité publique. Plutôt que de la laisser survivre avec ces particularités, la loi du 4 janvier 2002 relative aux musées de France[5] a décidé de suppri-

1. Décr. nº 91-1005, 30 sept. 1991, pris pour l'application de la loi nº 90-559 du 4 juillet 1990 créant les fondations d'entreprise et modifiant les dispositions de la loi nº 87-571 du 23 juillet 1987 sur le développement du mécénat relatives aux fondations, *JO* 2 oct., p. 12836.
2. Décr. nº 2002-998, 11 juill. 2002, *JO* 18 juill., p. 12256.
3. Rép. min. Budget, *JO Sénat* 6 août 1992, nº 32, p. 1799.
4. V. A. Gobin, « La loi du 4 juillet 1990 sur les fondations d'entreprise et fondations d'utilité publique », *JCP N* 1990. I. 449.
5. L. nº 2002-5, 4 janv. 2002, relative aux musées de France, *JO* 5 janv., p. 305; rectif. *JO* 18 janv., p. 1052.

mer, à compter du 5 janvier 2002, cette obligation de dotation. Les personnes morales ayant créé antérieurement des fondations d'entreprise ont été autorisées par la loi à consacrer les fonds de leur dotation initiale aux dépenses prévues par le nouveau programme d'action pluriannuel.

2°
But de l'affectation

393.31 Œuvre d'intérêt général et à but non lucratif. Il a été précisé par l'article 19 que les versements des fondateurs devraient être affectés à une œuvre d'intérêt général et que la fondation d'entreprise aurait un but non lucratif. Ces précisions sont loin d'être superflues car un amendement sénatorial avait essayé de réserver la possibilité d'assigner un but lucratif à la nouvelle institution que les entreprises auraient ainsi pu utiliser pour promouvoir des opérations commerciales et en récolter les bénéfices. Cette suggestion a été énergiquement repoussée car elle aurait entraîné une profonde dénaturation de la notion de fondation.

3°
Qualification juridique des versements des fondateurs

393.41 Ambiguïté. Les fondateurs qui font des versements en vue de la réalisation d'une œuvre d'intérêt général à une personne morale à but non lucratif sont apparemment des auteurs de libéralités. Il est douteux cependant que leurs actes soient dénués de toute arrière-pensée lucrative. Il est bien rare en effet qu'ils n'attendent pas une contrepartie financière indirecte grâce à la publicité que leur fera la fondation d'entreprise créée à leur nom. Cette contrepartie indirecte suffit-elle à écarter la qualification de libéralité ? Sur le plan fiscal, elle aurait effectivement dû conduire à exclure les déductions prévues par l'article 238 *bis* du Code général des impôts qui s'appliquent seulement aux véritables dons ne comportant aucune contrepartie directe ou indirecte. Aussi l'article 5 de la loi du 4 juillet 1990 a-t-elle dû modifier l'article 238 *bis* du Code général des impôts pour lui faire expressément préciser que les déductions valent également pour les versements faits au bénéfice d'une fondation d'entreprise même si cette dernière porte le nom de l'entreprise fondatrice.

Sur le plan civil, l'importance de la qualification en libéralité et quelque peu atténuée dans la mesure où le disposant est nécessairement une personne morale qui ne relève pas du droit successoral. D'ailleurs, si libéralité il y a, il ne s'agira évidemment pas d'un legs mais d'une donation.

§ 2
Autorisation administrative

A.
Procédure

393.51 Demande d'autorisation. Son contenu a été précisé par l'article 2 du décret du 30 septembre 1991[1]. Elle doit comprendre, principalement : un projet de statuts, les raisons sociales, dénominations, sièges et activités des personnes morales fondatrices, l'engagement des fondateurs à procéder aux versements prévus par le programme pluriannuel; le contrat de caution destiné à garantir cet engagement, le siège, la durée et la dénomination de la fondation d'entreprise.

393.52 Autorisation préfectorale. Pour accéder à l'existence juridique, les fondations d'entreprise n'ont pas besoin, comme les fondations classiques, d'un décret en Conseil d'État. Il suffit d'une autorisation du préfet du département du siège de la fondation et, à Paris, du préfet de Paris, qui aura préalablement vérifié la qualité des fondateurs, la solidité du programme pluriannuel, le but d'intérêt général du projet.

L'autorisation peut être expresse. Elle peut également être tacite. En effet, l'article 19-1 rénové de la loi du 23 juillet 1987 énonce qu'elle est réputée acquise à l'expiration d'un délai de 4 mois à compter du dépôt de la demande. Il s'agit là d'une règle originale par laquelle le législateur a voulu déroger au principe dégagé par le Conseil constitutionnel dans sa décision du 26 juillet 1969 qui fait valoir rejet au silence gardé par l'administration. Cette inversion du principe a cependant provoqué la perplexité de la doctrine qui s'est demandée comment l'on pourrait concrètement publier au *Journal officiel* une décision tacite[2].

393.53 Publication au *Journal officiel*. Elle est prévue par l'article 19-1 de la loi et organisée par l'article 6 du décret du 30 septembre 1991. Aux termes de ce dernier texte, le ministre de l'Intérieur assure, aux frais de la fondation d'entreprise, la publication de l'autorisation dans un délai d'un mois à compter de la réception de la décision ou, en cas d'autorisation tacite, à compter de la réception du récépissé du dépôt de la demande avec, dans chaque hypothèse, l'indication du préfet auprès duquel la demande avait été sollicitée.

1. Décr. n° 91-1005, 30 sept. 1991, *JO* 2 oct., p. 12836.
2. V. NOT. Ch. Debbasch, « Le nouveau statut des fondations : fondations d'entreprise et fondations classiques », *D.* 1990. Chron. 269.

La publication indique la date de l'autorisation, la dénomination, le siège, l'objet, la durée de la fondation d'entreprise, le montant du programme pluriannuel; la dénomination et le siège des fondateurs.

B.
Effets

1°
Naissance de la personnalité juridique

393.61 Moment de la naissance. D'après l'article 19-1, « *la fondation d'entreprise jouit de la capacité juridique à compter de la publication au Journal officiel de l'autorisation administrative qui lui confère ce statut* ».

393.62 Particularisme. À la différence des associations et comme les fondations classiques, les fondations d'entreprise ne peuvent pas acquérir la personnalité juridique sans une approbation au moins implicite de l'Exécutif. Leur situation se distingue cependant de celles des autres fondations dotées de la personnalité juridique à deux points de vue.

D'une part, en effet, l'acquisition de la personnalité morale n'opère jamais pour elles de manière rétroactive. D'autre part, et surtout elles n'accèdent jamais à la grande personnalité juridique puisqu'elles sont **amputées** de l'essentiel par l'article 19-8 rénové de la loi de 1987 : **la capacité de recevoir à titre gratuit**. La loi n° 2003-709 du 1er août 2003, relative au mécénat, aux associations et aux fondations[1], a néanmoins atténué cette incapacité de recevoir à titre gratuit en autorisant la fondation d'entreprise à recevoir des dons effectués par les salariés de l'entreprise fondatrice ou des salariés du groupe auquel appartient l'entreprise fondatrice. Ces dons bénéficieront en outre des incitations fiscales d'ailleurs révisées à la hausse, prévues par les articles 200 et 238 *bis* du Code général des impôts.

2°
Individualisation de la personne morale

393.71 Appellation de « fondation d'entreprise ». Seules les fondations répondant aux exigences de la loi du 4 juillet 1990 et du décret du 30 septembre 1991 peuvent faire usage de l'appellation « fondation d'entreprise » (L. 23 juill. 1987, art. 20, al. 2 rénové). Corrélativement, les fondations satisfaisant aux exigences de ces textes sans avoir été reconnues d'utilité publique ne peuvent que se faire appeler « fondations d'entreprise ».

SECTION 2
FONCTIONNEMENT

§ 1
Décisions

A.
Conseil d'administration

393.81 Composition bipartite. Par rapport au conseil d'administration d'une fondation reconnue d'utilité publique, le conseil d'administration d'une fondation d'entreprise présente cette remarquable particularité de ne pas comprendre de représentants de la puissance publique. En conséquence, il ne se compose que de deux catégories de membres tous cooptés : les fondateurs, leurs représentants et les représentants du personnel jusqu'à concurrence des deux tiers; des personnalités qualifiées dans les domaines d'intervention pour le tiers restant (L. 23 juill. 1987, art. 19-4 rénové).

393.82 Rôle. Selon l'article 19-5, le conseil d'administration prend toutes décisions dans l'intérêt de la fondation d'entreprise; décide des actions en justice, vote le budget, approuve les comptes et décide des emprunts. Son président représente la fondation d'entreprise en justice et dans les rapports avec les tiers.

B.
Contrôle

393.91 Contrôle administratif. L'autorité administrative s'assure de la régularité du fonctionnement de la fondation d'entreprise. À cette fin, elle peut se faire communiquer tous documents et procéder à toutes investigations utiles. En outre, la fondation d'entreprise doit lui adresser, chaque année, un rapport d'activité, le rapport du commissaire aux comptes et les comptes annuels (L. 23 juill. 1987, art. 19-10 rénové).

393.92 Contrôle comptable. Les fondations d'entreprise doivent nommer un commissaire aux comptes et un suppléant qui exercent leurs fonctions dans les conditions prévues par le Code de commerce.

En fonction de leurs ressources annuelles, elles peuvent être tenues d'établir une situation de l'actif réalisable et disponible et du passif exigible, un compte de résultat prévisionnel, un tableau de

1. L. n° 2003-709, 1er août 2003, relative au mécénat, aux associations et aux fondations, *JO* 2 août, p. 13277; rectif. *JO* 20 sept., p. 16127.

financement et un plan de financement qui sont communiqués au commissaire aux comptes.

Le commissaire aux comptes peut attirer l'attention de la fondation d'entreprise sur tout fait de nature à compromettre la continuité de son activité. Si ses observations ne sont pas suivies d'effets, il alerte l'autorité administrative de la situation par un rapport spécial (L. 23 juill. 1987, art. 19-9 rénové).

§ 2
Ressources

393.100 **Particularisme.** Les fondations d'entreprise sont les seules de toutes les personnes morales ayant un but d'intérêt général à ne pouvoir recevoir des dons et legs ni même faire appel à la générosité publique. Si elles ne sont pas dépourvues de ressources (A), de nombreuses leurs sont donc interdites (B).

A.
Ressources permises

393.101 **Énumération légale.** D'après l'article 19-8 rénové de la loi du 23 juillet 1987 les ressources de la fondation d'entreprises comprennent : les versements des fondateurs à l'exception de la dotation initiale; les subventions de l'État, des collectivités territoriales et de leurs établissements publics; le produit des rétributions pour services rendus; les revenus de la dotation initiale et des autres ressources.

B.
Ressources interdites

393.111 **Interdiction de recevoir des dons et legs et de faire appel à la générosité publique.** Cette interdiction est prévue par l'article 19-8 rénové de la loi du 23 juillet 1987 sous la menace du retrait de l'autorisation administrative autrement dit sous peine d'anéantissement de la personnalité juridique. La sévérité de cette règle s'explique par le souci de protéger d'éventuels disposants à titre gratuit dont la confiance pourrait être abusée par des personnes morales qui peuvent utiliser la dénomination fondation sans la garantie d'une reconnaissance d'utilité publique. Pratiquement cette disposition peut dissuader les entreprises d'avoir recours à la nouvelle institution puisqu'elle empêche les fondateurs de faire d'autres versements que ceux prévus par le programme pluriannuel sauf à entreprendre la lourde procédure de modification des statuts prévue par l'article 19-1 alinéa 3 rénové et organisée par l'article 10 du décret de 1991. Théoriquement, elle place les fondations d'entreprise dans une situation plus défavorable encore que celle des associations déclarées lesquelles peuvent au moins faire appel à la générosité publique en vertu de la loi du 7 août 1991. En outre, elle rend sans objet la question de l'application aux fondations d'entreprise de la loi du 4 juillet 1984 sur la révision des charges [1].

393.112 **Plafonnement de la fortune immobilière.** Comme les associations reconnues d'utilité publique et à la différence des fondations classiques, les fondations d'entreprise ne peuvent acquérir ou posséder d'autres immeubles que ceux nécessaires au but qu'elles se proposent (L. 23 juill. 1987, art. 19-3 rénové).

393.113 **Placement des capitaux.** L'article 19-3 rénové de la loi du 23 juillet 1987 reprend, à l'égard des fondations d'entreprise, la règle édictée par l'article 11 alinéa 1er de la loi de 1901 pour les associations reconnues d'utilité publique. En conséquence, toutes leurs valeurs mobilières doivent être placées en titre nominatifs, en titres pour lesquels est établi le bordereau de références nominatives prévu à l'article 55 de la loi n° 87-416 du 17 juin 1987 sur l'épargne [2] ou en valeur admises par la Banque de France en garanties d'avances.

SECTION 3
DISSOLUTION

393.121 **Durée déterminée de la fondation d'entreprise.** Alors que la fondation reconnue d'utilité publique, destinée à assurer la pérennité d'une œuvre, a vocation à la perpétuité, la fondation d'entreprise, mise au service d'une opération de mécénat tributaire de circonstances économiques et commerciales fluctuantes, a une durée déterminée.

Cette durée ne peut être inférieure à cinq ans. À l'expiration de cette période, les fondateurs, ou certains d'entre eux seulement, peuvent décider la prorogation de la fondation pour une nouvelle durée au moins égale à cinq ans. Il leur faut alors s'engager sur un nouveau programme pluriannuel et obtenir une nouvelle autorisation administrative (L. 23 juill. 1987, art. 19-2 rénové).

393.122 **Causes de dissolution.** Elles sont au nombre de trois (L. 23 juill. 1987, art. 19-11 nouveau) :

1. L. n° 84-562, 4 juill. 1984, relative à la révision des conditions et charges apposées à certaines libéralités, *JO* 6 juill., p. 2127.
2. L. n° 87-416, 17 juin 1987, sur l'épargne, *JO* 18 juin, p. 6519.

- l'arrivée du terme sans prorogation par les fondateurs ou certains d'entre eux. C'est la cause normale de dissolution;

- le retrait de l'ensemble des fondateurs sous réserve qu'ils aient intégralement payé les sommes qu'ils se sont engagés à verser. Il s'agit d'une cause de dissolution amiable et anticipée;

- le retrait de l'autorisation administrative qui peut intervenir si la fondation d'entreprise fait appel à la générosité publique, reçoit des dons ou des legs, ou, plus généralement, contrevient en cours de fonctionnement aux dispositions législatives ou réglementaires régissant son activité. Cette dissolution est une sanction prononcée par l'autorité administrative qui contrôle la fondation d'entreprise.

393.123 Opérations de liquidation des biens de la fondation d'entreprise. Les opérations de liquidation sont conduites par un liquidateur dont la nomination est publiée au *Journal officiel*. C'est au conseil d'administration qu'il revient de procéder à cette nomination. S'il n'y parvient pas ou si la liquidation résulte du retrait de l'autorisation le liquidateur est désigné par l'autorité judiciaire (L. 23 juill. 1987, art. 19-11 rénové). La présence d'un liquidateur est donc ici obligatoire alors qu'en matière de dissolution des fondations reconnues d'utilité publique elle n'est que fortement recommandée par le Conseil d'État (v. s[s] n° 391.153).

De même l'article 19-12 rénové de la loi du 23 juillet 1987 règle impérativement le sort des biens de la fondation d'entreprise dissoute. Il dispose en effet que ses ressources non employées et la dotation sont attribuées par le liquidateur à un ou plusieurs établissements publics ou reconnus d'utilité publique dont l'activité est analogue à la sienne. Cette règle écarte logiquement le transfert des biens à d'autres fondations d'entreprises qui ne peuvent pas recevoir de donations. Elle a aussi pour conséquence d'affecter définitivement les sommes concernées à l'intérêt général puisqu'elle exclut leur retour dans le patrimoine des entreprises fondatrices.

393.124 Conclusion – Rigidité du système français. Pour mettre en œuvre l'idée soulignée en 1987 par le rapport sur le mécénat remis au ministère d'État par M. Pebereau, selon laquelle l'intérêt général n'est pas l'apanage des collectivités publiques, le droit français des fondations a été profondément modifié au cours des vingt-cinq dernières années. Cependant, il l'a été dans le respect forcé de la tradition administrative.

En conséquence, l'initiative des fondateurs privés est encore freinée par de lourdes formalités préalables et encadrée par d'énergiques contrôles administratifs. Aussi le *92e Congrès des notaires de France* organisé à Deauville du 12 au 15 mai 1996 a vivement défendu le concept de **liberté de fondation** qui s'oppose au pouvoir discrétionnaire de l'Administration d'empêcher la naissance de la seule personne morale de droit privé dont la constitution reste subordonnée à une reconnaissance d'utilité publique. En attendant la réforme d'envergure que préconise le notariat et que la loi du 1er août 2003, d'inspiration essentiellement fiscale, ne pouvait pas réaliser, la rigidité du système français risque encore de freiner l'efficacité des emprunts ponctuels que le législateur fait de plus en plus souvent aux pays étrangers.

Une réforme plus récente importée des États-Unis d'Amérique, dont l'inspiration est toute aussi libérale que fiscale, bouleverse le système français en instituant une nouvelle personne morale qui pourrait rapidement concurrencer victorieusement les fondations d'entreprise et les fondations reconnues d'utilité publique : le fonds de dotation.

CHAPITRE

394. Fonds de dotation

JEAN-PIERRE MARGUÉNAUD
PROFESSEUR À LA FACULTÉ DE DROIT
ET DES SCIENCES ÉCONOMIQUES
DE L'UNIVERSITÉ DE LIMOGES

BENJAMIN DAUCHEZ
NOTAIRE

SECTION 0
ORIENTEUR

394.00 **Plan du chapitre.**

394.01 **Textes applicables.**

L. n° 2008-776, 4 août 2008, de modernisation de l'économie, art. 140, *JO* 5 août, p. 12471

Décr. n° 2009-158, 11 févr. 2009, relatif aux fonds de dotation, *JO* 13 févr., p. 2591

CGI, art. 200, 238 *bis,* 1740 A

> Définition du fonds de dotation

L. n° 2008-776, 4 août 2008

Art. 140

I. Le fonds de dotation est une personne morale de droit privé à but non lucratif qui reçoit et gère, en les capitalisant, des biens et droits de toute nature qui lui sont apportés à titre gratuit et irrévocable et utilise les revenus de la capitalisation en vue de la réalisation d'une œuvre ou d'une mission d'intérêt général ou les redistribue pour assister une personne morale à but non lucratif dans l'accomplissement de ses œuvres et de ses missions d'intérêt général. [...]

> Capacité juridique du fonds de dotation

L. n° 2008-776, 4 août 2008

Art. 140

II. [...] Le fonds de dotation jouit de la personnalité morale à compter de la date de publication au Journal officiel de la déclaration faite à la préfecture. [...]

> Ressources de la fondation d'entreprise

L. n° 2008-776, 4 août 2008

Art. 140

[...] III. Le fonds de dotation est constitué par les dotations en capital qui lui sont apportées auxquelles s'ajoutent les dons et legs qui lui sont consentis. L'article 910 du Code civil n'est pas applicable à ces libéralités.

Le ou les fondateurs peuvent apporter une dotation initiale au fonds.

Aucun fonds public, de quelque nature qu'il soit, ne peut être versé à un fonds de dotation. Il peut être dérogé à cette interdiction, à titre exceptionnel, pour une œuvre ou un programme d'actions déterminé, au regard de son importance ou de sa particularité. Les dérogations sont accordées par arrêté conjoint des ministres chargés de l'économie et du budget.

Les ressources du fonds sont constituées des revenus de ses dotations, des produits des activités autorisées par les statuts et des produits des rétributions pour service rendu.

Le fonds peut faire appel à la générosité publique après autorisation administrative dont les modalités sont fixées par décret. Les dons issus de la générosité publique peuvent être joints à la dotation en capital du fonds de dotation.

Le fonds de dotation dispose librement de ses ressources dans la limite de son objet social.

Il ne peut disposer des dotations en capital dont il bénéficie ni les consommer et ne peut utiliser que les revenus issus de celles-ci.

Toutefois, par dérogation aux dispositions du premier alinéa du I et de l'alinéa précédent, les statuts peuvent fixer les conditions dans lesquelles la dotation en capital peut être consommée. [...]

> **Fiscalité**

CGI, art. 200

* V. texte complet de cet article s[s] n° 391.01

CGI, art. 238 *bis*

* V. texte complet de cet article s[s] n° 391.01

CGI, art. 1740 A

La délivrance irrégulière de documents, tels que certificats, reçus, états, factures ou attestations, permettant à un contribuable d'obtenir une déduction du revenu ou du bénéfice imposables, un crédit d'impôt ou une réduction d'impôt, entraîne l'application d'une amende égale à 25 % des sommes indûment mentionnées sur ces documents ou, à défaut d'une telle mention, d'une amende égale au montant de la déduction, du crédit ou de la réduction d'impôt indûment obtenu.

L'amende prévue au premier alinéa s'applique également en cas de délivrance irrégulière de l'attestation mentionnée à la seconde phrase du 2° du g du 1 de l'article 200 et à la seconde phrase du 2° du g du 1 de l'article 238 *bis*.

394.03 **Bibliographie indicative.**

Articles. J. Adda, « Le fonds de dotation, un rêve associatif ? », dossier « Fonds de dotation : paroles d'acteurs », *Juris-Associations* 15 mars 2009, p. 20, n° 395 – L. Dévic, « Le fonds de dotation : une fondation privée ? », dossier « Fonds de dotation : paroles d'acteur », *Juris-Associations* 15 mars 2009, p. 14, n° 395 – F. Sauvage et E. Pornin, « L'émergence des fonds de dotation dans le paysage du mécénat français », *Bull. Joly* 2009. 620.

394.04 **Questions essentielles.**

> Y-a-t-il un capital minimum nécessaire pour créer un fonds de dotation ?

* V. s[s] n° 394.21

> Les fonds de dotation bénéficient ils de tous les avantages fiscaux propres aux organismes sans but lucratif ?

* V. s[s] n° 394.22

> Les libéralités consenties aux fonds de dotation sont elles soumises aux dispositions de l'article 910 du Code civil ?

* V. s[s] n° 394.81

> Quel est le sort des biens d'un fonds de dotation dissous ?

* V. s[s] n°s 394.91 à 394.101

394.05 **Délais.**

> Délai de **six mois** pour le transfert des actifs du fonds après dissolution

* V. s[s] n° 394.91

394.06 **Sanctions.**

> **Amendes et emprisonnements** (C. com., art. L. 242-8 et L. 820-4)

* V. s[s] n° 394.72

> **Dissolution**

* V. s[s] n°s 394.91 à 394.101

394.07 **Vue d'ensemble.** Institué par la loi du 4 août 2008 de modernisation de l'économie[1], où il figure dans un titre 3 destiné à mobiliser l'activité au service de la croissance, et dans un chapitre 4, chargé d'attirer des financements privés pour des opérations d'intérêt général, le fonds de dotation vient d'augmenter le cheptel français des personnes morales pour apporter au mécénat le dynamisme et la souplesse d'un cadre juridique qui a fait merveille aux États-Unis d'Amérique sous le nom d'*Endowment Fund*.

Grâce au fonds de dotation, toute personne physique ou morale passionnée par l'accomplissement d'œuvres d'intérêt général pourra cumuler la plupart des **avantages juridiques et fiscaux, ordinairement répartis entre associations et fondations.**

Le libéralisme et le désengagement de l'État des activités d'intérêt général, qui ont inspiré le législateur de 2008, marque profondément la création (sect. 1), le fonctionnement (sect. 2) et la dissolution des fonds de dotation (sect. 3).

SECTION 1
CONSTITUTION

394.10 **Division.** Selon l'architecture de l'article 140 de la loi du 4 août 2008, il y a lieu de distinguer entre les règles générales applicables à la création de tous les fonds de dotation (§ 1) et les règles particulières propres aux fonds de dotation testamentaires (§ 2).

§ 1
Règles générales

A.
Fondateurs

394.11 **Institution accessible à toutes personnes.** Le fonds de dotation est créé par une ou plusieurs personnes physiques ou morales pour une durée déterminée ou indéterminée. À cet égard la souplesse de la nouvelle institution se manifeste par rapport à la fondation d'entreprise qui ne peut être créée que par certaines personnes morales et pour une durée déterminée.

B.
Affectation

1°
Moyens affectés

394.21 **Absence de capital minimum.** Le fonds de dotation est constitué par les dotations en capi-

1. L. n° 2008-776, 4 août 2008, de modernisation de l'économie, *JO* 5 août, p. 12471.

tal que peuvent lui apporter initialement les fondateurs.

Ici le contraste avec la création des fondations est saisissant, puisqu'**aucune dotation minimale** n'est exigée, alors que pour les fondations d'entreprise le montant minimum est de 150 000 euros, tandis que pour les fondations reconnues d'utilité publique le Conseil d'État vérifie que le montant de la dotation permet d'assurer la pérennité de la fondation.

394.22 Régime fiscal favorable. Dans la mesure où le fonds de dotation poursuit une œuvre éligible au régime fiscal du mécénat (CGI, art. 200, g), les dons et legs consentis au fonds de dotation sont **exonérés de droits de mutation à titre gratuit**. Cette exonération est consacrée à l'article 795, 14° du Code général des impôts.

D'une manière générale le fonds de dotation est soumis au **régime fiscal de faveur des organismes sans but lucratif** (OSBL).

Toutefois, le fonds de dotation ne bénéficie pas de la réduction fiscale au titre de l'impôt sur la fortune (ISF) à hauteur de 75 % des sommes données qui reste réservée aux seules fondations.

394.23 Exclusion de principe des fonds publics. La souplesse manifestée par la loi de 2008 quant aux moyens affectés aux fonds de dotation a cependant une contrepartie. En effet, aucun fond public, de quelque nature qu'il soit, ne peut être versé à un fonds de dotation. Il peut être dérogé à cette interdiction, à titre exceptionnel, pour une œuvre ou un programme d'action déterminé, au regard de son importance ou de sa particularité. Les dérogations sont accordées par arrêté conjoint des ministres chargés de l'Économie et du Budget.

2°
But de l'affectation

394.31 Prédominance de l'intérêt général sur l'utilité publique. Le rapport Grangé Cabane[1] avait en son temps regretté la juxtaposition des critères d'intérêt général et d'utilité publique, facteurs de confusion. Le Conseil d'État, pour vérifier l'utilité publique, vérifie la volonté du demandeur d'agir au profit de l'intérêt général; le ministère des Finances considère que l'utilité publique ne confère pas nécessairement à l'organisme en cause le caractère d'intérêt général.

Il est remarquable que le législateur de 2008 ait consacré le **critère de l'intérêt général** pour qualifier les missions qui doivent être de l'essence du fonds de dotation. L'intérêt général du fonds de dotation ne semble pas pouvoir être réduit par l'administration fiscale aux caractéristiques de la non-lucrativité.

1. A. Grangé-Cabane, *Donner au mécénat un nouvel essor*, Rapport à Monsieur le ministre de la Culture et de la Francophonie, 15 sept. 1993, p. 37.

C.
Acquisition de la personnalité juridique

394.41 Assimilation aux associations déclarées. Le fonds de dotation est **déclaré à la préfecture** du département dans le ressort duquel il a son siège social. Cette déclaration est assortie du **dépôt de ses statuts.** Le fonds de dotation jouit de la personnalité morale à compter de la date de publication au *Journal officiel* de la déclaration faite à la préfecture. Le législateur de 2008 a donc voulu pour l'acquisition de la personnalité juridique du fonds de dotation la même souplesse que pour les associations simplement déclarées. Par rapport aux fondations reconnues d'utilité publique dont le délai de constitution excède souvent une année, du fait de la nécessaire instruction du ministère de l'Intérieur et du Conseil d'État, la création du fonds de dotation est pratiquement instantanée.

§ 2
Règles particulières aux fonds de dotation testamentaires

394.51 Validité du fonds de dotation testamentaire direct. Un legs peut être fait au profit d'un fonds de dotation qui n'existe pas au jour de l'ouverture de la succession à condition qu'il acquière la personnalité morale dans l'année suivant l'ouverture de celle-ci. Dans ce cas, la personnalité morale du fonds de dotation rétroagit au jour de l'ouverture de la succession.

La loi de 2008 a donc transposé en matière de fonds de dotation la solution que la loi du 4 juillet 1990 avait consacrée pour assurer la victoire du Conseil d'État dans la célèbre controverse qui l'avait opposé à la Cour de cassation.

À défaut de désignation par le testateur des personnes chargées de constituer le fonds de dotation, il est procédé à cette constitution par une fondation reconnue d'utilité publique, un fonds de dotation ou une association reconnue d'utilité publique. Pour l'accomplissement des **formalités de constitution du fonds**, les personnes chargées de cette mission ou le fonds de dotation désigné à cet effet ont la **saisine sur les meubles et immeubles légués.** Ils disposent à leur égard d'un pouvoir d'administration, à moins que le testateur ne leur ait conféré des pouvoirs plus étendus.

SECTION 2
FONCTIONNEMENT

§ 1
Décisions

A.
Organe de décision

394.61 **Conseil d'administration.** Le fonds de dotation est doté comme les fondations reconnues d'utilité publique d'un conseil d'administration, dont la composition et le fonctionnement est librement fixé par les statuts. On peut noter à ce titre qu'aucun représentant de l'administration ne doit y siéger. Les contraintes qui s'imposent à ce titre aux fondations reconnues d'utilité publique ne pèsent pas sur les fonds de dotation.

B.
Contrôle

394.71 **Contrôle administratif restreint et *a posteriori*.** L'autorité administrative s'assure de la **régularité du fonctionnement du fonds de dotation.** À cette fin, elle peut se faire communiquer tous **documents** et procéder à toutes **investigations utiles.**

Le fonds de dotation adresse chaque année à l'autorité administrative un **rapport d'activité** auquel sont joints le **rapport du commissaire aux comptes et les comptes annuels.**

Si l'autorité administrative constate des dysfonctionnements graves affectant la réalisation de l'objet du fonds de dotation, elle peut, après mise en demeure non suivie d'effet, décider, par un acte motivé qui fait l'objet d'une publication au *Journal officiel*, de suspendre l'activité du fonds pendant une durée de six mois au plus ou, lorsque la mission d'intérêt général n'est plus assurée, de saisir l'autorité judiciaire aux fins de sa dissolution.

Ainsi le contrôle administratif institué par la loi de 2008 est-il un contrôle beaucoup plus souple que celui prévu pour les fondations reconnues d'utilité publique et correspond-il sensiblement à celui institué à l'égard des fondations d'entreprises.

394.72 **Contrôle comptable.** Sous la menace des peines prévues par les articles L. 242-8 et L. 820-4 du Code de commerce, le président et les membres du conseil d'administration du fonds de dotation sont tenus de produire chaque année des comptes comprenant au moins un **bilan** et un **compte de résultat.** En outre, le fonds de dotation est tenu de nommer au moins un **commissaire aux comptes** dès lors que le montant des ressources dépasse 10 000 euros en fin d'exercice. Le commissaire aux comptes demande des explications au président du conseil d'administration lorsqu'il relève des faits de nature à compromettre la continuité de l'activité. Et, il peut informer l'autorité administrative de ces démarches et de leur résultat lorsque la continuité de l'activité demeure compromise.

§ 2
Ressources

394.81 **Particularisme.** Les ressources du fonds de dotation sont constituées des revenus de ses dotations, des produits des activités autorisées par les statuts, et des produits des rétributions pour service rendu. Il peut faire appel à la générosité publique après autorisation administrative. Il peut aussi recevoir des libéralités qui ne sont pas soumises à l'article 910 du Code civil et qu'il peut donc accepter en toute liberté.

Le fonds de dotation dispose librement de ses ressources dans la limite de son objet social. En principe, il ne peut disposer des donations en capital dont il bénéficie ni les consommer et ne peut utiliser que les revenus issus de celle-ci, mais exceptionnellement, les statuts peuvent fixer les conditions dans lesquelles la dotation en capital peut être consommée.

SECTION 3
DISSOLUTION

394.90 **Dissolution du fonds de dotation.** Elle fait l'objet d'une publication au *Journal officiel,* à l'initiative du président du fonds après accord du conseil d'administration.

§ 1
Dissolution statutaire ou volontaire

394.91 **Difficulté d'affectation de l'actif net de liquidation.** La **dissolution statutaire** intervient à l'expiration du délai prévu lorsque le **fonds de dotation** est à **durée déterminée.** Le conseil d'administration du fonds dissout peut, dans les six mois, notifier au préfet une délibération relative à l'utilisation du *boni* de liquidation. Le préfet peut néanmoins s'opposer dans un délai de sept jours à cette affectation si elle ne lui apparaît pas conforme à l'objet du fonds liquidé. Aux termes de l'article 15 du décret n° 2009-158 du 11 février 2009 [1], le préfet peut en cas d'opposition ou, à l'expiration du délai de six mois, décider du transfert de l'actif net restant à une fondation ou à un autre fonds.

La **dissolution volontaire** est décidée lorsque le **fonds de dotation** est à **durée indéterminée**. Elle est soumise aux mêmes règles de transmission de l'actif net de liquidation.

§ 2
Dissolution judiciaire

394.101 **Sanction.** Elle constitue une véritable sanction prononcée par le juge judiciaire à l'initiative de l'autorité administrative lorsque la mission d'intérêt général n'est plus assurée. Elle fait aussi l'objet d'une publication au *Journal officiel* à la demande du liquidateur désigné par l'autorité judiciaire.

394.102 **Conclusion – Succès retentissant.** Le Comité stratégique des fonds de dotation qui s'est réuni, pour la cinquième fois, le jeudi 20 mai 2010 a constaté le succès constant des fonds de dotation. Leur nombre s'élevait à cette date à deux cent quatre-vingt huit. Quinze à vingt fonds sont ainsi créés en moyenne chaque mois depuis la publication au *Journal officiel* du décret permettant la mise en œuvre effective de la loi du 4 août 2008.

Ce nouvel outil juridique a bel et bien trouvé sa place dans le paysage mécénal français, grâce à sa simplicité et à sa souplesse de création et de fonctionnement d'une part, et grâce aux avantages fiscaux qui y sont attachés.

1. Décr. n° 2009-158, 11 févr. 2009, relatif aux fonds de dotation, *JO* 13 févr., p. 2591.

LIVRE

4. LES LIBÉRALITÉS-PARTAGES

SECTION 0
ORIENTEUR

4.00 Plan du livre.

CHAPITRE

410. Introduction

MICHEL GRIMALDI
PROFESSEUR À L'UNIVERSITÉ
PANTHÉON-ASSAS (PARIS II)

410.01 Textes applicables.

C. civ., art. 1075 à 1080

L. n° 2006-728, 23 juin 2006, portant réforme des successions et des libéralités, *JO* 24 juin, p. 9513 (*entrée en vigueur le 1er janv. 2007*)

> Libéralités-partages : dispositions générales
[C. civ., art. 1075 à 1075-5 – *L. n° 2006-728, 23 juin 2006*]

C. civ., art. 1075

Toute personne peut faire, entre ses héritiers présomptifs, la distribution et le partage de ses biens et de ses droits.

Cet acte peut se faire sous forme de donation-partage ou de testament-partage. Il est soumis aux formalités, conditions et règles prescrites pour les donations entre vifs dans le premier cas et pour les testaments dans le second.

C. civ., art. 1075-1

Toute personne peut également faire la distribution et le partage de ses biens et de ses droits entre des descendants de degrés différents, qu'ils soient ou non ses héritiers présomptifs.

C. civ., art. 1075-2

Si ses biens comprennent une entreprise individuelle à caractère industriel, commercial, artisanal, agricole ou libéral ou des droits sociaux d'une société exerçant une activité à caractère industriel, commercial, artisanal, agricole ou libéral et dans laquelle il exerce une fonction dirigeante, le disposant peut en faire, sous forme de donation-partage et dans les conditions prévues aux articles 1075 et 1075-1, la distribution et le partage entre le ou les donataires visés auxdits articles et une ou plusieurs autres personnes, sous réserve des conditions propres à chaque forme de société ou stipulées dans les statuts.

Cette libéralité est faite sous réserve que les biens corporels et incorporels affectés à l'exploitation de l'entreprise ou les droits sociaux entrent dans cette distribution et ce partage, et que cette distribution et ce partage aient pour effet de n'attribuer à ces autres personnes que la propriété ou la jouissance de tout ou partie de ces biens ou droits.

C. civ., art. 1075-3

L'action en complément de part pour cause de lésion ne peut être exercée contre les donations-partages et les testaments-partages.

C. civ., art. 1075-4

Les dispositions de l'article 828 sont applicables aux soultes mises à la charge des donataires, nonobstant toute convention contraire.

C. civ., art. 1075-5

Si tous les biens ou droits que le disposant laisse au jour de son décès n'ont pas été compris dans le partage, ceux de ses biens ou droits qui n'y ont pas été compris sont attribués ou partagés conformément à la loi.

> Donations-partages faites aux héritiers présomptifs
[C. civ., art. 1076 à 1078-3 – *L. n° 2006-728, 23 juin 2006*]

C. civ., art. 1076

La donation-partage ne peut avoir pour objet que des biens présents.

La donation et le partage peuvent être faits par actes séparés pourvu que « le disposant » intervienne aux deux actes.

C. civ., art. 1076-1

En cas de donation-partage faite conjointement par deux époux, l'enfant non commun peut être alloti du chef de son auteur en biens propres de celui-ci ou en biens communs, sans que le conjoint puisse toutefois être codonateur des biens communs.

C. civ., art. 1077

Les biens reçus à titre de partage anticipé par un héritier réservataire présomptif s'imputent sur sa part de réserve, à moins qu'ils n'aient été donnés expressément hors part.

C. civ., art. 1077-1

L'héritier réservataire qui n'a pas concouru à la donation-partage, ou qui a reçu un lot inférieur à sa part de réserve, peut exercer l'action en réduction, s'il n'existe pas à l'ouverture de la succession des biens non compris dans le partage et suffisants pour composer ou compléter sa réserve, compte tenu des libéralités dont il a pu bénéficier.

C. civ., art. 1077-2
Les donations-partages suivent les règles des donations entre vifs pour tout ce qui concerne l'imputation, le calcul de la réserve et la réduction.

L'action en réduction ne peut être introduite qu'après le décès du disposant qui a fait le partage. En cas de donation-partage faite conjointement par les deux époux, l'action en réduction ne peut être introduite qu'après le décès du survivant des disposants, sauf pour l'enfant non commun qui peut agir dès le décès de son auteur. L'action se prescrit par cinq ans à compter de ce décès.

L'héritier présomptif non encore conçu au moment de la donation-partage dispose d'une semblable action pour composer ou compléter sa part héréditaire.

C. civ., art. 1078
Nonobstant les règles applicables aux donations entre vifs, les biens donnés seront, sauf convention contraire, évalués au jour de la donation-partage pour l'imputation et le calcul de la réserve, à condition que tous les héritiers réservataires vivants ou représentés au décès de l'ascendant aient reçu un lot dans le partage anticipé et l'aient expressément accepté, et qu'il n'ait pas été prévu de réserve d'usufruit portant sur une somme d'argent.

C. civ., art. 1078-1
Le lot de certains gratifiés pourra être formé, en totalité ou en partie, des donations, soit rapportables, soit faites hors part, déjà reçues par eux du disposant, eu égard éventuellement aux emplois et remplois qu'ils auront pu faire dans l'intervalle.

La date d'évaluation applicable au partage anticipé sera également applicable aux donations antérieures qui lui auront été ainsi incorporées. Toute stipulation contraire sera réputée non écrite.

C. civ., art. 1078-2
Les parties peuvent aussi convenir qu'une donation antérieure faite hors part sera incorporée au partage et imputée sur la part de réserve du donataire à titre d'avancement de part successorale.

C. civ., art. 1078-3
Les conventions dont il est parlé aux deux articles précédents peuvent avoir lieu même en l'absence de nouvelles donations du disposant. Elles ne sont pas regardées comme des libéralités entre les héritiers présomptifs, mais comme un partage fait par le disposant.

> Donations-partages faites à des descendants de degrés différents
[C. civ., art. 1078-4 à 1078-10 – *L. n° 2006-728, 23 juin 2006*]

C. civ., art. 1078-4
Lorsque l'ascendant procède à une donation-partage, ses enfants peuvent consentir à ce que leurs propres descendants y soient allotis en leur lieu et place, en tout ou partie.

Les descendants d'un degré subséquent peuvent, dans le partage anticipé, être allotis séparément ou conjointement entre eux.

C. civ., art. 1078-5
Cette libéralité constitue une donation-partage alors même que l'ascendant donateur n'aurait qu'un enfant, que le partage se fasse entre celui-ci et ses descendants ou entre ses descendants seulement.

Elle requiert le consentement, dans l'acte, de l'enfant qui renonce à tout ou partie de ses droits, ainsi que de ses descendants qui en bénéficient. La libéralité est nulle lorsque le consentement du renonçant a été vicié par l'erreur, le dol ou la violence.

C. civ., art. 1078-6
Lorsque des descendants de degrés différents concourent à la même donation-partage, le partage s'opère par souche.

Des attributions peuvent être faites à des descendants de degrés différents dans certaines souches et non dans d'autres.

C. civ., art. 1078-7
Les donations-partages faites à des descendants de degrés différents peuvent comporter les conventions prévues par les articles 1078-1 à 1078-3.

C. civ., art. 1078-8
Dans la succession de l'ascendant donateur, les biens reçus par les enfants ou leurs descendants à titre de partage anticipé s'imputent sur la part de réserve revenant à leur souche et subsidiairement sur la quotité disponible.

Toutes les donations faites aux membres d'une même souche sont imputées ensemble, quel que soit le degré de parenté avec le défunt.

Lorsque tous les enfants de l'ascendant donateur ont donné leur consentement au partage anticipé et qu'il n'a pas été prévu de réserve d'usufruit portant sur une somme d'argent, les biens dont les gratifiés ont été allotis sont évalués selon la règle prévue à l'article 1078.

Si les descendants d'une souche n'ont pas reçu de lot dans la donation-partage ou n'y ont reçu qu'un lot inférieur à leur part de réserve, ils sont remplis de leurs droits selon les règles prévues par les articles 1077-1 et 1077-2.

C. civ., art. 1078-9
Dans la succession de l'enfant qui a consenti à ce que ses propres descendants soient allotis en son lieu et place, les biens reçus par eux de l'ascendant sont traités comme s'ils les tenaient de leur auteur direct.

Ces biens sont soumis aux règles dont relèvent les donations entre vifs pour la réunion fictive, l'imputation, le rapport et, le cas échéant, la réduction.

Toutefois, lorsque tous les descendants ont reçu et accepté un lot dans le partage anticipé et qu'il n'a pas été prévu d'usufruit portant sur une somme d'argent, les biens dont ont été allotis les gratifiés sont traités comme s'ils les avaient reçus de leur auteur par donation-partage.

C. civ., art. 1078-10
Les règles édictées à l'article 1078-9 ne s'appliquent pas lorsque l'enfant qui a consenti à ce que ses propres descendants soient allotis en son lieu et place procède ensuite lui-même, avec ces derniers, à une donation-partage à laquelle sont incorporés les biens antérieurement reçus dans les conditions prévues à l'article 1078-4.

Cette nouvelle donation-partage peut comporter les conventions prévues par les articles 1078-1 et 1078-2.

> Testaments-partages
[C. civ., art. 1079 et 1080 – *L. n° 2006-728, 23 juin 2006*]

C. civ., art. 1079
Le testament-partage produit les effets d'un partage. Ses bénéficiaires ne peuvent renoncer à se prévaloir du testament pour réclamer un nouveau partage de la succession.

C. civ., art. 1080
Le bénéficiaire qui n'a pas reçu un lot égal à sa part de réserve peut exercer l'action en réduction conformément à l'article 1077-2.

410.02 Jurisprudence de référence.

> La libéralité-partage, acte d'autorité du *de cujus*
• Civ. 4 juin 1849, *DP* 1849. 1. 307.
* V. s[s] n° 410.13

« [...] la volonté du père de famille se manifeste, en effet, dans la composition et l'attribution de chaque lot [...], aussi bien que dans la donation, qui est à la fois le principe et la forme légale de ce mode de partage; [...] on ne saurait voir dans cet acte, comme l'a fait la cour d'appel d'Amiens, deux contrats distincts, indépendants, dont l'un, donation du père aux enfants, aurait saisi immédiatement ceux-ci de la propriété indivise des biens donnés, dont l'autre, étranger au donateur, exclusivement personnel aux donataires, aurait eu pour objet le partage de ces biens; [...] on ne peut briser de la sorte l'unité d'un contrat dont toutes les stipulations concourent au but que le père de famille déclare s'être imposé, sans dénaturer le caractère de l'acte. »

410.03 Bibliographie indicative.

Actualisables. Rép. civ., v° *Libéralités-Partages*, par F. Sauvage, sept. 2009 [màj janv. 2014] – *J.-Cl. Civ.*, art. 1075 à 1080, fasc. 10, M. Grimaldi.

Ouvrages généraux et monographies[1]**.**

> Antérieurs à la loi n° 2006-728 du 23 juin 2006 : P. Catala, *La réforme des liquidations successorales*, 3e éd., *Defrénois*, 1982 – J. Flour et H. Souleau, *Droit civil. Les libéralités*, coll. « U », 1re éd., Armand Colin, 1982 – M. Grimaldi, *Libéralités, Partages d'ascendants*, Litec, 2001 – D. Guevel, *Successions, Libéralités*, 2e éd., Armand Colin, 2004 – Chr. Jubault, *Les successions, Les libéralités*, Montchrestien, 2005 – H., L. et J. Mazeaud, par L. et S. Leveneur, *Successions, Libéralités*, 5e éd., Montchrestien, 1999 – A. Sériaux, *Manuel de droit des successions et des libéralités*, « Droit fondamental », PUF, 2003 – F. Terré et Y. Lequette, *Les successions, les libéralités*, 3e éd., « Précis », Dalloz, 1997.

> Postérieurs à la loi n° 2006-728 du 23 juin 2006 : A. Delfosse et J.-F. Péniguel, *La réforme des successions et des libéralités*, (préf. M. Grimaldi, avant-propos L. Dejoie), LexisNexis/Litec, 2006 – D. Guevel, *Droit des successions et des libéralités*, 2e éd., LGDJ, 2010 – A.-M. Leroyer, *Droit des successions*, 3e éd., « Cours », Dalloz, 2014 – Ph. Malaurie, *Les successions, les libéralités*, 5e éd., Defrénois/Lextenso, 2012.

Articles.

> Antérieur à la loi n° 2006-728 du 23 juin 2006 : C. Brenner, « Dévolution et répartition successorales dans les partages d'ascendant à la fin du xxe siècle », *Études offertes à P. Catala. Le droit privé français à la fin du xxe siècle*, Litec, 2001, p. 367.

> Postérieur à la loi n° 2006-728 du 23 juin 2006 : G. Bonnet, « Enregistrement et donation-partage » *Defrénois* 2014. 39 – M. Grimaldi, « Des donations-partages et des testaments-partages au lendemain de la loi du 23 juin 2006 », *JCP N* 2006. 1320; « Que sont les partages d'ascendants devenus ? », *Defrénois* 2014. 343 – M. Grimaldi et C. Vernières, « De quelques clauses des donations-partages », *Defrénois* 2014. 386.

410.04 Questions essentielles.

> Sur l'élargissement du domaine de la libéralité-partage à toute succession
* V. s[s] n° 410.12

> Sur la possibilité d'avantager un héritier par voie de libéralité-partage
* V. s[s] n° 410.13

> Sur la fiscalité des libéralités-partages
* V. s[s] n° 410.16

410.11 Définition et dualité de la libéralité-partage. La loi permet aujourd'hui à chacun de procéder lui-même au partage de sa succession entre ses héritiers (C. civ., art. 1075, al. 1er) : ce partage de sa propre succession, par le *de cujus* lui-même, s'appelle **libéralité-partage.**

Le *de cujus* peut procéder de deux manières (C. civ., art. 1075, al. 2) :

- Soit il répartit ses biens pour l'heure de sa mort : il procède par testament. On parle alors de **testament-partage** ou de **partage testamentaire.**

- Soit il décide une distribution immédiate : il lui faut alors procéder par le moyen d'une donation, qui seule permet un transfert gratuit entre vifs. On parle alors de **donation-partage** ou de **partage entre vifs.**

Entre ces deux variétés de libéralité-partage, il existe de profondes différences :

1° Le testament-partage ne dessaisit pas le *de cujus* de ses biens, alors que la donation-partage l'en dépouille immédiatement; **le partage testamentaire vient à son heure,** alors que **le partage entre vifs est un partage anticipé.**

2° Le **testament-partage**, étant librement **révocable**, est **modifiable** à tout moment, alors que la **donation-partage**, étant **irrévocable**, est **définitive**.

3° Le **testament-partage**, acte unilatéral, réalise un **partage autoritaire**, alors que la **donation-partage**, acte conventionnel, favorise un **partage négocié.**

410.12 Évolution historique : du partage d'ascendant à la libéralité-partage. Longtemps, la loi n'a

1. NB : les ouvrages les plus fréquemment cités et dont le nom des auteurs figure en petites capitales en bibliographie sont cités par les noms des auteurs en petites capitales en notes de bas de page.

permis que l'on partageât soi-même sa succession qu'à la condition que l'on eût des descendants pour héritiers. L'ancien article 1075 du Code civil disposait alors : « *Les père et mère et autres ascendants peuvent faire, entre leurs enfants et descendants, la distribution et le partage de leurs biens* ». Et l'on parlait tout naturellement de « *partages d'ascendant* ». Rompant avec cette tradition de plusieurs siècles, la loi n° 2006-728 du 23 juin 2006 [1] a ouvert l'institution en permettant à chacun de faire lui-même le partage de sa succession entre ses héritiers quels qu'ils soient. Dans sa nouvelle rédaction, l'article 1075 dispose : « *Toute personne peut faire, entre ses héritiers présomptifs, la distribution et le partage de ses biens* ». Et l'on parle désormais de « *libéralités-partages* ».

Cette banalisation de l'institution traduit une profonde modification de son esprit.

Jusqu'à la réforme, le principe était que le partage d'une succession relevait de la compétence des successeurs accordés, et d'eux seuls. Le *de cujus* pouvait bien décider de la dévolution de sa succession en instituant ceux que la loi n'y appelle pas ou en exhérédant ceux que la loi y appelle (dans la limite, le cas échéant, de la quotité disponible), mais il ne pouvait en régler le partage entre ses héritiers. Et ce n'était donc que par exception que, s'il avait des descendants pour héritiers, il pouvait en faire lui-même le partage entre ceux-ci. À cette exception, on donnait pour justification l'autorité des parents sur leurs enfants : non pas l'autorité parentale proprement dite (ni l'ancienne puissance paternelle), qui disparaît avec la majorité de l'enfant, mais une autorité morale qui demeure au-delà, celle qu'évoque l'article 371 du Code civil, suivant lequel l'enfant doit « *à tout âge* » honneur et respect à ses père et mère. Des pages restées célèbres dépeignent le partage d'ascendant comme un acte de magistrature familiale, où le père de famille apparaît comme le répartiteur avisé de ses avoirs entre les siens : « *À qui* – écrit Bigot de Préameneu – *pourrait-on confier avec plus d'assurance la répartition des biens entre les enfants qu'à des père et mère qui, mieux que tous autres, en connaissent la valeur, les avantages et les inconvénients ? À des père et mère qui rempliront cette magistrature non seulement avec l'impartialité du juge, mais encore avec ce soin, cet intérêt, cette prévoyance que l'affection paternelle peut seule inspirer* » [2].

Désormais permis pour toute succession, entre tous héritiers quels qu'ils soient, la donation-partage et le testament-partage ne peuvent évidemment plus être compris comme des actes de magistrature domestique. Ils apparaissent à présent comme des **actes de gestion patrimoniale** : l'autorité qui continue de s'y exprimer n'est plus celle d'un père de famille qui allotit ses enfants, mais celle d'un propriétaire qui décide du partage de sa succession. C'est dire que la réforme marque, ici comme ailleurs, un accroissement du **droit de disposer de ses biens à cause de mort** : tout un chacun peut à présent, non plus seulement instituer ou exhéréder, mais aussi composer les lots de ses héritiers. Et, du même coup, c'est le **droit de propriété lui-même**, dont le droit de disposer n'est qu'une composante, qui gagne en puissance.

Ainsi, l'évolution de l'institution reflète les tendances contemporaines du droit de la famille, marqué par le déclin des autorités et l'exaltation de la propriété individuelle [3] : un acte juridique que l'autorité du *pater familias* ne pouvait plus justifier autant que jadis, loin de disparaître, subsiste et même prospère, fondée désormais sur la plénitude de la propriété, même au-delà de la mort.

410.13 Rôle de la volonté du *de cujus*. Partage d'ascendant et libéralités. Testamentaire ou entre vifs, la libéralité-partage se distingue du partage ordinaire en ce qu'elle procède de la volonté du *de cujus* et non de l'accord des successeurs : c'est le *de cujus* qui fait le partage (C. civ., anc. art. 1075 : « *Les père et mère et autres ascendants peuvent faire, entre leurs enfants et descendants* [...] »; C. civ., nouv. art. 1075 : « *Toute personne peut faire, entre ses héritiers présomptifs* [...] »). Ainsi s'explique la terminologie en usage : les héritiers, qui sont en principe **copartageants**, deviennent **copartagés**, puisque départagés par leur auteur. On ne peut mieux signifier que les héritiers acceptent, ou déclinent, les lots que le *de cujus* leur a composés. C'est bien en cela que l'acte exprime une autorité : naguère, l'autorité parentale [4], aujourd'hui, l'autorité d'un propriétaire (v. s^{s} n° 410.12).

Cette substitution d'une volonté unique au concert de volontés inhérent au partage ordinaire est évidente au cas de **testament-partage**, où la distribution arrêtée par le *de cujus* s'impose aux héritiers dès lors qu'ils acceptent la succession (v. s^{s} n° 412.22).

Elle l'est moins dans la donation-partage : d'abord, parce que celle-ci suppose, pour sa perfection, le consentement des présomptifs héritiers; ensuite parce que d'anciennes formules notariales, rédigées pour les partages d'ascendants, suggèrent que les descendants se

1. L. n° 2006-728, 23 juin 2006, portant réforme des successions et des libéralités, *JO* 24 juin, p. 9513.
2. Locré, t. XI, p. 414 s. – En jurisprudence, V. AUSSI, Req. 13 févr. 1860, *DP* 1860. 1. 169.
3. Le recul des contraintes attachées à l'idée d'une propriété familiale est patent : en droit des régimes matrimoniaux, avec les progrès de l'indépendance des époux; en droit des libéralités, avec l'érosion de la réserve.
4. Ph. MALAURIE, n° 1053 – Civ. 4 juin 1849, *DP* 1849. 1. 307.

partageraient entre eux les biens que leur auteur leur aurait préalablement donnés [1]. Elle y est néanmoins tout aussi certaine : loin de se partager des biens reçus indivisément de leur auteur, les donataires copartagés acceptent, ou refusent, les lots que ce dernier a composés à leur intention (et rien de plus efficace, pour forcer leur acceptation, qu'un projet de testament-partage identiquement conçu...). Un ancien arrêt de 1849 le dit en termes excellents : « [...] *la volonté du père de famille se manifeste, en effet, dans la composition et l'attribution de chaque lot* [...], *aussi bien que dans la donation, qui est à la fois le principe et la forme légale de ce mode de partage;* [...] *on ne saurait voir dans cet acte, comme l'a fait la cour d'appel d'Amiens, deux contrats distincts, indépendants, dont l'un, donation du père aux enfants, aurait saisi immédiatement ceux-ci de la propriété indivise des biens donnés, dont l'autre, étranger au donateur, exclusivement personnel aux donataires, aurait eu pour objet le partage de ces biens;* [...] *on ne peut briser de la sorte l'unité d'un contrat dont toutes les stipulations concourent au but que le père de famille déclare s'être imposé, sans dénaturer le caractère de l'acte* » [2] (v. s^s^ n° 410.02). Ainsi, s'explique, d'abord, la jurisprudence récente selon laquelle doit être déqualifié en donation ordinaire l'acte qui, qualifié de donation-partage, n'attribue aux gratifiés que des quotes-parts indivises... et ne réalise donc aucun partage [3] (v. s^s^ n° 411.141). Ainsi, s'expliquent, ensuite, des solutions qui ne se comprendraient pas si le partage réalisé procédait d'un accord entre les gratifiés : c'est parce que le partage est l'œuvre du *de cujus* qu'il se forme dès l'acceptation de son lot par l'un des présomptifs héritiers, qu'il n'exige pas de ceux-ci la capacité de partager, qu'y sont interdites, par crainte des abus d'autorité, des clauses autorisées dans des partages amiables (telles, jadis, les **clauses dérogatoires à l'égalité en nature** [4], ou, aujourd'hui, les **clauses excluant l'indexation des soultes payables à terme** : C. civ., art. 1075-4), et que sa révocation à l'égard de l'un des copartagés laisse subsister les allotissements des autres [5].

Cette prépondérance de la volonté du *de cujus* explique encore une évolution de l'institution dont la loi n° 71-523 du 3 juillet 1971 [6] marque l'aboutissement. Le législateur a alors admis que le partage d'ascendant ne devait pas être enfermé dans une fonction purement répartitrice, mais pouvait revêtir une dimension libérale : il lui a paru juste que l'ascendant, maître de la quotité disponible, pût partager et avantager en même temps, bref **partager en avantageant.** Le partage d'ascendant – désormais capable d'être un pur partage ou un partage mêlé de libéralité – a ainsi acquis une extrême souplesse, qui se retrouve aujourd'hui naturellement dans la libéralité-partage.

410.14 Partage d'ascendant et succession. Le **testament-partage** organise assurément un partage successoral. Acte *mortis causa*, il opère sur la succession.

La **donation-partage** est, elle, susceptible de deux analyses.

Suivant la première, dite de la **présuccession**, elle constitue un véritable partage de succession : relativement aux biens qui y sont compris, la succession se trouve comme ouverte quoique le *de cujus* soit encore en vie. Les biens qui y ont été inclus et ceux qui ne l'ont pas été constituent donc deux successions distinctes. Par suite, en présence d'héritiers réservataires [7], la réserve et la quotité disponible doivent être calculées distinctement sur les deux masses qu'ils forment respectivement.

Suivant la seconde, dite de **l'anticipation successorale**, la donation-partage n'est pas un partage qui porte sur tout ou partie d'une succession réputée ouverte, mais un partage qui anticipe sur celui qu'il faudra faire à la mort du *de cujus*. Par suite, la succession étant unique, la réserve et la quotité disponible [8] doivent être calculées sur une seule masse, où les biens compris dans la donation-partage sont réunis aux biens existant au décès.

Après avoir consacré la théorie de la présuccession [9], la Cour de cassation se rallia à celle de l'anticipation successorale [10]. La loi vint ensuite consa-

1. EXEMPLE : « *Donateur et donataires, d'un commun accord, ont procédé ainsi qu'il suit à la répartition des biens compris dans la masse à partager...* » (G. Morin, *Formules d'application*, in P. CATALA, p. 365).
2. Civ. 4 juin 1849, *DP* 1849. 1. 307.
3. Civ. 1re, 6 mars 2013, n° 11-21.892, *Bull. civ.* I [à paraître]; *Defrénois* 2013. 463, note F. Sauvage; *RTD civ.* 2013. 424, obs. M. Grimaldi; *RLDC* 2013/106, n° 5170, note M. Nicod; *JCP N* 2013. 1162, obs. J.-P. Garçon; *Dr. fam.* 2013. Comm. 91, note B. Beignier; *AJ fam.* 2013. 301, obs. C. Vernières – Civ. 1re, 20 nov. 2013, n° 12-25.681, *Bull. civ.* I [à paraître]; *Defrénois* 2013. 1259, note M. Grimaldi (« Pas de donation-partage sans partage »); *JCP N* 2014. 1002, obs. Garçon; *Dr. fam.* 2014. Comm. 25, note M. Nicod.
4. Req. 18 août 1859, *DP* 1859. 1. 410.
5. Civ. 1re, 4 juill. 2006, n° 04-16.272, *Bull. civ.* I, n° 346; *RTD civ.* 2007. 614, obs. M. Grimaldi; *RJPF* 2007-11/29.
6. L. n° 71-523, 3 juill. 1971, modifiant certaines dispositions du Code civil relatives aux rapports à succession, à la réduction des libéralités excédant la quotité disponible et à la nullité, à la rescision pour lésion et a la réduction dans les partages d'ascendants, *JO* 4 juill., p. 6515.
7. À l'époque du partage d'*ascendant*, qui est celle où les deux analyses ont été présentées et discutées, on se trouvait nécessairement en présence d'héritiers réservataires.
8. V. la note précédente.
9. Req. 4 févr. 1845, *DP* 1845. 1. 49.
10. Req. 13 févr. 1860, *DP* 1860. 1. 19 – Req. 17 août 1863, *DP* 1864. 1. 29.

crer cette évolution jurisprudentielle en retenant la plupart des solutions dérivées de la théorie de l'anticipation successorale, notamment l'obligation, pour le calcul de la réserve, de raisonner sur une seule masse dans laquelle les biens dont le disposant a fait le partage anticipé sont fictivement réunis à ceux qu'il a laissés à sa mort (L. 7 févr. 1938 - C. civ., art. 1077-2, al. 1, réd. L. 3 juin. 1971). Reste que la théorie de la présuccession se retrouve sous certaines de ses dispositions : là où il est dit que, sous des conditions précisément définies, les biens compris dans la donation-partage sont, pour le calcul de la réserve et de la quotité disponible, comptés pour leur valeur au jour de l'acte, et non au jour du décès (comme c'est le cas pour les biens ayant fait l'objet d'une donation ordinaire) (C. civ., art. 1078, réd. L. 3 juin. 1971 et L. 23 juin 2006 - v. s^s^ n°s 413.31 s.) [1].

410.15 Avantages civils de la libéralité-partage. Ils sont nombreux :

- prévention de l'indivision successorale, dont la gestion est parfois difficile et conflictuelle, et aussi d'un partage *post mortem*, qui peut être long parce que complexe ou litigieux;

- possibilité de redistribuer entre ses héritiers des biens autrefois donnés dans des circonstances qui ont évolué (v. s^s^ n° 411.136);

- fléchissement de l'ordre public réservataire (v. s^s^ n°s 413.20 s.);

- facilités pour transmettre une entreprise à un tiers (au moins par donation-partage, v. s^s^ n°s 411.50 s.);

- possibilité de procéder à un saut de génération grâce à une donation-partage transgénérationnelle (v. s^s^ n°s 411.41 s.);

- possibilité de confondre dans une donation-partage les successions des père et mère pour en faciliter la distribution (v. s^s^ n°s 411.96 s.).

410.16 Fiscalité de la libéralité-partage [2]. Longtemps, à l'époque où elle était nécessairement faite entre des descendants, la **donation-partage** a bénéficié d'un régime fiscal de faveur sous la forme d'une **réduction des droits de mutation** : réduction qui dépendait, dans son principe comme dans son taux, de **l'âge de l'ascendant donateur.** Aussi, beaucoup de donations-partages étaient-elles motivées par de pures considérations fiscales.

Le **testament-partage** était exclu de ce régime dérogatoire : seul, pensait-on, le pacte de famille qui anticipe la transmission héréditaire, celui qui précipite le passage des biens entre les mains des générations nouvelles, mérite d'être encouragé. De plus, la succession se trouvant partagée dès l'instant de la mort du *de cujus*, les descendants devaient acquitter le droit de partage dans le mois du décès (CGI, anc. art. 635-1, 7°). Certains imputaient à cette fiscalité la désaffection dont aurait souffert le partage testamentaire.

À présent, toutes les donations entre vifs peuvent, sous les mêmes conditions d'âge du donateur, bénéficier de réductions de droits. Du point de vue fiscal, la **donation-partage** a donc perdu ses attraits (CGI, art. 790). Quant au testament-partage, le droit de partage de 2,5 % doit être acquitté, et ce au plus tard lors de l'enregistrement de l'acte constatant le partage de la succession [3] (CGI, art. 636, al. 2).

(Sur la fiscalité de la donation-partage, v. s^s^ n°s 613.51 à 613.55 s.).

1. RAPPR. Civ. 1re, 14 nov. 2007, n° 06-13.806, *Bull. civ.* I, n° 360; *RTD civ.* 2008. 337, obs. M. Grimaldi; Rép. civ., v° *Partage (4° Modes d'attribution spécifiques)*, par C. Brenner, janv. 2009 [màj janv. 2014], n° 26 : une donation-partage peut valoir partage successoral empêchant un enfant adultérin de faire valoir les droits que lui a reconnus la loi n° 2001-1035 du 3 décembre 2001, en vertu des dispositions transitoires de cette même loi (art. 25, II, 2°).

2. R. Gentilhomme, M. Herail, E. Fouche et A. Sollet, *Fiscalité des mutations à titre gratuit et des partages*, (préf. M. Grimaldi), 2e éd., Defrénois 2013 – G. Bonnet, « Enregistrement et donation-partage », *Defrénois* 2014. 392.

3. L. n° 2007-1822, 24 déc. 2007, de finances pour 2008, art. 17, *JO* 27 déc., p. 21211.

CHAPITRE

411. Conditions de la libéralité-partage

MICHEL GRIMALDI
PROFESSEUR À L'UNIVERSITÉ
PANTHÉON-ASSAS (PARIS II)

SECTION 0
ORIENTEUR

411.00 **Plan du chapitre.**

Division. Les conditions de la libéralité-partage sont relatives aux *parties* (sect. 1), à l'*objet* (sect. 2) et à la *forme* (sect. 3).

411.01 **Textes applicables.**

C. civ., art. 1075 à 1080

* V. texte complet de ces articles s[s] n° 410.01

L. n° 2007-308, 5 mars 2007, portant réforme de la protection juridique des majeurs, *JO* 7 mars, p. 4325 (*entrée en vigueur le 1er janv. 2009*)

L. n° 2006-728, 23 juin 2006, portant réforme des successions et des libéralités, *JO* 24 juin, p. 9513 (*entrée en vigueur le 1er janv. 2007*)

411.02 **Jurisprudence de référence.**

> Une donation-partage ne peut « attribuer » des quotes-parts indivises

• Civ. 1re, 20 nov. 2013, n° 12-25.681, *Bull. civ.* I [à paraître]

* V. s[s] n° 411.141

« Vu l'article 1075 du Code civil dans sa rédaction antérieure à celle issue de la loi du 23 juin 2006; Attendu qu'il n'y a de donation-partage que dans la mesure où l'ascendant effectue une répartition matérielle des biens donnés entre ses descendants. »

> Un testament-partage ne peut porter sur des biens de communauté

• Civ. 1re, 6 mars 2001, n° 99-11.308, *Bull. civ.* I, n° 53

* V. s[s] n° 411.93

« Attendu, d'abord, que si les ascendants ont la faculté de faire, par anticipation, le partage de leur succession, cette faculté est limitée aux biens dont chacun d'eux a la propriété et la libre disposition et ne peut être étendue aux biens communs; qu'ensuite, les dispositions de l'article 1423 du Code civil ne peuvent s'appliquer qu'aux légataires et non aux héritiers dont les parts doivent être déterminées au moment même du décès de l'ascendant et ne sauraient être subordonnées au résultat futur et incertain du partage ultérieur de la communauté; que c'est donc à bon droit que la cour d'appel a déclaré nuls les testaments litigieux. »

> Une donation-partage ne peut résulter de plusieurs donations distinctes

• **Civ. 1re, 6 févr. 2007, nº 04-20.029,** *Bull. civ.* I, nº 54

* V. s^s nos 411.104 et 411.204

« La donation-partage qui réalise la volonté répartitrice de toutes les parties ne peut résulter, sous réserve de l'article 1076 du Code civil, que d'un acte authentique prenant en compte la totalité des biens donnés. »

> Une clause de variabilité de la soulte ne peut priver l'héritier créancier du bénéfice de la variabilité légale que prévoit l'article 828 du Code civil et que l'article 1075-4 du même code déclare d'ordre public en matière de donation-partage

• **Civ. 1re, 6 juill. 2011, nº 10-21.134,** *Bull. civ.* I, nº 140

* V. ss nº 411.163

« Attendu qu'ayant relevé que la variation conventionnelle retenue pouvait conduire à une diminution de la soulte tandis que la variabilité légale pouvait aboutir à une augmentation de celle-ci, la cour d'appel en a exactement déduit que la clause conventionnelle de variation de la soulte, en ce qu'elle permettait d'exclure la variabilité légale d'ordre public, devait être déclarée non écrite. »

411.03 Bibliographie indicative.

Actualisables. Rép. civ., vº *Libéralités-Partages*, par F. Sauvage, sept. 2009 [màj janv. 2014] – *J.-Cl. Civ.*, art. 1075 à 1080, Fasc. 20, M. Grimaldi.

Ouvrages généraux et monographies[1].

> Antérieurs à la loi nº 2006-728 du 23 juin 2006 : P. Catala, *La réforme des liquidations successorales*, 3e éd., *Defrénois*, 1982 – J. Flour et H. Souleau, *Les libéralités*, Armand Colin, 1982 – M. Grimaldi, *Libéralités, Partages d'ascendants*, Litec, 2000 – Chr. Jubault, *Les successions, Les libéralités*, Montchrestien, 2005 – H. L. et J. Mazeaud, par L. et S. Leveneur, *Successions, Libéralités*, 5e éd., Montchrestien, 1999 – A. Sériaux, *Manuel de droit des successions et des libéralités*, PUF, 2003 – F. Terré et Y. Lequette, *Les successions, les libéralités*, « Précis », 3e éd., Dalloz, 1997.

> Postérieurs à la loi nº 2006-728 du 23 juin 2006 : A. Delfosse et J.-F. Péniguel, *La réforme des successions et des libéralités*, (préf. M. Grimaldi, avant-propos L. Dejoie), LexisNexis/Litec, 2006 – S. Ferré-André et S. Berre, *Successions et libéralités*, « Hypercours », Dalloz, 2012 – D. Guevel, *Droit des successions et des libéralités*, 2e éd., LGDJ, 2010 – A.-M. Leroyer, *Droit des successions*, 3e éd., Dalloz, 2014 – Ph. Malaurie, *Les successions, les libéralités*, 5e éd., *Defrénois*, 2012 – A. Sériaux, *Successions et libéralités*, Ellipses, 2013 – F. Terré, Y. Lequette et S. Gaudemet, *Les successions, les libéralités*, 4e éd., « Précis », Dalloz, 2014.

Articles.

> Antérieurs à la loi nº 2006-728 du 23 juin 2006.

• **Article général :** C. Brenner, « Dévolution et répartition successorales dans les partages d'ascendant à la fin du xxe siècle », *Études offertes à P. Catala. Le droit privé français à la fin du xxe siècle*, Litec, 2001, p. 367.

• **Donation-partage conjonctive :** J. Léauté, « Les partages conjonctifs d'ascendant depuis 1938 », *JCP* 1951. I. 924 – R. Savatier, « Caractères, avantages et difficultés pratiques du partage conjonctif d'ascendant, réalisé par donation », *Defrénois* 1929, art. 21903.

• **Donation-partage cumulative :** Demogue, « Partage d'ascendant fait par le conjoint survivant et englobant la succession indivise du prédécédé », *Journ. not.* 1923, art. 37430 – J. Patarin, « De la validité de la donation-partage conjonctive faite par l'époux survivant », *Defrénois* 1955, art. 27369.

• **Testament-partage conjonctif :** R. Savatier, « Le partage conjonctif d'ascendant par voie testamentaire », *Defrénois* 1919, art. 22048.

> Postérieurs à la loi nº 2006-728 du 23 juin 2006 : D. Autem, « Partage testamentaire de biens indivis : jusqu'où peut-on aller ? », *Defrénois* 2010, art. 39103 – G. Champenois et M. Klaa, « Les donations-partages conjonctives et cumulatives », *Defrénois* 2014. 374 – S. Gaudemet et T. Semere, « L'incorporation des donations antérieures », *Defrénois* 2014. 366 – M. Grimaldi, « Des donations-partages et des testaments-partages au lendemain de la loi du 23 juin 2006 », *JCP N* 2006. 1320; *JCP* 2006. I. 179; « Pas de donation-partage sans partage », *Defrénois* 2013. 1259; « Que faire au lendemain des arrêts de mars et novembre 2013 ? », *Defrénois* 2014. 353 – M. Grimaldi et C. Vernières, « De quelques clauses des donations-partages », *Defrénois* 2014. 386 – M. Klaa, « Donation-partage conjonctive et enfants de lits différents », *JCP N* 2008. 1068 – R. Le Guidec, « Les libéralités-partages », *D.* 2006. 2584 – M. Nicod, « La fonction de partage de la libéralité-partage », *Defrénois* 2014. 348 – J.-F. Sagaut, « La donation-partage transgénérationnelle », *JCP N* 2006. 1321.

411.04 Questions essentielles.

> Sur l'inclusion des biens de communauté dans une libéralité-partage

* V. ss nos 411.91 à 411.96

> Sur la libéralité-partage en présence d'enfants de lits différents

* V. ss nº 411.103

> Sur la donation-partage transgénérationnelle

* V. ss nos 411.41 à 411.46 et 411.191

> Sur la nécessité d'attributions privatives (pas d'« attribution » de quotes-parts indivises)

* V. ss nº 411.141

> Sur la validité des libéralités-partages inégalitaires

* V. ss nos 411.160 à 411.173

1. NB : les ouvrages les plus fréquemment cités et dont le nom des auteurs figure en petites capitales en bibliographie sont cités par les noms des auteurs en petites capitales en notes de bas de page.

> Sur l'impossibilité d'une donation-partage résultant de donations distinctes
* V. s[s] n° 411.204

SECTION 1

LES PARTIES

411.10 Division. Le *de cujus* partage (§ 1), les héritiers sont copartagés (§ 2).

§ 1

Le *de cujus*

411.11 Capacité. Le **partage anticipé** se réalise par une donation consentie aux copartagés. Le *de cujus* doit donc avoir la capacité de donner : un mineur ne peut pas consentir une donation-partage; un majeur en tutelle ne le peut, assisté ou au besoin représenté par son tuteur, que moyennant l'autorisation du juge des tutelles ou du conseil de famille (C. civ., art. 476, al. 1er); un majeur en curatelle le peut assisté de son curateur (C. civ., art. 470, al. 2). Quant au **majeur sous sauvegarde de justice** et au **majeur sous mandat de protection future**, ils peuvent librement consentir une donation-partage puisqu'ils conservent leur pleine capacité, sauf la réduction de la libéralité en cas d'excès (C. civ., art. 435 et 488); mais le mandataire de protection future le peut aussi au nom de son protégé, si le mandat est notarié et qu'il y est autorisé par le juge des tutelles (C. civ., art. 490, al. 2).

Le **partage testamentaire** est un acte de dernière volonté. Aussi la capacité de tester suffit-elle : le majeur en curatelle peut faire un testament-partage (C. civ., art. 470, al. 1er); le mineur de plus de seize ans le peut dans la limite de la moitié de ses biens (C. civ., art. 904); le majeur en tutelle ne le peut qu'autorisé par le juge des tutelles ou le conseil de famille, et il agit alors seul (C. civ., art. 476, al. 2). Certains considèrent même que la capacité de tester n'est pas nécessaire dès lors que le testament-partage ne porte pas de libéralités[1]. Le majeur sous sauvegarde de justice et le majeur sous mandat de protection future, conservant leur pleine capacité, peuvent librement faire un testament-partage.

411.12 Incapacité : sanction. L'incapacité du *de cujus* est sanctionnée par une nullité dont la nature, absolue ou relative, et les effets obéissent au droit commun.

EXEMPLE

S'il s'agit d'une donation-partage, l'action en nullité peut être exercée du vivant du *de cujus*, et non pas à sa mort seulement[2].

§ 2

Les héritiers copartagés

411.20 Division. Quelle doit être leur qualité (A) ? Quelle doit être leur capacité (B) ?

A.

Qualité des copartagés

411.30 Présentation. Le cercle des copartagés est en principe restreint aux présomptifs héritiers (1°), mais ceux-ci, depuis la loi du 23 juin 2006[3], ne sont plus nécessairement des descendants (C. civ., art. 1075). En outre, depuis cette même loi, le *de cujus* peut inviter à une libéralité-partage des descendants de degré trop éloigné pour être ses présomptifs héritiers (2°) : on parle alors de donation-partage transgénérationnelle (C. civ., art. 1075-1). Enfin, depuis la loi n° 88-15 du 5 janvier 1988[4], il peut aussi allotir d'autres personnes (3°), mais sous de très strictes conditions, car il s'agit uniquement de faciliter la transmission d'une entreprise (C. civ., art. 1075-2).

1°

Présomptifs héritiers

411.31 Diversité des situations. Depuis qu'elle a cessé d'être nécessairement un partage d'ascendant, la libéralité-partage peut être faite entre tous les présomptifs héritiers : parents, quel que soit leur ordre, ou conjoint. Le *de cujus* peut ainsi partager sa succession entre ses enfants et son conjoint; ou entre son père, sa mère et ses frères et sœurs; ou entre son père, sa mère et son conjoint; ou entre ses oncles, ses tantes et ses cousins.

Il n'y a pas lieu de distinguer entre la parenté par le sang et la parenté adoptive, puisque celle-ci, simple ou plénière, crée les mêmes vocations héréditaires que celle-là (C. civ., art. 368 et 358).

Mais – sauf les cas particuliers, déjà annoncés (v. s[s] n° 411.30), des articles 1075-1 et 1075-2 du Code civil – une personne qui n'est pas présomptive héritière ne peut être allotie par une libéralité-partage. Ainsi, le *de cujus* qui fait une donation-partage

1. EN CE SENS, mais avec prudence, P. CATALA, n° 139, *in fine*.

2. Civ. 1re, 14 mars 1955, *D.* 1955. 468.
3. L. n° 2006-728, 23 juin 2006, portant réforme des successions et des libéralités, *JO* 24 juin, p. 9513.
4. L. n° 88-15, 5 janv. 1988, relative au développement et à la transmission des entreprises, *JO* 6 janv., p. 220.

entre ses enfants ne peut y allotir les enfants que son conjoint a eus d'une autre union. Et si, marié sous un régime de communauté, il entend allotir ses enfants en biens communs, son conjoint, qui devra y consentir (C. civ., art. 1422, al. 1), ne pourra prendre la qualité de codonateur. L'article 1076-1 du Code civil le dit expressément dans le cas particulier d'une donation-partage conjonctive en présence d'enfants qui ne sont pas tous communs (v. s^s n° 411.103).

411.32 Utilité de la libéralité-partage selon la qualité des présomptifs héritiers. Quel est l'intérêt d'avoir ainsi élargi le domaine de l'institution ? Quel intérêt, par exemple, peut avoir le *de cujus* à répartir ses biens par voie de donation-partage ou de testament-partage entre ses enfants et son conjoint, ou entre ses frères et sœurs ? Il convient, pour le mesurer, de distinguer entre le **partage testamentaire** et le **partage entre vifs.**

411.33 Utilité du testament-partage. Par rapport à un testament ordinaire contenant une collection de legs d'attribution, le **testament-partage** présente toujours un **intérêt majeur : celui d'imposer le partage qu'il contient.** Pour ses bénéficiaires – auxquels l'article 1079 du Code civil interdit de « *renoncer à se prévaloir du testament pour réclamer un nouveau partage de la succession* » (v. s^s n° 412.22) – c'est à prendre ou à laisser. En revanche, dans le cas d'un testament ordinaire, les héritiers légataires peuvent mettre à néant les volontés testamentaires de leur auteur, en répudiant leurs legs tout en acceptant la succession légale, comme les y autorise l'article 769 alinéa 2 du Code civil. Autrement dit, un testament-partage impose un partage qu'un testament ordinaire ne peut que proposer.

EXEMPLE

Pierre a pour présomptifs héritiers deux frères, Jean, prodigue, et Jacques, économe, dont il souhaite que le premier recueille ses immeubles (supposés difficiles à vendre, et grevés, le cas échéant, d'une clause d'inaliénabilité), et le second ses liquidités. S'il procède par voie de testament ordinaire, le risque est qu'à sa mort ses frères ne répudient leurs legs et ne conviennent d'un partage différent; s'il procède lui-même à un partage testamentaire, ses frères ne pourront, s'ils veulent hériter, que s'incliner devant ses volontés.

Autres intérêts de recourir au testament-partage :

1° Le testament-partage ne donnant lieu à aucun rapport, l'inégalité des lots ne justifie aucune compensation (pour autant, en présence d'héritiers réservataires, qu'elle ne porte pas atteinte à la réserve de l'un d'eux), alors qu'un testament ordinaire contenant des legs d'attribution donne lieu à des rapports qui rétablissent l'égalité;

2° Dans le cas où un héritier prédécède au testateur, le lot qui lui avait été composé par testament-partage revient à l'héritier qui le représente, alors que le legs qui lui avait été adressé par testament ordinaire est en principe caduc (C. civ., art. 1039).

411.34 Utilité de la donation-partage. La donation-partage, en revanche, paraît à première vue ne guère présenter d'intérêt **en l'absence d'héritiers réservataires.** Dans le cas, par exemple, où le *de cujus* n'a pour présomptifs héritiers que des frères et sœurs, une série de donations préciputaires lui a toujours permis de procéder à une distribution anticipée de ses biens, analogue à celle qu'il lui est aujourd'hui possible de réaliser par une donation-partage. Dans ce cas, en effet, les donations ordinaires ne sont sujettes à aucune des deux causes de restitution qui les fragilisent : ni au rapport, exclu par la clause de préciput; ni à la réduction, exclue en l'absence d'héritiers réservataires. Par comparaison, la donation-partage présente même la faiblesse d'être exposée à l'action d'un nouvel héritier (un nouveau frère, un nouveau cousin) qui adviendrait au *de cujus* après la date à laquelle elle a été consentie (v. s^s n°s 413.90 s.).

Reste que, tout de même, la donation-partage peut présenter quelque attrait ou quelque utilité : ainsi, le *de cujus* peut y trouver la satisfaction que procure le cérémonial d'une donation collective; il peut aussi y trouver le moyen de redistribuer des biens déjà donnés, la loi permettant d'incorporer au partage anticipé des biens antérieurement donnés et d'en changer les attributaires (C. civ., art. 1078-1 – v. s^s n°s 411.131 s.).

Mais c'est **en présence d'héritiers réservataires** que la donation-partage prend tout son intérêt.

Elle permet d'abord que les héritiers réservataires soient allotis de leur réserve au moyen de lots non rapportables (v. s^s n°s 413.11 s.).

Elle permet ensuite que, **pour le calcul de la réserve, les biens compris dans la donation-partage,** y compris ceux attribués à des non-réservataires, soient, si les conditions de l'article 1078 du Code civil sont réunies (v. s^s n°s 413.31 s.), **évalués au jour de l'acte, au lieu de l'être au jour du décès** suivant le principe qu'énonce l'article 922 du même code. Or cette évaluation dérogatoire permet de consolider l'œuvre répartitrice (v. *infra*, *ibid.*).

EXEMPLE

Pierre a pour héritiers présomptifs son conjoint et un fils issu d'une autre union. Il possède un immeuble et des valeurs mobilières dont il entend qu'ils reviennent respectivement à sa femme et à son fils. Si, à un moment où l'immeuble et les titres sont d'égale valeur, il réalise son projet par voie de donation-partage, cette répartition, parce qu'elle est respectueuse, à la date où elle intervient, de la réserve de son fils, est à l'abri de toute critique ultérieure; alors que, s'il procède par voie de donations ordinaires, la donation faite à sa femme sera réductible pour atteinte à la réserve de son fils si, d'ici à son décès, de fortes plus-values adviennent à l'immeuble alors que les valeurs mobilières souffrent d'importantes moins-values.

411.35 Possibilité d'allotir certains seulement des héritiers. Jadis, le partage d'ascendant devait être fait entre tous les enfants. Mais, au terme d'une évolution qui vit sans cesse s'émousser la sanction de **l'omission d'enfant**, la loi du 3 juillet 1971 renversa carrément la solution. Elle décida que le descendant qui n'a pas été alloti dans le partage, soit qu'il n'y ait pas été convié soit qu'il ait refusé le lot qui lui était proposé, est simplement invité à composer sa part (part de réserve ou part héréditaire : v. la suite du texte) sur les biens existant à l'ouverture de la succession; et que, si ces biens n'y suffisent pas, il dispose d'une simple action en réduction contre le partage fait par son auteur (C. civ., anc. art. 1077-1 et 1077-2, al. 3). Le concours de tous les descendants cessa ainsi d'être une condition de la validité du partage d'ascendant[1].

La loi du 23 juin 2006 a conservé cet acquis de la loi de 1971. Simplement, ce n'est plus désormais de l'omission d'un enfant qu'il faut parler, mais plus généralement de **l'omission d'un héritier** : le *de cujus* peut faire le partage de sa succession entre certains seulement de ses héritiers (entre ses enfants, en omettant son conjoint; entre ses frères et sœurs, en omettant son père; entre certains de ses enfants et son conjoint).

Cela dit, la **situation de l'héritier omis** varie selon la cause de son omission et selon sa qualité :

– **s'il était conçu lors de la donation-partage,** il ne peut en demander la réduction que s'il est réservataire, et dans la mesure seulement où les biens existants au décès de son auteur sont insuffisants pour lui fournir sa **réserve** (C. civ., art. 1077-1);

– **s'il n'était pas conçu lors de la donation-partage,** sa qualité d'héritier réservataire est indifférente, et l'action en réduction lui est ouverte dès lors que les biens existants au décès ne suffisent pas à former sa **part héréditaire** (C. civ., art. 1077-2, al. 4 – v. s[s] n°s 413.90 s.).

Le conjoint, désormais habile à recevoir par libéralité-partage, peut-il, s'il a été omis, se prévaloir de ces règles ? Assurément, il peut, s'il est réservataire, se prévaloir de la première. Mais, s'il ne l'est pas, parce qu'il se trouve en présence d'enfants, peut-il se prévaloir de la seconde, en faisant valoir que son mariage est postérieur à la donation-partage ? On peut en douter, tant est contestable l'analogie entre la conception et le mariage[2].

2°
Descendants n'ayant pas la qualité de présomptifs héritiers : la libéralité-partage transgénérationnelle

411.41 Présentation. L'article 1075-1 du Code civil, issu de la loi du 23 juin 2006, dispose que « *toute personne peut également faire la distribution et le partage de ses biens et de ses droits entre des descendants de degrés différents, qu'ils soient ou non ses présomptifs héritiers* ». Cette libéralité-partage est dite transgénérationnelle en raison du saut de génération qu'elle réalise.

Au lendemain de la réforme de 2006, il était permis de penser que seule la donation-partage pouvait être transgénérationnelle. Certes, l'article 1075-1 du Code civil ne le précise pas et il figure dans une section intitulée « Dispositions générales », les deux suivantes étant respectivement dédiées aux donations-partages et aux testaments-partages. Mais la libéralité-partage transgénérationnelle n'est ensuite réglementée que dans la seule section consacrée aux donations-partages, où elle fait l'objet d'un paragraphe spécial qui comprend les articles 1078-4 à 1078-10 du Code civil et qui s'intitule « Des donations-partages faites à des descendants de degrés différents »; la section consacrée aux testaments-partages n'en dit mot. La Cour de cassation, motif pris de la généralité des termes de l'article 1075-1 du Code civil, a décidé qu'un testament-partage peut, comme une donation-partage, être transgénérationnel[3] : *ubi lex non distinguit...* (v. s[s] n° 411.47).

L'introduction de la libéralité-partage transgénérationnelle dans la panoplie des libéralités-partages s'explique par l'allongement de la durée de la vie

1. Civ. 1re, 4 nov. 1981, n° 80-13.191, *Bull. civ.* I, n° 330 – Civ. 1re, 16 juill. 1997, n° 95-13.316, *Bull. civ.* I, n° 252; *D.* 1997. Somm. 370, obs. M. Grimaldi; *JCP* 1997. IV. 2026, p. 315; *JCP N* 1997. II. 1509; *Dr. et patr.* 2007. 162, obs. Roy.

2. F. Terré, Y. Lequette et S. Gaudemet, n° 1277.
3. Civ. 1re, 7 nov. 2012, n° 11-23.396, *Bull. civ.* I, n° 237; *D.* 2012. 2660; *RTD civ.* 2013. 164, obs. M. Grimaldi; *JCP* 2013. I, n° 203, note F. Sauvage; *Defrénois* 2013. 531, note B. Vareille; *AJ fam.* 2013. 58, obs. N. Levillain : « *Mais attendu que si l'article 1075 du Code civil dispose que toute personne peut faire, entre ses héritiers présomptifs, la distribution et le partage de ses biens et de ses droits sous forme de donation-partage ou de testament-partage, l'article 1075-1 du même code prévoit que toute personne peut également faire la distribution et le partage de ses biens et de ses droits entre des descendants de degrés différents, qu'ils soient ou non ses héritiers présomptifs, de sorte, qu'en l'absence de toute distinction entre ces libéralités, un ascendant peut valablement partager ses biens entre ses enfants et ses petits-enfants par un testament-partage régi par l'article 1079 dudit code* ».

humaine, qui fait que, souvent à présent, l'enfant n'hérite de ses parents qu'à un âge avancé, où la succession lui tient lieu de complément de retraite. Il s'est agi d'encourager des transmissions qui fournissent aux secondes générations un capital de démarrage dans la vie, plutôt qu'aux premières un supplément de fortune. On ne saurait cependant exclure que certains recourent à la donation-partage transgénérationnelle dans un pur souci d'économie fiscale : en vue d'éluder l'impôt sur la transmission à la première génération. Car les biens que le petit-fils recueille directement de son grand-père ne sont taxés qu'une fois, alors que ceux qu'il recueille de son père qui les a lui-même reçus du sien le sont deux fois. L'absence ou la présence d'une réserve d'usufruit (v. s[s] n° 412.12) pourra révéler le mobile, civil ou fiscal, de l'opération.

Sur la fiscalité de la donation transgénérationnelle, v. s[s] n°s 613.61 s.

411.42 Domaine. La donation-partage transgénérationnelle n'est permise qu'à **un ascendant** : il est possible de gratifier par donation-partage son petit-fils plutôt que son fils, mais non son neveu plutôt que son frère. Le partage d'ascendant conserve ainsi une place à part parmi les libéralités-partages : lui seul peut prendre la forme d'un partage anticipé qui soit transgénérationnel. D'où, d'ailleurs, le plan de la section intitulée « Des donations-partages », qui est divisée en deux paragraphes, dont le premier traite « Des donations-partages faites aux **héritiers présomptifs** », et le second « Des donations-partages faites à des **descendants** de degrés différents ».

411.43 Utilité. L'utilité propre de la donation-partage transgénérationnelle n'est pas de permettre à un ascendant de gratifier ses petits-enfants. Par une **donation ordinaire**, un ascendant a toujours pu, et peut encore, disposer entre vifs au bénéfice de descendants plus éloignés que ses enfants. Mais il ne le peut que dans la mesure et dans les conditions où il peut **gratifier un tiers** : d'une part, il ne peut puiser que **dans la quotité disponible**; d'autre part, les biens qu'il y puise seront, pour le calcul de la réserve et de la quotité disponible, **évalués à la date de son décès**, comme il est dit à l'article 922 du Code civil.

L'utilité de la donation-partage transgénérationnelle est de permettre à l'ascendant de **gratifier ses petits-enfants au lieu et place de son enfant** : de les gratifier, dans le partage anticipé de ses biens, non pas comme des tiers, mais comme un enfant. D'où il suit : d'une part, que les lots des petits-enfants sont pris sur la part de réserve de leur auteur; d'autre part, que, lors de la liquidation de la succession de l'ascendant donateur, ils pourront être évalués, non pas à la date du décès du *de cujus*, suivant le principe posé par l'article 922 du Code civil, mais à la **date du partage anticipé**, comme le permet, sous certaines conditions, l'article 1078 du même code (v. s[s] n°s 413.31 s.).

411.44 Esprit : nécessité du consentement de la génération intermédiaire. La donation-partage transgénérationnelle n'est possible que du consentement de la génération intermédiaire : le saut d'une génération suppose l'accord de celle-ci. C'est le signe que cette innovation se fait au prix d'un infléchissement, non pas de la réserve, qui protège l'héritier contre la volonté unilatérale du *de cujus* (C. civ., art. 721), mais de la prohibition des pactes sur succession future, qui interdit à l'héritier de renoncer à ses droits, réservataires ou pas, du vivant du *de cujus* (C. civ., art. 722). Autrement dit, ce qui est désormais permis dans la donation-partage, ce n'est pas qu'un père puisse évincer son fils au bénéfice de son petit-fils, c'est qu'il puisse proposer à son fils de lui substituer son petit-fils et que celui-ci puisse valablement l'accepter (on peut d'ailleurs imaginer que la proposition de substitution vienne du fils, en réponse à une offre de distribution faite par son père).

411.45 Lien avec l'admission de la représentation de l'héritier renonçant. La consécration de la donation-partage transgénérationnelle est liée à une autre innovation majeure de la loi du 23 juin 2006, à savoir l'admission de la représentation de l'héritier renonçant (C. civ., art. 754, al. 1er). Dès lors, en effet, que l'on permet à un enfant de se substituer ses propres enfants dans le **partage anticipé de la succession de son père**, il est logique de le lui permettre également dans le **partage ordinaire de cette même succession, et *vice versa***. Pour un enfant, consentir à ce que ses propres enfants soient allotis en son lieu et place dans la distribution entre vifs arrêtée par son père, c'est accepter d'y être représenté par eux. Pourquoi, permise dans la succession paternelle non encore ouverte, cette représentation ne le serait-elle pas dans cette même succession une fois ouverte[1] ?

411.46 Diversité. Par une donation-partage transgénérationnelle, il est possible, aux termes des articles 1078-4 et 1078-6 du Code civil, d'allotir :

– soit des petits-enfants seulement (et ce malgré l'intitulé du paragraphe relatif aux donations-partages transgénérationnelles : « Des donations-partages faites à des descendants de **degrés différents** »);

– soit des petits-enfants en même temps que des enfants, que les premiers soient ou non issus des seconds.

1. M. Grimaldi, « La représentation de l'héritier renonçant », *Defrénois* 2008, art. 38698.

Du même coup, la donation-partage devient possible pour qui a un enfant unique, pourvu que celui-ci ait lui-même au moins un enfant : le partage anticipé allotira l'enfant et le petit-enfant. L'article 1078-5 alinéa 1er du Code civil le prévoit expressément.

Naturellement, des descendants de degré plus éloigné (des arrières petits-enfants) pourraient être pareillement gratifiés, du consentement de tous leurs auteurs (enfant et petit-enfant).

411.47 Testament-partage transgénérationnel. La portée de la jurisprudence qui admet qu'un testament-partage puisse être transgénérationnel (v. ss n° 411.41) reste assez incertaine.

Comme on l'a souligné (v. ss n° 411.44), la donation-partage transgénérationnelle suppose l'accord des enfants, et c'est leur consentement qui, aux yeux de la loi, justifie que leurs propres enfants puissent être gratifiés sur leur part de réserve. Or, le testament-partage est, comme tout testament, un acte unilatéral, qui ne saurait contenir aucune acceptation ni aucun consentement d'un quelconque héritier ou légataire. Par conséquent, au décès du testateur, de deux choses l'une :

- ou bien, l'enfant accepte que son propre descendant soit pourvu en son lieu et place, et donc alloti sur sa réserve : le testament-partage aboutit alors à des résultats équivalents à ceux qu'aurait produits une donation-partage transgénérationnelle;
- ou bien, l'enfant refuse de laisser sa place à son propre descendant, et celui-ci ne peut alors être alloti que sur la quotité disponible : le testament-partage peut donc être attaqué par l'enfant, fondé à demander la réduction d'un allotissement qui mordrait sur sa réserve.

Il est évident que c'est seulement dans le premier cas que le testament-partage présente une réelle utilité. Dans le second, ses effets sont semblables à ceux d'un testament ordinaire contenant un legs à un descendant de degré plus éloigné. Sauf, peut-être, l'application de quelques règles propres aux libéralités-partages : celle qui enferme l'action en réduction dans un délai de prescription fixé invariablement à cinq ans (C. civ., art. 1077-2, al. 2 - v. ss n° 413.81), et non, selon le cas, à cinq ou dix ans (C. civ., art. 921, al. 2); celle aussi qui prévoit une revalorisation d'ordre public des soultes payables à terme, même si le texte vise les « donataires » (C. civ., art. 1075-4 - v. ss n° 411.163).

3°
Autres personnes

411.50 Évolution du droit positif. La loi n° 88-15 du 5 janvier 1988, soucieuse de faciliter la transmission des entreprises, a permis au *de cujus* d'inviter à la donation-partage, aux côtés de ses présomptifs héritiers, « *d'autres personnes* » en qualité de repreneurs (à l'époque, ses descendants : C. civ., anc. art. 1075, al. 3[1]). Cette ouverture n'a guère connu de succès. La loi du 23 juin 2006 l'a cependant maintenue, à l'article 1075-2 du Code civil. Elle a même élargi (indirectement) son domaine (a) et assoupli ses conditions (b).

a.
Domaine de l'ouverture aux autres personnes

411.51 Du partage d'ascendant à la libéralité-partage. Depuis la loi du 23 juin 2006, toute personne peut recevoir une entreprise par donation-partage, avec les avantages qui s'y attachent, non plus seulement de celui qui a des descendants pour présomptifs héritiers, mais de celui ayant des présomptifs héritiers quels qu'ils soient. C'est un effet indirect de l'élargissement du domaine de la donation-partage (v. ss nos 411.31 s.).

Il est vrai qu'en fait cet élargissement pourrait s'avérer assez théorique, dans la mesure où le repreneur sera souvent choisi parmi les petits-enfants et où ceux-ci peuvent désormais recueillir toute espèce de bien par une autre voie, qui est celle de la donation-partage transgénérationnelle (v. ss n° 411.62).

411.52 Cas du testament-partage. Si l'on s'en tient à la lettre du texte, l'ouverture à une autre personne semble limitée à la donation-partage. Mais on ne voit pas de raison, autre que littérale, d'en exclure le testament-partage.

b.
Conditions de l'ouverture aux autres personnes

411.61 Quant aux biens. La donation-partage doit comprendre une **entreprise**.

Peu importe la nature de celle-ci : commerciale, industrielle, artisanale, agricole ou libérale.

Peu importe sa forme : il peut s'agir d'une entreprise individuelle ou, depuis la loi du 23 juin 2006, d'une entreprise exploitée en forme sociale. Mais, dans ce dernier cas, la loi réserve évidemment les dispositions légales ou statutaires (clauses d'agré-

1. M. Dagot, « Un cas particulier de donation-partage [C. civ., art. 1075, al. 3; réd. L. n° 88-15, 5 janv. 1981] », *JCP N* 1988. I. 107 – B. Maubru, « La donation-partage avec soulte : un mode de transmission de l'entreprise individuelle », *JCP N* 1989. I. 17 – G. Morin, « L'ouverture de la donation-partage à des personnes n'ayant pas la qualité d'enfants ou de descendants du disposant [L. n° 88-15, 5 janv. 1988, art. 42] », *Defrénois* 1988, art. 34152 – M. Mathieu, « Transmission de l'entreprise à un tiers par le moyen d'une donation-partage », *JCP N* 1988. Prat. 621; *JCP N* 1990. Prat. 1424 – A. Raison, « La transmission des entreprises par donation-partage », *Journ. not.* 1988, art. 59250.

ment) qui, selon la forme de la société, peuvent restreindre la cessibilité des droits sociaux (C. civ., art. 1075-2, al. 1er *in fine*). En outre, elle exige que le disposant exerce dans la société une « *fonction dirigeante* » (C. civ., art. 1075-2, al. 1er) : il s'agit de faciliter à un entrepreneur la transmission de son entreprise, et non à un investisseur la transmission de ses placements.

411.62 Quant aux personnes. Il suffit que le *de cujus* ait **un présomptif héritier**. L'article 1075-2, en effet, autorise un partage entre « *le ou les donataires* » visés aux articles 1075 et 1075-1 – c'est-à-dire entre le ou les héritiers présomptifs – et une ou plusieurs autres personnes. Avant la loi du 23 juin 2006, on pouvait penser que l'ascendant devait avoir au moins deux enfants, car le texte visait un partage fait par les père et mère entre « *leurs enfants* » et une autre personne.

La qualité de l'autre personne est indifférente. Ce peut être un **parent** qui n'est point un présomptif héritier, un **allié** (conjoint d'un enfant ou enfant du conjoint : gendre ou bru, beau-fils ou belle-fille), ou même un **étranger à la famille**. Avant la réforme du 23 juin 2006, on évoquait volontiers, parmi les repreneurs potentiels de l'entreprise, les petits-enfants. La consécration de la donation-partage transgénérationnelle, par laquelle les petits-enfants peuvent désormais recevoir des biens de toute nature, modifie la donne.

On observera simplement ici :

- 1° qu'un petit-enfant ne peut pas recueillir une entreprise par voie de donation-partage transgénérationnelle sans le consentement de son auteur (v. ss n° 411.44), alors qu'il le peut au moyen d'une donation-partage ordinaire où il est appelé en qualité d'« autre personne »;

- 2° que les effets de ces deux variétés de donations-partages ne sont pas les mêmes.

Une ou plusieurs autres personnes peuvent être invitées au partage anticipé : l'article 1075-2 le précise expressément.

On ne sait si les personnes morales peuvent être assimilées aux personnes physiques[1].

411.63 Quant à la répartition. L'autre personne doit être allotie de l'entreprise, ou, plus exactement, des biens corporels ou incorporels affectés à son exploitation. Elle ne peut recevoir aucun autre bien.

Elle peut n'être allotie que d'une partie de ces biens.

Elle peut aussi ne l'être qu'en usufruit.

B. Capacité des copartagés

411.71 Donation-partage. La donation-partage exige des descendants la **capacité de recevoir à titre gratuit** : le mineur, le majeur en tutelle, le majeur en curatelle, dont l'incapacité n'est que d'exercice, doivent, les deux premiers, être représentés, le troisième, être assisté.

S'agissant du mineur, on se demande si – la donation qui lui est faite pouvant être acceptée par l'un quelconque de ses ascendants, même s'il n'est pas son représentant légal (C. civ., art. 935, al. 2) – son auteur peut accepter en son nom le lot qu'il lui a lui-même composé. Pareil cumul devrait être interdit, car le point de vue du donateur n'est pas celui du donataire. La doctrine est divisée[2] et la jurisprudence incertaine[3].

En revanche, il est certain qu'un ascendant autre que le donateur peut accepter au nom du mineur. Ce qui, au cas de **donation-partage conjonctive** (v. ss nos 411.101 à 411.105), pourrait permettre que chacun des père et mère acceptât pour le mineur ce qui est donné par l'autre : le notariat l'admettrait et un arrêt est en ce sens[4]. Mais, si des **charges** sont apposées à la donation-partage, de telles acceptations croisées cessent d'être possibles (dès lors, du moins, que l'on exclut l'application de l'article 935 alinéa 2 aux donations grevées de charges[5]).

La **capacité de partager** n'est pas exigée des descendants, puisque ce n'est pas de leurs volontés, mais de celle de l'ascendant, que procède le partage (v. ss n° 410.13). Ainsi, s'agissant d'un mineur ou d'un majeur en tutelle, il n'y a pas à suivre les formalités prévues par l'article 507 du Code civil : approbation du conseil de famille ou, à défaut, du juge.

411.72 Testament-partage. Le testament-partage, dès lors qu'il ne porte aucune libéralité, ne

1. CONTRE cette assimilation, M. Mathieu, « Transmission de l'entreprise à un tiers par le moyen d'une donation-partage », *JCP N* 1988. Prat. 621; *JCP N* 1990. Prat. 1424; et G. Morin, « L'ouverture de la donation-partage à des personnes n'ayant pas la qualité d'enfants ou de descendants du disposant [L. n° 88-15, 5 janv. 1988, art. 42] », *Defrénois* 1988, art. 34152, note 8 – POUR cette assimilation, B. Maubru, « La donation-partage avec soulte : un mode de transmission de l'entreprise individuelle », *JCP N* 1989. I. 17.

2. M. GRIMALDI, *Libéralités, Partages d'ascendants*, n° 1758, avec les références.
3. Civ. 18 déc. 1950, *D.* 1951. 37, note Lenoan : l'arrêt semble tenir l'acceptation pour irrégulière, mais la constatation d'une lésion en absorbe les conséquences.
4. Poitiers, 20 févr. 1861, *DP* 1861. 2. 93 – V. CEP. Civ. 18 déc. 1950, préc. ss prést n°.
5. EN CE SENS, Civ. 25 mars 1861, *DP* 1861. 1. 202.

suppose chez les copartagés que la capacité d'hériter, c'est-à-dire l'absence d'indignité.

S'il contient une libéralité, le gratifié doit être capable de recevoir à titre gratuit : jadis, un enfant qui, par suite d'une condamnation pénale, était frappé de la double incapacité de donner et recevoir à titre gratuit (incapacité aujourd'hui supprimée) pouvait donc venir au partage testamentaire s'il s'y trouvait simplement alloti, mais non s'il en tirait un avantage.

411.73 Incapacité : sanction. L'incapacité du copartagé est sanctionnée par la nullité de son acceptation : nullité absolue ou relative suivant les distinctions du droit commun[1].

La difficulté se pose de savoir si celui dont l'acceptation a été annulée peut réclamer sa part héréditaire ou doit se satisfaire de sa part de réserve (v. s[s] n° 413.92).

SECTION 2 L'OBJET

411.80 Division. La libéralité-partage répartit des biens entre les copartagés : quels biens (§ 1) ? et en vue de quelle répartition (§ 2) ?

§ 1 Les biens

411.90 Deux catégories de biens. Le partage peut naturellement comprendre les biens dont *de cujus* est propriétaire (A), mais il peut aussi inclure ceux qu'il a déjà donnés à l'un des copartagés (B).

A. Biens appartenant au *de cujus*

411.91 Propriété privative et propriété plurale. Le *de cujus* peut évidemment répartir les biens qui lui appartiennent privativement[2].

Quant à ceux qui ne lui appartiennent que pour partie – biens formant le siège d'une indivision, biens faisant partie d'une masse indivise, biens dépendant de la communauté existant entre lui et son conjoint –, il devrait pouvoir les distribuer aux conditions mêmes où il peut les donner ou les léguer. Le droit positif est plus nuancé.

411.92 Biens formant l'assiette d'une propriété plurale (suite) : donation-partage. La donation-partage peut certainement porter sur les **droits du *de cujus* dans une indivision** : droits dans une chose indivise ou droits dans une masse indivise. Elle peut encore comprendre un **bien dépendant d'une indivision**, sauf qu'elle revêt alors un caractère aléatoire, puisque les droits de l'enfant alloti de ce bien sont subordonnés aux résultats du partage. Si enfin le *de cujus* est commun en biens, il peut y inclure un **bien commun**, pourvu qu'il obtienne le consentement de son conjoint (C. civ., art. 1422), et à charge pour lui, le cas échéant, de récompenser la communauté (C. civ., art. 1439) : l'article 1076-1 du Code civil le prévoit expressément dans le cas particulier d'une donation-partage conjonctive, où il permet que l'un des époux allotisse son enfant d'un autre lit en biens de communauté, pourvu que ce soit du consentement de son conjoint.

411.93 Biens formant l'assiette d'une propriété plurale (suite) : testament-partage. Le partage testamentaire peut attribuer des **droits dans une indivision.**

Quant à y inclure un **bien de communauté,** l'article 1423 semble le permettre par prétérition, en ce qu'il précise les effets, aléatoires, du legs d'un bien commun. Mais la jurisprudence, constante, décide le contraire : « *Attendu, d'abord, que si les ascendants ont la faculté de faire, par anticipation, le partage de leur succession, cette faculté est limitée aux biens dont chacun d'eux a la propriété et la libre disposition et ne peut être étendue aux biens communs; qu'ensuite, les dispositions de l'article 1423 du Code civil ne peuvent s'appliquer qu'aux légataires et non aux héritiers dont les parts doivent être déterminées au moment même du décès de l'ascendant et ne sauraient être subordonnées au résultat futur et incertain du partage ultérieur de la communauté; que c'est donc à bon droit que la cour d'appel a déclaré nuls les testaments litigieux* »[3]. Et, logique avec elle-même, elle n'admet pas davantage que le survivant des époux

1. Civ. 1re, 14 mars 1955, *D.* 1955. 468.
2. Civ. 1re, 30 avr. 2014, n° 13-10.022, NP (impossibilité d'allotir par testament un enfant d'un bien antérieurement donné à un autre, fût-ce en avancement de part successorale) : « *Attendu que l'ascendant ne peut inclure dans un testament-partage que les biens dont il a la propriété et la libre disposition* » – V. CEP. s[s] n° 411.138, la possibilité d'incorporer une donation à un testament-partage.
3. Civ. 1re, 6 mars 2001, n° 99-11.308, *Bull. civ.* I, n° 53; *JCP* 2001. I. 366, obs. R. Le Guidec; *JCP N* 2001. 1232, note J. Maury; *Dr. fam.* 2001, n° 62, note B. Beignier; *RTD civ.* 2001. 648, obs. B. Vareille – V. AUSSI, Civ. 13 nov. 1849, *DP* 1849. 1. 311 – Civ. 23 déc. 1861, *DP.* 1862. 1. 31 – Civ. 25 févr. 1925, *Defrénois* 1925, art. 20836; *DP* 1925. 1. 85, note Savatier – Civ. 28 janv. 1953, *Defrénois* 1953, art. 271, 71; *RTD civ.* 1953. 565, obs. Savatier – Civ. 1re, 16 mai 2000, n° 97-20.839, *Bull. civ.* I, n° 149; *JCP* 2001. I. 309, obs. Ph. Simler; *Dr. fam.* 2000. 20-21, obs. B. Beignier; *RTD civ.* 2000. 883, obs. J. Patarin; *RTD civ.* 2001. 648, obs. B. Vareille.

puisse inclure dans son testament-partage un **bien indivis** dépendant de la communauté dissoute[1]. Mais, s'agissant d'une irrégularité qui n'offusque pas l'ordre public, la disposition peut être consolidée par une **clause pénale** fulminée contre l'héritier qui attaquerait le testament (v. s[s] n° 412.42), et la nullité qui la frappe n'est que relative[2] (ce qui limite fortement le risque de voir annuler un testament-partage incluant des biens communs dès lors que le survivant des époux, seul titulaire de l'action, ne trouve rien à y redire)[3].

411.94 Tout ou partie des biens : partage partiel. Le *de cujus* peut ne distribuer qu'une partie de ses biens. À sa mort, ceux qu'il n'aura pas compris dans le partage anticipé ou testamentaire seront dévolus et partagés conformément aux règles de la succession *ab intestat* (C. civ., art. 1075-5).

411.95 Biens présents ou biens à venir. Par une **donation-partage**, l'ascendant ne peut répartir que ses biens présents (C. civ., art. 1076, al. 1er)[4], alors que, par un **testament-partage**, il distribue nécessairement ses biens à venir (sur la prohibition de la donation de biens à venir [C. civ., art. 943], v. *Libéralités*, s[s] n°s 314.30 à 314.45).

411.96 Donation-partage conjonctive et donation-partage cumulative. De longue date, la jurisprudence permet aux père et mère de fondre leurs biens en une masse unique en vue d'une seule et même répartition. L'avantage majeur est que chaque enfant se trouve pourvu dans les deux successions par un lot unique, indifféremment formé de biens paternels ou de biens maternels, et qu'ainsi le nombre global des lots à composer est diminué de moitié et le risque d'une division ou d'une licitation atténué.

Ce partage des successions confondues des père et mère peut se faire entre vifs, par une donation-partage conjonctive ou cumulative. Mais il ne peut être réalisé par testament[5] : le partage testamentaire ne peut être ni conjonctif ni cumulatif.

1. Civ. 1re, 9 déc. 2009, n° 08-17.351, *Bull. civ.* I, n° 247 – Civ. 1re, 9 déc. 2009, n° 08-18.677, *Bull. civ.* I, n° 248; *JCP* 2010, n° 203, obs. R. Le Guidec; *Dr. fam.* 2010, n° 27, obs. B. Beignier; *AJ fam.* 2010. 91, obs. F. Bicheron – Civ. 1re, 3 févr. 2010, n° 08-18.196, *Bull. civ.* I, n° 35; *AJ fam.* 2010. 185, obs. C. Vernières; *Dr. fam.* 2010, n° 48, obs. Beignier; *RJPF* 2010-4/33, note F. Sauvage; *RTD civ.* 2010. 606, obs. M. Grimaldi – v. D. Autem, « Partage testamentaire de biens indivis : jusqu'où peut-on aller ? », *Defrénois* 2010, art. 39103.
2. Civ. 1re, 3 févr. 2010, n° 08-18.196, préc. s[s] prés[t] n°.
3. M. Grimaldi, obs. préc. s[s] prés[t] n°, *RTD civ.* 2010. 606.
4. Civ. 29 janv. 1877, *DP* 1877. 1. 105.
5. G. Champenois et M. Klaa, « Les donations-partages conjonctives et cumulatives », *Defrénois* 2014. 374.

1°
Donation-partage conjonctive

411.101 Description, validité et utilité. L'hypothèse est que **les deux parents sont encore en vie** et confondent leurs biens respectifs pour les partager entre leurs enfants. **Leurs deux successions font donc l'objet d'un même partage anticipé** : deux donations pour anticiper, un seul partage pour allotir. La validité de la donation-partage conjonctive est implicitement consacrée par les articles 1076-1 et 1077-2 alinéa 2 du Code civil, qui visent tous deux la « *donation-partage faite conjointement par deux époux* ».

Il se peut – c'est même là l'avantage de l'opération – que tel enfant ne soit alloti qu'en biens maternels, et tel autre en biens paternels seulement. Tous cependant sont ayants cause et de leur père et de leur mère, lesquels sont réputés avoir contribué à l'allotissement de chacun dans une même proportion, à savoir celle que représentaient leurs biens respectifs par rapport à l'ensemble des biens distribués.

EXEMPLE

Deux enfants, A et B, entre lesquels les père et mère font une donation-partage conjonctive de leurs biens, qui comprennent une maison appartenant au père, valant 150, des valeurs mobilières appartenant à la mère, valant 200, et une somme d'argent, d'un montant égal à 50, appartenant aussi à la mère. A est alloti des valeurs mobilières (biens maternels); B est alloti de la maison (bien paternel) et des deniers (biens maternels). Chacun des enfants est l'ayant cause de son père à hauteur des 75/200 de son lot, et de sa mère à hauteur des 125/200 restants.

411.102 Situation matrimoniale des père et mère. La donation-partage conjonctive est permise aux père et mère, qu'ils soient **mariés ou pas.** Parce ce qu'elle vise à faciliter, dans l'intérêt de leurs enfants, la transmission de leurs successions respectives, rien ne justifierait qu'on la subordonnât à leur mariage.

Il ne faut donc pas s'arrêter aux termes des articles 1076-1 et 1077-2 alinéa 2, qui visent la « *donation-partage faite conjointement par deux époux* » : si l'article 1076-1 emploie cette locution, c'est parce qu'il vise le cas où des biens communs sont inclus dans la distribution, ce qui présuppose le mariage des parents; quant à l'article 1077-2 alinéa 2, qui est relatif au point de départ de la prescription de l'action en réduction pour atteinte à la réserve (v. s[s] n°s 413.81 s.), c'est par inadvertance que la loi du 23 juin 2006 y a substitué cette même locution à celle de « *partage conjonctif* », qu'avait heureusement retenue la législation antérieure.

411.103 Présence d'enfants de lits différents. Des père et mère qui font une donation-partage conjonctive de leurs biens peuvent-ils y allotir, au côté de leurs enfants communs, les enfants que l'un d'entre eux a eu d'un autre lit - en mariage ou hors mariage - ou adopté par voie d'adoption individuelle ?

La question[1] a été discutée puis réglée par la loi dans le **cas de parents mariés.** La doctrine dominante concluait que la donation-partage entre tous les enfants était possible, pourvu que chacun d'eux ne fût apportionné que du seul chef de son auteur et ne le fût qu'en biens propres de celui-ci ou en biens communs, à l'exclusion de tout bien propre du conjoint. La Cour de cassation rendit un arrêt ambigu, par lequel elle déclara nulle une donation-partage conjonctive « *portant indistinctement sur les biens des deux époux* »[2] : ce qui, pour certains, condamnait la donation-partage conjonctive en présence d'enfants de lits différents, faute que les enfants non communs pussent y être allotis en biens de communauté; mais qui, pour d'autres, la permettait pourvu que fussent respectées les conditions énoncées en doctrine. La loi du 23 juin 2006 a consacré, au nouvel article 1076-1 du Code civil, l'analyse doctrinale (v. s^s n° 411.92).

Ce que la loi admet pour des biens communs, faut-il l'admettre également pour des biens indivis entre les père et mère, mariés ou non[3] ? Est-il possible que les enfants non communs qui ne peuvent être allotis du chef de leur auteur, le soient, non seulement en biens personnels à celui-ci, mais aussi en biens indivis, sans que, relativement à ces biens-ci, celui qui n'est pas leur auteur et qui consent nécessairement à la donation, prenne la qualité de codonateur ? Oui, si l'on pousse audacieusement l'analogie entre l'indivision (surtout celle qui aurait sa source dans un pacte civil de solidarité) et la communauté. Non, si l'on s'y refuse[4].

411.104 Cas des récompenses. Lorsque les père et mère, mariés sous un régime de communauté, font donation-partage de tous les biens de leur communauté, on admet qu'ils ne pourront, lors de la liquidation de leur régime, faire valoir les récompenses dont la cause est antérieure à ce partage anticipé. Au demeurant, l'acte contient souvent une clause en ce sens : la **clause dite d'« extinction des récompenses »**[5].

Encore faut-il bien comprendre pourquoi les parents ne pourront réclamer aucune récompense. Ce n'est pas parce qu'ils y auraient renoncé par avance[6]. C'est parce qu'ils les ont comprises dans les biens donnés[7]. D'où il suit que, lors du règlement de la succession de l'un ou l'autre, la liquidation des récompenses sera nécessaire s'il faut évaluer la donation-partage dans le cadre des opérations visant à garantir les droits des réservataires. Simplement, cette liquidation, aux seules fins de calcul du disponible, ne sera suivie d'aucun règlement.

411.105 Donation-partage conjonctive à d'autres héritiers qu'à des descendants et donation-partage conjonctive transgénérationnelle. La donation-partage consentie à des **héritiers autres que des descendants** (permise depuis la loi du 23 juin 2006, v. s^s n° 411.31) peut-elle être conjonctive ? Dans une fratrie de quatre frères, deux d'entre eux, que l'on suppose sans descendance, peuvent-ils faire une donation-partage conjonctive de leurs biens entre les deux autres ? On ne voit pas ce qui s'y opposerait.

La **donation-partage transgénérationnelle** (également permise depuis la loi du 23 juin 2006 : v. s^s n° 411.41) peut-elle être conjonctive ? Certainement, oui. Il est ainsi loisible à des parents de faire ensemble le partage anticipé de leurs biens, non pas entre leurs enfants, mais entre leurs petits-enfants

1. J.-M. Bez, « La donation-partage par deux époux en présence d'enfants de plusieurs lits », *JCP N* 1983. I. 283.
2. Civ. 1re, 14 oct. 1981, n° 80-12.283, *Bull. civ.* I, n° 292; *D.* 1982. IR 336, note D. Martin; *JCP N* 1982. II. 146, note M. Dagot; *JCP N* 1983. II. 54, note Rémy; *Defrénois* 1982, art. 32582, obs. G. Champenois; *RTD civ.* 1982. 646, note J. Patarin.
3. Biens acquis, soit conjointement par les père et mère (qui peuvent être des époux mariés sous le régime de la séparation des biens, ou des partenaires liés par un PACS sans adoption d'un régime d'indivision, ou encore n'être ni mariés ni partenaires), soit par l'un des père et mère liés par un PACS avec stipulation d'un régime d'indivision.
4. G. Champenois et M. Klaa, « Les donations-partages conjonctives et cumulatives », *Defrénois* 2014. 377.
5. G. Champenois et M. Klaa, « Les donations-partages conjonctives et cumulatives », *Defrénois* 2014. 381.
6. Du temps de l'immutabilité des conventions matrimoniales, leur renonciation eût été nulle comme modifiant, sans homologation judiciaire (C. civ., anc. art. 1397), le jeu de leur régime matrimonial. Depuis la loi du 23 juin 2006, qui a permis que, sauf la présence d'enfants mineurs ou l'opposition d'enfants majeurs, les époux changent de régime matrimonial par un simple acte notarié, sans qu'il ne soit désormais nécessaire d'obtenir une homologation judiciaire (C. civ. art. 1397), la nullité de la renonciation ne serait plus systématiquement encourue (pour autant que le régime matrimonial eût plus de deux années d'application… et que la donation-partage fût faite par acte notarié, v. s^s n° 411.205).
7. Req. 14 déc. 1932, *DH* 1933. 17 – RAPPR., mais à propos d'une donation ordinaire, Civ. 1re, 6 févr. 2007, n° 04-13.282, *Bull. civ.* I, n° 54; *Defrénois* 2008. 2191, obs. G. Champenois; *D.* 2007. 1476, note V. Milakef-Toudic; *AJ fam.* 2007. 275, obs. P. Hilt; *JCP* 2007. II. 10113, note F. Sauvage; *JCP* 2007. I. 944, obs. A. Tisserand-Martin; *JCP N* 2007, n° 1147, note Rivière; *RTD civ.* 2007. 608, obs. M. Grimaldi; 623, obs. B. Vareille.

(pourvu naturellement que leurs enfants y consentent, v. ss no 411.44).

2°
Donation-partage cumulative

411.111 Description, validité et utilité. L'hypothèse est que, **l'un des père et mère étant décédé**, le survivant donne ses biens afin de les fondre avec ceux formant la succession du prédécédé en vue d'un **unique partage**. Techniquement, le partage cumulatif s'articule sur le mécanisme de la condition : le parent survivant consent une donation à ses enfants sous la condition qu'ils réunissent aux biens qu'il leur donne ceux qu'ils ont recueillis dans la succession du prédécédé, pour en faire un partage global.

Bien qu'aucune disposition du Code civil, même depuis la loi du 23 juin 2006, n'y fasse une quelconque allusion, sa validité est certaine[1].

Son utilité est la même que celle du partage cumulatif : faciliter la répartition des biens des deux ascendants.

411.112 Nature hybride. Du point de vue de l'analyse juridique, le partage cumulatif est très différent du partage conjonctif. Il porte à la fois sur des **biens donnés** et sur des **biens hérités**. Corrélativement, en tant qu'il porte sur les biens dépendant de la succession du prédécédé, il est l'œuvre des enfants, qui sont donc, relativement à eux, copartageants et non copartagés : il « *réalise par un même acte un partage amiable des biens de la succession ouverte et une donation-partage des biens du parent survivant à la condition que tous les enfants majeurs et capables acceptent ce partage* »[2].

Ce caractère hybride du partage cumulatif, qui contient un partage amiable entre cohéritiers, emporte ou devrait emporter plusieurs conséquences :

1° Il requiert **l'accord de tous les enfants**[3];

2° En présence d'un incapable, il est soumis aux **formalités** que la loi prescrit pour le **partage amiable**[4] : jadis, une homologation judiciaire; aujourd'hui, s'agissant d'un mineur ou d'un majeur en tutelle, l'autorisation préalable puis l'approbation du conseil de famille ou, à défaut, du juge (C. civ., art. 507);

3° La **lésion**, enfin, devrait y être sanctionnée. Mais la Cour de cassation a jugé le contraire[5], sans doute en raison des difficultés que l'imbrication du partage successoral et du partage anticipé aurait pu causer pour déceler la lésion alléguée : comment apprécier si l'un des enfants a subi une lésion d'outre-quart dans le partage des biens du prédécédé, alors que ces biens ont été confondus avec ceux du survivant et que celui-ci a pu, quant aux siens, procéder à un partage inégalitaire (v. ss nos 411.71 s.)[6] ?

411.113 Donation-partage cumulative à d'autres héritiers qu'à des descendants et donation-partage cumulative transgénérationnelle. Ce qui a été dit plus haut pour la donation-partage conjonctive (v. ss no 411.105) peut être transposé *mutatis mutandis* à la donation-partage cumulative.

La donation-partage cumulative se conçoit en présence d'**héritiers autres que des descendants.** Dans une fratrie de quatre frères dont l'un est décédé sans postérité, l'un des trois survivants, supposé lui aussi sans descendance, peut faire une donation-partage conjonctive de ses biens entre les deux autres sous la condition d'un certain partage des biens du prédécédé.

1. Civ. 1re, 20 juin 1955, *D.* 1955. 537; *JCP* 1955. II. 8781, note Blin – Civ. 1re, 22 nov. 2005, no 02-17.708, *Bull. civ.* I, no 437; *RTD civ.* 2006. 802, obs. M. Grimaldi; *D.* 2006. 902, note J.-G. Mahinga; *JCP* 2006. II. 10026, note F. Sauvage; *RLDC* 2006-28, no 2124, note J. Maury; *AJ fam.* 2006. 36, obs. F. Bicheron – Civ. 1re, 11 juin 2008, no 07-14.795, NP; *RTD civ.* 2008. 712, obs. M. Grimaldi.
2. Civ. 1re, 22 nov. 2005, no 02-17.708, préc. ss no 411.111 – V. AUSSI, Civ. 1re, 20 juin 1955, *JCP* 1955. II. 8781, note Blin; *D.* 1955. 537 : « *Attendu que si, en principe, l'ascendant donateur ne peut comprendre dans le partage anticipé qu'il fait de ses biens entre ses enfants que les seuls biens qui lui appartiennent, et non ceux provenant de la succession de son conjoint prédécédé, il n'existe aucune impossibilité légale à ce que, si le partage est effectué par acte entre vifs, et si tous les enfants majeurs et capables de contracter y consentent, cet ascendant constitue une masse commune de ses biens et de ceux de l'époux prédécédé, dont les enfants étaient saisis comme héritiers, et comprennent dans l'acte de donation-partage l'ensemble de ces biens* » – Req. 3 juin 1863, *DP* 1863. 1. 429.
3. Civ. 1re, 22 nov. 2005, no 02-17.708, préc. ss no 411.111 et ss prést no, motifs, préc. : « [...] *à la condition que tous les enfants majeurs et capables acceptent ce partage* » – Civ. 1re, 20 juin 1955, motif, préc., *JCP* 1955. II. 8781, note Blin; *D.* 1955. 537.
4. Civ. 1re, 22 nov. 2005, no 02-17.708, préc. ss no 411.111 et ss prést no, motifs, – Civ. 1re, 20 juin 1955, motif, préc., *JCP* 1955. II. 8781, note Blin; *D.* 1955. 537 – Civ. 1re, 12 févr. 1957, *Bull. civ.* I, no 70.
5. Civ. 1re, 22 nov. 2005, no 02-17.708, préc. ss no 411.111 et ss prést no.
6. RAPPR. Civ. 1re, 11 juin 2008, no 07-14.795, NP; préc. ss no 411.111 : la Cour de cassation retient l'existence d'une indivisibilité entre les deux composantes de la donation-partage cumulative, approuvant la cour d'appel d'avoir jugé que la libéralité « *ne pouvait subsister dans l'une de ses composantes si l'autre était remise en cause* »; mais elle en déduit, assez curieusement, que l'un des enfants ne peut, sans attaquer la donation-partage, demander le rapport de donations consenties par le prémourant des parents et découvertes après la donation-partage (M. Grimaldi, obs. préc.).

La donation-partage cumulative peut également être **transgénérationnelle,** pourvu que l'enfant qui laisse sa place à son propre enfant s'éclipse non seulement dans le partage anticipé auquel procède le survivant de ses auteurs, mais aussi dans le partage de la succession de son auteur prédécédé : pourvu, donc, qu'il consente à la donation-partage transgénérationnelle consentie par le survivant de ses auteurs, et qu'il renonce à la succession de son auteur prédécédé afin de permettre à son enfant d'y venir par représentation (v. s^{s} n° 411.45).

3°
Exclusion du testament-partage conjonctif et du testament-partage cumulatif

411.121 Testament-partage conjonctif. La prohibition des testaments conjonctifs (C. civ., art. 968) condamne le partage testamentaire conjonctif. Mais les père et mère peuvent faire **indirectement** un **testament-partage conjonctif**, en établissant **deux testaments identiques assortis**, chacun, d'une **clause pénale**[1].

411.122 Testament-partage cumulatif. Un partage testamentaire cumulatif ne se conçoit pas : on ne peut joindre un partage testamentaire, acte unilatéral, à cause de mort et librement révocable, à un partage ordinaire, acte conventionnel, entre vifs et irrévocable (rappr. la nullité du testament-partage incluant les biens dépendant de la communauté dissoute, v. s^{s} n° 411.93).

Mais l'ascendant survivant peut assortir le **partage testamentaire de ses biens de conditions relatives au partage de la succession du prémourant**, et sanctionner la violation de ces conditions au moyen d'une **clause pénale**[2]. De nouveau, cette clause permet de faire **indirectement** ce qui ne peut être fait directement[3].

B.
Biens déjà donnés à l'un des copartagés

411.131 Utilité de l'incorporation des donations antérieures[4]. L'incorporation à la donation-partage des donations antérieures faites aux copartagés, prévue par l'article 1078-1 du Code civil, présente une très grande utilité :

- Pour le **donataire**, en ce qu'elle l'affranchit du rapport de la donation incorporée (pour autant naturellement que celle-ci lui avait été consentie en avancement de part successorale) : les plus ou moins-values sont désormais pour lui.

- Pour le **donataire** et les **autres copartagés**, en ce qu'elle diminue le risque de réduction à la fois de la donation incorporée et du partage anticipé : si, en effet, la donation-partage recueille le concours de tous les enfants, les **biens qui y sont compris, et eux seuls, seront, pour le calcul de la réserve, évalués au jour du partage anticipé** au lieu de l'être au jour du décès (C. civ., art. 1078 - v. s^{s} n°s 413.31 s.); par suite, les biens ayant fait l'objet d'une donation antérieure non incorporée se trouveront surévalués par rapport à ceux compris dans le partage anticipé, avec pour conséquence un risque particulier de réduction pour l'une et l'autre des deux libéralités (v. s^{s} n° 413.61); l'incorporation de la donation antérieure assure l'unité de la date d'évaluation, et ce nonobstant toute clause contraire (C. civ., art. 1078-1, al. 2).

- Pour le **donataire** et les **autres copartagés** encore, en ce qu'elle permet une redistribution des biens antérieurement donnés (v. s^{s} n°s 411.133 s.).

411.132 Donation-partage sans nouvelles donations. La donation-partage peut ne comprendre que des biens antérieurement donnés (C. civ., art. 1078-3). Elle permet ainsi au *de cujus* d'affermir son œuvre libérale passée (plus de rapport qui soit dû; diminution du risque de réduction si le pacte de famille recueille l'adhésion de tous les descendants) et, le cas échéant, de redistribuer les biens antérieurement donnés (v. s^{s} n° 411.133). La loi précise - surtout pour le cas où le caractère rapportable ou préciputaire de la donation se trouve modifié ainsi que pour celui où il est stipulé un changement d'attributaire (v. s^{s} n°s 411.135 s.) - que la convention n'est pas regardée comme un ensemble de « *libéralités entre les héritiers présomptifs, mais comme un partage fait par le disposant* ».

411.133 Donations antérieures susceptibles d'être incorporées. Toutes les donations antérieures, faites aux héritiers ou aux autres personnes donataires d'une entreprise, peuvent être incorporées.

Peu importent leur forme (ostensible, indirecte, déguisée ou manuelle), leur caractère, rapportable ou préciputaire (C. civ., art. 1078-1) et leur objet. Une précédente donation-partage peut être incorporée à la nouvelle.

Depuis les réformes qui ont créé la donation-partage transgénérationnelle (2006) et admis la représentation de l'indigne (2001) puis du renonçant (2006), l'incorporation peut porter sur des biens que les enfants ont reçus, non pas du dispo-

1. R. Savatier, « Le partage conjonctif d'ascendant par voie testamentaire », *Defrénois* 1919, art. 22048, spéc^{t} II, « Sur la clause pénale dans les partages d'ascendants ».
2. R. Savatier, *RTD civ.* 1971. 683.
3. Sur cette question, v. Douai, 22 avr. 1931, *S.* 1932. 2. 73 – R. Savatier, « Le partage conjonctif d'ascendant par voie testamentaire », *Defrénois* 1919, art. 22048, spéc^{t} II « Sur la clause pénale dans les partages d'ascendants ».
4. S. Gaudemet et T. Semere, « L'incorporation des donations antérieures », *Defrénois* 2014. 366.

sant lui-même, mais, en son lieu et place, d'un ascendant plus éloigné : la loi le prévoit expressément pour ceux qu'ils ont reçus par voie de donation-partage transgénérationnelle (C. civ., art. 1078-10 – v. s[s] n° 413.113) ; quant à ceux qu'ils ont reçus en représentation du disposant, rien ne s'oppose à ce que soit incorporé à la donation-partage le rapport qui peut en être dû à sa succession (cas où le disposant a eu de nouveaux enfants depuis l'ouverture de la succession qu'il a repoussée ou de laquelle il a été exclu : C. civ. art. 754, al. 2, et 755, al. 2).

411.134 Conditions de l'incorporation. L'incorporation d'une donation requiert simplement le **consentement du donataire** à qui elle a été consentie.

Elle peut porter sur des biens autres que ceux qui ont été donnés pourvu qu'ils en soient la représentation. Elle s'accommode, en effet, de la subrogation réelle. Ainsi, elle peut avoir pour objet le bien acquis en emploi des deniers originairement donnés, ou sur le nouveau bien acquis en remploi du prix de la vente du bien antérieurement donné (C. civ., art. 1078-1, al. 1er). Lors des opérations de liquidation, les évaluations (C. civ., art. 922, 924-2, 1078) se feront sur le nouveau bien.

411.135 Modalités de l'incorporation : maintien ou changement du caractère d'avance de part successorale ou de préciput. Le lotissement revêt, en principe, le même caractère – **avance de part successorale** ou **préciput** – que la donation incorporée. Mais une transformation peut être convenue : un préciput devenir avance de part successorale (C. civ., art. 1078-2) ou inversement.

La transformation du préciput en une avance d'hoirie devrait être de règle. Car, apposée à un lot, la clause de préciput est lourde d'inconvénients[1]. Elle ne saurait viser à dispenser d'un rapport qui n'est jamais dû par un donataire-copartagé (v. s[s] n°s 413.11 s.), ni à écarter le risque d'une action en complément de part à raison d'une lésion qui n'est plus sanctionnée depuis la loi du 3 juillet 1971 (v. s[s] n° 411.171). Elle a pour seul effet de déplacer l'imputation du lot sur la seule quotité disponible au préjudice des libéralités ultérieures que pourrait consentir l'ascendant; et aussi de diminuer les droits *ab intestat* du conjoint qui succède en propriété, si l'on admet – avec la doctrine dominante : v. s[s] n° 413.13 – que les biens compris dans une donation-partage doivent, dans la mesure où ils constituent une avance sur part successorale, être compris dans la masse sur laquelle se calculent ces droits (C. civ., art. 758-5).

1. M. Grimaldi et C. Vernières, « De quelques clauses des donations-partages », *Defrénois* 2014. 387.

411.136 Modalités de l'incorporation (suite) : changement d'attributaire. La convention peut attribuer le bien à un autre qu'au donataire. Quoique la loi ne le prévoie pas (C. civ., art. 1078-1 : « *le lot de certains enfants pourra être formé des donations* [...] *déjà reçues par eux de l'ascendant* »), la doctrine dominante l'admet; et l'Administration fiscale aussi, qui taxe l'opération au droit de partage[2], alors même que la permutation porte sur un bien acquis en emploi ou en remploi du bien donné[3] (v. s[s] n° 613.52).

411.137 Incorporation dans une donation-partage transgénérationnelle. Des donations antérieurement faites peuvent être incorporées dans une donation-partage transgénérationnelle[4], le cas échéant sous les modalités qui viennent d'être dites : transformées de préciputs en avances de part successorale, ou avec changement d'attributaires (C. civ., art. 1078-7). De biens qu'ils avaient antérieurement reçus en qualité de tiers bénéficiaires de donations ordinaires, les petits-enfants peuvent ainsi se retrouver pourvus en qualité de donataires copartagés au lieu et place d'un enfant du donateur; et ce qui avait été donné aux enfants peut être redistribué, en tout ou partie, entre les petits-enfants.

L'incorporation peut aussi ne viser qu'à rendre transgénérationnelle une donation-partage antérieurement faite : l'ascendant ne donne aucun nouveau bien et ceux qu'il avait distribués restent chacun dans la souche qui en avait été pourvue; simplement, ils sont attribués aux enfants de ceux qui en avaient été originairement allotis[5].

411.138 Incorporation dans un testament-partage. La possibilité d'incorporer à un testament-partage une donation antérieure est admise en doctrine[6] et a été consacrée par un ancien arrêt[7].

2. Instr. 11 avr. 1974, *Defrénois* 1974, art. 30663.
3. Rép. min. 14 août 1976, *Defrénois* 1976, art. 31236.
4. R. Gentilhomme, « Vive la réincorporation à la masse d'une donation-partage transgénérationnelle », *Defrénois* 2011. 153.
5. M. Grimaldi et R. Gentilhomme, « Rendre transgénérationnelle une donation-partage antérieure », *Defrénois* 2011. 1344.
6. G. Morin, *La loi du 3 juillet 1971 sur les rapports à succession, la réduction des libéralités et les partages d'ascendants*, n° 139 : « *Rien ne s'oppose à ce que l'ascendant comprenne dans le testament-partage des biens précédemment donnés à ses enfants sans dispense de rapport, puisque cet acte tient lieu de partage après décès et que, dans ce dernier, les biens donnés auraient été rapportés et compris dans la répartition* » – P. Catala, n° 140-a – J. Flour et H. Souleau, *Les successions*, n° 579 – Rép. civ., v° *Libéralités-Partages*, par F. Sauvage, sept. 2009 [màj janv. 2014], n° 178 – M. Dagot, « La loi successorale du 3 juillet 1971 », *JCP* 1971. I. 2434, n° 139.
7. Req. 9 juill. 1840, *D.* 1840. 1. 244.

On ne saurait y opposer que l'incorporation suppose le consentement du donataire, et que ce consentement ne se conçoit pas dans le cas d'un testament-partage, qui est un acte unilatéral. D'une part, cette analyse restreint sans raison le pouvoir de l'ascendant de **procéder lui-même au partage testamentaire de sa succession,** laquelle comprendra, si la donation est en avancement de part successorale, le rapport dû par l'enfant donataire. D'autre part, l'incorporation ne prive cet enfant d'aucun des droits qui lui étaient acquis, et elle ne contredit donc point l'irrévocabilité de la donation : d'une part, l'incorporation ne porte que sur le produit du rapport, donc en principe sur l'indemnité dont le donataire est redevable, sauf sa préférence pour un rapport en nature[1]; d'autre part, le donataire reste libre d'éviter le rapport en renonçant à la succession.

§ 2
La répartition

411.140 Division. La répartition est nécessaire (A), mais libre dans ses modalités (B). Et elle l'est notamment dans le cas d'une donation-partage transgénérationnelle (C).

A.
Nécessité d'une répartition

411.141 Une pratique condamnée. La libéralité-partage est, par définition, un acte répartiteur[2]. Si, donc, il n'y a pas répartition, il ne peut y avoir libéralité-partage : ni donation-partage[3], ni testament-partage[4].

La jurisprudence l'a rappelé dans des arrêts qui ont eu un grand retentissement : **pas de donation-partage de quotes-parts indivises, pas de donation-partage sans partage**[5]. Sera ainsi déqualifiée en donation ordinaire la donation-partage où le « lot » de **chaque** héritier est composé d'une même quote-part soit de la masse des biens donnés[6], soit de l'unique bien donné, soit de chacun des biens donnés[7]. Le sera également celle où le lot de **certains** héritiers est composé de quotes-parts indivises, alors même que les autres héritiers bénéficient d'attributions privatives[8]. Le serait aussi sans doute celle où le lot de chacun serait composé pour partie de biens attribués privativement et pour partie de quotes-parts indivises. Bref, une véritable donation-partage ne doit aucunement créer (pire : anticiper) l'indivision dont elle est censée prévenir la survenance au décès du disposant (v. s^{s} n° 410.15).

La déqualification emporte plusieurs conséquences :

– 1°/ Au regard du **rapport** : alors qu'une donation-partage n'est jamais rapportable (v. s^{s} n° 413.11), la libéralité le devient, sauf clause contraire (mais qui ne devrait pas se trouver dans un acte conçu comme une donation-partage);

– 2°/ Au regard du **calcul de la réserve** : alors que les biens compris dans une donation-partage sont, à certaines conditions, évalués au jour de l'acte en application de l'article 1078 du Code civil (v. s^{s} n°s 413.31 s.), ceux qui ont fait l'objet de donations ordinaires le sont au jour du décès en application de l'article 922 du même code;

– 3°/ Au regard de la **liquidation des droits légaux en propriété** du conjoint survivant : alors que l'inclusion des biens compris dans une donation-partage dans la masse de calcul de ces droits est controversée (v. s^{s} n° 413.13), celle des biens donnés par voie de donation ordinaire, sans dispense de rapport, est expressément prévue par le texte (C. civ., art. 758-5, al. 1er);

– 4°/ Au regard de la **validité même de la libéralité**, seule une donation-partage, à l'exclusion d'une donation ordinaire, peut être transgénérationnelle.

Les deux premières conséquences, qui sont *a priori* les plus redoutables, ne sont cependant pas trop à craindre lorsque tous les héritiers ont reçu

1. Ainsi s'explique sans doute : Civ. 1re, 30 avr. 2014, n° 13-10.022, préc. s^{s} n° 411.91 : l'arrêt exclut que le testateur puisse inclure dans son testament-partage le bien même qu'il avait antérieurement donné en avancement de parts successorale; car, le rapport se faisant en valeur, le bien donné n'a pas vocation à se retrouver dans sa succession.
2. M. Nicod, « La fonction de partage de la libéralité-partage », *Defrénois* 2014. 48.
3. Req. 20 janv. 1947, *S.* 1947. L. 69.
4. Civ. 1re, 5 déc. 1978, n° 77-12.330, *Bull. civ.* I, n° 376; *Defrénois* 1979, art. 31955, note A. Ponsard.
5. Civ. 1re, 6 mars 2013, n° 11-21.892, *Bull. civ.* I [à paraître]; *Defrénois* 2013. 463, note F. Sauvage; *RTD civ.* 2013. 424, obs. M. Grimaldi; *RLDC* 2013/106, n° 5170, note M. Nicod; *JCP N* 2013. 1162, obs. J.-P. Garçon; *Dr. fam.* 2013. Comm. 91, note B. Beignier; *AJ fam.* 2013. 301, obs. C. Vernières – Civ. 1re, 20 nov. 2013, n° 12-25.681, *Bull. civ.* I [à paraître]; *Defrénois* 2013. 1259, note M. Grimaldi (« Pas de donation-partage sans partage »); *JCP N* 2014. 1002, obs. J.-P. Garçon; *Dr. fam.* 2014. Comm. 25, note M. Nicod – V. DÉJÀ : Req. 20 janv. 1947, *S.* 1947. 1. 69 – Civ. 16 nov. 1953, *Bull. civ.* I, n° 314.
6. Req. 20 janv. 1947, préc.
7. Que l'Administration fiscale n'ait point contesté que la libéralité fût une donation-partage, c'est sans doute ce qui en explique le grand nombre à une époque où certains ne recherchaient dans le partage anticipé que les avantages fiscaux qui y étaient alors attachés (v. s^{s} n° 410.16).
8. Civ. 1re, 6 mars 2013, n° 11-21.892, préc. s^{s} prés^{t} n° – Civ. 1re, 20 nov. 2013, n° 12-25.681, préc. s^{s} prés^{t} n°.

une même quote-part des mêmes biens et qu'ils l'ont conservée jusqu'au règlement de la succession (en raison, notamment, d'une clause d'inaliénabilité) :

- au regard du **rapport**, ils se retrouvent chacun débiteur d'une même indemnité envers une masse dans laquelle ils ont des droits égaux;

- au regard de la **réserve**, la mise à l'écart de l'article 1078 du Code civil, non seulement ne crée aucune rupture d'équilibre entre les enfants, mais peut même s'avérer bénéfique si le *de cujus* a consenti d'autres libéralités, spécialement des legs, car elle assure l'unité de la date d'évaluation de tous les biens (v. s[s] n° 413.61).

En revanche, lorsque tous les héritiers n'ont pas reçu la même chose, ou lorsqu'ils ont cédé (tous ou certains d'entre eux; à un tiers ou à l'un d'eux) ce qu'ils ont reçu, la déqualification pourra mettre à bas toutes les prévisions du *de cujus*. Car, sous l'angle du rapport comme de la réduction, le mécanisme de la subrogation liquidative (C. civ. art. 860, 922 et 924-2) rendra le ou les donataires cédants comptables envers la succession de sommes qui pourront être très différentes, selon l'emploi ou le remploi que chacun aura fait du produit de la cession des droits qui lui avaient été donnés.

Pour corriger le tir, le *de cujus* peut consentir une nouvelle et véritable donation-partage, où les biens que la précédente avait rendus indivis sont incorporés et font l'objet, cette fois, d'attributions privatives [1].

411.142 Volonté répartitrice du *de cujus*. La répartition doit être l'œuvre du *de cujus*. La donation-partage n'est point une donation faite par le *de cujus*, suivie d'un partage convenu entre les donataires; elle est un partage fait par le *de cujus* (v. s[s] n° 410.13, avec les références).

Aussi ne peut-elle résulter d'une donation et d'un partage faits par actes séparés (v. s[s] n° 411.203) qu'à la condition que le *de cujus*, après avoir donné, intervienne au partage : « *La donation et le partage peuvent être faits par actes séparés pourvu que l'ascendant intervienne aux deux actes* » (C. civ., art. 1076, al. 2).

La nécessité de la présence de l'ascendant au partage rend inconcevable un testament-partage qui procéderait d'un testament et d'un partage successifs.

B.
Liberté dans la répartition

411.150 Causes et manifestations de la libéralisation. L'assouplissement des règles du partage ordinaire et la reconnaissance d'une dimension libérale au ci-devant partage d'ascendant expliquent la liberté acquise par le *de cujus* dans la composition des lots (1°) comme dans le nombre des lots à composer (2°).

1. M. Grimaldi, « Que faire au lendemain des arrêts de mars et novembre 2013 ? », *Defrénois* 2014. 353.

1°
Composition des lots

411.160 Évolution législative. Depuis les réformes de 1938, le *de cujus* – qui était nécessairement un ascendant jusqu'à la réforme du 23 juin 2006 – n'a plus à se soucier de **l'égalité en nature** : conséquence de ce que le partage ordinaire s'en est alors largement affranchi [2], pour s'en dégager complètement en 2006 (C. civ., art. 826, al. 1er : « *L'égalité dans le partage est une égalité en valeur* »).

Depuis la loi du 3 juillet 1971, il n'a plus même à se soucier de **l'égalité en valeur**, sauf à respecter la réserve de chacun : conséquence de ce que la donation-partage et le testament-partage peuvent, depuis lors, porter une libéralité.

a.
Liberté de s'affranchir de l'égalité en nature

411.161 Illustration de la liberté de l'ascendant. Le *de cujus*, dont on suppose ici qu'il entend respecter **l'égalité en valeur**, peut allotir à sa guise les copartagés [3]. Il peut négliger l'égalité en nature [4], alors même que celle-ci pourrait être assurée sans division matérielle des biens. Il peut même lotir l'un des enfants de l'unique bien compris dans le partage, une soulte formant les lots des autres [5]. Et il peut naturellement écarter l'attribution préférentielle prévue par la loi [6].

Mais il ne peut lotir que d'une entreprise la personne qu'il aurait invitée à la donation-partage quoiqu'elle ne fût pas son présomptif héritier (v. s[s] n°s 411.50 s.).

411.162 Lots composés de deniers payables à terme. Un lot peut être composé d'une somme d'argent payable à terme, notamment au décès du

2. M. Grimaldi, *Successions*, n° 872.
3. R. Savatier, « Les libertés de l'ascendant en matière de donation-partage et les limites techniques de la notion de partage d'ascendant », *Defrénois* 1952, art. 27036.
4. Dijon, 17 nov. 1988, motifs, *Gaz. Pal.* 1989. Somm. 396 : les immeubles à deux enfants, l'argent au troisième.
5. Civ. 8 déc. 1948, *Gougay*, *Defrénois* 1949, art. 26717; *D.* 1949. 145, note Lalou; *JCP* 1949. II. 4652, note J.-F.-L.C. – *Adde* Req. 21 juill. 1931, *S.* 1932. 1. 85 – Civ. 1re, 10 oct. 1979, n° 78-11.444, *Bull. civ.* I, n° 244 – Civ. 1re, 30 nov. 1982, n° 81-15.519, *Bull. civ.* I, n° 344; *Defrénois* 1983, art. 33060, note Morin; *D.* 1983. 195, même note.
6. Civ. 18 déc. 1950, *D.* 1951. 37, note Lenoan.

de cujus. Il en va souvent ainsi dans le cas, qui est usuel, où l'ascendant se réserve l'usufruit des biens qu'il distribue entre ses enfants : s'il allotit un enfant de deniers lui appartenant, les règles du quasi-usufruit lui permettent de les retenir jusqu'à sa mort; et s'il l'allotit d'une soulte, celle-ci est d'ordinaire stipulée payable à son décès[1].

Un tel lotissement est parfaitement régulier. Il n'enfreint pas l'interdiction de lotir en biens à venir : une créance dont, simplement, l'exigibilité est différée constitue un bien présent[2].

Mais la loi protège le copartagé ainsi placé en situation d'attente :

- s'il s'agit de **deniers dus par le** *de cujus*, ou à prendre dans sa succession, les **évaluations** en vue du calcul de la réserve se feront, le cas échéant, **à la date du décès** lors même que la donation-partage aurait recueilli l'adhésion de tous les héritiers réservataires (C. civ., art. 1078 - v. s^{s} n°s 413.31 s.);

- s'il s'agit d'une **soulte due par les copartagés**, elle est sujette à la **revalorisation** organisée dans tout partage successoral par la loi du 3 juillet 1971 (C. civ., art. 828), et ce impérativement (v. s^{s} n° 411.163)[3].

411.163 Revalorisation des soultes payables à terme. La revalorisation des soultes payables à terme appelle quelques précisions :

1° Elle bénéficie aux soultes stipulées dans les donations-partages consenties avant la date d'entrée en vigueur de la loi de 1971, dès lors que l'ascendant n'est décédé qu'après[4], ou que, bien qu'il soit décédé avant, sa succession n'était pas encore liquidée à cette date, ni n'a fait l'objet d'une demande en partage avant le 15 avril 1971[5].

2° Elle doit bénéficier à un prix de licitation payable à terme; mais il est audacieux de l'avoir appliquée à des sommes d'argent appartenant au *de cujus* et dont celui-ci avait, par testament-partage, alloti l'un des enfants[6], car la qualification de soulte est alors abusive.

3° Elle est, comme il a été dit (v. s^{s} n° 411.162), d'ordre public (C. civ., art. 1075-4). Ce qui peut s'expliquer par la crainte d'un abus d'autorité du *de cujus* (v. s^{s} n° 410.13). D'où il suit :

- qu'est seule interdite la clause qui a pour effet, soit d'exclure la variabilité légale, soit de priver le créancier de tout ou partie de la hausse qui en résulterait[7];

- que, le *de cujus* une fois décédé, les donataires copartagés peuvent déroger, dans un sens ou dans l'autre, aux dispositions de l'article 828 du Code civil[8].

b. Liberté de s'affranchir, dans la limite de la quotité disponible, de l'égalité en valeur

411.171 Caractère mixte de la libéralité-partage : partage et libéralité. Depuis la loi du 3 juillet 1971, la lésion ne vicie plus les donations-partages ni les testaments-partages. Elle n'y est plus sanctionnée et ne peut donc donner lieu, ni, pour les actes relevant du droit antérieur à la loi du 23 juin 2006, à une action en rescision (C. civ., anc. art. 1075-1), ni, pour les actes relevant du droit issu de cette loi, à une action en complément de part (C. civ., art. 1075-3).

La seule sanction à laquelle, le cas échéant, se trouve exposée une **libéralité-partage inégalitaire** est la **réduction pour atteinte à la réserve.** C'est dire qu'un ascendant est libre de rompre l'égalité entre ses descendants, pourvu qu'il reste dans les limites du disponible. La libéralité-partage a aujourd'hui vocation à gratifier autant qu'à partager (v. s^{s} n° 410.13).

411.172 Cas du testament-partage. Cette analyse vaut pour le testament-partage autant que pour la donation-partage. Certes, dans sa réaction issue de la loi du 3 juillet 1971, l'article 1079 du Code civil disposait que « *le testament-partage ne produit que les effets d'un partage* ». Mais comment nier la

1. P. Catala, note 413-1.
2. Civ. 1re, 30 nov. 1982, n° 81-15.519, préc. (v. s^{s} n° 411.161) – Civ. 1re, 22 févr. 2005, n° 03-14.111, *Bull. civ.* I, n° 91; *RTD civ.* 2005. 442, obs. Grimaldi; *D.* 2005. Pan. 2114; *Dr. et patr.* 2008, n° 174, p. 60-63, note Auger; *Dr. fam.* 2005. Comm. 115, p. 31.
3. Civ. 1re, 30 nov. 1982, n° 81-15.519, préc. s^{s} prés^{t} n° – Civ. 1re, 17 avr. 1985, n° 84-11.064, *Bull. civ.* I, n° 121; *Defrénois* 1987, art. 34030, obs. G. Champenois; *D.* 1986. 243, note J.-C. Groslière – *Adde* Civ. 1re, 19 févr. 1980, n° 78-14.927, *Bull. civ.* I, n° 61; *D.* 1981. IR 30, obs. Breton.
4. Civ. 1re, 21 mars 1979, n° 77-14.257, *Bull. civ.* I, n° 100; *Defrénois* 1979, art. 32038, obs. G. Champenois; *D.* 1979. IR 496, obs. D. Martin.
5. Civ. 1re, 9 oct. 1979, n° 78-11.700, *Bull. civ.* I, n° 235, motifs, *Gaz. Pal.* 1980. 1. Somm. 46.
6. Civ. 1re, 17 avr. 1985, n° 84-11.064, préc. s^{s} n° 411.162.
7. Civ. 1re, 6 juill. 2011, n° 10-21.134, *Bull. civ.* I, n° 140; *D.* 2011. 970; *AJ fam.* 2011. 552, obs. C. Vernières; *JCP N* 2011, n° 1278, note F. Sauvage; *Defrénois* 2011. 1533, note D. Autem : *RDC* 2012. 136, note C. Goldie-Génicon : « *Attendu qu'ayant relevé que la variation conventionnelle retenue pouvait conduire à une diminution de la soulte tandis que la variabilité légale pouvait aboutir à une augmentation de celle-ci, la cour d'appel en a exactement déduit que la clause conventionnelle de variation de la soulte, en ce qu'elle permettait d'exclure la variabilité légale d'ordre public, devait être déclarée non écrite* ».
8. Civ. 1re, 19 janv. 1982, n° 81-10.608, *Bull. civ.* I, n° 31; *D.* 1982. IR 474, obs. Martin, révision de la soulte proportionnellement aux fluctuations de valeur de tous les biens compris dans la donation-partage, et non pas seulement de ceux mis dans le lot du débiteur de la soulte.

dimension libérale d'un testament-partage qui, en présence de deux enfants, allotit l'un du double de l'autre ? D'où la nouvelle rédaction de l'article 1079, issue de la loi du 23 juin 2006 : « *Le testament-partage produit les effets d'un partage* ».

411.173 **Clause d'excédent de lot.** On observera que, dès avant 1971, l'ascendant pouvait imprimer au partage d'ascendant une nature mixte en y insérant des avantages préciputaires. Il lui suffisait de stipuler la clause dite d'excédent de lot : il déclarait que, si un lot s'avérait d'une valeur supérieure aux autres, cet excédent serait acquis à son bénéficiaire à titre de donation préciputaire; moyennant quoi, la rescision pour lésion était exclue[1]. Désormais, cette clause est **superfétatoire**. Et elle peut même être **dangereuse**[2] (v. s^s n° 413.14).

2°
Nombre de lots à composer

411.181 **Deux au moins ?** Le *de cujus* n'est pas tenu de former un lot à l'intention de chacun de ses héritiers. La solution a été acquise dès l'instant où l'omission d'un enfant a cessé d'emporter l'anéantissement du partage d'ascendant (v. s^s n° 411.35).

Un seul lot semble même suffire selon la jurisprudence[3]. Mais la doctrine dominante soutient qu'il en faut au moins deux[4].

C.
Donation-partage transgénérationnelle

411.191 **Absence de règles particulières.** Dans le cas d'une donation-partage transgénérationnelle, l'ascendant doit, comme dans toute donation-partage, distribuer, répartir (v. s^s n°s 411.141 s.). Simplement, on conçoit qu'ici il procède, non par tête, mais par souche : qu'il compose des lots en nombre égal à celui de ses enfants représentés, sans division entre ses petits-enfants. Il y est expressément autorisé : « *Les descendants d'un degré subséquent peuvent, dans le partage anticipé, être allotis séparément ou conjointement entre eux* » (C. civ., art. 1078-4, al. 2).

1. Civ. 1re, 13 juin 1966, *D.* 1967. 77, note Voirin : cette clause « *rend l'action en rescision pour lésion irrecevable* ».
2. M. Grimaldi et C. Vernières, *Defrénois* 2014. 387.
3. Civ. 8 déc. 1948, *Gougay*, (préc. s^s n° 411.161), *Defrénois* 1949, art. 26717; *D.* 1949. 145, note Lalou; *JCP* 1949. II. 4652, note J.-F.-L.C.
4. P. Catala, n° 112 – G. Morin, « L'ouverture de la donation-partage à des personnes n'ayant pas la qualité d'enfants ou de descendants du disposant [L. n° 88-15, 5 janv. 1988, art. 42] », *Defrénois* 1988, art. 34152, n° 6.

En outre, il peut, comme dans le cas d'une donation-partage ordinaire, gratifier en même temps que partager, pourvu qu'il reste dans la **limite de la quotité disponible** (v. s^s n° 411.171). Simplement, lors des opérations visant à vérifier qu'il n'a pas excédé cette limite, on raisonnera par souche, c'est-à-dire en faisant comme s'il avait gratifié ses enfants, et non ses petits-enfants (v. s^s n° 413.112). C'est ainsi qu'il faut comprendre la règle suivant laquelle « *lorsque des descendants de degrés différents concourent à la même donation-partage, le partage s'opère par souche* » (C. civ., art. 1078-6, al. 1er). Ce texte, en effet, ne doit aucunement être compris comme imposant un partage égal par souche; ni même comme imposant, dans la rédaction de l'acte notarié, une première répartition par souche, suivie d'une seconde répartition (facultative) entre les représentants de chaque souche : il est parfaitement possible de procéder à des attributions directes aux différents donataires, quel que soit leur degré; sauf, lors de la liquidation de la succession du disposant[5], à devoir calculer ce que chaque souche a reçu.

SECTION 3
La forme

§ 1
Donation-partage

411.201 **Donation-partage ostensible.** Lorsqu'elle est ostensible, la donation-partage est astreinte au formalisme requis de la donation ordinaire... ostensible :

– Elle doit être faite en la **forme authentique** (C. civ., art. 931)[6]. L'acte authentique doit être régulier : il doit être signé par le notaire[7]. Mais il

5. Et peut-être aussi dès la passation de l'acte, pour la liquidation des droits de mutation.
6. Civ. 1re, 19 janv. 1971, n° 69-13.537, *Bull. civ.* I, n° 23; *D.* 1971. Somm. 106 – Civ. 1re, 1er déc. 1999, n° 97-21.953, *Bull. civ.* I, n° 327; *RTD civ.* 2000. 884, obs. J. Patarin; *Dr. fam.* 2000, n° 44, note Beignier; *JCP N* 2000. 1844, note M. Dagot : pas de donation-partage valablement formalisée par un simple échange de conclusions au cours d'un procès – Civ. 1re, 3 janv. 2006, n° 02-17.656, *Bull. civ.* I, n° 3; *RTD civ.* 2007. 610; *RTD civ.* 2007. 613, obs. M. Grimaldi : au motif que « *la donation-partage doit être passée devant notaire, à peine de nullité* », la Cour censure un arrêt d'appel qui avait reconnu efficacité à une donation-partage dont la réalisation avait été prévue, avec une autre, dans une convention conclue sous seing privé entre une mère et ses enfants, mais qui, à la différence de l'autre, n'avait pu être ensuite passée par devant notaire du fait du décès de la mère; *D.* 2006. Pan. 2066; *Dr. fam.* 2006. Comm. 38.
7. Civ. 1re, 13 oct. 1982, *D.* 1983. IR 348, obs. Martin.

n'est pas nécessaire que le notaire qui instrumente soit celui qui a négocié et rédigé[1].

– Si la donation-partage porte sur des **meubles**, ceux-ci doivent faire l'objet d'un **état estimatif** annexé à la minute (C. civ., art. 948)[2].

– L'**acceptation** des donataires copartagés doit être **expresse** (C. civ., art. 932, al. 1)[3]. Donnée par **acte séparé**, elle doit revêtir la **forme authentique** puis être **notifiée** à l'ascendant, qui ne sera engagé que par cette notification, à lui faire de son vivant (C. civ., art. 932, al. 2). Au cas d'irrégularité formelle, l'acceptation est nulle de nullité absolue[4] (sur la question de savoir si l'enfant dont l'acceptation est nulle ne peut prétendre qu'à sa part de réserve seulement, v. s[s] n° 413.92).

Si l'offre et les acceptations se font par des actes séparés, la donation-partage se forme par la première adhésion (v. s[s] n° 410.13).

411.202 Donation-partage non ostensible. La donation-partage peut, comme une donation ordinaire, être valablement consentie sous une forme **manuelle**[5], **déguisée**[6] ou **indirecte**.

Mais l'absence d'acte notarié prive les parties du précieux conseil de l'officier public.

411.203 Donation et partage par actes séparés. La donation-partage peut être faite en deux temps : résulter d'une donation et d'un partage successifs. Mais le *de cujus* doit, après avoir donné, intervenir au partage (C. civ., art. 1076, al. 2) (v. s[s] n° 411.142). Tant que le partage n'a pas été accompli, l'acte n'est qu'une donation-partage imparfaite, une donation-partage inachevée.

Si le *de cujus* meurt avant d'y avoir procédé, la donation-partage, dont la perfection est désormais exclue, dégénère en une donation ordinaire.

Quant à savoir si les héritiers peuvent, dans la période intermédiaire, provoquer le partage auquel le *de cujus* négligerait de procéder, la réponse doit être négative. Admettre que les biens devenus indivis par suite de la donation fassent l'objet d'un partage amiable convenu entre les seuls donataires, ou d'un partage judiciaire sur la demande de l'un de ceux-ci, serait regarder le partage de cette indivision comme celui d'une indivision ordinaire, alors que c'est au *de cujus* qu'appartient le pouvoir de répartir. C'est à lui qu'il revient de composer puis d'offrir un lot à chacun de ses enfants; et celui qui accepte l'offre qui lui est ainsi faite se trouve alloti, indépendamment du parti que peuvent prendre les autres. Si, maintenant, les héritiers n'obtiennent pas du *de cujus* le partage annoncé, chacun devrait pouvoir obtenir que la libéralité fût résolue à son égard. Serait ainsi respectée la règle, de valeur constitutionnelle[7], suivant laquelle nul n'est tenu de rester dans l'indivision. Mais l'héritier sortirait du piège où il s'est pris lui-même par un anéantissement de la donation à son égard, donc par un retour au *statu quo ante*, et non par un partage imposé au *de cujus*, qui serait une dénaturation de l'opération engagée.

En vérité, la **décomposition en deux temps de la donation-partage n'est pas à conseiller**[8], compte tenu, non seulement du risque de déqualification si le *de cujus* meurt avant le partage, mais aussi des brumes qui planent sur le régime juridique de l'indivision intercalaire.

411.204 Donation-partage réalisée par des donations distinctes : revirement de jurisprudence. Une donation-partage peut-elle résulter de plusieurs donations consenties distinctement mais unies par un même projet répartiteur[9] ? La Cour de cassation l'avait admis[10]; elle le refuse à présent : « *La donation-partage qui réalise la volonté répartitrice de toutes les parties ne peut résulter, sous réserve de l'article 1076 du Code civil, que d'un acte authentique prenant en compte la totalité des biens donnés* »[11].

1. Civ. 1re, 27 janv. 1987, n° 85-12.872, *Bull. civ.* I, n° 33; *JCP* 1987. II. 20881, note M. Dagot.
2. Civ. 1re, 10 juin 1970, n° 69-10.950, *Bull. civ.* I, n° 198; *D.* 1970. 772; *JCP* 1971. II. 16656, note M. Dagot.
3. Civ. 1re, 8 juin 1966, *D.* 1966. 674, note Voirin; *JCP* 1966. II. 14728, note J.-A.
4. Civ. 1re, 8 juin 1966, préc. s[s] prés[t] n°.
5. Civ. 1re, 10 juin 1970, n° 69-10.950, préc. s[s] n° 411.201.
6. Civ. 1re, 18 déc. 1954 [déguisement sous forme de quittance] – Req. 21 juin 1931, *S.* 1932. 1. 85 [déguisement sous forme de vente] – Civ. 1re, 9 nov. 1976, n° 75-11.863, *Bull. civ.* I, n° 341 [déguisement sous forme de vente] – RAPPR., Req. 5 nov. 1877, *S.* 1878. 1. 214 : requalification en donation-partage d'une vente faite par une mère à tous ses enfants, sauf un (sourd-muet), sous la double charge, d'une part, qu'ils se partagent les biens vendus après les avoir confondus avec ceux dépendant de la succession de leur père, prédécédé, et, d'autre part, qu'ils servent une rente viagère à la donatrice et à l'enfant omis – Req. 21 juin 1931, *S.* 1932. 1. 85 : requalification en donation-partage d'une prétendue vente faite par des parents à une enfant moyennant un prix payable, et effectivement payé, à leur décès.
7. Cons. const. 9 nov. 1999, n° 99-419 DC, *Rec. Cons. const.* 116; *JCP* 2000. I. 210, obs. N. Molfessis; *RTD civ.* 2000. 870, obs. Th. Revet.
8. M. Grimaldi, *Defrénois* 2014. 355.
9. M. Mathieu, « Donations-partages et pluralité d'actes de donation (à propos de l'arrêt *Labourdette*) », *JCP N* 1987. I. 77.
10. Civ. 1re, 17 avr. 1985, n° 84-11.908, *Labourdette* (2e esp.), *Bull. civ.* I, n° 118; *D.* 1986. 243, note J.-C. Groslière; *Defrénois* 1987, art. 34030, note G. Champenois.
11. Civ. 1re, 6 févr. 2007, n° 04-20.029, *Bull. civ.* I, n° 54; *RTD civ.* 2007. 611, obs. M. Grimaldi; *D.* 2007. Pan. 2135, obs. M. Nicod; *RJPF* 2005-5/24/25, note Casey; *AJ fam.* 2007, n° 3, p. 142, note B. Gelot; *JCP* 2008. I. 108, obs. R. Le Guidec.

411.205 Révocation conventionnelle d'une donation-partage ostensible : nécessité d'un acte notarié. Le *de cujus* et les donataires copartagés peuvent convenir de résoudre le partage anticipé. Quant au fond, cette révocation conventionnelle, comme celle d'une donation ordinaire, est parfaitement **licite** : elle n'est qu'une illustration du *mutuus dissensus* par lequel l'article 1134 du Code civil permet aux parties de révoquer leurs conventions par « *leur consentement mutuel* ». Mais, quant à la forme, elle doit revêtir la **forme authentique** suivant laquelle la donation-partage avait été faite : selon la Cour de cassation, « *la renonciation à une donation doit revêtir la même forme authentique que l'acceptation qu'elle entend rétracter* » [1].

§ 2
Testament-partage

411.211 Formes du testament. Le partage testamentaire peut revêtir la forme authentique, olographe, mystique ou internationale.

Il doit respecter la prohibition des testaments conjonctifs (C. civ., art. 968).

Il ne requiert nulle formule sacramentelle, encore que le testateur fera bien de **déclarer expressément qu'il procède au partage de ses biens** afin de prévenir des difficultés de qualification (v. s^{s} n° 411.212).

Il peut sans doute résulter de testaments successifs [2], encore que le revirement intervenu à propos de la donation-partage (v. s^{s} n° 411.204) permette d'en douter. Mais il ne se conçoit pas, décomposé en un testament et un partage subséquent.

411.212 Difficultés de qualification. La plupart des testaments étant faits en la forme olographe, c'est souvent un acte sous seing privé qui porte le partage testamentaire. Or, dans bien des cas, le testament est susceptible de trois qualifications [3] : testament ordinaire comportant des **legs préciputaires**, testament ordinaire comportant des **legs rapportables, testament-partage**.

Le **critère de la qualification** gît alors dans la **volonté du testateur.** Si le testateur a voulu avantager, on doit retenir la première qualification. S'il a voulu attribuer, allotir, bref procéder à un partage, on doit choisir entre la seconde et la troisième, selon qu'il a entendu proposer ce partage par un acte libéral ou l'imposer par un acte d'autorité.

Dans cette recherche de volonté, on s'attache volontiers :

1° Au règlement successoral organisé par le testateur, c'est-à-dire aux **éléments intrinsèques à l'acte** :

– À son **étendue**, car s'il englobe tous les biens de la succession, la qualification de legs préciputaires, qui impliquerait la réduction de tous les legs, doit être délaissée au bénéfice de l'une des deux autres.

– À ses **modalités**, car plus la répartition y est semblable à celle qui pourrait résulter d'un partage ordinaire (distribution de biens à chacun des héritiers; respect des vocations légales), plus la qualification de testament-partage paraît appropriée [4].

– À ses **termes**, car toute expression où affleure l'autorité suggère un partage testamentaire.

2° Aux circonstances de la cause, c'est-à-dire à des **éléments extrinsèques à l'acte** [5].

1. Civ. 1re, 3 janv. 2006, n° 02-17.656, *Bull. civ.* I, n° 3; *RTD civ.* 2007. 610, obs. M. Grimaldi; *RTD civ.* 2007. 613, obs. M. Grimaldi; *D.* 2006. Pan. 2066 – V. DÉJÀ, avec le même motif, Civ. 1re, 2 juin 1970, n° 68-14.147, *Bull. civ.* I, n° 187; *JCP* 1970. II. 17095, note M. Dagot.
2. A. Ponsard, *Defrénois* 1979. II. 31956.
3. A. Ponsard, note s^{s} Civ. 1re, 5 déc. 1978, n° 77-12.330, *Bull. civ.* I, n° 376; *Defrénois* 1979, art. 31956; Rémy, note s^{s} Civ. 1re, 20 janv. 1982, n° 80-16.909, *Bull. civ.* I, n° 35; *JCP* 1982. II. 19908.
4. Civ. 1re, 30 mars 1955, *Bull. civ.* I, n° 152 – Civ. 1re, 4 janv. 1980, n° 78-13.596, *Bull. civ.* I, n° 9; *JCP* 1980. IV. 105 – Civ. 1re, 4 juin 2009, n° 08-13.801, NP; *D.* 2009. Pan. 2508, obs. M. Nicod : « *Attendu qu'après avoir relevé que, bien que le rédacteur d'un testament-partage puisse composer des lots inégaux, si son intention première et essentielle est d'avantager l'un de ses enfants, l'acte doit s'analyser en un testament ordinaire comportant des legs préciputaires, l'arrêt retient qu'il résulte de la clause contenant le legs de la quotité disponible à Mme Mélissa X…, placée en préambule, que le testateur, en rédigeant l'acte litigieux, avait pour intention première et essentielle d'avantager sa fille, Mélissa, née d'un adultère, pour compenser les effets de la loi alors applicable et qui pénalisait les enfants adultérins, ce dont il résultait que prédominait sur toutes les autres dispositions, la volonté d'accorder à l'un des trois enfants un avantage, c'est à bon droit que la cour d'appel en a déduit que l'acte litigieux ne saurait être considéré comme un testament-partage destiné à répartir les biens successoraux et allotir les héritiers mais comme un testament ordinaire comportant un legs préciputaire* ».
5. Civ. 1re, 17 avr. 1985, n° 84-11.064, préc. s^{s} prés^{t} n° : la rédaction par les deux parents de leurs testaments respectifs en termes presque identiques est retenue comme un indice de leur volonté de partager leurs patrimoines – Civ. 1re, 5 juill. 1989, n° 87-11.390, *Bull. civ.* I, n° 280 : la qualification de testament-partage procède de ce que le testament procède d'intentions analogues à celles qui ont inspiré une donation-partage antérieure dont il est le complément.

CHAPITRE

412. Effets de la libéralité-partage

MICHEL GRIMALDI
PROFESSEUR À L'UNIVERSITÉ
PANTHÉON-ASSAS (PARIS II)

SECTION 0 ORIENTEUR

412.00 Plan du chapitre.

Division. La libéralité-partage lotit (sect. 1) et oblige (sect. 2) les copartagés. Il existe des difficultés propres à la donation-partage conjonctive ou cumulative (sect. 3).

412.01 Textes applicables.

C. civ., art. 1075 à 1080

* V. texte complet de ces articles s[s] n° 410.01

L. n° 2006-728, 23 juin 2006, portant réforme des successions et des libéralités, *JO* 24 juin, p. 9513 (*entrée en vigueur le 1er janv. 2007*).

412.02 Jurisprudence de référence.

> Le donataire qui succombe à une action en révocation pour inexécution des charges ne peut réclamer à ses copartagés le remboursement de la soulte qu'il leur avait payée

• Civ. 1re, 4 juill. 2006, n° 04-16.272, *Bull. civ.* I, n° 346

* V. s[s] n° 412.13

« La révocation d'une donation-partage prononcée contre l'un des copartageants pour cause d'inexécution des charges, bien que rompant l'égalité du partage en opérant le retour dans le patrimoine du donateur des biens donnés et entrés dans le lot de ce copartageant, n'a pas pour conséquence l'anéantissement de ce partage pour le tout et laisse subsister à l'égard des autres copartageants l'effet de la transmission de propriété qui en est résulté à leur profit, y compris lorsque celle-ci consiste en une soulte versée par le donataire évincé. »

412.03 Bibliographie indicative.

Actualisables. Rép. civ., v° *Libéralités-Partages*, par F. Sauvage, sept. 2009 [màj janv. 2014] – *J.-Cl. Civ.*, art. 1075 à 1080, fasc. 30, M. Grimaldi.

Ouvrages généraux et monographies[1]**.**

> Antérieurs à la loi n° 2006-728 du 23 juin 2006 : P. CATALA, *La réforme des liquidations successorales*, 3e éd., *Defrénois*, 1982 – J. FLOUR et H. SOULEAU, *Droit civil. Les libéralités*, coll. « U », Armand Colin, 1982 – M. GRIMALDI, *Libéralités, Partages d'ascendants*, Litec, 2000 – Chr. JUBAULT, *Les successions, Les libéralités*, Montchrestien, 2005 – H., L. et J. MAZEAUD, par L. et S. LEVENEUR, *Successions, Libéralités*, 5e éd., Montchrestien, 1999 – A. SÉRIAUX, *Manuel de droit des successions et des libéralités*, « Droit fondamental », PUF, 2003 – F. TERRÉ et Y. LEQUETTE, *Les successions, les libéralités*, 3e éd., « Précis », Dalloz, 1997.

> Postérieurs à la loi n° 2006-728 du 23 juin 2006 : A. DELFOSSE et J.-F. PÉNIGUEL, *La réforme des successions et des libéralités*, (préf. M. Grimaldi, avant-propos L. Dejoie), LexisNexis/Litec, 2006 – D. GUEVEL, *Droit des successions et des libéralités*, 2e éd., LGDJ, 2010 – A.-M. LEROYER, *Droit des successions*, 3e éd., Dalloz, 2014 – Ph. MALAURIE, *Les successions, les libéralités*, 5e éd., Defrénois/Lextenso, 2012.

Articles.

> Antérieurs à la loi n° 2006-728 du 23 juin 2006 : C. Brenner, « Dévolution et répartition successorales dans les partages d'ascendant à la fin du XXe siècle », *Études offertes à P. Catala. Le droit privé français à la fin du XXe siècle*, Litec, 2001, p. 367 – G. Morin, « La clause de retour conventionnel dans les partages conjonctifs d'ascendants », *Defrénois* 1962, art. 28239, n°s 18 et 19 – R. Savatier, « Le partage conjonctif d'ascendant réalisé par voie de donation », *Defrénois* 1928, art. 21903.

1. NB : les ouvrages les plus fréquemment cités et dont le nom des auteurs figure en petites capitales en bibliographie sont cités par les noms des auteurs en petites capitales en notes de bas de page.

> Postérieurs à la loi n° 2006-728 du 23 juin 2006 : D. Autem, « Partage testamentaire de biens indivis : jusqu'où peut-on aller ? », *Defrénois* 2010, art. 39103 – G. Champenois et M. Klaa, « Les donations-partages conjonctives et cumulatives », *Defrénois* 2014. 374 – S. Gaudemet et T. Semere, « L'incorporation des donations antérieures », *Defrénois* 2014. 366 – M. Grimaldi, « Des donations-partages et des testaments-partages au lendemain de la loi du 23 juin 2006 », *JCP N* 2006. 1320; *JCP* 2006. I. 17; « Pas de donation-partage sans partage », *Defrénois* 2013. 1259; « Que faire au lendemain des arrêts de mars et novembre 2013 ? », *Defrénois* 2014. 353 – M. Grimaldi et C. Vernières, « De quelques clauses des donations-partages », *Defrénois* 2014. 386 – M. Klaa, « Donation-partage conjonctive et enfants de lits différents », *JCP N* 2008. 1068 – R. Le Guidec, « Les libéralités-partages », *D.* 2006. 2584 – M. Nicod, « La fonction de partage de la libéralité-partage », *Defrénois* 2014. 348 – J.-F. Sagaut, « La donation-partage transgénérationnelle », *JCP N* 2006. 1321.

412.04 Questions essentielles.
> Sur l'utilité et les conditions de validité de la clause pénale
* V. s[s] n° 412.42
> Sur l'étendue des restitutions au cas de donation-partage conjonctive ou cumulative
* V. s[s] n°s 412.51 à 412.54

SECTION 1
LOTISSEMENT DES COPARTAGÉS

§ 1
Donation-partage

412.11 Lotissement immédiat et irrévocable. Au cas de donation-partage, les copartagés acquièrent immédiatement et irrévocablement la propriété des biens mis dans leurs lots.

412.12 Précisions sur l'immédiateté du lotissement. L'immédiateté du lotissement doit être comprise avec les mêmes nuances que pour une donation ordinaire.

Ainsi, elle s'accommode de la **stipulation d'un terme.** Son exercice serait-il différé, un **droit, dès lors qu'il est certain,** constitue un avantage immédiat[1].

De même, une **réserve d'usufruit** peut être valablement convenue. Elle conserve au donateur son train de vie et elle assure aussi celui de son conjoint, si **l'usufruit** est stipulé **réversible.** On concevrait même qu'une donation-partage transgénérationnelle consentie à des petits-enfants réservât un **usufruit doublement réversible :** d'abord au bénéfice du conjoint du donateur, puis au bénéfice de l'enfant qui accepté que ses propres enfants soient gratifiés en son lieu et place. Simplement, la motivation d'une pareille libéralité-partage ne pourrait guère être que fiscale, car on ne saurait dire qu'elle précipite le passage des biens aux jeunes générations, tant celui qui recueille un bien grevé de trois usufruits successifs (celui du donateur, celui du conjoint et celui de l'enfant représenté) n'est pas prêt d'entrer en jouissance...

Mais si elle porte sur une somme d'argent, la réserve d'usufruit exclut l'application de l'article 1078 du Code civil : texte qui vise à stabiliser la donation-partage (v. s[s] n° 413.42).

Enfin, le *de cujus* peut toujours renoncer à l'usufruit qu'il s'était réservé, et même tacitement[2]. Mais, si elle est inspirée par une intention libérale, sa renonciation constitue un supplément de libéralité, donnant lieu à la perception de droits de mutation.

412.13 Précisions sur l'irrévocabilité du lotissement. L'irrévocabilité du lotissement doit, elle aussi, être comprise comme pour une donation ordinaire.

Elle s'entend donc non seulement de **l'irrévocabilité ordinaire des contrats** (C. civ., art. 1134), mais aussi de **l'irrévocabilité spéciale des donations** (C. civ., art. 943 à 946), qui est une irrévocabilité renforcée[3]. D'où il suit que des biens à venir ne peuvent faire l'objet d'un partage anticipé (C. civ., art. 1076) et que les dettes futures du *de cujus* ne peuvent être mises à la charge des donataires copartagés[4]. Ces interdictions valent même pour le lot dont, aujourd'hui, le conjoint peut être pourvu, sans que l'on puisse opposer que les donations entre époux sont soustraites à l'irrévocabilité spéciale des donations[5] : l'interdiction d'inclure des biens à venir dans la donation-partage, qui procède de cette irrévocabilité, est formulée en termes généraux (C. civ., art. 1076).

Quant aux **causes légales de révocation,** la donation-partage peut être révoquée pour **ingratitude,** pour **inexécution des charges** ou même, sauf s'il

1. Civ. 1re, 30 nov. 1982, n° 81-15.519, *Bull. civ.* I, n° 344; *Defrénois* 1983, art. 33060, note G. Morin; *D.* 1983. 195, même note – Civ. 1re, 22 févr. 2005, n° 03-14.111, *Bull. civ.* I, n° 91; *RTD civ.* 2005. 442, obs. M. Grimaldi; *D.* 2005. Pan. 2114; *Dr. et patr.* 2008. 174, note Auger.
2. Civ. 1re, 31 oct. 1989, n° 88-14.343, NP : renonciation déduite d'une autorisation de transformer le bien.
3. M. Grimaldi, *Libéralités, Partages d'ascendants,* n°s 1208 s.
4. Civ. 8 mars 1878, *D.* 1878. 1. 149 – Civ. 8 mai 1878 (même affaire), *S.* 1878. 1. 395.
5. M. Grimaldi, *Libéralités, Partages d'ascendants,* n° 1209.

s'agit d'un partage d'ascendant, pour **survenance d'enfants**.

S'il survient une cause de révocation propre à l'un des donataires, telle l'inexécution des charges ou l'ingratitude, celui-ci, tenu à restitution, se retrouve sans dans une situation peu enviable. D'une part et dans l'immédiat, bien qu'il doive restituer ce dont il avait été alloti, il ne saurait réclamer à ses copartagés le remboursement de la soulte qu'il avait dû leur payer[1], car les allotissements, qui dans un partage ordinaire résultent de l'accord de tous les indivisaires, procèdent ici de l'acceptation par chacun des donataires du lot que lui propose le donateur, de sorte que la révocation que subit l'un d'entre eux de son propre fait ne doit pas se répercuter sur les allotissements des autres[2]. D'autre part et au décès du donateur, il apparaîtra comme un héritier omis, de sorte qu'il ne pourra critiquer la donation-partage que s'il est réservataire et qu'il ne peut former sa part de réserve sur les biens existants.

§ 2
Testament-partage

412.21 Avant le décès du *de cujus* : allotissement en biens à venir et révocable. Le *de cujus* qui fait un testament-partage forme des lots pour le jour de son décès, et jusque-là modifiables.

Le prédécès d'un héritier alloti n'est une cause de caducité de son allotissement que s'il n'est pas représenté dans la succession (v. s[s] n° 412.22).

412.22 Au décès du *de cujus* : allotissement d'héritiers et non de légataires. Au décès du *de cujus*, les copartagés se retrouvent allotis en qualité d'héritiers, et non de légataires. L'article 1079 du Code civil dispose : « *Le testament-partage produit les effets d'un partage* ». Il en tire une conséquence capitale : **les copartagés ne peuvent décliner leurs lots et procéder à un partage ordinaire.** Deux autres conséquences en résultent : les copartagés ne peuvent cantonner leur lot à certains des biens qui le composent; un copartagé prédécédé peut être représenté par ses enfants s'il appartient à un ordre où la représentation est admise. En cela, la situation d'héritiers allotis par testament-partage est très différente de celle d'héritiers légataires : ceux-ci sont libres de renoncer à leurs legs (seraient-ils d'attribution) pour exercer leurs droits d'héritier (C. civ., art. 769, al. 2); ils peuvent, depuis 2006, cantonner l'objet du legs à une partie des biens qui y sont compris (C. civ., art. 1002-1); s'ils décèdent avant le *de cujus*, leur legs est caduc (C. civ., art. 1039).

Cela dit, on sait que, depuis que la loi du 3 juillet 1971 a supprimé la rescision pour lésion pour ne laisser subsister que la **réduction pour atteinte à la réserve**, le testament-partage peut être l'instrument d'un **partage inégalitaire**, et donc d'une **libéralité**. D'où la modification, déjà relevée, apportée par la loi du 26 mars 2006 aux termes de l'article 1079 (v. s[s] n° 411.172). Et l'on peut s'interroger sur la place qu'il y aurait alors pour l'application des règles régissant les legs...

SECTION 2
OBLIGATIONS DES COPARTAGÉS

412.30 Obligations du *de cujus*. Ces obligations résultent du droit commun de la donation et du testament. Au cas de donation-partage (§ 1), le *de cujus* doit, comme tout donateur, transférer la propriété des biens donnés, les livrer et garantir toute éviction de son fait personnel[3]. Au cas de testament-partage (§ 2), il ne s'oblige, comme tout testateur, à rien.

En revanche, les obligations des copartagés présentent un certain particularisme, dans le cas d'une donation-partage comme dans celui d'un testament-partage.

§ 1
Donation-partage

412.31 Obligations attachées à la qualité de donataire : devoir de reconnaissance. Les héritiers sont tenus envers leur auteur du devoir de reconnaissance que peut sanctionner la **révocation pour ingratitude**[4].

412.32 Obligations attachées à la qualité de donataire : devoir d'exécuter les charges. Les donataires sont tenus d'exécuter ou de respecter les charges qui ont pu être stipulées dans l'intérêt du *de cujus* ou dans celui d'un tiers : obligation de payer une rente viagère[5], service de soins viagers en

1. Civ. 1re, 4 juill. 2006, n° 04-16.272, *Bull. civ.* I, n° 346; *D.* 2006. IR 2054; *Gaz. Pal.* 2007. 385, note Puyo; *RJPF* 2006-11/44, note Casey; *RTD civ.* 2007. 614, obs. M. Grimaldi – Citation du motif, v. s[s] n° 412.02.
2. Si le donataire qui subit la révocation veut obtenir restitution de ce qu'il avait payé en contrepartie de ce qu'il avait reçu, c'est au donateur qu'il doit s'adresser... (v. M. Grimaldi, obs. préc.).
3. Civ. 28 mars 1938, *DH* 1938. 290, comme par ex., aliénation des actions dont il s'était réservé l'usufruit.
4. Civ. 1re, 31 oct. 1989, n° 88-14.343, NP, motifs.
5. Civ. 1re, 20 juill. 1982, n° 81-13.192, *Bull. civ.* I, n° 267 – Bordeaux, 1re ch., 27 févr. 1990, *Juris-Data* n° 040350.

nature[1], interdiction d'aliéner[2], bail à nourriture[3], obligation de procéder aux grosses réparations sur les biens dont le *de cujus* s'est réservé l'usufruit[4], obligation faite aux enfants, dans un partage cumulatif, d'abandonner à l'ascendant donateur l'usufruit des biens dépendant de la succession de leur auteur prédécédé[5].

412.33 Obligations attachées à la qualité de copartagés. Les descendants s'obligent mutuellement à la **garantie d'éviction** (C. civ., art. 884)[6]. Ils bénéficient du **privilège du copartageant** (C. civ., art. 2374, 3° et 2381) pour toutes leurs créances consécutives au partage : soulte[7] ou indemnité d'éviction[8].

§ 2
Testament-partage

412.41 Partage par la volonté du *de cujus*. En qualité de copartagés, les héritiers, dans leurs relations réciproques, se doivent la **garantie d'éviction** et peuvent se prévaloir du **privilège du copartageant**.

En outre, le partage procédant de la volonté du *de cujus*, ils sont **tenus des charges** que celui-ci a pu y stipuler accessoirement à la répartition qu'il a décidée : service d'une rente viagère, interdiction d'aliéner. Simplement, la sanction de l'inexécution de la charge sera problématique si le partage est pur de toute libéralité. On pourrait alors considérer que le testament contient, sous-entendue, une **clause d'exhérédation conditionnelle**, dirigée contre ceux qui se déroberaient à l'exécution de la charge qui leur incombe.

1. Civ. 1re, 4 juill. 2006, n° 04-16.272, *Bull. civ.* I, n° 346; *D.* 2006. IR 2054; *RTD civ.* 2007. 614, obs. Grimaldi; *Gaz. Pal.* 2007. 385, note Puyo; *RJPF* 2006-11/44, note Casey.
2. Civ. 1re, 20 juill. 1982, n° 81-13.192, préc. ss prést n° – Civ. 1re, 10 juill. 1990, n° 87-16.773, *Bull. civ.* I, n° 192; *D.* 1990. IR 200; *Defrénois* 1991. 272, note F. Lucet; *JCP* 1990. IV. 342; *Gaz. Pal.* 1991, nos 11-12, Pan. 16.
3. Pau, 1re ch., 7 sept. 1989, *Juris-Data* n° 043546.
4. Civ. 3e, 3 mai 1989, n° 88-10.716, motifs, *Bull. civ.* III, n° 100; *Gaz. Pal.* 1989. 2. Pan. 138; *JCP* 1989. IV. 251; *Defrénois* 1990, n° 6, p. 362, note H. Souleau.
5. Dijon, 17 nov. 1988, motifs, *Gaz. Pal.* 1989. 1. Somm. 396, note Pronier.
6. Civ. 25 mai 1892, *DP* 1892. 1. 589 – Civ. 1re, 18 janv. 1983, n° 81-12.638, *Bull. civ.* I, n° 25; *JCP N* 1985. II. 218, note M. Dagot; *JCP* 1984. I. 20254, note M. Dagot – Civ. 3e, 22 mai 1990, n° 89-10.200, motifs, *Bull. civ.* III, n° 124; *JCP* 1990, nos 31-32. IV. 276; *JCP N* 1990, n° 50, II. 296; *Gaz. Pal.* 1990, nos 301-303, Pan. 174 – Civ. 1re, 10 mai 1989, n° 87-12.576, *Bull. civ.* I, n° 194; *JCP* 1989, n° 29, IV. 256 et 259; *JCP N* 1989, n° 45, jur. 537; *RTD civ.* 1992. 807.
7. Req. 7 août 1860, *DP* 1860. 1. 498.
8. Besançon, 8 juin 1857, *DP* 1857. 2. 61.

412.42 La clause pénale : moyen de conforter les allotissements[9]. Une clause pénale peut sanctionner l'héritier qui attaquerait le partage en le privant de certains droits[10]. Elle consolide ainsi indirectement les allotissements.

Conformément au droit commun[11], la clause est valable si elle conforte des dispositions régulières ou qui, irrégulières, ne menacent que des intérêts privés, mais elle est nulle si elle soutient des dispositions contraires à l'ordre public[12]. Elle prévient donc efficacement les demandes de réduction pour atteinte à la réserve formées à la légère[13] ou encore les demandes en nullité d'une donation-partage conjonctive faite sans les distinctions requises entre enfants de lits différents (v. ss n° 411.103). Mais elle ne saurait sanctionner le copartagé qui se prévaut de l'article 1075-4 du Code civil pour obtenir la revalorisation d'une soulte[14] ou qui agit en garantie d'éviction[15] : ce copartagé-là ne critique pas le partage, il en réclame la bonne exécution.

Par ailleurs, s'agissant de l'étendue de la sanction fulminée, il conviendrait sans doute de distinguer entre le testament-partage et la donation-partage. Dans un testament-partage, la clause pénale peut exhéréder le contestataire : l'exclure de la succession ou, le cas échéant, le réduire à sa part de réserve. Dans une donation-partage, qui ne peut porter que sur des biens présents, une exhérédation, qui est une disposition à cause de mort, n'a pas sa place : la clause pénale ne devrait priver le contestataire de ses droits que sur les biens compris dans la donation-partage et dans la seule mesure où celle-ci s'impute sur la quotité disponible[16]. Mais la pratique notariale passe outre l'objection et nombre de donations-partages stipulent des clauses pénales privatives de tout droit dans la quotité disponible, sans que la jurisprudence trouve à y redire[17].

9. M. Grimaldi et C. Vernières, « De quelques clauses des donations-partages », *Defrénois* 2014. 388.
10. Req. 26 juin 1882, *Defrénois* 1883. 59 – Civ. 1re, 11 mars 1952, *Bull. civ.* I, n° 102 – Civ. 1re, 10 mars 1970, n° 68-13.205, *Bull. civ.* I, n° 89; *D.* 1970. 584, note A.-B. – Poitiers, 20 févr. 1861, *DP* 1861. 2. 93 – TGI Laval, 25 mai 1965, *JCP* 1966. II. 14650, note P. Voirin.
11. M. Grimaldi, *Libéralités, Partages d'ascendants*, n° 1476.
12. Civ. 1re, 10 mars 1970, n° 68-13.205, *Bull. civ.* I, n° 89, préc. (v. ss prést n°).
13. Civ. 1re, 10 mars 1970, n° 68-13.205, préc. ss prést n°.
14. Nancy, 1re ch., 10 déc. 1987, *Juris-Data* n° 049249.
15. Paris, 2e ch. A, 6 janv. 1987, *Juris-Data* n° 026702.
16. En ce sens : P. Voirin, note ss Lyon, 6 mai 1952, *JCP* 1952. II. 7760 – M. Grimaldi et C. Vernières, art. préc. ss prést n° – Sur la question, v. R. Savatier, « Le partage conjonctif d'ascendant par voie testamentaire », *Defrénois* 1919, art. 22048, spéct II, sur la clause pénale dans les partages d'ascendants.
17. V. not., Req. 26 juin 1882, préc. ss prést n° – comp. cep. Lyon, 6 mai 1952, préc. ss prést n°.

SECTION 3
DIFFICULTÉS PROPRES À LA DONATION-PARTAGE CONJONCTIVE OU CUMULATIVE

412.51 Difficulté : détermination de l'objet de restitutions éventuelles. Le propre d'une donation-partage conjonctive (v. s^s n°s 411.96 à 411.105) ou cumulative (v. s^s n°s 411.111 à 411.113) est que **chacun des enfants** se trouve **alloti en biens paternels et en biens maternels dans une proportion variable**[1] : à la limite, l'un d'eux peut n'avoir reçu que des biens paternels, et un autre que des biens maternels. Il serait, en effet, inutile de fusionner les biens en une masse commune en vue d'un unique partage, si, ensuite, chacun des lots était composé dans la même proportion en biens paternels et en biens maternels.

Dès lors, si une **donation-partage cumulative** est anéantie à l'égard de l'ascendant donateur par l'effet d'un retour conventionnel ou d'une révocation pour inexécution des charges, ou si une **donation-partage conjonctive** ne l'est pour l'une de ces causes qu'à l'égard d'un seul des ascendants, la difficulté est de déterminer l'objet des restitutions dues par le donataire négligent (révocation pour inexécution des charges) ou par la succession du donataire prédécédé (retour conventionnel)[2].

EXEMPLE

Soit une donation-partage cumulative, intervenue entre une mère et ses deux enfants, dans laquelle le fils n'a reçu que des biens dépendant de la succession paternelle et la fille que des biens maternels, la libéralité étant par ailleurs assortie de la stipulation d'une rente viagère à la charge des deux enfants et d'une clause de retour conventionnel : si le fils prédécède ou cesse le paiement de la rente, que décider des restitutions que réclamerait sa mère alors qu'il n'a été alloti qu'en biens paternels ?

412.52 Division de la doctrine. Deux thèses s'opposent en doctrine.

Selon la première[3], l'ascendant ne peut obtenir restitution que des biens mêmes dont il s'était dépouillé : il doit récupérer tous ces biens, mais ces biens-là seulement. **Le sort de chacun des biens formant le lot du donataire** dépend donc de son **origine.** Il s'ensuit que l'anéantissement de la donation-partage – supposée cumulative (mais ce qui suit vaut *mutatis mutandis* pour la donation-partage conjonctive) – est plus ou moins rigoureux pour le donataire (en cas de révocation) ou pour ses héritiers (en cas de retour), selon qu'il avait été plus ou moins alloti en biens provenant de l'ascendant donateur. Le retour est stérile, la révocation vaine, s'il n'avait reçu dans son lot que des biens provenant de la succession de l'ascendant prédécédé. En revanche, le retour et la révocation ne lui laissent rien, à lui (en cas de révocation) ou à ses héritiers (en cas de retour), si son lot n'avait été constitué qu'en biens donnés par l'ascendant survivant. Au premier cas, aucun des biens dont il avait été alloti ne doit être restitué; au second, tous doivent l'être.

Selon la seconde thèse[4], l'origine des biens est indifférente. En toute hypothèse, l'ascendant donateur récupère une **quote-part des biens composant le lot du donataire,** égale à celle que représentaient les biens par lui donnés dans la masse de ceux qui ont été partagés. Si donc les descendants se sont partagé un ensemble de biens provenant pour un quart de la succession de leur auteur prédécédé, et pour les trois quarts restants de la donation consentie par leur auteur survivant, ce dernier pourra, en cas de retour ou de révocation, exiger la restitution des trois quarts des biens dont avait été alloti le descendant qui est prédécédé ou contre lequel la révocation a été prononcée.

Ainsi, l'anéantissement de la donation-partage se traduit toujours, pour le donataire (en cas de révocation) ou pour ses héritiers (en cas de retour), par une égale rigueur.

412.53 Hésitations jurisprudentielles. La jurisprudence est incertaine. Certains arrêts, qui sont les plus nombreux, accueillent la première thèse[5]. D'autres consacrent la seconde[6].

Deux observations d'appoint :

1. On raisonne ici sur une donation-partage conjonctive ou cumulative constitutive d'un partage d'ascendant. Sur la donation-partage conjonctive ou cumulative qui ne serait pas un partage d'ascendant, v. s^s n°s 411.105 et 411.113.
2. G. Champenois et M. Klaa, « Les donations-partages conjonctives et cumulatives », *Defrénois* 2014. 383.
3. A. Sériaux, *Les successions, Les libéralités*, PUF, 1re éd., 1993, n° 194.
4. R. Savatier, « Le partage conjonctif d'ascendant réalisé par voie de donation », *Defrénois* 1928, art. 21903.
5. Civ. 14 janv. 1913, *DP* 1913. 1. 138; *Defrénois* 1913, art. 18029 – Civ. 1re, 28 juin 1961, *JCP* 1961. II. 12275, note P. Voirin – Civ. 1re, 19 mars 1973, n° 72-10.378, *Bull. civ.* I, n° 101; *JCP* 1974. II. 17667, note M. Dagot; *D.* 1973. 593, note A. Breton – Civ. 1re, 29 mai 1980, n° 79-12.762, *Bull. civ.* I, n° 165; *Defrénois* 1981, art. 32648, p. 669 à 685, note Y. Flour et M. Grimaldi; *D.* 1982. 18, même note – Civ. 1re, 22 juin 1983, n° 82-13.811, *Bull. civ.* I, n° 183 – Civ. 1re, 13 avr. 1999, n° 97-11.877, NP; *Dr. fam.* 1999, n° 70, note B. Beignier.
6. Req. 3 janv. 1934, *D.* 1934. 105, note R. Savatier; *Defrénois* 1934, art. 23900 – Civ. 1re, 14 févr. 1962, *D.* 1963. 75, note R. Savatier; *Defrénois* 1962, art. 28241; *JCP* 1962. II. 12662, note P. Voirin – Civ. 1re, 4 oct. 1988, n° 86-15.243, *Bull. civ.* I, n° 266; *Defrénois* 1989, art. 34418, note A. Breton; *JCP* 1989. II. 21266, note P. Salvage; *D.* 1988. 33, note A. Breton; *JCP N* 1989. II. 80.

1° Certains présentent la jurisprudence comme formant un ensemble cohérent : comme décidant que la restitution doit porter sur tous les biens donnés, et sur nul autre, sauf volonté contraire des parties [1]. Et un arrêt paraît accréditer cette interprétation, par l'accent qu'il met sur l'existence d'une **clause d'indivisibilité** [2]. Mais que peut ajouter pareille clause à la « *fongibilité des biens donnés déjà inhérente à l'idée de partage d'ascendant conjonctif* » [3] ?

2° Naturellement, la Cour de cassation censure, sans qu'il y ait là matière à discussion, les décisions qui, sans s'embarrasser d'explications, autorisent l'ascendant à reprendre tous les biens [4].

412.54 Solution proposée. Cette solution procède de l'idée qu'il convient de distinguer, parce que leurs finalités sont différentes, entre le retour conventionnel et la révocation pour inexécution des charges [5].

Le **retour conventionnel**, comme le retour légal [6], tend à conserver les biens dans la famille. Sa finalité justifie donc qu'il s'exerce sur les biens mêmes qu'a donnés l'ascendant, sans en omettre ni en ajouter aucun : ce sont ces biens-là – tous ceux-là, mais ceux-là seuls – qu'il doit conserver à la famille. L'objet des restitutions devrait donc être déterminé suivant le **critère de l'origine des biens.**

La **révocation pour inexécution des charges** est une sanction qui vise à priver le donataire du bénéfice de la donation, c'est-à-dire de ce dont celle-ci l'a enrichi. Or ce bénéfice se mesure, non pas aux biens qu'il a pu recevoir de l'ascendant pour composer son lot (car il a pu n'en recevoir aucun, ou, à l'inverse, n'être alloti que par eux), mais à une quote-part de son lot égale à celle que représentent les biens provenant de l'ascendant par rapport à l'ensemble des biens partagés [7]. Sous peine, donc, de créer pour le donataire négligent un risque d'impunité (cas où il n'aurait reçu aucun bien provenant de l'ascendant) ou, au contraire, d'excès dans la sanction (cas où il n'aurait reçu que des biens de l'ascendant), le critère de l'origine des biens doit être délaissé au profit du **critère du bénéfice tiré de la donation** : critère qui conduit à des **restitutions invariablement fixées pour chacun à une même quote-part de son lot.**

Quelques précisions sur cette dernière solution :

1° On suppose que tous les enfants ont, dans les biens reçus des père et mère, des droits égaux à leur vocation *ab intestat*. La volonté de l'ascendant (donation-partage cumulative) ou de l'un d'entre eux (donation-partage conjonctive) d'avantager tel des enfants rendrait la solution fort difficile à mettre en œuvre.

2° La proposition requerrait le soutien de la loi fiscale, qui ne devrait point taxer comme une mutation la restitution à l'un des parents de biens provenant de l'autre [8].

3° M. Sériaux observe finement que, si la charge est d'affecter le bien à telle ou telle activité (et non point de servir une rente viagère), « *la donation de ce bien n'aurait plus de cause si la charge n'était pas remplie, [et que], par suite, c'est ce bien qui doit être restitué* » [9]. L'observation suggère une distinction entre les **charges réelles** (qui grèvent le bien donné, par ex. une clause d'inaliénabilité) et les **charges personnelles** (qui obligent la personne du donataire, par ex., le service d'une rente viagère), ainsi peut-être, qu'entre l'**exécution forcée** et la **révocation pour inexécution.**

Les parties sont libres d'adopter, par des clauses idoines, la distinction proposée entre le retour conventionnel et la révocation pour inexécution des charges [10]. Et elles pourraient, le cas échéant, l'adapter aux circonstances de la cause [11].

1. A. Breton, *D.* 1973. 593, note s^s Civ. 1re, 19 mars 1973, n° 72-10.378, préc. s^s prés^t n°.
2. Civ. 1re, 4 oct. 1988, n° 86-15.243, préc. s^s prés^t n°.
3. P. Salvage, note préc. s^s Civ. 1re, 4 oct. 1988, n° 86-15.243, préc. s^s prés^t n° – *Adde*, Y. Flour et M. Grimaldi, note préc. s^s Civ. 1re, 29 mai 1980, n° 79-12.762, préc. s^s prés^t n°; *Defrénois* 1981, art. 32648, p. 669 à 685.
4. Civ. 1re, 28 juin 1961, préc. – Civ. 1re, 29 mai 1980, n° 79-12.762, préc. s^s prés^t n° et Civ. 1re, 4 oct. 1988, n° 86-15.243, préc. s^s prés^t n°.
5. Pour un exposé détaillé de cette solution, v. Y. Flour et M. Grimaldi, note préc. s^s Civ. 1re, 29 mai 1980, n° 79-12.762, *Bull. civ.* I, n° 165; *Defrénois* 1981, art. 32648, p. 669 à 685 – Pour une défense de cette solution, v. G. Champenois et M. Klaa, « Les donations-partages conjonctives et cumulatives », *Defrénois* 2014. 384 – Et, sur sa critique, v. A. Sériaux, *Les successions, Les libéralités*, PUF, 1re éd., 1993, n° 194.
6. Sauf le retour très particulier de l'article 738-2 du Code civil, institué par la loi du 23 juin 2006 : v. *Successions*, s^s n°s 232.152 et 232.172; 235.81 à 235.123.
7. Sur cette distinction entre le *bénéfice tiré de la donation* et les *biens reçus du donateur*, v. Y. Flour et M. Grimaldi, note préc. s^s Civ. 1re, 29 mai 1980, n° 79-12.762, *Bull. civ.* I, n° 165; *Defrénois* 1981, art. 32648, n° 15.
8. Sur la question, v. G. Morin, « La clause de retour conventionnel dans les partages conjonctifs d'ascendants », *Defrénois* 1962, art. 28239, n°s 18 et 19.
9. *Op. et loc. cit.*
10. G. Champenois et M. Klaa, « Les donations-partages conjonctives et cumulatives, » *Defrénois* 2014. 384.
11. Y. Flour et M. Grimaldi, note préc. s^s Civ. 1re, 29 mai 1980, n° 79-12.762, *Bull. civ.* I, n° 165; *Defrénois* 1981, art. 32648, n°s 23 et 28.

CHAPITRE

413. Liquidation de la succession en présence d'une libéralité-partage

MICHEL GRIMALDI
PROFESSEUR À L'UNIVERSITÉ
PANTHÉON-ASSAS (PARIS II)

SECTION 0
ORIENTEUR

413.00 **Plan du chapitre.**

Division. Lorsque le *de cujus* a procédé au partage, anticipé ou testamentaire, de tout ou partie de ses biens, la liquidation de sa succession porte sur une succession qui, au moins pour partie, est déjà... partagée. Par suite, elle présente un fort particularisme : les lots ne sont jamais sujets à rapport (sect. 1); s'il existe des héritiers réservataires, la protection de leur réserve obéit à des règles spécifiques (sect. 2); une protection spéciale est assurée à l'héritier qui n'était pas conçu au moment de la libéralité-partage (sect. 3). En outre, des règles très particulières s'appliquent dans le cas d'une donation-partage transgénérationnelle (sect. 4).

413.01 **Textes applicables.**

C. civ., art. 1075 à 1080

* V. texte complet de ces articles s[s] n° 410.01

L. n° 2006-728, 23 juin 2006, portant réforme des successions et des libéralités, *JO* 24 juin, p. 9513 (*entrée en vigueur le 1er janv. 2007*)

413.02 **Jurisprudence de référence.**

> Une donation-partage n'est jamais rapportable

• Civ. 1re, 16 juill. 1997, n° 95-13.316, *Bull. civ.* I, n° 252

* V. s[s] n° 413.11

« Les biens qui ont fait l'objet d'une donation-partage ne sont pas soumis au rapport qui n'est qu'une opération préliminaire au partage en ce qu'il tend à constituer la masse partageable. »

> Au cas de donation-partage conjonctive les réserves des descendants dans les successions paternelle et maternelle doivent être évaluées à une même date, qui ne peut être que celle du décès du survivant des père et mère

• Civ. 1re, 16 juin 2011, n° 10-17.499, *Bull. civ.* I, n° 114

* V. s[s] n° 413.73

« Attendu qu'aux termes de l'article 1077-2, alinéa 1er, du Code civil dans sa rédaction issue de la loi n° 71-523 du 3 juillet 1971 et antérieure à celle issue de la loi n° 2006-728 du 23 juin 2006, applicable en la cause, les donations-partages suivent, en principe, les règles des donations entre vifs pour tout ce qui concerne l'imputation, le calcul de la réserve et la réduction; qu'il s'ensuit que les dispositions de l'article 922 du Code civil, dans sa rédaction antérieure à celle issue de la loi n° 2006-728 du 23 juin 2006, s'appliquent à la composition de la masse de calcul de la réserve et de la quotité disponible qui doit être constituée pour déterminer s'il y a lieu à réduction; qu'aux termes de l'article 1077-2, alinéa 2, dans la même rédaction, l'action en réduction ne peut être introduite qu'après le décès de l'ascendant qui a fait le partage ou du survivant des ascendants en cas de partage conjonctif; qu'un tel partage est indivisible par la volonté des donateurs qui ont constitué une masse unique de leurs biens pour les répartir sans considération de leur origine; que la quotité dont celui qui a survécu à l'autre pouvait disposer n'étant déterminable qu'à son décès, la valeur de l'ensemble des biens donnés doit être fixée à cette date; qu'ayant exactement écarté l'application en l'espèce des dispositions de l'article 1078 du Code civil dans sa rédaction issue de la même loi après avoir constaté que tous les enfants n'avaient pas reçu un lot dans le partage anticipé, la cour d'appel a décidé, à bon droit, que, s'agissant d'une donation-partage conjonctive, les biens dont les donateurs ont ainsi disposé sont réunis d'après leur état à l'époque de la donation et leur valeur à l'ouverture de la succession du survivant des donateurs. »

413.03 Bibliographie indicative.

Actualisables. Rép. civ., v° *Libéralités-Partages*, par F. Sauvage, sept. 2009 [màj janv. 2014] – *J.-Cl. Civ.*, art. 1075 à 1080, fasc. 40, M. Grimaldi.

Ouvrages généraux et monographies [1].

> Antérieurs à la loi n° 2006-728 du 23 juin 2006 : P. Catala, *La réforme des liquidations successorales*, 3e éd., *Defrénois*, 1982 – J. Flour et H. Souleau, *Les libéralités*, coll. « U », Armand Colin, 1982 – M. Grimaldi, *Libéralités, Partages d'ascendants*, Litec, 2000 – Chr. Jubault, *Les successions, Les libéralités*, Montchrestien, 2005 – H., L. et J. Mazeaud, par L. et S. Leveneur, *Successions, Libéralités*, 5e éd., Montchrestien, 1999 – A. Sériaux, *Manuel de droit des successions et des libéralités*, PUF, 2003 – F. Terré et Y. Lequette, *Les successions, les libéralités*, 3e éd., « Précis », Dalloz, 1997.

> Postérieurs à la loi n° 2006-728 du 23 juin 2006 : A. Delfosse et J.-F. Péniguel, *La réforme des successions et des libéralités*, (préf. M. Grimaldi, avant-propos L. Dejoie), Litec, 2006 – S. Ferré-André et S. Berre, *Successions et libéralités*, « Hypercours », Dalloz, 2012 – D. Guevel, *Droit des successions et des libéralités*, 2e éd., LGDJ, 2010 – A.-M. Leroyer, *Droit des successions*, 3e éd., « Cours », Dalloz, 2014 – Ph. Malaurie, *Les successions, les libéralités*, 5e éd., Defrénois/Lextenso, 2012 – A. Sériaux, *Successions et libéralités*, Ellipses, 2013 – F. Terré, Y. Lequette et S. Gaudemet, *Les successions, les libéralités*, 4e éd., « Précis », Dalloz, 2014.

Articles.

> Antérieurs à la loi n° 2006-728 du 23 juin 2006 : C. Brenner, « Dévolution et répartition successorales dans les partages d'ascendant à la fin du xxe siècle », *Études offertes à P. Catala. Le droit privé français à la fin du xxe siècle*, Litec, 2001, p. 367 – R.-J. Roughol, « La donation-partage lors du règlement de la succession du donateur », *JCP* 1996. Prat. 3575, n° 39.

> Postérieurs à la loi n° 2006-728 du 23 juin 2006 : M. Grimaldi, « Des donations-partages et des testaments-partages au lendemain de la loi du 23 juin 2006 », *JCP N* 2006. 1320; *JCP* 2006. I. 179 – M. Klaa, « Donation-partage conjonctive et enfants de lits différents », *JCP N* 2008. 1068 – R. Le Guidec, « Les libéralités-partages », *D.* 2006. 2584 – J.-F. Sagaut, « La donation-partage transgénérationnelle », *JCP N* 2006. 1321 – P. Sautjeau et B. Vareille, « Mérites et maléfices de l'article 1078 du Code civil », *Defrénois* 2014. 356.

413.04 Questions essentielles.

> Sur l'exclusion de tout rapport

* V. ss nos 413.11 à 413.14

> Sur la méthode liquidative en présence d'héritiers réservataires

* V. ss nos 413.20 à 413.84

> Sur la portée de l'évaluation dérogatoire de l'article 1078 du Code civil

* V. ss nos 413.61 et 413.62

> Sur la réduction pour atteinte à la réserve d'une donation-partage conjonctive ou cumulative

* V. ss nos 413.71 à 413.76

> Sur le cas de la donation-partage transgénérationnelle

* V. ss nos 413.111 à 413.113

SECTION 1
EXCLUSION DU RAPPORT DES LOTS

413.11 Incompatibilité entre la libéralité-partage et le rapport. Les copartagés, par donation ou par testament, ne sont jamais tenus au rapport de leurs lots. Parce que le rapport consiste à inclure des biens dans la masse à partager, il ne se conçoit pas pour des biens qui ont été déjà partagés [2].

Si, par extraordinaire, une donation-partage se trouve assortie d'une clause de rapport, il n'y a d'autre alternative que de faire prévaloir soit la clause de rapport, mais au prix d'une disqualifica-

1. NB : les ouvrages les plus fréquemment cités et dont le nom des auteurs figure en petites capitales en bibliographie sont cités par les noms des auteurs en petites capitales en notes de bas de page.

2. Civ. 1re, 16 juill. 1997, n° 95-13.316, *Bull. civ.* I, n° 252; *D.* 1997. Somm. 370, obs. Grimaldi : « *Les biens qui ont fait l'objet d'une donation-partage ne sont pas soumis au rapport qui n'est qu'une opération préliminaire au partage en ce qu'il tend à constituer la masse partageable* »; *JCP* 1997. IV. 2026, p. 315; *JCP N* 1997. II. 1509 – v. déjà Civ., 7 mars 1876, *DP* 1876. 1. 310.

tion de l'acte en donation ordinaire[1], soit la qualification énoncée à l'acte, mais au prix du retranchement de la clause de rapport, réputée non écrite[2]. Le choix entre les deux branches de l'alternative est affaire d'interprétation de volonté : le disposant a-t-il voulu procéder à un règlement définitif de sa succession en procédant à un partage anticipé de ses biens entre ses enfants ? Ou a-t-il simplement entendu consentir à ses héritiers des avances restituables lors du partage de sa succession à intervenir après sa mort ?

413.12 Portée : sort des plus ou moins-values. L'exclusion du rapport a pour première conséquence que les plus ou moins-values qui adviennent aux biens postérieurement au partage, entre vifs ou testamentaire, **profitent ou nuisent à ceux-là seuls qui en ont été allotis.**

413.13 Portée (suite) : exclusion des biens distribués de la masse de calcul des droits légaux du conjoint en propriété ? Suivant une opinion avertie, l'exclusion du rapport a pour seconde conséquence que les biens compris dans la donation-partage ne doivent pas être pris en compte dans la masse de calcul des droits en propriété que la loi accorde au conjoint survivant en présence d'enfants ou des père et mère (C. civ., art. 757 et 757-1)[3] : cette masse, en effet, comprend, outre les biens existants au décès et qui n'ont pas été légués, les seuls biens dont le *de cujus* a disposé par des libéralités rapportables (C. civ., art. 758-5, al. 1er).

Cette opinion est cependant combattue par la majorité de la doctrine[4], qui tire argument de ce que **la donation-partage, quoique non rapportable, constitue, sauf clause de préciput, une simple avance de part successorale** (C. civ., art. 1077 – v. ss n° 413.14)[5].

Il serait vain d'argumenter sur la lettre de l'article 758-5 du Code civil, dont l'analyse ne permet aucune conclusion décisive. Le texte visant les libéralités consenties « *sans dispense de rapport* », les seules libéralités qu'il envisage sont celles qui sont susceptibles d'être ou non rapportables. Or, c'est par essence que les donations-partages ne sont pas rapportables (v. ss n° 413.11) : pour elles, la question du rapport ne se pose pas. Sans doute, donc, le législateur, en écrivant l'article 758-5, n'a-t-il pas pensé à elles : il les a tout simplement oubliées.

C'est par référence à l'esprit du texte et aussi à l'intention la plus probable du *de cujus* qu'il convient de trancher. Au soutien de l'opinion minoritaire, on fera valoir le raisonnement suivant : l'idée qui inspire l'article 758-5 est que les droits du conjoint se calculent sur une masse incluant les seules libéralités qui ne dérogent pas à la dévolution légale, celles qui n'augmentent ni ne diminuent les droits *ab intestat* des héritiers, parce qu'elles réalisent un simple allotissement, venant à son heure (legs rapportable) ou venu par anticipation (donation rapportable); or les biens qu'un héritier recueille par donation-partage diminuent assurément la vocation héréditaire des autres, puisqu'un héritier sous-alloti ou même carrément omis ne peut rien réclamer à ses cohéritiers, sauf ce qui est nécessaire pour, le cas échéant, former ou parfaire sa réserve; autrement dit, inclure les biens ayant fait l'objet d'une donation-partage dans la masse de calcul des droits du conjoint reviendrait à rendre la libéralité rapportable à son égard[6]. En réplique, on opposera que le *de cujus* a pu légitimement considérer qu'une simple avance faite aux enfants ne préjudicierait pas à son conjoint...

Un jugement du tribunal de grande instance de Paris a consacré la thèse, minoritaire, de l'exclusion[7].

1. Civ., 7 mars 1876, *DP* 1876. 1. 310 : « *Attendu que le contrat du 2 décembre 1871, par lequel les époux Matisse déclarent faire donation à titre de partage anticipé à leurs cinq enfants, d'une somme de 254 165 F par cinquièmes entre eux, impose aux donataires l'obligation de rapporter les sommes données, et prescrit leur imputation sur la succession du prémourant des donateurs; que ces deux clauses sont incompatibles avec le partage d'ascendant, lequel a pour essentiel le règlement anticipé de la succession du donateur et tient lieu du partage qui interviendrait si celui-ci était décédé* ».
2. Civ. 1re, 16 juill. 1997, n° 95-13.316, préc. ss prést n°.
3. *J.-Cl. Civ.*, art. 756 à 767, fasc. 10, n° 84, Catala.
4. *Les successions et les libéralités après la réforme (loi du 23 juin 2006)*, Dossiers pratiques Francis Lefebvre, n° 136 – M.-C. Forgeard, R. Crône et B. Gelot, *La réforme des successions*, Defrénois, 2002, n° 17 – I. Corpart, *Successions et libéralités*, Vuibert, 2003, n° 89 – M.-C. Forgeard, et N. Levillain, Dalloz référence *Liquidation des successions*, 2013/2014, n° 132.46 – S. Ferré-André et S. Berre, *Successions et libéralités*, « Hypercours », Dalloz, 2012, n° 157.
5. La loi n° 2006-728 du 23 juin 2006 portant réforme des successions et des libéralités, qui n'est applicable qu'aux seules successions ouvertes à compter du 1er janvier 2007, a modifié l'article 1077 afin que sa lettre soit en harmonie avec l'ouverture de la donation-partage à toute succession, mais elle en a maintenu la substance : « *Les biens reçus à titre de partage anticipé par un héritier réservataire présomptif s'imputent sur sa part de réserve, à moins qu'ils n'aient été donnés expressément hors part* ».
6. Mais sans que, pour autant, le conjoint pût prétendre exercer ses droits sur les biens distribués : l'article 758-5 alinéa 2, le lui interdirait formellement, puisque les biens ayant fait l'objet de libéralités rapportables, s'ils sont inclus dans la masse de calcul des droits du conjoint (al. 1er), sont exclus de leur masse d'exercice (al. 2). Ses droits ne se trouveraient donc majorés que dans la limite des biens existants au décès.
7. TGI Paris, 18 mai 2010, RG n° 08/10883, inédit.

Quelle que soit la solution qui doive finalement prévaloir, les parties peuvent-elles, par une clause spéciale, stipuler celle qui leur convient[1] ? *Objection* : il s'agirait d'un pacte sur succession future. *Réplique* : la clause viserait simplement à préciser la portée de la donation-partage, qui est un pacte sur succession future autorisé[2].

413.14 Portée (suite) : limites. L'exclusion du rapport n'implique pas que, s'il y a lieu de procéder aux opérations d'imputation visant à détecter d'éventuelles atteintes à la réserve, les lots soient imputés comme des préciputs, et donc sur la quotité disponible. **Les lots, quoique non rapportables**, constituent, en principe, des **avances d'hoirie** et doivent être **imputés** comme tels : « *Les biens reçus à titre de partage anticipé par un héritier réservataire présomptif constituent un avancement d'hoirie imputable sur leur part de réserve, à moins qu'ils n'aient été donnés expressément hors part* » (C. civ., art. 1077).

Quant à la **clause – dite naguère clause de préciput** - aux termes de laquelle les copartagés recueilleront les biens hors part, on n'en voit guère d'effets que néfastes : inutile pour dispenser d'un rapport qui n'est pas dû, elle ampute le droit du *de cujus* d'avantager ensuite qui bon lui semble[3]. Sauf l'utilité qu'on pourrait lui reconnaître d'exclure les biens distribués de la masse de calcul des droits en propriété du conjoint, pour autant qu'on admette qu'ils doivent en principe y être inclus (v. s^s n° 413.13).

SECTION 2
MODALITÉS PARTICULIÈRES DE LA PROTECTION DE LA RÉSERVE

413.20 Méthode et fond. En présence d'une libéralité-partage, la protection de la réserve se présente sous un jour particulier, qu'il s'agisse de la méthode (§ 1) ou du fond (§ 2).

§ 1
La méthode

413.21 Deux méthodes concevables. Si le *de cujus* ne laisse **pas d'héritier réservataire,** sa succession est liquidée abstraction faite de la libéralité-partage. Celle-ci est alors à l'abri de toute réduction, et elle ne donne jamais lieu à un quelconque rapport (v. s^s n° 413.11). Quant aux biens qui n'y seraient pas compris et que le *de cujus* aurait laissés à sa mort ou dont il aurait disposé par voie de donations ordinaires, ils sont, pour les premiers, dévolus suivant les règles de la dévolution *ab intestat*, sauf dispositions testamentaires contraires, et, pour les seconds, sujets à un éventuel rapport.

Si, en revanche, le *de cujus* laisse des **héritiers réservataires**, chacun de ceux-ci peut opposer sa réserve au partage, entre vifs ou testamentaire, qui l'en priverait. Deux textes du Code civil prévoient cette mise en œuvre du droit à réserve : l'article 1077, qui prescrit que « *les biens reçus à titre de partage anticipé par un héritier réservataire présomptif s'imputent sur sa part de réserve, à moins qu'ils n'aient été donnés expressément hors part* »; l'article 1077-1, qui dispose que « *l'héritier réservataire qui n'a pas concouru à la donation-partage, ou qui a reçu un lot inférieur à sa part de réserve, peut exercer l'action en réduction, s'il n'existe pas à l'ouverture de la succession des biens non compris dans le partage et suffisants pour composer ou compléter sa réserve, compte tenu des libéralités dont il a pu bénéficier* ».

Mais, pour l'application de ces consignes, deux méthodes liquidatives peuvent être défendues. L'une et l'autre s'accordent sur la ligne générale qu'il convient de suivre : on doit d'abord rechercher si chacun des héritiers réservataires a reçu sa part de réserve, et c'est ensuite seulement que, dans la négative, il pourra y avoir lieu de réduire les libéralités, y compris la libéralité-partage.

Ce sur quoi les deux méthodes divergent, c'est sur la manière de rechercher si chacun a reçu sa réserve :

– Suivant la première, on prend en compte les seuls biens compris dans la libéralité-partage, ainsi, le cas échéant, que ceux ayant fait l'objet de libéralités rapportables.

– Suivant la seconde, on prend aussi en compte les biens que le *de cujus* a laissés à sa mort et qui sont dévolus par la loi.

Or, cette divergence conduit à des résultats sensiblement différents, comme on va le vérifier en raisonnant sur l'hypothèse d'une donation-partage faite entre les enfants.

413.22 Première méthode. Elle a été exposée en doctrine et retenue par un jugement de première instance[4]. On procède en trois temps :

1. Sur une clause d'inclusion de la donation-partage de la masse de calcul des droits du conjoint, v. M. Grimaldi et C. Vernières, « De quelques clauses des donations-partages », *Defrénois* 2014. 389.
2. M. Grimaldi et C. Vernières, « De quelques clauses des donations-partages », *Defrénois* 2014. 390 – Sur l'analyse de la donation-partage en un pacte sur succession future : Civ. 1re, 4 nov. 1981, n° 80-13.191, *Bull. civ.* I, n° 330.
3. M. Grimaldi et C. Vernières, « De quelques clauses des donations-partages », *Defrénois* 2014. 387.
4. M. GRIMALDI, *Libéralités, Partages d'ascendants*, n°s 1823 s. (avec des exemples chiffrés) – TGI Carpentras, 4 mai 1999, *JCP* 1999. II. 10380, note Sauvage; *RTD civ.* 2001. 182, obs. J. Patarin.

Premier temps. On évalue la quotité disponible, la réserve globale et les parts de réserve individuelles, et l'on établit pour chaque enfant la liste chronologique des biens qu'il a reçus en avancement de part successorale : biens compris dans son lot (sauf clause stipulant qu'ils sont donnés hors part : v. s[s] n° 413.14) et biens reçus par des libéralités rapportables.

Deuxième temps. On compare la valeur de ces biens, et de ces biens seulement, à celle de sa part de réserve individuelle. Et alors, de deux choses l'une :

– Soit chacun des héritiers a ainsi reçu des biens d'une valeur égale ou supérieure à sa part de réserve, et toute réduction est alors exclue : les dispositions à cause de mort sortent leurs effets, et le reliquat de l'actif existant, augmenté des indemnités de rapport (dues à raison de libéralités rapportables excédant la part de réserve de leurs bénéficiaires), se répartit entre les enfants suivant leurs vocations légales.

– Soit, les héritiers ou certains d'entre eux n'ont pas reçu leur part de réserve, et il convient de la leur compléter.

Troisième temps. À ce stade, trois cas de figure peuvent se présenter :

– Ou bien l'actif existant dont il n'a pas été disposé à cause de mort suffit à compléter la réserve de ceux qui ne l'ont pas reçue. Aucune réduction n'est alors à craindre. Les intéressés complètent leurs parts de réserve sur l'actif existant; puis on exécute les dispositions à cause de mort; enfin l'on forme enfin une masse rassemblant le reste des biens existants et les rapports éventuellement dus.

– Ou bien l'actif existant qui permettrait de parfaire la réserve des intéressés a été légué. Il y a lieu alors de réduire les legs à due concurrence. Les intéressés seront donc remplis de leurs parts de réserve sur les biens existants, mais aux conditions de la réduction, donc seulement en argent (C. civ., art. 924), sauf la préférence du légataire pour une réduction en nature (C. civ., art. 924-1). Ensuite, le reliquat des biens existants et les rapports éventuellement dus forment une masse à partager entre les héritiers.

– Ou bien l'actif existant, légué ou pas, ne suffit pas à parfaire les parts de réserve des intéressés. Il faut alors réduire les dispositions entre vifs (donations ordinaires et donation-partage) en commençant par les plus récentes. Mais une donation rapportable ou un lot reçu dans la donation-partage ne peut être réduit que dans la mesure où il excède la part de réserve de l'intéressé.

413.23 Deuxième méthode. Elle a, comme la précédente, été retenue par un jugement de première instance[1]. On procède également en trois temps.

Premier temps. On évalue la quotité disponible, la réserve globale et les parts de réserve individuelles; on établit pour chaque enfant la liste chronologique des biens qu'il a reçus en avancement de part successorale : biens compris dans son lot (sauf s'ils lui ont été donnés hors part successorale) et biens reçus par des libéralités rapportables; puis on calcule les droits que la loi lui accorde sur les biens que le *de cujus* a laissés à sa mort et dont il n'a pas disposé à titre gratuit.

Deuxième temps. On compare, pour chaque enfant, la valeur cumulée des biens qu'il a reçus en avancement de part successorale et de ses droits *ab intestat* au montant de sa part de réserve individuelle. Et l'on retrouve alors l'alternative précédemment décrite (v. s[s] n° 413.22) :

– Soit chacun des héritiers a reçu, en avancement de part successorale et *ab intestat*, des biens d'une valeur égale ou supérieure à sa part de réserve, et toute réduction est alors exclue : les dispositions à cause de mort sortent leurs effets, et le reliquat de l'actif existant, augmenté des indemnités de rapport (dues à raison de libéralités rapportables excédant la part de réserve de leurs bénéficiaires), se répartit entre les enfants suivant leurs vocations légales.

– Soit, les héritiers ou certains d'entre eux n'ont pas reçu leur part de réserve, et il convient de la leur compléter.

Troisième temps. À ce stade, les trois cas de figure précédemment exposés peuvent se présenter, qui appellent le même traitement (v. s[s] n° 413.22).

413.24 Exemples. Deux exemples simples illustreront ce débat et en montreront l'enjeu.

EXEMPLE 1

Soit une donation-partage faite par un père à ses deux enfants, A et B, qui y reçoivent, A un lot valant 100, B un lot valant 50. Le père laisse à sa mort des biens valant 300. La part de réserve de chacun des enfants est alors égale à 150.

– *Première méthode.* Aucun des deux enfants n'a reçu un lot qui lui fournisse sa réserve : A n'a été alloti que de 100, et B de 50 seulement. Sur les biens existants, A et B prélèvent le complément nécessaire pour parfaire leur réserve, soit respectivement 50 et 100; puis, le reliquat, égal à 150, se partage également entre eux, qui recueillent 75 chacun. Globalement, l'un comme l'autre aura reçu **225** (A : 100 [donation-partage] + 125 [biens existants]; B : 50 [donation-partage] + 175 [biens existants]).

– *Seconde méthode.* Sur les biens existants, A et B recueillent chacun 150. Globalement, chacun aura ainsi

1. TGI Paris, 13 févr. 2008, RG n° 05/00598, inédit.

reçu sa part de réserve, et même plus, puisque A aura recueilli **250** (100 [donation-partage] + 150 [biens existants]), et B **200** (50 [donation-partage] + 150 [biens existants]).

EXEMPLE 2

Soit une donation-partage faite par un père à ses deux enfants, A et B, qui y reçoivent, A un lot valant 90, B un lot valant 10. Le père avait auparavant consenti à un tiers une donation égale à 80. Il laisse à sa mort des biens valant 120. La part de réserve de chacun des enfants est égale à 100 :

– *Première méthode.* Ni A ni B n'ayant reçu un lot qui lui fournisse sa réserve, chacun prélève sur les biens existants le complément nécessaire pour la parfaire, soit respectivement 10 et 90. Puis le reliquat, égal à 20, se partage également entre eux, soit 10 pour chacun. Globalement, l'un comme l'autre aura reçu **110** (A : 90 [donation-partage] + 20 [biens existants]; B : 10 [donation-partage] + 100 [biens existants]).

– *Seconde méthode.* Un partage par moitié des biens existants, conforme à la dévolution légale, conduirait à ce que chacun recueillerait 60, de sorte que B ne serait pas rempli de sa réserve : il lui manquerait 30 (100 [part de réserve] – 10 [donation-partage] + 60 [biens existants] = 30). Par conséquent, pour parfaire sa réserve, B est fondé à prélever 90 sur les biens existants, et A ne recueille que le reliquat. Globalement A aura reçu **120** (90 [donation-partage] + 30 [biens existants]), et B **100** (10 [donation-partage] + 90 [biens existants]).

Ces deux exemples montrent que, si l'on adopte la première méthode, l'inégalité créée par la donation-partage est effacée, alors que si l'on suit la seconde, elle est maintenue, tantôt pour le tout (premier exemple), tantôt pour partie (second exemple) : elle l'est dans la mesure - dans toute la mesure et dans la mesure seulement - où l'intangibilité de la réserve le permet.

413.25 Discussion. Le choix entre ces deux méthodes est délicat. Et la doctrine n'y aide guère, faute d'avoir véritablement étudié la difficulté. Aussi comprend-on que la jurisprudence naissante soit divisée.

Pour trancher, il convient d'abord de consulter la loi, à savoir l'article 1077-1 du Code civil : seul texte qui prévoit l'hypothèse où un enfant copartagé a été alloti en-deçà de sa réserve. Mais ce texte ne permet pas de résoudre la difficulté. Il exprime, en effet, l'idée simple et claire qu'un enfant sous-alloti ne saurait remettre en cause la donation-partage si les biens existants suffisent à former sa part de réserve. Mais ce qui fait difficulté, ce sont, ces biens étant supposés suffisants, les modalités de leur dévolution : l'enfant sous-alloti peut-il en toute hypothèse prélever, avant partage, ce qu'il faut pour compléter sa réserve ? Ou ne le peut-il que dans le cas où la dévolution légale ne lui fournirait pas son complément de réserve ? Or, la lettre de la loi s'accommode de ces deux analyses, qui, toutes deux, subordonnent la réduction de la donation-partage à l'absence de biens en quantité suffisante pour compléter la réserve de l'enfant sous-alloti.

On est alors conduit à une libre recherche de la meilleure méthode.

413.26 Discussion (suite). Or, la seconde méthode se recommande de solides raisons théoriques et pratiques.

Du point de vue théorique, deux considérations, qu'il convient de combiner, sont essentielles.

- 1° Une donation-partage peut créer une inégalité dans la dévolution successorale, pourvu qu'elle ne porte pas atteinte à la part de réserve de chacun des enfants (v. s^{s} n°s 411.171 s.). L'inégalité qui procède de la volonté du *de cujus* ne doit donc être corrigée que dans la mesure nécessaire pour que chacun des enfants reçoive sa réserve, et non par principe : l'enfant qui a reçu un lot moins important que les autres peut bien, au décès, exiger d'être pourvu de sa réserve; il ne saurait prétendre à un rétablissement d'une complète égalité.

- 2° Lorsque l'ascendant laisse des biens à son décès, soit qu'il ne les ait pas inclus dans la donation-partage, soit qu'il les ait acquis depuis, leur sort est fixé par les règles ordinaires de la dévolution successorale. Si, donc, il n'en a pas disposé à cause de mort, par testament ou donation de biens à venir, ces biens forment la matière d'une succession *ab intestat* : ils reviennent à ceux que la dévolution légale désigne, et donc *a priori* à chacun des enfants par parts égales. Or, cette dévolution ne doit être corrigée que si le respect de la réserve l'exige. Lorsqu'elle permet à l'enfant sous-alloti de recevoir son complément de réserve, il n'existe aucune raison de l'écarter; et lorsqu'elle ne le permet pas, elle doit être corrigée dans la mesure nécessaire pour la lui compléter, dans toute cette mesure et dans cette mesure seulement. Le vœu de l'article 1077-1 du Code civil est ainsi satisfait, puisque l'enfant sous-alloti complète sa réserve sur les biens existants, mais sans pour autant que l'inégalité créée par le *de cujus,* qui n'a rien d'irrégulier en elle-même (v. *supra,* 1°), soit effacée au-delà de ce qu'exige l'ordre public réservataire.

Du point de vue pratique, la première méthode est source d'une sérieuse anomalie : elle aboutit à ce qu'en présence d'une donation-partage inégalitaire, l'égalité entre les enfants est rétablie dans certains cas, mais pas dans d'autres, sans que l'on comprenne les raisons de cette différence. L'égalité est rétablie lorsque la donation-partage n'a alloti chacun d'eux qu'en deçà de sa réserve : sur les biens existants, chacun complète sa part en application de l'article 1077-1, ce qui les place à égalité; puis, sur le reliquat, ils procèdent à un partage par tête, ce qui maintient l'égalité. En revanche, lorsque la donation-partage a alloti chacun d'eux au-delà de sa part de réserve, l'inégalité demeure : il ne saurait être question ni d'un quelconque rapport, ni d'un quelconque prélèvement sur le fondement de l'article 1077-1.

Reprenons le premier des deux EXEMPLES qui ont été précédemment donnés (v. s[s] n° 413.24) : un père consent une donation-partage par laquelle ses deux enfants reçoivent, A un lot valant 100, B un lot valant 50; il laisse à sa mort des biens valant 300. On a vu que, dans ce cas, où la part de réserve de chacun des enfants est égale à 150, la première méthode conduit à ce que A et B prélèvent respectivement, pour parfaire leur réserve, 50 et 100, puis se partagent également le reliquat, égal à 150. Moyennant quoi chacun recueille globalement 225 : rien ne reste de l'inégalité voulue par le père. Mais supposons maintenant que le père distribue davantage de ses biens par donation-partage : qu'il attribue à A un lot valant 200 et à B un lot valant 160, et qu'il ne laisse à sa mort que des biens valant 90. Dans ce cas, où chacun des enfants a été alloti au-delà de sa part de réserve, les biens existant se partagent également entre eux, de sorte que, globalement, A reçoit 245, et B, 205. L'inégalité créée par la donation-partage demeure. On comprend mal pourquoi cette inégalité voulue par le *de cujus* disparaît dans le premier cas, alors qu'elle subsiste dans le second.

Pour finir, il convient de réfuter trois arguments que l'on pourrait opposer à la seconde méthode.

– **1°** Cette méthode serait contraire aux dispositions de l'article 1077 du Code civil, suivant lequel « *les biens reçus par les descendants à titre de partage anticipé constituent un avancement d'hoirie imputable sur leur part de réserve, à moins qu'ils n'aient été donnés expressément par préciput et hors part* ». L'argument se trouve dans le jugement de Carpentras. Mais on ne voit pas où est la contrariété dénoncée. L'une et l'autre des deux thèses en présence tiennent pour acquise l'imputation des lots sur les parts de réserve de leurs attributaires : c'est sur les conditions dans lesquelles des enfants sous-allotis peuvent compléter leurs parts qu'elles divergent. Quant à soutenir qu'un lot imputé sur la part de réserve ne peut pas avantager son attributaire, qu'il ne le peut que dans la mesure où il est pris sur la quotité disponible, c'est méconnaître qu'à la différence d'une donation ordinaire, la donation-partage, quoique imputable sur la réserve, n'est pas rapportable, et que c'est cette exclusion du rapport qui explique le non-rétablissement de l'égalité au décès.

– **2°** La seconde méthode serait incompatible avec le principe suivant lequel la donation-partage ne brise pas l'unité de la succession. Cet argument se trouve également dans le jugement de Carpentras : après avoir dit que le prélèvement par l'enfant sous-alloti « *doit être considéré comme une avance imputable sur la réserve qui doit être reconstituée sur les biens restant à partager préalablement au partage du reliquat desdits biens* », le tribunal ajoute « *qu'en décider autrement aboutirait à considérer l'existence de deux successions distinctes, alors que la donation-partage est à valoir sur l'unique partage successoral, et que la succession restant unique, la réserve et la quotité disponible sont calculées sur une masse unique incluant les biens compris dans la donation-partage* ». Mais, d'une part, on comprend mal comment le prélèvement opéré **après** l'ouverture de la succession pourrait être considéré comme une **avance** imputable sur la réserve. D'autre part, l'unité de la succession est pareillement respectée par les deux méthodes, qui, l'une comme l'autre, présupposent que la réserve se calcule et peut être fournie, non pas distinctement sur chacune des masses composées par les biens donnés et par les biens existants au décès, mais sur l'ensemble que forment ces deux masses.

– **3°** L'ascendant qui procède à un partage inégal n'a pas nécessairement voulu briser l'égalité entre ses enfants : il a pu considérer que celle-ci serait rétablie à son décès. Mais cette objection méconnaît purement et simplement la nature du partage d'ascendant. Parce qu'un partage d'ascendant est un partage, et non une série de donations rapportables, la répartition qu'il contient est définitive, sauf l'atteinte à la réserve. Et l'on a vu, d'ailleurs, que lorsque le partage inégal a rempli chacun des enfants de sa réserve, cette inégalité est bel et bien irréversible (sauf, naturellement, à la corriger par des libéralités ultérieures : par une donation ou un legs préciputaire, ou encore par une nouvelle donation-partage qui avantagerait ceux que la précédente avait désavantagés).

§ 2
Le fond

413.30 Trois dérogations au droit commun. Afin de stabiliser la libéralité-partage, la loi soumet sa réduction à trois règles dérogatoires au droit commun : l'évaluation au jour de l'acte, et non à celui du décès, des biens compris dans une donation-partage acceptée par tous les héritiers réservataires (A); au cas de donation-partage conjonctive, le report, jusqu'au décès du survivant des ascendants, de l'ouverture du droit d'agir en réduction et de l'évaluation de la réserve des descendants dans la succession du prémourant (B); l'abrègement à cinq ans du délai de prescription de l'action en réduction (C).

Sous l'empire du droit antérieur à la loi du 23 juin 2006, la réduction d'une donation-partage était soumise à une quatrième règle d'exception : la réduction du lot attribué à un non-successible se faisait en valeur, alors que la réduction des donations faites à des non-successibles se faisait en principe en nature. Se trouvait ainsi consolidée la transmission de l'entreprise dont, par hypothèse, le non-successible avait été alloti (v. s[s] n° 411.61). Aujourd'hui où la réduction en valeur est devenue la règle (C. civ., art. 924), la donation-partage ne présente plus aucun particularisme du point de vue des modalités de sa réduction.

A. Évaluation au jour de l'acte des biens compris dans une donation-partage acceptée par tous les héritiers réservataires

413.31 Première vue. L'article 1078 du Code civil prescrit que, sous des conditions qu'il précise, les biens répartis sont évalués au jour de la donation-partage pour l'imputation et le calcul de la réserve[1]. Au lieu, donc, d'être fictivement réunis aux biens existants puis imputés pour leur valeur au jour du décès, comme le prescrit la règle de principe de l'article 922, ils le sont pour leur valeur au jour du partage anticipé.

Cette **évaluation au jour de l'acte** présente l'avantage de **stabiliser la donation-partage** : si celle-ci a été conçue égalitaire, elle le restera dans les opérations de liquidation de la réserve puisque les plus ou moins-values advenues aux biens après leur distribution n'y seront pas prises en compte.

413.40 Trois questions. Quelles sont les conditions de cette évaluation (1°) ? Quels sont ses effets (2°) ? Quelle est sa portée (3°) ?

1° Conditions de l'évaluation dérogatoire

413.41 Première condition : la participation à la donation-partage de tous les héritiers réservataires vivants ou représentés au décès de l'ascendant. L'évaluation dérogatoire de l'article 1078 suppose que « *tous les héritiers réservataires ou représentés au décès de l'ascendant aient reçu un lot dans le partage anticipé et l'aient expressément accepté...* ». Elle exige donc la participation de tous les héritiers réservataires au partage entre vifs.

– De quels héritiers réservataires s'agit-il ? Il convient ici de distinguer selon que le *de cujus* laisse ou non des **descendants**.

S'il en laisse, **seule importe leur participation** : celle du conjoint, capable de bénéficier de la donation-partage en sa qualité de cohéritier, est indifférente puisqu'en cette occurrence il n'est pas réservataire. En outre, seule est requise la participation des enfants qui viennent à la succession ou qui y sont représentés. Il n'y a donc pas à se soucier des enfants prédécédés ou renonçants et qui sont sans postérité. Mais la survenance d'un nouvel enfant postérieurement au partage entre vifs exclut le jeu attendu de l'article 1078.

Si le *de cujus* ne laisse **pas de descendants**, c'est la **participation du conjoint, seul héritier réservataire, qui est requise** : celles des cohéritiers du conjoint, père et mère, qui ne sont plus réservataires depuis la loi du 23 mars 2006, est indifférente.

– De quelle participation s'agit-il ? De l'acceptation par chacun du lot composé à son intention. Si l'un des héritiers réservataires consent au partage, mais sans y être lui-même alloti, l'article 1078 ne s'applique pas.

Sur le cas de la donation-partage transgénérationnelle, v. s[s] n°s 413.111 à 413.113.

413.42 Deuxième condition : absence de réserve d'usufruit portant sur une somme d'argent. L'évaluation dérogatoire de l'article 1078 du Code civil suppose que « [...] *tous les héritiers réservataires vivants ou représentés au décès de l'ascendant aient reçu un lot dans le partage anticipé et l'aient expressément accepté, et qu'il n'ait pas été prévu de réserve d'usufruit portant sur une somme d'argent* ». Cette exigence s'explique par le particularisme d'un usufruit sur somme d'argent. L'usufruit est alors un quasi-usufruit, qui confère à son titulaire la propriété des deniers, à charge pour lui de les restituer (C. civ., art. 587). Par conséquent, l'héritier alloti de deniers dont le disposant s'est réservé l'usufruit se trouve placé dans la situation d'un créancier d'une somme d'argent dont le montant est invariablement fixé et le paiement différé au décès de son débiteur : il n'a pas de plus-values à espérer, mais l'érosion monétaire à redouter. Aussi, la loi le protège-t-elle en l'associant, pour le calcul de sa réserve, aux plus-values advenues après le partage aux biens dont ses cohéritiers ont été allotis : elle écarte l'évaluation dérogatoire au jour de l'acte.

Quelques précisions :

– La réserve d'usufruit sur créance est assimilée à la réserve d'usufruit sur somme d'argent[2], et l'attribution d'une somme d'argent payable au décès de

1. P. Sautjeau et B. Vareille, « Mérites et maléfices de l'article 1078 du Code civil », *Defrénois* 2014. 356.

2. Civ. 1re, 18 mai 1978, n° 76-12.709, *Bull. civ.* I, n° 196; *Defrénois* 1979, art. 32038, obs. G. Champenois; *D.* 1979. IR 76, obs. Martin; *JCP* 1980. II. 19349, note M. Dagot.

l'ascendant ou à prendre dans sa succession devrait l'être pareillement.

– En revanche, la réserve d'usufruit ne devrait empêcher l'évaluation au jour de l'acte, ni lorsque le lot de chacun des réservataires comprend, outre des corps certains, une même somme d'argent[1], ni lorsque le donataire reçoit la libre disposition des deniers à charge d'en servir les revenus à l'ascendant[2], ni lorsque le lot de l'un des enfants est composé d'une soulte payable au décès, car cette soulte bénéficie alors nécessairement de l'indexation de l'article 1075-4 (v. s[s] n° 411.163).

– Lorsque la donation-partage a été faite entre des héritiers qui ne sont pas tous réservataires, la réserve d'usufruit peut grever une somme d'argent formant le lot d'un non réservataire (le lot du conjoint copartagé avec les enfants; ou le lot du père ou de la mère copartagé avec le conjoint) : elle ne doit pas alors exclure l'application de l'article 1078, puisqu'elle ne menace point un droit à réserve.

413.43 Troisième condition : absence de clause contraire. L'article 1078 du Code civil permet aux parties de revenir à l'évaluation ordinaire de l'article 922 (sur l'intérêt de cette clause, v. s[s] n°s 413.61 et 413.113).

2°
Effets de l'évaluation dérogatoire

413.51 Gel de la valeur au jour de l'acte. L'article 1078 a pour effet que **tous les biens compris dans le partage anticipé**, même ceux dont un non-réservataire ou un tiers aurait été alloti, sont, pour le calcul de la réserve et les imputations, **évalués au jour de l'acte.**

Deux précisions :

– Les biens ayant fait l'objet de donations incorporées sont, eux aussi, évalués au jour du partage anticipé, et ce impérativement (C. civ., art. 1078-1, al. 2).

– Lorsque la donation-partage donne lieu à réduction, l'indemnité de réduction est évaluée au jour du partage de la succession (et non du partage anticipé), suivant la règle de l'article 924-2[3].

1. *CONTRA* : P. CATALA, n° 122-c.
2. Civ. 1re, 6 nov. 1979, n° 77-14.197, *Bull. civ.* I, n° 270, sol. impl.; *D.* 1980. IR 401, obs. Martin – pour le cas où la donation-partage oblige l'ascendant à employer les deniers, v. P. CATALA, n° 122-c.
3. Civ. 1re, 17 déc. 1996, n° 94-17.911, *Bull. civ.* I, n° 462; *D.* 1997. Somm. 367, obs. B. Vareille; *JCP* 1998. I. 133, obs. R. Le Guidec; *JCP N* 1998, n° 21, p. 817; *Gaz. Pal.* 1997. 248-252, pan. 202.

3°
Portée de l'évaluation dérogatoire

413.61 Réductibilité de la donation-partage et des autres libéralités. Il convient ici de distinguer deux hypothèses.

Première hypothèse : absence d'autres libéralités. L'hypothèse est qu'il n'existe ni disposition à cause de mort, ni disposition entre vifs qui n'ait été incorporée à la donation-partage.

La donation-partage est alors à l'abri de toute réduction si elle réalise une répartition qui, au jour de l'acte, respecte la réserve de chacun : si, sur l'ensemble des biens distribués estimés au jour de l'acte, elle attribue à chacun une quotité au moins égale à celle de sa réserve (par ex., en présence de trois enfants, au moins un quart des biens partagés). Car, en pareil cas, de deux choses l'une : ou bien elle remplit chacun de sa réserve, ou bien elle n'en remplit aucun. Or, ni dans un cas ni dans l'autre, elle n'est sujette à réduction.

Seconde hypothèse : existence d'autres libéralités. L'hypothèse est qu'il existe des dispositions à cause de mort, ou des dispositions entre vifs qui n'ont pas été incorporées à la donation-partage.

Lors de la liquidation, les **biens formant l'objet de ces libéralités** seront **estimés à la date du décès,** de sorte qu'ils seront surévalués par rapport à ceux partagés entre vifs, qui seront estimés à la date du partage anticipé. Cette dualité de date crée le risque que les lots s'avèrent inférieurs aux parts de réserve, sans que, cette fois, les biens existants suffisent à les compléter. Si ce risque se réalise, la réduction frappera d'abord les dispositions à cause de mort. Mais elle pourra aussi atteindre les dispositions entre vifs : soit la donation-partage, si, par exemple, l'un des enfants avait reçu une donation antérieure en avancement de part successorale qui, jointe à son lot, excède sa part de réserve et le disponible réunis; soit une donation antérieure, faite à un étranger ou à un enfant hors part successorale, qui excède le disponible.

Il est donc clair que l'évaluation dérogatoire de l'article 1078 altère la liberté testamentaire et, plus généralement, la faculté de consentir ensuite des libéralités à un étranger ou à un enfant hors part successorale. De plus, s'il existe une donation antérieure qui n'est pas incorporée, tantôt elle ne garantit plus la stabilité du partage anticipé (cas où la donation antérieure a été faite à l'un des enfants), tantôt elle expose cette donation à un risque accru de réduction (cas où la donation est faite à un étranger ou à un enfant hors part successorale).

D'où l'intérêt qu'il peut y avoir à l'écarter par une clause de la donation-partage (v. s[s] n° 413.43).

413.62 Liquidation du droit en propriété du conjoint survivant. Si l'on inclut les biens ayant fait l'objet d'un partage anticipé dans la masse de calcul des droits en propriété que la loi accorde au conjoint survivant (v. s[s] n° 413.13), la question se pose de savoir si, lorsque les conditions de l'article 1078 sont réunies, on doit les y compter pour leur valeur à la date de la donation-partage. S'agissant de calculer les droits du conjoint, et non de décider de la réductibilité d'une libéralité, il serait juste que l'on revînt à l'évaluation de principe, qui doit être faite à la date de l'ouverture de la succession.

B.

Au cas de donation-partage conjonctive, report au décès du survivant des ascendants, et de l'ouverture du droit d'agir en réduction et de l'évaluation de la réserve des descendants dans la succession du prémourant

413.71 Double conséquence de la confusion des deux successions. Au cas de partage conjonctif, la confusion des successions paternelle et maternelle en vue d'un unique partage anticipé (v. s[s] n° 411.101) emporte deux conséquences, liées entre elles, au regard de la réserve héréditaire : la première est le report au décès du survivant des ascendants de l'ouverture du droit d'agir en réduction; la seconde est le même report, au décès du survivant des ascendants, de l'évaluation de la réserve des descendants dans la succession du prémourant.

413.72 1°) Report au décès du survivant des ascendants de l'ouverture du droit d'agir en réduction. Aux termes de l'article 1077-2 alinéa 2 du Code civil, la réduction d'une donation-partage conjonctive ne peut être demandée avant le décès du survivant des ascendants. Dès lors, dit-on, qu'un enfant peut être rempli dans l'une des successions de ses droits réservataires dans les deux, on doit, pour calculer les réserves de chacun et vérifier qu'il n'y a point été porté atteinte, raisonner sur les deux successions confondues. Or, comme la réserve ne peut se calculer que la succession une fois ouverte, puisqu'elle se liquide notamment sur les biens que le *de cujus* a laissés à sa mort (C. civ., art. 922), il faut attendre que les deux parents soient décédés pour que les enfants puissent exercer leurs droits réservataires dans la succession du prémourant. Cette « longue léthargie »[1] de l'action en réduction peut être embarrassante si le prémourant a consenti d'autres libéralités. Le sort de celles-ci restera incertain jusqu'au décès du survivant : ainsi, l'exécution des legs se fera sous le signe du provisoire[2]. Et l'incertitude durera aussi longtemps qu'il s'écoulera d'années entre le décès du prémourant et celui du survivant.

Sur une analyse différente de la donation-partage conjonctive, qui permettrait d'éviter cet inconvénient, v. s[s] n° 413.75.

413.73 Limites : enfant renonçant et enfant non commun. L'enfant qui renonce à la succession du prémourant, étant réputé n'avoir jamais été héritier, n'est plus que donataire, de sorte qu'il peut être immédiatement assigné en réduction par les enfants acceptants[3].

Quant à l'enfant non commun, à l'égard duquel la donation-partage n'est pas conjonctive, il peut naturellement, si son auteur prédécède, agir en réduction sans attendre le décès de l'autre donateur (C. civ., art. 1077-2, al. 2).

413.74 2°) Report au décès du survivant de l'évaluation de la réserve des descendants dans la succession du prémourant ? La jurisprudence décide que, dans le cas d'une donation-partage conjonctive, les réserves des descendants dans les successions paternelle et maternelle doivent être évaluées à une même date, qui ne peut être que celle du décès du survivant des père et mère[4]. Elle justifie ce report de l'évaluation de la réserve des descendants dans la succession du prémourant par le même motif que le report à cette même date de l'ouverture du droit de demander la réduction de la donation-partage (v. s[s] n° 413.71) : la confusion des deux successions[5].

EXEMPLE

Deux enfants, Jean et Jacques, sont allotis par un partage conjonctif, le premier d'un immeuble paternel, le second

1. M. Despax, « Les partages d'ascendants : paix des familles ou guerre de succession », *D.* 1959. Chron. 245-249.
2. P. Catala, n° 135 – V. Zalewski, *JCP N* 2011. 1237.
3. Req. 25 févr. 1890, *DP* 1890. 1. 345.
4. Civ. 1re, 16 juin 2011, n° 10-17.499, *Bull. civ.* I, n° 114; *D.* 2011. 1759; *AJ fam.* 2011. 443, obs. C. Vernières; *RTD civ.* 2011. 789, obs. M. Grimaldi; *JCP N* 2011. 1237, note V. Zalewski – V. s[s] n° 413.02, la forte motivation de l'arrêt.
La question était controversée en doctrine : POUR le report de l'évaluation au décès du survivant : J. Ortlieb, note s[s] Civ. 26 déc. 1876, *S.* 1877. 1. 153 – A. Ponsard, *Liquidations successorales*, Sirey, 1973, n° 196 – M. Grimaldi, *Libéralités, Partages d'ascendants*, n° 1840 – CONTRE le report : P. Catala, n° 135, p. 321, note 517 – B. Vareille, *Volonté, rapport et réduction*, th., PUF, 1988, n° 380.
La solution retenue par la Cour de cassation en 2011 était prévisible, car elle l'avait déjà été au XIXe siècle à propos d'une donation-partage cumulative (v. s[s] n° 413.75).
5. V. s[s] n° 413.02 pour les motifs de Civ. 1re, 16 juin 2011, n° 10-17.499.

d'un immeuble maternel. Les deux immeubles, qui sont les seuls biens ayant appartenu aux parents, valent, l'un comme l'autre, 600 au décès du père, 1 800 au décès de la mère. Si l'on calculait chaque réserve à la date du décès du *de cujus*, chacun des enfants pourrait prétendre à 200 dans la succession paternelle [600 : 3 = 200] et à 600 dans la succession maternelle [1800 : 3 = 600], soit un total de 800. Jean, alloti de 600, n'aurait donc pas reçu sa réserve : résultat absurde, puisque les lots, conçus égaux, le sont toujours restés. Le report de la date d'évaluation de tous les biens à la date du décès a pour conséquence que chacun des enfants peut prétendre, les deux réserves cumulées, à 900, et que chacun a reçu 1 800.

Ici encore, la solution, n'est pas sans inconvénients pratiques. Pendant tout le temps qui s'écoule entre le décès du prémourant et celui du survivant, et qui est parfois fort long, les biens distribués peuvent connaître d'importantes fluctuations de valeur qui compromettent la stabilité de la donation-partage.

D'où le plus vif intérêt qu'il y a de placer la donation-partage conjonctive sous l'empire de **l'article 1078 du Code civil : tous les biens seront alors évalués à la date du partage anticipé** et leur répartition s'en trouvera stabilisée. Mais encore faut-il que les conditions requises soient réunies : que tous les enfants vivants ou représentés au décès aient reçu un lot et qu'il n'ait pas été prévu de réserve d'usufruit sur somme d'argent[1].

Sur une analyse différente de la donation-partage conjonctive, qui permettrait d'éviter les inconvénients attachés au double report, de l'ouverture de l'action en réduction et de l'évaluation de la réserve des descendants dans la succession du prémourant, v. s[s] n° 413.75.

413.75 Une nouvelle analyse, *de lege ferenda*, de la donation-partage conjonctive. Le double report qui vient d'être exposé (v. s[s] n°s 413.71 et 413.73) pourrait être évité moyennant une analyse renouvelée de la donation-partage conjonctive. Dès lors, dirait-on, que les biens paternels et maternels sont distribués sans égard pour leur origine, chaque enfant peut être réputé tenir son lot de chacun de ses parents : le tenir de son père et de sa mère dans la proportion que représentent respectivement les biens paternels et les biens maternels par rapport à l'ensemble des biens donnés. Cela admis, plus rien ne s'oppose ni à ce que l'action en réduction puisse être exercée dès le décès du prémourant, ni à ce que le lot de chacun, **quelle qu'en soit la composition**, soit évalué pour partie à la date du décès du prémourant et pour partie à la date du décès du survivant.

EXEMPLE

On reprend l'hypothèse précédente (v. s[s] n° 413.74). Les droits réservataires de Jean et Jacques, estimés au décès du *de cujus*, sont de 200 dans la succession paternelle, et de 600 dans la succession maternelle. Les biens paternels et maternels représentant respectivement une moitié de l'ensemble des biens donnés, chacun est réputé avoir reçu de sa mère une moitié de son lot et de son père l'autre moitié : soit, 300 de sa mère (évaluation de son lot à la date du décès de celle-ci) et 900 de son père (évaluation à la date du décès de celui-ci). Chacun a bien été rempli de sa réserve dans l'une et l'autre des deux successions.

413.76 Cas de la donation-partage cumulative. La règle de l'article 1077-2 alinéa 2 du Code civil qui, dans le cas d'une donation-partage conjonctive, **reporte l'ouverture de l'action en réduction** au décès du survivant des donateurs (v. s[s] n° 413.72) ne peut aucunement être transposée à une donation-partage cumulative. Tout d'abord, le texte est littéralement inapplicable à la donation-partage cumulative : il énonce que lorsque la donation-partage émane des père et mère l'action en réduction de la donation-partage ne peut-être introduite qu'au décès du survivant; transposé à une donation-partage cumulative, il signifierait que l'action en réduction des libéralités consenties par le prémourant, **qui n'a procédé à aucune donation-partage,** ne peut être introduite avant le décès du survivant... En outre et surtout, **le texte est pratiquement inapplicable à la donation-partage cumulative.** Celle-ci, en effet, peut intervenir longtemps, très longtemps même, après l'ouverture de la succession du prémourant des père et mère : elle le peut tant que le survivant des ascendants est en vie et qu'il n'a pas été procédé au partage de la succession du prédécédé. Dira-t-on alors que l'action en réduction des libéralités consenties par le prédécédé, qui s'est incontestablement ouverte avec la succession de celui-ci, s'est ensuite trouvée fermée – et rétroactivement ? – lors du partage cumulatif plus tard intervenu ? L'incongruité de la question révèle l'anomalie profonde qu'il y aurait à faire dépendre d'une libéralité consentie par le seul survivant le sort des libéralités consenties par le seul prédécédé. Ajoutons que l'exercice immédiat de l'action en réduction des libéralités consenties par le prémourant ne pose strictement aucune difficulté technique. Il n'est nul besoin de prendre en compte la donation-partage cumulative : d'une part, la question de la réduction de cette donation-partage (à laquelle il faut répéter que le prémourant est, par hypothèse, complètement étranger) ne se pose pas; d'autre part, pour décider de la réductibilité des libéralités que le prémourant a pu par ailleurs consentir, les biens qu'il a laissés à sa mort

1. Dans l'affaire jugée en 2011 (Civ. 1re, 16 juin 2011, n° 10-17.499, préc.), c'est la condition d'unanimité qui manquait, comme la Cour de cassation prend soin de le relever.

et qui ont été inclus dans le partage cumulatif sont naturellement pris en compte pour le calcul de la réserve : ils le sont, comme les biens existants, pour leur valeur au décès (C. civ., art. 922).

En revanche, si, au décès du survivant, la réduction des libéralités consenties par celui-ci, et singulièrement de la donation-partage cumulative, vient à être demandée, la question se pose de la **date d'évaluation des biens du prémourant** dans la mesure où l'un des enfants aura pu en être alloti au titre de ses droits dans la succession du survivant (ce que le partage cumulatif, comme le partage conjonctif, permet). Or, les raisons qui conduisent à évaluer les biens des père et mère à une même date dans le cas de demande en réduction d'une donation-partage conjonctive valent aussi s'il s'agit d'une donation-partage cumulative. Elles résident dans la confusion des deux successions, dont il importe peu qu'elle ait été voulue par les deux parents accordés (donation-partage conjonctive) ou par le parent survivant et les enfants (donation-partage cumulative) : dans les deux cas, cette confusion implique que tous les biens qui ont été répartis, y compris ceux qui dépendaient de la succession du prédécédé, soient évalués à **une même date** : soit **celle du décès du donateur**, en application de l'article 922 du Code civil; soit, si les conditions requises par l'article 1078 du Code civil sont réunies, **celle de la donation-partage.** Cette unité de la date d'évaluation, que la Cour de cassation n'a imposée qu'en 2011 dans le cas de donation-partage conjonctive (v. ss n° 413.74), elle l'avait consacrée dès le XIXe siècle dans le cas de donation-partage cumulative[1].

Le renouvellement de l'analyse qui a été proposée pour la donation-partage conjonctive (v. ss n° 413.75) vaut aussi pour la donation-partage cumulative. Il permettrait, pour celle-ci comme pour celle-là, d'écarter les inconvénients inhérents à une réévaluation tardive des biens du parent prédécédé.

§ 3
Abrègement à cinq ans du délai de prescription

413.81 Cinq ans maximum. L'action en réduction du partage d'ascendant se prescrit par cinq ans (C. civ., art. 1077-2, al. 2)[2], sans prorogation possible jusqu'à l'expiration de la dixième année (prorogation prévue par le droit commun : C. civ., art. 921, al. 2).

413.82 Point de départ du délai. En principe, le délai court à compter du décès du *de cujus*.

Mais, au cas de partage conjonctif, où la réduction ne peut être demandée avant le décès du donateur survivant (C. civ., art. 1077-2, al. 2), le point de départ du délai est repoussé à cette date.

413.83 Nature du délai. Le délai est de prescription, et non préfix : il est susceptible de suspension et d'interruption[3].

413.84 Difficulté au cas où il existe d'autres libéralités. Des difficultés surgissent lorsque le *de cujus* a consenti d'autres libéralités.

Il est bien certain que l'héritier réservataire qui a laissé se prescrire l'action en réduction de la libéralité-partage ne peut « *se rattraper* » sur les libéralités subséquentes.

Mais quand, le partage étant conjonctif, l'enfant doit attendre le décès du survivant de ses parents pour en demander la réduction, le même délai d'attente s'impose-t-il à lui pour critiquer les libéralités ordinaires consenties par le prémourant ? Sans doute, faut-il s'y résigner en l'état du droit positif (pour une analyse renouvelée de la donation-partage conjonctive, v. ss n° 413.75). Du moins, convient-il alors d'admettre que le report, au décès du survivant, du point de départ de la prescription de l'action en réduction vaut pour toutes les libéralités, et non pas seulement pour la libéralité-partage[4].

1. Civ. 15 mai 1876, *DP* 1876. 1. 323 : « *Attendu que, pour faire cette vérification* [atteinte à la réserve], *il faut nécessairement prendre le partage dans son ensemble et apprécier la valeur respective des lots attribués aux deux copartagés; que cette appréciation doit être faite en se reportant au jour du décès de Peres père, puisque la quotité dont il avait la faculté de disposer ne peut être déterminée qu'à cette époque, conformément à l'article 922 du Code civil; qu'il suit de là que tous les biens compris dans le partage doivent être estimés suivant leur valeur au décès du père, comme s'il eût été opéré à ce moment; qu'on ne pourrait, en effet, sans rompre l'équilibre des lotissements et sans détruire toute l'économie du partage, fixer deux époques différentes pour l'estimation des biens paternels et des biens maternels qui ont été réunis en une seule masse et répartis entre les copartagés sans distinction d'origine; Attendu, en conséquence, que l'arrêt attaqué n'a violé aucune des dispositions légales invoquées par le pourvoi en ordonnant que les biens maternels, attribués à Clément Peres pour lui tenir lieu de ses droits paternels, seraient estimés suivant leur valeur au décès de Peres père, afin de vérifier s'il a reçu l'équivalent de sa réserve* [...] » – V. AUSSI : Civ. 26 déc. 1876, *S.* 1877. 1. 153, note Ortlieb – Req. 15 juin 1933, *S.* 1934. 1 5 – Douai, 28 nov. 1944, *S.* 1945. 2. 14.
2. Civ. 1re, 5 juill. 1989, n° 87-11.390, *Bull. civ.* I, n° 280; *D.* 1989. IR 245; *JCP* 1989. IV. 340; *JCP N* 1990. II. 22.
3. Civ. 1re, 5 juill. 1989, n° 87-11.390, motifs, préc. ss n° 413.81.
4. COMP. P. CATALA, n° 135 : l'auteur souligne le risque, réel selon lui, que le réservataire empêché de demander la réduction des legs faits par le prémourant se voit opposer, au décès du survivant, la prescription de son action.

SECTION 3
PROTECTION DE L'HÉRITIER NON CONÇU AU MOMENT DE LA LIBÉRALITÉ-PARTAGE

413.90 Droit à sa part héréditaire. On suppose que, postérieurement à la donation-partage (sur le testament-partage, v. s[s] n° 413.93), un **nouvel héritier** advient au *de cujus*. Il se trouve, par hypothèse, dans la situation d'un héritier omis du partage anticipé. Mais, alors que l'héritier omis qui était conçu au jour de l'acte ne peut attaquer le partage anticipé que dans la mesure nécessaire pour obtenir sa part de réserve (C. civ., art. 1077-1), celui qui ne l'était pas encore peut en demander la réduction dans toute la mesure nécessaire pour le remplir de sa part héréditaire : il dispose, à cette fin, d'une **action « semblable » à celle qui appartient à l'héritier déjà conçu** (C. civ., art. 1077-2, al. 3). La raison en est qu'on ne peut expliquer son omission par une volonté de l'exclure.

Naturellement, le risque de survenance d'un nouvel héritier est beaucoup plus fort dans la ligne collatérale que dans la ligne descendante : ce qui peut justifier que, pour répartir ses biens entre ses collatéraux, l'on recoure à des donations ordinaires plutôt qu'à une donation-partage (v. s[s] n° 411.34).

§ 1
Domaine de la protection

413.91 Héritiers protégés : extension à l'héritier inconnu du donateur. La protection accordée à l'héritier non conçu à la date de la donation-partage doit être étendue à tout héritier dont le donateur ignorait alors l'existence.

Lorsqu'il s'agit d'un partage entre enfants, elle doit l'être notamment à l'enfant dont, à la date de l'acte, la conception était encore inconnue de ses auteurs (l'enfant conçu la veille), ou à l'enfant dont, à cette même date, la conception, voire la naissance, était tenue secrète par la mère, ou encore à l'enfant qui a été ensuite adopté. Mais elle ne doit pas l'être à l'enfant dont le donateur connaissait l'existence lors du partage, mais dont la filiation n'a été légalement constatée qu'ensuite (par ex., un enfant naturel reconnu par testament).

Objection : l'enfant dont la filiation n'était pas établie lors du partage anticipé ne pouvait y être invité.

Réplique : dans la mesure où l'ascendant aurait pu alors établir ce lien de filiation, le fait qu'il s'en soit abstenu permet de lui prêter une volonté d'exclusion juridique.

Duplique : du moins faut-il alors assimiler à l'enfant non conçu celui dont la filiation *ne pouvait pas* être légalement établie lors de la donation-partage (hypothèse d'une donation-partage antérieure à l'entrée en vigueur de la loi du 3 janvier 1972, alors que l'ascendant était déjà père d'un enfant adultérin).

Naturellement, le risque d'omettre un héritier dont on ignore l'existence est beaucoup plus fort dans la ligne collatérale que dans la ligne descendante : ce qui peut justifier que, pour distribuer ses biens, l'on délaisse la voie de la libéralité-partage pour emprunter celle des donations ordinaires (v. s[s] n° 411.34).

413.92 Héritiers protégés (suite) : cas de révocation ou d'annulation de l'allotissement d'un héritier. La protection de l'article l'article 1077-2 alinéa 3 ne saurait être accordée à l'héritier qui, ayant été alloti dans le partage anticipé, a dû ensuite restituer son lot à la suite d'une révocation pour ingratitude ou inexécution des charges.

Quant à l'héritier dont l'acceptation a été annulée, on tend à l'assimiler à l'héritier non conçu[1].

413.93 Testament-partage. L'application de l'article 1077-2 alinéa 3 au partage testamentaire est controversée.

La doctrine dominante l'admet[2], motif pris du renvoi global que ferait l'article 1080 à l'article 1077-2. Mais, en sens contraire, on peut faire valoir que l'ascendant qui s'est abstenu de modifier son testament doit être réputé avoir voulu maintenir le nouvel héritier à l'écart des biens qu'il y a répartis[3].

§ 2
Mécanisme de la protection

413.101 Deux temps. L'idée de la loi est qu'à l'égard du nouvel héritier, la donation-partage doit être traitée comme une collection de donations rapportables (sauf clause de préciput). L'action en réduction est « *un succédané du droit au rapport des avancements d'hoirie* »[4].

1. F. TERRÉ, Y. LEQUETTE et S. GAUDEMET, n° 1277 – COMP., plus dubitatif, P. CATALA, n° 116.
2. G. Morin, *La loi du 3 juillet 1971 sur les rapports à succession, la réduction des libéralités et les partages d'ascendants*, 5e éd., Éd. *Defrénois* 1984, n° 45 – M. Dagot et A. Precigout, *Le nouveau droit des successions (loi du 3 juillet 1971, application pratique)*, Librairies techniques, n° 222 – J. FLOUR et H. SOULEAU, *Successions*, n° 582 – COMP. dubitatifs : F. TERRÉ, Y. LEQUETTE et S. GAUDEMET, n° 1289.
3. COMP. P. CATALA, n° 141, qui, raisonnant sur un partage d'ascendant, propose d'admettre l'enfant à réclamer sa part de succession si le *de cujus* n'a pas retouché le testament-partage, mais de le réduire à sa part de réserve s'il lui a ensuite composé un lot.
4. Rép. civ., v° *Partage d'ascendant*, par Patarin (anc. éd.), n° 244.

On procède en deux temps.

- **Premier temps.** On évalue la part héréditaire de l'intéressé, qui se calcule sur une masse comprenant les **biens existants au décès**, sauf ceux légués par préciput, toutes les **avances d'hoirie**, y compris les lots compris dans le partage anticipé, ainsi que le **produit de la réduction éventuelle des libéralités préciputaires**. Dans la mesure où elles ne sont pas réductibles, les libéralités préciputaires ne sont donc pas prises en compte : solution logique, puisque, dans cette mesure, elles n'entrent pas dans la succession *ab intestat*.

- **Second temps.** L'héritier forme sa part héréditaire. Si, distraction faite des lots composés par le *de cujus*, la masse comprend suffisamment de biens pour lui fournir sa part, il la compose sur ces biens, et le reliquat éventuel se partage à égalité entre ses cohéritiers. La donation-partage n'est pas réduite. Dans le cas contraire, il ne peut obtenir sa part que sur les biens compris dans la donation-partage. Il lui appartient donc d'en demander la réduction, et ses cohéritiers contribueront alors au marc le franc, chacun sur son lot, à le remplir de ses droits. Seul, celui dont le lot serait inférieur à sa part héréditaire serait exempté de contribution.

SECTION 4
CAS DE LA DONATION-PARTAGE TRANSGÉNÉRATIONNELLE

413.111 Prise en compte dans la liquidation de la succession de l'ascendant donateur et de la succession de l'enfant représenté. La donation-partage transgénérationnelle doit évidemment être prise en compte dans la **liquidation de la succession du disposant**; mais elle l'est suivant des règles spéciales, que justifie son particularisme. En outre, elle doit l'être également dans la **liquidation de la succession de l'enfant qui s'est effacé au bénéfice de ses propres enfants**, car on ne saurait ignorer que le petit-enfant qui a été alloti par son grand-père l'a été du consentement de son père, auquel il doit donc, d'une certaine manière, de l'avoir été.

413.112 Liquidation de la succession de l'ascendant donateur. Lors du règlement de la succession de l'ascendant donateur, tout se passe *comme si* c'était l'enfant représenté qui avait été alloti : *comme si*, donc, la donation-partage avait été faite par le *de cujus* entre ses enfants. Ce qui est bien naturel, puisque les petits-enfants ont été allotis au lieu et place de leur auteur.

D'où deux conséquences :

1° Les biens donnés aux petits-enfants s'imputent sur la part de réserve de leur auteur : article 1078-8 alinéa 1 du Code civil.

2° Pour l'application de l'article 1078 du Code civil, c'est-à-dire pour l'évaluation au jour de l'acte des biens compris dans la donation-partage, l'unanimité requise est celle des enfants de l'ascendant donateur : suivant l'article 1078-8 alinéa 3 du Code civil, « *lorsque tous les enfants de l'ascendant donateur ont donné leur consentement au partage anticipé et qu'il n'a pas été prévu de réserve d'usufruit portant sur une somme d'argent, les biens dont les gratifiés ont été allotis sont évalués suivant la règle prévue à l'article 1078* ».

À la différence de l'article 1078, écrit pour la donation-partage ordinaire, l'article 1078-8 n'exige pas que tous les enfants de l'ascendant donateur aient « *reçu et accepté un lot* ». C'est que, s'agissant d'une donation-partage transgénérationnelle, il se peut que tel enfant n'ait rien reçu parce que c'est à ses seuls enfants qu'est advenu le lot destiné à sa souche. **Son consentement à la donation-partage, joint à l'allotissement de sa souche, justifie le jeu de l'évaluation dérogatoire de l'article 1078.** Reste que la rédaction du texte souffre d'une ambiguïté, en ce qu'elle laisse à penser que l'article 1078 pourrait s'appliquer dans le cas où un enfant aurait consenti à la donation-partage sans que lui ni aucun de ses propres enfants n'y aient été allotis; or pareille application serait évidemment contraire à l'esprit de la loi. Là, donc, où le texte dispose : « *Lorsque tous les enfants de l'ascendant donateur ont donné leur consentement au partage anticipé...* », il faut lire : « *Lorsque tous les enfants de l'ascendant donateur ont donné leur consentement au partage anticipé et y ont reçu un lot, eux-mêmes ou leurs descendants, ...* ».

413.113 Liquidation de la succession de l'enfant représenté. Lors du règlement de la succession de l'enfant représenté, tout se passe *comme si* c'était de lui que ses enfants tenaient les biens qu'ils ont reçus de l'ascendant donateur. La raison en est simple, et elle est double :

- **Premièrement**, la loi ne veut pas que la donation-partage transgénérationnelle soit, entre les mains de l'enfant représenté, l'instrument d'une exclusion de certains de ses propres enfants : d'une exclusion volontaire, s'agissant de ceux qui étaient déjà nés au jour de la donation-partage et qu'il aurait tenus à l'écart de la distribution (avec, par hypothèse, la complicité de l'ascendant donateur); d'une exclusion involontaire, s'agissant de ceux qui lui seraient advenus postérieurement.

EXEMPLE 1

Pierre a trois enfants, dont il considère que l'un, Daniel, pense mal, vote mal ou vit mal... Avec son propre père, qui partage ses vues, il convient d'une donation-partage transgénérationnelle au bénéfice de ses deux seuls autres enfants. Le risque que la loi entend conjurer est que, sur ces biens, Daniel ne puisse jamais rien réclamer : ni lors du règlement de la succession de son grand-père, dont il n'est pas héritier; ni lors du règlement de la succession de son père, auquel les biens considérés n'auront jamais appartenu... [1].

– **Deuxièmement**, la loi ne veut pas que l'enfant représenté souffre, du fait de son effacement, d'une diminution de son droit de disposer à titre gratuit, notamment de gratifier son conjoint ou son concubin : diminution qui serait inéluctable si, à l'heure de sa mort, ses propres enfants, au bénéfice desquels il s'est effacé, pouvaient calculer leur réserve sur les seuls biens lui ayant appartenu, à l'exclusion de ceux qu'il leur a permis de recevoir de leur aïeul.

EXEMPLE 2

Pierre, qui a trois enfants, est propriétaire d'une maison à Paris qu'il veut laisser à sa concubine. Son propre père, Paul, entend faire une donation-partage aux termes de laquelle il l'allotirait de trois maisons sises à Nice. Ces quatre maisons sont supposées d'une valeur égale et constante.

Si, la donation-partage étant ordinaire, Pierre reçoit les trois maisons de Nice, il peut donner ou léguer à sa concubine celle de Paris : les trois premières formeront la réserve de ses enfants. Mais si, la donation-partage étant transgénérationnelle, Pierre s'efface devant ses enfants, qui reçoivent en son lieu et place les trois maisons de Nice, le risque est que, lors du règlement de sa succession, ceux-ci ne réclament leur réserve sur la maison de Paris.

C'est pour satisfaire ce double vœu – protéger l'égalité au sein de la génération appelée à la donation-partage et sauvegarder la liberté de disposer à titre gratuit de la génération qui s'efface – que la loi impose que, lors du décès de l'enfant représenté, l'on fasse *comme si* les petits-enfants tenaient de leur auteur les biens qu'ils ont reçus de leur aïeul. Mais s'agissant du titre auquel les petits-enfants sont réputés ayants cause de leur auteur, la loi énonce un principe qu'elle assortit de deux tempéraments :

1° **Le principe** est énoncé par des deux premiers alinéas de l'article 1078-9 du Code civil : les **lots reçus par les petits-enfants** sont, lors du **règlement de la succession de l'enfant représenté**, traités comme des **donations consenties par celui-ci en avancement de part successorale.**

D'où les deux conséquences que voici : d'une part, **ces lots sont rapportables à la succession du *de cujus*** (l'enfant représenté) **pour leur valeur à la date du partage** de celle-ci, selon les règles de l'article 860 du Code civil; d'autre part, **pour le calcul de la réserve** dans cette même succession, ils sont fictivement réunis aux biens existants, et ce **pour leur valeur à la date du décès,** selon les prévisions de l'article 922 du même code. Le rapport rétablit entre les petits-enfants, au jour du partage de la succession de leur auteur, l'égalité que la donation-partage de leur aïeul avait pu rompre; la réunion fictive consolide les libéralités consenties par leur auteur, leur réserve dans la succession de celui-ci leur étant fournie, au moins pour partie, par les lots reçus de leur aïeul.

EXEMPLE 3

Par une donation-partage transgénérationnelle, Pierre a gratifié son fils et deux des trois fils de sa fille. Les deux petits-fils allotis ont reçu : l'un, une somme d'argent de 1 000 000 euros, qu'il a employée à l'acquisition d'une maison à Nice; l'autre, une maison sise à Bordeaux estimée 1 000 000 euros à la date de l'acte. Au décès de leur mère, ils doivent rapporter à la succession de celle-ci : le premier, la valeur à la date du partage de la maison de Nice (C. civ., art. 859), supposée égale à 1 500 000 euros; le second, la valeur à cette même date de la maison de Bordeaux (C. civ., art. 860), supposée égale à 1 200 000 euros. Moyennant quoi l'égalité est rétablie entre les trois petits-fils, celui que l'aïeul avait omis de la distribution se trouvant créancier d'une somme de 900 000 euros, qui lui est due à hauteur de 600 000 euros par celui qui avait été alloti en deniers et de 300 000 euros par l'autre.

EXEMPLE 4

Mêmes faits que dans l'exemple 2, à ceci près que les quatre maisons valent 200 000 euros chacune et que Pierre a légué à sa concubine la maison de Paris. À la mort de Pierre, la réserve de ses trois enfants se calcule sur une masse comprenant, outre la maison de Paris, supposée être le seul bien qu'il a laissé à sa mort, les trois maisons que ses enfants ont reçues de leur aïeul et qui sont fictivement réunies aux biens existant. Cette masse étant ainsi égale à 800 000 euros, la quotité disponible est de 200 000 euros : le legs de la maison, qui ne l'excède pas, s'exécute.

2° **Le premier tempérament** est prévu par le troisième alinéa de l'article 1078-9 du Code civil : si **tous les enfants du *de cujus*** avaient été **allotis par leur aïeul**, c'est la **donation-partage transgénérationnelle** elle-même qui, lors du règlement de la succession de leur auteur, est **réputée leur avoir été faite** par celui-ci.

D'où deux conséquences : d'une part, **les lots ne sont pas rapportables à sa succession,** puisqu'une donation-partage n'est jamais rapportable à la suc-

1. Ce scénario, qui est concevable au préjudice d'un enfant naturel ou d'une fille et à l'avantage d'un enfant légitime ou d'un fils, ne relève pas de la fiction : Civ. 1re, 24 nov. 1982, n° 81-13.426, *Bull. civ.* I, n° 340; *RTD civ.* 1983. 574, obs. Patarin; *D.* 1983. IR 369, obs. Robert – Civ. 1re, 4 févr. 1992, n° 90-15.760, *Bull. civ.* I, n° 41; *Defrénois* 1992, art. 35503, obs. Champenois; *RTD civ.* 1992. 432, obs. Patarin; *D.* 1993. Somm. 227, obs. Vareille; *D.* 1992. IR 95; *JCP* 1992. II. 21946, p. 393; *JCP N* 1992. II. 317-331, note Salvage.

cession du donateur; d'autre part, s'il n'avait pas été stipulé de réserve d'usufruit sur somme d'argent, **ils sont évalués pour le calcul de la réserve**, non pas **à la date** du décès du *de cujus*, mais à celle **de la donation-partage**, puisque telle est la date retenue par l'article 1078 lorsque le partage anticipé est unanime et qu'il ne comporte pas pareille réserve.

On retrouve ici les avantages que présente la donation-partage, surtout si elle est unanime, par rapport à une collection de donations ordinaires : l'exclusion du rapport, inhérente à toute donation-partage, et le calcul de la réserve suivant l'évaluation dérogatoire de l'article 1078 du Code civil, propre à la donation-partage unanime, stabilisent l'anticipation successorale.

EXEMPLE 5

Par une donation-partage transgénérationnelle, Pierre gratifie les trois fils de sa fille : Michel, Marc et Maurice. Chacun reçoit une somme d'argent de 1 000 000 euros, qu'il emploie à l'acquisition d'une maison, Michel à Nice, Marc à Bordeaux, Maurice à Metz. Au décès de leur mère, ces maisons valent respectivement, par suite de divers facteurs économiques, celle de Nice 4 000 000 euros, celle de Bordeaux 1 500 000 euros, celle de Metz 1 000 000 euros. Lors du règlement de la succession maternelle, aucun rapport n'est dû. Et, compte tenu de la date d'évaluation des biens pour le calcul de la réserve, à savoir la date de la donation-partage, le lot de Michel n'est pas réductible.

Mais ce premier tempérament présente l'inconvénient que la donation-partage, dont l'objet est évalué au jour de l'acte, peut **diminuer**, et très sérieusement, la liberté de disposer à titre gratuit de l'enfant représenté. Celui-ci pourrait donc avoir intérêt à ne consentir à une donation-partage transgénérationnelle faite à tous ses enfants que sous la **condition que, dans le règlement de sa propre succession, les biens ainsi distribués soient évalués au jour de son décès.** Rien ne saurait condamner une telle clause, puisque l'article 1078 permet expressément d'écarter l'évaluation dérogatoire qu'il prévoit[1].

EXEMPLE 6

Mêmes faits que dans l'exemple 4, à ceci près que les quatre maisons, qui valaient 200 000 euros chacune à la date de la donation-partage, valent 400 000 euros à la date du décès de Pierre. Lors du règlement de la succession de Pierre, la réserve des trois enfants se calcule sur une masse comprenant, outre la maison de Paris, évaluée à la date de sa mort, les trois maisons que ses enfants ont reçues de leur aïeul et qui, elles, sont estimées à la date de la donation-partage. Cette masse étant ainsi égale à 1 000 000 euros, et la quotité disponible à 250 000 euros, le legs de la maison est réductible à hauteur de 15/40e.

1. M. Grimaldi et C. Vernières, « De quelques clauses des donations-partages », *Defrénois* 2014. 390.

3° **Le second tempérament** est prévu par l'article 1078-10 du Code civil : l'enfant représenté qui fait à son tour une donation-partage entre ses enfants peut y incorporer les biens compris dans la donation-partage transgénérationnelle, et, lors du règlement de sa succession, c'est de cette **donation-partage ordinaire faite par leur auteur** que ses enfants sont réputés tenir les biens reçus de leur aïeul.

Il s'ensuit deux conséquences : d'une part, **aucun rapport** n'est dû à sa succession (comme dans le cas où joue le premier tempérament); d'autre part, **pour le calcul de la réserve,** les **biens que ses enfants ont reçus de leur aïeul** sont pris pour leur **valeur à la date de la donation-partage faite par leur auteur** dès lors que celle-ci remplit les conditions requises par l'article 1078 (et non à la date de la donation-partage transgénérationnelle, comme dans le cas où joue le premier tempérament).

Cette **seconde donation-partage, incorporant la première, sera utile lorsque l'un des petits-enfants n'aura pas été alloti par son aïeul,** soit qu'il ne fût pas né, soit qu'il ne fût pas aimé : de cette omission, il recevra compensation sur les biens de son auteur. Elle sera **également utile** lorsque l'enfant représenté, soucieux de **gratifier un tiers**, estimera avoir suffisamment fait pour ses enfants en se les substituant tous dans le partage décidé par son père : en incorporant la donation-partage transgénérationnelle à celle qu'il fait lui-même, et en écartant l'application de l'article 1078, il évitera les maléfices de l'évaluation dérogatoire prévue par ce texte (v. *supra*, 2°).

EXEMPLE 7

Par une donation-partage transgénérationnelle, Valéry gratifie les deux filles de son fils Victor, Vanessa et Victoire, qui reçoivent chacune 1 000 actions Zocalo. Puis une troisième fille, Virginie, advient à Victor. Celui-ci consent alors une donation-partage à ses trois filles, incorporant les biens antérieurement distribués par son père. Vanessa et Victoire y sont allotis chacune des 1 000 actions qu'elles ont reçues de leur aïeul et qui sont ainsi incorporées au partage paternel (on suppose qu'elles en ont conservé la propriété); Virginie l'est de 1 000 actions Zocalo que lui donne Victor. Au décès de Victor, aucun rapport ne sera dû par ses filles; et, pour le calcul de la réserve, les trois lots seront comptabilisés pour une même valeur, estimée à la date de la donation-partage paternelle, de sorte que la réduction de l'un quelconque d'entre eux est exclue quoi qu'ait pu faire chacune des filles des actions dont elle avait été allotie.

EXEMPLE 8

Par une donation-partage transgénérationnelle, Charles gratifie les deux filles de son fils Coriolan, Christiane et Caroline, qui reçoivent chacune 1 000 actions Zocalo. Plus tard, Coriolan souhaite gratifier son filleul Corydon, qu'il considère comme son fils, de 1 000 actions Zocalo. S'il fait entre Christiane et Caroline une donation-partage limitée aux actions que celles-ci ont reçues de leur aïeul et qu'il y exclut l'application de l'article 1078, il écarte le risque que, par suite d'une augmentation de la valeur des actions d'ici à son décès, la donation faite à Corydon (qui sera nécessairement comptée pour la valeur des actions à son décès) ne soit réductible.

L'ensemble de ces dispositions montre clairement que, pour le législateur, les petits-enfants gratifiés par une donation-partage transgénérationnelle doivent, à certains égards, être considérés comme ayant reçu de leur auteur, qui s'est effacé à leur profit, les biens distribués par leur aïeul. Sans doute est-ce pourquoi la loi ne dit pas de l'adhésion de l'enfant représenté à la donation-partage transgénérationnelle ce qu'elle dit de la renonciation anticipée de l'enfant à demander la réduction d'une libéralité : qu'elle « *ne constitue pas une libéralité* » (C. civ., art. 930-1, al. 2).

LIVRE

5. LE PACTE CIVIL DE SOLIDARITÉ

SECTION 0
ORIENTEUR

5.00 Plan du livre.

CHAPITRE

511. Le pacte civil de solidarité (PACS)

YVONNE FLOUR
PROFESSEUR À L'UNIVERSITÉ
PANTHÉON-SORBONNE (PARIS I)

SECTION 0
ORIENTEUR

511.00 **Plan du chapitre.**

511.01 **Textes applicables.**

C. civ., art. 461 et 462 ; 515-1 à 515-7

C. pr. civ., art. 1136-1

COJ, art. L. 213-3

CGI, art. 777, anc. 779 et 790 F

L. n° 2007-308, 5 mars 2007, art. 1, 3°, portant réforme de la protection juridique des majeurs, *JO* 7 mars, p. 4325 (*entrée en vigueur le 1er janv. 2009*)

L. n° 2006-728, 23 juin 2006, portant réforme des successions et libéralités, *JO* 24 juin, p. 9513 – *en vigueur le 1er janvier 2007 (sauf dispositions transitoires [art. 47, I, II et V];* pour les dispositions d'application v. décrets *infra).*

Décr. n° 2009-1591, 17 déc. 2009, relatif à la procédure devant le juge aux affaires familiales en matière de régimes matrimoniaux et d'indivisions, *JO* 20 déc., p. 22025 (*applicable aux demandes en justice formées à compter du 1er janvier 2010*)

Décr. n° 2006-1806, 23 déc. 2006, relatif à la déclaration, la modification, la dissolution et la publicité du pacte civil de solidarité, *JO* 31 déc., p. 20375

Décr. n° 99-1090, 21 déc. 1999, relatif aux conditions dans lesquelles sont traitées et conservées les informations relatives à la formation, la modification et la dissolution du pacte civil de solidarité, *JO* 24 déc., p. 19217

Décr. n° 99-1091, 21 déc. 1999, portant application des dispositions du troisième alinéa de l'article 31 de la loi n° 87-17 du 6 janvier 1978 à l'enregistrement et à la conservation des informations nominatives relatives à la formation, la modification et la dissolution du pacte civil de solidarité, *JO* 24 déc., p. 19219

Circ. n° 2007-03 CIV, 5 févr. 2007, de présentation de la réforme du pacte civil de solidarité, *BOMJ* 28 févr.

> Incapacité et PACS : personne en curatelle

C. civ., art. 461 (*L. n° 2011-331, 28 mars 2011, art. 12*)

La personne en curatelle ne peut, sans l'assistance du curateur, signer la convention par laquelle elle conclut un pacte civil de solidarité. Aucune assistance n'est requise lors de la déclaration conjointe au greffe du tribunal d'instance ou devant le notaire instrumentaire prévue au premier alinéa de l'article 515-3.

Les dispositions de l'alinéa précédent sont applicables en cas de modification de la convention.

La personne en curatelle peut rompre le pacte civil de solidarité par déclaration conjointe ou par décision unilatérale. L'assistance de son curateur n'est requise que pour procéder à la signification prévue au cinquième alinéa de l'article 515-7.

La personne en curatelle est assistée de son curateur dans les opérations prévues aux dixième et onzième alinéas de l'article 515-7.

Pour l'application du présent article, le curateur est réputé en opposition d'intérêts avec la personne protégée lorsque la curatelle est confiée à son partenaire.

> Incapacité et PACS : personne en tutelle

C. civ., art. 462 (*L. nº 2011-331, 28 mars 2011, art. 12*)

La conclusion d'un pacte civil de solidarité par une personne en tutelle est soumise à l'autorisation du juge ou du conseil de famille s'il a été constitué, après audition des futurs partenaires et recueil, le cas échéant, de l'avis des parents et de l'entourage.

L'intéressé est assisté de son tuteur lors de la signature de la convention. Aucune assistance ni représentation ne sont requises lors de la déclaration conjointe au greffe du tribunal d'instance ou devant le notaire instrumentaire prévue au premier alinéa de l'article 515-3.

Les dispositions des alinéas précédents sont applicables en cas de modification de la convention.

La personne en tutelle peut rompre le pacte civil de solidarité par déclaration conjointe ou par décision unilatérale. La formalité de signification prévue au cinquième alinéa de l'article 515-7 est opérée à la diligence du tuteur. Lorsque l'initiative de la rupture émane de l'autre partenaire, cette signification est faite à la personne du tuteur.

La rupture unilatérale du pacte civil de solidarité peut également intervenir sur l'initiative du tuteur, autorisé par le juge ou le conseil de famille s'il a été constitué, après audition de l'intéressé et recueil, le cas échéant, de l'avis des parents et de l'entourage.

Aucune assistance ni représentation ne sont requises pour l'accomplissement des formalités relatives à la rupture par déclaration conjointe.

La personne en tutelle est représentée par son tuteur dans les opérations prévues aux dixième et onzième alinéas de l'article 515-7.

Pour l'application du présent article, le tuteur est réputé en opposition d'intérêts avec la personne protégée lorsque la tutelle est confiée à son partenaire.

> Définition du PACS

C. civ., art. 515-1

Un pacte civil de solidarité est un contrat conclu par deux personnes physiques majeures, de sexe différent ou de même sexe, pour organiser leur vie commune.

> Nullités du PACS

C. civ., art. 515-2

À peine de nullité, il ne peut y avoir de pacte civil de solidarité :

1° Entre ascendant et descendant en ligne directe, entre alliés en ligne directe et entre collatéraux jusqu'au troisième degré inclus;

2° Entre deux personnes dont l'une au moins est engagée dans les liens du mariage;

3° Entre deux personnes dont l'une au moins est déjà liée par un pacte civil de solidarité.

> Conditions de formation du PACS : déclaration, publicité et enregistrement

C. civ., anc. art. 515-3

Deux personnes qui concluent un pacte civil de solidarité en font la déclaration conjointe au greffe du tribunal d'instance dans le ressort duquel elles fixent leur résidence commune.

À peine d'irrecevabilité, elles produisent au greffier la convention passée entre elles en double original et joignent les pièces d'état civil permettant d'établir la validité de l'acte au regard de l'article 515-2 ainsi qu'un certificat du greffe du tribunal d'instance de leur lieu de naissance ou, en cas de naissance à l'étranger, du greffe du tribunal de grande instance de Paris, attestant qu'elles ne sont pas déjà liées par un pacte civil de solidarité.

Après production de l'ensemble des pièces, le greffier inscrit cette déclaration sur un registre.

Le greffier vise et date les deux exemplaires originaux de la convention et les restitue à chaque partenaire.

Il fait porter mention de la déclaration sur un registre tenu au greffe du tribunal d'instance du lieu de naissance de chaque partenaire ou, en cas de naissance à l'étranger, au greffe du tribunal de grande instance de Paris.

L'inscription sur le registre du lieu de résidence confère date certaine au pacte civil de solidarité et le rend opposable aux tiers.

Toute modification du pacte fait l'objet d'une déclaration conjointe inscrite au greffe du tribunal d'instance qui a reçu l'acte initial, à laquelle est joint, à peine d'irrecevabilité et en double original, l'acte portant modification de la convention. Les formalités prévues au quatrième alinéa sont applicables.

À l'étranger, l'inscription de la déclaration conjointe d'un pacte liant deux partenaires dont l'un au moins est de nationalité française et les formalités prévues aux deuxième et quatrième alinéas sont assurées par les agents diplomatiques et consulaires français ainsi que celles requises en cas de modification du pacte.

C. civ., art. 515-3 (*L. nº 2011-331, 28 mars 2011, art. 12*)

Les personnes qui concluent un pacte civil de solidarité en font la déclaration conjointe au greffe du tribunal d'instance dans le ressort duquel elles fixent leur résidence commune ou, en cas d'empêchement grave à la fixation de celle-ci, dans le ressort duquel se trouve la résidence de l'une des parties.

En cas d'empêchement grave, le greffier du tribunal d'instance se transporte au domicile ou à la résidence de l'une des parties pour enregistrer le pacte civil de solidarité.

À peine d'irrecevabilité, les personnes qui concluent un pacte civil de solidarité produisent au greffier la convention passée entre elles.

Le greffier enregistre la déclaration et fait procéder aux formalités de publicité.

Lorsque la convention de pacte civil de solidarité est passée par acte notarié, le notaire instrumentaire recueille la déclaration conjointe, procède à l'enregistrement du pacte et fait procéder aux formalités de publicité prévues à l'alinéa précédent.

La convention par laquelle les partenaires modifient le pacte civil de solidarité est remise ou adressée au greffe du tribunal ou au notaire qui a reçu l'acte initial afin d'y être enregistrée.

À l'étranger, l'enregistrement de la déclaration conjointe d'un pacte liant deux partenaires dont l'un au moins est de nationalité française et les formalités prévues aux troisième et cinquième alinéas sont assurés par les agents diplomatiques et consulaires français ainsi que celles requises en cas de modification du pacte.

> Mention du PACS en marge de l'acte de naissance de chaque partenaire, date d'effet et d'opposabilité aux tiers

C. civ., art. 515-3-1

Il est fait mention, en marge de l'acte de naissance de chaque partenaire, de la déclaration de pacte civil de solidarité, avec indication de l'identité de l'autre partenaire. Pour les personnes de nationalité étrangère nées à l'étranger, cette information est portée sur un registre tenu au greffe du tribunal de grande instance de Paris. L'existence de conventions modificatives est soumise à la même publicité.

Le pacte civil de solidarité ne prend effet entre les parties qu'à compter de son enregistrement, qui lui confère date certaine. Il n'est opposable aux tiers qu'à compter du jour où les formalités de publicité sont accomplies. Il en va de même des conventions modificatives.

> Obligations des partenaires du PACS

C. civ., anc. art. 515-4

Les partenaires liés par un pacte civil de solidarité s'apportent une aide mutuelle et matérielle. Les modalités de cette aide sont fixées par le pacte.

Les partenaires sont tenus solidairement à l'égard des tiers des dettes contractées par l'un d'eux pour les besoins de la vie courante et pour les dépenses relatives au logement commun.

C. civ., art. 515-4 (*L. n° 2014-344, 17 mars 2014, art. 50*)

Les partenaires liés par un pacte civil de solidarité s'engagent à une vie commune, ainsi qu'à une aide matérielle et une assistance réciproques. Si les partenaires n'en disposent autrement, l'aide matérielle est proportionnelle à leurs facultés respectives.

Les partenaires sont tenus solidairement à l'égard des tiers des dettes contractées par l'un d'eux pour les besoins de la vie courante. Toutefois, cette solidarité n'a pas lieu pour les dépenses manifestement excessives. Elle n'a pas lieu non plus, s'ils n'ont été conclus du consentement des deux partenaires, pour les achats à tempérament ni pour les emprunts à moins que ces derniers ne portent sur des sommes modestes nécessaires aux besoins de la vie courante et que le montant cumulé de ces sommes, en cas de pluralité d'emprunts, ne soit pas manifestement excessif eu égard au train de vie du ménage.

> Régime des biens des partenaires du PACS

[C. civ., art. 515-5 à 515-5-3]

C. civ., anc. art. 515-5

Les partenaires d'un pacte civil de solidarité indiquent, dans la convention visée au deuxième alinéa de l'article 515-3, s'ils entendent soumettre au régime de l'indivision les meubles meublants dont ils feraient l'acquisition à titre onéreux postérieurement à la conclusion du pacte. À défaut, ces meubles sont présumés indivis par moitié. Il en est de même lorsque la date d'acquisition de ces biens ne peut être établie.

Les autres biens dont les partenaires deviennent propriétaires à titre onéreux postérieurement à la conclusion du pacte sont présumés indivis par moitié si l'acte d'acquisition ou de souscription n'en dispose autrement.

C. civ., art. 515-5 (*L. n° 2009-1436, 24 nov. 2009, art. 37*)

Sauf dispositions contraires de la convention visée au troisième alinéa de l'article 515-3, chacun des partenaires conserve l'administration, la jouissance et la libre disposition de ses biens personnels. Chacun d'eux reste seul tenu des dettes personnelles nées avant ou pendant le pacte, hors le cas du dernier alinéa de l'article 515-4.

Chacun des partenaires peut prouver par tous les moyens, tant à l'égard de son partenaire que des tiers, qu'il a la propriété exclusive d'un bien. Les biens sur lesquels aucun des partenaires ne peut justifier d'une propriété exclusive sont réputés leur appartenir indivisément, à chacun pour moitié.

Le partenaire qui détient individuellement un bien meuble est réputé, à l'égard des tiers de bonne foi, avoir le pouvoir de faire seul sur ce bien tout acte d'administration, de jouissance ou de disposition.

C. civ., art. 515-5-1 (*L. n° 2006-728, 23 juin 2006*)

Les partenaires peuvent, dans la convention initiale ou dans une convention modificative, choisir de soumettre au régime de l'indivision les biens qu'ils acquièrent, ensemble ou séparément, à compter de l'enregistrement de ces conventions. Ces biens sont alors réputés indivis par moitié, sans recours de l'un des partenaires contre l'autre au titre d'une contribution inégale.

C. civ., art. 515-5-2 (*L. n° 2006-728, 23 juin 2006*)

Toutefois, demeurent la propriété exclusive de chaque partenaire :

1° Les deniers perçus par chacun des partenaires, à quelque titre que ce soit, postérieurement à la conclusion du pacte et non employés à l'acquisition d'un bien;

2° Les biens créés et leurs accessoires;

3° Les biens à caractère personnel;

4° Les biens ou portions de biens acquis au moyen de deniers appartenant à un partenaire antérieurement à l'enregistrement de la convention initiale ou modificative aux termes de laquelle ce régime a été choisi;

5° Les biens ou portions de biens acquis au moyen de deniers reçus par donation ou succession;

6° Les portions de biens acquises à titre de licitation de tout ou partie d'un bien dont l'un des partenaires était propriétaire au sein d'une indivision successorale ou par suite d'une donation.

L'emploi de deniers tels que définis aux 4° et 5° fait l'objet d'une mention dans l'acte d'acquisition. À défaut, le bien est réputé indivis par moitié et ne donne lieu qu'à une créance entre partenaires.

C. civ., art. 515-5-3 (*Ord. n° 2010-638, 10 juin 2010, art. 11 – entrée en vigueur le 1er janv. 2013*)

À défaut de dispositions contraires dans la convention, chaque partenaire est gérant de l'indivision et peut exercer les pouvoirs reconnus par les articles 1873-6 à 1873-8.

Pour l'administration des biens indivis, les partenaires peuvent conclure une convention relative à l'exercice de leurs droits indivis dans les conditions énoncées aux articles 1873-1 à 1873-15. À peine d'inopposabilité, cette convention est, à l'occasion de chaque acte d'acquisition d'un bien soumis à publicité foncière, publiée au fichier immobilier.

Par dérogation à l'article 1873-3, la convention d'indivision est réputée conclue pour la durée du pacte civil de solidarité. Toutefois, lors de la dissolution du pacte, les partenaires peuvent décider qu'elle continue de produire ses effets. Cette décision est soumise aux dispositions des articles 1873-1 à 1873-15.

> Fonctionnement, liquidation et partage des régimes matrimoniaux et des indivisions entre personnes liées par un pacte civil de solidarité ou entre concubins : compétence du juge aux affaires familiales

[C. pr. civ., art. 1136-1 et COJ, art. L. 213-3]

C. pr. civ., art. 1136-1 (*Décr. n° 2009-1591, 17 déc. 2009, art. 3*)

Les demandes relatives au fonctionnement des régimes matrimoniaux et des indivisions entre personnes liées par un pacte civil de solidarité ou entre concubins ainsi que celles relatives à la liquidation et au partage des intérêts patrimoniaux des époux, des personnes liées par un pacte civil de solidarité et des concubins relevant de la compétence du juge aux affaires familiales obéissent aux règles de la procédure en matière contentieuse applicable devant le tribunal de grande instance. Les débats sont publics, sous réserve de l'article 435. La décision est rendue publiquement.

Nota bene : applicable aux demandes en justice formées à compter du 1er janv. 2010.

COJ, art. L. 213-3 (*L. n° 2010-769, 9 juill. 2010, art. 17*)

Dans chaque tribunal de grande instance, un ou plusieurs magistrats du siège sont délégués dans les fonctions de juge aux affaires familiales.

Le juge aux affaires familiales connaît :

1° De l'homologation judiciaire du changement de régime matrimonial, des demandes relatives au fonctionnement des régimes matrimoniaux et des indivisions entre personnes liées par un pacte civil de solidarité ou entre concubins, de la séparation de biens judiciaire, sous réserve des compétences du président du tribunal de grande instance et du juge des tutelles des majeurs;

2° Du divorce, de la séparation de corps et de leurs conséquences, de la liquidation et du partage des intérêts patrimoniaux des époux, des personnes liées par un pacte civil de solidarité et des concubins, sauf en cas de décès ou de déclaration d'absence;

3° Des actions liées :

a) À la fixation de l'obligation alimentaire, de la contribution aux charges du mariage ou du pacte civil de solidarité et de la contribution à l'entretien et à l'éducation des enfants;

b) À l'exercice de l'autorité parentale;

c) À la révision de la prestation compensatoire ou de ses modalités de paiement;

d) Au changement de prénom;

e) À la protection à l'encontre du conjoint, du partenaire lié par un pacte civil de solidarité ou du concubin violent ou d'un ancien conjoint, partenaire lié par un pacte civil de solidarité ou concubin violent;

f) À la protection de la personne majeure menacée de mariage forcé.

> Fiscalité des libéralités entre partenaires « pacsés »

[CGI, art. 777, anc. 779 et 790 F]

CGI, art. 777 (*L. n° 2012-958, 16 août 2012, art. 5*)

Les droits de mutation à titre gratuit sont fixés aux taux indiqués dans les tableaux ci-après, pour la part nette revenant à chaque ayant droit : [...]

TABLEAU II

Tarif des droits applicables entre époux et entre partenaires liés par un pacte civil de solidarité

Fraction de part nette taxable	Tarif applicable
N'excédant pas 8 072 € :	5 %
Comprise entre 8 072 € et 15 932 € :	10 %
Comprise entre 15 932 € et 31 865 € :	15 %
Comprise entre 31 865 € et 552 324 € :	20 %
Comprise entre 552 324 € et 902 838 € :	30 %
Comprise entre 902 838 € et 1 805 677 € :	40 %
Au-delà de 1 805 677 € :	45 %

[...]

CGI, anc. art. 779 (*applicable aux successions ouvertes et aux donations consenties avant le 22 août 2007*)

[...]

III. Pour la perception des droits de mutation à titre gratuit, il est effectué un abattement de 46 000 euros sur la part du partenaire lié au donateur ou au testateur par un pacte civil de solidarité défini à l'article 515-1 du Code civil. Pour les mutations à titre gratuit entre vifs consenties par actes passés à compter du 1er janvier 2002 et pour les successions ouvertes à compter de cette date, le montant de l'abattement est de 57 000 euros.

Le bénéfice de cet abattement est remis en cause lorsque le pacte prend fin au cours de l'année civile de sa conclusion ou de l'année suivante pour un motif autre que le mariage entre les partenaires ou le décès de l'un d'entre eux.

CGI, art. 790 F (*L. n° 2012-958, 16 août 2012, art. 5*)

Pour la perception des droits de mutation à titre gratuit entre vifs, il est effectué un abattement de 80 724 euros sur la part du partenaire lié au donateur par un pacte civil de solidarité.

Le bénéfice de cet abattement est remis en cause lorsque le pacte prend fin au cours de l'année civile de sa conclusion ou de l'année suivante pour un motif autre que le mariage entre les partenaires ou le décès de l'un d'entre eux.

> Conséquences de la dissolution du PACS pour les partenaires

C. civ., anc. art. 515-6

Les dispositions de l'article 832 sont applicables entre partenaires d'un pacte civil de solidarité en cas de dissolution de celui-ci, à l'exception de celles relatives à tout ou partie d'une exploitation agricole, ainsi qu'à une quote-part

C. civ., art. 515-6 (*L. n° 2006-728, 23 juin 2006, art. 29, 12° et 13°*)

Les dispositions des articles 831, 831-2, 832-3 et 832-4 sont applicables entre partenaires d'un pacte civil de solidarité en cas de dissolution de celui-ci.

Les dispositions du premier alinéa de l'article 831-3 sont applicables au partenaire survivant lorsque le défunt l'a expressément prévu par testament.

Lorsque le pacte civil de solidarité prend fin par le décès d'un des partenaires, le survivant peut se prévaloir des dispositions des deux premiers alinéas de l'article 763.

> Conditions de forme de la dissolution du PACS

[C. civ., art. 515-7 et 515-7-1]

C. civ., anc. art. 515-7

Lorsque les partenaires décident d'un commun accord de mettre fin au pacte civil de solidarité, ils remettent une déclaration conjointe écrite au greffe du tribunal d'instance dans le ressort duquel l'un d'entre eux au moins a sa résidence. Le greffier inscrit cette déclaration sur un registre et en assure la conservation.

Lorsque l'un des partenaires décide de mettre fin au pacte civil de solidarité, il signifie à l'autre sa décision et adresse copie de cette signification au greffe du tribunal d'instance qui a reçu l'acte initial.

Lorsque l'un des partenaires met fin au pacte civil de solidarité en se mariant, il en informe l'autre par voie de signification et adresse copies de celle-ci et de son acte de naissance, sur lequel est portée mention du mariage, au greffe du tribunal d'instance qui a reçu l'acte initial.

Lorsque le pacte civil de solidarité prend fin par le décès de l'un au moins des partenaires, le survivant ou tout intéressé adresse copie de l'acte de décès au greffe du tribunal d'instance qui a reçu l'acte initial.

Le greffier, qui reçoit la déclaration ou les actes prévus aux alinéas précédents, porte ou fait porter mention de la fin du pacte en marge de l'acte initial. Il fait également procéder à l'inscription de cette mention en marge du registre prévu au cinquième alinéa de l'article 515-3.

À l'étranger, la réception, l'inscription et la conservation de la déclaration ou des actes prévus aux quatre premiers alinéas sont assurées par les agents diplomatiques et consulaires français, qui procèdent ou font procéder également aux mentions prévues à l'alinéa précédent.

Le pacte civil de solidarité prend fin, selon le cas :

1° Dès la mention en marge de l'acte initial de la déclaration conjointe prévue au premier alinéa;

2° Trois mois après la signification délivrée en application du deuxième alinéa, sous réserve qu'une copie en ait été portée à la connaissance du greffier du tribunal désigné à cet alinéa;

3° À la date du mariage ou du décès de l'un des partenaires.

Les partenaires procèdent eux-mêmes à la liquidation des droits et obligations résultant pour eux du pacte civil de solidarité. À défaut d'accord, le juge statue sur les conséquences patrimoniales de la rupture, sans préjudice de la réparation du dommage éventuellement subi.

C. civ., art. 515-7 (*L. n° 2011-331, 28 mars 2011, art. 12*)

Le pacte civil de solidarité se dissout par la mort de l'un des partenaires ou par le mariage des partenaires ou de l'un d'eux. En ce cas, la dissolution prend effet à la date de l'événement.

Le greffier du tribunal d'instance du lieu d'enregistrement du pacte civil de solidarité ou le notaire instrumentaire qui a procédé à l'enregistrement du pacte, informé du mariage ou du décès par l'officier de l'état civil compétent, enregistre la dissolution et fait procéder aux formalités de publicité.

Le pacte civil de solidarité se dissout également par déclaration conjointe des partenaires ou décision unilatérale de l'un d'eux.

Les partenaires qui décident de mettre fin d'un commun accord au pacte civil de solidarité remettent ou adressent au greffe du tribunal d'instance du lieu de son enregistrement ou au notaire instrumentaire qui a procédé à l'enregistrement du pacte une déclaration conjointe à cette fin.

Le partenaire qui décide de mettre fin au pacte civil de solidarité le fait signifier à l'autre.

Une copie de cette signification est remise ou adressée au greffe du tribunal d'instance du lieu de son enregistrement ou au notaire instrumentaire qui a procédé à l'enregistrement du pacte.

Le greffier ou le notaire enregistre la dissolution et fait procéder aux formalités de publicité.

La dissolution du pacte civil de solidarité prend effet, dans les rapports entre les partenaires, à la date de son enregistrement.

Elle est opposable aux tiers à partir du jour où les formalités de publicité ont été accomplies.

À l'étranger, les fonctions confiées par le présent article au greffier du tribunal d'instance sont assurées par les agents diplomatiques et consulaires français, qui procèdent ou font procéder également aux formalités prévues au sixième alinéa.

Les partenaires procèdent eux-mêmes à la liquidation des droits et obligations résultant pour eux du pacte civil de solidarité. À défaut d'accord, le juge statue sur les conséquences patrimoniales de la rupture, sans préjudice de la réparation du dommage éventuellement subi.

Sauf convention contraire, les créances dont les partenaires sont titulaires l'un envers l'autre sont évaluées selon les règles prévues à l'article 1469. Ces créances peuvent être compensées avec les avantages que leur titulaire a pu retirer de la vie commune, notamment en ne contribuant pas à hauteur de ses facultés aux dettes contractées pour les besoins de la vie courante.

C. civ., art. 515-7-1 (*L. n° 2009-526, 12 mai 2009, art. 1er – en vigueur depuis le 14 mai 2009*)

Les conditions de formation et les effets d'un partenariat enregistré ainsi que les causes et les effets de sa dissolution sont soumis aux dispositions matérielles de l'État de l'autorité qui a procédé à son enregistrement.

511.02 Jurisprudence de référence.

> Distinction non discriminatoire maintenue entre personnes « pacsées » ou mariées pour le bénéfice de droits ou d'avantages liés au statut de conjoint

• CE 28 juin 2002, req. n° 220361, *RTD civ.* 2002. 785, obs. J. Hauser.

* V. ss n° 511.13

Les partenaires liés par un PACS ne peuvent, du seul fait de l'intervention de la loi du 15 novembre 1999, être regardés comme des « conjoints » pour l'application des textes réglementaires qui réservent des droits ou des avantages au profit de ceux qui ont cette dernière qualité. L'ensemble de ces textes réglementaires ne sont pas devenus illégaux, en ce qu'ils seraient contraires au principe d'égalité, dès l'entrée en vigueur de cette loi.

Lorsque, sans pour autant rendre par elle-même inapplicables des dispositions réglementaires incompatibles avec elle, une loi crée une situation juridique nouvelle, il appartient au pouvoir réglementaire, afin d'assurer la pleine application de la loi, de tirer toutes les conséquences de cette situation nouvelle en apportant, dans un délai raisonnable, les modifications à la réglementation applicable qui sont rendues nécessaires par les exigences inhérentes à la hiérarchie des normes et, en particulier, aux principes généraux du droit tels que le principe d'égalité.

Dans le cas du PACS, cette obligation impose au pouvoir réglementaire de mettre à jour l'ensemble des textes qui ouvrent des droits, créent des avantages ou, plus généralement, fixent une règle en se fondant sur la qualité de célibataire, de concubin ou de conjoint, de manière à rapprocher, en fonction de l'objet de chacun de ces textes, la situation du signataire d'un PACS de celle applicable à l'une des trois qualités énumérées ci-dessus.

Le principe d'égalité auquel ces textes devront se conformer ne s'oppose pas à ce que l'autorité investie du pouvoir réglementaire règle de façon différente des situations différentes ni à ce qu'elle déroge à l'égalité pour des raisons d'intérêt général, pourvu que, dans l'un comme dans l'autre cas, la différence de traitement qui en résulte soit en rapport avec l'objet de la norme qui l'établit.

> Partenaires « pacsés » et aide personnalisée au logement

• CE 9 juill. 2003, req. n° 255110, *RTD civ.* 2004. 69, obs. J. Hauser

* V. ss n° 511.92

En vertu de l'article R. 351-1 du Code la construction et de l'habitation, l'aide personnalisée au logement est attribuée, lorsque sont remplies des conditions touchant, notamment, aux ressources du foyer et à la nature du logement, aux personnes qui occupent à titre de résidence principale un logement dont elles sont propriétaires ou locataires. Eu égard à la finalité de la réglementation en cause, lorsque l'aide personnalisée au logement a été versée à tort pour un logement occupé à titre de résidence principale par deux personnes vivant en concubinage, les concubins sont tenus solidairement au remboursement de l'indu en raison du profit qu'ils en ont l'un et l'autre retiré, alors même que l'aide n'avait été nommément attribuée qu'à un seul des deux en raison de sa qualité de propriétaire ou de locataire. Cette solution, valable aussi bien avant qu'après l'intervention de la loi du 15 novembre 1999 qui a introduit dans le Code civil un article 515-8 définissant légalement le concubinage, s'applique également aux partenaires liés par un pacte civil de solidarité régi par les articles 515-1 à 515-7 du Code civil.

Dans le cas où une personne majeure vit habituellement dans le même logement qu'un bénéficiaire de l'aide personnalisée au logement, avec lequel elle a souscrit un emprunt pour l'acquisition en commun de ce logement, sans qu'il y ait concubinage entre eux ou qu'ils soient liés par un pacte civil de solidarité, elle peut aussi être tenue au remboursement de l'indu.

> Annulation de la décision de rejet par le préfet d'une demande de prise en charge des frais de voyage au titre du congé annuel du partenaire « pacsé » d'un magistrat

• CE 8 juill. 2005, req. n° 267636, *RTD civ.* 2005. 760, obs. J. Hauser.

* V. ss n° 511.13

Le Conseil d'État a prononcé l'illégalité d'un décret n'ayant pas été modifié pour tenir compte de la loi du 15 novembre 1999 sur le PACS : un magistrat en poste à Mayotte, a demandé au préfet de Mayotte, au titre de son congé annuel prévu par l'article 41 du décret du 22 septembre 1998, la prise en charge des frais de voyages de son partenaire de PACS; du silence gardé par l'administration pendant deux mois sur cette demande, une décision implicite de rejet est née le 9 février 2004. Si le délai dont disposait M. X pour contester cette décision expirait le 10 mai 2004, toutefois, par une décision explicite du 20 avril 2004 notifiée le lendemain, le préfet de Mayotte a rejeté la demande. C'est cette décision de rejet qui est annulée.

> L'absence de pension de réversion en faveur du partenaire « pacsé » n'est pas contraire au droit européen

• CJCE, gr. ch., 1er avr. 2008, aff. C-267/06, *Rec. CJCE.* I. 1757

* V. ss n° 511.162

Les dispositions combinées des articles 1er et 2 de la directive (CE) n° 2000/78 s'opposent à une réglementation en vertu de laquelle, après le décès de son partenaire de vie, le partenaire survivant ne perçoit pas une prestation de survie équivalente à celle octroyée à un époux survivant, alors que, en droit national, le partenariat de vie placerait les personnes de même sexe dans une situation comparable à celle des époux pour cette prestation de survie, ce qu'il appartient à la juridiction de renvoi de vérifier (à propos du partenariat de vie en droit allemand).

La loi précitée ne rend pas illégales par elle-même, dès son entrée en vigueur, comme contraires au principe d'égalité, les textes réglementaires réservant des droits ou des avantages à des conjoints, mais il appartient au pouvoir réglementaire, afin d'assurer la pleine application de la loi, d'apporter dans un délai raisonnable à la réglementation applicable les modifications nécessaires, en évitant toute différence de traitement manifestement disproportionnée ou sans rapport avec l'objet de la norme en cause.

> Le refus d'étendre le droit à pension de réversion aux couples « pacsés » n'est pas discriminatoire

• Cons. const. 29 juill. 2011, n° 2011-155 QPC, *Rec. Cons. const.* 13048

* V. s[s] n° 511.162

Le législateur a défini trois régimes de couple qui soumettent les personnes à des droits et des obligations différents. La différence de traitement quant à la pension de réversion entre les couples mariés et ceux qui sont unis par un pacte civil de solidarité ne méconnaît pas le principe d'égalité.

> Refuser d'étendre au bénéfice des salariés qui concluent un PACS les avantages octroyés aux salariés qui se marient constitue une discrimination, dès lors que la législation nationale ne permet pas aux personnes de même sexe de se marier

• CJUE 12 déc. 2013, aff. C-267/12, *F. Hay c/ Crédit agricole mutuel de Charente-Maritime et des Deux-Sèvres, D.* 2014. 24.

* V. s[s] n° 511.14 et 511.162

L'article 2 § 2, sous *a*), de la directive (CE) n° 2000/78 du Conseil, du 27 novembre 2000, portant création d'un cadre général en faveur de l'égalité de traitement en matière d'emploi et de travail, doit être interprété en ce sens qu'il s'oppose à une disposition d'une convention collective, telle que celle en cause au principal, en vertu de laquelle un travailleur salarié qui conclut un pacte civil de solidarité avec une personne de même sexe est exclu du droit d'obtenir des avantages, tels que des jours de congés spéciaux et une prime salariale, octroyés aux travailleurs salariés à l'occasion de leur mariage, lorsque la réglementation nationale de l'État membre concerné ne permet pas aux personnes de même sexe de se marier, dans la mesure où, compte tenu de l'objet et des conditions d'octroi de ces avantages, il se trouve dans une situation comparable à celle d'un travailleur qui se marie.

> Dissolution du pacte de solidarité

• Montpellier 23 juin 2009, RG n° 08/5625

* V. s[s] n° 511.111

À partir du 1er janvier 2007, le partenaire qui décide de mettre fin au pacte civil de solidarité le fait signifier à l'autre avec copie de cette signification remise ou adressée au greffe du tribunal d'instance du lieu de son enregistrement, la dissolution du pacte civil de solidarité prenant effet, dans les rapports entre les partenaires, à la date de son enregistrement au greffe. Compte tenu des termes employés et en application du second alinéa de l'article 651 du Code de procédure civile, la dissolution du pacte civil de solidarité suppose la notification de la décision du partenaire qui décide d'y mettre fin par acte d'huissier de justice.

> Aide matérielle et assistance réciproque

• Montpellier 23 juin 2009, RG n° 08/5625

* V. s[s] n° 511.95

L'article 515-4 du Code civil, en sa rédaction issue de la loi n° 2006-728 du 23 juin 2006 en ce qu'il prévoit que l'aide matérielle des partenaires liés par un pacte civil de solidarité est proportionnelle à leurs facultés respectives, s'applique dans les rapports entre Mme S... et M. M... et il doit effectivement en être tenu compte pour liquider les droits des parties.

• Aix en Provence 28 janv. 2010, RG n° 09/01714

* V. s[s] n°s 511.95 et 511.113

Mme M... ne démontre pas que la dissolution du pacte civil de solidarité aurait obligé (son partenaire) à un devoir d'assistance matérielle et financière pendant trois mois après la rupture du pacte.

> Composition de la masse indivise – PACS antérieur au 1er janvier 2007

• Montpellier 5 mars 2009, RG n° 08/07450

* V. s[s] n° 511.53

Attendu qu'en vertu de l'article 515-5, alinéa 2, du Code civil, dans ses dispositions alors applicables, les autres biens acquis postérieurement à la conclusion d'un pacte civil de solidarité sont présumés indivis par moitié chaque fois que les partenaires n'ont pas prévu dans l'acte d'acquisition ou de souscription d'en écarter le régime;

Attendu que selon les énonciations de l'acte notarié du 5 septembre 2003, Mme Masse, soumise à un pacte civil de solidarité, a effectué l'acquisition pour son compte personnel; attendu que Mme Masse ayant clairement manifesté dans l'acte sa volonté d'acquérir en son nom personnel, la présomption d'indivision se trouve être écartée...

• Montpellier 23 juin 2009, RG n° 08/5625

* V. s[s] n°s 511.53 et 511.95

Sauf mention contraire de l'acte d'acquisition, les biens sur lesquels aucun des partenaires ne peut justifier par tous moyens d'une propriété exclusive sont réputés leur appartenir indivisément, à chacun pour moitié.

> Amélioration d'un bien indivis par l'un des partenaires

• Montpellier 23 juin 2009, RG n° 08/5625

* V. s[s] n°s 511.53 et 511.95

Lorsqu'un indivisaire a amélioré à ses frais l'état d'un bien indivis, il doit lui en être tenu compte selon l'équité, eu égard à ce dont la valeur du bien se trouve augmentée au temps du partage ou de l'aliénation.

> Attribution préférentielle

• Rennes 26 nov. 2013, RG n° 12/06771

* V. s[s] n° 511.124

L'article 515-6 du Code civil a étendu certaines règles de l'attribution préférentielle aux partenaires d'un pacte civil de solidarité.

Dès lors que selon l'article 47, II de la loi n° 2006-728 du 23 juin 2006, ces nouvelles dispositions sont applicables dès l'entrée en vigueur de la loi – c'est-à-dire le 1er janvier 2007 – aux indivisions existantes non encore partagées à cette date, chacun des anciens partenaires du PACS a la faculté de solliciter l'attribution préférentielle des locaux affectés à leur habitation en cette qualité, peu important qu'ils aient été acquis avant la conclusion du pacte.

• **Montpellier 23 juin 2009, RG n° 08/5625**

* V. s[s] n°s 511.53 et 511.95

Les dispositions des articles 831-2 du Code civil sont applicables entre partenaires d'un pacte civil de solidarité en cas de dissolution de celui-ci, le conjoint survivant ou tout héritier copropriétaire pouvant demander l'attribution préférentielle de la propriété ou du droit au bail du local qui lui sert effectivement d'habitation, s'il y avait sa résidence à l'époque du décès, et du mobilier le garnissant.

511.03 Bibliographie indicative.

Actualisable. Rép. civ., v° *Pacte civil de solidarité*, par M. Lamarche, sept. 2012 [màj mars 2014].

Ouvrages. P. Murat (dir.), Dalloz action *Droit de la famille*, 2014/2015, n°s 150.00 à 153.61, par H. Bosse-Platière, et n°s 154.00 à 154.191, par F. Douet – B. Beignier, *Libéralités et successions*, « Cours », Montchrestien, 2010, n° 37 – J.-F. Pillebout, *Le pacte civil de solidarité*, 3e éd., « Carré droit », LexisNexis, 2007.

Articles.

> **Réflexions générales sur le PACS – loi de 1999.** C. Charbonneau et F.-J. Pansier, « Et *in terra* PACS. Commentaire du pacte civil de solidarité créé par la loi du 14 novembre 1999 et à la lumière de la décision du Conseil constitutionnel », *Gaz. Pal.* 1999. 2. Doctr. 1793; « *Hominibus bonae voluntatis* (le PACS II) », *Gaz. Pal.* 2000. 2. Doctr. 1953 – F. Dekeuwer-Défossez, « PACS et famille (retour sur l'analyse juridique d'un contrat controversé) », *RTD civ.* 2001. 529 – M. Grimaldi, « Réflexions sur le pacte civil de solidarité du droit français », *Defrénois* 2003. 813 – J.-J. Lemouland, « Présentation de la loi n° 99-944 du 15 novembre 1999 relative au pacte civil de solidarité », *D.* 1999. chron. 483 – F.-J. Pansier, « De la contractualisation du droit de la famille en général et du droit du mariage en particulier », *Gaz. Pal.* 1999. 1. Doctr. 287 – T. Revet, chron. lég. *RTD civ.* 2000. 173 – J. Rubellin-Devichi, *JCP* 1999, n° 43.

> **Réforme du PACS par la loi du 23 juin 2006.** S. de Benalcazar, « Éloge de la raison juridique ou la remontée des enfers », *Dr. fam.* 2007. Étude 1 – Y. Delecraz, « Le nouveau régime des biens dans le PACS », *AJ fam.* 2007. 12 – H. Fulchiron, « Le nouveau PACS est arrivé ! », *Defrénois* 2006, art. 38471, p. 1621 – X. Labbée, « PACS : encore un tout petit effort », *AJ fam.* 2007. 8 – V. Larribau-Terneyre, « L'amélioration du PACS : un vrai contrat d'union civile », *Dr. fam.* 2007. Étude 2 – C. Malecki, *JCP E* 2006. 2409 – Ph. Simler et P. Hilt, « Le nouveau visage du PACS : un quasi-mariage », *JCP* 2006. I. 161.

> **Décrets n°s 2006-1806 et 2006-1807 du 23 décembre 2006.** S. de Bénalcazar, « Les décrets relatifs au PACS publiés », *Dr. fam.* 2007. Comm. 31 – S. Valory, « L'usage des données personnelles relatives au PACS », *RJPF* 2007-1/29.

> **PACS et bail d'habitation.** M. Beddeleem, *Ann. loyers* 2001. 8 – X. de Belot, « Concubinage, PACS et... louage », *Administrer* juin 2000, p. 11.

> **Dissolution du PACS.** J.-J. Lemouland, *JCP N* 2000. 406 – M. Raymond, « PACS et droit des contrats », *CCC* 2000. Chron. 14 – F. Sauvage, « Protection du partenaire survivant », *RJPF* 2001-5/11 – J.-B. Seube, « Exécution du PACS », *Dr. et patr.* mai 2003, p. 76 – J. Vassaux et F. Vauvillé, « Premières difficultés pratiques », *RJPF* 2000-5/10 – F. Vauvillé, « Fin du PACS », *Dr. et patr.* mars 2001, p. 26.

> **PACS, filiation et homoparentalité.** S. Bernigaud, « PACS et filiation », *Études offertes à J. Rubellin-Devichi, Des concubinages : droit interne, droit international, droit comparé*, Litec, 2002, p. 183 – H. Bosse-Platière, *Études offertes à J. Rubellin-Devichi, Des concubinages : droit interne, droit international, droit comparé*, Litec, 2002, p. 193 – F. Chénedé, « Question prioritaire de constitutionnalité : le contrôle de l'interprétation jurisprudentielle et l'interdiction de l'adoption au sein d'un couple homosexuel » : *D.* 2010. 2744; « Renvoi d'une question prioritaire de constitutionnalité relative aux effets de l'adoption simple des enfants de son concubin ou de son partenaire », *AJ fam.* 2010. 390 – M. Douris, « La diversité des couples et l'unicité de la parenté : une évolution contenue du droit français de la famille ? », *in* P. Boucaud (dir.), *L'évolution du concept de famille en Europe, depuis trente ans : étude pluridisciplinaire*, Bruylant, 2009, p. 54-55 – A. Gouttenoire et C. Radé, « La jurisprudence relative à l'adoption de l'enfant du concubin devant le Conseil constitutionnel », *JCP* 2010. 1145.

> **Effets patrimoniaux du PACS.** *106e congrès des notaires de France*, « Couples, patrimoines, les défis de la vie », passim – Dossier « Couple et gestion de patrimoine : attraits et contraintes du mariage, PACS et concubinage », *Dr. et patr.* 2013, n° 221 : A.-M. Leroyer, « La propriété dans le couple : attraits et contraintes », p. 34 – J. Laurent, « Les pouvoirs », p. 40 – Ph. Chauviré, « Le passif », p. 50– I. Dauriac, « La rupture des couples, questions patrimoniales », p. 59 – Y. Delecraz, « Le nouveau régime des biens dans le PACS », *AJ fam.* 2007. 15 – A. Depondt, « Le PACS : aspects patrimoniaux », *Dr. et patr.* 2008, p. 74 – P. Murat, « Les régimes matrimoniaux et les régimes "pacsimoniaux" à l'épreuve de la rupture des couples », *JCP N* 2011. 34.

> **PACS et indivision.** B. Beignier, *Defrénois* 2000. 620 – G. Champenois, *Études offertes à J. Rubellin-Devichi, Des concubinages : droit interne, droit international, droit comparé*, Litec, 2002, p. 83 – S. Dewailly, *Gaz. Pal.* 2003. Doctr. 1565 – Y. Flour, *Gaz. Pal.* 1999. 1. Doctr. 284 – H. Fulchiron, *Defrénois* 2001. 949 – M. Lebeau, « Brèves remarques sur la nature de l'indivision d'acquêts des partenaires liés par un PACS », *Defrénois* 2010. 2189 – B. Vareille, « L'indivision et les couples », *in L'indivision, Journées nationales de l'Association H. Capitant*, t. VII, Bordeaux, 2002, « Thèmes et commentaires », Dalloz, 2005, n° 36.

> **PACS et liquidation.** O. Gazeau, H. Lemaire et F. Vancleemput, « Liquidation d'un PACS (Conseils et formules) », *Defrénois* 2010. 84 – M. Lebeau, « Brèves

remarques sur la nature de l'indivision d'acquêts des partenaires liés par un PACS », *Defrénois* 2010. 2189.

> **PACS et surendettement.** X. Laforest-Tacchini, *Dr. fam.* 2003. Chron. 3.

> **PACS et droit des sociétés.** M. Besnard-Goudet, « PACS et droit des sociétés », *JCP E* 2001. 1128.

> **PACS et droit pénal.** F. Alt-Maes, *JCP* 2000. I. 275.

> **PACS et droit fiscal.** Ph. Delmas Saint-Hilaire, *JCP N* 2000. 458 – S. Marteau-Petit, *Dr. fam.* 2001. Chron. 8.

> **PACS et droit international privé.** S. Chanteloup, *Gaz. Pal.* 2000. 2. Doctr. 1715, « Le PACS en droit international privé » – G. Khairallah, *Rev. crit. DIP* 2000. 317 – C. Petit, « L'entrée du PACS dans le code des étrangers », *RLDC* 2012. 90 – M. Revillard, *Defrénois* 2000. 337.

> **PACS et droit comparé et international.** J. Flauss Diem, « Droit anglais : affaire *Fitzpatrick* », *Dr. fam.* 2000. Chron. 24, – H. Fulchiron, *D.* 2001. Point de vue 1628, « Mariage homosexuel : lois hollandaises du 21 déc. 2000 » – F. Granet, *JCP N* 2000. 371.

511.04 **Questions essentielles.**

> Comment qualifier le PACS ?

* V. ss n° 511.12

> Peut-on se pacser entre parents ?

* V. ss n° 511.26

> Quelles sont les conditions de forme du PACS ?

* V. ss nos 511.31 à 511.36

> Comment modifier un PACS ?

* V. ss n° 511.41

> Comment gérer l'indivision ?

* V. ss n° 511.55

> À qui appartiennent les meubles ?

* V. ss n° 511.52

> Quel est le régime légal, faute de convention particulière, des pacsés ?

* V. ss nos 511.71 s.

> À qui appartiennent les biens acquis ou créés au cours de l'union ?

* V. ss nos 511.71 s. et 511.82

> Quelle est l'étendue de l'indivision pacsimoniale ?

* V. ss n° 511.82

> Quels sont les pouvoirs des partenaires sur leurs biens ?

* V. ss n° 511.84

> De quelle liberté disposent les partenaires dans l'aménagement du régime de leurs biens ?

* V. ss n° 511.83

> Qui est tenu des dettes contractées au cours d'un PACS ?

* V. ss nos 511.91 à 511.96

> Comment rompre un PACS ?

* V. ss nos 511.111 à 511.116

> Comment liquider un PACS ?

* V. ss nos 511.121 à 511.125

> Un étranger peut-il conclure un PACS ?

* V. ss nos 511.131 à 511.133

> Quel régime fiscal pour le PACS ?

* V. ss nos 511.151 à 511.155

SECTION 1

DÉFINITION ET NATURE DU PACS

511.11 **Définition.** Selon l'article 515-1 du Code civil, le pacte civil de solidarité (PACS) « *est un contrat conclu par deux personnes physiques majeures, de sexe différent ou de même sexe, pour organiser leur vie commune* ». Prise en elle-même, cette formule revêt une certaine imprécision. La vie commune à laquelle se réfère le texte pourrait s'entendre d'une **cohabitation simple**, par exemple entre deux personnes désireuses de partager le même appartement pour diminuer leurs frais de logement ou pour sortir de leur solitude. En même temps, elle évoque évidemment la **communauté de vie** entre époux, dont la loi fait l'essence même de la vie conjugale (C. civ., art. 215). Or, nul ne doute que, dans les rapports entre époux, la communauté de vie implique la communauté de lit, c'est-à-dire des relations charnelles. Au demeurant, dans sa décision du 9 novembre 1999, le Conseil constitutionnel est venu renforcer considérablement les exigences légales, en précisant le contenu de la vie commune inhérente au PACS : cette notion « *ne couvre pas seulement une communauté d'intérêts et ne se limite pas à l'exigence d'une simple cohabitation entre deux personnes, elle suppose, outre une résidence commune, une* ***vie de couple***... »[1].

Cette précision soulève évidemment la question de la valeur des « PACS blancs », conclus sans intention de mener une vie de couple, par exemple dans le seul but d'obtenir un titre de séjour, ou pour bénéficier des dispositions légales relatives au rapprochement des conjoints, étendues aux partenaires d'un PACS, ou encore simplement pour des raisons de convenance personnelle. Elle conduit aussi à s'interroger sur la subsistance d'un lien juridique entre partenaires lorsqu'ils mettent fin à la vie commune sans dénoncer le pacte.

511.12 **Nature juridique – Essai d'une analyse – Évolution.** La définition de l'article 515-1 du Code civil souligne la difficulté de qualifier la relation entre partenaires[2].

1. Cons. const. 9 nov. 1999, n° 99-419 DC, *JO* 16 nov., p. 16962; *Rec. Cons. const.* 116; *D.* 2000. Somm. 424, obs. S. Garneri; *JCP* 2000. I. 261, nos 15, 16, 17, 19, obs. B. Mathieu et M. Verpeaux; *LPA* 1er déc. 1999, note J.-E. Schœttl; *LPA* 26 juill. 2000, obs. B. Mathieu et M. Verpeaux; *RTD civ.* 2000. 109, obs. J. Mestre et B. Fages; et 870, obs. T. Revet – Sur la décision du Conseil constitutionnel, v. P. Murat (dir.), Dalloz action *Droit de la famille,* 2014/2015, n° 150.13, par H. Bosse-Platière.
2. Sur la nature juridique du PACS, v. P. Murat (dir.), Dalloz action *Droit de la famille,* 2014/2015, nos 150.21 à 150.28, par H. Bosse-Platière.

D'un côté, le PACS est un **contrat**. Or, dans notre système juridique, le contrat est cantonné au domaine patrimonial : il organise entre les contractants des relations économiques.

De ce point de vue, les obligations de nature personnelle qui naissaient entre « pacsés » étaient des plus ténues dans la loi n° 99-944 du 15 novembre 1999[1] : ceux-ci ne se devaient ni fidélité ni assistance et, paradoxalement, la communauté de vie n'apparaissait pas, à la différence de l'article 215 du Code civil, comme une obligation que leur union leur impose. Le seul devoir dont ils étaient tenus l'un envers l'autre était « *une aide mutuelle et matérielle* » (C. civ., anc. art. 515-4).

La réforme introduite par la loi n° 2006-728 du 23 juin 2006[2] est d'importance. Cette réforme, intervenue sept ans après la loi créant le PACS, a pour objectif de **renforcer la sécurité juridique des partenaires et des tiers.** La conclusion, la modification et la dissolution d'un PACS produisent des effets juridiques importants, aussi il convenait d'en **améliorer la publicité**.

Le nouvel alinéa premier de l'article 515-4 du Code civil dispose que « *les partenaires liés par un pacte civil de solidarité s'engagent à une vie commune, ainsi qu'à une aide matérielle et une assistance réciproques* ».

D'une part, les partenaires s'engagent à une « *vie commune* »; cette nécessité d'une communauté de vie avait été induite par le Conseil constitutionnel[3]; elle est désormais gravée dans le marbre (fragile) de la loi.

D'autre part, il ne s'agit plus d'une « *aide mutuelle et matérielle* » mais d'une « *aide matérielle et une assistance réciproques* ». C'est un pas de plus vers le rapprochement entre PACS et mariage, si bien qu'il est permis de se demander si le PACS II (tel qu'issu de la loi du 23 juin 2006) se situe dans la filiation du PACS initial (créé en 1999) ou s'il ne s'agit pas d'une institution nouvelle.

Les décrets du 23 décembre 2006[4], n°s 2006-1806 et 2006-1807, ont abrogé à compter du 1er janvier 2007 les anciens décrets n°s 99-1090 et 99-1091[5] pris pour l'application de la loi de 1999.

Une circulaire du 5 février 2007 complète le nouveau dispositif[6].

En dehors de quelques avantages fiscaux ou sociaux, c'est le **régime des biens des partenaires** qui constitue, au plan civil, le principal effet du PACS (C. civ., art. 515-5). C'est donc au contrat de mariage que l'on pense immédiatement à se référer ou, plus précisément, au régime matrimonial. Le régime matrimonial, en effet, a bien pour objet comme le PACS de régler les conséquences patrimoniales de la communauté de vie. Néanmoins, le régime matrimonial ne trouve pas en lui-même sa propre finalité; il prend toujours appui sur un mariage.

La **convention de PACS** au contraire se sert de support à elle-même, et n'est pas censée modifier l'état des personnes qu'elle engage. Pourtant, en ce qu'il organise une vie commune, le PACS touche inévitablement au statut des personnes, comme en témoigne la place qu'il occupe dans le Code civil. Au demeurant, les références au droit du mariage sont finalement assez nombreuses, qu'il s'agisse des conditions de formation ou des effets de ce contrat particulier : par exemple, les empêchements de parenté ou de bigamie (C. civ., art. 515-2) ou la solidarité pour les dépenses de la vie courante (C. civ., art. 515-4). Mais surtout, les **conséquences patrimoniales de l'union** sont si intenses qu'il n'est aucunement réaliste de ne pas y voir une modification de l'état de la personne : de manière générale en effet, c'est bien l'état de la personne qui détermine sa capacité à agir dans la vie juridique et son pouvoir de conclure des contrats et de s'engager par ses dettes. Or, l'indivision générale qu'institue le PACS entre les partenaires apporte une restriction considérable à leurs pouvoirs respectifs. Cette hybridité de la nature du PACS se retrouve dans la manière dont ont été réglées les modalités de sa publicité. Depuis la réforme de la loi du 23 juin 2006, le PACS est plus que jamais **un élément de l'état des personnes,** ce qui a permis à certains auteurs de le qualifier de « *quasi-mariage* »[7].

511.13 Jurisprudence du Conseil d'État : distinction non discriminatoire maintenue entre

1. L. n° 99-944, 15 nov. 1999, relative au pacte civil de solidarité, *JO* 16 nov., p. 16959.
2. L. n° 2006-728, 23 juin 2006, portant réforme des successions et libéralités, *JO* 24 juin, p. 9513.
3. Cons. const. 9 nov. 1999, n° 99-419 DC, *JO* 16 nov., p. 16962; *Rec. Cons. const.* 116 (préc. s^s^ n° 511.11).
4. Décr. n° 2006-1806, 23 déc. 2006, relatif à la déclaration, la modification, la dissolution du pacte civil de solidarité, *JO* 31 déc., p. 20375; et Décr. n° 2006-2006-1807, 23 déc. 2006, relatif à l'enregistrement, à la conservation et au traitement des données à caractère personnel relatives à la formation du pacte civil de solidarité, *JO* 31 déc., p. 20377.
5. Décr. n° 99-1090, 21 déc. 1999, relatif aux conditions dans lesquelles sont traitées et conservées les informations relatives à la formation, la modification et la dissolution du pacte civil de solidarité, *JO* 24 déc., p. 19217; et Décr. n° 99-1091, 21 déc. 1999, portant application des dispositions du troisième alinéa de l'article 31 de la loi n° 87-17 du 6 janvier 1978 à l'enregistrement et à la conservation des informations nominatives relatives à la formation, la modification et la dissolution du pacte civil de solidarité, *JO* 24 déc., p. 19219.
6. Circ. n° 2007-03 CIV, 5 févr. 2007, de présentation de la réforme du pacte civil de solidarité, *BOMJ* 28 févr.
7. Ph. Simler et P. Hilt, « Le nouveau visage du PACS : un quasi-mariage », *JCP* 2006. I. 161.

PACS et mariage. Par deux arrêts rendus en 2002, le Conseil d'État a tenu à insister sur la distinction entre l'institution du mariage et le PACS[1].

« [...] *la loi du 15 novembre 1999, qui crée une nouvelle forme d'union légale entre deux personnes physiques majeures distincte de l'institution du mariage, ne peut être interprétée comme assimilant de manière générale les partenaires liés par un pacte civil de solidarité aux personnes mariées* [...] *les liens juridiques qui unissent les personnes ayant conclu un PACS ont été organisés par le législateur de manière différente, notamment du point de vue de leur intensité et de leur stabilité, de ceux qui existent entre deux conjoints* [...] *ces deux catégories de personnes étant ainsi placées dans des situations juridiques différentes, le principe d'égalité n'impose pas qu'elles soient traitées, dans tous les cas, de manière identique* [...] *les partenaires liés par un PACS ne peuvent, du seul fait de l'intervention de la loi du 15 novembre 1999, être regardés comme des "conjoints" pour l'application des textes réglementaires qui réservent des droits ou des avantages au profit de ceux qui ont cette dernière qualité* [...] *l'ensemble de ces textes réglementaires ne sont pas devenus illégaux, en ce qu'ils seraient contraires au principe d'égalité, dès l'entrée en vigueur de cette loi* [...] *lorsque, sans pour autant rendre par elle-même inapplicables des dispositions réglementaires incompatibles avec elle, une loi crée une situation juridique nouvelle, il appartient au pouvoir réglementaire, afin d'assurer la pleine application de la loi, de tirer toutes les conséquences de cette situation nouvelle en apportant, dans un délai raisonnable, les modifications à la réglementation applicable qui sont rendues nécessaires par les exigences inhérentes à la hiérarchie des normes et, en particulier, aux principes généraux du droit tels que le principe d'égalité* ».

Le ***premier arrêt***[2] est relatif aux décrets du 16 mars 1986, du 18 décembre 1992 et du 28 mars 1967, qui prévoient respectivement la prise en charge des frais de voyage, le versement de l'indemnité de transport de bagages et du supplément familial de traitement pour le **conjoint du fonctionnaire en poste à l'étranger.** L'objectif de ces textes est de tenir compte des sujétions imposées à ce conjoint par le transfert de la résidence du couple dans le pays d'affectation où se poursuivra la vie commune. Le Conseil d'État estime que si, compte tenu des différences entre la situation juridique des conjoints et celle des partenaires liés par un PACS, le principe d'égalité n'impose pas à l'autorité investie du pouvoir réglementaire d'étendre à l'identique les avantages aux seconds et lui permet, en particulier, de subordonner cette extension à une condition de durée minimale du pacte, cette autorité ne peut, sans créer une différence de traitement manifestement disproportionnée par rapport aux différences qui séparent ces deux formes d'organisation de la vie commune, exclure totalement les partenaires liés par un PACS du bénéfice de ces avantages. Si, à l'expiration du délai raisonnable dont disposait le gouvernement pour tirer les conséquences de la loi du 15 novembre 1999, le ministre des Affaires étrangères ne saurait légalement se fonder sur la circonstance que l'article 7 du décret du 28 mars 1967 réserve à l'agent marié le bénéfice du supplément familial de traitement pour refuser d'attribuer cet avantage à un agent au titre de la personne liée à lui par un pacte civil de solidarité, un tel délai n'était pas expiré le 27 juillet 2000, date à laquelle l'agent s'est vu opposer un refus à sa demande.

Le ***second arrêt***[3] est relatif au **séjour des étrangers.** Pour le Conseil d'État, en indiquant que la stabilité du lien personnel dont se prévaut l'étranger, à l'appui d'une demande de titre de séjour, s'apprécie au regard de la vie commune en France, la circulaire du ministre de l'Intérieur du 10 décembre 1999 se borne à rappeler les règles qui découlent des dispositions de l'ordonnance du 2 novembre 1945 et de la loi du 15 novembre 1999. Cette dernière loi n'a pas assimilé, pour l'appréciation du droit au séjour en France, le PACS au mariage. La circulaire attaquée ne méconnaît donc pas la portée des dispositions législatives qu'elle commente en indiquant que les étrangers mariés ne sont pas dans la même situation que ceux qui sont liés par un PACS. En revanche, le troisième alinéa du c) du I de la circulaire attaquée prévoit que les dispositions du 7° de l'article 12 *bis* de l'ordonnance du 2 novembre 1945 ne s'appliquent pas aux étrangers ayant conclu un PACS avec le titulaire d'une carte de séjour temporaire portant la mention « étudiant ». Si la qualité d'étudiant du partenaire étranger lié par un PACS avec l'étranger qui demande un titre de séjour peut être l'un des éléments d'appréciation des liens de ce dernier en France, la loi du 15 novembre 1999 n'exclut pas, par principe, du champ d'application des dispositions de son article 12 les étrangers qui ont conclu un PACS avec le titulaire d'une carte de séjour temporaire portant la mention « étudiant ». En prévoyant une telle exclusion, la circulaire attaquée

1. Sur la jurisprudence du Conseil d'État, v. P. Murat (dir.), Dalloz action *Droit de la famille,* 2014/2015, n°s 152.131 à 152.136, par H. Bosse-Platière.
2. CE, ass., 28 juin 2002, n° 220361, *D.* 2003. Somm. 1941, obs. J.-J. Lemouland; *JCP* 2003. I. 101, n° 3, obs. H. Bosse-Platière; *AJ fam.* 2002. 304, obs. S. D.-B.; *RFDA* 2002. 723, concl. S. Boissard; *Gaz. Pal.* 2003. 1. Somm. 1227, note P. Graveleau; *AJDA* 2002. 586, note F. Donnat et D. Casas; *RTD civ.* 2002. 785, obs. J. Hauser.
3. CE 29 juill. 2002, req. n° 231158, *Gaz. Pal.* 2003. 1. Somm. 1934, note P. Graveleau; *D.* 2002. IR 2655; *RJPF* 2002-12/36, note S. Valory; *RTD civ.* 2002. 785, obs. J. Hauser.

ajoute à la loi et le troisième alinéa c) du 1 de cette circulaire a été annulé.

Un ***troisième arrêt*** du Conseil d'État de 2005 confirme cette approche[1]. Il s'agissait d'un magistrat en poste à Mayotte qui avait demandé au préfet de Mayotte, au titre de son congé annuel prévu par l'article 41 du décret du 22 septembre 1998, la prise en charge des frais de voyages de son partenaire de PACS. Dans un premier temps, la seule réponse à sa demande fut le silence; de ce silence gardé par l'Administration pendant deux mois sur cette demande, une décision implicite de rejet est née. Ce refus implicite pouvait rendre son recours irrecevable, car le délai dont disposait M. X... pour contester cette décision expirait le 10 mai 2004. Par une décision explicite du 20 avril 2004, notifiée le lendemain, le préfet de Mayotte a rejeté la demande. C'est cette décision de rejet qui est annulée au nom de l'égalité entre PACS et mariage.

511.14 Jurisprudence de la Cour de cassation. La Cour de cassation a décidé que le partenaire d'un PACS conclu avec un fonctionnaire bénéficie des dispositions de l'article L. 30, 1° du Code électoral, qui permettent aux fonctionnaires mutés et aux « *membres de leur famille domiciliés avec eux* » d'être inscrits sur les listes électorales en dehors des périodes de révision de ces listes[2].

Les « pacsés » bénéficient de cette disposition dans la mesure où le libellé de l'article L. 30 précité concerne les membres d'une famille et non les époux.

Toutefois, toujours dans le **contentieux électoral**, le partenaire d'un PACS ne bénéficie pas des dispositions de l'article L. 11, 2° du Code électoral réservées au « *conjoint* ».

Sur requête d'un tiers électeur, un jugement du tribunal d'instance de Corte avait ordonné la radiation d'un autre électeur de la liste électorale de la commune de Campana. L'électeur radié protestait au motif que le tribunal devait prendre en compte la déclaration de pacte civil de solidarité conclu avec Mme B..., laquelle est contribuable sur la commune de Campana, dès lors que la qualité de conjoint doit être attribuée aux personnes liées par un pacte civil de solidarité comme à celles liées par mariage. C'est cette assimilation que la Cour de cassation rejette[3].

Des questions semblables se posent à l'occasion de divers **avantages sociaux que les textes réservent aux époux** : par exemple des primes ou congés spéciaux accordés par une convention collective aux salariés qui se marient. Le bénéfice de ces avantages doit-il être étendu aux personnes qui s'engagent dans les liens d'un PACS ? Le leur refuser est-il une mesure discriminatoire ? C'était la position défendue par la HALDE[4] qui réclamait la généralisation de ce type de mesures. La Cour de cassation, saisie de la question, a préféré poser une question préjudicielle à la Cour de justice de l'Union européenne[5]. Y a-t-il discrimination à réserver de tels avantages sociaux aux salariés contractant mariage au regard de la directive (CE) n° 2000/78 du 27 novembre 2000 relative à l'égalité de traitement dans l'emploi et le travail[6] ? Toutefois la question a été posée par la Cour de cassation sous l'angle de la discrimination fondée sur l'orientation sexuelle, le mariage étant à la date de l'arrêt subordonné à l'altérité sexuelle. Refuser aux partenaires d'un PACS le bénéfice de certains avantages revenait donc indirectement à les refuser aux couples homosexuels. La question des relations entre les différents statuts de la vie de couple se pose autrement depuis la loi n° 2013-404 du 17 mai 2013 ouvrant le mariage aux couples de personnes de même sexe[7], le choix entre ces statuts ne dépendant plus que du libre choix des personnes.

Par un arrêt du 12 décembre 2013, la Cour de justice a répondu à la question qui lui était posée. Elle condamne comme discriminatoire la disposition d'une convention collective qui réserve aux couples qui se marient le bénéfice de certains avantages. Mais elle se fonde pour cela sur ce que l'accès au mariage est refusé aux couples de même sexe, de sorte que la solution apportée peut apparaître comme déjà dépassée[8].

En conclusion, si les « pacsés » peuvent parfois paraître constituer une famille, leur assimilation au couple marié n'est pas totale.

1. CE 8 juill. 2005, req. n° 267636, *D.* 2006. Pan. 1422, obs. J.-J. Lemouland et D. Vigneau; *AJ fam.* 2005. 410, obs. F. C.; *RTD civ.* 2005. 760, obs. J. Hauser.
2. Civ. 2e, 25 mars 2004, n° 04-60.134, *Bull. civ.* II, n° 144; *D.* 2004. IR 1125, *RTD civ.* 2004. 489, obs. J. Hauser.
3. Civ. 2^e, 5 mars 2008, n° 08-60.229, *Bull. civ.* II, n° 55; *BICC* 2008, n° 1048; *D.* 2008. Pan. 1794, obs. J.-J. Lemouland et D. Vigneau; *JCP A* 2008, n° 2162, note D. Dutrieux; *Dr. fam.* 2008, n° 51, obs. V. Larribau-Terneyre; *RJPF* 2008-6/38, obs. S. Valory; *RTD civ.* 2008. 458, obs. J. Hauser.
4. HALDE, délib. n° 2009-336, 28 sept. 2009, *JO* 14 mars 2010, *Dr. fam.* 2010. 56, comm. B. Beignier – COMP. à propos du bénéfice d'une pension de réversion : HALDE, délib. n° 2010-20, 1er avr. 2010, *JO* 3 avr.; *Dr. fam.* 2010. 69, comm. B. Beignier.
5. Soc. 23 mai 2012, n° 10-18.341, *Bull. civ.* V, n° 161 – EN CE SENS, Soc. 29 oct. 2013, n° 12-20.864, NP.
6. Dir. CE n° 2000/78, 27 nov. 2000, portant création d'un cadre général en faveur de l'égalité de traitement en matière d'emploi et de travail, *JOCE*, n° L. 303.
7. L. n° 2013-404, 17 mai 2013 ouvrant le mariage aux couples de personnes de même sexe, *JO* 8 mai, p. 8253.
8. CJUE, 5e ch., 12 déc. 2013, *F. Hay c/Crédit agricole mutuel de Charente-Maritime et des Deux-Sèvres*, aff. C-267/12.

511.15 PACS et sécurité sociale : qualité d'ayant droit d'un assuré social du partenaire « pacsé ». V. s[s] n°s 511.161 s.[1]

SECTION 2
CONDITIONS DE FORMATION DU PACS

§ 1
Conditions de fond

511.21 Conditions de fond générales. En tant qu'il est un contrat, le PACS est d'abord soumis aux conditions générales de validité des conventions, telles qu'énoncées à l'article 1108 du Code civil : la capacité et le consentement des parties, un objet certain, une cause licite[2].

511.22 Capacité des mineurs. S'agissant de la capacité, la règle est tout à la fois plus exigeante que celle du droit commun des contrats et que celle qui s'applique en matière de mariage. Le PACS est en effet **interdit aux mineurs,** même avec l'assistance de leur représentant légal ou l'autorisation de leurs parents, et même émancipés. C'est ce qui résulte clairement de l'article 515-1 du Code civil : « *Le PACS est un contrat conclu entre deux personnes majeures* ».

511.23 Capacité des majeurs en tutelle. Aux termes de l'ancien article 506-1 du même code, le PACS était également interdit aux majeurs placés sous un régime de tutelle. La loi n° 2007-308 du 5 mars 2007[3] (C. civ., art. 462) a modifié la règle : la conclusion d'un PACS est soumise à **l'autorisation du juge ou du conseil de famille** s'il a été constitué, après audition des futurs partenaires et recueil, le cas échéant, de l'avis des parents et de l'entourage. La personne protégée est assistée de son tuteur lors de la signature de la convention. Toutefois, aucune assistance ni représentation ne sont requises lors de la déclaration conjointe au greffe du tribunal d'instance. La personne en tutelle **peut rompre le PACS par déclaration conjointe ou par décision unilatérale,** sachant que la formalité de signification est opérée par le tuteur. Lorsque l'initiative de la rupture émane de l'autre partenaire, cette signification est faite à la personne du tuteur.

La **rupture unilatérale du PACS** peut également intervenir **sur l'initiative du tuteur,** autorisée par le juge ou le conseil de famille, s'il a été constitué, après audition de l'intéressé et recueil, le cas échéant, de l'avis des parents et de l'entourage. La personne en tutelle est représentée par son tuteur dans les opérations prévues aux dixième et onzième alinéas de l'article 515-7 du Code civil.

511.24 Capacité des majeurs en curatelle. La loi en revanche ne disait rien de la situation des majeurs en curatelle. La réponse n'était pas aisée, puisque l'étendue de la capacité reconnue au majeur sous curatelle était habituellement réglée par la loi en référence au régime de la tutelle (C. civ., anc. art. 510). Rien ne permettait toutefois de lui interdire la conclusion d'un PACS. Compte tenu de l'importance des conséquences patrimoniales qui en découlent, il était cependant raisonnable de requérir **l'assistance du curateur.**

La loi du 5 mars 2007 (C. civ., art. 461) a adopté cette solution : la personne en curatelle peut signer la convention par laquelle elle conclut un PACS à condition d'être assistée par un curateur. Toutefois, aucune assistance n'est requise lors de la déclaration conjointe au greffe du tribunal d'instance. Les mêmes règles s'appliquent en cas de modification de la convention. La personne en curatelle peut rompre le PACS par déclaration conjointe ou par décision unilatérale. La personne en curatelle est assistée de son curateur dans les opérations prévues aux dixième et onzième alinéas de l'article 515-7 du Code civil.

Le tuteur ou le curateur sont réputés en **opposition d'intérêts** avec la personne protégée lorsque la tutelle est confiée à son partenaire.

511.25 Consentement. S'agissant du consentement, il doit évidemment être donné librement et en connaissance de cause. Toutefois on peut s'interroger sur la question de savoir s'il y a lieu de se référer à la théorie générale des **vices du consentement** applicable aux contrats, ou aux règles particulières qui prévalent dans le domaine du mariage.

Il ne paraît guère douteux en tout cas qu'un PACS simulé, contracté dans le but unique d'en tirer un avantage particulier sans intention de vie en couple, encourrait la nullité, sur le fondement de l'absence de consentement comme en matière de mariage, ou sur le fondement de l'absence de cause.

La cour d'appel de Paris[4] a fait application de la théorie des vices du consentement à un PACS : un

1. Sur tous ces points, V. AUSSI, P. Murat (dir.), Dalloz action *Droit de la famille,* 2014/2015, n°s 152.161 à 152.163, par H. Bosse-Platière.
2. Sur les conditions de capacité et de consentement pour conclure un PACS, v. P. Murat (dir.), Dalloz action *Droit de la famille,* 2014/2015, n°s 151.11 à 151.17, par H. Bosse-Platière – Sur les empêchements à la conclusion d'un PACS, v. P. Murat (dir.), Dalloz action *Droit de la famille,* 2014/2015, n°s 151.21 à 151.23, par H. Bosse-Platière.
3. L. n° 2007-308, 5 mars 2007, portant réforme de la protection juridique des majeurs, *JO* 7 mars, p. 4325.
4. Paris, 9 nov. 2006, *Dr. fam.* 2007, n° 30, note V. Larribau-Terneyre.

des partenaires demandait la nullité de la convention en raison d'une erreur déterminante sur les mobiles de son partenaire « *lequel ne recherchait que son intérêt financier* ». Cette nullité pour erreur a été rejetée du fait que le demandeur n'apportait aucune démonstration probante de nature à étayer cette allégation et que les mobiles intéressés et cupides prêtés à l'un des partenaires ne « *résultent d'aucun élément de preuve admissible* ». Ce faisant, la cour d'appel ne qualifie pas l'erreur alléguée : s'agit-il de l'application de l'article 1110 du Code civil sanctionnant l'erreur dans le contrat ou bien s'agit-il de l'application de l'article 180 du même code réservé au mariage ? Il convient de retenir la première branche de l'alternative, **la vision contractuelle du PACS étant pour l'instant plus forte que son attraction par les lois du mariage.** Cette distinction n'est pas sans conséquences : alors que l'erreur sur les mobiles est indifférente en droit des obligations (il conviendrait alors de retenir l'erreur sur les qualités essentielles de la personne ou la cause), elle peut trouver matière à application en droit du mariage (nullité des mariages « blancs »).

511.26 Conditions de fond spécifiques : empêchements à PACS. Le PACS est également soumis à des conditions spécifiques, énoncées à l'article 515-2 du Code civil. Elles concernent en premier lieu l'existence d'un **lien de parenté entre les partenaires**. Le PACS est ainsi interdit entre ascendants et descendants en ligne directe, entre alliés en ligne directe, entre collatéraux jusqu'au troisième degré inclus. La règle est donc la même qu'en matière de mariage.

En second lieu, l'**existence d'un mariage antérieur ou d'un autre PACS** empêche la formation du lien. Ces deux règles, directement empruntées aux empêchements d'inceste et de bigamie, renforcent la dimension personnelle de l'union entre pacsés, et contribuent à la rapprocher d'un quasi-mariage. Le Conseil constitutionnel a précisé que ces conditions sont sanctionnées par une **nullité absolue**.

§ 2
Conditions de forme

511.31 Conditions de forme : convention écrite, enregistrement et publicité[1]. Le PACS suppose d'abord la rédaction d'une convention écrite. Il fait ensuite l'objet d'une déclaration conjointe enregistrée, et d'une mention en marge des actes de naissance des partenaires (C. civ., art. 515-3).

On se souvient que la forme de cette convention, plus précisément la question de savoir si elle pouvait être établie en la **forme authentique**, avait donné lieu à de vifs débats : la version d'origine de l'article 515-3 du Code civil, telle qu'issue de la loi du 15 novembre 1999, énonçait en effet que la convention devait être passée en double original, ce dont il se déduisait que la forme authentique en était exclue[2]. Cette question s'est trouvée réglée par la loi du 23 juin 2006. Désormais la convention portant pacte civil de solidarité peut être établie **sous seing privé** ou par acte passé devant notaire. La loi n° 2011-331 du 28 mars 2011[3], complétée par le décret n° 2012-966 du 20 août 2012[4], est venue préciser les modalités d'enregistrement et de publicité de ces conventions qui peuvent désormais se présenter sous deux formes.

511.32 1) Convention sous seing privé. Lorsque la convention de PACS est rédigée sous seing privé, la déclaration conjointe est reçue par le greffe du tribunal d'instance du lieu de la résidence commune des pacsés. À défaut de résidence commune, lorsqu'il existe « *un empêchement grave à la fixation de celle-ci* », elle est faite au greffe du tribunal de la résidence de l'un des partenaires. En cas d'empêchement grave, c'est le greffier qui se transporte au domicile ou à la résidence de l'une des parties pour y recevoir la déclaration conjointe.

À peine d'irrecevabilité, cette déclaration s'accompagne de la production de la convention passée entre les partenaires. (C. civ., art. 515-3, al. 3). Ceux-ci doivent en outre fournir les pièces justifiant que les conditions de validité du pacte sont remplies, à savoir les pièces destinées à attester de leur identité en vue de vérifier le respect des articles 506, 515-1 et 515-2 du Code civil. Le partenaire de nationalité étrangère doit, en plus, apporter un certificat de non-PACS délivré par le tribunal de grande instance de Paris, qui centralise toutes les informations concernant les PACS conclus par les étrangers. Les partenaires produisent, le cas échéant, les pièces permettant la vérification du respect des dispositions prévues aux articles 461 et 462 du Code civil.

1. Sur la rédaction de la convention de PACS, v. P. Murat (dir.), Dalloz action *Droit de la famille,* 2014/2015, n°s 151.31 à 151.32, par H. Bosse-Platière – Sur la déclaration du PACS au greffe, v. P. Murat (dir.), Dalloz action *Droit de la famille,* 2014/2015, n°s 151.41 et 151.42, par H. Bosse-Platière – Sur l'enregistrement du PACS au greffe, v. P. Murat (dir.), Dalloz action *Droit de la famille,* 2014/2015, n°s 151.51 et 151.53, par H. Bosse-Platière.

2. EN CE SENS, v. Circ. n° CIV 2000-02, 11 oct. 2000, d'application de la loi et des décrets relatifs au pacte civil de solidarité, *BOMJ*, n° 80; *JCP N* 2001. 4. p. 122.
3. L. n° 2011-331, 28 mars 2011, de modernisation des professions judiciaires ou juridiques et certaines professions réglementées, *JO* 29 mars, p. 5447.
4. Décr. n° 2012-966, 20 août 2012, relatif à l'enregistrement de la déclaration, de la modification et de la dissolution du pacte civil de solidarité reçu par un notaire, *JO* 22 août, p. 13675.

Le greffier rend aux partenaires l'**original** ou l'**expédition de la convention** (après l'avoir visée, datée et signée) mais conserve tous les autres documents justificatifs. Le greffier ne conserve pas l'original, ni une copie de la convention.

Cela est fort gênant lorsque, à propos d'un acte, les partenaires d'un PACS se souviennent être « pacsés » mais ont perdu leur convention. **La perte de la convention rend difficile la signature d'actes.** Si les partenaires achètent ensemble, le bien sera en toute hypothèse en indivision entre eux; en revanche, en cas de financement inégal, la possibilité de recours entre les partenaires différera selon le régime. Si un seul partenaire décide d'acquérir et si ce dernier s'est pacsé avant le 1er janvier 2007, le défaut de production de la convention ne sera pas gênant concernant les immeubles car il n'était pas possible de prévoir une dérogation à la présomption d'indivision dans la convention de PACS elle-même. Si le PACS a été enregistré après le 1er janvier 2007, il faut s'en référer aux déclarations du partenaire.

L'enregistrement proprement dit doit être clairement distingué de la formalité fiscale d'enregistrement des actes juridiques. Il prend ici simplement la forme d'une inscription de la déclaration conjointe sur un registre spécial destiné à cet effet. Il doit avoir lieu le plus rapidement possible afin d'éviter tout hiatus entre la date de la convention et la date de l'enregistrement au greffe.

Le greffier peut refuser l'enregistrement du PACS et rend une **décision motivée d'irrecevabilité**; en cas de contestation, celle-ci est portée devant le président du tribunal de grande instance statuant en la forme des référés (ou devant le président du tribunal de grande instance de Paris statuant en la forme des référés, si le refus émane d'une autorité diplomatique ou consulaire).

511.33 **2) Acte notarié**[1]. Lorsque la convention de PACS est reçue par un notaire, c'est à ce dernier qu'il appartient de recueillir la **déclaration conjointe des partenaires.** Cette formalité est alors organisée de façon spécifique par le décret du 20 août 2012. Comme dans le cas précédent, elle prend la forme d'une inscription sur un registre *ad hoc*, tenu par le notaire : le registre des conventions notariées des pactes civils de solidarité[2]. Obligation est au demeurant faite au notariat de mettre en œuvre un traitement automatisé de ces registres.

Dans un cas comme dans l'autre, la **formalité** de l'enregistrement est **substantielle**. Aux termes de l'article 515-3-1 alinéa 2 du Code civil, c'est elle, en effet, qui confère **date certaine** à la convention et marque le point de départ de ses effets dans les relations entre les partenaires. S'agissant d'une convention notariée, la règle est inhabituelle. Un acte authentique fait foi de sa date par lui-même. Le recours à la forme notariée offre néanmoins de réels avantages. D'un côté, le notaire assure la conservation de l'acte qui ne risque plus d'être perdu. D'un autre, dans la mesure où l'enregistrement est réalisé par le notaire lui-même sur un registre tenu à l'étude, aucun hiatus ne peut s'introduire entre l'établissement de l'acte et le moment où il est enregistré.

Dans le cas où le pacte est conclu à l'étranger, l'enregistrement est assuré par les agents diplomatiques ou consulaires, dès lors que l'une des parties est française.

511.34 **Publicité – PACS conclus avant le 1er janvier 2007 : triple inscription sur les registres des greffes.** Pour les PACS conclus avant le 1er janvier 2007, la publicité ne reposait que sur l'inscription au greffe. La loi du 15 novembre 1999 avait voulu concilier deux objectifs : d'une part, il convenait évidemment d'assurer l'information des tiers sur l'existence du PACS et, d'autre part, il avait paru nécessaire de conserver un certain secret de ce contrat, dans le souci de ménager la vie privée des partenaires. Aussi, l'existence d'un PACS n'apparaissait-elle pas sur les actes d'état civil. En revanche la déclaration conjointe faisait l'objet d'une triple inscription sur des registres tenus par les greffes : d'une part, au lieu de la **résidence commune** du couple, d'autre part au **lieu de naissance de chacun** des partenaires. Cela avait conduit les greffes à un important travail, celui de répondre aux demandes de certificats de non-pacs, toute personne non-mariée devant prouver qu'elle n'était pas pacsée, avant une acquisition par exemple. De plus, la liste des titulaires du droit à la délivrance de l'information était incertaine et donnait lieu à litiges.

511.35 **PACS conclus après le 1er janvier 2007 : mention en marge des actes de naissance des « pacsés » (C. civ., art. 515-3-1).** C'est la loi du 23 juin 2006 qui a prévu la mention du pacte en marge de l'acte de naissance de chacune des parties, avec indication de l'identité du partenaire. Cette règle, qui s'applique aux PACS conclus après le 1er janvier 2007, contribue très fortement à intégrer le PACS dans les éléments constitutifs de l'état des personnes et à le rapprocher ainsi du mariage.

Le **greffier** ou le **notaire**, selon les cas, adresse aux officiers d'état civil concernés les informations

1. W. Baby, « Réforme du PACS authentique : questions-réponses », *JCP N* 2011. Actu. 476 – W. Baby et B. Beignier, « Le PACS authentique ou l'aventure à deux sans droit », *JCP N* 2012. 1207 – J.-J. Lemouland et D. Vigneau, chron. « Droit des couples », *D.* 2013. 1089.
2. Décr. n° 2012-966, 20 août 2012, art. 8.

nécessaires : les noms et prénoms des partenaires, leur date et lieu de naissance, la date de conclusion et d'enregistrement de la convention. C'est l'accomplissement de ces formalités de publicité qui conditionne l'opposabilité du pacte aux tiers. La situation de ces derniers s'en trouve grandement améliorée. Parallèlement, la tâche des greffes s'en trouve grandement simplifiée. Un seul registre (équivalent à l'ancien « *registre de résidence* ») doit être tenu par le greffe du tribunal d'instance; le « *registre de naissance* » n'a plus à être mis à jour, puisque la mention en marge de l'acte de naissance des partenaires permet d'être informé immédiatement. Toutefois, le registre des naissances doit être conservé dans la mesure où il convient d'assurer, pendant la période transitoire, la publicité des actes conclus avant le 1er janvier 2007.

Cette mention en marge de l'acte de naissance permet aux partenaires de justifier de leur situation sans avoir à obtenir du greffe un certificat de non-pacte ou une attestation d'inscription sur les registres du PACS; elle permet aux tiers d'avoir accès à une information fiable et complète sur la situation des deux partenaires.

Pour les personnes de nationalité étrangère nées à l'étranger, cette information est portée sur un registre tenu au greffe du tribunal de grande instance de Paris. L'existence de conventions modificatives est soumise à la même publicité.

511.36 Dispositions transitoires. Un dispositif transitoire existe en matière de publicité du PACS [1, 2].

Pendant un délai d'un an à compter du 1er janvier 2007, les dispositions relatives à la publicité n'étaient applicables qu'aux contrats conclus postérieurement à cette date. Ce délai devait permettre aux partenaires concernés de dissoudre leur pacte s'ils ne souhaitaient pas se voir appliquer le nouveau régime de publicité et notamment révéler leur orientation sexuelle. Ils pouvaient aussi, par anticipation, bénéficier des avantages de la nouvelle publicité, à condition d'en faire la demande par déclaration commune auprès du greffe du tribunal d'instance (ou du tribunal de grande de Paris lorsque l'un des partenaires est de nationalité étrangère et né à l'étranger). **À compter du 1er janvier 2008**, le greffier ayant enregistré un PACS conclu avant le 1er janvier 2007 et non dissous fait procéder aux nouvelles formalités de publicité.

Au terme de cet examen des formalités requises pour la conclusion d'un PACS se pose la question de savoir s'il constitue un **contrat solennel**, et si les mesures qui viennent d'être décrites sont nécessaires à sa validité.

Il importe de souligner qu'elles n'ont pas toutes le même impact. La **publicité** opérée en marge des actes d'état civil conditionne **l'opposabilité** du pacte aux tiers, et donc ni sa validité, ni ses effets entre les parties. L'**enregistrement**, lui, confère **date certaine** au pacte, mais en suspend les effets, y compris entre les partenaires. On peut ainsi s'interroger sur l'efficacité – et notamment sur les effets patrimoniaux – d'une convention qui, signée des deux parties, n'aurait pas été enregistrée. La convention est sans doute valable, il n'en reste pas moins qu'aux termes de l'article 515-3-1 du Code civil, elle n'aura jamais produit d'effet.

Rappelons, par ailleurs, que la **décision d'irrecevabilité** que le greffier peut être amené à prendre n'a pas le caractère d'un acte administratif dont la juridiction administrative serait compétente pour connaître [3]. **Seul le tribunal d'instance peut être saisi du contentieux.**

SECTION 3
MODIFICATION DU PACS

511.41 Régime ordinaire. La modification du PACS ne présente pas de différences avec la procédure d'enregistrement de la convention initiale.

Les partenaires peuvent, dans cette hypothèse de modification de leur convention, éviter de se déplacer. L'acte modificatif, quelle que soit sa forme, doit être adressé soit au **greffe du tribunal** où le pacte avait été enregistré, soit au **notaire** qui l'avait reçu. Dans cette hypothèse, il doit être envoyé par lettre recommandée avec accusé de réception (LRAR), accompagné de la date et du numéro d'enregistrement de la convention initiale, ainsi que d'un document justifiant l'identité des partenaires [4].

Le greffier procède à l'enregistrement de la convention modificative. Il vise et date celle-ci et la restitue aux partenaires ou la leur envoie par LRAR. Quant au notaire, il enregistre pareillement la convention modificative qui lui a été adressée. Celle-ci n'étant pas nécessairement notariée (il n'y a pas de parallélisme des formes), il serait cohérent d'envisager qu'elle soit néanmoins conservée en même temps que l'acte initial.

1. Décr. n° 2006-1807, 23 déc. 2006, art. 12, et Décr. n° 2006-1806, 23 déc. 2006, art. 11.
2. Sur les publicités, date d'effet et preuve du PACS, v. P. Murat (dir.), Dalloz action *Droit de la famille*, 2014/2015, nos 151.61 à 151.65, par H. Bosse-Platière.
3. CE 23 mai 2003, n° 248982, *D.* 2004. 295, note Gourdou et J.-J. Lemouland; *Gaz. Pal.* 2004. 420, concl. Prada-Bordenave; *RTD civ.* 2003. 546, obs. R. Perrot; *RTD civ.* 2003. 684, obs. J. Hauser.
4. Sur la modification du PACS, v. P. Murat (dir.), Dalloz action *Droit de la famille*, 2014/2015, n° 151.71, par H. Bosse-Platière.

SECTION 4
EFFETS PATRIMONIAUX DU PACS

511.50 Application de la loi dans le temps. Si la loi du 23 juin 2006 a prévu des **dispositions transitoires** concernant les **obligations d'enregistrement et de publicité**, elle demeure silencieuse quant à l'application de la réforme aux **effets patrimoniaux des PACS conclus avant le 1er janvier 2007.**

Les principes de solution doivent être puisés dans les acquis du droit transitoire :

- le PACS étant un contrat, la loi applicable demeure la loi ancienne pour les personnes unies avant le 1er janvier 2007 (survie de la loi ancienne en matière contractuelle) ; concernant le régime des biens, les nouvelles règles (régime légal de séparation des patrimoines, régime optionnel d'indivision organisée) ne sont pas applicables de plein droit aux partenaires ayant enregistré leur convention avant le 1er janvier 2007;

- en revanche, le **régime primaire impératif du PACS** impose l'application immédiate de toutes les **obligations d'ordre public**, notamment le **régime des dettes.** La circulaire du 5 février 2007 qualifiait expressément l'ancien article 515-4 du Code civil de « ***régime primaire*** » : « *À compter du 1er février 2007, les règles résultant du nouveau régime primaire sont applicables de plein droit à tous les partenaires, quelle que soit la date de l'enregistrement de leur convention* ».

Les partenaires soumis à l'ancien régime patrimonial peuvent conclure une convention modificative en ce sens. Il convient que cette modification précise sans équivoque possible leur souhait de se soumettre au nouveau régime patrimonial, soit en ne disant rien au-delà de ce désir de changement et alors ils seront soumis au régime légal de séparation des patrimoines, soit en fournissant la convention organisée d'indivision qu'ils ont rédigée.

Ceci nous conduit à examiner le sort des biens des partenaires, selon qu'ils se sont pacsés avant (§ 1) ou après (§ 2) le 1er janvier 2007[1].

§ 1
Sort des biens des partenaires (ancien régime – personnes pacsées avant le 1er janvier 2007)

511.51 Double présomption. L'effet principal du PACS, s'agissant des biens des partenaires, résulte de la **présomption d'indivision** inscrite à l'ancien article 515-5 du Code civil, et qui couvre l'**ensemble des biens acquis après la conclusion de la convention.** Mais cette présomption n'a pas la même portée selon la nature des biens auxquels elle s'applique[2].

511.52 Meubles meublants. Selon l'ancien article 515-5, « *les partenaires* [...] *indiquent, dans la convention* [...], *s'ils entendent soumettre au régime de l'indivision les meubles meublants dont ils feraient l'acquisition à titre onéreux postérieurement à la conclusion du pacte* »[3]. On est donc en présence d'une **règle supplétive** : sauf convention contraire, les meubles meublants acquis à titre onéreux en cours d'union sont indivis entre les partenaires. Cette règle est complétée par une **présomption d'origine.** Les biens dont on ignore la date d'acquisition seront pareillement soumis à l'indivision. Il est raisonnable de penser qu'il en sera de même pour ceux dont on ignore comment ils ont été acquis (à titre gratuit ou onéreux).

S'agissant d'une disposition supplétive, elle peut être écartée par la convention régissant le pacte. Il y a lieu de souligner qu'une telle clause, loin de régler la question de la propriété des biens concernés, la fait au contraire apparaître. Pour être efficace, elle devra être complétée par des **stipulations relatives à la preuve de la propriété personnelle des partenaires** : des présomptions inspirées de celles qui se rencontrent dans les contrats de séparation de bien, ou des clauses précisant les instruments admis en preuve, prévoyant par exemple qu'une facture établie au nom de l'un des contractants établira son droit.

511.53 Autres biens. *A priori*, les autres biens sont soumis à une règle semblable : ils sont « *présumés indivis par moitié* », dès lors « *les partenaires en deviennent propriétaires à titre onéreux postérieurement à la conclusion PACS* », et pourvu que « *l'acte d'acquisition ou de souscription n'en ait pas disposé autrement* » (C. civ., anc. art. 515-5)[4]. Mais plusieurs difficultés spécifiques apparaissent.

1) La première est de savoir quel est exactement le champ de cette indivision. On peut notamment se demander si les **revenus de partenaires** sont des « *biens dont les partenaires deviennent propriétaires* », et sont donc couverts par la présomption légale.

1. Sur la présomption d'indivision et la critique de ce régime, v. P. Murat (dir.), Dalloz action *Droit de la famille,* 2014/2015, nos 152.22 et 152.23, par H. Bosse-Platière.

2. Sur la présomption d'indivision et la critique de ce régime, v. P. Murat (dir.), Dalloz action *Droit de la famille,* 2014/2015, nos 152.22 et 152.23, par H. Bosse-Platière.

3. Sur la présomption d'indivision et la critique de ce régime, v. P. Murat (dir.), Dalloz action *Droit de la famille,* 2014/2015, nos 152.22 et 152.23, par H. Bosse-Platière.

4. Montpellier 23 juin 2009, RG no 08/5625.

Une extension aussi grande serait source de nombreuses difficultés pratiques. La rigidité du fonctionnement des indivisions est telle que vouloir y inclure même les revenus des indivisaires reviendrait à les frapper d'une incapacité générale. Mieux vaut donc s'en tenir à l'idée que seuls **les biens nouvellement acquis à l'aide des revenus entrent dans la masse indivise**. Mais il reste à dire ce qu'est une **acquisition**.

Qu'en sera-t-il par exemple, d'un dépôt de fonds sur un compte rémunéré, d'un achat de Sicav de trésorerie, d'un placement sur un contrat d'assurance-vie ? Ou encore quel est le sort des biens qui ne sont pas acquis mais créés, par exemple une entreprise créée par l'un des partenaires au cours de la vie commune ?

2) Une seconde question concerne les **acquisitions réalisées par un seul des partenaires.** L'application de la présomption légale est-elle subordonnée à une acquisition conjointe ? En d'autres termes, pourrait-on considérer que l'acte d'acquisition « *en dispose autrement* » dès lors qu'il est établi au nom d'un seul ? Ici, la réponse est incluse dans la question. L'indivision entre partenaires trouve son origine dans la loi. Elle est un moyen d'assurer entre eux une forme d'association à l'enrichissement réalisé en cours d'union. Elle n'est certainement pas conditionnée par une acquisition réalisée en commun, ce qui retirerait tout sens à la notion de présomption qu'utilise l'article 515-5, et ne ferait que soumettre les partenaires au droit commun de la propriété.

3) Enfin une troisième difficulté vient tout simplement du fait qu'aucune présomption d'origine ne vient compléter la règle. Quel est le sort des **biens dont on ignore quand et comment ils ont été acquis** ? La difficulté risque d'être grande pour qualifier les **deniers**, car on peut supposer que, sur les comptes des partenaires, les deniers personnels et les deniers indivis seront inévitablement mélangés. Dès lors que la présomption légale est subordonnée à un acte d'acquisition ou de souscription d'un bien nouveau, il faut, semble-t-il, présumer que les deniers non employés demeurent personnels, sauf à établir qu'ils proviennent de l'indivision.

511.54 Clause contraire. C'est sur ce point que le texte sépare le plus nettement les deux catégories de biens qu'il distingue. Tandis que la convention de PACS règle librement le sort des meubles meublants, la loi n'envisage que les stipulations de l'acte d'acquisition pour écarter l'indivision légale applicable aux autres biens. Cette lecture a été corroborée par le Conseil constitutionnel qui a déclaré explicitement que « *la présomption ne cède que devant la production d'un acte d'acquisition ou de souscription qui en dispose autrement* »[1]. Par conséquent, c'est seulement au cas par cas, et lors de chaque acquisition réalisée en cours d'union, que des biens nouveaux peuvent être soustraits à la masse indivise, et la propriété personnelle de l'un des partenaires préservée[2].

Cette interprétation excessivement rigide était regrettable. Compte tenu des contraintes fortes qu'engendre le régime de l'indivision, il aurait été très souhaitable de permettre aux partenaires d'organiser la séparation de leurs biens, ou de prévoir, à l'inverse du régime prévu par la loi, que les biens dont ils feront l'acquisition leur resteront personnels sauf clause contraire. Au demeurant, on ne comprend vraiment pas pourquoi, s'agissant de questions exclusivement patrimoniales, la liberté contractuelle serait moindre dans le PACS qu'elle ne l'est dans le mariage. La question a aujourd'hui perdu la plus grande partie de son intérêt puisqu'il est possible aux partenaires qui souhaitent écarter ou limiter l'indivision entre eux de passer une convention modificative de leur union.

511.55 Gestion de l'indivision. L'indivision qui résulte du PACS est soumise, quant à son fonctionnement, au droit commun des articles 815 et suivants du Code civil. Cela implique une **cogestion généralisée de tous les biens acquis en cours d'union,** sauf les actes conservatoires et la présomption de mandat tacite concernant les actes d'administration.

Une clause prévoyant d'organiser la gestion de la masse indivise dans les termes prévus à l'article 1873-5 du Code civil était toutefois possible. Selon ce texte, un ou plusieurs indivisaires peuvent être désignés comme gérants. Sauf à prévoir une organisation différente, le gérant désigné par la convention exerce les pouvoirs reconnus aux époux dans le régime de la communauté légale (C. civ., art. 1873-6). En désignant les deux partenaires comme gérant de leur indivision commune, il est ainsi possible de reconstituer un système très proche de la gestion concurrente.

511.56 Biens indivis financés par un seul des partenaires. Dès lors que la présomption d'indivision posée par l'ancien article 515-5 du Code civil s'applique aux acquisitions que chacun des indivisaires réalise seul, il arrivera fréquemment que l'acquéreur, ayant payé la totalité du prix, aura ainsi financé de ses deniers personnels un bien indivis. Cette considération purement économique est certainement sans effet sur la titularité du bien : il est acquis depuis longtemps en jurisprudence que **propriété** et **financement** constituent deux questions

1. Cons. const. 9 nov. 1999, n° 99-419 DC, *JO* 16 nov., p. 16962 ; *Rec. Cons. const.* 116 (préc. s[s] n°s 511.11 et 511.12).
2. POUR UN EX., Montpellier 5 mars 2009, RG n° 08/07450.

indépendantes. La situation ainsi créée soulève pourtant quelques difficultés épineuses.

1) Selon une *première analyse*, on pourrait considérer qu'elle est inhérente au mécanisme mis en place par la loi, la présomption légale ayant précisément pour but d'assurer l'association de chacun à l'enrichissement réalisé en cours d'union.

2) Selon une *seconde analyse*, le paiement réalisé par l'acquéreur pour le compte de son partenaire pourrait donner lieu à une **créance** au profit du *solvens* contre son coïndivisaire, voire sur la masse indivise.

3) Reste alors une *troisième analyse*, qui voit dans le financement par un seul d'une opération qui leur bénéficie à tous deux une **donation indirecte**. Même si elle pouvait sembler à peu près inévitable en l'état des textes, la solution n'est pas bonne. Ces donations une fois révélées, par exemple au moment de la liquidation de l'indivision, produiraient en effet des conséquences bien peu souhaitables. Elles seraient taxables aux droits de mutation à titre gratuit, et imputables sur la quotité disponible du donateur dans tous les cas où les partenaires, ou l'un d'entre eux, auraient des héritiers réservataires. Cette imputation pourrait se retourner contre le survivant, bénéficiaire d'une disposition à cause de mort qui serait frappée d'inefficacité parce que le prémourant, sans s'en rendre compte, aurait épuisé avant l'heure sa liberté de disposer.

En réalité, cette question sur laquelle la loi du 15 novembre 1999 était restée muette trouve rétrospectivement sa réponse dans la loi du 23 juin 2006. Selon l'article 515-5-1 nouveau du Code civil, lorsque les partenaires ont opté pour le **régime de l'indivision d'acquêts,** les biens acquis après l'enregistrement de la convention sont réputés indivis par moitié, sans recours au titre d'une contribution inégale (v. s[s] n° 511.81). Il serait raisonnable de reconnaître à cette disposition un caractère interprétatif et d'induire de l'actuelle **indivision pacsimoniale,** que l'indivision légale entre personnes pacsées avant le 1er janvier 2007 met en œuvre de la même manière un **mécanisme d'enrichissement partagé,** démarqué du régime matrimonial de la communauté.

§ 2
Sort des biens des partenaires (nouveau régime – personnes pacsées après le 1er janvier 2007)

511.61 Effets du PACS. La loi distingue selon qu'il s'agit des partenaires ou des tiers (C. civ., art. 515-3-1, al. 2) :

– le PACS ne prend effet entre les parties qu'à compter de son enregistrement, qui lui confère date certaine;

– il n'est opposable aux tiers qu'à compter du jour où les formalités de publicité sont accomplies.

La même règle vaut en matière de conventions modificatives.

511.70 Liberté du régime patrimonial. La loi du 23 juin 2006 offre un choix entre deux régimes patrimoniaux. Le premier, le régime légal, est fondé sur la séparation des patrimoines (A)[1], tandis que le second permet d'opter pour une indivision organisée (B)[2].

Le nouveau régime de séparation des patrimoines s'applique à défaut de stipulation contraire des parties. C'est un régime légal, comme le régime matrimonial de la communauté réduite aux acquêts s'applique aux époux qui n'ont pas fait choix d'un régime spécifique.

A.
Régime légal : séparation des patrimoines

511.71 Propriété exclusive et autonomie de gestion. Selon l'article 515-5 du Code civil, sauf dispositions contraires de la convention établissant le PACS, chacun des partenaires conserve « *l'administration, la jouissance et la libre disposition de ses biens personnels* ». Si le partenaire acquéreur d'un bien est soumis au régime de la séparation de biens, il peut procéder à cette acquisition en son nom personnel (C. civ., art. 515-5), sans précaution rédactionnelle particulière, à l'instar d'une acquisition par un époux séparé de biens.

511.72 Preuve de la nature personnelle des biens. Selon l'article 515-5 du Code civil alinéas 2 et 3, chacun des partenaires peut prouver par tous les moyens, tant à l'égard de son partenaire que des tiers, qu'il a la propriété exclusive d'un bien.

Mais si la preuve est libre, encore faut-il que les moyens existent et que le partenaire ait songé, au moins préventivement, à **se préconstituer des preuves de sa propriété**, étant observée la réticence des juges face aux attestations en cas de conflit. C'est donc **au moment de l'acquisition d'un bien,** en particulier d'un meuble, et dans la mesure où celui-ci revêt quelque importance pécuniaire ou affective (animal, objet d'art), que le partenaire souhaitant

1. Sur le régime légal de séparation des biens, v. P. Murat (dir.), Dalloz action *Droit de la famille,* 2014/2015, n°s 152.40 à 152.53, par H. Bosse-Platière.
2. Sur le régime conventionnel de l'indivision organisée, v. P. Murat (dir.), Dalloz action *Droit de la famille,* 2014/2015, n°s 152.61 à 152.112, par H. Bosse-Platière.

démontrer le caractère personnel du bien devra penser à se munir d'une preuve de son droit.

À défaut, faute de pouvoir rapporter la démonstration du caractère personnel, la présomption du caractère indivis demeure et est réaffirmée à l'article 515-5 alinéa 2 du Code civil : « *Les biens sur lesquels aucun des partenaires ne peut justifier d'une propriété exclusive sont réputés leur appartenir indivisément, à chacun pour moitié* ». C'est pourquoi demeurent utiles des **clauses, inspirées de celles qui sont usuelles dans les contrats de séparation de biens entre époux, relatives à la preuve de la propriété personnelle des partenaires.** Il est possible d'insérer des **présomptions de propriété**, par exemple de stipuler que les meubles meublants garnissant un immeuble seront réputés appartenir au propriétaire de l'immeuble. Ou bien plus directement de prévoir les **instruments** qui seront admis en preuve : par exemple qu'une facture établie au nom de l'un des partenaires fera preuve de sa propriété.

511.73 Présomption de pouvoir. Le principe d'un pouvoir exclusif de chacun des partenaires sur ses biens est renforcé par une présomption qui consolide à l'égard des tiers l'autonomie de gestion. Aux termes de l'article 515-5 alinéa 3 du Code civil, « *le partenaire qui détient individuellement un bien meuble est réputé, à l'égard des tiers de bonne foi, avoir le pouvoir de faire seul sur ce bien tout acte d'administration, de jouissance, ou de disposition* ». Comme on le voit immédiatement à la lecture de ce texte, la règle est directement reprise du régime primaire. C'est celle qui figure à l'article 222 du Code civil applicable aux époux (v. s^s n°s 114.50 à 114.111).

Cette **présomption de pouvoir** vient utilement contrebalancer la **présomption d'indivision** ci-dessus exposée : elle permettra par exemple à un partenaire de disposer seul d'une voiture immatriculée à son nom, des deniers déposés sur compte personnel, ou des biens affectés à son activité professionnelle[1].

511.74 Biens acquis en indivision. Naturellement, ce principe de séparation des patrimoines n'exclut pas que les partenaires réalisent en cours d'union des acquisitions conjointes, donnant ainsi naissance à une ou des indivisions conventionnelles comme on peut en rencontrer entre époux séparés de biens ou entre concubins (v. s^s n°s 162.11 s.). Par exemple, s'ils acquièrent ensemble un logement commun. Cette indivision est alors simplement soumise aux règles de droit commun des articles 815 et suivants du Code civil. Il en résulte que s'il existe une discordance entre les droits acquis par chacun et la répartition du financement, cette discordance donnera lieu à une **créance entre partenaires**, à moins qu'il ne soit établi qu'inspirée par une intention libérale elle a réalisé entre eux une **donation indirecte**. De même, en raison du principe d'unanimité entre indivisaires, ces biens seront soumis à une cogestion généralisée pour tous les actes autres que de simple conservation (C. civ., art. 815-2 et 812-3).

B.
Régime conventionnel de l'indivision organisée

511.81 Choix du régime de l'indivision. L'article 515-5-1 du Code civil permet aux partenaires de choisir de soumettre leurs biens à un régime d'indivision de leurs acquêts. Cette indivision s'applique « *à tous les biens qu'ils acquièrent, ensemble ou séparément, à compter de l'enregistrement de leur convention. Ces biens sont alors réputés indivis par moitié, sans recours de l'un des partenaires contre l'autre au titre d'une contribution inégale* ». Comme on le voit, la loi du 23 juin 2006 a ainsi clairement réglé la question, demeurée très incertaine sous la loi précédente, de l'**inégalité des apports financiers** (v. s^s n° 511.56). Dans cette hypothèse, il n'y a ni créance entre partenaires ni libéralité. L'indivision entre pacsés, désormais souvent qualifiée d'**indivision pacsimoniale**[2], se modèle ainsi sur la **communauté conjugale.** Comme la communauté, elle devient un mode d'acquisition de la propriété et un mode d'association des partenaires à l'enrichissement réalisé au cours de leur union, qui a vocation à être partagé entre eux.

511.82 Domaine de l'indivision pacsimoniale. L'indivision ainsi créée n'a cependant qu'un **domaine limité**, moins étendu que la communauté d'acquêts. Pour le dire autrement, la notion d'acquêts n'est pas la même dans le régime matrimonial de la communauté et dans l'indivision qui naît de la convention du PACS. L'article 515-5-2 du Code civil dresse la **liste des biens qui**, quoiqu'acquis après l'enregistrement de cette convention, **demeurent personnels.**

1°) Les deniers perçus par chacun des partenaires, à quelque titre que ce soit, postérieurement à la conclusion du pacte et non employés à l'acquisition d'un bien. Parmi ces deniers figurent en particulier les **revenus** du couple qui, par conséquent, demeurent la propriété exclusive de celui qui les a perçus tant qu'ils ne sont pas investis dans une acquisition. C'est là une différence notable et qu'il faut souligner avec le régime de communauté d'acquêts. La communauté

1. V. J. Laurent, « Les pouvoirs », *Dr. et patr.* 2013, n° 221.

2. Ce vocable est dû à Pierre Murat : « Les régimes matrimoniaux et les régimes "pacsimoniaux" à l'épreuve de la rupture des couples », *JCP N* 2011. 34.

conjugale a vocation à recueillir *ab initio* tous les revenus des époux qui constituent des acquêts de source, tandis que **l'indivision pacsimoniale ne se nourrit que des investissements réalisés à l'aide de ces revenus.** À cet égard, le pacs se révèle ainsi sensiblement moins communautaire que le régime matrimonial légal.

Ce mécanisme soulève bien évidemment la question de savoir comment caractériser l'acquisition. Celle-ci est constituée lorsqu'un bien nouveau entre dans le patrimoine du couple. Aucune difficulté n'apparaît lorsque l'un des partenaires acquiert un immeuble, un tableau, des actions en bourse, ou souscrit des parts de société. La question surgit lorsqu'on raisonne sur des opérations qui relèvent de l'épargne plutôt que de l'investissement proprement dit : déposer des deniers sur un livret de caisse d'épargne ou souscrire des Sicav de trésorerie ne devrait pas être vu comme des acquisitions. Mais la limite n'est pas facile à tracer : *quid* de la souscription d'un **contrat d'assurance-vie** ? Sous réserve de ce qui sera dit plus loin de la validité des clauses délimitant la masse indivise, il pourrait être opportun de **préciser dans la convention où l'on situe le seuil de l'acquisition qui déclenche l'entrée dans l'indivision.**

Le caractère personnel des deniers non employés peut aussi poser de difficiles questions de preuve quand leur origine n'est pas identifiée : par exemple, des sommes déposées sur un compte joint si l'on ne sait pas lequel des partenaires les a perçues. Dans l'incertitude, il y aura lieu d'appliquer la **présomption d'indivision** inscrite à l'article 515-5-1 du Code civil (v. s[s] n° 511.81), ce qui en définitive les fera bel et bien entrer dans la masse indivise d'où l'on voulait les faire sortir.

Enfin il faut évidemment exclure de cette disposition les deniers provenant de l'indivision elle-même : les fruits des biens indivis accroissent à l'indivision, et les deniers issus de la vente de ces biens sont eux-mêmes indivis par l'effet de la subrogation réelle.

2°) Les biens créés et leurs accessoires. Il s'agit des **fonds de commerce, entreprises, fonds artisanal ou libéral** créés en cours d'union, ainsi que des **droits de propriété intellectuelle.** Ici aussi, le PACS se révèle nettement moins communautaire que la communauté conjugale, où une entreprise créée par un époux en cours de régime dépendra de la masse commune. Sans doute le législateur a-t-il fait ici prévaloir le caractère personnel de biens qui naissent de l'activité de leur titulaire. Quant aux accessoires, ils désignent les biens affectés à l'exploitation des précédents.

Il y a lieu de penser d'ailleurs que, sur le modèle de l'article 1406 du Code civil, la théorie de l'accessoire devrait conduire à déclarer aussi personnels tous les biens, même acquis en cours d'union, qui sont l'accessoire d'autres biens constituant la propriété exclusive d'un partenaire, qu'ils proviennent ou non de son activité. Ainsi, une construction édifiée sur un terrain appartenant à l'un des pacsés appartiendra au propriétaire du terrain par l'effet de la théorie générale de l'accession (C. civ., art. 555); de même les plus-values prises par un bien personnel, parce qu'elles forment une unité économique avec le bien auquel elles se rattachent.

3°) Les biens à caractère personnel. La formule évoque bien sûr celle de l'article 1404 du Code civil qui, dans le régime de communauté légale, détermine les **propres par nature.** Le champ d'application de ces règles devrait être identique, et l'article 1404 servira de guide à l'interprétation.

4° et 5°) Les biens ou portions de biens acquis au moyen de deniers appartenant à un partenaire antérieurement à l'enregistrement de la convention, ou acquis au moyen de deniers reçus par donation ou succession. Le mécanisme évoque cette fois celui de l'**emploi de deniers propres** dans le régime de communauté d'acquêts. Au demeurant, le dernier alinéa de l'article 515-5-2 alinéa 4 du Code civil confirme l'identité de ces mécanismes. L'origine des deniers finançant l'opération doit faire l'objet d'une mention spécifique dans l'acte d'acquisition, inspirée de la **double déclaration d'origine et d'emploi des fonds** dans l'article 1434 du Code civil. Comme le remploi dans le régime de communauté, le mécanisme subrogatoire ici mis en œuvre est formaliste. Toutefois, l'énoncé de la règle pose plusieurs questions.

En premier lieu, il faut ici rappeler que, même dans le régime conventionnel du PACS, tous les deniers des partenaires leur sont personnels. L'article 515-5-2, alinéas 4 et 5, conduit alors à distinguer parmi ces deniers personnels selon la date ou le mode de leur acquisition. En principe, les deniers perçus en cours d'union, quoique personnels, ne peuvent faire l'objet d'un remploi, sauf à vider de toute substance l'indivision pacsimoniale. Les deniers perçus antérieurement à l'enregistrement de la convention de PACS, ainsi que ceux reçus par donation ou succession quelle que soit la date de leur perception, sont en quelque sorte personnels à un degré supérieur : ils sont employables, c'est-à-dire capables d'être la source d'une subrogation réelle.

Les difficultés ne sont pas toutes réglées pour autant. L'origine de deniers peut être difficile à identifier. S'agissant notamment de deniers perçus antérieurement à l'enregistrement du pacte, une solution opportune pourrait être de constater dans la convention le montant des deniers « apportés » par chacun des partenaires. S'agissant des deniers reçus par succession ou donation, il importe d'attirer l'attention des pacsés sur la nécessité de se préconstituer des preuves.

On peut constater au demeurant qu'aucune disposition ne vient prévoir le remploi de deniers provenant de la vente d'un bien personnel. L'extension du remploi à cette hypothèse est débattue en doctrine. Dans le silence du texte, il pourrait être opportun d'introduire dans la convention de PACS une clause prévoyant le sort des biens acquis dans ces conditions.

En second lieu, la notion de « portions de biens » acquises au moyen de ces deniers laisse perplexe. On peut comprendre que cette formule vise l'acquisition d'une quote-part indivise dans un bien[1]. Dans ce cas, la disposition commentée fait largement double emploi avec celle qui figure à l'alinéa suivant du même texte. Sous un autre rapport, on peut constater qu'aucune disposition ne prévoit l'hypothèse où les deniers remployables ne financeraient qu'une partie du prix de l'acquisition envisagée. La règle énoncée à l'article 1436 du Code civil, qui fait basculer la qualification du bien vers le patrimoine qui en a financé la plus grande part, n'a pas ici son équivalent. L'article 515-5-2 autorise-t-il à considérer qu'à un financement partiel correspond une subrogation partielle du bien, seule une fraction de celui-ci restant personnelle à l'acquéreur ? En fait, cette lecture n'aurait pas d'effet sur la qualification, elle aurait seulement pour effet d'accroître la quote-part indivise de l'acquéreur dans le bien acquis. La solution aurait l'inconvénient de compliquer la question du partage qui, selon la loi, s'opère sur la base d'une égalité de droits entre les indivisaires quel que soit le financement (C. civ., art. 515-5-1). Elle aurait l'avantage de suppléer l'absence de tout mécanisme de récompense dans le PACS.

6°) *Les portions de biens acquises à titre de licitation de tout ou partie d'un bien dont l'un des partenaires était propriétaire au sein d'une indivision successorale ou par suite d'une donation.* Une fois de plus, cette disposition reprend presque exactement celle qui figure à l'article 1408 du Code civil et qui confère, dans le régime de la communauté légale, un caractère propre aux acquisitions de parts indivises de biens propres. On note toutefois que la formule de l'article 515-5-2 est plus restrictive, puisqu'elle ne s'intéresse qu'aux acquisitions faites à titre de licitation tandis que l'article 1408 vise toutes les acquisitions, à titre de licitation ou autrement. En revanche, il n'y a pas lieu de s'émouvoir excessivement de ce qu'aucune récompense ne vienne compenser le caractère personnel de cette acquisition faite en cours d'union : *a priori*, les deniers des partenaires investis dans l'opération leur sont personnels, de sorte qu'il n'y a pas de transferts de valeurs entre deux masses. Il n'y a qu'un enrichissement possible qui finalement échappe à la masse des acquêts.

511.83 Clauses relatives à l'étendue de l'indivision. La question se pose de savoir si le domaine de l'indivision d'acquêts peut être modifié par la convention de PACS. Pourrait-elle être restreinte, la convention prévoyant que certains biens seulement acquis au cours de l'union y seraient soumis, tandis que d'autres lui resteraient extérieurs ? Par exemple, qu'entreront en indivision les biens affectés au logement et à la vie commune, tandis que les biens à usage professionnel demeureraient personnels. En sens inverse, pourrait-on stipuler une indivision plus étendue, par exemple une indivision universelle, ou une clause prévoyant que les biens créés en cours d'union seront eux aussi indivis ? Bref, le régime conventionnel de l'indivision d'acquêts que la loi ouvre aux partenaires est-il du prêt-à-porter ou supporte-t-il le sur-mesure ? La question est débattue en doctrine. Certains auteurs, constatant que la loi n'ouvre aux partenaires qu'une option entre la séparation ou l'indivision telle qu'instituée par les articles 515-5-1 et suivants du Code civil, en concluent que la liberté des partenaires est strictement délimitée par cette alternative et que toutes les dispositions légales relatives à l'indivision pacsimoniale sont d'ordre public[2]. D'autres au contraire, faisant fond sur le principe de liberté des conventions matrimoniales énoncé à l'article 1397 du Code civil, soutiennent que la liberté contractuelle ne peut être inférieure dans le PACS à ce qu'elle est dans le mariage. Toutes les clauses licites dans le régime de communauté devraient donc l'être pour aménager l'indivision pacsimoniale[3].

En réalité, la réponse aux deux questions posées ci-dessus n'est pas symétrique. À la première – peut-on stipuler une indivision plus restreinte que l'indivision d'acquêts ? – il n'est aucune raison de ne pas répondre positivement. Les partenaires auraient pu choisir de ne soumettre aucun de leurs biens à l'indivision. On ne voit pas ce qui pourrait

1. EN CE SENS, P. Murat (dir.), Dalloz action *Droit de la famille,* 2014/2015, n° 152.85, par H. Bosse-Platière.

2. EN CE SENS, V. *106e congrès des notaires de France*, « Couples patrimoines, les défis de la vie », 2e Commission, n° 2085; Y. Delecraz, « Le nouveau régime des biens dans le PACS », *AJ fam.* 2007. 15; M. Lebeau, « Brèves remarques sur la nature de l'indivision d'acquêts des partenaires liés par un PACS », *Defrénois,* 2010. 2093 – COMP. P. Murat, article préc. s[s] n° 511.81.
3. C'est par exemple la position défendue par H. Fulchiron, « Le nouveau PACS est arrivé », *Defrénois* 2006. 1621 – *Adde,* A. Depondt, « Le PACS, aspects patrimoniaux », *Dr. et patr.* 2008, p. 74.

leur interdire de stipuler que certains de ces biens seulement seront indivis. Qui peut le plus peut le moins, et il n'y a aucune raison que le choix soit limité au tout ou rien. Est donc licite la clause par laquelle les partenaires excluraient certains acquêts de l'indivision entre eux. Il n'en va pas de même de la clause inverse par laquelle les pacsés voudraient étendre le domaine de l'indivision au-delà de ce que prévoient les textes. L'obstacle paraît bien ici infranchissable. Comme on l'a vu ci-dessus (v. s[s] n° 511.81), l'indivision pacsimoniale est une figure tout à fait atypique. Elle n'est pas seulement un mode de détention des biens, mais un mode d'acquisition de la propriété puisqu'elle confère à un partenaire des droits sur un bien acquis par l'autre sans que le premier y ait en rien contribué ou participé. Pour autant, cette acquisition ne donne naissance à aucune créance et n'est pas constitutive de libéralité. Un résultat aussi dérogatoire ne peut exister que parce qu'il est décidé par la loi, et dans les limites que la loi lui assigne. Il n'est pas possible de l'étendre à des biens autres que les acquêts, tels que la loi les a caractérisés.

511.84 Gestion des biens indivis. Les pouvoirs des partenaires sur les biens indivis sont définis par renvoi aux conventions d'indivisions, telles qu'elles sont prévues aux articles 1873-1 et suivants du Code civil. Ce renvoi est énoncé dans l'article 515-5-3 : « *À défaut de dispositions contraires dans la convention, chaque partenaire est gérant de l'indivision et peut exercer les pouvoirs reconnus par les articles 1873-6 à 1873-8.*

De leur côté, les pouvoirs du gérant d'une indivision sont pour l'essentiel calqués sur ceux qu'exercent les époux sur les biens communs dans le régime matrimonial légal (C. civ., art. 1873-6). Ainsi, par ce jeu de renvois successifs, la loi a mis en place un dispositif de gestion des biens indivis très semblable à celui de la **gestion concurrente des biens communs par des époux.** Chacun des partenaires peut donc accomplir seul sur les biens indivis tout acte d'administration, et aussi de disposition pour peu qu'ils relèvent de l'exploitation normale des biens indivis, et ces actes sont opposables à son copacsé. On voit ainsi que la situation des partenaires d'un PACS est toutefois un peu plus contraignante que celle des époux. En effet, dans le cadre d'une indivision même organisée, tout acte de disposition quel que soit son objet requiert normalement l'unanimité des indivisaires. La loi n'autorise le gérant à accomplir seul des actes de disposition portant sur les meubles corporels qu'à la condition que ce soit « *pour les besoins d'une exploitation normale des biens indivis, ou encore s'il s'agit de choses difficiles à conserver ou sujettes à dépérissement* » (C. civ., art. 1873-6). Traduite dans le langage du droit du couple, **l'unanimité des indivisaires s'exprime par la cogestion**, qui a ainsi un domaine d'application plus large que dans le régime de communauté. Cette rigidité ne peut être évitée cependant, puisque toute clause qui voudrait étendre les pouvoirs du ou des gérants est réputée non écrite.

Dans les situations de blocage, soit pour cause de désaccord entre partenaires soit parce que l'un d'eux est hors d'état de manifester sa volonté, on ne peut évidemment se tourner vers les mesures de crise du régime primaire puisque l'application du régime primaire est un effet du mariage. Mais le droit commun de l'indivision n'est pas à court de solutions qui participent du même esprit. Ainsi, si l'un des partenaires refuse son consentement à un acte de disposition contrairement à l'intérêt commun, l'autre peut se faire autoriser en justice à conclure seul ce contrat (C. civ., art. 815-5). Et si l'un est hors d'état de manifester sa volonté, l'autre peut être habilité à le représenter (C. civ., art. 815-4).

511.85 Convention relative à la gestion des biens indivis. Les partenaires ont aussi la liberté d'adjoindre à la convention de PACS une autre convention relative à l'exercice de leurs droits indivis, dans les termes des articles 1873-1 à 1873-15 du Code civil (C. civ., art. 515-5-3, al. 2). Par dérogation à l'article 1873-3, la durée de cette convention accessoire est alors alignée sur la durée du PACS (C. civ., art. 515-5-3, al. 3). Mais à vrai dire, on ne perçoit pas vraiment l'utilité de cette convention annexe, puisque, comme il a été dit, on ne peut étendre les pouvoirs du gérant. Tout ce que l'on pourrait faire, c'est à l'inverse prévoir une cogestion généralisée, sur le modèle de la clause d'administration conjointe. L'intérêt n'est pas bien grand.

Lorsque cette convention spécifique existe, la loi prévoit qu'elle doit être, à peine d'inopposabilité à l'occasion de chaque acte d'acquisition portant sur un bien soumis à publicité foncière, publiée au fichier immobilier (C. civ., art. 515-5-3, al. 2).

§ 3
Sort des dettes contractées par les partenaires

511.91 Présentation. La loi se montre peu loquace à propos du régime des dettes contractées par les partenaires d'un PACS. Il y a lieu de construire les solutions à partir du droit commun des obligations, ou par un raisonnement analogique. Comme pour toute question de passif dans une vie de couple, il faut distinguer deux dimensions. La première concerne les relations de chacun des membres du couple avec ses créanciers. Elle détermine les biens à l'aide desquels ces derniers peuvent espérer être payés. La seconde concerne les relations des partenaires entre eux et la répartition de la charge de ces dettes[1].

511.92 **1) L'obligation à la dette – Dettes solidaires.** L'une des rares dispositions explicites en matière de passif dans le PACS concerne la solidarité des partenaires pour les dépenses ménagères, analogue à celle que le régime primaire impose aux époux.

Selon l'ancien article 515-4 du Code civil, « *les partenaires sont tenus solidairement à l'égard des tiers des dettes contractées pour les besoins de la vie courante et pour les dépenses relatives au logement commun* ». Cette règle est manifestement inspirée de la solidarité ménagère de l'article 220 du Code civil, mais sa rédaction était sensiblement moins précise. Prise au pied de la lettre, elle aurait pu déboucher sur une solidarité très large, créant une contrainte excessive pour ceux qui se risquent dans les liens d'un PACS. Notamment, il était considéré comme déraisonnable d'inclure l'emprunt contracté pour l'acquisition d'un logement parmi les dettes « *relatives au logement commun* » qui pourraient engager solidairement celui qui ne les a pas consenties. Une interprétation analogique avec l'article 220 n'est pas à exclure compte tenu de la similitude des situations.

La **loi n° 2006-728 du 23 juin 2006** a tenu compte de cette critique. La première phrase du second alinéa de l'article 515-4 du Code civil prévoit désormais que « *les partenaires sont tenus solidairement à l'égard des tiers des dettes contractées par l'un d'eux pour les besoins de la vie courante* ». La référence aux dettes « *relatives au logement commun* » a disparu; il faut dire que cette mention créait davantage de difficultés qu'elle ne pouvait en résoudre.

La loi du 23 juin 2006 poursuit, dans la seconde phrase du second alinéa de l'article 515-4 du Code civil, l'assimilation avec l'article 220 du même code : « *Toutefois, cette solidarité n'a pas lieu pour les dépenses manifestement excessives* ». Cette précision est d'importance et permet d'éviter que les personnes liées par un PACS soient tenues d'une solidarité plus contraignante que les personnes mariées.

La **loi n° 2010-737 du 1er juillet 2010**[2], portant réforme du crédit à la consommation, est venue compléter l'actuel article 515-4 du Code civil relatif à la solidarité des partenaires à l'égard des tiers, en matière de **dettes contractées par l'un d'eux pour les besoins de la vie courante** en rédigeant la fin de son second alinéa comme suit : « *Elle n'a pas lieu non plus, s'ils n'ont été conclus du consentement des deux partenaires, pour les achats à tempérament ni pour les emprunts à moins que ces derniers ne portent sur des sommes modestes nécessaires aux besoins de la vie courante* ». Par cette loi, **l'uniformisation des régimes du PACS et du mariage** se poursuit : le nouveau libellé de l'article 515-4 du Code civil reproduit mot pour mot – substituant seulement celui de « *partenaires* » à celui d'« *époux* » – le dernier alinéa de l'article 220 du Code civil relatif à la solidarité des époux pour les dettes ménagères. Cette **uniformisation n'est pas identité** et des **différences** demeurent entre partenaires d'un PACS et personnes mariées.

En premier lieu, l'**objet de la solidarité** demeure **distinct** : l'article 220 vise les dettes ayant pour objet « *l'entretien du ménage ou l'éducation des enfants* » alors que l'article 515-4 alinéa 2 regroupe les dettes contractées pour « *les besoins de la vie courante* ».

En second lieu, si l'article 515-4 alinéa 2 exclut la solidarité pour les **dépenses manifestement excessives**, il ne reprend pas les éléments d'appréciation figurant à l'article 220 alinéa 2 : l'appréciation de la dette d'un époux a lieu en considération du train de vie du ménage, de l'utilité ou de l'inutilité de l'opération et de la bonne ou mauvaise foi du tiers contractant. C'est donc une **nouvelle jurisprudence** qui devrait se développer dans cette appréciation par le juge, sans que la transposition des solutions posées à ce sujet par les magistrats, à propos de l'article 220 du Code civil, ne soit totalement exclue.

Si l'on peut se réjouir de l'unité de traitement du consommateur-époux/partenaire, on peut toutefois regretter que le législateur n'ait pas saisi l'occasion pour préciser les notions d'emprunt et d'achat à tempérament. Pour l'un et pour l'autre cela demeure flou.

Compte tenu de la finalité de cette réglementation, lorsqu'une **aide pour le logement** (APL) a été versée à tort, les concubins ou les « pacsés » qui en ont bénéficié sont solidairement tenus à sa restitution, quand bien même elle n'aurait été attribuée qu'à un seul d'entre eux[3].

511.93 **Autres dettes.** Rien n'était dit dans la loi de 1999, en revanche, des autres dettes des partenaires. La loi du 23 juin 2006 a précisé la situation : « *Chacun des partenaires reste seul tenu des dettes personnelles nées avant ou pendant le pacte, hors le cas des dettes solidaires du dernier alinéa de l'article 515-4* » (C. civ., art. 515-5, al. 1er).

C'est le corollaire normal du **principe de séparation des patrimoines constitutif du régime légal**

1. Sur l'ensemble de ces questions, v. Ph. Chauviré, « Le passif », *Dr. et patr.* 2013, n° 221.
2. L. n° 2010-737, 1er juill. 2010, portant réforme du crédit à la consommation, *JO* 2 juill., p. 12001.
3. CE 9 juill. 2003, n° 255110, *D.* 2004. Somm. 2967, obs. J.-J. Lemouland; *AJDA* 2003. 1995, note Tourette; *AJ fam.* 2003. 423, obs. F. B.; *RTD civ.* 2004. 69, obs. J. Hauser.

du PACS. La loi cantonne le droit de gage des créanciers aux seuls biens de celui qui a contracté la dette, à l'exclusion de ceux du partenaire. Comme il n'y a pas de biens communs, il n'y a pas de dettes communes. Chacun s'engage pour soi. Cette solution présente l'avantage de protéger efficacement chacun des partenaires des engagements de l'autre, notamment lorsque celui-ci exerce une profession dite « à risques ». En retour, elle pourrait évidemment être un obstacle au crédit de celui dont les revenus sont faibles et le patrimoine modeste, pour qui la communauté de vie ne se traduira pas par un gain de solvabilité. Mais sans doute ne faut-il pas exagérer la rigidité de ce cloisonnement entre les patrimoines. On sait bien que, toutes les fois qu'un couple s'engage dans un projet d'investissement coûteux, quel que soit le statut ou le régime matrimonial de ce couple, les banques réclament un engagement solidaire.

La situation se présente de façon très différente, dès lors qu'il existe entre les partenaires une **masse indivise.** C'est alors le **droit commun de l'indivision** qui entre en action, et plus précisément l'article 815-17 du Code civil qui délimite les droits des créanciers des indivisaires. Selon ce texte (C. civ., art. 815-17, al. 2), **les créanciers personnels des partenaires n'ont pas le droit de saisir les biens indivis.** Leur gage demeure cantonné aux biens personnels de leur débiteur. Tout ce qu'ils peuvent faire est de demander le partage de l'indivision, en vue de saisir ensuite dans le patrimoine de leur débiteur les biens qui lui auront été attribués dans ce partage (C. civ., art. 815-17, al. 3). En apparence, la situation est simplement conforme au principe énoncé ci-dessus : chacun s'engage pour soi. En réalité cependant l'indivision fonctionne ainsi comme une protection très efficace des deux membres du couple. Pour celui qui s'est engagé, elle retarde les poursuites et les subordonne au résultat du partage. Pour l'autre, elle met définitivement à l'abri la part qui lui revient dans l'indivision. De ce point de vue, la situation des personnes pacsées est bien moins risquée que celle des époux mariés sous un régime de communauté. Il n'y a pas dans l'indivision pacsimoniale d'équivalent de l'article 1413 du Code civil, qui autoriserait tout créancier dont la créance est née en cours d'union du chef d'un partenaire à saisir les biens indivis.

Cependant, il y a aussi des créanciers qui peuvent agir sur ces mêmes biens : ce sont ceux dont « *la créance résulte de la conservation ou de la gestion de biens indivis* » (C. civ., art. 815-17, al. 1er). La formule n'est pas très précise. Par exemple, la dette née de l'exploitation d'un fonds de commerce ou d'une activité d'entreprise dépendant de l'indivision résulte-t-elle de la gestion d'un bien indivis ? Jusqu'où va ici la notion de « gestion » d'un bien ? Le contenu de la règle n'est pas non plus très explicite. Par exemple, le créancier qui a amélioré un bien indivis peut-il agir exclusivement sur le bien qu'il a amélioré, ou sur l'ensemble de la masse ? Compte tenu de ce que l'indivision des acquêts dans le PACS donne naissance à une masse dynamique ayant vocation à recueillir toutes les acquisitions nouvelles du couple, on est tenté de donner, dans ce cas particulier, l'interprétation elle-même la plus dynamique à l'article 815-17 du Code civil : l'association dans le passif doit être à la mesure de l'association dans l'actif. Mais il ne faut pas perdre de vue par ailleurs que les pacsés ne bénéficient pas, face aux engagements de leur compagnon ou compagne, des mêmes protections que les époux : l'article 1415 du Code civil qui protège un époux contre les emprunts ou cautionnements contractés par son conjoint n'a pas son équivalent dans le PACS, ce qui pourrait conduire à une certaine prudence dans l'interprétation de la notion de **dette résultant de la gestion des biens indivis.**

511.94 **2) La contribution à la dette.** Comme entre époux, la question de l'obligation à la dette n'épuise pas celle du passif. Il faut encore se demander qui doit supporter la charge de la dette et si celui qui a payé a des recours contre l'autre.

511.95 **Contribution aux charges de la vie commune.** Cette question trouve sa réponse dans l'article 515-4 du Code civil qui impose aux partenaires « *une aide matérielle et une assistance réciproque* » (« *une aide mutuelle et matérielle* » dans la version originale de 1999). Même si la loi n'emploie pas les mêmes formulations, l'aide mutuelle évoque évidemment la contribution aux charges du mariage que l'article 214 du Code civil impose aux époux. Chacun des partenaires est tenu de participer aux **dépenses de la vie commune.** C'est au demeurant ce qui résulte *a contrario* du dernier alinéa de l'article 515-7 du Code civil, qui qualifie « *d'avantage tiré de la vie commune* » le fait pour un partenaire de ne pas avoir contribué « *à hauteur de ses facultés aux dettes contractées pour les besoins de la vie courante* »[1]. Selon le Conseil constitutionnel, cette entraide est d'ordre public dans son principe[2]. La contribution aux charges du mariage pourra servir de guide pour en délimiter l'étendue.

Quant aux critères de répartition, le texte précise qu'elle « *est proportionnelle à leurs facultés respectives* »[3],

1. EN CE SENS, Ph. Chauviré, « Le passif », *Dr. et patr.* 2013, n° 221.
2. Cons. const. 9 nov. 1999, n° 99-419 DC, *JO* 16 nov., p. 16962; *Rec. Cons. const.* 116 (préc. s^s n°s 511.11, 511.12 et 511.54).
3. Montpellier 23 juin 2009, RG n° 08/5625, préc. s^s n° 511.53.

ce qui cette fois reprend exactement la formulation de l'article 214 du Code civil. Les modalités pourront en être précisées ou modifiées par la convention. En particulier, il sera prudent de stipuler que cette aide mutuelle est réputée avoir été fournie au jour le jour, pour éviter des litiges difficiles lors de la rupture.

511.96 **Autres dettes.** La question de la contribution au passif peut surgir en dehors du domaine de l'aide matérielle. On peut par exemple envisager que l'un des partenaires ait payé sur ses revenus ou sur ses deniers personnels une dette qui grevait la masse indivise : par exemple une dépense d'entretien de l'un des biens qui la compose. Il est logique de penser qu'une telle dette devrait être supportée également par les deux partenaires. Une réponse au moins partielle figure à l'article 815-13 du Code civil, selon lequel il doit être « *tenu compte* » aux indivisaires des **dépenses d'amélioration et de conservation des biens indivis** qu'ils ont assumées sur leurs deniers personnels. En revanche, l'acquisition d'un bien indivis à l'aide de deniers personnels ne donnera jamais lieu à recours, puisque celui-ci est clairement exclu par l'article 515-5-1 (v. s[s] n° 511.81).

Au-delà, on peut aussi imaginer que l'un des pacsés ait excédé sa part dans la contribution aux charges de la vie commune et payé de ses deniers personnels des dépenses qui ont profité au couple ou à son partenaire, par exemple une dépense d'amélioration sur un bien appartenant à l'autre. Aucune disposition légale ne prévoit cette hypothèse, sauf à observer que dans le cadre de la liquidation du PACS, la loi prévoit les modalités d'évaluation des créances entre partenaires. Ce qui tend à prouver que de telles créances sont la conséquence naturelle des flux de valeurs qui se produisent au cours de la vie commune. Pour les identifier, c'est au droit commun qu'il faut s'en remettre : l'**enrichissement sans cause** ou le **paiement pour autrui**.

§ 4
Libéralités entre partenaires

511.101 **Droit commun.** Les partenaires d'un PACS peuvent naturellement se consentir des libéralités. Mais, sous réserve de quelques **avantages fiscaux** (CGI, art. 777, tableau II; et CGI, anc. art. 779, III, devenu CGI, art. 790 F), ces libéralités obéissent au **droit commun des donations et des testaments**, tant en la forme qu'au fond. Sur ce point, la loi du 23 juin 2006 n'a rien changé et n'a pas mis en place une vocation héréditaire légale entre les partenaires.

Ainsi, les partenaires pourront-ils se consentir des **donations entre vifs de biens présents** : elles seront faites à titre irrévocable. De même, les dispositions à cause de mort devront revêtir la forme testamentaire. Si le disposant laisse des héritiers réservataires, tous ces avantages seront imputables sur la quotité disponible de sa succession, et réductibles au-delà.

L'article 515-6 du Code civil procède par renvoi : « *Les dispositions des articles 831, 831-2, 832-3 et 832-4 sont applicables entre partenaires d'un pacte civil de solidarité en cas de dissolution de celui-ci* ».

Toutefois, ce même texte renferme dans ses alinéas 2 et 3 des dispositions relatives au logement commun :

« [...] *Les dispositions du premier alinéa de l'article 831-3 du Code civil sont applicables au partenaire survivant lorsque le défunt l'a expressément prévu par testament. Il peut donc demander l'attribution préférentielle du logement dont le défunt était propriétaire en tout ou partie.*

Lorsque le pacte civil de solidarité prend fin par le décès d'un des partenaires, le survivant peut se prévaloir des dispositions des deux premiers alinéas de l'article 763 du Code civil ».

Autrement dit, il bénéficie d'un **droit de jouissance du logement pendant un an à compter du décès du partenaire propriétaire** de tout ou partie de celui-ci.

SECTION 5
RUPTURE DU PACS [1]

511.111 **Causes de la rupture.** Aux termes de la loi, les causes de rupture du PACS sont particulièrement ouvertes (C. civ., art. 515-7). En effet, celle-ci peut intervenir :

– **d'un commun accord**, par simple déclaration conjointe au greffe du tribunal d'instance dans lequel l'un des partenaires au moins a sa résidence. Les partenaires qui décident de mettre fin d'un commun accord au PACS remettent ou adressent au greffe du tribunal d'instance du lieu de son enregistrement une déclaration conjointe à cette fin. C'est alors la mention de cette déclaration en marge de l'acte initial qui fixe la date de cessation du pacte;

– **par déclaration unilatérale.** Celle-ci est signifiée par celui qui veut rompre à l'autre, et c'est une copie de cette signification qui est alors adressée au

1. D. Delpeyroux, « La rupture contentieuse », *Dr. et patr.* 2012, n° 217, dossier « Le notaire, le PACS et le concubinage » – X. Labbée, « PACS : l'injustice de la dissolution conventionnelle », *JCP* 2012. 2.

greffe du tribunal d'instance. L'article 5 du décret n° 2006-1807 du 23 décembre 2006 précise que l'huissier de justice remet sans délai, au nom du partenaire ayant décidé de mettre fin au pacte, une copie de l'acte signifié au greffe du tribunal d'instance du lieu d'enregistrement; l'huissier peut également envoyer cet acte par lettre recommandée avec accusé de réception. Dans ce cas de rupture, le pacte s'interrompt à l'expiration d'un **délai de trois mois après la signification**; la dissolution du PACS prend effet, dans ses rapports entre les partenaires, à la date de son enregistrement au greffe[1] : de plus, la rupture du contrat n'étant en soi pas fautive, il ne saurait être valablement reproché à une femme d'avoir mis fin à un PACS de manière unilatérale[2];

– **par la mort de l'un des partenaires** et la dissolution prend effet à la date de l'événement;

– enfin, **de plein droit par le mariage de l'un des partenaires.** Comme dans le cas précédent, l'autre partenaire doit en être informé par voie de signification. Toutefois, le pacte prend fin immédiatement, à la date du mariage.

À ces causes de rupture du PACS définies par la loi, le tribunal d'instance de Lille, le 5 juin 2002[3], a ajouté la **violation de l'obligation de vie commune**. Il découle de l'article 515-1 du Code civil une obligation de vie commune entre partenaires d'un PACS, qui doit être exécutée loyalement; or l'obligation de devoir exécuter loyalement le devoir de communauté de vie commande de sanctionner toute forme d'infidélité entre partenaires; le manquement à l'obligation de vie commune justifie une procédure en résiliation de PACS aux torts du partenaire fautif. Avant comme après la réforme pourtant, **l'obligation de fidélité ne fait pas partie des conséquences personnelles du PACS**. C'est le constat qu'a fait récemment la cour d'appel de Paris : « *Les incartades amoureuses reprochées à un partenaire n'auraient pas pour effet, à supposer qu'elles fussent avérées, d'entacher de nullité le pacte conclu entre les parties* »[4]. Il est permis de se demander si, faute de constituer une cause de nullité du PACS, lesdites incartades ne peuvent être retenues comme un motif légitime de rupture. En l'espèce, il convient d'observer que la cour d'appel de Paris a condamné le recours à un détective privé, par le partenaire victime de son pacsé infidèle, comme attentatoire à la vie privée. Cet éventuel recyclage desdits détectives au service des partenaires d'un PACS semble donc condamné, tout au moins pour la Justice. La question de la preuve est donc située dans le cadre classique d'une relation contractuelle et non par assimilation avec le droit du mariage et du divorce. Le recours à un détective est parfois admis en matière de divorce, à la condition que cette immixtion dans la sphère privée de l'époux ne présente pas un caractère disproportionné par rapport au but poursuivi.

Comme dans d'autres domaines, **la rupture du PACS doit être appréciée à l'aune du droit des obligations** (résiliation d'un contrat) et **non selon les règles propres au droit de la famille.** Certains partenaires d'un PACS tenteront un parallèle en faisant référence à un domicile commun ou à une vie commune. Pourtant, la loi actuelle conduit le juge à apprécier la rupture en dehors de tout contexte affectif, comme la volonté de rompre une convention[5].

511.112 Prise en compte de la rupture. Lorsque le PACS est rompu par l'effet du **mariage de l'un des partenaires** ou de la **mort**, le greffier du tribunal d'instance du lieu d'enregistrement du PACS, informé du mariage ou du décès par l'officier de l'état civil compétent, enregistre la dissolution et fait procéder aux formalités de publicité. Il est seul compétent pour procéder à ces enregistrements.

Lorsque le PACS est rompu par **dissolution commune ou unilatérale,** le greffier enregistre la dissolution et fait procéder aux formalités de « *publicité* ». Comme cette rupture n'est pas judiciaire, la dissolution du PACS par volonté commune peut être accomplie par l'envoi de la déclaration commune des partenaires par lettre recommandée avec avis de réception.

Une fois que le greffier a enregistré la conclusion, la modification ou la conclusion du PACS, il doit en aviser les partenaires et l'officier d'état civil détenteur de l'acte de naissance de chacun des partenaires (ou le greffier du tribunal de grande instance de Paris si l'un des partenaires est étranger ou né à l'étranger).

La dissolution du PACS prend effet, dans les rapports entre les partenaires, à la date de son enregistrement au greffe et non à la date de la signification de la rupture unilatérale (Décr. n° 2006-1807, 23 déc. 2006, art. 4).

Elle est opposable aux tiers à partir du jour où les formalités de publicité ont été accomplies.

1. Sur la date des effets de la rupture, V. Montpellier 23 juin 2009, RG n° 08/5625, préc. s^{s} n°s 511.53 et 511.95 et Aix-en-Provence, 28 janv. 2010, RG n° 09/01714.
2. TI Lille, 7 sept. 2009, *D.* 2010. 69, note Koumdadji et X. Labbée.
3. TGI Lille, 5 juin 2002, *D.* 2003. 515, note X. Labbée; *RJPF* 2003-3/38, obs. S. Valory; *Dr. fam.* 2003, n° 57, note B. Beignier; *RTD civ.* 2003. 270, obs. J. Hauser.
4. Paris, 9 nov. 2006, *Dr. fam.* 2007, n° 30, note V. Larribau-Terneyre.
5. Sur les causes de la dissolution du PACS, v. P. Murat (dir.), Dalloz action *Droit de la famille*, 2014/2015, n°s 153.11 à 153.16, par H. Bosse-Platière.

511.113 Conséquences de la rupture. Le texte se montre au contraire presque complètement silencieux sur les conséquences de la rupture. Celles-ci sont en principe renvoyées à l'initiative des parties, invitées à procéder elles-mêmes à la liquidation de leurs intérêts. À défaut d'accord, le juge statue sur les conséquences patrimoniales de la rupture, et peut ordonner la réparation du dommage « *éventuellement* » causé à l'un des partenaires (C. civ., art. 515-7, al. 11) [1].

Quant à déterminer les **conséquences de la rupture**, une interrogation pouvait naître sur la **juridiction compétente** pour en connaître. Selon un arrêt de la cour d'appel de Douai, tant la lettre que l'esprit des textes instituant le PACS donnaient compétence au juge du contrat, c'est-à-dire le **tribunal de grande instance**, pour statuer sur les conséquences de la rupture d'un PACS [2]. Le fait que l'aide mutuelle entre partenaires se rapproche de la contribution de l'article 214 du Code civil ne faisait pas du juge aux affaires familiales le juge compétent en la matière.

Le décret n° 2009-1591 du 17 décembre 2009 [3] a modifié le Code de procédure civile (C. pr. civ., art. 1136-1) et prévoit que les **demandes relatives à la liquidation et au partage des intérêts patrimoniaux des personnes liées par un PACS** sont de la compétence du **juge aux affaires familiales**. Les règles sont celles de la procédure devant le tribunal de grande instance.

511.114 Cessation de l'indivision. Il faut souligner que la cessation de l'indivision et plus encore le partage des biens indivis ne sont aucunement liés à la rupture du PACS.

En premier lieu, l'indivision n'existe pas toujours puisqu'elle n'est pas une obligation : pour les partenaires sous le **régime de la séparation**, il n'y a *a priori* que deux masses correspondant aux biens personnels de chacun des partenaires.

En second lieu, le partage des biens indivis n'est pas conditionné par la rupture du pacte. Conformément à l'article 815, nul n'est tenu de rester dans l'indivision. Chacun des partenaires peut donc à tout moment demander le partage de l'indivision existante, ou de certains seulement des biens qui la composent. Ce partage en cours d'union n'exclut d'ailleurs pas qu'une nouvelle masse se reconstitue ensuite, si les partenaires s'étaient placés au départ sous le régime de l'indivision organisée, sauf à modifier ce régime par une convention modificative, ou encore si par la suite ils réalisent de nouvelles acquisitions conjointes.

En troisième lieu, l'indivision perdurera au contraire après la rupture si aucun des partenaires ne prend l'initiative d'en provoquer le partage. On peut craindre que subsistent ainsi des indivisions occultes dont les participants se trouveront dispersés, et qui seront facteur d'insécurité pour les tiers et de paralysie pour les anciens partenaires.

Quant aux **opérations de liquidation et partage,** elles relèvent simplement du droit commun. La loi fait notamment renvoi à l'article 832 du Code civil pour ouvrir aux partenaires copartageants le bénéfice de **l'attribution préférentielle** (C. civ., art. 515-6 – v. s^{s} n° 511.101).

511.115 Indemnité pour réparation d'un éventuel préjudice. Dans les situations de concubinage « simple », la jurisprudence exige, pour condamner celui qui prend l'initiative de rompre à réparer le préjudice causé à l'autre, la preuve d'une **faute distincte de la rupture** elle-même. On pouvait se demander si cette jurisprudence se transposerait aisément à la situation des pacsés. En effet, la loi consacre de façon si explicite le principe d'un droit à la rupture unilatérale tout en en précisant les modalités d'exercice, qu'on voit mal, sauf dans des situations très spécifiques, comment on pourrait commettre une faute dans l'exercice de ce droit.

Toujours est-il que des arrêts ont commis cette transposition : « *Il ne peut être retenu, en l'état des attestations contradictoires produites par les deux partenaires, que la rupture du pacte civil de solidarité aurait été abusive de la part de M. Frédéric L...* »; la demande de dommages et intérêts fondée sur cette rupture abusive est rejetée [4].

Il y a sans doute une autre lecture de l'article 515-7 alinéa 11. Ce texte en effet ne se réfère aucunement à la faute de celui qui rompt, mais seulement au **préjudice de celui qui subit la rupture**. Il n'est pas exclu par conséquent qu'il consacre une hypothèse de responsabilité sans faute, et affirme tout à la fois et sans contradiction, le droit de rompre et l'obligation d'en réparer les conséquences. Si cette lecture est la bonne, elle pourrait conduire le juge à construire sur ce fondement un mécanisme très proche de la prestation compensatoire.

1. Sur les conséquences de la dissolution du PACS, v. P. Murat (dir.), Dalloz action *Droit de la famille,* 2014/2015, n°s 153.20 à 153.61, par H. Bosse-Platière.
2. Douai, 27 févr. 2003, *BICC* 15 oct. 2003, n° 1266; *D.* 2004. Somm. 2969, obs. J.-J. Lemouland; *AJ fam.* 2003. 313; *RTD civ.* 2003. 684, obs. J. Hauser.
3. Décr. n° 2009-1591, 17 déc. 2009, relatif à la procédure devant le juge aux affaires familiales en matière de régimes matrimoniaux et d'indivisions, *JO* 20 déc., p. 22025.
4. Montpellier, 4 janv. 2011, *Dr. fam.* 2011, n° 89, obs. V. Larribau-Terneyre – TGI Lille, 30 mai 2012, X. Labbée, « Le partenaire pacsé et les dommages et intérêts », *JCP* 2012. 783.

511.116 Clauses relatives à la rupture. On peut s'interroger sur la valeur de stipulations contractuelles par lesquelles les partenaires chercheraient soit à exclure, soit à définir eux-mêmes, au moyen d'une sorte de clause pénale, la réparation du préjudice consécutif à la rupture. La validité en apparaît très douteuse parce qu'elle mettrait en cause le délicat équilibre que réalise la loi entre liberté et responsabilité. Le Conseil constitutionnel, qui a lié très étroitement – sur le fondement de l'article 4 de la Déclaration des droits de l'homme et du citoyen – le droit de rupture unilatérale et le droit à réparation, a en tout cas condamné explicitement les clauses de non-responsabilité. En sens inverse, une clause pénale pourrait apparaître comme une restriction excessive à la liberté de rupture.

SECTION 6
LIQUIDATION DE PACS

511.121 Double régime possible – Inventaire des masses. Comme on l'a vu, les partenaires pacsés ont le choix entre le régime de la séparation et celui de l'indivision organisée. Selon l'option prise, la liquidation se présente évidemment de manière très différente.

– Pour les **partenaires ayant choisi le régime de la séparation**, la liquidation doit passer par l'établissement des **deux masses correspondant aux biens personnels de chacun des partenaires.** Pour autant, il arrive souvent que les partenaires pacsés aient volontairement ou involontairement créé une indivision et il conviendra de s'intéresser également à cette masse indivise. **L'indivision voulue** désigne les biens consciemment acquis en indivision par les partenaires; **l'indivision subie** est relative aux biens réputés indivis entre eux par l'effet d'une présomption de la loi. Rappelons que l'indivision sera présumée entre les partenaires toutes les fois que l'un ou l'autre des partenaires n'aura pu rapporter la preuve d'une propriété exclusive sur un bien. En résumé, il y a **quatre masses de biens** : les biens personnels du partenaire A, les biens personnels du partenaire B, la masse indivise voulue, et la masse indivise subie.

– Pour les **partenaires ayant choisi le régime de l'indivision organisée,** il convient de noter que **trois masses indivises** vont cohabiter et doivent être liquidées séparément : l'indivision résultant du régime du PACS, l'indivision voulue et l'indivision subie.

511.122 Double régime possible – Répartition des biens entre les masses. Le premier travail de liquidation, dans l'un et l'autre cas, va être de répartir les biens des partenaires « pacsés » entre les quatre masses (PACS avec choix du régime de la séparation) ou entre les trois masses (PACS avec choix du régime contractuel de l'indivision). Le principe de répartition est simple, toutefois la principale difficulté sera celle de la **preuve.** Cette difficulté est particulièrement sensible pour certains biens meubles.

Dans un arrêt du 9 novembre 2006, la cour d'appel a ainsi rejeté les attestations produites par les partenaires au motif qu'elles étaient contradictoires et non probantes. Faute de pouvoir apporter la preuve d'une propriété individuelle, les demandes de restitution de meubles doivent être rejetées et chacun des partenaires doit être réputé être en possession des meubles lui appartenant personnellement par suite de la dissolution du pacte[1].

Il convient d'observer que **ces règles ne sont pas d'ordre public** et que les partenaires « pacsés » peuvent convenir, y compris au moment de la liquidation, d'affecter tel ou tel bien à telle ou telle masse.

511.123 Créances entre partenaires « pacsés ». Les partenaires d'un PACS auront nécessairement contracté entre eux. Des **flux financiers** auront eu lieu entre lieu.

Trois difficultés doivent être signalées dès lors, comme le signale la doctrine[2] :

– La *première difficulté* est celle de la **preuve de la réalité du flux financier entre le partenaire A et le partenaire B**; c'est évidemment au créancier du flux de rapporter la preuve de l'existence du flux. Ce n'est là que l'application du principe général selon lequel la charge de la preuve incombe au demandeur.

– La *deuxième difficulté* est celle de la **qualification des flux financiers intervenus** entre les partenaires. Deux choix sont possibles :

- soit la somme remise par le partenaire A au partenaire B doit être considérée comme un **prêt** et retenue par le notaire en tant que telles;

- soit ladite somme doit être considérée comme un **don.**

Là encore, la qualification entre prêt et don peut être faite au moment de la liquidation ou résulter des circonstances de l'échange. Ainsi, il est possible à un partenaire d'abandonner une créance et de transformer un prêt en don. Tout dépendra des circonstances de la rupture. Si celle-ci est difficile, il est à craindre que le notaire doive répondre à des demandes motivées par l'ire ou la rancœur.

– La *troisième difficulté* réside dans **l'évaluation du montant de ces créances.** De ce point de vue, la loi du 23 juin 2006 est venue en modifier le statut.

1. Paris, 9 nov. 2006, *Dr. fam.* 2007. 30, note V. Larribau-Terneyre.
2. O. Gazeau, H. Lemaire et F. Vancleemput, « Liquidation d'un PACS (Conseil et formules) », *Defrénois* 2010. 84.

La règle nouvelle figure à l'article 515-7 dernier alinéa du Code civil. Désormais les créances dont les partenaires sont titulaires l'un envers l'autre sont évaluées selon les règles de l'article 1469, comme les récompenses et les créances entre époux. Ainsi, la participation d'un partenaire à l'acquisition réalisée par l'autre, ou encore l'amélioration d'un bien appartenant à l'un et financée par l'autre seront évaluées au profit subsistant. L'article 515-7 *in fine* précise que les créances entre partenaires « *peuvent être* ***compensées*** *avec les avantages que leur titulaire a pu retirer de la vie commune, notamment en ne contribuant pas à hauteur de ses facultés aux dettes contractées pour les besoins de la vie courante* ».

L'idéal serait que ces **compensations particulières** soient l'objet de soins particuliers lors de la rédaction de la convention de PACS.

511.124 Liquidation des flux et des récompenses – Attribution des biens. Si les partenaires du PACS ont fait choix d'un régime séparatiste, chaque partenaire doit reprendre ses biens personnels.

Comme en matière de régimes matrimoniaux, il convient d'établir une balance entre les flux financiers croisés entre les partenaires. À l'issue de ce calcul, il sera déterminé ce que chaque partenaire doit recevoir au titre du partage.

Le total des sommes dues aux deux partenaires doit équivaloir à la masse indivise.

Le notaire doit ensuite effectuer des propositions d'attributions. En cette matière, la loi du 23 juin 2006 a ouvert aux partenaires les mêmes facultés d'attribution préférentielle qu'aux époux (C. civ., art. 515-6). Et cette disposition s'applique immédiatement, même aux PACS antérieurement conclus et cela quelle que soit la date d'acquisition des biens indivis[1]. Au-dela de ces dispositions légales les conventions peuvent comporter diverse clauses relatives à l'attribution des biens : par exemple la faculté prévue à l'article 1873-3 du Code civil pour le survivant d'acquérir les droits du prédécédé, ou des attributions préférentielles conventionnelles. En revanche, les gains de survie, favorisant le survivant sur le modèle de nombreuses clauses usuelles dans les contrats de mariage, doivent être résolument bannis comme constituant des pactes sur succession future.

Comme le soulignent O. Gazeau, H. Lemaire et F. Vancleemput[2] : « *Le notariat a tout intérêt à apporter son savoir-faire par la rédaction de clauses qui peuvent avoir trait tout d'abord aux présomptions de propriété, afin d'éviter que l'indivision subie ne devienne une masse trop importante; en rédigeant des clauses de qualification des flux financiers; de modalités de calcul des créances entre partenaires, des clauses d'attributions préférentielles pouvant tenir compte soit des quotités de propriété d'un bien par les partenaires, soit de son affectation (habitation ou professionnelle) par rapport au partenaire ayant la charge des enfants ou au partenaire exerçant l'activité professionnelle. Enfin, il y a lieu de préciser quels seront les avantages pouvant donner lieu à compensation avec les créances entre partenaires et ceux qui ne pourront donner lieu à compensation* ».[3]

511.125 Ébauche de méthode. Comme en matière de mariage, la première observation concerne la date du PACS, la date de son enregistrement et le choix du régime (séparation au sens de l'article 515-5 du Code civil ou indivision contractuelle). Dans la même observation liminaire, il convient de préciser les circonstances de la rupture du PACS.

Ensuite, des observations ont lieu acquisition par acquisition, flux financier par flux financier.

Pour les acquisitions, il convient de préciser la part contributive de chacun des partenaires.

Là encore, il s'agit de reprendre des modèles empruntés aux liquidations de régimes matrimoniaux.

Les dépenses exceptionnelles ou privatives doivent également être signalées.

PROPOSITION DE PLAN POUR UNE LIQUIDATION

Observation préliminaire : conclusion du PACS, régime applicable et circonstances de la rupture

I. État des biens personnels de chaque partenaire (reprises)

II. Inventaire des biens indivis par masse

III. Avantages retirés par chaque partenaire de la vie commune

IV. Inventaire des flux financiers entre partenaires

V. Tableau des compensations entre les partenaires et détermination de la soulte due par l'un des partenaires

VI. Attributions

SECTION 7
PACS ET DROITS DES ÉTRANGERS

511.131 PACS et droit de séjour sur le territoire français[4]. La loi n° 99-944 du 15 novembre 1999 relative au pacte civil de solidarité dispose en

1. Rennes 26 nov. 2013, RG n° 12/06771 – COMP. Aix-en-Provence, 28 janv. 2010, RG n° 09/01714.
2. O. Gazeau, H. Lemaire et F. Vancleemput, « Liquidation d'un PACS (Conseil et formules) », *Defrénois* 2010. 84.
3. O. Gazeau, H. Lemaire et F. Vancleemput, « Liquidation d'un PACS (Conseil et formules) », *Defrénois* 2010. 84.
4. Sur le droit des étrangers pacsés, v. P. Murat (dir.), Dalloz action *Droit de la famille,* 2014/2015, n° 152.143, par H. Bosse-Platière.

son article 12 que « *la conclusion d'un pacte civil de solidarité constitue l'un des éléments d'appréciation des liens personnels en France, au sens du 7° de l'article 12 bis de l'ordonnance n° 45-2658 du 2 novembre 1945, relative aux conditions d'entrée et de séjour des étrangers en France pour l'obtention d'un titre de séjour* ». L'ordonnance du 2 novembre 1945, qui formait le socle du droit des étrangers, a été depuis codifiée dans le Code de l'entrée et du séjour des étrangers et du droit d'asile (CESEDA), entré en vigueur le 1er mars 2005. Les dispositions de l'ancien article 12 *bis* de l'ordonnance se retrouvent à l'article L. 313-11 de ce code.

À la différence du mariage, le PACS ne produit aucun effet sur la nationalité d'un partenaire étranger engagé dans les liens d'un PACS avec un Français. Il n'ouvre pas non plus un droit au regroupement familial, réservé au conjoint. Pour autant, l'évolution du droit et l'évolution de la société, où l'on voit se diversifier les formes de la conjugalité et de la vie de couple, conduisent à étendre la notion de vie de famille et la protection qui lui est due au-delà des formes traditionnelles de la famille fondée sur le mariage. L'objectif du législateur est ainsi d'assurer aux étrangers résidant sur le territoire français qui y ont développé des liens personnels et affectifs le respect de ces liens, sans s'arrêter, au respect de la vie familiale étroitement entendue. Certes, à la différence du conjoint, le partenaire ne peut obtenir de plein droit un titre de séjour sur le territoire. Mais la personne pacsée avec un Français ou avec un étranger résidant régulièrement sur le territoire obtiendra une carte de séjour temporaire, mention vie privée et familiale, s'il démontre « *l'ancienneté, l'intensité et la stabilité des liens personnels et familiaux* » qu'il a établis en France, selon les termes de l'article 313-11 du CESEDA précité. Le PACS n'est qu'un des éléments d'appréciation de la réalité de ces liens, mais il en est un élément déterminant [1].

Le PACS a cependant fait récemment une entrée directe dans la Code des étrangers par la loi n° 2011-672 du 16 juin 2011, relative à l'immigration, à l'intégration et à la nationalité [2]. Selon l'article L. 313-1 du CESEDA, l'étranger victime de violences de la part de son partenaire se voit délivrer immédiatement une carte de séjour temporaire. Par ailleurs, le refus de visa opposé au partenaire étranger doit être désormais motivé à l'image de celui qui est opposé au conjoint (CESEDA, art. L. 211-12). Ces dispositions sont partielles, mais elles montrent une assimilation progressive du PACS au mariage, au regard de cette législation particulière.

511.132 Appréciation des liens personnels. La situation des étrangers parties à un PACS doit toujours être examinée à la lumière des prescriptions de l'article R. 313-21 du CESEDA : « *Pour l'application du 7° de l'article L. 313-11, l'étranger qui invoque la protection due à son droit au respect de la vie privée et familiale en France doit apporter toute justification permettant d'apprécier la réalité et la stabilité de ses liens personnels et familiaux effectifs en France au regard de ceux qu'il a conservés dans son pays d'origine* ».

Cette appréciation a été précisée par une circulaire du 12 mai 1998 (II, B, 7°) [3], complétée par une autre du 30 octobre 2004 (II, 2, al. 2) [4]. La circulaire de 2004 prescrit un examen particulièrement attentif et circonstancié des demandes émanant de ressortissants étrangers signataires d'une convention de PACS, au regard de la réalité et de la stabilité des liens personnels et familiaux qu'ils invoquent à l'appui de leur demande. La qualité de ces liens doit toujours être appréciée de manière pragmatique. Mais, à cet égard, la situation des pacsés, compte tenu des engagements qu'elle implique, ne peut être confondue avec une simple relation de concubinage : si la stabilité du lien doit toujours être établie, elle l'est plus facilement dans le premier cas que dans le second. Plus précisément, le partenaire qui demande son admission au séjour en France doit établir :

- la réalité de l'existence d'un PACS valide et non dissous;
- la régularité de la situation administrative du partenaire du demandeur et de son droit à séjourner sur le territoire français;
- l'effectivité et l'ancienneté de la vie commune en France, qui atteste de la réalité et de la stabilité des liens personnels.

Mais dans le cas particulier d'un PACS, la stabilité de ces liens est suffisamment démontrée lorsque les intéressés justifient d'une **vie commune en France depuis au moins un an.** Au demeurant, cette condition d'effectivité de la vie commune ne doit être vérifiée que lors des deux premiers renouvellements de la carte de séjour temporaire. En d'autres termes, une vie commune durant depuis plus d'un an constitue une présomption suffisante **de stabi-**

1. Sur le droit des étrangers pacsés, v. P. Murat (dir.), Dalloz action *Droit de la famille,* 2014/2015, n° 152.143, par H. Bosse-Platière.
2. L. n° 2011-672, 16 juin 2011, relative à l'immigration, à l'intégration et à la nationalité.
3. Circ. INTD9800108C, 12 mai 1998, relative aux conditions d'admissibilité au bénéfice de l'article 12 *bis* 7°.
4. Circ. INTD0400134C, 30 oct. 2004, relative aux conditions d'examen des demandes d'admission au séjour déposées par des ressortissants étrangers en situation irrégulière dans le cadre des dispositions de l'ordonnance du 2 novembre 1945 modifiée.

lité de la situation personnelle de l'intéressé et un indice pertinent de sa volonté d'insertion dans la société française particulièrement renforcé si l'autre partenaire est un Français ou un citoyen de l'Union européenne.

511.133 Cas particulier de l'étranger ayant conclu un PACS avec un ressortissant de l'Union européenne. Rappelons que les ressortissants des États membres de l'Union européenne sont directement investis d'un **droit de séjour sur l'ensemble du territoire de l'Union,** qui tire son origine du principe de libre circulation émanant du droit européen et qui s'impose aux États-membres. Ce droit de séjour n'est donc pas subordonné à une décision de l'autorité administrative. Il existe par lui-même et le titre de séjour n'est pas nécessaire.

L'article L. 121-1, 4° du CEDESA étend ce droit au conjoint des citoyens européens. Une circulaire du 10 septembre 2010[1] est venue préciser que si le partenaire pacsé ne peut pas être assimilé au conjoint au sens de l'article L. 121-1, néanmoins un droit d'entrée et de séjour peut lui être reconnu dès lors qu'il justifie d'une relation « *dûment attestée et durable* ». La preuve de cette relation peut être faite par tous moyens. Son caractère durable s'apprécie comme en droit commun à partir d'une durée minimale de vie commune d'un an. Le demandeur se voit alors délivrer une carte de séjour UE-membre de famille, dont la durée est alignée sur le droit de séjour du partenaire.

SECTION 8
PACS ET BAIL

511.140 Présentation. Deux situations doivent être distinguées selon que les partenaires du PACS sont ou ne sont pas colocataires[2].

511.141 1) Partenaires colocataires. Les deux partenaires sont **cotitulaires du bail,** quand leurs deux noms figurent sur le bail.

Cette cotitularité vaut **solidarité pour les dépenses relatives au logement commun** : notamment, abonnements divers (eau, gaz, électricité...) prime d'assurance et taxe d'habitation. Chacun partenaire est tenu au paiement de la totalité du loyer, des charges et de toute somme due au bailleur, jusqu'à la dissolution du PACS.

En cas de **décès de l'un des partenaires,** le survivant peut rester dans le logement. Le bail se poursuit sans changement pour le colocataire survivant.

En cas d'**abandon de domicile,** le partenaire abandonné peut rester dans le logement. De même, si l'un des partenaires adresse un congé au bailleur, le bail se poursuit pour le colocataire qui reste dans le logement. Il convient de remarquer que, de manière quasi-systématique, le bail contient une clause de solidarité : dans cette hypothèse, celui qui a quitté le logement reste solidaire jusqu'à ce que la résiliation du PACS produise ses effets, ainsi que jusqu'à l'expiration du bail. En l'absence de clause de solidarité, celui qui a quitté le logement, reste solidaire jusqu'à ce que la résiliation du PACS produise ses effets et jusqu'à l'expiration de son préavis donné au bailleur pour le congé. Lorsque les partenaires cotitulaires du bail souhaitent mettre fin au bail, ils s'adressent au bailleur dans les mêmes conditions que tout colocataire, soit en lui adressant chacun un congé, soit en lui adressant un congé commun comportant vos deux noms et signatures.

Le montant du dépôt de garantie est versé indifféremment à l'un ou l'autre des partenaires, sauf mention particulière dans le bail.

Le propriétaire (ou son mandataire) doit adresser à chacun des deux partenaires du PACS, certaines notifications : la proposition de renouvellement de bail, le congé. Si une clause de solidarité est prévue au bail, un seul congé peut en principe suffire.

511.142 2) Un seul partenaire est locataire. Les partenaires sont **solidaires pour les dépenses relatives au logement commun** : notamment, abonnements divers (eau, gaz, électricité...) prime d'assurance et taxe d'habitation. Chaque partenaire peut être tenu au paiement de la totalité du loyer, des charges et de toute somme due au bailleur, jusqu'à la dissolution du PACS.

En cas de **décès**, le contrat de location continue au profit du partenaire survivant, s'il s'agit d'un logement soumis à la loi du 6 juillet 1989 ou d'un logement HLM. Le partenaire pour se maintenir dans le logement après l'**abandon** ou le décès du locataire, doit disposer de ressources inférieures aux plafonds qui ouvrent droit à un logement HLM. Toutefois, si des ascendants, descendants ou personnes à charge du locataire, vivaient avec lui depuis au moins un an à la date du décès, le bail peut aussi leur être transféré. Le tribunal d'instance tranche les conflits et attribue le logement à l'un des bénéficiaires.

Les mêmes règles valent lorsque le locataire abandonne le logement de façon brusque et imprévisible.

1. Circ. IMIM1000116C, 10 sept. 2010, relative aux conditions d'exercice du droit de séjour des ressortissants de l'Union européenne, des autres États parties à l'Espace économique européen et de la Confédération suisse, ainsi que des membres de leur famille.
2. Sur le PACS et le bail d'habitation, v. P. Murat (dir.), Dalloz action *Droit de la famille,* 2014/2015, n° 152.151, par H. Bosse-Platière.

Si le locataire adresse un congé au bailleur, l'autre partenaire doit quitter le logement à l'expiration du préavis, sauf si le bailleur accepte de lui établir un nouveau bail; si celui qui est hébergé quitte le logement, il reste tenu du paiement du loyer et des charges jusqu'à ce que la résiliation du PACS produise ses effets.

Lorsqu'il s'agit d'un logement soumis à la loi de 1948, le partenaire n'a pas le droit au maintien dans les lieux.

Les partenaires d'un PACS bénéficient de l'**allocation logement** ou de l'**aide personnalisée au logement** dans les mêmes conditions qu'un couple marié : qu'ils soient colocataires ou qu'un seul soit titulaire du bail, leurs deux revenus sont pris en compte pour évaluer le montant de l'APL ou de l'allocation logement à laquelle ils ont droit.

SECTION 9
PACS ET FISCALITÉ

511.151 **Imposition commune.** L'article 4 de la loi n° 99-944 du 15 novembre 1999, relative au pacte civil de solidarité, institue l'imposition commune des personnes liées par un PACS et l'article 7 du Code général des impôts dispose que « *les règles d'imposition, d'assiette et de liquidation, ainsi que celles concernant la souscription des déclarations, prévues par le présent code en matière d'impôt sur le revenu pour les contribuables mariés, sont applicables dans les mêmes conditions aux partenaires liés par un pacte civil de solidarité* » [1].

a) Lors de la création du PACS en 1999, l'**imposition commune** ne pouvait s'effectuer qu'au-delà d'un **terme échu de trois années de vie commune** à compter de l'enregistrement du PACS. Cette disposition a été supprimée par la loi de finances n° 2004-1484 du 30 décembre 2004, pour 2005, afin de rapprocher le PACS des personnes liées par le lien du mariage. L'imposition commune pouvait donc s'appliquer immédiatement.

La loi de finances pour 2005 n'ayant pas d'effet rétroactif, les personnes pacsées entre 2001 et 2003 ont été soumises aux dispositions anciennes relatives au délai de trois ans de vie commune nécessaire pour se voir appliquer **l'imposition unique**. Cependant la loi de finances pour 2005 précisait que la disposition nouvelle s'appliquait à compter de l'imposition des revenus de 2004. Dès lors ces personnes pacsées ont été soumises pour la première fois à l'imposition commune au titre des revenus de 2004. C'est donc la déclaration unique qui s'imposait.

b) Entre 2005 et 2011. Comme pour le mariage, la première année, les partenaires liés par un PACS devaient déposer trois déclarations de revenus. Pour chaque partenaire, il fallait déposer une déclaration individuelle du 1er janvier au dernier jour précédant la signature du PACS. Ensuite, à compter du jour de la conclusion du PACS les partenaires devaient établir une déclaration commune comprenant notamment les enfants ou personnes à charge jusqu'au 31 décembre de l'année en question. Le 8°, a. de l'article 6 du Code général des impôts prévoyait que le pacte ne doit pas être rompu l'année civile de sa souscription ou l'année suivante, à défaut c'est une imposition individuelle (par déclaration rectificative) qui joue pour chaque partenaire.

Le fait de se pacser en milieu d'année civile permettait à certains partenaires de réaliser une économie d'impôt sur le revenu. Ces économies représentaient pour les caisses de l'État un manque à gagner évalué à environ cinq cents millions d'euros par an. Il s'agissait d'une véritable niche fiscale que le législateur a entendu supprimer.

c) Depuis 2011. La loi n° 2010-1657 du 29 décembre 2010, loi de finances pour 2011, a supprimé cette niche fiscale pour les partenaires pacsés comme pour les époux. Les nouvelles règles s'appliquent à compter de l'imposition des revenus de l'année 2011. La nouvelle règle connaît un principe et une exception.

Par principe, les partenaires d'un PACS sont soumis à une imposition commune pour les revenus dont ils disposent pendant l'année de la conclusion du pacte.

Par exception, ils peuvent opter pour l'imposition distincte des revenus dont chacun a personnellement disposés pendant l'année de la conclusion du pacte, ainsi que de la quote-part des revenus communs lui revenant. Reste la difficulté de déterminer cette « *quote-part des revenus communs* ». La loi prévoit que, faute de justification de cette quote-part, ces revenus communs sont partagés en deux parts égales entre les partenaires pacsés. Le décret n° 2012-448 du 3 avril 2012 [2] est venu préciser les conditions d'exercice de cette option. Il définit ce qu'il faut entendre par revenus personnels ou communs, et énumère les instruments de preuve permettant d'établir l'origine des revenus des partenaires.

1. Sur le PACS et la fiscalité, v. P. Murat (dir.), Dalloz action *Droit de la famille*, 2014/2015, nos 154.00 s., par F. Douet.

2. Décr. n° 2012-448, 3 avr. 2012, pris pour l'application de l'article 95 de la loi n° 2010-1657 du 29 décembre 2010 de finances pour 2011, *JO* 5 avr., p. 6168; *JCP* 20012. 496.

Il convient de noter que **cette option est irrévocable.** Elle doit être exercée dans les délais prévus pour le dépôt de la déclaration d'ensemble des revenus (en règle générale, le 5 mai - mais la date limite de dépôt de la déclaration varie pour les télédéclarants).

Ces nouvelles règles valent également pour les personnes qui se marient. La règle est alors que « *option sur option ne vaut* ». En d'autres termes, les partenaires liés par un PACS qui décident de se marier, ne peuvent faire valoir cette option et sont donc soumis au régime de droit commun de la déclaration commune.

511.152 Rupture du PACS. Les partenaires pacsés sont soumis en principe à l'obligation de déposer l'année de rupture **trois déclarations de revenus** :

- une déclaration commune du 1er janvier jusqu'au dernier jour précédant la rupture;

- une déclaration individuelle, avec éventuellement les personnes à charge, pour chaque partenaire du jour de la rupture jusqu'au 31 décembre de l'année en question.

Les règles décrites précédemment s'appliquent dans deux cas :

- lorsque la rupture du PACS a lieu au moins postérieurement à l'année suivante celle de sa conclusion (soit la troisième année). À défaut si rupture il y a, donc l'année de conclusion du PACS ou l'année suivante, il est établi une imposition individuelle (pour chaque partenaire) en tant que célibataire, veuf ou divorcé selon des conditions spécifiques;

- lorsque la rupture résulte du mariage (lorsqu'il intervient postérieurement à l'année qui suit celle de la rupture du PACS) entre les partenaires ou de l'un deux avec une tierce personne. En cas de mariage entre partenaires du PACS l'année de la rupture ou l'année suivante ce sont des règles spécifiques qui s'appliquent.

511.153 Rupture du PACS par décès. Lorsque la rupture du PACS est liée au décès de l'un des partenaires, le contribuable est imposé individuellement après la date du décès.

Au plan des déclarations, il y a :

- d'une part, la première, **déclaration commune,** qui court **du 1er janvier au jour précédant le décès,** pour tous les revenus et éventuellement les personnes à charge,

- et d'autre part, la **seconde déclaration, individuelle et souscrite par le survivant,** qui court **à compter de la date du décès jusqu'au 31 décembre de l'année en question.**

En cas de **décès l'année de la conclusion du PACS,** il est nécessaire d'établir une déclaration d'une part, individuelle pour chacun des partenaires du 1er janvier jusqu'au jour qui précède la conclusion du PACS, d'autre part, une déclaration commune pour tous les revenus (et personnes à charge) du jour de la conclusion du PACS jusqu'à celui précédant le décès, et enfin, une déclaration individuelle du partenaire survivant (et personnes à charge) du jour du décès jusqu'au 31 décembre de l'année en question.

511.154 Déclarations distinctes. Les cas de déclarations distinctes prévus pour les couples mariés sont précisés à l'article 6 du Code général des impôts : lorsqu'ils sont séparés de biens et ne vivent pas sous le même toit; lorsqu'en cas d'abandon du domicile conjugal par l'un ou l'autre des époux, chacun dispose de revenus distincts.

À noter que la séparation de corps ou le divorce qui est une cause de déclaration séparée ou distincte ne peut s'appliquer au PACS, celui-ci se défaisant uniquement selon les conditions de l'article 515-7 du Code civil.

Pour l'Administration fiscale, dès lors que les partenaires organisent un régime, au sein du PACS, analogue à la séparation de biens et résident séparément, alors la déclaration de revenus doit être souscrite séparément.

A contrario des deux conditions cumulatives, il semble bien que si une de ces conditions n'est pas remplie alors la déclaration doit être commune notamment pour le PACS qui organise un régime analogue à une séparation de biens mais dont les partenaires vivent sous le même toit.

511.155 Solidarité fiscale. Comme les époux, les partenaires sont solidairement tenus au paiement de l'impôt. Cette solidarité s'applique au paiement de l'**impôt sur le revenu** des personnes physiques et de la **taxe d'habitation** (CGI, art. 1691 *bis*), ainsi que de l'**impôt de solidarité sur la fortune** (CGI, art. 1723 *ter*-00 B). Les partenaires peuvent demander à être déchargés de cette obligation dans deux cas : d'une part après la dissolution du pacte, dès lors que celle-ci a été enregistrée au greffe du tribunal d'instance, et d'autre part, lorsque l'un d'entre eux a abandonné la résidence commune. Cette décharge leur sera accordée en cas de disproportion entre leur situation financière et patrimoniale et le montant de leur dette fiscale (CGI, art. 1691 *bis*, II). Le texte précise l'étendue et les modalités de cette décharge. Un décret du 18 avril 2012 organise la procédure applicable à la demande[1].

1. Décr. n° 2012-511, 18 avr. 2012, relatif aux demandes en décharge de responsabilité solidaire et de remise totale ou partielle d'impositions prévues aux II et III de l'article 1691 *bis* du Code général des impôts, *JO* 20 avr., p. 7101; *JCP* 2012. 554.

SECTION 10
PACS ET SÉCURITÉ SOCIALE

511.161 Le partenaire « pacsé » peut bénéficier de la Sécurité sociale au titre d'ayant droit d'un assuré social. Le partenaire survivant bénéficie du capital décès[1].

Bien que le PACS permette un accès immédiat à l'assurance-maladie et maternité pour le partenaire non assuré, **de nombreux droits sociaux ne sont pas admis.** Il n'existe pas de droit à indemnité en cas d'accident mortel du travail, ni d'accès à la pension de réversion en cas de décès du partenaire, notamment.

511.162 Pension de réversion. En ce qui concerne la pension de réversion, non seulement les signataires d'un PACS n'y ont pas accès, mais ils perdent le bénéfice d'une éventuelle pension liée à une précédente union. L'article 353-1 du Code de la sécurité sociale pour le régime général, l'article L. 38 du Code des pensions civiles et militaires pour le régime des fonctionnaires ne visent que le conjoint.

La Cour de cassation, dans un arrêt récent, a refusé d'en étendre le bénéfice au partenaire survivant. Jugeant que la protection du mariage constitue une raison importante et légitime pouvant justifier une différence de traitement entre couples mariés et non mariés, elle en déduit que cette différence repose sur un critère objectif[2].

De son côté **le Conseil constitutionnel** a jugé de façon extrêmement claire que « *la différence de traitement quant au bénéfice de la pension de réversion entre les couples mariés et non mariés ne méconnaît pas le principe d'égalité* »[3]. Pour appuyer son analyse, le Conseil expose que le législateur a pu définir trois régimes de couple qui soumettent les personnes à des droits et des obligations différents. En particulier, le PACS ne confère aux partenaires droit à aucune compensation pour perte de revenus en cas de cessation de l'union, ni aucune vocation successorale au profit du survivant. Bref, c'est parce que le mariage s'inscrit dans la durée et comporte un engagement en ce sens, et parce qu'il assure la protection des époux et de la famille même après sa dissolution, que la situation des partenaires ne peut pas être confondue avec celles des époux.

Toutefois, malgré la clarté de ces décisions, la question est entachée de confusion parce que la jurisprudence internationale semble bien obéir à une inspiration différente. Notamment un arrêt de **la Cour de justice de l'Union européenne** en date du 1er avril 2008 a décidé que les dispositions combinées des articles 1er et 2 de la directive (CE) n° 2000/78 s'opposent à une réglementation en vertu de laquelle, après le décès de son partenaire de vie, le partenaire survivant ne perçoit pas une prestation de survie équivalente à celle octroyée à un époux survivant, alors que, en droit national, le partenariat de vie placerait les personnes de même sexe dans une situation comparable à celle des époux pour cette prestation de survie, ce qu'il appartient à la juridiction de renvoi de vérifier. La loi allemande ne rend pas illégaux par elle-même, dès son entrée en vigueur, comme contraires au principe d'égalité, les textes réglementaires réservant des droits ou des avantages à des conjoints, mais il appartient au pouvoir réglementaire, afin d'assurer la pleine application de la loi, d'apporter dans un délai raisonnable, à la réglementation applicable les modifications nécessaires, en évitant toute différence de traitement manifestement disproportionnée ou sans rapport avec l'objet de la norme en cause[4]. Elle a répété cette analyse à propos des avantages consentis aux salariés qui se marient et refusés à ceux qui concluent un PACS. Mais il faut souligner que ces décisions se fondent sur ce que, à la date où le juge a statué, le mariage était inaccessible aux couples de même sexe. C'est la discrimination entre les couples homosexuels et les autres qui est ici condamnée[5].

511.163 Allocation de parent isolé. La signature d'un PACS fait également perdre le droit à l'allocation de parent isolé (dite API). Pour les bénéficiaires de cette allocation, se pacser équivaut à déclarer la fin de l'isolement.

511.164 Allocation adulte handicapé. Les revenus du partenaire lié par un PACS sont pris en compte dans la détermination des critères d'attribution de l'allocation aux adultes handicapés (dite AAH – CSS, art. L. 821-1 s., R. 821-1 s. et D. 821-1 s.). Or, le plafond pour un couple est à peine plus d'un SMIC pour deux personnes. La signature du PACS entraîne donc

1. Sur les droits sociaux des partenaires pacsés, v. P. Murat (dir.), Dalloz action *Droit de la famille*, 2014/2015, n°s 152.161 à 152.163, par H. Bosse-Platière.
2. Civ. 2e, 23 janv. 2014, n° 13-11.362, *Bull. civ.* II [à paraître].
3. Cons. const. 29 juill. 2011, n° 2011-155 QPC, *Rec. Cons. const.* 13048.
4. CJCE 1er avr. 2008, Tadao Maruko c/Versorgungsanstalt der deutschen Bühnen, aff. C-267/06, *Rec. CJCE* I-1757 ; *D.* 2008. Pan. 1795, obs. J.-J. Lemouland et D. Vigneau ; *D.* 2008. 1873, note C. Weisse-Marchal ; *Dr. fam.* 2008, n° 92, note A. Devers ; *RTD civ.* 2008. 458, obs. J. Hauser – Sur cette question, v. AUSSI, rapport de la HALDE, délib. n° 2010-20, 1er févr. 2010, *JO* 3 avr. 2010, préc. ss n° 511.14.
5. CJUE, 5e ch., 12 déc. 2013, *F. Hay c/Crédit agricole mutuel de Charente-Maritime et des Deux-Sèvres,* aff. C-267/12.

au minimum une baisse, voire, dans la plupart des cas, la suppression de l'allocation.

511.165 Revenu de solidarité active. En ce qui concerne le revenu de solidarité active (dit RSA – CASF, art. L. 262-1 s. et R. 262-1 s.), l'allocation est automatiquement réduite, puisque la somme allouée à un couple est inférieure au montant cumulé de deux allocations individuelles.

511.166 Allocation de solidarité spécifique. Les partenaires risquent de perdre l'allocation de solidarité spécifique (dite ASS – C. trav., art. L. 5423-1 s. et R. 5423-1 s.). En effet, dès que l'un des membres du couple dispose d'un revenu mensuel supérieur à un plafond, l'allocation devient dégressive pour disparaître lorsque l'ensemble des revenus du couple atteint un autre plafond fixé par le décret.

LIVRE

6. LA FISCALITÉ

6.00 Plan du livre.

TITRE

61. La fiscalité des transmissions à titre gratuit

61.00 **Plan du titre.**

61.08 **Conséquences fiscales et civiles des transmissions.** Quiconque fonderait une opération de transmission sur un unique objectif fiscal, en faisant l'impasse sur les conséquences civiles, s'exposerait à de sévères mécomptes.

Il n'empêche : le poids de l'impôt demeure, sinon une question prépondérante, au moins un souci constant, et ce dans la mesure où la matière a été la cible de réformes successives alourdissant le poids de l'impôt. Notre propos n'est pas ici de mener une étude exhaustive de la fiscalité des transmissions à titre gratuit, mais plutôt de rappeler les principes afférents à celles-ci, en dehors des régimes spéciaux d'exonération, et de mettre l'accent sur des questions d'ordre pratique auxquelles le liquidateur se trouve souvent confronté.

61.09 **Division.** Pour ce faire, seront ici évoquées les règles fiscales générales qui unissent les transmissions entre vifs et à cause de mort (chap. 611), avant que soit envisagée pour chacune d'elle la spécificité de leur régime (chap. 612 et 613).

CHAPITRE

611. Règles fiscales communes aux transmissions gratuites entre vifs et à cause de mort

GILLES BONNET
NOTAIRE
DOCTEUR EN DROIT

SECTION 0
ORIENTEUR

611.00 **Plan du chapitre.**

611.01 **Textes applicables.**

> Les mutations à titre gratuit sont soumises aux droits d'enregistrement

CGI, art. 635 et 636

> Les droits d'enregistrement sont assis sur des « valeurs »

CGI, art. 666 et 761

> Évaluation des droits démembrés

CGI, art. 669 et 762 *bis*

> Prescription fiscale abrégée applicable au contrôle des valeurs

LPF, art. L. 180

> Les droits de mutation à titre gratuit font l'objet d'un calcul progressif

CGI, art. 777

> Abattements applicables à certains bénéficiaires des mutations à titre gratuit

CGI, art. 779

> Mention des donations antérieures de moins de quinze ans pour le calcul des droits

CGI, art. 784

> Influence de la représentation successorale pour le calcul des droits

CGI, art. 777 et 779

> Usufruits successifs

CGI, art. 1965 B

BOI-ENR-DG-70-40-20120912

611.02 Jurisprudence de référence.

> Estimation des immeubles à la date de la transmission

• Com. 11 févr. 2003, n° 01-12.301, NP

* V. s^s n° 611.21

« Les immeubles, quelle que soit leur nature, sont estimés d'après leur valeur réelle à la date de la transmission. »

> Définition de la valeur vénale d'un bien

• Com. 23 oct. 1984, n° 82-17.054, *Bull. civ.* IV, n° 275

* V. s^s n° 611.31

« La valeur vénale correspond « au prix qui pourrait être obtenu du bien par le jeu de l'offre et de la demande dans un marché réel compte tenu de l'état dans lequel il se trouve avant la mutation et compte tenu des clauses de l'acte de transmission. »

611.03 Bibliographie indicative.

Ouvrages. E. Fouché, R. Gentilhomme, M. Hérail, *Fiscalité des mutations à titre gratuit et des partages*, 2e éd., Defrénois, 2013.

Articles. G. Bachelier, « L'évaluation fiscale des biens et des services », *Dr. fisc.* 2002. 1258 – F. Fruleux, « Le rappel fiscal à l'épreuve de la doctrine administrative récente et de la loi TEPA du 21 août 2007 », *JCP N* 2007. 1238; « Régime fiscal de la représentation », *JCP N* 2010. 1324 – B. Hatoux, « L'évaluation des biens en matière d'enregistrement », *RJF* 2002. 117 – E. Le Dolley, « La valeur vénale des titres », *Dr. fisc.* 2002. Étude 36.

611.04 Questions essentielles.

> Comment évaluer les biens ?

* V. s^s n°s 611.10 s.

> Comment calculer les droits ?

* V. s^s n°s 611.70 s.

611.09 L'impôt dû au titre des mutations gratuites relève des droits d'enregistrement. Le terme « *d'impôt* » est utilisé à dessein car une taxe suppose la rémunération d'un service rendu par l'État. Or, l'enregistrement ne fait qu'apporter la **date certaine**, et cet apport devient inexistant dans le cas d'un acte authentique, pourtant obligatoirement soumis à la formalité (CGI, art. 635 et 636). Le caractère **progressif**, en matière de **transmission gratuite**, ou **proportionnel**, en matière de **partage**, de la dîme ainsi perçue par l'État lui assigne assurément une fonction de redistribution et de justice sociale qui est l'apanage de l'impôt. Cette précision terminologique effectuée, il convient d'abord de s'attacher à définir l'assiette de l'impôt (sect. 1), puis son mode de calcul (sect. 2).

SECTION 1
ASSIETTE DE L'IMPÔT

611.10 Division. L'article 666 du Code général des impôts dispose que les droits d'enregistrement sont assis sur « *les valeurs* ». Il revient au contribuable de déclarer celle-ci (§ 1), sous le contrôle *a posteriori* de l'Administration fiscale (§ 2).

§ 1
Notion de « valeur »

611.20 Division. Cette notion doit être appréhendée tant sur un plan temporel (A) qu'économique (B).

A.
Sur un plan temporel

611.21 Date d'appréciation de la valeur du bien. Que la transmission soit subie, dans le cas d'un décès, ou consentie dans le cadre d'une donation, la question qui se pose est de savoir à quel moment se placer pour apprécier la valeur du bien en question. En effet, les conséquences de cette transmission influent nécessairement et naturellement sur l'état juridique du bien : création d'une indivision le cas échéant, soumission à des restrictions à la liberté de disposer suivant la volonté du donateur : autant de facteurs appelés à minorer la valeur du bien et par la suite l'impôt à verser au Trésor.

S'il n'est pas contesté que l'état du bien doit être apprécié **au jour du fait générateur**[1], la question de savoir s'il faut ou non prendre en compte le résultat de la transmission reçoit une réponse hésitante de la part de la jurisprudence. Dans un premier temps, la Cour de cassation a jugé que « *les droits de mutation portent sur les biens tels qu'ils sont reçus par le bénéficiaire de la mutation* »[2]; puis dans un second temps a décidé, en parfaite contradiction avec le principe qu'elle avait dégagé précédemment, que « *l'état d'indivision dans lequel se trouvent les héritiers sur la pleine propriété du bien reçu par succession n'affecte pas la valeur de ce bien au jour de la transmission* »[3]. Enfin, un récent arrêt rallie la position antérieure, en censurant une cour d'appel qui n'avait pas tenu compte de la perte de valeur vénale induite par l'indivision créée à la suite d'une donation-partage[4]. Cette décision demeure isolée et il

1. Com. 11 févr. 2003, n° 01-12.301, NP; *JCP N* 2003. 1513, note F. Douet, (CGI, art. 761 : « [...] *les immeubles, quelle que soit leur nature, sont estimés d'après leur valeur réelle à la date de la transmission* [...] »).
2. Com. 19 oct. 1999, n° 97-15.255, *Bull. civ.* IV, n° 169; *RJF* 2000, n° 427.
3. Com. 20 mars 2007, n° 05-17.139, NP; *Ind. enr.* n° 19125; *Dr. et patr.* 2007, n° 649, p. 3 – EN MATIÈRE DE DONATION : Com. 7 juin 2006, n° 03-20.228, NP; *Ind. enr.* n° 18960, et Com. 27 oct. 2009, n° 08-11.362, *Bull. civ.* IV, n° 134; Instr. 7 G-3-10, 8 juill. 2010, *BOI* n° 69, 22 juill.
4. Com. 15 déc. 2009, n° 09-11.137, NP.

est encore sans doute trop tôt pour considérer que la Cour de cassation a abandonné le principe suivant lequel l'état du bien s'apprécie avant la mutation, sans égard pour les conséquences induites par celle-ci.

En revanche, il n'est pas douteux que **l'état du bien au moment de la transmission** influe nécessairement sur **la valeur taxable de celui-ci.** C'est ici le domaine d'application des **décotes**, qui trouvent principalement leurs origines dans la jurisprudence, et la loi en matière successorale.

L'**état d'indivision** conduit ainsi à considérer que la valeur de la part indivise transmise ne correspond pas à la fraction mathématique de la valeur du tout dont elle est issue, et ce, quelle que soit l'origine, conventionnelle ou légale de cette indivision[1]. En pratique, l'**abattement est au moins égal à 10 %**[2]. Ce taux de réfaction de 10 % ne constitue bien évidemment pas un maximum et il pourrait être aisément dépassé en fonction des circonstances[3]. Ainsi, il nous semble que l'importance de la décote devrait s'apprécier également à l'aune des pouvoirs que la fraction indivise confère à son propriétaire : en-deçà des deux tiers, l'incapacité légale à exercer de simples pouvoirs d'administration devrait affecter davantage la valeur de la quote-part détenue.

En revanche, l'**état de démembrement** du bien objet de la transmission ne saurait justifier un abattement de sa valeur : la Cour de cassation a fermé cette voie en rappelant, sous l'empire de l'ancien article 762-1 du Code général des impôts que « *la détermination forfaitaire, par une quotité de la propriété entière des valeurs respectives de la nue-propriété et de l'usufruit exclut la possibilité d'appliquer un abattement résultant du seul démembrement de la propriété* »[4].

B.
Sur un plan économique

611.31 Valeur vénale et valeur déclarée. Le laconisme de la règle posée à l'article 666 du Code général des impôts qui assoit les droits d'enregistrement sur les valeurs est précisé, au moins en matière immobilière, par l'article 761 dudit Code qui dispose que « *les immeubles, quelle que soit leur nature, sont estimés d'après leur valeur vénale réelle à la date de la transmission, d'après la déclaration détaillée et estimative des parties* ». Il n'est fait dérogation à ce principe, toujours en matière immobilière, et aux termes du troisième alinéa de cet article, que pour les immeubles qui ont fait l'objet d'une vente aux enchères dans les deux années qui ont précédé ou suivi le fait générateur et dont le prix d'adjudication constitue la valeur légale taxable, à moins qu'il soit justifié que le bien ait subi dans le même intervalle des transformations susceptibles d'en affecter la valeur.

La notion de **valeur vénale** a fait l'objet d'une définition judiciaire, toujours en vigueur actuellement[5]. Elle s'entend du « *prix qui pourrait être obtenu du bien par le jeu de l'offre et de la demande dans un marché réel compte tenu de l'état dans lequel il se trouve avant la mutation et compte tenu des clauses de l'acte de transmission* ».

Cette valeur doit donc s'apprécier ***in abstracto***, par rapport à un marché et donc à la moyenne des acquisitions, et non *in concreto* au regard des circonstances propres à l'acquéreur. En conséquence, les valeurs de convenance ne peuvent servir d'assiette au calcul de l'impôt[6]. Se trouve donc ici posé le cadre dans lequel l'Administration fiscale peut agir pour contrôler et contester les valeurs déclarées.

§ 2
Contrôle de la valeur par l'Administration fiscale

611.40 Division. Avant d'envisager les modalités de ce contrôle (B) et les éléments de comparaison retenus (C), il convient de rappeler les délais (A) dont dispose l'Administration pour l'exercer.

A.
Prescription

611.41 Prescription longue et prescription abrégée. Deux prescriptions sont applicables en matière fiscale : une **prescription longue, d'une durée de six ans** qui court à compter du fait générateur (LPF, art. L. 186)[7], et une **prescription abrégée** (LPF,

1. Sur le principe de la décote, v. Com. 10 déc. 1996, n° 94-17.595, NP; *RJF* 1997 n° 274 – SUR LA QUESTION DE LA NATURE DE L'INDIVISION, v. Com. 22 févr. 2000, n° 97-17.821, *Bull. civ.* IV, n° 37; *RJF* 2000, n° 721.
2. Dijon, 20 sept 2005, *Ind. enr.* n° 18777.
3. Com. 22 févr. 2000, n° 97-17.821, préc. : la décision ouvre la voie au juge du fond, sous condition de motivation.
4. Com. 24 juin 1997, n° 95-14.144, *Bull. civ.* IV, n° 201; *Defrénois* 1998, art. 36768 – *CONTRA* cep., mais uniquement en matière d'ISF : Com. 30 nov. 1999, *Bull. civ.* IV, n° 231; *Defrénois* 2000, art. 37259, note P. Chappert.
5. Com. 23 oct 1984, n° 82-17.054, *Bull. civ.* IV, n° 275; *Dr. fisc.* 1985. Comm. 1241 – Pour une reprise plus récente de cette définition : Com. 12 mai 2004, n° 01-13.697, *Bull. civ.* IV, n° 90; *Dr. fisc.* 2004. Comm. 674.
6. EN CE SENS, B. Hatoux, « L'évaluation des biens en matière d'enregistrement », *RJF* 2002. 117 – G. Bachelier, « L'évaluation fiscale des biens et des services », *Dr. fisc.* 2002. 1258.
7. Antérieurement à la loi TEPA, le délai était de dix ans.

art. L. 180) opposable à l'Administration dans la mesure seulement où l'acte soumis à enregistrement révèle « *suffisamment* » l'exigibilité des droits et taxes, sans qu'il soit nécessaire pour elle de procéder à des recherches ultérieures. Cette prescription court jusqu'au 31 décembre de la troisième année qui suit celle de l'enregistrement de l'acte[1].

611.42 Prescription abrégée en matière de contrôle des valeurs. Il paraît donc aller de soi, en matière de contrôle des valeurs, que **le délai abrégé est le seul concerné**, puisque par définition, **l'acte comprend la désignation du bien transmis et de ce fait, révèle l'imposition à établir.** Certains cas ont cependant été reconnus justiciables de la prescription longue. Il s'agit, pour l'essentiel, d'hypothèses où l'acte contenait soit des renseignements imprécis ou incomplets[2], voire des renseignements erronés[3]. D'où l'importance pour le rédacteur de veiller à ce que les renseignements liés à la situation du bien (adresse, références cadastrales, siège social...) soient exacts et précis.

L'Administration a récemment tenté, en matière de **droits sociaux non cotés**, d'exciper de la prescription longue, lorsque le contribuable ne fournit pas dans sa déclaration ou dans l'acte de transmission le détail du calcul permettant la valorisation des titres. Cette tentative a échoué devant la Cour de cassation, qui a rappelé dans un attendu de principe « *que la prescription décennale* (en vigueur à l'époque) *n'est applicable qu'en cas d'omission ou d'inexactitude de nature à influer sur la détermination de la base imposable; que la prescription triennale est applicable lorsque la contestation de l'Administration porte sur la valeur des biens ou droits régulièrement déclarés* »[4].

Ces principes bien établis vacillent sous l'effet de la réforme issue de la loi de finances rectificative n° 2011-900 du 29 juillet 2011[5]. A ainsi été créé par le législateur un nouvel article L. 181 B dans le Livre des procédures fiscales, disposition qui permet, dans le cadre du **rappel des donations antérieures** établi par le deuxième alinéa de l'article 784 du Code général des impôts, de revenir sur les valeurs déclarées dans ces donations réalisées à l'intérieur du délai de rappel.

Il s'agit ici d'un système qui coexiste de manière autonome avec celui de l'article L. 17 du Livre des procédures fiscales et dont la finalité est différente. Sa finalité n'est pas de remettre en cause l'imposition antérieurement établie à l'occasion de la donation rappelée en vertu de l'article 784, mais de permettre à l'Administration de considérer que la valeur qui avait été imposée à l'époque était insuffisante, de la redresser et de prendre en compte cette nouvelle valeur pour la liquidation de l'impôt progressif de mutation dû lors de la nouvelle mutation. Ainsi, par **effet domino, la nouvelle mutation**, qu'elle soit réalisée entre vifs ou à cause de mort, **pourra éventuellement être taxée dans une tranche supérieure** à celle que la liquidation initialement soumise à l'Administration prévoyait. Il en découle une insécurité manifeste pour le contribuable ou ses héritiers, qui voient ainsi allongée de manière très substantielle la période de remise en cause de la transmission antérieure, dès lors qu'il existe un nouveau projet de transmission ou que celui-ci est subi par l'effet du décès. Au cas présent, le délai de rappel étant de quinze ans, et l'Administration pouvant exciper, s'agissant d'un litige sur la valeur, du nouvel article L. 181 B du Livre des procédures fiscales pendant toute le durée de la prescription courte[6], on en arrive ainsi à cette situation préoccupante sur le plan de la défense des droits du contribuable : une donation passée le 30 mars 1999, suivie d'une nouvelle libéralité le 20 février 2014, pourra ainsi faire l'objet d'un litige sur l'assiette déclarée jusqu'au... 31 décembre 2017, soit... plus de dix-huit ans après sa signature ! Est-ce bien raisonnable[7] ?

B.
Modalités du contrôle : la motivation

611.51 Obligation de motivation par l'Administration. L'article L. 17 du Livre des procédures fiscales reconnaît à l'Administration fiscale le droit de procéder au rehaussement de la valeur déclarée par le contribuable lorsque celle-ci sert d'assiette à l'impôt. Ce droit n'est bien sûr pas discrétionnaire et s'accompagne d'une **obligation de motivation, garante de la sauvegarde des droits du contribuable.** Il ne s'agit pas ici de rentrer dans les arcanes de la procédure fiscale, mais de rappeler plus prosaïquement comment le contrôleur doit satisfaire à cette obligation en fonction des situations en présence.

1. *BOI* 13 L-98, à la suite de Com. 26 nov. 1996, n° 94-19.658, *Bull. civ.* IV, n° 286; *RJF* 1997, n° 275.
2. Com. 8 févr. 2000, n° 97-15.750, NP; *RJF* 2000, n° 719; *Dict. enr.* n° 2980.
3. Com. 24 oct 2000, n° 97-22.381, NP; *RJF* 2001, n° 254.
4. Com. 30 mai 2007, n° 06-14.236, NP; *Ind. enr.* n° 19144.
5. L. n° 2011-900, 29 juill. 2011, de finances rectificative pour 2011, *JO* 30 juill., p. 12969.
6. Si l'acte contesté ne contient pas des erreurs de désignation rendant des recherches indispensable pour établir l'imposition.
7. Sur ces points, v. G. Bonnet et N. Melscoet, « De quelques difficultés soulevées par la loi de finances en matière de transmission à titre gratuit », *Defrénois* 2011. 1466.

En se plaçant au regard du **marché** tel qu'il résulte du jeu de l'offre et de la demande [1], la Cour de cassation impose à l'Administration d'enraciner son redressement dans des considérations réelles. C'est ce qu'indique également l'article L. 57 du Livre des procédures fiscales qui dispose, en matière de fonds de commerce, que la rectification doit se fonder sur la **comparaison avec d'autres mutations**, en indiquant les noms et adresse, disposition qui a vocation à s'appliquer à tous types de biens.

611.52 Contrôle de la valeur par l'Administration : méthode par comparaison et méthode par capitalisation du revenu. La méthode par comparaison est donc **prééminente**, et doit être utilisée chaque fois que cela est possible. Ainsi, en matière de droits sociaux non cotés, l'existence d'une cession antérieure au fait générateur suffit à motiver le redressement, à partir du moment où la cession invoquée par l'Administration était exclusive d'une valeur de convenance et qu'aucune collusion entre les parties ne pouvait être relevée en raison de leurs intérêts contraires. Dès lors, il n'y a pas lieu de recourir à d'autres méthodes (valeur de rendement, valeur mathématique) dont l'utilité n'aurait été avérée qu'en l'absence d'éléments de marché [2].

En application du même principe, la **méthode par capitalisation du revenu** doit être **écartée en matière immobilière,** dès lors que des éléments de comparaison pertinents peuvent venir étayer l'argumentation développée par le contrôleur [3]. Lorsque la méthode par capitalisation est retenue à défaut d'éléments de comparaison, elle doit être fondée sur le **revenu net procuré par le bien en cause,** c'est-à-dire déduction faite des charges supportées par le propriétaire et non récupérées par les locataires et les travaux d'entretien, sans considération cependant pour les frais d'acquisition [4].

C.
Éléments de comparaison

611.61 Critères des éléments de comparaison retenus. Pivots dans la plupart des cas de la notification de redressement de la valeur déclarée par le contribuable, les juges accordent donc une attention toute particulière à l'examen des éléments de comparaison présentés par le contrôleur. Ceux-ci doivent respecter certains **critères**, à défaut de quoi la procédure de redressement encourra l'annulation.

En premier lieu, et en toute logique les éléments présentés doivent être **antérieurs au fait générateur** [5]. La Cour de cassation a admis qu'une vente postérieure de deux jours au décès puisse constituer valablement un élément de comparaison, mais parce qu'elle constituait la concrétisation formelle d'un accord intervenu avant le fait générateur [6]. Allant plus loin, la Chambre commerciale a même admis, qu'en l'absence d'éléments de comparaison ressortant de mutations antérieures ou concomitantes, l'Administration puisse exciper de la cession d'une maison comparable, intervenue pourtant en août 2007, alors que le décès était survenu en octobre 2006 [7]. Il serait erroné d'interpréter cet arrêt comme revenant sur le principe d'antériorité des éléments de comparaison. La Cour prend en effet soin de relever certaines circonstances particulières qui justifient l'entorse au principe : absence d'éléments de comparaison sur les trois années antérieures et l'année de la mutation considérées, et évolution baissière du marché depuis le fait générateur, de sorte que la valeur comparée ne pouvait être inférieure à la référence citée.

En revanche, il ne saurait être question de tenir compte d'un changement de l'état du bien intervenu après la mutation [8].

Ensuite, les éléments présentés par l'Administration doivent, chaque fois que cela est possible, **être intrinsèquement similaires au bien en cause** [9]. Cela signifie que le contrôleur doit, dans sa sélection des mutations, tâcher de s'approcher le plus possible des caractéristiques du bien en cause : **lieu de situation, desserte, superficie** [10].

Le fait que le bien considéré présente des **particularités** ne constitue pas un obstacle à l'application de la méthode par comparaison. D'une part en effet, l'Administration peut le cas échéant procéder

1. Com. 23 oct. 1984, n° n° 82-17.054, préc. s^s n° 611.31.
2. Com. 7 juill. 2009, n° 08-14.855, NP; *Ind. enr.* n° 19526 – Sur ces questions, v. E. Le Dolley, « La valeur vénale des titres », *Dr. fisc.* 2002. Étude 36, p. 1470.
3. Com. 21 oct 2008, n° 07-18.181, NP; pour des murs d'hôtel.
4. Paris, 13 févr. 2009, *Ind. enr.* n° 19410.
5. Com. 24 mars 1998, n° 96-15.113, *Bull. civ.* IV, n° 116; *Ind. enr.* n° 17246 – Com. 18 déc 2007, n° 06-18.879, NP; *Ind. enr.* n° 19200.
6. Com. 27 mars 2001, n° 98-15.302, NP; *Ind. enr.* n° 17938.
7. Com. 16 avr. 2013, n° 12-16.266, NP; *Defrénois Flash*, 2013, n° 20, p. 10.
8. Com. 19 déc 2000, n° 98-13.355, NP; *Ind. enr.* n° 17878, pour une modification du plan d'occupation des sols survenue après le fait générateur.
9. Paris, 1re ch., 14 déc 2007, RG n° 06/00858, *Ind. enr.* n° 19126.
10. Com. 6 déc 2005, n° 03-18.782, NP; *Ind. enr.* n° 18834 – Com. 20 juin 2006, n° 04-13.554, NP; *Ind. enr.* n° 18962.

à des **compensations** entre les caractéristiques du bien donné et celle des éléments de comparaison.

Ainsi, il a été jugé qu'une construction à l'aspect de blockhaus située dans une voie composée exclusivement de demeures anciennes ne suffisait pas à valider l'abattement de moitié sur la valeur vénale effectué par le contribuable, dans la mesure où le bien en cause disposait d'une surface hors œuvre développée nettement supérieure à celle des éléments de comparaison[1].

D'autre part, les éléments de comparaison peuvent être **pondérés** également en tenant compte de facteur de dépréciation lié au bien en cause tels que l'isolement, l'entretien et le statut de monument historique[2].

Enfin, le contrôleur n'est pas astreint à produire plusieurs éléments de comparaison : **un seul peut suffire pourvu qu'il soit pertinent**[3].

SECTION 2
CALCUL DE L'IMPÔT

611.70 **Division.** Ce calcul est établi à partir des taux prévus par la loi fiscale (§ 1), en tenant compte cependant des spécificités du droit successoral et des règles relatives à la régénération des tranches et des abattements en fonction du délai espaçant les transmissions (§ 2).

§ 1
Taux des droits

611.80 **Division.** Les droits de mutation à titre gratuit font dans la majorité des cas l'objet d'un calcul progressif (A) ayant pour assiette la valeur de l'actif transmis. Plus rarement, l'imposition est établie de manière proportionnelle (B) après un abattement symbolique pour les héritiers éloignés au-delà du quatrième degré et les étrangers.

A.
Imposition progressive

611.90 **Division.** L'imposition progressive touche la famille proche du disposant, à savoir les ascendants, les enfants et descendants de ceux-ci (1°), les collatéraux privilégiés et leurs descendants (2°), le conjoint et le partenaire lié par un PACS (3°), mais uniquement dans ces derniers cas pour les seuls droits de mutation entre vifs.

1°
Héritiers en ligne directe

611.91 **Héritiers en ligne directe.** Ce sont, après le conjoint, les héritiers traités avec le plus de mansuétude par la loi fiscale.

Les **taux** qui leur sont applicables résultent des **tranches** ci-après, en tenant compte de la modification opérée par la loi n° 2011-900 du 29 juillet 2011 qui a rajouté une tranche supplémentaire de 45 %. Par ailleurs, la loi n° 2007-1223 du 21 août 2007[4], dite loi « TEPA », avait posé le principe d'une revalorisation annuelle des tranches dans la limite supérieure de la première tranche du barème de l'impôt sur le revenu et arrondie à l'euro le plus proche. Cette revalorisation n'a pas survécu à la loi de finances rectificative pour 2011, du 28 décembre 2011[5], à partir de laquelle tranches et abattements restent figés. Les tableaux ci-après reprennent l'évolution des tranches depuis 2007 jusqu'au 1er janvier 2012.

611.91-1 **Évolution des tranches d'imposition pour les héritiers en ligne directe du 1er janvier 2007 au 1er janvier 2012.**

Depuis la réforme du 29 juillet 2011		
Tranches	Taux	Retrancher
0 € à 8 072 €	5 %	
8 072 € à 12 109 €	10 %	– 404 €
12 109 € à 15 932 €	15 %	– 1 009 €
15 932 € à 552 324 €	20 %	– 1 806 €
552 324 € à 902 838 €	30 %	– 57 038 €
902 838 € à 1 805 677 €	40 %	– 147 322 €
au-dessus	45 %	– 237 606 €
Au 1er janvier 2001 et jusqu'à la réforme du 29 juillet 2011		
Tranches	Taux	Retrancher
0 € à 8 072 €	5 %	
8 072 € à 12 109 €	10 %	– 404 €
12 109 € à 15 932 €	15 %	– 1 009 €
15 932 € à 552 324 €	20 %	– 1 806 €
552 324 € à 902 838 €	30 %	– 57 038 €
902 838 € à 1 805 677 €	35 %	– 102 180 €
au-dessus	40 %	– 192 464 €

1. Com. 5 déc 2000, n° 97-21.553, NP; *Ind. enr.* n° 17877; *RJF* 2001, n° 393.
2. Com. 12 févr. 2008, n° 07-10.242, *Bull. civ.* IV, n° 37; *JCP N* 2008, n° 19, 1201, comm. J.-P. Maublanc, pour une demeure historique.
3. Com. 4 avr 1995, n° 93-18.683, NP; *Ind. enr.* n° 16522 – Com. 7 juill. 2009, n° 08-14.855, NP; préc.
4. L. n° 2007-1223, 21 août 2007, en faveur du travail, de l'emploi et du pouvoir d'achat, *JO* 22 août,p. 13945.
5. L. n° 2011-1978, 28 déc. 2011, de finances rectificative pour 2011, *JO* 29 déc., p. 22510.

2010		
Tranches	Taux	Retrancher
0 € à 7 953 €	5 %	
7 953 € à 11 930 €	10 %	– 398 €
11 930 € à 15 697 €	15 %	– 994 €
15 697 € à 544 173 €	20 %	– 1 779 €
544 173 € à 889 514 €	30 %	– 56 196 €
889 514 € à 1 779 029 €	35 %	– 100 672 €
au-dessus	40 %	– 189 623 €

2009		
Tranches	Taux	Retrancher
0 € à 7 922 €	5 %	
7 922 € à 11 883 €	10 %	– 396 €
11 883 € à 15 636 €	15 %	– 990 €
15 636 € à 542 043 €	20 %	– 1 772 €
542 043 € à 886 032 €	30 %	– 55 976 €
886 032 € à 1 772 064 €	35 %	– 100 278 €
au-dessus	40 %	– 188 881 €

2008		
Tranches	Taux	Retrancher
0 € à 7 699 €	5 %	
7 699 € à 11 548 €	10 %	– 385 €
11 548 € à 15 195 €	15 %	– 962 €
15 195 € à 526 760 €	20 %	– 1 722 €
526 760 € à 861 050 €	30 %	– 54 398 €
861 050 € à 1 772 100 €	35 %	– 97 451 €
au-dessus	40 %	– 183 556 €

2007		
Tranches	Taux	Retrancher
0 € à 7 600 €	5 %	
7 600 € à 11 400 €	10 %	– 380 €
11 400 € à 15 000 €	15 %	– 950 €
15 000 € à 520 000 €	20 %	– 1 700 €
520 000 € à 850 000 €	30 %	– 53 700 €
850 000 € à 1 700 000 €	35 %	– 96 200 €
au-dessus	40 %	– 181 200 €

2°

Frères et sœurs, vivants ou représentés

611.101 Frères et sœurs, vivants ou représentés. Le barème qui leur est applicable demeure progressif, mais est réduit à sa plus simple expression puisqu'il ne prévoit que **deux taux** en fonction du montant de l'actif recueilli. Les **tranches** bénéficiant également des revalorisations, les tableaux qui suivent retracent également l'historique de celles-ci :

611.101-1 Évolution des tranches d'imposition pour les collatéraux privilégiés ou leurs descendants du 1er janvier 2007 au 1er janvier 2011.

2011		
Tranches	Taux	Retrancher
0 € à 24 430 €	35 %	
au-dessus	45 %	– 2 443 €

2010		
Tranches	Taux	Retrancher
0 € à 24 069 €	35 %	
au-dessus	45 %	– 2 407 €

2009		
Tranches	Taux	Retrancher
0 € à 23 975 €	35 %	
au-dessus	45 %	– 2 398 €

2008		
Tranches	Taux	Retrancher
0 € à 23 299 €	35 %	
au-dessus	45 %	– 2 330 €

2007		
Tranches	Taux	Retrancher
0 € à 23 000 €	35 %	
au-dessus	45 %	– 2 300 €

Les frères et sœurs du défunt qui remplissent les conditions d'âge ou d'infirmité et de domicile posées par l'article 796-0 *ter* du Code général des impôts sont exonérés de droits de mutation par décès.

3°

Conjoint et partenaire de PACS

611.111 Conjoint et partenaire de PACS. Ils sont **exonérés de droits de mutation par décès** (CGI, art. 796-0 *bis*), mais demeurent **soumis aux droits de mutation entre vifs**, suivant les tranches également revalorisées et de l'historique ci-après (v. s[s] n° 611.192-1).

B. Imposition proportionnelle

1° Collatéraux jusqu'au quatrième degré inclusivement

611.121 Collatéraux jusqu'au quatrième degré inclus. Ils sont soumis à un **taux d'imposition uniforme de 55 %.**

2° Collatéraux au-delà du quatrième degré et personnes non parentes

611.131 Collatéraux au-delà du quatrième degré. Ils sont soumis à un **taux d'imposition également uniforme de 60 %.**

§ 2 Calcul des droits

611.140 Division. Ce calcul doit prendre en compte trois paramètres : d'une part l'abattement applicable au bénéficiaire concerné (A), d'autre part l'existence éventuelle d'une transmission à titre gratuit consentie par le disposant au même bénéficiaire à l'intérieure d'une période de référence de six ans (B), et enfin l'influence des règles civiles de la représentation (D). Le principe du calcul est explicité à travers un exemple (C).

A. Abattements

611.150 Division. Depuis loi de finances rectificative pour 2011 du 28 décembre 2011, les abattements ne sont plus revalorisés annuellement.

Les abattements communs aux successions et donations concernent : les enfants (1°), les frères et sœurs (2°) et les héritiers handicapés (3°).

1° Les enfants

611.151 Abattements concernant les enfants de 2007 à 2011. La loi n° 2012-958 de finances rectificative pour 2012, du 16 août 2012[1], a ramené, pour les transmissions survenues depuis le 17 août 2012, l'abattement en ligne directe à 100 000 euros. Les tableaux ci-après rappellent les différents abattements applicables depuis 2007.

Depuis le 17 août 2012	
Succession	Donation
100 000 €	100 000 €
2011 et jusqu'au 16 août 2012	
Succession	Donation
159 325 €	159 325 €

2010	
Succession	Donation
156 974 €	156 974 €

2009	
Succession	Donation
156 359 €	156 359 €

2008	
Succession	Donation
151 950 €	151 950 €

2007 – après la loi TEPA du 21 août 2007	
Succession	Donation
150 000 €	150 000 €

2007 – avant la loi TEPA du 21 août 2007	
Succession	Donation
50 000 €	50 000 €
Avant le 1er janvier 2005	
Succession	Donation
46 000 €	46 000 €

2° Les frères et sœurs

611.161 Abattements concernant les frères et sœurs de 2007 à 2014.

Depuis le 1er janvier 2011	
Succession	Donation
15 932 €	15 932 €

2010	
Succession	Donation
15 697 €	15 697 €

1. L. n° 2012-958, 16 août 2012, de finances rectificative pour 2012, *JO* 17août, p. 13479.

2009	
Succession	Donation
15 636 €	15 636 €

2008	
Succession	Donation
15 000 €	15 195 €

2007 – après la loi TEPA du 21 août 2007	
Succession	Donation
5 000 €	15 000 €

2007 – avant la loi TEPA du 21 août 2007
Donation
5 000 €

3°
Tout héritier handicapé quel que soit son lien de parenté avec le disposant

611.171 Abattement concernant l'héritier handicapé de 2007 à 2011. L'article 779, II du Code général des impôts octroie à la personne atteinte d'une infirmité qui l'empêche de travailler dans des conditions normales de rentabilité un **abattement, maintenu par la réforme du 17 août 2012 et qui était alors équivalent à celui applicable en ligne directe.**

Pour son application, il n'y a pas lieu de distinguer suivant que cette infirmité ait été congénitale ou acquise, du moment qu'elle a entraîné par sa présence une perte de revenus. Ce qui signifie donc d'une part que le simple fait pour la personne handicapée de réussir malgré cela à subvenir à ses besoins ne lui interdit pas de prétendre à cet abattement, et d'autre part que cette infirmité lorsqu'elle survient après la vie active ne saurait être prise en compte[1].

Depuis le 1er janvier 2011	
Succession	Donation
159 325 €	159 325 €

2010	
Succession	Donation
156 974 € CGI, art. 779, II	156 974 € CGI, art. 779, II

1. CE 5 janv. 2005, req. n° 261049, NP; *Defrénois* 2005. 878, note F. Douet.

2009	
Succession	Donation
156 359 €	156 359 €

2008	
Succession	Donation
151 950 €	151 950 €

2007 – après la loi TEPA du 21 août 2007	
Succession	Donation
150 000 €	150 000 €

2007 – avant la loi TEPA du 21 août 2007	
Succession	Donation
50 000 €	50 000 €

B.
Existence d'une transmission antérieure

611.181 Existence de donations antérieures. L'article 784 du Code général des impôts pose en principe que les parties sont tenues de faire connaître dans tout acte constatant une transmission à titre gratuit l'existence de **donations antérieures** qui auraient été **consenties par le disposant.** Ce rappel ne concerne toutefois pas les donations « *passées depuis plus de quinze ans* ». Ce dispositif inauguré en 1991, le délai étant originairement établi à dix ans puis ramené à six ans (au 1er janvier 2006), porté ensuite à nouveau à dix ans (à compter du 30 juillet 2011) pour finir à quinze ans à ce jour (à compter du 17 août 2012), avait pour **finalité d'encourager la transmission,** puisque la dispense de rappel affectant les donations les plus anciennes permettait *de facto* de bénéficier à nouveau des abattements et des tranches les plus basses au moment de la nouvelle transmission.

611.182 Questions relatives à l'application de l'article 784 du Code général des impôts. Diverses questions se posent relativement à l'application de cet article, dont une au moins ne reçoit pas de réponse assurée.

La première est de déterminer la **nature de la donation qui est exonérée de ce rappel.** Il faut à n'en pas douter que l'acte ait été porté à la connaissance de l'Administration fiscale. Ce qui suppose donc, concernant une donation réalisée hors des formes authentiques, un **don manuel** par exemple, qu'il ait subi la formalité de l'**enregistrement.**

La seconde est de savoir si le **délai**, concernant un don réalisé par acte notarié, court à compter de la

signature de l'acte par le notaire ou à compter du **jour de l'enregistrement.** La solution ne fait ici pas de doute : la signature par le notaire confère date certaine et constitue le point de départ du délai, même si l'enregistrement intervient dans le délai des trente jours qui suivent la signature.

Demeure une hypothèse que l'on rencontre parfois en pratique. Certaines **donations** sont consenties **sous condition suspensive**, notamment en raison du fait qu'il est effectué une **dation d'une œuvre d'art en paiement des droits de succession**, et qu'il y a lieu d'obtenir l'accord de l'État sur ce mode de paiement. Si la condition se réalise, devra-t-on considérer, pour la computation de ce délai que la donation est rétroactivement devenue définitive au **jour de la signature** ou au **jour de la réalisation de la condition**, sachant par ailleurs que, sur un plan fiscal, l'article 676 du Code général des impôts dénie partiellement un caractère rétroactif à la condition suspensive[1] ? Il nous semble que la logique serait de considérer que la donation est rétroactivement devenue définitive une fois l'accord obtenu, car, d'une part, le droit fiscal tient partiellement compte de cette rétroactivité puisque l'état du bien s'apprécie non au jour de la réalisation de la condition, mais au jour de l'acte initial[2], et d'autre part, il serait inéquitable que le délai puisse être ainsi allongé au gré de la volonté de l'État qui se trouve être le créancier des droits.

C. Principes et exemple de calcul

611.191 Principes et exemples de calcul. La liquidation des droits de succession est rendue complexe par la superposition de réformes qui se sont succédé dans un trait de temps réduit.

Une première difficulté est née du défunt principe de revalorisation des tranches et abattements initié par la loi « TEPA ». On a pu craindre en effet que l'Administration fasse une lecture littérale de l'article 784 et interdise à l'héritier ou au donataire gratifié à l'intérieur du délai de référence d'avoir accès à l'accroissement des tranches intervenu dans l'intervalle sous le prétexte de l'utilisation antérieure de celles-ci[3]. Une telle lecture n'aurait assurément pas respecté l'esprit de la loi. L'instruction 7 G-7-09, du 10 juillet 2009[4] se prononce clairement, dans les exemples donnés, pour l'utilisation, par le bénéficiaire de la nouvelle transmission, de la **revalorisation des tranches pourtant absorbée lors de la mutation initiale.** L'exemple qui suit permettra d'illustrer ces propos.

Une seconde difficulté aurait pu naître de la conjonction entre la **réduction de l'abattement disponible** et l'**allongement du délai de rappel.** Ainsi, dans la période de référence actuelle de quinze ans, il peut parfois être constaté l'utilisation cumulée d'un abattement supérieur à 100 000 euros et des tranches inférieures. De fait, on aurait pu s'interroger sur le point de savoir si la partie excédentaire de l'abattement ou la double utilisation d'une même tranche ne devait pas conduire mécaniquement, lors d'une transmission suivante, à leur intégration dans les tranches restant disponibles. Cette façon de procéder n'aurait cependant pas été admissible, car elle aurait conduit de manière indirecte à remettre en cause les perceptions antérieurement établies.

Aussi bien, la conciliation des différentes réformes ayant affecté tant les abattements que les délais doit se comprendre par l'énoncé des règles suivantes :

– au cours du délai de référence de quinze ans, le contribuable ne doit pas avoir utilisé plus de 100 000 euros d'abattement général; dans le cas contraire, son abattement est réduit à néant;

– au cours du même délai, la somme disponible dans une tranche revalorisée ne doit pas être dépassée, à défaut de quoi cette tranche ne peut être réutilisée.

EXEMPLE 1

Un père a donné à sa fille unique une somme d'argent par don manuel d'un montant de 60 000 €, le 19 décembre 2004. Ce don a été enregistré le 26 décembre de la même année. Le donateur effectue une nouvelle donation le 26 décembre 2010 pour un montant de 250 000 €. Puis, en 2014, ce donateur consent une nouvelle donation pour un montant de 100 000 €.

Au moment de la taxation de la donation de 2010, deux remarques s'imposaient :

– d'une part, le point de départ du délai de six ans courait à compter de l'enregistrement du don, soit le 26 décembre 2004,

– d'autre part, en matière de droit d'enregistrement, le jour de l'enregistrement, ou de la signature de l'acte si celui-ci était authentique, n'était pas compté (*dies a quo*). Le jour de l'expiration du délai faisait en revanche partie de celui-ci (*dies ad quem*). En conséquence, le délai de six ans n'était au cas présent pas écoulé.

De fait, la donation de 2010 s'établissait comme suit :

1. CGI, art. 676 : « [...] *le régime fiscal applicable et les valeurs imposables sont déterminés en se plaçant à la date de réalisation de la condition* ».
2. *Dict. enr.* n° 1903.
3. F. Fruleux, « Le rappel fiscal à l'épreuve de la doctrine administrative récente et de la loi TEPA », *JCP N* 2007. 1238.
4. Instr. 7 G-7-09, 10 juill. 2009, BOI-ENR-DMTG-10-50-50.

Abattement disponible = abattement en vigueur en 2010 – abattement utilisé antérieurement alors en vigueur, soit :

156 974 – 46 000 = 110 974 €.

Solde taxable après abattement : 130 026 €

Tranches utilisées en 2004 : 7 600 à 5 %, 3 800 à 10 %, 3600 à 15 %

Revalorisations intervenues depuis lors :

353 € à 5 % = 17,65 €

177 à 10 % = 17,77 €

1 167 à 15 % = 175,05 €

128 329 à 20 % = 25 665,80 €

Total : 25 876,27 €

En 2014, il faut constater que le total des abattements utilisés (159 974 €) est supérieur au montant de l'abattement aujourd'hui en vigueur (100 000 €). Le donataire ne peut donc plus prétendre à aucun abattement.

Les tranches inférieures de 5 %, 10 % et 15 % ont été intégralement utilisées dans le délai de référence, revalorisations comprises.

La nouvelle donation sera donc taxée uniformément à un taux de 20 %, tranche sur laquelle il ne reste plus de disponible que : 536 392 – 128 329 utilisés en 2010, soit 408 063 qui restent libres pour la donation de 2014.

EXEMPLE 2

Un père donne à son fils le 14 juin 2004 par acte authentique une somme d'argent de 70 000 €.

Le 18 juin 2010 il donne par acte authentique des valeurs mobilières pour un montant de 190 000 €.

Enfin, en 2014, il revient devant le notaire pour donner 500 000 €.

Il n'existe plus d'abattement disponible, puisque le total des abattements utilisés au cours des quinze années dépasse la somme de 100 000 €.

Les tranches inférieures ont été utilisées deux fois : en 2004 et en 2010. Leur utilisation cumulée (7 600 en 2004 + 7 953 en 2010) excède le montant disponible en 2014 pour la tranche à 5 % (3 800 en 2004 + 3 977); excède également le montant disponible en 2014, pour la tranche à 10 % (3 600 en 2004 + 3 767 en 2010); excède toujours le montant disponible pour la tranche à 15 % en 2014 et en interdit ainsi la réutilisation, et ceci, indépendamment de la revalorisation intervenue sur ces tranches depuis la donation de 2010.

La donation de 2014 sera donc taxée uniformément à 20 %, étant ici observé qu'elle s'exécute sur le solde disponible sur cette tranche, déduction de la partie utilisée par la donation de 2004, soit 9 000, et celle de 2010, soit 17 329, ce qui donne un solde de (536 392 – 9 000 – 17 329 = 510 063. Après la taxation de la donation de 2014, la partie de tranche disponible à 20 % ressortira à 10 063 €.

611.192 Historique des tranches en ligne directe et entre conjoints.

– En ligne directe (v. s^s^ n°s 611.91 et 611.91-1).

– Entre conjoint et partenaire d'un PACS, v. ci-dessous.

611.192-1 Évolution des tranches d'imposition entre conjoints et partenaires de PACS du 1er janvier 2007 au 1er janvier 2012.

Depuis la réforme du 29 juillet 2011

Tranches	Taux	Retrancher
0 € à 8 072 €	5 %	
8 072 € à 15 932 €	10 %	– 404 €
15 932 € à 31 865 €	15 %	– 1 200 €
31 865 € à 552 324 €	20 %	– 2 793 €
552 324 € à 902 838 €	30 %	– 58 026 €
902 838 € à 1 805 677 €	40 %	– 148 310 €
au-dessus	45 %	– 238 594 €

2011

Tranches	Taux	Retrancher
0 € à 8 072 €	5 %	
8 072 € à 15 932 €	10 %	– 404 €
15 932 € à 31 865 €	15 %	– 1 200 €
31 865 € à 552 324 €	20 %	– 2 793 €
552 324 € à 902 838 €	30 %	– 58 026 €
902 838 € à 1 805 677 €	35 %	– 103 168 €
au-dessus	40 %	– 193 452 €

2010

Tranches	Taux	Retrancher
0 € à 7 953 €	5 %	
7 953 € à 11 930 €	10 %	– 398 €
11 930 € à 15 697 €	15 %	– 1 183 €
15 697 € à 544 173 €	20 %	– 2 752 €
544 173 € à 889 514 €	30 %	– 57 170 €
889 514 € à 1 779 029 €	35 %	– 101 645 €
au-dessus	40 %	– 190 597 €

2009

Tranches	Taux	Retrancher
0 € à 7 922 €	5 %	
7 922 € à 15 636 €	10 %	– 396 €
15 636 € à 31 272 €	15 %	– 1 178 €
31 272 € à 542 043 €	20 %	– 2 741 €
542 043 € à 886 032 €	30 %	– 56 946 €
886 032 € à 1 772 064 €	35 %	– 101 247 €
au-dessus	40 %	– 189 851 €

2008

Tranches	Taux	Retrancher
0 € à 7 699 €	5 %	
7 699 € à 15 195 €	10 %	– 385 €
15 195 € à 30 390 €	15 %	– 1 145 €
30 390 € à 526 760 €	20 %	– 2 664 €
526 760 € à 861 050 €	30 %	– 55 340 €
861 050 € à 1 772 100 €	35 %	– 98 393 €
au-dessus	40 %	– 184 498 €

2007 (entre époux)		
Tranches	Taux	Retrancher
0 € à 7 600 €	5 %	
7 600 € à 15 000 €	10 %	– 380 €
15 000 € à 30 000 €	15 %	– 1 130 €
30 000 € à 520 000 €	20 %	– 2 630 €
520 000 € à 850 000 €	30 %	– 54 630 €
850 000 € à 1 700 000 €	35 %	– 97 130 €
au-dessus	40 %	– 182 130 €

2007 (entre partenaires de PACS)		
Tranches	Taux	Retrancher
0 € à 15 000 €	40 %	
au-dessus	50 %	– 1 500 €

D.
Influence de la représentation successorale

611.201 Représentation successorale. La représentation constitue une technique successorale, son application est donc naturellement exclue par le droit fiscal en cas de dévolution testamentaire et en matière d'assurance-vie. En revanche, elle prévaut en cas de prédécès comme en cas de renonciation (CGI, art. 779, I). Curieusement, la loi fiscale restait muette au regard de l'indignité : une récente réponse ministérielle a précisé que la représentation était admise par le droit fiscal dans tous les cas – **prédécès, indignité, renonciation** – où elle était admise sur le plan civil[1]. L'application de cette fiction émanant du droit civil va rejaillir à la fois sur les abattements et sur le taux de l'impôt.

611.202 Sur les abattements. La représentation permet au représenté de bénéficier de l'abattement dont aurait normalement disposé son représentant s'il était venu à la succession. Comme en droit civil, cette représentation n'est admise **qu'en ligne directe et en ligne collatérale privilégiée à l'infini.** Ainsi, l'abattement de l'enfant profitera aux petits-enfants, et celui réservé aux frères et sœur prédécédés profitera aux neveux et nièces en se divisant le cas échéant entre eux[2]. En matière successorale, il est cependant exclu de cumuler l'abattement du représenté avec celui personnel du représentant[3]. Concernant le cas du ou des petits-enfants venant de leur propre chef, par suite du prédécès de leur auteur, enfant unique du défunt, l'Administration a tranché dans un sens favorable au contribuable en admettant par tolérance le jeu de la représentation, même au cas où le représenté a été déclaré indigne dans la succession de son auteur[4] alors que la doctrine civiliste est encore hésitante en cette hypothèse.

611.203 Sur le taux de l'impôt. Les neveux et nièces appelés exclusivement par la **dévolution légale** bénéficieront du même taux que leur auteur, c'est-à-dire le taux prévu entre frère et sœur, et non celui de 55 % applicable normalement à leur lien de parenté (CGI, art. 777). Cette bienveillance rencontre **deux limites** par rapport à la représentation fiscalement admise en matière de ligne descendante : la première est que cette représentation n'est admise qu'en **matière successorale**, à l'exclusion donc des donations, et la seconde est qu'elle **ne joue pas en cas de souche unique**, lorsque les neveux et nièce viennent de leur chef[5].

E.
Usufruits successifs

611.211 Usufruits successifs. L'évaluation des biens démembrés au regard des droits de mutation à titre gratuit relève obligatoirement de l'article 669, I et II du Code général des impôts, et de l'article 762 *bis* pour le droit d'usage et d'habitation. Mais le droit fiscal doit également composer avec des principes de droit civil qui viennent perturber l'application mécanique du barème.

Ainsi, la loi civile admet que plusieurs usufruits s'exercent successivement sur un même bien. Cette situation peut trouver son origine dans un fait juridique : une personne est décédée, laissant ses enfants nus-propriétaires de la succession sous l'usufruit de son conjoint. Puis, l'un des enfants décède à son tour, laissant également un conjoint qui ne pourra exercer son usufruit sur les biens qu'il avait reçus par succession qu'après extinction du premier usufruit. La volonté de l'homme peut également en être à l'origine : c'est l'hypothèse de la donation faite avec une réserve d'usufruit au profit du donateur, avec stipulation qu'au décès de celui-ci un nouvel usufruit s'ouvrira sur la tête et au bénéfice d'un tiers, qui a d'ailleurs accepté cette réversibilité dans l'acte constitutif. Dans les deux cas, il s'agit d'usufruits successifs. Pour tenir compte

1. Rép. min. Le Nay, *JO* 23 nov. 2010, p. 12822.
2. *BOI* 7 G 2, 28 sept. 2010, et Instr. 7 G-4-10, 30 juill. 2010, *BOI* n° 76, 12 août.
3. Pour les petits-enfants : CGI, art. 788, IV– Pour les neveux et nièces, Rép. min. Le Nay, 2 sept. 2008, *JOAN* p. 7599 ; BOI-ENR-DMTG-10-50-20-201220912.
4. *Dict. enr.* n° 3986-1 ; BOI-ENR-DMTG-10-50-80 § 330.
5. Rép. min. Candelier n° 54899, 26 janv. 2010 ; Instr. 7 G-4-10, 30 juill. 2010, *BOI* n° 76, 12 août – F. Fruleux, « Régime fiscal de la représentation », *JCP N* 2010. 1324.

de l'inévitable **composante aléatoire de ces situations,** puisque l'usufruit repose sur la durée de vie humaine, le droit fiscal use de deux principes :

- le premier est qu'en toute hypothèse, il n'y a lieu à **taxation** qu'au regard **des usufruits ouverts**[1], ce qui signifie donc que la valeur respective des droits démembrés s'apprécie en fonction de la situation présente, sans égard pour l'usufruit à venir et éventuel;

- le second est que si le deuxième usufruit vient à s'ouvrir, le nu-propriétaire aura droit, si le nouvel usufruit a une valeur supérieure au premier, à une restitution égale à la somme qu'il aurait payé en moins si la taxation avait été effectuée dès l'origine en prenant pour base l'âge du second usufruitier (CGI, art. 1965 B), étant ici précisé que cet âge s'apprécie rétroactivement au jour de l'acte ayant opéré le démembrement. En toute hypothèse, le droit à restitution expire le 31 décembre de la deuxième année qui suit celle du fait générateur (LPF, art. R. 196-1)[2].

Enfin, il importe de souligner que, même si le texte paraît de manière littérale subordonner la restitution au fait que le nu-propriétaire ait personnellement supporté l'impôt de transmission, la doctrine administrative ne mentionne pas cette exigence[3]. Comme le donateur peut prendre en charge les droits de donation, ce point a son importance en cas de décès de celui-ci, car la restitution devra être inscrite à l'actif taxable de sa succession.

EXEMPLE

Une personne décède en laissant un légataire à titre universel en usufruit âgé de 51 ans et un légataire universel en nue-propriété. Sa succession comprend un bien en nue-propriété. Ce bien est évalué 1 000 en toute propriété, mais l'usufruitier actuel est âgé de 72 ans. La valeur taxable dans la succession est donc de 1 000 – 300 = 700. L'usufruitier institué ne sera pas taxable tant que son usufruit ne sera pas ouvert. Le nu-propriétaire réglera l'impôt sur 700. Si le premier usufruitier décède à 82 ans, le nouvel usufruitier sera imposé sur la valeur de son usufruit au jour où il s'ouvre, soit 40 % (61 ans), l'assiette des droits, à valeur supposée constante du bien sera donc de 400. Le nu-propriétaire quant à lui pourra demander à ce que les droits qu'il a payés fassent l'objet d'une nouvelle liquidation *comme si* les droits du second usufruitier étaient ouverts au moment où il a recueilli le bien. Le nouveau calcul s'effectuera donc sur la base d'une nue-propriété valorisée au jour de la mutation initiale à 50 %, soit 500, d'après la fiscalité en vigueur à l'époque de la transmission du bien démembré.

1. *Dict. enr.* n° 4338.
2. BOI-ENR-DG-70-20120912, *BOFIP* 12 sept. 2012, n° 130.
3. BOI-ENR-DG-70-40-20120912, *BOFIP* 12 sept. 2012, n° 20.

CHAPITRE

612. Règles fiscales propres aux transmissions à cause de mort

GILLES BONNET
NOTAIRE
DOCTEUR EN DROIT

SECTION 0
ORIENTEUR

612.00 Plan du chapitre.

612.01 Textes applicables.

> Déclaration de succession : obligation et dispenses
CGI, art. 800

> Déclaration de succession : délai pour déclarer
CGI, art. 641 et 642

> Trois modes d'évaluation des meubles meublants
CGI, art. 764, I

> Quatre modes d'évaluation des bijoux, pierreries, objets d'art ou de collection
CGI, art. 764, II

> Évaluation de la résidence principale
CGI, art. 764 *bis*

> Attraction des contrats d'assurance-vie
CGI, art. 757 B
C. assur., art. L. 132-16

> Présomptions de propriété fiscales
CGI, art. 751, 752, 753, 1133, 1881, 1882

> Principe général de déduction des dettes
CGI, art. 768

> Modalités de déduction
CGI, art. 770

> Exceptions au principe de déduction
CGI, art. 773

> Imputation spéciale des dettes relatives aux biens exonérés
CGI, art. 769

> Abattements applicables
CGI, art. 200, 1, b; 788, IV

> Paiement différé des droits
CGI, art. 1727 et **CGI,** ann. III, art. 397 et 404, B

> Paiement fractionné des droits
CGI, art. 1731 et **CGI,** ann. III, art. 404, A, I

612.02 Jurisprudence de référence.

> Un tableau de maître est considéré comme un meuble meublant lorsqu'il sert à l'ornementation d'un appartement

• **Com. 17 oct. 1995, n° 94-10.196,** *Bull. civ.* IV, n° 240

* V. s^s n° 612.41

« Mais attendu qu'ayant rappelé qu'aux termes de l'article 534 du Code civil les meubles meublants sont ceux destinés à l'usage et à l'ornement des appartements, et comprennent les tableaux qui "font partie du meuble" d'un appartement mais non les collections de tableaux qui peuvent être dans des galeries ou dans des pièces particulières, le jugement constate qu'il n'est pas prétendu que M. X... ait possédé une collection de tableaux ou que le tableau litigieux n'ait pas orné son appartement et retient que le tableau litigieux est un meuble meublant; qu'en appliquant ainsi, pour qualifier un "meuble meublant", le droit commun, auquel l'article 764, I, 3° du Code général des impôts renvoie en citant cette catégorie de biens sans en donner une définition spéciale, le Tribunal a fait une exacte application de la loi [...]. »

612.03 Bibliographie indicative.

Ouvrages. E. Fouché, R. Gentilhomme, M. Hérail, *Fiscalité des mutations à titre gratuit et des partages*, 2e éd., Defrénois, 2013, n° 190.

Articles. A. Chappert, « Évaluation des rapports à succession et droits de mutation par décès : une réponse incomplète à un problème réel », *Defrénois* 1996. 36274 – A. Chappert et N. Levillain, « Rapport et réduction des donations », *Defrénois* 2001. 37372 – M. Dagot, « La compétence pour établir un inventaire », *JCP N* 2007. 1327 – C. Delory, « Point d'actualité sur l'évaluation du mobilier meublant et les droits de succession », *JCP N* 2001. 549 – F. Fruleux, « Comment déterminer l'actif taxable au décès de l'époux survivant resté en possession du portefeuille de valeurs mobilières commun ? », *JCP N* 2000. 1352 – S. Jacquin, « Assurance-vie et régime de communauté », *JCP N* 2010. 1269 – L. Martin, « Les rapports et les rappels de donations antérieures en matière de successions », *JCP N* 1993. 313; « L'effet déclaratif du partage et l'exonération de droits prévue pour la succession d'immeubles neufs d'habitation », *JCP N* 1995. 1813 – W. Merle, « Rappel des donations antérieures, réduction de donation, action en restitution des droits du gratifié : conséquences sur la liquidation des droits de succession », *JCP N* 2004. 1492; « Donations antérieures : le non-rappel n'exclut ni le rapport ni la réduction », *JCP N* 2004. 1377.

612.04 Questions essentielles.

> Comment évaluer les meubles meublants ?

* V. ss nos 612.20 s.

> Quelles incidences ont les règles civiles du rapport et de la réduction sur la liquidation des droits de succession ?

* V. ss nos 612.130 à 612.161

612.09 Déclaration de succession. Le fait générateur de l'impôt successoral est le décès. Cette transmission donne lieu à l'établissement par les héritiers ou légataires d'une déclaration de succession qui doit être envoyée à la recette des impôts du domicile du défunt. Cette **obligation** n'est **pas absolue** : les descendants, le conjoint et le partenaire en sont dispensés à la double condition que l'actif brut successoral n'atteigne pas 50 000 euros et qu'ils n'aient pas bénéficié d'une donation non déclarée (CGI, art. 800, I, 1°). Lorsque l'actif brut successoral ne dépasse pas 3 000 euros, tous les héritiers sans distinction échappent à la souscription de la déclaration de succession (CGI, art. 800, I, 2°).

Le **délai de souscription** est de **six mois** à compter du décès ou du jour où le jugement déclaratif qui en tient lieu est transcrit sur les registres d'état-civil, à moins qu'il n'y ait eu prise de possession antérieure par les héritiers [1]. La règle est identique pour le jugement déclaratif d'absence [2]. Ce délai est ramené à un an lorsque le défunt est décédé hors de la France métropolitaine (CGI, art. 641), sauf cas particuliers liés aux déclarations à souscrire dans les départements d'outre-mer (CGI, art. 642).

La fiscalité successorale affirme son particularisme au regard de la détermination de l'actif taxable et des abattements spécifiques qui lui sont dédiés. Tout naturellement également, la détermination des parts taxables épouse les grands principes du droit civil des successions liés à la protection de la réserve héréditaire, à l'égalité des héritiers, voire au partage de la succession.

SECTION 1
DÉTERMINATION DE L'ACTIF TAXABLE

612.10 Division. Des dispositions fiscales s'appliquent spécifiquement à l'actif successoral, tant pour son évaluation (§ 1) que pour sa constitution (§ 2).

§ 1
Évaluations

612.20 Division. Les principes généraux d'évaluation demeurent, mais des tempéraments y sont apportés en matière de valeurs mobilières cotées (A), des meubles meublants, bijoux pierreries, objets d'art ou de collection (B), de la résidence principale (C) et des contrats d'assurance-vie (D).

A.
Valeurs mobilières cotées

612.21 Choix entre deux évaluations. Le déclarant a le choix entre deux évaluations : soit le **cours moyen de la bourse au jour du décès**, soit depuis le 1er janvier 2004, la **moyenne des trente derniers cours qui précèdent le décès** [3]. Si les titres ne sont

1. *Dict. enr.* n° 3640.
2. *BOI* 7 G-5-79.
3. *Dict. enr.* n° 3824.

cotés qu'à l'étranger, le cours, bien que ne constituant pas une base légale d'évaluation n'en constitue pas moins un élément d'appréciation incontestable [1].

B. Meubles meublants, bijoux, pierreries, objets d'art ou de collection

1° Meubles meublants

612.31 Trois modes de valorisation des meubles meublants. L'article 764, I du Code général des impôts est le siège de la matière. Pour les meubles meublants, il envisage par ordre hiérarchique trois modes d'évaluation.

612.32 1) Évaluation sur la base d'une vente publique réalisée dans les deux ans du décès. La vente publique réalisée dans les deux années qui précèdent ou suivent le décès constitue la base légale d'évaluation. Mais c'est le prix net de la vente, donc déduction faite de tous les frais, légaux et facultatifs sous réserve de justifications, qui sera portée dans la déclaration de succession [2].

612.33 2) Évaluation sur la base d'une prisée contenue dans l'inventaire. À défaut, l'évaluation résultera de la prisée contenue dans un inventaire effectué par le notaire et un commissaire-priseur dans les formes prescrites par l'article 789 du Code civil. La nouvelle rédaction de l'article 764 du Code général des impôts qui tient désormais compte de la loi portant réforme des successions en renvoyant au nouvel article 789 du Code civil, répond au passage à une interrogation née de la réforme de la profession de commissaire-priseur. Partageant les prérogatives de ceux-ci en matière de ventes mobilières publiques volontaires, le personnel des sociétés de vente aurait également pu effectuer la prisée. Le renvoi fait par la loi fiscale à l'article 789 du Code civil interdit donc cette extension : l'inventaire visé par l'article 764 du Code général des impôts ne constitue pas autre chose qu'un inventaire dressé dans le strict respect des formes prévues par la loi civile. Elle permet cependant que l'inventaire résulte d'un acte de notaire, commissaire-priseur judiciaire ou huissier « *suivant les lois et les règlements applicables à ces professions* ». Il est apparu douteux à la doctrine qu'un inventaire qui n'ait pas été effectué en présence d'un notaire puisse être opposable à l'Administration fiscale [3], dans la mesure où son rôle est de recueillir les dires des héritiers et d'en tirer les conséquences juridiques quant à la propriété des biens du défunt. Ces arguments de bon sens commandent le recours à la forme notariée, même si cette prudence va au-delà du texte fiscal.

Demeure une dernière incertitude sur le plan formel : l'inventaire peut-il être effectué par un **clerc habilité** ? Il y a lieu de relever que l'inventaire n'est pas compté aux nombres des actes solennels : en ce sens donc, rien n'empêche la délégation résultant de l'habilitation. En revanche, plusieurs arrêts ont considéré, à l'époque où l'inventaire fiscal devait être effectué suivant les formes prévues à l'ancien article 943 du Code de procédure civile, que la **présence du notaire** était **obligatoire** [4]. Pour certains, cette solution doit être maintenue [5]. Ici encore, la prudence invite à requérir l'intervention du notaire afin d'éviter un débat avec l'Administration fiscale sur l'interprétation de texte encore peu commenté.

Rien n'empêche par ailleurs les héritiers de recourir à un **inventaire après le dépôt de la déclaration de succession** [6], alors même qu'ils avaient choisi l'application du forfait.

La **clôture de l'inventaire** doit avoir lieu **dans les cinq années du décès** : elle contient l'affirmation sous serment, obligatoirement prêtée devant le notaire, par tous les héritiers qui ont eu accès aux avoirs du défunt, qu'il n'existe aucune omission d'actif. En l'absence de clôture, l'inventaire n'est pas considéré comme régulier par l'Administration [7].

Arrivant en second dans la hiérarchie de la valorisation des meubles meublants, la **prisée** contenue dans l'inventaire peut bien évidemment être **contredite par une vente publique intervenant postérieurement au décès.** La pratique s'oriente alors vers la réalisation d'une **déclaration de succession rectificative** dressée dans les six mois de la vente, qui fera apparaître soit un complément de droit à verser au Trésor, soit un remboursement à effectuer par celui-ci dans le cas où le prix net de frais s'avère inférieur à la prisée.

1. *Dict. enr.* n° 3824.
2. Sur la notion de « vente publique » depuis la réforme du statut des commissaires priseurs, v. les pénétrantes observations de C. Delory, « Point d'actualité sur l'évaluation du mobilier meublant et les droits de succession », *JCP N* 2001. 549.
3. M. Dagot, « La compétence pour établir un inventaire », *JCP N* 2007. 1327.
4. Com. 22 nov 1988, n° 87-15.612, NP; *Ind. enr.* n° 15086.
5. *Dict. enr.* n° 3785 d.
6. TGI Paris, 2e ch., 14 sept. 1989, *Defrénois* 1990, art. 34703, obs. A. Chappert. Encore faut-il que l'inventaire soit complet… et son accomplissement à une date éloignée du décès peut en faire douter. La prudence commandera alors de recueillir les déclarations des héritiers sur ce point.
7. *Dict. enr.* n° 3785 d.

612.34 3) Évaluation subsidiaire : forfait mobilier de 5 %. Le forfait mobilier de 5 % s'applique à défaut de ventes publiques ou à défaut d'inventaire. Les héritiers sont libres de dresser une liste estimative, mais celle-ci ne saurait en tout état de cause être inférieure à ce forfait. Toutefois, ce forfait peut être écarté si le défunt est décédé dans la maison de retraite ou il était domicilié, et qu'il soit produit une attestation du directeur d'établissement mentionnant que celui-ci n'y détenait pas de meubles meublants.

612.35 Assiette du forfait. Le forfait est calculé sur l'**actif brut de la succession, sans déduction du passif.**

Sont également compris dans l'assiette du forfait :

- les **bijoux, les pierreries et objets d'art** qui sont évalués à part,

- ainsi que les biens qui rentrent dans l'hérédité par l'effet de **présomptions de propriété fiscales,** telles que par exemple celle établie par l'article 751 du Code général des impôts.

Tout actif augmentant la masse taxable (*a contrario* la fraction exonérée des droits de succession de certains biens ne doit pas y être comprise), donne donc lieu à l'application du forfait.

- ainsi, l'**indemnité de réduction due par le bénéficiaire d'une donation excédant la quotité disponible** doit également être incluse dans cette assiette, car il s'agit d'un élément d'actif supplémentaire rentrant dans l'hérédité par suite de la résolution totale ou partielle, au moins en valeur, de la donation consentie par le défunt.

Ce n'est inversement pas le cas de l'**indemnité de rapport** car elle est issue d'une opération de répartition de l'actif héréditaire entre les ayants droit, sans en modifier l'étendue[1]. Enfin, après un long silence, l'Administration a fini par admettre que la fraction taxable des contrats d'assurance-vie soumis aux droits de mutation par décès au titre de l'article 757 B du Code général des impôts n'était également pas comprise dans ce forfait[2] (v. s[s] n°s 612.61 à 612.63).

612.36 Calcul du forfait. Ce calcul ne pose aucune difficulté sauf dans le cadre d'époux mariés sous un régime communautaire où il faut concilier le principe d'assiette sur l'actif brut et l'existence de récompenses.

La règle peut être résumée de la façon suivante :

- au regard de l'actif de communauté, l'assiette est bien constituée par l'actif brut, déduction faite des récompenses dues à l'époux survivant ou à sa succession,

- au regard de la succession, l'assiette du forfait portera, outre sur la moitié de l'actif brut de communauté tel que déterminé ci-dessus, sur les biens propres du défunt et les récompenses dues par la communauté. Le passif ne sera pas déduit, exception faite des récompenses dues par la succession à la communauté, et qui ont déjà supporté le forfait au niveau de l'actif de communauté[3].

612.36-1 Exemple chiffré.
Actif de communauté de 1 000, passif de communauté courant de 200, récompense due par la communauté au défunt de 100 et au survivant de 300, et bien propre dans la succession de 400.

Calcul forfait sur l'actif de communauté : 1 000 – 100 (récompense due à la succession) – 300 (récompense due au survivant) = 600 × 5 % = 30 dont moitié pour la succession, soit 15.

Calcul sur la succession : *Boni* de communauté de 1/2 de (1000 – 200 – 100 – 300) = 200 + moitié de forfait de communauté de 15 = 215.

Assiette forfait de succession : Récompense de 100 due par la communauté + bien propre de 400 × 5 % = 25.

612.37 Influence des conventions matrimoniales. Lorsque par l'effet d'une **clause de préciput,** les meubles meublants communs reviennent au conjoint survivant, le forfait de 5 % n'est alors pas applicable à la communauté. Mais il devra être calculé sur les biens propres du défunt ainsi que sur les récompenses dues par la communauté à la succession.

2°
Bijoux, pierreries, objets d'art ou de collection

612.41 Quatre modes de valorisation des bijoux, pierreries, objets d'art ou de collection. L'évaluation des bijoux, pierreries, objets d'art ou de collections est soumise à semblable hiérarchie que celle des meubles meublants, hiérarchie à la tête de laquelle se trouve placée la **vente aux enchères publiques.** Suit l'**inventaire** dressé dans les formes prévues par l'article 789 du Code civil. Mais entre cet inventaire et la **déclaration estimative** des parties, le texte de l'article 764, II du Code général des impôts laisse la place à une **quatrième base d'évaluation** qui résulte de celle contenue dans les **contrats d'assurance contre le vol ou l'incendie** afférents spécifiquement à ces objets. Il s'agit de contrats en cours au moment du décès qui ont été souscrits par le défunt moins de dix années avant son décès, étant ici précisé qu'une police tacite-

1. *Dict. enr.* n° 3785 f.
2. Rép. min. à M. Le Nay, *JOAN* 19 août 2008, p. 7145.
3. Instr. 7 G-7-98, 8 mai 1998, *BOI* n° 95, 20 mai.

ment reconduite au-delà de ce délai est considérée comme rentrant dans les prévisions de l'article 764, II du Code général des impôts[1].

La **doctrine** lit ces dispositions de manière peu favorable au contribuable. En effet, la présentation qui est faite de ces modes d'évaluation conduit, à notre sens au mépris de la lettre du texte, à **surclasser le rôle accordé aux contrats d'assurance**, puisqu'elle aboutit curieusement à faire prévaloir l'évaluation qui dérive de ceux-ci sur les inventaires dressés par les professionnels, sauf dans le cas où ces derniers contiennent une prisée supérieure[2]. Or, en subordonnant le recours à ce mode d'évaluation « *sous réserve de ce qui est dit au I* », le législateur a relégué celui-ci derrière la vente aux enchères et l'inventaire. Il remplit le même rôle que le forfait de 5 % dans la mesure où, en cas d'existence de telles polices d'assurance, la **déclaration estimative faite par le contribuable ne saurait être inférieure aux évaluations contenues dans celles-ci**. Il convient de noter au surplus que le législateur a réservé la **preuve contraire** : dès lors, comment un inventaire réalisé avec le concours d'un professionnel ne pourrait-il pas constituer la preuve contraire ?

Dès lors, il apparaît que la **hiérarchie des modes de preuve** est la suivante :

- vente aux enchères,
- inventaire,
- déclaration estimative des parties : en présence d'une police d'assurance, cette déclaration estimative ne saurait être inférieure aux évaluations qu'elle contient.

La **notion d'objet d'art et de collection** peut se recouper avec celle de meubles meublants. Ainsi, la Cour de cassation a jugé que les tableaux de maître, qui ne constituent pas des collections mais qui servent à l'ornementation d'un appartement, constituent des **meubles meublants**, et peuvent à ce titre être compris dans le forfait de 5 %[3]. Mais l'Administration fiscale conserve dans tous les cas la possibilité d'apporter la preuve que la valeur réelle des meubles meublants dépasse le forfait et donc d'écarter celui-ci[4].

C.
Résidence principale

612.51 Résidence principale. L'évaluation du bien immobilier qui au jour du décès constituait la résidence principale du conjoint survivant, du partenaire, ou d'un ou plusieurs enfants mineurs ou majeurs protégés du défunt de son époux ou de son partenaire (CGI, art. 764 *bis*). Ce bien bénéficie d'un abattement de 20 % sur sa valeur vénale, qui doit être obligatoirement appliqué pour le calcul de la plus-value en cas de revente[5]. Cette réfaction de 20 % est également applicable lorsque les enfants majeurs du défunt qui occupent le bien sont incapables de travailler dans des conditions normales de rentabilité.

1. *Dict. enr.* n° 3785 f.
2. *Dict. enr.* n° 3785 e.
3. Com. 17 oct. 1995, n° 94-10.196, *Bull. civ.* IV, n° 240; *JCP N* 1998. 818 – Com. 8 févr. 2000, n° 97-19.000, NP.
4. Rép. min., M. Lellouche *JOAN Q* 15 mars 1999, p. 1557.

D.
Contrats d'assurance-vie

612.61 Fiscalité successorale. Les contrats d'assurance-vie sont attraits dans la fiscalité successorale, soit directement, soit indirectement.

612.62 Attraction directe des contrats d'assurance-vie dans la fiscalité successorale. L'article 757 B du Code général des impôts prévoit en effet la **soumission des primes versées après soixante-dix ans** aux droits de succession au moment du décès de l'assuré (qui cumule le plus souvent cette qualité avec celle de souscripteur). Le taux de ces droits de succession varie suivant le **lien de parenté** existant entre le **souscripteur** et le **bénéficiaire du capital**, après application d'une franchise générale de 30 500 euros valable pour l'ensemble des primes investies, et leur liquidation s'effectue au regard des abattements et tranches laissées disponibles par d'éventuelles donations antérieures. Restait une interrogation en suspens : l'Administration avait d'une part admis, pour les **contrats souscrits avant soixante-dix ans et après le 13 octobre 1998 et relevant de l'article 990, I du Code général des impôts**, qu'en cas de démembrement, **l'usufruitier**, qu'il y ait ou non stipulation d'un quasi-usufruit, était **seul redevable du prélèvement de 20 %**, et d'autre part que **les personnes exonérées de droit de succession n'étaient pas soumises à ce prélèvement** (conjoint, partenaire, frère ou sœur répondant aux conditions de l'article 796-0 *ter*) Il en découlait une **exonération globale**, quel que soit le montant du capital, dès lors que l'usufruitier n'était pas assujetti aux droits de mutation par décès. La question qui s'est alors posée était de savoir si cette situation pouvait être transposée aux **contrats relevant de l'article 757 B**. Rien n'était moins sûr en vérité,car, d'une part, toutes les réponses ministérielles faisant de l'usufruitier le redevable légal du prélèvement forfaitaire n'ont été données qu'à propos des contrats soumis à l'article 990, I, et d'autre part, l'Administration n'avait toujours pas rapporté sa doctrine qui prescrivait, pour les con-

5. *Mémento Fiscal*, Francis Lefebvre, 2014, n° 32225.

trats démembrés soumis à l'article 757 B de liquider les parts taxables de l'usufruitier et du nu-propriétaire en se référant au barème de l'article 762 ancien du Code général des impôts.

La réforme issue de la loi de finances rectificative pour 2011, du 29 juillet 2011 [1], a fait s'envoler toutes les illusions, en instituant, pour la perception du prélèvement, comme bénéficiaires tant l'usufruitier que le nu-propriétaire à hauteur de leurs droits respectifs évalués par référence à l'article 669 du Code général des impôts. Il convient de noter par ailleurs que le taux du prélèvement de 20 % n'est désormais applicable qu'à hauteur des 700 000 euros qui excèdent l'abattement général de 152 500 euros; au-delà de cette fraction taxable, l'imposition passe à 31,25 % (CGI, art. 990 I, al. 1er.)

Souscrits par un époux au moyen de deniers dépendant de la communauté, ces contrats modifieront également l'actif successoral taxable en générant une **récompense au profit de la communauté si le bénéficiaire n'est pas le conjoint survivant** : il s'agit là de la simple application du principe posé par l'article L. 132-16 du Code des assurances qui ne prévoit une dispense de récompense que dans la stricte mesure ou le bénéfice du capital revient au conjoint.

612.63 Attraction indirecte des contrats d'assurance-vie dans la fiscalité successorale. De manière indirecte, les contrats d'assurance-vie non dénoués peuvent rejaillir sur la détermination de l'actif taxable. Jusqu'à une époque récente, l'Administration considérait que les héritiers pouvaient se dispenser d'inscrire à l'actif de communauté le contrat non dénoué parce que souscrit par le survivant des époux, à condition que le bénéficiaire en fût le conjoint prédécédé. Il est inutile de tenter de rattacher à un quelconque fondement juridique ou logique cette règle qui s'émancipe totalement des principes dégagés, sur le plan civil par l'arrêt *Praslicka* [2]. Pour le bonheur des juristes, et pour le malheur des contribuables, il a été récemment mis fin à cette curieuse excroissance fiscale : **les contrats non dénoués constituent un actif comme un autre** et doivent donc figurer à ce titre à l'actif de communauté, pour leur **valeur de rachat au jour de la dissolution** [3], sauf pour le conjoint souscripteur à démontrer le caractère propre dudit contrat.

1. L. n° 2011-900, 29 juill. 2011, de finances rectificative pour 2011, *JO* 30 juill., p. 12969.
2. Civ. 1re, 31 mars 1992, n° 90-16.343, *Bull. civ.* I, n° 95 (sur la jurisprudence *Praslicka*, v. ss nos 132.02 et 132.74).
3. Rép. min. Baquet, n° 7283, 29 juin 2010 – V. AUSSI, S. Jacquin, « Assurance-vie et régime de communauté », *JCP N* 2010. 1269.

§ 2
Établissement de la masse taxable

612.70 Division. Le régime matrimonial retentit sur l'établissement de la masse successorale taxable (A); des présomptions de propriété fiscales propres aux droits de mutations par décès viennent également interférer (B).

A.
Influence du régime matrimonial

612.71 Communauté et biens propres. La liquidation du régime rejaillit nécessairement sur l'actif successoral puisque le résultat de cette liquidation fait partie intégrante de l'actif taxable. Les difficultés se cristallisent essentiellement autour du **régime de communauté légale** ou des **régimes conventionnellement aménagés** qui laissent subsister des **biens propres.** Il convient alors d'identifier les **transferts de valeurs** entre les patrimoines propres des époux et la communauté, qui vont se traduire par des **récompenses au débit ou au crédit de l'actif successoral taxable.** L'Administration fiscale s'est à cet égard approprié la jurisprudence de la Cour de cassation [4] et considère que **le simple encaissement par la communauté de fonds propres fait présumer l'existence d'une récompense au détriment de celle-ci et au profit du patrimoine propre** [5]. En pratique, l'inscription de cette récompense prend un caractère quasi automatique et il revient à la partie qui conteste cette inscription de prouver que la somme incriminée n'a pas profité à la communauté. L'établissement du compte de récompense est donc facilité, mais également pour l'Administration la preuve de l'omission de celles-ci.

B.
Présomptions de propriété

612.81 Objectifs des présomptions de propriété. Le Code général des impôts édicte certaines présomptions de propriété destinées tant à faciliter pour l'Administration l'établissement de la masse taxable qu'à lutter contre la fraude visant l'évasion d'actifs. Ces présomptions se rencontrent en matière immobilière (v. ss n° 612.82), également et principalement en matière mobilière (v. ss n° 612.83), et ont parfois une portée générale (v. ss n° 612.84).

612.82 En matière immobilière, le texte de l'article 1881 du Code général des impôts prévoit qu'indépendamment de l'existence d'un titre de

4. Instr. 7 G-6-06, *BOI* n° 103, 21 juin 2006.
5. Instr. 7 G-6-06, *BOI* n° 103, 21 juin 2006.

propriété, les **immeubles inscrits au nom du défunt** et à propos desquels il a acquitté la **taxe foncière** au moins deux fois avant son décès[1] sont **présumés lui appartenir, sauf preuve contraire.** Cette présomption peut également s'appuyer sur les actes faits par le défunt à titre de possesseur, comme l'établissement de baux. L'utilisation de cette présomption se rencontre assez rarement en pratique, puisque l'inscription au rôle foncier résulte dans l'immense majorité des cas de la publication en bonne et due forme d'un titre au fichier immobilier.

612.83 **En matière mobilière,** et compte tenu de la nature plus facilement dissimulable de ces biens, l'Administration dispose d'un arsenal plus large.

Une **première présomption**, homologue de celle concernant les biens immobiliers, dont le siège se trouve à l'article 1882 du Code général des impôts concerne les **fonds de commerce**, présumés **sauf preuve contraire** faire partie de la succession, dès lors que le défunt était inscrit au rôle des contributions et qu'il a effectué plusieurs paiements en vertu de ces rôles.

La **seconde présomption**, plus utilisée en pratique concerne les **comptes bancaires collectifs ou ouverts en indivision.** Elle est codifiée à l'article 753 du Code général des impôts, et prévoit que les sommes déposées sur ces comptes sont réputées appartenir à chacun des titulaires par parts viriles. La **preuve contraire** est possible tant pour le contribuable que pour l'Administration, laquelle peut toujours établir que le défunt était seul propriétaire de ces valeurs en démontrant l'origine de celles-ci.

La **dernière présomption**, établie par l'article 752 du même Code a connu quelques vicissitudes. Ce texte prévoit que doivent être réintégrées dans l'actif successoral taxable, **les actions, obligations, parts de fondateurs ou bénéficiaires, parts sociales et toutes autres créances** dont le défunt a eu la propriété ou a perçu les revenus ou à raison desquelles il a effectué une opération quelconque moins d'un an avant son décès. L'Administration fiscale avait en son temps tenté d'attraire cette disposition hors de son domaine, pour l'appliquer aux retraits d'espèces effectués par le défunt dans l'année précédant celle de sa disparition. Cette attitude était critiquable sur le plan logique dans la mesure où le retrait d'espèces d'un compte bancaire constitue précisément la preuve de l'extinction de la créance du défunt contre la banque et donc l'impuissance de l'article 752 à servir de fondement textuel à ces agissements. La Cour de cassation y a mis bon ordre en annulant les redressements prononcés de ce chef[2].

1. *Dict. enr.* n° 4522.
2. Com. 20 févr. 1990, n° 88-15.275, NP.

La **présomption** s'est donc retrouvée **cantonnée à son domaine normal d'application** qui est celui des **opérations sur valeurs mobilières** et **non des retraits d'espèces.** Pour ces derniers, l'Administration ne peut demander leur réintégration dans l'actif que sur le fondement de l'article 750 *ter* du Code général des impôts qui pose un principe général de taxation des biens appartenant au défunt, et en apportant la preuve, suivant des présomptions graves précises et concordantes, de la conservation des espèces ainsi retirées par le défunt. Relativement aux valeurs mobilières, qui relèvent du texte de l'article 752, il s'agit principalement de l'exercice des droits qui y sont attachés (droit de souscription, perception d'un dividende, participation aux assemblées) qui pourront donner lieu à l'application de la présomption[3].

612.84 **Présomption à portée générale.** L'article 751 du Code général des impôts se distingue des précédentes présomptions par son caractère général. Elle frappe **tout bien appartenant pour l'usufruit au défunt et pour la nue-propriété à ses présomptifs héritiers ou à des personnes réputées interposées** au sens de l'article 911 deuxième alinéa du Code civil et 1100 ancien dudit Code, et a pour effet de **réintégrer dans l'actif taxable le bien considéré pour sa valeur en pleine propriété.** Le but de cette disposition est de **lutter contre l'évasion fiscale** résultant du principe suivant lequel la réunion de l'usufruit à la nue-propriété ne donne lieu au paiement d'aucune taxe lorsque cette réunion se produit soit par le décès de l'usufruitier ou par l'expiration du délai pour lequel l'usufruit était fixé (CGI, art. 1133), la fraude consistant alors à ce que le prix de la nue-propriété soit payé par l'usufruitier, et que le bien échappe ensuite à toute déclaration au moment du décès de celui-ci.

Cette **présomption** n'est toutefois **pas applicable** aux démembrements résultant :

– d'une **donation constatée plus de trois mois avant le décès**, le délai s'appréciant à la date de la signature de l'acte s'il est authentique, à défaut à compter du jour de l'enregistrement[4];

– d'un **acte authentique à titre gratuit**, réalisé également **trois mois avant le décès**;

– d'un **décès**, ce démembrement pouvant alors résulter de l'application de la dévolution légale ou de dispositions testamentaires prises par le défunt[5]. Ceci plaide d'ailleurs pour la **réalisation effective**

3. Com. 6 mars 1984, n° 82-12.751, *Bull. civ.* IV, n° 89.
4. Lorsque la donation date de moins de trois mois elle peut constituer la preuve contraire au démembrement : Com. 23 mars 2010, n° 09-65.820, NP; *Ind. enr.* n° 19647.
5. Rép. min., 26 juin 1963, *Ind. enr.* n° 10803; Rép. min., 31 déc. 1964, *Ind. enr.* n° 10956.

du démembrement lorsque le **conjoint survivant** conserve, au titre de son usufruit, la jouissance de l'ensemble des portefeuilles de valeurs mobilières. Une pratique bancaire critiquable consiste parfois, avec l'accord des nus-propriétaires, à muter les comptes titres au seul nom du conjoint survivant. Il en découle un **important risque de double taxation** puisqu'au décès de celui-ci, ces comptes ouverts à son nom iront automatiquement incrémenter l'actif taxable pour la totalité, alors que la nue-propriété a déjà supporté les droits, l'Administration n'admettant que difficilement la déduction de la part qui a déjà subi une taxation[1]. L'ouverture de comptes démembrés pallie ce grave risque, sans pour autant prêter le flanc à la présomption de l'article 751, en raison de l'origine successorale de ce démembrement.

Hors de ces cas, **la présomption a vocation à s'appliquer à tous les actes constatant un démembrement**, qu'ils proviennent d'un acte translatif comme une vente, ou déclaratif comme un partage. Pour renverser la présomption, l'héritier doit établir la sincérité du démembrement et donc qu'il a effectivement supporté le prix d'acquisition de la nue-propriété, preuve dont le caractère convaincant est laissée à l'appréciation souveraine des juges du fond. Les contribuables pouvaient à ce titre s'interroger sur le caractère réfrangible de la présomption qui leur était opposée puisque la chambre commerciale de la Cour de cassation a considéré par deux fois que le fait qu'il était établi que les fonds ayant permis de payer le prix de l'acquisition de la nue-propriété avaient été donnés ne permettait pas de faire échec à la présomption. La loi de finances du 24 décembre 2007 est venue briser cette jurisprudence en précisant que **la donation de deniers,** ayant date certaine et qui a permis de financer l'acquisition de la nue-propriété, vaut **preuve contraire**, dans la mesure où **l'acte contient la mention de l'origine des fonds** (CGI, art. 751, al. 2).

Pour les autres cas, **l'interposition d'une société civile,** qui détiendrait la nue-propriété du bien et dont les héritiers présomptifs seraient associés, est présentée comme le moyen de faire échec à la présomption. Ici comme ailleurs, **l'abus de droit** tiendra lieu d'épouvantail et les initiateurs d'un tel montage devront s'interroger sur la pertinence économique d'une société civile de gestion détenant exclusivement de la nue-propriété, rendant ainsi la tenue annuelle des assemblées et l'approbation des comptes symboliques...

1. Sur ces questions, v. F. Fruleux, « Comment déterminer l'actif taxable au décès de l'époux survivant resté en possession du portefeuille de valeurs mobilières commun ? », *JCP N* 2000. 1352; *Dict. enr.* n°s 3483 et 3920 a.

Constituant une présomption de propriété, l'article 751 du Code général des impôts aboutit à la réintégration dans l'actif taxable de la valeur en toute propriété du bien démembré, ce bien ayant pour finalité ultime de « *gonfler* » au final la part taxable recueillie par l'héritier nu-propriétaire. Tout se passe en effet comme si le bien démembré lui avait été légué à titre particulier[2], étant précisé que les droits de vente ou de donation qui auraient été acquittés lors de la transmission par l'usufruitier de la nue-propriété sont imputables sur le supplément d'impôt dû à raison du jeu de la présomption. En revanche, lorsque le démembrement provient d'une acquisition conjointe de l'usufruit et de la nue-propriété auprès d'un tiers, les droits de mutation à titre onéreux ne sont pas imputables.

SECTION 2
PASSIF

612.90 **Division.** Le décès emporte transmission universelle de patrimoine, qui porte tant sur les éléments d'actif que de passif. Le droit fiscal en tient naturellement compte, puisque l'impôt successoral est calculé sur la part nette recueillie par l'héritier (§ 1), mais il affirme son particularisme en restreignant les conditions de déduction afin de lutter contre l'évasion fiscale (§ 2).

§ 1
Principe : déduction possible

612.91 **Principe général de déduction des dettes.** Ce principe général de déduction est posé à l'article 768 du Code général des impôts, tandis que l'article 770 du même Code fixe les modalités de cette déduction. La **déductibilité** est **acquise**, sans contradiction avec les règles civiles, **à partir du moment où la dette dont le défunt est tenu existe au jour de décès**, sans par ailleurs qu'elle soit nécessairement exigible à ce jour. Ainsi, concernant des travaux commandés par le défunt, peu importe qu'ils aient ou non reçu un début d'exécution : il suffit que les devis aient été acceptés par celui-ci avant son décès.[3]

La doctrine fiscale a, au fil du temps, assoupli sa position et a admis la déduction de **dettes** qui *stricto sensu* sont plutôt **du ressort de l'indivision successorale** que du défunt lui-même.

Ainsi en est-il, par exemple, des frais d'obsèques dans la limite de 1 500 euros, et des indemnités de licencie-

2. *Dict. enr.* n° 3702.
3. Com. 2 déc. 1986, *Ind. enr.* n° 14787.

ment consécutives à la rupture du fait du décès du contrat de travail des personnes employées par le défunt[1].

Les **dettes résultant de titres authentiques** sont admises en déduction **sans justification** autre que l'indication de la date de l'acte ou du jugement, et du nom et de la résidence de l'officier public qui l'a établi ou de la juridiction dont il émane.

Pour les **autres dettes**, la pratique s'aligne sur les dispositions de l'article L. 20 du Livre des procédures fiscales et accompagne l'envoi de la déclaration de succession des **attestations signées par le créancier**, bien qu'en principe ces attestations ne doivent être produites que sur demande expresse de l'Administration. Il arrive d'ailleurs parfois que certaines recettes refusent d'enregistrer la déclaration si ces attestations ne sont pas jointes.

§ 2
Exceptions au principe : déduction interdite

612.101 Liste des dettes présumées frauduleuses. L'article 773 du Code général des impôts dresse la liste des dettes qui sont présumées frauduleuses et dont la déduction est interdite.

Cette **présomption de fraude** est cependant **rarement absolue** dans la mesure où les héritiers sont souvent admis à apporter la preuve de la sincérité de la dette.

612.102 Consistance des dettes présumées frauduleuses dont la déduction est interdite. Au nombre des **dettes** marquées du péché originel et donc insusceptibles de rachat se trouvent celles qui ont été **consenties par le défunt à ses héritiers** ou à des **personnes à eux interposées** au sens des articles 911 et 1100 anciens du Code civil, aux termes d'un acte sous seing privé qui n'avait pas acquis date certaine avant l'ouverture de la succession.

Deux observations peuvent être faites à ce propos.

D'une part, en pratique, il ne s'agit pas d'une hypothèse d'école. Il faut songer par exemple aux **transferts de valeurs entre époux soumis à un régime séparatiste.**

Ainsi, le bien immobilier faisant partie de la succession du prémourant peut avoir été financé en tout en partie par le survivant, faisant naître sur le plan liquidatif, une créance entre époux, comptabilisée en droit civil, mais ignorée du droit fiscal, en vertu des dispositions de l'article 773 du Code général des impôts.

D'autre part, il faut distinguer entre les **dettes qui émanent de la volonté du défunt** et **celles qui trouvent leur origine dans la loi.**

Ainsi, la créance des nus-propriétaires à l'égard du conjoint survivant usufruitier des sommes d'argent et créances sera déductible de la succession de l'usufruitier, car cette créance résulte de la loi (C. civ., art. 587)[2] et non d'une convention passée entre le défunt et ses héritiers. Il en est de même pour les créances dérivant de la gestion d'affaires ou d'un jugement. Et bien entendu, les récompenses dues par la succession, en raison de leur origine légale, échappent également à la prohibition de l'article 773.

Enfin, les **dettes échues depuis plus de trois mois et garanties par une inscription hypothécaire**, également périmée depuis plus de trois mois, sont considérées comme remboursées de manière irréfragable.

612.103 Preuve de la sincérité de la dette : déductibilité possible. La déductibilité des autres dettes est refusée par principe, sauf preuve de leur sincérité laissée à la charge du contribuable.

Ainsi, le fait qu'une **reconnaissance de dette** établie par le défunt au profit de ses héritiers ait acquis **date certaine avant le décès** autorise ces derniers à tenter de démontrer la sincérité de la dette, étant ici précisé que l'Administration fiscale se trouve placée de fait dans la situation de juge au premier degré pour apprécier la valeur des arguments qui lui sont présentés au soutien de la déduction.

Les **dettes échues depuis plus de trois mois**, ou celles non échues, mais garanties par une inscription hypothécaire périmée depuis plus de trois mois, ne sont déductibles que sur la **présentation d'une attestation par le créancier**, établie suivant les formes prévues par l'article L. 20 du Livre des procédures fiscales. Cette attestation du créancier est également nécessaire pour les **dettes reconnues par le défunt dans un testament.** Les **dettes prescrites** ne peuvent être déduites que s'il est démontré que le **délai de prescription a été interrompu.**

612.104 Cas particulier : prêt contracté par le défunt et garanti par une assurance décès. Au-delà des cas visés par l'article 773 du Code général des impôts, il existe une hypothèse relativement courante en pratique, et qui recouvre celle du **prêt contracté par le défunt** et dont le remboursement est **garanti par une assurance décès.** Lorsque le **bénéficiaire** de cette assurance, qui couvre le risque du décès de l'emprunteur se trouve être le **créancier**, **aucune déduction n'est possible.** En effet, le décès de l'emprunteur entraîne dénouement simultané du contrat d'assurance, et le bénéficiaire, investi d'un droit direct contre la compagnie par l'effet de cette stipulation pour autrui, voit sa créance éteinte, en dehors de toute intervention des héritiers[3]. Il en serait autrement à notre sens si le contrat d'assurance-vie, même s'il était nanti au profit de l'éta-

1. Rép. min. Baudot, 8 juin 2000, *Ind. enr.* n° 17666.

2. Com. 4 déc. 1984, Instr. 7 G-3-85, *BOI* 10 mai 1985.
3. EN CE SENS, Com. 14 févr. 1972, n° 69-12.736, *Bull. civ.* IV, n° 57; comm. au *BO* 7 G-6-72 – Rép. min. Thoraillier, *JOAN* 4 mars 1972, p. 491 et 492, n° 18917.

blissement prêteur, désignait les héritiers comme bénéficiaires du capital décès. Le remboursement de la dette resterait leur incomber dans la mesure où ils auraient dû donner leur accord à la compagnie pour que celle-ci désintéresse le créancier.

§ 3
Imputation spéciale et déduction partielle

612.111 Imputation spéciale des dettes relatives aux biens exonérés. L'article 769 du Code général des impôts établit un principe d'imputation spéciale des dettes relatives aux biens exonérés. Le texte distingue deux situations.

– Soit la **dette** concernée a été contractée **dans l'intérêt de ces biens** (prêt pour une acquisition, pour des travaux) : elle s'impute alors par priorité sur la valeur de ces biens.

– Soit ces **biens exonérés** ont servi de **garantie à des créances.** Cette imputation prioritaire doit également être opérée, mais sous réserve que l'Administration apporte la preuve que le défunt ou son conjoint ait ainsi cherché à soustraire tout ou partie du patrimoine au paiement de l'impôt successoral.

Les **dettes afférentes à des biens exonérés** doivent faire l'objet d'une **déduction mais proportionnellement à la fraction taxable** de l'actif auquel elle se rapporte[1]. Bien que la réponse ministérielle citée en référence ne l'indique pas expressément, il faut considérer que cette imputation partielle s'applique au cas où la dette a été contractée dans l'intérêt des biens considérés. En effet, une réponse ministérielle ne peut étendre ces règles dérogatoires d'imputation à des situations que le texte législatif ne prévoit pas. *A contrario*, lorsque ce lien d'intérêt est absent, la dette devrait pouvoir être déduite en totalité.

SECTION 3
DÉTERMINATION DES PARTS TAXABLES

612.120 Division. Les droits de mutation par décès sont assis sur les parts nettes recueillies par les héritiers, telles qu'elles résultent de la liquidation civile (§ 2), déduction faite des abattements auxquels ceux-ci peuvent prétendre (§ 1).

§ 1
Abattements

612.121 Abattements. Contrairement aux donations, les abattements prévus en matière successorale recoupent ceux évoqués ci-dessus (v. s[s] n°s 611.150 à 611.171), à l'exception d'un **abattement général de 1 594** euros, établi par l'article 788, IV du Code général des impôts, en faveur de l'héritier qui ne bénéficie d'aucun autre abattement spécifique. Ses utilisateurs sont donc les **étrangers** et également les **petits-enfants** et autres **descendants plus éloignés du défunt**, lesquels sont curieusement plus maltraités en matière successorale qu'en matière de donation.

Par ailleurs, aucune réduction de droit autre que celle résultant du nombre d'enfants de l'héritier ne vient adoucir la situation de celui-ci.

En revanche, la philanthropie est encouragée dans la mesure où la **valeur au jour du décès des biens successoraux** qui seraient **remis par l'héritier au profit de fondation ou d'association reconnues d'utilité publique** et respectant les conditions fixées par l'article 200, 1, b du Code général des impôts, est **extraite de la part taxable.** Cette remise doit cependant obligatoirement avoir lieu **en toute propriété**, et dans le **délai de six mois du décès.** Ces organismes pouvant désormais recevoir des libéralités entre vifs sans l'accord préalable de leur autorité de tutelle, cette remise ainsi faite par l'héritier lui permet donc de profiter immédiatement de cet abattement sur sa part taxable à hauteur des biens (sur les associations et les fondations reconnues d'utilité publique, v. s[s] n°s 371.40 s. et 391.00 s.).

§ 2
Parts taxables : incidence des règles civiles

612.130 Division. Il a déjà été relevé que les règles civiles influaient sur la liquidation des droits de mutation à titre gratuit (v. s[s] n°s 611.201 à 611.203 et 611.211). Cette proposition se vérifie à nouveau quant à la détermination des parts taxables revenant à chaque héritier. Le droit fiscal est ici parfaitement respectueux des règles civiles : le **cantonnement**, la **renonciation**[2], autant de libertés qui sont laissées à l'héritier par le droit civil et qui sont neutres sur un plan fiscal, sous réserve cependant de **l'abus de droit**[3]. En outre, lorsqu'un héritier aura été antérieurement gratifié par le défunt, les questions liées au rapport (B) et à la réduction (A) feront inévitablement irruption. Ceci signifie donc qu'il ne saurait être question, pour liquider l'impôt successoral, de faire l'économie de l'établissement de la masse de calcul telle qu'elle résulte des dispo-

1. Rép. min. 2 mars 1981, *Ind. enr.* n° 13807.

2. Abrogation de l'article 785 du CGI qui prescrivait une double liquidation en cas de renonciation afin de pourchasser les renonciations frauduleuses; neutralité du cantonnement article 788 *bis* du CGI.
3. En matière de renonciation, RES n° 220/17, 22 juill. 2008, 7-G-2, et RES n° 2009/24, 14 avr. 2009, 13-L-15.

sitions de l'article 922 du Code civil, pas plus qu'il ne serait possible de se soustraire, en l'absence de dispositions contraires prises par le défunt, au principe de l'égalité entre héritiers. Enfin, l'existence d'un partage est également de nature à modifier le calcul des droits (C et D).

A.
Réduction d'une donation

612.131 Donation réductible. Une donation réductible est une **donation qui excède la quotité disponible.** Bien que la réduction s'effectue désormais à titre principal **en valeur**, quel que soit le bénéficiaire de la donation, le droit fiscal analyse cette opération comme une **remise en cause de l'acte**. D'où, *trois conséquences* :

– la *première* est que **l'anéantissement partiel ou total de l'acte** permet au donataire, ou aux ayants droit du donateur, de **récupérer partie des droits réglés** lors de cette donation, à due concurrence de la partie réductible. Il s'agit en effet d'une résolution qui trouve sa source dans la loi, et la restitution ne s'oppose ici donc pas aux limites posées par l'article 1961 du Code général des impôts en la matière[1]. Cet anéantissement s'accompagnera, le cas échéant lorsque la donation est intervenue dans les six années précédant le décès, d'une **modification des tranches et abattements utilisés** qui rejaillira alors sur le calcul des parts successorales taxables de l'héritier concerné[2];

– la *seconde* est que cette **indemnité de réduction** constitue un **élément d'actif** qui vient s'ajouter aux biens existants : elle fait donc partie intégrante de l'actif **taxable**[3];

– la *troisième* est que le donataire dont la libéralité est réductible tient directement ses droits du défunt. **La décision de la réduction revient aux réservataires lésés,** qui peuvent parfaitement renoncer à leur action et vouloir que l'acte ne soit pas remis en cause pour respecter la préférence exprimée de son vivant par le donateur. Il n'appartient donc pas à l'Administration fiscale de se substituer aux **héritiers titulaires de l'action** pour exercer celle-ci en leur lieu et place : elle demeure un droit personnel. En conséquence, si les héritiers consentent néanmoins à l'exécution de la donation, l'Administration ne saurait exiger l'inscription à l'actif taxable de la partie réductible de la libéralité[4].

612.132 Cas où l'héritier gratifié est aussi héritier réservataire. Une incertitude subsiste lorsque l'héritier gratifié a également la qualité d'héritier réservataire. L'article 924 du Code civil prescrit le **paiement de l'indemnité de réduction par voie d'imputation en moins prenant sur sa part de réserve.** En pratique, ce paiement en moins prenant aura lieu sur sa réserve dans la mesure où elle n'a pas été servie par d'autres libéralités rapportables. Si tel est le cas, il n'aura aucune indemnité à verser, ayant été rempli de ses droits réservataires à due concurrence et par confusion au moyen de la partie réductible de la donation. En l'absence de versement effectif du dédommagement, l'actif taxable ne varie pas et il y aurait donc lieu à notre sens de considérer que la partie réductible n'est pas taxable, sauf dans l'hypothèse où l'imputation révélerait qu'elle dépasse à la fois la quotité disponible et la réserve personnelle du gratifié. Corrélativement, ce mode opératoire laissant subsister la libéralité dans la mesure où elle évite au gratifié un décaissement pour conserver le bien, la restitution des droits à hauteur de la fraction réductible ne devrait pas pouvoir être exigée[5].

B.
Rapport d'une donation

612.141 Définition et conséquences du rapport. Le rapport est une **institution qui sert à préserver l'égalité des héritiers légaux**, sauf clauses contraires prises par le défunt. Il constitue donc une **opération de partage**, et il s'impose aux héritiers : l'existence de cette institution va donc, au même titre que la réduction, venir rejaillir sur la répartition entre eux de l'actif existant. Le droit fiscal en tire *deux conséquences* :

– *d'une part*, **l'indemnité de rapport n'est pas taxable aux droits de mutation par décès** : au rebours de l'indemnité de réduction, il ne s'agit pas d'un supplément d'actif taxable visant à reconstituer les droits à réserve que le donateur a enfreints, mais d'un **règlement pécuniaire entre copartageant;**

1. DB 13 O 223, § 7.
2. V. W. Merle, « Rappel des donations antérieures, réduction de donation, action en restitution des droits du gratifié : conséquences sur la liquidation des droits de succession », *JCP N* 2004. 1492.
3. DB 7 G 2322, n° 3, 20 déc. 1996 – A. Chappert et N. Levillain, « Rapport et réduction des donations », *Defrénois* 2001, n° 37372.
4. DB 7 G 2412, n° 4.
5. Il n'est pas certain que l'Administration admette cette interprétation puisque les calculs présidant à la réduction s'effectuent sur des valeurs au jour du décès, tandis que ceux relatifs à la restitution s'opèrent nécessairement au regard de la valeur au jour de la donation : l'expérience prouve que de manière générale le coût de l'inscription à l'actif taxable d'une indemnité de réduction dépasse de beaucoup le gain à attendre d'une restitution de droits.

– *d'autre part*, **l'obligation au rapport ne peut être levée que par le donateur.** Si aucune stipulation n'est prévue en ce sens, la loi présume alors le caractère rapportable de la libéralité qui doit venir s'imputer en moins prenant sur les droits successoraux du donataire. Rien n'empêche les autres cohéritiers d'y renoncer, mais le bénéficiaire de cette renonciation tire exclusivement son enrichissement des renonçants et non du donateur qui n'avait justement pas dérogé au principe d'égalité. Si celle-ci a été inspirée par une intention libérale, cette renonciation peut constituer une donation indirecte et être taxée comme telle.

612.142 Rapport civil et rappel fiscal. *Deux points* doivent être soulignés.

Le premier est qu'il faut distinguer le **rapport civil** du **rappel fiscal** des donations. Ainsi, une donation ayant date certaine plus de six ans avant le décès n'en aura pas moins une incidence sur la détermination des parts taxables au titre de son rapport civil. En revanche, elle sera dépourvue d'effet sur la liquidation des tranches et abattements applicables à la part recueillie par le donataire dans les biens existants[1].

Par ailleurs, il a été à juste titre relevé le **hiatus existant entre les dispositions civiles et fiscales.** Les rapports sont **évalués au jour du partage** lequel peut intervenir bien après le délai légal de six mois pour déposer la déclaration de succession : en théorie, celle-ci ne pourrait donc être déposée tant que le partage n'est pas intervenu[2]. L'Administration fiscale n'a jamais pris partie sur l'évaluation des rapports, préférant dans les exemples qu'elle donne s'en tenir à une **évaluation au jour de la donation,** c'est-à-dire en ignorant la réforme des liquidations successorales de 1971...[3] Même si l'Administration ne communique donc pas de consignes particulières pour l'évaluation de ces rapports, la pratique notariale préfère déterminer les parts taxables en fonction des **rapports évalués au jour du fait générateur,** c'est-à-dire le **décès,** car c'est à cette date qu'il faut se placer pour calculer ces parts taxables[4].

1. Pour des EXEMPLES, v. W. Merle, « Donations antérieures : le non-rappel n'exclut ni le rapport ni la réduction », *JCP N* 2004. 1377.
2. V. L. Martin, « Les rapports et les rappels de donations antérieures en matière de successions », *JCP N* 1993. 313.
3. *Dict. enr.* n° 3962.
4. A. Chappert, « Évaluation des rapports à succession et droits de mutation par décès : une réponse incomplète à un problème réel », *Defrénois* 1996. 36274 – EN CE SENS, également, E. Fouché, R. Gentilhomme, M. Hérail, *Fiscalité des mutations à titre gratuit et des partages*, 2e éd., Defrénois, 2013, n° 190.

612.143 Incidences fiscales du rapport.

EXEMPLE 1

Un défunt laisse trois frères : A, B et C. C a été gratifié d'un bien de 80 000 € au moyen d'une donation régulièrement enregistrée. Au décès, ce bien est évalué à 100 000 € et les biens existants à 80 000 €. L'actif à partager est de 80 000 € auquel s'ajoute le montant du rapport, soit un total de 180 000 €. Les droits de chacun sont de 60 000 €. La part des deux frères A et B non gratifiés est composée de 40 000 € de biens existants augmentés de 20 000 € d'indemnité de rapport. Celle-ci n'étant pas taxable, les droits auront pour assiette les parts de A et B dans les biens laissés par le défunt à son décès, soit 40 000 €. C, de son côté, ne subira aucune taxation, en vertu du principe *non bis in idem* puisque sa part sera uniquement composée de son rapport déjà taxé. Le paiement de l'indemnité de rapport n'ouvrira pas droit à une quelconque restitution puisque la donation sera maintenue.

La révélation d'un don de somme d'argent à un des héritiers permet de mettre en relief une distorsion entre droit civil et droit fiscal.

EXEMPLE 2

Supposons en reprenant l'exemple précédent, que C ait reçu une somme d'argent du même montant, lui ayant servi à acquérir un bien valant 100 000 € au jour du décès. Ce don est révélé par C dans la déclaration de succession, au titre de l'article 784 du Code général des impôts, ce don étant frappé d'une imprescriptibilité de fait tant que le décès du donateur n'est pas survenu[5] ne peut commencer à courir. Les montants des parts taxables de A et de B seront inchangés. En revanche, C sera taxé à hauteur de 80 000 € au titre de la révélation de son don, mais dans la limite de la somme nominale reçue, sans égard pour l'emploi des fonds, conformément à la décision de la chambre commerciale de la Cour de cassation du 20 octobre 1998[6], à supposer que cette jurisprudence soit encore applicable après la réforme du 29 juillet 2011 qui a également touché les modalités de taxation du don manuel (v. ss nos 311.122 s.) alors que le rapport dont il était débiteur et qui a permis d'établir les parts taxables de ses cohéritiers dans l'actif existant a été déterminé en fonction du bien subrogé.

La question de la **taxation des dons manuels de deniers** reçoit aujourd'hui une réponse incertaine. La nouvelle rédaction de l'article 757 du Code général des impôts permet au fisc de liquider les droits de mutation sur la valeur la plus importante entre celle au **jour de la révélation** ou celle au **jour**

5. La prescription ne jouera qu'à compte de ce décès et sera de six ans car il s'agit d'une omission (D. Faucher, « Fiscalité des dons manuels : imprescriptibilité virtuelle ? », *Dr. et patr.* mai 2000. 35).
6. Com. 20 oct. 1998, n° 96-20.960, *Bull. civ.* IV, n° 245; *Dr. fisc.* 1999. Comm. 46; *Defrénois* 1999, art. 37007, p. 734.

du « transfert ». On comprend donc bien qu'un don manuel par virement de valeurs mobilières cotées supportera les droits sur le cours de bourse le plus fort entre ces deux moments, mais la règle n'infère-t-elle pas ainsi un principe général de revalorisation en cas de dons de somme d'argent suivi d'un remploi des fonds donnés ? Il nous semble cependant difficile d'appliquer un principe de subrogation liquidative sans que le texte le dise expressément. Un impôt résulte de la loi, non d'une interprétation par analogie d'un texte.

Enfin, il y a lieu de rappeler que le **payement des droits par le donateur** constitue désormais une **libéralité indirecte rapportable**, sauf stipulations contraires. Le montant du rapport de l'héritier gratifié est donc augmenté du montant des droits pris en charge par le donateur[1]. Pour apaiser les craintes relatives aux éventuelles conséquences fiscales de cette qualification de donation indirecte, il faut relever, en brandissant l'autonomie du droit fiscal, que jusqu'à présent la réponse ministérielle à l'origine de la possibilité de prendre en charge les droits par le donateur sans taxation supplémentaire a été reprise dans le *BOFIP*[2], et que l'article 1712 du Code général des impôts, qui laisse la charge des droits au nouveau possesseur sauf convention contraire, n'a pas été modifié[3].

C.
Observations conclusives

612.151 Conclusions sur les calculs liquidatifs. Les calculs liquidatifs peuvent ainsi aboutir à **faire échapper la succession à l'impôt.** Ainsi, un conjoint qui aura été gratifié de la quotité disponible pour avoir bénéficié d'une libéralité au titre de l'article 1094 du Code civil pourra recueillir l'intégralité de l'actif taxable s'il est démontré que les enfants ont déjà reçu leur part de réserve héréditaire au moyen de donations antérieures. La même démonstration pourra être effectuée en faveur du conjoint qui opte pour le quart des biens existants prévu aux articles 757 et 757-1 du Code civil, puisque le calcul théorique sera opéré sur une masse composée des biens existants, augmentée des libéralités rapportables.

Il faut remarquer en revanche que **les règles de la liquidation civile ne reprennent pas trait pour trait celles de la liquidation fiscale** dans laquelle certains actifs sont fiscalement exonérés ou évalués forfaitairement, tandis que certains passifs, présumés fictifs ne sont pas déduits. Il en découle un **hiatus** qui peut se traduire, par exemple sur un plan fiscal, par la **réduction d'une donation pourtant inférieure au montant de la quotité disponible civilement déterminée.**

EXEMPLE

Biens existants : une entreprise valant 1 000 et exonérée en vertu des dispositions de l'article 787 B du Code général des impôts à 75 %, deux enfants dont l'un a reçu une donation préciputaire de 200.

Sur un plan civil : masse de calcul 1 000 + 200 = 1 200.

La quotité disponible est du 1/3 soit 400; la donation s'impute en totalité et n'est pas réduite.

Liquidation fiscale : Bien exonéré 250 + donation 200 = 450.

Quotité disponible du 1/3, soit 150 : la donation de 200 est réduite de 50

Une donation ne peut être réduite qu'en vertu des **dispositions d'ordre public** qui régissent la **protection de la réserve héréditaire, règles qui s'imposent au droit fiscal** en l'absence de texte contraire spécifique. Il ne saurait en aller différemment en matière de rapport, sauf à fausser complètement l'institution. Il nous apparaît donc que ces calculs doivent être effectués en fonction des **règles d'évaluation civiles.**

D.
Partage servant de base à la liquidation

612.161 Partage, base de la liquidation. Le calcul des droits est normalement effectué sur la **quote-part revenant à chaque héritier dans la masse des biens existants nets.** Mais, dans le cas où un partage interviendrait entre les héritiers, ce partage doit être pris comme base de la liquidation. Il faut entendre par là que les droits seront liquidés, pour chaque copartageant, en fonction de la **valeur des biens effectivement mis dans leur lot.** C'est une application de la fiction prévue à l'ancien article 883 du Code civil et d'après laquelle chaque héritier est censé rétroactivement avoir succédé seul dans son lot.

L'intérêt de cette règle se manifeste en présence de **biens en tout ou partie exonérés.** Ainsi, le partage qui constatera l'attribution des biens exonérés aux enfants, alors que le conjoint survivant, lui-même exonéré de droits de mutation par décès, verra sa part composée d'autres biens échappera en tout ou partie à l'impôt successoral.

Les conditions posées par l'Administration fiscale pour l'application de ce principe conduisent à en limiter la portée pratique. En effet, pour que la **rétroactivité** prévue à l'article 883 du Code civil soit

1. Civ. 1re, 25 févr. 2009, no 07-20.010, *Bull. civ.* IV, no 40; *JCP N* 2009. 1303, note F. Sauvage, et les exemples donnés par l'auteur sur les conséquences liquidatives civiles de l'arrêt.
2. *BOI* ENR-DG-50-10-20, no 150.
3. Rép. Geoffroy *JO Sénat* 8 oct. 1975, p. 2385 – V. AUSSI, Rép. Du Luart *JO Sénat* 10 déc. 1987, p. 1936.

prise en compte sur le plan fiscal, il faut que le **partage soit pur et simple**, c'est-à-dire **sans soulte**, à défaut de quoi il n'est pas censé effectuer une répartition des biens conforme à la part héréditaire. Ainsi, l'Administration considère-t-elle que l'existence d'une soulte est avérée lorsque le partage constate une répartition du passif entre les copartageants qui n'est pas proportionnelle à leur vocation héréditaire. Il en est également ainsi si le partage constate l'attribution à un héritier d'un bien sur lequel il était dépourvu de droit[1].

En revanche, l'Administration garde le silence sur le point de savoir si un tel partage peut être effectué en présence d'une **dévolution testamentaire**, en se contentant d'affirmer que le partage qui constate une dévolution des biens différente de la dévolution légale ne peut servir de base à la liquidation des droits. Encore faut-il comprendre ce que recouvrent les termes de **dévolution légale**. Un défunt qui a deux enfants et institue l'un d'eux légataire universel verra son legs réduit à hauteur de la part de réserve de l'autre enfant : la volonté a infléchi la dévolution légale mais se heurte au caractère d'ordre public de la réserve : la dévolution légale qui laisse le testament s'exécuter partiellement octroie alors un tiers de l'actif à l'un et deux tiers à l'autre. On ne voit dès lors pas ce qui interdirait le recours à la règle du partage pur et simple, dès lors que le ou les légataires ont la qualité d'héritier[2]. La solution manque de netteté et ce point est regrettable, la doctrine administrative étant elliptique en la matière[3].

Il ne fait plus de doute en revanche que le partage peut valablement comprendre des **biens situés à l'étranger**, alors même que ces biens n'auraient pas supporté l'impôt en France, soit en raison des conventions internationales, soit par application cumulative des critères posés à l'article 750 *ter* du Code général des impôts : défunt non-résident français, héritier non-résident et biens situés hors de France[4].

SECTION 4
PAIEMENT DES DROITS

612.170 Division. Deux régimes de faveur existent et permettent à l'héritier de différer (§ 1) ou de fractionner (§ 2), suivant les circonstances, le paiement des droits.

§ 1
Paiement différé

612.171 Paiement différé. Le paiement différé concerne les **biens dévolus en nue-propriété à l'héritier.** Le règlement des droits est reporté au jour où le démembrement prend fin, soit par l'extinction naturelle de l'usufruit, soit par la cession du bien objet du démembrement.

Deux possibilités existent pour l'héritier nu-propriétaire :

– soit les droits dont le paiement est différé sont calculés sur la **valeur en nue-propriété des biens**, en contrepartie de quoi il doit acquitter un **intérêt annuel calculé sur le montant de ces droits jusqu'à la fin du démembrement**, suivant le taux en vigueur au jour de la demande[5];

– soit il est **dispensé du paiement de cet intérêt**, mais les droits sont alors liquidés sur la **valeur en pleine propriété du bien** (CGI, ann. III, art. 397 et 404 B). L'arbitrage entre les deux solutions dépend pour le nu-propriétaire à la fois du taux en vigueur au jour de la demande et de l'espérance de vie que les tables d'assurance prêtent à l'usufruitier...

Cette modalité de paiement est subordonnée à la **constitution de garantie au profit du Trésor Public**, dans les trois mois de la demande et pour un montant au moins égal à celui de l'impôt successoral dû. En pratique, les garanties proposées, et acceptées par le Receveur prennent la forme de **sûretés immobilières**, ou de **cautions bancaires**, toutes autres garanties et notamment des nantissements de valeurs mobilières n'étant pas considérées comme suffisamment protectrices.

Le **paiement différé** est **très avantageux** car les droits sont liquidés une fois pour toutes sur la **valeur des biens au jour du décès**, alors que le paiement pourra intervenir dans un délai fort éloigné, et que le patrimoine aura pu évoluer de manière significative dans l'intervalle. L'inconvénient reste qu'il induit une **glaciation des actifs**, dans la mesure où toute aliénation de quelque nature qu'elle soit, vente ou donation met automatiquement fin, à hauteur du bien concerné au bénéfice de ce régime. Il en va également ainsi en cas de **partage avec soulte versée à l'héritier nu-propriétaire**, mais il est admis que la déchéance ne joue qu'à concurrence de cette soulte[6]. Concernant le **portefeuille de valeurs mobilières démembré**, l'Adminis-

1. *Dict. enr.* n° 3953.
2. L. Martin, « L'effet déclaratif du partage et l'exonération de droits prévue pour la succession d'immeubles neufs d'habitation », *JCP N* 1995. 1813 – V. AUSSI, *J.-Cl. Enr.*, fasc. 90, n° 36.
3. DB 7 G-2-4, sous section I.
4. Rép. min. M. Dassié, *JOAN* 7 déc 1972, p. 5967; *J.-Cl. Enr.*, fasc. 90, n° 40.
5. Pour l'année 2014 ce taux est de 0,38 %.
6. *Dict. enr.* n° 4055.

tration a heureusement rapporté sa doctrine et a admis, que le simple arbitrage par l'usufruitier des actifs qui le compose n'entraîne pas la déchéance du régime. Mais l'usufruitier doit investir les fonds issus de cette cession à l'acquisition de nouvelles valeurs à l'intérieur du portefeuille[1]. La doctrine administrative tire ici pleinement les conséquences de l'arrêt *Baylet*[2], ainsi les pouvoirs qui lui sont reconnus sur le plan civil ne viendront pas obérer la situation fiscale du nu-propriétaire.

Quelle que soit l'**issue du démembrement**, **les droits doivent être payés dans les six mois** qui suivent la fin de celui-ci, que ce soit par **cession** ou **extinction de l'usufruit**. En cas de non-paiement dans ce délai, les **pénalités** deviennent alors exigibles. L'originalité réside dans le fait qu'elles sont **décomptées** non à compter du jour où le démembrement a pris fin, mais bel et bien **du jour où les droits auraient dû être payés, soit dans les six mois du décès**[3]. Ces pénalités se composent de l'intérêt de retard dû depuis le septième mois qui suit le décès et de la majoration de 10 % prévue à l'article 1727 du Code général des impôts, étant ici observé qu'elles sont calculées en toute hypothèse sur le montant des droits dus sur la nue-propriété, quelle que soit l'option choisie par l'héritier.

§ 2
Paiement fractionné

612.181 Paiement fractionné. Ce mode de libération des droits permet à l'héritier de régler sa dette à l'égard du Trésor Public par fractionnement. Les conditions en sont minutieusement régies par l'article 404, A, I de l'annexe III du Code général des impôts, la **durée du fractionnement** et le **nombre des échéances** variant en **fonction du taux d'imposition moyen et de la proportion d'actifs considérés** comme non liquides au sens de ce texte[4]. Auparavant, seuls les **héritiers en ligne directe** et le **conjoint**, lorsqu'il était encore soumis aux droits de succession, pouvaient bénéficier, lorsque la composition de l'actif comprenait au moins la moitié de biens non liquides d'un **doublement du fractionnement**. Cette possibilité a récemment été étendue à **tous les héritiers**[5]. Le payement a donc lieu par fractionnement semestriel, dont la durée variera en fonction du taux moyen d'imposition, durée qui pourra être doublée si la part d'actifs non liquides atteint au moins la moitié des biens successoraux.

L'héritier qui opte pour ce mode de paiement doit acquitter un **intérêt au taux en vigueur au jour de la demande**, lequel est identique à celui prévu pour le paiement différé, à cette réserve près que cet **intérêt est payé lors de chaque échéance**, et est calculé sur la totalité des droits qui restent dus au jour de cette échéance[6]. L'admission au bénéfice de ce paiement suppose également la constitution d'une **garantie au profit du Trésor public**, qui a lieu dans les mêmes conditions que ci-dessus. En revanche, contrairement au paiement différé, la vente d'un bien n'entraîne pas déchéance du fractionnement, sauf s'il s'agit du bien donné en garantie : il devrait alors être possible de proposer une garantie de substitution. La **déchéance** n'est encourue qu'en cas de **retard** ou de **non-paiement à l'un des termes échus :** elle entraîne alors l'exigibilité immédiate des droits encore dus accompagnée des **pénalités** prévues à l'article 1731 du Code général des impôts. Le **paiement par anticipation** est toujours possible, les intérêts n'étant alors dus et décomptés qu'au jour du paiement des droits.

1. Rép. min. Soulier *JOAN* 31 mars 2003, p. 2474.
2. Civ. 1re, 12 nov 1998, n° 96-18.041, *Bull. civ.* I, n° 315.
3. Com. 7 juin 1988, n° 86-19.294, *Bull. civ.* I, n° 195; comm. au *BOI* n° 7 A-3-88.
4. CGI, ann. III, art. 404, A, I (mod. par Décr. n° 2010-320, 22 mars 2010, art. 1er) : « *I. Les garanties fournies en contrepartie du fractionnement prévu au 1° de l'article 396 peuvent outre les formes énumérées à l'article 400, revêtir celle de l'hypothèque légale prévue au 2 de l'article 1929 du Code général des impôts. Les droits sont acquittés en plusieurs versements égaux dont le premier a lieu dans les conditions fixées à l'article 402 et le dernier au plus tard cinq ans après l'expiration du délai imparti pour souscrire la déclaration de succession. Les versements sont fixés au nombre de deux lorsque les droits n'excèdent pas 5 % du montant taxable des parts recueillies soit par tous les cohéritiers solidaires soit pour chacun des légataires ou donataires; de quatre lorsque ces droits n'excèdent pas 10 % du même montant et ainsi de suite en augmentant de deux le nombre des versements chaque fois que les droits dépassent un nouveau multiple de 5 %, mais sans que le nombre des versements à intervalle de six mois au plus puisse être supérieur à dix. Le délai maximal prévu au deuxième alinéa est porté à dix ans et le nombre des versements est doublé sans pouvoir toutefois dépasser vingt lorsque l'actif héréditaire comprend à concurrence de 50 % au moins des biens non liquides énumérés ci-après : Brevets d'invention; Clientèles; Créances non exigibles au décès; Droits d'auteur; Fonds de commerce y compris le matériel et les marchandises qui en dépendent; Immeubles; Matériels agricoles, bestiaux et récoltes; Offices ministériels; Parts d'intérêts dans des sociétés dont le capital n'est pas divisé en actions; Valeurs mobilières non cotées en Bourse* ».
5. Décr. n° 2010-320, 22 mars 2010, pris pour l'application de l'article 1717 du Code général des impôts relatif au paiement fractionné ou différé des droits d'enregistrement ou de la taxe de publicité foncière, *JO* 25 mars, p. 5842.
6. Instr. 7 A-1-77.

CHAPITRE

613. Règles fiscales propres aux transmissions entre vifs

Gilles Bonnet
Notaire
Docteur en droit

SECTION 0
Orienteur

613.00 **Plan du chapitre.**

613.01 **Textes applicables.**

> Abattements spécifiques aux donations entre vifs
CGI, art. 779, I; 790 D; 790 E; 790 G

> Réductions de droits spécifiques aux donations entre vifs
CGI, art. 777, 787 B, 787 C, 790

> Fiscalité des donations graduelles et résiduelles
CGI, art. 784 C, 791 *ter*

> Déduction du passif de l'actif donné
CGI, art. 776 *bis*
C. mon. fin., art. L. 511-1 à L. 519-5

> La réincorporation de biens anciennement donnés n'est pas soumise aux droits de mutation entre vifs
CGI, art. 776 A

613.02 **Jurisprudence de référence.**

> Une donation faite par des parents à leur enfant de dix-sept mois ne peut être faite en vue de son établissement et ne saurait donc bénéficier d'un double abattement alors que le bien donné appartient à l'un des donateurs
• **Com. 24 avr. 1990, n° 88-14.365,** *Bull. civ.* IV, n° 120
* V. s[s] n° 613.72

613.03 **Bibliographie indicative.**

Ouvrage. E. Fouché, R. Gentilhomme, M. Hérail, *Fiscalité des mutations à titre gratuit et des partages*, 2e éd., Defrénois, 2013, n° 337.

Article. F. Fruleux, « Donations aux petits-enfants issus d'un enfant prédécédé : bénéficier pleinement du cumul des abattements », *JCP N* 2001. 1589.

613.04 **Questions essentielles.**

> Comment taxer une donation-partage conjonctive ?
* V. s[s] n° 613.54

> Quelles sont les incidences de la réincorporation ?
* V. s[s] n°s 613.52 et 613.62

613.09 **Spécificité de la fiscalité des donations.** Les principes de taxation gouvernant les donations entre vifs s'émancipent partiellement des principes régissant les transmissions à cause de mort (v. s[s] n°s 612.00 s.) pour deux raisons.

D'une part, elles constituent le terrain privilégié d'expression d'une politique fiscale pouvant, suivant les époques, encourager la transmission : d'où une **législation spécifique, dérogatoire** et relativement **complexe** influant sur la liquidation des droits.

D'autre part, la donation est un **acte préparatoire à une succession future**, et le droit civil invite également à recourir à des partages d'ascendant rassemblant en une seule et même masse des biens provenant à la fois des lignes paternelles et maternelles, afin d'aplanir des difficultés futures. Le droit fiscal est obligé de prendre en compte cet état de fait qui va retentir sur la liquidation des droits (sect. 1) et sur la détermination des parts taxables (sect. 2).

SECTION 1
LIQUIDATION DES DROITS

613.10 Division. Cette liquidation des droits va être modifiée d'une part en raison des abattements spécifiques octroyés à certains donataires (§ 1), et d'autre part, et de manière plus large, en raison de l'âge du donateur et de la nature de la transmission (§ 2). Enfin, il faut également évoquer l'impact des donations graduelles et résiduelles (§ 3).

§ 1
Abattements spécifiques

613.11 Abattements spécifiques. 1) Les **petits-enfants du donateur** bénéficient d'un **abattement général de 31 865 euros sur les biens donnés par chacun de leur grand-parent**[1]. L'abattement de 31 865 euros étant propre aux donations, il y a lieu de prévoir une utilisation prioritaire de celui-ci pour le cas où, le donateur décédant dans les six ans de la donation, il reste éventuellement un reliquat d'abattement au titre de l'article 779, I du Code général des impôts[2].

2) Les **arrière-petits-enfants** bénéficient quant à eux d'un **abattement de 5 310 euros** dans les mêmes conditions (CGI, art. 790 D).

3) Le **conjoint** et le **partenaire pacsé** n'étant pas exonérés de droit de mutation à titre gratuit entre vifs, bénéficient d'un **abattement de 80 724 euros** sur la part transmise par leur conjoint ou leur partenaire (CGI, art. 790 E).

Enfin, les réformes fiscales successives ont mis sur pied un **système complexe d'abattement utilisable une seule fois, dispensé du rappel fiscal** et concernant uniquement des **donations de sommes d'argent** données au profit des **enfants, petits-enfants, arrière-petits-enfants,** ou, à défaut d'une telle descendance, à des **neveux** ou **nièces** ou **petits-neveux** ou **petites-nièces** venant par représentation. Il y a lieu de relever au passage le système pour le moins peu unitaire de la représentation sur le plan fiscal, puisque cette représentation est refusée en matière de donation pour les enfants des frères et sœurs prédécédés, sauf pour les cas de dons de somme d'argent... comprenne qui pourra ! Les **donataires** doivent être **majeurs**, et, concernant les dons effectués à des descendants et au profit de la ligne collatérale, le **donateur** doit être âgé de **moins de quatre-vingt ans** (CGI, art. 790 G).

1. CGI, art. 790 B + tableau évolution depuis 2007. Cet abattement peut même se cumuler avec celui de 156 974 euros de son auteur qu'il vient à représenter (Instr. 7 G-2-97, 17 févr. 2007, *BOI* n° 40, 26 févr.).
2. V. les suggestions de F. Fruleux, « Donations aux petits-enfants issus d'un enfant prédécédé : bénéficier pleinement du cumul des abattements », *JCP N* 2001. 1589.

§ 2
Réductions de droits spécifiques

613.21 Réductions et articulation des réductions. Ces réductions trouvent leur siège dans l'article 790, I et II du Code général des impôts et ont été réduites à la portion congrue par la loi du 29 juillet 2011[3]. Seules rescapées du carnage, il s'agit de celles qui concernent les donations faites en pleine propriété et portant sur des sociétés ou des entreprises individuelles ayant une activité industrielle, commerciale, artisanale, agricole ou libérale qui relèvent du régime « Dutreil-Jacob » édicté aux articles 777, 787 B et 787 C du Code général des impôts, et à la condition que le donateur soit âgé de moins de soixante-dix ans.

En cas de concours avec une réduction de droits pour un nombre d'enfants du donataire supérieur à deux, il convient de rappeler que cette réduction est comptée en premier; puis est ensuite appliquée la réfaction du taux d'imposition.

§ 3
Donations graduelles et résiduelles

613.31 Donations à charge de retransmettre. Désormais autorisées par le Code civil depuis la réforme du 22 juin 2006 applicable au 1er janvier 2007, les donations à charge de retransmettre ont également fait leur entrée dans les dispositions du Code général des impôts, à l'article 784 C[4]. Que la charge soit impérative et entraîne *de facto* l'indisponibilité du bien entre les mains du gratifié intermédiaire, ou qu'elle ne s'exerce que sur le solde dont celui-ci n'aurait pas disposé, le **régime fiscal** est identique, et s'établit comme suit :

– au moment de la **donation au premier gratifié**, les droits sont normalement liquidés dans les conditions de droit commun, c'est-à-dire en fonction du **lien de parenté existant entre le donateur et le donataire** et en fonction de la **valeur des biens au jour de la donation**;

– au **décès du premier gratifié**, les droits dus par le second bénéficiaire sont alors liquidés en fonction du **lien de parenté existant entre lui et le donateur**, en se plaçant **à cette date, tant pour la valorisation que pour le régime fiscal applicable.** Les droits payés lors de la première transmission, que ce soit par le donateur ou le donataire sont imputables

3. L. n° 2011-900, 29 juill. 2011, de finances rectificative pour 2011, *JO* 30 juill., p. 12969.
4. CGI, anc. art. 791 *bis*, issu de L. fin. rect. pour 2006.

sur les droits dus par le deuxième bénéficiaire. Le bénéficiaire pourra **exciper des abattements** auxquels son lien de parenté avec le donateur lui permettait de prétendre, **mais non des réductions** de droits propres aux donations si ce donateur est décédé[1]. Dans le cas où le bénéficiaire de second rang ne recevrait qu'un ***residuum***, l'Administration prescrit d'effectuer une **nouvelle liquidation de la première transmission** *comme si* celle-ci ne portait que sur le bien aliéné par le premier bénéficiaire. Le chiffre ainsi obtenu viendra en **déduction des droits payés lors de la première mutation**, et le **résultat net** donnera le **montant de l'imputation** à effectuer sur les droits dus par le second bénéficiaire[2].

613.32 Clause résiduelle ou graduelle. L'intérêt d'une **clause résiduelle voire graduelle** pour se prémunir des conséquences du décès d'un donataire sans postérité et **éviter ainsi une succession en ligne collatérale lourdement taxée** est évident, puisque les biens reviennent au second bénéficiaire au taux applicable au lien de parenté existant entre lui et le donateur initial, et moyennant une imputation des droits payés lors de la première transmission. Mais il peut être fait remarquer qu'il existe à ce titre une équivalence de résultat avec l'exercice du **droit de retour conventionnel,** puisque l'article 791 *ter* du Code général des impôts permet, si le donateur ne demande pas le remboursement des droits payés, d'imputer ceux-ci sur une autre transmission au profit d'un descendant. En réalité, la question ne réside pas tant dans le choix que dans **l'articulation des deux clauses.** Il a été ainsi justement proposé de prévoir que la stipulation résiduelle prenne le relais en cas de prédécès du donateur[3]; il est même possible, suivant le choix des donateurs, de **prévoir que la stipulation résiduelle aura priorité sur le droit de retour**, celui-ci ne trouvant à s'exercer qu'au cas de survie de ceux-ci, et seulement au cas où les biens ne se retrouveraient pas en nature, puisque rien n'interdit de prévoir conventionnellement son exercice sur les biens subrogés aux biens donnés ce qui reste douteux, et en tout cas contraire à la lettre du texte civil pour la stipulation résiduelle.

SECTION 2
DÉTERMINATION DES PARTS TAXABLES

613.40 Division. De manière récente, la question de l'imputation du passif se pose également en matière de donations (§ 1). À côté de cette problématique désormais nouvelle, subsiste celle relative aux hypothèses de donations complexes (§ 2), quoique le débat ait été là aussi en partie étendu à la suite de la réforme du droit successoral du 22 juin 2006.

§ 1
Déduction du passif de l'actif donné

613.41 Imputation du passif. Avant la loi de finances pour 2005, il n'était pas possible de retirer, pour la liquidation des droits de mutation, les **charges imposées** au donataire de la valeur de l'actif transmis. L'article 776 *bis* du Code général des impôts autorise désormais cette **déduction dans un certain nombre de cas.** Elle porte sur les **dettes consenties par le donateur pour l'acquisition ou dans l'intérêt des biens donnés.**

1) Lorsqu'il s'agit de **biens meubles et immeubles affectés à l'exploitation d'une entreprise individuelle** ayant une activité industrielle, commerciale, artisanale, agricole ou libérale, les **dettes peuvent être déduites** à la seule condition qu'elles n'aient pas été contractées auprès de personnes proches du donateur (il s'agit du donataire et du conjoint de ce dernier, du conjoint du donateur ou des ascendants de ce dernier, soit de ses frères et sœurs ou descendants, soit de ses propres ascendants ou de leurs frères et sœurs).

2) Lorsqu'il s'agit **« d'autres biens »**, la déduction demeure possible mais la dette doit impérativement avoir été contractée auprès d'une personne mentionnée au titre Ier du livre V du Code monétaire et financier, relatif aux établissements du secteur bancaire (C. mon. fin., art. L. 511-1 à L. 519-5).

Lorsque ces conditions sont respectées, les droits seront alors liquidés sur la part nette reçue par le donataire, **déduction faite du montant de l'emprunt mis à sa charge.** *Deux remarques* doivent être faites : *la première* est que la déduction suppose l'existence d'un **lien d'intérêt – acquisition, amélioration – entre la dette et les biens transmis.** Une simple ouverture de crédit, ou une convention de découvert ne saurait, en l'absence de tout objet spécifique, satisfaire à cette exigence. Il paraît donc indispensable que **l'acte constatant la dette mentionne l'objet de celle-ci.** *La seconde* est que le texte de l'article 776 *bis* prévoit un **allongement du délai de prescription** : le vérificateur pourra demander au donataire des justificatifs relatifs à l'acquittement effectif par ses soins de la dette mise à sa charge dans jusqu'au 31 décembre de la troisième année qui suit celle de la dernière échéance mise à sa charge.

1. Instr. 7 G-2-97, 17 févr. 2007, nos 76 s., *BOI* no 40, 26 févr.
2. Instr. préc. (exemple no 6 dans l'annexe 3).
3. E. Fouché, R. Gentilhomme, M. Hérail, *Fiscalité des mutations à titre gratuit et des partages*, 2e éd., Defrénois, 2013, no 337.

Une instruction[1] est venue compléter le texte du Code général des impôts en précisant que **l'acte de donation doit être notifié à l'établissement prêteur.** En revanche, son intervention à l'acte de donation n'est pas nécessaire car l'Administration se satisfait d'une délégation imparfaite.

§ 2 Hypothèses de donations complexes

613.50 Division. À côté des nouvelles problématiques liées aux donations-partages transgénérationnelles (B), nouvellement créées par la réforme du 22 juin 2006, subsistent les hypothèses classiques propres aux partages d'ascendant (A) et aux donations faites par des époux (C).

A. Donation-partage

613.51 Définition. Dans son acception la plus classique, cette donation permet à une personne de transmettre et d'effectuer la répartition de tout ou partie de ses biens au profit de ses présomptifs héritiers. Cette donation peut indifféremment rassembler des **biens anciennement donnés** avec des **biens nouvellement donnés**, ou ne comprendre exclusivement que l'un ou l'autre de ces biens. Il faut ici rappeler qu'une donation-partage, même uniquement acceptée par un seul donataire, entraîne l'exigibilité des droits sur l'ensemble des biens transmis[2]. La question de leur éventuelle restitution au cas où il n'est pas possible de recueillir le consentement de tous les donataires ne recevant aucune réponse certaine, donc satisfaisante[3].

Enfin, *sur un plan fiscal*, une donation-partage de parts indivises conserve toujours une existence et produit des effets. Le texte de l'article 750, II du Code général des impôts dispose que les licitations qui interviennent, à la suite d'indivisions créées par voie de donation-partage, sont taxées au droit de partage, privilège que ne peuvent revendiquer les donataires indivis qui ont recueilli leur droit dans une donation « simple » et dont les soultes sont considérées comme translatives et taxées au droit de vente.

Mais *sur un plan civil*, deux arrêts de la Cour de cassation sont venus **condamner la pratique des attributions indivises faites au donataire** en leur déniant le régime et l'appellation de partage d'ascendants[4]. De toute évidence, l'alignement de la solution fiscale sur la solution civile requiert une modification législative en raison de l'existence du texte de l'article 750, II du Code général des impôts.

613.52 Incidence de la réincorporation. La réincorporation des biens anciennement donnés n'est **pas soumise aux droits de mutation entre vifs**, en vertu de la règle « *non bis in idem* ». Cette solution est d'ailleurs nettement posée à l'article 776 A du Code général des impôts ajouté après la réforme du 22 juin 2006. Elle donne lieu en revanche au **paiement d'un droit de partage de 1,10 %** calculé sur la valeur de réincorporation.

La solution ne va pas de soi, et s'écarte des principes posés par l'article 670 du Code général des impôts. En effet, lorsqu'un acte contient deux dispositions, qui à raison de leur corrélation, ne sont pas de nature à donner ouverture à une pluralité de taxes, la disposition qui sert de base à la perception est celle qui donne lieu au taux le plus élevé. C'est d'ailleurs la raison pour laquelle le **partage des biens transmis**, considéré comme une disposition dépendante de la donation, qui est prépondérante dans l'esprit des parties, ne donne lieu à aucune perception. Que le **partage** porte également sur **des biens réincorporés** ne devrait donc rien y changer. Ce n'est toutefois pas la voie qui a été choisie par l'Administration fiscale, qui a toujours exigé le **paiement du droit de partage sur les réincorporations**, aux motifs qu'en cette hypothèse, **le partage est différé par rapport à la donation**, ces réincorporations consolidant en modifiant le cas échéant d'anciennes attributions[5].

613.53 Taxation de la donation-partage : critère du partage pur et simple. C'est le critère du partage pur et simple, déjà utilisé en matière successorale, qui va permettre de déterminer les parts taxables. Mais son utilisation va s'avérer plus délicate et plus abstraite en raison des possibilités offertes par le Code civil aux donateurs. Il importe donc de définir la notion de partage pur et simple **au regard du droit fiscal.** Un partage pur et simple est **celui qui s'effectue sans soulte.** Dès lors, il se rencontre dans *deux hypothèses* :

1) Le donateur a attribué des **droits égalitaires** et a réparti des **biens de même valeur** entre les donataires.

2) Le donateur a assigné des **parts de différentes valeurs** à chacun d'eux, mais ils ont tous été allotis de **biens qui les remplissent de leurs droits.**

1. Instr. 7 G-7-06, *BOI* n° 126, 27 juill. 2006.
2. *BOI ENR* DMTG 20-20-10-20120912, n° 90.
3. F. Sauvage, « De quelques difficultés à déterminer la base taxable aux droits de mutation à titre gratuit des donations-partages », *Bull. Cridon Paris*, 1er juin 2013.
4. Civ. 1re, 6 mars 2013, n° 11-21.892, *Bull. civ.* I [à paraître]; *JCP N* 2013. 1162, note Garçon – Civ. 1re, 20 nov. 2013, n° 12-25.681, *Bull. civ.* I [à paraître]; *JCP N* 2013. Actu. 1156.
5. *Dict. enr.* n° 2903 et les références citées.

Un partage pur et simple est donc celui où les bénéficiaires reçoivent des **attributions conformes à leurs droits dans la masse,** tels qu'ils ont été déterminés par le donateur.

Dans ces hypothèses, **le partage** est considéré comme pur et simple et il **peut servir de base à la liquidation**, ce qui signifie au cas présent que les parts taxables sont déterminées en fonction des attributions de chacun des donataires[1].

EXEMPLE 1

La donation faite aux trois donataires porte sur **trois biens d'égale valeur,** valant 1 000, dont un bénéficie d'une exonération des trois quarts. Chacun des donataires sera taxé en fonction de ce qu'il a reçu, mais l'un d'entre eux verra sa part taxable ramenée à 250 compte tenu de l'exonération dont il sera seul à profiter.

Même exemple que ci-dessus, mais le donateur a entendu effectuer une **donation-partage inégalitaire :** un bien vaut 1 000, l'autre 800 et le bien exonéré 1 200. Les parts taxables seront de la même façon établies en fonction des attributions reçues effectivement par chacun dès lors qu'elles sont égales aux droits que le donateur a octroyés à chacun des donataires dans la masse. L'attributaire des biens exonérés profitera ici encore seul de l'exonération puisque ses droits de mutation seront liquidés sur 1 200 – 75 % = 300.

Inversement, le partage ne sera plus considéré comme pur et simple lorsque les attributions faites en nature ne seront pas égales aux parts fixées par le donateur, induisant le paiement d'une soulte. Les parts taxables seront alors liquidées au regard des droits effectifs de chacun des donataires dans la valeur globale des biens donnés.

EXEMPLE 2

Donation-partage égalitaire d'un bien qui vaut 1 200 à trois donataires, et qui constate l'attribution de ce bien à un seul d'entre eux, à charge pour lui de verser une soulte de 400 à chacun des autres codonataires. Le partage ne peut être pris pour base de la liquidation : parts taxables de chacun 400, si le bien est exonéré, chacun des attributaires profite de la réduction de base imposable.

Donation-partage inégalitaire au profit de trois donataires, les droits tels qu'ils sont déterminés par le donateur étant de 1 000 pour A, 700 pour B et 300 pour C.

A reçoit un bien exonéré à hauteur des 3/4 qui vaut 1 200, B un immeuble qui vaut 600 et une soulte de la part de A de 100, et C des liquidités pour 200 et également une soulte de la part de A.

La masse des biens donnés est donc égale à 1 200 + 600 + 200 = 2 000. La masse taxable est égale à 2 000 – (1 200 × 75 %) = 1 100.

En l'absence de partage pur et simple, il faut considérer les droits de chacun, tels qu'ils ont été déterminés par le donateur, dans la masse globale des biens à partager.

La part reçue par A sera donc composée à hauteur de 1 000/2 000e des biens exonérés soit 600, soit une part taxable de 1 000 – (600 × 75 %) = 550;

– la part reçue par B de 700/2 000e des biens exonérés soit 700 – (420 × 75 %) = 385;

– et la part de C de 300/2 000e des biens exonérés soit une part taxable de 300 – (180 × 75 %) = 165.

Vérification : les parts taxables de chacun sont bien égales au montant total taxable soit 550 + 385 + 165 = 1 100.

EXEMPLE 3

Donation-partage au profit de trois enfants d'un bien de 2 000, attribué au profit de l'un d'eux qui bénéficie en outre d'une stipulation de préciput sur le quart. L'attributaire verse une soulte de 1 000 aux deux autres donataires. Le partage ne peut être pris comme base de la liquidation puisque l'attribution ne correspond pas aux parts assignées par le donateur. La part taxable des créanciers de la soulte sera donc pour chacun de 500, et celle de l'attributaire de 1 000.

613.54 Taxation de la donation-partage conjonctive. La donation-partage conjonctive est celle qui **permet aux ascendants de rassembler en une seule et même masse les biens donnés à leurs descendants**, de façon à ce qu'ils soient répartis entre eux sans se soucier de leur origine. Au regard du droit civil, **chacun des ascendants sera réputé avoir alloti les attributaires** à proportion des biens par lui donnés, quand bien même un lot n'aurait été formé que de droits appartenant exclusivement à l'un d'entre eux.

Le **droit fiscal se sépare partiellement de cette analyse civile.** En effet, si elle était respectée, les donateurs étant réputés allotir chacun des bénéficiaires proportionnellement à leur contribution dans la masse transmise, le partage serait systématiquement pur et simple en présence d'une donation égalitaire, la taxation portant alors sur les attributions effectives reçues par chacun des donataires. En réalité, la doctrine fiscale ne retient qu'une partie de l'analyse civile. Elle considère en effet que **les parts taxables doivent être déterminées en scindant la donation** : il faut d'une part considérer les **biens donnés par le père,** et d'autre part **ceux donnés par la mère** : chacun des attributaires est censé, indépendamment de son allotissement réel, avoir reçu des biens de chacun des donateurs à mesure de ses droits dans la masse donnée par chacun d'eux[2].

1. *Nota bene : Bull. Cridon Bordeaux*, n° 25, 15 juin 1997.

2. Rép. min. Huguet, *JOAN* 17 janv. 1983, p. 283, n° 14053.

EXEMPLE

Deux enfants : biens donnés par le père : un bien propre pour une valeur de 1 000, exonéré aux trois quarts. Bien donné par la mère, un bien propre qui vaut 3 000. Bien donné par les deux parents, un bien commun évalué à 2 000.

A reçoit le bien propre du père pour 1 000 et le bien commun pour 2 000.

B reçoit le bien propre de la mère pour 3 000.

Conformément à la réponse ministérielle, le partage ne peut être pris pour base de la liquidation, qui doit s'effectuer au regard des droits de chaque donataire dans les biens donnés par chacun de ses parents.

Les biens communs étant présumés être donnés par les deux parents, le calcul s'établit comme suit :

Bien donnés par la mère : 3 000 + (2 000/2) = 4 000.

Biens donnés par le père : 1 000 + (2 000/2) = 2 000.

Droits de A dans les biens donnés par sa mère : 4 000/2 = 2 000 qui correspond à sa part taxable.

Droits de B dans les biens donnés par sa mère : 4 000/2 = 2 000 qui correspond à sa part taxable.

Droits de A dans les biens donnés par son père : 2 000/2 = 1 000. Sa part taxable est égale à 1 000 – (1 000 [montant des biens exonérés] × 1/2 [quote-part de ses droits] × 75 %) = 625.

Droits de B dans les biens donnés par son père : 2 000/2 = 1 000. Sa part taxable est égale à 1 000 – (1 000 [montant des biens exonérés] × 1/2 [quote-part de ses droits] × 75 %) = 625

La **doctrine fiscale refuse l'application du partage pur et simple** car sa lecture de la **donation-partage conjonctive** l'amène à conclure que **la répartition ainsi effectuée contient une soulte occulte,** puisque l'insuffisance de la valeur d'un lot constatée dans l'une des branches paternelles ou maternelles est comblée au moyen de bien provenant de l'autre branche[1]. Il n'y aurait en théorie application de la thèse du partage pur et simple à une donation-partage conjonctive que dans l'hypothèse où chaque donataire recevrait de chacun de ses parents des attributions en nature conformes à ses droits dans chaque masse, hypothèse par définition rarement rencontrée en pratique puisqu'antinomique des avantages liés à l'unification de la masse des biens transmis indépendamment de leur origine.

613.55 Taxation de la donation-partage cumulative. La donation-partage cumulative **permet au conjoint survivant d'adjoindre ses biens au partage de la succession du prédécédé**. Sur un plan fiscal, l'acte comprend **deux composantes.**

Un **partage**, d'une part, **taxé au taux proportionnel de 1,10 %** mais dont l'assiette ne porte nécessairement que sur les seuls biens ou droits dépendants de la **succession du prédécédé.**

Une **donation**, d'autre part, soumise pour les biens transmis exclusivement aux **droits de mutations progressifs entre vifs** (par application de la **théorie des dispositions dépendantes**, posée à l'article 670 du Code général des impôts, le droit de partage n'est pas exigible, l'acte répartiteur s'effaçant derrière l'acte transmissif car il est soumis à un taux d'imposition plus élevé) et dont la taxation dépendra de la nature du partage opéré.

Dans l'immense majorité des cas, en pratique, les lots des attributaires, pour égaux qu'ils soient à l'issue de l'opération, seront chacun composés d'une part différente de biens donnés et de biens successoraux. L'Administration considère alors que le **comblement de l'inégalité des parts données au moyen de biens successoraux constitue une soulte occulte**, et fait donc application du principe de la **taxation des parts en fonction des droits effectifs de chaque donataire dans la masse donnée**[2].

Force est aujourd'hui de constater que les développements qui précèdent reposent sur des réponses ministérielles, et notamment la réponse Huguet, qui n'ont pas été reprises au *Bulletin officiel des finances publiques-impôts (BOFIP)*. Les développements consacrés à la liquidation de ces actes complexes dans la nouvelle base de l'Administration, qui est censée faire table rase de la doctrine antérieure, sont d'ailleurs à ce sujet réduits à leur strict minimum[3], ce qui est regrettable car rien n'assure en définitive le maintien officiel de ces modes de taxation.

B. Donation transgénérationnelle

613.61 Définition. L'article 1075-1 du Code civil permet la **donation-partage faite directement à des petits enfants,** même lorsque ceux-ci n'ont pas la qualité d'héritiers présomptifs, dès lors que les enfants consentent à s'effacer en tout ou en partie au profit de leurs propres enfants. De manière logique, chacun des bénéficiaires, enfant ou petit-enfant, est taxé en fonction du lien de parenté existant entre lui et le donateur, avec les abattements corrélatifs. Ce qui signifie donc qu'il y a ici exclusion de la représentation, et le petit-enfant qui viendrait en totalité en lieu et place de l'enfant qui

1. *Nota bene : Bull. Cridon Bordeaux,* n° 26, 15 sept. 1997 ; *Dict. enr.* n° 2905.

2. *Nota bene : Bull. Cridon Bordeaux,* n° 26, 15 sept. 1997 ; *Dict. enr.* n° 2905.

3. V. *BOI ENR* DMTG 20-20-10-20120912, n°s 130 s. – F. Sauvage, « De quelques difficultés à déterminer la base taxable aux droits de mutation à titre gratuit des donations-partages », *Bull. Cridon Paris*, 1er juin 2013.

décline sa part, ne peut prétendre cumuler son abattement propre et celui de l'enfant.

L'article 776 *ter* du Code général des impôts dispose que les **donations de moins de six ans qui ont été ainsi faites au petit-enfant, ne sont pas rapportables dans la succession de leur parent** qui a consenti à leur allotissement. La formule n'est pas heureuse, il eût été préférable d'écrire de manière plus claire qu'elle **ne donne pas lieu au rappel fiscal** prévu à l'article 784 du Code général des impôts.

613.62 Réincorporation et taxation. Ces donations transgénérationnelles empruntent les avantages liés à la donation-partage. Parmi ceux-ci, se trouve la **possibilité de réincorporer des biens antérieurement donnés**, réincorporation qui peut servir d'une part à rétablir l'égalité entre les donataires, et d'autre part à modifier les attributions, le bien en question changeant d'attributaire. L'Administration fiscale y voit dans tous les cas une **opération de partage**[1], et ce, même si le donataire n'avait auparavant jamais été gratifié. Seul le **droit proportionnel de partage au taux de 2,50 %** est exigible, la réincorporation pouvant parfaitement porter sur des biens subrogés à ceux donnés[2]. Il suffit simplement que la **donation initiale** ait supporté les **droits de mutation à titre gratuit** (demeure une incertitude sur le délai de détention au regard de l'imposition de la plus-value. Une telle réincorporation au profit d'un autre que l'attributaire initial pourrait s'analyser comme une résolution et faire ainsi partir un autre délai de détention pour le nouveau propriétaire).

Par le biais de cette réincorporation, il serait donc parfaitement possible d'**attribuer aux petits-enfants**, donc en effectuant un saut de génération, **des biens donnés antérieurement aux enfants**, sans autre frottement fiscal que celui du **droit de partage**. L'insigne faveur de cette solution a pu faire naître des hésitations. L'article 776 A du Code général des impôts est cependant clair : il se réfère aux opérations de réincorporations prévues par les articles 1078-1 et 1078-2 du Code civil en les écartant du champ des droits de mutation à titre gratuit. Or l'article 1078-7 du Code civil prévoit que ces mêmes opérations peuvent être incluses dans une donation-partage transgénérationnelle. L'application du droit de partage coule donc de source, et c'est d'ailleurs une interprétation non contraire qui a été retenue par l'Administration[3]. Cette aubaine n'a pas échappé au **législateur qui en a restreint la portée.** En effet, la rédaction de l'article 776 A du Code général des impôts a été complétée par la **loi de finances pour 2011**, lequel distingue désormais deux situations :

– soit cette **réincorporation**, faite par un enfant d'un don que lui a consenti son père, et constatant l'attribution du bien au profit d'un descendant de ce donataire, provient d'une **donation datant de plus de six ans**, au sens faut-il comprendre de l'article 784 dudit Code, et le **droit de partage** est **applicable**,

– soit cette **donation à l'origine de cette réincorporation date de moins de six ans**, et les **droits de donation** sont alors **exigibles sur ce bien réattribué au petit-enfant**, calculés en fonction du lien de parenté entre le grand-parent donateur et le petit-enfant alloti, avec **imputation des droits payés lors de la première transmission**.

Tout se passe comme si en réalité la **réincorporation** réalisait une **seconde donation corrigeant la première** et imposant à ce titre une **nouvelle liquidation des droits**. L'abattement entre parent et enfant étant plus important qu'entre grand-parent et petit-enfant, le contribuable sera alors perdant, sauf à imaginer que la donation initialement faite à l'enfant avait utilisé, en raison de l'existence d'autres transmissions des tranches hautes, alors que le petit-enfant n'avait pas été gratifié. Dans ce cas-là, non seulement il y a **imputation**, mais il devrait également y avoir **restitution** : le texte n'en dit mot l'hypothèse ne semblant pas avoir été envisagée par le législateur. Il faut aussi s'interroger sur la **situation fiscale de l'enfant réincorporant** : puisque la donation dont il a bénéficié est à nouveau taxée comme si le bien avait été donné directement par le grand-père à son petit-enfant, ne faut-il dès lors pas en conclure que de son côté la donation est sortie du champ du rappel fiscal[4] ? La raison d'être de cette modification est assurément de lutter contre les donations faites d'abord à un enfant, donc moins imposées car bénéficiant d'un abattement plus important, qui seraient ensuite redistribuées à un taux de 2,50 % au petit-enfant[5]. N'est d'ailleurs pas davantage envisagé le cas de la **réincorporation faite par un enfant** (et pourquoi pas l'autre parent qui peut également être partie à une donation-partage faite par son conjoint), **avec attribution du bien à un autre enfant que le sien** : curieusement, le législateur fiscal reste bien en-deçà des possibilités offertes par le droit civil et s'en tient à des transmissions à l'intérieur de la souche... La question

1. Rép. min. Piot, 2 mars 1974, *Ind. enr.* n° 12647 – Rép. min. Geoffroy, 3 avr. 1977, *Ind. enr.* n° 13047.
2. Rép. min. Noal, 14 août 1976, *Ind. enr.* n° 12955.
3. Instr. 7 G-6-07, n°s 65 s., *BOI* n° 121, 22 nov. 2007.
4. F Fruleux, « Les réincorporations transgénérationnelles, un mode de transmission à privilégier », *Dr. fisc.* 2011. 252.
5. F. Sauvage, « Aperçu du nouveau régime fiscal de l'incorporation à une donation-partage transgénérationnelle », *Bull. Cridon Paris*, n° 23, 15 déc. 2010.

demeure également en suspens pour le cas du **petit-enfant venant par représentation qui réincorpore une donation dont l'objet est attribué à un enfant.**

613.63 Conclusion critique. Que conclure alors ? D'une part, l'imputation n'a pas grand sens lorsqu'elle ne concerne pas les membres de la même souche. Mais d'autre part, n'y aurait-il pas un paradoxe à taxer ces donations au taux uniforme de 2,50 % alors que des transmissions à l'intérieur d'une souche se verraient pénalisées ?

En conclusion, il faut espérer que ce texte restera un texte de transition qui devra être complété pour uniformiser et sécuriser d'une manière générale le régime de ces réincorporations dans les donations-partages transgénérationnelles.

Il nous semble ici que le droit fiscal devrait épouser les dispositions du droit civil. Personne ne conteste qu'une donation-partage puisse être effectuée uniquement à partir de donations réincorporées, distribuées à cette occasion à un nouvel enfant. L'opération sera taxée au taux de 2,50 % alors même que cet enfant n'a initialement jamais été alloti. À partir du moment où le droit civil étend le bénéfice des partages d'ascendant et de ses opérations annexes comme les réincorporations à tous les descendants, le droit fiscal devrait en tirer les conséquences et soumettre toutes les hypothèses de réincorporation au taux du partage, sans introduire de distinction dont on ne perçoit d'ailleurs pas les fondements.

C.
Donation faite par des époux

613.71 Particularisme. Cette donation peut revêtir un triple particularisme issu des règles du droit civil et que le droit fiscal prend en compte.

613.72 Donation faite en vue d'établir un enfant : double abattement. Il s'agit ici d'une application de l'article 1438 du Code civil. La donation, serait-elle faite au moyen d'un bien appartenant personnellement à un seul d'entre eux, est **réputée être prise en charge par les deux conjoints.** Sur un plan fiscal, le bénéficiaire de la donation pourra alors prétendre utiliser **deux abattements**, le bien étant alors réputé être donné par chacun des donateurs. Bien entendu, l'Administration veille à ce que la condition d'établissement prévue à l'article 1438 du Code civil soit effective.

C'est ainsi que l'utilisation du double abattement a été refusée lorsque l'enfant était déjà établi[1], ou qu'il était trop jeune (dix-sept mois !)[2].

613.73 Donation avec clause d'imputation sur la succession du prémourant. L'Administration laisse au moment du décès le choix aux héritiers pour déterminer si cette clause signifie, lorsqu'elle ne le précise pas, que l'héritier gratifié rapportera dans la limite de ses droits dans la première succession, le solde s'imputant alors subsidiairement dans la succession du survivant. Dans ce dernier cas, il faudra procéder à une **imputation provisoire**, sans déduire dans la succession les **récompenses** dues par le défunt ni tenir compte des **rapports**, pour déterminer la part de l'héritier gratifié dans l'actif successoral. Une fois celle-ci connue, elle sera comparée avec le montant de son rapport : si celui-ci est supérieur, il sera, suivant le choix opéré par les héritiers, soit tenu de verser une indemnité de rapport, soit obligé de rapporter l'excédent au deuxième décès. Dans tous les cas, cette clause implique une **nouvelle liquidation des droits de mutation payés lors de la donation**, en fonction de la part réelle prise par le premier mourant dans celle-ci[3].

613.74 Donation de biens communs par un époux seul. La contribution des deux époux mariés sous un régime communautaire à la transmission de biens communs n'est pas inéluctable. **Un époux peut parfaitement donner seul des biens communs,** l'autre n'intervenant que pour donner son accord au titre du respect des règles de la cogestion, telles qu'elle résulte au cas particulier de l'article 1422 du Code civil. L'intérêt de ce procédé s'est trouvé accru depuis la réforme du 22 juin 2006, puisque la loi confirme la possibilité, déjà utilisée en pratique, de faire une **donation-partage avec des enfants d'un époux extérieurs à l'union**. Ces derniers peuvent recevoir soit des biens propres de leur parent, soit des biens communs, le conjoint du donateur n'intervenant que pour donner son accord, sans s'obliger lui-même. Dans une telle hypothèse, **l'enfant gratifié** pourra bénéficier sur les biens communs donnés de la plénitude de son **abattement** et de la **progressivité des droits suivant le taux applicable en ligne directe**[4].

Mais, comme l'indique l'Administration, à la dissolution du régime, une **récompense**, égale au montant des biens donnés devra être inscrite contre l'époux donateur et au bénéfice de la communauté par application de l'article 1437 du Code civil.

1. TGI Bordeaux, 15 sept. 1986, *Ind. enr.* nº 14714.
2. Com. 24 avr. 1990, nº 88-14.365, *Bull. civ.* IV, nº 120; *Ind. enr.* nº 15319.
3. *Dict. enr.* nº 3961, et l'exemple cité.
4. Instr. 7 G-6-07, nº 50, *BOI* nº 121, 22 nov. 2007.

LIVRE

7. LE DROIT INTERNATIONAL PRIVÉ

SECTION 0

ORIENTEUR

7.00 **Plan du livre.**

Division. Seront successivement examinés les régimes matrimoniaux (titre 71) et les successions (titre 72) en droit international privé.

7.01 **Énoncé.** Il n'existe pas en droit international privé de catégorie d'ensemble régissant le droit patrimonial de la famille. En effet, les catégories dont use le droit international privé sont construites par référence aux concepts et institutions du for français. Aussi retrouve-t-on en droit international privé français la distinction, classique en droit interne, entre le mariage, les régimes matrimoniaux et les successions, qui font l'objet de rattachements distincts.

On rappellera ici sommairement que les conditions de forme du mariage sont soumises à la *lex loci celebrationis*; les conditions de fond à la loi nationale respective de chacun des époux; les effets du mariage relevant quant à eux de la loi nationale commune des époux, à défaut la loi de leur domicile commun, à défaut de la loi du for français. Les régimes matrimoniaux sont soumis en principe à la loi d'autonomie sous réserve des précisions examinées en détail ultérieurement (v. s^{s} n°s 712.11 s.) et les successions sont régies : pour la masse mobilière, à la loi du dernier domicile du défunt (v. s^{s} n°s 721.13 et 722.11); pour les immeubles, à la loi de situation de l'immeuble (v. s^{s} n°s 721.14 et 722.21).

Ces solutions distinctes affectent très directement le traitement international de la situation du conjoint survivant. Il conviendra en effet, d'abord, de s'assurer de la validité du mariage par application des règles de conflit propres aux conditions de fond et de forme du mariage; ensuite, il importe de liquider le régime matrimonial préalablement au partage de la succession. Ce qui nécessite de déterminer successivement les droits du conjoint survivant en vertu du régime matrimonial, par application de la loi régissant le régime matrimonial des époux, puis ses droits dans la succession, par application de la loi régissant la succession.

7.02 **Choix entre la qualification régime matrimonial ou succession.** Compte tenu de cette distinction, le classement d'une question de droit dans l'une de ces catégories a un enjeu important puisqu'il conduit à la mise en œuvre de rattachements distincts. En présence d'une difficulté de qualification, il faut se reporter aux principes généraux en la matière, à savoir la qualification *lege fori* de la question de droit litigieuse. La question a fait l'objet d'un exemple célèbre[1].

1. Alger, 24 déc. 1889, *Bartholo, JDI* 1891. 1171; *GADIP*, n° 9, la qualification de régime matrimonial a été déduite ici, notamment, de la considération qu'il s'agissait de répartition d'acquêts.

Deux époux avaient fixé leur premier domicile matrimonial à Malte. Au décès de son mari, la veuve réclame sur les biens de son mari des droits sous l'appellation de « *la quarte du conjoint pauvre* », institution de droit maltais. Si la prétention était qualifiée d'institution relevant du régime matrimonial, la règle de conflit française désignait la loi du premier domicile matrimonial maltais, laquelle connaissant l'institution lui accordait ce droit. Si au contraire, la qualification successorale était retenue, l'application de la loi française du dernier domicile du défunt comme loi successorale conduisait à écarter la prétention de la veuve, le droit français ignorant toute mesure de ce type. Le juge français a tranché la difficulté en raisonnant par référence à ses propres concepts : c'est le principe de la qualification *lege fori*.

TITRE

71. Les régimes matrimoniaux et droit international privé

SECTION 0 ORIENTEUR

71.00 Plan du titre.

Chap. 711 Loi applicable au régime primaire

Sect. 1 Époux étrangers établis en France

Sect. 2 Époux français ou étrangers hors de France

Chap. 712 Détermination de la loi applicable au régime matrimonial

Sect. 1 Époux mariés avant le 1er septembre 1992 : le droit commun

Sect. 2 Époux mariés après le 1er septembre 1992 : le droit conventionnel

Chap. 713 Changement de la loi applicable au régime matrimonial

Sect. 1 Mutabilité volontaire

Sect. 2 Mutabilité automatique

Division. Seront examinés successivement la détermination de la loi applicable (chap. 712) et le changement de la loi applicable au régime matrimonial (chap. 713). Il convient toutefois, au préalable, de faire une place à part au régime primaire (chap. 711).

71.01 Textes applicables.

C. civ., art. 1397-2 à 1397-6

C. pr. civ., art. 1303-1 à 1303-6

Conv. La Haye, 14 mars 1978, sur la loi applicable aux régimes matrimoniaux

* V. texte complet de la Convention s[s] n° 83.13

> Désignation de la loi applicable au régime matrimonial

[C. civ., art. 1397-2 à 1397-5]

C. civ., art. 1397-2

Lorsque les époux désignent la loi applicable à leur régime matrimonial en vertu de la Convention sur la loi applicable aux régimes matrimoniaux, faite à La Haye le 14 mars 1978, il est fait application des dispositions des articles 1397-3 et 1397-4.

C. civ., art. 1397-3 (*Ord. 6 mai 2005, art. 9*)

Lorsque la désignation de la loi applicable est faite avant le mariage, les futurs époux présentent à l'officier de l'état civil soit l'acte par lequel ils ont opéré cette désignation, soit un certificat délivré par la personne compétente pour établir cet acte. Le certificat énonce les noms et prénoms des futurs époux, le lieu où ils demeurent, la date de l'acte de désignation, ainsi que les nom, qualité et résidence de la personne qui l'a établi.

Lorsque la désignation de la loi applicable est faite au cours du mariage, les époux font procéder aux mesures de publicité relatives à la désignation de la loi applicable dans les conditions et formes prévues au Code de procédure civile. S'ils ont passé un contrat de mariage, mention de la loi applicable ainsi désignée est portée sur la minute de celui-ci.

À l'occasion de la désignation de la loi applicable, avant le mariage ou au cours de celui-ci, les époux peuvent désigner la nature du régime matrimonial choisi par eux.

C. civ., art. 1397-4

Lorsque la désignation de la loi applicable est faite au cours du mariage, cette désignation prend effet entre les parties à compter de l'établissement de l'acte de désignation et, à l'égard des tiers, trois mois après que les formalités de publicité prévues à l'article 1397-3 auront été accomplies.

Toutefois, en l'absence d'accomplissement de ces formalités, la désignation de la loi applicable est opposable aux tiers si, dans les actes passés avec eux, les époux ont déclaré la loi applicable à leur régime matrimonial.

C. civ., art. 1397-5

Lorsqu'un changement au régime matrimonial intervient par application d'une loi étrangère régissant les effets de l'union, les époux font procéder aux formalités de publicité prévues au Code de procédure civile.

> Changement de régime matrimonial

C. civ., art. 1397-6

Le changement de régime matrimonial prend effet entre les parties à dater de la décision ou de l'acte qui le prévoit et, à l'égard des tiers, trois mois après que les formalités de publicité prévues à l'article 1397-5 auront été accomplies.

Toutefois, en l'absence d'accomplissement de ces formalités, le changement de régime matrimonial est opposable aux tiers si, dans les actes passés avec eux, les époux ont déclaré avoir modifié leur régime matrimonial.

> Publicité de la loi applicable au régime matrimonial désignée au cours du mariage

[C. pr. civ., art. 1303-1 à 1303-2]

C. pr. civ., art. 1303-1

Lorsque l'acte de mariage est conservé par une autorité française, celle-ci mentionne en marge de cet acte, à la demande des époux ou de l'un d'eux, l'acte portant désignation de la loi applicable au régime matrimonial, dont la publication est prévue au deuxième alinéa de l'article 1397-3 du Code civil.

En l'absence d'acte de mariage conservé par une autorité française, et si l'acte portant désignation de la loi applicable au régime matrimonial a été établi en France en la forme authentique ou si l'un des époux est français, ledit acte ou le certificat délivré par la personne compétente pour l'établir est, à la demande des époux ou de l'un deux, inscrit aux fins de conservation au répertoire civil annexe mentionné à l'article 4-1 du décret n° 65-422 du 1er juin 1965 portant création d'un service central d'état civil au ministère des Affaires étrangères.

C. pr. civ., art. 1303-2

Lorsqu'un contrat de mariage a été passé en France, les époux ou l'un d'eux adressent au notaire détenteur de la minute du contrat, par lettre recommandée avec demande d'avis de réception, copie de l'acte portant désignation de la loi applicable au régime matrimonial. Si le contrat de mariage a été reçu par un agent diplomatique ou consulaire français, les époux ou l'un d'eux avisent le ministre des Affaires étrangères.

Le notaire, l'agent diplomatique ou consulaire français ou le ministre des Affaires étrangères fait mention de la loi applicable ainsi désignée sur la minute du contrat de mariage et ne doit plus en délivrer aucune copie ou extrait sans reproduire cette mention.

> Publicité du changement de régime matrimonial par application d'une loi étrangère

[C. pr. civ., art. 1303-3 à 1303-5]

C. pr. civ., art. 1303-3

Lorsque l'acte de mariage est conservé par une autorité française, le changement de régime matrimonial obtenu en application de la loi étrangère régissant les effets de l'union est mentionné en marge de cet acte.

En l'absence d'acte de mariage conservé par une autorité française, ce changement de régime matrimonial, s'il a donné lieu à une décision d'un tribunal français ou à un acte établi en France en la forme authentique ou si l'un des époux est français, est inscrit aux fins de conservation au répertoire civil annexe mentionné à l'article 4-1 du décret n° 65-422 du 1er juin 1965 portant création d'un service central d'état civil au ministère des Affaires étrangères.

C. pr. civ., art. 1303-4

Si ce changement a donné lieu à une décision d'un tribunal français, la mention en marge de l'acte de mariage ou l'inscription au répertoire civil annexe est faite conformément aux deuxième, troisième et quatrième alinéas de l'article 1294. Dans les autres cas, le procureur de la République du lieu où est conservé l'acte de mariage ou le répertoire civil annexe fait procéder à cette mention ou à cette inscription, à la demande des époux ou de l'un d'eux.

C. pr. civ., art. 1303-5

Lorsqu'un contrat de mariage a été passé en France, les époux ou l'un d'eux adressent au notaire détenteur de la minute du contrat, par lettre recommandée avec demande d'avis de réception, une copie ou un extrait de l'acte de mariage mis à jour conformément aux articles 1303-3 et 1303-4 ou un certificat d'inscription au répertoire civil annexe mentionné à l'article 4-1 du décret du 1er juin 1965 précité. Si le contrat de mariage a été reçu par un agent diplomatique ou consulaire français, les époux ou l'un deux avisent le ministre des Affaires étrangères.

Le notaire, l'agent diplomatique ou consulaire français ou le ministre des Affaires étrangères fait mention du changement du régime matrimonial sur la minute du contrat de mariage et ne doit plus en délivrer aucune copie ou extrait sans reproduire cette mention.

> Publicité du changement de régime matrimonial intervenu à l'étranger en application de la loi française

C. pr. civ., art. 1303-6

Les mesures de publicité prévues au paragraphe 2 s'appliquent également en cas de changement de régime matrimonial intervenu à l'étranger en application de la loi française.

71.02 Jurisprudence de référence.

> En l'absence de contrat de mariage, interprétation par les juges du fond de la volonté présumée des époux étrangers

• **Civ. 1re, ch. req., 4 juin 1935,** *Zelcer*, *GADIP*, n° 15

* V. ss n° 712.31

« Il appartient aux juges du fond d'apprécier souverainement, d'après les faits et circonstances et notamment en tenant compte du domicile matrimonial des époux, le statut matrimonial que des étrangers se mariant en France sans contrat, ont eu, la volonté d'adopter pour le règlement de leurs intérêts pécuniaires. »

71.03 Bibliographie indicative.

Actualisables. Rép. internat., v° *Régimes matrimoniaux*, par G. A. L. Droz [maj mars 2013].

Ouvrages. B. Ancel et Y. Lequette, *Grands arrêts de la jurisprudence française de droit international privé* [GADIP], 5e éd., Dalloz, 2006 – B. Audit et L. d'Avout, *Droit international privé*, 7e éd., Economica, 2013 –

D. Bureau et H. Muir-Watt, *Droit international privé*, t. 1 et 2, 2e éd., « Thémis », PUF, 2010 – Y. Loussouarn, P. Bourel et P. de Vareilles-Sommières, *Droit international privé*, 10e éd., « Précis », Dalloz, 2013 – P. Mayer et V. Heuzè, *Droit international privé*, 10e éd., « Précis Domat », Montchrestien, 2010 – M.-L. Niboyet et G. de Geouffre de La Pradelle, *Droit international privé*, 4e éd., Lextenso éditions, LGDJ, 2013 – H. Péroz et E. Fongaro, *Droit international privé patrimonial de la famille*, 1re éd., « Pratique notariale », LexisNexis/Litec, 2010 – M. Revillard, *Droit international privé et communautaire : pratique notariale*, 7e éd., Defrénois, 2010.

Articles. G. Khairallah, « La loi du 28 octobre 1997 : questions de méthode », *Rev. crit. DIP* 1998. 249 – M. Revillard, « La loi du 28 octobre 1997 modifiant le Code civil pour l'adapter aux stipulations de la Convention de La Haye sur la loi applicable aux régimes matrimoniaux », *Defrénois* 1997, art. 36700; « Les mesures de publicité relatives aux régimes matrimoniaux en matière internationale », *Defrénois* 1998. 1201.

71.04 Questions essentielles.

> De quelle loi relèvent les droits et devoirs respectifs des époux prévus par le régime primaire ou statut patrimonial de base ?

* V. ss no 712.31

ÉPOUX MARIÉS AVANT LE 1ER SEPTEMBRE 1992

> Quelle est la loi applicable au régime matrimonial de ces époux ?

* V. ss no 712.31

> Le choix d'une célébration religieuse du mariage a-t-il une incidence quant au régime matrimonial ?

* V. ss no 712.34

> Le choix d'un mariage consulaire a-t-il une incidence quant au régime matrimonial ?

* V. ss no 712.35

> Dans quelles conditions les époux peuvent-ils changer de loi applicable au régime matrimonial ?

* V. ss no 713.11

> Les époux mariés peuvent-ils changer de régime matrimonial à l'occasion de leur changement de loi applicable au régime matrimonial ?

* V. ss no 713.12

ÉPOUX MARIÉS APRÈS LE 1ER SEPTEMBRE 1992

> À quelles conditions s'applique la Convention de La Haye ?

* V. s no 71.09

> Quelle est la loi applicable au régime matrimonial de ces époux ?

* V. ss no 712.61

> Les époux mariés ont-ils toute liberté pour choisir la loi applicable à leur régime matrimonial ?

* V. ss no 712.51

> Les époux peuvent-ils changer de loi applicable à leur régime matrimonial ?

* V. ss no 713.11

> Les époux peuvent-ils changer de régime matrimonial en cours de mariage ?

* V. ss no 713.12

> Le changement de nationalité ou de résidence des époux a-t-il une incidence sur la loi applicable à leur régime matrimonial ?

* V. ss no 713.21

> À quelles conditions le changement de la loi applicable au régime matrimonial est-il opposable aux tiers ?

* V. s nos 712.75 et 713.16

> Les époux peuvent-ils s'opposer à un changement automatique de leur régime matrimonial ?

* V. ss no 713.22

71.08 Présentation. La situation patrimoniale des époux peut être affectée par l'interférence d'éléments d'extranéité divers, que les époux soient de nationalité différente, ou qu'au cours de leur mariage ils s'établissent à l'étranger, soit enfin qu'ils possèdent ou acquièrent des biens à l'étranger ou dispersés sur plusieurs territoires. Ces données suscitent des conflits de lois en matière de régime matrimonial qui appellent des solutions précises, en particulier au regard de la détermination de la loi applicable au régime matrimonial. Celle-ci est d'autant plus décisive que l'étude du droit comparé fait apparaître des divergences sensibles, tant en ce qui concerne le droit interne des régimes matrimoniaux, qu'au regard de la règle de conflit retenue.

Catégorie de rattachement autonome, les régimes matrimoniaux ont longtemps fait l'objet exclusivement de principes de solution d'origine jurisprudentielle qui constituent **le droit commun.** Toutefois, celui-ci coexiste avec **le droit conventionnel,** compte tenu de l'entrée en vigueur en France, depuis le 1er septembre 1992, de la Convention de La Haye du 14 mars 1978 sur la loi applicable aux régimes matrimoniaux. En conséquence, les époux mariés après le 1er septembre 1992 se trouvent soumis au droit conventionnel.

71.09 Domaine d'application de la Convention. La Convention est d'application universelle. Ce qui signifie qu'elle s'applique même si la loi désignée par la Convention est celle d'un État non contractant (sur les conséquences concrètes de cette solution, v. ss no 712.42). Ainsi, la Cour de cassation[1] a-t-elle cassé un arrêt de cour d'appel qui avait écarté l'application de la Convention à des époux mariés en Syrie après l'entrée en vigueur de la Convention au prétexte que la Syrie n'avait pas ratifié la Convention.

La coexistence en droit français du droit commun issu de la jurisprudence et du droit conventionnel conduit à poser les principes suivants. La Convention de La Haye n'est applicable :

1. Civ. 1re, 12 nov. 2009, no 08-18.343, *Bull. civ.* I, no 224.

- dans son intégralité, qu'aux époux dont le mariage a été célébré après le 1er septembre 1992;

- et, seulement dans son article 6, et aux textes correspondant à sa mise en œuvre (art. 10, 11 et 13), aux époux mariés avant le 1er septembre 1992.

Ce titre n'est destiné qu'à rappeler les principales règles applicables en la matière, renvoyant pour des développements plus substantiels aux ouvrages spécialisés.

CHAPITRE

711. Loi applicable au régime primaire

MARIE GORÉ
PROFESSEUR À L'UNIVERSITÉ
PANTHÉON-ASSAS (PARIS II)

RAPHAËLLE DE GOURCY
JURISTE AU CRIDON DE LYON
DIPLÔMÉE NOTAIRE

SECTION 0
ORIENTEUR

711.00 Plan du chapitre.

711.01 Textes applicables.
* V. s[s] n° 71.01

711.03 Bibliographie indicative.
* V. s[s] n° 71.03

711.10 Présentation. Il est traditionnel de distinguer le régime primaire, ou statut patrimonial de base, du régime matrimonial proprement dit. Prolongeant le droit interne, le droit international privé soumet le régime primaire à des règles spécifiques, la catégorie régime matrimonial n'englobant pas le statut patrimonial de base, le caractère impératif de ce dernier ne pouvant se satisfaire du rattachement à l'autonomie de la volonté de la catégorie régime matrimonial. En effet, l'article 226 du Code civil rend les dispositions du régime primaire applicables quel que soit le régime matrimonial des époux. Mise en évidence par la jurisprudence, cette distinction se vérifie également sous l'empire de la Convention de La Haye. En l'état actuel, et en l'absence de toute disposition internationale à ce sujet, le droit français fait application concurremment de deux méthodes pour déterminer la loi applicable au régime primaire : la **méthode conflictuelle classique** et la **méthode des lois de police**. Ce qui conduit concrètement à distinguer selon que les époux sont établis (sect. 1) ou non (sect. 2) en France.

SECTION 1
ÉPOUX ÉTRANGERS ÉTABLIS EN FRANCE

711.11 Principe de solution. La jurisprudence dans cette hypothèse considère que « *les règles relatives aux devoirs et droits respectifs des époux énoncés par les articles 212 et suivants du Code civil sont d'application territoriale* »[1]. Dès lors que la question s'élève en France, il faut admettre que tous les époux établis en France sont soumis aux mêmes règles, ce qui assure une certaine uniformité sur le territoire français du statut d'époux.

711.12 Portée. Deux points doivent être ici relevés.

D'une part, la position jurisprudentielle laisse entendre que tous les textes du régime primaire sont d'application territoriale. Aucune distinction ne doit être faite selon les règles, ce qui peut être critiquable car toutes ne présentent pas le même intérêt au regard de la protection du crédit public qui, notamment, fonde l'application territoriale.

D'autre part, les critères justifiant l'application territoriale peuvent être variés. Il n'y a pas de doute lorsque les époux ont une résidence ou sont établis en France. On peut être plus circonspect lorsqu'il n'est question que de passer un acte en France.

SECTION 2
ÉPOUX FRANÇAIS OU ÉTRANGERS HORS DE FRANCE

711.21 Principe de solution. Le principe consiste en cette hypothèse à considérer que les règles du

1. Civ. 1re, 20 oct. 1987, n° 85-18.877, *Cressot*, *Bull. civ.* I, n° 275 ; *Rev. crit. DIP* 1988. 540, note Y. Lequette ; *GADIP*, n° 15 § 10 ; n° 26 § 8 ; n° 53 § 2 et 13 ; n° 54 § 14.

statut patrimonial de base sont une conséquence directe du mariage et à ce titre relèvent de la catégorie des effets du mariage et sont soumises à la loi de la nationalité commune des époux; à défaut à la loi de leur domicile commun; à défaut à la loi du for[1].

711.22 **Portée.** Deux points doivent également être ici précisés. D'une part, le principe de soumission du statut patrimonial de base à la loi des effets du mariage conduit à faire régir les époux français à l'étranger par cette même loi et à leur assurer une continuité d'application de leur régime primaire.

D'autre part, il faut ici, comme précédemment (v. s[s] n° 711.12), estimer que la solution vaut pour l'ensemble des règles contenues dans le régime primaire.

1. Civ. 1re, 22 oct. 1985, n° 84-11.468, *Bull. civ.* I, n° 267; *JDI* 1986. 1005, note G. Wiederkehr; *D.* 1986. 241, note A. Breton.

CHAPITRE

712. Détermination de la loi applicable au régime matrimonial

MARIE GORÉ
PROFESSEUR À L'UNIVERSITÉ
PANTHÉON-ASSAS (PARIS II)

RAPHAËLLE DE GOURCY
JURISTE AU CRIDON DE LYON
DIPLÔMÉE NOTAIRE

SECTION 0
ORIENTEUR

712.00 Plan du chapitre.

712.01 Textes applicables.
* V. ss no 71.01

712.02 Jurisprudence de référence.
* V. ss no 71.02

712.03 Bibliographie indicative.
* V. ss no 71.03

712.04 Questions essentielles.
* V. ss no 71.04

Division. La jurisprudence française a élaboré, depuis l'origine, des solutions qui constituent aujourd'hui ce que l'on appelle le droit commun (v. ss no 71.08). Ces règles gouvernent entièrement la détermination de la loi applicable au régime matrimonial des époux mariés avant le 1er septembre 1992 (sect. 1). En revanche, c'est désormais la Convention de La Haye du 14 mars 1978 qui régit exclusivement la détermination de la loi applicable au régime matrimonial des époux mariés après le 1er septembre 1992 (sect. 2). Une proposition de règlement en date du 16 mars 2010 relatif à la compétence, la loi applicable, la reconnaissance et l'exécution des décisions en matière de régimes matrimoniaux a été publiée[1] et a fait l'objet de recommandations par le Parlement européen en date du 10 septembre 2013. Ce texte n'étant pas en l'état définitif ne sera pas l'objet de cette étude.

SECTION 1
ÉPOUX MARIÉS AVANT LE 1ER SEPTEMBRE 1992 : LE DROIT COMMUN

712.11 Principe. Le droit français soumet le régime matrimonial, de façon indivisible, quel que soit le lieu de situation des biens, à la **loi d'autonomie, c'est-à-dire la loi choisie par les parties**, tout renvoi – tout au moins au premier degré – étant exclu en cette matière. Cette solution, acquise depuis longtemps, vaut au demeurant tant pour les régimes conventionnels que pour le régime légal, ce qui mérite quelques précisions.

§ 1
Contrat de mariage

712.21 Principe. Traité comme un contrat ordinaire, le contrat de mariage est soumis tout natu-

1. Proposition de règlement du Conseil relatif à la compétence, la loi applicable, la reconnaissance et l'exécution des décisions en matière de régimes matrimoniaux, 16 mars 2010, COM(2011) 126.

rellement à la loi d'autonomie. Le plus souvent, la détermination de la volonté des époux ne soulèvera pas de difficultés particulières : les époux auront fait référence à une loi donnée ou à une réglementation précise, aucun doute sur leur choix ne pouvant alors exister. En outre, celui-ci est laissé à leur entière discrétion, le droit français admettant l'**autonomie totale de la volonté des époux** : les époux pourraient – mais cela n'est guère souhaitable car cela compliquerait inutilement les relations entre époux et à l'égard des tiers – choisir une loi avec laquelle ils ne présentent aucun lien.

712.22 Capacité. La capacité de conclure un contrat de mariage relève du statut personnel et se trouve donc soumise à la **loi personnelle de chacun des époux**[1], c'est-à-dire la **loi nationale de l'époux.** La loi personnelle régira également les sanctions de la violation des règles de capacité.

712.23 Forme. Comme tout acte juridique, la forme du contrat de mariage est soumise à la règle *locus regit actum*, **loi du lieu de rédaction de l'acte.** Il est cependant admis que cette règle a un **caractère facultatif** et que les parties peuvent suivre la forme prévue pour le contrat de mariage par leur **loi personnelle commune** ou par la *lex causae*, c'est-à-dire la **loi choisie au fond pour régir leur régime matrimonial.**

712.24 Publicité. Les règles de publicité prévues par le droit français pour le contrat de mariage (C. civ., art. 76) sont applicables à tous les mariages célébrés en France, ou auprès des agents diplomatiques et consulaires français à l'étranger. Si le **contrat de mariage** a été établi dans une **forme étrangère, ou à l'étranger,** l'exigence, prévue à l'article 76, d'une **déclaration** quant à la signature ou non d'un contrat de mariage permettra d'assurer la publicité.

En revanche, dès lors que le **mariage** a été **célébré à l'étranger,** les **règles françaises de publicité du contrat de mariage** sont inapplicables, même si ce contrat a été dressé en France. Il appartiendra aux tiers d'être alors vigilants et de demander aux époux la nature de leur régime matrimonial.

§ 2
Régime légal

712.31 Principe. Le **régime matrimonial des époux mariés sans contrat** relève de la **loi d'autonomie.**

Si, situation rare, les époux ont manifesté un **choix exprès et certain en faveur d'une loi déterminée,** leur volonté doit être respectée. C'est donc seulement dans l'éventualité où ils n'auraient pas exprimé leur intention clairement que l'on doit rechercher qu'elle est leur **volonté présumée.** À cet égard, la jurisprudence énonce « *qu'il appartient aux juges du fond d'apprécier souverainement, d'après les faits et circonstances, et notamment en tenant compte du domicile matrimonial des époux, le statut matrimonial que des étrangers se mariant en France sans contrat, ont eu la volonté commune d'adopter pour le règlement de leurs intérêts* »[2]. La formule a été également étendue à des époux français mariés à l'étranger.

712.32 Présomption tirée du premier domicile matrimonial. En l'absence d'indications précises de la part des époux, la jurisprudence pose une présomption selon laquelle le régime matrimonial est soumis à la **loi du premier domicile matrimonial,** c'est-à-dire du lieu où les époux entendent fixer et fixent effectivement leur établissement de manière stable.

Le premier domicile matrimonial correspond ainsi à **l'établissement effectif des intérêts des époux.** Seul est retenu le **premier domicile stable après le mariage,** un premier domicile temporaire étant jugé insuffisant pour caractériser la volonté des époux. La stabilité s'entend d'une **certaine durée** – souvent un **minimum de deux ans** – laquelle est variable en fonction des circonstances de l'espèce et de l'interprétation de l'**intention commune des époux** par les juges du fond.

La présomption de soumission du régime matrimonial à la loi du premier domicile matrimonial est une **présomption simple.** Elle peut être écartée s'il s'avère que les époux ont eu la volonté de se soumettre à une autre loi. D'autres indices peuvent alors paraître déterminants pour le juge : nationalité des époux qui peuvent avoir gardé un esprit de retour dans le pays dont ils sont ressortissants, lieu de célébration et forme de mariage. En réalité, il faut admettre que ces indices ne sont pris en compte pour écarter la présomption en faveur du premier domicile matrimonial que dans des cas relativement exceptionnels : premier domicile fortuit car lié à l'exercice temporaire d'une profession en ce lieu; acquisition ou possession de biens dès le mariage dans un pays où les époux entendent ultérieurement s'installer par exemple. La Cour de cassation rappelle en effet régulièrement que « *la loi*

1. Civ. 1re, 15 mai 1963, *Patino*, *Rev. crit. DIP* 1964. 506, note P. Lagarde – Civ. 1re, 16 juill. 1971, *Rev. crit. DIP* 1972. 612, note G. A. L. Droz.

2. Civ. 1re, ch. req., 4 juin 1935, *Zelcer*, *GADIP*, no 15; *Rev. crit. DIP* 1936. 755, note J. Basdevant – Civ. 1re, 20 mars 2013, no 11-27.845, *Bull. civ.* I [à paraître]; *Défrénois* 2013. 915, obs. P. Callé.

applicable au régime matrimonial d'époux mariés sans contrat, avant l'entrée en vigueur de la Convention de La Haye du 14 mars 1978 sur la loi applicable aux régimes matrimoniaux, doit être faite principalement en considération de la fixation de leur premier domicile matrimonial »[1].

712.33 Preuve. Il s'agit d'apprécier quelle a été la **volonté des époux** au moment du mariage **quant à leur régime matrimonial.** La preuve de cette volonté peut être faite **par tous moyens** à l'aide d'éléments concomitants ou postérieurs à la célébration du mariage. Ainsi, des circonstances postérieures au mariage peuvent venir renverser la présomption en faveur du premier domicile matrimonial[2]. La jurisprudence a eu l'occasion de relever certains faits postérieurs au mariage pour éclairer l'interprétation de la volonté des époux au jour du mariage : acte notarié postérieur de deux ans faisant référence à la loi choisie[3], inscription au registre du commerce[4]. En toute hypothèse, ces éléments doivent être maniés avec prudence car l'indice tiré du premier domicile matrimonial, s'il n'est pas exclusif, reste prépondérant[5].

712.34 Mariage religieux. La célébration d'un mariage religieux à l'étranger peut avoir une incidence sur le régime matrimonial. En effet, dans ce cas, le **mariage** et le **régime matrimonial** forme **un ensemble indissociable** et le choix d'un mariage religieux conduit à considérer que les époux ont voulu se soumettre au **régime de la séparation de biens.** La question s'est posée aussi bien dans le cas d'un mariage rabbinique[6], que dans celui d'un mariage musulman[7]. En réalité, il convient dans chaque circonstance de vérifier s'il existe une **volonté des époux de se soumettre à l'ensemble du statut sans aucune équivoque** possible. En l'absence de cette volonté non équivoque, certains indices peuvent révéler un choix autre[8].

AINSI, la célébration religieuse d'un mariage au Koweit n'a pas paru déterminante compte tenu de la fixation de la résidence des époux en France après le mariage, d'une déclaration de volonté des époux selon laquelle ils étaient mariés sous le régime de communauté, et de l'enregistrement de leur mariage auprès des autorités koweitiennes.[9]

712.35 Mariage consulaire. Le choix de la célébration d'un mariage consulaire peut également être un élément qui intervient dans la détermination de la loi choisie par les époux.

AINSI, a-t-on pu considérer que le mariage au consulat du Maroc en France d'un algérien avec une marocaine traduisait la volonté des époux de se marier « *conformément à leur loi personnelle respective qui consacrait dans les deux cas le régime de la séparation de biens* »[10]. Mais, le mariage au consulat du Maroc des époux alors de nationalité marocaine, selon les préceptes musulmans imposant une dot au mari, ne constitue pas à lui seul une option expresse des époux pour le régime matrimonial marocain dès lors que d'autres indices sont en faveur du premier domicile matrimonial[11].

712.36 Action déclaratoire. Compte tenu des difficultés qui président à la détermination de la loi d'autonomie, les époux ont la possibilité de saisir les tribunaux d'une **action déclaratoire destinée, en dehors de tout litige, à déterminer la loi applicable à leur régime.** L'action est introduite par une **requête conjointe**, la procédure étant dirigée contre le Ministère public. Cette action permet aux époux d'être fixés sur la nature de leur régime matrimonial mais le jugement, rendu hors de la présence des **tiers**, est **inopposable** à ces derniers.

712.37 Modification des dispositions de droit interne de la loi étrangère compétente. Lorsque le droit interne étranger, compétent à titre de loi du régime matrimonial, connaît des modifications, il convient d'appliquer les **principes généraux de résolution** de ce qu'il est convenu d'appeler un **conflit transitoire de droit étranger.** À cet égard, la jurisprudence française énonce qu'en cas de modification ultérieure de la loi étrangère désignée, c'est à elle qu'il appartient de résoudre les conflits dans le temps[12]. Ainsi, lorsque le régime légal italien de la communauté de biens a remplacé l'ancien régime

1. Civ. 1re, 22 oct. 2008, n° 07-16.385, NP – V. DÉJÀ Civ. 1re, 17 oct. 2007, n° 06-18.581, NP.
2. PAR EX., Civ. 1re, 9 oct. 1991, n° 90-14.203, *M. Diermeier c/ Mme Rio et autres, Bull. civ.* I, n° 252; *Rev. crit. DIP* 1992. 479, note G. Khairallah – Civ. 1re, 2 déc. 1997, n° 95-20.308, *Bull. civ.* I, n° 338.
3. Civ. 1re, 9 oct 1991, n° 90-14.203, préc. ss prést n°.
4. Civ. 1re, 13 déc. 1994, n° 93-15.337, *Bull. civ.* I, n° 368.
5. Il entre dans la compétence du juge aux affaires familiales saisi d'une instance en divorce de se prononcer sur la loi applicable au régime matrimonial : Civ. 1re, 20 mars 2013, n° 11-27.845, préc. ss n° 712.31.
6. Civ. 1re, 6 juill. 1988, n° 86-16.499, *Rev. crit. DIP* 1989. 360, note G. Khairallah, pour le choix par les époux à l'occasion d'une kétouba du régime dit des Méghorachimes de Castille.
7. Civ. 1re, 7 avr. 1998, n° 96-13.973, *Bull. civ.* I, n° 140; *Rev. crit. DIP* 1998. 644, note D. Annoussamy; *D.* 1998. 287, obs. B. Audit.
8. Civ. 1re, 19 sept. 2007, n° 06-20.208, *Bull. civ.* I, n° 281; *D.* 2007. 2476, obs. P. Courbe et F. Jault-Seseke – *Adde,* Civ. 1re, 22 nov. 2005, n° 03-12.224, *Bull. civ.* I, n° 431; *JDI* 2006. 970.
9. Civ. 1re, 19 sept. 2007, n° 06-15.295, *Bull. civ.* I, n° 282.
10. Civ. 1re, 22 nov. 2005, n° 03-12.224, préc. ss n° 712.34.
11. Civ. 1re, 22 mai 2007, n° 05-20.953, *Bull. civ.* I, n° 198.
12. Civ. 1re, 3 mars 1987, n° 85-12.693, *Leppert, Bull. civ.* I, n° 78; *Rev. crit. DIP* 1988. 695, note M. Simon-Depitre; *JCP* 1989. II. 21209, note E. Agostini; *GADIP,* n° 73.

légal de la séparation de biens (L. italienne 19 mai 1975), les époux soumis à l'ancien régime légal ont pu opter, conformément aux règles du droit transitoire italien (L. italienne 19 mai 1975, art. 228), pour le maintien de ce régime. Ce n'est qu'à défaut d'option que le nouveau régime légal de la communauté leur est applicable. C'est donc par application des règles du droit transitoire italien qu'il faudra déterminer le régime matrimonial des époux soumis à la loi italienne.

SECTION 2
ÉPOUX MARIÉS APRÈS LE 1ER SEPTEMBRE 1992 : LE DROIT CONVENTIONNEL

712.41 **Époux concernés.** La Convention de La Haye du 14 mars 1978 sur la loi applicable aux régimes matrimoniaux est entrée en vigueur le 1er septembre 1992 en France. Elle constitue, sous réserve de certains autres traités internationaux liant la France en ce domaine (Conv. La Haye, 14 mars 1978, art. 20 – v. ss no 83.13), le seul corps des règles de droit international privé applicable au régime matrimonial d'époux dont le mariage a été célébré après le 1er septembre 1992.

712.42 **Champ d'application.** Sur le plan matériel, la Convention est consacrée à la **loi applicable aux régimes matrimoniaux**, à l'exclusion, on l'a vu (v. ss nos 711.00 s.) du régime primaire. Son article 1er écarte expressément, les obligations alimentaires entre époux, les droits successoraux du conjoint survivant, et la capacité des époux.

Quant à son **domaine d'application dans l'espace**, la Convention présente, on le rappellera ici (v. ss no 71.09), un caractère universel, c'est-à-dire qu'elle s'applique non seulement **dans les rapports entre États qui l'ont ratifiée** mais encore **dans les rapports avec les États tiers** (Conv. La Haye, 14 mars 1978, art. 2 – v. ss no 83.13). Ce qui signifie que les principes de solution contenus dans la Convention s'appliquent même si la loi désignée n'est pas celle d'un État contractant. Il n'en demeure pas moins que le régime matrimonial ainsi désigné ne sera pas reconnu dans l'État non contractant qui appliquera ses propres règles de droit international privé pour déterminer la loi applicable au régime matrimonial des époux.

712.50 **Principe.** La Convention admet, à l'instar du droit commun, que le **régime matrimonial** est soumis à la **loi d'autonomie**. Un système dualiste est ainsi mis en place selon que les époux ont désigné (§ 1), ou non (§ 2), la loi applicable à leur régime.

§ 1
Désignation par les époux de la loi applicable

712.51 **Étendue du choix.** L'article 3 de la Convention précise que « *le régime matrimonial est soumis à la loi interne désignée par les époux avant le mariage* ». Mais le choix n'est pas illimité. « *Les époux ne peuvent choisir que l'une des lois suivantes :*

1) La loi d'un État dont l'un des époux a la nationalité au moment de cette désignation;

2) La loi d'un État sur le territoire duquel l'un des époux a sa résidence habituelle au moment de cette désignation;

3) La loi du premier État sur le territoire duquel l'un des époux établira une nouvelle résidence habituelle après le mariage. »

Cette désignation vaut, en principe, pour l'ensemble du régime matrimonial. Toutefois, un dépeçage est admis pour les **immeubles** qui peuvent être soumis à la **loi du lieu de situation de l'immeuble.** De plus, les époux peuvent **prévoir** que les **immeubles** qui seront **acquis ultérieurement** seront régis par la ***lex rei sitae.***

Cette désignation peut s'opérer à tout moment au cours du mariage mais alors elle doit intervenir dans les conditions de l'article 6 de la Convention (v. ss no 713.11).

712.52 **Consentement des époux.** Les conditions relatives au consentement des époux sont déterminées par la **loi déclarée applicable** (Conv. La Haye, 14 mars 1978, art. 10 – v. ss no 83.13), ceci n'excluant pas l'intervention de la **loi personnelle des époux** en ce qui concerne la capacité des époux.

712.53 **Forme de désignation.** La **désignation de la loi applicable** doit faire l'objet d'une **stipulation expresse** ou résulter indubitablement des **dispositions d'un contrat de mariage** (Conv. La Haye, 14 mars 1978, art. 11 – v. ss no 83.13) et l'article 12 précise que le contrat de mariage est valable quant à la forme, si celle-ci est conforme soit à la loi interne applicable au régime matrimonial, soit à la loi interne en vigueur au lieu où le contrat a été passé. Il doit toujours faire l'objet d'un **écrit daté et signé des deux époux.**

Au demeurant, on peut préciser que lorsqu'elle est faite **en dehors de tout contrat de mariage,** la **désignation** par stipulation expresse de la loi applicable doit revêtir la **forme prescrite pour les contrats de mariage,** soit par la loi interne désignée, soit par la loi interne du lieu où intervient cette désignation. Elle doit toujours faire l'objet d'un **écrit daté et signé des deux époux** (Conv. La Haye, 14 mars 1978, art. 13 – v. ss no 83.13).

712.54 Notion de contrat de mariage. L'exacte qualification de l'acte étranger doit être vérifiée. En effet, la dénomination « contrat de mariage » n'est pas nécessairement suffisante pour emporter désignation de la loi applicable au régime matrimonial[1]. Le choix de la loi applicable n'est pas établi si l'acte ne désigne que l'autorité religieuse qui célébrera le mariage, qu'aucune mention expresse et indubitable de cet acte ne fait référence au contrat qui en découlerait ni ne désigne la loi à laquelle il serait soumis[2].

712.55 Désignation de la loi applicable avant le mariage. Publicité. La publicité de la désignation de la loi applicable avant le mariage résulte notamment de l'article 76, 9° et de l'article 1397-3 alinéa 1er du Code civil. L'acte de mariage doit mentionner la désignation de la loi applicable conformément aux dispositions de la Convention, le certificat attestant de cette désignation ayant été présenté à l'officier d'état civil.

§ 2
Rattachement objectif en l'absence de choix par les époux de la loi applicable

A.
Principe

712.61 Hypothèses. Le rattachement objectif, prévu par la Convention en son article 4, a lieu d'être utilisé toutes les fois que les époux n'ont pas effectué une désignation claire et précise de la loi applicable à leur régime, ou se sont tout simplement abstenus de toute désignation. Sont également concernées par l'article 4 les situations où la désignation opérée sera nulle en raison d'un vice de consentement, lorsque la désignation n'a été que partielle, par exemple si les époux se sont contentés de choisir la *lex rei sitae* pour les immeubles : le rattachement objectif concernera alors le reste de leurs biens.

712.62 1) Compétence de principe de la loi de la première résidence habituelle (Conv. La Haye, 14 mars 1978, art. 4, al. 1er). Le système retenu par l'article 4 est celui de **rattachements hiérarchisés.** L'article 4 retient, en premier lieu, la compétence de principe de la **loi de la première résidence habituelle des époux après le mariage**[3]. Et la Cour de cassation prend soin de rappeler régulièrement la force de ce principe. La résidence doit être fixée dans le même État ou la même unité territoriale d'un État composé (Conv. La Haye, 14 mars 1978, art. 17 - v. ss no 83.13).

B.
Exceptions

712.70 2) Exceptions en faveur de la loi nationale commune des époux. Ces exceptions au nombre de trois recouvrent les hypothèses suivantes :

712.71 a) Époux de nationalité commune mais sans première résidence habituelle commune (Conv. La Haye, 14 mars 1978, art. 4, al. 2, 3°). Lorsque les époux n'ont pas de résidence habituelle commune après le mariage, la **loi nationale commune** est prise comme **rattachement subsidiaire** (par ex., époux espagnols dont le mari vient travailler en France après le mariage, alors que son épouse demeure en Espagne : la loi applicable à leur régime matrimonial est la loi espagnole, à titre de la loi nationale commune).

712.72 b) Époux de nationalité commune d'un État ayant fait la déclaration de l'article 5 (Conv. La Haye, 14 mars 1978, art. 4, al. 2, 1° et art. 5). L'article 5 prévoit qu'un État contractant peut faire une déclaration en faveur de l'application à ses ressortissants de leur **loi nationale commune.** À ce jour, seuls les Pays-Bas ont effectué cette déclaration. Lorsque les époux ont la nationalité commune d'un État ayant fait la déclaration, la loi applicable à leur régime matrimonial est leur loi nationale commune, leur première résidence habituelle après le mariage étant alors indifférente (par ex., des époux hollandais ayant leur première résidence habituelle en France verront leur régime matrimonial soumis à la loi néerlandaise, loi de leur nationalité commune).

Toutefois, cette solution - application de la loi nationale commune -, ne trouve plus à s'appliquer dans l'hypothèse prévue par l'article 5 alinéa 2 (première partie de la phrase) : il y a alors application de la **loi de la première résidence habituelle** des époux.

En effet, la déclaration de l'article 5 est privée de toute efficacité lorsque les **époux** avaient leur **résidence habituelle, avant le mariage et depuis cinq ans, dans l'État dans lequel ils établissent leur première résidence habituelle après le mariage** (par

1. Pour un acte de mariage musulman avec stipulation de dot : Civ. 1re, 28 mars 2012, no 11-12.940, *Chavoushi*, NP.
2. Pour un acte syrien prévoyant un mariage selon le rite chrétien grec orthodoxe : Civ. 1re, 19 déc. 2012, no 12-16.633, *Bull. civ.* I, no 266.
3. Civ. 1re, 12 avr. 2012, no 10-27.016, *Bull. civ.* I, no 90; *AJ fam.* 2012. 353, obs. A. Boiché; *Rev. crit. DIP* 2012. 864, note C. Kleiner; *RTD civ.* 2012. 362, obs. B. Vareille - Civ. 1re, 19 déc. 2012, no 12-16.633, préc. ss no 712.54.

ex., deux époux néerlandais, ayant résidé en France depuis cinq ans et y résidant après leur mariage, sont soumis à la loi française, loi de leur première résidence habituelle).

Mais, ce retour à l'application de la loi de la première résidence habituelle est écarté par l'article 5 alinéa 2 (seconde partie de la phrase) : c'est alors la **loi nationale commune** qui gouverne le régime matrimonial. Ceci se produit dans deux hypothèses distinctes.

D'une part, lorsque les époux – par définition ayant la nationalité commune d'un État ayant fait la déclaration de l'article 5 – établissent leur résidence habituelle dans un État ayant fait la déclaration de l'article 5. Aucun exemple ne peut à ce jour être donné puisqu'aucun État autre que les Pays-Bas n'a fait la déclaration de l'article 5.

D'autre part, lorsque les époux établissent leur résidence habituelle dans un État tiers dont le droit international privé soumet le régime matrimonial à la loi nationale commune (par ex., des époux néerlandais ayant résidé en Italie cinq ans avant le mariage et y résidant après sont soumis à la loi néerlandaise, le droit international privé italien soumettant le régime matrimonial à la loi nationale commune).

712.73 **c) Époux ayant une nationalité commune d'un État tiers.** L'article 4 alinéa 2, 2°, désigne la **loi nationale commune** si **deux conditions cumulatives** sont remplies :

D'une part, le droit international privé de l'État tiers soumet le régime matrimonial à la loi nationale commune,

Et d'autre part, les époux établissent leur première résidence habituelle :

– soit dans un État ayant fait la déclaration de l'article 5 (par ex., époux de nationalité espagnole ayant leur première résidence aux Pays-Bas – la règle de conflit espagnole désigne la loi nationale commune) ;

– soit dans un État tiers dont la règle de conflit désigne la loi nationale commune pour régir le régime matrimonial (par ex., époux de nationalité espagnole ayant leur première résidence en Italie).

Ces solutions sont justifiées par le fait que toutes les règles de conflit en présence désignent la loi nationale commune.

712.74 **3) Exception en faveur de la loi avec laquelle le régime matrimonial présente les liens les plus étroits (Conv. La Haye, 14 mars 1978, art. 4, al. 3).** L'hypothèse, sans doute exceptionnelle, est celle où les époux n'ont ni résidence habituelle commune, ni nationalité commune (éventuellement plusieurs nationalités communes). Il appartient alors au juge, en fonction des circonstances, de déterminer l'État avec lequel le régime matrimonial lui paraît entretenir les liens les plus étroits.

712.75 **Désignation de la loi applicable. Publicité.** Conformément à l'article 9 alinéa 2 de la Convention, la France a pris des mesures destinées à assurer l'**opposabilité aux tiers de la loi applicable au régime matrimonial des époux.** Ces mesures ont été prises par la loi du 28 octobre 1997, complétées par le décret du 23 juin 1998 créant une section VI intitulée « La publicité en matière internationale », figurant aux articles 1303-1 à 1303-6 du Code de procédure civile. Ces textes élaborent un régime différent selon qu'il s'agit de la **désignation de la loi applicable au régime matrimonial faite au cours du mariage** (C. pr. civ., art. 1303-1 et 1303-2) ou du **changement de régime matrimonial par application d'une loi étrangère** (C. pr. civ., art. 1303-3 à 1303-6) (v. s[s] n° 713.18).

CHAPITRE

713. Changement de la loi applicable au régime matrimonial

MARIE GORÉ
PROFESSEUR À L'UNIVERSITÉ
PANTHÉON-ASSAS (PARIS II)

RAPHAËLLE DE GOURCY
JURISTE AU CRIDON DE LYON
DIPLÔMÉE NOTAIRE

SECTION 0
ORIENTEUR

713.00 Plan du chapitre.

Division. Les époux mariés avant le 1er septembre 1992 (v. ss nos 712.11 s.), comme ceux mariés après (v. ss nos 712.41 s.), sont soumis pour le changement de la loi applicable à leur régime matrimonial, à l'article 6 de la Convention de La Haye, lequel met en place une mutabilité volontaire (sect. 1). En revanche, la mutabilité automatique, prévue à l'article 7 n'est applicable, quant à elle, qu'aux époux mariés après le 1er septembre 1992 (sect. 2).

713.01 Textes applicables.
* V. ss no 71.01

713.02 Jurisprudence de référence.
> La loi de la résidence habituelle des époux s'applique dés lors que les époux, – soumis jusqu'alors à leur loi nationale commune à défaut de résidence habituelle commune – acquièrent une résidence habituelle commune.
• Civ. 1re, 12 févr. 2014, no 12-29.297, NP
* V. ss no 713.21
« La loi de la résidence habituelle des époux se substitue automatiquement à leur loi nationale commune précédemment compétente lorsque les époux fixent [pour la première fois] une résidence habituelle dans le même État. »

> Le changement automatique de loi applicable ne vaut que pour l'avenir
• Civ. 1re, 12 avr. 2012, no 10-27.016, *Bull. civ.* I, no 90
* V. ss nos 713.21 et 713.23
« Le changement automatique prévu à l'article 7 alinéa 2, 1° de la Convention de La Haye n'a d'effet que pour l'avenir au terme de l'article 8 de la même Convention, de sorte qu'il convient de procéder à une double liquidation du régime matrimonial, sous l'empire de lois distinctes, afin d'apprécier le patrimoine respectif des époux dans le cadre d'une procédure de divorce. »

713.03 Bibliographie indicative.
Articles. R. Crône, « La loi applicable au régime matrimonial, hier, aujourd'hui, demain », *Mél. Champenois*, Défrénois, 2012, p. 217 – E. Fongaro, « Le changement de régime matrimonial en droit international privé, entre présent et avenir », *Dr. et patr.* déc. 2012, p. 87 – J. Foyer, « Le changement de régime matrimonial en droit international privé, entre règles internes et règles internationales », *Mél. Champenois,* Defrénois, 2012, p. 273.

713.04 Questions essentielles.
* V. ss no 71.04

SECTION 1
MUTABILITÉ VOLONTAIRE

713.11 Énoncé. L'article 6 de la Convention prévoit la **mutabilité volontaire de la loi applicable au régime matrimonial.** Ce changement est offert aux époux, à tout moment au cours du mariage, que la détermination de la loi applicable résulte d'un **rattachement subjectif** (Conv. La Haye, 14 mars 1978, art. 3 - v. s[s] n°s 712.51 s. et 83.13) ou d'un **rattachement objectif** (Conv. La Haye, 14 mars 1978, art. 4 - v. s[s] n°s 712.61 s. et 83.13).

La faculté offerte aux époux reste toutefois limitée aux lois suivantes :

1) La **loi d'un État dont l'un des époux a la nationalité** au moment de cette désignation.

2) La **loi de l'État** sur le territoire duquel l'un des époux a sa **résidence habituelle au moment de cette désignation.**

De plus, les époux peuvent désigner, pour leurs immeubles ou certains d'entre eux, la **loi du lieu où ces immeubles sont situés.** Ils peuvent également prévoir que les **immeubles** qui seront **acquis par la suite** seront soumis à la loi du lieu de leur situation.

713.12 Changement de régime matrimonial consécutif au changement de la loi applicable au régime matrimonial. L'article 1397-3 alinéa 3 du Code civil, issu de la loi n° 97-987 du 28 octobre 1997 (destinée à modifier le Code civil pour l'adapter aux dispositions de la Convention de La Haye sur la loi applicable aux régimes matrimoniaux) et modifié par la loi n° 2007-1787, du 20 décembre 2007, prévoit, dans son alinéa 3 : « *À l'occasion de la désignation de la loi applicable, avant le mariage ou au cours de celui-ci, les époux peuvent désigner la nature du régime matrimonial choisi par eux* ». Ainsi, lorsque les époux utilisent la faculté qui leur est offerte par l'article 6 de la Convention de changer de loi applicable au régime matrimonial, ils peuvent, par la même occasion, et sans autres formalités que celles prévues pour le changement de loi (v. s[s] n° 712.53), choisir le régime matrimonial, légal ou conventionnel, proposé par la loi française nouvellement choisie. En d'autres termes, l'article 6, combiné avec l'article 1397-3 alinéa 3 du Code civil offre aux époux, non seulement un **changement de la loi applicable à leur régime,** mais également, et simultanément, le **choix de tout régime, légal ou conventionnel, offert par la loi française.** On observe ainsi que lorsque les époux choisissent la loi française, ils peuvent de façon simplifiée et sans suivre le régime de l'article 1397 du Code civil, changer de régime matrimonial, et se soumettre au régime matrimonial conventionnel qu'ils veulent, en même temps qu'il change de loi applicable au régime.

En revanche, si les époux choisissent de désigner une loi étrangère, il faudra consulter le droit étranger pour savoir à quelles conditions il admet un tel changement de loi applicable et, éventuellement, les formalités qu'il prévoit pour le changement du régime matrimonial lui-même.

713.13 Portée dans le temps de la mutabilité volontaire. La Convention ne prévoit pas de façon expresse l'effet dans le temps du changement volontaire de loi applicable. Ce n'est qu'à l'occasion du changement automatique de loi applicable au régime matrimonial, prévu à l'article 7, que la Convention stipule dans son article 8 alinéa 1er : « *Le changement de la loi applicable en vertu de l'article 7, alinéa 2, n'a d'effet que pour l'avenir, et les biens appartenant aux époux antérieurement à ce changement ne sont pas soumis à la loi désormais applicable* ». Par un argument *a contrario*, certains en déduisent que le changement volontaire de loi applicable au régime matrimonial aurait un effet rétroactif. En réalité, il importe de donner à cette prétendue rétroactivité sa signification exacte. Ce qui peut être fait en distinguant la portée du changement, d'abord quant aux biens concernés, puis quant au point de départ de ses effets entre époux et, enfin à l'égard des tiers.

713.14 1) Portée quant aux biens de la loi choisie au cours du mariage. Plusieurs difficultés doivent ici être évoquées.

En premier lieu, les époux peuvent, soit soumettre tous leurs biens, meubles et immeubles, à une nouvelle loi, soit soumettre distinctement leurs biens immeubles, présents ou futurs, à la loi du lieu de situation des immeubles. Ils peuvent ainsi avoir plusieurs masses de biens soumises à des lois - applicables au régime matrimonial - différentes et à des régimes matrimoniaux différents. La traditionnelle indivisibilité du régime matrimonial en droit français se trouve de la sorte écartée.

En second lieu, une autre difficulté apparaît. La loi nouvelle concerne-t-elle les biens possédés par les époux avant le changement ou seulement les biens qui seraient acquis après ? La réponse doit être nuancée compte tenu des ambiguïtés apparues à la suite de la rédaction de l'article 1397-4 du Code civil, lequel a pu être interprété par certains comme n'envisageant l'effet du changement que pour l'avenir, alors que le texte de la Convention semble privilégier, on l'a vu, la position contraire.

Les situations suivantes doivent alors être distinguées :

1) Les époux peuvent prévoir eux-mêmes la portée de leur choix quant aux biens. Ainsi, ils peuvent :

- soit décider que la loi choisie, comme le régime matrimonial choisi, n'auront d'**effet que pour leurs biens futurs.** Deux lois et deux régimes matrimoniaux vont se succéder dans le temps. Pour plus de clarté, il conviendra alors de procéder à la **liquidation du régime matrimonial initial**;

- soit prévoir que la **loi nouvelle, comme le nouveau régime matrimonial, régit l'ensemble des biens** y compris ceux qu'ils possédaient avant. En ce cas, il n'est pas concevable de considérer que le régime d'un bien puisse varier, rétroactivement, c'est-à-dire changer de qualification à compter du début du mariage, en raison d'un changement opéré par les époux en cours de mariage ! En ce cas, là encore, le bien ne pourra qu'être soumis à **deux régimes successifs.** Commun, le bien deviendra indivis par exemple. Et seule une liquidation permettra véritablement de clarifier la situation.

2) En l'absence de toute précision des époux, on peut retenir les solutions suivantes[1] :

- l'article 1397-4 ne concerne que **la date à laquelle la désignation prend effet** : entre époux, c'est la date de l'établissement de l'acte de désignation, et à l'égard des tiers, c'est trois mois après l'accomplissement des mesures de publicité (v. s[s] n° 713.14);

- en ce qui concerne **les biens visés par le changement**, l'article 6 de la Convention s'applique : **tous les biens,** y compris ceux possédés antérieurement, sont concernés par le nouveau régime qui déterminera leur nouvelle qualification à compter de la date du changement.

713.15 **2) Point de départ des effets entre époux (C. civ., art. 1397-6).** À l'égard des époux, le changement prend effet à compter de la décision ou de l'acte qui le prévoit. Ainsi, dans la plupart des hypothèses, **l'acte de déclaration** constituera le point de départ des effets du changement entre les époux.

713.16 **3) Point de départ des effets à l'égard des tiers.** *Le changement prend effet* **trois mois** après l'accomplissement des formalités de publicité auxquelles fait référence l'article 1397-5 du Code civil en renvoyant au Code de procédure civile. Mais, à défaut, le changement sera opposable aux tiers si dans les actes passés avec eux les époux ont déclaré avoir modifié leur régime matrimonial (C. civ., art. 1397-6, al. 2).

713.17 **Formes de la désignation.** Ce sont celles-là même prévues par les articles 11 et suivants (v. s[s] n° 712.53). Comme on l'a vu, il s'agit de formes simplifiées qui faciliteront le changement dès lors que l'on se trouve bien sûr dans un contexte international.

713.18 **Mesures de publicité.** Celles-ci sont prévues par l'article 1397-5 du Code civil lequel renvoie aux articles 1303-3 à 1303-5 du Code de procédure civile. Ces mesures sont applicables tant lorsque le changement de régime intervient par application d'une loi étrangère, que lorsqu'il intervient à l'étranger en application de la loi française. Plusieurs situations doivent être distinguées.

- Soit il existe un **acte de mariage conservé par une autorité française** et **mention en marge de l'acte** doit être faite du changement (C. pr. civ., art. 1303-3, al. 1er).

- Soit il n'existe **pas d'acte de mariage conservé par une autorité française** et le changement devra être inscrit aux fins de conservation au **répertoire civil annexe**, si la modification résulte d'une décision d'un tribunal, d'un acte authentique établi en France, ou si l'un des époux est français (C. pr. civ., art. 1303-3, al. 2).

- **Si un contrat de mariage a été établi en France,** les époux ou l'un d'eux doivent, par lettre recommandée avec AR, **adresser au notaire** détenteur de la minute du contrat, une **copie** ou un **extrait de l'acte de mariage mis à jour** ou un **certificat d'inscription au répertoire civil annexe.**

- **Si le contrat de mariage a été reçu par un agent diplomatique ou consulaire français,** les époux doivent en aviser le **ministre des affaires étrangères** (C. pr. civ., art. 1303-5).

SECTION 2

MUTABILITÉ AUTOMATIQUE

713.21 **Énoncé.** Il s'agit d'un **véritable changement d'office de la loi du régime,** en dépit du principe de la permanence du rattachement pourtant rappelé par l'article 7. Ce principe rencontre en réalité des exceptions importantes. La **loi de la résidence habituelle** des époux devient en effet **applicable** dans les trois cas suivants :

1) À partir du moment où ils y fixent leur **résidence habituelle,** si cet État est celui de leur **nationalité commune**, ou dès qu'ils acquièrent cette nationalité (Conv. La Haye, art. 7, al. 2, 1°).

PAR EXEMPLE : époux français dont la première résidence habituelle était en Angleterre et qui de ce fait avait un régime matrimonial soumis à la loi anglaise. Dès qu'ils établissent leur résidence habituelle en France – État dont ils ont la nationalité commune –, la loi française régit leur régime[2].

2) Lorsque, **après le mariage**, cette **résidence habituelle** a duré **plus de dix ans** (Conv. La Haye, art. 7, al. 2, 2°).

PAR EXEMPLE : époux français dont la première résidence habituelle est en France, qui vont s'installer en Angleterre. Au bout de dix ans de résidence habituelle en Angleterre, ces époux sont soumis à la loi anglaise de leur nouvelle résidence).

3) À partir du moment où ils y fixent leur **résidence habituelle,** si le régime matrimonial était soumis à la loi de l'État de la nationalité commune uniquement en raison de l'application de l'article 4

1. G. Khairallah, *Rev. crit. DIP* 1998. 219 s.

2. Civ. 1re, 12 avr. 2012, n° 10-27.016, *Bull. civ.* I, n° 90; *Dr. fam.* juin 2012. Comm. 109, obs. L. Abadie.

alinéa 2, 3° (Conv. La Haye, art. 7, al. 2, 3° - v. s[s] n° 712.71).

PAR EXEMPLE : Des époux espagnols qui se trouvaient soumis à leur loi espagnole en raison de la résidence habituelle en France du seul mari. Du jour où l'épouse établit aussi sa résidence habituelle en France, les époux sont soumis à la loi française, loi de leur résidence habituelle commune[1].

713.22 Domaine. Prévue par l'article 7 de la Convention, la **mutabilité automatique** connaît **deux limites importantes** à son application.

D'une part, **elle ne concerne que les époux mariés après le 1er septembre 1992.** Les époux mariés avant le 1er septembre 1992, s'ils bénéficient de l'article 6 de la Convention relatif au changement volontaire de loi applicable, ne sont pas soumis à l'article 7.

D'autre part, la mutabilité automatique de l'article 7 **ne peut s'appliquer si les époux** - par définition mariés après le 1er septembre 1992 - **ont au moment du mariage fait un contrat de mariage ou choisi la loi applicable à leur régime matrimonial.** En d'autres termes, il suffit donc pour les époux d'avoir désigné la loi applicable à leur régime matrimonial pour échapper définitivement au changement automatique de la loi régissant leur régime, et ce même si le choix de la loi applicable ne fait que reprendre les solutions prévues par la Convention dans son rattachement objectif de l'article 4.

L'exclusion du changement automatique en cas de choix de la loi ne vaut que dans cette mesure.

PAR EXEMPLE, si les époux n'ont fait de choix de loi que pour leurs immeubles, ce n'est qu'au regard de ces immeubles que le changement automatique sera écarté. La mutabilité automatique pourra intervenir dans les conditions de l'article 7 pour les autres biens des époux.

Il reste que le caractère automatique d'un tel changement est pour le moins gênant. Et l'on peut s'interroger, en cours de mariage, sur les moyens de l'éviter. Certains considèrent qu'une simple déclaration de la loi applicable sur le fondement de l'article 6, en cours de mariage, suffirait à figer la loi applicable. D'autres considèrent que seul un véritable changement de loi au sens de l'article 6 permet d'écarter la mutabilité automatique à l'avenir.

Le projet de règlement européen en la matière[2], encore en préparation, envisage de supprimer cette mutation automatique.

713.23 Portée dans le temps de la mutabilité automatique. Le changement automatique de la loi applicable au régime matrimonial a pour conséquence de soumettre les époux au **régime légal prévu par les dispositions internes de la loi qui leur est nouvellement applicable.** L'article 8 de la Convention prévoit que « *le changement automatique ne vaut que pour l'avenir* ». Ainsi, dans l'espèce ayant donné lieu à l'arrêt du 12 février 2014, le régime turc était applicable pour les biens acquis avant que les époux n'aient une même résidence habituelle en France et les immeubles acquis après cette date par le mari sont des biens communs.

Seule une **liquidation du régime matrimonial** permettra aux époux, une fois qu'ils ont conscience de ce changement automatique, de clarifier leur situation. De la même manière, afin d'apprécier le patrimoine respectif des époux dans le cadre d'une procédure de divorce, il conviendra de procéder à une **double liquidation** du régime matrimonial, sous l'empire des deux lois distinctes[3].

713.24 Portée quant aux biens de la mutabilité automatique. Pour remédier à cette situation, les époux ont la faculté de soumettre l'ensemble de leurs biens à la loi nouvelle, sans préjudice des droits des tiers (Conv. La Haye, 14 mars 1978, art. 8, al. 2 - v. s[s] n° 83.13). Cette faculté s'exerce dans les conditions de forme de l'article 13, c'est-à-dire, en toute hypothèse, un écrit daté et signé des deux époux, et la forme prévue pour les contrats de mariage soit par la loi désignée, soit par loi du lieu de désignation. Les conséquences de ce choix par les époux, c'est-à-dire l'étendue du changement de régime à tous les biens des époux, même ceux possédés antérieurement, doit être traitée de la même manière que précédemment (v. s[s] n°s 713.12 et 713.13).

1. Civ. 1re, 12 févr. 2014, n° 12-29.297, NP; *Dr. fam.* avr. 2014. Comm. 70, obs. M. Farge.

2. Proposition de règlement du Conseil relatif à la compétence, la loi applicable, la reconnaissance et l'exécution des décisions en matière de régimes matrimoniaux, 16 mars 2010, COM(2011) 126.

3. Civ. 1re, 12 avr. 2012, n° 10-27.016, préc. s[s] n° 713.21.

TITRE

72. Les successions et le droit international privé

SECTION 0 ORIENTEUR

72.00 **Plan du titre.**

72.01 **Textes applicables.**

C. civ., art. 3

Les lois de police et de sûreté obligent tous ceux qui habitent le territoire.

Les immeubles, même ceux possédés par des étrangers, sont régis par la loi française.

Les lois concernant l'état et la capacité des personnes régissent les Français, même résidant en pays étranger.

• **Conv. La Haye, 5 oct. 1961,** sur les conflits de lois en matière de forme des dispositions testamentaires

* V. texte complet s^s n° 83.11

• **Conv. de Washington, 26 oct. 1973,** portant loi uniforme sur la forme d'un testament international – Annexe (loi uniforme)

* V. texte complet s^s n° 83.12

• **Conv. de Rome, 19 juin 1980**, sur la loi applicable aux obligations contractuelles, art. 9.1 et 9.6 – (*entrée en vigueur le 1er avr. 1991*)

Art. 9 : Forme

1. Un contrat conclu entre des personnes qui se trouvent dans un même pays est valable quant à la forme s'il satisfait aux conditions de forme de la loi qui le régit au fond en vertu de la présente Convention ou de la loi du pays dans lequel il a été conclu.

2. Un contrat conclu entre des personnes qui se trouvent dans des pays différents est valable quant à la forme s'il satisfait aux conditions de forme de la loi qui le régit au fond en vertu de la présente Convention ou de la loi de l'un de ces pays.

3. Lorsque le contrat est conclu par un représentant, le pays où le représentant se trouve au moment où il agit est celui qui doit être pris en considération pour l'application des paragraphes 1 et 2.

4. Un acte juridique unilatéral relatif à un contrat conclu ou à conclure est valable quant à la forme s'il satisfait aux conditions de forme de la loi qui régit ou régirait au fond le contrat en vertu de la présente Convention ou de la loi du pays dans lequel cet acte est intervenu.

5. Les dispositions des paragraphes précédents ne s'appliquent pas aux contrats qui entrent dans le champ d'application de l'article 5, conclus dans les circonstances qui y sont décrites au paragraphe 2. La forme de ces contrats est régie par la loi du pays dans lequel le consommateur a sa résidence habituelle.

6. Nonobstant les dispositions des quatre premiers paragraphes du présent article, tout contrat ayant pour objet un droit réel immobilier ou un droit d'utilisation d'un immeuble est soumis aux règles de forme impérati-

ves de la loi du pays où l'immeuble est situé, pour autant que selon cette loi elles s'appliquent indépendamment du lieu de conclusion du contrat et de la loi le régissant au fond.

• **Règl. (CE) n° 593/2008, du Parlement européen et du Conseil, 17 juin 2008,** sur la loi applicable aux obligations contractuelles (dit « Rome I »), art. 11 § 1 et 11 § 5, *JOUE,* n° L 177, 4 juin, p. 6 – (*entrée en vigueur le 17 déc. 2009*)

Art. 11
Validité formelle

1. Un contrat conclu entre des personnes ou leurs représentants, qui se trouvent dans le même pays au moment de sa conclusion, est valable quant à la forme s'il satisfait aux conditions de forme de la loi qui le régit au fond en vertu du présent règlement ou de la loi du pays dans lequel il a été conclu.

2. Un contrat conclu entre des personnes ou leurs représentants, qui se trouvent dans des pays différents au moment de sa conclusion, est valable quant à la forme s'il satisfait aux conditions de forme de la loi qui le régit au fond en vertu du présent règlement ou de la loi d'un des pays dans lequel se trouve l'une ou l'autre des parties ou son représentant au moment de sa conclusion ou de la loi du pays dans lequel l'une ou l'autre des parties avait sa résidence habituelle à ce moment-là.

3. Un acte juridique unilatéral relatif à un contrat conclu ou à conclure est valable quant à la forme s'il satisfait aux conditions de forme de la loi qui régit ou régirait au fond le contrat en vertu du présent règlement ou de la loi du pays dans lequel cet acte est intervenu ou de la loi du pays dans lequel la personne qui l'a accompli avait sa résidence habituelle à ce moment.

4. Les dispositions des paragraphes 1, 2 et 3 du présent article ne s'appliquent pas aux contrats qui entrent dans le champ d'application de l'article 6. La forme de ces contrats est régie par la loi du pays dans lequel le consommateur a sa résidence habituelle.

5. Nonobstant les dispositions des paragraphes 1 à 4, tout contrat ayant pour objet un droit réel immobilier ou un bail d'immeuble est soumis aux règles de forme de la loi du pays où l'immeuble est situé, pour autant que, selon cette loi :

a) ces règles s'appliquent quels que soient le lieu de conclusion du contrat et la loi le régissant au fond, et

b) ne peut être dérogé à ces règles par accord.

• **Règl. UE n° 650/2012 du Parlement européen et du Conseil, 4 juill. 2012**, relatif à la compétence, la loi applicable, la reconnaissance et l'exécution des décisions, et l'acceptation et l'exécution des actes authentiques en matière de successions et à la création d'un certificat successoral européen, *JOUE*, n° L. 201

http://europa.eu/legislation_summaries/justice_freedom_security/judicial_cooperation_in_civil_matters/jl0070_fr.htm

* V. texte complet s[s] n° 82.11

72.02 Jurisprudence de référence

> Succession mobilière

• **Civ. 1re, 20 oct. 2010, n° 08-17.033,** *Bull. civ.* I, n° 207

* V. s n° 722.11

« Attendu que les meubles héréditaires étant réputés exister au lieu d'ouverture de la succession, leur dévolution est régie par la loi du dernier domicile du défunt. »

> Succession immobilière

• **Civ. 1re, 17 juin 2009, n° 07-21.718,** *Bull. civ.* I, n° 131

* V. s n° 722.21

« Attendu que la cour d'appel a justement retenu que l'objet du litige était limité aux droits successoraux des parties sur l'immeuble situé en France et que la loi internationalement compétente était la loi française, c'est selon cette loi que devait être déterminé le montant de la réserve héréditaire pour l'immeuble situé en France. »

> Succession immobilière et renvoi

• **Civ. 1re, 21 mars 2000, n° 98-15.650,** *Ballestrero, Rev. crit. DIP* 2000. 399, note B. Ancel

* V. s[s] n° 721.14

« Attendu que le montant de la réserve héréditaire est déterminé par la loi successorale qui, s'agissant de succession immobilière, est celui du lieu de situation des immeubles, sous réserve du renvoi éventuel opéré par la loi étrangère de situation de l'immeuble à une autre loi et spécialement, à celle du for. »

> Succession immobilière et renvoi. Limites au morcellement de la succession internationale

• **Civ. 1re, 11 févr. 2009, n° 06-12.140,** *Riley, Bull. civ.* I, n° 29

* V. s[s] n°s 721.14, 722.31 et 722.52

« Attendu qu'en matière de succession immobilière, le renvoi opéré par la loi de situation de l'immeuble ne peut être admis que s'il assure l'unité successorale et l'application d'une même loi aux meubles et aux immeubles. »

> Fraude en matière successorale

• **Civ. 1re, 20 mars 1985, n° 82-15.033,** *Bull. civ.* I, n° 103

* V. s[s] n° 722.11 et 722.71

« Attendu qu'il importe peu que la règle de conflit soit unitaire ou complexe pour qu'il y ait fraude à la loi; ... qu'en l'espèce la juridiction du second degré, qui a retenu la manipulation d'une règle de conflits comportant deux éléments de rattachement, manipulation consistant, par une série d'opérations harmonisées, à modifier l'élément de rattachement constitué à l'origine par la nature immobilière du bien situé en France, devenu ensuite meuble afin d'écarter l'application de la loi successorale française prévoyant une réserve, a ainsi caractérisé l'existence de la fraude, qui tient en échec le principe de l'autonomie de la volonté. »

> Abrogation du droit de prélèvement de l'article 2 de la loi du 14 juillet 1819

• **Cons. const. 5 août 2011, n° 2011-159 QPC,** *Rev. crit. DIP* 2013. 457, note B. Ancel

* V. s n°s 721.22 et 723.50

« [...] que la disposition contestée établit ainsi une différence de traitement entre les héritiers venant également à la succession d'après la loi française et qui ne sont pas privilégiés par la loi étrangère; que cette différence de traitement n'est pas en rapport direct avec l'objet de la loi qui tend, notamment, à protéger la réserve héréditaire et l'égalité entre héritiers garanties par la loi française; que, par suite, elle méconnaît le principe d'égalité devant la loi. »

> Exécuteur testamentaire

• **Crim. 4 juin 1941,** *Szlapka, S.* 1941. 1. 33, note Batiffol; *DC* 1942. J. 4, note Nast

* V. s[s] n° 723.82

« Attendu qu'en matière de succession mobilière, la dévolution des meubles héréditaires et les institutions qui se rattachent à la dévolution, sont régies par la loi du lieu d'ouverture de la succession; qu'en conséquence, l'exécuteur testamentaire d'une succession mobilière ouverte à l'étranger peut conformément aux dispositions de cette loi, être investi d'un mandat non révocable par les héritiers, lui conférant le pouvoir de représenter la succession à l'exclusion de ceux-ci, sous réserve des exigences de l'ordre public français dans les relations internationales. »

72.03 Bibliographie sélective.

Actualisables. Rép. internat., v° *Successions,* par P. Lagarde (màj sept. 2012); *Testaments,* par M. Fallon et J.-L. Van Boxstael (màj mars 2009) – *J.-Cl. Internat.*, fasc. 557.10 à 557.30.

Ouvrages. B. Ancel et Y. Lequette, *Grands arrêts de la jurisprudence française de droit international privé* [GADIP], 5e éd., Dalloz, 2006 – B. Audit et L. d'Avout, *Droit international privé*, 7e éd., Economica, 2013 – D. Bureau et H. Muir-Watt, *Droit international privé*, t. 1 et 2, 2e éd., « Thémis », PUF, 2010 – Y. Loussouarn, P. Bourel et P. de Vareilles-Sommières, *Droit international privé*, 10e éd., « Précis », Dalloz, 2013 – P. Mayer et V. Heuzè, *Droit international privé*, 10e éd., « Précis Domat », Montchrestien, 2010 – M.-L. Niboyet, G. de Geouffre de La Pradelle, *Droit international privé*, 4e éd., Lextenso, LGDJ, 2013 – H. Péroz et E. Fongaro, *Droit international privé patrimonial de la famille*, 1re éd., « Pratique notariale », LexisNexis/Litec, 2010 – M. Revillard, *Droit international privé et communautaire : pratique notariale*, 7e éd., Éd. Defrénois, 2010.

Ouvrages spécialisés. S. Billarant, *Le caractère substantiel de la réglementation des successions internationales*, « Nouvelle bibliothèque de thèses », Dalloz, 2004 – S. Godechot-Patris, *L'articulation du trust et du droit des successions*, Éd. Panthéon-Assas, 2004 – M. Goré, *L'administration des successions en droit international privé français*, Economica, 1994 – J. Héron, *Le morcellement des successions internationales*, Economica, 1986 – H. Péroz et E. Fongaro, *Droit international privé de la famille*, « Pratique notariale », LexisNexis/Litec, 2010 – M. Revillard, *Droit international privé et communautaire et pratique notariale*, Éd. Defrénois, 2010.

Articles. E. Fongaro, « La préparation d'une succession internationale ou l'art subtil d'éluder la réserve héréditaire », *JCP N* 2008. 1221 – G. Khairallah, « La loi du 23 juin 2006 et les successions internationales », *JCP N* 2006. 1244 – R. Crône, « Loi applicable aux successions mobilières : rejet du domicile fiscal », *Defrénois* 2008, n° 38743, p. 777.

72.04 Questions essentielles.

> Quelle est la loi applicable à la succession ?

* V. s[s] n°s 722.11 à 722.21

> Le morcellement de la succession est-il inévitable ?

* V. s[s] n°s 722.41 et 722.52

> Comment calculer la réserve héréditaire dans le cadre d'une succession internationale ?

* V. s[s] n° 723.11

> Comment faire échec au droit de prélèvement ?

* V. s[s] n°s 723.51 à 723.54

> Comment s'exerce l'option successorale ?

* V. s[s] n°s 723.91 et 723.92

> Le *de cujus* peut-il choisir la loi applicable à sa succession ?

* V. s[s] n° 723.34

> Quelle loi détermine les formes du partage ?

* V. s[s] n°s 723.131 s.

> Quelles sont les nouveautés à venir avec l'entrée en vigueur du règlement (UE) n° 650/2012 du 4 juillet 2012 sur les successions ?

* V. s[s] n°s 724.40 s. et 724.110

> Est-il mis fin au morcellement de la succession ?

* V. s[s] n°s 724.120 et 724.190

> À quelles conditions un choix de loi est-il possible ?

* V. s[s] n° 724.131

72.05 Introduction. Le caractère international de la succession se vérifie dès lors qu'existe un **élément d'extranéité** comme par exemple la dispersion des biens sur plusieurs territoires, la nationalité étrangère des héritiers, la résidence ou le domicile du *de cujus* situé sur un territoire autre que celui de ses biens. Longtemps réputé pour son caractère stable, le droit des successions est le domaine par excellence de la mise en œuvre de la **méthode conflictuelle classique.** Aussi convient-il d'avoir à l'esprit la théorie générale du droit international privé qui fait l'objet des ouvrages spécialisés. Toutefois, cette matière a récemment fait l'objet d'évolutions notables en droit français qui rendent aujourd'hui plus difficile l'énoncé de certaines solutions avec certitude. Les difficultés soulevées par les successions internationales sont en grande partie liées aux disparités que l'on rencontre en droit comparé tant au plan du droit interne que du droit international privé.

72.06 Droit interne comparé. En droit interne comparé, on peut ici admettre que deux principaux modèles s'opposent, même si une étude plus approfondie appellerait des nuances. En effet, au regard du traitement des successions internationales, la distinction entre **succession à la personne** et la **succession aux biens** n'est pas sans incidence. De plus, il faut tenir compte de la distinction entre les systèmes qui privilégient la **succession testamentaire** (comme le modèle anglo-américain) et ceux qui au contraire mettent en avant la **succession légale** (comme le modèle français). Au demeurant, il n'est pas possible de ne pas tenir compte des évolutions du droit interne français qui nécessairement auront leur incidence en droit international privé : on songe par exemple au principe du **rapport** et de la **réduction en valeur**, ainsi qu'au **recul de la prohibition des pactes sur succession future.**

72.07 Droit international privé comparé. En droit international privé comparé, l'opposition existe entre les partisans du **morcellement** et ceux partisans de **l'unité de la succession**. Encore faut-il nuancer cette divergence de principe compte tenu du fait que, dans la réalité, aucun système n'existe à l'état pur. De surcroît, certains systèmes, comme le droit anglo-américain, rattachent l'administration de la succession à la *lex fori*, loi du tribunal saisi, et dès lors ne soumettent pas à la même loi toutes les opérations impliquées par le processus successoral. D'autres systèmes juridiques admettent, ce que le droit français refuse pour le moment, la possibilité pour le *de cujus* de choisir la loi applicable à sa succession, faculté dénommée *professio juris*. La coordination des règles en présence dans le cadre d'une succession internationale est dès lors relativement complexe et une anticipation successorale est souhaitable.

72.08 Sources. En l'état actuel, le droit français des successions internationales prend sa source principalement dans la jurisprudence française. Deux conventions multilatérales sont à ce jour en vigueur, la **Convention de La Haye du 5 octobre 1961, sur les conflits de lois en matière de forme des dispositions testamentaires,** et la **Convention de Washington du 26 octobre 1973, sur le testament international.** Les Conventions de La Haye suivantes ne sont pas en vigueur : celle du 2 octobre 1973, sur l'administration internationale des successions, celle du 1er juillet 1985, relative à la loi applicable au trust et à sa reconnaissance, et enfin celle du 1er août 1989, sur les successions à cause de mort.

Le règlement (UE) n° 650/2012 du 4 juillet 2012 relatif à la compétence, la loi applicable, la reconnaissance et l'exécution des décisions, et l'acceptation et l'exécution des actes authentiques en matière de successions et à la création d'un certificat successoral [1], est applicable aux successions ouvertes à compter du 17 août 2015. Il fera l'objet d'un chapitre spécifique (v. ss nos 724.00 s.).

1. Règl. (UE) n° 650/2012 du Parlement et du Conseil, 4 juill. 2012, relatif à la compétence, la loi applicable, la reconnaissance et l'exécution des décisions, et l'acceptation et l'exécution des actes authentiques en matière de successions et à la création d'un certificat successoral, *JOUE*, n° L 201.

CHAPITRE

721. Compétence internationale

Marie Goré
Professeur à l'Université
Panthéon-Assas (Paris II)

Raphaëlle de Gourcy
Juriste au CRIDON de Lyon
Diplômée notaire

SECTION 0
Orienteur

721.00 Plan du chapitre.

721.01 Textes applicables.
* V. s[s] n° 72.01

721.02 Jurisprudence de référence.
* V. s[s] n° 72.02

721.03 Bibliographie indicative.
* V. s[s] n° 72.03

721.04 Questions essentielles.
* V. s[s] n° 72.04

Division. La compétence internationale des tribunaux français en la matière est déterminée d'abord par les règles de droit commun (sect. 1), et, ensuite, si ces règles ne permettent pas de désigner un tribunal français internationalement compétent, à titre subsidiaire, par les privilèges de juridiction (sect. 2).

SECTION 1
Droit commun

721.11 Règles ordinaires de compétence. En l'absence de tout texte international ou européen applicable en ce domaine, il convient d'appliquer le droit commun des règles françaises de compétence internationale. Il a été affirmé depuis longtemps que les règles ordinaires de compétence internationale sont obtenues par transposition à l'ordre international des règles de compétence interne[1]. C'est aujourd'hui par référence aux « *principes relatifs à la compétence internationale* » que la Cour de cassation dégage les règles de compétence en matière de succession internationale[2]. Celles-ci impliquent de distinguer la masse mobilière et la masse immobilière.

721.12 Qualification mobilière ou immobilière. Conformément aux principes généraux du droit international privé, la qualification doit être menée par référence au droit du for, c'est-à-dire par référence aux concepts français (v. s[s] n° 722.31, en matière de loi applicable). Ainsi, des parts de sociétés civiles immobilières seront-elles soumises au tribunal compétent en matière mobilière par application de la qualification *lege fori*.

721.13 Successions mobilières. S'agissant des successions mobilières, l'article 45 du Code de procédure civile dispose :

« *En matière de succession, sont portées devant la juridiction dans le ressort de laquelle est ouverte la succession jusqu'au partage inclusivement :*

– *les demandes entre héritiers;*

– *les demandes formées par les créanciers du défunt;*

– *les demandes relatives à l'exécution des dispositions à cause de mort* ».

Et l'article 720 du Code civil, issu de la loi de 2001, dispose : « *Les successions s'ouvrent par la mort, au dernier domicile du défunt* ».

L'extension à l'ordre international de ces principes conduit à désigner le **tribunal de l'État où le *de cujus* avait établi son dernier domicile.** Ce tribunal sera compétent pour tout litige relatif à des **actions successorales en matière mobilière,** quel que soit le lieu de situation des biens.

Le dernier domicile du défunt est déterminé par référence aux règles françaises : au regard du droit

1. Civ. 1re, 9 oct. 1959, *Pelassa*, *D.* 1960. 37, note Holleaux; *Rev. crit. DIP* 1960. 215, note Y. Loussouarn; *GADIP*, n° 37, § 6.
2. Civ. 1re, 7 mars 2000, n° 96-22.366, NP; *Rev. crit. DIP* 2000. 458, note B. Ancel.

civil, le **domicile** suppose un **élément matériel**, et un **élément intentionnel.** Seul le **domicile civil** doit être pris ici en compte à l'exclusion du domicile fiscal[1]. La détermination du domicile relève de l'**appréciation souveraine des juges du fond.**

721.14 Successions immobilières. S'agissant des successions immobilières, compte tenu de l'importance de l'attraction de l'immeuble, la règle est celle de la **compétence du tribunal de l'État du lieu de situation de l'immeuble.** En conséquence, un tribunal français n'est en principe compétent que pour les immeubles situés sur le territoire français et un tribunal étranger ne saurait trancher un litige concernant une action successorale, voire une action en partage, portant sur un immeuble situé en France. Ainsi les tribunaux français sont-ils incompétents pour une demande d'envoi en possession d'une part indivise d'un immeuble situé à l'étranger, alors même que le *de cujus* avait son dernier domicile en France[2].

Toutefois, cette **affirmation** doit être immédiatement **tempérée par la mise en œuvre du renvoi,** telle qu'elle résulte de la jurisprudence la plus récente. Il faut dès à présent signaler que **la jurisprudence française a expressément admis le renvoi en matière immobilière,** notamment lorsque la loi étrangère du lieu de situation de l'immeuble désignée par la règle de conflit française renvoie au droit français. La portée exacte de cette jurisprudence sera examinée ultérieurement (v. s[s] n° 721.21).

À ce stade, il convient d'en voir les conséquences sur la compétence des tribunaux français. En effet, celle-ci se trouve étendue par la force des choses à un immeuble étranger. Le tribunal français, sera compétent pour connaître du sort d'un immeuble successoral étranger conformément à la loi française à laquelle renvoie le droit international privé étranger désigné par la règle de conflit française. Ainsi, dans l'affaire *Ballestrero* le tribunal français est-il compétent pour prendre en compte dans la masse de calcul de la quotité disponible l'immeuble situé en Italie, le droit italien renvoyant au droit français de la nationalité française du *de cujus*[3].

721.15 Déni de justice. La question s'est posée de savoir si une **compétence fondée sur un risque de déni de justice** pouvait être admise. D'une manière générale, ce chef de compétence n'est admis que de façon **exceptionnelle,** à titre tout à fait **subsidiaire,** s'il est établi qu'aucune juridiction étrangère ne peut être saisie et si le litige a un lien suffisant avec la France. Précisément, dans une espèce où ces éléments n'étaient pas réunis, la compétence française sur le fondement du déni de justice a été refusée à l'occasion d'un litige soulevé par le partage d'immeubles situés à l'étranger[4].

SECTION 2
PRIVILÈGES DE JURIDICTION

721.21 Principe. Les articles 14 et 15 du Code civil fondant la **compétence internationale des tribunaux français** sur la seule **nationalité** respectivement **du demandeur** (art. 14) et **du défendeur** (art. 15) sont applicables en ce domaine. Conformément au régime dégagé par la jurisprudence à propos de ces textes, ces **privilèges** sont **applicables** en toute matière, notamment en matière de **droit des successions,** à l'exception toutefois des demandes en partage et des actions successorales concernant des immeubles situés à l'étranger[5]. Il reste que cette incompétence des tribunaux français, sur le fondement de l'article 14 ou 15 du Code civil, pour connaître des immeubles situés à l'étranger connaît une **exception notable lorsque la loi du lieu de situation de l'immeuble étranger renvoie à la loi française** et qu'en conséquence la succession dans son intégralité est soumise à la loi française. Ceci justifie, pour la Cour de cassation, la **compétence du juge français sur le fondement des privilèges de juridiction**[6] : « *Les juridictions françaises étaient, par l'effet de ce renvoi, compétentes pour régler l'ensemble de la succession à l'exception des opérations juridiques et matérielles découlant de la loi réelle du lieu de situa-*

1. Civ. 1re, 30 oct. 2006, n° 05-17.849, NP; *Rev. crit. DIP* 2007. 573, note B. Ancel.
2. Paris, 11 mai 1989, *Rev. crit. DIP* 1990. 98, note M. Revillard – Paris, 22 mars 1991, *Rev. crit. DIP* 1992. 298, note M. Goré – Reims, 1re ch. civ., sect. 2, 10 sept. 2010, RG n° 09/00238, *JDI* 2012. 1371, note E. Fongaro.
3. Civ. 1re, 21 mars 2000, n° 98-15.650, *Bull. civ.* I, n° 96 – *Adde,* Civ. 1re, 20 juin 2006, n° 05-14.281, *Wildenstein, Bull. civ.* I, n° 321; *Rev. crit. DIP* 2007. 383, note B. Ancel; *D.* 2007. 1751, obs. P. Courbe et F. Jault-Seseke; *D.* 2007. 1710, note P. Courbe; *JDI* 2007. 125, note Gaudemet-Tallon – Civ. 1re, 11 févr. 2009, n° 06-12.140, *Riley, Bull. civ.* I, n° 29; *D.* 2009. 1658, note G. Lardeux; *Rev. crit. DIP* 2009. 512, note B. Ancel; *JDI* 2009. 567, note H. Péroz; *JCP* 2009. II. 10068, note F. Boulanger, et Actu. 106, obs. E. Cornut; *JCP N* 2009. 1196, note A. Gosselin-Gorand; *Defrénois* 2009, n° 38971, note M. Revillard, et n° 38994, note M.-C. Meyzeaud-Garaud; *Dr. et patr.* déc. 2009, n° 187, obs. B. Ancel.
4. Civ. 1re, 7 janv. 1982, n° 80-11.870, *Le Van Chau, Bull. civ.* I, n° 6; *Rev. crit. DIP* 1983. 87, note B. Ancel.
5. Civ. 1re, 4 déc. 1979, n° 78-12.783, *Bull. civ.* I, n° 303; *Rev. crit. DIP* 1980, note B. Ancel – Civ. 1re, 7 mars 2000, n° 96-22.366, préc. s[s] n° 721.11 (à voir pour une extension à une pétition d'hérédité).
6. Civ. 1re, 23 juin 2010, n° 09-11.901, *Bull. civ.* I, n° 140; *Rev. crit. DIP* 2011. 53, note B. Ancel; *D.* 2010. 2955, note L. d'Avout; *JCP N* 2010. 33, note A. Devers; *JDI* 2010. 1263, note H. Péroz; *JCP* 2010. 1390, obs. E. Cornut.

tion de l'immeuble ». Le renvoi juridictionnel vient ici fonder la compétence du tribunal français du lieu de situation du seul immeuble, créant ainsi un nouveau for exorbitant [1].

La seule **nationalité** qui doit être prise en compte est celle **de l'héritier demandeur ou défendeur** et non celle du *de cujus*. Cette nationalité s'apprécie **au jour de l'introduction de l'instance**, un changement ultérieur de nationalité étant alors sans incidence. Ce chef de compétence présente un caractère facultatif et les parties ont pu y renoncer, ce qui suppose une intention claire et dépourvue de toute ambiguïté.

721.22 Compétence pour statuer sur l'exercice du droit de prélèvement. Abrogation. Lorsque le **bénéfice du droit de prélèvement** de l'article 2 de la loi du 14 juillet 1819 était réclamé (v. s[s] n°s 723.50 s.), les juridictions françaises étaient nécessairement compétentes sur le fondement de l'article 14 du Code civil, dès lors que **l'héritier qui l'invoquait possédait, par la force des choses, la nationalité française**. Encore fallait-il que, conformément aux conditions posées par le droit de prélèvement, le cohéritier avantagé à l'étranger et contre lequel on prélevait soit alloti de biens situés en France.

L'abrogation du droit de prélèvement par la décision du Conseil constitutionnel en date du 5 août 2011 [2] supprime cette cause de saisine des juridictions françaises.

1. B. Ancel, *Rev. crit. DIP* 2011. 53.

2. Cons. const. 5 août 2011, n° 2011-159 QPC, *JO* 6 août, p. 13478 (v. s[s] n° 723.50).

CHAPITRE

722. Détermination de la loi applicable

Marie Goré
Professeur à l'Université
Panthéon-Assas (Paris II)

Raphaëlle de Gourcy
Juriste au CRIDON de Lyon
Diplômée notaire

SECTION 0
Orienteur

722.00 **Plan du chapitre.**

722.01 **Textes applicables.**
* V. s[s] n° 72.01

722.02 **Jurisprudence de référence.**
* V. s[s] n° 72.02

722.03 **Bibliographie indicative.**
* V. s[s] n° 72.03

722.04 **Questions essentielles.**
* V. s[s] n° 72.04

Division. Le droit français consacre le principe de la scission, ou morcellement, de la succession internationale selon que la succession concerne des meubles ou des immeubles. Ainsi la loi du dernier domicile du défunt gouverne la succession mobilière, et la loi du lieu de situation de l'immeuble celle de la succession immobilière. Ce qui signifie qu'il y a autant de masses immobilières que de biens immeubles situés dans des États différents (sect. 1). Toutefois, ce principe du morcellement doit être exactement compris : il ne peut être dissocié de la mise en œuvre de la loi conformément aux principes généraux du droit international privé (sect. 2).

SECTION 1
Principe du morcellement de la succession internationale

§ 1
Successions mobilières

722.11 ***Mobilia sequuntur personam.*** Les successions mobilières sont régies par la **loi du dernier domicile du défunt**. La solution, posée depuis longtemps[1], ne fait pas de doute, que le domicile soit situé en France ou qu'il soit situé à l'étranger. On assiste ainsi à une coïncidence entre la compétence juridictionnelle et la compétence législative, peu importe le lieu de situation des biens meubles. Il s'ensuit que certaines difficultés pratiques peuvent apparaître dans la mesure où le pouvoir juridictionnel ne coïncide pas nécessairement avec le pouvoir de fait : il est possible qu'au lieu de situation des biens une dévolution de ces mêmes biens soit effectuée en contradiction avec la loi du dernier domicile français. Le tribunal compétent du dernier domicile ne pourra imposer la dévolution, n'ayant pas de pouvoir de fait sur les biens situés à l'étranger. Le principe demeure, quoi qu'il en soit, celui de la compétence de la loi du dernier domicile pour régir la dévolution des meubles situés à l'étranger[2].

La détermination du dernier domicile du défunt est soumise ici aux mêmes règles que celles examinées (v. s[s] n° 721.13) à l'occasion de la compétence :

1. Civ. 1re, 19 juin 1939, *Labedan*, *GADIP*, n° 18.
2. Civ. 1re, 20 oct. 2010, n° 08-17.033, *Bull. civ.* I, n° 207 ; *Rev. crit. DIP* 2011. 53, note B. Ancel.

seul le domicile civil est pris en compte et l'appréciation relève des juges du fond.

§ 2
Successions immobilières

722.21 **Principe.** De l'article 3 du Code civil, alinéa 2, il résulte que les immeubles même ceux possédés par des étrangers sont régis par la loi française. Appliqué aux successions internationales, ce texte conduit à poser le principe selon lequel la **loi du lieu de situation des biens** régit les **successions immobilières**[1]. Cette solution est rappelée régulièrement par la Cour de cassation[2] mais il convient de lui apporter les correctifs liés aux principes généraux de mise en œuvre de la loi applicable (v. s^s^ n° 722.30).

SECTION 2
MISE EN ŒUVRE DE LA LOI APPLICABLE

722.30 **Plan.** La mise en œuvre de la loi successorale désignée par la règle de conflit française obéit aux principes de la théorie générale du droit international privé. L'ensemble des difficultés qui sont résolues par application de la théorie générale trouve à s'appliquer en matière de successions. On insistera plus particulièrement sur la qualification (§ 1), l'autorité de la règle de conflit (§ 2), le renvoi (§ 3) et enfin sur les correctifs à l'application de la loi désignée : l'exception d'ordre public international (§ 4) et la fraude (§ 5).

§ 1
Qualification

722.31 **Qualification.** Celle-ci s'opère *lege fori* c'est-à-dire en fonction des catégories du for. C'est donc au regard des **conceptions françaises** que l'on déterminera si l'on est en présence d'un **meuble** ou d'un **immeuble** pour décider du classement dans la catégorie succession, mobilière ou immobilière.

Ainsi, des **parts de société civile immobilière** seront-elles régies par la loi applicable en matière mobilière par application de la qualification *lege fori*[3]. De même, pour ce qui concerne le rapport d'une libéralité, la qualification s'opère *lege fori*, étant entendu que l'objet de la qualification est l'objet de la libéralité et non l'objet du rapport (v. s^s^ n° 723.42)[4].

§ 2
Autorité de la règle de conflit

722.41 **Possibilité d'un accord procédural.** L'on peut admettre qu'en matière successorale, dès lors que la succession est ouverte, les parties ont la libre disposition de leurs droits. En conséquence, il faut reconnaître la possibilité pour les parties de conclure un **accord procédural** par lequel elles décident de la **loi applicable à la succession de leur auteur.** Les parties à l'accord doivent être capables et maîtres de leurs droits.

Deux points méritent d'être précisés. Tout d'abord, si, en principe, la jurisprudence ne prévoit cet accord qu'**en présence d'un juge**, la doctrine s'accorde à considérer que cet accord procédural pourrait avoir lieu **devant un notaire.** Ensuite, la jurisprudence n'a envisagé que le cas où les parties choisissent de soumettre la succession à la **loi du for.** Il n'est donc pas certain, en dépit de positions doctrinales contraires, que les parties puissent choisir une autre loi que celle du for.

§ 3
Renvoi

722.51 **Renvoi. Principe.** Le renvoi est **en principe obligatoire** en droit international privé. *A fortiori* en va-t-il ainsi en droit des successions. C'est au demeurant en matière de successions internationales que le renvoi a été admis pour la première fois dans l'arrêt *Forgo*[5]. Le renvoi joue tant au **premier degré** qu'au **second degré. Il s'applique tout naturellement en matière mobilière.** Ainsi la succession mobilière d'un français décédé ayant son dernier domicile en Allemagne sera soumise à la loi française de la nationalité du défunt par renvoi du droit international privé allemand désigné par la règle de conflit française. En effet, le droit international privé allemand soumet

1. Civ. 1re, 14 mars 1837, *Stewart*, *GADIP*, n° 3.
2. Civ. 1re, 17 juin 2009, n° 07-21.718, *Bull. civ.* I, n° 131; *Rev. crit. DIP* 2009. 129, note B. Ancel.
3. Civ. 1re, 20 oct. 2010, n° 08-17.033, préc. s^s^ n° 722.11.
4. Civ. 1re, 3 déc. 1996, n° 94-17.863, *Bull. civ.* I, n° 426; *Rev. crit. DIP* 1997. 318, note B. Ancel; *JDI* 1997. 1020, note M. Revillard – Civ. 1re, 18 mai 2005, n° 02-15.425, *Bentchikou*, *Bull. civ.* I, n° 209; *Rev. crit. DIP* 2005. 639, note B. Ancel; *RTD. civ.* 2005. 813, obs. M. Grimaldi; *GADIP*, n° 18, § 4 – Civ. 1re, 11 févr. 2009, n° 06-12.140, *Riley*, *Bull. civ.* I, n° 29; *Rev. crit. DIP* 2009. 512, note B. Ancel.
5. Civ. 24 juin 1878, *Forgo*, *S.* 1878. 1. 429; *D.* 1879. 1. 56, *Clunet* 1879. 285 (1er arrêt) et Req. 2 févr. 1882, *Forgo*, *S.* 1882. 1. 393, note Labbé; *D.* 1882. 1. 301 (2e arrêt); *GADIP*, n°s 7 et 8.

la succession, au demeurant tant mobilière qu'immobilière, à la loi nationale du *de cujus*.

En matière immobilière, le principe est également celui de **l'application du renvoi**. La solution a été posée depuis longtemps en doctrine et plus récemment par la jurisprudence *Ballestrero*. Toutefois, dans le cadre d'une succession immobilière, la Cour de cassation semble fonder sa position sur la seule volonté d'atténuer les inconvénients du morcellement de la succession et limite alors le champ d'application du renvoi.

722.52 Renvoi en matière immobilière et morcellement de la succession. La jurisprudence française semble aujourd'hui n'admettre le renvoi en matière de succession immobilière que si celui-ci permet de **soumettre la succession mobilière et immobilière à la même loi** et rétablir l'unité de la loi applicable à la succession. C'est ce qui résulte, notamment, de l'arrêt *Riley* rendu par la Cour de cassation le 11 février 2009 : « *Attendu qu'en matière de succession immobilière, le renvoi opéré par la loi de situation de l'immeuble ne peut être admis que s'il assure l'unité successorale et l'application d'une même loi aux meubles et aux immeubles* »[1]. Si cette solution devait se confirmer, le renvoi ne serait plus utilisé comme simple correctif au caractère neutre de la règle de conflit, de façon systématique et obligatoire, mais uniquement lorsqu'il permet **l'unité de la loi applicable aux deux masses, mobilière et immobilière, de la succession.**

§ 4 Exception d'ordre public

722.61 Exception d'ordre public. Énoncé. Il s'agit ici de l'exception liée à la conception française de l'ordre public international. Généralement, celle-ci traduit les principes de justice universelle, dotés d'une valeur internationale absolue. Ainsi, des règles successorales fondées sur une discrimination liée au sexe, à la religion ou à la race sont assurément contraires à l'ordre public international. En revanche, la **réserve héréditaire** n'est pas d'ordre public international même si elle est **d'ordre public interne**[2]. Mais la réserve était protégée indirectement par le truchement du **droit de prélèvement** (v. s[s] n°s 723.50 s.), ce qui a permis jusqu'ici aux juridictions françaises de ne pas se prononcer sur le statut de la réserve héréditaire en droit international privé.

1. Civ. 1re, 11 févr. 2009, n° 06-12.140, *Riley*, préc. s[s] n° 722.31.
2. Sur cette question : M.-E. Ancel, « Successions : l'ordre public international en questions », *Dr. et patr.* 2013. 81 – M. Grimaldi, « Brèves réflexions sur l'ordre public et la réserve », *Defrénois* 2012. 755.

Un jugement du tribunal de grande instance de Paris en date du 10 juillet 2013[3], statuant après l'abrogation du droit de prélèvement, a pu, toutefois, à la suite d'une motivation ambiguë et contestable, considérer qu'une loi étrangère ignorant la réserve héréditaire n'était pas contraire à l'ordre public international.

722.62 Exception d'ordre public. Sanctions. La contrariété à l'ordre public d'une loi étrangère doit être appréciée par un **juge**. Elle produit la double conséquence suivante. D'une part, **l'éviction de la loi étrangère** dans ses dispositions choquantes; d'autre part, la **substitution**, dans toute la mesure nécessaire, **de la loi du for français.**

Ainsi, à une loi étrangère qui prévoirait une dévolution inégalitaire pour des raisons liées au sexe se substituerait la loi française qui imposera une dévolution égalitaire puis, dans la mesure du possible, la loi étrangère sera appliquée dans ses autres dispositions[4].

§ 5 Fraude

722.71 Fraude. Conditions. La mise en œuvre de la loi applicable peut être écartée dans le cas d'une fraude. Celle-ci suppose la réunion de deux éléments, un élément matériel et un élément intentionnel.

L'élément matériel peut être constitué par une **manipulation** soit **du rattachement**, soit **de la qualification**. Ce dernier cas de figure est précisément l'hypothèse de l'affaire *Caron*[5] : l'immeuble situé en France, en principe soumis à la catégorie succession immobilière, a pu y échapper car l'immeuble ayant été apporté à une société civile immobilière, ces parts étaient par là même soumises à la catégorie des successions mobilières. De la sorte, **le changement de qualification du bien permettait d'éluder** les dispositions impératives du droit français et en particulier **la réserve.**

L'élément intentionnel était ainsi caractérisé par le fait que la société civile immobilière n'avait été constituée que pour échapper à l'application du droit français. L'on pourrait à l'inverse établir une fraude comparable si la modification de la qualification mobilière d'un bien pour le transformer en immeu-

3. TGI Paris, 2e ch., 1re sect., 10 juill. 2013, RG n° 06/13502.
4. Pour une illustration : Versailles, ch. 1, sect. 1, 20 juin 2013, RG n° 11/00414 (mise à l'écart sur le fondement de l'ordre public d'une décision marocaine discriminatoire).
5. Civ. 1re, 20 mars 1985, n° 82-15.033, *Caron*, *Bull. civ.* I, n° 103; *Rev. crit. DIP* 1986. 66, note Y. Lequette; *GADIP*, n° 4, § 6 et n° 6, § 4 et § 14.

ble situé à l'étranger permettait semblablement d'éluder les dispositions françaises impératives.

722.72 Fraude. Effets. La sanction de la fraude est **l'inopposabilité de la situation créée par fraude.** En conséquence, dans l'exemple précité de l'affaire *Caron*, l'application de la loi américaine a été écartée au profit de la loi française normalement applicable si la fraude n'était pas intervenue.

CHAPITRE

723. Domaine de la loi applicable

Marie Goré
Professeur à l'Université
Panthéon-Assas (Paris II)

Raphaëlle de Gourcy
Juriste au CRIDON de Lyon
Diplômée notaire

SECTION 0
Orienteur

723.00 **Plan du chapitre.**

723.01 **Textes applicables.**
* V. s[s] n° 72.01

723.02 **Jurisprudence de référence.**
* V. s[s] n° 72.02

723.03 **Bibliographie indicative.**
* V. bibliographie générale, s[s] n° 72.03

Article. P. Callé, « Les donations-partages en droit international privé », *Défrénois* 2014. 399.

723.04 **Questions essentielles.**
* V. s[s] n° 72.04

Division. Il convient de déterminer la loi applicable aux différentes étapes du processus successoral : la dévolution successorale (sect. 1), l'administration de la succession (sect. 2) et le partage (sect. 3).

SECTION 1
Dévolution successorale

§ 1
Dévolution *ab intestat*

723.11 **Règles de dévolution.** Il appartient à la loi successorale de déterminer quels sont **les successibles.** Ceux-ci seront ainsi distinctement définis par la loi applicable à la masse mobilière et la ou les lois respectivement applicables aux masses immobilières. C'est également la loi successorale qui déterminera les conditions relatives à la **représentation, l'indignité, la réserve héréditaire.** En conséquence, compte tenu du morcellement de la succession en droit français, le calcul de la réserve se fait masse par masse[1], ce qui rend de surcroît difficile la réalisation d'une donation-partage en l'état du droit positif (v. s[s] n° 723.35). En d'autres termes, toutes les ques-

1. Civ. 1re, 4 déc. 1990, n° 89-11.352, *Pearsh, Bull. civ.* I, n° 274; *Rev. crit. DIP* 1992. 76, note G. A. L. Droz – Civ. 1re, 17 juin 2009, n° 07-21.718, *Bull. civ.* I, n° 131; *Rev. crit. DIP* 2010. 129, note B. Ancel : « *L'objet du litige étant limité aux droits successoraux des parties sur l'immeuble situé en France et la loi internationalement compétente étant la loi française, c'est selon cette loi que devait être déterminé le montant de la réserve héréditaire pour l'immeuble sis en France* ».

tions qui en droit interne font partie intégrante de la dévolution relèvent de la loi successorale.

723.12 Questions préalables. La détermination des liens préalables à la qualité d'héritier, l'existence du mariage, l'établissement de la filiation relèvent de la loi propre à chacune de ces questions. C'est donc la loi applicable au mariage qui déterminera si l'on est en présence d'un lien d'alliance mais c'est la loi successorale qui déterminera si le conjoint est successible et à quelles conditions. Selon la Cour de cassation « *la qualité de conjoint et l'établissement de la parenté nécessaires à la dévolution successorale relèvent de la loi personnelle* »[1]. En conséquence, si la loi applicable au mariage admet la validité d'un mariage polygamique, la loi successorale s'appliquera aux deux épouses et il faudra répartir la part qui revient normalement au conjoint survivant entre les deux épouses.

§ 2
Dévolution volontaire

723.20 Plan. Il convient d'étudier successivement les conditions de forme (A) puis les conditions de fond (B) des libéralités entre vifs comme des libéralités à cause de mort, avant de déterminer l'efficacité de celles-ci (C).

A.
Conditions de forme des libéralités

723.21 Libéralités entre vifs : donations consenties après le 1er avril 1991 mais avant le 17 décembre 2009. Elles sont soumises à la **Convention de Rome** dans son article 9.1. La donation sera formellement valable si elle est conforme soit à la loi du lieu de conclusion, soit à la loi applicable au fond.

Si la donation porte sur un droit immobilier ou un droit d'utilisation d'un immeuble, les dispositions impératives de forme de la loi du lieu de situation du bien doivent être respectées si celle-ci s'estime applicable « *indépendamment du lieu de conclusion du contrat et de la loi le régissant au fond* » (Conv. Rome, art. 9.6). En d'autres termes, la loi de situation de l'immeuble s'applique à la forme de la donation si celle-ci est une loi de police.

723.22 Libéralités entre vifs : donations consenties après le 17 décembre 2009. La forme des donations relève, comme tout contrat, du **Règlement Rome I** qui s'applique aux donations consenties après le 17 décembre 2009. Les articles 11.1 et 11.5 reprennent respectivement les articles 9.1 et 9.6 de la Convention de Rome.

723.23 Testament. Faveur pour la validité formelle du testament. Dans le contexte international, il existe une volonté de favoriser la validité formelle du testament. C'est ce qui résulte d'abord des principes posés par la **Convention de La Haye du 5 octobre 1961, sur les conflits de lois en matière de forme de dispositions testamentaires.** Ce texte en vigueur en France propose en effet des règles de rattachements alternatifs guidés par l'idée d'éviter une nullité formelle du testament. Ainsi, la **validité formelle du testament** est-elle soumise soit :

- à la **loi du lieu de la nationalité du testateur**;
- à la **loi du lieu de la résidence du testateur**;
- à la **loi du lieu du domicile du testateur.**

Ces trois premiers éléments de rattachement étant appréciés soit au jour de la rédaction du testament, soit au jour du décès du testateur.

- à la **loi** du lieu de **rédaction du testament**;
- à la **loi** du lieu de **situation des immeubles pour les legs immobiliers.**

Il y a ainsi cinq rattachements alternatifs qui, dans la réalité, peuvent être au nombre de huit si l'on tient compte de l'appréciation de certains facteurs de rattachement, soit au jour de la rédaction, soit au jour du décès du testateur. Il est ainsi rare qu'un testament ne soit pas valable formellement dans le contexte international[2].

De plus, la qualification de la prohibition des testaments conjonctifs en une règle de forme permet de reconnaître comme valables des testaments conjonctifs faits à l'étranger[3].

À ces rattachements posés par la Convention de 1961, s'ajoutent les prescriptions de la Convention de Washington du 26 octobre 1973 ayant mis en place un **testament international** (sur celui-ci, désormais une des formes prévues par le droit français, v. ss nos 321.161 s.).

B.
Conditions de fond des libéralités

723.31 Libéralités entre vifs. Donations. La donation étant un contrat, elle est soumise à la

1. Civ. 1re, 3 janv. 1980, no 78-13.762, *Bendeddouche*, *Bull. civ.* I, no 4; *Rev. crit. DIP* 1980. 331, note H. Batiffol; *Clunet* 1980. 327, note M. Simon-Depitre; *D.* 1980. 549, note E. Poisson-Drocourt; *GADIP*, no 61.

2. Civ. 1re, 10 juill. 2013, no 12-22.983, NP : l'application d'une loi étrangère désignée par la Convention susvisée peut être écartée si elle est manifestement incompatible avec l'ordre public (en l'espèce, mise à l'écart de la loi libyenne).
3. Civ. 1re, 21 nov. 2012, nos 10-30.845 et 10-17.365, *Bull. civ.* I, no 243; *RTD civ.* 2013. 162, note M. Grimaldi; *Dr. et patr.* 2013, no 231, p. 81, note B. Ancel; *JCP N* 2013, no 20, p. 31, note A. Devers; *AJ fam.* 2013. 59, note A. Boiché.

Convention de Rome (art. 10) et, depuis son entrée en vigueur, au **Règlement Rome I** (art. 12). Elle relève donc de la *lex contractus* : soit **loi d'autonomie**, loi choisie par les parties; soit à défaut, loi de la résidence habituelle du débiteur de la prestation caractéristique, c'est-à-dire la **loi de la résidence habituelle du donateur.**

Toutefois, tôt ou tard, la donation doit subir l'influence du droit successoral (**rapport** ou **réduction**) : or **les effets des donations au décès** relèvent de la **loi successorale.** En conséquence, il est préférable de conseiller aux parties d'anticiper les conséquences de l'éventuelle application à venir du droit des successions, ou de choisir dans toute la mesure du possible la loi qui pourrait, le jour où la question est susceptible de se poser, être applicable à la succession.

723.32 Donations entre époux de biens présents. Elles sont soumises à la **loi des effets du mariage** tant en matière **immobilière** qu'en matière **mobilière.** C'est ce qui résulte des arrêts *Campbell-Johnston* [1] et *Dame Frost* [2].

723.33 Donations entre époux de biens à venir. Elles sont soumises à la **loi successorale.** La solution est acquise en matière immobilière [3] et doit, semble-t-il, être étendue à la donation de biens mobiliers [4].

723.34 Libéralités à cause de mort. Absence de *professio juris* en droit français. La succession testamentaire est soumise en droit français à la **loi successorale** telle qu'elle a été définie, **loi du dernier domicile du défunt pour les meubles, loi du lieu de situation des immeubles pour la succession immobilière.** À ce jour, le droit français ne reconnaît pas au *de cujus* la **possibilité de choisir la loi applicable à sa succession**, faculté dénommée *professio juris.*

723.35 Donations-partages. En l'état actuel du droit positif, la réalisation d'une donation-partage en droit international privé soulève des difficultés liées au **morcellement de la règle de conflit.** Compte tenu du **calcul de la réserve masse par masse**, il n'est en principe pas possible de tenir compte des attributions faites dans chaque masse et d'en assurer la compensation d'une masse à l'autre. Sauf à prévoir des soultes croisées. Mais certaines circonstances peuvent rendre réalisable une donation-partage efficace, que le morcellement soit écarté à la suite d'un renvoi par exemple, ou que toutes les données de l'anticipation soient maîtrisées [5].

C. Efficacité des libéralités

723.41 Régime juridique de l'acte. Le régime juridique de l'acte relève de la loi de l'acte. C'est donc la **loi applicable à la donation ou au testament** qui décide de sa validité, de sa révocabilité ou de sa caducité.

723.42 Conséquences successorales de l'acte. Il appartient à la loi successorale de déterminer quel est le montant de la quotité disponible notamment dans le cadre d'une donation entre époux, si un rapport des libéralités est dû et si une réduction de la libéralité s'impose.

Pour le rapport, la **compétence de la loi successorale** a été rappelée par l'arrêt *Riley* [6]. Plus précisément, en cas de pluralité de lois successorales applicables, il convient, pour déterminer la loi applicable au rapport et à quelle masse il est dû, de retenir une **qualification en fonction de l'objet de la libéralité,** mobilière ou immobilière, **et non en fonction de l'objet du rapport.** À défaut, on risquerait par la qualification mobilière d'un rapport en valeur, de principe aujourd'hui, de vider la masse immobilière alors même que la donation des deniers, avait pour objet d'acquérir un immeuble [7]. C'est donc l'objet de la libéralité qui importe et non l'objet du rapport.

Pour la réduction, là encore la **compétence de la loi successorale** s'impose [8] et il en va de même pour la **renonciation anticipée à l'action en réduction** mise en place par l'article 929 du Code civil.

§ 3 Abrogation du droit de prélèvement

723.50 Source. Le droit de prélèvement résultait de l'article 2 de la loi du 14 juillet 1819 qui

1. Civ. 1re, 15 févr. 1966, nº 63-12.777, *Campbell-Johnston*; *Rev. crit. DIP* 1966. 273, note H. Batiffol; *Clunet* 1967. 95, note Goldman; *D.* 1966. 370, note Malaurie; *Rec. Gén. lois* 1966. 637, obs. Droz; *GADIP*, nº 42.
2. Civ. 1re, 12 juin 1979, *Dame Frost*, *Rev. crit. DIP* 1980. 322, note Légier; *Clunet* 1980. 644, note G. Wiederkehr; *D.* 1979. IR, obs. Audit; *GADIP*, nº 42 § 7.
3. Civ. 4 mars 1857, *Fraix*, *DP* 1857. 1. 102 – Req. 8 mai 1894, *DP* 1894. 1. 355.
4. EN CE SENS, *GADIP*, nº 42 § 8.
5. P. Callé, « Les donations-partages en droit international privé », *Défrénois* 2014.399, spéc^t p. 400.
6. Civ. 1re, 11 févr. 2009, nº 06-12.140, *Riley*, *Bull. civ.* I, nº 29; *Rev. crit. DIP* 2009. 512, note B. Ancel – *Adde*, Civ. 1re, 20 oct. 2010, nº 08-17.033, *Bull. civ.* I, nº 207.
7. Jurisprudence précédente appliquant au rapport la loi de la succession mobilière : Civ. 1re, 3 déc. 1996, nº 94-17.863, *Bentchikou*, *Bull. civ.* I, nº 426; *Rev. crit. DIP* 1997. 318, note B. Ancel; *JDI* 1997. 1020, note M. Revillard – Civ. 1re, 18 mai 2005, nº 02-15.425, *Bentchikou*, *Bull. civ.* I, nº 209; *Rev. crit. DIP* 2005. 639, note B. Ancel; *RTD. civ.* 2005. 813, obs. M. Grimaldi; *GADIP*, nº 18, § 4.
8. Civ. 1re, 17 juin 2009, nº 07-21.718, préc. s^s nº 723.11.

disposait : « *Dans le cas de partage d'une même succession entre des cohéritiers étrangers et français, ceux-ci prélèveront sur les biens situés en France une portion égale à la valeur des biens situés en pays étranger dont ils seraient exclus, à quelque titre que ce soit, en vertu des lois et coutumes locales* ». Ce texte s'expliquait pour des raisons purement historiques, comme la **contrepartie de la suppression du droit d'aubaine** par la même loi et la consécration de l'égalité dans les droits successoraux tant des étrangers que des français. La jurisprudence avait fait de cet article 2 une interprétation libérale allant à l'encontre de la lettre même du texte. Cette disposition, anachronique, était sérieusement contestable sur le plan de sa compatibilité avec la Convention européenne des droits de l'homme.

Le 5 août 2011[1], le Conseil constitutionnel a déclaré l'**inconstitutionnalité du droit de prélèvement** sur le fondement de sa contrariété à l'article 6 de la Déclaration des droits de l'homme et du citoyen de 1789 aux termes duquel la loi doit être la même pour tous, soit qu'elle protège, soit qu'elle punisse. **Le droit de prélèvement était en effet réservé aux cohéritiers de nationalité française**; des héritiers de nationalité étrangère ne pouvaient s'en prévaloir.

Aux termes de l'article 62 alinéa 2 de la Constitution, une disposition déclarée inconstitutionnelle sur le fondement de l'article 61-1 est abrogée à compter de la publication de la décision du Conseil constitutionnel ou d'une date ultérieure fixée par cette décision. En l'absence de précision de la décision du Conseil constitutionnel, le droit de prélèvement est abrogé depuis le 6 août 2011, date de la publication de la décision. Pour les successions ouvertes après cette date, le droit de prélèvement ne pourra plus être invoqué par aucun héritier. Mais, la réponse est moins tranchée pour les successions ouvertes avant le 6 août 2011 et qui n'ont pas encore été partagées.

Si l'on voit dans le droit de prélèvement une règle de dévolution, son abrogation par la décision du Conseil constitutionnel ne devrait pas empêcher un héritier d'y recourir dans le cadre d'une succession ouverte avant le 6 août 2011[2]. Et l'égalité du partage sur laquelle se fonde le droit de prélèvement n'est autre que l'ordre de la succession consacré par le droit français, c'est-à-dire la dévolution[3]. Certains analysant le droit de prélèvement comme une règle de partage, son abrogation emporte selon eux l'interdiction de s'en prévaloir dans toutes les successions non partagées au 6 août 2011, même si elles ont été ouvertes avant cette date[4].

L'abrogation du droit de prélèvement de l'article 2 de la loi du 14 juillet 1819 n'emporte pas pour autant la condamnation du prélèvement compensatoire. Le premier évince une loi étrangère normalement compétente; le second assure au contraire le fonctionnement de la règle de conflit de lois française en permettant à un héritier d'être rempli de ses droits tels que déterminés conformément à la loi compétente.

Dans le doute sur l'application dans le temps de la décision du Conseil constitutionnel, le régime du droit de prélèvement sera rappelé.

A. Conditions

723.51 Bénéficiaire. Le bénéficiaire doit avoir une double qualité : être **français** et **héritier *ab intestat***. Le droit de prélèvement est réservé à un héritier de nationalité française, l'existence d'une **nationalité française** s'appréciant **au jour du décès**. Si l'héritier a une double nationalité française et étrangère, on appliquera en ce cas les principes généraux du droit international privé et l'on fera prévaloir la nationalité française lui permettant ainsi de bénéficier, si les autres conditions sont remplies, du droit de prélèvement. De plus, le droit de prélèvement ne peut bénéficier qu'à un **héritier *ab intestat***, qu'il soit réservataire ou non, qu'il s'agisse d'un héritier par le sang ou du conjoint survivant, **à l'exclusion de tout légataire**[5].

723.52 Personne contre qui le prélèvement est exercé. Alors même que le texte prévoit que le droit de prélèvement a lieu dans le cas de partage d'une même succession **entre cohéritiers français et étrangers**, la jurisprudence, retenant une interprétation libérale de l'article 2, a permis l'exercice du droit de prélèvement même **entre cohéritiers français.** Ainsi, la nationalité du défendeur importe-t-elle peu.

La seule condition qui soit exigée est que celui contre qui est exercé le droit de prélèvement soit également celui qui est avantagé. **On prélève en effet pour rétablir une inégalité entre héritiers.**

1. Cons. const. 5 août 2011, n° 2011-159 QPC, *JO* 6 août, p. 13478.
2. *JDI* 2012. 135, note S. Godechot-Patris.
3. CONTRA : *Rev. crit. DIP* 2013. 457, note B. Ancel.
4. D. Boulanger, « Le glas du prélèvement nationaliste », *Dr. fam.* 2011. Comm. 173, note F. Boulanger – E. Fongaro, « Feu le droit de prélèvement », *JCP N* 2011. 1236 – Pour une application immédiate sans motivation convaincante, TGI Paris, 2e ch., 1re sect., 10 juill. 2013, RG n° 06/13502.
5. Civ. 1re, 7 déc. 2005, n° 02-15.418, *Bull. civ.* I, n° 484; *Defrénois* 2006. 562, note M. Revillard; *D.* 2006. 1217, note J.-G. Mahinga.

L'héritier avantagé peut être un légataire ou un donataire.

723.53 Exclusion par la loi successorale étrangère. Le droit de prélèvement suppose que l'héritier lésé le soit par application d'une loi successorale étrangère. L'exclusion de l'héritier ne peut donc résulter que d'une **disposition de nature successorale.** Une exclusion liée à une règle d'ordre matrimonial ou procédural ne remplit pas cette condition.

723.54 Biens situés en France. La présence de biens en France est une condition d'exercice du droit de prélèvement. Il peut s'agir de tous biens **meubles** ou **immeubles**, **présents**, **donnés** ou **légués.** Le droit de prélèvement, s'analyse en une action en réduction et, de ce fait, il s'exerce sur les **biens qui composent la part de l'héritier avantagé par la loi successorale étrangère.** Dans le cadre d'une anticipation successorale, il convient de veiller à écarter la mise en œuvre du droit de prélèvement en s'assurant de l'absence de biens localisés en France.

B.
Effets

723.61 Exercice du droit de prélèvement. Le montant du droit de prélèvement doit être déterminé pour l'exercer concrètement. Pour ce faire, il faut procéder à trois étapes successives[1].

En premier lieu, il convient de déterminer quelle est la part de chacun des héritiers, compte tenu des règles de conflit en présence, par application des lois applicables à chacune des masses de biens. En d'autres termes, une première opération consiste à **liquider la succession des différentes masses de biens relevant de lois différentes en appliquant les règles de conflit normalement applicables.**

En second lieu, on va **fictivement** considérer que **la loi française s'applique à l'ensemble de la succession** toutes masses confondues et déterminer ce à quoi aurait droit l'héritier lésé dans cette hypothèse.

Enfin, la **différence** entre ce à quoi l'héritier a droit en vertu de la première opération et ce à quoi il aurait eu droit en vertu de la seconde opération si l'ensemble de la succession avait été soumis à la loi française **constitue le montant du prélèvement.**

C'est ce montant que l'héritier lésé par application de la loi successorale étrangère peut prélever sur les biens situés en France et revenant dans le lot de l'héritier avantagé à l'étranger.

1. La démarche est décrite par Paris, 16 mai 1995, *JDI* 1996. 83, note M. Revillard.

SECTION 2
ADMINISTRATION DE LA SUCCESSION

723.70 Principe. Par administration, il faut entendre toutes les opérations qui **du jour du décès au jour du partage** concourent à la réalisation concrète des vocations héréditaires, c'est-à-dire des principes posés par les règles de la dévolution. Font donc partie intégrante de cette phase d'administration ou de transmission, les deux termes devant être ici considérés comme équivalents, la **transmission** et la **gestion de l'actif, la liquidation du passif.** La **transmission de la succession** étant la réalisation concrète de la **dévolution**, il est naturel que les deux phases soient soumises à la **même règle de conflit.** Ainsi, à l'instar de la dévolution, l'administration de la succession doit être soumise à la **loi successorale**, c'est-à-dire en matière immobilière à la loi du lieu de situation des biens immeubles, et en matière mobilière à la loi du dernier domicile du défunt. Ce principe de soumission à la loi successorale peut néanmoins, dans certaines circonstances, être écarté par d'autres lois. Il convient donc d'étudier plus précisément la loi applicable à l'actif (§ 1) puis au passif (§ 2).

§ 1
Actif

723.80 Plan. Parmi les difficultés soulevées par la transmission de l'actif, il faut faire une place particulière à la question de l'option successorale (B). Elle sera donc examinée après les solutions plus générales propres à l'appréhension de l'actif (A).

A.
Appréhension de l'actif

723.81 Prise de possession. Il revient à la **loi successorale** de déterminer quels sont les titulaires de l'appréhension des biens ainsi que les modalités de cette appréhension. Cette solution est acquise depuis longtemps : elle vaut pour la **saisine**[2] comme pour l'**envoi en possession**[3] et plus généralement pour la **délivrance des legs** comme les conditions tenant à la vérification de la régularité du titre permettant l'appréhension du patrimoine.

2. Civ. 1re, 22 déc. 1970, *Bonnevide c/Werry de Hultz, Rev. crit. DIP* 1972. 467, note A. Ponsard; *GADIP*, no 18, § 4.
3. Avec des nuances : TGI Bayonne, 28 avr. 1975, *Rev. crit. DIP* 1976. 330, note Necker, compte tenu du morcellement et de la recherche d'une administration unifiée de la succession.

723.82 Transmission des droits et des prérogatives. C'est également la qualification successorale qui prévaut pour la qualité pour agir au nom du défunt. La jurisprudence soumet à la **loi successorale** la détermination de la **qualité pour agir** tant activement que passivement[1], qu'il s'agisse d'une action exercée à titre principal ou de la reprise d'une action d'*exequatur*[2]. Et ceci vaut aussi bien pour une succession mobilière[3] que pour une succession immobilière[4]. Il s'ensuit que la qualité pour agir d'exécuteurs ou de trustees nommés par le testateur relève de la loi successorale. Ainsi la qualité variable des titulaires de l'exercice des droits et actions du défunt - héritiers, exécuteurs testamentaires, trustees, administrateur judiciaire, personnes morales - n'altère pas la solution de principe : la loi successorale est compétente. Il en ira de même pour le **mandat à effet posthume** régi par les articles 812 et suivants du Code civil : il doit être admis par la loi successorale.

723.83 Extraterritorialité des pouvoirs d'appréhension sur les biens héréditaires. L'application de la loi successorale à la qualité pour agir en détermine également la portée. En effet, la jurisprudence, à plusieurs reprises, a approuvé l'exercice à l'étranger de sa mission par l'administrateur désigné par la loi du dernier domicile du défunt[5]. Plus précisément, la **loi du dernier domicile du défunt, loi successorale**, détermine la **mission de l'administrateur** et l'étendue de ses **pouvoirs**, et fixe ainsi les limites de la reconnaissance des mesures prises dans le cadre de la mission confiée. L'administrateur pourra ainsi obtenir des informations[6], faire tous actes d'administration autorisés par le droit français mais ne pourra excéder la mission qui lui a été confiée sous peine de faire obstacle à la reconnaissance en France des mesures prises par lui.

723.84 Compétence résiduelle de la loi du lieu de situation des biens. L'on ne saurait éluder totalement la loi du lieu de situation des biens, notamment si celle-ci suppose l'accomplissement de certaines formalités de **publicité** ou la prise de **mesures conservatoires.** L'administrateur devra se conformer aux exigences de la *lex rei sitae*.

B. Option successorale

723.91 Option. Principe. Le principe est celui de l'application de la loi successorale à l'option successorale. En conséquence, compte tenu du morcellement de la succession internationale en droit français, l'on doit opter **masse par masse.** Ce qui signifie que l'héritier n'est pas tenu d'opter de manière uniforme pour l'ensemble de la succession et peut avoir **autant d'options** distinctes **qu'il y a de lois successorales différentes.** Ce principe appelle toutefois quelques précisions dans la pratique.

723.92 Pluralité de masses successorales. Dans la réalité, le principe précédemment évoqué doit être manié avec prudence. En effet, **au regard du passif** (v. s^s n°s 723.101 s.), la Cour de cassation retient une conception différente de la succession internationale dans la mesure où elle admet, contrairement à ce qu'il en est en au regard de l'actif, que **la succession forme un tout**, quelle que soit la diversité des masses. Il s'ensuit que **les créanciers ont l'intégralité de l'actif successoral comme gage.** En d'autres termes, ils peuvent se faire payer sur n'importe quelle masse. En conséquence, l'option successorale masse par masse ne doit pas négliger cette donnée. Il se peut qu'une masse paraisse au premier abord solvable et que de ce fait l'héritier accepte purement et simplement avec la conséquence au regard de l'obligation *ultra vires.* Si un créancier se présente, l'héritier peut avoir à regretter son option. En conséquence, la prudence commande de préciser que si **l'option successorale** se fait masse par masse, **elle ne doit s'effectuer qu'en toute connaissance de cause de l'intégralité du passif,** ce qui dans un contexte international peut se révéler difficile.

§ 2 Passif

A. Obligation aux dettes

723.101 Principe. L'on s'accorde à considérer que la contribution aux dettes relève de la **loi successorale** afin de respecter la corrélation entre le pouvoir sur les biens et la responsabilité aux dettes.

1. PAR EX., Paris 8 juin 1958, *Veuve Millich, Clunet* 1979. 846, note G. A. L. Droz – Pour une fondation : Civ. 3 juin 1969, *Rev. crit. DIP* 1971. 745, note Holleaux – Pour un administrateur judiciaire : Civ. 1re, 25 oct. 1972, n° 71-13.470, *Tristan, Clunet* 1974. 135, note G. A. L. Droz.
2. V. NOT., Paris 4 juill. 1958, *Clunet* 1959. 1122, note Ponsard.
3. Crim. 4 juin 1941, *Szlapka, DC* 1942. J. 4, note Nast; *S.* 1944. 1. 133, note Batiffol; *JCP* 1942. II. 2017, note Maury.
4. Civ. 1re, 22 juin 1954, *Eishabi, Rev. crit. DIP* 1955. 123, note Loussouarn.
5. Civ. 1re, 25 oct. 1972, n° 71-13.470, *Tristan, Clunet* 1974. 135, note G. A. L. Droz préc. – Civ. 1re, 22 avr. 1981, n° 79-16.498, *Fondation Eckensberger, Bull. civ.* I, n° 123; *Rev. crit. DIP* 1983. 645, note B. Ancel.
6. Civ. 1re, 25 oct. 1972, *Tristan,* préc. s^s prés^t n°.

723.102 **Pluralité de lois successorales.** En présence de plusieurs lois successorales, la jurisprudence adopte une solution qui tient compte de l'universalité de la succession internationale. Elle considère en effet que chaque masse doit la totalité de la dette ce qui (v. s[s] n° 723.92) altère le principe selon lequel l'option successorale s'exerce masse par masse[1].

B. Contribution aux dettes

723.111 **Principe.** La contribution à la dette relève, en principe, de la loi successorale. Il reste que si le *solvens* doit exercer son recours contre un héritier d'une autre masse, il faudra que la loi applicable à la masse admette le principe de ce recours.

SECTION 3 PARTAGE

723.120 **Plan.** Si le principe est celui de la compétence de la loi successorale dans la mesure où le partage assure la réalisation exacte de vocations héréditaires, il n'en demeure pas moins qu'il faut tenir compte de la vocation d'autres lois telles que la loi du lieu de situation des biens ou de la *lex fori* à régir certaines questions qui peuvent se poser à l'occasion du partage. Il faut donc examiner successivement l'indivision (§ 1), les formes du partage (§ 2), les attributions des biens (§ 3) et les effets du partage (§ 4).

§ 1 Indivision

723.121 **Loi successorale et loi réelle.** Une articulation doit être admise entre la loi successorale et la loi applicable au régime des biens. Il appartient à la **loi successorale** de déterminer **quels biens entrent dans la masse successorale.** Compte tenu du morcellement, il y aura autant de masses successorales qu'il y aura de lois applicables à la masse mobilière et immobilière. Mais il appartient à la **loi réelle**, loi du lieu de situation des biens, de déterminer le **régime de l'indivision** et les **pouvoirs des indivisaires** sur les biens indivis.

§ 2 Formes du partage

723.131 **Principe.** Il revient en principe à la **loi successorale** de déterminer les **conditions** et les **effets du partage.**

723.132 **Capacité.** Seule la **loi personnelle de l'incapable** régit son aptitude à participer à un partage. C'est donc la loi applicable à la capacité d'un incapable qui décidera si l'incapable peut suivre les formes d'un partage amiable ou non, ainsi que les formalités habilitantes qui sont alors nécessaires[2]. Il convient dans chaque cas de rechercher quelles sont les règles qui régissent la protection de l'incapable conformément aux textes en vigueur (Conv. La Haye, 19 oct. 1996, en ce qui concerne les mineurs, et Conv. La Haye, 13 janv. 2000, sur la protection internationale des adultes).

723.133 **Partage amiable.** S'agissant de la forme du partage amiable, la Cour de cassation a retenu la **loi du lieu de conclusion du partage amiable** à la forme du partage[3]. Est ainsi admis l'acte de partage conclu à l'étranger relatif à un immeuble situé en France dès lors que la loi française applicable au partage admet le partage amiable.

723.134 **Partage judiciaire.** Il revient à la loi successorale de décider si le partage doit être judiciaire ou non. Si la forme judiciaire est requise, on ne peut faire abstraction de l'application de la *lex fori*, c'est-à-dire la **loi du juge**. Il appartient à cette loi de déterminer quelles autorités sont compétentes, et quelles règles de procédure doivent être suivies.

723.135 **Publicité.** La **loi du lieu de situation des biens** est seule compétente pour procéder à la publicité du partage, qu'il s'agisse de procéder à la publicité à l'étranger d'un acte établi en France ou de procéder en France à la publicité d'un acte établi à l'étranger.

§ 3 Attribution des biens

723.141 **Droit de l'État du lieu de situation.** Vu la compétence en principe générale de la loi successorale, le principe et les modalités de toute attribution préférentielle de l'un ou l'autre bien de la succession devraient dépendre de cette loi et non d'une autre. Mais la Cour de cassation, relevant la **destination économique et sociale des règles relatives à l'attribution préférentielle,** les a qualifiées de **loi de police**. Un héritier pourrait donc se prévaloir de l'attribution préférentielle d'un bien conformément au droit de l'État du lieu de situation, sans

1. T. civ. Papeete, 7 mars 1975, *Rev. crit. DIP* 1976. 674, note B. Ancel; *JCP N* 1976. 53341, note G. A. L. Droz.

2. Civ. 13 avr. 1932, *Château de Chambord*, *DP* 1932. 1. 89, concl. Matter; *GADIP*, n° 14.
3. Civ. 1re, 19 nov. 2008, n° 05-16.203, *Bull. civ.* I, n° 6; *Rev. crit. DIP* 2009. 295, note B. Ancel; *RTD. civ.* 2009. 155, obs. M. Grimaldi.

que l'on ait à consulter le droit applicable à la succession [1].

§ 4
Effets du partage

723.151 **Énoncé.** Le principe est la compétence de la **loi successorale** tant pour la **formation** et l'**attribution des lots** que pour les **effets du partage.** Toutefois, on ne peut totalement faire abstraction de la **loi du lieu de situation du bien** : l'effet déclaratif du partage risque d'être paralysé s'il n'est pas admis par la loi réelle.

1. Civ. 1re, 20 oct. 2012, nº 11-18.345, *Bull. civ.* I, nº 194; *JCP N* 2013, nº 13, p. 45, note S. Godechot-Patris; *JDI* 2013. 119, note E. Fongaro; *JCP N* 2013, nº 12, p. 42, note R. Le Guidec.

CHAPITRE

724. Règlement (UE) n° 650/2012 du 4 juillet 2012

Marie Goré
Professeur à l'Université
Panthéon-Assas (Paris II)

Raphaëlle de Gourcy
Juriste au CRIDON de Lyon
Diplômée notaire

SECTION 0

Orienteur

724.00 **Plan du chapitre.**

724.01 Textes applicables.
• **Règl. UE n° 650/2012 du Parlement européen et du Conseil, 4 juill. 2012**, relatif à la compétence, la loi applicable, la reconnaissance et l'exécution des décisions, et l'acceptation et l'exécution des actes authentiques en matière de successions et à la création d'un certificat successoral européen, *JOUE*, n° L. 201.

http://europa.eu/legislation_summaries/justice_freedom_security/judicial_cooperation_in_civil_matters/jl0070_fr.htm

* V. texte complet s^s n° 82.11

724.03 Bibliographie indicative.
Actualisables. Rép. internat., v° *Règlement du 4 juillet 2012,* par P. Lagarde, [à paraître] – *J.-Cl. Int.*, fasc. 557. 50.

Ouvrages. A. Bonomi et P. Wautelet, *Le droit européen des successions, commentaire du règlement n° 650/2012 du 4 juillet 2012*, Bruylant, 2013 – G. Khairallah et M. Revillard (dir.), *Droit européen des successions internationales*, Defrénois, 2013 – M.-L. Niboyet, I. Rein Lescasteryeres et L. Dimitrov, *Droit international privé, Exercices pratiques*, LGDJ, 2014.

Articles. D. Boulanger, « Révolution juridique ou compromis en trompe-l'œil ? À propos du nouveau règlement européen sur les successions internationales », *JCP* 2012. 1120; « Le renouvellement du traitement de l'anticipation successorale au travers du règlement (UE) du 4 juillet 2012 », *JCP N* 2013, n° 27, p. 39 – D. Bureau, « Juger le présent, prévoir l'avenir », *Dr. et patr.* mai 2014 – S. Godechot-Patris, « Le nouveau droit international privé des successions : entre satisfactions et craintes », *D.* 2012. 2462 – M. Goré, « Les silences du règlement européen sur les successions internationales », *Dr. et patr.* 2013, n° 224, p. 34 – E. Jacoby, « Le certificat successoral européen et les registres fonciers », *JCP N* 2013. Actu. 343 – P. Lagarde, « Les principes de base du nouveau règlement européen sur les successions », *Rev. crit. DIP* 2012. 691-732.

Dossiers. « Le règlement européen du 4 juillet 2012 sur les successions », *Defrénois* 2012, n° 15-16 – « Vers un droit patrimonial européen de la famille ? Successions internationales : maîtriser le règlement du 4 juillet 2012 », *JCP N* 2013, n° 15 – « Journées notariales de la personne et des familles, Paris, 25-26 mars 2013 », *JCP N* 2013, n° 17, « Journées notariales du patrimoine, Paris, 30 sept-1er oct. 2013 », *JCP N* 2013, n° 47 – « Le règlement européen du 4 juillet 2012 sur les successions internationales », *Dr. fam.* 2013, n° 10 – « Successions internationales. Le règlement européen du 4 juillet 2012 sur les successions internationales », *Dr. et patr.* 2013, n° 226 – « Règlement européen du 4 juillet 2012 et optimisation d'une succession internationale », *Dr. et patr.* mai 2014, n° 236 « Nouveau droit international privé des successions : les zones d'ombre ».

724.04 Questions essentielles.
> Quel est le tribunal compétent ?
* V. s^s n° 724.50
> Quel est le notaire compétent pour connaître de la succession ?
* V. s^s n°s 724.41, 724.103
> Les parties peuvent-elles choisir le tribunal compétent ?
* V. s^s n° 724.70
> Quelle est la loi applicable à la succession ?
* V. s^s n° 724.110
> Le *de cujus* peut-il choisir la loi applicable à sa succession ?
* V. s^s n° 724.131
> Dans quelles circonstances convient-il de tenir compte de la loi du lieu de situation des biens ?
* V. s^s n°s 724.181, 724.191, 724.201, 724.211
> À quelles conditions le jugement rendu dans un État membre peut-il être reconnu et exécuté dans un autre État membre ?
* V. s^s n° 724.221
> Quel est l'effet d'un acte authentique étranger en France ?
V. s^s n° 724.231
> Le certificat successoral européen remplace-t-il l'acte de notoriété ?
* V. s^s n° 724.311

724.09 Introduction. Le règlement UE n° 650/2012 du 4 juill. 2012, concernant les successions, englobe tous les domaines traditionnels du droit international privé, comme le révèle d'ailleurs son titre : conflits de lois, conflit de juridictions, reconnaissance des actes authentiques et des décisions.

Ce chapitre délimite le champ d'application du règlement (sect. 1) et présente les règles de conflit de juridictions (sect. 2), les règles de conflit de lois et leurs correctifs (sect. 3), les principes applicables en matière de reconnaissance et d'exécution des décisions et des actes authentiques (sect. 4), la faculté de dresser un certificat successoral européen (sect. 5).

SECTION 1
CHAMP D'APPLICATION DU RÈGLEMENT

724.10 Présentation. Il convient de circonscrire le champ d'application du règlement dans le temps (§ 1), dans l'espace (§ 2) et quant à son domaine matériel (§ 3).

§ 1
Champ d'application dans le temps

724.11 Principe. Le règlement est entré en vigueur le 16 août 2012, conformément à l'article 84 alinéa 1er. Il est applicable aux successions des personnes qui décèdent le 17 août 2015 ou après cette date. Mais, compte tenu de certaines exceptions à ce principe, les praticiens doivent se préoccuper dès à présent de l'efficacité, au regard du règlement, des anticipations successorales déjà réalisées.

724.12 **Rétroactivité de certaines dispositions.** Par exception au principe précédemment posé, le règlement prévoit l'application rétroactive de certaines de ces dispositions, et non des moindres.

D'une part, le choix de la loi opéré avant le 17 août 2015 est validé rétroactivement lorsque la succession s'ouvre le 17 août 2015 ou après cette date. D'autre part, les pactes successoraux établis avant le 17 août 2015 seront soumis rétroactivement aux dispositions du règlement si le décès survient après cette date.

En conséquence, l'efficacité des montages opérés dès à présent, et plus précisément des éventuels choix de loi ou des dispositions à cause de mort rédigées antérieurement, pourrait se trouver soumise au règlement, ce qui nécessite de la part des praticiens une attention particulière.

724.13 **Application anticipée de certaines dispositions.** Certains articles sont applicables avant le 17 août 2015.

D'une part, les articles 79, 80, et 81, relatifs respectivement à la désignation des professionnels et autorités, aux attestations et formulaires, et au comité qui assiste la commission, sont applicables à compter du 5 juillet 2012 (Règl. 4 juill. 2012, art. 84, al. 2).

D'autre part, les articles 77 et 78, relatifs aux informations mises à la disposition du public, sont applicables à partir du 16 janvier 2014.

§ 2
Champ d'application dans l'espace

724.21 **Principe.** Le règlement est applicable dans tous les États membres de l'Union européenne. Les dispositions du règlement relatives à la loi applicable à la succession s'appliqueront même si la loi désignée est celle d'un État tiers à l'Union européenne. Pour les États membres, **le règlement** est de portée universelle en vertu de l'article 20, et **se substitue aux règles de conflit de lois nationales.** Dans les relations entre États membres liés par le règlement, l'unité de loi applicable à la succession est atteinte par l'adoption de rattachements unitaires (loi de l'État de la résidence habituelle ou loi nationale en cas de choix). Mais, concrètement, en cas de relations avec des États non liés par le règlement européen mais concernés par la succession, l'unité de loi applicable dépendra aussi de leur droit international privé.

724.22 **Exception.** Le règlement n'est pas applicable au Danemark (cons. 83), au Royaume-Uni et en Irlande (cons. 82). Il s'ensuit que ces États doivent être considérés comme tiers pour l'application de ce règlement.

§ 3
Champ d'application matériel

724.31 **Principe.** Le règlement concerne les successions à cause de mort (Règl. 4 juill. 2012, art. 1 § 1) dont la définition est donnée à l'article 3 § 1, a.

Tant le préambule (cons. 14) que le texte du règlement (Règl. 4 juill. 2012, art. 1 § 2, g.) écartent du champ d'application les droits et biens créés ou transférés autrement que par succession, par exemple au moyen de libéralités. Les techniques d'ingénierie patrimoniale ne sont donc pas soumises au règlement.

Toutefois, ce principe comporte un tempérament important. En effet, le considérant 14 prévoit que « *c'est la loi désignée par le présent règlement comme étant la loi applicable à la succession qui précise s'il convient que les libéralités ou autres formes de dispositions entre vifs qui donnent naissance à un droit réel avant le décès fassent l'objet d'un rapport ou d'une réduction aux fins du calcul des parts des bénéficiaires conformément à la loi applicable à la succession* ». Il faudra dès lors consulter la loi applicable à ces modes alternatifs de transmission pour déterminer leur efficacité à l'égard du règlement.

724.32 **Exclusions.** La loi applicable à la succession ne s'applique pas aux questions qui, bien qu'ayant des liens avec le droit des successions, ne font pas à proprement parler de la catégorie succession. À ce titre, elles sont précisément exclues par l'article 1 § 2, qui énumère limitativement les matières écartées. À cela s'ajoutent, en vertu de l'article 1 § 1, les matières fiscales, douanières et administratives.

724.33 **Succession transfrontière ou/et internationale.** Le règlement ne précise pas quelles sont les successions auxquelles il s'applique. Aucune définition n'est donnée des successions visées. S'agit-il des seules successions intra-communautaires ou également des successions internationales, c'est-à-dire celles qui concernent les relations avec les États tiers et non seulement les relations à l'intérieur de l'Union européenne ? Dans le silence du texte, il faut sans doute considérer que les successions tant transfrontalières qu'internationales sont visées, compte tenu du caractère universel du règlement posé à l'article 20. Ce qui pourrait conduire à ce que le règlement s'applique à la succession d'un ***de cujus* qui n'aurait ni la nationalité d'un État membre**, ni sa résidence habituelle dans un État membre.

Le règlement ne définit pas davantage le critère de l'internationalité, et le moment auquel il conviendra de l'apprécier, jour du décès ou jour de l'acte dont l'efficacité peut dépendre du règlement. Il appartiendra à la jurisprudence de le préciser.

SECTION 2
COMPÉTENCE JURIDICTIONNELLE

724.40 Plan. Avant d'examiner les règles de compétence générale (§ 2), les règles dérogatoires (§ 3), fondées sur la volonté des parties, et les règles procédurales concernant la compétence (§ 4), il convient, compte tenu de son intérêt, de circonscrire la notion de juridiction (§ 1).

§ 1
Définitions

724.41 Notion de juridiction. Celle-ci est précisée dans le préambule (cons. 21, 22 et 29) et définie par l'article 3 § 2. Le terme juridiction désigne ainsi « *toute autorité judiciaire, ainsi que toute autre autorité et tout professionnel du droit compétents en matière de succession qui exercent des fonctions juridictionnelles ou agissent en vertu d'une délégation de pouvoirs d'une autorité judiciaire ou sous le contrôle d'une autorité judiciaire, pour autant que ces autres autorités et professionnels du droit offrent des garanties en ce qui concerne leur impartialité et le droit de toutes les parties à être entendues, et que les décisions qu'ils rendent puissent faire l'objet d'un recours ou d'un contrôle par une telle autorité et aient une force et un effet équivalents à une décision rendue par une autorité judiciaire dans la même matière* ».

En ce qui concerne tout particulièrement les notaires, il faut souligner qu'ils ne seront assimilés pour le règlement à une juridiction que s'ils agissent en vertu d'une délégation de l'autorité judiciaire, ce qui sera le cas s'ils interviennent comme notaire liquidateur mandaté en justice. En ce cas, il faudra en tirer les conséquences. D'une part, les règles de compétence leur sont applicables, ainsi que l'ensemble du régime applicable aux règles de compétence, d'autre part, leurs actes vont circuler comme les décisions. Dans le cas contraire, c'est-à-dire dans toutes les hypothèses où la succession fait l'objet d'un règlement gracieux par le notaire, les règles de droit commun de la compétence notariale de chaque État membre s'appliqueront et les actes circuleront conformément au régime des actes authentiques prévu par le règlement dans les articles 59 et suivants.

Une exception à ce principe réside toutefois dans l'article 8, lequel prévoit que les parties peuvent convenir de soumettre, à certaines conditions, le règlement de la succession à l'autorité extrajudiciaire de l'État de la nationalité du *de cujus* (v. s^s n° 724.91).

724.42 Saisine d'une juridiction. L'article 14 définit ce qu'il faut entendre par la saisine de la juridiction dans différents contextes procéduraux. Il appartient à la juridiction saisie de vérifier, d'office, sa compétence (Règl. 4 juill. 2012, art. 15) et de vérifier la recevabilité de la demande (Règl. 4 juill. 2012, art. 16). En particulier, si le défendeur ne comparaît pas, la juridiction devra surseoir à statuer.

§ 2
Règles de compétence générales

724.50 Plan. La compétence de principe de la juridiction de l'État membre de la résidence habituelle du défunt (A) est assortie de compétences subsidiaires à défaut de cette résidence habituelle (B).

A.
Compétence de principe

724.51 Résidence habituelle dans un État membre (Règl. 4 juill. 2012, art. 4). Le principe est celui de la compétence des juridictions de l'État membre de la résidence habituelle du défunt. Cette compétence est justifiée par la volonté d'aligner la compétence législative et la compétence juridictionnelle. Il convient donc de retenir un même critère pour définir la résidence habituelle (v. s^s n° 724.122). La résidence habituelle à prendre en compte est celle du défunt au jour de son décès.

724.52 Absence de résidence habituelle dans un État membre. En ce cas, plusieurs hypothèses doivent être distinguées.

Soit le *de cujus*, dépourvu de résidence habituelle dans un État membre, n'a pas de biens situés dans un État membre : en ce cas la compétence des juridictions européennes ne pourrait être fondée que sur la volonté (v. s^s n° 724.71), ou sur un risque de déni de justice (v. s^s n° 724.62).

Soit le *de cujus*, dépourvu de résidence habituelle dans un État membre, a des biens situés dans un État membre et la compétence des juridictions européennes peut être fondée soit sur la volonté soit sur la présence des biens.

D'où l'énoncé de règles de compétence subsidiaires dans le règlement.

B.
Compétences subsidiaires

724.61 Compétence de l'État membre du lieu de situation des biens (Règl. 4 juill. 2012, art. 10). La juridiction de l'État membre où sont situés les biens est compétente. Mais il convient de distinguer deux hypothèses selon l'étendue de sa compétence.

Celle-ci concerne, en principe, les seuls biens situés dans l'État membre.

Celle-ci peut concerner, toutefois, l'ensemble des biens successoraux, où qu'ils se trouvent si deux conditions, non cumulatives, sont réunies. Le défunt avait, au jour du décès la nationalité de l'État membre du lieu de situation des biens, ou, à défaut, le défunt avait sa résidence habituelle antérieure dans cet État membre depuis moins de cinq ans au jour de la saisine de la juridiction. La compétence de l'État de situation des biens pour connaître de l'ensemble de la succession suppose que soit ainsi démontré un lien étroit entre le *de cujus* et cet État.

724.62 Compétence des juridictions des États membres en cas de risque de déni de justice (Règl. 4 juill. 2012, art. 11). Cette compétence présente un caractère exceptionnel compte tenu de son fondement. Le risque de déni de justice suppose la preuve de deux éléments. D'une part, il existe un lien suffisant entre l'État membre et la succession, d'autre part la procédure dans l'État tiers se révèle soit impossible, soit ne peut raisonnablement être introduite ou conduite.

724.63 Mesures provisoires et conservatoires. La compétence des juridictions d'un État membre n'exclut pas la possibilité de prendre des mesures provisoires et conservatoires conformément à la loi d'un État (Règl. 4 juill. 2012, art. 19). La règle est désormais classique dans les règlements européens.

§ 3
Compétence fondée sur la volonté

724.70 Présentation. Elle n'est prévue par le règlement que dans l'hypothèse où le *de cujus* a fait le choix de la loi applicable à sa succession dans les termes de l'article 22 du règlement. Afin de favoriser, dans toute la mesure du possible, la coïncidence de la compétence législative et de la compétence juridictionnelle, le règlement prévoit deux modalités. Les juridictions de l'État membre de la nationalité du défunt seront compétentes soit à la suite d'un accord d'élection de for entre les parties intéressées (A), soit à la suite d'un déclinatoire de compétence décidé par le juge compétent en vertu des règles de compétence générale précédemment décrites (B). Il faut y ajouter, même s'il ne s'agit pas à proprement parler d'un chef de compétence, de l'accord des parties pour un règlement amiable par voie extrajudiciaire (C).

A.
Accord d'élection de for

724.71 Conditions. Les conditions de l'accord sont prévues par l'article 5. Elles sont au nombre de trois.

D'une part, cet accord ne peut intervenir que lorsque le *de cujus* a fait le choix de la loi d'un État membre, dans les conditions de l'article 22. Il faut sans doute considérer que dans le cas où le *de cujus* a choisi la loi de sa nationalité, qui ne serait pas celle d'un État membre, l'accord de l'article 5 n'est pas ouvert pour les ayants droit.

D'autre part, cet accord est conclu entre toutes les parties concernées, c'est-à-dire les ayants droit du *de cujus* capables et maîtres de leurs droits.

Enfin, cet accord exige un écrit daté et signé de toutes les parties, une transmission électronique étant possible si elle consigne durablement la convention.

724.72 Moment. Cet accord d'élection de for peut intervenir à tout moment. L'article 7, c prévoit en effet que les parties peuvent en cours de procédure, c'est-à-dire une fois le litige né, accepter expressément, dans les conditions de l'article 5, la compétence de la juridiction de l'État membre de la nationalité du *de cujus*. En ce cas, dans l'hypothèse où toutes les parties à la procédure n'auraient pas participé à l'accord, la comparution volontaire vaut acceptation de la compétence (Règl. 4 juill. 2012, art. 9).

724.73 Conséquences. L'accord d'élection de for confère une compétence exclusive à la juridiction de l'État membre de la nationalité du défunt pour toute la succession.

B.
Déclinatoire de compétence

724.81 Hypothèses. Deux cas sont prévus par l'article 6 du règlement selon que la demande émane de toutes les parties ou non.

Première hypothèse : en cas d'accord d'élection de for conclu dans les conditions de l'article 5, le juge de l'État membre, préalablement saisi, par hypothèse en vertu soit de l'article 4 soit de l'article 10, doit décliner sa compétence (Règl. 4 juill. 2012, art. 6, b et art. 7, a). C'est alors le juge de l'État membre de la nationalité du défunt qui sera compétent.

Seconde hypothèse : à la demande d'une des parties, le juge peut se dessaisir en faveur de la juridiction de l'État membre de la nationalité s'il considère que cette juridiction est mieux placée compte tenu des circonstances.

724.82 Conséquences. La juridiction de l'État membre de la nationalité du défunt possède alors une compétence exclusive pour l'ensemble de la succession.

C.
Accord pour un règlement amiable par voie extrajudiciaire

724.91 Hypothèse. Elle est prévue par l'article 8 de façon très précise. Trois conditions sont posées.

D'une part, la juridiction a engagé d'office une procédure sur le fondement des articles 4 ou 10. D'autre part, le *de cujus* avait fait le choix de la loi applicable à sa succession, conformément à l'article 22.

Enfin, les parties à la procédure ont convenu de faire régler la succession à l'amiable par voie extrajudiciaire dans l'État membre dont la loi a été choisie par le *de cujus*.

Tel sera le cas chaque fois que les parties soumettront d'un commun accord le règlement de la succession au notaire de l'État membre de la nationalité du défunt.

724.92 Conséquence. La juridiction devra clore la procédure, ce qui témoigne du souci du règlement de favoriser un règlement non contentieux de la succession.

§ 4
Règles procédurales concernant la compétence

724.101 Exception de litispendance (Règl. 4 juill. 2012, art. 17). Le règlement reprend les solutions désormais classiques dans le contentieux judiciaire européen, et plus particulièrement les solutions du règlement (CE) n° 44/2001, concernant la compétence judiciaire, la reconnaissance et l'exécution des décisions en matière civile et commerciale, dit « Bruxelles I »[1]. Il faut donc considérer que toute difficulté d'application devra être résolue par analogie avec les solutions retenues pour le règlement (CE) n° 44/2001.

La litispendance suppose la réunion de trois éléments : un **même objet**, une **même cause** entre les **mêmes parties**. Les demandes visées sont celles qui, répondant à ces critères, sont portées devant les juridictions d'États membres différents.

Le juge saisi en second a l'**obligation de surseoir à statuer** et se dessaisir une fois la compétence de la juridiction saisie en premier établie. C'est l'application du principe chronologique.

724.102 Exception de connexité (Règl. 4 juill. 2012, art. 18). Là aussi, le règlement reprend les solutions désormais classiques dans le contentieux judiciaire européen, et plus particulièrement les solutions du règlement (CE) n° 44/2001. Il faut donc considérer que toute difficulté d'application devra être résolue par analogie avec les solutions retenues pour le règlement (CE) n° 44/2001.

La notion de connexité est définie à l'article 18 § 3. Les demandes visées sont celles qui, répondant à ces critères, sont portées devant les juridictions d'États membres différents. C'est ici seulement une **faculté** qui est offerte au juge saisi en second **de surseoir à statuer**.

724.103 Domaine de l'exception de litispendance et de connexité. Notariat. Les règles précédentes concernant les exceptions de litispendance et de connexité sont également applicables lorsque ce sont des autorités, autres qu'un juge, qui interviennent, dans le cas où elles sont assimilées à des juridictions conformément à l'article 3 § 2. Ainsi, le notaire devra se soumettre aux modalités de mise en œuvre de l'exception de connexité et de litispendance. En revanche, il va de soi que lorsque le notaire, ou l'administrateur de succession, agit en dehors de toute délégation du juge, et ne peut donc être assimilé à une juridiction, il n'est pas lié par ces règles.

724.104 Domaine de l'exception de litispendance et de connexité. États tiers. Les articles 17 et 18 du règlement ne visent que les procédures concurrentes entre juridictions des États membres. En conséquence, toute procédure parallèle avec un État autre qu'un État membre est régie par le **droit commun du for**, c'est-à-dire par le droit commun français si le for saisi est le tribunal français.

724.105 Option successorale. Lorsque la loi applicable à la succession prévoit une forme particulière pour l'option, il importe de savoir où l'héritier doit manifester sa volonté. L'option successorale n'a pas nécessairement à être faite, comme on aurait pu le penser, devant la juridiction ou l'autorité compétente pour régler la succession. Dans un

1. Règl. (CE) n° 44/2001 du Conseil, 22 déc. 2000, concernant la compétence judiciaire, la reconnaissance et l'exécution des décisions en matière civile et commerciale, *JOCE*, n° L. 012.

souci de simplicité, le règlement prévoit la possibilité pour l'héritier d'accepter ou de renoncer par une **déclaration effectuée devant la juridiction de l'État membre de sa résidence habituelle** (Règl. 4 juill. 2012, art. 13).

Il semble résulter des considérants 32 et 33 deux précisions d'importance, qui limitent la portée de l'article 13. D'une part, l'ayant droit est tenu d'informer la juridiction compétente pour le règlement de la succession de cette déclaration. D'autre part, cette déclaration devant le tribunal de sa résidence habituelle n'est pas possible lorsqu'existe une procédure particulière que l'option va déclencher, comme une procédure d'acceptation à concurrence de l'actif net.

724.106 Biens situés dans un État tiers. L'article 12 vient limiter le champ de la juridiction compétente. Lorsque des biens sont situés dans un État tiers, la juridiction a la faculté de ne pas statuer sur ces biens, en tout ou en partie, s'il existe une possibilité que la décision ne soit pas reconnue ou n'y soit pas exécutoire. Le réalisme commande ainsi que la juridiction compétente se désintéresse de cette masse de biens. Ce faisant, le règlement témoigne des **limites de l'unicité de loi applicable à la succession.**

SECTION 3
DÉTERMINATION DE LA LOI APPLICABLE À LA SUCCESSION

724.110 Présentation. Le règlement européen a privilégié l'unité de loi applicable à la succession en lui donnant un large domaine d'application tant spatial que matériel. Le rattachement retenu est unitaire et ne distingue pas selon la nature ou le lieu de situation des biens. En principe, la loi applicable à la dévolution successorale de tous les biens du défunt régira toutes les phases du règlement successoral.

Nous aborderons, en premier lieu, le principe de l'unité de la loi applicable à la succession posé par le règlement (§ 1) et, en second lieu, ses limites qui, nombreuses, altèrent sensiblement l'effectivité du principe initialement privilégié (§ 2).

§ 1
Principe de l'unité de la loi applicable à la succession

724.120 Plan. La loi applicable à l'ensemble des biens du défunt sera celle de l'État où il résidait habituellement (A) ou sa loi nationale s'il l'a choisie (B). Cette loi régira toutes les questions successorales (C).

A.
Compétence de la loi de l'État de la dernière résidence habituelle

724.121 Rattachement unitaire applicable par défaut. En vertu de l'article 21 § 1 du règlement, la loi applicable à l'ensemble d'une succession est celle de l'État dans lequel le défunt avait sa résidence habituelle au moment de son décès. En cas de décès après le 17 août 2015, il n'y aura plus lieu, pour déterminer la loi applicable à la succession, de s'attacher à la nature des biens, meubles ou immeubles, et à leur lieu de situation. Le rattachement de principe est unitaire, puisque la dévolution de tous les biens dépend de la **loi de l'État de la résidence habituelle du défunt.**

724.122 Détermination de la résidence habituelle. Le critère de la résidence habituelle devient récurrent en droit international privé, conventionnel ou européen. Au sens strict, le critère de la résidence habituelle est matériel : au jour du décès, dans quel État le défunt vivait-il ? La détermination de la résidence habituelle est en principe **factuelle.** Il n'y a aucune condition de durée. Il n'y a pas non plus lieu de sonder les intentions du *de cujus*. Une résidence habituelle pourrait donc être caractérisée dans un État, même si le *de cujus* s'y était installé peu de temps avant son décès. Pour faciliter la détermination de la résidence habituelle et, surtout, pour harmoniser la mise en œuvre du rattachement, deux considérants du préambule contiennent des suggestions. Le **considérant 23** énonce : « *L'autorité chargée de la succession devrait procéder à une évaluation d'ensemble des circonstances de la vie du défunt au cours des années précédant son décès et au moment de son décès, prenant en compte tous les éléments de fait pertinents, notamment la durée et la régularité de la présence du défunt dans l'État concerné ainsi que les conditions et les raisons de cette présence. La résidence habituelle ainsi déterminée devrait révéler un lien étroit et stable avec l'État concerné* [...] ». Le **considérant 24** admet, dans le cas où le *de cujus* est parti travailler dans un État tout en ayant conservé un lien étroit et stable avec son État d'origine, qu'il soit considéré comme ayant toujours sa résidence habituelle dans son État d'origine. Les considérants précités se réfèrent ainsi à la durée de la résidence, aux conditions et aux raisons de la présence du *de cujus* sur le territoire d'un État.

Il s'ensuit que **le critère de la résidence habituelle n'est plus seulement factuel et matériel**, ce qui rend sa détermination plus délicate. De plus, on peut douter de la réalisation de l'harmonisation souhaitée, la souplesse du critère pouvant conduire chaque autorité nationale à l'appliquer dans le sens le plus proche des notions qui lui étaient familières.

724.123 **Clause d'exception.** Prévue par l'article 21 § 2, la clause d'exception permet d'écarter la loi de l'État de la résidence habituelle si, à titre exceptionnel, il résulte de l'ensemble des circonstances de la cause qu'au moment du décès le défunt avait des liens manifestement plus étroits avec un autre État. Cette clause d'exception se comprend si l'on adopte une conception purement matérielle et factuelle de la notion de résidence habituelle. En revanche, le recours à la clause d'exception devrait être rare[1] si l'on adopte une **conception subjective de la résidence habituelle** conduisant indirectement à scruter les intentions du défunt.

B.
Compétence de la loi nationale choisie par le défunt

724.131 **Choix de la loi nationale.** Le choix de la loi nationale remédie à l'incertitude inhérente au critère de la résidence habituelle, susceptible de varier dans le temps et dans l'espace.

724.132 **Objet du choix.** Aux termes de l'article 22 § 1 du règlement, une personne peut choisir pour régir l'ensemble de sa succession la loi de l'État dont elle possède la nationalité au moment où elle fait ce choix ou au moment de son décès. En cas de plurinationalité, cette personne peut choisir la loi nationale qui lui convient le mieux, sans préférence pour la loi de l'État dont elle a la nationalité la plus effective, même s'il s'agit de la loi d'un État tiers à l'Union européenne. Le choix est restreint à la **loi nationale**, mais il porte nécessairement sur **l'ensemble de la succession**[2] : il n'est pas possible de morceler la succession en limitant un choix de loi à une masse de biens seulement. De plus, conformément à la conception classique, aucun renvoi ne peut jouer en cas de choix de loi de la loi applicable. L'objet du choix étant limité (seule la loi nationale peut être choisie), il est plus difficile pour un *de cujus* d'utiliser la *professio juris* en vue de frauder les droits des héritiers réservataires (sur l'exception d'ordre public, v. s^s n° 724.211).

724.133 **Forme du choix de la loi applicable. Choix exprès.** Aux termes de l'article 22 § 2, « *le choix est formulé de manière expresse dans une déclaration revêtant la forme d'une disposition à cause de mort ou résulte des termes d'une telle disposition* ». Le choix exprès apportera la plus grande sécurité à l'anticipation successorale, d'autant que le règlement précise ce qu'il faut entendre par disposition à cause de mort. Au sens de l'article 3 § 1, d du règlement, un **testament**, un **testament conjonctif**, un **pacte successoral** sont des dispositions à cause de mort. Compte tenu du caractère hybride d'une donation entre époux de biens à venir, un tel acte devrait pouvoir être qualifié de pacte successoral au sens du règlement et pourrait donc contenir un choix de la loi applicable à la succession. Le règlement garantit l'effectivité du choix de loi opéré en diminuant les possibilités de remettre en cause la validité de la disposition à cause de mort. La **validité au fond** de l'acte en vertu duquel le choix est effectué est régie par la loi choisie (Règl. 4 juill. 2012, art. 22 § 3). La **validité en la forme** de la disposition à cause de mort est appréciée au regard de l'une ou l'autre des lois désignées par l'article 27 du règlement, qui reprend à son compte tous les rattachements prévus par la Convention de La Haye du 5 octobre 1961 sur les conflits de lois en matière de forme des dispositions testamentaires. Ainsi, toutes les précautions sont prises pour conforter le choix exprès par le *de cujus*.

724.134 **Forme du choix de la loi applicable. Choix tacite.** Le choix tacite est également admis, puisque l'article 22 § 2 prévoit que le choix « *résulte des termes* » de la disposition à cause de mort. Ce qui soulève la question des éléments intrinsèques qu'il conviendra de retenir pour conclure à l'existence d'un choix[3]. Une hypothèse de choix tacite pourrait être celle d'un *de cujus* qui, dans la disposition à cause de mort, vise des règles ou des institutions prévues par sa loi nationale[4]. Doit-on considérer que la constitution d'un *trust* par un *de cujus* anglais conformément à la loi anglaise signifie le choix du droit anglais pour l'ensemble de sa succession ? Le choix d'une langue de rédaction d'un testament vaut-il, ajouté à d'autres indices, choix de cette même loi ? De plus, on sait que certaines techniques d'anticipation sont utilisées à des fins purement fiscales. Faut-il considérer que le recours à un montage prévu par une loi étrangère vaut choix de cette loi alors même que les conséquences civiles n'ont pas été au premier plan ?

C.
Domaine de la loi applicable

724.141 **Domaine quant aux biens. Rappel.** Compte tenu du principe de l'unité retenu par le règlement, la loi applicable à la succession, qu'il

1. P. Lagarde, « Les principes de base du nouveau règlement européen sur les successions », *Rev. crit. DIP* 2012. 700.
2. M. Goré, « La *professio juris* », *Defrénois* 2012. 40568.
3. M. Goré, « La *professio juris* », *Defrénois* 2012. 40568.
4. G. Khairallah, « La détermination de la loi applicable à la succession », in *Droit européen des successions internationales*, Defrénois, 2013, p. 55.

s'agisse de la loi de la résidence habituelle du défunt en l'absence de choix, ou de la loi nationale du *de cujus* choisie par lui, gouverne l'ensemble de la succession, **biens meubles** et **immeubles**, où qu'ils se trouvent. Il n'y aura donc, en principe, qu'une seule loi applicable à tous les biens du défunt.

724.142 **Domaine quant à l'étendue de la catégorie successorale.** La délimitation de la loi applicable à la succession est complexe étant donné que la catégorie successorale varie selon le droit international privé de chaque État membre[1], ce qui est compréhensible, les successions intéressant le **statut des personnes et celui des biens.** Aux termes de l'article 23 du règlement, la loi désignée en vertu de l'article 21 ou 22 régit l'ensemble de la succession. La loi successorale, qu'il s'agisse de la loi de la résidence habituelle ou de la loi nationale choisie par le *de cujus*, **régit toutes les phases du règlement d'une succession, depuis l'ouverture de la succession jusqu'au transfert de propriété par le partage.** L'article 23 définit, de façon extensive, le domaine de la loi applicable à la succession : l'adverbe « *notamment* » montre que la liste de questions n'est pas exhaustive. Parmi les questions visées par l'article 23, figurent les causes, le moment et le lieu d'ouverture de la succession, la vocation successorale des bénéficiaires et la détermination des droits successoraux du conjoint ou du partenaire survivant, la capacité de succéder, l'indignité successorale, le transfert des biens, les pouvoirs des héritiers et des exécuteurs testamentaires, l'obligation au passif, la réserve héréditaire, le rapport et la réduction des libéralités, le partage. On peut relever l'usage du terme « *bénéficiaires* » visant à englober de la manière la plus large possible les héritiers légaux, et les légataires, qu'ils aient ou non un droit direct sur les biens de la succession. En incluant dans le domaine de la loi successorale le transfert des biens, les auteurs du règlement ont fait le choix de soumettre l'administration de la succession à la loi applicable à la succession[2]. L'approche des pays de *common law* qui consiste à faire de l'administration de la succession une catégorie distincte de celle de la dévolution de la succession n'a donc pas été, en principe, retenue (v. s^{s} n° 724.171, limites).

1. À titre d'exemple, au Royaume-Uni, État non lié par le règlement successions, l'administration de la succession est une question demeurant hors de la catégorie successorale et relève de la loi du for, contrairement au droit international privé français pour lequel la question de l'administration de la succession dépend de la loi applicable à la succession.
2. M. Revillard, « La portée de la loi applicable », in *Droit européen des successions internationales*, Defrénois, 2013, p. 75.

§ 2
Limites au principe de l'unité de la loi applicable

724.150 **Plan.** Le principe d'unité de loi applicable pour régir l'ensemble de la succession, de l'ouverture de la succession au partage, et pour tous les biens, peu importe leur nature ou leur lieu de situation, connaît des limites tant sur le plan temporel (A), que matériel (B), auxquelles il faut ajouter les correctifs classiques du droit international privé (C).

A.
Limites à l'unité de loi applicable sur le plan temporel

724.151 **Licéité et validité des dispositions à cause de mort et des pactes successoraux (Règl. 4 juill. 2012, art. 24 et 25).** Les dispositions à cause de mort et les pactes successoraux permettent à un *de cujus* d'aménager la vocation successorale de ses successeurs. Il est donc normal que leur régularité s'apprécie au regard de la loi applicable à la succession. Mais ces dispositions sont prises au cours de la vie, à une époque où la loi applicable à la succession n'est pas encore connue de manière certaine. Du fait de ce décalage dans le temps, la loi applicable à la succession peut être différente de celle qui était pressentie au jour de l'acte et invalider ce qui était valable au jour de la signature. Dans un esprit de faveur pour les **actes d'anticipation successorale**, le règlement prévoit un **rattachement distinct et anticipé** afin de garantir la validité de la disposition à cause de mort ou du pacte successoral voulu par le *de cujus*.

La loi applicable pour apprécier la licéité et la validité de l'acte contenant des dispositions à cause de mort ou la régularité du pacte successoral n'est pas la loi qui s'appliquera à l'ensemble de la succession, mais la loi qui aurait été applicable si le *de cujus* était décédé au jour de l'acte. Il s'agit de la loi de l'État de la résidence habituelle au jour où le *de cujus* a disposé ou de la loi nationale choisie par le *de cujus* (ce choix devrait en principe être exprimé dans l'acte lui-même). Il convient d'attirer l'attention des disposants sur l'intérêt de bien utiliser les rattachements prévus par le règlement pour que la validité de l'acte soit reconnue au jour de l'ouverture de la succession, peu importe l'État membre dans lequel s'ouvre la succession. Ce **rattachement anticipé,** justifié par un principe de faveur, bénéficiera à toutes les dispositions à cause de mort au sens du règlement, c'est-à-dire aux **testaments** et aux **pactes successoraux.**

Aux termes de l'article 3 § 1, b, un pacte successoral est un accord qui confère, modifie ou retire, avec ou sans contre-prestation, des droits dans la succession future d'une ou de plusieurs personnes parties au pacte. Cette définition devrait notamment englober les **donations entre époux de biens à venir** et les **renonciations anticipées à l'action en réduction** (« RAAR ») du droit français[1]. En cas d'ouverture de la succession après le 17 août 2015, le règlement facilite la reconnaissance dans les autres États membres de l'Union européenne des dispositions à cause de mort au sens de l'article 3 § 1, d, là où, à ce jour, leur reconnaissance dépend du droit international privé de chaque État membre.

En revanche, le principe et modalités de la **réduction** et du **rapport** continuent de dépendre de la **loi applicable à la succession,** telle que déterminée par les articles 21 et 22 du règlement.

B. Limites à l'unité de loi applicable sur le plan matériel

724.160 Présentation. L'article 23 du règlement a largement défini le domaine de la loi applicable pour assurer l'unité de loi applicable. Mais certaines des dispositions suivantes du règlement désignent, selon la question, une autre loi, limitant d'autant l'application de la loi successorale.

1° Forme de l'option successorale (Règl. 4 juill. 2012, art. 28)

724.161 Principe. L'article 23 § 2, e vise les conditions et les effets de l'acceptation ou de la renonciation parmi les questions relevant de la loi applicable à la succession. La solution rejoint celle du droit positif applicable avant l'entrée en vigueur du règlement. En effet, à ce jour, en droit international privé, les conditions et les formes de l'option dépendent de la loi successorale (v. s^s n° 723.91).

724.162 Tempérament. Règle de conflit de lois alternative. Mais, pour des raisons pratiques, l'article 28 énonce une règle de conflit de lois alternative pour régir la forme de l'option. Les déclarations d'acceptation, de renonciation ou d'acceptation limitée à l'actif pourront être valablement faites si elles respectent les exigences de forme de la loi de l'État de la résidence habituelle du déclarant. En matière de forme, la loi successorale n'a plus l'exclusivité. Cette règle de conflit de lois se comprend compte tenu des règles de compétence : l'article 13 prévoyant un for alternatif pour l'option (v. s^s n° 724.105), il était cohérent de permettre à l'auteur de la déclaration d'opter dans les formes admises par le droit de l'État de cette juridiction.

Mais cette facilité accordée aux uns ne profitera pas forcément aux autres. Les créanciers seront plus difficilement informés en cas d'exercice de l'option par un héritier dans les formes du droit de l'État de sa résidence habituelle, le cas échéant, auprès de la juridiction de ce même État[2].

2° Nomination et pouvoirs des administrateurs de la succession (Règl. 4 juill. 2012, art. 29)

724.171 Principe. Il résulte de l'article 23§ 2, e et f, que l'administration de la succession dépend de la loi applicable à la succession, déterminée conformément aux articles 21 ou 22. Les auteurs du règlement ont adopté la conception unitaire et continentale : l'administration est une phase du règlement de la succession et dépend donc de la loi applicable à la succession[3].

724.172 Exception. Application de la loi de l'État dont les juridictions sont compétentes. Aux termes d'une disposition remarquable par sa lourdeur, les auteurs du règlement ont ménagé une place pour l'application de la loi de l'État membre dont les juridictions sont compétentes au cas où la nomination d'un administrateur serait obligatoire. L'application de l'article 29 suppose que la loi applicable à la succession ne soit pas celle du juge compétent, ce qui sera par exemple le cas lorsque le juge de l'État membre de la résidence habituelle devra appliquer la loi nationale choisie par le défunt. Sur le plan des pouvoirs, l'article 29 § 2 et 3 organise une concurrence entre la **loi applicable à la succession** et la **loi du for**, ce qui laisse augurer de délicats problèmes d'articulation, notamment si la loi successorale ne prévoit pas que la succession puisse être administrée par d'autres que les héritiers[4]. Cette disposition du règlement est à géométrie variable : **le statut de la loi successorale varie selon qu'elle est celle d'un État membre ou celle d'un État tiers.** Si la loi successorale est celle d'un

1. D. Boulanger, « Le renouvellement du traitement de l'anticipation successorale au travers du règlement (UE) du 4 juillet 2012 », *JCP N* 2013, n° 27, p. 39.

2. F. Sauvage, « L'option et la transmission du passif », *in Droit européen des successions internationales*, Defrénois, 2013, p. 114.
3. S. Godechot-Patris, « L'administration des successions », in *Droit européen des successions internationales*, Defrénois, 2013, p. 90.
4. S. Godechot-Patris, « L'administration des successions », in *Droit européen des successions internationales*, Defrénois, 2013, p. 98.

État tiers, elle est susceptible de se trouver privée d'une partie de son domaine d'application, vu la primauté accordée à la loi du juge saisi, qui est la loi d'un État membre [1].

3°
Adaptation des droits réels (Règl. 4 juill. 2012, art. 31)

724.181 Droit réel inconnu par l'État du lieu de situation du bien. Enfin, par la technique de l'adaptation, les droits réels prévus par le droit de l'État du lieu de situation pourront être substitués à ceux prévus par la loi successorale : il s'agit des cas où le droit réel prévu par la loi successorale est inconnu dans l'État où il est invoqué. Là encore, l'application de la loi successorale pourra être limitée en raison du contenu de la loi du lieu de situation des biens.

À titre d'EXEMPLE, on pourrait imaginer la compétence d'une loi étrangère admettant un *trust* alors que les biens dépendant de la succession sont situés dans un État ne connaissant pas une telle forme de propriété : dans l'État du lieu de situation, il conviendra de substituer au *trust* le droit réel qui en est le plus proche.

C.
Correctifs à l'application du rattachement

724.190 Plan. Plusieurs dispositions du règlement apportent des correctifs à l'application du droit désigné par le règlement. Il s'agit là de la mise en œuvre de techniques propres au droit international privé qui trouvent ici à s'appliquer dans un contexte spécifique. Il s'agit d'une part de la méthode des lois de police, méthode concurrente de celle des conflits de lois (1°), du renvoi, technique de coordination (2°), et de l'exception d'ordre public international (3°).

1°
Résurgence des lois de police (Règl. 4 juill. 2012, art. 30)

724.191 Éviction de la loi successorale. L'article 30 du règlement admet l'application de la **loi de l'État du lieu de situation de certains biens** (immeubles, entreprises...) lorsque cette loi, en raison de la destination économique, familiale ou sociale de ces biens, impose des restrictions concernant la succession. Les dispositions du droit interne sont applicables dans la mesure où elles sont dotées d'une impérativité particulière. Le règlement introduit ici la notion de lois de police [2]. La formule générale de l'article 30 pourrait recouvrer les **attributions préférentielles du logement familial ou de l'entreprise** et c'est bien ainsi, semble-t-il, que l'a entendu la Cour de cassation, par anticipation [3]. En vertu de l'article 30, un héritier pourrait revendiquer, conformément au droit français, l'attribution préférentielle d'un bien situé en France, alors que la succession est, quant à elle, soumise à une autre loi. À nouveau l'unité de loi applicable peut être mise en échec par le droit de l'État du lieu de situation.

2°
Renvoi (Règl. 4 juill. 2012, art. 34)

724.201 Réapparition possible du morcellement. L'article 34 du règlement réserve le jeu du renvoi lorsque la règle de conflit de lois de l'article 22 désigne le droit d'un État non lié par le règlement, pour autant que le droit international privé de cet État tiers renvoie à la loi d'un État membre ou à la loi d'un autre État tiers qui appliquerait sa propre loi.

AINSI, dans l'hypothèse d'un *de cujus* décédé alors qu'il résidait habituellement en Angleterre [4], et propriétaire d'immeubles en France, en l'absence de choix de la loi applicable, le règlement désigne le droit anglais. Toutefois, la règle de conflit de lois anglaise désigne le droit de l'État de la situation des immeubles. La succession se trouve donc morcelée en deux masses, l'une étant constituée par les biens soumis au droit anglais, l'autre constituée par les immeubles en France soumis au droit français.

Le principe d'unité de la loi applicable cède donc dans le cas où le défunt résidait habituellement dans un État, tiers au règlement, fidèle au principe scissionniste.

1. S. Godechot-Patris, « L'administration des successions », in *Droit européen des successions internationales*, Defrénois, 2013, p. 98.
2. N. Nord, « Les lois de police : une conception classique ou restrictive ? », *Dr. et patr.*, n° 236 [dossier « Nouveau droit international privé des successions : les zones d'ombre », p. 56] – D. Bureau, « Juger le présent, prévoir l'avenir », *Dr. et patr.* mai 2014, spéc[t] p. 81.
3. Civ. 1re, 20 oct. 2012, n° 11-18.345, *Bull. civ.* I, n° 194; *JCP N* 2013, n° 13, p. 45, note S. Godechot-Patris; *JDI* 2013. 119, note E. Fongaro; *JCP N* 2013, n° 12, p. 42, note R. Le Guidec (préc. s[s] n° 723.141).
4. Malgré l'absence de position officielle, la doctrine majoritaire, tant française qu'étrangère, s'accorde pour considérer que le Royaume-Uni, même s'il fait partie de l'Union européenne, est, au sens du règlement, un État tiers puisqu'il a refusé d'être lié par le règlement : v. par ex. : A. Bonomi et P. Wautelet, *Le droit européen des successions, commentaire du règlement n° 650/2012 du 4 juillet 2012*, Bruylant, 2013, p. 511.

3°
Exception d'ordre public international (Règl. 4 juill. 2012, art. 35)

724.211 **Principe.** L'article 35 du règlement prévoit que l'application d'une disposition de la loi successorale (qu'elle soit la loi de l'État de la résidence habituelle ou la loi nationale choisie par le *de cujus*) ne peut être écartée que si cette application est manifestement incompatible avec **l'ordre public du for**. L'exception d'ordre public a pour but d'éviter l'application d'une loi étrangère dont le contenu serait choquant pour l'ordre du for. Il s'agit d'un mécanisme dérogatoire dont l'application doit rester exceptionnelle. De plus, dans le cadre de l'Union européenne, les impératifs communautaires de liberté de circulation, tels qu'interprétés par la Cour de justice de l'Union européenne, s'opposent à tout ce qui pourrait déjouer les attentes des ressortissants des États membres.

724.212 **Illustrations.** Dans le cas où la loi compétente ne prévoit aucune cause d'indignité et laisserait venir à la succession un héritier ayant attenté à la vie du *de cujus*, il serait concevable d'opposer l'exception d'ordre public dans l'État du for[1]. L'ordre public devrait également permettre d'écarter les dispositions d'une loi successorale accordant moins de droits, ou n'en accordant pas du tout, à un enfant naturel ou adultérin. Une loi étrangère privilégiant les héritiers en fonction de leur filiation, de leur religion ou de leur sexe devrait pouvoir être écartée par l'État membre dans lequel ils invoquent leurs droits.

724.213 **Statut de la réserve héréditaire.** La question divise la doctrine[2] et n'a pour ainsi dire fait l'objet d'aucune décision de la Cour de cassation[3]. Contrairement à l'article 27 § 2 de la proposition de règlement en date du 14 octobre 2009[4], l'article 35 du présent règlement ne se prononce pas sur la possibilité d'évincer par ce biais une loi étrangère ne prévoyant aucune réserve ou l'ayant organisée selon d'autres modalités. Vu le caractère dérogatoire de l'exception d'ordre public, une loi prévoyant une réserve héréditaire, mais selon d'autres modalités que celles du droit français, ne devrait pas, en principe, pouvoir être écartée.

Si la loi étrangère désignée conformément au règlement ignore le concept de réserve héréditaire, il conviendrait, sans doute, d'évaluer préalablement *in concreto* le résultat de son application. Il existe en effet d'autres mécanismes de protection des enfants ou du conjoint survivant dans les droits étrangers : limitation de la liberté de tester quand elle n'est pas exercée en faveur de la famille ou du conjoint[5]; créance alimentaire d'un héritier se trouvant dans le besoin.

Mais, dans l'hypothèse où l'application du droit étranger n'offrirait aucune mesure de protection au bénéfice des descendants ou du conjoint survivant, la loi successorale pourrait être écartée sur le fondement de l'exception d'ordre public. Comme le souligne le professeur Michel Grimaldi, les réformes récentes du droit des successions n'ont pas entamé l'impérativité de la réserve héréditaire : tous les aménagements dont elle a fait l'objet – renonciation anticipée à l'action en réduction, donation-partage transgénérationnelle, libéralités graduelles – touchent à la liberté de l'héritier réservataire d'y renoncer, mais, à l'occasion de ces réformes, le *de cujus* n'a pas pour autant gagné le droit d'exhéréder l'héritier réservataire[6]. En cas de désaccord entre héritiers et gratifiés, il n'appartient pas au notaire de se faire juge, mais il incombe au plus diligent de saisir les tribunaux. Or, dans les rapports avec les autres États membres liés par le règlement, les juridictions en principe compétentes sont celles de l'État du lieu de la dernière résidence habituelle du défunt, étrangères par hypothèse. Il appartiendra donc à ce juge étranger de prendre toute la mesure de l'importance de la réserve héréditaire au regard de la structure du droit successoral français.

1. M. Azavant, « L'ordre public successoral », *Dr. fam.* 2013, n° 10, p. 19.
2. Pour le caractère impératif de la réserve en droit international privé : v. G. Khairallah, « La détermination de la loi applicable à la succession », in *Droit européen des successions internationales*, Defrénois, 2013, spéc^t^ p. 58 – M. Grimaldi, « Brèves réflexions sur l'ordre public et la réserve héréditaire », *Defrénois* 2012. 40563 – P. Chassaing, « La préparation des notaires et du notariat concernant la mise en application du règlement du 4 juillet 2012 », in *Droit européen des successions internationales*, Defrénois, 2013, spéc^t^ p. 43 – CONTRA : P. Lagarde, « Les principes de base du nouveau règlement européen sur les successions », *Rev. crit. DIP* 2012. 700 – C. Bidaud-Garon, « La loi applicable aux successions internationales selon le règlement du 4 juillet 2012 », *JCP N* 2013. 1109 – V. CEP., TGI Paris, 10 juill. 2013, RG n° 06/13502.
3. En matière d'effets des jugements étrangers, v. Paris, 3 nov. 1987, *JDI* 1990. 109, obs. J. Héron.
4. Proposition de règlement du Parlement européen et du Conseil relatif à la compétence, la loi applicable, la reconnaissance et l'exécution des décisions et des actes authentiques en matière de successions et à la création d'un certificat successoral européen, 14 oct. 2009, COM(2009)154 final.
5. Les limites à la liberté de tester en droit américain : P.-A. Conil, « La mise en parallèle des systèmes successoraux français et américain », *Dr. fam.* févr. 2013, p. 1; M. Goré, « *Estate planning* : de quelques aspects de l'anticipation successorale en droit américain », in *Études offertes à Pierre Catala*, Litec, 2001, p. 382.
6. M. Grimaldi, « Brèves réflexions sur l'ordre public et la réserve héréditaire », *Defrénois* 2012. 40563.

SECTION 4
RECONNAISSANCE ET EXÉCUTION DES DÉCISIONS ET ACTES AUTHENTIQUES

724.220 Présentation. Le règlement (UE) n° 650/2012 reprend les solutions désormais classiques quant à la reconnaissance et l'exécution des jugements d'une part (§ 1) et l'efficacité des actes authentiques d'autre part (§ 2).

§ 1
Décisions

724.221 Reconnaissance. Conformément à l'article 39 du règlement du 4 juillet 2012, aucune procédure n'est nécessaire pour reconnaître dans un État membre une décision rendue dans un autre État membre. C'est le **principe de la reconnaissance de plein droit.**

724.222 Motifs de refus de reconnaissance. Ils sont énumérés de façon limitative par l'article 40 sur le modèle du règlement Bruxelles I. Il s'agit d'écarter la reconnaissance, soit si la décision est manifestement contraire à l'ordre public international, soit si l'on établit l'irrégularité de l'acte introductif d'instance ou de tout acte équivalent, soit enfin si la décision est inconciliable avec une décision rendue dans une procédure entre les mêmes parties dans l'État membre dans lequel la reconnaissance est demandée. Mais le contrôle de ces éléments n'a lieu qu'en cas de contestation de la régularité du jugement, si elle a lieu, et c'est alors une procédure contradictoire qui est prévue dans les conditions des articles 45 à 58.

724.223 Exécution. Le système simplifié du règlement Bruxelles I a été repris en matière de successions. Il convient de présenter à l'autorité compétente de l'État membre de l'exécution, en France au **tribunal de grande instance,** la déclaration de constatation de la force exécutoire de la décision (Règl. 4 juill. 2012, art. 45). Il est possible qu'à l'instar de ce qu'il en est désormais dans le règlement précité, ce soit le greffier en chef du tribunal de grande instance qui soit désigné.

Aucun contrôle des causes de refus d'exécution n'est imposé au stade de l'exécution. L'accomplissement de la formalité de l'article 45 suffit à rendre la décision exécutoire (Règl. 4 juill. 2012, art. 48) sans qu'il soit besoin d'examiner les motifs de refus prévus par l'article 40. Ce n'est qu'en cas d'élévation du contentieux par l'une des parties que le contrôle sera effectué. La procédure devient alors contradictoire.

724.224 Motifs de refus d'exécution. En vertu de l'article 52, ce sont ceux-là mêmes qui sont prévus par l'article 40.

§ 2
Actes authentiques

724.231 Plan. Le règlement distingue l'acceptation des actes authentiques et la force exécutoire de ceux-ci.

724.232 Définition. Elle est donnée par l'article 3 § 1, i, qui précise que l'authenticité « *porte sur la signature et le contenu de l'acte authentique* » et « *a été établie par une autorité publique ou toute autre autorité habilitée à le faire par l'État membre d'origine* ». Cette définition est corroborée par le considérant 62 qui vient préciser le contenu et l'étendue de la force probante d'un acte authentique.

724.233 Acceptation de l'acte authentique. L'acte authentique établi dans un État membre aura dans l'État membre requis la même force probante que dans son État d'origine ou produira des effets comparables. Il faut donc se référer à la loi de l'État membre d'où est issu l'acte pour déterminer l'étendue de sa force probante.

Ceci suppose d'une part que la force probante de l'acte soit établie. Ce qui sera fait grâce à un **formulaire** type. D'autre part, cette force probante rencontrera une limite et l'acte pourra être écarté en cas de contrariété manifeste à l'ordre public.

La contestation de la force probante de l'acte authentique est prévue par l'article 59 § 1 et 2 qui distingue deux cas. Si l'authenticité elle-même de l'acte est contestée, la juridiction compétente est celle de l'État membre d'origine de l'acte. Toutes les autres contestations relèvent, en revanche, de la juridiction désignée par le règlement pour régler la succession.

724.234 Force exécutoire de l'acte authentique. Elle est régie par l'article 60 du règlement, lequel renvoie également à la procédure prévue aux articles 45 à 58, procédure désormais classique empruntée au règlement Bruxelles I. Là encore un **formulaire** permet à l'État d'origine d'attester de la force exécutoire de l'acte. L'exécution de l'acte authentique pourra être écartée si elle est manifestement contraire à l'ordre public.

SECTION 5
CERTIFICAT SUCCESSORAL EUROPÉEN

724.240 Présentation. En vue de faciliter le règlement d'une succession internationale et, plus précisément, de remédier aux inconvénients pratiques de la compétence d'un droit étranger, les auteurs du règlement ont prévu un certificat successoral européen. Ce certificat devrait permettre aux héritiers, légataires, exécuteurs testamentaires ou administrateurs de prouver sans formalité leur qualité et leurs pouvoirs dans un autre État membre. Le règlement contient un chapitre spécialement dédié au certificat successoral européen, régi par les articles 62 à 73 et suivants.

Le certificat successoral européen constitue une **reprise du certificat international** qu'avaient proposé les auteurs de la Convention de La Haye du 2 octobre 1973 sur l'administration internationale des successions, laquelle n'est jamais entrée en vigueur.

À ce jour, un **acte de notoriété** dressé par un notaire étranger ou un **certificat d'héritier** dressé à l'étranger sont admis pour le règlement de la succession en France s'ils sont établis conformément à la loi applicable à la succession et s'ils présentent certaines conditions d'équivalence avec l'acte de notoriété qu'aurait dressé un notaire français. Le certificat successoral européen ne réalise donc pas une révolution. La nouveauté du certificat successoral européen découle principalement du **caractère automatique de la reconnaissance**[1].

Nous aborderons successivement la délivrance du certificat successoral européen (§ 1), ses effets (§ 2) et sa coexistence avec le droit national (§ 3).

§ 1
Délivrance du certificat successoral européen

724.250 **Plan.** La délivrance du certificat successoral européen doit être demandée (A) à l'autorité compétente (B) qui doit respecter les conditions de forme prévues par le règlement (C).

A.
Demande de délivrance

724.251 **Personnes pouvant solliciter un certificat successoral européen.** L'article 63 du règlement, du fait du renvoi opéré par l'article 65, détermine les personnes en droit de demander la délivrance d'un certificat. Il s'agit des **héritiers**, des **légataires** ayant des droits directs à la succession et des **exécuteurs testamentaires** ou **administrateurs** de la succession qui doivent invoquer leur qualité ou exercer leurs pouvoirs dans un autre État membre. Cette liste est limitative. Ainsi, un créancier de la succession ne peut demander la délivrance d'un certificat successoral européen en vue d'obtenir le paiement de ses dettes. En revanche, un légataire particulier peut demander la délivrance d'un certificat. Un conjoint survivant pourra demander la délivrance d'un certificat dans la mesure où il se prévaut de sa qualité d'héritier, mais il ne devrait pas pouvoir invoquer le bénéfice de droits matrimoniaux sur le fondement de ce certificat[2].

724.252 **Modalités de la demande.** Le demandeur peut utiliser un formulaire standardisé, mais il ne s'agit là que d'une faculté. La demande pourrait donc être exprimée oralement. L'article 65 § 3 précise les informations que doit fournir la personne demandant la délivrance d'un certificat successoral européen. Ces informations correspondent à celles qui sont, de manière usuelle, fournies à un notaire en vue de l'établissement d'un acte de notoriété.

B.
Autorité compétente pour délivrer le certificat successoral européen

724.261 **État membre dans lequel le certificat successoral pourra être délivré.** L'article 64 du règlement du 4 juillet 2012, énonce que le certificat est délivré dans l'État membre dont les juridictions sont compétentes en vertu de l'article 4, 7, 10 ou 11 (v. s^s^ n°s 724.51, 724.61, 724.62, 724.70). Du fait du renvoi opéré par l'article 64, il n'existe pas de règles autonomes pour déterminer dans quel État membre le certificat successoral européen peut être délivré. L'autorité compétente pour délivrer un certificat successoral européen sera une autorité (juridiction ou autre autorité) de l'État dont les juridictions seraient compétentes en cas de litige.

724.262 **Juridiction ou autre autorité.** Par respect pour la diversité des systèmes nationaux[3], l'article 64 prévoit que l'autorité émettrice compétente pour délivrer le certificat est (a) une juridiction, telle que définie à l'article 3 § 2, ou (b) une autre autorité qui, en vertu du droit national, est compétente pour régler les successions. Comme cela a été précédemment examiné (v. s^s^ n° 724.41),

1. E. Jacoby, « Le certificat successoral européen », *JCP N* 2010. 1122 – J.-F. Gojon et G. Khairallah, « La force probante internationale de l'acte notarié », *JCP N* 2013. 1017.

2. A. Bonomi et P. Wautelet, *Le droit européen des successions, commentaire du règlement n° 650/2012 du 4 juillet 2012*, Bruylant, 2013, p. 722.
3. Dans les États membres de l'Union européenne, les actes destinés à prouver la qualité d'héritier sont dressés par des notaires (acte de notoriété en Belgique, en Espagne...) ou par des juges (certificat d'héritier allemand).

il ressort de cette définition que les **notaires**, même s'ils sont des professionnels du droit compétents en matière de succession, ne sont des juridictions au sens du règlement que s'ils agissent en vertu d'une **délégation judiciaire**. Les notaires n'appartiennent donc pas à la première catégorie visée par l'article 64 que dans cette hypothèse. En revanche, ils appartiennent à la seconde catégorie visée par l'article 64, une fois mis en œuvre l'article 78 (c).

724.263 **Désignation par chaque État membre de l'autre autorité.** Chaque État membre de l'Union européenne devra déterminer quelles sont les autorités visées par l'article 64, b. En France, les notaires devraient être expressément désignés en tant qu'autorité compétente pour établir les certificats successoraux européens. Dans le cas d'une succession ouverte en France, où le *de cujus* résidait habituellement à l'époque de son décès, un notaire français pourra alors délivrer un certificat successoral européen pour qu'il soit produit dans d'autres États membres de l'Union européenne.

724.264 **Délivrance sans délai.** L'article 67 du règlement prévoit que lorsque les éléments à certifier ont été établis conformément à la loi applicable à la succession, l'autorité compétente délivre sans délai le certificat.

C.
Forme et contenu du certificat successoral européen

724.271 **Formulaire.** Aux termes de l'article 67, l'autorité émettant le certificat utilise le formulaire qui devrait être bientôt établi. **L'utilisation du formulaire est imposée** (contrairement au formulaire prévu pour la demande de délivrance). Dans la mesure où, en France, le certificat successoral européen devrait être établi par les notaires, il devrait être dressé en la **forme notariée**[1]. L'article 70 § 1 du règlement prévoit que l'autorité émettrice conserve l'original du certificat et délivre une ou plusieurs **copies certifiées conformes** au demandeur, copies dont la période de validité est limitée à six mois.

724.272 **Contenu.** L'article 68 énonce les informations qui devront être contenues dans le certificat. Il s'agit notamment du nom et de l'adresse de l'autorité émettrice (c'est-à-dire du notaire en France), des éléments sur la base desquels l'autorité émettrice s'estime compétente pour délivrer le certificat, de la date de délivrance, de renseignements concernant le demandeur, le défunt et les bénéficiaires, les renseignements concernant un contrat de mariage et le régime matrimonial, l'existence de dispositions à cause de mort, les restrictions portant sur les droits des héritiers ou des légataires (réserve héréditaire...)... Le **contenu d'un certificat successoral européen** sera donc **proche de celui d'un acte de notoriété.**

724.273 **Absence de publicité.** Aucun registre européen n'a été instauré pour assurer la publicité des certificats successoraux européens qui seront délivrés, même si cette perspective avait été envisagée. La publicité prévue en droit français pour l'acte de notoriété, consistant depuis l'entrée en vigueur du nouvel article 730-1 du Code civil en une mention de l'acte de notoriété sur l'acte de décès, ne sera pas applicable au certificat successoral européen, les régimes de ces deux actes ne pouvant être confondus.

§ 2
Effets du certificat successoral européen

724.281 **Effet de plein droit.** En vertu de l'article 69 § 1, le certificat produit ses effets dans tous les États membres, sans qu'il soit nécessaire de recourir à aucune procédure. Pour faciliter encore sa circulation, l'article 74 dispense le certificat successoral européen de toute formalité de légalisation ou autre formalité analogue (apostille). En revanche, les documents au vu desquels le certificat sera dressé ne bénéficient pas de cette dispense de légalisation.

724.282 **Plan.** Le certificat successoral européen bénéficiera de la force probante dans les relations entre États membres de l'Union européenne (A) et protège les tiers ayant agi sur son fondement (B).

A.
Force probante du certificat successoral européen

724.291 **Présomption d'exactitude.** L'article 69 § 2 énonce que le certificat est présumé attester fidèlement l'existence d'éléments qui ont été établis en vertu de la loi applicable à la succession ou en vertu de toute autre loi applicable à des éléments spécifiques.

L'héritier, le légataire ou l'exécuteur testamentaire désignés dans le certificat sont présumés avoir cette qualité et les droits et pouvoirs qui en résul-

1. Le certificat successoral européen qualifié de « *premier acte notarié européen* » : J.-F. Sagaut, « Le certificat successoral européen : un acte en quête de notoriété » *JCP N* 2013. 1086 – Et même « *d'acte notarié solennel* » : B. Reynis, « Le certificat successoral européen, un acte authentique européen », *Defrénois* 2012. 40558.

tent. Mais cette présomption n'est qu'une **présomption simple.** La régularité du certificat peut en effet être contestée.

724.292 Limite matérielle de la présomption d'exactitude. Pour toutes les questions se situant en dehors du champ d'application du règlement, le certificat successoral européen ne pourra avoir de force probante. Le considérant 71 le reconnaît : « *La force probante du certificat ne devrait pas s'étendre aux éléments qui ne sont pas régis par le présent règlement comme la question de l'affiliation (sic) ou la question de l'appartenance d'un actif donné au défunt* ». En l'absence d'unification des règles de conflit de lois en matière de régime matrimonial, la mention du régime matrimonial qui, le cas échéant, devra figurer dans le certificat successoral, ne liera pas l'autorité d'un autre État membre à qui le certificat serait produit. Réciproquement, la production en France d'un certificat successoral dressé dans un autre État membre ne bénéficiera pas, pour le régime matrimonial, de la présomption d'exactitude que confère au certificat l'article 69 § 2 du règlement. Par conséquent, en présence d'un conjoint survivant, l'utilisation d'un certificat successoral européen se révélera moins fiable que celle d'un acte de notoriété dressé en France.

724.293 Limites temporelles. Le certificat a force probante tant qu'il n'a pas été retiré par l'autorité émettrice (Règl. 4 juill. 2012, art. 71) ou que celle-ci n'a pas suspendu ses effets (Règl. 4 juill. 2012, art. 73).

B.
Protection des tiers de bonne foi

724.301 Hypothèses visées par les paragraphes 3 et 4 de l'article 69. Il s'agit du paiement effectué ou de la remise d'un bien par un tiers à l'une des personnes nommées dans le certificat et de l'acquisition d'un bien par un tiers contractant avec la personne nommée dans le certificat. Cette disposition vaut pour tous types de biens (meubles ou immeubles, corporels ou incorporels)[1]. Plus concrètement, il pourra s'agir du déblocage d'avoirs bancaires opéré par une banque.

724.302 Mauvaise foi. La protection accordée aux tiers ayant contracté avec l'une des personnes nommées sur le certificat cède si ce tiers savait que le contenu du certificat ne correspondait pas à la réalité ou si elle l'ignorait en raison d'une négligence grave.

1. A. Bonomi et P. Wautelet, *Le droit européen des successions, commentaire du règlement n° 650/2012 du 4 juillet 2012*, Bruylant, 2013, p. 794.

§ 3
Coexistence du certificat successoral européen avec le droit national

724.310 Plan. Il s'agit ici d'analyser les relations du certificat successoral européen avec l'acte de notoriété (A) et avec l'attestation de propriété immobilière, c'est-à-dire avec le registre foncier (B).

A.
Certificat successoral européen et acte de notoriété

724.311 Succession interne. Acte de notoriété. Aux termes de l'article 62 § 1 du règlement, le certificat successoral européen « *est délivré en vue d'être utilisé dans un autre État membre* [...] ». Les doutes qui étaient nés après la proposition de règlement du 14 octobre 2009 n'ont plus lieu d'être. Le **certificat successoral européen** ne doit pas servir des fins purement internes. Il est délivré en vue de sa **circulation parmi les États membres de l'Union européenne**[2]. Si tous les biens se situent sur le territoire de l'État dans lequel la succession est réglée, aucun certificat successoral ne devrait être délivré et les héritiers devraient prouver leur qualité conformément aux modes de preuve admis par le droit interne, c'est-à-dire en produisant un acte de notoriété ou une attestation dévolutive.

724.312 Succession internationale présentant des rattachements avec des États membres de l'Union européenne. Subsidiarité du certificat successoral européen. Par respect pour le principe de subsidiarité, le certificat successoral européen n'a pas vocation à remplacer l'acte de notoriété. L'article 62 du règlement énonce : « *Le recours au certificat n'est pas obligatoire* » (§ 2). « *Le certificat ne se substitue pas aux documents internes utilisés à des fins similaires dans les États membres* [...] » (§ 3). Les considérants 67 et 69 vont dans le même sens. Autrement dit, même en présence de rattachements avec d'autres États membres, l'autorité compétente pour régler la succession pourra décider de ne pas établir de certificat successoral européen[3]. Un notaire français pourra donc continuer de dresser des actes de notoriété, même dans le cadre de successions se rattachant à d'autres États membres. Réciproquement, un acte de notoriété ou un certifi-

2. P. Lagarde, « Les principes de base du nouveau règlement européen sur les successions », *Rev. crit. DIP* 2012. 726 – A. Bonomi et P. Wautelet, *Le droit européen des successions, commentaire du règlement n° 650/2012 du 4 juillet 2012*, Bruylant, 2013, p. 710.
3. J.-F. Sagaut, « Le certificat successoral européen : un acte en quête de notoriété » *JCP N* 2013. 1086.

cat d'héritier dressé à l'étranger, s'ils présentent certaines conditions d'équivalence, pourront toujours se voir reconnaître des effets en France[1].

724.313 Effet interne du certificat successoral européen. L'article 62 § 3 du règlement prévoit que le certificat produit également les effets énumérés à l'article 69 dans l'État membre dont les autorités l'ont délivré. Plus précisément, un certificat successoral européen dressé en France par l'autorité compétente produira ses effets dans les États membres de l'Union européenne où il sera produit, et en France. Cet effet interne du certificat a été critiqué dans la mesure où il empiète sur le droit matériel des successions des États membres et où il peut être à l'origine de difficultés d'articulation[2]. Il est en effet possible qu'un acte de notoriété puis un certificat successoral européen soient dressés dans le cadre de la même succession, par exemple si l'on découvre tardivement que des biens sont situés dans d'autres États membres. Or, dans l'hypothèse où l'acte de notoriété et le certificat successoral européen contiendraient des informations contradictoires, aucune règle de priorité n'est prévue par le règlement. Mais un tiers de bonne foi agissant au vu du certificat successoral européen bénéficiera toujours de la protection que lui accorde l'article 69 § 3 et 4.

724.314 Succession internationale présentant des rattachements avec des États tiers à l'Union européenne. Dans le cadre d'une telle succession, le certificat successoral européen ne présente aucune supériorité par rapport à l'acte de notoriété. Les effets d'un acte de notoriété ou d'un certificat successoral européen à l'étranger dépendent du crédit que leur accordera l'autorité étrangère à qui ils seront produits.

B.
Certificat successoral européen et registre foncier

724.321 Exclusion de la publicité foncière du champ d'application du règlement. Aux termes de l'article 69 § 5 du règlement, le certificat constitue un document valable pour l'inscription d'un bien successoral dans le registre pertinent d'un État membre, sans préjudice de l'article 1 § 2, points k et l. Cet article prévoit que « *sont exclus du champ d'application du présent règlement :* [...] *k) la nature des droits réels et l) toute inscription dans un registre de droits immobiliers ou mobiliers, y compris les exigences légales applicables à une telle inscription, ainsi que les effets de l'inscription ou de l'absence d'inscription de ces droits dans le registre* ». Dans le préambule du règlement, le considérant 18 suggère toutefois, afin d'éviter la duplication des documents, que le certificat successoral européen devrait constituer un document valable pour l'inscription de biens successoraux dans le registre pertinent d'un État membre.

724.322 Exclusivité de l'attestation de propriété immobilière. Les modalités de publicité du transfert de propriété d'un immeuble sont régies par le droit de l'État du lieu de situation de l'immeuble. En France, l'attestation de propriété immobilière dressée par un notaire exerçant en France demeurera l'acte requis pour procéder à la publicité foncière, à l'exclusion du certificat successoral européen. En l'état, ce dernier ne satisfait pas les exigences du droit français de la publicité foncière pour permettre la publication d'une mutation de propriété immobilière (absence de désignation du bien...). En énonçant que le certificat successoral européen constitue un document valable pour l'inscription d'un bien successoral dans le registre pertinent d'un État membre, l'article 69 § 5 envisage seulement une faculté pour les États. Cette lecture respecte l'exclusion prévue par l'article 1 § 2, l. De plus, la variété des systèmes européens en matière de publicité foncière justifie que les effets du certificat successoral européen sur ce plan de la publicité foncière dépendent du droit de l'État du lieu de situation du bien[3].

Le certificat successoral européen aura un contenu et des effets très proches de ceux d'un acte de notoriété : ces deux actes concernent des personnes. En revanche, le certificat successoral européen n'est pas une attestation de propriété immobilière, qui concerne un bien, et ne pourra s'y substituer.

1. E. Jacoby, « Acte de notoriété ou certificat successoral européen ? », *JCP N* 2012, n° 25.
2. A. Bonomi et P. Wautelet, *Le droit européen des successions, commentaire du règlement n° 650/2012 du 4 juillet 2012*, Bruylant, 2013, p. 710 et 714 s.
3. E. Jacoby, « Le certificat successoral européen et les registres fonciers » *JCP N* 2013. Actu. 343.

LIVRE

8. TEXTES DE DROITS INTERNE, EUROPÉEN ET INTERNATIONAL

ANNEXE

81. Textes de droit interne

81.11
Circulaire du 29 mai 2007, présentation de la réforme des successions et des libéralités.

à

N° NOR : JUSC0754177C

N° CIRCULAIRE : 73-07/C1/5-2/GS

Textes sources :

Loi n° 2006-723 du 23 juin 2006 portant réforme des successions et des libéralités –

Décret n° 2006-1805 du 23 décembre 2006 relatif à la procédure en matière successorale et modifiant certaines dispositions de procédure civile.

Date d'application : À compter du 1er janvier 2007

INTRODUCTION

La loi n° 2006-728 du 23 juin 2006 portant réforme des successions et des libéralités a réformé en profondeur le droit des successions, sans remettre en cause les principes fondamentaux qui le structurent.

Trois objectifs majeurs ont dicté la réforme :

1 – L'accroissement de la sécurité juridique

Tout d'abord, la loi met en place des délais plus courts et mieux définis, notamment en matière d'option successorale et d'action en complément de part.

Elle consacre par ailleurs plusieurs décisions jurisprudentielles telles celles relatives à l'option successorale, au recel, aux libéralités résiduelles ou celles qui ont pour objet de stabiliser juridiquement la situation des héritiers.

Enfin, la loi améliore la protection des héritiers en mettant en place plusieurs mécanismes destinés à limiter les effets de l'acceptation de la succession, notamment par la refonte et l'amélioration de l'acceptation sous bénéfice d'inventaire rebaptisée « acceptation à concurrence de l'actif net », mais également en permettant à l'héritier de demander à être déchargé en tout ou partie d'une dette qu'il avait pourtant des raisons légitimes d'ignorer au jour de l'acceptation.

2 – La simplification de la gestion et du règlement des successions

La loi organise des conditions sécurisées de gestion du patrimoine successoral, en particulier en adaptant à cette matière le droit du mandat.

La loi facilite la gestion de l'indivision et la réalisation du partage. À cet égard, elle permet notamment à la majorité des 2/3 des indivisaires d'administrer l'indivision et permet également de passer outre l'inertie d'un copartageant taisant en le faisant représenter au partage.

3 – L'augmentation de la place laissée à la liberté dans l'organisation préalable ou le règlement de la succession

La loi accroît la liberté de chacun pour anticiper de manière efficace le règlement de sa propre succession. Ainsi, plusieurs outils ont été mis en place, comme par exemple le mandat posthume, le pacte successoral, l'assouplissement des modalités de la donation-partage ou le nouveau régime des libéralités graduelles et résiduelles.

La loi reconnaît également une place plus importante aux héritiers en facilitant le partage amiable, en organisant la représentation des héritiers renonçant ou en offrant au conjoint survivant, ou au légataire, la possibilité, en présence d'autres héritiers désignés par la loi, de cantonner leur émolument.

La loi n° 2006-728 du 23 juin 2006 est complétée de son décret d'application n° 2006-1805 du 23 décembre 2006 relatif à la procédure en matière successorale et modifiant certaines dispositions de procédure civile, lequel supprime les dispositions de l'ancien code de procédure civile et complète le chapitre 2 du titre 3 du livre troisième du nouveau code de procédure civile relatif aux successions et aux libéralités.

CHAPITRE I : LE DROIT DES SUCCESSIONS

La réforme réalisée par la loi n° 2006-728 du 23 juin 2006 poursuit l'objectif de sécuriser l'option des héritiers, celui de simplifier leurs démarches et également celui d'accélérer le partage des successions.

I – LA SÉCURISATION DE L'OPTION SUCCESSORALE

Le choix d'accepter ou non la succession doit pouvoir intervenir dans un délai raisonnable afin que la période d'incertitude soit réduite. En effet, cette dernière est source d'insécurité juridique pour les autres héritiers et également pour les créanciers.

Par ailleurs, à partir du moment où l'héritier a pris la décision d'accepter la succession, la réforme donne à celui-ci les moyens de se protéger des dettes du défunt. En effet, la loi nouvelle offre diverses mesures afin que soient évités – dans la mesure du possible – les risques associés à la continuation de la personne du défunt susceptibles de résulter de l'acceptation pure et simple de la succession.

A. L'encadrement de l'option de l'héritier

1 – La sécurisation de la détermination des héritiers : la sanction du recel d'héritier

Le droit antérieur ne sanctionnait pas l'héritier qui dissimulait l'existence d'un cohéritier.

La loi nouvelle comble cette lacune et sanctionne au titre du recel successoral une telle dissimulation (C. civ., art. 778).

À ce titre, et sans préjudice des dommages et intérêts, l'héritier est alors réputé accepter purement et simplement la succession et ne peut prétendre à aucune part dans les biens ou droits divertis ou recelés.

Cet ajout confirme le choix opéré lors de l'adoption par la loi n° 2001-1135 du 3 décembre 2001 de l'article 730-5 du Code civil qui prévoit que celui qui, sciemment et de mauvaise foi, se prévaut d'un acte de notoriété inexact, encourt les pénalités de recel, sans préjudice de dommages et intérêts.

Techniquement, la pénalité appliquée au receleur d'héritier sera calculée en opérant un premier calcul des droits de tous les héritiers sur la masse de partage diminuée de la quote-part des droits censée revenir à l'héritier recelé, cette dernière quote-part étant, dans un deuxième temps, partagée entre les héritiers, hormis le receleur.

Exemple : soit une succession composée d'un actif de 100, et 5 héritiers, A, B, C, D et E. A a recelé l'existence de E. Les droits de A seront : [100 – (100/5)]/5 = 16, tandis que la part des autres cohéritiers sera pour chacun de 16 + [(100/5)/4] = 21.

2 – La réduction du délai d'option

La loi tend à éviter le blocage du règlement des successions qui résultait antérieurement de l'absence d'acceptation ou de renonciation à la succession par les héritiers dans un délai raisonnable.

Ainsi, la réforme prévoit qu'à l'expiration d'un délai de quatre mois à compter du décès, un créancier de la succession, un cohéritier, un héritier de rang subséquent ou l'État peut contraindre l'héritier à opter (C. civ., art. 771).

L'héritier est ainsi sommé, par acte extrajudiciaire, de prendre parti.

Ce délai se substitue à l'ancien délai de trois mois pour faire inventaire et quarante jours pour délibérer (C. civ., art. 795 anc.).

Dans les deux mois qui suivent la sommation, l'héritier doit prendre parti ou solliciter un délai supplémentaire auprès du juge (C. civ., art. 772, al. 1er). Cette demande est portée devant le président du tribunal de grande instance ou son délégué qui statue en la forme des référés (NCPC, art. 1380).

L'héritier ainsi sommé qui ne prend pas position à l'expiration des délais qui lui sont impartis est réputé acceptant pur et simple (C. civ., art. 772, al. 2).

À défaut de sommation et de toute option, l'héritier perd son droit d'option et est alors tenu pour renonçant à l'expiration d'un délai de dix ans après l'ouverture de la succession, et non plus de trente ans (C. civ., art. 773 et 780).

3 – Protection des héritiers contre le risque d'acceptation tacite de la succession

La réforme conserve le principe en vertu duquel l'acceptation de la succession peut être tacite ou expresse. Elle rappelle également expressément que certains actes peuvent être effectués par les héritiers au lendemain du décès sans les obliger au paiement des dettes grevant la succession.

Dans ce cadre, les articles 783 et 784 du Code civil apportent des précisions importantes sur le périmètre des actes emportant acceptation tacite.

3.1 – L'article 783 du Code civil

Cet article définit les actes qui emportent de plein droit acceptation pure et simple de la succession. Il s'agit :

– de toute cession à titre gratuit ou onéreux de tout ou partie des droits dans la succession;

– de toute renonciation à la succession faite spécialement en faveur d'un ou plusieurs cohéritiers de même rang ou de rang subséquent et que cette renonciation *in favorem* soit faite à titre gratuit ou à titre onéreux;

– de toute renonciation faite indistinctement en faveur de tous les cohéritiers ou de tous les héritiers de rang subséquent, mais uniquement à titre onéreux.

A contrario, sur ce dernier point, la renonciation faite indistinctement à titre gratuit en faveur de tous les cohéritiers ou de tous les héritiers de rang subséquent n'emporte pas de plein droit acceptation pure et simple. Une renonciation faite dans de telles conditions est donc valable. Pour autant, il convient de rappeler que la désignation des bénéficiaires effectuée dans cette renonciation ne produira d'effet que si elle est conforme aux dispositions du deuxième alinéa de l'article 805 du Code civil. Par exemple, si un héritier renonce indistinctement au profit de « ses cohéritiers », à titre gratuit, et qu'il a des enfants, la renonciation est valable (elle n'est pas requalifiée en acceptation pure et simple); toutefois, la part du renonçant écherra aux représentants (les enfants et descendants du renonçant) et non pas aux cohéritiers pourtant désignés dans la renonciation : la renonciation est donc valable, mais elle ne produit pas les effets de désignation qu'elle contenait.

3.2 – L'article 784 du Code civil

Cet article permet aux successibles (les héritiers n'ayant pas encore opté) d'effectuer l'ensemble des actes purement conservatoires ou de surveillance ainsi que les actes d'administration provisoire de la succession, sans que l'on puisse en déduire de leur part une acceptation tacite de la succession.

Cet article énumère trois catégories d'actes « réputés purement conservatoires », il s'agit :

– du paiement des frais funéraires et de dernière maladie, des impôts dus par le défunt, des loyers et autres dettes successorales dont le paiement est urgent;

– du recouvrement des fruits et revenus des biens successoraux ou de la vente des biens périssables à charge de justifier que les fonds ont été employés à éteindre les dettes visées à l'alinéa précédent;

– de façon générale, de tout acte destiné à éviter l'aggravation du passif successoral.

Il prévoit en outre que sont réputées constituer des actes d'administration provisoire les opérations courantes nécessaires à la continuation à court terme de l'activité de l'entreprise dépendant de la succession. Il ressort clairement des travaux parlementaires que l'existence de cette liste d'actes réputés conservatoires ou d'administration provisoire n'interdit aucunement au juge d'admettre que d'autres actes n'y figurant pas relèvent, de par leur nature ou de par le contexte de leur accomplissement, de la catégorie des actes purement conservatoires, de surveillance ou encore d'administration provisoire de la succession.

Au-delà, le dernier alinéa de l'article 784 énumère également deux types d'actes qui, sans relever de la catégorie visée ci-dessus, sont, par dérogation, « réputés » pouvoir être accomplis par le successible sans l'exposer au risque d'être judiciairement déclaré héritier acceptant pur et simple. Il s'agit d'une part du renouvellement en tant que bailleur ou preneur à bail, des baux qui, à défaut, donneraient lieu au paiement d'une indemnité et, d'autre part, de la mise en œuvre des décisions d'administration ou de disposition engagées par le défunt et nécessaires au bon fonctionnement de l'entreprise. Cette dernière catégorie est limitative : son existence ne permet pas d'admettre qu'un acte accompli par le successible sans autorisation judiciaire préalable, et ne relevant pas de la catégorie des actes purement conservatoires, de surveillance ou encore d'administration provisoire de la succession puisse être considéré comme n'ayant pas emporté l'acceptation pure et simple de la succession par l'héritier.

À cet égard, l'article 784 du Code civil précise enfin que le successible peut obtenir une autorisation préalable du président du tribunal de grande instance pour être autorisé à faire, tout autre acte justifié par l'intérêt de la succession. Cette autorisation a pour effet de garantir l'héritier contre le risque d'être ultérieurement déclaré judiciairement comme ayant accepté tacitement la succession. Le président du tribunal de grande instance statue par une ordonnance sur requête (NCPC, art. 1379).

B. Une meilleure protection des héritiers ayant accepté la succession

1 – L'acceptation de la succession à concurrence de l'actif net

L'ancienne acceptation sous bénéfice d'inventaire était rarement choisie alors que, pourtant, cette option – lorsqu'elle était exercée présentait l'avantage fondamental pour l'héritier de n'être tenu des dettes de la succession que dans la limite des biens recueillis. Il n'était en effet tenu qu'à concurrence de l'actif.

Ce régime était cependant critiqué en raison, d'une part, de sa lourdeur et de ses importantes lacunes et, d'autre part, du sacrifice de l'intérêt des créanciers au bénéfice de celui des héritiers, ces derniers n'étant souvent pas suffisamment incités à bien gérer la succession.

La réforme des successions et des libéralités procède à la refonte globale du régime de cette acceptation qui, comme l'ancienne acceptation sous bénéfice d'inventaire, n'emporte pas la confusion des patrimoines personnel et successoral. Elle est désormais dénommée « acceptation à concurrence de l'actif net ».

À la différence de l'acceptation sous bénéfice d'inventaire, cette nouvelle procédure ne comporte ni l'obligation de vendre aux enchères les biens issus de la succession, ni l'organisation systématique d'une procédure d'ordre à l'égard des créanciers opposants.

La nouvelle procédure repose sur une logique de responsabilisation de l'héritier acceptant « à concurrence de l'actif net » (ci-après « ACAN »). Les prérogatives et la protection importantes dont bénéficie cet héritier (suspension temporaire des voies d'exécution, extinction des créances non déclarées, droit de « conserver » ou de vendre à l'amiable les biens de la succession) sont conditionnées par le respect des droits des créanciers (en particulier droit à l'information et droit à un paiement diligent), le manquement à ces droits entraînant, selon leur gravité, soit un engagement des biens personnels de l'héritier pour le préjudice subi par le créancier, soit une déchéance du bénéfice de l'acceptation ACAN.

L'annexe I de la présence circulaire détaille, principalement à l'attention des greffes, les différentes opérations de la procédure d'acceptation ACAN qui sont déclarées au greffe du tribunal.

1.1 – La déclaration d'acceptation de la succession à concurrence de l'actif net

Comme l'ancienne acceptation sous bénéfice d'inventaire, elle est faite au greffe du tribunal de grande instance, accompagnée ou suivie de l'inventaire de la succession.

Elle comporte une élection de domicile en France de l'héritier acceptant ACAN. Rien n'interdit que l'élection de domicile soit faite chez un mandataire, en particulier professionnel, chargé d'effectuer, pour le compte de l'héritier, les opérations de gestion de la succession acceptée ACAN.

1.1.1 – L'inventaire

S'il n'a été fait au moment de la déclaration, l'inventaire doit être déposé dans les deux mois qui suivent. L'héritier dispose toutefois de la possibilité de solliciter judiciairement un délai supplémentaire. L'absence de dépôt de l'inventaire dans le délai légal (ou judiciaire) emporte déchéance du bénéfice de l'acceptation ACAN : l'héritier est réputé acceptant pur et simple.

L'inventaire est réalisé par un notaire, un commissaire-priseur judiciaire ou un huissier de justice, « selon les lois et règlements applicables à ces professions ». Cette indication gouverne non seulement les conditions de forme de l'inventaire, mais également les règles de compétence matérielle.

Innovation importante : l'inventaire doit être estimatif. Il comporte une estimation, article par article, des éléments de l'actif et du passif (C. civ., art. 789, al. 1).

La portée juridique de cette estimation est importante, elle emporte présomption de la valeur des biens, présomption dont l'héritier pourra se prévaloir lors de la conservation ou de l'aliénation du bien comme précisé plus loin (*cf.* points 1.2.2 et 1.2.3, *infra*). Toutefois, il ne s'agit que d'une présomption simple, la preuve contraire de la valeur des biens pouvant être rapportée par tous moyens. En outre, l'évaluation au moment de l'inventaire ne dispense nullement de prendre en compte ultérieurement la valorisation ou la dépréciation de tel ou tel bien.

1.1.2 – La publicité de la déclaration d'acceptation à concurrence de l'actif net et le dépôt de l'inventaire

La déclaration d'acceptation à concurrence de l'actif net et le dépôt de l'inventaire donnent lieu à une publicité faite au bulletin des annonces civiles et commerciales (ci-après « *BODACC* »).

Cette publicité est faite par le greffe du tribunal de grande instance selon les modalités précisées en annexe. Elle est faite aux frais de la succession (15 euros par avis de publication) avancés à la régie du tribunal par l'héritier.

En outre, l'héritier acceptant doit, sous sa propre responsabilité, procéder à l'insertion d'un avis dans un journal d'annonces légales diffusé dans le ressort du tribunal. La non-réalisation de cette seconde publicité n'est pas sanctionnée à peine de déchéance de l'acceptation ACAN, mais elle est de nature à pouvoir engager la responsabilité de l'héritier à l'égard des créanciers qui auraient été lésés par cette absence de publicité.

1.2 – Conséquences de l'acceptation à concurrence de l'actif net pour l'héritier

L'effet principal de la déclaration d'acceptation ACAN est de maintenir une dualité de masses patrimoniales : le patrimoine successoral et le patrimoine personnel de l'héritier ne sont pas confondus. Par conséquent, les dettes et les créances réciproques entre le défunt et l'héritier ne se compensent pas automatiquement et l'actif d'une masse patrimoniale ne constitue pas le gage du passif de l'autre masse.

Cette dualité patrimoniale n'est pas limitée dans le temps : les deux masses patrimoniales coexistent le cas échéant au-delà du décès de l'héritier acceptant ACAN, pour autant que le patrimoine successoral conserve un actif.

1.2.1 – La gestion de la succession acceptée à concurrence de l'actif net

L'héritier acceptant ACAN administre les biens issus de la succession. Outre les obligations de prudence et de diligence auxquelles il est naturellement tenu et dont il pourrait répondre devant les créanciers si à raison d'une faute grave de sa part (C. civ., art. 800, al. 2), l'actif successoral, gage de leur créance, s'en trouvait déprécié, cette obligation d'administration revêt une forme comptable.

Ainsi, l'héritier acceptant ACAN doit tenir un compte de son administration, qui mentionne notamment les opérations de conservation ou d'aliénation de l'actif successoral, les opérations de paiement des créances et les actes qui engagent les biens de la succession ou en affectent la valeur.

L'héritier acceptant ACAN n'a pas la possibilité, dont l'héritier acceptant sous bénéfice d'inventaire jouissait en vertu du 1° de l'ancien article 802 du Code civil, d'abandonner les biens aux créanciers et légataires. Toutefois, l'article 814-1 du Code civil lui reconnaît le droit d'obtenir du président du tribunal de grande instance, saisi sur requête (NCPC, art. 1379), la désignation d'une personne qualifiée en qualité de mandataire successoral afin de le substituer dans la charge d'administrer et de liquider la succession.

Enfin, l'héritier peut décider de conserver ou d'aliéner les biens de la succession. Il paye les créanciers au moyen soit des liquidités de la succession, soit du prix de l'aliénation, soit de ses deniers personnels pour les biens qu'il conserve. L'héritier n'est nullement tenu d'attendre l'expiration du délai de déclaration des créances pour y procéder.

1.2.2 – La conservation des biens de la succession

La conservation est l'opération qui consiste à transférer un bien du patrimoine successoral dans le patrimoine personnel.

Cette faculté, qui est une innovation de la réforme, confère à l'acceptation ACAN une finalité nouvelle qui permet en particulier de répondre aux situations où, en dépit du caractère déficitaire de la succession, un héritier souhaite, pour des raisons personnelles, conserver tout ou partie des biens de la succession. Elle offre ainsi à l'héritier la faculté de conserver le bien en en payant le prix aux créanciers de la succession.

La « conservation » n'opère pas un transfert de propriété dans la mesure où l'héritier acceptant ACAN est, en sa qualité d'héritier, déjà propriétaire du patrimoine successoral.

Toutefois, cette opération a pour effet de soustraire le bien conservé de l'assiette du gage des créanciers successoraux pour le faire entrer dans le patrimoine personnel. Par conséquent elle est soumise aux mêmes règles de forme que celles qui sont applicables à l'aliénation et les droits des créanciers sont de même nature.

Ainsi, l'héritier acceptant ACAN qui conserve un bien doit d'une part en faire la déclaration au greffe du tribunal de grande instance dans les quinze jours. Le greffe en assure la publicité au *BODACC* dans les mêmes conditions que la déclaration d'acceptation ACAN. À défaut de publication, la conservation n'est pas opposable. Par conséquent, si la décision de conservation est prise après la reprise du droit de poursuite des créanciers, ceux-ci conservent le droit de poursuivre leur créance sur le bien tant que la décision de conservation n'est pas publiée. Enfin, l'héritier acceptant ACAN doit, dans les deux mois de la déclaration, en payer aux créanciers la valeur fixée dans l'inventaire.

1.2.3 – L'aliénation des biens de la succession

Elle peut être faite soit à l'amiable, soit aux enchères publiques, au choix de l'héritier acceptant ACAN.

Il n'existe pas de dispositif équivalent à celui prévu pour les successions vacantes (C. civ., art. 810-3, al. 3), permettant à un créancier d'exiger une vente par adjudication.

Toutefois, le recours à une vente aux enchères prémunit l'héritier contre le risque de voir le prix de l'aliénation contesté par un créancier. Ce droit des créanciers de contester le prix de l'aliénation n'est en effet ouvert qu'en cas de vente amiable (C. civ., art. 794, al. 2).

En outre, cette liberté de choix laissée à l'héritier acceptant ACAN entre la vente amiable ou la vente aux enchères n'affecte pas les droits que les créanciers inscrits tiennent de leur sûreté (en particulier pour la purge de l'hypothèque).

L'héritier doit déclarer l'aliénation dans les 15 jours suivant l'acte qui emporte le transfert de propriété, à défaut de quoi, l'héritier peut, lorsque le bien a été aliéné, être tenu au paiement sur ses biens personnels (C. civ., art. 795). Cette déclaration donne lieu à une publicité au *BODACC* à la diligence du greffe selon les mêmes modalités que celles prévues pour la déclaration d'acceptation ACAN.

Enfin l'héritier doit aux créanciers, le prix de l'aliénation (et non, à la différence de la conservation, le prix fixé dans l'inventaire).

1.3 – Conséquence de l'acceptation à concurrence de l'actif net pour les créanciers de la succession

1.3.1 – Les droits des créanciers

– Les créanciers peuvent, sur justification de leur titre, demander à consulter l'inventaire au greffe de la juridiction (C. civ., art. 790, al. 4). Ils peuvent également en demander une copie. La demande de délivrance de la copie de l'inventaire est adressée au notaire, au commissaire-priseur judiciaire ou à l'huissier de justice qui a dressé l'acte.

Comme il est précisé en annexe I, la justification du titre, ne constitue pas une vérification de la créance par le greffe, mais la simple vérification formelle, par ce dernier de l'existence du titre dont se prévaut le créancier.

– Les créanciers peuvent demander à être informés de toute nouvelle publicité relative à la succession acceptée ACAN. Jusqu'à la publication de l'arrêté du Garde des Sceaux mettant en place une publicité dématérialisée, cette demande est faite au greffe du tribunal de grande instance qui a reçu la déclaration d'acceptation ACAN. C'est le greffe du tribunal de grande instance qui avise, par lettre simple ou par message électronique, le créancier qu'une nouvelle publicité a été réalisée.

À compter de l'arrêté du Garde des Sceaux, elle s'effectuera de façon électronique. Les créanciers pourront s'inscrire directement sur le site Internet du bulletin des annonces civiles et commerciales et recevront automatiquement un avis de nouvelle publicité relatif à la succession.

– Les créanciers exercent un droit de surveillance sur l'administration de la succession par l'héritier acceptant ACAN et la conservation de l'assiette de leur gage. À cet égard, ils ont le droit d'exiger de l'héritier acceptant ACAN qu'il leur présente sur simple réquisition de leur part, le compte de son administration (C. civ., art. 800, al. 3). Ils peuvent également sommer par acte extrajudiciaire l'héritier acceptant ACAN de leur révéler où se trouvent les biens recueillis dans la succession que l'héritier n'a encore ni aliéné ni conservé.

1.3.2 – La déclaration des créances

Les créanciers de la succession doivent déclarer leur créance en notifiant leur titre au domicile élu de l'héritier. Cette déclaration peut être faite à titre provisionnel, sur la base d'une évaluation, lorsque la valeur de la créance n'est pas définitivement fixée.

La déclaration peut être faite soit par acte d'huissier, soit par lettre recommandée avec demande d'avis de réception.

Cette obligation de déclaration est doublement sanctionnée :

– La sanction principale résultant du défaut de déclaration est l'extinction des créances non déclarées. Cette extinction s'opère non seulement à l'égard de la succession, mais également des codébiteurs, coobligés et des personnes tenues d'une garantie autonome.

Toutefois cette sanction ne s'applique qu'aux créances non assorties d'une sûreté sur des biens de la succession et qui n'ont pas été déclarées dans les quinze mois suivant la publicité de la déclaration d'acceptation ACAN. Par conséquent les créanciers munis de sûretés qui ne déclareraient pas leur créance, ou qui ne la déclareraient qu'après l'expiration du délai de 15 mois, ne s'exposent pas à cette sanction.

– En outre, la déclaration de créances permet aux créanciers de prendre rang pour être payés.

Par conséquent, cette obligation de déclaration s'impose à tous les créanciers même à ceux qui sont munis de sûretés sur les biens de la succession. La déclaration leur permettra, le cas échéant, d'être payés sur la valeur des autres biens de la succession si la valeur du bien sur lequel leur sûreté est inscrite ou le rang de la sûreté sur ce bien, ne suffit pas à éteindre leur créance.

Il convient enfin de souligner que la procédure de déclaration des créances en matière d'acceptation ACAN, à la différence de celle prévue par les articles L. 622-24 et suivants du code de commerce en matière de procédure collective, n'offre pas aux créanciers qui n'auraient pas déclaré leur créance dans le délai de 15 mois, la possibilité d'obtenir un relevé de forclusion.

1.3.3 – L'arrêt des voies d'exécution

La publicité de la déclaration d'acceptation ACAN arrête toute voie d'exécution pendant le délai de quinze mois prévu pour la déclaration des créances. Elle interdit également toute inscription d'une sûreté sur un bien de la succession.

En effet, c'est en déclarant leur créance que les créanciers prennent rang, de façon générale, pour être payés sur le patrimoine successoral.

La rédaction de l'article 792-1 du Code civil est directement inspirée de celle du II de l'article L. 622-21du code de commerce (effet du jugement d'ouverture). Toutefois, il convient de souligner que l'arrêt des voies d'exécution résultant de la publicité de l'acceptation ACAN produit un effet plus limité : il ne s'agit pas d'un arrêt des poursuites individuelles. En effet, d'une part la publicité de la déclaration d'acceptation ACAN n'arrête nullement le cours des intérêts. D'autre part, les actions en justice contre la succession ne sont ni arrêtées, ni suspendues par l'effet de cette publicité (sans préjudice de la suspension éventuelle de l'instance en application des règles de droit commun).

S'agissant de l'effet de la publicité de la déclaration d'acceptation ACAN sur les procédures d'exécution en cours, la jurisprudence rendue sur le fondement du II de l'article L. 621-40 du code de commerce paraît pouvoir être étendue. S'agissant des saisies en cours, qui sont suspendues pendant ce délai, elles sont toutefois considérées, pour l'application des règles relatives à l'acceptation ACAN, comme des sûretés sur les biens de la succession. Dès lors qu'un bien de la succession a été saisi avant la publication de l'acceptation ACAN, le créancier est considéré comme titulaire d'une sûreté qui prend effet à la date où le bien a été saisi Doivent notamment être considérés comme saisis, l'immeuble pour lequel le commandement aux fins de saisie immobilière a été signifié au débiteur (à condition qu'il ait été publié à la conservation des hypothèques dans les délais) ainsi que le meuble pour lequel le procès-verbal de saisie vente a été établi.

En revanche, s'agissant de créances saisies, si le procès-verbal de saisie attribution a été établi avant la publicité de la déclaration d'acceptation ACAN, l'effet attributif de la saisie attribution soustrait immédiatement la créance ou la somme saisie du patrimoine successoral et le créancier saisissant n'est pas, au sens du deuxième alinéa de l'article 792-1 du Code civil, traité comme un créancier titulaire d'une sûreté. Si l'excédent de sa créance (excédant le produit de la saisie attribution) n'est pas assorti d'une sûreté sur des biens de la succession, ce créancier est traité comme un créancier ordinaire et doit, à peine de voir sa créance éteinte, la déclarer.

1.3.4 – Le paiement des créanciers

Il appartient à l'héritier acceptant ACAN de payer les créanciers déclarés ou munis de sûretés.

Si la succession comporte des liquidités disponibles, elles sont affectées au paiement des créanciers dans l'ordre de leur déclaration.

Le produit de l'aliénation d'un bien, ou la valeur correspondant à un bien conservé par l'héritier, est affecté au paiement des créanciers en commençant par les créanciers inscrits sur le bien concerné, puis les créanciers déclarés, dans l'ordre de leur déclaration, et enfin les légataires de sommes d'argent qui ne sont remplis de leur legs qu'après paiement des sommes d'argent (C. civ., art. 796, al. 4).

Par conséquent, les créanciers, qui doivent être payés dans les deux mois de la déclaration de conservation ou d'aliénation d'un bien, peuvent l'être avant l'expiration du délai de 15 mois.

En revanche, les legs de somme d'argent, au contraire, ne peuvent, sous réserve de l'interprétation souveraine des juges du fond, être délivrés qu'après que l'héritier a pris définitivement connaissance de l'état du passif de la succession, ce qui ne peut intervenir qu'après l'expiration du délai de 15 mois prévu pour la déclaration des créances, et ce afin d'éviter la remise en cause de la délivrance des legs (C. civ., art. 796, al. 4).

Lorsqu'à raison d'une contestation sur le principe ou le montant d'une créance ou sur l'ordre de paiement, l'hériter acceptant ACAN n'est pas en mesure d'affecter les sommes disponibles au paiement des créanciers, il doit les consigner.

1.3.5 – L'engagement du patrimoine personnel de l'héritier acceptant à concurrence de l'actif net

La loi prévoit deux hypothèses dans lesquelles les créanciers peuvent être autorisés à rechercher l'engagement du patrimoine personnel de l'héritier acceptant ACAN.

– d'une part, les hypothèses de faute de l'héritier, soit dans la gestion du patrimoine successoral (C. civ., art. 800, al. 2), soit à raison du manquement à une obligation spécialement prévue par le régime de l'acceptation ACAN, qu'il s'agisse par exemple du manquement à l'obligation de déclarer l'aliénation d'un bien dans le délai de 15 jours qui engage l'héritier acceptant ACAN sur ses biens personnels à hauteur du prix de l'aliénation (C. civ., art. 795, al. 2) ou enfin du manquement à l'obligation de présenter le compte ou de justifier de la localisation des biens non conservés et non aliénés (C. civ., art. 800, al. 3). Ces procédures relèvent de la compétence du tribunal de grande instance statuant selon les modalités de droit commun.

– d'autre part, les créanciers peuvent contester judiciairement la valeur d'un bien conservé par l'héritier (c'est-à-dire la valeur fixée dans l'inventaire) ou le prix de l'aliénation du bien vendu à l'amiable. Cette contestation doit être introduite dans les trois mois à compter de la publicité.

Il appartient au créancier poursuivant de prouver que la valeur réelle du bien est supérieure à la valeur de conservation ou d'aliénation. Si le juge fait droit à la demande, l'héritier acceptant ACAN est tenu sur ses biens personnels du complément (C. civ., art. 794). En application de l'article 1380 du nouveau code de procédure civile, la demande est portée devant le président du tribunal de grande instance qui statue dans la forme des référés.

1.4 – La fin de l'acceptation à concurrence de l'actif net

L'acceptation ACAN peut se terminer de trois façons :

– La révocation : un hériter acceptant à concurrence de l'actif net peut – dans la mesure où la prescription du droit d'accepter n'est pas acquise contre lui – révoquer son acceptation à concurrence de l'actif net et accepter alors purement et simplement la succession. Cette dernière acceptation rétroagira alors au jour de l'ouverture de la succession (C. civ., art. 801, al. 1).

En revanche – une fois qu'il a accepté la succession à concurrence de l'actif net – il ne peut en aucun cas renoncer à la succession (C. civ., art. 801, al. 2).

Dans l'hypothèse où la prescription est acquise ou dans l'hypothèse dans laquelle l'héritier acceptant décide de révoquer son acceptation à concurrence de l'actif net au bénéfice d'une acceptation pure et simple, les créanciers successoraux et les légataires de sommes d'argent conservent l'exclusivité des poursuites sur les biens recueillis dans la succession qui n'ont été ni conservés ni aliénés dans le respect des conditions prévues par le Code civil (C. civ., art. 802).

– La déchéance : les articles 790 al 4 et 800 al 4 du Code civil énumèrent trois hypothèses emportant pour l'héritier déchéance du bénéfice de l'ACAN :

- l'absence de dépôt de l'inventaire dans le délai requis;
- l'omission « sciemment et de mauvaise foi » de comprendre dans l'inventaire des éléments d'actif ou de passif;
- le défaut de paiement d'un créancier à hauteur de la valeur d'un bien conservé ou du prix d'un bien aliéné.

– La clôture : après, soit le désintéressement de tous les créanciers déclarés, soit l'épuisement de l'actif successoral et l'affectation des sommes correspondantes au paiement des créanciers, l'héritier dépose au greffe le compte définitif de l'acceptation ACAN. Ce dépôt donne lieu à publicité au *BODACC* dans les mêmes conditions que la publicité de la déclaration de l'acceptation ou celle du dépôt de l'inventaire estimatif (NCPC, art. 1337).

1.5 – Dispositions particulières en cas de pluralité d'héritiers

Si plusieurs héritiers acceptent la succession ACAN, chacun procède à une déclaration pour son compte. Toutefois seule la première déclaration donne lieu à une publication.

Si, en cas de pluralité d'héritiers acceptant, certains acceptent la succession purement et simplement et d'autres ACAN, les règles applicables à la succession acceptée ACAN s'imposent à tous les héritiers jusqu'au jour du partage (C. civ., art. 792-2).

Enfin, l'existence d'un héritier ayant accepté la succession ACAN interdit le recours au mandat conventionnel pour administrer la succession. En effet, le deuxième alinéa de l'article 813 prévoit que même avec l'accord de tous les héritiers, la désignation d'un mandataire pour administrer la succession est ordonnée par le juge. En application de l'article 1379 du NCPC, cette désignation est faite par le président du tribunal de grande instance saisi sur requête.

2 – L'atténuation des effets de l'acceptation pure et simple

La réforme maintient les deux principes fondamentaux en vertu desquels, d'une part, l'héritier universel ou à titre universel qui accepte purement et simplement la succession ne peut plus renoncer à la succession, ni l'accepter à concurrence de l'actif net (C. civ., art. 786) et, d'autre part, qu'il est tenu de la totalité du passif successoral, indépendamment de la valeur de l'actif.

Toutefois, plusieurs tempéraments sont apportés pour limiter la rigueur de ces principes.

2.1 – L'héritier acceptant pur et simple peut demander à être déchargé d'une dette qu'il avait de justes raisons d'ignorer

L'article 786 du Code civil autorise l'héritier acceptant pur et simple à demander à être déchargé en tout ou partie d'une dette successorale qu'il avait des motifs légitimes d'ignorer au moment de l'acceptation, lorsque l'acquittement de celle-ci aurait pour effet d'obérer gravement son patrimoine.

Cette mesure permet de tempérer le principe d'engagement « *ultra vires* » de l'acceptation pure et simple de la succession.

Cette faveur n'est pas de droit et n'est admise que dans des conditions de fond et de forme précisément définies.

L'action doit être intentée par l'héritier dans les cinq mois du jour où il a eu connaissance de l'existence et de l'importance de la dette (C. civ., art. 786). La demande est portée non pas devant le juge compétent pour le règlement des successions, mais devant le juge compétent pour statuer sur la créance elle-même.

Le juge fera droit à la demande s'il estime d'une part que l'héritier démontre qu'il avait de justes motifs d'ignorer la dette au jour de l'acceptation et, d'autre part, que l'acquittement de cette dette est de nature à obérer gravement le patrimoine personnel.

Sur le premier point, il apparaît que la preuve de l'ignorance de la dette est libre et que son caractère légitime relève de l'appréciation souveraine du juge.

Sur le second point, il paraît nécessaire de préciser que le seul fait qu'une dette ignorée au jour de l'acceptation de la succession qui a pour effet d'absorber la totalité de l'actif successoral ou même de rendre la succession déficitaire ne peut suffire à justifier l'application de la disposition du 2e alinéa de l'article 786. Encore faut-il que le patrimoine personnel de l'héritier soit mis en péril par cette dette. Ainsi, la décharge prévue par l'article 786 du Code civil s'apprécie en proportion non seulement de l'excédent déficitaire résultant de la dette en cause mais également de l'état de fortune personnelle de l'héritier.

En fonction de cette appréciation, le juge statue sur le principe de la décharge, et sur son quantum, la décharge de l'obligation à la dette pouvant être totale ou partielle.

2.2 – L'obligation pour les héritiers de payer le legs d'une somme d'argent ne peut excéder l'actif successoral net des dettes

En l'état du droit antérieur, les héritiers universels ou à titre universel qui acceptaient purement et simplement une succession étaient tenus sur leurs biens personnels sans limite du versement au légataire de la somme d'argent qui lui avait été préalablement léguée par le défunt (article 723 ancien du Code civil).

Cette règle était unanimement dénoncée par la doctrine dans la mesure où il était difficile de justifier le fait que l'héritier acceptant pur et simple fût tenu sur son patrimoine des libéralités en argent consenties par le défunt.

La loi supprime cette règle et limite l'obligation de délivrer les legs de sommes d'argent à concurrence de l'actif successoral net des dettes (C. civ., art. 785, al. 2).

Cette nouvelle règle permet de ne plus favoriser de façon excessive les légataires de somme d'argent en les considérant à juste titre comme des héritiers et non plus comme des créanciers de la succession. Ces légataires conservent cependant un recours contre le patrimoine personnel de l'héritier désigné par la loi chargé de délivrer leur legs dans l'hypothèse où celui-ci aurait détourné les biens successoraux destinés à l'exécution de leur legs.

2.3 – Les créanciers personnels des héritiers sont mieux protégés

La « confusion du patrimoine » du défunt et de celui de l'héritier trouve sa source dans le principe de la continuation de la personne du défunt. Ce principe fondamental du droit des successions, qui n'est pas remis en cause par la réforme, peut toutefois préjudicier aux créanciers successoraux lorsque le patrimoine de l'héritier est gravement obéré alors que pourtant l'actif successoral excède le passif successoral.

Le droit antérieur à la réforme prévoyait ainsi que les créanciers successoraux sont – dès lors qu'ils le demandent et sous réserve de la réunion des conditions nécessaires – préférés à tout créancier personnel de l'héritier sur les biens de la succession (C. civ., art. 878, al. 1er anc.). Les biens successoraux sont alors affectés par préférence au paiement des créances héréditaires (C. civ., art. 878 s. anc. et 2111 anc.).

De surcroît, ils avaient la possibilité de saisir les biens personnels de l'héritier en sus de ceux de la succession.

La loi du 23 juin 2006 prévoit que les créanciers du défunt et les légataires de sommes d'argent continuent, sous certaines conditions, de bénéficier d'un droit de préférence sur l'actif successoral. Les biens de la succession restent donc affectés en priorité aux créanciers successoraux (C. civ., art. 878).

La nouvelle loi bilatéralise ce privilège et instaure, au bénéfice des créanciers personnels de l'héritier, un privilège équivalent sur le patrimoine de l'héritier.

Désormais, les créanciers personnels de l'héritier peuvent demander à être préférés à tout créancier du défunt sur les biens de l'héritier non recueillis au titre de la succession (C. civ., art. 878, al. 2). Par conséquent, les éléments d'actif qui constituent le patrimoine personnel de l'héritier deviennent le gage préférentiel de ses créanciers personnels.

La notion de droit de préférence se substitue au terme de « séparation des patrimoines », partiellement inexact.

Ce droit peut s'exercer par tout acte par lequel un créancier manifeste au créancier concurrent son intention d'être préféré sur un bien déterminé (C. civ., art. 879). Ainsi, l'exercice de ce droit ne nécessite pas d'action en justice.

Le droit de préférence s'applique à la fois sur les meubles et sur les immeubles.

La prescription est de deux ans en ce qui concerne les meubles (C. civ., art. 881).

Au regard des immeubles, l'action peut être exercée tant que les immeubles demeurent entre les mains de l'héritier. En effet, pour assurer la pleine efficacité de la séparation des patrimoines en présence d'immeubles, les créanciers successoraux et les légataires de sommes d'argent doivent prendre une inscription dans les quatre mois du décès.

Ce droit donne lieu au privilège sur les immeubles prévu au 6° de l'article 2374 du Code civil et il est sujet à inscription conformément à l'article 2383 du Code civil (C. civ., art. 2103 6°, anc.).

L'inscription a lieu en la forme prévue aux articles 2426 et 2428 du Code civil, tels qu'ils modifient les dispositions des anciens articles 2146 et 2148 du Code civil.

C. L'accroissement de la liberté des héritiers, des légataires et du conjoint survivant

La réforme a maintenu le principe fondamental de l'indivisibilité de l'option successorale. On ne peut donc accepter en partie une succession.

L'article 769 précise toutefois que celui qui cumule plusieurs vocations successorales à une même succession (par exemple héritier désigné par la loi et légataire à titre universel) a pour chacune d'elle, un droit d'option distinct.

En outre, la réforme apporte deux tempéraments, complémentaires, qui permettent, d'une part, à l'héritier, par une renonciation, de laisser ses propres descendants venir en représentation (C. civ., art. 754), d'autre part, au conjoint survivant et au légataire, dans certaines conditions, de cantonner leur émolument (C. civ., art. 1002-1 et 1094-1).

1 – La représentation de l'héritier renonçant

Jusqu'au 1er janvier 2007, on ne pouvait représenter que les héritiers prédécédés ou les héritiers indignes (C. civ., art. 754 et 755 anc.).

La loi du 23 juin 2006 prévoit la représentation du renonçant dans les successions dévolues en ligne directe ou en ligne collatérale (C. civ., art. 754).

Comme il a déjà été précisé, si la renonciation opérée contient la désignation spéciale de cohéritiers ou d'héritiers de rang subséquents comme « bénéficiaires de la renonciation » à la succession, cette désignation est alors constitutive d'une cession de droits successifs et l'héritier renonçant est considéré comme acceptant purement et simplement la succession (C. civ., art. 783).

Dans la mesure où le bénéfice de la règle de la représentation du renonçant est réservé aux successions dévolues en ligne directe et collatérale, lorsque le conjoint successible ou le légataire renonce à son émolument, ce dernier accroît la part des autres héritiers.

Par ailleurs, à moins que le disposant en ait disposé autrement, les légataires (lorsque la succession a été acceptée par au moins un héritier désigné par la loi) et le conjoint survivant (lorsque les époux laissent des enfants ou descendants issus ou non du mariage) bénéficient d'une liberté différente qui leur est offerte de cantonner leur émolument en accroissant ainsi la part des autres successibles (*cf. infra*).

2 – Le cantonnement de l'émolument du conjoint survivant ou du légataire

En des termes comparables, les articles 1002-1 (pour le légataire) et 1094-1 (pour le conjoint survivant) du Code civil permettent le cantonnement de l'émolument. Le cantonnement implique préalablement que la vocation successorale a été acceptée et que cette acceptation est accompagnée ou suivie du choix de n'en profiter qu'en partie, cette partie pouvant être déterminée (en portant sur tel bien compris dans l'émolument), indivise (une quote-part de biens) ou ne porter que sur un droit réel tel l'usufruit ou la nue-propriété. La partie exclue par le cantonnement sera dévolue aux autres héritiers sans que cela ne puisse s'interpréter comme une libéralité faite par le légataire ou le conjoint survivant qui cantonne. Par conséquent, afin d'éviter des hypothèses de vacance partielle de la succession et des actes de cantonnement destinés à nuire aux droits des créanciers, la faculté de cantonnement n'est ouverte qu'en présence d'une succession qui, pour le légataire, comprend au moins un héritier désigné par la loi et ayant accepté la succession et, pour le conjoint survivant, comprend au moins un enfant ou un descendant, issu ou non du mariage.

La faculté de cantonner l'émolument est réservée au conjoint survivant et au légataire. Elle n'est pas offerte à l'héritier en ligne directe ou collatérale désigné par la loi, lequel peut, en revanche, par sa renonciation, appeler ses propres enfants à le représenter dans la succession (*cf. supra*).

II – LA SIMPLIFICATION DES CONDITIONS DE GESTION DE LA SUCCESSION

La réforme favorise la gestion de la succession par un mandataire, pouvant être désigné soit par les héritiers, soit par le juge mais également par le défunt lui-même lorsque le patrimoine successoral l'exige.

Par ailleurs, elle simplifie les règles relatives à la gestion de l'indivision successorale, afin de remédier aux blocages fréquents dans la gestion des biens de la succession.

Enfin, elle simplifie le régime des successions vacantes.

A. L'administration de la succession par un mandataire

1 – Le mandat à effet posthume

Depuis le 1er janvier 2007, toute personne peut désigner, de son vivant, un mandataire, lequel sera investi, à compter de l'ouverture de la succession, de la mission d'administrer et de gérer tout ou partie du patrimoine successoral dans l'intérêt d'un ou de plusieurs héritiers identifiés (C. civ., art. 812).

Le mandat à effet posthume est régi par les articles 812 à 812-7 du Code civil. Toutefois il obéit aux règles du droit commun du mandat (C. civ., art. 1984 à 2010) qui ne sont pas incompatibles avec ces dispositions spéciales.

1.1 – Les conditions de validité du mandat à effet posthume

1 – Le mandat n'est valable que s'il est justifié par « un intérêt sérieux et légitime » précisément motivé au regard de la personne de l'héritier ou du patrimoine successoral (C. civ., art. 812-1-1).

La notion d'intérêt sérieux et légitime est une notion générale dont la détermination relève de l'appréciation des juridictions. Il convient toutefois de souligner qu'elle n'est pas nouvelle dans le Code civil dans la mesure où elle a été, à dessein, tirée de l'article 900-1 du Code civil qui en faisait déjà une condition de validité des clauses d'inaliénabilité.

En outre, les travaux parlementaires, ainsi que le deuxième alinéa de l'article 812-1-1 qui précise les conditions dans lesquelles le mandat peut être donné pour une durée de cinq ans et non de deux ans, apportent certaines indications quant à la nature de cet intérêt sérieux et légitime. Le législateur a principalement envisagé l'hypothèse où le mandat serait motivé par l'inaptitude du ou des héritiers à gérer le patrimoine successoral dans leur intérêt. Cette inaptitude peut résulter soit d'une cause subjective (minorité, jeunesse, placement sous une mesure de protection juridique, désintérêt pour la gestion patrimoniale...) soit de causes objectives attachées à la nature du patrimoine concerné (en particulier la gestion d'une entreprise ou de biens professionnels).

Il a été également envisagé que l'anticipation, par le *de cujus* de l'une des causes qui, en vertu de l'article 813-1 du Code civil, pourraient justifier un mandat judiciaire, puisse constituer un intérêt sérieux et légitime validant le mandat posthume. Toutefois, dans l'hypothèse d'un mandat donné à raison d'une mésentente des héritiers de nature à empêcher la bonne gestion du patrimoine successoral, l'intérêt légitime en cause ne paraît de nature qu'à justifier un mandat de deux années.

2 – Le mandat doit être passé en la forme authentique. Il doit être accepté dans la même forme, que l'acceptation soit simultanée ou ultérieure. En tout état de cause, l'acceptation doit avoir été donnée avant le décès du mandant.

Enfin, préalablement à son exécution, le mandant et le mandataire peuvent renoncer au mandat après avoir notifié leur décision à l'autre partie.

3 – Le mandataire peut être toute personne physique ou morale jouissant de la capacité civile.

Lorsque le mandat implique la gestion de biens professionnels, le mandataire ne doit pas être frappé d'une interdiction de gérer.

Le mandataire peut être un héritier; en revanche, il ne peut être le notaire chargé du règlement de la succession.

4 – Le mandat peut s'appliquer à tous les héritiers et légataires qu'ils soient ou non réservataires.

Le mandant peut au contraire désigner seulement certains d'entre eux. En outre, le mandat peut porter sur l'ensemble de la succession ou sur certains biens désignés précisément. Toutefois, la nécessité que l'intérêt sérieux et légitime soit « précisément motivé au regard de la personne de l'héritier ou du patrimoine successoral » privilégie les mandats spéciaux et réserve l'hypothèse dans laquelle un mandat donné pour tous les héritiers et pour la totalité du patrimoine successoral à des cas dans lesquels les héritiers sont mineurs ou manifestent une inaptitude particulière.

Les conditions de validité du mandat, qu'il s'agisse de l'intérêt sérieux et légitime ou de la capacité du mandataire, doivent être permanentes dans le temps : elles doivent être satisfaites non seulement au moment où le mandat prend effet, mais elles doivent également subsister pour que le mandat demeure valable. La disparition de l'intérêt sérieux et légitime ou la mise sous mesure de protection du mandataire peuvent en effet être invoquées à tout moment pour que soit prononcée la révocation judiciaire du mandat (C. civ., art. 812-4, 3° et 6°).

1.2 – La mise en œuvre et la durée du mandat à effet posthume

À l'inverse du mandat de droit commun, qui cesse avec le décès du mandant, le mandat à effet posthume ne prend effet qu'au jour de l'ouverture de sa succession, c'est-à-dire au décès du mandant. Sauf stipulation contraire du mandat, cette prise d'effet n'est conditionnée à l'accomplissement d'aucune formalité.

Les pouvoirs du mandataire désigné s'imposent aux héritiers et ne sont nullement conditionnés à une acceptation de leur part. Ces derniers disposent toutefois de la faculté de saisir le juge pour contester le mandat ou demander qu'il y soit mis fin, pour les motifs rappelés au point 1.3.

Le mandat est donné pour une durée qui ne peut excéder deux ans, prorogeable une ou plusieurs fois par décision du juge, saisi par un héritier ou par le mandataire. Toutefois, il peut être donné pour une durée de cinq ans, prorogeable dans les mêmes conditions, en raison de l'inaptitude, de l'âge du ou des héritiers, ou de la nécessité de gérer des biens professionnels (C. civ., art. 812-1-1).

La demande de prorogation doit être portée devant le président du tribunal de grande instance ou son délégué qui statue dans les formes prévues aux articles 493 à 498 du NCPC, soit par ordonnance sur requête (NCPC, art. 1379).

1.3 – L'exécution du mandat à effet posthume

La mission du mandataire est en principe définie dans le mandat et, avec elle, les pouvoirs du mandataire. À défaut de pouvoirs définis de façon plus restrictive, la mission du mandataire consiste à « administrer ou gérer ». Le recours à la notion de gestion a été choisi afin de ne pas limiter les actes du mandataire aux seuls actes d'administration. Sous réserve de l'interprétation souveraine des juridictions, la notion de gestion autorise le recours à des actes de disposition de certains éléments du patrimoine lorsqu'ils s'insèrent dans une logique de conservation, d'administration ou de valorisation du patrimoine successoral.

En cas de concurrence d'un mandataire désigné par mandat à effet posthume et d'un exécuteur testamentaire, les pouvoirs de l'exécuteur priment sur ceux du mandataire (C. civ., art. 812).

Les actes réalisés par le mandataire dans le cadre de sa mission sont sans effet sur l'option héréditaire. Par ailleurs, tant qu'aucun héritier visé par le mandat n'a accepté la succession, le mandataire ne dispose que des pouvoirs reconnus au successible qui n'ayant pas encore accepté la succession peut malgré tout agir dans les conditions établies par l'article 784 du Code civil décrites ci-dessus sans que son action ne soit interprétée comme une acceptation de la succession (C. civ., art. 812-1-3).

1.4 – La rémunération du mandataire

Le mandat est présumé gratuit sauf si une rémunération est spécialement prévue dans le contrat (C. civ., art. 812-2).

La rémunération du mandataire est réductible si elle porte atteinte à la réserve des héritiers (C. civ., art. 812-3).

Par ailleurs, les héritiers visés par le mandat ou leurs représentants pourraient demander en justice la révision de la rémunération dès lors qu'ils seraient en mesure d'établir la nature excessive de celle-ci au regard de la durée ou de la charge résultant du mandat (C. civ., art. 812-3).

Dans ces deux hypothèses, les demandes sont portées devant le président du tribunal de grande instance ou son délégué, elles sont formées, instruites et jugées dans la forme des référés (NCPC, art. 1380).

1.5 – Le contrôle de l'exécution du mandat

Sans préjudice de stipulations contractuelles prévoyant des modalités de contrôle renforcées sur l'administration du mandataire, ce dernier rend compte de sa gestion chaque année et en fin de mandat aux héritiers intéressés ou à leurs représentants et les informe de l'ensemble des actes accomplis. À défaut, une révocation judiciaire peut être demandée par tout intéressé. Dans la mesure où le mandat aurait pris fin par suite du décès du mandataire, l'obligation de rendre compte de la gestion qui incombe par principe au mandataire incombera alors à ses héritiers et le mandat prendra fin (combinaison de C. civ., art. 812-7 et 812-4).

1.6 – La fin du mandat à effet posthume

L'article 812-4 du Code civil énumère les 7 causes pour lesquelles le mandat prend fin :

1 – L'arrivée du terme prévu par la loi (ou par le mandat s'il est prévu un délai inférieur au délai légal) et à défaut de renouvellement ordonné par le juge dans les conditions prévues au 1.2 ci-dessus;

2 – La renonciation du mandataire;

La renonciation du mandataire – qui libère le mandataire des obligations du mandat – est notifiée aux héritiers intéressés ou à leurs représentants. Sauf convention contraire entre le mandataire et les héritiers intéressés ou leurs représentants, la renonciation prend effet à l'issue d'un délai de trois mois à compter de la notification (C. civ., art. 812-6, al. 2). Le mandataire rémunéré en capital peut être tenu de restituer tout ou partie des sommes perçues. En tout état de cause, il sera tenu à des dommages et intérêts en cas de préjudice (C. civ., art. 812-6, al. 3).

3 – La révocation judiciaire, à la demande d'un héritier intéressé ou de son représentant, en cas d'absence ou de disparition de l'intérêt sérieux et légitime ou de mauvaise exécution par le mandataire de sa mission;

La révocation peut être totale ou partielle. Elle peut être partielle, soit à raison des héritiers concernés par le mandat (par exemple si le tribunal estime que certains héritiers sont aptes à gérer leur part du patrimoine successoral alors que pour d'autres, le mandat est effectivement fondé sur un intérêt légitime), soit à raison des biens de la succession (lorsque le tribunal estime que le recours à un mandataire n'est légitime que pour tel ou tel bien de la succession dont la gestion requiert des compétences dont les héritiers ne disposent pas).

La révocation judiciaire relève de la compétence du tribunal de grande instance statuant selon la procédure de droit commun.

4 – La conclusion d'un mandat conventionnel entre les héritiers et le mandataire titulaire du mandat à effet posthume;

Les héritiers et le mandataire ont en effet la possibilité, d'un commun accord, de substituer au mandat posthume, un mandat conventionnel en application de l'article 813 qui mettra fin au mandat posthume et sera régi par les règles de droit commun du mandat.

5 – L'aliénation par les héritiers des biens mentionnés dans le mandat;

Le mandat ne portant que sur la gestion du patrimoine, les héritiers sont seuls compétents pour décider de l'aliénation des éléments d'actif du patrimoine (sous réserve de ce qui a été dit *supra* sur les pouvoirs de « gestion » du mandataire). En outre, le mandat n'interdit nullement aux héritiers d'aliéner le patrimoine successoral. Lorsque tous les biens soumis au mandat ont été aliénés, le mandat cesse, faute d'objet.

6 – Le décès ou la mise sous mesure de protection du mandataire personne physique, ou la dissolution du mandataire personne morale;

7 – Le décès de l'héritier intéressé ou, en cas de mesure de protection, la décision du juge des tutelles de mettre fin au mandat (C. civ., art. 812-4).

2 – Le mandat conventionnel

Les héritiers peuvent, d'un commun accord, désigner l'un d'entre eux ou un tiers pour administrer la succession (C. civ., art. 813).

Le mandat conventionnel subsiste en tant que technique d'administration de la succession à côté du mandat à effet posthume et du mandat successoral judiciaire. Cette possibilité de confier le règlement de la succession à une tierce personne existait déjà par le biais du droit commun du mandat. La loi du 23 juin 2006 l'organise expressément.

Lorsqu'un héritier au moins a accepté la succession à concurrence de l'actif net, le mandataire ne peut, même avec l'accord de l'ensemble des héritiers, être désigné que par le juge. La demande est alors portée devant le président du tribunal de grande instance ou son délégué qui statue par ordonnance sur requête (NCPC, art. 1379).

Le mandat est alors régi par les articles 813-1 à 814 du Code civil relatifs au mandataire successoral désigné en justice. Dans cette hypothèse, le mandat conventionnel est impossible.

Ce principe s'explique eu égard à la spécificité de l'acceptation à concurrence de l'actif net et à la nécessaire prise en compte des intérêts des créanciers qu'elle implique (C. civ., art. 813).

Les conditions de forme et de fond du régime applicable au mandat conventionnel sont régies par les articles de droit commun du contrat de mandat (C. civ., art. 813).

3 – Le mandataire désigné en justice

Le mandataire judiciaire agit sous réserve des pouvoirs qui peuvent être conférés à l'administrateur de l'indivision, au mandataire posthume ou encore à l'exécuteur testamentaire (C. civ., art. 813-2).

3.1 – La désignation d'un mandataire successoral par le juge

– D'une part, la désignation du mandataire successoral intervient en cas d'inertie, de carence ou de faute d'un ou de plusieurs héritiers dans l'administration de la succession, de mésentente entre héritiers, d'opposition d'intérêts entre héritiers ou de complexité de la situation successorale (C. civ., art. 813-1 et 813-5).

Une telle demande peut être formée par un héritier, un créancier, toute personne qui assurait, pour le compte de la personne décédée, l'administration de tout ou partie de son patrimoine de son vivant, toute autre personne intéressée et le Ministère public. La demande de désignation d'un mandataire appartient donc à tout intéressé et non plus seulement aux héritiers, le but étant de laisser notamment au créancier la possibilité d'agir afin de se prémunir contre une dégradation du patrimoine successoral, assiette de sa créance (C. civ., art. 813-1, al. 2).

La demande est portée devant le président du tribunal de grande instance ou son délégué qui statue en la forme des référés (NCPC, art. 1380). Elle est formée contre les autres héritiers.

– D'autre part, l'hériter acceptant à concurrence de l'actif net peut demander au juge de désigner un mandataire successoral (C. civ., art. 814-1).

À la demande de toute personne intéressée ou du Ministère public, le juge peut dessaisir le mandataire successoral de sa mission en cas de manquement caractérisé dans l'exercice de celle-ci. Il désigne alors un autre mandataire successoral, pour une durée qu'il définit (C. civ., art. 813-7). La demande est portée devant le président du tribunal de grande instance ou son délégué qui statue en la forme des référés (NCPC, art. 1380).

La décision de désignation est enregistrée et publiée, à la diligence du mandataire, au bulletin des annonces civiles et commerciales (C. civ., art. 813-3 et NCPC, art. 1355).

3.2 – Les pouvoirs du mandataire successoral désigné par le juge

Le mandataire successoral est désigné afin d'administrer provisoirement la succession (C. civ., art. 813-1).

Le juge peut, même d'office, imposer au mandataire de faire inventaire de la succession dans les formes prévues par l'article 789 du Code civil (c'est-à-dire par notaire, commissaire-priseur judiciaire ou huissier de justice).

Dans la limite des pouvoirs qui lui sont conférés, le mandataire successoral représente l'ensemble des héritiers pour les actes de la vie civile et en justice (C. civ., art. 813-5).

Les pouvoirs du mandataire diffèrent selon que la succession a, ou non, été acceptée par au moins un héritier.

– En l'absence d'acceptation de la succession :

Dans la mesure où aucun héritier n'a accepté la succession, les pouvoirs du mandataire successoral sont limités aux actes purement conservatoires ou de surveillance et aux actes d'administration provisoire qui peuvent être accomplis par le successible sans emporter l'acceptation de la succession, étant donc exclus les actes qui doivent être expressément autorisés par le juge tels que précisés à l'article 784 du Code civil (C. civ., art. 813-4).

Le juge peut toutefois autoriser le mandataire successoral à accomplir tout autre acte que requiert l'intérêt de la succession et à dresser un inventaire dans les formes prescrites à l'article 789, ou le demander d'office (C. civ., art. 813-4).

Une telle demande est alors portée devant le président du tribunal de grande instance ou son délégué qui statue dans les formes prévues aux articles 493 à 498 du NCPC, c'est-à-dire par ordonnance sur requête (NCPC, art. 1379).

– En cas d'acceptation de la succession :

a) L'héritier acceptant à concurrence de l'actif net peut demander au juge la désignation d'un mandataire successoral; ce dernier étant alors dans l'obligation de le désigner. Cette demande n'a pas besoin d'être motivée par les circonstances visées dans la 1re hypothèse. En effet, celle-ci est applicable « en toute circonstance » (C. civ., art. 814-1).

Dans ce cadre, le juge doit désigner un mandataire successoral qu'il choisit librement. Selon les travaux parlementaires, le juge n'a aucune marge d'appréciation et doit procéder à la désignation du mandataire successoral. En revanche, il n'est pas tenu de nommer le mandataire proposé par l'héritier (Rapp. N° 2850, p. 185 et p. 188).

La demande en désignation est portée devant le président du tribunal de grande instance ou son délégué qui statue par ordonnance sur requête (NCPC, art. 1379).

Ce mandataire successoral est désigné à l'effet de substituer l'héritier acceptant à concurrence de l'actif net dans la charge d'administrer et de liquider la succession (C. civ., art. 814-1).

b) Dès lors que la succession a été acceptée par au moins un hériter, soit purement et simplement, soit à concurrence de l'actif net, le juge qui a désigné le mandataire successoral sur le fondement de l'une des situations susvisées (C. civ., art. 813-1 et 814-1) peut alors autoriser le mandataire successoral à effectuer l'ensemble des actes d'administration de la succession (C. civ., art. 814).

Il peut également l'autoriser, à tout moment, à effectuer des actes de disposition nécessaires à la bonne administration de la succession, et à en déterminer les prix et stipulations (C. civ., art. 814, al. 2). Cette demande est alors portée devant le président du tribunal de grande instance ou son délégué qui statue en la forme des référés (NCPC, art. 1380).

B. L'assouplissement des règles de gestion de l'indivision

Dans l'attente du partage, une indivision s'établit de plein droit entre les cohéritiers qui sont cohéritiers d'une quote-part des biens leur revenant dans la succession.

La réforme de 2006 met notamment fin au principe exclusif de l'obligation d'unanimité pour la gestion des biens indivis dans l'optique que soit limité le recours au juge, lequel était très fréquent dès lors qu'il était nécessaire de passer outre l'inertie d'un indivisaire inactif, ou injustement réfractaire (C. civ., art. 815-2 et 815-3).

La loi du 23 juin 2006 s'inscrit dans la continuité de la loi n° 76-1286 du 31 décembre 1976 qui a mis en place un véritable statut de l'indivision. Elle n'a pas pour objet de réformer en profondeur les règles de l'indivision. Elle vise surtout à remédier à certaines situations de blocage dans l'administration des successions et ne remanie donc pas en profondeur les règles de l'indivision mais en facilite la gestion.

Sous l'empire de la loi antérieure, les actes d'administration et de disposition relatifs aux biens indivis requéraient, en principe, le consentement de tous les indivisaires. Dans des cas strictement définis, le législateur avait prévu des atténuations et également des dérogations à ce principe.

À cet égard, il était notamment prévu le recours à un mandat général d'administrer donné à un ou plusieurs indivisaires et le recours à un mandat spécial pour ce qui excédait une gestion normale ainsi que la gestion ou le renouvellement de baux (C. civ., art. 815-3, al. 1 anc.).

À présent, trois catégories de situations selon les actes à réaliser doivent être distinguées.

– Tout indivisaire peut prendre les mesures nécessaires à la conservation des biens indivis mais à la différence de la situation antérieure, la nouvelle rédaction n'exige plus le caractère d'urgence pour que l'indivisaire prenne seul des mesures conservatoires (C. civ., art. 815-2).

– Par ailleurs, la loi supprime le recours systématique à l'unanimité et permet aux indivisaires titulaires d'au moins deux tiers des droits indivis d'effectuer à cette majorité les actes d'administration, ainsi que les actes de disposition nécessaires au paiement des dettes et charges de l'indivision (C. civ., art. 815-3, al. 1er). Dans ce cadre, ils pourront également conclure et renouveler les baux autres que ceux portant sur des immeubles à usage agricole, commercial, industriel ou artisanal.

Toutes les décisions prises à cette majorité doivent être portées à la connaissance des indivisaires qui n'y ont pas participé, afin qu'elles leur soient opposables.

Enfin, la règle de l'unanimité est maintenue pour effectuer (a) tout acte qui ne ressortit pas à l'exploitation normale des biens indivis et (b) tout acte de disposition autre que la vente des meubles indivis pour payer les dettes et charges de l'indivision. En conséquence, par exemple, la vente d'un immeuble indivis nécessite toujours une décision prise à l'unanimité des indivisaires (C. civ., art. 815-3 al. 1 et 3).

C. La simplification du régime des successions vacantes

Le règlement d'une succession vacante était soumis à un double régime, celui des successions non réclamées et celui des successions vacantes. Cette distinction s'avérait en pratique inutile et source de complications.

Sans remettre en cause le principe d'une gestion publique des successions vacantes, la loi nouvelle procède à une unification des successions vacantes et des successions non réclamées en les insérant dans un nouveau chapitre du Code civil (C. civ., art. 809 à 810-3).

1 – De l'ouverture de la vacance

La succession est vacante :

(1) lorsqu'il ne se présente personne pour réclamer la succession et qu'il n'y a pas d'héritier connu;

(2) lorsque tous les héritiers connus ont renoncé à la succession;

(3) lorsque, après l'expiration d'un délai de six mois depuis l'ouverture de la succession, les héritiers connus n'ont pas opté, de manière tacite ou expresse (C. civ., art. 809).

Le président du tribunal de grande instance, ou son délégué, est saisi sur la requête de tout créancier, de toute personne qui assurait, pour le compte de la personne décédée, l'administration de tout ou partie de son patrimoine, de toute autre personne intéressée ou du Ministère public (C. civ., art. 809-1).

La procédure obéit aux règles de l'ordonnance sur requête (NCPC, art. 1379).

S'il constate la vacance, le juge confie la curatelle de la succession vacante à l'autorité administrative chargée du domaine. La mission du curateur est fixée par l'ordonnance de curatelle (NCPC, art. 1343).

Dès sa désignation, le curateur fait dresser un inventaire estimatif, article par article, de l'actif et du passif de la succession par un commissaire-priseur judiciaire, un huissier ou un notaire ou par un fonctionnaire assermenté appartenant à l'administration chargée du domaine (C. civ., art. 809-2).

L'ordonnance de curatelle et la réalisation de l'inventaire donnent lieu à une mesure de publicité faite à la diligence de l'administration chargée du domaine et qui consiste en l'insertion d'un avis dans un journal d'annonces légales diffusé dans le ressort du tribunal compétent (NCPC, art. 1342).

La mesure de publicité est destinée à informer notamment les créanciers qu'ils peuvent déclarer leur créance au curateur.

2 – Des pouvoirs du curateur

Dès sa désignation, le curateur prend possession des valeurs et autres biens détenus par des tiers et poursuit le recouvrement des sommes dues à la succession. Les sommes qui proviennent à un titre quelconque d'une succession vacante ne peuvent, en aucun cas, être consignées autrement que par l'intermédiaire du curateur (C. civ., art. 810).

À l'issue d'un délai de six mois suivant l'ouverture de la succession, le curateur exerce l'ensemble des actes conservatoires et d'administration (combinaison de C. civ., art. 810-1 et 810-2 al. 1).

Dans ce cadre, il procède ou fait procéder à la vente des biens jusqu'à l'apurement du passif. Il ne peut céder les immeubles que si le produit prévisible de la vente des meubles apparaît insuffisant. Il procède ou fait procéder à la vente des biens dont la conservation est difficile ou onéreuse, alors même que leur réalisation n'est pas nécessaire à l'acquittement du passif (C. civ., art. 810-2 al. 2 et 3).

Lorsqu'il est envisagé de procéder à une vente amiable, le curateur en informe par lettre recommandée avec demande d'avis de réception les créanciers de la succession qui se sont déclarés (NCPC, art. 1349, nouv. al. 1er). Tout créancier peut exiger que la vente soit faite par adjudication (C. civ., art. 810-3 al. 3). La demande du créancier est signifiée au curateur dans un délai d'un mois à compter de la réception de l'information (NCPC, art. 1349, al. 2).

Le curateur est seul habilité à payer les créanciers de la succession. Il n'est tenu d'acquitter les dettes de la succession que jusqu'à concurrence de l'actif (C. civ., art. 810-4).

Il dresse un projet de règlement du passif qui est publié. Les créanciers qui ne sont pas intégralement désintéressés peuvent, dans le mois de la publicité, saisir le juge afin de contester le projet de règlement (C. civ., art. 810-5). La demande est portée devant le président du tribunal de grande instance ou son délégué qui statue en la forme des référés (NCPC, art. 1380). La publicité donne lieu à l'insertion d'un avis dans un journal d'annonces légales diffusé dans le ressort du tribunal compétent (NCPC, art. 1342).

En tout état de cause, les pouvoirs du curateur s'exercent sous réserve des dispositions applicables à la succession d'une personne faisant l'objet d'une procédure de sauvegarde, de redressement ou de liquidation judiciaire (C. civ., art. 810-6).

3 – De la reddition des comptes et de la fin de la curatelle

Le curateur rend compte au juge des opérations qu'il effectue et il présente le compte à tout créancier ou tout héritier qui en fait la demande (C. civ., art. 810-7, al. 2).

La demande de présentation du compte formée par un créancier ou un héritier est adressée au curateur par lettre recommandée avec demande d'avis de réception (NCPC, art. 1350).

Après réception du compte, le juge autorise le curateur à procéder à la réalisation de l'actif subsistant. Le projet de réalisation est notifié aux héritiers connus, lesquels s'ils sont encore dans le délai pour accepter, peuvent s'y opposer dans les trois mois en réclamant la succession (C. civ., art. 810-8).

La demande est portée devant le président du tribunal de grande instance ou son délégué qui statue par ordonnance sur requête (NCPC, art. 1379). Le projet de réalisation de l'actif subsistant est notifié aux héritiers connus par lettre recommandée avec demande d'avis de réception. L'opposition par les héritiers est faite dans les mêmes formes auprès du curateur (NCPC, art. 1351). À défaut d'héritier connu, la réalisation peut, à l'expiration d'un délai de deux ans à compter de l'établissement de l'inventaire, être entreprise sans autorisation (NCPC, art. 1352).

La curatelle prend fin par :

(1) l'affectation intégrale de l'actif au paiement des dettes et des legs;

(2) la réalisation de la totalité de l'actif et la consignation du produit net;

(3) la restitution de la succession aux héritiers dont les droits sont reconnus :

(4) l'envoi en possession de l'État (C. civ., art. 810-12).

Une instruction du ministère des finances relative à l'administration des successions abandonnées, qui sera mise en ligne sur le site Intranet de la Direction des affaires civiles et du Sceau (droit des personnes et de la famille – « rubrique successions et libéralités ») apportera des précisions utiles sur le régime des successions vacantes.

III – LA SIMPLIFICATION ET L'ACCÉLÉRATION DU PARTAGE DES SUCCESSIONS

Les indivisions perdurent souvent de nombreuses années avant que les indivisaires ne parviennent à s'accorder sur le partage.

C'est pourquoi, la loi n° 2006-728 du 23 juin 2006 facilite les opérations de partage et favorise également le partage à l'amiable.

Par ailleurs, le décret n° 2006-1805 du 23 décembre 2006 complète le dispositif légal afin de rendre plus efficace le partage judiciaire dès lors qu'il ne peut être évité.

Enfin, la réforme améliore le sort des entreprises dans le partage.

A. La simplification des opérations de partage

1 – La sortie d'une indivision démembrée est facilitée

La réforme éclaircit et facilite le régime des indivisions démembrées.

Un bien indivis démembré doit faire l'objet d'autant de partages séparés qu'il est le siège d'indivisions distinctes. L'usufruitier et le nu-propriétaire ne peuvent donc demander qu'il soit mis fin à leur relation sur la chose démembrée par un seul partage ou par une licitation, les partages ou licitations de l'usufruit ou de la nue-propriété intervenant séparément.

La rigueur de ce principe présente l'inconvénient majeur pour les indivisaires en usufruit ou en nue-propriété de trouver difficilement un acquéreur du droit réel qu'ils détiennent respectivement sur le bien indivis.

La jurisprudence avait tempéré la rigueur de cette logique. À ce titre, pour le partage de l'usufruit, la jurisprudence avait admis que la licitation de la pleine propriété puisse être ordonnée lorsque celle-ci apparaissait comme nécessaire à la détermination de l'assiette de l'usufruit et comme seule protectrice de l'intérêt des parties (Req. 20 juill. 1932 *Devillard c. dame veuve Foucteau*; Civ. 1re, 19 nov. 1996, pourvoi n° 94-22052).

La loi du 23 juin 2006 consacre cette jurisprudence et autorise expressément l'indivisaire en usufruit à demander la vente du bien en pleine propriété lorsque cette opération apparaît la plus protectrice de l'intérêt de tous les titulaires de droits sur le bien indivis (C. civ., art. 817). Une telle licitation suppose naturellement qu'il ne soit possible, ni de cantonner les droits des différents usufruitiers, c'est-à-dire de partager en nature l'usufruit indivis, ni de procéder à une licitation de l'usufruit seul dans des conditions satisfaisantes pour les usufruitiers.

L'indivisaire en nue-propriété peut également demander, d'une part, le partage de la nue-propriété indivise par voie de cantonnement et, d'autre part, la licitation de la nue-propriété.

Toutefois, à la différence de l'usufruitier, il ne peut obtenir la vente de la pleine propriété qu'avec l'accord de l'usufruitier (C. civ., art. 818).

Enfin, la réforme organise le régime applicable à la situation dans laquelle un héritier est à la fois en indivision sur l'usufruit et sur la nue-propriété. Dans un tel cas, l'héritier a une pleine propriété, mais celle-ci est en indivision dans les deux composantes du droit de propriété (C. civ., art. 819). À présent, l'héritier est expressément autorisé à demander le cantonnement de ses droits sur un bien à la fois à titre d'usufruitier et également à titre de nu-propriétaire (combinaison de C. civ., art. 815-5, 817, 818 et 819). Dans la mesure où il est à la fois usufruitier et nu-propriétaire, on ne peut lui opposer la volonté contraire d'un usufruitier s'il demande la licitation en pleine propriété.

2 – L'égalité en valeur dans le partage

Le dispositif antérieur à la réforme reposait, depuis 1804, sur le principe de l'égalité en nature entre les copartageants; il avait pour conséquence l'obligation du partage en nature (C. civ., art. 826 anc.).

Chacun des cohéritiers pouvait demander sa part en nature des meubles et des immeubles de la succession. Il fallait donc constituer autant de lots égaux qu'il y a d'héritiers copartageants, ou de souches copartageantes (C. civ., art. 831 anc.).

Dans ce cadre, il convenait de faire entrer dans chaque lot, dans la mesure du possible, la même quantité de meubles, d'immeubles, de droits ou de créances de même nature et valeur. Dès lors que les copartageants ne s'accordaient pas sur le lot qui leur était attribué, il y avait tirage au sort. Lorsque le partage en nature du bien était impossible, la licitation s'imposait (C. civ., art. 827 al. 1 anc.).

Le droit antérieur avait néanmoins assoupli la rigueur de l'égalité en nature et admis qu'il pouvait y avoir une inégalité des lots en nature qui devait être compensée par un retour soit en rente, soit en argent (C. civ., art. 833 anc.). Le juge pouvait ainsi combiner le partage en nature avec des soultes, qui corrigeaient l'inégalité en nature des lots.

La réforme du 23 juin 2006 renverse le principe : désormais, l'égalité dans le partage est une égalité en valeur (C. civ., art. 826 al. 1).

Cette substitution marque l'aboutissement d'une évolution progressive de la loi en ce sens, dont la création de l'attribution préférentielle en 1938 est un parfait reflet. Elle facilitera les opérations de partage en évitant le recours à la licitation.

B. Le partage amiable est favorisé

1 – Le partage en présence d'un présumé absent ou d'une personne protégée est déjudiciarisé

Le droit antérieur à la réforme prévoyait un partage judiciaire lorsque parmi les copartageants se trouvait un mineur, un majeur en tutelle ou un présumé absent (C. civ., art. 838 anc.). Toutefois, sous certaines conditions, le partage amiable était possible en présence d'un mineur non émancipé (C. civ., art. 466, al. 2), d'un majeur en tutelle (C. civ., art. 495 anc.) ou d'un présumé absent (C. civ., art. 116). Dans ce cadre, trois conditions étaient nécessaires pour que le partage amiable intervienne : (1) une autorisation préalable, selon les cas, du conseil de famille ou du juge des tutelles, (2) une intervention du notaire pour y procéder et (3) une homologation de l'état liquidatif par le tribunal.

La nouvelle rédaction de l'article 836 s'applique aux personnes présumées absentes, aux personnes hors d'état de manifester leur volonté (C. civ., art. 836, al. 1) et à l'indivisaire faisant l'objet d'un régime de protection (C. civ., art. 836, al. 2).

Cette nouvelle rédaction appelle deux précisions. D'une part la présence d'une personne hors d'état de manifester sa volonté est réglée selon les modalités prévues pour les présumés absents sans nécessité d'ouvrir systématiquement une mesure de protection et, d'autre part, sont désormais visés au titre des personnes protégées non seulement les mineurs et les majeurs en tutelle, mais également les majeurs en curatelle.

S'agissant des personnes sous curatelle, en l'absence de toute disposition spéciale sur ce point, le partage amiable peut être réalisé avec l'assistance du curateur.

S'agissant des personnes sous mesure de tutelle et des mineurs, ainsi que des personnes présumées absentes ou hors d'état de manifester leur volonté, les conditions du recours au partage amiable sont allégées et la procédure fait l'objet d'une déjudiciarisation partielle. Si la nécessité d'une autorisation préalable du conseil de famille ou du juge des tutelles (selon le cas) subsiste, l'homologation judiciaire du partage est, en revanche, supprimée (C. civ., art. 116 et 466).

Cette formalité est remplacée par une approbation, selon les cas, du juge des tutelles ou du conseil de famille (C. civ., art. 116, 389-5 et 466).

Faute de remplir ces conditions, le partage amiable ne vaut que comme partage provisionnel.

Par ailleurs, les articles 116 et 466 du Code civil maintiennent, mais à titre seulement subsidiaire, la possibilité de recourir au partage fait en justice conformément aux dispositions des articles 840 à 842 du Code civil.

2 – La possibilité de passer outre l'inertie d'un indivisaire défaillant

Avant le 1er janvier 2007, si un indivisaire ne répondait pas aux propositions de partage faites par ses copartageants, le recours au partage judiciaire s'imposait, malgré l'absence de véritable contentieux et bien qu'il ne soit pas certain que cet indivisaire serait opposé au partage.

La loi du 23 juin 2006 met en place une procédure particulière adaptée à cette situation en rendant possible le partage amiable, le juge n'intervenant en amont que pour désigner une personne qualifiée pour représenter le défaillant, puis pour autoriser cette personne à consentir au partage amiable, le juge ne statuant pas sur la validité des opérations de partage elles-mêmes.

La mise en œuvre de ce dispositif implique que l'indivisaire défaillant ait été préalablement mis en demeure par un copartageant de se présenter ou de se faire représenter au partage. Cette mise en demeure intervient par acte extrajudiciaire (C. civ., art. 837).

Faute pour l'indivisaire de constituer mandataire dans les trois mois de la mise en demeure, le copartageant peut demander au juge de désigner toute personne qualifiée qui représentera le défaillant jusqu'à la réalisation complète du partage. La demande en désignation est portée devant le président du tribunal de grande instance ou son délégué, lequel statue par ordonnance sur requête (NCPC, art. 1379, al. 1er).

La personne qualifiée ainsi désignée pour représenter l'hériter défaillant doit solliciter l'autorisation de consentir au partage amiable en transmettant le projet de partage, approuvé par le reste des copartageants, au juge qui l'a désigné. L'autorisation du juge est rendue en dernier ressort (NCPC, art. 1358).

3 – Les conditions de remise en cause du partage

La réforme apporte plusieurs innovations en vue de limiter le contentieux ultérieur au partage en particulier pour éviter les cas de remise en cause complète du partage.

À l'ancienne section V intitulée : « De la rescision en matière de partage » sont substitués deux paragraphes distincts relatifs (1) l'un à l'action en nullité, (2) l'autre à l'action en complément de part.

3.1 – Des actions en nullité du partage

L'article 887 alinéa 1 du Code civil, dans sa rédaction antérieure à la réforme, prévoyait que l'annulation du partage pouvait être demandée pour cause de violence ou de dol.

La loi du 23 juin 2006 complète le texte et précise que le partage peut également être annulé sur le fondement de l'erreur. Il s'agit d'une codification de la jurisprudence (Cass. Civ., 26 oct. 1943, *Paul Clerc c. Clerc et autres*) qui retenait l'erreur dans deux cas spéciaux et très exceptionnels. L'erreur ne peut jouer que si elle a porté sur (1) l'existence ou la quotité des droits des copartageants; (2) ou, sur la propriété des biens compris dans la masse partageable (C. civ., art. 887, al. 2).

Cependant, la réforme prévoit également que la nullité du partage pour vices du consentement peut être évitée si un partage complémentaire ou rectificatif, ordonné par le tribunal, suffit à réparer le préjudice subi. Le tribunal est saisi en ce sens par l'un des copartageants (C. civ., art. 887, al. 3).

Les demandes formées en application des articles 887 du Code civil sont portées devant le tribunal de grande instance (NCPC, art. 1381).

Enfin, l'article 887-1 du Code civil prévoit que le partage encourt également la nullité en cas d'omission d'un héritier. Il s'agit également d'une codification de la jurisprudence (Req. 21 mars 1922).

La loi, sans remettre en cause la possibilité pour l'héritier omis de faire annuler le partage, met en place une procédure de partage complémentaire, permettant à l'héritier oublié d'obtenir sa part, en nature ou en valeur, en fonction de la valeur actuelle des biens (C. civ., art. 887-1, al. 2).

Comme dans le dispositif antérieur, le copartageant qui aliène tout ou partie de son lot ne peut intenter d'action en nullité fondée sur le dol, l'erreur ou la violence si l'aliénation est postérieure à la découverte du dol, de l'erreur ou à la cessation de la violence (C. civ., art. 888). Il s'agit d'une présomption irréfragable de confirmation du partage.

3.2 – De l'action en complément de part

Avant la réforme, un copartageant lésé de plus du quart pouvait agir en rescision pour lésion sur le fondement des articles 887 à 891 anciens du Code civil. Le demandeur devait prouver avoir reçu un lot inférieur aux trois quarts de celui qu'il aurait dû recevoir. Pour le calcul de la lésion, les biens étaient évalués au jour du partage (C. civ., art. 890 anc.). Il n'y avait que dans l'hypothèse de l'omission d'un bien de la succession qu'il était procédé non à une remise en cause complète du partage, mais à un supplément à l'acte de partage.

Cette nullité du partage pour lésion pouvait porter gravement atteinte à la sécurité juridique, notamment lorsque le cohéritier avait aliéné tout ou partie des biens qui lui avaient été allotis.

La réforme maintient le principe d'une sanction de la lésion de plus du quart dans le partage, mais elle substitue, dans tous les cas, à l'action en rescision une action en complément de part.

L'objectif poursuivi est de limiter les risques d'annulation du partage.

Le partage déjà réalisé est maintenu à charge pour les copartageants de l'héritier lésé de lui verser un supplément de part qui devient la seule action possible en cas de lésion. L'action en complément de part de l'ancien article 891 devient ainsi la règle.

Ce complément peut être fourni en nature ou en valeur, au choix du défendeur (C. civ., art. 889, al. 1).

Pour apprécier la lésion, les objets sont estimés selon leur valeur à l'époque du partage (C. civ., art. 889, al. 1). En vue de sécuriser l'opération, l'action en complément de part se prescrit par deux ans à compter du partage (C. civ., art. 889, al. 2).

4 – La répartition du prix de cession entre les usufruitiers et les nus-propriétaires

Une incertitude existait sur le devenir de prix de cession d'un bien démembré. Si les tribunaux s'étaient plutôt prononcés en faveur d'une répartition entre l'usufruitier et le nu-propriétaire, certains praticiens procédaient à un report du démembrement de propriété sur le prix de cession.

La loi du 23 juin 2006 met fin à cette incertitude et prévoit que le prix se répartit entre l'usufruit et la nue-propriété selon la valeur comparative de chacun de ces droits, en laissant toutefois la possibilité pour les parties de reporter l'usufruit sur le prix (C. civ., art. 621).

C. La réforme du partage judiciaire

1 – Les conditions du partage judiciaire

Le partage est judiciaire lorsque :

1 – L'un des indivisaires refuse de consentir au partage amiable;

2 – Des contestations s'élèvent sur la manière de procéder ou de terminer le partage amiable;

3 – Le partage amiable n'a pas été autorisé ou approuvé alors que l'on est confronté à une hypothèse de présumé absent, d'éloignement, d'incapacité ou d'indivisaire défaillant (C. civ., art. 840).

Le tribunal de grande instance du lieu d'ouverture de la succession est exclusivement compétent pour connaître de l'action en partage et des contestations qui s'élèvent à l'occasion du maintien de l'indivision ou au cours des opérations de partage (combinaison de C. civ., art. 841 et NCPC, art. 1359 s.). Il ordonne également les licitations et statue sur les demandes relatives à la garantie des lots entre les copartageants et sur celles en nullité du partage ou en complément de part (C. civ., art. 841).

En tout état de cause et dès lors que les conditions nécessaires à la réalisation du partage amiable sont réunies, les copartageants sont à tout moment libres d'abandonner les voies judiciaires et de poursuivre le partage amiable (C. civ., art. 842). Le notaire, s'il a été désigné, en informe le juge, lequel constate la clôture de la procédure (NCPC, art. 1372).

La procédure relative au partage judiciaire est prévue par le décret n° 2006-1805 du 23 décembre 2006 et figure désormais aux articles 1359 à 1378 du NCPC et non plus dans l'ancien code de procédure civile, lequel ne comporte plus de dispositions intéressant les successions et le partage.

Il convient de souligner que les dispositions relatives au partage d'une indivision successorale sont également applicables au partage de toute autre indivision et des intérêts patrimoniaux des époux après le prononcé du divorce (NCPC, art. 1136-3).

2 – La nouvelle procédure de partage

2.1 – L'assignation

La demande en partage est faite par assignation. En cas de pluralité d'assignations, le demandeur en partage est celui qui a fait enrôler en premier son assignation au tribunal de grande instance du lieu d'ouverture de la succession (NCPC, art. 1359).

L'assignation doit désormais comporter, à peine d'irrecevabilité, un descriptif sommaire du patrimoine à partager et préciser les intentions du demandeur quant à la répartition des biens ainsi que les diligences entreprises pour parvenir à un partage amiable (NCPC, art. 1360).

Inspiré d'une disposition comparable introduite à l'article 1115 du NCPC pour l'assignation en divorce, ce mécanisme permettra, d'une part, d'éviter les assignations hâtives alors qu'aucune tentative de partage amiable n'a été réalisée et, d'autre part, donnera au juge saisi une vision plus précise de la situation patrimoniale et des difficultés à trancher.

La description du patrimoine doit comporter les éléments aussi bien actifs que passifs qui le composent. Cette exigence s'apprécie en fonction des difficultés pratiques, voire des obstacles que le demandeur peut rencontrer.

S'agissant de la justification des diligences entreprises pour parvenir à un partage amiable, celle-ci peut résulter de la production d'un procès-verbal de carence dressé par un notaire choisi pour établir un projet de partage amiable. Toutefois, le demandeur peut également produire tout document établissant que le demandeur a entrepris des démarches pour parvenir à un partage amiable (courrier, attestation d'avocat ou de notaire…).

2.2 – L'orientation de la procédure

Selon la complexité des opérations de réalisation de partage, la réforme offre une alternative.

– La première hypothèse régie par les articles 1362 et suivants nouveaux du NCPC, recouvre les situations simples. Le tribunal prononce alors le partage et renvoie, le cas échéant, les parties devant un notaire pour formaliser l'acte et procéder aux éventuelles publications obligatoires. À cette fin, le tribunal peut recourir aux services d'un expert en particulier pour la composition des lots en vue de procéder à leur attribution (*cf.* point 2.3 *infra*).

– La seconde hypothèse prévue aux articles 1365 et suivants nouveaux du NCPC vise le cas où la complexité de la situation patrimoniale nécessite une préparation plus approfondie. Dans ce contexte, le tribunal désigne, d'une part, un notaire chargé de conduire les opérations préalables au partage et, d'autre part, un juge chargé de les surveiller (*cf.* point 2.4 *infra*).

2.3 – Le prononcé du partage

S'il peut avoir lieu, le tribunal ordonne le partage. Le tribunal ordonnera la vente par licitation si tous les indivisaires sont capables et présents ou représentés et dans la mesure où aucun des copartageants n'est en droit de prétendre à une attribution préférentielle (NCPC, art. 1361, al. 1).

En effet, lorsque le litige porte sur l'estimation des biens ou la composition des lots, le tribunal peut désigner un expert chargé de procéder à l'estimation de tout ou partie des biens ou proposer la composition des lots à répartir (NCPC, art. 1362 et 1363).

Le tribunal, après avoir ordonné le partage, peut désigner un notaire pour dresser l'acte constatant le partage. Cette désignation interviendra notamment lorsque le patrimoine successoral comporte des biens soumis à publicité foncière (NCPC, art. 1361, al. 2).

Si un tirage au sort des lots doit être ordonné, celui-ci a lieu devant le notaire s'il en a été désigné un dans les conditions précitées (NCPC, art. 1361, al. 2). À défaut, le tirage au sort des lots aura lieu devant le président du tribunal de grande instance ou son délégué (NCPC, art. 1363, al. 1).

Si un héritier est défaillant, le président du tribunal de grande instance peut d'office sur la production du procès-verbal de carence dressé par le notaire commis, désigner un représentant à l'héritier défaillant. Lorsque le tirage au sort a lieu devant lui, le président du tribunal peut d'office procéder à la désignation d'un représentant de l'héritier défaillant (NCPC, art. 1363, al. 2).

2.4 – L'instruction du partage par un notaire

Lorsque les opérations de partage sont plus complexes, le tribunal de grande instance désigne un notaire pour procéder aux opérations de partage et commet un juge pour les surveiller (NCPC, art. 1364).

2.4.1 – Le rôle du notaire

Le notaire est choisi par les copartageants et, à défaut d'accord, par le tribunal (NCPC, art. 1364, al. 2). Il a comme mission de parvenir à établir un projet d'acte de partage.

2.4.1.1 – Les moyens d'action du notaire désigné

Pour parvenir à établir un projet de partage, le notaire peut convoquer les parties et demander la production de tout document utile à l'accomplissement de sa mission. Il rend compte au juge commis des difficultés rencontrées. En outre, il peut solliciter du juge commis toute mesure de nature à en faciliter le bon déroulement (demande de communication de pièce sous astreinte, expertise... *infra* 2.4.2.). Enfin, si la valeur ou la consistance des biens le justifie, il peut s'adjoindre un expert, choisi d'un commun accord entre les parties ou, à défaut d'accord, par le juge commis (NCPC, art. 1365).

Le notaire recherche à concilier les parties en vue d'un partage amiable. Il peut également solliciter du juge commis que ce dernier convoque les parties pour tenter, en sa présence, une conciliation entre les parties. Si cette conciliation n'aboutit pas, le juge renvoie les parties devant le notaire, lequel établit un procès-verbal reprenant les dires des parties ainsi qu'un projet d'état liquidatif du patrimoine successoral (NCPC, art. 1366).

Enfin, le notaire qui se heurte à l'inertie d'un indivisaire, pourtant mis en demeure par exploit d'huissier de se faire représenter, peut – à l'issue d'un délai de trois mois après la mise en demeure – demander au juge commis, sur production d'un procès-verbal de carence, de désigner, par ordonnance sur requête, une personne qualifiée chargée de représenter l'héritier défaillant jusqu'à la fin des opérations de partage (C. civ., art. 841-1 et NCPC, art. 1367 et 1379).

2.4.1.2 – Le délai imparti au notaire désigné

Le notaire désigné dispose d'un délai impératif d'un an pour parvenir à dresser un état liquidatif, établir la masse partageable et les droits des parties et proposer une composition des lots à partager (NCPC, art. 1368).

Ce délai peut être suspendu dans quatre cas (NCPC, art. 1369) :

1° – en cas de désignation d'un expert et jusqu'à la remise du rapport;

2° – en cas d'adjudication et jusqu'au jour de réalisation définitive de celle-ci;

3° – en cas de demande de désignation d'une personne qualifiée pour représenter un héritier défaillant et jusqu'au jour de sa désignation;

4° – en cas de tentative de conciliation devant le juge commis et jusqu'à l'accomplissement de l'opération en cause.

Le délai d'un an peut faire l'objet d'une prorogation d'un an maximum accordée par le juge commis sur demande du notaire, ou sur requête d'un copartageant lorsqu'il est justifié de la complexité des opérations de partage (NCPC, art. 1370).

Cette prorogation peut être demandée à tout moment par le notaire et prend effet à l'expiration du délai originaire.

2.4.1.3 – L'établissement d'un projet de partage

Lorsque les parties ne parviennent pas à se mettre d'accord sur le projet de partage établi par le notaire, celui-ci transmet au juge commis un procès-verbal reprenant les dires respectifs des parties ainsi que le projet d'état liquidatif (NCPC, art. 1373).

Cette transmission marque la fin de mission du notaire dans le cadre de la préparation des opérations de partage.

Lorsque le notaire parvient à concilier les parties et à établir un acte de partage, les parties peuvent décider d'abandonner la procédure de partage judiciaire, dès lors que les conditions prévues pour un partage de cette nature sont réunies (C. civ., art. 842). Dans ce cas, le notaire en informe le juge commis qui constate la clôture de la procédure (NCPC, art. 1372). L'information faite par le notaire peut être accompagnée d'une copie de l'acte de partage signée par les parties.

2.4.2 – Le rôle du juge commis

2.4.2.1 – Surveillance des opérations de partage

Une des missions principales du juge commis est de veiller au bon déroulement des opérations de partage réalisées par le notaire, ainsi qu'au respect du délai imparti à ce dernier (NCPC, art. 1371, al. 1er).

Le juge commis peut ainsi ordonner toute mesure de nature à faciliter le bon déroulement de la mission du notaire (demande de communication de pièce sous astreinte, injonction aux parties, expertise...) Il peut également adresser des injonctions aux parties ou au notaire commis, prononcer des astreintes et procéder au remplacement du notaire commis par le tribunal (NCPC, art. 1371, al. 2).

Il peut en outre entendre les parties ou leurs représentants et le notaire et convoquer les parties pour tenter une conciliation (NCPC, art. 1373).

2.4.2.2 – Décisions relatives à la succession

Le juge commis statue sur les demandes relatives à la succession pour laquelle il a été désigné (NCPC, art. 1371, al. 3). Il dispose ainsi de tous les pouvoirs reconnus au président du tribunal de grande instance pour statuer sur les questions relatives à la succession selon les modalités procédurales précisées aux articles 1379 et 1380 du NCPC.

2.4.2.3 – Préparation de l'audience du tribunal

En cas de désaccord des copartageants sur le projet d'état liquidatif dressé par le notaire, ce dernier transmet au juge commis son procès-verbal reprenant les dires respectifs des parties ainsi que le projet d'état liquidatif. Les parties non représentées sont invitées à constituer avocat (NCPC, art. 1373 al. 1 et 2).

Le juge commis peut décider d'entendre les parties ou leurs représentants en présence du notaire afin de tenter une ultime conciliation. À défaut de conciliation, il fait rapport au tribunal des difficultés subsistantes révélées par le procès-verbal du notaire et soulevées par les parties.

Il exerce le cas échéant la mission de juge de la mise en état et peut, à ce titre, ordonner toute expertise (NCPC, art. 1373, al. 3, 4 et 5).

2.4.3 – L'audience du tribunal

2.4.3.1 – Les demandes tranchées par le tribunal

Toutes les demandes entre les mêmes parties formées sur la succession en cause ne constituent qu'une seule instance. Toute demande distincte est irrecevable à moins que le fondement des prétentions ne soit né ou ne soit révélé que postérieurement à l'établissement du rapport par le juge commis (NCPC, art. 1374).

Cette innovation permet d'éviter la multiplication des demandes de nature à ralentir l'aboutissement du partage judiciaire.

2.4.3.2 – Contenu de la décision du tribunal

Le tribunal de grande instance statue en premier lieu sur les points de désaccord révélés par le rapport du juge commis (NCPC, art. 1375, al. 1).

Dans un deuxième temps, si le projet d'état liquidatif transmis par le notaire est conforme avec la décision rendue par le tribunal, il procède à son homologation et ordonne s'il y a lieu le tirage au sort des lots par la même décision, soit devant le juge commis, soit devant le notaire commis (NCPC, art. 1375, al. 2 et 3).

Lorsque le projet d'état liquidatif n'est pas conforme, le tribunal renvoie les parties devant le notaire pour que celui-ci établisse un nouvel état liquidatif. Ce nouvel état est ensuite soumis à l'homologation du tribunal qui ordonne s'il y a lieu le tirage au sort des lots.

2.5 – La licitation

Les règles concernant la licitation n'ont pas fait l'objet de modifications importantes.

La licitation est ordonnée par le tribunal du lieu d'ouverture de la succession aux conditions qu'il détermine dès lors que les biens ne peuvent être facilement partagés ou attribués (C. civ., art. 841 et NCPC, art. 1377).

La vente des immeubles s'effectue selon les règles qui s'appliquent à « la vente des immeubles et des fonds de commerce appartenant à des mineurs en tutelle ou à des majeurs en tutelle » énoncées aux articles 1271 à 1281 du NCPC. L'article 1278 alinéa 1 du NCPC ne renvoyant pas à la compétence du juge, le tribunal de grande instance est compétent. La vente des meubles s'opère dans les formes prévues aux articles 110 à 114 et 116 du décret n° 92-755 du 31 juillet 1992.

Toutefois, afin de permettre la conservation des biens dans la famille, lorsque tous les indivisaires sont capables et présents (ou représentés), ils peuvent décider à l'unanimité que l'adjudication se déroulera entre eux (NCPC, art. 1378). En effet, à défaut, les tiers à l'indivision y sont toujours admis.

D. L'amélioration du sort des entreprises dans le partage

Un des objectifs de la réforme du 23 juin 2006 est de permettre une meilleure gestion des entreprises au lendemain du décès de l'entrepreneur afin que ce décès n'empêche pas, de fait, la poursuite de l'activité.

Dans ce cadre, certaines dispositions qui ont d'ores et déjà été présentées car elles ne sont pas spécifiques aux entreprises revêtent néanmoins, à leur égard, un intérêt particulier. Il en va ainsi des dispositions de l'article 784 qui permettent aux héritiers d'effectuer immédiatement les actes nécessaires à la poursuite de l'activité sans que leur action puisse être interprétée comme constitutive d'une acceptation de la succession. Il en va également du recours au mandat, en particulier du mandat à effet posthume, et de l'assouplissement des règles applicables aux actes d'administration des biens indivis.

Par ailleurs, s'agissant du partage, la réforme comporte des dispositions spécifiques qui étendent, à l'ensemble des entreprises, des dispositions favorables au maintien de l'activité et qui n'étaient jusque-là réservées qu'à certaines d'entre elles.

Le partage pouvant, dans certains cas se révéler particulièrement néfaste pour l'équilibre économique d'une entreprise, la loi élargit le champ d'application des mécanismes du maintien judiciaire temporaire de l'indivision et de l'attribution préférentielle.

1 – Le maintien de l'indivision

Selon le droit commun de l'indivision, chaque indivisaire peut à tout moment provoquer le partage. Cependant, les demandes en partage peuvent être préjudiciables à la valeur de certains biens compris dans l'indivision. La loi du 31 décembre 1976 a ainsi permis aux exploitations agricoles dépendant de la succession d'échapper au partage pour être maintenues dans l'indivision lorsque cette situation est nécessaire pour préserver la valeur de l'exploitation, pour permettre à un indivisaire de reprendre l'activité ou encore pour conserver les revenus nécessaires à la survie de la famille du défunt (article 815-1 ancien). Cette possibilité de demander le maintien de l'indivision a été instaurée au bénéfice du conjoint survivant et des enfants mineurs (C. civ., art. 815-1 anc.).

Les motifs qui ont conduit le législateur de 1976 à autoriser le maintien dans l'indivision des exploitations agricoles (protection des intérêts du conjoint survivant et des enfants mineurs) sont ceux qui ont justifié l'extension du mécanisme, d'une part, à toutes les formes d'entreprises, qu'elles soient commerciales, artisanales, industrielles ou libérales (C. civ., art. 821) et, d'autre part, aux droits sociaux représentatifs de telles entreprises. Les demandes sont portées devant le tribunal de grande instance (NCPC, art. 1381). Le conjoint survivant, dont les revenus dépendent souvent de l'exploitation d'une entreprise par le défunt, et qui, le cas échéant, y collabore (ex : un fonds de commerce appartenant au mari dans lequel l'épouse apporte son aide), pourra ainsi demander le maintien de cette entreprise dans l'indivision et en continuer l'exploitation. Ce maintien provisoire pourra notamment lui permettre de trouver dans des conditions sereines un repreneur.

2 – L'attribution préférentielle

Ce mécanisme consiste pour un héritier à demander en justice que lui soit attribué par préférence aux autres un bien de la succession. Cette possibilité était ouverte, en l'état antérieur du droit, à tout héritier, mais ne pouvait porter que sur une exploitation agricole ou une entreprise commerciale industrielle ou artisanale à caractère familial (C. civ., art. 832 anc.).

Ces exigences sont inadaptées dès lors que les entreprises sont de plus en plus exploitées sous forme sociétale.

Ainsi, la réforme a étendu le mécanisme de l'attribution préférentielle afin de faire échapper toute entreprise, quel que soit son domaine d'activité ou sa structure d'exploitation, à un morcellement souvent inadapté et néfaste.

À présent, le copartageant compétent pour gérer l'entreprise pourra par conséquent demander à en être attributaire, qu'il s'agisse d'une entreprise commerciale, industrielle, artisanale ou libérale, exploitée en la forme individuelle ou en la forme sociétale (C. civ., art. 831).

L'attribution préférentielle, qui sous l'ancien régime, ne pouvait concerner que les parts sociales de société est à présent étendue à l'ensemble des droits sociaux représentatifs (C. civ., art. 831).

CHAPITRE II : LE DROIT DES LIBÉRALITÉS

La loi n° 2006-728 du 23 juin 2006 tend à garantir une plus grande sécurité dans la transmission des biens, en affirmant le principe de réduction en valeur des libéralités excessives (I) et en abrogeant le caractère automatique de la révocation des libéralités pour survenance d'enfant du donateur (II).

Elle tend en outre à accroître la capacité à disposer en autorisant les pactes successoraux (renonciation anticipée à l'action en réduction) (I), en élargissant le domaine des donations-partages et des testaments partages (IV), en consacrant, et en élargissant le mécanisme de la libéralité graduelle et de la libéralité résiduelle (V) et en supprimant la réserve héréditaire des ascendants (VI).

Enfin, elle améliore la bonne exécution des dispositions de dernières volontés en augmentant le pouvoir de l'exécuteur testamentaire (VII).

I – LE PRINCIPE DE RÉDUCTION EN VALEUR DES LIBÉRALITÉS EXCESSIVES

Alors que pour définir si la réduction des libéralités excessives devait s'effectuer en nature ou en valeur, le régime antérieur à la loi du 23 juin 2006 opérait des distinctions eu égard à la personne du gratifié ou à la forme de la libéralité, la réforme opère une généralisation de la réduction en valeur qui s'inscrit dans le prolongement de la consécration de l'égalité en valeur dans le partage.

Cette généralisation contribue à renforcer la sécurité juridique en limitant les cas de remise en cause de situations juridiques antérieures.

En effet, la réduction en nature était susceptible d'empêcher le donataire non réservataire de disposer à son tour du bien car l'aliénation pouvait être rétroactivement annulée après le décès du donateur, son titre de propriété devenant de ce fait caduc. Elle pouvait également porter atteinte au respect de la volonté du défunt qui avait pu souhaiter, en connaissance du caractère excessif de la libéralité, gratifier néanmoins certains héritiers de certains biens déterminés (C. civ., art. 930 anc.).

La loi dispose désormais que lorsque la libéralité excède la quotité disponible, le gratifié, successible ou non successible, doit indemniser les héritiers réservataires à concurrence de la portion excessive de la libéralité, quel que soit cet excédent (C. civ., art. 924).

L'indemnité de réduction prend par conséquent la forme d'une créance que celui qui a été gratifié de la libéralité excessive doit aux héritiers réservataires lésés.

L'indemnité de réduction due par un héritier qui est lui-même réservataire est payée en moins prenant et en priorité par voie d'imputation sur ses droits dans la réserve.

Le principe de la réduction en valeur connaît toutefois un tempérament : celui qui a été gratifié de la libéralité excessive peut décider d'exécuter la réduction en nature si le bien donné entre-temps lui appartient encore et qu'il n'a pas été grevé de nouvelle charge ou occupation depuis le jour de la libéralité.

Dès lors qu'il est mis en demeure de prendre parti par un héritier, le gratifié de la libéralité excessive dispose d'un délai de trois mois pour décider qu'il exécutera la réduction en nature. Passé ce délai, il devra la réduction en valeur.

II – LA SUPPRESSION DE LA RÉVOCATION DE PLEIN DROIT DES DONATIONS POUR SURVENANCE D'ENFANT

La révocation des donations pour survenance d'enfant a été introduite à l'origine afin de protéger la volonté du donateur et de préserver la réserve des descendants à naître. Cependant, cette règle d'ordre public apparaissait, d'une part, comme une entrave à la liberté de disposer et, d'autre part, portait excessivement atteinte à la sécurité juridique.

La loi du 23 juin 2006 prévoit désormais que la révocation des donations ne sera encourue pour survenance d'enfant que dans la mesure où le donateur l'aura au préalable expressément mentionnée dans l'acte de donation (C. civ., art. 960).

Dans l'hypothèse où le donateur aurait décidé d'inclure une telle clause dans l'acte de donation, l'action en révocation devra être intentée par le donateur dans les cinq ans à compter de la naissance ou de l'adoption en la forme plénière du dernier enfant (C. civ., art. 966).

III – LES PACTES SUCCESSORAUX

La réforme des libéralités apporte d'importants tempéraments au principe de la prohibition des pactes sur succession future à travers, d'une part, l'introduction de la renonciation anticipée à l'action en réduction des libéralités portant atteinte à la réserve et, d'autre part, l'introduction de la renonciation à l'exercice de l'action en retranchement de l'avantage matrimonial excessif.

Par ailleurs, la loi n° 2006-728 apporte des précisions quant au régime applicable à l'exercice de l'action en réduction contre le tiers détenteur lorsque les héritiers réservataires ont consenti à l'aliénation du bien donné ou légué.

A. La renonciation anticipée à l'exercice de l'action en réduction des libéralités portant atteinte à la réserve

1 – Objet de la renonciation

Tout héritier réservataire présomptif a désormais la possibilité de renoncer par anticipation, c'est-à-dire avant l'ouverture de la succession, à l'exercice de l'action en réduction des libéralités qui porteraient atteinte à sa réserve héréditaire.

Il s'agit d'une nouvelle dérogation au principe de la prohibition des pactes sur succession future. En effet, avant la réforme, une telle renonciation n'était possible qu'après l'ouverture de la succession.

Cette renonciation est organisée par les articles 929 à 930-5 du Code civil.

La renonciation à l'action en réduction peut porter sur tout ou partie des droits réservataires (ex : un héritier peut décider de renoncer simplement à l'action en réduction des libéralités qui porteraient atteinte à la moitié de sa réserve, ce qui permettra alors au « futur défunt » d'augmenter d'autant sa liberté de disposition) ou sur un ou plusieurs biens déterminés.

La renonciation peut porter sur l'atteinte qui pourrait résulter d'une donation déjà faite et spécialement visée dans l'acte de renonciation. Elle peut également porter sur les atteintes à la réserve qui pourraient résulter de libéralités à venir. Par conséquent la renonciation peut être utilisée à des fins très différentes, soit comme un moyen de sécuriser des donations déjà faites en les protégeant à l'avance contre le risque d'une action en réduction, soit comme un moyen d'augmenter la faculté de disposition du *de cujus*.

La renonciation est un contrat unilatéral : elle n'engage le renonçant que du jour où elle a été acceptée par celui dont le renonçant a vocation à hériter, mais elle ne crée, et ne peut créer, aucune obligation à la charge de ce dernier, ni être conditionnée à un acte émanant de lui. En ce sens, la renonciation est gratuite.

Toutefois, pour le renonçant, la renonciation ne constitue une libéralité ni en faveur de celui dont il a vocation à hériter, ni en faveur du bénéficiaire des libéralités. Par conséquent, le renonçant n'a pas à être animé d'une intention libérale.

La renonciation doit viser le ou les bénéficiaires actuels ou éventuels des libéralités dont le caractère excédentaire ne pourra pas être contesté. Ce bénéficiaire peut être toute personne, un héritier, réservataire ou non, ou un tiers. Ce bénéficiaire est un tiers à l'acte de renonciation.

Toutefois, la renonciation n'est pas une libéralité faite par le renonçant au profit du bénéficiaire actuel ou à venir de la libéralité faite par le *de cujus*.

2 – Conditions de validité de la renonciation

Le Parlement s'est montré particulièrement soucieux de renforcer les garanties entourant les conditions de la renonciation, afin de protéger la liberté du renonçant contre les risques de pression, en particulier de son entourage familial. Par conséquent, l'acte de renonciation obéit à des conditions de fond et de forme exceptionnelles.

Les conditions relatives à la capacité du renonçant sont celles qui sont exigées pour le consentement à une donation entre vifs. S'agissant d'une renonciation unilatérale, elle est interdite aux mineurs et aux majeurs en tutelle.

L'acte de renonciation est fait par acte authentique dans des formes solennelles : d'une part, il est reçu par deux notaires, dont l'un est désigné à cet effet par le président de la chambre des notaires, d'autre part, l'acte ne peut être reçu par un clerc habilité (articles 10 et 11 de la loi du 25 ventôse an XI contenant l'organisation du notariat).

La validité de la renonciation est conditionnée à la liberté et à l'intégrité du consentement du renonçant, lequel peut être vicié par l'erreur, la violence ou le dol dans les conditions du droit commun. L'acte de renonciation prévoit à cet égard une obligation particulière d'information du renonçant sur les conséquences juridiques futures de sa renonciation, l'énonciation de ces conséquences figurant dans l'acte de renonciation. Le consentement du renonçant est donné en présence des seuls notaires. Cette règle s'applique même lorsqu'un même acte comporte la renonciation de plusieurs héritiers réservataires.

3 – La portée de la renonciation à l'action en réduction

L'héritier qui a renoncé à l'action en réduction n'a pas renoncé à la succession par avance. Il jouit donc du droit d'option comme tout héritier. L'appellation courante de « renonciation à la réserve » est impropre : l'héritier réservataire qui a renoncé conserve, dans la succession, sa qualité d'héritier réservataire. Le seul effet de la renonciation est de priver l'héritier de la qualité pour demander la réduction des libéralités attentatoires à sa réserve.

Par conséquent, si aucune libéralité ne porte atteinte à sa réserve, la renonciation ne produit aucun effet. Si l'atteinte à la réserve n'est que partielle et inférieure à la portée de la renonciation, celle-ci ne produit effet que dans la proportion de cette atteinte. Enfin, si l'atteinte à la réserve excède la portée de la renonciation, celle-ci n'est pas nulle, mais l'héritier renonçant conserve le droit de demander la réduction de la part de l'atteinte à sa réserve excédant la portée de sa renonciation.

En revanche, la renonciation est caduque si la libéralité attentatoire à la réserve n'a pas été faite au profit de la ou des personnes désignées dans la renonciation ou si la libéralité n'a pas porté sur le bien visé dans la renonciation (lorsque la renonciation a porté spécifiquement sur les atteintes à la réserve qui résulteraient d'une libéralité constituée par la donation ou le legs de tel ou tel bien).

Enfin, à la différence de la renonciation à la succession, qui entraîne la représentation du renonçant, la renonciation à l'action en réduction est opposable aux représentants du renonçant.

4 – La révocation de la renonciation

La renonciation n'est révocable que dans des conditions précisément définies par la loi.

D'une part, le renonçant peut révoquer sa renonciation si le *de cujus* a manqué à ses obligations alimentaires à son égard ou s'il se trouve, au jour de l'ouverture de la succession dans une situation de besoin qu'il ne connaîtrait pas s'il n'avait pas renoncé. Ces cas de renonciation consacrent le caractère alimentaire de la réserve héréditaire.

D'autre part, la révocation peut être prononcée en cas d'indignité caractérisée, lorsque le *de cujus* s'est rendu coupable à l'égard du renonçant d'un crime ou d'un délit contre sa personne.

La révocation n'opère jamais de plein droit. Elle doit être demandée dans l'année, soit de l'ouverture de la succession, si elle est fondée sur l'état de besoin, soit du fait invoqué à l'appui de la demande. Enfin, si le juge fait droit à la demande de révocation fondée sur l'état de besoin, la révocation n'est prononcée que dans la proportion nécessaire pour faire cesser l'état de besoin invoqué.

B. La renonciation à l'action en retranchement de l'avantage matrimonial excessif

L'article 45 de la loi du 23 juin 2006 a introduit à l'article 1527 du Code civil la possibilité que les enfants qui ne sont pas issus des deux époux renoncent à l'action en retranchement dans les formes prévues aux articles 929 à 930-1 pour la renonciation anticipée à l'action en réduction des libéralités excessives.

En dépit de l'identité des conditions de forme, la renonciation à l'action en retranchement n'a pas pour effet de priver les enfants non communs du droit de réclamer la réduction de l'avantage matrimonial excessif, mais elle retarde, jusqu'au décès du conjoint dont ils ne sont pas issus, le moment où cette action en retranchement pourra être exercée.

C. Le consentement, par les héritiers réservataires, à l'aliénation du bien donné ou légué

Les conditions de l'exercice de l'action en réduction contre les tiers détenteurs figurent désormais à l'article 924-4 du Code civil (C. civ., art. 930 anc.). En ce qui concerne les biens légués, la loi du 23 juin 2006 consacre la jurisprudence selon laquelle l'action en réduction ne peut plus être exercée lorsque les héritiers réservataires ont consenti à l'aliénation (Civ., 11 janvier 1919).

Le deuxième alinéa de l'article 924-4 du Code civil prévoit que le donateur et tous ses héritiers réservataires présomptifs peuvent consentir à l'aliénation, par le donataire, d'un bien donné.

Ce consentement peut être donné soit le jour de la donation, soit ultérieurement. Si tous les héritiers réservataires vivants ont consenti à cette aliénation, aucun héritier réservataire ne peut, dans l'hypothèse où cette donation serait réductible, poursuivre la réduction contre les tiers détenteurs.

Ce consentement est opposable aux héritiers réservataires qui ne seraient pas nés à la date où il a été donné.

IV – LE DOMAINE DES DONATIONS-PARTAGES ET DES TESTAMENTS PARTAGES EST ÉLARGI

Le domaine des donations et testaments partages était jusqu'au 1er janvier 2007 cantonné au partage d'ascendants, c'est-à-dire limité aux libéralités consenties au profit des enfants et de leurs descendants (C. civ., art. 1075 anc.).

La réforme apporte plusieurs assouplissements à ces règles et élargit considérablement les possibilités de recourir à la donation ou au testament partage.

La loi du 23 juin 2006 étend le bénéfice des donations-partages et testaments partages à tous les héritiers présomptifs et aux descendants de degrés différents (donations-partages transgénérationnelles).

En outre, elle organise le régime de la donation-partage conjonctive faite par des époux au profit d'enfants non communs et elle élargit les conditions dans lesquelles un tiers peut intervenir à l'acte de donation-partage.

A. La donation-partage et le testament partage sont étendus au profit de tous les héritiers présomptifs

Les héritiers présomptifs sont ceux qui, au jour de l'acte, et si le disposant décédait à cette date, seraient héritiers légaux. Pour être qualifiés de présomptifs, ils doivent être au jour de l'acte en rang utile.

La loi n° 2006-728 du 23 juin 2006 élargit le champ de la donation-partage et du testament partage au profit de ces derniers afin de permettre par exemple à une personne, qui n'a pas de descendants, de distribuer et de partager ses biens entre ses frère et sœur ou ses neveu et nièce, s'ils sont ses héritiers présomptifs (C. civ., art. 1075).

Cette ouverture permet de faire de la donation-partage – entendue à l'origine comme un acte d'autorité parentale – un outil généralisé de règlement anticipé des successions.

B. La donation-partage peut être faite au profit de descendants de degrés différents

La loi nouvelle autorise désormais toute personne à faire la distribution et le partage de ses biens entre des descendants de degrés différents, qu'ils soient ou non ses héritiers présomptifs (C. civ., art. 1075-1).

Permettre de faire concourir des descendants de générations différentes élargit le domaine de l'ancien partage d'ascendants.

Cette libéralité constitue une libéralité-partage alors même que l'ascendant-donateur n'aurait qu'un enfant, que le partage serait fait entre celui-ci et ses descendants ou entre ses descendants seulement (C. civ., art. 1078-5).

Le recours à cette donation-partage transgénérationnelle implique le consentement de l'enfant de la génération intermédiaire qui non seulement renonce à une partie de ses droits mais consent à ce que ses propres descendants soient allotis en ses lieu et place.

Les biens sont transmis directement du donateur au donataire, sans transiter par le patrimoine de la génération intermédiaire. Toutefois, en application de l'article 1078-9 du Code civil, dans la succession de l'enfant de la génération intermédiaire qui a consenti à ce que ses propres enfants soient allotis en ses lieu et place, les biens reçus par eux de l'ascendant donateur sont traités pour des raisons strictement liquidatives comme s'ils les tenaient de leur auteur direct (la génération intermédiaire).

C. Les donations-partages conjonctives dans les familles recomposées

Le développement des familles recomposées nécessite une adaptation des règles des donations-partages.

Il existait une incertitude tant pour la pratique que pour la jurisprudence quant aux donations-partages consenties par deux époux qui incluaient des enfants de précédentes unions.

Avec la réforme, les donations-partages conjonctives sont autorisées dès lors que certaines conditions sont réunies : l'enfant non commun peut être alloti du chef de son auteur en biens propres de celui-ci ou en biens communs. Toutefois, le conjoint de l'auteur de l'enfant donataire n'est pas codonateur des biens communs (C. civ., art. 1076-1).

D. L'élargissement des conditions d'intervention d'un tiers dans la donation-partage

Le troisième alinéa de l'article 1075 du Code civil permettait, de façon restrictive, de gratifier un tiers dans la donation-partage. Si les biens donnés comprenaient une entreprise individuelle à caractère industriel, commercial, artisanal, agricole ou libéral, un tiers pouvait intervenir dans la donation-partage pour être gratifié de la jouissance ou de la propriété de tout ou partie des biens constitutifs de l'entreprise.

Désormais, l'article 1075-2 du Code civil étend la possibilité de faire intervenir un tiers à la donation-partage lorsque ce tiers est destiné à recevoir la jouissance ou la propriété de droits sociaux d'une société exerçant une activité à caractère industriel, artisanal, agricole ou libéral dans laquelle le donateur exerce une fonction dirigeante.

V – LA LIBÉRALITÉ GRADUELLE ET LA LIBÉRALITÉ RÉSIDUELLE

A. La libéralité graduelle

La loi du 23 juin 2006 intègre les anciennes substitutions fidéicommissaires permises dans la catégorie plus importante dénommée « Des libéralités graduelles » (C. civ., art. 1048 à 1056).

L'élargissement du champ du mécanisme permet de lui donner un second souffle dans la mesure où il était devenu obsolète du fait de la rigidité des conditions nécessaires à sa mise en œuvre.

La libéralité graduelle permet à toute personne de disposer entre vifs (donation graduelle) ou à cause de mort (legs graduel) en faveur d'une autre personne à charge pour cette dernière de conserver le bien et de le transmettre à un tiers désigné dans la donation ou le testament (C. civ., art. 1048). Par conséquent, le premier gratifié est soumis à une interdiction d'aliéner. Le second gratifié ne peut être soumis à l'obligation de conservation ou de transmission. En effet, aucune charge ne peut être stipulée au-delà du premier degré (C. civ., art. 1053).

La libéralité ne peut produire son effet que sur des biens ou droits identifiables à la date de la transmission et qui subsistent en nature au décès du grevé. Dans ce cadre, elle peut alors porter sur des biens meubles et immeubles.

Lorsque le bénéficiaire de la libéralité est un héritier réservataire, la libéralité graduelle ne peut porter que sur la seule quotité disponible. En effet, la réserve héréditaire doit, le cas échéant, être dévolue libre de charge à son titulaire (C. civ., art. 912).

Toutefois, ledit bénéficiaire peut consentir à ce que sa réserve soit en tout ou partie grevée de la charge de conservation et de transmission du bien dans la mesure où les bénéficiaires finaux de la libéralité sont ses enfants nés ou à naître, sans aucune distinction entre eux (C. civ., art. 1054). L'acte qui contient le consentement du bénéficiaire à ce que sa réserve soit grevée d'une telle charge est alors établi dans les conditions de forme prévues par l'article 930 du Code civil pour la renonciation à l'action en réduction.

Lors de la transmission au second gratifié, ce dernier sera réputé les tenir directement de l'auteur de la libéralité et non du premier gratifié (C. civ., art. 1051).

B. La libéralité résiduelle

Avant la loi du 23 juin 2006, la jurisprudence avait admis la possibilité de consentir des legs résiduels.

La loi du 23 juin 2006 généralise le mécanisme à l'ensemble des libéralités en la faisant figurer dans une section intitulée « Des libéralités résiduelles » (C. civ., art. 1057 à 1061).

La libéralité résiduelle impose – lors du décès du premier bénéficiaire – que le ou les bien(s) composant la libéralité soient transmis au second gratifié (C. civ., art. 1057).

À la différence de la libéralité graduelle, le premier bénéficiaire n'est pas tenu à une obligation de conserver le ou les bien(s) (C. civ., art. 1058). Il n'est tenu en principe qu'à l'obligation de transmettre ce qui reste à son décès. La libéralité résiduelle constitue donc une restriction à la liberté testamentaire du premier gratifié (C. civ., art. 1059, al. 1er).

En effet, seul le résidu du bien légué est transmis et le premier gratifié conserve donc la possibilité de l'aliéner à titre onéreux, voire même à titre gratuit, par une donation à moins, sur ce dernier point, que la libéralité résiduelle interdise au premier gratifié de disposer par donation entre vifs des biens. Lorsque les biens – objets de la libéralité résiduelle – ont été aliénés par le premier gratifié, les droits du second bénéficiaire ne se reportent alors ni sur le produit de ces aliénations ni sur les nouveaux biens acquis (C. civ., art. 1058).

Le premier gratifié n'est pas tenu de rendre compte de sa gestion au disposant ou à ses héritiers (C. civ., art. 1060).

Enfin, tout comme pour le droit applicable aux libéralités graduelles, le second bénéficiaire est en tout état de cause réputé tenir le bien directement du premier donataire (C. civ., art. 1051 par renvoi à C. civ., art. 1061).

VI – LA SUPPRESSION DE LA RÉSERVE HÉRÉDITAIRE DES ASCENDANTS

A. Le principe de la suppression de la réserve héréditaire des ascendants

La loi du 23 juin 2006 maintient les dispositions relatives à la réserve des descendants et du conjoint survivant (C. civ., art. 913 et 914-1). En revanche, elle supprime la réserve des ascendants.

Si la réserve des ascendants est supprimée, les ascendants n'en conservent pas moins leur qualité et leur rang d'héritiers légaux dans les conditions définies par les articles 734 à 740 du Code civil.

B. Le droit de retour des père et mère

La suppression de la réserve héréditaire des ascendants est compensée par l'instauration d'un nouveau droit de retour légal au profit des père et mère, ou l'un d'eux, qui survit au défunt décédé sans descendance (C. civ., art. 738-2).

Seuls les père et mère bénéficient de ce droit de retour. Celui-ci ne s'exerce que sur les biens qui avaient été donnés par les père et mère à l'enfant prédécédé. Il ne s'applique donc pas au reste du patrimoine qu'il soit le fruit de l'industrie de l'enfant prédécédé ou qu'il résulte de biens reçus à titre gratuit, par don ou legs, d'autres personnes que ses père et mère.

Ce droit de retour légal s'exerce à concurrence de la vocation successorale des parents, en présence de frère et sœur de l'enfant prédécédé ou de leurs descendants (soit un quart de la succession pour chacun des père et mère).

La valeur de la portion des biens soumise au droit de retour s'impute en priorité sur les droits successoraux des père et mère. Ainsi, la spécificité de ce droit de retour est qu'il peut s'exercer en valeur lorsqu'il ne peut plus s'exercer en nature, c'est-à-dire lorsque les biens ne sont pas dans le patrimoine successoral.

C. Éléments de comparaison par rapport aux autres droits de retour

Ce nouveau droit de retour des ascendants ne doit pas être confondu avec deux autres droits de retour qui préexistaient à la réforme dans le Code civil et dont le régime et l'assiette diffèrent :

– L'article 757-3 du Code civil prévoit un droit de retour au profit des frère et sœur en cas de prédécès des père et mère du défunt décédé sans descendants. Ce droit de retour s'exerce sur les biens reçus par donation ou succession. Il n'est pas d'ordre public, le testateur ayant la possibilité de l'exclure au profit d'autres héritiers (*cf.* QE n° 85443 publiée au Journal Officiel du 13-02-07).

– L'article 368-1 du Code civil prévoit un retour dans la famille d'origine de l'adopté simple décédé sans descendants des biens que ce dernier avait reçus à titre gratuit de ses père et mère.

La loi du 23 juin 2006 limite ce droit de retour des biens de l'adopté simple décédé sans descendants en précisant qu'il s'exerce « en l'absence de conjoint survivant ». Ainsi, l'existence d'un conjoint survivant fait obstacle à ce droit de retour.

VII – L'AUGMENTATION DES POUVOIRS DE L'EXÉCUTEUR TESTAMENTAIRE

L'article 19 de la loi du 23 juin 2006 procède à une réécriture des dispositions relatives à l'exécuteur testamentaire. Les nouveaux articles 1025 à 1034 du Code civil organisent un régime modernisé et précisé de l'exécution testamentaire, sans remise en cause de sa philosophie générale.

La mission, les pouvoirs et la responsabilité de l'exécuteur testamentaire sont désormais précisément définis.

L'exécuteur testamentaire est chargé de veiller ou procéder à l'exécution des dernières volontés du défunt ce qui implique qu'il prend les mesures conservatoires, notamment en matière d'inventaire et de scellés, qu'il défend en justice la validité du testament, qu'il peut agir en justice afin de contraindre les héritiers ou les légataires à exécuter les volontés du testateur, et qu'il peut provoquer la vente du mobilier à défaut de liquidités pour payer les dettes successorales urgentes.

L'ancienne « saisine » de l'exécuteur testamentaire est rénovée. La portée des pouvoirs qui peuvent être conférés à l'exécuteur diffère selon qu'on est ou non en présence d'héritiers réservataires.

Ainsi, dans tous les cas, le testateur peut autoriser l'exécuteur à prendre possession de tout ou partie des meubles successoraux et à vendre, afin d'acquitter les legs particuliers dans la limite de la quotité disponible (C. civ., art. 1030).

En outre, en l'absence d'héritier réservataire acceptant, ces pouvoirs peuvent être accrus.

L'exécuteur peut être autorisé à disposer des immeubles successoraux, après en avoir toutefois informé les héritiers. Il peut également recevoir et placer les capitaux, payer les dettes et les charges et procéder à l'attribution ou au partage des biens subsistants entre les héritiers et les légataires. À peine d'inopposabilité, la vente de l'immeuble de la succession ne pourra intervenir qu'après information des héritiers par l'exécuteur testamentaire (C. civ., art. 1030-1).

Les pouvoirs de l'exécuteur testamentaire, ainsi que la « saisine », sont donnés par le testateur pour une durée qui ne peut excéder deux années à compter de l'ouverture du testament. Une prorogation peut être accordée par le juge. La durée maximale de la prorogation des pouvoirs prévus aux articles 1030 et 1030-1 (la « saisine ») est fixée à un an.

La demande de prorogation est portée devant le président du tribunal de grande instance ou son délégué qui statue par ordonnance sur requête (NCPC, art. 1379).

Enfin, l'exécuteur testamentaire rend compte aux héritiers dans les six mois suivant la fin de sa mission. La responsabilité de l'exécuteur est celle d'un mandataire à titre gratuit.

Si l'exécution testamentaire prend fin par le décès de l'exécuteur, sa mission ne se transmet pas (C. civ., art. 1025). Les héritiers sont toutefois soumis à l'obligation de rendre compte (C. civ., art. 1033).

CHAPITRE III : LA DEJUDICIARISATION DU CHANGEMENT DE RÉGIME MATRIMONIAL

I – PRINCIPE DE LA REFORME

Les conditions de fond de la modification ou du changement de régime matrimonial ne sont pas modifiées, les époux ne peuvent en convenir, par acte notarié et dans l'intérêt de la famille qu'après deux années d'application du régime matrimonial.

L'article 44 de la loi du 23 juin 2006 procède à la réécriture de l'article 1397 du Code civil qui organise les conditions dans lesquelles le changement du régime matrimonial prend effet. Alors que la rédaction antérieure soumettait tout changement de régime matrimonial à l'homologation du tribunal de grande instance, cette homologation n'est désormais réservée qu'à des hypothèses particulières, soit l'existence d'une opposition, soit l'hypothèse d'enfants mineurs.

Ainsi, la réforme repose sur une logique d'inversion du contentieux.

L'article 11 de la loi n° 2007-308 du 5 mars 2007 portant réforme de la protection juridique des majeurs, apporte à cette rédaction quelques précisions et correctifs. Elle précise notamment que lorsque l'un ou l'autre des époux fait l'objet d'une mesure de protection juridique dans les conditions prévues au titre XI du livre premier, le changement ou la modification du régime matrimonial est soumis à autorisation préalable du juge des tutelles ou du conseil des familles s'il est constitué (C. civ., art. 1397, al. 7).

II – L'OBLIGATION DE LIQUIDER LE RÉGIME ANTÉRIEUR

La rédaction entrée en vigueur le 1er janvier 2007 prévoit que l'acte notarié par lequel les époux décident de changer de régime matrimonial contient, à peine de nullité, la liquidation du régime précédent.

L'article 11 de la loi du 5 mars 2007 portant réforme de la protection juridique des majeurs, entré en vigueur le 8 mars 2007, a tempéré cette obligation, en prévoyant qu'elle n'est requise que « lorsqu'elle est nécessaire ». Les travaux parlementaires permettent d'éclairer cette formulation : la liquidation du régime matrimonial antérieur est nécessaire lorsque le changement de régime a pour objet de faire passer les époux d'un régime communautaire à un régime séparatiste. Dans les autres cas, elle n'est pas nécessaire.

III – INFORMATION DES PERSONNES INTÉRESSÉES

A. L'information des enfants et des personnes qui avaient été parties dans le contrat

Les personnes qui avaient été parties dans le contrat modifié (par exemple les parents qui auraient fait une donation dans le contrat de mariage) et les enfants majeurs de chaque époux sont informés personnellement de la modification envisagée. L'information est adressée par lettre recommandée avec demande d'avis de réception.

Lorsqu'un enfant majeur fait l'objet d'une mesure de tutelle ou de curatelle, cette information est adressée, selon les règles de droit commun applicables aux mesures de protection, selon le cas soit au tuteur, soit conjointement au majeur protégé et à son curateur.

Un arrêté du garde des Sceaux du 23 décembre 2006 fixe le modèle de l'information délivrée aux enfants majeurs des époux et aux tiers dans le cadre d'une procédure de changement de régime matrimonial (ci-joint en annexe 3).

Les informations qui sont délivrées concernent les époux, la modification du régime matrimonial et les modalités de l'opposition. Les deux premiers alinéas de l'article 1397 du Code civil, ainsi que les articles 1300 et 1300-1 du NCPC sont également reproduits.

B. La publicité du changement envisagé

Les créanciers sont informés de la modification envisagée par la publication d'un avis dans un journal habilité à recevoir les annonces légales et diffusé dans l'arrondissement ou le département du domicile des époux.

L'article 2 de l'arrêté du 20 décembre 2006 fixant le modèle de l'information délivrée aux enfants des époux et aux tiers susmentionné prévoit que l'avis publié conformément aux dispositions de l'alinéa 3 de l'article 1397 du Code civil contient également des mentions qui concernent (1) les époux, (2) la modification du régime matrimonial et (3) l'opposition.

C. L'opposition

Les personnes qui sont intervenues à l'acte, les enfants et les créanciers peuvent s'opposer au changement de régime matrimonial en notifiant leur opposition au notaire qui a dressé l'acte.

Le notaire en informe les époux et les informe que s'ils persistent dans leur intention de changer leur régime matrimonial, ils doivent soumettre l'acte à l'homologation du tribunal.

Les oppositions adressées directement aux époux sont sans effet.

L'opposition doit être faite dans les trois mois, selon le cas, de la notification de l'information personnellement adressée ou de la publicité.

IV – LE RECOURS À L'HOMOLOGATION JUDICIAIRE

Lorsque l'un ou l'autre des époux a des enfants mineurs ou en cas d'opposition, l'acte notarié est soumis à l'homologation du tribunal du domicile des époux. Le recours à la procédure d'homologation s'impose donc dès lors qu'un seul enfant est mineur. Dans ce cas, même s'il existe d'autres enfants majeurs, la formalité d'information personnelle prévue par le deuxième alinéa de l'article 1397 du Code civil, pour le changement de régime matrimonial sans homologation judiciaire, n'est pas requise.

En outre, bien que le texte ne le précise pas expressément et sous réserve de l'interprétation souveraine des juridictions, le recours à l'homologation judiciaire paraît s'imposer en présence d'un petit-enfant mineur venant de son chef ou par représentation de son parent prédécédé.

Une expédition de l'acte notarié qui modifie ou change entièrement le régime matrimonial est jointe à la requête (NCPC, art. 1302).

La demande d'homologation d'un changement de régime matrimonial relève de la matière gracieuse (NCPC, art. 1300-4 et 1301).

Lorsque l'homologation est formée à raison de l'opposition d'une partie au contrat, d'un enfant ou d'un créancier, il paraît indispensable que le tribunal recueille, dans le cadre des pouvoirs dont il dispose en procédure gracieuse, les observations de l'opposant.

V – FORMALITÉS DE PUBLICITÉ DU CHANGEMENT DE RÉGIME MATRIMONIAL ET OPPOSABILITÉ AUX TIERS

A. Dispositions communes à la publicité

Le changement a effet entre les parties à la date de l'acte ou du jugement qui le prévoit et, à l'égard des tiers, trois mois après que mention en a été portée en marge de l'acte de mariage.

Toutefois, en l'absence même de cette mention, le changement n'en est pas moins opposable aux tiers si, dans les actes passés avec eux, les époux ont déclaré avoir modifié leur régime matrimonial (C. civ., art. 1397, al. 6).

Il est en outre fait mention de la modification sur la minute du contrat de mariage modifié (C. civ., art. 1397, al. 7).

Enfin, le décret n° 2006-1805 du 23 décembre 2006 a supprimé la publicité du changement de régime matrimonial au répertoire civil du tribunal de grande instance et, partant sur l'acte de naissance de chacun des époux. En outre, l'ordonnance n° 2005-428 du 6 mai 2005 relative aux incapacités en matière commerciale et à la publicité du régime matrimonial des commerçants a supprimé l'inscription du régime matrimonial, et partant, la mention de son changement, au registre du commerce et des sociétés.

B. Modalités de publicité en l'absence d'homologation judiciaire

La mention du changement de régime matrimonial en marge de l'acte de mariage est requise par le notaire. Il adresse à l'officier d'état civil un extrait de l'acte et un certificat établi par lui qui précise la date de réalisation des formalités d'information et de publication de l'avis et atteste de l'absence d'opposition (NCPC, art. 1300-2).

En ce qui concerne la publicité foncière, l'article 1300-3 du NCPC indique que, le cas échéant, la publication au fichier immobilier ou l'inscription au livre foncier de l'acte constatant le changement de régime matrimonial a lieu à compter de l'expiration du délai de trois mois offert aux personnes visées aux deuxième et troisième alinéas de l'article 1397 du Code civil, dans sa rédaction issue de la loi n° 2006-728 du 23 juin 2006, pour former opposition. L'article 1300-3 ne fixe le point de départ du délai pour publier les actes portant changement de régime matrimonial qu'en l'absence d'opposition.

C. Modalités de la publicité en cas d'homologation judiciaire

Il appartient aux époux, le cas échéant par le ministère de leur avocat, d'adresser à l'officier de l'état civil une expédition du jugement d'homologation et de justifier de son caractère définitif afin que le changement de régime matrimonial soit mentionné en marge de l'acte de mariage.

Dès lors que le changement de régime matrimonial a été homologué judiciairement, le délai pour procéder, le cas échéant, aux formalités de publicité foncière de l'acte constatant le changement de régime matrimonial court à compter du jour où la décision d'homologation a acquis force de chose jugée (NCPC, art. 1303).

CHAPITRE IV : DISPOSITIONS DE DROIT TRANSITOIRE

La loi n° 2006-728 du 23 juin 2006 contient diverses mesures de droit transitoire, lesquelles se caractérisent, d'une part, par des dispositions d'ordre général et, d'autre part, par des dispositions particulières.

I – DISPOSITIONS GÉNÉRALES RELATIVES AUX SUCCESSIONS ET LIBÉRALITÉS

A. Le principe d'application aux successions ouvertes à compter du 1er janvier 2007

La réforme est entrée en vigueur le 1er janvier 2007. Elle s'applique dès lors que l'ouverture de la succession – dont le fait générateur est la date du décès – a lieu à compter du 1er janvier 2007 (article 47 de la loi n° 2006-728 du 23 juin 2006).

Les dispositions de la loi n° 2006-728 du 23 juin 2006 auxquelles il n'est pas expressément dérogé sont applicables aux successions ouvertes à compter du 1er janvier 2007, et ce même si des libéralités ont été préalablement consenties par le défunt. En effet, sur le terrain du droit transitoire, les libéralités ont été envisagées à travers le prisme des successions. Ce choix, opéré par souci d'unité de la législation applicable, évite de maintenir artificiellement l'ancien régime abrogé, pendant un nombre d'années indéfini.

B. Certaines dispositions sont applicables aux successions en cours et aux indivisions non encore partagées

Toutefois, certaines dispositions de la loi relatives aux indivisions existantes et aux successions ouvertes non encore partagées à cette date sont applicables dès le 1er janvier 2007, alors même que la date du décès est antérieure au 1er janvier 2007.

Ces exceptions permettent de faciliter et d'accélérer le règlement des successions ouvertes avant l'entrée en vigueur de la réforme. Cela concerne les points suivants :

1° L'ensemble des dispositions nouvelles relatives au régime légal de l'indivision tel que prévu à l'ancien chapitre VI devenu chapitre VII du titre Ier du livre III du Code civil (C. civ., art. 815 à 815-18).

2° L'ensemble des dispositions nouvelles relatives au partage (et à l'action en nullité du partage et en complément de part) qui sont insérées dans le nouveau chapitre VIII du titre Ier du livre III du Code civil (C. civ., art. 816 à 892 nouv.).

3° Enfin, les dispositions nouvelles de l'article 116 du Code civil (modalité de partage en présence d'un présumé absent), de l'article 466 (modalités de partage en présence d'un mineur ou d'un majeur en tutelle), de l'article 515-6 (droits d'usage et d'habitation du partenaire de pacte civil de solidarité sur le logement en cas de décès de l'autre partenaire) et des articles 813 à 814-1 (mandataire désigné par une convention et mandataire successoral désigné en justice) du Code civil telles qu'issues de la loi du 23 juin 2006 sont applicables dès le 1er janvier 2007 aux indivisions en cours et aux successions non encore partagées à cette date.

Par dérogation à ces exceptions limitatives, lorsque l'instance a été introduite avant le 1er janvier 2007, l'action est poursuivie et jugée conformément à la loi ancienne. Cette disposition, qui permet d'éviter tout basculement de régime normatif en cours d'instance, assure également le maintien de la loi ancienne, le cas échéant, en appel et en cassation.

II – DISPOSITIONS PARTICULIÈRES

A. Irrévocabilité des donations de biens présents entre époux

La loi du 23 juin 2006 introduit une disposition à caractère interprétatif pour l'application de la loi n° 2004-439 du 26 mai 2004 relative au divorce, laquelle a rendu irrévocables les donations de biens présents entre vifs à compter du 1er janvier 2005.

Dans ce cadre, pour des raisons de sécurité juridique, la loi valide l'interprétation selon laquelle les donations de biens présents consenties entre époux avant le 1er janvier 2005 restent librement révocables dans les conditions prévues par l'article 1096 du Code civil dans sa rédaction antérieure à cette date (I de l'article 47 de la loi du 23 juin 2006 – *cf.* point 115 du guide méthodologique de la réforme du divorce et de la procédure en matière familiale).

En outre, le 2° de l'article 25 de la loi du 23 juin 2006 modifie l'article 1096 du Code civil en limitant le caractère irrévocable des donations de biens présents, à celles qui ne prennent effet qu'au cours du mariage. Au regard de leur révocabilité, les donations de biens présents qui ne prennent effet qu'à la dissolution du lien matrimonial (telles les clauses de réversibilité d'usufruit), sont traitées comme des donations de biens à venir et demeurent révocables.

Afin d'éviter toute discontinuité dans le régime juridique de ces donations, révocables avant le 1er janvier 2005 (par application de la réforme du divorce) et après le 1er janvier 2007 (par application du 2° de l'article 25 cité au paragraphe ci-dessus), l'article 46 de la loi prévoit également que, sauf clause contraire, les donations de biens présents consenties entre le 1er janvier 2005 et le 1er janvier 2007 qui ne prennent pas effet au cours du mariage sont librement révocables dans les conditions prévues par l'article 1096 du Code civil dans sa rédaction antérieure au 1er janvier 2005 c'est-à-dire « Toutes donations faites entre époux pendant le mariage, quoique qualifiées entre vifs, seront toujours révocables ».

B. La portée du mécanisme de la fente successorale

La disposition à caractère interprétatif énoncée à l'article 29-18° de la loi du 23 juin 2006 confirme la règle traditionnelle selon laquelle la fente est plus forte que l'ordre et permet ainsi de lever toute difficulté d'interprétation soulevée par la rédaction de l'article 734 du Code civil telle qu'issue de la loi nº 2001-1135 du 3 décembre 2001 relative aux droits du conjoint survivant et des enfants adultérins et modernisant diverses dispositions de droit successoral selon laquelle chacune des quatre catégories d'héritiers appelés à succéder constitue un ordre d'héritiers qui exclut les suivants.

La disposition interprétative de la loi du 3 décembre 2001 précitée est applicable aux instances en cours et aux successions ouvertes à compter de l'entrée en vigueur de la loi nº 2001-1135 (article 47 IV de la loi du 23 juin 2006).

Par conséquent, lorsque seul l'un des père et mère survit et que le défunt n'a ni postérité ni frère ni sœur ni descendant de ces derniers, mais laisse un ou des ascendants de l'autre branche que celle de son père ou de sa mère survivant, la succession est dévolue pour moitié au père ou à la mère et pour moitié aux ascendants de l'autre branche (C. civ., art. 738-1).

Ainsi, la présence d'un parent du défunt dans la succession, lequel relève pourtant de la seconde catégorie d'héritiers, n'exclut pas le jeu du mécanisme de la fente en vertu duquel la succession dévolue à des ascendants se divise par moitié entre ceux de la branche paternelle et ceux de la branche maternelle. En effet, c'est seulement dans sa ligne respective que le père ou la mère exclut les ascendants d'un degré inférieur, de sorte que ce n'est qu'à défaut d'ascendant dans une branche, que les descendants de l'autre branche recueillent toute la succession (combinaison de C. civ., art. 747 et 748).

C. Le changement de régime matrimonial

La loi du nº 2006-728 23 juin 2006 ne contient pas de disposition de droit transitoire relative aux actes notariés de changement de régime matrimonial passés avant le 1er janvier 2007 qui constatent la modification ou le changement de régime matrimonial des époux pour lesquels le juge n'a pas été saisi d'une demande en homologation.

En l'absence de toute disposition de droit transitoire, la nouvelle procédure permettant la prise d'effet du changement de régime matrimonial est d'application immédiate. Toutefois, cette application immédiate de la loi procédurale ne remet en aucun cas en cause la validité des actes notariés dressés avant le 1er janvier 2007 qui constatent le passage d'un régime communautaire à un régime séparatiste sans toutefois contenir la liquidation du régime matrimonial.

Par conséquent, sauf les cas d'opposition ou la présence d'enfants mineurs, les tribunaux n'ont pas compétence pour statuer, postérieurement au 1er janvier 2007, sur des demandes d'homologation de changement de régime matrimonial que l'acte ait été passé avant ou après le 1er janvier 2007.

Lorsqu'un acte notarié de changement de régime matrimonial a été passé avant le 1er janvier 2007, en vue de son homologation, la procédure d'information et de publicité doit être substituée à la procédure d'homologation.

S'agissant des règles de publicité, elles sont également d'application immédiate. Sous réserve de la publication tardive de jugement d'homologation rendu avant le 1er janvier 2007 sur le fondement de la loi ancienne (et qui peuvent encore donner lieu à la publicité au répertoire civil), tous les changements de régime matrimonial qui prennent effet après le 1er janvier 2007, que ce soit par homologation judiciaire ou par absence d'opposition à l'acte, ne donnent lieu qu'aux mesures de publicités nouvelles.

*
* *

Vous voudrez bien informer la Chancellerie, sous le double timbre de la Direction des affaires civiles et du Sceau et de la Direction des services judiciaires des difficultés que vous pourriez rencontrer dans la mise en œuvre de la présente circulaire.

Correspondants Chancellerie

– Pour des questions d'ordre juridique :

Direction des affaires civiles et du Sceau – Sous-direction du droit civil – Bureau du droit des personnes et de la famille

Tel : 01 44 77 60 45/62 63

Télécopie : 01 44 77 22 76

– Pour des questions concernant les instructions organisationnelles et informatiques des greffes :

Direction des services judiciaires – Sous-direction des greffes – Bureau des greffes :

Tél. : 01 44 77 64 64

Télécopie : 01 44 77 64 63

Mèl DSJ-B3@justice.gouv.fr

Direction des services judiciaires – Sous-direction de l'organisation judiciaire et de la programmation – Bureau de l'informatisation des juridictions :

Numéro vert : 0800 550 180

ANNEXE I : Description détaillée pour les greffes de la procédure d'acceptation à concurrence de l'actif net

L'acceptation à concurrence de l'actif net ne peut être exercée que pour les successions ouvertes à compter du 1er janvier 2007.

Pour les successions ouvertes antérieurement, la procédure d'acceptation sous bénéfice d'inventaire continue à s'appliquer (article 47 de la loi du 23 juin 2006).

I – LA DÉCLARATION D'ACCEPTATION À CONCURRENCE DE L'ACTIF NET

La déclaration par un héritier de son acceptation de la succession à concurrence de l'actif net est faite au greffe du tribunal de grande instance dans le ressort duquel la succession est ouverte (C. civ., art. 788).

Plusieurs vérifications doivent être faites par le greffier avant d'ouvrir un dossier de déclaration d'acceptation à concurrence de l'actif net.

A. La vérification de sa compétence territoriale et la recherche préalable

1 – Compétence territoriale

Le greffe compétent est celui du tribunal de grande instance du lieu d'ouverture de la succession (C. civ., art. 788).

La succession s'ouvre par la mort, au dernier domicile du défunt, même si le décès est intervenu dans un autre lieu et même si le défunt était de nationalité étrangère (C. civ., art. 720). En cas de jugement d'absence ou de disparition, la succession s'ouvre également au dernier domicile de l'absent ou du disparu.

Le domicile est le lieu où le défunt avait son principal établissement (C. civ., art. 102, al. 1er). En cas de difficulté, il peut être déterminé souverainement par les juges du fond par plusieurs indices tels que l'adresse d'imposition au jour du décès ou l'adresse connue par les assurances maladies.

2 – Recherche préalable

Avant tout enregistrement d'une déclaration d'acceptation d'une succession à concurrence de l'actif net, le greffier vérifie dans le registre qu'aucune autre acceptation relative à cette succession n'a été enregistrée antérieurement.

En effet, seule la première déclaration d'acceptation entraîne l'ouverture d'un dossier numéroté au répertoire général civil. Les déclarations suivantes, émanant d'autres héritiers, sont enregistrées comme des évènements du dossier initial, conformément aux instructions du mode opératoire élaboré par le Bureau de l'informatisation des juridictions (AB4).

B. Les pièces et documents justificatifs qui doivent être fournis par les héritiers

1 – Pièce d'identité

Le greffier doit tout d'abord s'assurer de l'identité du ou des héritiers.

L'identité se prouve par tous moyens. Toutefois, il convient de privilégier la production de la carte nationale d'identité ou de tout autre document officiel délivré par une administration publique comportant le nom et les prénoms, la date et le lieu de naissance, la photographie et la signature de l'intéressé, ainsi que l'identification de l'autorité qui a délivré le document, la date et le lieu de délivrance de celui-ci.

Le greffe conserve une copie de ce document.

2 – Acte de notoriété

Préalablement à toute déclaration, le ou les héritiers doivent avoir sollicité l'établissement d'un acte de notoriété, soit auprès du greffier en chef du tribunal d'instance dans le ressort duquel la succession est ouverte, soit auprès d'un notaire dans le respect des prescriptions légales (C. civ., art. 730 s.).

Lorsque l'acte de notoriété a été établi par le greffier en chef, le ou les héritiers doivent remettre au greffe une copie de l'acte de notoriété. Lorsque l'acte de notoriété est notarié, le ou les héritiers doivent remettre au greffe une expédition de cet acte.

L'acte de notoriété ne doit pas mentionner que les héritiers ont déjà exercé l'option successorale, en particulier en déclarant accepter purement et simplement la succession.

3 – Capacité du déclarant

Lorsque l'héritier qui souhaite accepter la succession à concurrence de l'actif net est placé sous un régime d'incapacité (mineur ou majeur sous tutelle ou curatelle), l'autorisation préalable du juge des tutelles n'est pas requise.

Lorsque le successible est un incapable, l'option et son exercice sont soumis aux règles qui le protègent (C. civ., art. 461 et art. 495).

La loi du 23 juin 2006 prévoit que l'acceptation d'une succession par un incapable est présumée faite à concurrence de l'actif net, sauf délibération spéciale du conseil de famille, même si la déclaration n'en a pas été formellement faite (C. civ., art. 461).

En ce qui concerne l'administration légale pure et simple et l'administration légale sous contrôle judiciaire, chaque parent ou administrateur peut effectuer, sans autorisation, tous les actes pour lesquels le tuteur n'aurait besoin d'aucune autorisation (C. civ., art. 389-4 et art. 389-6).

Toutefois, si la déclaration d'acceptation à concurrence de l'actif net ne nécessite pas une décision préalable du juge des tutelles, il n'en va pas de même des actes portant sur l'aliénation ou la conservation des biens de la succession acceptée à concurrence de l'actif net qui constituent des actes de disposition et nécessitent par conséquent une autorisation préalable du juge des tutelles (C. civ., art. 457 et art. 495).

4 – Formalités accomplies par un tiers

Le ou les héritiers peuvent souhaiter donner mandat à un tiers afin d'accomplir les formalités liées à la déclaration d'acceptation à concurrence de l'actif net.

Cependant, lorsqu'un héritier au moins a accepté la succession à concurrence de l'actif net, le mandataire ne peut être désigné que par le juge (C. civ., art. 813). La demande est alors portée devant le président du tribunal de grande instance ou son délégué qui statue par ordonnance sur requête (NCPC, art. 1379).

C. Formalités accomplies par le greffe

Deux formalités distinctes doivent être effectuées dès lors que le greffe a reçu la déclaration. La première consiste à l'inscrire sur un registre spécial, la seconde à transmettre cette déclaration au *BODACC* aux fins de publicité.

1 – L'inscription de la déclaration sur un registre

La déclaration d'acceptation à concurrence de l'actif net est faite au greffe du tribunal de grande instance et donne lieu à une inscription dans un registre tenu à cet effet. Le greffier délivre un récépissé au déclarant (NCPC, art. 1334).

Le greffe informe l'héritier de l'obligation de publicité à laquelle il doit procéder (NCPC, art. 1334, al. 2). En effet, dans les quinze jours suivant la déclaration d'acceptation de la succession à concurrence de l'actif net, l'héritier doit procéder à l'insertion d'un avis dans un journal d'annonces légales diffusé dans le ressort du tribunal compétent (NCPC, art. 1335, al. 3).

1.1 – Mentions devant figurer sur le registre

La déclaration faite au greffe comporte élection d'un domicile unique, qui peut être le domicile de l'un des acceptants à concurrence de l'actif net, ou celui de la personne chargée du règlement de la succession. Le domicile doit être situé en France (C. civ., art. 788).

La déclaration d'acceptation à concurrence de l'actif net mentionne le nom de famille, suivi le cas échéant du nom d'usage (nom d'époux (se), de veuf (ve) ou bien du nom composé de l'adjonction du nom des deux parents), les prénoms (il s'agit de tous les prénoms tels qu'ils figurent sur l'acte de naissance) et le dernier domicile du défunt.

Par ailleurs, la déclaration doit indiquer les nom, prénoms et profession de l'héritier acceptant à concurrence de l'actif net, son élection de domicile ainsi que la qualité en vertu de laquelle il est appelé à la succession (NCPC, art. 1334).

Le domicile élu de l'héritier acceptant à concurrence de l'actif net doit être situé en France.

Quel que soit le nombre d'héritiers, il ne peut y avoir qu'un seul et unique domicile élu. Ce domicile peut être celui d'un héritier ou d'un tiers en charge du règlement de la succession, lequel doit en ce cas avoir expressément autorisé l'élection de domicile (C. civ., art. 788). En cas d'opposition entre les héritiers, le greffe doit surseoir à la déclaration et inviter les héritiers à se mettre d'accord. Si les héritiers ne présentent pas leur déclaration en même temps, le domicile élu à retenir, à défaut de décision de justice contraire, est celui du premier déclarant.

La qualité en vertu de laquelle l'héritier acceptant à concurrence de l'actif net est appelé à la succession figure dans l'acte de notoriété. Lorsque l'héritier vient à la succession en vertu de la loi, la mention devra être « héritier en vertu de la loi ». Lorsque l'héritier vient à la succession en vertu d'un testament, la mention devra être « légataire à titre universel/universel; en vertu d'un testament olographe/mystique/authentique en date du... ».

Les légataires à titre particulier, qui ne sont pas susceptibles d'être tenus ultra vires (C. civ., art. 1024), n'ont aucun intérêt à accepter la succession à concurrence de l'actif net.

1.2 – Remise d'un récépissé

Le greffe qui reçoit la déclaration en donne récépissé au déclarant (NCPC, art. 1334, al. 2). Ce récépissé doit contenir (1) la désignation du tribunal et la date de la déclaration, (2) les nom, prénoms et adresse du déclarant et (3) les nom, prénoms et date de décès du défunt.

En outre, le récépissé doit contenir l'information donnée à l'héritier que ce dernier doit satisfaire à la publicité prévue au 3e alinéa de l'article 1335 du NCPC. Dans les quinze jours suivant la déclaration d'acceptation à concurrence de l'actif net, l'héritier fait procéder, dans les mêmes formes que celles de la publicité de la déclaration d'acceptation au *BODACC*, à l'insertion d'un avis dans un journal d'annonces légales diffusé dans le ressort du tribunal compétent.

Par ailleurs, lorsque la déclaration n'est pas accompagnée du dépôt de l'inventaire des biens de la succession, le greffier avertit le ou les héritiers qu'ils disposent d'un délai de deux mois pour accomplir cette formalité, à défaut de quoi ils seront considérés comme acceptant purement et simplement la succession (C. civ., art. 790, al. 4).

2 – Publicité de la déclaration

Concomitamment à l'enregistrement de la déclaration, le greffier invite l'héritier à s'acquitter du montant des frais de publicité de 15 euros TTC, auprès du régisseur de la juridiction, selon les modalités décrites ci-après. Le régisseur lui délivre un récépissé qu'il remettra au greffier.

Faute de production de ce récépissé, le greffier ne pourra transmettre la demande de publication au *BODACC*. Le greffier conserve le récépissé au dossier.

Quel que soit le nombre de déclarations d'acceptation à concurrence de l'actif intervenant successivement, il n'y a lieu de procéder qu'à une seule publication.

2.1 – Modalités de la publicité

La publicité est assurée au moyen d'un formulaire, lequel mentionne les indications concernant l'identification de la succession :

– désignation du tribunal qui a reçu la déclaration;

– n° de la succession reprenant le n° INSEE du tribunal suivi du numéro de répertoire général de l'acte de greffe.

Il mentionne par ailleurs les éléments qui permettent d'identifier la succession tels que les nom de famille du défunt, prénom(s), nom d'usage, date et lieu de naissance, date et lieu de décès et dernier domicile.

Le formulaire indique également le domicile élu du ou des héritiers.

Enfin, lorsque l'inventaire aura déjà été réalisé au moment de la déclaration, la publicité mentionnera les informations relatives à cet inventaire (nom, prénoms, profession et adresse de l'auteur de l'inventaire et la date de sa réalisation).

Jusqu'à la mise en place à la fin du 1er semestre 2007 du formulaire de saisie en ligne sur le site Internet de la Direction des journaux officiels, l'avis sera transmis à la Direction des journaux officiels par l'intermédiaire de leur prestataire de service.

Cet envoi doit être fait dans les délais les plus brefs dans la mesure où la publicité constitue le point de départ du délai de 15 mois dont les créanciers disposent pour déclarer leur créance au domicile élu du ou des héritiers (C. civ., art. 792).

2.2 – Paiement des frais de publicité

Le tarif de la publicité pour 2007 est fixé par le tableau de l'article 2-1 de l'arrêté du Premier ministre du 23 décembre 2006 (publié au Journal Officiel du 30 décembre 2006) fixant le montant des rémunérations dues en contrepartie des prestations fournies par la Direction des journaux officiels, lequel s'élève à 15 euros toutes taxes comprises (TTC), par publicité.

L'héritier doit faire l'avance des frais de publicité au greffe de la juridiction, lesquels sont à la charge de la succession. Toutefois, lorsque l'héritier déclare conserver un bien de la succession, les frais liés à la publicité de cette déclaration demeurent à sa charge (NCPC, art. 1338).

L'héritier s'acquitte du montant des frais de publicité auprès du régisseur du tribunal, habilité à recevoir ces fonds (article R. 814-5 8°du code de l'organisation judiciaire tel que modifié par l'article 7 du décret n° 2006-1805 du 23 décembre 2006).

Cette somme est enregistrée par le régisseur sur le compte C2 – « Provisions sur redevances et droits ».

Une fois la publicité parue, la Direction des journaux officiels adresse au tribunal une facture.

Le greffier transmet au régisseur (1) une copie de l'avis de publication adressé au *BODACC*, (2) la facture en original, (3) la copie du justificatif de publication afin qu'il puisse procéder au paiement au service du *BODACC*. Une copie de la facture et une copie de la publication sont conservées au dossier.

2.3 – Publicité par voie électronique

La publicité de la déclaration peut être faite par voie électronique (C. civ., art. 788, al. 2).

En raison des contraintes techniques qu'une telle publicité électronique impose, la diffusion électronique sera opérationnelle dans le courant de l'année 2007.

Cette publicité permettra la saisie du formulaire en ligne sur le site de la Direction des journaux officiels pour que la publicité soit réalisée au *BODACC* en version exclusivement électronique.

Les modalités de cette publicité électronique donneront lieu à un arrêté et à des instructions complémentaires.

D. L'information des créanciers et des légataires

1 – La consultation du registre des déclarations

Les cohéritiers, les créanciers successoraux et les légataires peuvent, sur justification de leur titre, consulter la partie du registre relative à la succession en cause (NCPC, art. 1334, al. 3).

Le greffe saisi d'une telle demande doit exercer, d'une part, une vérification de l'identité du demandeur qui doit fournir une pièce d'identité, d'autre part, un contrôle formel de l'existence du titre.

La qualité de créancier peut notamment être justifiée par une reconnaissance de dette établie par le défunt ou par une facture établie au nom du défunt. Les créanciers qui ne disposent pas d'une telle preuve matérielle peuvent néanmoins produire au greffe la déclaration de créance notifiée au domicile élu du ou des héritiers. Dans ce cas, si la déclaration a été signifiée, les créanciers devront produire l'acte de signification. Si la notification a été faite par lettre recommandée avec demande d'avis de réception, les créanciers devront alors produire une copie de la lettre de déclaration accompagnée de l'original de l'avis de réception.

Concernant les légataires, ces derniers doivent présenter au greffe, qui le leur restitue, soit l'expédition de l'acte notarié qui constate le dépôt du testament olographe au rang des minutes du notaire en charge du règlement de la succession, soit une copie certifiée conforme du testament authentique.

Après les vérifications, le greffe remet au créancier ou au légataire ayant fait la demande, une copie de la partie du registre relative à la succession en cause.

Lorsque la demande de consultation du registre des déclarations est faite par un cohéritier, la justification du titre se fait par la présentation au greffe, soit de l'original de l'acte de notoriété établi par le greffier en chef du tribunal, soit d'une expédition de l'acte de notoriété notarié.

2 – L'information de l'existence des nouvelles publicités

Aux termes du dernier alinéa de l'article 790 du Code civil, les créanciers et les légataires de sommes d'argent peuvent demander à être avisés de toute nouvelle publicité.

Cette information sera faite par l'envoi par la Direction des journaux officiels d'un message électronique. Ce système sera mis en place par la Direction des journaux officiels début 2008.

À terme, les greffes devront donc, après avoir opéré les vérifications de titre mentionnées au point 1 – ci-dessus, inviter les créanciers à souscrire à ce service.

Jusqu'à la publication de l'arrêté organisant cette publicité, l'information concernant toute nouvelle publicité est réalisée par le greffe du tribunal de grande instance compétent pour recevoir la déclaration d'acceptation à concurrence de l'actif net (article 12II. alinéa 2 du décret du 23 décembre 2006).

En conséquence, à chaque nouvelle publicité, le greffier avisera, par lettre simple ou par courrier électronique, les créanciers qui en ont fait la demande (combinaison de l'article 790 alinéa 5 du Code civil et de l'article 12 du décret n° 2006-1805).

Le mode opératoire informatique, joint en annexe II, diffusé par le Bureau de l'informatisation des juridictions (AB4) précise les conditions de gestion informatique de la liste des créanciers.

À cet effet, les greffes devront opérer les mêmes vérifications que celles décrites au 1 – ci-dessus.

L'avis mentionnera les références de la succession, la nature de la nouvelle publicité (déclaration d'acceptation à concurrence de l'actif net, de dépôt de l'inventaire, d'aliénation, de conservation ou de dépôt du compte définitif), ainsi que la date de la publicité.

II – LES AUTRES FORMALITÉS

La déclaration d'acceptation à concurrence de l'actif net est suivie de plusieurs autres formalités.

A. L'inventaire

1 – Le dépôt de l'inventaire

La déclaration est accompagnée ou suivie de l'inventaire de la succession qui comporte une estimation, article par article, des éléments de l'actif et du passif (C. civ., art. 789).

L'inventaire doit être déposé au tribunal de grande instance dans un délai de deux mois suivant la déclaration d'acceptation à concurrence de l'actif net s'il ne l'a pas été au moment de la déclaration (C. civ., art. 790).

Le greffier en fait mention dans le registre prévu pour recevoir la déclaration d'acceptation à concurrence de l'actif net.

L'inventaire est établi par un commissaire-priseur judiciaire, un huissier de justice ou un notaire, selon les lois et règlements applicables à ces professions (C. civ., art. 789, al. 2).

Les héritiers sont tenus de fournir au greffe une copie de l'inventaire qui a été dressé par le notaire, le commissaire-priseur judiciaire ou l'huissier de justice. La copie de cet acte est conservée au dossier.

Le greffe appose sur la première page de l'acte la mention « Déposé au greffe du tribunal de grande instance de... », suivi de la date du dépôt et de la signature du greffier. Il en donne récépissé au déposant.

Lorsque le dépôt est fait plus de deux mois après la déclaration d'acceptation à concurrence de l'actif net, le ou les héritiers doivent le cas échéant produire au greffe l'expédition de l'ordonnance par laquelle le président du tribunal ou son délégué a accordé une prorogation du délai (C. civ., art. 790, al. 2 et NCPC, art. 1379).

Lorsque aucun délai supplémentaire n'a été accordé ou lorsque celui-ci n'a pas été respecté, le greffe informe le ou les héritiers qu'ils sont réputés acceptant purs et simples de la succession (C. civ., art. 790, al. 4).

Le greffe fait alors mention, sur le registre prévu pour recevoir la déclaration d'acceptation à concurrence de l'actif net, de l'arrêt de la procédure d'acceptation à concurrence de l'actif net.

2 – La consultation de l'inventaire

Les créanciers successoraux et légataires de sommes d'argent peuvent, sur justification de leur titre, consulter l'inventaire et en obtenir copie.

La consultation de l'inventaire s'effectue au greffe. Le greffier doit, avant d'accéder à cette demande, opérer les vérifications mentionnées au 1 – la consultation du registre des déclarations, *supra*.

S'agissant de la délivrance de la copie de l'inventaire, le greffier doit inviter les requérants à s'adresser au notaire, au commissaire-priseur judiciaire ou à l'huissier de justice qui a dressé l'acte.

3 – La publicité de l'inventaire

Le dépôt de l'inventaire est soumis à la même publicité que la déclaration (C. civ., art. 790, al. 3).

Lorsque la déclaration et le dépôt de l'inventaire sont réalisés en même temps, il n'y a qu'une seule publicité, conformément aux mentions figurant dans le formulaire relatif à la déclaration, lequel est à la disposition des juridictions dans l'espace informatique du site de la Direction des services judiciaires.

http://intranet.justice.gouv.fr/site/portail/frameset.php?site_externe_bandeaup = 6)

Lorsque l'inventaire est déposé après la déclaration, la publicité de ce dépôt reprend les mentions figurant au formulaire relatif à ce dépôt. Les précisions apportées au point 2 – *supra* relatives à la publicité de la déclaration d'acceptation et notamment les conditions relatives au paiement des frais de publicité sont également applicables à la publicité du dépôt de l'inventaire.

B. La déclaration d'aliénation et de conservation

Dans les quinze mois qui suivent la publicité de la déclaration d'acceptation à concurrence de l'actif net, l'héritier ayant accepté une succession à concurrence de l'actif net peut déclarer qu'il conserve en nature un ou plusieurs biens de la succession. L'héritier doit alors la valeur du bien fixée dans l'inventaire (C. civ., art. 793, al. 1er).

Il peut également décider de vendre les biens qu'il n'entend pas conserver. En ce cas, il devra alors le prix de leur réalisation (C. civ., art. 793, al. 2).

En tout état de cause, ces déclarations ne peuvent être faites qu'une fois le dépôt de l'inventaire réalisé.

1 – La déclaration d'aliénation

Lorsque l'héritier aliène un ou plusieurs bien(s), il doit en faire la déclaration au greffe du tribunal dans les 15 jours (C. civ., art. 794).

Le non-respect de ce délai sera le cas échéant susceptible de mettre en cause la responsabilité du ou des héritiers retardataires dans la mesure où ce retard est générateur d'un préjudice pour les créanciers qui ont valablement déclaré leurs créances (C. civ., art. 795, al. 2). En effet, le défaut de déclaration de l'aliénation d'un bien dans le délai susvisé engage l'héritier sur ses biens personnels à hauteur du prix de l'aliénation (C. civ., art. 795, al. 2).

La publicité au bulletin officiel des annonces civiles et commerciales de la déclaration d'aliénation est réalisée par le tribunal au moyen d'un formulaire. Elle mentionne notamment les informations relatives au tribunal compétent, à la succession et à l'inventaire. Elle précise également le numéro des biens vendus tels qu'ils figurent sur l'inventaire déposé ainsi que le prix, en Euros, auquel ces biens ont été aliénés.

Cette déclaration entraîne l'obligation pour le déclarant de s'acquitter du montant des frais de publicité (15 euros TTC) dans les mêmes conditions que celles relatives à la publicité de la déclaration d'acceptation à concurrence de l'actif net.

2 – La déclaration de conservation

Lorsque l'héritier décide de conserver un ou plusieurs biens de la succession, il doit en faire la déclaration au greffe du tribunal dans les 15 jours (C. civ., art. 794).

La publicité de la déclaration est également réalisée par le tribunal au moyen d'un formulaire.

Elle mentionne notamment les informations relatives au tribunal compétent, à la succession et à l'inventaire. Elle précise également le numéro des biens que l'héritier entend conserver. Elle ne fait en revanche pas mention du prix dans la mesure où celui-ci correspond au prix fixé dans l'inventaire (C. civ., art. 793, al. 1).

La déclaration de conserver un bien n'est pas opposable aux créanciers tant qu'elle n'a pas été publiée au Bulletin officiel des annonces civiles et commerciales (C. civ., art. 795, al. 1 et article 1335 du décret n° 2006-1805 du 23 décembre 2006).

Cette déclaration entraîne l'obligation pour le déclarant de s'acquitter du montant des frais de publicité (15 euros TTC) dans les mêmes conditions que celles relatives à la publicité de la déclaration d'acceptation à concurrence de l'actif net.

C. Le dépôt du compte de clôture de la succession

Après, soit le désintéressement de tous les créanciers déclarés, soit l'épuisement de l'actif et l'affectation des sommes correspondantes au paiement des créanciers, l'héritier dépose au greffe le compte définitif de son administration (NCPC, art. 1337).

Ce dépôt marque la clôture de la procédure d'acceptation à concurrence de l'actif net. Il doit donc être inscrit sur le registre prévu pour recevoir la déclaration d'acceptation.

Le dépôt ne peut intervenir qu'à l'expiration d'un délai de 15 mois suivant la déclaration d'acceptation (NCPC, art. 1337).

Le dépôt est soumis à la même publicité et au même coût que les précédentes déclarations. La publication mentionne notamment les informations relatives au tribunal compétent, à la succession et la date à laquelle le compte a été déposé au tribunal.

D. Avis d'annulation et de rectification

1 – Avis d'annulation

Dans l'hypothèse où un avis publié doit être annulé, cette annulation donne lieu à une nouvelle publicité au moyen d'un formulaire spécifique, lequel est à disposition des juridictions dans l'espace informatique du site de la Direction des services judiciaires.

Cette publication mentionne notamment les informations relatives au tribunal compétent, à la succession, les références telles que le nom de la publication, le numéro et la date de parution de l'avis annulé et également la mention « Cet avis est nul et non avenu ».

2 – Avis de rectification

Dans l'hypothèse où l'avis publié comporte une erreur, l'avis doit alors être rectifié. Cette rectification donne lieu à une nouvelle publicité réalisée au moyen d'un formulaire prévu à cet effet et reproduit dans l'espace informatique du site de la Direction des services judiciaires.

La publication reprend intégralement les mentions de l'avis initial en opérant la correction nécessaire et fait figurer au surplus la mention « Cet avis annule et remplace le précédent avis » et également les références telles que le nom de la publication, le numéro et la date de parution de l'avis rectifié.

Les trames ainsi que les formulaires de publication au *BODACC* seront diffusés dans la partie « informatique » du site intranet de la Direction des services judiciaires.

http://intranet.justice.gouv.fr/site/portail/frameset.php?site_externe_bandeaup = 6

Ces documents pourront être téléchargés, à l'exception des juridictions d'Alsace Moselle.

ANNEXE II : Arrêté du 23 décembre 2006 fixant le modèle de l'information délivrée aux enfants des époux et aux tiers, dans le cadre d'une procédure de changement de régime matrimonial

[...]

81.12
Statuts de la Fondation de France.

I – But de la Fondation de France

Art. 1

L'établissement dit « Fondation de France » a pour but de recevoir toutes libéralités, sous forme notamment de dons et legs ou de versements manuels, d'en assurer la gestion et de redistribuer ces libéralités, ou leurs fruits et produits disponibles, au profit de personnes, œuvres ou organismes d'intérêt général, ayant un caractère philanthropique, éducatif, scientifique, social, humanitaire, culturel ou concourant à la mise en valeur du patrimoine artistique, à la défense de l'environnement ou à la diffusion de la culture française, en se conformant, pour ce faire, aux intentions, charges et conditions éventuellement stipulées par les donateurs.

Il a vocation, dans les conditions prévues aux présents statuts, à recevoir des versements pour le compte d'œuvres ou d'organismes mentionnés aux articles 200 et 238 *bis* du Code général des impôts, qui s'assignent un but analogue aux siens.

Il a son siège à Paris.

Art. 2

La Fondation met en œuvre tous les moyens licites, eu égard notamment aux prescriptions du Code civil et de la législation fiscale en matière de libéralités, qui paraîtront le plus conformes à son caractère d'établissement d'utilité publique et les plus appropriés à la réalisation de son objet désintéressé.

Toutefois, elle s'interdit :

– dans la collecte de ses ressources, d'accepter, sauf de ses fondateurs, toute libéralité qui, en raison de sa nature ou de celle des charges et conditions l'assortissant, pourrait aussi bien être faite directement au profit du bénéficiaire final, sans que son intervention soit nécessaire pour assurer, par exemple, la gestion de la libéralité ou les répartitions correspondantes;

– dans la gestion de ses biens, toute opération de caractère purement spéculatif ainsi que toute exploitation directe de toute entreprise ou établissement de caractère industriel ou commercial, et que toute participation non minoritaire au capital d'une même société, sauf si l'objet même de la société concernée permet la réalisation d'activités relevant des buts énoncés à l'article 1 des présents statuts,

– dans l'utilisation de ses fonds libres d'affectation, et sauf en matière d'études et recherches nécessaires à l'accomplissement de sa mission, toute opération directe, c'est-à-dire toute action par une voie autre que celle du concours à des personnes ou organismes tiers sous la forme de subsides divers : bourses, prix, allocations, subventions, *etc.*

Elle s'oblige :

– à se conformer, dans les limites prévues par la législation en vigueur, aux charges et conditions dont les auteurs de libéralités auront, avec l'accord de la Fondation et, s'il y a lieu, l'autorisation des autorités administratives, assorti ces libéralités, notamment quant à leur disposition, à leur gestion, à leur affectation, y compris les charges accessoires au profit de particuliers, la constitution au nom des donateurs de fonds ou fondations, la participation éventuelle de leurs représentants à la gestion ou à la distribution... ; étant entendu qu'en l'absence de stipulation expressément contraire, les libéralités consenties à la Fondation seront réputées faites aux clauses et conditions générales prévues par le règlement intérieur.

– à assurer l'équilibre du budget de fonctionnement administratif de ses services à l'aide de ses ressources propres, des concours que ses fondateurs pourraient lui apporter à cet effet, et de la participation aux frais généraux de la Fondation dont les donateurs auront admis l'imputation sur leurs libéralités.

Afin de remplir sa mission définie au deuxième alinéa de l'article 1er, la Fondation de France ouvre des comptes individualisés destinés à recevoir les versements pour le compte des organismes concernés.

La Fondation pourra passer toute convention nécessaire à l'accomplissement de sa mission, en particulier pour la gestion de ses biens et le placement de ses fonds, ainsi que pour l'organisation et le fonctionnement de ses services.

II – Organisation et fonctionnement

Art. 3

La Fondation est administrée par un Conseil assisté d'un comité juridique, d'un comité financier, d'un comité des comptes d'associations et de comités techniques.

Art. 4

Le Conseil d'Administration est composé ainsi qu'il suit :

A) Sept représentants des établissements fondateurs dont le Directeur Général de la Caisse des dépôts auxquels s'ajoutent quatre représentants, au plus, d'établissements admis à la qualité de membres fondateurs au sens du paragraphe 2 de l'article 17 – titre III des statuts.

B) Huit personnes désignées par le Premier ministre, et par les ministres respectivement chargés des affaires culturelles, des affaires sociales, de l'éducation nationale et de la jeunesse et des sports, de l'environnement, de la recherche scientifique, de l'intérieur et des finances.

C) Douze personnalités, au plus, cooptées par le Conseil d'Administration votant au scrutin secret et à la majorité.

La Fondation de France est en outre assistée d'au moins un commissaire aux comptes et d'un suppléant désignés dans les conditions prévues à l'article 5 II de la loi du 23 juillet 1987 modifiée sur le développement du mécénat.

Les représentants des fondateurs et ceux des établissements admis à cette qualité sont désignés et renouvelés par eux dans les conditions fixées par le règlement intérieur.

Les membres de la catégorie C du Conseil sont nommés pour une période de quatre ans renouvelable une fois.

En cas de cessation de fonction d'un membre du Conseil, notamment par décès, démission ou perte des qualités au titre desquelles il aurait été nommé, il est pourvu à son remplacement dans les trois mois.

La durée des fonctions du nouveau membre prend fin à l'époque où aurait normalement expiré le mandat de celui qu'il remplace.

Les membres du Conseil sont tenus d'assister personnellement à ces séances ou de se faire représenter par un autre membre dûment mandaté à cet effet, sans que ce dernier puisse disposer de plus de deux pouvoirs en sus du sien.

En cas d'absences personnelles répétées, l'intéressé pourra être déclaré démissionnaire d'office dans les conditions fixées par le règlement intérieur.

Art. 5

Le Conseil d'Administration élit parmi ses membres un bureau composé du Président, de deux Vice-Présidents, d'un Trésorier, d'un Trésorier-adjoint, d'un Secrétaire et d'un Secrétaire Adjoint.

Le Président est choisi parmi les membres des catégories A ou C.

Le Bureau est élu pour un an. Ses membres sont rééligibles dans les conditions fixées par le règlement intérieur.

Art. 6

Le Conseil d'Administration se réunit au moins une fois tous les six mois et chaque fois qu'il est convoqué par son Président, agissant de sa propre initiative ou à la demande du quart des membres.

Le Conseil ne peut valablement délibérer que si la majorité des membres en exercice est présente ou représentée dans les conditions prévues par l'article 4 ci-dessus. Si le *quorum* n'est pas atteint, il est procédé à une nouvelle convocation dans les conditions précisées par le règlement intérieur. Le Conseil peut alors valablement délibérer si le tiers au moins de ses membres est présent ou représenté dans les conditions sus-rappelées. En cas de partage, la voix du Président est prépondérante.

Il est tenu un procès-verbal des séances, lequel est signé du Président et d'un administrateur.

Art. 7

Le Conseil d'Administration règle les affaires de la Fondation et délibère des questions mises à l'ordre du jour.

Il définit les grandes lignes de l'action de la Fondation et arrête ses programmes d'activité.

Il arrête le rapport que la Fondation doit publier chaque année conformément aux dispositions de l'article 23.

Il vote le budget de l'exercice suivant.

Il reçoit, discute et approuve s'il y a lieu, les comptes de l'exercice clos qui lui sont présentés par le Trésorier avec pièces justificatives à l'appui.

Sous réserve de l'approbation administrative éventuellement requise, il accepte, s'il y a lieu, les libéralités qui sont faites à la Fondation sans charge ni condition; il accepte ou refuse, par délibération motivée, les libéralités qui sont grevées d'une charge ou condition.

Il décide de la distribution des subsides de la Fondation aux œuvres ou organismes d'intérêt général ayant un caractère philanthropique, éducatif, scientifique, social, humanitaire, culturel ou concourant à la mise en valeur du patrimoine artistique, à la défense de l'environnement ou à la diffusion de la culture française, compte tenu, le cas échéant, des charges et conditions stipulées par les donateurs.

Il décide, s'il y a lieu, l'ouverture de comptes pour les œuvres et organismes mentionnés aux articles 200 et 238 *bis* du Code général des impôts qui en font la demande.

Il reçoit et examine les comptes et les rapports moraux et financiers qui sont adressés chaque année à la Fondation par les œuvres et organismes titulaires d'un compte comme justification de l'emploi des fonds reçus.

Il fixe, dans le règlement intérieur, la procédure d'ouverture de comptes applicable aux œuvres et organismes demandeurs, les modalités de gestion des comptes et le taux du prélèvement éventuellement perçu par la fondation afin d'équilibrer la gestion du service rendu.

Il décide, s'il y a lieu, de clôturer les comptes des œuvres et organismes qui ne respectent pas les obligations qui leur sont imposées par les présents statuts et le règlement intérieur, ou dont le but ou les activités ne sont plus compatibles avec celles de la Fondation, ou dont la gestion est de nature à compromettre l'exercice de ses activités propres.

Il approuve les conventions visées à l'article 2 *in fine*.

Il peut déléguer certains de ses pouvoirs au Bureau ou à l'un des comités mentionnés à l'article 3 dans les conditions et limites qu'il fixe dans le règlement intérieur.

Art. 8

Le Bureau de la Fondation suit les affaires de celle-ci, prépare les délibérations du Conseil d'Administration et exerce les attributions que ce dernier lui délègue.

Art. 9

Le Président représente la Fondation dans tous les actes de la vie civile. Il ordonnance les dépenses. Il peut donner délégation.

En cas de représentation en justice, le Président ne peut être représenté que par un mandataire agissant en vertu d'une procuration donnée spécifiquement pour cette occasion.

Les représentants de la Fondation doivent jouir du plein exercice de leurs droits civils.

Le Trésorier encaisse les recettes et acquitte les dépenses.

Il peut donner délégation dans les conditions prévues par le règlement intérieur.

Art. 10

Le comité financier assiste le Conseil d'Administration dans la gestion des biens et fonds de la Fondation.

Il est sollicité par le Conseil pour faire toutes propositions et donner tous avis à cet effet, notamment en ce qui concerne le placement des fonds, les acquisitions, aliénations et remplois de biens et fonds, les hypothèques et emprunts.

Sa composition, son organisation et les règles de son fonctionnement sont fixées par le règlement intérieur.

Art. 11

Le comité juridique assiste le conseil d'administration dans la gestion des biens et des Services de la fondation.

Il est sollicité par le conseil pour examiner les problèmes juridiques soulevés par l'activité de la fondation, notamment en ce qui concerne l'acceptation des libéralités avec charges, la distribution des subsides et l'établissement des conventions visées a l'article 2 *in fine*.

Sa composition, son organisation et les règles de son fonctionnement sont fixées par le règlement intérieur.

Art. 12

Les comités techniques assistent le Conseil d'Administration dans la distribution des subsides de la Fondation. Ils lui font toutes propositions et lui donnent tous avis à cet effet.

Ils sont créés par le Conseil d'Administration, en tant que de besoin, par secteur d'intérêt général, notamment pour les affaires culturelles, sociales, scientifiques, d'éducation et formation, de jeunesse, d'environnement, *etc.*, ainsi que, le cas échéant, conformément aux conditions particulières éventuellement stipulées en la matière par les donateurs.

La composition des comités créés par secteurs d'intérêt général est arrêtée par le Conseil d'Administration.

Leurs attributions, leur organisation et les règles de leur fonctionnement, y compris les délégations qui peuvent leur être consenties, sont fixées par le règlement intérieur.

Art. 13

Le Comité des comptes d'association assiste le Conseil d'Administration dans la gestion des comptes individualisés ouverts pour les œuvres et organismes mentionnés aux articles 200 et 238 *bis* du Code général des impôts.

Il fournit notamment au Conseil d'Administration tous les éléments lui permettant d'arrêter le rapport spécial mentionné à l'article 24.

Sa composition, ses attributions, son organisation, et les règles de son fonctionnement, y compris les délégations qui peuvent lui être consenties, sont fixées par le règlement intérieur.

Art. 14

Le Directeur de la Fondation est nommé par le Président après avis du Conseil d'Administration.

Art. 15

Le Directeur de la Fondation en dirige les services et le personnel, et il en assure le fonctionnement, dans les conditions fixées par le règlement intérieur. Il a de droit accès avec voix consultative aux séances du Conseil d'Administration, du Bureau et des divers comités ou sous-comités de la Fondation.

Art. 16

Les décisions de la Fondation relatives aux aliénations de biens mobiliers et immobiliers dépendant de la dotation, à la constitution d'hypothèques et aux emprunts ne sont valables qu'après approbation administrative, sous réserve des dispositions de l'article 18 *in fine*.

Les décisions relatives à l'acceptation de dons et legs ainsi qu'à la modification des charges et conditions grevant ces libéralités, ne sont valables qu'après l'approbation administrative éventuellement requise par la législation en vigueur.

III – Dotation et ressources annuelles

Art. 17

La dotation de la Fondation comprend :

1) La dotation initiale s'élevant à la somme de 17 250 000 francs constituée de la manière suivante :

– Conformément à la convention en date du 7 octobre 1968 en vue de la reconnaissance de la Fondation de France comme établissement d'utilité publique, une première dotation de 16 250 000 francs-1969 versée sous forme d'apport, transformé en don au bout de dix ans, par les fondateurs suivants : la Caisse des Dépôts et Consignations, la Banque de France, la Banque de l'Indochine, la Banque Nationale de Paris, la Banque de Paris et des Pays-Bas, la Caisse d'Épargne de Lyon, La Caisse d'Épargne et de Prévoyance des Bouches-du-Rhône, la Caisse d'Épargne et de Prévoyance de Paris, la Compagnie Bancaire, la Compagnie financière de Suez et de l'Union parisienne, le Crédit Commercial de France, le Crédit Foncier de France, le Crédit Industriel et Commercial, le Crédit Lyonnais, MM. de Neuflize, Schlumberger, Mallet et Cie, la Société Générale pour favoriser le développement du commerce et de l'industrie en France.

– une dotation complémentaire de 1 000 000 francs-1972 apportée en 1972 par deux nouveaux membres fondateurs : le Crédit agricole et le Crédit populaire de France.

Ces dix-huit fondateurs se dénomment aujourd'hui : la Caisse des dépôts et consignations, la Banque de France, la Banque Indosuez, la Banque Nationale de Paris, la Banque Paribas, la Caisse d'Épargne de Lyon, la Caisse d'Épargne et de Prévoyance des Bouches du Rhône, la Caisse d'Épargne et de Prévoyance de Paris, la Caisse nationale de Crédit agricole, la Caisse centrale de Banques populaires, la Compagnie bancaire, la Compagnie de Suez, le Crédit commercial de France, le Crédit foncier de France, la Compagnie financière de l'Union européenne et du CIC, le Crédit lyonnais, la Banque de Neuflize, Schlumberger, Mallet, la Société générale.

2) Les dotations ultérieurement fournies soit par les fondateurs, soit par les personnes qui seraient admises avec les droits et obligations attachés par les statuts à la qualité de fondateur, dans les conditions définies par le règlement intérieur.

3) Le produit des libéralités dont la capitalisation aura été décidée; ces libéralités pouvant faire l'objet, s'il y a lieu, de fonds particuliers ouverts notamment au nom des donateurs.

Art. 18

La dotation est employée et gérée de la façon suivante :

Les capitaux mobiliers sont placés au choix, compte tenu des intérêts de la Fondation et des circonstances, et moyennant une ou plusieurs des conventions visées à l'article 2 *in fine*, dans les conditions ci-après :

A) En titre émis par le Trésor public et par les collectivités publiques ou locales, ou avec leur garantie, en valeurs cotées ou non à une bourse officielle, française ou étrangère, ainsi qu'en actions des sociétés d'investissement à capital variable et en parts de fonds commun de placement prévus par la loi du 23 décembre 1988, ainsi qu'en titres de créances négociables.

Ces diverses valeurs doivent être nominatives, sauf dépôt auprès d'une personne qualifiée.

B) En dépôt à moyen et long termes auprès des établissements habilités à en recevoir.

C) Dans un but de protection des capitaux placés, il peut être fait usage de contrats à terme ou optionnels sur les marchés financiers français ou étrangers.

Une partie des capitaux précités pourra également être employée à l'acquisition, à l'aménagement et à la construction d'immeubles nécessaires au but poursuivi par la Fondation ou d'immeubles productifs de revenus, tels que : bois, forêts, ou terrain à boiser, immeubles construits ou à construire, *etc.*, ainsi que, exceptionnellement, à l'acquisition de meubles tels qu'œuvres d'art, *etc.*

Sauf stipulation contraire des disposants, les valeurs acquises ou entrées directement en portefeuille par voie de donation pourront toujours être aliénées sous la réserve expresse que les fonds provenant de l'aliénation seront réemployés dans le cadre des dispositions ci-dessus. En ce dernier cas, l'approbation administrative prévue par l'article 16 – 1er alinéa, ne sera pas nécessaire.

Art. 19

Les ressources annuelles de la Fondation se composent :

1) Des revenus de la dotation y compris la quote-part des plus-values de cession qui sera admise à cet effet par le règlement intérieur.

2) Des subventions publiques qui pourraient lui être accordées.

3) Du produit des dons et legs dont la capitalisation n'aura pas été décidée.

4) Des versements faits par des particuliers ou par des entreprises, dans le cadre notamment des mesures fiscales admettant de tels versements en déduction de l'impôt sur le revenu ou sur les sociétés.

5) Du produit des ressources créées à titre exceptionnel et, s'il y a lieu, avec l'agrément de l'autorité compétente.

6) Du produit des rétributions éventuellement perçues pour services rendus, et notamment des prélèvements mentionnés au 10e alinéa de l'article 7.

Il est justifié auprès des ministres intéressés, de l'emploi des fonds provenant de toutes les subventions sur fonds publics éventuellement accordées au cours de l'exercice écoulé, ainsi que, auprès du ministre chargé des Finances et sur sa demande, de l'emploi des versements visés au 4 ci-dessus et effectués en exonération d'impôt.

Il est tenu une comptabilité faisant apparaître annuellement un compte de résultat, un bilan et une annexe. En outre, la comptabilité retrace l'ensemble des comptes définis à l'article 2 par secteur d'activité.

IV – Dispositions diverses

Art. 20

Toutes les fonctions de membres des Conseil, comités ou sous-comités de la Fondation sont bénévoles, sous réserve de l'indemnisation des frais exposés par les intéressés, dans les conditions définies par le règlement intérieur.

Art. 21

Outre le Directeur qui a de droit accès aux séances du Conseil d'Administration, les agents rétribués de la Fondation, ainsi que toute personne dont il paraîtrait utile de recueillir l'avis peuvent être appelés par le Président concerné à assister, avec voix consultative, aux séances des divers Conseil, comités ou sous-comités de la Fondation.

Art. 22

Les emplois de direction de la Fondation, ainsi que les emplois administratifs supérieurs et de conseillers techniques au nombre maximum de trois pourront être occupés par des fonctionnaires appartenant à la fonction publique de l'État, à la fonction publique territoriale ou à la fonction publique hospitalière, placés en position de détachement dans les conditions définies par leur statut.

Art. 23

Chaque année, la Fondation établit et rend public un rapport d'ensemble sur sa situation morale et financière.

Ce rapport doit comporter toutes précisions utiles à l'information du public, notamment en ce qui concerne ses statuts, son règlement intérieur, la composition de ses conseils, comités, ses activités, les personnes qui lui auront accordé des libéralités sauf si elles ont stipulé l'anonymat et celles qui auront bénéficié de ses subsides, ainsi que son bilan, en particulier l'état détaillé de ses valeurs d'actif.

Ce rapport est communiqué chaque année, avec les budgets et les comptes, au Préfet de Paris, au ministre de l'Intérieur, au ministre chargé des Finances et aux autres ministres intéressés qui en auront fait la demande.

Art. 24

Un rapport spécial est établi chaque année qui donne toutes informations utiles sur l'organisation et le fonctionnement des comptes des œuvres ou organismes visés à l'alinéa 2 de l'article 1.

Ce rapport mentionne les œuvres ou organismes nouvellement titulaires d'un compte et les comptes qui ont fait l'objet d'une liquidation.

Ce rapport, approuvé par le Conseil d'administration, est adressé sans délai au ministre de l'Intérieur, au ministre chargé des Finances et au Préfet de Paris, auprès duquel il peut être consulté par tout intéressé.

V – Modification des statuts et dissolution

Art. 25

Les présents statuts ne pourront être modifiés qu'après deux délibérations du Conseil d'Administration prises à deux mois d'intervalle et à la majorité des trois quarts des membres en exercice. Toutefois, une seule délibération suffira lorsque la modification y aura été décidée à l'unanimité des membres en exercice, dûment saisis du projet par lettre recommandée avec accusé de réception, reçue au moins un mois à l'avance.

Art. 26

En cas de dissolution ou en cas de retrait de la reconnaissance d'utilité publique, le Conseil d'Administration désigne un ou plusieurs commissaires chargés de la liquidation des biens de la Fondation. Il attribue l'actif net à un ou plusieurs établissements analogues, publics ou reconnus d'utilité publique ou à des établissements visés à l'article 6 de la loi du 1er juillet 1901.

La liquidation des biens de la Fondation et l'attribution de l'actif ne peuvent intervenir qu'après avis de la commission de contrôle prévue par l'article 29 ci-dessous.

Les délibérations sont adressées sans délai au ministre de l'Intérieur et aux autres ministres intéressés.

Dans le cas où les mesures sus-indiquées n'auraient pas été prises, un décret interviendrait pour y pourvoir. Les détenteurs de fonds, titres et archives appartenant à la Fondation, s'en dessaisiront valablement entre les mains du commissaire désigné par le dit décret.

Si l'autorisation prévue par les articles 200 et 238 *bis* du Code général des impôts est rapportée ou si la fondation est dissoute, la liquidation des comptes des établissements visés à l'alinéa 2 de l'article 1 est effectuée préalablement à la liquidation des biens de la Fondation.

Art. 27

Les délibérations prévues aux deux articles ci-dessus ne seront valables qu'après l'approbation du gouvernement.

VI – Règlement intérieur et surveillance

Art. 28

Le règlement intérieur est adopté par le Conseil d'Administration. Il est adressé à la Préfecture de Paris. Il arrête les modalités nécessaires pour assurer l'exécution des présents statuts et notamment les dispositions prévues à l'alinéa 10 de l'article 7. Il ne peut entrer en vigueur ou être modifié qu'après approbation du ministre de l'Intérieur.

Art. 29

La gestion administrative et financière de la Fondation de France pourra être soumise au contrôle *a posteriori* d'une commission composée de deux ou quatre membres, dont la moitié désignée sur proposition du Conseil d'Administration, et dont la création ainsi que l'organisation et le fonctionnement seront arrêtés par le ministre de l'Intérieur.

Art. 30

Le ministre de l'Intérieur aura le droit de faire visiter par ses délégués les divers services dépendant de l'établissement et de se faire rendre compte de leur fonctionnement.

Octobre 1996

ANNEXE

82. Textes de droit européen

82.00 Texte.

82.11 Règlement (UE) n° 650/2012 du 4 juillet 2012 (successions internationales et certificat successoral européen).

82.11
Règlement (UE) n° 650/2012 du 4 juillet 2012 (successions internationales et certificat successoral européen).

LE PARLEMENT EUROPÉEN ET LE CONSEIL DE L'UNION EUROPÉENNE,

vu le traité sur le fonctionnement de l'Union européenne, et notamment son article 81, paragraphe 2,

vu la proposition de la Commission européenne,

vu l'avis du Comité économique et social européen [1],

statuant conformément à la procédure législative ordinaire [2],

considérant ce qui suit :

(1) L'Union s'est donné pour objectif de maintenir et de développer un espace de liberté, de sécurité et de justice au sein duquel est assurée la libre circulation des personnes. En vue de l'établissement progressif de cet espace, l'Union doit adopter des mesures relevant du domaine de la coopération judiciaire dans les matières civiles ayant une incidence transfrontière, notamment lorsque cela est nécessaire au bon fonctionnement du marché intérieur.

(2) Conformément à l'article 81, paragraphe 2, point c), du traité sur le fonctionnement de l'Union européenne, ces mesures peuvent comprendre des mesures visant à assurer la compatibilité des règles applicables dans les États membres en matière de conflits de lois et de compétence.

(3) Le Conseil européen, réuni à Tampere les 15 et 16 octobre 1999, a approuvé le principe de reconnaissance mutuelle des jugements et des autres décisions émanant des autorités judiciaires en tant que pierre angulaire de la coopération judiciaire en matière civile et a invité le Conseil et la Commission à adopter un programme de mesures destinées à mettre en œuvre ce principe.

(4) Un programme de mesures sur la mise en œuvre du principe de reconnaissance mutuelle des décisions en matière civile et commerciale [3], commun à la Commission et au Conseil, a été adopté le 30 novembre 2000. Ce programme décrit les mesures relatives à l'harmonisation des règles de conflits de lois comme des mesures destinées à faciliter la reconnaissance mutuelle des décisions et prévoit l'élaboration d'un instrument en matière de testaments et successions.

(5) Le Conseil européen, réuni à Bruxelles les 4 et 5 novembre 2004, a adopté un nouveau programme, intitulé « Le programme de La Haye : renforcer la liberté, la sécurité et la justice dans l'Union européenne » [4]. Ce programme souligne la nécessité d'adopter un instrument en matière de successions, traitant notamment des questions de conflits de lois, de la compétence, de la reconnaissance mutuelle et de l'exécution des décisions dans le domaine des successions ainsi que d'un certificat successoral européen.

(6) Réuni à Bruxelles les 10 et 11 décembre 2009, le Conseil européen a adopté un nouveau programme pluriannuel intitulé « Le programme de Stockholm – une Europe ouverte et sûre qui sert et protège les citoyens » [5]. Dans ce programme, le Conseil européen estimait que la reconnaissance mutuelle devrait être étendue à des domaines encore non couverts mais essentiels pour la vie quotidienne, tels que les successions et les testaments, tout en tenant compte des systèmes juridiques des États membres, y compris en matière d'ordre public, et des traditions nationales dans ce domaine.

(7) Il y a lieu de faciliter le bon fonctionnement du marché intérieur en supprimant les entraves à la libre circulation de personnes confrontées aujourd'hui à des difficultés pour faire valoir leurs droits dans le contexte d'une succession ayant des incidences transfrontières. Dans l'espace européen de justice, les citoyens doivent être en mesure d'organiser à l'avance leur succession. Les droits des héritiers et légataires, des autres personnes proches du défunt ainsi que des créanciers de la succession doivent être garantis de manière effective.

(8) Afin d'atteindre ces objectifs, le présent règlement devrait regrouper les dispositions sur la compétence, la loi applicable, la reconnaissance — ou, le cas échéant, l'acceptation —, la force exécutoire et l'exécution des décisions, des actes authentiques et des transactions judiciaires ainsi que sur la création d'un certificat successoral européen.

(9) Le champ d'application du présent règlement devrait s'étendre à tous les aspects de droit civil d'une succession à cause de mort, à savoir tout mode de transfert de biens, de droits et d'obligations à cause de mort, qu'il s'agisse d'un acte volontaire de transfert en vertu d'une disposition à cause de mort ou d'un transfert dans le cadre d'une succession *ab intestat*.

(10) Le présent règlement ne devrait pas s'appliquer aux questions fiscales ni aux questions administratives relevant du droit public. Il appartient dès lors au droit national de déterminer, par exemple, comment sont calculés et payés les impôts et autres taxes, qu'il s'agisse d'impôts dus par la personne décédée au moment de son décès ou de tout type d'impôt lié à la succession dont doivent s'acquitter la succession ou les bénéficiaires. Il appartient également au droit national de déterminer si le transfert d'un bien successoral aux bénéficiaires en vertu du présent règlement ou l'inscription d'un bien successoral dans un registre peut, ou non, faire l'objet de paiement d'impôts.

(11) Le présent règlement ne devrait pas s'appliquer aux domaines du droit civil autres que les successions. Pour des raisons de clarté, le champ d'application du présent règlement devrait explicitement exclure une série de questions dont il pourrait être estimé qu'elles ont un lien avec les questions de succession.

(12) Ainsi, le présent règlement ne devrait pas s'appliquer aux questions ayant trait aux régimes matrimoniaux, y compris les conventions matrimoniales que connaissent certains systèmes juridiques, dès lors que celles-ci ne traitent pas de questions successorales, ni aux régimes patrimoniaux applicables aux relations réputées avoir des effets comparables à ceux du mariage. Les autorités chargées d'une succession donnée en vertu du présent règlement devraient néanmoins, en fonction de la situation, prendre en compte la liquidation du régime matrimonial ou d'un régime patrimonial similaire du défunt lors du calcul de la masse successorale et des parts respectives des différents bénéficiaires.

(13) Il convient également d'exclure du champ d'application du présent règlement les questions liées à la constitution, au fonctionnement et à la dissolution de trusts. Cela ne devrait pas s'entendre comme une exclusion générale des trusts. Dans le cas où un trust est constitué en vertu d'un testament ou de la loi en lien avec une succession *ab intestat*, la loi applicable à la succession en vertu du présent règlement devrait s'appliquer

1. *JO* C 44 du 11.2.2011, p. 148.
2. Position du Parlement européen du 13 mars 2012 (non encore parue au Journal officiel) et décision du Conseil du 7 juin 2012.
3. *JO* C 12 du 15.1.2001, p. 1.
4. *JO* C 53 du 3.3.2005, p. 1.
5. *JO* C 115 du 4.5.2010, p. 1.

s'agissant de la dévolution des biens et de la vocation successorale des bénéficiaires.

(14) Les droits et biens créés ou transférés autrement que par succession, par exemple au moyen de libéralités, devraient également être exclus du champ d'application du présent règlement. Néanmoins, c'est la loi désignée par le présent règlement comme étant la loi applicable à la succession qui précise s'il convient que les libéralités ou autres formes de dispositions entre vifs qui donnent naissance à un droit réel avant le décès fassent l'objet d'un rapport ou d'une réduction aux fins du calcul des parts des bénéficiaires conformément à la loi applicable à la succession.

(15) Le présent règlement devrait permettre la création ou le transfert par succession d'un droit mobilier ou immobilier tel que prévu par la loi applicable à la succession. Il ne devrait toutefois pas porter atteinte au nombre limité (« numerus clausus ») de droits réels que connaît le droit national de certains États membres. Un État membre ne devrait pas être tenu de reconnaître un droit réel en rapport avec des biens situés dans cet État membre, s'il ne connaît pas un tel droit réel dans son droit.

(16) Afin de permettre toutefois aux bénéficiaires de jouir, dans un autre État membre, des droits qui ont été créés ou leur ont été transférés par succession, il convient que le présent règlement prévoie l'adaptation d'un droit réel inconnu à son équivalent le plus proche en vertu du droit de cet autre État membre. Dans le cadre de cette adaptation, il y a lieu de tenir compte des objectifs et des intérêts poursuivis par le droit réel en question et des effets qui y sont liés. Pour déterminer l'équivalent le plus proche du droit réel dans le droit national, les autorités ou les personnes compétentes de l'État dont la loi s'applique à la succession peuvent être contactées afin d'obtenir des informations complémentaires sur la nature et les effets de ce droit. À cette fin, il serait possible d'avoir recours aux réseaux existants dans le domaine de la coopération judiciaire en matière civile et commerciale, ainsi qu'à tout autre moyen disponible permettant de comprendre plus facilement la loi étrangère.

(17) L'adaptation d'un droit réel inconnu, expressément prévu par le présent règlement, ne devrait pas empêcher d'autres formes d'adaptation dans le cadre de l'application de ce règlement.

(18) Les exigences relatives à l'inscription dans un registre d'un droit immobilier ou mobilier devraient être exclues du champ d'application du présent règlement. Par conséquent, c'est la loi de l'État membre dans lequel le registre est tenu (pour les biens immeubles, la lex rei sitae) qui devrait définir les conditions légales et les modalités de l'inscription, et déterminer quelles sont les autorités, telles que les responsables des cadastres ou les notaires, chargées de vérifier que toutes les exigences sont respectées et que les documents présentés ou établis sont suffisants ou contiennent les informations nécessaires. En particulier, les autorités peuvent vérifier que le droit du défunt sur les biens successoraux mentionnés dans le document présenté pour inscription est un droit qui est inscrit en tant que tel dans le registre ou qui a été attesté d'une autre manière conformément au droit de l'État membre dans lequel le registre est tenu. Afin d'éviter la duplication des documents, les autorités chargées de l'inscription devraient accepter les documents rédigés par les autorités compétentes d'un autre État membre, dont la circulation est prévue par le présent règlement. En particulier, le certificat successoral européen délivré en vertu du présent règlement devrait constituer un document valable pour l'inscription de biens successoraux dans le registre d'un État membre. Cela ne devrait pas empêcher les autorités chargées de l'inscription de solliciter de la personne qui demande l'inscription de fournir les informations supplémentaires ou présenter les documents complémentaires exigés en vertu du droit de l'État membre dans lequel le registre est tenu, par exemple les informations ou les documents concernant le paiement d'impôts. L'autorité compétente peut indiquer à la personne demandant l'inscription la manière dont elle peut se procurer les informations ou les documents manquants.

(19) Les effets de l'inscription d'un droit dans un registre devraient également être exclus du champ d'application du présent règlement. Par conséquent, c'est la loi de l'État membre dans lequel le registre est tenu qui devrait déterminer si l'inscription a un effet, par exemple, déclaratoire ou constitutif. Donc, dans le cas où, par exemple, l'acquisition d'un droit immobilier exige une inscription dans un registre en vertu du droit de l'État membre dans lequel le registre est tenu afin d'assurer l'effet erga omnes des registres ou de protéger les transactions juridiques, le moment de cette acquisition devrait être régi par le droit de cet État membre.

(20) Le présent règlement devrait respecter les différents systèmes de règlement des successions applicables dans les États membres. Aux fins du présent règlement, il convient dès lors de donner au terme « juridiction » un sens large permettant de couvrir, non seulement les juridictions au sens strict qui exercent des fonctions juridictionnelles, mais également les notaires ou les services de l'état civil dans certains États membres qui, pour certaines questions successorales, exercent des fonctions juridictionnelles au même titre que les juridictions, et les notaires et les professionnels du droit qui, dans certains États membres, exercent des fonctions juridictionnelles dans le cadre d'une succession donnée en vertu d'une délégation de pouvoirs accordée par une juridiction. Toutes les juridictions au sens du présent règlement devraient être liées par les règles de compétence prévues dans le présent règlement. Inversement, le terme « juridiction » ne devrait pas viser les autorités non judiciaires d'un État membre qui, en vertu du droit national, sont habilitées à régler les successions, telles que les notaires dans la plupart des États membres, lorsque, comme c'est généralement le cas, ils n'exercent pas de fonctions juridictionnelles.

(21) Le présent règlement devrait permettre à tous les notaires qui sont compétents en matière de successions dans les États membres d'exercer cette compétence. La question de savoir si les notaires d'un État membre donné sont ou non liés par les règles de compétence prévues dans le présent règlement devrait dépendre de la question de savoir s'ils relèvent ou non de la définition du terme « juridiction » aux fins du présent règlement.

(22) Les actes dressés par des notaires en matière de successions dans les États membres devraient circuler dans le cadre du présent règlement. Lorsque les notaires exercent des fonctions juridictionnelles, ils sont liés par les règles de compétence, et les décisions qu'ils rendent devraient circuler conformément aux dispositions relatives à la reconnaissance, à la force exécutoire et à l'exécution des décisions. Lorsque les notaires n'exercent pas des fonctions juridictionnelles, ils ne sont pas liés par les règles de compétence juridictionnelle et les actes authentiques qu'ils dressent devraient circuler conformément aux dispositions relatives aux actes authentiques.

(23) Compte tenu de la mobilité croissante des citoyens et afin d'assurer une bonne administration de la justice au sein de l'Union et de veiller à ce qu'un lien de rattachement réel existe

entre la succession et l'État membre dans lequel la compétence est exercée, le présent règlement devrait prévoir que le facteur général de rattachement aux fins de la détermination, tant de la compétence que de la loi applicable, est la résidence habituelle du défunt au moment du décès. Afin de déterminer la résidence habituelle, l'autorité chargée de la succession devrait procéder à une évaluation d'ensemble des circonstances de la vie du défunt au cours des années précédant son décès et au moment de son décès, prenant en compte tous les éléments de fait pertinents, notamment la durée et la régularité de la présence du défunt dans l'État concerné ainsi que les conditions et les raisons de cette présence. La résidence habituelle ainsi déterminée devrait révéler un lien étroit et stable avec l'État concerné, compte tenu des objectifs spécifiques du présent règlement.

(24) Dans certains cas, il peut s'avérer complexe de déterminer la résidence habituelle du défunt. Un tel cas peut se présenter, en particulier, lorsque, pour des raisons professionnelles ou économiques, le défunt était parti vivre dans un autre État pour y travailler, parfois pendant une longue période, tout en ayant conservé un lien étroit et stable avec son État d'origine. Dans un tel cas, le défunt pourrait, en fonction des circonstances de l'espèce, être considéré comme ayant toujours sa résidence habituelle dans son État d'origine, dans lequel se trouvait le centre des intérêts de sa vie familiale et sociale. D'autres cas complexes peuvent se présenter lorsque le défunt vivait de façon alternée dans plusieurs États ou voyageait d'un État à un autre sans s'être installé de façon permanente dans un État. Si le défunt était ressortissant de l'un de ces États ou y avait l'ensemble de ses principaux biens, sa nationalité ou le lieu de situation de ces biens pourrait constituer un critère particulier pour l'appréciation globale de toutes les circonstances de fait.

(25) En vue de déterminer la loi applicable à la succession, l'autorité chargée de la succession peut, dans des cas exceptionnels où, par exemple, le défunt s'était établi dans l'État de sa résidence habituelle relativement peu de temps avant son décès et que toutes les circonstances de la cause indiquent qu'il entretenait manifestement des liens plus étroits avec un autre État, parvenir à la conclusion que la loi applicable à la succession ne devrait pas être la loi de l'État de résidence habituelle du défunt mais plutôt celle de l'État avec lequel le défunt entretenait manifestement des liens plus étroits. Les liens manifestement les plus étroits ne devraient toutefois pas être invoqués comme facteur de rattachement subsidiaire dès que la détermination de la résidence habituelle du défunt au moment de son décès s'avère complexe.

(26) Aucune disposition du présent règlement ne devrait empêcher une juridiction d'appliquer les mécanismes destinés à lutter contre la fraude à la loi, par exemple dans le cadre du droit international privé.

(27) Les dispositions du présent règlement sont conçues pour assurer que l'autorité chargée de la succession en vienne, dans la plupart des cas, à appliquer son droit national. Le présent règlement prévoit dès lors une série de mécanismes qui entreraient en action dans les cas où le défunt avait choisi pour régir sa succession le droit d'un État membre dont il était un ressortissant.

(28) Parmi ces mécanismes devrait figurer celui permettant aux parties concernées de conclure un accord d'élection de for en faveur des juridictions de l'État membre de la loi choisie. Il faudrait préciser au cas par cas, en fonction notamment de la question couverte par l'accord d'élection de for, si l'accord devrait être conclu entre toutes les parties concernées par la succession ou si certaines d'entre elles pourraient accepter de soumettre une question spécifique à la juridiction choisie au cas où la décision de ladite juridiction sur ladite question n'affecterait pas les droits des autres parties à la succession.

(29) Si une procédure en matière de succession est engagée d'office par une juridiction, comme cela se produit dans certains États membres, cette juridiction devrait clore la procédure si les parties conviennent de régler la succession à l'amiable par voie extrajudiciaire dans l'État membre dont la loi avait été choisie. Lorsqu'une procédure en matière de succession n'est pas engagée d'office par une juridiction, le présent règlement ne devrait pas empêcher les parties de régler la succession à l'amiable par voie extrajudiciaire, par exemple devant un notaire, dans un État membre de leur choix, dans le cas où le droit de cet État membre le permet. Ce devrait être le cas même si la loi applicable à la succession n'est pas la loi de cet État membre.

(30) Afin de veiller à ce que les juridictions de tous les États membres puissent s'appuyer sur les mêmes motifs pour exercer leur compétence à l'égard de la succession de personnes n'ayant pas leur résidence habituelle sur le territoire d'un État membre au moment du décès, le présent règlement devrait dresser la liste exhaustive, dans l'ordre hiérarchique, des motifs pour lesquels cette compétence subsidiaire peut s'exercer.

(31) Afin de remédier tout particulièrement à des situations de déni de justice, il y a lieu de prévoir dans le présent règlement un forum necessitatis permettant à une juridiction d'un État membre, dans des cas exceptionnels, de statuer sur une succession qui présente un lien étroit avec un État tiers. Un tel cas exceptionnel pourrait exister lorsqu'une procédure se révèle impossible dans l'État tiers concerné, par exemple en raison d'une guerre civile, ou lorsqu'on ne peut raisonnablement attendre d'un bénéficiaire qu'il introduise ou conduise une procédure dans cet État. La compétence fondée sur le forum necessitatis ne pourrait cependant être exercée que si l'affaire présente un lien suffisant avec l'État membre de la juridiction saisie.

(32) Afin de faciliter la vie des héritiers et légataires résidant habituellement dans un autre État membre que celui dans lequel la succession est ou sera réglée, le présent règlement devrait permettre à toute personne ayant le droit, en vertu de la loi applicable à la succession, de faire des déclarations relatives à l'acceptation de la succession, d'un legs ou d'une réserve héréditaire ou à la renonciation à ceux-ci, ou une déclaration visant à limiter sa responsabilité à l'égard des dettes de la succession, de faire ces déclarations sous la forme prévue par la loi de l'État membre de sa résidence habituelle devant les juridictions dudit État membre. Cette disposition ne devrait pas empêcher de faire de telles déclarations devant d'autres autorités de cet État membre qui sont compétentes pour recevoir les déclarations en vertu du droit national. Les personnes qui choisissent de se prévaloir de la possibilité de faire une déclaration dans l'État membre de leur résidence habituelle devraient informer elles-mêmes la juridiction ou l'autorité qui est ou sera chargée de la succession de l'existence de telles déclarations dans le délai éventuellement fixé par la loi applicable à la succession.

(33) Une personne qui souhaite limiter sa responsabilité à l'égard des dettes de la succession ne devrait pas avoir la possibilité de le faire par une simple déclaration à cet effet devant les juridictions ou d'autres autorités compétentes de l'État membre de sa résidence habituelle lorsque la loi applicable à la succession exige qu'elle engage une procédure judiciaire spéci-

fique, par exemple une procédure d'inventaire, devant la juridiction compétente. Une déclaration faite dans de telles circonstances par une personne dans l'État membre de sa résidence habituelle, sous la forme prévue par le droit de cet État membre, ne devrait dès lors pas être valable en la forme aux fins du présent règlement. De même, les actes introductifs d'instance ne devraient pas être considérés comme des déclarations aux fins du présent règlement.

(34) Dans l'intérêt du fonctionnement harmonieux de la justice, il conviendrait d'éviter que des décisions inconciliables soient rendues dans différents États membres. À cette fin, le présent règlement devrait prévoir des règles générales de procédure semblables à celles d'autres instruments de l'Union dans le domaine de la coopération judiciaire en matière civile.

(35) Parmi ces règles de procédure figure la règle de la litispendance qui entrera en jeu si la même affaire de succession est portée devant différentes juridictions de différents États membres. Cette règle déterminera alors la juridiction appelée à poursuivre le règlement de la succession.

(36) Étant donné que, dans certains États membres, les successions peuvent être réglées par des autorités non judiciaires telles que des notaires, qui ne sont pas liées par les règles de compétence en vertu du présent règlement, on ne peut exclure qu'une transaction extrajudiciaire à l'amiable et une procédure judiciaire ayant trait à la même succession ou deux transactions extrajudiciaires à l'amiable ayant trait à la même succession puissent être engagées parallèlement dans différents États membres. En pareil cas, il devrait appartenir aux parties impliquées, une fois qu'elles connaissent l'existence de procédures parallèles, de convenir entre elles de la manière de procéder. À défaut d'accord entre elles, il appartiendra aux juridictions compétentes en vertu du présent règlement de régler et de statuer sur la succession.

(37) Afin de permettre aux citoyens de profiter, en toute sécurité juridique, des avantages offerts par le marché intérieur, le présent règlement devrait leur permettre de connaître à l'avance la loi applicable à leur succession. Des règles harmonisées de conflits de lois devraient être introduites pour éviter des résultats contradictoires. La règle principale devrait assurer que la succession est régie par une loi prévisible, avec laquelle elle présente des liens étroits. Pour des raisons de sécurité juridique et afin d'éviter le morcellement de la succession, cette loi devrait régir l'ensemble de la succession, c'est-à-dire l'intégralité du patrimoine composant la succession, quelle que soit la nature des biens et indépendamment du fait que ceux-ci sont situés dans un autre État membre ou dans un État tiers.

(38) Le présent règlement devrait permettre aux citoyens d'organiser à l'avance leur succession en choisissant la loi applicable à leur succession. Ce choix devrait être limité à la loi d'un État dont ils possèdent la nationalité afin d'assurer qu'il existe un lien entre le défunt et la loi choisie et d'éviter que le choix d'une loi ne soit effectué avec l'intention de frustrer les attentes légitimes des héritiers réservataires.

(39) Le choix de la loi devrait être formulé de manière expresse dans une déclaration revêtant la forme d'une disposition à cause de mort ou résulter des termes d'une telle disposition. Le choix de la loi pourrait être considéré comme résultant d'une disposition à cause de mort dans le cas où, par exemple, dans sa disposition, le défunt avait fait référence à des dispositions spécifiques de la loi de l'État de sa nationalité ou dans le cas où il avait mentionné cette loi d'une autre manière.

(40) Le choix de la loi en vertu du présent règlement devrait être valable même si la loi choisie ne prévoit pas de choix de la loi en matière de succession. Il devrait toutefois appartenir à la loi choisie de déterminer la validité au fond de l'acte d'élection de la loi, c'est-à-dire si l'on peut considérer que la personne qui a choisi la loi savait ce qu'elle faisait en faisant ce choix et qu'elle avait consenti à le faire. Il devrait en aller de même pour l'acte visant à modifier ou à révoquer un choix de loi.

(41) Aux fins de l'application du présent règlement, la détermination de la nationalité ou des différentes nationalités d'une personne devrait être réglée comme une question préliminaire. La question de savoir si une personne doit être considérée comme ressortissant d'un État n'entre pas dans le champ d'application du présent règlement et relève du droit national, y compris, le cas échéant, de conventions internationales, dans le plein respect des principes généraux de l'Union européenne.

(42) La loi désignée comme la loi applicable à la succession devrait régir la succession depuis son ouverture jusqu'au transfert de la propriété des biens composant la succession aux bénéficiaires, tel que déterminé par ladite loi. Elle devrait inclure les questions liées à l'administration de la succession et à la responsabilité à l'égard des dettes de la succession. L'apurement des dettes de la succession peut, en fonction notamment de la loi applicable à la succession, prévoir la prise en compte du rang spécifique des créanciers.

(43) Les règles de compétence établies par le présent règlement peuvent, dans certains cas, conduire à une situation où la juridiction compétente pour statuer sur la succession n'appliquera pas sa propre loi. Lorsqu'une telle situation survient dans un État membre dont la loi prévoit la nomination obligatoire d'un administrateur de la succession, le présent règlement devrait autoriser les juridictions de cet État membre, lorsqu'elles sont saisies, à nommer un ou plusieurs administrateurs en vertu de leur propre loi. Ceci est sans préjudice du choix fait par les parties de régler la succession à l'amiable par la voie extrajudiciaire dans un autre État membre lorsque cette option est possible en vertu de la loi de cet État membre. Afin d'assurer une bonne coordination entre la loi applicable à la succession et la loi de l'État membre de la juridiction de nomination, il convient que cette juridiction nomme la ou les personnes habilitées à administrer la succession en vertu de la loi applicable à la succession, comme, par exemple, l'exécuteur du testament du défunt ou les héritiers eux-mêmes ou, si la loi applicable à la succession le requiert, un tiers administrateur. Dans des cas particuliers où leur loi l'exige, les juridictions peuvent cependant nommer un tiers en qualité d'administrateur même si la loi applicable à la succession ne le prévoit pas. En cas de nomination d'un exécuteur testamentaire par le défunt, cette personne ne peut être dépossédée de ses pouvoirs, à moins que la loi applicable à la succession n'autorise qu'il soit mis fin à son mandat.

(44) Les pouvoirs exercés par les administrateurs nommés dans l'État membre de la juridiction saisie devraient être les pouvoirs d'administration qu'ils sont habilités à exercer en vertu de la loi applicable à la succession. Ainsi, par exemple, si l'héritier est nommé administrateur, il devrait avoir, pour administrer la succession, les pouvoirs que conférerait ladite loi à un héritier. Lorsque les pouvoirs d'administration susceptibles d'être exercés en vertu de la loi applicable à la succession ne suffisent pas à préserver les biens successoraux ou à protéger les droits des créanciers ou d'autres personnes ayant garanti les dettes du défunt, le ou les administrateurs nommés dans l'État membre de la juridiction saisie peuvent, sur une base résiduelle, exercer les pouvoirs d'administration prévus à cette fin par la loi de cet État membre. Ces pouvoirs résiduels pourraient consister, par

exemple, à établir la liste de l'actif et du passif de la succession, à informer les créanciers de l'ouverture de la succession et à les inviter à faire connaître leurs créances, ainsi qu'à prendre toutes les mesures provisoires ou conservatoires visant à préserver les biens successoraux. Les actes accomplis par un administrateur en vertu de ces pouvoirs résiduels devraient respecter la loi applicable à la succession en ce qui concerne le transfert de la propriété d'un bien successoral, y compris toute transaction conclue par les bénéficiaires avant la désignation de l'administrateur, la responsabilité à l'égard des dettes de la succession et les droits des bénéficiaires, y compris, le cas échéant, le droit d'accepter la succession ou d'y renoncer. Ces actes pourraient, par exemple, concerner uniquement l'aliénation des biens ou le paiement des dettes lorsque ces mesures sont autorisées en vertu de la loi applicable à la succession. Lorsqu'en vertu de la loi applicable à la succession, la nomination d'un tiers administrateur modifie la responsabilité des héritiers, il convient de respecter cette modification de responsabilité.

(45) Le présent règlement ne devrait pas empêcher les créanciers, par exemple par l'intermédiaire d'un représentant, d'entreprendre des démarches complémentaires comme pourrait le prévoir le droit national, le cas échéant, conformément aux instruments de l'Union applicables en la matière, afin de protéger leurs droits.

(46) Le présent règlement devrait permettre la communication d'informations sur l'ouverture de la succession aux créanciers potentiels se trouvant dans d'autres États membres où se situent des biens. Dans le cadre de l'application du présent règlement, il convient dès lors d'envisager la possibilité d'instaurer un mécanisme, le cas échéant via le portail « e-Justice » pour permettre aux créanciers se trouvant dans d'autres États membres d'avoir accès aux informations pertinentes de manière à leur permettre de déclarer leurs créances.

(47) La loi applicable à la succession devrait déterminer qui sont les bénéficiaires d'une succession donnée. Dans la plupart des ordres juridiques, le terme « bénéficiaires » tend à englober les héritiers et les légataires ainsi que les héritiers réservataires, bien que, par exemple, la situation juridique des légataires ne soit pas la même selon les ordres juridiques. En vertu de certains ordres juridiques, le légataire peut recevoir une part directe dans la succession, alors que selon d'autres ordres juridiques, le légataire ne peut acquérir qu'un droit à faire valoir à l'encontre des héritiers.

(48) Afin de garantir la sécurité juridique pour les personnes souhaitant planifier leur succession à l'avance, le présent règlement devrait fixer une règle spécifique de conflit de lois concernant la recevabilité et la validité au fond des dispositions à cause de mort. Pour assurer une application uniforme de cette règle, il convient que le présent règlement énumère les éléments à prendre en compte comme relevant de la validité au fond. L'examen de la validité au fond d'une disposition à cause de mort peut aboutir à la conclusion que cette disposition à cause de mort n'a pas d'existence juridique.

(49) Un pacte successoral est un type de disposition à cause de mort dont la recevabilité et l'acceptation varient d'un État membre à l'autre. En vue de faciliter l'acceptation dans les États membres de droits successoraux acquis du fait d'un pacte successoral, il convient que le présent règlement détermine quelle loi doit régir la recevabilité de tels pactes, leur validité au fond et leurs effets contraignants entre les parties, y compris les conditions de leur dissolution.

(50) La loi qui, en vertu du présent règlement, régira la recevabilité et la validité au fond d'une disposition à cause de mort ainsi que, en ce qui concerne les pactes successoraux, les effets contraignants d'un tel pacte entre les parties, devrait être sans préjudice des droits de toute personne qui, en vertu de la loi applicable à la succession, peut prétendre à une réserve héréditaire ou jouit d'un autre droit dont elle ne peut être privée par la personne dont la succession est concernée.

(51) Dans le cas où il est fait référence, dans le présent règlement, à la loi qui aurait été applicable à la succession de la personne qui dispose, si elle était décédée le jour, selon le cas, de l'établissement de la disposition à cause de mort, de la modification ou de la révocation de la disposition, cette référence doit s'entendre comme étant une référence soit à la loi de l'État de la résidence habituelle de la personne concernée ce jour-là, soit, si la personne avait fait un choix de loi en vertu du présent règlement, à la loi de l'État de sa nationalité ce jour-là.

(52) La validité quant à la forme de toutes les dispositions à cause de mort établies par écrit devrait être réglementée par le présent règlement au moyen de règles qui soient compatibles avec celles de la convention de La Haye du 5 octobre 1961 sur les conflits de lois en matière de forme des dispositions testamentaires. Lorsqu'elle détermine si une disposition à cause de mort est valable en la forme en vertu du présent règlement, l'autorité compétente ne devrait pas prendre en considération la création frauduleuse d'un élément international en vue de contourner les règles relatives à la validité quant à la forme.

(53) Aux fins du présent règlement, toute disposition légale limitant les formes admises pour les dispositions à cause de mort en faisant référence à certaines qualités personnelles de la personne qui dispose telles que son âge, par exemple, devrait être considérée comme relevant du domaine de la forme. Cela ne devrait pas s'interpréter comme signifiant que la loi applicable à la validité quant à la forme d'une disposition à cause de mort au titre du présent règlement devrait déterminer si un mineur a ou non la capacité de disposer à cause de mort. Cette loi devrait uniquement déterminer si une qualité personnelle telle que, par exemple, la minorité devrait empêcher une personne d'effectuer une disposition à cause de mort sous une forme donnée.

(54) En raison de leur destination économique, familiale ou sociale, certains biens immobiliers, certaines entreprises et d'autres catégories particulières de biens font l'objet, dans l'État membre de leur situation, de règles spéciales imposant des restrictions concernant la succession portant sur ces biens ou ayant une incidence sur celle-ci. Le présent règlement devrait assurer l'application de ces règles spéciales. Toutefois, cette exception à l'application de la loi applicable à la succession requiert une interprétation stricte afin de rester compatible avec l'objectif général du présent règlement. Dès lors, ne peuvent être considérées comme des dispositions spéciales imposant des restrictions concernant la succession portant sur certains biens ou ayant une incidence sur celle-ci ni les règles de conflits de lois soumettant les biens immobiliers à une loi différente de celle applicable aux biens mobiliers, ni les dispositions prévoyant une réserve héréditaire plus importante que celle prévue par la loi applicable à la succession en vertu du présent règlement.

(55) En vue d'assurer un traitement uniforme de la situation dans laquelle l'ordre de décès de deux ou plusieurs personnes dont la succession serait régie par des lois différentes n'est pas connu, le présent règlement devrait prévoir une règle prévoyant qu'aucune de ces personnes défuntes ne devrait avoir de droits dans la succession de l'autre ou des autres.

(56) Dans certains cas, une succession peut se retrouver en déshérence. Ces cas sont réglés différemment selon les ordres juridiques. Certains de ceux-ci prévoient que l'État pourra revendiquer la qualité d'héritier à la succession en déshérence, indépendamment du lieu où les biens sont situés. Dans d'autres ordres juridiques, l'État ne pourra appréhender que les biens situés sur son territoire. Il convient dès lors que le présent règlement fixe une règle prévoyant que l'application de la loi applicable à la succession ne devrait pas empêcher un État membre d'appréhender, conformément à son propre droit, les biens situés sur son territoire. Cependant, pour éviter que cette règle ne soit préjudiciable aux créanciers de la succession, il y a lieu de l'assortir d'une réserve donnant la possibilité aux créanciers de faire valoir leurs créances sur l'ensemble des biens successoraux, indépendamment du lieu où ils se situent.

(57) Les règles de conflit de lois énoncées dans le présent règlement peuvent conduire à l'application de la loi d'un État tiers. Dans un tel cas, il convient de tenir compte des règles de droit international privé dudit État. Si ces règles prévoient le renvoi à la loi d'un État membre ou à la loi d'un État tiers qui appliquerait sa propre loi à la succession, il y a lieu d'accepter ce renvoi afin de garantir une cohérence au niveau international. Il convient toutefois d'exclure le renvoi lorsque le défunt avait fait un choix de loi en faveur de la loi d'un État tiers.

(58) Dans des circonstances exceptionnelles, des considérations d'intérêt public devraient donner aux juridictions et aux autres autorités compétentes des États membres chargées du règlement des successions la possibilité d'écarter certaines dispositions d'une loi étrangère lorsque, dans un cas précis, l'application de ces dispositions serait manifestement incompatible avec l'ordre public de l'État membre concerné. Néanmoins, les juridictions ou autres autorités compétentes ne devraient pas pouvoir appliquer l'exception d'ordre public en vue d'écarter la loi d'un autre État membre ou refuser de reconnaître — ou, le cas échéant, d'accepter —, ou d'exécuter une décision rendue, un acte authentique ou une transaction judiciaire d'un autre État membre, lorsque ce refus serait contraire à la Charte des droits fondamentaux de l'Union européenne, en particulier à son article 21 qui interdit toute forme de discrimination.

(59) À la lumière de l'objectif général du présent règlement qui est la reconnaissance mutuelle des décisions rendues dans les États membres en matière de successions, indépendamment du fait que de telles décisions aient été rendues dans le cadre d'une procédure contentieuse ou gracieuse, le présent règlement devrait fixer des règles relatives à la reconnaissance, à la force exécutoire et à l'exécution des décisions qui soient semblables à celles d'autres instruments de l'Union adoptés dans le domaine de la coopération judiciaire en matière civile.

(60) Afin de prendre en compte les différents systèmes de règlement des successions dans les États membres, le présent règlement devrait assurer l'acceptation et la force exécutoire dans tous les États membres des actes authentiques en matière de succession.

(61) Les actes authentiques devraient avoir la même force probante dans un autre État membre que dans l'État membre d'origine ou les effets les plus comparables. Lors de la détermination de la force probante d'un acte authentique donné dans un autre État membre ou des effets les plus comparables, il convient de faire référence à la nature et à la portée de la force probante de l'acte authentique dans l'État membre d'origine. La force probante qu'un acte authentique donné devrait avoir dans un autre État membre dépendra dès lors de la loi de l'État membre d'origine.

(62) L'« authenticité » d'un acte authentique devrait être un concept autonome recouvrant des éléments tels que la véracité de l'acte, les exigences de forme qui lui sont applicables, les pouvoirs de l'autorité qui le dresse et la procédure suivie pour le dresser. Elle devrait également recouvrir les éléments factuels consignés dans l'acte authentique par l'autorité concernée, tels que le fait que les parties indiquées ont comparu devant ladite autorité à la date indiquée et qu'elles ont fait les déclarations qui y sont mentionnées. Une partie souhaitant contester l'authenticité d'un acte authentique devrait le faire devant la juridiction compétente de l'État membre d'origine de l'acte authentique en vertu de la loi dudit État membre.

(63) Les termes « actes juridiques ou relations juridiques consignés dans un acte authentique » devraient être interprétés comme faisant référence au contenu quant au fond consigné dans l'acte authentique. Les actes juridiques consignés dans un acte authentique pourraient être, par exemple, l'accord conclu entre les parties quant au partage ou à la répartition de la masse successorale, un testament, un pacte successoral ou toute autre déclaration de volonté. Les relations juridiques pourraient être, par exemple, la vocation successorale des héritiers et autres bénéficiaires établie au titre de la loi applicable à la succession, la détermination de leurs parts respectives, l'existence d'une réserve héréditaire ou tout autre élément établi au titre de la loi applicable à la succession. Une partie souhaitant contester les actes juridiques ou relations juridiques consignés dans un acte authentique devrait le faire devant les juridictions compétentes en vertu du présent règlement, qui devraient statuer sur cette contestation conformément à la loi applicable à la succession.

(64) Si une question relative aux actes juridiques ou relations juridiques consignés dans un acte authentique est soulevée de manière incidente dans le cadre d'une procédure devant une juridiction d'un État membre, celle-ci est compétente pour en connaître.

(65) Un acte authentique contesté ne devrait pas avoir de force probante dans un autre État membre que l'État membre d'origine tant que le recours est pendant. Si le recours ne concerne qu'un élément spécifique lié aux actes juridiques ou relations juridiques consignés dans l'acte authentique, l'acte authentique en question ne devrait pas avoir de force probante dans un autre État membre que l'État membre d'origine en ce qui concerne l'élément de la contestation, tant que le recours est pendant. Un acte authentique déclaré non valable à la suite d'un recours devrait cesser de produire toute force probante.

(66) Une autorité à laquelle seraient soumis deux actes authentiques incompatibles dans le cadre de l'application du présent règlement devrait examiner la question de savoir auquel, le cas échéant, il convient de donner la priorité, compte tenu des circonstances de l'espèce. Dans le cas où les circonstances ne permettent pas de déterminer à quel acte authentique il convient, le cas échéant, de donner la priorité, la question devrait être tranchée par les juridictions compétentes en vertu du présent règlement ou, lorsque la question est soulevée de manière incidente au cours d'une procédure, par la juridiction saisie de ladite procédure. En cas d'incompatibilité entre un acte authentique et une décision, il convient de tenir compte des motifs de non-reconnaissance des décisions prévus par le présent règlement.

(67) Afin de régler de manière rapide, aisée et efficace une succession ayant une incidence transfrontière au sein de l'Union,

les héritiers, les légataires, les exécuteurs testamentaires ou les administrateurs de la succession devraient être à même de prouver facilement leur statut et/ou leurs droits et pouvoirs dans un autre État membre, par exemple dans un État membre où se trouvent des biens successoraux. À cette fin, le présent règlement devrait prévoir la création d'un certificat uniforme, le certificat successoral européen (ci-après dénommé « certificat ») qui serait délivré en vue d'être utilisé dans un autre État membre. Afin de respecter le principe de subsidiarité, ce certificat ne devrait pas se substituer aux documents internes qui peuvent exister à des fins similaires dans les États membres.

(68) L'autorité qui délivre le certificat devrait tenir compte des formalités requises pour l'inscription des biens immobiliers dans l'État membre qui tient le registre. À cette fin, le présent règlement devrait prévoir un échange d'informations sur ces formalités entre les États membres.

(69) Le recours au certificat ne devrait pas être obligatoire. Cela signifie que les personnes en droit de déposer une demande de certificat ne devraient pas avoir l'obligation de le faire, mais devraient être libres de recourir aux autres instruments mis à disposition dans le présent règlement (décisions, actes authentiques ou transactions judiciaires). Cependant, aucune autorité ou personne devant laquelle serait produit un certificat délivré dans un autre État membre ne devrait être en droit de demander la production d'une décision, d'un acte authentique ou d'une transaction judiciaire en lieu et place du certificat.

(70) Le certificat devrait être délivré dans l'État membre dont les juridictions sont compétentes en vertu du présent règlement. Il devrait appartenir à chaque État membre de déterminer, dans son droit interne, quelles sont les autorités compétentes pour délivrer le certificat, qu'il s'agisse de juridictions telles que définies aux fins du présent règlement ou bien d'autres autorités compétentes en matière de succession telles que, par exemple, les notaires. Il devrait également appartenir à chaque État membre de déterminer, dans son droit interne, si l'autorité émettrice peut faire appel, durant le processus de délivrance, à d'autres services compétents, par exemple des services compétents pour recueillir des déclarations solennelles en lieu et place d'un serment. Les États membres devraient communiquer à la Commission les informations pertinentes relatives à leurs autorités émettrices, de manière que ces informations soient rendues publiques.

(71) Le certificat devrait produire les mêmes effets dans tous les États membres. Il ne devrait pas être, en tant que tel, un titre exécutoire mais devrait avoir une force probante et il devrait être présumé attester fidèlement de l'existence d'éléments qui ont été établis en vertu de la loi applicable à la succession ou en vertu de toute autre loi applicable à des éléments spécifiques, tels que la validité au fond des dispositions à cause de mort. La force probante du certificat ne devrait pas s'étendre aux éléments qui ne sont pas régis par le présent règlement comme la question de l'affiliation ou la question de l'appartenance d'un actif donné au défunt. Toute personne effectuant un paiement ou remettant un bien successoral à une personne indiquée dans le certificat comme étant en droit d'accepter ce paiement ou ce bien en qualité d'héritier ou de légataire devrait bénéficier d'une protection adéquate si elle a agi de bonne foi, en se fiant à l'exactitude des informations certifiées dans le certificat. La même protection devrait être accordée à toute personne qui, en se fiant à l'exactitude des informations certifiées dans le certificat, achète ou reçoit un bien successoral d'une personne indiquée dans le certificat comme étant en droit de disposer de ce bien. La protection devrait être assurée si des copies certifiées conformes toujours valables sont présentées. Il n'appartient pas au présent règlement de déterminer si l'acquisition de ce bien par un tiers est effective ou non.

(72) L'autorité compétente devrait délivrer le certificat sur demande. L'original du certificat devrait demeurer auprès de l'autorité émettrice, qui devrait en délivrer une ou plusieurs copies certifiées conformes au demandeur ou à toute autre personne justifiant d'un intérêt légitime. Cela ne devrait pas empêcher un État membre, en vertu de sa réglementation nationale en matière d'accès du public aux documents, d'autoriser la délivrance au public de copies du certificat. Le présent règlement devrait prévoir des voies de recours contre les décisions de l'autorité de délivrance, y compris les décisions de refus de délivrance d'un certificat. Lorsque le certificat est rectifié, modifié ou retiré, l'autorité émettrice devrait informer les personnes auxquelles des copies certifiées conformes ont été délivrées de manière à éviter une utilisation abusive de ces copies.

(73) Le respect des engagements internationaux souscrits par les États membres justifie que le présent règlement n'affecte pas l'application des conventions internationales auxquelles un ou plusieurs États membres sont parties au moment de l'adoption du présent règlement. En particulier, les États membres qui sont parties à la convention de La Haye du 5 octobre 1961 sur les conflits de lois en matière de forme des dispositions testamentaires devraient pouvoir continuer à appliquer les dispositions de cette convention au lieu de celles du présent règlement pour ce qui est de la validité quant à la forme des testaments et des testaments conjonctifs. La cohérence avec les objectifs généraux du présent règlement commande toutefois que le règlement prévale entre États membres sur les conventions conclues exclusivement entre deux États membres ou plus, dans la mesure où ces conventions concernent des matières régies par le présent règlement.

(74) Le présent règlement ne devrait pas empêcher les États membres qui sont parties à la convention du 19 novembre 1934 conclue entre le Danemark, la Finlande, l'Islande, la Norvège et la Suède, qui comporte des dispositions de droit international privé relatives aux successions, aux testaments et à l'administration des successions, de continuer à appliquer certaines dispositions de ladite convention telle que révisée par l'accord intergouvernemental conclu entre les États parties à celle-ci.

(75) Afin de faciliter l'application du présent règlement, il convient de prévoir une obligation pour les États membres de communiquer certaines informations sur leur législation et leurs procédures concernant les successions dans le cadre du réseau judiciaire européen en matière civile et commerciale établi par la décision 2001/470/CE du Conseil[1]. Pour permettre la publication au *Journal officiel de l'Union européenne*, dans les délais impartis, de toutes les informations pertinentes pour l'application concrète du présent règlement, les États membres devraient également communiquer ces informations à la Commission avant que le règlement ne commence à s'appliquer.

(76) De la même manière, afin de faciliter l'application du présent règlement et pour permettre le recours aux technologies modernes de communication, il convient de prévoir des formulaires types pour les attestations à fournir en lien avec la

1. *JO* L 174 du 27.6.2001, p. 25.

demande de déclaration constatant la force exécutoire d'une décision, d'un acte authentique ou d'une transaction judiciaire et pour la demande d'un certificat successoral européen, ainsi que pour le certificat lui-même.

(77) Pour le calcul des périodes et délais prévus par le présent règlement, le règlement (CEE, Euratom) n° 1182/71 du Conseil du 3 juin 1971 portant détermination des règles applicables aux délais, aux dates et aux termes[1] devrait s'appliquer.

(78) Afin d'assurer des conditions uniformes d'exécution du présent règlement, il convient de conférer des compétences d'exécution à la Commission en ce qui concerne l'établissement et la modification ultérieure des attestations et des formulaires relatifs à la déclaration constatant la force exécutoire des décisions, des transactions judiciaires et des actes authentiques, ainsi qu'au certificat successoral européen. Ces compétences devraient être exercées en conformité avec le règlement (UE) n° 182/2011 du Parlement européen et du Conseil du 16 février 2011 établissant les règles et principes généraux relatifs aux modalités de contrôle par les États membres de l'exercice des compétences d'exécution par la Commission[2].

(79) Il convient d'avoir recours à la procédure consultative pour l'adoption d'actes d'exécution visant à établir et ensuite à modifier les attestations et les formulaires prévus au présent règlement conformément à la procédure prévue à l'article 4 du règlement (UE) n° 182/2011.

(80) Étant donné que les objectifs du présent règlement, à savoir la libre circulation des personnes, l'organisation à l'avance par les citoyens de leur succession dans le cadre de l'Union et la protection des droits des héritiers, des légataires et des autres personnes proches du défunt, ainsi que des créanciers de la succession, ne peuvent pas être atteints de manière suffisante par les États membres et peuvent donc, en raison des dimensions et des effets du présent règlement, être mieux atteints au niveau de l'Union, celle-ci peut prendre des mesures conformément au principe de subsidiarité consacré à l'article 5 du traité sur l'Union européenne. Conformément au principe de proportionnalité tel qu'énoncé audit article, le présent règlement n'excède pas ce qui est nécessaire pour atteindre ces objectifs.

(81) Le présent règlement respecte les droits fondamentaux et observe les principes consacrés par la Charte des droits fondamentaux de l'Union européenne. Ce règlement doit être appliqué par les juridictions et autres autorités compétentes des États membres dans le respect de ces droits et principes.

(82) Conformément aux articles 1er et 2 du protocole n° 21 sur la position du Royaume-Uni et de l'Irlande à l'égard de l'espace de liberté, de sécurité et de justice, annexé au traité sur l'Union européenne et au traité sur le fonctionnement de l'Union européenne, ces États membres ne participent pas à l'adoption du présent règlement et ne sont pas liés par celui-ci ni soumis à son application. Cela s'entend toutefois sans préjudice de la possibilité, pour le Royaume-Uni et l'Irlande, de notifier leur intention d'accepter le présent règlement après son adoption conformément à l'article 4 dudit protocole.

(83) Conformément aux articles 1er et 2 du protocole n° 22 sur la position du Danemark, annexé au traité sur l'Union européenne et au traité sur le fonctionnement de l'Union européenne, le Danemark ne participe pas à l'adoption du présent règlement et n'est pas lié par celui-ci ni soumis à son application,

ONT ADOPTÉ LE PRÉSENT RÈGLEMENT :

CHAPITRE I : CHAMP D'APPLICATION ET DÉFINITIONS

Article premier : Champ d'application

1. Le présent règlement s'applique aux successions à cause de mort. Il ne s'applique pas aux matières fiscales, douanières et administratives.

2. Sont exclus du champ d'application du présent règlement :

a) l'état des personnes physiques ainsi que les relations de famille et les relations réputées avoir des effets comparables en vertu de la loi applicable;

b) la capacité juridique des personnes physiques, sans préjudice de l'article 23, paragraphe 2, point c), et de l'article 26;

c) les questions relatives à la disparition, à l'absence ou à la mort présumée d'une personne physique;

d) les questions liées aux régimes matrimoniaux et aux régimes patrimoniaux relatifs aux relations qui, selon la loi qui leur est applicable, sont réputées avoir des effets comparables au mariage;

e) les obligations alimentaires autres que celles résultant du décès;

f) la validité quant à la forme des dispositions à cause de mort formulées oralement;

g) les droits et biens créés ou transférés autrement que par succession, par exemple au moyen de libéralités, de la propriété conjointe avec réversibilité au profit du survivant, de plans de retraite, de contrats d'assurance et d'arrangements analogues, sans préjudice de l'article 23, paragraphe 2, point i);

h) les questions régies par le droit des sociétés, associations et personnes morales telles que les clauses contenues dans les actes constitutifs et dans les statuts de sociétés, d'associations et de personnes morales qui fixent le sort des parts à la mort de leurs membres;

i) la dissolution, l'extinction et la fusion de sociétés, d'associations et de personnes morales;

j) la constitution, le fonctionnement et la dissolution des trusts;

k) la nature des droits réels; et

l) toute inscription dans un registre de droits immobiliers ou mobiliers, y compris les exigences légales applicables à une telle inscription, ainsi que les effets de l'inscription ou de l'absence d'inscription de ces droits dans un registre.

Article 2 : Compétences en matière de successions dans les États membres

Le présent règlement ne porte pas atteinte aux compétences des autorités des États membres en matière de règlement des successions.

Article 3 : Définitions

1. Aux fins du présent règlement, on entend par :

a) « succession », la succession à cause de mort, ce terme recouvrant toute forme de transfert de biens, de droits et d'obligations à cause de mort, qu'il s'agisse d'un acte volontaire de transfert en vertu d'une disposition à cause de mort ou d'un transfert dans le cadre d'une succession *ab intestat*;

b) « pacte successoral », un accord, y compris un accord résultant de testaments mutuels, qui confère, modifie ou retire, avec ou sans contre-prestation, des droits dans la suc-

1. *JO* L 124 du 8.6.1971, p. 1.
2. *JO* L 55 du 28.2.2011, p. 13.

cession future d'une ou de plusieurs personnes parties au pacte;

c) « testament conjonctif », un testament établi par deux ou plusieurs personnes dans le même acte;

d) « disposition à cause de mort », un testament, un testament conjonctif ou un pacte successoral;

e) « État membre d'origine », l'État membre dans lequel, selon le cas, la décision a été rendue, la transaction judiciaire approuvée ou conclue, l'acte authentique établi ou le certificat successoral européen délivré;

f) « État membre d'exécution », l'État membre dans lequel est demandée la déclaration constatant la force exécutoire ou l'exécution de la décision, de la transaction judiciaire ou de l'acte authentique;

g) « décision », toute décision en matière de successions rendue par une juridiction d'un État membre, quelle que soit la dénomination qui lui est donnée, y compris une décision concernant la fixation par le greffier du montant des frais du procès;

h) « transaction judiciaire », une transaction en matière de successions approuvée par une juridiction ou conclue devant une juridiction au cours d'une procédure;

i) « acte authentique », un acte en matière de succession dressé ou enregistré formellement en tant qu'acte authentique dans un État membre et dont l'authenticité :

- i) porte sur la signature et le contenu de l'acte authentique; et
- ii) a été établie par une autorité publique ou toute autre autorité habilitée à le faire par l'État membre d'origine.

2. Aux fins du présent règlement, le terme « juridiction » désigne toute autorité judiciaire, ainsi que toute autre autorité et tout professionnel du droit compétents en matière de successions qui exercent des fonctions juridictionnelles ou agissent en vertu d'une délégation de pouvoirs d'une autorité judiciaire ou sous le contrôle d'une autorité judiciaire, pour autant que ces autres autorités et professionnels du droit offrent des garanties en ce qui concerne leur impartialité et le droit de toutes les parties à être entendues, et que les décisions qu'ils rendent en vertu du droit de l'État membre dans lequel ils exercent leurs fonctions :

a) puissent faire l'objet d'un recours devant une autorité judiciaire ou d'un contrôle par une telle autorité; et

b) aient une force et un effet équivalents à une décision rendue par une autorité judiciaire dans la même matière.

Les États membres notifient à la Commission les autres autorités et professionnels du droit visés au premier alinéa conformément à l'article 79.

CHAPITRE II : COMPÉTENCE

Article 4 : Compétence générale

Sont compétentes pour statuer sur l'ensemble d'une succession les juridictions de l'État membre dans lequel le défunt avait sa résidence habituelle au moment de son décès.

Article 5 : Accord d'élection de for

1. Lorsque la loi choisie par le défunt pour régir sa succession en vertu de l'article 22 est la loi d'un État membre, les parties concernées peuvent convenir que la ou les juridictions de cet État membre ont compétence exclusive pour statuer sur toute succession.

2. Cet accord d'élection de for est conclu par écrit, daté et signé par les parties concernées. Toute transmission par voie électronique qui permet de consigner durablement la convention est considérée comme revêtant une forme écrite.

Article 6 : Déclinatoire de compétence en cas de choix de loi

Lorsque la loi choisie par le défunt pour régir sa succession en vertu de l'article 22 est la loi d'un État membre, la juridiction saisie en vertu de l'article 4 ou 10 :

a) peut, à la demande de l'une des parties à la procédure, décliner sa compétence si elle considère que les juridictions de l'État membre dont la loi a été choisie sont mieux placées pour statuer sur la succession compte tenu des circonstances pratiques de celle-ci, telles que la résidence habituelle des parties et la localisation des biens; ou

b) décline sa compétence si les parties à la procédure sont convenues, conformément à l'article 5, de conférer la compétence à la ou aux juridictions de l'État membre dont la loi a été choisie.

Article 7 : Compétence en cas de choix de loi

Les juridictions d'un État membre dont la loi avait été choisie par le défunt en vertu de l'article 22 sont compétentes pour statuer sur la succession, à condition :

a) qu'une juridiction préalablement saisie ait décliné sa compétence dans la même affaire, en vertu de l'article 6;

b) que les parties à la procédure soient convenues, conformément à l'article 5, de conférer la compétence à la ou aux juridictions de cet État membre; ou

c) que les parties à la procédure aient expressément accepté la compétence de la juridiction saisie.

Article 8 : Clôture de la procédure devant la juridiction saisie d'office en cas de choix de loi

Une juridiction qui a engagé d'office une procédure en matière de succession en vertu de l'article 4 ou 10 clôt la procédure si les parties à la procédure sont convenues de régler la succession à l'amiable par voie extrajudiciaire dans l'État membre dont la loi avait été choisie par le défunt en vertu de l'article 22.

Article 9 : Compétence fondée sur la comparution

1. Lorsque, au cours de la procédure devant une juridiction d'un État membre exerçant la compétence en vertu de l'article 7, il apparaît que toutes les parties à ladite procédure n'étaient pas parties à l'accord d'élection de for, la juridiction continue d'exercer sa compétence si les parties à la procédure qui n'étaient pas parties à l'accord comparaissent sans contester la compétence de la juridiction.

2. Si la compétence de la juridiction visée au paragraphe 1 est contestée par des parties à la procédure qui n'étaient pas parties à l'accord, la juridiction décline sa compétence.

Dans ce cas, la compétence pour statuer sur la succession appartient aux juridictions compétentes en vertu de l'article 4 ou 10.

Article 10 : Compétences subsidiaires

1. Lorsque la résidence habituelle du défunt au moment du décès n'est pas située dans un État membre, les juridictions de l'État membre dans lequel sont situés des biens successoraux sont néanmoins compétentes pour statuer sur l'ensemble de la succession dans la mesure où :

a) le défunt possédait la nationalité de cet État membre au moment du décès; ou, à défaut,

b) le défunt avait sa résidence habituelle antérieure dans cet État membre, pour autant que, au moment de la saisine de la juridiction, il ne se soit pas écoulé plus de cinq ans depuis le changement de cette résidence habituelle.

2. Lorsque aucune juridiction d'un État membre n'est compétente en vertu du paragraphe 1, les juridictions de l'État membre dans lequel sont situés des biens successoraux sont néanmoins compétentes pour statuer sur ces biens.

Article 11 : Forum necessitatis

Lorsque aucune juridiction d'un État membre n'est compétente en vertu d'autres dispositions du présent règlement, les juridictions d'un État membre peuvent, dans des cas exceptionnels, statuer sur la succession si une procédure ne peut raisonnablement être introduite ou conduite, ou se révèle impossible dans un État tiers avec lequel l'affaire a un lien étroit.

L'affaire doit présenter un lien suffisant avec l'État membre dont relève la juridiction saisie.

Article 12 : Limitation de la procédure

1. Lorsque la masse successorale comprend des biens situés dans un État tiers, la juridiction saisie pour statuer sur la succession peut, à la demande d'une des parties, décider de ne pas statuer sur l'un ou plusieurs de ces biens si l'on peut s'attendre à ce que la décision qu'elle rendrait sur les biens en question ne soit pas reconnue ou, le cas échéant, ne soit pas déclarée exécutoire dans ledit État tiers.

2. Le paragraphe 1 ne porte pas atteinte au droit des parties de limiter la portée de la procédure en vertu du droit de l'État membre dont la juridiction est saisie.

Article 13 : Acceptation de la succession, d'un legs ou d'une réserve héréditaire, ou renonciation à ceux-ci

Outre la juridiction compétente pour statuer sur la succession au titre du présent règlement, les juridictions de l'État membre de la résidence habituelle de toute personne qui, en vertu de la loi applicable à la succession, peut faire une déclaration devant une juridiction concernant l'acceptation de la succession, d'un legs ou d'une réserve héréditaire ou la renonciation à ceux-ci, ou une déclaration visant à limiter la responsabilité de la personne concernée à l'égard des dettes de la succession, sont compétentes pour recevoir ce type de déclarations lorsque, en vertu de la loi de cet État membre, ces déclarations peuvent être faites devant une juridiction.

Article 14 : Saisine d'une juridiction

Aux fins du présent chapitre, une juridiction est réputée saisie :

a) à la date à laquelle l'acte introductif d'instance ou un acte équivalent est déposé auprès de la juridiction, à condition que le demandeur n'ait pas négligé par la suite de prendre les mesures qu'il était tenu de prendre pour que l'acte soit notifié ou signifié au défendeur;

b) si l'acte doit être notifié ou signifié avant d'être déposé auprès de la juridiction, à la date à laquelle il est reçu par l'autorité chargée de la notification ou de la signification, à condition que le demandeur n'ait pas négligé par la suite de prendre les mesures qu'il était tenu de prendre pour que l'acte soit déposé auprès de la juridiction; ou

c) si la procédure est engagée d'office, à la date à laquelle la décision d'engager la procédure est prise par la juridiction, ou, si une telle décision n'est pas requise, à la date à laquelle l'affaire est enregistrée par la juridiction.

Article 15 : Vérification de la compétence

La juridiction d'un État membre saisie d'une affaire de succession pour laquelle elle n'est pas compétente en vertu du présent règlement se déclare d'office incompétente.

Article 16 : Vérification de la recevabilité

1. Lorsque le défendeur qui a sa résidence habituelle dans un État autre que l'État membre où l'action a été intentée ne comparaît pas, la juridiction compétente sursoit à statuer aussi longtemps qu'il n'est pas établi que le défendeur a été mis à même de recevoir l'acte introductif d'instance ou un acte équivalent en temps utile pour pouvoir se défendre ou que toute diligence a été faite à cette fin.

2. L'article 19 du règlement (CE) n° 1393/2007 du Parlement et du Conseil du 13 novembre 2007 relatif à la signification et à la notification dans les États membres des actes judiciaires et extrajudiciaires en matière civile et commerciale (signification ou notification des actes)[1] s'applique en lieu et place du paragraphe 1 du présent article si l'acte introductif d'instance ou un acte équivalent a dû être transmis d'un État membre à un autre en exécution dudit règlement.

3. Lorsque le règlement (CE) n° 1393/2007 n'est pas applicable, l'article 15 de la convention de La Haye du 15 novembre 1965 relative à la signification et à la notification à l'étranger des actes judiciaires et extrajudiciaires en matière civile ou commerciale s'applique si l'acte introductif d'instance ou un acte équivalent a dû être transmis à l'étranger en vertu de cette convention.

Article 17 : Litispendance

1. Lorsque des demandes ayant le même objet et la même cause sont formées entre les mêmes parties devant des juridictions d'États membres différents, toute juridiction saisie en second lieu sursoit d'office à statuer jusqu'à ce que la compétence de la juridiction première saisie soit établie.

2. Lorsque la compétence de la juridiction première saisie est établie, la juridiction saisie en second lieu se dessaisit en faveur de celle-ci.

Article 18 : Connexité

1. Lorsque des demandes connexes sont pendantes devant des juridictions d'États membres différents, la juridiction saisie en second lieu peut surseoir à statuer.

2. Lorsque ces demandes sont pendantes au premier degré, la juridiction saisie en second lieu peut également se dessaisir, à la demande de l'une des parties, à condition que la juridiction première saisie soit compétente pour connaître des demandes en question et que sa loi permette leur jonction.

3. Sont connexes, aux fins du présent article, les demandes liées entre elles par un rapport si étroit qu'il y a intérêt à les instruire et à les juger en même temps afin d'éviter des décisions qui pourraient être inconciliables si les causes étaient jugées séparément.

Article 19 : Mesures provisoires et conservatoires

Les mesures provisoires et conservatoires prévues par la loi d'un État membre peuvent être demandées aux juridictions de cet État, même si, en vertu du présent règlement, les juridictions d'un autre État membre sont compétentes pour connaître du fond.

1. *JO* L 324 du 10.12.2007, p. 79.

CHAPITRE III : LOI APPLICABLE

Article 20 : Application universelle

Toute loi désignée par le présent règlement s'applique même si cette loi n'est pas celle d'un État membre.

Article 21 : Règle générale

1. Sauf disposition contraire du présent règlement, la loi applicable à l'ensemble d'une succession est celle de l'État dans lequel le défunt avait sa résidence habituelle au moment de son décès.

2. Lorsque, à titre exceptionnel, il résulte de l'ensemble des circonstances de la cause que, au moment de son décès, le défunt présentait des liens manifestement plus étroits avec un État autre que celui dont la loi serait applicable en vertu du paragraphe 1, la loi applicable à la succession est celle de cet autre État.

Article 22 : Choix de loi

1. Une personne peut choisir comme loi régissant l'ensemble de sa succession la loi de l'État dont elle possède la nationalité au moment où elle fait ce choix ou au moment de son décès.

Une personne ayant plusieurs nationalités peut choisir la loi de tout État dont elle possède la nationalité au moment où elle fait ce choix ou au moment de son décès.

2. Le choix est formulé de manière expresse dans une déclaration revêtant la forme d'une disposition à cause de mort ou résulte des termes d'une telle disposition.

3. La validité au fond de l'acte en vertu duquel le choix de loi est effectué est régie par la loi choisie.

4. La modification ou la révocation du choix de loi satisfait aux exigences de forme applicables à la modification ou à la révocation d'une disposition à cause de mort.

Article 23 : Portée de la loi applicable

1. La loi désignée en vertu de l'article 21 ou 22 régit l'ensemble d'une succession.

2. Cette loi régit notamment :

a) les causes, le moment et le lieu d'ouverture de la succession;

b) la vocation successorale des bénéficiaires, la détermination de leurs parts respectives et des charges qui peuvent leur être imposées par le défunt, ainsi que la détermination d'autres droits sur la succession, y compris les droits successoraux du conjoint ou du partenaire survivant;

c) la capacité de succéder;

d) l'exhérédation et l'indignité successorale;

e) le transfert des biens, des droits et des obligations composant la succession aux héritiers et, selon le cas, aux légataires, y compris les conditions et les effets de l'acceptation de la succession ou du legs ou de la renonciation à ceux-ci;

f) les pouvoirs des héritiers, des exécuteurs testamentaires et autres administrateurs de la succession, notamment en ce qui concerne la vente des biens et le paiement des créanciers, sans préjudice des pouvoirs visés à l'article 29, paragraphes 2 et 3;

g) la responsabilité à l'égard des dettes de la succession;

h) la quotité disponible, les réserves héréditaires et les autres restrictions à la liberté de disposer à cause de mort ainsi que les droits que les personnes proches du défunt peuvent faire valoir à l'égard de la succession ou des héritiers;

i) le rapport et la réduction des libéralités lors du calcul des parts des différents bénéficiaires;

j) le partage successoral.

Article 24 : Dispositions à cause de mort autres que les pactes successoraux

1. La recevabilité et la validité au fond d'une disposition à cause de mort autre qu'un pacte successoral sont régies par la loi qui, en vertu du présent règlement, aurait été applicable à la succession de la personne ayant pris la disposition si elle était décédée le jour de l'établissement de la disposition.

2. Nonobstant le paragraphe 1, une personne peut choisir comme loi régissant sa disposition à cause de mort, quant à sa recevabilité et à sa validité au fond, la loi que cette personne aurait pu choisir en vertu de l'article 22, selon les conditions qui y sont fixées.

3. Le paragraphe 1 s'applique, selon le cas, à la modification ou à la révocation d'une disposition à cause de mort autre qu'un pacte successoral. En cas de choix de loi effectué conformément au paragraphe 2, la modification ou la révocation est régie par la loi choisie.

Article 25 : Pacte successoral

1. Un pacte successoral qui concerne la succession d'une seule personne est régi, quant à sa recevabilité, sa validité au fond et ses effets contraignants entre les parties, y compris en ce qui concerne les conditions de sa dissolution, par la loi qui, en vertu du présent règlement, aurait été applicable à la succession de cette personne si elle était décédée le jour où le pacte a été conclu.

2. Un pacte successoral qui concerne la succession de plusieurs personnes n'est recevable que s'il l'est en vertu de chacune des lois qui, conformément au présent règlement, aurait régi la succession de chacune des personnes concernées si elles étaient décédées le jour où le pacte a été conclu.

Un pacte successoral qui est recevable en vertu du premier alinéa est régi, quant à sa validité au fond et à ses effets contraignants entre les parties, y compris en ce qui concerne les conditions de sa dissolution, par celle des lois visées au premier alinéa avec laquelle il présente les liens les plus étroits.

3. Nonobstant les paragraphes 1 et 2, les parties peuvent choisir comme loi régissant leur pacte successoral, quant à sa recevabilité, sa validité au fond et ses effets contraignants entre les parties, y compris en ce qui concerne les conditions de sa dissolution, la loi que la personne ou l'une des personnes dont la succession est concernée aurait pu choisir en vertu de l'article 22, selon les conditions qui y sont fixées.

Article 26 : Validité au fond des dispositions à cause de mort

1. Aux fins des articles 24 et 25, les éléments ci-après relèvent de la validité au fond :

a) la capacité de la personne qui dispose à cause de mort de prendre une telle disposition;

b) les causes particulières qui empêchent la personne qui prend la disposition de disposer en faveur de certaines personnes ou qui empêchent une personne de recevoir des biens successoraux de la personne qui dispose;

c) l'admissibilité de la représentation aux fins de l'établissement d'une disposition à cause de mort;

d) l'interprétation de la disposition;

e) la fraude, la contrainte, l'erreur ou toute autre question relative au consentement ou à l'intention de la personne qui dispose.

2. Lorsqu'une personne a la capacité de disposer à cause de mort en vertu de la loi applicable conformément à l'article 24

ou 25, une modification ultérieure de la loi applicable n'affecte pas sa capacité de modifier ou de révoquer une telle disposition.

Article 27 : Validité quant à la forme des dispositions à cause de mort établies par écrit

1. Une disposition à cause de mort établie par écrit est valable quant à la forme si celle-ci est conforme à la loi :

a) de l'État dans lequel la disposition a été prise ou le pacte successoral a été conclu;

b) d'un État dont le testateur ou au moins une des personnes dont la succession est concernée par un pacte successoral possédait la nationalité, soit au moment où la disposition a été prise ou le pacte conclu, soit au moment de son décès;

c) d'un État dans lequel le testateur ou au moins une des personnes dont la succession est concernée par un pacte successoral avait son domicile, soit au moment où la disposition a été prise ou le pacte conclu, soit au moment de son décès;

d) de l'État dans lequel le testateur ou au moins une des personnes dont la succession est concernée par un pacte successoral avait sa résidence habituelle, soit au moment de l'établissement de la disposition ou de la conclusion du pacte, soit au moment de son décès; ou

e) pour les biens immobiliers, de l'État dans lequel les biens immobiliers sont situés.

Pour déterminer si le testateur ou toute personne dont la succession est concernée par un pacte successoral avait son domicile dans un État particulier, c'est la loi de cet État qui s'applique.

2. Le paragraphe 1 s'applique également aux dispositions à cause de mort modifiant ou révoquant une disposition antérieure. La modification ou la révocation est également valable quant à la forme si elle est conforme à l'une des lois en vertu desquelles, conformément au paragraphe 1, la disposition à cause de mort modifiée ou révoquée était valable.

3. Aux fins du présent article, toute disposition légale qui limite les formes admises pour les dispositions à cause de mort en faisant référence à l'âge, à la nationalité ou à d'autres qualités personnelles du testateur ou des personnes dont la succession est concernée par un pacte successoral, est considérée comme relevant du domaine de la forme. Il en est de même des qualités que doit posséder tout témoin requis pour la validité d'une disposition à cause de mort.

Article 28 : Validité quant à la forme de la déclaration concernant l'acceptation ou la renonciation

Une déclaration concernant l'acceptation de la succession, d'un legs ou d'une réserve héréditaire ou la renonciation à ceux-ci, ou une déclaration visant à limiter la responsabilité de la personne qui fait la déclaration est valable quant à la forme lorsqu'elle respecte les exigences :

a) de la loi applicable à la succession en vertu de l'article 21 ou 22; ou

b) de la loi de l'État dans lequel la personne qui fait la déclaration a sa résidence habituelle.

Article 29 : Dispositions spéciales applicables, dans certains cas, à la nomination et aux pouvoirs de l'administrateur de la succession

1. Lorsque la nomination d'un administrateur est obligatoire ou obligatoire sur demande en vertu de la loi de l'État membre dont les juridictions sont compétentes pour statuer sur la succession en application du présent règlement et que la loi applicable à la succession est une loi étrangère, les juridictions de cet État membre peuvent, si elles sont saisies, nommer un ou plusieurs administrateurs de la succession en vertu de leur propre loi, sous réserve des conditions définies au présent article.

Les administrateurs nommés en vertu du présent paragraphe sont des personnes habilitées à exécuter le testament du défunt et/ou à administrer sa succession au titre de la loi applicable à la succession. Si ladite loi ne prévoit pas que la succession puisse être administrée par une personne autre qu'un bénéficiaire, les juridictions de l'État membre dans lequel un administrateur doit être nommé peuvent nommer à cet effet un administrateur tiers conformément à leur propre loi si celle-ci l'exige et s'il existe un grave conflit d'intérêt entre les bénéficiaires ou entre les bénéficiaires et les créanciers ou d'autres personnes ayant garanti les dettes du défunt, un désaccord entre les bénéficiaires sur l'administration de la succession ou si la succession est difficile à administrer en raison de la nature des biens.

Les administrateurs nommés en vertu du présent paragraphe sont les seules personnes habilitées à exercer les pouvoirs visés aux paragraphes 2 ou 3.

2. Les personnes nommées en qualité d'administrateurs en vertu du paragraphe 1 exercent les pouvoirs en matière d'administration de la succession qu'ils peuvent exercer conformément à la loi applicable à la succession. La juridiction procédant à la nomination peut fixer, dans sa décision, des modalités particulières d'exercice desdits pouvoirs en vertu de la loi applicable à la succession.

Si la loi applicable à la succession ne prévoit pas de pouvoirs suffisants pour préserver les biens successoraux ou pour protéger tant les droits des créanciers que ceux d'autres personnes ayant garanti les dettes du défunt, la juridiction procédant à la nomination peut décider de permettre aux administrateurs d'exercer, sur une base résiduelle, les pouvoirs prévus à cet effet dans sa propre loi et peut fixer dans sa décision des modalités particulières d'exercice desdits pouvoirs conformément à ladite loi.

Dans l'exercice de ces pouvoirs résiduels, les administrateurs respectent toutefois la loi applicable à la succession en ce qui concerne le transfert de la propriété du bien successoral, la responsabilité à l'égard des dettes de la succession, les droits des bénéficiaires, y compris, le cas échéant, le droit d'accepter ou de renoncer à la succession, ainsi que, le cas échéant, les pouvoirs de l'exécuteur testamentaire de la succession.

3. Nonobstant le paragraphe 2, la juridiction nommant un ou plusieurs administrateurs en vertu du paragraphe 1, peut, à titre dérogatoire, si la loi applicable à la succession est la loi d'un État tiers, décider de confier à ces administrateurs la totalité des pouvoirs d'administration prévus par la loi de l'État membre dans lequel ils sont nommés.

Toutefois, dans l'exercice de ces pouvoirs, les administrateurs respectent, en particulier, la vocation successorale des bénéficiaires et la détermination de leurs droits successoraux, y compris leurs droits à une réserve héréditaire ou leurs droits à l'égard de la succession ou des héritiers en vertu de la loi applicable à la succession.

Article 30 : Dispositions spéciales imposant des restrictions concernant la succession portant sur certains biens ou ayant une incidence sur celle-ci

Lorsque la loi de l'État dans lequel sont situés certains biens immobiliers, certaines entreprises ou d'autres catégories particulières de biens comporte des dispositions spéciales qui, en raison de la destination économique, familiale ou sociale de ces biens, imposent des restrictions concernant la succession portant sur ces biens ou ayant une incidence sur celle-ci, ces dispositions spéciales sont applicables à la succession dans la mesure où, en vertu de la loi de cet État, elles sont applicables quelle que soit la loi applicable à la succession.

Article 31 : **Adaptation des droits réels**

Lorsqu'une personne fait valoir un droit réel auquel elle peut prétendre en vertu de la loi applicable à la succession et que la loi de l'État membre dans lequel le droit est invoqué ne connaît pas le droit réel en question, ce droit est, si nécessaire et dans la mesure du possible, adapté au droit réel équivalent le plus proche en vertu de la loi de cet État en tenant compte des objectifs et des intérêts poursuivis par le droit réel en question et des effets qui y sont liés.

Article 32 : **Comourants**

Lorsque deux ou plusieurs personnes dont les successions sont régies par des lois différentes décèdent dans des circonstances qui ne permettent pas de déterminer l'ordre des décès, et que ces lois règlent cette situation par des dispositions différentes ou ne la règlent pas du tout, aucune de ces personnes décédées n'a de droit dans la succession de l'autre ou des autres.

Article 33 : **Succession en déshérence**

Dans la mesure où, en vertu de la loi applicable à la succession au titre du présent règlement, il n'y a pour aucun bien d'héritier ou de légataire institué par une disposition à cause de mort, ou de personne physique venant au degré successible, l'application de la loi ainsi déterminée ne fait pas obstacle au droit d'un État membre ou d'une institution désignée à cet effet par ledit État membre d'appréhender, en vertu de sa propre loi, les biens successoraux situés sur son territoire, pour autant que les créanciers soient habilités à faire valoir leurs créances sur l'ensemble des biens successoraux.

Article 34 : **Renvoi**

1. Lorsque le présent règlement prescrit l'application de la loi d'un État tiers, il vise l'application des règles de droit en vigueur dans cet État, y compris ses règles de droit international privé, pour autant que ces règles renvoient :

a) à la loi d'un État membre; ou

b) à la loi d'un autre État tiers qui appliquerait sa propre loi.

2. Aucun renvoi n'est applicable pour les lois visées à l'article 21, paragraphe 2, à l'article 22, à l'article 27, à l'article 28, point b), et à l'article 30.

Article 35 : **Ordre public**

L'application d'une disposition de la loi d'un État désignée par le présent règlement ne peut être écartée que si cette application est manifestement incompatible avec l'ordre public du for.

Article 36 : **Systèmes non unifiés – conflits de lois territoriaux**

1. Lorsque la loi désignée par le présent règlement est celle d'un État qui comprend plusieurs unités territoriales dont chacune a ses propres règles de droit en matière de succession, ce sont les règles internes de conflits de lois de cet État qui déterminent l'unité territoriale concernée dont les règles de droit doivent s'appliquer.

2. En l'absence de telles règles internes de conflits de lois :

a) toute référence à la loi de l'État mentionné au paragraphe 1 s'entend, aux fins de la détermination de la loi applicable en vertu des dispositions se référant à la résidence habituelle du défunt, comme faite à la loi de l'unité territoriale dans laquelle le défunt avait sa résidence habituelle au moment de son décès;

b) toute référence à la loi de l'État mentionné au paragraphe 1 s'entend, aux fins de la détermination de la loi applicable en vertu des dispositions se référant à la nationalité du défunt, comme faite à la loi de l'unité territoriale avec laquelle le défunt présentait les liens les plus étroits;

c) toute référence à la loi de l'État mentionné au paragraphe 1 s'entend, aux fins de la détermination de la loi applicable en vertu de toute autre disposition se référant à d'autres éléments comme facteurs de rattachement, comme faite à la loi de l'unité territoriale dans laquelle l'élément concerné est situé.

3. Nonobstant le paragraphe 2, toute référence à la loi de l'État mentionné au paragraphe 1 s'entend, aux fins de la détermination de la loi applicable en vertu de l'article 27, en l'absence de règles internes de conflit de lois dans ledit État, comme faite à la loi de l'unité territoriale avec laquelle le testateur ou les personnes dont la succession est concernée par le pacte successoral présentaient les liens les plus étroits.

Article 37 : **Systèmes non unifiés – conflits de lois interpersonnels**

Lorsqu'un État a plusieurs systèmes de droit ou ensembles de règles applicables à différentes catégories de personnes en matière de succession, toute référence à la loi de cet État s'entend comme faite au système de droit ou à l'ensemble de règles déterminé par les règles en vigueur dans cet État. En l'absence de telles règles, le système de droit ou l'ensemble de règles avec lequel le défunt présentait les liens les plus étroits s'applique.

Article 38 : **Non-application du présent règlement aux conflits de lois internes**

Un État membre qui comprend plusieurs unités territoriales dont chacune a ses propres règles de droit en matière de succession ne sera pas tenu d'appliquer le présent règlement aux conflits de lois qui surviennent uniquement entre ces unités.

CHAPITRE IV : RECONNAISSANCE, FORCE EXÉCUTOIRE ET EXÉCUTION DES DÉCISIONS

Article 39 : **Reconnaissance**

1. Les décisions rendues dans un État membre sont reconnues dans les autres États membres, sans qu'il soit nécessaire de recourir à aucune procédure.

2. En cas de contestation, toute partie intéressée qui invoque à titre principal la reconnaissance d'une décision peut demander, conformément à la procédure prévue aux articles 45 à 58, que la décision soit reconnue.

3. Si la reconnaissance est invoquée de façon incidente devant une juridiction d'un État membre, celle-ci est compétente pour en connaître.

Article 40 : **Motifs de non-reconnaissance**

Une décision rendue n'est pas reconnue :

a) si la reconnaissance est manifestement contraire à l'ordre public de l'État membre dans lequel la reconnaissance est demandée;

b) dans le cas où elle a été rendue par défaut, si l'acte introductif d'instance ou un acte équivalent n'a pas été signifié ou notifié au défendeur en temps utile et de telle manière qu'il puisse se défendre, à moins qu'il n'ait pas exercé de recours à l'encontre de la décision alors qu'il était en mesure de le faire;

c) si elle est inconciliable avec une décision rendue dans une procédure entre les mêmes parties dans l'État membre dans lequel la reconnaissance est demandée;

d) si elle est inconciliable avec une décision, rendue antérieurement dans un autre État membre ou dans un État tiers entre les mêmes parties dans une procédure ayant le même objet et la même cause, lorsque la décision rendue antérieurement réunit les conditions nécessaires à sa reconnaissance dans l'État membre dans lequel la reconnaissance est demandée.

Article 41 : Absence de révision quant au fond

En aucun cas, la décision rendue dans un État membre ne peut faire l'objet d'une révision quant au fond.

Article 42 : Sursis à statuer

La juridiction d'un État membre saisie d'une demande de reconnaissance d'une décision rendue dans un autre État membre peut surseoir à statuer si cette décision fait l'objet d'un recours ordinaire dans l'État membre d'origine.

Article 43 : Force exécutoire

Les décisions rendues dans un État membre qui sont exécutoires dans cet État sont exécutoires dans un autre État membre lorsque, à la demande de toute partie intéressée, elles y ont été déclarées exécutoires conformément à la procédure prévue aux articles 45 à 58.

Article 44 : Détermination du domicile

Pour déterminer, aux fins de la procédure prévue aux articles 45 à 58, si une partie a un domicile dans l'État membre d'exécution, la juridiction saisie applique la loi interne de cet État membre.

Article 45 : Compétence territoriale

1. La demande de déclaration constatant la force exécutoire est portée devant la juridiction ou à l'autorité compétente de l'État membre d'exécution dont cet État membre a communiqué le nom à la Commission conformément à l'article 78.

2. La compétence territoriale est déterminée par le domicile de la partie contre laquelle l'exécution est demandée, ou par le lieu de l'exécution.

Article 46 : Procédure

1. La procédure de dépôt de la demande est régie par la loi de l'État membre d'exécution.

2. Le demandeur n'est pas tenu d'avoir, dans l'État membre d'exécution, une adresse postale ni un représentant autorisé.

3. La demande est accompagnée des documents suivants :

a) une copie de la décision réunissant les conditions nécessaires pour en établir l'authenticité;

b) l'attestation délivrée par la juridiction ou l'autorité compétente de l'État membre d'origine sous la forme du formulaire établi conformément à la procédure consultative visée à l'article 81, paragraphe 2, sans préjudice de l'article 47.

Article 47 : Défaut de production de l'attestation

1. À défaut de production de l'attestation visée à l'article 46, paragraphe 3, point b), la juridiction ou l'autorité compétente peut impartir un délai pour la produire ou accepter un document équivalent ou, si elle s'estime suffisamment éclairée, en dispenser.

2. Il est produit une traduction des documents si la juridiction ou l'autorité compétente l'exige. La traduction est faite par une personne habilitée à effectuer des traductions dans l'un des États membres.

Article 48 : Déclaration constatant la force exécutoire

La décision est déclarée exécutoire dès l'achèvement des formalités de l'article 46, sans examen au titre de l'article 40. La partie contre laquelle l'exécution est demandée ne peut, à ce stade de la procédure, présenter d'observations concernant la demande.

Article 49 : Communication de la décision relative à la demande de déclaration constatant la force exécutoire

1. La décision relative à la demande de déclaration constatant la force exécutoire est aussitôt portée à la connaissance du demandeur conformément à la procédure fixée par la loi de l'État membre d'exécution.

2. La déclaration constatant la force exécutoire est signifiée ou notifiée à la partie contre laquelle l'exécution est demandée, accompagnée de la décision si celle-ci n'a pas encore été signifiée ou notifiée à cette partie.

Article 50 : Recours contre la décision relative à la demande de déclaration constatant la force exécutoire

1. L'une ou l'autre partie peut former un recours contre la décision relative à la demande de déclaration constatant la force exécutoire.

2. Le recours est porté devant la juridiction dont l'État membre concerné a communiqué le nom à la Commission conformément à l'article 78.

3. Le recours est examiné selon les règles de la procédure contradictoire.

4. Si la partie contre laquelle l'exécution est demandée ne comparaît pas devant la juridiction saisie du recours formé par le demandeur, l'article 16 s'applique, même si la partie contre laquelle l'exécution est demandée n'est pas domiciliée dans l'un des États membres.

5. Le recours contre la déclaration constatant la force exécutoire est formé dans un délai de trente jours à compter de sa signification ou de sa notification. Si la partie contre laquelle l'exécution est demandée est domiciliée dans un autre État membre que celui dans lequel la déclaration constatant la force exécutoire a été délivrée, le délai de recours est de soixante jours et court à compter du jour où la signification ou la notification a été faite à personne ou à domicile. Ce délai ne comporte pas de prorogation à raison de la distance.

Article 51 : Pourvoi contre la décision rendue sur le recours

La décision rendue sur le recours ne peut faire l'objet d'un pourvoi qu'au moyen de la procédure que l'État membre concerné a communiquée à la Commission conformément à l'article 78.

Article 52 : Refus ou révocation d'une déclaration constatant la force exécutoire

La juridiction saisie d'un recours au titre de l'article 50 ou 51 ne peut refuser ou révoquer une déclaration constatant la force exécutoire que pour l'un des motifs prévus à l'article 40. Elle statue sans délai.

Article 53 : **Sursis à statuer**

La juridiction saisie d'un recours prévu au titre de l'article 50 ou 51 sursoit à statuer, à la demande de la partie contre laquelle l'exécution est demandée, si la force exécutoire de la décision est suspendue dans l'État membre d'origine, du fait de l'exercice d'un recours.

Article 54 : **Mesures provisoires et conservatoires**

1. Lorsqu'une décision doit être reconnue conformément au présent chapitre, rien n'empêche le demandeur de solliciter qu'il soit procédé à des mesures provisoires ou conservatoires, conformément au droit de l'État membre d'exécution, sans qu'il soit nécessaire qu'une déclaration constatant la force exécutoire de cette décision soit requise au titre de l'article 48.

2. La déclaration constatant la force exécutoire emporte de plein droit l'autorisation de procéder à des mesures conservatoires.

3. Pendant le délai du recours prévu à l'article 50, paragraphe 5, contre la déclaration constatant la force exécutoire et jusqu'à ce qu'il ait été statué sur celui-ci, il ne peut être procédé à aucune mesure d'exécution sur les biens de la partie contre laquelle l'exécution est demandée, hormis des mesures conservatoires.

Article 55 : **Force exécutoire partielle**

1. Lorsque la décision rendue porte sur plusieurs chefs de la demande et que la déclaration constatant la force exécutoire ne peut être délivrée pour le tout, la juridiction ou l'autorité compétente la délivre pour un ou plusieurs d'entre eux.

2. Le demandeur peut demander que la déclaration constatant la force exécutoire soit limitée à certaines parties d'une décision.

Article 56 : **Aide judiciaire**

Le demandeur qui, dans l'État membre d'origine, a bénéficié en tout ou en partie de l'aide judiciaire ou d'une exemption de frais et dépens a droit, dans le cadre de toute procédure visant à obtenir une déclaration constatant la force exécutoire, à l'aide judiciaire la plus favorable ou à l'exemption de frais et dépens la plus large prévue par le droit de l'État membre d'exécution.

Article 57 : **Caution ou dépôt**

Aucune caution ni aucun dépôt, sous quelque dénomination que ce soit, n'est imposé à la partie qui demande dans un État membre la reconnaissance, la force exécutoire ou l'exécution d'une décision rendue dans un autre État membre en raison, soit de la qualité d'étranger, soit du défaut de domicile ou de résidence dans l'État membre d'exécution.

Article 58 : **Impôt, droit ou taxe**

Aucun impôt, droit ou taxe proportionnel à la valeur de l'affaire n'est perçu dans l'État membre d'exécution à l'occasion de la procédure visant à obtenir une déclaration constatant la force exécutoire.

CHAPITRE V : ACTES AUTHENTIQUES ET TRANSACTIONS JUDICIAIRES

Article 59 : **Acceptation des actes authentiques**

1. Les actes authentiques établis dans un État membre ont la même force probante dans un autre État membre que dans l'État membre d'origine ou y produisent les effets les plus comparables, sous réserve que ceci ne soit pas manifestement contraire à l'ordre public de l'État membre concerné.

Une personne souhaitant utiliser un acte authentique dans un autre État membre peut demander à l'autorité établissant l'acte authentique dans l'État membre d'origine de remplir le formulaire établi conformément à la procédure consultative visée à l'article 81, paragraphe 2, en décrivant la force probante de l'acte authentique dans l'État membre d'origine.

2. Les juridictions de l'État membre d'origine sont saisies de toute contestation portant sur l'authenticité d'un acte authentique et statuent sur celle-ci en vertu de la loi de cet État. L'acte authentique contesté ne produit aucune force probante dans un autre État membre tant que le recours est pendant devant la juridiction compétente.

3. Les juridictions compétentes en vertu du présent règlement sont saisies de toute contestation relative aux actes juridiques ou relations juridiques consignés dans un acte authentique et statuent sur celle-ci en vertu de la loi applicable au titre du chapitre III. L'acte authentique contesté ne produit aucune force probante dans un autre État membre que l'État membre d'origine en ce qui concerne la question contestée tant que le recours est pendant devant la juridiction compétente.

4. Si un point relatif aux actes juridiques ou aux relations juridiques consignés dans un acte authentique en matière de successions est soulevé de façon incidente devant une juridiction d'un État membre, celle-ci est compétente pour en connaître.

Article 60 : **Force exécutoire des actes authentiques**

1. Un acte authentique qui est exécutoire dans l'État membre d'origine est déclaré exécutoire dans un autre État membre, à la demande de toute partie intéressée, conformément à la procédure prévue aux articles 45 à 58.

2. Aux fins de l'article 46, paragraphe 3, point b), l'autorité ayant établi l'acte authentique délivre, à la demande de toute partie intéressée, une attestation sous la forme du formulaire établi conformément à la procédure consultative visée à l'article 81, paragraphe 2.

3. La juridiction auprès de laquelle un recours est formé en vertu de l'article 50 ou 51 ne refuse ou ne révoque une déclaration constatant la force exécutoire que si l'exécution de l'acte authentique est manifestement contraire à l'ordre public de l'État membre d'exécution.

Article 61 : **Force exécutoire des transactions judiciaires**

1. Les transactions judiciaires qui sont exécutoires dans l'État membre d'origine sont déclarées exécutoires dans un autre État membre à la demande de toute partie intéressée, conformément à la procédure prévue aux articles 45 à 58.

2. Aux fins de l'article 46, paragraphe 3, point b), la juridiction qui a approuvé la transaction ou devant laquelle la transaction a été conclue délivre, à la demande de toute partie intéressée, une attestation sous la forme du formulaire établi conformément à la procédure consultative visée à l'article 81, paragraphe 2.

3. La juridiction auprès de laquelle un recours est formé en vertu de l'article 50 ou 51 ne refuse ou ne révoque une déclaration constatant la force exécutoire que si l'exécution de la transaction judiciaire est manifestement contraire à l'ordre public de l'État membre d'exécution.

Chapitre VI : Certificat successoral européen

Article 62 : Création d'un certificat successoral européen

1. Le présent règlement crée un certificat successoral européen (ci-après dénommé « certificat »), qui est délivré en vue d'être utilisé dans un autre État membre et produit les effets énumérés à l'article 69.
2. Le recours au certificat n'est pas obligatoire.
3. Le certificat ne se substitue pas aux documents internes utilisés à des fins similaires dans les États membres. Toutefois, dès lors qu'il est délivré en vue d'être utilisé dans un autre État membre, le certificat produit également les effets énumérés à l'article 69 dans l'État membre dont les autorités l'ont délivré en vertu du présent chapitre.

Article 63 : Finalité du certificat

1. Le certificat est destiné à être utilisé par les héritiers, les légataires ayant des droits directs à la succession et les exécuteurs testamentaires ou les administrateurs de la succession qui, dans un autre État membre, doivent respectivement invoquer leur qualité ou exercer leurs droits en tant qu'héritiers ou légataires, et/ou leurs pouvoirs en tant qu'exécuteurs testamentaires ou administrateurs de la succession.
2. Le certificat peut être utilisé, en particulier, pour prouver un ou plusieurs des éléments suivants :

a) la qualité et/ou les droits de chaque héritier ou, selon le cas, de chaque légataire mentionné dans le certificat et la quote-part respective leur revenant dans la succession;

b) l'attribution d'un bien déterminé ou de plusieurs biens déterminés faisant partie de la succession à l'héritier/aux héritiers ou, selon le cas, au(x) légataire(s) mentionné(s) dans le certificat;

c) les pouvoirs de l'exécuteur testamentaire ou de l'administrateur de la succession mentionné dans le certificat.

Article 64 : Compétence pour délivrer le certificat

Le certificat est délivré dans l'État membre dont les juridictions sont compétentes en vertu de l'article 4, 7, 10 ou 11. L'autorité émettrice est :

a) une juridiction telle que définie à l'article 3, paragraphe 2; ou

b) une autre autorité qui, en vertu du droit national, est compétente pour régler les successions.

Article 65 : Demande de certificat

1. Le certificat est délivré à la demande de toute personne visée à l'article 63, paragraphe 1 (ci-après dénommée « demandeur »).
2. Pour déposer une demande, le demandeur peut utiliser le formulaire établi conformément à la procédure consultative visée à l'article 81, paragraphe 2.
3. La demande contient les informations énumérées ci-après, pour autant que le demandeur en ait connaissance et que ces informations soient nécessaires pour que l'autorité émettrice puisse certifier les éléments que le demandeur souhaite voir certifier et est accompagnée, soit de l'original de tous les documents pertinents, soit de copies répondant aux conditions requises pour en établir l'authenticité, sans préjudice de l'article 66, paragraphe 2 :

a) les renseignements concernant le défunt : nom (le cas échéant, nom à la naissance), prénom(s), sexe, date et lieu de naissance, état civil, nationalité, numéro d'identification (le cas échéant), adresse au moment du décès, date et lieu du décès;

b) les renseignements concernant le demandeur : nom (le cas échéant, nom à la naissance), prénom(s), sexe, date et lieu de naissance, état civil, nationalité, numéro d'identification (le cas échéant), adresse et lien éventuel avec le défunt;

c) les renseignements concernant le représentant éventuel du demandeur : nom (le cas échéant, nom à la naissance), prénom(s), adresse et qualité de représentant;

d) les renseignements concernant le conjoint ou le partenaire du défunt et, le cas échéant, concernant le ou les ex-conjoints ou le ou les anciens partenaires : nom (le cas échéant, nom à la naissance), prénom(s), sexe, date et lieu de naissance, état civil, nationalité, numéro d'identification (le cas échéant) et adresse;

e) les renseignements concernant d'autres bénéficiaires éventuels en vertu d'une disposition à cause de mort et/ou en vertu de la loi : nom et prénom(s) ou raison sociale, numéro d'identification (le cas échéant) et adresse;

f) la finalité à laquelle est destiné le certificat conformément à l'article 63;

g) les coordonnées de la juridiction ou de l'autorité compétente qui règle ou a réglé la succession en tant que telle, le cas échéant;

h) les éléments sur lesquels le demandeur se fonde pour faire valoir, selon le cas, ses droits sur les biens successoraux en tant que bénéficiaire et/ou son droit d'exécuter le testament du défunt et/ou d'administrer la succession du défunt;

i) une indication concernant l'établissement ou non, par le défunt, d'une disposition à cause de mort; si ni l'original ni une copie ne sont joints, l'indication de la localisation de l'original;

j) une indication concernant la conclusion ou non, par le défunt, d'un contrat de mariage ou d'un contrat relatif à une relation pouvant avoir des effets comparables au mariage; lorsque ni l'original ni une copie du contrat ne sont joints, l'indication de la localisation de l'original;

k) une indication quant à la déclaration faite ou non par l'un des bénéficiaires concernant l'acceptation de la succession ou la renonciation à celle-ci;

l) une déclaration établissant que, à la connaissance du demandeur, aucun litige portant sur les éléments à certifier n'est pendant;

m) toute autre information que le demandeur considère utile aux fins de la délivrance du certificat.

Article 66 : Examen de la demande

1. Dès réception de la demande, l'autorité émettrice vérifie les informations et les déclarations fournies par le demandeur ainsi que les documents et les autres moyens de preuve présentés par celui-ci. Elle mène les enquêtes nécessaires à cette vérification d'office, lorsque son droit national le prévoit ou l'autorise, ou invite le demandeur à fournir tout élément de preuve complémentaire qu'elle estime nécessaire.
2. Si le demandeur n'a pas pu produire des copies des documents pertinents répondant aux conditions requises pour en établir l'authenticité, l'autorité émettrice peut décider d'accepter d'autres moyens de preuve.
3. Si son droit national le prévoit et sous réserve des conditions qui y sont fixées, l'autorité émettrice peut demander que des déclarations soient faites sous serment ou sous forme d'une déclaration solennelle en lieu et place d'un serment.
4. L'autorité émettrice prend toutes les mesures nécessaires pour informer les bénéficiaires de la demande de certificat. Si cela est nécessaire aux fins de l'établissement des éléments à certifier, elle entend toute personne intéressée, ainsi que tout exécuteur ou administrateur, et procède à des annonces publi-

ques visant à donner à d'autres bénéficiaires éventuels la possibilité de faire valoir leurs droits.

5. Aux fins du présent article, l'autorité compétente d'un État membre fournit, sur demande, à l'autorité émettrice d'un autre État membre les informations détenues, notamment, dans les registres fonciers, les registres de l'état civil et les registres consignant les documents et les faits pertinents pour la succession ou pour le régime matrimonial ou un régime patrimonial équivalent du défunt, dès lors que cette autorité compétente est autorisée, en vertu du droit national, à fournir ces informations à une autre autorité nationale.

Article 67 : Délivrance du certificat

1. L'autorité émettrice délivre sans délai le certificat conformément à la procédure fixée dans le présent chapitre lorsque les éléments à certifier ont été établis en vertu de la loi applicable à la succession ou de toute autre loi applicable à des éléments spécifiques. Elle utilise le formulaire établi conformément à la procédure consultative visée à l'article 81, paragraphe 2.

L'autorité émettrice ne délivre pas le certificat en particulier :

a) si les éléments à certifier sont contestés; ou

b) si le certificat s'avère ne pas être conforme à une décision portant sur les mêmes éléments.

2. L'autorité émettrice prend toutes les mesures nécessaires pour informer les bénéficiaires de la délivrance du certificat.

Article 68 : Contenu du certificat

Le certificat comporte les informations suivantes dans la mesure où elles sont nécessaires à la finalité pour laquelle il est délivré :

a) le nom et l'adresse de l'autorité émettrice;

b) le numéro de référence du dossier;

c) les éléments sur la base desquels l'autorité émettrice s'estime compétente pour délivrer le certificat;

d) la date de délivrance;

e) les renseignements concernant le demandeur : nom (le cas échéant, nom à la naissance), prénom(s), sexe, date et lieu de naissance, état civil, nationalité, numéro d'identification (le cas échéant), adresse et lien éventuel avec le défunt;

f) les renseignements concernant le défunt : nom (le cas échéant, nom à la naissance), prénom(s), sexe, date et lieu de naissance, état civil, nationalité, numéro d'identification (le cas échéant), adresse au moment du décès, date et lieu du décès;

g) les renseignements concernant les bénéficiaires : nom (le cas échéant, nom à la naissance), prénom(s) et numéro d'identification (le cas échéant);

h) les renseignements concernant un contrat de mariage conclu par le défunt ou, le cas échéant, un contrat passé par le défunt dans le cadre d'une relation qui, selon la loi qui lui est applicable, est réputée avoir des effets comparables au mariage et les renseignements concernant le régime matrimonial ou un régime patrimonial équivalent;

i) la loi applicable à la succession et les éléments sur la base desquels cette loi a été déterminée;

j) les renseignements permettant d'établir si la succession s'ouvre *ab intestat* ou en vertu d'une disposition à cause de mort, y compris les informations concernant les éléments donnant naissance aux droits et/ou pouvoirs des héritiers, légataires, exécuteurs testamentaires ou administrateurs de la succession;

k) le cas échéant, la mention pour chaque bénéficiaire de la nature de l'acceptation de la succession ou de la renonciation à celle-ci;

l) la part revenant à chaque héritier et, le cas échéant, la liste des droits et/ou des biens revenant à un héritier déterminé;

m) la liste des droits et/ou des biens revenant à un légataire déterminé;

n) les restrictions portant sur les droits de l'héritier ou des héritiers et, selon le cas, du ou des légataires en vertu de la loi applicable à la succession et/ou en vertu de la disposition à cause de mort;

o) les pouvoirs de l'exécuteur testamentaire et/ou de l'administrateur de la succession et les restrictions portant sur ces pouvoirs en vertu de la loi applicable à la succession et/ou en vertu de la disposition à cause de mort.

Article 69 : Effets du certificat

1. Le certificat produit ses effets dans tous les États membres, sans qu'il soit nécessaire de recourir à aucune procédure.

2. Le certificat est présumé attester fidèlement l'existence d'éléments qui ont été établis en vertu de la loi applicable à la succession ou en vertu de toute autre loi applicable à des éléments spécifiques. La personne désignée dans le certificat comme étant l'héritier, le légataire, l'exécuteur testamentaire ou l'administrateur de la succession est réputée avoir la qualité mentionnée dans ledit certificat et/ou les droits ou les pouvoirs énoncés dans ledit certificat sans que soient attachées à ces droits ou à ces pouvoirs d'autres conditions et/ou restrictions que celles qui sont énoncées dans le certificat.

3. Toute personne qui, agissant sur la base des informations certifiées dans un certificat, effectue des paiements ou remet des biens à une personne désignée dans le certificat comme étant habilitée à accepter des paiements ou des biens est réputée avoir conclu une transaction avec une personne ayant le pouvoir d'accepter des paiements ou des biens, sauf si elle sait que le contenu du certificat ne correspond pas à la réalité ou si elle l'ignore en raison d'une négligence grave.

4. Lorsqu'une personne désignée dans le certificat comme étant habilitée à disposer de biens successoraux dispose de ces biens en faveur d'une autre personne, cette autre personne, si elle agit sur la base des informations certifiées dans le certificat, est réputée avoir conclu une transaction avec une personne ayant le pouvoir de disposer des biens concernés, sauf si elle sait que le contenu du certificat ne correspond pas à la réalité ou si elle l'ignore en raison d'une négligence grave.

5. Le certificat constitue un document valable pour l'inscription d'un bien successoral dans le registre pertinent d'un État membre, sans préjudice de l'article 1er, paragraphe 2, points k) et l).

Article 70 : Copies certifiées conformes du certificat

1. L'autorité émettrice conserve l'original du certificat et délivre une ou plusieurs copies certifiées conformes au demandeur et à toute personne justifiant d'un intérêt légitime.

2. L'autorité émettrice tient, aux fins de l'article 71, paragraphe 3, et de l'article 73, paragraphe 2, une liste des personnes qui se sont vu délivrer des copies certifiées conformes en application du paragraphe 1.

3. Les copies certifiées conformes délivrées ont une durée de validité limitée à six mois, qui doit être indiquée sur la copie concernée sous la forme d'une date d'expiration. Dans des cas exceptionnels dûment justifiés, l'autorité émettrice peut, à titre dérogatoire, décider d'allonger la durée de validité. Une fois ce délai expiré, toute personne en possession d'une copie certifiée conforme doit, afin de pouvoir utiliser le certificat aux fins énoncées à l'article 63, demander une prorogation de la durée

de validité de la copie certifiée conforme ou demander à l'autorité émettrice une nouvelle copie certifiée conforme.

Article 71 : **Rectification, modification ou retrait du certificat**

1. À la demande de toute personne justifiant d'un intérêt légitime ou d'office, l'autorité émettrice rectifie le certificat en cas d'erreur matérielle.
2. À la demande de toute personne justifiant d'un intérêt légitime ou, lorsque le droit national le permet, d'office, l'autorité émettrice modifie le certificat ou procède à son retrait lorsqu'il a été établi que ledit certificat ou certains de ses éléments ne correspondent pas à la réalité.
3. L'autorité émettrice informe sans délai toutes les personnes qui se sont vu délivrer des copies certifiées conformes en application de l'article 70, paragraphe 1, de toute rectification, modification, ou de tout retrait du certificat.

Article 72 : **Voies de recours**

1. Toute personne habilitée à présenter une demande de certificat peut former un recours contre toute décision rendue par l'autorité émettrice en application de l'article 67.

Toute personne justifiant d'un intérêt légitime peut former un recours contre toute décision prise par l'autorité émettrice en application de l'article 71 et de l'article 73, paragraphe 1, point a).

Le recours est formé devant une autorité judiciaire de l'État membre dont relève l'autorité émettrice conformément au droit de cet État.

2. Si, à la suite du recours visé au paragraphe 1, il est établi que le certificat délivré ne correspond pas à la réalité, l'autorité judiciaire compétente rectifie ou modifie le certificat, procède à son retrait ou veille à ce qu'il soit rectifié, modifié ou retiré par l'autorité émettrice.

Si, à la suite du recours visé au paragraphe 1, il est établi que le refus de délivrance du certificat est infondé, l'autorité judiciaire compétente délivre le certificat ou veille à ce que l'autorité émettrice réexamine le dossier et prenne une nouvelle décision.

Article 73 : **Suspension des effets du certificat**

1. Les effets du certificat peuvent être suspendus par :

a) l'autorité émettrice, à la demande de toute personne justifiant d'un intérêt légitime, dans l'attente d'une modification ou d'un retrait du certificat en application de l'article 71 ; ou

b) l'autorité judiciaire, à la demande de toute personne habilitée à former un recours contre une décision prise par l'autorité émettrice en application de l'article 72, pendant l'exercice d'un tel recours.

2. L'autorité émettrice ou, le cas échéant, l'autorité judiciaire informe sans délai toutes les personnes qui se sont vu délivrer des copies certifiées conformes, en application de l'article 70, paragraphe 1, de toute suspension des effets du certificat.

Pendant la période de suspension des effets du certificat, aucune nouvelle copie certifiée conforme du certificat ne peut être délivrée.

CHAPITRE VII : DISPOSITIONS GÉNÉRALES ET FINALES

Article 74 : **Légalisation ou formalité analogue**

Aucune légalisation ni autre formalité analogue n'est exigée pour les documents délivrés dans un État membre dans le contexte du présent règlement.

Article 75 : **Relations avec les conventions internationales existantes**

1. Le présent règlement n'affecte pas l'application des conventions internationales auxquelles un ou plusieurs États membres sont parties lors de l'adoption du présent règlement et qui portent sur des matières régies par le présent règlement.

En particulier, les États membres qui sont parties à la convention de La Haye du 5 octobre 1961 sur les conflits de lois en matière de forme des dispositions testamentaires continuent à appliquer les dispositions de cette convention au lieu de l'article 27 du présent règlement pour ce qui est de la validité quant à la forme des testaments et des testaments conjonctifs.

2. Nonobstant le paragraphe 1, le présent règlement prévaut, entre les États membres, sur les conventions conclues exclusivement entre deux ou plusieurs d'entre eux dans la mesure où ces conventions concernent des matières régies par le présent règlement.

3. Le présent règlement ne fait pas obstacle à l'application de la convention du 19 novembre 1934 conclue entre le Danemark, la Finlande, l'Islande, la Norvège et la Suède, qui comporte des dispositions de droit international privé relatives aux successions, aux testaments et à l'administration des successions, telle que révisée par l'accord intergouvernemental conclu entre lesdits États le 1er juin 2012, par les États membres qui y sont parties, dans la mesure où elle prévoit :

a) des règles relatives aux aspects procéduraux de l'administration des successions définies par la convention et une assistance en cette matière de la part des autorités des États qui sont parties contractantes à la convention ; et

b) une simplification et une accélération des procédures de reconnaissance et d'exécution des décisions en matière de successions.

Article 76 : **Relation avec le règlement (CE) n° 1346/2000 du Conseil**

Le présent règlement ne fait pas obstacle à l'application du règlement (CE) n° 1346/2000 du Conseil du 29 mai 2000 relatif aux procédures d'insolvabilité [1].

Article 77 : **Informations mises à la disposition du public**

Les États membres fournissent à la Commission, en vue de la mise à la disposition de ces informations au public dans le cadre du réseau judiciaire européen en matière civile et commerciale, un résumé succinct de leur législation et de leurs procédures nationales relatives aux successions, y compris des informations concernant le type d'autorité compétente en matière de succession et des informations relatives au type d'autorité compétente pour recevoir les déclarations d'acceptation de la succession, d'un legs ou d'une réserve héréditaire ou de renonciation à ceux-ci.

Les États membres fournissent également des fiches descriptives énumérant tous les documents et/ou informations habituellement exigés aux fins de l'inscription de biens immobiliers situés sur leur territoire.

Les États membres tiennent en permanence ces informations à jour.

1. *JO* L 160 du 30.6.2000, p. 1.

Article 78 : **Informations concernant les coordonnées et les procédures**

1. Au plus tard le 16 janvier 2014, les États membres communiquent à la Commission :

a) le nom et les coordonnées des juridictions ou autorités compétentes pour statuer sur les demandes de déclaration constatant la force exécutoire, conformément à l'article 45, paragraphe 1, et sur les recours formés contre les décisions rendues sur ces demandes, conformément à l'article 50, paragraphe 2 ;

b) les procédures de pourvoi contre la décision rendue sur le recours visées à l'article 51 ;

c) les informations pertinentes relatives aux autorités compétentes aux fins de la délivrance du certificat en vertu de l'article 64 ; et

d) les procédures de recours visées à l'article 72.

Les États membres communiquent à la Commission toute modification ultérieure de ces informations.

2. La Commission publie au *Journal officiel de l'Union européenne* les informations communiquées conformément au paragraphe 1, à l'exception des adresses et autres coordonnées des juridictions et autorités visées au paragraphe 1, point a).

3. La Commission tient toutes les informations communiquées conformément au paragraphe 1 à la disposition du public par tout autre moyen approprié, notamment par le biais du réseau judiciaire européen en matière civile et commerciale.

Article 79 : **Établissement et modification ultérieure de la liste contenant les informations visées à l'article 3, paragraphe 2**

1. Sur la base des informations communiquées par les États membres, la Commission établit la liste des autres autorités et professionnels du droit visée à l'article 3, paragraphe 2.

2. Les États membres notifient à la Commission toute modification ultérieure à apporter aux informations contenues dans ladite liste. La Commission modifie la liste en conséquence.

3. La Commission publie la liste et toute modification ultérieure au *Journal officiel de l'Union européenne*.

4. La Commission tient toutes les informations notifiées conformément aux paragraphes 1 et 2 à la disposition du public par tout autre moyen approprié, notamment par le biais du réseau judiciaire européen en matière civile et commerciale.

Article 80 : **Établissement et modification ultérieure des attestations et des formulaires visés aux articles 46, 59, 60, 61, 65 et 67**

La Commission adopte des actes d'exécution établissant et modifiant ultérieurement les attestations et les formulaires visés aux articles 46, 59, 60, 61, 65 et 67. Ces actes d'exécution sont adoptés en conformité avec la procédure consultative visée à l'article 81, paragraphe 2.

Article 81 : **Comité**

1. La Commission est assistée par un comité. Ledit comité est un comité au sens du règlement (UE) n° 182/2011.

2. Lorsqu'il est fait référence au présent paragraphe, l'article 4 du règlement (UE) n° 182/2011 s'applique.

Article 82 : **Réexamen**

Au plus tard le 18 août 2025 la Commission présente au Parlement européen, au Conseil et au Comité économique et social européen un rapport relatif à l'application du présent règlement comprenant une évaluation de tout problème pratique rencontré dans le cadre de transactions extrajudiciaires en matière de successions intervenues parallèlement dans différents États membres ou d'une transaction extrajudiciaire intervenue dans un État membre parallèlement à une transaction conclue devant une juridiction d'un autre État membre. Ce rapport est accompagné, le cas échéant, de propositions de modifications.

Article 83 : **Dispositions transitoires**

1. Le présent règlement s'applique aux successions des personnes qui décèdent le 17 août 2015 ou après le 17 août 2015.

2. Lorsque le défunt avait, avant le 17 août 2015, choisi la loi applicable à sa succession, ce choix est valable s'il remplit les conditions fixées au chapitre III ou s'il est valable en application des règles de droit international privé qui étaient en vigueur, au moment où le choix a été fait, dans l'État dans lequel le défunt avait sa résidence habituelle ou dans tout État dont il possédait la nationalité.

3. Une disposition à cause de mort prise avant le 17 août 2015 est recevable et valable quant au fond et à la forme si elle remplit les conditions prévues au chapitre III ou si elle est recevable et valable sur le fond et en la forme en application des règles de droit international privé qui étaient en vigueur, au moment où la disposition a été prise, dans l'État dans lequel le défunt avait sa résidence habituelle, dans tout État dont il possédait la nationalité ou dans l'État membre de l'autorité chargée de régler la succession.

4. Si une disposition à cause de mort, prise avant le 17 août 2015, est rédigée conformément à la loi que le défunt aurait pu choisir en vertu du présent règlement, cette loi est réputée avoir été choisie comme loi applicable à la succession.

Article 84 : **Entrée en vigueur**

Le présent règlement entre en vigueur le vingtième jour suivant celui de sa publication au *Journal officiel de l'Union européenne*.

Il est applicable à partir du 17 août 2015, à l'exception des articles 77 et 78 qui sont applicables à partir du 16 janvier 2014 et des articles 79, 80 et 81 qui sont applicables à partir du 5 juillet 2012.

Le présent règlement est obligatoire dans tous ses éléments et directement applicable dans les États membres conformément aux traités.

Fait à Strasbourg, le 4 juillet 2012.

Par le Parlement européen	*Par le Conseil*
Le président	*Le président*
M. SCHULZ	A. D. MAVROYIANNIS

ANNEXE

83. Textes de droit international

83.00 Textes.

83.11 Convention de La Haye, 5 oct. 1961, sur les conflits de lois en matière de forme des dispositions testamentaires.

83.12 Convention de Washington, 26 oct. 1973, portant loi uniforme sur la forme d'un testament international.

83.13 Convention de La Haye, 14 mars 1978, sur la loi applicable aux régimes matrimoniaux.

83.11

Convention de La Haye, 5 oct. 1961, sur les conflits de lois en matière de forme des dispositions testamentaires.

(conclue le 5 octobre 1961)

Les États signataires de la présente Convention,

Désirant établir des règles communes de solution des conflits de lois en matière de forme des dispositions testamentaires,

Ont résolu de conclure une Convention à cet effet et sont convenus des dispositions suivantes :

Article premier

Une disposition testamentaire est valable quant à la forme si celle-ci répond à la loi interne :

a) du lieu où le testateur a disposé, ou

b) d'une nationalité possédée par le testateur, soit au moment où il a disposé, soit au moment de son décès, ou

c) d'un lieu dans lequel le testateur avait son domicile, soit au moment où il a disposé, soit au moment de son décès, ou

d) du lieu dans lequel le testateur avait sa résidence habituelle, soit au moment où il a disposé, soit au moment de son décès, ou

e) pour les immeubles, du lieu de leur situation.

Aux fins de la présente Convention, si la loi nationale consiste en un système non unifié, la loi applicable est déterminée par les règles en vigueur dans ce système et, à défaut de telles règles, par le lien le plus effectif qu'avait le testateur avec l'une des législations composant ce système.

La question de savoir si le testateur avait un domicile dans un lieu déterminé est régie par la loi de ce même lieu.

Article 2

L'article premier s'applique aux dispositions testamentaires révoquant une disposition testamentaire antérieure.

La révocation est également valable quant à la forme si elle répond à l'une des lois aux termes de laquelle, conformément à l'article premier, la disposition testamentaire révoquée était valable.

Article 3

La présente Convention ne porte pas atteinte aux règles actuelles ou futures des États contractants reconnaissant des dispositions testamentaires faites en la forme d'une loi non prévue aux articles précédents.

Article 4

La présente Convention s'applique également aux formes des dispositions testamentaires faites dans un même acte par deux ou plusieurs personnes.

Article 5

Aux fins de la présente Convention, les prescriptions limitant les formes de dispositions testamentaires admises et se rattachant à l'âge, à la nationalité ou à d'autres qualités personnelles du testateur, sont considérées comme appartenant au domaine de la forme. Il en est de même des qualités que doivent posséder les témoins requis pour la validité d'une disposition testamentaire.

Article 6

L'application des règles de conflits établies par la présente Convention est indépendante de toute condition de réciprocité. La Convention s'applique même si la nationalité des intéressés ou la loi applicable en vertu des articles précédents ne sont pas celles d'un État contractant.

Article 7

L'application d'une des lois déclarées compétentes par la présente Convention ne peut être écartée que si elle est manifestement incompatible avec l'ordre public.

Article 8

La présente Convention s'applique à tous les cas où le testateur est décédé après son entrée en vigueur.

Article 9

Chaque État contractant peut se réserver, par dérogation à l'article premier, alinéa 3, le droit de déterminer selon la loi du for le lieu dans lequel le testateur avait son domicile.

Article 10

Chaque État contractant peut se réserver de ne pas reconnaître les dispositions testamentaires faites, en dehors de circonstances extraordinaires, en la forme orale par un de ses ressortissants n'ayant aucune autre nationalité.

Article 11

Chaque État contractant peut se réserver de ne pas reconnaître, en vertu de prescriptions de sa loi les visant, certaines formes de dispositions testamentaires faites à l'étranger, si les conditions suivantes sont réunies :

a) la disposition testamentaire n'est valable en la forme que selon une loi compétente uniquement en raison du lieu où le testateur a disposé,

b) le testateur avait la nationalité de l'État qui aura fait la réserve,

c) le testateur était domicilié dans ledit État ou y avait sa résidence habituelle, et

d) le testateur est décédé dans un État autre que celui où il avait disposé.

Cette réserve n'a d'effets que pour les seuls biens qui se trouvent dans l'État qui l'aura faite.

Article 12

Chaque État contractant peut se réserver d'exclure l'application de la présente Convention aux clauses testamentaires qui, selon son droit, n'ont pas un caractère successoral.

Article 13

Chaque État contractant peut se réserver, par dérogation à l'article 8, de n'appliquer la présente Convention qu'aux dispositions testamentaires postérieures à son entrée en vigueur.

Article 14

La présente Convention est ouverte à la signature des États représentés à la Neuvième session de la Conférence de La Haye de droit international privé.

Elle sera ratifiée et les instruments de ratification seront déposés auprès du Ministère des Affaires Étrangères des Pays-Bas.

Article 15

La présente Convention entrera en vigueur le soixantième jour après le dépôt du troisième instrument de ratification prévu par l'article 14, alinéa 2.

La Convention entrera en vigueur, pour chaque État signataire ratifiant postérieurement, le soixantième jour après le dépôt de son instrument de ratification.

Article 16

Tout État non représenté à la Neuvième session de la Conférence de La Haye de droit international privé pourra adhérer à la présente Convention après son entrée en vigueur en vertu de l'article 15, alinéa premier. L'instrument d'adhésion sera déposé auprès du Ministère des Affaires Étrangères des Pays-Bas.

La Convention entrera en vigueur, pour l'État adhérant, le soixantième jour après le dépôt de son instrument d'adhésion.

Article 17

Tout État, au moment de la signature, de la ratification ou de l'adhésion, pourra déclarer que la présente Convention s'étendra à l'ensemble des territoires qu'il représente sur le plan international, ou à l'un ou plusieurs d'entre eux. Cette déclaration aura effet au moment de l'entrée en vigueur de la Convention pour ledit État.

Par la suite, toute extension de cette nature sera notifiée au Ministère des Affaires Étrangères des Pays-Bas.

La Convention entrera en vigueur, pour les territoires visés par l'extension, le soixantième jour après la notification mentionnée à l'alinéa précédent.

Article 18

Tout État pourra, au plus tard au moment de la ratification ou de l'adhésion, faire une ou plusieurs des réserves prévues aux articles 9, 10, 11, 12 et 13 de la présente Convention. Aucune autre réserve ne sera admise.

Chaque État contractant pourra également, en notifiant une extension de la Convention conformément à l'article 17, faire une ou plusieurs de ces réserves avec effet limité aux territoires ou à certains des territoires visés par l'extension.

Chaque État contractant pourra, à tout moment, retirer une réserve qu'il aura faite. Ce retrait sera notifié au Ministère des Affaires Étrangères des Pays-Bas.

L'effet de la réserve cessera le soixantième jour après la notification mentionnée à l'alinéa précédent.

Article 19

La présente Convention aura une durée de cinq ans à partir de la date de son entrée en vigueur conformément à l'article 15, alinéa premier, même pour les États qui l'auront ratifiée ou y auront adhéré postérieurement.

La Convention sera renouvelée tacitement de cinq en cinq ans, sauf dénonciation.

La dénonciation sera, au moins six mois avant l'expiration du délai de cinq ans, notifiée au Ministère des Affaires Étrangères des Pays-Bas.

Elle pourra se limiter à certains des territoires auxquels s'applique la Convention.

La dénonciation n'aura d'effet qu'à l'égard de l'État qui l'aura notifiée. La Convention restera en vigueur pour les autres États contractants.

Article 20

Le Ministère des Affaires Étrangères des Pays-Bas notifiera aux États visés à l'article 14, ainsi qu'aux États qui auront adhéré conformément aux dispositions de l'article 16 :

a) les signatures et ratifications visées à l'article 14;

b) la date à laquelle la présente Convention entrera en vigueur conformément aux dispositions de l'article 15, alinéa premier;

c) les adhésions visées à l'article 16 et la date à laquelle elles auront effet;

d) les extensions visées à l'article 17 et la date à laquelle elles auront effet;

e) les réserves et retraits de réserves visés à l'article 18;

f) les dénonciations visées à l'article 19, alinéa 3.

En foi de quoi, les soussignés, dûment autorisés, ont signé la présente Convention.

[...]

83.12
Convention de Washington, 26 oct. 1973, portant loi uniforme sur la forme d'un testament international.
Annexe (loi uniforme)

L. uniforme, art. 1er

1. Un testament est valable, en ce qui concerne la forme, quels que soient notamment le lieu où il a été fait, la situation des biens, la nationalité, le domicile ou la résidence du testateur, s'il est fait dans la forme du testament international, conformément aux dispositions des articles 2 à 5 ci-après.

2. La nullité du testament en tant que testament international n'affecte pas sa validité éventuelle quant à la forme en tant que testament d'une autre espèce.

L. uniforme, art. 2

La présente loi ne s'applique pas aux formes des dispositions testamentaires faites dans un même acte par deux ou plusieurs personnes.

L. uniforme, art. 3

1. Le testament doit être fait par écrit.

2. Il n'est pas nécessairement écrit par le testateur lui-même.

3. Il peut être écrit en une langue quelconque, à la main ou par un autre procédé.

L. uniforme, art. 4

1. Le testateur déclare en présence de deux témoins et d'une personne habilitée à instrumenter à cet effet que le document est son testament et qu'il en connaît le contenu.

2. Le testateur n'est pas tenu de donner connaissance du contenu du testament aux témoins ni à la personne habilitée.

L. uniforme, art. 5

1. En présence des témoins et de la personne habilitée, le testateur signe le testament ou, s'il l'a signé précédemment, reconnaît et confirme la signature.

2. Si le testateur est dans l'incapacité de signer, il en indique la cause à la personne habilitée qui en fait mention sur le testament. En outre, le testateur peut être autorisé par la loi en vertu de laquelle la personne habilitée a été désignée à demander à une autre personne de signer en son nom.

3. Les témoins et la personne habilitée apposent sur le champ leur signature sur le testament, en la présence du testateur.

L. uniforme, art. 6

1. Les signatures doivent être apposées à la fin du testament.

2. Si le testament comporte plusieurs feuillets, chaque feuillet doit être signé par le testateur ou, s'il est dans l'incapacité de signer, par la personne signant en son nom ou, à défaut, par la personne habilitée. Chaque feuillet doit en outre être numéroté.

L. uniforme, art. 7

1. La date du testament est celle de sa signature par la personne habilitée.

2. Cette date doit être apposée à la fin du testament par la personne habilitée.

L. uniforme, art. 8

En l'absence de règle obligatoire sur la conservation des testaments, la personne habilitée demande au testateur s'il désire faire une déclaration concernant la conservation de son testament. Dans ce cas, et à la demande expresse du testateur, le lieu où il a l'intention de faire conserver son testament sera mentionné dans l'attestation prévue à l'article 9.

L. uniforme, art. 9

La personne habilitée joint au testament une attestation conforme aux dispositions de l'article 10 établissant que les obligations prescrites par la présente loi ont été respectées.

L. uniforme, art. 10

L'attestation établie par la personne habilitée sera rédigée dans la forme suivante ou dans une forme équivalente :

« ATTESTATION

Je......... [*Nom, adresse et qualité*] personne habilitée à instrumenter en matière de testament international,

Atteste que le......... [*date*], à......... [*lieu*]

[*testateur*]......... [*Nom, adresse, date et lieu de naissance*] en ma présence et celle des témoins

a)......... [*Nom, adresse, date et lieu de naissance*]

b)......... [*Nom; adresse, date et lieu de naissance*]

a déclaré que le document ci-joint est son testament et qu'il en connaît le contenu.

J'atteste en outre que :

a) En ma présence et en celle des témoins.

Le testateur a signé le testament ou a reconnu et confirmé sa signature déjà apposée;

(*) Le testateur, ayant déclaré être dans l'impossibilité de signer lui-même son testament pour les raisons suivantes.........

– j'ai mentionné ce fait sur le testament;

– * la signature a été apposée par......... [*Nom, adresse*].

b) Les témoins et moi-même avons signé le testament.

c) (*) Chaque feuillet du testament a été signé par......... et numéroté.

d) Je me suis assuré de l'identité du testateur et des témoins désignés ci-dessus.

e) Les témoins remplissaient les conditions requises selon la loi en vertu de laquelle j'instrumente.

f) (*) Le testateur a désiré faire la déclaration suivante concernant la conservation de son testament : ....

Lieu : ....

Date : ....

Signature et, le cas échéant, sceau :

(*) À compléter le cas échéant. »

L. uniforme, art. 11

La personne habilitée conserve un exemplaire de l'attestation et en remet un autre au testateur.

L. uniforme, art. 12

Sauf preuve contraire, l'attestation de la personne habilitée est acceptée comme preuve suffisante de la validité formelle de l'instrument en tant que testament au sens de la présente loi.

L. uniforme, art. 13

L'absence ou l'irrégularité d'une attestation ne porte pas atteinte à la validité formelle d'un testament établi conformément à la présente loi.

L. uniforme, art. 14

Le testament international est soumis aux règles ordinaires de révocation des testaments.

L. uniforme, art. 15

Pour l'interprétation et l'application des dispositions de la présente loi, il sera tenu compte de son origine internationale et de la nécessité de son interprétation uniforme.

83.13
Convention de La Haye, 14 mars 1978, sur la loi applicable aux régimes matrimoniaux.

(entrée en vigueur le premier septembre 1992)

Les États signataires de la présente Convention,

Désirant établir des dispositions communes concernant la loi applicable aux régimes matrimoniaux,

Ont résolu de conclure une Convention à cet effet et sont convenus des dispositions suivantes :

CHAPITRE I CHAMP D'APPLICATION DE LA CONVENTION

Article premier

La présente Convention détermine la loi applicable aux régimes matrimoniaux.

Elle ne s'applique pas :

1. aux obligations alimentaires entre époux;
2. aux droits successoraux du conjoint survivant;
3. à la capacité des époux.

Article 2

La Convention s'applique même si la nationalité ou la résidence habituelle des époux ou la loi applicable en vertu des articles ci-dessous ne sont pas celles d'un État contractant.

CHAPITRE II LOI APPLICABLE

Article 3

Le régime matrimonial est soumis à la loi interne désignée par les époux avant le mariage.

Les époux ne peuvent désigner que l'une des lois suivantes :

1. la loi d'un État dont l'un des époux a la nationalité au moment de cette désignation;
2. la loi de l'État sur le territoire duquel l'un des époux a sa résidence habituelle au moment de cette désignation;
3. la loi du premier État sur le territoire duquel l'un des époux établira une nouvelle résidence habituelle après le mariage.

La loi ainsi désignée s'applique à l'ensemble de leurs biens.

Toutefois, que les époux aient ou non procédé à la désignation prévue par les alinéas précédents, ils peuvent désigner, en ce qui concerne les immeubles ou certains d'entre eux, la loi du lieu où ces immeubles sont situés. Ils peuvent également prévoir que les immeubles qui seront acquis par la suite seront soumis à la loi du lieu de leur situation.

Article 4

Si les époux n'ont pas, avant le mariage, désigné la loi applicable à leur régime matrimonial, celui-ci est soumis à la loi interne de l'État sur le territoire duquel ils établissent leur première résidence habituelle après le mariage.

Toutefois, dans les cas suivants, le régime matrimonial est soumis à la loi interne de l'État de la nationalité commune des époux :

1. lorsque la déclaration prévue par l'article 5 a été faite par cet État et que son effet n'est pas exclu par l'alinéa 2 de cet article;
2. lorsque cet État n'est pas Partie à la Convention, que sa loi interne est applicable selon son droit international privé, et que les époux établissent leur première résidence habituelle après le mariage :
   a) dans un État ayant fait la déclaration prévue par l'article 5, ou
   b) dans un État qui n'est pas Partie à la Convention et dont le droit international privé prescrit également l'application de leur loi nationale;
3. lorsque les époux n'établissent pas sur le territoire du même État leur première résidence habituelle après le mariage.

À défaut de résidence habituelle des époux sur le territoire du même État et à défaut de nationalité commune, leur régime matrimonial est soumis à la loi interne de l'État avec lequel, compte tenu de toutes les circonstances, il présente les liens les plus étroits.

Article 5

Tout État pourra, au plus tard au moment de la ratification, de l'acceptation, de l'approbation ou de l'adhésion, faire une déclaration entraînant l'application de sa loi interne, selon l'article 4, alinéa 2, chiffre 1.

Cette déclaration n'aura pas d'effet pour des époux qui conservent tous deux leur résidence habituelle sur le territoire de l'État où, au moment du mariage, l'un et l'autre avaient leur résidence habituelle depuis cinq ans au moins, sauf si cet État est un État contractant ayant fait la déclaration prévue par l'alinéa premier du présent article, ou un État non Partie à la Convention et dont le droit international privé prescrit l'application de la loi nationale.

Article 6

Les époux peuvent, au cours du mariage, soumettre leur régime matrimonial à une loi interne autre que celle jusqu'alors applicable.

Les époux ne peuvent désigner que l'une des lois suivantes :

1. la loi d'un État dont l'un des époux a la nationalité au moment de cette désignation;
2. la loi de l'État sur le territoire duquel l'un des époux a sa résidence habituelle au moment de cette désignation.

La loi ainsi désignée s'applique à l'ensemble de leurs biens.

Toutefois, que les époux aient ou non procédé à la désignation prévue par les alinéas précédents ou par l'article 3, ils peuvent désigner, en ce qui concerne les immeubles ou certains d'entre eux, la loi du lieu où ces immeubles sont situés. Ils peuvent également prévoir que les immeubles qui seront acquis par la suite seront soumis à la loi du lieu de leur situation.

Article 7

La loi compétente en vertu des dispositions de la Convention demeure applicable aussi longtemps que les époux n'en ont désigné aucune autre et même s'ils changent de nationalité ou de résidence habituelle.

Toutefois, si les époux n'ont ni désigné la loi applicable, ni fait de contrat de mariage, la loi interne de l'État où ils ont tous deux leur résidence habituelle devient applicable, aux lieu et place de celle à laquelle leur régime matrimonial était antérieurement soumis :

1. à partir du moment où ils y fixent leur résidence habituelle, si la nationalité de cet État est leur nationalité commune, ou dès qu'ils acquièrent cette nationalité, ou

2. lorsque, après le mariage, cette résidence habituelle a duré plus de dix ans, ou

3. à partir du moment où ils y fixent leur résidence habituelle, si le régime matrimonial était soumis à la loi de l'État de la nationalité commune uniquement en vertu de l'article 4, alinéa 2, chiffre 3.

Article 8

Le changement de la loi applicable en vertu de l'article 7, alinéa 2, n'a d'effet que pour l'avenir, et les biens appartenant aux époux antérieurement à ce changement ne sont pas soumis à la loi désormais applicable.

Toutefois, les époux peuvent, à tout moment et dans les formes prévues à l'article 13, soumettre l'ensemble de leurs biens à la nouvelle loi, sans préjudice, en ce qui concerne les immeubles, des dispositions de l'article 3, alinéa 4, et de l'article 6, alinéa 4. L'exercice de cette faculté ne porte pas atteinte aux droits des tiers.

Article 9

Les effets du régime matrimonial sur un rapport juridique entre un époux et un tiers sont soumis à la loi applicable au régime matrimonial en vertu de la Convention.

Toutefois, le droit d'un État contractant peut prévoir que la loi applicable au régime matrimonial ne peut être opposée par un époux à un tiers lorsque l'un ou l'autre a sa résidence habituelle sur son territoire, à moins :

1. que des conditions de publicité ou d'enregistrement prévues par ce droit aient été remplies, ou

2. que le rapport juridique entre cet époux et le tiers ait pris naissance alors que le tiers connaissait ou devait connaître la loi applicable au régime matrimonial.

Le droit de l'État contractant où un immeuble est situé peut prévoir une règle analogue pour les rapports juridiques entre un époux et un tiers concernant cet immeuble.

Tout État contractant a la possibilité de spécifier au moyen d'une déclaration la portée des alinéas 2 et 3 du présent article.

Article 10

Les conditions relatives au consentement des époux quant à la loi déclarée applicable sont déterminées par cette loi.

Article 11

La désignation de la loi applicable doit faire l'objet d'une stipulation expresse ou résulter indubitablement des dispositions d'un contrat de mariage.

Article 12

Le contrat de mariage est valable quant à la forme si celle-ci répond soit à la loi interne applicable au régime matrimonial, soit à la loi interne en vigueur au lieu où le contrat a été passé. Il doit toujours faire l'objet d'un écrit daté et signé des deux époux.

Article 13

La désignation par stipulation expresse de la loi applicable doit revêtir la forme prescrite pour les contrats de mariage, soit par la loi interne désignée, soit par la loi interne du lieu où intervient cette désignation. Elle doit toujours faire l'objet d'un écrit daté et signé des deux époux.

Article 14

L'application de la loi déterminée par la Convention ne peut être écartée que si elle est manifestement incompatible avec l'ordre public.

CHAPITRE III
DISPOSITIONS DIVERSES

Article 15

Aux fins de la Convention, une nationalité n'est considérée comme nationalité commune des époux que dans les cas suivants :

1. les deux époux avaient cette nationalité avant le mariage;

2. un époux a volontairement acquis la nationalité de l'autre au moment du mariage ou ultérieurement, soit par une déclaration prévue à cet effet, soit en ne déclinant pas cette acquisition alors qu'il savait que ce droit lui était ouvert;

3. les deux époux ont volontairement acquis cette nationalité après le mariage.

Sauf dans les cas visés par l'article 7, alinéa 2, chiffre 1, les dispositions se référant à la nationalité commune ne sont pas applicables lorsque les époux ont plus d'une nationalité commune.

Article 16

Aux fins de la Convention, lorsqu'un État comprend deux ou plusieurs unités territoriales dans lesquelles des systèmes de droit différents s'appliquent en matière de régimes matrimoniaux, toute référence à la loi nationale d'un tel État est entendue comme visant le système déterminé par les règles en vigueur dans cet État.

À défaut de telles règles, on entend par État dont un époux a la nationalité, au sens des articles 3, alinéa 2, chiffre 1, et 6, alinéa 2, chiffre 1, l'unité territoriale où cet époux a eu en dernier lieu sa résidence habituelle; de même, pour l'application de l'article 4, alinéa 2, on entend par État de la nationalité commune des époux l'unité territoriale où l'un et l'autre a eu, en dernier lieu, une résidence habituelle.

Article 17

Aux fins de la Convention, lorsqu'un État comprend deux ou plusieurs unités territoriales dans lesquelles des systèmes de droit différents s'appliquent en matière de régimes matrimoniaux, toute référence à la résidence habituelle dans un tel État est interprétée comme visant la résidence habituelle dans une unité territoriale de cet État.

Article 18

Un État contractant qui comprend deux ou plusieurs unités territoriales dans lesquelles des systèmes de droit différents s'appliquent en matière de régimes matrimoniaux n'est pas tenu d'appliquer les règles de la Convention aux conflits entre les lois de ces unités, lorsque la loi d'aucun autre État n'est applicable en vertu de la Convention.

Article 19

Aux fins de la Convention, lorsqu'un État connaît, en matière de régimes matrimoniaux, deux ou plusieurs systèmes de droit applicables à des catégories différentes de personnes, toute référence à la loi d'un tel État est entendue comme visant le système de droit déterminé par les règles en vigueur dans cet État.

À défaut de telles règles, la loi interne de l'État de la nationalité commune des époux s'applique dans le cas prévu à l'article 4, alinéa premier, et la loi interne de l'État dans lequel ils avaient tous deux leur résidence habituelle reste applicable dans le cas prévu à l'article 7, alinéa 2, chiffre 2. À défaut de nationalité commune des époux, l'article 4, alinéa 3, s'applique.

Article 20

La Convention ne déroge pas aux instruments internationaux auxquels un État contractant est ou sera Partie et qui contiennent des dispositions sur les matières réglées par la présente Convention.

Article 21

La Convention ne s'applique, dans chaque État contractant, qu'aux époux qui se sont mariés ou qui désignent la loi applicable à leur régime matrimonial après son entrée en vigueur pour cet État.

Tout État contractant pourra, par déclaration, étendre l'application de la Convention à d'autres époux.

CHAPITRE IV
CLAUSES FINALES

Article 22

La Convention est ouverte à la signature des États qui étaient Membres de la Conférence de La Haye de droit international privé lors de sa Treizième session.

Elle sera ratifiée, acceptée ou approuvée et les instruments de ratification, d'acceptation ou d'approbation seront déposés auprès du Ministère des Affaires Étrangères des Pays-Bas.

Article 23

Tout autre État pourra adhérer à la Convention.

L'instrument d'adhésion sera déposé auprès du Ministère des Affaires Étrangères des Pays-Bas.

Article 24

Tout État, au moment de la signature, de la ratification, de l'acceptation, de l'approbation ou de l'adhésion, pourra déclarer que la Convention s'étendra à l'ensemble des territoires qu'il représente sur le plan international ou à l'un ou plusieurs d'entre eux. Cette déclaration aura effet au moment où elle entre en vigueur pour cet État.

Cette déclaration, ainsi que toute extension ultérieure, seront notifiées au Ministère des Affaires Étrangères des Pays-Bas.

Article 25

Un État contractant qui comprend deux ou plusieurs unités territoriales dans lesquelles des systèmes de droit différents s'appliquent en matière de régimes matrimoniaux pourra, au moment de la signature, de la ratification, de l'acceptation, de l'approbation ou de l'adhésion, déclarer que la Convention s'appliquera à toutes ses unités territoriales ou seulement à l'une ou à plusieurs d'entre elles, et pourra à tout moment étendre cette déclaration.

Ces déclarations seront notifiées au Ministère des Affaires Étrangères des Pays-Bas et indiqueront expressément l'unité territoriale à laquelle la Convention s'applique.

Article 26

Un État contractant qui connaît, à la date de l'entrée en vigueur de la Convention pour cet État, un système complexe d'allégeance nationale peut spécifier à tout moment, par déclaration, comment une référence à sa loi nationale doit être entendue aux fins de la Convention.

Article 27

Aucune réserve à la Convention n'est admise.

Article 28

Tout État contractant qui désire faire l'une des déclarations prévues aux articles 5, 9, alinéa 4, 21 et 26 la notifiera au Ministère des Affaires Étrangères des Pays-Bas.

Toute modification ou retrait d'une déclaration sera notifié de la même manière.

Article 29

La Convention entrera en vigueur le premier jour du troisième mois du calendrier après le dépôt du troisième instrument de ratification, d'acceptation, d'approbation ou d'adhésion prévu par les articles 22 et 23.

Par la suite, la Convention entrera en vigueur :

1. pour chaque État ratifiant, acceptant, approuvant ou adhérant postérieurement, le premier jour du troisième mois du calendrier après le dépôt de son instrument de ratification, d'acceptation, d'approbation ou d'adhésion;

2. pour les territoires auxquels la Convention a été étendue conformément à l'article 24, le premier jour du troisième mois du calendrier après la notification visée dans cet article.

Article 30

La Convention aura une durée de cinq ans à partir de la date de son entrée en vigueur conformément à l'article 29, alinéa premier, même pour les États qui l'auront postérieurement ratifiée, acceptée ou approuvée, ou qui y auront adhéré.

La Convention sera renouvelée tacitement de cinq ans en cinq ans, sauf dénonciation.

La dénonciation sera, au moins six mois avant l'expiration du délai de cinq ans, notifiée au Ministère des Affaires Étrangères des Pays-Bas. Elle pourra se limiter à certains territoires ou unités territoriales auxquels s'applique la Convention.

La dénonciation n'aura d'effet qu'à l'égard de l'État qui l'aura notifiée. La Convention restera en vigueur pour les autres États contractants.

Article 31

Le Ministère des Affaires Étrangères des Pays-Bas notifiera aux États Membres de la Conférence, ainsi qu'aux États qui auront adhéré conformément aux dispositions de l'article 23 :

1. les signatures, ratifications, acceptations et approbations visées à l'article 22;
2. les adhésions visées à l'article 23;
3. la date à laquelle la Convention entrera en vigueur conformément aux dispositions de l'article 29;
4. les extensions visées à l'article 24;
5. les dénonciations visées à l'article 30;
6. les déclarations mentionnées aux articles 25, 26 et 28.

En foi de quoi, les soussignés, dûment autorisés, ont signé la présente Convention.

[...]

Principales abréviations utilisées

	signifie
ACPC	ancien Code de procédure civile
AJ fam.	*Actualité juridique de droit de la famille*
AN	Assemblée nationale
Art.	article
Ass. plén.	Cour de cassation, assemblée plénière
BICC	*Bulletin d'information de la Cour de cassation*
Bull. civ.	*Bulletin des arrêts de la Cour de cassation* (chambres civiles)
Bull. crim.	*Bulletin des arrêts de la Cour de cassation* (chambre criminelle)
Cah. jurispr.	(ville ou région) Cahiers de jurisprudence (ville ou région)
CASF	Code de l'action sociale et des familles
C. assur.	Code des assurances
C. civ.	Code civil
C. com.	Code de commerce
C. consom.	Code de la consommation
CE	Conseil d'État
CESEDA	Code de l'entrée et du séjour des étrangers et du droit d'asile
CGCT	Code général des collectivités territoriales
CGI	Code général des impôts
CGPPP	Code général de la propriété des personnes publiques
ch.	chambre
Ch. mixte	Cour de cassation, chambre mixte
Ch. réunies	Cour de cassation, chambres réunies
Chron.	chronique
Circ.	circulaire
Civ. 1re	Cour de cassation, première chambre civile
Civ. 2e	Cour de cassation, deuxième chambre civile
Civ. 3e	Cour de cassation, troisième chambre civile
CJCE	Cour de justice des Communautés européennes
COJ	Code de l'organisation judiciaire
Com.	Cour de cassation, chambre commerciale
comp.	comparer
concl.	conclusion
contra	solution contraire
C. pén.	Code pénal
CPI	Code de la propriété intellectuelle
C. pr. civ.	Code de procédure civile
C. pr. exéc.	Code des procédures civiles d'exécution
Crim.	Cour de cassation, chambre criminelle
C. rur.	Code rural
CSP	Code de la santé publique
CSS	Code de la Sécurité sociale
C. trav.	Code du travail
DA	*Dalloz analytique*
DC	*Dalloz critique*
DH	*Dalloz hebdomadaire*
DP	*Dalloz périodique*
D.	*Recueil Dalloz-Sirey*
Décr.	Décret
Defrénois	*Répertoire du notariat Defrénois*

Dict. enr.	Dictionnaire de l'Enregistrement
Doctr.	doctrine
Dr. et patr.	*Droit et patrimoine*
Dr. fam.	*Droit de la famille*
Dr. fisc.	*Droit fiscal*
éd.	édition
esp.	espèce
Fasc.	fascicule
Gaz. Pal.	*Gazette du Palais*
ibid.	*Ibidem*
Ind. enr.	Indicateur de l'Enregistrement
IR	Informations rapides
JAF	Juge aux affaires familiales
JDI	*Journal du droit international* (Clunet)
Journ. not.	*Journal des notaires et des avocats*
JO	*Journal officiel* (Lois et décrets)
J.-Cl. (Civil)	Juris-Classeur
JCP	*Juris-Classeur Périodique (édition générale)*
JCP N	*Juris-Classeur Périodique (édition notariale)*
Juris-Data	*Juris-Data* (Base de données juridiques)
L.	Loi
Lebon	*Recueil des décisions du Conseil d'État*
loc. cit.	*loco citato*
LPA	*Petites affiches (les)*
note	note
NP	(non publié au recueil officiel de la juridiction)
obs.	observations
ONC	ordonnance de non-conciliation
op. cit.	*opere citato*
Ord.	Ordonnance
OSBL	organisme sans but lucratif
P	(publié au recueil officiel de la juridiction)
PACS	Pacte civil de solidarité
Pan.	panorama
préc.	précité
QDO	Quotité disponible ordinaire
QDS	Quotité disponible spéciale
QE	question écrite
R.	*Rapport annuel de la Cour de cassation*
rapp.	Rapport
rappr.	rapprocher
RDP	*Revue de droit public*
Rép. civ.	*Encyclopédie Dalloz* (répertoire de droit civil)
Rép. internat.	*Encyclopédie Dalloz* (répertoire de droit international)
Rép. min.	Réponse ministérielle (à question écrite)
Req.	Cour de cassation, chambre des requêtes
RES	Rescrit
Rev. crit. DIP	*Revue critique de droit international privé*
RFN	*Revue fiscale notariale*
RJPF	*Revue juridique des personnes et des familles*
RTD civ.	*Revue trimestrielle de droit civil*
S.	*Sirey* (Recueil)
s.	suivant
S. chronol.	*Sirey chronologique* (édition particulière du *Sirey* couvrant les années 1792 à 1830)
Soc.	Cour de cassation, chambre sociale
Somm.	sommaire
T. civ.	tribunal civil
TGI	tribunal de grande instance
TI	tribunal d'instance
v° (pluriel v^{is})	*Verbo* (pluriel *Verbis*)
v.	Voir
vol.	Volume

Index thématique alphabétique

- Les chiffres renvoient aux numéros de paragraphes des développements de l'ouvrage
- Le signe « + » qui précède une entrée secondaire indique un renvoi à une entrée principale identique plus riche
- Le signe « ▶ » qui précède une entrée secondaire indique un renvoi

Communauté légale (dissolution)

Communauté légale (gestion de l'actif commun)

E

N

O

PHOTOCOMPOSITION
SCM • Toulouse

713236 - (I) OSB-Pr 50gr - SCM - EDO
Achevé d'imprimer sur les presses de
L.E.G.O. S.p.A.
Italie
Dépôt légal : Septembre 2014